BROCKHAUS · DIE ENZYKLOPÄDIE

1796

Zweihundert Jahre
Brockhaus-Lexika

1996

BROCKHAUS
DIE ENZYKLOPÄDIE

in vierundzwanzig Bänden

Zwanzigste, überarbeitete und
aktualisierte Auflage

Fünfzehnter Band
MOC – NORD

F. A. Brockhaus Leipzig · Mannheim

Dieser Band enthält die Schlüsselbegriffe

Moderne
multikulturelle Gesellschaft
Multimedia
multinationale Unternehmen
Mythos
nachhaltige Entwicklung
Nation
Natur
Naturkatastrophen
Naturschutz
neue Religionen
New Age
Nord-Süd-Konflikt

Die Deutsche Bibliothek – CIP-Einheitsaufnahme

Brockhaus – Die Enzyklopädie: in 24 Bänden. –
20., überarb. und aktualisierte Aufl. –
Leipzig; Mannheim: Brockhaus.
19. Aufl. u. d. T.: Brockhaus-Enzyklopädie
ISBN 3-7653-3100-7
Bd. 15. MOC–NORD. – 1998
ISBN 3-7653-3115-5

Namen und Kennzeichen, die als Marken bekannt sind und entsprechenden Schutz genießen, sind beim fett gedruckten Stichwort durch das Zeichen ® gekennzeichnet.
Handelsnamen ohne Markencharakter sind nicht gekennzeichnet. Aus dem Fehlen des Zeichens ® darf im Einzelfall nicht geschlossen werden, dass ein Name oder Zeichen frei ist. Eine Haftung für ein etwaiges Fehlen des Zeichens ® wird ausgeschlossen.
Das Wort BROCKHAUS ist für den Verlag F. A. Brockhaus GmbH als Marke geschützt.
Das Werk wurde in neuer Rechtschreibung verfasst.

Das Werk einschließlich aller seiner Teile ist urheberrechtlich geschützt. Jede Verwertung außerhalb der Grenzen des Urheberrechtsgesetzes ist ohne Zustimmung des Verlages unzulässig und strafbar. Das gilt insbesondere für Vervielfältigungen, Übersetzungen, Mikroverfilmungen und die Speicherung und Verarbeitung in elektronischen Systemen.

© F. A. Brockhaus GmbH, Leipzig – Mannheim 1998
ISBN für das Gesamtwerk: 3-7653-3100-7
Band 15: 3-7653-3115-5

Typographische Beratung: Hans Peter Willberg, Eppstein, und Friedrich Forssman, Kassel, unter Mitwirkung von Raphaela Mäntele, Heidelberg
Satz: Bibliographisches Institut & F. A. Brockhaus AG (PageOne Siemens Nixdorf) und Mannheimer Morgen Großdruckerei und Verlag GmbH
Druck: Appl, Wemding
Papier: 120 g/m^2 holzfreies, alterungsbeständiges und chlorfrei gebleichtes Offsetpapier der Papeteries de Condat, Paris
Einband: Großbuchbindereien Lachenmaier, Reutlingen, und Sigloch, Künzelsau
Printed in Germany

MOC

MOC, Nationalitätszeichen für Moçambique.
MOCA, Abk. für **M**useum **o**f **C**ontemporary **A**rt, →Los Angeles.

Moçambique
Fläche 799 380 km²
Einwohner (1994) 16,6 Mio.
Hauptstadt Maputo
Amtssprache Portugiesisch
Nationalfeiertag 25. 6.
Währung 1 Metical
(MT) = 100 Centavos (CT)
Uhrzeit 13⁰⁰ Maputo =
12⁰⁰ MEZ

Moçambique [mosamˈbık, port. musamˈbikə], **Mozambique** [mozaˈbik, frz.], dt. auch **Mosambik,** amtlich port. **República de M.,** Staat in SO-Afrika, grenzt im O an den Ind. Ozean, im S an Swasiland, im SW an die Rep. Südafrika, im W an Simbabwe, im NW an Sambia und Malawi, im N an Tansania; 799 380 km², (1994) 16,6 Mio. Ew.; Hauptstadt ist Maputo; Amtssprache Portugiesisch. Währung: 1 Metical (MT) = 100 Centavos (CT). Zeitzone: OEZ (13⁰⁰ Maputo = 12⁰⁰ MEZ).

STAAT · RECHT

Verfassung: Nach der am 30. 11. 1990 in Kraft getretenen Verf. ist M. eine Rep. (seit 12. 11. 1995 im Commonwealth of Nations). Durch die neue Verf., die Grundfreiheiten und Gewaltenteilung garantiert, wurde ein Mehrparteiensystem eingeführt. Staatsoberhaupt und oberster Inhaber der Exekutive ist der auf fünf Jahre direkt gewählte Präs. Er bestimmt die Richtlinien der Politik, ernennt und entlässt das Kabinett unter Vorsitz des Min.-Präs. sowie Beamte, Offiziere und die Gouv. der Provinzen und verfügt über das Recht, den Notstand bzw. den Kriegszustand zu verhängen. Die Legislative liegt bei der Versammlung der Rep. (250 Abg., für fünf Jahre gewählt).

Parteien: Seit der Aufhebung des Führungsmonopols der Frente de Libertação de M. (FRELIMO, dt. Befreiungsfront von M., gegr. 1962) entstand ein breit gefächertes Parteienspektrum. Die wichtigste Rolle neben der FRELIMO spielen die RENAMO (Abk. für Resistência Nacional Moçambicana, dt. Nationaler Widerstand M.s; gegr. 1976 als Guerillabewegung, seit 1994 als polit. Partei registriert) und die União Democrática (UD, gegr. 1994), ein Bündnis von drei kleineren Parteien. Die Parteien dürfen keine Gewalt anwenden; ihnen ist untersagt, religiöse, ethn. oder regionale Bez. im Namen zu führen.

Gewerkschaften: Seit 1990 sind Gewerkschaftsfreiheit und Streikrecht verfassungsmäßig garantiert; größter, der FRELIMO nahe stehender Dachverband ist die Organização dos Trabalhadores (gegr. 1983, rd. 200 000 Mitgl.).

Wappen: Das Wappen (1975; leicht verändert 1982) zeigt in der Mitte auf einer Darstellung der Kontur des Landes vor aufgehender Sonne ein aufgeschlagenes Buch, eine Hacke und ein Sturmgewehr; die Wasserwellen darunter symbolisieren den Ind. Ozean. Den Rahmen bilden eine Zuckerrohrpflanze und eine Maispflanze mit Maiskolben, zw. deren oberen Spitzen sich ein roter Stern befindet. Die Pflanzen werden unten von einem roten Band zusammengehalten, das den offiziellen Landesnamen trägt.

Nationalfeiertag: Der 25. 6. (Unabhängigkeitstag) erinnert an die Erlangung der Unabhängigkeit 1975.

Verwaltung: M. gliedert sich in 11 Provinzen, die in 112 Distrikte untergliedert sind. Der höchste staatl. Repräsentant einer Provinz ist der Gouverneur.

Recht: Die Rechtsprechung basiert auf port. Recht sowie Gewohnheitsrecht und wird vom Obersten Volksgerichtshof in Maputo und nachgeordneten Gerichten wahrgenommen.

Streitkräfte: Mit der Unterzeichnung des Friedensvertrages von 1992 wurde die Demobilisierung der Bürgerkriegstruppen (rd. 65 000 Reg.-Soldaten, etwa 25 000 RENAMO-Kämpfer) und der Aufbau einer neuen gemeinsamen Armee, die je 15 000 Freiwilligen der beiden Bürgerkriegsparteien bestehen soll, vereinbart. Da sich nur rd. 12 000 Freiwillige zum Dienst gemeldet hatten, wurde 1995 die selektive Wehrpflicht (Dienstzeit 24 Monate) wieder eingeführt (generelle Wehrpflicht ab 1999 geplant). Die Gesamtstärke der Streitkräfte umfasste 1996 etwa 16 000 Mann (Heer rd. 13 000, Luftwaffe 2 000, Marine 1 000 Soldaten). Die Ausrüstung besteht im Wesentlichen aus rd. 60 Kampfpanzern (T-54/-55), 50 Kampfflugzeugen (MiG-23, MiG-21) und 13 Kleinen Kampfschiffen.

LANDESNATUR · BEVÖLKERUNG

Entlang der fast 2 800 km langen Küste erstreckt sich ein ausgedehntes Tiefland, das im S bis an die W-Grenze reicht und von der Sambesimündung an nach N schmaler wird. Der N und das sich nach NW (zw. Malawi und Simbabwe) erstreckende Gebiet sind ausgedehnte Hochländer (um 1 000 m ü. M.), die zu den Randschwellen des Njassagrabens ansteigen (Namuli 2 419 m ü. M.) und von vielen Inselbergmassiven überragt werden; höchste Erhebung ist der Monte Binga (2 436 m ü. M.) auf der Grenze zu Simbabwe. Hauptflüsse sind Rovuma, Sambesi, Save, Limpopo. Im N hat M. Anteil am Malawisee.

Klima: Das Klima wird im N und zentralen Teil (tropisch) vom Monsun, im S (subtropisch) vom SO-Passat bestimmt. Die Temperaturen steigen von S nach N an (Jahresmittel 22–26 °C). Die Niederschlagsmengen sind am höchsten an den Inselbergen im N sowie im mittleren Küstengebiet (1 400–2 000 mm jährlich), am geringsten im S (um 400 mm); niederschlagsarm ist auch das Gebiet am Sambesi (um Tete und den Cabora-Bassa-Stausee).

Vegetation: Allg. herrscht Trockensavanne vor mit z. T. ausgedehnten Baumbeständen; entlang der Flüsse Feuchtsavannen mit Galeriewäldern, an den Küsten und den Flussmündungen Mangrovewälder. Im Zentrum des Landes, nordwestlich von Beira, liegt der Gorongosa-Nationalpark (3 770 km²).

Moçambique

Staatsflagge

Internationales
Kfz-Kennzeichen

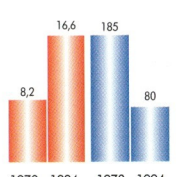

1970 1994 1970 1994
Bevölkerung Bruttosozial-
(in Mio.) produkt je Ew.
(in US-$)

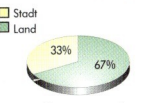

Bevölkerungsverteilung
1994

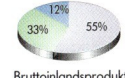

Bruttoinlandsprodukt
1994

5

Moça Moçambique

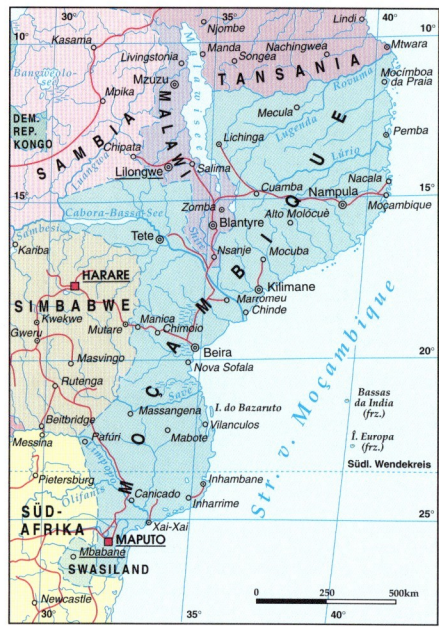

Moçambique: Übersichtskarte

Bevölkerung: 98% der Bewohner gehören zu den Bantu (76 Stämme und Völker). Die größten Gruppen sind die Makua (im nördl. Küstengebiet, einschließlich der verwandten Lomwe; nach der Zählung von 1983: 47% der Bev.), Tsonga (südlich des Sambesi, 23%), Malawi (12%), Shona (11%) u. a. Keine der einheim. Sprachen ist im ganzen Land verbreitet; Suaheli ist Verkehrssprache im N. Die meisten Weißen (1972: etwa 250 000) haben seit 1974 das Land verlassen. Die Bev.-Dichte ist am geringsten (unter 2 Ew. je km²) im NW um Lichinga, am höchsten (über 50 Ew. je km²) im S um Maputo. Das jährl. Bev.-Wachstum beträgt (1985–94) 2%, der Anteil der städt. Bev. 33%. Die Rückwanderung von fast 5 Mio. Binnenflüchtlingen in ihre Heimatorte und die Rückkehr von etwa 1,7 Mio. Flüchtlingen aus den Nachbarländern sowie von rd. 15 000 Mosambikanern aus der ehem. DDR ergeben große Probleme für die Versorgung, den Arbeitsmarkt und die Bildungseinrichtungen.

Religion: Es besteht Religionsfreiheit. Staat und Kirche sind gesetzlich getrennt. Die 1975 staatlich verfügten (u. a. die kirchl. Schulen betreffenden) Beschränkungen der Tätigkeit von Religionsgemeinschaften wurden 1990 aufgehoben. Die Angaben zur Religionszugehörigkeit der Bev. basieren auf Schätzungen und rechnen 40–50% traditionellen afrikan. Religionen zu, 30–40% christl. Kirchen und 14% dem Islam. – Über 16% der Bev. gehören der kath. Kirche an; es bestehen drei Erzbistümer (Beira, Maputo, Nampula) mit Suffraganbistümern. Neben den prot. Kirchen (Baptisten, Pfingstler, Presbyterianer, ›Church of the Nazarene‹ u. a.) gibt es zahlr. unabhängige Kirchen mit über 2500 Gemeinden. Die rd. 75 000 Anglikaner (zwei Bistümer) gehören zur anglikan. Kirche der Prov. Südafrika. – Die Bantuvölker der Yao, Makonde und Makua sind mehrheitlich sunnit. Muslime der schafiit. Rechtsschule.

Bildungswesen: Es besteht eine allgemeine siebenjährige Grundschulpflicht bei gebührenfreiem Unterricht (Einschulungsrate rd. 60%). Darauf folgen eine Sekundarstufe (Mittelstufe, v. a. in städt. Regionen) für das achte bis zehnte Schuljahr und eine Tertiärstufe (Oberstufe, in Maputo und Beira) für das elfte und zwölfte Schuljahr (Voraussetzung für ein Universitätsstudium). Die Einschulungsrate in beiden Stufen liegt bei rd. 8%. Unterrichtssprache ist Portugiesisch. Seit 1990 gibt es wieder Privatschulen. Die Analphabetenquote beträgt rd. 60%. Die Univ. von M. (gegr. 1962) befindet sich in Maputo.

Publizistik: In Maputo erscheint das Morgenblatt ›Notícias‹ mit dem Sonntagsblatt ›Domingo‹, ferner die Wochenzeitschrift ›Tempo‹. In Beira erscheint der ›Diário de M.‹. Die staatl. Nachrichtenagentur ›Agência de Informação de M.‹ (AIM) wurde 1975 gegründet. Die staatl. Hörfunkgesellschaft ›Rádio M.‹ in Maputo verbreitet drei Hörfunkprogramme und einen Auslandsdienst für die Rep. Südafrika sowie aus acht Prov.-Studios Regionalprogramme und sechs Gebietsprogramme in einheim. Sprachen; daneben bestehen seit 1995 mehrere private Rundfunkstationen. Zwei Fernsehsender senden mehrmals wöchentlich.

Größte Städte (Ew. 1991)			
Maputo	931 600	Quelimane	146 200
Beira	298 800	Nacala	125 200
Nampula	250 500	Tete	112 200

WIRTSCHAFT · VERKEHR

Nach Beendigung des 16-jährigen Bürgerkriegs 1992 kam die wirtschaftl. Entwicklung M.s nur sehr langsam wieder in Gang. Die Rekultivierung der verwüsteten landwirtschaftl. Flächen und die Wiederinstandsetzung der zerstörten Transportwege haben höchste Priorität beim Wiederaufbau. Hunderttausende Flüchtlinge müssen wieder in die Gesellschaft eingegliedert werden. Die Weltbank schätzt die Kriegsschäden auf rd. 15 Mrd. US-$. Gemessen am Bruttosozialprodukt je Einwohner von (1994) 80 US-$ ist M. das ärmste Land der Erde. 1994 wurden 56% des Staatshaushalts durch ausländ. Wiederaufbauhilfen und Kredite finanziert. Im Zeitraum 1985–94 lag die durchschnittliche jährl. Inflationsrate bei 53%.

Landwirtschaft: Die Landwirtschaft ist der wichtigste Wirtschaftszweig. 1993 arbeiteten 81% der Erwerbstätigen im Agrarsektor; sie erwirtschafteten 33% des Bruttoinlandprodukts (BIP). Obwohl über die Hälfte der Staatsfläche für die Landwirtschaft geeignet ist, werden nur 4% ackerbaulich genutzt, 56% sind Dauerweideland. Neben Staatsfarmen und von Ausländern geführten Plantagen überwiegt die Subsistenzlandwirtschaft, die v. a. von Kleinbauern betrieben wird. Wichtigste Grundnahrungsmittel sind Maniok, Mais, Hirse, Kartoffeln, Bataten und Reis.

Klimadaten von Maputo (60 m ü. M.)					
Monat	Mittleres tägl. Temperaturmaximum in °C	Mittlere Niederschlagsmenge in mm	Mittlere Anzahl der Tage mit Niederschlag	Mittlere tägl. Sonnenscheindauer in Stunden	Relative Luftfeuchtigkeit nachmittags in %
I	30	130	14	7,2	65
II	30	124	12	7,5	66
III	29,5	97	13	7,3	66
IV	28,5	64	9	7,6	64
V	27	28	4	8,2	60
VI	25	17	4	8,2	59
VII	24,5	13	4	8,3	59
VIII	25,5	13	4	8,1	60
IX	26,5	38	5	7,5	63
X	27,5	46	10	6,8	66
XI	28,5	86	12	6,6	67
XII	29,5	103	12	7,1	66
I–XII	27,6	769	104	7,5	63

Für den Export werden Cashewnüsse (1996: 66000 t), Zuckerrohr und Baumwolle angebaut. Dürrekatastrophen, aber auch Überschwemmungen verursachen häufig große Ernteausfälle. Nahrungsmittel müssen importiert werden (1992: 1,15 Mio. t Getreide). Die Rinderhaltung ist wegen der Verbreitung der Tsetsefliege nur wenig entwickelt.

Forstwirtschaft: Über 19 Mio. ha sind als Waldfläche ausgewiesen. Der Holzeinschlag belief sich 1993 auf 16 Mio. m³ (davon 94% für Brennholz).

Fischerei: Erst nach der Unabhängigkeit 1975 wurde mit dem Aufbau der Fischindustrie begonnen und 1976 die Fischereizone auf 200 Seemeilen vor der Küste ausgedehnt. 1993 lag die Fangmenge bei 30000 t (davon 12000 t Krustentiere). Die Fischindustrie ist heute der wichtigste Exportzweig.

Bodenschätze: M. besitzt eine Vielfalt an Bodenschätzen. 1993 wurden nur Kohle, Salz und Bauxit in nennenswertem Umfang abgebaut. Die übrigen Vorkommen u. a. an Erdgas, Kupfer-, Eisen- und Manganerz, Tantalit, Zirkonium, Uran, Nickel, Gold, Titan sowie an Edelsteinen werden noch kaum genutzt.

Energiewirtschaft: M. verfügt über ein großes Potenzial an Wasserkraft. Nach der Wiederherstellung des Cabora-Bassa-Staudamms am Sambesi und der Überlandleitungen kann M. wieder Elektrizität in die Rep. Südafrika und nach Simbabwe liefern.

Industrie: Die Industrie beschränkt sich weitgehend auf die Verarbeitung landwirtschaftlicher Produkte (Baumwollentkernung, Zuckerraffinerien, Schälanlagen für Cashewnüsse, Mühlen), dazu kommen Nahrungs- und Genussmittelindustrie, Herstellung von Gebrauchsgütern (Textilien, Papier, Keramik u. a.) und Zement. Die wichtigste Industrie konzentriert sich auf den Großraum Maputo (u. a. Walzwerk, Erdölraffinerie, Düngemittelfabrik) und auf Beira (chem., Nahrungsmittel-, Textilindustrie, Holzverarbeitung).

Außenwirtschaft: Seit Jahren werden die Importe nur zu etwa 20% durch Exporte gedeckt (1993: Einfuhrwert 955 Mio. US-$; Ausfuhrwert 132 Mio. US-$). Beim Export dominieren Krustentiere (50% der Gesamtausfuhr), Cashewnüsse, Rohbaumwolle und Zucker. Wichtigste Handelspartner sind die Rep. Südafrika, die USA und Portugal. Eine wichtige Deviseneinnahmequelle sind die Stromlieferungen v. a. in die Rep. Südafrika. Der Schuldendienst für die (1994) 5,5 Mrd. US-$ Auslandsschulden beanspruchte 23% der Exporterlöse.

Verkehr: Das Transportsystem M.s wurde während des Bürgerkrieges durch Angriffe der Guerilla und Sabotage weitgehend zerstört. Wegen seiner lang gestreckten Lage am Ind. Ozean ist M. ein wichtiges Transitland für seine vom Meer abgeschnittenen Nachbarländer Malawi, Sambia, Simbabwe und Swasiland. Ausgangspunkte von fünf Eisenbahnlinien (Gesamtlänge 1993: 3131 km) sind die Hafenstädte Maputo (Strecken nach Swasiland, Rep. Südafrika und Simbabwe), Xai-Xai, Beira (Strecken nach Mutare in Simbabwe, zum Cabora-Bassa-Staudamm und nach Malawi), Quelimane und Nacala (Strecke nach Lichinga, mit Querverbindung nach Malawi). Seit 1987 können die Häfen wieder verstärkt genutzt werden. Das Straßennetz (1994: 28000 km) ist nur unzureichend ausgebaut oder noch vermint. Rd. 5000 km sind asphaltiert. Internat. Flughäfen befinden sich in Maputo, Beira und Nampula.

GESCHICHTE

Als VASCO DA GAMA 1498 die Küste von M. erreichte, war Sofala südlichste Hafenstadt der islam. Suahelikultur, in der sich afrikan., arab. und pers. Elemente verbanden. Die Portugiesen errichteten 1505 in Sofala ihre Herrschaft und drangen im Sambesital ins Lan-

Moçambique: Gebirgslandschaft mit Teeanbau am Namuligebirge

desinnere vor. 1609 erhielt M. einen eigenen Gouv., der jedoch bis 1752 Goa unterstellt blieb. Im 17. Jh. entwickelte sich der Sklavenhandel, der um 1850 seinen Höhepunkt erreichte. Im Inneren beherrschten port. und assimilierte einheim. ›Prazeiros‹ (Grundherren) wie unabhängige Fürsten das Land, bis sich um 1890 eine koloniale Zentralverwaltung gegen sie durchsetzen konnte. Die Grenzen von M. wurden 1891–94 in mehreren Verträgen zw. Portugal, Großbritannien und dem Dt. Reich festgelegt. 1917/18 schlug Portugal einen Aufstand im Sambesigebiet nieder. 1951 erhielt die Kolonie formell den Status einer port. Übersee-Prov. Im Zuge der Unabhängigkeitsbestrebungen der afrikan. Völker formierte sich 1962 im benachbarten Tansania die FRELIMO unter EDUARDO C. MONDLANE (*1920, †1969), die 1964 im nördl. M. einen Guerillakrieg begann und unter S. MACHEL, der seit MONDLANES Ermordung die FRELIMO führte, 1972 zur Generaloffensive überging. Begünstigt durch den Sturz des diktator. Regimes in Portugal (24. 4. 1974), kam es am 7. 9. 1974 zum Abkommen von Lusaka, in dem Portugal die FRELIMO anerkannte. Am 20. 9. 1974 wurde eine Übergangs-Reg. eingesetzt; am 25. 6. 1975 erlangte M. die staatl. Unabhängigkeit. Die polit. Macht wurde ohne Befragung des Volkes oder Beteiligung oppositioneller Parteien der FRELIMO übergeben. Unter Präs. MACHEL wurde die Volks-Rep. M. proklamiert und 1977 der Marxismus-Leninismus zur Richtlinie der Politik erklärt. Dies ungeachtet verweigerte der RGW 1981 die beantragte Aufnahme M.s als Voll-Mitgl. Gleichzeitig intensivierte die Rep. Südafrika die Destabilisierung der FRELIMO-Herrschaft in M. durch Unterstützung des 1976 begonnenen bewaffneten Kampfes der antimarxist. Gruppierung RENAMO, was einen langwierigen Bürgerkrieg auslöste (bis 1992 etwa 1 Mio. Tote). Dieser und die komplizierte wirtschaftl. Lage zwangen die Reg. von M., am 16. 3. 1984 dem Abkommen von Nkomati mit der Rep. Südafrika zuzustimmen, das M. verpflichtete, die Unterstützung für die Guerillaaktivitäten des südafrikan. African National Congress (ANC) einzustellen, während sich die RENAMO weiter inoffiziell aus der Rep. Südafrika versorgen konnte. M. fand Militärhilfe zum Schutz wichtiger Verbindungswege beim Nachbarland Simbabwe und suchte Wirtschaftshilfe bei den marktwirtschaftlich orientierten Staaten Europas und Nordamerikas, bes. durch seinen Beitritt zum Lomé-Abkommen. Dieser polit. Kurs wurde seit dem Unfalltod des Präs. MACHEL 1986 von seinem Nachfolger J. A. CHISSANO fortgesetzt. Im Juli 1989 löste sich die regierende FRELIMO offiziell vom Marxismus-Leninismus und im November 1990 wurde per Verf.-Änderung der Staatsname in Rep. M. geändert, die Einparteienherrschaft aufgegeben und auf ein marktwirtschaftl. System orientiert.

Nach 16 Jahren Bürgerkrieg unterzeichneten am 4.10.1992 in Rom Staatspräs. CHISSANO und RENAMO-Führer ALFONSO DHLAKAMA einen Waffenstillstands- und Friedensvertrag. Die Vereinten Nationen entsandten im Dezember 1992 eine Friedenstruppe zur Überwachung des Waffenstillstandes und der Demobilisierung der Bürgerkriegsparteien (ONUMOZ-Einsatz bis Dezember 1994). Der Friedensprozess fand im Oktober 1994 mit den ersten freien Wahlen seit der Unabhängigkeit 1975 seinen erfolgreichen Abschluss. Die FRELIMO errang dabei die Mehrheit im Parlament, die RENAMO etablierte sich als stärkste Oppositionspartei. Zugleich wurde Präs. CHISSANO in seinem Amt bestätigt und am 9.12.1994 als Staatspräs. vereidigt. Am 12.11.1995 wurde M. als einziges nicht englischsprachiges Mitgl. in das Commonwealth of Nations aufgenommen. Hauptprobleme des Landes sind der Aufbau der Wirtschaft und der Infrastruktur, die Rückführung der Flüchtlinge, die Reintegration der demobilisierten Soldaten und der Aufbau einer neuen Armee sowie die Räumung der schätzungsweise 2 Mio. Landminen.

M. KUDER: M. Eine geograph., soziale u. wirtschaftl. Länderkunde (1975); A. F. u. B. ISAACMAN: The tradition of resistance in Mozambique (London 1976); DIES.: M. From colonialism to revolution, 1900–1982 (Boulder, Col., 1983); P. MEYNS: Befreiung u. nat. Wiederaufbau von Mozambique (1979); B. WEIMER: Die mozambique. Außenpolitik 1975–1982 (1983); J. HANLON: Mosambik. Revolution im Kreuzfeuer (a. d. Engl., 1986); L. STEINER: Mosambik (1992); M. NEWITT: A history of Mozambique (London 1995).

Moçambique [mosam'bik, port. musam'bikə], **Mozambique** [mozã'bik, frz.], Name von geographischen Objekten:

1) Moçambique, Hafenstadt in NO-Moçambique, 15 000 Ew., auf der gleichnamigen Koralleninsel (UNESCO-Welterbe) im Ind. Ozean (5 km lange Brücke zum Festland); Nahrungs- und Genussmittelindustrie. – M., eine alte arab. Handelsniederlassung, bestand schon im 10. Jh.; 1508 ließen sich Portugiesen nieder und errichteten das Fort São Sebastião. Bis 1897 war M. Hauptstadt von Portugiesisch-Ostafrika.

2) Straße von Moçambique, Meeresstraße zw. SO-Afrika und der Insel Madagaskar, 400–900 km breit. An der W-Seite fließt der Moçambiquestrom.

Moçambique|strom [mosam'bɪk-], warme Meeresströmung längs der SO-Küste Afrikas nach SW; setzt sich im Agulhasstrom fort. (KARTE →Meeresströmungen)

Moçâmedes [muˈsaməðɪʃ], Hafenstadt in Angola, →Namibe.

Mocha [ˈmɔxa], Al-M., Stadt in Jemen, →Mokka.

Moche [ˈmotʃe], Ort und Tal im nördl. Peru, in der Küstenebene südlich von Trujillo; Bez. der Kultur der **Mochica** und bes. des ihr eigenen Keramikstils. Vom M.-Tal aus breitete sich die M.-Kultur von 100 bis 700 aus und umfasste auf dem Höhepunkt ihrer Entwicklung alle Küstentäler N-Perus vom Lambayeque zum Nepeña (von N nach S 250 km). Die wirtschaftl. Grundlage bildete intensiver Ackerbau mit Bewässerung, ergänzt durch Fischfang. Die Haustiere Lama und Alpaka lieferten Fleisch und Wolle, das Lama war auch Lasttier. Der Goldbearbeitung (vorher schon in der Chavínkultur üblich) fügte die M.-Kultur Techniken des Metallgusses hinzu sowie die Verwendung von Metalllegierungen und von Silber und Kupfer. Tempel, Paläste und Hausplattformen wurden aus rechteckigen Adobeziegeln gebaut. Herausragend im Pyramidenbau sind die Sonnen- und die Mondpyramide am Ausgang des M.-Tals. Die Sonnenpyramide steht auf einer lang gestreckten, 230 m langen Stufenterrasse, das Gesamtbauwerk ist 41 m hoch. Das Handwerk stand in hoher Blüte, v. a. die Kunst der Keramik. Die Gefäße sind meist rund, mit flachem Boden und Steigbügelhenkel. Ihre Bemalung entwickelte sich stilistisch von sparsamer Ausfüllung der Gefäßoberfläche zur gesamten Flächenfüllung. Stets wurden zwei Farben verwendet: rötlich braune Figuren auf elfenbeinfarbenem Grund, bisweilen taucht auch Schwarz auf. Die Motive sind realist. Darstellungen aus dem Alltagsleben, Tier- und Pflanzenwelt, Kriegsgeschehen, Götter- und Totenwelt, kult. Zeremonien und myth. Szenen. In der M.-Keramik gibt es außerdem plast. Figurengefäße mit vielfältigen Motiven, auch Porträtköpfe. Die Keramik stammt fast ausschließlich aus Gräbern (Raubgrabungen). Die M.-Gräber sind Schachtgräber und waren reicher ausgestattet als Gräber früherer Kulturen in diesem Gebiet. Die unterschiedl. Qualität der Grabbeigaben lassen auf ein differenziertes gesellschaftl. Klassensystem und komplexe Arbeitsteilung schließen. Die M.-Kultur fand im Reich der →Chimú ihre Fortsetzung. (Weiteres BILD →Kopffüßler)

Mochi [ˈmɔːki], **Mocchi**, Francesco, ital. Bildhauer, * Montevarchi (bei Arezzo) 29.7.1580, † Rom 6.2.1654; gelangte, ausgehend vom florentin. Manierismus, zu einem pathet. barocken Stil.

Werke: Bronzene Reiterdenkmäler des Ranuccio und Alessandro II. Farnese in Piacenza, Piazza dei Cavalli (1620–25); Marmorfigur der Hl. Veronika an einem Kuppelpfeiler von St. Peter in Rom (1629–40).

F. M. Ausst.-Kat. (Florenz 1981).

Mochis [-tʃis], **Los M.**, Stadt in NW-Mexiko, in der Küstenebene des Bundesstaates Sinaloa, 129 000 Ew.; Zentrum eines seit den 50er-Jahren entwickelten Bewässerungsfeldbaugebietes, mit Zuckerraffinerie und Konservenfabrik; Fremdenverkehr (Winteraufenthalt, Küstenfischerei).

Mochnacki [mɔxˈnatski], Maurycy, poln. Literaturkritiker, * Bojaniec (Galizien) 13.9.1803 (1804?), † Auxerre 20.12.1834; einer der theoret. Begründer der poln. Romantik, deren gegen den Warschauer Klassizismus gerichtetes ästhet. Programm er in Anlehnung an F. SCHELLING, A. W. SCHLEGEL und

Moche: links Goldfigur der Mochekultur; rechts Gefäß in Form eines gefangenen Hirschmenschen; um 400 (Lima, Archäologisches Museum Rafael Larco Herrera)

SCHILLER formulierte (›O duchu i źródłach poezji w Polszcze‹, 1825; ›O literaturze polskiej w w. XIX‹, 1830).
Ausgabe: Pisma wybrane (1957).
H. SCHROEDER: Studien über M. M. (1953).

Mochovce [-tsǝ], Kernkraftwerk in der →Slowakischen Republik (Energiewirtschaft).

Mock, Alois, österr. Politiker, *Euratsfeld (bei Amstetten) 10. 6. 1934; seit 1967 Mitgl. der ÖVP. 1966–69 war er Kabinettschef unter Bundeskanzler J. KLAUS, 1969–70 Unterrichts-Min. Seit 1970 ist er Mitgl. des Nationalrates. 1971–79 war er Bundesobmann des Österr. Arbeiter- und Angestelltenbundes (ÖAAB). Als Bundesobmann der ÖVP (1979–89) führte er 1979–87 seine Partei in die Opposition. Mit dem Eintritt in die Reg. unter Bundeskanzler F. VRANITZKI (SPÖ) wurde er Vizekanzler (1987–89) und hatte als Außen-Min. (1987–95) maßgebl. Anteil an der Aufnahme Österreichs in die Europ. Union (EU), an der formellen Beendigung der Südtirol-Frage sowie an der internat. Anerkennung von Bosnien und Herzegowina.

Mockel, Albert, belg. Lyriker frz. Sprache, *Ougrée 27. 12. 1866, †Ixelles 30. 1. 1945; gründete 1886 in Brüssel das Organ der belg. Symbolisten ›La Wallonie‹, wurde durch seine Lyrik (›Chantefable un peu naïve‹, 1891; ›Clarté‹, 1901; ›La flamme immortelle‹, 1924) und durch literar. Studien bekannt (u. a. über S. MALLARMÉ, 1899, und É. VERHAEREN, 1895).
Ausgabe: Esthétique du symbolisme, hg. v. M. OTTEN (Brüssel 1962).

Möckern, Stadt im Landkreis Jerichower Land, Sa.-Anh., 65 m ü. M., 3 200 Ew. – In Anlehnung an eine Mitte des 10. Jh. bezeugte Burg entstand die unregelmäßig angelegte Stadt, die im Spät-MA. ummauert war.

Möckmühl [mœkˈmyːl, ˈmœkmyːl], Stadt im Landkreis Heilbronn, Bad.-Württ., im Jagst- und Seckachtal, 179 m ü. M., 8 200 Ew.; Heimatmuseum. – Gut erhaltene mittelalterliche Stadtbefestigung, die die Burg einbezieht (15.–17. Jh.), Bergfried mit Fachwerk und Kegeldach; Rathaus (1589), Fachwerkhäuser (16.–18. Jh.). – Das im 8. Jh. als Besitz des Stifts Fulda erwähnte M. erhielt um 1250 Stadtrechte. Es fiel 1504 an Württemberg.

Moctezuma [span. -ˈθuma], eigtl. **Motecuhzoma** [Nahuatl ›der zürnende Fürst‹], verballhornt auch **Montezuma,** Herrscher der Azteken:
1) **Moctezuma I.,** †Tenochtitlán 1469; erkämpfte in seiner Reg.-Zeit (1440–69) Tenochtitlán (der späteren Stadt Mexiko) die Vormachtstellung unter den zentralmexikan. Stadtstaaten.
2) **Moctezuma II.,** eigtl. **M. Xocoyotzin,** *um 1466, †Tenochtitlán 30. 6. 1520, Urenkel von 1); wurde 1502 als Nachfolger seines Onkels AHUÍZOTL zum Herrscher gewählt. Durch weitere Eroberungen konnte er das Aztekenreich arrondieren. Da die Ankunft der Spanier unter H. CORTÉS den Azteken zunächst als die geweissagte und erwartete Wiederkehr des Gottes Quetzalcoatl galt, hieß M. CORTÉS willkommen; dieser ließ ihn jedoch bald darauf gefangen nehmen. Als M. von den Spaniern veranlasst wurde, die nach Zerstörung ihrer Heiligtümer rebellierenden Azteken zu beruhigen, erlitt er durch Steinwürfe Verletzungen, denen er erlag.
W. HABERLAND: M. II., in: Die Großen der Weltgesch., hg. v. K. FASSMANN u. a., Bd. 4 (Zürich 1973).

modal [zu lat. modus ›Art‹, ›Weise‹, ›Maß‹], *Sprachwissenschaft:* den Art und Weise bezeichnend; den →Modus betreffend (→Adverb, →Modalverb, →Partikel).

modaler Mineralbestand, *Petrologie:* →Modus.

Modalfasern, hochnassfeste, d. h. gegen Zugkräfte im nassen Zustand widerstandsfeste Viskosespezialfasern mit hohem Polymerisationsgrad (→Viskose).

Modalismus, *Theologiegeschichte:* →Monarchianismus.

Modalität *die, -/-en,* 1) *meist Pl., allg.:* näherer Umstand, Bedingung, Einzelheit der Durch- oder Ausführung, des Geschehens.
2) *Philosophie:* 1) in der Ontologie das Wie des Seins (Wirklichkeit, Möglichkeit, Notwendigkeit) eines Seienden oder Geschehens; 2) in der Logik der Grad der Bestimmtheit einer Aussage bzw. der Gültigkeit von Urteilen, die nach ihrer M. eingeteilt werden in assertor. (behauptende), apodikt. (notwendige) und problemat. (mögl.) Urteile. I. KANT unterscheidet Kategorien der M.: Wirklichkeit, Notwendigkeit und Möglichkeit.

Modallogik, wichtigstes Teilgebiet der philosoph. →Logik, das sich mit Aussagen beschäftigt, die mit den alethischen (→Aletheia) Modalitäten ›möglich‹ und ›notwendig‹ gebildet sind. Die M. wird als eine Erweiterung der klass. Aussagen- bzw. Prädikatenlogik durch Hinzunahme der beiden einstelligen Modaloperatoren L und M behandelt. Statt L, M schreibt man oft auch □, ◇. L ist der Notwendigkeitsoperator: L(A) bedeutet: ›Es ist notwendig, dass A...‹; M ist der Möglichkeitsoperator: M(A) heißt: ›Es ist möglich, dass A...‹. Für ›L(A) ist wahr‹ bzw. ›M(A) ist wahr‹ sagt man auch, dass A notwendig bzw. möglicherweise wahr ist.
Die M. wird i. d. R. als Kalkül aufgebaut: Zu den Axiomen der klass. Logik werden dann noch Axiome für die Modaloperatoren dazugenommen, etwa L(A)→A (›wenn es notwendig ist, dass A, dann A‹). Es gibt aber keine Gruppe von Axiomen, die alle mit den Modalitäten verbundenen intuitiven Vorstellungen genau erfasst. Vielmehr gibt es mehrere Systeme der M., die miteinander konkurrieren, gewisse Vor- und Nachteile besitzen und jeweils unterschiedl. Aspekte der betrachteten Modalitäten erfassen.
Große Bedeutung für die M. und ihre Systematisierung hat die 1959 von S. KRIPKE entwickelte Semantik der mögl. Welten (auch Kripke-Semantik genannt). Diese baut auf einer Menge auf, deren Elemente ›mögl. Welten‹ genannt werden (in vager Entsprechung zu Ideen bei G. W. LEIBNIZ). Zw. diesen Elementen ist eine zweistellige Zugänglichkeitsrelation erklärt. Nun kann man eine Aussage M(A) in einer Welt w wahr nennen, wenn es eine von w zugängl. Welt w′ gibt, in der die fragl. Aussage A tatsächlich wahr ist. Gilt die Aussage A dagegen in allen von w aus zugängl. Welten, so heißt die Aussage L(A) wahr in der Welt w. Aus der Semantik der mögl. Welten sind u. a. von KRIPKE selbst weit reichende philosoph. Folgerungen gezogen worden, die zahlr. Diskussionen provozierten.
Geschichte: Die M. nimmt bei ARISTOTELES einen breiten Raum ein; auch DIODOROS KRONOS hat wesentl. Fragen für die M. aufgeworfen. Die moderne M. begann mit den Arbeiten (1912–32) von C. I. LEWIS. 1933 schlug K. GÖDEL vor, die M. als Erweiterung der klass. Logik aufzufassen. In den letzten Jahren findet die M. verstärkt Beachtung im Rahmen der theoret. Informatik.
G. E. HUGHES u. M. J. CRESSWELL: Einf. in die M. (a. d. Engl., 1978); Logik-Texte, hg. v. K. BERKA u. L. KREISER (Berlin-Ost ⁴1986); S. A. KRIPKE: Name u. Notwendigkeit (a. d. Amerikan., Neuausg. 1993).

Modalnotation, Notenschrift des späten 12. und frühen 13. Jh. (eine Vorstufe der →Mensuralnotation), in der mehrstimmig musikal. Werke bes. der Notre-Dame-Schule aufgezeichnet sind: Organum, Klausel, Conductus und Motette. Die M. verwendet die quadrat. Noten der →Choralnotation und deutet durch Reihung von 2-, 3- oder 4-tönigen Ligaturen erstmals den rhythm. Ablauf (Modus, Grundrhythmus) der Stimmen an, wobei sechs je dreizeitige rhythm. Modi un-

Alois Mock

Moda Modalpersönlichkeit – Modeldruck

Modus	Kombination	Beispiel	rhythmische Bedeutung mittelalterliche Theorie	heute
1.	3 2 2 ...		L B L B L B L	♩♪♪ ♪♪ ♪♪
2.	... 2 2 3		B L B L B L B	♪♪ ♪♪ ♪♪♩
3. (oder 6.)	1 3 3 ...		L B B L B B L	♪. ♪♪♪. ♪♪♪.
4.		kommt sehr selten vor und ist umstritten		
5.	1 1 1 ...		L L L	♩. ♩. ♩.
6. (oder 3.)	4 3 3 ...		B B B B B B B B B B	♪♪♪♪ ♪♪♪ ♪♪♪

Modalnotation: Die sechs Modi der Modalnotation; L Longa, B Brevis

terschieden werden. Die Stimmen sind auf getrennten Systemen notiert und wie in einer Partitur übereinander angeordnet. Beginn und Ende einer Ligaturkette sind durch einen kurzen senkrechten Strich gekennzeichnet, der außerdem als Gliederungs- und Pausenstrich dient.

Modalpersönlichkeit, Grundpersönlichkeit, Basispersönlichkeit, engl. **Basic personality type** [ˈbeɪsɪk pəːsəˈnælɪti taɪp], von den amerikan. Ethnologen R. LINTON und ABRAM KARDINER (* 1891, † 1981) 1936 eingeführte Bez. für einen Persönlichkeitstyp, der, bedingt durch gleiche soziokulturelle Umweltverhältnisse bzw. -einflüsse, häufig bis regelmäßig in einem bestimmten Volk oder Kulturkreis auftritt.

Modalsatz, *Sprachwissenschaft:* Adverbialsatz, der das Geschehen des Hauptsatzes nach Art und Weise bestimmt (z. B. ›er tat, als sei er überrascht‹).

Modalverb, Verb, das (verbunden mit einem Infinitiv) einen modalen Aspekt zum Ausdruck bringt (z. B. dürfen, können, mögen, müssen, sollen, wollen).

Modalwert, *Statistik:* der →Modus.

Mode [frz., von lat. modus ›Art‹, ›Maß‹, eigtl. ›Gemessenes‹, ›Erfaßtes‹], der sich wandelnde Geschmack in den verschiedensten Lebensbereichen, der gleichermaßen von ästhet. und moral. Vorstellungen, Wiss. u. a. wie vom gesamtgesellschaftl. Zusammenhang beeinflusst wird. Zunächst im 17. Jh. in der Bedeutung von ›Art und Weise‹, ›Brauch‹, ›Sitte‹ aus dem Französischen entlehnt, wurde der Begriff ›M.‹ in den 20er-Jahren des 17. Jh. für neu aufkommende, französisch beeinflusste Kleiderarten mit der Bez. →à la mode oder ›alamodisch‹ verwendet. Heute hat M. meist die Bedeutung von Tages-, Zeitgeschmack; das Neueste, Zeitgemäße.

Während die Kleider-M. in den mittelalterl. Gesellschaften bis in die beginnende Neuzeit auf die Zugehörigkeit zu einem bestimmten Stand verwies (→Kleiderordnungen), hat die M. seit Ausbildung der Industriegesellschaften ihre heutige Bedeutung als Mittel sozialen Wettbewerbs breiter Schichten und der Schichtangehörigen untereinander erhalten. Bestimmend für die Kleider-M. wirkten lange Zeit die Zentren polit. Macht: zunächst Burgund, in der Renaissance die Stadtstaaten in N-Italien, dann der span. und später der frz. Hof. Neben der von den Höfen ausgehenden und im Wesentlichen nur für den Adel bestimmenden M. zeigte sich mit dem Aufkommen des Bürgertums daneben eine zweite M.-Strömung, die sich teils an die höf. M. anlehnte, teils eigene Wege (›zeitloser‹ Klassizismus usw.) Prägung) ging. Im 19. Jh. entstand durch die fortschreitende Industrialisierung, die Verfügbarkeit neuer Materialien und Farben sowie v. a. durch die Einführung der Nähmaschine und mit ihr der Konfektionskleidung eine leistungsfähige M.-Industrie, deren Erzeugnisse immer breitere Schichten an der mod. Entwicklung teilhaben ließen. Gleichzeitig begünstigte der wachsende Wohlstand der Bürgertums die Ausbildung exklusiver M.-Zentren, die um die Jahrhundertmitte zur Begründung der →Haute Couture durch C. F. WORTH in Paris führte. Im 20. Jh. gewann die M. v. a. durch Massenmedien (speziele M.-Zeitschriften) und Werbung eine kaum noch begrenzte Breitenwirkung, unterstützt durch M.-Schauen für die unterschiedl. Zielgruppen. Das Durchsetzungsvermögen von M.-Strömungen beruht darauf, dass eine M., die von den sozialen Oberschichten – ihrem Bedürfnis nach Differenzierung und Exklusivität folgend – akzeptiert wird, von anderen Bev.-Schichten nachgeahmt und damit verbreitet wird. Im Rahmen der modernen Konsumgesellschaften erweist sich M. daher als Ausdruck sozialer Anpassung und Nivellierung. Insbesondere im Bereich der Kleider-M. hat sich vor dem Hintergrund einer ›liberalen‹ Anschauung, der zufolge Chancengleichheit und Individualisierung gleichermaßen hoch bewertet werden, eine Spezialisierung (nach mehreren Altersklassen, Anlässen, Tätigkeiten u. a.) herausgebildet, die in Verbindung mit einer Überhöhung des ›Neuen‹ einen sehr kurzen M.-Zyklus hat entstehen lassen. Hiergegen und gegen den normierenden Charakter von M. sind Anti-M. entstanden, um Protest und Differenzierung auszudrücken, die allerdings ihrerseits wieder z. T. von der M.-Industrie aufgenommen und mit normierendem Charakter versehen werden.

G. SIMMEL: Philosophie der Mode (1905); M. BRAUN-RONSDORF: Mod. Eleganz. Eine Kostümgesch. von 1789 bis 1929 (1963); Künstler u. M. Vom Modeschöpfer zum Modegestalter, bearb. v. E. THIEL (Berlin-Ost 1979); H. J. HOFFMANN: Kleidersprache. Eine Psychologie der Illusionen in Kleidung, M. u. Maskerade (1985); R. KÖNIG: Menschheit auf dem Laufsteg. Die M. im Zivilisationsprozeß (Neuausg. 1988); Metropolen machen M. Haute Couture der 20er Jahre, bearb. v. B. MUNDT u. H.-J. BARTSCH (³1989); I. LOSCHEK: Reclams M.- u. Kostümlex. (³1994); A. VON COSSART: (Anti-)M. (... Beatniks, Hippies, Punks, Hip Hopper ...) (1995); A. HOLLANDER: Anzug u. Eros. Eine Gesch. der modernen Kleidung (a. d. Engl. 1995); I. LOSCHEK: M. im 20. Jh. Eine Kulturgesch. unserer Zeit (⁵1995); M. VON BOEHN: Die M., 2 Bde. (Neuausg. ⁵1996); R. BARTHES: Die Sprache der M. (a. d. Frz., ⁴1997). – Weitere Literatur →Kleidung.

Model [von lat. modulus ›Maß‹, ›Maßstab‹] *der, -s/-,* **1)** Hohlform, aus Holz geschnitzt, z. T. auch aus Ton oder Kunststoff, meist mit alten, tradierten Mustern, mit der Backwaren (meist aus relativ festem Teig) charakteristisch geprägt werden (z. B. für Springerle); daneben kommen auch M. für Butter (**Butter-M.**) und für das Gießen von Wachs vor; heute oft als Dekorationsartikel verwendet.

2) *Druckform:* 1) Holzstempel für den Textildruck (→Modeldruck), auch für Papier- und Tapetendruck; 2) Vorlage für Stick- und Wirkarbeiten; seit dem 16. Jh. von Holzstöcken gedruckt und als **M.-Bücher** zu Blockbüchern zusammengefasst.

A. LOTZ: Bibliogr. der M.-Bücher (1933, Nachdr. 1963).

3) *Holzbearbeitung:* im Sägewerk vorgeschnittenes Rundholz mit zwei parallelen Schnittflächen.

Model [engl.] *das, -s/-s,* Fotomodell.

Model, Walter, Generalfeldmarschall (seit 1944), * Genthin 24. 1. 1891, † (Selbstmord) bei Lintorf (bei Düsseldorf) 21. 4. 1945; führte im Zweiten Weltkrieg an der Ostfront zunächst eine Panzerdivision, dann ein Panzerkorps, befehligte seit Januar 1942 die 9. Armee und von Januar bis August 1944 nacheinander die Heeresgruppen Nord, Nordukraine und Mitte. Seit August 1944 als Nachfolger von Generalfeldmarschall H. G. VON KLUGE Oberbefehlshaber der Heeresgruppe B im Westen und vorübergehend (bis 5. 9. 1944) zugleich Oberbefehlshaber West, wehrte er die brit. Luftlandung bei Arnheim im September 1944 ab und nahm an der Ardennenoffensive teil. Im April 1945 wurden seine Truppen von Amerikanern im Ruhrgebiet eingeschlossen.

Modeldruck, Handdruck, älteste Form des Textildrucks. Als Druckformen dienen Model aus Holz.

Sie enthalten das Muster ausgestochen oder ausgebrannt in erhabener Form. Sie werden mit Farbe versehen, auf die Ware gebracht und mit einem Holzhammer abgeklopft. Für scharfe Linien und Punktmuster werden im Holz zusätzlich Stifte und Bleche aus Messing angebracht, bei großflächigen Mustern Filzauflagen. Zum mustergetreuen Versetzen der Schablonen dienen Rapportstifte an den Ecken des Models.

Modell [ital. modello, zu lat. modulus ›Maß‹, ›Maßstab‹] *das, -s/-e,* **1)** *allg.:* Muster, Entwurf, z. B. in der Baukunst →Architekturmodell; Vorbild, Beispiel.

2) *Logik* und *Mathematik:* ein Bereich (meist eine Menge), dessen Mitglieder und deren Verknüpfungen eine durch Axiome beschriebene abstrakte Struktur besitzen. So bilden beispielsweise die Drehungen in der Ebene mit festem Drehzentrum ein M. der Struktur ›Gruppe‹. Die **M.-Theorie** versucht mithilfe von M. die relative Widerspruchsfreiheit von Axiomensystemen sowie die Unabhängigkeit der Axiome voneinander zu zeigen. So beweist z. B. die analyt. Geometrie die Widerspruchsfreiheit der euklid. Geometrie, vorausgesetzt, die Theorie der reellen Zahlen ist widerspruchsfrei (deshalb die Bezeichnung ›relativ‹). Aufsehen erregten die M. der nichteuklid. Geometrien in der euklid. Geometrie, die in der 2. Hälfte des 19. Jh. gefunden wurden (E. BELTRAMI, C. F. KLEIN, H. POINCARÉ) und breite wissenschaftstheoret. Diskussionen auslösten. Systematisch im modernen Sinne benutzt wurde die Methode der M.-Bildung, die heute zu den grundlegenden Techniken der mathemat. Logik zählt, von D. HILBERT in seinen ›Grundlagen der Geometrie‹ (1899). Einen großen Aufschwung brachten der M.-Theorie die Entdeckungen von G. LÖWENHEIM und T. SKOLEM in den 1920er-Jahren. Ein überragendes Ergebnis für die modelltheoretische Forschung bildete die Nonstandard-Analysis (→Nichtstandardanalysis) von A. ROBINSON (1966).

W. SCHWABHÄUSER: M.-Theorie, 2 Bde. (1971–72); G. KREISEL u. J.-L. KRIVINE: M.-Theorie. Eine Einf. in die mathemat. Logik u. Grundlagentheorie (a. d. Frz., 1972).

3) *Malerei* und *Bildhauerkunst:* 1) Naturgegenstand, bes. der Mensch (aber auch Tier oder Pflanze), der als Vorbild künstler. Gestaltung dient. Die Arbeit nach dem M. kam erst in der späteren Antike, dann wieder im späteren MA. und bes. in der Renaissance auf. In den Kunstakademien gehört sie zum Unterricht und betrifft v. a. den →Akt (M.-Klasse). 2) in der Bildhauerkunst auch ein stereometrisch genaues Vorbild des endgültigen Werkes. Es wird aus bildsamem Stoff (Ton, Wachs) mit freier Hand oder Modellierhölzern und Schlingen hergestellt (modelliert). Von dem meist in der endgültigen Größe gehaltenen, in Gips ausgegossenen M., das dann in Stein oder Holz übertragen oder in Bronze abgegossen wird, ist der →Bozzetto zu unterscheiden.

4) *Mode:* als Einzelstück angefertigtes Kleidungsstück; kann abgewandelt als Vorlage für die serienweise Herstellung (Konfektion) dienen.

5) *Naturwissenschaften:* ein Abbild der Natur unter Hervorhebung für wesentlich erachteter Eigenschaften und unter Außer-Acht-Lassen als nebensächlich angesehener Aspekte. Das M. in diesem Sinn ist ein Mittel zur Beschreibung der erfahrenen Realität, zur Bildung von Begriffen der Wirklichkeit und Grundlage von Voraussagen über künftiges Verhalten des erfassten Erfahrungsbereichs. Es ist umso realistischer oder wirklichkeitsnäher, je konsistenter es den von ihm umfassten Erfahrungsbereich zu deuten gestattet und je genauer seine Vorhersagen zutreffen; es ist umso tragender, je größer der von ihm beschriebene Erfahrungsbereich ist.

M. entstehen aus der Wechselwirkung zw. Hypothesenbildung und Beobachtung oder (in den exakten Naturwissenschaften) messendem Experiment: Die Hypothese lenkt die Beobachtung, und deren Resultate geben ihrerseits Anlass zur Verifizierung der Hypothese. Damit sind M. grundsätzlich nicht endgültig; sie müssen immer wieder der Erfahrung angepasst und, sofern das in einer konsistenten Weise nicht möglich ist, verworfen und durch neue M. ersetzt werden. Wesentl. Prozesse sind dabei die erkenntnistheoret. Kritik der verwendeten Begriffe und, falls erforderlich, deren Umdeutung oder Neubildung.

Eine M.-Vorstellung fußt i. d. R. auf früherer Erkenntnis, wird im Bedarfsfall durch Postulate erweitert und mündet idealerweise in einer umfassenden Theorie. Ein Beispiel aus der Physik ist die Entwicklung des Atom-M.: Frühe Vorstellungen beruhten auf den klass. Theorien der Mechanik und der Elektrodynamik. Als sich anhand experimenteller Befunde zeigte, dass diese M. unauflösbare Widersprüche beinhalteten, wurden sie aufgegeben und durch das bohrsche Atom-M. mit den dazugehörenden Postulaten ersetzt. Die Weiterentwicklung der hierin enthaltenen Ideen führte zur Formulierung der Quantenmechanik und ihrer relativist. und feldtheoret. Erweiterungen, die heute als gültige Theorien, als M. des Atoms, angesehen werden.

6) *Technik:* in verkleinertem, natürl. oder vergrößertem Maßstab ausgeführte räuml. Abbilder eines techn. Entwurfs oder Erzeugnisses zur anschaul. Darstellung, zu Lehrzwecken, als Spielzeug (kleine M. von Eisenbahnen, Autos, Schiffen, Flugzeugen u. a.) oder als wiss. Versuchsobjekte in M.-Versuchen. – In der Gießerei verwendet man den gewünschten Gusswerkstücken ident. M. aus Metall, Kunststoff, Holz u. a. zur Herstellung der Gießform.

7) *Wirtschaftswissenschaften:* konstruiertes, vereinfachtes Abbild des tatsächl. Wirtschaftsablaufs, z. T. in mathemat. Formulierung. Dabei unterscheidet man bei den **wirtschaftstheoretischen M.** Partial- und Total-M., je nach mikro- und makroökonom. Basis (→Makroökonomik, →Mikroökonomik) sowie stat. und dynam. M. (→dynamische Analyse). **Ökonometrische M.** dienen dazu, die wirtschaftstheoret. M. empirisch anzuwenden, sodass die Strukturkonstanten für eine bestimmte Volkswirtschaft in einer bestimmten Zeit numerisch konkretisiert sind. Im Ggs. zu wirtschaftstheoret. M. kommen in den Einzelgleichungen der ökonometr. M. stets Zufalls- oder Störvariablen vor, die abkürzend für eine Vielzahl unbekannter Einzeleinflüsse oder für einen im Wirtschaftsablauf angelegten Zufallsmechanismus stehen (→Ökonometrie).

Modell|aufführung, Inszenierung, die in einem ›Modellbuch‹ mithilfe von Fotos, Materialien und Beschreibungen dokumentarisch festgehalten ist. Auf Anregung B. BRECHTS wurden vom Berliner Ensemble M. mit versch. Brecht-Stücken verwirklicht.

Modellbücher des Berliner Ensemble, hg. v. R. BERLAU, 3 Bde. (¹⁻²1948–62).

Modell|eisenbahn, naturgetreue, maßstäblich verkleinerte Nachbildungen von Eisenbahnen und Eisenbahnanlagen. Die wichtigsten Verkleinerungsmaßstäbe sind 1:220 (Spur Z, Spurweite 6,5 mm), 1:160 (Spur N, 9 mm), 1:120 (Spur TT, 12 mm), 1:87 (Spur H0, 16,5 mm), 1:64 (Spur S, 22,5 mm), 1:45 (Spur 0, 32 mm), 1:32 (Spur I, 45 mm), 1:22,5 (Spur G, 54 mm). Die Triebfahrzeuge werden elektrisch mit Gleichstrom (über die beiden Fahrschienen) betrieben oder mit Wechselstrom (dann meist über die beiden Fahrschienen als Masseleiter und Punktkontakte in der Gleismitte, früher Mittelschiene, als zweiten elektr. Leiter). Züge werden von einem Fahrregler, Signale, Weichen usw. i. d. R. von einem Schalt- oder Gleisbildpult aus (seit 1984/85 auch digital) zentral gesteuert.

Modellflugsport, →Modellsport.

Modellflugzeug, 1) Flugzeugnachbildung in maßstäbl. Verkleinerung, z. B. für Ausstellungen oder Windkanalversuche, meist nicht flugfähig.
2) →Flugmodell.

Modellieren, das plast. Formen in Ton, Wachs, Gips u. a. mit der Hand oder unter Zuhilfenahme von Modellierhölzern und Drahtschlingen.

Modellpsychose, experimentelle Psychose, durch Verabreichen von →Halluzinogenen künstlich hervorgerufene Psychose. M. dienen der Erforschung der bei Psychosen im Nervensystem ablaufenden Vorgänge.

Modellrennsport, Automodellrennsport, →Modellsport.

Modellschule, Versuchsschule, Schule, an der pädagog. und organisator. Konzepte **(Schulmodelle)** erprobt werden; Voraussetzung zur Anerkennung eines solchen Schulversuchs ist die Zustimmung der Kultusministerkonferenz; bes. bekannt wurde die ›Laborschule‹ von H. VON HENTIG.

Modellschutz, →Geschmacksmuster.

Modellsegeln, →Modellsport.

Modellseismik, Verfahren zum Studium der Ausbreitung seism. Wellen an Modellen geolog. Strukturen mithilfe von Ultraschall.

Modellsport, Sammel-Bez. für die Disziplinen (Auto-)Modellrennsport, Fesseldrachensport, Modellflugsport und Schiffsmodellsport. **(Auto-)Modellrennsport** beinhaltet Wettbewerbe mit Modellrennwagen in versch. Maßstäben mit Elektro- (Maßstab 1:12 bzw. 1:10) und Verbrennungsmotoren (Maßstab 1:10 bzw. 1:8) sowie mit Großmodellen; ausgetragen auf speziellen Rennbahnen. Die Fahrzeuge sind in versch. Rennklassen eingeteilt (je nach Karosserieform, Bauform des Chassis und Motorstärke). Ausgetragen werden u. a. dt., Europa- und Weltmeisterschaften. In Dtl. ist der Dt. Minicar Club e. V. (DMC, gegr. 1971) für den (Auto-)Modellrennsport zuständig. – **Fesseldrachensport** umfasst die Disziplinen Lenkdrachen (an zwei, drei oder vier Leinen geführt) und Standdrachen (an einer Leine geführt), die jeweils wiederum in versch. Wettbewerbe untergliedert werden (Lenkdrachen: z. B. Einzel, Ballett, Paare, Teams; Standdrachen: z. B. Flach-, Ketten-, Zellen-, stablose Drachen, offene Klasse, Windspiele). Zur Austragung gelangen u. a. dt. Meisterschaften, Europacup- und Mannschafts-Weltcup-Wettbewerbe. In Dtl. gibt es neben selbstständigen regionalen Drachenvereinen den Drachenclub Dtl. e. V. (DCD, gegr. 1984). – Der **Modellflugsport** wird mit →Flugmodellen betrieben. Es werden u. a. dt. Meisterschaften sowie Europa- und Weltmeisterschaften in versch. Disziplinen veranstaltet. Organisatorisch ist der Modellflugsport in Dtl. in der Sportfachgruppe Modellflug im Dt. Aero Club e. V. (→Aero-Club) bzw. im Dt. Modellflieger-Verband e. V. (DMFV, gegr. 1972) eingebunden. – Im **Schiffsmodellsport** werden bei den motorgetriebenen Rennbootmodellen die Kategorien Elektro- und Verbrennungsmodelle unterschieden. Beim **Modellsegeln** trägt man Wettbewerbe mit Modellsegelbooten (Modelljachten) auf meist dreieckigem Kurs aus. Die Boote sind den allg. zugelassenen Segelbootsklassen in Miniatur nachgebildet; sie sind gegebenenfalls nachgebildet und werden i. d. R. ferngesteuert. In Dtl. wird Schiffsmodellbau und -sport vom Dt. Dachverband für Schiffsmodellbau und Schiffsmodellsport (nauticus e. V., gegr. 1959) organisiert, dem dem Weltverband für Schiffsmodellbau und -sport NAVIGA angeschlossen ist, Modellsegeln z. T. auch vom Dt. Segler-Verband.

Modellstatik, experimentelle Ermittlung der stat. Beanspruchung eines Bauwerkes oder eines Bauteils an einem i. d. R. verkleinerten Modell, z. B. aus Gips, Metall oder Kunststoff.

Modelltheorie, *mathemat. Logik:* →Modell.

Modellversuche, die Untersuchung physikal. Vorgänge (z. B. Strömungsvorgänge bei hydraul. M.), die sich genauer Berechnung entziehen oder die am Original zu aufwendig sind, dadurch, dass sie mithilfe von Modellen sichtbar und/oder messbar werden. Die Übertragung der am Modell gewonnenen Ergebnisse auf die Wirklichkeit erfordert nicht nur die geometr. Ähnlichkeit des M. mit dem Vorbild, sondern auch eine Umrechnung der gemessenen Größen nach gewissen Modellregeln (→Ähnlichkeitstheorie).

Modelocking [məʊdˈlɔkɪŋ, engl.] *das, -s,* die Modensynchronisation (→Laser).

Modem [Kw., gekürzt aus **Mo**dulator-**Dem**odulator] *der,* auch *das, -s/-e,* elektron. Gerät für die Datenübertragung auf Fernsprechleitungen. Von der Datenendeinrichtung abgegebene digitale Signale werden durch →Modulation in Hochfrequenzsignale umgesetzt und können so auf den vorhandenen Nachrichtenkabeln übertragen werden. Ankommende Signale werden demoduliert, sodass anschließend wieder die ursprüngl. Datensignale zur Verfügung stehen. So werden bei Online-Informationsdiensten z. B. Text-, Ton-, Bild- und Videoinformationen mittels digitaler Aufbereitung und Datenkompression über Datennetze (v. a. über das Telefonnetz) und M. zu den als Nutzerendgerät fungierenden (Personal-)Computern übertragen. Durch geeignete Modulationsverfahren wird eine möglichst gute Ausnutzung der Leitungen angestrebt.

Moden [engl.-lat.], *Sg.* **Mode** *der, -(s),* fachsprachlich auch *die, -,* Eigenschwingungen oder Eigenwellen in schwingungsfähigen Systemen, i. e. S. in →Resonatoren (z. B. Hohlraumresonatoren wie bei →Masern oder seitlich offene Resonatoren wie bei →Lasern) und in Wellenleitern (z. B. Hohlleiter und Lichtleiter) für elektromagnet. Wellen einschließlich der Lichtwellen. Die verschiedenen M. eines Systems unterscheiden sich durch die räuml. Verteilungen der Amplituden der Feldgrößen (z. B. der elektr. und der magnet. Feldstärke E bzw. H) voneinander, sie ergeben sich als Lösungen der jeweils anzuwendenden Wellengleichung unter Berücksichtigung der Eigenschaften des Ausbreitungsmediums sowie der Randbedingungen. Diese Lösungen sind nur für wenige einfache Geometrien geschlossen darstellbar, in allen anderen Fällen müssen numer. Methoden oder Näherungsverfahren angewendet werden.

Die elektromagnet. M. werden mit besonderen Symbolen und dem Zusatz eines oder mehrerer Indizes bezeichnet. Geläufig sind TE_{mn}, TM_{mn} und TEM_{mn} (falls nötig jeweils mit dem Zusatz -M. oder -Welle), wobei **T** für ›transversal‹ steht, **E** für ›elektrisch‹ und **M** für ›magnetisch‹; durch diese Bez. werden die M. danach unterschieden, welcher Feldvektor senkrecht auf der Ausbreitungsrichtung der Welle steht, durch die M.-Indizes m und n wird die Zahl der Knoten der transversalen Feldverteilung angegeben. Bei stehenden Wellen in Resonatoren wird noch die Zahl der Knoten in Ausbreitungsrichtung als dritter Index q zur Charakterisierung der longitudinalen M. angegeben. Bei den **TEM-M.** bzw. **-Wellen** (TEM Abk. für transversal elektromagnetisch), elektromagnetischen Wellen, deren elektr. und deren magnet. Feldvektor in jedem Raumpunkt jeweils senkrecht (transversal) zur Ausbreitungsrichtung stehen, gibt es keine Feldkomponenten in Ausbreitungsrichtung; von diesem Typ sind z. B. die M. in den opt. Resonatoren der Laser. Dabei ist die **TEM$_{00}$-M.** die niedrigste Transversal-M. eines opt. Resonators, mit einer radialen Intensitätsverteilung, die durch eine Gauß-Kurve beschrieben wird. Das Strahlenbündel eines Lasers hat den kleinsten Divergenzwinkel (etwa λ/D; λ Wellenlänge, D kleinster Durchmesser des Strahlenbündels), wenn der Laser in der TEM$_{00}$-M. schwingt.

Modena 1): Westfassade des Doms San Geminiano (1099 begonnen, 1184 geweiht) mit dem Hauptportal

Modena, 1) Hauptstadt der Prov. M., Region Emilia-Romagna, Italien, am S-Rand der Poebene, 34 m ü. M., 174 700 Ew.; Erzbischofssitz; Univ. (gegr. 1175 als Rechtsschule, formierte sich um 1220 zur Univ.), pädagog. Hochschule, geophysikal. Observatorium, mehrere Bibliotheken und Museen. M. ist Handelsplatz für die landwirtschaftl. Umgebung (Viehzucht, Zuckerrübenanbau) und bedeutender Industriestandort mit Autoindustrie (Ferrari, Maserati), Maschinenbau, Leder-, Schuh- und Nahrungsmittelindustrie.

Stadtbild: In der beiderseits der Via Emilia gelegenen Altstadt liegt die Piazza Grande mit dem Palazzo Comunale (1194 begonnen, mehrfach verändert) und dem Dom San Geminiano, einem der bedeutendsten roman. Kirchenbauten Italiens. Die dreischiffige Basilika (1099 begonnen, 1184 geweiht), außen reich gestaltet durch eine ringsum laufende Galerie, Portale mit Skulpturen und eine Fensterrose an der W-Front, wurde von G. LANFRANCO begonnen, dem der Bildhauer WILIGELMUS zur Seite stand (v. a. Reliefs am Hauptportal der W-Fassade), und von den Campionesen vollendet, die auch im Inneren die roman. Reliefskulpturen (1160–80) am Lettner schufen; Chorgestühl mit Einlegearbeiten (1465); der Glockenturm ›Ghirlandina‹ (88 m hoch, 1319 vollendet) ist das Wahrzeichen der Stadt. M. hat zahlr. weitere Kirchen, u. a. San Pietro (1476 Erneuerung eines älteren Baus), Sant'Agostino (urspr. 14. Jh., im 17. Jh. zur Grab- und Gedächtnisstätte für das Haus Este ausgebaut), San Bartolomeo (17./18. Jh.; Fresken von A. POZZO), und Paläste, u. a. Palazzo Ducale (1634 begonnen, an der Stelle eines Kastells von 1291; heute Militärakademie) und Palazzo dei Musei (1753) mit den Kunstsammlungen der Este und der Biblioteca Estense (Ende des 14. Jh. in Ferrara begründet, seit 1598 in M., eine der reichsten Handschriftensammlungen Italiens). Den Friedhof San Cataldo entwarf A. ROSSI (1980ff.).

Geschichte: Die röm. Kolonie **Mutina** wurde 183 v. Chr. an der Stelle einer ligur. und kelt. Siedlung angelegt; hier wurde während des **Mutinensischen Krieges** 44–43 v. Chr. DECIMUS IUNIUS BRUTUS VON ANTONIUS belagert, aber von OCTAVIAN entsetzt. Im 8. und 9. Jh. n. Chr. zerfiel M. in zwei kleine Städte: die neu erbaute **Città Geminiana**, später **Cittanova**, die Sitz der weltl. Reg. wurde, und das alte, stark entvölkerte M., das Bischofssitz blieb; es wurde von Grafen und Bischöfen, 961–1115 vom Haus Canossa regiert. Die im 12. Jh. einsetzende kommunale Entwicklung und die gleichzeitigen Rivalitätskämpfe gegen Bologna endeten mit der Herrschaft der Este (1288–1306 und 1336–1796). 1452 wurde M. zus. mit Reggio nell'Emilia zum Herzogtum erhoben. Nach der Besetzung durch die Franzosen wurde am 16. 10. 1796 in M. die Vereinigung des Herzogtums mit Bologna und Ferrara zur Zispadan. Rep. beschlossen, die 1797 in der Zisalpin. Rep. aufging und ab 1805 einen Teil des napoleon. Königreichs Italien bildete. 1814 kam das Herzogtum M. an FRANZ (FRANCESCO) IV. VON ÖSTERREICH-ESTE. 1860 wurde es mit dem neuen Königreich Italien vereinigt.

2) Prov. in Italien, in der Region Emilia-Romagna, 2 690 km², 608 600 Einwohner.

Modena, 1) Gustavo, ital. Schauspieler, * Venedig 13. 2. 1803, † Turin 20. 2. 1861; Advokat; hatte ab 1824 große Erfolge als Schauspieler; ab 1831 (und 1847–59) war M. politisch tätig; er emigrierte, u. a. nach Großbritannien (dort Rezitator), kehrte 1839 nach Italien zurück und gründete 1843 eine Schauspieltruppe. M. war ein Vertreter des natürl., psychologisch begründeten Spiels; er verfasste auch (polit.) Schriften.

Ausgabe: Scritti e discorsi, 1831–1860, hg. v. T. GRANDI (1957).

2) Leon da, jüd. Gelehrter, →Jehuda, J. Arjeh ben Isaak da Modena.

Modensynchronisation, Modelocking [məʊdˈlɒkɪŋ, engl.], →Laser.

Moder, *Bodenkunde:* →Humus.

Moderados [span.], Bez. für gemäßigte Liberale in Spanien seit 1820. In Auseinandersetzung mit den →Exaltados wandelten sich die M. zur liberal-konservativen Partei. Von ihr spalteten sich 1858 progressive Teile als ›Unión Liberal‹ ab.

Moderamen [lat. ›Lenkungsmittel‹] *das,* -s/- und ...mina, in den reformierten Kirchen Bez. für den von der Synode gewählten bevollmächtigten Synodalausschuss. Zu seinen Aufgaben gehören die Ausführung der Beschlüsse der vergangenen und die Vorbereitung der nächsten Synode sowie die Erledigung der laufenden Angelegenheiten zw. den Synodaltagungen.

moderat [lat.], maßvoll, gemäßigt.

moderato, Abk. mod., musikal. Vortrags-Bez.: mäßig, gemäßigt; auch in Zusammensetzungen: **allegro m.,** mäßig schnell; **andante m.,** mäßig gehend. Das **Moderato** ist ein musikal. Satz in diesem Tempo.

Moderator [lat. ›Mäßiger‹; ›Lenker‹, ›Regierer‹] *der,* -s/...'toren, **1)** *allg.:* jemand, der eine Sendung (z. B. bei Hörfunk und Fernsehen) oder eine öffentl. Veranstaltung durch einführende Worte und verbindende Kommentare in ihrem Ablauf gestaltet.

2) *kath. Kirchenrecht:* Leiter einer kirchl. Behörde, einer Synode, eines Konzils, einer Beratung oder der Seelsorge in Sonderfällen.

3) *Kerntechnik:* Bez. für Stoffe, in denen hochenerget. (schnelle) Neutronen, wie sie z. B. bei Kernspaltungen entstehen, durch elast. Stöße auf niedrige (therm.) Energien abgebremst werden. (→Kernreaktor)

Moderhinke, infektiöse Klauen|entzündung, häufigste, weltweit verbreitete Schafkrankheit mit schmerzhafter chron. Entzündung im Zwischenklauenspalt. Eine Schutzimpfung ist möglich.

Moderkäfer, Lathridiidae, Käferfamilie mit rd. 900 (in Mitteleuropa 80) 1–3 mm langen, meist bräunl. Arten, die sich von Pilzhyphen und Sporen ernähren, z. B. an schimmelndem Stroh, unter Rinde, an schimmeligen Lebensmitteln, in feuchten Kellern.

Moderlies|chen, Leucaspius delineatus, zu den Karpfenfischen zählende, bis 9 cm lange Fischart in

Mittel- und Osteuropa; Schwarmfisch, der stehende oder langsam fließende Gewässer bevorzugt. Das Männchen betreibt Brutpflege. Nach der Roten Liste im Bestand gefährdet.

Moderlieschen
(Länge bis 9 cm)

modẹrn [frz., von lat. modernus ›neu(zeitlich)‹, zu modo ›eben erst‹], 1) der (neuesten) Mode entsprechend; 2) dem neuesten Stand der gesellschaftl., wiss. und techn. Entwicklung entsprechend, zeitgemäß; 3) der neuen und neuesten Zeit zuzurechnen.

Moderndance [ˈmɔdəndɑːns; engl. ›moderner Tanz‹] *der, -*, **Modern Dance**, amerikan. Form des Ausdruckstanzes, der dem strengen Kanon für die Schritt- und Bewegungsfolgen des klass. Balletts die freie, subjektiv geschaffene Bewegung des Tänzers, dem Spitzenschuh der Danse d'école die ›nackte Sohle‹ entgegensetzt. Er ist durch ein Wechselspiel von Kontraktion und Expansion gekennzeichnet und bezieht neben der Senkrechten auch die Horizontale als zusätzl. Ebene der Bewegung mit ein. Als Stilepoche ist der M. auf die Zeit von 1926 (New Yorker Debüt von MARTHA GRAHAM) bis 1958 (Tod der Tänzerin DORIS HUMPHREY) beschränkt. Seitdem (1959 Uraufführung der von G. BALANCHINE und MARTHA GRAHAM gemeinsam choreographierten ›Episodes‹) sind die Grenzen zw. M. und klass. Ballett fließend. M.-Choreographen der zweiten Generation wie M. CUNNINGHAM und A. NIKOLAIS trugen gleichzeitig zur Überwindung des M. bei. Durch die Arbeiten von TWYLA THARP, LAURA DEAN u. a. wurde aus dem M. der →Newdance.

L. KARINA u. L. SUNDBERG: Modern Dance. Gesch., Theorie, Praxis (a. d. Schwed., 1992).

Schlüsselbegriff

Modẹrne [von modern, lat. modernus ›neu(zeitlich)‹, zu modo ›eben erst‹, ›soeben‹, ›gerade‹] *die, -*, urspr. Schlagwort für die neuartigen Literatur- und Kunstströmungen am Ende des 19. Jh., seither vielfältig diskutiert, ausgeweitet oder eingeengt. Die aktuelle Spannweite des Wortgebrauchs reicht vom engen Bezug auf ästhet. Programme bis zur allgemeinen feuilletonist. Umschreibung des Lebensgefühls im 20. Jahrhundert.

›modern‹ – Gebrauch und Geschichte des Begriffs

Die histor. Humanwissenschaften, neben Geschichtsschreibung und -philosophie insbesondere Geschichte der Kultur und des geistigen Lebens, der Literatur und der Künste, verwenden ›modern‹ sowohl periodisierend als auch strukturierend und wertend, um Zäsuren oder Entwicklungsetappen zu charakterisieren. Bereits die – in der europ. Kulturregion – gemeinsprachl. Verwendung verweist auf die geschichtl. Wandelbarkeit als Wortinhalt. Seit rund eineinhalb Jahrtausenden gilt grundsätzlich: Das Moderne ist immer entweder das Gegenwärtige gegenüber dem Vorherigen oder das als solches verstandene Neue, das dem als alt, veraltet, überlebt Begriffenen entgegengesetzt wird. Ob es sich allerdings dabei jedes Mal um das definitiv Neue bzw. Abgelebte handelt, stellt sich meist erst später heraus. Die zuweilen langen Zeiträume dazwischen hängen mit der jeweiligen Auffassung des Fortschritts zusammen, mit der der Begriff ›modern‹ verflochten und die der Urteilsbildung unterlegt ist (so wäre es z. B. diskussionswürdig, ob die amerikan. Verfassung von 1791 oder die frz. von 1793 in mancher Hinsicht als ›moderner‹ zu bewerten sind als die meisten gegenwärtigen).

Der tiefere Grund für die Mehrdeutigkeit der Begriffsverwendung ist aller gängigen historisch-sozialen oder geisteswiss. Begrifflichkeit gemein. Anders als bei jeder naturwiss. Terminologie sind es hier Anschauungen, Vorstellungen usw., die, in bestimmten Epochen oder Perioden durch bestimmte Menschengruppen mit bestimmten sozialen Positionen, Interessen, Bedürfnissen, religiösen oder philosoph. Auffassungen in die Welt gesetzt, dann als Begriffe der Sprache einverleibt und in ihr weitergereicht werden. Für diese im allgemeinsten Sinne geschichtl. Natur solcher Begriffe bildet ›modern‹ mit seinem Wortfeld geradezu einen Musterfall, der sich am histor. Werdegang verdeutlichen läßt.

Das Wort ›modernus‹ ist ›eines der letzten Vermächtnisse spätlat. Sprache an die neuere Welt‹ (E. R. CURTIUS) und zuerst im 5. Jh. bei GELASIUS belegt. CASSIODOR, Gelehrter und Kanzler THEODERICHS D. GR., verwandte als einer der Ersten ›modernus‹ als Gegensatz zu ›antiquus‹ in Bezug sowohl zu geistigen Erscheinungen wie auch etwa zur Architektur. Von da an offenbar geläufig, hob die karoling. Epoche mit diesem Wort die eigene Zeit von der Antike ab. In diesem Sinne eines sich – auch rhetorisch – steigernden Selbstgefühls durchzieht es die folgenden Jahrhunderte. Literatur- und Gelehrtensprache der Scholastik setzte zw. dem 11./12. und dem 14./15. Jh. variantenreich so etwa die christl. Autoren den griech. und röm., die mittelalterl. den Kirchenvätern entgegen, bis sie selbst in den Widerspruch zu antischolastischen myst. Strömungen (wie der Devotio moderna) und endlich zu Humanismus und Renaissance geriet, die nun den Begriff ›modern‹ für sich beanspruchten.

Mit jenem bedeutenden Einschnitt, der ein neues, auf den Menschen gestelltes Selbstbewusstsein dokumentiert und als Beginn der Neuzeit verstanden wird, tritt gleichzeitig auch das Wort ›modern‹ in seiner heutigen Gestalt auf. Es ist im 15. Jh. als frz. moderne (neu, zeitgemäß, gegenwärtig) und nach 1500 im Englischen belegt. Gegen Ende des 17. Jh. und danach mehrfach lexikalisch auch für das Deutsche erfasst, dürfte es bereits länger in gelehrtem Gebrauch gewesen und seit dem Anfang des 18. Jh. (wie in J. C. GOTTSCHEDS moral. Wochenschrift ›Die vernünftigen Tadlerinnen‹, 1726) geläufig geworden sein; trotz aller Eindeutschungsversuche – durch F. G. KLOPSTOCK, C. M. WIELAND, J. G. HERDER oder J. H. CAMPE – als neu, heutig, neumodisch usw. ist es seitdem nicht wieder aufgegeben worden.

Fortschrittsgedanke und Moderne

Die Ende des 17. Jh. entbrennende Querelle des anciens et des modernes, der – schließlich europ. – Streit um die Frage nach der Ebenbürtigkeit der Neueren gegenüber den Alten, der zugleich die Anfänge der Aufklärung in Frankreich markiert, stellt die für die neuere Zeit entscheidende Zäsur dar. Der Streit dokumentiert die endgültige Ablösung der humanist. Kultur von der griechisch-röm. Vormundschaft und schuf, verbunden mit dem Fortschrittsgedanken und damit weit über eine Literaturdebatte hinauswachsend, auch jenen Begriff des Modernen, der seiner Substanz nach bis an die Schwelle der Gegenwart reicht. Der Fortschrittsbegriff des aufklärer. Denkens wurde nachhaltig geprägt von B. DE FONTENELLE. Sein Werk ›Digression sur les anciens et les modernes‹ (1688) entwickelte die Theorie eines unbegrenzten linearen Fortschritts, gegründet auf die Einsicht in den prinzipiellen Unterschied zw. der Gattungs- und der Individualgeschichte des Menschen. Während dieser entschiedene Standpunkt der ›Modernen‹ für die Entfaltung der Wissenschaften fortan seine Gültigkeit bewies, für die Künste aber nicht haltbar war, wurde auch die Position der auf die ästhet. Vorbildwirkung der Antike verpflichteten ›Alten‹ (N. BOILEAU, J. DE LA FONTAINE, J. RACINE, F. DE FÉNELON u. a.) bald durch tiefere Einblicke in die Widersprüchlichkeit des Geschichtsprozesses modifiziert, die sich mit Namen wie VOLTAIRE, J.-J. ROUSSEAU und J. G. HERDER verbinden. Die Debatte, auf den Gebieten der Poetik, Geschichtsphilosophie und Ästhetik geführt, ergriff England (u. a. J. SWIFT, ›A tale of a tub, written for the universal improvement of mankind‹, 1704) und Italien (C. BECELLI, ›Della novella poesia‹, 1732) ebenso wie Dtl., das durch das ganze Jh. damit befasst war, da hier ohnehin die Fragen der Geschichte weithin als Fragen der Ästhetik diskutiert wurden. Durch HERDER, SCHILLER und F. SCHLEGEL wurde ›modern‹ seinem Sinngehalt nach zur Signatur einer weit gespannten Geschichtskonzeption, die das Literarisch-Ästhetische einschloss und die A. W. SCHLEGEL, G. W. F. HEGEL, W. VON HUMBOLDT u. a. weiterwirkte. HERDERS Werk durchzieht von Anbeginn der Gedanke, dass die moderne Gestalt der menschl. Hervorbringungen das Produkt vielfältigster histor. Verwandlungen sei, in welchem Prozess zugleich jeder Epoche ihr spezif. Wert zukomme. SCHILLER eröffnete in der histor. und typolog. Bestimmung des Gegensatzes von naiv und sentimentalisch der M. nicht allein in Bewusstsein der Eigenwertigkeit, sondern ebenso die Perspektive einer Synthese mit antiker Humanität auf höherer Stufe. Bei F. SCHLEGEL gerann ›modern‹ zur Chiffre, mit der er den Gesamtprozess der Emanzipierung der christlich-abendländ. Bildung von der Antike fasste (›Über das Studium der griechischen Poesie‹, 1795/96). Das Moderne war in diesem Entwurf vielfach mit dem Romantischen identisch. Indem HEGEL schließlich, die Ergebnisse des 18. Jh. zusammenfassend und aufhebend, mit Aufklärung und Frz. Revolution die Geburt eines neuen Stadiums der Weltgeschichte konstatierte, schuf er in vollendeter idealist. Form den geschichtsphilosoph. Ausdruck für diejenige Vorstellung von modern, die noch immer lebendig ist. Sie wirkte – jedenfalls in Dtl. – über die Junghegelianer und Jungdeutschen unmittelbar fort. H. HEINE wurde mit seinem Demokratismus und der Subjektivität seines Stils für das Junge Dtl. der Prototyp des ›modernen‹ Autors. Die Zeit des Vormärz, vom Drang nach Gesellschaftsreformen erfüllt, machte ›modern‹ als die Bezeichnung für das Aktuelle geradezu zum Schlagwort. In einer modifizierten Neuauflage der alten ›Querelle‹ unterschied V. HUGO ›l'art moderne‹ von ›l'art antique‹ im Sinne von hässlich als Ggs. zum Erhabenen (›Préface de Cromwell‹, 1827), und STENDHAL stiftete den Begriff des Modernen als des Aktuellen, das unausgesetzt veraltet und selbst ›klassisch‹ wird (u.a. in ›Racine et Shakespeare‹, 1823–25). In den folgenden Jahrzehnten entstand auch in Dtl. eine Flut von Schriften, die das Moderne schon in den Titeln beschworen (H. LAUBE, ›Moderne Charakteristiken‹, 1835; K. GUTZKOW ›Die Mode und das Moderne‹, 1836; F. ENGELS, ›Modernes Literarleben‹, 1840; u. a.). Einerseits wurde der Begriff bald fruchtbar für ein soziolog. Verständnis des Zeitgenössischen (H. HETTNER, ›Das moderne Drama‹, 1852), andererseits konnte er, wie bei R. WAGNER, mit einem romantisch-antikapitalist. Impetus direkt und polemisch den ›Spekulations- und Schachergeist‹ und seine ›Kulturkunst‹ bezeichnen (›Die Kunst und die Revolution‹, 1849; ›Das Kunstwerk der Zukunft‹, 1850).

Moderne als ästhetisches Programm
Der Beginn der letzten der angedeuteten Entwicklungsphasen der M. liegt ein Jahrhundert zurück, aber nur um ein paar Jahrzehnte von der vorausgehenden entfernt und ist durch unzählige Fäden mit dieser verknüpft. Den vermittelnden Grund dafür legte das krit. Dekadenzbewusstsein, die Feststellung eines Kultur- und Werteverfalls in der 2. Hälfte des 19. Jh. Bereits C. BAUDELAIRE hatte mit einer Ästhetik des Hässlichen und des Schmerzes provoziert und in solchem Sinne eine ›poésie moderne‹ gefordert. Auf unterschiedl. Weise wurden dabei F. NIETZSCHE, P. VERLAINE, O. WILDE u. a. repräsentativ und folgenreich. 1886 beschrieb E. WOLFF in dem Berliner Literaturverein ›Durch!‹ (A. HOLZ, J. SCHLAF, G. HAUPTMANN u. a.) erstmalig mit dem substantivierten Femininum ›die M.‹ programmatisch das Anliegen des Naturalismus als Literatur des geistigen Ringens um moralisch-kulturelle und soziale Erneuerung. Kurz darauf organisierte H. BAHR mit der Monatsschrift ›Die M.‹ (1890 ff.) die Gegenbewegung, verlegte sie nach Wien und erweiterte den Begriff auf die antinaturalist. Strömungen des Impressionismus, Symbolismus, der Décadence und der Neuromantik, indem er, gleichzeitig den Naturalismus als eine sozialist. Episode abtuend, der Wendung zu einem aristokratisch-elitären Individualismus den Vorzug gab, dabei aber zu vorausweisenden Einsichten in weiterwirkende Besonderheiten der M. (Innovation durch irritierende Signale usw.) gelangte. Autoren wie M. G. CONRAD (›Von Émile Zola bis Gerhart Hauptmann. Erinnerungen zur Geschichte der M.‹, 1902) oder S. LUBLINSKI übten Opposition gegen ein bloß ästhetisierendes Epigonentum, in dem – so Letzterer – die literar. Bewegung der M. ›in einer durchaus politischen und von den heftigsten Kämpfen um die Macht erschütterten Zeit zum vollständigen Stillleben heruntergekommen‹ sei (›Der Ausgang der Moderne‹, 1909). Den aufbegehrenden, rebell. Zug, den der Begriff des Modernen seit dem 18. Jh. mitgeführt hatte, gewannen dann in den ersten Jahrzehnten des 20. Jh. die in rascher Folge in Europa entstehenden avantgardist. Strömungen zurück: der dt. Expressionismus (ab 1910), der Dadaismus (nach 1916), der ital. Futurismus (um 1909), der russ. Futurismus und Akmeismus (um 1910/12) oder der frz. Surrealismus (nach 1924). Dieselbe Haltung manifestierte sich zeitgleich in den anderen Künsten (→moderne Architektur, →moderne Kunst). Damit setzte sich in der Literatur- und Kunstwiss. auch die Bezeichnung M. für alle künstler. Strömungen, Richtungen usw. des ausgehenden 19. und beginnenden 20. Jh. durch. Von da war es nicht weit zu der Gepflogenheit, alles, was sich durch das laute Hervortreten des subjektiven Ausdrucks und des Experimentellen auszeichnet, der M. zuzurechnen.

Moderne heute
Es sind in diesem histor. Verlauf unschwer folgende Zäsuren zu erkennen: Renaissance, Aufklärung, Vormärz und die Wende vom 19. zum 20. Jh. Er beschreibt verkürzt den Gesamtprozess der Entfaltung der bürgerl. Gesellschaft in Europa mit seinen revolutionären Einschnitten, die zugleich von polit. Umwälzungen begleitet waren. Offensichtlich hat sich das, was gemeinhin M. genannt wird, in mehreren Anläufen durchgesetzt, und in diesem Zusammenhang findet gegenwärtig auch die Auseinandersetzung über den Begriff der M. statt. Sie hat sich inzwischen um die Frage konzentriert, ob einer Makro- oder einer Mikroperiodisierung der M. der Vorzug zu geben sei: also der Zäsur Aufklärung

(bzw. der Gesamtperiode von einem Jahrhundert bis zum Vormärz) oder den Jahrzehnten um die letzte Jahrhundertwende. Tatsache ist, dass, lässt man die Renaissance einfach als den Einsatz der Neuzeit gelten, mit dem ersten M.-Begriff eine große raumgreifende und nicht zuletzt universelle, alle Lebensbereiche ergreifende Bewegung, mit dem zweiten jedoch nur wesentlich eine, wenn auch bedeutende intellektuelle, vornehmlich künstler. Avantgarde gefasst ist. Nichts indessen würde dagegen sprechen, wenn beide M.-Begriffe nebeneinander in Gebrauch blieben. In allem ist aber nicht zu übersehen, wie jede seit dem 18. Jh. mit dem Selbstverständnis von ›modern‹ aufgetretene geistige Strömung weithin ihren Antrieb aus utop. Vorgriffen schöpfte und sich politisch-sozial als liberal, radikal-demokrat. oder einfach ›links‹ verstand. So musste logischerweise mit dem antiaufklär. Ideologieverdacht gegenüber aller Utopie gleichfalls der Verdacht gegen eine solche M. wachsen. Das vorläufige Resultat ist – wie die Proklamierung einer Nach-Geschichte (›Posthistoire‹) – die Postulierung einer Nach-Moderne (Postmoderne), die jedoch, der Diskussion zufolge, schon wieder auf dem Wege ist, durch eine ›zweite M.‹ oder ›postmoderne M.‹ abgelöst zu werden. Indem der Schwund von Wirklichkeitsbezug und Subjektivität die Tendenz zu Partikularisierung und Indifferenz im geistigen Ausdruck erzeugt, ist auch die geisteswiss. Terminologie immer in der latenten Gefahr, dass ihre Begriffsbildung – wie im Falle M. – zu einer historisch inhaltsleeren Etikettierungsfrage absinkt.

⇨ *Fortschritt · Geschichtsbewusstsein · Postmoderne · Querelle des anciens et des modernes · Utopie*

H. RIGAULT: Histoire de la querelle des anciens et des modernes (Paris 1859, Nachdr. New York 1963); G. ALPÁR: Streit der Alten u. der Modernen in der dt. Lit. bis um 1750 (Pécs 1939); G. LUKÁCS: Schillers Theorie der modernen Lit., in: DERS.: Goethe u. seine Zeit (1950); R. POGGIOLI: Teoria dell'arte d'avanguardia (Bologna 1962); F. KERMODE: Continuities (New York 1968); H. LEFÈBVRE: La vie quotidienne dans le monde moderne (Paris 1968); Die literar. M. Dokumente zum Selbstverständnis der Lit. um die Jahrhundertwende, hg. v. G. WUNBERG (1971); J. HERMAND: Der Schein des schönen Lebens. Studien zur Jahrhundertwende (1972); Dt. Bürgertum u. literar. Intelligenz 1750–1800, hg. v. B. LUTZ (1974); L. KOFLER: Zur Theorie der modernen Lit. (²1974); H. U. GUMBRECHT: Modern, Modernität, M., in: Geschichtl. Grundbegriffe, hg. v. O. BRUNNER u.a., Bd. 4 (1978); Künstlerische Avantgarde, hg. v. K. BARCK u.a. (Berlin-Ost 1979); Die Wiener M. Lit., Kunst u. Musik zw. 1890 u. 1910, hg. v. G. WUNBERG (1981, Nachdr. 1995); H. READ: The philosophy of modern art (Neuausg. London 1982); Die Berliner M., 1885–1914, hg. v. J. SCHUTTE u.a. (1987); W. SCHRÖDER: Querelle des anciens et des modernes, in: Europ. Enzykl. zu Philosophie u. Wiss.en, hg. v. H. J. SANDKÜHLER, Bd. 3 (1990); E. R. CURTIUS: Europ. Lit. u. lat. MA. (¹¹1993); V. ŽMEGAČ: M. – Modernität, in: Moderne Lit. in Grundbegriffen, hg. v. D. BORCHMEYER u.a. (²1994); P. BÜRGER: Theorie der Avantgarde (¹⁰1995); R. KOSELLECK: Vergangene Zukunft. Zur Semantik geschichtl. Zeiten (Neuausg. ³1995); J. HABERMAS: Der philosoph. Diskurs der M. (⁵1996); P. V. ZIMA: M./Postmoderne. Gesellschaft, Philosophie, Lit. (1997).

moderne Architektur: Richard Rogers, Lloyd's Building in London; 1978–86

moderne Architektur: Walter Gropius, Haus Feininger in Dessau; 1925/26 (rekonstruiert 1995)

moderne Architektur. Der Protest gegen Stilnachahmung und Historismus sowie die Veränderung der sozialen Strukturen der Gesellschaft am Ende des 19. Jh. waren in Europa und Amerika die auslösenden Faktoren für die experimentelle m. A.; ihre wesentl. Aufgaben, die Entwicklung einer neuen Formensprache, neuer Raumkonzeptionen und die Einführung neuer Konstruktionsverfahren und Materialien, konnte die m. A. durch die Auflösung des Widerspruchs von künstlerisch-ästhet. Schaffen und techn. Denken, d. h. durch Umsetzung ästhet. Wollens in die techn. Produktionsprozesse erfüllen. Die neuen Bedingungen des Wohn- und Siedlungsbaus (bes. durch das Hochhaus), der Industriebauten und Verwaltungsgebäude (→Bürohaus), der Sakralbauten (→Kirchenbau), der Kulturzentren und Sporthallen, der Verkehrs- (Brücken, Bahnhöfe, Autobahnen, Untergrundbahnen, Flughäfen) und Stadtplanung konnten durch die Verwendung von Stahl und Beton (Stahlbetonbau), von großen Glas- (→Glasarchitektur) und Aluminiumflächen, von Kunststoffen sowie von serienmäßig konstruierten Fertigteilen die Auffassung von Architektur und ihre Formensprache im Sinne des Funktionalismus revolutionieren.

Lässt man die Entwicklungstendenzen in der Ausbildung der Stahlskelettbauweise des 19. Jh. unberücksichtigt, so kann der Beginn der m. A. auf die Zeit um 1890 festgelegt werden. L. H. SULLIVAN und die →Chicagoer Schule brachten mit ihrer Forderung, dass die Form immer der Funktion zu entsprechen habe, einen neuen Kanon des Bauens ein: Die Baugestalt soll architektonisch Ausdruck der Struktur sein. Die Tendenz zu klar gegliederten und aus der Funktion entwickelten Baukörpern zeigten auch die europ. Richtungen des Jugendstils (P. BEHRENS, H. VAN DE VELDE, O. WAGNER, J. M. OLBRICH, A. LOOS, J. HOFFMANN, V. HORTA, H. P. BERLAGE, C. R. MACKINTOSH), des Dt. Werkbundes, des Bauhauses und der Stijl-Gruppe. Das kub., horizontale, sachlich-nüchterne Prinzip setzte sich Mitte der 1920er-Jahre gegenüber gegenläufigen Tendenzen (etwa dem Expressionismus einiger Bauten von P. BEHRENS, E. MENDELSOHN, H. POELZIG, B. TAUT) durch. Des Weiteren kann der Begriff des ›organ. Bauens‹ (→organische Architektur), wie er von F. L. WRIGHT in Amerika konzipiert wurde, als Maxime für alle bedeutenden Schulen und Architekten des 20. Jh. gelten. W. GROPIUS begründete in seinem architekton. und pädagog. Werk eine neue Auffassung vom Architekten, von dessen sozialer Verantwortung und der Notwendigkeit der Kooperation eines Teams bei den großen architekton. Aufgaben. L. MIES VAN DER ROHE strebte in seinen Vorstellungen von Kubus und ›fließendem Raum‹ (Dt. Pavillon auf der Weltausstellung in Barcelona, 1929; Neue Nationalgalerie in Berlin, 1962–67) mit der klaren Trennung von tragenden und nicht tragenden Elementen die reine Form an (Seagram Building in New York, 1954–58).

moderne Architektur: Frank Owen Gehry, Guggenheim-Museum in Bilbao; 1997 eröffnet

LE CORBUSIERS Architekturästhetik drückte sich zunächst in der geometr. Formkategorien seiner Wohnhäuser aus (zwei Stelzenhäuser mit flachen Dächern und Dachgärten in der Weißenhofsiedlung in Stuttgart, 1927), später in der Entwicklung plast. Formvorstellung im Gesamtplan eines Gebäudes (Wallfahrtskirche Notre-Dame-du-Haut in Ronchamp, 1950–54) und im sozialen und architekton. Organismus seiner städtebaul. Konzeptionen mit ›Wohnmaschinen‹ für über 1 000 Bewohner (z. B. die als ›vertikale Gartenstadt‹ konzipierte ›Unité d'Habitation‹ in Marseille, 1947–52). Die von ihm mitbegründete Architektenvereinigung CIAM erarbeitete wichtige Leitsätze für Architektur und Stadtplanung. A. AALTOS humane Architektur öffnete sich der Natur und Landschaft (Finn. Pavillon der Weltausstellung in Paris, 1937), berücksichtigte die natürl. geolog. Gegebenheiten (Wohnanlagen in Sunila, 1936–39) und bezog das individuelle Lebensgefühl des einzelnen Menschen in der Gesellschaft ein. Diese Faktoren kennzeichnen den geistigen Prozess, der für die m. A. im Wesentlichen bestimmend wurde. Ihr internat. Durchbruch erfolgte mit den v. a. in den 20er-Jahren entwickelten Stileigentümlichkeiten (→internationaler Stil), und zwar in den USA in den 30er-Jahren (v. a. in New York und Chicago), in den lateinamerikan. Ländern in den 40er-Jahren (v. a. in Brasilien und Mexiko) und in den 50er-Jahren in Japan. An der m. A. dieser Länder wird bes. deutlich, dass neben den übergreifenden Kriterien des modernen Stils auch die jeweiligen Lebensbedingungen und die tradierten Bautypen von großem Einfluss waren.

In den 50er-Jahren wurden innerhalb der m. A. neue Impulse wirksam, die unter dem Namen →Brutalismus zusammengefasst werden. Sie sind bereits spürbar in WRIGHTS Verwaltungsgebäude der Johnson Wax Factory in Racine, Wis. (1936–39 und 1949) sowie in einigen Werken LE CORBUSIERS. Der Brutalismus ist eine Reaktion auf die glatte und geometr. Formenwelt und die Routine des internat. Stils, eine Erneuerung der experimentellen m. A. und ihres funktionalen und organ. Denkens. Daneben entwickelten sich weitere Strömungen. Während die ›Funktionalisten‹ (u. a. E. SAARINEN, P. JOHNSON) dazu tendieren, die aus der Funktion eines Bauwerks abgeleitete Form stärker hervorzuheben, legen die ›Strukturalisten‹ (u. a. L. I. KAHN, G. CANDILIS, A. E. VAN EYCK, H. HERTZBERGER) besonderen Wert auf die Beziehungen der einzelnen Funktionsbereiche innerhalb bestimmter Ordnungsmuster. Die von A. ROSSI begründete →rationale Architektur macht die Auseinandersetzung mit architekton. und städtebaul. Grundelementen und Gesetzmäßigkeiten zur Basis ihrer Entwürfe (Einflüsse u. a. auf Bauten von J. P. KLEIHUES, O. M. UNGERS, R. und L. KRIER und der Tessiner Schule).

Zur Kennzeichnung der Richtung der zeitgenöss. Architektur, die auf Elemente früherer Stile zurückgreift (R. VENTURI, C. W. MOORE, R. STERN, J. STIRLING, ISOZAKI ARATA, P. PORTOGHESI, P. JOHNSON), übernahm der amerikan. Architekturtheoretiker CHARLES JENCKS (* 1939) 1975 den recht vielschichtigen Begriff →Postmoderne. Als Spätmoderne bezeichnet er eine Strömung, die die Architektur der 20er-Jahre weiterentwickelt, z. B. The →New York Five, →Hightech (R. ROGERS u. a.). Der Beginn einer neuen Architektursprache zeichnet sich mit der Architektur des vom russ. Konstruktivismus inspirierten Dekonstruktivismus ab, der durch Asymmetrie und schräge Flächen nicht nur das Gefühl des Schwebens zu vermitteln sucht, sondern die konstitutive Bedingung allen Bauens, ihr Verhaftetsein in stat. Gegebenheiten, zum Gegenstand fiktionalen Ausdrucks macht (F. O. GEHRY, ZAHA M. HADID, P. EISENMAN, R. KOOLHAAS, B. TSCHUMI, Coop Himmelblau u. a.). Wachsende Bedeutung kommt dem →ökologischen Bauen zu.

N. HUSE: Neues Bauen. 1918–1933 (1975); V. MAGNAGO-LAMPUGNANI: Architektur. u. Städtebau des 20. Jh. (1980); A. M. VOGT u. a.: Architektur 1940–1980 (1980); C. JENCKS: Spätmoderne Architektur (a. d. Engl., 1981); DERS.: Architektur heute (a. d. Engl., 1988); DERS.: Die Sprache der postmodernen Architektur (a. d. Engl., ³1988); Vision der Moderne – das Prinzip Konstruktion, hg. v. H. KLOTZ u. a., Ausst.-Kat. (1986); DERS.: Moderne u. Postmoderne. Architektur der Gegenwart 1960–1980 (³1987); DERS.: Kunst im 20. Jh. Moderne – Postmoderne – zweite Moderne (1994); L. BENEVOLO: Gesch. der Architektur des 19. u. 20. Jh., 3 Bde. (⁴1988); C. DAVIES: High-Tech Architektur (a. d. Engl., 1988); A. MORAVÁNSZKY: Die Erneuerung der Baukunst. Wege zur Architektur in Mitteleuropa 1900–1940 (Salzburg 1988); Weltgesch. der Architektur, Bd.: Gegenwart u. Bd.: Klass. Moderne, Beitrr. v. M. TAFURI u. a. (a. d. Ital., 1988); Dekonstruktivismus, hg. v. A. PAPADAKIS (a. d. Engl., 1989); J. JOEDICKE: Architekturgesch. des 20. Jh. Von 1950 bis zur Gegenwart (Neuausg. 1990); Moderne Architektur in Dtl. 1900 bis 1950, hg. v. M. LAMPUGNANI u. a., auf mehrere Bde. ber. (1992 ff.); K. FRAMPTON: Die Architektur der Moderne. Eine krit. Baugesch. (a. d. Engl., ⁵1995); L. GERSTER: Zur Architektur der sogenannten Mitte. Bauen im Zwiespalt mit der Tradition u. im Zwiespalt mit der Moderne oder Architektur zw. Tradition u. Moderne (1995); C. GAVINELLI: Die Neue Moderne. Architektur in der zweiten Hälfte des 20. Jh. (a. d. Ital., 1997).

moderne Kunst, die avantgardist. Kunst, bes. die des 20. Jh. Noch die von ihren Zeitgenossen als revolutionär empfundenen Impressionisten waren in ihrer Wiedergabe der opt. Erscheinung der ›Wirklichkeit‹ einer illusionist. Bildkonzeption verpflichtet. Der Jugendstil bzw. die Sezessionskunst der Jahrhundertwende, die sich auch in der angewandten Kunst und der Architektur manifestierten, zeigten bereits Lösungstendenzen, die sich in ihrer Neigung zum Ornament und zur – von der jap. Kunst angeregten – Flächenhaftigkeit ankündigten. Entschiedener brachen die Expressionisten – hier im umfassendsten Sinn verstanden, also von V. van Gogh über P. Gauguin, die Fauves und E. Munch bis zu den dt. Expressionisten – mit den realistisch-illusionist. Traditionen des 19. Jh.; ihr Interesse galt der von den Regeln der akadem. Malerei weitgehend befreiten subjektiven Ausdruckssteigerung des Bildes, nicht der Wiedergabe einer äußeren Erscheinung. Auch so unterschiedl. Positionen wie der Dadaismus und die verist. ›Neue Sachlichkeit‹ benutzten die neuen Ausdrucksmittel und verzichteten bewusst auf eine illusionist. Darstellung des angeblich Objektiven.

Zur grundlegend neuen Entwicklung einer ›konkreten‹, von der ›Wirklichkeit‹ mehr und mehr unabhängigen Formensprache führte der Ansatz von P. Cézanne. Er gilt – vergleichbar mit Piero della Francesca in der Frührenaissance – als der eigentl. Nestor der m. K. Auf der Grundlage der von ihm erarbeiteten Strukturprinzipien und der schrittweisen Aufgabe der Linearperspektive bei der Wiedergabe der sichtbaren Erscheinungen der Wirklichkeit baute der Kubismus von P. Picasso und G. Braque als bahnbrechende Kunstrichtung im ersten Jahrzehnt des 20. Jh. auf. Er bildete die Voraussetzung sowohl für den ital. Futurismus als auch für die vollständig von gegenständl. Wiedergabe losgelöste Auffassung der konstruktivist. Malerei und Objektkunst (u. a. Konstruktivismus, Stijl-Gruppe). Das →Bauhaus leistete einen wichtigen Beitrag auf nahezu allen künstler. Gebieten unter Einschluss der angewandten Kunst. Kubismus, Futurismus und bes. der russ. Konstruktivismus und Suprematismus schufen neue Bildgattungen: Collage, Assemblage und Montage erweiterten den Begriff des Tafelbildes und eröffneten dem Bild plast. Dimensionen. Für die Plastik wurde zu Beginn des 20. Jh. die

moderne Kunst: Henry Moore, ›König und Königin‹; Bronze, 1952–53 (Antwerpen, Openlucht-Museum voor Beeldhouwkunst Middelheim

moderne Kunst: Paul Cézanne, ›Die Kartenspieler‹; 1890–95 (Paris, Musée d'Orsay)

Auseinandersetzung mit außereurop., mittelalterl. und prähistor. Arbeiten richtungweisend (Picasso, C. Brancusi, H. Moore, Alberto Giacometti). Von vielen Bildhauern der Folgezeit wurde die Beziehung zum Figürlichen ganz aufgegeben, ihr Formenrepertoire ist organisch oder geometrisch bestimmt; die Verwendung von Altmaterialien führte zu der auf dem Assemblageprinzip aufbauenden Objektkunst.

Einen Weg der Neuordnung und Interpretation der Wirklichkeit beschritten die Künstler des Surrealismus, indem sie irrationale künstler. Tendenzen des 18. und 19. Jh. (J. H. Füssli, W. Blake, J. Ensor) fortführten, Anregungen aus der psychopatholog. Kunst aufnahmen und eine imaginäre Welt erfanden, in der die wiedergegebenen Phänomene alogisch erscheinende Bezüge herstellen; diese repräsentieren im Zusammenhang des Kunstwerks die angestrebte Überwirklichkeit und höhere Wahrheit, deren einzige allgemeine Verbindlichkeit im kollektiven Unbewussten gesehen wird (M. Ernst, S. Dalí, R. Magritte). Die innerhalb der surrealist. Bewegung teilweise praktizierte →Écriture automatique wurde in den 40er- und 50er-Jahren in den USA eine der Grundlagen des →abstrakten Expressionismus. Bes. in seiner europ. Ausprägung (Tachismus) fußt er zugleich auf der abstrakten Kunst, wie sie bis in die 50er-Jahre in vielen Richtungen (u. a. in der Malerei der École de Paris und der Gruppe Abstraction-Création) vertreten wurde. Als fast zeitgleiche Reaktion auf den abstrakten Expressionismus entstanden Hard-Edge-Painting und Color-Field-Painting, die die Tendenzen der konkreten Kunst der 20er-Jahre weiterentwickelten.

In Europa entstand nach dem Zweiten Weltkrieg aus der ablehnenden Haltung eines Teils der jungen Malergeneration dem Surrealismus gegenüber eine neue figurative, stark expressive Malerei, die v. a. mit A. Jorn und der Gruppe Cobra verbunden ist.

Da die dominierende informelle Malerei ihrem kreativen Gestus folgte und neben dem fixierten Bild zunehmend der Schaffensprozess selbst wichtig wurde, lag es nahe, das Publikum an diesem Ereignis teilnehmen zu lassen. Schon die Veranstaltungen der Dadaisten und Surrealisten während und nach dem Ersten Weltkrieg fanden im engen Kontakt mit dem Publikum bzw. einem Kreis ausgewählter Teilnehmer statt. Happening und Fluxus der 60er-Jahre suchten die Grenze zw. Publikum und (improvisierenden) Akteuren zu verwischen, das Publikum war zur Mitgestaltung angehalten (›Jeder ist Künstler‹). Ähnlich rechnen Y. KLEIN, P. MANZONI, ARMAN und L. FONTANA (›Les Nouveaux Réalistes‹) mit der Aktivierung des Betrachters, wenn das Gemälde bzw. die Farbe und/oder das Material ihrer Bilder und Objekte nur noch sich selbst zum Gegenstand haben. Sie führten damit die moderne Malerei und Plastik in eine konzeptionelle Richtung, die teilweise zu ähnl. Ergebnissen kam wie die Minimalart, die aus der konstruktivist. Entwicklung hervorgegangen war. Rückblickend gesehen leitete schon M. DUCHAMP von der Objektkunst zur Konzeptkunst über, indem er provozierend banale Dinge aus ihrem gewöhnl. Kontext herauslöste und ausstellte, um bewusst ästhet. Wertvorstellungen zu persiflieren. Die Conceptart, wie gelegentlich auch das Happening u. a. Aktionen, wird v. a. dadurch charakterisiert, dass die kreative Geste weitgehend durch die Reflexion über Ausdrucksformen der Kunst, ihre Medien und grundsätzl. Positionen ersetzt wird. Der Betrachter wird mehr über den Intellekt als über die sinnl. Wahrnehmung in die konzeptionelle Strategie einbezogen. Dem gleichen Ziel dienen die in der →Prozesskunst verwendeten Medien (Fotografie, Film, Videoaufzeichnungen und Videoskulptur) zur Wiedergabe von Prozessen der Land-Art, Body-Art und der Performance sowie zur Überwindung der Grenzen der traditionellen Malerei und Plastik. Die Pop-Art wie auch die versch. Formen des Realismus, die in den 60er- bzw. 70er-Jahren auftraten, spiegeln und interpretieren wieder die Objektwelt. Sie bilden den bisher letzten, allgemein verbreiteten Stil der m. K. Ausgehend von einer Problematisierung des Raums, die in der Bildhauerkunst allg. Thema geworden war, erweiterte sich das Objekt in den 60er-Jahren zum Environment. Als neues Element wurde die Bewegung in die Objekt- und Raumkunst einbezogen, vorbereitet durch die visuellen Experimente der Op-Art mit ihren opt. Täuschungs- und Verwandlungseffekten. Es entstanden verwandelbare Objekte, elektrisch oder mechanisch angetriebene Maschinen und Lichtprojektoren (→kinetische Kunst, →Lichtkunst).

Neben einer von sozialkrit. oder ökolog. Anliegen getragenen Kunst zeichnete sich seit Mitte der 70er-Jahre, wohl in Reaktion auf die purist. und rationale Kühle der Minimalart und Conceptart, ein neues Interesse an einer gestisch-intuitiven und individuellen Malerei ab. In Dtl. wird dieser Neoexpressionismus u. a. vertreten von G. BASELITZ, J. IMMENDORFF, M. LÜPERTZ und A. KIEFER. Vergleichbare Tendenzen zeigten sich in den USA im farbenfrohen Patternpainting und in Italien in der Arte cifra der Transavanguardia mit ihrer spieler. Bildsprache voll sinnlichpoet. Zeichen. Sie lösten eine Bewegung aus, die in Dtl. als →Neue Wilde, in den USA als ›New image painting‹ und in Frankreich als ›Figuration libre‹ bezeichnet wird. In ihrem unbekümmerten Umgang mit vergangenen Stilen, Formen, Farben, Kitsch und v. a. in dem Rückzug auf Subjektivität und Gefühl wird ein Bruch mit der klass. Moderne (Kubismus, Futurismus, Expressionismus, Dadaismus, Konstruktivismus, Surrealismus) und der intellektuellen Kunst der Folgezeit gesehen. Aus diesen Gründen, aber auch in Hinblick auf den Pluralismus der Stile und den Trend, die Grenzen zw. den einzelnen Kunstgattungen zu verwischen, wird auf die zeitgenöss. Kunst seit den 80er-Jahren, ausgehend von der poststrukturalist. Philosophie und Ästhetik in Frankreich, auch der Begriff →Postmoderne angewendet. Die Postmoderne, die auch mit dem Schlagwort ›anything goes‹ umschrieben wird, ironisiert und reflektiert die Gesamtheit der ihr zur Verfügung stehenden Medien und histor. Stilformen und hat zu vielen parallelen Entwicklungen in einem kaum noch überschaubaren Spektrum von Ausdrucksformen geführt.

H. FUCHS: Plastik der Gegenwart (1980); Kunst u. Öffentlichkeit, hg. v. der Internat. Gesellschaft der Bildenden Künste (1980); R. HUGHES: Der Schock der Moderne (a.d. Engl., 1981); M. IMDAHL: Bildautonomie u. Wirklichkeit. Zur theoret. Begründung moderner Malerei (1981); M. SCHAPIRO: M. K. 19. u. 20. Jh. (a.d. Engl., 1982); D. DE CHAPEAUROUGE: Das Auge ist ein Herr, das Ohr ein Knecht. Der Weg von der mittelalterl. zur abstrakten Malerei (1983); J. GERZ: Von der Kunst (1985); Skulptur im 20. Jh., hg. v. M. ROWELL, Ausst.-Kat., Centre George Pompidou Paris (a.d. Engl. u. Frz., 1986); K. THOMAS: Bis heute, Stil-Gesch. der bildenden Kunst im 20. Jh. (^{7}1986); W. HOFMANN: Grundl. der m. K. (^{3}1987); DERS.: Anhaltspunkte. Studien zur Kunst u. Kunsttheorie der Moderne (1989); K. RUHRBERG: Die Malerei unseres Jh. (1987); DERS.: Die Malerei in Europa u. Amerika 1945–1960 (1992); W. HAFTMANN: Malerei im 20. Jh., 2 Bde. ($^{5-8}$1987–93); G. DORFLES: Ästhetik der Zwietracht. Vernunft u. Mythos in der m. K. (a.d. Ital., 1988); A. M. HAMMACHER: Die Plastik der Moderne (a.d. Amerikan., 1988); Stationen der Moderne, Ausst.-Kat. (1988); Die Kunst des 20. Jh., bearb. v. G. C. ARGAN u.a. (Neuausg. 1990); C. HEPP: Avantgarde. M. K., Kulturkritik u. Reformbewegungen an der Jahrhundertwende (^{2}1992); P. BÜRGER: Theorie der Avantgarde (^{10}1995); A. C. DANTO: Kunst nach dem Ende der Kunst (a.d. Engl., 1996); DERS.: Die Verklärung des Gewöhnlichen. Eine Philosophie der Kunst (a.d. Amerikan., ^{3}1996); Die m. K., bearb. v. E. LUCIE-SMITH (1996); W. WELSCH: Unsere postmoderne Moderne (^{5}1997).

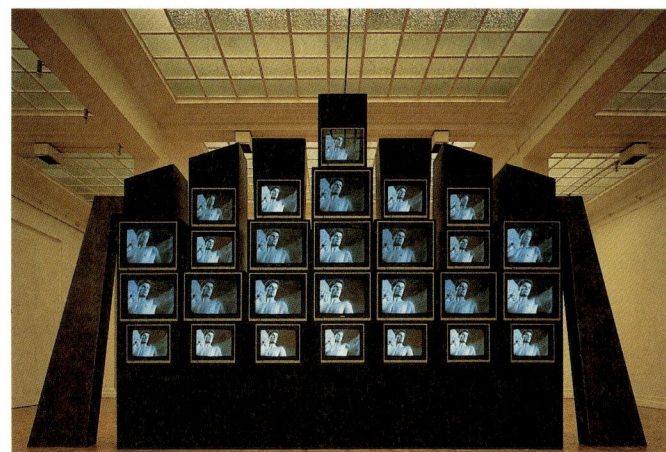

moderne Kunst: Marie-Jo Lafontaine, Video-Skulptur ›Tränen aus Stahl‹; 1987

moderner Fünfkampf, *Sport:* 1909 von P. DE COUBERTIN ins olymp. Programm eingeführte Vielseitigkeitsprüfung; wird bei Olymp. Spielen und Weltmeisterschaften als Eintageswettbewerb (›One-Day-Event‹) ausgetragen. Das **Schießen** mit einer Luftpistole (Kaliber 4,5 mm) erfolgt auf eine 10 m entfernte Zehnerringscheibe. Dabei werden 20 Schuss (je Schuss 20 s, anschließend kurze Pause für Scheibenwechsel/Nachladen) auf einzelne Scheiben abgegeben. Im **Fechten** wird mit dem Elektrodegen auf einen Treffer (effektive Kampfzeit: 1 min) gefochten, wobei der gesamte Körper Trefferfläche ist. Im **Schwimmen** bestreiten die Männer 300 m, die Frauen 200 m in beliebigem (meist Kraul-)Stil. Das **Springreiten** mit zugelosten Pferden führt über einen Parcours von 400 m Länge mit 12 Hindernissen und 15 Sprüngen. Den Abschluß bildet der **Geländelauf** (Männer: 4000 m, Frauen: 2000 m). Der Start erfolgt nach dem Handikapprinzip, sodass der Führende nach vier Disziplinen entsprechend seinem Vorsprung als Erster auf die Strecke geht. Die Reihenfolge beim Zieleinlauf ist dann die Endplatzierung.

Wettbewerbe, Organisationen: Olymp. (Einzel-)Wettbewerb für Männer seit 1912, für Frauen ab 2000;

WM-Disziplin für Männer seit 1949 (Einzel, Mannschaft; seit 1989 auch Staffel), für Frauen seit 1978 (Einzel-, Mannschaftswertung; seit 1991 auch Staffel); EM-Disziplin seit 1989 für Männer (Einzel, Staffel). – M. F. wird in Dtl. vom Dt. Verband für Modernen Fünfkampf (DVMF; gegr. 1961, Sitz: Darmstadt) organisiert. In Österreich besteht der Österr. Verband Moderner Fünfkampf (ÖVMF; gegr. 1970, Sitz: Wiener Neustadt) und in der Schweiz der Schweizer. Mehrkampf-Verband (SMV; gegr. 1943, Sitz: Schüpfheim, Kt. Luzern); beide Verbände sind eng mit dem Militär verknüpft. Internat. Dachverband ist die Union Internationale de Pentathlon Modern (UIPM; gegr. 1948, Sitz: Den Haag).

modernes Antiquariat, →Antiquariatsbuchhandel.

Modernisierung, 1) *Mietrecht:* die Herbeiführung eines höheren Gebrauchswerts der vermieteten Wohnung. Dadurch unterscheidet sich die M. von der Instandhaltung, bei der es (nur) um die Erhaltung des Gebrauchswerts bzw. um seine Wiederherstellung auf dem ursprüngl. Niveau geht. Eine gesetzl. Definition der M. ist in § 3 Miethöhe-Ges. enthalten: Danach gelten als M. ›... bauliche Maßnahmen ..., die den Gebrauchswert der Mietsache nachhaltig erhöhen, die allgemeinen Wohnverhältnisse auf Dauer verbessern oder nachhaltig Einsparungen von Heizenergie oder Wasser bewirken‹. Der Mieter hat keinen Anspruch auf M. gegenüber dem Vermieter. Er kann jedoch eine Instandhaltung auf ein Niveau fordern, die ein gefahrloses Wohnen zulässt, z. B. muss der Zustand der Elektroanlage die Nutzung normaler Haushaltgeräte zulassen. Der Vermieter hat einen Anspruch auf Duldung einer M. gegenüber dem Mieter (§ 541 b BGB), z. B. Einbau von Innentoiletten und Bädern, von Jalousien, Türschließanlagen, Isolierfenstern, veränderten Heizungssystemen, Anschluss an das Kabelfernsehen. Die Duldungspflicht besteht nicht, wenn die M. für den Mieter eine nicht zu rechtfertigende Härte bedeuten würde, z. B. unter den Aspekten der Art, des Umfangs der Arbeiten, vorausgegangener Aufwendungen des Mieters oder der zu erwartenden Mieterhöhung (Ausschluss so genannter Luxus-M.). Wurde die M. und die zu erwartende Mieterhöhung rechtzeitig mitgeteilt (schriftlich zwei Monate vor Beginn der Maßnahme), so kann der Vermieter i. d. R. bis zu 11 % der auf die Wohnung entfallenden Kosten jährlich auf den Mieter umlegen, und zwar als ständige Mieterhöhung. – Die **Mieter-M.** geht vom Mieter aus, die er im Regelfall selbst vornehmen oder auch finanzieren will. Anerkannt ist ein Anspruch der Mieter auf solche Sachverhalte, die in den Rahmen des Mietgebrauchs fallen und weder Vermieter noch Mitmieter belasten. Zu empfehlen ist der Abschluss einer Vereinbarung zw. Vermieter und Mieter, die die Art der M., ihre Finanzierung, eventuelle Auswirkungen auf die Miethöhe, Kündigungsschutzregelungen usw. enthält. Das Bundesjustizministerium hat dazu eine Mustervereinbarung ›M. durch den Mieter‹ herausgegeben.

2) *Sozialwissenschaften:* Bez. zur Beschreibung der zielgerichteten Veränderung einer Gesellschaft, gesellschaftstheoretisch bes. mit dem Fortschrittsbegriff (→Fortschritt) verbunden. In histor. Perspektive wurde z. B. der Wandel von der Agrar- zur Industriegesellschaft als M. beschrieben; heute steht der Begriff v. a. für den Wandel von der klass. Industriegesellschaft zur modernen Dienstleistungs- und Informationsgesellschaft. Wichtige Einzelgesichtspunkte des auch in polit. Auseinandersetzungen verwendeten M.-Begriffs sind neben anderen: Rationalisierung, Urbanisierung, Anpassung der Infrastruktur an den techn. Entwicklungsstand, soziale Mobilität, wirtschaftl. Wachstum bei gleichzeitiger Erhaltung der natürl. Lebensgrundlagen.

Modernisierungstheori|en, zusammenfassende Bez. für entwicklungstheoret. Ansätze, die einen Prozess der Nachahmung und Angleichung der Entwicklungsländer an die Industrieländer unterstellen. Danach bilden die Industrieländer Vorbild und Ziel des Entwicklungsprozesses, unterentwickelte Gesellschaften sind Übergangsgesellschaften, wobei die Ursachen der Unterentwicklung kaum analysiert werden. Die M. fragen v. a. nach den endogenen Faktoren, die eine Modernisierung i. S. von Industrialisierung und Demokratisierung behindern, und gehen von einer dualist. Struktur (→Dualismus) aus, die durch Ausdehnung der modernen Sektoren und Verhaltensweisen (z. B. Industrie, städt. Kultur) überwunden werden soll. Im Mittelpunkt der M. stehen Theorien des wirtschaftl. Wachstums und des sozialen Wandels. (→Entwicklungspolitik)

Modern|smus *der,* -, 1) von dem Freiburger Dogmatiker CARL BRAIG (*1853, †1923) geprägte Bez. für die Ende des 19. Jh. innerhalb der kath. *Kirche* (zuerst in Frankreich) einsetzenden, von Aufklärung und Liberalismus beeinflussten Bestrebungen kath. Theologen um einen Ausgleich zw. kirchl. Lehre und modernem Denken. Im Ggs. zur (päpstlich geförderten) →Neuscholastik vertraten die ›Modernisten‹ einen historisch-krit. Denkansatz (Bibelkritik; Erweis der Dogmen als geschichtlich gewordener und somit wandelbarer Beschreibungen christl. Glaubensinhalte) und sahen sich kirchlicherseits den Vorwürfen des Historismus und Evolutionismus ausgesetzt. Hauptvertreter des M. waren u. a. in Frankreich der Religionsphilosoph LUCIEN LABERTHONNIÈRE (*1860, †1932) sowie M.-J. LAGRANGE und A. LOISY, in England G. TYRRELL und FRIEDRICH VON HÜGEL (*1852, †1925), in Italien E. BUONAIUTI und der v. a. politisch-sozial orientierte Priester ROMOLO MURRI (*1870, †1944). In Dtl. wurden – von Ausnahmen wie dem Münchner Theologieprofessor JOSEPH SCHNITZER (*1859, †1940) abgesehen – eher gemäßigt modernist. Positionen im Sinne eines →Reformkatholizismus vertreten. 1899 wurden dem M. verwandte Strömungen in den USA (→Amerikanismus) von LEO XIII. als häretisch abgelehnt. 1907 erfolgte durch PIUS X. die Verurteilung von Thesen aus den Werken LOISYS und TYRRELLS. In der kurz darauf erschienenen Enzyklika ›Pascendi dominici gregis‹ wurde der M. als ›Sammelbecken aller Häresien‹ feierlich verurteilt. 1910 wurde für alle in Seelsorge und Lehre tätigen Geistlichen der →Antimodernisteneid vorgeschrieben, der über das Glaubensbekenntnis des Trienter Konzils hinaus die Verpflichtung auf wesentl. Punkte der Enzyklika ›Pascendi‹ enthielt. Die Folgezeit blieb der das Pontifikat von PIUS X. prägende →Integralismus bestimmend und verhinderte eine konstruktive Auseinandersetzung mit den modernen Wissenschaften. Erst das 2. Vatikan. Konzil griff die Anliegen, die zum M. geführt hatten, wieder auf und suchte ihnen im Kontext einer erneuerten Theologie gerecht zu werden.

N. TRIPPEN: Theologie u. Lehramt im Konflikt. Die kirchl. Maßnahmen gegen den M. im Jahre 1907 u. ihre Auswirkungen in Dtl. (1977); B. GRECO: Ketzer oder Prophet? Evangelium u. Kirche bei dem Modernisten E. Buonaiuti (Zürich 1979); T. M. LOOME: Liberal catholicism, reform catholicism, modernism. A contribution to a new orientation in modernist research (Mainz 1979); M. WEITLAUF: M. als Forschungsproblem. Ein Bericht, in: Ztschr. für Kirchengesch., Jg. 93 (1982); O. WEISS: Der M. in Dtl. Ein Beitrag zur Theologiegesch. (1995).

2) span. **Modernismo,** lateinamerikan. und span. Variante der alle Lebensbereiche erfassenden europ. Erneuerungsbewegung gegen Ende des 19. Jh., die radikal mit dem bürgerl. Materialismus und seinem prosaischen Kunstverständis brach. In Spanien und Katalonien zeigte sich der M. v. a. in der Architektur und Literatur; er umfasst den Zeitraum von etwa 1888

(R. Darío, ›Azul‹, Gedichte und Prosa) bis 1910. In vielen Charakteristika ist der M. eine Wiederaufnahme der Romantik: in der Sakralisierung und Verabsolutierung der Kunst und des Künstlers (Boheme), der Ästhetisierung der Moral, der Feier der idealen Schönheit, der Verachtung des Alltags und der Hinwendung zu Esoterik, Exotismus und zum MA. Viele Themen stammen von den frz. Parnassiens und Symbolisten (v. a. P. Verlaine) und wurden über Darío nach Spanien vermittelt. Die Hauptrepräsentanten des M. sind in Amerika neben Darío u. a. C. Vallejo, Ricardo Jaimes Freyre (* 1868, † 1933), L. Lugones Argüello, Enrique Gómez Carillo (* 1873, † 1927), in Spanien in der Lyrik u. a. A. und M. Machado y Ruiz, der frühe J. R. Jiménez und F. Villaespesa, in der Prosa R. del Valle-Inclán und im Theater E. Marquina. Der M. hat die span. Dichtungssprache und Metrik stark beeinflusst. Er stand in enger Wechselbeziehung, z. T. in Widerspruch zu ähnl. Bestrebungen der →Generation von 98.

Ausgabe: Antología de la poesía modernista, hg. v. P. Gimferrer (1969).

J. L. Marfany: Aspectes del modernisme (Barcelona 1975); El modernismo, hg. v. L. Litvak (Madrid ²1981); R. Ferreres: Los límites del modernismo y del 98 (ebd. ²1981).

Modernjazz [ˈmɔdəndʒæz, engl.], **Modern Jazz**, übergreifende Bez. für die Stilbereiche des Jazz zw. 1940 und 1960 in Abgrenzung zu den traditionellen Formen des Jazz wie z. B. Dixielandjazz, Swing und der breiten Strömung des Mainstream. Zum M. zählen v. a. Bebop, Cooljazz und Hardbop.

Otto **Modersohn:** Herbst im Moor; 1895 (Bremen, Kunsthalle)

Paula **Modersohn-Becker:** Bauernkind; um 1904/05 (Bremen, Kunsthalle)

Modern Jazz Quartet [ˈmɔdən ˈdʒæz kwɔˈtet], amerikan. Jazzcombo, 1951 von dem Pianisten J. A. Lewis in New York gegr., der außer ihm M. Jackson (Vibraphon), Percy Heath (* 1923, Kontrabass) und K. Clarke (Schlagzeug, 1955 durch Connie Kay [* 1927, † 1994] ersetzt) angehörten. Das M. J. Q. ist die am längsten bestehende Gruppe der Jazzgeschichte und übte bis zu ihrer Auflösung 1974 (seit 1982 mehrfach Reunions) mit ihrem kompositorisch ausgefeilten, dem Cooljazz verpflichteten kammermusikal. Stil großen Einfluss aus.

Moderpflanzen, *Botanik:* →Saprophyten.

Modersohn, Otto, Maler, * Soest 22. 2. 1865, † Rotenburg (Wümme) 10. 3. 1943; seit 1901 ⚭ mit Paula M.-Becker; studierte an den Akademien in Düsseldorf und Karlsruhe. 1889 gründete er mit F. Mackensen die Künstlerkolonie Worpswede; 1899 trat er aus der Vereinigung Worpsweder Künstler aus (Beginn der Freundschaft mit H. Vogeler). M. malte stimmungsvolle Landschaftsbilder (v. a. die Umgebung von Worpswede) in überwiegend dunklen, gedämpften Farben; auch Aquarelle und Zeichnungen.

O. M. Monographie einer Landschaft, Ausst.-Kat. (1978); O. M. – Zeichnungen, hg. v. E.-G. Güse (1988); O. M. Das Frühwerk 1884–1889, hg. v. O.-M.-Museum Fischerhude (1989); R. M. Rilke: Worpswede. O. M. (Neuausg. 1989); O. M. Fischerhude, 1908–1943, bearb. v. C. Modersohn, O.-M.-Museum, Fischerhude (1993).

Modersohn-Becker, Paula, geb. **Becker,** Malerin, * Dresden 8. 2. 1876, † Worpswede 20. 11. 1907; seit 1901 ⚭ mit O. Modersohn; kam nach einer Ausbildung als Lehrerin (1893–95) und Malstudien in London (1892) und Berlin 1898 nach Worpswede (Schülerin von F. Mackensen). Ab 1900 hielt sie sich mehrmals in Paris auf, wo sie bes. von Werken V. van Goghs, P. Gauguins und P. Cézannes Anregungen empfing. In ihren Bildern (v. a. Frauen und Kinder, Selbstporträts, Stillleben) suchte sie in einer vereinfachten, zu großen Flächen verdichteten Formensprache das Ursprüngliche in Menschen und Dingen zu erfassen; sie schuf auch Aquarelle, Zeichnungen und Druckgrafiken.

Werke: Stillleben mit Kürbis (1905; Köln, Wallraf-Richartz-Museum); Mutter und Kind (1906–07; Dortmund, Museum am Ostwall); Selbstbildnis mit Kamelienzweig (1907; Essen, Museum Folkwang).

P. M.-B. in Briefen u. Tagebüchern, hg. v. G. Busch u. a. (1979); G. Busch: P. M.-B. Malerin, Zeichnerin (1981); D. Krininger: Modell – Malerin – Akt. Über Suzanne Valadon u. P. M.-B. (1986); B. Uhde-Stahl: P. M.-B. Frau, Künstlerin, Mensch (1989); C. Murken-Altrogge: P. M.-B. Leben u. Werk (⁶1995); M. Bohlmann-Modersohn: P. M.-B. Eine Biogr. mit Briefen (²1996); P. M.-B. in Bremen, bearb. v. G. Busch u. a., Ausst.-Kat. Kunstsammlungen Böttcherstraße Bremen (²1996).

Modesto [məˈdestəʊ], Stadt in Kalifornien, USA, im San Joaquin Valley (Kaliforn. Längstal), 180 300 Ew.; Obstverarbeitung, Weinkellerei, Molkereien, Fleischverarbeitung, Landmaschinenbau. – Gegr. 1870, seit 1884 City.

Modezeitschriften, i. e. S. Fachzeitschriften v. a. für Angehörige des Schneidergewerbes; i. w. S. Zeitschriften (überwiegend für Frauen), die neben Berichten über mod. Kleidung Artikel über Kosmetik und Handarbeiten sowie unterhaltende Beiträge bringen.

Geschichte: Die ersten M. entstanden in Frankreich, das durch seinen Prunk liebenden Hof seit dem 17. Jh. in der Mode tonangebend war; mod. Neuheiten wurden im ›Almanach Royal‹ (1699–1789) und im ›Mercure Galant‹ (1673–1715) veröffentlicht. Die Journale ›Cabinet des Modes‹ (1785), fortgeführt als ›Magasin des Modes‹ (1786 ff.; ab 1790 unter neuem Titel), fanden ihr Ende mit der Frz. Revolution. Bis weit ins

19. Jh. hielt sich dagegen das ›Journal des Dames et des Modes‹ (1770–1832). Berühmt wegen der geschmackvollen Gestaltung war die ›Gallery of Fashion‹ (1794–1802). Bedeutendste dt. M. war das ›Journal des Luxus und der Moden‹ (1786–1826). Im deutschsprachigen Bereich hatten im 19. Jh. besondere Bedeutung: ›Die Elegante‹ (Wien, 1842–71), die ›Modenwelt‹ (Berlin, 1865–1932), ›Der Bazar‹ (Berlin, 1855–1934), die ›Wiener Mode‹ (1888–1945). Die erste Herrenmodezeitschrift erschien in den 1840er-Jahren: ›Gentleman's Magazine‹ (zuerst als Beilage zu ›Lady's Magazine‹). – International verbreitete M. sind heute die in New York erscheinenden ›Vogue‹ (seit 1892) und ›Harper's Bazaar‹ (seit 1867; seit 1967 ›Bazaar‹), sowie ›Elle‹ (seit 1945), Paris.

E. LAMBERT: World of fashion (New York 1976); À la mode. Die M. des 19. Jh., hg. v. G. BUXBAUM (1983).

Mo Di, Mo Ti, chin. Philosoph, * etwa 480 v. Chr., † etwa 390 v. Chr.; vertrat in Ggs. zu den von KONFUZIUS entwickelten, nach Verwandtschaft und persönl. Nähe gestaffelten Solidaritätsvorstellungen das Prinzip einer sozialen. Züge tragenden ›allumfassenden Liebe‹. In der unter seinem Namen überlieferten Textsammlung werden die Hauptgedanken seiner Lehre erörtert, wobei Nützlichkeitsüberlegungen eine große Rolle spielen. Zentral sind die Befürwortung der Sparsamkeit (die die Ablehnung aller kostspieligen Rituale, auch der Musik, einschließt) sowie die Ablehnung des Angriffskrieges, den Mo Di durch konsequente Entwicklung defensiver Maßnahmen (Mauerbau u. a.) auszuschalten suchte. Die hieraus abgeleiteten naturwissenschaftlich-techn. Kapitel sind verloren, die auf der rhetor. Schulung basierenden zur Logik nur bruchstückhaft erhalten. Mo Dis Lehre konkurrierte bis zum 2. Jh. v. Chr. noch stark mit der des KONFUZIUS, danach wurde ihr keine Bedeutung mehr beigemessen; Ende des 19. Jh. wurde sie neu entdeckt und intensiv analysiert, da man in ihr Ansätze zu einem modernen, sonst nur im Westen ausgebildeten Denken zu erkennen glaubte.

Ausgaben: Mè Ti, des Sozialethikers, u. seiner Schüler philosoph. Werke, übers. v. A. FORKE (1922); Schriften, übers. v. H. SCHMIDT-GLINTZER (1975).

YI-PAO MEI: Motse. The neglected rival of Confucius (London 1934, Nachdr. Westport, Conn., 1985).

Modiano, Patrick, frz. Schriftsteller, * Paris 30. 7. 1945. Im Mittelpunkt seiner Romane, deren histor. Rahmen häufig die Zeit der dt. Besetzung Frankreichs während des Zweiten Weltkriegs und die Judenverfolgung bildet, steht die qualvolle Suche der Figuren nach ihrer Identität. Auch Kindheitserinnerungen des Autors spielen oft eine Rolle.

Werke: Romane: La place de l'Étoile (1968); La ronde de nuit (1969; dt. Abendgesellschaft); Les boulevards de ceinture (1972; dt. Tote Geleise); Ville Triste (1975; dt.); Livret de famille (1977; dt. Familienstammbuch); Rue des boutiques obscures (1978; dt. Die Gasse der dunklen Läden); Une jeunesse (1981; dt. Eine Jugend); Dimanches d'août (1986; dt. Sonntage im August); Remise de peine (1988; dt. Strafterlaß); Vestiaire de l'enfance (1989; dt. Vorraum der Kindheit); Voyage de noces (1990; dt. Hochzeitsreise); Fleurs de ruine (1991); Un cirque passe (1992); Chien de temps (1993).

Modica, Stadt in der Prov. Ragusa, SO-Sizilien, Italien, 51 300 Ew.; Zementwerke, chem. Industrie.

Modick, Klaus, Schriftsteller, * Oldenburg (Oldenburg) 3. 5. 1951; war nach dem Studium (u. a. Germanistik) zunächst Werbetexter, seit 1982 freier Schriftsteller. M.s vielseitiges Werk. Prosa, Erzählungen, Romane, Lyrik) ist vom postmodernen Spiel mit tradierten Mustern, z. B. Kriminalroman und Reiseerzählung, geprägt.

Werke: Essays: Mehr als Augenblicke. Polaroids im Kontext (1983, mit J. RIECKHOFF); Das Stellen der Schrift (1988). – *Romane:* Das Grau der Karolinen (1986); Weg war weg. Romanverschnitt (1988); Die Schrift vom Speicher (1991); Das Licht in den Steinen (1992); Der Flügel (1994); Das Kliff (1995).

Modifikation [lat. modificatio ›das Abmessen‹, ›das Abwägen‹] *die, -/-en,* **1)** *allg.:* Abwandlung, Abänderung.

2) *Genetik:* umweltbedingte Variationen in der Ausprägung eines Phänotyps, die bei festliegendem Genotyp dem Organismus eine Anpassung an die Bedingungen unterschiedl. Biotope gestattet.

3) *Kristallographie* und *Werkstoffkunde:* Bez. für eine von mindestens zwei versch., durch ihre jeweilige Kristallstruktur gekennzeichneten kristallinen Zustandsformen, in der eine feste Substanz in einem bestimmten Temperaturbereich vorliegt. M. können auch nebeneinander im selben Temperaturbereich vorkommen. (→Allotropie, →Enantiotropie, →Monotropie, →Polymorphie)

Modifikations|gene, Modifikatoren, Gene, die einen verstärkenden oder abschwächenden (also einen quantitativ modifizierenden) Einfluss auf die Wirkung anderer Gene ausüben. Z. B. verändern M. die Wirkung von Farbgenen bei der Ausbildung der Fellfarbe von Säugetieren.

Modigliani, 1) [-ˈʎaːni], Amedeo, ital. Maler, Bildhauer, * Livorno 12. 7. 1884, † Paris 25. 1. 1920; lebte seit 1906 meist in Paris und gehörte als Künstler zur frz. Schule, zur École de Paris. Er malte zunächst fauvist. Porträts. Seit 1909 entstanden durch die Freundschaft mit C. BRANCUSI plast. Arbeiten (›Karyatiden‹ und ›Köpfe‹) aus Kalkstein, deren Form den Einfluss afrikan. Plastik zeigt. Die Stilisierung übertrug M. auch in seine Malerei und fand nach 1910 seinen eigentüml. Porträtstil mit stark überlängten Formen, in dem er die Individualität der Dargestellten – überwiegend Köpfe und Akte junger Frauen – bewahrt und ihnen einen lyrisch-melanchol. Ausdruck verleiht.

A. M., Selbstzeugnisse, Photos, Zeichnungen, Bibliogr., hg. v. G. SCHEIWILLER (1958); A. WERNER: A. M. (a.d.Engl., 1968); J. LANTHEMANN u. C. PARISOT: M. inconnu (Brescia

Amedeo Modigliani: Sitzender weiblicher Akt; 1917 (Antwerpen, Koninklijk Museum voor Schone Kunsten)

1978); C. Mann: M. (London 1980); A. M., Ausst.-Kat. (Paris 1981); A. M. Disegni, bearb. v. C. Parisot u. a., Ausst.-Kat. (Neapel 1984); M., dipinti e disegni, hg. v. O. Patani, Ausst.-Kat. (Mailand 1984); A. Santini: M. Maledetto dai livornesi (Livorno 1984); A. M. Malerei, Skulpturen, Zeichnungen, hg. v. W. Schmalenbach (1990); Der unbekannte M., hg. v. C. Kolden u. G. Kolberg (a. d. Frz., 1994); J. Rose: A. M. Sein Leben, sein Werk, seine Zeit (a. d. Engl., Neuausg. 1994); A. Kruszynski: A. M. Akte u. Portaits (1996).

2) [mɔdilˈjɑːni], Franco, amerikan. (seit 1946) Wirtschaftswissenschaftler ital. Herkunft, *Rom 18. 6. 1918; Prof. an der University of Illinois (1950–52), der Carnegie Mellon University (1952–60), der Northwestern University (1960–62) und am Massachusetts Institute of Technology (1962–88). M., ein Vertreter des Postkeynesianismus, entwickelte gemeinsam mit M. H. Miller das M.-Miller-Theorem. Er erhielt 1985 den Nobelpreis für Wirtschaftswissenschaften für seine wirtschaftstheoret. Pionierarbeiten und deren prakt. Anwendung (z. B. die Lebenszyklushypothese des Konsums als theoret. Grundlage für individuelles und gesamtwirtschaftl. Sparen).

Ausgabe: The collected papers, hg. v. A. Abel, 5 Bde. (1980–89).

Modigliani-Miller-Theorem [mɔdilˈjɑːni-], von F. Modigliani und M. H. Miller (1958) entwickelter Ansatz der modernen Finanzierungstheorie, wonach auf vollkommenen Kapitalmärkten unter Berücksichtigung des Risikos die Verschuldung eines Unternehmens für dessen Marktwert irrelevant ist. Der Wert eines Unternehmens beruhe ausschließlich auf dem Wert der Investitionen und würde nicht durch die Art der Finanzierung beeinflusst. Die durchschnittl. Kapitalkosten seien unabhängig von der Kapitalstruktur, einen optimalen Verschuldungsgrad gebe es nicht. Diese Aussagen beruhen auf der Annahme, dass sich die Eigenkapitalgeber auf einem vollkommenen Kapitalmarkt zu den gleichen Bedingungen verschulden können wie Unternehmen und dadurch aus der Verschuldung des Unternehmens kein zusätzl. Vorteil entstehen kann. In ihrem Aufsatz von 1961 zeigen sie, dass bei Existenz von Unternehmenssteuern zunehmende Verschuldung vorteilhaft wird. Die Bedeutung des Theorems liegt in der für die Betriebswirtschaftslehre neuen Art der Analyse eines Kapitalmarktgleichgewichts.

Mödingen, Gem. im Landkreis Dillingen a. d. Donau, Bayern, 1 400 Ew. – Franziskanerinnen-(ehem. Dominikanerinnen-)Kloster, seit 1239 bezeugt. Die Klostergebäude und die Kirche Mariä Himmelfahrt wurden von D. Zimmermann 1716–25 erbaut und von ihm und seinem Bruder J. B. Zimmermann im Spätbarockstil ausgestattet; in der Ebnerkapelle Rokokostuck des Wessobrunner Meisters Anton Landes (1755).

Modinha [moˈðiɲɐ; port. ›Modelied‹] die, -/-s, im 18./19. Jh. in Portugal ein virtuoser arienartiger Gesang nach dem Vorbild der ital. Opernarie; später auch in Brasilien verbreitet; im 20. Jh. als ein- oder zweistimmiges Strophenlied von Gitarre oder Klavier begleitet.

Modius der, -/...dii, antike röm. Volumeneinheit für Getreide, auch Bez. des entsprechenden Maßgefäßes, 1 M. = 16 Sextarii = 8,754 l.

Modjokerto [-dʒo-], Stadt in Indonesien, →Mojokerto.

Mödl, Martha, Sängerin (hochdramat. Sopran, urspr. Alt), *Nürnberg 22. 3. 1912; debütierte 1943 in Remscheid und wurde 1949 Mitgl. der Hamburger und 1953 der Stuttgarter Staatsoper; trat u. a. an der Wiener Staatsoper, der Metropolitan Opera in New York und der Mailänder Scala sowie bei Festspielen (Bayreuth, Salzburg) auf. Sie wurde nicht zuletzt wegen ihrer darstellerischen. Fähigkeiten bes. als Wagner-Sängerin bekannt.

Mödling 1): Das Renaissance-Rathaus (1548) am Schrannenplatz

Mödlareuth, Ortsteil von Gefell, etwa 90 Ew. – Mit der Teilung Dtl.s nach 1945 kam der N-Teil des Ortes selbstständigen Gem. zu Thür., der S-Teil zu Bayern. 1994 wurde ein Grenzmuseum (›Museum zur Gesch. der dt. Teilung‹) mit Teilen der Sperranlagen der ehem. DDR-Grenze, das bes. auch an die Teilung des Ortes durch eine Mauer (›Klein-Berlin‹) erinnert, errichtet.

Modlin, 1834–1918 **Nowogeorgijewsk,** Festung an der Mündung des Bug in die Weichsel, seit 1961 Stadtteil von Nowy Dwór Mazowiecki in der Wwschaft Warschau. 1806–12 auf Anordnung Napoleons I. angelegt, diente M. als Nachschubbasis für den Russlandfeldzug. 1835–41, 1870–75 und 1911–15 wurde M. zu einer der vier großen russ. Festungen (mit Brest-Litowsk, Iwangorod und Warschau) ausgebaut. Im Ersten Weltkrieg fiel sie nach nur zehntägiger Belagerung am 20. 8. 1915 in dt. Hand; im Zweiten Weltkrieg kapitulierte M. als eines der letzten Zentren poln. Widerstands am 29. 9. 1939 (nach Warschau).

Franco Modigliani

Mödling, 1) Bezirkshauptstadt in Niederösterreich, südlich von Wien, am Fuß des Wienerwaldes, 246 m ü. M., 23 800 Ew.; Höhere techn. Bundeslehr- und Versuchsanstalt (für Elektrotechnik, Bautechnik u. a.), Gendarmeriezentralschule, Stadtmuseum, ethnograph. Museum des Missionshauses St. Gabriel; wichtiges Industriezentrum mit großem Industriepark (rd. 70 Betriebe, u. a. Maschinenbau, elektrotechn. Industrie); im W Villenviertel und Weinbau. – Mittelalterl. Stadtkern mit (in erhöhter Lage) spätgot. Pfarrkirche St. Othmar (begonnen 1454 über Vorgängerbau), einer turmlosen Hallenkirche, Sakramentshäuschen (Anfang 16. Jh.); roman. Karner (13. Jh.) mit barockem Zwiebelturm und Fresken des 13. Jh.; Renaissance-Rathaus (1548, mit Laube) und Bürgerhäusern des 16.–18. Jh. – Das 903 erstmals urkundlich erwähnte M. entwickelte sich zu einem im 14./15. Jh. bedeutenden Markt. Wirtschaftl. Basis war (bis Ende des 18. Jh.) überwiegend der Weinbau. Seit 1875 ist M. Stadt.

M. Seger: Der Raum M., 2 Bde. (Wien 1972).

2) Bez. in Niederösterreich, südlich an Wien anschließend, 277 km^2, 113 100 Einwohner.

Modrow [-dro], Hans, Politiker, *Jasenitz (bei Stettin) 27. 1. 1928; trat 1949 der SED bei. 1967–89 war er Mitgl. ihres ZK und 1973–89 Erster Sekr. der SED im Bez. Dresden. Als ›Hoffnungsträger‹ geltend (im Sinne der von M. Gorbatschow in der UdSSR

Martha Mödl

Hans Modrow

eingeleiteten Reformen), konnte M. als letzter SED-Vors. des Ministerrats der DDR (Min.-Präs.; 13. 11. 1989 bis April 1990) die rasante polit. Entwicklung zur Wiederherstellung der dt. Einheit – trotz u. a. seines Konzepts ›Für Dtl., einig Vaterland‹ (1. 2. 1990) und der Einbeziehung von Vertretern oppositioneller Parteien und Bewegungen (›Reg. der nat. Verantwortung‹; 5. 2. 1990) – nicht mehr wesentlich beeinflussen. Als Mitgl. des Parteivorstandes der PDS (seit Februar 1990 Ehren-Vors.) war er von März bis Oktober 1990 Abg. in der Volkskammer, 1990–94 war M. MdB. – Am 9. 8. 1995 verurteilte ihn das Landgericht Dresden wegen Fälschung der Kommunalwahlergebnisse von 1989 zu einer neunmonatigen Freiheitsstrafe auf Bewährung. Aufgrund eigener Aussagen zu seiner – von ihm geleugneten – Verantwortung für die polizeil. Übergriffe auf friedl. Demonstranten in Dresden vom 4. bis 8. 10. 1989 stand M. (1996) erneut vor Gericht.

Modrow-Gesetz [-dro-], umgangssprachl. Bez. für das Ges. über den Verkauf volkseigener Gebäude vom 7. 3. 1990 mit seinen zwei Durchführungs-VO vom 15. 3. und 5. 7. 1990 (Gesetzblatt der DDR Teil I 1990, Seite 157, 158, 1076). Das unter der Reg. Modrow angenommene Ges. gestattete den Verkauf volkseigener Gebäude für Wohnzwecke (i. d. R. an die dort bereits mit Mietvertrag wohnenden Bürger) oder für Gewerbezwecke, meist verbunden mit dem Verkauf der entsprechenden Grundstücke bzw. den so genannten Komplettierungsgrundstücke (sofern bereits getrenntes Gebäudeeigentum bestand).

Mödruvallabók [isländ. ›Das Buch von Mödruvellir‹], zw. 1316 und 1350 auf Island geschriebener Pergamentkodex, wichtigste Sammelhandschrift mit Isländersagas (→Íslendinga sögur); er enthält elf Sagas (darunter die Laxdoela saga und die Njals saga) und diente als Grundlage für zahlr. Sagaeditionen.

Ausgabe: M., hg. v. E. O. SVEINSSON (Kopenhagen 1933).

Modrzewski Frycz [mɔˈdʒɛfski ˈfritʃ], auch **Frycz Modrzewski**, Andrzej, poln. Humanist, * Wolbórz (bei Petrikau) um 1503, † ebd. im Herbst 1572; studierte 1517–22 in Krakau, war Anhänger der Reformation, stand mit M. LUTHER, ERASMUS VON ROTTERDAM und P. MELANCHTHON in Verbindung. M. F. fand wegen seiner polit. und sozialen Ideen internat. Beachtung, geriet aber als Gegner der kath. Kirche während der Gegenreformation in Vergessenheit. Sein Hauptwerk ›Commentariorum de Republica emendanda libri quinque‹ (1554) ist ein Höhepunkt humanist. Dichtung.

Ausgabe: Opera omnia, hg. v. K. KUMANIECKI, 5 Bde. (1953–59).

J. STARNAWSKI: A. F. M. (Lodz 1981).

Modul [von lat. modulus ›Maß‹, ›Maßstab‹] der, -s/-n, **1)** Baukunst und Architekturtheorie: in der antiken Formenlehre das Verhältnismaß für Bauwerke und ihre Einzelteile. Seine Einheit ist der halbe untere Säulendurchmesser, unterteilt in 30 Partes (Minuten). Durch den M. (die Partes oder das Vielfache des M.) konnten die Verhältnisse der Teile zum Ganzen und zueinander ausgedrückt und bestimmt werden, z. B. die Maße der Kapitele, des Säulenabstands (Interkolumnium), der Höhe der Säulen, Höhe und Breite des Baus. Ziel war die Gewährleistung von Proportion und Harmonie des Bauwerks. In der Renaissance wurde das antike M.-System wieder aufgegriffen (F. BRUNELLESCHI legte 1434 dem Entwurf von Santo Spirito in Florenz einen M. zugrunde). Auch die moderne Architektur verzeichnet Versuche, genormte Teile nach einem M. auszurichten. (→Modulor)

2) Maschinenbau: Verhältnis des Teilkreisdurchmessers zur Zähnezahl eines →Zahnrades.

3) Mathematik: 1) algebraische Struktur, die analog zum →Vektorraum definiert ist, wobei aber an die Stelle eines Körpers ein Ring R als Skalarbereich tritt (M. über einen Ring R oder R-M. gen.); M. spielen in der Algebra, aber auch in der algebraischen Geometrie und Topologie eine wichtige Rolle. 2) der Faktor, durch den sich der dekad. →Logarithmus einer Zahl von deren Logarithmus zu einer anderen Basis unterscheidet. 3) Zahlentheorie: →modulo.

Modul [engl., von lat. →Modul] das, -s/-e, **1)** Datenverarbeitung: ein Stück Hardware (Gerät) oder Software (Programm), das als klar umgrenzte Bau- oder Funktionsgruppe einen Teil eines Ganzen bildet und geändert oder ausgetauscht werden kann, ohne dass Eingriffe oder Veränderungen im übrigen System erforderlich werden. **Hardware-M.** sind meist bestückte Leiterplatten, die elektrisch und mechanisch zerstörungsfrei nicht trennbar sind; **Software-M.** sind häufig Unterprogramme. Für das Zusammenfügen von M. zu einem arbeits- und lauffähigen Systemganzen müssen Schnittstellen festgelegt bzw. beachtet werden. Der Aufbau von Systemen aus M. (**Modularsysteme**) bietet den Vorteil der einfachen Anpassung an unterschiedl. Aufgaben.

2) Elektronik: →Baugruppen.

MODULA-2, von N. WIRTH entwickelte, auf →PASCAL aufbauende prozedurale →Programmiersprache, wobei besonderer Wert auf die Unterstützung der modularen Programmierung gelegt wurde. Dabei wird das zu programmierende System in übersichtl. →Module (Teilsysteme) gegliedert. Unter einem Modul versteht man in diesem Sinn eine Zusammenfassung aller zur Lösung einer (Teil-)Aufgabe erforderl. Daten und Funktionen. Zur Erfüllung der Gesamtaufgabe müssen die Module eines Programmsystems untereinander und mit ihrer Umwelt über definierte Schnittstellen kommunizieren. Durch dieses Konzept unterstützt M.-2 die Prinzipien der →Softwaretechnik. – Die Programmiersprache ist unter dem Namen **Modula-3** insbesondere um die Möglichkeiten der objektorientierten Programmierung erweitert worden.

Modulation [lat. ›Grundmaß‹, ›Rhythmus‹] die, -/-en, **1)** Musik: der Übergang von einer Tonart in eine andere; in der Dur-Moll-Tonalität seit etwa 1700 eines der wichtigsten musikal. Gestaltungs- und Ausdrucksmittel. Wird die erreichte Tonart durch eine Kadenz bestätigt, so liegt eine ›endgültige M.‹ vor; wird sie nur vorübergehend berührt, so spricht man von einer ›Ausweichung‹. In der →Harmonielehre unterscheidet man drei Hauptarten der M.: Die **diatonische M.** beruht auf der Umdeutung einer Dreiklangsfunktion; so kann z. B. in der Tonart C-Dur die Tonika c–e–g vollständig in die Dominante von F-Dur umgedeutet werden und führt in die neue Tonart F-Dur. Bei der **chromatischen M.** schreiten bei gleichzeitigem Liegenlassen der gemeinsamen Töne zweier Akkorde die restl. Stimmen chromatisch fort, wodurch ein neuer Harmoniebereich gewonnen wird. Bei der **enharmonischen M.** werden ein oder mehrere Töne harmonisch umgedeutet (→Enharmonik). Von dieser M. wird die Rückung unterschieden, d. h. die unverbundene Nebeneinanderstellen von musikalisch abgeschlossenen Satzteilen in versch. Tonarten.

Im musikal. Vortrag versteht man unter M. daneben die sinngemäße Abstufung und Regelung der Tonstärken und Klangfarbenverhältnisse.

2) Nachrichtentechnik: Veränderung von Signalparametern eines **Trägers** in Abhängigkeit von einem modulierenden Signal (z. B. **modulierende Schwingung, M.-Schwingung**). Der Träger ist dabei ein Zeitvorgang (z. B. Schwingungs- oder Rauschvorgang). Die M. wird gewöhnlich dazu verwendet, niederfrequente Nachrichtensignale (z. B. Sprache, Musik, Daten) hochfrequenten Schwingungen aufzuprägen, um sie den Eigenschaften eines geeigneten Übertragungsmediums (z. B. Lichtwellenleiter, Koaxialkabel) anzupassen oder um mehrere Nachrichten gleichzeitig über einen einzelnen Nachrichtenweg zu senden (→Multiplexsystem). Der umgekehrte Vorgang wird als →Demodulation bezeichnet.

Im einfachsten Fall ist der Träger eine Sinusschwingung. Bei der im Kurz-, Mittel- und Langwellenbereich gebräuchl. **Amplituden-M.** (Abk. **AM**) wird die Amplitude A_T der hochfrequenten Trägerschwingung (Frequenz f_T) durch die niederfrequenten Schwingungen (f_M) der Nachricht beeinflusst. Die positiven Halbwellen vergrößern die Amplitude der Trägerschwingung, die negativen verkleinern sie, beides umso mehr, je größer die Amplitude A_M der M.-Schwingung ist. Das Verhältnis A_T/A_M bezeichnet man als **M.-Grad**. Die niederfrequente Modulationsschwingung bildet die Hüllkurven der modulierten Schwingung. Diese lässt sich auch als Überlagerung der Trägerschwingung mit zwei Schwingungen darstellen, deren Frequenzen durch die Summen- bzw. Differenzfrequenz $f_T + f_M$ bzw. $f_T - f_M$ (**Seitenfrequenzen**) gegeben werden; ihre Amplituden sind halb so groß wie A_T. Ist die übertragende Zeitfunktion eine Überlagerung von Schwingungen eines ganzen Frequenzbandes (z.B. die tonfrequenten Signale von Sprache und Musik), dann ergeben sich anstelle der Seitenfrequenzen ein oberes und unteres **Seitenband** (**Zweiseitenband-M.**). Zur Nachrichtenübertragung reicht es oft, nur ein einziges Seitenband zu übertragen (→Einseitenbandverfahren), da die Information des aufmodulierten Signals in beiden Seitenbändern vollständig vorhanden ist.

Bei der im UKW-Rundfunk angewandten **Frequenz-M.** (Abk. **FM**) wird statt der Amplitude die Frequenz der Trägerschwingung im Rhythmus der Nachricht geändert; d.h., die beim Empfänger eintreffende modulierte Schwingung besitzt eine sich ständig ändernde Frequenz. Die Frequenzabweichung von der Trägerfrequenz wird **Frequenzhub** genannt. Das Verhältnis des Frequenzhubs zur höchsten M.-Frequenz ist der **M.-Index**. Beim UKW-Rundfunk wird zur Störbefreiung der M.-Index wesentlich größer als 1 bemessen und außerdem eine Amplitudenbegrenzung im Empfänger durchgeführt. Der Frequenz-M. eng verwandt, jedoch seltener angewandt, ist die **Phasen-M.**, bei der der Phasenwinkel (daher auch **Winkel-M.** gen.) der modulierten Schwingung von dem der Trägerschwingung um einen Betrag abweicht, der dem Momentanwert der modulierenden Schwingung proportional ist; die Amplitude der Trägerschwingung bleibt konstant. Die größte Abweichung des Phasenwinkels der modulierten Schwingung von dem der ursprüngl. Trägerschwingung wird als **Phasenhub** bezeichnet.

Während harmon. Schwingungen als Trägersignale lediglich die M. der Amplitude, der Frequenz und der Phase gestatten, ermöglichen period. Impulsfolgen (Periode T) außer der **Pulsamplituden-M.**, der **Pulsfrequenz-M.** und **Pulsphasen-M.** auch die M. der Impulsdauer τ (**Pulsdauer-M.** oder **Pulslängen-M.**). Die **Puls-M.** geht von der Erkenntnis aus, dass es genügt, viele kurze, periodisch aufeinander folgende Ausschnitte aus der Nachricht in Form von Impulsen zu übertragen, vorausgesetzt, dass die Impulswiederholungsfrequenz (Impulsfolgefrequenz) mindestens doppelt so groß ist wie die höchste in der Nachricht vorkommende Frequenz. Nimmt nicht nur das Trägersignal diskrete Werte an, sondern wird auch die Amplitude der zu übertragenden Schwingung in Stufen unterteilt (quantisiert) und jeder Stufe eine bestimmte Impulsfolge (Code) zugeordnet, spricht man von Pulscodemodulation.

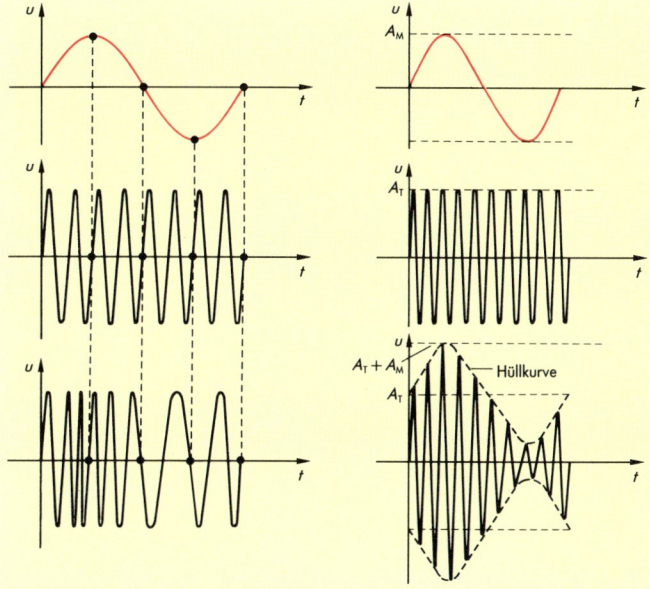

Modulation 2) einer Trägerschwingung (Mitte) durch eine Modulationsschwingung (rot), bei Frequenzmodulation (links) und bei Amplitudenmodulation (rechts); aufgetragen ist jeweils der Augenblickswert u der Schwingung gegen die Zeit t; A_M Amplitude der Modulationsschwingung, A_T Amplitude der Trägerschwingung

Modulations|übertragung, Vermögen eines opt. Systems oder fotograf. Materials, die Hell-Dunkel-Kontraste (Modulation) eines Objektes (Objektverteilung) gemäß ihrer Intensität und ihrer räuml. Anordnung in eine entsprechende Bildverteilung umzusetzen. Die M. bringt die oft isoliert bewerteten Größen Auflösungsvermögen (Bildschärfe) und Kontrastwiedergabevermögen in Beziehung zueinander.

Modulations|übertragungsfunktion, Modulationstransferfunktion, Abk. **MTF, Kontrastübertragungsfunktion,** Realteil der →optischen Übertragungsfunktion. – In der *Fotografie* ist die M. ein Qualitätsmerkmal für die Schärfeleistung eines

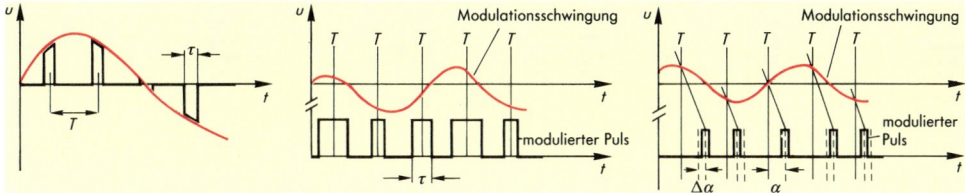

Modulation 2) einer Impulsfolge (schwarz) mit einer Modulationsschwingung (rot) bei Pulsamplitudenmodulation (links), Pulsdauermodulation (Mitte) und Pulsphasenmodulation (rechts); aufgetragen ist jeweils der Augenblickswert u gegen die Zeit t; T Pulsperiodendauer, τ Impulsdauer, α Phase des unmodulierten Trägerpulses, $\Delta\alpha$ Phasenhub

Objektivs oder einer fotograf. Schicht. Dazu wird mikrodensitometrisch gemessen, wie die Modulation eines period. Testgitters mit zunehmender Ortsfrequenz (ansteigende Anzahl Linien pro Millimeter) in eine entsprechende Bildverteilung umgesetzt wird. Der Wert der Modulation nimmt in der Abbildung gegenüber dem des Originalgitters i. d. R. mit zunehmender Ortsfrequenz ab.

Modulator [lat.] der, -s/...'toren, ein Gerät oder Geräteteil, mit dessen Hilfe eine →Modulation eines Trägers bewirkt werden kann; bei der Verwendung von Lichtwellen als Träger (Optoelektronik) ist er ein akustoopt., elektroopt. oder magnetoopt. M. (→Lichtmodulator).

Modulfunktion, eine in der oberen komplexen Halbebene holomorphe Funktion, die unter Transformationen der Form
$$z \mapsto \frac{az+b}{cx+d}$$
mit ganzen Zahlen a, b, c, d und $ad - bc = 1$ (diese bilden die **Modulgruppe**) ihren Wert nicht ändert. M. sind spezielle automorphe Funktionen.

modulieren [lat. modulari ›abmessen‹, ›einrichten‹], **1)** bildungssprachlich für: abwandeln, abwandelnd gestalten.
2) Musik: von einer Tonart in eine andere übergehen (→Modulation).
3) Nachrichtentechnik: eine Amplitude, Frequenz, Phase u. a. zum Zweck der Nachrichtenübermittlung beeinflussen (→Modulation).

modulo, Grundbegriff der Zahlentheorie. Sind a, b und m ganze Zahlen, so heißen a und b **kongruent modulo** m, wenn beide Zahlen bei der Division (mit Rest) durch m denselben Rest r ($0 \leq r \leq m - 1$) lassen. Hierfür schreibt man: $a \equiv b \bmod m$. Die Zahl m wird als **Modul** bezeichnet, die gesamte Beziehung heißt eine **Kongruenz.** Beispiel: $9 \equiv 17 \bmod 4$, weil $9 = 2 \cdot 4 + 1$ und $17 = 4 \cdot 4 + 1$ gilt. Sind a und b kongruent modulo m, so ist $a - b$ ein ganzzahliges Vielfaches von m. Die Kongruenz modulo m ist eine Kongruenzrelation, die Restklassen nach dieser Relation bilden einen Ring, den **Restklassenring modulo** m.

Modulor [frz.] der, -s, Proportionsschema, das von LE CORBUSIER auf der Grundlage der menschl. Gestalt und des goldenen Schnitts entwickelt wurde. Ausgangspunkt ist das Maß 2,26 m, das ein 1,83 m großer Mensch mit hochgestrecktem Arm erreicht. Eine 2. Maßreihe wurde auf die Körpergröße 1,75 m abgestimmt (BILD →Le Corbusier). Der M. wurde von LE CORBUSIER u. a. Bauwerken in Marseille und Berlin zugrunde gelegt. Er ist Ausdruck des Versuchs, mit der Abstimmung der Architektur auf menschliche Maßverhältnisse eine harmon. Wohnumwelt zu schaffen.
LE CORBUSIER: Der M., 2 Bde. (a. d. Frz., ³⁻⁵1985).

Modus [auch 'mo-, lat. ›Maß‹; ›Art‹, ›(Aussage)weise‹; ›Melodie‹, eigtl. ›Gemessenes‹, ›Erfasstes‹] der, -/...di, **1)** bildungssprachlich für: Verfahrensweise, Form (des Vorgehens), Weg.
2) Musik: 1) die Oktavgattungen der Kirchentonarten; 2) in der Modalnotation der Grundrhythmus der Ligaturen.
3) Petrologie: **modaler Mineralbestand,** der quantitative Mineralbestand der Gesteine, ausgedrückt in Vol.-%; Ggs.: Norm.
4) Philosophie: die näheren Bestimmungen des Seins, so z. B. bei R. DESCARTES ›Ausdehnung‹ und ›Denken‹. In der Logik nennt man die verschiedenen syllogist. Schlussfiguren Modi (→Syllogismus).
5) Sprachwissenschaft: Aussageweise beim Verb; sie gibt an, wie sich das Verhältnis der Verbalhandlung zum Wirklichkeitsgehalt der Äußerung in der Stellungnahme des Sprechers darstellt. In den indogerman. Sprachen unterscheidet man v. a. Indikativ, Konjunktiv, Optativ und Imperativ. Der M. kann durch Flexionsmorpheme (z. B. ›geh-t‹ und ›geh-e‹ zur Bez. von Indikativ und Konjunktiv) oder Hilfsverben bezeichnet werden.
6) Statistik: **Modalwert, dichtester Wert, häufigster Wert,** derjenige Wert in einer Stichprobe, der am häufigsten vorkommt.

Modus Operandi [auch 'mo-, lat., zu operari ›arbeiten‹] der, --/...di-, bildungssprachlich für: Art und Weise des Handelns, Verfahrensweise.

Modus ponens [auch 'mo-, lat., zu ponere ›setzen‹, ›stellen‹, ›legen‹] der, --, **Abtrennungsregel,** die wichtigste Schlussregel der Logik: Gilt sowohl A als auch ›Wenn A, dann B‹, so gilt auch B (A und B sind dabei Variable für Aussagen).

Modus Procedendi [auch 'mo-, lat., zu procedere ›fortschreiten‹] der, --/...di-, bildungssprachlich für: Art und Weise des Vorgehens, Verfahrensweise.

Modus Vivendi [auch 'mo-, lat., zu vivere ›leben‹] der, --/...di-, **1)** bildungssprachlich für: Form eines erträgl. Zusammenlebens versch. Parteien (Personen).
2) Völkerrecht: auf Vereinbarung beruhende, vorläufige, die Entscheidung aufschiebende Regelung einer Frage in den internat. Beziehungen.

Moe [mu:], Jørgen Ingebretsen, norweg. Volkskundler, Theologe und Schriftsteller, * Ringerike (bei Oslo) 22. 4. 1813, † Kristiansand 27. 3. 1882; ab 1875 luther. Bischof von Kristiansand. Gab 1841–44 mit P. C. ASBJØRNSEN die erste Sammlung norweg. Volksmärchen heraus (›Norske folkeeventyr‹, 2 Bde.; dt. ›Norweg. Volksmährchen‹).

Moeda d'ouro [-'doru; port. ›Goldmünze‹], urspr. Bez. des Cruzados, einer unter König ALFONS V. eingeführten port. Goldmünze zu urspr. 235, später 500 Reis. Im 17. Jh. ging der Name auf den vierfachen Cruzado über, der 1662 auf 4 000 Reis gestiegen war. Diese Münze wurde aufgrund der großen brasilian. Goldvorkommen in hohen Stückzahlen geprägt (auch in Brasilien) und zur Welthandelsmünze, die v. a. in Westindien, Irland und England sehr beliebt war und dort den anglisierten Namen **Moidor** erhielt.

Moeller-Barlow-Krankheit ['mœlər 'ba:ləʊ-; nach dem Chirurgen JULIUS OTTO LUDWIG MOELLER, * 1819, † 1887, und dem engl. Arzt THOMAS BARLOW, * 1845, † 1945], **Säuglingsskorbut,** durch Vitamin-C-Mangel hervorgerufene, dem Skorbut ähnl. Erkrankung bei Säuglingen und Kleinkindern. Die Symptome bestehen in Blässe und Appetitlosigkeit, Gliederschmerzen, Gelenkschwellungen und v. a. in den durch Gefäßwandschädigungen hervorgerufenen Blutungen in Haut und Schleimhäuten (hämorrhag. Diathese), verbunden mit Anämie, sowie in Verknöcherungsstörungen des Skeletts. Die Behandlung erfolgt mit Ascorbinsäure (Vitamin-C).

Moeller van den Bruck ['mœlər fan-], Arthur, Schriftsteller, * Solingen 23. 4. 1876, † (Selbstmord) Berlin 30. 5. 1925; übte als geistiger Mittelpunkt des ›Juniklubs‹ einen nachhaltigen Einfluss auf die Jungkonservativen aus. Er bekämpfte Liberalismus und Parlamentarismus und suchte nat. und soziale Vorstellungen miteinander zu verbinden; er vertrat v. a. die Idee einer ›konservativen Revolution‹ (→Konservativismus). Der Titel seines Buches ›Das dritte Reich‹ (1923) diente den Nationalsozialisten als Schlagwort.

Moens [mu:ns], Wies, eigtl. **Aloisius Cesar Antoon Wies,** fläm. Schriftsteller, * Sint-Gillis-bij-Dendermonde 28. 1. 1898, † Geleen (Niederlande) 5. 2. 1982; war wegen seiner Tätigkeit in der ›Flämischen Bewegung‹ von Dezember 1918 bis 1921 in Haft. Wegen Kollaboration wurde er nach dem Zweiten Weltkrieg in Belgien zum Tode verurteilt, lebte im niederländ. Exil. M. gilt als einer der bedeutendsten Vertreter des fläm. Expressionismus. Von seinen Werken waren v. a. seine

Moeda d'ouro
(1678; Durchmesser 29 mm)

Vorderseite

Rückseite

›Celbrieven‹ (1920) und der Gedichtband ›De boodschap‹ (1920) von weit reichender Wirkung.

Moering ['mø-], Richard, Schriftsteller, →Gan, Peter.

Moeritherium [mø-; nlat. ›Tier vom Mörissee‹ (nach der Fundstelle im Becken von Faijum)], ausgestorbene, nur aus dem Eozän und Oligozän W- und NO-Afrikas bekannte Gattung schweine- bis tapirgroßer Säugetiere, die aufgrund ihrer Merkmale (z. B. verlängerte, aber noch nicht stoßzahnartig ausgebildete Schneidezähne, kaum entwickelter Rüssel) nicht als direkte Stammform der Rüsseltiere aufzufassen sind, sondern als eine mit diesen nah verwandte Seitenlinie gedeutet werden. M. lebten amphibisch.

Moers [mø:rs], **1)** Stadt im Kr. Wesel, NRW, links des Niederrheins, 26 m ü. M., 105 700 Ew.; Bergamt, Städt. Galerie, Grafschafter Museum (im Schloss), Motorradmuseum, Schlosstheater; Metall-, Baustoff-, chem. Industrie, Spanplatten- und Armaturenherstellung; der Steinkohlenbergbau im Stadtteil Rheinkamp ist seit Anfang der 90er-Jahre erloschen. – M., erstmals im 9. Jh. genannt, seit Ende des 11. Jh. Hauptort der gleichnamigen Grafschaft, wurde 1300 Stadt. Die Ende des 16. Jh. angelegte Festung wurde 1763 geschleift. 1702 bzw. 1712 fiel M. mit der Grafschaft (ab 1707 Fürstentum) M. an Preußen. 1723–98 war es Sitz der Landesbehörden für das Fürstentum Minden sowie die Grafschaft Ravensberg, wurde 1815 Verw.-Mittelpunkt des preuß. Reg.-Bez. Düsseldorf (Rheinprovinz). M. kam 1946 zu NRW.

O. OTTSEN: Die Gesch. der Stadt M., 3 Bde. (1950, Nachdr. 1977).

2) histor. Grafschaft bzw. Fürstentum im (Niederrheinisch-)Westfäl. Reichskreis. Die seit dem Ende des 12. Jh. bezeugten Grafen von M. vermochten ihr Territorium in M. und um Krefeld gegen Kleve, Kurköln und Geldern zu behaupten, mussten sich aber 1250 der Lehnsoberhoheit Kleves beugen. 1376 erwarben sie durch Heirat die Grafschaft Saarwerden, sodass mit der Teilung von 1417 die Grafschaften **M.** und **M.-Saarwerden** entstanden. Letztere fiel 1570 zunächst an Nassau-Saarbrücken, dann an Nassau-Weilburg, bis sie 1794 an Frankreich kam. Die Grafschaft M. fiel im Erbgang 1493 an Wied-Runkel und 1519 an die Grafen von Neuenahr, die in M. die Reformation einführten. Sie vermachten 1600 die Grafschaft testamentarisch dem Haus (Nassau-)Oranien. Kraft Erbrecht ging M. 1702 (seit 1707 Fürstentum) als Lehen Kleves an Preußen, das seine Herrschaft erst 1712 durchsetzen konnte. Ab 1801 zu Frankreich, kam das Land 1814 wieder zu Preußen (ab 1857 Kreis M.).

Der Landkreis M., hg. v. W. HÜBNER (1965).

Moësa, Bez. im SW des Kt. Graubünden, Schweiz, 496 km^2, 7 500 meist italienischsprachige Ew., umfasst das →Misox und dessen Nebental Val Calanca.

Moeschlin ['mœʃli:n], Felix, schweizer. Schriftsteller, *Basel 31. 7. 1882, †ebd. 4. 10. 1969; lebte zeitweise in Berlin, Schweden und Amerika. Mitarbeiter, z. T. Herausgeber verschiedener Zeitschriften, 1940 bis 1947 schweizer. Nationalrat; schrieb histor. und Gegenwartsromane.

Werke: *Romane:* Wachtmeister Vögeli (1922); Barbar und Römer (1931); Wir durchbrechen den Gotthard, 2 Bde. (1947–49); Morgen geht die Sonne auf (1958). – *Autobiographie:* Wie ich meinen Weg fand (1953).

Moeskroen [mu:s'kru:n], belgische Gemeinde, →Mouscron.

Moeyaert ['mu:ja:rt], Claes Cornelisz., niederländ. Maler, *Amsterdam 1592 oder 1593, begraben ebd. 26. 8. 1655; wurde in Italien von A. ELSHEIMER beeinflusst, in dessen Art er kleinformatige religiöse und histor. Szenen meist in südl. Landschaft malte. Später nahm er Anregungen bes. von REMBRANDT auf.

Mofa, Abk. für **Mo**tor**fa**hrrad, ein →Kraftrad.

Mogadischu: Am alten Hafen

Mofette [frz., zu moufir ›in Fäulnis übergehen‹] *die, -/-n, Geologie:* Austrittsstelle (Exhalation) von Kohlendioxid mit Temperaturen unter 100 °C, z. B. Hundsgrotte in den Phlegräischen Feldern bei Neapel und im Gebiet des Laacher Sees. M. gehören zu den postvulkan. Erscheinungen.

Moffo, Anna, amerikan. Sängerin (Sopran) ital. Herkunft, *Wayne (Pa.) 27. 6. 1930(?); debütierte 1955 in Spoleto, sang 1958 erstmals an der Mailänder Scala und 1959 an der Metropolitan Opera in New York. Sie wurde v. a. als Verdi- und Puccini-Interpretin bekannt.

Mofolo, Thomas Mokopu, lesoth. Schriftsteller, *Khojane (Distrikt Mafeteng, Lesotho) 2. 8. 1875, †Teyateyaneng (Lesotho) 8. 9. 1948; verfasste 1912 mit ›Moeti oa Bochabela‹ (in Sotho; engl. 1934 u. d. T. ›The traveller of the East‹) den ersten als Buch veröffentlichten Roman eines schwarzen Südafrikaners. Auch sein in Sotho verfasster, aber zuerst in Englisch erschienener histor. Roman ›Chaka‹ (1925; dt. ›Chaka, der Zulu‹) über den König der Zulu ist eine Pionierleistung der modernen afrikan. Literatur.

Mogadischu, Mogadiisho [-ʃ-], **Mogadiscio** [-'diʃo, ital.], Hauptstadt und Wirtschaftszentrum von Somalia, an der Küste des Ind. Ozeans, (1990) 900 000 Ew. (in der städt. Agglomeration, einschließlich saisonaler Zuwanderer); kath. Bischofssitz; Univ. (seit 1969), Hochschule für islam. Kultur und Recht, Nationalbibliothek, Nationalmuseum; Fischfang, Fisch- und Fleischkonservenfabriken, Getränkeindustrie, Schuhherstellung. Im Hafen (mit Tiefwasserhafen) werden rd. 80 % der Einfuhren Somalias umgeschlagen; internat. Flughafen. – Die arabisch-pers. Handelsstadt M. wurde im 15. Jh. von den Somal erobert, gehörte später zum Sultanat von Oman und wurde 1870 von Sansibar erworben. Gegen Ende des 19. Jh. begannen die Italiener, sich in M. niederzulassen und kauften den Sultan von Sansibar 1905 die Stadt ab. 1941 wurde M. von brit. Truppen erobert; 1991 im Bürgerkrieg stark zerstört.

Mogador, Stadt in Marokko, →Essaouira.

Mogao, Grotten von M., buddhist. Höhlentempel in China (UNESCO-Weltkulturerbe), →Dunhuang.

Mögel-Dellinger-Effekt, Dellinger-Effekt [nach dem Ingenieur ERNST HANS MÖGEL, *1900, und dem amerikan. Physiker JOHN HOWARD DELLINGER, *1886, †1962), bei Sonneneruptionen beobachtete, durch solare Röntgenstrahlung (0,2 bis 0,8 nm) hervorgerufene, mehr als 100fache Verstärkung der Elektronendichte in der D-Schicht der →Ionosphäre.

Mogelpackung, umgangssprachl. Bez. für eine Warenverpackung, die aufgrund ihrer äußeren Gestaltung eine Füllmenge vortäuscht, die nicht der Realität entspricht und insofern gegen § 7 Abs. 2 Eichgesetz i. d. F. v. 23. 3. 1992 verstößt. M. sind in Dtl. als wettbewerbswidriges Verhalten (§ 1 UWG) unzulässig.

Moers 1)
Stadtwappen

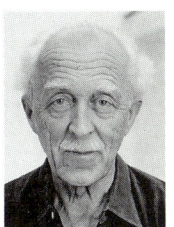

Felix Moeschlin

Anna Moffo

Mogadischu

Hauptstadt und wichtigster Hafen von Somalia

·

am Indischen Ozean

·

900 000 Ew. (städt. Agglomeration)

·

Universität (gegründet 1969)

·

in der arab. Altstadt Moschee (13. Jh.)

·

seit dem Altertum bedeutender Handelsplatz mit starkem arab. Einfluss

Moghol, Mogol, mongol. Volksgruppe in Afghanistan. Die etwa 10 000 M. sprechen nur noch z. T. ihre mit tadschik. Elementen durchsetzte mongol. Sprache. Es besteht eine Literatur muslim. Prägung in arab. Schrift mit zahlreichen arab. Fremdwörtern.
M. WEIERS: Die Sprache der M. der Provinz Herat in Afghanistan (1972).

Mogi das Cruzes [moˈʒi das ˈkruzis], Stadt im Bundesstaat São Paulo, Brasilien, östlich von São Paulo, 122 300 Ew.; Univ.; Stahl-, chem., keram., Textil-, Papierindustrie, Sägewerke, Gerbereien.

Mogila, Pjotr, ukrain. **Petro Mohyla,** ukrain. orth. Theologe, *im Fürstentum Moldau 21. 12. 1596, †Kiew 1. 1. 1647. Nach Studien in Polen und Frankreich wurde er 1625 Mönch, 1627 Archimandrit des Kiewer Höhlenklosters. 1632 gründete er die Geistl. Akademie, 1633 wurde er zum Metropoliten von Kiew und der Ukraine ernannt. Angesichts der Brester Union mit der kath. Kirche und der kalvinist. Einflüsse des KYRILLOS LUKARIS suchte M. durch seine Amtsführung und durch seine Schriften (bes. die Lehrschrift ›Confessio fidei orthodoxae‹ von 1640 die Eigenart der orth. Kirche zu bewahren. Am 15. 12. 1996 wurde M. gemeinsam von der Ukrainischen Orth. Kirche (Moskauer Patriarchat) und den orth. Kirchen Rumäniens, Moldawiens, Weißrusslands und Polens heilig gesprochen; die Heiligsprechung durch die Ukrainische Orth. Kirche – Patriarchat Kiew war am 12. 12. erfolgt.

Mogiljow, Mogilev [-ˈljɔf], weißruss. **Magiljoŭ, Mahilëu,** Gebietshauptstadt im O von Weißrussland, am Dnjepr, 361 200 Ew.; Maschinenbau- und Technologiehochschule, PH; Lkw-Fabrik, Landmaschinenbau, Chemiefaserindustrie; Hafen. – 1267 erwähnt, gehörte M. im 14. Jh. zum Fürstentum Witebsk, kam dann zum Großfürstentum Litauen und entwickelte sich zu einer bedeutenden Handelsstadt (1526 Stadtrecht, 1561 Magdeburger Recht). Seit 1569 bei Polen. Mit der 1. Poln. Teilung wurde es 1772 Russland angeschlossen; 1773–96 und ab 1802 Gouv.-Hauptstadt. Während des Zweiten Weltkriegs wurde die Stadt am 26. 7. 1941 von dt. Truppen besetzt (Ermordung der jüd. Bev. durch ein Einsatzgruppenkommando); am 28. 6. 1944 Rückeroberung durch sowjet. Truppen.

Möglichkeit. Allgemein heißt möglich, was sich bestimmt denken und unter gegebenen Voraussetzungen realisieren lässt. In der Philosophie bedeutet M. im Unterschied zu Wirklichkeit und Notwendigkeit die reine Denkbarkeit einer Sache und ihre Widerspruchsfreiheit in sich. In der Logik wird die M. von der Unmöglichkeit, der Kontingenz und der Notwendigkeit unterschieden.
Der M.-Begriff wurde schon im Schülerkreis des SOKRATES erörtert, bes. von den Megarikern, die ihn auf das im eleat. Sinne Seiende einschränkten, sodass hier nur das Notwendig-Wirkliche auch M. besitzt. PLATON bekämpfte diese Auffassung vom Standpunkt seiner Ideenlehre aus, und auch die christlich-mittelalterl. Philosophen wandten sich gegen sie. In der Naturphilosophie des ARISTOTELES bezeichnet das ontolog. Möglichsein als Potenzialität (Dynamis) das Vermögen, die Wirklichkeit in sich zu gestalten, die Materialursache, im Ggs. zur Wirklichkeit als Aktualität (Energeia, →Akt). Von der Potenzialität wird die Possibilität, das dem Substanziell-Notwendigen anhängende Zufällig-Kontingente (→Kontingenz), unterschieden. Während im Denken der Antike und des MA. die log. und die ontolog. Bedeutung des M.-Begriffs eng verknüpft waren, trat in der Neuzeit ein transzendentallogisch-erkenntnistheoret. M.-Begriff in den Vordergrund. Für I. KANT ist möglich, was der Anschauung wie den Begriffen nach mit den formalen Bedingungen der Erfahrung übereinkommt; für das Wirkliche sind auch die materialen Bedingungen erforderlich. M. HEIDEGGER hat die Frage nach der ontolog. Bedeutung der M. neu gestellt.
N. HARTMANN: M. u. Wirklichkeit (³1966); I. PAPE: Tradition u. Transformation der Modalität, Bd. 1: M., Unmöglichkeit (1966); K. JAKOBI: M., in: Hb. philosoph. Grundbegriffe, hg. v. H. KRINGS u. a., Bd. 4 (1973); G. SEEL: Die aristotel. Modaltheorie (1982).

Möglichkeitsform, *Sprachwissenschaft:* →Konjunktiv.

Mogollonkultur [məgiˈjəʊn-; nach dem Ort Mogollon, 270 km südwestlich von Albuquerque], prähistor. Indianerkultur im gebirgigen westl. New Mexico und östl. Arizona (USA) sowie im nördl. Mexiko (Chihuahua, NO-Sonora), hervorgegangen ca. 300 und 200 v. Chr. aus der archaischen →Cochisekultur und in ihrer Entstehung stark von mesoamerikan. Kulturen (Keramik, Bodenbau) beeinflusst. Ältere Funde der zu den formativen Kulturen gehörenden M. stammen aus Höhlen. Freilandsiedlungen sind jüngeren Datums, etwa ab 800 n. Chr., als die Einflüsse aus dem N (→Anasazikultur) überall deutlich erkennbar werden. Zu dieser Zeit entstand im O →Mimbreskultur, im W unter dem Einfluss der Hohokamkultur die San-Simon-Kultur. Weitere lokale Varianten sind die Forestdale-, Blackriver- und Cibola- sowie die Jornadazweige. Die bekanntesten Großsiedlungen im Anasazistil sind Nantack, Galaz Ruin und Swarts Ruin, die ab etwa 1000 n. Chr. entstanden. Die M. erlosch seit etwa 1200 n. Chr., spätestens um 1400 war sie beendet.

Mogoșoaia [-ˈʃoˈaja], Schloss 14 km nördlich von Bukarest, Rumänien, von Fürst C. BRÂNCOVEANU in der Nähe einer 1688 von ihm gestifteten Kirche erbaut (1702 vollendet). Trotz späterer Veränderungen gilt der Bau als wichtigstes Beispiel des Brâncoveanustils, mit reichen Steinskulpturen, Stuckarbeiten und Malereien. Seit 1957 Museum (Kunst des 17. und 18. Jahrhunderts).

Mogul [pers. mughul, eigtl. ›der Mongole‹], muslim. Dynastie türkisch-mongol. Abstammung in Indien (1526–1857/58; →Indien, Geschichte). Die M.-Herrscher (M.-Kaiser) werden auch mit dem Titel Groß-M. bezeichnet. (→Mogulreich)

Mogulmalerei: Abu al-Hasan, ›Schah Jahan hält einen Turbanjuwel in der Hand‹; 1617 (London, Victoria and Albert Museum)

Mogulmalerei, Wand- und Miniaturmalerei unter der islam. Moguldynastie in Indien; sie begann unter AKBAR, nachdem bereits sein Vater HUMAYUN zwei Miniaturmaler aus Persien nach Indien brachte, die Hauptmeister und Lehrer des kaiserl. Ateliers wurden. 1582 lagen illuminierte Ausgaben des ›Hamza-Name‹ und des ›Schah-Name‹ vor. Ihnen folgten illuminierte Übersetzungen der Hinduepen ›Ramayana‹ und ›Mahabharata‹ ins Persische. Wichtigster Gegenstand der M. wurden die Chroniken der einzelnen Mogulkaiser (›Akbar-Name‹ um 1590, ›Jahangir-Name‹ Mitte 16. Jh. und ›Babur-Name‹ Ende 16. Jh. illumi-

niert), die auch viele Darbarszenen, d. h. höf. Szenen (Audienzen u. a.), enthielten (→Akbar, BILD). In Fatehpur Sikri sind die ältesten Wandmalereien der Moguln erhalten. Unter JAHANGIR blühten die unter AKBAR begonnene Porträtmalerei und die Naturstudie (Tiere und Pflanzen). Bes. wichtig wurde die M. für die →Rajputmalerei. Weiteres BILD →Indien, Geschichte
<small>S. C. WELCH: Ind. Buchmalerei unter den Großmogun (a. d. Engl., 1978); Wunder einer goldenen Zeit. Malerei am Hof der Moghul-Kaiser, bearb. v. B. N. GOSWAMY u. a., Ausst.-Kat. (Zürich 1987); Ind. Miniaturen, bearb. v. D. J. EHNBOM (a. d. Amerikan., 1988); Miniatures de l'Inde impériale. Les peintres de la cour d'Akbar, (1556-1605), hg. v. A. OKADA, Ausst.-Kat. Musée Guimet, Paris (Paris 1989); Romance of the Taj Mahal, bearb. v. P. PAL u. a., Ausst.-Kat. County Museum of Art, Los Angeles, Calif. (London 1989); Mughal and other Indian paintings. From the Chester Beatty Library, hg. v. L. Y. LEACH, 2 Bde. (London 1995).</small>

Mogulreich, Reich der Moguln in Indien, gegründet von BABUR, der von Afghanistan aus N-Indien vom Pandschab bis an die Grenze von Bengalen (1526, Schlacht bei Panipat) eroberte. Sein Sohn HUMAYUN konnte das Erbe nicht halten und musste nach Persien fliehen, eroberte aber Delhi und Agra. Erst sein Sohn AKBAR (1556-1605) war der eigentl. Begründer des M. AKBARS Reich erstreckte sich bei seiner größten Ausdehnung von Ahmadnagar und dem Dekhan bis nach Kaschmir und umfasste Belutschistan und Teile von Afghanistan; er strebte die Versöhnung mit den Hindus an. Sein Enkel SHAH JAHAN (1628-58), Bauherr des Taj Mahal, brachte das Reich durch übermäßige Bautätigkeit und fehlgeschlagene Kriegszüge an den Rand des Zusammenbruchs. In den Nachfolgekämpfen zw. seinen Söhnen siegte der strenggläubige AURANGSEB (1658-1707). Unter dessen Reg. wurden Hindus von öffentl. Ämtern ausgeschlossen, Schulen und Tempel zerstört und die von AKBAR abgeschaffte Ungläubigensteuer wieder eingeführt. Er bekämpfte die Sikhs und ließ ihren Führer hinrichten. Diese Politik forderte den offenen Widerstand der Rajputen, Jats und Sikhs im N und der Marathen im S heraus. Zwar erreichte unter AURANGSEBS Herrschaft das Reich durch Annexion von Bijapur und Golconda seine größte Ausdehnung, nach seinem Tod zerfiel es rasch. Einzelne Teile machten sich unter Gouverneuren und Abenteurern selbstständig (Hyderabad, Oudh, Bengalen). Die Kriegszüge der Marathen, die Einfälle der Perser und Afghanen und schließlich das Eingreifen der Briten besiegelten das Schicksal des M. Seit 1803 waren die Moguln nur noch Titularkaiser und Pensionäre der Briten; der letzte war BAHADUR SCHAH II. (1837-57/58).
<small>H.-G. BEHR: Die Moguln (Neuausg. 1982); B. GASCOIGNE: Die Großmogun (a. d. Engl., Neuausg. 1987).</small>

Mohács ['moha:tʃ], Stadt im Bez. Baranya, S-Ungarn, an der Donau, 20 000 Ew.; volkskundliches Museum; Holz-, Seidenindustrie; Donauhafen (seit 1840). – Barockkirchen (18. Jh.); Gedenkkirche (1926 geweiht) und Gedenkstätte (seit 1976) für die Schlacht von 1526, Rathaus im maur. Stil (1927). – Auf den Resten der röm Siedlung Altinum entstanden, wurde M. mit der Folge nach den Türkenkriegen entvölkert und unter österr. Herrschaft als Grenzstadt seit dem 18. Jh. von Donauschwaben und Serben neu besiedelt. – In der **Schlacht bei M.** schlugen die Türken unter Sultan SÜLEIMAN II. am 29. 8. 1526 König LUDWIG II. von Ungarn und Böhmen, der auf der Flucht ertrank; danach zerfiel Ungarn in drei Teile. – Am Berg Harsan bei M. siegten am 12. 8. 1687 die Kaiserlichen unter Herzog KARL V. LEOPOLD von Lothringen und Markgraf LUDWIG WILHELM I. von Baden-Baden (›Türkenlouis‹) entscheidend über die Türken unter Sultan MEHMED IV.; nach diesem Sieg konnten Ungarn und Siebenbürgen völlig von der türk. Herrschaft befreit werden.

Mohair [moˈhɛːr; engl.], →Mohär.

Mohammadia, früher **Perrégaux** [pɛreˈgo, frz.], Stadt in NW-Algerien, 40 km südlich von Mostaganem, 44 m ü. M., 60 000 Ew.; Landwirtschaftszentrum am S-Rand der durch das Kanalsystem des Oued Fergoug bewässerten Ebene L'Habra (Zitrusfrüchte, Frühgemüse, Baumwolle, Wein u. a.). M. ist Straßen- und Eisenbahnknotenpunkt sowie (seit 1977) staatlich gefördertes Industriezentrum. – M. war urspr. ein frz. Militärposten.

Mohammed, Muhammad [arab. -ˈxa-; ›der Gepriesene‹], eigtl. **Abu l-Kasim,** der Stifter des →Islam, * Mekka um 570, † Medina 8. 6. 632; sein Vater ABD ALLAH starb vor seiner Geburt, die Mutter AMINA verlor er als Kind. Er wuchs bei seinem Großvater ABD AL-MUTTALIB und nach dessen Tod bei seinem Onkel ABU TALIB († um 619; Vater des →ALI IBN ABI TALIB) auf. Die Familie gehörte zu einem verarmten Zweig der in Mekka sozial und wirtschaftlich führenden Koraisch. Um 595 heiratete er die reiche Kaufmannswitwe CHADIDJA, die ihm zwei (jung gestorbene) Söhne und vier Töchter, darunter FATIMA, gebar. Als Kaufmann erweiterte er auf Handelsreisen, die ihn vielleicht bis Syrien führten, seine Bildung und kam mit monotheist. Lehren (Juden, Christen, ›Gottsucher‹ [→Hanifen]) in Berührung. Um 610 glaubte er sich durch Gesichte und Stimmen des Gesandten Gottes (›Rasul Allah‹) berufen (älteste Offenbarung in Sure 96 des Korans). Von nun an war M. überzeugt, bestärkt von seiner Gattin u. a., fortan göttl. Mitteilungen zu erhalten. Sie wurden z. T. noch zu seinen Lebzeiten aufgezeichnet, im →Koran zusammengefasst. M. ist – trotz vorhandener jüd., christl. und vorislamisch-arab. Einflüsse – als eigenständige, große religiöse Persönlichkeit zu werten. Er verstand sich als Letzter, als ›Siegel der Propheten‹, der die Religion ABRAHAMS wiederherstellte, wie dies vor ihm bereits MOSE und JESUS versucht hatten.

Anfänglich umfasste seine Anhängerschaft neben Verwandten nur wenige Einflussreiche (z. B. ABU BAKR, OMAR I.), vielfach aber sozial niedrig Stehende und Sklaven. Eine v. a. soziale Deutung seines Wirkens wird seinem primär religiösen Streben jedoch nicht gerecht. Seitens der mekkan. Kaufmannschaft wurde in einer Propaganda gegen die altarab. (polytheist.) Religion allerdings eine Gefahr gesehen, die ihre Einkünfte aus dem Kult um die →Kaaba gefährdete. Wirkl. Erfolg wurde M. erst zuteil, als er sich 622 zur →Hidjra nach Medina entschloss, wohin ihn zwei verfeindete arab. Stämme (Aus und Chasradj) eingeladen hatten. Dort festigten sich sein religiöses und staatsmänn. Ansehen wie auch sein Selbstbewusstsein rasch; seine menschl. Haltung veränderte sich (nach CHADIDJAS Tod [619] Heirat mit neun Frauen, darunter AISCHA). M. gelang es, die beiden medin. Araberstämme miteinander auszusöhnen (Ansar ›Helfer‹), die mekkan. Auswanderer (›Muhadjirun‹) anzusiedeln, die jüd. Stämme durch Vertreibung oder Hinrichtungen auszuschalten, die Mekkaner in der Schlacht bei Badr 624 und in der Grabenschlacht 627 vor Medina militärisch empfindlich zu treffen. Zw. diesen beiden Schlachten unterlag M. den Mekkanern allerdings einmal, 625 am Berg Ohod.

Da die Christen und Juden ihn nicht als Propheten anerkannten, ließ M. manche Zugeständnisse an sie fallen und fasste den Islam bewusst als eigene Religion: Er machte den Freitag zum Wochenfeiertag, änderte die →Kibla von Jerusalem nach Mekka und führte anstelle eines Fastentages den Fastenmonat →Ramadan ein. 630 konnte M. aufgrund seiner wachsenden Macht nach mehreren Anläufen Mekka besetzen und die dortige Kaaba als Mittelpunkt seiner Religion und Ziel des →Hadjdj in Besitz nehmen. Die vorislam. polytheist. Religion auf der Arab. Halbinsel

Moha Mohammed–Mohaupt

wurde unterdrückt. Als Herr weiter Teile Arabiens Sieger über mehrere andere Propheten (Musailima) und im Bewusstsein, eine neue Religion gestiftet zu haben, starb M. nach kurzer Krankheit in seiner Wahlheimat Medina. Sein Grab in der ›Großen Moschee‹ von Medina ist nach Mekka die wichtigste Wallfahrtsstätte der Muslime.

In den bereits kurz nach seinem Tod aufkommenden Legenden erscheint M. auch als Wundertäter, obwohl er sich selbst nur als Diener Gottes gesehen hatte.

Literar. Behandlung: In der europ. Literatur früherer Epochen erscheint M. als Betrüger (›Roman de Mahomet‹, um 1258) und Antichrist, so z. B. bei DANTE ALIGHIERI. Auch in VOLTAIRES Drama ›Le fanatisme, ou Mahomet le prophète‹ (1742) trägt M. negative Züge. Erst GOETHES Gedicht ›Mahomets Gesang‹ zeichnet ihn als großen Religionsstifter, wie er später auch bei A. SCHAEFFER in der Novelle ›Die Rosse der Hedschra‹ (1926), in F. WOLFS ›M. Ein Oratorium‹ (1924) und dem gleichnamigen Roman KLABUNDS (1917) zu finden ist. Der Roman ›The satanic verses‹ von S. RUSHDIE (1988), der wegen seiner Verletzung religiöser Tabus weltweite Kontroversen hervorgerufen hat, greift das Betrugsmotiv wieder auf.

M. HAMIDULLAH: Le prophète de l'Islam, 2 Tle. (Paris 1959); M. RODINSON: M. (a. d. Frz., Luzern 1975); Die Religionen der Menschheit, hg. v. C. M. SCHRÖDER, Bd. 25, Tl. 1–3: Der Islam (1980–90); R. PARET: M. u. der Koran (^{6}1985); K. ARMSTRONG: Muhammad. Religionsstifter u. Staatsmann (a. d. Engl., Neuausg. 1995); A. SCHIMMEL: Und Muhammad ist sein Prophet. Die Verehrung des Propheten in der islam. Frömmigkeit (^{3}1995).

Mohammed, Muhammad [arab. -'xa-], Herrscher:
Afghanistan: **1) Mohammed Sahir**, König (Schah; 1933–73), * Kabul 30. 10. 1914; bestieg nach der Ermordung seines Vaters NADIR SCHAH 1933 den Thron; bis 1963 lag die direkte Regierungsführung jedoch bei dem aus dem Königshaus stammenden Ministerpräsidenten. Innenpolitisch trat er für Reformen (u. a. 1964 Verabschiedung einer neuen Verf.), außenpolitisch (nach dem Zweiten Weltkrieg) für die ›Blockfreiheit‹ seines Landes ein. 1973 wurde er durch einen Putsch gestürzt; seitdem lebte er im Exil (Rom).

Mohammed Resa

Iran: **2) Mohammed Resa**, Schah (1941–79), * Teheran 26. 10. 1919, † Kairo 27. 7. 1980; aus dem Hause Pahlewi; ∞ seit 1959 in dritter Ehe mit FARAH DIBA, bestieg nach Abdankung seines Vaters RESA SCHAH am 16. 9. 1941 den Thron. 1953 kam es zu einem Verf.-Konflikt mit dem Min.-Präs. M. MOSSADEGH. Nach dessen Sturz (1953) kehrte der ins Ausland geflüchtete Schah zurück. Gestützt auf ein autoritäres Reg.-System, v. a. auf die berüchtigte Geheimpolizei (Savak) und eine auch als innenpolit. Instrument dienende starke Armee, führte M. R. unter dem Schlagwort ›weiße Revolution‹ u. a. eine Landreform durch und intensivierte mithilfe der Öleinnahmen die Industrialisierung. In seiner Außenpolitik neigte er den USA und den von ihnen geführten Staaten in Westeuropa zu. Nach der Geburt des Thronfolgers KYROS RESA (1960) fand am 26. 10. 1967 die Kaiserkrönung statt (Titel M. R.s seitdem Schahinschah). Der Unmut über die Korruption in Staat und Gesellschaft, über die Verwestlichung und die Vernachlässigung religiöser Werte des Islam steigerte die von der Geistlichkeit geführte Opposition gegen die Herrschaft des Schahs. Am 16. 1. 1979 verließ M. R. nach Einsetzung eines Kronrates das Land. Nach Ausrufung der ›Islam. Republik‹ (April 1979) verurteilte ein Revolutionsgericht M. R. und Angehörige seiner Familie in Abwesenheit zum Tode. Als sich der Schah zur Behandlung eines Krebsleidens in den USA aufhielt, nahmen revolutionäre iran. Studenten – um seine Auslieferung an Iran zu erzwingen – am 4. 11. 1979 das Personal der ameri-

Mohammed Ibn Youssef

kan. Botschaft in Teheran als Geiseln (Freilassung erst am 20. 1. 1981). Im März 1980 ging M. R. ins Exil nach Ägypten.

Marokko: **3) Mohammed V., M. Ibn Youssef** [-ju-], König, * Fès 10. 8. 1909, † Rabat 26. 2. 1961; dritter Sohn des 1912 eingesetzten Sultans MOULAY YOUSSEF (*1882, †1927), bestieg am 18. 11. 1927 als Sultan unter frz.-span. Protektorat den Thron, wandte sich 1933 der bürgerl. Unabhängigkeitsbewegung zu, suchte 1942/43 Kontakt zu den USA und forderte 1947 erstmals öffentlich die Unabhängigkeit seines Landes. Die frz. Kolonialverwaltung setzte ihn am 20. 8. 1953 ab und verbannte ihn nach Korsika, später nach Madagaskar. Am 16. 11. 1955 konnte er nach Marokko zurückkehren und als wieder eingesetzter Sultan sein Land zur Unabhängigkeit von Frankreich und Spanien führen (2. 3. 1956). Nach der Proklamierung des Königreiches Marokko (14. 8. 1957) nahm er den Königstitel an.

Mohammed, Mehmed [mɛx-], osman. Sultane, →Mehmed.

Mohammedaner, veraltete Bez. für die Anhänger der Lehre des MOHAMMED; Eigen-Bez. **Muslime**.

Mohammedia, 1) bis 1961 **Fédala**, Industrie- und Hafenstadt mit Seebad und Jachthafen an der Atlantikküste Marokkos, in der Zenata-Ebene, 28 km nordöstlich von Casablanca, 175 000 Ew. (als Großgemeinde 449 600 Ew.); größte Erdölraffinerie des Landes (6,8 Mio. t Jahreskapazität, über $^3/_4$ der marokkan. Produktion); petrochem. Großkomplex mit Wärmekraftwerk (600 MW, erzeugt fast die Hälfte der marokkan. Elektroenergie); Textil- und Lederindustrie, Metallverarbeitung, Konservenfabrikation (v. a. Fisch), Verarbeitung des in der Nähe abgebauten Steinsalzes; Flugplatz, Eisenbahn- und Autobahnverbindung mit Casablanca und Rabat. – In der Altstadt alte Kasba (200 × 200 m) mit port. Bau (15. Jh.).

2) La M., Ort in N-Tunesien, 12 km südlich von Tunis; ausgedehnter verfallener Palastkomplex, zeitweilig Residenz der türk. Beis, 1756–59 begonnen, 1837–55 von AHMED BEI (*1806, †1855) stark erweitert (u. a. Moschee, Kaserne, Paläste), um Versailles zu übertreffen. 5 km südlich gut erhaltener röm. Aquädukt (Zaghouan-Karthago, Abzweigung nach Tunis-Bardo), unter HADRIAN (120–131) errichtet (zuletzt Anfang des 17. Jh. repariert). 5 km südwestlich das weite Ruinenfeld des antiken **Uthina** (heute **Oudna**), dessen röm. Mosaiken sich im Bardo-Museum (Tunis) befinden.

Mohammed Siad Barre, Offizier und Politiker in Somalia, * Distrikt Lugh 1919, † Lagos 2. 1. 1995; trat 1941 unter brit. Besatzung der Polizei bei, besuchte nach 1952 in Italien eine Militärakademie; wurde 1960 zum Oberst, 1965 zum General befördert. Am 21. 10. 1969 führte er den Putsch gegen die demokratisch gewählte Reg., war bis zum Umsturz im Januar 1991 Staatspräs. und lebte seit 1992 im Exil in Nigeria.

Mohar der, -s/-, nepales. Silber- und Goldmünze vom 17. Jh. bis 1932; 1 M. = $^1/_2$ Rupie = 32 Paise = 128 Dam.

Mohär, engl., von arab. muḥayyar ›Stoff aus Ziegenhaar‹ der, -s, **Mohärwolle, Mohair** [mo'hɛːr]; **Mohairwolle**, Bez. für die von Angoraziegen gewonnene, aus 12–30 cm langen, stark glänzenden, feinen, wenig filzenden Haaren bestehende Wolle. – Gewebe aus M.-Garnen werden für Kleider-, Mantel- und Möbelbezugsstoffe verwendet.

Mohaupt, Richard, Komponist, * Breslau 14. 9. 1904, † Reichenau (NÖ) 3. 7. 1957; emigrierte 1939 in die USA und lebte bis 1955 als Musiklehrer und Komponist (v. a. Film-, Rundfunk- und Fernsehmusik) in New York, dann in Österreich. Er komponierte in tonalem, rhythmisch prägnantem Stil volkstüml. Opern (›Die Wirtin von Pinsk‹, 1938, Neufassung 1956; ›Die

Bremer Stadtmusikanten‹, 1949; ›Der grüne Kakadu‹, 1958), Ballette, Orchesterwerke, Kammermusik, Klavierstücke und Lieder.

Mohave [məʊˈhɑːvɪ], **Mojave** [məʊˈhɑːvɪ], den Yuma sprachverwandter nordamerikan. Indianerstamm, lebt heute im unteren Coloradotal (SO-Kalifornien und W-Arizona), in und nahe der Fort Mojave Reservation (700 M.) und mit den Chemehuevi in der Colorado River Reservation (zus. etwa 2 400 Menschen).

Mohavewüste [məʊˈhɑːvɪ-], die →Mojavewüste.

Mohawk [ˈməʊhɔːk], Stamm der →Irokesen. Die während des Nordamerikan. Unabhängigkeitskrieges probritisch eingestellten M. folgten anschließend zum großen Teil ihrem Führer JOSEPH BRANT (* 1742, † 1807) nach Kanada, wo sie in Ontario angesiedelt wurden. Die von der kolonialen frz. Jesuitenmission erfassten und mit anderen Gruppen vermischten M. hatten Anteil an der Erschließung des Mittleren Westens; ihre Nachfahren leben heute weit verstreut in Kanada (vier Reservationen in Ontario und Quebec, rd. 14 700 M.) und den USA (Saint Regis Reservation im Staat New York, rd. 3 200 Stammesmitglieder). Im Streit um territoriale Eigentumsrechte kam es 1990 zu Unruhen unter den M. in Quebec.

Mohawk River [ˈməʊhɔːk ˈrɪvə], rechter Nebenfluss des Hudson River im Bundesstaat New York, USA, 238 km lang, entspringt in den Adirondacks, mündet nördlich von Albany. Durch das Tal des M. R., seit Beginn der Kolonisation ein wichtiger Verkehrsweg ins Landesinnere, führt der New York State Barge Canal (zum Eriesee).

Mohéli [mɔeˈli], Insel der →Komoren.

Mohenjo-Daro [moˈhɛnʒo-], Ruinenstadt in Pakistan, südwestlich von Sukkur am Indus; neben Harappa wichtigster Fundort der →Harappakultur. Die Ausgrabungen begannen 1922 und legten ein Straßennetz, Mauern mehrgeschossiger Häuser, Brunnen, Abwasseranlagen und mit einem großen Bad oberhalb der Stadt frei (UNESCO-Weltkulturerbe).

Mohikaner, engl. **Mohegan** [məʊˈhiːgən], mit den Algonkin sprachverwandter nordamerikan. Indianerstamm. Reste der meist stark vermischten und verstreuten M. (rd. 500) wohnen in und nahe Norwich im östl. Connecticut, USA. Ein Teil der früher am Hudson lebenden, nahe verwandten **Mahican** begründete mit einigen Delaware einen neuen Stamm (Stockbridge Munsee in Wisconsin, etwa 1 300 Stammesmitglieder). – In der Literatur sind die M. bekannt geworden durch J. F. COOPERS Roman ›The last of the Mohicans‹ (1826).

Mohini [Sanskrit ›die Betörende‹], weibl. Verwandlungsform des Hindugottes Vishnu, die dieser u. a. annahm, um den Dämonen (Asuras) den Unsterblichkeitstrank (Amrta) zu rauben.

Mohl, Robert von (seit 1837), bad. Staatsrechtslehrer und Politiker, * Stuttgart 17. 8. 1799, † Berlin 4. 11. 1875; 1824–45 Prof. für Staatsrecht in Tübingen, seit 1847 in Heidelberg. 1846 wurde er in die zweite bad. Kammer gewählt. Er gehörte 1848/49 dem linken Zentrum der Frankfurter Nationalversammlung an, zugleich fungierte er als Reichsjustiz-Min. (9. 8. 1848–10. 5. 1849). 1861 schied M. aus dem Universitätsdienst aus und vertrat Baden bis 1866 als Gesandter beim Dt. Bund, 1867–71 war er bad. Gesandter in Bayern. 1874 wurde er, mittlerweile den Nationalliberalen zuneigend, in den Reichstag gewählt. – M.s Verdienst liegt in seiner theoret. Schriften zur Staatsrechtslehre. Seine Schrift ›Das Staatsrecht des Königreichs Württemberg‹ (1829–31, 2 Bde.) ist die erste Darstellung, die Verf. und Verwaltung getrennt betrachtet. In ›Die Polizei-Wissenschaft nach den Grundsätzen des Rechtsstaates‹ (1832–34, 3 Bde.) entwickelte er unter Herausarbeitung eines materiellen Rechtsstaatsprinzips bei gleichzeitiger Berücksichtigung der Verwaltungswirklichkeit und der ihr zugrunde liegenden Rechtssystematik eine eigene Rechtsstaatskonzeption. Werke wie ›Die Geschichte und Literatur der Staatswissenschaften‹ (1855–58, 3 Bde.), ›Encyclopädie der Staatswissenschaften‹ (1859) sowie die Aufsatzsammlung ›Staatsrecht, Völkerrecht und Politik‹ (1860–69, 3 Bde.) weisen ihn als einen Wegbereiter des modernen Rechtsstaats aus.

Möhler, Johann Adam, kath. Theologe, * Igersheim (bei Bad Mergentheim) 6. 5. 1796, † München 12. 4. 1838; wurde 1819 zum Priester geweiht; war ab 1826 Prof. für Kirchengeschichte in Tübingen, ab 1835 Prof. für N.T. in München; Mitbegründer der kath. →Tübinger Schule. Beeinflusst u. a. von F. D. E. SCHLEIERMACHER und in krit. Auseinandersetzung mit dem dt. Idealismus befasste sich M. mit den Grundfragen des Christentums, dem Verhältnis von Offenbarung und Geschichte, Schrift und Tradition, der christl. Anthropologie und der Ekklesiologie. Das Christentum begriff er als das in der Geschichte (der Kirchen) fortlebende, sich ständig erneuernde Christusgeschehen. Seine beiden Hauptwerke bilden zugleich wichtige Beiträge zur Entwicklung ökumen. Vorstellungen in der kath. Kirche: ›Die Einheit in der Kirche oder das Prinzip des Katholizismus‹ (1825) verstand M. als eine dynam. Einheit von Lehre, Liturgie und Verfassung; mit seiner ›Symbolik oder Darstellung der dogmat. Gegensätze der Katholiken und Protestanten ...‹ (1832), die auch bei ev. Theologen Anerkennung fand, wurde M. ein Wegbereiter der kath. →Konfessionskunde. – In der Tradition M.s arbeitet heute das 1957 gegründete kath. **Johann-Adam-Möhler-Institut für Ökumenik** in Paderborn.

Ausgaben: Ges. Schriften u. Aufs., hg. v. J. I. DÖLLINGER, 2 Bde. (1839–40); Nachgelassene Schriften, hg. v. R. REINHARDT, 2 Bde. (1989–90).

P.-W. SCHEELE: Einheit u. Glaube. J. A. M.s Lehre von der Einheit der Kirche ... (1964); H. WAGNER: Die eine Kirche u. die vielen Kirchen. Ekklesiologie u. Symbolik beim jungen M. (1977).

Mohn, Papaver, Gattung der M.-Gewächse mit rd. 100 Arten in den gemäßigten Gebieten der Nordhalb-

Mohenjo-Daro: Teilansicht des ›Großen Bades‹, das kultischen Zwecken diente

Robert von Mohl

Johann Adam Möhler

Mohn   Mohn – Moholy

Mohn:
Klatschmohn
(Höhe bis 90 cm)

Reinhard Mohn

kugel, nur eine Art (Papaver aculeatum) im südl. Afrika und SO-Australien; einjährige, Milchsaft führende Kräuter und Stauden mit meist gelappten oder geteilten Blättern, roten, violetten, gelben oder weißen Blüten und kugeligen, eiförmigen oder längl. Kapselfrüchten; diese tragen an ihrer Spitze eine aus den miteinander verschmolzenen Narben entstandene Platte; z. T. Nutz- und Zierpflanzen.

Bekannte Arten: **Klatsch-M. (Feuer-M., Feld-M.,** Papaver rhoeas), bis 90 cm hoch; mit gefiederten, borstig behaarten Blättern und scharlachroten, bis 10 cm breiten Blüten; auf Äckern und Ödland; die Kronblätter wurden früher zur Herstellung roter Tinte verwendet. – **Island-M.** (Papaver croceum, aus dem Altaigebirge), 30–40 cm hoch; mit grundständigen, bläulich grünen Blättern; Stängel dünn, blattlos, mit einer gelben Blüte; in der arkt. und subarkt. Region; wird als Schnittblume in verschiedenfarbigen Sorten kultiviert. – **Schlaf-M. (Garten-M., Magsamen,** Papaver somniferum), 0,5–1,5 m hoch; mit wenig geteilten, blaugrün bereiften Blättern und weißen oder violetten Blüten, die am Grund dunkle Flecken haben; im östl. Mittelmeergebiet, seit langem in Vorderasien und Indien, seit dem 18. Jh. auch in Mitteleuropa angebaut; aus den unreifen Fruchtkapseln wird →Opium gewonnen. Das durch kaltes Pressen der weißen, blauen oder schwarzen Samen gewonnene M.-Öl (bis zu 40 %) wird als Speiseöl sowie industriell als trocknendes Öl verwendet (enthält ca. 62 % Linolsäure und 30 % Ölsäure). Blaue Samen (opiumfrei) finden in der Bäckerei Verwendung. – Der Anbau von Schlaf-M. ist nach dem Betäubungsmittelgesetz grundsätzlich (auch in Haus- und Kleingärten) verboten.

Krankheiten und Schädlinge: Bei Bormangel verkümmern die Pflanzen, die Kapseln verkrüppeln. Gegen den durch Pilze verursachten Wurzelbrand ist Saatgutbeizung erforderlich. Grauer Pilzrasen auf den Blattunterseiten zeigt Befall mit Falschem Mehltau an. *Tier. Schädlinge* sind v. a. Mohnwurzelrüssler, Mohnkapselrüssler und Mohnstängelgallwespe.

Geschichte: Der Schlaf-M. stammt von der Südküste des Schwarzen Meeres. Um 900 v. Chr. war er in Griechenland bekannt. In Pfahlbauten des Alpenvorlandes wurden Samen des Schlaf-M. gefunden. M.-Samen dienten schon sehr früh als Nahrungsmittel. Als Schlaf- und Schmerzmittel war zunächst nicht das Opium, sondern nur ein Extrakt (Meconium) aus den Fruchtkapseln und der ganzen Pflanze (bei den alten Ägyptern, auch bei den Griechen, bis zum 17. Jh. bei den Chinesen und bis Anfang des 19. Jh. in Dtl.) bekannt. In Dtl. wurde M. seit dem MA. v. a. wegen seines ölhaltigen Samens angebaut.

Mohn, estn. Ostseeinsel, →Moon.

Mohn, 1) [muːn], Henrik, norweg. Meteorologe, * Bergen 15. 5. 1835, † Kristiania (heute Oslo) 12. 9. 1916; seit 1866 Prof. und Direktor des auf seine Anregung gegründeten norweg. Meteorolog. Instituts; leitete 1876–78 eine Expedition im Nordmeer. M. entwickelte wichtige Grundlagen der Lehre von der atmosphär. Zirkulation. **Werke:** Om vind og vejr. Meteorologiens hovedresultater (1872; dt. Grundzüge der Meteorologie); Études sur les mouvements de l'atmosphère, 2 Tle. (1876–80, mit C. M. Guldberg); Meteorologi (1883; dt. Meteorologie).
2) Paul, Maler, * Meißen 17. 11. 1842, † Berlin 17. 2. 1911; Schüler von L. Richter, 1868/69 in Rom, in Berlin seit 1883. M. schuf Landschafts- und Märchenbilder, Entwürfe für Glasfenster, Buchillustrationen.
3) Reinhard, Verleger, * Gütersloh 29. 6. 1921; übernahm 1947 das väterl. Unternehmen (→Bertelsmann AG). Der Aufstieg des ehemals provinziellen Verlages zu einem der weltgrößten Medienkonzerne begann 1950 mit Gründung des Bertelsmann Leserings (→Bertelsmann Club). Durch ein zweistufiges Vertriebssystem unter Einbeziehung von Buchhandel und unkonventionelle Werbemethoden war M. in einem schnell wachsenden Markt sehr erfolgreich. M. misst der Sozialpartnerschaft einen hohen Stellenwert bei und führte 1969/70 die Gewinnbeteiligung ein. 1947–81 war er Vorstands-Vors. der Bertelsmann AG und übte als Vors. des Aufsichtsrates (1981–91) sowie durch das alleinige Stimmrecht in der Hauptversammlung einen maßgebl. Einfluss aus. Insgesamt 68,8 % der Kapitalanteile an der Bertelsmann AG übertrug M. 1993 auf die Bertelsmann-Stiftung; mit der Übertragung ist kein Stimmrecht verbunden. Er schrieb ›Erfolg durch Partnerschaft. Eine Unternehmensstrategie für den Menschen‹ (1986).

H.-J. Jakobs u. Uwe Müller: Augstein, Springer & Co. Dt. Mediendynastien (Zürich 1990).

Möhne *die,* rechter Nebenfluss der Ruhr, 57 km lang, entspringt auf der Briloner Hochfläche und mündet bei Neheim-Hüsten (heute zu Arnsberg). Die 1908–13 erbaute **M.-Talsperre** (Stauinhalt 134,5 Mio. m³, Stauhöhe bis 35 m) dient der Energiegewinnung und dem Hochwasserschutz. Am 1 037 ha großen Stausee Fremdenverkehr (Wassersport). Die Gem. **Möhnesee** am Arnsberger Wald, 10 100 Ew., entstand 1969 durch Zusammenschluss von 15 Gem.; Gemeindesitz ist Körbecke. Land- und Forstwirtschaft. – Am 17. 5. 1943 zerstörten brit. Bomber die Mauer der M.-Talsperre; die ausgelöste Flutwelle zerstörte weite Gebiete und forderte 1 185 Menschenleben.

Mohngewächse, Papaveraceae, Pflanzenfamilie mit etwa 210 Arten in 23 Gattungen; überwiegend auf der Nordhalbkugel vorkommend; meist Kräuter oder Stauden, seltener Zwergsträucher, oft Milchsaft führend und häufig alkaloidhaltig (Isochinolinalkaloide); viele Zierpflanzen; bekannte Gattungen sind u. a. →Eschscholtzia, →Hornmohn und Schöllkraut.

Mohngläser, Trinkgläser, die in den ersten Jahrzehnten des 19. Jh. von Samuel Mohn (* 1762, † 1815) und seinem Sohn Gottlob Samuel Mohn (* 1789, † 1825) mit durchscheinenden Emailfarben bemalt wurden. Bevorzugte Darstellungen waren Porträtsilhouetten, Städteansichten, Landschaften und Blumen. S. Mohn arbeitete bes. in Dresden; sein Sohn war seit 1811 in Wien tätig, wo er u. a. auch monumentale Glasmalereien schuf.

Moho, Kw. für die →Mohorovičić-Diskontinuität.

Mohole-Projekt [ˈmoʊhoʊl-; Kw. zu Mohorovičić-Diskontinuität und engl. hole ›Bohrloch‹], Unternehmung zur wiss. Tiefbohrung, mit der die Erdkruste unter der Tiefsee durchdrungen und Material aus Kruste und oberem Erdmantel gefördert werden soll.

Moholy [ˈmohoj], Lucia, geb. **Schulz**, brit. Fotografin tschech. Herkunft, * Prag 18. 1. 1894, † Zürich 17. 5.

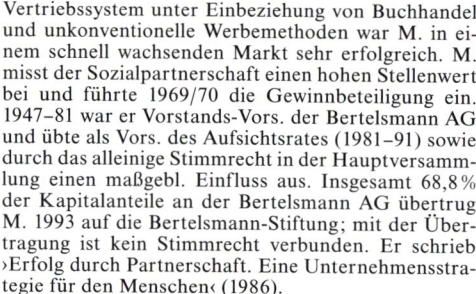

Lucia Moholy: Porträt von Anni Albers

1989; trat mit Porträt- und Architekturaufnahmen sowie Fotografien von Designobjekten hervor. 1921–34 war sie mit L. M.-NAGY verheiratet, an dessen Fotoexperimenten, kunstpädagog. und kunsttheoret. Schriften sie wesentl. Anteil hatte. 1933 emigrierte sie nach London.

L. M., bearb. v. R. SACHSSE (1985); L. M., Bauhaus-Fotografin, bearb. v. R. SACHSSE u. S. HARTMANN (1995).

László Moholy-Nagy: Auf weißem Grund; 1923 (Köln, Museum Ludwig)

Moholy-Nagy [ˈmohoj ˈnɔdj], László, ungar. Maler, Bildhauer, Grafiker, Fotograf, Kunsttheoretiker und Kunstpädagoge, Filmemacher, * Bácsborsód (Bez. Bács-Kiskun) 20. 7. 1895, † Chicago (Ill.) 24. 11. 1946. Nach jurist. Ausbildung und Teilnahme am Ersten Weltkrieg wandte sich M.-N. 1917 im Kreis der russ. Konstruktivisten der Malerei zu. 1920 kam er nach Berlin und wirkte 1923–28 als Prof. am Bauhaus in Weimar und Dessau. Über Amsterdam (1934) und London (1935) emigrierte M.-N. 1937 nach Chicago (Ill.) und übernahm hier die Leitung des New Bauhaus (später Institute of Design, heute Teil des Illinois Institute of Technology).

Als experimenteller Künstler war M.-N. Vorreiter der Objektkunst und der kinet. Kunst; er verwendete v. a. Plexiglas und Metall, teilweise unter Einbeziehung von Licht und Bewegung (›Licht-Raum-Modulator‹, 1922–30; Cambridge, Mass., Busch-Reisinger Museum). Seit 1922 arbeitete er auch mit den Medien Fotografie, Fotomontage und Film; gleichfalls bedeutend war sein Wirken auf den Gebieten der funktionalen Architektur, des Industriedesigns und der Typographie.

Schriften: Malerei, Fotografie u. Film (1925); Von Material zu Architektur (1929); The new vision (1928); Vision in motion (hg. 1956). – *Autobiographie:* Abstract of an artist (1946).

I. LUSK: Montagen ins Blaue. L. M.-N., Fotomontagen u. -collagen 1922–1943 (1980); K. PASSUTH: M.-N. (a. d. Ungar. u. Engl., 1986); L. M.-N., bearb. v. R. RÜDIGER u. a. (1991); CLAUDIA MÜLLER: Typofoto. Wege der Typographie zur Foto-Text-Montage bei L. M.-N. (1994); L. M.-N. zum 100. Geburtstag, hg. v. M. WEGENER u. W. WERNER, Ausst.-Kat. Kunsthandel Werner, Berlin (1995); L. M.-N. Fotogramme 1922–1943, bearb. v. U. ESKILDSEN u. R. KNODT, Ausst.-Kat. Museum Folkwang, Essen (1996).

Mohorovičić [mɔhɔˈrɔviːtʃitɕ], Andrija, kroat. Seismologe und Meteorologe, * Volosko (bei Rijeka) 23. 1. 1857, † Zagreb 18. 12. 1936; 1882–91 Prof. in Bakar, danach (bis 1921) Leiter der Landesanstalt für Meteorologie und Geodynamik in Zagreb; entdeckte 1910 die M.-Diskontinuität.

Mohorovičić-Diskontinuität [mɔhɔˈrɔviːtʃitɕ-; nach A. MOHOROVIČIĆ], **Mohorovičić-Fläche**, **M-Fläche**, Kw. **Moho**, Grenzfläche oder Übergangszone zw. Erdkruste und Erdmantel (→Erde) in durchschnittlich 25–40 km, unter Kontinenten bis 60 km Tiefe, unter Ozeanen schon in 5–7 km Tiefe. Sie ist durch eine sprunghafte Erhöhung der Geschwindigkeit der Erdbebenwellen (P-Wellen) von etwa 6,5 km/s auf etwa 8,0 km/s gekennzeichnet und durch die unterschiedl. Gesteinszusammensetzung in Erdkruste und -mantel bedingt.

Mohr, Joseph, österr. kath. Priester, * Salzburg 11. 12. 1792, † Wagrain 4. 12. 1848; Verfasser des Weihnachtsliedes ›Stille Nacht, heilige Nacht‹, das sein Freund F. X. GRUBER vertonte.

Möhrchen, umgangssprachliche zeitgenöss. Bez. für geringhaltige, einseitig geprägte Hohlringheller des Rheinlands, bes. von Köln, im 16./17. Jh. Weil ihr Silbergehalt so niedrig war, nahmen sie im Umlauf bald eine dunkle Farbe an, die ihnen den Spottnamen M. (auch **Morgin, Moergen**) einbrachte.

Möhre, Daucus, Gattung der Doldenblütler mit etwa 25 Arten im Mittelmeergebiet, einzelne Arten auch in anderen Erdteilen; einzige einheim. Art auf Wiesen und Triften ist die **Wilde M.** (M. i. e. S., Daucus carota), ein zweijähriges Kraut mit weißen Blüten in auffälligen Doppeldolden; die zentrale Blüte eines solchen Blütenstandes weist dunkle Blütenblätter auf (Mohrenblüte); Laubblätter 2–3fach gefiedert; Klettfrüchte, Pfahlwurzel spindelförmig, verholzt (im Unterschied zur Kulturform →Karotte).

Mohrenfalter, Schwärzlinge, Erebia, Gattung dunkelbrauner Augenfalter, mit mehreren kleinen Augenflecken in einer helleren Randbinde; v. a. im Gebirge bis in Höhen über 3 000 m ü. M.; in Mitteleuropa etwa 28 Arten, u. a. der **Alpen-M.** (Erebia triarius; Spannweite bis 6 cm).

Möhrenfliege, Psila rosae, 4–5 mm lange, glänzend schwarze Art der Nacktfliegen mit gelben Beinen, in Europa, Amerika und Neuseeland beheimatet. Die Maden fressen in Wurzeln von Karotten und anderen Doldengewächsen, die sich rostig verfärben (›Eisenmadigkeit‹).

Mohrenhirse, Art der →Hirse.

Mohrenkopf, 1) *Backkunst:* Biskuitgebäck, das mit Sahne oder Creme gefüllt und mit Kuvertüre überzogen wird.

2) *Botanik:* **Lactarius lignyotus,** zu den →Milchlingen gehörender Pilz mit dunkelbraunem bis schwarzem Hut und weißen bis gelbl. Lamellen; selten in feuchten Nadelwäldern; essbar.

3) *Mineralogie:* Varietät des Turmalinminerals Achroit mit schwarzen Kristallspitzen.

Mohrenmaki, Art der →Lemuren.

Mohrenpfeffer, der →Guineapfeffer.

Möhring, Bruno, Architekt, * Königsberg (heute Kaliningrad) 11. 12. 1863, † Berlin 26. 3. 1929; errichtete hauptsächlich Brücken, Industrie- und Ausstellungsbauten als Eisenkonstruktionen in historisierenden Stilformen. Er war auch als Stadtplaner tätig (Projekt für Groß-Berlin mit RUDOLF EBERSTADT und RICHARD PETERSEN, 1910).

Mohr (Paul Siebeck), J. C. B., Verlag in Tübingen, von AUGUST HERMANN (* 1776, † 1803) 1801 in Frankfurt am Main gegründet und 1804 von JAKOB CHRISTIAN BENJAMIN MOHR (* 1778, † 1854) übernommen (1810 Sitzverlegung nach Heidelberg). 1878 verkauften die Söhne MOHRS den Verlag an die Lauppsche Buchhandlung in Tübingen (Familie Siebeck). Mohr verlegte u. a. Werke der Romantiker; Hauptgebiete heute: Recht, Wirtschaft, Soziologie, Philosophie, prot. Theologie, Judaika.

Mohrrübe, andere Bez. für die →Karotte.

mohrsches Salz [nach dem Pharmazeuten CARL FRIEDRICH MOHR, * 1806, † 1879], →Ammoniumverbindungen.

mohrsche Waage [nach dem Pharmazeuten CARL FRIEDRICH MOHR, * 1806, † 1879], Gerät zur Dichtebestimmung von Flüssigkeiten durch Messung

Möhre: Wilde Möhre (Höhe 50–80 cm)

Möhrenfliege (Länge 4–5 mm)

Mohrenkopf 2) (Hutdurchmesser 6–10 cm)

Mohr Mohrungen–Moissan

Moissac: Kreuzgang der ehemaligen Benediktinerabtei; um 1100

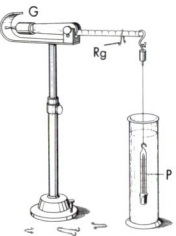

mohrsche Waage: Der Probekörper P ist durch das Gegengewicht G im Gleichgewicht, wenn er sich in Luft befindet; sein Auftrieb, der durch Aufsetzen von Reitergewichten Rg auf den Waagebalken gemessen wird, ist ein Maß für die Dichte der Flüssigkeit

des hydrostat. Auftriebs, den die Untersuchungsflüssigkeit einem eingetauchten Körper verleiht.

Mohrungen, poln. **Morąg** [ˈmɔrɔŋk], Stadt in der Wwschaft Olsztyn (Allenstein), Polen, 115 m ü. M., nordöstlich von Allenstein in seenreichem Gebiet, 14 600 Ew.; Sperrholzfabrik, Metall-, Nahrungsmittel-, Textil-, Gummiindustrie; Fremdenverkehr. – Die ev. Pfarrkirche (1312–15) und das Rathaus (1360–80; Herdermuseum) wurden nach Kriegszerstörungen wiederhergestellt. – Geburtsort J. G. HERDERS.

Daniel arap Moi

Mohs, Friedrich, Mineraloge, * Gernrode 29. 1. 1773, † Agordo (Prov. Belluno) 29. 9. 1839; ab 1818 Prof. in Graz, später in Freiberg und Wien. M. führte ein ›auf bloße äußere Kennzeichen gegründetes Mineralsystem‹ und 1812 die **mohssche Härteskala** ein (→Härte). Über C. S. WEISS hinausgehend, erkannte er die Notwendigkeit schiefwinkliger Koordinatensysteme für monokline und trikline Kristalle.

Moi [vietnames. ›Wilde‹], **Khmer-Lœu,** Bez. für austroasiat. Bergvölker in Vietnam, →Mon-Khmer-Völker.

Moi, Daniel, eigtl. **Toroitich arap M.,** Politiker in Kenia, * im Distr. Baringo (nördlich von Nakuru) 1924; Lehrer; 1955–63 Mitgl. des Gesetzgebenden Rates Kenias, führte 1960–64 die ›Kenya African Democratic Union‹ (KADU), die im Interesse der kleineren Völker Kenias eine föderative Verf. anstrebte; 1962–64 war er Min. für innere Selbstverwaltung. 1964 ging seine Partei in der von J. KENYATTA geführten ›Kenya African National Union‹ (KANU) auf. Nach Ausrufung der Rep. (12. 12. 1964) war er 1964–78 Innen-Min., 1967–78 auch Vize-Präs. Nach dem Tod von Präs. KENYATTA wurde M. 1978 Staatspräs. (1979, 1983, 1988, 1992 und 1997 im Amt bestätigt) und Vors. der KANU.

Moibanus, Ambrosius, eigtl. **A. Moyben,** schles. Humanist und Reformator, * Breslau 4. 4. 1494, † ebd. 16. 1. 1554; seit 1518 Leiter der dortigen Domschule; studierte nach 1523 Theologie bei P. MELANCHTHON in Wittenberg. Nach 1525 trieb er als Pfarrer in Breslau die Reformation voran. Sein Katechismus (1533) beeinflusste über seinen Schüler Z. URSINUS den Heidelberger Katechismus.

Henri Moissan

Moidor, port. Goldmünze, →Moeda d'ouro.

Moiety [ˈmɔɪətɪ, engl.] *die, -/...ties, Ethnosoziologie:* in Gesellschaften mit Zweiklassensystem (→Dualorganisation) Bez. für jeweils eine Hälfte.

Moilliet [mwaˈje], Louis René, schweizer. Maler, Glasmaler, * Bern 6. 10. 1880, † Vevey 24. 8. 1962; entwickelte, beeinflusst von A. MACKE und P. KLEE (1914 gemeinsame Tunesienreise), seine transparente, poet. Malerei (bes. Aquarelle). Trotz weitgehender farbiger und zeichner. Abstraktion blieb er dem Gegenständlichen verpflichtet. Er gestaltete auch Glasfenster.

J.-C. AMMAN: L. M. Das Gesamtwerk (1972).

Moira [griech.] *die, -/...rai* und *...ren,* griech. *Mythos:* der dem einzelnen Menschen zukommende Anteil am Schicksal, auch das persönl. Geschick, dann personifiziert als Schicksalsgöttin, bei HOMER noch in der Einzahl, seit HESIOD in der Dreizahl als Töchter des Zeus und der Themis: Klotho, die Spinnerin des Lebensfadens, Lachesis, die das Los zuteilt, Atropos, die ›Unabwendbare‹, die den Faden zerschneidet. Die M. stehen bald selbstständig neben den Göttern, bald sind sie ihnen über- oder untergeordnet. Dargestellt wurden sie mit Spindel, Schriftrolle oder Waage. Die Römer setzten sie den Parzen gleich; im neugriech. Volksglauben leben die M. fort.

PAUSANIAS erwähnt die Darstellung der M. auf der Kypselos-Lade (→KYPSELOS), sie erscheinen auch auf der Françoisvase. Auf dem N-Fries des Pergamonaltars beteiligen sie sich am Götterkampf gegen die Giganten. Parzen gehören zu den häufigsten Motiven der Reliefs röm. Sarkophage. Während die M. im späten MA. zu den Symbolen des Todes gehörten, wurden sie in der Kunst der Neuzeit v. a. als Personifikationen des persönl. Schicksals verstanden (A. DÜRER, P. P. RUBENS, F. GOYA).

Mo i Rana [mu-], Industrieort in N-Norwegen, am inneren Ende des rd. 70 km langen Ranafjords, Zentrum der Gem. **Rana** (4464 km^2, 25 100 Ew.); kulturhistor. Museum; elektrometallurg. Stahlwerk (Eisenerze aus Bjørnevatn bei Kirkenes), Kokerei (Kohle aus Spitzbergen), Düngemittelfabrik; Hafen.

Moiré [moaˈre; frz., zu engl. mohair (nach dem Glanz der Mohärwolle)] *das, -s/-s,* 1) *allg.:* bei der Überlagerung zweier Gitter oder Raster äquidistanter undurchsichtiger Linien auf transparentem Untergrund entstehende Erscheinung. M.-Effekte werden zur Analyse von Form- und Maßabweichungen größerer Oberflächengebiete ausgenutzt, z. B. mithilfe interferometrischer (holograph.) Verfahren.

2) *Drucktechnik:* eine störende Musterbildung, die durch Überlagerung mehrerer Raster bei ungünstiger Rasterwinkelung entsteht.

3) *Fernsehtechnik:* als Gitter- oder Streifenmuster auftretende, vorwiegend durch Funkstörungen verursachte Bildstörung. Art und Form des M. sind vom Verhältnis der Störfrequenz (bes. 5 MHz), die in den Bildsignalweg eindringt, zur Zeilenfrequenz abhängig.

4) *Textiltechnik:* ein matt schimmerndes Muster, das feinen bewegten Wellen oder einer Holzmaserung ähnelt sowie die ein derartiges Muster aufweisenden Stoffe (meist aus einfarbigem Rips oder Taft).

Moiren, griech. Schicksalsgöttinnen, →Moira.

Moissac [mwaˈsak], Marktstadt im Dép. Tarn-et-Garonne, Frankreich, am Tarn, 76 m ü. M., 12 000 Ew. - Kirche Saint-Pierre (12. und 15. Jh.) der ehem. Benediktinerabtei mit bedeutender roman. Bauplastik am S-Portal und im Kreuzgang (um 1100).

Moissan [mwaˈsã], Ferdinand Frédéric Henri, frz. Chemiker, * Paris 28. 9. 1852, † ebd. 20. 2. 1907; seit 1900 Prof. an der Sorbonne in Paris. M. untersuchte bes. Fluorverbindungen und stellte erstmals reines Fluor dar; er entwickelte einen Elektroofen, in dem einige Elemente mit hoher Reinheit gewonnen werden konnten; ferner arbeitete er u. a. über Diamantsynthese, Carbide, Boride und Silicide. 1906 erhielt M. den Nobelpreis für Chemie.

Moissanit [mwa-; nach F. F. H. MOISSAN] *der, -s/-e*, grünes, auch schwarzes oder bläul. hexagonales Mineral der chem. Zusammensetzung α-SiC; Härte nach MOHS 9,5, Dichte 3,2 g/cm³; Vorkommen in Meteoriten, Kimberliten und vulkan. Breccien; wird künstlich als Schleifmittel erzeugt (Carborundum®). Eine kub. Tieftemperaturmodifikation von M. (β-SiC) ist aus Wyoming (USA) bekannt.

Moissejew, Igor Aleksandrowitsch, ukrain. Choreograph und Ballettdirektor, *Kiew 21. 1. 1906; war 1924–39 Mitgl. des Bolschoi-Balletts und begann 1930 zu choreographieren. 1936 übernahm M. die Leitung der choreograph. Abteilung im Moskauer Theater für Volkskunst, aus der 1937 das erste und bedeutendste Volkstanzensemble der Sowjetunion hervorging; gründete 1966 das Moskauer Klass. Ballett.

Moissi, Alexander, österr. Schauspieler italienisch-alban. Abstammung, *Triest 2. 4. 1880, †Wien 22. 3. 1935; zunächst in Prag; ab 1903, dann 1906–33 in Berlin bei M. REINHARDT, v. a. am Dt. Theater; wurde wie sein Entdecker J. KAINZ als Prototyp des impressionist. Schauspielers gefeiert.
 I. ROHRACHER: Leben u. Wirken des Schauspielers A. M. (Diss. Wien 1951).

Moivre [mwa:vr], Abraham de, frz. Mathematiker, *Vitry-le-François 26. 5. 1667, †London 27. 11. 1754; emigrierte nach der Aufhebung des Edikts von Nantes (1685) nach England; Hauslehrer, später u. a. Mitgl. der Royal Society. M. verwendete im Zusammenhang mit der Auflösung von Gleichungen implizit den später nach ihm benannten Satz (erste explizite Formulierung bei L. EULER) und leistete Beiträge zur Wahrscheinlichkeitstheorie (u. a. Grenzwertsatz von M.-Laplace, →zentraler Grenzwertsatz).

moivrescher Satz ['mwa:vr-; nach A. DE MOIVRE], **moivresche Formel,** *Mathematik:* Formelsystem, das die komplexen Zahlen *z* mit den Winkelfunktionen verknüpft; ist φ ein Winkel und *n* eine natürl. Zahl, so gilt:

$$(\cos\varphi + i\sin\varphi)^n = \cos(n\varphi) + i\sin(n\varphi) = e^{in\varphi}$$

mit $i = \sqrt{-1}$. Angewandt auf die Polarkoordinatendarstellung $z = r(\cos\varphi + i\sin\varphi)$ liefert der m. S. eine Interpretation für das Potenzieren im Komplexen:

$$z^n = r^n \cdot [\cos(n\varphi) + i\sin(n\varphi)].$$

Moix [moʃ], Terenci, eigtl. **Ramon M. i Messeguer,** katalanisch-span. Schriftsteller, *Barcelona 5. 1. 1943; schreibt in span. und katalan. Sprache; trug in den 70er-Jahren durch experimentierfreudige Schreibweise und provokante Themen zur Erneuerung der katalan. Literatur bei. M. ist Autor von Romanen, Essays und Theaterstücken, er arbeitet auch für Presse, Film und Fernsehen.
 Werke: *Romane:* El dia que va morir Marilyn (1969); No digas que fue un sueño (1986); El sexe dels àngels (1992); El amargo don de la belleza (1996). – *Erinnerungen:* El peso de la paja, auf mehrere Bde. ber. (1990ff.).

Mojave [məʊˈhɑːvɪ], Indianerstamm in den USA, →Mohave.

Mojavewüste [məʊˈhɑːvɪ-], **Mohavewüste** [məʊˈhɑːvɪ-], Trockengebiet mit Wüstensteppenvegetation in SO-Kalifornien, USA, zw. den südl. Ausläufern der Sierra Nevada und dem Colorado River; erhält 80–90 mm Jahresniederschlag und weist starke tägl. Temperaturschwankungen auf, im Winter ist Frost möglich. In der etwa 40 000 km² großen M. wechseln Bergrücken mit Becken, die oft Salzseen und Salzablagerungen enthalten (Salzabbau). Die Flüsse führen i. Allg. nur periodisch Wasser, das versickert.

Moji [-dʒi], Stadt in Japan, seit 1963 Teil von →Kitakyūshū.

Mojo, Eigen-Bez. **Chaema,** Aruakvolk in O-Bolivien (Prov. Moxos). Die über 12 800 M. treiben Feldbau und seit der Kolonialzeit (Jesuitenmission) Rinderzucht. Bittere Not, in der sie als abhängige Land- und Gelegenheitsarbeiter lebten, führte zu chiliast. (→Chiliasmus) Wanderzügen auf der Suche nach dem Glück verheißenden ›Heiligen Hügel‹ (Loma Santa).

Mojokerto [-dʒo-], frühere Schreibung **Modjokerto** [-dʒo-], Stadt im O Javas, Indonesien. – Fundort (1936) eines fast vollständigen Kleinkindschädels, der von G. H. R. VON KOENIGSWALD als **Homo modjokertensis** beschrieben, später **Pithecanthropus modjokertensis** genannt wurde. Heutige Bez. des 0,8–1,0 Mio. Jahre alten Fundes: **Homo erectus.**

Mokassin [engl., aus Algonkin] *der, -s/-s,* auch *-e,* aus weichem Wildleder angefertigter absatzloser Schuh der nordamerikan. Indianer, oft farbig verziert. Oberteil und Sohle werden aus einem Lederstück geformt. – Heute Bez. für einen sportl. Straßenschuh.

Alexander Moissi

Mokassins, mit Stachelschweinborsten bestickt; irokesische Arbeit

Mokassinschlangen, Agkistrodon, Gattung der Grubenottern, mit etwa 13 Arten in Asien und Nordamerika beheimatet; die bis 75 cm lange **Halysschlange** (Agkistrodon halys) ist die einzige europ. Grubenotter, verbreitet in SO-Europa und O-Asien.

Mokattam, Moqattam [-k-], Kalkhügelkette (200 m ü. M.) am SO-Rand von Kairo, Ägypten; auf ihrem westl. Sporn liegen die Zitadelle und die Mehmed-Ali-Moschee. Seit 1957 ist auf dem M. ein neuer Stadtteil entstanden. – Steine vom M. (alte Steinbrüche) dienten u. a. zum Bau der Pyramiden von Giseh.

Moken, birman. **Selon, Selung,** zu den Orang Laut gehörender weddid-paläomongolider Stamm auf dem Merguiarchipel und an der gegenüberliegenden Küste von S-Birma, auf etwa 5 000 Menschen geschätzt. Die nicht sesshaften M. leben in Großfamilien (mit einem Häuptling) in Booten (Einbäume mit seitl. Wellenbrechern und Blätterdach). Sie ernähren sich v. a. von Muscheln, Schnecken, Fischen und Wildpflanzen; sie stellen Matten, Stricke und Körbe her (keine Töpferei, keine Stein- und Metallverarbeitung). Die (ältere) Form der Beisetzung der Toten in Booten oder auf Plattformen ist heute vielfach durch die Erdbestattung ersetzt. Der Glaube an Seelen, an Busch- und Meergeister, Vorstellungen von einem Totenland sowie Schamanismus und sakrale Feste kennzeichnen das religiöse Leben.

Mokka [nach dem Hafenort Mokka] *der, -s/-s,* 1) Kaffeesorte mit kleinen, halbkugelförmigen Bohnen; 2) bes. stark zubereiteter, aromat. Kaffee (etwa 16 g Kaffee auf eine 150-ml-Tasse).

Mokka, Mocha [ˈmɔxa], **Mucha** [ˈmʊxa], **Mukha** [-x-], **Al-M.,** Hafenort Jemens am Roten Meer, bis zum Aufschwung von Hodeida und Aden im 19. Jh. der wichtigste Seeumschlagplatz S-Arabiens und Ausfuhrhafen für jemenit. Kaffee. Heute ist M. mit etwa 6 000 Ew. ohne wirtschaftl. Bedeutung. In der Nähe Großkraftwerk (Erdölbasis) mit Meerwasserentsalzungsanlage.

Mokkastein, Baum|achat, ein Chalcedon mit braunen bis schwarzen dendrit. Einschlüssen (Baumstein); Hauptvorkommen in Indien; Schmuckstein.

Mokp'o, Mogpo, Hafenstadt im SO von Süd-Korea, 243 100 Ew.; Fischfang und -verarbeitung (Fischkonserven, Gefrierfisch), Landmaschinenbau, chem. und keram. Industrie; Flugplatz.

Mokscha, eine der beiden Hauptmundarten des Mordwinischen; eine Schriftsprache innerhalb der →finnougrischen Sprachen.

Moksha [-ʃa; Sanskrit ›Erlösung‹], **Mukti,** in den ind. Religionen Begriff für →Erlösung; im Hinduismus neben →Artha, →Dharma und →Kama eines der vier Lebensziele eines Hindu. M. wird durch die Befreiung aus dem Kreislauf von Geburt, Tod und Wiedergeburt (→Samsara) und weltl. Bindungen erlangt, wozu versch. Heilswege (z. B. Bhakti oder Yoga) offen stehen. Obwohl M. i. d. R. nur als nach dem Tod erreichbar gilt, gibt es auch die Vorstellung von der Erlösung zu Lebzeiten (›jivanmukti‹).

Mol [Kw., gebildet aus der früheren Bez. Molekulargewicht] *das, -s/-e,* Einheitenzeichen **mol,** gesetzl. Einheit der →Stoffmenge; Basiseinheit des Internat. Einheitensystems (SI), definiert als diejenige Stoffmenge einer Substanz, die aus ebenso vielen Teilchen besteht, wie Atome in 0,012 kg des Kohlenstoffnuklids ^{12}C enthalten sind; diese Teilchenzahl ist gleich der Avogadro-Zahl (→Avogadro-Konstante). Bei Benutzung der Bez. M. müssen die Einzelteile spezifiziert werden; sie können Atome, Moleküle, Ionen, Elektronen u. a. Teilchen oder Gruppen solcher Teilchen in genau angegebener Zusammensetzung sein. – Früher wurde das M. definiert als die Menge eines chem. einheitl. Stoffs, die seiner relativen Atommasse bzw. seiner relativen Molekülmasse in Gramm entspricht (**Grammatom** bzw. **Grammmolekül**). Ein **Grammion** war der numerisch der relativen Atom- oder Molekülmasse eines Ions entsprechende Menge in Gramm.

Mol, Gem. in der Prov. Antwerpen, Belgien; im Kempenland, nahe der Grenze zu den Niederlanden, 30 800 Ew.; Kernforschungszentrum; Glasindustrie (in der Nähe Quarzsandgruben), feinmechan. und chem. Industrie; Großkraftwerk.

Mola, Pier Francesco, lombard. Maler, * Coldrerio (bei Mendrisio) 9. 2. 1612, † Rom 16. 5. 1666; Schüler von G. CESARI; angeregt von F. ALBANI, dem seine idyll. Landschaften mit bibl. oder mytholog. Stoffen verwandt sind; in der Farbgebung von venezian. Barockmalerei beeinflusst.
Werke: Spinnende Frau (Rom, Galleria dell'Accademia di San Luca); Altarbild des hl. Domenikus (Rom, Santi Domenico e Sisto).
R. COCKE: P. F. M. (Oxford 1972); P. F. M., pittore, bearb. v. J. GENTY (a. d. Frz., Lugano 1979).

Molalität [lat.], Formelzeichen b_i, Angabe einer Stoffmengenkonzentration (→Konzentration). Die M. ist der Quotient aus der Stoffmenge n_i der gelösten Stoffportion *i* und der Masse m_k der Lösungsmittelportion *k*; $b_i = n_i/m_k$. SI-Einheit ist mol/kg. Eine **1-molale** Lösung z. B. von Saccharose enthält 1 mol Saccharose gelöst in 1 kg Wasser. Da sich die Masse m_k der Lösungsmittelportion mit der Temperatur nicht ändert, ist die M. im Gegensatz zur →Molarität temperaturunabhängig. – Veraltete Bez. für M. sind **Kilogramm-** oder **Gewichtsmolarität.**

Molanus, Gerard Wolter, luther. Theologe, * Hameln 1. 11. 1633, † Hannover 7. 9. 1722; Schüler von G. CALIXT, ab 1659 Prof. der Mathematik, ab 1664 der Theologie in Rinteln; setzte sich für die Verständigung zw. Lutheranern und Reformierten ein, verhandelte als Direktor des hannoverschen Konsistoriums (seit 1674) mit G. W. LEIBNIZ und den Katholiken C. SPINOLA und J. B. BOSSUET über eine Union mit der kath. Kirche; wurde 1677 Abt von Loccum.

molare Größe, stoffmengenbezogene Größe, Formelzeichen Z_m, eine auf die Stoffmenge *n* bezogene physikal. Größe Z; $Z_m = Z/n$, z. B. die molare Masse oder das molare Volumen.

molare Lösung, Bez. für eine Lösung, die 1 mol eines gelösten Stoffes in 1 Liter enthält (einmolare Lösung, 1-m-Lösung; →Molarität). Lösungen mit geringerer oder höherer Konzentration werden entsprechend z. B. 0,1-m-Lösung, 0,01-m-Lösung, 2,5-m-Lösung genannt. (→Normallösung)

molare Masse, stoffmengenbezogene Masse, Molmasse, Formelzeichen M, M_B, Quotient aus der Masse *m* und der →Stoffmenge *n* eines Stoffs: $M = m/n$. SI-Einheit ist kg/mol. – Der Zahlenwert der m. M. ist gleich dem der relativen →Atommasse, wenn die Stoffmenge auf Atome bezogen wird, und gleich dem der relativen Teilchenmasse (→Molekülmasse), wenn Moleküle oder andere Teilchen zugrunde gelegt werden. Die m. M. erlaubt die Umrechnung von Stoffmengen in Massen und umgekehrt. Sie ersetzt beim chem. Rechnen die veralteten Bez. ›Atomgewicht‹, ›Molekulargewicht‹ und ›Äquivalentgewicht‹.

Molaren [spätlat., zu lat. mola ›Mühle‹], *Sg.* **Molar** *der, -s,* die Backenzähne (→Zähne).

molares Volumen, stoffmengenbezogenes Volumen, Molvolumen, Formelzeichen V_m, Quotient aus dem Volumen V, das die Stoffmenge *n* einnimmt, und der Stoffmenge, $V_m = V/n$. Im →Normzustand beträgt das m. V. aller hinreichend idealen Gase $V_m = 22,414 l/mol$.

molare Wärmekapazität, stoffmengenbezogene Wärmekapazität, Formelzeichen C_m, Wärmekapazität eines Stoffes der Stoffmenge 1 mol, früher als **Molwärme** bezeichnet. SI-Einheit ist J/(K·mol). Sind C_{mp} und C_{mV} die m. W. bei konstantem Druck bzw. konstantem Volumen, gilt für 1 mol eines idealen Gases $C_{mp} = \frac{5}{2}R$, $C_{mV} = \frac{3}{2}R$ und $C_{mp} - C_{mV} = R$ (*R* allgemeine Gaskonstante).

Molarität, Formelzeichen *c*, ältere Konzentrationsangabe (→Konzentration) für gasförmige oder flüssige Mischphasen; nach DIN durch die **Stoffmengenkonzentration** c_i ersetzt. Sie ist gegeben durch den Quotienten aus der Stoffmenge n_i der Stoffportion *i* und dem Volumen V der Mischphase: $c_i = n_i/V$. SI-Einheit ist mol/m³, meist wird die Einheit Mol je Liter (mol/l) verwendet; z. B. enthält eine **1-molare** Salzsäure im Liter 1 mol Chlorwasserstoff (HCl). – Die Stoffmengenkonzentration ersetzt in der neueren chem. Nomenklatur den Begriff der M. und, da die Stoffmenge auf beliebige Teilchen, d. h. auch auf einwertige Äquivalentteilchen (z. B. $\frac{1}{2}H_2SO_4$-Molekül, bezogen werden kann, auch den Begriff der →Normalität. Für eine einnormale Schwefelsäurelösung ergibt sich z. B. die Stoffmengenkonzentration $c(\frac{1}{2}H_2SO_4) = 1 mol/l$. – Ältere Bez. für M. waren auch **Liter-** oder **Volumenmolarität.**

Molasse [frz. ›schlaff‹, ›sehr weich‹] *die, -, Geologie:* allg. die Sedimentanhäufung in Außen- und Innensenken aufsteigender Faltengebirge (Konglomerate, Sandsteine und Mergel), i. e. S. die im nördl. Randsenke der Alpen im Tertiär (Oligozän bis Pliozän) abgelagerte Schichtenfolge, die bis mehrere 1 000 m mächtig ist und v. a. aus kalkreichen Konglomeraten (→Nagelfluh) und Sandsteinen besteht. Zweimalige Meeresvorstöße aus dem M.-Becken führten zu der Gliederung in untere Meeres-M., untere Süßwasser-M., obere Meeres-M. und obere Süßwasser-M. Die in Innensenken des Gebirgsbildungsraumes (Orogen) entstandene M. besteht aus grob- bis feinklast. Ablagerungen ohne Meereseinflüsse, ist aber oft von vulkan. Gesteinen durchsetzt. Durch die Heraushebung der Alpen wurde der alpennahe M.-Gürtel (**subalpine M.** oder **gefaltete M.**) in die Faltung einbezo-

Molay – Moldau **Mold**

gen; nach N bis zur Klifflinie auf der Schwäb. Alb erstreckt sich die **ungefaltete M.** oder **Außenmolasse.** In der bayer. Süßwasser-M. liegen Erdölvorkommen und Pechkohlenflöze. – Ähnl. Ablagerungen finden sich am Rand anderer alpidisch gefalteter Gebirge (z. B. der Karpaten).

Molay [mɔˈlɛ], Jacques Bernard de, auch **Jakob von M.,** letzter Großmeister des Templerordens (seit 1298), *Molay (Franche-Comté) um 1243, †(hingerichtet) Paris 18. 3. 1314. König PHILIPP IV., der sich das Ordensvermögen aneignen wollte, ließ M. und alle in Frankreich lebenden Templer 1307 verhaften. Unter der Folter ›gestand‹ M. die ihm und dem Orden zur Last gelegten Verbrechen. 1314 zu lebenslängl. Haft verurteilt, nach seinem Widerruf verbrannt.

Molche und Salamander, Salamandridae, Familie der Schwanzlurche mit 53 Arten in 15 Gattungen, v. a. in Europa und Asien, einige Arten auch in NW-Afrika und Nordamerika. Es herrschen zwei unterschiedl. Typen und Lebensweisen vor: **Molche** leben zumindest zur Paarungszeit im Wasser und haben dann einen seitlich abgeflachten Ruderschwanz. Zu den in Europa und Asien verbreiteten Molchen i. e. S. (Wassermolche, Gattung Triturus) gehören u. a. Bergmolch, Fadenmolch, Kammmolch und Teichmolch, in Nordamerika die Gattung Notophthalmus mit dem grünen Wassermolch. **Salamander** leben ganzjährig an Land, ihr Schwanz weist einen runden Querschnitt auf, z. B. Feuersalamander.

Molchfische, Gattung der →Lungenfische.

Molcho, Samy, israel. Pantomime, *Tel Aviv 24. 5. 1936; urspr. Tänzer (bes. beeinflusst vom ind. Tanz); trat seit 1957 mit pantomim. Soloprogrammen auf und beendete 1988 seine aktive Laufbahn als Solopantomime mit einer Welttournee; daneben Inszenierungen (u. a. 1964 ›Die Neger‹ von J. GENET, 1973 ›Warten auf Godot‹ von S. BECKETT). Seit den 70er-Jahren widmet sich M. verstärkt der Lehrtätigkeit. 1977 eröffnete er in Wien die erste Pantomimenschule im dt.-sprachigen Raum; populär geworden sind auch seine Kurzseminare für Manager zur Deutung der Körpersprache des Gesprächspartners.

Werke: Körpersprache (1983); Partnerschaft u. Körpersprache (1990); Körpersprache der Kinder (1992); Alles über Körpersprache (1995).

moldauische Kunst: Ikone ›Christus Pantokrator‹, 18. Jh. (Chișinău, Kunstmuseum)

Mold [məʊld], Stadt in N-Wales, Verw.-Sitz des Verw.-Distrikts Flintshire, 8 700 Ew.; chem. Industrie.

Moldanubikum [nach den Flüssen Moldau und Donau (lat. Danubius)] *das, -s, Geologie:* südlichste Zone des Varisk. Gebirges: das frz. Zentralmassiv, Vogesen, Schwarzwald, Böhm. Massiv.

Moldau *die,* 1) rumän. **Moldova,** histor. Landschaft in Rumänien zw. der O-Abdachung der Ostkarpaten und dem Pruth; umfasst die Sandsteinzone der Karpaten im W, das Hügelland der Vorkarpaten bis etwa zum Sereth, das z. T. mit Löss überlagerte Tafelland im O und einen kleinen Teil der Donauebene im S; kontinentales Klima. – Abgesehen von den Karpaten ist das Gebiet stark entwaldet. Hauptprodukte der Landwirtschaft sind Getreide, Sonnenblumen, Zuckerrüben und Kartoffeln; vereinzelt, bes. im S, Wein-, Obst- und Gemüsebau; Viehzucht; Bodenschätze in den Karpaten (Erdöl, Salz, Braunkohle); chemische (u. a. Erdölverarbeitung), Holz-, Leder-, Lebensmittelindustrie, Maschinenbau; Wasserkraftwerke an der Bistritz. Größte Stadt ist Jassy.

Geschichte: Im Altertum war die M. von Dakern bewohnt. Die im 12. und 13. Jh. am Oberlauf des Sereth bestehenden rumän. orth. Zwergherrschaften wurden um 1353 von König LUDWIG I. von Ungarn als Grenzmark gegen die Goldene Horde zusammengefasst. 1359 von dem Wojewoden BOGDAN mit der Bukowina und Bessarabien zum unabhängigen Fürstentum Bogdania vereint, geriet dieses als Fürstentum M. nach 1387 zeitweilig in poln. Lehnsabhängigkeit. Unter Fürst ALEXANDER DEM GUTEN (1400–32) konnten die Grenzen bis zum Dnjestr und an die Küsten des Schwarzen Meeres vorgeschoben werden. STEPHAN III., DEM GROSSEN (1457–1504), gelang es, die nach dem ersten Einfall der Türken (1420) gefährdete Souveränität zu verteidigen (polit., wirtschaftl. und kulturelle Blütezeit). BOGDAN III. (1504–17) musste – gegen das Recht der freien Fürstenwahl, der Verwaltungsautonomie und der eigenen Gesetzgebung – die Oberhoheit des Sultans anerkennen. Diese Sonderstellung war jedoch nicht aufrechtzuerhalten, sodass die Pforte immer offenkundiger die Fürstenwahlen manipulierte und nach der Teilnahme des moldauischen Fürsten D. CANTEMIR am Pruthfeldzug (1711) Zar PETERS I., DES GROSSEN, von Russland landfremde Hospodare, die griech. →Phanarioten, einsetzte. Im Verlauf der Türkenkriege Russlands (1768–74, 1787–92, 1806–12, 1828/29) wurde die M. immer wieder von russ. Heeren besetzt und verlor 1775 die Bukowina an Österreich und 1812 →Bessarabien an Russland. Obwohl der Aufstand T. VLADIMIRESCUS (1821) erfolglos blieb, herrschten nach 1822 wieder einheim. Bojaren (ION STURDZA, 1822–28; MIHAIL STURDZA, 1834–48) über die M., die durch die Konvention von Akkerman (1826) und den Frieden von Adrianopel (1829) weitgehende Autonomie erhielt. Im Krimkrieg (1853/54–56) von österr. Truppen besetzt, wurde die M. im Pariser Frieden (1856) um S-Bessarabien erweitert, das jedoch 1878 wieder Russland zugesprochen wurde. Die Wahl von ALEXANDRU ION I. CUZA (1859) und die Vereinigung der Fürstentümer M. und Walachei (Donaufürstentümer) bildeten die Voraussetzung für die Proklamation (1862) des Fürstentums bzw. (seit 1881) Königreichs Rumänien.

Istorija Moldavii, hg. v. A. D. UDAL'TSOV, 2 Bde. (Kischinjow 1951–55); V. GEORGESCU: Political ideas and the enlightenment in the Romanian principalities, 1750–1831 (Boulder, Colo., 1971); B. JELAVICH: Russia and the formation of the Romanian national state, 1821–1878 (Cambridge 1984); D. DELETANT: Studies in Romanian history (Bukarest 1991); A history of Romania, hg. v. K. W. TREPTOW (Iași ²1996).

2) tschech. **Vltava,** linker Nebenfluss der Elbe in der Tschech. Rep., Hauptfluss Böhmens, 440 km lang, Einzugsgebiet rd. 28 000 km², entspringt im Böhmer-

Molche und Salamander:
1 Bergmolch,
1 a Weibchen,
1 b Männchen;
2 Kammmolch;
3 Alpensalamander;
4 Feuersalamander (gestreift)

Samy Molcho

wald, fließt zuerst nach SO, wendet sich bei Hohenfurth nach N, nimmt u. a. die Maltsch, Lainsitz, Sazawa und Beraun auf, mündet bei Melnik; schiffbar ab Prag. Im Oberlauf mehrere Staudämme mit Kraftwerken (größtes am Orliker Stausee); größter Stausee bei Lipno (rd. 48 km^2).

Moldau, Die, tschechisch ›Vltava‹, zweiter Teil des Zyklus der sinfon. Dichtungen →Mein Vaterland von B. SMETANA.

Moldauer, der →Moldawier.

moldauische Kunst. Die Entwicklung der m. K. stand in engstem Zusammenhang mit der russ., ukrain. und rumän. Kunst. Die ältesten bisher gefundenen Kunsterzeugnisse auf dem Territorium Moldawiens gehören dem 3.–2. Jt. v. Chr. an (Prunkwaffen aus dem Schatzfund von Borodino). Aus späterer Zeit sind u. a. bemalte Keramik, verzierte Metallgegenstände, Schmuck aus Silber und Bronze erhalten. Nach Stadtgründungen im 10./11. Jh. n. Chr. nahm die Architektur im Fürstentum Moldau (seit Mitte 14. Jh.) einen sichtbaren Aufschwung; Festungen (Tighina, 1538) und die →Moldauklöster wurden neben ausnahmslos einschiffigen Kirchen (Maria-Himmelfahrts-Kirche, 16./18. Jh., und Maria-Geburts-Kirche ›Masarakijewskaja‹, 18. Jh. in Chişinău; Klosterkirche Căpriana, Mitte 16. Jh.) errichtet. Eine land-

moldauische Kunst: Maria-Geburts-Kirche (›Masarakijewskaja‹) in Chişinău; 18. Jh.

moldauische Kunst: Eleonóra Romanéscu, ›Später Herbst‹; 1968 (Chişinău, Kunstmuseum)

schaftl. Besonderheit sind die aus dem Holzblockbau übernommenen Kuppelkonstruktionen, so genannte ›Moldauische Gewölbe‹, mit übereinander gestaffelten, gegeneinander verschobenen Pendentifs (Klosterkirche Rughi, 1774). Die Kirchen waren im Innern mit Ikonen und Wandmalereien geschmückt. Das unverputzte Mauerwerk des Außenbaus zeigt Blendbogen-, Fries- und Keramikdekor. Nach Angliederung Bessarabiens an Russland (1812) erlangte der russ. Klassizismus starken Einfluss. In den 20er- und 30er-Jahren des 20. Jh. wurden Anregungen des Jugendstils aufgenommen. Die Dorfarchitektur bewahrte stärker traditionelles Formengut (überdachte Veranda/Galerie, Holzschnitz- und Malereidekor). Die Herausbildung einer nat. bildenden Kunst wurde seit Ende des 19. Jh./Anfang 20. Jh. durch Ausstellungen der →Peredwischniki, die Gründung einer Zeichenschule in Chişinău sowie die 1903 gegründete ›Bessarab. Gesellschaft der Kunstfreunde‹ befördert. (Weiteres BILD S. 37)

Die Wandmalerei in der Moldau. Im 15. u. 16. Jh., bearb v. V. DRAGUT (a. d. Rumän., Bukarest 1983); Ukraine u. Moldawien, hg. v. G. N. LOGWIN (a. d. Russ., 1985).

moldauische Sprache und Literatur, die moldauische *Sprache* (auch Moldawisch gen.) ist ein dakorumän. Dialekt der →rumänischen Sprache und wird in Moldawien, N-Rumänien, Teilen des Banats, in Bessarabien, der Bukowina sowie im S der Ukraine gesprochen. Seitdem 1989 die moldauische Sprache zur Amtssprache in Moldawien erhoben wurde, erfolgte der Übergang zur Schreibung mit lat. Alphabet (vorher kyrill. Schrift) nach den Regeln der rumän. Orthographie. 1994 wurde in der Verf. Moldawiens der Name der Amtssprache mit ›Moldawisch‹ (vorher Rumänisch) festgeschrieben, die Identität mit dem Rumänischen jedoch akzeptiert.

Die in Moldawien erscheinende rumänischsprachige *Literatur* entwickelte sich auf der Grundlage reicher mündl. Volksliteratur seit den 1920er-Jahren und brachte seit etwa 1956 auch international beachtete Werke hervor, so in der Lyrik von ANDREI PAWLOWITSCH LUPAN (* 1912), ANATOLI MOISSEJEWITSCH GUSCHEL, rumänisch GUJEL (* 1922), GRIGORE PAWLOWITSCH WIJERU, rumänisch VIERU (* 1935), in der Prosa von ARIADNA NIKOLAJEWNA SCHALAR, rumänisch ŞALARI (* 1923), ANNA PAWLOWNA LUPAN

Moldauklöster: ›Auferweckung der Toten‹ (Detail des ›Jüngsten Gerichts‹), Wandmalerei an der W-Fassade der Klosterkirche in Voroneţ; vor 1547

(* 1922) und v.a. ION PANTELEJEWITSCH DRUZE, rumänisch DRUȚĂ (* 1928).

Atlasul lingvistic moldovenesk, hg. v. R. J. UDLER, 7 Tle. (Kischinjow 1968–73); K. HEITMANN: Rumänisch, Moldauisch, in: Lex. der romanist. Linguistik, hg. v. G. HOLTUS u. a., Bd. 3 (1989); DERS.: Probleme der moldauischen Sprache in der Ära Gorbačev, in: Südosteuropa, Jg. 38 (1989).

Moldauklöster, Bez. für die im 15. und 16. Jh. in der nördl. Moldau (Rumänien) erbauten Klöster, v.a. Humor, Voroneț, Arbore, Sucevița und Moldovița. In den Kirchenbauten, gestreckten Dreikonchenanlagen mit Satteldächern, sind byzantin. Einflüsse mit abendländ. Gotik verschmolzen. Ein Charakteristikum der M. sind die mit Wandmalereien bedeckten Außenmauern der Kirchen. Die M. wurden von der UNESCO zum Weltkulturerbe erklärt.

Moldavit [nlat., nach den Fundorten an der Moldau] *der, -s/-e,* **Bouteillenstein** [buˈtɛj-], flaschengrünes Glas kosm. Ursprungs (→Tektite); Härte nach MOHS 5,5–6,5, Dichte 2,3–2,4 g/cm³; oft zu Schmuckzwecken verwendet.

Moldawa *die,* rumän. **Moldova,** rechter Nebenfluss des Sereth, in Rumänien, 213 km lang; entspringt in den Ostkarpaten, mündet unterhalb von Roman.

Moldauklöster: Kirche des Klosters Sucevița; 1582–86

Moldawien
Fläche 33 700 km²
Einwohner (1996) 4,3 Mio.
Hauptstadt Chișinău
Amtssprache Moldawisch
Nationalfeiertag 27. 8.
Währung 1 Moldau-Leu (MDL) = 100 Bani.
Uhrzeit 13⁰⁰ Chișinău = 12⁰⁰ MEZ

Moldawi|**en,** amtlich moldaw. **Moldova, Republica Moldova,** russ. **Moldawija,** dt. **Republik Moldawi**|**en, Republik Moldau,** Binnenstaat im SO Europas mit einer Fläche von 33 700 km² (nach anderen Angaben 33 840 km²), die etwa der Größe Belgiens entspricht, die zweitkleinste GUS-Republik nach Armenien; (1996) 4,4 Mio. Ew. Im W bildet der Pruth auf einer Länge von 695 km die Grenze zu Rumänien, in N, O und S grenzt M. an die Ukraine. Hauptstadt ist Chișinău, Amtssprache ist Moldawisch (→moldauische Sprache und Literatur). Währung ist der Moldau-Leu (MDL) = 100 Bani; in der Dnjestr-Region (Transnistrien) sind daneben der russ. Rubel und eine Kuponwährung (›Suworik‹) im Umlauf. Uhrzeit: 13⁰⁰ Chișinău = 12⁰⁰ MEZ.

STAAT · RECHT

Verfassung: Nach der am 28. 8. 1994 in Kraft getretenen Verf. ist M. eine Rep. mit parlamentarisch-präsidentiellem Mischsystem nach frz. Vorbild. Die neue Konstitution entspricht demokratisch-rechtsstaatl. Grundsätzen und gewährleistet den internat. Menschenrechtsstandard; sie sieht auch Grundpflichten vor. Dem Schutz der nat. Minderheiten wird u. a. mit den Mitteln der Territorialautonomie Rechnung getragen. Staatsoberhaupt und Oberbefehlshaber der Streitkräfte ist der auf vier Jahre direkt gewählte Präs. der Rep. Der Präs. verfügt im Gesetzgebungsverfahren über ein Initiativ- und Vetorecht und ist Inhaber der Notstandsgewalt. Oberstes gesetzgebendes Organ ist das Parlament, dessen 101 Abg. gemäß Wahl-Ges. vom 14. 10. 1993 im System der Verhältniswahl für vier Jahre gewählt werden. Auf gesamtstaatl. Ebene besteht eine 4%-Sperrklausel. Die Exekutive liegt bei der Reg. unter Vorsitz des Premier-Min. Der vom Präs. designierte Premier-Min. muss dem Parlament binnen 15 Tagen das Reg.-Programm und die Kabinettsliste präsentieren. Nach der Vertrauensabstimmung, für die die Mehrheit aller Abg. erforderlich ist, wird die Reg. vom Staatspräs. ernannt. Falls das Parlament nach wenigstens zwei gescheiterten Vertrauensabstimmungen keiner Reg. das Vertrauen ausspricht, kann der Präs. das Parlament auflösen. Das Parlament kann dem Kabinett mit absoluter Mehrheit aller Abg. das Misstrauen aussprechen, wonach die Reg. zum Rücktritt verpflichtet ist. Seit 1995 existiert ein Verf.-Gericht (Parlament, Präs. und Oberster Justizrat bestellen je zwei Richter auf sechs Jahre); eine Verf.-Beschwerde ist nicht vorgesehen.

Parteien: Zum linken Parteienspektrum, das für wirtschaftl. und polit. Reformen sowie für eine stärkere Einbindung M.s in die GUS eintritt, gehören v. a. die Agrardemokrat. Partei, die Sozialist. Partei, die Kommunist. Partei sowie die Bewegung ›Edinstwo‹ (dt. ›Bewegung der Einheit der russischsprachigen Bev.‹). Im Ggs. dazu befürworten die Allianz der demokrat. Kräfte, die Christlich-Demokrat. Volksfront sowie die Partei der Wiedergeburt und der Versöhnung die Vereinigung M.s mit Rumänien.

Wappen: Das in Anlehnung an das Wappen des Königreichs Rumänien geschaffene Staatswappen wurde am 3. 11. 1990 eingeführt und zeigt einen Adler mit einem goldenen Kreuz im Schnabel; in den Krallen führt er heraldisch links ein goldenes Zepter, heraldisch rechts einen Ölbaumzweig. Seine Brust ziert ein Schild in den alten moldauischen Nationalfarben: oben rot mit einem achtzackigen goldenen Stern, unten blau mit einem goldenen Halbmond und einer Rose (Symbol Bessarabiens), in der Mitte ein goldener Auerochsenkopf (Symbol des Fürstentums Moldau).

Nationalfeiertag: 27. 8. (Jahrestag der Ausrufung der staatl. Unabhängigkeit 1991).

Verwaltung: M. gliedert sich in 40 Landkreise (raioan) und 6 kreisfreie Städte sowie 4 Munizipien (einschließlich der Hauptstadt). Kommunale Beschlussorgane in Selbstverwaltungsangelegenheiten der Städte und Gemeinden sind die vom Volk gewählten Räte. Beschlüsse des jeweiligen Rats werden vom Bürgermeister (direkt gewählt) durchgeführt, der die örtl. Verw. leitet. Für die im SW lebenden Gagausen wurde Anfang 1995 ein weit reichender Autonomiestatus durchgesetzt; das autonome Gebiet →Gagausien verfügt über eine gesetzgebende Versammlung und einen Exekutivrat. Den überwiegend russ. und

Staatswappen

Staatsflagge

Internationales Kfz-Kennzeichen

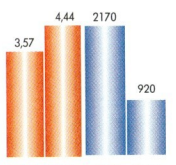
1970 1996 1991 1995
Bevölkerung Bruttosozial-
(in Mio.) produkt je Ew.
(in US-$)
□ Stadt
□ Land

Bevölkerungsverteilung 1995

□ Industrie
□ Landwirtschaft
□ Dienstleistung

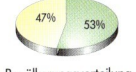

Bruttoinlandsprodukt 1995

Mold Moldawien

ukrain. Bewohnern der →Dnjestr-Region (amtlich Transnistr. Moldauische Rep.) wurde 1992 der Status einer nat. Minderheit gewährt; über den Status der Region wird unter Vermittlung der OSZE verhandelt.

Recht: Die ordentl. Gerichtsbarkeit (für Zivil-, Straf- und Verwaltungsrechtssachen zuständig) besteht aus Tribunalen, dem Appellationsgericht und dem Obersten Gericht. Für handelsrechtl. Streitigkeiten besteht eine besondere Wirtschaftsgerichtsbarkeit. Die Richter am Obersten Gericht werden vom Parlament auf Vorschlag des Obersten Justizrats gewählt. Der Oberste Justizrat ist ein Selbstverwaltungsorgan der rechtsprechenden Gewalt. Er besteht aus elf Mitgl., von denen je drei von den Richtern des Obersten Gerichts aus dem Kreis der Richter und vom Parlament aus dem Kreis der Rechtsprofessoren für fünf Jahre gewählt werden; von Amts wegen gehören dem Justizrat der Justiz-Min., die Präs. des Obersten Gerichts, des Appellationsgerichts und der Wirtschaftsgerichtsbarkeit sowie der Generalstaatsanwalt an. Die Staatsanwaltschaft bildet eine eigenständige Behördenorganisation, die auch die allgemeine Gesetzlichkeitsaufsicht über die Verw. ausübt.

Streitkräfte: Nach der Unabhängigkeit 1991 wurde mit dem Aufbau einer Wehrpflichtarmee (Dienstzeit 18 Monate) in einer Stärke von etwa 12 000 Mann begonnen. Die Nationalgarde (4 000 Mann) untersteht dem Innen-Min., paramilitär. Einheiten formierten die Gagausen. Die Ausrüstung der Streitkräfte darf nach dem KSE-Vertrag (→VKSE) 210 Kampfpanzer, 250 Artilleriegeschütze, 50 Kampfflugzeuge und 50 Kampfhubschrauber umfassen. Aus Kostengründen unterhält M. seit 1997 keine Luftwaffe, jedoch besteht mit Russland ein Vertrag über die Zusammenarbeit in der Luftverteidigung. Die unter GUS-Oberbefehl stehende 14. russ. Armee soll bis 1998 mit 8 000 Mann in M. stationiert bleiben. Seit 1994 ist M. Mitgl. der ›Partnerschaft für den Frieden‹ der NATO.

LANDESNATUR · BEVÖLKERUNG

Das Staatsgebiet entspricht dem größten Teil des früheren Bessarabien, erreicht im äußersten S die Donau und wird überwiegend vom dem zw. Pruth und Dnjestr gelegenen östl. Moldauhügelland eingenommen. Dieses besteht aus einem flachwelligen, nach S geneigten und von zahlr. Wasserläufen und kleinen Erosionsschluchten (Owragi) zertalten Hügelland, das v. a. aus sedimentärem Gesteinsmaterial aufgebaut ist. Höhere Erhebungen sind das Nordmoldaw. Hügelland im N (bis 320 m ü. M.), die Ciucului-Hügel (bis 388 m ü. M.) und die mit Kalkgesteinen durchsetzten Dnjestr-Hügel zw. Răut (Räut) und Dnjestr im NO (bis 347 m ü. M.) sowie das Zentralmoldaw. Hügelland mit bis 429 m ü. M. ansteigenden Kodren (die höchste Erhebung M.s). Dagegen liegen die Südmoldaw. Ebene mit dem Bugeac-Tiefland und die Ebene am unteren Dnjestr unter 200 m ü. M. Links des Dnjestr erstreckt sich in der Dnjestr-Region das Podol. Hügelland (bis 275 m ü. M.) als Teil des Wolhynisch-Podol. Platte. M. gehört zu den erdbebengefährdeten Gebieten.

Die größten Flüsse sind der im Mittel- und Unterlauf schiffbare Dnjestr und der im Unterlauf schiffbare Pruth. Beide entspringen in den Karpaten und entwässern zum Schwarzen Meer; sie stellen 92 % des gesamten nutzbaren Wasserdargebots M.s dar. Bes. der Dnjestr leidet unter der starken Wasserentnahme für die Bewässerung. Die größten Seen sind durch hydrotechn. Bauten entstanden: Costeștistausee am Pruth (Fläche 92 km²) sowie Dubăsari- (67,5 km²) und Cuciurganstausee (28 km²) am Dnjestr.

Klima: Es ist gemäßigt kontinental mit relativ kurzen, schneearmen Wintern und langen, warmen und trockenen Sommern. Die Witterung wird von atlant. Luftmassen aus W, mediterranen aus SW und kontinentalen aus NO geprägt. Die mittlere Julitemperatur liegt zw. 19,5 °C im N und 22,5 °C im S, die mittlere Januartemperatur schwankt zw. −5 °C im N und −2,5 °C im S. Die durchschnittl. jährl. Niederschlagsmengen erreichen 500–550 mm im nördl. und zentralen, unter 450 mm im südl. und zw. 350 und 400 mm im südöstl. Landesteil. Etwa 70 % der Niederschlagsmengen fallen im April bis September (Maximum Mai/Juni).

Vegetation: Die einst ein Viertel des Landes bedeckenden Wälder (Laubwälder mit Eichen und Buchen in den höheren Lagen des Hügellandes sowie Waldsteppe mit Gräsern, Büschen und niedrigwüchsigen Bäumen in den niedrigeren Lagen) stocken heute nur noch auf weniger als 10 % der Fläche und sind in den höheren, niederschlagsreicheren Gebieten anzutreffen und am besten im Zentralmoldaw. Hügelland erhalten. Waldsteppe breitet sich in den hügeligen Ebenen um Bălți, am mittleren und unteren Pruth, in der Südmoldaw. Ebene und auf der Podol. Platte aus. Die natürl. Steppe ist zum größten Teil in den letzten 150 Jahren den Kulturpflanzen gewichen. 85 % des Staatsgebietes werden von fruchtbaren Schwarzerdeböden bedeckt. In M. gibt es fünf Naturschutzgebiete (in den Jahren 1971–93 eingerichtet).

Umweltschäden entstehen für M. wegen der Anwendung dieser intensiv betriebenen Landwirtschaft. Düngemittel durch die intensiv betriebene Landwirtschaft, die zu weitflächigen Bodenvergiftungen führte. Große Teile der Ackerfläche sind von Bodenerosion bedroht.

Bevölkerung: Nach der letzten Volkszählung von 1989 wurden in M. mehr als 60 Nationalitäten gezählt. Die Mehrheit bilden die hier Moldawier genannten Rumänen mit 64,5 %, gefolgt von Ukrainern (13,8 %), Russen (12,9 %), christl. Gagausen (3,5 %), Bulgaren (2,1 %), Juden (1,5 %) sowie Angehörigen anderer Nationalitäten (1,7 %). Die Russen leben fast ausschließlich in städt. Siedlungen, während die Moldawier überwiegend im ländl. Raum in Dörfern (Durchschnittsgröße rd. 1 400 Ew.) siedeln. Im östl. M. in der Dnjestr-Region bilden die Russen nach den Ukrainern eine relative Mehrheit; zw. Russen und Moldawiern bestehen ethn. Konflikte.

Im Zuge der Unabhängigkeitsbewegung wurde 1989 die Wiedereinführung des Rumänischen in lat. Schreibweise als Staatssprache beschlossen. Russisch ist noch sehr verbreitet und wird von einem großen Teil der Bev. aktiv gebraucht.

M. zählt mit 128 Ew. je km² zu den Staaten mit der größten Bev.-Dichte, ein Ergebnis sowohl des natürl. Bev.-Wachstums (1995: 1,2 %) als auch einer starken Zuwanderung in sowjet. Zeit. Der Geburtenüberschuss, der 1985 noch bei 10,6 ‰ lag, ist 1994 auf 2,5 ‰ gesunken. Die mittlere Lebenserwartung liegt

Klimadaten von Chișinău (95 m ü. M.)					
Monat	Mittleres tägl. Temperaturmaximum in °C	Mittlere Niederschlagsmenge in mm	Mittlere Anzahl der Tage mit Niederschlag	Mittlere tägl. Sonnenscheindauer in Stunden	Relative Luftfeuchtigkeit nachmittags in %
I	−1,3	26	12	2,3	84
II	1,2	35	12	2,8	81
III	6,0	17	12	4,7	79
IV	16,1	32	9	6,7	67
V	22,9	39	11	8,3	62
VI	25,7	79	12	9,9	66
VII	27,4	36	10	10,6	63
VIII	27,2	49	8	9,9	64
IX	23,0	43	7	7,7	68
X	17,0	25	8	5,4	76
XI	9,9	56	11	2,5	84
XII	1,7	34	12	1,7	86
I–XII	14,7	471	124	6,0	73

bei 64,3 Jahren für Männer und 71,1 Jahren für Frauen. Der Verstädterungsgrad ist mit einem Anteil von (1995) 47% noch relativ gering. Die größten Städte sind nach der Hauptstadt Chișinău (1995: 750 000 Ew.) Tiraspol (1993: 185 100 Ew.), Bălți (157 500 Ew.) und Tighina (129 300 Ew.).

Religion: Die Verf. garantiert die Religionsfreiheit. Eine herausgehobene Stellung im öffentl. Leben nimmt die orth. Kirche ein, der nach staatl. Angaben über 90% der Bev. (darunter die meisten Gagausen) zugerechnet werden. Am 5. 10. 1992 erlangte die ›Orth. Kirche in M.‹ vom Moskauer Patriarchat, dem sie nach der in Verbindung mit der Eingliederung Bessarabiens in die UdSSR vorgenommenen Zwangsgliederung aus der rumän. Kirchenorganisation als Eparchie (Bistum) ›Kischinjow und M.‹ unterstellt worden war, die Autonomie in Fragen der inneren Verwaltung. Seitens des rumän. Patriarchats kam es am 20. 12. 1992 zur Wiedererrichtung der ›Metropolie Bessarabien‹. Die kath. Kirche errichtete 1993 für die rd. 15 000 Katholiken (überwiegend Polen) die Apostol. Administratur M. (Sitz: Chișinău). Die nach 1990 entstandenen prot. Gemeinden und Gruppen (Baptisten, Adventisten, Pfingstler) zählen mehrere Tausend Mitgl. Die jüd. Gemeinschaft hat rd. 40 000 Mitgl.; die muslim. Minderheit wird v. a. durch die in der Sowjetzeit in M. angesiedelten Tataren repräsentiert.

Bildungswesen: Schulpflicht besteht in allgemein bildenden Mittelschulen vom 7. bis 16. Lebensjahr. Unterrichtssprache ist Moldawisch; in den Gebieten mit nat. Minderheiten gibt es Klassen mit Unterricht in deren Muttersprache (Russisch, Ukrainisch, Gagausisch, Bulgarisch). Das 10. und 11. Schuljahr kann an Lyzeen, Kollegs, beruflichen techn. Schulen (zwei oder drei Jahre Schulzeit) oder mittleren Fachschulen (mit vierjährigem Bildungsgang) absolviert werden. Die Moldaw. Univ. (gegr. 1945) und sechs Hochschulen befinden sich in Chișinău. – Anfang der 90er-Jahre wurden zahlr. russischsprachige Schulen, die zu diesem Zeitpunkt fast 41% ausmachten, geschlossen.

Publizistik: Der Anteil der Publikationen in Moldawisch ist seit 1990 angestiegen, auch gehen die meisten Medien dazu über, die lat. Schrift zu benutzen. Wichtigste Tageszeitungen (beide in Chișinău) sind ›Moldova Suverană‹ (gegr. 1924, Auflage 100 000) und ›Nezavisimaja Moldova‹ (Russisch, gegr. 1925, 61 000). Die Nachrichtenagenturen ›Infotag News Agency‹ (unabhängig), ›State Information Agency – Moldpres‹ und ›Moldovan Information and Advertising Agency – BASApress‹ haben ihren Sitz ebenfalls in der Hauptstadt. Die ›Compania de Stat Teleradio-Moldova‹ in Chișinău betreibt einen Hörfunk- und einen Fernsehsender (Programme in Moldawisch, z. T. in Russisch), daneben sendet in der Dnjestr-Region ›Dnjestr-Radio‹ (Sitz: Tiraspol) auf Russisch.

WIRTSCHAFT · VERKEHR

M. gehört mit einem Bruttosozialprodukt (BSP) je Ew. von (1995) 920 US-$ zu den Entwicklungsländern mit mittlerem Einkommen. Die Wirtschaft ist auf die Wein-, Tabakproduktion und den Obstbau ausgerichtet. Ebenso wie die übrigen GUS-Republiken hat auch M. erhebl. Schwierigkeiten beim Übergang von der zentralen Planwirtschaft zur Marktwirtschaft. Jedoch gelang es mit Unterstützung des Internat. Währungsfonds (IWF), den anfänglich rasanten wirtschaftl. Rückgang zu bremsen und teilweise aufzuhalten. Industrie und Agrarproduktion waren 1996 noch insgesamt rückläufig, Letztere auch infolge ungünstiger Witterungsbedingungen. 1990–96 ging das Bruttoinlandsprodukt (BIP) um durchschnittlich 11,7% pro Jahr zurück und betrug 1996 1,563 Mrd. US-$. Negativ wirken sich die hohen Schulden bei Russland für Energieimporte (1996 etwa 500 Mio. US-$) aus.

Moldawien: Tal des Răut in den Kodren mit der Stadt Altorhei

Auch die vom übrigen M. weitgehend isolierte Wirtschaft der Dnjestr-Region wirkt sich nachteilig auf den wirtschaftl. Aufschwung aus. 1996 war der Staat mit etwa 70 Mio. US-$ verschuldet, das Realeinkommen der Bev. sank nach 1990 stark ab. Nach Erlangung der Unabhängigkeit gab es einen stürm. Preisauftrieb. Die anfänglich hohe Inflationsrate (1993: 2 707%) konnte ab Ende 1993 nach Verlassen der Rubelzone und der Einführung einer eigenen Währung (Moldau-Leu) reduziert werden; sie lag 1996 nur noch bei 15,1% (1995: 24%; 1994: 116%). Der Privatsektor erwirtschaftete (1996) etwa 60% des BIP. Die direkten Auslandsinvestitionen lagen kumulativ Ende Juni 1996 erst bei 103 Mio. US-$ (24 US-$ je Ew.). 1996 entstammten 60% der Industrieproduktion sowie 70% der Handels- und Dienstleistungsaktivitäten dem Privatsektor; etwa 20% der Agrarbetriebe waren privatisiert. Der Anteil der durch die Transitlage zw. Russland bzw. der Ukraine und Rumänien begünstigten Schattenwirtschaft am BIP 1996 wird auf 19–20% geschätzt.

Landwirtschaft: Fruchtbare Böden und mildes Klima bieten der landwirtschaftl. Produktion günstige Voraussetzungen. Mit mehr als 90% Anteil landwirtschaftl. Nutzfläche an der Gesamtfläche liegt M. weltweit mit an vorderster Stelle. Eine Modernisierung des veralteten Maschinenparks ist wegen fehlender Investitionsmittel vielfach nicht möglich. Über 300 000 ha der Anbaufläche werden bewässert. Eine zentrale Stellung kommt dem Wein- (8,0% der Anbaufläche) und Obstbau (8,5%) mit der Apfel-, Pfirsich-, Aprikosen-, Pflaumen- und Kirschenerzeugung zu. Die Agrarproduktion ist auf den Getreide- (43%; v. a. Weizen und Mais), Tabak- (5%) sowie Zuckerrüben-, Sonnenblumen-, Gemüseanbau und auf die Kultivierung von Aromapflanzen ausgerichtet. In der auf dem Futterpflanzenanbau basierenden Viehwirtschaft dominiert die Rinderzucht; außerdem Schweine-, Schaf- und Pferdehaltung. Seit 1991 ist der Privatbesitz von Ackerland gestattet, jedoch waren 1995 erst 2% der Agrarfläche in Privatbesitz, da die Zuteilung von Boden für Austrittswillige aus den Kolchosen und Sowchosen behindert wird. Dagegen sind 60% der Rinder-, 45% der Schweine- und 84% der Schaf- und Ziegenbestände wieder Privateigentum.

Forstwirtschaft: In den letzten Jahrzehnten hat sich die Waldfläche M.s vergrößert (1973–88 um 15%). Die Gesamtreserve an Holz und Holzmasse betrug (1988) über 35 Mio. m^3.

Fischerei: Sie spielt innerhalb der Gesamtwirtschaft eine untergeordnete Rolle. In Binnengewässern wurden (1994) 4 800 t Fisch gefangen.

Bodenschätze: M. ist arm an Bodenschätzen. Lediglich Kalkstein, Gips, Quarzsand, Ton u. a. sind in ausreichendem Maße vorhanden, die nachgewiesenen Braunkohlen-, Erdöl- und Eisenerzvorkommen sind sehr gering. 86% der benötigten Rohstoffe müssen importiert werden.

Energiewirtschaft: M. ist zu 98% auf die Energie- und Brennstoffzufuhr angewiesen, v. a. aus Russland. 80% der im Land erzeugten Elektroenergie wird im Wärmegroßkraftwerk Dnjestrowsk gewonnen. Am Dnjestr arbeiten zwei Wasserkraftwerke.

Industrie: Sie wurde in den letzten Jahren bedeutend ausgebaut. Die Lebensmittelindustrie ist mit Abstand der wichtigste Bereich des verarbeitenden Gewerbes; zusammen mit der Landwirtschaft trägt sie mit 54% zum Nationaleinkommen bei und erwirtschaftet allein 42% der Industrieproduktion. Ihre Hauptsparten sind die Herstellung von Wein-, Obst-, Gemüsekonserven, Zucker und Sonnenblumenöl sowie die Verarbeitung von Tabak. Außerhalb der Lebensmittelbranche sind Maschinen- (bes. Landmaschinen), Traktorenbau und Metallverarbeitung, elektrotechn. Industrie und Textilindustrie wichtig. Hauptindustriestandorte sind der Großraum Chișinău, das Gebiet Tiraspol–Tighina und Bălți. In Râbnița wird ein Elektrostahl- und ein Walzwerk betrieben. Die Baustoffindustrie ging infolge des Investitionsrückgangs in den letzten Jahren stark zurück. 1994 wurde nahezu die Hälfte der Industrieproduktion durch nichtstaatl. Unternehmen erzielt. Das mit Unterstützung internat. Bankgesellschaften 1994 aufgestellte Privatisierungsprogramm zeigte 1996 Erfolge und wird als Privatisierungsmodell auch für andere GUS-Republiken gewertet.

Außenwirtschaft: M. hatte 1996 einen Außenhandelsumsatz von 1,69 Mrd. US-$ (davon entfielen 757 Mio. US-$ auf Exporte und 935 Mio. US-$ auf Importe). Es unterhielt im gleichen Jahr Handelsbeziehungen zu 84 Ländern. Der Anteil der GUS-Staaten am Außenhandelsvolumen ist 1990–95 von 90% auf etwa 65% gesunken. 1995 waren die wichtigsten Handelspartner (in Prozent zum Außenhandelsumsatz) Russland (41%), Ukraine (15%), Rumänien (13%), Dtl. (7%) und Weißrussland (6%). 70% des Exports sind Agrargüter und Erzeugnisse der Lebensmittelindustrie einschließlich Getränke und Zigaretten. Beim Import überwiegen mit 48% Rohstoffe, daneben werden Maschinen und Apparate (12%), Chemieerzeugnisse (5%) und Textilien (4%) eingeführt.

Verkehr: Die Gesamtlänge des Eisenbahnnetzes umfasste (1994) 1 150 km. Das Straßennetz war 17 700 km lang. Wichtige Verkehrsknotenpunkte sind Tighina, Bălți, Ungheni, Chișinău und Ocnița. Der derzeit unbedeutenden Binnenschifffahrt stehen 700 km Wasserstraßen, vor allem auf dem Dnjestr, zur Verfügung. Bei Giurgiulești ist M. durch eine enge Ausfahrt (500 m) mit der Donau verbunden, hier ist ein Hafen mit einem Terminal für Erdöltanker geplant. Nat. Fluggesellschaft ist die Air Moldova. Der internat. Flughafen liegt nahe der Hauptstadt.

GESCHICHTE

Das Territorium zw. Pruth, Dnjestr und dem Schwarzen Meer war in der Antike von den Geten und Dakern bewohnt. Vom 2. bis zum 4. Jh. n. Chr. beherrschte und romanisierte das Röm. Reich die südl. Gebiete, über die es sich einen Zugang zu dem unter röm. Oberhoheit stehenden Bosporan. Reich am Asowschen Meer und auf der Krim verschaffte. An der Mündung des Dnjestr (im Altertum unter dem Namen Tyras bekannt) gründeten griech. Kolonisten aus Milet im 6. Jh. v. Chr. die Stadt Tyras (rumän. Cetatea Albă, heute Belgorod-Dnjestrowskij), die dann vom Dakerkönig BUREBISTA um 55 v. Chr. erobert und seinem Reich angeschlossen wurde. Das im 1. Jt. n. Chr. von zahlr. Völkern (Sarmaten, Goten, Hunnen, Awaren, Slawen, Bulgaren, Magyaren, Petschenegen, Kumanen u. a.) durchzogene Gebiet von M. unterstand nach dem Mongoleneinfall (1241) der Goldenen Horde. Das während des 14. Jh. im O der Karpaten gegründete Fürstentum →Moldau umfasste im letzten Jahrzehnt des 14. Jh. das gesamte Territorium bis zum Dnjestr und Schwarzen Meer. Nach der Besetzung der Städte (Festungen) Chilia und Cetatea Albă (1484) machte das Osman. Reich 1538 Tighina (Bender) und den S Bessarabiens zu türk. Rajas; das restl. Gebiet blieb bis 1812 Teil der (unter türk. Oberhoheit stehenden) Moldau. Durch den Frieden von Bukarest (28. 5. 1812), der den Russisch-Türk. Krieg 1806–12 beendete, wurde die östl. Hälfte der Moldau, das Gebiet zw. Pruth und Dnjestr (45 600 km² mit rd. 500 000 Ew., davon 86% Rumänen), Russland zugesprochen. Der Name →Bessarabien, der den südl. Teil des annektierten Territoriums bezeichnete, wurde nun auf das gesamte Territorium ausgedehnt, in dem man im 19. Jh. Russen, Ukrainer, Polen, Deutsche und Juden ansiedelte. 1867 wurde die rumän. Sprache aus den Schulen Bessarabiens verbannt. Durch den Friedenskongress von Paris (1856), der den Krimkrieg beendete, kamen drei Kreise im S Bessarabiens (nördlich der Donaumündung) an das Fürstentum Moldau zurück, doch setzte Russland auf dem Friedenskongress in Berlin (1878) deren Rückanschluss durch. Nach der russ. Februarrevolution proklamierte Bessarabien im April 1917 seine Autonomie, nahm am 15. 12. 1917 den Namen ›Moldauische Demokrat. Republik‹ an, die am 24. 1. 1918 ihre Unabhängigkeit ausrief. Am 9. 4. 1918 stimmte der in Chișinău zusammengetretene Landesrat für die Vereinigung mit Rumänien, was Sowjetrussland aber nicht anerkannte. Am 12. 10. 1924 gründete die UdSSR auf dem Territorium der Ukraine, in den Gebieten östlich des Dnjestr, eine Moldauische Autonome Sozialist. Sowjetrepublik (Hauptstadt seit 1929 Tiraspol). Infolge des Geheimen Zusatzprotokolls des Hitler-Stalin-Pakts (23. 8. 1939) besetzte die Sowjetunion am 28. 6. 1940 (nach zwei Ultimaten an Rumänien am 26. und 27. 6. 1940) sowohl Bessarabien als auch die Nordbukowina. Am 2. 8. 1940 wurde die Moldauische SSR (Zusammenfassung der Moldauischen ASSR und des größten Teils von Bessarabien) mit der Hauptstadt Chișinău als Bestandteil der UdSSR ausgerufen; aufgrund einer dt.-sowjet. Umsiedlungsvereinbarung verließen die rd. 93 000 Bessarabien-Deutschen das Land. Durch einen Beschluss der Sowjetregierung vom 4. 11. 1940 wurden die Nordbukowina und die Kreise Hotin (im N Bessarabiens) sowie Ismail und Cetatea Albă (im S Bessarabiens) der Ukrain. SSR angeschlossen. Im Zweiten Weltkrieg war M. 1941–44 von Rumänien besetzt und seinem Staatsgebiet eingegliedert (in dieser Zeit brutale Verfolgung der jüd. Bev., Ermordung oder Deportation eines Großteils); nach Rückeroberung durch die Rote Armee (1944) wurde die Moldauische SSR im alten Umfang rekonstituiert und im Pariser Friedensvertrag (Februar 1947) von Rumänien als Teil der UdSSR anerkannt. Deportationen einheim. Rumänen und die Zuwanderung von Russen und Ukrainern veränderten die Zusammensetzung der Bev. erheblich; unter sowjet. Herrschaft wurde eine Trennung der Moldau vom Rumänentum erzwungen und im Rahmen der stalinist. Nationalitätenpolitik die Herausbildung einer ›moldaw. Sowjetnation‹ propagiert.

Unter den veränderten Bedingungen nach 1985, die im Ergebnis der Perestroika unter M. S. GORBATSCHOW entstanden, erklärte M. am 23. 6. 1990 seine Souveränität innerhalb der UdSSR und führte am 31. 8. 1989 Moldawisch (Dialekt des Rumänischen) als Staatssprache ein, verbunden mit der Rückkehr zum lat. Alphabet (anstelle des 1940 eingeführten kyrillischen). Am 27. 8. 1991 rief M. seine staatl. Unabhängigkeit aus. Das anfängl. Streben der Moldawier nach einer engen Bindung an Rumänien (Plan einer späteren Wiedervereinigung) führte zum Konflikt mit den Gagausen in S des Landes (im August 1990 Ausrufung einer gagaus. Rep.) und mit der russisch-ukrain. Minderheit in dem östlich des Dnjestr liegenden Transnistrien (im September 1990 mit Unterstützung der dort stationierten 14. russ. Armee Proklamation einer Dnjestr-Rep.); beide Sezessionen erkannte die moldaw. Führung nicht an. Die ersten freien Präsidentschaftswahlen vom 8. 12. 1991, die von den russisch-ukrain. und gagaus. Bev.-Gruppen boykottiert wurden, bestätigten Staatspräs. MIRCEA SNEGUR (im Amt seit 1990). Eine 1994 vom Parlament verabschiedete Verf. betonte die Eigenstaatlichkeit M.s (Absage an eine Vereinigung mit Rumänien) und räumte die Möglichkeit zur Bildung autonomer Gebiete ein. Nach dem Rücktritt von Min.-Präs. V. MURAVSKI wurde im Juli 1992 A. SANGHELI sein Nachfolger (Demission im Dezember 1996); ihm folgte im Januar 1997 ION CIUBUK als Reg.-Chef eines von der Agrardemokrat. Partei (Siegerin der ersten Mehrparteien-Parlamentswahlen vom 27. 2. 1994) dominierten Kabinetts. Am 1. 12. 1996 gewann der bisherige Parlaments-Präs. PETRU LUCINSCHI die Präsidentschaftswahlen (Amtsübernahme am 15. 1. 1997).

Am 21. 12. 1991 unterzeichnete M. die GUS-Gründungsakte (vom moldaw. Parlament am 8. 4. 1994 ratifiziert). Am 2. 3. 1992 wurde M. Mitgl. der UNO, am 13. 7. 1995 des Europarates. Am 20. 11. 1996 ratifizierte M. die Europ. Konvention zum Schutz der Minderheiten. Ein russisch-moldaw. Abkommen vom 10. 8. 1994 legte den Abzug der in der Dnjestr-Region stationierten russ. Truppen innerhalb von drei Jahren fest, wurde jedoch zunächst nicht von der russ. Staatsduma bestätigt. Am 8. 5. 1997 unterzeichneten der moldaw. Staatspräs. LUCINSCHI und der Präs. der ›Dnjestr-Rep.‹, I. SMIRNOW, in Moskau ein Memorandum, das der Dnjestr-Region weitgehende Autonomie zusicherte.

C. KING: Post-Soviet Moldova. A borderland in transition (London 1995); H. HOFBAUER u. V. ROMAN: Bukowina, Bessarabien, M. Vergessenes Land zw. Westeuropa, Rußland u. der Türkei (Wien ²1997).

Moldawi|er, Moldauer, Angehöriger der moldawisch sprechenden Volksgruppe in der Rep. →Moldawien.

Moldawisch, →moldauische Sprache und Literatur.

Molde, Hauptstadt des Verw.-Gebiets Møre og Romsdal, Norwegen, in geschützter Lage an der N-Küste des äußeren Romsdalfjords, 22 900 Ew.; Fischerei-, Freilichtmuseum; Textilfabriken; Fährhafen; seit dem Wiederaufbau nach dem Zweiten Weltkrieg bedeutender Fremdenverkehr. – M., bereits im 14. Jh. ein bedeutender Handelsplatz für Holzexporte, erhielt 1742 Stadtrecht.

Molden, Paula, österr. Schriftstellerin, →Preradović, Paula.

Moldova, moldaw. Name der Rep. →Moldawien.

Moldova, die, 1) histor. Landschaft in Rumänien, →Moldau.
2) Fluss in Rumänien, →Moldawa.

Moldovan, Kurt, österr. Zeichner und Aquarellmaler, * Wien 22. 6. 1918, † ebd. 19. 9. 1977. In seinen Zyklen ›Antike Szenen‹ (1966), ›Cortés in Mexiko‹ (1969) und ›Alice im Wunderland‹ (als Lithographiefolge 1973) betonte er als Zeichner eine grotesk-skurrile Komponente; als Aquarellist bevorzugte er Landschaften.

K. M., hg. v. O. BREICHA (Salzburg 1980).

Moldoveanu der, höchster Berg Rumäniens, 2544 m ü. M., im →Fogarascher Gebirge.

Mole [lat. mola, von griech. mýlē ›Missgeburt‹] die, -/-n, entartete Frucht (→Abortivei, →Blasenmole).

Mole [ital. molo, von lat. moles ›Damm‹] die, -/-n, Bauwerk zum Schutz eines Hafens oder einer Hafeneinfahrt gegen Wellen, Strömung und Versandung, das sich von der Küste dammartig ins Meer erstreckt. Das wasserseitige Ende einer M. bezeichnet man als **M.-Kopf.** (→Hafen)

Mole [məʊl], Miff, eigtl. **Irving Milfred M.,** amerikan. Jazzmusiker (Posaune), * Roosevelt (N. Y.) 11. 3. 1898, † New York 29. 4. 1961; war 1920 Mitbegründer der ›Original Memphis Five‹ und spielte später u. a. bei P. WHITEMAN und B. GOODMAN; trug mit seiner technisch brillanten Spielweise wesentlich zur Entwicklung der Posaune als Soloinstrument bei.

Molekül [frz., von lat. moles ›Masse‹] das, -s/-e, **Molekel** die, -/-n, Chemie und Physik: mehr oder weniger stabiles, durch chem. Bindung zusammengehaltenes Teilchen aus mindestens zwei gleichartigen (homonukleare M.) oder ungleichartigen Atomen (heteronukleare M.). M. sind (nach allgemeinem Verständnis) chemisch abgesättigt und elektrisch neutral, können aber auch als →Radikale oder Ionen (M.-Ionen) auftreten. Die Atome im M. werden durch Atombindungen (→chemische Bindung) zusammengehalten, während zw. den M. schwächere Molekularkräfte (die →zwischenmolekularen Kräfte) wirken. Diese bewirken auch den Zusammenhalt der **M.-Gitter,** in deren Kristallgittern die Gitterpunkte von valenzmäßig abgesättigten M. besetzt sind. Zur Charakterisierung eines M. gibt man in der Summenformel die Art und Zahl der Atome an, die es enthält, z. B. bei Wasser, H_2O, zwei Wasserstoffatome (H) und ein Sauerstoffatom (O). Bei komplizierteren M. ist diese Charakterisierung allerdings unzureichend, da z. B. das M. C_2H_6O je nach der Verknüpfung der Atome Äthanol (CH_3CH_2OH) oder Dimethyläther (CH_3OCH_3) sein kann (→Isomerie, →Mesomerie).

Genauere Angaben über die Struktur von M. erhält man u. a. aus deren experimentell beobachteter Wechselwirkung mit elektromagnet. Strahlung. Durch hochauflösende spektroskop. Messungen (→Molekülspektroskopie) sind mithilfe der Quantenmechanik →Bindungslängen und Bindungswinkel (Lage zweier Bindungen zueinander) zugänglich. Untersuchungen über die Temperaturabhängigkeit der Dielektrizitätskonstanten geben Auskunft über die Ladungsverteilung in einer Bindung (→Dipolmolekül). Je nach der Geometrie der einzelnen Bindungen entstehen die unterschiedlichsten M.-Formen (wie Kugel-M., Faden-M.), die heute gezielt synthetisiert werden.

Da bei der Vereinigung der Atome zu M. Bindungsenergie frei wird, sind M. energieärmer als die Atome, aus denen sie aufgebaut sind. Die Masse eines M. (→Molekülmasse) liegt zw. 10^{-24} und 10^{-20} g, die eines aus mehreren Millionen gleichartiger Bausteine bestehenden →Makromoleküls beträgt etwa 10^{-18} g. Die Größe der M. ist abhängig von der Anzahl der sie aufbauenden Atome und deren Anordnung, sie liegt bei gewöhnl. M. zw. 10^{-8} und 10^{-7} cm. Die Abmessungen von M. lassen sich nicht exakt festlegen, da ihre Elektronenhüllen keine starren Begrenzungen aufweisen und daher versch. experimentelle Methoden (z. B. innere Reibung einer Substanz, Kristallstruktur) unterschiedl. Werte liefern. Nur im Fall genügend hochmolekularer Verbindungen lassen sich M. sichtbar machen (→Elektronenmikroskop). Zur Beobachtung niedrigmolekularer Substanzen wie Wasserstoff stehen nur indirekte Methoden (Beugung von Elektronen-, Röntgen- oder Neutronenstrahlen) zur Verfügung.

M. kommen auch in der →interstellaren Materie vor und dort in großen, massereichen Regionen, den **M.-Wolken;** sie werden i. Allg. anhand ihrer charakterist.

Miff Mole

Emissionslinien im Radiofrequenzbereich identifiziert (→Radioastronomie).

<small>PETER C. SCHMIDT u. K. G. WEIL: Atom- u. M.-Bau (1982); K. HENSEN: M.-Bau u. Spektren (1983); F. KOBER: Symmetrie der M. (1983); A. LÖSCHE: M.-Physik (Berlin-Ost 1984); P. RADEMACHER: Strukturen organ. M. (1987); L. SALEM: Marvels of the molecule (a. d. Frz., Weinheim 1987); F. ENGELKE: Aufbau der M. (³1996).</small>

molekular, in Form von Molekülen vorliegend, Moleküle betreffend.

Molekular|akustik, Sammel-Bez. für akust. Untersuchungsverfahren der Molekülphysik, die sich mit den Wechselwirkungen hochfrequenter Schallwellen (Ultraschall, Hyperschall) mit den Molekülen und Atomen eines Ausbreitungsmediums befassen. Bei mehratomigen Molekülen tritt bei hohen Frequenzen Schallabsorption auf, die durch Anregung innerer Molekülschwingungen bewirkt wird. Die Messung der damit zusammenhängenden Resonanz- und Relaxationserscheinungen lässt Rückschlüsse auf die Struktur der Moleküle und auf molekularkinet. Vorgänge zu.

Molekularbewegung, →brownsche Bewegung.

Molekularbiologie, Teildisziplin der Biologie, die den Aufbau, den Stoffwechsel, die Regulation des Wachstums, die Differenzierung und die Wechselwirkung von Zellen untereinander auf molekularer Ebene untersucht und die Ergebnisse in einer Theorie der Zelle bzw. des Lebendigen zusammenfasst. Die M. ist eine interdisziplinäre Fachrichtung, die mit Methoden der Biologie, Physik, Chemie und auch der Medizin arbeitet und methodisch und inhaltlich Überschneidungen mit der Biochemie und der Biophysik zeigt. Die M. hat zum Erkennen molekularer Mechanismen als Krankheitsursachen beigetragen und damit zur Disziplin der molekularen Medizin geführt.

<small>M. der Zelle, bearb. v. B. ALBERTS u. a. (a. d. Engl., ³1995, mit Diskette).</small>

Molekulardesign [-dizain], engl. **Molecular Modeling** ['mɒlikjuːlə 'mɒdlɪŋ], **Computer-aided molecular design** [kəm'pjuːtə 'eɪdɪd 'mɒlikjuːlə dɪ'zaɪn]; engl. ›computergestütztes Molekulardesign‹, Abk. **CAMD** [sɪeɪæm'diː], Bez. für die Entwicklung von chem. Substanzen, in erster Linie organ. Moleküle, mithilfe von Hochleistungsrechnern. Bei jeder chem. Substanz besteht ein enger Zusammenhang zw. Struktur und Funktion der Moleküle, sodass aus bekannten Strukturen zu erwartende Reaktionen abgeleitet werden können bzw. umgekehrt aus bekannten Reaktionen auf die Struktur geschlossen werden kann. Dies ist die Grundlage für das M. Hat man z. B. über physikal. Methoden (Röntgenstrukturanalyse, Massenspektroskopie, NMR-Spektroskopie u. a.) die Atomkoordinaten eines Moleküls erhalten und gibt sie in den Rechner ein, so produziert dieser das Bild der dreidimensionalen Struktur dieses Moleküls, das in alle Richtungen gedreht sowie verkleinert oder vergrößert werden kann und dessen chem. und physikal. Eigenschaften vom Computer simuliert werden können. Anhand dieses Modells kann z. B. festgestellt werden, an welchen Stellen bevorzugt chem. Reaktionen ablaufen und welche Art von Reaktionen wahrscheinlich sind. In den letzten Jahren hat sich v. a. in der Pharmazie das struktur- und computergestützte Wirkstoffdesign (engl. ›drug design‹) zur Entwicklung neuer Arzneimittel herausgebildet. Während bisher meist die Methode des Versuchs und Irrtums, oft verbunden mit Zufällen, neue Arzneimittel hervorbrachte, wird beim M. ausgehend vom bestehenden Wissen mit vorhandenen Technologien versucht, vor der eigentlichen chem. Synthese eine Vorhersage über Eigenschaften und Wirkungen einer Substanz zu treffen. Die bei der Entwicklung von Arzneimitteln erforderl. Tierversuche und klin. Testungen am Menschen werden damit eingeschränkt. Möglich wurde ein rationales M. mit den Fortschritten der Hard- und Software bei Rechenanlagen und den strukturanalyt. Verfahren bes. in der Proteinchemie und Molekulargenetik. Mithilfe von Computern lassen sich die räuml. Strukturen von Proteinen berechnen, die als Ziel für einen Arzneistoff in Betracht kommen (z. B. Rezeptoren, Enzyme). In solche simulierten Raumstrukturen werden dann Moleküle nach dem Schlüssel-Schloss-Prinzip eingepasst und optimiert.

Seit den 1990er-Jahren ist den Computerchemikern das Modellieren makroskop. Werkstoffeigenschaften bei Kunststoffen und Fasern sowie das Modellieren von Katalysatoren mit spezif. Eigenschaften gelungen. Derzeit werden auch Reaktionen auf Molekülebene, Strömungen (z. B. in Reaktoren) sowie Werkstofffestigkeiten simuliert. Künftig wird an der Simulation großtechnischer chem. Prozesse und molekularer Strukturen mit über 100 000 Atomen gearbeitet.

Molekulardestillation, Methode der Kurzwegdestillation (→Destillation) im Hochvakuum. Der Abstand zw. Flüssigkeitsoberfläche und stark gekühlter Kondensatorfläche muss daher in der Größenordnung der mittleren freien Weglänge der Dampfmoleküle liegen. Die Moleküle der verdampfenden Stoffe können dann, ohne mit Molekülen der Luft zusammenzustoßen, auf die Kondensatorfläche gelangen. Die M. dient zur Trennung von hochsiedenden und temperaturempfindl. Stoffen (z. B. von Naturstoffen).

molekulare Medizin, Anwendung molekularbiolog. und gentechnolog. Untersuchungsmethoden zur Erkennung und Behandlung von Krankheiten in zunehmend mehr Fachgebieten der Medizin. Die m. M. basiert auf der Erkenntnis, dass in den Genen des Menschen alle für Aufbau und Funktion von Zellen, Organen und des Gesamtorganismus notwendigen Informationen enthalten sind.

Im Rahmen des →Human-Genom-Projektes wird die Basensequenz der DNA (Reihenfolge der Bausteine des Erbgutes) des gesamten menschl. Genoms mit seinen 50 000–100 000 Genen entschlüsselt. Das Alphabet der Gene ist bes. einfach, es besteht aus nur 4 Buchstaben, den Nukleotiden Adenin (A), Thymidin (T), Guanin (G) und Cytosin (C). Dieses einfache Alphabet der Erbsubstanz erlaubt die besondere Präzision und Geschwindigkeit der Methoden und damit exponentiellen Zuwachs von Erkenntnissen, wie es in der biomedizin. Forschung bisher nicht möglich war.

Viele wichtige Gene bei Mensch und Tier sind in hohem Maße ähnlich. Dadurch ergibt sich die Möglichkeit, aus einfachen Tierversuchen vorsichtige Schlussfolgerungen auf den Menschen zu ziehen. Bes. wichtige Gensequenzen, beispielsweise solche, die den Körper auf Stress adaptieren, sind über das gesamte Tierreich bis hin zum Menschen über Millionen von Jahren erhalten und einander sehr ähnlich. Die Homologie der Gene erlaubt es, funktionelle Untersuchungen, aber auch die Entwicklung von Arzneimitteln in einfachen Modellen zu erarbeiten und die Übertragbarkeit auf den menschl. Organismus zu testen. Ein seit wenigen Jahren erfolgreiches Konzept ist die Züchtung und Untersuchung so genannter Knock-out-Mäuse. Sie weisen Erbveränderungen durch gezielte Eingriffe in das Erbgut auf, wodurch es genau nur zum Ausfall des Zielgens kommt und damit ein tier. Krankheitsmodell eines menschl. Erbleidens vorliegt. Die m. M. eröffnet grundsätzl. neue Möglichkeiten in der Risikovorhersage, Gendiagnostik und im Verständnis des Krankheitsverlaufes. Die Transplantation von biolog. Informationsmolekülen (→Gentherapie) wird als ein neues Behandlungsprinzip klinisch getestet.

Molekulargenetik, molekulare Genetik, Teilgebiet der Genetik, das mit biochem. Methoden die chem. Struktur und den Stoffwechsel des genet. Materials (Nukleinsäuren) sowie die Codierung und differenzielle Ausprägung der genet. Information aufklärt. Ein breites Anwendungsgebiet findet die M. in der →Gentechnologie.

Molekulargewicht, ältere Bez. für (relative) →Molekülmasse.

Molekularität, *Chemie:* →Reaktionsmechanismen.

Molekularkräfte, allg. Kräfte, die zwischenmolekulare Wechselwirkungen elektrisch neutraler Atome und Moleküle verursachen (→zwischenmolekulare Kräfte). Sie äußern sich z. B. in den Abweichungen der Eigenschaften realer Gase von denen idealer Gase (→Van-der-Waals-Zustandsgleichung) und in dem Auftreten von →Wasserstoffbrückenbindungen.

Molekularpumpe, eine Vakuumpumpe für den Hochvakuumbereich, die infolge der sehr schnellen Rotation ihrer mechan. Teile den Gasmolekülen eine einheitl. Bewegungsrichtung erteilt, sodass eine Molekularströmung entsteht und die Moleküle in einen Raum höheren Drucks gefördert werden. Bei der **Turbo-M.** steht ein fest stehendes Statorsystem im engsten Abstand einem schnell laufenden Rotorsystem gegenüber. Hohe Drehzahlen, eine geeignete Formgebung sowie die Hintereinanderschaltung einer Vielzahl von Rotor-Stator-Systemen bewirken, dass die Durchgangswahrscheinlichkeit der Gasmoleküle von der Hochvakuumseite zur Vorvakuumseite größer ist als umgekehrt. Die Turbo-M. benötigt ein Vorvakuum von 10 bis 10^{-1} Pa und erreicht Endvakua bis unter 10^{-8} Pa.

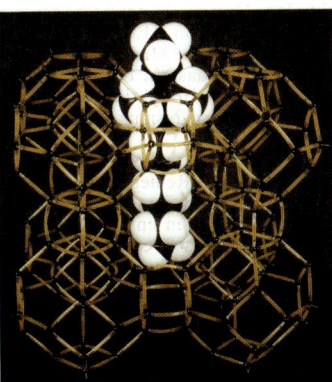

Molekularsiebe: Modell eines Zeoliths mit eingelagertem Isoalkanmolekül; die Verzweigung des Moleküls im oberen Teil verhindert ein weiteres Eindringen in den Porenraum; demgegenüber durchdringen geradkettige n-Alkane den Porenraum ungehindert

Molekularsiebe, Feststoffe mit regelmäßigen Poren- und Hohlraumsystemen, wobei Porenweiten von weniger als 0,7 nm eine Trennung von Molekülen nach ihrer Größe oder Form ermöglichen. M. werden zur Stofftrennung durch →Adsorption und als Katalysatoren verwendet. Bedeutung haben v. a. die →Zeolithe, zunehmend auch Kohlenstoff-M., Silicoalumophosphate u. a. Zum Trocknen von Gasen werden M. vom Typ Zeolith 3A (Porenweite 0,3 nm) verwendet, deren Oberflächen eine sehr große Affinität zu Wasser haben und deren Porensystem zwar für Wasser, nicht aber für Stickstoff, Sauerstoff, Kohlendioxid, Kohlenwasserstoffe u. a. Gase zugänglich ist. Zur Abtrennung der geradkettigen n-Alkane von den verzweigten und sperrigen Isoalkanen werden M. vom Typ Zeolith 5A (Porenweite 0,5 nm) verwendet. Die formselektive Katalyse beruht darauf, dass nur ganz bestimmte Moleküle in das Hohlraumsystem der M. eindringen und dort zur Reaktion gebracht werden. Ein Beispiel ist das selektive Hydrocracken von n-Alkanen mit Zeolith ZSM 5 bei der katalyt. →Entparaffinierung.

Molekularstrahlen, die →Molekülstrahlen.

Molekularströme, **ampèresche M.** [ã'pɛːr-], elektr. Kreisströme in Atomen und Molekülen; 1820 von A. M. AMPÈRE zur Deutung des Magnetismus angenommen.

Molekülgitter, Molekülkristalle, Kristallstrukturen, in denen Moleküle als Baueinheiten durch Van-der-Waals-Kräfte verbunden werden, im Ggs. etwa zu Atomgittern und Ionengittern. M. treten v. a. bei organisch-chem. Verbindungen auf.

Molekülmasse, 1) **relative M.,** Formelzeichen M_r (früher **(relatives) Molekulargewicht**), eine Verhältnisgröße, die analog zur relativen →Atommasse A_r angibt, wievielmal größer die Masse eines bestimmten →Moleküls ist als der zwölfte Teil der Masse eines Atoms des Kohlenstoffnuklids ^{12}C. Sie kann massenspektrometrisch gemessen oder als Summe der relativen Atommassen der am Aufbau eines Moleküls beteiligten Atome berechnet werden, z. B. $M_r(CH_4) = A_r(C) + 4 A_r(H) = 12,0 + 4 \cdot 1,0 = 16,0$. Der Begriff relative M. ist nicht angebracht, wenn ein Stoff nicht aus Molekülen aufgebaut ist (z. B. bei NaCl, CaO). Der allgemeinere Begriff **relative Teilchenmasse** ist dagegen für beliebige Teilchen (z. B. Moleküle, Ionengruppen als kleinste Einheiten von Ionenkristallen) anwendbar. Zum chem. Rechnen wird in der modernen Chemie die →molare Masse verwendet.

2) **absolute M.,** die Masse eines Moleküls, d. h. die Summe der absoluten Atommassen der das betreffende Molekül aufbauenden Atome; angegeben in kg (bzw. einem seiner dezimalen Teile) oder in der atomaren Masseneinheit.

Molekülmodelle, meist aus Kunststoffteilen nach dem Baukastenprinzip zusammensetzbare Molekül- und Kristallstrukturen, mit deren Hilfe Probleme der Struktur- und Stereochemie (z. B. verschiedene Konformationen, Raumerfüllung durch sperrige Atomgruppen) anschaulich dargestellt werden können. In M. können Strukturen durch raumfüllende Atome (**Kalottenmodelle**) oder durch stäbchenförmige Verbindungsstücke zw. den Atommittelpunkten dargestellt werden (BILD →Molekularsiebe).

Molekülorbitale, die →Orbitale von Molekülen. (→Quantenchemie)

Molekülschwingungen, Schwingungen der Atome eines Moleküls gegeneinander. Wenn dabei (bei Molekülen aus mehr als zwei Atomen) die Atome nicht nur ihren Abstand voneinander, sondern auch ihre gegenseitige Orientierung ändern, werden die M. auch als **Deformationsschwingungen** bezeichnet. Die Frequenzen der M. entsprechen Wellenlängen v. a. im infraroten Spektralbereich, sie können mit Methoden der →Molekülspektroskopie bestimmt werden.

Molekülspektroskopie, Sammel-Bez. für Verfahren zur Untersuchung von Molekülen durch deren Wechselwirkung mit elektromagnet. Strahlung in Emission und Absorption und zur Aufnahme und Auswertung der entsprechenden Molekülspektren. Diese sind wesentlich komplexer als Atomspektren, da bei Molekülen zu den Freiheitsgraden der Hüllenelektronen noch die Freiheitsgrade der Schwingung der Atomkerne gegeneinander und der Rotation der gesamten Moleküle hinzukommen (→Bandenspektrum). Die zusätzl. Freiheitsgrade führen zu Übergängen v. a. im Infraroten. Zu den in der M. angewandten Verfahren gehören neben der →Infrarotspektroskopie v. a. die →Fluoreszenzspektroskopie, die Raman-Spektroskopie (→Raman-Effekt), die Mikrowellenspektroskopie, die ESR-Spektroskopie (→Elektronenspinresonanzspektroskopie) und die →NMR-Spektroskopie. Die M. ist wichtiges Hilfsmittel der chem. Analyse, bei der sie die Identifizierung und Charakterisierung der Stoffe und ihrer Konzentrationen in einem Stoffgemisch ermöglicht und wichtige Anhaltspunkte bei der Aufklärung der Struktur der Moleküle liefert. (→Spektroskopie)

Molekülstrahlen, Molekularstrahlen, Strahlen aus neutralen Molekülen oder neutralen Atomen

(→Atomstrahlen) im Vakuum. Sie lassen sich z. B. erzeugen, indem man Gase durch eine kleine Öffnung (Durchmesser wenige mm oder µm) in ein Hochvakuum treten lässt. Atom- und Molekülstrahlen werden u. a. bei der →Atomstrahlresonanzmethode zur Untersuchung der magnet. Momente von Atomen und Molekülen eingesetzt.

Molekülstrahlresonanzmethode, die →Atomstrahlresonanzmethode.

Molekülverbindungen, durch Zusammenlagerung von zwei oder mehreren hauptvalenzmäßig abgesättigten Molekülen, die untereinander Nebenvalenzbindungen (→chemische Bindung) ausbilden, entstehende Verbindungen, u. a. zahlr. →Charge-Transfer-Komplexe und →Einschlussverbindungen.

Molekülwolken, *Astronomie:* →Molekül.

Molenaer [-na:r], **1)** Claes, eigtl. **Nicolaes M.,** niederländ. Maler, * vor 1630, begraben Haarlem 31. 12. 1676; malte Winter- und Uferlandschaften mit Bauernhöfen sowie bäuerl. Genreszenen.
2) Jan Miense, niederländ. Maler, * Haarlem um 1610, † ebd. 15. 9. 1668; tätig in Haarlem und Amsterdam. Seine Frühwerke (Szenen aus dem Volksleben, Gesellschaftsstücke) sind von F. HALS beeinflusst. In den derb-humorist. bäuerl. Genreszenen seines Spätwerks verarbeitete er Anregungen von A. VAN OSTADE. Er war verheiratet mit der Malerin JUDITH LEYSTER, mit der er auch zusammenarbeitete.

Molenbeek-Saint-Jean [mɔlɛnbɛksɛ̃'ʒɑ̃], niederländ. **Sint-Jans-Molenbeek** [sɪnt-], Gem. im NW der Agglomeration Brüssel, Belgien, 68 400 Einwohner.

Molenbruch, *Chemie:* ältere Bez. für →Stoffmengenanteil.

Moleschott [-sxɔt], Jacob, niederländ. Physiologe und Philosoph, * Herzogenbusch 9. 8. 1822, † Rom 20. 5. 1893; 1847–54 Privatdozent in Heidelberg; war Prof. in Zürich (1856), Turin (1861) und Rom (1879). In der 2. Hälfte des 19. Jh. neben C. VOGT, L. BÜCHNER und E. HAECKEL einflussreichster Vertreter eines naturwissenschaftl. begründeten Materialismus, wollte die gesellschaftl. Verhältnisse seiner Zeit modernisieren und demokratisieren; das erklärt sein Bemühen um eine populäre Darlegung seiner Version des Materialismus. Philosophisch berief er sich v. a. auf L. FEUERBACH. Seine Grundthese war die der Einheit von Kraft und Stoff, von Materie und Bewegung. M. betonte insbesondere die physiolog. Abhängigkeit allen psych. Geschehens, vernachlässigte jedoch histor., soziale und Umwelteinflüsse. Seine exakten physiolog. Untersuchungen trugen deutlich zur Entwicklung der physiolog. Chemie bei.
Werke: Lehre der Nahrungsmittel (1850); Der Kreislauf des Lebens (1852).
Ausgabe: Karl Vogt, J. M., Ludwig Büchner. Schrr. zum kleinbürgerl. Materialismus in Dtl., hg. v. D. WITTICH, 2 Bde. (1971).

Moleskin [ˈmoːlskɪn, engl. ˈməʊlskɪn; eigtl. ›Maulwurfsfell‹] *der* oder *das, -s/-s, Textiltechnik:* **1) Deutschleder, Englischleder, Pilot,** schwerer Stoff für Berufskleidung aus Baumwolle mit hoher Schuss- und geringer Kettdichte, meist in Schussatlasbindung, z. T. durch Unterschuss verstärkt (Doppelpilot), linksseitig geraut; für die Kette verwendet man meist gezwirnte, für den Schuss weich gedrehte Garne; **2) Taschenatlas,** glatter Taschenfutterstoff aus Baumwolle (oder Chemiefasern) in dichter Atlasbindung (z. B. mit Mattglanz durch Behandlung mit dem Riffelkalander).

Molfetta, Hafenstadt in der Prov. Bari, in Apulien, Italien, 66 100 Ew.; Bischofssitz; Fischgroßmarkt; Werft, Zementfabrik, Möbel-, Nahrungsmittelindustrie, Weinkellereien. – M. besteht aus der auf einem Küstenvorsprung gelegenen mittelalterl. Altstadt und den mit geraden und breiten Straßen angelegten neuen Stadtteilen. Am Hafen liegt der Alte Dom (1150 ff.), eine roman. Dreikuppelkirche mit normann. und byzantin. Stileinflüssen, O-Türme 13. Jh.; Neuer Dom (17.–18. Jh.) mit Barockfassade.

Molière [mɔlˈjɛːr], eigtl. **Jean-Baptiste Poquelin** [pɔˈklɛ̃], frz. Dichter, Schauspieler und Theaterleiter, getauft Paris 15. 1. 1622, † ebd. 17. 2. 1673, Sohn eines Tapezierers und königl. Kammerdieners; erhielt am Collège de Clermont eine humanist. Ausbildung und studierte die Rechte in Orléans. 1643 gründete er mit MADELEINE (* 1618, † 1672), GENEVIÈVE und JOSEPH BÉJART (* 1616, † 1659) die Truppe des ›Illustre Théâtre‹ und bereiste nach deren Bankrott 1645 mit einer Wandertruppe (unter dem Namen ›M.‹) die Provinz (v. a. den S Frankreichs), wo seine ersten Stücke entstanden. 1652 wurde er Direktor der Truppe, die seit 1658 ständig in Paris spielte, seit 1661 im Palais Royal. Der künstler. Durchbruch gelang ihm mit ›Les précieuses ridicules‹ (1659; dt. ›Die köstl. Lächerlichkeit‹, auch u. d. T. ›Die lächerl. Preziösen‹). 1662 heiratete er ARMANDE BÉJART (* 1642, † 1700), die Tochter oder Schwester von MADELEINE BÉJART. Seit 1665 stand M.s Truppe (als Troupe du roi) unter dem Schutz LUDWIGS XIV.

Mit M. erreichten die inhaltl. und formalen Ideale der frz. Klassik (→französische Literatur) die Komödie. Sein Werk umfasst unterschiedl. Komödienformen: die Farce, die freiere Prosakomödie, die fünfaktige Versekomödie unter weitgehender Beachtung der drei Einheiten und die Ballettkomödie (Comédie-ballet). Die Farce mit ihrer auf Gestik, Mimik und Pantomime beruhenden Komik, szen. Improvisationen, stereotypen Handlungsabläufen und festgelegten Typen verbindet Züge der gleichnamigen spätmittelalterl. Gattung und der Commedia dell'Arte. Elemente der Farce bleiben auch in den großen Komödien präsent, die durch differenzierte Psychologisierung der Figuren, Konzentration der Handlung in Handlungs- und Personenführung und eine v. a. durch das Wort bestimmte Komik ihre bis heute ungebrochene Theaterwirksamkeit erhalten. Die wichtigsten dieser Sitten- und Charakterkomödien (als deren Schöpfer M. gilt) sind: ›Tartuffe ou l'imposteur‹ (UA 1664, endgültige Fassung 1669, dt. ›Tartuffe‹), ›Dom Juan ou le festin de pierre‹ (UA 1665, gedruckt 1682, dt. ›Don Juan‹, auch u. d. T. ›Das steinerne Gastmahl‹), ›Le misanthrope‹ (1667, dt. ›Der Menschenfeind‹), ›L'avare‹

Molière (Gemälde von Pierre Mignard, um 1665; Chantilly, Musée Condé)

(UA 1668, gedruckt 1682, dt. ›Der Geizige‹). In den Ballettkomödien verbindet sich das gesprochene Wort mit Musik-, Tanz- und Gesangseinlagen zu einem Gesamtkunstwerk: ›Le bourgeois gentilhomme‹ (1672, dt. ›Der Bürger als Edelmann‹, auch u. d. T. ›Der adelssüchtige Bürger‹), ›Le malade imaginaire‹ (1673, dt. ›Der eingebildete Kranke‹, auch u. d. T. ›Der Kranke in der Einbildung‹).

M.s Komödie trägt überzeitl. Züge, indem sie Missstände als Sonderformen menschl. Defekte zeigt, sie ist aber auch in hohem Maße zeitbezogen, da Maßstab der Kritik die Normen der von LUDWIG XIV. geprägten höf. Gesellschaft sind und das allem Extremen und Exzentrischen entgegengesetzte (standesübergreifende) Ideal von ›honnêteté‹ und ›bon sens‹. Da M. sich über den →Ständeklausel hinwegsetzte, erscheinen Opponenten der ganzen Gesellschaft (wie der Menschenfeind) ebenso lächerlich wie Vertreter einzelner sozialer Schichten, z. B. der reich gewordene Bauer (›George Dandin‹, 1669; dt.), der bürgerl. Parvenü (›Le bourgeois gentilhomme‹) oder der stutzerhafte Provinzadlige (›Monsieur de Pourceaugnac‹, 1670; dt. ›Der Herr von Pourceaugnac‹). Der Lächerlichkeit preisgegeben werden alle dem gesunden Menschenverstand und den Prinzipien von Natur und Vernunft zuwiderlaufenden Verhaltensweisen (z. B. monomanischer Gestalten wie des Geizigen), auch gesellschaftl. Modeerscheinungen wie die ›Préciosité‹ (›Les précieuses ridicules‹; →preziöse Literatur) oder falsche Vorstellungen von weibl. Bildung und Erziehung (›L'école des femmes‹, 1663; dt. ›Die Schule der Frauen‹, u. a.). Besondere gesellschaftskrit. Brisanz enthielt der ›Tartuffe‹, ein Angriff auf religiöse Heuchelei als soziale Gefahr; die Komödie löste heftige Kontroversen aus und bedrohte M.s schriftsteller. Existenz. Sie spiegelt die Mehrdimensionalität von M.s Komik, die (auch in der Anlage dramat. Gestalten wie dem Menschenfeind) trag. Momente nicht ausschließt. Damit wirkte M. auf die Entwicklung des bürgerl. Dramas in der Aufklärung, darüber hinaus ist sein Einfluss noch in den Stücken u. a. von A. TSCHECHOW, L. PIRANDELLO, C. STERNHEIM und B. BRECHT spürbar.

Weitere Werke: Sganarelle ou le cocu imaginaire (1660; dt. Scanarell, oder der Hahnrei in der Einbildung); L'escole des maris (1661; dt. Die Schule der Ehemänner, auch u. d. T. Die Männerschule); La critique de l'Escole des femmes (1663; dt. Die Kritik der Schule der Frauen); L' impromptu de Versailles (UA 1663); Le médecin malgré-luy (1667; dt. Der Arzt wider seinen Willen); Amphitryon (1668; dt.); Les fourberies de Scapin (1671; dt. Scapins Streiche, auch u. d. T. Scapins Schelmereien); Les femmes savantes (1672; dt. Die gelehrten Frauen).
Ausgaben: Œuvres, hg. v. E. DESPOIS u. a., 13 Bde. (Neuausg. 1873–1900); Œuvres complètes, hg. v. M. RAT, 2 Bde. (Neuausg. 1965); Œuvres complètes, hg. v. G. COUTON, 2 Bde. (Neuausg. 1976). – Werke, übers. v. A. LUTHER u. a. (Neuausg. 1967); Komödien, übers. v. H. WEIGEL, 7 Bde. (1975); Komödien, übers. v. G. FABRICIUS u. a. (²1987).
D. MORNET: M. (Paris ⁷1962); Cent ans de recherches sur M., bearb. v. M. JURGENS u. a. (ebd. 1963); M. GUTWIRTH: M. ou l'invention comique (ebd. 1966); K. ROBRA: J.-B. M. Philosophie u. Gesellschaftskritik (1969); R. BRAY: M. Homme de théâtre (Neuausg. Paris 1979); R. FERNANDEZ: M. ou l'essence du génie comique (ebd. 1979); M., hg. v. R. BAADER (1980); J. GRIMM: M. (1984); F. MALLET: M. (Paris 1986); J. VON STACKELBERG: M. Eine Einf. (1986); Über M., hg. v. C. STRICH u. a. (Neuausg. Zürich 1988); J. HÖSLE: M. Sein Leben, sein Werk, seine Zeit (Neuausg. 1992); C. MAZOUER: M. et ses comédies-ballets (Paris 1993).

Molịna, 1) Luis de, span. kath. Theologe, * Cuenca September 1535, † Madrid 12. 10. 1600; trat 1553 in den Jesuitenorden ein, lehrte bis 1583 in Coimbra und Évora, wurde 1600 als Moral-Prof. an das Jesuitenkolleg nach Madrid berufen. Mit seinem 1588 in Lissabon erschienenen Hauptwerk ›Concordia‹, in dem er sich gegen den 1584 erschienenen Kommentar zu THOMAS VON AQUINO des Dominikaners D. BAÑEZ wandte, löste er den →Gnadenstreit zw. Dominikanern und Jesuiten (→Molinismus) aus. M. war auch Völkerrechtler und Wirtschaftsethiker.
Weitere Werke: Commentaria in primam divi Thomae partem, 2 Bde. (1592); De iustitia et iure, 6 Bde. (1593–1609).
Ausgabe: Liberi arbitrii cum gratiae donis ..., hg. v. J. RABENECK (1953).
W. WEBER: Wirtschaftsethik am Vorabend des Liberalismus. Höhepunkt u. Abschluß der scholast. Wirtschaftsbetrachtung durch Ludwig M. (1959).

2) Mario José, mexikan. Physikochemiker, * Mexiko 19. 3. 1943; arbeitete an der University of California (Irvine) und ab 1983 am Jet Propulsion Laboratory des California Institute of Technology (Caltech) in Pasadena, seit 1989 am Department of Earth, Atmospheric and Planetary Sciences am Massachusetts Institute of Technology in Cambridge. Mit F. S. ROWLAND untersuchte er die Auswirkungen von Fluorchlorkohlenwasserstoffen (FCKW) auf die Ozonschicht. Das 1974 veröffentlichte Ergebnis, demzufolge die bis dahin als harmlos geltenden FCKW mit zur Zerstörung der Ozonschicht beitragen, wurde durch weitere Untersuchungen und v. a. die Entdeckung des Ozonlochs über der Antarktis Mitte der 1980er-Jahre bestätigt, wodurch die Diskussion über ein Verbot von FCKW u. a. als Treibgase oder als Kühlmittel initiiert wurde. Für diese Untersuchungen wurde M. zus. mit ROWLAND und P. CRUTZEN mit dem Nobelpreis für Chemie 1995 ausgezeichnet.

Mario José Molina

3) Tirso de, span. Dichter, →Tirso de Molina.

Molinet [mɔliˈnɛ], **Moulinet** [muliˈnɛ], Jean, frz. Dichter, * Desvres (bei Boulogne-sur-Mer) 1435, † Valenciennes 23. 8. 1507; Schüler von G. CHASTELLAIN und seit 1475 dessen Nachfolger als Hofhistoriograph KARLS DES KÜHNEN, später Bibliothekar MARIAS VON BURGUND; er setzte CHASTELLAINs Chronik für die Jahre 1474–1506 fort und verfasste die Poetik der →Rhétoriqueurs (›Art de rhétorique‹), an deren dichtungstheoret. Prinzipien auch seine eigene Lyrik orientiert ist, sowie eine allegorisch-myst. Bearbeitung des ›Roman de la rose‹.

Molinịsmus der, -, kath. Dogmatik: von L. DE MOLINA in seinem Werk ›Concordia‹ konzipiertes Gnadensystem, das die Allwirksamkeit der Gnade und den freien Willen des Menschen wegen des Vorauswissens Gottes für vereinbar erklärt. Mit der Betonung der Freiheitsentscheidung des Menschen wendet sich M. gegen den Bañezianismus, der die Vorherbestimmung des Menschen durch Gott betont (→Gnadenstreit).
F. STEGMÜLLER: Gesch. des M. (1935).

Molịnos, Miguel de, span. kath. Theologe, * Muniesa (Aragonien) 1628, † Rom 28. 12. 1696; seit 1663 in Rom; einer der führenden Vertreter der quietist. Mystik, die durch ihn in Rom zahlreiche Anhänger fand. Neben seinem 1675 in Rom erschienenen Hauptwerk ›Guía espiritual‹, das in sechs Jahren 20 Ausgaben erreichte (dt. Übersetzung 1699), wirkte er v. a. durch seine seelsorgerl. Briefe (etwa 12 000). 1685 wurde er überraschend mit dem Vorwurf quietist. Irrlehren und persönl. Unmoral von der Inquisition verhaftet; seine Schriften wurden auf den Index gesetzt. 1687 wurde er zu lebenslanger Haft verurteilt. M. beeinflusste u. a. JEANNE-MARIE GUYON DU CHESNOY, F. FÉNELON sowie die Anhänger des Pietismus in Italien, England und Deutschland.
Ausgabe: Guía espiritual, hg. v. J. I. TELLECHEA IDÍGORAS (1974).

Molise, Landschaft im südl. Apennin, Italien, umfasst als Region die Prov. Campobasso und Isernia, 4438 km², 331 700 Ew.; Hauptstadt: Campobasso. Das von Trigno und Biferno entwässerte Tertiärhügelland reicht vom Neapolitan. Apennin bis zur Ausgleichsküste der Adria. Die siedlungsarme und wirtschaftsschwache Region ist ein Agrarland (Getreide, Kartoffeln, Wein, Obst, im Bergland extensiv genutzte Weiden) mit Handwerk; zunehmend Ansiedlung von mittelständ. Industrie; etwas Fremdenverkehr, bes. an der Küste.

Molitoris, Ulrich, Humanist und Jurist, * Konstanz um 1442, † ebd. 1507 oder 1508; seit 1482 in Diensten Herzog SIGMUNDS von Tirol, 1497 Prokurator am Reichskammergericht; schrieb u. a. in lat. Sprache eine als Traum vorgestellte Gerichtskomödie und den in vielen Drucken verbreiteten ›Tractatus de lamiis‹ (1489), eine Erörterung über das Hexenwesen. Die Schrift wurde mehrfach ins Deutsche übersetzt, zuerst von M. selbst. Geringere Wirkung hatte sein bedeutendstes Werk, die in dt. Sprache verfaßte, von seiner konservativ-reichstreuen Gesinnung geprägte ›Landfrids disputirung‹ (1499), ein um Betrachtungen über Krieg, Frieden und Herrschertugenden ergänzter Kommentar zum Ewigen Landfrieden.

Molke [mhd. molken, urspr. ›Gemolkenes‹] *die, -,* **Molken** *der, -s,* **Käswasser, Milchserum, Sirte,** aus geronnener Milch nach dem Abscheiden des Fettes und des Kaseins ablaufende grünlich gelbe Flüssigkeit. **Süß-M. (Lab-M.)** entsteht beim Dicklegen der Milch mit Lab, **Sauer-M. (Quark-M.)** bei der natürl. Säuerung. Durch Erhitzen vom restl. Eiweiß befreite M. heißt **geschottete M. (Schotte).** Außer dem Milchzucker, den Vitaminen und einem erhebl. Teil der Mineralstoffe der Milch enthält M. noch 0,04–0,5 % Fett und 0,2–0,8 % Eiweiß, Sauer-M. zudem noch Milchsäure. Wegen ihres beträchtl. Nährwerts wird M. als diätet. Lebensmittel sowie Viehfutter verwendet (Nährwert von Süß-M. 970 kJ oder 230 kcal pro kg); eingedickt wird sie manchen Schmelzkäsen zugesetzt. Beim Erhitzen von saurer M. scheidet sich das Milchalbumin als quarkähnl. Masse ab (**M.-Eiweiß, Zieger**). Vergorene M. (**M.-Sauer, Sauer**) dient zur Herstellung von M.-Eiweiß und M.-Essig.

Molkenboden, *Bodenkunde:* der →Stagnogley.

Molkerei, Meierei, Unternehmen zur Be- und Verarbeitung sowie zum Vertrieb von Milch und Milcherzeugnissen (Butter, Käse). Die früher übl. Unterscheidung in Trink- und Werkmilch-M. (Buttereibetriebe, Hart-, Schnitt- und Weichkäsereien) wird heute nicht mehr verwendet. Innerhalb des M.-Sektors erfolgte eine starke Unternehmenskonzentration. In Dtl. gibt es (Ende 1994) 314 M.-Unternehmen, davon 132 Genossenschaften, 117 Kapitalgesellschaften und 65 Einzelfirmen oder Personengesellschaften (außerdem noch 37 Unternehmen, die Sauermilch- und Kochkäse sowie Schmelzkäse herstellen, selbst aber keine Milch be- und verarbeiten). Von den Landwirten wurden (1996) 27,18 Mio. t Milch an die M. geliefert. Insgesamt (mit Verarbeitungsmilch von anderen M. und geringen Mengen importierter Milch) wurden (1994) 33,29 Mio. t Milch in den M. verarbeitet. Davon entfielen 52,8 % auf Genossenschaften, 29,8 % auf Kapitalgesellschaften und 17,4 % auf Einzelfirmen oder Personengesellschaften.

Moll [zu lat. mollis ›weich‹] *das, -,* im Bereich der tonal gebundenen Musik das ›weiche‹ oder ›weibl.‹ Tongeschlecht, dem alle **Molltonarten** mit kleiner Terz und kleiner Sexte über dem Grundton zugehören, im Unterschied zum ›harten‹ oder ›männl.‹ Tongeschlecht →Dur. In den M.-Tonarten lebt das Erbe der älteren dor. und phryg. →Kirchentonarten fort. Kennzeichen ist die diaton. Skala mit Halbtonschritten zw. der 2. und 3. sowie der 5. und 6. Stufe. Im prakt. Gebrauch unterscheidet man neben dem **natürlichen M.** auf dem Grundton a in der Form der äol. Kirchentonart das **harmonische M.,** das durch (künstl.) Erhöhung der 7. Stufe den →Leitton einführt, wodurch zw. der 6. und 7. Stufe eine übermäßige Sekunde entsteht, und das **melodische M.,** das in aufsteigender Richtung zur Vermeidung des übermäßigen Sekundschritts neben der 7. auch die 6. Stufe chromatisch erhöht (z. B. in a-Moll fis-gis), während in der Praxis zur Abwärtsbewegung meist wieder das natürl. M. verwendet wird.

Balthasar Moll: Büste des Feldmarschalls Joseph Wenzel Fürst zu Liechtenstein; vergoldete Bronze, Höhe 90 cm; um 1755 (Wien, Österreichische Galerie – Barockmuseum)

Moll, 1) Balthasar Ferdinand, österr. Bildhauer, * Innsbruck 4. 1. 1717, † Wien 3. 3. 1785; 1751–59 Prof. an der Wiener Akademie; schuf im Auftrag von Hof und Adel v. a. Grabmäler und Porträtplastiken in der Tradition G. R. DONNERS, vorwiegend aus Metall. Im Spätwerk zeigen sich Einflüsse von E. BOUCHARDON.

Werke: Prunksarkophage der kaiserl. Familie in der Kapuzinergruft, Wien (1751–72); Reiterstandbild für JOSEPH II. (1778, Laxenburg); Reiterstandbild für FRANZ I. (1781, Wien, Burggarten).

2) Kurt, Sänger (Bass), * Buir (heute zu Kerpen) 11. 4. 1938; debütierte 1961 in Aachen und wurde 1970 Mitgl. der Hamburg. Staatsoper; trat u. a. auch an der Metropolitan Opera in New York sowie bei Festspielen (Bayreuth, Salzburg) auf; bekannt bes. als Mozart- und Wagner-Interpret sowie als Konzertsänger.

3) Oskar, Maler, * Brieg 21. 7. 1875, † Berlin (West) 19. 8. 1947; war nach dem Biologiestudium (1893–97) 1900–02 Schüler von L. CORINTH und gehörte 1907–08 zum Kreis der dt. Maler um H. MATISSE. Ab

Oskar Moll: Blick durchs Fenster: Schneelandschaft; 1935 (Privatbesitz)

1918 lehrte er an der Akademie in Breslau (ab 1926 Leiter), nach ihrer Schließung (1932) an der Düsseldorfer Akademie (1933 entlassen). Als ›entarteter‹ Künstler diffamiert, lebte er ab 1936 in Berlin. M. malte Landschaften und Stillleben in abstrahierenden Formen und lichten, dekorativen Farben.

S. u. D. SALZMANN: O. M. (1975).

Möll die, linker Nebenfluss der Drau in Kärnten, Österreich, 65 km lang, entspringt in der Glocknergruppe der Hohen Tauern (v. a. Abfluss der Pasterze), mündet bei Möllbrücke nordwestlich von Spittal an der Drau. Im oberen **M.-Tal**, dem die Straße über das Hochtor (Pass der Großglockner-Hochalpenstraße) folgt, liegt u. a. Heiligenblut mit dem M.-Fall (Höhe 80 m); das mittlere M.-Tal bildet ein Alpenlängstal zw. Winklern am Iselsberg (Passstraße) und Obervellach (als Talschaft einschließlich des Mallnitztales); dem unteren M.-Tal und dem des linken Nebenflusses Mallnitz (bildet den 40 m hohen Groppensteinfall) folgen die Tauernbahn und die Straße zum Tauerntunnel (Autoverladung); Fremdenverkehr (u. a. Standseilbahn auf dem Mölltaler Gletscher).

Moll-Drüsen [nach dem niederländ. Augenarzt JAKOB ANTON MOLL, * 1832, † 1914], **Glandulae ciliares,** in die Haarbälge der Wimpern mündende Schweißdrüsen.

Möllemann, Jürgen, Politiker, * Augsburg 15. 7. 1945; Lehrer; seit 1972 MdB (FDP), 1982–87 Staats-Min. im Auswärtigen Amt, 1983–94 und ab 1996 Landes-Vors. der FDP in NRW. M. war 1987–91 Bundes-Min. für Bildung und Wiss. sowie 1991–93 (Rücktritt) Bundeswirtschaftsminister, 1992–93 gleichzeitig Vizekanzler.

Mollendo, Hafenstadt im Dep. Arequipa, S-Peru, 24 200 Ew.; in der Nähe die bedeutendsten Eisenerzlagerstätten Perus (Vorkommen: 100 Mio. t); Eisenbahnverbindung über Arequipa nach Cuzco und zum Titicacasee. Einen großen Teil des Güterumschlags für S-Peru und Bolivien hat der Naturhafen **Matarani** (10 km nordwestlich von M.) übernommen.

Mollenhauer, Klaus, Erziehungswissenschaftler, * Berlin 31. 10. 1928; ab 1965 Prof. in Berlin (West), ab 1966 in Kiel, ab 1969 in Frankfurt am Main, seit 1972 in Göttingen. Bearbeitet in der Sicht der Frankfurter Schule mit dem pädagog. Zielbegriff der Emanzipation besonders sozialpädagog. Probleme und Grundfragen der Erziehung.

Werke: Die Ursprünge der Sozialpädagogik in der industriellen Gesellschaft (1959); Einf. in die Sozialpädagogik (1964); Erziehung u. Emanzipation (1968); Jugendhilfe (1968); Theorien zum Erziehungsprozeß (1972); Umwege. Über Bildung, Kunst u. Interaktion (1986); Sozialpädagogische Diagnosen, Bde. 1 u. 2 (1992–95, mit U. UHLENDORFF).

Möller, Georg, Architekt, * Diepholz 21. 1. 1784, † Darmstadt 13. 3. 1852; Schüler von F. WEINBRENNER, lebte in Darmstadt (seit 1810 Hofbaumeister, seit 1844 Oberbaudirektor) das hessisch-darmstädt. Staatsbauwesen. Seine zahlr. Kirchen und Profanbauten weisen ihn als bedeutenden Vertreter des romant. Klassizismus aus. G. SEMPER übernahm für das Dresdner Hoftheater die halbkreisförmige Fassade des von M. 1829–33 erbauten Mainzer Stadttheaters (im Innern nach 1945 verändert). Herausgeber der ›Denkmäler dt. Baukunst‹ (1812–36).

Weitere Werke: Ludwigskirche in Darmstadt (1822–38, 1944 ausgebrannt, wieder aufgebaut); Schloss in Wiesbaden (Pläne 1835, ausgeführt 1837–41, heute Hessischer Landtag); Spielkasino in Bad Homburg v. d. Höhe (1838; ursprünglich Brunnen-Kursaal).

MARIE FRÖLICH u. H.-G. SPERLICH: G. M. Baumeister der Romantik (1959); W. ILLERT: Das Treppenhaus im dt. Klassizismus (1988).

Möller, Bez. für das bei einem Hochofenschmelzprozess aufgegebene Erzgemisch samt Zuschlagstoffen (→Eisen).

Georg Moller: Schloss in Wiesbaden, heute Hessischer Landtag; Pläne 1835, 1837–41 ausgeführt

Möller, 1) Alex, Politiker, * Dortmund 26. 4. 1903, † Karlsruhe 2. 10. 1985; Redakteur, 1928–33 MdL von Preußen, seit 1933 Versicherungskaufmann, war 1945–69 Generaldirektor einer Versicherungsgesellschaft, 1946–61 MdL (zunächst von Württemberg-Baden, dann von Bad.-Württ.), 1961–76 MdB (SPD), 1962–66 Vors. der SPD in Bad.-Württ. und 1969–71 Bundes-Min. der Finanzen.

2) Anton, d. Ä., auch **A. Moler, A. Miller,** Maler und Grafiker, * Königsberg (heute Kaliningrad) um 1563, † Danzig im Januar 1611; beeinflusst v. a. von den Manieristen am Prager Hof, auch von venezian. Meistern und dem niederländ. Romanisten. Er malte Epitaphbilder, Altar- und Historienbilder. Ab 1587 war er in Danzig tätig (›Die sieben Werke der Barmherzigkeit‹, Epitaph, 1607; ebd., Marienkirche).

3) Fritz, Meteorologe, * Rudolstadt 16. 5. 1906, † München 21. 3. 1983; ab 1949 Prof. in Mainz, ab 1955 in München; grundlegende Arbeiten über atmosphär. Strahlungsvorgänge und den Wärmehaushalt der Atmosphäre sowie zur Satellitenmeteorologie.

Møller [ˈmølɐr], Poul Martin, dän. Schriftsteller, * Uldum (bei Vejle) 21. 3. 1794, † Kopenhagen 13. 3. 1838; Lyriker, Novellist und Essayist zw. Romantik und Realismus, der Humor, Frische und psycholog. Interesse zeigt. Mit seinem Hauptwerk ›En dansk students eventyr‹ (1824, postum 1843 veröffentlicht) schuf er den ersten dän. fantast. Roman.

Mollet [mɔˈlɛ], Guy, frz. Politiker, * Flers (Dép. Orne) 31. 12. 1905, † Paris 3. 10. 1975; Lehrer; trat 1923 der sozialist. Partei, der SFIO (Abk. für ›Section Française de l'Ouvrière‹) bei. Im Zweiten Weltkrieg schloss er sich der Widerstandsbewegung an. 1945–75 war er Bürgermeister von Arras, 1945/46 Abg. in beiden verfassunggebenden Versammlungen, seit 1946 Abg. in der Nationalversammlung. Als Gen.-Sekr. der SFIO (1946–69) bestimmte er wesentlich deren Kurs mit. 1948 beteiligte er sich an der Gründung der Sozialist. Internationale (zeitweilig deren Vize-Präs.). Außenpolitisch förderte er die Bemühungen um die polit. Integration Europas.

In den Regierungen der Vierten Republik war er mehrmals als Min. und stellv. Min.-Präs. beteiligt. Als Min.-Präs. (Februar 1956 bis Mai 1957) sah er sich innenpolitisch v. a. mit der Algerienfrage konfrontiert. Mit seiner Regierungszeit ist außenpolitisch bes. das britisch-frz. Landungsunternehmen im Suezkanal (1956) verbunden, das seine Reg. in der Folgezeit stark belastete. In der Krise der Vierten Republik (Mai 1958) setzte er sich für die Berufung von General C. DE GAULLE an die Spitze der Reg. ein und war in dessen Kabinett 1958/59 Staats-Min. In der Folgezeit

Jürgen Möllemann

Alex Möller

Guy Mollet

entwickelte er sich jedoch zu einem entschiedenen Gegner des Gaullismus und beteiligte sich 1965 maßgeblich an der Gründung der ›Fédération de la gauche démocrate et socialiste‹ (FGDS) und 1969 der neuen sozialist. Partei, des ›Parti Socialiste‹ (PS).

G. M., hg. v. B. MÉNAGER u. a. (Lille 1987).

Moll Flanders [mɔl ˈflændəz], Roman von D. DEFOE; engl. 1722; dt. Titel identisch.

Möllhausen, Balduin, Schriftsteller, * Bonn 27. 1. 1825, † Berlin 28. 5. 1905; ausgedehnte Forschungsreisen u. a. in Nordamerika; war mit A. VON HUMBOLDT bekannt. Er schrieb zahlr. Reiseschilderungen, natur- und völkerkundl. Arbeiten sowie 45 Romane und 80 Novellen, die zum großen Teil in Amerika unter Indianern, Pionieren und Einwanderern spielen und z. T. von J. F. COOPER, C. SEALSFIELD und F. GERSTÄCKER beeinflusst sind. Schuf auch 300 Zeichnungen, Aquarelle und Ölbilder über das Leben der Indianer.

Werke: *Romane:* Der Halbindianer, 4 Bde. (1861); Der Flüchtling, 4 Bde. (1862); Das Mormonenmädchen, 6 Bde. (1864); Die Mandanenwaise, 4 Bde. (1865); Der Hochlandpfeifer, 6 Bde. (1868); Die Kinder des Sträflings, 4 Bde. (1876). – Tagebuch einer Reise vom Mississippi nach den Küsten der Südsee (1857).

Mollier-Diagramm [mɔliˈeː-; nach dem dt. Maschinenbauingenieur RICHARD MOLLIER, * 1863, † 1935], Bez. für verschiedene Zustandsdiagramme in der →Thermodynamik, bei denen die spezif. (massenbezogene) Enthalpie h von Dämpfen, Gasen oder Gasgemischen als Ordinate aufgetragen wird, z. B. das für Gemische aus Flüssigkeit und Dampf desselben Stoffs aufgestellte **Enthalpie-Druck-Diagramm (h-p-Diagramm),** in dem für verschiedene Temperaturen die spezif. Enthalpie über dem Druck p dargestellt wird, und das ebenfalls für derartige Gemische aufgestellte **Enthalpie-Entropie-Diagramm (h-s-Diagramm,** mit der spezif. Entropie s als Abszisse) mit Linienscharen für konstanten Druck (Isobaren), konstante Temperatur (Isothermen) sowie Grenzkurven zw. den Bereichen Flüssigkeit–Nassdampf–Heißdampf; es dient v. a. zur Darstellung und Berechnung von Wasserdampfkreisprozessen. Weitere M.-D. sind das **Enthalpie-Temperatur-Diagramm (h-T-Diagramm,** v. a. bei der Behandlung von Verbrennungs- und Gasverflüssigungsprozessen angewendet) sowie das **Enthalpie-Feuchtigkeitsgrad-Diagramm (h-x-Diagramm,** mit dem Feuchtigkeitsgrad x als Abszisse), häufig als M.-D. für feuchte Luft in der Klima- und Trocknungstechnik angewendet.

Mollisol [zu lat. mollis ›weich‹, ›locker‹ und russ. zola ›Asche‹] *der, -s,* Bodentyp der amerikan. Bodensystematik mit mächtigem, dunklem, humusreichem, krümeligem A-Horizont. Dazu gehören die Tschernoseme u. a. Steppenböden.

Mollison, Theodor, Anthropologe, * Stuttgart 31. 1. 1874, † München 1. 3. 1952; 1916–18 Prof. in Heidelberg, danach in Breslau und ab 1926 in München; Beiträge zu exakten anthropolog. Messmethoden und zur menschl. Stammesgesch.; wegweisende Arbeiten über artspezifische serolog. Eigenschaften und daraus ableitbare verwandtschaftl. Beziehungen zw. Primaten.

Mölln, Stadt im Kreis Herzogtum Lauenburg, Schlesw.-Holst., am Elbe-Lübeck-Kanal, 18 000 Ew.; Heimatmuseum; Kneippkurort am Rande des Naturparks ›Lauenburg‹. – Eulenspiegelmuseum; Gießereien, Teppichboden-, Chenillefabrik, Herstellung von Kunststoffwaren und Matratzen, Sportbootwerft. – Die Nikolaikirche ist eine spätroman. Backsteinpfeilerbasilika (13. Jh.) mit Wandmalereien und reicher Ausstattung aus Spätgotik und Barock, an der westl. Außenwand Grabstein Till Eulenspiegels; am Marktplatz got. Backsteinrathaus (14. Jh.) mit Treppengiebel und spätgot. Laube (1475) sowie Fachwerkhäuser (1582 und 1632). – M., im Kreuzungspunkt

Mölln: In der Mitte die Nikolaikirche (13. Jh.), rechts daneben das gotische Backsteinrathaus (14. Jh.)

wichtiger mittelalterl. Handelsstraßen gelegen, wurde vermutlich um das zweite Jahrzehnt des 13. Jh. Stadt. 1359–1683 verpfändeten die Herzöge von Sachsen-Lauenburg ihre Stadt an die Hansestadt Lübeck. 1865 fiel M. mit Lauenburg an Preußen.

Molluscum contagiosum [lat. ›ansteckender Hautpolyp‹] *das, - -/...ca ...sa,* die →Dellwarze.

Mollusken [zu lat. mollis ›weich‹], **Mollusca,** wiss. Name der →Weichtiere.

Molluskizide [zu Mollusken und lat. caedere, in Zusammensetzungen -cidere ›niederhauen‹, ›töten‹], Sg. **Molluskizid** *das, -s,* Wirkstoffe zur Bekämpfung von schädl. Weichtieren, bes. von Schnecken. M. dienen auch zur Bekämpfung von Schnecken, die Parasiten (z. B. Erreger der Bilharziose) übertragen.

Mollweide, Karl Brandan, Mathematiker, * Wolfenbüttel 3. 2. 1774, † Leipzig 10. 3. 1825; Prof. in Leipzig; Arbeiten auf dem Gebiet der Trigonometrie (M.-Formeln) und zu Kartennetzprojektionen.

Mollweide-Formeln [nach K. B. MOLLWEIDE], Beziehungen der ebenen Trigonometrie zw. Seitenlängen (a, b, c) und Winkelgrößen (α, β, γ) eines ebenen Dreiecks:

$$(a+b) : c = \cos \frac{1}{2}(\alpha - \beta) : \sin \frac{1}{2}\gamma \text{ und}$$

$$(a-b) : c = \sin \frac{1}{2}(\alpha - \beta) : \cos \frac{1}{2}\gamma$$

sowie die hieraus durch zykl. Vertauschen der Seiten und Winkel hervorgehenden Formeln. Aus den M.-F. ergibt sich der Tangenssatz.

Molmasse, die →molare Masse.

Molmassenbestimmung, früher **Molekulargewichtsbestimmung,** die Ermittlung der Molmasse (→molare Masse) von Molekülen, wobei grundsätzlich zw. Molmassen von niedermolekularen Verbindungen und verschieden definierten Mittelwerten von höhermolekularen Verbindungen mit einer Massenverteilung unterschieden werden muss. Die M. chem. Verbindungen, die in Form definierter Moleküle vorliegen, ist bei gasförmigen und verdampfbaren Stoffen z. B. nach den ›klass.‹ Methoden von J. B. A. DUMAS oder VICTOR MEYER (* 1848, † 1897) mithilfe der Zustandsgleichung idealer Gase über Gas- und Dampfdichtebestimmungen möglich: $M = m \cdot R \cdot T/(p \cdot V)$ (R allgemeine Gaskonstante; p Druck; V Volumen; T thermodynam. Temperatur). Die molare Masse gelöster Stoffe kann u. a. aus der →Gefrierpunktserniedrigung **(Kryoskopie)** oder aus der →Siedepunktserhöhung (**Ebullioskopie**) bestimmt werden. Messungen der Molmasse über den osmot. Druck (**Osmometrie**) werden z. B. bei Makromolekülen angewandt.

Molnár ['molna:r], Ferenc (Franz), ungar. Schriftsteller, *Budapest 12. 1. 1878, †New York 1. 4. 1952; Journalist, im Ersten Weltkrieg Kriegsberichterstatter, emigrierte 1930 nach Westeuropa, 1940 in die USA. Sein populärstes Erzählwerk ist der Jugendroman ›Die Jungen der Paulstraße‹ (1907; dt.); seinen Weltruhm begründeten die routiniert verfassten, unterhaltsamen und z. T. sozialkrit. Bühnenstücke, v. a. das naturalist. Märchenspiel ›Liliom‹ (1910; dt.).

Weitere Werke (ungar): *Bühnenstücke:* Der Teufel (1907; dt.); Fasching (1916; dt.); Der Schwan (1920; dt.); Der rote Mühle (1922; dt.); Himmlische und irdische Liebe (1922; dt.); Der gläserne Pantoffel (1924; dt.); Spiel im Schloß (1926; dt.); Olympia (1928; dt.); Eins, zwei, drei (1929; dt.); Arthur (1943; dt.); Panoptikum (1944; dt.).

Ausgabe (ungar.): Werke, 20 Bde. (1928).

Mölndal, Stadt in SW-Schweden, südöstlich von Göteborg, 53 900 Ew.; Textil-, Papier-, Zellstoff-, Nahrungsmittel- und Metallindustrie; Gärtnereien. – Seit Ende des 14. Jh. ist der Mühlort M. urkundlich belegt. 1826 nahm M. mit Ansiedlung versch. Industriebetriebe einen wirtschaftl. Aufschwung.

Molo, Walter Ritter von, Schriftsteller, *Sternberg (bei Ölmütz) 14. 6. 1880, †Hechendorf (heute zu Murnau a. Staffelsee) 27. 10. 1958; lebte ab 1933 zurückgezogen auf seinem Gut bei Murnau; Verfasser biograph. Romane; auch Dramen und Lyrik.

Werke: Klaus Tiedemann, der Kaufmann (1909, 1912 u. d. T. Die Lebenswende, 1928 u. d. T. Das wahre Glück); Der Schiller-Roman, 4 Tle. (1912–16); Ein Volk wacht auf, 3 Tle. (1918–21).

Moloch, griech. Umschreibung des hebr. **Molek,** vermutlich abgeleitet aus der kanaanäischen Gottes-Bez. ›mlk‹ (›König‹), in der Bibel (2. Kön. 23, 10) ein heidn. Gott, dem Kinder durch Feuertod geopfert wurden. Eine Opferstätte (Tophet) des auch in Israel noch verbreiteten Kinderopfers (2. Kön. 16, 3) befand sich im Hinnomtal südlich von Jerusalem (→Gehenna). Die Propheten verurteilten den Kult (Jer. 7, 31 f.). Tophets sind auch aus pun. und anderen Städten bekannt, v. a. das Tophet von →Karthago. Dort wurde das Opfer selbst als ›Molkh‹ bezeichnet. – Heute wird das Wort M. im Sinne einer grausamen Macht, die immer neue Opfer fordert und alles zu verschlingen droht, gebraucht.

W. ROBERTSON SMITH: Die Religion der Semiten (a. d. Engl. 1899, Nachdr. 1967); R. DE VAUX: Les sacrifices de l'Ancien Testament (Paris 1964); H. GESE u. a: Die Religionen Altsyriens, Altarabiens u. der Mandäer (1970).

Moloch der, -s/-e, **Dornteufel, Moloch horridus,** bis 20 cm lange Agame in Wüsten und Halbwüsten Australiens; Ameisen- und Termitenfresser. Der Körper ist stark abgeplattet, die gesamte Oberfläche ist von stacheligen Schuppendornen bedeckt, im Nacken sitzt ein dorniger Fettspeicherhöcker. Zw. den Schuppen befinden sich feine Kanälchen, die Wasser aufnehmen und es zum Munde leiten können.

Molodętschno, Molodéčno [-tʃno], weißruss. **Maladsętschna, Maladzéčna** [-tʃna], Stadt im Gebiet Minsk, Weißrussland, etwa 90 000 Ew.; Werkzeugmaschinenbau, Leichtindustrie.

Molokai [məʊləˈkɑːɪ], Insel von →Hawaii, USA.

Molokanen [russ. ›Milchtrinker‹], Selbst-Bez. **Duchownyje christjane** [›geistl. Christen‹], Angehörige einer im 18. Jh. als Reaktion auf den Rigorismus der Duchoborzen entstandenen russ. religiösen Sondergemeinschaft, v. a. in Taurien, Sibirien und im N-Kaukasus verbreitet. Die Bez. M. spielt als Spottname darauf an, dass die M. entgegen den Vorschriften der orth. Kirche auch während der Fastenzeit Milch und Milchprodukte verzehrten. Die M. erkennen im Ggs. zu den Duchoborzen die Bibel an, lehnen

aber die Taufe ab, ebenso Priester und aufwendig ausgestattete Gotteshäuser. Ihre Ethik richtet sich an den Zehn Geboten und an der Bergpredigt aus. Wegen ihrer Ablehnung der staatl. Gewalt und der Verweigerung des Militärdienstes waren die M. sowohl im zarist. Russland als auch in der Sowjetunion Verfolgungen ausgesetzt. Unter diesem Druck lösten sie 1929 ihre gemeinsame Organisation auf, existierten jedoch verborgen (z. T. in baptist. Gemeinden) v. a. im Gebiet zw. dem Schwarzen und dem Kasp. Meer weiter. 1990 wurde in Moskau eine M.-Gemeinde gegründet.

Molosser, griech. **Molossoi,** lat. **Molossi,** einer der Hauptstämme in der alten Landschaft →Epirus im Gebiet des heutigen Ioannina und dem Orakelheiligtum des Zeus von Dodona. Im epirot. Bundesstaat hatten Könige der M. die Führung (u. a. PYRRHOS I.).

Molosser, doggenähnl. →Kampfhunde des klass. Altertums. Sie werden von ARISTOPHANES, ARISTOTELES, LUKREZ u. a. erwähnt; oft auch auf Denkmälern.

Molossus *der, -/...si,* antiker Versfuß aus drei Längen (–––); erscheint als Variante von jamb., trochäischen und ion. Versmaßen.

Molotow, Stadt in Russland, →Perm.

Molotow [zu russ. molot ›Hammer‹], seit 1906 Deckname von **Wjatscheslaw Michajlowitsch Skrjabin,** sowjet. Politiker, *Nolinsk (heute Sowjetsk, Gebiet Kirow) 9. 3. 1890, †Moskau 8. 11. 1986; schloss sich 1906 den Bolschewiki an. 1917 wurde er Mitgl. des Russ. Büros des ZK der bolschewist. Parteiorganisation, das er während der Februarrevolution 1917 leitete. Nach der Oktoberrevolution 1917 übte er verschiedene Parteifunktionen in der Provinz, u. a. in der Ukraine, aus. Von LENIN in die Parteizentrale nach Moskau zurückgerufen, wurde M. 1921 Sekr. des ZK (bis 1930). Als einer der engsten Mitarbeiter STALINS unterstützte er dessen Aufstieg zur Herrschaft über Partei und Staat. M. gehörte unter STALIN zum inneren Führungskreis der KPdSU (1926–52 Voll-Mitgl. des Politbüros, ab 1952 des Präsidiums des ZK). 1930–41 war er Vors. des Rates der Volkskommissare, 1939–46 Volkskommissar des Äußeren und 1946–49 Außen-Min. Mehr als ein Jahrzehnt vertrat er die UdSSR bei allen wichtigen internat. Verhandlungen. Im August 1939 unterzeichnete er den Hitler-Stalin-Pakt (auch Molotow-Ribbentrop-Pakt gen.). Nach dem dt. Angriff auf die UdSSR (1941) vertrat er im Zweiten Weltkrieg die sowjet. Außenpolitik bei den Konferenzen der Anti-Hitler-Koalition.

Nach dem Tod STALINS (1953) erneut Außen-Min., musste er 1956 als schärfster Kritiker der Entstalinisierungs- und Koexistenzpolitik N. S. CHRUSCHTSCHOWS zurücktreten. Zusammen mit L. M. KAGANOWITSCH, G. M. MALENKOW und DIMITRIJ TROFIMOWITSCH SCHEPILOW im Machtkampf mit CHRUSCHTSCHOW unterlegen, musste er 1957 alle seine Ämter niederlegen. 1957–60 war er Botschafter in der Mongol. VR, 1960–62 sowjet. Vertreter bei der Internat. Atomenergieorganisation.

Molotowcocktail [-kɔkteɪl; nach W. M. MOLOTOW], behelfsmäßiges Brandkampfmittel: mit einem Öl-Benzin- oder Benzin-Phosphor-Gemisch gefüllte Flasche, die nach Anzünden des aus dem Flaschenhals herausragenden Dochtes gegen ein Ziel geworfen wird; erstmals im Zweiten Weltkrieg von sowjet. Truppen im Panzernahbekämpfung verwendet, danach u. a. bei Straßenkämpfen, Terroranschlägen oder militanten Aktionen verwendet.

Molotowsk, Molotovsk, Stadt in Russland, →Sewerodwinsk.

Molprozent, Abk. **Mol-%,** veraltete Gehaltsangabe (→Konzentration) bei Mischphasen. (→Stoffmengenanteil)

Molsheim [frz. mɔlˈsɛm], Stadt im Unterelsass, Dép. Bas-Rhin, Frankreich, 8 000 Ew.; Weinbau, Me-

Ferenc Molnár

Moloch
(Länge bis 20 cm)

Molotow

Helmuth Graf von Moltke

Helmuth James Graf von Moltke

Jürgen Moltmann

tall- u. a. Industrie. – Teilweise erhaltene Stadtmauer (u. a. Schmiedetor) und Fachwerkhäuser des 17. Jh.; Alte Metzig (Schlacht- und Fleischhaus, 1554, heute Museum); Pfarrkirche Sainte-Trinité (ehem. Jesuitenkirche, 1614–18). – In M. bestand 1616–1701 eine Univ. (verlegt nach Straßburg).

Molsner, Michael, Schriftsteller, * Stuttgart 23. 4. 1939; war zunächst Gerichtsreporter, dann freier Schriftsteller; seine oft sozialkrit. Kriminalromane zählen zu den anspruchsvollsten dt. Beiträgen dieser Gattung (›Rote Messe‹, 1973); schrieb auch zahlr. Sachbücher, Erzählungen und Kriminalhörspiele.

Weitere Werke: Romane: Gefährl. Texte (1985); Der trojan. Maulwurf (1990); Der entgleiste Zug (1991); Der schwarze Faktor (1994); Der Sohn der Zeugin (1995).

Moltebeere, die Torfbrombeere (→Brombeere).

Moltke, mecklenburg. Uradelsgeschlecht, das 1245 erstmals urkundlich erscheint. Die preuß. Linie des in Dtl. ansässigen Stammes wurde 1870 mit HELMUTH Freiherr VON M. in den preuß. Grafenstand erhoben. Die heute im Mannesstamm erloschene württemberg. Linie hatte 1776 den Reichsgrafenstand erlangt. Eine der fünf Linien des in Dänemark angesiedelten Stammes kam 1750 zur Lehnsgrafschaft. – Vertreter:

1) *Adam Wilhelm* Lehnsgraf von, dän. Staatsmann, * Einsiedelsborg (Fünen) 25. 8. 1785, † Kopenhagen 15. 2. 1864; 1831–45 Finanz-Min. Als Min.-Präs. (1848–52) vollzog er den Übergang Dänemarks zur konstitutionellen Monarchie (1849 Einführung einer demokrat. Verf.). 1849–60 war M. Mitgl. des Landstings (Oberhaus des Reichstags) und 1854–61 des Reichsrats (Präs. 1854–55).

2) *Helmuth* Graf (1870) von, preuß. Generalfeldmarschall (1871), * Parchim 26. 10. 1800, † Berlin 24. 4. 1891, Onkel von 3) und Urgroßonkel von 4); seit 1819 Offizier zunächst in der dän., dann seit 1822 in der preuß. Armee; 1835–39 als Hauptmann Militärinstrukteur im Osman. Reich; danach Generalstabslaufbahn; 1857–88 Chef des Generalstabs der Armee. – 1867 war M. konservative Abg. im Reichstag, seit 1872 auch erbl. Mitgl. des preuß. Herrenhauses. – Als Chef des Generalstabs machte M. die detaillierte Vorbereitung von Mobilmachung und Aufmarsch (unter Verwendung von Eisenbahn und Telegrafie) zur Grundlage der strategisch-operativen Planung. Unter ihm erlangte der Generalstab größere Bedeutung; so war er ständig um ein hohes Niveau der Ausbildung der Offiziersanwärter und der künftigen Generalstabsoffiziere bemüht. – Im Dt.-Dän. Krieg von 1864 wurde M. erst im Verlauf der Kampfhandlungen in dessen Leitung einbezogen. Nachdem am 2. 6. 1866 der Chef des Generalstabs erstmals das Recht erhalten hatte, den Kommandobehörden des preuß. Feldheeres Befehle direkt zu erteilen, oblag M. die unmittelbare, fakt. Führung der militär. Operationen im Dt. Krieg von 1866 sowie im Dt.-Frz. Krieg von 1870/71. Aufgrund vieler unwägbarer Faktoren im Ablauf eines Feldzugs hielt M. nur dessen Beginn für planbar. Er sah seine Aufgabe v. a. in der umfassenden Vorbereitung der militär. Auseinandersetzung unter Ausnutzung aller bes. der geistigen, Möglichkeiten und betrachtete die Strategie im Verlauf eines Krieges als ein ›System von Aushilfen‹. Konkret verfolgte M. in beiden von ihm geführten Feldzügen das Ziel, den Gegner auf dessen Territorium anzugreifen und durch Umfassung entscheidend zu schlagen (Sedan; z. T. bei Königgrätz). Operatives Mittel hierzu war die Vorgehensweise des ›Getrennt marschieren, vereint schlagen‹.

Ausgabe: Ges. Schriften u. Denkwürdigkeiten, 8 Bde. (1891–93).

E. KESSEL: M. (1957); F. HERRE: M. Der Mann und sein Jahrhundert (1984).

3) *Helmuth* von, preuß. Generaloberst, * Rittergut Gersdorff (Mecklenburg) 25. 5. 1848, † Berlin 18. 6. 1916, Neffe von 2) und Großonkel von 4); 1906 als Nachfolger A. VON SCHLIEFFENS Chef des Generalstabs der Armee. Der durch seine Entschlusslosigkeit mitverursachte Misserfolg der →Marneschlacht führte zu seinem Rücktritt am 14. 9. 1914.

4) *Helmuth James* Graf von, Widerstandskämpfer, * Kreisau (Schlesien) 11. 3. 1907, † (hingerichtet) Berlin-Plötzensee 23. 1. 1945, Urgroßneffe von 2), Großneffe von 3); Jurist, 1939–44 Sachverständiger für Kriegs- und Völkerrecht im OKW; ⚭ 1931 mit FREYA VON M. (* 1911). Von liberaler und weltbürgerlicher Lebensauffassung, entschiedener Gegner des NS-Staates, sammelte M. ab 1940 im →Kreisauer Kreis Regimegegner um sich, die für eine rechtsstaatl. Ordnung im Geist des Christentums und der sozialen Gerechtigkeit eintraten. Er wurde am 19. 1. 1944 verhaftet und am 11. 1. 1945 zum Tode verurteilt.

Ausgaben: Bericht aus Dtl. im Jahre 1943. Letzte Briefe aus dem Gefängnis Tegel 1945 (¹³1981); Briefe an Freya 1939–1945, hg. v. B. RUHM VON OPPEN (Neuausg. ²1995).

M. BALFOUR u. a.: H. J. v. M. 1907–1945 (a. d. Engl., ²1991); F. VON MOLTKE: Erinnerungen an Kreisau. 1930–1945 (1997).

Moltmann, Jürgen, ev. Theologe, * Hamburg 8. 4. 1926; war ab 1958 Prof. an der Kirchl. Hochschule in Wuppertal, ab 1963 in Bonn und 1967–94 in Tübingen. Einen Schwerpunkt seines Werkes bildet die theolog. Entfaltung der christl. Hoffnung, wobei er v. a. Motive des utop. Denkens (E. BLOCH) aufgenommen hat. In jüngerer Zeit fanden unter dem Begriff einer ›ökolog. Theologie‹ bes. seine Veröffentlichungen zur Schöpfungsethik Beachtung (→Christologie). M. verbindet theolog. mit polit. Fragestellungen und legt die Konsequenzen theolog. Erkenntnis für das Handeln in Politik und Gesellschaft dar.

Werke: Theologie der Hoffnung (1965); Der gekreuzigte Gott (1972); Kirche in der Kraft des Geistes (1975); Polit. Theologie – polit. Ethik (1984); Gott in der Schöpfung (1985); Der Weg Jesu Christi (1989); Der Geist des Lebens. Eine ganzheitl. Pneumatologie (1991); Das Kommen Gottes. Christl. Eschatologie (1995).

D. ISING: Bibliogr. J. M. (1987); Die Theologie auf dem Weg in das dritte Jahrtausend. Festschr. für J. M. zum 70. Geburtstag, hg. v. C. KRIEG u. a. (1996).

molto [ital.], musikal. Vortrags-Bez.: wird in Zusammensetzungen gebraucht, z. B. **m. allegro,** sehr schnell; **m. legato,** sehr (stark) gebunden.

Molton [frz., zu mollet, von lat. mollis ›weich‹] *der, -s/-s,* meist beidseitig gerautes Gewebe aus Baumwolle (seltener Chemiefasern), meist in Leinwand- oder Köperbindung, mit weichen Schussgarnen gewebt; v. a. verwendet für Betttücher, Einlagen, Bügeldecken, Druck-, Dekatiertücher.

Molukken, indones. **Maluku,** Inselgruppe im O des Malaiischen Archipels, Indonesien, zw. Celebes und Neuguinea; bildet eine Prov. von 74 505 km² mit (1990) 1,86 Mio. Ew. (→Molukker); Verw.-Sitz Ambon. Die **Nord-M.** umfassen die von zahlr. kleineren Inseln umgebenen Hauptinseln Morotai, Halmahera, Ternate, Tidore, die Bacaninseln, Obiinseln sowie die Sulainseln (nur verwaltungsmäßig zu den M.). Charakteristisch sind zwei parallele, in einem nach O geöffneten Bogen angeordnete und durch die Tiefenzone getrennte Gebirgszonen, von denen die westliche aktiven Vulkanismus zeigt.

Die durch die Seramsee von den Nord-M. geschiedenen **Süd-M.** sind dagegen in zwei parallelen, nach W geöffneten Bögen angeordnet; die zw. ihnen liegende Tiefseerinne erreicht in der Webertiefe 7 440 m. Zum westl., inneren Bogen gehören die Bandainseln, Manuk, Serua, Nila, Teun, Damar, Romang, Wetar sowie im Zentrum der Bandasee die Penyu- und Luciparainseln und der Inselvulkan Api. Zum östl., äußeren Bogen zählen Buru, Ambon, Seram, die Seram-Laut-Inseln, Watubelainseln, Kaiinseln, Tanimbarinseln, Barbarinseln und die Letiinseln. Der äußere

Inselbogen ist durch eine Tiefseerinne (Arurinne, bis 3 652 m tief) von den auf dem Sahulschelf der Arafurasee liegenden Aruinseln getrennt, die nur verwaltungsmäßig zu den M. gehören.

Das Klima ist vom Monsun geprägt. Während die südlichsten Inseln im Südwinter eine deutl. Trockenzeit aufweisen (Jahresniederschläge unter 2 000 mm, auf Wetar etwa 700 mm; auf den Tanimbarinseln drei aride Monate), sind die nördl. M. wesentlich feuchter (bis über 5 000 mm pro Jahr). Im S gibt es trop. Regenwald nur in den höchsten Gebirgslagen, sonst Monsunwald, meist aber Sekundärvegetation (v. a. Alang-Alang), im N v. a. trop. Regenwald, an den Küsten vielfach Mangrovewald.

Die Bedeutung der für die Geschichte der M. entscheidenden Gewürzpflanzen (Gewürznelken und Muskatnuss) ist stark zurückgegangen. Vorherrschend ist die Selbstversorgerwirtschaft (v. a. im Innern der Inseln): Sago sowie Fisch u. a. Meerestiere sind die wichtigsten Nahrungsmittel. Daneben werden Mais, Reis und Knollenfrüchte angebaut (Brandrodungsfeldbau) und Kokospalmen kultiviert (Kopra ist neben Gewürzen das Hauptexportprodukt); ferner Gewinnung von Holz, Harzen und Rotang.

Geschichte: Die M., auch **Gewürzinseln** gen., wurden seit dem 11. Jh. von Javanern, später auch von chin. und arab. Händlern in den Gewürzhandel einbezogen. Im 14. Jh. gehörten die Inseln zum indones. Großreich Majapahit, im 15. Jh. bildeten sich Sultanate auf Ternate, das sich die Kleinen Sundainseln unterwarf, und Tidore, das die NW-Neuguinea in eine Abhängigkeit brachte. 1512 erreichten die Portugiesen zunächst Ternate und errichteten hier und auf Tidore Handelsniederlassungen, mussten Anfang des 17. Jh. aber den Niederländern weichen. Seit 1663 standen alle Inseln unter niederländ. Hoheit (nur während der Napoleon. Kriege unter brit. Besetzung). Die niederländ. Vereinigte Ostind. Kompanie beschränkte aufgrund ihres – erst 1863 aufgegebenen – Gewürzmonopols die Gewürzpflanzungen auf wenige Inseln, wo niederländ. Kolonisten das ihnen zugewiesene Land mit einheim. Sklaven bewirtschafteten und die Gewürze gegen festgesetzte Beträge an die Kompanie ablieferten. Der Gewürzhandel verlor seit dem Ende des 18. Jh. an Bedeutung. – 1942–45 von Japanern besetzt, wurden die M. nach dem Zweiten Weltkrieg Teil Indonesiens. 1950 brach auf den Süd-M. ein Aufstand gegen die indones. Zentral-Reg. aus (24. 4. Proklamation der unabhängigen ›Rep. Maluku Selatan‹), der jedoch im November 1950 niedergeschlagen wurde (Guerillakrieg bis in die 60er-Jahre). Viele Südmolukker gingen in die Niederlande. Einige von ihnen versuchten in den 70er-Jahren, mit terrorist. Mitteln die niederländ. Reg. zu zwingen, sich bei der indones. Reg. für die Unabhängigkeit der Süd-M. einzusetzen.

Molukker, die Bewohner der Molukken; neben zahlreichen zugewanderten Jungindonesiern (Malaien, Javanern u. a.) die alteingesessene Bev. indonesisch-papuan. Herkunft (Alfuren, einschließlich der christl. und muslim. Ambonesen). Nach O zunehmend sind bei ihnen melanes. (anthropologisch melaneside) Elemente erkennbar. Die v. a. auf N-Halmahera, Morotai, Ternate und Tidore gesprochenen isolierten Sprachen zeigen Ähnlichkeiten mit den Papuasprachen; die übrigen M. sprechen polynes. Sprachen. Die urspr. animist. Religion (Ahnenkult) konnte sich v. a. im Innern der Inseln halten, sonst hat sich der sunnit. Islam (v. a. im Einflussbereich der früheren Sultanate Ternate, Tidore und Bacan) oder das Christentum durchgesetzt.

Molvolumen, das →molare Volumen.

Molwärme, ältere Bez. für →molare Wärmekapazität.

Moly [-li], eine Zauberpflanze. Bei HOMER erhält Odysseus das Kraut von Hermes, um sich damit vor dem Zauber der Kirke zu schützen.

Molybdän		
chem. Symbol:	Ordnungszahl	42
	relative Atommasse	95,94
	Häufigkeit in der Erdrinde	0,0014 %
Mo	natürliche Isotope (mit Anteil in %)	^{92}Mo (14,84), ^{94}Mo (9,25), ^{95}Mo (15,92), ^{96}Mo (16,68), ^{97}Mo (9,55), ^{98}Mo (24,13), ^{100}Mo (9,63)
	insgesamt bekannte Isotope	^{87}Mo bis ^{109}Mo
	längste Halbwertszeit (^{99}Mo)	66 Stunden
	Dichte (bei 20 °C)	10,22 g/cm^3
	Schmelzpunkt	2 623 °C
	Siedepunkt	4 639 °C
	spezifische Wärmekapazität (bei 25 °C)	0,251 J/(g · K)
	elektrische Leitfähigkeit (bei 0 °C)	19 · 10^6 S/m
	Wärmeleitfähigkeit (bei 27 °C)	138 W/(m · K)

Molybdän [von griech. *molýbdaina* ›Blei(glanz)‹] *das, -s,* chem. Symbol **Mo,** ein →chemisches Element aus der sechsten Nebengruppe des Periodensystems. M. ist ein hartes und sprödes (in sehr reinem Zustand dehnbares), graues, mit vielen Metallen legierbares Schwermetall. Chemisch ist M. ziemlich beständig; es löst sich weder in nicht oxidierenden Säuren noch in Laugen, dagegen wird es von oxidierenden Säuren angegriffen. Bei erhöhter Temperatur reagiert M. mit Sauerstoff, Halogenen und einigen anderen Elementen. M. gehört zu den relativ seltenen Metallen; es steht in der Häufigkeit der chem. Elemente an 39. Stelle. In der Natur kommt es v. a. in Form der Minerale →Molybdänglanz, →Powellit und →Wulfenit vor.

Zur Gewinnung von M. wird der M.-Glanz, MoS_2, (nach Anreicherung durch Flotation) zunächst durch Abrösten in M.-Trioxid, MoO_3, überführt, aus dem man (nach Reinigung) durch Reduktion mit Wasserstoff elementares M. als graues Pulver erhält. Dieses kann durch spezielle Schmelzverfahren (Lichtbogenschmelze) oder nach den Verfahren der Pulvermetallurgie (Sintern, Pressen) zu kompaktem Metall verdichtet werden. Das zur Stahlerzeugung benutzte Ferro-M. (eine →Ferrolegierung mit 60–75 % M.) erhält man durch Reduktion eines Gemisches von M.-Trioxid und Eisenoxiden auf silicoaluminotherm. Wege oder durch Reduktion mit Koks im Lichtbogenofen.

M. und Ferro-M. werden v. a. zur Herstellung von M.-Stählen verwendet, die sich durch hohe Korrosionsbeständigkeit, Festigkeit und Zähigkeit auszeichnen (M.-Gehalt meist 0,2–5 %, bei Sonderstählen bis 10 %). In der Luft- und Raumfahrttechnik werden bes. verschleißfeste →Molybdänlegierungen mit hochschmelzenden Metallen verwendet. Reines M. hat Bedeutung in der elektrotechn. und der elektron. Industrie. M.-Drähte lassen sich als Stromdurchführungen in Glas dicht einschmelzen und sind bei Abwesenheit von Sauerstoff hitzebeständig (Verwendung in Glühlampen, techn. Hochtemperaturöfen u. a.).

M. ist ein essenzielles Spurenelement. Bei Pflanzen ist es v. a. Bestandteil der für die Stickstofffixierung bzw. die Nitratassimilation wichtigen Enzyme Nitrogenase und Nitratreduktase. Unzureichende M.-Zufuhr verursacht Mangelkrankheiten, M.-Düngung kann u. U. extreme Ertragssteigerungen bewirken. – Im tier. Organismus spielt M. als Bestandteil einiger Enzyme eine Rolle (z. B. Flavoproteine, Xanthin-Oxidase). Der menschl. Körper enthält rd. 5 mg M. Die WHO hält eine tägl. Zufuhr von 2 µg für ausreichend.

Wirtschaft: 1996 wurden 133 700 t M.-Erz (Metallgehalt) gewonnen. Seit Jahrzehnten sind die USA wichtigster Produzent, Exporteur und Verbraucher von M.; 1996 bauten sie 56 000 t ab. Weitere wichtige

Produzenten sind China mit (1996) 31 600 t, Chile 17 400 t, Kanada 8 700 t, Russland 4 800 t, Mexiko 3 900 t und Peru 3 700 t. Vier Fünftel des M. werden für die Eisen- und Stahlproduktion verwendet.

Geschichte: Das Mineral M.-Glanz wurde 1778 von C. W. SCHEELE als Sulfid des M. erkannt. 1781 gelang es dem schwed. Chemiker PETER JACOB HJELM (* 1746, † 1813), das M.-Trioxid zum Metall zu reduzieren, das noch spröde und stark kohlenstoffhaltig war. Erst Anfang des 20. Jh. wurde erstmals durch Wasserstoff reduziertes, verformbares M. hergestellt.

Molybdänglanz: Hexagonaler Kristall auf Granit

Molybdänglanz, Molybdänit, bleigraues bis rötlich blaues, metallisch glänzendes hexagonales Mineral der chem. Zusammensetzung MoS_2; Härte nach MOHS 1–1,5, Dichte 4,7–4,8 g/cm³; meist blättrig-schuppige Aggregate, selten dicht, glaskopfartig. M., das wichtigste Molybdänerz, ist pegmatitisch-pneumatolytisch (Gänge und Imprägnationen), kontaktpneumatolytisch (meist in Skarnen) oder hydrothermal (Gänge) entstanden. Hauptvorkommen in den USA, in Chile, Kanada und Russland.

Molybdänlegierungen, hochwarmfeste, korrosionsbeständige Legierungen mit Molybdän als Bestandteil; selten als Hauptbestandteil, sondern meist in Verbindung mit anderen hochschmelzenden Legierungselementen (Wolfram, Niob und Tantal), auch mit Zusätzen von Titan und Zirkonium. M. werden vorwiegend durch Sintern hergestellt. Sie finden in der Metallverarbeitung (Strangpresswerkzeuge, Warmbearbeitungswerkzeuge) sowie in der Raketen-, Turbinen- und Raumfahrttechnik Anwendung.

Molybdänverbindungen. Molybdän tritt in seinen Verbindungen in den Wertigkeitsstufen 0 und + 2 bis + 6 auf, wobei die höchste Wertigkeitsstufe am beständigsten ist. Mit der Wertigkeitsstufe 0 liegt das Molybdän in Komplexverbindungen vor.

Unter den Sauerstoffverbindungen des Molybdäns ist v. a. das **Molybdän(VI)-oxid (Molybdäntrioxid),** MoO_3, ein gelblich weißes, in Wasser kaum lösl. Pulver, wichtig; es ist Zwischenprodukt bei der techn. Gewinnung von Molybdän und wird u. a. als Katalysator in der Petrochemie verwendet. In Ammoniak und Alkalilaugen löst sich Molybdäntrioxid unter Bildung von **Molybdaten,** den Salzen der hypothet. **Molybdänsäure,** H_2MoO_4. Wichtig ist z. B. das **Ammoniummolybdat,** $(NH_4)_2MoO_4$, das zur Herstellung von Katalysatoren dient und auch u. a. in der Galvanotechnik verwendet wird. Beim Ansäuern gehen die Molybdate (mit dem Anion $[MoO_4]^{2-}$) in **Polymolybdate** (z. B. mit den Anionen $[Mo_7O_{24}]^{6-}$ oder $[Mo_8O_{26}]^{4-}$) über, mit Phosphor-, Arsen- oder Kieselsäure bilden sie Salze von Heteropolysäuren (→Polysäuren). Bei der Reduktion saurer Molybdatlösungen entstehen tiefblaue kolloidale Lösungen, in denen Mischoxide des Molybdäns mit verschiedener Wertigkeit vorliegen **(Molybdänblau).** – Unter den Verbindungen des Molybdäns mit Schwefel ist v. a. das **Molybdän(VI)-sulfid (Molybdändisulfid),** MoS_2, wichtig, eine aus weichen, graphitähnl. Blättchen bestehende Substanz, die in der Natur als →Molybdänglanz vorkommt und auch künstlich hergestellt wird. Wegen seiner großen therm. und chem. Stabilität und seinen graphitähnl. Eigenschaften wird Molybdändisulfid als Schmierstoff und Korrosionsschutzmittel verwendet. Aus sauren Molybdatlösungen fällt mit Schwefelwasserstoff braunes **Molybdän(VI)-sulfid (Molybdäntrisulfid),** MoS_3, aus.

Mit den Halogenen bildet Molybdän zahlreiche Verbindungen, von denen einige leicht flüchtig sind, z. B. das grünschwarze **Molydän(V)-chlorid (Molybdänpentachlorid),** $MoCl_5$ (Siedepunkt 268 °C).

Technisch wichtige M. sind das **Molybdäncarbid,** Mo_2C, ein äußerst harter Stoff, der zur Herstellung von Hartmetallen dient, und das **Molybdändisilicid,** $MoSi_2$, eine graue, pulverige Substanz, die zu hochhitzebeständigen Drähten für Widerstandsheizungen (z. B. für Elektro-, Brenn- und Sinteröfen) pulvermetallurgisch verarbeitet wird.

Molybdate, →Molybdänverbindungen.

Molybdat|rot, Mischkristallpigment aus Bleichromat, -molybdat und -sulfat, dessen Farbe sich je nach dem Gehalt an Bleimolybdat von Orange (5%; **Molybdatorange**) nach Blaurot (20%; eigtl. M.) ändert.

Molyn [moːˈlɛin], **Molijn,** Pieter de, niederländ. Maler, getauft London 6. 4. 1595, begraben Haarlem 23. 3. 1661; malte diagonal in die Raumtiefe führende Landschaften ›Dünenlandschaft mit Baumgruppe und Wagen‹, 1626; Braunschweig, Herzog Anton Ulrich-Museum). Dieses Kompositionsschema wurde vorbildlich für die niederländ. Landschaftsmalerei der ersten Hälfte des 17. Jahrhunderts.

Molzahl, ältere Bez. für →Stoffmenge.

Molzahn, Johannes, Maler und Grafiker, * Duisburg 21. 5. 1892, † München 31. 12. 1965; stand O. MEYER-AMDEN und dem Bauhaus nahe und lehrte in Magdeburg und Dresden (1933 entlassen). 1938 emigrierte er in die USA. In seinen symbolträchtigen Werken verbinden sich figurale Elemente mit einem übergeordneten ungegenständl. Formgerüst von prägnanter geometr. Klarheit. 1916–20 entstanden futurist. Bilder.

H. SCHADE: J. M. (1972); J. M., bearb. v. B. LEPPER u. a., Ausst.-Kat. (1988).

Johannes Molzahn: Der Idee-Bewegung-Kampf; 1919 (Duisburg, Willhelm-Lehmbruck-Museum)

Momaday [ˈmɔmədeɪ], N. (Navarre) Scott, amerikan. Schriftsteller, *Lawton (Okla.) 27. 2. 1934; wuchs in einem Indianerreservat der Kiowa auf; Prof. für Literaturwissenschaft, zuletzt an der University of Arizona. M. gestaltet in der Verbindung indian. Mythen mit fiktionalen Elementen die Spannung zw. indian. Stammesidentität und dominanter weißer Gesellschaft. Er gilt als Wegbereiter der modernen indianisch-amerikan. Literatur.
Werke: *Romane:* House made of dawn (1968; dt. Haus aus Dämmerung, auch u. d. T. Haus aus Morgendämmerung); The ancient child (1989; dt. Im Sternbild des Bären). – *Lyrik:* Angle of geese and other poems (1974); The gourd dancer (1976). – *Indianermythen:* The journey of Tai-me (1967, 1969 u. d. T. The way to rainy mountain; dt. Der Weg zum Regenberg); Circle of wonder. A native American christmas story (1993, mit L. HOGAN). – *Autobiographie:* The names. A memoir (1976).
B. GEORGI-FINDLAY: Tradition u. Moderne in der zeitgenöss. indian. Lit. der USA. N. S. M.s Roman ›House made of dawn‹ (1986); C. L. WOODARD: Ancestral voices. Conversations with N. S. M. (Lincoln, Nebr., 1989).

Mombasa, zweitgrößte Stadt Kenias, Provinzhauptstadt und wichtigster Hafen O-Afrikas, am Ind. Ozean, 465 000 Ew.; Sitz eines kath. Erzbischofs und eines anglikan. Bischofs; polytechn. College, Bibliothek, Museum. M. ist zweitwichtigste Industriestadt des Landes mit Erdölraffinerie (Produktenpipeline nach Nairobi), Zementfabrik, Stahlwalzwerk mit Drahtzieherei, Aluminiumwalzwerk, Kfz-Montage, Lebensmittel-, Tabak-, Papier-, Metall- und chem. Industrie und ein Schwerpunkt des Tourismus (Badestrände). Über den Hafen von M. (einziger Überseehafen Kenias, Endpunkt der Ugandabahn) wird der größte Teil des Außenhandels Kenias, Ugandas, N-Tansanias, Burundis und Ruandas abgewickelt (Umschlag 1992: rd. 8 Mio. t); internat. Flughafen. – Die arab. Altstadt liegt auf einer von Meeresarmen umschlossenen Insel; Moscheen aus dem 16. Jh.; ind. Handelshäuser. Die Zitadelle Fort Jesus, 1593–95 von den Portugiesen erbaut, ist heute Museum. – Die Stadt entstand im 11. Jh. als arabisch-pers. Niederlassung (urspr. **Manjsia**), wurde 1505 von den Portugiesen, gegen Ende des 17. Jh. von Arabern aus Oman erobert, musste sich M. 1837 dem Sultan von Sansibar unterwerfen. Ab 1886 unter brit. Einfluss, gehörte M. seit 1895 zum Protektorat Ostafrika (ab 1920 Kronkolonie Kenia, 1922–63 Teil von Britisch-Ostafrika).

Mombert, Alfred, Schriftsteller, *Karlsruhe 6. 2. 1872, †Winterthur 8. 4. 1942; 1899–1906 Rechtsanwalt in Heidelberg; widmete sich dann nur noch seiner Dichtung, unternahm weite Reisen; lehnte 1933, trotz Gefährdung wegen jüd. Abstammung und Ausschluss aus der Dt. Dichterakademie, eine Emigration ab; 1940 kam er in das Konzentrationslager Gurs in den frz. Pyrenäen, von dort durch Bemühungen von Freunden in die Schweiz. Ekstatisch-visionärer Lyriker, Frühexpressionist, in seine Dramen und Gedichte auch gnost. Elemente aufnahm. Einige Gedichte wurden von A. BERG vertont.
Ausgaben: Briefe 1893–1942, hg. v. B. J. MORSE (1961); Dichtungen. Gesamtausg., hg. v. E. HERBERG, 3 Bde. (1963).

Mombinpflaume [indian.-span.], *Ciruela,* Bez. für zwei heute häufig in den Tropen kultivierte Arten der zu den Sumachgewächsen gehörenden Gattung Spondias (Balsampflaume, 10 baumförmige Arten im trop. Asien und Amerika); die Steinfrüchte werden v. a. zu Kompott eingekocht. Die **Rote M. (Rote Balsampflaume, Rote Ciruela,** Spondias purpurea) hat purpurrote Früchte und wächst auf den Westind. Inseln, in Mexiko und den Nordweststaaten Südamerikas angebaut. Die **Gelbe M. (Gelbe Balsampflaume, Gelbe Ciruela, Schweinspflaume,** Spondias mombin) hat gelbe, herb schmeckende, etwa pflaumengroße Früchte; kultiviert im trop. Amerika, in W-Afrika und auf Java.

Moment [lat. momentum ›(entscheidender) Augenblick‹] *der, -(e)s/-e,* **1)** *allg.:* sehr kurzer Zeitraum, Augenblick; Zeitpunkt.
2) *Psychologie:* die kleinste wahrnehmbare Zeiteinheit (beim Menschen etwa $1/18$ s). Reize, die in diesem Intervall aufeinander folgen, werden noch getrennt wahrgenommen. Informationstheoretisch als **subjektives Zeitquant** bezeichnet, in dem 1 bit vergegenwärtigt werden kann.

Moment [lat. momentum, urspr. ›Übergewicht, das den Ausschlag am Waagebalken ergibt‹, zu movere ›bewegen‹] *das, -(e)s/-e,* **1)** *allg.:* ausschlaggebender Umstand, Gesichtspunkt.
2) *Physik* und *Technik:* allg. eine physikal. Größe, z. B. Kraft, Masse, Fläche, Impuls, Ladung, die mit einem Abstand **(M. 1. Grades)** oder mit dem Abstandsquadrat **(M. 2. Grades)** multipliziert ist, z. B. →Drehmoment, Massen-M. 2. Grades (→Trägheitsmoment), →Drehimpuls, elektr. und magnet. Dipol-M. (→Dipol, →magnetisches Moment). Man unterscheidet ferner **polares, axiales** und **planares M.,** je nachdem, ob der Abstand auf einen Punkt, eine Linie oder eine Fläche bezogen ist.
3) *Wahrscheinlichkeitstheorie:* Ist X eine Zufallsvariable und n eine natürl. Zahl, so heißt der →Erwartungswert von X^n n-tes M. von X.

Momentanlaute, *Phonetik:* Sammel-Bez. für die Verschlusslaute, bei deren Artikulation der Sprachschall nicht – wie bei den →Dauerlauten – beliebig gedehnt werden kann.

Momentanwert, *Physik:* der →Augenblickswert.

Momenten|ausgleich, *Flugmechanik:* Herstellung des für stationäre Flugzustände eines Flugzeuges erforderl. Gleichgewichts aller durch äußere Kräfte auf das Flugzeug ausgeübten Drehmomente. Der M. wird überwiegend durch Luftkräfte an entsprechend bewegten Steuerflächen, bei Senkrechtstartflugzeugen durch Reaktionskräfte von austretenden Gasstrahlen und (selten) durch Schwerpunktverlagerungen (→Kraftstofftrimmung) herbeigeführt.

Moment musical [mɔˈmã myziˈkal, frz.] *das, - -/-s ...caux,* kürzeres instrumentales Charakterstück ohne festgelegte musikal. Form, meist für Klavier. Die Bez. M. m. begegnet erstmals im Zusammenhang mit den sechs Klavierstücken op. 94 von F. SCHUBERT (D 780, 1828), geht aber wahrscheinlich auf den Wiener Verleger MAXIMILIAN JOSEPH LEIDESDORF (*1787, †1840) zurück.

Momigliano [momiʎˈʎaːno], Attilio, ital. Literarhistoriker, *Ceva (Prov. Cuneo) 7. 3. 1883, †Florenz 5. 4. 1952; war ab 1920 Prof. in Catania, dann in Pisa und Florenz. Seine ›Storia della letteratura italiana dalle origini ai nostri giorni‹ (1936) ist die beste Gesamtübersicht seit dem Werk von F. DE SANCTIS. M.s Essays und Monographien erschienen z. T. im ›Corriere della Sera‹, dann in Buchform.
Weitere Werke: Alessandro Manzoni, 2 Bde. (1915–19); Giovanni Verga (1923); Saggio su l'›Orlando furioso‹ (1928); Studi di poesia (1938); Dante. Manzoni. Verga (1944); Cinque saggi (1945); Introduzione ai poeti (1946); Ultimi studi (1954); Saggi goldoniani (hg. 1959); Lettere scelte (hg. 1969).

Mömling, Nebenfluss des Mains, →Mümling.

Mommsen, 1) Hans, Historiker, *Marburg 5. 11. 1930, Urenkel von 2), Sohn von 3), Bruder von 4); wurde 1968 Prof. für neuere Gesch. in Bochum. M. befasst sich v. a. mit der Gesch. der Arbeiterbewegung und der Sozialdemokratie, darüber hinaus mit der Weimarer Republik und dem Nationalsozialismus; ab 1986 arbeitete er an einem Forschungsprojekt zur Gesch. des Volkswagenwerks im Dritten Reich.
Werke: Die Sozialdemokratie und die Nationalitätenfrage im habsburg. Vielvölkerstaat (1963); Beamtentum im Dritten Reich (1966); Arbeiterbewegung u. nat. Frage (1979); Die verspielte Freiheit. Der Weg der Rep. von Weimar in den Untergang 1918 bis 1933 (1989); Widerstand u. polit. Kultur in Dtl.

Mombasa
Stadt in Kenia
am Indischen Ozean
wichtigster Hafen Ostafrikas
465 000 Ew.
Tourismus (Badestrände)
internat. Flughafen
arab. Altstadt
port. Zitadelle
im 11. Jh. arabisch-pers. Niederlassung
wichtige Handelsstadt unter port. und arab. Hoheit

Alfred Mombert

Theodor Mommsen

u. Österreich (1994); Das Volkswagenwerk u. seine Arbeiter im Dritten Reich 1933–1948 (1996, mit M. GRIEGER). – Der Nationalsozialismus u. die dt. Gesellschaft. Ausgew. Aufsätze, hg. v. L. NIETHAMMER u. B. WEISBROD (1991).

2) Theodor, Historiker, * Garding 30. 11. 1817, † Charlottenburg (heute zu Berlin) 1. 11. 1903, Großvater von 3), Urgroßvater von 1) und 4); Pfarrerssohn, studierte in Kiel Jura und Philologie und hielt sich 1844–47 in Italien auf. Frühzeitig an den polit. Bewegungen seiner Zeit interessiert, nahm er 1848 als Redakteur in Rendsburg an der Märzrevolution teil. Im gleichen Jahr wurde er aufgrund seiner ersten Arbeiten zum röm. Recht Prof. in Leipzig, aber 1850 wegen seiner Kritik an der sächs. Reg. entlassen. 1852 wurde M. Prof. des röm. Rechts in Zürich, 1854 in Breslau, 1858 Beamter (später Sekr.) der Preuß. Akad. der Wiss.en und 1861 Prof. der alten Geschichte in Berlin.

Der Jurist und Epigraphiker erwies sich in seiner ›Röm. Geschichte‹ (Bd. 1–3, 1854–56, Bd. 5, 1885; mehr nicht erschienen), für die er als erster Deutscher 1902 den Nobelpreis für Literatur erhielt, als Meister der Kritik und der Darstellung; in ihrem Mittelpunkt stand die Verherrlichung CAESARS und der röm. Militärmonarchie (als eines starken nat. Staates auf breiter Volksbasis). M.s Name ist mit zahlr. Untersuchungen und Editionen, v.a. aber mit der großen Sammlung der lat. Inschriften (›Corpus Inscriptionum Latinarum‹, 1863 ff.) verknüpft, die er ins Leben rief und bis zu seinem Tod betreute, sowie mit dem monumentalen ›Röm. Staatsrecht‹ (1871–88, 3 Bde. in 5 Tlen.), das er selbst als seine bedeutendste Leistung ansah (ferner: ›Röm. Strafrecht‹, 1899). Geprägt durch die Eindrücke der 1840er-Jahre, stand M. auf der Seite der bürgerl. Linken, politisch war er Gegner der Konservativen, aber auch zurückhaltend gegenüber allzu radikalen demokrat. Strömungen. 1863–66 (für die Dt. Fortschrittspartei) und 1873–79 (als Nationalliberaler) war er Mitgl. des Preuß. Landtags, 1881–84 (als Sezessionist) des Reichstags. Als scharfer Gegner der Politik BISMARCKS und des Antisemitismus H. TREITSCHKES betrachtete M. seit dem Ende der 1870er-Jahre mit wachsender Sorge die innere Entwicklung Deutschlands.

Ausgaben: Reden u. Aufsätze (1905); Ges. Schriften, 8 Bde. (²1965).

L. WICKERT: T. M. Eine Biogr., 4 Bde. (1959–80); J. C. FEST: Wege zur Gesch. Über T. M., Jacob Burckhardt u. Golo Mann (Zürich ²1993).

3) Wilhelm, Historiker, * Berlin 25. 1. 1892, † Marburg 1. 5. 1966, Enkel von 2), Vater von 1) und 4); war seit 1929 Prof. in Marburg.

Joos de Momper d. J.: Flusslandschaft mit Eberjagd; um 1610 (Amsterdam, Rijksmuseum)

Werke: Richelieu, Elsaß u. Lothringen (1922); Größe u. Versagen dt. Bürgertums (1949); Dt. Parteiprogramme (1951); Gesch. des Abendlandes von der frz. Revolution bis zur Gegenwart 1789–1945 (1951); Bismarck. Ein polit. Lebensbild (1959).

4) Wolfgang J., Historiker, * Marburg 5. 11. 1930, Urenkel von 2), Sohn von 3), Bruder von 1); wurde 1968 Prof. für neuere und neueste Geschichte in Düsseldorf. M. war 1977–85 Direktor des Dt. Histor. Instituts in London und 1988–92 Vors. des Verbandes der Historiker Dtl.s. Schwerpunkt seiner Arbeit ist die Imperialismusforschung.

Werke: Das Zeitalter des Imperialismus (1969; Fischer Weltgesch., Bd. 28); Die Geschichtswiss. jenseits des Historismus (1971); Imperialismustheorien (1977); Der europ. Imperialismus (1979); Nation u. Gesch. Über die Deutschen u. die dt. Frage (1990); Das Ringen um den nat. Staat (1993); Großmachtstellung u. Weltpolitik (1993); Bürgerstolz u. Weltmachtstreben. Das Wilhelmin. Dtl. 1850–1918 (1995). – **Hg.:** Max Weber and his contemporaries (1987, mit J. OSTERHAMMEL).

Franz Mon: Titelseite einer Einladung zu einer Ausstellung visueller Texte von Franz Mon

Momo, Märchenroman von M. ENDE, 1973.

Momos, Pseudonym des Literaturwissenschaftlers, Kritikers und Schriftstellers Walter →Jens.

Momos, *griech. Mythos:* Gott des Tadels und der Kritik, Sohn des Nyx (der Nacht) und des Erebos (der Unterwelt).

Momotidae [nlat.], wiss. Name der →Sägeracken.

Mömpelgard, dt. Name der ehem. Grafschaft →Montbéliard.

Momper, Joos de, d. J., auch **Josse de M., Joost de M.,** fläm. Maler, * Antwerpen 1564, † ebd. 5. 2. 1635; lebte 1581–91 in Italien. Neben den Werken P. BRUEGELS D. Ä. war das Erlebnis der Alpenwelt von besonderer Bedeutung für seine gewaltigen Gebirgslandschaften. Felsgestein und sich in die Raumtiefe verengenden Ausblicken auf gelbgrüne Mittelgründe und blaue Fernen. Nach 1600 malte er auch Flachlandschaften. Die kleinfigurige Staffage in seinen Bildern schufen häufig andere Maler, u. a. J. BRUEGEL D. Ä.

K. ERTZ: J. de M. d. J. Die Gemälde (1986).

Mon *der,* -/-, jap. Bronzemünze (seltener Eisenmünze) des 17.–19. Jh., ähnlich dem chin. →Käsch.

Mon, Talaing, mongolides Volk in Hinterindien, am Golf von Martaban, bes. um Moulmein, in Birma (1,1 Mio.) sowie in Thailand (150 000). Die M. sprechen z. T. noch ihre Mon-Khmer-Sprache. Schon seit dem 3. Jh. v. Chr. unter ind. Kultureinfluss, übernahmen sie den Hinayana-Buddhismus. Sie gründeten seit der Mitte des 1. Jt. n. Chr. eigene Staaten, so in Zentralthailand das Königreich **Dvaravati** (mit der Hauptstadt →Lop Buri), dessen zeitl. und geograph. Begrenzung nicht bekannt ist. In der M.-Kunst von Dvaravati, inhaltlich vom Hinayana-Buddhismus geprägt, wurden Skulpturen in bronzeartigen Metalllegierungen, (wenig) Stein und Terrakotta geschaffen sowie in Stuck und Terrakotta für Architektur und deren (Relief-)Ausschmückung. Stilistisch ist sie maßgebend vom Gupta- und vom Amaravatistil Indiens geprägt. Charakteristisch für die Darstellung ist die Ausprägung der ethn. Merkmale der M. in den breiten, flachen Gesichtern. Hauptfundorte sind →Nakhon Pathom und Pong Tük. Nachdem die M. durch die Khmer nach N vertrieben worden waren, entstand zw. dem 9. und 13. Jh. in der Region um →Lamphun erneut ein Zentrum der M.-Kunst im Königreich **Haripunjaya**. Die wichtigsten M.-Zentren in →Birma waren Thaton (nordwestlich von Moulmein), Martaban (bei Moulmein) und Pegu im S sowie Prome in Zentralbirma. Nach langen krieger. Auseinandersetzungen mit den 9. und 10. Jh. von N eingedrungenen Birmanen unterlagen die M. diesen Mitte des 11. Jh., konnten aber später im Irawadidelta nochmals ein unabhängiges Königreich errichten (Hauptstadt 1369–1539 Pegu). Die M. passten sich den Birmanen an oder wanderten nach Thailand aus; die hier lebenden M. wurden seit dem 11. Jh. von den Khmer unterwandert, später von den Thai unterworfen.

Mon, Franz, eigtl. **F. Löffelholz,** Schriftsteller, *Frankfurt am Main 6. 5. 1926; einer der führenden Vertreter der →konkreten Poesie; zusammen mit W. HÖLLERER und MANFRED DE LA MOTTE Herausgeber des Sammelbandes ›movens. Dokumente und Analysen zur Dichtung, bildenden Kunst, Musik, Architektur‹ (1960); verwendet als lyr. Formen u. a. Montagen, Letterngrafiken; schrieb u. a. auch experimentelle Prosa, Essays und Hörspiele.

Weitere Werke: artikulationen (1959); Spiel Hölle (1962); hezzero (1968); Hören u. sehen vergehen (1978); Fallen stellen (1981); hören ohne aufzuhören (1982); Es liegt noch näher. 9 texte aus den 50ern (1984); Nach Omega undsoweiter (1992). F. M., hg. v. H. L. Arnold (1978).

Møn [møːn, dän.], **Mön,** Insel südöstlich von Seeland, Dänemark, 218 km², 10400 Ew.; Hauptort ist Stege an der NW.-Küste. M. ist durch die Brücke und Seeland und einen Damm mit der westlich vorgelagerten kleinen Insel **Bogø** (13 km²) verbunden, im W flach und fruchtbar (Zuckerrübenanbau, Viehwirtschaft), nach O zunehmend hügelig (bis 143 m ü. M.). In **Møns Klint** (128 m ü. M.) fallen Kreidefelsen aus dem Senon senkrecht zur Ostsee ab.

Monaco
Fläche 1,95 km²
Einwohner (1996) 32 000
Amtssprache Französisch
Nationalfeiertag 19. 11.
Währung 1 Französischer Franc (FF) = 100 Centimes (c)
Zeitzone MEZ

Monaco [ˈmoːnako, moˈnako, frz. mɔnaˈko], amtl. frz. **Principauté de M.** [prɛ̃sipoˈte də -], Fürstentum an der frz. Riviera, 1,95 km² (einschließlich des in den letzten Jahren durch Aufschüttung gewonnenen Neulands), (1996) 32 000 Ew.; Amtssprache: Französisch; Währung: 1 Französischer Franc (FF) = 100 Centimes (c). Zeitzone: MEZ.

Monaco: Blick auf Monaco und Monte Carlo

STAAT · RECHT

Verfassung: Nach der Verf. vom 17. 12. 1962 ist M. eine konstitutionelle Erbmonarchie. Staatsoberhaupt ist der mit legislativen und exekutiven Befugnissen ausgestattete Fürst; gemeinsam mit diesem übt ein für fünf Jahre in allgemeinen Wahlen bestimmter Nationalrat (Conseil National, 18 Mitgl.) die gesetzgebende Gewalt aus. Die Exekutive liegt unter Beteiligung des Fürsten beim Reg.-Rat (Conseil de Gouvernement): einem auf Vorschlag der frz. Reg. vom Fürsten ernannten Staats-Min., dem Kabinettschef und drei Reg.-Räten. Außenpolitisch wird M. von Frankreich vertreten.

Parteien: Einflussreichste Partei war bis 1993 die Union Nationale et Démocratique (UND, dt. Nat. und demokrat. Union, gegr. 1962); seither spielen polit. Parteien im klass. Sinne keine Rolle.

Gewerkschaften: Der Gewerkschaftsorganisation Union des syndicats de M. (USM, dt. Gewerkschaftsbund M.s, gegr. 1944) steht als Arbeitgeberverband die Fédération patronale monegasque (FPM, dt. Monegass. Arbeitgeberverband, gegr. 1944) gegenüber.

Wappen: Das Fürstenwappen (Familienwappen des Hauses Grimaldi) zeigt einen in den Genueser Farben silbernrot pfahlweise gerauteten Schild, um den die Kette der Großkreuzes des Ordens vom hl. Karl hängt. Schildhalter sind zwei schwertschwingende Minoritenbrüder, die an die Legende von der Eroberung der Festung M. durch als Mönche verkleidete Krieger FRANCESCO GRIMALDIS (1297) erinnern. Unter der Darstellung ein Band mit der Devise ›Deo Juvante‹ (›Mit Gottes Beistand‹), hinter Schild und Schildhaltern ein aus einer Fürstenkrone herabfallender Wappenmantel.

Nationalfeiertag: Nationalfeiertag ist der 19. 11.

Recht: Das Recht ist formal vom frz. Recht unabhängig, inhaltlich allerdings stark beeinflusst. Die fünf grundlegenden Kodifikationen sind das Zivilgesetzbuch 1880–84 mit vielfachen späteren Änderungen, insbesondere des Kindschaftsrechts und des Scheidungsrechts (1985), das Strafgesetzbuch (1967), das Handelsgesetzbuch (1867), die Zivilprozessordnung (1896) und die Strafprozessordnung (1963). – Für kleinere Zivil- und Strafsachen ist der Friedensrichter zuständig, mit Fachbeisitzern auch für Arbeitsstreitigkeiten. Dem Gericht erster Instanz obliegen alle anderen Zivil- und Handelssachen sowie bestimmte Verwaltungs- und Strafsachen außer Verbrechen, die vor

Monaco

Fürstenwappen

Flagge

Internationales Kfz-Kennzeichen

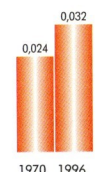
1970 1996
Bevölkerung (in Mio.)

Mona Monaco

Monaco: Übersicht

ein eigenes Strafgericht (Tribunal criminel) kommen. Das Oberste Gericht (Tribunal Suprême) ist Verfassungsgericht und letztinstanzl. Verwaltungsgericht.

Streitkräfte: M. unterhält eine kasernierte Gendarmerietruppe von 80 Mann, dazu 120 Polizisten. In Absprache mit M. kann Frankreich Truppen stationieren.

LANDESNATUR · BEVÖLKERUNG

M. liegt an einer Bucht des Ligur. Meeres im Schutz der Seealpen. Das Staatsgebiet ist rd. 3 km lang und zw. 200 und 500 m breit. Der höchste Punkt des Landes wird mit 163 m ü. M. am Chemin des Revoires im W erreicht. M. zeichnet sich aus durch mildes Klima (Januarmittel: 9,5°C, Junimittel: 22,5°C) und mediterrane Vegetation.

Bevölkerung: Nur ein kleiner Teil der Wohn-Bev. sind echte Monegassen (20,8 %); sie sprechen Monegassisch, einen provenzalisch-ligur. Mischdialekt. 47 % sind Franzosen, 16 % Italiener. M. hat die höchste Bev.-Dichte aller europ. Staaten (16 410 Ew./km^2). Rd. ein Drittel aller Erwerbstätigen kommt aus Frankreich und Italien.

Religion: Es besteht Religionsfreiheit. Das Fürstenhaus bekennt sich zur kath. Konfession, die auch das Bekenntnis der Bev.-Mehrheit (rd. 90 %) ist. Das kath. Bistum M. wurde 1887 für das Fürstentum errichtet, ist seit 1896 exemt (seit 1981 Erzbistum). Daneben gibt es je eine anglikan. (zur Diözese Gibraltar gehörend), ref. sowie jüd. Gemeinde.

Bildungswesen: Allgemeine Schulpflicht besteht vom 7. bis 16. Lebensjahr, der Unterricht ist unentgeltlich, weiter gehende Unterstützungen sind breit gestreut. Das Schulwesen entspricht weitgehend dem frz. System. In Monte Carlo besteht eine Musikhochschule (gegr. 1934).

Publizistik: Die frz. Zeitungen ›Nice-Matin‹, ›Le Patriote‹, ›L'Espoir‹ und ›Le Provençal‹ verbreiten besondere M.-Seiten. Das Rundfunkunternehmen ›Radio Monte Carlo‹ (RMC, gegr. 1942) war bis 1989 in frz. (83 %) und monegass. (17 %) Staatsbesitz, seither gehört es wieder dem Gründer P. ALBERTI. ›RMC France‹ verbreitet ein Hörfunkprogramm für S-Frankreich, die span. O-Küste und N-Afrika; ›RMC Côte d'Azur‹ sendet Musikprogramme für M. und das französisch-ital. Küstengebiet; ›RMC Italie‹ sendet für N-Italien. Die Rundfunkmissionsgesellschaft ›Trans World Radio‹ (gegr. 1954), Sitz Monte Carlo, verbreitet über von RMC gemietete Sender religiöse Programme in rd. 35 Sprachen. ›Télé Monte Carlo‹ (TMC, gegr. 1954, 1985 privatisiert) sendet Fernsehprogramme in frz. und ital. Sprache.

WIRTSCHAFT · VERKEHR

Grundlagen der monegass. Wirtschaft sind Leichtindustrie, Tourismus und der Dienstleistungssektor. M. ging 1865 mit Frankreich eine Zoll- und 1925 eine Währungsunion ein. Das verarbeitende Gewerbe beschäftigt rd. ein Viertel der 22 000 Erwerbstätigen und umfasst Parfümindustrie, Mühlen, Schokolade-, Konservenfabriken, Kaffeeröstereien, Tabakwarenherstellung, Brauereien, Werften, Töpferei- und Juwelierhandwerk, Herstellung von Plastikwaren, Textilien, Präzisionsinstrumenten und Rundfunkgeräten. Das Industriegelände befindet sich bes. in der Industriezone Fontvieille und am Hafen. Neben M.s hoher tourist. Anziehungskraft (1994: 216 900 Touristen und 40 300 Geschäftsreisende) sind für die Wirtschaft der Immobiliensektor sowie das Bank- und Versicherungswesen (M. ist ein Offshore-Bankenzentrum) wichtig. Die Staatseinnahmen setzen sich zusammen aus den Gewinnen des Spielkasinos, aus Rundfunkabgaben, Tabaksteuern, dem Zollausgleich mit Frankreich, der relativ geringen Unternehmensbesteuerung und dem Briefmarkenverkauf. Eine Einkommensteuer für Privatpersonen gibt es nicht.

Verkehr: M. hat über eine 1,6 km lange Eisenbahnstrecke Anschluss an das frz. Eisenbahnnetz. Das Straßennetz ist (1991) 50 km lang. Durch M. läuft der Transitverkehr zw. Nizza und Italien. Über Hubschrauber besteht eine Verbindung zw. dem Landeplatz Fontvieille und dem internat. Flughafen von Nizza.

STADTBILD

Die vier städt. Bezirke (Munizipien) Monaco (M.-Ville), La Condamine, Monte Carlo und Fontvieille sind siedlungsmäßig weitgehend miteinander verwachsen. In der auf einem Felsen gelegenen Altstadt (**Monaco, M.-Ville**) liegen der Fürstenpalast

(16./17. Jh.), das Reg.-Gebäude und eine neuroman. Kathedrale (1884), östlich davon das Musée Océanographique (1910 gegr.). Am Fuß des Felsens liegt nördlich **La Condamine** mit dem Jacht- und Handelshafen, daran schließt sich östlich **Monte Carlo** an, wo sich ein Spielkasino (1863 gegr., 1878–81 von C. GARNIER erbaut) und der Internat. Sporting Club (gegr. 1932) befinden; Villen aus dem 19. Jh.; seit 1929 jährl. Austragungsort eines Grand-Prix-Rennens für Automobile (3,328 km Streckenlänge).

GESCHICHTE

Der Platz war wohl schon von den Phönikern besiedelt, als **Monoikos** wurde M. Kolonie des griech. Massalia (Marseille) und hieß in röm. Zeit **Herculis Monoeci portus.** CAESAR schiffte sich dort gegen POMPEIUS ein. Die →Grimaldi, seit dem 13. Jh. Herren und seit dem 17. Jh. Fürsten von M., standen seit 1641 meist unter frz. Schutzherrschaft. 1793 wurde M. nach Volksentscheid Frankreich angeschlossen. 1814 kehrte HONORÉ V., der bis 1813 in napoleon. Diensten gestanden hatte, nach M. zurück. Aufgrund der Wiener Kongressakte von 1815 erhielt das Königreich Sardinien die Schutzherrschaft über das wieder eigenständige Fürstentum; diese ging unter KARL III. (1856–89) an Frankreich über (1861), das dafür die beiden Städte Menton und Roquebrune erhielt, wodurch sich das Gebiet des Fürstentums von 21,6 km^2 auf 1,5 km^2 verringerte. 1865 schloss M. mit Frankreich eine Zollunion, behielt aber die Souveränität. Unter KARL III. wurde Monte Carlo gegründet. ALBERT I. (1889–1922) gab M. 1911 eine Verf. Am 17. 7. 1918 wurde ein neuer Schutzvertrag mit Frankreich abgeschlossen (1951 und 1953 neu gefasst). Ihm zufolge soll beim Aussterben der regierenden Dynastie M. an Frankreich fallen. 1922–49 regierte LUDWIG II. Das Fürstentum vereinbarte 1925 eine Währungsunion mit Frankreich. 1949 bestieg RAINIER III. den Thron. Mit der Verf. von 1962 erhielt der Nationalrat größere parlamentar. Rechte. Nach einem frz.-monegass. Konflikt (1962/63) wurden 1963 mit der Änderung des frz.-monegass. Vertrages die von der frz. Wirtschaft in M. bis dahin wahrgenommenen Steuervorteile eingeschränkt. Bei den Wahlen zum Nationalrat gewann die Union Nationale et Démocratique (UND) 1978, 1983 und 1988 alle Sitze, eine polit. Differenzierung machte sich erstmals bei den Wahlen 1993 bemerkbar, als die als reformerisch geltende ›Liste Campora‹ die absolute Mehrheit gewann.

L. H. LABANDE: Histoire de la Principauté de M. (Monaco 1934, Nachdr. Marseille 1980); G. OLLIVIER: La Principauté de M. (Paris 1961); G. HANDLEY-TAYLOR: Bibliographie of M. (Chicago, Ill., ²1968); J.-B. ROBERT: Histoire de M. (Paris 1973); L. BLACK: Let's visit M. (London 1984); L. DEL RICCIO: M. di Provenza nel 1799 (Florenz 1985).

Monaco, 1) Giancarlo Del, ital. Regisseur und Theaterleiter, →Del Monaco, Giancarlo.

2) Lorenzo, ital. Maler, →Lorenzo, L. Monaco.

3) Mario Del, ital. Sänger, →Del Monaco, Mario.

Monade [lat. monas, monadis, von griech. monás ›Einheit‹, ›das Einfache‹] *die, -/-n,* unteilbare Einheit, Element des Weltaufbaus; so bei G. BRUNO und v. a. G. W. LEIBNIZ bezeichnet, der eine systemat. Lehre von den M. (›Monadologie‹) als den unausgedehnten, in sich abgeschlossenen ›fensterlosen‹, unteilbaren Einheiten (›metaphys. Punkte‹) der Weltsubstanz entwickelte, welche die Welt in unterschiedl. Vollkommenheitsgrad widerspiegeln und im Zusammenhang einer →prästabilierten Harmonie stehen.

Monagas, Bundesstaat Venezuelas, im O der Llanos, 28 900 km^2, 503 200 Ew., Hauptstadt ist Maturín; Rinderweidewirtschaft, Erdöl- und Erdgasförderung.

Monaghan ['mɔnəhən], irisch **Muineachán** [minə'xa:n], **1)** Stadt im NO der Rep. Irland, Verw.-Sitz der gleichnamigen County, 5 900 Ew.; jüngere Industrieansiedlung, zwei kleinere Industrieparks mit Leichtindustrie. – Seit 1613 ist M. Stadt.

2) County in der Rep. Irland, in der histor. Prov. Ulster, grenzt an Nordirland, 1 291 km^2, 51 300 Ew.; glazial überprägte Hügellandschaft (Drumlins); Kleinbetriebslandwirtschaft mit Milchwirtschaft und Jungviehaufzucht.

Monakow, Constantin von, schweizer. Neurologe russ. Herkunft, *Gut Bobrezewo (bei Wologda) 4. 11. 1853, †Zürich 19. 10. 1930; lebte ab 1866 in der Schweiz; war ab 1885 Nervenarzt in Zürich, ab 1894 dort Prof.; er entdeckte mehrere Nervenbahnen und Gehirnzentren. M. war Anhänger der Lokalisationslehre. Er befasste sich auch mit psycholog. und psychopatholog. Fragen.

Mona Lisa, eigtl. **Monna Lisa** [ital. ›Frau Lisa‹], Gemälde von LEONARDO DA VINCI (um 1503–06), wahrscheinlich das Porträt der LISA, Gattin des florentin. Edelmanns FRANCESCO DEL GIOCONDO (daher auch unter dem Titel **La Gioconda** [dʒo'kɔnda]); das Gemälde wurde aus LEONARDOS Besitz oder dem Nachlass von FRANZ I. von Frankreich erworben (Paris, Louvre). Rätselhaft in Ausdruck und Entstehung (der Auftraggeber ist unbekannt), ist es das bekannteste Porträt der Kunstgeschichte, das immer wieder zur künstler. Auseinandersetzung in Literatur, Dichtung, Malerei und Musik inspirierte, im 20. Jh. häufig in zynisch verfremdender Art.

Monarch [griech. ›Alleinherrscher‹] *der, -en/-en,* gekrönter Herrscher (→Monarchie).

Monarchfalter, Danaus plexippus, nordamerikan. Art der Schmetterlingsfamilie Danaidae. Bekannter Wanderfalter mit 9 cm Flügelspannweite, fliegt im Herbst in großen Schwärmen vom südl. Kanada bis nach Mexiko und Florida.

Monarchianismus *der, -,* urspr. ein in der *hellenist. Philosophie* wurzelnder Terminus für das eine göttl. Prinzip; in der Geschichte der *christl. Theologie* i. w. S. alle Bestrebungen frühchristl. Theologen, im Bekennt-

Mona Lisa von Leonardo da Vinci; um 1503–06 (Paris, Louvre)

nis zur Gottheit JESU CHRISTI den Gedanken der Einheit (›Monotheismus‹) und Alleinherrschaft (griech. ›monarchia‹) Gottes zu bewahren. I. e. S. bezeichnet M. die theolog. Auffassungen der **Monarchianer** im 2. und 3. Jh., die sich bemühten, das Verhältnis von monotheist. Einheit Gottes und Eigentümlichkeit der drei göttl. Personen (Gottvater, Sohn, Geist) innerhalb der Trinität zugunsten der göttl. Einheit zu entscheiden. Ihre →Christologie weist zwei Grundformen auf: Der **dynamische M.** lehrt – ähnlich wie der Adoptianismus –, der Mensch JESUS sei (nur) von der Kraft (griech. ›dynamis‹) des Vaters erfüllt gewesen, aus der er seine Göttlichkeit bezogen habe (PAULUS VON SAMOSATA); der **modalistische M.** (Modalismus), dass die drei göttl. Personen nur ›für uns‹ als verschieden erscheinen, ›an sich‹ aber nur unterschiedl. Benennungen und Erscheinungsformen (lat. ›modi‹) des einen Gottes seien (NÖET, um 200; SABELLIUS). Es gab auch die Auffassung, dass es der Vater war, der geboren wurde und am Kreuz gelitten hat (PRAXEAS, um 200), weswegen Gegner die Monarchianer als **Patripassianer** bezeichnen konnten.

Monarchie [griech. ›Alleinherrschaft‹] *die, -/...'chien,* die Staatsform, in der im Ggs. zur Republik eine bes. legitimierte Person, der **Monarch,** selbstständiges, dauerndes Staatsoberhaupt ist. Historisch bes. im Ggs. zu Demokratie und Aristokratie gesehen, ist sie eine Form der Monokratie, muss jedoch abgehoben werden von der älteren Tyrannis und der jüngeren Diktatur. Die Rechtfertigung der monarch. Herrschaftsform beruht auf religiösen (Abstammung des königl. Geschlechtes von den Göttern; →Gottesgnadentum) und charismat. Vorstellungen (Begnadung des königl. Geschlechts mit ›Heilsgaben‹; ›Königsheil‹) oder der Unantastbarkeit des Erbrechts (Legitimitätsprinzip). In neuerer Zeit werden auch rationalstaatspolit. Gründe geltend gemacht, so die Notwendigkeit, das oberste Staatsamt dem Parteienstreit zu entziehen, eine höchste neutrale, ausgleichende Gewalt zu schaffen, die Kontinuität der Staatsführung gegen den Wechsel polit. Machtverhältnisse zu sichern oder dem Volk ein Symbol der Einheit zu geben.

Formen der M.: In der Erb-M. geht die Herrschaft beim Tod des Monarchen unmittelbar kraft Thronfolgeordnung auf den erbberechtigten Thronfolger über (›Le roi est mort, vive le roi‹, dt. ›Der König ist tot, es lebe der König‹). In der Wahl-M. wird der Monarch durch einen Wahlakt berufen, entweder durch freie Wahl oder unter Bindung an bestimmte Anwärter (Mitgl. einer oder mehrerer Familien; Geblütsrecht). Wählen kann das ›Volk‹ (z. B. alle Waffenfähigen; die Gesamtheit des Adels) oder ein engeres Wahlkollegium (z. B. die Kurfürsten im Hl. Röm. Reich).

Nach der inneren Struktur unterscheidet man die theokrat. M. (Monarch zugleich oberster Priester; z. B. Inkareich), die Volks-M. (Beteiligung einer Volksversammlung an der polit. Entscheidung; z. B. german. Königtum), die Lehns-M. (lehnsrechtlich gestufter Staats- und Gesellschaftsaufbau unter Beschränkung der monarch. Gewalt durch die oberste feudale Schicht; z. B. Königtum im Früh-MA.), die ständ. M. (Beschränkung der monarch. Gewalt durch die Mitentscheidung der Geburtsstände; →Ständestaat), die absolute M. (gegründet auf das Prinzip der monarch. Souveränität; →Absolutismus), die konstitutionelle M. (Beteiligung einer Volksvertretung an Gesetzgebung und Festsetzung des Budgets; →Konstitutionalismus), die parlamentar. M. (Beschränkung des Monarchen v. a. auf die Repräsentation des Staates nach innen und außen) und die plebiszitäre M. (Staat mit einer durch Volksabstimmung geschaffenen autoritären monarch. Staatsspitze).

Geschichte: Die absolute M., im 16.–18. Jh. in Europa dominante Herrschaftsform, wurde seit der engl. ›Glorreichen Revolution‹ (1689), bes. mit der Frz. Revolution von 1789 und der Ausbreitung des Gedankens der Volkssouveränität, in die konstitutionelle Phase übergeleitet. Im 19./20. Jh., zuerst in Großbritannien, vollzog sich der Übergang zur parlamentar. M.; neben den im MA. begründeten M. (Dänemark, Norwegen, Schweden; der Vatikan), dem Untergang der M. in Frankreich (1792, endgültig 1870), Portugal (1910), Russland (1917), Dtl., Österreich-Ungarn (beide 1918), in der Türkei (1922) und in Spanien (1931; wieder eingeführt 1975) ent- bzw. bestanden auch neue M. (Königreiche, Fürstentümer) in Europa: die Niederlande (1806 bzw. 1815), Monaco (erneuert 1815), Belgien (1831), Griechenland (1832–1924, 1935–73), Italien (1861–1946), Liechtenstein (1866), Luxemburg (1866), Rumänien (1859/62 bzw. 1881–1947), Serbien (1830 bzw. 1882–1918), Bulgarien (1878 bzw. 1908–46), Montenegro (1852 bzw. 1910–18), Jugoslawien (1918–41), Albanien (1928 bis 1946). Auch in Asien (Bahrain, Bhutan, Brunei, Japan, Jordanien, Katar, Kuwait, Malaysia, Nepal, Oman, Saudi-Arabien, Thailand, Vereinigte Arab. Emirate), Afrika (Lesotho, Marokko, Swasiland) und in Ozeanien (Tonga, Westsamoa) bestehen noch M. (als Königreich, Sultanat, Emirat bzw. Scheichtum); formal M. sind auch einige Mitgl.-Staaten des Commonwealth of Nations.

K. LOEWENSTEIN: Die M. im modernen Staat (1952); R. FUSILIER: Les monarchies parlementaires (Paris 1960); H. KAMMLER: Die Feudal-M. (1974); P. MIQUEL: Europas letzte Könige. Die M. im 20. Jh. (a. d. Frz., 1994); W. NITSCHKE: Volkssouveränität oder monarchisches Prinzip? (1995); Der Absolutismus – ein Mythos? Strukturwandel monarch. Herrschaft in W- u. Mitteleuropa (ca. 1550–1700), hg. v. R. G. ASCH u. H. DUCHHARDT (1996).

Monarchist *der, -en/-en,* Anhänger der Monarchie. – **monarchistisch,** für die Monarchie eintretend.

Monarchomachen [griech. ›Monarchenbekämpfer‹], erstmals 1600 von dem Schotten WILLIAM BARCLAY (* 1546, † 1608) gebrauchte Bez. für eine Gruppe von Staatstheoretikern und polit. Publizisten, die das Souveränitätsproblem des frühmodernen Staates im Frankreich der Hugenottenkriege durch die Volkssouveränität zu lösen versuchten; sie kannten jedoch keinen auf Gleichheit abhebenden Volksbegriff. Ihr Ziel war keineswegs die Abschaffung der Monarchie, sondern die Einschränkung der fürstl. Gewalt durch die Stände im Sinne der Theorie der Herrschaftsverträge. Dominierendes Thema war das Problem der Absetzung und der Tötung tyrann. Herrscher, insbesondere nach der Bartholomäusnacht (1572), die die publizist. Verbreitung der schon vorher konzipierten Lehre der M. beschleunigte. Als Repräsentanten sind in erster Linie die Wortführer der frz. kalvinist. Opposition gegen das kath. Königtum zu nennen mit den Hauptschriften ›Franco-Gallia‹ (1573) von FRANÇOIS HOTMAN (* 1524, † 1590), ›De jure magistratum in subditos‹ (1576) von T. BEZA und ›Vindiciae contra tyrannos‹ (1579) von STEPHANUS JUNIUS BRUTUS (Pseudonym, Verfasser möglicherweise P. DE MORNAY und H. LANGUET), aber auch Vorkämpfer der schott. Reformation (G. BUCHANAN, J. KNOX), J. ALTHUSIUS und der span. Jesuit J. DE MARIANA. Während HOTMANS Schrift durch die Kontrolle der Monarchie mithilfe ständ. Körperschaften die Sicherung des prot. Widerstandsrechts erreichen wollte, leitete der Traktat des JUNIUS BRUTUS dieses von der Idee eines religiösen Bundes her, in dem Volk und König gemeinsam als Bündnispartner Gottes erscheinen. Die kath. M. waren stärker naturrechtlich orientiert und stellten sich mit der Empfehlung des Tyrannenmordes in den Dienst der polit. Ziele der kath. Liga.

G. STRICKER: Das polit. Denken der M. (Diss. Heidelberg 1967); Beza, Brutus, Hotman. Calvinist. M., hg. v. J. DENNERT

(1968); R. E. GIESEY: The monarchomach triumvirs: Hotman, Beza and Mornay, in: Bibliothèque d'humanisme et renaissance, Jg. 32 (Genf 1970).

Monarde [nach dem span. Arzt und Botaniker NICOLÁS MONARDES, *1512, †1588] *die, -/-n,* **Monarda, Indianernessel,** Gattung der Lippenblütler mit etwa 20 Arten in Nordamerika; mehrjährige krautige Pflanzen mit gezähnten Blättern; Blüten weiß oder scharlachrot, meist in kopfigen Quirlen; beliebte Gartenzierpflanzen.

Monarthritis, Entzündung eines einzelnen Gelenks (→Arthritis, →Gelenkkrankheiten).

Monasterboice [mɔnɪstə'bɔɪs], irische Klostersiedlung bei →Drogheda.

Monasterium [kirchenlat.] *das, -s/...riļen,* lat. Bez. für →Kloster.

Monastir, 1) Stadt in der Rep. Makedonien, →Bitola.
2) Hafenstadt und Badeort in Tunesien, südöstlich von Sousse auf einer Halbinsel im S des Golfs von Hammamet, 35 600 Ew.; Verw.-Sitz des Gouvernorats M., medizin., pharmazeut., dentist. und techn. Akademien; Textilindustrie, Fischfang und -verarbeitung; Fremdenverkehr; Fischereihafen, Flughafen. – In der Medina der 796 errichtete Ribat (festungsähnl. Kloster, bis ins 19. Jh. mehrfach erweitert) mit Museum für arab. Kunst. Große Moschee (9. Jh., verändert im 10./11. Jh.) mit Kreuzgratgewölben und quadrat. Minarett. In der Nähe Grabmoscheen und Kubbas aus dem 12. Jh. sowie Mausoleum Bourguiba. Die gewaltige Moschee Bourguiba (1963) mit achteckigem Minarett (41 m hoch) ist eine Mischung klassischer islam. und moderner Baustile. Südöstlich der Medina befindet sich das Geschäftszentrum der Neustadt, u. a. mit dem Kongressgebäude, Theater und Bibliothek. – Die pun. Gründung **Rus Penna** wurde von CAESAR als **Ruspina** 49–46 v. Chr. zum nordafrikan. Hauptquartier ausgebaut (dreifacher Mauerring); das arab. M. behielt seine strateg. Bedeutung auch in der Türkenzeit (Ausbau des Ribats zur Küstenbefestigung, Anlage der heutigen Stadtmauern im 18. Jh.).

Monat [ahd. mānōd, zu Mond], urspr. die Umlaufzeit des Mondes um die Erde. Entsprechend der Wahl des Bezugspunktes unterscheidet man: **siderischer M.,** die Zeit zw. zwei Konjunktionen mit dem gleichen Stern (27 d 7 h 43 min 11,5 s); **tropischer M.,** die Zeit zw. zwei Durchgängen durch den Frühlingspunkt (27 d 7 h 43 min 4,7 s); **drakonitischer M.,** die Zeit zw. zwei Durchgängen durch den aufsteigenden Knoten der Mondbahn (27 d 5 h 5 min 35,8 s); **synodischer M.,** die mittlere Zeit zw. zwei gleichen Mondphasen (Lunation, 29 d 12 h 44 min 2,9 s); **anomalistischer M.,** die Zeit zw. zwei Durchgängen des Mondes durch sein Perigäum, den erdnächsten Punkt auf seiner Bahn (27 d 13 h 18 min 33,2 s). Die Unterschiede erklären sich aus den Bewegungen der Bezugspunkte.

Der →Kalender war urspr. in zwölf synod. M. gegliedert, die das Mondjahr bildeten. Seit der Einführung des Sonnenjahres ist M. ein willkürl. Zeitabschnitt von 30 oder 31 Tagen (außer dem Februar mit 28 oder 29 Tagen). (→Monatsnamen)

Monat, Der, Kulturzeitschrift, 1948 von der amerikan. Militär-Reg. gegründet, herausgegeben von M. J. LASKY und (ab Heft 73) H. JAESRICH, später von F. R. ALLEMANN, P. HÄRTLING und K. HARPPRECHT; nach mehreren Verlagswechseln (München, Frankfurt am Main, Berlin-West) 1971 eingestellt. Eine neue Folge wurde im Oktober 1978 gegründet, wieder von LASKY mit M. NAUMANN, später mit HELGA HEGEWISCH; als Jahrbuch mit Ausgabe 298 (1987) erloschen.

Monatsbilder, anschaul. Darstellung der jedem Monat eigenen ländl. Arbeiten, Freuden und Feste, oft in Parallele zu den Tierkreiszeichen, dem Themenkreis der Kalenderbilder zugehörend. Nach antiken

Monastir 2): Das 796 errichtete Ribat, ein festungsähnliches Kloster, in der Medina

und mittelalterl. Vorstufen auf Sarkophagen, Mosaikfußböden altchristl. Basiliken oder in karoling. Kalendarien wurde die allegor. Darstellung durch zunehmendes Wirklichkeitsinteresse szenisch-genrehaft belebt: an den Portalen frz. Kathedralen (13. Jh.) und bes. in niederländisch-burgund. Stundenbüchern (15. Jh.), die v. a. durch die BRÜDER VON LIMBURG zu entscheidenden Voraussetzungen für die Landschafts- und Genremalerei wurden. (BILD →Berry, Jean de France)

Monatsgeld, i. w. S. Einlagen bei Banken mit 30 Tagen Laufzeit oder monatl. Kündigungsfrist (→Termineinlagen); i. e. S. Zentralbankguthaben, die auf dem Geldmarkt zum Ausgleich von Schwankungen der Liquidität mit einer Frist von einem Monat gehandelt werden. Der Zinssatz für M. liegt zw. den Zinssätzen für Tagesgeld und Dreimonatsgeld.

Monatskarten, *Kartographie:* themat. Karten, die die mittleren monatl. Naturverhältnisse der Ozeane mit besonderer Berücksichtigung der Navigation darstellen. In den dt. M., die für den Nordatlant., Südatlant. und Ind. Ozean vorliegen (Dt. Hydrograph. Institut Hamburg, ⁴1967, ³1971, ³1960), sind dargestellt: Windrichtung, Windstärke, Meeresströmungen, Oberflächentemperatur, -salzgehalt, Sturm-, Niederschlags-, Eis- und Nebelhäufigkeit, Lufttemperatur und Luftdruck sowie extreme Wetterlagen.

Monatsnamen. Die heutigen dt. M. stammen aus der lat. Sprache (Januar, Februar usw.); die ursprüngl. Zahlen-Bez. September, Oktober, November und Dezember (der ›Siebte‹, ›Achte‹ usw.) sind aus dem Beginn des röm. Jahres im altröm. (vorjulian.) Kalender am 1. März (bis 153/146 v. Chr.) zu erklären. – Auch die engl., frz., russ. u. a. Sprachen bilden die M. nach lat. Muster, während z. B. das Tschechische und Polnische Bez. aus der eigenen Sprache verwenden. Im Deutschen sind alle Versuche, dt. bzw. german. M. einzuführen (u. a. KARL D. GR. um 800; Vorschlag des Dt. Sprachvereins 1927: Eismond, Hornung, Lenzmond, Ostermond, Mai, Brachet, Heuet, Erntemond, Herbstmond, Weinmond, Nebelmond, Julmond), erfolglos geblieben. (ÜBERSICHT S. 62)

Monatssteine, Glückssteine, bestimmte Edelsteine, die dem Geburtsmonat zugeordnet werden und dem Träger Glück bringen sollen. Diese Vorstellungen gehen zurück auf Apk. 21, 19 f. (dort wurden zwölf Edelsteine als Schmuck der Mauer des himml. Jerusalem genannt) und sind wohl von der babylon. Astrologie beeinflusst, die wahrscheinlich den zwölf Tierkreiszeichen bestimmte Edelsteine zuordnete. Heute gilt v. a. folgende Reihe: Topas (Januar), Chrysopras (Februar), Hyazinth (März), Amethyst (April), Jaspis (Mai), Saphir (Juni), Smaragd (Juli), Chalcedon (August), Karneol oder Sarder (September), Sardonyx

Mona monaural – Mönchengladbach

Mönchengladbach
Stadtwappen

Mönchsgrasmücke
(Größe etwa 14 cm)

Mönchskopf
(Hutdurchmesser 10–18 cm)

(Oktober), Chrysolith (November), Aquamarin oder Beryll (Dezember).

mon|aural [zu lat. auris ›Ohr‹], 1) nur ein Ohr, das Gehör auf einer Seite betreffend; 2) über nur einen Kanal laufend (Tonaufnahme und -wiedergabe bei Schallplatten, Tonbändern u. Ä.).

mon|aurales Hören, einohriges Hören, im Ggs. zum →binauralen Hören.

Monazit [zu griech. monázein ›einzeln sein‹ (mit Bezug auf die Seltenheit)] der, -s/-e, glänzendes, hellgelbes bis dunkelbraunes, monoklines Mineral, das v. a. aus Phosphaten von Seltenerdmetallen sowie des Thoriums besteht; es enthält nach Aufbereitung etwa 60% Ceriterden, 1 bis 4% Ytterderen, 5 bis 9% Thoriumdioxid, 27 bis 29% Phosphor(V)-oxid und 1 bis 2% Siliciumdioxid; Härte nach MOHS 5–5,5, Dichte 4,8–5,5 g/cm³. M. ist Bestandteil saurer magmat. Gesteine, v.a. in ihren Pegmatiten; als Schwermineral kommt es in Form gelbbrauner Körner v.a. in Brandungs-, Dünen- und Flusssanden (**M.-Sand**) vor (Seifenlagerstätten), so in Brasilien, S-Indien, Sri Lanka, Australien. M. ist Ausgangsmaterial zur Gewinnung von Cer u.a. Seltenerdmetallen sowie von Thorium. Isotyp mit dem M. ist das grüne Mineral **Cheralith**, (Ca,Ce,La,Th)[PO₄], mit bis zu 33% Thorium.

Monbazillac [mɔ̃bazi'jak], edelsüßer Weißwein (hoher Gehalt an natürl. Traubenzucker) aus dem Gebiet südlich von Bergerac (AC-Gebiet), Frankreich, dem Sauternes ähnlich; 2 500 ha Rebland, zugelassene Höchsterträge sind 40 hl/ha.

Monbijou [mɔ̃bi'ʒu; frz. ›mein Kleinod‹], Name von Lustschlössern, z.B. Rokokoschlösschen in Berlin, erbaut unter FRIEDRICH I. von Preußen 1703–10 (Kernbau von J. F. N. EOSANDER VON GÖTHE), im Zweiten Weltkrieg zerstört.

Moncalieri, Stadt in der Prov. Turin, Region Piemont, Italien, am Po, südlich von Turin, 59 200 Ew.; Zündholz- und pharmazeut. Industrie. – Am Rande der Oberstadt befindet sich der Ehrenbogen für König VIKTOR EMANUEL II. (1560, 1863 erneuert). An der zentralen Piazza liegen die Kirche San Francesco, eine urspr. got. Basilika, die 1789 zur spätbarocken Saalkirche umgebaut wurde, das barocke Rathaus (1787, mit got. Bauresten), der Neptunbrunnen, die Backsteinkirche Santa Maria della Scala, eine 1330 ff. über einem Vorgängerbau errichtete spätgot. Stufenhalle. An der Stelle einer Höhenburg (13. Jh.) heute die Vierflügelanlage des Schlosses (18. Jh.).

Moncayo [span.], **Sierra del M.,** Gebirgsstock des Iber. Randgebirges, Prov. Soria und Saragossa, Spanien, bis 2 313 m ü. M.; aufgebaut aus mesozoischen Sandsteinen, Kalken und Schiefern, mit Spuren eiszeitl. Vergletscherung; auf der N-Seite dicht bewaldet.

Mončegorsk [-tʃ-], Stadt in Russland, →Montschegorsk.

Mönch [ahd. munih, über kirchenlat. monachus von griech. monachós ›Einsiedler‹, zu mónos ›allein‹], 1) *Bautechnik:* ein →Dachziegel.
2) *Jägersprache:* **Plattkopf, Kahlhirsch,** geweihloser Hirsch (infolge hormoneller Fehlsteuerung).
3) *Religionsgeschichte:* in verschiedenen Religionen ein Mann, der allein oder in einer Gemeinschaft (→Orden) freiwillig ein durch asketisch-religiöse Grundsätze bestimmtes Leben führt. (→Mönchtum)

Mönch, Gipfel im Berner Oberland, Schweiz, zw. Jungfrau und Eiger, 4 107 m ü. M. (Neuvermessung 1996). BILDER →Alpen, →Berner Alpen

Mönchengladbach, bis 1950 **München-Gladbach,** kreisfreie Stadt in NRW, 20 km westlich des Rheins, 60 m ü. M., 270 000 Ew.; Fachhochschule Niederrhein, Museen, Theater, botan. Garten. M. ist Sitz der Kath. Sozialwissenschaftl. Zentralstelle, eines LG, von Niederlassungen der Bundes- und Landeszentralbank, mehrerer Wirtschaftsverbände (Bekleidungsindustrie u.a.) und Industrie- und Handelskammer; bedeutende Unternehmen des Flugzeugbaus, der Tuch-, Bekleidungs-, Teppichboden-, Textilmaschinen-, Fahrausweisautomaten-, Kabelherstellungs- und Signalbauindustrie; Regionalflughafen, Trabrennbahn. – Die ehem. Benediktinerklosterkirche (kath. St.-Vitus-Münster, 974 gegr.), die 1180 ff. neu erbaut wurde (1257 geweiht), ist eine gewölbte Pfeilerbasilika (Langhaus 1228–39, Kreuzrippengewölbe 15. Jh.), im Chor (1256–1300) wertvolle Glasmalereien (›Bibelfenster‹, um 1275); dreitürmiges Westwerk (untere Teile um 1180); unter dem Chor Hallenkrypta des frühen 12. Jh.; in der hochgot. Sakristei Kieselmosaikfußboden von 1577. Barocke Abteianlage (17. Jh., heute Rathaus). Die Marktkirche St. Mariä Himmelfahrt ist eine spätgot. Basilika (1469–1533, auf roman. Vorgängerbau). Städt. Museum Abteiberg (1972–82) von H. HOLLEIN. Bedeutende Bauten der Industriearchitektur sind das ›Industrieschloss‹ (1854 ff.) der Gladbacher Spinnerei und Weberei sowie der 54 m hohe Wasserturm (1908). Von Schloss Rheydt, einer um 1180 erwähnten Wasserburg, ist die Renaissanceanlage im Wesentlichen erhalten, heute Städt. Museum. Die ehem. Benediktinerinnen-Klosterkirche in Neuwerk (um 1130 begonnen, bis zum 19. Jh. mehrfach verändert) ist eine Pfeilerbasilika; Kloster-

Monatsnamen (nach dem jeweiligen Kalender)

Griechisch (Athen)	Römisch	Karl der Große	Französische Revolution	Jüdisch	Arabisch
Poseidon . . . . . . (6)	Ianuarius . . . . . (11)	Wintarmanoth . . . (1)	Nivôse . . . . (4)	Schwat . . . . . . (5)	Muharrem . . . . . . (1)
Gamelion . . . . . (7) a	Februarius . . . . (12)	Hornung . . . . . (2) n	Pluviôse . . . . . . (5)	Adar . . . . (6)	Safar . . . . (2)
Anthesterion . . . (8) b	Martius . . . . (1)	Lenzinmanoth . . . (3)	Ventôse . . . . . . (6)	Nissan . . . . . . (7)	Rebi I . . . . (3)
Elaphebolion . . . (9) c	Aprilis . . . . (2)	Ostarmanoth . . . . (4)	Germinal . . . . . (7)	Ijar . . . . (8)	Rebi II . . . . (4)
Mounychion . . . (10) d	Maius . . . . (3)	Wunnimanoth . . (5) o	Floréal . . . . (8)	Siwan . . . . . . (9)	Dschumada I . . . (5)
Thargelion . . . (11) e	Iunius . . . . (4)	Brâchmanoth . . . (6)	Prairial . . . . (9)	Tamus . . . . . (10)	Dschumada II . . . (6)
Skirophorion . . . (12) f	Quintilis . . . . . (5) l	Hewimanoth . . . . (7)	Messidor . . . . (10)	Aw . . . . (11)	Redscheb . . . . . (7)
Hekatombaion . . (1) g	Sextilis . . . . . (6) m	Aranmanoth . . . (8) p	Thermidor . . . (11)	Elul . . . . (12)	Schaban . . . . . . (8)
Metageitnion . . (2) h	September . . . . (7)	Wirtumanoth . . (9) r	Fructidor . . . . (12)	Tischri . . . . . . (1)	Ramadan . . . . . (9)
Boedromion . . . (3) i	October . . . . . . (8)	Windumemanoth (10) s	Vendémiaire . . . (1)	Cheschwan . . . (2)	Schawwal . . . . (10)
Pyanepsion . . . (4) j	November . . . . (9)	Herbistmanoth . (11)	Brumaire . . . . . (2)	Kislew . . . . . . (3)	Dhul-kade . . . . (11)
Maimakterion . (5) k	December . . . . (10)	Heilagmanoth . . (12)	Frimaire . . . . . (3)	Tewet . . . . . . (4)	Dhul-hiddsche (12)

Der jüdische und der arabische Kalender sind an das Mondjahr gebunden, sie entsprechen daher nicht den bei uns festgelegten Zeitabschnitten. Im Kalender der Frz. Revolution, der vom 22.9.1792 bis zum 1.1.1806 galt, liegt der jeweilige Monatserste zw. dem 19. und 23. unserer Rechnung.
Die Zahlenangaben in Klammern geben die Reihenfolge des betreffenden Monats nach der heutigen Ordnung des Jahres.
a Monat der Eheschließungen, b Blumenfest, c Fest der hirschkuhtötenden Artemis, d Fest der Artemis von Mounychia bei Athen, e Vorerntefest, f Fest, bei dem weiße Sonnenschirme (skira) zu Ehren der Athene getragen wurden, g Opferfest, h Fest der Übersiedlung Apolls von Delos nach Lykien, i Fest zu Ehren Apolls des Schlachtenhelfers, j Bohnenkochfest (zu Ehren Apolls), k Sturmmonat, in dem Zeus der Tobende verehrt wurde, l nach ›Iulius‹ umbenannt, m nach Caesars Nachfolger in ›Augustus‹ umbenannt, n ungedeutet, o Weidemonat, p Erntemonat, r Holzmonat, s Weinlesemonat.

Mönchengladbach: Sankt-Vitus-Münster (gegründet 974)

gebäude (17. Jh.). Im 1975 eingemeindeten Ortsteil **Wickrath** erhaltene Teile eines Barockschlosses (1746–72) sowie auf z. T. frühmittelalterl. Befestigungen beruhende ehem. Herrensitze, bes. Schwalmer Haus (Wanlo). In Zoppenbroich Spinnerei Bresges (1861–64, Industriearchitektur). – Um die gegen 973 gegründete Benediktinerabtei (1803 aufgehoben) wuchs der 1183 erstmals als Markt bezeichnete Ort, der vermutlich 1365 Stadtrecht erhielt. Die im MA. bedeutende Leinenweberei trat im 18. Jh. gegenüber der Baumwollspinnerei in den Hintergrund. Während der Kontinentalsperre konnte sich M. aufgrund der ausgeschalteten engl. Konkurrenz zu einem Zentrum vielfältiger Textilindustrie entwickeln (›Rhein. Manchester‹). **Rheydt,** 1180 erstmals urkundlich erwähnt, 1865 Stadtrecht, gehörte 1929–33 zu M. und wurde 1975 endgültig nach M. eingemeindet.

W. FRÄNKEN: Die Entwicklung des Gewerbes in den Städten M. u. Rheydt im 19. Jh. (1969); T. KOSCHE: Bauwerke u. Produktionseinrichtungen der Textilindustrie in M. (1986); R. MIELKE u. K. MEDAU: M. Großstadt am Niederrhein (1992).

Mönchgut, Halbinsel im SO von →Rügen, Meckl.-Vorp., kam 1252 in den Besitz der Mönche von Eldena, die dem Land den Namen gaben und Westfalen ansiedelten.

Mönchsrobben: Mittelmeermönchsrobbe (Länge bis 4 m)

Monchique [mõˈʃikə], **Serra de M.,** keilförmige Gebirgsscholle (Syenit) in S-Portugal, NW-Algarve, im Foia bis 902 m ü. M.; artenreiche Bewaldung (Korkeiche, Erdbeerbaum, Kiefer, Mimosa); an süd- und südwestlich exponierten Hängen Terrassenkulturen und Einzelsiedlungen. Sägewerke, Steinbruch- und Steinmetzbetriebe. Am S-Rand warme Mineralquellen (**Caldas de M.**).

Monchiquit [nach der Serra de Monchique] *der, -s/-e,* dunkles lamprophyr. Ganggestein mit Einsprenglingen von Titanaugit, Olivin u. a. Mineralen in einer überwiegend glasigen Grundmasse.

Mönchs|affen, Gruppe der Sakis (→Schweifaffen).

Mönchs|eulen, Cucullia, Gattung der Eulenschmetterlinge mit kapuzenartiger Rückenbehaarung; die Raupen sind meist sehr bunt und auffällig. Einige Arten (z. B. die **Salateule,** Cucullia lactucae) können an Kulturpflanzen schädlich werden.

Mönchsgrasmücke, Sylvia atricapilla, etwa 14 cm langer, oberseits gräulich brauner, unterseits weißlich grauer Singvogel (Familie Grasmücken); v. a. in unterholzreichen Waldlichtungen und buschreichen Gärten NW-Afrikas und Europas bis zum Ural; Teilzieher, der in S-Europa und N-Afrika überwintert.

Mönchskopf, Riesentrichterling, Clitocybe geotropa, bis 30 cm hoher Lamellenpilz aus der Gattung Trichterlinge; ledergelblich; im Herbst v. a. in Laubwäldern und Parks, oft in Hexenringen; essbar.

Mönchsondheim, Ortsteil von Iphofen (Landkreis Kitzingen); mit einer der bedeutendsten und besterhaltenen Kirchenburgen Frankens (im Kern 15. Jh., weitgehend erneuert); ev. Pfarrkirche (1688–90).

Mönchspfeffer, Vitex, Gattung der Eisenkrautgewächse mit über 250 Arten in den Tropen und Subtropen; Bäume oder Sträucher mit gegenständigen Blättern, kleinen, weißen, gelbl. oder blauen Blüten und kleinen Steinfrüchten; bekannte Art: **Keuschlamm** (Vitex agnus-castus), an Flussufern und Küsten des Mittelmeergebiets und Zentralasiens; Blüten violett, blau, rosa oder weiß, in dichten, endständigen Blütenständen; Früchte finden in südl. Ländern als Pfefferersatz und Anaphrodisiakum Verwendung.

Mönchsrobben, Monachinae, Unterfamilie der Hundsrobben mit drei vom Aussterben bedrohten Arten; die einzigen Robben, die ständig in trop. und subtrop. Meeren leben. M. sind oberseits braungrau bis schwärzlich, unterseits weißlich gefärbt. Im Mittelmeer und im Schwarzen Meer ist die 2–4 m lange **Mittelmeer-M.** (Monachus monachus) beheimatet.

Mönchssittich, Myiopsitta monachus, bis 30 cm langer, oberseits grüner, unterseits graubrauner Papagei, v. a. in Savannen und Kulturlandschaften Boliviens bis S-Brasiliens; lebt gesellig in Schwärmen; brütet in Reisignestern auf Bäumen.

Mönchtum, eine in vielen Religionen verbreitete, asket. Idealen (v. a. Ehelosigkeit und Verzicht auf persönl. Besitz) orientierte, mit religiösen Motiven begründete, vorübergehend oder auf Lebenszeit gewählte Lebensform von Männern (Mönche) und Frauen (Nonnen). In der Religionsgeschichte wurde und wird das M. in den Formen des Eremitentums und der Wanderaskese, heute überwiegend in einem Leben in klösterl. Gemeinschaften realisiert.

Religionsgeschichtlich lassen sich zwei Wurzeln des M. unterscheiden: 1) In monist. Religionen wird die

Mönchspfeffer: Keuschlamm (Höhe 1–3 m)

Mönchssittich (Größe bis 30 cm)

Mönc Mönch von Salzburg – Mond

(myst.) Einheit mit dem all-einen Göttlichen angestrebt, die prinzipiell nur durch – mehr oder weniger radikale – Formen der Abkehr von der Pluralität der Welt, des Lebens und der Geschichte erreicht werden kann (Selbsterlösung durch Rückzug aus der Geschichte). Im M. wird versucht, dieses Ziel durch eine bes. ausgeprägte Abwendung von den weltl. Lebensformen und eine Konzentration auf das Göttliche zu verwirklichen. Dieser am weitesten verbreitete Typus des M. findet sich v. a. in den fernöstl. Religionen (z. B. Hinduismus, Buddhismus, Jainismus, Taoismus). Manche dieser Religionen sind ›Mönchsreligionen‹ im eigentl. Sinn: sie propagieren eine Lehre und Ethik, die in vollem Sinn nur für das M. praktikabel sind (z. B. Jainismus, Hinayana-Buddhismus, Lamaismus). 2) In monotheist. Religionen, geht es dem M. prinzipiell nicht um Rückzug aus, sondern um radikales Engagement in der Geschichte; es entstand in Situationen, in denen eine radikale Geschichtswende angestrebt wird (z. B. im Christentum die eschatologisch begründete radikale Nachfolge JESU CHRISTI). Dabei werden neben der persönl. Heiligung auch häufig Aktivitäten nach außen wichtig (Predigt, Unterricht, Seelsorge, Krankenpflege, Mission, Kultivierung von Land u. Ä.). Beispiele für das jüd. M. sind die →Essener, für das islam. M. die →Derwischorden.

Das christl. M. lebt aus beiden Wurzeln: Die radikale Nachfolge JESU verband sich – unter dem Einfluss des Hellenismus – mit der Abkehr von der weltl. Pluralität und dem Streben nach meditativer oder myst. Einheit mit Gott. Seine Vorform, das frühchristl. (Wander-)Asketentum, war – bei gewollter ›Heimatlosigkeit‹ – stark missionarisch tätig, während das seit dem 3. Jh. in Unterägypten entstandene M. sowie das von diesem geprägte altkirchl. M. und bis heute das in der Ostkirche v. a. der hellenistisch-christl. Sehnsucht nach (meditativer) Einheit mit Gott lebte und lebt. Das M. in der ausgehenden lat. Antike, gefördert u. a. von AMBROSIUS, MARTIN VON TOURS und AUGUSTINUS, verband beide Motive, was in der das mittelalterl. M. prägenden Formel der →Benediktregel (›ora et labora‹ = ›bete und arbeite‹) deutlich wird. Seit dem Hoch-MA. (z. B. bei den →Bettelorden mit starker Ausrichtung auf Predigt und Seelsorge) und vollends in der kath. Kirche der Neuzeit tritt der Gesichtspunkt der weltweiten christl. Sendung (Apostolat) noch mehr in den Vordergrund (z. B. bei den →Jesuiten und den Missionsorden).

Das in Ägypten im 3. Jh. sich bildende M. war zunächst ein Eremitentum: Einzelne, wie z. B. ANTONIUS D. GR., zogen sich als Anachoreten aus der urbanen Welt in die Wüste zurück, um in Askese nur noch für Gott zu leben; bald gruppierten sich um bekannte Eremiten Kolonien von Schülern, die sich an den Worten ihres Meisters orientierten. Aus diesem Ansatz entwickelten sich Klostergemeinschaften, die nach einer schriftl. →Regel unter Leitung eines Abtes, dem die Mönche Gehorsam zu leisten hatten, lebten. Die wichtigsten Regeln wurden im Osten die des BASILIUS D. GR., im Westen die des BENEDIKT VON NURSIA. Lange blieb das einzelne Kloster selbstständige und in sich geschlossene Einheit, erst seit dem 10. Jh. schlossen sich verschiedene Klöster zu Klosterverbänden (Kongregationen) unter Leitung angesehener Reformklöster (z. B. Cluny oder Gorze) zusammen. Mit der Ausbildung einer ›universalen‹ religiösen und polit. Struktur im Hoch-MA. entstanden die eigentl. Orden, die zentralist. Leitungsstrukturen haben.

⇨ *Apophthegmata Patrum · Askese · Evangelische Räte · Gelübde · Idiorrhythmie · Kloster · Koinobion · Mystik · Orden*

K. HEUSSI: Der Ursprung des M. (1936, Nachdr. 1981); D. KNOWLES: Gesch. des christl. M. (a. d. Engl., 1969); Askese u. M. in der Alten Kirche, hg. v. K. S. FRANK (1975); J. LANCZKOWSKI: Kleines Lex. des M. u. der Orden (1993, Nachdr. 1995); M., Orden, Kloster von den Anfängen bis zur Gegenwart. Ein Lex., hg. v. G. SCHWAIGER (^{2}1994); K. S. FRANK: Gesch. des christl. M. (^{5}1996).

Mönch von Salzburg, Johann von Salzburg, Hermann von Salzburg, (mehrere?) mhd. Liederdichter vom Ende des 14. Jh. In den Handschriften Sammelname (›Der Mönch‹) für eine Gruppe von über 100 geistl. und weltl. Liedern, entstanden am Hof des Salzburger Erzbischofs PILGRIM II. (1365–96). Die geistl. Lieder gehen überwiegend auf lat. Vorbilder zurück, die 20 Marienlieder bilden die wichtigste Gruppe, darunter das Weihnachtslied ›Joseph, lieber neve mein‹. Die weltl. Lieder stehen in der Tradition der späten Minnesangs. Herausragend ist die Musik der Lieder, von volkstüml. Einstimmigkeit bis zu mehrstimmigen Formen.
Ausgaben: FRIEDRICH A. MAYER u. H. RIETSCH: Die Mondsee-Wiener Liederhandschrift u. der M. von S., 2 Tle. (1894–96); Ich bin du u. du bist ich. Lieder des MA. Ausw., Texte, Worterklärungen, hg. v. F. VON SPECHTLER (1980).

Monck [mʌŋk], **Monk,** George, 1. Herzog (seit 1660) **von Albemarle** [ˈælbəmaːl], engl. Feldherr, * Potheridge (Cty. Devon) 6. 12. 1608, † New Hall (Cty. Essex) 3. 1. 1670; focht im engl. Bürgerkrieg aufseiten des Königs, trat aber 1646 zum Parlamentsheer über. Er kämpfte gegen die irischen Royalisten, unter O. CROMWELL gegen die Schotten sowie im Seekrieg gegen die Niederlande. Nach CROMWELLS Tod wurde M. Vorkämpfer der Parlamentssache, berief 1660 wieder das ›Lange Parlament‹ und bewirkte die Rückberufung der Stuarts auf den Thron.

M. P. ASHLEY: General M. (London 1977).

Monclova, Stadt im Bundesstaat Coahuila, Mexiko, 590 m ü. M. in der Sierra Madre Oriental, 142 000 Ew.; Eisen- und Stahlindustrie, Kokerei.

Moncton [ˈmʌŋktən], Stadt in der Provinz New Brunswick, Kanada, 80 700 Ew. (etwa 1/3 der Bev. mit Französisch als Muttersprache); kath. Erzbischofssitz; Universität (gegr. 1864, Unterrichtssprache Französisch); Eisenbahnknotenpunkt mit Reparaturwerkstätten, Metall verarbeitende Industrie.

Mond [ahd. māno, wohl urspr. ›Wanderer (am Himmel)‹], 1) *Pl.* **Monde,** umgangssprachlich für den Begleiter eines Planeten (→Satellit).
2) der permanent sich der Erde am nächsten befindliche und sie umlaufende Himmelskörper, der einzige natürl. Begleiter der Erde (**Erd-M., Erdtrabant**). Nach der Sonne ist er das zweithellste Objekt am ird. Firmament, seine mittlere Entfernung von der Erde beträgt 384 400 km. Der M. wird seit vorgeschichtl. Zeit beobachtet (Steinsetzungen der Megalithkultur, z. B. Stonehenge) und ist sowohl durch Fernrohrbeobachtung von der Erde aus als auch durch versch. Raumfahrtmissionen der (nach der Erde) am besten untersuchte Himmelskörper des Sonnensystems. Zu diesen Missionen gehören u. a. die Raumfahrtprojekte Luna (Lunik), Ranger, Surveyor und Apollo.

Astronomische Daten

Mondbewegung: Der M. bewegt sich rechtläufig auf einer nahezu kreisförmigen ellipt. Bahn (Exzentrizität 0,0549), deren Ebene im Mittel um 5° 9′ gegen die Ekliptik geneigt ist, um die Erde; beide bewegen sich um ihren gemeinsamen Schwerpunkt, der etwa 1 700 km unterhalb der Erdoberfläche liegt. Dabei nimmt der M. nach der sider. Umlaufzeit (sider. →Monat) von 27 d 7 h 43 min 11,5 s bezüglich der Sterne wieder die gleiche Stellung ein. Wegen der gleichzeitigen Erd-

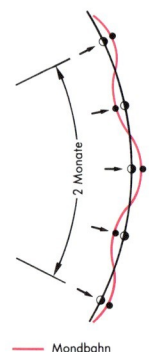
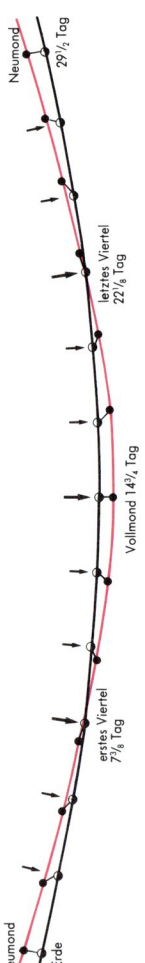

Mond 2): oben Bewegung von Mond und Erde um die Sonne während zweier Monate; in der schematischen Darstellung ist der Abstand Erde–Mond stark übertrieben; unten Bewegung von Erde und Mond um die Sonne, dargestellt für einen synodischen Monat, mit einem wirklichkeitsnäheren Verhältnis der Bahnradien; die Pfeile weisen in rückwärtiger Verlängerung auf die Sonne

bewegung führt der M. dabei eine Pendelbewegung um die Erdbahn aus, deren Amplitude nur etwa 1/400 der Entfernung Erde–Sonne beträgt; bedingt durch die Verhältnisse der Bahnradien und der Umlaufzeiten in Bezug auf die Bewegung des M. um die Erde sowie der Erde um die Sonne, ist die M.-Bahn immer zur Sonne hin gekrümmt. Heliozentrisch gesehen bewegt sich der M. also auf einer durch die Erde stark gestörten Bahn um die Sonne.

Die Verbindungslinie der beiden Schnittpunkte der M.-Bahn mit der Ebene der Ekliptik, die **Knotenlinie**, hat keine feste Orientierung im Raum: Bahnstörungen durch Sonne und Planeten bewirken ihre rückläufige Drehung in der Ebene der Ekliptik, mit einem Umlauf innerhalb von 18,6 Jahren. Entsprechend ist der drakonit. Monat, die Zeitdauer zw. zwei Durchgängen des M. durch den aufsteigenden Knoten, etwas kürzer als ein sider. Monat, im Mittel beträgt er 27 d 5 h 5 min 35,8 s.

Während eines sider. Umlaufs dreht sich der M. einmal um seine Achse (gebundene →Rotation) und zeigt deswegen der Erde immer die gleiche Seite. Weil aber die Rotationsgeschwindigkeit konstant, die Winkelgeschwindigkeit der Bahnbewegung aufgrund der Ellipsenform der Bahn dagegen ungleichförmig ist, scheint der M. während eines Umlaufs um eine innere Achse zu pendeln; insgesamt können wegen dieser und weiterer Pendelbewegungen des M. (→Libration) etwa 59 % seiner Oberfläche von der Erde aus gesehen werden. Die period. Abweichung des wahren M.-Ortes von einem gedachten mittleren Ort (bis etwa ± 6°), in dem sich der M. bei einer Bewegung mit konstanter Geschwindigkeit befinden würde, nennt man **Mittelpunktsgleichung** des M., **große Ungleichung** oder **große Ungleichheit**. Die größte Geschwindigkeit bezüglich der Erde erreicht der M. im erdnächsten Punkt seiner Bahn, dem Perigäum (Abstand 356 410 km), die kleinste im erdfernsten Punkt, dem Apogäum (Abstand 406 740 km). Die Verbindung dieser Punkte, die **Apsidenlinie** (→Apsiden) rotiert ebenfalls, allerdings mit entgegengesetztem Drehsinn wie die Knotenlinie und mit einer Periode von 8,85 Jahren. Die Zeitspanne zw. zwei Durchgängen des M. durch sein Perigäum, der anomalist. Monat, ist darum geringfügig länger als der sider. Monat; ihre Dauer ist 27 d 13 h 18 min 33,2 s.

Helligkeit: Das Leuchten des M. entsteht durch Reflexion des Sonnenlichts an seiner Oberfläche, die nur ein sehr geringes Reflexionsvermögen aufweist. Dass er dennoch nachts so hell erscheint, ist v. a. auf den Kontrast zum dunklen Nachthimmel zurückzuführen.

Am Firmament erscheint der M. etwa genauso groß wie die Sonne (mittlerer Winkeldurchmesser 31′5″), weswegen er, wenn er sich auf seiner Bahn genau zw. Erde und Sonne befindet, diese vollständig abdecken kann (→Sonnenfinsternis). Die **M.-Phasen** (d.h. die Beleuchtungsformen des M.), deren Ablauf man als **Lunation** (M.-Wechsel) bezeichnet, hängen von der →Konstellation Sonne–M.–Erde ab. Bei **Neu-M. (Interlunium)** steht der M. zw. Erde und Sonne (Konjunktion), d. h., die der Erde zugewandte Seite ist nicht beleuchtet. Neumondstellungen folgen im Mittel alle 29 d 12 h 44 min 2,9 s aufeinander. Diese synod. Umlaufzeit (synod. Monat) ist etwas länger als die siderische, weil die Erde während eines M.-Umlaufes ihrerseits einen Teil ihrer Bahn um die Sonne zurücklegt. **Voll-M.** tritt ein, wenn der M. der Sonne gegenübersteht (Opposition); dann ist die ganze sichtbare M.-Oberfläche beleuchtet. Zw. Neu-M. und Voll-M. ist **zunehmender M.**, danach **abnehmender M.**, mit **Halb-M.** jeweils in der Mitte. Die seit dem letzten Neu-M. verstrichene Zeit nennt man **M.-Alter**; es gibt die augenblickl. M.-Phase an. Einige Tage vor und

Astronomische und physikalische Daten des Mondes
(gerundete Vielfache der entsprechenden Erdgrößen in Klammern)

Bahn	
mittlere Entfernung von der Erde	384 400 km
größte Entfernung von der Erde	406 740 km
kleinste Entfernung von der Erde	356 410 km
mittlere numerische Exzentrizität	0,0549
mittlere Neigung gegen die Ekliptik	5° 9′
siderische Umlaufzeit	27,32166 d
tropische Umlaufzeit	27,32158 d
anomalistische Umlaufzeit	27,55455 d
drakonitische Umlaufzeit	27,21222 d
synodische Umlaufzeit	29,53059 d
mittlere Bahngeschwindigkeit	1,023 km/s
Umlaufzeit des Knotens	18,61 a
Umlaufzeit des Perigäums	8,85 a
Mond	
Äquatorneigung gegen die Ekliptik	1° 31′ 22″
Äquatorneigung gegen die Bahnebene	6° 41′
Äquatordurchmesser	3476 km (0,272)
Umfang	10 920 km (0,272)
Oberfläche	3,796 · 10⁷ km² (0,0740)
Volumen	2,199 · 10¹⁰ km³ (0,020)
Masse	7,348 · 10²² kg (0,012)
mittlere Dichte	3,343 g/cm³ (0,606)
Schwerebeschleunigung an der Oberfläche	162 cm/s² (0,166)
Entweichgeschwindigkeit	2,37 km/s (0,213)
Rotationsperiode = siderische Umlaufzeit	
mittlere Albedo	0,07
mittlerer scheinbarer Durchmesser	31′5″
größte scheinbare visuelle Helligkeit	−12^{m}7
Oberflächentemperatur, Tagseite	ca. +130 °C
Oberflächentemperatur, Nachtseite	ca. −160 °C

nach Neu-M. ist der von der Sonne unbeleuchtete Teil des M. in ein fahles Licht getaucht (**aschgraues M.-Licht** oder →Erdlicht), das von der Erde reflektierte Sonnenlicht ist. Da der M. kein eigenes Licht aussendet, beobachtet man beim Durchgang des Voll-M. durch den Erdschatten eine →Mondfinsternis.

Temperatur an der Mondoberfläche: Infolge der langsamen Rotation des M. wird jeder Teil seiner Oberfläche einen halben Monat lang von der Sonne bestrahlt, was zu Temperaturen von max. 130 °C führt, danach liegt er die gleiche Zeit auf der Nachtseite (dann etwa -160 °C). Einige Oberflächenregionen zeigen lokale Temperaturanomalien, wobei sowohl geringfügige Temperaturerhöhungen als auch -erniedrigungen (um jeweils einige Gad) existieren.

Atmosphäre: Die Anzahldichte von Gaspartikeln (Elektronen und Ionen) unmittelbar über der M.-Oberfläche ist im Vergleich zum ungestörten interpla-

Mond 2): Darstellung der Mondphasen, die von der Konstellation Sonne-Mond-Erde abhängen; die Darstellung entspricht einem Anblick von Norden auf die Ebene der Mondbahn, in der sich der Mond gleichsinnig mit der Erdrotation (gebogener Pfeil) bewegt; die äußeren Darstellungen zeigen, welche Mondphasen sich dabei jeweils ergeben

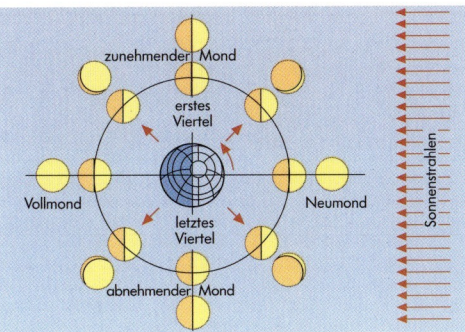

Mond

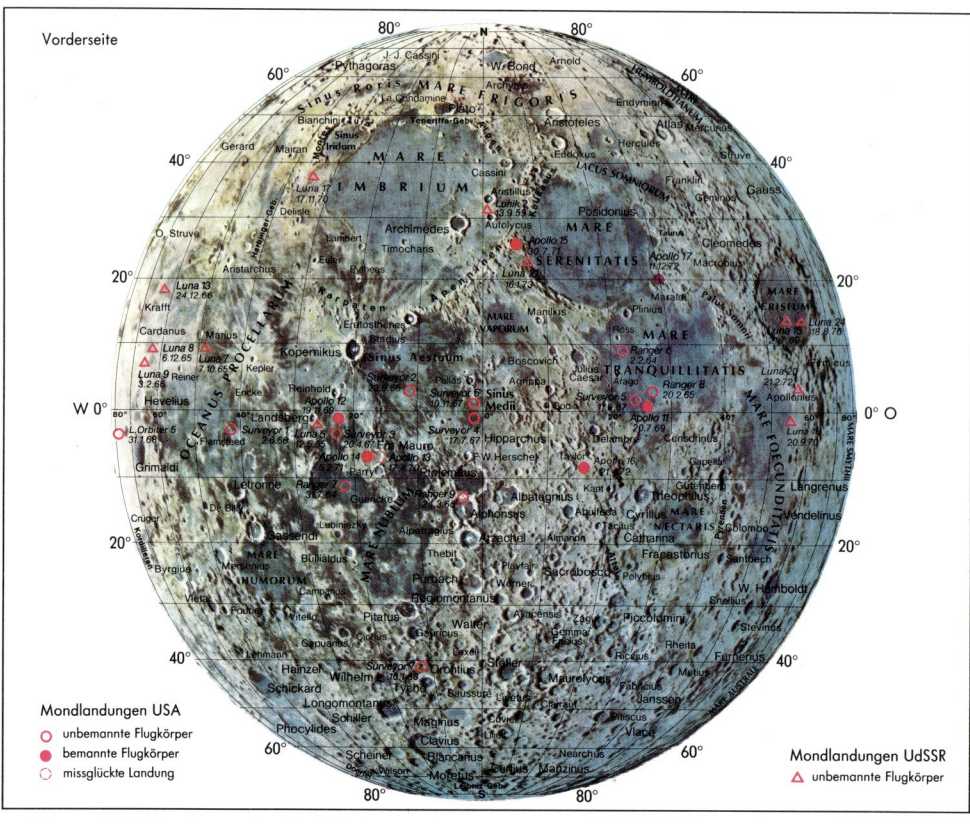

netaren Raum um etwa 10 000 Teilchen/cm³ erhöht; sie bilden eine extrem dünne Atmosphäre, die etwa um den Faktor 10^{-13} dünner ist als die Erdatmosphäre an der Erdoberfläche. Die M.-Atmosphäre besteht hauptsächlich aus den Edelgasen Helium, Neon und Argon, die beim Zerfall radioaktiver Elemente im M.-Gestein entstehen, und Natrium- und Kaliumatomen, die durch Sonnenwindteilchen aus dem Oberflächengestein herausgeschlagen werden. Möglicherweise erfolgt auch eine geringfügige Entgasung oberer Gesteinsschichten.

Magnetfeld: Der M. besitzt gegenwärtig praktisch kein allgemeines Magnetfeld; die Feldstärke ist geringer als 0,01 % derjenigen des Erdmagnetfeldes. Einige Gesteinsproben lassen darauf schließen, dass bei ihrer Bildung aus flüssigem Magma vor etwa 3 bis 4 Mrd. Jahren der M. ein Magnetfeld besaß, dessen Stärke aber nur um wenige Prozent geringer war als diejenige des gegenwärtigen Erdfeldes.

Topographie und Gesteine

Oberflächenstrukturen: Das nahezu vollständige Fehlen einer Atmosphäre und die Erdnähe lassen auf dem M. schon mit bloßem Auge helle und dunkle Gebiete ausmachen; mit großen Fernrohren und unter ausgezeichneten Beobachtungsbedingungen lassen sich Gebirgsketten, Krater und Ringgebirge, mit Details bis zu einer Größe von etwa 100 m und einer Erhebung von einigen Metern erkennen. Die dunklen, flachen, tief liegenden Maria (*Sg.* **Mare;** 33 % der sichtbaren, 10 % der unsichtbaren M.-Oberfläche) zeigen außer schmalen Erhebungen, Kleinkratern und Rillen kein auffallendes Relief. Große Maria fehlen fast ganz auf der erdabgewandten Seite des M. Geophysikalisch sind sie z. T. durch Masseanomalien (→Mascons) gekennzeichnet. Die Maria sind beim Einschlag großer Himmelskörper auf den M. in dessen Frühzeit entstanden, als Magma aus tief liegenden, noch geschmolzenen Schichten durch Bruchspalten nach oben drang. Characterist. Strukturen der hellen Terrae (*Sg.* **Terra,** auch Hochländer genannt) sind Kettengebirge, oft am Rand von Maria bis mehr als 6 000 m Höhe aufragend, Ringgebirge um Großkrater mit Wallebenen (Durchmesser bis 200 km) und bis fast 2 000 km lange Strahlensysteme um einige große, junge Krater sowie Kraterreihen. Daneben treten bis 10 km breite, mehr als 100 km lange und 100 m tiefe Rillen und Lineamente (Gräben, Wälle) auf. Die Oberflächenformen des M. sind in **M.-Karten** und **M.-Atlanten** dargestellt.

Mondboden: Die M.-Oberfläche ähnelt einer Steinwüste. Durch Mikrometeoroide, kosm. Strahlung und Sonnenwind wurde der mehr oder weniger lockere **M.-Regolith** (Lunarregolith) gebildet, der aus Gesteinsstaub, Gesteinsglas und Gesteinstrümmern besteht und die Oberfläche mit einer Schichtdicke bis zu mehreren Metern bedeckt. Das **M.-Gestein** besteht aus lunaren Basalten und Anorthositen, die u. a. aus calciumreichem Plagioklas, Olivin, Pyroxen zusammengesetzt sind. Die zur Erde gebrachten Proben von M.-Gestein können eingeteilt werden in feinkörnige bis mittelkörnige, blasige, kristalline, magmat. Gesteinsbrocken, in Breccien (aus Bruchstücken verschiedenen Gesteins, durch feinen M.-Staub zusammengebacken) sowie in M.-Staub. – Die Hauptminerale sind auch auf der Erde als gesteinsbildend bekannt, jedoch wurden auch neue, auf der Erde unbekannte Minerale gefunden, die Kombinationen von Titan, Magnesium, Eisen, Aluminium und einigen anderen Elementen darstellen. Insgesamt konnten in den Bodenproben 68

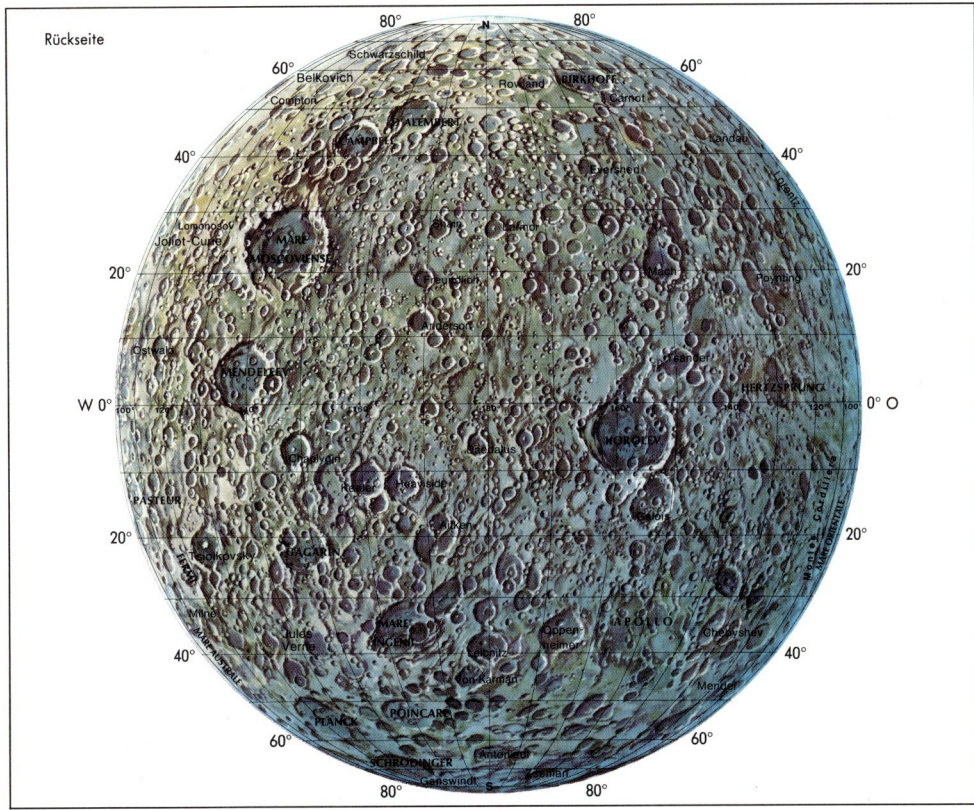

Elemente nachgewiesen werden. Es wurden keine Spuren von Leben oder organ. Verbindungen entdeckt, auch konnte kein Wasser nachgewiesen werden. – Die Gesteinsbrocken zeigen millimetergroße Aufschlagstellen von Mikrometeoroiden. Diese verdampfen beim Aufprall und schmelzen einen Teil des getroffenen Gesteins um; das geschmolzene Gestein ist als Glas und in Form von Perlen im M.-Staub nachweisbar. Einige Hochlandgesteine haben ein Alter von 4,3 bis 4,5 Mrd. Jahren, während sich die ältesten lunaren Basalte vor etwa 3,2 bis 4,2, die jüngsten vor rd. 2,5 Mrd. Jahren verfestigten. Zu dieser Zeit endeten die magmat. Ergießungen und damit die Bildung neuen Oberflächengesteins.

Innerer Aufbau und Entstehung

Innerer Aufbau: Der M. ist nach der Erde der Körper im Planetensystem, dessen innerer Aufbau am besten bekannt ist. Dazu haben wesentlich jahrelange Untersuchungen mit auf dem M. stationierten Seismometern beigetragen. Sie lassen einen Schalenaufbau des M. ähnlich dem der Erde erkennen. Die äußerste Schale, die **M.-Kruste,** besteht hauptsächlich aus feldspathaltigem Terragestein, das bis in eine Tiefe von etwa 1 km infolge von Einschlägen großer anderer Himmelskörper weitgehend zertrümmert ist. Darunter liegen kompaktere Schichten mit vielen Sprüngen und Brüchen. Die Krustenuntergrenze liegt auf der der Erde zugewandten Seite in einer Tiefe von etwa 65 km, auf der abgewandten Seite fast doppelt so tief. Unter der Kruste befindet sich der feste, aus Basalt bestehende **M.-Mantel,** der sich bis in eine Tiefe von etwa 800 bis 1000 km erstreckt. An der Manteluntergrenze entstehen die meisten **M.-Beben,** deren Häufigkeit zur Zeit des Apogäums und Perigäums am größten ist. Offenbar werden sie v. a. durch Gezeitenkräfte ausgelöst. Der innerste Bereich, der **M.-Kern,** ist an seiner Obergrenze in einer Dicke von möglicherweise 200 bis 300 km zähflüssig. Die Zusammensetzung des Kerns ist nicht bekannt. Das ehemals vorhandene Magnetfeld spricht für einen größeren Eisenanteil, möglicherweise ist Schwefel ein anderer Hauptbestandteil. Die Temperatur im M.-Zentrum dürfte bei etwa 1 200 K liegen.

Entstehung: Über die Entstehung des M. weiß man bisher wenig Sicheres; bis vor ein, zwei Jahrzehnten wurden im Wesentlichen drei Theorien diskutiert: die gleichzeitige Bildung von Erde und M. aus einem Urmaterial als Doppelplanet (Doppelplanethypothese); die Herauslösung des M. aus der Erdkruste (Spaltungshypothese); der Einfang des in einem anderen Teil des Sonnensystems gebildeten M. durch die Erde (Einfanghypothese). Die Bildung in Erdnähe gleichzeitig mit der Erde aus einer gemeinsamen Materiewolke ist wegen der unterschiedl. mittleren Dichte der beiden Himmelskörper unwahrscheinlich, aus dynam. Gründen (z. B. aufgrund der relativ großen Neigung der M.-Bahn gegen die Äquatorebene der Erde) gilt dies auch für das Herauslösen des M. aus der Erdkruste. Gegen den Einfang des M. durch die Erde spricht, dass es keinen geeigneten physikal. Effekt gibt, der die Abführung der hohen kinet. Energie des frei bewegten M. erklärt hätte. Man geht heute i. Allg. davon aus, dass der M. das Ergebnis eines fast streifenden Zusammenstoßes eines sehr großen Körpers mit der Protoerde ist. Beim Aufprall wurden Teile ihres aus weniger dichtem Material bestehenden Mantels und Teile des aufschlagenden Körpers in Bahnen um die Erde geschleudert und bildeten eine prälunare Materiescheibe, aus der schließlich der M. hervor-

Mond

Mond 2): Mikrofotografie von Bestandteilen des Mondstaubs; man erkennt runde Glasperlen (0,25–0,5 mm Durchmesser), Bruchstücke verschieden gefärbter Gläser, Breccien (z. B. unten links), Anorthosit und Feldspat (rechts daneben, hell), darüber eine Breccie mit Glaskruste und Pyroxen (das kleine golden glänzende Bruchstück)

ging. Starker Materieeinfall auf dem jungen M. und die damals starke Gezeitenreibung der Erde führten zur Erhitzung der äußeren M.-Schichten und zur mindestens teilweisen Aufschmelzung bis in eine Tiefe von etwa 1 000 km. Dieser Vorgang erzeugte die durchgehende M.-Kruste, deren Reste die heutigen Hochländer sind, und die Vielfalt der Minerale, die auf dem M. vorgefunden wurden. Vor ungefähr 4 Mrd. Jahren schlugen die letzten sehr großen Körper auf dem M. ein und erzeugten die großen Becken der Maria.

In einem vor etwa 4,2 Mrd. Jahren beginnenden Zeitraum von ungefähr 1 bis 2 Mrd. Jahren müssen durch vulkan. Aktivität mehrfach lokale Aufschmelzungen der äußeren Schichten stattgefunden haben, die zu weiterer chem. Differenzierung und zu magmat. Ergüssen führten. Damit waren die großen Umgestaltungen der M.-Oberfläche und die Bildung neuen Oberflächengesteins abgeschlossen. Seit etwa 2,5 Mrd. Jahren ist die Oberfläche kalt und der bis in eine Tiefe von 800–1 000 km reichende Mantel fest. Die Einwirkung des M. auf die Erde besteht in erster Linie in den →Gezeiten; Einflüsse auf das Wetter sind nicht nachweisbar.

Geschichte der Erforschung

Der M. und seine Phasen waren in frühen Kulturen Maß für den Monat und damit auch für den Kalender. Die M.-Finsternisse gaben daneben Anlass zu einer für die Voraussage der M.-Örter brauchbaren Berechnung der M.-Bahn. Die →Evektion als größte M.-Bahnstörung war bereits PTOLEMÄUS bekannt, die →Variation wurde von T. BRAHE entdeckt und von I. NEWTON erklärt. Die säkulare →Akzeleration erkannte E. HALLEY 1693. Die von G. GALILEI entdeckte Libration konnte von J. HEVELIUS und T. MAYER erklärt werden.

Dass der M. kein selbstleuchtendes Gestirn ist und auf welche Weise die M.-Phasen und M.-Finsternisse entstehen, erklärte bereits ANAXAGORAS. Seine Annahme von Unebenheiten auf dem M. wurde 1610 von GALILEI durch Fernrohrbeobachtungen bestätigt. Zuvor deutete man die hellen und dunklen M.-Flecken (das ›Gesicht‹ des M.) als Mischung von Feuer mit anderen Elementen (so PLATON und die Stoiker) oder aus der Grenzlage des M. zw. einer reinen supralunaren Ätherregion und der sublunaren Sphären der ird. Elemente (ARISTOTELES). Die M.-Phasen wurden als lumineszierende Anregung durch das Sonnenlicht (Stoiker) oder mittels eines zusätzl. halben Hohlkugelkörpers (A. HAITHAM) erklärt, bis die Erdartigkeit des M. spekulativ (N. KOPERNIKUS, G. BRUNO, J. KEPLER) und empirisch (GALILEI) nachgewiesen wurde.

Eine erste (grobe) Karte des M. schuf GALILEI. Die M.-Topographie wurde bes. durch HEVELIUS, G. B. RICCIOLI (auf ihn geht die bis heute gültige Nomenklatur zurück), G. D. CASSINI, J. H. LAMBERT, MAYER (Einführung der M.-Koordinaten), J. H. SCHRÖTER, W. BEER, J. H. VON MÄDLER, J. F. J. SCHMIDT u. a. gefördert.

Die ersten fotograf. Aufnahmen des M. stammen von H. DRAPER. Die erste Aufnahme der Rückseite des M. lieferte 1959 die sowjet. M.-Sonde Lunik 3. Die erste Landung von Menschen auf dem M. erfolgte am 20. 7. 1969 (→Apollo-Programm). – Über die Erforschung des M. in neuerer Zeit →Raumfahrt.

Religions- und Kulturgeschichte

Die Entsprechung der Zyklen von M. und weibl. Organismus wie der Wechsel der M.-Phasen führten schon früh in der Menschheitsgeschichte zu einer tiefen religiösen Deutung; er stand in Beziehung zur (primär weiblich gedachten) göttl. Fruchtbarkeit des Lebens und – wegen seines ›Verschwindens‹ (Neumondnächte) – zu dem Geheimnis von Werden und

Mond 2): Blick über den Littrow-Krater mit dem von der Apollo-17-Mission (Dezember 1972) mitgeführten Mondfahrzeug; im Hintergrund ein Teil des Taurusgebirges

Mond **Mond**

 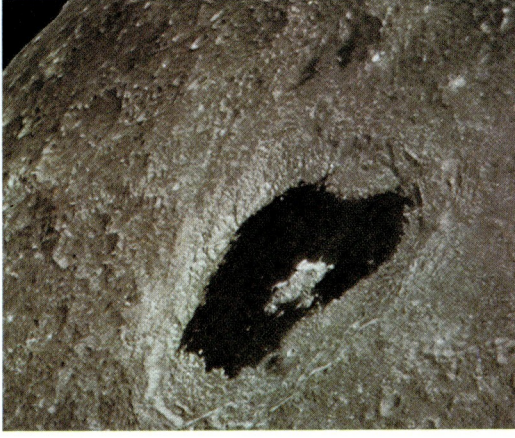

Mond 2): links Der Krater Daedalus (oben) auf der Mondrückseite, aufgenommen von den Astronauten der Apollo-11-Mission (Juli 1969); Durchmesser des Kraters etwa 80 km; rechts Krater Tsiolkovsky auf der Mondrückseite; in dem durch einen Meteoriteneinschlag im hellen Terragebiet entstandenen Krater ist dunkles Lavagestein zu erkennen

Vergehen bzw. von Tod und Wiedergeburt. Wahrscheinlich wurde diese Kraft des M. schon seit der jüngeren Altsteinzeit verehrt. M.-Symbole (Sichelform) sind seit frühester Zeit für schamanist. Objekte charakteristisch. In den frühen Hochkulturen gewannen M.-Gottheiten eine große Bedeutung: Thot als Gott der Schreib- und Rechenkunst ist dem M. verbunden, Isis wird in hellenist. Zeit oft auf einem Halb-M. stehend abgebildet (davon beeinflusst ist die christl. Darstellung der Maria über der M.-Sichel). Die griech. M.-Göttin Selene schützte die Frauen in der Zeit der Menstruation und Geburt, Luna, ihre röm. Entsprechung, besaß eigene Tempel auf dem Aventin und dem Palatin. Im semit. Bereich war der M.-Kult gleichfalls weit verbreitet: Der M.-Gott Sin stand vor dem Sonnengott Schamasch und der Ischtar, der Herrin des Morgen- und Abendsterns, an der Spitze der astralen Dreiheit babylon. Götter. In den alten Staaten S-Arabiens galt der regional unter versch. Namen verehrte M.-Gott jeweils als Reichsgott; die M.-Sichel war sein Symbol. Gegen den M.-Kult wendet sich das A.T. (5. Mos. 4,19; 17,3); MOHAMMED erklärt ihn im Koran (Sure 6, 77) für sinnlos. Ein großes Verbreitungsgebiet des M.-Kultes ist ferner Afrika südlich der Sahara. Dort besteht zuweilen noch heute die Sitte des ununterbrochenen Trommelns und Tanzens während der Vollmondnächte. Oft gilt der Häuptling als ird. Repräsentant des M. Buschleute und Hottentotten richten ihre Gebete um Regen, Feldfrüchte und Wild an den Mond. In vielen Kulturen gelten Phasen des Neu-M. als hl. Zeiten, in denen Fruchtbarkeitsfeste oder Sühnefeiern (z.B. Beichtfeiern im Hinayana-Buddhismus bei Neu- oder Voll-M.) begangen werden und Mantikerinnen oder

Raumfahrtunternehmungen zur Erkundung des Mondes (Auswahl)			
Unbemannte Umkreisungen			
Oktober 1959	UdSSR	Lunik 3	Vorbeiflug, erste Fotos von der Rückseite
April 1966	UdSSR	Luna 10	erster Mondsatellit
Juli 1966–Januar 1968	USA	Orbiter 1 bis 5	Fotos von 95 % der Mondoberfläche, Auflösung bis zu 1 m
Harte Landungen			
August 1964	USA	Ranger 7	Mare Cognitum, Fotos
Februar 1965	USA	Ranger 8	Mare Tranquillitatis, Fotos
März 1965	USA	Ranger 9	Krater Alphonsus, Fotos
Weiche unbemannte Landungen			
Februar 1966	UdSSR	Luna 9	Oceanus Procellarum, Fotos
Juni 1966	USA	Surveyor I	Oceanus Procellarum, Fotos
Dezember 1966	UdSSR	Luna 13	Oceanus Procellarum, Fotos, Bodenerkundung
April 1967	USA	Surveyor III	Oceanus Procellarum, Fotos, Bodenerkundung
September 1967	USA	Surveyor V	Mare Tranquillitatis, Fotos, Bodenerkundung
November 1967	USA	Surveyor VI	Sinus Medii, Fotos, Bodenerkundung, chem. Analysen
Januar 1968	USA	Surveyor VII	Krater Tycho, Fotos, Bodenerkundung, chem. Analysen
Bemannte Umkreisungen			
Dezember 1968	USA	Apollo 8	Fotos, Vorbereitung der bemannten Landung
Mai 1969	USA	Apollo 10	
Bemannte Landungen und Umkreisungen			
Juli 1969	USA	Apollo 11	Mare Tranquillitatis, 21,7 kg Proben
November 1969	USA	Apollo 12	Oceanus Procellarum, 34,4 kg Proben
Januar 1971	USA	Apollo 14	Fra-Mauro-Region, 42,9 kg Proben
Juli 1971	USA	Apollo 15	Mare Imbrium, Hadley-Berge, 76,8 kg Proben
April 1972	USA	Apollo 16	Descartes-Region, 94,7 kg Proben
Dezember 1972	USA	Apollo 17	Mare Serenitatis, Taurus-Littrow-Krater, 110,5 kg Proben
Unbemannte weiche Landungen, Probenrückkehr			
September 1970	UdSSR	Luna 16	Mare Foecunditatis, Bodenproben, Bohrkern
Februar 1972	UdSSR	Luna 20	Apollonius-Hochland, Bodenproben, Bohrkern
August 1976	UdSSR	Luna 24	Mare Crisium, Bodenproben, Bohrkern

Schamanen das Schicksal der Menschen erkunden (Magie). Auch als Aufenthaltsort der Seelen der Verstorbenen wird der M. gedeutet.

Volksglaube: Verbreitet sind noch heute Vorstellungen, dass mit dem Zu- und Abnehmen des M. Natur- und Lebensvorgänge verknüpft sind: Wachstum und Gedeihen, Fruchtbarkeit bei Pflanzen und Tieren, beim Menschen Krankheit, Geburt und Wachstum, Liebe, Ehe und Tod (M.-Glaube). Die M.-Phasen wurden im *Brauchtum* bei häusl. und landwirtschaftl. Arbeiten, bei volksmedizin. Handlungen usw. berücksichtigt; nach (abergläub.) Vorstellungen sollte bei abnehmendem M. ausgeführt werden, was schwinden soll, und umgekehrt. Andere Regeln sind an Voll- oder Neu-M. gebunden. Deutung der M.-Flecken und Reste einer Dämonenvorstellung wirken in der (heute durch Kinderbücher beeinflussten) Sage vom →Mann im Mond oder der Frau im M. nach, die dorthin (zur Strafe) entrückt wurden. Von den Eskimo werden die M.-Flecken als Asche erklärt, mit der die Sonne ihren Bruder, den M., beworfen habe, als er sie umarmen wollte. In Indien sieht man in ihnen einen Hasen, der sich vor einem Hund auf den M. geflüchtet habe. – Ausgehend von der zentralen Rolle des M. (nach der Sonne) in Magie und *Astrologie* (früher Einteilung in 28 M.-Häuser) wurde seit den 1980er-Jahren durch das Interesse für Esoterik und Okkultismus auch angebl. ›Geheimwissen‹ um den M. ›wieder entdeckt‹ (M.-Kalender bzw. M.-Astrologie u. Ä.).

O. RÜHLE: Sonne u. M. im primitiven Mythus (1925); W. WOLF: Der M. im dt. Volksglauben (1929); A. GÜTTLER u. W. PETRI: Der M. Kulturgesch. u. Astronomie des Erdtrabanten (1962); La Lune. Mythes et rites (Paris 1962); K. VON BÜLOW: Die M.-Landschaften (1969); F. LINK: Der M. (1969); M.-Landung. Dokumentation der Weltraumfahrt USA u. UdSSR, bearb. v. M. MAEGRAITH (a. d. Amerikan., ³1969); Physics and astronomy of the moon, hg. v. Z. KOPAL (New York ²1971); A. RÜKL: Maps of lunar hemispheres (Dordrecht 1972); E. HANTZSCHE: Doppelplanet Erde-M. (Leipzig ²1973); J. E. GUEST u. R. GREELY: Geologie auf dem M. (a. d. Engl., 1979); A. E. RINGWOOD: Origin of the earth and moon (New York 1979); Chemistry of the moon, hg. v. L. H. AHRENS (Oxford 1980); Der M. Ein Atlas des M., hg. v. P. MOORE (a. d. Engl., 1982); R. E. GUILEY: Der M.-Almanach. Der M. in Fakten, Mythen, Märchen u. Gesch. (a. d. Amerikan., 1993).

Mond, Ludwig, brit. Chemiker und Industrieller dt. Herkunft, *Kassel 7. 5. 1839, †London 11. 12. 1909. M. hatte maßgebl. Anteil am Aufbau der Sodaindustrie in England. Ferner erfand er ein Verfahren zur Gewinnung von wasserstoffreichem Generatorgas (M.-Gas) und entwickelte Verfahren zur Schwefelrückgewinnung, Chlorherstellung und zur Gewinnung von sehr reinem Nickel (M.-Verfahren).

Mondadori S. p. A., Arnoldo [- εsseper'a], größtes ital. Verlagsunternehmen, gegr. 1909 in Ostiglia (Prov. Mantua) unter dem Namen La Sociale von ARNOLDO MONDADORI (*1889, †1971), ab 1912 in Verona (heute noch Sitz einer Großdruckerei), seit 1921 in Mailand. Neben Belletristik, Nachschlagewerken, Kunstbänden, Schulbüchern werden u. a. rd. 50 Lokalzeitungen, Zeitschriften (›Epoca‹) und die Tageszeitung ›La Repubblica‹ herausgegeben sowie Druckereien, Papiermühlen und eine Buchhandelskette betrieben. Größter Gesellschafter (47%) ist S. BERLUSCONI mit seiner Holdinggesellschaft Fininvest S. p. A.

Mond|alter, Astronomie: →Mond.
Mond|augen, Hiodontidae, Familie heringsähnl. Knochenfische mit zwei Arten (Länge bis 50 cm) in den Binnengewässern des mittleren und östl. Nordamerika (Nutzfische).
Mondbein, Os lunatum, ein Handwurzelknochen (→Hand).
Mondblindheit, periodische Augenentzündung, v. a. bei Pferden (hauptsächlich in feuchten Niederungen) periodisch auftretende Entzündung der Regenbogen- und Aderhaut des Auges; Symptome sind starke Schmerzen, Lichtscheu, Lidschluss und Tränenfluss; das Sehvermögen bleibt getrübt; oft gefolgt vom Katarakt (grauer Star). Die M. ist i. d. R. auf ein Auge beschränkt. Sie zählt zu den →Hauptmängeln. Früher wurde sie mit dem Mondwechsel in Verbindung gebracht.

Mondbohne, →Bohne.
Möndchen, *Mathematik:* Kreisbogenzweiecke, d. h. Flächen, die als Schnittgebilde zweier Kreise entstehen. Am bekanntesten sind die →hippokratischen Möndchen.
Monde, Pl., *Astronomie:* →Satellit.
Monde, Le [ləˈmɔ̃d], frz. Tageszeitung in Paris, gegr. 1944 und bis 1969 geleitet von HUBERT BEUVE-MÉRY (*1902, †1989). Im gleichen Verlag, an dem seit 1951 Redakteure als Mitgesellschafter zu 49% beteiligt sind, erscheinen u. a. eine wöchentl. internat. Ausgabe in frz. und engl. Sprache, das Supplement ›Le Monde illustré‹, ferner ›Le Monde diplomatique‹ (gegr. 1954) und ›Le Monde de l'éducation‹ (gegr. 1975).
Mondego [monˈdeɣu] *der,* Fluss im mittleren Portugal, der längste, der ausschließlich auf port. Gebiet fließt, 227 km lang (Einzugsgebiet 6700 km²), entspringt in der Serra da Estrêla und mündet in den Atlant. Ozean. Der M. zählt zu den Flüssen mit der größten Wasserschwankung auf der Erde (zw. 1 m³/s und über 3000 m³/s). Unterhalb von Coimbra ausgedehnte Überschwemmungsgebiete (Reisanbau). Oberhalb von Coimbra Stausee mit Kraftwerk (270 MW).
Mondferne, das →Aposelen.

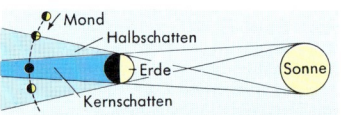
Mondfinsternis

Mondfinsternis, Verfinsterung des Mondes bei seinem Durchgang durch den Erdschatten, d. h., wenn sich die Erde auf einer (nahezu) geraden Linie zw. Sonne und Mond befindet (Vollmond). Da die Bahnebene des Mondes gegen die der Erde geneigt ist, erfolgt eine Verfinsterung nur dann, wenn der Mond in der Nähe eines seiner Bahnknoten ist; andernfalls läuft er unter- oder oberhalb des Erdschattens vorbei. Bei **totaler M.** tritt der Mond ganz in den Kernschatten der Erde ein, bei **partieller M.** bleibt ein Teil von ihm im Halbschatten, der nur nahe beim Kernschatten eine dem Auge merkl. Lichtverminderung bewirkt. Bei einer totalen M. bleibt der Mond in einem schwachen, rötlich grauen bis tiefpurpurroten Licht sichtbar, da durch Beugung und Streuung in der Erdatmosphäre langwelliges Licht in den Bereich des geometr. Kernschattens fällt. Die maximale Dauer von 3 h 40 min (davon 100 min für die Totalität) wird bei einer **zentralen M.** erreicht, d. h., wenn die Mondbahn durch das Zentrum des Erdschattens geht. Eine M. kann von allen Erdorten aus beobachtet werden, an denen der Mond während der Finsternis über dem Horizont steht. Im Mittel treten je Jahr 1,5 M. ein, maximal drei. M. mit annähernd gleicher Stellung von Sonne, Mond und Erde wiederholen sich mit einer Periode von 18 Jahren und $10^1/_3$ bzw. $11^1/_3$ Tagen (→Sarosperiode). Auf das 20. Jh. fallen insgesamt 148 M., davon 83 totale. (→Finsternis)
Mondfische, Klumpfische, Molidae, Familie der Haftkiefer mit drei die Hochsee bewohnenden Arten in warmen und gemäßigten Meeren. Körper seitlich stark abgeflacht, Umriss etwa eiförmig. In der Nordsee wird vereinzelt der **Mondfisch** oder **Sonnenfisch** (Mola mola, bis 3 m Länge) angetroffen, der bis zu 300 Mio. Eier legt und damit vielleicht die fruchtbarste Fischart ist.

Mondfische: Mola mola (Länge bis 3 m)

Mondfleck – Mondrian **Mond**

Mondovì: Wallfahrtskirche der Madonna di Vicoforte; begonnen 1596

Mondfleck, ein Schmetterling, der →Mondvogel.

Mondhornkäfer, Coprini, Gattungsgruppe der Blatthornkäfer mit 900 meist dunklen, selten metallisch glänzenden Arten, bis 7 cm lang. In Mitteleuropa nur eine Art, der M. (Copris lunaris), Länge bis 23 mm, schwarz gefärbt, Männchen mit langem Horn auf der Stirn. Der M. lebt bes. von Kuhdung. Er gräbt eine Bruthöhle bis 20 cm tief in lockeren Boden, in das Weibchen die Brutpillen betreut. Der in Mitteleuropa nur noch seltene M. ist geschützt.

Mondial [frz. ›global‹, ›weltweit‹], auf roman. Sprachelementen aufbauende →Welthilfssprache.

Mond|idol, *Vorgeschichtsforschung:* Bez. für tönerne Gebilde mit hornartig ausgezogenen seitl. Spitzen (bes. aus der Urnenfelder- und Hallstattzeit), die aufgrund der Form und der Fundumstände als Kultgeräte gedeutet werden können.

Mondjahr, →Kalender.

Mondkalb, Speckkalb, Wasserkalb, volkstüml. Bez. für ein Kalb mit angeborener allgemeiner Wassersucht.

Mondlandeeinheit, Mondlandefähre, engl. **Lunar Module** [ˈluːnə ˈmɔdjuːl], →Apollo-Programm.

Mondnattern, Oxyrhopus, Gattung bis 1 m langer Trugnattern mit elf Arten in trop. Niederungswäldern von S-Mexiko bis zum Amazonasbecken, westlich der Anden bis Peru. Der Kopf ist deutlich abgesetzt, die Giftzähne sind groß und stehen relativ weit vorn. Die meisten Arten zeigen →Korallenfärbung.

Mondorf-les-Bains [-lɛˈbɛ̃], Staatsbad im Kt. Remich, Luxemburg, an der Grenze zu Frankreich, 150 m ü. M., 2900 Ew.; Spielkasino; Kochsalzquellen, Mineralwasserversand.

Mondovì, Stadt in der Prov. Cuneo, Region Piemont, Italien, am Nordhang der Seealpen, 22 200 Ew.; Bischofssitz; Stahlwerk, pharmazeut., chem., Papierindustrie, keram. Kunsthandwerk mit alter Tradition. – In der Unterstadt M.-Breo die barocke Kuppelkirche San Filippo (1732–35); in der Oberstadt M.-Piazza mit barocker Kathedrale (1743–63) und Chiesa del Gesù (1665–78). – 7 km östlich liegt die Wallfahrtskirche der Madonna di Vicoforte (1596 von A. VITOZZI als Mausoleum für die Herzöge von Savoyen begonnen) mit der größten ellipt. Kuppel der Erde (36,25 × 24,10 m; mit Fresken ausgemalt).

Mondphase, *Astronomie:* →Mond.

Mondpreise, Bez. für Preisempfehlungen von Markenartikelherstellern, die weit über den tatsächl. Preisforderungen des Handels liegen und durch die die Hersteller dem Handel ermöglichen wollen, mittels starker Unterbietung den Eindruck bes. günstiger Preise zu erwecken. M. können den Tatbestand irreführender Preisgestaltung erfüllen und sind gemäß §§ 1 und 3 UWG wettbewerbswidrig. Sie können von der Kartellbehörde als Missbrauch der unverbindl. Preisempfehlung nach § 38a Ges. gegen Wettbewerbsbeschränkungen für unzulässig erklärt werden.

Mondraute, Botrychium, Gattung der Natternzungenfarne mit ein- oder mehrfach gefiederten Blättern und Sporangienständen; die Art M. im engeren Sinne (Botrychium lunaria) wächst meist vereinzelt auf Wald- und Bergwiesen.

Mondrian [ˈmɔndriːaːn], Piet, eigtl. **Pieter Cornelis Mondriaan,** niederländ. Maler, *Amersfoort 7. 3. 1872, †New York 1. 2. 1944; begann als Landschaftsmaler; setzte sich mit Symbolismus und Pointillismus auseinander. 1911–14 hielt er sich in Paris auf. Nach einer deutlich vom Kubismus bestimmten Phase entstanden 1914 die ersten abstrakten Kompositionen auf der Grundlage linearer und geometr. Elemente. 1917 gehörte er zu den Begründern der →Stijl-Gruppe. In der von T. VAN DOESBURG herausgegebenen Zeitschrift ›De Stijl‹ erläuterte er seine Theorie des →Neoplastizismus. 1919–38 lebte er wieder in Paris, anschließend bis 1940 in London, danach in New York. – M.s Werk besteht seit 1920 aus Gemälden, deren Spannung auf den Formbeziehungen zw. rechteckigen, sparsam verteilten Farbflächen in reinen Farben und dem sie überlagernden System horizontaler und vertikaler Linien beruht. Plast. Werte sind zugunsten des Gleichgewichts reiner Flächenbeziehungen eliminiert. Die Kunst von M. ist einer der konsequentesten und einflussreichsten Beiträge im Bereich der gegenstandslosen Malerei, mit der er in erhebl. Maße auch auf die Architektur wirkte. – 1994 wurde in Amersfoort das restaurierte Geburtshaus des Künstlers als Studien- und Dokumentationszentrum der Öffentlichkeit zugänglich gemacht.

Werke: Komposition mit Rot, Gelb u. Blau (1921; Den Haag, Gemeentemuseum); Komposition mit zwei Linien (1931; Amsterdam, Stedeelijk Museum); Broadway-Boogie-Woogie (1942–43; New York, Museum of Modern Art). – *Schrift:* Le néo-plasticisme (1920; dt. Neue Gestaltung – Neoplastizismus).

C. WEYERGRAF: P. M. u. Theo van Doesburg (1979); S. LEMOINE: M. u. De stijl (a. d. Frz., Genf 1988); H. L. C. JAFFÉ: P. M. (a. d. Engl., Neuausg. 1990); M. and the neo-plasticist utopia, bearb. v. S. FOUCHERAU (London 1994); P. M. 1872–1944, bearb. v. Y.-A. BOIS, Ausst.-Kat. Gemeentemuseum Den Haag (1995); 26. Rue du Départ. M.'s studio in Paris, 1921–1936, hg. v. C. BOEKRAAD (a. d. Niederländ., Berlin 1995).

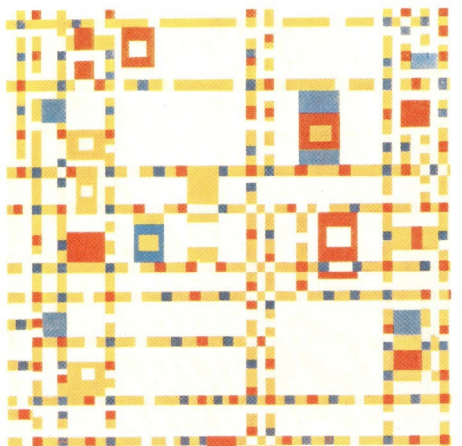

Piet Mondrian: Broadway-Boogie-Woogie; 1942–43 (New York, Museum of Modern Art)

Mondhornkäfer: Copris lunaris (Länge bis 23 mm)

Mondidol von Au im Leithagebirge, Niederösterreich; Ton, Breite 18 cm; Hallstattzeit (Wien, Naturhistorisches Museum)

Mondraute (Höhe 5–20 cm)

Mondsame, Menispermum, Gattung der M.-Gewächse mit zwei Arten: Menispermum dauricum (Sibirien bis Japan) und Menispermum canadense (östl. Nordamerika). Beide Arten werden in Mitteleuropa als Schlingpflanzen kultiviert.

Mondsamengewächse, Menispermaceae, zum weiteren Verwandtschaftskreis um die Hahnenfußgewächse gehörende Pflanzenfamilie mit etwa 525 Arten in 78 Gattungen, die v. a. in den Gebieten der trop. Regenwälder beheimatet sind; fast ausschließlich Lianen oder Sträucher mit meist ungeteilten Blättern und eingeschlechtigen Blüten; enthalten oftmals bittere oder giftige Sesquiterpene oder Alkaloide. Das Pfeilgift Curare wird aus der in Brasilien und Peru vorkommenden Art Chondrodendron tomentosum gewonnen; einige Arten liefern Gifte, die von den Eingeborenen beim Fischfang verwendet werden.

Mondsatellit, Raumflugkörper, der in Mondnähe in eine Umlaufbahn um den Mond gelenkt wird. Erster M. war Luna 10 im April 1966.

Mondscheinsonate, Klaviersonate (›Sonata quasi una fantasia‹) cis-Moll op. 27 Nr. 2 (1801) von L. VAN BEETHOVEN. Der Name M. bezieht sich wohl auf die Stimmung des ersten Satzes und ist vermutlich nach einer Erzählung von L. RELLSTAB entstanden.

Mondsee, 1) See in oberöster. Salzkammergut, 14,2 km² groß, bis 68 m tief, 481 m ü. M., an der Grenze zw. Kalkalpen (Drachenwand, Schafberg) im S und der Flyschzone im N; Zuflüsse sind die Zeller Ache (vom Irrsee) und die Fuschler Ache (vom Fuschlsee), den Abfluss bildet die Seeache in den Attersee. In Scharfling am S-Ufer Bundesamt für Wasserwirtschaft (Gewässer- und Fischereibiologie, Seenkunde).
2) Markt-Gem. im Bez. Vöcklabruck, Oberösterreich, am N-Ufer des Mondsees, 493 m ü. M., 3 100 Ew.; Bezirksgericht, Inst. für Limnologie der Österr. Akademie der Wiss.en; Käserei, Fremdenverkehr; Österr. Pfahlbaumuseum und Heimatmuseum M. (v. a. M.-Kultur, Kloster), Freilichtmuseum Mondseer Rauchhaus, Lokalbahnmuseum. - Die Kirche der ehem. Benediktinerabtei, ein spätgot. dreischiffiger Bau von 1470-87 (an der Stelle der 1104 geweihten roman. Kirche), wurde im 17. Jh. barockisiert, u. a. fünf Altäre von J. M. GUGGENBICHLER (1679-84).

Mondseekultur, nach Siedlungsfunden (›Pfahlbauten‹) im Mondsee benannte Fundgruppe der ausgehenden Jungsteinzeit im nördl. Ostalpengebiet. Charakteristisch ist eine Keramik mit weiß inkrustierter geometr. Verzierung; auch Kupfergeräte (u. a. trapezförmige Flachbeile, Dolche, Drahtspiralen).

Mondsonden, unbemannte Raumflugkörper zur Erforschung des →Mondes (ÜBERSICHT).

Mondstein, 1) Edelstein, →Feldspäte.
2) halbkreisförmiger Schwellenstein an ind. Tempeleingängen, v. a. an den Treppenaufgängen zu Stupas in Sri Lanka reich reliefiert mit konzentr. Girlanden, Tierfriesen und Lotusdekor.

Mondsucht, volkstüml. Bez. für Lunatismus (→Somnambulismus).

Mondvertrag, →Weltraumrecht.

Mondviole, eine Zierpflanze, →Silberblatt.

Mondvogel, Mondfleck, Phalera bucephala, Schmetterling der Familie der Zahnspinner mit halbmondförmigem gelben Fleck auf den Vorderflügeln, in Ruhe wie ein trockener Zweig aussehend; die bunten Raupen leben auf Linden, Eichen oder Weiden.

Mondvogel
(Körperlänge 25-35 mm)

Monegassen, die Bewohner Monacos.

Monel® [Kw.], **Monelmetall,** korrosionsbeständige, hochfeste Legierung aus etwa 67% Nickel, bis zu 33% Kupfer sowie ggf. weiteren Zusätzen (Eisen, Mangan, Aluminium) und Spuren von Silicium, Kohlenstoff, Titan und Schwefel. M. wird u. a. im Schiff-, Turbinen- und Pumpenbau verwendet.

Monellin das, -s, natürl. →Süßstoff.

Monem [frz., zu griech. mónos ›allein‹, ›einzeln‹] das, -s/-e, Sprachwissenschaft: →Morphem.

Monemvassia, Ort im Verw.-Bez. (Nomos) Lakonien, Griechenland, auf einer kleinen Insel vor der südl. O-Küste der Peloponnes (Damm zum Festland), 900 Ew.; Hafen. - Weiträumiges Kastell auf dem höchsten Punkt des Felsens, Sophienkirche (13./14. Jh.); eng gedrängte alte Unterstadt. - Im MA. starke Festung von Morea; in venezian. Zeit (1464-1540, 1690-1715) als Malvasia Hauptstützpunkt des venezian. Levantehandels. Der von hier verschickte griech. Wein wurde →Malvasier genannt.

Moneo, José Rafael, eigtl. **José Rafael Moneo Valles** [- βa'ʎes], span. Architekt, *Tudela 9. 5. 1937; studierte bis 1961 an der Escuela de Arquitectura in Madrid und arbeitete gleichzeitig (1958-61) im Architekturbüro von F. J. SAENZ DE OÍZA, später (1961-62) als Assistent bei J. UTZON; 1963-65 Stipendiat der Span. Akademie in Rom; 1965 eröffnete er ein Architekturbüro in Madrid; 1966-70 Prof. ebd., 1971-85 in Barcelona; ab 1985-90 Leiter der Architekturfakultät der Harvard University. Seine Bauten zeigen den Pluralismus der modernen Architektur und stehen im Kontext mit dem jeweiligen Ort und seiner Geschichte. Beispielhaft für seine Architektur ist u. a. das 1986 eröffnete Museum für Röm. Kunst in Mérida.

Weitere Werke: Hauptniederlassung der Bank of Spain in Jaén (1983-88); Bahnhof Atocha in Madrid (1984-92; BILD →spanische Kunst); Terminal des Flughafens San Pablo in Sevilla (1987-91); Stiftung Pilar und Juan Miró in Palma de Mallorca (1989-91); Umbau des Palacio Villahermosa in Madrid (1989-92); Davis Art Museum, Wellesley College in Massachusetts (1991-93); Bürogebäudekomplex ›L'Illa Diagonal‹ in Barcelona (1991-94; mit M. SOLÀ-MORALES); Modernes Museum und Architekturmuseum in Stockholm (1994-98); Hotel und Bürogebäude am Potsdamer Platz in Berlin (1993 Projekt, Ausführung bis 1998 geplant).

mon|epigraphische Münzen, ohne jede bildl. Darstellung, lediglich mit Schrift versehene Münzen. M. M. sind v. a. die islam. Prägungen bis zu Beginn des 20. Jahrhunderts.

Mon|ergismus [zu mono... und griech. érgon ›Arbeit‹, ›Werk‹] der, -, **Monen|ergetismus,** eine theolog. Lehre des 7. Jh., in der versucht wurde, die auf dem Konzil von Chalkedon (451) definierte Zweinaturenlehre zugunsten des immer noch einflussreichen Monophysitismus auszulegen. SERGIOS (†638), Patriarch von Konstantinopel, sprach im Rückgriff auf DIONYSIUS AREOPAGITA von der einen, gottmenschl. Energie in JESUS CHRISTUS und sah die Einheit der beiden Naturen in CHRISTUS in der einen gemeinsamen Tätigkeit und Wirksamkeit. Der M. wurde zus. mit dem ideengeschichtlich sehr eng verwandten →Monotheletismus auf dem 3. Konzil von →Konstantinopel (680/81) verurteilt.

Mon|ergole [Kw.], Sg. **Monergol** das, -s, →Raketentreibstoffe.

Monet [mɔ'nɛ], Claude, frz. Maler, *Paris 14. 11. 1840, †Giverny (Dép. Eure) 6. 12. 1926; begann als Karikaturist. 1856 begegnete er E. BOUDIN, der ihn zur Freilichtmalerei anregte. 1861-62 leistete er Militärdienst in Algerien, wo ihn Licht und Farben des Südens faszinierten. Nach seiner Rückkehr freundete er sich in Le Havre mit J. B. JONGKIND an. Für einige Zeit besuchte er das Atelier des akadem. Malers C. GLEYRE, setzte aber bald mit Gleichgesinnten (A. RENOIR, A. SISLEY, F. BAZILLE) seine Landschaftsstudien im Wald von Fontainebleau fort. 1870 beeindruckten ihn in London die Bilder J. CONSTABLES und W. TURNERS (v. a. dessen Darstellungen von Nebelmotiven). Sein 1872 in Argenteuil gemaltes Bild ›Impression, soleil levant‹ (Paris, Musée Marmottan) wurde namengebend für ihn und die Gruppe junger Pleinairisten, mit denen er gemeinsam 1874 in Paris ausstellte: Ein Kritiker bezeichnete sie ironisch als ›Impressionisten‹. 1883 zog M. nach Giverny, wo er einen Seerosenteich anlegte, der ab 1899 zum Hauptmotiv seiner Bilder wurde.

M. konzentrierte sich in seinen Werken auf die Wahrnehmung der farbigen Erscheinungen in der Natur und ihrer Veränderungen im Licht. Er bediente sich der Technik des kurzen Pinselstrichs, die es ihm ermöglichte, mit unvermittelt nebeneinander gesetzten ungebrochenen Farben das flüchtige Spiel des Lichts wiederzugeben. Die Form der Gegenstände trat demgegenüber zurück. Bestrebt, die farbwandelnden Lichtwirkungen einzufangen, malte er in seinen Serienbildern dasselbe Motiv (z. B. Bahnhof Saint-Lazare in Paris, 1876–77; Heuschober, 1889–93; Pappeln, 1890; Kathedrale von Rouen, 1892–94) zu versch. Tageszeiten. Im Spätwerk (Themselandschaften, Veduten von Venedig, Seerosenbilder) löste er das Dingliche immer mehr auf zugunsten der alles erfassenden Lichtbewegung. Weitere BILDER →französische Kunst, →Impressionismus

Weitere Werke: Frühstück im Freien (1865–66; Mittelstück u. linker Teil in Paris, Musée d'Orsay); Regatta in Argenteuil (1872; ebd.); Das Mohnfeld (1873; ebd.); Das Atelierboot von M. (1874; Otterlo, Rijksmuseum Kröller-Müller); Die Brücke von Argenteuil (1874; Paris, Musée d'Orsay); Die rue Montorgueil, Fest des 30. Juni 1878 (1878; ebd.); Felder im Frühling (1887; Stuttgart, Staatsgalerie).

M., bearb. v. M. HOOG (a. d. Frz., Paris 1985); B. KÜSTER: C. M. (1987); W. C. SEITZ: C. M. (a. d. Engl., 1988); C. M., hg. v. R. DOSCHKA u. a., Ausst.-Kat. Stadthalle Balingen (1992); S. FOURNY-DARGÈRE: M. (a. d. Frz., 1993); Ein Garten wird Malerei, M.s Jahre in Giverny, hg. v. H. KELLER (Neuausg. 1993); D. WILDENSTEIN: C. M. Catalogue raisonné 4 Bde. (1996); V. RUSSELL: M.s Garten im Wechsel der Jahreszeiten (a. d. Engl., 1996).

Claude Monet: Die Brücke von Argenteuil; 1874 (Paris, Musée d'Orsay)

Claude Monet: Blaue Seerosen; nach 1916 (Paris, Musée d'Orsay)

Moneta [lat. ›Mahnerin‹], Beiname der röm. Göttin Juno. In ihrem Tempel auf dem Kapitol befand sich die röm. Münzstätte; im übertragenen Sinn: Münzstätte, Münze, Geld.

monetär [lat.-frz.], die Finanzen betreffend, geldlich.

Monetarismus [zu lat. moneta ›Münze‹, ›Münzstätte‹] *der, -,* wirtschaftstheoret. und wirtschaftspolit. Konzeption, die von einem engen Zusammenhang zw. der Entwicklung der Geldmenge und der des nominellen Bruttosozialprodukts ausgeht und die die Geldpolitik in den Mittelpunkt wirtschaftspolit. Steuerung stellt. Der M. ist u. a. von M. FRIEDMAN, K. BRUNNER, A. H. MELTZER und ANNA JACOBSON SCHWARTZ (* 1915) in den 1960er- und 70er-Jahren als Gegenentwurf zum Keynesianismus entwickelt worden (›monetarist. Gegenrevolution‹ der ›Chicago-Schule‹). Im Ggs. zum Keynesianismus bevorzugt der M. die längerfristige Betrachtung und knüpft an die neoklass. Vorstellung eines grundsätzlich stabilen Wirtschaftsablaufs an; jedoch muss die Notenbank für die Bekämpfung der Inflation sorgen. Sieht man von Spielarten des M. ab, lassen sich folgende Grundpositionen feststellen:

1) *Stabilität des privaten Sektors:* Der Keynesianismus hatte behauptet, dass der Wirtschaftsprozess v. a. wegen spontaner Änderungen in den wirtschaftl. Erwartungen der Wirtschaftssubjekte instabil sei und Arbeitslosigkeit als Dauerzustand der Marktwirtschaft betrachtet werden müsse. Dies wird vom M. verworfen und durch die These ersetzt, dass Wachstums- und Konjunkturzyklen auf exogene Störungen zurückzuführen sind und die private Wirtschaft in der Lage ist, diese Schocks zu absorbieren und in stabilisierende Bewegungen umzusetzen. Dahinter steht die Überzeugung, dass die Preismechanismen in der Wirtschaft Ungleichgewichte an den Märkten abbauen können, dass also Bewegungen von Güterpreisen, Löhnen und Zinsen Angebot und Nachfrage an den Märkten ausgleichen werden (stabiles Gleichgewicht). Da somit die Selbstheilungskräfte des Marktes zum Marktausgleich führen und da dies insbesondere auch für den Arbeitsmarkt gilt, an dem eine ausgeprägte Tendenz zur Vollbeschäftigung wirksam wird, gibt es für Eingriffe des Staates in den Wirtschaftsablauf – v. a. für die vom Keynesianismus bevorzugte Fiskalpolitik – keinen Anlass. Im Gegenteil: In der Interpretation des M. sind gerade die wirtschaftspolit. Eingriffe des Staates im Sinne einer diskretionären Wirtschaftspolitik Quelle von Instabilität. Der Staat trägt durch seine häufig falsch dosierten und zur falschen Zeit wirkenden Steuer- und Ausgabenprogramme nur Unsicherheit in die Wirtschaft und er-

zeugt damit gerade die Instabilität, die zu bekämpfen er vorgibt. Die Selbstheilungskräfte wirken allerdings nur, wenn die Preismechanismen nicht behindert werden. Die Märkte müssen dazu wettbewerblich organisiert sein; die Wettbewerbspolitik dürfe keine Wettbewerbsbeschränkungen zulassen.

2) *Zentrale Rolle der Geldmenge und der Geldpolitik:* Während die Preismechanismen für eine Vollauslastung der Produktionskapazitäten, insbesondere auch für Vollbeschäftigung sorgen, hängt die Entwicklung des Preisniveaus entscheidend von der Ausweitung der Geldmenge ab. Hier übernimmt der M. die Vorstellungen der Quantitätstheorie, dass bei gegebenem Wachstum des Produktionsvolumens und bei gegebener Umlaufgeschwindigkeit des Geldes Inflation immer ein monetäres Phänomen ist, also dadurch zustande kommt, dass die Geldmenge rascher wächst als das Produktionsvolumen. Die Inflationsbekämpfung wird somit zur zentralen Aufgabe für die Geldpolitik. Sie muss die Entwicklung der Geldmenge mit dem Wachstum der gesamtwirtschaftl. Produktion in Übereinstimmung halten. Um dies auch in der wirtschaftspolit. Realität zu sichern, schlägt der M. eine Regelbindung für die Geldpolitik vor. Nach der einfachsten, zugleich aber auch striktesten Regel soll die Zentralbank verpflichtet werden, die Geldmenge Jahr für Jahr mit einer festen Rate, die der mittelfristigen Wachstumsrate der Produktion entspricht, auszuweiten (potenzialorientierte Geldmengensteuerung). Mit dieser mittelfristigen Orientierung der Geldpolitik würde zugleich verhindert, dass die Zentralbank den nach Ansicht des M. aussichtslosen Versuch unternimmt, konjunkturelle Schwankungen durch antizykl. Geldpolitik ausgleichen zu wollen. Allerdings sind auch flexiblere Regelbindungen vorgeschlagen worden, die zumindest in begrenztem Umfang Anpassungen der Geldmengenentwicklung an Bewegungen der Umlaufgeschwindigkeit des Geldes oder an Bewegungen der gesamtwirtschaftlichen Produktion erlauben (→Geldmengenziel). Immer aber soll die Geldpolitik auf die Steuerung der Geldmenge und nicht auf die Steuerung der Zinsen gerichtet sein. Im Vergleich zur Geldpolitik spielt die Fiskalpolitik eine untergeordnete Rolle. Aktive Fiskalpolitik ist weder für die Vollbeschäftigung erforderlich, noch wird sie für den Kampf gegen die Inflation benötigt, deren Ausmaß von der Geldversorgung durch die Zentralbank abhängt. Kreditfinanzierte Ausgabenerhöhung oder Steuersenkung im Sinne der Defizitfinanzierung würde allenfalls wegen der steigenden staatl. Kreditnachfrage den Zins nach oben treiben und so die privaten Investitionen verdrängen (Crowding-out).

3) *Unabhängigkeit von Inflation und Arbeitslosigkeit:* Keynesianisch orientierte Ökonomen gingen zumindest bis in die 1970er-Jahre davon aus, dass mit einem Rückgang der Inflationsrate ein Anstieg der Arbeitslosenquote einhergeht und umgekehrt (→Phillips-Kurve), woraus für die Wirtschaftspolitik ein Abwägungsproblem zw. Inflation und Arbeitslosigkeit entsteht. Der M. lehnt diese Interpretation strikt ab. In einer ursprüngl. Version werden allenfalls vorübergehende Beschäftigungsprobleme aus einer rückläufigen Inflationsrate erwartet. Wenn die Notenbank die Inflationsrate drückt, aber der Nominallohnanstieg unverändert bleibt, verschlechtert sich für die Unternehmen zunächst das Verhältnis zw. den nominalen Erlösen (von der rückläufigen Inflationsrate geprägt) und den Kosten (von der Nominallohnentwicklung geprägt). Es kommt zu Entlassungen. Daraufhin wird die Nominallohnentwicklung abgebremst, und das Erlös-Kosten-Verhältnis der Unternehmen verbessert sich wieder; Arbeitskräfte werden wieder eingestellt. Am Ende ist nur die Inflationsrate (und die Steigerungsrate der Nominallöhne) gesunken, aber der Beschäftigungsgrad ist erhalten geblieben. Die bei diesem Beschäftigungsgrad noch bestehende Arbeitslosigkeit, die auf Friktionen am Arbeitsmarkt und Strukturveränderungen in der Produktion zurückgeführt wird, bezeichnet M. Friedman als natürl. Arbeitslosigkeit. Ihre Höhe entzieht sich einer direkten Beobachtung; die meisten Ökonomen gehen jedoch davon aus, dass sie in fast allen Industrieländern im Laufe der Zeit gestiegen ist. Nur während des Anpassungsprozesses weichen Produktionsniveau und Beschäftigung von ihren natürl. Werten ab. Die Vertreter des M. treffen keine eindeutigen Aussagen zur Länge des Anpassungsprozesses. Friedman zufolge kann er viele Jahre, auch Jahrzehnte andauern.

Der M. hat v.a. Anfang der 1970er-Jahre in der Volkswirtschaftslehre und in der wirtschaftspolit. Praxis Verbreitung gefunden, nachdem das Inflationsproblem weltweit in den Vordergrund gerückt war und das Hauptthema des Keynesianismus, anhaltende Arbeitslosigkeit, eine geringe Rolle spielte. Der M. bot für die Inflationsbekämpfung ein einfaches Rezept: Begrenzung der Geldmengenentwicklung gemäß den Wachstumsmöglichkeiten der Volkswirtschaft. Um vorübergehenden, aber dennoch unerwünschten Beschäftigungseinbrüchen bei der Inflationsbekämpfung vorzubeugen, kam es darauf an, dass die Notenbanken den Märkten das Volumen der geplanten Geldmengenausweitung vorankündigten, um rechtzeitige Anpassungen an eine möglicherweise knappere Geldversorgung zu ermöglichen. Viele Notenbanken in den westl. Industrieländern gingen in den 70er-Jahren dazu über, die Geldmenge (statt der Zinsen) in den Vordergrund ihrer geldpolit. Steuerung zu stellen und Geldmengenziele zu verkünden. Die krit. Einstellung des M. zur Fiskalpolitik trug u.a. dazu bei, dass von vielen Reg. immer weniger auf fiskalpolit. Defizitfinanzierung gesetzt wurde und stattdessen ›Konsolidierung‹, der Abbau staatl. Budgetdefizite, zur Richtschnur der Politik wurde. An die Stelle der keynesianisch orientierten Globalsteuerung traten Konzepte einer →angebotsorientierten Wirtschaftspolitik, die auch im Rahmen wirtschaftspolit. Auflagen des IWF für Entwicklungsländer umgesetzt wurden.

Bereits im Verlauf der 70er-Jahre, mehr noch in den 80er-Jahren, verlor der M. an Attraktivität. Auf theoret. Ebene wurde er v.a. durch Modelle, die auf der Theorie der rationalen Erwartung (→Erwartung) basieren, verdrängt. Auch auf wirtschaftspolit. Ebene büßte der M. an Überzeugungskraft ein. Die Volkswirtschaften fanden nicht zu dem, was der M. zu ermöglichen versprach: zu einem inflationsfreien Wachstum bei Vollbeschäftigung. Viele Notenbanken, auch wenn sie formal noch an Geldmengenzielen festhielten, gaben die strenge monetarist. Geldmengensteuerung auf, ließen Zielverfehlungen bei der Geldmenge zu und orientierten sich wieder stärker am Zins. Eine fundamentale Annahme des M., dass zw. der Wachstumsrate der Geldmenge und der Inflationsrate eine stabile, verlässl. Beziehung bestehe, erwies sich als problematisch. Es traten Phänomene auf, die eher vom Keynesianismus behauptet wurden, z.B., dass sich das Geldnachfrageverhalten der Wirtschaftssubjekte plötzlich änderte, also die Wirtschaftssubjekte ihr Vermögen z.B. verstärkt in liquiden Anlageformen halten, was die Geldmenge ausweitet, ohne die Inflation zu verstärken. Überdies sprach die hartnäckig anhaltende Arbeitslosigkeit in vielen Ländern gegen starke Selbstheilungskräfte des Marktes. Gleichwohl darf daraus nicht vorschnell das Scheitern des M. abgeleitet werden. Ebenso wie für den Keynesianismus gilt auch für den M., dass er seine Stärken erst in bestimmten gesamtwirtschaftl. Problemlagen zeigen kann. Liefert der Keynesianismus Instrumente für Volkswirtschaften mit kumulativen

Rezessionserscheinungen, so bietet der M. Ansätze für die Stabilisierung des Preisniveaus in Phasen der Hochkonjunktur.

⇨ *Beschäftigung · Geld · Keynesianismus · Konjunktur · Neoklassik · neue klassische Makroökonomik · Quantitätstheorie · Stabilitätspolitik · Volkswirtschaftslehre · Wachstum · Wirtschaftspolitik*

Der neue M., hg. v. P. KALMBACH (1973); Geldtheorie, hg. v. K. BRUNNER u. a. (1974); M. FRIEDMAN: Die optimale Geldmenge u. a. Essays (a. d. Engl., ²1976); Die M.-Kontroverse, hg. v. W. EHRLICHER u. a. (1978); W. SCHRÖDER: Theoret. Grundstrukturen der M. (1978); M. PAPROTZKI: Die geldpolit. Konzeptionen der Bank von England u. der Dt. Bundesbank. Eine Analyse über den Einfluß des monetarist. Paradigmas (1991); J. PÄTZOLD: Stabilisierungspolitik (Bern ⁵1993); B. FELDERER u. S. HOMBURG: Makroökonomik u. neue Makroökonomik (⁶1994).

Monetary Fund [ˈmʌnɪtəri fʌnd, engl.], Kurz-Bez. für International Monetary Fund (→Internationaler Währungsfonds).

Monfalcone, Stadt in der Prov. Görz, Friaul-Julisch Venetien, Italien, nahe der Mündung des Isonzo in den Golf von Triest, 26 800 Ew.; Bau von Schiffs- und Flugzeugteilen, chem., Baumwoll- u. a. Industrie; Hafen. – Die Festung ›Rocca‹, 16. Jh.) wurde um 1950 restauriert; Dom Sant'Ambrogio (im Kern 14. Jh., Neubau 1926–29) mit Campanile (1959–60).

Monferrato, frz. **Montferrat** [mɔ̃fɛˈra], jungtertiäres Hügelland in Piemont, Italien, zw. Po und Tanaro, erreicht 716 m ü. M.; bedeutendes Weinbaugebiet; Hauptorte: Asti, Casale Monferrato. – Die Herren der kleinen, seit dem 11. Jh. bestehenden Markgrafschaft, deren Selbstständigkeit häufig, bes. von Savoyen und Mailand, bedroht wurde, standen im 12. und 13. Jh. meist auf der Seite der Staufer. Markgraf BONIFATIUS II. (1225–55) war einer der Führer des 4. Kreuzzugs. 1305 fiel M. durch Erbschaft an die griech. Palaiologen, 1536 an die Gonzaga in Mantua. 1574 wurde es Herzogtum, 1631 kam ein Teil, 1713 der Rest zu Savoyen-Piemont.

Monforte de Lemos, Stadt in N-Spanien, Prov. Lugo (Galicien), 384 m ü. M., 20 400 Ew.; Priesterseminar; Straßenknotenpunkt. – Das ehem. Jesuitenstift wurde Ende 16./Anfang 17. Jh. im Stil des Escorial erbaut; in der Kirche Gemälde von EL GRECO und A. DEL SARTO. Got. Klosterkirche San Vicente mit Renaissanceportalen (16. Jh.); dreistöckiger Kreuzgang (18. Jh.).

Monge [mɔ̃ʒ], Gaspard, Graf **von Péluse** [peˈlyːz], frz. Mathematiker und Politiker, * Beaune 10. 5. 1746, † Paris 28. 7. 1818; Prof. an der Militärschule in Mézières und später maßgeblich am Aufbau der École Polytechnique in Paris beteiligt. Wichtigstes Arbeitsgebiet von M. war die darstellende Geometrie, die er systematisch aufbaute. 1783 synthetisierte er (unabhängig von A. L. DE LAVOISIER) Wasser aus Wasserstoff und Sauerstoff. M. war einer der prominentesten Anhänger der Revolution unter den Intellektuellen, er war 1792/93 Marine-Min. und Mitorganisator der ›Levée en masse‹. Er begleitete NAPOLÉON BONAPARTE nach Ägypten, um das ›Institut d'Égypte‹ aufzubauen.

Möngke, Großkhan der Mongolen (seit 1251), *1209, †1259; Enkel DSCHINGIS KHANS, Neffe und zweiter Nachfolger ÖGÄDÄIS. Unter seiner Herrschaft griffen die Mongolen nach SW bis Bagdad aus. M. starb auf einem Feldzug gegen die Südl. Song in China.

Mongo, Lolo, Bamongo, Balolo, Gruppe von Bantuvölkern (Ekonda, Kela, Ngombe, Songomeno, Tetela u. a.) in der Demokrat. Rep. Kongo (Kinshasa), im mittleren Kongobecken zw. dem großen Bogen des Kongo-Lualaba und des Sankuru. Die etwa 4,3 Mio. M. sind Waldlandpflanzer (Maniok, Bananen), Händler und Handwerker (Flechtarbeiten, Töpferei), Fischer, Sammler und Jäger. Sie leben z. T. mit Pygmäen in sozialer und wirtschaftl. Symbiose. Außer den Kela und Songomeno sind sie weitgehend christianisiert.

R. K. EGGERT: Das Wirtschaftssystem der M. (1987).

Mongo der, -/-(s), kleine Währungseinheit in der Mongolei; 100 M. = 1 Tugrik.

Mongolei, Bez. für den aus mehreren Landschaften bestehenden östl. zentralasiat. Raum; historisch-geographisch das Hochland zw. der Chin. Mauer und dem Baikalgebirge in Sibirien, begrenzt im W durch den Altai und im O durch den Großen Chingan. Die Wüste Gobi bildet das Innere dieses Raumes und teilt ihn in einen nördl. (Äußere M.) und südl. Teil (Innere M.). Die →Innere Mongolei gehört zur VR China, die Äußere M. bildet den Staat →Mongolei (bis 1992 Mongol. Volksrepublik).

Geschichte

Ende des 1. Jt. v. Chr. besiedelten Nomadenstämme, die zumeist über Gemeinsamkeiten in Lebensweise, Wirtschaft, Kultur und Sprache (?) verfügten, das Gebiet der M. Sie schufen Steppenreiche, u. a. das der →Xiongnu (3./2. Jh. v. Chr. am Orchon), Xianbi (5./6. Jh. n. Chr.), Juanjuan (6. Jh.), Uiguren (6.–9. Jh.), Kirgisen (9. Jh.) und Kitan (10.–12. Jh.). Die Mongolenreiche des 13.–14. Jh. (→Mongolen) sowie andere histor. und heutige Mongolengebiete (Dsungarei, Burjatien sowie mongol. Minderheitengebiete in der VR China und Afghanistan) werden politisch und geographisch nicht dem Begriff Mongolei zugeordnet. 1634–36 unterstellten sich die chin. Mandschu-Kaiser das Gebiet der Inneren M., 1691 das der Äußeren M. 1754/55 unterwarfen sich die Westmongolen dem Mandschu-Kaiser. So war die gesamte M. unter mandschur. Einfluss geraten. Gegen die mandschur. Fremdherrschaft richteten sich mehrere Aufstände der Mongolen (u. a. 1755–58, 1880, 1900).

Die **Äußere M.,** Siedlungsgebiet der Chalcha, nahm 1636 erste Beziehungen zu den Mandschuren auf. 1639 wurde Ulan-Bator (damaliger Name Örgöö) Sitz des Dshebtdsundamba Chutuchtu (Titel des Oberhauptes des mongol. Lamaismus). Seit 1723/25 war das Gebiet parallel zur mandschur. Bannerverwaltung in vier Verwaltungsgebiete (Aimak) gegliedert. Im Gefolge der Revolution in China (1911) kam es zu einer Unabhängigkeitsbewegung, in deren Verlauf die Äußere M. im Dezember 1911 ihre Autonomie verkündete; als Staatsoberhaupt wurde der achte Dshebtdsundamba Chutuchtu (Bogd Gegeen) eingesetzt. Die Vereinbarung von Kjachta zw. Russland, China und der Äußeren M. bestätigte die Autonomie Letzterer unter chin. Oberherrschaft (25. 5. 1915). Das Anwachsen des polit. und wirtschaftl. Einflusses Russlands wurde durch dessen Schwächung im Gefolge der Oktoberrevolution (1917) unterbrochen, und chin. Truppen besetzten erneut die Chalcha-M.; am 17. 11. 1919 erzwang China den Verzicht auf ihre Autonomie. 1918/19 bildeten sich zwei revolutionäre Gruppen; später legte man den 1. 3. 1921 als Gründungstag für die Mongol. Volkspartei fest (erster Partei-Vors. SOLIJN DANDSAN, der 1924 als Gegner einer prosowjet. Politik erschossen wurde). Die Partei hatte von Anfang an enge Verbindungen zum Fernostsekretariat der Kommunist. Internationale in Irkutsk; 1924/25 erfolgte ihre Umbenennung in Mongol. Revolutionäre Volkspartei (MRVP). Im Februar 1921 vertrieb der baltendt. General ROMAN FJODOROWITSCH Baron VON UNGERN-STERNBERG, der mit seinen weißgardist. Truppen im Oktober 1920 auf seiner Flucht vor der Roten Armee aus Sibirien in die M. eingedrungen war, das chin. Militär, setzte die alte Reg. unter dem Bogd Gegeen formal wieder ein und errichtete ein Schreckensregime. Im Mai/Juni 1921 besiegten mongol. Revolutionäre, die eine unter dem militär. Kommando von DAMDINY SÜCHBAATAR (*1893,

Gaspard Monge

Mong Mongolei

† 1923) stehende Volksarmee gebildet hatten, mithilfe der Roten Armee die weißgardist. Truppen. Nach dem Einzug sowjetisch-mongol. Truppen in die Hauptstadt Neyislel Küriyen (Urga) am 6. 7. 1921 übernahm am 10. 7. 1921 eine Volksregierung die Macht und verkündete am 11. 7. 1921 den Sieg der Volksrevolution (seitdem 11. 7. Nationalfeiertag). Der Bogd Gegeen blieb Monarch mit beschränkten Befugnissen (Titel seit 1911 Bogd Khan). Nach seinem Tod (Mai 1924) gründeten kommunistisch orientierte Kräfte auf sowjet. Betreiben die Mongol. Volksrepublik (26. 11. 1924).

Im NW der Äußeren M. erklärte 1911 Urjanchai seine Unabhängigkeit von China, 1914 wurde es russ. Protektorat. Die sowjet. Reg. errichtete 1921 eine nur formell unabhängige VR Tannu-Tuwa (mit sowjet. Verfassungssystem). 1944 wurde sie von sowjet. Truppen besetzt und der UdSSR eingegliedert (zunächst autonomes Gebiet, ab 1961 Tuwin. ASSR, heute Rep. Tuwa innerhalb der Russ. Föderation).

Die **Innere M.** war in den letzten Jahrzehnten der Herrschaft der Mandschu-Kaiser einer verstärkten Ansiedlung von chin. Bauern ausgesetzt, die jedoch erst nach Errichtung der Chin. Republik (1912) Ende der 20er-Jahre (1928–31) ihren Höhepunkt erreichte. Der jap. Einfall in die Mandschurei (1931) und die Errichtung des Staates Mandschukuo (1932–45) brachte die Innere M. in den Einflussbereich Japans. Seit 1945 wieder unter chin. Herrschaft, erhielt die Innere M. 1947 den Status eines autonomen Gebietes.

H. CONSTEN: Weideplätze der Mongolen im Reiche der Chalcha, 2 Bde. (1919–20); I. J. KOROSTOVETZ: Von Cinggis Khan zur Sowjetrepublik. Eine kurze Gesch. der M. unter besonderer Berücksichtigung der neuesten Zeit (1926, Nachdr. 1974); P. S. H. TANG: Russian and Soviet policy in Manchuria and Outer Mongolia 1911–1931 (Neuausg. Durham, N. C., 1959); Die Mongolen u. ihr Weltreich, hg. v. A. EGGEBRECHT (1989); A. J. K. SANDERS: Historical dictionary of Mongolia (Lanham, Md., 1996).

Mongolei

Mongolei
Fläche 1 566 500 km²
Einwohner (1996) 2.32 Mio.
Hauptstadt Ulan-Bator
Amtssprache Mongolisch
Nationalfeiertage 11. 7., 26. 11.
Währung 1 Tugrik (Tug.) = 100 Mongo
Uhrzeit 19⁰⁰ Ulan-Bator = 12⁰⁰ MEZ

Mongolei, amtlich mongolisch **Mongol Uls,** Staat in Zentralasien, grenzt im N an Russland, sonst an China; mit 1 566 500 km² flächenmäßig fast viereinhalbmal so groß wie Dtl., (1996) 2,32 Mio. Ew. (1979: 1,595 Mio. Ew.); Hauptstadt ist Ulan-Bator. Amtssprache ist Mongolisch. Währung: 1 Tugrik (Tug.) = 100 Mongo. Uhrzeit: 19⁰⁰ Ulan-Bator = 12⁰⁰ MEZ.

STAAT · RECHT

Verfassung: Nach der am 12. 2. 1992 in Kraft getretenen Verf. ist die M. eine Rep. mit Mehrparteiensystem; das früher in der Verf. fixierte Herrschaftsmonopol der Mongol. Revolutionären Volkspartei (MRVP) war im März 1990 beseitigt worden. Die neue Verf. bekennt sich zu den Prinzipien von Demokratie, Gerechtigkeit, Freiheit, Gleichheit und Nat. Einheit und gewährleistet staatl. und Privateigentum, auch an Grund und Boden (der Verkauf von Grundbesitz an Ausländer ist allerdings verboten). Staatsoberhaupt, Vors. des Nat. Sicherheitsrates und Oberbefehlshaber der Streitkräfte ist der auf vier Jahre direkt gewählte Präs. Er muss aus dem Land stammen und mindestens 45 Jahre alt sein. Der Präs. kann gegen Gesetze sein Veto einlegen (vom Parlament mit Zweidrittelmehrheit zurückweisbar) und unter bestimmten Bedingungen den Ausnahme- bzw. Kriegszustand ausrufen (die Proklamation wird ohne Bestätigung durch das Parlament hinfällig. Oberstes Gesetzgebungsorgan ist der Große Chural (76 Abg., für vier Jahre gewählt). Die Exekutive liegt bei der Reg. unter Vorsitz des vom Parlament gewählten Premier-Min. Über die Verf. wacht ein Verf.-Rat, dessen neun Richter für sechs Jahre zu je einem Drittel vom Parlament, dem Präs. und dem Obersten Gerichtshof nominiert werden.

Parteien: Seit 1990 entstanden neben der ehem. kommunist. Einheitspartei, der Mongol. Revolutionären Volkspartei (MRVP; 1924 aus der Mongol. Volkspartei hervorgegangen; seit 1992 nationaldemokratisch ausgerichtet), zahlr. neue Parteien. Zu den wichtigsten, seit 1996 in der Demokrat. Union zusammengeschlossen, gehören die Mongol. Nationaldemokrat. Partei (MNDP, gegr. 1992), die Mongol. Sozialdemokrat. Partei (MSDP, gegr. 1990), die Mongol. Partei der Grünen (gegr. 1990) und die Demokrat. Partei der Gläubigen (MGP, gegr. 1990).

Gewerkschaften: 1990 entstand aus der früheren Einheitsgewerkschaft der Mongol. Gewerkschaftsverband (rd. 600 000 Mitgl.).

Wappen: Das Wappen (von 1992) zeigt innerhalb eines von traditionellen Glücksknoten umzogenen Kreises (mit unten angedeutetem weißem Fuß) auf blauem Hintergrund ein goldfarbenes geflügeltes Pferd mit Sprung nach heraldisch links, darunter auf hellgrünem Grund ein Speichenrad mit eingeflochtenem blauem Chudag (Glückstuch). Sattel und Zaumzeug werden duch das alte mongol. Sojombo-Symbol dargestellt und trennen das Pferd in zwei Hälften.

Nationalfeiertag: Nationalfeiertage sind der 11. 7. (Naadam), der sportl. Höhepunkt des Jahres in allen Landesteilen mit den ›Drei Spielen der Männer‹ (Pferderennen, Ringen und Bogenschießen) sowie der 26. 11. zum Gedenken an die Gründung der M. 1924.

Verwaltung: Seit Mai 1994 ist die M. auf regionaler Ebene in 21 Aimaks und die Hauptstadt Ulan-Bator eingeteilt; lokale Untergliederungen sind die Somone (Kreise), die in Bags untergliedert werden, die Hauptstadt wird in Distrikte und diese in Choroo unterteilt. Alle diese Gebietseinheiten sind zugleich Selbstverwaltungskörperschaften und staatl. Verwaltungseinheiten. Beschlussorgane der Selbstverwaltung sind die vom Volk gewählten Churale. Der jeweilige Verwaltungschef, der staatl. Verwaltungsaufgaben wahrnimmt, die Selbstverwaltungsbeschlüsse vollzieht und die Kommunalaufsicht ausübt, wird auf Vorschlag der Churale vom Premier-Min. bzw. vom Verwaltungschef der nächsthöheren Ebene ernannt.

Recht: An der Spitze der Gerichtsbarkeit steht der Oberste Gerichtshof, darunter gibt es Aimak-, Somon- und Bag-Gerichte sowie Hauptstadtgerichte. Die Richter sind unabhängig und nur dem Gesetz verantwortlich. Darüber wacht ein Generalrat der Gerichte.

Streitkräfte: Die Gesamtstärke der Wehrpflichtarmee (Dienstzeit zwei Jahre) beträgt rd. 22 000 Mann, die der paramilitär. Einheiten (Grenztruppen) etwa 20 000 Mann. Das Heer (21 000 Soldaten) ist im Wesentlichen in drei nur teilpräsente motorisierte Schützendivisionen mit 600 Kampfpanzern (T-54/-55, T-62) gegliedert. Die Luftwaffe (1 000 Mann) ist mit rd. 20 Kampfflugzeugen, die zur Hälfte MiG-17 und MiG-21, ausgestattet. – Die letzten sowjet. bzw. GUS-Soldaten verließen im Herbst 1992 das Land.

LANDESNATUR · BEVÖLKERUNG

Die M. ist ein überwiegend abflussloses Hochland (1 000–2 000 m ü. M.). Den W und NW nehmen hohe

Staatsflagge

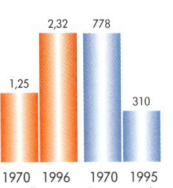

1970 1996 Bevölkerung (in Mio.)
1970 1995 Bruttosozialprodukt je Ew. (in US-$)

☐ Stadt
☐ Land

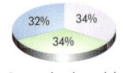

Bevölkerungsverteilung 1995

☐ Industrie
☐ Landwirtschaft
☐ Dienstleistung

Bruttoinlandsprodukt 1995

Gebirgsketten (Mongol. Altai bis 4374 m ü. M., Gobialtai bis 3957 m ü. M., Changaigebirge bis 3905 m ü. M.) ein, die von weiten, wüstenhaften Beckenlandschaften (Becken der Großen Seen mit Uws Nuur, Chjargas Nuur, Atschit Nuur, Char Us Nuur und Char Nuur im NW, Tal der Gobiseen) unterbrochen werden. Vom Changaigebirge leiten mehrere stark abgetragene Mittelgebirgszüge mit den breiten, schuttgefüllten Tälern von Selenga, Orchon und ihren Nebenflüssen nach N zu den Gebirgen Transbaikaliens, nach NO zum bewaldeten Chentejgebirge (2800 m ü. M.) über. Der O ist ein flachwelliges, von isolierten Kuppen und Vulkanen besetztes Hochplateau, das nach NO zum Tal des Kerulen abfällt. Südlich der Gebirgszone schließt sich als Steppen-, Stein- und Sandwüste das Trockengebiet der →Gobi an.

Klima: Das Klima ist extrem kontinental mit großen Temperaturschwankungen (Julimittel 10°C im N, 22°C im S, Maximum 40°C, Januarmittel entsprechend −35°C und −15°C, Minimum −50°C) und geringen Jahresniederschlägen (im S 60–100 mm, im N 200–300 mm, in den Höhenlagen bis 500 mm). Der größte Teil der Niederschläge fällt im warmen Sommer. Kennzeichnend für das winterkalte Trockenklima sind sehr kurze Übergangsjahreszeiten. Eine geschlossene winterl. Schneedecke ist nur im N und in den höheren Gebirgen vorhanden.

Vegetation: Im N greifen noch die Ausläufer der sibir. Taiga in das Gebiet der M. hinein. Nach S schließen Gebirgswaldsteppe und Gebirgssteppe, mit abnehmenden Niederschlägen Kurzgrassteppen, die v. a. den östl. Landesteil einnehmen (zus. über 50% des Staatsgebietes), an. Wälder finden sich v. a. in den besser beregneten Teilen des Changai- und Chentejgebirges. Wüstensteppe (25–30% der Landesfläche) leitet zu den Wüstengebieten der Gobi (rd. 15% der Landesfläche) über.

Bevölkerung: Die →Mongolen bilden (1995) rd. 90% (Volkszählung 1989: 88,5% [1,815 Mio.]) der Bev.; auf die Turkvölker entfielen 1989 7,1% (120600 Kasachen, 20450 Tuwiner, 4100 Chotonen). Außerdem lebten 1989 in der M. rd. 94000 Russen und Chinesen. Unter den Mongolen bilden die (1989) 1,61 Mio. Chalcha die größte Gruppe, erfasst wurden außerdem 55200 Dürbeten, 38800 Bajaten, 34750 Burjaten, 28600 Dariganga, 22500 Dsachtschinen, 8800 Oloten und 10200 Torguten. – Die jährl. Wachstumsrate der Bev. liegt bei 2,7%. 1989 waren 51,3% der Bev. unter 20 Jahre alt, die mittlere Lebenserwartung liegt bei 62 Jahren. In den Städten lebten (1995) 60% der Bev. (1969: 44%). Größte Städte sind Ulan-Bator, Darchan, Erdenet und Suche-Bator. Die Bev.-Dichte liegt (1995) bei 1,5 Ew./km², damit ist die M. eines der am dünnsten besiedelten Länder der Erde.

Religion: Die Religionsfreiheit wird durch die Verf. garantiert. Das ›Staatsgesetz für die Beziehungen mit Religionsgemeinschaften und Klöstern‹ (in Kraft seit 1994) untersagt allerdings ›gegen mongol. Bräuche und Traditionen gerichtete religiöse Aktivitäten‹. Die dominierende Religion ist der Buddhismus tibet. Prägung (Lamaismus), zu dem sich nun wieder die Mehrheit der Mongolen bekennt. Die buddhist. Religionspraxis hat Elemente des Schamanismus aufgenommen, der als die ursprüngl. Religion der M. bis heute vertreten ist. Religiöses Zentrum, Ausbildungsstätte für die Lamas (auch aus Burjatien) und Sitz des Oberhauptes der mongol. Buddhisten ist das Kloster Gandan Tegtschinlin in Ulan-Bator, das zw. 1937/38 und 1990 das einzige Kloster in der M. war. Seit 1990 wurden über 120 Klöster neu bzw. wieder errichtet; die Zahl der Lamas wuchs von rd. 100 auf etwa 2000. – Die Angehörigen der turksprachigen Nationalitäten (v. a. Kasachen) sind mehrheitlich sunnit. Muslime, v. a. der hanefit. Rechtsschule. – Die christl. (überwiegend evangelikale) Mission fasste erfolgreich in den 1990er Jahren Fuß. Für die rd. 600 kath. Christen (v. a. Ausländer) besteht eine kirchl. Mission mit Sitz in Ulan-Bator.

Bildungswesen: Schulpflicht besteht vom 8. bis 15. Lebensjahr. Bei der zehnjährigen allgemein bildenden Schule ist ein vorgezogener Abgang (nach acht Jahren) möglich. Seit Beginn der 1990er-Jahre ist der Schulbesuch u. a. aus finanziellen Gründen zurückgegangen. Z. T. entstanden private schul. Einrichtungen. Die höhere Schulbildung erfolgt in vielfach spezialisierten Sekundarschulen und Gymnasien, vergleichsweise gut ausgebaut ist das berufl. Schulwesen und das Fachschulwesen. Seit 1996 ist neben Russisch auch Englisch Pflichtfach an Sekundarschulen. Auf Hochschulebene gibt es neben der Univ. (gegr. 1942) in Ulan-Bator fünf FH (Kunst, Landwirtschaft, Medizin, Militärwesen, Technik).

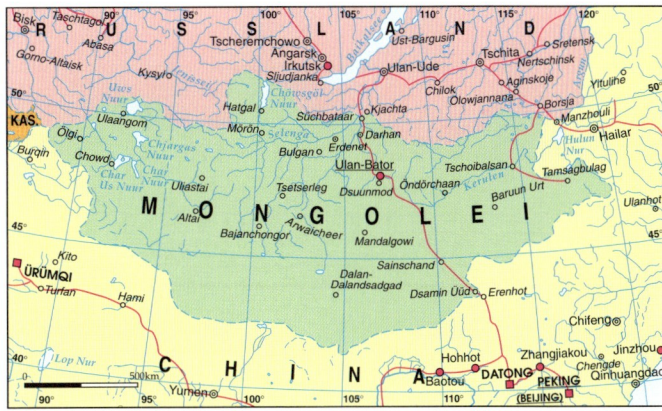

Mongolei: Übersicht

Klimadaten von Ulan-Bator (1 305 m ü. M.)				
Monat	Mittleres tägl. Temperaturmaximum in °C	Mittlere Niederschlagsmenge in mm	Mittlere Anzahl der Tage mit Niederschlag	Relative Luftfeuchtigkeit nachmittags in %
I	−18,9	1	1	73
II	−12,8	1	1	68
III	− 3,9	2	2	61
IV	6,7	5	2	42
V	12,8	10	4	40
VI	20,6	28	5	44
VII	21,7	76	10	54
VIII	20,6	51	8	49
IX	14,4	23	3	43
X	6,1	5	2	48
XI	− 5,6	2	1	57
XII	−16,1	2	1	75
I–XII	3,8	209	41	55

Publizistik: In der Hauptstadt erscheinen ›Ünen‹ (Wahrheit, Zeitung der MRVP), ›Ardyn Erch‹ (Recht des Volkes, Reg.-Blatt), ›Ulaanbaatar‹ (Stadtzeitung) und ›The Mongol Messenger‹ (Wochenzeitung). Die staatl. Nachrichtenagentur ist ›Mongolyn Zachilgaan Medeenij Agentlag/MONZAME‹, gegr. 1921. Die staatl. Hörfunkgesellschaft ›Radio Ulaanbaatar‹, gegr. 1934, verbreitet Inlandsprogramme und einen Auslandsdienst in mongol., chin., russ. und engl. Sprache. Die staatl. Fernsehgesellschaft ›Mongoltelewiz‹, gegr. 1967, verbreitet täglich ein landesweites Programm.

Mong Mongolei

Mongolei: Nomadenlager im Altaigebirge

WIRTSCHAFT · VERKEHR

Die M. ist ein Agrar-Industrie-Staat. Nach 70-jähriger zentraler Planwirtschaft strebt das Land die Umwandlung seiner Wirtschaftsstrukturen in eine marktwirtschaftlich orientierte Ordnung an. Bis 1995 wurden über 90% der kleinen Betriebe und der großen Staatsunternehmen privatisiert. Das Bruttosozialprodukt (BSP) je Ew. betrug (1995) 310 US-$. Die Umsetzung der 1996 angekündigten sozialen und wirtschaftl. Reformen gestaltet sich sehr schwierig. Schwerpunkt neben der Landwirtschaft ist die Förderung von Klein- und Mittelbetrieben.

Landwirtschaft: Die Landwirtschaft ist der wichtigste Wirtschaftszweig und bildet für 41,4% der Bev. die Existenzgrundlage. Zum Bruttosozialprodukt (BSP) trägt der Agrarsektor (1993) 27,6% bei. Aufgrund der klimat. Bedingungen wird ein Großteil der landwirtschaftl. Nutzfläche weidewirtschaftlich genutzt. Die 1958 begonnene Sozialisierung hatte bereits 1960 zu einer weitgehenden Kollektivierung der Viehzucht geführt. Mit ihr verband sich die allmähl. Sesshaftwerdung der vormals nomadisierenden Viehzüchter. Die Landwirtschaft basierte auf rd. 255 Produktionsgenossenschaften und 52 Staatsgütern. 1990 wurden alle Einschränkungen des privaten Eigentums an Nutztieren aufgehoben. Die Zahl der privaten Tierzüchter wuchs von (1988) rd. 127 600 auf (1993) rd. 347 900; von den (1993) rd. 25,2 Mio. Tieren (1997 über 30 Mio.) waren rd. 22,6 Mio. (89,6%) in Privatbesitz (Viehbestand 1993: 13,8 Mio. Schafe, 6,1 Mio. Ziegen, 2,7 Mio. Rinder, 2,2 Mio. Pferde, 367 000 Kamele). Produkte der Viehwirtschaft sind Fleisch, Milch, Häute, Wolle (insbesondere zur Filz- und Teppichherstellung geeignet) und Haare. Hauptnahrungsmittel der Bev. ist Schaffleisch. Intensiver Feldbau ist nur im N überwiegend in Flusstälern möglich (Anbaufläche 1993: 584 000 ha; 1989: 837 000 ha). Produziert werden u.a.: Getreide, Kartoffeln, Gemüse, Futtermittel, Fleisch, Milch, Butter, Eier und Schafwolle. Meist in Höhen über 2 000 m ü. M. werden auch Yaks als Last-, Reit- und Milchtiere gehalten.

Forstwirtschaft: Wälder bedecken rd. 9% der Landesfläche. Ihrer intensiven Nutzung (Holzeinschlag rd. 2,4 Mio. m^3) steht die geringe Verkehrserschließung gegenüber. Wichtig ist die Pelztierjagd (v. a. auf Murmeltiere und Wölfe.

Fischerei: Obgleich fischreiche Seen vorhanden sind, blieb der Fischfang bisher unbedeutend.

Bodenschätze: Der Abbau von Stein- und Braunkohle ist rückläufig. 1993 wurden 5,608 Mio. t gefördert (1990: 7,157 Mio. t). Das 1981 fertig gestellte Kupfer- und Molybdänkombinat in Erdenet (nordwestlich von Ulan-Bator) produzierte 1993 334 400 t Kupfer- und 4 376 t Molybdänkonzentrat aus dem am Erdentiin Owoo (Schatzberg) geförderten Erz. Die M. verfügt über Vorkommen an Eisen- Wolfram-, Zinn-, Blei-, Nickel-, Zink- und Edelmetallerzen sowie an Phosphaten und Florit. Die Erdölförderung wurde 1995 provisorisch wieder aufgenommen.

Industrie: Der Aufbau der Industrie begann in den 1930er-Jahren mithilfe der UdSSR und wurde in den 50er-Jahren mit Unterstützung Chinas und osteurop. Staaten weitergeführt. Anfangs stand die Verarbeitung von Produkten der Tierhaltung (Leder, Pelze, Nahrungsmittel) im Vordergrund, später kamen Textilindustrie, Baustoffindustrie, Holz- und Metallverarbeitung sowie landwirtschaftl. Gerätebau dazu. Hauptindustriestandorte sind Ulan-Bator (über 50% der Produktion), Darchan, Erdenet und Tschoibalsan. Im industriellen Sektor (einschließlich Bergbau) erwirtschaften (1993) 17,2% der Erwerbstätigen 52,3% des BSP.

Außenwirtschaft: 1994 belief sich das Außenhandelsvolumen auf 546 Mio. US-$, gegenüber 1993 ist das ein Rückgang um 28%. Im 1. Halbjahr 1995 lag das Außenhandelsvolumen (nach vorläufigen Angaben) bei 414,7 Mio. US-$. Davon entfielen rd. 240 Mio. US-$ auf Exporte, wodurch sich für diesen Zeitraum in der Handelsbilanz ein Überschuss von etwa 75 Mio. US-$ ergab. Wichtigster Handelspartner ist die GUS, mit der (1993) 55,5% des Außenhandels abgewickelt wurden, es folgt China mit 24,4%. Bis 1995 wurde an insgesamt 388 Firmen mit ausländ. Kapital eine Lizenz vergeben. Wichtige Ausfuhrgüter sind Schlachttiere, Leder- und Strickwaren (Kaschmir- und Kamelwolle), Teppiche, Häute, Kupfer- und Molybdänkonzentrate, Kohle und Zinn.

Verkehr: Hauptader des Verkehrsnetzes ist die bei Ulan-Ude von der Transsibir. Eisenbahn abzweigende Transmongol. Eisenbahn, die die beiden wichtigsten mongol. Industrieregionen durchquert und im S an das Eisenbahnnetz Chinas Anschluss findet. Der O-W-Verkehr erfolgt ausschließlich über die Straße bzw. auf dem Luftweg. Das Straßennetz (48 000 km, davon 5% asphaltiert) besteht größtenteils aus Steppenpisten. In Gebirgsgegenden und in Wüstengebieten spielt der Karawanenverkehr eine wichtige Rolle. Der internat. Flughafen in Ulan-Bator wird ausgebaut. Die Mongolian International Air Transport (MIAT) bedient die Inlandsstrecken und fliegt Moskau, Alma-Ata und Peking an.

GESCHICHTE

Nach Vertreibung der weißgardist. Truppen des Generals UNGERN-STERNBERG aus der Äußeren M. mithilfe der Roten Armee (1921) war das Land bis zum Tod des Bogd Gegeen (Mai 1924) der Staatsform nach eine konstitutionelle Monarchie mit dem Bogd Gegeen als weltlichem und geistl. Oberhaupt. Mit der Übernahme des sowjet. Gesellschaftsmodells – Annahme der ersten Verf. und Proklamierung der Äußeren M. zur ›Mongol. Volksrepublik‹ (MVR, 26. 11. 1924) – wurde das Land praktisch durch die Mongol. Revolutionäre Volkspartei (MRVP) regiert. 1924 erfolgte die Umbenennung der Hauptstadt Neyislel Küriyen (Urga) in Ulan-Bator (›Roter Recke‹). Im Rahmen einer ab 1929 radikalen gesellschaftl. Umgestaltung, in deren Vorfeld es 1928 zu harten innerparteil. Auseinandersetzungen in der MRVP (verbunden mit einer Parteisäuberung) gekommen war, wurden u.a. die Fürsten und ein Teil des klösterl. Besitzes enteignet, das staatl. Außenhandelsmonopol hergestellt (Auflösung ausländ. Firmen und Handelsvertretungen) und privatwirtschaftl. Initiativen unterdrückt.

Nach Unruhen (April 1932) verkündete die MRVP im Juni 1932 einen ›Neuen Kurs‹ zur Überwindung ›linker Überspitzungen‹. C. Tschoibalsan, einer der Mitbegründer der MRVP und maßgeblich an der Schaffung der ›Mongol. Volksrepublik‹ beteiligt, sicherte sich durch eine Ämterhäufung seit den 30er-Jahren diktator. Machtbefugnisse. Die stalinist. Säuberungsaktionen unter ihm in den 30er- und zu Beginn der 40er-Jahre fügten den M. schweren Schaden zu. Über 700 lamaist. Klöster und Tempelanlagen wurden zerstört, Zehntausende Lamas verschleppt oder ermordet, ebenso viele Partei- und Staatsfunktionäre, Militärs, Intellektuelle und einfache Viehzüchter.

Ein Angriff jap. Truppen wurde 1939 mit Unterstützung der sowjet. Armee am Chalchyn Gol im O der M. abgewehrt. 1945 nahmen Truppen der MVR am sowjet. Vormarsch in das von Japan besetzte N-China teil, nachdem die MVR gemeinsam mit der UdSSR Japan den Krieg erklärt hatte. Ein Volksentscheid am 20. 10. 1945 stellte die völlige Unabhängigkeit der M. her, von China 1946 anerkannt und im sowjet.-chin. Vertrag 1950 bestätigt wurde. Danach entwickelte sich die M. in engster polit. und wirtschaftl. Verflechtung mit der UdSSR (u. a. Freundschafts- und Beistandsvertrag 1946 [verlängert 1966], Eintritt in den von der UdSSR dominierten Rat für gegenseitige Wirtschaftshilfe 1962). 1961 wurde die M. Mitgl. der UNO. In den 60er- und 70er-Jahren verbesserten sich die Lebensbedingungen der Bevölkerung.

Nach dem Tod Tschoibalsans (1952) wurde der in der UdSSR ausgebildete Jumshagin Zedenbal (* 1916, † 1991) Staats- und Parteichef (während eines Aufenthaltes in Moskau 1984 entmachtet); sein Amtsnachfolger wurde S. Batmunch. Angesichts der Veränderungen in der UdSSR und in Osteuropa proklamierte die Partei- und Staatsführung seit 1989 einen ›Kurs der Umgestaltung‹. Gleichzeitig entwickelte sich – bes. unter den Intellektuellen – eine Demokratiebewegung (1990 Entstehung der ersten Oppositionsparteien), die im März 1990 den Rücktritt der Partei- und Staatsführung erzwang; neuer Staatschef wurde P. Otschirbat; das Machtmonopol der MRVP wurde per Verf.-Änderung aufgehoben. Aus den ersten freien Wahlen (Juli 1990) ging die MRVP als Sieger hervor; das Parlament bestätigte Otschirbat als Staatsoberhaupt, er konnte auch die erste Direktwahl des Staatspräs. im Juni 1993 für sich entscheiden. Mit In-Kraft-Treten einer neuen Verf. im Februar 1992 wurde ›Mongolei‹ der offizielle Staatsname. Die Parlamentswahlen im Juni 1992 gewann erneut die MRVP, die sich offiziell vom Marxismus-Leninismus losgesagt hatte. Aus den zweiten freien Parlamentswahlen am 30. 6. 1996 ging die oppositionelle Demokrat. Union als Sieger hervor; die neue Reg. (Amtsantritt im Juli 1996) unter Min.-Präs. Mendsaikhan Enksaikhan kündigte soziale und wirtschaftl. Reformen an (bes. Einführung marktwirtschaftl. Strukturen). Die Präsidentschaftswahlen im Mai 1997 gewann Natsagijn Bagabandi (MRVP).

A. J. K. Sanders: Mongolia. Politics, economics and society (London 1987); C. R. Bawden: The modern history of Mongolia (London ²1989); H. Barthel: M. – Land zw. Taiga u. Wüste (Gotha ³1990); Die Nomaden der M., bearb. v. M. C. Goldstein u. C. M. Beall (a. d. Amerikan., 1994); A. Schenk u. U. Haase: M. (1994); V. Raith: Steppen, Tempel u. Nomaden. Zwei Frauen entdecken die M. (1994); Susanne Schmidt: Mongolia in transition. The impact of privatization on rural life (Saarbrücken 1995).

Mongolen, mongol. **Mongol**, zum tungiden Zweig der Mongoliden gehörende Völkergruppe, v. a. in Zentral-, Nord- und Ostasien. Kernland der M. ist heute die →Mongolei. Zahlreicher sind die M. in China (rd. 4,8 Mio.), dort gerieten sie jedoch selbst in ihrem autonomen Gebiet →Innere Mongolei gegenüber den Han-Chinesen in die Minderheit. Weitere M. leben in den chin. Prov. bzw. autonomen Gebieten Sinkiang, Qinghai, Ningxia Hui, Gansu, Mandschurei und in den südl. Prov. Yunnan und Sichuan. Dazu treten noch die nahe verwandten Dauren, Tu, Dongxian und Baoan (Paoan). In der Russ. Föderation sind die M. vor allem mit den Burjaten und Kalmücken vertreten. Weit entfernt von ihrem Stammland leben in Afghanistan die →Moghol.

Die eigentl. M. werden in Ost- und West-M. unterschieden. Zu den zahlreichen **Ost-M.** (v. a. in China und der Mongolei) zählen u. a. die Chalcha (Khalkha) oder Chalch, Dariganga, Ordos, Tschachar und die nordmongol. Burjaten. Zu den **West-M.** oder Oiraten (in der westl. Mongolei und in Sinkiang) rechnen u. a. die Bajaten, Dürbeten, Dsachtschinen, Mungaten, Oloten und Torguten sowie die Kalmücken. Volksreligion ist der Schamanismus; einige Gruppen sind zum sunnit. Islam übergetreten.

Die typ. Wirtschaftsform der M. ist die Viehzucht, die damit verbundene nomadisierende Lebensweise wurde mit Einschränkungen beibehalten. Wichtigstes Herdentier ist das Schaf; außerdem werden Rinder, Yaks, Ziegen sowie als Reit- und Tragtiere Pferde und Kamele gehalten. Ackerbau spielt inzwischen eine größere Rolle (Innere Mongolei); z. T. ist auch die Jagd auf Pelztiere und der Fischfang von Bedeutung.

Handwerk, Kunst und Brauchtum

Mit Gründung eines einheitl. mongol. Staates im 13. Jh. wurden für den Ausbau der Hauptstadt Karakorum tibet., uigur. und chin. Künstler herangezogen, wie die stilistisch unterschiedl. Fresken des Palastes des Ögädäi zeigen. Neben den festen Bauwerken behielt aber auch die nomad. Jurte ihre Rolle; Prachtjurten und Paläste wurden mit kostbaren abgesteppten Filzen, Pelzen, Leder, Holzmöbeln und -gerätschaften, die z. T. mit eingeschlagenen Silberornamenten verziert waren, ausgestattet. Die bei größeren Jurten notwendigen Jurtensäulen waren den Zeugnissen nach vergoldet; die Goldene Horde war nach der Goldpracht der Jurte des Khans in seinem Hoflager benannt. Im Reich des Kubilai (Khanat China) sollen in Filzteppichmanufakturen 29 000 Menschen beschäftigt gewesen sein. Die z. T. noch heute gefertigten Kreuz- und Quermuster der Filze (Mongolei; Chalcha) reichen wohl am weitesten zurück, viele nichtfigürl. Bildsymbole kamen nach und nach hinzu. Die neben der prakt. (den Filz festigenden) Funktion wohl auch rituelle Bedeutung ist heute v. a. bei den Sitzmatten der Ehrenplätze und den Vorhängen für die Holztüren der Jurte, aber auch bei Kleidung und Pferdedecken nachvollziehbar. Die bei den Burjaten bestehen noch heute eigene Schmiedesippen) verwendeten aufwendige Verzierungstechniken (Einschlagen von Silber- oder Kupferornamenten in Eisen und Holz, auch Leder, das Ziselieren und Punzen von Edelmetallen). Metallzierden wurden bis ins 19. und 20. Jh. an Gefäßen aus Holz und Metall (z. B. Silberreifen, Ornamente), an Zaumzeug (Metallscheiben), Sattel, Köcher und an der Kleidung angebracht. Am Seitengehänge waren das Anhängestück am Gürtel, Futteral (für Messer, Essbesteck) und Zundertasche oft aus Metall oder mit Metall beschlagen. Frauen trugen silberne Ketten, Ringe, Ohrringe, Haarspangen. Zopfhülsen (mit Gehänge) und Kappen waren oft mit Silberornamenten versehen. Die M. galten in Zentralasien als die besten Knochenschnitzer, und eine schamanist. Tradition ist wohl anzunehmen, bes. blühte sie aber seit dem Vordringen des Lamaismus im 16. Jh. Es entstanden für Zeremonialkleider der dämon. Figuren des Tsam-Tanzes Gehänge und Schurze aus Knochenperlen und größeren, durchbrochen gearbeiteten Verbindungsstücken, die bei den Ritualtänzen getragen wurden. Der mongol. Tsam-Tanz nahm mit ikono-

Mong Mongolenfalte

Mongolen: Berittene, geharnischte Schutz- und Kriegergottheit; Bronze, Höhe 33,8 cm (Ulan-Bator, State Central Museum)

graph. Sondergestalten wohl unter Einfluss von Volksreligion und autochthonem Schamanismus gegenüber Tibet eine eigene Entwicklung. Ferner entstanden Trommeln, Trompeten, Opferschalen u. a. aus tier. oder menschl. Knochen. Die Tsam-Masken wurden aus Pappmaché hergestellt und bemalt, ebenso z. T. lamaistisch-buddhist. Figuren. Unter den Kultplastiken aus Bronze ragt ein berittener Kriegergott mit Gefolge hervor, möglicherweise der im Ahnenkult unter KUBILAI zum Gott erhobene DSCHINGIS KHAN, dessen Verehrungsstätte der Acht weißen Jurten in der Inneren Mongolei am Ordosbogen des Hwangho liegt. Die enge Verknüpfung der ersten Dalai-Lamas mit der Mongolei (der Titel wurde von einem mongol. Khan geschaffen) und der folgenden mit Tibet führte 1639 zur Gründung des Nomadenklosters (Jurten) für den Bogd (auch Bogdo) Gegeen (das mongol. Oberhaupt) und 1779 zum Bau seines Klosters und Tempels in Ich Chüree, dem heutigen Ulan-Bator, dessen Messingdach einer Jurte nachgebildet ist. Beim Stupa (mongol. Suburghan) herrscht ein schlanker, hochgereckter Typ vor, sonst wird in der Sakralarchitektur und -kunst der M. vielfach ein sinotibet. Mischstil angetroffen; im 20. Jh. entstanden auch mongol. Applikationsarbeiten (v. a. Thangkas). Aus dem 20. Jh. stammen auch die Malereien, die die traditionellen, urspr. auch rituell begründeten großen (dem Bogd Gegeen geweihten) oder regionalen und lokalen Naadamfeste der M. zum Gegenstand haben, mit Darstellungen der Wettkämpfe (Pferderennen, Bogenschießen, Ringen), des Adlertanzes des siegreichen Ringers, der Siegerehrung des Reiters mit Kumys (vergorene Stutenmilch) und des allgemeinen Gelages.

Die kulturelle Blüte unter den Ilchanen ist ein Teil der islam. Kunst und Kultur, v. a. im Iran, die chin. Kunst und Literatur unter den Yuan wurde allein von den Chinesen getragen.

Geschichte

Vorfahren der M. auf dem Territorium der Mongolei sollen im 5./6. Jh. n. Chr. die Xianbi gewesen sein – Viehzüchterstämme, deren Siedlungsgebiet in der östl. Mongolei und südl. Mandschurei lag. In den Annalen der chin. Tang-Dynastie (618–907) finden sich Namen wie **Mengwa** oder **Mengwu**. Im April 1084 erwähnen Schriftstücke der chin. Liao-Dynastie (907–1125) das entfernte Land der **Mengku.** Im 13. Jh. werden die M. in chin. Sprache als Mengku bezeichnet. Die M. selbst nennen sich zu dieser Zeit bereits **Mongol** (daher der Name M.). Die Herkunft dieser Bez. und ihre Bedeutung sind ungewiss; denkbar ist, dass ein Stamm auf dem Gebiet der Mongolei diesen Namen trug. Unter vier Khanen (›Herrschern‹) aus dem mongol. Stamm der Bordschigid (›Wildentenleute‹) errichteten die Mongol in der 1. Hälfte des 12. Jh. zw. den Flüssen Onon und Kerulen (im NO der heutigen Mongolei) ihr erstes Reich. Nach kurzer Blüte um 1147 löste es sich wieder auf. TEMÜDSCHIN (›Schmied‹), ein niederrangiger Spross des Bordschigid-Stammes, schuf gegen alle Widerstände der mongol. Steppenaristokratie und ihrer Hierarchie eine auf ihn als alleinigen Mittelpunkt ausgerichtete, auch mehrere unterworfene fremde Ethnien umfassende und für Fremde offene Gemeinschaft. 1206 wählte ihn eine Fürstenversammlung zum ›Dschingis Khan‹ (›ozeangleicher Herrscher‹, ›Weltherrscher‹). Berater veranlassten →DSCHINGIS KHAN, die Wehrpflichtigen seiner nach Tausender-, Hunderter- und Zehnerschaften gegliederten Streitmacht, in der die gebürtigen M. (etwa 150 000) in der Minderheit waren, über die mongol. Steppe hinaus gegen Fremdstaaten wie den der Tanguten (1209), das chin. Jin-Reich (1211) und Charism (1219–21) in den Krieg zu schicken. 1223 besiegten seine Truppen ein Heer der Russen und Polowzer in der Schlacht am Fluss Kalka (Kaltschik). Die von DSCHINGIS KHAN mit massiver Fremdhilfe eroberten Gebiete wurden nach seinem Tod (1227) von fünf Nachfolgern zum Mongol. Großreich mit der 1220 gegründeten Hauptstadt Karakorum erweitert. Das sich vom Gelben Meer bis fast zur Ostsee erstreckende Mongol. Imperium zerbrach 1260 an Zwistigkeiten innerhalb des Herrscherclans der Dschingisiden endgültig in Teilreiche: in das Reich des Großkhans KUBILAI (Khanat China) mit der Hauptstadt Daidu (das spätere Peking) bis 1368 (unter der Yuan-Dynastie, →China, Geschichte), das Reich Dschagatai mit der Hauptstadt Almalyk und das Reich der →Ilchane mit den Hauptstädten Täbris und Sultaniye (beide Khanate bestanden bis um die Mitte des 14. Jh.), ferner das Reich Kiptschak mit der Hauptstadt Saraj (→Goldene Horde). Nur in China und Innerasien hielten sich die M. Im 15./16. Jh. kam es zu Konflikten zw. den aus China ins Ursprungsland zurückgezogenen M. **(Ost-M.)** und den Oiraten oder →Dsungaren **(West-M.).** Teile des Oiratenbundes zogen 1616–32 nach Westen (→Kalmücken), der Rest gründete 1635/36 ein westmongol. (dsungar.) Großreich in Innerasien, das Tibet und Sinkiang umfasste (seit der Vernichtung 1758 ein Teil Chinas). Die Ost-M. kamen unter die Herrschaft der chin. Mandschu-Kaiser (1636/1691), und die Gebiete ihrer Stämme bildeten neben der mongol. Volksrepublik (→Mongolei) Minderheitengebieten in China, Russland und Afghanistan eine Innere Mongolei und eine Äußere Mongolei. Innere und Äußere Mongolei nahmen unterschiedl. Entwicklungen (→Mongolei).

W. FORMAN u. B. RINTSCHEN: Lamaist. Tanzmasken. Der Erliktsam in der Mongolei (Leipzig 1967); E. u. M. TAUBE: Schamanen u. Rhapsoden. Die geistige Kultur der alten Mongolei (ebd. 1983); SAGANG SEČEN: Gesch. der M. u. ihres Fürstenhauses (a. d. Mongol., Zürich 1985); D. MORGAN: The Mongols (Oxford 1986); Die M. Beitrr. zu ihrer Gesch. u. Kultur, hg. v. M. WEIERS (1986); P. BRENT: Das Weltreich der M. (a. d. Engl., Neuausg. 1988); Die M., hg. v. W. HEISSIG u. CLAUDIUS C. MÜLLER (Innsbruck 1989); MICHAEL u. STEFAN MÜLLER: Erben eines Weltreiches. Die mongol. Völker u. Gebiete im 20. Jh. China – Mongolei – Rußland (1992); Trésors de Mongolie XVIIe–XIXe siècles, bearb. v. G. BÉGUIN, Ausst.-Kat. Musée national des Arts Asiatiques – Guimet, Paris (Paris 1993).

Mongolenfalte, Plica palpebronasalis, Deckfalte des Oberlids, die bei geöffnetem Auge in ganzer

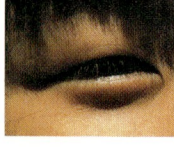
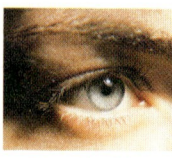

Mongolenfalte: Auge mit (oben) und ohne (unten) Mongolenfalte

Länge auf den Wimpern aufliegt und oft auch über den inneren Augenwinkel abwärts zieht. Sie kann seitlich ansteigende Lidspalten und Schielen vortäuschen; wird als für Mongolide typisch angesehen.

Mongolenfleck, Sakralfleck, Hautverfärbung in der Kreuzbeingegend (seltener höher bis in Schulterblattnähe), hervorgerufen durch farbstoffhaltige Zellen der Lederhaut; das braunschwarze Pigment schimmert blau oder blaugrau durch die Oberhaut (blauer Fleck). Der M. entsteht bereits vor der Geburt und verblasst meist in den ersten Lebensjahren. Er ist bei Mongoliden häufig, auch bei manchen Negriden.

Mongolide [zu griech. ...eídēs ›gestaltet‹, ›ähnlich‹], Sg. **Mongolide** der, -n, **mongolider Rassenkreis,** typolog. Kategorie für indigene Bevölkerungen, die v. a. in Zentral-, Ost- und Südasien verbreitet sind. Im W besteht eine breite Kontaktzone und Verzahnung mit den Europiden, im N lebt eine Reihe mehr oder weniger isolierter Populationen, die ebenfalls Merkmale mit den Europiden gemeinsam haben. M. sind gekennzeichnet durch derbes, straffes, glattes Kopfhaar, meist geringen Bartwuchs und geringe Körperbehaarung. Die Haut ist sehr dicht, oft wenig durchblutet, aber pigmentiert, sodass ein ›gelber‹ Farbton zustande kommt; Farbe hell bis (im Süden) braun. Das Gesicht ist flächig mit vorstehenden, oft breiten Jochbeinen, flacher, wenig vorspringender Nase sowie Mongolenfalte. Körpergröße und -gestalt sind variabel; der Rumpf ist überwiegend lang mit kurzen Gliedmaßen. Eine solche Kategorisierung von geograph. Variabilität auf der Grundlage morpholog. Merkmale gilt heute als überholt.

Konventionell wurden zumeist folgende Gruppen unterschieden: tungider Typus im nördl. Zentralasien, sinider Typus in China, japanisch-korean. Bev.-Gruppe, tibet. Bev.-Gruppe in Tibet und am Südhang des Himalaya, die uneinheitl. und vielgestaltigen Sibiriden im N und in SO-Asien der ›paläomongolide‹ Typus, der früher als Frühform der M. gedeutet wurde.

mongolische Literatur, die überwiegend in der uigurisch-mongol. Schriftsprache abgefasste Literatur.

13. bis 16. Jh. Die Denkmäler der frühesten Epoche der m. L. sind auch mit anderen Schriftsystemen als dem uiguromongol. geschrieben (→mongolische Schrift). Das älteste erhaltene Zeugnis ist die ›Geheime Geschichte der Mongolen‹ (1227–64), eine Darstellung des Aufstiegs Dschingis Khans. Ferner sind Edikte und Gründungsinschriften auf Stein, Dokumente diplomat. Schriftverkehrs, Übersetzungen buddhist. Texte, Vokabulare, Wahrsagetexte und Kalendarisches erhalten. Repräsentanten der mongol. Übersetzungsliteratur dieser Zeit sind Tschoskyi Odzer und Schesrab Sengge; die übrigen Autoren sind anonym. Durch den Zerfall der mongol. Teilreiche (seit Mitte des 14. Jh.) gingen zahlreiche schriftl. Zeugnisse nicht nur aus dem 13. und 14. Jh. verloren; anhaltende polit. Wirren machten auch die Zeit vom späten 14. bis späten 16. Jh. zur ›dunklen Epoche‹ der m. Literatur.

Ende des 16. bis Ende des 19. Jh.: Eine wichtige Rolle in der seit Ende des 16. Jh. wieder auflebenden m. L. kommt der Übersetzungsliteratur zu, wie die m. L. dieser Zeit überhaupt vorwiegend fremdbeeinflusst oder fremden Vorlagen genau entsprechend nachgebildet ist. Es entstand – u. a. im Zusammenhang mit dem gegen Ende des 16. Jh. zur Staatsreligion erklärten Lamaismus – eine religiöse Literatur (u. a. Übersetzungen des lamaistisch-buddhist. Kanons sowie buddhistisch didakt. Werke, Kirchengeschichtsschreibung nach tibet. Vorbild; ferner wurden nach indisch-tibet. Mustern Märchen, Fabeln, Peregrinations- und Höllenfahrtsgeschichten geschaffen, aus dem Chinesischen Romane und konfuzian. Schriften übersetzt und aus dem Tibetischen Heiligenbiographien übertragen. Zu den wichtigen literar. Zeugnissen dieser Zeit gehören auch die Familiengeschichtsschreibung (in Chronikform), die Schamanendichtung, die Dschingis-Khan-Spruchdichtung und das →Geser-Khan-Epos; daneben sind Rechts- und Verwaltungstexte erhalten. Die buddhist. Übersetzungsliteratur verbindet sich mit Namen wie Ayusi Guosi und Siregetü Guosi Tschordschiwa (Wende 16./17. Jh.), die mongol. Chronikliteratur mit Lubsangdandschin und Saghang Setschen (Mitte des 17. Jh.), Rasipungsugh (18. Jh.) und Isibaldan (19. Jh.). Frei von fremden Einflüssen sind die beginnende genealog. Literatur und die Beschreibung mongol. Stämme (Byamba, 17. Jh., Guosi Dharma, 18. Jh.). Indschanaschi gilt als erster Autor eines histor. Romans (allerdings nach chin. Vorbildern). Ende des 19. Jh. entstanden Schelmengeschichten. Ebenso wie diese leitete die neu entstehende sozialkrit. Satire (gegen chin. Bevormundung und die lamaist. Geistlichkeit sowie damit verbundene Missstände) mit ihren Vertretern Khulitschi Sandag (*1825, †1860), Gendün (*1820, †1882) und Isisambuu (*1847, †1907), denen auch der Verfasser von Gedichten und Liedern Kesigbatu (*1849, †1916) und Gamala (*1871, †1932) sowie der Lyriker und Verfasser von Lehrsprüchen Dandschinrabdschai (*1803, †1857) und der dichtende Realkritiker Isindangdschilwangdschil (*1854, †1907) zuzuordnen sind, zur Literatur des 20. Jh. über.

20. Jh.: Aus den ersten zwei Jahrzehnten des 20. Jh. sind noch traditionelle Werke wie Zeremonial- und Schamanendichtung überliefert, nach dem Niedergang der über die mongol. Gebiete der Inneren und Äußeren Mongolei herrschenden Qingdynastie entwickelte sich jedoch – auf der Grundlage der sozialkrit. Literatur des ausgehenden 19. Jh. – v. a. nach 1924 in der Mongol. VR eine moderne m. L. Diese betont den revolutionären als Vorstufe zum sozialist. Realismus und zielt auf planwirtschaftl. Ideale wie Normerfüllung und den neuen sozialist. Menschen, häufig in Gedichtform, z. B. bei Daschdsewegijn Sengee (*1916, †1959), Zegmedijn Gajtaw (*1929), Sengijn Erdene (*1929), Begdsijn Jawuuchulan (*1929). Im Dienst der Propaganda für die Ideale der Revolution standen mit Liedern und Gedichten, z. T. orientiert an der alten Volksdichtung, Narangijn Terbisch (*1899, †1959), Sodnombaldschiryn Bujannemech (*1902, †1937) und Daschdorschijn Natsagdordsch (*1906, †1937), mit Erzählungen und Märchen revolutionären Inhalts Zendijn Damdinsüren (*1908, †1986). Die Gattung Lustspiel führte Tschojdschamdsyn Ojdow (*1917, †1963), die das Dramas Donrowyn Namdag (*1911, †1984) und Böchijn Baast (*1921) in die m. L. ein. Aufbauend z. T. auf traditionellen Vorlagen, entstand nach 1948 der moderne mongol. Roman (Bjambyn Rintschen, *1905, †1977; Tschadraawalyn Lodojdamba, *1916, †1969). Zu den Erzählern, die moralisch und psychologisch Probleme der sozialist. Gesellschaft behandelten, gehören Erdenebatyn Ojuun (*1918, †1994), Dson Paj-Dchingijn Battulg (*1919), Sonomyn Udwal (*1921, †1994), Schandschmjatawyn Gaadamba (*1924), Dembegijn Mjagmar (*1933) und Dordschijn Garmaa (*1937). Bekannte Schriftsteller der Gegenwart sind P. Pürewüren (*1938), T. Otschirchüü (*1943), S. Ojuun (*1946) und L. Tschoidschilsüren (*1932).

W. Heissig, in: Hb. der Orientalistik, hg. v. B. Spuler, Abt. 1, Bd. 5, Tl. 2: Mongolistik (Leiden 1964); W. Heissig: M. L., in: Die Mongolen, hg. v. M. Weiers u. a. (1986); W. Heissig: Erzählstoffe rezenter mongol. Heldendichtung, 2 Bde. (1988); Ders.: Gesch. der m. L., 2 Bde. (²1994).

Mongolischer Altai, Gebirgszug des →Altai, hauptsächlich im W der Mongolei, Rest in China, rd.

Mong mongolische Schrift – Monguor

1 000 km lang, zw. 150 und 200 km breit, höchste Erhebung: Tawan Bogd Uul mit 4 374 m ü. M. Im M. A., der nach SW steil zur Dsungarei und zur Gobi abfällt, wechseln Gebirgsketten mit Hochtalbecken ab. Im NO gibt es größere Waldflächen mit Sibir. Lärchen, Zedern, Kiefern, Fichten und Tannen, bis 2 500 m ü. M. Wüstensteppe, bis 3 900 m ü. M. alpine Matten (bes. Riedgraswiesen), darüber zahlr. Gletscher und Firnfelder.

mongolische Schrift. Das einzige seit dem 13. Jh. bis heute von den Mongolen benutzte Schriftsystem ist die **uiguromongolische Schrift.** Sie geht auf ein ostsyr. Alphabet zurück, das von den Sogdiern den osttürk. Uiguren übermittelt und 1204 von den Mongolen übernommen wurde. Diese urspr. von rechts nach links laufende Schrift wurde von den Mongolen in senkrechten, von links nach rechts zu lesenden Zeichen geschrieben. Heute wird sie offiziell in der Inneren Mongolei (sonst nur privat) verwendet. Seit dem frühen 13. Jh. bis Ende des 14. Jh. wurden auch chin. Silbenzeichen benutzt. In dieser Umschrift ist u. a. die ›Geheime Geschichte der Mongolen‹ überliefert (→mongolische Literatur). 1269 wurde vom Großkhan KUBILAI eine aus der tibet. Silbenschrift entstandene senkrecht von links nach rechts verlaufende Silbenschrift als für alle unterworfenen Völker bindend erklärt; nach ihrem Schöpfer nennt man sie **'P'ags-pa,** nach ihrer viereckigen Form **Quadratschrift;** sie verschwand nach 1365. Im W des Mongolenreiches wurden Ende des 13. und im 14. Jh. Glossare mit Sprachübungen in arab. Umschrift angefertigt. In georg. und armen. Quellen tauchten mongol. Bezeichnungen in georg. bzw. armen. Schrift auf. Im 13./14. Jh. kam mit dem Buddhismus die →Galik-Alphabet genannte Form der uigur. Schrift in Gebrauch. Erst Ende des 16. Jh. begegnet wieder ausschließlich die uiguro-mongol. Schrift. Aus dieser schuf 1648 DSCHAJA PANDITA, der Oberlama der Dsungarei, eine neue Schrift zur Wiedergabe der Oiratischen durch Hinzufügung diakrit. Punkte und modifizierter Buchstaben; die Oiraten und Kalmücken benutzten sie bis ins 20. Jh. 1686 schuf der mongol. Lama ÖNDÜR GEGEN zwei weitere Schriftsysteme (→Sojombo-Alphabet), die außer für das Mongolische auch zur Wiedergabe des Tibetischen und des Sanskrit dienen sollten. Im 20. Jh. wurden mehrere mongol. Dialekte zu Schriftsprachen erhoben. Anfangs wurde in lat. Schrift, dann mit modifizierten kyrill. Buchstabenformen geschrieben, z. B. im Burjatischen, Kalmückischen und Chalcha-Mongolischen. Diese kyrill. Alphabete gelten heute als offizielle Schriftform in allen mongol. Gebieten mit Ausnahme der Inneren Mongolei.

mongolische Sprachen, Gruppe der →altaischen Sprachen, seit dem 13. Jh. in versch. Schriftsystemen (→mongolische Schrift) überliefert. Typologisch sind die m. S. meist agglutinierende Sprachen, durch lautl. Interferenz z. T. auch →flektierende Sprachen (z. B. Moghol). Der Wortschatz der m. S. ist einstämmig (mit Ausnahmen, z. B. Moghol und Monguor). Unterschiede bestehen auf lautl. Ebene sowie in Semantik und Morphosyntax.

Die m. S. werden nach versch. geograph. und/oder lautl. Kriterien eingeteilt. Nach geograph. Klassifikation unterscheidet man: I. **Westmongolische Gruppe:** Uigurisch-mongol. Schriftsprache des 13./14. Jh., Mongolisch in georg. und arab. Umschrift (13./14. Jh.), Kalmückisch (Schriftsprache, →kalmückische Sprache und Literatur) →Oiratisch (Schriftsprache). II. **Ostmongolische Gruppe:** 1) Südmongolisch: m. S. in chin. Umschrift und 'P'ags-pa-Schrift (13. und 14. Jh.), uigurisch-mongol. Schriftsprache seit dem 15. Jh. sowie die nichtschriftl. Dialekte: Ordos-Mongolisch, Tschachar-Mongolisch, Urat-Mongolisch, Chartschin-Tumut-Mongolisch, Ulan-Tsab-Dialekte, Dschu-Uda-Dialekte u. a.; 2) Zentralmongolisch: Chalcha-(Khalkha-)Mongolisch (Schrift- und Amtssprache in der Mongolei), Dariganga-Mongolisch u. a. nichtschriftl. Dialekte: Chotogoitu-Mongolisch, Darchat-Mongolisch; 3) Nordmongolisch: Burjatisch (Schriftsprache, →burjatische Sprache und Literatur). Zu den mongol. Randsprachen (oder zum isolierten Zweig) gehören: Moghol (Schriftsprache mit arab. Schrift), Monguor, Baoan-Mongolisch, Dongxian oder Santa (Schriftsprache mit lat. Schrift), Schara-Uigurisch und Dagurisch.

Nach lautl. Kriterien werden die m. S. eingeteilt in **Altmongolisch** (Repräsentant: uigurisch-mongol. Schriftsprache aufgrund ihrer histor. Schreibung); **Mittelmongolisch** (in chin., arab., georg. und 'P'ags-pa-Schrift); **Neumongolisch** (moderne Dialekte und Schriftsprachen, z. B. Chalcha-Mongolisch).

J. S. KOWALEWSKI: Dictionnaire mongol–russe–français, 3 Bde. (Kasan 1844–49, Nachdr. New York 1964); G. D. SANSCHEEW: Srawnitelnaja grammatica mongolskich jasykow, 2 Bde. (Moskau 1953–63); DERS.: The modern Mongolian language (a. d. Russ., ebd. 1973); F. BOBERG: Mongolian-English dictionary, 3 Bde. (Stockholm 1954–55); N. N. POPPE: Introduction to Mongolian comparative studies (Helsinki 1955); DERS.: Mongolian language handbook (Washington, D. C., 1970); DERS.: Grammar of written Mongolian (Wiesbaden ³1974); K. GRØNBEK u. J. R. KRUEGER: An introduction to classical (literary) Mongolian (ebd. ²1976); M. WEIERS: Zur Herausbildung u. Entwicklung m. S. Ein Überblick, in: Die Mongolen, hg. v. DEMS. u. a. (1986); H.-P. VIETZE: Wb. Dt.-Mongolisch (Leipzig ³1987); DERS.: Lb. der m. S. (ebd. ⁵1988); DERS.: Wb. Mongolisch–Dt. (ebd. 1988).

Mongolismus, ein früher verwendetes Synonym für →Down-Syndrom; der Begriff gilt heute als diskriminierend und sollte vermieden werden.

Mongolistik die, -, Wiss. von der Sprache, Geschichte, Ethnographie, Kultur und Literatur der Mongolen. Die M. ist Teil der Zentralasienforschung mit Beziehungen zur Turkologie, Altaiistik, Tibetologie und Sinologie. Mongol., chin., persisch-türk., arab., armen. und georg. Quellen gehen bis ins 13./14. Jh. zurück. Abgesehen von den Berichten MARCO POLOS, G. DEL PIAN DEL CARPINIS und WILHELM VON RUBRUKS liegen ausführlichere Nachrichten über Mongolen erst im 17./18. Jh. vor. Entscheidende Impulse kommen von den Herrnhuter Missionaren JOHANNES JAEHRIG († 1795) und ISAAK JAKOB SCHMIDT (* 1779, † 1847) aus. Im 19. Jh. traten u. a. bes. É. CHAVANNES, JEAN-PIERRE-ABEL REMUSAT (* 1788, † 1832), PETER SIMON PALLAS (* 1741, † 1811), WILHELM SCHOTT (* 1807, † 1889), OSSIP MICHAJLOWITSCH KOWALEWSKIJ (* 1800, † 1878) und ALEKSEJ MATWEJEWITSCH POSDNEJEW (* 1851, † 1920) mit Arbeiten zur M. hervor, im 20. Jh. u. a. H. FRANKE (* 1914), E. HAENISCH, W. HEISSIG, LAIOS LIGETI (* 1902, † 1987), KOBAYASHI TAKASHIRŌ (* 1905, † 1987), OWEN LATTIMORE (* 1900, † 1991), A. MOSTAERT, P. PELLIOT, NICHOLAS NIKOLAJEWITSCH POPPE (* 1897, † 1991), BJAMBYN RINTSCHEN (* 1905, † 1977), KLAUS SAGASTER (* 1933), VERONIKA VEIT (* 1944), H.-P. VIETZE (* 1939), MICHAEL WEIERS (* 1937) und BORIS JAKOWLEWITSCH WLADIMIRZOW (* 1884, † 1931).

P. AALTO: Erforschungsgesch., in: Hb. der Orientalistik, hg. v. B. SPULER, Bd. 5, Tl. 2 (Leiden 1964); W. HEISSIG: M. an dt. Univ. (1968).

mongoloid, den Mongolen ähnlich, die Körpermerkmale der Mongoloiden aufweisend.

Mongoloide [zu griech. ...oidés ›gestaltet‹, ›ähnlich‹, Sg. **Mongoloide** der, -n, Angehörige einer Menschengruppe mit Körpermerkmalen, die für Mongolide als charakteristisch beschrieben wurden.

Monguor, Sprache der Monguor-Mongolen im Ostteil der chin. Prov. Qinghai; z. T. archaische, mit zahlreichen tibet. und chin. Fremdwörtern durchsetzte Sprache.

Monheim, Name von geographischen Objekten: 1) Stadt im Landkreis Donau-Ries, Bayern, 495 m ü. M. im SW der Fränk. Alb, 4800 Ew.; Kunststoffröhren-, Türenfabrik, Großbuchbinderei. – Das um ein zw. 850 und 870 gegründetes Benediktinerinnenkloster entstandene M. wurde im 15. Jh. Stadt.
2) **Monheim am Rhein,** Industriestadt im Kr. Mettmann, NRW, 40 m ü. M., am Rhein zw. Düsseldorf und Leverkusen, 44000 Ew.; Tanzakademie, Bayer-Pflanzenschutzzentrum; pharmazeut. Industrie, Brauerei. – Histor. Altstadt: die kath. Pfarrkirche St. Gereon wurde 1951–52 über einem Vorgängerbau des 12. Jh. errichtet (W-Turm); Rest der Ortsbefestigung und Wahrzeichen der Stadt ist der Schelmenturm (15. Jh.). Im Berg. Saal des Rathauses befindet sich eine von Helmut Martin-Myren gefertigte Intarsienwand (1989), in der weltweit die meisten Hölzer (53 Furnierhölzer) verarbeitet sind. Das Laborgebäude der Bayer AG errichteten 1979–82 Kurokawa Kishō u. a. – In M.-Baumberg liegt der Hof Haus Bürgel über dem röm. Kastell Burungum mit biolog. Station und archäolog. Museum; heutiger Baubestand 19. Jh. – M., 1150 erstmals genannt, war befestigter Stützpunkt der Grafen (später Herzöge) von Berg.

Monier [monˈje], Joseph, Gärtnereibesitzer, *Saint-Quentin-la-Poterie (bei Nîmes) 8. 11. 1823, †Paris 13. 3. 1906; stellte 1849/50 mit Rundeisen (›M.-Stahl‹) armierte Blumenkübel her und setzte sich für die Einführung des 1855 von ihm erfundenen Stahlbetons im Bauwesen ein (M.-Bauweise).

Monika, Heilige, →Monnika.

Moníková [ˈmoniːkova], Libuše, tschechisch-dt. Schriftstellerin, *Prag 30. 8. 1945, †Berlin 12. 1. 1998; emigrierte 1971 in die BRD, schrieb in dt. Sprache. Ihr Erstlingswerk, der Roman ›Eine Schädigung‹ (1981), ist dem Gedenken an das Selbstopfer Jan Palachs (1968) gewidmet. Charakteristisch für M.s offenen auktorialen Erzählgestus ist eine intensive Intertextualität. ›Pavane für eine verstorbene Infantin‹ (1983) nimmt explizit Bezug auf F. Kafka und Arno Schmidt. M. verwendete mehrschichtige Montageverfahren (Wechsel der Sprachebene, von Traum und Realität, Raum- und Zeitsprünge).
Weitere Werke: *Drama:* Tetom u. Tuba (1987). – *Romane:* Die Fassade (1987); Treibeis (1992); Verklärte Nacht (1996). – *Essays:* Schloß, Aleph, Wunschtorte (1990); Prager Fenster (1994).

Moniliakrankheit [zu lat. monile ›Halsband‹], zu den Fruchtfäulen zählende Pflanzenkrankheit, verursacht von Pilzen aus der Gattung Monilia. Auf den Früchten vieler Obstarten bilden sich Faulstellen mit charakterist., konzentrisch angeordneten Pilzpolstern (›Polsterschimmel‹). Die Infektion erfolgt bereits über die Blüte und schwache Triebe (Blütenfäule, Spitzendürre). Zur Bekämpfung Fruchtmumien entfernen, spitzendürre Zweige zurückschneiden, Behandlung mit Fungiziden.

Moniliasis [zu lat. monile ›Halsband‹] *die, -/...ˈasen, Medizin:* veraltete Bez. für Candidamykose (→Soor).

Monismus [zu griech. mónos ›allein‹] *der, -,* 1) *Philosophie:* eine Lehre, in der im Ggs. zum →Dualismus oder →Pluralismus die Vielheit der Welt auf ein einziges Prinzip, sei es die Materie (Materialismus), das Göttliche oder der Geist (Spiritualismus, Idealismus), die Seele (Psycho-M.) oder der Wille (Voluntarismus), zurückgeführt wird. Wissenschaftstheoretisch bezeichnet man die Verfahrensweisen als M. (**Methoden-M.**), die sich im Ggs. zum Methodenpluralismus bei der Untersuchung ihrer Gegenstände unterschiedslos einer einzigen Methode bedienen.
Schon die ion. Naturphilosophie suchte nach einem einheitl. Urstoff als Grund aller Dinge (→griechische Philosophie); Heraklit sah die Gegensätze im Logos zur Einheit zusammengefasst; für Parmenides gibt es nur das eine →Sein, Vielheit und Werden sind bloß Schein. Bei Plotin geht aus dem →Einen das Viele hervor und kehrt wieder in es zurück. Im MA. wurden monist. Theorien u. a. von David von Dinant, im 16. Jh. von G. Bruno vertreten. Zahlreiche monist. Systeme finden sich in der Neuzeit. Für B. de Spinoza ist die Einheit von Geist, Natur und Gott wesentlich, woraus sich eine pantheist. Weltanschauung ergibt. Ähnlich spricht F. W. J. Schelling von der Einheit von Natur und Geist. Auch der ›Weltprozess als dialekt. Selbstbewegung des absoluten Geistes‹ bei G. W. F. Hegel kann als Ausdruck eines monist. Denkens verstanden werden, ebenso das ›Ich‹ bei J. G. Fichte und der ›Wille‹ bei A. Schopenhauer. – Einen monist. Materialismus vertraten im 19. Jh. C. Vogt, J. Moleschott und L. Büchner, am wirksamsten aber E. Haeckel auf der Grundlage des Darwinismus. Von ihm ausgehend wurde diese Richtung des M. zur Weltanschauung (→Freidenker): kausale Naturauffassung, Entstehung des Lebens durch Urzeugung, volle Einordnung des Menschen in die Natur und Deszendenztheorie. An die Stelle eines Offenbarungs- und Wunderglaubens trat der Atheismus oder ein Pantheismus, der das Göttliche mit dem Naturganzen gleichsetzte. Einen weltanschaul. M. vertritt auch der dialekt. Materialismus.
Der M., dargestellt in Beitrr. seiner Vertreter, hg. v. A. Drews, 2 Bde. (1908); R. Eisler: Gesch. des M. (1910); F. Klimke: Der M. u. seine philosoph. Grundl. (1911); A. Drews: Gesch. des M. im Altertum (1913); E. Haeckel: Der M. als Band zw. Religion u. Wiss. (¹⁶1919); ders.: Die Welträtsel (¹¹1919, Nachdr. 1984); G. W. Plechanow: Zur Frage der Entwicklung der monist. Geschichtsauffassung (a. d. Russ., Berlin-Ost ²1975).
2) *Religionswissenschaft:* Alternative zum →Monotheismus: Der Mensch kann sich (monotheistisch) orientieren an der absolut geltenden Person Gottes oder (monistisch) an einem unpersönl. Prinzip, das die letzte Wirklichkeit von Welt und Mensch ist. Im M. erscheinen die Pluralität von Welt und Geschichte sowie das den Subjekt-Objekt-Gegensatz konstituierende Personsein als ›uneigentliche‹ oder sogar nichtseinsollende und zu überwindende Vorstufe zu einer schließlich zu erreichenden All-Einheit und Identität. Diesen Weg schlagen v. a. die östl. Weltreligionen (Hinduismus, Buddhismus, Taoismus, Konfuzianismus) ein; aber auch der Hellenismus, die kelt. und german. Mentalität sowie die afrikan. Religionen sind vom M. geprägt.

Monistenbund, Deutscher M., von E. Haeckel 1906 in Jena gegründeter Zusammenschluss von monist. →Freidenkern, dessen erster Vors. A. Kalthoff war; besteht seit 1956 unter der Bez. ›Freigeistige Aktion – Dt. Monistenbund‹.

Monitor [engl., von lat., eigtl. ›Erinnerer‹, ›Mahner‹; ›Aufseher‹] *der, -s/...ˈtoren,* selten auch *-e,* 1) *Datenverarbeitung:* 1) Bez. für →Bildschirm, Bildschirmgerät oder Datensichtgerät; 2) Funktionseinheit zur Beobachtung und Überwachung interner Abläufe von Rechenanlagen; 3) Konzept zur Synchronisierung nebenläufiger Prozesse.
2) *Fernsehtechnik:* Kontrollbildschirm für die visuelle Überprüfung von Bildaufzeichnungen. Beim Fernsehen zeigen die Kamera-M. im Regieraum auf dem M.-Pult oder an der M.-Wand die von den einzelnen Studiokameras oder von anderen Bildgebern eingespielten Fernsehbilder, aus denen der Bildregisseur das zu sendende Bild auswählt; es erscheint auf einem Haupt-M. im Regieraum und auf den Studiomonitoren. – M. finden außerdem vielfältige Verwendung in Wiss. und Technik, bes. in der Datenverarbeitung, in der Sicherheitstechnik, bei der Übertragung von Konferenzen und Veranstaltungen.
3) *Medizin:* Sichtgerät von Kontroll-, Warn- oder Informationsübertragungssystemen; M. werden z. B.

Moniliakrankheit: Moniliafäule an Birne und Apfel

Moni Monitordienst – Monmouth

Stanisław Moniuszko

António Moniz Egas

Meredith J. Monk

Thelonious S. Monk

eingesetzt in der intensivmedizin. Behandlung zur Überwachung wichtiger Körperfunktionen wie Blutdruck, Pulsfrequenz und Herzströme sowie bei Operationen oder zur digitalen Bilddarstellung (Röntgen, Ultraschall, Computertomographie).

Monitordienst, die regelmäßige Beobachtung des öffentl. Funkverkehrs, des Hörfunk- und Fernsehsendebetriebs durch staatl. Kommunikationsbehörden, Fernmeldeverwaltungen, Nachrichtenagenturen und Informationsdienste; Rundfunkgesellschaften betreiben M. für eigene publizist. Zwecke oder zur Weiterverbreitung im Rahmen verwertungsrechtl. Bestimmungen. Staats- und Verfassungsschutz sowie Polizeibehörden unterhalten M. für ausschl. den und, im Rahmen besonderer Gesetze über das Post- und Fernmeldegeheimnis und den Datenschutz, auch für den privaten Funk- und Fernsprechverkehr.

Geschichte: Im Zweiten Weltkrieg wurden die öffentl. und getarnten (→Tarnsender) Rundfunkprogramme der Gegner und Neutralen wechselseitig mit hohem Aufwand abgehört, aufgezeichnet und für die Anfertigung von Nachrichtenspiegeln, Stimmungsberichten und zur Gegenpropaganda im ›Ätherkrieg‹ verwendet. M. oder Abhördienste gab es in Großbritannien (BBC-Monitoring Service), den USA (Foreign Broadcast Intelligence Service), der UdSSR (Institut No. 205), in Dtl. 1940–45 als ›Sonderdienst Seehaus‹ des Auswärtigen Amts und des Propagandaministeriums mit der Tarn-Bez. ›Rundfunktechn. Versuchsanstalt‹ in Berlin-Wannsee.

Monitoring [ˈmɔnɪtərɪŋ, zu engl. to monitor ›überwachen‹] *das, -s,* die Dauerbeobachtung eines bestimmten Systems; wird zunehmend angewendet als Verfahren zur analyt. Überwachung in der Umwelt. Durch Vernetzen von Überwachungsstationen lässt sich die aktuelle Belastung der Umwelt mit Chemikalien und organ. Abfallstoffen feststellen. So werden die Schadstoffkonzentrationen in Rhein und Elbe durch ein Netz von Gewässergüte-Stationen entlang dieser Flüsse überwacht. Mit dem Grundwasser-M. wird die Einhaltung der nach der Trinkwasser-VO festgelegten Grenzwerte für chem. Stoffe geprüft. Beim Bio-M. wird u. a. die Ablagerung von Schadstoffemissionen in Organismen bestimmt, um Rückschlüsse auf die Belastung des jeweiligen Ökosystems ziehen zu können. Muscheln sind hierfür bes. geeignet, da sie Schwermetalle in den Schalen ablagern und organ. Substanzen im Weichkörper speichern.

Monitorsystem, Monitorensystem, bes. im 19. Jh. (v. a. im engl.-sprachigen Raum) verbreitete Unterrichtsmethode (ANDREW →BELL, JOSEPH →LANCASTER).

Moniuszko [mɔnˈjuʃkɔ], Stanisław, poln. Komponist, * Ubiel (heute Ubel, bei Minsk) 5. 5. 1819, † Warschau 4. 6. 1872; studierte bei C. F. RUNGENHAGEN in Berlin; seit 1858 Direktor der Warschauer Oper, seit 1864 auch Prof. am Warschauer Musikal. Institut. Er gilt als Begründer eines nat. poln. Musikstils. Bes. bekannt wurde er durch seine (etwa 300) Lieder und 24 Opern (darunter die Nationaloper ›Halka‹, 1848), in denen sich melod. Vielfalt mit markanter Figurenzeichnung verbindet; schrieb auch Operetten, Ballette, Chorwerke, Kirchen- und Instrumentalmusik.

W. RUDZIŃSKI: M. (Krakau 1978).

Moniz Egas [muˈniʃ ˈɐɣɐʃ], António Caetano, eigtl. **A. C. de Abreu Freire Egas Moniz,** port. Neurologe und Politiker (Außen-Min. 1918), * Estarreja (bei Aveiro) 29. 11. 1874, † Lissabon 13. 12. 1955; ab 1909 Prof. in Lissabon. M. E. ist der Schöpfer der Arteriographie des Gehirns am lebenden Menschen (1927), die, zus. mit der Enzephalographie, bei der Diagnostik von Gehirnkrankheiten angewendet wird. Für das ebenfalls von ihm angegebene (inzwischen nicht mehr verwendete) Verfahren der Leukotomie (→Psychochirurgie) erhielt er 1949 (mit W. R. HESS) den Nobelpreis für Physiologie oder Medizin.

Monju [-dʒu], jap. Bez. des Bodhisattva Manjushri, als Verkörperung der metaphys. Weisheit mit Buchrolle und Schwert, oft auf einem blauen Löwen reitend dargestellt. M. ist begleitender Bosatsu des Buddha Shaka (Shakyamuni).

Monk, 1) Egon, Regisseur, * Berlin 18. 5. 1927; ab 1949 Regieassistent B. BRECHTS; danach selbstständiger Regisseur; seit 1953 in der BRD; ab 1960 Leiter der Hauptabteilung Fernsehspiele im NDR; 1968 kurzzeitig Intendant des Dt. Schauspielhauses Hamburg; seit 1970 wieder beim NDR als Regisseur; drehte u. a. die Fernsehfilme ›Die Geschwister Oppermann‹ (1983, 2 Tle.), ›Die Bertinis‹ (1988, 5 Tle.).

2) [mʌŋk], Meredith Jane, amerikan. Komponistin, Schauspielerin, Sängerin, Theater- und Filmregisseurin und Choreographin, * Lima (Peru) 20. 11. 1942; Vertreterin des Avantgarde-Musiktheaters, gründete 1978 das M. M. Vocal Ensemble und experimentierte mit der menschl. Stimme. Als Komponistin strebte sie unter Einbeziehung auch choreograph. Elemente eine Art Gesamtkunstwerk an, u. a. mit den Opern ›Vessel‹ (1971), ›Quarry‹ (1976), ›Atlas‹ (1991); komponierte ferner ›Dolmen music‹ (1980, für sechs Solostimmen, Violoncello und Schlagzeug), ›New York Requiem‹ (1993, für Stimme und Klavier), ›Volcano Songs! Solos‹ (1994) sowie Filmmusiken und drehte Filme (u. a. ›Ellis Island, book of days‹, 1989).

3) [mʌŋk], Thelonious Sphere, amerikan. Jazzmusiker (Pianist, Komponist), * Rocky Mount (N. C.) 10. 10. 1917, † Weehawken (N. J.) 17. 2. 1982; gehörte seit 1941 zur Musikergruppe in Minton's Playhouse in Harlem, die den Bebop entwickelte, trat später u. a. mit C. PARKER, nach 1957 mit J. COLTRANE und J. GRIFFIN auf. M., der als Pianist über eine nur rudimentäre Technik verfügte, brachte harmon. Neuerungen (Dissonanzen) und urbane Blueselemente in den Modernjazz ein.

Mon-Khmer-Sprachen, Gruppe der →austroasiatischen Sprachen. Zu den M.-K.-S. gehören u. a. das →Khmer (Kambodschanisch), das →Mon, das im W-Teil des Staates Assam gesprochene Khasi sowie das von der Bev. der Nikobaren gesprochene Nikobar oder Nikobarisch. Gemeinsames charakterist. Merkmal der Nominal- und Verbbildung ist ein differenziertes Prä- und Infigierungssystem einsilbiger und tonloser Grundwörter; syntakt. Beziehungen werden durch Wortstellung (Subjekt – Verb – Objekt) bestimmt. Nach verschiedenen sprachwiss. Theorien wird auch die →vietnamesische Sprache zu den M.-K.-S. gezählt.

Mon-Khmer-Völker, Sammel-Bez. für eine Reihe sprachlich zusammengehörender (→Mon-Khmer-Sprachen), kulturell und anthropologisch aber versch. Völker in Hinterindien. Dazu gehören die Khmer, Mon, Khasi, Palaung, Wa, Lawa und der größte Teil der als Kha (Khmu u. a.), Moi (Khmer-Loeu) und Pnong bezeichneten Wald- und Bergstämme in Laos, Kambodscha, Vietnam und Thailand, ferner die Nikobarer und die kleinwüchsigen Restvölker Malakkas.

Monmouth [ˈmʌnməθ], Stadt im Verw.-Distrikt Monmouthshire, SO-Wales, am Zusammenfluss von Wye und Monnow, 7 200 Ew.; landwirtschaftl. Marktzentrum, bedeutender Fremdenverkehr.

Monmouth [ˈmʌnməθ], **1)** Geoffrey of, engl. Geschichtsschreiber, →Geoffrey, G. of Monmouth.

2) James Scott, Herzog von (seit 1663), engl. Thronprätendent, * Rotterdam 9. 4. 1649, † (hingerichtet) London 15. 7. 1685; illegitimer Sohn KARLS II. von England, durch seine Heirat (1663) mit der Erbtochter ANNE SCOTT, Gräfin BUCCLEUCH, auch Herzog von Buccleuch geworden; warf 1679 in Schottland

den Aufstand der Presbyterianer nieder. Von den Whigs als Thronerbe gegen seinen kath. Bruder, dem späteren JAKOB II., vorgesehen, zwang ihn die Aufdeckung der →Rye-House-Verschwörung (1683) zur Flucht in die Niederlande. Als er sich nach der Thronbesteigung JAKOBS II. (1685) an die Spitze einer Rebellion stellte, wurde er am 5./6. 7. 1685 in der Schlacht von Sedgemoor (Cty. Somerset) geschlagen.
B. BEVAN: J., Duke of M. (London 1973).

Monmouthshire [ˈmʌnməʃɪə], ehem. County in Wales, 1974 aufgeteilt in die Countys Gwent, Mid Glamorgan und South Glamorgan; seit 1996 Verw.-Distrikt, 850 km², 85 600 Ew.; Verw.-Sitz ist Cwmbran.

Monnet [mɔˈnɛ], Jean, frz. Politiker, * Cognac 9. 11. 1888, † Montfort-L'Amaury (Dép. Yvelines) 16. 3. 1979; Wirtschaftsberater, war 1919–23 stellv. Gen.-Sekr. des Völkerbundes. 1940 leitete er das frz.-brit. Koordinierungskomitee für die gemeinsame Kriegsrüstung und hielt sich 1940–43 im brit. Auftrag in den USA auf. Er arbeitete dort den amerikan. Plan zur Umstellung der Kriegs- auf Nachkriegsproduktion aus (›Victory Program‹). 1943–44 war er Mitgl. des →Comité Français de Libération Nationale. Als Leiter des Planungsamtes (1946–50) stellte er 1946/47 Modernisierungsprogramme für die frz. Wirtschaft, 1948 für die überseeischen Gebiete Frankreichs (›M.-Pläne‹) auf. 1950–52 war er Präs. der Pariser Schumanplankonferenz, 1952–55 Präs. der Hohen Behörde der Montanunion. 1955 gründete er das ›Aktionskomitee für die Vereinigten Staaten von Europa‹ (auch ›M.-Komitee‹, 1975 aufgelöst). 1953 erhielt M. den internat. Karlspreis der Stadt Aachen. 1976 wurde er von den Reg.-Chefs der EG zum ersten ›Ehrenbürger von Europa‹ ernannt. M. schrieb ›Mémoires‹ (1976; dt. ›Erinnerungen eines Europäers‹).

Mönnich, Horst, Schriftsteller, * Senftenberg 8. 11. 1918; gehörte zur ›Gruppe 47‹; veröffentlichte Gedichte, Novellen, Hörspiele, Reportagen und Reisebücher. Sein Industrieroman ›Die Autostadt‹ (1951) erregte Aufsehen. Mehrere seiner Reportagen sind dem geteilten Dtl. gewidmet. Später arbeitete er über die Geschichte großer Industrieunternehmen.
Weitere Werke: Berichte und Reportagen: Das Land ohne Träume (1954); Reise durch Rußland (1961); Einreisegenehmigung (1967). – BMW – Eine dt. Geschichte (1989).

Monnier [mɔˈnje], 1) Henri Bonaventure, frz. Schriftsteller, * Paris 6. 6. 1799, † ebd. 3. 1. 1877; schuf in den von ihm selbst illustrierten Dialogen ›Scènes populaires, dessinées à la plume‹ (1830) im realistisch gezeichneten Typ des ›Joseph Prudhomme‹, eines Spießbürgers seiner Zeit, der auch in späteren Erzählwerken und Dramen wieder erscheint.
Werke: Dialoge: Nouvelles scènes populaires, 2 Bde. (1839). – *Drama:* Grandeur et décadence de M. Joseph Prudhomme (1853; dt. Aufstieg u. Fall des Joseph Prudhomme). – *Roman:* Les mémoires de Monsieur Joseph Prudhomme, 2 Bde. (1857).

2) Thyde, eigtl. **Mathilde M.**, frz. Schriftstellerin, * Marseille 23. 6. 1887, † bei Nizza 18. 1. 1967; schilderte in neonaturalist. Romanen das Leben u. a. von Bauern, Fischern und Handwerkern der Provence.
Werke: Romane: La rue courte (1937; dt. Die kurze Straße); Zyklus Les Desmichels, 7 Bde.: Grand Cap (1937), Le pain des pauvres (1937; beide zus. dt. u. d. T. Liebe, Brot der Armen), Nans le berger (1942; dt. Nans der Schäfer, auch u. d. T. Nans der Hirt), La demoiselle (1944; dt. Unser Fräulein Lehrerin), Travaux (1945; Die Familie Revest), Le figuier stérile (1947; dt. Der unfruchtbare Feigenbaum), Les forces vives (1948). – *Autobiographie:* Moi, 4 Bde. (1949–55; dt. gekürzt u. d. T. Moi. Ein Leben aus vollem Herzen).

Monnika, Monika, Mutter des →Augustinus, * Tagaste (Numidien) um 332, † Ostia Oktober 387; war übezeugte Christin und hatte großen Einfluss auf die religiöse Entwicklung ihres Sohnes. Sie begleitete AUGUSTINUS nach Mailand und starb auf der gemeinsamen Rückreise nach Afrika. – Heilige (Tag: 27. 8.).

Monnoyer [mɔnwaˈje], Jean Baptiste, frz. Maler, * Lille 19. 7. 1634, † London 16. 2. 1699; spezialisierte sich auf Blumenmalerei. Er schuf zahlr. Stillleben, lieferte Entwürfe für Gobelins, war beteiligt an der Dekoration der Schlösser von Versailles, Marly u. a. 1665 wurde er Mitgl. der Akad. Ab 1685 war er in England tätig (Dekorationen in Hampton Court, Windsor Castle und im Kensington Palace in London).

mono... [griech. mónos ›allein‹, ›einzeln‹, ›einzig‹], vor Vokalen meist verkürzt zu **mon...**, Wortbildungselement mit der Bedeutung: allein, einzeln, einmalig, z. B. Monogamie, Monarchie.

Mono der, Fluss in O-Togo, rd. 400 km lang, entspringt nordöstlich von Sokodé, mündet westlich von Grand-Popo in den Atlant. Ozean. Im Unterlauf ist der M. Grenzfluss zu Benin; dort wurde als Gemeinschaftsprojekt beider Länder 1988 der Staudamm von Nangbéto mit Kraftwerk (65 MW) vollendet; er soll die Bewässerung von 43 000 ha ermöglichen.

Monoamin|oxidase, Monoamino|oxidase, Abk. **MAO**, in Gehirnzellen lokalisiertes Enzym (Flavoprotein), das biogene Amine (z. B. Adrenalin, Dopamin, Noradrenalin, Serotonin), die als Neurotransmitter für die Funktion des Nervensystems wichtig sind, oxidativ abbaut und damit an der Regulation der Neurotransmitterkonzentration beteiligt ist. Man unterscheidet zwei Formen des Enzyms, die **M. A** und **B**. Hemmstoffe der M. A (M.-A-Hemmer) werden als Antidepressiva, Hemmstoffe der M. B (M.-B-Hemmer) zur Behandlung der Parkinson-Krankheit eingesetzt.

Monocarbonsäuren, →Carbonsäuren.
Monoceros [griech.], wiss. Name des Sternbilds →Einhorn.

Monochiptechnik [ˈmaʊnəʊtʃɪp-], Bez. für die Großintegration von Schaltungen auf jeweils einem Chip. Beim Aufbau nur einer, i. d. R. sehr komplexen →integrierten Schaltung (IC) auf einem Chip spricht man von **Full-Slice-Technik.** Bei der **Master-Slice-Technik** werden dagegen mehrere gleiche oder versch. ICs auf demselben Chip angeordnet; die Verdrahtung der Einzelsysteme entsprechend einer (auch kundenspezifisch) gewünschten Funktion der Gesamtschaltung kann direkt bei der Herstellung oder auch erst nach einer Funktionsprüfung der Bauelementegruppen vorgenommen werden, wodurch die Ausschussquote erheblich herabgesetzt werden kann. Die Master-Slice-Technik hat gegenüber der Hybridtechnik den Nachteil, dass für jede Gesamtschaltung eine eigene Maske (→Lithographie) hergestellt werden muss.

Monochlor|essigsäure, →Chloressigsäuren.
Monochord [griech. monóchordon, eigtl. ›Einsaiter‹] das, -(e)s/-e, aus der griech. Antike stammendes und weit über das MA. hinaus gebräuchl. Instrument, das die zahlhaften Zusammenhänge zw. Tonhöhe und Saitenlänge deutlich macht. Es besteht i. d. R. aus einem längl. Resonanzkasten mit zwei festen Stegen, über die eine Saite gespannt ist. Die Saite wird entweder mit dem Finger oder einem Stäbchen herabgedrückt oder durch einen zusätzlich verschiebbaren Steg (lat. modulus, griech. magadis) in zwei Teile geteilt und am verkürzten Saitenabschnitt mit einem Plektron oder dem Finger angerissen bzw. gezupft. Die exakten Teilungspunkte sind anhand einer aufgemalten Skala ablesbar und ergeben bei dem Verhältnis 1 : 2 die Oktave, bei 2 : 3 die Quinte, bei 3 : 4 die Quarte, bei 8 : 9 den Ganzton usw. Die Erfindung des M. wird PYTHAGORAS zugeschrieben. Im späten MA. wurde das M. vereinzelt mit mehr Saiten (Polychord) versehen. Aus ihm entwickelte sich vermutlich

Jean Monnet

Thyde Monnier

Mono monochrom – Monodromiesatz

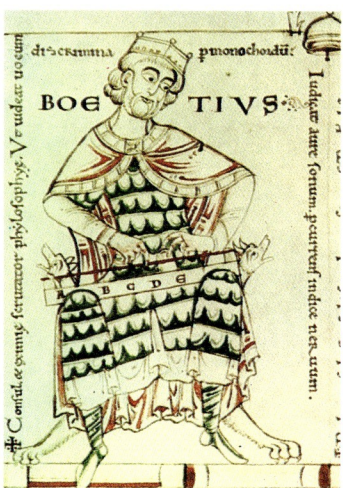

Monochord: Boethius beim Untersuchen der verschiedenen Tonstufen auf dem Monochord; die Buchstaben entsprechen dem griechischen Tonsystem; Miniatur aus einer Handschrift aus Canterbury; um 1150 (Cambridge, University Library)

in Verbindung mit Hebeltasten im 14. Jh. das →Klavichord.

monochrom [zu griech. chrōma ›Farbe‹], einfarbig (v. a. von Kunstwerken gesagt).

Monochromasie *die, -/...'si|en,* **Monochromatopsie,** Form der Farbenfehlsichtigkeit, bei der nur eine der drei Farbkomponenten gesehen wird.

monochromatisch, *Physik:* einfarbig im Sinne einer Spektralfarbe des Lichts; i. w. S. durch eine elektromagnet. Strahlung fester Wellenlänge oder eines sehr engen Wellenlängen- bzw. Frequenzintervalls charakterisiert oder (aufgrund des Welle-Teilchen-Dualismus) Teilchen einheitl. Energie (eines geringen Energieintervalls) enthaltend.

Jacques Monod

Monochromator *der, -s/...'toren,* eine Vorrichtung zur Auswahl von Teilchen einer physikal. Größe, wie der Masse in Massenspektrometern (→Massenspektrograph), der Geschwindigkeit in Geschwindigkeitsselektoren (z. B. mittels Flugzeitmethode, Kristall-M.) oder von elektromagnet. Wellen nach ihrer Wellenlänge bzw. Frequenz (v. a. →Spektralapparate).

monochrome Malerei, der Aufbau eines Bildes aus einem einzigen Farbton oder in gering voneinander abweichenden Tonstufen, seit den 1950er-Jahren eine programmat. Stiltendenz als letzte Vereinfachung des gegenstandslosen Raumerlebnisses und Gegenreaktion auf den Tachismus und die informelle Kunst. Vertreter der m. M. sind u. a. L. FONTANA, Y. KLEIN, P. MANZONI, A. CALDERARA, M. ROTHKO, AD REINHARD; die Gruppe Zero ging in ihrem künstler. Konzept von dem der ital. Vertreter der m. M. aus.

Monocoque [-'kɔk; von engl. monocoque construction ›Schalenbauweise‹] *das, -(s)/-s, Automobilsport:* meist aus Kohlenstofffasern und Aluminium bestehende, vakuumverformte versteifende Schalenkonstruktion bei Monopostos (→Rennformel) zur Sicherheit der Rennfahrer. Das M. ist kaum zerstörbar.

Monod [mɔ'no], 1) Adolphe, frz. ref. Theologe, * Kopenhagen 21. 1. 1802, † Paris 6. 4. 1856; gründete 1832 die ›Église évangélique libre‹, wurde 1836 Prof. in Montauban, 1847 Pfarrer in Paris. M. war einer der bedeutendsten Erweckungsprediger der ref. Kirche Frankreichs.

Ausgabe: Sermons, 4 Bde. (³1860).

M. BOEGNER: A. M. Prédicateur de l'Église réformée (Paris 1956).

2) Gabriel, frz. Historiker, * Ingouville (Dép. Seine-Maritime) 7. 3. 1844, † Versailles 10. 4. 1912; war 1869–1904 Lehrer, später Direktor der École pratique des hautes études, wurde 1896 Mitgl. der Académie française, 1905 Prof. am Collège de France; 1876 Mitbegründer der ›Revue historique‹ nach dem Vorbild der dt. ›Histor. Zeitschrift‹, einer der Begründer der kritischen mediävist. Schule Frankreichs.

Werke: Études critiques sur les sources de l'histoire mérovingienne, 2 Bde. (1872–85); Bibliographie de l'histoire de France (1888).

3) Jacques Lucien, frz. Biochemiker, * Paris 9. 2. 1910, † Cannes 31. 5. 1976; ab 1945 am Institut Pasteur in Paris (1971 Direktor); ab 1959 Prof. an der Sorbonne, ab 1967 am Collège de France; Forschungen über stoffwechselchem. Vorgänge, Arbeiten u. a. zur Genexpression und Genregulation (Operon-Modell, Jacob-Monod-Modell). M. erhielt 1965 mit A. LWOFF und F. JACOB den Nobelpreis für Physiologie oder Medizin für die Erforschung der Genregulationsvorgänge (speziell bei der Enzymsynthese von Viren). In seinem Werk ›Le hasard et la nécessité‹ (1970; dt. ›Zufall und Notwendigkeit‹) befasste sich M. mit philosoph. Fragen der modernen Biologie.

Monodactylidae [zu griech. dáktylos ›Finger‹, ›Zehe‹], die →Flossenblätter.

Monodelphia [zu griech. delphýs ›Gebärmutter‹], wiss. Name der →Plazentatiere.

Monodie [griech. monōdía ›Einzelgesang‹] *die, -,* in der griech. Antike im Unterschied zum Gesang des Chores der Sologesang mit Instrumentalbegleitung (Aulos, Lyra oder Kithara), bes. der Klagegesang eines einzelnen Schauspielers in der Tragödie. – Aus der Idee einer Wiederbelebung griech. Praxis entstand gegen Ende des 16. Jh. in Italien v. a. im Kreise der Florentiner →Camerata eine als M. bezeichnete neue Art (Seconda Pratica) des akkordisch durch den →Generalbass begleiteten Sologesangs, die in ihrer affektgesteuerten Prägung bes. durch G. CACCINI und C. MONTEVERDI in Oper, Solomadrigal, Kantate und Oratorium zu ihrem Höhepunkt gelangte und internat. weit in die Zukunft ausstrahlte. Im Ggs. zum alten kontrapunkt. Stil (Prima Pratica) wird die Aufgabe der Musik darin gesehen, Sinn und Affekte des Textes zu deuten. Die melodietragende, vokale Oberstimme (oft mit improvisierten Verzierungen) ist durch sorgfältige Textdeklamation, schnellen Wechsel von langen und kurzen Tönen, geringen Stimmumfang, dissonante Sprünge und gehäufte Chromatik geprägt. Der Generalbass ist oft als liegender Basston notiert. Aus den mehr rezitativischen und mehr ariosen Partien innerhalb der monod. Gesangs entwickelten sich die gegensätzl. Formen →Rezitativ und →Arie. – In einem unklaren Sprachgebrauch wird heute auch der einstimmige Gesang (z. B. der Choral) oder der begleitete Sologesang schlechthin als M. bezeichnet.

monodisch, die Monodie betreffend; einstimmig.

Monodontidae [zu griech. odoús, odóntos ›Zahn‹], die →Gründelwale.

Monodrama, Einpersonenstück, eine Sonderform des →lyrischen Dramas. Als M. wurde im 18. Jh. (als Gegenstück zur Oper geschaffen) ein von Instrumentalmusik begleiteter Monolog einer (meist weibl.) Gestalt bezeichnet (→Melodrama). A. SCHÖNBERG verwendete die Bez. M. für seine einaktige, mit nur einer einzigen (Sprech-)Gesangsrolle auszuführende Oper ›Erwartung‹ (1909). In neuerer Zeit bedeutet M. so viel wie Einpersonenstück monolog. Charakters, auch in Verbindung mit Telefon (J. COCTEAU, ›La voix humaine‹, 1930), Tonband (S. BECKETT, ›La dernière bande‹, 1959) oder mit stichwortgebenden Nebenfiguren (T. BERNHARD, ›Der Präsident‹, 1976).

Monodromiesatz [zu griech. drómos ›Lauf‹], *Mathematik:* Ist *f* eine in dem einfach zusammenhängenden Gebiet *G* der komplexen Ebene holomorphe Funktion und sind *a* und *b* Punkte in *G*, so ergibt die analyt. Fortsetzung von *f* längs eines beliebigen Weges in *G* von *a* nach *b* stets in *b* dieselbe Potenzreihe. Das Aussehen von *f* in *b* hängt also nicht vom Weg ab, längs dessen man *f* analytisch fortsetzt.

Monoflop [ˈmɔʊnəʊflɔp, engl.], der monostabile →Multivibrator.

monogam, monogamisch, 1) nur auf einen Geschlechtspartner bezogen, in Monogamie lebend; 2) nur die Einehe kennend (Völker, Kulturen).

Monogamie [zu griech. gámos ›Ehe‹] *die, -, das* ehel. (geschlechtl.) Zusammenleben von einer Frau und einem Mann, im Ggs. zur Bigamie (Doppelehe) und Polygamie (Vielehe). – Bei der **gemäßigten** M. kann eine Bindung nach geltenden Sitten und Gesetzen gelöst werden (Scheidung), bei der **absoluten** M. ist eine Auflösung unmöglich. In den meisten modernen Gesellschaften überwiegt die gemäßigte M. An der absoluten M. halten die kath. Kirche und damit die Gesellschaften grundsätzlich fest, die ein kath. Eherecht haben. (→Ehe)

Im *Tierreich* ist M. (mehrjährige bis lebenslange Bindung) von Vertretern aller Wirbeltierklassen, vereinzelt auch von Wirbellosen (z. B. von einigen Krebsen) bekannt. Bes. verbreitet ist sie bei Vögeln, sehr selten dagegen bei Säugetieren, z. B. bei Gibbons.

Monogatari *das, -/-,* klass. jap. Erzählungsliteratur, aus mündl. Tradition entwickelt, in altjap. Chroniken (→Kojiki) und Topographien (→Fudoki) bereits angelegt und in der Heian- und Kamakurazeit (10.–14. Jh.) in zahlr. Werken ausgereift. Märchenhafte M. stehen zeitlich voran (Taketori-monogatari, Utsubo-monogatari), realist. folgen (darunter das →Genji-monogatari), auch solche mit geschichtl. Quellenwert (Eiga-monogatari, Heike-monogatari). Erzählung und Gedicht verbinden sich in den Uta-monogatari, in deren Mittelpunkt →Waka (Gedichte) stehen.

Eine Neigung zur Kurzgeschichte zeigt sich in der alten Sammlung Konjaku-monogatari (11. Jh.), Vorläufer der im MA. Japans verbreiteten didaktisch-unterhaltsamen Geschichtensammlungen (Setsuwamono), die das eher aristokrat. M. ablösten.

Ausgabe: Translations from early Japanese literature, hg. v. E. O. REISCHAUER u. a. (1951); Die Zauberschale. Erzählungen vom Leben jap. Damen, Mönche, Herren u. Knechte, hg. v. N. u. W. NAUMANN (1973).

monogen, durch nur ein Gen bestimmt.

Monogenie [zu griech. -genḗs ›verursachend‹] *die, -/...ˈniːen, Biologie:* das ausschließl. Hervorbringen von nur männl. (**Arrhenogenie**) oder nur weibl. Nachkommen (**Thelygenie**) aufgrund der Vererbung geschlechtschromosomengebundener Letalfaktoren.

Monogenismus *der, -, kath. Kirche:* die Lehre, dass alle Menschen von Adam und Eva abstammen. Der M. und die mit ihm verbundene Auffassung Adams und Evas als geschichtl. Personen galten lehramtlich bis zum 2. Vatikan. Konzil (1962–65) – so zuletzt in der Enzyklika →Humani generis – als notwendige Voraussetzungen für die Lehre von der Erbsünde. Mit der Erneuerung der bibl. Hermeneutik hat sich jedoch die Auffassung durchgesetzt, dass die Erzählungen der Bibel über Schöpfung und Sündenfall des ersten Menschen (1. Mos. 1–3) ebenso wie die paulin. Bezugnahme darauf (Röm. 5, 12–21) nichts über den naturwiss. M. aussagen wollen, sondern eine religiöse Deutung der menschl. Sündhaftigkeit als Folge einer Ursünde geben.

P. LENGSFELD: Adam u. Christus (1965); H. HAAG: Bibl. Schöpfungslehre u. kirchl. Erbsündenlehre (⁴1968).

Monogonie [zu griech. gonḗ ›(Er)zeugung‹] *die, -/...ˈniːen, Biologie:* die ungeschlechtl. Fortpflanzung. Ggs.: Amphigonie.

Monogramm [zu griech. grámma ›Geschriebenes‹] *das, -s/-e,* **1)** *allg.:* Namenszeichen, meist aus den Anfangsbuchstaben von Vor- und Familiennamen.

2) *Diplomatik:* **Handzeichen,** lat. **Signum,** frz. **Chiffre** [ʃifr], Figur aus Buchstaben oder Zeichen als Ausdruck für Namen oder Titel. Das M. war bereits während des Altertums gebräuchlich (→Christusmonogramm), es wurde u. a. auf Münzen bis in die Neuzeit verwendet. Besondere Bedeutung erlangte das M. auf mittelalterl. Urkunden fränk., dt. und frz. Herrscher, in denen es von KARL D. GR. an bis ins 13. Jh. als Ersatz für die eigenhändige Unterschrift verwendet wurde. Hierbei zeichnete bis in die salische Zeit die Kanzlei das meist verwickelte M. bis auf einen Strich

Monogramm 2): Unterschrift Karls des Großen auf einer Urkunde, gegeben zu Kufstein am 31. August 790; die Unterschrift Karls, also der Vollzug der Urkunde, besteht lediglich in der eigenhändig gemalten Raute mit Winkel zwischen den Buchstaben des königlichen Monogramms (K R L S = Karolus), das vom Schreiber vorgeschrieben war

vor, der dann vom König selbst ausgeführt (›vollzogen‹) wurde. I. d. R. steht das M. in der Signumzeile der Urkunden.

O. FLÄMIG: M. auf Münzen, Medaillen, Marken, Zeichen u. Urkunden (²1968).

3) *Kunst:* die zuerst von den in Zünften organisierten Handwerksmeistern des späteren MA. für ihre Arbeiten, die eigenen und die der Werkstatt, verwendeten Zeichen (Anfangsbuchstaben, Hausmarken). Das M. sollte die Arbeiten (bes. Grafik) vor Nachahmung schützen; dann wurde es auch Ausdruck des künstler. Selbstbewusstseins. Oft ist es selbst ein künstler. Gebilde (Dürer-M.). Die Künstler aus der Frühzeit des Holzschnitts und des Kupferstichs, von denen man nur das M. kennt, werden **Monogrammisten** genannt.

Monographie [zu griech. gráphein ›schreiben‹] *die, -/...ˈphiːen,* in sich abgeschlossene wiss. Abhandlung über einen begrenzten Gegenstand mit dem Ziel einer möglichst gründl. Analyse und Beurteilung, in Form einer Einzelschrift (Buch) veröffentlicht. Beiträge zu Zeitschriften, auch größeren Umfangs, zählen wegen der abweichenden Publikationsform (periodisch aufgeteilt) nicht zu den Monographien.

Monograptus [zu griech. graptós ›geschrieben‹], Gattung der Graptoloidea (→Graptolithen) aus dem Silur bis Unterdevon, mit einzeilig angeordneten Theken an dem geraden oder gekrümmten Rhabdosom.

monogyn [zu griech. gynḗ ›Frau‹], *Biologie:* nur ein einziges Eier legendes Weibchen (als Königin) aufweisend; von Staaten sozialer Insekten (z. B. soziale Bienen, Faltenwespen) gesagt; Ggs.: polygyn.

monohybrid, von Organismen und Kreuzungen gesagt, bei denen sich die Individuen (**Monohybriden**) oder die beiden Partner einer Kreuzung nur in einem einzigen Allelenpaar voneinander unterscheiden.

Monokel [frz., von lat. monoculus ›einäugig‹] *das, -s/-,* früher übl. Korrekturlinse für ein Auge; geschliffenes rundes Glas, das durch den Schließmuskel der Augenlider gehalten wird.

monoklin, →Kristallsysteme.

Monoklinalfalte, *Geologie:* selten gebrauchte Bez. für →Flexur.

Monoklinie [zu griech. klínein ›neigen‹] *die, -, Botanik:* Gemischtgeschlechtigkeit bei (zwittrigen, d. h. Staub- und auch Fruchtblätter besitzenden) Blüten.

monoklonale Antikörper [zu griech. klōn ›Sprössling‹], Immunglobuline (Abwehrstoffe), die von der einheitl. Nachkommenschaft eines differen-

Monogramm 3): 1 Meister E. S. (mit Jahreszahl 1467); 2 Martin Schongauer; 3 Hans Sebald Beham; 4 Hans Baldung, genannt Grien; 5 Albrecht Altdorfer; 6 Albrecht Dürer; 7 Matthias Grünewald (eigentlich Mathis Gothart Nithart); 8 Urs Graf; 9 Lucas van Leyden; 10 Lucas Cranach d. Ä.

zierten B-Lymphozyten, einem Zellklon, gebildet und abgegeben werden und hinsichtlich ihrer Spezifität und Struktur einheitlich sind (daher die Bez. monoklonal). M. A. bildende Zellklone entstehen spontan bei versch. Erkrankungen; künstlich erzeugt man sie, indem Antikörper bildende Lymphozyten immortalisiert (unbegrenzt teilungsfähig gemacht) werden. Bei der von G. KÖHLER und C. MILSTEIN 1975 entwickelten Hybridomtechnik werden von einer mit dem gewünschten Antigen immunisierten Maus stammende Lymphozyten mit Myelomzellen (Tumorzellen) verschmolzen, die sich als Krebszellen praktisch unbegrenzt teilen können. Die im Ergebnis der Fusion gewonnenen, sich ebenfalls unbegrenzt teilenden Hybridomzellen bilden die gleichen Antikörper wie die ursprüngl. Lymphozyten. Durch geeignete Systeme werden dann diejenigen Hybridomzellen isoliert, die einen m. A. bilden, der das zum Immunisieren eingesetzte Antigen erkennt. Wurden urspr. Hybridomzellen in der Bauchhöhle von lebenden Mäusen gezüchtet (in Dtl. genehmigungspflichtig), finden heute dafür meist spezielle Zellzuchtapparaturen (›künstliche‹ Maus, Glasmaus) Anwendung, um den Tieren die qualvolle Behandlung zu ersparen. Bei einem weiteren Verfahren werden Lymphozyten durch eine Transformation mit dem Epstein-Barr-Virus (EBV) immortalisiert. Mithilfe der Hybridomzellen bzw. der EBV-transformierten Lymphozyten kann man große Mengen von m. A. gewinnen. Sie haben die für Antikörper typische hohe Spezifität gegenüber ihrem Antigen und eignen sich daher für viele Anwendungen. Das Haupteinsatzgebiet der m. A. liegt v. a. im medizinisch-diagnost. Bereich zur Bestimmung von Hormonen und Serumproteinen sowie in der Serologie, der Zellbiologie und in der Immunhistochemie. Immer häufiger werden m. A. auch zu therapeut. Zwecken angewandt. M. A., die Oberflächenantigene von Lymphozyten erkennen, setzt man heute als Immunsuppressiva zur Verhinderung von Abstoßungsreaktionen nach Organtransplantationen ein. Die große Spezifität von m. A. verleiht ihnen auch das Potenzial, als Transportvehikel Medikamente zu bestimmten Organen und Zellen zu leiten; dies lässt neue Konzepte für Früherkennung und Bekämpfung von Krebserkrankungen erwarten. Für den therapeut. Einsatz eignen sich aus Mäusen gewonnene m. A. nur bedingt, da das menschl. Immunsystem sie als fremd erkennt und Antikörper gegen diese Proteine bildet. Die Dosis der m. A. muss in der Folge einer solchen Immunantwort ständig erhöht werden. Aus diesem Grund werden ›humanisierte‹ m. A. entwickelt, bei denen ein großer Teil der m. A. humanen Antikörpern entspricht.

Eine neue Entwicklung führte zu m. A., die wie Enzyme als Katalysatoren für bestimmte chem. Reaktionen eingesetzt werden können. Diese katalyt. Antikörper werden Abzyme genannt.

monokondyles Gelenk [zu griech. kóndylos ›Knochengelenk‹], Gelenk mit nur einem Gelenkhöcker; ermöglicht bei Insekten Bewegungen in alle Richtungen.

Monokotyledonen, die →Einkeimblättrigen.

Monokratie [zu griech. krateīn ›herrschen‹] *die, -/...'tiłen,* Alleinherrschaft (eines Monarchen, Diktators, Tyrannen), Herrschaft eines Einzelnen.

monokratisches Prinzip, im Ggs. zum Kollegialprinzip ein Organisationsprinzip bes. von Behörden, dem zufolge die institutionellen Befugnisse nur dem jeweiligen Leiter zustehen, dieser aber delegationsbefugt ist. Dem m. P. eigentümlich ist ein Machtaufbau ›von oben nach unten‹.

monokular [zu lat. oculus ›Auge‹], mit einem Auge; für ein Auge (z. B. monokulares Fernrohr).

Monokular, bei einem opt. Instrument ein →Okular zum einäugigen Beobachten.

monokulares Sehen, das einäugige Sehen, bei dem keine Wahrnehmung der räuml. Tiefe möglich ist. (→stereoskopisches Sehen)

Monokultur, eine Nutzungsform, bei der der Boden über Jahre durch dieselbe Kulturpflanzenart genutzt wird; sowohl durch einjährige (Tabak, Weizen, Reis, Mais) als auch durch Dauerkulturen (Hopfen, Wein, Fichten). Die Einseitigkeit führt zur Bodenmüdigkeit (Verlust von Nährstoffen und Humus, Erosion) und zum verstärkten Auftreten von Krankheiten, was man durch den Einsatz von Mineraldüngern und Pflanzenschutzmitteln auszugleichen versucht. Tier- und Wildpflanzenarten wird durch Einseitigkeit die Lebensgrundlage entzogen. Der M. kann mit Vielseitigkeit (Mischwald, Unkräuter im Getreide, landwirtschaftl. Fruchtfolgen) begegnet werden. Dem stehen oft wirtschaftl. Überlegungen gegenüber (Rentabilität, Arbeitseinsparung). – M., speziell für den Export (Kaffee, Kakao, Erdnüsse u. a.), konkurriert in Entwicklungsländern oft mit dem Anbau heim. Nahrungsmittel; außerdem macht sie diese Staaten von Preisveränderungen am Weltmarkt sehr abhängig.

Mono Lake [ˈməʊnəʊleɪk], abflussloser alkal. See vulkan. Ursprungs in Kalifornien, USA, am O-Rand der Sierra Nevada; 21 km lang, 13 km breit, 1 900 m ü. M.; am S-Ufer Tuffsteingebilde; im Frühjahr und Herbst Durchzug Hunderttausender von Zugvögeln. Durch Umleiten seiner Zuflüsse zur Deckung des enormen Wasserbedarfs des Ballungsgebietes Los Angeles starkes Absinken seines Wasserspiegels und erhebl. Zunahme seines Salzgehaltes. Seit Anfang der 90er-Jahre ist aus ökolog. Gründen eine weitere Wasserentnahme vorläufig (bis zur Anhebung des Wasserspiegels) unterbunden worden.

monolith, monolithisch, eine (untrennbare) Einheit bildend; aus einem Stück, zusammenhängend und fugenlos hergestellt.

Monolith [zu griech. líthos ›Stein‹] *der, -s* und *-en/-e(n),* einzelner Steinblock (z. B. ein Menhir); auch Bez. für aus einem einzigen Stein hergestellte Obelisken, Säulen oder Decksteine, auch als Kuppel.

monolithische Schaltung, eine in →Halbleiterblocktechnik hergestellte integrierte Schaltung.

Monolog [frz. monologue, zu griech. monológos ›allein redend‹, ›mit sich redend‹] *der, -(e)s/-e,* Rede einer einzelnen Person (im Ggs. zum →Dialog). 1) M. i. e. S. (Selbstgespräch) kommt als Kunstform in bestimmten Formen der Lyrik oder in Tagebuchaufzeichnungen vor (Ich-Aussprache). Zu unterscheiden davon ist der →innere Monolog. 2) M. i. w. S. ist an bestimmte konkrete Kommunikationssituationen gebunden, die sachlich (durch größeres Wissen des Sprechenden) oder psychisch (durch Hinwegreden ›über die Köpfe der anderen‹) motiviert sein können. Die Erzählung, der Vortrag, die Predigt vor schweigenden Zuhörern werden in diesem Sinn als M. verstanden. Auch in Romanen oder Dramen findet sich diese Form häufig. 3) Der **dramatische M.** ist auf der Illusionsebene Selbstgespräch, von der Kommunikationsebene her hat er wichtige Mitteilungsfunktion für den Zuschauer.

In der antiken Tradition gewann der M. v. a. mit dem Zurücktreten des Chors an Bedeutung. Im Drama der Renaissance und des Barock dient er als Mittel der Darstellung einer prunkvoll ausgeschmückten Rhetorik, aber auch als Darstellung der Höhepunkte in sittl. Entscheidungen. Nach SHAKESPEARES Vorbild wird er im Drama G. E. LESSINGS als Reflexions-M. eingesetzt. Im Sturm und Drang dient er in erster Linie der Selbstanalyse und dem Ausdruck von Stimmungen und Affekten, die den Charakter enthüllen. In der Klassik findet der M. seinen Höhepunkt als Mittel der Seelenanalyse und als integriertes dramat. Element in Entscheidungssituationen vor der Lösung oder Katastrophe. Im Realismus, v. a. aber im Naturalismus tritt er immer mehr zurück und lässt nur noch Raum für den stummen Gebärden-M. Im Drama des 20. Jh. hat der M. besondere Bedeutung, v. a. in Form des monolog. Aneinandervorbeisprechens, als Ausdruck der Unmöglichkeit des Dialogs, wobei der Dialog ebenfalls in Form des Aneinandervorbeiredens dem M. nähern kann. Heute wird der M. auch in seiner ursprüngl. Funktion im polit. Volkstheater (z. B. bei D. Fo) und im Kabarett verwendet. Wesentlich geworden ist der M. in jüngster Zeit u. a. bei T. Bernhard, B. Strauss, T. Dorst, P. Handke.

Monom [zu lat. nomen ›Namen‹] *das, -s/-e,* ein →Polynom mit nur einem von null verschiedenen Koeffizienten, z. B. 3*x*.

Monomach, Wladimir Wsewolodowitsch, Großfürst von Kiew, →Wladimir II. Monomach.

Die **Monomachsmütze,** russ. **Schapka Monomacha,** war von der Krönung Dmitrijs, des Enkels Iwans III. (1498), bis zu Peter I., d. Gr., die Krone der Moskauer Großfürsten und Zaren; angeblich ein Geschenk des byzantin. Kaisers Konstantin IX. Monomachos (1042–55), tatsächlich eine mittelasiat. Arbeit des 14. Jh., mit einem Zobelfellrand, im Oberteil Goldfiligran mit Edelsteinen, überragt von einem Kreuz; heute im Kremlmuseum aufbewahrt.

Monomanie, Einzelwahn, Partialwahn, veraltete Bez. für zwanghafte, im Unterschied zur Manie auf einen einzigen Gegenstands- oder Vorstellungskomplex bezogene Handlungsweise (unter Ausschaltung der normalen Denkabläufe), z. B. Kleptomanie, Megalomanie, Nymphomanie oder Pyromanie.

monomer, *Chemie:* aus einzelnen, voneinander getrennten, selbstständigen Molekülen bestehend.

Monomere [zu griech. méros ›(An)teil‹], *Sg.* **Monomer** *das, -s,* niedermolekulare Bausteine von →Polymeren. Typ. Moleküle von M. zur techn. Polymersynthese (→Kunststoffe) haben Doppelbindungen (z. B. Äthylen, Styrol) oder zwei reaktionsfähige Gruppen (z. B. Diole, Dicarbonsäuren, Diisocyanate).

Monometallismus, Währungssystem, bei dem nur ein Währungsmetall (z. B. Gold oder Silber) als gesetzl. Zahlungsmittel dient; Ggs.: Bimetallismus. (→Währung)

monomiktisch [zu griech. miktós ›gemischt‹], Bez. für Seen, deren Wasserkörper sich zu einer bestimmten Zeit umschichtet. ›Kalt monomikt.‹ Seen in polaren und subpolaren Gebieten zirkulieren im Sommer, ›warm monomikt.‹ Seen in subtrop. Gebieten (nördlichstes Beispiel: Bodensee) im Winter.

monomolekulare Reaktion, unimolekulare Reaktion, Elementarreaktion mit nur einer beteiligten Molekülart, d. h. der Molekularität gleich 1 (→Reaktionsmechanismen); meist Umlagerungen (Isomerisierungen) oder Zersetzungen (Dissoziationen).

Monomotapa [port., von Bantu Mwame Mutapa ›Herr der Bergwerke‹], ehem. Bantureich im Gebiet des heutigen Simbabwe und Moçambique, dessen Herrscher den Titel ›M.‹ führten. Es kontrollierte den seit Jahrhunderten betriebenen Erzbergbau (v. a. Gold) um die Stadt Simbabwe und erlebte im 15./16. Jh. eine Blütezeit. Um 1490 spaltete sich der Süden als eigener Staat ab (Herrschertitel: Changamire). Anfang des 16. Jh. entdeckten die Portugiesen das Land, und 1607 mussten sie alle Bergwerke an sie abgetreten 1629 Portugal als Schutzmacht anerkannt werden. – Der letzte M. wurde 1917 während des Aufstandes in der Prov. Tete (Moçambique) von den Portugiesen abgesetzt. (Karte →Afrika ›Alte Reiche‹)

Mononukleose [zu lat. nucleus ›Kern‹] *die, -/-n,* **infektiöse Mononukleose, Drüsenfieber, Pfeiffer-Drüsenfieber, Lymphoidzell|angina,** meist gutartig verlaufende Viruserkrankung des lymphat. Gewebes, die bes. bei älteren Kindern und jungen Erwachsenen (gehäuft um das 20. Lebensjahr, ›Studentenkrankheit‹) auftritt. Erreger ist das v. a. durch Tröpfcheninfektion und Mundkontakt übertragene Epstein-Barr-Virus. Nach einer Inkubationszeit von 8–21 Tagen kommt es zu Fieber, Hautausschlägen und Lymphknotenschwellungen. Bei der anginösen Verlaufsform steht eine schwere Mandelentzündung (Monozytenangina) im Vordergrund. Die Milz ist vergrößert, das Blutbild zeigt eine starke Vermehrung atypischer lymphat. (einfachkerniger) Zellen und der Leukozyten. Auch eine entzündl. Beteiligung von Organen (Herz, Leber, Lunge, Nieren) ist möglich. Das Fieber hält meist 1–2 Wochen an, die Erkrankung kann bis zu acht Wochen dauern. Die *Behandlung* umfasst Bettruhe, Wärmeanwendung bei schmerzhaften Schwellungen, Mundpflege und Schmerzmittel.

monophag [zu griech. phageīn ›essen‹], **univor,** Bez. für Nahrungsspezialisten, bes. Pflanzenfresser oder tier. Parasiten, die sich von nur einer Pflanzen- oder Wirtsorganismenart ernähren. (→oligophag, →polyphag, →stenophag)

Monophasie [zu griech. phásis ›Sprechen‹, ›Sprache‹] *die, -/...'sien,* **Monophrasie,** Sprachstörung mit Beschränkung des Wortschatzes auf einen einzigen Satz oder ein einzelnes Wort (u. a. bei bestimmten Formen der Aphasie und Schizophrenie).

Monophthong [griech. monóphthongos, eigtl. ›allein tönend‹] *der, -s/-e,* einfacher vokal. Laut im Unterschied zum →Diphthong.

Monophthongierung, *Sprachwissenschaft:* Entstehung eines Monophthongs aus einem Diphthong. Im Laufe des neuhochdt. M. wurden die mittelhochdt. Diphthonge ie, uo und üe zu einfachen Langvokalen [iː], [uː], [yː], so mhd. ›liep‹ mit getrennt gesprochenem i und e zu nhd. ›lieb‹ mit lang gesprochenem i, mhd. ›küene‹ zu nhd. ›kühn‹, mhd. ›muot‹ zu nhd. ›Mut‹.

monophyletisch [zu griech. phýlon ›Stamm‹, ›Sippe‹], *Biologie:* bezeichnet eine systemat. Einheit (z. B. Gattung, Klasse), die alle Nachkommen einer einzigen (meist hypothet.) Stammart umfasst; diese bilden eine geschlossene Abstammungsgemeinschaft **(Monophylum),** so z. B. die Säugetiere.

Monophysitismus [zu griech. phýsis ›Natur‹] *der, -,* auf dem Boden der alexandrin. Theologie seit Mitte des 5. Jh. entstandene christolog. Auffassung, der zufolge es in Jesus Christus nicht zwei Naturen (eine göttl. und eine menschl.) gegeben habe, sondern nur die eine Natur des Fleisch gewordenen Wortes Gottes (→Logos). Als erster bedeutender Vertreter des M. vertrat →Eutyches (wobei er sich auf Kyrill von Alexandrien berief) die Ansicht, nach der Vereinigung der göttl. mit der menschl. Natur in Christus könne man nur noch von einer göttl. Natur sprechen, die die Menschheit Christi ganz in sich aufsauge. Von der so genannten →Räubersynode von Ephesos (449) als rechtgläubig bestätigt, konnte sich der M. ungeachtet der 451 durch das Konzil von →Chalkedon (das die →Zweinaturenlehre festschrieb) erfolgten Verurteilung in weiten Kreisen des oriental. Mönchtums behaupten. In der Folge diente der M. einer Reihe von oriental. Nationalkirchen in ihren Auseinandersetzungen mit der griechisch geprägten Reichskirche auch als ›Abgrenzungsargument‹. Unter dem von der byzantin. Reichskirche erhobenen Vorwurf des M. kam es zur Verselbstständigung einiger Kirchen. Zu ihnen gehören die westsyr. Kirche (→Jakobiten), die →armenische Kirche, die →koptische Kirche und die →äthiopische Kirche. Diese vertreten nach ihrem Selbstverständnis eine theol. **vorchalkedonische Theologie,** die von ihnen als ›miaphysitisch‹ (eine vereinigte Natur Christi), keinesfalls jedoch als ›monophysitisch‹ beschrieben wird. Die seit dem Konzil von Chalkedon bestehenden gegenseitigen Lehrverurteilungen zw. den oriental. und den beiden großen aus der byzantin. Reichskirche hervorgegangenen Kirchen, der orth. und der kath., wurden fast 1 500 Jahre aufrechterhalten und theologisch grundsätzlich (allerdings noch nicht in jedem Fall kirchenrechtlich) erst durch die seit 1971 bzw. 1985 geführten offiziellen orientalisch-kath. bzw. orientalisch-orth. Lehrgespräche über ein gemeinsames Verständnis der Christologie und die ihr zu Grunde liegende Terminologie ausgeräumt.

Ausdruck des nach Chalkedon bestehenden Spannungen waren das Schisma des ACACIUS VON KONSTANTINOPEL und die theopaschit. Kontroverse (ein Vorspiel des Dreikapitelstreites) zu Beginn des 6. Jh., in der sich skyth. Mönche um die Anerkennung der Formel ›Einer aus den dreien hat gelitten‹ bemühten, die später auch von JOHANNES II. anerkannt wurde. Die ideengeschichtlich mit dem Apollinarismus (→APOLLINARIS) verwandte und daher auch als solcher bezeichnete monophysit. Bewegung spaltete sich bald in zahlr. Gruppierungen wie die →Agnoeten und die →Aphthartodoketen. Monophysit. Denken liegt auch dem →Monergismus und dem →Monotheletismus zugrunde.

H.-G. BECK: Kirche u. theolog. Lit. im byzantin. Reich (²1977); W. H. C. FREND: The rise of the Monophysite movement (Neuausg. Cambridge 1979).

Mono|placophora, die →Napfschaler.

Monoplegie [zu griech. plegē ›Schlag‹, ›Stoß‹] *die, -/...'gi|en*, **Monoparese**, Lähmung nur eines Armes oder Beines, häufig Folge einer umschriebenen Hirnrindenschädigung.

Monoploidie [griech.] *die, -*, das Vorhandensein des einfachen (haploiden) Chromosomensatzes in der Zelle; diese wird dann als **monoploid** bezeichnet. (→Chromosomen)

Monopodie [griech., zu poús, podós ›Fuß‹] *die, -/...'di|en, antike Metrik:* im Unterschied zur →Dipodie ein einzelner Versfuß, der ein Metrum bildet.

Monopodium *das, -s/...di|en, Botanik:* Verzweigungsform der pflanzl. Sprossachse (→Verzweigung).

Monopol [lat. monopolium, von griech. monopṓlion ›(Recht auf) Alleinverkauf‹, zu pōleĩn ›Handel treiben‹] *das, -s/-e,* Marktform, bei der das Angebot in einer Hand (**Monopolist**) vereinigt ist (**Angebots-M.**). Die entsprechende Marktform auf der Nachfrageseite heißt **Monopson (Nachfrage-M.).** Sind sowohl Angebots- als auch Nachfrageseite monopolisiert, spricht man von einem **bilateralen M.** Unterschieden werden v.a.: natürl. M. (z.B. bei bestimmten Rohstoffen), rechtlich gesicherte M. durch den Staat (z.B. Post- oder Branntwein-M.) oder durch Gesetze (z.B. Patentrecht), wirtschaftl. M. aufgrund von Verträgen (z.B. Kartelle), M. aufgrund alleiniger Verfügungsmacht über Produktionsfaktoren und -verfahren sowie aufgrund spezif. Produktdifferenzierung. Bei den →Finanzmonopolen und Staats-M. behält sich der Staat die Herstellung und den Vertrieb einer Ware vor. Der Begründung staatl. M. sind durch die Berufsfreiheit (Art. 12 GG) allerdings Grenzen gesetzt; auch die Art. 37 und 90 EG-Vertrag sehen Einschränkungen für staatl. M. vor. M., die nicht durch Marktzutrittsschranken geschützt sind, müssen in ihrem Verhalten auf potenzielle Konkurrenz Rücksicht nehmen. Angesichts der weltweiten Konkurrenz sind in entwickelten Volkswirtschaften private M. eher selten; häufiger sind →marktbeherrschende Unternehmen. Eine Marktform, bei der zwar auf Angebots- und Nachfrageseite viele Marktteilnehmer auftreten, aber jeder Anbieter bzw. Nachfrager wegen der Marktunvollkommenheit eine monopoläh nl. Position einnimmt und sich innerhalb bestimmter Grenzen wie ein Monopolist verhalten kann, wird nach E. H. CHAMBERLIN als **monopolistische Konkurrenz (monopolistischer Wettbewerb)** bezeichnet.

In der Wirtschaftstheorie hat, nachdem der Kameralist J. J. BECHER und die engl. Klassiker auf einzelne M.-Situationen hingewiesen hatten, als Erster A. A. COURNOT die M.-Preisbildung mathematisch analysiert. Der Monopolist weiß, dass von seinem Produkt bei höheren Preisen eher kleinere und bei niedrigeren Preisen eher größere Mengen nachgefragt werden. Er kennt die Marktnachfragefunktion, die er seinen Entscheidungen als Preis-Absatz-Funktion zugrunde legt. Für seine Marktstrategie kann er den Preis oder die Menge als Aktionsparameter (Größe, die er festlegen kann) wählen. Der maximale Gewinn wird durch den ›cournotschen Punkt‹ bestimmt, der senkrecht über dem Schnittpunkt der Grenzumsatzkurve und der Grenzkostenkurve des Monopolisten auf der Preis-Absatz-Funktion liegt. Bei einer M.-Stellung ist die angebotene Menge geringer und der Marktpreis höher als bei vollständiger (vollkommener) Konkurrenz.

In einer marktwirtschaftlich organisierten Volkswirtschaft muss die staatl. Wirtschaftspolitik den Gefahren für einen funktionsfähigen Wettbewerb, die von der Marktmacht von Monopolisten ausgehen können, durch entsprechende, v.a. ordnungspolit. Maßnahmen (→Kartellen, →Fusionskontrolle, →Missbrauchsaufsicht) begegnen. Verschiedentlich werden allerdings zur Durchsetzung des techn. Fortschritts (Produkt- und/oder Prozessinnovation) monopolartige Stellungen von Großunternehmen für erforderlich gehalten.

Geschichte: M. sind so alt wie der Tauschverkehr. In vorgeschichtl. Zeit und im Altertum gab es viele Arten staatl. und privater M. Die privaten M. konnten Einzel- oder Kollektiv-M. (Absprachen) sein. Nachweise erscheinen u.a. in der Gesetzgebung HAMMURAPIS und in der griech.-röm. Literatur. Die spätantiken und mittelalterl. Zünfte waren ebenfalls (privilegierte) Kollektiv-M. mit zunehmend ausgeprägtem inneren und äußerem Organisationszwang. In den europ. (Territorial-)Staaten waren vom 13. bis zum 19. Jh. die bedeutendsten M. privilegierte Unternehmen (→Handelskompanien) und die staatl. Regalbetriebe. In England brachte das ›Statute of monopolies‹ (1624) eine Einschränkung: Das Parlament durfte nur Erfindungs-M. (Patentrechte) verleihen. Doch blieben die Überseehandelsgesellschaften u.a. Bereiche tatsächlich monopolisiert. Der Kolonialhandel spielte sich fast nur in monopolist. Organisationen ab. Daneben entwickelten sich Staats-M. u.a. aus den Regalien. Salz, Tabak, Zündhölzer, Alkohol (Branntwein) waren oft und sind z.T. noch heute in vielen Ländern

Monopol: Der Monopolist erzielt den maximalen Gewinn, wenn er den ›cournotschen Punkt‹ *C* verwirklicht; dieser liegt vertikal über dem Schnittpunkt *C'* der Grenzumsatzkurve *U'* und der Grenzkostenkurve *K'*; dieser Punkt wird erreicht, wenn der Monopolist den Preis P_M oder die Verkaufsmenge X_M fixiert; er erhöht den Preis oder beschränkt die Angebotsmenge im Vergleich zur Situation bei vollständiger Konkurrenz

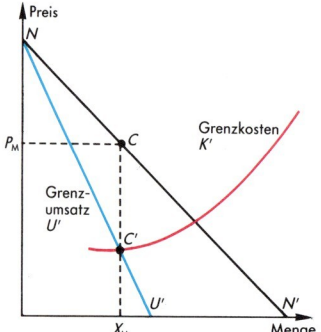

Staats-M. Auch das Post-M. geht in Europa auf Regalien zurück. Im Zusammenhang mit der industriellen Revolution, der Ausweitung des Welthandels und der Durchsetzung des Liberalismus kam es zum Abbau alter M. Doch entwickelten sich Ende des 19. Jh. in den Kartellen und Großunternehmen neue monopolist. Mächte bis hin zu den internat. Kartellen. Ob und in welchem Umfang der M.-Grad der Wirtschaft im 20. Jh. weiter gestiegen ist, ist umstritten.

⇨ Markt · Marktformen · Preis · Wettbewerb

W. KRELLE: Preistheorie, 2 Tle. (²1976); A. E. OTT: Grundzüge der Preistheorie (Neuausg. 1991); S. WIED-NEBBELIN: Markt- u. Preistheorie (²1994); Probleme der unvollkommenen Konkurrenz, hg. v. A. E. OTT (1994); W. STÜLB: Monopolist. Konkurrenz u. Makroökonomik (1995); A. HEINEMANN: Grenzen staatl. M. im EG-Vertrag (1996).

Monopol|ausgleich, →Branntweinsteuer.

Monopole, isolierte positive oder negative elektr. Elementarladungen e **(elektrische M.)** oder isolierte magnet. Nord- oder Südpole mit der magnet. Einheitsladung g **(magnetische M.)**; auch Bez. für Teilchen, die eine solche Ladung tragen.

Während elektr. M. seit langem bekannt sind, sind magnet. M. hypothetisch. Ihre Existenz wurde 1931 von P. A. M. DIRAC postuliert, um in den maxwellschen Gleichungen eine quasi Symmetrie in der elektr. und magnet. Größen herzustellen. Aus der Quantentheorie folgt für e und g die Bedingung $eg = nh$ (h plancksches Wirkungsquantum, $n = \pm 1, \pm 2, \pm 3, ...$), durch welche die bisher unverständl. Quantelung der elektr. Ladung erklärt würde. Die Kräfte zw. einem magnet. Nord- und Südpol sind nach der Theorie um mindestens einen Faktor $5 \cdot 10^3$ größer als die zw. zwei Teilchen entgegengesetzter elektr. Ladungen und liegen damit in der Größenordnung der starken Wechselwirkung, für Quarks (Teilchen mit einer Ladung von $-e/3$ oder $2e/3$) sogar weit darüber. Für die →Großen Vereinheitlichten Theorien, die die elektroschwache (d. h. elektromagnet. und schwache) und die starke Wechselwirkung zusammenfassen, ist das Vorkommen von magnet. M. (mit zusätzl. innerer Struktur) eine notwendige Folgerung. Sie sagen für die Masse solcher Elementarteilchen einen extrem großen Wert von etwa 10^{16} Protonenmassen voraus, der ihre Erzeugung in Beschleunigern oder unter den heute herrschenden Bedingungen im Weltall ausschließt. Deshalb ist die kosm. Strahlung beschränkt, in der noch während des Urknalls entstandene magnet. M. vorhanden sein könnten.

Monopolgebühr, Steuerrecht: →Branntweinsteuer.

Monopolgrad, von A. P. LERNER entwickelte Maßzahl für die Abweichung des tatsächl. Marktgeschehens vom Idealfall der vollständigen Konkurrenz. Der M. ist wie folgt definiert:

$$\frac{\text{Marktpreis} - \text{Grenzkosten}}{\text{Marktpreis}}$$

Bei vollständiger Konkurrenz entspricht der Marktpreis den Grenzkosten (›Grenzkosten-Preis-Regel‹), der M. ist also gleich null. Der M. und die Macht der Anbieter steigen, je höher der (von den Anbietern durchgesetzte) Marktpreis über den Grenzkosten liegt. Der M. spielt auch bei der Theorie der Einkommensverteilung eine Rolle.

Monopoli, Stadt in Apulien, Prov. Bari, Italien, an der Küste des Adriat. Meeres, 47 800 Ew.; Zementfabrik, Öl- und Getreidemühlen; kleiner Hafen; Fischfang. – Die Kirche Santa Maria Amalfitana ist ein Bau des frühen 12. Jh., mit barocker Fassade; die Kathedrale (12. Jh.) wurde im 18. Jh. barockisiert; Kastell aus der 1. Hälfte des 13. Jh. (mehrfach verändert). – Das Bistum M. (errichtet 1091) wurde 1986 mit dem seit dem 7. Jh. bestehenden Bistum Conversano zum Bistum Conversano-M. zusammengeschlossen.

Monopolkapitalismus, Begriff des Marxismus zur Kennzeichnung der kapitalist. Wirtschaftsordnung im ›höchsten Stadium‹ ihrer Entwicklung als Ausbeutungs- und Herrschaftssystem. Danach wird der M. gekennzeichnet durch Konzentration der Produktion und des Kapitals in Monopolen auf nat. und internat. Ebene, Verschmelzung des Bank- und Industriekapitals in den Händen einer Finanzoligarchie, Übergewicht des Kapital- gegenüber dem Warenexport, territoriale Aufteilung der Erde unter die kapitalistisch bestimmten Großmächte. Die bewegenden Kräfte des M. sind – gemäß dieser Sichtweise – Monopole, d. h. Unternehmen mit einer so großen ökonom. Macht, dass sie in der Lage sind, zum Nachteil des nichtmonopolist. Teils des Kapitals einen Extraprofit, den ›Monopolprofit‹, zu erzwingen. Nach LENIN ist der M. die Wirtschaftsordnung des Imperialismus.

Monopolkommission, durch § 24 b Ges. gegen Wettbewerbsbeschränkungen (GWB) vorgeschriebenes Sachverständigengremium aus fünf unabhängigen, auf Vorschlag der Bundes-Reg. vom Bundes-Präs. auf vier Jahre berufenen Mitgl. mit besonderer wirtschafts- sowie sozialpolit. und technolog. und wirtschaftsrechtl. Erfahrung und Kompetenz. Die M. muss alle zwei Jahre in einem Hauptgutachten Stand und Entwicklung der Unternehmenskonzentration und die Tätigkeit des Bundeskartellamtes bei der Missbrauchsaufsicht und der Fusionskontrolle unter wirtschafts- und wettbewerbspolit. Aspekten beurteilen. Darüber hinaus erarbeitet die M. Sondergutachten im Auftrag der Bundes-Reg. oder nach eigenem Ermessen und kann Vorschläge zu Änderungen des GWB unterbreiten. Sie muss eine gutachterl. Stellungnahme im Rahmen der ›Ministererlaubnis‹ bei der Fusionskontrolle abgeben. Die M. wurde in Zusammenhang mit der zweiten GWB-Novelle vom 3. 8. 1973 eingeführt; sie konstituierte sich am 8. 1. 1974 und wird durch eine Geschäftsstelle beim Bundesverwaltungsamt in Köln unterstützt.

Monopolrundfunk, Rundfunksystem mit Programmveranstaltern der gleichen staatl., öffentlich- oder privatrechtl. Organisationsform als Alleinanbieter (Kollektivmonopolisten) von Hörfunk- und Fernsehprogrammen und alleinige Nutznießer der Sendebetriebsgenehmigung durch die jeweilige staatl. Monopolverwaltung, meist die Fernmeldebehörde als Hoheitsträger. Rundfunkeinrichtungen unterschiedlicher (etwa öffentlich- und privatrechtl.) Organisationsformen, wie seit 1984 in der BRD, bilden ein ›duales‹ Rundfunksystem.

Monopoly® [-li; engl. ›Monopol‹] das, -, Gesellschaftsspiel, bei dem mit Würfeln, Spielgeld, Anteilscheinen, symbol. Häusern u. Ä. Grundstücksspekulation simuliert wird.

Monoposto [ital. ›Einsitzer‹] der, -s/-s, Automobilsport: →Rennformel.

Monopson [zu griech. opsónion ›Einkauf‹] das, -s/-e, diejenige Marktform, bei der ein Nachfrager vielen Anbietern gegenübersteht (→Monopol).

Monopsychismus [zu griech. psyché ›Seele‹] der, -, die von IBN RUSCHD (AVERROES) in seinem Kommentar zur aristotel. Schrift ›De anima‹ entwickelte Auffassung, es gebe nur eine einzige (überindividuelle) menschl. Seele, die Unterschiede der Einzelseelen seien leiblich bedingt.

Monopteros [griech. ›einflügelig‹, ›mit nur einer Säulenreihe‹] der, -/...'teren, kleiner antiker Rundbau, dessen Gebälk und Dach nur auf Säulen, nicht auf Mauern ruhten (beschirmte in der Antike Kultmale, Altäre u. a.). Barocke und klassizist. Gartentempel (z. B. M. von L. VON KLENZE, 1833–35, München, Englischer Garten) nahmen diese Form wieder auf.

Monorail [ˈmɔnɔʊreɪl], engl. Bez. für →Einschienenbahn.

Monopteros: Rundtempel von Leo von Klenze im Englischen Garten in München; 1833–35

Jacques Monory: Samtdschungel (Privatbesitz)

Monory [mɔnɔˈri], Jacques, frz. Maler, * Paris 25. 6. 1934; steht dem Fotorealismus nahe. Seine erstarrten Bildschnitte (nur in monochromem Blau) sind aus Fotovorlagen montiert und zeigen filmisch wirkende Aktionen (Unfälle, Mordanschläge) oder Bilder der Einsamkeit mit ins Surreale spielenden Momenten.

Monosaccharide, Gruppe von einfach gebauten Zuckern mit der allgemeinen Formel $C_nH_{2n}O_n$, die als die Grundbausteine der →Kohlenhydrate anzusehen sind und sich im Ggs. zu den Di-, Oligo- und Polysacchariden nicht weiter hydrolytisch spalten lassen. Nach der Anzahl ihrer Kohlenstoffatome lassen sich die M. einteilen in Triosen, Tetrosen, Pentosen, Hexosen, Heptosen usw. (n = 3, 4, 5, 6, 7, ...), von denen die →Pentosen und v. a. die →Hexosen als solche oder als Bausteine zahlreicher Di-, Oligo- und Polysaccharide in der Natur weit verbreitet vorkommen.

M. sind formal als Oxidationsprodukte von Polyalkoholen (Zuckeralkohole) anzusehen, bei denen eine primäre oder sekundäre Hydroxylgruppe zur Aldehyd- bzw. Ketogruppe oxidiert wurde; bei den M. lassen sich daher die Gruppen der Aldosen und der Ketosen unterscheiden. Die M. finden sich jedoch meist nicht in der offenkettigen Aldehyd- bzw. Ketoform, sondern unterliegen der Oxo-Cyclo-Tautomerie und bilden intramolekulare, fünf- oder sechsgliedrige zykl. Halbacetale (**Furanosen** bzw. **Pyranosen**).

Aufgrund der Anwesenheit asymmetr. Kohlenstoffatome sind die M. optisch aktiv und treten in zahlr. Stereoisomeren auf. Je nach Stellung der Hydroxylgruppe am vorletzten Kohlenstoffatom der offenkettigen Projektionsformel unterscheidet man D- und L-Verbindungen. Durch den Ringschluss entsteht ein neues asymmetr. Kohlenstoffatom, und damit werden zwei Diastereoisomere (α- und β-Form) gebildet, die die Ebene des polarisierten Lichts unterschiedlich stark drehen. In wässriger Lösung liegen sie in einem sich allmählich konstant einstellenden Konzentrationsgleichgewicht vor (→Mutarotation). – Zu den M. zählen auch Verbindungen, bei denen eine Hydroxylgruppe durch eine Aminogruppe (Aminozucker) oder durch andere Gruppierungen ersetzt wird, ferner die Desoxyzucker (z. B. Desoxyribose). Durch Reduktion gehen die M. in die →Zuckeralkohole über.

Monosemantikon [zu griech. sēma ›Zeichen‹] das, -s/...ka, Sprachwissenschaft: Wort (Lexem) zur Bez. eines nur einmal vorhandenen Gegenstandes (Sachverhalts), z. B. ›Welt‹.

Monosemie [zu griech. sēma ›Zeichen‹] die, -, Sprachwissenschaft: Eindeutigkeit eines sprachl. Zeichens, die Erscheinung, dass einem Zeichen nur eine Bedeutung zugeordnet ist (z. B. ›Buch‹ im Unterschied zu ›Blatt‹, →Polysemie). M. ist charakteristisch für künstl. Sprachen und für die wiss. Terminologie.

Monosomie [zu griech. sõma ›Leib‹, ›Körper‹] die, -/...ˈmiǀen, eine →Chromosomenanomalie.

Monospermie [zu Spermium gebildet] die, -/...ˈmien, Besamung einer Eizelle durch eine männl. Geschlechtszelle; Ggs.: Polyspermie.

monostrophisch, bezeichnet 1) ein nur aus einer Strophe bestehendes Gedicht oder Lied; 2) eine Dichtung aus baugleichen Strophen (z. B. ›Nibelungenlied‹), im Unterschied zu Dichtungen mit wechselnden Strophenformen (wie z. T. das griech. Chorlied).

Monosyllabum [lat., von griech. monosýllabos ›einsilbig‹] das, -s/...ba, Sprachwissenschaft: einsilbiges Wort.

Monotheismus, das Bekenntnis und die Verehrung nur eines einzigen Gottes, der im Glauben als personales Gegenüber erfahren wird und im Verständnis der Gläubigen als Schöpfer und Erhalter der Welt gilt. Theologisch zeichnet sich der M. somit durch den Ausschließlichkeitscharakter und Universalitätsanspruch Gottes aus; religionswissenschaftlich wird er vom →Monismus, der alle Weltwirklichkeit auf ein einziges unpersönl. Prinzip, ›Gott‹, zurückführt, und vom →Polytheismus, der viele (mehr oder weniger personale) Gottheiten annimmt, unterschieden. Mit dem Monismus hat er gemeinsam den Glauben an die Einzigkeit Gottes, mit dem Polytheismus die personale Gottesvorstellung. Abzugrenzen ist der M. zudem vom →Henotheismus, der eine Konzentration auf einen Gott innerhalb eines grundsätzlich weiter bestehenden Polytheismus versucht, und dem →Panentheismus, in dem Monismus und Monotheismus miteinander verbunden werden (Gott ist sowohl transzendente ›Person‹ als auch inneres Prinzip der Welt). Frühere Hypothesen von einem ›Ur-M.‹, der sich erst im Laufe eines religiösen Verfalls zum Polytheismus gewandelt habe, werden heute nur noch selten vertreten. Der M. ist vielmehr erst im *Judentum* zur Zeit des Babylon. Exils (6. Jh. v. Chr.) entstanden, das den nach Babylon deportierten Juden eine Glaubenskrise brachte: In einer Umgebung, in der andere Gottheiten im Mittelpunkt des öffentl. Kults standen, war das Beibehalten des ererbten Monokults, der die ausschließl. Verehrung →Jahwes forderte, die Existenz anderer Götter jedoch nicht bestritt, sondern lediglich ihren Kult untersagte, schwierig. In dem im Exil entstandenen Teil des Buches Jesaja (Deuterojesaja) wurde erstmals als Antwort auf diese Krise der ›theoret. M.‹ (die Götter ›alle sind nichts, ihr Tun ist Nichts‹, Jes. 41, 29) formuliert und so die Möglichkeit geschaffen, den ererbten Monokult unter den neuen Bedingungen beizubehalten; der ehem. Sippengott Jahwe, der personale Partner des Menschen, erlangte so universale Gültigkeit.

Der M. wurzelt also nicht in einer geistig-abstrakten Überlegung, dass es nur einen Allmächtigen, Unendlichen geben könne, sondern setzte die ausschließl. Verehrung eines individuellen Gottes durch und begründete sie. Diesen M. hat das *Christentum* übernommen und in oft schwierigen Auseinandersetzungen im Zusammenhang mit der →Trinitätslehre verteidigt. Zur zentralen Glaubensaussage wurde er auch im *Islam*.

Religionswissenschaftlich umstritten ist, ob die Religion ECHNATONS und der frühe Parsismus (Zoroastrismus) zum M. zu rechnen sind oder eher Formen des Monismus darstellen.

Der einzige Gott. Die Geburt des bibl. M., hg. v. B. LANG (1981); The concept of Monotheism in Islam and Christianity, hg. v. H. KÖCHLER (Wien 1982); Der eine Gott u. der dreieine Gott, hg. v. K. RAHNER (1983); Gott, der einzige. Zur Entstehung des M. in Israel, hg. v. E. HAAG (1985).

Monotheletismus [zu griech. thelós ›Wunsch‹, ›Wille‹] der, -, eine im 7. Jh. unter dem Einfluss des

Monosaccharide: β-D-Glucose in zyklischer Halbacetalform (Pyranoseform)

→Monophysitismus entstandene christolog. Lehrauffassung des 7. Jh.; ideengeschichtlich sehr eng mit dem →Monergismus verwandt. Die →Zweinaturenlehre modifizierend, kommt nach monothelet. Lehre der göttl. und der menschl. Natur in JESUS CHRISTUS nur ein gemeinsamer Wille (griech. ›thelema‹) zu, womit der Gedanke ihrer untrennbaren Einheit untermauert werden sollte. Kirchl. Förderung erhielt der M. seitens des Patriarchen SERGIOS († 638) von Konstantinopel; dagegen hielt bes. MAXIMUS CONFESSOR an zwei Wirksamkeiten und einem doppelten Willen in CHRISTUS fest.

Kirchenpolitisch versuchte der byzantin. Kaiser HERAKLEIOS erfolglos, angesichts der drohenden Verlustes monophysit. Kerngebiete (Syrien, Palästina) an die Araber durch eine vermittelnde Lehrformel (→Ekthesis) eine Integration dieser Gebiete in das Byzantin. Reich herbeizuführen. Der M. wurde zum Streitpunkt zw. Rom und Konstantinopel. V. a. die Päpste MARTIN I., ADEODATUS II. und AGATHO gingen massiv gegen den M. und die Kirchenpolitik der byzantin. Kaiser vor. Auf dem 3. Konzil von Konstantinopel (680–681) wurde der M. zusammen mit dem Monergismus verurteilt und der 638 verstorbene Papst HONORIUS I. als ein Urheber der monothelet. Häresie verdammt.

monoton [spätlat.-griech.], **1)** *allg.:* gleichförmig, gleichmäßig (wiederkehrend), eintönig.

2) *Mathematik:* Eigenschaft von Folgen und Funktionen. 1) **Monotonie einer Folge:** Eine Zahlenfolge a_n ($n \in \mathbb{N}$) heißt m. wachsend (steigend), wenn $a_{n+1} \geq a_n$ für alle $n \in \mathbb{N}$ gilt, m. fallend, wenn $a_{n+1} \leq a_n$ für alle $n \in \mathbb{N}$ ist. Die Folge heißt streng m. wachsend bzw. streng m. fallend, wenn stets > bzw. < gilt.

2) **Monotonie einer Funktion:** Eine reelle Funktion $f(x)$ heißt auf einem Intervall I streng m. wachsend (bzw. m. wachsend), wenn aus $x_1 < x_2$ stets $f(x_1) < f(x_2)$ [bzw. $f(x_1) \leq f(x_2)$] folgt; dabei sind $x_1, x_2 \in I$. Gilt dagegen stets $f(x_1) > f(x_2)$ [bzw. $f(x_1) \geq f(x_2)$], so spricht man von einer streng m. fallenden (bzw. m. fallenden) Funktion. Streng m. Funktionen sind stets injektiv. Die Eigenschaft der Monotonie lässt sich bei differenzierbaren Funktionen mithilfe der Ableitung nachprüfen. (→Anordnung)

Monotonie *die, -/...'niǝn,* Gleichförmigkeit, Eintönigkeit, Einsilbigkeit (etwa Sprechen ohne Veränderung des Tonfalls); im übertragenen Sinn auch Bez. für den Umstand, sich in einer Umwelt bzw. Situation zu befinden, die keine oder nur wenig Abwechslung aufweist (Langeweile), wobei es leicht zum Abfall der →Aufmerksamkeit bzw. der (phys. und psych.) Wachheit kommt (→Ermüdung).

Monotop [zu griech. tópos ›Ort‹, ›Gegend‹] *der und das, -s/-e,* **Ökotop,** Lebensort einer Organismenart, an dem diese dauernd zu existieren vermag. Als **monotop** werden Arten bezeichnet, die nur in einem bestimmten Biotoptyp vorkommen; Ggs.: polytop.

Monotremata [zu griech. trēma ›Loch‹, ›Öffnung‹], die →Kloakentiere.

monotrich [zu griech. thríx, trichós ›Haar‹], Form der Begeißelung bei →Bakterien.

Monotropa [lat. monotropus ›allein lebend‹], wiss. Name der Gattung →Fichtenspargel.

Monotropie [zu griech. tropḗ, eigtl. ›(Hin)wendung‹, ›Richtung‹] *die, -,* Erscheinung, dass nur eine feste Modifikation eines Elements oder Kristallgitters stabil ist. Die unter bestimmten Bedingungen metastabilen Formen lassen sich unirreversibel in die stabilen überführen (z. B. weißer und roter in schwarzen Phosphor; Markasit in Pyrit). – Ggs.: Enantiotropie.

Monotype [ˈmoːnotaɪp, engl.] *die, -/-s,* Einzelbuchstaben-Bleisetzmaschine, die 1897 von dem Amerikaner TOLBERT LANSTON (*1844, †1913) erfunden wurde (→Setzmaschine). Der Einzelbuchstabensatz kann wie im →Handsatz bearbeitet werden. Er wird mit zwei Maschinen, dem Taster und der Gießmaschine, hergestellt. Die Tastatur eines M.-Tasters entspricht etwa der einer Schreibmaschine.

Monotypie [zu Type gebildet] *die, -/...'piǝn,* graf. Verfahren, das nur einen einzigen Abdruck ergibt. Auf eine Glas- oder Kupferplatte werden Druck- oder Ölfarben gestrichen, dann ein Papierbogen darüber gelegt und durch Druck mittels Bleistifts, Daumens u. a. Linien und Flächen farbig abgedrückt. Diese Technik wurde im 17. Jh. von dem Genuesen G. B. CASTIGLIONE zur Meisterschaft entwickelt. Von den Impressionisten wieder aufgegriffen, ist sie noch heute bes. bei Amateuren beliebt.

The painterly print. Monotypes from the seventeenth to the twentieth century, Ausst.-Kat. (New York 1980).

Mon|oxide, →Oxide.

Monozelle, früher allg. Bez. für eine Gleichspannungsquelle, die nur aus einem →galvanischen Element besteht, i. e. S. für stabförmige Spannungsquellen mit internat. genormten Abmessungen (jeweils Typ, Durchmesser × Länge in Millimeter): Ladyzelle (R 1, 12 × 30), Microzelle (R 3, 10,5 × 44,5), Mignonzelle (R 6, 14,5 × 50,5), Babyzelle (R 14, 26 × 50). Heute wird die Bez. M. nur noch für die größte Bauform in dieser Reihe, die R 20, verwendet (34 × 61,5).

Monözie [zu griech. oîkos ›Haus‹] *die, -,* **Einhäusigkeit,** *Botanik:* Form der Getrenntgeschlechtigkeit in Bezug auf die Blüten: männl. und weibl. Blüten treten getrennt voneinander) auf dem gleichen Individuum auf; solche einhäusigen (monöz.) Pflanzen sind z. B. Eiche, Buche und Kastanie; Ggs.: Diözie.

Monozön [zu griech. koinós ›gemeinsam‹] *das, -s/-e,* das Beziehungsgefüge einer Organismenart mit ihrer Umwelt; im Ggs. zum Holozön, dem Beziehungsgefüge zw. Lebensgemeinschaft und Umwelt.

Monozyten [zu griech. kýtos ›Höhlung‹, ›Wölbung‹], *Sg.* **Monozyt** *der, -en,* zu den weißen Blutkörperchen (Leukozyten) gehörende Zellen im →Blut.

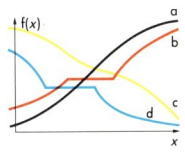

monoton 2): Beispiele einer streng monoton wachsenden (a), einer monoton wachsenden (b), einer streng monoton fallenden (c) und einer monoton fallenden Funktion (d)

Monozyten-Makrophagen-System, **monozytäres Phagozytensystem,** ältere Bez. **retikuloendotheliales System,** retikulohistiozytäres System, zum Immunsystem gehörendes, im Dienst der unspezif. Abwehr stehendes System von Zellen. Es umfasst alle phagozytisch aktiven Zellen des →Immunsystems, die von Monozyten abstammen, insbesondere Makrophagen der versch. Körperhöhlen und Gewebe, Kupfer-Sternzellen der Leber, Histiozyten, Monozyten, Osteoklasten und Mikrogliazellen des Gehirns. Die Monozyten im →Blut sind die größten Leukozyten.

Die wichtigsten Funktionen des M.-M.-S. sind Phagozytose, Zytotoxizität, Sekretion biologisch aktiver Mediatoren und Kooperation mit →Lymphozyten. Die Aufnahme von Fremdmaterial (Phagozytose), z. B. von Mikroorganismen, die Abtötung und Verdauung durch bestimmte Enzyme stellt wahrscheinlich die bereits von E. METSCHNIKOW 1884 beschriebene urtümlichste Form der Infektabwehr dar. Sie kann durch Opsonierung (Anlagerung von ›Opsoninen‹ an Antigene) mit Antikörpern und Komplement sehr effizient gesteigert werden. Nach Aktivierung durch T-Lymphozyten kann das M.-M.-S. intrazellulär lebende Bakterien (z. B. Salmonellen), Viren eliminieren und Tumorzellen töten (Zytotoxizität).

Die Zellen des M.-M.-S. sind hochaktive, sekretor. Zellen. Sezerniert werden z. B. eine Vielzahl abbauender Enzyme, aktive Sauerstoffradikale und Stickstoffoxid (NO), Komplementkomponenten, Prostaglandine, Leukotriene und mehrere →Zytokine. Diese bei

Mono Monozytose – Monroedoktrin

Monreale: Im Zentrum die normannische Kathedrale (1174–89)

Aktivierung durch T-Lymphozyten oder Antigen-Antikörper-Komplexe freigesetzten Mediatoren machen Makrophagen zur wichtigsten Effektorzelle bei langfristigen Entzündungen. Kommen diese durch Fehlregulation der Immunreaktion nicht zum Stillstand, folgen chronisch entzündl. Erkrankungen.

Monozytose die, -/-n, Erhöhung des Anteils der Monozyten an den Leukozyten (weiße Blutkörperchen) im Blut auf über 8%; tritt v. a. als Abwehrreaktion bei Infektionskrankheiten auf.

Monreale, Stadt auf Sizilien, 8 km südwestlich von Palermo, Italien, über der Conca d'Oro, 310 m ü. M., 27 700 Ew.; Erzbischofssitz. – Die Kathedrale (1174–89) gilt als großartigster Bau normann. Kunst in Sizilien; in ihm sind normannische sowie sarazen. und byzantin. Stilelemente zu einer Einheit verschmolzen. Die dreischiffige Basilika mit offenem Dachstuhl hat eine Doppelturmfassade, die Chorpartie im O verfügt über drei Apsiden, geschmückt mit Blendbögen in verschiedenfarbigem Gestein (Lava und Kalkstein). Bronzetüren (beide um 1186) von BONANUS VON PISA und BARISANUS VON TRANI. Im Inneren Mosaiken im byzantin. Stil (2. Hälfte 12. Jh.); Sarkophage der Normannenkönige WILHELM I. und WILHELM II.; spätere Kapellenanbauten (u. a. Capella di Castrense, 1596). Im S schließt der sarazenisch beeinflusste roman. Kreuzgang (glatte oder farbig inkrustierte Doppelsäulen, ornamentale und figürl. Doppelkapitelle) mit Konventsgebäuden an. Teile des Königspalastes (12. Jh.) sind im Rathaus bewahrt. – WILHELM II. von Sizilien ließ ab 1174 das Benediktinerkloster Santa Maria Nuova und die Kathedrale errichten; um beide entwickelte sich die Stadt.

Monrepos [mɔ̃rə'po], Schloss bei →Ludwigsburg.

Monroe [mən'rəʊ, 'mʌnrəʊ], **1)** Harriet, amerikan. Schriftstellerin, * Chicago (Ill.) 23. 12. 1860, † Arequipa (Peru) 26. 9. 1936; verfasste Lyrik, die der Moderne verpflichtet ist; bekannt wurde sie als Gründerin der Zeitschrift ›Poetry: a magazine of verse‹, die sie von 1912 bis zu ihrem Tod herausgab und in der sie frühe Werke u. a. von E. POUND, T. S. ELIOT, W. STEVENS, MARIANNE MOORE veröffentlichte. Ihre Autobiographie ›A poet's life‹ (hg. 1938) gibt Einblick in das literar. Leben ihrer Zeit.

Weitere Werke: *Lyrik:* Valeria and other poems (1891); You and I (1914); The difference (1924); Chosen poems (1935). – *Essays:* Poets and their art (1926, überarbeitete Fassung 1932).

D. J. CAHILL; H. M. (New York 1973); E. WILLIAMS: H. M. and the poetry renaissance. The first ten years of ›Poetry‹, 1912–22 (Urbana, Ill., 1977).

Harriet Monroe

James Monroe

Marilyn Monroe

2) James, 5. Präs. der USA (1817–25), * Westmoreland (Va.) 28. 4. 1758, † New York 4. 7. 1831; Freund T. JEFFERSONS, 1783–86 Mitgl. des 1. Kontinentalkongresses; als entschiedener Antiföderalist Gegner der Unionsverfassung von 1787 und oppositioneller Senator (1790–94). 1794–1807 im diplomat. Dienst (Gesandter in Paris, London, Madrid), handelte er 1803 in besonderer Mission mit R. R. LIVINGSTON den Ankauf von Louisiana (›Louisiana Purchase‹) aus. 1811–17 war er Außen-Min., 1814/15 zusätzlich Kriegs-Min. unter J. MADISON. Als Persönlichkeit eher unauffällig, doch zielsicher und ein fähiger Administrator, wurde er 1816 als Kandidat der damaligen ›Democratic Republicans‹ zum Präs. gewählt. Seine Präsidentschaft war eine Zeit der nat. Konsolidierung (›era of good feelings‹; →Missouri-Kompromiss) und einer erfolgreichen, v. a. von J. Q. ADAMS bestimmten Außenpolitik (Erwerb Floridas, 1819), obwohl sich die polit. und sozialen Konflikte der Folgezeit bereits ankündigten und die Einparteienherrschaft zu neuen Parteiungen führte. 1823 verkündete M. die →Monroedoktrin, die lange Zeit die isolationist. und hegemoniale Außenpolitik der USA bestimmte.

Ausgaben: The writings, hg. v. S. M. HAMILTON, 7 Bde. (1898–1903, Neudr. 1969); Autobiography, hg. v. S. G. BROWN u. D. G. BAKER (1959).

W. P. CRESSON: J. M. (Chapel Hill, N. C., 1946, Nachdr. Hamden, Conn., 1971); L. WILMERDING: J. M., public claimant (New Brunswick, N. J., 1960); H. AMMON: J. M. The quest for national identity (New York 1971).

3) Marilyn, eigtl. **Norma Jean Mortenson** ['mɔ:tənsn], auch **Baker** ['beɪkə], amerikan. Filmschauspielerin, * Los Angeles (Calif.) 1. 6. 1926, † (Selbstmord) ebd. 5. 8. 1962; 1956–61 ⚭ mit ARTHUR MILLER; zunächst Pin-up-Girl; in den 50er-Jahren amerikan. Sexidol in zahlr. Filmen, u. a.: ›Blondinen bevorzugt‹ (1953), ›Wie angelt man sich einen Millionär‹ (1953), ›Rhythmus im Blut‹ (1954). Ihre schauspieler. Begabung und ihr Talent zur Komik zeigen sich v. a. in Filmen wie ›Der Prinz und die Tänzerin‹ (1957), ›Manche mögen's heiß‹ (1959).

Weitere Filme: Das verflixte 7. Jahr (1955); Bus stop (1956); Machen wir's in Liebe (1960); Nicht gesellschaftsfähig (The misfits, 1960).

N. MAILER: M. M. (a. d. Engl., Neuausg. 1976); J. MELLEN: M. M. (a. d. Engl., ³1986); A. SUMMERS: M. M. (a. d. Engl., Neuausg. 1992); R.-E. GEIER: M. M. (1995); C. MAERKER: M. M. u. Arthur Miller. Eine Nahaufnahme (1997).

Monroedoktrin [mən'rəʊ-], der von Außen-Min. J. Q. ADAMS formulierte Teil der Jahresbotschaft vom 2. 12. 1823 von Präs. J. MONROE, wonach die USA auf jede Einmischung in Europa verzichten, aber alle Kolonisationsversuche, Gebietsübertragungen und Interventionen nichtamerikan. Mächte gegenüber unabhängigen Staaten der westl. Hemisphäre als unfreundl. Akte betrachten wollten. Die im Hinblick auf die Interessenübereinstimmung mit der brit. Seemacht einseitig abgegebene (völkerrechtlich nie verbindliche) Erklärung richtete sich gleichermaßen gegen die russ. Expansion in Alaska wie die Interventionsabsichten der Heiligen Allianz in den abgefallenen Kolonien. Bis 1895, als es zw. Venezuela und Großbritannien zum Streit um die O-Grenze von Britisch-Guayana kam, hatte die M. kaum den Charakter eines gegen europ. Staaten gerichteten polit. Instrumentariums. Im Zusammenhang mit der brit.-dt.-ital. Seeblockade (1902/03) über Venezuela erweiterte T. ROOSEVELT am 6. 12. 1904 die M. im Sinne einer internat. Polizeifunktion der USA in der westl. Hemisphäre (**Roosevelt Corollary, Roosevelt-Korollarium**). Diese hegemoniale Haltung, die von den lateinamerikan. Staaten Wohlverhalten erwartete, wurde nach 1929 von der von H. C. HOOVER und F. D. ROOSEVELT propagierten Politik der ›guten Nachbarschaft‹ (Fortsetzung der →panamerikanischen Konferenzen) abge-

Mons: Das gotische Rathaus (1458–67) am Markt

löst, die jedoch zeitweilige Rückgriffe auf die alte Interventionspolitik zuließ. Die gegen die europ. ›Rivalen‹ gerichtete Komponente der M. wurde aufgegeben. Im Zuge des Ost-West-Konflikts erhielt die M., unter Betonung der nat. Sicherheit, eine gegen die Sowjetunion bzw. gegen kommunist. Regierungen in Lateinamerika gerichtete Funktion (u. a. Kubakrise 1962; Invasion der USA in Grenada 1983).

D. PERKINS: A history of the Monroe Doctrine (Neuausg. Boston, Mass., 1963); E. R. MAY: The making of the Monroe Doctrine (Cambridge, Mass., 1975); C. V. CRABB, jr.: The doctrines of American foreign policy (Baton Rouge, La., 1982).

Monrovia, Hauptstadt von Liberia, an der Mündung des Saint Paul River und seines Seitenarms Mesurado in den Atlant. Ozean, (1990) 668 000 Ew.; Sitz eines kath. Erzbischofs, eines methodist. und eines anglikan. Bischofs; Univ. (gegr. 1862 als College, seit 1951 Univ.), Technikum, episkopalist. College, amerikan. Kulturzentrum, Bibliotheken, Nationalmuseum, Afrikamuseum. M. ist der Hauptindustriestandort Liberias (mit 1975 geschaffener Industriezone am Freihafen): Erdölraffinerie, chem., Zement-, Schuh-, Textil-, Holz-, Fischkonservenindustrie, Kaffeeröstereien, Eisfabriken, Spirituosenherstellung, Brauerei. Der Hafen von M. besitzt Erzpiere (Endpunkt zweier Bahnlinien aus den Eisenerzabbaugebieten) und einen Freihafen; Ausfuhr von Kautschuk und Holz. Der internat. Flughafen Robertsfield liegt 60 km östlich der Stadt. – M. wurde 1822 von freigelassenen Sklaven aus den USA als **City of Christ** gegründet, 1824 nach dem amerikan. Präs. J. MONROE in M. umbenannt; im Bürgerkrieg Anfang der 1990er-Jahre stark zerstört.

Monroviagruppe, eine Gruppe afrikan. Staaten (u. a. Äthiopien, Elfenbeinküste, Nigeria, Tunesien), die sich auf einer Konferenz in Monrovia (Mai 1961) zu einer prowestl. Außenpolitik bekannte. 1963 ging sie in der →Organization of African Unity (OAU) auf.

Mons [lat.] *der, -/ Montes, Astronomie:* Bez. eines Berges (bzw. Gebirges) als Struktureinheit auf Körpern des Planetensystems, z. B. Olympus M. (→Mars) oder Maxwell Montes (→Venus).

Mons [mɔ̃ːs], niederländ. **Bergen** [ˈbɛrxə], Hauptstadt der Prov. Hennegau, Belgien, 92 700 Ew.; Univ. (gegr. 1965), zwei Teil-Univ. (polytechn. Fakultät und die kath. Fakultät für angewandte Volkswirtschaftslehre und Politikwiss.), Konservatorium, Staatsarchiv, prähistor., Kunst-, naturkundl. u. a. Museen. M. ist Mittelpunkt des industriereichen Borinage; Textil-, chem. Industrie, Metallverarbeitung, Röhrenwerk, Aluminiumverarbeitung, Zementwerke, Herstellung von Wellpappe, Elektronikindustrie; Verkehrsknotenpunkt, Binnenhafen mit Kanalverbindungen zur Schelde und zum Charleroi-Brüssel-Kanal. Nördlich von M., bei Casteau, befindet sich das NATO-Hauptquartier für Europa. – Die Stadt lagert sich um den Burghügel mit dem 87 m hohen Belfried (1661–69). Südwestlich unterhalb liegt die spätgot. Waltrudiskathedrale (Sainte Waudru, um 1450 begonnen, Chor 1502, Langhaus 1576 vollendet, Glasmalerei im Chor 1510 ff.; Kirchenschatz). Nordöstlich des Burghügels am Markt steht das got. Rathaus (1458–67, Turm 1716/17) mit reich gegliederter Fassade, daran angelehnt eine Affenstatue (›Singe du Grand-Garde‹, 15. Jh.). – M. erwuchs um das gegen 650 gegründete Kloster St. Waltrudis und das im 9. Jh. angelegte Burg der Grafen von Hennegau; im 13. Jh. Stadtrecht (Schöffensiegel um 1218 bezeugt), gegen Ende dieses Jh. Mittelpunkt der Grafschaft Hennegau. Als Tuchmacherstadt erlebte M. bis ins 16. Jh. seine Blütezeit. 1792 durch frz. Truppen erobert, war M. bis 1814 Hauptstadt des Dép. Genappes, 1815 wurde es Hauptstadt der niederländ. Provinz Hennegau.

Monsalvatsch, Munsalvaesche.

Monschau, bis 1918 **Montjoie** [mɔ̃ˈʒwa], Stadt im Kr. Aachen, NRW, nahe der belg. Grenze am O-Fuß des Hohen Venns im burgenreichen Engtal der Rur, 440–650 m ü. M., 13 400 Ew.; Fremdenverkehr. – Malerisches, von schiefergedeckten Fachwerkhäusern geprägtes Ortsbild mit engen Treppengassen. In nachgot. Formen erbaut wurden die Pfarrkirche Mariä Geburt (1649–50) und die Aukirche (1726–51). In der ev. Kirche (1787–89) klassizist. Stuckornamentik. Das Rote Haus (1762–65) ist heute Museum (bürgerl. Wohnkultur des 18. Jh.). Über M. die Burg der Grafen von Montjoie, eine ausgedehnte Anlage mit Oberburg (13.–14. Jh.), Vor- und Unterburg (16.–17. Jh.), seit 1689 Ruine, im 20. Jh. teilweise wiederhergestellt (Palas und Bergfried der Oberburg). – Der Ort unter der 1217 erstmals erwähnten Burg erhielt vermutlich 1352 Stadtrecht. Er war Mittelpunkt der gleichnamigen Herrschaft, die 1434 an die Herzöge von Jülich fiel und über diese an Preußen kam. Die im 17. Jh. in und um M. angesiedelte Tuchindustrie brachte der Stadt im 18. Jh. eine Wirtschaftsblüte. Der wirtschaftl. Niedergang in nachnapoleon. Zeit ließ viele Arbeiter in die Aachener Fabriken abwandern.

Das Monschauer Land, histor. u. geograph. gesehen, hg. v. H. PRÜMMER (1955).

Monseigneur [mɔ̃sɛnˈjœːr; frz., eigtl. ›mein Herr‹], *der, -s/-e* und *-s,* Abk. **Mgr.,** Titel und Anrede hoher Geistlicher, Adliger und hoch gestellter Personen in Frankreich.

Monsieur [məˈsjø; frz., eigtl. ›mein Herr‹] *der, -(s)/ Messieurs* (meist ohne Artikel), Abk. **M.,** frz. Bez. und Anrede für: Herr; 1792–1804 galt die Anrede →Citoyen. Seit dem 16. Jh. trug in Frankreich der älteste Bruder des Königs den Titel M. (Anrede Monseigneur). **M. Véto** war 1791/92 der Spottname LUD-

Monschau: Fachwerkhäuser an der Rur

Monrovia

Hauptstadt von Liberia

am Golf von Guinea

668 000 Ew.

Universität (seit 1951)

wichtigster Freihafen Afrikas mit Industriezone

internat. Flughafen in Robertsfield

1822 von freigelassenen Sklaven aus den USA gegründet

Mons Monsignore–Monsun

Monsù Desiderio: Didier Barra, ›Ansicht von Neapel‹; 1647 (Neapel, Museo Nazionale di San Martino)

Pierre-Alexandre Monsigny

Monstranz: Sonnenmonstranz aus dem 18. Jh. (Bamberg, Diözesanmuseum)

wigs XVI.; **M. de Paris,** volkstüml. Bez. für den Pariser Scharfrichter.

Monsignore [mɔnziɲˈjoːre; ital., eigtl. ›mein Herr‹] *der, -/...ri,* Abk. **Mgr., Msgr.,** Titel und Anrede höherer und niederer Prälaten der kath. Kirche.

Monsigny [mõsiˈɲi], Pierre-Alexandre, frz. Komponist, * Fauquembergues (Dép. Pas-de-Calais) 17. 10. 1729, † Paris 14. 1. 1817; war Haushofmeister des Herzogs von Orléans. M. ist mit Egidio Romualdo Duni (* 1709, † 1775) und F.-A. Philidor einer der Schöpfer der Opéra comique. Seine Werke (u. a. ›Le déserteur‹, 1769; ›Félix ou l'enfant trouvé‹, 1777) zeichnen sich durch eingängige Melodik und differenzierten Orchesterpart aus.

Mons Jovis, röm. Name des →Großen Sankt Bernhard.

Mons pubis [lat.] *der, - -,* **Mons veneris,** *Anatomie:* der →Schamhügel.

Monstaat, als Minoritätengebiet der →Mon Gliedstaat in SO-Birma, 12 297 km^2, (1993) 2,14 Mio. Ew.; Hauptstadt ist Moulmein; Küstentiefland am Golf von Martaban; Anbau von Reis sowie Obst, Tee, Zuckerrohr und Tabak; Teakholzgewinnung; Antimonerzbergbau, Erdölförderung.

Monster [engl.] *das, -s/-,* →Monstrum.

Monstera [Herkunft unklar], Gattung der Aronstabgewächse mit etwa 20 Arten im trop. Amerika; besonders bekannt ist das →Fensterblatt.

Monstranz [mlat., zu lat. monstrare ›zeigen‹] *die, -/-en,* **Ostensorium,** *liturg. Gerät:* ein gewöhnlich aus Fuß, Schaft und Aufsatz bestehendes, aus Edelmetall gefertigtes Gefäß, das dem Zeigen der konsekrierten Hostie dient, die in dem Aufsatz hinter Glas auf einer mondförmigen Halterung (Lunula) aufrecht sichtbar ist. Die M. findet Verwendung bei der Aussetzung des Allerheiligsten, bei theophor. Prozessionen und zur Segenserteilung. In Anlehnung an Schaugefäße für Reliquien kam die M. wohl im Zusammenhang mit dem Fronleichnamsfest auf (nachweisbar seit dem 14. Jh.). Das Gefäß wurde nach und nach mit Schmuckteilen umgeben und in versch. künstler. Formen ausgestaltet: in der Gotik zur Turm- und Retabel-M., im Barock zur Sonnen- oder Strahlenmonstranz.

Monstrosität, Monstrum, Monstrositas, *Medizin:* so genannte Missgeburt, bei der Körperteile oder -organe fehlen oder in Überzahl auftreten.

Monstrum [lat., eigtl. ›Mahnzeichen‹, zu monere ›(er)mahnen‹] *das, -s/...stren,* selten auch *...stra,* **Monster,** Furcht erregendes, hässl. Fabelwesen, Ungeheuer, Scheusal von fantast. (meist riesiger) Gestalt.

Monsù Desiderio, Pseudonym mehrerer in der 1. Hälfte des 17. Jh. in Neapel tätiger Maler, gebildet aus ›Monsieur Didier‹. Das von Untergangsstimmungen und flackernder Lichtführung bestimmte Werk von fantast. Architekturbildern und Todesallegorien wird heute François de Nomé (* um 1593) zugeschrieben, der 1612 in Rom bei einem fläm. Maler in die Lehre ging und mit 27 Jahren nach Neapel zog, wohl zus. mit dem Maler Didier Barra (* um 1590) oder Barrat, der wie er aus Metz stammte.
Werke: Die Unterwelt (1622; Besançon, Musée des Beaux-Arts); Flucht nach Ägypten (1624; Paris, Musée des Arts Décoratifs); Ruinenlandschaft (ebd.); Zerstörte Stadt (Stockholm, Nationalmuseum); Die Zerstörung von Sodom u. Gomorrha (Rom, Privatsammlung); Der Untergang Trojas (Rom, Galleria L'Obelisco).

Monsun [engl. monsoon, über port. monção von arab. mawsim ›(für die Seefahrt) geeignete Jahreszeit‹] *der, -s/-e,* Luftströmung großer Ausdehnung mit halbjährl. Richtungswechsel in den Tropen. Ursache dieser beständig wehenden trop. Winde sind die unterschiedl. Erwärmung von Meer und Landmassen und die damit zusammenhängende jahreszeitl. Verlagerung der →innertropischen Konvergenzzone (ITC). Unter dem Einfluss der Coriolis-Kraft wehen die M.-Winde im Sommer spiralförmig in die sich über dem erwärmten Land bildenden Hitzetiefs und im Winter in entgegengesetzter, antizyklonaler Richtung aus dem Kältehoch der Kontinente heraus.

Bes. ausgeprägt tritt der M. im süd- und südostasiat. Raum sowie im ostafrikan. Küstenbereich in Erscheinung. Im Winter der Nordhalbkugel, wenn die ITC weit im S liegt, wehen etwa zw. 30° und 10° n. Br. die NO-Passate als Winter-M. aus dem kalten asiat. Festlandshoch heraus. Von Zentralasien und aus dem Hochland von Tibet gelangt die kontinentale Kaltluft in die tiefer gelegenen Gebiete Indiens, erwärmt sich beim Absteigen adiabatisch und bewirkt ab Oktober die mehrere Monate anhaltende Trockenzeit. Im März, April und Mai können in der Küstenregion Gewitterregen niedergehen, aber im Landesinneren bleibt es trocken. Der jetzt aufkommende Sommer-M. ist an die Nordwärtsverlagerung der ITC gebunden. Die NO-Passate werden dabei von SW-Winden, die zur äquatorialen Westwindzone gehören, abgelöst. Da die nach Indien vordringenden Luftmassen über das warme Arab. Meer streichen, sind sie labil geschichtet und sehr feucht. Sie bringen daher von Juni bis Oktober länger anhaltende Niederschläge und schwere Gewitter mit, in Bombay im Durchschnitt 710 mm Regen, im Stau des Himalajas in Cherrapunji im Jahresdurchschnitt 10 900 mm (im Juni 2 900 mm). Von Jahr zu Jahr gibt es natürl. Schwankungen der M.-Regen, die für die Wirtschaft der betroffenen Länder von entscheidender Bedeutung sind.

Auf der Südhalbkugel befindet sich das ausgeprägteste M.-Gebiet im Bereich von Indonesien und N-Australien. Hier weht im Südsommer eine W- bis N-, im Südwinter eine SO- bis O-Strömung. Die Regenzeit dauert daher von November bis April, während von Mai bis Oktober (Südwinter) kaum Niederschläge fallen. In den übrigen Tropen ist der M. als halbjährl. Richtungswechsel des Windes nicht so ausgeprägt, am schwächsten im trop. Amerika.

Als europ. M. bezeichnet man die von April bis Juli in Mitteleuropa vorherrschenden, aber nicht beständigen NW-Winde. Sie sind an ostwärts ziehende Tiefdruckgebiete gebunden und leiten in unregelmäßiger Folge die Vorstöße kalter Meeresluft zum Festland ein. Dieser Vorgang und die Häufigkeit der NW-Winde in der warmen Jahreszeit hängen mit der Erwärmung des euras. Kontinents zusammen. Es folgt zwar kein Richtungswechsel des Windes, wohl aber eine monsunische Drehung der sonst vorherrschenden Westwinde.

Monsoon dynamics, hg. v. J. Lighthill u. a. (Cambridge 1981); Monsoon meteorology, hg. v. C.-P. Chang u. a. (New York 1987); Monsoons, hg. v. J. S. Fein u. a. (ebd. 1987).

Monsunwald, regengrüner Wald der trop. Monsungebiete Asiens mit meist zwei Baumschichten, von denen die obere (etwa 25–35 m hohe) großblättrig und Laub werfend ist, während die untere immergrün bleibt. Der Baumbestand ist artenärmer als der des trop. Regenwaldes.

Mont [mɔ̃, frz.] *der, -/-s,* frz. Bez. für Berg.

Mont, Month, altägypt. Kriegsgott. Er wurde v. a. in Hermonthis verehrt und hatte u. a. auch in Karnak ein eigenes Heiligtum. M. wird mit einem federbekrönten Falkenkopf dargestellt, in der Spätzeit galt der Stier Buchis als seine Erscheinungsform.

Mont., Abk. für den Bundesstaat **Mont**ana, USA.

Montabaur [ˈmɔntabaʊɐ], Kreisstadt des Westerwaldkreises im rechtsrhein. Teil von Rheinl.-Pf., 213 m ü. M., 13 300 Ew.; Akad. Deutscher Genossenschaftsbanken; Herstellung von Kunststofffolien, Multimediaunternehmen. – Das Schloss, die ehem. kurtrier. Burg, im 17. und 18. Jh. als Sommerresidenz des Trierer Kurfürsten ausgebaut, ist eine unregelmäßige Vierflügelanlage mit runden Ecktürmen; Schlosskapelle von 1694. Die spätgot. Peterskirche (14. Jh.) ist eine vierschiffige Stufenhalle mit Doppelturmfassade; über dem Triumphbogen großes Fresko (16. Jh.). Fachwerkhäuser (17./18. Jh.), Teile der Stadtbefestigung (14./15. Jh.); das Rathaus wurde nach dem Brand von 1534 neu errichtet und 1868/69 durch den heutigen neugot. Bau ersetzt (1983 und 1995 erweitert). – Eine um 960 bezeugte Burg, im 11. Jh. an die Erzbischöfe von Trier gelangt, Anfang des 13. Jh. zur Sicherung ihres Besitzes erneuert und verstärkt, wurde in Erinnerung an den im Kreuzzug 1217 umkämpften Berg Tabor im Heiligen Land ›Mons Tabor‹ benannt; 1227 ist erstmals der Name **Muntabur** erwähnt. Die am Fuß des Burgbergs entstandene, 959 erstmals urkundlich bezeugte Siedlung, hieß bis 1227 Humbach und erhielt 1291 als M. Stadtrechte. Die Stadt fiel 1803 an Hessen-Nassau und kam 1866 an Preußen.

M. u. der Westerwald 930–1930 (1930); Gesch. der Stadt M., Beitrr. v. B. SCHWENK u. a., auf mehrere Bde. ber. (1991 ff.).

Montafon *das,* Talschaft der oberen Ill (und ihrer Nebentäler) oberhalb von Bludenz in Vorarlberg, Österreich, zw. Verwallgruppe, Rätikon und Silvrettagruppe, 40 km lang, umfasst zehn Gemeinden mit 17 600 Ew.; Energiewirtschaft (Montafoner Illwerke mit Speicherseen; Energieexport nach Südwest-Dtl.), bedeutender Fremdenverkehr (mehrere Bergbahnen), Holzindustrie, Rinderhaltung (Milchwirtschaft), in Lorüns Zementfabrik; zentraler Ort ist Schruns, Endpunkt der Montafoner Kleinbahn; über die Silvretta-Hochalpenstraße (Mautstraße) Verbindung ins Paznauntal, Tirol. – Das 1240 als **Muntavun** erstmals erwähnte Tal wurde im Hoch-MA. durch roman. Freibauern und Hofleute, dann dt.-sprachige Bergleute sowie Walser besiedelt. Um 1420 fiel das Tal an die Habsburger. Bis ins 17. Jh. blieb die roman. Sprache lebendig.

Montag [ahd. mānetac, eigtl. ›Tag des Mondes‹, Lehnübersetzung von lat. dies Lunae ›Tag der Mondgöttin Luna‹, dies nach griech. hēméra Selḗnēs ›Tag der Mondgöttin Selene‹], der (seit 1976) erste Tag der Woche; der Name ist bei allen german. Völkern verbreitet. Im kirchl. Brauch des MA. war der M. bevorzugter Totengedächtnistag. Noch heute findet am M. nach Kirchweihsonntag eine Totenmesse statt, Bruderschaften und Zünfte feierten sie am M. nach ihrem Jahresfest (→blauer Montag). Die Römer sahen im Tag nach einem Feiertag einen Unglückstag.

Montage [-ˈtaːʒə; frz., zu monter, auch ›hinaufbringen‹, ›aufwärts steigen‹, eigtl. ›auf einen Berg steigen‹] *die, -/-n,* 1) *allg.:* das Zusammensetzen von Einzelteilen.

2) *audiovisuelle Medien:* Bearbeitungsverfahren audiovisueller Aufzeichnungen zur Gestaltung von Ton-, Film- und Fernsehaufnahmen, Fotografien u. a. nach publizist. und künstler. Gesichtspunkten. M. erfolgt entweder bereits beim Aufzeichnungsvorgang durch Kameratechniken oder bei der späteren Bearbeitung, z. B. durch Wahl des Bildausschnitts und der Bildfolge, durch Tonmischung (versch. Tonträgeraufnahmen). Die End-M. aller Ton- und Bildelemente am Mischpult heißt ›Mischung‹.

Als filmtechn. Mittel wurde die M. erstmals von D. W. GRIFFITH benutzt und von S. EISENSTEIN zur Perfektion entwickelt; sie zählt seither zu den wichtigsten künstler. Gestaltungsmitteln des Films. Während der Schnitt durch einzelne Szenen- und Bildübergänge den Gesamtablauf des Films gestaltet, bezeichnet M. eine in sich abgeschlossene, rasch aufeinander folgende Schnittsequenz, die versch. Funktionen haben kann: z. B. geraffte Darstellung eines Zeitablaufs, Verbindung parallel verlaufender Handlungslinien, Umsetzung einer ideolog. Konzeption ins Optische (z. B. in EISENSTEINS ›Panzerkreuzer Potemkin‹, 1925, die Treppen-M.). Die M. dient der opt. Dynamisierung und Verdichtung des Gezeigten; durch die suggestive Kraft ihrer Komposition zielt sie beim Zuschauer auf bestimmte Assoziationen, auf die Aktivierung emotioneller Bereiche.

H. BADDELEY: Filmschnitt u. M. (a. d. Engl., ²1963); Hb. der Film-M., hg. v. H. BELLER (²1995).

3) *bildende Kunst:* vom Film entlehnte Technik, auch Gattungsbegriff für Werke der zeitgenöss. Kunst, die aus heterogenen Materialien montiert werden. Die Aussagekraft der M. liegt in der zweckentfremdeten und kontrastierenden Verwendung ihrer Bestandteile. Collage, Assemblage und Materialbild bedienen sich der M.-Technik. Die Bez. M. wird v. a. auf große, raumgreifende Aufbauten bezogen.

4) *graf. Technik:* das Zusammenstellen von Text- und Bildfilmen (Diapositiven oder -negativen) zu einer standgerechten Kopierform.

5) *Literatur:* Begriff, der das Zusammenfügen sprachl., stilist., inhaltl. Textteile unterschiedl., oft heterogener Herkunft bezeichnet. Die Technik der M. findet sich in allen Gattungen, in der Lyrik (G. BENN, H. M. ENZENSBERGER), der Erzählprosa (J. DOS PASSOS, ›Manhattan transfer‹, 1925; A. DÖBLIN, ›Berlin Alexanderplatz‹, 1929), im Drama (F. BRUCKNER, ›Die Verbrecher‹, 1929; P. WEISS, ›Die Verfolgung und Ermordung Jean Paul Marats ...‹, 1964) und im →Hörspiel. Bis Mitte der 60er-Jahre wurden M. und Collage etwa synonym verwendet, seither setzte sich zunehmend die Bez. Collage durch.

Montagebau [-ˈtaːʒə-], Bauverfahren mit vorgefertigten Elementen (Fertigteilen), →Fertigbauweise.

Montagna [mɔnˈtaɲɲa], Bartolomeo, ital. Maler, * Orzinuovi (bei Brescia) um 1450, † Vicenza 11. 10. 1523; Hauptmeister der Schule von Vicenza. Seine Bilder vermitteln in ihrem klar durchdachten Aufbau und der kraftvollen Farbgebung eine schlichte Feierlichkeit. Sein Sohn BENEDETTO (* um 1481, † 1558) war auch Maler, bedeutender aber als Kupferstecher.

Werke: Thronende Madonna mit vier Heiligen (1499, Mailand, Palazzo di Brera); Fresken aus dem Leben des hl. Blasius (1504–06, Verona, Santi Nazzaro e Celso).

Montagnana [-ˈɲaːna], Gem. in der Prov. Padua, Venetien, Italien, 9 400 Ew. – Vollständig erhaltene mittelalterl. Stadtbefestigung (Stadtmauern und Tore, 1350–88; Kastell, 13. Jh.); in der Kirche Santa Maria (1431–1502) Altargemälde von PAOLO VERONESE (1555/56). Außerhalb liegt die Villa Pisani (Entwurf von A. PALLADIO, 1555).

Montagnana [-ˈɲaːna], Domenico, ital. Geigenbauer, * Lendinara (bei Rovigo) um 1687, † Venedig 7. 3. 1750; war vermutlich Schüler A. STRADIVARIS, an dessen Arbeiten er sich orientierte; gilt als der bedeutendste Meister der venezian. Schule. Als bes. wertvoll werden heute seine Violoncelli eingeschätzt.

Montagnards [mɔ̃ta'na:r], 1) Bez. für die Mitgl. der →Bergpartei.
2) frz. Bez. für verschiedene Bergstämme in Vietnam, Laos und Kambodscha.

Montagne [mɔ̃'taɲ, frz.] *die, -/-s,* frz. Bez. für Gebirge.

Montagne Noire [mɔ̃taɲ 'nwa:r] *die,* Bergkette im äußersten S des Zentralmassivs, Frankreich, im Pic de Nore 1 210 m ü. M. Ihr steiler N-Hang ist dicht bewaldet.

Montagnier [mɔ̃ta'ɲe], Luc, frz. Virologe, * Chabris (Dép. Indre) 18. 8. 1932; arbeitete ab 1960 am Centre National de la Recherche Scientifique in Paris (ab 1974 dort Direktor) und wurde 1982 Leiter der virolog. Abteilung des Institut Pasteur; seit 1997 auch am Queens College der New York City University tätig. M. beschäftigte sich zunächst mit Fragen der Krebsforschung, bes. im Zusammenhang mit Retroviren. 1983 gelang seiner Forschungsgruppe – unabhängig von der um R. GALLO – erstmals die Isolierung des Erregers (HIV) der Immunschwächekrankheit →Aids.

Luc Montagnier

Montagu ['mɔntəgju:], brit. Adelsgeschlecht, das bis in die Zeit WILHELMS DES EROBERERS zurückreicht. Bedeutende Vertreter:
1) Edwin Samuel, brit. Staatsmann, * London 6. 2. 1879, † ebd. 15. 11. 1924; wurde 1906 als Vertreter der Liberalen Partei Mitgl. des Unterhauses, 1910–14 Unterstaats-Sekr. für Indien, 1916 Munitions-Min. und unter D. LLOYD GEORGE 1917–22 Staats-Sekr. für Indien. Mit dem Vizekönig Lord CHELMSFORD arbeitete er 1918 den nach beiden benannten Reformplan (›M.-Chelmsford Report‹) aus, der die Grundlage des ind. Verfassungsgesetzes (›Government of India Act‹) von 1919 wurde.
2) Lady Mary Wortley, geb. **Pierrepont** ['pɪəpɔnt], engl. Schriftstellerin, getauft London 26. 5. 1689, † ebd. 21. 8. 1762; Tochter des Earl OF KINGSTON; lebte 1716–18 in Konstantinopel, wo ihr Mann brit. Gesandter war, sowie 1738–62 in Italien und Frankreich. Ihre geistreiche Korrespondenz stellt ein wichtiges kulturhistor. Dokument dar.
Ausgaben: The complete letters, hg. v. R. HALSBAND, 3 Bde. (1965–67); Essays and poems, hg. v. DEMS. u. a. (1977). – Briefe aus dem Orient, bearb. v. I. BÜHLER (1982).
R. HALSBAND: The life of Lady M. W. M. (Neuausg. New York 1960); A. A. HUFSTADER: Sisters of the quill (ebd. 1978).

Montague Compton Mackenzie ['mɔntəgju: 'kɔmptən mə'kenzɪ], Edward, engl. Schriftsteller, →Mackenzie, Sir Edward Montague Compton.

Montague-Grammatik ['mɔntəgju:-], von dem amerikan. Logiker und Sprachtheoretiker RICHARD MONTAGUE (* 1932, † 1971) entwickeltes Grammatikmodell; es beruht auf der Prämisse, dass sich natürl. und formale Sprachen theoretisch nicht wesentlich unterscheiden, und intendiert die Freilegung der log. Strukturen natürl. Sprachen. Zu diesem Zweck werden Ausdrücke der natürl. Sprache mittels log. Operationen formalisiert. Der Analyse des Strukturystems (der syntakt. Komponente) folgt die des Bedeutungsystems (der semant. Komponente); jeder Struktur wird genau eine Bedeutung zugeordnet, komplexe Strukturen werden aus einfachen abgeleitet.
S. LÖBNER: Einf. in die M.-G. (1976); H. GEBAUER: M.-G. Eine Einf. mit Anwendungen auf das Deutsche (1978); G. LINK: M.-G. Die log. Grundlagen (1979).

Montaigne [mɔ̃'tɛɲ], Michel **Eyquem de** [ɛ'kɛm-], frz. Schriftsteller und Philosoph, * Schloss Montaigne (heute zu Saint-Michel-de-Montaigne, Dép. Dordogne) 28. 2. 1533, † ebd. 13. 9. 1592; erhielt eine humanist. Schulbildung, studierte Rechtswiss.en in Toulouse und Bordeaux, war Steuerrat in Périgueux und 1557–70 Parlamentsrat in Bordeaux. 1570 legte er alle Ämter nieder, 1571 zog er sich auf sein Schloss zurück, wo er 1572 mit den Aufzeichnungen zu ›Les Essais‹ begann (1580, erweiterte Ausg. 1588 und 1595; dt. ›Michaels Herrn von Montaigne Versuche‹, auch u. d. T. ›Essays‹). 1580/81 unternahm er eine Bäderreise nach Italien, die in seinem ›Journal de voyage en Italie, par la Suisse et l'Allemagne‹ beschrieben ist (hg. 1774; dt. ›Reisen durch die Schweiz und Italien‹, 2 Bde.); 1581–85 war er Bürgermeister von Bordeaux.

M. ist einer der bedeutendsten Vertreter der frz. Renaissanceliteratur. In zunehmend freier Verwendung antiker Überlieferung (SOKRATES, LUKREZ, HORAZ, SENECA, PLUTARCH u. a.) entwickelte er die ›Essais‹ als neue, eigenständige Form meditierenden, sich selbst ›erprobenden‹ Denkens. Im Zentrum der breit gefächerten Thematik (u. a. Philosophie, Politik, Geschichte, Religion, Erziehung, Literatur, persönl. Lebensführung) steht der Mensch, den er mit dem Ziel der Selbstklärung und Selbstfindung und einer von eth. Normen und von jegl. Systematisierung freien Beobachtung in seiner Vielfalt, Widersprüchlichkeit und Veränderlichkeit beschreibt, wobei die ›Essais‹ immer wieder bewusst in die Selbstanalyse einmünden. M.s offenem Denkstil entspricht eine assoziativ-induktive, sich selbst ständig relativierende Darstellung. Mit diesem Verfahren der Urteilsenthaltung und dem Zweifel an der Möglichkeit gesicherter Erkenntnis (daher M.s Devise ›Que sais-je?‹, ›Was weiß ich?‹) sowie an der Existenz objektiver Wahrheit wurde M. – im Anschluss an antike Traditionen (z. B. PYRRHON VON ELIS und SEXTUS EMPIRICUS) – zum Begründer des neuzeitl. Skeptizismus. M.s Skepsis ist jedoch durch eine lebens- und welterschließende Offenheit gegenüber der Komplexität der Erscheinungen gekennzeichnet. Sie zeigt sich auch in der Auseinandersetzung mit dem Tod: Aus der Erkenntnis menschl. Unvollkommenheit und Kreatürlichkeit und dem Vertrauen in die Natur resultiert eine heiter-gelassene Haltung gegenüber dem Tod ebenso wie geistige Freiheit und Unabhängigkeit gegenüber dem Leben; christl. Glaubenswahrheiten und Jenseitsvorstellungen spielen demgegenüber keine Rolle. Der Gedanke der individuellen Autonomie prägt auch M.s Erziehungskonzeption, die – hierin Ideen J.-J. ROUSSEAUS vorwegnehmend – nicht eine Anhäufung von Wissen, sondern ein eigenständiges Lernen nach dem Erfahrungsprinzip im Blick auf eine sich frei entfaltende, selbstständig urteilende und handelnde Persönlichkeit vorsieht. Geistige Unabhängigkeit war ferner bestimmend für M.s Haltung in den religiös-polit. Auseinandersetzungen der Religionskriege, in die er verschiedentlich als Mittler zw. den Parteien (u. a. als Berater HEINRICHS III. und HEINRICHS IV.) involviert war. Sein erkenntnistheoret. Skeptizismus führte ihn zur Ablehnung extremer Positionen und zur Anerkennung der bestehenden Institutionen als Ordnungsfaktoren kirchl., staatl. und gesellschaftl. Lebens.

Die ›Essais‹ sind das erste bedeutende Beispiel weltmänn. Laienphilosophie; zugleich waren sie der Ausgangspunkt für den Essay als literar. Gattung. Mit seiner systemfreien Erörterung moralphilosoph. Themen wurde M. zum Begründer der Moralistik, mit seiner liberalen Geisteshaltung hat er u. a. die Aufklärung entscheidend beeinflusst.

Ausgaben: Les Essais, hg. v. F. STROWSKI u. a., 5 Bde. (1906 bis 1909, Nachdr. 1981); Œuvres complètes, hg. v. A. ARMAINGAUD, 12 Bde. (1924–41); Œuvres complètes, hg. v. R. BARRAL u. a. (1967); Œuvres complètes, hg. v. A. THIBAUDET u. a. (Neuausg. 1985). – Ges. Schr., hg. v. O. FLAKE u. a. (¹⁻²1908–15); Essais, übers. v. H. LÜTHY (1953); Essais, Ausw. u. Nachwort v. R.-R. WUTHENOW (1983).

A. BAILLY: M. (Paris 1942); W. E. TRAEGER: Aufbau u. Gedankenführung in M.s Essays (1961); A. COMPAGNON: Nous, M. de M. (Paris 1980); M. et les essais, hg. v. P. MICHEL (ebd.

Michel Eyquem de Montaigne

1983); P. BURKE: M. zur Einf. (a. d. Engl., 1985); M. CONCHE: M. et la philosophie (Villers-sur-Mer 1987); H. FRIEDRICH: M. (³1993); J. STAROBINSKI: M. Denken u. Existenz (a. d. Frz., Neuausg. 4. Tsd. 1993); UWE SCHULTZ: M. de M. (²1996).

Montale, Eugenio, ital. Lyriker, * Genua 12. 10. 1896, † Mailand 12. 9. 1981; Journalist; 1929–38 Direktor der Bibliothek ›Gabinetto letterario Vieusseux‹ in Florenz, 1948–67 Redakteur beim ›Corriere della Sera‹; ab 1967 Senator auf Lebenszeit. Maßgeblicher ital. Lyriker der Moderne und ein Hauptvertreter des Hermetismus, den er mit G. UNGARETTI begründete. M.s schwer zugängl. (›hermet.‹) lyr. Werk, das oft mit dem T. S. ELIOTS (dessen Werke er neben denen SHAKESPEARES, H. MELVILLES, J. STEINBECKS u. a. übersetzte) verglichen wurde, zeigt auch Elemente des Symbolismus und des Surrealismus. 1975 erhielt M. den Nobelpreis für Literatur.
Werke: Lyrik: Ossi di seppia (1925, erw. 1928); La casa dei doganieri e altri versi (1932); Le occasioni (1939); Finisterre (1943; dt. Nach Finisterre); La bufera e altro (1956); Satura (1962; dt., in Ausw.); Diario del '71 e del '72 (1973; dt. Ausw. u. d. T. Satura. Diario); Quaderno di quattro anni (1977); Il bulldog di legno (hg. 1985, mit G. DEGO). – *Essays:* Auto da fé. Cronache in due tempi (1966); Fuori di casa (1969); Nel nostro tempo (1972); Sulla poesia (1976). – *Prosa:* Farfalla di Dinard (1956; dt. Ausw. u. d. T. Die Straußenfeder); Trentadue variazioni (1973).
Ausgaben: L'opera in versi. Edizione critica, hg. v. R. BETTARINI u. a. (1980); Tutte le poesie, hg. v. G. ZAMPA (³1987). – Glorie des Mittags (1960; Ged., ital. u. dt.); Wer Licht abgibt, setzt sich dem Dunkel aus, hg. v. R. T. HLAWATSCH u. a. (1982; Ged., ital. u. dt.); Gedichte, 1920–1954, übers. v. H. HELBLING (1987; ital. u. dt.).
M. MARTELLI: E. M. (Florenz 1982); J. BECKER: E. M. (Boston, Mass., 1986); R. LUPERINI: Storia di M. (Rom 1986); R. MONTANO: Commento a M. (Neapel 1986); G. SAVOCA: Concordanza di tutte le poesie di E. M., 2 Bde. (Florenz 1987); G. GENCO: M. Tra simbolismo e realtà (Manduria 1988); M. FORTI: Nuovi saggi montanali (Mailand 1990).

Montalembert [mɔ̃talãˈbɛːr], Charles **Forbes** [fɔrb] Graf von, frz. Publizist und Politiker, * London 15. 4. 1810, † Paris 13. 3. 1870; beeinflusst von H. F. R. LAMENNAIS und D. LACORDAIRE, war M. einer der wichtigsten Vertreter des liberalen frz. Katholizismus. Er setzte sich für eine ›freie Kirche in einem freien Staat‹ ein und betrieb die Gründung einer liberal-kath. Partei, die sich insbesondere für das Recht der Kirche auf ein eigenes Unterrichtswesen einsetzte. 1835–48 war M. Mitgl. der Kammer der Pairs, seit 1851 Mitgl. der Académie française.
Werk: Œuvres, 9 Bde. (1860–68).
Ausgaben: Lettres de M. à La Mennais, hg. v. G. GOYEAU u. a. (1933); Catholicisme et liberté. Correspondance inédite avec le P. Lacordaire, Mgr. de Mérode et A. de Fallous, 1852 bis 1870, hg. v. A. LATREILLE (1970).

Montalvo [mɔnˈtalβo], **1)** Garci **Rodríguez de** [rroˈɣriɣeθ-], span. Dichter, →Amadis von Gaula.
2) Juan, ecuadorian. Schriftsteller und Politiker, * Ambato 13. 4. 1832, † Paris 17. 1. 1889; seit 1882 im Exil in Paris; trat mit stilistisch meisterhaften Essays als Zeitkritiker und antiklerikaler Pamphletist hervor.
Werke: Essays: Catilinarias, 12 Tle. (1880–82); Siete tratados, 2 Bde. (1882); Capítulos que se le olvidaron a Cervantes (hg. 1895).
Ausgabe: Ensayos, narraciones y polémica, hg. v. O. E. REYES (³1957).
P. NARANJO: J. M., 2 Bde. (Quito 1966).
3) Luis **Gálvez de** [ˈɡalβeð ðe -], span. Dichter, →Gálvez de Montalvo, Luis.

montan [lat. montanus ›Berge, Gebirge betreffend‹], 1) Bergbau und Hüttenwesen betreffend; 2) das Gebirge, die Bergwelt betreffend.

Montana [engl. mɔnˈtænə], Abk. **Mont.,** postamtlich **MT,** Bundesstaat im W der USA, an der Grenze zu Kanada, 380 849 km², (1994) 856 000 Ew. (1910: 376 100, 1950: 591 000, 1980: 786 700 Ew.). Hauptstadt ist Helena. M. ist in 56 Verw.-Bez. (Countys) eingeteilt.

Staat und Recht: Verf. von 1973; Senat mit 50, Repräsentantenhaus mit 100 Mitgl. – Im Kongress ist M. durch zwei Senatoren und einen Abg. vertreten.
Landesnatur: Den W von M. durchziehen die dicht bewaldeten Rocky Mountains (bis 3 901 m ü. M.). Der östl., fast baumlose Landesteil, der zu den Great Plains gehört, ist ein flachwelliges, westwärts auf 1 500 m ü. M. ansteigendes Plateau, vom oberen Missouri und Yellowstone River tief zerschnitten. Das Klima ist kontinental und östlich des Gebirges durch Trockenheit gekennzeichnet (weniger als 350 mm Niederschlag im Jahr).
Bevölkerung: Der Anteil der Weißen belief sich 1990 auf 92,7%; die rd. 50 000 Indianer (6,0% der Bev.) leben hauptsächlich in den sieben Indianerreservationen; 0,3% der Bev. waren Schwarze, 1% andere. 1990 lebten 52,5% der Bev. in Städten. Größte Stadt ist Billings (1992: 84 000 Ew.).
Wirtschaft: Wichtigster Wirtschaftszweig ist die Landwirtschaft mit Viehwirtschaft (Rinder, Schafe) und Anbau (z. T. künstl. Bewässerung) von Gerste, Weizen, Roggen, Hafer, Flachs, Zuckerrüben und Kartoffeln. Bergbauprodukte sind Erze (Kupfer, Nickel, Platin, Palladium, Gold), Erdöl und Kohle. In der Industrie führen Erzverhüttung, Holzverarbeitung und Nahrungsmittelherstellung. Große wirtschaftl. Bedeutung hat der Fremdenverkehr, bes. im →Glacier National Park 2) und in →Virginia City 2).
Geschichte: Das Gebiet von M., in dem sich schon um 1740 frz. Trapper und Händler aufhielten, kam 1803 als Teil der frz. Kolonie Louisiana an die USA. Die eigentl. Besiedlung begann erst nach der Entdeckung von Gold (1862). 1864 wurde das Territorium M. gebildet, und nach der Entdeckung weiterer Bodenschätze (1875 Silber, Kupfer u. a.) und schweren Indianerkämpfen (v. a. der Sioux, →Dakota) wurde M. am 8. 11. 1889 als 41. Staat in die Union aufgenommen.
M. P. MALONE u. R. B. ROEDER: M. A history of two centuries (Seattle, Wash., 1976); C. C. SPENCE: M. A bicentennial history (New York 1978); W. L. LANG u. R. C. MYERS: M. our land and people (Boulder, Colo., 1979); The M. heritage. An anthology of historical essays, hg. v. R. R. SWARTOUT u. H. W. FRITZ (Helena, Mont., 1992).

Montana, 1) 1891–95 **Ferdinand,** 1945–93 **Michajlowgrad** [mix-], Stadt im NW von Bulgarien, 52 700 Ew.; Verwaltungssitz der Region M. (10 607 km², 626 200 Ew.). Maschinenbau, elektrotechn., Schuh-, keram., Nahrungsmittelindustrie.
2) [frz. mɔ̃taˈna], Gem. im Kt. Wallis, Schweiz, oberhalb von Siders, auf der Hochterrasse (1 480 m ü. M.) über dem Rhonetal, 2 500 Ew., bildet mit dem benachbarten Crans-sur-Sierre als **Crans-Montana** (5 000 Ew.) das Zentrum eines großen Wintersportgebietes, in dem auf dem Gebiet mehrerer Gemeinden Fremdenverkehrsorte entstanden sind, erschlossen durch zahlr. Bergbahnen (bis auf die vergletscherte Plaine Morte, 2 927 m ü. M., im Berner Oberland); von Siders Standseilbahn (seit 1911) nach M.; Hotelfachschule. – M. entstand ab 1892 als Höhenkurort (bei Bronchial- und Lungenleiden), Crans ab 1912.

Montaña [mɔnˈtaɲa], die O-Abdachung der Anden in Peru und Ecuador, von Flüssen tief zerschnitten; oberhalb des immergrünen trop. Regenwaldes (bis 1 000–1 200 m ü. M.) von trop. Bergwäldern (mit Baumfarnen) überzogen, die ab 2 100 m ü. M. von dem flechten- und moosbehangenen Nebelwald abgelöst werden, der als ›Ceja de la M.‹ die Grenze zum Hochland bildet; früher wichtig für die Gewinnung von Chinarinde und Wildkautschuk; seit 1939 durch landwirtschaftl. Kolonien und Erdölförderung (bei Pucallpa) erschlossen; dadurch erhebl. Eingriff in den Lebensraum der altansässigen Indianer. Wichtigstes Anbauprodukt ist heute Koka.

Eugenio Montale

Charles Forbes Graf von Montalembert

Montana
Flagge

Montblanc: Teil der Montblancgruppe mit dem Hauptgipfel in der Mitte

Montaña-Indianer [mɔn'taɲa-], die Indianer in der Montaña von Ecuador und Peru und im unmittelbar östlich vorgelagerten Tiefland sowie in den Yungas Boliviens und ihrem östl. Vorland. Sie stehen kulturell den Amazonasindianern und bolivian. Waldlandindianern nahe, haben aber auch starke Einflüsse aus dem Andenhochland empfangen. Ihre wirtschaftl. Grundlage ist wie im Amazonasbecken der Brandrodungsfeldbau, Hauptnahrungsmittel der Maniok. Die Sozialordnung ist durch starke Zersplitterung gekennzeichnet, oft gibt es keine polit. traditionelle Einheit über die Kernfamilie hinaus. Kriege, z. T. auch Kopfjagd, waren früher häufig. Im religiösen Bereich spielen Rauschdrogen eine besondere Rolle. Die M.-I. hatten schon früh Kontakt mit Weißen, konnten aber ihre polit. Unabhängigkeit bis zur Mitte des 20. Jh. erhalten. Heute äußert sich ihr gewachsenes Selbstbewusstsein im Aufbau polit. Föderationen (z. B. bei den Jívaro) und genossenschaftl. Zusammenschlüsse sowie in Demonstrationen für indian. Gleichberechtigung und garantierte Landrechte.

Yves Montand

Montand [mõ'tã], Yves, eigtl. Ivo Livi, frz. Schauspieler und Sänger ital. Herkunft, *Monsummano Terme (Prov. Pistoia) 13. 10. 1921, †Senlis 9. 11. 1991; 1951–85 ∞ mit Simone Signoret; von Edith Piaf entdeckter, populärer Chansonnier der 50er- und 60er-Jahre (u. a. ›Les feuilles mortes‹, ›C'est si bon‹, ›La vie en rose‹), der ab 1981 ein internat. Come-back feiern konnte; berühmt auch durch Filmrollen.
Filme: Lohn der Angst (1952); Machen wir's in Liebe (1960); Der Krieg ist vorbei (1965); Z (1969); I wie Ikarus (1979); Wahl der Waffen (1981); Garçon! – Kollege kommt gleich (1983); Jean Florette (1986); Trois places pour le 26 (1988); IP 5 – Insel der Dickhäuter (1991).
J. Semprun: Y. M., das Leben geht weiter (a. d. Frz., Neuausg. ²1994).

Montanelli, Indro, ital. Schriftsteller und Publizist *Fucecchio (bei Florenz) 22. 4. 1909; Korrespondent mehrerer Zeitungen und Zeitschriften, bis 1974 Redakteur beim ›Corriere della Sera‹; gründete 1974 ›Il Giornale nuovo‹, als dessen Chefredakteur er maßgeblich die konservativen Positionen der ital. Politik vertrat; 1977 verkaufte er die Zeitung an S. Berlusconi; als dieser 1994 versuchte, Einfluss auf die Redaktion zu nehmen, legte M. die Arbeit dort nieder und gründete mit ›La Voce‹ nochmals eine eigene Zeitung, die sich aber nur ein knappes Jahr halten konnte. M. ist auch Verfasser von geistvoll-iron., oft zeitkrit. Essays, Reisebüchern und v. a. literar. Porträts; er schrieb Erzählungen und Theaterstücke. Großen Erfolg hatten seine populärwiss. histor. Werke, u. a. ›Storia di Roma‹ (1957; dt. ›Eine Geschichte Roms‹).
Weitere Werke: *Erzählungen:* Giorno di festa (1939); Qui non riposano (1945; dt. Drei Kreuze). – *Biographien u. Essays:* Il buon uomo Mussolini (1947); Garibaldi (1962, mit M. Nozza; dt.); Leo Longanesi (1984, mit M. Staglieno); Professione verità (1986). – *Porträts:* Gli incontri, 6 Bde. (1950–59; ital. u. dt. Ausw. u. d. T. Ital. Zeitgenossen. Personaggi d'oggi). – *Drama:* I sogni muoiono all'alba (1960; dt. Die Träume sterben bei Sonnenaufgang). – Wenn ich so meine lieben Landsleute betrachte ... (1954; Ausw.).
C. Mauri: M. l'eretico (Mailand 1982).

Montañés [mɔnta'ɲes], Juan Martínez, span. Bildhauer, → Martínez Montañés, Juan.

Montan|industrie, i. e. S. Unternehmen des Bergbaus zur Gewinnung mineral. Rohstoffe; i. w. S. Unternehmen des Bergbaus einschließlich der weiterverarbeitenden Industrien, bes. der Hütten- und Schwerindustrie, die mit dem Bergbau zumindest früher meist eine Einheit bildeten. Die Bez. M. wurde durch die Begriffe Bergbau sowie (Eisen- und) Stahlindustrie verdrängt.

Montanismus der, -, um 150 in Phrygien entstandene prophetisch-eschatolog. Bewegung, benannt nach ihrem Gründer Montanus († vor 179). Die Montanisten erwarteten das unmittelbar bevorstehende Ende der Welt und sahen sich als die auserwählte →Endzeitgemeinde an; Montanus trat als →Paraklet auf. Der nach ihrer Auffassung von den urchristl. Idealen abgefallenen frühen Kirche setzten die Montanisten eine rigorose, durch Askese und strenge Kirchenzucht geprägte Ethik entgegen. Der M. fand Anhänger in Kleinasien, Italien und N-Afrika (Tertullian). In Kleinasien blieben montanist. Gemeinden auch nach dem Tod des Montanus und seiner beiden Prophetinnen Prisca und Maximilla bis ins 5. Jh. bestehen.

Montan|union, Kurz-Bez. für die →Europäische Gemeinschaft für Kohle und Stahl.

Montan|universität Leoben, Univ. für Bergbau-Ingenieurwiss.en in Leoben, Österreich; 1849 gegr. als Montanlehranstalt; seit 1861 Bergakademie, 1904–75 Montanist. Hochschule.

Montanus, Martin (Martinus), Schriftsteller, *Straßburg um 1537, †nach 1566; verfasste außer Dramen, Novellen, Satiren und Fabeln zwei aus ital. und dt. Quellen schöpfende bedeutende Schwanksammlungen: ›Weg kürtzer‹ (1557) und als Fortsetzung zur ›Gartengesellschaft‹ des Schriftstellers Jakob Frey (*um 1520?, †1562?) den ›Ander theyl der Gartengesellschaft‹ (um 1559).
Ausgabe: Schwankbücher (1557–1566), hg. v. J. Bolte (1899, Nachdr. 1972).

Montanwachs, fossiles Pflanzenwachs, das aus Braunkohlen mit höherem Bitumengehalt (6–17 %) durch Extraktion mit Benzol gewonnen wird. Rohes M. ist eine schwarzbraune, harte, spröde Masse, die aus etwa 50–75 % Wachssubstanzen (Ester langkettiger Fettsäuren mit Fettalkoholen) sowie 25–50 % Harzbestandteilen und Paraffinkohlenwasserstoffen besteht. Gereinigtes (hellgelbes bis fast weißes) M. wird zur Herstellung von Glanz erzeugenden und pflegenden Mitteln, z. B. für Schuhe, Fußböden, Möbel, Autos verwendet.

Montauban [mõto'bã], Stadt in Frankreich, Verw.-Sitz des Dép. Tarn-et-Garonne, im Tal des Tarn am Rand des Quercy, 87 m ü. M., 51 200 Ew.; kath. Bischofssitz; Textil-, Schuh-, Luftfahrt- und Elektrogeräteindustrie sowie Porzellanmanufaktur. – Im ehem. Bischofspalast (um 1660) befindet sich das Musée Ingres, v. a. mit Zeichnungen J. A. D. Ingres', ferner Fayencen, Gemälden sowie Skulpturen von É.-A. Bourdelle. In der Kathedrale (1692–1739) ein

Werk von INGRES (›Gelübde Ludwigs XIII.‹, 1824); Kirche Saint-Jacques (14./15. Jh.), mittelalterl. Brücke über den Tarn (1303–16). – M. wurde 1144 von den Grafen von Toulouse in der Nähe der älteren Siedlung Montauriol angelegt. Das 1317 gegründete Bistum, 1560 reformiert, wurde 1801 aufgehoben und 1822 wieder errichtet. Als bedeutendes Zentrum der Reformation erhielt die Stadt 1598 eine prot. theolog. Fakultät (1685 geschlossen, erneuert 1808–85).

Mont-aux-Sources [mɔ̃to'surs], Berg in den Drakensbergen, Rep. Südafrika, 3282 m ü. M., im Royal Natal National Park. Hier entspringen fünf Flüsse, darunter der Tugela (zum Ind. Ozean) und der Khubedu, einer der Quellflüsse des Oranje (zum Atlantik).

Montbéliard [mɔ̃bel'ja:r], Stadt im Dép. Doubs, Frankreich, in der Burgund. Pforte am Rhein-Rhône-Kanal, 318 m ü. M., 29 000 Ew. M. bildet mit Audincourt, Sochaux u.a. eine Industriezone mit Brauereien, Bau von Kraftfahrzeugen (Peugeot), Maschinen- und Präzisionsinstrumenten, Textil- und Holzindustrie. – M., dt. **Mömpelgard**, war seit dem 10. Jh. Hauptort der gleichnamigen Grafschaft des Königreichs Burgund, die 1397 durch Heirat an die Grafen von Württemberg kam. Sie wurde, 1676–79 unter frz. Herrschaft, 1793 von den Franzosen besetzt und 1801 Frankreich einverleibt.

Montblanc [mɔ̃'blã] der, frz. **Mont Blanc** [mɔ̃'blã], ital. **Monte Bianco**, höchster, schnee- und eisbedeckter Gipfel der Alpen und Europas, in der →Montblancgruppe der Westalpen; der Gipfel (auf frz. Gebiet) erhebt sich bis 4807 m ü. M.; in 4362 m ü. M. das Observatorium Vallot (1891–95 erbaut). Erstbesteigung am 8. 8. 1786 durch JACQUES BALMAT (* 1762, † 1834) und MICHEL PACCARD (* 1757, † 1827).

Montblancgruppe [mɔ̃'blã-], Gebirgsmassiv in den Westalpen, erstreckt sich beiderseits der frz.-ital. Grenze bis in die Schweiz südlich des Rhoneknies bei Martigny. Mit dem →Montblanc besitzt das Massiv den höchsten Berg Europas; die Hauptwasserscheide liegt weit im O und wird durch eine Reihe von Gipfeln um 4000 m ü. M. markiert: Dôme du Goûter (4304 m ü. M.), Montblanc (4807 m ü. M.), Aiguille du Géant (4013 m ü. M.), Grandes Jorasses (4208 m ü. M.), Mont Dolent (3820 m ü. M.) und Aiguille d'Argentière (3896 m ü. M.). Aufgrund der hohen Niederschlagsmengen weist die M. viele Gletscher auf (heute im Rückzug begriffen); sie reichen teilweise bis tief in die Täler des Gebirgsmassivs hinab; größte Gletscher der M. sind Mer de Glace, Glacier du Géant, Glacier de Talèfre, Glacier d'Argentière, Glacier de Saleina sowie Ghiaccio del Miage und Ghiaccio della Brenva. In den höher gelegenen Gebieten zeugen tief in die Wände eingeschnittene Kare von der Wirkung der eiszeitl. Gletscher.

Die M. ist verkehrsmäßig gut erschlossen; eine Seilbahn führt von Chamonix-Mont-Blanc zur Aiguille du Midi und von dort weiter nach La Palud bei Courmayeur; zur Mer de Glace führt eine Zahnradbahn bis in 1913 m Höhe. Die wichtigste Querverbindung durch das Massiv stellt der **Montblanc-Straßentunnel** (11,6 km lang; 1965 eröffnet) zw. Chamonix-Mont-Blanc und Courmayeur dar.

Montbretie [nach dem frz. Naturforscher A. F. COQUEBERT DE MONTBRET, * 1780, † 1801] die, -/-n, Hybride aus den Schwertliliengewächsen Crocosmia pottsii (Heimat: südl. Afrika) und Crocosmia aurea (Heimat: südl. und trop. Afrika); Gartenzierpflanze in zahlr. Sorten; mit dunkelgrünen, schmallineal. Blättern und orangegelben, braun gezeichneten, etwa 5 cm langen Blüten in ährigem, 30–60 cm hohem Blütenstand mit bis zu 20 Blüten.

Montceau-les-Mines [mɔ̃sole'min], Bergbaustadt in Frankreich, Dép. Saône-et-Loire, im Kohlenbecken von Le Creusot-Blanzy im NO des Zentralmassivs, am Canal du Centre, 23 000 Ew.; Steinkohlenbergbau, Elektro-, chem. und Gummiindustrie; Flugplatz.

Mont-Cenis-Verfahren [mɔ̃sə'ni-], Verfahren zur Ammoniaksynthese, →Ammoniak.

Montchrétien [mɔ̃kre'tjɛ̃], **Montchrestien**, Antoine de, Sieur **de Vasteville** [-vast'vil], frz. Dramatiker und Wirtschaftstheoretiker, * Falaise (bei Caen) um 1575, † bei Les Tourailles (bei Argentan) 7. 10. 1621; flüchtete 1605 nach einem Zweikampf nach England, von wo er mit nationalökonom. Reformideen zurückkehrte (›Traité de l'œconomie politique‹, 1615); in Frankreich wurde er als Führer eines Hugenottenaufstands getötet. Er schrieb – z. T. unter F. DE MALHERBES sprachkrit. Anleitung und nach antiken Vorbildern – lyr., handlungsarme Tragödien, u. a. ›Sophonisbe‹ (1596; dt.), ›L'Écossaise ou le désastre‹ (1601, eine Bearbeitung des Maria-Stuart-Stoffs), ›Les Lacènes ou la constance‹ (1601), ›David‹ (1601), ›Hector‹ (1601) sowie lyr. Gedichte.

Mont-de-Marsan [mɔ̃dəmar'sɑ̃], Stadt in SW-Frankreich, Verw.-Sitz des Dép. Landes, an der Midouze (Zusammenfluss von Midou und Douze), 36 m ü. M., 28 300 Ew.; Museum, Stierkampfarena; Sägewerk, Harzverarbeitung, Konservenindustrie.

Mont-Dore [mɔ̃'dɔːr], seenreiches Vulkangebiet in der Auvergne, Frankreich. Auf granit. Unterbau erheben sich trachyt. und basalt. Decken und Kuppen, darunter der Puy de Sancy (1886 m ü. M.), höchste Erhebung Frankreichs außerhalb der Alpen und Pyrenäen. Badeorte mit warmen Quellen sind La Bourboule und **Le Mont-Dore** im Tal der oberen Dordogne (1050 m ü. M.; Wintersport; Seilbahn zum Puy de Sancy.

Monte, ital., span. und port. Bez. für Berg.

Monte, 1) Philippe de, eigtl. **Filippo de M.**, frankofläm. Komponist, * Mechelen 1521, † Prag 4. 7. 1603; in Neapel (1541–54) bekannt mit O. DI LASSO, wurde Mitgl. der Kapelle der Königin MARIA in London, 1568 Kapellmeister Kaiser MAXIMILIANS II., später RUDOLFS II. in Wien und Prag. Zu seinen Lebzeiten glich der Ruhm dem von G. P. DA PALESTRINA. Seine späteren Werke nähern sich dem konzertierenden venezian. Stil. M. schrieb zw. 1554 und 1603 über 1 000 weltl. und über 140 geistl. Madrigale, 45 Chansons, etwa 320 Motetten und 38 Messen.

Ausgaben: Opera, hg. v. C. VAN DEN BORREN u.a., 31 Bde. (1927–39, Nachdr. 1965); Opera. New complete edition, hg. v. R. B. LENAERTS, auf zahlr. Bde. ber. (1975 ff.).

2) Toti dal, ital. Sängerin, →Dal Monte, Toti.

Monte Albán, archäolog. Fundort nahe der Stadt Oaxaca, Mexiko, auf einem ein Hochtal der Sierra Madre del Sur um 400 m überragenden Berg, 1950 m ü. M. Hauptstadt und religiöses Zentrum zunächst der

Montbretie
(Höhe 30–60 cm)

Monte Albán: Tempelplattform auf der Südseite des Zentralplatzes

Zapoteken, später der Mixteken, mit mehreren, um einen großen Platz gruppierten Tempelplattformen, Tempeln, Palästen, einem Observatorium, einem Ballspielplatz, Stelen und Skulpturen mit Inschriften (Hieroglyphen, Kalendersystem). Der bisher ausgegrabene Teil erstreckt sich über die künstlich abgeflachte Bergkuppe und benachbarte Hügel. Die Errichtung der Anlage umfasste einen langen Zeitraum. Aus früher Zeit (4.–1. Jh. v. Chr.) stammen die berühmten, in Steinplatten eingekerbten Zeichnungen von männl. Figuren (→Danzantes). Den Höhepunkt seiner Macht erreichte M. A. um 500–900. Die Mixteken benutzten die Stadt fast nur als Nekropole, sie legten unterird. Grabkammern an, z. T. mit Skulpturen und Wandmalereien und kulturgeschichtlich bedeutenden Keramiken; hier wurde auch der bisher größte Goldschatz Mexikos gefunden. Die Stätte wurde von der UNESCO zum Weltkulturerbe erklärt.

R. E. BLANTON: M. A. (New York 1978); Monumentos escultóricos de M. A., bearb. v. R. GARCÍA MOLL u. a. (München 1986).

Monte Baldo, Gebirgsstock der ital. Südalpen, zw. Gardasee und Etschtal, bis 2 218 m ü. M. (Cima Valdritta).

Monte-Carlo, Teil von →Monaco.

Monte-Carlo-Methode, Monte-Carlo-Simulation, Methode der stochast. →Simulation, bei der komplexe Problemstellungen nicht vollständig durchgerechnet, sondern mithilfe von Zufallszahlen simuliert werden;. Die M.-C.-M. wird zur näherungsweisen Berechnung sowohl deterministischer (z. B. die Nullstellen eines Polynoms, nicht explizit berechenbare Integrale) als auch stochast. Größen (z. B. Verteilungen von Wartezeiten in komplexen Bediensystemen) angewendet. Bei beiden Fragestellungen besteht das Prinzip darin, die zu berechnende Größe als Erwartungswert $E(Y)$ einer Zufallsvariablen Y darzustellen und dann $E(Y)$ aufgrund einer experimentell (meist mit Generatoren von Zufallszahlen) gewonnenen Stichprobe zu schätzen. – Eine der ersten Anwendungen der M.-C.-M. war die Simulation des →buffonschen Nadelproblems und, damit verbunden, die Bestimmung von Näherungswerten für die Zahl Pi.

Montecassino: Das nach alten Plänen wieder aufgebaute Kloster

Montecassino, Benediktinerabtei (abbatia territorialis) in Latium, Prov. Frosinone, Italien, auf einem Berg (519 m ü. M.) über der Stadt Cassino; wohl 529 von BENEDIKT VON NURSIA gegr. an der Stelle älterer vorchristl. Heiligtümer. Das Mutterkloster der Benediktiner wurde jedoch schon zw. 581 und 589 von den Langobarden zerstört. Nach der Wiedererrichtung 717 wuchs unter karoling. Schutz die Bedeutung der Abtei; sie wurde 883 von Sarazenen erneut zerstört; ab 950 wieder besiedelt. Die Blütezeit M.s begann im 11. Jh. und wurde bes. unter Abt DESIDERIUS (1058–87), dem späteren Papst VIKTOR III., auf den Höhepunkt geführt (Blüte der M.-Buchmalerei durch byzantin. Künstler). 1349 Zerstörung der Klostergebäude durch ein Erdbeben; im 16./17. Jh. entstanden Neubauten, u. a. die frühbarocke Basilika. Nach 1799 wurde die Abtei von den Franzosen, den Neapolitanern und seit 1860 von den Piemontesen vieler ihrer Schätze beraubt. 1866 erklärte man M. zum Nationaldenkmal. Im Zweiten Weltkrieg fanden von Januar bis Mai 1944 im Raum M. heftige Kämpfe statt. Nachdem Bibliothek und Kunstschätze der Abtei von der dt. Wehrmacht in die Vatikanstadt gebracht worden waren, wurde am 15. 2. das bis dahin nicht in die dt. Verteidigungslinie einbezogene Kloster durch alliierte Bombardierung völlig zerstört. Nach dem Krieg erfolgte der Wiederaufbau nach den alten Plänen.

Montecatini Terme, bis 1928 **Bagni di Montecatini** [ˈbaɲɲi-], viel besuchtes Heilbad in der Prov. Pistoia, Italien, am S-Rand des Apennin, 29 m ü. M., 20 500 Ew. Die schwefel-, jod- und alkalisalzhaltigen sowie radioaktiven Thermen (19–25 °C) werden gegen Leber-, Magen- und Darmerkrankungen angewendet.

Montecorvino, Johannes von, ital. Franziskaner, →Johannes, J. von Montecorvino.

Monte Cristi, Sierra de M. C., Cordillera Septentrional [kɔrðiˈjera-], Gebirge auf Hispaniola, im N der Dominikan. Rep., bis 1 249 m ü. M.; überwiegend aus tertiären Kalken aufgebaut, stark verkarstet; an den Hängen Anbau von Kaffee, in der Fußzone u. a. von Kakao, Bananen und Zuckerrohr.

Montecristo, Insel im Tyrrhen. Meer, südlich von Elba, gehört zu Italien, 10 km², 645 m ü. M.; bekannt durch den Roman ›Le comte de Monte-Cristo‹ (dt. ›Der Graf von Monte Christo‹) von A. DUMAS PÈRE.

Montecuccoli, ital. Uradelsgeschlecht aus dem modenes. Apennin, das um 1060 und 1080 urkundlich auftaucht. Seit dem 16. Jh. traten einzelne seiner Mitgl. in kaiserl. Dienste. – Bedeutender Vertreter: **Raimund Graf von M.,** seit 1679 Reichsfürst und Herzog von Melfi, kaiserl. Feldmarschall, *Schloss Montecuccolo (heute zu Pavullo nel Frignano, Prov. Modena) 21. 2. 1609, †Linz 16. 10. 1680; trat 1625 in kaiserl. Kriegsdienste und zeichnete sich im Dreißigjährigen Krieg aus. Im 1. Nord. Krieg vertrieb er mit Kurfürst FRIEDRICH WILHELM von Brandenburg 1658 die Schweden aus Jütland und Pommern. 1661–64 verteidigte er mit wechselndem Erfolg die ungar. Grenze gegen die Türken und konnte diese in der Schlacht bei Sankt Gotthard an der Raab vernichtend schlagen. 1664 wurde er Präs. des Hofkriegsrats. Im Holländ. Krieg befehligte er gegen TURENNE und CONDÉ das kaiserl. Heer am Rhein. – Neben TURENNE war M. der bedeutendste Militärschriftsteller und -historiker seiner Zeit.

Mont|edison S. p. A., ital. Chemie- und Energiekonzern, 1966 aus der Fusion der Società Edison (gegr. 1884) und der Montecatini Società Generale per l'Industria Mineraria e Chimica (gegr. 1888) hervorgegangen; Sitz: Mailand. Die M. S. p. A. ist als Holdinggesellschaft (über 500 Beteiligungen und Tochtergesellschaften im In- und Ausland) v. a. in den Bereichen Energie, Chemie, Bergbau und Dienstleistungen tätig. Konzernumsatz (1996): 24,2 Mrd. DM, Beschäftigte: rd. 32 000.

Montefalco, Ort in der Prov. Perugia, Umbrien, Italien, 473 m ü. M., 5 600 Ew. – Innerhalb des mittelalterl. Mauerrings Palazzo Comunale (13. Jh.) und Kirche San Francesco (14. Jh.) mit Fresken in der Mittelapsis (Szenen aus dem Leben des hl. FRANZISKUS von B. GOZZOLI, 1450–52).

Montefeltro – Montenegro **Mont**

Montefeltro, Montefeltre, ital. Adelsgeschlecht der Romagna; seit dem 13. Jh. Herren (Signori) von Urbino. GUIDO DA M. († 1298?), Parteigänger des Staufers KONRADIN, blieb nach dessen Tod Führer der Ghibellinen in der Romagna. FEDERIGO (FEDERICO) DA M. († 1482), ein machtvoller, gebildeter Condottiere, wurde 1474 Herzog von Urbino. Bald nach seinem Tod kam Urbino an das Haus Della Rovere.

Montefiascone, Gem. in der Prov. Viterbo, in Latium, Italien, am Rand des Bolsenasees, 596 m ü. M., 12 800 Ew.; Bischofssitz; Wein- und Gemüsebau. – Dom (1519, von M. SANMICHELI; Fassade 19. Jh.), Doppelkirche San Flaviano (11. und 12. Jh.; vor der Fassade Loggia des 16. Jh.) mit reicher Bauplastik und Wandmalereien des 14. Jh. sowie der Grabplatte des Prälaten JOHANNES FUGGER aus Augsburg.

Monteforte Toledo [-to'leðo], Mario, guatemaltek. Soziologe, Schriftsteller und Politiker, *Guatemala 15. 9. 1911; war u. a. 1948–49 Vize-Präs. von Guatemala; seit 1956 im Exil in Mexiko und Ecuador. M. T. gilt neben M. Á. ASTURIAS als einer der wichtigsten Vertreter des ›mag. Realismus‹ seines Landes. In lyrisch verdichteter, vom Surrealismus beeinflusster Sprache behandelt er in den Romanen ›Entre la piedra y la cruz‹ (1948), ›Donde acaban los caminos‹ (1953) und ›Llegaron del mar‹ (1966) die histor. und aktuellen Konflikte zw. der europ. und indian. Kultur in Mittelamerika; auch Lyriker (›Cabagüil‹, 1946) und Essayist.

Weitere Werke: Una manera de morir (1957; Roman); Guatemala, monografía sociológica (1959; Abh.); Cuentos de derrota y esperanza (1962; Erz.); Tres ensayos al servicio del mundo que nace (1962; Essays); Centro América. Subdesarrollo y dependencia, 2 Bde. (1972);

Hg.: Las formas y los días. El barroco en Guatemala (1989).
S. MENTON: Historia crítica de la novela guatemalteca (Guatemala 1985).

Montego Bay [mɔn'teɪgəʊ 'beɪ], Stadt in NW-Jamaika, Hafen an der gleichnamigen Bucht, 83 400 Ew.; kath. Bischofssitz; bedeutender Fremdenverkehr (Badestrände); Freihafenzone; internat. Flughafen. – Pfarrkirche (1775) und Rathaus (1804/05).

Montélimar [mõteli'maːr], Stadt im Dép. Drôme, S-Frankreich, im Rhônetal, 81 m ü. M., 30 000 Ew.; Zementwerk, Kartonagen-, Textil- und Metallindustrie; Herstellung von Nugat (›Montélimar‹). Anbau von Tomaten und Frühgemüse. In der Nähe der beiden Kernkraftwerke Cruas und Tricastin (je 4 Blöcke, insgesamt 7 640 MW), an einem Seitenkanal der Rhône das Wasserkraftwerk Donzère-Mondragon (300 MW) und das Atomforschungszentrum Pierelatte.

Montelius, Oscar, schwed. Vorgeschichtsforscher, *Stockholm 9. 9. 1843, †ebd. 4. 11. 1921; 1907–13 Reichsantiquar; erarbeitete die typolog. Methode der Vorgeschichtsforschung, begründete eine Chronologie der ältesten Bronzezeit in Nord-Dtl. und Skandinavien.

Montemayor [mɔntema'jɔr], port. **Montemor**, Jorge de, span. Schriftsteller port. Herkunft, *Montemor-o-Velho (bei Coimbra) um 1520, †Turin 26. 2. 1561; Sänger und Musiker im span. und port. Hofdienst; schrieb Lyrik in traditionalist. und italienisierendem Stil (›Cancionero‹, 1554, erweitert 1558) und übersetzte die Gedichte von A. MARCH (1560). Sein Hauptwerk, der erste span. Schäferroman (›Los siete libros de la Diana‹, 1559, unvollendet), fußt auf I. SANNAZAROS Roman ›Arcadia‹ (1504) und der platon. Liebesideologie von LEO HEBRAEUS. Das äußerst erfolgreiche Werk (17 Ausgaben in 40 Jahren, mehrere Fortsetzungen) wurde oft übersetzt (dt. u. d. T. ›Diana‹) und prägte die europ. Mode des Schäferromans (P. SIDNEY, M. OPITZ, H. D'URFÉ) nachhaltig.

Ausgabe: Los siete libros de la Diana, hg. v. F. LÓPEZ ESTRADA (⁴1967).
G. HOFFMEISTER: Die span. Diana in Dtl. (1972); B. M. DAMIANI: J. de M. (Rom 1984).

Montenegro: Der Durmitor (2 522 m ü. M.) im Dinarischen Gebirge

Montenegriner, serbokroat. **Crnogorci** ['tsrnɔgɔrtsi], die Bewohner Montenegros, daneben auch in Serbien (Kosovo und Wojwodina), insgesamt etwa 580 000 Menschen. Die M. haben eine ähnl. Sprache und die gleiche Konfession (orth. Christentum) wie die Serben. – Ab 1945 als eigenständige Nation anerkannt, verstehen sich die M. seit 1990 zum großen Teil als Serben.

Montenegro, serbokroat. **Crna Gora** ['tsrna:-, ›schwarzes Gebirge‹], Teilrepublik von →Jugoslawien, grenzt im SW an das Adriat. Meer, im NW an Bosnien und Herzegowina, im NO und O an Serbien und im S an Albanien. M. umfasst 13 812 km² und hat (1993) 626 000 Ew. Die Bev. besteht überwiegend aus Montenegrinern, ferner Albanern, Serben, Makedoniern und Angehörigen anderer Volksgruppen. Hauptstadt ist Podgorica (1994: 117 900 Ew.).

Landesnatur: M. ist ein schwer zugängl. Gebirgsland. Hinter der Adriaküste erhebt sich steil das verkarstete Hochland des Dinar. Gebirges, mit dem →Lovćen (1 749 m) an der Küste und dem →Durmitor (2 522 m ü. M.) im Inneren. Im äußersten S und nördlich des nach Albanien hineinragenden Skutarisees erstrecken sich kleine Niederungen. Die höher gelegenen Teile Montenegros haben raues Klima.

Wirtschaft: Nur rd. 6% der Fläche werden ackerbaulich genutzt; in den im Karsthochland ausgebildeten Becken (Poljen) und in den Niederungen werden Mais, Weizen, Tabak und Wein angebaut, an der Küste auch Zitrusfrüchte, Oliven u. Ä.; Weideflächen nehmen über 30% der Fläche ein. Industriestandorte sind Nikšić und Podgorica (Metallurgie, Maschinenbau, Nahrungsmittel-, Textilindustrie). Der Hafen von Bar ist Endpunkt der 1976 in Betrieb genommenen Eisenbahnlinie von Belgrad. Fremdenverkehr haben die Küstenbadeorte Budva, Herceg-Novi, Petrovac, Sutomore, Sveti Stefan, Ulcinj sowie als kulturelle Anziehungspunkte Cetinje und Kotor.

Geschichte: In der Antike gehörte der Kern M.s zur röm. Provinz Illyricum und kam 395 zum Ostrom.

Federigo Montefeltro
(Gemälde von Piero della Francesca, um 1465; Florenz, Uffizien)

Oscar Montelius

Reich (Byzanz); im 7. Jh. siedelten sich slaw. Stämme an. Das Gebiet von Duklja (Diokleia) stand im 7.–11. Jh. unter byzantin. Einfluss (Annahme des griech.-orth. Christentums). Im 12.–14. Jh. war M. (**Zeta** gen.) als Fürstentum Teil des altserb. Reiches. Gegen die serb. Oberhoheit erhoben sich die Montenegriner mehrfach; seit Ende des 13. Jh. erscheint der serb. Name **Crna Gora** (Name M. seit etwa 1500 von Venedig gebraucht). Nach dem Tod STEPHAN IV. DUŠANS (1355) fiel M., seit der Schlacht auf dem Amselfeld 1389 unabhängiges Fürstentum, an die Dynastie der Balšići (1356–1421) und an die Crnojević (1426–99 bzw. 1516), die sich gegen die seit 1479 eindringenden Türken und die venezian. Herrschaft entlang der Adriaküste zu behaupten suchten; 1484 wurde die Hauptstadt nach Cetinje verlegt. Obgleich M. 1499 formal, seit 1528 direkt als Sandschak dem Osman. Reich angegliedert wurde, konnten die Türken keine wirkungsvolle Kontrolle über die Bergregionen ausüben; die Bergstämme blieben unbesiegt. Die 1697 von Vladika (Metropolit) DANILO PETROVIĆ NJEGOŠ (* 1672, † 1735) eingeführte geistl. Herrschaft begründete durch den Übergang des Amtes vom Onkel auf den Neffen eine Erbdynastie. Während der Türkenkriege (1683–99, 1714–18) konnte der Vladika im Einvernehmen mit Venedig und Habsburg seine relative (fakt.) Unabhängigkeit (seit 1685) erweitern und auch erste Kontakte zum russ. Zarenhof anknüpfen.

SAVA (1735–81) gelang die innere Konsolidierung; PETER I. PETROVIĆ NJEGOŠ (1782–1830) nahm an den Kriegen gegen die Türken (1788–91; 1789 Anerkennung M.s durch den Sultan) und gegen NAPOLEON I. (1806–14) teil, bereitete aber auch durch gesetzl. Maßnahmen (1798 neues Staatsrecht) und die Einigung rivalisierender Stämme die Staatsbildung vor. PETER II. PETROVIĆ NJEGOŠ errang praktisch die Unabhängigkeit M.s; DANILO I. PETROVIĆ NJEGOŠ (1852–60) legte 1852 die geistl. Würde nieder und proklamierte M. bei Festlegung der Grenzen zum weltl., erbl. Fürstentum seines Hauses. NIKOLAUS I. PETROVIĆ NJEGOŠ (1860–1918) konnte im Krieg gegen die Türkei (1876–77) und nach der Teilnahme am Russisch-Türk. Krieg 1877–78 auf dem Berliner Kongress (1878) mit russ. Unterstützung die Anerkennung der Unabhängigkeit M.s erringen und Nikšić, Antivari sowie 1880 Ulcinj gewinnen. Obgleich er im Dezember 1905 eine Verf. erließ und M. 1910 zum Königreich erhob, regierte er weiter autokratisch; ökonomisch war M. von Österreich-Ungarn abhängig geworden. Trotz wachsender Spannungen mit Serbien erreichte NIKOLAUS I. auf serb. Seite in den Balkankriegen (1912/13) Gebietserweiterungen für M.; der Eintritt in den Ersten Weltkrieg aufseiten der Entente (1914) führte nach der Kapitulation M.s 1916 zur österr. Besetzung. Am 1. 12. 1918 wurde M. – nach Absetzung des Königs durch die Skupština (Parlament) im November – in das neu gebildete südslaw. Königreich der Serben, Kroaten und Slowenen einbezogen. Nach dem Zerfall Jugoslawiens 1941 besetzten ital. Truppen M., das sich unter ital. Protektorat aus dem jugoslaw. Staatsverband löste (bis 1944; starke Widerstandsbewegung, bis Anfang Januar 1942 der Četnici, dann kommunist. Partisanen. Ab 1945 wieder zu Jugoslawien gekommen, wurde M. (als Teilrepublik 1946 Volksrepublik, 1963 Sozialist. Rep.) kommunistisch umgestaltet. Nach Großdemonstrationen wegen der wirtschaftl. Probleme (u. a. 25% Arbeitslosigkeit) traten Reg. und KP-Führung am 11. 1. 1989 zurück; am 28. 4. wurde MOMIR BULATOVIĆ (* 1928) KP-Chef von M., unterstützt vom serb. KP-Chef S. MILOŠEVIĆ. Bei den ersten demokrat. Wahlen seit 1945 errangen am 9./23. 12. 1990 die Kommunisten (seit Juni 1991 ›Demokrat. Partei der Sozialisten‹, Abk. DPS; Schwesterpartei der serb. SPS) eine Zweidrittelmehrheit; Vors. des Präsidiums der Sozialist. Rep. M. (später Präs.) wurde M. BULATOVIĆ bis 1997). Nachdem sich die Mehrheit der Bev. (95,9% bei 66% Beteiligung) in einem Referendum für den Verbleib in einem gemeinsamen Staat mit Serbien ausgesprochen hatte (1. 3. 1992), proklamierten M. und Serbien am 27. 4. 1992 eine neue Bundesrepublik Jugoslawien (BRJ). Bei den Wahlen vom 20. 12. 1992 errang die DPS die absolute Mehrheit, bildete aber eine Koalitions-Reg. mit der Nat. Partei, der Liberalen Liga und der Sozialdemokrat. Reformpartei, die für den Erhalt der Souveränitätsrechte der Teil-Rep. bzw. für die Unabhängigkeit M.s eintreten. Bei den Rep.-Wahlen vom 3. 11. 1996 siegte erneut die DPS. 1996/97 versuchte sich M., z. T. mehr von Serbien zu emanzipieren, u. a. Wahl des mehr reformorientierten Min.-Präs. (seit 1989) MILO DJUKANOVIĆ (* 1963) zum Präs. (1997; Amtseinführung: 15. 1. 1998). Anfang Februar 1998 wurden Oppositionsparteien in die Reg. eingebunden.

M. DJILAS: M. (New York 1963); Istorija Crne Gore, bearb. v. M. DUROVIĆ, 4 Bde. (Titograd 1967–81); C. HEER: Territorialentwicklung u. Grenzfragen von M. in der Zeit der Staatswerdung. 1830–1887 (Bern 1981).

Monte Oliveto Maggiore [-madˈdʒoːre], Benediktinerabtei 36 km südwestlich von Siena, Italien, um 1319 gegr.; die Klosterkirche 1400–17 an der Stelle einer älteren errichtet; im Inneren 1772 barockisiert. Kreuzgang des 15. Jh. mit Fresken aus der Legende des hl. BENEDIKT von L. SIGNORELLI (1497/98) und SODOMA (1505–08); M. O. M. ist Mutterkloster der Olivetaner.

Monte Perdido [-perˈðiðo], frz. **Mont Perdu** [mɔ̃pɛrˈdy], Kalkgebirgsstock in den mittleren Pyrenäen (im Massiv Tres Sorores), am N-Rand des span. Nationalparks von Ordesa, mit dem Hauptgipfel M. P. (3355 m ü. M.) und den Torres de Marboré (3327 m ü. M.) auf der frz. Grenze.

Montepulciano [-ˈtʃaːno], ausgezeichnete, spät reifende und ertragsstarke Rotweinrebe, v. a. an der O-Küste Mittelitaliens vertreten (wichtigste Rotweinrebe der Abruzzen); liefert dunklen Wein mit hohem Alkohol- und Extraktgehalt (M. d'Abruzzo); die Trauben werden auch zus. mit anderen gekeltert, z. B. zu Rosso Conero oder Rosso Piceno.

Montepulciano [-ˈtʃaːno], Ort in der Toskana, Prov. Siena, Italien, westlich des Trasimen. Sees, 605 m ü. M., 14 100 Ew.; Bischofssitz (Bistum M.-Chiusi-Pienza); Musikwerkstatt (H. W. HENZE); Weinbau (Vino Nobile di M.). – Das Stadtbild ist v. a. durch Renaissancebauten bestimmt, u. a. Palazzo Contucci (1519 ff. von A. DA SANGALLO D. Ä. u. a.), Fassade des aus got. Zeit (14. Jh.) stammenden Palazzo Comunale von MICHELOZZO (um 1440), der um

Klimadaten von Podgorica (40 m ü. M.)

Monat	Mittleres tägl. Temperaturmaximum in °C	Mittlere Niederschlagsmenge in mm	Mittlere Anzahl der Tage mit Niederschlag	Mittlere tägl. Sonnenscheindauer in Stunden	Relative Luftfeuchtigkeit nachmittags in %
I	9,1	179	10	3,5	73
II	10,6	195	9	3,9	74
III	14,3	135	12	5,8	66
IV	19,3	98	11	6,6	63
V	24,3	105	12	7,8	63
VI	29,0	60	8	9,9	56
VII	32,5	40	3	11,2	48
VIII	32,6	63	5	10,6	48
IX	27,5	113	7	8,2	58
X	21,0	202	14	6,2	68
XI	15,0	213	12	3,8	77
XII	11,9	229	14	3,5	75
I–XII	20,6	1632	117	6,8	64

1440 auch die Fassade für Sant'Agostino entwarf; manieristisch der Palazzo Tarugi (Mitte 16. Jh.). Im got. Palazzo Orselli Bombagli städt. Museum. Im Dom (1592–1630) Aragazzi-Grabmal (1437) von MICHELOZZO. Unterhalb der Stadt die Kirche San Biagio, ein von A. DA SANGALLO D. Ä. 1518 begonnener und gegen 1540 vollendeter Zentralbau. – M., als **Mons Policianus** 715 erwähnt, suchte im 13.–16. Jh. mit wechselndem Erfolg seine Unabhängigkeit gegenüber Florenz und Siena zu wahren.

Monterey [mɔntɪˈreɪ], Name von geographischen Objekten:
1) Monterey, Stadt in Kalifornien, USA, an der Monterey Bay des Pazifiks, 31 900 Ew.; kath. Bischofssitz; College (M. Institute of International Studies); Seebad. – An die Zeit der Spanier erinnern die Royal Presidio Chapel (1795) sowie einige histor. Häuser: Altes Zollhaus (1827) und Theater (1847); im Pacific Building (1847) ist heute das Histor. Museum untergebracht; moderne Univ.-Bauten.
2) Monterey Bay [- ˈbeɪ], weite Bucht des Pazifiks südlich von San Francisco (Calif.); nördlich und südlich der M. B. hat sich ein ausgedehntes Weinbaugebiet entwickelt, das (seit 1970) größte Kaliforniens (14 000 ha) mit dem größten Weingarten (völlig eben) der Erde (3 000 ha).

Montería, Hauptstadt des Dep. Córdoba, Kolumbien, im karib. Küstentiefland, am (bis hierher schiffbaren) Río Sinú, 265 800 Ew.; Bischofssitz; Univ.; Mittelpunkt eines bedeutenden Viehzucht- sowie Reis- und Baumwollanbaugebietes.

Montero, Rosa, span. Schriftstellerin, * Madrid 3. 1. 1951; Journalistin bei ›El País‹. Ihre Romane kreisen um Frauenschicksale im Spanien der Gegenwart, die Desillusionen der Emanzipation (›Crónica del desamor‹, 1979; ›La función delta‹, 1981), Entfremdung, Mythos und Täuschungen der Liebe (›Te trataré como a una reina‹, 1983; dt. ›Ich werde Dich behandeln wie eine Königin‹). ›Temblor‹ (1990; dt. ›Zittern‹) schildert Erziehung und Befreiung eines Mädchens in einer fantast. Welt der Zukunft.
Weitere Werke: Romane: Amado amo (1988; dt. Geliebter Gebieter); Bella y oscura (1993). – *Essays:* La vida desnuda (1994).

Monte-Rosa-Massiv, zweithöchstes Gebirgsmassiv der Alpen, über das die Grenze zw. der Schweiz (Kt. Wallis) und Italien (Regionen Piemont und Aostatal) verläuft. Der steil nach S abstürzende Hauptkamm mit acht Gipfeln über 4 000 m erreicht in der Dufourspitze (höchster Gipfel der Schweiz) des Monte Rosa 4 637 m ü. M. (Vermessung 1988). Die Gletscher der N-Flanke fließen zum →Gornergletscher. Auf ital. Seite Seilbahn auf die Testa Grigia am Theodulpass, auf schweizer. Seite vom Zermatter Tal Seilbahn auf das Kleine Matterhorn (westlich des Breithorns) bis 3 820 m ü. M.; von hier führt ein 170 m langer Tunnel zum Sommerskigebiet auf den umgebenden Gletschern sowie ein Aufzug zum Gipfel (3 882 m ü. M.).

Monterrey [mɔntɛˈrreɪ], Hauptstadt des Bundesstaates Nuevo León, NO-Mexiko, 540 m ü. M. auf der O-Abdachung der Sierra Madre Oriental, mit (1990) 2,56 Mio. Ew. (1950: 340 000 Ew.) als Agglomeration die drittgrößte Stadt Mexikos; Erzbischofssitz; Univ., TH, Regionalmuseum. M. ist ein bedeutendes Industriezentrum, in dem neben Schwerindustrie (rd. 75 % der mexikan. Eisen- und Stahlerzeugung, Zinn- und Bleischmelzen) auch Zement-, Glas-, Papier-, Textil-, Lederind. (u. a. Erdölraffinerie, Nahrungsmittel-, Tabakindustrie, Kraftfahrzeugbau entstanden sind; Fremdenverkehr durch Wochenendtourismus der US-Amerikaner und den nahen Badeort Topo Chico; Verkehrsknotenpunkt, internat. Flughafen. – Kathedrale (1603 begonnen, 1851 vollendet) mit barocker Fassade; Palacio Municipal (1853); Bahnhof ›Golfo Norte‹ (1895) sowie zahlr. Bauten des 20. Jh. (u. a. Casino, 1922). – Die Stadt wurde 1579 gegründet und **Santa Lucía,** später **Ciudad de León** genannt; 1596 (nach Zerstörung) Neugründung unter dem Namen Ciudad de Nuestra Señora de Monterrey.

Montes [lat. ›Berge‹], im Italien des MA. versch. Arten von Kapitalansammlungen und Leihformen; i. e. S. die im 14.–16. Jh. gegründeten und vereinzelt bis ins 19. Jh. bestehenden Organisationen von Staatsanleihegläubigern und die Anleihen selbst. Die in Gesellschaften vereinigten Gläubiger erhielten zur Umgehung des kanon. Zinsverbots und zur Sicherung des Kapitals und der Erträge häufig bestimmte Steuern zugeteilt, aus denen die Kapitalverzinsung finanziert wurde. Die genossenschaftl. Zusammenschlüsse von Staatsgläubigern (mit veräußerl. Anteilen) verwandelten sich gelegentlich in Banken (**M. profani**). Zur Bekämpfung des Wuchers entstanden von kirchl. Seite die **M. pietatis,** die gegen Pfand billige Darlehen gaben. Auf die M. gehen die Leihhäuser zurück.

Monte Sant'Angelo [-ˈandʒelo], Gem. in der Prov. Foggia, Apulien, Italien, am Monte Gargano, 796 m ü. M., 14 600 Ew. – Wallfahrtsort mit dem Grottenheiligtum des Erzengels Michael; die tief gelegene, weite, flache Grotte wurde wohl im 5. Jh. dem christl. Kultus geweiht; die hohe got. Vorkirche entstand im 13. Jh. (Bronzetür aus Konstantinopel, 1087, Bischofsstuhl, 12. Jh.), Eingang mit zweibogigem Portikus (1395) neben einem Glockenturm (13. Jh.). Die ›Tomba di Rotari‹ ist ein Zentralbau (12./13. Jh.).

Montesa|orden, der jüngste der vier span. Militär-Ritterorden, gestiftet von König JAKOB II. von Aragonien am 10. 6. 1317. Abzeichen: schwarzes Lilienkreuz, belegt mit einem schmalen roten Kreuz. Sitz des M. war San Matéo (→Maestrazgo).

Montes de Oca, Marco Antonio, mexikan. Lyriker und Diplomat, * Mexiko 3. 8. 1932; gehört zu den fruchtbarsten Lyrikern der Generation nach O. PAZ. Seine anfangs vom frz. Symbolismus und Surrealismus, bes. aber vom ›Creacionismo‹ des Chilenen V. HUIDOBRO beeinflusste Lyrik zielt auf permanente Schöpfung neuer Bilder in visionär-assoziativer Sprache, die jedoch Hermetik vermeidet. In den 70er-Jahren führten Formexperimente zur Integration von Lyrik, Prosa und visueller Poesie.
Werke: Lyrik: Ruina de la infame Babilonia (1953); Contrapunto de la fe (1955); Delante de la luz cantan los pájaros (1959); Cantos al sol que no se alcanza (1961); Vendimia del juglar (1965); Pedir el fuego (1968, erw. 1987); Lugares donde el espacio cicatriza (1974); Las constelaciones secretas (1976); El honor de las palabras (1979); Los vitrales de la mariposa (1983); Altanoche (1985; Anthologie); Vaivén (1986).

Montespan [mɔ̃tɛsˈpɑ̃], Dorf im Dép. Haute-Garonne, Frankreich; nahebei wurde 1923 eine 2,5 km lange Höhle mit altsteinzeitl. Tierfiguren entdeckt, bes. Wandgravierungen (u. a. Bison, Wildpferd) und eine Bärenplastik aus Lehm (etwa 15 000 v. Chr.).

Montespan [mɔ̃tɛsˈpɑ̃], Françoise Athénais **de Rochechouart** [dərɔʃˈʃwaːr], Marquise de, * Tonnay-Charente (bei Rochefort) 5. 10. 1641, † Bourbon-l'Archambault 27. 5. 1707; war 1668–76 Mätresse LUDWIGS XIV., dem sie acht Kinder gebar; Hofdame der Königin. Nach deren Tod (1683) durch Madame DE MAINTENON völlig verdrängt, zog sie sich 1691 in ein Kloster zurück.
M. DE DECKER: Madame de M. (Paris 1985).

Montesquieu [mɔ̃tɛsˈkjø], Charles **de Secondat** [də səkɔ̃ˈda], Baron **de la Brède et de M.** [də laˈbrɛːd-], frz. Schriftsteller und Staatsphilosoph, * Schloss La Brède (bei Bordeaux) 18. 1. 1689, † Paris 10. 2. 1755; wurde nach humanist. und jurist. Studien 1714 Parlamentsrat, 1716–26 Präsident des Parlaments (des Gerichts) von Bordeaux, bereiste dann fast alle europ. Länder

Charles de Secondat, Baron de la Brède et de Montesquieu

Mont Montessori

Maria Montessori

(Englandaufenthalt 1729–31) und wurde Mitgl. mehrerer Akademien; zuletzt war er fast völlig erblindet.

Schlagartig berühmt wurde M. mit den ›Lettres Persanes‹ (1721; dt. u. a. als ›Pers. Briefe‹), einer sarkast., halb romanhaften Darstellung frz. und europ. Verhältnisse in Form einer fiktiven Korrespondenz zweier Perser, die Frankreich bereisen. Der Abstand der Fremden, deren Urteile wiederum fragwürdig erscheinen, lassen das geistvolle Buch zu einem frühen Beispiel des Kulturrelativismus werden. Die ›Considérations sur les causes de la grandeur des Romains et de leur décadence‹ (1734; dt. u. a. als ›Betrachtungen über Ursachen der Größe und des Verfalls der Römer‹) leiten die Größe Roms aus dem Prinzip der Freiheit, aber auch der strikten Staatsräson ab, in der M. ähnlich wie N. MACHIAVELLI ein Lebensrecht polit. Gebilde sieht, und deuten den Verfall des Imperiums als Folge einer zu großen Gebietsausdehnung und der Preisgabe jener ursprüngl. Prinzipien.

Mit seinem Hauptwerk, ›De l'esprit des lois‹ (1748; dt. ›Vom Geist der Gesetze‹), erhob M. die Staatswissenschaft in den Rang einer umfassenden Kulturphilosophie. Ausgehend von der antiken Lehre der drei Staatsformen (Demokratie, Monarchie, Despotie), untersucht er – ebenfalls in Fortbildung einer antiken Lehre – jede dieser Formen in ihrer Abhängigkeit von natürl., bes. geograph. und klimat. Bedingungen. Seine eigentl. Leistung besteht darin, dass er einen Staat nicht nur als polit. System auffasst, sondern in Verbindung bringt mit allen gesellschaftl., rechtl., wirtschaftl. und moral. Eigentümlichkeiten einer Nation, die sowohl in ihren organ. Beziehungen untereinander als auch in ihrer gemeinsamen Prägung durch die jeweilige Natur gedeutet werden. Obwohl er mit den naturwiss. Begriffen des Gesetzes und der mechan. Kausalität arbeitet, ist M. zu einem der wichtigsten Begründer des histor. Denkens geworden, weil er an die Stelle der Staatsutopie und der einheitl., von der Vorsehung gelenkten Universalgeschichte die Anschauung der nat. Individualitäten setzt. Obwohl er die Demokratie antiken Stils bevorzugt, wünscht er realpolitisch nur eine Beseitigung des Absolutismus, dessen Gesellschaftsstruktur er in einer noch heute unübertroffenen Weise durchleuchtet hat, zugunsten einer nach engl. Vorbild entworfenen konstitutionellen Monarchie. ›De l'esprit des lois‹, eines der wichtigsten Werke der frz. Aufklärung, wirkte wesentl. auf die Verfassung der Frz. Revolution von 1791 und auf die der USA, darüber hinaus durch die Lehre von der →Gewaltenteilung auf die moderne Demokratie.

Zu M.s reizvollsten erzähler. Schriften gehören die philosophisch-satir. Romane ›Le temple de Gnide‹ (1725; dt. ›Der Tempel zu Gnidus‹) und ›Histoire véritable‹ (postum, krit. Ausgabe von R. CAILLOIS, 1948;

Pierre Monteux

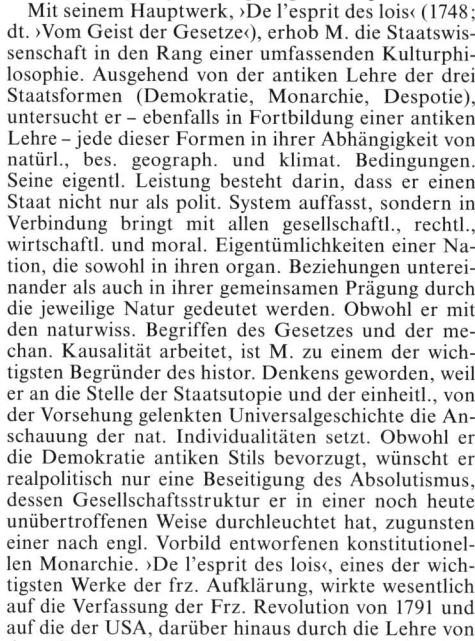

Claudio Monteverdi: Beginn der Einleitungssinfonia aus ›L'incoronazione di Poppea‹
in eigenhändiger Niederschrift; 1642

Claudio Monteverdi

dt. ›Wahrhaftige Geschichte‹). Als glänzender Aphoristiker und Moralist zeigt er sich in seinen aus dem Nachlass veröffentlichten tagebuchähnl. Aufzeichnungen (›Pensées et fragments inédits‹, 2 Bde., 1899–1901; dt. ›Gedanken‹, in: ›Die frz. Moralisten‹, 1948).

Ausgaben: Œuvres complètes, hg. v. E. LABOULAYE, 7 Bde. (1875–79, Nachdr. 1972); Œuvres complètes, hg. v. A. MASSON, 3 Bde. (1950–55). – Sämmtl. Werke, 10 Bde. (1827–31).

V. KLEMPERER: M., 2 Bde. (1914–15); W. KRAUSS: Studien zur dt. u. frz. Aufklärung (1963); R. SHACKLETON: M. A critical biography (Neuausg. London 1970); S. GOYARD-FABRE: La philosophie du droit de M. (Paris 1973); T. L. PANGLE: M.'s philosophy of liberalism (Chicago, Ill., 1973); W. KUHFUSS: Mäßigung u. Politik. Studien zur polit. Sprache u. Theorie M.s (1975); M. RICHTER: M. The political theory of M. (Cambridge 1977); C. J. BEYER: Nature et valeur dans la philosophie de M. (Paris 1982); L. DESGRAVES: Répertoire des ouvrages et des articles sur M. (Genf 1988); DERS.: M. (a. d. Frz. (1992); J. STAROBINSKI: M. (a. d. Frz., Neuausg. 1995); P. KONDYLIS: M. u. der Geist der Gesetze (1996); Gewaltentrennung im Rechtsstaat. Zum 300. Geburtstag von C. de M., hg. v. D. MERTEN (²1997).

Montessori, Maria, ital. Ärztin und Pädagogin, *Chiaravalle (bei Ancona) 31. 8. 1870, †Noordwijk-aan-Zee (Niederlande) 6. 5. 1952; erwarb als erste Italienerin 1896 in Rom den medizin. Doktorgrad, lehrte 1898–1901 an einer staatl. Lehrerbildungsanstalt für geistig behinderte Kinder, seit 1900 auch an der Univ. von Rom (1904–07 Lehrstuhl für Anthropologie). Sie trat früh für Frauenemanzipation und Abschaffung der Kinderarbeit ein. Sie beschäftigte sich zuerst v. a. mit der Erziehung geistig Behinderter, wobei sie von ÉDOUARD SÉGUIN (* 1812, † 1880) ausging. 1907 übernahm sie ein Kinderhaus (Casa dei bambini) für drei- bis sechsjährige Arbeiterkinder, das sie ab 1911 um eine Schule erweiterte. Ihr Anliegen war es, allen Kindern die ungehemmte Entwicklung von innen her zu sichern und die dafür notwendigen äußeren Hilfen bereitzustellen. Nach M.s (auch religiös fundierter) Auffassung entfaltet das Kind seine Kräfte nach einem verborgenen inneren ›Bauplan‹. Wichtigste pädagog. Aufgabe ist es deshalb, ihm die Entwicklung gemäß seinen ursprüngl. Antrieben zu ermöglichen, die kindl. Entwicklungsschübe (sensitive Perioden) zu beachten und seinem Selbstbildungstrieb zu vertrauen. Seine individuelle Selbsttätigkeit führt zu Selbstständigkeit, Selbstbelehrung, Selbstüberprüfung und Selbsterziehung. – In der Praxis der Kleinkindererziehung entdeckte M. die Konzentration von Kindern bei manuellen Aufgaben (›M.-Phänomen‹), während derer das Kind die Dinge ›be-greift‹. Im Hinblick auf diese Fähigkeit zur Konzentration am Gegenstand entwickelte sie ihr didakt. Entfaltungsmaterial (›M.-Material‹), dessen Prinzip es ist, von scheinbar isolierter Sinnesschulung zu innerer Ordnung zu führen. Es gliedert sich in 1) Übungen des tägl. Lebens, 2) Sinnesmaterial, 3) Sprachmaterial, 4) Mathematikmaterial, 5) Material zur kosm. Erziehung.

M.s Pädagogik hat sich schnell weltweit verbreitet, bes. bei der vorschul. Erziehung (in Dtl. lange als Gegenmodell zu F. FRÖBEL), hat aber auch Anregungen für individualisierenden Schulunterricht gebracht.

Die **Internat. M.-Gesellschaft (Association M. Internationale, AMI)** hat ihren Sitz in Amsterdam, die dt. Sektion **(Dt. M.-Gesellschaft)** in Frankfurt am Main; sie betreut die Schulen und Kindergärten.

Werke: Il metodo della pedagogia scientifica applicata all'educazione infantile ... (1909); dt. Selbsttätige Erziehung im frühen Kindesalter; Neuausg. u. d. T. La scoperta del bambino, 1950; dt. Die Entdeckung des Kindes); Antropologia pedagogica (1910); Dr. M.s own handbook (1914; dt. Mein Handbuch); L'autoeducazione nelle scuole elementari (1916; dt. M.-Erziehung für Schulkinder, Bd. 1, 1926); Das Kind in der Familie (1926); The child in the church (1929; dt. Kinder, die in der Kirche leben); Il segreto dell'infanzia (1938; dt. Kinder sind anders); The absorbent mind (1949; dt. Das kreative Kind. Der absorbierende Geist).

Ausgabe: Kleine Schr., hg. v. P. Oswald u. a., auf mehrere Bde. ber. (1988 ff.).

M. Günnigmann: M.-Pädagogik in Dtl. (1979); G. Schulz-Benesch: M. (1980); H. Helming: M.-Pädagogik (¹⁵1994); M. M. Texte u. Gegenwartsdiskussion, hg. v. W. Böhm (⁵1996).

Monteur [mɔnˈtøːr, mʃˈtøːr, frz.] *der, -s/-e,* ein (Fach-)Arbeiter, der speziell mit dem Zusammenbau von techn. Geräten und Anlagen, dem Aufstellen, Einbauen, Anschließen von Maschinen u. a. betraut ist.

Monteux [mɔ̃ˈtø], Pierre, frz. Dirigent, * Paris 4. 4. 1875, † Hancock (Me.) 1. 7. 1964; dirigierte 1911–19 bei den Ballets Russes von S. Diaghilew und übernahm nach Stationen in New York (1917–19 Metropolitan Opera), Boston, Mass. (1919–24), Amsterdam (1924–34), Paris (1929–38 Chefdirigent des von ihm gegründeten Orchestre Symphonique de Paris) und San Francisco, Calif. (1936–52) 1961 die Leitung des London Symphony Orchestra. Er wurde als Dirigent der Wiener Klassik sowie bes. der frz. und russ. Musik bekannt und setzte sich auch für die Neue Musik ein.

Monteverdi, Claudio Zuan (Giovanni) Antonio, ital. Komponist, getauft Cremona 15. 5. 1567, † Venedig 29. 11. 1643; war 1582–90 in Cremona Schüler von M. A. Ingegneri und trat 1590 im Dienst der Gonzaga in Mantua (ab 1602 Hofkapellmeister). 1607 wurde hier seine Favola per musica ›Orfeo‹ aufgeführt, die die stilist. Entwicklung seiner Madrigale bis zum 5. Buch (1605) aufgreift und den eigentl. Beginn der Gattung Oper markiert. Für die 1608 vorgesehene Hochzeit von Francesco Gonzaga († 1612) mit Margareta von Savoyen († 1655) schrieb M. die Oper ›L'Arianna‹ (in fünfstimmiger Bearbeitung im 6. Madrigalbuch, 1614; nur das ›Lamento‹ erhalten) und ›Il ballo delle ingrate‹ (1608). 1608 ging er nach Cremona und reichte nach dem Tod Vincenzo Gonzagas (* 1562, † 1612) seinen Rücktritt ein. 1613 ernannten die Prokuratoren in Venedig zum Maestro di cappella an San Marco. Mit Mitteln des Adels wurden seit 1637 Opernhäuser erbaut, in denen nach einer Reihe nicht erhaltener dramat. Werke 1640 ›Il ritorno d'Ulisse in patria‹ und 1642 ›L'incoronazioni di Poppea‹ aufgeführt wurden. Nach dem Auftreten der Pest in Venedig wurde M. Priester. Er starb nach einer weiteren Reise nach Mantua und Cremona.

Im Werk M.s verbindet sich das Erbe der klass. Vokalpolyphonie mit dem neuen Stil der →Monodie. Schon in seiner Zeit weithin berühmt, steht M. als erster großer Musikdramatiker am Anfang einer Entwicklung, die über C. W. Gluck bis zu R. Wagner führt. Schon die Opern ›Orfeo‹ und ›L'Arianna‹ zeigen M. gegenüber dem Deklamationsstil der Florentiner Frühoper (Ende des 16. Jh.) als kühnen Neuerer. Lebendige Führung der Singstimme, eindringliche Monologe, dramatisch akzentuierte Ensembles und Chöre, farbige Orchestergestaltung sind Merkmale eines Opernstils, der auf der Grundlage sorgsam ausgewählter Texte zu reicher Entfaltung der musikdramat. Gehalte führt. Den mit ihm für das Spätbarock wie für das 18. Jh. verbindl. Operntyp fest. Er steht in der Ausprägung der Stilmittel mit dem vorausgegangenen Madrigalschaffen in engem Zusammenhang.

M.s geistl. Musik vollzieht den Übergang vom A-cappella-Satz zu den instrumental begleiteten Gattungen des vokalen Kammerkonzerts und der Kantate und regte damit auch die dt. Musik nachhaltig an (v. a. H. Schütz). Sein Werk war lange vergessen und wurde erst gegen Ende des 19. Jh. wieder entdeckt. In zahlr. Werken von Komponisten des 20. Jh. (B. Britten, L. Dallapiccola, P. Hindemith, E. Krenek, F. Malipiero, C. Orff) wird sein Vorbild wirksam.

Weitere Werke: *Weltl. Vokalmusik:* Canzonette a tre voci (1584); Madrigale (im Druck erschienen), Buch 1–9 (1587–1643, letztes Buch postum); Scherzi musicali a tre voci (1607, 1632). – *Geistl. Vokalmusik:* Sacrae cantiunculae (1582);

Montevideo: Stadtsilhouette am Río de la Plata

Sanctissimae virginis missa u. Marien-Vesper (1610); Messe (1631; mit dem 7-stimmigen Gloria, gedr. 1641); Selva morale e spirituale (1640–41); Litanie della Beata Vergine (postum 1651).

Ausgabe: Opera omnia, hg. v. der Fondazione C. M. (1970 ff.).

A. A. Abert: C. M.s Bedeutung für die Entstehung des musikal. Dramas (1979); The new M. companion, hg. v. D. Arnold u. a. (London 1985); S. Ehrmann: C. M. Die Grundbegriffe seines musiktheoret. Denkens (1989); W. Konold: C. M. (12.–14. Tsd. 1993); S. Leopold: C. M. u. seine Zeit (²1993).

Montevideo, Hauptstadt von Uruguay, am Río de la Plata, (1996) 1,33 Mio. Ew. (44% der Bev. des Landes); Verw.-Sitz des Dep. M.; Erzbischofssitz; Univ. (gegr. 1849), weitere Hochschulen und Forschungsinstitute, Goethe-Institut, Nationalarchiv und -bibliothek, Museen, Theater; zoolog. und botan. Garten. In und um M. konzentrieren sich rd. 80% der uruguayischen Industrie: v. a. Fleischverarbeitung, Papier-, Zement-, Reifenfabriken, Textil-, Schuh-, Tabak-, pharmazeut., Glas-, Metallindustrie, Erdölraffinerie, Getreidemühlen. M. ist Ausgangspunkt des uruguayischen Verkehrsnetzes und wichtigster Hafen (rd. 90% des Außenhandels) des Landes; regelmäßige Schiffsverbindung mit Buenos Aires; internat. Flughafen Carrasco.

Stadtbild: Von der im span. Kolonialstil auf einer felsigen Halbinsel im O der Bahía de M. erbauten Altstadt mit schmalen, sich rechtwinklig kreuzenden Straßen (Kathedrale, 1790–1804, und Rathaus, 1804–10, an der Plaza Constitución, dem ältesten Platz der Stadt) und der nach O anschließenden Neustadt mit dem Hauptgeschäftszentrum um die Avenida 18 de Julio erstreckt sich die Stadt mit breiten Alleen, vielen Parks und Gärten weit in das flache Hinterland (Stadtgebiet 187 km²). Der ›Cerro‹, ein 142 m hoher Hügel (Monte) am W-Ende der Bucht, mit Festung (heute Armeemuseum) und Leuchtturm, erlaubt einen weiten Blick und gab der Stadt den Namen (urspr. Monte de Santo Ovidio, 1514 von port. Seefahrern benannt). Am Río de la Plata entstanden moderne Wohnviertel (Pocitos, Carrasco) und Badeorte (im O bis Punta del Este).

Geschichte: M. wurde 1724/26 von dem span. Gouv. von Buenos Aires, Bruno Mauricio de Zabala (* 1682, † 1736), gegenüber dem port. Fort Colonia gegründet, als span. Vorposten gegen das port. Eindringen in die Banda Oriental, das heutige Uruguay. Während der Kolonialzeit diente M. v. a. als Garnison. Der Aufstieg M.s begann Anfang des 19. Jh., als Spanien

Montevideo
Stadtwappen

Hauptstadt von Uruguay

am Río de la Plata

1,33 Mio. Ew.

Erzbischofssitz

Universität (1849 gegründet) u. a. Hochschulen

wichtigster Industriestandort Uruguays

internat. Flughafen

gegründet 1724/26

Hauptstadt seit 1830

Lola Montez

den Handelsverkehr mit seinen Kolonien liberalisierte. 1807–30 war M. zw. Spaniern, Argentiniern, Briten, Portugiesen und Brasilianern umkämpft, wuchs jedoch auf 30 000 Ew. an und erhielt als Hauptstadt Uruguays (seit 1830) neuen Auftrieb; zum raschen Wachstum trug die Einwanderung von Europäern bei.

H. WILHELMY u. A. BORSDORF: Die Städte Südamerikas, Bd. 2 (1985); Beitr. zur Stadtgeographie von M., hg. v. G. MERTINS (1987).

Montez [-s], Lola, eigtl. **Maria Dolores Gilbert** ['gilbət], Tänzerin, * Limerick (Irland) 25. 8. 1818, † New York 17. 1. 1861; Tochter eines schott. Offiziers und einer Kreolin, kam nach abenteuerl. Leben nach München, wo sie die Gunst König LUDWIGS I. gewann, den sie zunehmend beeinflusste. Ihre Erhebung zur Gräfin von Landsfeld ließ 1847 aus Protest das Kabinett Abel zurücktreten. Die damit verbundenen Irritationen zogen Anfang 1848 die Verbannung der ›bayer. Pompadour‹ nach sich. Das Gerücht ihrer bevorstehenden Rückkehr zwang in Verbindung mit den Unruhen am Vorabend der Märzrevolution LUDWIG am 20. 3. 1848 zum Thronverzicht. L. M. lebte danach in England und Spanien, seit 1852 in Nordamerika.

Ausgabe: Der Briefwechsel. Ludwig I. u. L. M., hg. v. R. RAUH u. B. SEYMOUR (1995).

M. WINTERSTEINER: L. M. Roman-Biogr. (Neuausg. 1993).

Montezuma, aztek. Herrscher, →Moctezuma.

Montezuma Castle [montɪˈzuːmə ˈkɑːsl], in N-Arizona (USA) gelegenes National Monument; in einen großen Felsüberhang eingebautes und gut erhaltenes prähistor. Bauwerk der Anasazikultur mit 20 Räumen auf 5 Etagen, bewohnt etwa 1100–1400 n.Chr. Die Bez. M. C. wurde von frühen amerikan. Siedlern eingeführt, sie steht in keinem Zusammenhang mit dem aztek. Herrscher MONTEZUMA (→MOCTEZUMA II.).

Montfaucon [mɔ̃foˈkɔ̃], Bernard de, frz. klass. Philologe und Kunstschriftsteller, * Schloss Soulage (Dép. Aude) 16. 1. 1655, † Paris 21. 12. 1741; trat 1675 in die Benediktinerkongregation von Saint-Maur ein und arbeitete seit 1687 in Paris an der Herausgabe der Schriften griech. Kirchenväter. M. ist einer der Begründer der griech. Paläographie; wegweisend sind seine Forschungen zur bildenden Kunst des Altertums und des mittelalterl. Frankreich.

Werke: Palaeographia graeca (1708); L'antiquité expliquée et représentée en figures, 10 Bde. (1719); Supplément au livre de L'antiquité expliquée ..., 5 Bde. (1724); Bibliotheca bibliothecarum manuscriptorum nova, 2 Bde. (1739).

Montferrand [mɔ̃fɛˈrɑ̃], Auguste Ricard de, russ. **Awgust Awgustowitsch Monferran**, frz. Architekt, * Paris 24. 1. 1786, † Sankt Petersburg 11. 7. 1858; Vertreter des Spätklassizismus, seit 1816 in Sankt Petersburg: Isaak-Kathedrale (Entwürfe 1817, 1819–58 ausgeführt), Palais Lobanow-Rostowskij (1817–20), Alexandersäule (1827–34, 1830 aufgestellt), Haus Demidow (1850), Innenausstattungen für das Winterpalais.

Montfort, Ruine einer Kreuzfahrerburg in N-Israel, rd. 50 km nordöstlich von Akko, die 1227–29 vom Dt. Orden als Hochmeistersitz erbaut wurde.

Montfort, schwäb. Grafengeschlecht, benannt nach dem Stammsitz M. bei Götzis in Vorarlberg. 1260 teilte sich das Haus in die Linien **M.-Feldkirch** (bis 1390), **M.-Bregenz** (bis 1338) und **M.-Tettnang**, von der eine jüngere Linie Tettnang (1574 erloschen) und eine jüngere Linie Bregenz (1787 erloschen) ausgingen. Von den großen Gütern am Bodensee und Alpenrhein sowie in den Voralpen fiel die Mehrzahl den Habsburgern zu. 1816 lebte der Name des Hauses wieder auf, als der König von Württemberg seinen Schwiegersohn zum Grafen von M. erhob. – Der Linie M.-Bregenz entstammte →Hugo von Montfort.

Montfort [mɔ̃ˈfɔːr], frz. Adelsgeschlecht (Stammsitz Montfort-l'Amaury bei Rambouillet), spielte als eine der führenden Familien der kapeting. Krondo-

mäne eine bedeutende Rolle in der frz. und engl. Geschichte v. a. des 11.–13. Jh. – Bedeutende Vertreter:

1) Simon IV., Graf, * Muret (bei Toulouse) um 1160, † (gefallen) bei Toulouse 25. 6. 1218, Vater von 2); brachte als militär. Führer (seit 1209) des Kreuzzuges gegen die Albigenser den größten Teil der Besitzungen des Adels des Languedoc an sich. Sein Sohn AMAURY VI. (* 1192, † 1241) verlor alle Eroberungen und trat 1226 seine Rechte auf die Grafschaft Toulouse an König LUDWIG VIII. ab.

2) [engl. ˈmɔntfət], Simon de, Earl **of Leicester** [-əv ˈlestə], * um 1200, † bei Evesham (bei Worcester) 4. 8. 1265, Sohn von 1); erlangte durch Erbschaft mütterlicherseits die Grafschaft Leicester in England. Obwohl er Schwager des engl. Königs HEINRICH III. war, leitete er die Opposition der Barone gegen die Politik des Königs. Durch die ›Provisions of Oxford‹ von 1258 trug M. zu einer Entwicklung bei, in deren Verlauf sich das Parlament zu einer eigentl. polit. Institution wandelte (Fixierung des Wortgebrauchs vom ›Parliamentum‹). M. besiegte HEINRICH in der Schlacht bei Lewes (14. 5. 1264) und bemächtigte sich der Herrschaft (→Großbritannien und Nordirland, Geschichte). 1265 berief er Vertreter der Grafschaften und Städte in das Parlament und gab dadurch der Entwicklung des engl. Parlaments einen entscheidenden Anstoß. Er fiel im Kampf gegen den engl. Thronfolger, den späteren König EDUARD I.

C. H. KNOWLES: S. de M., 1265–1965 (London 1965); Documents of the baronial movement of reform and rebellion 1258–1267, hg. v. R. F. TREHARNE u. a. (Oxford 1973); R. F. TREHARNE: S. de M. and baronial reform. Thirteenth century essays (London 1986).

Montfortaner [mɔ̃-], **Gesellschaft Mariens**, lat. **Societas Mariae Montfortana**, Abk. **SMM**, kath. Männerorden, gegr. 1705 von LOUIS-MARIE GRIGNION DE MONTFORT (* 1673, † 1716), Sitz: Rom; widmet sich v. a. der Mission; (1996) rd. 1 090 Mitglieder in 35 Ländern.

Montgelas [mɔ̃ʒəˈla], bayer. Adelsgeschlecht, das gegen 1635 erstmals in Savoyen urkundlich erscheint; der ursprüngl. Familienname **de Garnerin** trat zurück, nachdem um 1725 durch Heirat die Seigneurie M. erworben worden war. 1809 wurde die Familie in den bayer. Grafenstand erhoben.

Montgelas [mɔ̃ʒəˈla], Maximilian Joseph **de Garnerin** [də garnəˈrɛ̃], Graf von (seit 1809), bayer. Staatsmann, * München 12. 9. 1759, † ebd. 14. 6. 1838; Sohn eines savoyischen Generals und einer bayer. Gräfin; zunächst im Dienst von Kurfürst KARL THEODOR von Bayern (1780–86), dann von Herzog KARL AUGUST von Pfalz-Zweibrücken (1786–95), wurde unter dessen Bruder MAXIMILIAN IV. (I.) JOSEPH (ab 1795) zu einem bedeutenden Vertreter des aufgeklärten Rationalismus und ab 1799 die maßgebende polit. Persönlichkeit im Bayern der napoleon. Zeit. Seit 1799 als Geheimer Staats- und Konferenzminister für die Innen- und Außenpolitik Bayerns verantwortlich, schuf M. durch die Verwirklichung seines umfangreichen Reformprogramms (›Ansbacher Mémoire‹ vom 30. 9. 1796) die Grundlagen des modernen Verfassungsstaats. So versuchte er die 1803 erworbenen Gebiete durch straffen Zentralismus (neues Beamtentum) und Beseitigung der ständ. Einrichtungen mit den altbayer. Gebieten zu verschmelzen. Seine Reformpolitik gipfelte in der Verf. vom 1. 5. 1808, die die überkommenen Rechte der Kirche, des Adels, der ständ. Korporationen und Gemeinden beseitigte. Die entstehende starke Opposition vermochte M. aufgrund seiner Machtfülle (1803–06 und 1809–17 auch Finanz-Min., zudem seit 1806 Innen- und Kultus-Min.) unbeschadet zu überstehen. Im Vertrag von Ried 1813 gelang ihm außenpolitisch der Wechsel der Allianzen (von der Seite NAPOLEONS I. auf die seiner

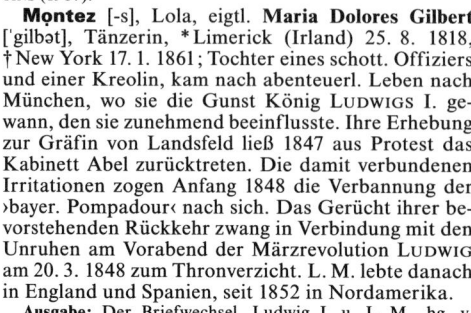

Gegner), sodass er 1815 erfolgreich gegen jede Einschränkung der bayer. Souveränität vorgehen konnte. Als er bei der Vorbereitung der neuen bayer. Verf. (26. 5. 1818) in scharfen Gegensatz zu Kronprinz LUDWIG und der ihn unterstützenden Ministerialbürokratie geriet, wurde er im Februar 1817 entlassen.
W. DEMEL: Der bayer. Staatsabsolutismus 1806/08–1817. Staats- u. gesellschaftspolit. Motivationen u. Hintergründe der Reformära in der 1. Phase des Königreichs Bayern (1983); E. WEIS: M., auf 2 Bde. ber. (²1988 ff.).

Montgenèvre [mɔ̃ʒəˈnɛ:vr], Wintersportort in den frz. Alpen, am Mont →Genèvre.

Montgolfier [mõgɔlˈfje], frz. Brüderpaar, Erfinder des Heißluftballons: ÉTIENNE JACQUES DE M., * Vidalon-lès-Annonay (heute zu Annonay) 6. 1. 1745, † Serrières (Dép. Ardèche) 2. 8. 1799, und MICHEL JOSEPH DE M., * Vidalon-lès-Annonay 26. 8. 1740, † Balaruc-les-Bains (Dép. Hérault) 26. 6. 1810. Sie stellten in der väterl. Papierfabrik Versuche mit leichten, rauchgefüllten Papiersäcken an, die sie aufsteigen ließen. Am 5. 6. 1783 stieg der erste, aus Leinwand gefertigte, mit Papier gefütterte und mit einem Hanfnetz überzogene, unbemannte Heißluftballon, eine **Montgolfiere**, vom Marktplatz von Annonay zu einem Fesselflug auf. Dabei wurde die Luft unter dem unten offenen Ballon durch ein Feuer aus gekämmter Wolle und feuchtem Stroh erwärmt. Am 19. 9. 1783 schickte man Tiere mit einer Montgolfiere in die Luft, die wohlbehalten wieder landeten. Der erste von Personen ausgeführte freie Flug einer Montgolfiere fand am 21. 11. 1783 bei Paris unter Führung von JEAN-FRANÇOIS PILÂTRE DE ROZIER (* 1754, † 1785) statt. M. J. DE M. unternahm auch erfolgreiche Versuche mit Fallschirmen (1779); er ist außerdem der Erfinder des Stoßhebers (hydraul. Widder, 1796).

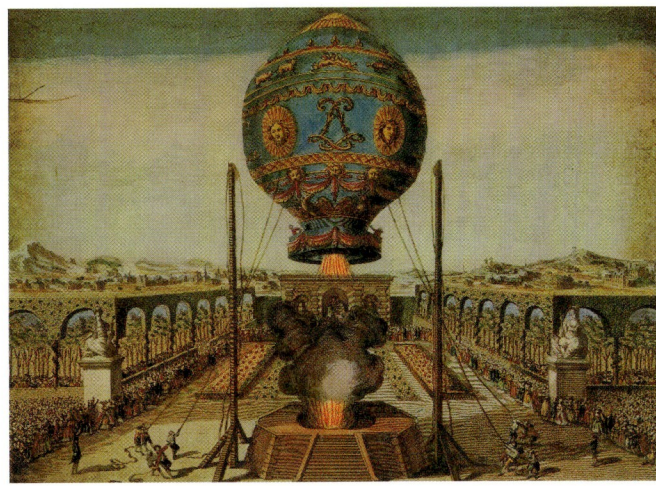

Montgolfier: Aufstieg einer Montgolfiere in Saint-Antoine, Paris 1783; zeitgenössische kolorierte Radierung

Montgomery [mǝntˈgʌmǝrɪ], Hauptstadt des Bundesstaates Alabama, USA, am Alabama River, 187 000 Ew. (39% Schwarze); Alabama State University (gegr. 1874 als College, seit 1969 Univ.); Handelszentrum für Baumwolle und Vieh; Glas-, Textil-, Düngemittel- und Möbelindustrie. – Im Stadtbild zahlr. Bauten des 19. Jh., u. a. das State Capitol (1851) und die Kirche Saint John's (1855); prächtige Landsitze in der Umgebung. – 1819 durch Zusammenschluss dreier Siedlungen entstanden, wurde M. 1846/47 Hauptstadt von Alabama und war vom 4. 2. bis 20. 5. 1861 Sitz der verfassungsgebenden Versammlung und der provisor. Reg. der Konföderierten Staaten von Amerika. – Durch den von M. L. KING 1955/56 organisierten Busboykott zur Aufhebung der Rassentrennung in den öffentl. Verkehrsmitteln und den Protestmarsch von Selma nach M. 1965 wurde M. ein Zentrum der amerikan. Bürgerrechtsbewegung.

Montgomery [mǝntˈgʌmǝrɪ], **1)** Bernard Law, 1. Viscount **M. of Alamein** [-ǝv ˈæləmeɪn] (seit 1946), brit. Feldmarschall (seit 1944), * Kensington (heute zu London) 17. 11. 1887, † Isington Mill (bei Alton, Cty. Hampshire) 24. 3. 1976; befehligte im Zweiten Weltkrieg 1942–43 die brit. 8. Armee bei der erfolgreichen Offensive von El-Alamein nach Tunis, bei der Landung der Alliierten auf Sizilien und beim Vormarsch durch S-Italien, 1944 die brit. 21. Heeresgruppe bei der Landung der Alliierten in der Normandie und 1944 beim Vormarsch nach Nordwest-Dtl. 1945–46 war er Oberbefehlshaber der brit. Besatzungstruppen in Dtl. und Mitgl. des Alliierten Kontrollrates, 1946–48 Chef des brit. Empire-Generalstabs und 1951–58 Stellv. des Oberbefehlshabers der NATO-Streitkräfte.
Werke: El Alamein to the river Sangro (1948; dt. Von El Alamein zum Sangro); The memoirs of Field-Marshal the Viscount M. of Alamein (1958; dt. Memoiren); A history of warfare (1968).

2) Wes, eigtl. **John Leslie M.,** amerikan. Jazzmusiker (Gitarre), * Indianapolis (Ind.) 6. 3. 1925, † ebd. 15. 6. 1968; spielte u. a. bei L. HAMPTON und 1959 mit seinen Brüdern BUDDY (* 1930; Piano, Vibraphon) und MONK (* 1921, † 1982; Bass) in der Gruppe ›Mastersounds‹, später meist in eigenem Trio. M. zählt mit seiner Technik in Oktaven gespielter Melodieführung zu den stilbildenden Gitarristen des Modernjazz.

Montgomeryshire [mǝntˈgʌmǝrɪʃǝ], ehemalige County in Wales, seit 1974 Teil der Cty. Powys.

Montherlant [mɔ̃tɛrˈlɑ̃], Henry Millon de, Graf **von Guimart** [giˈma:r], frz. Schriftsteller, * Neuilly-sur-Seine 21. 4. 1896, † (Selbstmord) Paris 21. 9. 1972; aus alter kath. Adelsfamilie, Schüler des kath. Collège Sainte-Croix in Neuilly-sur-Seine, bildete sich seit seinem 15. Lebensjahr im Stierkampf aus, nahm am Ersten Weltkrieg als Freiwilliger teil (mehrfach schwer verwundet), lebte 1925–33 v. a. in Spanien (dort 1925 im Stierkampf verletzt) und N-Afrika und war während des Zweiten Weltkriegs Kriegskorrespondent.
In M.s Werk verbinden sich Einflüsse von M. BARRÈS, F. NIETZSCHE und G. D'ANNUNZIO mit dem (als heroisch erfahrenen) Erlebnis des Ersten Weltkriegs. Seine Helden sind elitär-aristokrat. Einzelgänger, es zählen allein ›männl.‹ Werte, die v. a. im Stierkampf symbolisiert sind (u. a. im Roman ›Les bestiaires‹, 1926; dt. ›Die Tiermenschen‹). Diese einseitige Sicht verhindert nicht brillante, scharfsinnige Psychologisierung im Detail, so in der Tetralogie ›Les jeunes filles‹ (mit den Bänden ›Les jeunes filles‹, 1936, dt. ›Die jungen Mädchen‹; ›Pitié pour les femmes‹, 1936, dt. ›Erbarmen mit den Frauen‹; ›Le démon du bien‹, 1937, dt. ›Der Dämon des Guten‹; ›Les lépreuses‹, 1939, dt. ›Die Aussätzigen‹; zus. u. d. T. ›Erbarmen mit den Frauen‹), die wegen ihrer frauenfeindl. Grundhaltung auf scharfe Ablehnung stieß. M.s Dramen sind klassizistisch gebaut, auch hier stehen Ausnahmemenschen im Mittelpunkt, häufig histor. Persönlichkeiten wie INÈS DE CASTRO in ›La reine morte‹ (1947; dt. ›Die tote Königin‹).
Weitere Werke: *Romane:* Les Olympiques (1924); Les célibataires (1934); Die Junggesellen; Le chaos et la nuit (1963; dt. Das Chaos u. die Nacht); La rose de sable (1968; dt. Die Wüstenrose); Un assassin est mon maître (1971; dt. Ein Mörder ist mein Herr u. Meister); Moustique (hg. 1986; dt.). – *Dramen:* L'exil (1929); Malatesta (1946); Le maître de Santiago (1947; dt. Der Ordensmeister); La ville dont le prince est un enfant (1951, neue Fassung 1967; dt. Die Stadt, deren König ein Kind ist); Port-Royal (1954; dt.); Don Juan (1958); Le cardinal d'Espagne (1960; dt. Der Kardinal von Spanien); La guerre civile (1965). – *Essays:* La relève du matin (1920); Ser-

Bernard Law, 1. Viscount Montgomery of Alamein

Henry de Montherlant

Mont Monthey–Montmorency

vice inutile (1935; dt. Nutzloses Dienen). – *Tagebücher:* Va jouer avec cette poussière (1966; dt. Geh, spiel mit diesem Staub); Tous feux éteints. Carnets 1965, 1966, 1967, carnets sans dates, carnets 1972 (hg. 1975).
Ausgaben: Theaterstücke, übers. v. F. R. WELLER (1962); Théâtre, 5 Bde. (1965–66); Romans et œuvres de fiction non théâtrales, hg. v. M. RAIMOND, 2 Bde. (1980–82).
J. ROBICHEZ: Le théâtre de M. (Paris 1973); M. RAIMOND: Les romans de M. (ebd. 1982); S. SIPRIOT: M. sans masque, 2 Bde. (ebd. 1982–90).

Monthey [mɔ̃'tɛ], 1) Bezirksstadt im Kt. Wallis, Schweiz, am Austritt des Val d'Illiez (der Vièze) in die hier beginnende Aufschüttungsebene der Rhone vor ihrer Mündung in den Genfer See, 420 m ü. M., 13 800 Ew.; Festspielhaus (Théâtre du Crochetan, Bau 1980 ff.); chem. und Metallindustrie, Druckereien; nördlich von M. Erdölraffinerie; Kleinbahn nach Champéry. Beim Spital oberhalb des Ortes größter Findling der Schweiz (Montblanc-Granit, vom Rhonegletscher hierher verfrachtet; 1 800 m³). – Im Neuen Schloss (15.–17. Jh.) das Musée du Vieux-Monthey.
2) Bez. im Kt. Wallis, Schweiz, 268 km², 31 600 Ew., umfasst den äußersten NW des Kantons von Champéry bis zum Genfer See.

Monthly Review, The [ðə ˈmʌnθlɪ rɪˈvjuː], 1749 in London gegründete, liberal orientierte Monatsschrift, die als erstes systemat. Rezensionsorgan in Großbritannien Besprechungen literar. Neuerscheinungen auf hohem krit. Niveau veröffentlichte; Mitarbeiter waren u. a. O. GOLDSMITH und R. B. SHERIDAN. Mit der M. R., die 1845 eingestellt wurde, konkurrierte die konservative ›Critical Review‹ (1756–90).

Vincenzo Monti

Monti, Vincenzo, ital. Dichter, * Alfonsine (bei Ravenna) 19. 2. 1754, † Mailand 13. 10. 1828; Jurist, seit 1778 Sekretär des Herzogs LUIGI BRASCHI (* 1745, † 1816) in Rom; wurde 1797 Prof. für Literatur in Mailand, 1806 Historiograph des (napoleon.) Königreichs Italien. Stark erfasst von den Ideen der Aufklärung, schwankt seine Haltung doch von revolutionärem Geist bis zur Verehrung NAPOLEONS. Das unvollendete Epos ›La Basvilliana‹ (1793) ahmt im Stil und Form DANTES ›Divina Commedia‹ nach und ist eine leidenschaftl. Verdammung der Frz. Revolution, während das Epos ›La Mascheroniana‹ (1800) freiheitl. Ideen verherrlicht. Seine große dichter. Begabung zeigt sich in den durch Schwung, Reichtum der Bilder und Formgefühl ausgezeichneten Oden, Hymnen und Kantaten. Anregungen empfing M. von der Antike und den ital. Klassikern, auch von SHAKESPEARE und GOETHE. Er beeinflusste stark die folgende Dichtergeneration der ital. Romantiker. Seine größte Leistung ist die wohl treueste ital. Übersetzung der ›Ilias‹ (1810, 3 Bde.).
Weitere Werke: *Tragödien:* Aristodemo (1786; dt. Aristodemos); Caio Gracco (1788; dt. Cajus Gracchus); Galeotto Manfredi, principe di Faenza (1788).
Ausgaben: Tragedie, drammi e cantate, hg. v. G. CARDUCCI (1865); Epistolario, hg. v. A. BERTOLDI, 6 Bde. (1928–31); Opere, hg. v. M. VALGIMIGLI u. a. (1953).

Montia [nach dem ital. Botaniker GIUSEPPE MONTI, * 1682, † 1760], wiss. Name der Pflanzengattung →Quellkraut.

Monticelli [-ˈtʃelli], Adolphe, frz. Maler ital. Abkunft, * Marseille 14. 10. 1824, † ebd. 29. 6. 1886. Seine pastos in leuchtenden, fein abgestuften Farben gemalten Bilder stellen oft Parklandschaften mit Festszenen und reich kostümierten Frauen dar und stehen in ihrer ganz von der Farbe lebenden Malweise dem Fauvismus nahe; schuf auch Stillleben und Porträts.
A. SHEON: M., his contemporaries, his influences (Pittsburgh, Pa., 1978).

Montierung, *Astronomie:* →Fernrohrmontierung.

Montilla [mɔnˈtiʎa], Stadt in der Prov. Córdoba, Andalusien, Spanien, im Zentrum der Weinbauregion M.-Moriles, 379 m ü. M., 23 000 Ew.; Weinhandel. – M. wird überragt von den Ruinen einer mächtigen Araberburg (urspr. 30 Türme; über röm. Kastell errichtet); Palast des Garcilaso de la Vega ›El Inca‹ (16. Jh., heute Rathaus, Bibliothek und Museum); Kloster Santa Clara im Mudéjarstil. – M., das röm. **Munda Baetica**, war 45 v. Chr. Schauplatz der Schlacht zw. CAESAR und den Söhnen des POMPEIUS; Geburtsort des Feldherrn der Kath. Könige, G. FERNÁNDEZ DE CÓRDOBA Y AGUILAR (›El Gran Capitán‹).

Montilla-Moriles [mɔnˈtiʎa-], Weinbaugebiet (Denominación de Origen seit 1945) in S-Spanien, südlich von Córdoba, umfasst die Kalkberge (und ihre Umgebung) um Montilla und Moriles, 16 700 ha Rebfläche, zu 70 % mit Pedro-Ximénez-Reben bestanden; erzeugt dem Sherry ähnl. Weine, die aber (wegen des hohen Zuckergehalts der Trauben) nicht gespritet werden. Die Gärung erfolgt in großen, birnenförmigen Tongefäßen (tinajas); Alkoholgehalt 14–16 Vol.-%.

Montini, Giovanni Battista, Papst →Paul VI.

Mont-Joux [mɔ̃ˈʒu, frz.], im MA. Name des →Großen Sankt Bernhard.

Montjuich [munˈʒuik], katalanisch **Montjuïc** [munʒuˈik], Berg an der Hafeneinfahrt Barcelonas, 175 m ü. M., mit steilem SO-Hang zum Mittelmeer, gekrönt von fünfeckiger Zitadelle (17. Jh.; Militärgefängnis bis 1960, heute Armeemuseum); Standort der Weltausstellung 1929. Hier befinden sich der Nationalpalast von 1929 (innen neu gestaltet von GAE AULENTI) mit Museum für katalan. Kunst, das ›Span. Dorf‹ (›Pueblo Español‹; Nachbildung charakterist. Bauten der span. Provinzen), der Vergnügungs- und Ausstellungspark, das Griech. Theater, Archäolog. Museum, Völkerkundemuseum sowie der Fundación Joan Miró sowie Sportanlagen, die für die Olymp. Spiele 1992 z. T. modernisiert und erweitert wurden (u. a. Neubau ›Palais San Jordi‹ von ISOZAKI ARATA, 1983–90).

Mont Lassois [mɔ̃laˈswa], **Montagne de Vix** [mɔ̃taɲ də ˈviks], Bergsporn (Zeugenberg) nördlich von Châtillon-sur-Seine, Frankreich. Der 307 m ü. M. aufragende Berg war im 6. Jh. v. Chr. ein befestigte kelt. Fürstensitz, von dem aus die Schifffahrt auf der Seine kontrolliert werden konnte, die für den von N-Italien nach Britannien führenden Handelsweg (Zinnstraße) von Bedeutung war; im Umfeld des M. L. mehrere frühkelt. Fürstengräber, darunter das bes. reiche Frauengrab von Vix.

Montluçon [mɔ̃lyˈsɔ̃], Stadt im Dép. Allier, Frankreich, im Bourbonnais am Cher, 207 m ü. M., 42 200 Ew.; Keramikmuseum; Eisen- und Stahl-, Reifen-, Konfektions- und chem. Industrie, Bau von Präzisionsinstrumenten. In der Nähe Steinkohlenabbau. – Hoch gelegene Altstadt mit dem ehem. Schloss der Herzöge von Bourbon (15./16. Jh.), den Kirchen Notre-Dame (13.–15. Jh.), Saint-Pierre (urspr. 15. Jh.) sowie Saint-Paul (19. Jh.).

Montmajour [mɔ̃maˈʒuːr], ehem. Benediktinerabtei in der Provence, Frankreich, nordöstlich von Arles, mit roman. Kirche (Saalkirche um 1140–70, über Umgangskrypta mit Kapellenkranz), Kreuzgang (um 1150), Refektorium und Kapitelsaal; Donjon (14. Jh.); in der Nähe die Kapellen Saint-Pierre (11. Jh.) und Sainte-Croix (12. Jh.); Ruinen barocker Klosterbauten (1703 ff.).

Montmartre [mɔ̃ˈmartr], Stadtteil (seit 1860) von Paris (im 18. Arrondissement), auf einem einzigen Hügel (**Butte M.**, 130 m ü. M., höchster Punkt der Stadt); im 19. Jh. das Künstlerviertel von Paris, heute Vergnügungszentrum.

Montmorency [frz. mɔ̃mɔrɑ̃ˈsi], Stadt im nördl. Vorortbereich von Paris, Dép. Val-d'Oise, Frankreich, 20 900 Ew.; Rousseau-Museum. – In der Kirche Saint-Martin (16. Jh.) bedeutende Glasmälde der Renaissance; Rathaus (Ende 18. Jh.). – Der Wald von M. umfasst 3 500 ha.

Montmorency [mɔ̃mɔrã'si], frz. Adelsgeschlecht (Stammsitz: M., nördlich von Paris), seit der Mitte des 10. Jh. nachweisbar; 1862 erloschen. – Bedeutende Vertreter:

1) *Anne de,* Herzog (seit 1551), frz. Staatsmann, Marschall (seit 1522), Connétable (seit 1537), * Chantilly 15. 3. 1493, † Paris 11. 11. 1567, Großvater von 2); kämpfte bei Marignano und geriet 1525 bei Pavia mit König FRANZ I. in Gefangenschaft. Er war führend beteiligt am Zustandekommen des Friedens von Madrid (1526) und übte seitdem großen Einfluss auf FRANZ I. aus, den er für Verständigung mit Kaiser KARL V. zu gewinnen suchte. Unter KARL IX. stand er seit 1561 mit an der Spitze der kath. Partei.

2) *Henri II.,* Herzog, Marschall von Frankreich (seit 1630), * Chantilly 30. 4. 1595, † Toulouse 30. 10. 1632, Enkel von 1); nahm 1621/22 und 1625–29 an den Feldzügen gegen die Hugenotten, 1630 am Mantuan. Erbfolgekrieg teil. Als er den aufrührer. Herzog GASTON VON ORLÉANS aufnahm und verteidigte, erklärte ihn RICHELIEU zum Majestätsverbrecher. Im Kampf gegen königl. Truppen verwundet, wurde M. bei Castelnaudary gefangen genommen, vom Toulouser Parlament zum Tod verurteilt und enthauptet.

Montmorillonit [mɔ̃morijo-; nach der frz. Stadt Montmorillon, Dép. Vienne] *der, -s/-e,* grauweißes, gelbl., auch bläul. oder rötl., monoklines Tonmineral mit einem Dreischichtgitter aus den jeweils nicht ganz abgesättigten Schichten $Al_{1,67}Mg_{0,33}[(OH)_2|Si_4O_{10}]^{-0,33}$ und $Na_{0,33}(H_2O)_4$. Zw. den Dreischichtpaketen sind ›Kationen-Wasser-Schichten‹ eingelagert (→Kristallwasser), daher auch Dichte 1,7–2,7 g/cm³; Härte nach MOHS 1–2. M. bilden feinerdige, amorph erscheinende, fein zerreibl. Massen; sie sind wesentl. Bestandteil vieler, bes. trop. Böden, v. a. der aufsaugfähigen ›Erden‹: Bentonite, Walkerde, Bolus, Umbra. Infolge ihrer Quellfähigkeit (Wasserhaltigkeit), der Fähigkeit zu Kationenaustausch und Basenadsorption und ihrer stabilisierenden Wirkung auf das Krümelgefüge begünstigen sie die Fruchtbarkeit der Böden. M. treten reichlich auch in Sedimenten des Atlantiks auf; sehr reine Vorkommen sind als Solfatarenbildung oder durch Verwitterung magmat. Gesteine (v. a. Pegmatite) entstanden. Wirtschaftl. Bedeutung haben sie v. a. als Bestandteil des →Bentonits.

Montoyer [mɔ̃twa'je], *Louis Joseph,* belg. Architekt, * Mariemont (heute zu Morlanwelz-Mariemont, Prov. Hennegau) um 1749, † Wien 5. 6. 1811; ab 1778 in Brüssel tätig (u. a. Schloss Laeken, 1782–84), ab 1795 in Wien (1803 Hofarchitekt), wohin er den frz. geprägten Spätklassizismus vermittelte (Erweiterung eines Barockpalais zur Albertina, 1801–04, später verändert; Palais Rasumofsky, 1806–07, heute Geolog. Bundesanstalt).

Montparnasse [mɔ̃par'nas], Stadtteil im SW von Paris (im 14. Arrondissement) mit dem Friedhof M. Die Cafés des Boulevard M. waren nach dem Ersten Weltkrieg Treffpunkt von Künstlern und Literaten.

Mont Pelé [mɔ̃pe'le], Vulkan auf Martinique, →Pelée.

Mont Pèlerin Society [mɔ̃pɛl'rɛ̃ sə'saɪətɪ], Abk. **MPS,** internat. Vereinigung führender liberaler, marktwirtschaftlich orientierter Persönlichkeiten aus Wiss., Politik und Gesellschaft; gegr. im April 1947 auf Initiative F. A. VON HAYEKS auf dem Mont Pèlerin bei Vevey (Schweiz). Ziel der von 39 Volkswirtschaftlern, Philosophen, Politologen, Soziologen, Juristen, Historikern und nichtakadem. Liberalen gegründeten Gesellschaft war die Weiterentwicklung des klass. Liberalismus, wobei von einem ganzheitl. Denkansatz ausgegangen wurde, der neben wirtschaftspolitischen auch philosph., eth. und polit. Aspekte einschließt. Geprägt wurde die M. P. S. v. a. von Vertretern der Wiener Schule (L. VON MISES, G. VON HABERLER, F. MACHLUP, F. A. VON HAYEK), der Chicago-Schule (M. FRIEDMAN, G. STIGLER) und des dt. Ordoliberalismus (W. EUCKEN, W. RÖPKE, FRANZ BÖHM [* 1895, † 1977], A. RÜSTOW, F. A. LUTZ, A. MÜLLER-ARMACK, L. ERHARD). Die M. P. S. dient nach wie vor als Forum für den internat. Meinungsaustausch zu Fragen einer liberalen Staats- und Gesellschaftsordnung sowie harmonischer internat. Beziehungen und beeinflusst indirekt über ihre rd. 500 Mitgl. aus 40 Ländern die wiss. und polit. Diskussion. Sie trifft alle zwei Jahre an wechselnden Orten zu ›General Meetings‹ zusammen; dazwischen werden regionale Treffen in kleinerem Rahmen veranstaltet. Die Gesellschaft versagt sich jede unmittelbare Öffentlichkeitswirkung (keine Veröffentlichung gemeinsamer Stellungnahmen oder Tagungsberichte); die Finanzierung erfolgt über Mitgl.-Beiträge und Spenden.

Montpelier [mənt'pi:ljə], Hauptstadt des Bundesstaates Vermont, USA, 150 m ü. M., an der Passstraße über die Green Mountains, 8 300 Ew.; Steinbruchindustrie (Granit).

Montpellier: Aquädukt und Parkanlage Promenade du Peyrou; 17./18. Jh.

Montpellier [mɔ̃pəl'je], Stadt in S-Frankreich, Hauptstadt und kulturelles Zentrum der Region Languedoc-Roussillon, Verw.-Sitz des Dép. Hérault, unweit vom Mittelmeer, 208 000 Ew.; kath. Bischofssitz; seit der Reorganisation 1970 drei Universitäten, landwirtschaftl. Hochschule, Konservatorium, biophysikal. und biochem. Forschungszentrum; Museen, Bibliotheken, Kunstgalerie; Theater; botan. Garten (gegr. 1593). M. ist ein Zentrum des Weinhandels mit internat. Weinmesse; Herstellung von Großrechnern, Maschinen- und Traktorenbau, Elektro-, metallurg., chem., Baustoff-, Bekleidungsindustrie, Metallmöbelfabriken, Druckereien, Kellereien und ihre Zulieferbetriebe; Flughafen.

Stadtbild: Zahlr. Paläste des 17. und 18. Jh. bestimmen das Stadtbild von M.; got. Kathedrale (1364 gegr. als Stiftskirche, im 19. Jh. vollendet). In der terrassenartigen Parkanlage Promenade du Peyrou (17./18. Jh.) sechseckiges ›Wasserschloss‹ mit Doppelsäulen zw. den sechs Portalen (18. Jh.) und Aquädukt (18. Jh.); im Hôtel de Massilian (15.–18. Jh.) Musée Fabre mit Werken europ. Malerei und Skulptur; im Hôtel de Lunaret archäolog. Museum, im Hôtel du Cabrières kunstgewerbl. Museum; im alten Hauptgebäude (18. Jh.) der medizin. Fakultät Musée Atger (Zeichnungssammlung europ. Künstler als Teil der medizin. Bibliothek). Mit dem futuristisch konzipierten Wohn-

Montpellier
Stadtwappen

Mont Montpensier – Montreal

Montreal: Skyline

und Geschäftsviertel ›Antigone‹ von R. BOFILL hat eine moderne städtebaul. Entwicklung eingesetzt.
Geschichte: M. geht auf zwei unterschiedl. Siedlungen zurück, die im frühen MA. zusammenwuchsen; die Stadt kam 1204 an Aragonien, 1276 an das Königreich Mallorca und 1349 durch Kauf an die frz. Krone. Zw. 1162 und 1258 tagten in M. fünf Konzile. Die 1289 gestiftete Univ. genoss wie die erst 1723 mit ihr vereinigte medizin. Fakultät (Statut von 1220) v. a. im Spät-MA. wegen ihrer jurist. und medizin. Ausbildung großes Ansehen, u. a. studierte hier zw. 1530 und 1538 F. RABELAIS. Noch heute besitzt M. eine der bedeutendsten Handschriftensammlungen Frankreichs (medizin. Bibliothek). – In M., das ein Hauptstützpunkt der Hugenotten war, wurde 1622 der Friede geschlossen, der den Aufstand des prot. Adels von 1621–22 beendete.

Montpensier [mɔ̃pãˈsje], **Anne Marie Louise von Orléans** [ɔrleˈɑ̃], **Herzogin von M.**, gen. **La Grande Mademoiselle** [laˈgrãd madmwaˈzɛl], * Paris 29. 5. 1627, † ebd. 5. 4. 1693; beteiligte sich 1651 am Aufstand der Fronde, wiegelte 1652 Paris auf und entwich nach MAZARINS Sieg auf Schloss Saint-Fargeau; 1657 kehrte sie an den Hof zurück.

C. BOUYER: La Grande Mademoiselle (Paris 1986).

Mont Perdu [mɔ̃pɛrˈdy], frz. Name für den →Monte Perdido.

Montrachet [mɔ̃raˈʃɛ], außergewöhnl. Weinberglage (Grand Cru, rd. 8 ha, an denen 10 Güter Anteil haben) an der Côte d' Or in Burgund, Frankreich, ausschließlich mit Chardonnayreben bestanden, liefert einen der renommiertesten trockenen frz. Weißweine (rd. 230 hl jährlich, festgesetzter Höchstertrag 40 hl/ha), selten unter 13 Vol.-% Alkohol. Aus den benachbarten Lagen Chevalier-M. (7 ha, 200 hl) und Bâtard-M. (12 ha, 350 hl) stammen ähnl. Weine.

Montreal [mɔntrɪˈɔːl, engl.], frz. **Montréal** [mɔ̃reˈal], Stadt in der Prov. Quebec, Kanada, auf einer rd. 50 km langen, 16 km breiten Flussinsel (Île-de-M.) zw. Rivière des Prairies (mittlerer Mündungsarm des Ottawa River, der mit einem anderen Arm auch schon vorher mündet) und dem Sankt-Lorenz-Strom; mit 1,02 Mio. Ew. größte Stadt Kanadas, die Metrop. Area von M. hat mit 3,33 Mio. Ew. allerdings eine geringere Bev. als die von Toronto (4,34 Mio. Ew.). 68 % der Bev. von M. geben Französisch als Muttersprache an. M. ist kath. Erzbischofs- und anglikan. Bischofssitz sowie ein bedeutendes Universitäts- und Kulturzentrum. Zwei Univ. haben Französisch als Unterrichtssprache (Université de Montréal, gegr. 1878; Université du Québec, gegr. 1968), in engl. Sprache wird an der McGill University (gegr. 1821) unterrichtet, in beiden Sprachen an der Concordia University (1974 hervorgegangen aus der Sir George Williams University und dem Loyola College). M. ist Sitz der Nationalbibliothek von Quebec und besitzt Museen (bes. Kunst- und histor. Museen, Architekturmuseum), Sinfonieorchester, Planetarium, botan. und zoologischer Garten, Olympiastadion (Sommerspiele 1976).

M. ist Sitz von Banken, Versicherungen, Konzernverwaltungen und Handelsunternehmungen. Die Industrie umfasst Waggon-, Lokomotiv-, Flugzeugbau, elektrotechn., Textil-, bedeutende petrochem. Industrie (sechs Erdölraffinerien in Ost-M.), auch Tabak-, Schuh-, Nahrungsmittelindustrie, Bierbrauereien, Pelzverarbeitung. Seit den 1960er-Jahren Verlagerung der Industrie in die Vororte. M. hat Anschluss an die Erdöl- und Erdgaspipelines aus dem W Kanadas sowie an eine Pipeline (für Importe) von Portland (USA, Maine). Der Hafen von M. am Sankt-Lorenz-Seeweg ist bedeutend für den Getreidehandel und der größte Containerhafen Kanadas. M. besitzt zwei internat. Flughäfen und seit 1967 eine U-Bahn.

Stadtbild: Das Château Ramezay (1705), früher Gouverneurssitz, ist seit 1929 Museum; Kirche Notre-Dame de Bonsecour (1771, Kirche der Seeleute); Wahrzeichen ist die Kirche Oratoire Saint-Joseph (1924–67), eine der wichtigsten Wallfahrtsstätten Nordamerikas. An der Place des Arts (1963) liegen Oper und Theater; die Place de Ville-Marie (1960–65) gestaltete I. M. PEI. Als Stadt der Weltausstellung von 1967 und der Olymp. Spiele von 1976 wurde M. eindrucksvoll modern umgestaltet: Pavillon der USA von R. B. FULLER (BILD →Fuller, Richard B.), dt. Pavillon von F. OTTO und R. GUTBROD; M. SAFDIE schuf das Terrassenblockhochhaus ›Habitat 67‹ (BILD →kanadische Kunst). Im Zusammenhang mit der U-Bahn-Bau und der Fundamentierung der Hochhausbauten entstanden 1960–91 auf 16 km Länge unterird. Einkaufspassagen mit Hotels, Restaurants, Bankfilialen, Theatern, Kinos und Kongresszentren. Zu den bemerkenswerten modernen Bauten gehören weiter die 34-stöckige ›Maison des Coopérants‹ (1985–87), ein Verwaltungsgebäude mit gläserner Außenhaut; der Neubau für das Kanad. Zentrum für Architektur, den 1983–89, ein Herrenhaus des 19. Jh. integrierend, PETER D. ROSE schuf; der ›Complexe Chauseegros-de-Lery‹, das Stadthaus von M. (1987–91), von DAN S. HANGANU, PROVENCHER ROY und CARDINAL HARDY. Auch Museumsneubauten wurden errichtet: der Erweiterungsbau des Musée McCord, den 1988–92 das Büro LeMoyne, Lapointe, Magne ausführte; das Musée d'Art Contemporain (1993 eröffnet) vom Büro Jodoin, Lamarre, Pratte; das Musée Pointe-à-Callière (1992) von HANGANU und ROY. – In

Montreal
Stadtwappen

größte Stadt Kanadas

in der Prov. Quebec

1,02 Mio. Ew.

Hafen am
Sankt-Lorenz-Seeweg

vier Universitäten

bedeutender
Industriestandort

Weltausstellung 1967

Olympische
Sommerspiele 1976

erste Siedlung 1611

Caughnawaga, der Indianerreservation am S-Ufer des Sankt-Lorenz-Stroms, das Kateri Tekawita Museum für Kultur und Geschichte der Indianer.
Geschichte: 1642 ließen sich unter frz. Führung Siedler am Ort des früheren indian. Dorfes Hochelaga nieder, das J. CARTIER 1535 aufgesucht und in dessen Nähe – es war wohl schon zerstört – S. DE CHAMPLAIN 1611 eine erste Siedlung angelegt hatte. Die frz. Siedler gründeten **Ville-Marie,** das später nach dem Mont Royal umbenannt wurde. Im Siebenjährigen Krieg für Frankreich ein strategisch wichtiger Punkt des Kampfes gegen die brit. Kolonien, wurde die Stadt 1760 als letzte frz. Bastion Großbritannien überlassen; 1775/76 hielten amerikanische Truppen sie besetzt, 1844–49 war sie Hauptstadt Kanadas. M., schon während der frz. Kolonialzeit wichtiges Pelzhandelszentrum, entwickelte sich im 19. Jh. zu einem wirtschaftl., aber auch kulturellen und religiösen Zentrum.

Montreuil [mɔ̃'trœj], Industriestadt im östl. Vorortbereich von Paris, Dép. Seine-Saint-Denis, Frankreich, 94 700 Ew.; histor. Museum; Gießereien, Bau von Kesseln, Landmaschinen und Geräten, Glas-, Möbel-, Spielwaren-, Kartonagen- und Nahrungsmittelindustrie.

Montreux [mɔ̃'trø], Stadt im Kt. Waadt, Schweiz, erstreckt sich vom O-Ufer des Genfer Sees (375 m ü. M.) bis an die Kantonsgrenze in den Greyerzer Alpen (Préalpes romandes), 51 km², 21 000 Ew.; meistbesuchter Fremdenverkehrsort am Genfer See mit Kongresszentrum, Spielkasino, Theater und internat. Musik- und Fernsehfestspielen; in den anschließenden Bergen die Höhenkurorte **Glion** (700 m ü. M.; mit Internat. Institut für Hotellerie, Fremdenverkehr und Krankenhausführung; auch Seilbahn von Territet am Seeufer) und **Caux** (1 000 m ü. M., mit dem Zentrum der →Moralischen Aufrüstung) an der Zahnradbahn auf die Rochers de Naye (2 042 m ü. M.; Wintersportgebiet) sowie **Les Avants** (970 m ü. M.; Bergbahn auf den Col de Souloup) u. a. an der Bahn über den Col de Jaman (Tunnel) nach Montbovon in die Haute Gruyère. – Das Stadtbild wird neben der neugot. kath. Pfarrkirche (1883–85) und der ref. Kirche (ehem. Saint-Vincent; 15. Jh., über Vorgängerbau des 13. Jh.) von Hotelbauten des 19. und 20. Jh. bestimmt (u. a. Hôtel M.-Palace, 1904–06; Grand Hôtel in Territet, 1862–88). Die Villa Karma in Clarens wurde 1904–06 nach Plänen von A. LOOS erbaut. – Südöstlich von M. liegt im See das Schloss →Chillon. – Auf der **Konferenz von M.** (22. 6.–20. 7. 1936) wurde das →Meerengenabkommen abgeschlossen.

Montrose [mɔn'trəʊz], schott. Adelstitel, seit 1505 in der Familie Graham (Earls of M., seit 1644 Marquess of M., seit 1707 Dukes of M.). – Bedeutender Vertreter:
James Graham ['greiəm], Marquess of (seit 1644), vorher 5. Earl of (seit 1626), Heerführer, * 1612, † (hingerichtet) Edinburgh 21. 5. 1650; kämpfte zunächst gegen Versuche KARLS I., die schott. Nationalkirche der anglikan. Hochkirche einzugliedern. Im Verlauf des Bürgerkrieges ging er zur royalist. Partei über und floh nach der Niederlage des Königs (1646) ins Ausland. Bei einem erneuten Einfall in Schottland 1650 wurde er besiegt, gefangen genommen und gehängt.

Montrouge [mɔ̃'ruːʒ], Industriestadt. im südl. Vorortbereich von Paris, Dép. Hauts-de-Seine, Frankreich, 38 100 Ew.; Hochschule für Lehrerausbildung (École normale supérieure).

Mont-Saint-Aignan [mɔ̃sɛtɛ'ɲɑ̃], Stadt nördlich an Rouen anschließend, Dép. Seine-Maritime, Frankreich, 19 900 Ew.; Standort der Univ. von Rouen.

Mont-Saint-Michel [mɔ̃sɛmi'ʃɛl], 78 m hohe Granitinsel (900 m Umfang) an der Küste der Normandie, im Dép. Manche, Frankreich, mit dem Fremdenverkehrsort **Le Mont-Saint-Michel** (72 Ew.). Die Insel ist mit dem Festland durch einen 2 km langen Straßendamm verbunden. Die Bucht von M.-S.-M. weist einen hohen Tidenhub (15 m) auf; bei Ebbe gibt das Meer bis 12 km Watt frei. – M.-S.-M. war wohl schon im 6. Jh. von Mönchen bewohnt. Zu Beginn des 8. Jh. errichtete der Bischof von Avranches eine Michaelskapelle, die sich zu einer der meistbesuchten Wallfahrtsstätten Frankreichs entwickelte. 966 gründete Herzog RICHARD I. von der Normandie an ihrer Stelle eine Benediktinerabtei, die sich zu einem blühenden kulturellen Zentrum mit reichem Außenbesitz entwickelte. Seit den Normanneneinfällen des 8./9. Jh. entstand eine befestigte Siedlung, 1254 wurde der M.-S.-M. königl. Festung, die auch im Hundertjährigen Krieg französisch blieb. Während der Frz. Revolution säkularisiert, war die Insel bis 1863 Strafanstalt; anschließend erfolgte eine umfangreiche Restaurierung. – Die Anlage auf der Insel ist ein einzigartiges Denkmal mittelalterl. Kloster- und Festungsarchitektur (UNESCO-Weltkulturerbe). Die roman. Kirche (1022–1135) ruht auf drei Krypten, darunter die als Subkonstruktion verwendete alte karoling. Kirche (Notre-Dame-sous-Terre, 10. Jh.); die Abteikirche erhielt im 15./16. Jh., durch die neue ›Krypta der dicken Pfeiler‹ (ab 1428) gestützt, einen spätgot. Chor (mit dem ›Escalier de Dentelle‹, einer reich mit Bauplastik geschmückten Treppe); das dreistöckige got. Klostergebäude des 13. Jh. (›La Merveille‹) umfasst u. a. die ›Salle des Chevaliers‹ (vierschiffiger Rittersaal), das Refektorium und den Kreuzgang.

Montreux
Stadtwappen

Mont-Saint-Michel

Montsalvatsch, Gralsburg, →Munsalvaesche.

Montschegorsk, Mončegorsk [-tʃ-], Bergbaustadt im Gebiet Murmansk, Russland, auf der Halbinsel Kola am Imandrasee, 60 900 Ew.; Abbau und Verhüttung von Nickel-Kupfer-Erzen mit Kobaltgewinnung und Schwefelsäureerzeugung.

Montségur [mɔ̃se'gyːr], Burgruine nordöstlich der gleichnamigen Ortschaft im Dép. Ariège, Frankreich. M. war 1243/44 die letzte Zufluchtsstätte der Katharer; mit ihrer Eroberung und der Verbrennung von 205 Personen, die sich weigerten, ihrem Glauben abzuschwören, endete der letzte kathar. Aufstand.

Montseny, Bergkette in →Katalonien.

Montserrat [mɔnsɛ'rrat; katalan. ›gesägter Berg‹], **1)** *der,* wuchtiges, fast isoliertes Bergmassiv aus Nagelfluh und Kalkkonglomeraten, nordwestlich von Barcelona am rechten Ufer des Llobregat im Katalon. Randgebirge, Spanien; rd. 10 km lang, 5 km breit, im San Jerónimo (katal. Sant Jeroni) 1 241 m ü. M.; durch

Montserrat 1): Das Benediktinerkloster auf einem Felssporn des Bergmassivs

Erosion in allseitig steil abfallende Rundformen, Türme, Kuppeln und Kegel zerschnitten. – Nach der Rückeroberung des Bergmassivs aus muslim. Hand (875) entstanden um 880 vier Einsiedeleien, später kamen elf weitere hinzu. Im MA. suchten bisweilen die Pilger des Jakobsweges den M. auf. Das auf einem Felssporn (720 m ü. M.) stehende Benediktinerkloster Mare de Déu de M. (genannt: ›La Moreneta‹; span. Nuestra Señora de M.) spielte jahrhundertelang eine wichtige Rolle im religiösen und polit. Leben Kataloniens. Während der span. Befreiungskriege und der Karlistenkriege wurde es teilweise zerstört (Neubauten 1765-1948) und verlor einen Großteil seiner Reichtümer. Heute ist es ein bedeutendes Pilger- und Touristenziel (jährlich etwa 700 000 Besucher). – Zum Kloster führen Stand- und Luftseilbahnen und eine Straße; Basilika (1560–92, im 19. und 20. Jh. verändert; im Innern die als Patronin Kataloniens verehrte schwarze Madonnen-Holzskulptur ›Santa Imatge‹, span. ›Santa Imagen‹, aus dem 12. Jh.), Reste eines got. Kreuzgangs (1460), roman. Portal (12. Jh.), Kreuzgang des 17. Jh., zwei Museen (prähistor. und ägyptolog. Sammlungen), Schule für geistl. Musik (Escolania; mit berühmtem Knabenchor), große Bibliothek (über 250 000 Bücher, Inkunabeln und Manuskripte), Pinakothek (Bilder von EL GRECO, F. DE ZURBARÁN, J. DE RIBERA, F. RIZI, CARAVAGGIO), klostereigener Verlag (seit 1918), Kreuzweg von 1901–19, Grotte mit Kapelle (12. Jh.).
Der M. (nicht identisch mit dem ›Montsalvatsch‹ der Gralssage) war der traditionelle Wallfahrtsort der iber. Monarchen, die den Kult auch in die Neue Welt brachten; auch in Italien sind rd. 150 Kirchen der hl. Jungfrau vom M. geweiht.

2) [mɔntseˈræt], Insel im Bereich der Westind. Inseln, brit. Kronkolonie, 102 km², (1994) 10 600 Ew. (95% Schwarze und Mulatten; seit dem Vulkanausbruch 1995 Evakuierung der Bev.; 1997 hatte bereits die Hälfte der Ew. die Insel verlassen). Hauptstadt ist Plymouth. Amtssprache: Englisch. Währung: 1 Ostkarib. Dollar (EC$) = 100 Cents (c). Zeitzone: Atlantic Standard Time (7⁰⁰ Plymouth = 12⁰⁰ MEZ). KARTE →Inseln über dem Winde
Die gebirgige Insel (bis 914 m ü. M.) gehört zum inneren, vulkan. Bogen der Inseln über dem Winde (Kleine Antillen). Der Vulkan Chance's Peak ist seit 1995 wieder aktiv. Auch Wirbelstürme (z. B. 1989) verursachen große Schäden. Rd. 20% der Insel werden ackerbaulich genutzt, den größten Teil nimmt Gras- und Buschland ein; immergrünen Regenwald gibt es nur noch in Höhen über 450 m ü. M. Fischerei wird in Küstennähe betrieben. Die traditionellen Exportkulturen (Bananen, Zuckerrohr) sind weitgehend verschwunden. In Kleinbetrieben werden Kartoffeln, Süßkartoffeln, Mangos, Zitrusfrüchte, Baumwolle sowie Fleisch (1994: rd. 10 000 Rinder) für den lokalen Markt und den regionalen Export produziert. 85% der Ausfuhrerlöse stammen aus der Kleinindustrie (rd. 50 Betriebe, die Elektroteile, Konserven, Plastik- und Lederwaren sowie Baumwolltextilien herstellen). Wichtigster Wirtschaftszweig ist der Tourismus (1994: 35 300 Gäste), der etwa ein Viertel des Bruttoinlandsproduktes (BIP) erbringt. M. ist daneben ein Offshore-Finanzzentrum (1995: 24 Banken) und Standort einer amerikan. Medizinschule für rd. 400 Studenten sowie Zweitwohnsitz für zahlr. nordamerikan. Pensionäre. Seit dem Vulkanausbruch 1995 ist das Leben auf der Insel durch Evakuierungen im S-Teil (Plymouth ist seit 1996 von den Ew. verlassen; 1997 durch Lavaströme zahlr. Brände) erheblich gestört; für die von der brit. Regierung in Erwägung gezogene gesamte Räumung der Insel ist bereits ein Plan angelaufen.

Geschichte: M. wurde 1493 von KOLUMBUS entdeckt. Die ab 1632 von Engländern und Iren besiedelte Insel ist nach mehrfachem Besitzwechsel seit 1783 endgültig brit. Besitz. Sie gehörte 1871–1956 zum Verband der Leeward Islands, 1958–62 zur Westind. Föderation; 1967 entschied sie sich anders als die benachbarten brit. Inseln für den Status einer Kolonie mit innerer Selbstverwaltung, seit 1971 hat sie einen eigenen Gouverneur.

S. B. PHILPOTT: West Indian migration. The Montserrat case (London 1973); H. A. FERGUS: M. Emerald Isle of the Caribbean (London 1983); DERS.: M. History of a caribbean colony (ebd. 1994).

Montt, Manuel, chilen. Politiker, *Petorca 5. 9. 1809, †Santiago 20. 9. 1880; schuf als Staatspräs. (1851–61) die Grundlagen für den modernen chilen. Staat (z. B. gesetzl. Verankerung der persönl. Freiheit; Schaffung eines Zivilgesetzbuches) und für die spätere wirtschaftl. Prosperität des Landes (z. B. Eisenbahnbau, Minenerschließung, Gründung der nat. Hypothekenkasse).

Mont Tendre [mɔ̃ˈtɑ̃dr], Gipfel im schweizer. Kettenjura, südlich des Lac de Joux, Kt. Waadt, 1 679 m ü. M.

Monument [lat., zu monere ›(er)mahnen‹] *das, -(e)s/-e,* 1) großes Denkmal, Ehren-, Mahnmal; 2) kulturgeschichtlich bedeutsames (künstler.) Werk, Kulturdenkmal.

Monumenta Germaniae Historica, Abk. **MGH,** die größte und bedeutendste Sammlung mittelalterl. Quellentexte zur dt. und europ. Geschichte, zugleich Name der Vereinigung damit befasster Gelehrter in einer Körperschaft öffentl. Rechts. Träger war zunächst die vom Reichsfreiherrn K. VOM UND ZUM STEIN 1819 gegründete ›Gesellschaft für Dtl.s ältere Geschichtskunde‹. Sie wurde durch die dt. Bundesstaaten finanziert. Ziel war für STEIN eine durch Studium der Geschichtsquellen vermittelte nat. Selbstbesinnung. Seit Erscheinen des ersten Bandes 1826 setzten die hier entwickelten editor. Methoden internat. Standards und begründeten wesentlich den Ruf der dt. Mediävistik. 1823–73 wurde die MGH durch G. H. PERTZ, zeitweise zus. mit JOHANN FRIEDRICH BÖHMER (*1795, †1863), geleitet. 1875 erfolgte eine grundlegende Umstrukturierung in eine Zentraldirektion aus Vertretern der preuß., der österr. und der bayer. Akademie der Wissenschaften sowie zugewählten Fachleuten (viele der führenden Mediävisten). Die Leitung besaßen 1875–86 G. WAITZ, 1886–88 W. WATTENBACH,

1888–1902 ERNST DÜMMLER (* 1830, † 1902), 1902–06 OSWALD HOLDER-EGGER (* 1851, † 1911), 1906–14 REINHOLD KOSER (* 1852, † 1914), 1919–35 P. F. KEHR. Nach der Umwandlung in ein ›Reichsinstitut für ältere dt. Geschichtskunde‹ (Präs. 1937–41 EDMUND E. STENGEL [* 1879, † 1968], 1941–45 THEODOR MAYER [* 1883, † 1945]) wurde 1946 die Zentraldirektion als ›MGH Deutsches Institut für Erforschung des Mittelalters‹ wieder gegründet (Sitz zunächst Berlin, seit 1948 München). Präs. der MGH waren seitdem FRIEDRICH BAETHGEN (1947–58, * 1890, † 1972), H. GRUNDMANN (1959–70), HORST FUHRMANN (1971–94); 1994 übernahm RUDOLF SCHIEFFER (* 1947) dieses Amt.

Die ursprüngl. Gliederung der Editionen umfasst die fünf Abteilungen Scriptores (erzählende Quellen; heute über 150 Bde.), Leges (Gesetze; u. a. Germanenrechte, Kapitularien, Konzilstexte, Kaisergesetze), Diplomata (Urkunden der dt. Könige und Kaiser), Epistolae (Briefe) und Antiquitates (u. a. lat. Dichter, Toten- und Memorialbücher). Durch neue Reihen immer weiter aufgefächert und zusehends auch spätmittelalterl. Quellen einbeziehend (Staatsschriften, Quellen zur Geistesgeschichte des MA.), umfassen die MGH heute rd. 320 Bde. Dazu treten Hilfsmittel und eine Reihe von Monographien, veröffentlicht als ›Schriften der MGH‹ (seit 1938).

Die Vorarbeiten der MGH wurden seinerzeit dokumentiert im ›Archiv der Gesellschaft für ältere dt. Geschichtskunde‹ (1820–74, 12 Bde.). Weiterhin berichtete die Nachfolgezeitschrift ›Neues Archiv für ältere dt. Geschichtskunde‹ (1876–1935, 50 Bde.), gefolgt vom heutigen Publikationsorgan ›Dt. Archiv für Erforschung des MA.‹ (Name ab Bd. 8, 1951; 1937–44 unter dem Titel ›Dt. Archiv für Geschichte des MA.‹), mit regelmäßigen Forschungsberichten.

H. BRESSLAU: Gesch. der M. G. H. (1921, Nachdr. 1976); M. G. H. 1819–1969, hg. vom Dt. Institut für Erforschung des MA. (1969, Nachdr. 1979).

Monumentum Ancyranum [lat.], 1555 entdeckte Abschrift des Tatenberichts des AUGUSTUS (›Res gestae Divi Augusti‹) am Augustus-und-Roma-Tempel in Ankyra (heute Ankara) in lat. und griech. Sprache. Weitere Fragmente des Berichts, dessen röm. Original verloren ist, wurden in den pisid. Orten Apollonia (1821 und 1830, ›Monumentum Apolloniense‹) und Antiochia (1914 und 1926, ›Monumentum Antiochenum‹) gefunden.

Literatur →Augustus.

Monument Valley [ˈmɔnjʊmənt ˈvælɪ], Teil des Coloradoplateaus in Arizona und Utah, USA, in der Navajoreservation. Im ariden Klima sind die horizontal lagernden und unterschiedlich widerständigen Sandsteinschichten zu bizarr geformten Felsen erodiert; z. T. Reste von Vulkanschloten. Das M. V. zieht viele Besucher an und diente oft als Filmkulisse.

Monywa, Manywa, Stadt in Birma, am Zusammenfluss von Mu und Chindwin, westlich von Mandalay, 106 900 Ew.; Textilindustrie, Holzverarbeitung; nahebei Kupfererzbergbau und Erdölförderung.

Monza, Stadt in der Lombardei, Prov. Mailand, Italien, in der nördl. Poebene, 162 m ü. M., 120 200 Ew.; vielfältige Textilindustrie (Webereien, Filzprodukte, Mützen, Hüte, Teppiche), Lederhandschuhfertigung, Möbelfabrikation, Mähmaschinen-, Orgelbau; jährl. internat. Hausrats- und Möbelmesse. – Der Dom soll Ende des 6. Jh. von der Langobardenkönigin THEODOLINDE gegründet worden sein (heutiger Bau 13. und 14. Jh.); Fassade mit weißgrüner Marmorinkrustation von 1490, u. a. von MATTEO DA CAMPIONE (→Campionesen). Das dreischiffige Innere erhielt im 18. Jh. starke Veränderungen; in der Cappella di Teodolinda Wandmalereien mit Szenen aus dem Leben der THEODOLINDE (1444) sowie neugot. Altartabernakel für die

Monza: Villa Reale von Giuseppe Piermarini; 1777–80

→Eiserne Krone. Für den Domschatz wurde unter dem Kreuzgang das Museo Serpero (1963) eingerichtet. Das Rathaus (›Arengario‹) entstand 1293. Die Villa Reale, 1777–80 von G. PIERMARINI für Erzherzog FERDINAND von Österreich erbaut, ist ein typ. Beispiel des Klassizismus. – An der Stelle von M. lag in vorröm. Zeit eine Siedlung der kelt. Insubrer, die bei den Römern **Modicia** hieß. Größte Bedeutung hatte M. in langobard. Zeit als Krönungsstadt (seit dem 6. Jh.). Seit 1126 stand die Stadt mit kurzen Unterbrechungen unter mailänd. Herrschaft. – In einem Park zw. Mailand und M. befindet sich Italiens bedeutendste, 5,77 km lange Rennstrecke (seit 1922); seit 1955 als **Autodromo Nazionale di M.** mit einem Autodrom (4,25 km) kombiniert.

Monzambano, Severinus de, Pseud. von Samuel Freiherr von →Pufendorf.

Moodie [ˈmuːdɪ], Susanna, geb. **Strickland** [ˈstrɪklənd], kanad. Schriftstellerin engl. Herkunft, * nahe Bungay (Cty. Suffolk) 6. 12. 1803, † Toronto 8. 4. 1885; veröffentlichte in England Erzählungen für Jugendliche, Gedichte, Skizzen und Kurzgeschichten. 1832 wanderte sie mit ihrem Mann nach Kanada aus. Ihre Erfahrungen als Immigrantin und das harte Farmerleben in Ontario beschrieb sie humorvoll und anschaulich in ihrer autobiograph. Trilogie ›Roughing it in the bush. Or, Life in Canada‹ (2 Bde., 1852), ›Life in the clearing versus the bush‹ (1853) und ›Flora Lyndsay. Or, Passages in an eventful life‹ (1854).

Weitere Werke: *Romane:* Mark Hurdlestone. Or, The two brothers (1853); Mark Hurdlestone, the gold-worshipper (1853); Geoffrey Moncton. Or, The faithless guardian (1855); The world before them, 3 Bde. (1868).

M. FOWLER: The embroidered tent. Five gentlewomen in early Canada (Toronto 1982).

Moodstyle [ˈmuːdstaɪl, von engl. mood ›Laune‹, ›Stimmung‹], Ende der 1920er-Jahre im Orchester D. ELLINGTONS entwickelte charakterist. Spielweise, die mit harmon. (alterierte Akkorde) und instrumentalen (z. B. gedämpfte Posaunen und Trompeten, tiefe Klarinettenregister) Mitteln eine bluesgetragene ›schwüle‹ Stimmung hervorruft (z. B. ›Mood Indigo‹, 1931).

Moody [ˈmuːdɪ], William Vaughn, amerikan. Schriftsteller, * Spencer (Ind.) 8. 7. 1869, † Colorado Springs (Colo.) 17. 10. 1910; studierte an der Harvard University und lehrte dort sowie an der University of Chicago. Seine Gedichte und Dramen brechen mit viktorian. Konventionen. Als seine Hauptwerke gelten die den Prometheusstoff aufgreifende Versdra-

William V. Moody

mentrilogie aus ›The masque of judgment‹ (1900), ›The firebringer‹ (1904) und ›The death of Eve‹ (hg. 1912, unvollendet), die den Konflikt zw. Gehorsam gegenüber Gott und freiem Willen thematisiert, sowie das Stück ›The Sabine woman‹ (1906, 1909 u. d. T. ›The great divide‹) über den Gegensatz zw. puritan. Ostküste und Pionierindividualismus.

Ausgabe: The poems and plays, hg. v. J. M. MANLEY, 2 Bde. (1912, Nachdr. 1969).

M. HALPERN: W. V. M. (New York 1964).

Moody-Index [ˈmuːdɪ-, engl.], Preisindex, der die relative Entwicklung (31. 12. 1931 = 100) der Preise für 15 im internat. Handel bedeutsame Grundstoffe (Produkte der Landwirtschaft, Viehzucht und Bergbaus) auf der Grundlage von Börsennotierungen und Auktionspreisen im Dollarbereich angibt.

Moody's Investors Service [ˈmuːdɪz ɪnˈvestəz ˈsəːvɪs], Kurz-Bez. **Moody's,** Bewertungsagentur für etwa 20 000 Emittenten, die →Ratings durchführt und Finanzanalysen vertreibt; Sitz: New York.

Moon, Mohn, estn. **Muhu,** zu Estland gehörende Ostseeinsel, 204 km², etwa 2 500 Ew.; schließt mit Ösel die Rigaer Bucht nach N ab, vom Festland durch den **Großen M.-Sund,** von Ösel durch den **Kleinen M.-Sund** getrennt; waldlos, aus Kalken und Dolomiten aufgebaut, bis 24 m ü. M. Mit Ösel ist M. durch einen 4 km langen Damm verbunden.

Moonboots [ˈmuːnbuːts, engl.; eigtl. ›Mondstiefel‹], Winterstiefel, →Boots.

Moor [von mnd.-altsächs. mōr ›Sumpf(land)‹, verwandt mit Meer], norddt. auch **Bruch, Fehn, Venn, Lohe, Luch,** süddt. auch **Filz, Ried,** dauernd feuchtes, schwammiges, oft unzugängl. Gelände mit charakterist. Pflanzengesellschaften auf einer mindestens 20–30 cm mächtigen Torfdecke (im unentwässerten Zustand), mit mindestens 30% organ. Substanz. Grundvoraussetzung für die Entstehung eines M. ist ein großer Wasserüberschuss, der das Wachstum feuchtigkeitsliebender Pflanzen begünstigt und anaerobe Verhältnisse schafft, die den mikrobiellen Abbau der abgestorbenen Pflanzenreste hemmen und durch Inkohlung zur Torfbildung führen (›Vertorfung‹). Man unterscheidet drei Grundtypen: Nieder-, Übergangs- und Hochmoor.

Nieder-M. (Niederungs-, Flach-, Wiesen-M.): Nach der letzten Eiszeit, während der nachfolgenden, noch kalten Periode, bildeten sich in den Schmelz- und Stauwasserseen, die zw. den Moränen zurückgeblieben waren, Schlammablagerungen (Mudden) aus, die durch ihr Eigengewicht stark zusammengepresst wurden. Mit weiterer klimat. Erwärmung verstärkte sich der Pflanzenwuchs, und die Pflanzen des Ufersaums drangen immer mehr zur Mitte des Sees vor. Das Röhricht wurde mit fortschreitender Verlandung von Seggen verdrängt, was zur Bildung von Schilf- und Seggentorfen führte. Nach Verschwinden der freien Wasserfläche entstanden Schwarzerlenbestände und Weidenbruchwald; sie wurden zu Bruchwaldtorf. Neben diesen **Verlandungs-M.** gibt es **Versumpfungs-** und **Überschwemmungs-M.,** in Mitteleuropa v. a. in den Urstromtälern u. a. durch die eiszeitl. Vergletscherung geprägten Gebieten des Norddt. Tieflandes (z. B. Netze-, Oder-, Warthebruch) sowie im Alpenvorland. Im Küstenbereich der südl. Nord- und Ostsee entstanden Überschwemmungs-M. infolge des nacheiszeitl. Meeresspiegelanstiegs; bei Salzwasserbeeinflussung bildeten sich Salzwassertorfe. Kleineren Umfang haben die z. T. anthropogen bedingten (mittelalterl. Rodungen) **Hang-** und **Quell-M.** sowie die durch Ausschmelzen von Toteis hervorgerufenen **Kessel-M.** Außerhalb Mitteleuropas gibt es in semiariden und ariden Klimaten **Soda-** und **Salz-M.** Nieder-M. sind meist nährstoffreich (eutroph) und werden daher auch Reich-M. genannt. Aus Nieder-M. v. a. des Küstenbereichs, daneben auch des Binnenlandes, haben sich durch weitere →Inkohlung die bedeutenden Kohlenlagerstätten gebildet (→Kohle). Wirtschaftlich wichtig waren früher auch die →Raseneisenerze.

Übergangs-M. (Zwischen-M.): Wenn die Pflanzendecke im Übergangs-M. über das nährstoffreiche Grundwasser emporgewachsen war, wurde sie mehr durch die Niederschläge mit (nährstoffarmem) Wasser versorgt. So kam es, dass sich allmählich immer stärker die weniger anspruchsvollen Kiefern und Birken sich ansiedelten, die nunmehr die Zusammensetzung der Pflanzendecke bestimmten. Wegen des insgesamt geringen Nährstoffgehaltes nennt man die Übergangs-M. mesotroph.

Hoch-M.: Wenn das Klima feuchter wird, wie in Mitteleuropa im Atlantikum der Nacheiszeit (→Holozän), beginnen die Torfmoose aufgrund der häufigen Niederschläge üppig zu gedeihen und das Wurzelgeflecht der Bäume des Übergangs-M. zu ersticken. Diese Torfmoose besitzen die Fähigkeit, Wasser in einer Menge, die etwa dem Zwanzigfachen ihres Trockengewichtes entspricht, über mit Poren versehene, abgestorbene Zellen wie ein Schwamm aufzu-

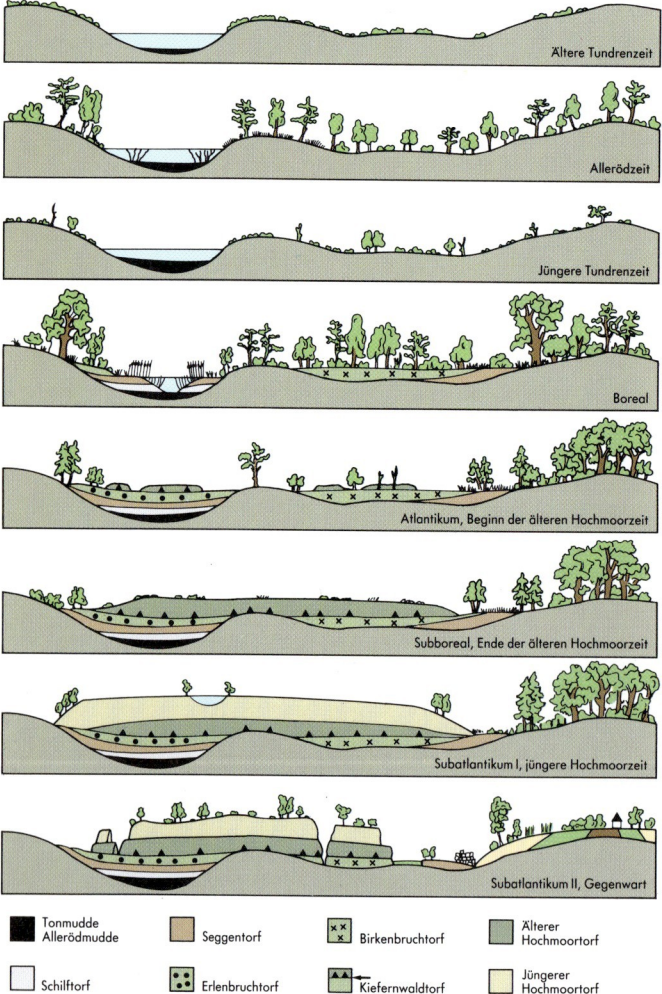

Moor: Schematische Darstellung der Entwicklung eines Hochmoors im nordwestdeutschen Flachland (nach Franz Overbeck)

Moor: Übergangsmoor bei Ulrik (Norwegen) mit Torfmoospolstern

saugen. Sie bilden große, geschlossene Polster aus, die stetig höher wachsen, während die unteren Pflanzenteile absterben und zu Torf werden. In der Mitte höher als an den Rändern wölbt sich schließlich das Hoch-M. über seine Umgebung empor. Seine Oberfläche ist gegliedert in wassergefüllte oder wasserdurchtränkte Vertiefungen **(Schlenken)**, die durch grüne Torfmoose ausgezeichnet sind, und in kissenförmige Erhöhungen **(Bulten)** mit rötl. oder bräunl. Torfmoosen. Typ. Pflanzen sind – neben den Torfmoosen – Wollgras, Moosbeere, Sonnentauarten, Binsen; zum Rand hin finden sich Heidekrautgewächse (Glocken-, Besenheide), Birken, verkrüppelte Kiefern. Das stark geneigte, von Wasserabflussbahnen (›Rüllen‹) durchzogene Randgehänge ist trocken und trägt Bruchwald. An diesen schließt oft das **Lagg**, eine versumpfte Zone mit Sumpfwald, Seggen, Riedgräsern oder Röhrichten, an. Durch Aufreißen der M.-Decke können sich durch Huminsäuren braune Wasseransammlungen bilden **(M.-Augen, M.-Seen, Blänken, Kolke)**. Der M.-Wasserspiegel liegt über dem Grundwasserspiegel. An der Basis der aus Versumpfungs-M. hervorgegangenen Hoch-M. lagern meist hochzersetzte, dunkle Torfe **(Schwarztorf)**, die durch einen Grenzhorizont (→Schwarztorf-Weißtorf-Kontakt) von weniger zersetzten, helleren Torfen **(Weißtorf)** getrennt sind; die oberste Torfschicht ist von noch lebenden Wurzeln durchzogen. Hoch-M. sind nährstoffarm (oligotroph; Arm-M.) und werden, da vom Niederschlag bestimmt, auch **Regen-M.** genannt.

Auf bes. hohen Niederschlägen beruhen die →Deckenmoore v. a. Irlands; in N-Europa gibt es →Aapamoore. Hier entstanden auch meterhohe, mit Dauerfrostboden oder Bodeneis verbundene Torfhügel (→Palsen) oder -bülten (→Thufur). In den großen Ebenen Sibiriens und des nördl. Nordamerika haben sich aus den Frostspaltennetzen und Eiskeilen Polygon-M. mit wabenartigen Strukturen gebildet.

Die Produktivität der Moorpflanzengesellschaften ist hoch. In Hoch-M. können bis zu 8 t lufttrockene Pflanzenmasse je Hektar und Jahr entstehen, in nährstoffreichen Überflutungs-M. fast doppelt so viel; mehr als die Hälfte der urspr. produzierten Pflanzensubstanz geht aber durch mikrobielle Abbauprozesse verloren. Der jährl. Torfzuwachs beträgt in Mitteleuropa durchschnittlich 0,5–1,5 mm. Die Torfmasse kann hier 10–20 m mächtig werden, im eiszeitlich nicht vergletscherten S-Europa 50–70 m, maximal bis 200 m (O-Makedonien, Griechenland). Die stärkste Torfbildung findet zwar in den gemäßigten Klimaten statt, die größten M.-Flächen der Erde liegen aber in der borealen Nadelwaldzone (Taiga). Der Umfang der M. in den Subtropen und Tropen ist nicht ausreichend bekannt. Entsprechend unterschiedlich sind die Angaben über die Gesamtfläche der M. auf der Erde (150–500 Mio. ha). Die größten Flächen liegen in Russland, in den USA, in Indonesien, Kanada, Finnland und Schweden. Den größten Anteil an der Landesfläche haben die M. in Finnland, Irland und Schweden (32, 17,1 bzw. 14,5 %).

M. sind in vieler Hinsicht extrem. Flora und Fauna sind in Mitteleuropa durch Relikte borealen und mediterranen Ursprungs ausgezeichnet. Da im Untergrund bis in den Sommer hinein kühl, an der Oberfläche sich aber schneller erwärmen, herrscht über Hoch-M. bei minimaler Verdunstung nahezu kontinentales Klima.

Die Tierwelt wilder Hoch-M. ist bes. arten- und auch individuenarm; Regenwürmer, Egel, Muschelkrebse, Asseln, Eintagsfliegen, Weichtiere, Fische und Lurche fehlen meist. Reich vertreten sind die beschalten Amöben, die Bauchhaarlinge und Libellen.

Die unter Grund- oder Stauwassereinfluss stehenden, überwiegend aus pflanzl. Substanzen (Torf) entstandenen Böden der M. **(M.-Böden, Torfböden, organische Nassböden)** sind Grundwasserböden mit einem Humushorizont von über 20 cm Mächtigkeit; ihre Untergliederung erfolgt entsprechend den M. in Flach- oder Niedermoorböden (60–95 % organ. Substanz; meist nährstoffreich, chemisch neutral bis leicht sauer), Hochmoor- (96–99 % organ. Substanz; nährstoffarm, stark sauer) und Übergangsmoorböden. Eine Übergangsbildung zu den Mineralböden ist das →Anmoor.

M.-Forschung: Wissenschaftlich sind v. a. Hoch-M. als ›natürl. Laboratorien‹ ebenso interessant wie als Dokumentatoren ihrer eigenen und der nacheiszeitl. Waldgeschichte (→Pollenanalyse). Große Bedeutung haben M. für den Bodenwasserhaushalt wegen ihres Wasserrückhaltevermögens (M. können bis zu über 95 % aus Wasser bestehen) sowie wegen ihrer Filterwirkung auf durchströmendes Wasser. M. sind auch wichtig für den Kohlenstoffkreislauf: Die in den M. der Erde festgelegte Kohlenstoffmenge ($300 \cdot 10^9$ t) entspricht etwa der Hälfte des als Kohlendioxid in der Atmosphäre vorhandenen Kohlenstoffs. Jährlich werden in den M. $90 \cdot 10^6$ t Kohlenstoff gebunden. Bei der Entwässerung wird auch Stickstoff freigesetzt. Heute ist bereits ein Drittel aller ursprüngl. M.-Flächen der Erde verbraucht.

M. gehören zu den am stärksten gefährdeten Ökosystemen in Mitteleuropa. Über 50 % der heutigen M.-Pflanzen gelten als gefährdet oder sind vom Aussterben bedroht. Ähnlich verhält es sich bei den Tieren. Viele Vogelarten haben eine enge Bindung an die verschiedenen M.-Formen (Kranich, Birkhuhn). Singvögel, Reptilien und Amphibien finden ebenso wie selten gewordene Insekten in M.-Gebieten den geeigneten Lebensraum. Erhaltung und auch Wiederherstellung von M. ist deshalb eine wichtige Aufgabe des Naturschutzes. Die wenigen heute bestehenden M.-Naturschutzgebiete sind jedoch häufig aufgrund des zu schmalen Randstreifens nur ungenügend vor einer Entwässerung geschützt, sodass ihr Wasserspiegel allmählich absinkt und die Verlandung einsetzt.

Moor Moor–Moore

Geschichtliches: Spuren des Menschen in M. finden sich seit der Jungsteinzeit (→Moorfunde, →Moorleichen). Die Nutzung von M. durch Brenntorfgewinnung ist in Mitteleuropa mindestens seit Beginn der Bronzezeit bekannt. Der Abbau von Raseneisenerz, seit der Eisenzeit ausgeübt, wurde im 19. Jh. eingestellt. Im Norddt. Tiefland, wo Kalksteinvorkommen an der Erdoberfläche fehlen, diente der an der Basis des Torfes gebildete Kalk (Wiesenkalk, Seekreide) vom frühen MA. bis zum Ende des 19. Jh. zur Herstellung von gebranntem Kalk (für Mörtel), daneben auch als Mineraldünger. In größerem Umfang wurde Torf als Brennmaterial erst mit der Holzverknappung seit der zweiten Hälfte des 18. Jh. bis Anfang des 20. Jh. verwendet; die Torffeuerung in der Eisen- und Stahlindustrie hatte in der zweiten Hälfte des 19. Jh. ihren Höhepunkt. Torfbriketts werden heute noch in Russland, Finnland und Irland hergestellt. Hier wird auch noch elektr. Strom aus Torf erzeugt. Zur Bodenverbesserung wird Torf heute v. a. im Gartenbau eingesetzt. An der südl. Nordseeküste wurde, mindestens seit dem 9. Jh., Salztorf zur Salzgewinnung abgebaut. Seit der ersten Hälfte des 19. Jh. entwickelte sich die Verwendung in der Medizin (M.-Bäder und -Präparate). Die mit Brenntorfgewinnung verbundene landwirtschaftl. Erschließung von M. wurde großflächig in Dtl. mit staatl. Initiative seit dem 18. Jh. durchgeführt.

F. OVERBECK: Botanisch-geolog. M.-Kunde (1975); Mires. Swamp, bog, fen and moor, hg. v. A. J. P. GORE, 2 Tle. (Amsterdam 1983); Moore u. Sümpfe, bearb. v. B. GERKEN (1983); M. SUCCOW u. L. JESCHKE: Moore in der Landschaft (Thun ²1990); M.- u. Torfkunde, hg. v. K. GÖTTLICH (³1990). – Weitere Literatur →Marsch.

Margriet de Moor

Moor, 1) **Anthonis,** niederländ. Maler, →Mor, Anthonis.

2) **Margriet de,** geb. **M. Neefjes,** niederländ. Schriftstellerin, * Noordwijk 21. 11. 1941; studierte Klavier und Gesang, später Kunstgesch. und Archäologie. 1988 debütierte sie mit dem Novellenband ›Op de rug gezien‹ (dt. ›Rückenansicht‹); ihr Roman ›Eerst grijs dan wit dan blauw‹ (1991; dt. ›Erst grau dann weiß dann blau‹), virtuos konstruiert und in einer eindringl. musikal. Sprache verfasst, wurde zu einem internat. Erfolg.

Weitere Werke: *Novellen:* Dubbelportret (1989; dt. Doppelporträt). – *Romane:* De virtuose (1993; dt. Der Virtuose); Hertog van Egypte (1996; dt. Herzog von Ägypten). – *Erzählungen:* Ik droom das (1995; dt. Ich träume also).

Moorantilope: Schwarzfuß-Moorantilope (Körperlänge bis 1,8 m)

Moor|antilope, Name zweier zu den Riedböcken gestellter Antilopenarten: 1) →Litschiwasserbock; 2) **Schwarzfuß-M. (Kob-Antilope,** *Adenota kob*), bis 1,8 m körperlang, oberseits goldockerfarben bis dunkelbraun, unterseits weißlich; v. a. in Steppen und Savannen West- und Zentralafrikas beheimatet; in kleinen Herden lebende Tiere mit weißer Augen- und Ohrenregion und schwärzl. Streifen auf der Vorderseite der Beine; zahlreiche Unterarten.

Moor|archäologie, Aufdeckung, Hebung und Erforschung von in vor- und frühgeschichtl. Zeit in Moore eingebetteten Objekten. Die Bedeutung der M. liegt darin, durch die Pollenanalyse eine genaue Altersbestimmung vieler Funde und Fundschichten vornehmen zu können. Besonders relevant ist die Erforschung von Siedlungen (→Moorsiedlung), Kultstätten und Wegen (Moorbrücken), die seit der Mittelsteinzeit an Seeufern angelegt und später vom Moor überwachsen wurden. Durch die konservierende Moorsäure sind viele Funde aus organ. Stoffen unversehrt erhalten (→Moorfunde, →Moorleichen).

Moorbad, therapeut. Anwendung von breiig aufgeschwemmtem und durch Wasserdampf erhitztem Torf (Moorbrei), der mit Mineralstoffen angereichert werden kann (Eisen, Schwefel, Salz). Der Moorbrei zeichnet sich durch hohes Wasserbindungs- und Wärmespeichervermögen aus und gibt die Wärme kontinuierlich über einen längeren Zeitraum ab. Neben der hierdurch bewirkten Tiefendurchwärmung können auch chem. Wirkungen durch Hautresorption erfolgen. M. werden als Vollbäder (sie sind kreislaufbelastend) bei rheumat. Erkrankungen oder als Teilbäder bei Unterleibserkrankungen gegeben, Moorpackungen werden zur lokalen Wärmewirkung vorzugsweise bei Erkrankungen im Bauchbereich verwendet.

Moorbeere, die →Rauschbeere.

Moorcock [ˈmʊəkɔk], **Michael,** engl. Schriftsteller, * Mitcham (heute zu London) 18. 12. 1939; wichtigster Vertreter der ›New Wave‹ der Sciencefiction, die die Gattung durch Übernahme avantgardist. Erzählverfahren sowie Verbindung des Fantastischen mit einer sozialen und psycholog. Dimension bereicherte. Er gab 1964–71 das Magazin ›New Worlds‹ heraus und schrieb, neben konventionellen Sciencefictionthrillern, seine populäre Tetralogie um den Helden Jerry Cornelius (›The final programme‹, 1969, dt. ›Miss Brunners letztes Programm‹; ›A cure for cancer‹, 1971, dt. ›Das Cornelius-Rezept‹; ›The English assassin‹, 1972, dt. ›Ein Mord für England‹; ›The condition of muzak‹, 1977, dt. ›Das Lachen des Harlekins‹) sowie die Trilogie (›The dancers at the end of time‹ (1972–76, 3 Bde.; dt. ›Zeitnomaden‹) um Jherek Carnelian. In dem Roman ›Behold the man‹ (1969; dt. ›INRI oder die Reise mit der Zeitmaschine‹) unternimmt M. eine Umdeutung des bibl. Berichts, in ›Warlord of the air‹ (1971; dt. ›Die Herren der Lüfte‹) greift er das Motiv paralleler Welten auf.

Weiteres Werk: *Roman:* Jerusalem commands (1992).

Moordorf, Ortsteil der Gem. Südbrookmerland, Landkreis Aurich, Ndsachs.; Fundort einer 1910 entdeckten, geometrisch verzierten, runden Goldscheibe (Durchmesser 14,5 cm, Gewicht 36,17 g). Ihr Alter ist ungewiss, am ehesten wohl bronzezeitlich. Irischen Analogien zufolge dürfte es sich um irischen Import ins niedersächs. Küstengebiet handeln.

Moore [ˈmʊə], 1) **Brian,** kanad. Schriftsteller irischer Herkunft, * Belfast 25. 8. 1921; lebte 1948–59 in Kanada, seither in Kalifornien. Die religiösen oder polit. Probleme und psychisch-sexuellen Konflikte seiner Romanfiguren resultieren meist aus ihrer Stellung zw. verschiedenen Kulturen und Nationen und dem Verlust aller Gewissheiten (›Judith Hearne‹, 1955, dt. ›Die einsame Passion der Judith Hearne‹; ›Catholics‹, 1972, dt. ›Insel des Glaubens‹, auch u. d. T. ›Katholiken‹; ›Black robe‹, 1985, dt. ›Schwarzrock‹). Mehrere seiner Romane widmen sich der Suche nach innerer Orientierung aus weiblicher Perspektive (›I am Mary Dunne‹, 1968, dt. ›Ich bin Mary Dunne‹; ›The doctor's wife‹, 1976, dt. ›Die Frau des Arztes‹).

Weitere Werke: *Romane:* The feast of Lupercal (1957; dt. auch u. d. T. Ein Sühnefest); The luck of Ginger Coffey (1960; dt. Ein Optimist auf Seitenwegen, auch u. d. T. Ginger Coffey sucht sein Glück); The emperor of ice-cream (1965; dt. Der Eiscremekönig); The great Victorian collection (1975; dt. Die große viktorian. Sammlung); The temptation of Eileen Hughes (1981; dt. Die Versuchung der Eileen Hughes); Cold heaven

(1983; dt. Kalter Himmel); The color of blood (1987; dt. Die Farbe des Blutes); Lies of silence (1990; dt. Dillon); No other life (1993; dt. Es gibt kein anderes Leben); The statement (1995; dt. Hetzjagd).

J. O'Donoghue: B. M. A critical study (Dublin 1991).

2) Charles Willard, amerikan. Architekt, * Benton Harbor (Mich.) 31. 10. 1925, † Austin (Tex.) 16. 12. 1993; Schüler von L. I. Kahn; war Leiter des Fachbereichs Architektur an der University of California, Berkeley (1962–65), und an der Yale University (1965–69), unterhielt seit 1959 Planungsbüros mit wechselndem Mitarbeiterstab (1962–70 M., D. Lyndon, W. Turnbull, R. Whitaker: ›MLTW‹; seit 1975 M., W. Grover, R. Harper, in Essex, Conn.). 1991 gründete er M./Andersson Architects. M.s Architektur, anfangs dem handwerklich traditionalist., an Scheunen erinnernden Shingle-Style der amerikan. Westküste verwandt, ist gekennzeichnet durch bewusste Naivität im spieler. Umgang mit geometr. Formen, Materialien und Farben und iron. Zitaten histor. Baustile. Die Piazza d'Italia (1977–78) in New Orleans (La.) gilt als eines der Hauptwerke der Postmoderne. Sein Wettbewerbsbeitrag für die IBA in Berlin war die Bebauung des Tegeler Hafengeländes (1980–87) mit Wohnbauten, Kultur- und Freizeitzentrum (bes. bemerkenswert der Industriearchitektur assoziierende Bau der Humboldt-Bibliothek, 1987–88). Zu seinen letzten Projekten gehört das Kaufhaus ›Peek & Cloppenburg‹ in Leipzig (Wettbewerbssieg 1992, 1994 verändert fertig gestellt).

Weitere Werke: M. House, Orianda, Calif. (1962); Sea Ranch, Big Sur, Calif. (1963–65); Clubhaus der Architekturfakultät, Santa Barbara, Calif. (1966–68); Klotz House, Westerly, R. I. (1968); Kresge College, Santa Cruz, Calif. (1966–74); Church of the Nativity, Rancho Santa Fe, Calif. (1989); University of Oregon Science Complex, Eugene, Oreg. (1990); Nishiokamoto Wohnanlage, Kōbe (1992). – **Schrift:** Chambers for a memory palace (hg. 1994, mit D. Lyndon; dt. Ortskenntnis).

G. Allen: C. M. (a. d. Amerikan., 1981); C. M. Bauten u. Projekte 1949–1986, hg. v. E. J. Johnson (a. d. Engl., 1987); M., Ruble, Yudell (London 1993); Architekten – C. M., bearb. v. D. Hezel, (⁴1995).

3) George Augustus, irischer Schriftsteller, * Ballyglass (Cty. Mayo) 24. 2. 1852, † London 21. 1. 1933; studierte 1872–82 in Paris Malerei, wandte sich dann jedoch der Literatur zu. 1901 nach Irland zurückgekehrt, stand er zeitweise der kelt. Renaissance nahe; 1903 konvertierte M. zum Protestantismus; ab 1911 lebte er in England. M. schrieb, zunächst vom frz. Naturalismus (É. Zola, E. de Goncourt) beeinflusst, den Roman ›Esther Waters‹ (1894; dt. u. a. als ›Arbeite und bete‹) über das Schicksal eines Dienstmädchens sowie den religiösen Doppelroman ›Evelyn Innes‹ (1898) und ›Sister Teresa‹ (1901; beide dt. u. d. T. ›Irdische und himmlische Liebe‹). Zeugnis für M.s zunehmende Wendung zu religiösen Fragen ist der Roman ›The brook Kerith‹ (1916), eine Art Rekonstruktion des Lebens Jesu. M. verfasste auch mehrere autobiograph. Werke, u. a. ›Confessions of a young man‹ (1888, revidiert 1926) und ›Hail and farewell‹ (3 Bde., 1911–14, revidiert 1925), sowie von I. S. Turgenjew (›The untilled field‹, 1903) und G. Flaubert (›Celibate lives‹, 1927) beeinflusste Kurzgeschichten.

Ausgaben: The Carra edition, 21 Bde. (1922–24); The works. Uniform edition, 20 Bde. (1924–33); Letters, hg. v. J. Eglinton (1942).

H. Zirker: G. M. Realismus u. autobiograph. Fiktion (1968); E. Gilcher: A bibliography of G. M., 2 Bde. (Dekalb, Ill., 1970–88); R. Paczesny: Synkretismus als epochales Problem. Überlegungen zum Romanwerk G. M.s (1985).

4) George Edward, brit. Philosoph, * London 4. 11. 1873, † Cambridge 24. 11. 1958; studierte Philologie und Philosophie in London und Cambridge, wo er B. Russell kennen lernte, wurde 1911 Lektor in Cambridge, 1925 Prof. für Philosophie ebd. Anfangs stand

Charles W. Moore: Wohnbebauung am Tegeler Hafen; 1985–87

M. unter dem Einfluss des Idealismus von F. H. Bradley. Die krit. Auseinandersetzung mit dessen Ideen in ›The refutation of idealism‹ (1903) gilt als Beginn des eigenständigen Philosophierens von Moore. Es ist gekennzeichnet durch analyt. Schärfe einerseits und starke Betonung des →Commonsense andererseits. Seine Untersuchungen zur Sprache machten M. neben Russell zum Begründer der (sprach-)analyt. Philosophie. Während Letzterer sich überwiegend an der formalen Sprache der Logik orientierte, widmete sich M. v. a. der Umgangssprache und wurde damit zum Wegbereiter der →Ordinary language philosophy. – Das wichtigste Anwendungsgebiet der mooreschen Analysen war die Ethik; hier vertrat er eine intuitionist. Grundposition (die Bedeutung von ›gut‹ lässt sich nicht definieren), die viele Berührungspunkte zum Utilitarismus aufwies (eine Handlung ist dann richtig, wenn sie ein maximales Maß an Gutem realisiert). Der Ethik galten auch die beiden einzigen Bücher, die M. geschrieben hat: ›Principia ethica‹ (1903; dt.) und ›Ethics‹ (1912; dt. ›Grundprobleme der Ethik‹).

Ausgabe: Eine Verteidigung des Common Sense. Fünf Aufsätze aus den Jahren 1903–1941 (1969).

G. J. Warnock: Engl. Philosophie im 20. Jh. (a. d. Engl., 1971).

5) Gerald, engl. Pianist, * Watford 30. 7. 1899, † London 13. 3. 1987; begann als Konzertpianist und wurde einer der führenden Klavierbegleiter (u. a. von Elisabeth Schwarzkopf, H. Hotter, Christa Ludwig, D. Fischer-Dieskau, Y. Menuhin, P. Casals).

Schriften: The unashamed accompanist (1943; dt. Freimütige Bekenntnisse eines Begleiters); Am I too loud? (1962; dt. Bin ich zu laut?); The Schubert song cycles (1975; dt. Schuberts Liederzyklen); Farewell recital. Further memoirs (1978; dt. Abschiedskonzert. Weitere Erinnerungen); Poet's love. The songs and cycles of Schumann (1981; dt. Dichterliebe).

6) Henry, brit. Bildhauer, Zeichner und Grafiker, * Castleford (bei Leeds) 30. 7. 1898, † Much Hadham (Cty. Hertfordshire) 31. 8. 1986; besuchte u. a. das Royal College of Art in London, an dem er 1926–32 auch lehrte. 1932–39 unterrichtete er an der Kunstschule in Chelsea. Für die Entwicklung seines Stils waren die Kunst der Naturvölker und die archaische Kunst von ebenso großer Bedeutung wie die eigene Naturverbundenheit. Zentrales Thema seiner monumentalen Plastiken sind Menschen, als Einzelfiguren (oft liegend) oder auch zu Gruppen (häufig Mutter und Kind) zusammengestellt. Die Figuren wachsen aus Formen, die in einem spannungsreichen Wechselspiel teils nach rhythm., teils nach tekton. Gesichts-

George Edward Moore

Moor Mooréa – Mooreiche

Henry Moore: Figure in a shelter; 1941 (Wakefield, England, Art Galleries and Museums)

Henry Moore

punkten gestaltet sind. Neben naturnahen Werken stehen deformierte und abstrakte, neben Freiplastiken auch architekturgebundene Arbeiten. Die innere und äußere Form der Plastiken ist häufig verschachtelt; sie haben oft eine schrundige Oberfläche. M. arbeitete bis 1945 v. a. in Stein und Holz, später meist in Bronze. Während des Zweiten Weltkriegs schuf M. eindringl. farbige Zeichnungen von Menschen, die in den Londoner U-Bahn-Schächten Schutz vor Bombenangriffen suchten (›shelter drawings‹). Sie haben sein plast. Werk nachhaltig beeinflusst. Neben Skulpturen, Skizzen und Zeichnungen entstanden auch Radierungen und Lithographien (Einzelblätter und Zyklen). M. gehört zu den bedeutendsten Bildhauern des 20. Jahrhunderts. Weiteres BILD →englische Kunst.

Werke: Liegende (Stein, 1938; London, Tate Gallery); König und Königin (Bronze, 1952–53; u. a. Antwerpen, Middelheim Park; BILD →moderne Kunst); Der Krieger (Bronze, 1953–54; Mannheim, Kunsthalle); Drei aufrechte Figuren (Bronze, 1955–56; Otterlo, Rijksmuseum Kröller-Müller); Liegende (Stein, 1956–58; Paris, UNESCO-Gebäude); Liegende (Bronze, 1963–65; New York, Lincoln Art Center); Large two forms (Bronze, 1966 u. 1969; u. a. Bonn, Bundeskanzleramt); Großer Bogen (Marmor, 1980; London, Kensington Gardens). – **Schriften:** H. M. on sculpture (1966; dt. Über die Plastik); Energy in space (1973; dt. Energie im Raum).

Complete sculpture, hg. v. A. BOWNESS, 6 Bde. (London $^{1-5}$1977–88); Plastiken 1912–1980, hg. v. D. MITCHINSON

Henry Moore: Large two forms; 1966 (Bonn, Bundeskanzleramt)

(a. d. Engl., 1981); H. M., bearb. v. S. COMPTON, Ausst.-Kat. (London 1988); H. M., bearb. v. G. C. ARGAN (a. d. Ital., Neuausg. 1989); H. M., bearb. v. D. MITCHINSON u. J. STALLABRASS (London 1992); H. M. – complete drawings, hg. v. A. GARROULD, auf mehrere Bde. ber. (London 1994 ff.); H. M., Ursprung u. Vollendung, hg. v. C. ALLEMAND-COSNEAU u. a., Ausst.-Kat. Städt. Kunsthalle, Mannheim (1996).

7) Marianne Craig, amerikan. Lyrikerin, *Saint Louis (Mo.) 15. 11. 1887, †New York 5. 2. 1972; studierte am Bryn Mawr College, 1925–29 Herausgeberin der avantgardist. Literaturzeitschrift ›The Dial‹; stand zeitweise den Imagisten nahe. Ihre Gedichte, ironisch-intellektuell in Ton und Perspektive, weisen überraschende Metaphern sowie eine unkonventionelle, an der gesprochenen Sprache orientierte Metrik auf; sie zielen auf die authent. Beobachtung, die im präzisen Bild eine ästhetisch-philosoph. Dimension erhält.

Werke: Observations (1924); What are years (1941); Nevertheless (1944); Complete poems (1967); Unfinished poem (hg. 1972). – Gedichte (1954, Ausw.).

P. W. HADAS: M. M., poet of affection (Syracuse, N. Y., 1977); B. COSTELLO: M. M. Imaginary possessions (Cambridge, Mass., 1981); T. MARTIN: M. M. Subversive modernist (Austin, Tex., 1986); G. SCHULMAN: M. M. The poetry of engagement (Urbana, Ill., 1986); B. F. ENGEL: M. M. (Neuausg. Boston, Mass., 1989).

8) Roger George, brit. Filmschauspieler, *London 14. 10. 1927; wurde v. a. bekannt als Fernsehserienstar (u. a. in ›Simon Templar‹, 1967–68); seit den 70er-Jahren James-Bond-Darsteller (›Leben und sterben lassen‹, 1973; ›Im Angesicht des Todes‹, 1984).

Weitere Filme: Flucht nach Athena (1979); Sunday Lovers (1980); Das nackte Gesicht (1984); Feuer, Eis & Dynamit (1990); The Quest – Die Herausforderung (1996).

9) Stanford, amerikan. Biochemiker, *Chicago (Ill.) 4. 9. 1913, †New York 23. 8. 1982; seit 1952 Prof. am Rockefeller Institute of Medical Research in New York. M. trug wesentlich zur Aufklärung von Struktur und Wirkungsweise des Enzyms Ribonuklease bei. Er erhielt hierfür mit C. B. ANFINSEN und W. STEIN 1972 den Nobelpeis für Chemie.

10) Thomas, irischer Dichter, *Dublin 28. 5. 1779, †Sloperton Cottage (bei Chippenham, Cty. Wiltshire) 25. 2. 1852; Jurist; 1803–18 Admiralitätsbeamter auf den Bermudas; bereiste 1819–23 Amerika, Frankreich und Italien. M. schrieb schon früh Gedichte. Nach der Herausgabe von ›A selection of Irish melodies‹ (1808–34, 10 Tle.; dt. ›Irische Melodien‹), nostalg. oder sentimental-empfindsamen Liedern zu Klavierbegleitung, die auf alte irische Melodien zurückgreifen, wurde er als ›Barde Irlands‹ gefeiert. Er verfasste daneben populäre oriental. Verserzählungen (›Lalla Rookh‹, 1817; dt. ›Lalla Rukh‹) sowie Gesellschaftssatiren (›The Fudge family in Paris‹, 1818). Nach dem Tod seines Freundes Lord BYRON vernichtete M. dessen hinterlassene ›Memoirs‹, edierte jedoch den Band ›Letters and journals of Lord Byron, with notices of his life‹ (1830).

Ausgaben: Werke, hg. v. T. OELCKERS, 5 Bde. (^{2}1843). – The poetical works, hg. v. A. D. GODLEY (1929, Nachdr. 1979).

H. H. JORDAN: Bolt upright. The life of T. M., 2 Bde. (Salzburg 1975); T. TESSIER: The bard of Erin. T. M.'s Irish melodies 1808–1834 (ebd. 1981).

Mooréa [mɔreˈa], Insel im S-Pazifik, eine der Inseln über dem Winde der Gesellschaftsinseln, zu Französisch-Polynesien gehörend, 132 km², 7100 Ew., Hauptort ist Afareaitu; Erzeugung von Kopra, Vanille und Kaffee; Fremdenverkehr. (BILD →Gesellschaftsinseln)

Moor|eiche, Bez. für Eichenholz, das jahrhundertelang in Hochmooren gelegen hat und sich dabei durch Verbindung von Gerbsäure mit eisenhaltigen Huminsäurevorstufen grüngrau bis blauschwarz verfärbte; es wird für Furniere und als Schnittholz für hochwertige Möbel verwendet.

Moorente, Aythya nyroca, Art der Tauchenten (Größe 41 cm), warm kastanienbraun gefärbt, Männchen leuchtender und mit weißem Auge; charakteristisch sind der leuchtend weiße Unterschwanz und das große, weiße Flügelband im Flug. In Dtl. nach der Roten Liste vom Aussterben bedroht.

Moorfrosch, Rana arvalis, bis 8 cm großer, brauner Frosch auf sumpfigen Wiesen und Mooren Mittel- und Osteuropas. Im Unterschied zum sehr ähnl. Grasfrosch hat der M. eine spitzere Schnauze und häufig einen hellen Längsstreifen auf den Rücken.

Moorfunde, in der Vorgeschichtsforschung Bez. für in Mooren oder in später vermoorten Seen deponierte Opfer- und Votivgaben: Boote, Metallgegenstände, Tongefäße mit Nahrungsmitteln, Tier- und (seltener) Menschenopfer (→Moorleichen). Die auf Mooren gelegenen Kultstätten hatten z. T. menschengestaltige Holzpfähle, altarartige Steinhaufen und Holzzäune. Große M., die die Waffenausrüstung einer Heerschar umfassen (Kriegsbeute), sind offenbar Zeugnisse umfangreicher Opferhandlungen an bedeutenden Kultstätten, wobei es häufig zu rituellen Opferungen gekommen ist. Die v. a. im nördl. Mitteleuropa, in Jütland und S-Skandinavien verbreitete Sitte, Opfer- und Votivgaben im Moor oder im Wasser zu versenken, gab es schon in der Jungsteinzeit, bes. verbreitet in der Eisenzeit. Bekannte M. stammen v. a. aus Dänemark (z. B. von Ejsbøl, Gundestrup, Hjortspring, Kragehul, Nydam, Thorsberg und Vimose).

Vorgeschichtl. Heiligtümer u. Opferplätze in Mittel- u. Nordeuropa, hg. v. H. JANKUHN (1970); K. RADDATZ: Der Thorsberger Moorfund-Katalog (1987).

Moorheide, Art der →Glockenheide.

Moorhouse [ˈmuəhaus], Frank, austral. Schriftsteller, * Nowra (New South Wales) 21. 12. 1938; gilt als Erneuerer der in der Tradition H. LAWSONS stehenden austral. Kurzgeschichte. Er entwickelte einen reportagehaft die Fragmentierung der modernen Welt spiegelnden, realist. Dialoge einbeziehenden, zuweilen scharf satir. Stil.

Werke: *Kurzgeschichten:* Futility and other animals (1969); The Americans, baby (1972); The electrical experience (1974); Conference-Ville (1976); The ever-lasting secret family and other secrets (1980); Room service (1987).

Moorhufendorf, im 16.–18. Jh. planmäßig angelegte Reihensiedlungen mit Streifeneinödflur (meist von Entwässerungsgräben begrenzt) in den Hoch- und Niedermoorgebieten der Niederlande, Nordwest-Dtl.s (v. a. Emsland) und des östl. Mitteleuropa.

Moorkolonien, bäuerl. Siedlungen auf urbar gemachtem Moor, meist auf Hochmoor. Die ältesten dt. M. stammen aus dem 17. Jh. Eine verbreitete Art der M. sind die **Fehnkolonien,** die Ende des 16. Jh. in den Niederlanden im Rahmen der Fehnkultur (→Moorkultur) entstanden und im 18. Jh. in weniger intensiver Form nach Nordwest-Dtl. gelangten. Die dt. Fehnkolonien waren aber gegenüber den als Vorbild dienenden niederländischen weit weniger erfolgreich, weil der gewonnene Torf – anders als in den brennstoffarmen Niederlanden – nicht so günstig verkauft werden konnte, er war im Wettbewerb mit der Kohle unterlegen. Papenburg ist die einzige dt. Fehnkolonie, die dank günstiger Umstände (Schiffbau) eine bessere Entwicklung nahm. Eine wirtschaftl. Besserstellung der Fehnkolonien brachte erst der Bau von Großkraftwerken auf Torfbasis sowie von industriellen Torfwerken.

Der Königlich Hannoversche Moorkommissar JÜRGEN CHRISTIAN FINDORFF (* 1720, † 1792) legte bei der Besiedlung des Teufelsmoores bei Bremen (30 000 ha Hochmoor, 12 000 ha Niedermoor, 8 000 ha mineralbodenähnl. Böden) die einzelnen Kolonate mit je etwa 12,5 ha Größe aus, aber erst im 19. Jh. ermöglichte die Dt. Hochmoorkultur die Anlage von ergiebigem Grünland für eine leistungsfähige Rinderhaltung. Auf diesem Typ der Moorkultur beruhen die Erfolge der 2. Preuß. Moorkolonisation in Nordwest-Dtl. (bis 1950 auf über 20 000 ha) und in Ostpreußen (Großes Moosbruch). Die jüngsten M. wurden im Emsland auf der Grundlage des Emslandplanes angelegt. Ausgesprochene Niedermoorsiedlungen befinden sich v. a. in südd. Mooren (so im Donaumoos). Heute ist die Moorkolonisation in Dtl. praktisch abgeschlossen.

Moorkultur, Umgestaltung von Mooren zu landwirtschaftlich nutzbaren Flächen. Bei der Kultivierung von Niedermooren beginnt man mit einer Senkung des Grundwasserstandes durch Gräben oder Dränröhren. Bei der **Niedermoor-Sanddeckkultur (Dammkultur)** von T. H. RIMPAU (* 1822, † 1889) wird aus den Gräben etwa 20 cm Sand auf die Moorschicht aufgetragen. Die **Niedermoor-Schwarzkultur** ist eine intensive Grünlandnutzung mit Kaliphosphatdüngung ohne Besandung und Kalkung. Bei der niederländ. **Fehnkultur** wird die oberste, etwa 50 cm dicke Weißtorfschicht als Bunkerde (zu niederdt. Bunk ›Haufe[n]‹) nach Abtorfung der restl., als Brennstoff verwendeten Moorschichten zur Gewinnung des Kulturbodens mit dem sandigen Untergrund vermischt. Die frühere **Moorbrandkultur,** vorwiegend der niederländ. Hochmoore, konnte aufgrund der Nährstoffarmut und der sauren Bedingungen nur für Buchweizen- oder Hafermonokultur genutzt werden. Sechs- bis siebenmaliger Nutzung folgten drei bis vier Jahrzehnte Brache. Bei der **Deutschen Hochmoorkultur** wird das nicht abgetorfte Moor (1 m mächtig) durch Entwässerung (Gräben, ›Grippen‹), Dränung, Kalkung und Düngung urbar gemacht. Moore mit geringerer Torfmächtigkeit (50–150 cm) eigneten sich zum Einsatz des Tiefpfluges, wobei Torf und Sand des Untergrundes vermischt wurden **(Sandmischkultur),** besser zur ackerbaul. Nutzung. – Durch den Rückgang von Moorgebieten in Dtl. steht die M. heute im Widerspruch zu Naturschutzzielen.

Moorleichen, in Mooren gefundene, durch Luftabschluß und chem. Einflüsse mumienähnlich konservierte menschl. Leichen, die aus vor- und frühgeschichtl. Zeit, bes. der jüngeren Eisenzeit, stammen. Die bisher in Europa gefundenen M. stammen überwiegend aus Nord-Dtl., Jütland und S-Skandinavien, es handelt sich bei ihnen – abzuleiten von den Fundumständen – entweder um Opfer von Verbrechen, um nach german. Rechtsbrauch Hingerichtete (TACITUS ›Germania‹, 12), um ins Moor versenkte Tote oder um Menschenopfer. Durch den guten Erhaltungszustand der M. konnten wertvolle Aufschlüsse über Kleidung, Ernährung (Mageninhalt) und Gesundheitszustand

Stanford Moore

Thomas Moore

Moorente
(Männchen;
Größe 41 cm)

Moorfrosch
(Weibchen;
Größe bis 8 cm)

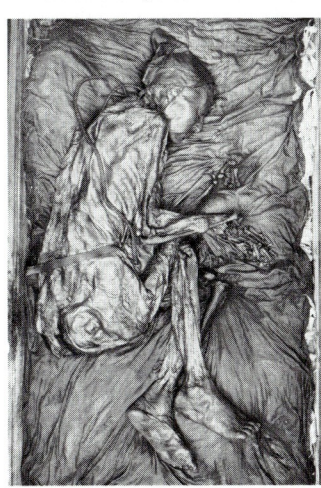

Moorleiche
von Tollund auf Jütland; deutlich erkennbar ist die Schlinge, mit der der Mann erwürgt worden ist (Kopenhagen, Nationalmuseet)

Moor Moormerland – Moose

Moosbeere
(bis 80 cm kriechend)

der Menschen der betreffenden Kulturen gewonnen werden. Bekannte M. sind u. a. die von Grauballe, Osterby und Tollund.

A. DIECK: Die europ. M.-Funde. Hominidenmoorfunde (1965); P. V. GLOB: Die Schläfer im Moor (a. d. Dän. 1966).

Moormerland, Gemeinde im Landkreis Leer, Ndsachs., östlich der Ems, 21 000 Ew.; Werft für Binnenschiffe.

Moorsiedlung, *Archäologie:* Fachausdruck für eine jungsteinzeitl. oder bronzezeitl. Ansiedlung in Feuchtbodengebieten Alteuropas, die, nachdem sie verlassen (aufgegeben) worden war, von Moor überwachsen wurde. M. stellen ein wichtiges Forschungsobjekt dar, weil i. d. R. organ. Material (Textilien, Nahrungsreste) erhalten geblieben sind; mehrfach wurden bei Ausgrabungen auch Holzpalisaden nachgewiesen. Die Altersbestimmung mittels Dendrochronologie stützt sich für die Jungstein- und die Bronzezeit v. a. auf Funde aus M., die zugleich auch Material für die Pollenanalyse liefern.

Moortgat [-xat], Anton, belg. Archäologe, *Antwerpen 21. 9. 1897, †Damme (bei Brügge) 9. 10. 1977; wurde 1937 Kustos der Vorderasiat. Abteilung der Staatl. Museen Berlin; seit 1941 Prof. in Berlin; Begründer der vorderasiat. Archäologie als eines akadem. Lehrfachs; leitete die Ausgrabungen in Tell Chuera, Syrien, ab 1958. Er beschäftigte sich bes. mit der Entstehung der sumer. Hochkultur.

Werke: Die bildende Kunst des Alten Orients u. die Bergvölker (1932); Frühe Bildkunst in Sumer (1935); Vorderasiat. Rollsiegel (1940); Die Entstehung der sumer. Hochkultur (1945); Tammuz (1949); Die Kunst des alten Mesopotamien. Die klass. Kunst Vorderasiens (1967).

Moorwald, flechtenreicher, niedrigwüchsiger Kiefern- oder Birkenwald auf armen Sandböden oder Hochmoortorf.

Moos, →Moose.

Moos, Max von, schweizer. Maler und Grafiker, *Luzern 6. 12. 1903, †ebd. 28. 5. 1979; von F. NIETZSCHE sowie P. KLEE, M. ERNST u. a. beeinflusst, schuf M. persönlich geprägte, teils surrealistisch-eschatolog., teils religiös-gesellschaftskrit. Bilder und graf. Folgen.

H.-J. HEUSSER: M. v. M. (1982).

Moos|achat, ein farbloser, durchscheinender →Chalcedon mit moosähnl. grünen und braunen Einschlüssen von Hornblende; kein eigentl. Achat, da nicht gebändert.

Moosbeere, Vaccinium oxycoccus [vakts-], Art der Gattung Heidelbeere; kriechende Pflanze mit dünnen Stämmchen, bis 10 mm langen, eiförmig-längl., oberseits dunkelgrünen, unterseits bläul. Blättern und hellroten, in Trauben stehenden Blüten; Beeren kugelig, rot, oft braun gefleckt; Charakterpflanze der Hochmoore.

Moosbrugger, Mosbrugger, Kaspar, eigtl. **Andreas M.,** österr.-schweizer. Baumeister, *Au (Vorarlberg) 15. 5. 1656, †Einsiedeln 26. 8. 1723; wichtigstes Mitglied einer Vorarlberger Baumeisterfamilie; ab 1682 Laienbruder in Einsiedeln; war als Klosterbaumeister v. a. in der N-Schweiz tätig und zählt zu den Hauptvertretern der →Vorarlberger Bauschule. Er bereicherte die Vorarlberger Langhausschema durch die Aufnahme des ital. Zentralraumgedankens, so in der Stiftskirche in Muri (1694–98) in kleinem Maßstab und einfachen Formen. Für sein Hauptwerk, die Stiftskirche in Einsiedeln (1719–35; BILD →Einsiedeln), entwarf er eine der kompliziertesten und kontrastreichsten Raumfolgen des barocken Kirchenbaus. Er errichtete ferner die Klosterkirche in Fischingen (1685–87) und die Stiftsgebäude in Einsiedeln (1704 bis 1718). Zugeschrieben werden ihm auch die Pläne (1685–96) für die Klosterkirche in Disentis (erbaut 1696–1712).

RICHARD SCHMIDT: Einsiedeln (1959).

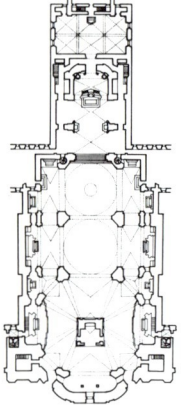

Kaspar Moosbrugger: Grundriss der Stiftskirche in Einsiedeln (1719–35)

Moosburg a. d. Isar, Stadt im Landkreis Freising, Oberbayern, 420 m ü. M., am N-Rand des Erdinger Mooses, auf der Landzunge zw. Isar und der hier mündenden Amper, 16 500 Ew.; Heimatmuseum; Herstellung von Hebe- und Transportgeräten, Gabelstaplern, Schaltanlagen, Katalysatoren und chem. Erzeugnissen, Maschinen- und Werkzeugbau, Käsefabrik. – Die Kirche des ehem. Benediktinerklosters, heute kath. Pfarrkirche St. Kastulus, ist eine flach gedeckte Pfeilerbasilika (12. Jh.), am Westportal bedeutende Bauplastik; den Hochaltar schuf 1513/14 H. LEINBERGER. – M. entstand um ein 772 gegründetes Kloster. Die Ortschaft fiel 1284 an Bayern. (BILD →Leinberger, Hans)

Moosdorf, Johanna, Schriftstellerin, *Leipzig 12. 7. 1911; schrieb vom leidvollen Erleben des Nationalsozialismus und des Krieges geprägte Erzählwerke, auch Lyrik, Hörspiele und Dramen.

Werke: *Romane:* Flucht nach Afrika (1952); Nebenan (1961); Die Freundinnen (1977). – *Erzählungen:* Franziska an Sophie (1993); Flucht aus der Zeit (1997). – *Lyrik:* Sieben Jahr, sieben Tag (1979); Neue Gedichte (1983).

Moose, Bryophyta, Bryophyten, Moospflanzen, Abteilung der Sporenpflanzen (Kryptogamen) mit rd. 18 000 Arten in etwa 1 330 Gattungen, die in die beiden Klassen →Laubmoose und →Lebermoose eingeteilt werden. M. sind kleine, nur mit Rhizoiden (keine echten Wurzeln) ausgestattete, überwiegend auf dem Land vorkommende, autotrophe Pflanzen. Von einer Art ist heterotrophe Ernährungsweise bekannt. Typisch für die M. ist der heterophas. Generationswechsel. Dabei stellt die unterschiedlich gestaltete, beblätterte Moospflanze (heteroblast. Entwicklung) den (haploiden) Gametophyten dar, auf dem sich (erstmals in der stammesgeschichtl. Entwicklung der Pflanzen) die mit einer sterilen Hülle umgebenen weibl. (Archegonien) und männl. (Antheridien) Sexualorgane befinden. Die völlig anders gestaltete (diploide) Sporophytengeneration entsteht aus der

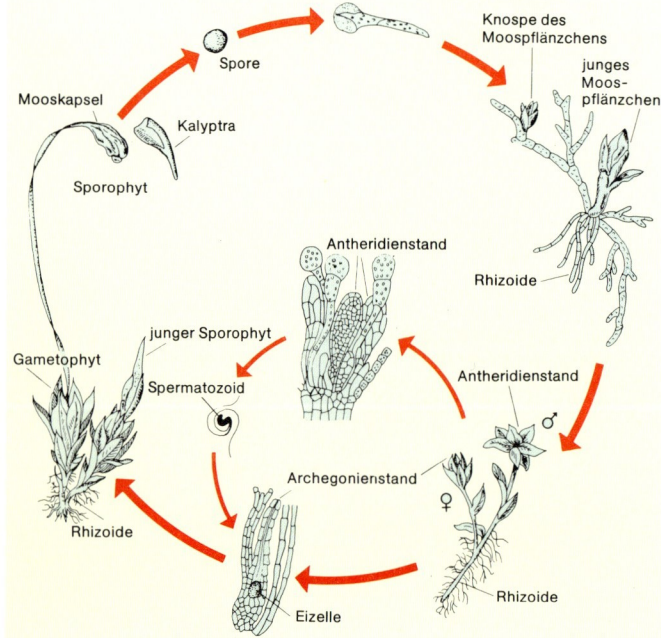

Moose: Schematische Darstellung des Generationswechsels bei einem Laubmoos

befruchteten Eizelle und bleibt zeitlebens mit dem Gametophyten verbunden, von dem sie auch ernährt wird. In der Kapsel des Sporophyten (→Mooskapsel) erfolgt die Bildung der Moossporen.

Pflanzengesellschaften, in denen die M. dominieren, sind nur die Hochmoore (mit dem Torfmoos) der niederschlagsreichen Gebiete mittlerer Breiten und die arkt. Moostundren. Zahlreiche M. leben epiphytisch auf Baumstämmen oder (im trop. Regenwald) auf Blättern von Bäumen. – Die Moosdecken unserer Wälder spielen eine wichtige Rolle im Wasserhaushalt, da sie aufgrund ihres großen Wasserbindungsvermögens ausgleichend auf die Quellschüttung wirken. Einige M. sind Bioindikatoren für Luftschadstoffe.

J.-P. FRAHM u. W. FREY: Moosflora (1983); W. PROBST: Biologie der Moos- u. Farnpflanzen (1986); R. DÜLL: Exkursionstaschenbuch der M. (⁴1993).

M<u>oo</u>serboden, Stausee bei →Kaprun.

Moosfarn, Mooskraut, Selaginella, in die Verwandtschaft um die Bärlappgewächse gehörende Gattung der Farnartigen mit etwa 700 v. a. in den Tropen verbreiteten Arten. Oftmals moosähnl., ausdauernde Kräuter mit dünnen, gabeligen Sprossen und schuppigen, häufig vierzeilig angeordneten Blättern (hier dann jeweils zwei Zeilen kleinerer Rücken- und zwei Zeilen größerer Bauchblätter); die Sporangien tragenden Blätter treten zu endständigen, ährenartigen Blüten zusammen; man unterscheidet Mikro- und Makrosporangien (jeweils auf der Blattoberseite), die die entsprechenden Sporentypen erzeugen. Aus den Mikrosporen entwickeln sich die wenigzelligen männl., aus den Makrosporen die weibl. Vorkeime (Prothallien; diese tragen die Geschlechtsorgane). Sehr unscheinbar ist der **Gezähnte M.** (Selaginella selaginoides), auf feuchten, grasigen oder moosigen Stellen der Gebirge Europas und in der Arktis; mit sehr kleinen, spiralig angeordneten Blättern. Einige trop. Arten werden als Zimmerpflanzen kultiviert. Die M.-Gewächse sind seit dem Erdaltertum nachgewiesen.

Moosglöckchen, Erdglöckchen, Linn<u>ae</u>a, Gattung der Geißblattgewächse mit der einzigen, zirkumpolar verbreiteten Art Linnaea borealis; kleiner kriechender Zwergstrauch mit gegenständigen, rundl. Blättern. Die aufrechten Blütenstände tragen jeweils zwei nickende, glockenförmige Blüten mit weißer bis rosafarbener Krone. Die seltene, nur in moosreichen Nadelwäldern v. a. der höheren Mittelgebirge und der Alpen vorkommende Art ist geschützt.

Mooskapsel, Sp<u>o</u>rogon, Sporenkapsel, meist rundl. oder ovaler, oben mit einem später abspringenden oder sich auflösenden Deckelteil versehener, der ungeschlechtl. Fortpflanzung dienender Sporenbehälter des Sporophyten der →Moose. Der Kapselmund ist häufig von einem Peristom (Sporenausstreuapparat) besetzt. Die Peristomzähne sind hygroskopisch und können der Sporenausbreitung dienen. Die M. entspricht dem Sporangium in den Sori der Farnpflanzen.

Moosknopfkäfer, Atomaria linearis, 1–1,5 mm lange, flache, gelb- bis dunkelbraune Art der →Schimmelkäfer, häufig an faulenden Pflanzenteilen; überwinternde M. bisweilen schädlich an Jungpflanzen von Futter- und Zuckerrüben.

Mooskraut, die Gattung →Moosfarn.

Moospflanzen, die →Moose.

Moosrose, Zuchtform der Zentifolie (→Rose).

Moos|tierchen, Bryoz<u>o</u>a, Bryoz<u>o</u>en, zu den →Kranzfühlern gehörende Gruppe wirbelloser Tiere mit rd. 4 000 rezenten (und etwa 16 000 fossilen) Arten, die v. a. im Meer, z. T. auch im Süßwasser vorkommen. Die M. bilden durch Knospung bäumchen- (bis 90 cm hoch), krusten- (bis 1,5 m lang bei 20 cm Breite) oder knollenförmigen Kolonien (Ausnahme: Monobryozoon ambulans nur als Einzeltier), die am Untergrund festsitzen oder in wenigen Fällen zur kriechenden Fortbewegung fähig sind (z. B. die 2–3 cm, selten bis 30 cm langen, durchsichtigen Kolonien der einheim. Süßwasserart **Cristatella mucedo**). Die Einzeltiere **(Zoide)** sind etwa 1–4 mm groß. Sie bestehen aus einem dünnhäutigen, bewegl. Vorderkörper **(Polypid)** mit Tentakelkrone, der bei Gefahr in den von einer häufig durch Kalkeinlagerungen verstärkten Chitinkutikula versteiften Hinterkörper **(Cystid)** zurückgezogen werden kann. Dieser kann oft durch einen Deckel verschlossen werden.

Bei vielen meeresbewohnenden Kolonien kommt es zur Arbeitsteilung: Während die zwittrigen Nährtiere **(Autozoide)** die Nahrung herbeistrudeln und die Geschlechtszellen bilden, werden die anders spezialisierten Einzeltiere **(Heterozoide)** von diesen über Wandporen miternährt, so z. B. die Zangen tragenden **Avikularien,** die der Verteidigung dienen, die **Vibrakularien,** die mit ihrem borstenartigen Deckel die Kolonie reinigen, sowie die nur aus dem Hinterkörper bestehenden, der Verankerung dienenden **Kenozoide.** In den Ammentieren **(Gonozoide)** entwickeln sich die befruchteten Eier. Die Entwicklung erfolgt bei den marinen Arten über eine frei bewegl. trochophoraartige Wimperlarve **(Cyphonautes),** die sich festsetzt und durch Knospung eine neue Kolonie bildet. Süßwasserarten bilden im Herbst bis 1 mm große Dauerstadien **(Statoblasten),** die von einer Chitinhülle umgeben sind und auch der Verbreitung dienen.

M. gibt es seit dem Unterordovizium, seit rd. 500 Mio. Jahren. Viele M. waren in früheren geolog. Epochen riffbildend **(Bryozoenkalk).**

Moosfarn:
Gezähnter Moosfarn
(Stängel 5–15 cm lang)

Moostierchen: Kolonie der Moostierart Flustra foliacea (Höhe bis 18 cm)

Mop<u>a</u>newald [afrikan.], Trockenwaldtyp in Afrika zw. 10° und 25° s. Br. mit dem **Mopanebaum** (Colophospermum mopane), einem Caesalpiniengewächs, als Charakterart.

M<u>o</u>ped das, -s/-s, Abk. für **Mo**torrad und Veloziped, →Kraftrad.

M<u>o</u>pla, M<u>o</u>pplah, M<u>a</u>ppila, Gruppe der Malayali von teilweise arab. Herkunft in Indien. Die etwa 6 Mio. M. leben vorwiegend im nördl. Kerala an der Malabarküste, zusätzlich etwa 40 000 M. auf den Lakkadiven. Sie gelten als strenge Anhänger des sunnit. Islam mit kleiner schiit. Minderheit; matrilineale und patrilineale Familienstrukturen deuten auf ihre Abstammung von verschiedenen Hindukasten. Bestrebungen zur Errichtung eines unabhängigen Staates scheiterten nach Niederwerfung des Aufstandes von 1921/22. 1969 wurde in Kerala aber der mehrheitlich muslim. Distrikt Malappuram eingerichtet.

Mops [niederdt.-niederländ., niederdt. mopen ›den Mund verziehen‹], kräftige Haushunderasse mit kurzer, schwarzer Schnauze, schwarzen Ohren, kurzem

Moosglöckchen:
Linnaea borealis
(Höhe 5–15 cm)

MOPS   MOPS – Morais

Mops
(Widerristhöhe 32 cm)

Mops, Hals und Stirnfalten; die kurzen, glänzenden Haare sind silberfarben, hellbeige oder schwarz; guter Begleithund. Widerristhöhe: 32 cm.

MOPS, *Informatik:* 1) Abk. für engl. **m**illion **op**erations **p**er **s**econd, gleichbedeutend mit →MIPS; 2) Abk. für **m**illion **op**erands **p**er **s**econd; Maß für die Anzahl der Operanden, die pro Sekunde von einem Vektorrechner verarbeitet werden können.

Mopsfledermaus, Barbastella barbastellus, kleine, fast schwarze Art der Fledermäuse (Körperlänge 4–6 cm, Spannweite bis 27 cm) mit großen, breiten Ohren. Sie fliegt meist früh am Abend und ernährt sich v. a. von Nachtschmetterlingen. Sie ist nach der Roten Liste in Dtl. vom Aussterben bedroht.

Mopsos, im griech. *Mythos* ein Seher, 1) einer der Lapithen, Sohn des Ampyx (nach anderer Version des Apoll), der den Argonauten weissagte; 2) Sohn des Rhakios (nach anderer Version des Apoll) und der Manto; in einem Seherwettstreit besiegte er den Kalchas, der daraufhin starb. Er galt als Gründer oder Mitgründer ostkilik. Städte (Mopsuestia, heute Misis; Mallos, heute Karataş) sowie des Heiligtums von Klaros bei →Kolophon. Der Hethiterkönig ASITAWADDA bezeichnete sich in der Bilingue von →Karatepe als Nachfahre des Sehers M. (Mupsch, Mukstusch).

Mopti, Stadt in Mali, im Binnendelta des Niger auf drei durch Dämme verbundenen Inseln an der Mündung des Bani, 40 000 Ew.; kath. Bischofssitz, Regionsverwaltung, Handelszentrum; Trockenfischerstellung, Reismühle, Herstellung von Töpfer- und Schmiedewaren; Hafen, internat. Flughafen. – Große Moschee in sudanes. Lehmbauweise.

Moquegua [moˈkeɣu̯a], **1)** Hauptstadt des Dep. M. in S-Peru, auf der W-Abdachung der Anden, 1370 m ü. M., 38 800 Ew.; Zentrum eines Bewässerungsfeldbaugebietes.
2) Dep. im S von →Peru.

Mor, Moor, Anthonis, auch **Anthonius Mor van Dashorst, Antonio Moro, Anthony More** [ˈmʊə], niederländ. Maler, *Utrecht um 1520, †Antwerpen zw. 17. 4. 1576 und 12. 5. 1577; Schüler von J. SCOREL, beeinflusst von fläm. und ital. Meistern, v. a. von TIZIAN, dessen Werke er bei einem Romaufenthalt (1550/51) kennen gelernt hatte. Er war v. a. in Utrecht und Antwerpen tätig, zeitweilig auch an den Höfen von Madrid und Brüssel, in Lissabon und London. In seinen lebensgroßen, höfisch-aristokrat. Porträts suchte M. sowohl Rang und Bedeutung der dargestellten Persönlichkeit deutlich zu machen als auch ihre Wesenszüge zu erfassen.
Werke: Antoine Perrenot de Granvelle (1549; Wien, Kunsthistor. Museum); Maximilian von Österreich (1550; Madrid, Prado); Maria von Österreich (1551; ebd.); Königin Maria Tudor von England (1554; ebd.); Königin Anna von Spanien (1570; Wien, Kunsthistor. Museum).

Mora, *antike Metrik:* →More.

Mora, 1) Francisco de, span. Architekt, *Cuenca 1553, †Madrid 3. 8. 1610, Onkel und Lehrer von 3); Schüler von J. DE HERRERA, arbeitete unter dessen Leitung in Segovia und Madrid, wo er 1591 Hofbaumeister wurde. M. wandelte den einfachen, strengen Stil seines Lehrers (→Desornamentadostil) ab, indem er die Baumassen stärker gliederte und mit sparsamen Ornamenten schmückte. Sein Hauptwerk (1604 ff.) ist die Umgestaltung der Stadt Lerma (südwestlich von Burgos) in einheitl. Stil, mit Palast des Herzogs von Lerma, Stiftskirche, Klöstern und Häusern.
2) José de, span. Bildhauer, getauft Baza (bei Granada) 1. 3. 1642, †Granada 25. 10. 1724; Sohn und Schüler des Bildhauers BERNARDO DE MORA (* 1614, † 1684), seit 1671 Hofbildhauer KARLS II.; Vertreter der Estofadoskulptur, beeinflusst von A. CANO.
3) Juan, eigtl. **Gómez de M.** [ˈɡomɛð ðe -], span. Architekt, getauft Madrid 26. 5. 1586, †ebd. 28. 2. 1648, Neffe und Schüler von 1); wurde 1611 Hofbaumeister König PHILIPPS III.; stilistisch am Vorbild von J. DE HERRERA (→Desornamentadostil) orientiert.
Werke: Kirche des Klosters La Encarnación in Madrid (1611–16); arkadengeschmückte Häuserfronten an der Plaza Mayor, ebd. (1617–20); Pläne für die Kirche des Jesuitenkollegs in Salamanca (1617) und die Klosterkirche de las Bernardas in Alcalá de Henares (1617); Rathaus in Madrid (1644, weitergeführt von seinem Nachfolger J. DE VILLAREAL).

Morabitino [span.] *der,* -/-s, ab 1087 geprägte Goldmünze (Dinar) der Almoraviden (arab. al-Murabitin) in Spanien. Im späten 12. Jh. übernahmen Kastilien-León und Portugal diese Münzsorte, wobei anfangs sogar die arab. Beschriftung (jedoch mit christl. Inhalt) beibehalten wurde. Infolge laufender Verschlechterungen sank der M. zum →Maravedi ab.

Moraceae [lat.], wiss. Name der →Maulbeerbaumgewächse.

Moradabad [məˈrɑːdəbɑːd], Stadt im Bundesstaat Uttar Pradesh, N-Indien, 444 000 Ew.; Colleges der Univ. Agra; handwerkl. Holz- und Metallverarbeitung, Kabelindustrie, Maschinenbau, Druckereien. – Hauptmoschee Jami Masjid (1634); Ruinen des Forts von RUSTAM KHAN (17. Jh.).

Moraes [muˈraiʃ], Dom (Dominic Frank), ind. Dichter engl. Sprache, *Bombay 19. 7. 1938; studierte in Oxford, wurde brit. Staatsbürger, lebt wieder in Bombay. M. gestaltet in seiner Lyrik exemplarisch und mit sprachkünstler. Sensibilität Alltagserfahrungen wie Liebe, Rassentrennung, Gewalt.
Werke: *Gedichte:* A beginning (1957); Poems (1960); John Nobody (1965); Poems 1955–1965 (1966); Absences (1983). – *Reiseberichte:* Gone away (1960); The open eyes. A journey through Karnathaka (1976). – *Memoiren:* My son's father (1968).
Ausgabe: Collected poems 1957–1987 (1987).
E. N. LALL: The poetry of encounter. Three Indo-Anglian poets (Delhi 1983).

Morąg [ˈmɔrɔŋk], Stadt in Polen, →Mohrungen.

Morais [muˈraiʃ], Francisco de, port. Dichter, *nahe Lissabon um 1500, †Évora 1572; schrieb die port. Urfassung des fantast. Ritterromans ›Palmeirim

Morabitino
von Kastilien, geprägt im Jahr 1187 in Toledo. Auf der Vorderseite wird der Name des Königs Alfons VIII. mit ALF angegeben, sonst gibt es nur arabische In- und Umschriften (Durchmesser 26 mm)

Vorderseite

Rückseite

Anthonis Mor:
Antoine Perrenot de Granvelle; 1549 (Wien, Kunsthistorisches Museum)

de Inglaterra‹ (1544?, älteste erhaltene port. Ausgabe 1567, span. 1547-48, 2 Tle.). Der Roman galt lange als Werk des LUÍS HURTADO DE TOLEDO (* 1520/30, † 1598), der ihn aber nur ins Spanische übersetzte.

Ausgabe: Cronica de Palmeirim de Inglaterra, hg. v. G. DE ULLOA CINTRA, 3 Bde. (1946).

Moral [frz. morale, von lat. (philosophia) moralis ›die Sitten betreffend(e Philosophie)‹, zu mos, moris ›Sitte‹, ›Brauch‹] *die, -/-en* (Pl. selten), Sammel-Bez. für die der gesellschaftl. Praxis zugrunde liegenden und als verbindlich akzeptierten ethisch-sittl. Normen(systeme) des Handelns und der Werturteile, der Tugenden und Ideale einer bestimmten Gesellschaft, bestimmter gesellschaftl. Gruppen oder der ihnen integrierten Individuen bzw. einer histor. Epoche; sittl. Haltung eines Einzelnen oder einer Gruppe; lehrreiche Nutzanwendung, sittl. Gehalt (M. einer Geschichte; M. des Friedens); Solidarität einer Gruppe, Bereitschaft sich einzusetzen, zu kämpfen.

In der *Philosophie* befassen sich Ethik und Metaethik mit der M. Die Ethik reflektiert die M., um eth. Handlungsregeln und Normensysteme zu begründen, die Metaethik untersucht den sprachlich-log. Status moral. Begriffe. Bei I. KANT wird M. noch weitgehend synonym zu Ethik als ›Wiss. von den allgemeinen Regeln des reinen Willens‹ verwendet. Der empir. Beschreibung und historisch-entwicklungsmäßigen Erklärung der M. oder des moral. Bewusstseins bei Individuen oder Gruppen widmen sich die empir. Wissenschaften (v. a. Psychologie, Soziologie, Geschichte).

In der Philosophiegeschichte ist M. in versch. Hinsichten thematisiert worden: unter dem Aspekt der absoluten Geltung oder der Geschichtlichkeit der unter M. erfassten Tugenden und Werte; hinsichtlich des moralisch Handelnden, wobei Autonomie und Freiheit des Willens, die Freiheit, ein moral. Gesetz, das ›Prinzip der M.‹, zum Bestimmungsgrund des Handelns zu erheben (KANT), als Kennzeichen und Voraussetzung des moral. Subjekts hervorgehoben werden; hinsichtlich der Verbindlichkeit der M., wobei die Verpflichtung zu moral. Handeln, über traditionelle Geltung gesellschaftl. Normen hinausgehend, v. a. in Gott (Christentum), in der Vernunft (KANT) oder in dem auf der wechselseitige Anerkennung von Personen gegründeten menschl. Gewissen gesehen wird. Im 20. Jh. wird die Frage der M. bes. im Zusammenhang mit der Frage nach der Möglichkeit einer Letztbegründung von →Moralprinzipien behandelt. Weitgehend anerkannt ist heute die Geschichtlichkeit der M. Geltende M. unterliegt dem gesellschaftlich-histor. Wandel. Unterschiedl. Gruppen- und Individual-M. bestehen nebeneinander. M. ist aber nicht rein subjektiv und im Rahmen eines demokrat. Wertepluralismus beliebig wählbar und austauschbar. In den letzten Jahrzehnten entstand ein Bewusstsein dafür, dass die Entwicklungen von Wiss. und Technik als moral. Bewusstsein fordern, das objektivierbaren Kriterien Folge leisten muss, wobei auch zu fragen ist, auf welche Bereiche (künftige Generationen, Tiere u. a.) sich die moral. Verpflichtungen des Menschen erstrecken.

⇨ *Ethik · Metaethik · Moraltheologie · theologische Ethik*

Morales, 1) Cristóbal de, span. Komponist, * Sevilla (?) um 1500, † Málaga zw. 4. 9. und 7. 10. 1553; war u. a. Kapellmeister an den Kathedralen von Ávila (1526), Plasencia (1527/28-31), Toledo (1545-47) und Málaga (seit 1551). M., einer der ersten bedeutenden Vertreter kunstvoller Polyphonie in Spanien, schrieb zahlr. Messen, Magnifikats, Motetten und Hymnen.

Ausgabe: Opera omnia, hg. v. H. ANGLÉS, 8 Bde. (1952-71).

2) Luis de, gen. **El Divino** [-di'βino, ›der Göttliche‹], span. Maler, * Badajoz um 1509, † ebd. 9. 5. 1586; malte mystisch-religiöse Bilder in manierist., von den Niederländern und LEONARDO DA VINCI beeinflusstem Stil, bes. Marien- (oft Mater-dolorosa-) und Passionsdarstellungen in kühlen Farbtönen.

Moral Hazard [ˈmɔrəl ˈhæzəd, engl.], **subjektives Risiko,** urspr. aus dem Versicherungswesen stammender Begriff, der dasjenige ›moral.‹ Risiko eines Versicherungsunternehmens bezeichnet, das über das echte Risiko hinaus entsteht, weil sich die Versicherungsnehmer gegenüber der durch die Versicherung auszuschließenden Gefahr nachlässig verhalten. M.-H.-Effekte können möglicherweise verstärkt werden, wenn aufgrund hoher Beitragssätze bei den Versicherungsnehmern das Gefühl entsteht, Beitragsleistungen wieder ›hereinholen‹ zu müssen. Dass eine solche missbräuchl. Leistungsinanspruchnahme eine zunehmende Bedeutung gewonnen habe, wurde bes. in der Diskussion um die Finanzierungsprobleme gesetzl. Krankenversicherung vorgetragen. Allg. spielt der Begriff in der Sozialpolitik und Finanzwissenschaft immer dort eine Rolle, wo bestimmte Risiken kollektiv abgedeckt werden.

moralisch, 1) zum Bereich der Moral gehörend, auf ihr beruhend. Urteile, Regeln, Haltungen u. a. sind m., wenn sie das Handeln in ihrem Sinne dessen leiten, was als ›gut‹, als ethisch gerechtfertigt und verantwortungsvoll anerkannt ist; 2) sittlich der Moral entsprechend; 3) belehrend, eine Moral beinhaltend.

Moralische Aufrüstung, engl. **Moral Re-Armament** [ˈmɔrəl rɪˈɑːməmənt, engl.], Abk. **MRA** [ɛmɑːˈɛɪ], seit 1938 Bez. für eine von F. BUCHMAN gegründete, aus der Oxfordgruppenbewegung hervorgegangene sozial-eth. Bewegung, die aus dem Geist des Christentums heraus eine Erneuerung der Menschen (verstanden als sittl. ›Aufrüstung‹) anstrebt. Ihre wichtigsten Prinzipien sind die aus der Bergpredigt abgeleiteten vier ›absoluten Forderungen‹: Reinheit, Liebe, Ehrlichkeit und Selbstlosigkeit. Sie wendet sich gegen Nationalismus, Rassismus und totalitäre Ideologien und fordert die Völker auf, in ihren Kulturen und Religionen der ›Stimme Gottes‹ zu folgen und sie in diesem Sinne in eine durch Frieden, Gerechtigkeit und gegenseitige Achtung geprägte ›neue Menschengemeinschaft‹ einzubringen. Anhänger fand BUCHMAN zunächst v. a. in England, von wo sich die M. A. um die Mitte des 20. Jh. weltweit ausbreitete. Zentrum ist Caux (bei Montreux).

F. BUCHMAN: Für eine neue Welt (a. d. Engl., Caux 21.-26. Tsd. 1961).

moralische Wochenschriften, Zeitschriftentypus der Aufklärung. Er entstand Anfang des 18. Jh. in England aus bürgerlich-puritan. Kritik an Kultur und Lebensstil der Aristokratie; wegweisend für ganz Europa wurden die von R. STEELE und J. ADDISON herausgegebenen Zeitschriften ›The Tatler‹ (1709-11), ›The Spectator‹ (1711-14) und ›The Guardian‹ (1713). M. W. waren bes. in Dtl. außerordentlich beliebt: Insgesamt sind für das 18. Jh. 511 Titel nachgewiesen; ihre Blütezeit erreichten sie um 1750-80. – Die m. W. verbreiteten die Ideen der Aufklärung in Verbindung mit Beiträgen zu verschiedensten Fragen des tägl. Lebens, sie enthielten Beiträge zur Jugenderziehung, propagierten Bildung und gesellschaftl. Anerkennung der Frau und behandelten moral. und religiöse Fragen sowie Fragen des Geschmacks, sie führten in Dtl. darüber hinaus v. a. auch literar. und ästhet., in England mehr polit. Diskussionen. Verbreitete Darstellungsformen waren das Gespräch, Briefe, Tagebücher, Essays, auch Satiren, Parabeln, Allegorien, Porträts; die Beiträge erschienen anonym, stammten meist jedoch von den Herausgebern selbst; die Mitarbeit aller wichtigen Schriftsteller der Zeit an m. W. ist bezeugt. – Trotz der Beliebtheit waren die m. W. meist kurzlebig, das Erscheinen unregelmäßig. Zentren waren Hamburg (›Der Vernünftler‹, 1713-14 von J. MATTHESON; ›Der Patriot‹, 1724-26, u. a. von B. H. BROCKES und

MICHAEL RICHEY, *1678, †1761), ferner Halle/Saale ›Der Gesellige‹, 1748-50 und ›Der Mensch‹, 1751-56, hg. von S. G. LANGE und GEORG FRIEDRICH MEIER, *1718, †1777) sowie Zürich und Leipzig, wo die für die dt. Literatur bedeutendsten m. W. entstanden, die ›Discourse der Mahlern‹ (1721-23) von J. J. BODMER und J. J. BREITINGER und, als wichtige 4. Serie, 1723 ›Die Mahler oder Discourse von den Sitten der Menschen‹ sowie ›Die vernünftigen Tadlerinnen‹ (1725-26) und ›Der Biedermann‹ (1727-29, beide von J. C. GOTTSCHED), in denen literaturtheoret. und ästhet. Fragen breiter Raum zugestanden wurde. Aus den m. W. entwickelten sich später einerseits spezielle Erziehungs- oder literar. Zeitschriften, andererseits die mehr unterhaltenden →Familienzeitschriften. Eine durch Originalität und Qualität herausragende Zeitschrift war ›Der Wandsbecker Bothe‹ (1771-76) von M. CLAUDIUS. Die m. W. waren ein entscheidender Faktor bei der Entwicklung des bürgerl. Selbstverständnisses im 18. Jahrhundert.

W. MARTENS: Die Botschaft der Tugend. Die Aufklärung im Spiegel der dt. m. W. (Neuausg. 1971); F. RAU: Zur Verbreitung u. Nachahmung des ›Tatler‹ u. ›Spectator‹ (1980).

Moralismus der, -, Verabsolutierung eth. Normen(systeme), Überbetonung der Sittlichkeit und der sittl. Grundsätze im menschl. Dasein, und zwar einerseits die Einengung der Ethik auf Gesetzlichkeit, des ethisch-sittl. Handelns auf die Beachtung des vom Gesetz Gebotenen und Verbotenen (wodurch eine freie Entfaltung der Persönlichkeit verhindert wird) und andererseits die Anwendung von eth. Wertmaßstäben auf mit Normen der Ethik nicht und nur unzureichend zu beurteilende Handlungsweisen und Gegenstände (z. B. Kunstwerke). – Positiv wird M. als Anerkennung eines bindenden Sittengesetzes verstanden.

Moralist der, -en/-en, Sittenlehrer; abwertende Bez. für den Vertreter eines einseitigen Moralismus.

Moralisten, i. w. S. Bez. für Philosophen und Schriftsteller, die – im Unterschied zur (theoret.) Ethik – das konkrete menschl. Verhalten in seiner Vielfalt und Einmaligkeit beschreiben und es in seinen gesellschaftlich-sozialen oder persönl. Motiven zu verstehen versuchen, wobei die künstler. Darstellung auch der Belehrung dienen soll; i. e. S. wird der Begriff für jene frz. Autoren des 17. Jh. verwendet, die sich im Anschluss an M. DE MONTAIGNE im Rahmen der Salonliteratur bes. der Analyse der menschl. Psyche widmeten und in rhetorisch wirkungsvollen Formen (bes. Maximen, Aphorismen, Essays) ihre Zeitgenossen ihre pessimistisch-misanthrop. Lebenserfahrungen darboten. Zu den M. gehörten F. DE LA ROCHEFOUCAULD (›Maximes‹, 1664), J. DE LA BRUYÈRE (›Les caractères ou les mœurs de ce siècle‹, 1688), auch B. PASCAL; im 18. Jh. setzte sich die Tradition u. a. bei VAUVENARGUES und N. DE CHAMFORT fort. Die Wurzeln moralist. Literatur reichen bis in die Antike (THEOPHRAST, ›Charaktere‹; SENECA D. J., PLUTARCH); Parallelen zu den frz. M. finden sich z. B. in Spanien bei F. G. DE QUEVEDO und B. GRACIÁN Y MORALES (›Oráculo manual y arte de prudencia‹, 1647), in Dtl. bei G. C. LICHTENBERG. Ihr Einfluss ist auch noch u. a. bei P. VALÉRY, A. SCHOPENHAUER, F. NIETZSCHE und O. WILDE spürbar.

H. P. BALMER: Philosophie der menschl. Dinge. Die europ. Moralistik (Bern 1981); L. VAN DELFT: Le moraliste classique. Essai de définition et de typologie (Genf 1982); J. VON STACKELBERG: Frz. Moralistik im europ. Kontext (1982); D. STELAND: Moralistik u. Erzählkunst (1984).

Moralität, Sittlichkeit, sittl. Gesinnung; bei I. KANT Bez. für die wahre Sittlichkeit des Handelns, die Übereinstimmung des Willens mit dem Sittengesetz, mit der Idee der Pflicht, im Unterschied zur Legalität, der bloßen Gesetzlichkeit des Handelns. Bei G. W. F. HEGEL steht die M. als nur subjektive Gesinnung auch im Ggs. zur ›Sittlichkeit‹, insofern diese erst im objektiven Bereich des staatl. Gemeinwesens ihre wahre Verwirklichung findet.

Moralitäten, frz. **Moralités** [mɔraliˈte], engl. **Moralities** [məˈrælɪtɪz], Schauspiele religiösen oder moralisch-lehrhaften Charakters im Spät-MA., mit realistisch dargestellten menschl. Gestalten und allegor. Figuren (Personifizierungen der Tugend, des Lasters, des Glücks, des Todes), meist im Widerstreit um die Seele der als Typus dargestellten Zentralfigur. Sie waren bes. in England (›The king of life‹, 1400), den Niederlanden, in Frankreich und Italien beliebt, v. a. das Spiel vom →Jedermann. In Dtl. fanden die M.-Stoffe Eingang v. a. in das Schuldrama des 16. Jh.; auch nach der Reformation hielten sich die M. einige Zeit als theologisch-polem. Schauspiele, bes. in England.

Moral Majority [ˈmɔrəl məˈdʒɔrətɪ, engl. ›moral. Mehrheit‹] die, amerikan. christl. Sammlungsbewegung, 1979 von dem baptist. Pfarrer und Fernsehprediger JERRY FALWELL (*1933) gegründet mit dem Ziel, den traditionellen Werten (Eigenverantwortung, Freiheit, moral. Sauberkeit) im öffentl. Bewusstsein wieder Geltung zu verschaffen; 1989 aufgelöst, das Anliegen führt die **Liberty Federation** weiter.

Moralphilosophie, die philosoph. Lehre vom Sittlichen; bei I. KANT die ›Metaphysik der Sitten‹, von der ›Ethik‹ nur den einen Teil, den anderen die philosoph. ›Rechtslehre‹ ausmacht. Die ältere scholast. M. umfasste auch die Lehre von Recht und Staat (Naturrecht), jedoch ohne diese grundsätzlich von der Ethik als Sittenlehre zu trennen. Im heutigen Sprachgebrauch ist M. meist gleichbedeutend mit →Ethik.

Moralprinzip, *Philosophie:* oberster Grundsatz der Sittlichkeit, der leitendes Kriterium oder Norm zur Orientierung der subjektiven Grundsätze des Handelns (z. B. ehrlich zu leben) darstellt, die ihrerseits Bestimmungsgründe konkreten Urteilens, Entscheidens und Handelns sind. Die Definition des M. ist mit der Frage nach der Möglichkeit der Letztbegründung eines Kriteriums, das in der Vielfalt mögl. sittl. Handelns die klare Unterscheidung des sittlich Gebotenen vom Abzulehnenden bietet, eng verbunden; v. a. seit traditionelle Geltungen und metaphys. oder religiöse Bindungen ihre allgemeine Anerkennung verloren haben, hat die Frage nach dem M. zu verschiedenen philosoph. Antworten geführt.

Der Utilitarismus (J. BENTHAM, J. S. MILL) beurteilt die Sittlichkeit einer Handlung danach, ob sie im Wesentlichen dem Wohlergehen aller verpflichtet ist, wobei die allgemeinen Bedürfnisse der Mitmenschen als Entscheidungskriterium jegl. Selbstinteresse vorangestellt. I. KANT sieht als M. den ›kategorischen Imperativ‹ an. Das M., das in der Verallgemeinerbarkeit der subjektiven Handlungsgrundsätze besteht, soll nicht nach subjektiven Interessen oder unter objektiven Zwängen, sondern allein um seiner sittl. Gültigkeit (Moralität) willen befolgt werden. Weitere M. sind die →goldene Regel, die in volkstüml. Ethiken, aber auch schon früh in China, Indien, dem A. T. und N. T. vertreten wird, die Theorie der Gerechtigkeit als Fairness von J. RAWLS, oder die Kontraktualismus, der das M. auf die Regeln der Verlässlichkeit und Rücksichtnahme stützt, sowie die Diskurstheorien (K.-O. APEL, J. HABERMAS, P. LORENZEN), die das Befolgen bestimmter M. als Voraussetzung jegl. vernünftigen Verständigung zw. Menschen definieren.

Moral Sense [ˈmɔrəl ˈsens, engl.] der, moral. Sinn, inneres moral. Vermögen; wird von einigen brit. Philosophen des 18. Jh. (F. HUTCHESON, D. HUME) als ein jedem Menschen innewohnendes gefühlsmäßiges Entscheidungskriterium für sittlich ›richtiges‹ oder ›falsches‹ Urteilen, Handeln und Streben angesehen.

Moral Suasion [ˈmɔrəl ˈsweɪʒn; engl. ›gütliches Zureden‹] die, Begriff und Instrument der Wirtschafts-, bes. der Konjunktur- und Währungspolitik. Die M. S. wird angewendet, wenn sich die Träger der Wirtschaftspolitik nicht zu konkreten Maßnahmen entschließen, sondern versuchen, ihre Absichten durch öffentl. Stellungnahmen (z. B. in den Medien), Appelle an bestimmte Gruppen oder durch persönl. Einfluss (z. B. bei den Sozialpartnern) durchzusetzen.

Moralsysteme, *kath. Theologiegeschichte:* Systematisierungen von Regeln, nach denen die Frage beantwortet wird, ob in einem unklaren Gewissensfall, wenn mehrere anerkannte Normen der Moraltheologie gegeneinander stehen, der Handelnde sich zugunsten seiner Freiheit entscheiden darf. Das Problem entzündete sich im 17./18. Jh. an dem Satz ›Lex dubia non obligat‹ (lat. ›Ein zweifelhaftes Gesetz verpflichtet nicht‹). Als extreme Lösungsversuche standen sich der absolute →Tutiorismus und der →Laxismus gegenüber, denen beiden vom kath. Lehramt widersprochen wurde. Der →Probabilismus sieht ein Gesetz dann als zweifelhaft an, wenn gute (lat. probabilis ›glaubwürdige‹) Gründe gegen seine Geltung sprechen. Davon abgeleitet sind der Probabiliorismus oder gemäßigte Tutiorismus, der nur sehr schwere Gründe anerkennt, sowie der u. a. von E. AMORT und A. DI LIGUORI vertretene Äquiprobabilismus, der ein Abwägen bei gleich schweren Gründen für oder gegen die freie Entscheidung bzw. die Gesetzesbefolgung vertritt.

Moraltheologie, Disziplin der kath. Theologie, die sich im 16. Jh. aus der Dogmatik heraus entwickelt hat. Ihr Gegenstand sind die prakt. Lebensvollzug des Christen sowie dessen normative Vorgaben. Zur Vorgeschichte der M. gehören die im Früh-MA. entstandenen Bußbücher mit ihren kasuistisch-legalist. Vorschriften wie auch die v. a. in der Auseinandersetzung mit der aristotel. Ethik entwickelte mittelalterl. Moralphilosophie, u. a. in ihrer theologisch-systemat. Ausformung durch THOMAS VON AQUINO. Auftrieb erhielten moraltheolog. Fragestellungen v. a. durch die auf dem Konzil von Trient erlassenen Vorschriften über das Bußsakrament. Im Anschluss daran entwickelte sich eine kath. ›Systematik der Moral‹, in deren Mittelpunkt Buße und Beichte, die Bedeutung des Gewissens und die Bindung von Gewissensentscheidungen an nicht relativierbare gesetzl. Normen (→Moralsysteme) standen. Gegen die reformator. Betonung der Gnade und der Überordnung des Glaubens über die Werke war die M. geprägt von Individualismus und einem Rekurs auf ein als unabänderlich postuliertes Naturrecht. Im Gefolge von Aufklärung und Romantik entstanden gegenläufige Modelle, die sich bewusst mit den geistigen Bewegungen der Zeit auseinander setzten und auf eine stärkere Rückbindung an die Bibel Wert legten (J. M. SAILER, J. B. HIRSCHER). Seit dem 2. Vatikan. Konzil sind diese Ansätze im Sinne eines dynam. und dialog. Welt- und Menschenverständnisses unter Hinzuziehung v. a. der Sozialwiss.en (Anthropologie, Soziologie, Psychologie) weiterentwickelt worden. Hinzu kommt eine Ausweitung der moraltheolog. Fragestellungen (über ›individuelle Sünden‹ hinaus auf ›strukturelle Sünden‹) unter Einbeziehung entwicklungspolit. und ökolog. Aspekte. – In Abgrenzung zu den kasuist. Verengungen und dem weitgehenden Naturrechtspositivismus der traditionellen M. hat sich auch in der kath. Theologie für M. die Bez. →theologische Ethik herausgebildet.
B. HÄRING: M., in: Herders theolog. Taschenlex., hg. v. K. RAHNER, Bd. 5 (1973); HÄRING, B.: Frei in Christus, 3 Bde. (Neuausg. 1989); K.-H. KLEBER: Einf. in die Gesch. der M. (1985); W. NETHÖFEL: M. nach dem Konzil (1987); J. FUCHS: Für eine menschl. Moral, auf mehrere Bde. ber. (Freiburg 1988 ff.); K. DEMMER: Moraltheolog. Methodenlehre (Freiburg 1989); Grundl. u. Probleme der heutigen M., hg. v. W. ERNST (Leipzig 1989); Moraltheolog. Jb. (1989 ff.); E. SCHOCKENHOFF: Naturrecht u. Menschenwürde. Universale Ethik in einer geschichtl. Welt (1996).

Moralwissenschaft, die →Ethik.

Morand [mɔˈrɑ̃], Paul, frz. Schriftsteller, *Paris 13. 3. 1888, †ebd. 23. 7. 1976; war im diplomat. Dienst tätig, während des Zweiten Weltkriegs als Gesandter der Vichy-Reg. in Bukarest (1943) und Bern (1944) und lebte nach 1945 vorübergehend im Exil. Seine Lyrik sowie seine Romane, Reiseberichte und Essays weisen ihn als kosmopolit., z. T. auch der literar. Avantgarde nahe stehenden Autor aus; auch Literaturkritiker; 1969 in die Académie française gewählt.
Werke: *Romane:* Lewis et Irène (1924; dt. Lewis und Irene); Bouddha vivant (1927; dt. Der lebende Buddha); Le flagellant de Séville (1951; dt. Flagellant von Sevilla). – *Erzählungen:* Ouvert la nuit (1922), Fermé la nuit (1923; beide zus. dt. u. d. T. Nachtbetrieb); Fin de siècle (1957); Les écarts amoureux (1974). – *Novellen:* Tendres stocks (1921). – *Autobiographien:* Journal d'un attaché d'ambassade, 1916–17 (1948); Bains de mer, bains de rêve (1960).

Giorgio Morandi: Stillleben; 1942 (Privatbesitz)

Morandi, Giorgio, ital. Maler und Grafiker, *Bologna 20. 7. 1890, †Grizzana (Prov. Bologna) 18. 6. 1964. Aus Anregungen von Kubismus, Futurismus, Pittura metafisica und in besonderer Weise von P. CÉZANNE entwickelte er eine auf Stillleben sowie Landschaft konzentrierte nuancenreiche Tonmalerei von meditativer Stille und Eindringlichkeit. An wenigen alltägl. Gegenständen, v. a. Krügen und Flaschen, setzte er sich lebenslang mit dem Medium Malerei, mit Form und Raum, Farbe und Licht in ihren Wechselbeziehungen zueinander und zur Realität der Bildfläche auseinander. – 1993 wurde im Rathaus (Palazzo d'Accursio) von Bologna ein M.-Museum eröffnet.
G. M., bearb. v. M. PASQUALI u. a., Ausst.-Kat. (1989); G. M. Gemälde, Aquarelle, Zeichnungen, Radierungen, hg. v. E.-G. GÜSE u. F. A. MORAT, Ausst.-Kat. Saarland-Museum, Saarbrücken (1993); Museo M. Catalogo generale, hg. v. M. PASQUALI (Bologna ²1996).

Moräne [frz. moraine, eigtl. ›Geröll‹] *die, -/-n,* der von Gletschern verfrachtete Gesteinsschutt sowie die zugehörige Geländeform.
Der im Kar oder Firnfeld durch Steinschlag oder Lawinen auf den Gletscher gelangte Schutt wird als **Ober-M.** talabwärts geführt. In das Gletschereis eingedrungenes Gestein bildet die **Innen-M.;** am Grund des Gletschers wird die **Grund-M.** bewegt. Was an Gesteinen seitwärts hinzutritt, bildet durch die Bewegung der Gletscher lange, streifenartige **Rand-, Ufer-** oder **Seiten-M.** Vereinigen sich zwei Gletscher, bilden die inneren Seiten-M. eine **Mittel-M.** Am Gletscherende werden die oft gewaltigen Schuttmassen als **End-** oder **Stirn-M.** in Form von Hügelkränzen und -reihen, die bis zu einigen Hundert Metern hoch sein können, abgelagert. Sie sind meist, den Gletscherschwankungen entsprechend, in mehreren Wällen sowie in unterschiedl. Ausbildung entstanden, je nachdem, ob sie

Moräne: Mittelmoränen im Kaskawulsh-Gletscher, Saint Elias Mountains, Nordamerika, entstanden durch Einmündung von Nebengletschern

bei einem Gletschervorstoß gebildet wurden (**Vorstoß-M.**, mit Stauchungserscheinungen **Stauch-M.**) oder zu einem Gletscherrückzug gehören (**Rückzugs-M.**) und dabei ihr Material in Form von **M.-Decken** oder **M.-Streu** zurückließen. Die M.-Wälle umgeben vielfach girlandenartig die vom Gletscher ausgeschürften →Zungenbecken.

Das M.-Material ist, bes. bei **Jung-M.** (der letzten Eiszeit), ungeschichtet und unsortiert, die Gesteinsstücke sind anfangs kantig-eckig und grob und werden erst bei weiterem Transport zerkleinert und zugerundet (→Geschiebe). Die jungen Endmoränenwälle zeigen unruhige Oberflächenformen (durch erst spät abgetaute Toteisblöcke oft von Löchern, Gruben, Kesseln und Wannen durchsetzt) und werden daher vom Ackerbau i. d. R. gemieden und meist als Wald und Weide genutzt. Die End-M. aus früheren Eiszeiten (**Alt-M.**) eignen sich wegen der seither eingetretenen Solifluktion, Verwitterung und Aufwehung von Löss besser für den Ackerbau.

Am Grund des Gletschers ist die Wirkung des Eises am kräftigsten, und daher ist bei den **Grund-M.** das Material am stärksten aufgearbeitet, bis zu einer fein zermahlenen sandig-tonigen Grundmasse (meist graublauer Geschiebemergel oder nach Verwitterung und Entkalkung meist gelbbrauner Geschiebelehm), in der kleinere und größere Geschiebe eingebettet liegen; sie enthält errat. Blöcke oder Findlinge. Die (v. a. aus der letzten Eiszeit stammenden) Grund-M. bilden ebene oder wellig-kuppige bis flach-hügelige Landschaften mit seichten, oft seen- oder moorerfüllten Mulden und Becken (Rinnenseen, Sölle). Kalkreiche Geschiebemergel liefern fruchtbare Böden; in abflusslosen Senken finden sich dagegen landwirtschaftlich ungeeignete Moorböden.

Die M. sind die wichtigsten Erscheinungen der Glaziallandschaft; sie bieten am meisten Aufschluss über ehem. Ausdehnung und Verbreitung der Gletscher im quartären Eiszeitalter. (→Drumlin, →Kames, →Os)

Elsa Morante

Morạnte, Elsa, ital. Schriftstellerin, * Rom 18. 8. 1912, † ebd. 25. 11. 1985; seit 1941 ∞ mit A. MORAVIA, seit 1962 von ihm getrennt lebend; Verfasserin psycholog. (Familien-)Romane, die durch scharfe Beobachtungsgabe und außergewöhnl. Fantasie auszeichnen; schrieb auch Erzählungen, Lyrik, Essays sowie Kinderbücher.

Werke: Romane: Menzogna e sortilegio (1948; dt. Lüge u. Zauberei); L'isola di Arturo (1957; dt. Arturos Insel); La storia (1974; dt.); Aracoeli (1982; dt.). – *Erzählungen:* Il gioco segreto (1941); Lo scialle andaluso (1963; dt. Das heiml. Spiel, auch u. d. T. Der andalus. Schal). – *Lyrik:* Il mondo salvato dai ragazzini e altre poemi (1968).

Ausgabe: Opere, hg. v. C. CECCHI u. a., auf mehrere Bde. ber. (1988 ff.).

G. VENTURI: E. M. (Florenz 1977); D. RAVANELLO: Scrittura e follia nei romanzi di E. M. (Venedig 1980).

Morasteine, schwed. **Mora stenar** [ˈmuːra-], Steine mit Inschriften und Bilddarstellungen zur Königswahl am Wahl- und Huldigungsort der schwed. Könige auf der Morawiese (Mora äng), 11 km südöstlich von Uppsala; erste an diesem Ort bezeugte Wahl 1275 (MAGNUS LADULÅS), letzte 1457 (CHRISTIAN I.). Die M. werden in einem 1779 erbauten Haus aufbewahrt.

Morat [mɔˈra], frz. Name von →Murten.

Morath, Inge, eigtl. **Ingeborg M.**, amerikan. Fotografin österr. Herkunft, * Graz 27. 5. 1923; seit 1962 ∞ mit ARTHUR MILLER; seit 1953 Mitarbeiterin der Agentur Magnum. Als Fotojournalistin bereiste sie u. a. Afrika, China, Südamerika und die UdSSR und verfasste Reportagen für ›Life‹, ›Paris Match‹, ›Saturday Evening Post‹ u. a. Zeitschriften.

K. KAINDL: I. M. (Salzburg 1992).

Moratín, Leandro, gen. **M. d. J.,** span. Schriftsteller, →Fernández de Moratín, Leandro.

Moratọrium [zu spätlat. moratorius ›säumend‹] *das, -s/...ri|en,* vertraglich vereinbarter oder hoheitlich angeordneter Aufschub (Stundung) der Erfüllung fälliger Verbindlichkeiten. Schuldner und Gläubiger der unter ein M. fallenden Verbindlichkeiten können Privatleute oder jurist. Personen des privaten wie des öffentl. Rechts sein. Die internat. Finanzabkommen lassen M. z. B. bei Gefährdung der Währungsstabilität eines Entwicklungslandes of (›Schulden-M.‹). Solche M. im zwischenstaatl. Zahlungsverkehr können nicht nur vom Gläubiger gewährt, sondern auch (einseitig) vom Schuldner für fällige private und staatl. Verpflichtungen erklärt werden.

Im *Bankwesen* ist das M. der vertragl. Aufschub fälliger Zahlungen, den Gläubiger (Banken, Lieferanten) einem Unternehmen gewähren, wenn sie dessen Zahlungsschwierigkeiten für nur vorübergehend halten. Ein M. kann auch auf gesetzl. Grundlage beruhen; so kann die staatl. Bankenaufsicht ein M. anordnen, wenn bei einer Bank die Sicherheit der Kundengelder gefährdet ist. (→Vergleich)

Moratuwa [mɔːˈrɑtuːvə], Stadt in Sri Lanka, an der W-Küste unmittelbar südlich von Colombo, 170 000 Ew.; Univ. (gegr. 1966 als Ingenieurschule, seit 1978 Univ.); chem., Nahrungsmittelindustrie.

Morạva, 1) tschechisch für →Mähren.

2) *die,* tschech. und slowak. Name des Donaunebenflusses →March.

3) *die,* **Große M.,** serb. **Velika M.,** rechter Nebenfluss der Donau, wichtigster Fluss Serbiens, 221 km lang, entsteht durch den Zusammenfluss der **Westlichen M.** (serb. **Zapadna M.**), die östlich von Užice entspringt, 298 km lang, und der **Südlichen M.** (serb. **Južna M.**), die nördlich von Skopje, Rep. Makedonien, entspringt, 318 km lang. Die M. mündet östlich von Belgrad. Die Täler der Großen M. und der Südl. M. bilden einen Teil der M.-Vardar-Furche (Straße und Bahnlinie nach S).

Morạvia, Alberto, eigtl. **A. Pincherle** [ˈpiŋkerle], ital. Schriftsteller, * Rom 28. 11. 1907, † ebd. 26. 9.

Alberto Moravia

1990; seit 1941 ⚭ mit ELSA MORANTE (seit 1962 getrennt lebend); bereiste als Zeitungskorrespondent u. a. Amerika, China und Afrika; 1959–62 Vors. des internat. P.E.N.-Clubs; einer der erfolg- und einflussreichsten ital. Autoren des 20. Jh. Seine Romane und Erzählungen bieten ein krit. Panorama der Gesellschaft in ihrem zeitgenöss. Kontext, desillusionierende Analysen gescheiterter Lebenspläne und menschl. Beziehungen (bereits in seinem ersten Roman ›Gli indifferenti‹, 1929; dt. ›Die Gleichgültigen‹), auch mit dem Verhalten der Menschen unter den Bedingungen von Krieg und Faschismus setzte er sich auseinander (Roman ›La ciociara‹, 1957; dt. ›Cesira‹); publikumswirksam sind erot. Szenen einbezogen (Roman ›La romana‹, 1947; dt. ›Adriana, ein röm. Mädchen‹, auch u. d. T. ›Die Römerin‹). Die Erzählungen der 50er-Jahre sind vom Neorealismus beeinflusst (›Racconti romani‹, 1954; dt. ›Die Mädchen vom Tiber‹), die späteren Werke prägen zunehmend psychoanalyt. Intentionen, die z. T. von Ironie, Satire und skurrilen Einfällen überlagert werden (›L'uomo che guarda‹, 1985; dt. ›Der Zuschauer‹). M. war auch Dramatiker, Essayist und Filmkritiker (›L'Espresso‹).

Weitere Werke: *Romane:* Le ambizioni sbagliate (1935; dt. Gefährl. Spiel); Agostino (1945; dt.); Il conformista (1951; dt. Der Konformist); Il disprezzo (1954; dt. Die Verachtung); La noia (1960; dt.); L'attenzione (1965; dt. Inzest); Io e lui (1971; dt. Ich und er); La vita interiore (1978; dt. Desideria); 1934 (1982; dt. 1934 oder Die Melancholie); Il viaggio a Roma (1988; dt. Die Reise nach Rom). – *Erzählungen:* L'amore coniugale (1949; dt. Leda Baldoni u. der Fremde); Nuovi racconti romani (1959; dt. Röm. Erzählungen); Una cosa è una cosa (1967; dt. Ein Ding ist ein Ding); Un'altra vita (1973; dt. Ein anderes Leben); Storie della preistoria (1982; dt. Prähistor. Histörchen); La villa di venerdì (1990). – *Dramen:* Teatro (1958); L'angelo dell'informazione (1986). – *Essays:* Un mese in URSS (1958; dt. Eine russ. Reise); La rivoluzione culturale in Cina, ovvero Il convitato di pietra (1967; dt. Der Kulturrevolution in China); A quale tribù appartieni? (1972; dt. Die Streifen des Zebras. Afrikan. Impressionen).

F. ALFONSI: An annotated bibliography of M. criticism in Italy and in the English-speaking world, 1929–1975 (New York 1976); E. SANGUINETI: A. M. (Mailand ⁴1977); P. V. ZIMA: Der gleichgültige Held (1973); A. M. Il narratore e i suoi testi. Essays von F. LONGOBARDI u. a. (Rom 1987); R. TESSARI: A. M. Introduzione e guida allo studio dell'opera moraviana (Neuausg Florenz 1989); G. PANDINI: Invito alla lettura di A. M. (Mailand ⁷1990); A. ELKANN u. A. M.: Vita di M. Ein Leben im Gespräch (a. d. Ital., 1991); Homage to M., hg. v. R. CAPOZZI u. a. (Stony Brook, N. Y., 1993).

Moravian Church [məˈreɪvjən ˈtʃɜːtʃ, engl.; von mittellat. Moravia ›Mähren‹], Name der →Brüdergemeine in England und Nordamerika.

Moray [ˈmʌrɪ], ehem. County in N-Schottland, nach 1975 Teil der Grampian Region und der Highland Region, seit 1996 eigenständiger Verw.-Bez., 2 238 km², 87 200 Ew.; Verw.-Sitz ist Elgin.

Moray [ˈmʌrɪ], James **Stuart** [ˈstjʊət], Earl of, schott. Regent, →Murray, James Stuart, Earl of.

Moray Firth [ˈmʌrɪ ˈfɜːθ], trichterförmige Nordseebucht an der Küste NO-Schottlands. Der innere Teil der Bucht ist durch die Halbinsel Black Isle in den Cromarty Firth im N – Endpunkt einer Erdölpipeline vom Erdölfeld Beatrice der Nordsee – und in den Inverness Firth im S geteilt.

morbid [frz., von lat. morbidus ›krank (machend)‹], *bildungssprachlich* für: 1) kränklich; 2) im Verfall begriffen, morsch, brüchig.

Morbidität, Erkrankungshäufigkeit, Anteil der von einer bestimmten Krankheit in einem festgelegten Zeitraum betroffenen Personen; als **M.-Ziffer** bezogen auf die Gesamt-Bev. (Zahl der Erkrankten auf 10 000 oder 100 000 Ew.).

Morbihan [mɔrbiˈɑ̃], Name von geographischen Objekten:
1) Morbihan, Dép. in W-Frankreich, in der Bretagne, 6 823 km², 635 000 Ew.; Verw.-Sitz ist Vannes.

2) Golfe du Morbihan [gɔlf dy-], Bucht an der S-Küste der Bretagne im Dép. M., Frankreich, etwa 20 km breit und 15 m tief, mit über 300 Inseln (zahlr. Zeugnisse der Megalithkultur), von denen 40 besiedelt sind; durch den Port-Navalo (1 km breit) mit dem Meer verbunden; Austernzucht.

Morbilli [Verkleinerungsform von morbus] *Pl.,* die →Masern.

Mörbisch am See, Gem. am W-Ufer des Neusiedler Sees (an der Grenze zu Ungarn), Burgenland, Österreich, 122 m ü. M., 2 300 Ew.; bedeutender Fremdenverkehrs- (u. a. Badeort) und Weinbauort (700 ha Rebland); Seefestspiele auf der Seebühne.

Morbus [lat.] *der, -/...bi,* Krankheit, bei Bez. von Einzelkrankheiten mit bezeichnendem Zusatz, z. B. **M. haemolyticus neonatorum,** die hämolyt. Neugeborenengelbsucht, oder mit dem Namen des Entdeckers oder Erforschers wie **M. Basedow,** die Basedow-Krankheit.

Morbus sacer [lat. ›heilige Krankheit‹], im Altertum und MA. Bez. für Epilepsie. Als Ursache wurde die direkte Einwirkung einer göttl. bzw. dämon. Macht (des Teufels) angenommen.

Morchel [ahd. morhala, eigtl. ›Möhre‹], **Morchella,** Gattung der Schlauchpilze mit 15 Arten; Fruchtkörper in hohlen Stiel und Hut gegliedert; Hut 4–12 cm groß, kegel- bis birnenförmig, bräunlich, mit wabenartig gefelderter Oberfläche, auf der die Sporen gebildet werden; z. T. gute Speisepilze, u. a. **Speise-M.** (Morchella esculenta), mit bis 25 cm hohem Fruchtkörper (Mitte April bis Juni) mit gelblich weißem Stiel und gelblich braunem Hut, unter Eschen und Pappeln auf Humus- und kalkreichen Böden; **Spitz-M.** (Morchella conica), mit bis 15 cm hohem Fruchtkörper (April bis Mai) mit weißgelbem bis blassbraunem Stiel und dunkelbraun-olivfarbigem Hut; in Nadelwäldern.

Morchel: oben Speisemorchel (Hut 6–12 cm hoch); unten Spitzmorchel (Hut 2–8 cm hoch)

Morcote, Gem. am südl. Luganer See, Kt. Tessin, Schweiz, 650 Ew. – Häuser mit schönen Fassaden und Pfeilerarkaden (u. a. Casa Paleari, 1483) bilden eines der schönsten Dorfbilder der Schweiz; über dem Ort die Wallfahrtskirche Santa Maria del Sasso (urspr. 13. Jh.) mit Renaissancemalereien (1513) und Kapelle Sant'Antonio Abate mit spätgot. Malereien.

Mord [ahd., urspr. ›Tod‹], im Strafrecht der Bundesrepublik Dtl. im Unterschied zum →Totschlag die vorsätzl. Tötung eines Menschen, die hinsichtlich Tatmotiv, Tatausführung und Tatzweck durch besondere Merkmale gekennzeichnet ist. Nach § 211 StGB ist Mörder, wer aus M.-Lust, zur Befriedigung des Geschlechtstriebs (Lust-M.), aus Habgier oder sonstigen niedrigen Beweggründen (d. h. wenn sie als Motive einer Tötung nach allgemeiner sittl. Anschauung verachtenswert sind und auf tiefster Stufe stehen, z. B. krasse Eigensucht), heimtückisch oder grausam oder mit gemeingefährl. Mitteln oder um eine andere Straftat zu ermöglichen oder zu verdecken, einen Menschen tötet. M. wird mit lebenslangem Freiheitsentzug bestraft (nach der Rechtsprechung des Bundesverfassungsgerichts mit dem GG vereinbar). Nach einem Urteil des BGH vom 19. 5. 1981 kann allerdings die Strafe entgegen dem Wortlaut des Gesetzes auf 3 bis 15 Jahre gemildert werden, wenn außergewöhnliche Umstände vorliegen, aufgrund derer die Verhängung lebenslanger Freiheitsstrafe als unverhältnismäßig erscheint. (→Tötungsdelikte, →Verjährung)

Nach *österr.* Recht ist M. die vorsätzl. Tötung eines anderen (§ 75 StGB); sie ist mit Freiheitsstrafe von 10 bis 20 Jahren oder mit lebenslängl. Freiheitsstrafe bedroht. Milder bestraft wird, wenn der Täter in einer allg. begreifl. heftigen Gemütsbewegung gehandelt hat (§ 76 StGB, Totschlag). – Die *schweizer.* Regelung (Art. 112 StGB) sieht eine Tötung als M. an, wenn der Täter bes. skrupellos gehandelt hat, namentlich wenn Beweggrund, Zweck der Tat oder die Art der Ausführung bes. verwerflich sind. Die Strafe ist lebenslängl. Zuchthaus oder Zuchthaus nicht unter 10 Jahren. Neben dem Tatbestand des M. gibt es die vorsätzl. Tötung (Art. 111 StGB) und den Totschlag bei entschuldbarer heftiger Gemütsbewegung (Art. 113 StGB).

mordellsche Vermutung, von dem brit. Mathematiker LOUIS JOEL MORDELL (* 1888, † 1972) 1922 aufgestellte Vermutung, nach der sich auf jeder ebenen algebraischen Kurve des Geschlechts ≥ 2 nur endlich viele rationale Punkte (d. h. Punkte, deren Koordinaten sämtlich rationale Zahlen sind) befinden. Aus der m. V. folgt, dass es (falls überhaupt) nur endlich viele Tripel gibt, die der fermatschen Vermutung genügen. Die m. V. wurde 1983 von G. FALTINGS bewiesen.

Mordent: Kurzer (links) und langer Mordent (rechts)

Mordent [ital. mordente, eigtl. ›Beißer‹] der, -s/-e, *Musik:* zur Familie der Triller gehörende Verzierung, die aus dem ein- oder mehrfachen Wechsel zw. Hauptnote und (kleiner oder großer) Untersekunde besteht und durch ∿ über der Note angezeigt wird. Muss die Hilfsnote chromatisch verändert werden, so werden ♯, ♭, ♮ usw. zu den Zeichen gesetzt. Die Anzahl der Wechselschläge richtet sich nach den musikal. Gegebenheiten, sodass ∿ sowohl für den kurzen (einmaliger Wechsel) als auch für den langen M. (zwei- oder dreimaliger Wechsel) steht; Letzterer wird gelegentlich auch durch ∿∿ bezeichnet.

Mörderbienen, →Honigbienen.

Mördermuschel, Tridacna gigas, zu den →Riesenmuscheln gehörende, größte lebende Muschel mit bis 1,35 m langer und über 200 kg schwerer, dickwandiger Schale. Die M. liegt mit zur Oberfläche gerichtetem Schalenspalt in sandigen Tiefen der Korallenriffe trop. Meere und ernährt sich durch Filtrieren kleinster Partikel. Gerät ein Gegenstand zw. die sich schließenden Schalenhälften, so kann man ihn nur durch Zerschneiden des mächtigen Schließmuskels wieder befreien, weshalb die M. auch dem Menschen gefährlich werden kann. In einer M. wurde die größte bekannte Perle (Gewicht 7 kg) gefunden.

Mordfliegen, Gattung der →Raubfliegen.

Mordowilen, Teilrepublik innerhalb der Russ. Föderation, →Mordwinien.

Mordwespen, umgangssprachl. Bez. für Hautflügler (z. B. Grabwespen), die andere Insekten durch einen Stich lähmen (zur Ernährung ihrer Larven).

Mordwinen, Mordowiler, Volk mit finnougr. Sprache (1,15 Mio. M., davon 312 000 in der Rep. Mordwinien). Wegen wiederholter Aufstände und schließlicher Unterwerfung durch die Russen im 16. Jh. ist ihr Siedlungsraum nicht mehr geschlossen und reicht beiderseits der mittleren Wolga etwa von der Oka bis zum südl. Ural; viele M. leben in Sibirien, einige in Turkestan. Durch den daraus resultierenden starken Assimilationsdruck verringert sich ihre Anzahl ständig. Die Sprachen der beiden Hauptgruppen Mokscha und Ersa sind gegenseitig nicht verständlich. Die ebenfalls zu den M. gehörenden Karatajen in Tatarstan sind völlig tatarisiert, die Terjuchanen (Terjuchen) im Gebiet von Nischnij Nowgorod russifiziert. Die Existenz der M. ist seit dem 6. Jh. historisch belegt. Seit dem 12. Jh. mussten sie sich gegen Machtansprüche russ. Fürsten zur Wehr setzen. Mitte des 13. Jh. von den Mongolen unterworfen, kamen sie unter die Herrschaft der Goldenen Horde, nach deren Verfall unter das Khanat Kasan, nach dessen Eroberung durch Zar IWAN IV. (1552) unter russ. Herrschaft; ihre vollständige Eingliederung in den russ. Machtbereich zog sich bis Ende des 18. Jh. hin.

Mordwinien, Mordowilen, amtlich **Republik Mordwinien,** bis 1993 **Mordwinische Sozialistische Sowjetrepublik,** Teilrepublik innerhalb der Russ. Föderation, grenzt im O an Tschuwaschien, 26 200 km², (1995) 959 600 Ew.; Hauptstadt ist Saransk. – M. umfasst im O die durch Flussniederungen und Schluchten zertalte Plattenlandschaft der W-Abdachung der nördl. Wolgahöhen zw. den Flüssen Sura und Mokscha, im W den Teil der Oka-Don-Ebene. Es herrscht ein gemäßigt kontinentales Klima. Etwa ein Viertel der Fläche ist bewaldet (Laubwälder). – Nach der Volkszählung von 1989 waren von der Bev. 60,8 % Russen, 32,5 % Mordwinen, 4,9 % Tataren und 1,8 % Angehörige anderer Nationalitäten. – Etwa 45 % der erosionsgefährdeten Landesfläche wird ackerbaulich genutzt. Auf Schwarzerde Anbau von Weizen, Futterpflanzen, Kartoffeln, Zuckerrüben, Roggen, Flachs, Tabak; Rinder-, Schweine-, Schaf-, Geflügelhaltung; verbreitet ist Bienen- und Fischzucht; Forstwirtschaft. Neben der Nahrungsmittel- und Holzindustrie haben sich in den letzten drei Jahrzehnten Maschinenbau und Metallverarbeitung, elektrotechn. Industrie, feinwerktechn. Gerätebau, Baustoffproduktion, chem., Textil- und Lederindustrie bes. entwickelt.

Auf dem Gebiet der →Mordwinen wurde 1928 der Mordwin. Nationale Kreis eingerichtet, der 1930 in ein Autonomes Gebiet und am 20. 12. 1934 in eine ASSR umgewandelt wurde.

More [lat. mora ›Dauer‹] *die, -/-n,* **Mora,** *antike Metrik:* Einheit zur Bez. der Aussprachedauer der Silbe; eine M. entspricht einer kurzen Silbe.

More [mɔː], **1)** Henry, engl. Philosoph, * Grantham 1614, † Cambridge 1. 9. 1687; Prof. in Cambridge; einer der führenden Vertreter der →Cambridger Schule, an der Neubegründung und Fortentwicklung eines christl. Platonismus beteiligt. Versuchte – ausgehend vom Cartesianismus, den er später aufgab, beeinflusst von der Kabbala, PLOTIN und J. BÖHME und gegen die mechanist. Naturphilosophie von T. HOBBES gewendet – eine Synthese von Rationalismus und spiritualist. Metaphysik. Erkenntnistheoretisch sah er die Vernunfteinsicht in der Teilhabe an den göttl. Ideen begründet. Anders als R. DESCARTES unterschied er den ›Raum‹ von der ›Materie‹ und machte ihn in gewissem Sinne zu einem Attribut Gottes.

Werke: Enchiridion ethicum, praecipua moralis philosophiae rudimenta complectens, ... (1668); Enchiridion metaphysicum (1671).

Ausgabe: Opera omnia, 3 Bde. (1674–79, Nachdr. 1966).

A. LICHTENSTEIN: H. M. (Cambridge, Mass., 1962); S. HUTIN: H. M. Essai sur les doctrines théosophiques chez les platoniciens de Cambridge (Hildesheim 1966).

2) Sir Thomas, latinisiert **Morus,** engl. Staatsmann und Humanist, * London 7. 2. 1477 oder 1478 (?), † ebd. 6. 7. 1535; nach humanist., theolog. und jurist. Studien 1504–29 Mitgl. des Unterhauses; M. fiel bei HEINRICH VII. in Ungnade, weil er dessen Steuergesetzgebung angriff. HEINRICH VIII. dagegen ließ sich immer häufiger von M., der eine große Reputation als Jurist genoss, beraten. Die erfolgreiche Abwicklung diplomat. Missionen im Ausland führte 1518 zu seiner Aufnahme in den Geheimen Rat. M., Mitverfasser der 1521/22 unter dem Namen HEINRICHS VIII. erschienenen ›Assertio septem sacramentorum‹ (›Verteidigung der sieben Sakramente‹), verteidigte diese 1523 in einer pseudonym veröffentlichten Diatribe gegen Angriffe M. LUTHERS. Im gleichen Jahr wählte ihn das Unterhaus zu seinem Sprecher. 1529 trat M. die Nachfolge von T. WOLSEY als Lordkanzler an. Er unterstützte die Kirchenpolitik des Königs, soweit sie sich gegen den Protestantismus richtete (theolog. Schriften u. a. gegen W. TYNDALE); hingegen lehnte

Sir Thomas More

er, der sich zuerst als Diener Gottes und des Papstes verstand, die Errichtung einer Staatskirche ab und trat 1532, als HEINRICH VIII. die Unterwerfung der engl. Priesterschaft forderte, von seinem Amt zurück. Seine Weigerung, den Suprematseid zu leisten, bestimmte HEINRICH VIII., ihn aufgrund eines Hochverratsprozesses zum Tode verurteilen und enthaupten zu lassen. Die kath. Kirche hat M. 1886 selig und 1935 heilig gesprochen (Tag: 22. 6.).

Trotz seiner zahlr. Ämter hielt M. engen Kontakt u. a. zu den Humanisten J. COLET und – seit 1499 – zu ERASMUS VON ROTTERDAM. Lat. Gedichte und Epigramme, eine Übertragung griech. Dialoge LUKIANS ins Lateinische sowie sein Hauptwerk ›De optimo reipublicae statu deque nova insula Utopia‹ (1516, engl. 1551, dt. erstmals 1612, 1922 u. d. T. ›Utopia‹) weisen ihn als einen der überragenden Latinisten seiner Zeit aus. In ›Utopia‹ (griech. ›Nirgendsort‹, zugleich ein Wortspiel: zu griech. eu-topos ›guter Ort‹) benutzt M. den dialogisch angelegten Reisebericht des Epikureers RAPHAEL HYTHLODAEUS über die glückl. Insel zur Kritik an der sozialen Misere im christl. Europa und beschreibt eine Gesellschaft, die sich entschlossen hat, in einem auf dem Gemeineigentum basierenden Gemeinwesen zu leben. Hohe Bedeutung erhalten Tugend und Wissen, ein maßvolles Leben im Einklang mit der Natur, wobei alle an der Erhaltung des Gemeinwesens beteiligt sind; es gibt Bildungsmöglichkeiten für Frauen und Religionsfreiheit. Philosophiehistorisch stellt das Werk einerseits einen Rehabilitationsversuch für den Epikureismus dar. M. steht damit am Ende einer Rezeptionsphase, in der die Philosophie der Renaissance die vier für sie wichtigen griech. Philosophenschulen des Aristotelismus, Platonismus, Stoizismus und Epikureismus mit christl. Gedankengut verbunden hat. Andererseits führt M. durch eine weite Definition des Lustbegriffs (Lustgewinn durch gutes Gewissen nach Pflichterfüllung) eine Pflichtethik ein, die nicht dem Epikureismus, wohl aber der Suche nach der besten Staatsform entspricht. Die Wirkung des Werkes liegt weniger in dem darin entworfenen Modell als vielmehr darin, dass die polit. Intention M.s eine neue Literaturgattung, die Utopie, entscheidend beeinflusst hat.

Ausgaben: Opera omnia Latina (1689, Nachdr. 1963); The correspondence, hg. v. E. F. ROGERS (1947, Nachdr. 1970); The complete works. The Yale edition ..., hg. v. L. L. MARTZ, auf zahlr. Bde. ber. (1963 ff.). – Utopia, übers. v. G. RITTER (1922, Nachdr. 1990); Die Briefe, übers. v. B. VON BLARER (1949); Neue Briefe, hg. v. H. SCHULTE (1966).

H. ONCKEN: Die Utopie des Thomas Morus u. das Machtproblem in der Staatslehre (1922); E. L. SURTZ: The praise of wisdom. A commentary on the religious and moral problems and backgrounds of St. T. M.'s Utopia (Chicago, Ill., 1957); G. MÖBUS: Politik u. Menschlichkeit im Leben des T. M. (²1966); T. NIPPERDEY: T. M., in: Klassiker des polit. Denkens, hg. v. HANS MAIER u. a., Bd. 1 (1968); E. E. REYNOLDS: The field is won. The life and death of Saint T. M. (London 1968); J. A. GUY: The public career of Sir T. M. (Brighton 1980); P. BERGLAR: Die Stunde des Thomas Morus (Neuausg. 1987); H. P. HEINRICH: Thomas Morus (12.–14. Tsd. 1991); E. BAUMANN: T. M. u. der Konsens. Eine theologiegeschichtl. Analyse der ›Responsio ad Lutherum‹ von 1523 (1993); Die Wahrheit des Nirgendwo. Zur Gesch. u. Zukunft des utop. Denkens, hg. v. J. CALLIESS (1994); R. ZELL: Dialog zum Frieden in der Utopie des T. M. (³1995).

Morea, griech. **Moreas** [›Maulbeerbaum‹], seit dem 9. Jh. bezeugter Name der griech. Landschaften Elis und W-Achaia im NW der Peloponnes, nach dem für die byzantin. Seidenindustrie hier angebauten Maulbeerbaum. 1204–1432 Name des fränk. Fürstentums Achaia, dann der gesamten Peloponnes. Aus dem 1262 von dem Fürstentum Achaia abgetretenen Gebiet entstand das spätere byzantin. **Despotat M.** (auch **Despotat Mistra,** nach der gleichnamigen Hauptstadt), das unter Kaiser JOHANNES VI. KANTAKUZENOS erweitert und von Mitgl. seiner Familie verwaltet wurde und seit 1382 eine Sekundogenitur der Palaiologen war. 1460 von den Türken erobert.

Moréas [mɔreˈas], Jean, eigtl. **Ioannis Papadiamantopulos,** frz. Schriftsteller griech. Herkunft, * Athen 15. 4. 1856, † Paris 30. 3. 1910; gründete 1890 (mit C. MAURRAS) die neoklassizist. ›École romane‹, die in Form und Inhalt an die klass. Dichtung der Antike sowie an die Dichtung der Pléiade anknüpfte.

Werke: *Lyrik:* Les syrtes (1884); Les cantilènes (1886); Les stances, 8 Tle. (hg. 1899–1922). – *Drama:* Iphigénie (1904). – *Erzählungen:* Contes de la vieille France (1904).

Gustave Moreau: Die Geburt der Venus (Paris, Musée Gustave Moreau)

Moreau [mɔˈro], 1) Gustave, frz. Maler, * Paris 6. 4. 1826, † ebd. 18. 4. 1898; Schüler von T. CHASSÉRIAU. Ausgehend v. a. von mytholog. und bibl. Themen, malte M. meist prunkvoll gestaltete symbolist. Szenen, deren exot. Reiz durch eine eigenartige unnatürl. Beleuchtung gesteigert wird. Er schuf auch hervorragende Aquarelle und Zeichnungen. Zu seinem großen Schülerkreis gehörten H. MATISSE und G. ROUAULT. M. übte großen Einfluss auf die Surrealisten aus.

Werke: Ödipus und die Sphinx (1864; New York, Metropolitan Museum); Thrakerin, den Kopf des Orpheus tragend (1866; Paris, Musée d'Orsay); Salome (1870; New York, Slg. Hartford); Die Erscheinung (1876; Paris, Musée d'Orsay); Die Einhörner (um 1885; Paris, Musée G. M.); Jupiter und Semele (1890; ebd.).

P.-L. MATHIEU: G. M. (a. d. Frz., 1976); H. H. HOFSTÄTTER: G. M. (1978); P. BITTLER: Catalogue des dessins de G. M. (Paris 1983); G. M., hg. v. A. VAN DER LAAN, Ausst.-Kat. Stadsgalerij Herleen (Heerlen 1991).

2) Jean-Michel, gen. **M. d. J.,** frz. Kupferstecher und Radierer, * Paris 26. 3. 1741, † ebd. 30. 11. 1814; hervorragender Illustrator des frz. Rokoko, schuf Illustrationen zu zeitgenöss. Ereignissen und zu Werken von OVID, BOCCACCIO, MOLIÈRE u. a. Seine mehr als 2000 Arbeiten zeichnen sich durch die geschmeidige Eleganz der Zeichnung und des Stichs aus und sind von maler. Reiz.

3) Jeanne, frz. Schauspielerin, * Paris 23. 1. 1928; wechselte von der Comédie-Française (1948–53) zum Théâtre National Populaire; bedeutende Charakterrollen in zahlr. Filmen; Regisseurin der Filme ›Im Scheinwerferlicht‹ (1976) und ›Mädchenjahre‹ (1978); drehte das Porträt ›Lillian Gish‹ (1984).

Weitere Filme: Die Liebenden (1958); Die Nacht (1960); Jules und Jim (1961); Tagebuch einer Kammerzofe (1963); Viva Maria! (1965); Die Braut trug Schwarz (1967); Querelle (1982); Le paltoquet (1986); Le miraculé (1987); Bis ans Ende der Welt (1991); Die Dame, die im Meer spazierte (1991); Die Abwesenheit (1992); 101 Nacht – Die Träume des M. Cinéma (1994).

J. M., bearb. v. J.-M. MOIREAU (a. d. Frz., 1990).

Jeanne Moreau

Morecambe and Heysham [ˈmɔːkəm ənd ˈhiːʃəm], Stadt und Seebad in der Cty. Lancashire, W-England, an der Morecambebai, 46 700 Ew.; Erdölraffinerie, chem. Industrie, Kernkraftwerk; Fährverkehr zur Insel Man. – Das Seebad Morecambe und die Stadt Heysham wurden 1928 vereinigt.

Moreelse, Paulus Jansz., niederländ. Maler und Architekt, * Utrecht 1571, † ebd. 5. 3. 1638; Schüler von M. J. van Miereveld; nach einer Italienreise meist in Utrecht tätig. Er malte unter fläm. Einfluss genrehafte Halbfigurenbilder und Porträts, darunter reizvolle Kinderbildnisse. Als Architekt entwarf er das Katharinentor (1621–25) und wohl auch die Schauseite der Fleischhalle (1637) in Utrecht.

C. H. de Jonge: P. M., portret- en genreschilder te Utrecht, 1571–1638 (Assen 1938).

more geometrico [lat. ›nach Art der Geometrie‹], programmat. Begriff der Aufklärungsphilosophie des 17./18. Jh., der die method. Angleichung aller Wiss. an den axiomat. Aufbau der Geometrie Euklids fordert. Exemplarisch ist der berühmte Versuch B. de Spinozas, eine Ethik ›m. g.‹ zu entwickeln, wobei er sich jedoch nur äußerlich an die method. Struktur der Geometrie Euklids (Definitionen, Axiome, Postulate, Beweise u. a.) anlehnt.

Morelia, Hauptstadt des Bundesstaates Michoacán, Mexiko, 1 890 m ü. M. in einem Becken der Cordillera Neovolcánica, 428 000 Ew.; Erzbischofssitz; Univ., PH, Technikum, landwirtschaftl. Institut, Regionalmuseum; Verarbeitung landwirtschaftl. Produkte, Textilindustrie. – Die Stadt hat im Zentrum das kolonialzeitl. Gepräge bewahrt (UNESCO-Weltkulturerbe). Am Hauptplatz (Zócalo) steht die Kathedrale (um 1640 begonnen, 1744 noch nicht vollendet; mit Azulejos verkleidete Vierungskuppel). Nahebei befindet sich der Palacio de Gobierno, ehem. das Seminargebäude (18. Jh., in kolonialem Stil). – M. wurde 1541 als **Valladolid** gegründet und 1828 nach dem Freiheitshelden J. M. Morelos y Pavón umbenannt.

Morella [moˈreʎa], Marktstadt in O-Spanien, im N der Landschaft Maestrazgo, Prov. Castellón de la Plana, 1 100 m ü. M., 2 900 Ew.; Textilfabrik. – Mittelalterlich geprägte Stadt in terrassenförmiger Lage am

Paulus Jansz. Moreelse: Schäferin; um 1627 (Privatbesitz)

Morella: ›Apostelportal‹ der Basilika Santa María la Mayor; 1265–1343

Fuß des steilen Kalkfelsens Muela de M., gekrönt von maur. Burganlage, umgeben von 2,5 km langer Stadtmauer mit 14 Türmen und sechs Toren (14. Jh.); die dreischiffige Basilika Santa María la Mayor (1265–1343 über ehemaliger Moschee erbaut) gilt als schönste gotische Kirche der Region Valencia: u. a. reich skulptierte Portale, churrigueresker Hochaltar (18. Jh.); Kirche San Juan (15. Jh.; neoklassizist. Ausgestaltung). – Der röm. Militärposten **Castra Aelia** wurde in der Araberzeit zur Grenzfestung des arab. Königreiches Valencia gegen das christl. Aragonien ausgebaut; nach der Rückeroberung 1232 blieb die Stadt wichtige Festung bis zu den Karlistenkriegen im 19. Jh.; war zeitweise Aufenthaltsort des maur. Königs von Lérida sowie des Cid, der Könige von Aragonien und des Gegenpapstes Benedikt XIII.

Morelle [zu ital. amarella ›Sauerkirsche‹] die, -/-n, Varietät der →Kirsche.

Morellet [mɔrəˈlɛ], François, frz. Maler, Grafiker und Objektkünstler, * Cholet (Dép. Maine-et-Loire) 30. 4. 1926; war 1960 Mitbegründer der Groupe de Recherche d'Art Visuel in Paris; seine (Material-)Bilder, kinet. Objekte, Environments mit programmiertem Licht und Installationen bauen auf komplexen, streng log. Linien- und Formsystemen auf.

S. Lemoine: F. M. (Zürich 1986); F. M. Arbeiten 1971–1988, bearb. v. M. Bense, Ausst.-Kat. Galerie Dorothea van der Koelen, Mainz (1988, dt., engl., frz.); F. M. Dessins. Zeichnungen, bearb. v. S. Lemoine, Ausst.-Kat. Musée de Grenoble (1991, dt. u. frz.).

Morelli, 1) Domenico, ital. Maler, * Neapel 4. 8. 1826, † ebd. 13. 8. 1901; schuf neben Landschaften und Porträts v. a. Historien- und Genrebilder mit Neigung zu theatral. Pathos; gehörte in seiner dem Realismus zuneigenden Spätzeit zu den Wegbereitern der neueren ital. Malerei.

2) Giovanni, Pseud. **Ivan Lermolieff,** ital. Kunsthistoriker, * Verona 25. 2. 1816, † Mailand 28. 2. 1891; studierte in Dtl.; M. prüfte zweifelhafte Zuschreibungen von Gemälden anhand von konstant bleibenden Eigentümlichkeiten der Handschrift der Künstler in Details (z. B. Ohren- und Fingerbildung). Unter seinem Pseudonym veröffentlichte er u. a. ›Die Werke ital. Meister in den Galerien von München, Dresden und Berlin‹ (1880) und ›Kunstkrit. Studien über ital. Malerei‹ (1890–93, 3 Bde.).

Ausgabe: ›Balvi magnus‹ u. ›Das Miasma diabolicum‹. G. M.s erste pseudonyme Veröffentlichungen, hg. v. J. Anderson (1991).

G. M., da collezionista a conoscitore, Ausst.-Kat. (Carrara 1987).

Morelly [frz. mɔrɛˈli], frz. Philosoph, * um 1715, † nach 1778; Abbé in Vitry-le-François (über sein Leben ist nichts weiter bekannt). Früher Vertreter eines utop. Kommunismus. In seinem zunächst D. DIDEROT zugeschriebenen Hauptwerk ›Code de la nature. Ou, le véritable esprit de ses lois de tout temps négligé ou méconnu‹ (anonym 1755; dt. ›Grundgesetz der Natur von Diderot, nebst einer Zugabe‹) entwirft M. – anknüpfend an Gedanken von PLATON und J. LOCKE – eine Staats- und Sozialutopie, die das größtmögl. Glück aller garantieren soll. Sie geht von der Grundannahme aus, dass der an sich gute Mensch durch die ›Verhältnisse‹, bes. das Privateigentum, zu Neid und Gewalttätigkeit korrumpiert werde, und fordert Verstaatlichung der Güter sowie Gesetze für Produktion und Güterverteilung. Sie gilt als Vorläuferin der polit. Ideen, Programme und Theorien der Ideologen der Frz. Revolution, v. a. F. N. BABEUFS, dessen Theorie der kollektiven Wohlfahrt direkt von ihr beeinflusst ist, sowie SAINT-SIMONS und L. BLANCS.

R. N. COE: M. (a. d. Engl., 1961).

Morelos, Binnenstaat Mexikos, grenzt südlich an den Bundesdistrikt, 4941 km², (1990) 1,195 Mio. Ew.; Hauptstadt ist →Cuernavaca. M. gehört zur südl. Abdachung des Mexikan. Hochlands (Cordillera Neovolcánica) und ist ein wichtiges Anbaugebiet für Zuckerrohr, Reis, Mais, Weizen, Obst und Gemüse.

Morelos y Pavón [-i pa'βon], José María, mexikan. Freiheitskämpfer, * Valladolid (Michoacán) 30. 9. 1765, † (erschossen) San Cristóbal 22. 12. 1815; Geistlicher, schloss sich 1811 M. HIDALGO y COSTILLA an, übernahm nach dessen Tod die Führung des Aufstandes gegen die span. Herrschaft und die kreol. Großgrundbesitzer. Im Oktober 1815 wurde M. von den Spaniern gefangen genommen.

morendo [ital. ›ersterbend‹], musikal. Vortrags-Bez.: allmählich schwächer werdend bis zur kaum mehr hörbaren Tonstärke, oft bei gleichzeitiger Tempoabnahme.

Moreni [mo'renj], Stadt im Kr. Dâmbovița, S-Rumänien, westlich von Ploiești, 23 100 Ew.; ein altes Zentrum der Erdölförderung.

Moreno, Garífuna, Schwarze Kariben, Black Caribs [blæk 'kærɪbz, engl.], Misch-Bev. in Mittelamerika, →Kariben.

Moreno, Stadt im W von Groß-Buenos-Aires, Argentinien, 286 000 Ew.; Verarbeitung landwirtschaftl. Produkte.

Moreno [məˈriːnəʊ, auch məˈreɪnəʊ], Jacob Levy, amerikan. Psychiater rumän. Herkunft, * Bukarest 20. 5. 1892, † Beacon (N. Y.) 14. 5. 1974; praktizierte in Wien, wanderte 1925 in die USA aus; ab 1951 Prof. an der Univ. New York; begründete die Soziometrie und die Gruppentherapie (speziell Psychodrama).

Werke: Group method and group psychotherapy (1932); Who shall survive? (1934; dt. Die Grundl. der Soziometrie). – **Hg.:** The sociometry reader (1960).

Moreno Villa [-'βiʎa], José, span. Dichter, Maler und Kunstkritiker, * Málaga 16. 2. 1887, † Mexiko 24. 4. 1955; spielte eine bedeutende Rolle in der Kulturpolitik der span. Republik, zahlreiche Reisen und Vorträge in Europa und Amerika; emigrierte 1937 in die USA, dann nach Mexiko. Seine Lyrik folgt den jeweiligen Strömungen der Avantgarde: Modernismus (›Garba‹, 1913); ›Poesía pura‹ (›El pasajero‹, 1914), Ultraismus und Surrealismus (›Jacinta la pelirroja‹, 1929; ›Carambas‹, 1931). Die im Exil entstandenen Gedichte (›Puerta severa‹, 1941; ›La noche del verbo‹, 1942; ›Voz en vuelo a su cuna‹, hg. 1961) sind im Ton ernster und von M. selbst illustriert. Neben Dramen, Novellen und kunsthistor. Werken schrieb er auch seine Autobiographie (›Vida en claro‹, 1944).

Morenu [hebr. ›unser Lehrer‹], Titel für rabbin. Gelehrte, seit dem MA. neben Rabbi üblich.

Møre og Romsdal [ˈmøːrə ɔ ˈrumsˌ-], Verw.-Gebiet (Fylke) in W-Norwegen, 15 104 km² (14 596 km² Landareal), 240 200 Ew.; Verw.-Sitz ist Molde. Küsten- und Fjordgebiet, bis rd. 2 000 m ü. M., mit vielen Naturschönheiten. Lebensgrundlage der Bev. ist Fischerei, Landwirtschaft, Industrie (Fischverarbeitung, Aluminiumwerk in Sunndalsøra, Möbel-, Textilindustrie, Schiffbau), Fremdenverkehr (Geirangerfjord, Åndalsnes), neuerdings auch im Winter.

Moresca [ital., von span. morisco ›maurisch‹] *die, -,* span. **Morisca, Moriska, Moriskentanz,** ein erstmals 1427 in Burgund bezeugter Tanz, dessen Herkunft einerseits mit Fruchtbarkeitstänzen, andererseits mit den Kämpfen zw. Christen und Mauren in Verbindung gebracht wird (→Morisken). Die in ganz Europa verbreitete M. wurde im 15. Jh. als Einzel- oder Gruppentanz mit dem Motiv des Schwerttanzes beschrieben. Dabei trugen die ›Mauren‹ geschwärzte Gesichter; die Tanzenden standen sich in zwei Reihen gegenüber und trugen Schellenbänder an den Füßen und Schwerter in den Händen (zu den berühmtesten künstler. Darstellungen gehören die Moriskentänzer von E. GRASSER). Gleichzeitig wurden auch Tanzszenen, bes. in der Zwischenaktunterhaltung von Dramen (Intermedien, Masques), als M. bezeichnet. Im 16. Jh. oft geradtaktig, wurde die M. im 17. Jh. meist im schnellen Dreierrhythmus getanzt. Sie bildete dann den gesellschaftl. Abschluss der frühen Oper, so etwa in C. MONTEVERDIS ›Orfeo‹. – Eine Variante ist der engl. **Morrisdance,** der ausschließlich von Männern ausgeführt und von Einhandflöte (pipe) und Trommel (tabor) begleitet wurde. Er hat regional sehr unterschiedl. Formen und umfasst prozessionsartige Umzüge, Tanz mit Spielelementen oder festgelegten Figuren oder Schwerttanz. Nach 1850 wurde der Morrisdance zeitweise von Morrisgilden gepflegt.

Moresnet [mɔrɛˈnɛ], Gebiet in der Prov. Lüttich, Belgien, südwestlich von Aachen. – 1815–1920 neutrales Gebiet zw. den Niederlanden (nach 1830 Belgien) und Preußen (nach 1871 dem Dt. Reich), entstand aufgrund von Meinungsverschiedenheiten des Wiener Kongresses über den niederländisch-preuß. Grenzverlauf, war etwa 5,5 km² groß, umfasste das Dorf Kelmis (seit 1884 erschöpfte) Galmeigrube Altenberg. Selbstverwaltung unter Aufsicht preuß. (später dt.) und niederländ. (später belg.) Kommissare; fiel 1920 durch den Versailler Vertrag an Belgien.

Moreto y Cavana [- i kaˈβana], **Moreto y Cabana,** Agustín, span. Dramatiker, getauft Madrid 9. 4. 1618, † Toledo 26. oder 27. 10. 1669; aus wohlhabender ital. Familie; Priester, seit 1657 Kaplan des Erzbischofs von Toledo. Sein umfangreiches dramat. Werk steht in der Nachfolge von P. CALDERÓN DE LA BARCA, mit dem er befreundet war; es handelt sich in vielen Fällen um gelungene humorvolle und moralisierende Wiederaufnahmen früherer Stücke (›refundiciones‹), u. a. von LOPE F. DE VEGA CARPIO. Seine gelungensten Comedias sind ›El desdén con el desdén‹ (1654; dt. Bearbeitung u. d. T. ›Donna Diana‹, Vorlage zu E. N. VON REZNIČEKS Oper) und die Charakterkomödie ›El lindo Don Diego‹ (1662; dt. ›Der Unwiderstehliche‹). M. y C. verfasste auch Autos sacramentales und sehr erfolgreiche Zwischenspiele.

Moretti, 1) **Marino,** ital. Schriftsteller, * Cesenatico 18. 7. 1885, † ebd. 6. 7. 1979; schrieb zunächst von den Crepuscolari und G. PASCOLI beeinflusste Lyrik, dann Romane und Novellen, in denen er in subtiler Darstellung das alltägl. und eintönige Leben in der Provinz, v. a. einfacher Frauen, zeichnete.

Werke: *Romane:* Mia madre (1924); L'Andreana (1935); La vedova Fioravanti (1941; dt. Die Witwe Fioravanti); I coniugi Allori (1946; dt. Das Ehepaar Allori); La camera degli sposi (1958). – *Lyrik:* Poesie scritte col lapis (1910); Poesie di tutti i giorni (1911); Tre anni e un giorno (1971).

Ausgabe: Opere, 5 Bde. (¹⁻⁴1961–66).

2) **Nanni,** ital. Drehbuchautor, Filmregisseur und -schauspieler, * Bruneck 19. 8. 1953; repräsentiert,

seit den 70er-Jahren tätig, einen neuen, polit. Themen aufgreifenden ital. Film.

Filme: Ich bin ein Autarkist (1977); Die Nichtstuer (1978); Die Messe ist aus (1985); La Cosa – Die Sache (1990); Liebes Tagebuch ... (1994).

Alessandro Moretto da Brescia: Bildnis eines jungen Mannes; um 1535/45 (London, National Gallery)

Moretto da Brescia [-'brɛʃʃa], Alessandro, eigtl. **A. Bonvicino** [-'tʃiːno], ital. Maler, * Brescia um 1498, † ebd. Dezember 1554; Hauptmeister der Malerei in Brescia, beeinflusst von V. Foppa und der venezian. Malerei. Seine Bilder zeichnen sich durch genaue Beobachtung und eine eigene kühle Farbstimmung aus. Neben Altarbildern schuf er meisterhaft charakterisierte Porträts.

Mörfelden-Walldorf, Stadt im Landkreis Groß-Gerau, Hessen, südlich von Frankfurt am Main, nahe dem Rhein-Main-Flughafen, 100 m ü. M., 32 500 Ew.; Tresorbau, Blindniettechnik, Großdruckerei, Großhandel und Speditionen. – M.-W. entstand 1977 durch Zusammenschluss von **Mörfelden** (830/850 im Lorscher Reichsurbar erstmals urkundlich erwähnt, ab 1968 Stadt) und **Walldorf** (1699 von frz. Waldensern gegründet, ab 1962 Stadt).

Giovanni Battista Morgagni

Morgagni [mor'ɡaɲɲi], Giovanni Battista, ital. Mediziner, * Forli 25. 2. 1682, † Padua 6. 12. 1771; ab 1711 Prof. in Padua; entdeckte und beschrieb zahlreiche anatom. Einzelheiten des menschl. Körpers und gilt als der eigentl. Begründer der patholog. Anatomie. Bedeutend ist sein ›Briefwechsel. 1745–1768‹ mit A. VON HALLER (hg. v. E. HINTZSCHE, 1964).

Weiteres Werk: De sedibus et causis morborum per anatomen indagatis (1761; dt. Sitz u. Ursachen der Krankheiten, aufgespürt durch die Kunst der Anatomie).

D. GIORDANO: Giambattista M. (Turin 1941); P. ASTRUC: Essai sur Jean-Baptiste M. (Paris 1950).

Morgan ['mɔːɡən] der, -(s), älteste, seit Beginn des 19. Jh. typtreu gezüchtete nordamerikan. Pferderasse; kompaktes, vielseitig verwendbares Reit- und Wagenpferd, Stockmaß zw. 155 und 160 cm; Hauptzuchtgebiete in den USA sind Kalifornien, Vermont und Connecticut.

John P. Morgan jr.

Morgan, 1) ['mɔːɡən], Augustus De, brit. Mathematiker und Logiker, →De Morgan, Augustus.

2) ['mɔːɡən], Charles Langbridge, engl. Schriftsteller, * Bromley (Cty. Kent) 22. 1. 1894, † London 6. 2. 1958; Theaterkritiker der ›Times‹ (1926–39); verfasste philosoph. Dramen und Romane, in denen er das Wesen des Menschen in der Hingabe an die Idee sieht. Seine Romane gestalten Themen wie die seel. Stärke des Sterbenden (›The fountain‹, 1932; dt. ›Der Quell‹), das Wesen der Kunst (›Sparkenbroke‹, 1936; dt. ›Die Flamme‹) und die Suche nach innerer Freiheit (›The judge's story‹, 1947; dt. ›Der Richter‹).

Lewis H. Morgan

Weitere Werke: *Romane:* Portrait in a mirror (1929; dt. Das Bildnis); The voyage (1940; dt. Die Lebensreise); The river line (1949; dt. Der Reiher, auch u. d. T. Der geheime Weg); Challenge to Venus (1957; dt. Herausforderung an Venus).

H. C. DUFFIN: The novels and plays of C. M. (London 1959).

3) ['mɔːɡən], Sir (seit 1674) Henry, walisischer Freibeuter, * Leanrhymney (S-Wales) 1635 (?), † Jamaika 25. 8. 1688; führte lange die von England unterstützten Flibustier gegen die span. Kolonien in Amerika (1671 Plünderung und Zerstörung der Stadt Panama).

4) ['mɔːɡən], John Pierpont, amerikan. Bankier, * Hartford (Conn.) 17. 4. 1837, † Rom 31. 3. 1913, Vater von 5); finanzierte mit seinem Bankhaus (gegr. 1861, seit 1895 JP Morgan and Co.) wichtige Unternehmenszusammenschlüsse (u. a. General Electric Company, United States Steel Corporation, International Mercantile Marine Co.) und den Bau von Eisenbahnlinien in den USA. Sein Vermögen legte M. z. T. in Kunst- und Büchersammlungen an, die 1924 in eine Stiftung eingebracht wurden (**Pierpont Morgan Library,** New York).

5) ['mɔːɡən], John Pierpont, jr., amerikan. Bankier, * Irvington (N. Y.) 7. 9. 1867, † Boca Grande (Fla.) 13. 3. 1943, Sohn von 4); vermittelte als Leiter der von seinem Vater übernommenen Bank Staatskredite zur Finanzierung des Ersten Weltkrieges. 1924 legte er die Dawes-Anleihe auf.

6) ['mɔːɡən], Lewis Henry, amerikan. Ethnologe, * Aurora (N. Y.) 21. 11. 1818, † Rochester (N. Y.) 17. 12. 1881; einer der Begründer der vergleichenden Ethnologie. Am Beispiel amerikan. Indianer zeigte er erstmals die Bedeutung der Verwandtschaftssysteme für die ursprüngl. Kulturen auf. Als einer der wichtigsten Vertreter des →Evolutionismus stellte er die Theorie der stufenförmigen Entwicklung der Familie von allgemeiner Promiskuität über mehrere Stufen bis zur Einehe auf; ebenso unterteilte er die Kulturgeschichte in die drei Stadien Wildheit, Barbarei, Zivilisation. Als Triebfeder des materiellen Fortschritts sah M. die Entfaltung der menschl. Intelligenz. Diese Gedankengänge wurden von F. ENGELS übernommen und finden sich in der Geschichtskonzeption des histor. Materialismus wieder.

Werke: The league of the Ho-dé-no-sau-nee, or Iroquois (1851); Systems of consanguinity and affinity of the human family (1870); Ancient society (1877; dt. Die Urgesellschaft).

7) [mɔr'ɡã], Michèle, eigtl. **Simone Renée Roussel** [ru'sɛl], frz. Schauspielerin, * Neuilly-sur-Seine 29. 2. 1920; international bekannt durch Filme wie ›Hafen im Nebel‹ (1938), ›Und es ward Licht‹ (1946), ›Menschen im Hotel‹ (1959); auch Bühnen- und Fernsehrollen (›Le tiroir secret‹, 1986).

Weitere Werke: *Filme:* Benjamin – Aus dem Tagebuch einer männl. Jungfrau (1967); Eine Katze jagt die Maus (1975); Ein Mann und eine Frau – 20 Jahre später (1986); Allen geht es gut (1990). – *Biographie:* Le fil bleu (1993).

8) ['mɔrɡan], Paul, eigtl. **P. Morgenstern,** österr. Schauspieler und Kabarettist, * Wien 1. 10. 1886, † KZ Buchenwald 10. 12. 1938. Nach Engagements an Wiener und Berliner Theatern gründete er 1924 mit K. ROBITSCHEK in Berlin das ›Kabarett der Komiker‹. 1936 schrieb er das musikal. Lustspiel ›Axel an der

Morgan (Stockmaß 155–160 cm)

Himmelstür< (Musik von R. BENATZKY), mit dem ZARAH LEANDER bekannt wurde.

9) ['mɔ:gən], **Thomas Hunt**, amerikan. Genetiker, * Lexington (Ky.) 25. 9. 1866, † Pasadena (Calif.) 4. 12. 1945; 1904-28 Prof. an der Columbia University in New York, danach Leiter der biolog. Laboratorien des California Institute of Technology in Pasadena (Calif.). M. führte die Taufliege als Versuchstier in die Genetik ein und konnte an ihr die schon von H. DE VRIES für Pflanzen erarbeitete Mutationstheorie für Tiere bestätigen. Er entdeckte die geschlechtsgebundene Vererbung und den Faktorenaustausch (→Crossing-over); hierfür erhielt er 1933 den Nobelpreis für Physiologie und Medizin.

Thomas H. Morgan

Morgan and Co. Inc., eigtl. **JP Morgan and Co. Inc.** [dʒeɪ'piː 'mɔ:gən ənd 'kʌmpəni ɪn'kɔ:pəreɪtɪd], zu den größten privaten Banken in den USA gehörendes Kreditinstitut, gegr. 1861 von J. P. MORGAN; Sitz: New York. Eine bedeutende Tochtergesellschaft ist die Morgan Guaranty Trust Company of New York, die 1959 durch Fusion mit der Guaranty Trust Company of New York (gegr. 1864) entstand.

morganatische Ehe [mlat. matrimonium ad morganaticam ›Ehe auf Morgengabe‹, zu ahd. morgan ›Morgen‹], Ehe zur →linken Hand.

Morganit [nach dem amerikan. Bankier J. P. MORGAN] *der, -s/-e,* Mineral, →Beryll.

morgansche Gesetze ['mɔ:gən-], *Aussagenlogik* und *Mengenlehre:* die →De-Morgan-Gesetze.

Morgarten, Bergrücken (Nagelfluh) in den schweizer. Voralpen im Kt. Schwyz, südöstlich des Ägerisees, 1 244 m ü. M. - Am 15. 11. 1315 besiegten in der **Schlacht am M.** die drei Waldstätte Schwyz, Uri und Unterwalden das Ritterheer Herzog LEOPOLDS I. von Österreich und sicherten damit ihre Freiheit. - Am 2. 5. 1798 Sieg der Schwyzer über die Franzosen.

Morgen, alte dt. Flächeneinheit, urspr. die Ackerfläche, die ein Bauer mit einem Gespann am Morgen (Vormittag) pflügen konnte. Der M. differierte regional erheblich, z. B. 3 600 m², (Baden), 3 437 m² (Bayern), 2 553,2 m² (Preußen), 2 767,1 m² (Sachsen), 3 151,7 m² (Württemberg). In einigen Gebieten wurden die Begriffe M. und Acker synonym verwendet.

Morgenblatt für gebildete Stände, von J. F. COTTA 1807 in Tübingen gegründete, 1810 nach Stuttgart verlegte vornehmlich literar. Tages-, ab 1851 Wochenzeitung; von 1838 bis zur Einstellung 1865 u. d. T. ›Morgenblatt für gebildete Leser‹. Geleitet wurde es u. a. von F. RÜCKERT, MARIA THERESE HUBER, G. VON COTTA, H. und W. HAUFF. 1819-49 erschien u. a. als Beilage ein Literaturblatt ›Übersicht der neueren Literatur‹, anfangs von A. MÜLLNER, 1830-48 von W. MENZEL redigiert.

Morgenduft, Tafel- und Wirtschaftsapfel; groß, gleichmäßig kugelig, glattschalig; gelblich grün, sonnenseits gestreift bis flächig rot; Fruchtfleisch mit wässrig-süßl. Geschmack.

Morgenduft

Morgengabe, bereits den german. Volksrechten bekannte, am Morgen nach der Hochzeitsnacht oder bei der Eheschließung der Frau vom Ehemann überreichte Gabe; häufig auch eine bei Eheschließung zunächst nur versprochene, später zu erfüllende Zuwendung. Hauptbedeutung der M.: Witwenversorgung und Bildung eines Eheguts (rechtl. Sondervermögen) zur Vorsorge für gemeinschaftl. Kinder.

Morgenhauptlicht, Teil des →Zodiakallichts.

Morgenland, →Orient.

Morgenländisches Schisma, die auf das Jahr 1054 datierte Trennung zw. der lateinisch-abendländ. (kath.) Kirche und den vier ostkirchl. Patriarchaten (Konstantinopel, Alexandria, Antiochia, Jerusalem). Sie war das Ergebnis eines über Jahrhunderte dauernden Entfremdungsprozesses, zu dem sowohl die polit. und kulturelle Entwicklung als auch zunehmend dogmat. Differenzen (z. B. einseitige Einführung des →Filioque und Gebrauch von ungesäuertem Brot bei der Eucharistie in der lat. Kirche), divergierende kirchenrechtl. und kirchendisziplinäre Gewohnheiten (Priesterehe, Fastenvorschriften) sowie die im Rahmen der gregorian. Reform formulierten Primatsansprüche des Papstes beigetragen hatten. Der Konflikt spitzte sich zu, als es um die Frage der Jurisdiktion über die christianisierten Bulgaren, die Gebiete S-Italiens, Siziliens und des Erzbistums von Saloniki ging. 1053 reiste im Auftrag von Papst LEO IX. eine Delegation unter Leitung von Kardinal HUMBERT VON SILVA CANDIDA zu Verhandlungen mit dem Patriarchen MICHAEL KERULLARIOS nach Konstantinopel. Als keine Einigung zustande kam, legte HUMBERT am 16. 7. 1054 in der Hagia Sophia eine Exkommunikationsbulle gegen MICHAEL nieder. Im Gegenzug bannte dieser die Verfasser der Bulle. Versuche einer Wiederannäherung, wie die Unionskonzilien von Lyon (1274) und Ferrara-Florenz-Rom (1438-45), blieben ohne Erfolg. Erst während des 2. Vatikan. Konzils gaben am 7. 12. 1965 der Patriarch ATHENAGORAS I. und Papst PAUL VI. eine Erklärung ab, mit der sie die wechselseitige Exkommunikation ›vergessen lassen wollten‹. In der Folge verbesserten sich die Beziehungen zw. den Kirchen, aus orth. Sicht sind sie aber seit der Wiedererrichtung der unierten Kirchen in der Ukraine und in Rumänien 1989/90 erneuten Belastungen ausgesetzt. Beide Kirchen halten jedoch an dem 1985 eingeleiteten Dialog fest, wie besonders in der gemeinsamen Erklärung Patriarch BARTHOLOMAIOS' I. und Papst JOHANNES PAULS II. anlässlich des Besuches des Ökumen. Patriarchen 1995 in Rom zum Ausdruck kommt.

⇒ *byzantinische Kultur · Byzantinisches Reich · Ostkirchen*

F. DVORNIK: Byzanz u. der röm. Primat (a. d. Frz., 1966); Tomos agapis. Dokumentation zum Dialog der Liebe zw. dem Hl. Stuhl u. dem Ökumen. Patriarchat, hg. im Auftrag des Stiftungsfonds Pro Oriente (Innsbruck 1978); J. GILL: Church union, Rome and Byzantium (London 1979).

Morgenpunkt, *der,* →Ostpunkt.

Morgenrot, die Rotfärbung des östl. Himmels vor Sonnenaufgang (→Abendrot).

Morgenstern, 1) *Astronomie:* →Abendstern.

2) *Waffenwesen:* im 15./16. Jh. v. a. von Angehörigen der Volksaufgebote geführte behelfsmäßige Schlagwaffe: Stachelkeule oder ein Stock mit an einer Kette schwingender Stachelkugel.

Morgenstern, 1) Christian, Maler, * Hamburg 29. 9. 1805, † München 27. 2. 1867, Großvater von 2); ging 1827 nach Norwegen, dann nach Kopenhagen, 1829 nach München. M. malte unter dem Einfluss von C. ROTTMANN zunächst realist. Landschaften, später romantisch-pathet. Bilder von Naturereignissen.

2) Christian, Schriftsteller, * München 6. 5. 1871, † Meran 31. 3. 1914, Enkel von 1); erkrankte schon 1893 an Lungentuberkulose, hielt sich deshalb häufig in Sanatorien auf, ging 1894 nach Berlin, hatte dort Verbindung zum ›Friedrichshagener Dichterkreis‹ um die Brüder HART, war Mitarbeiter u. a. der ›Freien Bühne‹, Übersetzer (u. a. H. IBSEN und A. STRINDBERG), dann freier Lektor beim Verlag B. Cassirer; seit 1910 lebte er in Südtirol.

Aus dem antibürgerl. Freundeskreis der ›Galgenbrüder‹ erwuchsen ab 1895 die Gedichte, die als ›Galgenlieder‹ berühmt wurden. Über Kabaretts (›Überbrettl‹, ›Schall und Rauch‹) fanden sie den Weg in die Öffentlichkeit (gesammelt zuerst 1905; Fortsetzungen: ›Palmström‹, 1910, ›Palma Kunkel‹, hg. 1916; ›Der Gingganz‹, hg. 1919). Das geistreiche Spiel mit Wörtern, das Erkunden aller Möglichkeiten der Sprache machen M. zu einem frühen Vertreter der konkreten Poesie (BILD →Figurengedicht). Seine ernste Ge-

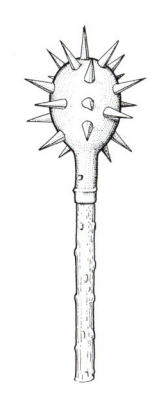

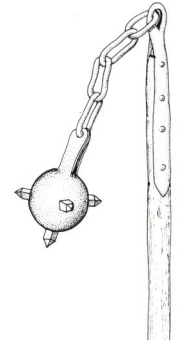

Morgenstern 2): Stachelkeule (oben) und Stock mit Stachelkugel (unten)

Christian Morgenstern (1871–1914)

Henry Morgenthau jr.

Irmtraud Morgner

dankenlyrik stand unter dem Einfluss F. NIETZSCHES, später des Buddhismus und der Anthroposophie seines Freundes R. STEINER, den er auf dessen Vortragsreisen begleitete.

Weitere Werke: In Phanta's Schloß (1895); Ich und die Welt (1898); Ein Sommer (1900); Und aber ründet sich ein Kranz (1902); Einkehr (1910); Ich und Du (1911); Wir fanden einen Pfad (1914).

Ausgaben: Sämtl. Dichtungen, hg. v. H. O. PROSKAUER, 17 Bde. u. 1 Register-Bd. (1971–80); Ges. Werke, hg. v. M. MORGENSTERN ([11]1974); Werke u. Briefe, hg. v. R. HABEL u. a., auf 9 Bde. ber. (1987 ff.); Gesammelte Werke (Neuausg. [4]1996).

M. BAUER: C. M.s Leben u. Werk (Neuausg. 1985); E. KRETSCHMER: C. M. (1985); C. PLATRITIS: C. M. Dichtung u. Weltanschauung (1992); M. BEHEIM-SCHWARZBACH: C. M. (64.–65. Tsd. 1995).

3) **Lina**, geb. **Bauer**, Sozialpädagogin und Frauenrechtlerin, * Breslau 25. 11. 1830, † Berlin 19. 12. 1909; sozialpädagogisch (Förderung des fröbelschen Kindergartens), sozialfürsorgerisch und -reformerisch engagiert, u. a. durch Gründung der ersten Berliner Volksküchen (1866), des Kinderschutzvereins (1868) und des Hausfrauenvereins (1873). 1874–1905 gab sie die ›Dt. Hausfrauenzeitung‹ heraus und propagierte die Idee der Konsumgenossenschaft. M. wird dem radikalen Flügel der bürgerl. Frauenbewegung zugerechnet, die sie u. a. durch ihre Vorstandstätigkeit im Allgemeinen Dt. Frauenverein unterstützte.

Werke: Das Paradies der Kindheit durch Spiel, Gesang u. Beschäftigung (1861); Prakt. Studien über Hauswirtschaft für Frauen u. Jungfrauen (1875); Frauenarbeit in Dtl., 2 Tle. (1893).

4) **Oskar**, amerikan. Volkswirtschaftler dt. Herkunft, * Görlitz 24. 1. 1902, † Princeton (N. J.) 26. 7. 1977; 1930–38 Direktor des Österr. Inst. für Konjunkturforschung, 1935–38 Prof. in Wien, nach seiner Emigration 1938–70 in Princeton (N. J.) und 1970–76 an der New York University. M. befasste sich mit Fragen der Methodologie und der Rationalität von Wirtschaftsprognosen, der Wettbewerbstheorie und untersuchte gemeinsam mit J. VON NEUMANN die Beziehungen zw. mathemat. Spieltheorie und Wirtschaftstheorie. M. war Berater amerikan. Regierungsstellen.

Werke: Wirtschaftsprognose (1928); Theory of games and economic behavior (1944, mit J. VON NEUMANN; dt. Spieltheorie u. wirtschaftl. Verhalten); Predictability of stock marked prices (1970, mit C. W. J. GRANGER).

5) **Soma**, Schriftsteller, * Budzanów (Ostgalizien) 3. 5. 1890, † Berlin 17. 4. 1976; aus jüdisch-chassid. Elternhaus, autodidakt. Bildung, veröffentlichte in dt. Sprache. M. ging früh nach Wien, war dort u. a. Kulturkorrespondent der ›Frankfurter Zeitung‹; eng mit J. ROTH und A. BERG befreundet. Bei der Annexion Österreichs 1938 ging er nach Paris, wurde 1940 interniert, konnte über Lissabon nach New York fliehen, wo er blieb. M.s umfangreiches Prosawerk wird erst seit den 90er-Jahren editorisch erschlossen. Die meist autobiograph. Bände lassen die Welt des ostgaliz. Judentums bzw. das Wien der 20er-Jahre wieder erstehen: ›Joseph Roths Flucht und Ende. Erinnerungen‹ (hg. 1994), ›In einer anderen Zeit. Jugendjahre in Ostgalizien‹ (hg. 1995), ›Alban Berg und seine Idole. Erinnerungen und Briefe‹ (hg. 1995). Als Hauptwerk gilt die 1930–43 entstandene Trilogie ›Funken im Abgrund‹ (vollständig hg. 1996).

Ausgabe: Werke in Einzelbänden, hg. v. I. SCHULTE (1994 ff.).

Morgenthau [engl. ˈmɔːɡənθɔː], 1) **Hans Joachim**, amerikan. Politikwissenschaftler dt. Herkunft, * Coburg 17. 2. 1904, † New York 19. 7. 1980; lehrte in Genf (1932–35) und Madrid (1935–36), emigrierte 1937 in die USA; war 1943 Prof. an der University of Chicago, 1950 Direktor des ›Center for the Study of American Foreign and Military Policy‹; gilt neben G. F. KENNAN als Hauptvertreter einer ›realist.‹, an der Staatsräson orientierten Auffassung machtpolit. Fragen.

2) **Henry, jr.**, amerikan. Politiker, * New York 11. 5. 1891, † Poughkeepsie (N. Y.) 6. 2. 1967; Sohn des 1865 aus Dtl. eingewanderten jüd. Geschäftsmannes und Politikers HENRY M. (* 1856, † 1946; 1913–16 Botschafter in der Türkei). M., ein enger Freund und Berater F. D. ROOSEVELTS, war Agrarpolitiker und 1934–45 Finanz-Min. 1944 entwarf er den M.-Plan.

Morgenthau-Plan [engl. ˈmɔːɡənθɔː-], auf der 2. Konferenz von Quebec (September 1944) von HENRY MORGENTHAU vorgelegtes Memorandum. Im Sinne eines ›harten Friedens‹ und einer ›industriellen Abrüstung‹ sah es u. a. die Entmilitarisierung, Verkleinerung und Aufteilung Dtl.s (in einen prot. Nord- und einen kath. Südstaat), die Internationalisierung des Ruhrgebietes und Demontage von Industrieanlagen vor; Dtl. sollte ein Land mit vorwiegend landwirtschaftl. Charakter werden, um es davon abzuhalten, jemals wieder einen Krieg zu beginnen. Obwohl Präs. F. D. ROOSEVELT seine Unterschrift vom 15. 9. (mit W. CHURCHILL) nach heftigem Widerstand in Reg. und Öffentlichkeit bereits am 22. 9. 1944 wieder zurückzog, konkretisierte sich mit der Diskussion um den M.-P. und die Direktive JCS 1067 die amerikan. Besatzungspolitik für das besiegte Dtl. (1944/45).

B. GREINER: Die Morgenthau-Legende (1995); K.-D. HENKE: Die amerikan. Besetzung Dtl.s ([2]1996).

Morgenweite, Winkelabstand am Horizont zw. dem Aufgangspunkt eines Gestirns (i. Allg. der Sonne) und dem Ostpunkt.

Morges [mɔrʒ], 1) Bezirksstadt im Kt. Waadt, Schweiz, am Genfer See westlich von Lausanne, 374 m ü. M., 13 400 Ew.; kantonale Landwirtschaftsschule; Museen; Metall- und Nahrungsmittelindustrie; Fremdenverkehr. – Prot. Kirche (1769–76); Rathaus (16. Jh.); Bürgerhäuser aus dem 17. und 18. Jh.; im ehem. Schloss (13. und 16. Jh.) heute Zeughaus und Militärmuseum. – M. wurde 1290 von den Grafen von Savoyen im Anschluss an ihre gegen Lausanne errichtete Burg angelegt. 1547–1798 hatte hier ein Berner Landvogt seinen Sitz.

2) Bez. im Kt. Waadt, Schweiz, 211 km², 63 800 Ew.; im O Teil der städt. Agglomeration Lausanne.

Morghen [ˈmɔrɡen], **Raphael**, ital. Kupferstecher und Radierer, * Neapel 19. 6. 1758, † Florenz 8. 4. 1833; stach Reproduktionen berühmter Gemälde (u. a. LEONARDOS ›Abendmahl‹).

Morgner, 1) **Irmtraud**, Schriftstellerin, * Chemnitz 22. 8. 1933, † Berlin (Ost) 6. 5. 1990; ab 1957 freie Schriftstellerin. Im Zentrum von M.s eigenstl. Werk stehen Frauen, die von tradierten Verhaltensmustern abweichen, so in dem fantastisch-iron. Gegenwartsroman ›Hochzeit in Konstantinopel‹ (1968), mit dem sie bekannt wurde, v. a. aber in dem inhaltlich zusammenhängenden Romanen ›Leben und Abenteuer der Trobadora Beatriz nach Zeugnissen ihrer Spielfrau Laura‹ (1974) und ›Amanda. Ein Hexenroman‹ (1983; geplant als Trilogie). Durch die fantasievolle Montage von Alltäglichkeiten mit Utopisch-Märchenhaftem gelingt ihr eine originelle, eindringl., immer unterhaltsame Darstellung weibl. Emanzipationsversuche unter den Bedingungen der DDR-Wirklichkeit. Sie betätigte sich auch als Malerin.

Weitere Werke: *Romane:* Ein Haus am Rand der Stadt (1962); Rumba auf einen Herbst (entst. 1963, hg. 1992); Gauklerlegende. Eine Spielfrauengeschichte (1970); Die wundersamen Reisen Gustavs des Weltfahrers (1972).

2) **Michael**, Maler und Grafiker * Chemnitz 6. 4. 1942; entwickelt seit den 70er-Jahren chiffreartige Symbole für die menschl. Figur und Naturphänomene, denen man teilweise eine politisch-soziale Bedeutungsebene zusprechen kann. In den Werkreihen mit Titeln wie ›Begegnungen‹ (1974–92), ›Ecce Homo‹ (1984–89), ›Einsiedel‹ (1987) oder ›Jüd. Requiem‹ (1991) beschäftigt sich M. thematisch mit individuell-

psycholog. Befindlichkeiten und der Aufarbeitung der dt. Vergangenheit. Das trag. Moment der von ihm entworfenen Bildwelt wird durch eine weitgehende Reduktion der Farbigkeit verstärkt.

M. M. Werkübersicht 1972–1991, bearb. v. G. BARTHEL u. a., Ausst.-Kat. Galerie Barthel, Berlin (1992); M. M., hg. v. M. FLÜGGE, Ausst.-Kat. Inst. für Auslandsbeziehungen, Stuttgart (1993).

3) Wilhelm, Maler und Grafiker, *Soest 27. 1. 1891, † (gefallen) bei Langemark (Belgien) 12. 8. 1917; Schüler von G. TAPPERT in Worpswede. Angeregt u. a. von V. VAN GOGH, entwickelte er einen expressionist. Stil mit leuchtenden Farben und häufig religiöser und landschaftl. Thematik.

Ausgabe: Briefe u. Zeichnungen, hg. v. C. KNUPP-UHLENHAUT (1984).

E.-G. GÜSE: W. M. (1983); W. M. 1891–1917. Gemälde, Zeichnungen, Druckgraphik, hg. v. K. BUSSMANN, Ausst.-Kat. Westfäl. Landesmuseum für Kulturgesch., Münster (1991); W. M. 1891–1917. Graphik, hg. v. A. WITTE, W.-M.-Haus, Soest (1991).

Mori, Ōgai, eigtl. **M. Rintarō,** jap. Schriftsteller und Übersetzer, *Tsuwano (Präfektur Shimane) 17. 2. 1862, † Tokio 9. 7. 1922; studierte 1884–88 Medizin, u. a. in Dtl., ab 1907 Generalarzt der jap. kaiserl. Armee, ab 1919 Leiter der kaiserl. Akad. der schönen Künste. Im Mittelpunkt seines Erzählwerks steht (neben der Verarbeitung der Deutschlanderfahrung) die Auseinandersetzung mit der Situation des Intellektuellen in der jap. Gesellschaft. M. gilt als führender Vertreter des Antinaturalismus; er übersetzte zahlr. Werke der europ. Literatur (u. a. erstmals vollständig GOETHES ›Faust‹).

Werke (jap.): *Erzählungen:* Vita sexualis (1909; dt.); Moso (1911; dt.). – *Novellen:* Die Tänzerin (1890; dt.); Im Umbau (1910; dt.). – *Roman:* Die Wildgans (1911; dt.).

Ausgabe: Im Umbau. Ges. Erzn. (1989).

Michael Morgner: Inferno; 1991 (Privatbesitz)

Wilhelm Morgner: Einzug Christi in Jerusalem; 1912 (Dortmund, Museum am Ostwall)

Morija, Morĳa [hebr. ›Ort, wo man Jahwe sieht‹], nach 1. Mos. 22,2 das Land, in dem ABRAHAM seinen Sohn ISAAK opfern sollte; nach 2. Chron. 3,1 der Berg, auf dem SALOMO den Tempel errichtete. Die jüd. Tradition bezog diese beiden versch. Überlieferungen auf den Tempelplatz in Jerusalem, die christl. auf die Stelle von Golgatha in der Grabeskirche.

Móricz [ˈmoːrits], Zsigmond, ungar. Schriftsteller, *Tiszacsécse 2. 7. 1879, † Budapest 4. 9. 1942; betrieb als Journalist Volksliedforschung und schrieb, angeregt von E. ADY, sozialkrit. Erzählungen und Romane über das ländl. Ungarn. Naturalistisch, mit psycholog. Fundierung und in volksnaher archaisierender Sprache schilderte er diese bis dahin v. a. romantisch-idyllisch gesehene Welt. Mit seinem Werk trug er zur krit. Selbsterkenntnis der ungar. Gesellschaft bei.

Werke (ungar.): – *Romane:* Gold im Kote (1911; dt.); Waisenmädchen (1915; dt.); Die Fackel (1921; dt.); Herrengelage (1927; dt.); An einem schwülen Sommertag (1929; dt.); Verwandte (1932; dt.); Der glückl. Mensch (1935; dt.); Siebenbürgen (1935; dt.); Löwe im Käfig (1936; dt.); Der Roman meines Lebens (1939; dt.); Rózsa Sándor (1941). – *Erzählung:* Arme Leute (1917; dt.).

Mörike, Eduard, Schriftsteller, *Ludwigsburg 8. 9. 1804, † Stuttgart 4. 6. 1875. M. besuchte zunächst die Lateinschule in Ludwigsburg, dann, nach dem frühen Tod seines Vaters, eines Arztes (1817), das Gymnasium in Stuttgart. Ab 1818 bereitete er sich in Urach, ab 1822 im Tübinger Stift auf die theolog. Laufbahn vor. Nach langer Vikariatszeit (1826–34) wurde er Pfarrer in Cleversulzbach (heute zu Neuenstadt am Kocher); von 1843 an lebte er, nach vorzeitiger Pensionierung aus Gesundheitsgründen, an verschiedenen Orten, zuletzt vorwiegend in Stuttgart und widmete sich seiner dichter. Arbeit. 1851 heiratete er MARGARETHE VON SPEETH (*1818, †1903). Die Eheleute lebten sich jedoch allmählich auseinander bis zur Trennung (1873), die erst an M.s Sterbebett durch eine späte Versöhnung aufgehoben wurde.

M.s literar. Standort zw. Spätromantik und Frührealismus spiegelt sich in seinen Kontakten wider, z. B. zur schwäb. Dichterschule, zu L. UHLAND und J. KERNER, aber auch zu T. STORM, E. GEIBEL, P. HEYSE, M. HARTMANN, C. F. HEBBEL, I. S. TURGENJEW und M. VON SCHWIND. Sein literar. Werk ist nicht umfangreich: der frühe Roman ›Maler Nolten‹ (1832, 2 Bde., 2. Fassung entstanden 1853–75, unvollendet, hg. 1877), die außergewöhnl. ›Gedichte‹ (1831), die später mehrfach vertont wurden (R. SCHUMANN, H. DISTLER, H. WOLF), dazwischen und danach ein halbes Dutzend Märchen und Novellen, das Versepos ›Idylle vom Bodensee‹. Oder, Fischer Martin und die Glockendiebe‹ (1846), wenige dramat. Versuche und Übersetzungen aus THEOKRIT (1855), aus ANAKREON und den ›Anakreonteia‹ (1864), einige Fragmente. Der Roman ›Maler Nolten‹, von M. selbst als ›Novelle‹ bezeichnet, zeigt den Einfluss GOETHES, steht jedoch am Ende der Tradition des romant. Künstlerromans. Ein wesentl. Teil der frühen Lyrik M.s ist in den Text einbezogen, u. a. die ›Peregrina‹-Gedichte, deren Titelgestalt von MARIA MEYER geprägt ist, der M. während der Tübinger Zeit sehr zugetan war. In der Thematik spiegelt sich überdies M.s eigene Neigung zur Malerei. In Briefen hat sich M. öfter zu Fragen künstler. Schaffens geäußert, insbesondere in der Korrespondenz mit M. VON SCHWIND, seinem

Zsigmond Móricz

Eduard Mörike

Freund. In der Detailgenauigkeit eigener Zeichnungen verrät sich auch ein naturkundl. Interesse des Dichters.

M.s Lyrik lässt den Bezug auf Antike, Volkslied, auf GOETHE und die Romantiker erkennen; die oft von leiser Wehmut und dem Bewusstsein eines Schwebezustandes durchzogenen Liebes- und Naturgedichte gehören zu den schönsten der dt. Literatur. Die klassisch-romant. Balladentradition führte er fort (›Der Feuerreiter‹, 1824; ›Schön-Rohtraut‹, 1837); in der reifen Schaffensperiode dominierte das ›Dinggedicht‹. Wie in der Lyrik finden sich auch in den Prosawerken, v. a. in den Märchen, humoristische und iron. Elemente (›Das Stuttgarter Hutzelmännlein‹, 1853). Andere Märchen und Erzählungen bauen auf der grimmschen, klassisch-stilisierten Spätromantik auf. Höhepunkt der Erzählkunst M.s ist die Novelle ›Mozart auf der Reise nach Prag‹ (1856). M. setzt hier sein inniges Verhältnis zu MOZARTS Musik um in eine fast anekdot. Handlung, in deren heiterer Idylle er die Nähe des Todes ahnen lässt.

Ausgaben: Unveröffentlichte Briefe, hg. v. F. SEEBASS (²1945); Werke u. Briefe. Historisch-krit. Gesamtausg., auf zahlr. Bde. ber., hg. v. H. H. KRUMMACHER u. a. (1967 ff.); Sämtl. Werke, hg. v. H. GÖPFERT, 4 Bde. (1981); Sämtl. Gedichte, hg. v. DEMS. (1987); Werke. Einl. v. W. RÜCKER (⁵1986).

B. VON WIESE: E. M. (1950); DERS.: E. M. Ein romant. Dichter (1979); S. S. PRAWER: M. u. seine Leser. Versuch einer Wirkungsgesch. Mit einer M.-Bibliogr. u. einem Verz. der wichtigsten Vertonungen (1960); G. STORZ: E. M. (1967); HERBERT MEYER: E. M. (³1969); H.-U. SIMON: M.-Chronik (1981); P. LAHNSTEIN: E. M. Leben u. Milieu eines Dichters (1986); BIRGIT MAYER: E. M. (1987); H.-U. SIMON: ›Göttlicher M.!‹ M. u. die Komponisten (1988); M. in Schwaben, bearb. v. HARTMUT MÜLLER (1991); H. E. HOLTHUSEN: E. M. (37.–38. Tsd. 1995); I. HORSTMANN: E. M.s ›Maler Nolten‹. Biedermeier: Idylle u. Abgrund (1996).

Morillon [mɔri'jõ], in Österreich, v. a. in der Südsteiermark gebrauchter Name für die Rebsorte →Chardonnay.

Morin [frz.] *das, -s,* zu den Flavonen zählender gelber Naturfarbstoff; wird (wie das chemisch sehr ähnl. →Fisetin) aus Gelbholz gewonnen; wenig lichtbeständig; wird als Reagenz zum Nachweis von Aluminium u. a. Metallen verwendet.

Morin [mɔ'rɛ̃], Jean, frz. Maler und Radierer, * Paris vor 1600, begraben ebd. 6. 6. 1650; Schüler von P. DE CHAMPAIGNE, schuf Radierungen nach Werken seines Lehrers, A. VAN DYCKS, RAFFAELS und TIZIANS und gilt als einer der bedeutendsten frz. Reproduktionsstecher des 17. Jahrhunderts.

Morinck, Hans, Bildhauer, * Kärnten (?), † Konstanz im Herbst 1616; ausgebildet in den Niederlanden, ab 1578 in Konstanz tätig; schuf zahlr. manierist. Altäre und Epitaphien, deren Ornamentik vom →Florisstil beeinflusst ist. Einige seiner wichtigsten Werke sind in St. Stephan in Konstanz erhalten.

Moringagewächse [engl. moringa, aus einer dravid. Sprache], **Bennussgewächse, Meerrettichbaumgewächse, Moringaceae,** mit den Mohnpflanzen verwandte Pflanzenfamilie mit der einzigen, zehn Arten umfassenden Gattung Moringa, v. a. im trop. Afrika, auf Madagaskar und in Vorderindien; xerophyt., Laub abwerfende Bäume mit dicken, flaschenförmigen Stämmen, ein- bis dreifach gefiederten, großen Blättern und in Rispen stehenden Blüten; die Rinde enthält Senfölglykoside.

Moringen, Stadt im Landkreis Northeim, Ndsachs., 179 m ü. M., am O-Rand des Sollings, 7 400 Ew. – Neben einer Dorfsiedlung (Oberdorf) entwickelte sich im Schutz einer Wasserburg die mit Markt-, Münz- und Stadtrecht ausgestattete städt. Siedlung. Nach einem Brand 1734 wich das mittelalterl. Stadtbild einer planmäßigen Neuanlage. 1890 wurden Dorf und Stadt vereint.

Moringer, Der edle M., Erzählgedicht des 14. Jh.; überträgt den weit verbreiteten Stoff von der überraschenden Heimkehr des verschollen geglaubten Ehemanns am Tag der Wiedervermählung seiner Gattin auf HEINRICH VON MORUNGEN; weitere charakterist. Anknüpfungen an die minnesänger. Sphäre sind die Bezüge zu GOTTFRIED VON NEIFEN und, im ›hofeliet‹, zu WALTHER VON DER VOGELWEIDE.

Morioka, Hauptstadt der Präfektur Iwate auf Honshū, Japan, zw. dem Kitakamibergland und dem Ōskügebirge, 283 400 Ew.; medizin. Univ., TU; mehrere Museen; Textil-, Holz-, Möbel-, Nahrungsmittelindustrie, Maschinenbau, traditionelle Eisenverarbeitung (Teekessel und -kannen).

Morio-Muskat [nach dem dt. Züchter PETER MORIO, * 1887, † 1960] *der, -s,* sehr ertragreiche Weißweinrebe (Trauben aber säurereich und meist mit geringem Mostgewicht), Neuzüchtung, eine Kreuzung aus Silvaner und Weißburgunder; liefert Weine mit sehr intensivem Bukett. M.-M. ist hauptsächlich in der Pfalz (826 ha; Anteil 3,5%) und in Rheinhessen (596 ha, Anteil 2,3%) vertreten; insgesamt sind in Dtl. (1996) 1 460 ha (1,4% der Rebfläche) mit M.-M.-Reben bepflanzt.

Morion [griech.-lat.] *der, -s,* brauner bis schwarzer Quarz (Rauchquarz).

Möris, Möris|see, bei HERODOT genannter See, bedeckte im Altertum einen großen Teil der Oase →Faijum; der heutige Karunsee ist der durch Austrocknung verkleinerte Rest des M.; **Moiris,** altägypt. **mer-wer** (›Großer Kanal‹), war wohl Name einer Stadt und des Jusufkanals, der den einzigen Zufluss zum See bildet.

Morisca, europ. Tanz, →Moresca.

Morisken [span. morisco ›(getaufter) Maure‹, span. **Moriscos,** Bez. für die Mauren, die nach der christl. Eroberung der maur. Gebiete in Spanien zurückblieben und vielfach – zumeist unter Zwang – das Christentum annahmen; eine starke, nie voll befriedete Minderheit, v. a. in Aragonien sowie den Prov. Valencia und Granada (mehrere Aufstände, z. B. der ›M.-Krieg‹ 1568–71 in den Alpujarras). Die 1525 beschlossene Ausweisung der nichtchristl. M. wurde nur z. T. verwirklicht; 1609 wurde die Ausweisung aller M. (rd. 275 000 Menschen) nach Nordafrika beschlossen und weitgehend realisiert.

L. POLIAKOV: Gesch. des Antisemitismus. Bd. 4: Die Marranen im Schatten der Inquisition. Anhang: Die M. u. ihre Vertreibung (a. d. Frz., 1981).

Morisot [mɔri'zo], Berthe, frz. Malerin, * Bourges 14. 1. 1841, † Paris 2. 3. 1895; Schülerin von C. COROT, heiratete 1877 EUGÈNE MANET, den Bruder von ÉDOUARD MANET, dessen bevorzugtes Modell sie 1872–74 war. Bei aller Annäherung an die Malerei ÉDOUARD MANETS bewahrte sie doch einen selbstständigen Stil, für den lichthaltige Farben, die stärkere Betonung graf. Mittel und der zarte Gefühlsausdruck bezeichnend sind. Sie ist neben MARY CASSATT die einzige Malerin von größerer Bedeutung unter den Impressionisten, mit denen sie befreundet war und auch seit 1874 ausstellte. Sie malte Landschaften, Interieurs, Figurenbilder sowie Frauen- und Kinderporträts; neben Ölbildern auch Pastelle, Aquarelle, Radierungen und Lithographien.

B. M., hg. v. M.-L. BATAILLE u. a. (Paris 1961); K. ADLER u. T. GARB: B. M. (Ithaca, N. Y., 1987); B. M., Ausst.-Kat. (Paris 1987); C. F. STUCKEY u. W. P. SCOTT: B. M. Impressionistin (a. d. Engl., 1988).

Moritat [wohl durch zerdehnendes Singen des Wortes ›Mordtat‹ (etwa: Mo-red-tat) entstanden] *die, -/-en,* Sonderform des →Bänkelsangs; wurde wie dieser als Lied mit vielen Strophen auf Jahrmärkten vor einer meist fünf bis sechs Bilder enthaltenden Leinwandtafel von berufsmäßigen M.-Sängern abgesungen. Der Schluss des Liedes enthielt eine belehrende Moral. Zum Mitnehmen war ein M.-Blatt mit ausführl. Prosadarstellung und dem Liedtext gedacht. Die ersten Belege für Sache und Wort stammen aus dem 17. Jh. Die Blütezeit des M.-Sangs ist das 19. Jh., im 20. Jh. starb er aus. Sprachl. Formelhaftigkeit und Typisierung der Orte, Personen und Situationen charakterisieren die M., die, von der Drehorgel begleitet und auf bekannte Melodien gesungen, oft im Auftrag der Verleger von anonymen Literaten, Lehrern oder Bänkelsängern selbst verfasst wurden, während die Bildtafeln meist bei M.-Malern bestellt wurden. Die Hauptgegenstände der M. sind sensationelle Tagesgeschehnisse sowie Verbrechen und deren Bestrafung, selten polit. Themen (u. a. wegen der Zensur). Die moral. Grundhaltung kommt im Sieg des Guten zum Ausdruck, das sich in der Obrigkeit institutionell konkretisiert. Motive des M.-Sangs finden sich z. B. bei G. A. BÜRGER und L. C. H. HÖLTY, in parodist. Absicht u. a. bei H. HEINE. Um die Wende vom 19. zum 20. Jh. lebte die Form im literar. Kabarett wieder auf (u. a. bei O. J. BIERBAUM, E. MÜHSAM, später bei E. KÄSTNER und B. BRECHT).

morituri te salutant, →Ave imperator, morituri te salutant.

Moritz [von lat. Mauritius, einer Weiterbildung von Maurus ›der aus Mauretanien Stammende‹, ›der Mohr‹], Herrscher:
Hessen-Kassel: **1) Moritz der Gelehrte,** Landgraf (1592–1627), * Kassel 26. 5. 1572, † Schloss Plesse (bei Bovenden) 15. 3. 1632; Sohn Landgraf WILHELMS IV. DES WEISEN; führte seit 1605 den Kalvinismus ein und rief damit verstärkten Widerstand der luther. Landstände hervor; 1609 Beitritt zur prot. Union. Obwohl die Herrschaft über Oberhessen und die Abtei Hersfeld gewann (1604), war er letztlich innen- und außenpolitisch erfolglos, verlor im Marburger Erbfolgestreit 1623 Oberhessen an Darmstadt und wurde 1627 durch die luther. Landstände und die Liga zur Abdankung gezwungen. – M. war Mitgl. der →Fruchtbringenden Gesellschaft und selbst ein gelehrter Dichter und Schriftsteller. Durch die Errichtung des ersten ständigen Theaters mit engl. Komödianten in Kassel (Ottoneum) und vorbildl. Musikpflege macht er seinen Hof zu einem kulturellen Mittelpunkt. Mit dem Collegium Mauritianum gründete er 1599 eine Akademie für junge Adlige in Kassel.

Nassau-Oranien: **2) Moritz,** Prinz, Graf von Nassau-Dillenburg, Statthalter der Niederlande, * Dillenburg 14. 11. 1567, † Den Haag 23. 4. 1625; Sohn WILHELMS I. VON ORANIEN und ANNAS von Sachsen; wurde ein Jahr nach der Ermordung seines Vaters 1584 Vors. im Staatsrat der Generalstaaten und Generaladmiral der Marine, 1585 Statthalter von Holland und Seeland, später auch von Utrecht, Geldern und Overijssel und 1590 zum Oberbefehlshaber der vereinigten niederländ. Provinzen gewählt. Durch die Reorganisation seiner Truppen und die Anwendung militärtechn. Neuerungen konnte er die Spanier bis 1594 aus den nördl. Provinzen vertreiben. Die Verhandlungen über den 12-jährigen Waffenstillstand mit Spanien 1609 und die Ereignisse dieser Zeit führten zu einer Entfremdung zw. M. und dem Ratspensionär J. VAN OLDENBARNEVELT, den M. 1619 hinrichten ließ.

Moritz,
Prinz von
Nassau-Oranien

Sachsen: **3) Moritz,** Herzog (seit 1541) und erster albertin. Kurfürst (seit 1547), * Freiberg 21. 3. 1521, † bei Sievershausen (heute zu Lehrte) 11. 7. 1553; Sohn Herzog HEINRICHS DES FROMMEN, Bruder von Kurfürst AUGUST; kämpfte, obgleich Protestant und zunächst um Neutralität bemüht, im Schmalkald. Krieg ab 27. 10. 1546 auf der Seite Kaiser KARLS V. gegen seinen Schwiegervater, Landgraf PHILIPP I. von Hessen, und seinen ernestin. Vetter Kurfürst JOHANN FRIEDRICH I. von Sachsen. Nach der Schlacht bei Mühlberg/Elbe (24. 4. 1547) wurde M. – noch im Feldlager zum Kurfürsten ausgerufen (4. 6.) – am 24. 2. 1548 vom Kaiser mit der Kurwürde und dem O-Teil der ernestin. Lande (u. a. Kurlande, Teile Thüringens) belehnt. Gegen das Streben KARLS V. nach unumschränkter Herrschaft und wegen der Gefangenschaft seines Schwiegervaters setzte sich M. im Oktober 1550 unerwartet an die Spitze der →Fürstenverschwörung. Nachdem er HEINRICH II. von Frankreich im Vertrag von Chambord (15. 1. 1552) Metz, Toul und Verdun zugesichert hatte, griff M. den Kaiser an und zwang ihn zur Anerkennung des →Passauer Vertrags (15. 8. 1552) und damit zur Machtbalance im Reich. Im 2. Markgräfler Krieg gegen Markgraf ALBRECHT ALCIBIADES von Brandenburg-Kulmbach, gleichzeitig zur Verteidigung des Passauer Vertrags, wurde M. in der Schlacht bei Sievershausen (9. 7. 1553) tödlich verwundet. – Konfessionspolitisch nicht gebunden, aber von (macht)polit. Energie und Pragmatismus getrieben, schuf M. die Grundlage für den Aufstieg des albertin. Sachsen (im Ergebnis Konsolidierung der Reformation). M. förderte den Ausbau der Univ. Wittenberg und die Reform der Univ. Leipzig; er ist der Gründer der sächs. Fürstenschulen (1543/50). – Grabmal im Dom zu Freiberg.

Ausgabe: Polit. Korrespondenz des Herzogs u. Kurfürsten M. von Sachsen, hg. v. E. BRANDENBURG, auf 6 Bde. ber. (1900 ff.).

H. JUNG: Kurfürst M. von Sachsen (1966); K. BLASCHKE: M. von Sachsen (1984); G. WARTENBERG: Landesherrschaft u. Reformation. M. von Sachsen u. die albertin. Kirchenpolitik bis 1546 (Weimar 1988).

Moritz,
Kurfürst von Sachsen

Moritz, Graf von Sachsen, frz. Marschall, →Sachsen, Moritz Graf von.

Moritz, Karl Philipp, Schriftsteller, * Hameln 15. 9. 1756, † Berlin 26. 6. 1793; aus armer, streng pietist. Familie; Hutmacherlehrling, Schauspieler, studierte in Erfurt und Wittenberg Theologie, war Lehrer am Philanthropinum in Dessau, später in Berlin, dort in engem Kontakt mit den Vertretern der Aufklärung (u. a. M. MENDELSSOHN); ging 1782 nach Großbritannien, 1786 nach Italien, wo er sich mit GOETHE befreundete, bei dem er sich auch 1788 nach der Rückkehr in Weimar aufhielt; 1789 Prof. für Altertumskunde in Berlin. Sein Hauptwerk, der pietistisch gefärbte auto-

Berthe Morisot: Die Wiege; 1873 (Paris, Musée d'Orsay)

Karl Philipp Moritz

Moritzburg: Das Jagdschloss, 1542–46 erbaut, 1723–36 von Matthäus Daniel Pöppelmann und anderen barockisiert

biograph. Roman ›Anton Reiser‹ (4 Bde., 1785–90), ist eine psychologisch und kulturgeschichtlich interessante Darstellung der geistigen Entwicklung eines jungen Menschen in der Sturm-und-Drang-Zeit und übte nachhaltigen Einfluss auf die Neufassung von GOETHES ›Wilhelm Meister‹ nach der Italienreise aus. Sein ›Versuch einer dt. Prosodie‹ (1786) und sein kunsttheoret. Hauptwerk ›Über die bildende Nachahmung des Schönen‹ (1788) hatten wesentl. Einfluss auf die dt. Klassik.

Weitere Werke: Blunt oder Der Gast (1781); Reisen eines Deutschen in England im Jahr 1782 (1783); Andreas Hartknopf (1786); Versuch einer kleinen prakt. Kinderlogik (1786); Götterlehre oder Mytholog. Dichtungen der Alten (1791); Reisen eines Deutschen in Italien in den Jahren 1786 bis 1788, 3 Bde. (1792–93); Allgemeiner dt. Briefsteller (1793); Die neue Cecilie (hg. 1794).

Ausgaben: Schr. zur Ästhetik u. Poetik, hg. v. H. J. SCHRIMPF (1962); Die Schriften, hg. v. P. NETTELBECK u. a., auf 30 Bde. ber. (1986 ff.).

T. P. SAINE: Die ästhet. Theodizee. K. P. M. u. die Philosophie des 18. Jh. (1971); R. MINDER: Glaube, Skepsis u. Rationalismus. Dargestellt aufgrund der autobiograph. Schriften von K. P. M. (1974); J. FÜRNKÄS: Der Ursprung des psycholog. Romans. K. P. M.' ›Anton Reiser‹ (1977); H. J. SCHRIMPF: K. P. M. (1980); K. P. M. u. das 18. Jh., hg. v. M. FONTIUS u. M. KLINGENBERG (1995).

Moritzburg, ehem. Jagdschloss der Wettiner, nördlich von Dresden; urspr. Renaissancebau (1542–46), 1723–36 von M. D. PÖPPELMANN u. a. barock umgebaut und erweitert, von Doppelterrasse mit Skulpturen und Pavillons umgeben; frz. Park mit Tiergehege und Fasanerieschlösschen (1769–82); seit den 1920er-Jahren wurde im Schloss ein Barockmuseum eingerichtet (seit 1947 wieder eröffnet).

Barockmuseum Schloss M., bearb. v. I. MÖBIUS u. a. (²1994).

Moriz, Moric [-ts], Junna Petrowna, russ. Lyrikerin, * Kiew 2. 6. 1937; debütierte 1957 mit dem Gedichtband ›Razgovor o sčast'e‹; unternahm nach dem Besuch des Moskauer Gorkij-Literaturinstituts (1961) eine Reise durch das Nordpolarmeer und veröffentlichte darüber den viel beachteten Gedichtband ›Mys želanija‹ (1961). Ihre in der Tradition MARINA ZWETAJEWAS stehende metaphernreiche, um die Themen Tod, Leben und Kunst kreisende unpathet. Lyrik kann ungehindert erst seit der Perestroika erscheinen. M. übersetzte auch, v. a. aus dem Litauischen.

Weitere Werke: Surovoj nit'ju (1974); Tretij glaz (1980); Sinij ogon (1985); Na etom berege vysokom (1987).

Ausgabe: Izbrannoe (1982).

Moriz von Craûn [kraʊn], mhd. Versnovelle (1 784 Verse) von einem unbekannten, vermutlich rheinfränk. Verfasser. Die Datierung ist umstritten: entweder noch in den 80er-Jahren des 12. Jh. oder – wahrscheinlicher – 1215–30. Das Werk ist im Ambraser Heldenbuch überliefert; es behandelt – sicher nach frz. Vorlage – eine Minnethese: Darf die Dame den in Erwartung des versprochenen Minnelohns eingeschlafenen Liebhaber nach dessen Erwachen abweisen? Dieses Exempel wird an einer histor. Figur festgemacht, dem Grafen MORISSES (MAURICE) DE CRAON in Anjou († 1196).

Ausgabe: M. von C., hg. v. U. PRETZEL (⁴1973).

Morkinskinna [isländ. ›das verrottete Pergament‹], in der 1. Hälfte des 13. Jh. entstandener Pergamentkodex, der die Geschichte der norweg. Könige von etwa 1035 bis 1177 enthält (→Konunga sǫgur). Literarisch bedeutsam sind die kunstvollen novellenartigen Kurzerzählungen (Thættir) über die Erlebnisse von Isländern am norweg. Königshof.

Ausgaben: M., hg. v. F. JÓNSSON (1932); M., hg. v. J. HELGASON (1934; Faksimile).

Morlaken, Maurowlachen, seit dem 12. Jh. von der italisierten Stadtbevölkerung gebrauchter Name für die Ost-Romanen (→Wlachen), die sich in Dalmatien, Montenegro, Nordalbanien und der Herzegowina, im 15./16. Jh. als Hirtennomaden nach Kroatien und Istrien ausbreiteten, dort slawisiert wurden und zur kath. Kirche übertraten.

Morley [ˈmɔːlɪ], **1)** John, Viscount (seit 1908) **M. of Blackburn** [əv ˈblækbəːn], brit. Schriftsteller und Politiker, * Blackburn 24. 12. 1838, † Wimbledon (heute zu London) 23. 9. 1923; 1883–1908 (mit Unterbrechungen) liberales Unterhaus-Mitgl., Freund W. E. GLADSTONES, dessen irische Homerule-Politik er unterstützte, 1886 und 1892–95 als Staats-Sekr. (Erster Sekr.) für Irland. Als Staats-Sekr. für Indien (1905–10) führte er mit dem Vizekönig Lord MINTO 1909 Reformen (M.-Minto-Reformen) durch, die eine parlamentar. Selbstverwaltung einleiteten. 1910–14 war M. Lord-Präs. des Geheimen Rats. Aus Protest gegen den Kriegseintritt 1914 schied er aus der Reg. aus. M. vertrat den Positivismus und Radikalismus J. S. MILLS. Als einflussreicher Publizist (1867–82 Herausgeber der ›Fortnightly Review‹) gab er dem viktorian. Liberalismus eine rationalistisch-naturwiss. philosoph. Begründung. Veröffentlichte biograph. Werke (u. a. ›The life of William Ewart Gladstone‹, 3 Bde., 1903) und Memoiren (›Recollections‹, 2 Bde., 1917; ›Memorandum on resignation‹, August 1914‹, 1928, dt. ›Meine Demission‹).

Ausgabe: The works, 15 Bde. (1921).

W. STAEBLER: The liberal mind of J. M. (Princeton, N. J., 1943); M. N. DAS: India under M. and Minto (London 1964); D. A. HAMER: J. M. (Oxford 1968).

2) Malcolm, brit. Maler und Grafiker, * London 7. 6. 1931; lebt seit 1957 in New York; Vertreter des Fotorealismus, der seine Vorlagen Gemäldereprodukttionen, Postkarten u. Ä. entnimmt, systematisch in Planquadrate aufrastert, zerschneidet und jedes Quadrat gesondert auf riesige Leinwände überträgt. In den 70er-Jahren nahmen seine Bilder neoexpressionist. Züge an. Hauptmotiv seit 1980 ist die Natur.

M. M. Paintings 1965–82, bearb. v. M. COMPTON, Ausst.-Kat. (London 1983).

3) **Robert,** brit. Schauspieler und Dramatiker, *Semley (Cty. Wiltshire) 26. 5. 1908, †London 3. 6. 1992; seit 1928 beim Theater, seit 1938 beim Film, bes. in Komik und Ernst verbindenden Rollen; auch Regisseur.

Filme: Major Barbara (1941); Edward, mein Sohn (1948); nach dem Theaterstück, 1947, von M. und NOEL LANGLEY; Fernsehversion 1955); African Queen (1951); Oscar Wilde (1960; Bühnenrolle 1936); Cromwell (1970); The Wind (1982).

4) **Thomas,** engl. Komponist, *Norwich 1557 oder 1558, †London Oktober 1602; war Schüler von W. BYRD und spätestens seit 1591 in London Organist an St. Paul's Cathedral, seit 1592 Gentleman (Mitgl.) der Königl. Kapelle; auch Verleger und Notendrucker. M. war ein Meister des engl. Madrigals, das sich von der ital. Tradition durch graziöse Melodik und frische Volkstümlichkeit unterscheidet; schrieb ferner Kanzonetten, Psalmen, Motetten, Anthems und Virginalmusik. Sein theoret. Werk ›A plaine and easie introduction to practicall musicke ...‹ (1597, Nachdr. 1971) bringt in drei Teilen eine Elementarlehre, eine Anweisung zum Komponieren eines Discantus über dem liturg. Gesang (Plainsong, Cantus planus) und eine Kompositionslehre mit zahlr. Beispielen.

Mörlin, Joachim, luther. Theologe, *Wittenberg 8. 4. 1514, †Königsberg (heute Kaliningrad) 29. 5. 1571; auf Empfehlung M. LUTHERS Superintendent in Arnstadt (seit 1540) und Göttingen (seit 1544); wurde durch das Interim vertrieben; seit 1550 Domprediger und Inspektor in Königsberg. Hier war er Hauptgegner A. OSIANDERS im Streit um die Rechtfertigungslehre. Nach dessen Tod wegen Unnachgiebigkeit ausgewiesen (1553), war er bis 1567 in Braunschweig tätig. 1567 nach Königsberg zurückberufen, wurde er 1568 Bischof von Samland.

Morlock, Martin, eigtl. **Günther Goercke** [ˈgø-], Kabarettautor und Journalist, *Berlin 23. 9. 1918, †München 12. 11. 1983; neben seiner Tätigkeit als Journalist wurde er 1949 Autor für das Düsseldorfer ›Kom(m)ödchen‹, bevor er 1952 von E. KÄSTNER für die ›Kleine Freiheit‹ in München gewonnen wurde; schrieb auch für die ›Münchner Lach- und Schießgesellschaft‹. M. gilt als einer der polemischsten und schärfsten Kritiker und Moralisten im dt. Kabarett nach dem Zweiten Weltkrieg.

Ausgaben: Marschmusik für Einzelgänger. Ansichten von M. M., neu gerahmt von Wolfgang Franke, bearb. v. L. LORENTZ u. a. (1986); Auf der Bank der Spötter. Mustersatiren aus 30 Jahren (1989).

Mormonen, Selbst-Bez. **Church of Jesus Christ of Latter-Day Saints** [ˈtʃɜːtʃ əv ˈdʒiːzəs ˈkraɪst əv ˈlætə deɪ seɪnts, engl.], **Kirche Jesu Christi der Heiligen der letzten Tage,** eine 1830 in Fayette (N. Y.) von dem einer Farmersfamilie entstammenden JOSEPH SMITH (*1805, †1844) gegründete Religionsgemeinschaft. Sie beruft sich auf die Bibel sowie auf Offenbarungen, die SMITH in mehreren Visionen (erstmals 1820) erlangt hat. SMITH, der sich mit seinen Anhängern 1831 in Ohio, 1839 in Illinois niederließ und u. a. wegen seiner polygamen Lebensweise Aufsehen erregte, wurde wegen versch. Delikte inhaftiert und 1844, noch bevor es zu einem Prozess gekommen war, von einer das Gefängnis stürmenden Menschenmenge erschossen. Sein Nachfolger und 1. Präsident der M., BRIGHAM YOUNG (*1801, †1877), brach 1846 mit 15 000 Anhängern nach Westen auf und errichtete nach 1847 in der Nähe des Großen Salzsees den Staat Utah mit der Hauptstadt Salt Lake City. Als Zentrum wurde dort 1853/59 aus weißem Granit ein Tempel errichtet. Seitdem ist Salt Lake City Sitz der ›Generalautoritäten‹ der M., zu denen neben dem Präs. (seit 1995 GORDON HINKLEY; *1910) und seinen beiden Ratgebern das ›Kollegium der Zwölf Apostel‹ gehört.

Grundlegend für Selbstverständnis und Lehre der M. ist das **Buch Mormon** (engl. ›Book of Mormon‹; erstmals 1830 gedruckt), angeblich die engl. Übersetzung eines in ›reformägypt.‹ Sprache und Schrift auf Goldplatten verzeichneten Textes, den 1827 ein Engel namens Moroni an SMITH übergeben haben soll. Weitgehend vom A. T. beeinflusst, aus dem rd. 400 Zitate übernommen sind, erzählt es, angefangen bei der angeblich ersten Besiedelung Amerikas 590 v. Chr., die amerikan. Geschichte zw. 600 v. Chr. und 421 n. Chr. als Fortsetzung der bibl. Geschichte. Nach mormon. Lehre kann sich der Geist des Menschen durch Erkenntnis der Wahrheit weiterentwickeln und zu göttl. Wesenheit gelangen: ›Wie der Mensch ist, war Gott einst. Wie Gott ist, kann der Mensch einst werden‹. Damit verbunden wird die chiliast. Vorstellung, dass JESUS CHRISTUS in der Endzeit auf der Spitze des Mormonentempels in Salt Lake City erscheinen und ein 1000-jähriges Reich in Amerika errichten wird. Die 1843 mit Berufung auf Offenbarungen SMITH's eingeführte Mehrehe wurde 1890 abgeschafft. Charakteristisch für die M. sind eine patriarchalisch-hierarch. Ordnung, eine durch strenge moral. Grundsätze geprägte Lebensführung mit einer hohen Wertschätzung der Familie, der Verzicht auf Genussmittel und eine starke missionar. Orientierung. Sakramente sind die Taufe (ab dem 8. Lebensjahr, wird durch Untertauchen vollzogen), das sonntägl. Abendmahl und das die Taufe ergänzende Sakrament der Handauflegung zur Vermittlung der Gaben des Hl. Geistes. Die mit der mormon. Endzeithoffnung verbundenen hl. Handlungen (›Siegelungen‹) und Belehrungen werden nach Empfehlungen durch die Gemeindeleiter (Bischöfe) im Tempel vollzogen, der Nicht-M. nicht zugänglich ist. Jeder männl. M. soll wenigstens zwei Jahre lang missionarisch tätig sein. Der Gemeinschaft gehören nach eigenen Angaben fast 10 Mio. Mitgl. in 150 Ländern an (1997). Hauptverbreitungsgebiet sind die USA (in Utah rd. 70% der Bev.). In Dtl. (wo die erste M.-Gemeinde 1843 in Darmstadt entstand) gibt es rd. 35 000 M. (Tempel in Freiberg/Sachsen und Friedrichsdorf/Taunus), in Österreich rd. 4 000, in der Schweiz rd. 7 000 (Tempel in Zollikofen).

R. MULLEN: Die M. (a. d. Engl., Neuausg. 1968); H.-J. TWISSELMANN: Die M. im Schatten ihrer Gesch. (4.–6. Tsd. 1971); F. W. HAACK: M. (⁶1989); R. HAUTH: Die M. Geheimreligion oder christl. Kirche? Ein Ratgeber (²1995); A. MÖSSMER: Die M. Die Heiligen der letzten Tage (Solothurn 1995).

Malcolm Morley: Arizonac; 1981 (Privatbesitz)

Morn Mornay–Morone

Philippe de Mornay

Mornay [mɔr'nɛ], Philippe de, Seigneur **du Plessis-Marly** [dy plɛ'si mar'li], gen. **P. Duplessis-M.** [dyplɛ'si-], frz. Staatsmann, * Buhy (bei Gisors) 5. 11. 1549, † La Forêt-sur-Sèvre (bei Bressuire, Dép. Deux-Sèvres) 11. 11. 1623. Kalvinist geworden, war er seit 1576 engster Mitarbeiter HEINRICHS von Navarra (des späteren frz. Königs HEINRICH IV.) sowie einer der geistigen und polit. Führer der Hugenotten. 1589–1621 war er Gouv. von Saumur, wo er die erste prot. Akademie gründete. Er förderte den Ausgleich zw. Katholiken und Protestanten und das Zustandekommen des Edikts von Nantes. Er gilt – zus. mit H. LANGUET – als Verfasser der Flugschrift ›Vindiciae contra tyrannos‹ (›Verwahrung gegen die Tyrannen‹; 1579 unter dem Pseud. **Junius Brutus** veröffentlicht), in der das Recht auf Widerstand gegen eine tyrann. Herrschaft verteidigt wird.

Ausgabe: Mémoires et correspondance de Duplessis-M., 12 Bde. (1824–25).

R. PATRY: P. du Plessis-M., un huguenot homme d'État, 1549–1623 (Paris 1933).

Mornellregenpfeifer (Größe etwa 22 cm)

Mörne, Arvid, finn. Schriftsteller schwed. Sprache, * Kuopio 6. 5. 1876, † Helsinki 15. 6. 1946; 1913–43 Dozent für Literatur an der Univ. Helsinki; schrieb zunächst politisch und sozial motivierte Werke, in denen er sich im Sinne eines aufgeklärten Humanismus vehement für die gesellschaftl. Benachteiligten sowie die schwedischsprachige Minderheit Finnlands einsetzte. Nach dem für ihn schockierenden Erlebnis des finn. Bürgerkriegs wurden seine Werke schwermütiger, in den späteren Jahren vom finnlandschwed. Modernismus beeinflusst.

Ausgabe: Samlade dikter, 2 Bde. (1919).

Mornellregenpfeifer, Eudromias morinellus, etwa 22 cm langer Regenpfeifer, im Brutkleid auf Brust und Oberseite grau, auf den Flügeln brauner, Bauch rostrot mit schwärzl. Mitte; Unterschwanzdecken, Kehle, Überaugenstreifen und Querstrich auf der Brust weiß, im Ruhekleid eintönig graubräunlich; das Weibchen ist intensiver gefärbt als das Männchen, das wahrscheinlich allein brütet und die Jungen führt. Bewohnt Tundren und Steppen im N Eurasiens, zerstreut und lokal im Hochgebirge in Zentraleuropa, Italien und Mittelasien; Zugvogel.

Mörnsheim, Gem. im Landkreis Eichstätt, Bayern, 1 900 Ew. – Auf einer der Höhen der Frankenalb bei M. konnte 1979–82 eine Befestigung der frühen Bronzezeit ausgegraben werden, mit der diese Denkmälergattung erstmals für Süd-Dtl. nachweisbar wurde. Ein etwa 700 m langer Abschnittswall enthält eine Kernmauer in Trockenbautechnik mit holzverblendeter Fassade, die über die Radiokarbonmethode in das 16./15. Jh. v. Chr. datiert werden konnte.

Morny [mɔr'ni], Charles, Herzog (1862) von, frz. Politiker, * wohl Saint-Maurice (Wallis) 15. 9. 1811, † Paris 10. 3. 1865; nichtehel. Sohn der Königin HORTENSE; spielte eine entscheidende Rolle beim Staatsstreich seines Halbbruders CHARLES LOUIS NAPOLÉON BONAPARTE (Kaiser NAPOLEON III.) vom 2. 12. 1851 wie auch bei der Liberalisierung des Regimes seit 1859. 1851/52 war M. Innen-Min., 1854–65 Präs. des Corps Législatif.

Moro, Bez. für die muslim. Bevölkerung im S der Philippinen, v.a. Mindanao, S-Palawan, Suluinseln. Die etwa 2,5 Mio. M. sind in mehrere Gruppen (Magindano, Maranao, Samal, Tausug) gegliedert. Sie zählen zu den Jungindonesiern und waren bis zum Ende des 19. Jh. gefürchtete Seeräuber, die sich in Sultanaten organisiert hatten (Sultanat Sulu bis 1876). – Die **M.-Kriege** der Spanier mit dem Ziel der polit. und religiösen Unterwerfung der M. begannen in der 2. Hälfte des 16. Jh. und dauerten bis zum Ende des 19. Jh. Nach der Machtübernahme der USA auf den Philippinen (1898) kam es erneut zu Aufständen der M.; sie erhielten von den Amerikanern daraufhin regionale Selbst-Verw. (1926 Autonomieabkommen mit dem Sultanat von Jolo). Nach dem Zweiten Weltkrieg gerieten die M. in Konflikt mit den aus den philippin. Nord-Prov. eingewanderten christl. Siedlern. Ende der 1960er-Jahre begannen erste blutige Auseinandersetzungen zw. ihnen; es entstanden mehrere, z.T. miteinander konkurrierende muslim. Unabhängigkeitsbewegungen. In den 70er-Jahren kam die Selbst-Bez. Bangsa-M. (›muslim. Volk‹) auf. Gestützt v.a. auf die ›M. National Liberation Front‹ (MNLF, ›Nationale Befreiungsfront der M.‹) und deren militär. Arm ›Bangsa M. Army‹, forderte eine polit. Bewegung unter den M. die Errichtung einer selbstständigen ›Bangsa-M.-Republik‹; es brach ein jahrzehntelanger blutiger Guerillakrieg aus (bis Mitte der 90er-Jahre über 100 000 Tote). 1976 und 1986 zw. der MNLF und der philippin. Reg. ausgehandelte Waffenstillstandsabkommen führten zu keiner Lösung des Konflikts; 1996 schlossen beide Seiten ein Friedensabkommen (Planung eines Autonomiereferendums auf Mindanao 1999). Die philippin. Reg. nahm auch Friedensverhandlungen mit der 1985 gegründeten und mit der MNLF rivalisierenden ›M. Islamic Liberation Front‹ (›Islam. Befreiungsfront der M.‹) auf.

C. A. MAJUL: Muslims in the Philippines (Quezon City ²1973); J. F. WARREN: The Sulu Zone 1768–1898. The dynamics of external trade, slavery, and ethnicity in the transformation of a Southeast Asian maritime state (Singapur 1981).

Aldo Moro

Moro, Ludovico il, Herzog von Mailand, →Sforza.

Moro, 1) Aldo, ital. Politiker, * Maglie (Prov. Lecce) 23. 9. 1916, † (ermordet) 9. 5. 1978; 1948 Prof. für Strafrecht in Bari, 1964 für Strafprozessrecht in Rom, Mitgl. der Democrazia Cristiana (DC), seit 1946 Abg., 1955–59 Min.; suchte als Polit. Sekr. der DC (1959–62) zw. den innerparteil. Strömungen zu vermitteln. 1963–68 Min.-Präs. in der Mitte-links-Regierung mit den Sozialisten (PSI) unter P. NENNI, anschließend war er Außen-Min. (1969–72, 1973–74) und erneut Min.-Präs. (1974–76). Als Präs. der DC (seit 1976) bereitete er eine neue Phase der ital. Politik vor: die Einbeziehung des PCI (→historischer Kompromiss) in die Regierungsmehrheit. Am 16. 3. 1978 entführten die ›Roten Brigaden‹ M., hielten ihn in einem ›Volksgefängnis‹ gefangen und ermordeten ihn.

2) Antonio, niederländ. Maler, →Mor, Anthonis.

Morogoro, Stadt in O-Tansania, Verw.-Sitz der Region M., 74 000 Ew.; kath. Bischofssitz; Holzverarbeitung; Bahnstation.

Morolfstrophe, mhd. Strophenform, benannt nach ihrer Verwendung in der Spielmannsdichtung ›Salman und Morolf‹ (12. Jh.), bestehend aus zwei vierhebigen Reimpaaren mit voller Kadenz und einem in das zweite Reimpaar eingeschobenen reimlosen Vers (Waise). Schema der Reimstellung: aabwb. Von diesem Grundmaß gibt es im Einzelnen manche Abweichungen, so z.B. die als Fortentwicklung der M. geltende →Tirolstrophe. Im Volkslied der frühen Neuzeit war die Variante der **Lindenschmidstrophe** sehr beliebt. Sie hat die gleiche Reimstellung wie die M., unterscheidet sich von ihr aber in den Kadenzen der letzten drei Verse.

Morón, Stadt im W von Groß-Buenos-Aires, Argentinien, 641 500 Ew.; Bischofssitz; Univ.; Wohnort mit Leichtindustrie.

Morona Santiago, Prov. von →Ecuador.

Morone, 1) Domenico, ital. Maler, * Verona um 1442, † ebd. nach 1517 (?), Vater von 2); beeinflusst von A. MANTEGNA, GENTILE BELLINI und V. CARPACCIO, dessen bekanntestes Bild zeigt, die ›Vertreibung der Bonacolsi‹ (durch die Gonzaga; 1494, Mantua, Palazzo Ducale), mit der Darstellung der Piazza Sordelli und dem Dom von Mantua.

2) Francesco, ital. Maler, * Verona um 1471, † ebd. 16. 5. 1529, Sohn und Schüler von 1); malte in harmon. Renaissancestil Fresken und Altarbilder. Zu seinen Hauptwerken zählen in Santa Maria in Organo in Verona: ein Altarbild ›Madonna mit Heiligen und Engeln‹ (1503) sowie ein Fries mit Mitgl. des Olivetanerordens, Päpsten und Kirchenvätern, ornamentale Decke mit Christus.

3) **Giovanni**, kath. Theologe, * Mailand 25. 1. 1509, † Rom 1. 12. 1580; kam aus der humanist. Reformbewegung, wurde 1529 Bischof von Modena, 1536 Nuntius in Dtl., 1542 Kardinal; nahm an den Religionsgesprächen mit den Reformatoren in Hagenau, Worms und Regensburg teil; wurde von PAUL IV. wegen Verdachts der Häresie über zwei Jahre in der Engelsburg gefangen gehalten, später aber rehabilitiert. Als einer der Präs. der 3. Tagungsperiode brachte er das Konzil von Trient zu einem raschen Abschluss. 1576 war M. Legat auf dem Reichstag von Regensburg.

H. JEDIN: Der Abschluß des Trienter Konzils (1963).

Moroni, Hauptstadt der Rep. Komoren, an der W-Küste der Insel Njazidja, (1990) 23 400 Ew.; wirtschaftl. und religiöses Zentrum der Inselgruppe, Hafen; internat. Flughafen Hahaya 17 km nördlich der Stadt. – M., urspr. ein arab. Handelsplatz, wurde 1958 Hauptstadt.

Moroni, Giovanni Battista, ital. Maler, * Bandio (heute zu Albino, Prov. Bergamo) zw. 1520 und 1525, † Bergamo 5. 2. 1578; Schüler von A. MORETTO DA BRESCIA; beeinflusst von TIZIAN und L. LOTTO, malte M. Altarbilder und Porträts, in denen er Individualisierung und eine soziale Einordnung des Dargestellten zu verbinden wusste.

Giovanni Battista Moroni: Der Schneider; um 1571 (London, National Gallery)

Moronobu, eigtl. **Hishikawa** M., jap. Maler, * Hoda (Präfektur Chiba) zw. 1615 und 1625, † Edo (heute Tokio) 1694; sowohl in der Tosa- als auch in der Kanōschule ausgebildet; erster fassbarer Meister des Ukiyo-e-Stils im Holzschnitt. M. illustrierte seit 1672 mehr als 100 Bücher im traditionellen Schwarzweißdruck. In den zahlr. Einzelblättern, die er gegen Ende seines Lebens schuf, legte er den Grund für alle nachfolgenden Holzschnitte der Ukiyo-e-Meister.

Moro-Probe [nach dem Kinderarzt ERNST MORO, * 1874, † 1951], **Moro-Reaktion**, Hauttest zum Nachweis einer Tuberkuloseinfektion oder eines bestehenden Impfschutzes nach einer B.-C.-G.-Impfung; nach Einreibung einer tuberkulinhaltigen Salbe tritt innerhalb von 48–72 Stunden eine charakterist. Rötung (Allergie gegen Tuberkelproteine) mit Knötchenbildung auf.

Morosini, venezian. Adelsfamilie, die der Sage nach zu den zwölf ältesten Geschlechtern der Stadt gehörte. Sie stellte die Dogen DOMENICO M. (1148–56), MARINO M. (1249–53), MICHELE M. (1382) und FRANCESCO M. (1688–94).

Morotai, Insel der Molukken, Indonesien, vor der N-Spitze von Halmahera, 1 800 km²; im Innern (bis 1 250 m ü. M.) dicht bewaldet (Holz- und Harzgewinnung); Kokospalmenkulturen, Fischfang.

Moroxit [zu griech. móroxos, eine Erdart] *der, -s/-e*, Mineral, →Apatit.

Morpeth [ˈmɔːpɛθ], Hauptstadt der Cty. Northumberland, England, 14 500 Ew.; Eisenindustrie, landwirtschaftl. Marktzentrum.

morph..., Wortbildungselement, →morpho...

Morph *das, -s/-e, Sprachwissenschaft:* die noch nicht einem bestimmten →Morphem als zugehörig klassifizierte kleinste grammatisch signifikante Einheit. Ein und dasselbe M. kann Repräsentant verschiedener Morpheme sein, z. B. im Deutschen das M. -en, das u. a. sowohl den Plural (z. B. die Sagen) als auch den Genitiv (z. B. des Jungen) bezeichnet.

Morph|aktine [zu griech. aktís, aktīnos ›Strahl‹], *Sg.* **Morph|aktin** *das, -s,* synthet., von der 9-Hydroxyfluoren-9-carbonsäure abgeleitete chem. Verbindungen, die als Wachstumsregulatoren die Gestaltbildung bei höheren Pflanzen beeinflussen, z. B. Zwergwuchs bewirken. (→Pflanzenhormone)

Morphem [frz., zu griech. morphḗ ›Gestalt‹, ›Form‹] *das, -s/-e,* **Monem**, *Sprachwissenschaft:* kleinste bedeutungstragende Einheit einer Sprache, d. h. Einheit, deren →Segmentierung in kleinere bedeutungstragende Einheiten nicht mehr möglich ist. Diese Bedeutung kann sowohl lexikalisch sein wie im Fall von ›Haus‹ oder ›trink-‹, aber auch rein grammat. Natur wie z. B. bei ›-t‹ oder ›-bar‹. So unterscheidet man zw. **lexikalischen M.** und **grammatischen M.**, bei Letzteren wiederum zw. **Flexions-M.** (wie ›-t‹) und **Wortbildungs-M.** (wie ›-bar‹). Man unterscheidet zw. **freien M.**, die auch isoliert auftreten können (z. B. ›Haus‹), und **gebundenen M.**, die nur zusammen mit anderen M. vorkommen können (z. B. ›-t‹, ›-bar‹, ›geb-‹). In einer Reihe von Fällen können M. in unterschiedl. Form auftreten, z. B. ›Rand‹ mit auslautendem [t], mit auslautendem [d] wie in ›Rande‹ oder aber als ›Ränd‹ wie in ›Ränder‹; hier spricht man von **Allomorphen** des M. ›Rand‹. Häufig repräsentiert ein sich durch Segmentierung ergebendes M. auch die Bedeutungen von zwei oder mehreren M., wie z. B. ›am‹ als Verschmelzung von ›an‹ und ›dem‹; solche M. nennt man **Portemanteau-M.** Ein Sonderfall sind die **diskontinuierlichen M.**, die aus zwei oder mehr voneinander getrennten Bestandteilen bestehen, aber zusammen eine Bedeutung ausdrücken und somit ein M. bilden, z. B. ›ge‹ und ›t‹ bzw. ›ge‹ und ›en‹ zur Bildung des Partizips Perfekt im Deutschen. Die Wiss. von den M. ist die →Morphologie.

Morpheus, nur aus den Werken OVIDS bekannter Gott der Träume, der den Schlafenden nachts in menschl. Gestalt erscheint, Sohn des Schlafgottes Somnus.

Morphidae, die Morphofalter (→Morpho).

Morphin [zu Morpheus gebildet] *das, -s,* **Morphium**, neben Noscapin (Narkotin) das wichtigste Hauptalkaloid des Opiums (Gehalt etwa 1%); kristalline, stark basisch reagierende Substanz, die in der Medizin als starkes schmerzlinderndes Mittel eingesetzt wird und hier noch immer unentbehrlich ist. M. unterliegt, ebenso wie die halbsynthet. M.-Derivate Oxycodon, Hydromorphon, Hydrocodon, Codein, Heroin und die synthet. Substanzen Methadon, Levorphanol u. a. dem Betäubungsmittelgesetz. – Vom Verdauungskanal und vom Unterhautgewebe (nach Injektion) wird M. rasch aufgenommen; der größte Teil wird über den Harn (v. a. in Form von Metaboliten) ausgeschieden. Durch die übl. Einzelgabe von 0,01–0,02 g M. lassen sich Schmerzempfindung, Unlustgefühle, Hunger und Müdigkeit herabsetzen oder aufheben; gleichzeitig verschwinden Erregungs- und

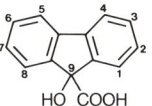

9-Hydroxy-9-fluorencarbonsäure
Morphaktine

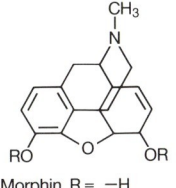

Morphin R = —H
Heroin R = —COCH₃
Morphin

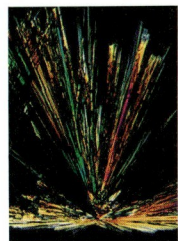

Morphin: Kristallnadeln in polarisiertem Licht; Mikrofotografie; etwa 100fach vergrößert

Morpholin (Strukturformel)

Angstzustände. Schlaf und Bewusstlosigkeit treten erst bei Mengen von 0,05–0,1 g auf. M. dämpft die Erregbarkeit des Atemzentrums, führt zu Verengung der Pupillen, Appetitlosigkeit, verminderter Bildung von Magen- und Darmsekreten, Darmträgheit und erschwertem Entleeren der Harnblase. Durch hohe Dosen von M. kommt es zur **M.-Vergiftung.** Symptome sind Pupillenverengung, Koma, extreme Reduzierung der Atmung (bis auf 2–4 Atemzüge je Minute). Infolge Atemlähmung kann eine M.-Vergiftung. Dosis 0,3–0,4 g, bei Abhängigen höher) zum Tod führen.

M. wurde von dem Apotheker F. W. A. SERTÜRNER 1806 als erstes Pflanzenalkaloid entdeckt und wird seit 1814 als Schmerzmittel angewendet. Die chem. Struktur wurde 1926/27 v. a. durch R. ROBINSON und Mitarbeiter sowie durch den Chemiker CLEMENS SCHÖPF (* 1899, † 1970) aufgeklärt.

Morphing [ˈmɔːfɪŋ; engl., zu griech. morphḗ ›Gestalt‹], *Datenverarbeitung:* computerunterstützte Bildmanipulation (auch in Form einer Computeranimation), bei der ein auf dem Bildschirm vorgegebenes Bild (z. B. ein Menschenkopf) scheinbar stufenlos in eine andere vorgegebene Gestalt (z. B. einen Löwenkopf) übergeht; Teilbereich der digitalen →Bildverarbeitung. Entsprechende Computerprogramme erlauben es, die jeweiligen Ausgangs- und Endbilder in Größe und Lage aneinander anzupassen, festzulegen, welche Punkte im Ausgangsbild welchen Punkten im Endbild entsprechen sollen, und schließlich die Zahl der Zwischenschritte zu wählen. Die diesen Vorgaben entsprechenden Zwischenbilder werden dann vom Computer errechnet. Anwendungen u. a. in der Werbung, Kriminalistik, im Film- und Videobereich.

Morphinismus *der, -,* **Morphinsucht,** durch wiederholte parenterale Morphinzufuhr (Injektionen) erzeugte Abhängigkeit. Diese tritt bei Patienten, die unter starken Schmerzen leiden, allerdings nur sehr selten auf. Der M. beruht nicht nur auf einer psych., sondern hauptsächlich auch auf einer phys. Abhängigkeit von dem Wirkstoff. Die ersten Anzeichen treten bei fortgesetzter Morphinzufuhr innerhalb von etwa drei Wochen auf. Während Morphin von vielen zunächst als unangenehm empfunden wird und häufig Schwindel, Übelkeit und Erbrechen hervorruft, erleben etwa 10 % aller Menschen die Morphinwirkung als wohltuend und stimmungshebend. Gerade die Letzteren sind suchtgefährdet. Heilung kann gewöhnlich nur eine →Entzugskur mit intensiver ärztl. Betreuung bringen. Die Dauerheilungsquote liegt bei freiwilliger Entziehung etwa bei 15–30 %, bei der Zwangsentziehung nur etwa bei 7–10 %. Die Entzugserscheinungen (→Abstinenzsyndrom) setzen etwa 5–8 Stunden nach der letzten Morphinzufuhr ein und erreichen ihren Höhepunkt nach 40–72 Stunden. Nach 7–10 Tagen sind die schwersten körperl. Erscheinungen überwunden. Das starke Verlangen nach Morphin bleibt allerdings noch wochenlang bestehen, sodass Beaufsichtigung und psychotherapeut. Behandlung auch weiterhin erforderlich sind. Die Entzugserscheinungen können z. B. mit Methadon gelindert bis aufgehoben werden.

Morphismus, Abbildung zw. strukturierten Mengen, die die Struktur erhält, z. B. eine stetige Abbildung zw. topolog. Räumen; Verallgemeinerung des Begriffes →Homomorphismus. (→Kategorientheorie)

Morphium *das, -s,* das →Morphin.

morpho... [griech. morphḗ ›Gestalt‹, vor Vokalen meist verkürzt zu **morph...,** Wortbildungselement mit der Bedeutung: Gestalt, Form, z. B. Morphologie, Morphem. – In gleicher Bedeutung als letzter Wortbestandteil: 1) bei Adjektiven **...morph,** z. B. biomorph; 2) bei Substantiven **...morphie,** z. B. Polymorphie.

Morpho [nach dem Beinamen M. der Aphrodite], einzige Gattung der **Morphofalter** (Familie Morphidae); große, tagaktive Falter mit azurglänzenden Flügeloberseiten (Spannweite bis zu 20 cm), die mit rd. 50 Arten in den Urwäldern Mittel- und Südamerikas verbreitet sind.

Morphogenese, Morphogenie, *Biologie:* →Morphose.

Morpholin *das, -s,* heterozykl. Verbindung mit je einem Stickstoff- und einem Sauerstoffatom (chemisch das Tetrahydro-1,4-oxazin), die durch Dehydrierung aus Diäthanolamin (→Alkanolamine) gewonnen wird. M. ist eine farblose, mit Wasser mischbare Flüssigkeit, die als techn. Lösungsmittel (z. B. für Aromatenextraktion, Gaswäsche) und Korrosionsinhibitor sowie als Zwischenprodukt für organ. Synthesen verwendet wird. Starke Base; wirkt ätzend auf Haut, Schleimhäute und Augen; MAK-Wert 70 mg/m³.

Morphologie [griech. ›Lehre von der Gestalt‹] *die, -,* **Formenlehre, Gestaltlehre, 1)** *allg.:* die Lehre oder Wiss. (auch Teildisziplin einer Wiss.) von den Gestalten, Formen und Organisationsprinzipien, insbesondere von Lebewesen, aber auch von histor., sozialen, sprachl., ästhet. Erscheinungen und Gegenständen, teilweise einschließlich der Lehre von Entwicklung bzw. Wandel ihres Bauplans und ihrer Organisationsformen. Der von dem Anatomen K. F. BURDACH 1800 erstmals öffentlich verwendete Begriff wurde von GOETHE (der, nach Tagebuchaufzeichnungen, den Begriff 1796 geprägt hatte) organologisch-ästhetisch als Lehre von der Gestalt der Lebewesen, ihrer Genese und Metamorphose bestimmt und weiterentwickelt. O. SPENGLER konzipierte seine Kultur- und Geschichtsphilosophie als ›M. der Weltgeschichte‹. Unabhängig davon hat L. FROBENIUS eine auf die lebendigen Erscheinungsformen der Kultur gerichtete Kultur-M. entwickelt.

2) *Biologie:* die Wiss. und Lehre vom äußeren Bau (Gestalt, Organisation) der Organismen und ihrer Teile sowie deren Umgestaltung im Verlauf ihrer Entwicklung (Ontogenie). Die **vergleichende M.** (Typologie) betreibt den anschaul. Vergleich der Formenmannigfaltigkeit die Herausarbeitung der den Einzelformen zugrunde liegenden Baupläne und Typen. Homologie, Analogie und Konvergenz sind die Kriterien, mit denen die Wertigkeit eines Organs im Bauplan erfasst wird, wobei die Ontogenie eine wichtige Hilfe ist. Die **experimentelle M.** (analyt. M., Organographie) versucht die morpholog. Bildungspotenzen aus natürl. und experimentell erzeugten Abweichungen von der Normalform zu ergründen; sie betrachtet die Form funktional-final als Anpassung an Funktion und Milieu. Die **Funktions-M.** (funktionelle M.) untersucht und beschreibt Anpassungen der Organismen an die jeweils besondere Lebensweise. Die M. ist Grundlagenwiss. für die Systematik und Stammesgeschichte.

3) *Geowissenschaften:* →Geomorphologie.

4) *Sprachwissenschaft:* **Morphemik, Morphematik,** der Teilbereich der Sprachwiss., der sich mit dem Aufbau, der inneren Struktur von Wörtern beschäftigt, d. h. einerseits mit der Formenbildung (Flexions-M.), andererseits mit der →Wortbildung. Z. T. wird der Begriff M. auch nur auf die Flexions-M. bezogen, z. T. schließt er auch die Lehre von den Wortarten ein.

morphologische Methode, im Planungsprozess von Unternehmen eingesetztes Verfahren zur Alternativensuche. Die M. lehnt sich an die Erkenntnisse der Morphologie an, indem ein zu lösendes Problem in Teilprobleme (Komponenten) zerlegt wird, welche die Lösung des übergeordneten Problems beeinflussen. Für jedes Teilproblem werden verschiedene Lösungsalternativen (bestehende oder völlig neuartige) gesucht und in einer Gesamt- bzw. Totallösungsmatrix **(morphologischer Kasten)** aufgelistet. Die Gesamtproblemlösung wird durch anschließende Kombination der Lösungsalternativen und Beurteilung ihrer

Wirkung im Hinblick auf die übergeordnete Zielsetzung des Unternehmens gesucht.

Morphometrie *die, -, Geowissenschaften:* →Orometrie.

Morphophonem, Morphonem, *Sprachwissenschaft:* Bez. für die zwei oder mehreren in bestimmter Position alternierenden Phonemen zugrunde liegend gedachte abstrakte sprachl. Einheit, z. B. die Phonemalternationen bei Allomorphen (→Morphem) oder bei den aufgrund der Auslautverhärtung alternierenden Phonempaaren [p]-[b], [t]-[d], [k]-[g], z. B. in ›Trab‹ und ›traben‹ [tra:p, tra:bən], ›Rad‹ und ›Räder‹ [ra:t, ræ:dər], ›klug‹ und ›klüger‹ [klu:k, kly:gər]. Die Lehre von den M. ist die **Morphophonologie, Morphonologie** oder **Morphophonemik.**

Morphose *die, -/-n, Biologie:* Bez. für nichterbl. Gestaltvariationen (Modifikationen) der Organismen bzw. einzelner Organe, die durch Umwelteinflüsse **(morphogenetische Reize)** verursacht werden. Die individuelle und stammesgeschichtl. Gestaltbildung der Organismen und ihrer Organe **(Morphogenese, Morphogenie)** wird durch ein kompliziertes Wechselspiel äußerer und innerer Faktoren gesteuert. – Bei *Pflanzen* unterscheidet man je nach Außenreiz: **Photo-M.** (durch Lichtreize), **Geo-M.** (durch Schwerkraftreize), **Hygro-M.** (durch Feuchtigkeitsreize), **Thermo-M.** (durch Temperaturreize) und **Thigmo-M.** (durch Berührungsreize).

Morphosphäre, *Sprachwissenschaft:* →Nomosphäre.

Morphosyntax, Teilbereich der Grammatik, untersucht die syntakt. Funktion der (grammat.) →Morpheme.

Morren, Theophil, Pseud. des österr. Schriftstellers Hugo von →Hofmannsthal.

Morricone, Ennio, ital. Komponist, * Rom 10. 11. 1928; studierte bei G. PETRASSI und gehörte der Improvisationsgruppe Nuova Consonanza an. M. wurde internat. bekannt durch die Musik zu zahlr. Filmen, u. a. ›C'era una volta il West‹ (›Spiel mir das Lied vom Tod‹, 1968), ›Mosca addio‹ (›Farewell Moskau‹, 1986), ›Gli occhiali d'oro‹ (›Brille mit Goldrand‹, 1987), ›Atame!‹ (›Fessle mich!‹, 1990); schrieb ferner Bühnen- und Fernsehmusik sowie Instrumental- und Vokalwerke.

S. MICELI: M., la musica, il cinema (Modena 1994).

Morriën [ˈmɔri:ən], Adriaan, niederländ. Schriftsteller und Kritiker, * Velsen 5. 6. 1912; Verfasser von Gedichten, Erzählungen und Essays sowie Übersetzer (u. a. von Werken S. FREUDS). In Dtl. wurde M. mit der Novellensammlung ›Een slordig mens‹ (1951; dt. ›Ein unordentl. Mensch‹) und den Skizzen ›En bijzonder mooi been‹ (1955; dt. ›Ein besonders schönes Bein‹) bekannt.

Weitere Werke: Lyrik: Moeders en zonen (1962); Het gebruik van een wandspiegel (1968). – *Autobiographie:* Plantage Muidergracht (1988).

Morris [ˈmɔrɪs], **1)** Charles William, amerikan. Philosoph, * Denver (Colo.) 23. 5. 1901, † Gainesville (Fla.) 15. 1. 1979; war 1931–47 Prof. an der University of Chicago, 1958–71 in Gainesville (Fla.); einer der Begründer der modernen Semiotik (u. a. traf er die Unterscheidung zw. Syntax, Semantik und Pragmatik). M. vertritt, anknüpfend an den Neopositivismus der Philosophen des Wiener Kreises, an Positionen des Pragmatismus und des Behaviorismus eine sozialbehaviorist. Philosophie, in der das zeichenvermittelte Handeln und Verhalten im Zentrum steht.

Werke: Logical positivism, pragmatism and scientific empiricism (1937); Foundations of theory of signs (1938; dt. Grundlagen der Zeichentheorie); Signs, language and behavior (1946; dt. Zeichen, Sprache u. Verhalten); Writings on the general theory of signs (1971).

Ausgaben: Zeichen, Wert, Ästhetik, hg. v. A. ESCHBACH (1975).

Zeichen über Zeichen über Zeichen. 15 Studien über C. W. M., hg. v. A. ESCHBACH (1981).

2) Desmond John, brit. Verhaltensforscher, * Purton (Cty. Wiltshire) 24. 1. 1928; studierte u. a. bei N. TINBERGEN; befasst sich bes. mit den Formen der nichtverbalen Kommunikation (Gesten, Haltungen, Körpersprache) bei Tieren und Menschen, die er miteinander vergleicht und deren Bedeutung er zu ergründen und in ihrer Entwicklung zu verfolgen sucht.

Werke: The naked ape (1967; dt. Der nackte Affe); Intimate behaviour (1971; dt. Liebe geht durch die Haut); Manwatching (1977; dt. Der Mensch, mit dem wir leben. Ein Hb. unseres Verhaltens); The world of animals (1993; dt. Vom Leben der Tiere); The human animal (1994; dt. Das Tier Mensch).

3) Gouverneur, amerikan. Politiker, * Morrisania (heute zu New York City) 31. 1. 1752, † ebd. 6. 11. 1816; Rechtsanwalt, entwarf mit J. JAY und R. R. LIVINGSTON 1777 die Staats-Verf. von New York, gehörte 1778–79 dem Kontinentalkongress an und plante als Assistent von R. MORRIS 1782 das Dezimalsystem der neuen Währung. Im Verfassungskonvent setzte er sich als Delegierter Pennsylvanias 1787 für eine Stärkung der Zentralgewalt ein. 1792–94 war M. Gesandter in Frankreich, 1800–03 föderalist. Bundessenator für New York.

Ausgaben: The diary and letters, hg. v. A. C. MORRIS, 2 Bde. (1888, Nachdr. 1970); A diary of the French Revolution, hg. v. B. C. DAVENPORT, 2 Bde. (1939, Nachdr. 1972).

M. M. MINTZ: G. M. and the American Revolution (Norman, Okla., 1970).

4) Mark, amerikan. Tänzer und Choreograph, * Seattle (Wash.) 29. 8. 1956; tanzte nach einem Folklore- und Flamencostudium in den Kompanien u. a. von L. LUBOVITCH, T. THARP und LAURA DEAN, bevor er sich verstärkt der Choreographie zuwandte und 1980 die ›M. M. Dance Group‹ gründete. M. gilt als Vertreter der Postmoderne und ist ein ausgesprochener Eklektizist. 1988–91 war er Direktor der ›Monnaie Dance Group M. M.‹ in Brüssel.

Choreographien: New love song waltzes (1982); Jealousy (1985); L'allegro, il penseroso ed il moderato (1988); Love song waltzes (1989); The hard nut (1991).

5) Robert, amerikan. Politiker, * Liverpool 31. 1. 1734, † Philadelphia (Pa.) 8. 5. 1806; seit 1747 in Amerika, war 1775–78 Mitgl. des Zweiten Kontinentalkongresses, ordnete 1781–84 als ›Superintendent of Finance‹ die Finanzen der Konföderation (Anhebung des Steueraufkommens, Aufnahme öffentl. Kredite) und richtete 1781/82 die Bank of North America ein. Als Mitgl. des Verfassungskonvents 1787 und Senator von Pennsylvania (1789–95) unterstützte er die Federalists. Landspekulationen brachten ihn zeitweilig in Schuldhaft (1798–1801).

Ausgabe: The papers of R. M., hg. v. E. J. FERGUSON u. a., Bd. 1 ff. (1973 ff.).

C. L. VER STEEG: R. M. (Philadelphia, Pa., 1954).

6) Robert, amerikan. Bildhauer, * Kansas City (Miss.) 9. 2. 1931; einer der Hauptvertreter der Minimalart mit Objekten, die auf einfachen geometr. Formstrukturen basieren. Ende der 60er-Jahre begann er, Assemblagen und Reliefs aus Filz herzustellen. Er lieferte auch Beiträge zur Conceptart und zur Land-Art. In den 80er-Jahren entstand eine Reihe von Pastell- und Enkaustikbildern in Gussrahmen, in denen er sich thematisch mit den Folgen einer nuklearen Katastrophe sowie mit der Judenvernichtung auseinander setzte. (BILD S. 146)

R. M. - the felt works. Ausst.-Kat. (New York 1989); R. M., hg. v. A. CALNEK, Ausst.-Kat. Guggenheim Museum New York (New York 1994).

7) William, brit. Kunsthandwerker, Sozialreformer und Schriftsteller, * Walthamstow (heute zu London) 24. 3. 1834, † Hammersmith (heute zu London) 3. 10. 1896; einer der vielseitigsten Künstler des 19. Jh., der die Kunst vom Handwerk her erneuern wollte. Dabei

Gouverneur Morris

Robert Morris: Ohne Titel; 1986/87 (Privatbesitz)

Toni Morrison

verfolgte er zugleich sozialreformer. Absichten, da er den Zusammenhang von Industrialisierung, Zusammenbruch der sozialen Ordnung und Geschmacksverfall erkannte. Er wandte sich gegen die maschinelle Herstellung kunstgewerbl. Gegenstände und forderte die Wiederbelebung des Kunsthandwerks. M. studierte in Oxford, beschäftigte sich mit der got. Formenwelt engl. und frz. Kathedralen. Daneben widmete er sich auch der Malerei und stand den Präraffaeliten nahe. 1861 gründete M. die kunstgewerbl. Werkstätten M., Marshall, Faulkner & Co. in Upton (ab 1865 in Bloomsbury, ab 1878 in Hammersmith und seit 1881 in Merton Abbey, Cty. Surrey), deren künstler. und organisator. Leitung er übernahm. Zu seinen Mitarbeitern gehörten D. G. ROSSETTI, E. BURNE-JONES, F. M. BROWN und P. WEBB. Neben Tapeten, Dekorationsstoffen, Möbeln, Gläsern und Kacheln in von der Gotik abgeleiteter Form- und Liniengestaltung wurden in den Werkstätten ab 1878 Bildteppiche (Hammersmith-Teppiche) mit oriental. Mustern hergestellt. 1891 gründete M. die →Kelmscott Press, für die er selbst Typen und Holzschnittbuchschmuck entwarf. M. übte als Begründer des →Arts and Crafts Movement großen Einfluss auf den kontinentalen Jugendstil aus.

Als Sozialreformer engagierte er sich ab 1880 u. a. in der ›Socialist League‹, deren Zeitschrift ›The Commonweal‹ er 1885–90 herausgab. Seine zu einem anarchisch gefärbten Sozialismus tendierenden, von T. CARLYLE und J. RUSKIN beeinflussten polit. Anschauungen spiegeln sich in der Erzählung ›A dream of John Ball‹ (1886–87; dt. u. a. als ›Eine königl. Lektion‹) sowie der Sozialutopie ›News from nowhere‹ (1890; dt. ›Kunde von Nirgendwo‹). Schon früh hatte er sich auch der Lyrik zugewandt; seine Gedichte erschienen in dem präraffaelit. ›Oxford and Cambridge Magazine‹, das er 1856 mitbegründet hatte. M. übersetzte auch Werke von HOMER und VERGIL und gab 1895 eine neuengl. Bearbeitung des ›Beowulf‹ heraus. Weitere BILDER →Buchkunst, →englische Kunst.

Ausgaben: Collected works, hg. v. M. MORRIS, 24 Bde. (1910–15, Nachdr. 1966); The collected letters, hg. v. N. KELVIN, bisher 3 Bde. erschienen (1984 ff.). – Rot u. Grün. Reden zur Revolution von Kunst u. Gesellschaft, hg. v. M. PFISTER (1988); Wie wir leben u. wie wir leben könnten. Vier Essays, hg. v. H.-C. KIRSCH (1992).

P. NEEDHAM: W. M. and the art of the book (New York 1976); J. LINDSAY: W. M. His life and work (ebd. 1979); P. FAULKNER: Against the age. An introduction to W. M. (London 1980); H.-C. KIRSCH: W. M. – ein Mann gegen die Zeit (1983); A. HODGSON: The romances of W. M. (Cambridge 1987); L. PARRY: W. M. Textilkunst (a. d. Engl., Neuausg. 1987); J. M. S. TOMPKINS: W. M. An approach to the poetry (London 1988); M. BERNAUER: Die Ästhetik der Masse (1990); F. HETMANN: W. M. – ein Mann gegen die Zeit (1996).

8) Wright, amerikan. Schriftsteller, * Central City (Nebr.) 6. 1. 1910; bereiste die USA und Europa und war Dozent am San Francisco State College (1962–75). In Romanen, Erzählungen, Bildbänden und Erinnerungen greift M., oft in ironisch gebrochener Perspektive, auf die amerikan. Geschichte und das Leben im ländl. und kleinstädt. Amerika der Vergangenheit zurück, um es für die geistige Leere der Gegenwart fruchtbar zu machen. In späteren Werken wendet er sich auch aktuellen Themen wie der Raumfahrt und der Frauenfrage zu.

Werke: *Romane:* The deep sleep (1953; dt. Die gläserne Insel); The huge season (1954; dt. Die maßlose Zeit); Love among cannibals (1957; dt. Liebe unter Kannibalen); Ceremony in Lone Tree (1960; dt. Unterwegs nach Lone Tree); Plains song. For female voices (1980). – *Erzählungen:* Collected stories: 1948–1986 (1986). – *Erinnerungen:* A cloak of light. Writing my life (1985). – *Fotoband:* Picture America (1982, mit J. ALINDER).

M. ZIRKEL: Mensch u. Mythos: Der Mittlere Westen im Romanwerk von W. M. (1977); G. B. CRUMP: The novels of W. M. (Lincoln, Nebr., 1978); R. K. BIRD: W. M.: Memory and imagination (New York 1985).

Morrisdance [ˈmɔrɪsdɑːns], **Morris-Dance,** engl. Tanz, Variante der →Moresca.

Morris Jesup [ˈmɔrɪs ˈdʒesəp], **Kap M. J.,** nördlichste Landspitze Grönlands, 83° 39′ n. Br., 34° 12′ w. L.; galt als nördlichstes Landgebiet der Arktis, bis 1978 bei 83° 40′ 30″ n. Br. und 30° 35′ w. L. eine wenige 100 km² große Insel entdeckt wurde.

Morris-Jones [ˈmɔrɪs ˈdʒəʊnz], John, eigtl. J. Jones, walis. Keltologe, Dichter und Literaturkritiker, * Llandrygarn (Anglesey) 17. 10. 1864, † Bangor (Caernarvonshire) 16. 4. 1929; war ab 1894 Prof. in Bangor und wurde bes. durch seine kymr. Grammatiken, seine Theorie eines vorindogerman. Substrats im Inselkeltischen sowie seine Beiträge zur kymr. Dichtung, Metrik und Orthographie bekannt. In seiner Lyrik war M.-J. von H. HEINE und OMAR-E CHAJJAM beeinflusst; er übersetzte auch Werke beider Dichter.

Werke: A Welsh grammar, historical and comparative (1913); Taliesin (1918); An elementary Welsh grammar (1921); Welsh syntax (hg. 1931).

Morrison [ˈmɔrɪsn], **1) Herbert Stanley, 1. Baron M. of Lambeth** [- əv ˈlæmbəθ] (seit 1959), brit. Politiker, * London 3. 1. 1888, † Sidcup (heute zu London) 6. 3. 1965; Mitgl. der Labour Party, betätigte sich in der Londoner Kommunalpolitik, die er als Mitgl. (1922–45) und Vors. (1934–40) des Grafschaftsrats

William Morris: links Queen Guinevere, oder: La Belle Iseult; 1858 (London, Tate Gallery); rechts Dessin ›Myrthe‹; um 1880–90 (Kassel, Deutsches Tapetenmuseum)

entscheidend beeinflusste (Verstaatlichung des Verkehrswesens, Erwachsenenbildung). Er war 1923–24, 1929–31 und 1935–59 Mitgl. des Unterhauses, 1929–31 Verkehrs-Min., 1940 Min. für Materialbeschaffung, 1940–45 Innen- und Sicherheits-Min., 1945–51 Lordpräsident und Führer des Unterhauses, 1951 Außen-Min. Als Stellv. des Parteiführers C. ATTLEE seit 1951 erwarb er sich große Verdienste um die Organisation der Labour Party, unterlag jedoch 1955 bei einer Wahl um ATTLEES Nachfolge gegen H. GAITSKELL.

2) Jim, eigtl. **James Douglas M.**, Sänger, Gründer und kreativer Kopf der amerikan. Rockgruppe ›The Doors‹, * Melbourne (Fla.) 8. 12. 1943, † Paris 3. 7. 1971; gehörte zu den profiliertesten Vertretern der amerikan. Rockmusik; erhielt nach seinem frühen Tod den Status einer kulturellen Ikone der 60er-Jahre.
B. SEYMORE: The end. Der Tod von J. M. (a. d. Engl., 1993).

3) Toni, eigtl. **Chloe Anthony Wofford** [ˈwɔfəd], amerikan. Schriftstellerin, * Lorain (Oh.) 18. 2. 1931; lehrte an versch. Univ.; wichtige Vertreterin der afroamerikan. Literatur. In ihren Romanen entwirft sie ein komplexes Bild der tiefen Entfremdung und der Identitätssuche der schwarzen Frau sowie der als Folge von Unterdrückung und Entwürdigung gestörten menschl. Beziehungen in schwarzen Familien und setzt die aus der Solidarität und der Besinnung auf das afrikan. Erbe gewonnene Kraft zu überleben dagegen. Sie erhielt 1993 den Nobelpreis für Literatur.
Werke: *Romane:* The bluest eye (1970; dt. Sehr blaue Augen), Sula (1973; dt.); Song of Solomon (1977; dt. Solomons Lied); Tar baby (1981; dt. Teerbaby); Beloved (1987; dt. Menschenkind); Jazz (1992; dt.). – *Essays:* Playing in the dark. Whiteness and the literary imagination (1992; dt. Im Dunkeln spielen. Weiße Kultur u. literar. Imagination).
K. F. C. HOLLOWAY: New dimensions of spirituality. A biracial and bicultural reading of the novels of T. M. (New York 1987); Critical essays on T. M., hg. v. N. Y. MCKAY (Boston, Mass., 1988); T. HARRIS: Fiction and folklore. The novels of T. M. (Knoxville, Tenn., 1991); W. D. SAMUELS u. C. HUDSON-WEEMS: T. M. (Boston, Mass., 1991); K. PELZER: Autorschaft, Paternität u. Text in den Werken William Faulkners u. T. M.s (1992); P. B. BJORK: The novels of T. M. The search for self and place within the community (New York ²1994).

4) Van, eigtl. **George Ivan M.**, irischer Rocksänger und -gitarrist, * Belfast 31. 8. 1945; trat schon als 16-Jähriger u. gilt als einer der überzeugendsten weißen Bluessänger (›Browneyed girl‹, ›It's all over now baby blue‹, ›It's too late to stop now‹).

Mors, Insel im →Limfjord, Dänemark.

Mörsdorf, Klaus, kath. Kirchenrechtler, * Muhl (heute zu Börfink, Landkreis Birkenfeld) 3. 4. 1909, † Planegg (bei München) 17. 8. 1989; war ab 1946 Prof. in München, 1947 Gründer und (bis 1977) Direktor des dortigen Kanonist. Instituts; arbeitete maßgeblich an der Revision des Codex Iuris Canonici mit, befasste sich v. a. mit Rechtssprache sowie Verfassungs- und Verwaltungsrecht der kath. Kirche; Herausgeber des ›Archivs für kath. Kirchenrecht‹.
Werke: Rechtsprechung u. Verwaltung im kanon. Recht (1941); Schr. zum kanon. Recht (1989). – *Bearbeiter:* Lb. des Kirchenrechts, 3 Bde. (¹⁰⁻¹¹1964–67).
Ius sacrum. K. M. zum 60. Geburtstag, hg. v. A. SCHEUERMANN u. a. (1969).

Morse [mɔːs], Samuel Finley Breese, amerikan. Maler und Erfinder, * Charlestown (heute zu Boston, Mass.) 27. 4. 1791, † New York 2. 4. 1872; Schüler von W. ALLSTON und B. WEST in London. 1827–45 war er Präs. der von ihm mitgegründeten National Academy of Design in New York. M. malte Historienbilder im klassizist. Stil, bedeutend sind v. a. seine Porträts (›Marquis de Lafayette‹, 1825–26; New York, Brooklyn Museum) sowie seine romant. Landschaftsbilder, die stilistisch den Werken der →Hudson River school nahe stehen. – M. entwickelte seit 1833 (patentiert 1838) den ersten brauchbaren elektromagnet. Schreibtelegrafen (→Morseapparat, zunächst mit Zickzackschrift auf Papierband, später mit dem →Morsealphabet (1838, 1844 geändert). Er errichtete 1843 die erste Telegrafenlinie von Washington (D. C.) nach Baltimore (Md.), über die am 27. 5. 1844 das erste Telegramm übermittelt wurde.
S. F. B. M. Educator and champion of the arts in America, Ausst.-Kat. (New York 1982).

Morse|alphabet, Morsecode [-koːt], von S. MORSE entwickelter Binärcode, bei dem Buchstaben, Ziffern, Satz- und Sonderzeichen durch Kombinationen von Punkten und Strichen (kurzen und langen Stromstößen) dargestellt werden. Die Anzahl der Punkte und Striche pro Zeichen variiert zw. eins und sechs, je nach der Häufigkeit, mit der die Zeichen in der engl. Sprache vorkommen (Vorwegnahme der redundanzoptimierten →Codierung). Das M. ist international genormt und war früher der für die Telegrafie fast ausschließlich verwendete Code. Er wurde hier fast völlig vom Fünferalphabet verdrängt, wird aber noch häufig in der Funktelegrafie verwendet.

Morse|apparat, Morsetelegraf, von S. MORSE entwickeltes Gerät zum Senden und Empfangen des Morsealphabets über eine Doppelleitung. Zum Senden dient die handbetätigte Morsetaste, die eine Stromquelle im Rhythmus der Zeichen an die Leitung schaltet und damit die abgehenden Stromstöße erzeugt. Empfänger ist ein elektromagnetisch betätigter Schreibstift, der die ankommenden Stromstöße auf einen bewegten Papierstreifen aufzeichnet. (BILD S. 148)

Mörser [von lat. mortarium ›Mörser‹ (Gefäß)], **1)** *Pharmazie, Chemie:* dickwandiges Gefäß mit halbkugeliger Bodenhöhlung aus Metall, Achat, Hartporzellan u. a., in dem harte Stoffe mit einem keulenförmigen Stab **(Stößel, Pistill)** zerkleinert werden.
2) *Sprengstofftechnik:* **ballistischer M.,** Gerät zum Vergleich der Leistungsfähigkeit von Sprengstoffen, bei dem 10 g Sprengstoff mit einem Geschoss an einem Pendel angebracht werden. Bei der Detonation erfolgt durch den Rückstoß ein Pendelausschlag, der gemessen wird.
3) *Waffentechnik:* Steilfeuerwaffe der Artillerie; Hinterlader mit kurzem, gezogenen Rohr zum Verschießen großkalibriger Geschosse. (→Geschütze)

Morshäuser, Bodo, Schriftsteller, * Berlin 28. 2. 1953; artikulierte in Gedichten (›Alle Tage‹, 1979) und Erzählungen (›Die Berliner Simulation‹, 1983) das Lebensgefühl der (West-)Berliner jungen Generation. Auch in den späteren Werken nimmt M. aktuelle, z. T. mod. Themen auf, wobei die Stadt Berlin meist den äußeren Rahmen bildet (Erzählungen ›Revolver‹, 1988; Prosa ›Gezielte Blicke‹, 1995).
Weitere Werke: *Erzählungen:* Blende (1985); Nervöse Leser (1987); Der weiße Wannsee. Ein Rausch (1993). – *Roman:* Tod in New York City (1995). – *Prosa:* Hauptsache Deutsch (1992).

Morskie Oko [ˈmɔrskjɛ -], See in Polen, →Fischsee.

Morsleben, Gem. im Ohrekreis, Sa.-Anh., östlich von Marienborn an der Aller, nahe der Grenze zu Ndsachs., 410 Ew. – In einem ehem. Salzbergwerk zw. M. und Bartensleben wurde 1978–89 von der DDR ein Endlager für schwach- bis mittelradioaktive Abfälle betrieben (Einlagerungsmenge auf 55 000 t begrenzt; zu DDR-Zeiten etwa 15 000 t eingelagert), das seit 1990 vom Bund bis zum Jahr 2000 oder 2005 weitergenutzt wird (→Endlagerung). Eine weitere Nutzung wird von der Bundes-Reg. erwogen.

Morsum, Ortsteil der Gem. Sylt-Ost, Kr. Nordfriesland, Schlesw.-Holst. Das geologisch bedeutsame **M.-Kliff** (unter holozänen Dünen und saaleeiszeitl. Ablagerungen aus Glimmerton, Limonitsandstein und Kaolinsand aus dem Jungtertiär, durch das elstereiszeitl. Inlandeis zu vier Schollen aufgeschuppt) und die **M.-Heide** (Vegetation, bronzezeitl. Grabhügel) stehen unter Naturschutz.

Samuel Morse

a	· –
ae	· – · –
à, å	· – – · –
b	– · · ·
c	– · – ·
ch	– – – –
d	– · ·
e	·
é	· · – · ·
f	· · – ·
g	– – ·
h	· · · ·
i	· ·
j	· – – –
k	– · –
l	· – · ·
m	– –
n	– ·
ñ	– – · – –
o	– – –
oe	– – – ·
p	· – – ·
q	– – · –
r	· – ·
s	· · ·
t	–
u	· · –
ue	· · – –
v	· · · –
w	· – –
x	– · · –
y	– · – –
z	– – · ·
1	· – – – –
2	· · – – –
3	· · · – –
4	· · · · –
5	· · · · ·
6	– · · · ·
7	– – · · ·
8	– – – · ·
9	– – – – ·
0	– – – – –
Punkt	· · – · · –
Komma	– – · · – –
Doppelpunkt	– – – · · ·
Bindestrich	– · · · · –
Apostroph	· – – – – ·
Klammer	– · – – · –
Fragezeichen	· · – – · ·
Notruf SOS	· · · – – – · · ·
Irrung	· · · · · · · ·
Verstanden	· · – ·
Schlusszeichen	· – · – ·

Morsealphabet

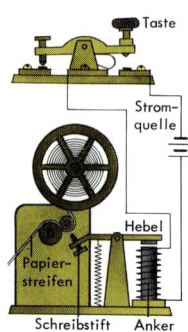

Morseapparat

John Clifford Mortimer

Morsztyn ['mɔrʃtin], Jan Andrzej, poln. Lyriker, * bei Krakau 24. 6. 1621, † Paris 8. 1. 1693; ist mit seiner formgewandten, vom Marinismus beeinflussten Lyrik einer der bedeutendsten Vertreter des poln. Barock; übersetzte u. a. P. CORNEILLES ›Cid‹ und T. TASSOS ›Aminta‹ und Werke G. MARINOS.
Werke: Kanikuła albo Psia gwiazda (entst. 1647, hg. 1844); Lutnia (entst. 1638-60, hg. 1874).
J. SOKOŁOWSKA: J. A. M. (Warschau 1965).

Mortalität [von lat. mortalitas ›das Sterben‹, ›die Sterbefälle‹] die, -, Sterblichkeit, gemessen als Sterberate, d. i. das Verhältnis der Zahl der Todesfälle zur Gesamtzahl der Bev. (meist bezogen auf 1 000 Personen), auch auf spezielle Personengruppen (z. B. Säuglings-, Müttersterblichkeit), innerhalb eines festgelegten Zeitraums. Die Sterberate wird in der Demographie nach dem Alter und dem Geschlecht differenziert. Die geschlechts- und altersspezif. Sterberaten sind die Ausgangsinformationen für die Errechnung der →Sterbetafel, die wiederum die Grundlage für die Berechnung der →Lebenserwartung bildet. Von der M. zu unterscheiden ist die **Letalität**, die Wahrscheinlichkeitsrate des tödl. Verlaufs einer Krankheit (Verhältnis zw. Todesfällen und Zahl der Erkrankten) und die →Morbidität.

Mortari, Virgilio, ital. Komponist, * Passirana di Lainate (Prov. Mailand) 6. 12. 1902, † Rom 5. 9. 1993; Schüler von I. PIZZETTI, war Kompositionslehrer an den Konservatorien in Venedig und Rom sowie 1955-59 Intendant des Teatro La Fenice in Venedig. 1963 wurde er Vize-Präs. der Accademia nazionale di Santa Cecilia in Rom. M. komponierte in einem neoklassizist. Stil Opern, Ballette, Orchesterwerke, Kammer-, Vokal- und Kirchenmusik; schrieb mit A. CASELLA ›La tecnica dell'orchestra contemporanea‹ (1950; dt. ›Die Technik des modernen Orchesters‹).

Mörtel [von lat. mortarium ›Mörser‹, ›Gefäß für die Mörtelherstellung‹, ›Mörtel‹], ein Gemisch aus Bindemittel, Sand oder anderen feinkörnigen mineral. Stoffen und Wasser, ggf. auch mit besonderen Zusatzmitteln (z. B. Luftporenbildner, Erstarrungsbeschleuniger oder -verzögerer, Haftungsmittel) und Zusatzstoffen (z. B. Trass, Gesteinsmehle, Flugaschen, Farbpigmente), zum Verbinden von Mauersteinen und Ziegeln (**Mauer-M., Speis**), zum Füllen von Fugen (**Fugen-M.**) und zum Verputzen von Mauerwerk (**Putz-M.**); auch zur Herstellung von Estrich (**Estrich-M.**), von Füllungen (**Einpress-M.**) und von Belägen und Verkleidungen (**Verlege-M.**) sowie zu Verstärkungen und Ausbesserungen (**Ausbesserungs-M., Spritz-M.**) und zur Anwendung im Feuerungsbau (**feuerfeste M.**). Zur Erzielung besonderer Eigenschaften können M. mit Zuschlägen (Kunststoff-, Stahl- oder Textilfasern, Korund, Sägespäne, Kork u. a.) gemischt werden.

M. werden häufig nach dem verwendeten Bindemittel benannt, z. B. Zement-M., Kalk-M., Gips-M., Anhydrit-M., Magnesia-M., Kunstharz-M.; je nachdem, ob es sich um ein hydraul. oder ein Luftbindemittel handelt, wird zw. **hydraulischem M.** und **Luft-M.** unterschieden. M., der sich in einem verarbeitbaren Zustand befindet, heißt **Frisch-M.**, bereits erhärteter M. **Fest-M.** Während **Baustellen-M.** direkt an Ort und Stelle gemischt und verarbeitet werden, werden werkmäßig hergestellte **Fertig-M.** (**Werk-M.**), also M., die ohne Veränderung zu verarbeiten sind, als **Werk-Vor-M.** oder als **Werk-Trocken-M.** (unter Zugabe von Bindemittel oder Wasser zu verarbeiten) oder auch zum sofortigen Einsatz als **Werk-Frisch-M.** geliefert.

Geschichtliches: Tonhaltiger Lehm-M. ist verwendet worden, seit die Menschen feste Wohnbauten errichteten, bis Ende des 18. Jh. auch noch beim städt. Wohnungsbau. Gips-M. wurde bereits von den Ägyptern des Alten Reichs bei Pyramiden- und Tempelbauten als Mauer- und Putz-M. benutzt, ebenso von den Assyrern beim Bau ihrer Grabgewölbe. Die Griechen verwendeten Kalk-M. z. B. bei den Langen Mauern von Athen, die Römer bei Hoch- und Tiefbauten. Etwa zur Zeit KARLS D. GR. begann seine allmähl. Verbreitung, seit dem frühen MA. wurde auch Gips-M. benutzt. Die weitere Entwicklung ist mit der Zementfabrikation eng verknüpft.

Mörtelbiene, Chalicodoma parietina, schwarze solitäre Biene mit stahlblauen Flügeln, baut aus sehr fest werdendem Gemisch aus Lehm, Sand, Steinchen und Sekret bis 5 cm große, urnenartige, mehrzellige Nester an Felsen und Mauern.

Mortensen, Richard, dän. Maler, * Kopenhagen 23. 10. 1910, † Kopenhagen 12. 1. 1993; Vertreter der konkreten Malerei, lebte 1947–62 in Paris, wo er im Austausch mit den Künstlern der École de Paris stand. Seine geometrisch klar komponierten Bilder sind auf rhythmisch gegliederten, kontrastierenden Farbflächen aufgebaut. M. schuf auch Wandgemälde und Entwürfe für Bildteppiche.

Morteratsch, Piz M., Gipfel an der N-Seite der Berninagruppe, Kt. Graubünden, Schweiz, 3 751 m ü. M., an der O-Flanke der **M.-Gletscher** (**Vadret da M.;** 17,15 km², 7,5 km lang).

Morthenson, Jan Wilhelm, schwed. Komponist, * Örnsköldsvik 7. 4. 1940; studierte in Stockholm, Uppsala und am Studio für elektron. Musik beim NDR in Köln. Unter dem Einfluss von G. LIGETI entwickelte er einen nur auf Klang und Dynamik abgestellten Stil, den er theoretisch in ›Nonfigurative Musik‹ (1966) begründete. M. komponierte Orchester- und Vokalwerke, Kammermusik und elektron. Musik.

Mortier [mɔr'tje], Gérard, belg. Jurist und Kulturmanager, * Gent 25. 11. 1943; studierte Jura und Kommunikationswissenschaften in Gent; 1968–72 Tätigkeit beim Flandern Festival, danach künstler. Betriebsleiter an der Dt. Oper am Rhein in Düsseldorf (1972/73), in Frankfurt am Main (1973–77) und an der Hamburg. Staatsoper (1977–79). Unter seiner Intendanz (1981–91) erlangte das Brüsseler Théâtre de la Monnaie als Opernbühne wieder Weltgeltung. Seit 1991 künstler. Leiter der Salzburger Festspiele, strebt er ein Gleichgewicht von Musik und Sprechtheater an.

Mortillet [mɔrti'jɛ], Gabriel de, frz. Vorgeschichtsforscher, * Meylan (bei Grenoble) 29. 8. 1821, † Saint-Germain-en-Laye 25. 9. 1898; Mitbegründer der Altsteinzeitforschung als selbstständiges archäolog. Fach; schuf aufgrund der Klassifikation der Steingeräte nach technolog. und typolog. Kriterien eine paläolith. Chronologie.

Mortimer ['mɔːtɪmə], **1)** John Clifford, engl. Schriftsteller, * London 21. 4. 1923; Jurist; 1949–72 ⚭ mit der Romanautorin PENELOPE M. (* 1918); schreibt für die Bühne sowie für Hörfunk, Fernsehen und Film. Seine Komödien (häufig Einakter) kreisen um den Verfall der engl. Mittelklasse, um Eheprobleme, Einsamkeit und Verzweiflung (›What shall we tell Caroline?‹, 1958, dt. ›Wie sagen wir es Caroline?‹; ›Lunch hour‹, 1960, dt. ›Mittagspause‹). In ›The dock brief‹ (1958; dt. ›Das Pflichtmandat‹), ›The judge‹ (1967; dt. ›Das Geständnis‹), ›Collaborators‹ (1973; dt. ›Komplizen‹), dem autobiograph. Stück ›A voyage round my father‹ (1971; dt. ›Reise in die Welt meines Vaters‹) sowie den Geschichten um einen Anwalt hoffnungsloser Fälle ›Rumpole of the Bailey‹ (Fernsehserie 1975, gedr. 1978) behandelt M. Fragen von Recht und Gesetz. Er bearbeitete für die Bühne C. ZUCKMAYERS ›Der Hauptmann von Köpenick‹ (1971) und R. GRAVES' ›I, Claudius‹ (1972) sowie für das Fernsehen Kurzgeschichten von G. GREENE (1976) und E. WAUGHS Roman ›Brideshead revisited‹ (1981).

Weitere Werke: *Dramen:* The bells of hell (1978); The fear of heaven (1978). – *Romane:* Paradise postponed (1985); Summer's lease (1988); Titmuss regained (1990); Dunster (1992); Rumpole on trial (1992); The best of Rumpole (1993); Rumpole and the angel of death (1995). – *Drehbücher:* A christmas carol (1993); Under the hammer (1993, Fernsehserie). – *Autobiographie:* Clinging to the wreckage (1982); Murderers and other friends. Another part of life (1994).

2) John Hamilton, engl. Maler und Grafiker, *Eastbourne 1741, †London 4. 2. 1779; Schüler von T. HUDSON und J. REYNOLDS; malte Porträts und Gesellschaftsstücke in der Art J. ZOFFANYS; wichtiger sind sein Beitrag zur engl. Historienmalerei, seine Darstellungen literar. Sujets sowie nach 1770 entstandenen Szenen mit Banditen und unheiml. Gestalten, die bereits auf die Romantik verweisen.

3) Roger, 1. Earl of March [- ɔv mɑːtʃ] (seit 1328), engl. Adliger, *um 1286, †(hingerichtet) Tyburn (heute zu London) 29. 11. 1330; ließ König EDUARD II. 1327 ermorden und übte danach im Namen von dessen Gemahlin ISABELLA eine Gewaltherrschaft aus, bis ihn EDUARD III. hinrichten ließ.

Mortlockinseln [ˈmɔːtlɔk-], Inselgruppe der Karolinen (Ozeanien). Die Holzmasken von den M., eine der wenigen bekannten Maskentypen Mikronesiens, stellen einen guten Geist (zur Bannung der Taifungefahr) dar: flach mit hoher Stirn, eng zusammenliegenden, kleinen Augen, gerader, schmaler Nase und kleinem, farbig umrandetem Mund.

Morton [ˈmɔːtn], **1) Jelly Roll,** eigtl. **Ferdinand Joseph La Menthe** [laˈmãt], amerikan. Jazzmusiker (Klavier, Komposition), *Gulfport (La.) 20. 10. 1885, †Los Angeles (Calif.) 10. 7. 1941; begann seine Laufbahn um 1900 als Pianist in New Orleans und wirkte in den 20er-Jahren v. a. in Chicago, wo er 1926–30 die ›Red Hot Peppers‹ leitete. M., dessen Spiel Ragtime und Blues miteinander verband und der sich selbst die ›Erfindung‹ des Jazz zuschrieb, war von herausragender Bedeutung für die Entwicklung des frühen Jazz bzw. des Jazzpianostils.

2) William Thomas Green, amerikan. Zahnarzt, *Charlton (Mass.) 9. 8. 1819, †New York 15. 7. 1868; wandte 1846 zuerst die Äthernarkose bei einer Zahnextraktion an und führte im gleichen Jahr die erste erfolgreiche Äthernarkose bei einer Operation durch.

B. M. DUNCUM: The development of inhalation anaesthesia with special reference to the years 1846–1900 (London 1947).

Mortsel, Gem. in der Prov. Antwerpen, Belgien, im südöstl. Vorstadtbereich von Antwerpen, 25 800 Ew.; photochem. Werk, Herstellung von Leuchten, Kunststoffindustrie.

Mortuarium [mlat., zu lat. mortuarius ›den Tod betreffend‹] *das, -s/...rien,* Bestattungsort in Klöstern, meist im Kreuzgang oder in mit ihm verbundenen Bauten; auch Trauerhalle auf einem Friedhof.

Morula [Verkleinerungsbildung zu lat. morum ›Maulbeere‹] *die, -/...lae,* **Maulbeerkeim,** frühes Stadium der Keimesentwicklung, in dem sich die Eizelle durch zahlreiche totale Furchungsteilungen zu einem kompakten Zellhaufen entwickelt hat. Die M. entspricht in ihrer Größe noch der ursprüngl. Eizelle.

Morungen, Heinrich von, mhd. Dichter, →Heinrich, H. von Morungen.

Morus [lat.], wiss. Name der Gattung →Maulbeerbaum.

Morus, latinisierter Name des engl. Staatsmannes und Humanisten Sir Thomas →More.

Morvan [mɔrˈvã], nordöstl. Ausläufer des Zentralmassivs, Frankreich, östlich von Nevers, ein kristallines Rumpfgebirge, das nach O steil zur Saônesenke abfällt, im Haut-Folin 903 m ü. M.; kühlfeuchtes Klima bedingt Waldreichtum; viele Stauseen; Forst- und Weidewirtschaft (Rinderzucht und -mast); 1 736 km² sind Naturpark. Hauptort ist Château-Chinon.

Mosaffar od-Din, Schah von Persien (seit 1896), *Teheran 25. 3. 1853, †ebd. 8. 1. 1907; aus der Dynastie der Kadjaren, jüngerer Sohn NASIR OD-DINS; gab Persien 1906 eine Verfassung, die – mit Änderungen – bis 1979 gültig war.

Mosaik [frz. mosaïque, über ital. mosaico, musaico und lat. musivum (opus) von griech. moûsa ›Muse‹] *das, -s/-en,* auch -e, Flächendekoration meist aus kleinen zugeschnittenen Stücken aus verschiedenartigem Material, die in einem Mörtelbett zu Ornamenten und Bildern zusammengesetzt sind. Das M. wird als Schmuck von Fußböden, Wänden und Gewölben verwendet, kommt aber auch als selbstständiges M.-Bild vor (M.-Ikone). Die M.-Steine sind meist Würfel von 1–2 cm Seitenlänge. Sie werden aus farbigem Naturstein, gefärbtem oder glasiertem Ton, bunten Glasflüssen oder Glas (Glas-M.) mit eingeschmolzener Goldfolie zugeschnitten. Nach einer Vorzeichnung, die oft direkt auf die feuchte Trägerschicht aufgetragen ist, werden die M.-Steine in das noch weiche Mörtelbett eingedrückt und anschließend glatt geschliffen. Durch Schrägstellung wird, v. a. beim Gold-M., eine flimmernde Lichtbrechung erreicht.

Farbige Stift-M. aus Tonkegeln, die in den Lehmverputz eingedrückt wurden, entstanden im Alten Orient als Schmuck von Wänden und Pfeilern (Uruk, um 3000 v. Chr.). In Tell Obeid sind aus der 2. Hälfte des 3. Jt. v. Chr. Reste eines Fassaden-M. erhalten. Das älteste Boden-M. der Antike, ein farbiges Kiesel-M., stammt aus Phrygien (Gordion, 8. Jh. v. Chr.). Boden-M. aus schwarzen und weißen Kieseln finden sich im griech. Olynthos seit dem späten 5. Jh. v. Chr. Im Laufe des 4. Jh. v. Chr. verfeinerte sich das griech. Kiesel-M., wurde auch farbig (Pella, Makedonien, um 300 v. Chr.; BILD →griechische Kunst); auch andere Materialien verwendete man mit (Ton, Blei, Schmucksteine). Noch stärkere maler. Wirkung erzielte man durch die im Hellenismus sich verbreitete Technik mit vorbereiteten, behauenen Steinen (Tesserae) und Glassteinchen (Smalten), die dicht an dicht gesetzt werden konnten. Sie ahmten oft Gemälde mit illusionist. Effekten nach, bes. Räumlichkeiten und Lichtwirkungen (Delos, Haus der Masken, 2. Jh. v. Chr.). Glassteine fanden wahrscheinlich zuerst für die Palast-M. in Pergamon (2. Jh. v. Chr.) Verwendung. Die Herakles- und Telephos-M. von Herculaneum kann man aufgrund der Thematik in Zusammenhang mit Pergamon stellen. In Pompeji wurden hellenist. Gemälde des 3.–1. Jh. v. Chr. wiedergegeben, meist wohl von griech. Mosaizisten (→Alexandermosaik). Komödienszenen des →Dioskurides von Samos; Haus des Fauns: Meeresfauna; Haus des trag. Dichters: Achillesszenen). Der Mosaizist des Fortunaheiligtums von Palestrina (um 80 v. Chr.) stellte den Nil in den Mittelpunkt, was auf eine Ausbildung im hellenist. Ägypten (Alexandria) hinweist. Die alexandrin. Landschaftsstudie seit Mitte des 2. Jh. v. Chr. wurde vorbereitet von realist. Detailstudien (z. B. M. des SOSOS VON PERGAMON). Auch die ausdrucksvollen M. der Hadriansvilla standen noch in dieser Tradition, andererseits setzte hier das röm. Ornament-M. aus schwarzen und weißen Tesserae ein. In der Folgezeit entwickelte sich die M. z. T. zur Gebrauchsware. Die Steine wurden großflächiger wie im (polychromen) Athleten-M. der Caracallathermen (3. Jh. n. Chr.), oder man kehrte zu schwarzen und weißen Kieselsteinen zurück (Ostia Antica, 2.–3. Jh. n. Chr.). Ein großer Teil der polychromen figürl. Boden-M. wie der schwarzweißen Ornament-M. des 3.–5. Jh. ist in Nordafrika gefunden worden (Tunesien), sie entstanden jedoch im ganzen Röm. Reich; auch von Zypern (Paphos) sind aus dieser Zeit z. T. ikonographisch hochinteressante Boden-M. freigelegt worden (Dionysos- und Labyrinth-M.). In England fand man die außerhalb Italiens einzige röm. Villa mit M. des 1. Jh. n. Chr. (→Fishbourne), aus dem 4. Jh. n. Chr. sind u. a. die M.

von Bignor, ebenfalls in West Sussex, von Lullingstone südöstlich von London sowie von Chedworth und Woodchester in Gloucestershire zu nennen. In Dtl. sind einige kostbare Fußboden-M. aus dem 3. Jh. n.Chr. erhalten (Dionysos-M. in Köln; röm. Villa in Nennig). In den M. von Piazza Armerina in Sizilien (frühes 4. Jh. n. Chr.) geht eine gewisse Vergröberung

Mosaik: Liebespaar; Fußbodenmosaik im Schlafgemach der römischen Villa in Piazza Armerina, Sizilien; 1. Hälfte des 4. Jh.

im Detail mit einer großen Lebendigkeit und Unmittelbarkeit der Bewegung einher. Einen Höhepunkt spätantiker M.-Kunst stellen die M. von Antiochia am Orontes aus dem 3. und 4. Jh. dar. Dieser Stil wurde in den M. des Kaiserpalastes in Konstantinopel (5. Jh. n. Chr.) tradiert. Bei vielen M. fertigte man das Mittelstück mit der figürl. Darstellung (Emblem) gesondert in bes. feiner Ausführung (Opus vermiculatum) und fügte die fertigen Platten nachträglich ein. Das Wand-M. taucht vereinzelt seit dem 2. Jh. n. Chr. auf (Thermen und Brunnen), erst gegen 300 n. Chr. finden sich mit M. ausgekleidete Räume (Diokletianpalast in Split); kaiserlich-römerzeitl. Kuppel-M. sind in Centcelles bei Tarragona aus dem 4. Jh. n. Chr. erhalten (Jagdfries; christl. Programm). Das Boden-M. lebte auch noch in der frühchristl. Kunst fort, z. B. in Aquileja.

Bei den frühen christl. Sakralbauten übernahm das M. v. a. die Rolle der Wandmalerei. Apsis, Triumphbogen, Langhauswände und Gewölbe der Zentralbauten wurden mit heilsgeschichtl. Darstellungen geschmückt. Hierbei fand zunehmend Glas- und Gold-M. Verwendung. Behielt man zunächst noch die antike, illusionist. Formgebung bei (Santa Costanza in Rom, um 340, BILD →frühchristliche Kunst; Baptisterium der Orthodoxen in Ravenna, 451–460), so setzte mit den M. von Santa Maria Maggiore in Rom (2. Viertel des 5. Jh.) eine flächenhafte, zugleich monumentale Kompositionsweise ein. Von der byzantin. M.-Kunst vor der Zeit des Bilderstreits sind nur wenige Beispiele erhalten. Hauptwerke sind die M. von Ravenna (6. Jh.): Sant'Apollinare Nuovo, San Vitale (BILD →byzantinische Kultur), Sant'Apollinare in Classe; hier fand der hierat., antinaturalist. byzantin. Stil seine vollendete Ausprägung, wobei der transzendente Goldgrund zur Entmaterialisierung des Dargestellten beitrug. Auch im europ. Norden entstanden M., die byzantin. Einfluss erkennen lassen (Aachener Dom, Kirche in Germigny-des-Prés). Die zweite Blütezeit der byzantin. M.-Kunst fällt in das 11.–13. Jh. (mittelbyzantin. Kunst), ein fester ikonograph. Kanon mit dem Bild des Pantokrators in der Kuppel, MARIA in der Apsis und alt- und neutestamentl. Szenen an den Wänden bildete sich heraus (→Hosios Lukas bei Delphi, 1. Drittel des 11. Jh.; Nea Moni auf Chios, Mitte des 11. Jh.; Daphni, um 1100); die Zeugnisse aus Konstantinopel, dem Zentrum der byzantin. Kultur, sind fast ganz verloren. Im norman. Sizilien schufen im 12. Jh. vorwiegend byzantin. Künstler die gesamte Wandflächen in mehreren Streifen bedeckenden M.-Zyklen von Cefalù, Palermo und Monreale. Die in San Marco in Venedig und in den Domen von Murano und Torcello entstandenen Zyklen sind von byzantin. Einfluss geprägt, ebenso die M. im Baptisterium von Florenz. Zu den letzten Höhepunkten des monumentalen M. im 13./14. Jh. gehören in Italien die von I. TORRITI ausgeführten M. von San Giovanni in Laterano und Santa Maria Maggiore und die von P. CAVALLINI geschaffenen M. in Santa Maria in Trastevere in Rom, in Konstantinopel das Deesis-M. der Hagia Sophia (3. Viertel des 13. Jh.) und die M. des Chorakloster (heute Kariye Camii; um 1300). Auch im 14. bis 16. Jh. entstanden noch eine Reihe bedeutender byzantin. bzw. nachbyzantin. M. In der ital. Renaissance wurde die Technik des M. zwar verbessert (u. a. durch die Erfindung eines stärkeren und helleren Zements), die künstler. Qualität ließ jedoch im Bemühen um eine Annäherung an die Malerei nach. Im Barock spielte das eigenständige M. keine Rolle mehr; jedoch ging die Handwerkstradition, v. a. auch für Restaurierungszwecke, nicht verloren. Nach den historisierenden Versuchen im 19. Jh. nahm das M. im Jugendstil einen neuen Aufschwung (A. GAUDÍ, G. KLIMT). Es spielte im 20. Jh. in Westeuropa nur eine Nebenrolle (G. SEVERINI, F. LÉGER, R. DELAUNAY). Größere Bedeutung erhielt es innerhalb des sozialist. Realismus in der UdSSR u. a. sozialist. und kommunist. Ländern sowie im →Muralismo in Mexiko.

In den altamerikan. Hochkulturen dienten M. als Fassaden-, Wand- und Schmuckdekor. Im andinen Gebiet stammen die meisten M.-Arbeiten (v. a. Schmuck: Pektorale, Ohrringe u. a.) aus den Kulturen der Moche, Chimú und Inka sowie aus Pajatén. An Material wurden Bein, Muscheln, Gold, Holz und Türkis sowie Federn verwendet, in Mesoamerika außerdem Jade, Stein und Pyrit. In Mesoamerika dienten M. v. a. als Fassaden- und Wanddekor (z. B. Mitla,

Mosaik: Medaillons mit figürlichen und floralen Darstellungen; Ausschnitt aus einem Gewölbemosaik im Chorumgang von Santa Costanza in Rom; um 340

Mosaik: Ausschnitt aus dem Mosaik ›Kaiserin Theodora mit Gefolge‹ in der Apsis der Kirche San Vitale in Ravenna; 6. Jh.

Kabah), es gibt aber auch ausgezeichnete Türkis-M. in Form von Schilden und Masken.
P. FISCHER: Das M. (1969); J. WILPERT u. W. N. SCHUMACHER: Die röm. M. der kirchl. Bauten vom IV.–VIII. Jh. (1976); F. ROSSI: M. u. Steinintarsien (a. d. Ital., ²1979); H. A. STÜTZER: Ravenna u. seine M. (1989); Reclams Hb. der künstler. Techniken, Bd. 2: Wandmalerei, M., Beitrr. v. A. KNOEPFLI u. a. (1990); Die byzantin. Mosaikikonen, Bd. 1: Die großformatigen Ikonen, bearb. v. O. DEMUS (Wien 1991); DOROTHEA MÜLLER: Bunte Würfel der Macht. Ein Überblick über die Gesch. u. Bedeutung des M. in Dtl. zur Zeit des Historismus (1995); Die M. von der Antike bis zur Gegenwart, hg. v. C. BERTELLI (a. d. Ital., Neuausg. 1996).

Mosaikbastard, *Genetik:* Bastard, bei dem die Merkmale der beiden Elternteile mosaikartig über den Körper verteilt sind.

Mosaik|eier, Eizellen mit determinierten Plasmabezirken, d. h., in der Eizelle ist bereits festgelegt, welche Organanlagen bzw. Gewebe im Laufe der Entwicklung aus den einzelnen in die Furchungszellen übergehenden Plasmaanteilen der Zelle hervorgehen werden (z. B. bei Seescheiden); Ggs.: Regulationseier.

Mosaikfadenfisch, Trichogaster leeri, bis 11 cm langer Gurami (→Labyrinthfische), v. a. in flachen, pflanzenreichen Süßgewässern Thailands, der Malaiischen Halbinsel und der Großen Sundainseln; beliebter Warmwasseraquarienfisch.

Mosaikgene, Bez. für Gene, bei denen die Abschnitte, die die Information für ein Protein tragen (**Exon**), mosaikartig durch solche unterbrochen sind, die zumindest keine für das entsprechende Protein erforderl. Information tragen (**Intron** oder **intervenierende Sequenz**). Introns werden bei der Reifung des primären Transkriptes entfernt (Spleißen). Von den Introns gibt es sehr unterschiedl. Typen, wobei einige lediglich strukturelle Verbindungsstücke sind, andere jedoch spezif. Funktionen erfüllen, so u. a. bei der Steuerung von Genaktivitäten. M. sind v. a. bei Eukaryonten, bei Archaebakterien und bei vielen Viren (DNA-Viren, Retroviren) verbreitet und kommen außer in der DNA des Zellkerns auch in der Mitochondrien-DNA vor. Bei Bakterien und Cyanobakterien treten M. nur sehr selten auf.

Mosaikglas, das →Millefioriglas.

Mosaik|individu|en, Mosaike, *Genetik:* Bez. für Individuen, deren Körper sich aus Zellgruppen mit versch. Genotyp zusammensetzt. Recht häufig sind M., deren Körperzellen unterschiedl. Chromosomenzahlen aufweisen (Chromosomenmosaike); zu den M. zählen auch die allophänen Mäuse. (→Gynander, →Chimäre)

Mosaikjungfern, Gattung der Großlibellen, →Aeschna.

Mosaik|krankheiten, durch Viren verursachte Krankheiten bei zahlr. Kulturpflanzen, bes. bei Kartoffel, Tabak, Gurke, Himbeere, Apfel, sowie bei Zierpflanzen. Die Pflanzen zeigen mosaikartig hell und dunkel gefleckte Blatt- oder Fruchtoberflächen.

Mosaikstruktur, *Kristallographie:* →Realkristall.

mosaisch [nach MOSE], v. a. im 19. Jh. für: jüdisch, israelitisch.

Mosaizist *der, -en/-en,* Künstler, der mit Musivgold arbeitet oder Mosaiken herstellt.

Mosambik, Stadt und Staat, →Moçambique.

Mosander [muˈsandər], Carl Gustav, schwed. Chemiker, *Kalmar 10. 9. 1797, †Ängsholm auf Kärsö (heute zur Gemeinde Ekerö) bei Stockholm 15. 10. 1858; Prof. in Stockholm (Analytiker); entdeckte die Seltenerdmetalle Lanthan (1839), Erbium, Yttrium und Terbium (1843) sowie das Didym (1839).

Mosasauri|er [nach dem Fluss Maas, lat. Mosa, dem ersten Fundort], **Maas|echsen, Maas|sauri|er, Mosasauridae,** ausgestorbene Familie 12 m langer, räuber., beschuppter Meerechsen aus der Oberkreide, mit gestrecktem Körper, abgeflachtem, über 1 m langem Schädel mit spitzer Schnauze, kräftigen, spitzkon. Zähnen und durch zusätzl. Gelenk bes. bewegl. Unterkiefer, langem Schwanz mit etwa 80 Wirbeln und zu paddelartigen Flossen umgewandelten Gliedmaßen. Die weltweit verbreiteten M. bewegten sich schlangenartig fort.

Mosaikfadenfisch
(Länge bis 11 cm)

Mosasaurier: Mosasaurus (Länge etwa 9 m)

Mosbach, Große Kreisstadt, Verw.-Sitz des Neckar-Odenwald-Kr., Bad.-Württ., 151 m ü. M., zw. Odenwald und Bauland an Neckar und Elz, 25 300 Ew.; Berufsakademien (für Wirtschaft und Technik); Städt. Sammlungen; Johannes-Anstalten (für Behinderte); Armaturen-, Maschinen- und Getriebebau, Schuhfabrik u. a. Industrie. – Spätgot. Stadtkirche (ehem. Stiftskirche St. Juliana; 14. Jh.; seit 1708 simultan) mit spätgot. Wandmalereien (14./15. Jh.); Friedhofskapelle (15. Jh.) mit Wand- und Deckenmalereien; Rathaus (1554–58; ältester Teil um 1300); zahlreiche Fachwerkhäuser (16.–18. Jh.), u. a. Palmsches Haus (1610). – Die Siedlung M. entstand um das im 8. Jh. gegründete, 826 erstmals (urkundlich 976) ausscheinende Kloster. Sie kam im 13. Jh. an das Reich und erhielt vermutlich 1241 Stadtrecht. Seit 1362 gehörte M. zur Kurpfalz, 1410–99 war es als Pfalz-M. eigenständiges Fürstentum, 1806 fiel es an Baden.

Mosbacher Sande [nach Mosbach, heute zu Wiesbaden], alt- bis mittelpleistozäne – etwa 650 000 bis 700 000 Jahre alte – graue Sande und Kiese im Bereich der Mainmündung; durchschnittlich 17–19 m mächtige, von Löss überdeckte Terrassenablagerungen mit reicher Wirbeltierfauna aus einer beginnenden Kaltzeit.

Mosbrugger, Kaspar, österr.-schweizer. Architekt, →Moosbrugger, Kaspar.

Mosca, Gaetano, ital. Staatsrechtler, Staatstheoretiker und Politiker, *Palermo 1. 4. 1858, †Rom 8. 11. 1941; war 1896–1923 Prof. in Turin, 1923–33 in Rom, daneben Abg., 1914–16 Unterstaats-Sekr. für die ital. Kolonien, 1919 Senator. Grundlegend war seine Theorie der ›polit. Klasse‹, die die Elitetheorie V. PARETOS beeinflusst hat. In seinem Hauptwerk ›Elementi di scienza politica‹ (1895; dt. ›Die herrschende Klasse‹) sucht er zu beweisen, dass die Herrschaft einer privilegierten und gut organisierten Elitenminderheit über eine der Reg. unfähige Masse für die gesellschaftl. Stabilität unabdingbar sei.

Moschajew, Možaev [-'ʒajef], Boris Andrejewitsch, russ. Schriftsteller, *Pitelino (Gebiet Rjasan)

Mosc Moschav – Moschee

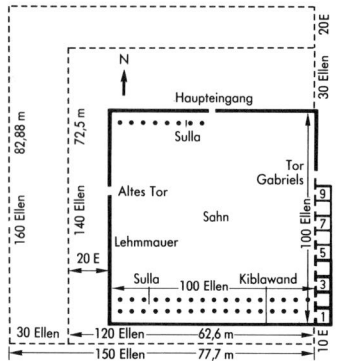
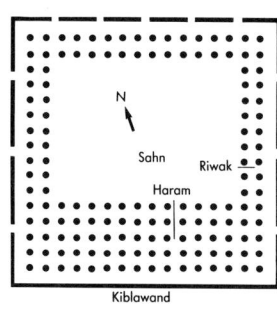

Moschee: links Grundrissrekonstruktion vom Haus des Propheten Mohammed (nach Archibald Creswell) nach dem Wechsel der Gebetsrichtung 624; die Sulla (Schattendach) ruhte auf Palmbaumstämmen; **rechts** Grundrissrekonstruktion der Moschee von Kufa (7. Jh.; nach Ernst Kühnel); die Seitenlänge betrug nach der Überlieferung die Weite eines Pfeilschusses; die Bedachung von Haram (Betsaal) und Riwaks (Arkadengalerie) ruhte auf Palmbaum- oder Ziegelsteinstützen

1. 6. 1923, † Moskau 2. 3. 1996; lebte nach 1948 im Fernen Osten der UdSSR; Sammler und Herausgeber sibir. Volksmärchen (›Udegejskije skazki‹, 1955); schilderte vorwiegend die Verhältnisse im sowjet. Dorf, wobei im Mittelpunkt seiner Erzählungen und Kurzromane häufig starke Persönlichkeiten stehen, die sich gegen die starre Bürokratie auflehnen.
Werke: *Erzählungen:* Iz žizni Fedora Kuz'kina (1966, 1973 u. d. T. Živoj im Sammelband Lesnaja doroga; dt. Die Abenteuer des Fjodor Kuskin); Poltora kvadratnych metra (1982). – *Roman:* Mužiki i baby, 2 Bde. (1976–87). – *Prosa:* Minuvšie gody (1981).
Ausgabe: Sobranie sočinenij, 4 Bde. (1989–90).

Moschav [-'ʃaːf], **Moschaw**, der →Moshav.

Moschee [frz. mosque, über ital. moschea und span. mezquita, von arab. masǧid ›Anbetungsort‹, eigtl. ›Ort, an dem man sich niederwirft‹] *die*, -/...'ʃeǀen, arab. **Masdjid** ['mazdʒɪd], moderne türk. Schreibung **Mesçit** ['mɛstʃit], islam. Gotteshaus, in dem sich die Gläubigen zum gemeinsamen Gebet bei den fünfmal täglich stattfindenden Gebetsgottesdiensten und am Freitag zum Predigtgottesdienst (→Djuma) versammeln. Das geistige Modell aller M. ist das Haus des Propheten in Medina, das einen gro-

Moschee: Grundriss der Großen Moschee (Omaijadenmoschee) in Damaskus; **a** Brunnen für die rituellen Waschungen, **b** Schatzhaus, **c** Mihrab, **d** Minbar, **e** Grabmal

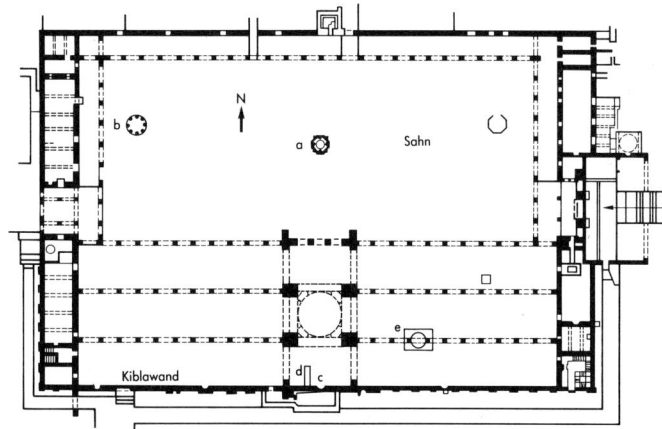

ßen ummauerten Hof, der z. T. gedeckt war (Halle), und an ihm liegende Räumlichkeiten für den Propheten und seine Frauen besaß. Es war die Stätte privater Gebete und die der Gemeinde, Ort polit. Versammlungen und Verhandlungen, theolog. Lehrstätte und Gerichtsort, Wohnung für obdachlosen Gläubigen, sogar Hospital. Die Gebetsrichtung (Kibla) wurde 624 von Jerusalem nach der →Kaaba in Mekka gewechselt. Nach dem Tod MOHAMMEDS 632 wurde das Haus auch seine Grabstätte, Ort der Amtsübernahme des Kalifen, Reg.-Sitz und Treffpunkt. Diese Funktionen wurden in der Folgezeit z. T. auf eigene Bauteile der M. übertragen, später z. T. von der M. abgetrennt, zuerst der Reg.-Sitz (Dar al-Imara) der Kalifen und Gouverneure in Kufa. Aus der Gemeindegebetsstätte entwickelte sich die Große M. (arab. Djami ›Versammlungsort‹, türk. Cami), in der am Freitag die Predigt (→Chutba) gehalten wird (daher auch die Übersetzung mit Freitags-M.), während M. Oberbegriff blieb und bes. für die sonstigen Bethäuser verwendet wurde. Später verselbststständigten sich die theolog. Lehrstätte (→Medrese), das Mausoleum, das dann oft mit der Stiftung einer M. verbunden war und eventuell weiteren Einrichtungen verbunden war (Grab-M.), und die →Zawija. Hinzugefügt wurden früh das →Minarett sowie Waschanlagen (Midaa), weil das Gebet rituelle Reinheit des Beters und des Bodens, auf dem gebetet wird, verlangt. Deshalb wird das Schuhwerk grundsätzlich vor Betreten der M. abgelegt.

Zur Ausstattung der M. gehören Koranständer, Ampeln, Leuchter und Teppiche. Der Raumschmuck beschränkt sich auf Kalligraphie (Koransprüche) und Ornament. Der Bau, die Bauunterhaltung sowie die Gehälter des Personals werden meist durch Stiftungen aufgebracht. Die wichtigsten Personen der M. sind neben dem Muezzin, der zum Gebet ruft, der Imam als Leiter des Gebetes und der Chatib, der öffentl. Sprecher, der beim Freitagsgottesdienst die Predigt hält. Der Korantext kann in oft kunstvoller Weise von Koranrezitierern (Kari) vorgetragen werden. – Frauen begeben sich zum Gebet (der Besuch des Freitagsgottesdienstes ist für sie keine Pflicht) in für sie eingerichtete (oft seitlich gelegene) Zonen.

Der älteste Typ der M., die Hof-M. nach dem Vorbild des Hauses MOHAMMEDS in Medina, umfasst den quer liegenden rechteckigen Betsaal mit vorgelegtem Lichthof (Sahn) mit umlaufenden Arkaden (Riwaks), die oft zu mehrschiffigen Hallen (Portiken) ausgebildet sind. Der Betsaal (Haram) liegt an der Mekka (dort der Kaaba) zugewandten Seite der Anlage; an der Kiblawand befinden sich die Gebetsnische (→Mihrab), die Predigtkanzel (→Minbar), eine Estrade (Dakka) für den Muezzin und z. T. ein für den Herrscher abgeteilter Raum (Maksura). Der Betsaal hat mehrere meist vor der Kiblawand verlaufende ›Querschiffe‹ mit zahlr. Pfeilern (arab. Stützen-M.). Die erste Überkuppelung gab es vor dem Mihrab in der Omaijaden-M. von Damaskus (706 ff.). In Syrien und Nordafrika bildete sich der T-förmige Grundriss der M. heraus, d. h., zu einer breiten Kiblawand mit vorgelegten Arkadenreihen führt ein schmales Langschiff. Seit dem 11. Jh. wurde ein aus der vorislam. Palastarchitektur stammendes Bauelement, der →Iwan, als Neuerung in die M.-Architektur eingeführt. Seit dem 12. Jh. waren es meist vier Iwane, axial angeordnet, die sich zum Hof hin öffnen (pers. Vier-Iwan-Hof-M.). Unter den Seldschuken entwickelten sich seit dem 13. Jh. in Kleinasien eigene M.-Typen ohne Hof, mit mächtigen Pfeilern, Tonnen- und Kreuzgratgewölben, oft Kuppel-M.; seit Mitte des 14. Jh. entstand in der NW-Türkei die osman. Kuppel-M. in zwei Hauptformen: die Einraum-M. mit halbkugelförmiger Kuppel über quadrat. Grundriss und die Doppelkuppel-M. Der Zentralkuppelbau erreichte seinen

Moschee: Kreuzförmige Grabmoschee des Sultans Hasan in Kairo; 1356–62

Höhepunkt mit den genialen Schöpfungen des Baumeisters SINAN. In Indien wurden die dort üblichen drei (zunächst äußerlich flachen) Kuppeln auf der Gebetshalle mit zunehmender Einschnürung und Höhe im 17. Jh. zu Zwiebelkuppeln auf polygonalem oder rundem Tambour; die Zentralkuppel ist hervorgehoben. – Zu den bedeutendsten M. in der islam. Welt zählt die →Azhar-Moschee in Kairo. Die größte M. der Erde ist die 1993 eingeweihte ›Große H. Hasan II.‹ in Casablanca, die mit einem 200 m hohen Minarett zugleich der höchste Sakralbau der Erde ist. Die größte M. in Dtl. ist die 1995 in →Mannheim eingeweihte ›Yavuz-Sultan-Selim-M.‹. (→islamische Kunst, →maurischer Stil; weitere BILDER →Djenné, →Islamabad, →Istanbul)
U. VOGT-GÖKNIL: Die M. (Zürich 1978); B. FINSTER: Frühe iran. M. (1994); M. n, bearb. v. F. FRANK (⁴1994); Die M. der Welt, hg. v. M. FRISHMAN u. H.-U. KHAN (a. d. Engl., 1995).

Moscher [ˈmɔsçər], griech. **Moschoi** [ˈmɔsçɔi], assyr. **Muschki,** Volk im östl. Kleinasien, um 1100 v. Chr. am oberen Euphrat, später mit den Phrygern verschmolzen; nach ihnen heißt MIDAS, der letzte Phrygerkönig, in assyr. Texten **Mita von Muschki.**

Moscherosch, Johann Michael, Pseud. **Philander von Sittewald,** Schriftsteller, * Willstätt (bei Kehl) 5. 3. 1601, † Worms 4. 4. 1669; wurde 1645 als ›der Träumende‹ in die →Fruchtbringende Gesellschaft aufgenommen. Sein kulturhistorisch bedeutendstes Werk ist die Zeitsatire ›Wunderl. und warhafftige Gesichte Philanders von Sittewald‹ (1650, 2 Bde., erstmals 1640 u. d. T. ›Les Visiones de Don Francesco de Quevedo Villegas oder Wunderbahre Satyrische Gesichte verteutscht durch Philander von Sittewalt‹), in der er, über sein Vorbild, F. G. DE QUEVEDO Y VILLEGAS' ›Sueños‹, hinausgehend, das höf. Wesen mit seiner Nachahmung ausländ. Mode und Sitte verurteilt und einen patriot. und konservativen Standpunkt vertritt.
Ausgabe: Wunderl. u. warhafftige Gesichte, hg. v. W. HARMS (1986).
A. BECHTOLD: Krit. Verz. der Schr. J. M. M.s. Nebst einem Verz. der über ihn erschienenen Schr. (1922); S. F. L. GRUNWALD: A biography of J. M. M. (Bern 1969); W. E. SCHÄFER: J. M. M., Staatsmann, Satiriker u. Pädagoge im Barockzeitalter (1982); W. KÜHLMANN u. W. E. SCHÄFER: Frühbarocke Stadtkultur am Oberrhein. Studien zum literar. Werdegang J. M. M.s (1983).

Moschesch I., →Moshoeshoe I.
Moschi, Stadt in Tansania, →Moshi.

Moschus [aus spätlat. muscus, von griech. móschos, weiter von pers. mušk und Sanskrit muskáḥ ›Hoden‹, ›Hodensack‹ (wegen der Ähnlichkeit mit dem M.-Beutel)] der, -, **Bisam,** der, -s, das ein besonderes Riechstoffgemisch enthaltende braunrote, schmierige, in getrocknetem Zustand pulverige, schwarze, auch heute noch in Asien stark begehrte Sekret aus dem M.-Beutel der männl. →Moschustiere. Die M.-Beutel (enthalten bis 30 g M.) kommen getrocknet in den Handel; die Sekretinhaltsstoffe, v. a. →Muscon und Muscopyridin (dialkyliertes Pyridinderivat), werden wegen ihrer abrundenden und fixierenden Eigenschaften z. T. noch heute in der Parfümherstellung verwendet, sie werden jedoch immer mehr durch ähnlich riechende synthet. Substanzen (v. a. substituierte Nitrobenzolderivate wie **Ambrette-, Keton-** und **Xylol-M.**) verdrängt. – Auch andere Tiere (z. B. Moschusochse, Desmane, Moschusbock) scheiden moschusartig riechende Sekrete aus.
Geschichtliches: Im altind., altchin. und pers. Arzneischatz galt M. als anregendes Heilmittel. Im europ. Altertum war er unbekannt; erste Nachrichten über M. stammen von arab. Reisenden sowie dem Venezianer MARCO POLO. Über Arabien und Persien gelangte M. im MA. in den Levantehandel. Die Kreuzfahrer brachten ihn aus dem Orient mit. Auf arab. Einfluss geht auch die medizin. Verwendung des M. in der Ärzteschule von Salerno sowie in der Parfümherstellung zurück. M. wurde v. a. im 15. Jh. für ›Riechäpfel‹ (›Bisamäpfel‹) und Riechdosen verwendet und sollte gegen Schmutz und Seuchen (Pest) helfen. In Dtl. wurde M. seit dem 15. Jh. arzneilich eingesetzt und verschwand erst 1891 aus dem Arzneibuch.

Moschusbock, *Aromia moschata,* metallisch grün glänzende Art der Bockkäfer (Länge 16–32 mm) mit buckelig gerunzeltem Halsschild; scheidet über spezielle Drüsen ein moschusartig riechendes Sekret aus. Die Larven entwickeln sich mehrjährig in Weiden.

Moschusdrüse, i. e. S. der Moschusbeutel des Moschustiers; i. w. S. allgemein für Drüsen, die moschusartig duftende Sekrete ausscheiden.

Moschus|eibisch, Bisam|eibisch, Abelmoschus moschatus, in Ostindien beheimatetes, bis 2 m hohes, einjähriges Malvengewächs; aus den Samen wird das →Moschuskörneröl gewonnen; in Kultur v. a. auf Java und den Karib. Inseln.

Moschus|ente, Cairina moschata, schwarzbraune Ente mit grünem und violettem Metallglanz, weißen Oberflügeldecken und nackten, rötl. Hautwarzen am Schnabelgrund; an den Waldflüssen von Mexiko bis zum Rio Negro in Brasilien; auch domestiziert.

Moschus|erdbeere, Muskateller|erdbeere, Fragaria moschata, Art der Gattung Erdbeere im wärmeren Europa; mit abstehenden behaarten, die Blätter überragenden Blütenstängeln und an der Basis birnenförmig verdickten Früchten, heimisch in Laubmischwaldgesellschaften.

Moschushirsche, die →Moschustiere.

Moschuskörner|öl, Ambrette|öl, aus den Samen des Moschuseibischs (Ambrettekörnern) gewonnenes äther. Öl von angenehm balsam. bis moschusartigem Geruch, das in der Feinparfümerie verwendet wird; es enthält u. a. Farnesol und Ambrettolid.

Moschuskrake, Moschus|polyp, *Eledone moschata,* nach Moschus riechender, bis 40 cm langer Krake im Mittelmeer; ernährt sich überwiegend von Aas; ist essbar.

Moschuskrautgewächse, Adoxaceae, den Geißblattgewächsen nahe stehende Familie der Zweikeimblättrigen mit nur einer Gattung (**Bisamkraut,** Adoxa) und der einzigen Art **Moschuskraut** (Adoxa moschatellina), ein bis 15 cm hohes Kraut mit grünlich

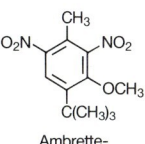

Ambrettemoschus

Ketonmoschus

Xylolmoschus

Moschus

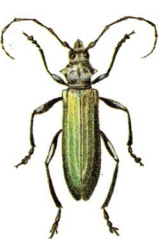

Moschusbock (Länge 16–32 mm)

Moschuskrautgewächse: Moschuskraut (Höhe bis 15 cm)

weißen, in wenigblütigen Köpfchen angeordneten Blüten; es wächst in feuchten Laubwäldern der gemäßigten Breiten der Nordhalbkugel.

Moschus|ochse, Schaf|ochse, Bisam|ochse, Ovibos moschatus, Art der Ziegenverwandten mit weit geschwungenen und an der Basis breiten, die Stirn helmartig bedeckenden Hörnern und mit dichtem, sehr langem schwarzbraunem Fell. M. bewohnen mit drei Unterarten den N Kanadas, die arkt. Inseln sowie N- und NO-Grönland. In Norwegen, auf Spitzbergen und auf der Wrangelinsel wurden sie eingebürgert. Die Männchen der M. riechen während der Brunst stark nach Moschus. M. sind Herdentiere, die bei Bedrohung eine besondere Abwehrstellung einnehmen: Die Männchen bilden mit dem Kopf nach außen einen Halbkreis um die Jungtiere. Die dichte, weiche, graue Unterwolle wird von den Eskimo **Qiviut** genannt (Domestikationsversuche als Woll- und Fleischtier).

In der letzten Eiszeit lebten M. in Sibirien, in Europa bis zur Donau und in den Pyrenäen sowie in Nordamerika bis zum Golf von Mexiko. Aus der jüngeren Altsteinzeit stammende Darstellungen von M.-Köpfen wurden im Kesslerloch bei Thayngen im Kt. Schaffhausen (Schweiz) und im Abri Laugerie-Haute im Dép. Dordogne (Frankreich) gefunden.

Moschusochse (Körperlänge 1,8–2,5 m, Schulterhöhe bis 1,4 m)

Moschus|polyp, der →Moschuskrake.

Moschusrattenkängurus, Hypsiprymnodontinae, Unterfamilie der Kängurus mit nur einer Art, dem **Moschusrattenkänguru** (Hypsiprymnodon moschatus), einem rattengroßen Bodenbewohner mit spitzer Schnauze und beschupptem Schwanz; seine Hinterfüße besitzen im Unterschied zu den übrigen Kängurus fünf Zehen.

Moschus|schildkröten, Sternotherus, Gattung der Schlammschildkröten in Nordamerika mit bis zu 15 cm Panzerlänge. Bei Erregung sondern sie aus Analdrüsen ein übel riechendes Sekret ab.

Moschus|tiere, Moschushirsche, Moschinae, Unterfamilie der Hirsche mit der einzigen Art **Moschustier** (**Moschushirsch**, Moschus moschiferus), die v. a. in feuchten Bergwäldern Zentral- und Ostasiens lebt; das vorwiegend nachtaktive M. hat ein dunkel rötlich braunes Fell, einen kleinen Kopf und eine nach hinten ansteigende Rückenlinie. Die Männchen besitzen stark verlängerte obere Eckzähne und zw. Nabel und Penis einen Drüsenbeutel (Moschusbeutel), in dem während der Brunst durch Drüsen (Moschusdrüsen) eine stark riechende, aus Geschlechtshormonen, wachsartigen Substanzen sowie Cholesterinverbindungen bestehende Masse, Moschus, abgesondert wird. Das M. wurde wegen des Moschus seit jeher gejagt; seine Bestände sind v. a. im südl. Teil des Verbreitungsgebietes stark dezimiert. Bes. in China werden M. seit 1958 in Farmen gehalten.

Moschusrattenkänguru: Hypsiprymnodon moschatus (Kopf-Rumpf-Länge 23–35 cm, Schwanzlänge 13–17 cm)

Mościcki [mɔɕˈtɕitski], Ignacy, poln. Politiker, * Mierzanów (bei Płock) 1. 12. 1867, † Versoix (bei Genf) 2. 10. 1946; Chemiker; für die sozialdemokrat. Partei tätig, emigrierte 1892 nach London. 1897–1912 war er Prof. für Elektrochemie in Freiburg (Schweiz), 1912–22 in Lemberg. Nach dem Staatsstreich des Kriegs-Min. J. PIŁSUDSKI (12. 5. 1926) wurde M. auf dessen Wunsch am 1. 6. 1926 zum Staatspräs. gewählt (1933 wieder gewählt). Nach dem dt. Angriff auf Polen (1. 9. 1939) ging er in die Schweiz.

Mose, Moses, hebr. **Mosche**h, arab. **Musa**, bibl. Gestalt, Prophet, Bruder des AARON und der MIRJAM. Die Etymologie des Namens ist umstritten, möglich ist z. B. die Ableitung von ägyptisch ›mos‹ (Sohn) oder von koptisch ›mo‹ (Wasser) und ›usseh‹ (retten). Letzteres entspricht der volksetymolog. Deutung in 2. Mos. 2, 10. Die Bedeutung M.s in der jüd. Religion ist in seiner zentralen Stellung bei der Ausprägung des monotheist. Gottesglaubens (→Jahwe) und der Grundlegung der israelit. Rechtsordnung (→Zehn Gebote) begründet, die er nach der bibl. Überlieferung als Anführer des Auszuges der Israeliten aus Ägypten (Exodus) und ihres Wüstenaufenthaltes und als Mittler des von Gott mit Israel geschlossenen →Bundes innehatte. Durch die grundlegende Vermittlung von Kult und Recht am Sinai wurde M. als Religionsstifter und Gesetzgeber im Judentum zur höchsten Autorität in allen religiösen Fragen. Die nach M. benannten fünf ersten Bücher der Bibel, 1.–5. Mos. (→Pentateuch), bilden die Thora, das jüd. ›Gesetz‹.

Einzige Quelle, die über das Leben des M. Auskunft gibt, ist die Bibel; v. a. die Bücher 2.–5. Mos. Nach ihrer Darstellung soll M., von hebr. Eltern aus dem Stamme Levi in Ägypten geboren, als neugeborenes Kind ausgesetzt und von einer Pharaonentochter gerettet worden sein. Im Konflikt mit dem Pharao floh er nach Midian, wurde von dem Priester JITRO aufgenommen und heiratete dessen Tochter ZIPPORA. Durch eine Gotteserscheinung im brennenden →Dornbusch wurde er von Gott beauftragt, die Israeliten, die in Ägypten zu Zwangsarbeiten verpflichtet waren, in das →Gelobte Land zu führen. Nachdem die Israeliten mithilfe Gottes vom Pharao den Auszug aus Ägypten erzwungen hatten (→ägyptische Plagen), erneuerte Gott am Sinai seinen Bund mit Israel und gab M. die →Zehn Gebote. Unter Führung von M. und AARON wanderten die Israeliten 40 Jahre lang durch die Wüste, wobei sie auch immer wieder an der Richtigkeit des ihnen von Gott gewiesenen Weges zweifelten. M. erreichte Kanaan nicht mehr und starb auf dem Berg →Nebo. Historisch ist seine Gestalt nicht fassbar, ein fester Bezug scheint am ehesten in seiner Verbindung mit Midian vorzuliegen.

Das nachbibl. Judentum hat das Leben M.s mit vielen Legenden ausgeschmückt. So verfasste bereits PHILON ein Buch ›De vita Mosis‹, zahlreiche M.-Sagen überlieferte JOSEPHUS FLAVIUS, Beispiele jüd. M.-Dichtung enthalten die Apokalypse ›M.s Himmelfahrt‹ (1. Jh. n. Chr.) und der Midrasch ›M.s Tod‹. Nach dem Zeugnis der Kirchenväter muss es eine reiche apokryphe M.-Literatur bes. apokalypt. Inhalts gegeben haben.

In der *bildenden Kunst* begegnet M. als Einzelgestalt im 3. Jh. auf den Fresken von Dura-Europos (in Tunika und Pallium, jugendlich); auf den frühen Sinai-Ikonen hält er eine Schriftrolle in der Hand. Weitere Attribute sind die Gesetzestafeln, später ein zweigeteilter Bart und gelegentlich Hörner, die auf eine falsche Lesart der lat. Bibel zurückgehen (facies cornuta ›gehörnt‹, statt facies coronata ›strahlend‹); RAFFAEL ersetzte sie durch zwei Strahlenbündel. Die frz. Kathedralplastik stellte M. zu den Propheten. Unter den Einzelfiguren ragen die des C. SLUTER (um 1395–1404/06; Chartreuse de Champmol bei Dijon) und des MICHELANGELO (1513–16; Rom, San Pietro in Vincoli, Statue für das Grabmal JULIUS' II.; BILD

Mose: Figur des Mose am ›Mosesbrunnen‹ von Claus Sluter in der Chartreuse de Champmol bei Dijon; um 1395–1404/06

→Michelangelo) hervor. – Häufig wird M. in bestimmten Szenen dargestellt, so schon in der frühchristl. Kunst (Katakombenmalerei und Sarkophagrelief), z. B. beim Empfang der Gesetze und beim Quellwunder. Etwa vom 16. bis zum 18. Jh. werden in der Malerei v. a. zwei Szenen bevorzugt: Die ›Errettung des M.-Knaben aus den Fluten des Nils‹ (PAOLO VERONESE, CLAUDE LORRAIN) und ›M. schlägt Wasser aus dem Felsen‹ (TINTORETTO, B. E. MURILLO). Regelmäßig erscheint M. bei der →Verklärung Christi. Die Biblia Pauperum des MA. stellte Szenen mit M. entsprechenden Szenen aus dem Leben JESU gegenüber (etwa der brennende Dornbusch und die Geburt JESU). Bedeutend ist der M.-Zyklus der Fresken der Sixtin. Kapelle (L. SIGNORELLI, S. BOTTICELLI u. a.). Weitere BILDER →Buchmalerei, →La Fosse, Charles de.

Zur dichter. Gestaltung hat die nationale und religionsgeschichtl. Rolle M.s oft angeregt. In erzähler. Werken (T. MANN, ›Das Gesetz‹, 1944, ›Joseph und seine Brüder‹, Bd. 1: ›Die Geschichten Jaakobs‹, 1933; S. ASCH, ›M.‹, 1953), Dramen (J. VAN DEN VONDEL, ›Het Pascha‹, 1612; C. HAUPTMANN, ›M.‹, 1906; C. FRY, ›The firstborn‹, 1946; INGEBORG DREWITZ, ›M.‹, 1954) und Opern (G. ROSSINI, ›M. in Egitto‹, 1818; A. SCHÖNBERG, ›M. und Aron‹, 1957) wurde versucht, die großen Ereignisse im Leben des M. darzustellen, während in der Lyrik oft das Kind M. im Nil (V. HUGO) und der Augenblick des Todes ausgewählt wurde (A. DE VIGNY, G. ELIOT).

Kulturgeschichtliches: Schon in der Antike wurde M. bisweilen als Magier gedeutet, der sympathet. Ringe und einen Zauberstab besitzen sollte. STRABO nannte ihn einen ägypt. Priester. Zauberpapyri des 3. Jh. überliefern apokryphe M.-Bücher mit der Zählung 6.–10. Auch den Alchimisten galt M. als Verfasser geheimer Schriften oder gar als Erfinder besonderer Elixiere. Seit 1797 ist der heute noch geläufige Titel eines 6. und 7. Buch Mosis in der okkulten Kolportageliteratur bekannt: im 19. und noch im 20. Jh. vielfach aufgelegte und inhaltlich stark variierende Kompilationen volkstüml. Segen, Heilpraktiken und mag. Beschwörungen.

P. WEIMAR: Die Berufung des M. (Freiburg 1980); M. NOTH: Gesch. Israels (^{10}1986); HERBERT SCHMID: Die Gestalt des M. (1986); E. AURELIUS: Der Fürbitter Israels. Eine Studie zum M.-Bild im A. T. (Stockholm 1988); A. NEHER: Moses (a. d. Frz., 23.–25. Tsd. 1989); M. BUBER: Moses (^{4}1994); WERNER H. SCHMIDT: Exodus, Sinai u. M. (^{3}1995).

Mosel, 1) Gem. im Landkreis Zwickauer Land, Sa., an der Zwickauer Mulde, 2300 Ew.; Pkw-Bau (seit 1994) in den von der Volkswagen Sachsen GmbH (Tochter der Volkswagen AG in Wolfsburg) errichteten Werken M. I und M. II.

2) *die,* frz. **Moselle** [mɔˈzɛl], linker Nebenfluss des Rheins, in Frankreich, Luxemburg und Dtl., 545 km lang, Einzugsgebiet 28 156 km². Die M. entspringt am Col de Bussang (S-Vogesen) in Frankreich, fließt zuerst nach W durch das Stufenland Lothringen, bei Toul verlässt sie das alte Flussbett, das ehemals zur Maas führte, und wendet sich scharf (im Tertiär durch einen Flusslauf angezapft oder, nach anderer Theorie, durch eigene Aufschüttungen nach NO abgedrängt) nach NO bis Frouard, nimmt dann nördl. und nordöstl. Richtung an, durchfließt Metz und bildet z. T. die dt.-luxemburg. Grenze. Unterhalb von Trier bis zur Mündung in Koblenz fließt die M. in einem in das Rhein. Schiefergebirge tief eingeschnittenen, mäanderreichen Tal (Hunsrück und Eifel trennend), das zu den bedeutenden dt. Weinbaugebieten zählt (→Mosel-Saar-Ruwer) und ein beliebtes Fremdenverkehrsgebiet ist. – Nebenflüsse sind von links Orne, Sauer, Kyll, Salm, Lieser und Alf, von rechts Moselotte, Meurthe, Saar, Ruwer, Dhron u. a. Im Oberlauf hat die M. Kanalverbindung zur Saône, zum Oberrhein, zur Marne, Maas und oberen Saar für Schiffe bis 300 t Tragfähigkeit.

Der aufgrund eines dt.-frz.-luxemburg. Vertrages von 1956 durchgeführte Ausbau der M. zu einer Wasserstraße für 1 500-t-Schiffe zw. Frouard und Koblenz wurde 1964 abgeschlossen; seitdem sind Lothringen, die Luxemburger Industriezone um Esch an der Alzette und der Trierer Wirtschaftsraum mit dem Rheinsystem verbunden. Der Ausbau umfasst 14 Staustufen, die gleichzeitig der Elektrizitätserzeugung dienen, fünf Sicherungshäfen, eine mindestens 40 m breite Fahrrinne, ferner streckenweise neue Uferbefestigungen und Hochwasserschutzdämme. – Seit 1989 ist auch die Saar, aufwärts bis Saarbrücken, für Europaschiffe befahrbar.

Moseley [ˈməʊzli], Henry, brit. Physiker, *Weymouth (Cty. Dorset) 23. 11. 1887, †(gefallen) Halbinsel Gelibolu (Türkei) 10. 8. 1915; arbeitete in Manchester (bei E. RUTHERFORD), Leeds (bei W. C. BRAGG) und in Oxford. M. bestätigte 1913, dass Kernladungs- und Ordnungszahl eines Elementes übereinstimmen und stellte dabei das nach ihm benannte Gesetz auf.

Moseley-Gesetz [ˈməʊzli-], von H. MOSELEY 1913 entdeckte Beziehung zw. der Frequenz ν einer Spektrallinie der charakterist. →Röntgenstrahlung und der Ordnungszahl (Kernladungszahl) Z des emittierenden Atoms: $\sqrt{\nu} = K(Z - \sigma)$. Danach ist die Wurzel aus der Frequenz proportional zur Ordnungszahl; K und σ sind empir. Konstanten, die für die einzelnen Spektrallinien unterschiedl. Werte annehmen. Die Konstante σ (Abschirmzahl) berücksichtigt die Abschirmung der Kernladung v. a. durch die inneren Elektronen. Für die Übergänge von der L- in die K-Schale (K_α-Linien) ist $\sigma \approx 1$; bei den Übergängen in höhere Schalen treten Abweichungen von der angegebenen Formel auf. – Das M.-G. hatte große Bedeutung für die Entwicklung der Atom- und der Quantenphysik. Aufgrund von Lücken bei bestimmten Ordnungszahlen in dem nach ihm aufgestellten Schema erlaubte das M.-G. die Vorhersage der Existenz noch nicht entdeckter Elemente (z. B. des Hafniums) sowie die Vertauschung einiger falsch im Periodensystem eingeordneter benachbarter Elemente. Das M.-G. ist eine wichtige Bestätigung der bohrschen Atomtheorie und kann quantentheoretisch abgeleitet werden.

Moselhöhen, frz. **Côtes de Moselle** [koːt də moˈzɛl], Höhenzug in O-Frankreich, westlich des Moseltals zw. Nancy und Thionville; ein mehrfach von linken Nebenflüssen der Mosel durchbrochener, zum Moseltal steil abfallender Abschnitt des lothring.

Mose Moselle – Moser

Edda Moser

Hans Moser
(1880–1964)

Schichtstufenlandes; bis 400 m ü. M.; ausgedehnte Wälder und Schafweiden.

Moselle [mɔˈzɛl], **1)** frz. Name der →Mosel.
2) Dép. in Lothringen, NO-Frankreich, 6 216 km², 1,01 Mio. Ew.; Verw.-Sitz ist Metz.

Mosel-Saar-Ruwer, viertgrößtes dt. Weinbaugebiet (flächenmäßiger Anteil 11,5 %), in Rheinl.-Pf. und (Bereich Moseltor im S) im Saarland, im Tal der Mosel zw. Perl und Koblenz (245 km) und in ihren Nebentälern, v. a. in denen der bei Trier mündenden Saar und Ruwer (Saarwein, Ruwerwein; mit Trier der Bereich Saar-Ruwer, zu 70 % mit Riesling bestockt). Das Moseltal wird untergliedert in Untermosel (Bereich Zell [Mosel]) zw. Zell (Mosel) und Koblenz, Mittelmosel (Bereich Bernkastel) zw. Schweich und Briedel (v. a. Riesling) sowie Obermosel zw. Kreuzweiler und Igel (v. a. Elbling für Sektgrundwein) und Moseltor (Perl und Nebenflüsse; saarländ. Weine, v. a. Elbling und Müller-Thurgau). M.-S.-R. umfasst insgesamt (1996) 12 215 ha Rebfläche (davon 85 ha im Saarland; 12 088 ha in Ertrag), die fast ausschließlich mit Weißweinreben bestockt ist, und zwar v. a. mit Riesling (54,3 %) und Müller-Thurgau (21,7 %), daneben mit Elbling (9,1 %), Kerner (7,6 %), Bacchus u. a. 1996 wurden bei einem durchschnittl. Hektarertrag von 92,4 hl (Durchschnitt in Dtl. 84,4 hl/ha) 1,52 Mio. hl Wein erzeugt, zu 75,7 % Qualitätswein bestimmter Anbaugebiete, zu 13,5 % Qualitätswein mit Prädikat.

Die Probleme des Weinbaugebietes sind neben den geographischen (die für den Weinbau günstigen klimat. Bedingungen erreichen hier ihre Grenzwerte; noch bis 1984 war hier die Nasszuckerung, die nicht nur den Zuckergehalt erhöht, sondern v. a. den Säuregehalt vermindert, erlaubt) topographische (vorherrschend Steillagen, die kaum Maschineneinsatz ermöglichen und daher sehr arbeitsaufwendig sind, was hohe Gestehungskosten ergibt), strukturelle (durchschnittl. Betriebsgröße 1,84 ha; rd. 60 % der etwa 6 643 Winzer sind Nebenerwerbswinzer), organisator. und wirtschaftliche (Ausweitung des Rebareals auf Flachlagen, um ökonomisch mit anderen Gebieten konkurrieren zu können, was aber einen Qualitätsverlust nach sich zog); hinzu treten die der Flurbereinigung mit ihren Verbauungen (zum Schutz vor Bodenabspülung): Der schnellere Wasserablauf verursacht Hochwasser im Tal, während in den Weinbergen zu wenig Wasser zurückbleibt. Als Gegenmaßnahmen wurden in den 1980er-Jahren zahlr. Winzervereinigungen mit qualitätssteigernden Zielen (v. a. für Riesling) gegründet und gebietstyp. Weine (u. a. Moseltaler) kreiert. Ein Moselweinmuseum besteht in Bernkastel-Kues. – Weinbau ist an der Mosel seit den Römern bekannt.

Moselweine, i. w. S. Weine des Moseltales und seiner Nebentäler in Frankreich (VDQS-Weine ›Vin de la Moselle‹ im Dép. Moselle, ›Côtes de Toul‹ im Dép. Meurthe-et-Moselle), Luxemburg (→Luxemburger Weine) und Dtl. (Weinbaugebiet →Mosel-Saar-Ruwer); i. e. S. Weine von der dt. Mosel.

Mosen, Julius, urspr. **J. Moses,** Schriftsteller, * Marienau (bei Oelsnitz) 8. 7. 1803, † Oldenburg (Oldenburg) 10. 10. 1867; Jurist, u. a. 1834–44 Anwalt in Dresden, wo er zum Kreis um G. SEMPER und E. RIETZSCHEL gehörte; dann Dramaturg am Hoftheater Oldenburg. Schrieb von HEGELS Philosophie beeinflusste Geschichtsdramen, Erzählungen, den histor. Roman ›Der Congress von Verona‹ (1842) und Gedichte, die z. T. sehr volkstümlich wurden (›Andreas Hofer‹).

Mosenthal, Salomon Hermann Ritter von (seit 1871), österr. Schriftsteller, Pseud. **Friedrich Lehner,** * Kassel 14. 1. 1821, † Wien 17. 2. 1877; studierte Naturwissenschaften, war ab 1843 Hauslehrer in Wien, trat 1850 in den österr. Staatsdienst, wurde 1864 Bibliothekar, 1873 Regierungsrat. Literarisch trat M. als Lyriker und bei den Zeitgenossen z. T. sehr erfolgreicher Dramatiker hervor (›Deborah‹, 1850); auch schrieb er die Libretti zahlr. Opern, u. a. von O. NICOLAI, F. VON FLOTOW, H. MARSCHNER.
Ausgabe: Gesammelte Werke, 6 Bde. (1878).

Moser, 1) Edda Elisabeth, Sängerin (Sopran), * Berlin 27. 10. 1938, Tochter von 5); debütierte 1963 in Berlin; 1971 wurde sie Mitgl. der Wiener Staatsoper. Sie ist v. a. als Mozart-Sängerin (Königin der Nacht) und in Partien des ital. Repertoires bekannt geworden; interpretierte auch Werke zeitgenöss. Musik und trat als Lied- und Oratoriensängerin hervor.
2) Friedrich Carl Freiherr von (seit 1767), Reichsstaatsrechtler und polit. Schriftsteller, * Stuttgart 18. 12. 1723, † Ludwigsburg 10. 11. 1798, Sohn von 7); stand in hessen-homburg. Diensten und war u. a. Gesandter in Frankfurt am Main, wo er mit SUSANNE VON KLETTENBERG befreundet war; wurde 1767 Reichshofrat in Wien, war 1772–80 Min. in Hessen-Darmstadt und führte umfassende Finanz- und Staatsreformen durch. Er bekämpfte in seinen Schriften den staatl. Despotismus und die Sittenlosigkeit der Höfe (u. a. ›Der Herr u. der Diener‹, geschildert mit patriot. Freiheit‹, 1759), stand den Physiokraten nahe und trat für den Reichspatriotismus ein.
A. STIRKEN: Der Herr u. der Diener. F. C. von M. u. das Beamtenwesen seiner Zeit (1984).
3) Hans, eigtl. **Johann Juli|er,** österr. Schauspieler, * Wien 6. 8. 1880, † ebd. 19. 6. 1964; wurde von M. REINHARDT als Komiker engagiert. Bekannt wurde er durch Filmkomödien, z. B. ›Burgtheater‹ (1937), ›Das Ekel‹ (1939), ›Anton, der Letzte‹ (1939), ›Opernball‹ (1939), ›Wiener Blut‹ (1942), ›Hallo, Dienstmann!‹ (1951). M., im Film meist in Dialektrollen, zählte zu den beliebtesten Volksschauspielern Österreichs; ab 1954 war er am Wiener Burgtheater.
G. MARKUS: H. M., ich trag im Herzen drin ein Stück vom alten Wien (1988); H. M. Der Nachlaß, hg. v. DEMS. (1989); D. KRESSE u. M. HORVATH: Nur ein Komödiant? H. M. in den Jahren 1938 bis 1945 (Wien 1994).
4) Hans, Volkskundler, * München 11. 4. 1903; war 1938–62 wiss. Leiter der Bayer. Landesstelle für Volkskunde und gab seinem Fach mit Beiträgen zur Volksschauspiel- und Brauchtumsforschung (v. a. zur Fastnacht) sowie wissenschaftsgeschichtl. und methodolog. Arbeiten bedeutende Impulse (archival. Quellenerhebung).
5) Hans Joachim, Musikforscher, * Berlin 25. 5. 1889, † ebd. 14. 8. 1967, Vater von 1); war Prof. in Heidelberg, Berlin und Jena sowie 1950–60 Direktor des Städt. Konservatoriums in Berlin; schrieb u. a. ›Gesch. der dt. Musik‹ (1920–24, 3 Bde.), ›Heinrich Schütz‹ (1936), ›Die ev. Kirchenmusik in Dtl.‹ (1954).
6) Hugo, Germanist, * Esslingen am Neckar 19. 6. 1909, † Bonn 22. 3. 1989; Prof. in Nimwegen (seit 1954), Saarbrücken (seit 1956) und seit 1959 in Bonn; Mitbegründer und Präs. (bis 1981) des Instituts für dt. Sprache in Mannheim; beschäftigte sich mit sprachsoziolog., sprach- und literaturgeschichtl. Fragen, bes. der Literatur des MA., und war Mitherausgeber zahlr. wichtiger germanist. Zeitschriften (u. a. ›Germanistik‹, ›Wirkendes Wort‹, ›Zeitschrift für Dt. Philologie‹) sowie seit 1977 (mit H. TERVOOREN) von ›Des Minnesangs Frühling‹.
7) Johann Jakob, Staats- und Völkerrechtler, * Stuttgart 18. 1. 1701, † ebd. 30. 9. 1785, Vater von 2); u. a. seit 1719 Prof. in Tübingen, 1736–39 Universitätsdirektor in Frankfurt (Oder), Konsulent des Reichsvizekanzlers in Wien und Mitgl. der württemberg. Reg. unter Herzog KARL ALEXANDER. 1759–64 ohne Gerichtsverfahren polit. Häftling (Festung Hohentwiel). M. ging es in seinem umfangreichen Werk (über 500 Bde.) um eine Darstellung des positiv geltenden Staats- und Völkerrechts nicht auf der Grundlage ei-

nes naturrechtlich-philosoph. Systems, sondern nach Maßgabe von Dokumenten, Akten und Praxisgebaren der Kanzleien.

Werke: Teutsches Staats-Recht, 50 Bde. u. 2 Erg.-Bde. (1737–54); Neues Teutsches Staatsrecht, 20 Bde. u. Register-Bd. (1761–75); Versuch des neuesten europ. Völker-Rechts in Friedens- u. Kriegs-Zeiten, 10 Bde. in 12 Tlen. (1777–80).

8) Karl Cœlestin, schweizer. Architekt, *Baden (Kt. Aargau) 10. 8. 1860, †Zürich 28. 2. 1936, Vater von 11); vollzog in seinen Bauten den Übergang vom Historismus zur modernen Architektur. Richtungweisend waren für ihn v. a. W. A. DUDOK und A. PERRET. 1915–28 lehrte er an der ETH Zürich. 1928 wurde M. der erste Präs. des CIAM. Er schuf auch Aquarelle und kunstgewerbl. Arbeiten.

Werke: Kunsthaus in Zürich (1907–10); Univ. Zürich (1911–14); Bad. Bahnhof in Basel (1912–13); Antoniuskirche, ebd. (1925–27).

U. JEHLE-SCHULTE STRATHAUS: Das Zürcher Kunsthaus, ein Museumsbau von K. M. (Basel 1982); Die Antoniuskirche in Basel. Ein Hauptwerk von K. M., bearb. v. D. HUBER (ebd. 1991).

9) Koloman, österr. Maler und Grafiker, *Wien 30. 3. 1868, †ebd. 18. 10. 1918; wichtiger Vertreter des Jugendstils in Wien, Mitbegründer der Wiener →Sezession (1897) und der →Wiener Werkstätte. Neben seiner Malerei entwarf M. Schmuck, Gläser, Keramik, Tapeten, Stoffe, vielseitiges Hausgerät und Möbel, gestaltete Bühnendekorationen, Plakate, Postkarten, Geldscheine und Briefmarken, illustrierte Bücher und Zeitschriften und arrangierte Ausstellungen.

W. FENZ: K. M. (Salzburg 1984); Wiener Werkstätte. Avantgarde, Art Déco, Industrial Design, bearb. v. W. NEUWIRTH, Ausst.-Kat. Österr. Museum für Angewandte Kunst, Wien (Wien 1984).

10) Lucas, Maler, *Ulm (?) um 1390, †nach 1434; Schöpfer des Magdalenenaltars (1432) der Pfarrkirche in Tiefenbronn, der einzigartig in der zeitgenöss. Malerei Süd-Dtl.s ist. V. a. in der räuml. Verbindung der einzelnen Flügelbilder untereinander und in der Weite der Landschaft zeigen sich Einflüsse R. CAMPINS und der frankofläm. Buchmalerei. Mit seiner realist. Darstellungsweise entfernte sich M. vom weichen Stil; damit Vorläufer von K. WITZ und K. LAIB.

G. PICCARD: Der Magdalenenaltar des L. M. in Tiefenbronn (1969); Der Magdalenenaltar des L. M. in der got. Basilika Tiefenbronn, bearb. v. F. HEINZMANN u. M. KÖHLER (1994).

11) Werner Max, schweizer. Architekt, *Karlsruhe 16. 7. 1896, †Zürich 19. 8. 1970, Sohn von 8); ab 1934 in Partnerschaft mit M. HAEFELI. M. entwarf neben Wohnhäusern zahlr. öffentl. Bauten, auch Kirchen. Bezeichnend sind großflächig geformte Baukörper und klare Konstruktionen. Er lehrte an der ETH Zürich.

Werke: Kongreßhaus in Zürich (1938–39); Freibad Allenmoos in Zürich-Oerlikon (1938–39, mit M. HAEFELI); ref. Kirche in Zürich-Altstetten (1939–41); ref. Kornfeldkirche in Riehen (1960–62, mit M. HAEFELI).

12) Wilfrid, schweizer. Maler, *Zürich 16. 6. 1914, †ebd. 19. 12. 1997; übersiedelte 1945 nach Paris, wo er in den 50er-Jahren zu den führenden Vertretern des Tachismus gehörte. Im folgenden Jahrzehnt entstanden Collagen und Bretterbilder sowie begehbare Plastiken. 1974 wandte er sich in Gemälden, Gouachen und Ölkreidezeichnungen der Natur zu.

F. A. BAUMANN: M. (Frauenfeld 1979); W. M., bearb. v. G. MAGNAGUAGNO u. D. TOBLER, Ausst.-Kat. Kunsthaus Zürich (Zürich 1993).

Möser, Justus, Staatsmann, Publizist und Geschichtsschreiber, *Osnabrück 14. 12. 1720, †ebd. 8. 1. 1794; wurde 1747 Sekr. der Landstände in Rechtssachen, 1755 Syndikus der Ritterschaft, 1762 Justiziar beim Kriminalgericht im Fürstbistum Osnabrück, war seit 1768 Reg.-Referendar und bis 1783 der tatsächl. Leiter der Verwaltung, zuletzt als Geheimer Referendar und Geheimer Justizrat. M. wirkte im erzieher.

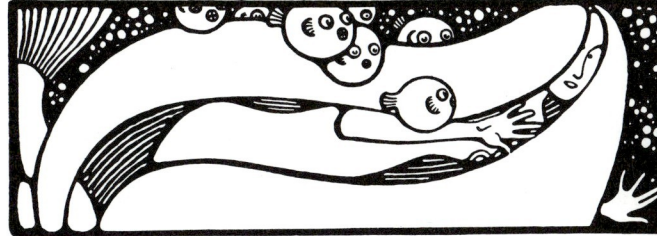

Koloman Moser: Holzschnitt aus ›Ver sacrum‹; 1900

Geist der Aufklärung, deren einseitige Rationalität er jedoch verwarf. Nach engl. Vorbild nahm er durch Wochenzeitschriften (z. B. ›Osnabrück. Intelligenzblätter‹, seit 1766) Einfluss auf die öffentl. Meinung. Seine Beiträge zu Fragen von Staat, Recht, Geschichte, Wirtschaft, Religion und Kunst fasste er in seinen ›Patriot. Phantasien‹ (1774–86, 4 Bde.) zusammen; grundsätzlich bejahte er die ständ. Ordnung in seiner Lehre vom Staat und lehnte die Idee der allgemeinen Menschenrechte ab. Die von ihm verfasste ›Osnabrück. Geschichte‹ (1768, 2 Bde.; Bd. 3 hg. 1824) wurde beispielhaft und beeinflusste den Sturm und Drang (Aufnahme der Vorrede u. d. T. ›Dt. Gesch.‹ durch HERDER in die Programmschrift ›Von dt. Art und Kunst‹, 1773) und die →Deutsche Bewegung. – Als Schriftsteller orientierte er sich zunächst an J. C. GOTTSCHED (Tragödie ›Arminius‹, 1749), wandte sich jedoch bald gegen dessen rationalist. Bühnenreform (›Harlekin. Oder Vertheidigung des Groteske-Komischen‹, 1761), sowie auch gegen FRIEDRICHS II. negative Beurteilung der dt. Literatur (›Über die dt. Sprache und Literatur‹, 1781). M.s Aufsatz ›Von dem Faustrecht‹ (1770) regte GOETHE zum Drama ›Götz von Berlichingen‹ (1773) an.

J. B. KNUDSEN: J. M. and the German enlightenment (Cambridge 1986); J. SCHRÖDER: J. M. als Jurist (1986); K. H. L. WELKER: Rechtsgesch. als Rechtspolitik. J. M. als Jurist u. Staatsmann, 2 Bde. (1996).

Justus Möser

Moses [nach MOSE, der angeblich als Säugling in einem Körbchen auf dem Wasser ausgesetzt wurde] *der, -/-,* **1)** jüngstes Besatzungs-Mitgl. an Bord, Schiffsjunge.

2) Beiboot einer Jacht.

Moses, bibl. Gestalt, →Mose.

Moses, M. von Choren, armen. Geschichtsschreiber, →Mowses Chorenatzi.

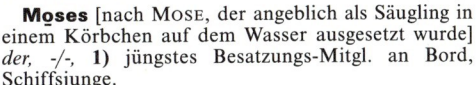

Lucas Moser: Das Gastmahl im Haus des Simon; Ausschnitt aus dem Giebelfeld des Magdalenenaltars der Pfarrkirche in Tiefenbronn; 1432

Grete Mosheim

Johann Lorenz von Mosheim

Moses [ˈməʊzɪz], **1) A**nna Mary, geb. **Robertson** [ˈrɔbətsn], gen. **Grandma M.** [ˈgrænmɑ-ː], amerikan. Farmersfrau und Laienmalerin, * Greenwich (N. Y.) 7. 9. 1860, † Hoosick Falls (N. Y.) 13. 12. 1961; begann mit 70 Jahren, naive Landschaftsbilder mit Szenen aus dem ländl. Leben zu malen.
2) Edwin, amerikan. Leichtathlet, * Dayton 31. 8. 1955; 1976 und 1984 Olympiasieger über 400 m Hürden, 1983 und 1987 Weltmeister; blieb zw. 1977 und 1987 in 122 Rennen ungeschlagen und stellte zw. 1976 und 1983 vier Weltrekorde auf.

Moses-Mendelssohn-Preis, 1979 vom Senat von Berlin (West) gestiftet, seit 1980 alle zwei Jahre verliehen für Verdienste um die ›Förderung der Toleranz gegenüber Andersdenkenden und zw. Völkern, Rassen und Religionen‹, mit 20000 DM dotiert. Preisträger: BARBARA JUST-DAHLMANN (1980), EVA G. REICHMANN (1982), L. FUNCKE und BARBARA JOHN (1984), Y. MENUHIN (1986), HELEN SUZMAN (1988), T. KOLLEK (1990), CHARLOTTE SCHIFFLER und W. THIERSE (1992), HEINZ KNOBLOCH und INGE DEUTSCHKRON (1994), H. KOSCHNICK und BOSILJKA SCHEDLICH (1996).

Moses und Aron, Oper von A. SCHÖNBERG, Text vom Komponisten, unvollendet (1930–32 komponiert); Uraufführung des Torsos konzertant am 12. 3. 1954 in Hamburg, szenisch am 6. 6. 1957 in Zürich.

MOSFET [engl.; Abk. für **m**etal **o**xide **s**emiconductor **f**ield **e**ffect **t**ransistor ›Metall-Oxid-Halbleiter-Feldeffekttransistor‹], in →MOS-Technik hergestellter →Feldeffekttransistor (FET) mit isoliertem Gate (›Tor‹), der über einen p-leitenden (PMOS) oder n-leitenden (NMOS) Kanal zw. Source- und Drain-Elektrode (›Quelle‹ und ›Senke‹) verfügt. Es sind in beiden Fällen zwei versch. Schaltweisen möglich (abhängig von Vorzeichen und Größe der Schwellenspannung). Als Anreicherungstyp ist der Transistor erst leitend, wenn eine Spannung am Gate angelegt wird (es bildet sich ein leitender Kanal). Beim Verarmungstyp ist durch die Dotierung der Kanalzone ein permanent leitender Kanal vorhanden, der Transistor wird erst durch das Anlegen einer Spannung an das Gate abgeschaltet. (→MESFET)

Moshav [moˈʃaːf; hebr. môsāv, eigtl. ›Sitz‹] der, -s/...ˈvim, **Moschaw,** landwirtschaftl. Gruppensiedlung in Israel, gekennzeichnet durch vier Prinzipien: Alle Mitgl. sind zur Eigenarbeit und zur gegenseitigen Hilfeleistung verpflichtet, Einkauf und Vermarktung erfolgen kooperativ, der Boden ist Staatseigentum, jeder Siedler lebt auf seinem Grundstück selbstständig (im Ggs. zum →Kibbuz). Gegründet wurde der erste M. 1921. **M. Shitufi** ist eine Mischung aus M. und Kibbuz. Die Bewirtschaftung erfolgt kollektiv, die Familie ist arbeitsanteilig am Gewinn beteiligt.
EGON MEYER: Der Moschav Ovdim (1967).

Moshava [zu Moshav] *die, -/...ˈvot,* **Moschawa,** ältester Typ der ländl. Siedlung in Israel, entspricht in der Anlage einem europ. Reihendorf; Hof, Land und Geräte sind Privatbesitz, man betreibt Individualwirtschaft. Heute gibt es nur noch wenige Moshavot.

Mosheim, 1) Grete, Schauspielerin, * Berlin 8. 1. 1905, † New York 29. 12. 1986; 1922–34 bedeutende Darstellerin am Berliner Theatern; 1934 Emigration, zunächst nach Großbritannien, dann in die USA; ab 1952 Gastspiele in der BRD; Filmrollen.
2) Johann Lorenz von, ev. Theologe, * Lübeck 9. 10. 1694, † Göttingen 9. 9. 1755; wurde 1723 Prof. in Helmstedt, Mitgründer der Univ. Göttingen, 1747 Prof. und Kanzler ebd. Seine von der Aufklärung beeinflussten, auf der vorurteilsfreien Beurteilung histor. Fakten beruhenden Arbeiten zur Kirchengeschichte gelten als bahnbrechend für die moderne →Kirchengeschichtsschreibung.
Werke: Heilige Reden über wichtige Wahrheiten der Lehre Jesu Christi, 6 Bde. (1725–39); Versuch einer unpartheyischen Ketzergesch., 2 Tle. (1746–48).
Ausgabe: Kirchengesch. des N. T., hg. v. J. A. C. VON EINEM, 9 Tle. (1769–78).

Moshi [-ʃ-], engl. ˈmoʊʃi, **Moschi,** Regionshauptstadt in NO-Tansania, 810 m ü. M., am S-Fuß des Kilimandscharo, 52 200 Ew.; Sitz eines luther. und eines kath. Bischofs; Zentrum des bedeutendsten Kaffeeanbaugebietes Tansanias mit Aufbereitungs- und Verpackungsbetrieb, außerdem Nahrungsmittel-, Getränke-, Bekleidungs-, Holz-, Schuhindustrie und Gerberei; Bahnstation; bei M. internat. Flughafen Kilimandscharo.

Moshi [-ʃ-], Volk in Westafrika, →Mosi.

Moshoeshoe I. [moʃuˈʃu], **Moschesch I.,** König der Sotho (Südafrika), * um 1786, † Thaba Bosiu (bei Maseru) 11. 3. 1870; Sohn eines kleinen Häuptlings, errichtete um 1830 im heutigen Lesotho und in großen Teilen der heutigen südafrikan. Prov. Freistaat einen bis 1868 bestehenden Staat mit starker Militärmacht.
P. BECKER: Hill of destiny. The life and times of Moshesh, founder of the Basotho (Neuausg. Harmondsworth 1982).

Mosi, Mossi, Moshi [-ʃ-], Volk in Westafrika, v. a. im zentralen Burkina Faso (knapp 50 % der Bev., etwa 4,5 Mio.) sowie in benachbarten Gebieten von Ghana (etwa 270 000), Elfenbeinküste (450 000), Mali (45 000) und Togo (25 000). Zeitweilig leben bis zu 0,5 Mio. M. als Saisonarbeiter zusätzlich in Ghana und Elfenbeinküste. Bis etwa 1950 hingen noch fast alle M. animist. Glaubensvorstellungen an (heute noch rd. 60 %, v. a. auf dem Lande); einige sind heute Christen, etwa ein Drittel gelten als sunnit. Muslime, v. a. in den Städten, darunter fast alle der 172 000 Yarsé (assimilierte Nachfahren von Dyula-Händlern). Die Sprache der M., das Mosi oder More, gehört zu den Gur-Sprachen. – Bedeutendste Kunstform der M. sind die Masken, meist von abstrakter Gestalt, z. T. mit hohen, brettartigen Aufbauten oder mit einer Figur geschmückt (BILD →afrikanische Kunst). Die M. verwenden auch Antilopen-Tanzaufsätze, farbig bemalt und mit Kaurischnecken besetzt.
Die Tradition der M.-Staaten (KARTE →Afrika, Alte Reiche), u. a. Tenkodogo, Yatenga und bes. Ouagadougou (Wagadugu), lässt eine Eroberung von Süden her und Errichtung der Monarchie des ›Moro Naba‹ (Herr des M.-Landes) um 1313 vermuten. Das bis in die Gegenwart einflussreiche Sakralkönigtum

Anna M. Moses: Fröhliche Schlittenfahrt; 1953 (Privatbesitz)

Moskau 1): Blick vom Borowizkij-Turm der Kremlmauer über die Moskwa-Seite des Kreml, die Moskwa und einen Teil der Moskauer Innenstadt

erinnert an das pharaon. Ägypten. – Die M. assimilierten unterworfene Völker, expandierten zeitweilig weit nach Norden und wehrten über Jahrhunderte den Islam ab. 1896 wurde ihr Gebiet von Frankreich erobert. Unter dem Einfluss eines konservativen Moro Naba trennte die Kolonialregierung 1947 das Land von der bereits eine modernere Politik betreibenden Elfenbeinküste ab und machte es zum Kern eines eigenen Territoriums Obervolta (heute →Burkina Faso).

J. M. KOHLER: Les migrations des Mossi de l'ouest (Paris 1972); M. IZARD: Gens du pouvoir, gens de la terre (Cambridge 1985); P. ILBOUDO: Croyances et pratiques religieuses traditionelles des Mossi (Stuttgart 1990).

MOS-ICs [ICs: Abk. für engl. integrated circuits ›integrierte Schaltungen‹], in →MOS-Technik monolithisch aufgebaute integrierte Schaltungen, vorwiegend für digitale Anwendungen; Ggs.: bipolare ICs.

Mösi|en, lat. **Moesia,** griech. **Mysı̣a, Mysı̣s,** röm. Provinz, urspr. südlich der Donau von Drina und Save bis zum Schwarzen Meer reichend, benannt nach dem thrak. Stamm der **Möser** (lat. **Moesi,** griech. **Moisoi, Mysoi**); 29–28 v. Chr. von den Römern erobert, 44 n. Chr. selbstständige Prov., 86 Teilung in die Prov. **Moesia inferior** (etwa N-Bulgarien) und **Moesia superior** (etwa das heutige Serbien). TRAJAN vergrößerte M. durch die östlich des Alt gelegenen Gebiete nördlich der Donau und sicherte die Dobrudscha durch einen Limes von der Donau bis zum Schwarzen Meer. Nach Räumung des transdanub. Dakien (271) war M. seit DIOKLETIAN in Moesia I und II, Dacia ripensis, Dacia mediterranea und Scythia aufgegliedert. Seit dem 3. Jh. den Einfällen german. Völker (z. B. der Westgoten unter ALARICH I.) ausgesetzt, konnte die Donaugrenze gehalten werden, bis im 6./7. Jh. slaw. Stämme M. besetzten.

A. MÓCSY: Gesellschaft u. Romanisation in der röm. Provinz Moesia Superior (Budapest 1970); B. GEROV: Beitrr. z. Gesch. der röm. Provinzen Moesien u. Thrakien (Amsterdam 1980).

Moskau, russ. **Moskwạ, Moskvạ, 1)** Hauptstadt von Russland (Russ. Föderation) und des Gebiets M., verwaltungsmäßig in 10 Stadtbezirke (okruga) untergliedert. M. ist mit (1997) 1091 km² (davon 162 km² Grünfläche) flächenmäßig die größte und mit (1997) 8,64 Mio. Ew. (einschließlich der Vororte) die bevölkerungsreichste russ. Stadt, im Mittel 120 m ü. M., auf drei Terrassen zu beiden Seiten der in Mäandern durch M. fließenden Moskwa gelegen. Die heutige Stadtgrenze wird im Wesentlichen von dem 1962 fertig gestellten Autobahnring gebildet, an einigen Stellen greift das Stadtgebiet auch darüber hinaus.

M. ist Sitz des russ.-orth. Patriarchen sowie Mittelpunkt der russ. Wiss., Bildung und Kultur. In der Stadt sind etwa 70 große wiss. Einrichtungen, darunter Russ. Akad. der Wissenschaften, Staatl. Jüd. Akad. u. a. Akademien, mehrere Univ. (darunter die 1755 gegründete Lomonossow-Univ.) und viele Hochschulen konzentriert. Daneben bestehen zahlr. Forschungsinstitute, über 3000 Bibliotheken (größte ist die Russ. Staatsbibliothek), 70 große Museen und große Kunstgalerien (u. a. Staatl. Histor., Puschkin-Museum, Tretjakow-Galerie), Goethe-Institut (seit 1990), 31 Theater (u. a. Bolschoi-, Moskauer Künstlertheater), zwei Zirkusse, Philharmonie, Planetarium, zwei zoolog. und vier botan. Gärten, außerdem Rundfunk- und Fernsehzentrum M.-Ostankino (mit 541 m hohem Fernsehturm), Leninmausoleum sowie viele andere Gedenkstätten und zahlr. Denkmäler (darunter das 107 m hohe Kosmonautendenkmal), Handelszentrum, Olympiastadion (1980 Austragungsort der von den meisten westl. Staaten wegen der sowjet. Afghanistanintervention boykottierten Olymp. Sommerspiele), Luschniki-Sportpark und vier Filmstudios (bes. ›Mosfilm‹; internat. Filmfestspiele sowie auf über 200 ha das Allruss. Ausstellungszentrum. Im Stadtgebiet breiten sich ausgedehnte Parkanlagen aus (Gorkij-, Sokolnikipark), um M. als Naherholungsgebiet ein von Datschasiedlungen durchsetzter Wald- und Parkgürtel mit mehreren Seen. Im NO von M. liegt das ›Sternenstädtchen‹ (›Swjosdnyj‹) genannte Trainingszentrum ›Jurij Gagarin‹ für Astronauten.

M. ist das größte russ. Industriezentrum, die Industriegebiete liegen v. a. im O, SO und W der Stadt. Die führenden Industriezweige sind Maschinenbau, Automobilherstellung, Metall verarbeitende, Leicht- (bes. Textil-), Nahrungsmittel-, elektrotechnisch-elektron., feinwerktechn. Industrie sowie das Verlagswesen und Druckereigewerbe. Außerdem hat M. Nichteisenmetallurgie, Erdölverarbeitung, Baustoff- und chem. Industrie. M. ist auch das Finanzzentrum Russlands (mit etwa 80% der russ. Finanzgeschäfte), Messestandort und wichtigster Verkehrsknotenpunkt im europ. Teil Russlands. Elf Eisenbahnlinien aus allen Richtungen, die durch einen 550 km langen Eisenbahnring verbunden sind, enden in neun Kopfbahnhöfen. 13 Fernstraßen aus allen Landesteilen münden in den 109 km langen Autobahnring. Drei Flusshäfen sind durch den Moskaukanal mit der Wolga und dadurch mit fünf Meeren (Weißes, Schwarzes, Kasp., Asowsches Meer und Ostsee) verbunden. Dem Flugverkehr dienen die Flughäfen Scheremetjewo I und II

Moskau 1)

Hauptstadt von Russland (Russ. Föderation)

·

120 m ü. M.

·

an der Moskwa

·

8,64 Mio. Ew.

·

Industrie-, Handels-, Finanz- und Verkehrszentrum

·

mehrere Univ.

·

zahlreiche Hochschulen

·

Tretjakow-Galerie

·

Bolschoi-Theater

·

Kreml

·

Roter Platz mit Basiliuskathedrale

·

1147 urkundlich erwähnt

·

seit 1317 oder 1325 Metropolitensitz

·

1480–1712 Hauptstadt Russlands

·

blieb nach 1712 Krönungsstadt der Zaren

Moskau 1) historisches Stadtwappen

Moskau: Stadtplan (Namenregister)

Straßen und Plätze

Alekseja Tolstogo, Uliza A2–B3
Arbat, Uliza AB4
Arbatskaja Ploschtschad B4
Armjanskij Pereulok E3
Bol. Lubjanska Uliza D2
Bolschoj Charitonjewskij Pereulok EF2
Bolschoj Kamennyj Most C4
Borowizkaja Ploschtschad C4
Bronnaja Bolschaja Uliza B2
Bronnaja Malaja Uliza B2–3
Chochlowskaja Ploschtschad EF3
Chochlowskij Pereulok E3
Degtjarnyj Pereulok B2–C1
Gerzena, Uliza AB3, BC3
Gogolewskij, Bulwar B4
Grizewez, Uliza B4
Iljinka, Uliza D3
Internazionalnaja Uliza E4
Jausskij Bulwar E4
Jermolowoj, Uliza C1
Kaljajewskja Uliza BC1
Karetnyj Rjad, Uliza C1
Katschalowa, Uliza AB3
Kisselnyj Bolschoj Pereulok D2
Kitajskij Projesd D4
Kolpatschnyj Pereulok E3
Komsomolskaja Ploschtschad F1
Krasnaja Ploschtschad (Roter Platz) CD3
Kremljowskaja Nabereschnaja CD4
Kriwokolennyj Pereulok D3–E2
Kropotkinskaja Nabereschnaja C4
Kurskogo Woksala, Ploschtschad F3
Kusnezkij Most Uliza C3–D2
Lermontowskaja Ploschtschad F2
Ljalin Pereulok F3
Lubjanskja Ploschtschad D3
Maneschnaja Ploschtschad C3
Marchlewskogo, Uliza D2
Marosseika Uliza DE3
Maschkowa Uliza DE3
Masnizkaja Uliza D3–E2
Mira, Prospekt D1
Miaskowskogo, Uliza B4
Mochowaja Uliza C4–3
Morissa Toresa, Nabereschnaja CD4
Moskworezkaja Nabereschnaja DE4
Moskworezkij Most D4
Neglinnaja Uliza D2
Nikitskije Worota Ploschtschad B3
Nikolskaja Uliza D3
Nowaja Ploschtschad D3
Nowinskij Bulwar A4–3
Nowyj Arbat, Uliza AB3
Obucha, Uliza E4
Ochotnyj Rjad C3
Ogarewa, Uliza C3
Ossipenko Uliza D4
Petrowka Uliza C2
Petrowskij-Bulwar CD2
Podkolokolnyj Pereulok E4
Podossenskij Pereulok F3
Pokrowskij Bulwar E4–3
Potapowskij Pereulok E2–3
Prokowka, Uliza E3–F2
Puschkinskaja Ploschtschad BC2
Puschkinskaja Uliza C2–3
Rauschskaja Nabereschnaja D4
Repina, Ploschtschad D4
Roschdestwenka, Uliza D3–2
Roschdestwenskij Bulwar D2
Roter Platz (Krasnaja Ploschtschad) CD3
Sadowaja Bolschaja Uliza B2–1
Sadowaja-Karetnaja Uliza C1
Sadowaja-Kudrinskaja Uliza A2
Sadowaja-Samotjotschnaja Uliza CD1
Sadowaja-Spasskaja Uliza E1
Sadowaja-Sucharjowskaja Uliza D1
Sadowaja-Triumfalnaja Uliza B1
Sadowaja-Tschernogrjasskaja Uliza F2
Samotjotschnaja Nabereschnaja CD1
Schtschussewa Uliza AB3
Semaschko Uliza BC3
Semljanoj Wal, Uliza F2–3, F4
Sergijewskij Bolschoj Pereulok D2
Serowa, Projesd D3
Siwzew Wraschek, Pereulok AB4
Snamenka, Uliza BC4
Soljanka, Uliza E4
Sowjetskaja Ploschtschad C2
Sretenka, Uliza D2–1
Sretenskij Bulwar DE2
Stanislawskogo, Uliza B3–C2
Stankewitscha, Uliza C3
Staraja Basmannaja Uliza F2
Staraja Ploschtschad D3
Starokonjuschennyj Pereulok B4
Stoleschnikow Pereulok C2
Strastnoj Bulwar C2
Sucharewskaja Ploschtschad E1
Sucharewskij Bolschoj Pereulok D1
Suworowskij Bulwar B3
Teatralnaja Ploschtschad CD3
Teatralnyj, Prospekt CD3
Telegrafnyj Pereulok E3–2
Trjochgornyj Wal, Uliza A3
Trubnaja Ploschtschad D2
Trubnaja Uliza D2–1
Trubnikowskij Pereulok A3–4
Tschaplygina, Uliza EF2
Tschechowa, Uliza C1–2
Tscherkasskij Bolschoj Pereulok D3
Tschistoprudnyj Bulwar E2–3
Twerskaja Jamskaja Uliza AB1
Twerskaja Uliza B2,C2–3
Twerskij Bulwar B3–2
Uljanowskaja Pereulok E2–1
Uljanowskaja Uliza F4
Uspenskij Pereulok C1
Ustjinskij Most E4
Ustjinskij Projesd E4
Warsonofjewskij Pereulok D2
Warwarka, Uliza DE4
Warwarskaja Ploschtschad DE3
Wolchonka, Uliza BC4
Worowskogo, Uliza AB3
Wosdwischenka, Uliza B3–C4
Wosstanija Ploschtschad A3
Zwetnoj Bulwar D1–2

Gebäude, Anlagen u. a.

Alexandergarten C3–4
Alte Universität C3
Architekturmuseum (Schtschussew-Museum) (3) C3
Arsenal C3
Asiatisches Institut E3
Auferstehungskirche BC3
Außenhandelsministerium A4
Außenministerium A4
Basilius-Kathedrale D4
Baumangarten F2
Blagoweschtschenskijkathedrale (8) C4
Bolschoi-Theater C3
Borowizkij-Tor C4
Börse (Handelskammer) D3
Dolgorukij-Denkmal C2
Dreieinigkeitskirche in Nikitniki (5) D3
Dreieinigkeitstor C4
Dreifaltigkeitskirche EF3
Druckerhof (Institut für Archivkunde) CD3
Dserschinskij-Denkmal D3
Eremitagegarten C1
Erlösertor D4
Erzengel-Gabriel-Kirche E2
Erzengel-Michael-Kathedrale C4
Facettenpalast (7) C4
Geheimtum C4
Glinka-Museum für Musikkultur C3
Glockenturm Iwan Welikij CD4
Gogol-Denkmal B4
Gorki-Künstlertheater C2–3
Gorkij-Museum AB3
Großer Kremlpalast C4
GUM (Kaufhaus) D3
Hauptpostamt DE3
Haus der Gewerkschaften C3
Haus des Fernmeldewesens B3
Himmelfahrtskirche B3
Historisches Museum C3
Hochschule für Geodäsie F2
Hotel Intourist C3
Hotel Kotelnischeskaja E4
Hotel Leningrad F1
Hotel Minsk C2
Hotel Moskwa C3
Hotel Peking B1
Hotel Rossija D4
Innenministerium D3
Institut für Physiotherapie C2
Iswestija C2
Iwanowskij-Kloster E3
Jaroslawler Bahnhof F1
Jermolowa-Theater C3
Kalinin-Museum C4
Karl-Marx-Denkmal C3
Kasaner Bahnhof F1
Kaufhof D3–4
Kleines Theater D3
Kongrespalast C4
Kosmas-und-Damian-Kirche E3
Kreml C4
Kulischki-Allerheiligen-Kirche DE3–4
Kultusministerium D3
Kursker Bahnhof F3
Leninbibliothek C4
Leningrader Bahnhof F1
Lenin-Mausoleum D3
Lermontow-Denkmal F1
Majakowskij-Denkmal B1
Majakowskij-Theater B3
Manege (Zentrale Ausstellungssaal) C3
Mariä-Geburt-Kirche in Putinki C2
Mariä-Himmelfahrt-Kirche D2
Marx-Engels-Museum B4
Medizinische Akademie E4
Medizinische Zentralbibliothek A2
Ministerium für Öffentliche Bildung E2
Ministerrat C3–4
Moskauer Sowjet C2
Mossowjet-Schauspielhaus B1–2
Museum für Geschichte und Rekonstruktion Moskaus (4) D3
Museum für Kunst und Kultur des Orients F3–4
Oberster Gerichtshof B4
Palast der Arbeit E4
Perekop-Kasernen E1
Planetarium A2
Pokrowski-Kasernen EF3
Polytechnisches Museum D3
Puschkin-Denkmal C2
Puschkin-Museum für Bildende Künste B4
Puschkin-Schauspielhaus BC2
Revolutionsmuseum B2
Roschdestwenskij-Kloster D2
Rüstkammer C4
Sankt-Anna-Kirche D4
Sankt-Anthyp-Kirche BC4
Sankt-Ludwig-Kirche DE2
Sankt-Nikolaus-der-Märtyrer-Kirche F2
Schauspielhaus an der Malaja Bronnaja B3
Simeon-Stolpnik-Kirche AB3
Sretenskij-Kloster D2
Staatsbank D2
Staatszirkus CD1
Stanislawskij-und-Nemirowitsch-Dantschenko-Musiktheater (2) C2
Statistisches Zentralamt E2
Synagoge DE3
Terempalast (9) C4
Theater der Satire (1) B1
Theater Sfera C2
Tschaikowsky-Konservatorium BC3
Tschaikowsky-Konzertsaal B1
Uspenskijkathedrale (6) C4
Verkehrsministerium F1
Wachtangow-Theater AB4
Wyssoko-Petrowski-Kloster C2
Zentrales Kindertheater CD3
Zentrales Puppentheater C1
Zentrales Telegrafenamt C3
Zoologischer Garten A2
Zoologisches Museum C3
ZUM (Zentrales Kaufhaus) D3

Moskau: Stadtplan

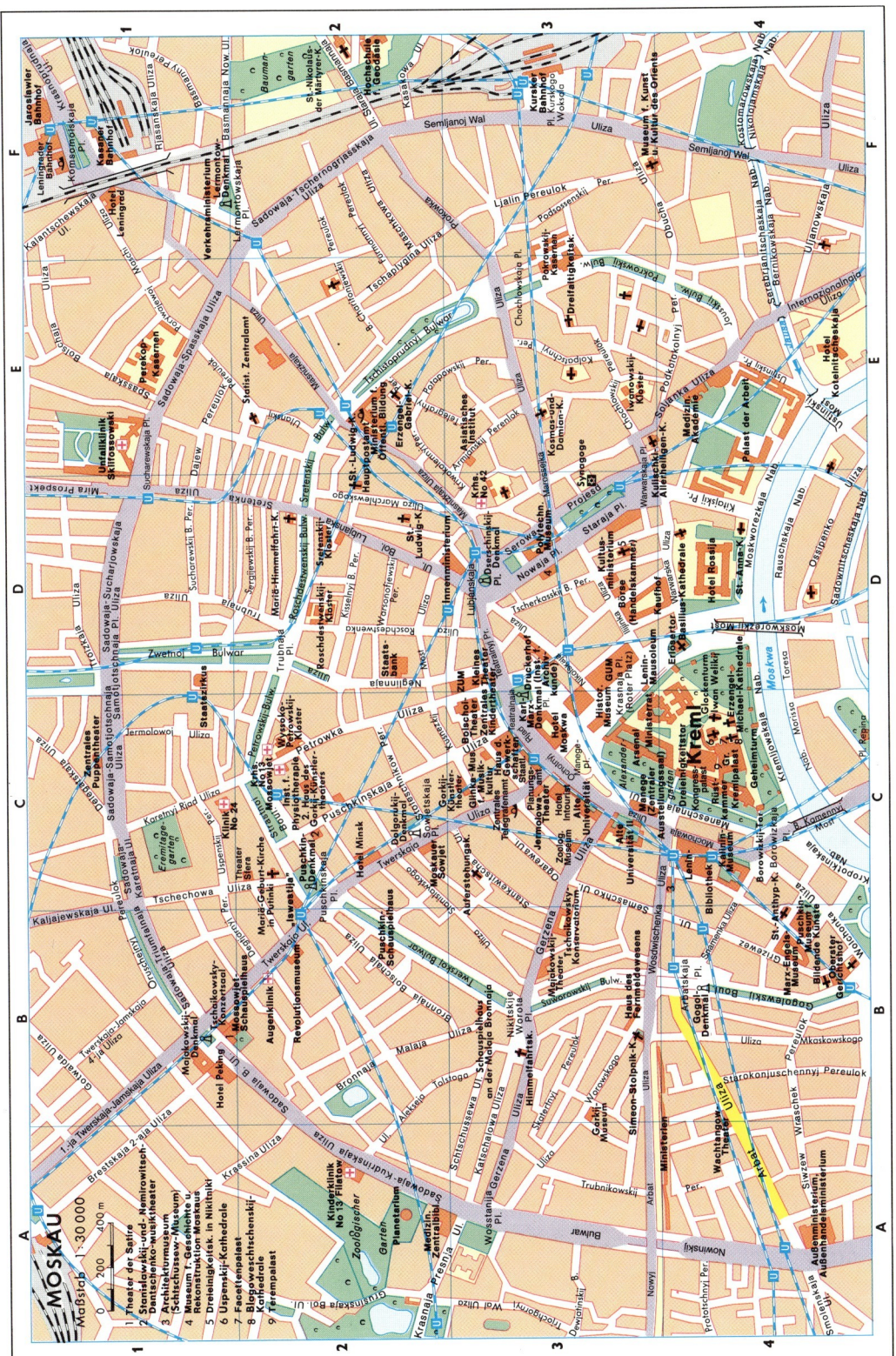

und Domodedowo für den internat. und Wnukowo (ältester Moskauer Flughafen) und Bykowo für den nat. Flugverkehr, dem innerstädt. Verkehr seit 1935 die Untergrundbahn (Metro) mit einem Streckennetz von 256 km und etwa 115 Stationen.

Stadtbild: Mittelpunkt von M. ist der Kreml (UNESCO-Weltkulturerbe), die alte Residenz der Großfürsten, Zaren und Metropoliten. Um ihn wuchsen in konzentr. Kreisen die Vorstädte, die jeweils mit Mauern, deren Verlauf die jetzigen Ringstraßen und Boulevards zeigen, umgeben wurden: Kitajgorod (16. Jh.), Belyjgorod (16. Jh.), Semljanojgorod (16./17. Jh.). Profanbauten des alten M. waren v. a. Holzhäuser, sodass die Stadt nach dem großen Brand von 1812 mit breiten Radial- und Ringstraßen völlig neu aufgebaut werden musste.

Der Kreml wurde 1485–95 durch die noch heute erhaltene 2,24 km lange Mauer aus rotem Backstein mit zahlr. Türmen ummauert. Im Zentrum auf dem Kathedralenplatz, als Teil des weitgehend verschwundenen Komplexes des alten Zarenpalastes errichtet, der Glockenturm ›Iwan Welikij‹ (1505 ff., oberstes Geschoss und Kuppel 1600, 81 m hoch), daneben der Turm des Marco Bono (Glockenstuhl) von 1532–42, davor die 210 t schwere Glocke ›Zar Kolokol‹ (1733–35). Die größte Kremlkirche ist die 1475–79 von A. FIERAVANTI errichtete Uspenskijkathedrale. In der Blagoweschtschenskijkathedrale (Verkündigungskathedrale, 1484–89) bedeutende Fresken; Erzengel-Michael-Kathedrale (1333 erstmals errichtet, heutiger Bau 1505–09 von A. NOWYJ; Ikonostase mit der Ikone des Erzengels, Gräber der Moskauer Großfürsten und Zaren) mit Fassaden im Stil der oberital. Renaissance. Von den Palastbauten der Zeit um 1500 sind nur der Facettenpalast (Granowitaja Palata, 1487–91, von M. RUFFO und P. A. SOLARI, urspr. Krönungs- und Audienzhalle, heute in den Großen Kremlpalast, 1838–49 von K. THON, einbezogen) und der Teremplast. 1508 von A. NOWYJ begonnen, heutiger Bau v. a. 1635–36) erhalten. Weitere Paläste und öffentl. Gebäude kamen im 18. und 19. Jh. hinzu: Arsenal (1702–36) und das klassizist. Senatsgebäude (1776–87, von M. F. KASAKOW); Rüstkammer (Oruschejnaja Palata, 1844–51).

An der O-Seite des Kreml erstreckt sich der Rote Platz (UNESCO-Weltkulturerbe) mit der neunkuppeligen Basiliuskathedrale (1555–61), die IWAN IV. zur Erinnerung an die Eroberung von Kasan errichten ließ (Bemalung 17. Jh.), und dem direkt an der Kremlmauer gelegenen Leninmausoleum (1924–30, von A. W. SCHTSCHUSSEW). An der gegenüberliegenden Seite das Kaufhaus ›GUM‹ (1889–93), an der N-Seite das Histor. Museum (1878–83, von O. SHERWOOD) und unweit davon das Leninmuseum (die ehem. Duma, 1890–92). Weitere wichtige Bauten sind das ehem. Paschkowhaus (1784–86, von W. I. BASCHENOW; heute Russ. Staatsbibliothek), das Bolschoi-Theater (1821–24, 1856 umgebaut) und das Puschkinmuseum für Bildende Künste (1898–1912). Die alte Univ. (1786–93, von M. F. KASAKOW) wurde 1817–19 von D. GILARDI umgebaut. Im alten Stadtteil Kitajgorod liegen die Kirche der Georgischen Jungfrau (1634–54), die Kirche der Jungfrau von Wladimir (1691–94) und die Erzengel-Gabriel-Kirche (1701–07), bekannt als ›Menschikowturm‹. Nach der Oktoberrevolution (1917) begann eine grundlegende Umgestaltung der Stadt (Generalbebauungsplan 1918–23, u. a. von SCHTSCHUSSEW). Neben der Rekonstruktion der bestehenden Straßen und Plätze wurde bes. der Bau von Wohngebieten in den Außenbezirken wichtig. M. entwickelte sich zum Zentrum konstruktivist. Architektur. Zu den neuen Bauaufgaben gehörten z. B. die ›Arbeiterklubs‹ (Kautschukklub, 1927; Frunseklub, 1928; Russakowklub,
1927–28; Swobodaklub, 1928; Klub der Schuhfabrik ›Sturmvögel‹, 1929). Architekten waren u. a. K. S. MELNIKOW und I. A. GOLOSSOW, der auch das Prawdagebäude (1929–35) errichtete. W. G. SUCHOW schuf mit dem 150 m hohen Sabolowkasendeturm (1919–22) ein Ingenieurbauwerk von kühnem ästhet. Anspruch. 1929 (Richtlinien des ersten Fünfjahrplanes) kam es zu einer neuen städtebaul. Entwicklung. Nach den Plänen von LE CORBUSIER entstand das Gebäude des Staatl. Komitees der Russ. Föderation für Statistik (1929–36). Der Generalbebauungsplan von 1935 sollte die Verkehrs- und Wohnungsprobleme der Stadt lösen und M. in den Rang einer modernen Metropole erheben. Die historisch bedingte ringförmige Struktur der Stadtanlage mit den radialen Ausfallstraßen wurde beibehalten. Populärstes Projekt dieser Zeit waren die ersten Metrostationen (1935–39; Krasnyje-Worota-Station, Majakowskaja- und Kropotkinskajastation). Um die Mitte der 1930er-Jahre erfolgte die Hinwendung zum Neoklassizismus; u. a. entstanden das Zentrale Akadem. Theater der Sowjetarmee (1934–40) und die Frunsemilitärakademie (1932–37, von L. W. RUDNEW). Eine Reihe von Straßen wurde zu Prachtanlagen (Twerskaja Uliza) ausgebaut, entlang der Ringstraße entstand ein Verbund von sieben Hochhäusern (acht geplant), u. a. die Lomonossow-Univ. (1948–52). Seit der 2. Hälfte der 50er-Jahre wurde der Wohnungsbau auf industrieller Basis intensiviert. Es entstanden so genannte Mikrorayons, v. a. im SW der Stadt. Der weiteren Ausdehnung M.s wurde mit der Anlage einer neuen radialen Magistrale entsprochen (Komsomolskij Prospekt, 1958–65), die die Verbindung zum Luschniki-Sportpark und dem Universitätsgelände herstellte. 1964–69 folgte der Kalininprospekt (heute Neuer Arbat [Nowyj Arbat], von M. W. POSSOCHIN) mit dem ehem. RGW-Hochhaus (1969), der im sachlich nüchternen Stil ausgebaut wurde (ihm fiel jedoch ein Teil des alten Arbats zum Opfer). Die betont sachl. Gestaltung Moskauer Architektur der 60er-Jahre zeigen u. a. der Kongresspalast im Kreml (1961) sowie der ehem. Pionierpalast der Architektengemeinschaft Moskau Sieben (1960–62). Die großen in den 1970/80er-Jahren angelegten Neubaugebiete in den Außenbezirken haben hinsichtlich ihrer Infrastruktur und verkehrsmäßigen Erschließung bis heute ihre Schattenseiten. Mit zahlr. Gesellschaftsbauten, v. a. administrative Gebäude, kommerzielle Komplexe (Internat. Handelszentrum, 1977–81) und kulturelle Großbauten (Neuer Zirkus, 1971), versuchte man den Bedürfnissen der ständig wachsenden Metropole Rechnung zu tragen. Einige Bauten zeigen interessante, unkonventionelle Lösungen (Kinder-Musiktheater, 1980; Dramen- und Komödientheater an der Taganka, 1983; Bauten für die Olymp. Spiele 1980, u. a. Hotel Kosmos, Flughafen Scheremetjewo II und Hotel Rossija, der von internat. Architektur geprägt). In den 90er-Jahren setzte ein Bauboom ein. Hinter entkernten Altbaufassaden entstehen luxuriöse Appartementwohnungen und Büros, Banken und Hotels errichten sich Prestigearchitektur. Histor. Bauwerke entstehen neu. So wurden 1993–95 das Moskauer Auferstehungstor (erbaut im 16. Jh.; 1929–31 abgebrochen), das vom Manegeplatz den Zugang zum Roten Platz bildet, und 1990–93 die Kathedrale der Muttergottes von Kasan (urspr. 1625–30; unter STALIN zerstört) wieder errichtet. Zur 850-Jahr-Feier M.s 1997 wurde u. a. die Kopie der 1931 gesprengten Erlöserkathedrale (urspr. 1839–83) errichtet. Außerdem entstand ein unterird. Einkaufszentrum unter dem Manegeplatz und der histor. Komplex ›Gostinyj dwor‹ wurde restauriert.

An den alten Einfallstraßen nach M. (heute Stadtgebiet) legte man im 14.–16. Jh. einen Ring von befestigten Klöstern an, v. a. Andronikowkloster (1360) mit

Erlöserkathedrale (1420–27), Simonowkloster (1379), Nowospasskijkloster (1462), Nowodewitschijkloster (1524) mit Smolenskkathedrale (1550) und Donskojkloster (1591) mit Kleiner Kathedrale (1591–93) und der fünfkuppeligen Großen Kathedrale (1684–93) sowie das Danilowkloster (1272 gegr.; Väterkathedrale um 1560, Torkirche des 17. Jh., Dreifaltigkeitskathedrale des 18. Jh.; Konventsgebäude u. a. wurden 1983–88 als Sitz des Patriarchen von M. restauriert).

In der Umgebung von M. (heute meist eingemeindet) befinden sich zahlr. Landsitze (Usadba) des späten 18. Jh. Weitere bedeutende Bauten in Moskauer Vororten, so die Pokrowkirche in Fili (1690–93) und die Himmelfahrtskathedrale in →Kolomenskoje.

Geschichte: M. fand 1147 erstmals schriftl. Erwähnung. 1156 wurde es von JURIJ WLADIMIROWITSCH DOLGORUKIJ als Grenzfestung des Fürstentums Wladimir-Susdal ausgebaut. 1237/38 von den Tataren zerstört, wurde es im letzten Viertel des 13. Jh. Sitz der Danilowitschi, eines Zweiges der Fürstenfamilie von Wladimir-Susdal. Mit der Verlegung des Metropolitensitzes von Wladimir nach M. (1317 oder 1325) wurde die aufstrebende Stadt auch kulturelles Zentrum. Unter IWAN I. DANILOWITSCH vergrößerte sich die Stadt schnell und wurde zum Ausgangspunkt für die Einigungsbewegung Russlands (das ›Sammeln der russ. Erde‹): Nach der Unterwerfung Nowgorods (1478) und der endgültigen Befreiung von der Tatarenherrschaft (1480) war M. Hauptstadt und polit. Zentrum des mächtigen Moskauer Staates. Im 16. und 17. Jh. nahm die Stadt auch einen starken wirtschaftl. Aufschwung; in der ›Dt. Vorstadt‹ ließen sich ausländ. Spezialisten nieder. 1605–06 und 1610–12 war M. von Polen besetzt. PETER I., D. GR., verlegte 1712 die Hauptstadt nach Sankt Petersburg, jedoch blieb M. weiterhin Krönungsstadt und Sitz bestimmter Zentralbehörden sowie geistl. und wirtschaftl. Zentrum Russlands. 1755 wurde in M. die erste russ. Univ. gegründet. Im Vergleich zum europäisch aufgeschlossenen Sankt Petersburg herrschte in M. eine mehr russ. Atmosphäre. Im 18. und 19. Jh. galt es als zweite Hauptstadt Russlands, was NAPOLEON I. 1812 zum Angriff auf M. veranlasste. Der Brand von M., der am 14. 9. 1812, dem Tag des Einmarsches der napoleon. Truppen, ausbrach und die Stadt zerstörte, bedeutete die Wende im →Russischen Feldzug von 1812.

Mit der Industrialisierung wuchs die wirtschaftl. Bedeutung der Stadt: Im 19. Jh. war die Moskauer Leichtindustrie führend; außerdem wurde die Stadt 1851 (Bau der Nikolajbahn nach Sankt Petersburg) zum verkehrstechn. Mittelpunkt des Reiches. Die Einwohnerzahl überschritt 1902 die Millionengrenze (1914: 1,7 Mio., 1917: 2 Mio.). 1917 war M. eines der Zentren der Oktoberrevolution. Mit der Übersiedlung der Sowjetregierung von Petrograd hierher (11. 3. 1918) wurde M. wieder Hauptstadt (zunächst der RSFSR, 1922–91 der Sowjetunion und später Russlands).

Während des russ. Bürgerkriegs, in dem die Stadt nie ernsthaft von weißgardist. Truppen bedroht war, aber von wichtigen Versorgungssträngen abgeschnitten wurde, sank die Einwohnerzahl vorübergehend erheblich (bei Kriegsende rd. 800 000 Ew.); sie nahm bald darauf wieder stark zu (1923: 1,5 Mio., 1929: 2,3 Mio., 1932: 3,6 Mio., 1939: 4,1 Mio.). In den 20er- und 30er-Jahren lebten in M., das Sitz der Komintern war, viele Vertreter der internat. kommunist. Bewegung. Mit den drei Moskauer Schauprozessen (1936–38), in denen zahlr. sowjet. Spitzenfunktionäre verurteilt wurden, erreichten die stalinschen Säuberungen einen Höhepunkt. Im Zweiten Weltkrieg war die Stadt eines der Hauptangriffsziele der Wehrmacht während ihres Russlandfeldzuges; mit der ›Schlacht um M.‹, die durch eine am 30. 9./2. 10. 1941 von den dt. Truppen begonnene Offensive eingeleitet wurde und in der die Front bis auf etwa 25–30 km an die Stadt heranrücken (Evakuierung von rd. 2 Mio. Menschen und Auslagerung zahlr. Produktionsanlagen aus M.), die aber mit der erfolgreichen sowjet. Gegenoffensive (seit 5./6. 12. 1941) ihre entscheidende Wende erfuhr, scheiterte die dt. Blitzkriegskonzeption endgültig. Die während des Krieges nur teilweise zerstörte Stadt wurde nach ihrem raschen Wiederaufbau polit. Zentrum der sozialist. Staatenwelt (u. a. Sitz des RGW und des Warschauer Pakts). Die Einwohnerzahl von 5 Mio. (1959) auf mehr als 8 Mio. (1985). 1980 fanden in M. die Olymp. Sommerspiele statt. Bereits im August 1991 Zentrum eines gescheiterten Putschversuchs gegen den sowjet. Staatspräs. M. S. GORBATSCHOW, war M. am 3. /4. 10. 1993 Schauplatz eines bewaffneten Aufstands nationalist. und kommunist. Kräfte, der durch die russ. Armee niedergeschlagen wurde (Erstürmung des ›Weißen Hauses‹, des Parlamtsgebäudes). Als Hauptstadt der Russ. Föderation erlebte M. in den 90er-Jahren einen (allerdings auch von wachsenden sozialen Gegensätzen geprägten) wirtschaftl. und städtebaul. Aufschwung.

Moskva. Ènciklopedija, hg. v. P. A. VORONINA u. a. (Moskau 1980); History of Moscow. An outline, hg. v. S. S. KHROMOV (a. d. Russ., Moskau 1981); A. LUPPI u. E. BIAGI: M. (Zürich 1981); S. O. CHAN-MAGOMEDOW: Pioniere der sowjet. Architektur. (a. d. Russ., Dresden 1983); B. KREIS: M. 1917–35. Vom Wohnungsbau zum Städtebau (1985); A. V. IKONNIKOV: Russian architecture of the Soviet period (a. d. Russ., London 1988); B. LEUPOLT: Entwicklung u. Struktur von M., Hauptstadt der UdSSR, in: Geograph. Berichte, Jg. 33, H. 4 (Gotha 1988); H. PROSS-WEERT: M. (²1989); J. STADELBAUER: Die Entwicklung von M. zur Weltmetropole, in: Mitt. der Österr. Geograph. Gesellschaft, Jg. 131 (Wien 1989); S. TOPF: M. Mit Zagorsk (1989); H.-P. RIESE u. D. KNÖTZSCH: M. (1990); E. GORYS: M. u. St. Petersburg (Neuausg. (1994); Baustelle: M. Aktuelle Tendenzen Moskauer Architektur, bearb. v. H.-W. HÄMER u. a., Ausst.-Kat. Dt. Architektur-Zentrum, Berlin (1995); C. MARX u. A. KARGER: M. – Rußlands Haupt u. Mitte (1997).

2) Patriarchat der russisch-orth. Kirche. Nach der Erhebung des Christentums zur Staatsreligion des Kiewer Reiches 988 wurde die orth. Kirche als Metropolie des Patriarchats von Konstantinopel von ostpröm. Exarchen verwaltet. Der Zerfall des Kiewer Reiches und die Zerstörung Kiews durch die Mongolen bewirkten eine Verlegung des Metropolitensitzes zuerst nach Wladimir (um 1300) und dann nach Moskau (1317 oder 1325). Als mit der Unionsvereinbarung des Konzils von Florenz 1439 und der Einnahme Konstantinopels durch die Türken 1453 der Patriarch von Konstantinopel seine panorthodoxe Bedeutung zeitweilig verlor, nahm man in Russland 1448 eine selbstständige Wahl des Metropoliten vor und erklärte 1459 für autokephal mit dem Metropolitentitel ›von Moskau und ganz Russland‹. Eine endgültige jurisdiktionelle Loslösung von Konstantinopel kam jedoch erst mit der Gründung des Patriarchates auf den Synoden von Moskau (1589) und Konstantinopel (1590 und 1593) zustande. Kaiser PETER I. hob 1721 das seit 1700 verwaiste Patriarchenamt offiziell auf und ersetzte es durch eine am mitteleurop. prot. Konsistorialsystem orientierte Synodalverfassung, in der ein kaiserl. Beamter, der Oberprokurator, den Einfluss des Monarchen garantierte. Nach dem Sturz der Monarchie wurde das Patriarchat 1917 wieder errichtet. Die Moskauer Patriarchen des 20. Jh. sind: TICHON (1917–25), SERGIJ (1943–44), ALEKSIJ (1945–70), PIMEN (1971–90), ALEKSIJ II. (seit 1990).

Ende 1997 umfasste die Jurisdiktion des Moskauer Patriarchats 110 Eparchien (Bistümer) in Russland, der Gemeinschaft Unabhängiger Staaten, Mittel- und Osteuropa, Belgien, Frankreich, Großbritannien, Nord- und Südamerika (Kanada, USA, Argentinien) und Japan mit insgesamt über 18 000 Gemeinden sowie 390 Klöster. Die Autonomie in Fragen ihrer inneren Verwaltung unter Beibehaltung der kanon. Gemeinschaft mit Moskau besitzen die ›Orthodoxe Kirche von Japan‹ (seit 1970), die ›Ukrainische Orthodoxe Kirche‹ (1990) und die ›Orthodoxe Kirche in Moldawien‹ (1992).

Moskauer Kohlenbecken, russ. **Podmoskownyj ugolnyj bassejn,** Braunkohlenlagerstätte (Kohle aus dem Unterkarbon) in Russland, südlich und westlich von Moskau, im Bereich der Mittelruss. Platte, der Smolensk-Moskauer Höhen und der Waldaihöhen; Gesamtvorräte bis 200 m Tiefe: etwa 24 Mrd. t; Abbau seit 1844, ab 1990 mit stark rückläufiger Förderung (1995: 3,9 Mio. t).

Moskauer Konferenzen, Bez. für politisch bedeutsame Konferenzen, die in Moskau stattgefunden haben.

1) Auf der **Moskauer Konferenz von 1943** (19. 10.–1. 11.) beschlossen die Außen-Min. Chinas (FU BINGCHANG), Großbritanniens (A. EDEN), der UdSSR (W. M. MOLOTOW) und der USA (C. HULL), den Krieg gemeinsam bis zur bedingungslosen Kapitulation der Achsenmächte fortzusetzen, nach dem Ende der Kampfhandlungen gemeinsam die Erhaltung des Friedens zu sichern und möglichst bald eine Organisation zur Erhaltung der internat. Sicherheit zu schaffen (›Vier-Nationen-Erklärung‹). Darüber hinaus wurden ›Erklärungen‹ verabschiedet über die Zerschlagung aller faschist. Einrichtungen in Italien, die Wiederherstellung der Unabhängigkeit Österreichs und die strafrechtl. Verfolgung aller vom natsoz. Dtl. in Europa begangenen Grausamkeiten. Jene Deutsche, die Grausamkeiten begangen, an Massakern und Exekutionen teilgenommen hatten, sollten an jene Länder ausgeliefert werden, in denen sie die Verbrechen verübt hatten.

2) Die **Moskauer Konferenz von 1944** (9.–20. 10.) zw. W. CHURCHILL und J. W. STALIN schlug Griechenland zur brit., Bulgarien und Rumänien zur sowjet. Einflusssphäre.

3) Die **Moskauer Konferenz von 1945** (16.–26. 12.) zw. den Außen-Min. Großbritanniens (E. BEVIN), der UdSSR (W. M. MOLOTOW) und den USA (J. F. BYRNES) bereitete die Friedensverträge mit Italien, Rumänien, Bulgarien, Ungarn und Finnland vor, setzte einen Alliierten Rat für Japan ein und bekannte sich zur Errichtung eines unabhängigen Staates Korea unter demokrat. Regierung.

4) Auf der **Moskauer Konferenz von 1947** (10. 3.–24. 4.) zw. den Außen-Min. Frankreichs (G. BIDAULT), Großbritanniens (E. BEVIN), der UdSSR (W. M. MOLOTOW) und den USA (G. C. MARSHALL) scheiterten die Bemühungen der vier Besatzungsmächte in Dtl. um eine gemeinsame Deutschlandpolitik. Außerdem wurde über einen Staatsvertrag mit Österreich gesprochen und die Triestfrage behandelt.

5) Die **Moskauer Konferenz von 1990** (12. 9.) war die Abschlusskonferenz für den →Zwei-plus-Vier-Vertrag.

Moskauer Künstlertheater, genauer: **Moskauer Kunsttheater,** ab 1920 **Moskauer Künstlerisches akademisches Theater,** russ. **Moskowskij Chudoschestwennyj akademitscheskij teatr** [-xu'doʒəstvinnij-], Abk. **MCHAT,** 1898 von K. S. STANISLAWSKIJ und W. I. NEMIROWITSCH-DANTSCHENKO gegründete Avantgardebühne. Ihre Ausgangskonzeption – realist. richtete sich nach dem Vorbild der →Meininger. Zum Ensemble gehörten z. B. OLGA L. KNIPPER-TSCHECHOWA und W. E. MEJERCHOLD. Seinen ersten durchschlagenden Erfolg hatte das Theater 1898 mit einer Aufführung von TSCHECHOWS 1896 uraufgeführtem Drama ›Die Möwe‹. Weitere Uraufführungen von Tschechow-Dramen folgten, daneben umfasste der Spielplan das gesamte naturalist. Dramengut Europas. 1902 gewann das Theater M. GORKIJ als Mitarbeiter, es folgten einige Uraufführungen seiner Stücke. Das M. K. hielt sich lange Jahre als Zentrum der europ. Theateravantgarde. Als eine der ersten Bühnen setzte sich das MCHAT mit Problemen der Perestroika in der UdSSR auseinander. 1987 teilte sich das Ensemble und gründete eine ›Vereinigung Künstlertheater‹; OLEG NIKOLAJEWITSCH JEFREMOW (* 1927) leitet das Ensemble, das im histor. Gebäude spielt; ein zweites Ensemble arbeitet unter der künstler. Leitung von TANJA WASSILJEWNA DORONINA (* 1933) am Twerskoj Bulwar.

A. LUTHER: Das M. K. (Leipzig 1947).

Moskauer Meer, der Wolgastausee (→Wolga).

Moskauer Staat, Moskowien, Moscovia, Bez. für den russ. Staat in der Zeit von der endgültigen Befreiung von der Tatarenherrschaft (1480) bis zu PETER I., D. GR., als Moskau das polit. und kulturelle Zentrum der Großrussen war.

Moskauer Vertrag, Deutsch-Sowjetischer Vertrag, Vertrag vom 12. 8. 1970 zw. der BRD und der UdSSR über einen umfassenden Gewaltverzicht (gemäß Art. 2 der UN-Charta) und die territoriale Unverletzlichkeit aller Staaten in Europa auf der Basis der bestehenden Grenzen, für die Bundesrepublik unterzeichnet von Bundeskanzler W. BRANDT und Außen-Min. W. SCHEEL, für die UdSSR von Min.-Präs. A. KOSSYGIN und Außen-Min. A. GROMYKO, trat am 3. 6. 1972 in Kraft. Im Zuge der neuen Ostpolitik der sozialliberalen Bundes-Reg. und zur Förderung der Entspannung in Europa erklärten beide Vertragspartner u. a., dass sie keine Gebietsansprüche gegen irgendjemand hätten und solche in Zukunft auch nicht erheben würden; sie betrachteten die Grenzen aller Staaten in Europa als unverletzlich, einschließlich der Oder-Neiße-Linie (als W-Grenze Polens) sowie der innerdt. Grenze. Damit erkannte erstmals eine Bundes-Reg. die territorialen Veränderungen des Zweiten Weltkrieges für Dtl. an; der Vertrag selbst schuf eine neue Grundlage für die deutsch-sowjet. Beziehungen. – In einem **Brief zur deutschen Einheit** stellte die Bundesrepublik fest, dass der Vertrag nicht im Widerspruch zu ihrem Ziel stehe, auf einen Friedenszustand in Europa hinzuwirken, in dem das dt. Volk in freier Selbstbestimmung seine Einheit wiedererlange. Die dt. Frage wurde weiterhin als offen erklärt.

Moskauer Zeit, Zonenzeit im westl. Teil Russlands (bis 40° ö. L.), auch in Irak, Jemen, Äthiopien, Somalia, Kenia, Uganda, Tansania und Madagaskar; entspricht mitteleurop. Zeit plus zwei Stunden.

Moskaukanal, bis 1947 **Moskwa-Wolga-Kanal,** Schifffahrtskanal in Russland, verbindet die Moskwa (innerhalb des Stadtgebietes von Moskau) mit der oberen Wolga (bei Dubna), 128 km lang, 5,5 m tief, elf Schleusen, für Schiffe bis 18 000 t. Der 1932–37 erbaute Kanal schließt Moskau an die Großwasserstraßen zur Ostsee, zum Weißen, Kasp., Asowschen und Schwarzen Meer an.

Moskenesøy [-sœj], eine der →Lofotinseln.

Moskenstraumen [-strœjmən] *der,* starker Gezeitenstrom zw. den südlichsten Lofotinseln (N-Norwegen), als sagenumwobener **Malstrom** bekannt. Bei Weststürmen und einem nach W setzenden Ebbstrom entsteht ein steiler, kurzer Seegang, der kleinere Schiffe gefährdet.

Moskitogras, Bouteloua [buteˈluːa, bəʊtəˈləʊa], Grasgattung mit etwa 40 Arten in Amerika bis nach Argentinien, bes. in den südwestl. USA; die Art Bouteloua gracilis ist die Charakterpflanze der Weiden der Great Plains; andere Arten sind wichtige Futtergräser dieser Gebiete.

Moskitoküste, die →Mosquitoküste.

Moskitos [span. mosquito, zu mosca, lat. musca ›Fliege‹], *Sg.* **Moskito** *der, -s,* meist trop. Arten der

→Stechmücken, manche als Überträger von Krankheitserregern gefährlich.

Moskwa, Moskvá, 1) Hauptstadt von Russland (Russ. Föderation), →Moskau.

2) *die,* linker Nebenfluss der Oka, in Russland, 473 km, entspringt in den Smolensk-Moskauer Höhen, durchfließt Moskau, mündet bei Kolomna; schiffbar ab Moskau (Einmündung des →Moskaukanals); mehrmals zur Wasserversorgung Moskaus gestaut. – Über die Schlacht an der M. 1812 →Borodino 1).

Moslem, Anhänger des Islam, →Muslim.

Moslembruderschaft, die →Muslimbruderschaft.

Moslemliga, →Muslimliga.

Mosler, Hermann, Jurist, *Hennef (Sieg) 26. 12. 1912; Prof. für Völkerrecht, dt. und ausländisches öffentl. Recht und Europarecht in Frankfurt am Main (ab 1948) und Heidelberg (seit 1954); Direktor des Max-Planck-Instituts für ausländisches öffentl. Recht und Völkerrecht (1954–76); Mitgl. des Ständigen Haager Schiedshofs (1954–85); Richter am Europ. Gerichtshof für Menschenrechte (1959–81), seit 1974 dessen Vize-Präs.; Richter am Internat. Gerichtshof in Den Haag (1976–85); zahlr. Veröffentlichungen. – Robert-Schuman-Preis (1982).
Werke: Wirtschaftskonzessionen bei Änderung der Staatshoheit (1948); Das Völkerrecht in der Praxis der dt. Gerichte (1957); The international society as a legal community (1980).

Mosley ['mɔzli, 'məʊzli], Sir Oswald Ernald, brit. Politiker, *London 16. 11. 1896, †Orsay 3. 12. 1980; war 1918–31 Unterhaus-Abg., 1924–31 Mitgl. der Labour Party. 1932 wurde M. Gründer und Führer der ›British Union of Fascists‹. Nach deren Verbot (1940) war er 1940–43 in Haft. Ab 1948 leitete er das von ihm geschaffene rechtsgerichtete ›Union Movement‹.

Moso, Volk in NW-Yunnan, →Naxi.

Mosonmagyaróvár ['moʃonmɔdjɔroːvaːr], Stadt im Bez. Raab-Wieselburg-Ödenburg, Ungarn, an der Mündung der Leitha in die Kleine Donau, 30 000 Ew.; landwirtschaftl. Akademie (gegr. 1818), Museum; Landmaschinenbau, Tonerdefabrik. – M. entstand 1939 durch Vereinigung der alten Festungs- und Handelsstadt **Moson** (dt. **Wieselburg**) mit der Industriestadt **Magyaróvár** (dt. **Ungarisch-Altenburg**).

Mosquitia [span. mɔsˈkitja], karib. Küstentiefland in Honduras mit weitläufigem Strandseensystem der Laguna de Caratasca; mit Sumpfpalmen und Kiefernbeständen (werden genutzt); wenig erschlossen, dünn besiedelt; im äußersten O Reisanbau.
M. Die andere Hälfte Nicaraguas, hg. v. K. MESCHKAT u. a. (1987).

Mosquitoküste [mɔsˈkito-], **Moskitoküste,** span. **Costa de Mosquitos** [- mɔsˈkitɔs], karib. Küstenebene mit zahlr. Strandseen in Nicaragua (setzt sich in der →Mosquitia von Honduras fort), größtenteils von Kiefernsavannen eingenommen, im S trop. Regenwald, im unmittelbaren Küstenbereich Mangrove- und Palmsümpfe; wenig erschlossen und dünn besiedelt (rd. 50 000 Ew.). Neben der vorherrschenden Misquito-Bev. gibt es Schwarze, die aus Jamaika eingewandert sind. Anbau (Bananen, Reis u. a.) v. a. im äußersten N und S. Hauptort ist Bluefields.
Die M. wurde 1502 von KOLUMBUS entdeckt. Seit Anfang des 17. Jh. bildete sich hier eine aus geflüchteten Negersklaven und Indianern hervorgegangene Zambobevölkerung (Mosquitos, seit dem 19. Jh. Misquitos, Miskitos), die ihre Unabhängigkeit bewahrte. 1687 begab sich ihr Häuptling unter brit. Schutzherrschaft, die 1786 auf Spanien überging. Als 1821 die Spanier Zentralamerika verließen, blieb die M. faktisch unabhängig, die span. Ansprüche gingen aber auf Nicaragua über. Großbritannien gab seine Ansprüche im Clayton-Bulwer-Vertrag (19. 4. 1850) auf. Im Vertrag von Managua (28. 1. 1860) erkannten Großbritannien und die USA das Protektorat über die M. Nicaragua zu, das 1895 den größten Teil der M. formell seinem Staatsgebiet angliederte, während der kleinere nördl. Teil an Honduras fiel (Mosquitia).
B. POTTHAST: Die M. im Spannungsfeld brit. u. span. Politik 1502–1821 (1988).

Moss, Hauptstadt des Verw.-Gebietes Østfold, S-Norwegen, am O-Ufer des Oslofjords (z. T. auf der Insel Jeløy), 25 300 Ew.; Gemäldegalerie; Holz-, Kunststoffverarbeitung, Glaswerk, Werft; Hafen; Fährverbindung nach Frederikshavn (Dänemark). M. erhielt 1720 Stadtrechte.

Mossad, Mosad [hebr., eigtl. M. Merkazi Le-Modiin U-Letafkidim Meyuhadim ›Allg. Nachrichten- und Sicherheitsdienst‹], einflussreicher israel. Geheimdienst, gegr. 1951 von ISSER HAREL (Direktor 1951–63), erhielt ab etwa 1953 seine Organisationsstrukturen als Auslandsdienst; wurde v. a. bei der Bekämpfung palästinens. Terrororganisationen tätig, bekannt durch spektakuläre Attentate und Agentenoperationen (u. a. 1960 Entführung von A. EICHMANN).
I. BLACK u. B. MORRIS: M., Shin Bet, Aman. Die Gesch. der israel. Geheimdienste (a. d. Engl., 1994).

Mossadegh [-k], Mohammed, iran. Politiker, *Teheran um 1881, †ebd. 5. 3. 1967; Großgrundbesitzer, bekämpfte 1919 den Versuch der brit. Reg., Persien in ein Protektoratsverhältnis zu bringen. 1920 war er Justiz-, 1921 Finanz- und 1923 Außen-Min. Mit seinen Reformplänen geriet er in Konflikt mit RESA SCHAH (1925–41); zeitweilig war er in Haft. Als Führer der 1949 gegründeten ›Nat. Front‹ im Parlament stand er an der Spitze einer wachsenden antibrit. Bewegung. Nachdem M. die im brit. Besitz befindl. Anglo-Iranian Oil Company als Min.-Präs. (1951–53) verstaatlicht hatte, geriet er innenpolitisch in Konflikt mit Schah MOHAMMED RESA (seit 1941), außenpolitisch mit Großbritannien. Der Versuch M.s, gleichzeitig die Rechte des Schahs einzuschränken, führte zu seinem Sturz. 1953 zu drei Jahren Haft verurteilt, stand er danach bis zum Ende seines Lebens unter Hausarrest.

Mößbauer, Rudolf Ludwig, Physiker, *München 31. 1. 1929; 1961–64 Prof. am Institute of Technology in Pasadena (Calif.), 1964–72 an der TU München, 1972–77 Direktor des Instituts Laue Langevin (ILL) in Grenoble; erhielt für seine Arbeiten über die rückstoßfreie Kernresonanzfluoreszenz (→Mößbauer-Effekt) und deren theoret. Deutungen 1961 zus. mit R. HOFSTADTER den Nobelpreis für Physik.

Rudolf Mößbauer

Mößbauer-Effekt [nach R. L. MÖSSBAUER], die rückstoßfreie Emission oder Absorption von Gammaquanten (γ) durch Kerne von Atomen, die in das Raumgitter eines Festkörpers (Kristall) eingebaut sind, bei tiefen Temperaturen (→Kernresonanzfluoreszenz). Durch die Fixierung im Kristall wird die bei freien Atomen auf dem Rückstoß des absorbierenden oder emittierenden Kerns beruhende Verschiebung zw. Absorptions- und Emissionslinie beseitigt, weil der gesamte Kristall den Rückstoß aufnimmt. Da sich die Rückstoßenergie umgekehrt proportional zur Masse des Absorbers oder der Quelle verhält, geht wegen der Größe der Masse des Festkörpers im Vergleich zu der des Atomkerns die Rückstoßenergie gegen null. Außerdem entfällt die bei freien Atomen (aufgrund der therm. Bewegung der Gasatome) stets vorhandene Verbreiterung der Gammalinien durch den Doppler-Effekt, da die therm. Schwingungsbewegung der Gitteratome bei Temperaturen in der Nähe des absoluten Nullpunkts hinreichend unterdrückt werden kann. Man erhält dann sehr scharfe γ-Linien, die nur noch die durch die Lebensdauer des angeregten Kernzustandes bedingte natürl. Linienbreite (meist 10^{-5} bis 10^{-9} eV) aufweisen **(Mößbauer-Linien).**

Mit dem M.-E. sind extrem gute Auflösungen von Spektrallinien und entsprechend scharfe Bestimmungen von Anregungsenergien möglich; Änderungen der Energie der 14,4-keV-Mößbauer-Linien in ^{57}Fe sind mit einer relativen Genauigkeit von besser als 10^{-15} messbar. So konnte die von A. EINSTEIN durch die allgemeine Relativitätstheorie vorausgesagte Änderung der Frequenz der γ-Strahlung durch ein Gravitationsfeld experimentell im Schwerefeld der Erde bestätigt werden. – Der M.-E. findet in der Kernphysik, der Festkörperphysik und der Chemie Anwendung. Messungen der Hyperfeinstrukturaufspaltung von Mößbauer-Linien geben Aufschluss über magnet. Felder und elektr. Feldgradienten am Kernort und das magnet. Dipolmoment und elektr. Quadrupolmoment des Kerns. Außerdem können Kernradiusänderungen in angeregten Zuständen oder die Elektronendichte am Kernort bestimmt werden sowie u.a. Aussagen über die Struktur in chem. Verbindungen getroffen werden. (→Mößbauer-Spektroskopie)

Mößbauer-Spektroskopie [nach R. L. MÖSSBAUER], **Gammastrahlen-Resonanzspektroskopie,** eine Methode der Spektroskopie mit Gammastrahlen, die unter Anwendung der →Kernresonanzfluoreszenz auf der Ausnutzung des →Mössbauer-Effekts beruht. Die durch den chem. Bindungszustand eines Atoms in einem Festkörper bewirkte geringfügige Änderung der Energie der Kernzustände verschiebt die Lage der Resonanzabsorptionslinien (Isomerieverschiebung, chem. Verschiebung). Durch elektr. oder magnet. Kristallfelder oder durch ungleiche Verteilung der Elektronen in der Elektronenhülle kann eine weitere Aufspaltung in mehrere Linien bewirkt werden. Von mehr als 40 versch. Elementen sind unter geeigneten Bedingungen rückstoßfreie γ-Übergänge bekannt. Bes. intensiv untersucht wurden ^{57}Fe, ^{119}Sn, ^{127}J, ^{129}Xe. Zur Messung der Resonanzabsorption werden Strahlenquelle und Absorber mit Geschwindigkeiten v von bis zu 10 cm/s relativ zueinander bewegt (Frequenzabstimmung unter Ausnutzung des Doppler-Effekts) und die Zahl der absorbierten γ-Quanten als Funktion von v registriert. Wegen der geringen Linienbreite der Mößbauer-Linien kann die Lage der Resonanzen sehr genau bestimmt werden. Die M.-S. liefert Hinweise auf den Bindungszustand eines Atoms und Informationen über Kernradien, magnet. Kerndipol- und elektr. Kernquadrupolmomente sowie über lokale Kristallfeldparameter und -symmetrien.

Mossel Bay [ˈmɔsl beɪ], Hafenstadt und Ferienort an der Südküste der Prov. West-Kap, Rep. Südafrika, 35 000 Ew.; Fischerei und Fisch verarbeitende Industrie. Seit 1992 wird vor der Küste Erdgas gefördert und in einer Raffinerie zu Treibstoff verarbeitet; seit 1997 Erdölförderung 140 km südwestlich von M. B. im Oribi-Ölfeld. – B. DIAZ betrat hier 1488 als erster Europäer den Boden Südafrikas (Museum); seither ist M. B. Stützpunkt für Seefahrer, aber erst seit 1787 ständig besiedelt.

Mosse-Verlag, Verlag Rudolf Mosse, Presse-, Buchverlag und Anzeigenagentur in Berlin, entstanden aus der 1867 gegründeten ›Rudolf Mosse, Zeitungs-Annoncen-Expedition‹ von RUDOLF MOSSE (* 1843, † 1920). Mit der Gründung des ›Berliner Tageblatts‹ (1871) kam ein Druck- und Verlagsunternehmen hinzu, in dem die ›Berliner Morgen-Zeitung‹ (gegr. 1889), die ›Berliner Volks-Zeitung‹ (erworben 1904) sowie Zeitschriften, Adressbücher und Unterhaltungsliteratur erschienen. Führender liberaler Pressekonzern, der seine Entstehung dem Aufkommen der Massenpresse gegen Ende des 19. Jh. verdankt. 1932 fiel das Unternehmen auseinander. Die Presseunternehmen gingen 1934 in reichseigenen Auffanggesellschaften wie der ›Berliner Druck- und Zeitungsbetriebe AG‹ und der ›Buch- und Tiefdruckgesellschaft mbH‹ auf.

Mossi, Volk in Westafrika, →Mosi.

Mössingen, Stadt im Landkreis Tübingen, Bad.-Württ., 475 m ü. M., am Fuß der Schwäb. Alb, 18 700 Ew.; Körperbehindertenzentrum, Schulzentrum; Textilindustrie, Holz- und Metallverarbeitung. Im Ortsteil **Bad Sebastiansweiler** (Kurort seit 1830) schwefelhaltige Mineralquellen (Anwendungen gegen Rheuma und Hautkrankheiten). – Im Ortsteil **Belsen** liegt die ev. Kirche (Mitte 12. Jh.) innerhalb der alten Friedhofsmauern, sie wurde über einem Vorgängerbau des 11. Jh. (ab 1956 ergraben und im Grundriss konserviert) errichtet; hervorragende frühmittelalterl. Bauplastik v. a. an der W-Fassade und den mit Halbsäulen und Giebelreliefs geschmückten Portalen. – M., 774 erstmals urkundlich erwähnt, wurde 1974 Stadt.

Moßmann, Walter, Liedermacher, * Karlsruhe 31. 8. 1941; engagierte sich in der Ostermarsch- und Antikernkraftbewegung; musikalisch vom frz. Chanson (G. BRASSENS, B. VIAN) beeinflusst. Konkreten polit. Themen wandte er sich mit seinen ›Liedern zum prakt. Gebrauch für Demonstrierende‹ zu. M. gilt als polit. Liedermacher, der sich der kommerziellen Vermarktung verweigert hat.

mosso [ital.], musikal. Vortrags-Bez.: bewegt, lebhaft; auch in Zusammensetzungen: **più mosso,** lebhafter; **meno mosso,** weniger lebhaft.

Mosso, Angelo, ital. Physiologe, * Turin 30. 5. 1846, † ebd. 24. 11. 1910; ab 1876 Prof. in Turin; frühe Forschungen über den physiolog. und psycholog. Umwelteinfluss; führte exakte Untersuchungen zur Muskelermüdung mithilfe eines von ihm 1884 konstruierten Ergographen durch. M.s Verdienst liegt in der Begründung der neuzeitl. Erforschung des Höhenklimas in seiner Wirkung auf den menschl. Organismus.

Mossoró [mosoˈrɔ], Stadt im Bundesstaat Rio Grande do Norte, Brasilien, in der Küstenebene, 118 000 Ew.; Bischofssitz; Univ.; Salinen.

Mossul, Stadt in Irak, →Mosul.

Most [ahd. most ›Obstwein‹, von lat. (vinum) mustum ›junger (Wein)‹], 1) **Traubenmost,** in der Kellereiwirtschaft Bez. für den beim Keltern gewonnenen, zur Weinbereitung bestimmten Saft der Trauben (→Wein); landschaftlich auch für den Federweißen; 2) in Süd-Dtl., Österreich und der Schweiz Bez. für Obstwein aus Äpfeln und Birnen; 3) landschaftlich Bez. für unvergorenen, trüben Fruchtsaft.

Most, Stadt in der Tschech. Rep., →Brüx.

Most, Johann, Politiker und Journalist, * Augsburg 5. 2. 1846, † New York 17. 3. 1906; Initiator der anarchist. Bewegung in Dtl., trat für die gewaltsame Veränderung der Gesellschaft ein. 1882 ging er in die USA; er einigte dort anarchist. und sozialrevolutionäre Gruppen in der ›International Working People's Association‹. 1887 zu Zwangsarbeit verurteilt.

Mostaert [ˈmɔstaːrt], 1) **Antoon** Julius Edmond Maria Jozef, belg. Missionar und Mongolist, * Brügge 10. 8. 1881, † Tienen 2. 6. 1971; wirkte 1906–25 als Missionar im mongol. S-Ordos-Gebiet sowie als Mongolist 1926–48 in Peking, 1949–65 in Arlington (Va.) und 1965–71 in Belgien; Arbeiten bes. zu Sprache, Geschichte und Brauchtum der Mongolen.

2) **Jan,** niederländ. Maler, * Haarlem um 1475, † ebd. 1555 oder 1556; war etwa 1503–21 Hofmaler der Statthalterin MARGARETE VON ÖSTERREICH in Brüssel, danach in Haarlem tätig. Er malte Altarbilder und Porträts. Sein Frühwerk ist von GEERTGEN TOT SINT JANS beeinflusst; einige spätere Werke zeigen individuell-harmon. Farbgebung, natürl. Erzählweise sowie Selbstständigkeit gegenüber der Tradition aus.

Mostaganem, Mestghanem [-ga-], Hafenstadt und Seebad in NW-Algerien, 104 m ü.M., an der O-Seite des Golfs von Arzew auf einer Küstenterrasse, 115 300 Ew.; Hochschule für Landwirtschaft; Zentrum eines großen Agrargebiets (u.a. Wein, Zitrusfrüchte, Gemüse); staatl. Industriezone mit Textil- und Baustoffindustrie, Papierfabrik, Zuckerraffinerie. – In der Altstadt, überragt von der Zitadelle Bordj el-Mehal (›Türkenfort‹), liegt die Merinidenmoschee (z. T. 14. Jh.). – M., Ende des 11. Jh. von den Almoraviden gegr., war 1847–1963 frz. Garnisonstadt.

Mostar [›Stadt der Brücken‹], Stadt in der Rep. Bosnien und Herzegowina (bosniakisch-kroat. Föderation), an der Neretva, südwestlich von Sarajevo, etwa 100 000 Ew. (je zur Hälfte Bosniaken und Kroaten); geteilte Stadt in der Herzegowina; kath. und orth. Bischofssitz; Univ. (gegr. 1977, seit 1996 kroatisch); Flugzeug- und Maschinenbau, Textilindustrie, Bauxitverarbeitung, Tabak- und Nahrungsmittelindustrie; internat. Flughafen. – Die Altstadt, die ihren oriental. Charakter bewahrt hatte, wurde im Bürgerkrieg 1991–95 stark zerstört; auch die Brücke über die Neretva (Stari Most; Kleinod osman. Baukunst auf dem Balkan, Baubeginn 1566) mit zwei älteren Türmen an beiden Ufern wurde stark beschädigt und stürzte ein (9. 11. 1993); Karadjoz-Beg-Moschee (1570). – M., an einer Engstelle des Neretvatales entstanden, erstmals 1452 als türk. Gründung erwähnt, wurde 1552 Sitz des Begs des Sandschaks Herzegowina und im 17./18. Jh. zu einer reichen Handelsstadt. Unter der Verw. Österreich-Ungarns (1878–1918) war M. Sitz der serb. und muslim. Opposition sowie Suffraganbistum des Erzbistums Sarajevo (ab 1881). M. kam 1919 an das spätere Jugoslawien und gehörte 1941–44 zum kroat. Ustascha-Staat. – Die herzegowin. Gebietshauptstadt M. (1991: 126 000 Ew.), zunächst von der ›Jugoslaw. Volksarmee‹ sowie serb. Milizen eingenommen und besetzt (Oktober 1991 bis Juni 1992; ab Frühjahr 1992 Belagerung), wurde nach der Rückeroberung durch kroat. Truppen (bis Herbst 1992; Flucht v. a. der serb. Ew.) zur Hauptstadt des am 3. 7. 1992 proklamierten kroat. Staates ›Herceg-Bosna‹ erklärt, der faktisch Kroatien angeschlossen war. Der bosniakisch-kroat. ›Krieg im Krieg‹ (Mai 1993 bis Februar 1994; am 8./9. 11. 1993 endgültige Zerstörung des Stari Most als wichtiger Verbindung zw. O- und West-M. durch kroat. Truppen) führte zur Zweiteilung der Stadt (kroat. W-Teil, bosniak. O-Teil) und zur Errichtung einer ›EU-Administration M.‹ (Abk. EUAM; 23. 7. 1994–31. 12. 1996, Administrator bis 31. 3. 1996: H. KOSCHNICK); im Vorfeld war die bosniakisch-kroat. Föderation begründet worden (März 1994). Mit der schwierigen Umsetzung des Abkommens von →Dayton (1995; Annex über den Status von M.) wurde das v. a. im bosniak. O-Teil stark kriegszerstörte M. – bei großzügiger EU-Aufbauhilfe – zum Modellfall für die langwierige Reintegration der Volksgruppen in Bosnien und Herzegowina.

Mostar, Gerhart Herrmann, eigtl. **G. Herrmann,** Schriftsteller, * Gerbitz bei Bernburg (Saale) 8. 9. 1901, † München 8. 9. 1973; Lehrer, Journalist; wurde bes. bekannt durch den von den Nationalsozialisten verbotenen Karl-Marx-Roman ›Der schwarze Ritter‹ (1933); emigrierte 1933; nach Kriegsende Leiter eines Kabaretts, danach Prozessberichterstatter; schrieb Bühnenstücke (u. a. ›Meier Helmbrecht‹, 1947), Lyrik, Hörspiele, humorvolle, geistreiche Essays und histor. Plaudereien (u. a. ›Liebe, Klatsch und Weltgeschichte‹, 1966).

MOS-Technik [MOS: Abk. für engl. **m**etal **o**xide **s**emiconductor, ›Metall-Oxid-Halbleiter‹], 1) i. w. S. synonym mit →MIS-Technik verwendete Bez.; 2) i. e. S. Bez. für einen Spezialbereich der MIS-Technik, in dem bei der Herstellung diskreter und integrierter Halbleiterbauelemente bzw. Funktionselemente – bes. Feldeffekttransistoren (→MOSFET), aber auch MOS-Kondensatoren, -Widerstände und -Speicherelemente – Silicium, Siliciumdioxid oder das natürl. Oxid des Substrats als Isolierschicht verwendet

Mostar: Die historische Steinbrücke über die Neretva (Baubeginn 1566; im November 1993 zerstört) verband den kroatischen mit dem muslimischen Teil der Stadt

wird. Die MOS-T. erlaubt die Herstellung →integrierter Schaltungen (ICs) großer Komplexität und Packungsdichte (VLSI und darüber hinaus, →Integrationsgrad), wobei das eigentl. Herstellungsverfahren die →Planartechnik ist. Wegen größerer Fertigungstoleranzen passiver Bauelemente (die beim Schaltungsentwurf berücksichtigt werden müssen) sowie der höheren Leistungsaufnahme der Widerstände werden in MOS-Schaltungen passive Komponenten nach Möglichkeit durch aktive ersetzt.

Aufgrund der höheren Beweglichkeit von Elektronen gegenüber Löchern sind in **PMOS-Technik** hergestellte Bausteine (gekennzeichnet durch MOS-Transistoren mit p-leitendem Kanal) erheblich langsamer (typ. Arbeitsgeschwindigkeit 100 statt 30 ns/Stufe) als die in der weiterentwickelten **NMOS-Technik** hergestellten Bausteine (gekennzeichnet durch MOS-Transistoren mit n-leitendem Kanal). Die PMOS-Technik ist die ursprüngl. Herstellungsform (einfache und billige Fertigung), sie findet heute im Wesentlichen nur noch für Taschenrechner Verwendung, bei denen weniger die Rechengeschwindigkeit als die Kosten entscheidend sind. Für andere Anwendungen, z. B. in Halbleiterspeichern oder Mikroprozessoren, werden fast ausschließlich NMOS-Schaltkreise benutzt, die außerdem voll TTL-kompatibel sind. Da eine kostengünstige Integration nur bei direkter Kopplung aller Bauelemente erreichbar ist, werden vorwiegend n-Kanal-MOSFETs vom Anreicherungstyp verwendet, die mit weniger Fertigungsschritten herstellbar sind als MOSFETs vom Verarmungstyp, mit denen die höchste Packungsdichte erreicht wird.

Es besteht auch die Möglichkeit, MOS-Schaltungen aufzubauen, bei denen n-Kanal- und p-Kanal-Komponenten auf demselben Chip integriert sind (→CMOS-Technik). Bei diesen Schaltkreisen werden alle p-leitenden Bereiche in n-leitendem Material isoliert. Die kompliziertere Fertigung lohnt sich für Anwendungen wie batteriebetriebene Rechner und Uhren, da CMOS-Bauelemente einen sehr niedrigen Stromverbrauch haben und sich durch hohe Störsicherheit und TTL-Kompatibilität auszeichnen. Weitere Entwicklungen sind ladungsgekoppelte Schaltungen (→CCD) sowie die →SOI-Technik, bei der die Transistoren in einer dünnen Siliciumschicht, aufgebracht auf nicht leitendem Substrat, erzeugt werden.

Den Vorteilen der MOS-T. im Vergleich zur →Bipolartechnik, z. B. hohe Integrationsdichte, geringe Verlustleistung, einfacher Fertigungsprozess und niedrige Herstellungskosten, stehen als Nachteile die kleinere Arbeitsgeschwindigkeit und die niedrigere Ausgangsleistung gegenüber. Die Arbeitsgeschwindigkeit in einem MOSFET hängt von der Breite des Gate-Bereichs ab, die durch das Auflösungsvermögen des lithograph. Prozesses (→Lithographie) begrenzt wird. Dagegen kann beim bipolaren Transistor eine sehr viel dünnere Basiszone erzeugt werden.

Mostrich der, -s, landschaftlich für: Senf.

Most seriously affected countries [məʊst ˈsɪərɪəsli əˈfektɪd ˈkʌntrɪz, engl.], Abk. **MSAC**, Bez. für die am schwerwiegendsten betroffenen →Entwicklungsländer.

Mostviertel, volkstüml. Bez. für den äußersten SW Niederösterreichs, das Alpenvorland östlich der Enns und südlich der Donau, mit seinen zahlr. Apfel- und Birnbäumen; Zentrum ist Seitenstetten.

Mostwaage, Gleukometer, eine Senkwaage (→Aräometer), mit der die Dichte (spezif. Gewicht) des Traubenmostes (im Sinne der Weinbereitung das Ausgangsmostgewicht) bestimmt wird. In Dtl., der Schweiz und Luxemburg wird die von CHRISTIAN FERDINAND OECHSLE (* 1774, † 1852) entwickelte M., die **Öchslewaage,** verwendet, die angibt, um wieviel Gramm pro Kubikzentimeter die Dichte des Mostes über der von Wasser liegt (eine Dichte von 1,075 g/cm³ entspricht 75° Öchsle). In Österreich und Italien wird die von AUGUGST WILHELM Freiherr VON BABO (* 1827, † 1894) entwickelte **Klosterneuburger M.** (KMW) verwendet, die den im Most enthaltenen Zucker in Gewichtsprozenten angibt (in obigem Beispiel: 15,7° KMW), wobei in der Skala der zuckerfreie Extrakt pauschal in Abzug gebracht wurde. Bei Angaben in Grad Öchsle muss dagegen die Errechnung des (ungefähren) Zuckergehalts stets gesondert erfolgen, wobei der (durchschnittl.) zuckerfreie Extrakt ebenfalls abzuziehen ist, und zwar nach der Formel (n° Öchsle × 2,5) − 30, in guten Jahren − 25. Umrechnungen von Grad KMW in Grad Öchsle sind somit nur näherungsweise möglich. In englischsprachigen Ländern wird die **Balling-M.** (Balling-Saccharometer für reine Zuckerlösungen) benutzt, in Frankreich versch. **Baumé-M.** mit willkürl. Gradeinteilungen. Vergleichsbeispiel: Dichte 1,060 g/cm³ = 60° Öchsle = 12,4° KMW = 14,7° Balling = 8,2° Baumé. − Zur näherungsweisen Ermittlung des Mostgewichtes wird meist ein →Refraktometer benutzt.

Mosul der, -(s)/-s, nach der Stadt Mosul benannter blaugrundiger, meist schafwollener Kurdenteppich, dessen Musterung in gedämpfter Farbigkeit pers., kaukas. und kleinasiat. Elemente aufweist.

Mosul, Mossul, arab. **Al-Mausil,** Stadt in N-Irak, 250 m ü. M., am rechten Ufer des Tigris, 778 000 Ew.; Verw.-Sitz der Prov. Ninive, Sitz eines chaldäischen Metropoliten (mit theolog. Seminar) und eines syrisch-orth. Metropoliten; Univ. (gegr. 1967); archäolog. Museum, Bibliotheken; Fernsehsender; Handelszentrum eines Agrargebietes (Weizenanbau); wichtigster Verkehrsknotenpunkt des nördl. Irak; Textilindustrie, Zement- und Zuckerfabrik. M. liegt an der Bagdadbahn; Flugplatz. − M. erhebt sich gegenüber den Ruinen von →Ninive. Vom 10. bis 13. Jh. war es Mittelpunkt arab. Lokaldynastien; um 1259 wurde es von den Mongolen unter HÜLĀGÜ und 1400 von TIMUR zerstört. 1515 kam es zu Persien, 1638 an das Osman. Reich (wichtige Festung). Nach dem Ersten Weltkrieg war das Gebiet um M. Streitobjekt zw. Irak und der Türkei (**Mosulfrage,** →Mosulvertrag).

Mosulbronzen, tauschierte Bronzearbeiten des 13. Jh., laut Signaturen von Meistern aus Mosul gearbeitet. Im Auftrag der herrschenden Dynastie der Sengiden, später auch der Mameluken und der Kreuzritter, wurden Prunkplatten, zum Händereinigen dienende Wasserkannen mit Tülle (Ibrik) und zugehörigen Becken, Schreibkästen (Kalamdan), Leuchter, Astrolabien u. a. gefertigt. Inschriften, ornamentaler und figürl. Dekor, auch Planeten- und Fixsternbilder überziehen alle Flächen.

Mosulvertrag, Mossulvertrag, am 5. 6. 1926 zw. Großbritannien, dem Irak und der Türkei abgeschlossenes Abkommen, legte die Grenze zw. dem Irak und der Türkei fest; das Gebiet von Mosul mit seinen Erdölquellen wurde − bereits 1925 vom Völkerbund dem Irak zugesprochen − an den unter starkem brit. Einfluss stehenden Irak abgetreten.

Mosyr, Mozyr' [-z-], weißruss. **Masyr, Mazyr** [-z-], Stadt im Gebiet Gomel, Weißrussland, am Pripjet, 104 300 Ew.; Erdölraffinerie, Erdgasverarbeitung, Bau von Baggern, petrochem., Holzindustrie. − 1153 erstmals erwähnt; seit 1795 Stadt.

Mot [semitisch ›Tod‹], phönik. Gott der Dürre, der Getreidereife und des Todes. Er galt als Herr der Unterwelt und ist im ugarit. Mythos Gegenspieler des Wetter- und Regengottes →Baal.

Motacillidae, wiss. Name der Singvogelfamilie Stelzen.

Motala [ˈmuː-], Stadt im Län Östergötland, Schweden, am Vättersee und Götakanal, 42 800 Ew.; Heimat-, Feuerwehr-, Schifffahrt-, Rundfunkmuseum; Lokomotiv- und Waggonbau, Elektro- und Phonoindustrie, Wasserkraftwerk; Rundfunksender.

Motel [auch -ˈtɛl; amerikan., gekürzt aus **mo**tor und ho**tel**] das, -s/-s, an Autobahnen und großen Autostraßen gelegenes Hotel mit Garagen (für motorisierte Reisende), z. T. auch mit Tankstelle.

Motenebbi, arab. Dichter, →Mutanabbi.

Motette [ital. motetto, zu spätlat. muttum ›Wort‹, eigtl. ›Muckser‹] die, -/-n, eine der wichtigsten Gattungen mehrstimmiger Vokalmusik der abendländ. Musikgeschichte von ihren Anfängen im 13. Jh. bis in die Gegenwart. Ihr Ursprung liegt in der nachträgl. (zuerst lat., später auch franz.) Textierung von Discantuspartien (Klauseln) der →Notre-Dame-Schule, wobei sowohl die unmittelbar über dem Tenor verlaufende Stimme als auch das ganze Stück als **Motetus** bezeichnet wurde. Bereits im 13. Jh. verselbstständigte sich die M. zur wichtigsten Gattung der Ars antiqua (bedeutendste Handschriften in Montpellier und Bamberg) sowohl im weltl. als auch im geistl. Bereich. Auffallend in diesem Stadium ist die versch. Textierung der Stimmen (innerhalb einer M. z. T. in versch. Sprachen; **Doppel-M., Tripel-M.**). Im 13. Jh. war Frankreich das Zentrum der M.-Komposition, doch war sie bald auch auf dem ganzen Kontinent verbreitet. Eine wesentl. Erweiterung erfuhr die M. durch die von P. DE VITRY ausgebildete Isorhythmie (→isorhythmisch), die bei G. DE MACHAULT ihren Höhepunkt erreichte. Entscheidenden Anteil an der für das 15. und 16. Jh. gültigen techn. Ausformung gewann G. DUFAY. Im ausgehenden 15. Jh. vollzog sich die Bindung der M. an die Kirchenmusik, die bis heute gültig geblieben ist. Maßgebende M.-Komponisten des 16. Jh. waren JOSQUIN DESPREZ, G. DA PALESTRINA und O. DI LASSO. Eigene Traditionen ergaben sich aus der deutschsprachigen prot. Kirchenlied-M. (H. SCHÜTZ, J. WALTER) und dem englischsprachigen →Anthem. Neben der Fortführung der traditionellen Formen brachte das 17. Jh. die instrumentalbegleitete Solo-M. (L. VIADANA) sowie mehrchörige M. venezian. Tradition hervor (beide oft auch als ›Concerti‹ bezeichnet), die u. a. zur Ausbildung der Kantate beitrug. Nach den M. J. S. BACHS folgte die Gattung dem allgemeinen Niedergang der Kirchenmusik im ausgehenden 18. Jh., blieb aber im 19. Jh. (R. SCHUMANN, F. MENDELSSOHN BARTHOLDY, J. BRAHMS, A. BRUCKNER, M. REGER) noch lebendig und fand im 20. Jh. neues Interesse im Anschluss an die Vorbilder

---

Mosul

- Stadt in Irak
- am Tigris
- 250 m ü. M.
- 778 000 Ew.
- altes Handelszentrum mit gut erhaltener Altstadt
- Verkehrsknotenpunkt des nördlichsten Landesteils
- Universität (1967 gegründet)
- nach oft wechselnder Zugehörigkeit seit 1925/26 zu Irak gehörig
- in der Nähe die Ruinen von Ninive

der Renaissance und des Barock (u. a. H. DISTLER, E. PEPPING, J. N. DAVID, E. KRENEK).

H. LEICHTENTRITT: Gesch. der M. (1908, Nachdr. 1967); W. STEPHAN: Die burgundisch-niederländ. M. zur Zeit Ockeghems (1937, Nachdr. 1973); E. APFEL: Beitr. zur Gesch. der Satztechnik von der frühen M. bis Bach, 2 Bde. (1964–65); A. DUNNING: Die Staats-M. 1480–1555 (Utrecht 1970); W. BOETTICHER: Gesch. der M. (1989); Die M. Beitr. zu ihrer Gattungsgesch., hg. v. H. SCHNEIDER u. H.-J. WINKLER (1992).

Motherboard [ˈmʌðəbɔːd; engl.], die Grundplatine eines Computers (v. a. bei Mikrorechnern), auf der alle wesentl. Baugruppen angeordnet sind, darunter der Prozessor sowie Speicher- und Ein-/Ausgabe-Bausteine. Durch das M. ist die Grundstruktur eines Computers festgelegt. Für Erweiterungen des Einsatzes oder der Leistungsfähigkeit (Speichererweiterung, Schnittstellen, Grafik) sind meist Reservesteckplätze (engl. slots) für spezielle Steckkarten vorgesehen.

Mothers of Invention [ˈmʌðəz əv ɪnˈvenʃn; engl. ›Mütter der Erfindungsgabe‹], amerikan. Rockgruppe, →ZAPPA, FRANK.

Motherwell [ˈmʌðəwəl], Industriestadt im Verw.-Distrikt North Lanarkshire, Schottland, südöstlich von Glasgow im Clydetal, 30 700 Ew.; kath. Bischofssitz; Metall verarbeitende Industrie, Maschinenbau, Leichtindustrie.

Robert Motherwell: Elegie für die spanische Republik LXX; 1961 (New York, Metropolitan Museum)

Motherwell [ˈmʌðəwəl], Robert, amerikan. Maler und Grafiker, * Aberdeen (Wash.) 24. 1. 1915, † Provincetown (Mass.) 16. 7. 1991; beeinflusst von MATTA u. a. Surrealisten. Mit seinen ekstatisch-dynam. Bildern gehörte M. in den 50er-Jahren zu den bedeutendsten Vertretern des abstrakten Expressionismus (Gemälde und Collagen). Thematisch nahm er u. a. auf polit. Ereignisse Bezug (Serie ›Elegie für die span. Republik‹, 1949 ff., über 80 Variationen mit Balken- und Ellipsenformen in Schwarz, Weiß und Rot). In den Arbeiten seit Mitte der 60er-Jahre zeigt sich eine Annäherung an das Color-Field-Painting. M. gab 1944–51 die ›Documents of modern art‹ heraus.

H. H. ARNASON: R. M. (New York 1982); S. TERENZIO u. D. C. BELKNAP: The prints of R. M. A catalogue raisonné, 1943–1984 (ebd. 1984).

Mo Ti, chin. Philosoph, →Mo Di.

Môtiers (NE) [moˈtje (nøʃaˈtɛl)], Hauptort des Bez. Val-de-Travers im S des Kt. Neuenburg, Schweiz, 800 Ew.; Museen (u. a. für das Val de Travers). – Häuser des 17. und 18. Jh., ehem. Priorat.

Motilität [zu lat. movere, motum ›bewegen‹], *Physiologie:* 1) Beweglichkeit, Bewegungsvermögen von Organismen oder Zellorganellen; 2) Gesamtheit der unwillkürl., vegetativ oder durch Rückenmarkreflexe gesteuerten Bewegungsvorgänge; Ggs.: Motorik.

Motion [frz.-lat.] *die, -/-en,* 1) *bildungssprachlich* für: Bewegung.

2) *Parlamentsrecht:* Antrag, bes. der →Tadelsantrag; im *schweizer.* Recht bes. ein Antrag eines oder mehrerer Parlamentarier, der, wenn er von beiden Kammern des Parlaments angenommen wird, die Reg. verpflichtet, bestimmte Gesetzesentwürfe vorzulegen.

3) *Sprachwissenschaft:* 1) Ableitung weibl. Personen- oder Tier-Bez. von männl. mittels versch. Suffixe, z. B. ›Ärztin‹ zu ›Arzt‹, ›Stewardess‹ zu ›Steward‹; 2) Abwandlung v. a. des Adjektivs entsprechend dem Genus des zugehörigen Substantivs.

Motional-Feed-back-System [ˈməʊʃnl ˈfiːdbæk -, engl.], bei aktiven Lautsprechern (Motional-Feedback-Lautsprecher, Kurz-Bez. MFB-Lautsprecher, MFB-Box) angewendetes Verfahren, bei dem die Membranbewegungen des Tieftonlautsprechers über einen piezoelektr. oder induktiven Wandler (MFB-Element) erfasst und über einen Rückkopplungsschaltkreis so korrigiert werden, dass mögl. dämpfende Einflüsse vermieden werden und das Tonsignal originalgetreu wiedergegeben wird.

Motion Picture Association of America [ˈməʊʃn ˈpɪktʃə əsəʊsiˈeɪʃn əv əˈmerɪkə], Abk. **MPAA** [empiːɛrˈeɪ], gegr. 1922 und bis 1945 unter dem Namen **Motion Picture Producers and Distributors of America** (Abk. **MPPDA**), auch **Hays Office** (nach dem ersten Leiter WILL H. HAYS, * 1879, † 1954), Selbstkontrollorganisation der US-Filmindustrie; ab 1930/34 galt der so genannte Production Code zur Wahrung der Moral im Film, der erstmals 1966 gelockert wurde.

Motiv [mlat., zu lat. movere, motum ›bewegen‹] *das, -s/-e,* 1) *allg.:* Beweggrund, Antrieb; Leitgedanke.

2) *bildende Kunst:* Bez. für Bildgegenstände, die als inhaltl. oder formale Elemente wesentlich zur Sinnerfassung oder Gliederung des Dargestellten beitragen (z. B. M. des Fensters). M. können rein thematisch den Bildinhalt bezeichnen, aber auch symbol. Aussagekraft erlangen (Ruine, Spiegel, Totenkopf, bestimmte Blumen) oder zu selbstständigen Themen werden (das M. des Stilllebens). Der Begriff des M. ist so weit gefächert, dass alle Dinge mit abbildhaftem Charakter darunter fallen. – Mit dem Sammeln von M. und der Sichtbarmachung von M.-Ketten mit Hinblick auf räuml. und zeitl. Zusammenhänge beschäftigt sich u. a. die →Ikonologie.

G. RICHTER u. G. ULRICH: Lex. der Kunst-M. (Neuausg. 1987).

3) *Literatur:* ein stofflich-themat. Element, das trotz großen Variantenreichtums auf einer Grundform basiert, die schematisiert beschrieben werden kann. Inhaltlich unterscheidet man Situations-M., z. B. das M. des Mannes zw. zwei Frauen (GOETHE, ›Stella‹, 1776), der feindl. Brüder (SCHILLER, ›Die Räuber‹, 1781), der Liebe der Kinder verfeindeter Familien (SHAKESPEARE, ›Romeo and Juliet‹, 1597) und Typen-M. (Einzelgänger, Bohemien, Intrigant, Intrigantin), deren Kontinuität bei allem Wandel der literar. Gestaltung auf menschl. Verhaltenskonstanten beruht. Dagegen sind Raum- und Zeit-M. (Schlösser, Ruinen, Dämmerung, Wettlauf mit der Zeit) in stärkerem Maße vom geschichtl. Standort abhängig. – Nach der formalen Funktion unterscheidet man primäre oder Kern-M., sekundäre oder Rahmen-M. sowie detailbildende oder Füll-M. (zu Letzteren gehören auch die blinden oder ornamentalen M.). →Stoff- und Motivgeschichte, →Leitmotiv.

E. FRENZEL: Stoff- u. M.-Gesch. ([2]1974); DIES.: Stoff-, M.- u. Symbolforsch. ([4]1983); DIES.: M. der Weltlit. ([4]1992); FRANZ A. SCHMITT: Stoff- u. M.-Gesch. der dt. Lit. ([3]1976); H. S. u. I. G. DAEMMRICH: Themen u. Motive in der Lit. Ein Hb. ([2]1995); Dictionary of literary themes and motifs, hg. v. J.-C. SEIGNEURET, 2 Bde. (Neudr. New York 1996).

4) *Musik:* das kleinste selbstständige Glied, das als komposit. Sinneinheit eine gestaltende, den Formablauf ›motivierende‹ Bedeutung hat. Merkmale eines M. können seine melod. Gestalt, sein Rhythmus, seine harmon. Struktur bzw. die Verbindung aller dieser Elemente sein. Das M. kann Bestandteil eines The-

Moti Motivation – Motoball

mas, einer Melodie oder einer Phrase sein, wobei die Abgrenzung der auftretenden M. untereinander nicht immer eindeutig ist. Seit der Wiener Klassik spielten das M. und seine Verarbeitung, d. h. Veränderung, Aufspaltung und Kombination mit anderen M. (→thematische Arbeit), eine zentrale Rolle für den entwickelnden Aufbau v. a. größerer Instrumentalwerke (exemplarisch in den Sinfonien L. VAN BEETHOVENS). Ähnliches leistet in der Oper seit R. WAGNER in Verbindung mit dem dramat. Gehalt das →Leitmotiv.

R. DONINGTON: Richard Wagners ›Ring der Nibelungen‹ u. seine Symbole. Musik u. Mythos (a. d. Engl., ⁴1995).

5) *Psychologie* und *Philosophie:* Beweggrund für ein Verhalten (auch Antrieb, Trieb, Leitgedanke), der bes. als anregende, richtunggebende und antreibende Zielvorstellung bewusst oder unbewusst wirken und affektiv, gefühls- oder triebhaft wie auch kognitiv bestimmt sein kann. In behaviorist. Sicht wird das M. als die mit einer gegebenen Reizkonstellation assoziativ verknüpfte Erwartung einer affektiven Zustandsänderung definiert (z. B. D. C. McCLELLAND). Meist sind mehrere m. in einer Handlung wirksam (**M.-Bündel**); bei einer Kollision unterschiedl. M. (z. B. bei gleichzeitiger Bereitschaft zur Annäherung und Vermeidung, widersprüchl. M.) setzt sich – je nach Erfolgserwartung – meist das stärkere durch. – Unterschieden werden kann, z. B. in enger Verknüpfung mit dem zu befriedigenden Bedürfnis, u. a. zw. den angeborenen, primären M. (z. B. Hunger) und den erworbenen, sekundären M. Die Ausbildung der sekundären M. ist in erster Linie an die Lernprozesse innerhalb der Sozialisations- und Enkulturationsvorgänge gebunden. Allerdings gibt es kaum ein primäres M., das nicht sekundär (durch Wertvorstellungen, Einstellungen) überlagert ist. Ausgehend von der Frage, ›warum‹ sich Individuen jeweils so und nicht anders verhalten, versucht die Motivationspsychologie Erklärungsmodelle für zielgerichtetes Verhalten zu erarbeiten. Der Begriff des M. wird in diesem Rahmen als ein Konstrukt aufgefasst, das die Präferenz einer bestimmten Richtungsänderung des Verhaltens über die einmalige Situation hinweg zu erklären versucht, im Unterschied zur →Motivation, die sich auf einen aktuellen Vorgang der Änderung des Verhaltens bezieht. Jedoch wird der Begriff der Motivation z. T. auch im Sinne des ›M.‹ verwendet. – Die inhaltl. Systematisierung nach den im Persönlichkeitsganzen als wesentlich betrachteten Antrieben reicht von monothemat., von einem einzigen Grundantrieb ausgehenden Ordnungen, z. B. Streben nach Lust (→Hedonismus) oder Macht (F. NIETZSCHE, A. ADLER), über dualist. (z. B. Libido-Todestrieb, S. FREUD) zu polythemat. M.-Listen (H. THOMAE).

Die *ethische* Beurteilung des M. geht von der phänomenolog. Beschreibung seiner Funktion und Wirkung für das Bewusstsein und Verhalten aus. Ansatzpunkt ist der mit dem vorgefundenen M. verbundene innere Gefühlszustand: Dieser ist intentional auf Wert oder Unwert des vorgestellten Verhaltens, seiner Ziele und Folgen gerichtet. Die Entscheidung (ein bestimmtes M. bewusst zu verfolgen) und die dadurch offenbar werdende Gesinnung bieten nun die Grundlage des sittl. Urteils über das sich in einer Handlung äußernde Verhalten. Hiernach bemisst sich auch die sittl. Verantwortlichkeit für dieses Verhalten.

Motivation *die,* -/-en, hypothet. Bez., um die Gesamtheit der in einer Handlung wirksamen →Motive zu erklären, die das individuelle Verhalten aktivieren, richten und regulieren.

Die **M.-Psychologie** oder **M.-Forschung** beschäftigt sich in der M.-Analyse mit der Definition und Messung, den Wirkungen und Bedingungen von Motiven (z. B. Machtmotiv, Altruismus, Sexualität, Leistungsmotiv) sowie bei der Annahme mehrerer zugleich wirksamer Motive (u. a. M.-Konflikten) mit deren Wirksamkeit im Handlungsablauf zur Erklärung individuellen Verhaltens (z. B. Verhältnis zw. extrinsischer M., d. h. äußeren M.-Faktoren wie Belohnung, und intrinsischer M., d. h. inneren M.-Faktoren wie Befriedigung durch Leistung). Zu den Forschungsthemen gehören auch individuelle M. in ihrer Abhängigkeit von den Normen und Wertvorstellungen einer Kultur oder sozialen Gruppe, der Aufbau der M. im Sozialisierungsprozess des Kindes, die Kauf-M. (Erforschung der affektiven Komponenten des Konsumentenverhaltens beim Kauf bestimmter Güter oder Marken), die Wähler-M. bei polit. Entscheidungen.

Zur Erklärung der M. sind unterschiedl. Theorien entwickelt worden. Im Tiervergleich wird die M. im Rahmen des Ausgleichs biolog. Defizite und der sich selbst regulierenden Homöostase erklärt. Das Konzept der Überfluss- oder Abundanz-M. führt als Ursachen der M. des menschl. →Bedürfnis nach Spannungserhöhung (u. a. Anregung, positive Erfahrungen, Suche nach Veränderung) an. Determinist. Theorien erklären M. aus biolog. Bedingungen (Anpassungsfunktion) oder durch erkennbare und prognostizierbare (biolog. oder soziale) Faktoren verursacht. Faktoren, die auf die M. des Individuums einwirken können, sind soziale Reize (z. B. Lob) und Frustration, wobei auch darauf hingewiesen wird, dass bestimmte Gegebenheiten individuell in unterschiedl. Weise interpretiert werden und entsprechend motivierend (oder demotivierend) wirken können.

Die **M.-Theorie** fasst heute Beiträge der Neurophysiologie und der physiolog. Psychologie, der Ethologie, der Entwicklungspsychologie, der Psychoanalyse und der Sozialpsychologie zusammen. Von besonderer prakt. Bedeutung sind die Ergebnisse der M.-Forschung im Rahmen der Pädagogik für die Förderung der Lern- und Leistungs-M. (z. B. Einführung neuer Lehr- und Lernmittel) wie auch für die betriebl. Menschenführung, die durch Maßnahmen der Unternehmensorganisation (Führungsstil, materielle und immaterielle Anreize) eine hohe Arbeits-M. anstrebt, und im Rahmen der Rechtsprechung (Berücksichtigung der angenommenen Motive des Täters).

D. C. MCCLELLAND: M. u. Kultur (a. d. Amerikan., 1967); M., in: Hb. der Psychologie, Tl. 2, hg. v. H. THOMAE (²1970); P. KEILER: Wollen u. Wert. Versuch der systemat. Grundlegung einer psycholog. M.-Lehre (1970); B. WEINER: Theorien der M. (a. d. Engl., 1976); DERS. M.-Psychologie (a. d. Engl., ²1988); C. F. GRAUMANN: M. (⁵1977); W. TOMAN: Tiefenpsychologie. Zur M. des Menschen (1978); G. SÜSSENBACHER: M. im Unterricht (1979); H. HECKHAUSEN: M. u. Handeln (²1989); M., Volition u. Handlung, hg. v. J. KUHL u. H. HECKHAUSEN (1996).

Motivik *die,* -, die Gesamtheit der in einem Kunstwerk verarbeiteten Motive. – **motivisch,** Motive und Motivik betreffend.

Motmot [mexikan. (lautmalend)] *der,* -s/-s, Zoologie: Art der →Sägeracken.

moto [ital. ›Bewegung‹], musikal. Vortrags-Bez., bes. in Zusammensetzungen gebraucht, z. B. **con m.,** mit Bewegung, **più m.,** mehr Bewegung, bewegter.

Moto, Goldbergbaugebiet im NO der Demokrat. Rep. Kongo, westlich des Albertsees; Zentrum ist Bunia.

Motoball [Kurzwort für **Moto**rrad-Fuß**ball**], mit (Spezial-)Motorrädern (**M.-Maschinen,** max. 250 cm³ Hubvolumen, ca. 30 kW, bis 80 km/h, Zweiganghandschaltung) betriebenes Torspiel zweier Mannschaften von je vier Feldspielern und einem Torhüter. Jede Mannschaft hat drei Wechselspieler. Das Spielfeld (Hart- oder Rasenplatz) entspricht einem Fußballfeld. Der rd. 1 000 g schwere (Leder-)Hohlball von 38 bis 40 cm Durchmesser ist möglichst oft in das gegner. Tor zu stoßen. Die Spielzeit beträgt 4 × 20 min mit jeweils 10 min Pause. Der Ball darf nur mit dem Fuß oder Kopf gespielt werden, die Maschinen sind ständig in

Gang zu halten, die Feldspieler dürfen den Torraum nicht befahren. Geleitet wird ein Spiel von je zwei Schieds- und Linienrichtern. – In Dtl. wird M. vom DMSB (→Motorsport) organisiert.

Motocross [engl.] *das, -/-e (Pl. selten), Motorradsport:* Bez. für Schnelligkeits- und Geschicklichkeitsprüfungen im Geländefahren auf 1 500–2 500 m langen Geländerennbahnen (Rundstrecke) mit natürl. Hindernissen, z.B. Rinnen, Steilhängen, Sand- und Schlammabschnitten, sowie künstl. Erschwernissen wie ausgesteckten Kurven. Gefahren wird in den Soloklassen bis 125 cm^3, bis 250 cm^3, bis 500 cm^3 und in den Seitenwagenklassen bis 500 cm^3 (Zweitaktmotoren) bzw. 1 000 cm^3 (Viertaktmotoren). – *Organisationen:* →Motorradsport.
W. ESCHMENT u. E. PIELES: Enduro, Moto-Cross. Geländetraining spezial (1990).

Motodrom [frz., Analogiebildung zu Hippodrom] *das, -s/-e,* für den öffentl. Straßenverkehr gesperrte, geschlossene Straßenanlage (Rundstrecke) für Motorsportveranstaltungen; stadionähnlich angelegt und von den Zuschauern ganz oder größtenteils übersehbar (z.B. der →Hockenheimring).

Motonobu, jap. Maler der Familie →Kanō.

Motoori, Norinaga, jap. Gelehrter, *Matsuzaka (Präfektur Mie) 7. 5. 1730, †Kyōto 29. 8. 1801; Hauptvertreter des →Kokugaku; verfasste grundlegende Kommentare zum altjap. Schrifttum, bes. den Kommentar zum →Kojiki (›Kojiki-den‹, 48 Bde., vollendet 1798), und gehört zu den Begründern der jap. Sprachwissenschaft sowie zu den geistigen Wegbereitern der Meijireform.

Motopark Oschersleben, im Juli 1997 bei Oschersleben eröffnete, dritte permanente Motorsporttrenn- und -teststrecke Dtl.s nach dem →Nürburgring und dem →Hockenheimring. Der M. O. erfüllt die Richtlinien der FIA (→Automobilsport) für Formel-1-Strecken. Die Strecke ist 3,677 km lang und in zwei Teilkurse von 2,5 und 1,2 km zu Testzwecken teilbar. Es können alle nat. und internat. Motorsportserien gefahren werden. Einbezogen in den M. O. sind u. a. eine Kartbahn sowie eine Verkehrsübungsanlage.
Betreiber des M. O. ist die **Motopark Veranstaltungs-GmbH** (gegr. 1996, Sitz: Oschersleben).

Motor [lat. ›Beweger‹] *der, -s/...'toren,* eine Maschine, die eine gegebene Energie in mechan. Bewegungsenergie umwandelt, z. B. bei Verbrennungs-M. chem. Energie, bei Elektro-M. elektr. Energie, bei Dampf-M. oder Heißgas-M. therm. Energie, bei Druckluft-M. pneumat. Energie, bei Hydro-M. hydraul. Energie; i. e. S. werden heute vorwiegend der →Elektromotor, der →Heißgasmotor und der →Verbrennungsmotor als M. bezeichnet.

motorbezogene Versicherungsteuer, *Österreich:* →Kraftfahrzeugsteuer.

Motorbootsport, Sammel-Bez. für die sportl. Wettbewerbe mit motorisierten Fahrzeugen auf dem Wasser. Die Motorboote unterscheiden sich nach Typ und Motorstärke. Eingesetzt werden der **Katamaran,** der zwei Ausleger besitzt und bes. bei rauem Wasser und für enge Kurven geeignet ist, der **Dreipunkter,** der auf zwei seitl. Tatzen und dem Heck läuft, sowie der **Proprider,** der bei voller Fahrt auf einem Luftpolster liegt und von einem Propeller angetrieben wird. An Kategorien gibt es: Rennboote mit Gewichtsbegrenzung, Außenbordrennboote, -sportboote und Touristikboote. – In Dtl. wird der M. vom Dt. Motoryachtverband (DMYV; gegr. 1907, Sitz: Hamburg) geleitet. In Österreich besteht der Motorboot-Sportverband für Österreich (MSVÖ; gegr. 1956, Sitz: Wien) und in der Schweiz die Fédération Suisse Motonautique (FSM; gegr. 1965, Sitz: Baden [Kt. Aargau]). Internat. Dachverband ist die Union Internationale Motonautique (UIM; gegr. 1922, Sitz: Monte Carlo).

Motorbremse, bei Kraftfahrzeugen die Ausnutzung der Bremswirkung des nicht ausgekuppelten Motors beim Unterbrechen der Kraftstoffzufuhr (›Gaswegnehmen‹). Zur Verstärkung der Bremswirkung des ›geschleppten‹ Motors v. a. bei Nutzfahrzeugen dienen zusätzl. Einrichtungen, z. B. eine Drosselklappe in der Auspuffleitung (in Motornähe), die zum Bremsen geschlossen wird.

Motoren|öle, Schmieröl für Verbrennungsmotoren. Wichtige Aufgaben von M. sind Reibungsminderung, Verschleißschutz, Korrosionsschutz, Kolbenabdichtung, Abführung von Reibungswärme sowie Verhinderung der Ablagerung von Feststoffen und Schlamm. M. dürfen einerseits bei tiefen Temperaturen nicht zu dickflüssig sein, damit ein Kaltstart mög-

Motopark Oschersleben

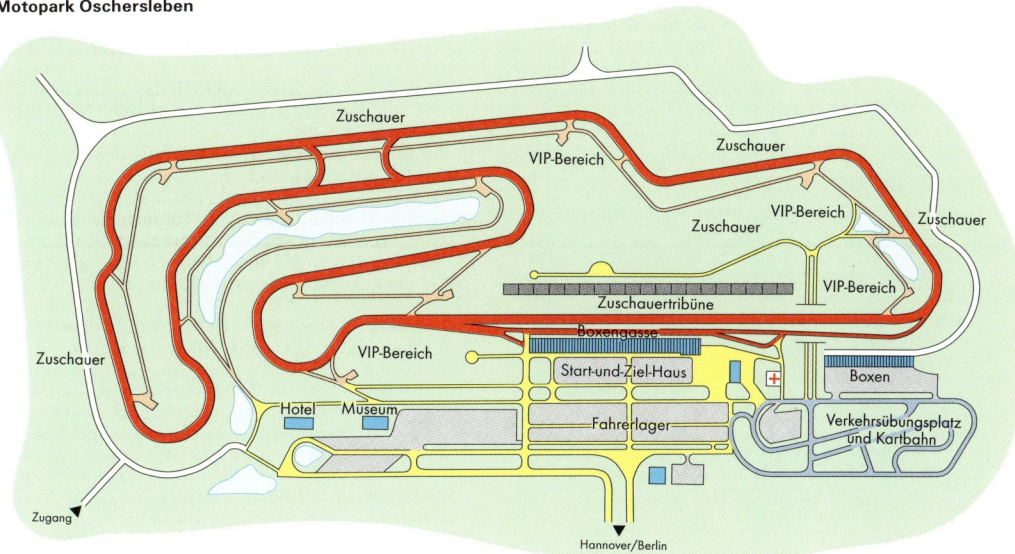

lich ist, anderseits darf bei Vollgasfahrten im Sommer (Heißbetrieb) eine bestimmte Mindestviskosität nicht unterschritten werden. M. werden nach ihrer Viskosität in **SAE-Viskositätsklassen** (SAE: Abk. für Society of Automotive Engineers) eingeteilt. Mit steigender SAE-Klasse erhöht sich die Viskosität, die bei einer oberen Bezugstemperatur von 100 °C mindestens erreicht werden muss (z. B. SAE 20: 5,6–9,3 mm^2/s; SAE 40: 12,6–16,3 mm^2/s). Bei den mit W gekennzeichneten Winterölen dürfen darüber hinaus gewisse Kälteviskositäten nicht überschritten werden (z. B. SAE 5W: bis 1 250 mPa · s bei −18 °C; SAE 15W: 2 500–5 000 mPa · s bei −18 °C). **Mehrbereichsöle** (z. B. SAE 15W-40) erfüllen die Anforderungen von zwei SAE-Klassen und sind deshalb für den Ganzjahresbetrieb geeignet. Moderne Mehrbereichsöle verringern als **Leichtlauföle** (z. B. SAW 5 W-30) Kraftstoffverbrauch und Schadstoffausstoß.

M. bestehen aus mineral. oder synthet. Grundölen, denen zur Erzielung bestimmter Eigenschaften Wirkstoffe (Additive) zugesetzt werden. Mineral. Grundöle werden aus paraffinbas. Erdölen durch Vakuumdestillation und anschließende Raffination gewonnen (Flüssig-flüssig-Extraktion, Entparaffinierung, Wasserstoffbehandlung). Als synthet. Grundöle haben v. a. Polyalphaolefine u. a. synthet. Kohlenwasserstoffe (SHC-Öle, SHC: Abk. für engl. **s**ynthetic **h**ydro**c**arbons) Bedeutung. Ihre Vorteile sind das sehr gute Kälteverhalten und die äußerst geringe Abhängigkeit der Viskosität von der Temperatur. **Zweitraffinate** sind Grundöle, die z. B. durch Destillation und Schwefelsäurebehandlung aus Altölen hergestellt werden. Die Qualität von M. wird in Motortestläufen ermittelt und z. B. durch die amerikan. API-Klassifikation oder die europ. ACEA-Anforderungen (ACEA: Association des Constructeurs Européans d'Automobiles) festgelegt. Der Additivgehalt von M. kann bis zu 20 % betragen. **VI-Verbesserer** sind öllösl. Polymere (z. B. Polymethacrylate, Äthylen-Propylen-Copolymere), die das Grundöl in der Kälte schwächer aufdicken als in der Wärme, sodass die Temperaturabhängigkeit der Viskosität verringert wird (→Viskositätsindex). Detergents (z. B. bas. Calcium- oder Magnesiumsulfonate) halten feine Partikel (z. B. Ruß) in der Schwebe und neutralisieren gleichzeitig korrodierende Säuren. Dispersants (z. B. Polyisobutensuccinimide) verhindern Schlammabscheidung. Zinkdialkyldithiophosphate wirken als Verschleißminderer, Antioxidantien und Korrosionsinhibitoren. Da M. im Betrieb Schmutz dispergieren und Additive durch chem. Reaktionen verbraucht werden, muss in bestimmten Zeitintervallen ein Ölwechsel durchgeführt werden. Die Entsorgung von M. ist in Dtl. nach dem Kreislaufwirtschafts- und Abfall-Ges. von 1996 und nach der Altöl-VO von 1987 geregelt. Danach ist der Verkauf von M. mit einer Informations- und Rücknahmepflicht verbunden.

Motorfahrrad, Abk. **Mofa,** →Kraftrad.

Motorflug, eine Sparte des Luftsports; umfasst den Leistungs-, aber auch den Freizeitsport mit motorgetriebenen Flugzeugen. Wettbewerbe werden v. a. mit zwei- bis viersitzigen Leicht-, Sport- und →Ultraleichtflugzeugen aus Holz, Kunststoff und Leichtmetall zumeist mit Kolbenmotoren ausgetragen. Durchgeführt werden Zielflandeflüge auf kleinstem Areal, Rallye-, Rund- und Sternflüge mit Navigationsaufgaben, Geschwindigkeits- und Zuverlässigkeitsprüfungen sowie →Kunstflug. Fast alle Motorflugzeuge für den Leistungs- und Freizeitsport gehören zur Zulassungsklasse E (einmotorig bis 2 000 kg), von denen in Dtl. (1996) 7 188 Maschinen zugelassen sind. *Organisationen:* →Luftsport.

Motorgenerator, 1) Kombination eines Verbrennungsmotors mit einem elektr. Generator, die z. B. als Notstromaggregat in Krankenhäusern oder zur Stromerzeugung auf Baustellen abseits der öffentl. Stromversorgung verwendet wird; 2) elektr. Maschinensatz aus einem Elektromotor und einem oder mehreren mechanisch gekuppelten Generatoren zur Umformung einer Stromart in eine andere.

Motorik die, -, *Physiologie:* Gesamtheit der willkürlich gesteuerten Bewegungsvorgänge; Ggs.: Motilität.

Motoriker, motorischer Typus, kinästhetischer Typus, nach dem System der →Vorstellungstypen von J. M. CHARCOT ein Persönlichkeitstyp, der durch das Bewegungserleben, z. B. in Form manueller Geschicklichkeit oder körperl. Gewandtheit, im Bewusstsein gekennzeichnet ist.

motorisch, der Bewegung dienend, die Motorik betreffend.

motorische Bahnen, Nervenbahnen, die an der Steuerung von Bewegungsabläufen beteiligt sind.

motorische Einstellung, Bez. für die Erscheinung, dass sich die motor. Innervation auf bestimmte zu erwartende körperl. Tätigkeiten einstellt. Wird z. B. mit der linken Hand ein leichtes und mit der rechten ein etwa doppelt so schweres Gewicht mehrmals gehoben und wird das anschließend mit gleich schweren Gewichten wiederholt, scheint das Gewicht in der rechten Hand leichter zu sein als das in der linken.

motorische Endplatte, die → Endplatte.

motorische Tests, psycholog. Tests zur Bestimmung der individuellen Motorik (u. a. Koordination, Geschicklichkeit, Schnelligkeit, Ausdauer, Kraft), v. a. des diesbezügl. Entwicklungsstandes bei Kindern.

Motorisierungsgrad, andere Bez. für Kraftfahrzeugdichte, d. h. für den Kfz-Bestand bezogen auf die Einwohnerzahl (→Kraftwagen, TABELLE).

Motor|rad, ein →Kraftrad.

Motor|radsport, Teil des Motorsports für einspurige (Solo-)Fahrzeuge mit zwei Rädern und zwei- bzw. dreispurige Fahrzeuge mit drei Rädern (**Seitenwagen,** früher: Gespanne), auch als **Rennmaschinen** bezeichnet. M. umfasst Geschwindigkeits-, Gleichmäßigkeits- und Geschicklichkeitswettbewerbe.

Die für die einzelnen Disziplinen unterschiedlich gebauten Fahrzeuge sind i. d. R. nach Hubraumklassen (80–1 400 cm^3) eingeteilt. Unterschieden werden Serien- und Spezialfahrzeuge. Für die Serienfahrzeuge gelten i. d. R. die Bestimmungen der StVZO.

Im *Straßenrennsport* werden in drei Soloklassen mehrere Grand-Prix-Rennen um die Weltmeisterschaft durchgeführt, in der **125-cm^3-Klasse (Achtelliterklasse)** mit Einzylindermotoren, in der **250-cm^3-Klasse (Viertelliterklasse)** mit Zweizylindermotoren und in der **500-cm^3-Klasse (Halbliterklasse,** auch ›Königsklasse‹ gen.) mit Zwei-, Drei- oder Vierzylindermotoren. Die Wertung der Rennen beträgt

Motorradsport: Grand-Prix-Strecken (Auswahl)

Staat	Strecke	Länge in km	in der Nähe von
Australien	Eastern Creek	3,93	Sidney
	Phillip Island Circuit	4,448	Melbourne
Brasilien	Autodromo Nelson Piquet	4,933	Rio de Janeiro
Deutschland	Nürburgring	4,556	Adenau
Frankreich	Circuit Paul Ricard	3,8	Marseille
Großbritannien	Donington Park	4,023	Derby
Indonesien	Sentul International Cirquit	3,965	Jakarta
Italien	Autodromo Enzo e Dino Ferrari	4,892	Imola
	Autodromo Internazionale del Mugello	5,245	Florenz
Japan	Suzuka Circuit	5,864	Nagoya
Malaysia	Shah Alam Circuit	3,505	Kuala Lumpur
Niederlande	Circuit van Drenthe	6,049	Assen
Österreich	A1-Ring	4,319	Zeltweg
Spanien	Cirquito de Catalunya	4,727	Barcelona
	Cirquito de Jerez	4,423	Jerez de la Frontera
Tschechische Rep.	Autodrom	5,403	Brünn

25, 20, 16, 13, 11 Punkte für die ersten fünf Plätze, je einen Punkt weniger (von 10 abwärts) erhalten die Nächstplatzierten bis zum 15. Platz (1 Punkt). – Die **Seitenwagenklassen** bestreiten seit 1997 Rennen um den Seitenwagen-Worldcup (Zweizylinder- bis 500 cm³, Vierzylindermotoren bis 1 000 cm³; Mindestgewicht 180 kg). – Eine eigene Weltmeisterschaft tragen die **Superbikes** aus, Fahrzeuge mit Vierzylindermotoren bis 750 cm³ oder mit Zweizylindermotoren bis 1 000 cm³ (einheitlich 162 kg Mindestgewicht). Eine weitere internat. Klasse ist **Supersport** für serienstammende und homologationspflichtige Viertakt-Vierzylindermaschinen bis 600 cm³ und Viertakt-Zweizylindermaschinen bis 750 cm³.

Weitere sportl. Wettbewerbe sind Skijöring, Motocross, Straßenzuverlässigkeitsfahrten, Motorradturniere als Geschicklichkeitswettbewerbe u. a. Die Fahrer müssen für internat. und nat. Wettbewerbe entsprechende Lizenzen besitzen. Ein Teil der Motorradrennfahrer wird von Firmen unterstützt (›Werksfahrer‹). Andere nehmen zumeist auf eigene Kosten oder mit Unterstützung von Sponsoren als Privatfahrer an den Rennen teil.

Organisationen: In Dtl. ist M. im Dt. Motor-Sport Bund e. V. (→Motorsport) organisiert. – In Österreich gibt es den →ÖAMTC und die Oberste Nat. Sportkommission für den Kraftfahrsport (OSK; gegr. 1904, Sitz: Wien), in der Schweiz die Föderation der Motorfahrer der Schweiz (FMS; gegr. 1914, Sitz: Genf). Weltdachverband ist die Fédération Internationale Motocycliste (FIM; gegr. 1904, Sitz: Mies [Kt. Waadt, Schweiz]).

Geschichte: Das erste Motorradrennen fand 1897 statt (Paris–Dieppe). Das älteste und noch heute veranstaltete Rennen ist die →Tourist Trophy. Die ersten Weltmeisterschaftsläufe in den Soloklassen (125 cm³, 250 cm³, 350 cm³ und 500 cm³) sowie in der Seitenwagenklasse wurden bereits 1949 (350 cm³ bis 1982) ausgetragen. Weitere Weltmeisterschaftsklassen in der Vergangenheit waren: 50 cm³ (1962–83), 80 cm³ (1984–89) und 750 cm³ (1977–79).

H. WILSON: Motorrad total. Chronik der Motorradgesch. (a. d. Engl., 1994); DERS.: Das Lex. vom Motorrad (a. d. Engl., 1996).

Mo̱tor|roller, ein →Kraftrad.

Mo̱torschiff, Abk. **MS,** von Verbrennungskraftmaschine(n) angetriebenes Schiff. Heute verwendet man aufgrund des ökonom. Verbrauchs und der langen Laufzeiten zw. zwei Grundüberholungen fast ausschließlich Dieselmotoren: bei großen Handelsschiffen direkt auf die Propellerwelle wirkende, umsteuerbare Langsamläufer-Zweitakt-Kreuzkopf-Dieselmotoren (95–150 U/min, hohes Leistungsgewicht; Schwerölbetrieb, Laufzeiten von 20 000–30 000 Stunden zw. zwei Grundüberholungen), bei mittleren und kleineren Handelsschiffen Ein- oder Mehrmotoren-

Motorradsport: Seitenwagen

anlagen mit mittelschnell laufenden Viertaktdieselmotoren (250–450 U/min), die über ein Rädergetriebe auf eine Welle arbeiten (relativ leicht, geringerer Platzbedarf). Kriegsschiffe erhalten sehr leichte, kleine und kompakte Schnellläufermotoren (üblich als Mehrmotorenanlagen) in Tauchkolben-Viertaktbauart (nach etwa 2 000 Laufstunden zu überholen); in neuerer Zeit wird hier der Dieselmotor zunehmend durch extrem kompakte und leichte Gasturbinen ersetzt.

Mo̱torschlitten, engl. **Snowmobile** [ˈsnəʊməbaɪl], durch einen Verbrennungsmotor angetriebener, mit Luftschraube oder auf Gleisketten oder Raupenband fortbewegter Schlitten. Der Luftschrauben-M. wird von einem hochgesetzten Schubpropeller angetrieben und mit den Vorderkufen gelenkt. Der Raupenkufen-M. hat vorn zwei lenkbare Kufen und hinten ein Raupenfahrwerk aus weitmaschigen Stahlketten. Weit

Motorschlitten

verbreitet sind ein- bis zweisitzige M. mit einem sehr breiten Kunststoffraupenband und zwei vorderen lenkbaren Kufen; Lenkungsbetätigung und Sitzposition sind ähnlich wie beim Kraftrad. Der M. wird bes. in den USA auch zu sportl. Rennen verwendet.

Mo̱torsegler, Segelflugzeug mit Hilfsmotor (leistungsschwaches Triebwerk) und Luftschraube, eigenstartfähig, hat bei stillgelegtem Triebwerk Flugleistungen und -eigenschaften eines Segelflugzeuges.

Mo̱torsport, Sammel-Bez. für alle sportl. Wettbewerbe, die mit Motorfahrzeugen auf dem Land bzw. im Wasser ausgetragen werden. Hierzu zählen der →Automobilsport, der →Motorradsport und der →Motorbootsport. – Am 8. 7. 1997 wurde in Frankfurt am Main der **Deutsche Motor-Sport Bund e. V. (DMSB)** gegründet. Mit diesem Dachverband für den M. (außer für den Motorbootsport) in Dtl. wurden die jahrelangen Bemühungen um eine gemeinsame Neustrukturierung des Automobil- und Motorradsports erfolgreich abgeschlossen. Gründungs-Mitgl. waren der ADAC, der AvD, der Dt. M. Verband (DMV) und

Motorradsport: Honda-Rennmaschine der 250-cm³-Klasse

Moto Motortest – Mottl

John R. Mott

Nevill Mott

Giuseppe Motta

Benjamin Mottelson

die Landes-M.-Fachverbände von Bayern, Hessen, Niedersachsen, Nordrhein-Westfalen und Sachsen. Mitgl. des DMSB können alle übrigen Landes-M.-Fachverbände werden, aber auch andere überregionale M.-Organisationen. Ab 1. 1. 1998 übernahm der DMSB die Aufgaben der Obersten Nat. Sportkommission für den Automobilsport in Dtl. (ONS) und der Obersten Motorradsport-Kommission (OMK).

Motortest, Funktionsprüfung eines Kfz-Motors, meist mithilfe eines modernen elektron. Diagnosesystems, zur Feststellung von den vom Hersteller vorgegebenen Kenndaten abweichenden Werten und deren Korrektur (Einstellung des Motors). Regelmäßig überprüft werden der mechan. Zustand des Verbrennungsraumes (z. B. Kompressionsdruck), die Zündung (z. B. Zündzeitpunkt), Gemischaufbereitung (z. B. Vergaser- oder Einspritzanlage), das Anlass- und Ladesystem sowie die Abgaswerte.

Motor-Verlage, Vereinigte M.-V. GmbH & Co. KG, Zeitschriften- und Buchverlag, Sitz: Stuttgart, gegr. 1962 ebd., bis 1984 ›Vereinigte Motorpresse‹; veröffentlicht u. a. Automobil- und Motorradblätter, darunter ›Auto, Motor und Sport‹ (gegr. 1924, neu gegr. 1946), sowie Zeitschriften für Unterhaltungselektronik.

Motorzähler, Elektrizitätszähler, der den Verbrauch an elektr. Energie mithilfe eines als Messtriebwerk arbeitenden Elektromotors (durch Zählung der Umdrehungen) misst.

Motril, Küstenstadt in der Prov. Granada, Spanien, 40 m ü. M., an der Costa del Sol, 47 900 Ew.; mit vorgelagertem (3 km) Handels-, Fischerei-, Jacht- und Sporthafen **Puerto de M.;** Landwirtschaftszentrum, Eisenerzverarbeitung, Zuckerfabriken, Papierherstellung, Fremdenverkehr. – Ruinen einer Araberburg; Kirche Nuestra Señora de la Cabeza (Ende des 15. Jh. über ehemaligem arab. Palast erbaut); Stiftskirche La Encarnación (16./17. Jh.).

Mott, 1) J o h n Raleigh, amerikan. Methodist, * Livingston Manor (N. Y.) 25. 5. 1865, † Orlando (Fla.) 31. 1. 1955; war 1895–1920 Gen.-Sekr., 1920–28 Vors. des unter seiner maßgebl. Beteiligung 1895 in Vadstena (Schweden) gegründeten ›Christl. Studentenweltbundes‹ (→World's Student Christian Federation), 1898–1928 zugleich im Dienst des YMCA (seit 1915 als Gen.-Sekr.), zur gleichen Zeit auch Gen.-Sekr. des ›National Council of Churches of Christ‹ in den USA, 1921–41 Präs. des Internat. Missionsrates. 1946 erhielt er für sein ökumen. Wirken den Friedensnobelpreis (zus. mit EMILY GREENE BALCH), 1948 wurde er Ehren-Präs. des Ökumen. Rates der Kirchen.
Werke: Liberating the lay forces of Christianity (1932); Addresses and papers, 6 Bde. (1946–47).
C. H. HOPKINS: J. R. M. 1865–1955. A biography (Grand Rapids, Mich., 1979).

2) Sir (seit 1962) N e v i l l Francis, brit. Physiker, * Leeds 30. 9. 1905, † Milton Keynes (Buckinghamshire) 8. 8. 1996; Prof. in Bristol und Cambridge (Cavendish Laboratory), 1951–57 Präs. der International Union of Pure and Applied Physics (IUPAP). M. arbeitete über Streuung atomarer Teilchen und untersuchte elektr. und mechan. Eigenschaften der Metalle und Halbleiter; erhielt 1977 den Nobelpreis für Physik mit P. W. ANDERSON und J. H. VAN VLECK.

Motta, Giuseppe, schweizer. Politiker, * Airolo 29. 12. 1871, † Bern 23. 1. 1940; Jurist; war als Mitgl. der Kath.-Konservativen Volkspartei 1899–1911 Nationalrat sowie 1912–40 Bundesrat; als solcher leitete er 1912–19 das Finanz- und Zoll-, 1920–40 das Polit. Departement (d. h. die Außenpolitik). Beim Beitritt der Schweiz zum Völkerbund (1920) gab er die unbedingte Neutralität zugunsten einer differenzierten Außenpolitik auf, die das Land zur Mitwirkung bei wirtschaftl. Sanktionen verpflichtete, aber aus internat.

Konflikten weitgehend heraushielt; 1938 führte er die Schweiz zur unbedingten Neutralität zurück. 1915, 1920, 1927, 1932 und 1937 war M. Bundespräsident.

Motte [frz. ›Erdhügel‹] *die,* -/-n, künstlich aufgeschütteter Erdhügel, auf dem eine ›Hochmotten-Burg‹ (→Burg) steht; auch Kurz-Bez. für diese selbst.

Motte [mɔt], Diether de la, Komponist und Musiktheoretiker, * Bonn 30. 3. 1928; studierte an der Musikakademie Detmold; wurde 1964 Prof. an der Staatl. Musikhochschule in Hamburg, 1988 an der Hochschule für Musik in Wien. Er komponierte Opern (›Der Aufsichtsrat‹, 1970; ›Hörtheater‹, 1976; ›Auch für Erwachsene‹, 1981), Orchesterwerke, Kammermusik, Klavier- und Orgelwerke.
Werke: Musikal. Analyse, 2 Bde. (1968); Harmonielehre (1976); Form in der Musik (1979); Kontrapunkt (1981); Melodie. Ein Lese- u. Arbeitsbuch (1993).

Motte Fouqué [mɔt fuˈke], Friedrich Heinrich Karl Baron de la, Schriftsteller, →Fouqué, Friedrich Heinrich Karl Baron de la Motte.

Mottelson [engl. ˈmɔtəlsn], B e n j a m i n Roy, dän. Physiker amerikan. Herkunft, * Chicago (Ill.) 9. 7. 1926; Prof. in Kopenhagen. Für seine Arbeiten über die Struktur deformierter Atomkerne und das hieraus hervorgegangene Kollektivmodell für den Atomkern erhielt er 1975 mit A. N. BOHR und L. J. RAINWATER den Nobelpreis für Physik.

Motten, 1) Echte M., Tineidae, Schmetterlingsfamilie mit über 2 000 kleinen, meist trop. Arten, Flügelspannweite bis 2,5 cm, Flügel schmal, an den Rändern gefranst, einfarbig oder mit Fleckenmuster, Kopf mit Haaren dicht besetzt, Rüssel kurz, oft verkümmert. Raupen mit Kranzfüßen, leben oft in Gespinströhren oder gesponnenen Säckchen, von denen aus sie Nahrung aufnehmen. Für viele Arten besteht diese aus pflanzl. und tier. Produkten, z. B. Getreide, Kork, Trockenobst, Federn, Pelzwaren, Tapeten und Wolltextilien; manche M. sind weltweit verbreitete Vorratsschädlinge, z. B. Kleider-M., Korn-M., Pelz-M., Tapeten-M. Zur *Bekämpfung* →Mottenschutz.
2) umgangssprachl. Bez. für kleine Schmetterlinge.

Mottenkönig, Art der Gattung →Harfenstrauch.

Mottenläuse, Mottenschildläuse, Weiße Fliegen, Aleyrodidae, Aleurodidae, Familie der →Pflanzenläuse; etwa 220 Arten (in Mitteleuropa 15), 1–3 mm lang, mit Wachsstaub weiß bepudert, Flügel in Ruhestellung dachförmig. Die M. sitzen gerne auf der Unterseite der Blätter, springen bei Störung weg (Hinterbeine sind Sprungbeine) und fliegen dann fort. Ihre Saugtätigkeit und Honigtauerzeugung schädigen Kulturpflanzen; manche Arten übertragen Viruskrankheiten.

Mottenschutz, Maßnahmen zum Schutz von Textilien, Pelzen, Teppichen, Polstermöbeln usw. gegen Fraßschäden durch Larven von Fell-, Kleider- und Pelzmotten unter Verwendung von Insektiziden, v. a. in Form von Sprüh- und Stäubemitteln. In dicht schließenden Truhen oder Plastikbeuteln werden Textilien und Pelzwerk durch Beigabe von **Mottenkugeln, Mottenpulver** oder **Mottenstrips** (enthalten z. B. Naphthalin, Kampfer, die, langsam verdunstend, als Atemgifte wirken) geschützt (›Einmotten‹). Unangreifbar für die Schädlinge (mottenecht) werden Textilien mithilfe von solchen Fraßgiften, die eine dauerhafte Verbindung mit der Textilfaser eingehen.

Mott Foundation [-faʊnˈdeɪʃn], eine 1926 von CHARLES STEWART MOTT (* 1875, † 1973; ab 1906 einer der Hauptaktionäre, ab 1913 auch einer der Direktoren der General Motors Corporation) in Flint (Mich.) errichtete Stiftung. Sie gehört zu den finanzstärksten Stiftungen der USA. Schwerpunkte der Tätigkeit liegen im Bildungs- und Gesundheitswesen.

Mottl, F e l i x Josef, österr. Dirigent und Komponist, * Unter Sankt Veit (heute zu Wien) 24. 8. 1856,

† München 2. 7. 1911; studierte in Wien (u. a. bei A. BRUCKNER), wurde 1881 Hofkapellmeister in Karlsruhe (1893 GMD), 1903 GMD in München und 1904 ebd. Musikdirektor der Königl. Akademie der Tonkunst. Er wurde bes. als Interpret der Opern R. WAGNERS (u. a. in Bayreuth, der Covent Garden Opera in London und der Metropolitan Opera in New York) bekannt. M. instrumentierte WAGNERS ›Wesendoncklieder‹ und führte die Oper ›Les Troyens‹ von H. BERLIOZ erstmals vollständig auf; komponierte u. a. Opern, Streichquartette und Lieder.

Motto [ital., von spätlat. muttum ›Wort‹, eigtl. ›Muckser‹] *das, -s/-s,* Wahl-, Leitspruch, z. B. Satz, der einem Buch oder Kapitel zur Kennzeichnung des Inhalts oder der Absicht des Verfassers vorangestellt wird.

Mottram ['mɔtrəm], Ralph Hale, engl. Schriftsteller, *Norwich 30. 10. 1883, † King's Lynn 15. 4. 1971; wurde bekannt mit ›The Spanish farm trilogy‹ (1924–26, 3 Bde.; dt. ›Der span. Pachthof‹), einer Romanfolge, in der er die Sinnlosigkeit des Krieges anprangerte. Unter dem Pseud. **J. Marjoram** erschien seine frühe Lyrik (›Repose‹, 1907; ›New poems‹, 1909).

mọttsche Streuformel [nach N. F. MOTT], **Mott-Formel,** *Physik:* 1) in der Kern- und Elementarteilchenphysik eine Formel für den Wirkungsquerschnitt der elast. Streuung ident. Teilchen mit Spin, im Besonderen unter dem Einfluss der Coulomb-Kraft, die die quantenmechan. Nichtunterscheidbarkeit zweier ident. Teilchen berücksichtigt; 2) spezielle Formel für den Wirkungsquerschnitt der elast. Streuung schneller (relativist.) Elektronen an Atomkernen.

Motuproprio [lat. ›aus eigenem Antrieb‹] *das, -s/-s, kath. Kirchenrecht:* ein vom Papst herausgegebener Erlass, i. e. S. aus eigener Initiative stammender Gesetzgebungsakt des Papstes für eine bestimmte, meist eng umgrenzte Materie.

Motya, Motye, phönikisch-karthag. Handelsstützpunkt auf der Insel Mozia vor der W-Küste Siziliens. M. wurde wahrscheinlich im 8. Jh. v. Chr. angelegt; im frühen 6. Jh. wurde eine Befestigungsmauer um die ganze Insel geführt und im N wenig später ein Verbindungsdamm zum Festland aufgeschüttet. Im N-Teil lagen die Opferstätte (Tophet) und Nekropolen sowie ein monumentaler Tempel der Göttin Tanit, von dem Reste des Fundaments und Mauerwerk sowie einzelne Mosaiken erhalten sind; hinter dem S-Tor ein kleiner Hafen (›Kothon‹) mit Docks. 397 v. Chr. durch DIONYSIOS I., D. Ä., von Syrakus zerstört, woraufhin die Karthager Lilybaion, das heutige →Marsala gründeten. M. ist wichtig als Fundort pun. Stelen und Vasen; auch Reste einer Purpurfärberei (ab 7. Jh. v. Chr.). Funde im Museum von M. sowie in den Museen von Palermo und Marsala.

Motze, ein Glasmacherwerkzeug, ein ausgehöhlter, stets feucht gehaltener Holzklotz zum Formen der Glasmasse.

Mouche [muʃ; frz. ›Fliege‹] *die, -/-s,* Schönheitspflästerchen, kleine Stoffstückchen aus gummiertem schwarzem Taft, vom 17. bis ins frühe 19. Jh. auf Gesicht und Dekolleté getragen.

Mouches volantes [muʃvɔl'ãːt], →entoptische Wahrnehmungen.

Moudon [mu'dõ], **1)** Bezirkshauptort im Kt. Waadt, Schweiz, 510 m ü. M., an der Broye, 4300 Ew.; Fachschule für Molkereiwirtschaft; zwei Museen (Kunst und Lokalgeschichte); Gießerei, Maschinenbau, Papier- und Kartonfabrik. – Maler. Stadtbild (Schlösser Rochefort, 1595, Carrouge, 18. Jh., Billens, 1677; spätgot. Bürgerhäuser); in der frühgot. Pfarrkirche Saint-Étienne (13. Jh.) reiches Chorgestühl (1499–1502). – M., römisch **Minodunum,** wurde durch die Bischöfe von Lausanne gegen 1285 zur Stadt erhoben. Seit dem 13. Jh. im Besitz der Grafen von Savoyen, 1363–1536 Hauptstadt der Waadt.
2) Bez. im zentralen Osten des Kt. Waadt, Schweiz, 120 km², 12 100 Einwohner.

Mouillierung [muˈji-; frz., zu lat. mollis ›weich‹], *Sprachwissenschaft:* →Palatalisierung.

Moulage [muˈlaːʒə; frz., zu moule ›Gießform‹] *der, -/-s,* auch *die, -/-n,* Abguss, Abdruck, insbesondere ein farbiges anatom. Wachspräparat.

Moulay Idris [mulɛiˈdris], **Moulay Idriss,** die heilige Stadt Marokkos, 27 km nördlich von Meknès, 11 200 Ew.; großes Wallfahrtsfest im September. – Zw. den malerisch auf Hügeln liegenden Stadtvierteln Khiber und Tasga das Mausoleum von IDRIS I. mit alter Zawija (beide Bauwerke 1672–1727 im maur. Stil erneuert). In Khiber, unterhalb einer Grabmoschee, Medrese aus Baumaterial vom nahen Volubilis; Minarett mit ganzflächigem Schriftdekor. – Um 788 gegr. von IDRIS I. († 791), dem Begründer der ersten arab. Dynastie (Idrisiden) in NW-Afrika.

Felix Mottl

Moulay Idris: Blick auf die Stadt mit dem Mausoleum von Idris I. (mit Pyramidendach, darunter eine Kuppel) und der Zawija, beide mit grünen Lasurziegeln

Moulin [muˈlɛ̃], Jean, frz. Politiker, *Béziers 20. 6. 1899, † (während der Deportation nach Dtl.) 8. 7. 1943; im Staatsdienst tätig, 1940 zum Präfekten in Chartres ernannt; schloss sich nach der militär. Niederlage Frankreichs im Zweiten Weltkrieg General C. DE GAULLE an. In dessen Auftrag koordinierte er seit Januar 1942 in der südl. (unbesetzten) Zone Frankreichs die militär. Aktivitäten der →Résistance und fasste im Mai 1943 die Widerstandsorganisationen im besetzten Frankreich im ›Conseil National de la Résistance‹ zusammen. Im Juni 1943 von einem SS-Kommando gefangen genommen und gefoltert.

J. M. et le Conseil National de la Résistance, hg. v. F. BÉDARIDA u. a. (Paris 1983); H. MICHEL: J. M., l'unificateur (ebd. 1993).

Mouliné [muliˈneː, frz.] *der, -s/-s,* **Moulinégarn,** ein glatter Zwirn aus zwei verschiedenfarbigen Einzelgarnen. – **Moulinieren,** das Verzwirnen von Seidenfäden.

Moulinet [muliˈnɛ], Jean, frz. Dichter, →Molinet, Jean.

Moulin-Rouge [mulɛ̃ˈruːʒ; frz. ›rote Mühle‹], Name eines Pariser Nachtlokals am Boulevard de Clichy; 1889 eröffnet. H. DE TOULOUSE-LAUTREC schuf zahlr. Plakate für das von ihm oft besuchte M.-R.

Moulins [frz. muˈlɛ̃], Stadt in Frankreich, Verw.-Sitz des Dép. Allier, im Bourbonnais, am Allier, 220 m ü. M., 22 800 Ew.; kath. Bischofssitz; zwei Museen (Bildteppiche, Porzellan, Gemälde). M. ist Marktstadt mit Leder-, Wirkwaren-, Möbel-, Elektroindustrie, Werkzeugmaschinenbau, Herstellung von Autozubehör, Brauereien; Bahnknotenpunkt. – Kathedrale mit neugot. Langhaus, im spätgot. Chor Glasfenster aus dem 15./16. Jh., im Kirchenschatz das Triptychon des MEISTERS VON MOULINS; in der Kapelle eines ehem. Klosters (heute Lyzeum Banville) das Mausoleum des Herzogs HENRI DE MONTMORENCY (1651, von F. ANGUIER). Renaissancepalast der ANNE DE BEAUJEU, heute Musée d'art et d'archéologie. – M. war vor der Mitte des 14. Jh. bis 1523 Residenz der Herzöge von Bourbon.

Moulins [mu'lɛ̃, frz.], **Meister von M.,** frz. Maler, →Meister von Moulins.

Moulmein [muːlˈmeɪn], **Mawlamyine,** Hauptstadt des Monstaates, Birma, an der Mündung des Saluen in den Golf von Martaban, 216 600 Ew.; College der Univ. Rangun, Lehrerbildungsanstalt; Staatsbibliothek und -museum; Schiffbau, Textil-, Holz-, Porzellanindustrie, Metall verarbeitende Industrie; Handel mit Reis, Teakholz, Kautschuk; Ausfuhrhafen, Fährverbindung mit Martaban, Flugplatz.

Moulouya, Oued M. [wɛdmuluˈja], Fluss in O-Marokko, 520 km lang, entspringt mit zwei Quellflüssen im Hohen und Mittleren Atlas, mündet nahe der alger. Grenze in das Mittelmeer. Im Unterlauf Talsperren für Bewässerungslandwirtschaft und Energieerzeugung.

Mounana [munaˈna], Bergbauort in SO-Gabun; Uranerzförderung und -anreicherung, Herstellung von Schwefelsäure; das Erzkonzentrat wird überwiegend nach Frankreich exportiert.

Moundou [munˈdu], **Mundu,** Stadt im SW der Rep. Tschad, am linken Ufer des Mbéré, mit 281 500 Ew. zweitgrößte Stadt des Landes; Verw.-Sitz einer Präfektur, kath. Bischofssitz; Handelszentrum eines Baumwollanbaugebiets; Flugplatz.

Mounds [maʊndz, engl.], →Effigy Mounds.

Mounier [munˈje], Emmanuel, frz. Philosoph und Essayist, *Grenoble 1. 4. 1905, †Châtenay-Malabry (bei Paris) 23. 3. 1950; gründete 1932 mit anderen die Zeitschrift ›Esprit‹ und war dann ihr Schriftleiter. Hauptvertreter des →Personalismus.

Werke: Manifeste au service du personnalisme (1936; dt. Das personalist. Manifest); De la propriété capitaliste à la propriété humaine (1936; dt. Vom kapitalist. Eigentumsbegriff zum Eigentum des Menschen); Introduction aux existentialismes (1946; dt. Einf. in die Existenzphilosophien); La petite peur du XXᵉ siècle (1948; dt. Angst u. Zuversicht des 20. Jh.).

Ausgabe: Œuvres, 4 Bde. (1961–63).

E. M. (Paris 1950); C. MOIX: La pensée d'E. M. (ebd. 1960); L. GUISSARD: E. M. (ebd. 1962); M. KELLY: Pioneers of the Catholic revival (London 1979).

Mount [maʊnt, engl.], engl. Bez. für Berg.

Mount [maʊnt], William Sidney, amerikan. Maler, *Setauket (N. Y.) 26. 11. 1807, †ebd. 19. 11. 1868; ausgebildet in New York. Malte v. a. Genrebilder mit ländl. Szenen (›Tanz auf dem Lande‹, 1830; Boston, Mass., Museum of Fine Arts). Seine Bilder waren als Drucke weit verbreitet.

Mountainbike [ˈmaʊntɪnbaɪk, engl.], 1) seit Anfang der 1980er-Jahre (zunächst in den USA) aufgekommenes, leichtes, geländegängiges (Spezial-)Sportfahrrad mit robustem Rahmen, Rasterschaltung (15–21 Gänge) und 47–54 mm dicken Stollenprofilreifen (26 Zoll); für den Straßenverkehr nachrüstbar.

2) relativ junge, mit dem Mountainbike ausgeübte radsportl. Disziplin, die u. a. die Einzelwettbewerbe Crosscountry, Downhill und Trial umfasst. Das Tragen von speziellen Helmschalen ist Pflicht. Die Rennen beim M. sind offen für Elite-Fahrer (→Straßenradsport). **Crosscountry** ist ein Wettbewerb des →Querfeldeinradsports. Dabei ist ein Parcours von mindestens 6,5 km mehrmals zu durchfahren. Mindestens 90% der Strecke sollten befahrbar sein, während auf dem übrigen Abschnitt das Mountainbike durch unbefahrbares Gelände geschoben oder getragen werden muss. Weltmeisterschaften werden seit 1989 ausgetragen, Europameisterschaften seit 1991; 1996 erstmals olymp. Disziplin. **Downhill** ist ein Abfahrtsrennen in Anlehnung an den alpinen Skisport, durchgeführt auf einer gebirgigen Schotterstrecke von ca. 8 km Länge, davon mindestens 80% bergab. Weltmeisterschaften werden seit 1990 (Männer) bzw. 1991 (Frauen) ausgetragen, Europameisterschaften seit 1991. **Trial** ist ein Geschicklichkeitswettbewerb mit steilen Passagen und Hindernissen (analog zur gleichnamigen motorradsportl. Disziplin), meist als Rundkurs ausgelegt. Bei den Wettbewerben ist ein Zeitlimit vorgegeben; gewertet werden die Fehler als Strafpunkte: Absetzen des Fußes (außer im Stand), Überschreiten des Zeitlimits, Überfahren der Begrenzungslinien, Sturz. – *Organisationen:* →Radsport.

Mountbatten [maʊntˈbætn], 1) Louis, 1. Earl **M. of Burma** [- əv ˈbəːmə] (seit 1947), brit. Admiral, *Frogmore House, Windsor (heute New Windsor) 25. 6. 1900, †(ermordet) in der Bucht von Sligo 27. 8. 1979, Sohn des Prinzen LUDWIG ALEXANDER VON BATTENBERG; war 1943–46 Oberbefehlshaber der alliierten Streitkräfte in SO-Asien; 1944/45 eroberte er mit seinen Truppen Birma zurück. Von Februar bis August 1947 war er (letzter) Vizekönig von Indien, danach bis Juni 1948 Gen.-Gouv. der Ind. Union; 1952–54 Oberbefehlshaber der NATO-Streitkräfte im Mittelmeer, 1955–59 Erster Seelord und Stabschef der brit. Flotte, 1959–65 Chef des brit. Verteidigungsstabes; er fiel einem Attentat der IRA zum Opfer.

A. SWINSON: M. (New York 1971); R. HOUGH: M. Hero of our time (London 1980).

Louis, 1. Earl Mountbatten of Burma

2) Philip, →Philip, Duke of Edinburgh.

Mount Hagen [ˈmaʊnt ˈheɪɡən], Stadt in Papua-Neuguinea, im Hochland nahe dem M. H., einem erloschenen Vulkan (3 777 m ü. M.), 17 400 Ew.; Verw.-Sitz der Prov. Western Highlands; kath. Erzbischofssitz; Marktzentrum für Kaffee, Tee und Pyrethrum, Touristenzentrum; Flugplatz.

Mount Isa [ˈmaʊnt ˈaɪzə], Bergbaustadt im NW von Queensland, Australien, am Leichhardt River, 23 700 Ew.; Technikerschule; eines der weltgrößten Kupfererzbergwerke, außerdem Abbau von silberhaltigem Blei-Zink-Erz; Kupfer- und Silberschmelze (Weiterverarbeitung in der Kupferraffinerie von Townsville), Bleihütte; Eisenbahnendpunkt, Flugplatz. – Die Blei-Zink-Silber-Erzvorkommen wurden 1923 entdeckt, Abbau seit 1931; seit 1942 werden die Kupfererze abgebaut.

Mount Lavinia [ˈmaʊnt ləˈvɪnjə], Teil der Doppelstadt →Dehiwala-Mount Lavinia, Sri Lanka.

Mount Lofty Ranges [ˈmaʊnt ˈlɔfti ˈreɪndʒɪz], Bergzüge in South Australia, südl. Fortsetzung der Flinders Ranges, im Mount Lofty, an dessen Fuß Adelaide liegt, 727 m ü. M., im Mount Bryan 935 m ü. M.; Phosphatgewinnung, Marmorbrüche; Belair National Park (8,35 km²).

Mount Morgan [ˈmaʊnt ˈmɔːɡən], ehem. Bergbauort im O von Queensland, Australien, 2 800 Ew.; bis 1981 Abbau von gold- und silberhaltigen Kupfererzen, Verarbeitung in der Kupferschmelze und -raffinerie Port Kembla. – Goldgewinnung seit 1882.

Mount-Palomar-Observatorium [maʊnt ˈpæləmaː-], 80 km nordöstlich von San Diego in Kalifornien in 1 700 m ü. M. auf dem Mount Palomar gelegene Sternwarte, unter maßgebl. Einfluss von G. E. HALE zur Aufnahme des nach ihm benannten Spiegelteleskops **(Hale-Teleskop)** erbaut. Mit einem Spiegeldurchmesser von 5,08 m (Brennweite 16,8 m) stellt es das zweitgrößte in Betrieb befindl. (seit 1948) astronom. Teleskop mit monolith. Spiegel dar. Daneben besitzt das M.-P.-O. u. a. ein Schmidt-Spiegelteleskop mit 124 cm freier Öffnung und 183 cm Spiegeldurchmesser (›Big Schmidt‹), mit dem ein fotograf. Himmelsatlas (**P**alomar **O**bservatory **S**ky **S**urvey, Abk. POSS) erstellt wurde, und ein photometr. Teleskop mit einer Öffnung von 152 cm.

Mount Rushmore National Memorial [ˈmaʊnt ˈrʌʃmɔː ˈnæʃnl məˈmɔːriəl], Gedenkstätte in den Black Hills, South Dakota, USA. Die rd. 20 m hohen, aus dem Granit des Mount Rushmore gehauenen Porträtköpfe der Präsidenten G. WASHINGTON, T. JEFFERSON, T. ROOSEVELT und A. LINCOLN wurden 1927–41 von dem Bildhauer G. BORGLUM geschaffen.

Mount Vernon [ˈmaʊnt ˈvəːnən], Landgut südlich von Alexandria (Va.), USA, am Potomac, Wohnsitz (1743 erbaut, später verändert) G. WASHINGTONS, der auch hier begraben ist (Grabstätte 1831–37 erbaut); seit 1860 Nationaldenkmal.

Mount-Wilson-Observatorium [maʊnt ˈwɪlsn-, engl.], 1904 von G. E. HALE auf dem Gipfel des Mount →Wilson (S-Kalifornien, USA) gegründetes Observatorium, das bis 1985 von der Carnegie Institution von Washington (D. C.) betrieben wurde (seitdem vom Mount-Wilson-Institut unterhalten). Seine wichtigsten Instrumente sind zwei Spiegelteleskope mit Spiegeldurchmessern von 1,5 m und 2,5 m sowie zwei Turmteleskope zur Sonnenbeobachtung. Das 2,5 m-Teleskop (›Hooker-Teleskop‹) ermöglichte E. P. HUBBLE und seinen Mitarbeitern wichtige Beobachtungen zu kosmolog. Problemen.

Mourant [muˈrɑ̃], Arthur Ernest, brit. Serologe, * Insel Jersey 11. 4. 1904; leitete ab 1965 das Laboratorium für serolog. Populationsgenetik in London; Arbeiten speziell zur Häufigkeitsverteilung menschl. Blutgruppen u. a. Blutfaktoren.
Werke: The distribution of the blood groups (1954); The AB0 blood groups (1958, mit A. C. KOPEĆ u. K. DOMANIEWSKA-SOBCZAK)

Mourão-Ferreira [moˈrɐufəˈrrɐirə], David, port. Schriftsteller, * Lissabon 24. 2. 1927; in seiner Lyrik eher dem volkstüml. Überlieferungen seines Landes verpflichtet, nimmt M.-F. in seinen dramat. und erzählenden Texten auch Strömungen des Fantastischen und Experimentellen der zeitgenöss. Avantgarden auf; auch Literaturkritiker und Übersetzer.
Werke: *Lyrik:* A secreta viagem (1950); Tempestade de verão (1954); Os quatro cantos do tempo (1958); Entre a sombra e o corpo (1980); Os ramos e os remos (1985). – *Dramen:* Isolda (1948); O irmão (1965). – *Romane:* Gaivotas em terra (1959); O viúvo (1962); Os amantes (1968); Um amor feliz (1986).

Mourne Mountains [ˈmɔːn ˈmaʊntɪnz], Bergland an der SO-Küste von N-Irland, nördlich des Carlingford Lough, bis 852 m ü. M.; umfangreiche Wiederaufforstungen mit Nadelhölzern; die waldfreien oberen Bergregionen werden als Schafweide genutzt; mehrere kleinere Talsperren dienen der Wasserversorgung von Belfast, Portadown und Banbridge.

Mourvèdre [murˈvɛdr], **Mataro**, spät austreibende und spät reifende (daher großer Wärmebedarf) frz. Rotweinrebe mit dickschaligen Beeren; liefert säure- und tanninreiche Weine mit feinem Aroma, die meist zum Verschnitt gebraucht werden. M. ist z. B. eine der vier Hauptsorten des Châteauneuf-du-Pape und zu 50 % an Bandol beteiligt. M. ist in Frankreich (Rebfläche 3 100 ha, v. a. in der Provence), in Australien (12 000 ha, v. a. im Barossa Valley; fünftwichtigste Rotweinrebe) und in Kalifornien (800 ha) vertreten.

Mouscron [mu(s)ˈkrɔ̃], niederländ. **Moeskroen** [muːsˈkruːn], Stadt in der Prov. Hennegau, Belgien, nahe der frz. Grenze, 53 000 Ew.; bedeutende Textilindustrie, Maschinenbau, Holz-, Kunststoffindustrie, Schmierölfabrik.

Mousse [mus; frz. ›Schaum‹] *die, -, -s,* kaltes Vor- oder Zwischengericht aus mit Sahne aufgeschlagener,

Mount Rushmore National Memorial mit den 1927–41 von Gutzon Borglum geschaffenen Porträtköpfen der amerikanischen Präsidenten George Washington, Thomas Jefferson, Theodore Roosevelt und Abraham Lincoln (von links)

fein gewürzter Fleisch-, Fisch-, Geflügel- oder Wildfarce, dessen lockere Konsistenz durch Beimengung von Gelee oder Gelatine und starkes Abkühlen erzielt wird; auch Bez. für schaumige Süßspeisen, z. B. als M. au Chocolat mit weißer oder brauner Schokolade.

Mousseron [musˈrɔ̃, frz.] *der, -s/-s,* ein Speisepilz, →Knoblauchschwindling.

moussierende Weine [mus-], Sammel-Bez. für Weine, die viel Kohlensäure enthalten und diese nach Öffnen der Flasche als kleine Perlen sichtbar freisetzen. Zu ihnen gehören v. a. die →Perlweine und die →Schaumweine; alle frz. Schaumweine, die keine Champagner oder Crémant sind, werden als Vin mousseux bezeichnet; ital. m. W. sind die Frizzanti (perlend) und die Spumanti (z. B. Asti spumante).

Moustaki, Georges, eigtl. **Joseph Mustacchi**, frz. Chansonsänger und Komponist griech. Herkunft, * Alexandria (Ägypten) 3. 5. 1934; war 1958/59 Begleitgitarrist von ÉDITH PIAF, für die er auch Chansons schrieb (›Milord‹), und begann Mitte der 60er-Jahre als Sänger hervorzutreten. Schrieb einfühlsame, z. T. melancholisch gefärbte Lieder, deren Musik von der griech. Volksmusik und von lateinamerikan. Rhythmik geprägt ist (›Le métèque‹, ›Ma Solitude‹, ›Bahia‹); auch Filmmusik (›Le Pistonné‹, 1970).

Moustérien [musteriˈɛ̃, frz.] *das, -(s),* Kulturstufe der →Altsteinzeit, benannt nach dem Fundort Le Moustier, Dép. Dordogne, Frankreich. Das M. liegt zeitlich nach dem Acheuléen und vor dem Aurignacien, es reicht von der Eem-Warmzeit bis in die ersten Wärmeschwankungen der Würm-Kaltzeit. – Heute wird das M. in mehrere Untergruppen gliedert. Das M. mit Acheuléentradition enthält Faustkeile, in den übrigen Gruppen herrschen Abschlaggeräte (Handspitzen, Schaber) vor. Als Träger des M. sind bisher Menschen vom Präneandertal- und Neandertaltypus nachgewiesen. Die körperl. Überreste stammen z. T. aus Gräbern, die als älteste menschl. Bestattungen kultur- und religionsgeschichtl. Bedeutung haben (La Chapelle-aux-Saints, La Ferrassie, Karmel, Shanidar, Teschik-Tasch). Neben Höhlenvorkommen kennt man auch Freilandstationen. In Molodowa am Dnjestr wurden Überreste von Behausungen entdeckt.

Moutier [muˈtje], 1) dt. **Münster (BE),** Bezirkshauptort im Kt. Bern, Schweiz, 529 m ü. M., im Jura, an der Birs, 7900 Ew.; Kunstmuseum; Maschinen-

Mout Mouton – Movimento Popular de Libertação de Angola

Moutier 1): Moutier und Cluse de Moutiers

bau, Uhren- und Glasindustrie; Bahnknotenpunkt (am N-Ende des Tunnels unter dem Grenchenberg). – Über der Stadt das Schloss (16. Jh., im 18. Jh. erweitert); bedeutende Apsismalereien (um 1020) in der Friedhofskapelle in Chalières (11. Jh., restauriert). – Um das gegen 640 gegründete Kloster M.-Grandval erwuchs die Siedlung M. Im 18. Jh. wurde die Uhrenindustrie in M. heimisch.

2) dt. **Münster,** Bez. im Kt. Bern, Schweiz, im Jura, 283 km², 23 700 Einwohner.

Mouton [muˈtɔ̃], Jean, frankofläm. Komponist, *Holluigue (heute Haut-Wignes, bei Samer, Dép. Pas-de-Calais) um 1459, †Saint-Quentin 30. 10. 1522; war Sängerknabe in Nesles, Kapellmeister in Amiens und Grenoble, trat 1509 in den Dienst der Königin ANNE DE BRETAGNE und wurde 1512 Mitgl. der Hofkapelle LUDWIGS XII. und FRANZ' I. Den Schwerpunkt seines Werkes bilden 14 in differenzierter Cantus-firmus-Technik geschriebene Messzyklen. In seinen etwa 110 Motetten, von denen viele den Messen seines Schülers A. WILLAERT zugrunde liegen, wird der Übergang vom Spät-MA. zur Renaissance deutlich.

Ausgabe: Opera omnia, hg. v. A. C. MINOR, 4 Bde. (1967–74).

Mouton d'or [mutɔ̃ˈdɔːr; frz. ›goldenes Schaf‹], mittelalterl. frz. Goldmünze des 14./15. Jh. mit dem Agnus Dei, dem Lamm Gottes, auf der Vorderseite. Deren Umschrift lautet übersetzt ›O du Lamm Gottes, das du hinwegnimmst die Sünden der Welt, erbarme dich unser‹ (Joh. 1, 29). Die Münze wurde auch von versch. niederländ. Münzherren nachgeahmt und dort **Gouden Lam** genannt. In Frankreich selbst wurde die Münze nach dem Münzbild auch als **Agnel** oder **Aignel** (Lamm) bezeichnet.

Mouton d'or
(Villeneuve Saint André-lès-Avignon; Durchmesser 24 mm)

Vorderseite

Rückseite

Mouvement des Radicaux de Gauche [muvˈmã də radiˈko dəˈgoːʃ], Abk. **MRG,** dt. ›Bewegung der Linksradikalen‹, frz. polit. Partei, 1972 unter R. FABRE von den Radikalsozialisten abgespalten, in der polit. Arbeit meist mit dem Parti Socialiste verbunden, an Links-Reg. seit 1981 beteiligt.

Mouvement Républicain Populaire [muvˈmã repybliˈkɛ̃ popyˈlɛːr], Abk. **MRP,** dt. ›Republikan. Volksbewegung‹, im dt. Sprachraum meist ›Volksrepublikaner‹ genannt, 1944–67 eine frz. Partei christlich-demokrat. Richtung, wurzelte ideell in der kath. Soziallehre und dem Gedankengut des nichtmarxist. frz. Linken um M. SANGIER. Vorläufer waren die ›Ligue de la Jeune République‹ (gegr. 1912) und der ›Parti Démocrate Populaire‹ (gegr. 1924).

Der am 3. 9. 1944 in Paris gegründete MRP forderte soziale Reformen, freie Gewerkschaften, vom Staat unabhängige Schulen und den Schutz der Familie. Außenpolitisch förderte er die Einbindung Frankreichs in das westl. Bündnissystem, die polit. Integration Europas und die Aussöhnung mit Deutschland. – Präs. des MRP waren: M. SCHUMANN (1944–49), G. BIDAULT (1949–52), P.-H. TEITGEN (1952–56), P. PFLIMLIN (1956–59), A. COLIN (1959–63) und J. LECANUET (1963–65). In der Vierten Republik waren die Volksrepublikaner neben den Sozialisten und Kommunisten eine der zentralen Kräfte des frz. Parteienspektrums. An fast allen Reg. beteiligt, stellten sie oft den Min.-Präs. Mit der Entstehung gaullist. Parteien halbierte sich die Mandatszahl in der Nationalversammlung, die Partei konnte jedoch noch ihren polit. Einfluss wahren. In der frz. Staatskrise vom Mai 1958 unterstützten die Volksrepublikaner die Berufung C. DE GAULLES an die Spitze der Reg. und die Gründung der Fünften Republik. Differenzen zur Politik DE GAULLES (bes. in Fragen der polit. Integration Europas) führten 1962 zum Austritt aus der Reg.-Koalition mit den gaullist. Parteien. Die Partei verlor politisch immer mehr an Boden und löste sich 1967 auf.

R. BICHET: La démocratie chrétienne en France, le M. r. p. (Besançon 1980); H. DESCAMPS: La démocratie chrétienne et le M. R. P. (Paris 1981); P. LETAMENDIA: Le M. R. P. Le MRP. Histoire d'un grand parti français (ebd. 1995).

Mouvements Unis de la Résistance [muvˈmã yˈni də la reziˈstãs], Abk. **MUR,** →Résistance.

Mouw [mɔuv], Johan Andreas Dèr, niederländ. Schriftsteller, →Dèr Mouw, Johan Andreas.

Movement [ˈmuːvmənt], Gruppe engl. Dichter, die in den 1950er-Jahren mit betont antiromant., nüchtern-rationaler, formal traditioneller, an der Umgangssprache orientierter, oft iron. Lyrik hervortraten. Zu ihnen gehörten u. a. K. AMIS, D. DAVIE, D. J. ENRIGHT, E. JENNINGS, T. GUNN, T. HUGHES, P. LARKIN und J. WAIN sowie ROBERT CONQUEST (* 1917); Letzterer gab die beiden ›New lines‹ betitelten Anthologien (1956, 1963) heraus, die das M. bekannt machten.

B. MORRISON: The m. (Neuausg. London 1986).

Mövenpick-Holding [-ˈhəuldɪŋ], schweizer. Konzern des Gastgewerbes mit (1996) 124 Restaurants (darunter ›Cliccadou‹ [Fastfood], ›Palavrion‹ und Marché-Selbstbedienungsrestaurants), 39 Hotels in zehn Ländern, 16 Handels- und Produktionsbetrieben (u. a. Wein, Rauchfisch, Kaffee und Eiscreme), gegr. 1948 von UELI PRAGER (* 1916); Sitz: Zürich. Seit 1995 ist die M.-H. auch an der ital. Autobahnraststättenkette ›Autogrill‹ beteiligt (15,7%). Umsatz (1996): 1,02 Mrd. sfr; Beschäftigte: rd. 12 500.

Movimento das Forças Armadas [moviˈmẽtu daʃ ˈfɔrsaʃ arˈmadaʃ], Abk. **MFA,** →Portugal, Geschichte.

Movimento Popular de Libertação de Angola [moviˈmẽtu popuˈlar de libertaˈsãu-], Abk. **MPLA,** dt. ›Volksbewegung zur Befreiung Angolas‹, 1956 gegr. Befreiungsbewegung in Angola, die sich vorwiegend aus den um Luanda lebenden Mbundu rekrutierte, 1961–74 einen Guerillakrieg gegen die port. Kolonialmacht führte und dabei v. a. von der UdSSR und Kuba unterstützt wurde. Mit deren Hilfe konnte die MPLA nach Einstellung der Kämpfe (1974) gegenüber rivalisierenden Gruppen die Herrschaft behaupten. Die port. Reg. übertrug am 11. 11. 1975 die Rechte zur Bildung des unabhängigen Staates Angola einseitig der MPLA unter A. NETO, die sich zur marxistisch-leninistisch orientierten Einheitspartei entwickelte und seit 1975 in einen Bürgerkrieg mit der UNITA verwickelt war (Friedensabkommen 1991). Ende 1990 gab sich die MPLA, seit 1979 von E. DOS SANTOS geführt, eine sozialdemokrat. Orientierung, strich den ab 1977 geführten Zusatz ›Partido de Trabalho‹ (PT, dt. ›Partei der Arbeit‹) aus dem Namen und gab den alleinigen Machtanspruch auf.

Movimento Sociale Italiano [-sot'tʃa:le-], Abk. **MSI**, dt. ›Ital. Sozialbewegung‹, gegr. 1946 als Sammelbewegung des ital. →Neofaschismus, bekannte sich unter Anknüpfung an die faschist. Vorstellungen der ›Repubblica Sociale Italiana‹ (›Ital. Sozialrepublik‹, ›Republik von Salò‹, 1943–45) zur ›autoritären Demokratie‹, lehnte das parlamentar. System und Parteienpluralismus ab; Gen.-Sekr. war 1946–50 sowie 1969–87 G. ALMIRANTE. Unter seinem Nachfolger G. FINI verließ die Partei ihre radikale Linie. Er wandelte den MSI im Januar 1995 um in die Alleanza Nazionale (AN), die sich nicht mehr auf MUSSOLINI beruft, sondern traditionelle rechtskonservative Positionen vertritt. Die AN gehört dem Parteienbündnis ›Polo per la Libertà‹ (dt. ›Pol der Freiheit‹) an.

Movimiento 26 de Julio [- venti'seis δε 'xulio], dt. ›Bewegung 26. Juli‹, kuban. Guerillagruppe, die am 26. 7. 1953 die Moncadakaserne in Santiago de Cuba erfolglos angriff. Aufgrund einer Generalamnestie freigelassen, organisierte F. CASTRO RUZ die Gruppe im Juli 1955 in Mexiko neu und kehrte 1956 nach Kuba zurück, wo er in der Sierra Maestre den Guerillakampf gegen die Diktatur von F. BATISTA Y ZALDÍVAR leitete. Mit E. CHE GUEVARA und RAÚL CASTRO (*1931) bildete F. CASTRO den radikaleren Flügel der Bewegung. 1961 ging der M. 26 de J. in den ›Organizaciones Revolucionarias Integradas‹ auf (1965 in ›Partido Comunista de Cuba‹ umbenannt). (→Kuba, Staat und Recht)

Möwchen, 1) Mövchen, Taubenrasse mit charakterist. Halskrause (Jabot) aus Federn am Vorderhals. **2)** Bez. für vorwiegend oder völlig weiße Mutanten des Jap. Möwchens (→Nonnen) und des Zebrafinken.

Möwe, Die, russ. ›Čajka‹, Drama von A. P. TSCHECHOW (1896).

Möwen [von mnd. mēve (wohl lautmalend)], **Larinae,** weltweit an Meeresküsten und Süßgewässern verbreitete Unterfamilie 25–76 cm langer Vögel mit rd. 45 Arten. Die ausgewachsenen M. tragen ein vornehmlich weiß und grau gefärbtes Gefieder, oft mit dunkleren Flügeln, manchmal mit dunkelbraunem oder schwarzem Kopf; das Jugendkleid ist häufig viel dunkler, bisweilen fast einfarbig dunkelbraun. Schnabel und Beine sind meist farbig (rot, gelb), die Vorderzehen durch Schwimmhäute verbunden. M. laufen, fliegen und schwimmen gut, sie ernähren sich von Wirbellosen und versch. organ. Abfällen, viele Arten nehmen Vogelbeute und lebende Fische u. a. Wirbeltiere. Die meisten Arten brüten in Kolonien auf Klippen, Dünen oder im Röhricht. Einheim. Arten sind Lach-M., Zwerg-M., Schwarzkopf-M., Silber-M., Herings-M., Mantel-M., Sturm-M. und Dreizehenmöwe.

Möwenvögel, Laridae, Familie der Regenpfeifervögel, die sich aus den Möwen und Seeschwalben mit insgesamt rd. 90 Arten zusammensetzt.

Mowses Chorenatzi, Moses von Choren, armen. Geschichtsschreiber, †487 (?); verfaßte der Überlieferung zufolge als Schüler des Bibelübersetzers MESROP und des Katholikos SAHAK (†439) im Auftrag des Fürsten SAHAK BAGRATUNI (481–484) ein von einer sagenhaften Urzeit bis zum Jahr 428 reichendes Geschichtswerk. Krit. philolog.-histor. Analysen verlegen die Entstehung des Werkes bis in das Jahr 850. Eine früher als Werk des M. C. geltende Geographie Armeniens wird heute ANANIAS SCHIRAKATZI (* um 600, † 670) zugeschrieben.

Moxibustion [zu lat. comburere, combustum ›verbrennen‹] *die, -/-en,* das Abbrennen von **Moxa** (Brennkegeln), z. B. aus Beifußkraut (Artemisia vulgaris) auf der Haut (meist auf bestimmten Akupunkturpunkten) mit dem Ziel, krankheitsbedingte Störungen und Beschwerden zu bessern. Die M. ist eine sehr alte, aus dem fernöstl. Raum stammende Technik der Reizkörperbehandlung; von der Schulmedizin abgelehnt.

Moya, 1) ['mɔɪə], John Hidalgo, brit. Architekt, *Los Gatos (Calif.) 5. 5. 1920, †Hastings (Cty. East Sussex) 3. 8. 1994; entwarf mit A. J. PHILIP POWELL (*1921) die Siedlung Churchill Gardens in London (1946–62), ferner Schulen, Hospitäler, das Festspielhaus in Chichester (1961–62), das Cripps Building des Saint John's College in Cambridge (1963–67), das Museum of London (1976) und das Queen Elizabeth II Conference Centre in London (1986).
2) ['mɔja], Pedro, span. Maler, getauft Granada 1. 8. 1610, begraben ebd. 16. 1. 1674; studierte in Flandern und arbeitete im Londoner Atelier des A. VAN DYCK. Nach seiner Rückkehr (um 1641) vermittelte er B. E. MURILLO Einflüsse der fläm. Malerei.

Moyeuvre-Grande [mwajœvrə'grãd], **Großmoyeuvre,** Industriestadt in Lothringen, Dép. Moselle, Frankreich, 9 200 Ew.; Eisenerzgruben und Hüttenwerk.

Moyle ['muylə], Distrikt in Nordirland, 494 km^2, 14 800 Ew.; Verw.-Sitz ist Ballycastle.

Moyobamba, früher **Santiago,** Stadt in N-Peru, in der Montaña, 860 m ü. M., 24 300 Ew.; Verw.-Sitz des Dep. San Martín.

MOZ, Abk. für **M**otor**o**ktan**z**ahl (→Oktanzahl).

Mozabiten, die berber. Bewohner des →Mzab.

Mozambique [moza'bik, frz.], Stadt und Staat, →Moçambique.

Mozaraber [arab. musta'rib ›arabisiert‹], die Christen im mittelalterl. Spanien, die nach der arab. Eroberung (711) unter islam. Herrschaft lebten, lange eine große Toleranz genossen und sich in der Lebensweise ihrer Umwelt weitgehend anpassten.

Mozarabisch, Sammel-Bez. für die Varietäten des Romanischen, die im MA. (8.–12. Jh.) von den unter arab. Herrschaft lebenden Christen (Mozaraber) in Spanien gesprochen wurden (u. a. in Córdoba, Sevilla, Toledo, Saragossa, Valencia). Das M. ist nur in sehr geringem Umfang schriftlich (in arab. Zeichen) belegt (einzelne Urkunden, →Jarchas, Glossen, Ortsnamen); es verschwand vollständig entweder durch die Arabisierung seiner Sprecher oder durch die systemat. Verbreitung des Kastilischen im Zuge der Reconquista.

Enciclopedia lingüística hispánica, hg. v. M. ALVAR u. a., Bd. 1 (Madrid 1960).

mozarabische Liturgie, altspanische Liturgie, eine einheitl., von der röm. Liturgie abweichende lat. Liturgiefamilie, die sich in Spanien entwickelt hat und von den span. Christen (Mozarabern) auch unter arab. Herrschaft beibehalten werden konnte. Ausgebildet und entfaltet wurde sie im 7. Jh. (daher auch als ›westgot.‹ Liturgie bezeichnet) unter dem Einfluss der span. Bischöfe (v. a. ISIDOR VON SEVILLA), die durch häufige Synoden für eine einheitl. Entwicklung der christl. Lehre und Liturgie sorgten. Durch die gregorian. Reform wurde die m. L. unterdrückt. 1500–02 ließ Kardinal F. JIMÉNEZ DE CISNEROS ein mozarab. Missale und Brevier drucken und ermöglichte so das Fortleben der mozarab. Tradition. Heute wird die m. L. noch täglich in der mozarab. Kapelle des Domes von Toledo, gelegentlich auch in Salamanca gefeiert.

G. PRADO: Historia del rito mozárabe y toledano (Burgos 1928); M. RAMOS: Revisión ›ex integro‹ de la liturgia hispanomozárabe, in: Ephemerides liturgicae, Jg. 99 (Rom 1985).

mozarabischer Gesang, die von der röm. Liturgie abweichende Tradition des Kirchengesangs der altspan. (westgot.) Christen. Er besaß wahrscheinlich schon im 6. Jh. ein fest gefügtes Repertoire, das unter ISIDOR VON SEVILLA im Konzil von Toledo (633) bestätigt wurde und auch nach der arab. Besetzung Spaniens (711) lebendig blieb. Er wurde in eigenen Neumen notiert und ist wegen der linienlosen Notierung nicht entschlüsselbar.

mozarabischer Stil, Stil-Bez. für die maurisch geprägte christl. Kunst und Architektur im 10.–11. Jh.

mozarabischer Stil: Kampf des Vogels mit der Schlange; Illustration aus der Beatus-Handschrift; um 920 (Gerona, Museo de la Catedral)

in den ehem. arabisch besetzten Gebieten Spaniens (→Reconquista). Charakterist. Merkmale sind die der islam. Kunst entlehnten Ornament- und Architekturformen (u. a. hufeisenbogige Fenster, mihrabähnl. Apsiden); v. a. in der Buchmalerei gelangte der m. S. zu höchster Prachtentfaltung.

Leopold Mozart

Mozart, 1) Leopold, Komponist, getauft Augsburg 14. 11. 1719, †Salzburg 28. 5. 1787, Vater von 2); wurde nach abgebrochenem Philosophiestudium in Salzburg Kammerdiener beim Grafen THURN-VALSASSINA UND TAXIS, 1743 Violinist und 1757 einer der Hofkomponisten des Fürsterzbischofs von Salzburg, 1763 Vizekapellmeister. Komponierte Sinfonien und Divertimenti mit z. T. programmusikal. Gehalten (›Schlittenfahrt‹, ›Bauernhochzeit‹, ›Sinfonia pastorale‹), Solokonzerte für Blasinstrumente, Kammermusik und Kirchenmusik. M.s Musik lässt eine solide Technik und den gefälligen, wenig charakterist. Stil der österreichisch-südt. Vorklassik erkennen. Sein ›Versuch einer gründl. Violinschule‹ (1756) ist eine wichtige Quelle für die violinist. Vortragspraxis der Zeit. M.s Verdienst liegt v. a. in der weltoffenen Erziehung und zielstrebigen musikal. Förderung seines Sohnes. Die pianistisch versierte Tochter MARIA ANNA, gen. NANNERL (*1751, †1829), begleitete Vater und Bruder auf mehreren Auslandsreisen.

L. M. 1719–1787. Bild einer Persönlichkeit, hg. v. L. WEGELE (1969); F. LANGEGGER: M., Vater und Sohn (Zürich ²1986); E. VALENTIN: L. M. Porträt einer Persönlichkeit (1987).

2) Wolfgang Amadeus, eigtl. **Joannes Chrysostomus Wolfgangus Theophilus M.**, Komponist, *Salzburg 27. 1. 1756, †Wien 5. 12. 1791, Sohn von 1) und von ANNA MARIA M., geb. PERTL (*1720, †1778); wuchs in Salzburg auf. Die Begabung M.s im Klavier- und Violinspiel und im Komponieren trat früh hervor. Erste Kompositionsversuche des Fünf- und Sechsjährigen notierte der Vater in dem seit 1759 für den Klavierunterricht der Tochter MARIA ANNA (*1751, †1829) entstandenen Notenbuch. 1762 unternahm der Vater mit den Kindern erste Reisen nach München und Wien, um deren Talente dem dortigen Adel (z. B. Kaiserin MARIA THERESIA) zu präsentieren. Eine weitere Reise der ganzen Familie führte 1763–66 u. a. über München, Augsburg und Frankfurt am Main, wo GOETHE M. hörte, nach Paris, London und Den Haag, wo die Kinder bei Hofe und in öffentl. Akademien konzertierten. Es erschienen die ersten gedruckten Kompositionen M.s, 16 violinbegleitete Sonaten für Klavier. Für öffentl. Konzerte schuf er seine ersten Sinfonien (KV 16 und 19, London ab 1764). Kaum

Wolfgang Amadeus Mozart (Ausschnitt aus einem unvollendeten Ölgemälde, 1782/83, Salzburg, Mozartmuseum)

zehn Monate nach der Heimkehr unternahm die Familie 1767–69 eine erneute Reise nach Wien, die zur Komposition der ersten Oper ›La finta semplice‹ führte, deren Aufführung jedoch durch eine Theaterintrige verhindert wurde.

Unmittelbar vor der ersten von insgesamt drei Italienreisen (1769–73) wurde M. zum vorerst unbesoldeten Konzertmeister der Salzburger Hofkapelle ernannt. Die außerordentlich erfolgreiche Reise brachte dem als Wunderkind anerkannten M. neben der Begegnung mit führenden Musikern (G. B. SAMMARTINI, N. PICCINNI, P. NARDINI, G. PAISIELLO, PADRE G. B. MARTINI) die päpstl. Auszeichnung eines Ritters vom Goldenen Sporn und die Aufnahme in die Bologneser Accademia filarmonica nach erfolgter Klausur im Kontrapunkt. Die beifällige Aufnahme der Opera seria ›Mitridate‹ im Mailänder Karneval 1770/71 hatte zwei weitere Aufträge für Mailand zur Folge: die Serenata teatrale ›Ascanio in Alba‹ zur Hochzeit des Erzherzogs FERDINAND im Oktober 1771 sowie die Oper ›Lucio Silla‹ für die Saison 1772/73. Hoffnungen auf eine Anstellung in Italien erfüllten sich nicht.

Obgleich seit August 1772 zum mäßig besoldeten Konzertmeister aufgestiegen, drängte es M., der Enge des streng reglementierten Salzburger Dienstes unter dem neuen Erzbischof HIERONYMUS VON COLLOREDO-WALDSEE (*1732, †1812) zu entfliehen. Dennoch entstanden eine Reihe gewichtiger Kompositionen, so Messen, Litaneien, Sinfonien (z. B. die ›kleine g-Moll‹-Sinfonie KV 183 und die in A-Dur KV 201), Serenadenmusik, die fünf Violinkonzerte, die frühesten erhaltenen Klaviersonaten (KV 279–283) und mehrere Klavierkonzerte (z. B. in F-Dur für drei Klaviere und in Es-Dur für die Virtuosin JEUNEHOMME). Aber auch ein Wienaufenthalt im Sommer 1773 und andere Abwechslungen wie die Aufführung der Oper ›La finta giardiniera‹ im Münchner Karneval 1775 und ›Il rè pastore‹ im April 1775 bei einem Salzburgbesuch von Erzherzog MAXIMILIAN FRANZ sowie gelegentl. Auftragsmusiken konnten M. nicht genügen. Nach wiederholt erfolglosen Gesuchen auf Urlaub erbat und erhielt er Ende August 1777 seine Entlassung. Er reiste mit der Mutter in die Musikzentren München und Mannheim, wo er sich jeweils vergeblich um eine Anstellung bemühte. In Mannheim verliebte er sich in

Wolfgang Amadeus Mozart musiziert mit seinem Vater und seiner Schwester; zeitgenössisches Aquarell

die sechzehnjährige Sängerin ALOYSIA WEBER (* 1760, † 1839) und faßte Pläne für gemeinsame Konzerttourneen. Doch auf Drängen des Vaters begab sich M. mit der Mutter nach Paris, wo es ihm, abgesehen von einigen Aufträgen (›Pariser‹ Sinfonie für das renommierte Concert spirituel; Ballettmusik ›Les petits riens‹ für J.-G. NOVERRE), ebenfalls nicht gelang, Fuß zu fassen.

Nach dem Tod der Mutter im Juli 1778 kehrte M. widerwillig nach Salzburg zurück, um eine vakante Hoforganistenstelle zu übernehmen. Außer bedeutender Kirchenmusik (z. B. die ›Krönungsmesse‹) entstanden in den Jahren bis 1781 u. a. die Sinfonien KV 318, 319 und 338, ferner als Auftragskomposition für München die Opera seria ›Idomeneo‹, Werke, die den Übergang zum reifen Meisterwerk kennzeichnen. Die zunehmende Verschlechterung des Verhältnisses zum Erzbischof, die u. a. damit zusammenhing, daß M. bei einem dienstl. Wienaufenthalt die Mitwirkung an einträgl. Konzerten verwehrt wurde, führte noch in Wien im Frühjahr 1781 zum endgültigen Bruch und zur Entlassung am 9. Juni.

Die Aussicht, sich in der Metropole des Habsburgerreichs eine Existenz zu sichern, schien günstig. M. fand einige Klavierschülerinnen und schrieb im Auftrag Kaiser JOSEPHS II. die ›Entführung aus dem Serail‹. Wenige Tage nach der erfolgreichen Uraufführung heiratete er am 4. 8. 1782 KONSTANZE WEBER (* 1763, † 1842), eine Schwester ALOYSIAS. In Privatkonzerten und auf Subskriptionsakademien brachte er eine große Zahl von Klavierwerken, seine neuen Sinfonien (›Haffner‹, ›Linzer‹) und Kammermusik zu Gehör. Die freundschaftl. Begegnung mit J. HAYDN, der 1781 seine neuartigen Russ. Quartette op. 33 vollendet hatte, regte M. zu den 1785 erscheinenden, dem großen Vorbild gewidmeten Streichquartetten an. Im Zusammenhang mit der Aufnahme M.s in die Loge ›Zur Wohlthätigkeit‹ (1784) entstand eine Reihe von Vokalwerken mit freimaurer. Text. Bei Sonntagskonzerten des Barons G. VAN SWIETEN lernte M. die Kunst J. S. BACHS und G. F. HÄNDELS kennen, was zur eingehenden Auseinandersetzung mit dem gebundenen Stil in Form eigener kontrapunkt. Werke führte.

Die Aufführung der von JOSEPH II. begünstigten Opera buffa ›Le nozze di Figaro‹ (1786), deren gesellschaftskrit. Gehalt und komplexe Musik das Publikum allerdings überforderten, markiert eine Wende in M.s Leben. Er verlor die Gunst der Wiener, und seine wirtschaftl. Situation verschlechterte sich, wohl mitbedingt durch eine zu großzügige Haushaltsführung und das Kränkeln KONSTANZES. Wie der ›Figaro‹ hatte auch die für Prag geschriebene Oper ›Don Giovanni‹ nur in Prag großen Erfolg. Trotz Ernennung zum kaiserl. Kammerkompositen mit geringem Salär (ab Dezember 1787) und der Verpflichtung, Tanzmusik für öffentl. Maskenbälle zu schreiben, musste M. immer häufiger Bettelbriefe an den Kaufmann M. PUCHBERG richten. Weithin abseits von der Öffentlichkeit schuf er in den letzten Lebensjahren seine vollendetsten Werke wie die vier letzten Sinfonien (u. a. ›Jupitersinfonie‹), die Klavierkonzerte D-Dur KV 537 und B-Dur KV 595, das Klarinettenkonzert KV 622, das Streichquartett KV 499 und drei für König FRIEDRICH WILHELM II. von Preußen bestimmte Quartette, die Mehrzahl der Streichquintette, das Klarinettenquintett KV 581, die Violinsonate in A-Dur KV 526 sowie die Serenade ›Eine kleine Nachtmusik‹. Eine Reise mit dem Fürsten KARL LICHNOWSKY (* 1756, † 1814) nach Berlin, Dresden und Leipzig (1789) brachte weder Einkünfte noch eine Kapellmeisterstelle am preuß. Hof. Nur mäßigen Beifall erhielt im Januar 1790 die vom Kaiser erbetene Oper ›Così fan tutte‹ in Wien. Auch ein Konzertauftritt aus Anlass der Frankfurter Krönungsfeierlichkeiten für LEOPOLD II. im Oktober 1790, wo M. seine zwei ›Krönungskonzerte‹ spielte, und die zur Prager Krönung des Herrschers von den böhm. Ständen bestellte und im September 1791 aufgeführte Opera seria ›La clemenza di Tito‹ fanden wenig Resonanz. Die rasch zunehmende Erwärmung der Wiener für die am 30. 9. 1791 im Theater im Freihaus auf der Wieden uraufgeführte Oper ›Die Zauberflöte‹ war ein letzter Lichtblick in einem zunehmend freudlos gewordenen Leben. M. starb über der Arbeit zum Requiem, das FRANZ Graf WALSEGG-STUPPACH (* 1763, † 1827) anonym bestellt hatte. Die Komposition wurde von M.s Schüler F. X. SÜSSMAYR auf Verlangen KONSTANZES weitergeführt. Die genaue Todesursache ist strittig. Für Spekulationen auf Giftmord oder Selbstmord gibt es keinen Anhalt. Die Ruhestätte, die M. auf dem Sankt Marxer Friedhof fand, ist nicht mehr festzustellen.

Wolfgang Amadeus Mozart: Beginn der Arie des Cherubin aus dem 1. Akt von ›Die Hochzeit des Figaro‹ in eigenhändiger Niederschrift; 1785/86

M.s Werk umfasst alle musikal. Stile und Gattungen seiner Zeit von einfachster Gebrauchsmusik über galante Gesellschaftsmusik bis hin zu Werken von differenziertester Technik, innerem Beziehungsreichtum und dennoch natürl. Ausdruck. Seinen Stil fand er in Auseinandersetzung mit der zeitgenöss. europ. Musik, wobei er sich scheinbar spielerisch das Erfahrene aneignete und es in höchst individueller Weise durchdrang. Aufgrund seiner umfangreichen Tätigkeit als Klaviervirtuose stand die Klavierkomposition in Form der ital. Sonate und des Solokonzerts im Vordergrund. Neben dem romantisierenden J. SCHOBERT, den M. in Paris kennte, übten des Londoner J. C. BACH mit seiner kantablen Melodik und seinen ausgewogenen Formen sowie die Vertreter der Mannheimer (Familie STAMITZ, C. CANNABICH) und Wiener Schule (G. C. WAGENSEIL, G. M. MONN, J. HAYDN) mit ihrer Kontrastthematik und Affektdynamik prägende Wirkung aus. Sie spiegelt sich in den Sinfonien M.s wider, die, ausgehend vom dreisätzigen Ouvertürentypus der ital. Opera buffa, meist durch ein eingeschobenes Menuett auf vier Sätze erweitert und nach den Prinzipien des Sonatensatzes, der themat. Arbeit und der zykl. Verknüpfung als Einheit gestaltet wurden. In den Konzerten durchbrach M. die vorgefundenen Schemata eines Wechsels von orchestralem und solist. Part durch die am Sonatenprinzip orientierte themat. Arbeit und die Dialogisierung von Soloinstrumenten und Orchester. Bei den Streichquartetten ging M. nach dreisätzigen, ital. Mustern folgenden Anfängen von J. HAYDN und dessen viersätzigen Quartetten aus (mit dem Menuett als 3. Satz). Hier erreichte M. in der Verbindung des galanten Stils mit kontrapunkt. Arbeit dichteste Konzentration und die Gleichrangigkeit der Instrumente. Die Kirchenmusik schließt an die österr. und speziell die salzburg. Tradition (M. HAYDN) an. M. verknüpfte die dort angelegte strenge Kontrapunktik in der Führung des Chors mit den Arieneinlagen und nummernartigen Gliederungen der Neapolitan. Schule.

M.s Vorliebe galt der Oper. Hier griff er die in der formalen und darsteller. Anlage stark schematisierten ital. Gattungen der trag. Opera seria und der heiteren Opera buffa auf, um ihnen spätestens von ›Idomeneo‹ an eine echte Individualität und Ausdruckswahrheit zu verleihen. Die auf Texte L. DA PONTES geschriebenen ital. Meisteropern und das Singspiel ›Entführung‹ zeichnen sich aus durch reiche, ausdeutende Orchestersprache, präzise Personencharakteristik, eine sich dem dramat. Ablauf anschmiegende Formgestaltung und ein bewundernswertes Wechselspiel von den Aktionen in den Finales. Die alle Gattungsbegriffe sprengende ›Zauberflöte‹, eine Mischung aus volkstüml. Zauberstück, Märchen und von Humanität durchdrungenem Ideendrama, bildet mit ihrer Vereinigung von heterogenen Elementen und den motiv. Rückbezügen auf frühere Werke die Synthese von M.s Opernschaffen.

Der Ruhm M.s setzte unmittelbar nach seinem Tod ein und festigte sich in der Romantik zur Auffassung vom ›Meister des apollin. Ebenmaßes‹, dessen Kunst R. SCHUMANN mit ›Heiterkeit, Ruhe und Grazie‹ umschrieb. Die Idealisierung, an der auch die M.-Forschung teilhatte, ist einer realistischeren Sicht gewichen, die gleichwohl der Bewertung seiner Kunst als Inbegriff von Klassizität keinen Abbruch getan hat. Das heutige Bild vom lebensverbundenen Künstler hat seine populärisierte und marktgerechte Entsprechung u. a. in dem Film ›Amadeus‹ (von M. FORMAN, 1984, nach dem Theaterstück von P. SHAFFER, 1980) gefunden.

Werke: *Seria-Opern:* Mitridate, rè di Ponto (1770, KV 87, V. A. CIGNA-SANTI nach J. RACINE); Ascanio in Alba (1771, KV 111, PARINI); Il sogno di Scipione (1772, KV 126, P. METASTASIO); Lucio Silla (1772, KV 135, G. DE GAMERRA nach METASTASIO); Il rè pastore (1775, KV 208, nach METASTASIO); Idomeneo, rè di Creta (1781, KV 366, G. VARESCO nach A. DANCHET); La clemenza di Tito (1791, KV 621, C. MAZZOLÀ nach METASTASIO).

Buffo-Opern: La finta semplice (1768, KV 51, M. COLTELLINI nach C. GOLDONI); La finta giardiniera (1775, KV 196, G. PETROSELLINI); Le nozze di Figaro (1786, KV 492, L. DA PONTE nach P. DE BEAUMARCHAIS); Don Giovanni (1787, KV 527, Dramma giocoso, DA PONTE); Così fan tutte (1790, KV 588, DA PONTE).

Singspiele: Bastien u. Bastienne (1768, KV 50, F. W. WEISKERN, H.-F. MÜLLER u. J. A. SCHACHTNER nach J.-J. ROUSSEAU u. C. S. FAVART); Zaide (1779/80, KV 344, SCHACHTNER nach F. J. SEBASTIANI u. J. FRIEBERTH); Die Entführung aus dem Serail (1782, KV 384, G. STEPHANIE D. J. nach C. F. BRETZNER); Der Schauspieldirektor (1786, KV 486, STEPHANIE D. J.); Die Zauberflöte (1791, KV 620, E. SCHIKANEDER).

Weltliche Gesangswerke: Konzertarien, Duette, Terzette, Quartette u. Chöre jeweils mit Orchester; mehrstimmige Gesänge, Kanons, Sololieder mit Klavier (u. a. GOETHES ›Veilchen‹, 1785, KV 476).

Kirchenmusik: 19 Messen (u. a. ›Spatzenmesse‹ 1775/76, KV 220; ›Credo-Messe‹ 1776, KV 257; ›Krönungsmesse‹ 1779, KV 317; Missa solemnis C-Dur, 1780, KV 337; Missa c-Moll 1782/83, KV 427); Requiem d-Moll (1791, KV 626); 4 Litaneien, 2 Vespern, Oratorium ›Schuldigkeit des ersten Gebots‹ (1766/67, KV 35); Kantaten (u. a. La Betulia liberata 1771, KV 118); Motetten für Sopran u. Orchester Exsultate jubilate (1773, KV 165) u. Ave verum (1791, KV 618); 17 Kirchen-(›Epistel‹)Sonaten.

Freimaurermusik: Maurer. Trauermusik, 1785, KV 477, für Orchester; Kantaten Dir, Seele des Weltalls, 1783, KV 429; Die Maurerfreude, 1785, KV 471 Die ihr des unermessl. Weltalls Schöpfer ehrt, 1791, KV 619; Eine kleine Freymaurer-Kantate, 1791, KV 623.

Orchesterwerke: Über 50 Sinfonien (u. a. Pariser, D-Dur, 1778, KV 297; B-Dur, 1779, KV 319; Haffner, D-Dur, 1782, KV 385; Linzer, C-Dur, 1783, KV 425; Prager, D-Dur, 1786, KV 504; Es-Dur, 1788, KV 543; g-Moll, 1788, KV 550; Jupiter, C-Dur, 1788, KV 551); Kassationen, Divertimenti u. Serenaden (u. a. Serenata notturna, 1776, KV 239; Haffner, 1776, KV 250; Eine kleine Nachtmusik, 1787, KV 525); Märsche u. Tänze für Orchester.

Instrumentalkonzerte: 21 Konzerte für Klavier (u. a. Es-Dur ›Jeunehomme‹, 1777, KV 271; B-Dur, 1784, KV 450; F-Dur ›Krönungskonzert Nr. 2‹, 1784, KV 459; d-Moll, 1785, KV 466; C-Dur, 1785, KV 467; A-Dur, 1786, KV 488; c-Moll, 1786, KV 491; D-Dur ›Krönungskonzert Nr. 1‹, 1788, KV 537; B-Dur, 1791, KV 595); 5 Konzerte für Violine (u. a. D-Dur, 1775, KV 218; A-Dur, 1775, KV 219); Konzerte für mehrere Soloinstrumente (u. a. für 2 Klaviere Es-Dur, 1779, KV 365; für 3 Klaviere F-Dur, 1776, KV 242; für Flöte u. Harfe C-Dur, 1778, KV 299; Konzertante Sinfonie für Violine u. Viola Es-Dur, 1779, KV 364).

Klavierwerke: 18 Sonaten, Rondos, Fantasien, Variationen, Klaviermusik zu vier Händen u. für 2 Klaviere.

Kammermusik: 35 Sonaten für Violine u. Klavier, Klaviertrios, 2 Klavierquartette, Klavierquintett Es-Dur, 1784, KV 452; Streichquartette (u. a. die Haydn-Quartette: G-Dur, KV 387; d-Moll, KV 421; Es-Dur, KV 428, Jagd-Quartett B-Dur, KV 458; A-Dur, KV 464; Dissonanzen-Quartett C-Dur, KV 465, 1782–85), Streichquintette, Bläserquartette, Quintette mit Bläsern, Streichduos u. -trios, Sextett ›Ein musikal. Spaß‹ oder ›Dorfmusikantensextett‹ (1787, KV 522).

Ausgaben: Neue Ausg. sämtl. Werke, hg. v. der Internat. Stiftung Mozarteum Salzburg, auf 130 Bde. in 10 Serien u. 35 Werkgruppen ber. (1955 ff.); Briefe u. Aufzeichnungen, hg. v. DERS., 7 Bde. (1962–75); Dokumente seines Lebens, hg. v. O. E. DEUTSCH (u. a. ²1981). – *Werkverzeichnis:* L. RITTER VON KÖCHEL: Chronologisch-themat. Verz. sämtl. Tonwerke W. Amadé M.s (⁸1983).

H. DENNERLEIN: Der unbekannte M. Die Welt seiner Klavierkonzerte (Leipzig 1951); G. HAUSSWALD: M.s Serenaden (1951, Nachdr. 1975); A. A. ABERT: Die Opern M.s (1970); H. H. EGGEBRECHT: Versuch über die Wiener Klassik. Die Tanzszene in M.s ›Don Giovanni‹ (1972); A. GREITHER: Die 7 großen Opern M.s (³1977); W. RUF: Die Rezeption von M.s ›Le nozze di Figaro‹ bei den Zeitgenossen (1977); U. DIBELIUS: M.-Aspekte (³1979); R. KELTERBORN: Zum Beispiel M., 2 Bde. (Basel 1981); G. BORN: M.s Musiksprache (1985); E. VALENTIN: M. Weg u. Welt (1985); DERS.: Lübbes M.-Lex. (Neuausg. 1994); A. EINSTEIN: M. sein Charakter, sein Werk (a. d. Engl., Neuausg. 1987); R. ANGERMÜLLER: M. Die Opern von der Uraufführung bis heute (1988); H. C. ROBBINS LANDON: 1791. M.s letztes Jahr (a. d. Engl., 1988); H. ABERT: W. A. M., 2 Bde. (Leipzig ¹¹1989–90); N. ZASLAW: M.'s symphonies (Oxford 1989); V. BRAUNBEHRENS: M. in Wien (⁷1991); W. HILDESHEIMER: M. (Neuausg. ⁴1991); N. ELIAS: M. Zur Soziologie eines Genies (⁴1993); B. PAUMGARTNER: M. (Zürich ¹⁰1993); Europa im Zeitalter M.s, hg. v. M. CSÁKY u. W. PASS (Wien 1995); K. G. FELLERER: Die Kirchenmusik W. A. M.s (²1995); M. Mythos, Markt u. Medien. Ein Komponist zw. Kunst u. Kommerz, 1791–1991, hg. v. T. HICKL u. a. (Salzburg 1995); F. HENNENBERG: M. (13.–15. Tsd. 1996); S. KUNZE: M.s Opern (²1996). – *Zeitschriften:* Acta Mozartiana (1954 ff.); M.-Jb. des Zentralinstituts für M.-Forschung ... (1955 ff., Literatur auch ...).

Mozart auf der Reise nach Prag, Novelle von E. MÖRIKE (1856).

Mozarteum Orchester Salzburg, 1880 aus der Musikschule Mozarteum hervorgegangenes Orchester (seit 1958 staatlich); Chefdirigent ist seit 1995 HUBERT SOUDANT (* 1946). Frühere bedeutende Dirigenten waren u. a. G. WAND, B. PAUMGARTNER, L. HAGER, R. WEIKERT und HANS GRAF.

Mozyr [-z-], Stadt in Weißrussland, →Mosyr.

Mozzetta [ital., zu mozzare ›abschneiden‹] *die, -/...ten,* kath. Kirche: ein zum Schulterumhang verkürzter Mantel; gehört zur außerliturg. Amtstracht des Papstes (rot, Osterzeit weiß), der Kardinäle (rot) und der Bischöfe (violett).

mp, *Musik:* Abk. für **m**ezzo**p**iano (→mezzo).

Mp, Einheitenzeichen für die nichtgesetzl. Krafteinheit **Megapond,** 1 Mp = 1 Mio. Pond (10^6 p).

MP, Abk. für **M**aschinen**p**istole (→Maschinenwaffen).

M. P. [em'piː, engl.], Abk. für: 1) **M**ilitary **P**olice (›Militärpolizei‹); 2) **M**ember of **P**arliament (›Mitgl. des Parlaments‹).

mPa, Einheitenzeichen für die Druckeinheit **Millipascal,** gleich $^{1}/_{1000}$ Pascal (10^{-3} Pa).

MPa, Einheitenzeichen für die Druckeinheit **Megapascal,** 1 MPa = 1 Mio. Pascal (10^{6} Pa).

Mpc, Einheitenzeichen für die astronom. Längeneinheit **Megaparsec** (→Parsec).

MPD, Abk. für **M**agneto**p**lasma**d**ynamik (→Magnetohydrodynamik).

mph [empiːˈeɪtʃ], Einheitenzeichen für die angloamerikan. Geschwindigkeitseinheit **mile per hour** (›Meile pro Stunde‹); 1 mph = 1,609 km/h.

Mphahlele [əmpaxˈlɛlɛ], Es'kia, früher Ezekiel M., südafrikan. Schriftsteller, * Pretoria 17. 12. 1919; lebte 1957–77 im Exil in Afrika, Europa und in den USA, lehrte u. a. in Philadelphia (Pa.) engl. Literatur; 1983–88 Prof. für afrikan. Studien in Johannesburg. M.s Werk umfasst literaturtheoret., erzähler. und v. a. autobiograph. Schriften. Sein autobiograph. Roman ›Down Second Avenue‹ (1959; dt. ›Pretoria, Zweite Avenue‹), der von der kulturellen Entrechtung der schwarzen Bev. in den 50er-Jahren handelt, zählt zu den international bekanntesten Werken der zeitgenöss. südafrikan. Literatur.

Weitere Werke: *Romane:* The wanderers (1971); Chirundu (1980; dt.). - *Erzählungen:* Man must live, and other stories (1946); The living and the dead, and other stories (1961); The unbroken song (1981); Father come home (1984); Renewal time (1988). - *Essays:* The African image (1962, erw. 1974); Voices in the whirlwind, and other essays (1972). - *Autobiographisches:* Afrika my music (1984).

MPLA, Abk. für →**M**ovimento **P**opular de **L**ibertação de **A**ngola.

MPM, Abk. für **M**etra-**P**otenzial-**M**ethode (→Netzplantechnik).

Mpumalanga [Swasi ›Ort der aufgehenden Sonne‹], 1994–95 **Ost-Transvaal** (engl. Eastern Transvaal), Provinz der Rep. Südafrika, 1994 aus Teilen der ehem. Prov. Transvaal entstanden, 81 816 km², 2,646 Mio. Ew., Hauptstadt ist Nelspruit. M. grenzt im O an Moçambique, im SO an Swasiland und hat gemeinsame Grenzen mit den Prov. KwaZulu/Natal, Freistaat, Gauteng und Nord-Provinz. Mit nur rd. 7 % der Fläche Südafrikas ist M. die zweitkleinste der Provinzen. Der größte Teil umfasst das Grasland des Hochvelds, das im NO von der nördl. Drakensbergen begrenzt wird. Sie bilden hier die Große Randstufe, die z. T. Hunderte von Metern steil zum Lowveld abfällt. Das Hochveld hat gemäßigtes Klima mit Sommerregen, das Lowveld ist subtropisch feuchtwarm. Infolge der an der Großen Randstufe häufigen Nebel und Regenfälle gibt es Flüsse mit zahlr. Wasserfällen.

Zur schwarzen Bev. gehören v. a. Swasi, Tsonga (Shangaan), Ndebele und Nord-Sotho. Etwa 40 % der Ew. sprechen Swasi, 28 % Zulu, 9 % Afrikaans. Die Verstädterung liegt mit 38 % unter dem Landesdurchschnitt (55 %). Die Alphabetisierungsrate ist mit 59 % die niedrigste aller Provinzen.

Das Lowveld bietet hervorragende Bedingungen für die Landwirtschaft, die v. a. subtrop. Früchte und Gemüse erzeugt. Im Gebiet um Sabie finden sich die größten Forsten des Landes mit Eukalyptus, Kiefern, Akazien; sie decken den größten Teil des südafrikan. Nutzholzbedarfs. Die Prov. ist reich an Kohlevorkommen; Witbank, unweit der Grenze zur Prov. Gauteng, ist der größte Kohleproduzent Südafrikas, in der Umgebung liegen die größten Kohlekraftwerke des Landes. In Secunda wird aus Kohle Treibstoff gewonnen, Middelburg ist Standort von Stahl- und Vanadiumerzeugung, Sabie Zentrum der Holzindustrie. – Ein wichtiger Wirtschaftsfaktor ist der Tourismus. Ihm steht eine gute Infrastruktur zur Verfügung mit einem ausgezeichneten Straßennetz, guten Eisenbahnverbindungen sowie Flughäfen in Nelspruit und Skukuza. Hauptanziehungspunkte sind die Große Randstufe mit dem Blyde River Cañon und der Panoramastraße, dem histor. Goldgräberstädtchen Pilgrim's Rest, v. a. das Lowveld mit dem südl. Teil des Krüger-Nationalparks sowie zahlr. privaten Wildschutzgebieten.

mR, Einheitenzeichen für die Ionendosiseinheit **Milliröntgen,** 1 mR = $^{1}/_{1000}$ Röntgen (10^{-3} R).

MR, 1) Abk. für **M**auritius-**R**upie (→Rupie).
2) Nationalitätszeichen für Makedonien.

Mr., Abk. für **M**ister; in Österreich auch für **M**agister.

Mrągowo [mrɔŋˈgɔvɔ], Stadt in Polen, →Sensburg.

Mrawinskij, Jewgenij Aleksandrowitsch, russ. Dirigent, * Sankt Petersburg 4. 6. 1903, † Leningrad 19. 1. 1988; leitete seit 1938 die Leningrader Philharmonie und wurde 1963 Prof. am Leningrader Konservatorium. Er trat bes. mit Interpretationen von Werken russ. Komponisten (P. I. TSCHAIKOWSKY, D. SCHOSTAKOWITSCH) sowie der Neuen Musik (u. a. B. BARTÓK und I. STRAWINSKY) hervor.

MRCA [emɑːsiːˈeɪ, engl.], Abk. für **M**ulti-**r**ole **C**ombat **A**ircraft, ein Mehrzweckkampfflugzeug, →Tornado.

Mridanga [Sanskrit] *die, -/-s,* **Mrdanga,** klass. südind. Fasstrommel längl. Formats mit zwei unterschiedlich großen Fellen. Entgegen ihrem Namen (mrd ›Ton‹, ›Erde‹) wird die M. aus einem Holzblock durch Aushöhlen hergestellt. Die Felle sind an Reifen befestigt und miteinander durch Lederriemen verbunden. Durch Spannkeile und Auftragen versch. Stimmpasten werden sie im Abstand einer Oktave gestimmt. Der auf dem Boden sitzende Spieler legt die M. quer über die angezogenen Beine und schlägt sie mit den Fingerspitzen sowie mit den Handgelenken. Die M. ist seit dem 1. Jh. v. Chr. belegt.

m-RNA, m-RNS, die →Messenger-RNA.

Mrożek [ˈmrɔʒɛk], Sławomir, poln. Schriftsteller, * Borzęcin (Wwschaft Krakau) 26. 6. 1930; lebt seit 1963 im westl. Ausland, 1968–89 überwiegend in Paris, 1990 Übersiedlung nach Mexiko; viel gespielter Dramatiker, dessen Stücke mit Mitteln des absurden Theaters die aussichtslose Lage des Individuums gestalten, das totalitären Systemen ausgeliefert ist. Beginnend mit ›Emigracja‹ (1974; dt. ›Emigranten‹) nimmt er in immer deutlicherer Form zu gesellschaftl. Fragen in Polen und in der Emigration Stellung. Ein Höhepunkt seines Schaffens ist das Drama ›Tango‹ (1964; dt.), in dem er in Form des Familienstücks die Gefahren der prinzipienlosen Umwertung der Werte zeigt. Sein umfangreiches Erzählwerk benutzt satir., groteske und absurde Verfahren, um die durch ideolog., ästhet. und intellektuelle Klischees verstellte Sicht auf die Wirklichkeit bewusst zu machen.

Weitere Werke: *Dramen:* Policja (1958; dt. Die Polizei); Na pełnym morzu (1961; dt. Auf hoher See); Karol (1961; dt.); Strip-tease (1961; dt.); Garbus (1975; dt.); Ambasador (1982; dt. Der Botschafter); Pieszo (1983; dt. Zu Fuß); Portret (1987; dt. Porträt); Miłość na Krymie (1994; dt. Liebe auf der Krim). – *Satiren:* Słoń (1957; dt. Der Elefant); Wesele w atomowicach (1959; dt. Hochzeit im Atommeiler). – *Erzählungen:* Małe prozy (1990).

Ausgaben: Wybór dramatów (Neuausg. 1987); Wybór opowiadań (1987). – Das Leben ist schwer. Satiren (1985); Ges. Werke, auf zahlr. Bde. ber. (1992ff.); Zabawa. Satire in lustloser Zeit, hg. v. A. WIRTH (1997).

A. POHL: Zurück zur Form. Strukturanalysen zu S. M. (1972); J. BŁOŃSKI: Wszystkie sztuki Sławomira Mrożka (Krakau 1995).

MRP, Abk. für →**M**ouvement **R**épublicain **P**opulaire.

Mrs., Abk. für **M**istress.

Mrštík [ˈmrʃtjiːk], **1)** Alois, tschech. Schriftsteller, * Jimramov (Südmähr. Gebiet) 14. 10. 1861, † Brünn

Sławomir Mrożek

24. 2. 1925, Bruder von 2); Lehrer; schrieb, meist zus. mit seinem Bruder, naturalist. Erzählungen und Dramen, u. a. die Tragödie einer Gattenmörderin: ›Maryša‹ (1894). Die Romanchronik ›Rok na vsi‹ (1903–04, 9 Bde.) schildert in vielen Details das Landleben im südl. Mähren und dessen beginnenden sozialen und kulturellen Verfall.
2) Vilém, tschech. Schriftsteller, *Jimramov (Südmähr. Gebiet) 14. 5. 1863, †(Selbstmord) Diváky (bei Hustopeče) 2. 3. 1912, Bruder von 1); Redakteur; schrieb, außer den mit seinem Bruder verfassten Werken, von É. ZOLA beeinflusste naturalist. Dorfgeschichten, Erzählungen über seine Reisen sowie den sozialkrit. Studentenroman ›Santa Lucia‹ (1893).
Ausgabe: Alois a V. M. Sebrane spisy, 14 Bde. (¹⁻³1906–27).
V. JUSTL: Bratři Mrštíkové (Prag 1963).

Mru, Zweig der tibetobirman. Chin in den Chittagong Hills von Bangladesh. Die etwa 30 000 M. (einschließlich der verwandten **Khumi**) betreiben Brandrodungsfeldbau an den Berghängen. Die auf Bergkuppen errichteten, meist befestigten Dörfer waren bis zum Ausbruch der bürgerkriegsähnl. Zustände in ihrem Gebiet (1971) noch weitgehend isoliert.
C.-D. BRAUNS u. L. G. LÖFFLER: M. Bergbewohner im Grenzgebiet von Bangladesh (Basel 1986).

MRV, →Mehrfachgefechtskopf.

ms, Einheitenzeichen für die Zeiteinheit **Millisekunde,** 1 ms = $^1/_{1000}$ Sekunde (10^{-3} s).

MS, 1) *Medizin:* Abk. für →multiple Sklerose.
2) Nationalitätszeichen für Mauritius.
3) postamtl. Abk. für den Bundesstaat Mississippi, USA.
4) *Schifffahrt:* Abk. für →Motorschiff.

m. s., *Musik:* Abk. für **m**ano **s**inistra, →colla sinistra.

M. S. [emˈes, engl.], **M. sc.** [emesˈsiː, engl.], Abk. für Master of Science, akadem. Abschluss.

M/S, Abk. für März/September, Fälligkeitstermin für die Halbjahreszinsen festverzinsl. Wertpapiere; Zinszahlung erfolgt am 1. 3. und am 1. 9.

MSAC [emeserˈsiː, engl.], Abk. für **M**ost **s**eriously **a**ffected **c**ountries, eine Gruppe von →Entwicklungsländern.

MSB [engl., emesˈbiː], Abk. für 1) **M**ost **s**ignificant **b**it, das höchstwertige Bit in der Darstellung einer binären Information; 2) **M**ost **s**ignificant **b**yte, das obere Byte eines binären Wortes.

M-Schale, bei →Atomen die auf die L-Schale folgende Energieschale. Sie hat die Hauptquantenzahl $n = 3$ und kann höchstens 18 Elektronen enthalten.

Mschatta, omaijad. Wüstenschloss (›Winterlager‹) in Jordanien, südöstlich von Amman, aus dem 8. Jh., nie vollendet. Die steinerne Torfassade kam als Geschenk des osman. Sultans ABD ÜL-HAMID II. an Kaiser WILHELM II. nach Berlin. (→islamische Kunst)

MSCI-Indices [emessiˈai, engl.], Abk. für **M**organ **S**tanley **C**apital **I**nternal **I**ndices (→Aktienindex).

MS-DOS [Abk. für engl. **M**icrosoft **d**isc **o**perating **s**ystem], Betriebssystem für Mikrorechner, v. a. Personalcomputer; 1979 von der Firma Seattle Computer Products entwickelt, der Rechte kaufte 1981 die Firma Microsoft. Seit dem Einsatz von MS-DOS durch die Firma IBM (unter der Bez. PC-DOS) hat das System weite Verbreitung erlangt und wurde zu einem Quasistandard. – MS-DOS ist ein Betriebssystem für Einplatzcomputer mit 16-Bit-Prozessor und gestattet nur Einprogrammbetrieb. Es kann sowohl im →Dialogbetrieb als auch im →Stapelbetrieb verwendet werden. Außer dem Ein-/Ausgabe-System sind alle übrigen Teile (Dateiverwaltung, Kommandointerpreter, Systemprogramme) hardwareunabhängig. Die Dateiverwaltung erlaubt eine hierarch. Organisation des Dateienbestands (Baumstruktur), wodurch eine Zusammenfassung von Dateien nach bestimmten Merkmalen und auf versch. Ebenen des Dateienverzeichnisses möglich ist. MS-DOS unterscheidet zw. Kommandos und Systemprogrammen. Kommandos werden vom Kommandointerpreter ausgeführt, die entsprechenden Routinen befinden sich ständig im Arbeitsspeicher; Systemprogramme dagegen werden erst beim Aufruf geladen und dann gestartet.
MS-DOS ist auch heute noch auf vielen IBM-kompatiblen PCs installiert, da ein hoher Anteil von Anwendungssoftware auf MS-DOS basiert. Der Trend zu grafisch orientierten Benutzeroberflächen hat das Betriebssystem jedoch stark zurückgedrängt: Während Windows 3.x noch auf MS-DOS aufsetzte, wurde mit dem 32-Bit-Betriebssystem Windows 95 ein von MS-DOS unabhängiges System geschaffen (→Windows).

Msgr., Abk. für **M**onseigneur oder **M**onsignore.

MSH, Abk. für →**M**elanozyten **s**timulierendes **H**ormon.

MSI 1) [engl. emesˈai], Abk. für engl. **m**edium **s**cale **i**ntegration, →Integrationsgrad.
2) Abk. für →**M**ovimento **S**ociale **I**taliano.

M'Sila, Stadt in N-Algerien, zw. den Hodnabergen im N und dem Schott el-Hodna im S, 470 m ü. M., 82 900 Ew.; Landwirtschaftszentrum und Straßenknotenpunkt an der Erdölpipeline Hassi-Messaoud–Bejaïa; Aluminiumhütte, Fabrik für Aluminiumfensterrahmen, Wärmekraftwerk; Wasserkraftwerk nördlich von M. an Oued Ksob. In der Umgebung Bewässerungslandwirtschaft.

Msilikasi, Mzilikazi [mzɪlɪˈkazi], auch **Moselekatse,** afrikan. Heerführer, *im heutigen KwaZulu/Natal (Südafrika) um 1800, †bei Bulawayo 1868; erbte 1818 die Führung des Ngunistammes der Khumalo, rebellierte um 1821 gegen den Zulukönig CHAKA und führte seine Anhänger durch das heutige Transvaal, wo sie als →Ndebele politisch und militärisch erstarkten. Im Oktober 1837 von Buren des Großen Trecks in W-Transvaal geschlagen, wich er bis zum Sambesi aus und errichtete schließlich nach 1840 im heutigen Simbabwe einen Staat der Ndebele, der einheim. Völker unterwarf und assimilierte.
J. D. OMER-COOPER: The Zulu aftermath (Neuausg. London 1974).

MSK-Skala, Erdbebenskala, →Mercalli-Skala.

M-Sterne, Sterne der →Spektralklasse M.

Mswati III., Makhosetive, König von Swasiland, *April 1968; seit 1982 Kronprinz, besuchte ab 1983 eine Privatschule und die Militär-Akad. in Großbritannien; am 25. 4. 1986 als König inthronisiert.

Mt, 1) Einheitenzeichen für **M**ega**t**onne, 1 Mt = 1 Mio. Tonnen (10^9 kg).
2) chem. Symbol für Meitnerium (→Element 109).

MT, 1) postamtl. Abk. für den Bundesstaat Montana, USA.
2) Abk. für die Währungseinheit →Metical.

MTBF [emtibiˈef; Abk. für engl. **m**ean **t**ime **b**etween **f**ailures], statist. Größe, die die mittlere Zeit zw. →Ausfällen von wieder reparierbaren Geräten und Systemen darstellt. Bes. in der Luft- und Raumfahrttechnik ist der MTBF-Wert eine wichtige Beurteilungsgröße der Zuverlässigkeit von Bauelementen und Systemen; er kann empirisch gewonnen werden aus der Summe der Betriebszeiten aller Betrachtungseinheiten, dividiert durch die Anzahl der Ausfälle.

MTG-Verfahren, →Kohleverflüssigung.

Mtkwari, Fluss in Transkaukasien, →Kura.

MTL [Abk. für engl. **m**erged **t**ransistor **l**ogic], die →integrierte Injektionslogik.

MTOC [Abk. für engl. **m**icrotubule **o**rganizing **c**enters], Strukturen, die für die Organisation von Mikrotubuli zuständig sind, z. B. Basalkörper, Zentriolen, Kinetochore.

MTR [Abk. für engl. **m**aterials **t**esting **r**eactor], →Materialprüfreaktor.

Mtshali [əmˈtʃɑːliː], Oswald Joseph Mbuyiseni, südafrikan. Lyriker, * Vryheid (Natal) 17. 1. 1940; leistete mit seiner Lyrik (›Sounds of a cowhide drum‹, 1971), deren zum Vortrag geeigneter Stil sich auf die mündliche afrikan. Erzähltradition besinnt, den entscheidenden Beitrag zur Identitätsfindung und Popularität der schwarzen Protestlyrik der Jahre vor 1976 (Beginn der Unruhen von Soweto). Sein zweiter Gedichtband ›Fireflames‹ (1980) verbindet apokalypt. Metaphorik mit einer radikaleren polit. Aussage.

MTU Motoren- und Turbinen-Union München und Friedrichshafen, Abk. **MTU,** Unternehmen zur Herstellung von Luftfahrzeugantrieben (u. a. Triebwerk EJ 200 für das europ. Jagdflugzeug 2000), Dieselmotoren und Schiffsantrieben, entstanden 1969 durch Fusion von Tochtergesellschaften der Daimler-Benz AG und der MAN AG, das Friedrichshafener Werk geht auf den 1909 von W. MAYBACH aufgebauten Betrieb zurück; Sitz: München. 1985 erhöhte die Daimler-Benz AG ihre Beteiligung auf 100% durch Übernahme der bisherigen Beteiligungen (50%) der MAN AG; seit 1989 gehört MTU innerhalb des Daimler-Benz-Konzerns zur Dt. Aerospace AG (jetzt Daimler-Benz Aerospace AG). Seit 1995 sind die MTU München GmbH (Umsatz [1996]: 1,94 Mrd. DM, Beschäftigte: rd. 5300) und die MTU Friedrichshafen GmbH (Umsatz [1996]: 1,48 Mrd. DM, Beschäftigte: rd. 5000) organisatorisch und gesellschaftsrechtlich getrennt.

Mtwara [əmˈtwɑːrɑː], Stadt in SO-Tansania, am Ind. Ozean, mit dem westl. Nachbarort **Mikindani** 48 500 Ew.; Sitz eines kath. Bischofs und einer Regionsverwaltung; chem. Industrie, Aufbereitung von Kokosfasern, Sägewerke; Überseehafen (Export von Sisal, Holz, Kaffee), Flugplatz.

Muallakat, Titel einer im 8. Jh. erstellten Auswahl von 5, 7, 9 oder 10 arab. Gedichten (u. a. Oden) berühmter Autoren aus vorislam. Zeit (5.–7. Jh.), z. B. von AMR IBN KULTHUM, ANTARA IBN SCHADDAD, ABID IBN AL-ABRAS, IMRA AL-KAIS, LABID IBN RABIA, NABIGHA und TARAFA. Schon im 18. Jh. wurde mit der Übersetzung in europ. Sprachen begonnen.

Muang Thai, amtl. Name von →Thailand.

Muanza, Stadt in Tansania, →Mwanza.

Muar, Bandar Maharani, Hafenstadt an der SW-Küste der Malaiischen Halbinsel, Malaysia, an der Mündung des M., 65 200 Ew.; Fischerei; Nahrungsmittel-, chem., Papierindustrie.

Muawija I., Kalif, Begründer der Dynastie der Omaijaden, →Moawija I.

Mubarak, 1) Ali, ägypt. Politiker und Schriftsteller, * Birimbal 1823, † Kairo 15. 1. 1893; war in versch. Ministerien tätig, setzte sich mit kulturellen Problemen auseinander und bemühte sich um soziale Reformen; Gründer der Nationalbibliothek in Kairo.

2) Mohammed Hosni, ägypt. Offizier und Politiker, * Kafr al-Musailaha (Prov. Menufija) 4. 5. 1928; nach militär. Ausbildung (u. a. Generalstabsausbildung in der UdSSR) diente M. in versch. Einheiten der ägypt. Luftwaffe (u. a. als Kampfflieger), war 1969–71 Stabschef der Luftwaffe, 1972–75 als stellv. Verteidigungs-Min. Oberbefehlshaber der Luftwaffe und schied 1975 als Luftmarschall (Generalleutnant) aus dem aktiven Militärdienst aus. Als Vize-Präs. (1975–81) war er Sondergesandter der Friedensinitiativen von Präs. A. AS-SADAT. Nach dessen Ermordung (Oktober 1981) wählte die Bev. M. zum Nachfolger (am 14. 10. 1981 vereidigt; 1987 und 1993 durch Wahlen im Amt bestätigt), der damit auch Oberbefehlshaber der Streitkräfte wurde. Von Oktober 1981 bis Januar 1982 auch Min.-Präs., ist er seit Januar 1982 Vors. der National-Demokrat. Partei (NDP).

Trotz eines vorsichtigen Dialogs mit der gemäßigten Opposition konnte M. die polit. und wirtschaftl. Spannungen in Ägypten nicht entschärfen. Außenpolitisch setzt M. die Politik SADATS fort und bemühte sich um die Rückkehr Ägyptens in den polit. Kreis der arab. Staaten (1984 Wiederaufnahme in die ›Islam. Konferenz‹, 1989 in die Arab. Liga). Er verurteilte den Einmarsch Iraks in Kuwait 1990 und entsandte ägypt. Truppen an den Pers. Golf. In seinen diplomat. Initiativen vermittelte M. bei den Nahostfriedensverhandlungen und hatte entscheidenden Anteil am Zustandekommen des Gaza-Jericho-Abkommens von 1993.

Mubarras, Mubarraz [-z], vor der Küste von Abu Dhabi gelegenes Erdölfeld (Förderbeginn 1974).

Mucha [ˈmuxa], **Al-M.,** Hafenort in Jemen, →Mokka.

Mucha, 1) Alfons, tschech. Maler und Grafiker, * Eibenschitz (bei Brünn) 24. 7. 1860, † Prag 14. 7. 1939, Vater von 2); studierte in München und Paris (ab 1888), wo er 1894/95 mit seinen Plakaten (für SARAH BERNHARDT) berühmt wurde. Gleichzeitig entwarf er Buchschmuck, Stoffdrucke, Täfelungen und gesamte Innendekorationen (Pavillon von Bosnien-Herzegowina, Weltausstellung Paris 1900), Meisterleistungen des Jugendstils. 1904–10 hielt er sich in den USA auf. Nach der Rückkehr in seine Heimat schuf er 1910–26 einen Zyklus von 20 monumentalen Gemälden mit Szenen aus der slaw. Geschichte (›Slaw. Epos‹; Mährisch-Kromau, tschech. Moravský Krumlov, bei Brünn, Schloss). Weiteres BILD →Jugendstil.

Ausgaben: The complete graphic works, hg. v. A. BRIDGES (Neuausg. London 1980); J. RENNERT u. A. WEILL: The complete posters and panels (1984).

J. MUCHA: A. M., ein Künstlerleben (a. d. Tschech., Berlin-Ost 1986); A. M., hg. v. V. LOERS, Ausst.-Kat. (1989); J. MUCHA: A. M. His life and art (London 1989); Das Slaw. Epos, hg. v. K. SRP, Ausst.-Kat. Kunsthalle Krems (Krems 1994); A. M., Triumph des Jugendstils, bearb. v. J. DÖRING u. a., Ausst.-Kat. Museum für Kunst u. Gewerbe, Hamburg (1997).

2) Jiří, tschech. Schriftsteller, * Prag 12. 3. 1915, † Prag 5. 4. 1991, Sohn von 1); Arzt, 1939–45 in der

Mohammed Hosni Mubarak

Alfons Mucha: Monaco, Monte-Carlo; Farblithographie, 1897 (Privatbesitz)

Emigration (brit. Kriegsberichterstatter), 1951–55 in Haft; schrieb pessimist. Erzählungen, Romane und Drehbücher, häufig über Menschen, die vergebens einen Ausweg aus der Einsamkeit suchen (›Pravděpodobná tvář‹, 1963). In ›Studené slunce‹ (1968; dt. ›Kalte Sonne‹) beschreibt er die Zeit seiner Inhaftierung in einem Arbeitslager.

Weitere Werke: *Romane:* Most (1946); Spálená setba (1948; dt. Rückkehr nach Ninive); Valká pokračuje (1949); Marieta v noci (1969).

3) Reinhard, Plastiker, Konzept- und Fotokünstler, *Düsseldorf 19. 2. 1950; konstruiert in Rauminstallationen, Objektanordnungen und Fotoserien ein materiell-ideelles Bezugssystem, das zum einen durch die handwerkl. Präzision und zum anderen durch den angebotenen Assoziationsreichtum überzeugt. Seine scheinbar zufälligen Dingpräsentationen sind grundsätzlich auf traditionelle skulpturale Prinzipien und Motive bezogen. 1990 war M. neben B. und HILLA BECHER Vertreter der Bundesrepublik Dtl. auf der Biennale in Venedig.

R. M., Gladbeck, bearb. v. R. M. u. a., Ausst.-Kat. Musée National d'Art Moderne (Paris 1986); M. WECHSLER: R. M., Mutterseelenallein (1993).

Carl Muck

Muche, Georg, Maler, *Querfurt 8. 5. 1895, †Lindau (Bodensee) 26. 3. 1987; ausgebildet in München und Berlin, 1919 an das Bauhaus berufen, wo er 1920–27 lehrte; 1939–58 leitete er eine Meisterklasse für Textilkunst an der Textilingenieurschule in Krefeld. M. begann mit abstrakten Kompositionen; Ende der 20er-Jahre wandte er sich einem lyrisch-dekorativen Surrealismus mit pflanzlich-organ. Formen zu. Sein Werk umfasst neben Ölbildern auch Zeichnungen, Aquarelle, Fotografien und architekton. Entwürfe. Ab 1965 befasste er sich mit einer druckgraf. Technik, der ›Varioklischographie‹.

Schrift: Blickpunkt. Sturm, Dada, Bauhaus, Gegenwart (1961).

G. M. Das druckgraph. Werk, bearb. v. P. H. SCHILLER u. a. (1971); M. DROSTE: G. M. Das künstler. Werk 1912–1927 (1980); G. M., das maler. Werk 1928–1982, bearb. v. M. DROSTE, Ausst.-Kat. (1983); L. BUSCH: M. Dokumentation zum maler. Werk der Jahre 1915 bis 1920 (1984); Der alte Maler. Briefe von G. M. 1945–1984, bearb. v. U. ACKERMANN

Georg Muche: Komposition mit schwarzer und grüner Form; 1921 (Bonn, Städtische Kunstsammlungen)

(1992); G. M. Sturm – Bauhaus – Spätwerk, Beitrr. v. U. ACKERMANN u. L. STEINFELD (1995).

Mücheln (Geiseltal), Stadt im Landkreis Merseburg-Querfurt, Sa.-Anh., 125 m ü. M., im westl. Geiseltal, 7 200 Ew.; Bau von Chemieanlagen; der Braunkohlenbergbau im →Geiseltal wurde eingestellt. – Rathaus (1571), ein typ. Renaissancebau; got. Stadtkirche St. Jakobi (14./15. Jh.), Wasserschloss, 1924 im Neobarock unter Einbeziehung älterer Bauteile aus dem 15./16. Jh. errichtet. – Der im 9. Jh. erstmals urkundlich erscheinende Ort erhielt 1350 Stadtrecht. 1815 fiel M. an Preußen.

Mu-ch'i [mutɕi], chin. Maler, →Muxi.

Muchina, Wera Ignatjewna, lett. Bildhauerin, *Riga 19. 6. 1889, †Moskau 6. 10. 1953; anfangs von ihrem Pariser Lehrer É. BOURDELLE beeinflusst. Mit ihren monumentalen Denkmälern und Porträtplastiken gehört sie zu den bedeutendsten Vertretern des sozialist. Realismus (›Arbeiter und Kolchosbäuerin‹ für die Pariser Weltausstellung 1937).

Muchtar [arab.-türk.] *der, -s/-s,* **Muhtar** [mux-], türk. Dorfältester, Gemeindevorsteher.

Mucine, die →Muzine.

Mucius, Name eines altröm. Geschlechts. – Bedeutende Vertreter:

1) Gaius M. Cordus Scaevola (›Linkshand‹), röm. Sagengestalt. Als der Etruskerkönig PORSENNA Rom belagerte, soll M., bei einem Mordanschlag auf diesen gefangen genommen, zum Beweis seiner Furchtlosigkeit seine rechte Hand im Altarfeuer verbrannt haben. Er erreichte dadurch den Abbruch der Belagerung.

2) Quintus M. Scaevola Pontifex, röm. Jurist und Politiker, *um 140 v. Chr., †(ermordet) Rom 82 v. Chr.; war 95 Konsul, 94 Statthalter in Kleinasien, das er vorbildlich verwaltete, seit 89 Pontifex maximus. Als Konsul brachte er mit LUCIUS LICINIUS CRASSUS die ›Lex Licinia Mucia‹ (über die Ausweisung von Nichtbürgern) ein; verfasste als erster Römer ein systemat. Handbuch des Rechts (nicht erhalten).

Muck, Carl, Dirigent, *Darmstadt 22. 10. 1859, †Stuttgart 3. 3. 1940; war 1921 Kapellmeister der Berliner Königl. Oper (seit 1908 Generalmusikdirektor) und übernahm 1906–08 und 1912–18 das Boston Symphony Orchestra; dirigierte daneben 1901–30 die Parsifal-Aufführungen in Bayreuth; galt als bedeutendster Wagner-Dirigent seiner Zeit.

Mucke, Karl Ernst, sorb. **Arnošt Muka,** obersorb. Philologe, *Großhänchen (heute zu Uhyst, Kr. Hoyerswerda) 10. 3. 1854, †Bautzen 10. 10. 1932; verfasste das umfangreiche ›Wörterbuch der nieder-wend. Sprache und ihrer Dialekte‹ (1911–28, 3 Bde.).

Mücken [ahd. mucka (urspr. lautmalend)], **Nematocera,** weltweit verbreitete Unterordnung der →Zweiflügler mit etwa 48 000 Arten; Körper meist schlank, zart, 1–40 mm lang, mit langen Beinen; Fühler fadenförmig, mit sechs oder mehr gleichartigen Gliedern (im Ggs. zu den eher gedrungenen Fliegen mit kurzen Gliedern). Wichtige Familien sind Haar-M., Dung-M., Pilz-M., Trauer-M., Gall-M., Schmetterlings-M., Netz-M., Stech-M., Gnitzen, Zuck-M., Kriebel-M. und Schnaken. Die Larven haben meist einen gut ausgebildeten Kopf und leben im Wasser oder in feuchtem Substrat. Die Vollinsekten ernähren sich teils von Pflanzensäften, teils räuberisch, bes. aber Blut saugend.

Während Schäden an Pflanzen durch Pflanzen fressende Larven gering sind, ist die hygien. Bedeutung Blut saugender Arten derart groß, dass die M.-Bekämpfung unumgänglich ist. Seit dem Altertum wird die Entwässerung verseuchter Sumpfgebiete zur Vernichtung der Brutplätze betrieben. Die biolog. M.-Bekämpfung begann mit dem Aussetzen von Moskito-

Wera Ignatjewna Muchina: Arbeiter und Kolchosbäuerin; Plastik für die Pariser Weltausstellung 1937 (Moskau, Allunionsausstellung)

fischen (Gambusien), die Larven fressen. Zur chem. M.-Bekämpfung verwendete Insektizide erwiesen sich als fischtoxisch, Gambusienpopulationen starben. In Ländern, die unter von M. übertragenen Krankheiten stark zu leiden haben, war der Großeinsatz chlorierter Kohlenwasserstoffe (DDT) zunächst erfolgreich; wegen sich ausbreitender Resistenz und bedenkl. Umweltbelastung infolge von →Persistenz verfügten viele Länder Anwendungsverbote. An neueren Insektiziden kommen v.a. →Pyrethroide zum Einsatz. Zur biolog. M.-Bekämpfung werden gegen Larven zunehmend insektenpathogene Bakterien verwendet. Abweisenden Effekt gegen Blutsauger, Gelbfieber- und Malariamücken eingeschlossen, besitzen Präparate mit Dimethylphthalat, Äthylbutylpropandiol.

Mückenhafte, Bittacidae, Familie der →Schnabelfliegen mit 130 Arten (in Mitteleuropa zwei), schnakenähnlich, aber mit vier Flügeln, langbeinig; leben räuberisch von kleinen Insekten oder Spinnen.

Muckermann, Friedrich Joseph, kath. Publizist, *Bückeburg 17. 8. 1883, †Montreux 2. 4. 1946; seit 1899 Jesuit, war 1920–25 Mitherausgeber, 1926–31 Herausgeber der Kulturzeitschrift ›Der Gral‹, Mitarbeiter der Zeitschrift ›Stimmen der Zeit‹; emigrierte 1934 in die Niederlande, wo er 1934–40 die Wochenzeitschrift ›Der Dt. Weg‹ herausgab; floh bei Kriegsausbruch in die Schweiz. M. war als Kultur- und Literaturkritiker bes. für seine antikommunist. und antinational-sozialist. Veröffentlichungen bekannt.
Werk: Im Kampf zw. zwei Epochen. Lebenserinnerungen, hg. v. N. JUNK (1973).

Muckrakers [ˈmʌkreɪkəz; engl. ›Schmutzwühler‹], journalist. und literar. Bewegung in den USA zu Beginn des 20. Jh. (etwa 1902–17). Präs. T. ROOSEVELT prägte die Bez., die auf eine Gestalt in J. BUNYANS ›The pilgrim's progress‹ anspielt, um DAVID GRAHAM PHILLIPS' (*1867, †1911) Artikelserie ›The treason of the Senate‹ (1906) und Gesellschaftskritik überhaupt abzuwerten. Der Enthüllungsjournalismus des ›Muckraking movement‹ war eingebettet in die polit. Bewegung des Progressivismus (ca. 1890–1916). Er kritisierte soziale, polit. und wirtschaftl. Missstände sowie die skrupellose Ausnutzung des liberalen Individualitätskonzepts und erhoffte sich Abhilfe durch Reformen. Mit den in ›McClure's Magazine‹ abgedruckten Artikeln aufrüttelnden Artikeln von LINCOLN STEFFENS (*1866, †1936) über Korruption, von RAY STANNARD BAKER (*1870, †1946) über das Streikrecht und von IDA MINERVA TARBELL (*1857, †1944) über die Machenschaften der Standard Oil Company erreichte sie breite Wirkung. Weitere Zeitschriften der Bewegung waren ›American Magazin‹, ›Cosmopolitan‹, ›Collier's‹ u.a. Mit Romanen von PHILLIPS und U. SINCLAIR (›The jungle‹, 1905; dt. ›Der Sumpf‹) war die Bewegung auch mit der Erzählliteratur erfolgreich.
Ausgabe: Years of conscience. The m., hg. v. H. SWADOS (1962).
L. FILLER: Appointment at Armageddon. Muckraking and progressivism in the American tradition (Westport, Conn., 1976); K. W. VOWE: Gesellschaftl. Funktionen fiktiver u. faktograph. Prosa. Roman u. Reportage im amerikan. Muckraking movement (1978); R. M. CRUNDEN: Ministers of reform (New York 1982); W. M. BRASCH: Forerunners of revolution. M. and the American social conscience (Lanham, Md., 1990).

Mucopolysaccharide, die →Mukopolysaccharide.

Mucor [lat.], wiss. Name der Pilzgattung Köpfchenschimmel (→Jochpilze).

Mucormykose [zu lat. mucus ›Schleim‹], **Mukormykose,** durch Pilze der Gattung Mucor hervorgerufene akute Erkrankung, die bes. Nasennebenhöhlen, Augen, Zentralnervensystem, Lunge und Haut befällt; tritt meist in Form einer opportunist. Infektion bei Resistenzschwäche, z. B. infolge Diabetes mellitus oder Leukämie, immunsuppressiver Behandlung oder Mangelernährung auf. Die *Behandlung* erfolgt mit Amphotericin B.

Mucosa [zu lat. mucus ›Schleim‹] *die, -/...sä,* die →Schleimhaut.

Muco|viscidose, →Mukoviszidose.

Mucus [lat.] *der, -,* der →Schleim.

Mud [von niederländ. muttich ›Vorratshaufen‹] *das, -/-,* **Mudde,** frühere niederländ. Volumeneinheit für Getreide, 1 M. = 4 Schepel = 111,256 l. Bei der Einführung des metr. Systems mit Ges. vom 21. 8. 1816 wurde das M. als Bez. für 1 Hektoliter festgelegt, 1 M. = 10 Schepel = 100 Koppen = 100 l.

Mudanjiang [-dʒjaŋ], **Mutankiang,** Stadt in China, Prov. Heilongjiang, im ostmandschur. Bergland, 571 700 Ew.; Marktstadt und Zentrum der Holzindustrie. Reifenfabrik, Eisen- und Stahlwerk; Eisenbahnknotenpunkt an der Bahnlinie Harbin–Wladiwostok. Bei M. Abbau von Kohle und Ölschiefer.

Mudan Jiang [-dʒjaŋ], rechter Nebenfluss des Songhua Jiang in China, 700 km lang; im Oberlauf, im SO der Prov. Heilongjiang, am Austritt des Flusses aus dem (durch Lava gestauten) See Jingbo der Wasserfall Diao Shuilou mit Wasserkraftwerk; Flößerei.

Mudd [niederdt.], grauer bis schwärzl. kalkarmer Halbfaulschlamm, reich an organ. Stoffen; marines Äquivalent der Gyttja; Vorkommen v. a. in der Ostsee.

Mudde [niederdt.], überwiegend aus organ. Material unter Sauerstoffmangel gebildete Süßwasserablagerung, Oberbegriff für die Sedimente →Dy, →Faulschlamm und →Gyttja. **Kalk-M.** besteht überwiegend aus Kalk (ausschließlich kalkig ist die →Seekreide), Torf-M. sind die Grundlage von →Mooren.

Mudéjarstil [muˈdexar-], nach den Mudejaren (arab. Künstler und Handwerker) benannter Bau- und Dekorationsstil in Spanien (Ende 12.–15. Jh.). Er beruht stilgeschichtlich auf einer Verbindung maur. und got. Formelemente. Charakteristisch sind hufeisenförmige Bögen, sehr reicher ornamentaler Stuck-, Holz- und Majolikaschmuck (→Artesonado, →Alicatados, →Azulejos), ferner Lüsterfayence. BILD →Coca

Mudge [mʌdʒ], Dirk Frederic, Politiker in Namibia, *Otjiwarongo 16. 1. 1928; Farmer, urspr. Mitgl. der ›National Party‹ (NP), leitete 1975–77 die Konferenz zur Ausarbeitung eines Verf.-Entwurfs für Namibia (nach ihrem Tagungsgebäude ›Turnhallenkonferenz‹ gen.). Als Mitgründer und Vors. sowohl der ›Republican Party‹ (RP) als auch der ›Democratic Turnhalle Alliance‹ (DTA, dt. ›Demokrat. Turnhallenallianz‹, Bündnis der RP mit schwarzafrikan. Gruppierungen) distanzierte er sich von der südafrikan. Apartheidpolitik. 1980–83 leitete M. in Namibia einen

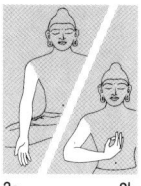

(international nicht anerkannten) Ministerrat. Seit den Wahlen vom November 1989 führte er die DTA in der Nationalversammlung und zog sich 1993 aus der aktiven Politik zurück.

Mudi [ungar.] *der, -(s)/-s,* **Ungarischer Treibhund,** mittelgroße Haushunderasse mit längl. Kopf, aufgestellten Ohren und langen, struppigen Haaren (schwarz, weiß oder meliert); zur Bewachung von Viehherden, auch zur Wildschweinjagd und als Begleithund eingesetzt; Widerristhöhe 35–47 cm.

Mudimbe Vumbi Yoka, [frz. muˈdimbe vumbi jɔˈka] (benutzt auch die Vornamen Valentin Yves), kongoles. Schriftsteller, *Jadotville (heute Likasi) 8. 12. 1941; Prof. an afrikan. und europ. Univ., seit 1982 am Haverford College in Pennsylvania, USA. In seinen Romanen, Gedichten und Essays beschäftigt er sich mit der kulturellen Zerrissenheit Afrikas, mit der Schwierigkeit, als Intellektueller eine moderne und doch afrikan. Identität zu finden; verfasste auch sprachwiss. Arbeiten.

Werke: Lyrik: Déchirures (1971); Entretailles (1973); Les fuseaux, parfois (1974). – *Romane:* Entre les eaux (1973); Le bel immonde (1976; dt. Auch wir sind schmutzige Flüsse); L'écart (1979). – *Essays:* Carnets d'Amérique (1976); L'odeur du père (1982); The idea of Africa (1994). – Shaba deux. Les carnets de Mère Marie-Gertrude (1989).

Mudjahedin [mudʒa-], **Mudjaheddin, Mudschaheddin,** Bez. für islam. Glaubenskämpfer im →Djihad, dem hl. Krieg. – In Afghanistan organisierten die M. den muslimisch-antikommunist. Widerstand gegen die von der UdSSR nach ihrem Einmarsch (1979) eingesetzte Regierung, bes. mit militär. Aktionen von Pakistan aus. Nach Abzug der sowjet. Truppen 1989 bildeten die politisch uneinigen M. im pakistan. Peshawar eine Exilregierung. Im April 1992 übernahmen sie die Macht in Kabul; die kurz danach ausbrechenden Kämpfe zw. rivalisierenden M.-Gruppierungen führten zur Zersplitterung des Landes in versch., von Militärführern beherrschte Territorien. Im September 1996 wurde die in Kabul sitzende M.-Führung unter B. RABBANI durch die als Gegner der M. auftretenden →Taliban, selbst eine radikalislam. Miliz, die 1994 in den afghan. Bürgerkrieg eingriff und bis 1996 etwa zwei Drittel des Landes unter ihre Kontrolle brachten, vertrieben. Die M. versuchten daraufhin, die afghan. Gebiete nördlich von Kabul militärisch zu behaupten. (→Volksmudjahedin)

Mudlump [ˈmʌdlʌmp, engl.] *der, -s/-s,* →Schlammvulkan.

Mudra [Sanskrit ›Siegel‹, ›Zeichen‹] *die, -/-s, Buddhismus, Hinduismus, Jainismus:* eine durch bestimmte Stellung der Finger bzw. Hände gekennzeichnete Geste von symbol. Bedeutung, der im tantrisch beeinflussten Ritual mit Rezitation von Mantras mag. Kraft zugeschrieben wird. In der ind. Ikonographie dient sie zur Charakterisierung einer Götterfigur (v. a. um eine Aktivität oder einen Aspekt zu signalisieren, z. B. Gajahasta); auch im ind. Tanz spielen die M. eine Rolle. Häufig dargestellte M. sind die Anjali-M. (Grußgeste) sowie die Gesten der meditierenden Buddhafigur, bes. die Dhyanamudra. (›Meditation‹) und die Dharmacakramudra (Inbewegungsetzung des ›Rades der Lehre‹).

Mudrooroo Narogin [muˈdruːruː næˈrəʊgɪn], austral. Schriftsteller, →Johnson, Colin.

Mudros, Ortschaft in der Verw.-Bez. (Nomos) Lesbos, Griechenland, auf der Insel Lemnos, 1 000 Ew.; geräumiger Naturhafen. – Die Bucht war 1915 der Hauptstützpunkt der britisch-frz. Flotte bei dem Angriff auf die Dardanellen. Hier wurde am 30. 10. 1918 der Waffenstillstand zw. der Entente und der Türkei unterzeichnet.

Muelich [ˈmyː-], **Mielich,** Hans, Maler, *München 1516, †ebd. 10. 3. 1573; vermutlich Schüler seines Vaters WOLFGANG (nachweisbar ab 1509 in München) und A. ALTDORFERS in Regensburg (1536–39). 1541 reiste M. nach Italien und war danach in München tätig. Im Dienst Herzog ALBRECHTS V. stellte er für diesen in Aquarellzeichnungen ein Inventar kostbarer Kleinodien zusammen (1546–55; München, Bayer. Nationalmuseum). 1552–55 entstand das ›Kleinodienbuch der Herzogin Anna‹ (München, Bayer. Staatsbibliothek). M. schuf ferner vorzügl. Porträts, Halbfigurenbilder (u. a. von Herzog ALBRECHT V., 1545, München, Alte Pinakothek, und 1556, Wien, Kunsthistor. Museum), Bilder mit religiöser Thematik sowie Miniaturen zu CYPRIAN DE RORES ›Motetten‹ (1557–59) und ORLANDO DI LASSOS ›Bußpsalmen‹ (1565–70; beide München, Bayer. Staatsbibliothek), die zu den bedeutendsten Leistungen der Buchmalerei seiner Zeit gehören.

L. SCHÜTZ: H. Mielichs Illustrationen zu den Bußpsalmen des Orlando di Lasso (1966).

Mueller [ˈmyː-], Otto, Maler und Grafiker, *Liebau i. Schles. 16. 10. 1874, †Breslau 24. 9. 1930; studierte 1894–96 an der Dresdner Akademie. 1910 wurde er Mitgl. der Künstlergemeinschaft →Brücke und arbeitete eng mit E. L. KIRCHNER und E. HECKEL zus. Nach der Teilnahme am Ersten Weltkrieg lehrte er ab 1919 an der Akad. in Breslau. Zigeuner sind das bevorzugte Motiv seiner Gemälde, Zeichnungen und Lithographien (u. a. ›Zigeunermappe‹, 1927).

L.-G. BUCHHEIM: O. M. Leben u. Werk (1963); M. DECKER: Gestaltungselemente im Bildwerk von O. M. (1993); M.-A. VON LÜTTICHAU: O. M. Ein Romantiker unter den Expressionisten (1993); O. M., hg. v. M. M. MOELLER, Ausst.-Kat. Brücke-Museum Berlin (1996).

Mueller-Stahl [ˈmyː-], Armin, Schauspieler, *Tilsit 17. 12. 1930; ab 1954 an der Volksbühne Berlin, v. a. aber bei Film und Fernsehen; ging 1980 in die Bundesrepublik Dtl.; auch Schriftsteller (›Verordneter Sonntag‹, 1981, Prosa).

Werke: Filme: Nackt unter Wölfen (1963); Geschlossene Gesellschaft (1978); Lola (1981); Vergeßt Mozart (1984); Jokehnen (Fernsehfilm, 3 Tle., 1987); Das Spinnennetz (1989); Night on Earth (1991); Der Kinoerzähler (1993); Shine (1996); Gespräch mit dem Biest (1997; auch Drehbuch u. Regie). – *Erinnerungen:* Unterwegs nach Hause (1997).

Muezzin [zu arab. muˈaddin] *der, -s/-s,* der islam. Gebetsrufer, der fünfmal täglich vom Minarett der Moschee herab den Muslimen durch den Gebetsruf (Adhan) die Gebetszeit ankündigt (heute oft durch Tonband und Lautsprecher ersetzt). Zum ersten M. setzte MOHAMMED seinen äthiop. Sklaven BILAL († 641) ein.

Muff [von mlat. muffala ›Pelzhandschuh‹], röhren- oder taschenförmige Hülle aus Pelz oder pelzgefüttertem Stoff zum Wärmen der Hände. Seit dem 16. Jh. bei Frauen und Männern nachzuweisen, seit dem 19. Jh. nur noch von Frauen getragen.

Muffat, 1) Georg, österr. Komponist frz. Herkunft, getauft Megève 1. 6. 1653, †Passau 23. 2. 1704, Vater von 2); hielt sich wohl seit 1663 in Paris auf, war 1671–74 Organist in Molsheim und wurde 1678 Hoforganist des Erzbischofs von Salzburg. 1682 ging er zu Studien (u. a. bei A. CORELLI) nach Rom und war seit 1690 Kapellmeister des Fürstbischofs von Passau. Durch die Verarbeitung frz. und ital. Stileinflüsse gab er der dt. Instrumentalmusik wichtige Impulse. Er veröffentlichte ›Armonico tributo‹ (1682; Kammersonaten), ›Apparatus musico-organisticus‹ (1690), 12 Toccaten, je eine Chaconne und Passacaglia), ›Florilegium‹ (2 Tle., 1695–98; Orchesterouvertüren),

Mudra: 1 Abhayamudra: Geste der Furchtlosigkeit; **2a** Varadamudra: Geste der Wunschgewährung; **2b** Inanamudra: Geste der Erkennens; **3** Bhumisparshamudra: Geste der Erdanrufung (durch Buddha); **4** Dharmacakramudra: Geste der Inbewegungsetzung des ›Rades der Lehre‹; **5** Dhyanamudra: Geste der Versenkung; **6** Anjalimudra: Geste des verehrenden Grußes; **7** Gajahasta: ›Elefantenrüsselartige‹ Geste des Shivanataraj, die auf seinen Fuß (als Ort der Erlösung) deutet

Otto Mueller: Zigeuner und Sonnenblumen; 1927 (Saarbrücken, Saarland-Museum)

Armin Mueller-Stahl

Robert Gabriel Mugabe

12 Concerti grossi (1701) und schrieb die Generalbasslehre ›Regulae concentuum partiturae‹ (1699).

2) Gottlieb, eigtl. **Liebgott M.**, österr. Komponist, getauft Passau 25. 4. 1690, †Wien 9. 12. 1770, Sohn von 1); war Schüler von J. J. Fux und seit 1717 Hoforganist in Wien; schrieb v. a. an frz. Vorbildern orientierte Werke für Tasteninstrumente, die sangl. Melodik mit kunstvoller Kontrapunktik verbinden.

Muffe [von Muff], *Technik:* ein Maschinenelement in Hohlzylinderform, oft mit Innengewinde, das zwei Maschinenteile oder Rohre (**Rohr-M.**) miteinander verbindet oder als Führungselement auf einer Stange oder Welle gleitet, z. B. beim Fliehkraftregler; auch eine Garnitur zum Schutz von Verbindungsstellen von Kabeln (**Kabel-M.**) und Leitungen gegen Feuchtigkeit und Beschädigungen.

Muffel, 1) *Biologie:* 1) Kurz-Bez. für Mufflon; 2) Nasenspiegel, bes. bei Ziegen und Schafen.

2) *Technik:* Teil des →Muffelofens.

Muffel|ofen, ein Industrieofen mit indirekter Beheizung, bei dem die Verbrennungsgase die **Muffel,** einen allseitig geschlossenen Schutzbehälter aus Keramik oder feuerfestem Stahl, umspülen; wird überall dort verwendet, wo Gut unter bestimmter Atmosphäre erwärmt werden soll oder Verbrennungsgase und -staub das Gut nicht berühren dürfen, z. B. für keram. Erzeugnisse.

Muffer *der,* **Mirliton** [mirli'tɔ̃; frz. ›Rohrflöte‹], nach der Röhrenform der Locken benannte Stutzperücke mit kleinem Zopf, die in Preußen unter Friedrich Wilhelm I. getragen wurde.

Mufflon [frz., über ital. mufrone aus dem Altsard.] *der, -s/-s,* **Muffelwild, Europäisches Muffelschaf, Ovis orientalis musimon,** mit 50–80 cm Schulterhöhe kleinste Unterart des Oriental. Wildschafs (Ovis orientalis); mit grannenartigem, grobem Haarkleid und feiner Unterwolle, im Sommer rötlich braun, im Winter dunkler. Die Widder tragen lange, mit zunehmendem Alter sehr starke, schneckenartig gewundene Hörner mit deutl. Jahresringen sowie einen hellen Sattelfleck auf den Flanken. Etwa 5 % der Weibchen besitzen ebenfalls Hörner, jedoch kleinere. Die urspr. in SW-Asien beheimateten M. sind bis in den Mittelmeerraum und nach Mitteleuropa (Mischwälder der Mittelgebirge) verbreitet. Das M. gilt als Vorfahre aller kurzschwänzigen Landschafe.

Mufti [arab. ›Entscheider‹] *der, -s/-s,* Rechtsgelehrter des Islam, der in Fragen des religiösen Rechts (Scharia) berät und Rechtsgutachten (→Fetwa) abgibt. Im Osman. Reich war der M. von Konstantinopel (›Scheich ül-Islam‹) die oberste Autorität des religiösen Rechts neben dem für weltl. Angelegenheiten zuständigen Großwesir. Das Amt des Scheich ül-Islam wurde in der Türkei 1924 mit dem Kalifat abgeschafft. In den islam. Staaten, die heute noch das religiöse Recht anwenden, werden M. für jede der versch. Rechtsschulen der Scharia mit örtlich begrenzter Zuständigkeit vom Staat eingesetzt.

E. Tyan: Histoire de l'organisation judiciaire en pays d'Islam (Leiden ²1960); E. Kaydu: Die Institution des Scheyh-ül-Islamat im Osman. Staat (Diss. Erlangen-Nürnberg 1971).

Mufulira, Handels- und Bergbaustadt im Kupfergürtel von N-Sambia, 1 350 m ü. M., 40 km nördlich von Kitwe an der Grenze zur Demokrat. Rep. Kongo, 175 000 Ew.; bedeutende Kupfermine und -hütte; Bahnstation.

Mugabe, Robert Gabriel, Politiker in Simbabwe, *Kutoma (Maschonaland) 21. 2. 1924; studierte Philosophie, Englisch, Geschichte, Wirtschaftswiss. und Jura, arbeitete danach als Lehrer (u. a. auch in Ghana), kehrte 1960 nach Rhodesien zurück, schloss sich 1960 der ›National Democratic Party‹ (NDP) an und beteiligte sich nach deren Verbot (1961) führend am Aufbau schwarzafrikan. Befreiungsbewegungen; dabei entwickelte sich zw. ihm und J. Nkomo eine starke Rivalität um die polit. Führung. 1963 wurde er Gen.-Sekr., 1974 Präs. der ›Zimbabwe African National Union‹ (ZANU). 1964–74 inhaftiert bzw. interniert; nahm 1979 an der Konferenz in London teil, die die Entlassung Rhodesiens (als Simbabwe) in die Unabhängigkeit beschloss. Nach dem Wahlsieg der ZANU im Februar 1980 wurde er Premier- und Verteidigungs-Min.; setzte mit der Verf.-Änderung von 1987 die Einparteienherrschaft der ZANU durch und führte das Präsidialsystem ein. Am 31. 12. 1987 wurde M. als neuer Staats-Präs. vereidigt und durch Wahlen 1990 und 1996 im Amt bestätigt.

Mugansteppe, trockene Schwemmlandebene in Aserbaidschan und Iran, zw. unterem Araks und unterer Kura, größtenteils unter dem Meeresspiegel gelegen; Halbwüstenvegetation. Mehrere Bewässerungskanäle erlauben Baumwollanbau.

mugelig [zu spätmhd. mugel ›Klumpen‹], bezeichnet Edelsteine, die gewölbt geschliffen sind (→Cabochon).

Mügeln, Stadt im Landkreis Torgau-Oschatz, Sa., 5 200 Ew.; Zentrum des Mügelner Ländchens (fruchtbares Lösslehmgebiet); Baugewerbe, chem. und Metallindustrie. – Spätgot. Stadtkirche (16. Jh.); Dorfkirche im Ortsteil Altmügeln mit roman. Westturm und bemalter Kassettendecke (1720). – Ersterwähnung 984 nahe einer Wallanlage im Bereich des Schlosses Ruhetal, das im 12. Jh. Sitz der Bischöfe von Meißen war, die die Entstehung der Stadt M. förderten.

Mügeln, Heinrich von, mhd. Dichter, →Heinrich, H. von Mügeln.

Mügge, 1) Otto, Mineraloge, *Hannover 4. 3. 1858, †Göttingen 9. 6. 1932; Prof. in Münster, Kö-

Mufflon (Schulterhöhe 50–80 cm)

Mügg Müggelberge – Mühldorf a. Inn

nigsberg und Göttingen, untersuchte die Kohäsionseigenschaften und den Gitterbau vieler Minerale. Er wies nach, dass das plast. Verhalten von Metallkristallen auf Translation beruht.

2) Theodor, Schriftsteller, * Berlin 8. 11. 1806, † ebd. 18. 2. 1861; Mitbegründer der nationalliberalen ›Nationalzeitung‹ in Berlin 1848; hatte polit. Schwierigkeiten wegen seiner Kritik an der preuß. Zensur; verfasste Reisebeschreibungen (›Reise durch Skandinavien‹, 4 Bde., 1843/44), zahlr. Unterhaltungsromane (›Der Voigt von Silt‹, 2 Bde., 1851), Erzählungen (›Leben und Lieben in Norwegen‹, 2 Bde., 1858).

Müggelberge, Endmoränenrest der Weichselvereisung in SO Berlins, bis 115 m ü. M., mit Müggelturm. Im N ist der **Große Müggelsee** (7,4 km² groß, bis 8 m tief) vorgelagert, der wahrscheinlich durch Toteis entstand; er wird von der Spree durchflossen.

Mugharet el-Zuftiyeh [mug-, -zuf-; arab. ›Diebeshöhle‹], Fundort (1925) eines menschl. Schädelfragments nahe der Ortschaft Tabgha in Galiläa (›Galiläa-Schädel‹), Begleitfunde: Steinwerkzeuge und Tierknochen; Alter etwa 100 000 bis 150 000 Jahre.

Mugilidae [lat.], die →Meeräschen.

Muğla ['muːla], Prov.-Hauptstadt in SW-Anatolien, Türkei, 660 m ü. M., in einem Becken, 35 900 Ew.; Marktzentrum eines Landwirtschaftsgebietes. – M. ist das vortürk. **Mobolla**, es war im 13. Jh. als **Mentese** Zentrum eines Piratenreiches.

Mugodscharberge, russ. **Mugodschary, Mugodžary** [-ʒ-], südl. Ausläufer des Ural im W Kasachstans, rd. 200 km lang, bis 657 m ü. M.; Nickel- und Kupfererzvorkommen.

Muhammad, andere Schreibweise für Mohammed.

Muhammad Ali

Muhammad Ali [engl. məˈhæməd ˈæli], bis 1965 Cassius Clay [- kleɪ], amerikan. Boxer, * Louisville (Ky.) 17. 1. 1942; 1960 Olympiasieger im Halbschwergewicht, danach Berufsboxer; gewann 1964 die Weltmeisterschaft im Schwergewicht (gegen S. LISTON) und verteidigte den Titel danach neunmal erfolgreich. 1967 wurde ihm der Titel wegen Kriegsdienstverweigerung aberkannt. Seit 1965 gehört er unter seinem neuen Namen den Black Muslims an. Seit 1970 boxte M. A. wieder, 1971 verlor er den Weltmeisterschaftskampf gegen J. FRAZIER (* 1944), holte sich aber 1974 den Titel gegen G. FOREMAN (* 1949) zurück. 1978 gelang ihm gegen L. SPINKS (* 1953) der nochmalige Titelgewinn; 1979 gab M. A. den Weltmeistertitel kampflos ab. Seinen letzten Kampf bestritt er am 11. 12. 1981.

Muharrak, Moharraq, Al-M., Insel des Scheichtums Bahrain, 21 km², mit der Stadt Menama auf der Hauptinsel Bahrain durch eine 2,6 km lange Dammstraße verbunden. Auf der Insel liegen die Stadt **Al-M.** (74 300 Ew.) und der internat. Flughafen von Bahrain.

Muharram, Al-M. [arab. ›der heilig gehaltene (Monat)‹], der erste Monat des islam. Mondjahres, der normal 30 Tage zählt. Der 10. Tag ist freiwilliger Fasttag bei den Sunniten (Ashura-Tag). Die Schiiten gedenken am 10. des Märtyrertods des HUSAIN bei Kerbela.

Ulrich Mühe

Mühe, Ulrich, Schauspieler, * Grimma 20. 6. 1953; war 1983–93 am Dt. Theater Berlin, danach als Gast an versch. Bühnen, u. a. am Burgtheater Wien; Charakterdarsteller, der seine Theater-, Film- und Fernsehrollen mit großem Nuancenreichtum ausstattet, bekannt v. a. in Stücken HEINER MÜLLERS.

Filme: Der Mann und sein Name (1982/83, Fernsehfilm); Hälfte des Lebens (1986); Das Spinnennetz (1989); Der kleine Herr Friedemann (1990); Ende der Unschuld (1991, Fernsehfilm, 2 Tle.); Schtonk! (1991); Der Blaue (1994); Geschäfte (1995, Fernsehfilm); Nikolaikirche (1995, Fernsehfilm, 2 Tle.); 1996 als Kinofilm); Peanuts – Die Bank zahlt alles (1996).

Mühl|acker, Industriestadt und Große Kreisstadt im Enzkreis, Bad.-Württ., 224 m ü. M., an der Enz, zw. Schwarzwald und Stromberg, 25 500 Ew.; Heimatmuseum, Maschinenbau, Holzverarbeitung, Feinmechanik-, Optik-, Keramik- und Kunststoffindustrie, Metall verarbeitende Betriebe; Sendeanlage des Süddt. Rundfunks (273 m hoher Sendemast); Landschaftsschutzgebiet Enztalschlingen. – M. wurde 1292 erstmals erwähnt, der rechts der Enz gelegene heutige Stadtteil Dürrmenz wurde 779 urkundlich erstmals genannt. 1699 übersiedelten Waldenser nach Dürrmenz und M. Nach Einbindung in das Eisenbahnnetz 1853 überflügelte M. das bis dahin bedeutendere Dürrmenz und wurde 1930 beim Zusammenschluss beider Orte zur Stadt namengebend.

Mühlbach, Stadt in Rumänien, →Sebeş.

Mühlberg/Elbe, Stadt im Landkreis Elbe-Elster, Bbg., 90 m ü. M., in der Elbniederung, 2 900 Ew.; Kieswerk, Holzverarbeitung; Elbhafen, -fähre. – Pfarrkirche der Altstadt war die auf den Grundmauern einer ehem. Pfarrkirche (Leonardskirche) errichtete Klosterkirche der Zisterzienserinnen (13. Jh., nach Brand 1565–85 wiederhergestellt, später mehrmals umgebaut, 1982 zur Konzerthalle), die der Neustadt die Kirche St. Marien oder Frauenkirche (13. Jh., 1430 zerstört, 1487–1525 und 1900/01 wiederhergestellt). Das Schloss wurde 1560 unter Kurfürst AUGUST von Sachsen in ein Jagdschloss umgebaut. – Die um 1225 entstandene Altstadt (1230 Stadt) wurde 1346 mit der Neustadt (Mitte des 13. Jh.; 1292 Stadtrecht) vereinigt. 1485 fiel M. an die Albertiner, 1815 an Preußen. – In der **Schlacht bei M.** wurde am 24. 4. 1547 im Schmalkald. Krieg der sächs. Kurfürst JOHANN FRIEDRICH I., DER GROSSMÜTIGE, von Kaiser KARL V. besiegt und gefangen genommen. – In M. bestand 1945–48 ein sowjet. →Speziallager.

Mühlberger, Josef, Schriftsteller, * Trautenau 3. 4. 1903, † Eislingen/Fils 2. 7. 1985; Themen seiner rhythm. Prosa, seiner Lyrik, Dramen und Hörspiele sind Menschen, Landschaft und Geschichte seiner sudetendt. Heimat, Reiseeindrücke und das Kriegserlebnis.

Werke: Romane: Huss im Konzil (1931); Verhängnis u. Verheißung (1952); Denkwürdigkeiten des aufrechten Demokraten Aloys Hasenörl (1974). – *Erzählungen:* Aus dem Riesengebirge (1929); Die Knaben u. der Fluß (1934); Der Galgen im Weinberg (1951). – *Lyrik:* Lavendelblüte (1962). – *Biographie:* Konradin von Hohenstaufen (1982). – *Prosa:* Griech. Oktober (1960); Der Hohenstaufen. Ein Symbol dt. Gesch. 1050–1900 (1984).

Mühldorf a. Inn, 1) Kreisstadt in Oberbayern, 383 m ü. M., in einer Flussschlinge des Inn, 16 500 Ew.; Kreismuseum; Maschinenbau, Holzverarbeitung, Orgelbau, Herstellung von elektron. Bauteilen. – M. besitzt das für die Inn- und Salzachstädte typ. Straßenbild (Laubengänge, Hofgalerien, Grabendächer). Nikolauskirche mit W-Turm (13. Jh.), spätgot. Chor (1432–43); Johanneskapelle im Karner der 14. Jh.; spätgot. Rathaus (15. Jh.) mit spitzbogigen Erdgeschosslauben. – Das an einer schon zu röm. Zeit bedeutenden Innfurt gelegene M., seit 798 im Besitz des Erzstifts Salzburg, wurde als Ortschaft erstmals 935 urkundlich erwähnt. 1239 als Stadt bezeichnet, bildete M. gegen 1343 ein eigenes Stadtrecht aus. – In der **Schlacht bei M.** (auch Schlacht bei **Ampfing** gen.) setzte sich am 28. 9. 1322 König LUDWIG IV., DER BAYER, gegenüber dem Habsburger FRIEDRICH (III.), DEM SCHÖNEN (Herzog von Österreich), durch; sie gilt als letzte große Ritterschlacht auf dt. Boden.

2) Landkreis im Reg.-Bez. Oberbayern, 805 km², 106 000 Ew. – Der bei Gars an den Endmoränenkranz der würmeiszeitl. Inngletschers austretende Inn zerteilt mit seiner breiten, noch stark bewaldeten Niederung die anschließenden, vielfach lössbedeckten rißeiszeitl. Moränen und fluvioglazialen Schotter (südlich des Inn: Inn-Salzach-Platte). In den lössbe-

Mühle **Mühl**

deckten Gebieten überwiegt der Ackerbau, sonst das Grünland. Stadtrecht haben außer der Kreisstadt auch Neumarkt-Sankt Veit und Waldkraiburg, das nach 1945 durch Heimatvertriebene und Flüchtlinge zum wichtigen Industriestandort und größten Ort des Kreises entwickelt wurde.

Mühle [ahd. muli(n), von spätlat. molina, zu lat. molere ›malen‹], **1)** *Brettspiel* zw. zwei Spielern, von denen jeder abwechselnd je neun weiße oder schwarze Steine auf die Schnitt- und Eckpunkte der vorgezeichneten Figur setzt. Beim Setzen, später durch Ziehen, versuchen sie, möglichst oft eine M., d. h. drei Steine nebeneinander auf drei Punkte einer Linie, zu bekommen. Wer das erreicht, kann vom Gegner einen Stein, der nicht zu einer M. gehört, wegnehmen. Besonders vorteilhaft ist eine **Zwick-M.**, eine Doppel-M., bei der durch das Öffnen einer M. eine zweite geschlossen wird. Ein Spieler, der nur noch drei Steine hat, darf springen; verloren hat, wer nur noch zwei Steine besitzt oder von den gegner. Steinen eingeschlossen ist.

2) *Technik:* Maschine zum Mittel- (Grieß-) und Feinmahlen, bei der das Mahlgut durch Druck-, Schlag-, Prall- oder Scherbeanspruchung zerkleinert wird. Die **Walzen-M.** arbeitet mit zwei sich gegenläufig drehenden zylindr. Walzen; das Mahlgut wird in den Spalt gezogen und zw. den glatten (bei Feinmahlung) oder geriffelten oder mit Nocken oder Zähnen (bei Grobmahlung) versehenen Walzen zerkleinert. Bei der **Roll-M. (Kollergang)** wird das Mahlgut durch in einer Mahlbahn umlaufende Mühlsteine zerkleinert. **Reib-M.** werden zur Vermahlung geringer Mengen bei hohem Zerkleinerungsgrad eingesetzt. Sie beanspruchen das Mahlgut scherend **(Scher-M.)** zw. einer fest stehenden, meist radial gerippten und einer ähnlich ausgebildeten, um eine Achse rotierenden Mahlfläche. Hierzu gehören die **Glocken-M.** (bei der sich ein Mahlkegel in einem glockenförmigen Hohlkegel dreht), die **Scheiben-M.** (das Mahlgut wird im Spalt zw. zwei radial gerippten Scheiben, von denen eine fest steht und die andere angetrieben wird, zerrieben), und der **Mahlgang** (im Prinzip eine Scheiben-M. mit senkrechten Scheibenachsen). **Schlag-M.** zerkleinern das Mahlgut mithilfe von Schlagkörpern (Schlagwerke). Nach Art der Schlagkörper unterscheidet man Schlagkreuz-M., Schlagnasen-M., Schlagstift-M., Hammer-M. (mit Hammerschlagwerken) u. a. Mit Prallzerkleinerung arbeiten die **Prall-M.**, bei denen das Mahlgut von Rotoren gegen fest stehende Prallplatten oder sich gegenläufig zu den Rotoren drehende Prallscheiben **(Prallteller-M.)** geschleudert wird, und die **Luftstrahl-M.**, bei denen ein Gas- oder Luftstrom das Aufgabegut auf eine Geschwindigkeit von über 300 m/s beschleunigt; die Zerkleinerung (bis zu wenigen μm Korngröße) erfolgt hier durch Stöße der Teilchen untereinander und ihren Aufprall auf Prallklötze; dabei ist gleichzeitig eine Trocknung möglich. **Trommel-M.** zerkleinern das Mahlgut in rotierenden (auch schwingenden) Mahltrommeln; diese sind mit losen Mahlkörpern aus verschleißfestem Material zu 20 bis 40 % gefüllt, sodass bei der Trommeldrehung das Mahlgut durch die Mahlkörper zerrieben und/oder zerschlagen wird. Man unterscheidet nach der Gestalt der Trommel Trommel-M. mit zylindrischer Mahltrommel, Doppelkegel-, Dreikegel- (Tricone-)M. und Rohr-M., nach den Mahlkörpern Kugel-M. (Mahlkugeln) und Stab-M. (lange zylindr. Stangen, die in der Trommel parallel abrollen).

I. w. S. versteht man unter einer M. auch die gesamte Anlage einschließlich der Antriebsvorrichtung und umschließender Gebäude. Nach der Antriebsart unterscheidet man dabei Wasser-M. (einschließlich Schiffs-M.), Wind-M. und elektrisch betriebene M. Ferner wird die Bez. auch für die Anlagen verwendet, die allg. zum Zerkleinern, Auspressen oder zu anderen Bearbeitungsvorgängen dienen, z. B. Öl-, Papier-, Walk-, Schneide- oder Sägemühlen.

Wirtschaft: Nach der Geschäftsart gibt es heute fast ausnahmslos Handels-M., die Getreide kaufen, vermahlen und die Mahlerzeugnisse verkaufen. Lohn- und Umtausch-M. haben ihre frühere Bedeutung eingebüßt. Infolge techn. Fortschritts und sinkenden Brotverbrauchs ergaben sich in Dtl. Überkapazitäten, die zu ruinösem Wettbewerb führten und strukturbereinigende Maßnahmen hervorgerufen haben. 1995/96 wurden von 539 M. (ohne Kleinst-M. mit einer Jahresvermahlung unter 250 t) rd. 5,8 Mio. t Weizen und 1 Mio. t Roggen vermahlen. – Dachorganisation der M. ist seit 1998 der Verband Deutscher Mühlen (VDM) in Bonn.

Geschichte: Wasser-M. waren schon bei den Römern im 1. Jh. v. Chr. bekannt; vereinzelt sind sie seit dem 3. Jh. n. Chr. nördlich der Alpen nachweisbar; ihre Ausbreitung beginnt jedoch erst im 11./12. Jh. Wahrscheinlich über die Araber und die Kreuzfahrer gelangte die Wind-M. mit senkrechter Flügelachse von Persien aus nach dem Westen; die Wind-M. mit waagerechter Flügelachse und die Bockwindmühle wurden im 12./13. Jh. in Europa entwickelt, wo sie bes. im nordwesteurop. Tiefland in Gebrauch kamen. Die

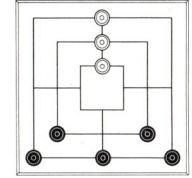

Mühle 1): Spielbrett mit Zwickmühle (schwarze Steine) und Mühle

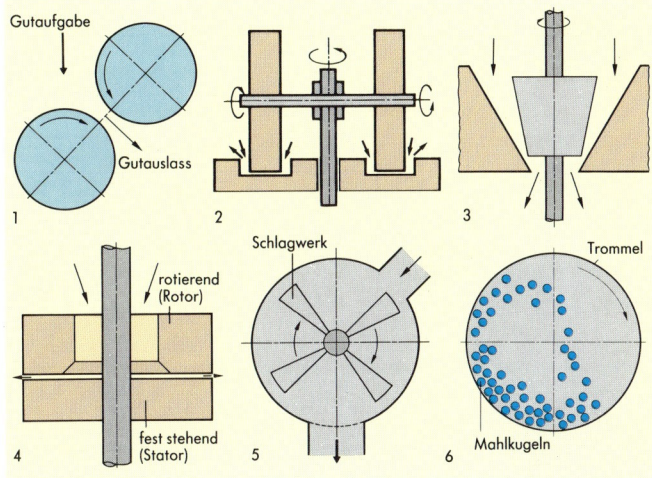

Mühle 2): oben Schematische Darstellung verschiedener Mahlprinzipien; 1 Walzenmühle; 2 Kollergang; 3 Reibmühle; 4 Scheibenmühle; 5 Schlagmühle; 6 Trommelmühle;
unten Schematische Darstellung des Mahlvorgangs in einer Getreidemühle

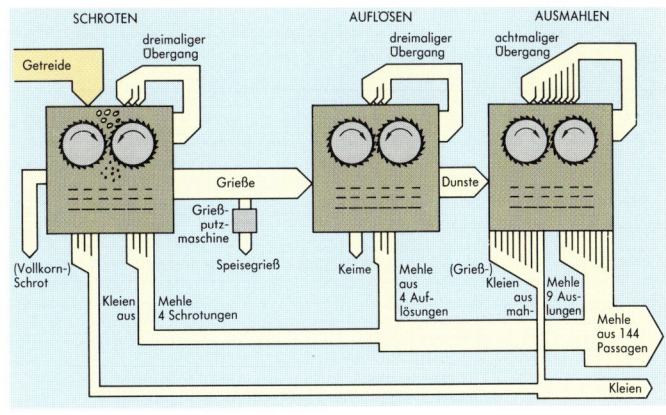

Mühl Mühleberg–Mühlheim

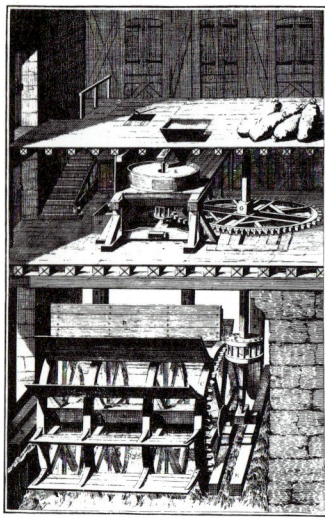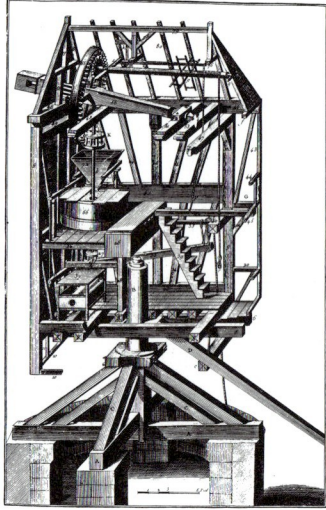

Mühle 2): links Wassermühle mit unterschlächtigem Mühlrad (Schnittdarstellung); **rechts** Bockwindmühle (Schnittdarstellung); Kupferstiche aus der ›Encyclopédie ou Dictionnaire raisonné des sciences, des arts et des métiers‹, Band 1, von Denis Diderot und Jean Le Rond d'Alembert; 1751 ff.

erste Dampf-M. in London (1784), betrieben von einer wattschen Dampfmaschine, markierte den Übergang zur modernen M.-Technik.

Rechtsgeschichte: Die Grundlage des seit dem 11./12. Jh. sich ausbildenden dt. M.-Rechts ist die Verfügungsmacht des Grundherrn über Grund und Boden sowie alle damit verbundenen Anlagen. Der grundherrl. M.-Bann (→Bannrechte) hatte für alle Ansässigen Mahlzwang zur Folge. Später ging der M.-Bann als M.-Regal auf den Landesherrn über. Als öffentl. Stätte genossen M. erhöhten Rechtsschutz (M.-Friede); Asyl, schärfere Ahndung der in einer M. begangenen Straftat). Das M.-Recht war oft in besonderen M.-Ordnungen geregelt. Das BGB ließ die landesrechtl. Vorschriften unberührt (Art. 65, 164 Einführungs-Ges. zum BGB).

Volkskundliches: Der Standort der M. außerhalb des Dorfes und der Dorfgemeinschaft war geeignet zu geheimen Treffen; die M. galt auch als Ort der Ausschweifung; im 15./16. Jh. gab es eine ausgesprochene M.-Prostitution. Die Abgelegenheit entzog die Tätigkeit des Müllers der Nachprüfbarkeit, sodass mit dem Misstrauen die Verleumdung des Müllers üblich war, was ihn in eine soziale Außenseiterstellung brachte. Noch bis 1577 war die ›Unehrlichkeit‹ des Müllers im Zunftrecht verankert.

Sagen, Lieder und Sprichwörter ranken sich um das Motiv der M.; sie wurde im 16. Jh. bildl. Motiv schwankhafter Verjüngungskuren in der Altweiber-M. und der Altmänner-M. In der Karikatur der Reformationszeit werden Mönche und Pfaffen von Tod und Teufel in der M. verschrotet. Sie verkehrt die spätmittelalterliche Allegorie von der Hostien-M., in die das Evangelium geschüttet und das Lebensbrot von den kirchl. Würdenträgern in Empfang genommen wird.

J. LEUPOLD: Theatrum machinarum molarium oder Schau-Platz der Muehlen-Bau-Kunst (1735, Nachdr. Leipzig 1982); Romantik u. Wirklichkeit der alten M.n, hg. v. R. WITTICH (²1980); H. JÜTTEMANN: Schwarzwald-M.n (1985); Mahlanlagen, hg. v. K. SCHÖNERT (1987); J. MAGER u.a.: Die Kulturgesch. der M.n (Neuausg. 1989); R. SUPPAN: M.n, Bäche, Wasserräder. Gesch. u. Funktion der wasserbetriebenen M.n (Graz 1995).

Mühleberg, Gem. westlich von Bern, Schweiz; 2 800 Ew.; am Stausee der Aare (Wohlensee) Wasserkraftwerk (mit Museum); seit 1973 Kernkraftwerk (Nettoleistung 355 MW).

Mühlenberg, Heinrich Melchior, dt.-amerikan. luther. Theologe, * Einbeck 6. 9. 1711, † New Providence (heute Trappe [Pa.]) 7. 10. 1787; Studium in Göttingen und Halle; wurde 1742 von den Franckeschen Anstalten als Seelsorger und Missionar nach Pennsylvania entsandt. Hier baute er unter den dt. ev. Einwanderern eine kirchl. Organisationsstruktur auf, berief 1748 die erste luther. Synode in Amerika ein und wurde so zum Begründer der luther. Kirche in N-Amerika.

Mühlhausen/Thüringen, Kreisstadt des Unstrut-Hainich-Kreises, Thür., 215 m ü. M., an der oberen Unstrut im Thüringer Becken, 39 600 Ew.; Thomas-Müntzer-Gedenkstätte (in der Marienkirche), Bauernkriegs- (in der Kornmarktkirche; seit 1974), Heimatmuseum; Herstellung von Steuerungstechnik für Motoren, Lebensmittelindustrie (Konservenproduktion), Strickwarenherstellung. – Im gut erhaltenen Altstadtkern (erhalten sind große Teile der Stadtmauer) mehrere Kirchen, darunter St. Blasius (um 1240 bis Mitte des 14. Jh., im Chor Glasmalerei des 14. Jh.) und Marienkirche (1317–80 auf Vorgängerbauten), deren südl. Querschifffassade aufwendig gestaltet ist (hinter der Maßwerkbrüstung des Scheinaltans über dem Portal die Steinfiguren Kaiser KARLS IV. mit Gemahlin und zwei Begleitern; um 1370), im Chor Glasgemälde (14. und 15. Jh.) sowie Kornmarktkirche (ehem. Franziskanerklosterkirche zum Hl. Kreuz; 1. Hälfte des 13. Jh.–15. Jh.). Außerdem prägen Rathaus (um 1300, erweitert um 1350 und v.a. 16. Jh., bis 1912/13 mehrmals umgebaut) sowie Bürgerhäuser des MA. und der Renaissance das Stadtbild. – M., 775 erstmals erwähnt, war seit karoling. Zeit Mittelpunkt eines Reichsgutkomplexes, in dessen Pfalz sich die Kaiser und Könige des 10./11. Jh. häufig aufhielten. 1180 wurde M. freie Reichsstadt (ab 1348 mit voller Landesherrschaft über ein kleines Herrschaftsgebiet). Das um 1220 entstandene Mühlhäuser Reichsrechtsbuch ist die älteste private Rechtsaufzeichnung dieser Art im dt. Sprachraum. 1256 schloss sich M. dem Rhein. Städtebund an, 1418 trat es der Hanse bei. Im Dt. Bauernkrieg verband sich die Stadt unter der Führung der radikalen Reformatoren HEINRICH PFEIFFER (* vor 1500, † hingerichtet 1525; Aufstand 1523) und T. MÜNTZER mit den aufständ. Bauern (März 1525 ›Ewiger Rat‹ als Stadtregiment). Nach der Schlacht bei Frankenhausen (Mai 1525) ergab sich M. und ging als Folge seines Eintretens für die Bauern bis 1548 der Reichsfreiheiten verlustig; ab 1552 war M. der Schutzmacht Sachsen verbunden. Unter endgültigem Verlust der Reichsfreiheit fiel M. 1802/03 an Preußen (ab 1815 Prov. Sachsen), 1945 an die SBZ (bis 1952 und seit 1990 Thür.; 1952–1990 DDR-Bezirk Erfurt).

R. JORDAN: Chronik der Stadt M., in Thüringen, 4 Bde. (1900–08); G. GÜNTHER: M. in Thüringen (Berlin-Ost 1975).

Mühlhausen/Thüringen
Stadtwappen

Mühlheim, Name von geographischen Objekten:
1) Mühlheim am Main, Stadt im Landkreis Offenbach, Hessen, 102 m ü. M., am linken Mainufer, 26 000 Ew.; Sitz des Hess. Städte- und Gemeindebunds, Polizeifachhochschule, Stadtmuseum; Metallverarbeitung, Maschinenbau, Backwarenherstellung, Leder- und Verpackungsindustrie. – M., 815 als Fronhof genannt, kam 1425 durch Kauf an das Erzstift Mainz. 1803 fiel M. an Isenburg-Büdingen, 1815 an Hessen-Darmstadt. 1939 wurde M. mit dem Dorf Dietesheim zusammengeschlossen und zur Stadt erhoben.
2) Mühlheim an der Donau, Stadt im Landkreis Tuttlingen, Bad.-Württ., 667 m ü. M., an der oberen Donau, 3 500 Ew.; Herstellung chirurg. Instrumente, Kugellagerfabrik. – M., 799 erstmals in der Nachfolge einer röm. Siedlung erwähnt, wurde vor 1241 durch die Grafen von Zollern neu angelegt und entwickelte

sich zum Mittelpunkt einer Herrschaft, die nach 1544 faktisch unter habsburg. Herrschaft stand. Um 1300 erhielt M. Stadtrecht. 1806 kam M. an Württemberg.
E. BLESSING: M. a. d. D. (1985).

Mühlig-Hofmann-Gebirge, Gebirge in Neuschwabenland, Ostantarktis, bei 72° s. Br. und 5° ö. L., bis 3090 m ü. M.

Mühlkoppe, Art der →Groppen.

Mühlmann, Wilhelm Emil, Ethnologe und Soziologe, * Düsseldorf 1. 10. 1904, † Wiesbaden 11. 5. 1988; seit 1950 Prof. in Mainz, seit 1960 in Heidelberg. M. war einer der Hauptvertreter der dt. Ethnosoziologie, beeinflusst von A. VIERKANDT, R. THURNWALD, M. WEBER; arbeitete bes. über vergleichende Kultursoziologie außereurop. Völker, die Mechanismen polit. und religiöser Sozialbewegungen (Nativismus u. a.) und das Zusammenleben versch. Völker und Nationen.
Werke: Rassen- u. Völkerkunde (1936); Gesch. der Anthropologie (1948); Homo creator, Abh. zur Soziologie, Anthropologie u. Ethnologie (1962); Chiliasmus u. Nativismus (1964); Rassen, Ethnien, Kulturen (1964); Bestand u. Revolution in der Lit. (1973); Die Metamorphose der Frau. Weibl. Schamanismus u. Dichtung (1981). – **Hg.:** Kulturanthropologie (1966, mit ERNST W. MÜLLER).
Entwicklung u. Fortschritt. Soziolog. u. ethnolog. Aspekte des soziokulturellen Wandels. W. E. M. zum 65. Geburtstag, hg. v. H. REIMANN u. a. (1969).

Mühlsteinkragen, Mühlsteinkrause, →Halskrause.

Mühlsteinlava, feinpöröse basalt. Lava (Nephelin-Leucit-Tephrit) aus dem Laacher-See-Gebiet, für Mühlsteine und als Baustein geeignet.

Mühltal, Gem. im Landkreis Darmstadt-Dieburg, Hessen, 200–350 m ü. M., bei Darmstadt am Fuß des Odenwalds, 13 300 Ew.; Kunststoff- und Papierverarbeitung.

Mühltroff, Stadt im Vogtlandkreis, Sa., 482 m ü. M., am rechten Saalezufluss Wisenta, mit den Ortsteilen Kornbach und Langenbach 2100 Ew.; Seidenweberei sowie Herstellung von Plauener Spitzen, Kartonagen und Hülsen; Handwerks- und landwirtschaftl. Betriebe. – Seit 1367 als Stadt bezeugt.

Mühlviertel, das stark zertalte Granit- und Gneisbergland in OÖ, nördlich der Donau, durchschnittlich 500–800 m ü. M., im NW zum Böhmerwald ansteigend; benannt nach den Donauzuflüssen **Große Mühl** (54 km lang; vor der Mündung Kraftwerk Partenstein) und **Kleine Mühl** (im W; 32 km lang); Landwirtschaft (v. a. Kartoffel- und Roggenanbau, Viehhaltung), Holzverarbeitung, Textilindustrie (hervorgegangen aus der früher verbreiteten Leinenerzeugung mit Flachsanbau); Fremdenverkehr; Zentren sind Rohrbach in OÖ (im W) und Freistadt.

Muhr, Adelbert, österr. Schriftsteller, * Wien 9. 11. 1896, † ebd. 10. 3. 1977; war bis 1930 Beamter der Donau-Dampfschifffahrts-Gesellschaft; wurde v. a. durch seine Romane, in deren Mittelpunkt Landschaften und Menschen entlang der großen Flüsse stehen, bekannt; auch ›Dichter der Ströme‹ genannt.
Werke: *Romane:* Donautrilogie: Der Sohn des Stromes (1945), Sie haben uns alle verlassen (1956), Die letzte Fahrt (1963); Theiß-Rapsodie (1949). – *Reisebuch:* ... und ruhig fließet der Rhein ... (1953). – *Prosa:* Reise um Wien in achtzehn Tagen. Aufzeichnungen eines Fußgehers (1974). – *Gedichte u. Prosa:* Schienen und Schiffe (1972).

Mühsam, Erich, Schriftsteller und Politiker, * Berlin 6. 4. 1878, † KZ Oranienburg 10. oder 11. 7. 1934; zunächst Apotheker; entscheidend beeinflusst von G. LANDAUER, den Ideen M. A. BAKUNINS und P. A. KROPOTKINS, seit 1901 freier Schriftsteller; 1902 Redakteur der anarchist. Zeitschrift ›Der arme Teufel‹, 1905 der Zeitschrift ›Weckruf‹; hatte Verbindung zum Friedrichshagener Dichterkreis um die Brüder H. und J. HART. M. schrieb aggressiv-satir. Chansons für

Mühlhausen/Thüringen: Blick über die Stadt zur Marienkirche (1317–80)

Münchner Kabaretts und arbeitete für versch. Zeitschriften (u. a. ›Simplicissimus‹, ›Gesellschaft‹, ›Aktion‹); als Herausgeber der Monatsschrift ›Kain. Zeitschrift für Menschlichkeit‹ (1911–14 und 1918/19) leidenschaftl. Antikriegsengagement; 1919 Mitgl. des Zentralrats der ›Räterepublik Baiern‹; nach deren Sturz zu 15 Jahren Festungshaft verurteilt, von denen er sechs Jahre verbüßte. 1926–31 Herausgeber der Zeitschrift ›Fanal‹. 1933 erneut verhaftet und nach grausamen Misshandlungen ermordet. – M. schrieb von radikalanarchist. Gesinnung erfüllte Gedichte, Dramen und Essays sowie die zeitgeschichtlich bedeutsame Autobiographie ›Namen und Menschen. Unpolit. Erinnerungen‹ (hg. 1949).
Weitere Werke: *Dramen:* Die Hochstapler (1906); Die Freivermählten (1914); Judas (1921); Staatsräson (1928). – *Gedichte:* Die Wüste (1904); Der Krater (1909); Brennende Erde (1920); Revolution (1925); Bilder u. Verse für Zenzl (hg. 1975). – *Essay:* Die Befreiung der Gesellschaft vom Staat (1932).
Ausgaben: Gesamttausg., hg. v. G. EMIG, 4 Bde. (1977–83); Ich bin verdammt zu warten in einem Bürgergarten, hg. v. W. HAUG, 2 Bde. (1983); In meiner Posaune muß ein Sandkorn sein. Briefe 1900–1934, hg. v. G. W. JUNGBLUT, 2 Bde. (1984); Tagebücher. 1910–1924, hg. v. C. HIRTE (1994).
Färbt ein weißes Blütenblatt sich rot. E. M., ein Leben in Zeugnissen u. Selbstzeugnissen, hg. v. W. TEICHMANN (1978); R. KAUFFELDT: E. M. Lit. u. Anarchie (1983); C. HIRTE: E. M. (Berlin-Ost 1985); H. VAN DEN BERG: E. M. 1878–1934. Bibliogr. der Lit. zu seinem Leben u. Werk (Leiden 1992).

Muhu, estn. Ostseeinsel, →Moon.

Muid [mɥi; von lat. modius ›Scheffel‹] *der, -/-s,* alte frz. Volumeneinheit unterschiedl. Größe; für Flüssigkeiten galt 1 M. = 268,219 l. Im schweizer. Kt. Waadt war 1 M. ein Getreidemaß zu 1215 l, im Kt. Neuenburg galt 1 M. = 365,624 l. Das Bundes-Ges. vom 23. 12. 1851 legte für die Schweiz einheitlich einen Wert von 150 l für den M. fest.

Muineacháin [minəˈxaːn], irischer Name für →Monaghan.

Muir [ˈmjʊə], Edwin, schott. Schriftsteller, * Deerness (Orkney) 15. 5. 1887, † bei Cambridge 3. 1. 1959; Journalist, nach 1945 beim British Council; seine Lyrik gestaltet Alltägliches traumhaft-symbolisch und sucht meditativ nach einem Ruhepunkt jenseits von Zeit und Geschichte (›Journeys and places‹, 1937; ›The labyrinth‹, 1949; ›One foot in Eden‹, 1956). Verfasste auch literaturkrit. Arbeiten und schott. Heimatromane. Mit seiner Frau, der Schriftstellerin WILLA

Erich Mühsam

ANDERSON M. (*1890, †1970), übersetzte er u.a. G. HAUPTMANN, H. BROCH, L. FEUCHTWANGER und F. KAFKA, den er in England bekannt machte.
Ausgabe: Collected poems. 1921–1958, hg. v. W. MUIR u. a. (Neuausg. 1984).
P. H. BUTTER: E.M. Man and poet (Edinburgh 1966, Nachdr. Westport, Conn., 1976); W. MUIR: Belonging. A memoir (London 1968); R. KNIGHT: E. M. (ebd. 1980).

Muisca, Chibcha ['tʃibtʃa], südamerikan. Indianer aus der Sprachgruppe der Chibcha in den Kordilleren O-Kolumbiens, die in vorspan. Zeit im Hochland von Bogotá, Kolumbien, eine Hochkultur (1200–1540) entwickelt hatten, auf deren Riten sich auch die Sage von Eldorado bezieht. Die M. bewohnten mehrere Hochbecken, auf denen sie Mais, Bohnen, Kartoffeln und andere Feldfrüchte anbauten. Straßen und Dammwege verbanden die Fürstensitze. Schnurgerade, strahlenförmig angelegte Straßen dienten vermutlich zeremoniellen Zwecken. Die Fürsten, die in hölzernen Rundbauten residierten, verlangten göttl. Verehrung (Herrschaftssymbole waren Kopfbedeckung, Gesichtsschmuck und Sänfte) von den Gemeinfreien und den Sklaven. – Die Keramik der M. ist schlicht und sparsam mit geometr. Mustern bemalt, oft mit eingestochenen Kreisen und Punkten im Zentrum. Die Goldarbeiten umfassen meist flache, eckige Menschenfiguren, Schlangen, Zepter oder Speerschleudern und szen. Darstellungen. Die Details dieser plattenartigen Flachgüsse bestehen aus mitgegossenem ›falschen Filigran‹. Charakteristisch bei den Menschendarstellungen sind die ›Kaffeebohnenaugen‹. – Die militär. Eroberung der M. durch die Spanier erfolgte im 17. und 18. Jahrhundert.
J. PÉREZ DE BARRADAS: Los M. antes de la Conquista, 2 Bde. (Madrid 1950–51).

Muisca: Tonfigur der Göttin Bachue (Berlin, Museum für Völkerkunde)

Muizenberg ['mœjzənbɛrx], viel besuchtes Seebad in der Prov. West-Kap, Rep. Südafrika, an der False Bay des Ind. Ozeans; Kapstadt eingemeindet.

Mujagebirge, Gebirge in Burjatien, Russ. Föderation, nordöstlich des Baikalsees, besteht aus zwei parallelen, rd. 400 km langen Ketten: **Nördliches M.** (bis 2 561 m ü. M.) und **Südliches M.** (bis 2 721 m ü. M.). Im Nördlichen M. ist ein 15,7 km langer Eisenbahntunnel der Baikal-Amur-Magistrale in Bau (zurzeit wird eine 54 km lange Umfahrungsstrecke benutzt).

Mujeres [mu'xɛres], **Isla M.,** Karibikinsel vor der NO-Küste der Halbinsel Yucatán, Bundesstaat Quintana Roo, Mexiko, rd. 3 km², etwa 11 000 Ew.; von Korallenriffen umgebene, mit Kokospalmen bestandene Insel; Fischerei, Schildkrötenzucht, Salzgewinnung; Freihafen, Fremdenverkehr (Flugplatz), Tauchsport. – 1517 entdeckt; Reste der Mayakultur.

Mujibur Rahman [muˈdʒibur raxˈman], Scheich, Politiker in Ostpakistan (später Bangladesh), *Tungipura 17. 3. 1920, †Dhaka 15. 8. 1975; trat als einer der führenden Politiker der Awami-Liga (seit 1966 deren Präs.) für die Autonomie, später für die Unabhängigkeit Ostpakistans ein; war mehrfach in Haft. Im März 1971 proklamierte er Ostpakistan zum unabhängigen Staat Bangladesh. Die pakistan. Zentral-Reg. unterdrückte diese Bemühungen blutig und inhaftierte M. R. Nachdem Indien im Krieg mit Pakistan (Dezember 1971) die Errichtung einer souveränen Rep. Bangladesh durchgesetzt hatte, übernahm M. R. 1972 die Reg.-Gewalt, 1975 nach einer Verf.-Änderung das Amt des Staatspräs. (mit diktator. Vollmachten ausgestattet). Im August 1975 wurde er durch einen Militärputsch gestürzt und in dessen Verlauf ermordet.

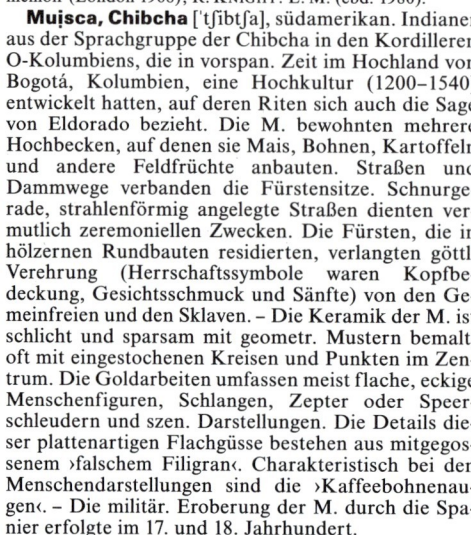

Mujibur Rahman

Mujica Laínez [muˈxika laˈines], Manuel, argentin. Schriftsteller, Journalist und Kulturpolitiker, *Buenos Aires 11. 9. 1910, †Córdoba (Argentinien) 21. 4. 1984; histor. Interesse und eine ironisch-sozialkrit. Haltung prägen den Großteil seiner dem alten Buenos Aires gewidmeten Romane und Erzählungen. Im Italien der Renaissance spielt sein bekanntester Roman ›Bomarzo‹ (1962; dt.). Das wissenschaftlich-essayist. Werk umfasst biograph., kunsthistor., stadtgeschichtl. und philolog. Studien.
Weitere Werke: *Erzählungen:* Estampas de Buenos Aires (1946); Aquí vivieron (1949); Misteriosa Buenos Aires (1951); Cuentos de Buenos Aires (1972). – *Romane:* Los ídolos (1953); La casa (1954); Invitados en El Paraíso (1957); El unicornio (1965; dt. Die Gesch. von der schönen Melusine, von ihr selbst erzählt); El laberinto (1974); El gran teatro (1979). – *Essays:* Glosas castellanas (1936).
Ausgabe: Obras completas, 5 Bde. (1978–83).
M. E. VÁSQUEZ: El mundo de M. M. L. Conversaciones (Buenos Aires 1983).

Mujunkum, Sandwüste im S Kasachstans, rd. 37 500 km², 300–700 m ü. M., teils von →Barchanen eingenommen. An Vegetation gibt es Saxaulgebüsch, Wermut, Federgras und Sandsegge. Oasenhafter Bewässerungsfeldbau, Winterweide (Schafe).

Mukačevo [-tʃevo], Stadt in der Ukraine, →Mukatschewo.

Mukaddasi, Schams ad-Din Abu Abd Allah Mohammed **al-M.,** arab. Geograph aus Jerusalem, †um 985; beschrieb in seinem Werk über die islam. Länder und Provinzen (engl. Teilübersetzung 1897–1901, frz. Teilübersetzung 1963) die geograph. und wirtschaftl., aber auch ethn. und sprachl. Zustände.

Mukalla, Al-M., Hafenstadt in Jemen, →Makalla.

Mukarnas [arab. aus griech.], **Muqarnas** [muk-], *Pl. Muqarnasat,* nischen- oder konchenartige Vertiefung in der islam. Baukunst; trat zuerst (11. Jh.) als Element zur Überleitung von Ecken (Trompennischen) zur Kuppel auf und ist urspr. die verkleinerte Wiederholung der Form der Trompennische. Die Schmuckform verbreitete sich an Decken, Kuppeln, Pendentifs, Kapitellen, Konsolen, Gesimsen im Innen- wie am Außenbau; Material war Holz, Stuck, Stein oder Fayence. Das Hängewerk wird oft auch als Stalaktitwerk bezeichnet.

Mukařovský [ˈmukarʒofski:], Jan, tschech. Literaturtheoretiker, *Písek 11. 11. 1891, †Prag 8. 2. 1975; seit 1938 Prof. in Prag, einer der Begründer der →Prager Schule (1926); bedeutendster Vertreter des tschech. literaturwiss. Strukturalismus. M. konzipierte auf der Grundlage der Phonologie F. DE SAUSSURES, des russ. Formalismus und der tschech. Poetiken die Betrachtung des Kunstwerkes als aus Sprachmaterial bestehendes Artefakt und als ästhet. Struktur, die in der raumzeitl. Perspektive sich wandelnder Perzeption unterworfen ist; hatte aufgrund seiner Evolutionslehre (›Estetická funkce, norma a hodnota jako sociální fakty‹, 1936; dt. ›Ästhetische Funktion, Norm und ästhet. Wert als soziale Fakten‹) Einfluss auf viele geisteswiss. Disziplinen.

Weitere Werke: Máchův Máj (1928); Kapitoly z české poetiky, 3 Bde. (1941; dt. Teilübers. als: Kapitel aus der Poetik); Studie z estetiky (1966; dt. Teilübers. als: Kapitel aus der Ästhetik; Cestami poetiky a estetiky (1971; dt. Studien zur strukturalist. Ästhetik u. Poetik); Studie z poetiky (hg. 1982).

K. CHVATÍK: Tschechoslowak. Strukturalismus (1981); F. W. GALAN: Historic structures. The Prague School project, 1928–1946 (Neuausg. Austin, Tex., 1985); Zeichen u. Funktion. Beiträge zur ästhet. Konzeption J. M.s, hg. v. H. GÜNTHER (1986).

Mukatschewo, ukrain. **Mukatschewe, Mukacheve** [-tʃɛvə], tschech. **Mukačevo** [-tʃɛvo], ungar. **Munkács** [ˈmuŋkaːtʃ], Stadt im Gebiet Transkarpatien, Ukraine, am SW-Rand der Waldkarpaten, etwa 85 000 Ew.; Werkzeugmaschinen- und Gerätebau, Möbel-, Bekleidungsindustrie. – M. gehörte zunächst zum Kiewer Reich, dann zum Herrschaftsbereich ungar. Fürsten. 1396–1414 war M. im Besitz des poln. Fürstenhauses KORIATOWICZ. Bis 1918 zu Ungarn (bzw. Österreich-Ungarn) gehörend, fiel es 1919 an die Tschechoslowakei (bis 1938), anschließend wieder an Ungarn. Im Oktober 1944 von sowjet. Truppen besetzt, kam es 1945 in den Besitz der UdSSR und wurde der Ukraine angeschlossen.

Mukden, früherer Name der chin. Stadt →Shenyang.

Mukha [-xa], **Al-M.,** Hafenort in Jemen, →Mokka.

Mukisch, syr. Kleinstaat im 2. Jt. v. Chr., der sich vom Mittelmeer ostwärts bis über das Orontesknie hinaus erstreckte. Hauptstadt war →Alalach.

Mukarnas an einer Wandnische im Myrtenhof in der Alhambra, Granada

mukokutanes Lymphknotensyndrom, das →Kawasaki-Syndrom.

Mukolytika [lat.-griech.], *Sg.* **Mukolytikum** *das, -s,* zur Gruppe der Expektoranzien (→Expektorans) gehörende schleimlösende Arzneimittel.

Mukopolysacharide, Mucopolysaccharide [zu lat. mucus ›Schleim‹], hochpolymere Kohlenhydrate, die aus Aminozuckern und Uronsäuren aufgebaut sind; sie bestehen aus (vorwiegend linear miteinander verknüpften) Disaccharideinheiten, in denen je an der Aminogruppe acetylierter (oder sulfonierter) Aminozucker (meist Glucosamin oder Galaktosamin) mit einer Uronsäure (v. a. Glucuronsäure) verbunden ist; häufig ist auch Schwefelsäure in esterartiger Bindung enthalten. Zu den M. gehören v. a. in Bindegewebe oder in Schleimen des tier. Körpers verbreitete Substanzen wie Hyaluronsäure und Chondroitinsulfate sowie das Heparin.

Mukopolysaccharidosen [zu lat. mucus ›Schleim‹], **Mucopolysaccharidosen, Mukopolysaccharid-Speicherkrankheiten,** zu den Speicherkrankheiten gehörende Gruppe von erblich bedingten Stoffwechselstörungen, bei denen aufgrund eines Enzymdefekts der Abbau der komplexen Kohlenhydrate (Mukopolysaccharide) nicht ausreichend gewährleistet ist; dadurch kommt es zu einer Anhäufung dieser Stoffe v. a. in Zentralnervensystem, Skelett, Bindegewebe, Leber und Milz mit erhöhter Ausscheidung im Harn. Als mögl. Folge treten Skelettanomalien, Minderwuchs, Vergröberung der Gesichtszüge, Endokardschäden, Hornhauttrübungen, teils auch geistige Behinderung auf. Es gibt sechs Hauptformen der M. Eine enzymat. Diagnose ist für alle Typen der M. möglich. Die Gene der meisten Typen sind lokalisiert und Genmutationen bekannt. Eine Pränataldiagnostik kann bei allen Formen der M. durchgeführt werden.

mukös [lat. mucosus ›schleimig‹], Schleim absondernd; z. B. muköse Drüsen.

Mukosa [zu lat. mucus ›Schleim‹] *die, -/...sen* und *...sä,* die →Schleimhaut.

Mukoviszidose [zu lat. mucus ›Schleim‹ und viscidus ›zähflüssig‹] *die, -/-n,* **Mucoviscidose, zystische Fibrose,** autosomal-rezessiv erbl. Stoffwechselkrankheit, die mit einer Häufigkeit von einem Fall auf 2 000–3 000 lebend Geborene unter der europ. und der weißen Bev. der USA an der Spitze der monogenen Erbleiden steht. Der Gendefekt führt zum Fehlen oder zur Funktionseinschränkung eines für die normale Schleimproduktion exokriner Drüsen erforderl. Membranproteins. Er bewirkt Zähflüssigkeit und Überproduktion der Sekrete aller schleimbildenden Drüsen mit Stauungserscheinungen und fortschreitender zystisch-fibrot. Umbildung des umgebenden Gewebes. Durch Befall der Bauchspeicheldrüse kommt es zu chron. Entzündung (zyst. Pankreasfibrose) mit Verdauungsstörungen (Fettstuhl infolge Maldigestion und Malabsorption); schwerwiegend ist auch die Schädigung des Bronchialsystems (Bronchiektasie mit chron. Bronchitis und wiederkehrende Lungenentzündungen). Eine Verdickung des Gallensekrets führt zu Gallestauung (Cholestase) mit Leberschädigung (Leberzirrhose). Eine leichte Form der M. äußert sich allein in einer Infertilität beim Mann.

Die M. tritt in unterschiedl. Schweregraden auf und äußert sich z. T. schon im Neugeborenenalter. Die Lebenserwartung der Betroffenen konnte durch verbesserte Therapiemöglichkeiten auf durchschnittlich 26–28 Jahre gesteigert werden. Typische diagnost. Zeichen sind die vermehrte Salzausscheidung mit dem Schweiß, der erhöhte Albumingehalt im Stuhl und der Anstieg der Trypsinkonzentration im Blut. Ursache ist der Defekt eines Gens, das ein membrangebundenes Protein kodiert. Dieses bildet einen Kanal für den geregelten Transport von Chloridionen. Die Ionenkonzentration im Schleim bestimmt dessen Zähflüssigkeit (Viskosität). Die Genmutationen führen zu einem anormalen Chloridionentransport und damit zur Zähflüssigkeit der Ausscheidungen schleimbildender Drüsen. Abhängig von der Art der Genveränderung kommt es zu einer nur geringfügigen Funktionsminderung des Proteins bis hin zu einem völligen Ausfall. Bisher sind etwa 600 versch. Mutationen des auf dem langen Arm von Chromosom 7 gelegenen Gens bekannt. Eine Pränataldiagnostik ist möglich.

Die *Behandlung* umfasst v. a. den Ersatz der fehlenden Bauchspeicheldrüsenenzyme und den Ausgleich der Elektrolytverluste, eine hochkalor., eiweißreiche Diät, die Lösung des Bronchialsekrets durch Mukolytika, Aerosole (Sympathomimetika), Lagerungsdrai-

Muko Mukozele – Mülhausen

nage, Bronchialtoilette und die Verhütung von Atemwegsinfekten durch Antibiotika. – Selbsthilfeeinrichtung ist die Dt. Gesellschaft zur Bekämpfung der M. (Bonn).

Mukozele [zu lat. mucus ›Schleim‹ und griech. kēlē ›Geschwulst‹] *die, -/-n,* Ansammlung von Schleim in Hohlorganen aufgrund von Abflusshindernissen (Entzündungen, Narbenbildungen, Tumoren), z. B. in Nasennebenhöhlen oder im Wurmfortsatz.

Mukran, Stadtteil von →Sassnitz.

Mulanje, Gebirge in Malawi, →Mlanje.

Mulatte [span., zu mulo, lat. mulus ›Maultier‹ (im Sinne von ›Bastard‹)] *der, -n/-n,* Nachkomme aus der Verbindung von europidem und negridem Elternteil. Der Begriff aus pseudobiolog. Umfeld wird heute überwiegend herabsetzend gebraucht.

Mulch [engl.] *der, -(e)s/-e,* Bodenbedeckung aus Pflanzenteilen, z. B. aus abgeschnittenem Gras (Gras-M.), Häckselstroh (Stroh-M.), Torf (Deck-M.) und zerkleinerter Baumrinde (Rinden-M.). M. trocknet schnell und schützt die obere Bodenschicht vor Austrocknung und Erosion, fördert die Bodengare, unterdrückt den Unkrautwuchs. Durch Verrottung des M. kommt es zu einer Humusanreicherung des Bodens. Gemulcht wird v. a. unter Obstkulturen, im Wein-, Gemüse- und Landschaftsbau.

Mulde, 1) *Geologie:* →Falte.

2) *Geomorphologie:* flache Hohlform, länglich oder rundlich; kann ringsum von sanften Hängen oder Böschungen abgeschlossen (also abflusslos) oder nach einer oder mehreren Seiten geöffnet sein (Quell-M.).

Mulde *die,* linker Nebenfluss der Elbe, in Sa. und Sa.-Anh., 147 km lang; entsteht südöstlich von Grimma aus der **Zwickauer M.** (166 km, aus dem Westerzgebirge) und der **Freiberger M.** (124 km, vom Kamm des Osterzgebirges), durchfließt das Mittelsächs. Hügelland und die Leipziger Tieflandsbucht, mündet im Biosphärenreservat Mittlere Elbe (Auwälder) bei Roßlau (Elbe). Talsperren an der oberen Zwickauer M. bei **Muldenberg** (seit 1925; 5,8 Mio. m³) und bei →Eibenstock. An der M. und ihren zwei Quellflüssen liegen zw. Penig bzw. Leisnig und Bad Düben mehrere Schlösser und Burgen. Beim Aufschluss eines neuen Braunkohlentagebaus bei Pouch nahe Bitterfeld wurde 1976 das Flussbett der ehem. Tagebaurestloch **Muldenstein** (heute Erholungsgebiet Muldestausee: Fläche 6,5 km², Stauinhalt 15 Mio. m³) umgeleitet, benachbart davon erfolgt die Sanierung des Tagebaurestlochs **Goitsche** zu einem 60 km² großen Erholungsgebiet (›EXPO-Projekt‹ 2000).

Muldentalkreis, Landkreis im Reg.-Bez. Leipzig, Sa., 876 km², 125 100 Ew.; Verw.-Sitz ist Grimma. Das von der Mulde durchflossene Kreisgebiet liegt im Mittelsächs. Hügelland mit den Porphyrkuppen der Hohburger Berge (bis 240 m ü. M.), der nordwestl. Teil in der Leipziger Tieflandsbucht. Hauptanbauprodukte sind Getreide, Ölfrüchte, Futterpflanzen und Zuckerrüben, bei Dürrweitzschen (zu Thümmlitzwalde) Obstbau. Der industrielle Sektor, bis 1990 geprägt durch Maschinen- und Apparatebau, Papierherstellung und -verarbeitung, Porzellan-, Textil- und Nahrungsmittelindustrie, befindet sich im Stadium der Umstrukturierung; es entstehen zahlr. neue Gewerbegebiete. Von Bedeutung ist die Baustoffgewinnung. Größte Städte sind Grimma und Wurzen, weitere Bad Lausick, Naunhof, Colditz, Brandis (mit dem Verkehrslandeplatz Waldpolenz), Nerchau, Trebsen/Mulde und Mutzschen. Der M. wird von der Ferienstraße ›Tal der Burgen‹ durchzogen. Die Waldgebiete (bes. Naunhof-Brandiser Forst) gehören zum Naherholungsbereich von Leipzig; besondere Touristenziele sind die Altstadtkerne von Grimma und Wurzen, der Landschaftspark Machern sowie Schloss Colditz. – Der M. wurde am 1. 8. 1994 aus den früheren Kreisen Grimma und Wurzen gebildet; eingegliedert wurden einige Gemeinden der früheren Kreise Borna, Geithain (u. a. die Stadt Bad Lausick) und Rochlitz.

Muldoon [mʌlˈduːn], Sir (seit 1983) Robert David, neuseeländ. Politiker, *Auckland 25. 9. 1921, †ebd. 5. 8. 1992; Buchprüfer, Mitgl. der National Party, seit 1960 Abg., 1967–72 Finanz-Min. und 1972 stellv. Premier-Min. Als Premier-Min. und Finanz-Min. (1975–84) bekämpfte er Inflationsrate, Auslandsverschuldung und Arbeitslosigkeit; außenpolitisch legte er besonderes Gewicht auf den Ausbau des ANZUS-Paktes. 1974–75 und 1984 war er Oppositionsführer.

Muleta [span.] *die, -/-s,* das rote Tuch der Stierkämpfer.

Mulga-Scrub [-skrʌb, engl.] *der, -s,* in den austral. Trockengebieten weit verbreitete, immergrüne xeromorphe Strauchformation. Sie besteht aus von Grund auf dicht verzweigten, bis zu 7 m hohen Sträuchern (meist Acacia aneura) mit starren, meist graugrünen Phyllodien (→Phyllodium). Ferner spielen noch Cassia- und Eremophila-Arten sowie Gräser aus der Gattung Triodia eine wichtige Rolle.

Mulhacén [mulaˈθen] *der,* **Cerro de M.** [θ-], höchster Berg der Iber. Halbinsel, in der Sierra Nevada Andalusiens, Spanien, 3 478 m ü. M.; Gipfel ganzjährig schneebedeckt, Dauerfrostboden bis 2 800 m ü. M. herabreichend. In den NO-Flanken Karseen (›Siete Lagunas‹); an der N-Flanke entspringt der Río Genil.

Mülhausen: Treppe und Portal des ehemaligen Rathauses; 1552

Mülhausen, frz. **Mulhouse** [myˈluːz], Stadt im Dép. Haut-Rhin, Frankreich, im Oberelsass, an Ill und Rhein-Rhône-Kanal, zw. Sundgauer Hügelland und Rheinebene, 108 000 Ew.; Univ. (gegr. 1975), Textilfachschule; Stoffdruck-, Kunst-, Eisenbahn-, Automobil-, Tapeten- und histor. Museum sowie ökolog. Museum; botan. und zoolog. Garten. Textilindustrie (v. a. Stoffdruckereien), Maschinenbau (Werkzeug-, Textilmaschinen), chem. Industrie auf der Grundlage der nördl. von M. abgebauten Kalisalzlagerstätten, außerdem Autoindustrie, Waffenfabrikation, Druckereien, Gerbereien, Nahrungsmittelindustrie, Brauereien und Brennereien; weitere Industrien im Rheinhafen M.-Ottmarsheim; internat. Flughafen Basel-M. – In der neugot. Kirche Saint-Étienne blieben drei Zyklen einer Farbverglasung aus dem got. Vorgängerbau erhalten; ehem. Rathaus (1552, heute Museum); Arkadenhäuser des 19. Jh. – M., 803 erstmals

---

Mülhausen
Stadtwappen

· Industriestadt im Oberelsass

· am Rand der Oberrheinebene

· 108 000 Ew.

· Universität (1975 gegr.)

· bedeutende Museen

· Rheinhafen

· internat. Flughafen Basel-Mülhausen

· ehem. Rathaus Ende des 13. Jh. Reichsstadt

urkundlich erwähnt, wurde durch die Staufer zur Stadt und Ende des 13. Jh. zur Reichsstadt erhoben. Es war Mitgl. der Dekapolis und gehörte dann seit 1515 als zugewandter Ort zur schweizer. Eidgenossenschaft. 1798 wurde M. französisch.

L. G. Werner: Topographie historique du vieux Mulhouse (Mülhausen 1949); M. Moeder: Les institutions de Mulhouse au Moyen Age (Straßburg 1951); G. Wackermann: Stadtgeographie Mulhouse, in: Tagungsband. 18. Dt. Schulgeographentag (Basel 1983).

Mülheim a. d. Ruhr, kreisfreie Stadt in NRW, 40 m ü. M., im westl. Ruhrgebiet, am Übergang des Rhein. Schiefergebirges zur Ruhrtalung, 176 350 Ew.; Sitz der Max-Planck-Institute für Kohlenforschung und Strahlenchemie, Spezialaugenklinik; Musikschule, Büromuseum, Kunstmuseum (v. a. dt. Kunst des 20. Jh.), Theater an der Ruhr, Freilichtbühne, Solbad, Galopprennbahn, Ruhr-Personenschifffahrt nach Essen-Kettwig. Der einst bedeutende Steinkohlenbergbau und die Erzeugung von Roheisen wurden eingestellt. In der Industrie dominieren heute Kraftwerkbau, Gabelstaplerfertigung, Elektronik- und Elektroindustrie, Großgießerei, Maschinen- und Stahlbau, Leder- und Schuherzeugung, Bau-, Süßwarenindustrie; Handelskettenzentren. Der Hafen hat über die kanalisierte Ruhr (Schiffe bis 2 300 t Tragfähigkeit) Verbindung mit dem Rhein und dem Rhein-Herne-Kanal (Umschlag 1994: 0,85 Mio. t); Flugplatz.

Stadtbild: Die kath. Pfarrkirche Mariä Geburt (1927–29 von E. G. Fahrenkamp) ist ein Backsteinbau in kub. Formen mit frei stehendem Glockenturm; Rathaus (1911–15) nach Plänen von Hans Grossmann, der auch die Stadthalle (1923–25) schuf. Sir N. Foster erbaute 1997 den Erweiterungstrakt des Hauptsitzes der Beratungs- und Planungsgesellschaft ›agiplan‹. Das Theater an der Ruhr bekam 1997 sein Domizil im Umbau (1995–97) des Solbades Raffelberg. – Am linken Ruhrufer Schloss **Broich,** urspr. eine Festung zur Sicherung des Ruhrüberganges (883/884), seit Ende 12. Jh. zu einer der mächtigsten Burgen des Rheinlands ausgebaut, mit got. Palas und frühbarockem Torbau.

Geschichte: M. sowie eine Reihe seiner heutigen Stadtteile wurden erstmals zur Zeit Karls d. Gr. erwähnt. Die Stadt wuchs aus mehreren selbstständigen Gemeinden, u. a. Styrum (ehem. Schloss, im Kern 13. Jh.), Saarn (ehem. Zisterzienserinnenkloster, 1214 gegr.; Abteigebäude des 18. Jh.) und Broich, zusammen. Am Übergang des Hellwegs über die Ruhr bildete sich am rechten Ruhrufer der alte Ortskern aus. Die Siedlung gewann durch die Lederindustrie und den seit dem 17. Jh. belegten Steinkohlenbergbau an Bedeutung; seit dem 18. Jh. auch Kohlenhandel und Kohlenschifffahrt. 1808 wurde M. Stadt.

Mülheim-Kärlich, Stadt (seit 1996) im Landkreis Mayen-Koblenz, Rheinl.-Pf., 80 m ü. M., im Neuwieder Becken, 10 200 Ew.; keram. Industrie; Kernkraftwerk (Inbetriebnahme 1987, elektr. Leistung 1 219 MW, nach heftigen polit. und jurist. Auseinandersetzungen seit 1988 außer Betrieb). – In der Nähe eine Tongrube, in deren Deckschichten eine ungewöhnlich vollständige Schichtenfolge aus dem mittleren und jüngeren Pleistozän mit mehreren altsteinzeitl. Fundplätzen erhalten ist.

Mulhouse [myˈluːz], frz. Name von →Mülhausen.

Muliar, Fritz, österr. Schauspieler, *Wien 12. 12. 1919; begann 1937 als Kabarettist in Wien; nach dem Krieg zunächst in Graz, ab 1947 an versch. Wiener Theatern, u. a. 1974–86 Ensemble-Mitgl. des Burgtheaters; auch Film- (seit 1940) und Fernsehrollen; Regisseur. – Populärer Darsteller des Schwejk (1970, Fernsehserie) sowie in Stücken von J. N. Nestroy, F. Raimund, L. Anzengruber u. a.; Meister des Witzes, des böhm. und jüd. Humors.

Mulier [myːˈliːr], Pieter, d. J., gen. **Cavaliere Tempesta,** niederländ. Maler, *Haarlem um 1637, †Mailand 29. 6. 1701; lebte ab etwa 1667 in Italien. M. malte effektvoll beleuchtete Sturmlandschaften (daher sein Beiname) mit figürl. Staffage; auch Fresken (Rom, Palazzo Colonna).

mulier taceat in ecclesia [lat. ›die Frau schweige in der Gemeindeversammlung‹], Paraphrase von 1. Kor. 14, 34; in der kath. Kirche und in den Ostkirchen ein traditionelles Element der Argumentation, mit der Frauen unter Berufung auf das N. T. von kirchl. Ordination und kirchenamtl. Lehrtätigkeit ausgeschlossen werden.

Die Frau im Urchristentum, hg. v. G. Dautzenberg u. a. (⁵1992).

Mulisch [ˈmyːliʃ], Harry Kurt Victor, niederländ. Schriftsteller, *Haarlem 29. 7. 1927; Sohn eingewanderter dt.-sprachiger Eltern (seine Mutter war Jüdin); das von fantasiereicher Sprache geprägte Werk (Romane, Dramen, Lyrik, Essays) entzieht sich der Zuordnung zu einer bestimmten Gruppierung der niederländ. Lit. und steht stilistisch dem Neorealismus nahe; menschlich-existenzielle Fragen dominieren. Thematisch spielen der Zweite Weltkrieg (›Het stenen bruidsbed‹, 1960; dt. ›Das steinerne Brautbett‹) und der nachfolgende Kalte Krieg eine wichtige Rolle.

Werke: *Romane:* De diamant (1954; dt. Der Diamant); Het zwarte licht (1956; dt. Schwarzes Licht); De aanslag (1982; dt. Das Attentat); Hoogste tijd (1985; dt. Höchste Zeit); De pupil (1987; dt. Augenstern); De elementen (1988; dt. Die Elemente); De zuilen van Hercules (1990); Do ontdekking van de hemel (1992; dt. Die Entdeckung des Himmels). – *Erzählungen:* Voorval (1989; dt. Vorfall). – *Reportage:* De zaak 40/61 (1962; dt. Strafsache 40/61). – *Betrachtungen:* Het seksuele bolwerk. Zin en waanzin van Wilhelm Reich (1973; dt. Das sexuelle Bollwerk. Sinn u. Wahnsinn von Wilhelm Reich). – *Autobiographisches:* Zelfportret met Tulband (1961; dt. Selbstportrait mit Turban).

Over H. M. Kritisch nabeeld. Beschouwingen over het werk en de persoon van H. M., hg. v. H. Dütting (Baarn 1982); F. C. de Rover: De weg van het lachen. Over het œuvre van H. M. (Amsterdam 1987).

Mull [niederdt.], *Bodenkunde:* →Humus.

Mull [engl., von Hindi malmal, eigtl. wohl ›sehr weich‹], weitmaschiges, dünnes Gewebe, meist aus gereinigter, entfetteter und gebleichter Baumwolle, z. T. auch aus Chemiefasern, das in der Medizin als Kompresse, Binde und zu Tupfern verwendet wird.

Mull [mʌl], zweitgrößte Insel der Inneren Hebriden, im Verwaltungsdistrikt Argyll and Bute, Schottland, 918 km², 2 700 Ew.; erreicht im Ben More 966 m ü. M.; Rinder- und Schafhaltung, Granitabbau, Fremdenverkehr; Hauptort ist Tobermory.

Müll [mnd. mul, zu mhd. müllen, ahd. mullen ›zerreißen‹], allgemeinsprachlich für feste Abfallstoffe von Haushalten und Unternehmen, die in bestimmten Behältern gesammelt und von der M.-Abfuhr abgeholt werden; nach der Definition des Kreislaufwirtschafts- und Abfall-Ges. und in der Terminologie der *Abfallwirtschaft* werden die Bez. →Abfall und Abfallstoffe verwendet.

Schon ca. 8 000 bis 9 000 Jahre v. Chr. haben Menschen gelernt, ihren M. außerhalb ihrer Ansiedlungen abzulagern. In den Städten der antiken Hochkulturen wurde der M. dann systematisch von Sklaven in Tonvasen gesammelt und abtransportiert. Im MA. fand keine M.-Abfuhr statt. Erst in der aufkeimenden Renaissance seit dem 14. Jh. wurden die Henker und Totengräber mit der M.-Abfuhr in den Städten beauftragt. Einen Anstoß zur Modernisierung der M.-Beseitigung in den Großstädten gaben die Choleraepidemien im 19. Jh. und der in Folge erkannte Zusammenhang zw. Hygiene und Sterblichkeit. – Heute herrscht allgemeiner Anschluss- und Benutzungszwang an die öffentl. M.-Abfuhr, die von kommunalen oder privaten Entsorgungsunternehmen durchgeführt wird.

Mülheim a. d. Ruhr
Stadtwappen

Harry Mulisch

Mull Mullah – Müller

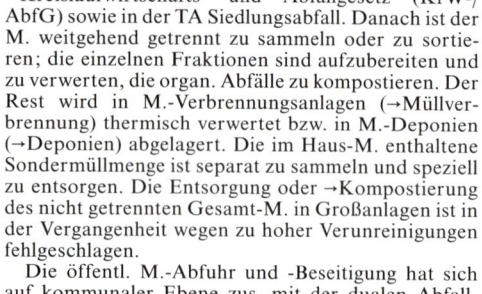

Müll: Struktur des Abfallaufkommens nach Abfallarten in Deutschland (1993, alle Werte gerundet)

[1] einschließlich hausmüllähnlicher Gewerbeabfälle, Sperrmüll, Kehricht;
[2] einschließlich Abfällen aus der Energiegewinnung;
[3] einschließlich Bodenaushub, Straßenaufbruch, Baustellenabfällen;
[4] einschließlich Schlämmen aus der Abwasserreinigung (Trockensubstanz)

Karl Müllenhoff

Hermann J. Muller

In Haushalten wird unterschieden zw. Haus-M. und Sperr-M. (großvolumige Abfälle) sowie den im Haus-M. enthaltenen →Sonderabfällen; ebenfalls von der öffentl. M.-Abfuhr erfasst werden hausmüllähnl. Gewerbeabfälle (wie Kartonagen, gebrauchtes Verpackungsmaterial, Büroabfall). Die Zusammensetzung des Haus-M. wird in bundesweiten Hausmüllanalysen (zuletzt 1985) sowie in kommunalen Erhebungen untersucht. Den größten Anteil am Haus-M. hatten danach die Fraktionen Mittel-M. (8–40 mm) und der vegetabile Rest, die beide aus organ. Abfällen (Küchen- und Gartenabfälle) bestehen, mit zus. etwa 40%; weitere Bestandteile waren Papier und Pappe mit etwa 16%, Glas (9%), Kunststoffe (5,4%), Metalle (3,2%); der Fein-M., der einen bes. hohen Schadstoffgehalt aufweist, machte rd. 10% des Haus-M. aus. Während die Masse des Haus-M. bis Ende der 1970er-Jahre ständig zunahm, ist sie in den 80er- und 90er-Jahren etwa konstant geblieben. Im Ggs. dazu stieg das M.-Volumen bis zur Einführung der dualen Abfallwirtschaft Anfang der 90er-Jahre weiter an. Ursache hierfür war die gestiegene Verpackungsflut, die zu einer Zunahme der leichten M.-Bestandteile wie Papier, Kunststoff, Verbundmaterialien geführt hatte. Anfang der 1990er-Jahre wurde in Dtl. mit einer Gesamtmüllmenge von ca. 40 Mio. t gerechnet, die über die öffentl. Abfallentsorgung beseitigt wurde, etwa die Hälfte war Hausmüll. Das entspricht einer Menge von 250 kg pro Einwohner, wobei das Aufkommen zw. 150 kg in ländl. Bereich und 300 kg in Großstädten schwankte. Das Umweltbundesamt rechnet aufgrund der in den letzten Jahren verschärften Vorschriften mit künftigen Reduzierungen der an die öffentl. Abfallentsorgung anfallenden M.-Menge von bis zu 50%. Gesetzlich geregelt wird die M.-Entsorgung im →Kreislaufwirtschafts- und Abfallgesetz (KrW-/AbfG) sowie in der TA Siedlungsabfall. Danach ist der M. weitgehend getrennt zu sammeln oder zu sortieren; die einzelnen Fraktionen sind aufzubereiten und zu verwerten, die organ. Abfälle zu kompostieren. Der Rest wird in M.-Verbrennungsanlagen (→Müllverbrennung) thermisch verwertet bzw. in M.-Deponien (→Deponien) abgelagert. Die im Haus-M. enthaltene Sondermüllmenge ist separat zu sammeln und speziell zu entsorgen. Die Entsorgung oder →Kompostierung des nicht getrennten Gesamt-M. in Großanlagen ist in der Vergangenheit wegen zu hoher Verunreinigungen fehlgeschlagen.

Die öffentl. M.-Abfuhr und -Beseitigung hat sich auf kommunaler Ebene zus. mit der dualen Abfallwirtschaft des DSD (→Duales System Deutschland GmbH) sowie Abfallvermeidungsstrategien zu einem Abfallwirtschaftskonzept entwickelt (→Abfallwirtschaft). Die einzelnen Kommunen erreichen hierbei eine z. T. sehr unterschiedl. Verwertungsquote. (→Abfallbeseitigung, →Abfallvermeidung, →Recycling)

Mullah [türk. molla, pers. mūlā, arab. al-mawlā ›Herr‹, ›Patron‹] *der, -s/-s,* (Ehren-)Titel für einen islam. Rechts- oder Religionslehrer.

Mülldeponie, →Deponie.

Mulle [mhd. mul(le) ›Müll‹ (wegen des zerwühlten Bodens)], *Zoologie:* Bez. für versch. Kleinsäuger, die v. a. unterirdisch leben, z. B. Maulwurf.

Müllenhoff, Karl, Germanist, * Marne 8. 9. 1818, † Berlin 19. 2. 1884; 1846 Prof. in Kiel, ab 1858 in Berlin; 1864 Mitgl. der Preuß. Akad. der Wiss.en; übernahm als Schüler K. Lachmanns dessen Methoden der Textkritik und wandte sie exemplarisch bei seiner ersten Edition, der ›Kudrun‹ (1845), an. Eine neue Epoche der Editionsgeschichte beginnt mit den ›Denkmälern dt. Poesie und Prosa aus dem 8. bis 12. Jh.‹, die er 1864 mit W. Scherer herausgab, und dem ›Dt. Heldenbuch‹ (1866–73, 5 Bde.), zu dessen 3. und 4. Band er die Vorarbeiten leistete. M. beeinflusste die dt. Altertumskunde durch seine quellenkundl. und mythol. Forschungen und seine bis heute Gültigkeit besitzende ›Dt. Altertumskunde‹ (1870–1900, 8 Tle.).

Muller [ˈmʌlə], Hermann Joseph, amerikan. Biologe, * New York 21. 12. 1890, † Indianapolis (Ind.) 5. 4. 1967; 1933–37 Mitarbeiter am Inst. für Erbforschung in Moskau, lehrte 1937–40 an der Univ. Edinburgh, 1940–45 am Amherst College, 1945–53 an der Indiana University in Bloomington (Ind.). Bei genet. Versuchen mit der Taufliege gelang es ihm, durch Röntgenbestrahlung künstl. Mutationen auszulösen (1926). Für die Entdeckung dieser Möglichkeit und damit der Gefahr, die für die Erbsubstanz durch derartige Strahlen besteht, erhielt er 1946 den Nobelpreis für Physiologie oder Medizin.

Müller, 1) Adam Heinrich, Ritter **von Nitterdorff** (seit 1826), Staats- und Gesellschaftstheoretiker, Publizist, * Berlin 30. 6. 1779, † Wien 17. 1. 1829; nach

Müll: Abfallentsorgung (in 1 000 t)						
	Abfallaufkommen insgesamt		Abfälle zur Beseitigung		Abfälle zur Verwertung	
	1990	1993	1990	1993	1990	1993
Hausmüll[1]	50 085	43 468	43 285	30 516	6 800	12 970
Bergematerial aus dem Bergbau	88 841	67 817	78 088	58 719	10 753	9 094
Produktionsabfälle[2]	97 329	77 451	52 728	30 517	44 600	46 932
Bauschutt[3]	132 122	143 098	120 446	127 288	11 676	15 807
Krankenhausabfälle	83	68	80	61	3	6
Klärschlamm[4]	5 543	5 475	4 560	4 448	983	1 027
insgesamt	374 002	337 392	299 188	251 550	74 813	85 836

[1] einschließlich hausmüllähnlicher Gewerbeabfälle, Sperrmüll, Kehricht. – [2] einschließlich der Abfälle aus der Energiegewinnung. – [3] einschließlich Bodenaushub, Straßenaufbruch, Baustellenabfällen. – [4] einschließlich der Schlämme aus der Abwasserreinigung (Trockensubstanz).

jurist. Studien 1806–09 Prinzenerzieher in Dresden, dann, nach Zwischenstation in Berlin, wo er 1808 mit H. VON KLEIST die Kunst- und Literaturzeitschrift ›Phöbus‹ herausgab, Publizist in Wien. Dort wirkte der 1805 zum Katholizismus konvertierte M. wie sein Freund F. GENTZ, der ihn dem Kreis um K. W. Fürst VON METTERNICH nahe brachte, im Sinn der metternichschen Politik. 1815 bis 1827 leitete er das österr. Generalkonsulat in Leipzig, von wo aus er gegen Preußen Stellung bezog. 1826 nobilitiert, lebte M. seit 1827 in Wien.

M. ist einer der bedeutendsten Vertreter der romant. Staats- und Gesellschaftslehre. In vielen Abhandlungen nahm er zu Fragen der Philosophie, Rhetorik, Staatslehre und Nationalökonomie Stellung, wobei er sich gegen die Theorien einer rationalen Gesellschaftsordnung, gegen den Individualismus und die Annahme von Marktgesetzlichkeiten wandte. Die gedankl. Trennung von Staat und Gesellschaft lehnte er ab und versuchte, die Einheit der Staatswissenschaften aus den Lehren des THOMAS VON AQUINO herzuleiten. In seiner Staatswirtschaftslehre wandte er sich gegen A. SMITH und propagierte den Aufbau der Ganzheit von Staat und Wirtschaft, wobei individuelle Leistungsbereitschaft und liberale Interessen hinter das Gesamtinteresse des Staates zurücktreten sollten. Seine Lehren wurden Ende des 19., Anfang des 20. Jh. von christl. Sozialisten und dann auch von O. SPANN wieder aufgegriffen.

Werke: Die Lehre von Gegensätzen (1804); Die Elemente der Staatskunst, 3 Bde. (1809); Vermischte Schr. über Staat, Kunst u. Philosophie (1812); Versuch einer neuen Theorie des Geldes, mit besonderer Rücksicht auf Großbritannien (1816); Von der Nothwendigkeit einer theolog. Grundl. der gesammten Staatswissenschaften u. der Staatswirthschaft insbesondere (1820).

J. BAXA: A. M. (1930); DERS.: Einf. in die romant. Staatswiss. (²1931); E. R. HUBER: A. M. u. Preußen, in: DERS.: Nationalstaat u. Verfassungsstaat (1965); J. MARQUARDT: ›Vermittelnde Geschichte‹. Zum Verhältnis von ästhet. Theorie u. histor. Denken bei A. H. M. (1993).

2) Albin, gen. **Albinmüller,** Architekt, * Dittersbach (bei Freiberg) 13. 12. 1871, † Darmstadt 2. 10. 1941; Mitgl. der Darmstädter Künstlerkolonie, Prof. an der dortigen TH. Er errichtete Bauten auf der Darmstädter Mathilden- und Rosenhöhe (u. a. das Löwentor, 1914), entwarf Wohnhäuser, Ausstellungsbauten sowie transportable Holzhäuser mit kompletter Einrichtung; auch Entwürfe für kunstgewerbl. Gegenstände.
Schrift: Architektur u. Raumkunst (1909).

3) August, Arabist, * Stettin 3. 12. 1848, † Halle (Saale) 12. 9. 1892; war ab 1882 Prof. in Königsberg, ab 1889 in Halle (Saale) und gründete 1887 die ›Oriental. Bibliographie‹; wurde bes. durch seine umfangreiche Gesamtdarstellung des Islam von den Anfängen bis zur Neuzeit (›Der Islam im Morgen- und Abendland‹, 2 Bde., 1885–87) bekannt.

4) Elisabeth, schweizer. Schriftstellerin, * Langnau im Emmental 21. 9. 1885, † Hilterfingen (Kt. Bern) 22. 6. 1977; Lehrerin, seit 1935 freie Schriftstellerin; schrieb, z. T. in Mundart, Jugendbücher und Erzählungen, u. a. ›Vreneli‹ (1916), ›Theresli‹ (1918), ›Christeli‹ (1920), ›Die beiden B.‹ (1931), ›Heileg Zyt‹ (1933), ›Die sechs Kummerbuben‹ (1942).

S. GEISER: E. M. Leben u. Werk (Zürich 1978).

5) Ernst Lothar, österr. Regisseur, Theaterleiter und Schriftsteller, →Lothar, Ernst.

6) Erwin Wilhelm, amerikan. Physiker dt. Herkunft, * Berlin 13. 6. 1911, † Washington (D. C.) 17. 5. 1977; Prof. in Berlin und ab 1952 an der Pennsylvania State University in University Park (Pa.); lieferte grundlegende Arbeiten zur Feldelektronenemission und Elektronenmikroskopie und entwickelte das Feldelektronen- und das Feldionenmikroskop (1937 bzw. 1951).

7) Friedrich, gen. **Maler M.,** Maler und Schriftsteller, * Kreuznach 13. 1. 1749, † Rom 23. 4. 1825; Ausbildung in Zweibrücken; danach Kupferstecher im Dienst CHRISTIANS IV. von Pfalz-Zweibrücken (* 1722, † 1775). 1774 siedelte M. nach Mannheim über, wo er 1777 zum Hofmaler ernannt wurde; Mitarbeit am ›Göttinger Musenalmanach‹; konnte durch GOETHES Vermittlung 1778 zu künstler. Studien nach Rom reisen, wo er bald wegen finanzieller Nöte seinen Lebensunterhalt als Antiquar und Fremdenführer verdienen musste. 1780 konvertierte er zum Katholizismus. Nach der Proklamation der Röm. Republik 1798 wegen antirepublikan. Tätigkeiten ausgewiesen, kehrte er heimlich zurück. Mit Unterstützung des späteren Königs LUDWIG I. von Bayern 1805 zum bayer. Hofmaler ernannt. Als Dichter dem Sturm und Drang nahe stehend, knüpfte M. an S. GESSNERS Idyllen und F. G. KLOPSTOCKS bibl. Themen an, wandte sich aber bald der realist., z. T. auch derben Darstellung ländl. Szenen seiner pfälz. Heimat sowie antiker Idyllik zu (›Der Satyr Mopsus‹, 1775; ›Baccidon, ein Idyll‹, 1775; ›Die Schafschur‹, 1775; ›Das Nußkernen‹, 1811). Daneben schrieb er dem Genie-Pathos verpflichtete Dramen (u. a. ›Situationen aus Fausts Leben‹, 1775; ›Doctor Fausts Leben. Dramatisirt‹, entstanden ab 1778; ›Golo und Genoveva‹, entstanden 1775–81, erschienen 1808). M.s Lyrik ist durch volksliedhafte und balladeske Züge gekennzeichnet. – Als Zeichner, Radierer und Maler vertrat M. einen betont sinnl. Realismus.

Ausgabe: ›Der dramatisirte Faust‹. Text – Entstehung – Bedeutung, hg. v. U. LEUSCHNER, 2 Bde. (1996).

FRIEDRICH MEYER: Maler M.-Bibliogr. (1912, Nachdr. 1974); F. M. 1749–1825, der Maler, bearb. v. I. SATTEL BERNARDINI u. a. (1986).

8) Friedrich von, Internist, * Augsburg 17. 9. 1858, † München 18. 11. 1941; wurde 1889 Prof. in Bonn, 1890 in Breslau, 1892 in Marburg, 1899 in Basel und 1902 in München; einer der bedeutendsten akadem. Lehrer, klin. Forscher und Diagnostiker seiner Zeit; arbeitete bes. über neurolog. und Stoffwechselfragen.

9) Friedrich Max, brit. Indologe, Sprach- und Religionswissenschaftler dt. Herkunft, * Dessau 6. 12. 1823, † Oxford 28. 10. 1900, Sohn von 35) ab 1850 Prof. in Oxford; förderte die Vedaforschung durch seine Ausgabe der ›Rig-Veda-Sanhita‹ (1849–74, 6 Bde.) und durch ›A history of ancient Sanskrit literature‹ (1859); wandte sich der vergleichenden Religionsgeschichte zu und begründete die moderne Religionswissenschaft, für die er als Herausgeber der ›Sacred books of the East‹ (1879–1910, 50 Bde.) eine bedeutende Textgrundlage schuf.

10) Friedrich Wilhelm Karl, Orientalist und Ethnologe, * Neudamm 21. 1. 1863, † Berlin 18. 4. 1930; 1906–28 Direktor der ostasiat. Abteilung des Museums für Völkerkunde in Berlin; Arbeiten zur chin. und jap. Philologie sowie zur Entzifferung und Erschließung der durch die preuß. Turfanexpeditionen gefundenen Handschriften; grundlegend wurden bes. seine Arbeiten zum Soghdischen und Uigurischen.

11) Fritz, Schriftsteller, →Müller-Partenkirchen, Fritz.

12) Fritz, Zoologe, * Windischholzhausen (bei Erfurt) 31. 3. 1822, † Blumenau (Brasilien) 21. 5. 1897; war erst Farmer, dann später Prof. in Desterro (heute Florianópolis). M. bemühte sich, C. R. DARWINS Theorie an der Tiergruppe der Krebse im Einzelnen nachzuweisen und das →biogenetische Grundgesetz zu begründen (›Für Darwin‹, 1864).

13) Gebhard, Politiker, * Füramoos (heute zu Eberhardzell, Kr. Biberach) 17. 4. 1900, † Stuttgart 7. 8. 1990; Jurist; 1948–52 Staatspräs. von Südwürttemberg-Hohenzollern, trat für den Zusammenschluss von Württemberg-Baden, Baden und Württemberg-

Adam Heinrich Müller

Friedrich Müller

Friedrich Max Müller

Müll Müller

Hohenzollern zu einem ›Südweststaat‹ ein. Nach dessen Gründung als Bad.-Württ. (1952) war er dort 1952–58 MdL (CDU) und 1953–58 Min.-Präs.; 1958–71 Präs. des Bundesverfassungsgerichts.

14) Georg Elias, Psychologe, * Grimma 20. 7. 1850, † Göttingen 23. 12. 1934; 1880 Prof. in Tschernowzy, ab 1881 in Göttingen; Mitbegründer der experimentellen Psychologie; hauptsächlich psychophysikal. und assoziationspsycholog. Arbeiten (u. a. ›Zur Analyse der Gedächtnistätigkeit und des Vorstellungsverlaufes‹, 3 Tle., 1911–17).

15) Gerhard-Kurt, Maler, Grafiker und Bildhauer, * Leipzig 1. 10. 1926; studierte 1948–62 an der Hochschule für Grafik und Buchkunst in Leipzig, wo er 1955–68 lehrte (seit 1961 Prof.). M. belebte die Technik des Holzstichs neu (u. a. Holzstiche zu Werken von F. SCHILLER, H. V. KLEIST, N. GOGOL, B. BRECHT). Seit den 60er-Jahren wandte er sich dem monumentalen Historienbild zu (u. a. ›Hamburger Trilogie‹, 1979/80), seit 1973 auch der Holzskulptur. M. benutzt klare Formen, denen er Dinglichkeit und plast. Dimension verleiht.

G. K. M., hg. v. P. GOSSE (1996).

Heiner Müller

16) Heiner, Schriftsteller, * Eppendorf (Landkreis Freiberg) 9. 1. 1929, † Berlin 30. 12. 1995, ∞ mit 19); zunächst journalist. Tätigkeit, 1958/60 Mitarbeiter am Maxim-Gorki-Theater in Berlin (Ost), danach freier Schriftsteller ebd.; 1970–76 Dramaturg am Berliner Ensemble, dann Berater an der Volksbühne Berlin; 1990–92 Präs. der Dt. Akademie der Künste, seit 1992 einer der Leiter des Berliner Ensembles. Dramatiker, auch Lyriker, Erzähler und Übersetzer. Bereits in seinen frühen, z. T. mit seiner Frau Inge verfassten Produktionsstücken (›Der Lohndrücker‹, 1957; ›Der Bau‹, 1965, u. a.) zeigte sich M. als Verfechter einer Dramatik, die die Konflikte des Arbeitsalltags unbeschönigt darzustellen sucht. Er knüpfte dabei an Themen und Motive von B. BRECHT und ANNA SEGHERS an, später an der Dramaturgie S. BECKETTS und T. S. ELIOTS. Die Aufführung des Stückes über die Kollektivierung der Landwirtschaft, ›Die Umsiedlerin oder das Leben auf dem Lande‹ (1961; gedruckt 1975) brachte ihm heftige Kritik von der offiziellen Kulturpolitik der DDR ein und führte zum Ausschluss aus dem Schriftstellerverband. Danach bediente sich M. häufig klass. antiker und mytholog. Stoffe sowie shakespearescher Dramen, um Widersprüche der Gegenwart sichtbar zu machen (›Philoktet‹, 1965; ›Macbeth‹, 1972; ›Der Horatier‹, 1973). Neben die geschichtsphilosophische Auseinandersetzung mit dem Thema Revolution (Lehrstück ›Mauser‹, 1970; ›Der Auftrag‹, 1979) trat schon früh die Abrechnung mit den dunklen Seiten dt. Geschichte (›Die Schlacht‹, 1975; ›Germania Tod in Berlin‹, 1977; ›Leben Grundlings Friedrich von Preußen Lessings Schlaf Traum Schrei‹, 1977). Dabei folgte M. zumeist der marxist. Geschichtsauffassung, konterkarierte sie aber zunehmend durch existenzielle Fragestellungen (›Die Hamletmaschine‹, 1978). Er zielte nicht auf Lösungen, sondern auf den Katharsis ähnliches (höhere Mächte aber ausschließendes) Erschrecken durch das provozierende Zu-Ende-Denken der Konflikte. Dies führte zum Aufbrechen traditioneller dramat. Formen, zum Fragmentarischen, zum Verzicht auf den Dialog und auf übergreifende Handlungszusammenhänge (›Wolokolamsker Chaussee I–V‹, 1987). Mit M.s dramat. Werk – neben den eigenen Stücken eine große Zahl von Übersetzungen und Bearbeitungen (u. a. AISCHYLOS, MOLIÈRE, TSCHECHOW) – erreichte die dt. Dramatik nach 1945 den Anschluss an die internat. Avantgarde. Er gehört zu den am meisten gespielten und diskutierten dt.-sprachigen Theaterautoren der Gegenwart. 1985 erhielt er den Georg-Büchner-Preis, 1990 den Kleist-Preis.

Johannes von Müller

Johannes Müller

Weitere Werke: *Stücke:* Die Korrektur (1959, mit INGE MÜLLER); Herakles 5 (1966); Zement (1974); Verkommenes Ufer/Medeamaterial/Landschaft mit Argonauten (1983); Anatomie Titus Fall of Rome. Ein Shakespearekommentar (1985); Germania III. Gespenster am toten Mann (hg. 1996). – *Lyrik:* Gedichte (1992). – *Autobiographisches:* Ges. Irrtümer. Interviews u. Gespräche (1986); Krieg ohne Schlacht – Leben in zwei Diktaturen (1992); Ich bin ein Landvermesser. Gespräche, neue Folge (hg. 1996, mit A. KLUGE).

GENIA SCHULZ: H. M. (1980); N. O. EKE: H. M. Apokalypse u. Utopie (1989); H. M. Material, hg. v. F. HÖRNIGK (1989); R. PETERSOHN: H. M.s Shakespeare-Rezeption (1993); INGO SCHMIDT u. F. VASSEN: Bibliogr. H. M., 2 Bde. (1993–95); A. KELLER: Drama u. Theater bei H. M. 1956 u. 1988 (²1994); K. THEWELEIT: H. M., Traumtext (Basel 1996); R. TSCHAPKE: H. M. (1996); H. FUHRMANN: Warten auf Geschichte. Der Dramatiker H. M. (1997); H. M., hg. v. L. ARNOLD (²1997).

17) Hermann, Politiker, * Mannheim 18. 5. 1876, † Berlin 20. 3. 1931; wurde 1899 Schriftleiter der sozialdemokrat. ›Görlitzer Volkszeitung‹, 1906 Mitgl. des SPD-Parteivorstandes. 1916–18 und 1920–28 war er MdR (nach seinem Wahlkreis daher auch **M.-Franken** gen.), 1920–28 Vors. der Reichstagsfraktion der SPD und 1919–27 einer der Vors. der SPD. Als Außen-Min. (1919–20) unterzeichnete er am 28. 6. 1919 zus. mit Verkehrs-Min. J. BELL den Versailler Vertrag. Von März bis Juni 1920 auf der Basis der ›Weimarer Koalition‹ Reichskanzler, leitete er im Juni 1928 bis März 1930 (im Rahmen einer großen Koalition aus SPD, Zentrum, DDP, DVP und BVP) die letzte von einer Parlamentsmehrheit getragene Reg. der Weimarer Republik, in die die Lösung der Reparationsfrage im Vordergrund stand. Das Scheitern der zweiten Reg. M. (Uneinigkeit der Reg.-Parteien über die Sanierung der Arbeitslosenversicherung) hatte erhebl. Einfluss auf die Krise der Demokratie in Deutschland.

Akten der Reichskanzlei. Weimarer Republik. Das Kabinett M., hg. v. K. D. ERDMANN, 3 Tle. (1970–71); I. MAURER: Reichsfinanzen u. Große Koalition. Zur Gesch. des Reichskabinetts M. 1928–1930 (1973).

18) Herta, rumäniendt. Schriftstellerin, * Nitzkydorf (rumän. Niţchidorf, bei Temeswar) 17. 8. 1953; lebt seit 1987 mit ihrem Mann R. WAGNER in der Bundesrepublik Dtl.; setzte sich zunächst in ihren Prosawerken ›Niederungen‹ (1982), ›Der Mensch ist ein großer Fasan auf der Welt‹ (1986) und ›Barfüßiger Februar‹ (1987) v. a. mit dem dörfl. Leben in den dt.-sprachigen Enklaven Rumäniens auseinander; in ihrer Erzählung ›Reisende auf einem Bein‹ (1989) steht das Ankommen der ›Grenzgängerin‹ Irene in der Wirklichkeit der Bundesrepublik Dtl. im Mittelpunkt.

Weitere Werke: *Romane:* Der Fuchs war damals schon der Jäger (1992); Herztier (1994); Heute wär ich mir lieber nicht begegnet (1997). – *Essays:* Der Teufel sitzt im Spiegel (1991); Hunger u. Seide (1995). – *Prosa:* Eine warme Kartoffel ist ein warmes Bett (1992); Der Wächter nimmt seinen Kamm (1993).

19) Inge, Schriftstellerin, * Berlin 13. 3. 1925, † (Selbstmord) Berlin (Ost) 1. 6. 1966; seit 1955 ∞ mit 16), arbeitete an seinen Stücken bis zu ›Der Lohndrücker‹, 1957). Auch ihre anderen Werke standen im Schatten ihres Mannes. Die im Wesentlichen erst 1985 veröffentlichte Lyrik (›Wenn ich schon sterben muß‹, hg. v. R. PIETRASS) berührt durch den schlichten, persönl. Ton, der ihre tiefen Verletzungen und die Sehnsucht nach menschl. Wärme erkennen lässt.

Ausgabe: Irgendwo. Noch einmal möcht ich sehn. Lyrik, Prosa, Tagebücher, hg. v. I. GEIPEL (1996).

20) Johannes, Taufname des Mathematikers →Regiomontanus.

21) Johannes von (seit 1791), schweizer. Historiker und Politiker, * Schaffhausen 3. 1. 1752, † Kassel 29. 5. 1809; stand im Dienst der Höfe in Kassel, Mainz, Wien und Berlin, zuletzt (1807–09) als Generaldirektor des Unterrichtswesens des Königreichs Westfalen, nachdem er sich vom Gegner zum Anhänger NAPOLEONS I. gewandelt hatte. In seinen von J. G. HERDERS

Geschichtsauffassung beeinflussten, auch universalhistor. Fragestellungen einbeziehenden Arbeiten suchte er die Schweizer. Eidgenossenschaft als nat. Individuum darzustellen. Seine – bis zum Jahr 1489 reichenden – ›Geschichten der Schweizer. Eidgenossenschaft‹ (1786–1808, 5 Bde., Anregung für SCHILLERS ›Wilhelm Tell‹) bestimmten das Bild der Schweiz im 19. Jh.; er galt als ›Thukydides der Deutschen‹.

Ausgaben: Sämmtl. Werke, hg. v. JOHANN G. MÜLLER, 40 Bde. (1831–35); Briefwechsel mit Johann Gottfried Herder u. Caroline mit Herder geborene Flachsland: 1782–1808, hg. v. K. E. HOFFMANN (1952); Schr. in Ausw., hg. v. E. BONJOUR (²1955).

M. PAPE: J. von M. Seine geistige u. polit. Umwelt in Wien u. Berlin, 1793–1806 (Bern 1989).

22) **Johannes Peter**, Physiologe und Anatom, *Koblenz 14. 7. 1801, †Berlin 28. 4. 1858; 1826 Prof. in Bonn, 1833 in Berlin; universaler Forscher auf anatom., embryolog. und physiolog. Gebiet, philosophisch in einer GOETHE verwandten Denkart gebildet. In ihm vollzog sich der Umschwung von der an die dt. Romantik anklingenden naturphilosoph. Heilkunde zur modernen, naturwissenschaftlich fundierten Medizin. Aus seiner Schule gingen T. SCHWANN, R. VIRCHOW, H. VON HELMHOLTZ, E. DU BOIS-REYMOND, E. W. VON BRÜCKE u. a. Forscher hervor. Er gilt als Begründer der neuzeitl. Physiologie.

23) **Johann Gottwerth**, gen. **M. von Itzehoe** [-ʹho:], Schriftsteller, *Hamburg 17. 5. 1743, †Itzehoe 23. 6. 1828; Mitarbeiter an F. NICOLAIS ›Allgemeiner Dt. Bibliothek‹; schrieb zahlr. komisch-satir. Romane nach engl. Vorbildern (v. a. H. FIELDING). Am erfolgreichsten war der den Geniekult verspottende Roman ›Siegfried von Lindenberg‹ (1779, 4 Tle.).

Freier Schriftsteller in der europ. Aufklärung. J. G. M. von Itzehoe, hg. v. A. RITTER (1986).

24) **Josef**, Politiker, *Steinwiesen (bei Kronach) 27. 3. 1898, †München 12. 9. 1979; Rechtsanwalt; vor 1933 in der ›Bayer. Volkspartei‹ (BVP) tätig, wirkte danach als Berater kirchl. Institutionen. Seit 1939 arbeitete er in der Abwehrabteilung des OKW. Als Vertreter der Widerstandsbewegung um Generaloberst L. BECK und Admiral W. CANARIS verhandelte er 1939/40 mit der Kurie und der brit. Reg.; er suchte – unter der Voraussetzung eines Sturzes A. HITLERS – die Möglichkeiten eines Verständigungsfriedens zu erkunden. Seit 1944 war er in Gestapohaft. Er wurde zum Mitgründer der CSU, war 1945–49 deren Vors., 1947–49 stellv. Min.-Präs. von Bayern.

25) **Karl Alex**, schweizer. Physiker, *Basel 20. 4. 1927; tätig am Battelle-Institut in Genf, seit 1963 am IBM-Forschungslaboratorium in Rüschlikon. Das von ihm geleitete Forschungsprogramm zur Hochtemperatur-Supraleitung führte zur Entdeckung der bereits bei −238°C supraleitenden keram. Substanz. Dafür erhielt M. 1987 mit J. G. BEDNORZ den Nobelpreis für Physik.

26) **Karl Otfried**, Altphilologe und Archäologe, *Brieg 28. 8. 1797, †Athen 1. 8. 1840; ab 1819 Prof. in Göttingen; bemühte sich als Schüler von A. BÖCKH um eine universal orientierte Altertumswissenschaft.

Werke: Die Dorier, 2 Bde. (1824); Die Etrusker, 2 Bde. (1828); Kleine dt. Schr. über Religion, Kunst, Sprache u. Lit., Leben u. Gesch. des Altertums, 2 Bde. (hg. 1847).

27) **Ludwig**, ev. Theologe, *Gütersloh 23. 6. 1883, †Berlin 31. 7. 1945; wurde am 25. 4. 1933 von HITLER zu seinem ›Bevollmächtigten‹ für die Angelegenheiten der ev. Kirche berufen. Am 28. 6. 1933 usurpierte M. die Leitung des Dt. Ev. Kirchenbundes, wurde am 4. 8. 1933 altpreuß. Landesbischof und am 27. 9. 1933 von der Nationalsynode zum ›Reichsbischof‹ gewählt. Wegen seiner Willkürpolitik wurde M. 1935 durch den →Reichskirchenausschuss entmachtet (→Kirchenkampf). Schrieb u. a. ›Was ist positives Christentum?‹ (1938).

T. M. SCHNEIDER: Reichsbischof L. M. Eine Unters. zu Leben, Werk u. Persönlichkeit (1993).

28) **Max**, Philosoph, *Offenburg 6. 9. 1906, †Freiburg im Breisgau 18. 10. 1994; war seit 1946 Prof. in Freiburg im Breisgau, 1960–71 in München, dann wieder in Freiburg; Schüler von M. HEIDEGGER; befasste sich v. a. mit zentralen Fragen aus der Metaphysik, Ontologie und Anthropologie. Er verband dabei Ansätze der klass. Metaphysik mit einer krit. Rezeption der Phänomenologie zu einer Philosophie der Freiheit und einer anthropolog. Geschichtsphilosophie.

Werke: Sein u. Geist (1940); Existenzphilosophie im geistigen Leben der Gegenwart (1949); Erfahrung u. Geschichte (1971); Philosoph. Anthropologie (1974); Sinn-Deutungen der Geschichte (1976); Der Kompromiß oder Vom Unsinn u. Sinn menschl. Lebens (1980).

Karl Alex Müller

29) **Paul Hermann**, schweizer. Chemiker, *Olten 12. 1. 1899, †Basel 13. 10. 1965; war Vizedirektor der J. R. Geigy AG; M. arbeitete v. a. über Wirkung, Toxizität und Struktur der Chlorkohlenwasserstoffe; entwickelte 1939 das DDT und erhielt hierfür 1948 den Nobelpreis für Physiologie oder Medizin.

30) **Robert**, österr. Schriftsteller, *Wien 29. 10. 1887, †ebd. 27. 8. 1924; war ab 1912 Mitarbeiter an expressionist. Zeitschriften; Freundschaft mit K. HILLER, E. SCHIELE und R. MUSIL, bedeutender österr. Vertreter des →Aktivismus. Als brillanter Stilist erwies er sich nicht nur in seinen Erzählungen, Romanen und Essays, sondern auch in seinen Pamphleten gegen K. KRAUS (›Karl Kraus oder Dalai Lama, der dunkle Priester. Eine Nervenabtötung‹, 1914).

Weitere Werke: Romane: Tropen, der Mythos der Reise. Urkunden eines Ingenieurs (1915); Der Barbar (1920); Camera obscura (1921). – *Sonstige Prosa:* Irmelin Rose (1914, Erz.); Das Inselmädchen (1919, Novelle).

Expressionismus – Aktivismus – Exotismus. Studien zum literar. Werk R. M.s (1887–1924), hg. v. M. KREUZER u. a. (1981); G. HELMES: R. M. Themen u. Tendenzen seiner publizist. Schriften (1986).

31) **Robert**, schweizer. Bildhauer, *Zürich 17. 6. 1920; Schüler von GERMAINE RICHIER in Zürich; übersiedelte 1949 nach Paris. Sein Werk umfasst Eisen- (auch Schrotteisen-) und Stahlplastiken von bizarrer Formgebung, die montageartig aus konkaven und konvexen Elementen zusammengeschweißt sind; auch Zeichnungen und Collagen.

R. M., bearb. v. K. H. HERING, Ausst.-Kat. (1965).

Karl Otfried Müller

32) **Traugott**, Bühnenbildner, *Düren 28. 12. 1895, †Berlin 29. 2. 1944; gestaltete in Zusammenarbeit mit E. PISCATOR und J. FEHLING Bühnenräume, beispielgebend in den 20er- und 30er-Jahren.

33) **Victor**, Maler, *Frankfurt am Main 29. 3. 1829, †München 21. 12. 1871; entwickelte nach Studien in Paris im Atelier von T. COUTURE unter besonderem Einfluss von G. COURBET einen malerisch freien Stil, der v. a. in seinen Bildern nach Motiven aus Dichtungen und Märchen deutlich wird. Ab 1858 lebte M. in Frankfurt am Main und übersiedelte 1865 nach München, wo er auf W. LEIBL und seinen Kreis wirkte.

E. LEHMANN: Der Frankfurter Maler V. M. (1976).

34) **Wenzel**, österr. Komponist, *Türnau (Mähren) 26. 9. 1767, †Baden (bei Wien) 8. 8. 1835; war Schüler von K. DITTERS VON DITTERSDORF und Theater-Kapellmeister in Brünn, Prag und am Leopoldstädter Theater in Wien. Seine Musik zu mehr als 200 Zauberopern, Singspielen und Possen im Volkston (u. a. zu F. RAIMUNDS ›Alpenkönig und Menschenfeind‹, 1828) mit Weisen wie ›Ich bin der Schneider Kakadu‹ (dazu Variationen op. 121 a von L. VAN BEETHOVEN) und ›Kommt ein Vogel geflogen‹ brachten eine Blütezeit für das Wiener Volkstheater.

35) **Wilhelm**, gen. **Griechen-M.**, Schriftsteller, *Dessau 7. 10. 1794, †ebd. 1. 10. 1827, Vater von 9); 1812–17 philolog. Studien in Berlin; 1813 als Freiwilliger in den Befreiungskriegen; 1817–18 als Reisebeglei-

Paul Müller

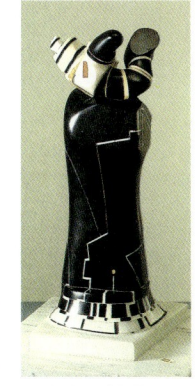

Robert Müller: Cornuto; Marmor mit Intarsien, Höhe 58 cm, 1978 (Privatbesitz)

Müll Müller-Armack – Müller-Siemens

Wilhelm Müller

ter in Italien, danach Gymnasiallehrer und herzogl. Bibliothekar in Dessau; Journalist. Arbeiten für die Zeitschriften ›Hermes‹ oder ›Leipziger krit. Jahrbuch der Literatur‹ und ›Literar. Conversations-Blatt‹ im Verlag F. A. Brockhaus, Redakteur für die ›Allgemeine Encyklopädie der Wissenschaften und Künste‹ von SAMUEL ERSCH (*1766, †1828) und JOHANN GOTTFRIED GRUBER (*1774, †1851). Bekanntschaft u. a. mit L. TIECK, GOETHE, J. KERNER und L. UHLAND. M.s Lyrik war beeinflusst durch das Volkslied, durch J. VON EICHENDORFF und die Spätromantiker. Er verfasste in leichtem, sangbarem Ton v. a. Reise-, Wander- und Tafellieder. Einige seiner Gedichte, z. B. ›Am Brunnen vor dem Tore‹, ›Im Krug zum grünen Kranze‹ oder ›Das Wandern ist des Müllers Lust‹, wurden zum Volksgut. M.s Neigung galt v. a. den Rollenliedern und Liederzyklen, von denen ›Die schöne Müllerin‹ und ›Die Winterreise‹ durch F. SCHUBERTs Vertonung bleibende Bedeutung erhielten (weitere Vertonungen durch LUDWIG BERGER, *1777, †1839; J. BRAHMS). Mit ›Liedern der Griechen‹ (1821–24, 5 Bde.), philolog. Studien (›Homerische Vorschule‹, 1824) und Übersetzungen (›Neugriech. Volkslieder‹, 2 Tle., 1825) wurde er in Dtl. zum Hauptvertreter des literar. Philhellenismus.

Ausgaben: Vermischte Schr., hg. v. G. SCHWAB, 5 Bde. (1830); Unpublished letters, hg. v. J. T. HATFIELD (1903); Gedichte. Vollständige krit. Ausg., hg. v. DEMS. (1906, Nachdr. 1968).
C. C. BAUMANN: W. M. The poet of the Schubert song cycles. His life and works (University Park, Pa., 1981).

36) Wolfgang, gen. **M. von Königswinter**, Schriftsteller, *Königswinter 15. 3. 1816, †Bad Neuenahr (heute zu Bad Neuenahr-Ahrweiler) 29. 6. 1873; Militärarzt in Düsseldorf, 1842 Aufenthalt in Paris, schloss dort Bekanntschaft u. a. mit G. HERWEGH und H. HEINE; war dann Arzt in Düsseldorf, gehörte 1848 der Frankfurter Nationalversammlung an; verherrlichte in Epen, Liedern (›Gedichte‹, 1847), Märchen und Erzählungen die rhein. Lebensart und die rhein. Landschaft; schrieb auch zahlr. Dramen.

Ausgaben: Dichtungen eines rheinischen Poeten, 6 Bde. (¹⁻⁴1871–1876); Dramat. Werke, 6 Bde. (1872).

Alfred Müller-Armack

Müller-Armack, Alfred, Volkswirtschaftler und Soziologe, *Essen 28. 6. 1901, †Köln 16. 3. 1978; seit 1940 Prof. in Münster, seit 1950 in Köln. M.-A. gehörte zur Freiburger Schule, prägte den Begriff der sozialen Marktwirtschaft und gilt als einer der Väter dieser Wirtschaftsordnung; er war 1952–58 Abteilungsleiter im Bundesministerium für Wirtschaft bei L. ERHARD und 1958–63 Staats-Sekr. für europ. Angelegenheiten.
Werke: Wirtschaftslenkung u. Marktwirtschaft (1947); Religion u. Wirtschaft (1959); Studien zur sozialen Marktwirtschaft (1960); Wirtschaftsordnung u. Wirtschaftspolitik (1966); Auf dem Weg nach Europa (1971); Genealogie der sozialen Marktwirtschaft (1974).

Müller-Freienfels, Richard, Psychologe und Philosoph, *Bad Ems 7. 8. 1882, †Weilburg 12. 12. 1949; 1930–33 Prof. an der Pädagog. Akademie Stettin, danach in Berlin an der Wirtschaftshochschule und 1946–48 an der Univ.; vertrat eine eigene ganzheitlich ausgerichtete ›Lebenspsychologie‹, die er mit der Biologie und der Soziologie in Einklang zu bringen suchte.
Werke: Psychologie der Kunst, 3 Bde. (1912–33); Grundzüge einer Lebenspsychologie, 2 Bde. (1924); Allg. Sozial- u. Kultur-Psychologie (1930); Menschenkenntnis u. Menschenbehandlung (1940).

Adam Müller-Guttenbrunn

Müller-Gang [nach J. P. MÜLLER], bei Wirbeltieren die embryonale Vorstufe des Eileiters.

Müllergebirge, Teil des zentralen Gebirgszuges der Insel Borneo, Indonesien, im Bukit Batubrok 2240 m ü. M.

Müller-Guttenbrunn, Adam, Pseudonyme **Ignotus, Franz Josef Gerhold, Vetter Michel,** österr. Schriftsteller, *Guttenbrunn (Banat, Rumänien) 22.10. 1852, †Wien 5. 1. 1923; lebte seit 1870 in Wien; ab 1886 Kritiker und Feuilletonredakteur ›Dt. Zeitung‹ in Wien, 1892–96 Direktor des Raimundtheaters, 1898–1903 des Stadttheaters in Wien; forderte in Essays und Abhandlungen die Erneuerung des Wiener Theaters. 1919 Abg. zum österr. Nationalrat. Schrieb Dramen, Romane, Erzählungen, Kultur- und Geschichtsbilder aus seiner donauschwäb. Heimat; setzte sich für die Rechte der Banater Schwaben ein (›Dt. Kampf. Erzählungen von Schwaben und Madjaren‹, 1913); verfasste eine biograph. Romantrilogie über N. LENAU (›Sein Vaterhaus‹, 1919, ›Dämon. Jahre‹, 1920, ›Lenau, das Dichterherz der Zeit‹, 1926).
Weitere Werke: Romane: Die Glocken der Heimat (1911); Trilogie: Von Eugenius bis Josephus: Der große Schwabenzug (1913), Barmherziger Kaiser! (1916), Joseph der Deutsche (1917); Meister Jakob u. seine Kinder (1918). – *Sonstige Prosa:* Götzendämmerung (1908); Der Roman meines Lebens (hg. 1927, Autobiographie).
A. M.-G. Sein Leben u. Werk im Bild, hg. v. N. BERWANGER (Bukarest 1976).

Müller-Lyer-Täuschung: Die linke der beiden gleich langen Strecken erscheint länger

Müller-Lyer-Täuschung [nach dem Psychiater FRANZ MÜLLER-LYER, *1857, †1916], eine opt. Täuschung: Eine mit nach außen weisenden Winkeln abgeteilte Strecke wird für größer gehalten als eine gleiche Strecke mit nach innen weisenden Winkeln.

Müllermaßel, Mühlmaßel, frühere österr. Getreideeinheit, 1 M. = $\frac{1}{16}$ Metze = 3,8431.

Müller-Partenkirchen, Fritz, eigtl. **F. Müller,** Schriftsteller, *München 24. 2. 1875, †Hundham (heute zu Fischbachau, Kr. Miesbach) 4. 2. 1942; schrieb unterhaltende Romane (›Kramer & Friemann‹, 1929; ›Das verkaufte Dorf‹, 1928; ›Der Kaffeekönig‹, 1939) und Erzählungen (›Fernsicht‹, 1922; ›Die Kopierpresse‹, 1926), humorvolle Dialektgeschichten, Skizzen und Plaudereien.

Müller|rebe in Württemberg **Schwarzriesling,** frz. **Pinot meunier** [piˈno møˈnje], mittelfrüh reifende Rotweinrebe der Burgunderfamilie mit unterseits dichtwollig-weißen Blättern und schwarzblauen Beeren in dichtbeerigen Trauben, beständig gegen Frühjahrsfröste; liefert farbintensive, körperreiche Weine, ist v. a. aber (weiß gekeltert) einer der drei Grundweine des Champagners, dem sie v. a. die Fruchtigkeit verleiht. In der Champagne sind 11 000 ha (über 40 % der Gesamtrebfläche) mit der M. bestanden; in Dtl. ist sie v. a. in Württemberg vertreten; rd. 1 800 ha (1994), d. i. 15,8% der Rebfläche; zweitwichtigste Rotweinrebe.

Müllersche Larve [nach J. P. MÜLLER], frei schwimmende Larve mancher meereslebender →Strudelwürmer mit acht bewimperten Fortsätzen.

Müller-Schlösser, Hans, Schriftsteller, *Düsseldorf 14. 6. 1884, †ebd. 21. 3. 1956; leitete in Düsseldorf nach 1945 das Kleine Theater; schrieb zahlreiche rhein. Volkskomödien, Schnurren, Schwänke; bes. beliebt ist seine Komödie ›Schneider Wibbel‹ (1914).

Müller-Siemens, Detlev, Komponist, *Hamburg 30. 7. 1957; studierte u. a. bei G. LIGETI und O. MESSIAEN; wurde 1991 Prof. an der Musikakademie in Basel. Seine Musik, die in Auseinandersetzung mit der Tonalität bewusst an die Tradition anknüpft, ist gekennzeichnet durch eine intensive motiv. Arbeit als Mittel gesteigerter emotionaler Ausdruckskraft.
Werke: Oper: Die Menschen (1990, nach W. HASENCLEVER). – *Orchesterwerke:* 1. Sinfonie (1981); Carillon (1992);

Phoenix II (1995, für Kammerorchester); Maïastra (1997). – *Klavierwerke:* Under Neonlight II (1981) und III (1987). – *Konzerte:* für Klavier (1981); Viola (1984); Horn (1990).

Müller-Thurgau [nach ihrem Züchter, dem schweizer. Biologen HERMANN MÜLLER, *1850, †1927], **Riesling-Sylvaner** (u. a. in der Schweiz), **Rivaner** (u. a. in Luxemburg), Weißweinrebe, die erfolgreichste Neuzüchtung (um 1880 in Geisenheim), eine Kreuzung aus Riesling und Silvaner, früh reifend und sehr ertragreich (90–200 hl/ha), aber anfällig für versch. Krankheiten und starke Winterfröste, nicht jedoch für Frühjahrsfröste; gedeiht auch auf schweren Böden; ergibt leichte Weine – meist einfache Qualitätsweine –, mit dezent würzigem Bukett. M.-T. ist die in Dtl. am meisten angebaute Rebsorte (auf rd. 23 500 ha, knapp 25 % der Rebfläche); den ersten Platz nimmt sie in den Weinbaugebieten Franken (rd. 46 %), Baden (rd. 33 %), Rheinhessen (23 %), Pfalz (rd. 21 %), Saale-Unstrut und Sachsen (beide 26 %) ein, in den anderen steht sie an zweiter Stelle (Mosel-Saar-Ruwer 22 %), Nahe (23 %), Mittelrhein (8 %), Hess. Bergstraße (14,5 %), zumindest unter den Weißweinreben. Weitere Verbreitungsgebiete sind Ungarn (8 000 ha), die Tschech. Rep. (5 000 ha), Neuseeland (1 300 ha), Luxemburg (580 ha, über 40 % aller Weine), die Schweiz (500 ha), Österreich (10 % aller Weine) sowie N-Italien und Großbritannien (200 ha, wichtigste Rebsorte). – Die 1882 erstmals vorgestellte Rebe gewann erst nach dem Zweiten Weltkrieg (wegen ihrer Wirtschaftlichkeit) im Zuge des Wiederaufbaus größere Verbreitung; Anfang der 1970er-Jahre überflügelte sie den Riesling als wichtigste Rebsorte in Dtl. In der Schweiz wird sie seit 1904, in Österreich seit 1925 angebaut.

Müller-Westernhagen, Marius, Schauspieler und Rocksänger, *Düsseldorf 6. 12. 1948; begann Anfang der 70er-Jahre zunächst als Film- und Fernsehschauspieler und erlangte 1980 in der Rolle des Theo in P. F. BRINKMANNS Film ›Theo gegen den Rest der Welt‹ große Popularität; als Musiker gehört er mit seinen sozialkritischen, oft lasziv-iron. Songs (LPs/CDs: ›Mit Pfefferminz bin ich dein Prinz‹, 1978; ›Sekt oder Selters‹, 1980; ›JaJa‹, 1991, ›Affentheater‹, 1994) zu den beliebtesten dt.-sprachigen Rocksängern.

Müller-Zürich, Fritz, Schriftsteller, →Müller-Partenkirchen, Fritz.

Müllheim, Stadt im Landkreis Breisgau-Hochschwarzwald, Bad.-Württ., 267 m ü. M., in der Vorbergzone des südl. Schwarzwalds, 16 600 Ew. M. ist Mittelpunkt und größte Weinbaugemeinde des Markgräfler Landes mit dem ältesten Weinmarkt Badens; Wein- und Heimatmuseum; Metall verarbeitende, Lebensmittel-, feinmechan. und opt. sowie Textilindustrie; Fremdenverkehr. – M., 744 erstmals urkundlich erwähnt, wurde 1810 Stadt; 1937–72 Kreisstadt.

Mullican [ˈmʌlɪkən], Matt, amerikan. Maler, Plastiker, Fotograf und Konzeptkünstler, *Santa Monica (Calif.) 18. 9. 1951; einer der einflussreichsten zeitgenöss. Konzeptkünstler; arbeitet an der Darstellung und unmittelbar sinnl. Umsetzung einer enzyklopäd. Weltsicht, die parallel zu den durch Sprache geschaffenen rationalen Strukturen die Ordnung eines imaginären Bilderuniversums entwirft. In seriellen Sprach-Bild-Kombinationen, in Performances, in computerunterstützten Entwürfen ist utop. Stadtträume formuliert M. den Gedanken, dass die Kunst durch ihren zeichenhaften Verweischarakter auch eine vorwegnehmende Konkretion von Ideen sein kann.
M. M. Works 1972–1992, hg. v. U. WILMES (Köln 1993).

Mullidae [lat.], die →Meerbarben.

Mulligan [ˈmʌlɪɡən], Gerry, eigtl. **Gerald Joseph M.,** amerikan. Jazzmusiker (Baritonsaxophon) und Arrangeur, *New York 6. 4. 1927, †Darien (Conn.) 20. 1. 1996; arbeitete um 1950 in Gruppierungen des sich gerade entwickelnden Cooljazz, u. a. als Saxophonist und Arrangeur der ›Capitol Band‹ von MILES DAVIS, und wurde durch sein ›pianoloses‹ Quartett bekannt, das er 1952 u. a. mit CHET BAKER gründete (1955–57 in Sextettbesetzung). Als der wohl namhafteste Baritonsaxophonist des Modernjazz prägte M. entscheidend die Stilistik dieses Instruments.

Gerry Mulligan

Mulliken [ˈmʌlɪkən], Robert Sanderson, amerikan. Chemiker und Physiker, *Newburyport (Mass.) 7. 6. 1896, †Arlington (Va.) 31.10. 1986; Prof. in New York (1926–28) und Chicago (Ill.). M. arbeitete über Isotopentrennung und über Isotopieeffekte bei Bandenspektren und berechnete die Elektronegativität der Atome in Verbindungen. 1928–32 entwickelte er die Theorie der Molekülorbitale (MO-Theorie) zur Berechnung der Elektronenstruktur und der Bindungsverhältnisse in organ. Molekülen; er erhielt 1966 den Nobelpreis für Chemie.

Mullingar [mʌlɪnˈɡɑː], irisch **An Muileanng Cearr** [ən miˈlən ˈɡɑːr], Stadt in der Rep. Irland, Verw.-Sitz der Cty. Westmeath, 8 100 Ew.; Industrieparks mit Nahrungsmittel-, Textil- u. a. Leichtindustrie; Verkehrsknotenpunkt.

Mullis [ˈmʌlɪs], Kary Banks, amerikan. Chemiker, *Lenoir (N. C.) 28. 12. 1944; wechselte Ende der 70er-Jahre von der Forschung zur Industrie; seit 1987 ist er als Berater für Nukleinsäurechemie für führende Gentechnikunternehmen tätig. M. entwickelte 1983 ein Verfahren zur Vermehrung von Desoxyribonukleinsäure (DNA), bei dem aus geringsten Mengen von genet. Material mithilfe des Enzyms Polymerase in einer Kettenreaktion (PCR, Abk. für engl. polymerase chain reaction) größere Mengen an DNA gewonnen werden, die sich für detaillierte Analysen u. a. in der mikrobiolog., genet. oder medizin. Forschung eignen. Für die Entwicklung dieses Verfahrens erhielt M. zus. mit M. →SMITH den Nobelpreis für Chemie 1993.

Robert S. Mulliken

Mullit [nach der schott. Insel Mull] *der, -s/-e,* verfilzte Nädelchen und radialstrahlige oder parallelfaserige Aggregate bildendes rhomb. Mineral der chem. Zusammensetzung $3 Al_2O_3 \cdot 2 SiO_2$; entsteht bei über 1 300 °C aus Sillimanit, Andalusit, Disthen und Topas, zerfällt oberhalb 1 800 °C zu Korund und SiO_2-Schmelze; Vorkommen in eingeschmolzenen Tonbrocken in Basalten; Bestandteil der Tonmasse von Keramik.

Müllner, Adolf Amandus Gottfried, Pseud. **Modestin,** Schriftsteller, *Langendorf (bei Weißenfels) 18. 10. 1774, †Weißenfels 11. 6. 1829; Neffe von G. A.

Kary B. Mullis

Matt Mullican: Standbild aus einer Computersimulation; 1989

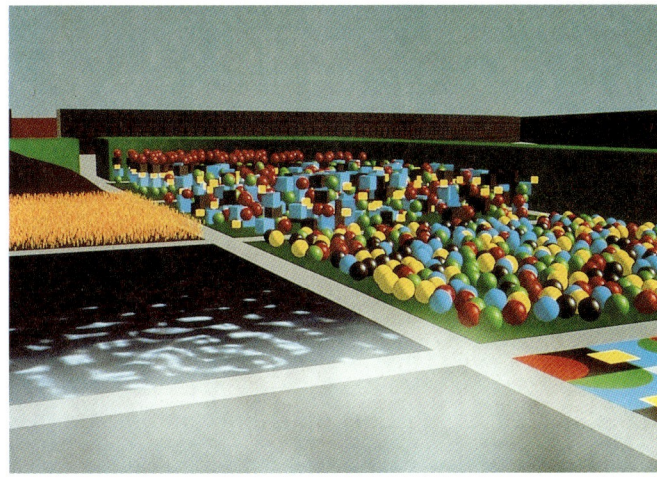

Müll

Müllrose – Müllverbrennung

Adolf Müllner

BÜRGER; Rechtsanwalt; gründete 1810 in Weißenfels ein Privattheater; Leiter und Herausgeber mehrerer Zeitschriften; aggressiver und bisweilen gefürchteter Theaterkritiker. In der Nachfolge von Z. WERNER belebte er die Gattung des Schicksalsdramas, u. a. mit ›Der 29. Februar‹ (1812) und ›Die Schuld‹ (1816).
Ausgabe: Dramat. Werke, 8 Bde. u. 4 Erg.-Bde. (1828–30).

Müllrose, Stadt im Landkreis Oder-Spree, Bbg., 43 m ü. M., am Oder-Spree-Kanal, 3200 Ew.; Erholungsort (seit 1996 staatlich anerkannt); mittelständ. Betriebe, u. a. Baugewerbe und Orgelbau. – Neben einer aus slaw. Zeit stammenden Burg wurde um 1260 die Ortschaft M., seit 1275 als Stadt bezeugt, angelegt.

Müllverbrennung, therm. Verfahren der Abfallbehandlung (→Abfallbeseitigung); i. Allg. wird unter M. die Verbrennung von Hausmüll verstanden, während sich der allgemeinere Begriff der **Abfallverbrennung** auch auf die therm. Vorbehandlung von Sonderabfall, Klärschlamm und Altreifen bezieht. Als techn. Systeme bzw. Feuerungsverfahren (→Feuerung) werden, abhängig von der Beschaffenheit und von den Inhaltsstoffen des Abfalls, Rostfeuerungen (bes. für die Hausmüllverbrennung), Wirbelschichtverbrennung, Drehrohr-, Etagen- oder Muffelöfen eingesetzt.

Das brennbare unsortierte Material (etwa 30%, d. h. 8,9 Mio. t pro Jahr in Dtl., bei Hausmüll, Sperrmüll und hausmüllähnl. Gewerbe- und Industrieabfall) wird bei der Verbrennung zu gasförmigem Kohlendioxid und Wasser umgewandelt. Das im Müll enthaltene Wasser wird durch die hohen Temperaturen des Verbrennungsprozesses (über 800°C) verdampft und entweicht ebenfalls gasförmig aus der **M.-Anlage** (Abk. **MVA**) in die Atmosphäre. Am Ende sind $2/3$ des verbrannten Mülls gasförmige Rückstände und $1/3$ feste Rückstände in Form von Schlacke, Filterstaub und Reaktionsprodukten aus der Abgasreinigung. Die Schlacke (etwa 300 kg/t Abfall) besteht v. a. aus mineral. Anteilen, Eisenschrott und wenigen unvollständig verbrannten Bestandteilen. Gegenwärtig wird sie noch überwiegend auf →Deponien abgelagert. Die rd. 4000–6000 m³ Abgase je Tonne Abfall müssen gereinigt werden. Bei der Entstaubung fallen etwa 30 kg/t Abfall Filterstaub an, der wasserlösl. Chloride, Sulfate, Schwermetalle, Dioxine und Furane enthält und als Sonderabfall entsorgt wird. Bei der Reinigung des Abwassers aus der Rauchgaswäsche können die meisten tox. Schwermetalle zu einem relativ hohen Grad aus dem Abwasser entfernt werden. Bei der nassen Rauchgasreinigung wäre das Eindampfen der Abwässer die sicherste Lösung. In Dtl. gibt es 51 MVA (1996), bes. in Ballungsgebieten, in denen die Abfälle von über 21 Mio. Ew. verbrannt werden.

Ziel der M. ist eine Reduzierung des Abfallvolumens. Heutige MVA erreichen eine Volumenreduzierung, bei Aufbereitung und Verwertung der Schlacke, von rd. 95%, ohne Verwertung der Schlacke von rd. 80%. Die Massereduzierung beträgt 60–70%. Nachteile der M. sind die Gefährdung der Umwelt durch Abgase, Entstehung umweltgefährl. Reststoffe, Vernichtung von Rohstoffen, Anstieg des Verbrauchs- und Wegwerfverhaltens und hohe Kosten. Durch das gestiegene Umweltbewusstsein bekamen die ökologisch begründeten Nachteile einer M. immer mehr Gewicht, sodass von großen Teilen der Bevölkerung eine therm. Behandlung der Abfälle abgelehnt wird.

Die M. ist Teil eines integrierten Entsorgungskonzeptes. Solche Konzepte sind durch die Rangfolge Abfallvermeidung, Schadstoffentfrachtung, stoffl. Abfallverwertung, therm. Behandlung der stofflich nicht verwertbaren Abfälle sowie umweltschonende Ablagerung von vorbehandelten Abfällen gekennzeichnet. Das 1996 in Kraft getretene Kreislaufwirtschafts- und Abfall-Ges. stellt aus pragmat. Erwägungen die therm. Verwertung der stoffl. Verwertung gleich, stellt hierbei jedoch an die therm. Verwertung bestimmte Mindestanforderungen bezüglich Heizwert, Feuerungswirkungsgrad und Abwärmenutzung. Die M. hat im Vergleich zur herkömml. Ablagerung unbehandelter Abfälle u. a. folgende Vorteile: 1) Die Vielzahl der im Abfall enthaltenen organisch-chem. Verbindungen wird zu Wasser und Kohlendioxid umgewandelt. Dies gilt nicht ohne weiteres für gefährl. halogen-organ. Verbindungen wie PCB, Dioxine, Furane. Die TA Luft schreibt für den Restausbrand eine Mindestverweilzeit von 0,3 s bei Temperaturen über 800°C vor. Eine therm. Zersetzung von im Abgas vorhandenen chlorierten Kohlenwasserstoffen ist dabei jedoch nicht zu erreichen. 2) Die Schwermetalle werden aus ihren Verbindungen herausgelöst und in konzentrierter Form abgeschieden. Sofern die Rückstände nicht weiterverwertet werden können, ist eine Ablagerung problemloser als bei unbehandelten Abfällen. Um die M. wirtschaftlich zu gestalten, ist fast jede M.-Anlage mit einem Dampferzeuger ausgestat-

Müllverbrennung: Schema einer Müllverbrennungsanlage (Längsschnitt)

1 Entladehalle
2 Müllbunker
3 Müllkran
4 Einfülltrichter
5 Dosierstößel
6 Verbrennungsrost
7 Schlackenschacht
8 Entschlacker
9 Schlackenbunker
10 Schlackenkran
11 Primärluftventilator
12 Sekundärluftventilator
13 Nachbrennkammer
14 Dampfkessel
15 Zyklon
16 Sprühtrockner
17 Elektrofilter
18 Reststoff-Fördereinrichtungen
19 Reststoffsilo
20 Speisewasserbehälter
21 Kompressorenanlage
22 Quench
23 Rauchgaswäscher
24 Kreislaufpumpen
25 Neutralisationsbehälter
26 Emissionsmessraum
27 Kondensataufbereitung
28 Luftkondensator
29 Turbogenerator
30 Turbohilfsgetriebe
31 Hochspannungsraum
32 Transformatoren
33 Niederspannungsraum
34 Saugzugventilatoren
35 Kamin

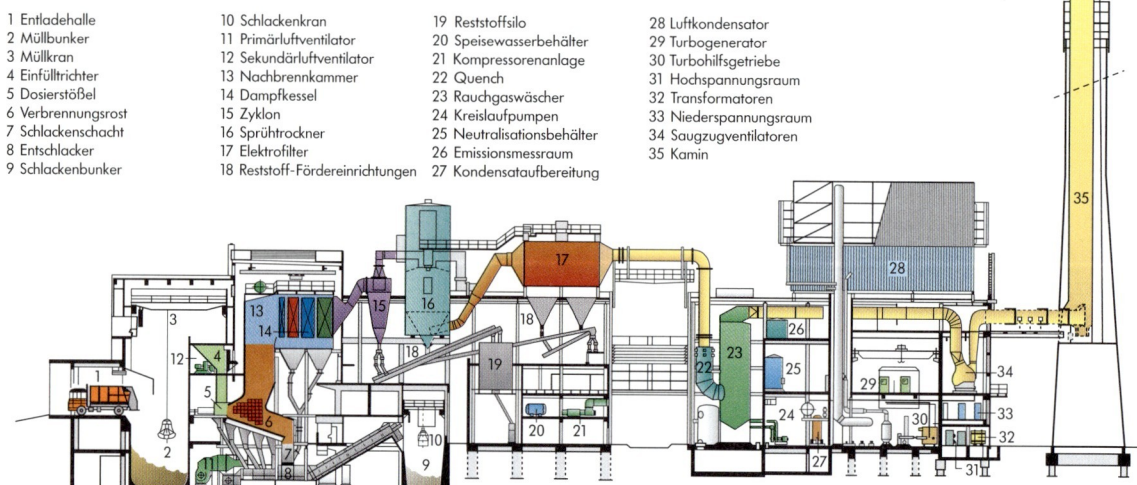

tet. Dabei wird die Verbrennungswärme mit einem Wirkungsgrad von 20–30% zur Stromerzeugung oder (hauptsächlich) mit einem Wirkungsgrad von 70–80% zur Heizung genutzt.

Therm. Abfallbehandlung u. -verwertung. Umweltverträgl. Entsorgung von Haus- u. Sonderabfällen, hg. v. G. BURGBACHER (1989); M. Ein Spiel mit dem Feuer, hg. v. R. SCHILLER-DICKHUT u. H. FRIEDRICH (1989); Energiegewinnung durch M., bearb. v. T. LÖFFLER (^{2}1991); M. u. Umwelt, bearb. v. DEMS. (Neuausg. 1994); M.-Anlagen, bearb. v. DEMS. (Neuausg. 1994).

Mulm [niederdt.], pulverförmige, schwer benetzbare humose Erde.

Mulmbock, Ergates faber, 30–50 mm langer, dunkelbrauner Bockkäfer, geschützte Art; Larve lebt in vermodernden Nadelholzstümpfen, selten auch in Pfählen; Generationsdauer 3–4 Jahre.

Mulready [mʌl'redɪ], William, irischer Maler und Zeichner, * Ennis (Cty. Clare) 1. 4. 1786, † London 7. 7. 1863; malte zunächst Historienbilder und Landschaften, ab 1809 v. a. Genreszenen, bes. Kinderdarstellungen; auch Illustrationen, u. a. zu O. GOLDSMITHS ›Vicar of Wakefield‹.

Mulroney [mʌl'raʊnɪ], Brian, kanad. Politiker, * Baie Comeau 20. 3. 1939; Rechtsanwalt; 1977–83 Präs. und Direktor der Iron Ore Co. of Canada, ab 1983 Parlaments-Mitgl., 1983–93 Vors. der Progressive Conservative Party, 1984–93 Premierminister.

Multan, Stadt in der Prov. Punjab, Pakistan, nahe dem linken Ufer des Chenab, 1,25 Mio. Ew.; kath. Bischofssitz; Univ. (gegr. 1975), botan. Garten; Textil-, Glas-, Lederindustrie, Gießereien, Düngemittelfabrik. – M., vermutlich die Stadt, von der aus ALEXANDER D. GR. nach seiner Entscheidung, nicht weiter nach Indien vorzustoßen, den Rückzug antrat, kam im frühen 8. Jh. unter islam. Herrschaft, gehörte später zum Sultanat von Delhi, seit 1528 zum Mogulreich. Im 18. Jh. kam M. unter afghan. Herrschaft und wurde 1818 von dem Sikhherrscher RANJIT SINGH (* 1780, † 1839), 1849 von den Briten eingenommen.

S. M. LATIF: The early history of M. (Kalkutta 1891, Nachdr. Lahore 1963).

Multatuli, eigtl. **Eduard Douwes Dekker,** niederländ. Schriftsteller, * Amsterdam 2. 3. 1820, † Nieder-Ingelheim (heute zu Ingelheim am Rhein) 19. 2. 1887; trat frühzeitig in den niederländ. Kolonialdienst, war ab 1851 Assistent-Resident auf Java; wurde dort mit der Ausbeutung der Bev. konfrontiert; kehrte 1857 nach Europa zurück und schrieb als scharfe Kritik an der niederländ. Kolonial-Reg. 1859 den 1860 mithilfe von J. VAN LENNEP unter dem Pseud. **M.** (lat. multa tuli ›ich habe viel getragen‹) publizierten Roman ›Max Havellar of de koffijveilingen der Nederlandsche handelsmaatschappij‹, 2 Tle. (1860; dt. ›Max Havelaar‹, 1948 u. d. T. ›Max Havelaar. Oder, die Kaffee-Versteigerungen der Niederländ. Handelsgesellschaft‹). Bedeutend sind auch die ›Ideën‹ (1862–77, 7 Bde.; dt. ›Ideen‹); sie enthalten u. a. das autobiograph. Romanfragment ›De geschiedenis van Woutertje Pieterse‹ (Einzel-Ausg. 1890, 2 Bde.; dt. ›Die Abenteuer des kleinen Walther‹) und das erfolgreiche Drama ›Vorstenschool‹ (1872; dt. ›Fürstenschule‹).

Weitere Werke: Minnebrieven (1861; dt. Liebesbriefe); Over vrijen arbeid in Nederlandsch-Indië (1862); Duizend-en-eenige hoofdstukken over specialiteiten (1871); Millioenenstudiën (1872).

Ausgaben: Volledige werken, hg. v. G. STUIVELING, 25 Bde. (1973–95). – Ausw. aus seinen Werken, hg. v. W. SPOHR (^{2}1902).

G. SÖTEMANN: De structuur van Max Havelaar, 2 Bde. (Utrecht 1966); P. VAN'T VEER: Het leven van M. (ebd. 1979); J. J. OVERSTEEGEN: De redelijke natuur. M.'s Literatuur-opvatting (Utrecht 1987); P. VERMOORTEL: De parabel bij M. (Gent 1994).

multi... [lat. multus ›viel‹], Wortbestandteil mit der Bedeutung: viel, vielfach, z. B. multinational.

Multibeat ['mʌltɪbiːt, engl.], dem afrikan. Rhythmuserleben entlehntes, dem Jazz zugrunde liegendes rhythm. Prinzip, bei dem im Unterschied zur europ. Musik die einzelnen Zählzeiten (Beats) des Taktes nochmals in eine Reihe individuell erlebter und zugleich kollektiv wirkender Einheiten (latente Beats) unterteilt werden. Der M. führt zu einer Relativierung bzw. Aufhebung der starren Einteilung in betonte und unbetonte Zählzeiten und bereitete den →Swing vor.

Multichiptechnik [-tʃɪp-], *Halbleitertechnik:* ein Verfahren der →Hybridtechnik, bei dem mehrere Chips (integrierte Schaltungen) auf ein gemeinsames Keramiksubstrat montiert und nach einem Verfahren der Schichttechnik zusammengeschaltet werden.

Multicoating ['mʌltɪkəʊtɪŋ, engl.], transparenter Belag aus mehreren dünnen Schichten auf opt. Bauteilen (wie Linsen, Spiegel, Solarzellen), der eine extrem hohe oder extrem niedrige Reflexion in einem breiten Spektralbereich oder für eine schmale Spektrallinie besitzt. (→Antireflexbelag)

Multi|emittertransistor, ein Transistor (meist in Planartechnik), an dessen Basiszone mehrere (bis zu zehn) voneinander getrennte Emitterzonen angrenzen (z. B. eindiffundiert sind). M. finden in Schaltungen Verwendung, bei denen zwei oder mehr, meist ident. Transistoren basis- und kollektorseitig parallel geschaltet sind, z. B. in TTL-Schaltungen. Darüber hinaus werden M. auch in Mikrowellentransistoren v. a. für größere Leistung verwendet, bei denen es aus konstruktiven Gründen zweckmäßig ist, den Transistor mit einer größeren Zahl meist regelmäßig angeordneter Einzelemitter zu versehen und diese zu einem einzigen Emitteranschluss zu verbinden, wobei auch eine Leistungsanpassung erfolgen kann.

Multi|enzymkomplexe, hochmolekulare, aus zwei oder mehreren versch. Enzymen aufgebaute Komplexe, an denen mehrere unterschiedl. Reaktionsschritte einer Stoffwechselkette wie an einem Fließband ablaufen. Durch diese Anordnung verlaufen die Reaktionen schnell, kontrolliert und ohne Substratverlust. Beispiele sind der M. der Atmungskette sowie der Fettsäure-Synthetase-Komplex.

Multifaserabkommen, engl. **Multi-Fiber Agreement** [mʌltɪ'faɪbə ə'griːmənt], Abk. **MFA,** →Welttextilabkommen.

Multikollektortransistor, ein Transistor mit mehreren Kollektorzonen; der Kollektorbereich eines M. ist von der Halbleiteroberfläche her zugänglich. M. werden z. B. bei I^{2}L-Gattern (→integrierte Injektionslogik) verwendet, aber auch in integrierten Analogschaltungen, bes. als Konstantstromquellen, wo sie meist als laterale pnp-Transistoren ausgelegt sind.

multikulturelle Erziehung, interkulturelle Erziehung, in westl. Industriegesellschaften mit hohem Ausländeranteil diskutiertes pädagog. Konzept für Unterricht und Erziehung auf der Grundlage der wechselseitigen Anerkennung und Toleranz. Hierzu gehören muttersprachl. Unterricht und die Beachtung soziokultureller Hintergründe. Das Konzept steht dem älteren Assimilationsmodell der ›Ausländerpädagogik‹ gegenüber, nach dem die schul. Erziehung der vollständigen Anpassung an die aufnehmende Gesellschaft dienen sollte (ohne aber die Religion zu berühren). Dabei wurde für die ausschließl. Verwendung der dt. Sprache aus pragmat. Gründen plädiert. Da viele ausländ. und Aussiedlerkinder bei der Einschulung keine ausreichenden Deutschkenntnisse mitbringen (und mit ihrer Muttersprache ein anderes soziokulturelles Umfeld verbunden ist), wird ein Ausweg aus den damit verbundenen Problemen auch in der Vorschulerziehung gesucht. Während das Assimilationsmodell die Probleme der →kulturellen Identität nicht berücksichtigt und an sozioökonom. und rechtl. Faktoren scheitert, besteht beim Konzept der m. E.

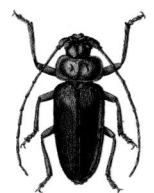
Mulmbock
(Länge 30–50 mm)

Brian Mulroney

Multatuli

Mult multikulturelle Gesellschaft

die Gefahr der Überbewertung kultureller Unterschiede und der Vereinfachung komplexer nat. Kulturen auf Stereotypien. Die **transkulturelle Erziehung** will die Begrenztheit jeglicher in einer bestimmten Kultur geprägten Sichtweisen vor Augen führen und so befähigen, die Selbstverständlichkeiten der eigenen Kultur zu überschreiten.

Bes. in der Erwachsenenbildung ist m. E. Aufklärung von kulturell unterschiedlich geprägten Menschen über Rahmenbedingungen, Voraussetzungen und Inhalte der jeweils eigenen und anderen Kultur. Sie zielt auf die Ausbildung einer verstehenden, selbstbewussten und selbstreflexiven Handlungskompetenz bei allen Beteiligten, d. h. auf Verhaltens- und Einstellungsänderungen, nicht zuletzt auch der einheim. Bevölkerung. (→ausländische Arbeitnehmer)

F. HAMBURGER: Erziehung in der Einwanderungsgesellschaft, in: Der gläserne Fremde. Bilanz u. Kritik der Gastarbeiterforschung u. Ausländerpädagogik, hg. v. H. GRIESE (1984); T. SCHÖFTHALER: Multikulturelle u. transkulturelle Erziehung. Zwei Wege zu kosmopolit. kulturellen Identitäten, in: International review of education, Jg. 30 (Den Haag 1984); Interkulturelle Pädagogik. Positionen – Kontroversen – Perspektiven, hg. v. M. BORRELLI (1986); G. AUERNHEIMER: Der sogenannte Kulturkonflikt. Orientierungsprobleme ausländ. Jugendlicher (1990); DERS.: Einf. in die interkulturelle Erziehung (²1995).

Schlüsselbegriff

multikulturelle Gesellschaft, Begriff, der auf die Tatsache Bezug nimmt, dass in vielen Gesellschaften Menschen unterschiedlicher Sprachen, Traditionen, religiöser Bekenntnisse, Wertvorstellungen, Staatsangehörigkeit, Erziehung (Sozialisation) und Lebensstile zusammenleben. Er macht auf das Aufeinandertreffen vielfältiger Lebensformen, Welt- und Menschenbilder aufmerksam und beschreibt als anzustrebendes Gesellschaftsmodell eine Sozialordnung, in der Toleranz und die wechselseitige Anerkennung der verschiedenen kulturellen Erfahrungen wesentl. Grundlagen bilden. Somit hat er eine beschreibende (deskriptive) und eine programmat. (normative) Dimension. Da er auch auf die vielfältigen, widersprüchl. Elemente der jeweils eigenen Kultur(en) hinweist, enthält er zudem eine (selbst)reflexive Dimension.

Herkunft des Begriffs

M. G. wird hergeleitet von engl. ›multiculturalism‹, einem Begriff, der zunächst in Kanada – v. a. unter dem Einfluss der amerikan. kulturanthropolog. Schule (Kulturrelativismus) sowie der frz. strukturalen Anthropologie C. LÉVI-STRAUSS' – in den 1960er-Jahren den zuvor gebräuchl. Begriff des ›Bikulturalismus‹ (mit Blick auf die engl. und die frz. Bevölkerungsgruppen) ablöste und dann auf die polit. Diskussion in anderen ›klassischen‹ Einwanderungsländern wie Australien, USA, Neuseeland und auf die innergesellschaftl. Diskussion der alten Kolonialmächte (England, Frankreich) ausstrahlte. In der Bundesrepublik Dtl. trat der Begriff zunächst Ende der 70er-, Anfang der 80er-Jahre in sozialpädagog. und kirchl. Diskussionen, dann erneut seit dem Ende der 80er-Jahre, nun v. a. in der öffentl. Diskussion um die Ausländerpolitik als Gegenentwurf zu neuen (und alten) nationalist. Strömungen, in Erscheinung. Es besteht allerdings ein zentraler Unterschied zw. der Diskussion in Dtl. und der in den ›klassischen‹ Einwanderungsländern, wo das Konzept der m. G. grundsätzlich als mögliches, wenn auch keinesfalls unumstrittenes Integrations- und Entwicklungsmodell der Gesellschaft aufgefasst wird und in drei Bedeutungszusammenhängen diskutiert wird: als Ausdruck der v. a. ethnisch bzw. kulturell bedingten Heterogenität; als Maßstab der Gleichstellung und gegenseitigen Achtung im Zusammenleben kulturell unterschiedlich geprägter Menschen; als ein polit. Programm gemeinsamen Handelns gegen Diskriminierung, dessen Realisierung zu den Aufgaben von Regierung und Verwaltung gehört und in Kanada und in Australien in der Gründung eigens damit befasster Institutionen seinen Ausdruck gefunden hat (›Canadian Multicultural Council‹; ›Office of Multicultural Affairs‹ in Australien). Dabei spielte für die Zuwendung zum Konzept der m. G. auch das Scheitern vorhergehender Konzepte (›Melting Pot‹, Assimilationsstrategie des ›Schmelztiegels‹) eine Rolle. In Dtl. hat der Begriff eine ambivalente Bedeutung gewonnen und wird einerseits benutzt, um auf befürchtete oder postulierte soziale ›Gefahren‹ einer Zuwanderung aufmerksam zu machen, andererseits dient er aus einer menschen- und bürgerrechtlich orientierten Perspektive dazu, in der Gesellschaft bestehende Defizite und Mängel hinsichtlich eines toleranten Umgangs mit Fremden sowie im Zusammenleben kulturell unterschiedlich geprägter Menschen in einer pluralist. Gesellschaft zu thematisieren.

Handlungsbereiche

Die m. G. als Programm zielt auf den Abbau von Diskriminierung, lehnt die zwanghafte Anpassung unterschiedl. kultureller Auffassungen und Verhaltensweisen an eine hegemoniale Kultur ab und setzt sich für einen ›soziokulturellen Pluralismus‹ ein. Sie zielt gleichzeitig auf einen Konsens im Sinne der Anerkennung der prinzipiellen Gleichheit aller Menschen und der Gültigkeit der Menschenrechte (UNO-Menschenrechtserklärung; GG Art. 3 Abs. 3).

Da das Konzept der m. G. den Akzent auf die kulturellen Felder des sozialen Lebens legt (z. B. Auseinandersetzungen um schleiertragende islam. Schülerinnen in Frankreich; um den Bau von Minaretten und öffentliche islam. Gebetsrufe in Dtl.), werden zentrale Faktoren sozialer Ungleichheit und Diskriminierung meist vernachlässigt und treten unter dem Blickwinkel des **Multikulturalismus** lediglich als Randbedingungen kultureller Vielfalt in Erscheinung. Hierzu zählen v. a. die Rechtsstellung, die ökonom. Sicherheit (z. B. Arbeitserlaubnis), der Sozialstatus sowie die Möglichkeit der polit. Partizipation von Ausländern. Dazu kommen Problembereiche wie Arbeitslosigkeit, Wohnungsnot, Kriminalität, die gesamtgesellschaftlich zu verantworten sind, jedoch von Teilen der Bevölkerung den ausländ. Minderheiten angelastet werden. Vor dem Hintergrund des mit dem wirtschaftl. Strukturwandel verbundenen wachsenden Konkurrenz- und Leistungsdrucks unter den Arbeitnehmern, zunehmender Arbeitsplatzunsicherheit und härter werdender ökonom. Verteilungskämpfe finden diese Vorurteile ihren krassesten Ausdruck in der Gewaltbereitschaft gegen Ausländer und in fremdenfeindl. Aktionen.

Die polit. Diskussion in Dtl. geht von einer – gesellschaftlich wohl weitgehend akzeptierten – rechtl. Ungleichheit der in Dtl. lebenden Ausländer aus: Ausländer sollen Ausländer bleiben (oder Deutsche werden), Dtl. sei kein Einwanderungsland. Hierbei handelt es sich um eine Vorstellung, die zum Teil bereits die Politik des Kaiserreichs bestimmten und nach 1949 auch von Einfluss auf das Regierungshandeln in der Bundesrepublik Dtl. waren. So sind die Grundlagen der Ausländergesetzgebung (Ausländergesetz von 1965/1990; Staatsangehörigkeitsgesetz von 1913, Regelungen zur Arbeitserlaubnis, zu Asyl-, Wahl- und Grundrechten) deutlich von restriktiven Vorstellungen geprägt, die auf die Abwehr von vermeintlich die ›deutsche Identität‹ bedrohenden Ausländern zielen. Dem steht die Tatsache gegenüber, dass bereits das Dtl. des 19. Jh. faktisch ein Einwanderungsland war. Seit Mitte der 1950er-Jahre wanderten rd. 4,5 Mio. Menschen in die Bundesrepublik Dtl. zu, zunächst v. a. als Arbeitsmigranten (›Gastarbeiter‹). Hinzu kommen rd. 600 000 Asylbewerber, deren Zahl sich 1983–88 jährlich zw. 20 000 und 100 000 bewegte. Nachdem diese in den 90er-Jahren zunächst aufgrund der Öffnung der Ost-West-Grenzen nach dem Zusammenbruch des Ostblocks und im Zusammenhang der krieger. Auseinandersetzungen im ehem. Jugoslawien weiter gestiegen waren, setzte die Neuregelung des Asylrechts (Änderung des GG Art. 16a im Juli 1993) dieser Entwicklung ein Ende, da nunmehr die Gruppe mögl. Asylberechtigter erheblich eingeschränkt wurde (Drittstaatenregelung; Ausschluss der Asylberechtigung für Menschen aus so genannten ›sicheren‹ Herkunftsländern). Die Anerkennungsquote liegt seit den 80er-Jahren mehr oder weniger unverändert bei 5–6 %; ebenso mit etwa 1 % der Anteil der Asylbewerber an der Gesamtbevölkerung Dtl.s. Auch die Gruppe der Arbeitsmigranten war anfänglich starker Fluktuation unterworfen. Erst die mit dem Anwerbestopp von 1973 geschaffene Situation führte (entgegen dem damit verfolgten Ziel) zu einer Verstetigung des Aufenthalts; so leben derzeit bereits zwei Drittel der Ausländer mehr als zehn Jahre in Dtl., und knapp 1 Mio. ausländ. Kinder wurden im Inland geboren. Aus demograph. Sicht wird auf eine drohende Überalterung der dt. Bevölkerung verwiesen, die bei gleichzeitigem Geburtenrückgang ohne weitergehende Einwanderung von Ausländern zur ›Vergreisung‹ der Gesellschaft führen wird, die sowohl die kulturelle als auch die ökonom. Wettbewerbsfähigkeit gefährden‹ kann (H. GEISSLER). Da zw. der demograph., soziolog., inzwischen auch jurist. Sicht einerseits und den Einstellungen, Ängsten und Vorurteilen der Bevölkerung andererseits ein beträchtl. Widerspruch klafft, nimmt die Diskussion um die m. G., die auf diesen Sachverhalt aufmerksam machen und ihn zugunsten einer rechtl. Gleichheit aller in Dtl. lebenden Menschen verändern will, mitunter verzerrte, auch ideologisch funktionalisierte Züge an. Anstelle der polit. Diskussion wird oft allein die kulturelle Perspektive (Traditionspflege, Spracherhalt, Folklore, Ausländerfeste) betont. Dies hat bei der überwiegenden Zahl der mit dieser Diskussion vertrauten Sozial- und Erziehungswissenschaftler zu einer Skepsis gegenüber Begriff und Konzept der m. G. geführt. Er scheint wohl dazu geeignet, die Diskussion über die Diskrepanzen zw. der Existenz von Einwanderern in einer Gesellschaft und ihrer rechtl. und polit. Vernachlässigung voranzutreiben, er spricht aber in seiner Betonung des Begriffs ›Kultur‹ auch Vorstellungen an, die – wie etwa die Vorstellung einer homogenen Kultur – in den Bereich der ›Mythen- und Legendenbildung‹ gehören (GERD STÜWE [* 1943], HANS-JOACHIM SCHULZE, D. OBERNDÖRFER) und trägt letztlich dazu bei, ›sozialstrukturelle Problemlagen in Kulturprobleme umzudeuten‹ (FRANZ HAMBURGER). Aktuelle soziale und polit. Bestrebungen, ausgehend von den betroffenen Großstädten wie Frankfurt am Main und Berlin, stehen im Zeichen polit. Partizipationschancen ausländ. (Diskussion um das kommunale Wahlrecht) ebenso wie inländ. Gesellschafts-Mitgl. Dabei wird in Rechnung gestellt, dass soziale Beziehungen grundsätzlich konfliktträchtig sind. Adressat einer so verstandenen multikulturellen polit. Initiative ist die ganze Wohnbevölkerung; zu den Aufgaben gehört also auch die Auseinandersetzung mit den Ängsten der alteingesessenen Wohnbevölkerung. Daneben hat sich in den 80er-Jahren v. a. innerhalb der städt. Mittelschichten (und des an ihnen orientierten publizist. und sonstigen kommerziellen Umfelds) ein ›kulinarisch-zynischer‹ Multikulturalismus entwickelt (O. RADTKE). Die Nutzung des durch ausländ. Kaufleute, Gastronomen, Musiker usw. verbreiterten Konsumangebots ist mittlerweile so ›selbstverständlich‹ geworden, dass deren soziale Probleme weithin kaum gesehen werden. Auf der anderen Seite können durch die Übernahme neu betonter Kultureigenheiten fundamentalist. und traditionale Rückbesinnungen in Ausländergruppen, aber auch bei der einheim. Bevölkerung hervorgerufen werden.

In der sozialwiss. Diskussion wurde die anfängl. Vorstellung, die von gleichsam ›naturgegebenen‹ kulturellen Unterschieden ausging und mit dem Konzept der m. G. die Abmilderung dieser Unterschiede als Ziel verband, durch die Einsicht abgelöst, dass ›nationale, kulturelle und ethn. Zugehörigkeiten nicht ›objektiv‹, sondern eine Frage von sozialen Definitionen sind‹ (HARTMUT ESSER). Infolgedessen stehen in gegenwärtigen Arbeiten die kollektive ›Herstellung von Ethnisierung‹ (WOLF-DIETRICH BUKOW, ROBERTO LLARYOLA) und deren histor. Dimension (MICHA BRUMLIK) im Vordergrund. Statt von einer m. G. wird mitunter auch von einer **multiethnischen Gesellschaft** (LUTZ HOFFMANN, * 1934) gesprochen, da darin das Problem der ›ethnischen Zuschreibung‹ von vorgeblich kulturellen Eigenheiten deutlicher bezeichnet wird und zugleich die Ermöglichung polit. Partizipation und rechtl. Gleichstellung nicht hinter dem Streit um vermeintlich kulturelle Unterschiede verschwindet. Neu hinzugekommen ist in den 90er-Jahren die Beschäftigung mit den Gefahren und Gefährdungen des Konzepts der m. G., da die alleinige Zuordnung von Menschen zu Kulturen – gerade angesichts fortbestehender sozialer Diskriminierung und gewachsener ökonom. Unsicherheit – ein breites Feld für regressive und wenig differenzierte Lösungsvorschläge und Handlungsmuster eröffnet (z. B. in S. P. HUNTINGTONS ›Kampf der Kulturen‹), die eine (in- und ausländ. Bürger gleichermaßen bedrohende) Gefährdung der demokratisch und pluralistisch verfassten Gesellschaften darstellen.

Soziale Aspekte und politische Dimension

Einwanderungsbewegungen, Asylsuche und Arbeitsmigration, zumal die Migration innerhalb des Arbeitsmarktes der EU, sind das Resultat einer zunehmend vernetzten Weltwirtschaft. Bereits der Beginn der Industrialisierung war durch verstärkte Binnen-, dann auch internat. Wanderungsbewegungen gekennzeichnet (Verstädterung, Landflucht). Die nachhaltige Umstrukturierung der dt. Gesellschaft fand nach 1871 statt, als sich das Kaiserreich zum ›nach den USA zweitgrößten Arbeitereinfuhrland der Erde‹ (KLAUS J. BADE, * 1944) wandelte. Dieser Arbeitskräftebedarf führte z. B. zur Einwanderung einer großen Zahl von Polen in das Ruhrgebiet. Heutige die Migration verstärkende Faktoren sind internat. Kooperationen bei der Aufnahme von Kontingentflüchtlingen, die Beschleunigung und Verbesserung der Verkehrs- und damit auch Fluchtwege, schließlich die wachsenden Informationsmöglichkeiten über die Lage in anderen Ländern, die zur Flucht und zu Hoffnungen motivieren können. Alle diese Erscheinungen sind zugleich Ursachen und Folgen jenes mit der Moderne verbundenen Prozesses einer ›Pluralisierung der Lebenswelten‹ (A. SCHÜTZ), die zu den Erfahrungen von Heterogenität (und Multikulturalität) bis hinein in den eigenen Lebenslauf (O. MARQUARD) geführt haben. Die Erfahrung von Fremdheit, die zur Auseinandersetzung mit der eigenen kulturellen Identität zwingt (G. SIMMEL) und so verunsichernd wirken kann, wurde zunächst von den Kolonialmächten in ihren Herrschaftsgebieten ausgelöst und wirkt heute auf Europa zurück. Schließlich spielen für die Diskussion um das Leben in einer m. G. auch die Erfahrungen hoher Abstraktheit, zunehmender Fragmentierung und Unübersichtlichkeit moderner Industriegesellschaften eine wichtige Rolle (A. GIDDENS). Die m. G. bildet in dieser Hinsicht eine Drehscheibe, auf der sich die Zwiespältigkeiten der Entwicklung moderner Industriegesellschaften wieder finden: Während sie für Kritiker des Modernisierungsprozesses eine Art Gegenentwurf (Vorstellungen von der ›heilen Welt‹ ländl. Traditionen der Einwanderer) zu bieten scheint, ermöglicht sie ebenso sehr den ›Verlierern‹ dieser Entwicklung Kompensationsmöglichkeiten (Rückzug auf das ›Anderssein‹), was paradoxerweise Ungleichheit und Abgrenzung bewirken kann, wo egalitäre Betrachtung angestrebt wird.

Die Diskussion um die m. G. wirft ein neues, die Rückschau veränderndes Licht auf die Geschichte der Nationalstaaten, die nun als radikale Vereinseitigungen auf der Basis eines die ›Wir-Gruppen‹-Gefühle (GEORG ELWERT, *1947) mobilisierenden Freund-Feind-Denkens und einer ›polit. Ideologie der Vergangenheit‹ (OBERNDÖRFER) erscheinen. M. G. stellt das Kontrastmodell einer Gesellschaft dar, in der auf der Basis einer demokrat. Verfassung die Menschenrechte und die Gleichheit all der Einwohner institutionell gewahrt werden können, die sich zum Zusammenleben in einem Staat bekennen; dies beträfe dann auch Einwanderungswillige. Damit lenkt die Diskussion um die m. G. den Blick zurück auf die Situation der eigenen Gesellschaft, die sowohl in sozialgeschichtlicher als auch in zeitgenöss. Betrachtung (SCHULZE) als ein ›Ensemble‹ unterschiedl. regionaler, historisch versetzter (anachronist.), gruppen- und klassenspezif. Lebensformen und Teilkulturen erscheint, ›denn jede nationale Kultur besteht aus unterschiedl. Subkulturen, die regionale und soziale Besonderheiten der Lebensformen ausdrücken‹ (STÜWE).

Die Diskussion um eine m. G. stellt so die Chance zur Wahrnehmung gemeinsamer Probleme wie neuer, in der Vielfalt liegender Möglichkeiten dar, ohne ›Schulmeisterei‹ der inländ. Bevölkerung oder ›Behandlung‹ spezif. ›Ausländerprobleme‹ zu sein. Insbesondere da, wo massive soziale, ökonom. und kulturelle Benachteiligungen bestehen (z. B. in Schule und Beruf bei unzureichender Beherrschung der Sprache des ›Gastlandes‹), rigide Sozialisationsforderungen oder (religiöse) Intoleranz vorliegen, könnte die Wahrnehmung der Existenz von Menschen mit anderen kulturellen, sozialen und polit. Erfahrungen, der ›Stachel des Fremden‹ (B. WALDENFELS), unter der Perspektive einer m. G. zumindest die Situation beschreiben, an die eine politisch wünschenswerte ›Konflikt- und Konsenskultur‹ anzuknüpfen hätte. Dabei käme es darauf an, ›die Vielfalt der Teilidentitäten sichtbar und praktisch erfahrbar zu machen; die darin begründeten Schwierigkeiten ebenso wie die Chancen‹ (C. VON KROCKOW).

Die Zwiespältigkeit des Deutungsmusters m. G. im Zusammenhang mit gesellschaftl. Problemen ist in den 90er-Jahren deutlicher als in früheren Jahrzehnten hervorgetreten. Zum einen ist der Begriff heute in den Bereich der Alltagskommunikation eingegangen und wird in vielfältiger (auch negativ besetzter) Weise in Zusammenhängen benutzt, in denen früher von ›Ausländerproblemen‹ die Rede war, zum anderen hat er eine breite (positive) Verwendung in der soziolog. und pädagog. Forschung gefunden. Diese breite Verwendung des Begriffs der m. G. hat jedoch auch zu seiner begriffl. Unschärfe geführt mit der Folge, dass bes. in der Alltagskommunikation persönl., soziale und polit. Konflikte und Probleme sowohl von Zuwanderern und Minderheiten als auch von der Mehrheitsbevölkerung meist nur noch ›kulturell verschlüsselt‹, d. h. mit ausschließl. Blickwinkel auf die (fremde) Kultur, wahrgenommen werden, was Bemühungen der gesellschaftl. Integration und polit. Konfliktbearbeitung erschwert, in Einzelfällen praktisch auch unmöglich machen kann. Zugleich aber zeigen die Diskussionen um die Perspektiven der Zivilgesellschaft in den USA oder in den Transformationsgesellschaften Mittel- und Osteuropas, dass der Begriff m. G. nach wie vor geeignet ist, Fragen des Zusammenlebens unterschiedlich kodierter Gruppierungen und seiner polit. Gestaltung zu thematisieren, auch in der Perspektive einer postmodernen Kritik der modernen Industriegesellschaften und ihrer Homogenitätsansprüche (ZYGMUNT BAUMAN).

⇨ *Asylrecht · ausländische Arbeitnehmer · Flüchtlinge · Heimat · kulturelle Identität · Migrantenliteratur · Migration · Minderheit*

M. G. – multikulturelle Erziehung?, hg. v. V. NITZSCHKE (1982); K. J. BADE: Vom Auswanderungsland zum Einwanderungsland? Dtl. 1880–1980 (1983); Die fremden Mitbürger, hg. v. H. ESSER (1983); L. HOFFMANN u. H. EVEN: Soziologie der Ausländerfeindlichkeit. Zw. nat. Identität und m. G. (1984); Die Multikulturellen. Über die Chancen im Zusammenleben mit Ausländern, hg. v. der Dt. UNESCO-Kommission u. a. (1985); U. HERBERT: Gesch. der Ausländerbeschäftigung in Dtl. 1880 bis 1980. Saisonarbeiter, Zwangsarbeiter, Gastarbeiter (1986); W.-D. BUKOW u. R. LLARYOLA: Mitbürger aus der Fremde. Soziogenese ethn. Minderheiten (1988); F. HAMBURGER: Der Kulturkonflikt u. seine pädagog. Kompensation (1989); DERS.: Auf dem Weg zur Wanderungsgesellschaft – Migrationsprozeß u. polit. Reaktion in der Bundesrep. Dtl., in: Deutsch lernen, Jg. 14 (1989), H. 1; J. MICKSCH: Kulturelle Vielfalt statt nat. Einfalt. Eine Strategie gegen Nationalismus u. Rassismus (1989); ›M. G.‹ – Wunsch, Realität oder Reizwort. Tagungsber. der Ev. Akad. Iserlohn (1989); D. OBERNDÖRFER: Der Nationalstaat – ein Hindernis für das dauerhafte Zusammenleben mit ethn. Minderheiten, in: Ztschr. für Ausländerrecht u. Ausländerpolitik, Jg. 9 (1989), H. 1; H. GEISSLER: Zugluft. Politik in stürm. Zeit (1990); L. HOFFMANN: Die unvollendete Rep. Einwanderungsland oder dt. Nationalstaat (1990); G. STEINER-KHAMSI: Multikulturelle Bildungspolitik in der Postmoderne (1992); W.-D. BUKOW: Leben in der m. G. Die Entstehung kleiner Unternehmer u. die Schwierigkeiten im Umgang mit ethn. Minderheiten (1993); H. EBELING: Der multikulturelle Traum. Von der Subversion des Rechts u. der Moral (1994); M. G.: Modell Amerika?, hg. v. B. OSTENDORF (1994); W. KNOPP: Multikulturelle Wegzeichen in Ostmitteleuropa (1995); Widersprüche des Multikulturalismus, hg. v. C. HARZIG u. N. RÄTHZEL (1995); C. TAYLOR: Multikulturalismus u. die Politik der Anerkennung (a. d. Amerikan., Neuausg. 1997).

multilateral [zu lat. latus, lateris ›Seite‹], *Politik:* mehrseitig, von mehreren Seiten ausgehend, mehrere Seiten betreffend (z. B. Abkommen); Ggs.: bilateral.

Multilaterale Atomstreitmacht, engl. **Multilateral Force** [mʌltɪˈlætərəl ˈfɔːs], →MLF.

Multilaterale Investitions-Garantie-Agentur, engl. **Multilateral Investment Guarantee Agency** [mʌltiˈlætərəl ɪnˈvestmənt ˈgærənti ˈeɪdʒənsɪ], Abk. **MIGA,** 1988 gegründete Tochtergesellschaft der Weltbank; Sitz: Washington (D. C.). Der MIGA können nur Mitgl.-Länder der Weltbank beitreten (März 1997: 141 Mitgl., davon 19 Industriestaaten und 122 Entwicklungsländer; 18 weitere Länder durchlaufen gegenwärtig den Aufnahmeprozess). Durch Beratungsdienste und ein Investitionsgarantieprogramm soll das Klima für Direktinvestitionen in Entwicklungsländern verbessert werden. Das Programm versichert gegen eine Prämie von 0,3–3% der Versicherungssumme private ausländ. Beteiligungsinvestitionen, Dienstleistungs-, Management-, Lizenzabkommen sowie Verträge über Wissens- und Technologietransfer gegen nichtkommerzielle Risiken (z.B. polit. Unruhen). Die Laufzeit der Versicherungen beträgt i.d.R. drei bis 15 Jahre. Grundkapital zum 31.12.1996: 1 Mrd. SZR bzw. 1,438 Mrd. US-$.

Multilinearform, eine Abbildung von einem kartes. Produkt $V_1 \times ... \times V_n$ von n K-Vektorräumen $V_1, ..., V_n$ in den Körper K, welche in jedem Argument linear ist. Das bekannteste Beispiel einer M. ist die Determinante. Eine M. auf dem kartes. Produkt eines Vektorraumes mit sich selbst nennt man →Bilinearform (bekanntestes Beispiel ist das Skalarprodukt).

Multilingualismus [zu lat. lingua ›Sprache‹] *der, -,* Koexistenz von mehreren Sprachen innerhalb einer staatlich organisierten Gesellschaft (z.B. in Belgien, in der Schweiz, in Indien und in Kanada). Eine Differenzierung nach dem jeweiligen Sprachtyp (z.B. Standardsprache oder Dialekt) und nach seiner Verwendungsfunktion (z.B. offiziell oder regional) kann die Grundlage für Entscheidungen im Rahmen der →Sprachplanung bilden.

Multimedia *das* (meist ohne Artikel), *-(s),* allg. Bez. für die gemeinsame Anwendung mehrerer Medien, heute als Oberbegriff für eine Vielzahl von Produkten, Diensten und Anwendungen aus dem Computer-, Telekommunikations- sowie Hörfunk- und Fernsehbereich verwendet. Dort bezeichnet M. die rechnergestützte Verknüpfung von digitalisierten Tönen, Texten, Grafiken und Bewegtbildern, bei deren Anwendung eine Interaktion (Dialog) zw. Anbieter und Nutzer möglich ist.

Begriffliches

M. ist ein aus dem Angloamerikanischen übernommener, auf die Bereiche Informatik, Telekommunikation sowie Hörfunk und Fernsehen bezogener Begriff, der mit erweiterter Bedeutung auch in der Kunst Verwendung findet. Seinen beiden aus dem Lateinischen stammenden Wortbestandteilen nach bedeutet er ›Vielfachmedien‹, hinsichtlich seiner grammat. Verwendung wird er im Englischen v.a. adjektivisch und in zusammengesetzten Wörtern benutzt. Diesem Gebrauch entsprechen im Deutschen die adjektiv. Ableitung ›multimedial‹ und Komposita wie ›M.-Kunst‹, ›M.-Anwendung‹. Die engl. Wortform ›multimedia‹ wurde jedoch unverändert als Substantiv ins Deutsche übernommen. Das Wort stellt ein Abstraktum dar, das einen in seiner Ausdehnung großen und in der Bedeutung wichtigen, aber nicht genau bestimmten technologisch-wirtschaftlich-gesellschaftlichen Komplex bezeichnet. Inhaltlich umfasst M. neben dem audiovisuellen Bereich noch ›Daten‹ (engl. data) sowie ggf. weitere ›Medien‹ mit dem wesentlichen zusätzl. Aspekt ihrer gleichzeitigen Verfügbarkeit.

Voraussetzungen von Multimedia

Die Erscheinungsformen von M. lassen sich aufgrund der Vielzahl der Möglichkeiten, einzelne Medien zu kombinieren, und der sich ständig erweiternden Anwendungsbereiche nicht vollständig erfassen. Daher ist es lediglich möglich, M. nach gemeinsamen Merkmalen zu definieren. Um von M. sprechen zu können, müssen folgende Voraussetzungen erfüllt sein: 1) Versch. Medientypen werden integrativ verwendet, wobei dynam. Medien mit statischen kombiniert werden. Während **dynamische Medien** bei ihrer Darstellung zeitabhängige Veränderungen aufweisen (z.B. Videosequenzen, Musik, Sprache), verändern **statische Medien** (z.B. Texte, Grafiken, Fotos) dabei ihren Inhalt nicht; dynam. Medien werden daher auch zeitabhängige oder zeitbasierte Informationstypen genannt. Aus heutiger Sicht wird häufig gefordert, dass von M. erst dann gesprochen werden kann, wenn mindestens ein dynam. Informationstyp einbezogen ist. 2) Die Nutzung der Angebote ist interaktiv möglich. Der Nutzer ist nicht nur Empfänger, sondern kann über Rückkanäle reagieren, indem er Inhalte verändert oder Aktionen auslöst. 3) Die M.-Anwendungen erfolgen mittels digitaler Technik, die die Speicherung und Bearbeitung der Daten, die den versch. Medien zugrunde liegen, ermöglicht; die Verarbeitung der Daten geschieht durch Computer. Möglich ist dies nur, weil alle Daten durch →Digitalisierung miteinander mischbar sind. Es ist somit unerheblich, ob es sich um einen Ton, einen Bildausschnitt oder um ein Textelement handelt, da jede Information durch Digitalisierung in eine Kombination binärer Zahlen übertragen wird, sodass sie von einem einzigen Verarbeitungssystem erfasst werden kann. – Darüber hinaus können im Cyberspace-Bereich unter Verwendung von Spezialgeräten ergänzend zu den Ton-, Bewegtbild- und Textinformationen auch Elemente, die den Tastsinn ansprechen oder die dreidimensionale Raumwahrnehmung ermöglichen, einbezogen werden. Bei den so erzeugten multimedialen Erlebnissen spricht man von →virtueller Realität.

Computer, die ein CD-ROM-Laufwerk und die nötige Software besitzen, um multimediale Informationen zu bearbeiten, werden auch als **multimediafähige Computer** bezeichnet oder kurz als **M.-Computer** (insbesondere M.-PC); sie können zusätzlich über weitere Peripheriegeräte wie Lautsprecher, Mikrofon, Videokamera und Scanner verfügen. Es gilt als sehr wahrscheinlich, dass in naher Zukunft die bisherigen Endgeräte Telefon, Fax- und Fernsehgerät sowie der bisherige PC weitgehend durch ein Universal-M.-Gerät (M.-Terminal) verdrängt werden, das alle Funktionen dieser Geräte in sich vereint. Alle anspruchsvollen M.-Anwendungen (Bilder mit hoher Auflösung, gute Musikqualität) erfordern eine hohe Speicherkapazität und eine hohe Rechenleistung sowie im Onlinebetrieb Leitungen mit hoher Übertragungskapazität.

Multimediaangebote und Anwendungsgebiete

Die absehbare Anwendungsbreite von M. ist groß: Sie umfasst u.a. multimediale Informationssysteme, Video- und Computerkonferenzen, Ferndiagnosen. In Dtl. stehen Ende der 1990er-Jahre M.-Anwendungen wie Telebanking, Teleshopping, interaktives Fernsehen und der frei wählbare Abruf von Filmen aus zentralen Videodatenbanken (→Video-on-Demand) im Mittelpunkt des Interesses.

Bei der *funktionsorientierten Betrachtung* von M.-Produkten und -Dienstleistungen wird zw. lokalen oder nicht verteilten M.-Systemen **(Offline-** oder **Stand-alone-Anwendungen)** einerseits und netzgestützten oder verteilten M.-Systemen anderseits **(Online-** oder **Stand-by-Anwendungen)** unterschieden. Zu den Offlineprodukten, bei denen multimediale Produkte auf unvernetzten PCs angewandt werden können, gehören z.B. elektron. Spiele. Die bekannteste Offlineanwendung ist die →CD-ROM sowie die →CD-I, deren Nutzung einen mit CD-ROM-Laufwerk, Sound- und Grafikkarte sowie Lautsprechern ausgerüsteten M.-PC voraussetzt. Der Onlinemarkt umfasst M.-Anwendungen, die

Schlüsselbegriff

Multimedia: Anwendungsmöglichkeiten nach Anwendungsbereichen und technischen Voraussetzungen

Anwendungs-bereiche	technische Grundlage		
	online		offline
	schmalbandig	breitbandig	
öffentliche Anwendungs-bereiche	Bildtelefonie Bürgerinformations-systeme Umweltinformations-systeme Verkehrsinformations-systeme	Telelearning Telemedizin Verwaltungs-kooperation virtuelle Museen	Stadtinformation Lernsoftware für Bil-dungseinrichtungen kulturelle Inhalte
private Anwendungs-bereiche	Bildtelefonie Telearbeit Telebanking Teleshopping Telespiele Audio-on-Demand	Video-on-Demand interaktives Fern-sehen	Spiele Nachschlagewerke Lernsoftware
geschäftliche Anwendungs-bereiche	Bildtelefonie Desktop-Video-konferenz Telearbeit	Videokonferenz Visualisierung und Simulation	Produktpräsentation Kataloge techn. Anleitungen betriebl. Aus- und Weiterbildung

auf Telekommunikationsnetze zurückgreifen, um Informationen zw. versch. Personen bzw. Geräten und Orten zu übertragen. Bei vielen M.-Angeboten handelt es sich nicht um neue Produkte, sondern häufig haben bekannte Anwendungen (z. B. Videokonferenzen) durch das Hinzufügen von Elementen wie Bewegtbilder oder interaktive Nutzung eine multimediale Dimension erhalten. Die netzgestützten M.-Anwendungen werden in Distributions- und Kommunikations-M. unterteilt. **Distributions-M.** ermöglicht es, Informationen für eine große Anzahl von Empfängern anzubieten. Dabei steht dem Empfänger ein begrenztem Umfang ein Rückkanal zum Anbieter zur Verfügung. Beispiele hierfür sind das Internet, das interaktive Fernsehen in Form des Abonnentenfernsehens, der Pay-per-View-Kanäle (→Pay-TV) oder des Video-on-Demand sowie die Möglichkeit des Zuschauers, unterschiedl. Handlungsabläufe oder Kameraperspektiven auszuwählen bzw. sich direkt an einer Sendung (z. B. durch die Beantwortung von Fragen per Fernbedienung) zu beteiligen. **Kommunikations-M.** dagegen ist eine besondere Form der Privatkommunikation, bei der nur ein bestimmter Personenkreis angesprochen ist (z. B. Bildtelefon, Video- und Computerkonferenzen). Die beteiligten Personen können im gleichen Ausmaß Informationen senden und empfangen.

Bei der *kundengruppenorientierten Gliederung* wird das M.-Geschäft danach unterteilt, ob ein M.-Dienst über von einem Unternehmen zu geschäftl. Zwecken angefordert wird (Business-M.) oder ob (wie beim Consumer- oder Privatkunden-M.) die Nachfrage von Endverbrauchern ausgeht.

In der *wertkettenorientierten Betrachtung* werden alle Aktivitäten der betriebswirtschaftl. Leistungserstellung, die direkt oder indirekt zur Produkterstellung beitragen, zu Anbietergruppen zusammengefasst: 1) Computer- und Telekommunikationsausrüstungshersteller, 2) Betreiber von Telekommunikations- und Breitbandkabelnetzen, 3) ›Inhaltsmanager‹, 4) Diensteanbieter. Als wichtige Funktionen, Produkte bzw. Dienste und strateg. Erfolgsfaktoren werden genannt: zu 1) Bereitstellung von Hardware- und Softwarekomponenten für die Netzinfrastruktur und für M.-Endgeräte (M.-PC, Set-Top-Box) sowie das Setzen von techn. Standards; 2) Integration von Elementen der Infrastruktur (v. a. Breitbandnetze) als Plattformen für M.-Dienste; 3) Materialbereitstellung für multimediale Anwendungen (Spielfilme, Teleshoppingprogramme, Spiele); 4) die Gestaltung der Schnittstelle zum Kunden, z. B. die Vermietung von Set-Top-Boxen und die Kundenverwaltung (Inkasso, Reklamationen).

Neben der Unterhaltungsbranche gibt es im *kommerziellen Bereich* gegenwärtig auf den Gebieten der verkaufsunterstützenden Systeme (→Point of Sale) und der Informationssysteme (Point of Information) die meisten Beispiele von M.-Anwendungen. Points of Information sind dort zu finden, wo der Publikumsverkehr groß und das Informationsbedürfnis hoch ist, wie etwa im Empfangsbereich großer Unternehmen. Weitere professionelle multimediale Einsatzgebiete sind Ausbildung, Erziehung und Training, bei denen M. als so genanntes CBT (computer based training) eingesetzt wird, Bürokommunikation und Werbung.

Technologie

Für eine M.-Anwendung bedarf es des Zusammenwirkens mehrerer Komponenten: Es müssen Speichermedien, Transportkanäle, Vermittlungssysteme und Endgeräte, die für Audio-, Video- und Datenübertragung geeignet sind, vorhanden sein. Das Hauptproblem bei der Speicherung von M.-Dokumenten liegt in der Bewältigung der enormen Datenmengen in Bezug auf Speicherkapazität und Zugriffsgeschwindigkeit. Lösungen dieses Problems können derzeit nur mit der Nutzung von modernen Verfahren der →Datenkompression und -dekompression gefunden werden.

Für die Onlineanwendung wird eine Netzleistung in Form einer Datenübertragung in Anspruch genommen, wozu eine entsprechende Infrastruktur, wie z. B. das →ISDN, vorhanden sein muss. Die aus versch. Medien stammenden Inhalte werden als Datenmengen auf zentralen Servern für den dezentralen Zugriff gespeichert, der dann durch die entsprechenden Endgeräte (wie den M.-PC oder das entsprechend ausgerüstete Fernsehgerät) erfolgt. Wenn die Netze, Server und Endgeräte installiert sind, muss außerdem für diese Anlagen die jeweilige Software bereitgestellt und gewartet werden. Ergänzend kommen die Mehrwertdienste (Value-added Services) und das Service-Providing, z. B. die Abrechnung zw. M.-Kunden und M.-Anbietern, hinzu. Für die Übertragung von Onlineangeboten ist der Anschluss der Endgeräte an ein Fernmeldenetz erforderlich. Dies kann das schmalbandige Telefonnetz sein, dessen hohe Anschlussdichte eine große Teilnehmerzahl erreichbar macht. Die für interaktive M.-Anwendungen erforderliche höhere Übertragungskapazität wird durch ein als Overlaynetz (→Telekommunikation) konzipiertes, auf Glasfasertechnologie beruhendes Breitbandvermittlungsnetz erreicht. Allerdings müssen auch hier Datenkompressionsverfahren mit hohen Netzübertragungsgeschwindigkeiten kombiniert werden, um den Notwendigkeiten entsprechende Übertragungszeiten zu erreichen. Um eine individuelle Zweiwegkommunikation für Abruf und Versand zu ermöglichen, muss das bisher nur für Einwegkommunikation (vom Sender zum Empfänger) ausgelegte Fernsehkabelnetz mit erheblichem techn. und finanziellem Aufwand durch Vermittlungstechnik nachgerüstet werden.

M.-Anwendungen mit bewegten Bildern und Ton in guter Qualität, wie Video-on-Demand, erfordern sehr hohe Übertragungskapazitäten. Im ISDN sind durch die Übertragungsgeschwindigkeit von 64 KBit/s einige M.-Anwendungen bereits möglich. Der ISDN-Anschluss wird in diesem Zusammenhang mitunter bildhaft als ›Auffahrt‹ auf die so genannte Info- oder →Datenautobahn bezeichnet.

Rechtliche Aspekte

M. berührt sowohl das öffentl. als auch das Privatrecht. Im Bereich des öffentl. Rechts ist es von grundlegender Bedeutung, das Verhältnis der neuen M.-Dienste zum herkömml. Rundfunk (Hörfunk und Fernsehen) zu klären. Nach dem GG haben in Dtl. allein die Länder die Gesetzgebungskompetenz für Rundfunkangelegenheiten; der Bund reklamierte jedoch seine Zuständigkeit nach Art. 73 Nr. 7 GG (Telekommunikation) und Art. 74 Nr. 11 GG (Recht der Wirtschaft). Dieser Konflikt wurde beigelegt, indem Bund und Länder mit weitgehend parallelen Formulierungen das Informations- und Kommunikationsdienste-Ges. (Bund) sowie den Mediendienstestaatsvertrag (Länder) verabschiedeten, die beide am 1. 8. 1997 in Kraft traten. Der Mediendienstestaatsvertrag gilt für das Angebot und die Nutzung von an die Allgemeinheit gerichteten Informations- und Kommunikationsdiensten (Mediendienste) in Text, Ton oder Bild, die unter Nutzung elektromagnet. Schwingungen ohne Verbindungsleitung od längs bzw. mittels eines Leiters verbreitet werden. **Mediendienste** sind danach z. B.: 1) Verteildienste in Form von direkten Angeboten an die Öffentlichkeit für den Verkauf, den Kauf oder die Miete bzw. Pacht von Erzeugnissen oder die Erbringung von Dienstleistungen, 2) Verteildienste in Form von Fernsehtext, Radiotext und vergleichbaren Textdiensten, 3) Abrufdienste, bei denen Text-, Ton- oder Bilddarbietungen auf Anforderung aus elektron. Speichern zur Nutzung übermittelt werden, mit Ausnahme von Diensten, bei denen die Individualkommunikation im Vordergrund steht. Das Teledienste-Ges., das einen Bestandteil des Informations- und Kommunikationsdienste-Ges. vom 22. 7. 1997 bildet, erstreckt sich hingegen auf diejenigen elektron. Informations- und Kommunikationsdienste, die für eine individuelle Nutzung von kombinierbaren Daten wie Zeichen, Bilder oder Töne bestimmt sind und denen eine Übermittlung mittels Telekommunikation zugrunde liegt. Beispiele für **Teledienste**: 1) Angebote im Bereich der Individualkommunikation (z. B. Telebanking, Datenaustausch), 2) Datendienste (z. B. Verkehrs-, Wetter-, Umwelt- und Börsendaten), 3) Angebote zur Nutzung des Internets oder weiterer Netze, von Telespielen und interaktiv gestalteten Bestelldiensten. Da die Kompetenzabgrenzung zw. Bund und Ländern noch nicht abschließend geklärt werden konnte, bestehen zw. dem Teledienste-Ges. des Bundes und dem Staatsvertrag der Länder gewisse Überschneidungen. In diesem Fall wird der Mediendienstestaatsvertrag dem Teledienste-Ges. vorgehen. Wesentl. Merkmal beider rechtl. Regelungen ist die Anordnung der Zulassungs- und Anmeldefreiheit von Medien- oder Telediensten. Dies gilt nur dann nicht, wenn sie als Rundfunk einzuordnen sind, da dann der Geltungsbereich des ein sehr viel engeres Regelungsgeflecht enthaltenden Rundfunkstaatsvertrages eröffnet wird.

Mit parallelen Bestimmungen wird im Staatsvertrag sowie im Teledienste-Ges. auch die Verantwortlichkeit für eigene und fremde Inhalte geregelt. Während Anbieter für eigene Inhalte, die zur Nutzung bereitgehalten werden, nach den allgemeinen Ges. veranwortlich sind, müssen sie für fremde Inhalte nur haften, wenn sie von ihnen Kenntnis haben und es ihnen technisch möglich und zumutbar ist, deren Nutzung zu verhindern. Für eine bloße Vermittlung des Zugangs zu fremden Inhalten wird eine Verantwortlichkeit ausgeschlossen. Ebenfalls weitgehend identisch sind die Datenschutzregelungen des Mediendienstestaatsvertrages und des Teledienstedatenschutz-Ges. Ausdrückl. Ziel ist es, dass so wenig personenbezogene Daten wie möglich erhoben, verarbeitet und genutzt werden. Eine Nutzung ist nur in den gesetzlich geregelten Fällen oder auf der Grundlage einer wirksam erteilten Einwilligung zulässig.

Insbesondere urheberrechtl. Fragen werfen M.-Produktionen auf, die offline, z. B. über CD-ROM, verbreitet werden. Zum einen gilt es, Lizenzen zur Nutzung der zu ihrer Herstellung verwandten Werke oder Ausschnitte von Werken (Musik, Texte, Bilder, Fotografien, Videos u. a.) zu erwerben. Nur teilweise werden diese Nutzungsrechte heute schon durch Verwertungsgesellschaften vertreten und können durch die Verwerter von diesen auf der Grundlage feststehender Tarife erworben werden. In weiten Bereichen ist hingegen noch ein individueller Rechteerwerb von den einzelnen Rechteinhabern erforderlich. Die Einrichtung von gemeinsamen Clearingstellen (CMMV bei der GEMA) soll die Abwicklung der Rechteklärung erleichtern. Zum anderen stellt sich die Frage des urheberrechtl. Schutzes von M.-Produktionen. Stellt die Auswahl oder Anordnung der in der M.-Produktion zusammengestellten Werke, Daten oder sonstigen Elemente eine persönl. geistige Schöpfung dar, genießt die M.-Produktion als so genanntes Datenbankwerk vollen urheberrechtl. Schutz. Sonstige M.-Produktionen, die lediglich eine mit einem wesentl. Aufwand geschaffene systemat. Sammlung versch. unabhängiger Elemente beinhalten, werden durch das neu eingeführte so genannte Sui-generis-Recht geschützt (§§ 87a ff. Urheberrechts-Ges.). Dieses ermöglicht es dem Datenbankhersteller, sich auf die Dauer von 15 Jahren gegen eine unbefugte Nutzung der gesamten Datenbank oder ihrer wesentl. Teile zu wenden. Dieser urheberrechtl. Schutz gilt auch für online über das Internet oder Onlinedienste verbreitete M.-Produktionen. (→Kryptologie)

In *Österreich* existiert (1997) kein Ges., welches das relativ junge Rechtsgebiet M. speziell regelt. Da das M.-Recht ebenso wie das Medienrecht eine Querschnittsmaterie darstellt, finden sich multimediabezogene Vorschriften in versch. Gesetzen, z. B. im Urheberrechts-, Filmförderungs-, Kabel- und Satellitenrundfunk-Ges. sowie im Fernmelde-, Datenschutz- und auch im Medien-Ges. – Die *Schweiz* hat bisher keine gesetzl. Bestimmungen erlassen, die sich speziell mit M. und neuen Medien befassen. Für die Herstellung, Verbreitung und Nutzung von M.-Produkten gelten daher zunächst die Vorschriften des allgemeinen →Medienrechts; besondere Bedeutung haben das Urheber- und das Datenschutzrecht. Offen ist, ob und in welchem Umfang die einschränkenden öffentlich-rechtl. Bestimmungen des Rundfunkrechts auf die Onlineverbreitung von M.-Inhalten Anwendung finden.

Wirtschaftliche Aspekte

Für Unternehmen bietet M. Chancen und Möglichkeiten in zweierlei Hinsicht. Einerseits eröffnen sich durch neue Produkte und Dienstleistungen zusätzl. Umsatzpotenziale, andererseits können durch problemgerechte M.-Anwendungen Kosten gesenkt werden. So werden mit den verfügbaren Offlineangeboten CD-ROM und CD-I im Marktsegment Videospiele bereits heute weltweit Umsätze mit hohen Zuwachsraten erzielt. Beispiele für den Kosten senkenden Effekt von M.-Produkten sind der Einsatz von CD-ROM oder Onlinediensten zur Produktpräsentation oder zur Nutzung neuer Vertriebswege. In letzter Zeit haben zw. Unternehmen, die sich mit unterschiedl. Teilaspekten von M. beschäftigen, vermehrt Fusionen und strateg. Allianzen stattgefunden. Den Markt für multimediafähige Endgeräte teilen sich Elektronik-, Computer- und Unterhaltungsgeräteindustrie. Durch die Liberalisierung der Telekommunikationsmärkte, die es v. a. den Energieversorgungs- sowie den Verkehrsunternehmen erlaubt, ihre unternehmensinternen Hochleistungsdatennetze auch Dritten zur Verfügung zu stellen, drängen neue Anbieter auf den Markt, der bis 1998 in Dtl. durch die Dt. Telekom AG bestimmt wurde. Forciert werden M.-Anwendungen durch die kommerzielle Nutzung des Internet. Versch. Teledienste wie Teleshopping und Teleservice (›elektron. Versandhauskatalog‹) werden voraussichtlich einen großen Teil des bisherigen Versandhaus- und Tourismusgeschäftes übernehmen. Noch ist unklar, ob durch M. zusätzl. Arbeitsplätze entstehen oder ob es lediglich zu einer Verlagerung in andere Aufgabenbereiche kommt. Das Entstehen neuer Berufe, z. B. in den Bereichen M.-Produktdesign, Schulung, Wartung, zeichnet sich ab.

Es ist fraglich, ob das für das Marktsegment M. prognostizierte Investitionsvolumen von 300 Mrd. DM bis zum Jahr 2000 auf entsprechende private Nachfrage stößt. Pilotprojekte in den USA haben gezeigt, dass z. B. bei Video-on-Demand die Kosten für den Abruf eines Films deutlich unter denen für die Ausleihe in der Videothek liegen müssen, damit eine ausreichende Kundennachfrage entsteht. Ein so niedriges Preisniveau ist jedoch nur bei einer sehr hohen Zahl von Teilnehmern und Abrufen zu erreichen. Die künftigen Anbieter der M.-Inhalte werden einerseits die kommerziell interessierten Medienunternehmen wie Film-, Fernseh- und Hörfunkproduzenten sein; andererseits besteht bereits ein großes Potenzial an gemeinnütziger Information im Verwaltungs-, Kultur-, Umwelt-, Bildungs- und Erziehungsbereich durch öffentl. Einrichtungen, welches durch M. genutzt werden kann.

Gesellschaftliche Aspekte

Den hoch industrialisierten Ländern steht eine Entwicklung zur →Informationsgesellschaft des 21. Jh. bevor. Mit der Globalisierung der Märkte sowie einer Beschleunigung des technolog. Wandels kommt es zu einer massiven Verlagerung von Industrien und Arbeitsplätzen. Immer weniger Arbeitskräfte werden in hocheffektiven Produktionssektoren beschäftigt werden, während ein immer größerer Anteil der Arbeitsplätze im Dienstleistungsbereich und damit auch bei den Informationsdiensten angesiedelt sein wird. Für neues wirtschaftl. Wachstum werden Wissen und Information zu einer bestimmenden Ressource. Die M.-Technologie bewirkt eine umfassende Um- und Neugestaltung der Kommunikation zw. den Menschen und techn. Systemen. Digitale Netze ermöglichen die Kommunikation über riesige Entfernungen, durch die Einbeziehung von Satelliten ist praktisch jeder Punkt der Erde ›digital erreichbar‹. Ganze Arbeitsabläufe in der Wirtschaft, im Marketing, im Management, im Tourismus, im Finanzwesen usw. erhalten eine neue Dimension und sind ohne eine weltweite Kommunikation bereits heute undenkbar.

Der im Zuge der Postreform I in Dtl. festgeschriebene Grundversorgungsauftrag, der die flächendeckende Versorgung mit einfachen Fernsprechanschlüssen sicherstellt, wurde mit dem Telekommunikations-Ges. von 1996 (Postreform III) im Sinne eines Universaldienstes fortgeschrieben. Ob die Definition des Universaldienstes als Sprachtelefondienst mit ISDN-Leistungsmerkmalen auf der Basis eines digital vermittelnden Netzes ausreichend ist, um M.-Anwendungen flächendeckend verfügbar zu machen, ist noch nicht absehbar. Das Ges. von 1996 sieht allerdings vor, die Bestimmung der Universaldienstleistung der techn. und gesellschaftl. Entwicklung nachfragerecht anzupassen. Der Zugang zu den neuen Telekommunikationsdiensten soll durch den Wettbewerb der Netzbetreiber für jedermann zu erschwingl. Preisen sichergestellt werden. Ein an der Nachfrage orientiertes Angebot an Anschlüssen für Privathaushalte kann auf der Basis staatl. oder privatwirtschaftl. Initiativen (wie ›Schulen ans Netz‹), durch den Anschluss öffentl. Einrichtungen wie Schulen und Bibliotheken an die neuen Telekommunikationsdienste ergänzt werden. Dadurch wird zum einen eine Pilotfunktion übernommen, da sich die Nutzer in den öffentl. Einrichtungen mit den neuen Techniken vertraut machen können, zum anderen kann hierdurch der Informationsversorgungsauftrag wahrgenommen, kommunale Öffentlichkeit wieder belebt und größere Transparenz sowie verstärkte Bürgerbeteiligung an der polit. Willensbildung erreicht werden.

Gesellschaftspolitisch werfen einzelne Anwendungen eine Vielzahl von Problemen auf. Auch die Diskussion um die Telearbeit wurde neu belebt, da durch die Interaktivität der M.-Anwendungen weitere Arbeitsplatzbereiche, auch solche mit höher qualifizierten Tätigkeiten, für Telearbeit infrage kommen. Dabei werden Vorteile, wie Verringerung des Verkehrsaufkommens und flexible Arbeitszeitgestaltung, ebenso erörtert wie das Risiko einer Verarmung in kommunikativer Kompetenz und einer mangelhaften Wahrung von Arbeitnehmerrechten. Da bei der Gestaltung der neuen multimedialen Angebote einfache Bedienbarkeit und hohe Benutzerfreundlichkeit oberste Priorität haben und zudem die erforderl. Anwenderfähigkeiten in Schule und Arbeitswelt vermittelt werden, sind in techn. Hinsicht im Umgang mit M. kaum Probleme zu erwarten. Daneben ist jedoch für eine verantwortungsbewusste Nutzung der zu erwartenden Angebotsvielfalt der neuen Medien die Entwicklung einer sozialen Kompetenz erforderlich, die nur durch die Einbeziehung aller Erziehungs- und Bildungsprozesse erreicht werden kann.

Technik: B. STEINBRINK: M. Einstieg in eine neue Technologie (1992); C. MESSINA: Was ist M.? (1993); M. '94. Grundlagen u. Praxis, hg. v. U. GLOWALLA u. a. (1994); M.-Technik sucht Anwendung, hg. v. H. KUBICEK u. a. (1995); Marketing mit M., hg. v. G. SILBERER (1995); M. Die schöne neue Welt auf dem Prüfstand, hg. v. K. VAN HAAREN u. D. HENSCHE (1995); Neue Märkte durch M., hg. v. J. EBERSPÄCHER (1995); R. STEINMETZ: M.-Technologie (Neuausg. 1995); N. NEGROPONTE: Total digital. Die Welt zw. 0 u. 1 oder die Zukunft der Kommunikation (a. d. Amerikan., Neuausg. 1997); Zukunft M. Grundlagen, Märkte u. Perspektiven in Dtl., hg. v. Booz, Allen & Hamilton ([4]1997).

Multimedia-Kunst, auch **Mixed Media** [mɪkstˈmiːdɪə, engl.] *Pl.,* **Mixedmedia,** zeitgenöss. künstler. Ausdrucksformen, die eine Verbindung mehrerer Kunstbereiche (bildende Kunst, Theater, Tanz, Musik) zu einer neuen Einheit im Sinne eines Gesamtkunstwerks anstreben, unter Einbeziehung verschiedener techn. Medien (Fotografie, Film, Tonband, Video, Laser u. a.), wobei der besondere Akzent nicht nur auf die Aufhebung der Kunstgattungen, sondern auch auf eine Aufhebung der Diskrepanz von Leben und Kunst gelegt wird.

Vorläufer der M.-K. waren futurist., konstruktivist. und dadaist. Experimente in der bildenden Kunst; im musikal. Bereich wären die Versuche der →Farbenmusik, der Komposition mit dem →Farbenklavier sowie O. SCHLEMMERS ›Triadisches Ballett‹, 1926 in Donaueschingen mit einer Musik für mechan. Orgel von P. HINDEMITH aufgeführt, zu nennen. Nach dem Zweiten Weltkrieg wurden diese Gedanken wieder aufgegriffen und gewannen seit Ende der 1950er-Jahre eine neue Bedeutung. Um 1960 entstand die neodadaist. Kunstrichtung →Fluxus; ihre Anfänge gehen nicht zuletzt auf den amerikan. Komponisten J. CAGE zurück, der 1952 als erste Multimedia-Veranstaltung der Nachkriegszeit ein unbetiteltes Happening zus. mit anderen Künstlern am Black Mountain College (N. C.) unter Einbeziehung von Klaviermusik, Textlesung, Tanz, Bildpräsentation, Film- und Diaprojektion veranstaltete. Überhaupt wurde die Entwicklung multimedialer Darstellung stark von der Neuen Musik beeinflusst. Mit M.-K. befassten sich neben CAGE (›HPSCHD‹, 1967–69) Komponisten wie E. VARÈSE (›Poème électronique‹, 1958), P. SCHAT (›Het labyrinth‹, 1966), LA MONTE YOUNG (›Dream house‹, 1972), D. SCHÖNBACH (›Wenn die Kälte in die Hütte tritt ...‹, 1969), J. A. RIEDL (›Stroboskopie‹, 1971), W. HAUPT (›Musik für eine Landschaft‹, 1973; ›Träume‹, 1977), P. HENRY (›Kyldex I‹, 1973), J. W. MORTHENSON (›Citydrama‹, 1973). Beispielhaft für die Aufhebung der Mediengrenzen in der zeitgenöss. Kunst sind v. a. Environment, Happening und Performance (u. a. LAURIE ANDERSON, VALIE EXPORT, Fischli & Weiss, D. GRAHAM, A. HELLER, REBECCA HORN, B. NAUMAN, N. J. PAIK, W. VOSTELL).

Multimeter, analog oder digital anzeigendes Vielfachmessinstrument, v. a. zur Messung von Spannung, Stromstärke und Widerstand (→elektrische Messgeräte).

Multi Mirror Telescope [ˈmʌltɪ ˈmɪrə ˈtelɪskəʊp, engl.], **Multiple Mirror Telescope** [ˈmʌltɪpl - -], Abk. **MMT** [emem'tiː], **Mehrspiegelteleskop,** 1979 im Whipple-Observatorium auf dem Mount Hopkins (Arizona, USA) in Betrieb genommenes opt. Syntheseteleskop, das anstelle eines Hauptspiegels sechs Einzelspiegel mit je 1,83 m Durchmesser und 5 m Brennweite besitzt, die an den Ecken eines regelmäßigen Sechsecks (Seitenlänge 2,6 m) auf einer gemeinsamen Montierung angebracht sind. Die von den sechs Spiegeln ausgehenden Lichtbündel werden über Sekundärspiegel in einem gemeinsamen Brennpunkt auf der Mittelachse des MMT fokussiert. Die erforderl. Genauigkeit der Ausrichtung der Einzelspiegel (auf Bruchteile einer Bogensekunde) wird mithilfe eines computergesteuerten Regelsystems und einem Laser als künstl. Leitstern erreicht. Die Gesamtspiegelfläche entspricht der eines Spiegels von knapp 4,5 m Durchmesser, während für Interferometermessungen eine effektive Öffnung von 6,5 m simuliert werden kann.

Multimomentverfahren, *Statistik:* Verfahren zur Schätzung von Zeitanteilen bei unregelmäßig anfallenden Tätigkeiten (z. B. der Anteil der Reparaturzeiten eines in der Produktion eingesetzten Gerätes). Dabei werden die Stichprobenwerte zu zufällig gewählten Zeitpunkten (Momenten) beobachtet. M. können im Fertigungs- und Verwaltungsbereich Anwendung finden (z. B. bei der Ermittlung von Nutzungszeiten oder der Lösung von Arbeitsablaufproblemen).

Multimorbidität, Polymorbidität, Polypathie, gleichzeitiges Bestehen mehrerer Krankheiten.

Multinationale Division, Eingreifverband der NATO, →MND.

multinationale Streitkräfte, militär. Verbände, die sich aus Einheiten mehrerer Staaten zusammensetzen und von einem gemeinsamen Kommando geführt werden. Die NATO, die bereits während des Ost-West-Konflikts über mobile multinat. Land-, Luft- und Seestreitkräfte verfügte, einigte sich in ihrer Londoner Erklärung 1990 bzw. in dem auf der Gipfelkonferenz von Rom 1991 verabschiedeten neuen strateg. Konzept darauf, das Prinzip der m. S. noch zu verstärken. Multinationalität wurde einerseits angesichts der Truppenreduzierungen infolge von Abrüstungsvereinbarungen militärisch zwingend, andererseits wirtschaftlich notwendig, da zahlr. Staaten operative Großverbände finanziell nicht mehr unterhalten konnten oder wollten. Alle nat. Verbände innerhalb der m. S. der NATO bzw. der WEU unterstehen in Friedenszeiten ihren nat. Kommandobehörden, jedoch im Einsatzfall alliierten Befehlshabern. Gegenwärtig (1997) existieren folgende multinat. Verbände innerhalb der NATO: die 1961 aufgestellten luftbewegl. Kräfte →AMF, die zwei seit 1993 einsatzbereiten →Deutsch-Amerikanischen Korps, die seit 1994 einsatzbereite Multinationale Division (→MND), der 1995 in Dienst gestellte Verband →ARRC, das 1995 in Dienst gestellte →Deutsch-Niederländische Korps sowie das 1993 in Dienst gestellte und seit 1995 einsatzbereite →Eurokorps. Der WEU untersteht die 1996 in Dienst gestellte →Eurofor.

multinationale Unternehmen, Abk. **MU, internationale Unternehmen, transnationale Unternehmen,** umgangssprachlich **Multis,** Unternehmen, die – abgesehen vom Land mit dem ursprüngl. Firmensitz (i. d. R. Sitz der Konzernzentrale) – über Produktionsstätten in mehreren Staaten verfügen, einen großen Teil ihrer Umsätze im Ausland tätigen und ihre (strateg.) Unternehmensplanung weltweit ausrichten. Diese Definition ist enger als die der UNO, wonach als MU jedes Unternehmen gilt, das in zwei oder mehr Ländern einen Betrieb kontrolliert. Sie grenzt Unternehmen aus, die lediglich ein globales Vertriebsnetz zum Absatz ihrer in einem Lande konzentrierten Produktion unterhalten, macht die Kennzeichnung als MU jedoch nicht von einer Mindestbetriebsgröße (wichtigste Kriterien sind Umsatz, Beschäftigte, Marktanteile, marktbeherrschende Stellung) abhängig. Auch mittlere Unternehmen erfüllen vielfach die Kriterien eines MU. Dennoch wird bei der Bez. ›Multi‹ i. d. R. an Großunternehmen mit einem gewissen Bekanntheitsgrad gedacht. MU entstehen durch internat. Kapitaltransaktionen zum Zwecke der Errichtung oder des Erwerbs ausländ. Produktionsstätten, die i. d. R. rechtlich selbstständig sind bzw. bleiben (d. h. ein MU ist fast immer ein Konzern).

Statistisch ist es schwierig, internat. Kapitaltransaktionen mit dieser Zielsetzung abzugrenzen von solchen, die nur der Anlage von Geldvermögen (z. B. in ausländ. Aktien) dienen. Die Dt. Bundesbank erfasst daher als →Direktinvestitionen nur solchen Erwerb von Kapitalanteilen, der zu einer Beteiligung von mindestens 20 % führt, während die UNCTAD in ihrem jährlich erscheinenden ›World Investment Report‹ bereits ab 10 % von Direktinvestitionen spricht. Hieraus resultieren erhebl. Abweichungen zw. den versch. Statistiken.

Das Fehlen einer einheitl. Definition erschwert Aussagen über wirtschaftl. Bedeutung von MU. Nach Schätzungen stieg ihre Zahl von (1970) 7 000 auf (1996) 44 000 mit rd. 280 000 Tochtergesellschaften im Ausland. Noch stammt die Mehrzahl der Konzerne mit einem hohen Anteil an Auslandsvermögen aus den Industriestaaten, doch die in Schwellenländern ansässigen MU wachsen rasch und investieren ihrerseits in Industrieländern. Die UNCTAD geht davon aus, dass der Kapitalstock von Unternehmen im Ausland zw. 1980 und 1994 um das Sechsfache auf rd. 2 700 Mrd. US-$ gestiegen ist.

Schlüsselbegriff

Mult multinationale Unternehmen

Die 50 umsatzstärksten Unternehmen der Welt (1996)

Unternehmen	Staat	Umsatz in Mio. US-$	Beschäftigte
General Motors	USA	168 369	647 000
Ford Motor	USA	146 991	371 700
Mitsui	Japan	144 943	41 700
Mitsubishi	Japan	140 204	35 000
Itochu	Japan	135 542	7 000
Royal Dutch/Shell-Gruppe	Großbritannien/Niederlande	128 175	101 000
Marubeni	Japan	124 027	65 000
Exxon	USA	119 434	79 000
Sumitomo	Japan	119 281	26 200
Toyota Motor	Japan	108 702	150 700
Wal-Mart Stores	USA	106 147	675 000
General Electric	USA	79 179	239 000
Nissho Iwai	Japan	78 921	17 500
Nippon Telegraph & Telephone	Japan	78 321	230 300
IBM	USA	75 947	268 700
Hitachi	Japan	75 669	330 200
AT & T	USA	74 525	130 400
Nippon Life Insurance	Japan	72 575	86 700
Mobil	USA	72 267	43 000
Daimler-Benz	Deutschland	71 589	290 000
British Petroleum	Großbritannien	69 852	53 200
Matsushita Electric Industrial	Japan	68 148	270 700
Volkswagen	Deutschland	66 528	260 800
Daewoo	Süd-Korea	65 160	186 300
Siemens	Deutschland	63 705	379 000
Chrysler	USA	61 397	126 000
Nissan Motor	Japan	59 118	135 300
Allianz Holding	Deutschland	56 577	65 800
U. S. Postal Service	USA	56 402	887 500
Philip Morris	USA	54 553	154 000
Unilever	Großbritannien/Niederlande	52 067	306 000
Fiat	Italien	50 509	237 900
Sony	Japan	50 278	163 000
Dai-Ichi Mutual Life Insurance	Japan	49 145	67 000
IRI	Italien	49 056	132 500
Nestlé	Schweiz	48 933	221 100
Toshiba	Japan	48 416	186 000
Honda Motor	Japan	46 995	101 100
Elf Aquitaine	Frankreich	46 818	85 400
Tomen	Japan	46 506	11 500
VEBA-Gruppe	Deutschland	45 246	122 100
Tokyo Electric Power	Japan	44 735	43 200
Texaco	USA	44 561	29 000
Sumitomo Life Insurance	Japan	44 063	67 000
Sunkyong	Süd-Korea	44 031	33 300
NEC	Japan	43 933	152 000
Électricité de France	Frankreich	43 659	116 900
State Farm Insurance	USA	42 781	71 600
Deutsche Telekom	Deutschland	41 911	201 000
Philips Electronics	Niederlande	41 037	263 000

Bedeutung und Entwicklung

Bis ins 19. Jh. beschränkten Unternehmen ihre Auslandsaktivitäten auf direkte Importe bzw. Exporte; gelegentlich unterhielt ein Unternehmen Handelsniederlassungen im Ausland (→Handelskompanien). Ab Mitte des 19. Jh. begannen die ersten Unternehmen mit der Errichtung bzw. dem Erwerb von Betrieben im Ausland. Zu den ersten MU gehörten die Mineralölkonzerne – z. B. Rockefellers Standard Oil (heute Exxon Corp.). Aber auch andere amerikan. und europ. Unternehmen unterhielten bald bedeutende Produktionsstätten im Ausland (z. B. ITT, General Electric, United Fruit Company, Siemens). Die Internationalisierung der Produktion setzte sich auch nach dem Ersten Weltkrieg fort (z. B. 1929 Übernahme von Opel durch General Motors). Ihre heutige Bedeutung gewannen die MU jedoch erst nach dem Zweiten Weltkrieg. Bis zum Ende der 60er-Jahre stammten die meisten MU aus den USA. Technolog. Vorsprung, Überbewertung des US-Dollar und kapitalmäßige Überlegenheit waren die wichtigsten Ursachen für die weltweite Expansion der amerikan. Konzerne. Das rasche Wirtschaftswachstum in Europa und die wirtschaftl. Integration in den EG lockten zahlr. Unternehmen aus den USA an. Die Expansion in die Entwicklungsländer und umfangreiche Aufkäufe europ. Unternehmen durch Konzerne der USA lösten in der Öffentlichkeit eine krit. Diskussion um die ›Multis‹ aus. Seit Mitte der 70er-Jahre geht das Wachstum der MU nicht mehr allein von den USA aus. Bes. europ. und jap. MU expandieren, nicht zuletzt auch auf den amerikan. Markt (z. B. Produktion jap. Autos und Fernsehgeräte in den USA). Neben die MU aus den Industrieländern treten – wenn auch noch mit geringerer Bedeutung – solche aus Schwellenländern. Von den 500 umsatzstärksten Unternehmen der Welt haben (1996) 161 ihren Sitz in den USA, 122 in Japan, 41 in Frankreich, 40 in Dtl., 36 in Großbritannien, 14 in der Schweiz, 13 in Süd-Korea, 13 in Italien, 11 in den Niederlanden, 5 in Kanada und 4 in Spanien.

Im Vergleich zu vorherigen Phasen führt die wachsende Diversifikation vieler MU zur Entstehung von →Mischkonzernen. Auch sind MU nicht mehr auf die Urproduktion und das verarbeitende Gewerbe beschränkt, sondern finden sich zunehmend im Dienstleistungssektor. So zählen zu den MU zunehmend auch Handelsunternehmen, Medienkonzerne, Banken und Versicherungsgesellschaften. In dem Maße, wie sich Firmenzusammenschlüsse und -übernahmen (→Mergers & Acquisitions) zu wesentl. Elementen der internat. Konzernstrategie an den Börsen entwickeln, entsteht mit internat. Broker-Häusern ein neuer Typ von MU.

Bedeutung und Zunahme der MU können durch Umfang und Wachstum der internat. Kapitalverflechtungen verdeutlicht werden. So betrug 1980 der Bestand an Direktinvestitionen nach Schätzungen der UNCTAD 513 Mrd. US-$, 1995 dagegen rd. 2 730 Mrd. US-$. Größte weltweite Investoren sind die EU-Staaten (1 209 Mrd. US-$), die USA (706 Mrd. US-$) und Japan (305 Mrd. US-$). Auf der anderen Seite sind in den EU-Bereich insgesamt 1 028 Mrd. US-$ geflossen, in die USA 566 Mrd. US-$, nach Japan dagegen nur 18 Mrd. US-$. In die Nicht-OECD-Staaten flossen insgesamt rd. 690 Mrd. US-$, wovon etwa 32 Mrd. US-$ auf die Reformstaaten in Mittel- und Osteuropa entfielen.

Die Dominanz der westl. Industrieländer und die weltwirtschaftl. Verflechtungen werden auch daran deutlich, dass 1995 rd. 64 % aller Auslandsinvestitionen in Industrieländern getätigt wurden und nur etwa 32 % in Entwicklungsländern sowie 4 % in den Reformstaaten Mittel- und Osteuropas. Für die beiden letztgenannten Staatengruppen ist jedoch ein im Zeitverlauf steigender Anteil zu verzeichnen.

Der jährl. Kapitalzufluss durch ausländ. Direktinvestitionen wird häufig als Indikator für die internat. Attraktivität eines Wirtschaftsstandortes angesehen. Hier weist Dtl. im europ. Vergleich für 1995 mit lediglich 9 Mrd. US-$ eine relativ schwache Position auf. Im gleichen Zeitraum flossen nach Großbritannien 30 Mrd. US-$, nach Frankreich 20 Mrd. US-$, und selbst Schweden bzw. die Niederlande kommen trotz einer wesentl. geringeren Wirtschaftsleistung noch auf 14 bzw. 10 Mrd. US-$.

Auch wenn nicht alle Direktinvestitionen MU zuzurechnen sind, dokumentieren diese Zahlen dennoch die im Vergleich zu nat. Unternehmen überproportionale Expansion der MU. Die UNCTAD geht bei ihrer Bewertung der Unternehmen (›Globalisierungsindex‹) nicht von absoluten Größen, sondern v. a. vom jeweiligen Auslandsanteil bei Vermögen, Umsatz und Beschäftigung aus.

multinationale Unternehmen **Mult**

Dass die MU die mit Abstand wichtigste Gruppe nichtstaatl. Akteure in Weltwirtschaft und Weltpolitik sind, wird u. a. dadurch unterstrichen, dass ihr Anteil am Welthandel auf bis zu 50% geschätzt wird, dass multinat. Banken den größten Teil der internat. Kapitalbewegungen abwickeln, dass 80–90% des Außenhandels westl. Industrieländer auf MU entfallen und 40–50% dieses Handels konzerninterner Handel sind. Entscheidungen in den Führungsspitzen von MU (z. B. über Finanzmittel, Marktstrategien, Innovationen, Arbeitskräfte, Produktionsstätten) spielen eine wichtige Rolle für die wirtschaftl., soziokulturelle und polit. Struktur des internat. Systems. Dabei gewinnt die Kooperation zw. Unternehmensbereichen von MU bis hin zu Jointventures (als Konsortien, Arbeitsgemeinschaften oder gemeinsame Tochtergesellschaften) an Bedeutung. Durch solche (strateg.) Allianzen wollen die MU ihre individuellen Stärken ergänzen und/oder ihre individuellen Schwächen ausgleichen.

Die Expansion der MU wurde begünstigt durch die Liberalisierung des Welthandels und des internat. Zahlungsverkehrs (z. B. Erleichterung internat. Kapitalbewegungen, Schaffung internat. Finanzmärkte) sowie durch marktwirtschaftl. Strukturen und entsprechende Wirtschaftspolitik in westl. Industrieländern. Unterstützt wurde dieser Prozess auch durch den anhaltenden Trend zur Globalisierung der Produktion, aktive Reformprogramme, hohe Wachstumsraten und makroökonom. Stabilität in versch. Entwicklungsländern. Eine wesentl. Voraussetzung für die zentrale Lenkung globaler Unternehmensaktivitäten ist die Entwicklung moderner Technologien im Informations-, Kommunikations- und Verkehrswesen.

Die zwölf größten multinationalen Unternehmen[1] (1996)

Unternehmen	Staat	Auslandsvermögen in Mrd. US-$	Auslandsumsatz in Mrd. US-$
Royal Dutch/Shell-Gruppe	Großbritannien/Niederlande	79	80
Ford Motor	USA	69	41
General Electric	USA	69	17
Exxon	USA	66	96
General Motors	USA	54	47
Volkswagen	Deutschland	49	37
IBM	USA	41	45
Toyota Motor	Japan	36	50
Nestlé	Schweiz	33	47
Mitsubishi	Japan	–[2]	51
Bayer	Deutschland	28	19
Asea Brown Boveri (ABB)	Schweiz	27	29

[1] gemessen am Umfang der ausländischen Aktiva und des Auslandsumsatzes. – [2] keine Angaben zu ermitteln.

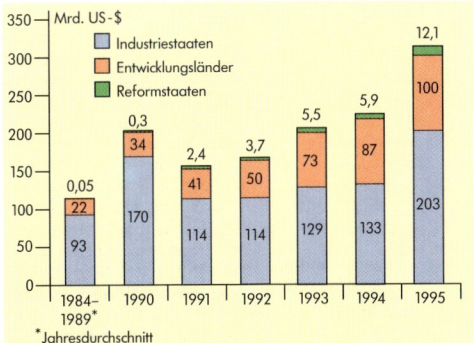

multinationale Unternehmen: Jährlicher Kapitalzufluss durch Direktinvestitionen in verschiedene Ländergruppen

Betriebswirtschaftliche Aspekte

An erster Stelle der Motive für eine internat. Geschäftstätigkeit stehen die Erschließung neuer und die Sicherung bestehender Absatzmärkte. Produktion und Marketing ›vor Ort‹ erleichtern das Eingehen auf spezif. Konsumgewohnheiten und Markterfordernisse. Dabei spielen MU bei der Verbreitung westl. Konsumgewohnheiten und Wertvorstellungen in Entwicklungsländern eine wesentl. Rolle. Werden Märkte durch Zölle und andere Handelshemmnisse geschützt, ermöglicht die Errichtung bzw. der Erwerb von Betrieben den Marktzugang. Ein weiteres Motiv ist die Ausnutzung von unterschiedl. Arbeitskosten: Arbeitsintensive Produktionen oder Teilprozesse werden vielfach in Entwicklungs- bzw. Schwellenländer oder mittel- und osteurop. Staaten verlagert (›Niedriglohnländer‹). Auch die Sicherung der Rohstoffversorgung kann ein wichtiger Grund für Auslandsinvestitionen sein. Um Transportkosten zu sparen, werden häufig verarbeitende Betriebe angegliedert. Von wachsender Bedeutung ist das Bestreben, neues technolog. Wissen sowie Informationen über Kundenpräferenzen und lokale Marktentwicklungen zu absorbieren. Kapitalstarke MU übernehmen innovative kleinere Unternehmen und sorgen für breite Einführung der Innovationen. Eine wichtige Rolle in den Strategien der MU spielt auch die Nutzung von unternehmensspezif. Größenvorteilen. Solche Größenvorteile entstehen z. B. dann, wenn ein Unternehmen hohe, einmalig anfallende Kosten in Forschung, Entwicklung und im Marketing hat. Durch eine Erhöhung des Güterabsatzes (Verstärkung der Marktgröße) können die Durchschnittskosten gesenkt und damit die Wettbewerbsposition gegenüber Konkurrenten verbessert werden. Weitere Motive liefern die von den jeweiligen Staaten gesetzten Rahmenbedingungen. Geringere Gewinnbesteuerung, staatl. Investitionszuschüsse, moderate arbeitsrechtliche Bestimmungen, aber auch fehlende oder unzureichende Umwelt- und Wettbewerbsgesetze sind Faktoren, die Standortentscheidungen beeinflussen. Eine Rolle spielen auch das ›soziale Klima‹ (Streikhäufigkeit) und die polit. Stabilität des Gastlandes, Qualifikation der Arbeitskräfte, Infrastruktur und die Nähe von Forschungseinrichtungen.

Die Internationalisierung ergibt für die Konzernleitung aber auch Probleme in Bezug auf unterschiedl. Rechts- und Wirtschaftsordnungen, soziokulturelle Bedingungen und Mentalitätsunterschiede. Gleichzeitig ist die Ausrichtung des Konzerns auf globale Zielvorgaben Voraussetzung für die Ausnutzung der Standortvorteile und Synergieeffekte. Die Konzernzentrale steht vor der Aufgabe, das richtige Maß an Zentralisierung und Verselbstständigung der Tochtergesellschaften zu finden. Nicht immer gehören die großen MU – gemessen an der Umsatz- oder Kapitalrendite – zu den bes. erfolgreichen Unternehmen.

Volkswirtschaftliche und politische Wirkungen

Die Diskussion um MU ist kontrovers. Am wenigsten umstritten ist ihr Beitrag zur internat. Arbeitsteilung, zur Ausweitung des Welthandels und zum wirtschaftl. Wachstum. MU sind die Hauptakteure bei der Entstehung weltweiter Märkte (→Globalisierung). Sie bestimmen mit ihren Investitions-, Produktions- und Produktentscheidungen zunehmend Charakter und Formen des internat. Handels. Außerdem spielen sie eine wichtige Rolle bei der Verbreitung von techn. und betriebswirtschaftl. Wissen. Direktinvestitionen bedeuten i. d. R. auch Transfer moderner Technologien. Allerdings bleiben MU in Entwicklungsländern oft ›technolog. Inseln‹ (→Zentrum-Peripherie-Modell). Probleme entstehen, wenn im Stammland eine Verschlechterung der Wettbewerbsposition durch Abfluss von techn. Wissen ins Ausland droht bzw. in den Gastländern die führenden Wirtschaftszweige durch ausländ. Konzerne beherrscht und Anstrengungen in Forschung und Entwicklung beschränkt werden.

MU beeinflussen die Zahlungsbilanz in mehrfacher Weise. Für die Wirkungen auf die Leistungsbilanz des Stammlandes kommt es darauf an, ob die Produktion im Ausland bisherige Exporte ersetzt oder – was überwiegend anzunehmen ist – netto zu zusätzl. Handel führt. Diente die Direktinvestition dazu, Handelshemmnisse zu überspringen, wird kein Export substituiert. Die Kapitalbilanz des Stammlandes wird durch die Direktinvestition zunächst belastet, die des Gastlandes entlastet. Werden später Gewinne transferiert, sind die Wirkungen auf die Kapitalbilanz umgekehrt.

Umstritten sind die Wirkungen auf die Beschäftigung und die Position von Arbeitnehmern und Gewerkschaften. Im Stammland tritt vielfach ein Verlust von Arbeitsplätzen ein, wenn diese in ›Niedriglohnländer‹ verlagert werden. Dem steht die Sicherung von Arbeitsplätzen gegenüber, wenn aus den Auslandbetrieben billigere Vorprodukte bezogen oder Auslandsmärkte gesichert werden können und wenn die im Ausland zusätzlich verdienten Devisen wieder zum Ankauf von inländ. Erzeugnissen verwendet werden. Im Gastland führt die Errichtung neuer Betriebe zu zusätzl. Arbeitsplätzen. Dies ist nicht der Fall, wenn bestehende Betriebe aufgekauft werden. Die Etablierung eines technologisch fortschrittl. MU hat im Gastland i. d. R. einen positiven Effekt auf Löhne und Arbeitsbedingungen. Allerdings kann in einem Entwicklungsland ein großes MU eine dominierende Position am Arbeitsmarkt und eine starke Verhandlungsmacht gegenüber Arbeitnehmern und Gewerkschaften innehaben. Auch können die in einem Staat geltenden Mitbestimmungsrechte z. T. unwirksam werden, wenn die Unternehmensentscheidungen in der ausländ. Konzernzentrale fallen.

Wettbewerbsvorteile können MU durch die Gestaltung der konzerninternen Verrechnungspreise und Zahlungsbedingungen erlangen. Erhöht z. B. das MU die Preise für konzerninterne Bezüge von einer Tochtergesellschaft, so vermindern sich die Gewinne, die bei ›normaler‹ Kalkulation entstanden wären. Über die Festlegung der konzerninternen Preise lassen sich daher Gewinne in ein Land mit günstigerer Besteuerung verlagern. Hierdurch können sich MU dem Zugriff nat. Steuerbehörden weitgehend entziehen. So nutzen MU häufig die durch öffentl. Mittel bereitgestellte Infrastruktur eines Staates, ohne durch eigene Steuerzahlungen hierzu einen Beitrag zu leisten.

Grundsätzlich belebt das Auftreten ausländ. Konkurrenten den Wettbewerb auf nat. Märkten. Neue Produkte und Produktionsverfahren zwingen die inländ. Produzenten zu verstärkten innovativen Anstrengungen, nat. Kartelle und Oligopolmärkte werden aufgebrochen. Zudem haben MU die Möglichkeit, protektionist. Tendenzen durch Direktinvestitionen zu umgehen. Diese positive wettbewerbspolit. Einschätzung von MU gilt jedoch uneingeschränkt nur bei der Neugründung von Betrieben. Dagegen führt die Übernahme bestehender Unternehmen durch MU häufig zu Konzentrationsprozessen und damit zu einer Einschränkung des Wettbewerbs. Andererseits kann es aber auch (z. B. aus Angst vor Überfremdung) zu einer meist staatlich unterstützten Konzentration nat. Unternehmen kommen bis hin zum Aufbau von MU in Staatsbesitz (→öffentliche Unternehmen).

Ihre Finanzmacht, ihre Möglichkeiten zu internen ›Gewinnverlagerungen‹ zw. den einzelnen Konzernunternehmen und die Tatsache, dass den weltweiten Aktionsmöglichkeiten von MU eine auf nat. Märkte beschränkte Wettbewerbskontrolle gegenübersteht, macht große MU zu einem besonderen wettbewerbspolit. Faktor. So erhalten Tochtergesellschaften von MU durch die Finanzkraft des hinter ihnen stehenden Konzerns eine Marktstellung, die über ihren tatsächl. Marktanteil hinausgehen.

Die globale Ausrichtung von MU kann zu Konflikten mit Zielen nat. Politik führen. Außerdem versuchen MU häufig, auf Reg. und Parlamente Einfluss zu nehmen. Bes. in Entwicklungsländern gibt es Beispiele von Verbindungen, die weit über legitimen Lobbyismus hinausgehen, wobei Druck auf die polit. Führung des Gastlandes ausgeübt und polit. Unterstützung durch den Heimatstaat mobilisiert werden kann. Als bekanntes Beispiel gilt die lange andauernde Machtstellung der United Fruit Company in Mittelamerika. Auch gegenüber Industriestaaten können MU durch die Drohung, Arbeitsplätze ins Ausland zu verlagern, in Zeiten hoher Arbeitslosigkeit Druck ausüben. Durch die Möglichkeiten, die eigenen globalen Unternehmensziele gegenüber Staaten durchzusetzen, und durch strateg. Entscheidungen über Standorte, Arbeitsplätze, Technologien, Gewinne können zwischenstaatl. Verteilungskonflikte entstehen bzw. verstärkt und die Erfolgsaussichten nat. Wirtschaftspolitik eingeschränkt werden. Solange eine vergleichbare Gegenmacht auf internat. Ebene fehlt, besitzen MU Handlungsspielräume, die zu Machtmissbrauch gegenüber Konkurrenten und Reg. sowie zu einer einseitigen Ausrichtung weltwirtschaftl. Abläufe an privatwirtschaftl. Gewinnmaximierung führen können. Gesellschaftspolit. Ziele (z. B. gerechte Verteilung, Umweltschutz, Mitbestimmung) werden dadurch in den Hintergrund gedrängt.

Kontrollmöglichkeiten

Ansatzpunkte zur Begrenzung und Kontrolle der wirtschaftl. und polit. Macht von MU bestehen zunächst auf nat. Ebene. So enthält das dt. Außensteuergesetz Regelungen zur Vermeidung von Gewinnverlagerungen: § 1 schreibt vor, dass in Geschäftsbeziehungen zw. Gesellschaften eines MU die Bedingungen anzuwenden sind, die unter unabhängigen Dritten üblich sind. Das dt. Wettbewerbsrecht gilt auch für inländ. Tochtergesellschaften von MU. Es findet nach § 98 Abs. 2 Ges. gegen Wettbewerbsbeschränkung auch Anwendung auf Wettbewerbsbeschränkungen, die von im Ausland ansässigen Unternehmen verursacht werden, wenn sie sich im Inland auswirken. Probleme ergeben sich jedoch in den Fällen, in denen die Beschlüsse in der ausländ. Konzernzentrale gefasst werden. Für die Wettbewerbspolitik im Rahmen der EU gegenüber MU sind ferner die Art. 85 und 86 EG-Vertrag und die am 21. 9. 1990 in Kraft getretene Fusionskontroll-VO von Bedeutung. Die weltweiten Aktivitäten von großen MU lassen sich damit jedoch nicht wirksam kontrollieren. Stärkstes Mittel der nat. Politik, das v. a. von Entwicklungsländern in den 60er- und 70er-Jahren vornehmlich im Rohstoffsektor eingesetzt wurde, ist die vollständige oder teilweise Verstaatlichung von Tochtergesellschaften.

Die Aktionsfelder verlagern sich auf zwischenstaatl. Zusammenarbeit und internat. Organisationen. Dabei geht es nicht nur darum, negative Auswirkungen der Tätigkeit von MU einzudämmen, sondern auch positive Wirkungen zu unterstützen, z. B. durch Maßnahmen der Exportförderung und durch Investitionsschutzabkommen. Auf internat. Ebene gilt es v. a. ein Rahmenwerk zu schaffen, das ähnlich wie das GATT und die Bestimmungen über den Internat. Währungsfonds und die Weltbank eine Grundlage für die Tätigkeit der MU und ein internat. Recht für Direktinvestitionen bildet. Darum bemühen sich u. a. die Organe der EG und der OECD, wobei die entsprechenden Vereinbarungen im Rahmen der WTO getroffen werden sollen. Die Welthandelskonferenz UNCTAD hat Richtlinien für die Tätigkeit der MU in Entwicklungsländern verabschiedet, die OECD einen Ausschuss für internat. Investitionen und MU gegründet sowie Leitsätze für MU als Empfehlungen formuliert. Mit dem Ziel, ein Gegengewicht zu schaffen, bemühen sich der Internat. Bund Freier Gewerkschaften und die Internat. Berufssekretariate um eine koordinierte Politik gegenüber den MU (z. B. Bildung von Weltkonzernausschüssen, internat. Koordinierung von Tarifverhandlungen).

⇨ *Fusionskontrolle · Globalisierung · Konzern · marktbeherrschendes Unternehmen · Unternehmenskonzentration · Wettbewerb · Wettbewerbsfähigkeit*

P. J. BAILEY: Möglichkeiten der Kontrolle multinat. Konzerne. Die Rolle internat. Organisationen (²1981); Globaler Wettbewerb. Strategien der neuen Internationalisierung, hg. v. M. E. PORTER (1989); Hwb. Export u. internat. Unternehmung, hg. v. K. MACHARZINA u. a. (1989); M. CASSON: Multinational corporations (Aldershot 1990); J. H. KLINGELE: Die Entwicklung der m. U. aus der Sicht der Internalisierungstheorie (1991); H. TEUFEL: M. U. u. Außenhandelstheorie (1991); M. GUECK u. a.: Multis, Markt & Krise. Unternehmensstrategien im Strukturbruch der Weltwirtschaft (1992); Hb. der Internat. Unternehmenstätigkeit, hg. v. B. N. KUMAR u. H. HAUSSMANN (1992); Multinationals in the New Europa and global trade, hg. v. M. W. KLEIN u. P. J. I. WELFENS (Berlin 1992); M. BARGEL: Internat. Kapital- u. Technologietransfers (1993); G. ESER: Arbeitsrecht im m. U. (1994); Die Internationalisierung von Unternehmungen. Strategien u. Probleme ihrer Umsetzung, hg. v. E. PAUSENBERGER (1994); J. F. H. NEBENDAHL: Derivative Konzernfinanzierungsrechnung im multinat. Konzern (1994); Globalisierung der Wirtschaft. Konsequenzen für Arbeit, Technik u. Umwelt, hg. v. U. STEGER (1996).

Multinomialverteilung, Polynomialverteilung, *Wahrscheinlichkeitstheorie:* eine Verallgemeinerung der →Binomialverteilung, die die $(k-1)$-dimensionale Wahrscheinlichkeitsverteilung für die n-malige Wiederholung eines Versuches mit k mögl. Ergebnissen angibt. Die Binomialverteilung ist der Sonderfall $k = 2$.

Multipara [zu lat. parere ›gebären‹] *die, -/...ren,* **Pluripara,** Frau, die mehrmals geboren hat.

Multiple ['mʌltɪpl, engl.] *das, -s/-s,* in der zeitgenöss. Kunst Bez. für ein Kunstobjekt, das in mehreren Exemplaren hergestellt wurde.

M., bearb. v. R. BLOCK u. a., Ausst.-Kat. (1974); Das Jh. des M., hg. v. Z. FELIX, Ausst.-Kat. Deichtorhallen Hamburg (²1995).

Multiple-Choice-Verfahren ['mʌltɪpl'tʃɔɪs-; engl. multiple choice ›Mehrfachauswahl‹], Fragebogentechnik oder Prüfungsverfahren mit Testbogen, bei dem für jede Frage mehrere Lösungen angegeben sind, von denen die zutreffende(n) angekreuzt werden müssen. Wird in der Meinungsforschung, der Psychodiagnostik und im Prüfungswesen angewendet.

multiple Persönlichkeit, das Vorhandensein zweier oder mehrerer Ichzustände in einer Person, die diese entweder bewusst als traumatisierende Erfahrung erlebt oder in einem Ichzustand von ihren anderen Ichzuständen nichts weiß. Die Diagnose wird in den USA aufgrund nicht so strenger Kriterien häufiger gestellt als in Europa. Sie gilt dort bereits als berechtigt in Fällen von Abwehr extremer traumat. Erfahrungen (z. B. nach sexuellem Missbrauch) sowie durch die Einbeziehung des schizotyp. und/oder des Borderlinesyndroms.

I. HACKING: M. P. Zur Gesch. der Seele in der Moderne (a. d. Amerikan., 1996).

multiple Sklerose, Abk. **MS, Encephalomyelitis disseminata,** häufige Erkrankung des Zentralnervensystems. Ursächlich scheinen neben genet. Faktoren Viruserkrankungen in der frühen Kindheit von Bedeutung zu sein, die zu fehlgesteuerten Abwehrvorgängen führen. In Gehirn und bzw. oder Rückenmark bilden sich verstreut Krankheitsherde durch Zerfall der Markscheiden und nachfolgende Gewebeverhärtung (Sklerose). Die Krankheit tritt meist zw. dem 20. und 50. Lebensjahr auf und verläuft entweder in Schüben oder langsam, z. T. aber auch rasch fortschreitend. Mitunter kommt es zum Stillstand des Prozesses. Frauen sind etwa häufiger als Männer betroffen. Während einer akuten Erkrankungsphase wird die Blut-Hirn-Schranke durchlässig für bestimmte weiße Blutzellen (T-Lymphozyten). Hierdurch scheint es zu einer Schädigung in den Markscheiden zu kommen.

Das Zentralnervensystem kann in den verschiedensten Bereichen geschädigt werden. Entsprechend unterschiedlich ist die Symptomatik. Häufig finden sich Sehnerventzündungen mit meist vorübergehender Sehminderung oder Erblindung auf einem Auge, Gesichtsfeldausfälle, Augenmuskellähmungen mit Doppeltsehen und Augenzittern. Bei Befall des Kleinhirns kommt es zu Gangstörungen, zu skandierender (zerhackter) Sprechweise und zu Intentionstremor (Zielwackeln, z. B. beim Heranführen des Zeigefingers an die Nase). Oft ist die zentrale Bewegungsbahn (Pyramidenbahn) geschädigt. Es treten spast. Lähmungen, Reflexsteigerungen und patholog. Reflexe bei abgeschwächten oder fehlenden Fremdreflexen (z. B. Bauchhautreflexe) auf. Häufig ist auch die Blasenfunktion betroffen, und es kann sich eine Blaseninkontinenz einstellen. Seltener finden sich Darminkontinenz oder Potenzstörungen. Im fortgeschrittenen Stadium kann es außerdem zu psych. Auffälligkeiten kommen mit depressiven Verstimmungen, intellektueller Leistungsminderung sowie scheinbarer, inadäquater Heiterkeit (Euphorie).

Bei über 90 % der Betroffenen können die Herde im Gehirn und inzwischen auch größerer Rückenmarkherde durch Kernspintomographie nachgewiesen werden. Die Diagnostik wird durch eine Untersuchung der Gehirn-Rückenmark-Flüssigkeit erhärtet. Dabei werden bestimmte Eiweißveränderungen bei über 90 % der Betroffenen festgestellt. Neurophysiolog. Untersuchungen mit Messungen der Nervenleitung auf unterschiedl. Sinnesgebieten sowie Untersuchungen der Bewegungsbahnen lassen sowohl zurückliegende als auch aktuelle Schübe erkennen.

Zur *Behandlung* akuter Schübe dienen v. a. Cortisonderivate. Vorbeugend wird zur so genannten Schubprophylaxe bei häufigen Schüben neben dem bislang verwendeten Immunsuppressivum Azathioprin zunehmend Betainterferon eingesetzt. Die Anzahl der Schübe und das Fortschreiten der Behinderung können durch Betainterferonpräparate verringert werden. Außerdem stehen inzwischen weitere Substanzen, z. B. das Polypeptid Copolymer I, zur Verfügung. Muskelkrämpfe werden mit zentralen →muskelerschlaffenden Mitteln behandelt.

Der Verlauf ist im Einzelfall nicht voraussagbar. Bei über einem Drittel der Betroffenen bestehen über Jahrzehnte nur geringe Funktionseinschränkungen.

Bei den nicht so günstigen Verlaufsformen ist durch eine verbesserte medikamentöse Behandlungsmöglichkeit der Komplikationen, z. B. Blasenfunktionsstörungen oder spast. Lähmungen, die Prognose ebenfalls entscheidend günstiger geworden. Von großer Bedeutung sind ferner die Trainingsbehandlung in Form krankengymnast. Übungen sowie psychosoziale Unterstützung. Einen besonderen Stellenwert besitzen die Selbsthilfegruppen für MS-Kranke (in Dtl. zu erfragen bei der Dt. MS Gesellschaft mit Sitz in Hannover).

M. S. Epidemiologie, Diagnostik u. Therapie, hg. v. RUDOLF MANFRED SCHMIDT (^{2}1992); R. W. HECKL: M. S. Klinik, Differentialdiagnose, Behandlung (1994); H. J. BAUER u. D. SEIDEL: MS-Ratgeber. Prakt. Probleme der m. S. (^{5}1996); M. S., bearb. v. J. KESSELRING (^{3}1997).

Multiplett *das, -s/-s,* 1) *Atomphysik* und *Spektroskopie:* physikalisch zusammengehörende Gruppe von Energieniveaus oder Spektrallinien bei Atomen und Atomkernen. Die Aufspaltung der Atomterme und damit der Spektrallinien infolge der Wechselwirkung von Bahndrehimpuls und Spin der Elektronen (→Term) liefert z. B. die M. der →Feinstruktur; aufgrund der Wechselwirkung der Hüllenelektronen mit den Kernmomenten ist i. Allg. jeder Term eines M. der Feinstruktur in ein M. der →Hyperfeinstruktur aufgespalten. M. mit 2, 3, 4, 5, ... Termen heißen **Dubletts, Tripletts, Quartetts, Quintetts** usw.; **Singuletts** bestehen aus einem einzigen Term. Die Anzahl der zu einem M. gehörenden Terme nennt man **Multiplizität**. (→landésche Intervallregel)

2) *Elementarteilchenphysik:* Gruppe von Elementarteilchen, die nach bestimmten Quantenzahlen geordnet ist, z. B. nach dem →Isospin.

Multiplex [lat. ›vielfach‹] *das, -(es)/-,* Freizeitzentrum, in dem der Filmtheaterbetrieb mit mehreren Zuschauersälen in einem Zweckbau zusammen mit anderen Freizeitangeboten, Läden und gastronom. Einrichtungen betrieben wird. Das Platzangebot liegt etwa zw. 1 700 und 5 000 Sitzen; neben hohen Standards bei Raumgestaltung, Ausstattung und Technik des M. sind allg. techn. Voraussetzungen der Kinosäle u. a. Arenaseating (wie im Amphitheater angeordnete Sitzreihen), große gekrümmte Leinwand, neuester techn. Stand der Projektion (THX, Dolby SR).

Multiplexer [engl., zu lat. multiplex] *der, -s/-,* Abk. **MUX,** Einrichtung (Gerät) zur Umwandlung von Kanälen im Raummultiplex (versch. Nachrichten gleichzeitig über je eigene, räumlich getrennte Leitungen) in Zeitmultiplex (→Multiplexsystem); sein Gegenstück ist der →Demultiplexer. In der Analogtechnik werden MUX auch als Messstellenumschalter bezeichnet, in der Digitaltechnik, in der sie z. B. auch zum Aufbau ungetakteter Schieberegister, zur sequenziellen Datenabfrage oder zur Parallel-Serien-Wandlung verwendet werden können, auch als Datenwähler (engl. data selector). I. w. S. wird auch eine Multiplexschaltung, mit deren Hilfe unter Verwendung von Modulatoren Raummultiplexkanäle in Frequenzmultiplexkanäle umgewandelt werden, als MUX bezeichnet.

Multiplexkanal, Realisierung eines Datenkanals für den Datenaustausch zw. langsamen Peripheriegeräten und der Zentraleinheit eines Computers, wobei mehrere versch. Eingabe-/Ausgabeoperationen, häufig miteinander verzahnt, ›gleichzeitig‹ über die gleiche Leitung ablaufen können (→Zeitmultiplex). Bei manchen Datenverarbeitungsanlagen kann ein M. alternativ auch als ›Selektorkanal mit hoher Datenübertragungsrate betrieben werden.

Multiplexsystem, Nachrichtenübertragungssystem, bei dem derselbe Übertragungsweg von einer Vielzahl einzelner Quellen-Senken-Verbindungen (hier ›Bündel‹ gen.) gleichzeitig oder in zeitl. Folge genutzt wird. Damit sich die ›gebündelten‹ Signale nicht beeinflussen und sich am Empfangsort trennen lassen, müssen sie sich in einer charakterist. Eigenschaft unterscheiden, z. B. in der Frequenzlage gleichzeitig verwendeter Frequenzbänder (Frequenzmultiplex, engl. frequency division multiplex, Abk. FDM) oder in der Zeitlage bei zeitlich gestaffelter Übertragung versch. Nachrichten über dasselbe Frequenzband (→Zeitmultiplex, engl. time division multiplex, Abk. TDM). Typ. Beispiele für diese Verfahren sind Trägerfrequenztechnik oder Pulscodemodulation.

Multiplier [ˈmʌltɪplaɪə, engl.], der, →Elektronenvervielfacher.

Multiplikation [lat., zu multiplex ›vielfach‹] *die, -/-en,* eine der vier Grundrechenarten auf dem Körper der reellen Zahlen, bei der zwei Zahlen (**Faktoren**) a und b ihr **Produkt** $a \cdot b$ (auch als $a \times b$ oder ab geschrieben) zugeordnet wird. Die Zahl a heißt **Multiplikand,** die Zahl b **Multiplikator.** Die M. natürl. Zahlen lässt sich als fortgesetzte Addition verstehen: So ist z. B. $4 \cdot 3$ dasselbe wie $3 + 3 + 3 + 3$. Die Umkehrung der M. ist die Division. – Neben der M. reeller Zahlen gibt es noch zahlr. andere M. (oder Produkte), so z. B. die M. für Vektoren, Funktionen oder Matrizen.

Multiplikationsfaktor, *Kerntechnik:* der →Vermehrungsfaktor.

Multiplikativ *das, -s/-e,* **Multiplikativum,** *Sprachwissenschaft:* Wiederholungszahlwort (Zahlwort, das angibt, wie oft etwas vorkommt), z. B. altgriech. ›dis‹, lat. ›bis‹, engl. ›twice‹, dt. ›zweimal‹, ›zweifach‹.

Multiplikator *der, -s/...'toren,* 1) *Mathematik:* →Multiplikation.

2) *Wirtschaftstheorie:* Faktor in der Makroökonomik, mit dem man die Änderung einer exogenen Variablen (z. B. Investitionen) multipliziert, um die zugeordnete Änderung einer endogenen Variablen (z. B. Sozialprodukt) auszurechnen. Ein M. resultiert aus den Parametern des Gleichungssystems eines makroökonom. Modells. Nach der Art der Modelle hat man zumeist statische M. (für komparativ-statische Betrachtungen). Ein M. sagt hierbei aus, um wieviel DM sich der Gleichgewichtswert einer endogenen Variablen ändert, wenn sich eine bestimmte exogene Variable ändert. Der **Investitions-M.** gibt die von einer vermehrten oder verminderten autonomen Investition (Primäreffekt) ausgehenden Sekundärwirkungen auf das Volkseinkommen an (Einkommenseffekt der Investition). Die multiplikative Wirkung hängt ab von dem Verhältnis, in dem aus zusätzl. Güternachfrage entstandenes Mehreinkommen zum Verbrauch oder zum Sparen verwendet wird. Der M. ist umso größer, je mehr Einkommen für Konsumgüter ausgegeben und je weniger gespart (gehortet) wird und umgekehrt. Dieser nach J. M. KEYNES auch als Keynes-M. bezeichnete M. ist im mathemat. Modell der reziproke Wert der Sparquote. In einer offenen Volkswirtschaft mit Staatstätigkeit wird das M.-Prinzip auch zur Beurteilung der Sekundärwirkungen u. a. eines Ausfuhrüberschusses (**Außenhandels-M.,** z. B. **Export-M.** im Rahmen des Einkommensmechanismus), von Änderungen der Staatsausgaben (**Staatsausgaben-M.,** z. B. im Zusammenhang mit dem Haavelmo-Theorem) oder der Steuereinnahmen (**Steuer-M.**) angewendet. Im Zusammenhang mit linearen dynam. Modellen gibt es dynam. M., die periodenspezifisch veränderl. M.-Effekte angeben.

In der Konjunkturtheorie haben P. A. SAMUELSON und J. H. HICKS Modelle entwickelt, in denen die Konjunkturschwankungen durch das Zusammenwirken des M.- und des Akzeleratorprinzips verursacht werden (M.-Akzelerator-Modelle). Das M.-Prinzip wurde in seinen Grundzügen in einer 1903 entwickelten, aber unbeachtet gebliebenen Depressionstheorie dargestellt, aber erst 1931 von R. F. KAHN in die Volkswirtschaftslehre eingeführt.

Multiplizierglied, in der *Analogtechnik* eine nichtlineare Schaltung, die mindestens zwei analoge Eingangsgrößen so verknüpft, dass die Ausgangsgröße dem Produkt der Eingangsgrößen proportional ist. Die hierfür angewendeten Verfahren lassen sich in direkte und indirekte einteilen. Zu den **direkten Verfahren** gehören die Veränderung des Übertragungsfaktors (z. B. durch Steuerung der Steilheit) und Modulationsverfahren, bes. unter Verwendung der Pulsdauermodulation. Bei den **indirekten Verfahren** werden nichtlineare Kennlinien von Bauelementen ausgenutzt, z. B. logarithm. (bes. geeignet bei bipolaren Bauelementen) oder quadrat. (bes. mit Feldeffekttransistoren). Durch den Betrieb eines M. in der Rückführung eines Messverstärkers kann ein Dividierer realisiert werden. – In der *Digitaltechnik* wird die Multiplikation von Dualzahlen in besonderen Schaltwerken auf die Addition zurückgeführt, wobei serielle, parallele und seriell-parallele Verfahren möglich sind.

Multiplizität, *Physik:* 1) Anzahl der Komponenten eines →Multipletts von Spektrallinien; 2) Anzahl der →Terme eines Multipletts von (Energie-)Termen. Bei normaler Kopplung (→Russell-Saunders-Kopplung) ist die M. gleich $2S+1$ für $S \leq L$ und $2L+1$ für $S > L$, wobei S der Gesamtspin und L der Gesamtbahndrehimpuls ist.

Multipol, allg. Bez. für eine beliebige Anordnung von elektr. Ladungen, von Magnetpolen oder auch von Massen, die im Rahmen einer theoret. Behandlung als punktförmig angesehen werden können.

Multipol|entwicklung, die Entwicklung eines Potenzialfelds in eine Reihe, deren Koeffizienten die **Multipolmomente** der Verteilung der entsprechenden Feldquellen sind. Die konkrete Form der Entwicklung, und damit auch die der entsprechenden Multipolmomente, hängt von der Art des Potenzials, vom gewählten Koordinatensystem (z. B. kartes. oder Polarkoordinaten) und i. Allg. auch von der Wahl des Nullpunkts ab. Eine M. ist gewöhnlich nur dann zweckmäßig, wenn der Abstand des Aufpunkts des Feldes von den Quellen groß ist im Vergleich zu dem Bereich, über den diese verteilt sind.

Die Entwicklung des elektr. Potenzials

$$\Phi(r) = \frac{1}{\varepsilon_0} \int \frac{\varrho(r')}{|r-r'|} \mathrm{d}^3 r'$$

(ε_0 elektr. Feldkonstante, ϱ Ladungsdichte) nach →Kugelfunktionen $Y_{lm}(\vartheta, \varphi)$, d. h. in räuml. Polarkoordinaten, lautet

$$\Phi(r) = \frac{1}{4\pi\varepsilon_0} \sum_{l=0}^{\infty} \sum_{m=-l}^{l} \frac{4\pi}{2l+1} q_{lm} r^{-l-1} Y_{lm}(\vartheta, \varphi).$$

Dabei sind die Koeffizienten

$$q_{lm} = \int \varrho(r)(r)^l Y_{lm}^*(\vartheta', \varphi') \mathrm{d}^3 r'$$

die Komponenten der elektr. Multipolmomente in räuml. Polarkoordinaten (der Stern * bedeutet ›konjugiert komplex‹). Die q_{lm} zu einem festen Wert von l sind irreduzible Tensoren l-ter Stufe ($-l \leq m \leq l$). Der Tensor nullter Stufe (Skalar) entspricht der elektr. Ladung, der Tensor erster Stufe (Vektor) dem elektr. **Dipolmoment,** der Tensor zweiter Stufe dem elektr. **Quadrupolmoment,** der Tensor dritter Stufe dem elektr. **Oktupolmoment** usw. Alternativ lässt sich das Potenzial auch in kartes. Koordinaten entwickeln. Die ersten Glieder dieser Entwicklung lauten

$$\Phi(r) = \frac{1}{\varepsilon_0} \left[\frac{q}{r} + \frac{p \cdot r}{r^3} + \frac{1}{2} \sum_{i,j} Q_{ij} \frac{x_i x_j}{r^5} + \dots \right].$$

Danach werden sie zunehmend unübersichtlich. Die Koeffizienten sind hier kartes. Tensoren bzw. deren Elemente: q ist die elektr. Ladung, p das elektr. Dipolmoment, die Q_{ij} sind die Elemente des Tensors des elektr. Quadrupolmoments.

Unter Verwendung von Vektorkugelfunktionen lässt sich das magnet. Vektorpotenzial $A(r)$ auf ähnl. Weise entwickeln. Außerdem ist auch eine Entwicklung der elektromagnet. Strahlung nach oszillierenden Multipolmomenten möglich (→Multipolstrahlung).

Multipolmagnete, Magnete mit einem Mehrfachen von zwei Magnetpolen (z. B. Quadrupolmagnet mit vier Polen, Sextupolmagnet mit sechs Polen usw.), die symmetrisch um eine Achse und mit alternierender Polarität angeordnet sind. Sie dienen v. a. in Teilchenbeschleunigern und in Magnetspektrometern zur Fokussierung der Strahlen aus geladenen Teilchen; i. w. S. werden auch Dipolmagnete zu den M. gerechnet. Neben ›reinen‹ M. gibt es auch Magnete, deren Feldkonfiguration einer Überlagerung der Felder verschiedener M. entspricht.

Multipolmoment, →Multipolentwicklung.

Multipolstrahlung, die Art der elektromagnet. Strahlung, die den einzelnen Termen einer Entwicklung des elektromagnet. Strahlungsfeldes nach Multipolordnungen l entspricht. Eine solche Entwicklung ist dann zweckmäßig, wenn $d/\lambda \lesssim 1$, wobei d die lineare Ausdehnung der Quelle kennzeichnet und λ die Wellenlänge der Strahlung ist. Die Strahlung mit der niedrigsten Multipolordnung, $l = 1$, ist die Dipolstrahlung; auf diese folgen mit $l = 2$ und $l = 3$ die Quadrupolstrahlung bzw. Oktupolstrahlung usw. Die verschiedenen Multipolordnungen sind jeweils durch eine bestimmte Winkelabhängigkeit der abgestrahlten Leistung charakterisiert, die proportional zu $P_l(\cos\vartheta)$ ist, wobei ϑ der Winkel gegen eine durch die Quelle festgelegte Bezugsrichtung ist und P_l ein legendresches Polynom (→legendresche Funktionen). Die in einer Multipolordnung abgestrahlte Leistung ist etwa proportional zu $(d/\lambda)^{2l+2}$.

Bei strahlenden quantenmechan. Systemen ist l die Quantenzahl des von dem emittierten Photon mitgeführten Drehimpulses. Es ist immer $l \geq 1$, da das Photon den Eigendrehimpuls (Spin) 1 hat (in Einheiten von $h/2\pi$, h plancksches Wirkungsquantum). Die Emission eines Photons ist mit einer entsprechenden Drehimpulsänderung des emittierenden Systems verbunden. Bei Atomen und Molekülen kommen praktisch nur Dipolübergänge vor ($l = 1$). Übergänge mit $l > 1$ haben eine so geringe Wahrscheinlichkeit, dass sie i. d. R. gegenüber Konkurrenzprozessen in den Hintergrund treten (z. B. Energieübertragung durch Stoß); sie gelten nach den Auswahlregeln daher als ›verboten‹. Bei Atomkernen dagegen werden Strahlungsübergänge höherer Ordnung häufig beobachtet. Außer von der Drehimpulsänderung des Kerns hängt die Art der Strahlung dabei auch davon ab, ob die beteiligten Zustände gleiche oder verschiedene Parität haben. Je nach den Umständen wird die Strahlung als elektr. oder magnet. M. bezeichnet. In jeder Multipolordnung gibt es nur beide der beiden Arten: elektr. Dipolstrahlung, magnet. Quadrupolstrahlung, elektr. Oktupolstrahlung usw.

Multiprogramming [ˈmʌltɪprəʊɡræmɪŋ, engl.], der →Mehrprogrammbetrieb.

Multiprozessorsystem, *Informatik:* das →Mehrprozessorsystem.

Multispektralscanner [-skænə], **Multispektralabtaster,** Gerät zur primären Bildaufnahme oder zur Abtastung von Bildvorlagen, synchron in versch. Bereichen des elektromagnet. Spektrums. Die optomechan. M. mit einer Bilderzeugung nach Punkten in zeitlich enger Folge werden heute von den optoelektron. M. verdrängt, die einen geometrisch einfacheren Bildaufbau aus einer bis mehreren synchron aufgenommenen Bildzeilen vornehmen. Die Helligkeitswerte der Spektralbereiche eines einzelnen Bildpunktes, des →Pixel, werden i. d. R. digitalisiert und können dadurch der digitalen →Bildverarbeitung zugeführt werden. Die M. finden zunehmende Anwendung in vielen Bereichen von Wiss. und Technik, z. B. bei der Bildaufnahme vom Flugzeug oder Satelliten aus für die →Fernerkundung und →Photogrammmetrie, bei der Abtastung von Fotos aller Art, von Strichzeichnungen (Landkarten, techn. Zeichnungen usw.) im graf. Gewerbe oder in der Kartographie.

Multitasking [ˈmʌltɪtɑːskɪŋ, engl.] *das, -(s)*, **Mehrprozessbetrieb**, *Informatik:* das quasigleichzeitige Abarbeiten mehrerer Aufgaben (→Task) in einer Datenverarbeitungsanlage. Das M. innerhalb eines Programms ist bes. bei Realzeitprogrammen von Bedeutung.

Multituberculata [zu lat. tuberculum ›kleiner Höcker‹], ausgestorbene Ordnung primitiver Säugetiere in Nordamerika, Europa und Nordasien, vom oberen Malm bis zum oberen Eozän. Die Arten der 30–40 Gattungen sind meist nur durch einzelne Zähne belegt (vielhöckrige Backenzähne, nagezahnartige Schneidezähne, z. T. große untere Vorbackenzähne). Die durchschnittlich 15 cm, maximal bis über 1 m langen M. lebten hauptsächlich von Blättern und Früchten.

Multiuser-Betrieb [ˈmʌltɪˈjuːzə-, engl.], *Informatik:* der →Mehrbenutzerbetrieb.

Multivalenz, *Sozialpsychologie:* die Vielheit der Denk-, Wert- und Verhaltensmuster in einer Gesellschaft; auch die Fähigkeit des Individuums, die Mehrwertigkeit dieser Muster zu übernehmen und sich ihnen anzupassen (im Sozialisationsprozess erworben).

multivariat [von gleichbedeutend engl. multivariate], mehrere Variablen betreffend, mehrdimensional; insbesondere in der →Statistik verwendet (z. B. multivariate Statistik, multivariate Analyse).

Multivibrator, elektron. Digitalschaltung, deren Ausgang stets einen von zwei mögl. Signalzuständen hat; die meisten M. besitzen einen zweiten Ausgang mit dem jeweils inversen Signalzustand. Je nach dem Stabilitätsverhalten der Zustände unterscheidet man zw. astabilen M. (beide Zustände instabil, ständiges Hin- und Herpendeln zw. beiden), monostabilen M. (ein Zustand stabil, selbstständige Rückkehr in diesen aus dem instabilen Zustand) und bistabilen M. (beide Zustände stabil, Übergang vom einen in den anderen durch Schaltsignale von außen).

Ein **astabiler M.** (manchmal auch kurz nur als M. bezeichnet) erzeugt ohne Betätigung von außen eine Rechteckschwingung (Relaxationsoszillator), deren Zeitverhalten durch die Zeitkonstanten der Schaltelemente bestimmt wird; er kann diskret aufgebaut oder, z. B. aus zwei monostabilen M., zusammengesetzt werden. **Monostabile M. (Monoflops)** werden durch ein Steuersignal von außen (häufig die Flanke des Eingangssignals) in ihren labilen Zustand versetzt, aus dem sie nach einer gewissen Zeit, deren Dauer durch ein RC-Glied bestimmt wird, von selbst in den stabilen Zustand zurückkehren. Sie werden u. a. zur Erzeugung von Impulsen bestimmter Dauer (z. B. bei der Impulsformung) verwendet. Bei einem als integrierte Schaltung ausgeführten monostabilen M. werden der Widerstand R und die Kapazität C extern zugeschaltet. Zu den **bistabilen M.** wird neben den →Flipflops auch der →Schmitt-Trigger gerechnet.

Multivision, gleichzeitige Darbietung von mehreren, nebeneinander oder zu einer ganzen Schauwand aufgebauten und aufeinander bezogenen Bildern; erfolgt mithilfe mehrerer Dia- und/oder Filmprojektoren oder mithilfe mehrerer Fernseh- und/oder Videogeräte; wird in der Werbung, auf Informations- und Schulungsveranstaltungen verwendet und im künstler. Bereich genutzt. Bei künstler. M.-Shows werden auch die Monitoren nach künstler. Gesichtspunkten angeordnet und unter Umständen mit anderen Elementen kombiniert (Installationen). Durch Verbindung mit Computern, Terminals und Monitoren kann M. vom Zuschauer nicht nur erlebt, sondern durch Steuerung des Programmablaufs auch aktiv benutzt werden.

multivor [zu lat. vorare ›fressen‹], *Biologie:* →polyphag.

Hans Multscher: Christus am Ölberg; Tafel des ›Wurzacher Passionsaltars‹, 1437 (Berlin, Gemäldegalerie)

Multscher, Hans, Bildhauer, Bildschnitzer und Maler, * Reichenhofen (heute zu Leutkirch im Allgäu) um 1400, † Ulm vor dem 13. 3. 1467; ließ sich nach der Gesellenwanderung (vermutlich N-Frankreich, Niederlande und Burgund) 1427 in Ulm nieder, wo er eine große Werkstatt leitete. Die Kenntnis des höfisch-verfeinerten Kunst des Westens und ihres selbstbewussten Menschenbildes zeigt sich in M.s Frühwerken in Schmuckbedürfnis, sensibler Charakterisierung und in einer neuen Intensität des Menschlichen. Dieser Tendenz zur Wirklichkeitsnähe entspricht die in der holzgeschnitzten ›Landsberger Madonna‹ (um 1440; Landsberg a. Lech, Pfarrkirche) vollzogene Abkehr vom →weichen Stil, die sich auch in der realist. Tafelmalerei des ›Wurzacher Passionsaltars‹ (1437; erhaltene Teile in Berlin, Gemäldegalerie) zeigt, zu dessen Schrein diese Figur gehörte. Das bedeutendste Werk der Reifezeit M.s ist der ›Sterzinger Altar‹ (1456–58; Marienaltar mit gemalten Flügeln, diese mit einigen Figuren heute im M.-Museum in Sterzing, Muttergottes und weitere Schreinfiguren noch in der Pfarrkirche). In den Altarflügeln zeigt sich eine Beruhigung der Form, die richtungsweisend wurde für die schwäb. Malerei des 15. Jh. Zu seinen Schule machenden Leistungen gehört auch die Weiterentwicklung des Retabels zum Kapellenschrein (erstmals beim ›Karg-Altar‹, 1433; Ulm, Münster, stark beschädigt). M. gehört zu den bedeutendsten dt. Künstlern an der Wende zum spätgot. Realismus.

Weitere Werke: Figurengruppe am Rathaus in Ulm (1427–30; Originale heute im Museum, ebd.); Schmerzensmann (1429; Ulm, urspr. am Hauptportal des Münsters, heute im Kircheninnern); Trinitätsrelief (um 1430; Frankfurt am Main, Liebieghaus); Grabsteinmodell für Herzog Ludwig VII., den Bärtigen, von Bayern-Ingolstadt (1435; München, Bayer. Nationalmuseum).

M. SCHRÖDER: Das plast. Werk M.s in seiner chronolog. Entwicklung (1955); Der M.-Altar in Sterzing, hg. v. N. RASMO (Bozen 1963); M. TRIPPS: H. M. (1969); H. BECK u. M. BÜCKLING: H. M., Das Frankfurter Trinitätsrelief (1988);

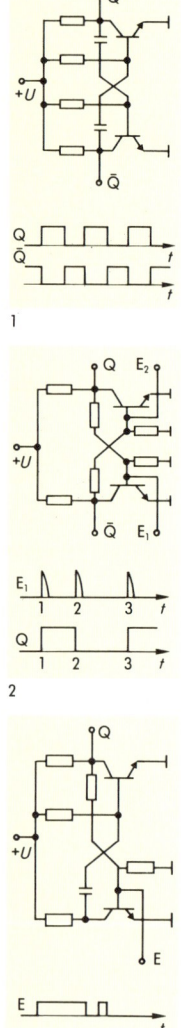

Multivibrator: Oben jeweils Schaltplan, unten Ein- und Ausgangssignale; E, E_1, E_2 Eingänge, Q, $\bar{Q}$ Ausgänge, T Zeitkonstante, t Zeit, U Versorgungsspannung;
1 Astabiler Multivibrator; **2** Bistabiler Multivibrator; **3** Monostabiler Multivibrator

W. MÜNCH: Wege zu H. M. von Reichenhofen. Maler u. Bildhauer in Ulm 1400–1467 (1991); U. SÖDING: H. M. – Der Sterzinger Altar (Bozen 1991); I. DIETRICH: H. M., plast. Malerei – maler. Plastik. Zum Einfluß der Plastik auf die Malerei des M.-Retabel (1992); H. M. Meister der Spätgotik. Sein Werk, seine Schule, seine Zeit, hg. v. M. TRIPPS (1993); H. M., Bildhauer der Spätgotik in Ulm, hg. v. B. REINHARDT, Ausst.-Kat. Ulmer Museum (1997).

multum, non multa [lat. ›viel, nicht vielerlei‹], *bildungssprachlich* für: lieber etwas ganz als vieles halb.

Mulungu [vom Bantu-Wortstamm lungu ›Ahnensippe‹], **Murungu, Mungu,** Gestalt der Urzeit, überliefert in Ahnenreligionen Ostafrikas: Schöpfer von Welt und Menschen.

Muluzi [-zi], Bakili, Politiker in Malawi, * nahe Machinga 17. 3. 1943; studierte in Großbritannien und Dänemark, kehrte 1964 nach Malawi zurück, war Vertrauter des Staatsgründers H. K. BANDA und bis 1984 Mitgl. (ab 1976 Gen.-Sekr.) der Einheitspartei Malawi Congress Party (MCP). Seit 1973 Parlaments-Mitgl. und mehrfach Min., wurde 1982 aller seiner Ämter enthoben. Danach zog er sich aus der Politik zurück. 1992 gründete er die United Democratic Front (UDF) als eine der ersten Oppositionsparteien, die aus den ersten freien Wahlen im Mai 1994 als stärkste Partei hervorging. Er gewann die Präsidentschaftswahl und wurde am 21. 5. 1994 als Staatspräs. vereidigt.

Mumar, von hamir dat ›die Religion wechseln‹] *der, -(s)/...'rim,* **Meschummad** [hebr. ›Ausgetilgter‹], *Judentum:* ein Apostat; prinzipiell unstatthaft, zieht Apostasie traditionell völlige Ächtung (sogar Vollzug der Trauer durch Angehörige) nach sich.

Mumbai, Stadt in Indien, →Bombay.

Mumie [von ital. mummia, über arab. mumiya, zu pers. mūm ›Wachs‹] *die, -/-n,* vor Verwesung geschützter Leichnam, sei es durch natürl. Umstände (große Trockenheit in Wüstengegenden, andauernde große Kälte, Luftabschluss in Verbindung mit Huminsäuren in Mooren, Versinken in Pech- und Asphaltsümpfen, Harzen) oder künstl. Mumifizierung. Im alten Ägypten wurde der Körper (vornehmer) Toter durch Behandlung mit Natron (in fester Form) und nach etwa 40–70 Tagen durch Einbalsamieren und Ausfüllen der Körperhöhlen mit harzgetränktem Leinen oder Sägemehl (v. a. Zedernprodukte) vor dem Zerfall bewahrt (seit Beginn des 3. Jt. v. Chr.). Gehirn und Eingeweide entfernte man vorher, behandelte sie und setzte sie gesondert bei (→Kanopen). Das Herz wurde meist in der M. belassen, der Körper bandagiert. Über das Gesicht und den Kopf bis zum Nacken wurde eine **M.-Maske** aus Leinwand und Papyrusmaché gebildet, z. T. mit Stuck überarbeitet und bemalt. Die M. legte man in einen der menschl. Gestalt angenäherten, bemalten Sarg, der in dem eigentl. Sarkophag ruhte. Seit etwa 1000 v. Chr. kam die **M.-Hülle** aus Leinen und bestuktem Papyrusmaché auf; sie wurde bemalt und mit Ritualtexten beschrieben. In der Tage dauernden Zeremonie der Mundöffnung durch Priester in der Maske des Anubis wurde die M. belebt. Die M. galt als Übergangsgehäuse für den neuen Leib im Jenseits. – Zwei unter einer ehemaligen kopt. Kirche (Region Mittelägypten) entdeckte M. (6. Jh. n. Chr.) wurden nicht nach dem altägypt. Verfahren mit Natron, sondern durch Aufbringen eines Salzgemisches konserviert.

Natürlich mumifizierte Leichen finden sich auch im alten China (Handynastie).

In Altamerika ist die künstl. Mumifizierung aus dem vorkolumb. Peru bekannt. Aus der Zeit der →Chimú stammen ›Trocken-M.‹, die aufgrund der dörrenden Wirkung des trocken-heißen Küstenklimas konserviert wurden und in der Ahnenverehrung der Chimú von Bedeutung waren. Chroniken berichten, dass die M. der Herrscher zu bestimmten Festen hervorgeholt und in feierl. Umzug herumgetragen wurden. Ähnl. Praktiken werden von den Inka berichtet, bei denen anlässlich von Staatsfesten die M. verstorbener Herrscher auf öffentl. Plätzen aufgestellt wurden. Bei den aus dem Fundort Nekropolis in S-Peru stammenden 429 kegelförmigen M. aus der Zeit der Paracaskultur wurden die Muskeln entfernt, danach der Körper durch Hitze und Rauch, unter Zusatz von Kräutern, konserviert. Der Körper wurde mit hochgezogenen Knien in eine sitzende Stellung gebracht und zusammengebunden, Hohlräume polsterte man aus. Um den Körper wickelte man schichtweise kostbare Textilien, dem so entstandenen ›M.-Bündel‹ wurde ein künstl. Kopf aus Baumwolle aufgesetzt, oft mit einer vorgesetzten Maske aus Gold, Kupfer, Stoff oder rot bemaltem Holz. In Ecuador, Kolumbien, Panama und bei den Taino wurden die durch Räuchern oder Eintrocknen über Feuer präparierten M. der Fürsten in Tempeln oder Palästen aufbewahrt.

Künstl. Mumifizierungen sind auch aus Australien, Indien, Afrika sowie von den Kanar. Inseln bekannt.

Mummies, disease, and ancient cultures, hg. v. A. u. E. COCKBURN (Neuausg. Cambridge 1984); M. RÁČEK: Die nicht zu Erde wurden ... Kulturgesch. der konservierten Bestattungsformen (Wien 1985); R. GERMER: Das Geheimnis der Mumien (Neuausg. 1994).

Mumienporträt [-trɛː], **Mumienbildnis,** Bildnis des Verstorbenen, das über dem Gesicht oder auch den Oberkörper einschließend in die Mumienbinde eingefügt wurde; im kaiserzeitl. Ägypten zw. dem 1. und Ende des 4. Jh. n. Chr. ersetzten M. die Mumienmaske (→Mumie). Sie waren in Wachs (Enkaustik) oder in Temperafarben auf Holztafeln, seltener auf Leinwand aufgemalt. Hauptfundgebiet: Faijum.

Mumifikation [zu Mumie und lat. facere, in Zusammensetzungen -ficere ›machen‹, ›tun‹] *die, -/-en,* **Mumifizierung, 1)** *biolog. Präparationstechnik:* Konservierung von Organen oder Geweben durch Wasserentzug, entweder durch Trocknen oder durch Eintauchen in fäulnishemmende Lösungen (z. B. Harze, Pech, Humussäuren).

2) *Medizin:* die trockene →Gangrän.

Mümling *die,* im Unterlauf **Mömling,** linker Nebenfluss des Mains, aus dem hinteren (Buntsandstein-)Odenwald, 60 km lang, mündet bei Elsenfeld.

Mummel, die Pflanzengattung →Teichrose.

Mummelsee, kleiner See an der SO-Flanke der Hornisgrinde, N-Schwarzwald, Bad.-Württ., ein Karsee aus der Würm-Eiszeit, 1 029 m ü. M.

Mummenschanz [urspr. ›von vermummten Personen (während der Fastenzeit) gespieltes Würfelspiel‹,

Hans Multscher: Kopf des heiligen Florian vom ›Sterzinger Altar‹; 1456–58 (Sterzing, Pfarrkirche)

Bakili Muluzi

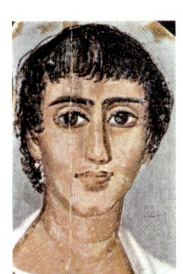

Mumienporträt eines jungen Mannes; 4. Jh. n. Chr. (Hannover, Kestner-Museum)

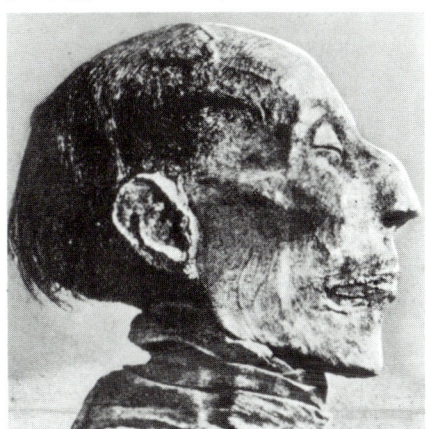

Mumie: Kopf der Mumie des ägyptischen Königs Ramses II. nach dem Entfernen der Mumienumhüllung (Kairo, Ägyptisches Museum)

Mump Mumps – Munch

zu mummen ›(in eine Maske) einhüllen‹ und mhd. schanze ›Fall der Würfel‹, ›Wagnis‹], Tanz und Spiel verkleideter Personen. Im MA. gingen zur Fastnachtszeit Maskierte in die Häuser, um stumm einen Wurf im Würfelspiel anzubieten. Die Bez. ›M.‹ erhielt sich für die schwäbisch-alemann. Fasnet (→Fastnacht). – *Übertragen:* übertriebener Aufwand.

Mumps [engl., von mump ›Grimasse‹] *der,* landschaftlich auch *die, -,* **Ziegenpeter, Parotitis epidemica,** durch das M.-Virus, ein zur Familie der Paramyxoviren gehörendes RNA-Virus, hervorgerufene, weltweit verbreitete, akute, hochansteckende Infektionskrankheit; das Häufigkeitsmaximum von M. liegt zw. dem dritten und achten Lebensjahr.

Die Übertragung erfolgt durch Tröpfchen- und Schmierinfektion; die Ansteckungsfähigkeit beginnt einige Tage vor Krankheitsausbruch und endet etwa 14 Tage später. Nach einer Inkubationszeit von 14–21 Tagen kommt es zu der typ. druckempfindlichen, entzündl. Schwellung der Ohrspeicheldrüsen (zunächst einseitig, dann meist beidseitig) mit Schmerzen beim Kauen, Appetitlosigkeit, Mattigkeit und Erbrechen. Nach etwa einer Woche klingen die Beschwerden ab. In etwa 60 % der Fälle verläuft die Infektion symptomlos. Komplikationen treten in Form einer Mitbeteiligung der Hoden bei männl. Heranwachsenden nach der Pubertät (Gefahr der Sterilität bei doppelseitiger Entzündung) oder einer harmlosen, asept. Gehirnhautentzündung in der zweiten bis dritten Krankheitswoche auf. Die Krankheit hinterlässt lebenslängl. Immunität.

Die *Behandlung* wird symptomatisch mit Wärmeanwendung (bei Fieber und Komplikationen) und Bettruhe durchgeführt. Vorbeugend wirkt die i. d. R. in Kombination (Masern, Röteln) ab dem 15. Lebensmonat vorgenommene Schutzimpfung.

Mun, 1) [mœ̃], **Albert de,** frz. Sozialpolitiker, * Lumigny (Dép. Seine-et-Marne) 28. 2. 1841, † Bordeaux 6. 10. 1914; gründete 1871 – angeregt von W. E. VON KETTELER und als Reaktion auf die Pariser Kommune – ›kath. Arbeitskreise‹ und trat später für einen Zusammenschluss von Unternehmern und Arbeitern ein. – M. war ein führender Vertreter des frz. polit. Katholizismus.

2) San Myung, engl. **Sun Myung Moon** [muːn], korean. Religionsstifter, * Ch'ŏngju (Nord-Korea) 6. 1. (nach dem Mondkalender; nach westl. Zeitrechnung: 25. 2.) 1920; urspr. Presbyterianer, hatte 1936 eine Vision, nach der ihn JESUS CHRISTUS zu einer ›großen Mission‹ berufen habe. Nach weiteren Offenbarungen predigte er seit 1945 in Pjöngjang seine neue Lehre und wurde 1948 aus der presbyterian. Kirche ausgeschlossen. Im selben Jahr verhaftet und zu mehrjährigem Arbeitslager verurteilt, wurde M. zum erklärten Gegner des Kommunismus. 1954 gründete er in Seoul die →Vereinigungskirche. Seine Heirat mit HAK-JA HAN (* 1942) 1960 interpretierte er als die erste sündelose und vollkommene Ehe der Heilsgeschichte. M. lebt seit 1972 in Irvington (N. J.) und leitet von dort aus die Vereinigungskirche und das im Zusammenhang mit ihr entstandene Wirtschaftsimperium.

Munari, Bruno, ital. Maler und Plastiker, * Mailand 24. 10. 1907; konstruierte 1935 seine erste ›macchina inutile‹ (›unbrauchbare Maschine‹; kinet. Drahtobjekte), gab 1949 sein ›Manifesto del meccanismo‹ heraus. M. wurde einer der Bahnbrecher der kinet. Plastik; bezog v. a. durch Lichtbrechungen erzeugte Effekte ein.

Munch [muŋk], **Edvard,** norweg. Maler und Grafiker, * Løten (Prov. Hedmark) 12. 12. 1863, † Hof Ekely (bei Oslo) 23. 1. 1944; begann seine künstler. Ausbildung 1881 in der Zeichenschule in Kristiania (heute Oslo) und setzte sie 1882 bei C. KROHG fort, war jedoch schon ab 1884 selbstständig tätig. Ab 1885 hielt er sich wiederholt in Paris auf, wo er Zeichenunterricht bei L. BONNAT nahm (1889) und sich mit dem frz. Impressionismus auseinander setzte. Bes. beeindruckten ihn V. VAN GOGH, P. GAUGUIN und die Kunst der Symbolisten; er nahm daneben auch Anregungen des Jugendstils auf. 1892 wurde er zu einer großen Ausstellung nach Berlin eingeladen; hier rief sein Werk heftige Kontroversen hervor und führte zur Gründung der Berliner Secession; 1902 stellte er dort 22 Gemälde als ›Lebensfries‹ (1893 ff.) aus. 1906–08 lebte er meist in Dtl. (u. a. ›Lebensfries‹ für die Berliner Kammerspiele, acht von wohl elf Gemälden heute Berlin, Nationalgalerie). 1908 kehrte er nach Norwegen zurück und vollendete dort 1916 die Wandbilder für die Univ. Oslo. M. hat als Wegbereiter des Expressionismus v. a. die dt. Kunst maßgeblich beeinflusst. In seinen Werken behandelte er das Thema der Weltangst, die er in symbol. Darstellungen als Grunderfahrung menschl. Lebens in expressiv verdichteten Metaphern von Einsamkeit, Eifersucht, Liebe und Tod wiedergab. Landschaft bzw. Umraum und Figuren bilden

Edvard Munch: Pubertät; 1895 (Oslo, Nasjonalgalleriet)

Edvard Munch: Eifersucht; Lithographie, 1896

Edvard Munch: Selbstporträt (Ausschnitt aus einer Lithographie, 1895)

in seinem Werk eine auf den inneren Ausdruck konzentrierte Einheit. Der inneren Dramatik entspricht die Ausdrucksform. Für M.s Kompositionen sind große, schwingende Linienzüge bezeichnend, die die inhaltl. Aussagen im Zusammenwirken mit der Konfrontation heller, leuchtender und schwerer, dunkler Farben steigern. Das umfangreiche graf. Werk zählt zu den bedeutendsten Leistungen europ. Druckgrafik des 20. Jh.; auch Zeichnungen und Aquarelle.

Weitere Werke: Das kranke Kind (1885/86; Oslo, Nasjonalgalleriet); Der Schrei (1893; ebd.); Der Tanz des Lebens (1899/1900; ebd.); Vier Mädchen auf der Brücke (1905; Köln, Wallraf-Richartz-Museum); Morgen, Mittag, Abend, Nacht (alle 1925; Oslo, Munch-Museet).

N. STANG: E. M. (a. d. Norweg., Dresden 1977); M. ARNOLD: E. M. (10.–13. Tsd. 1988); E. M., Ausst.-Kat. (1988); E. M. Sommernacht am Oslofjord, um 1900, bearb. v. R. DORN u. a., Ausst.-Kat. (²1988); A. BOE: E. M. (a. d. Norweg., London 1989); A. EGGUM: M. u. die Photographie (a. d. Norweg., 1991); C. GERNER: Die ›Madonna‹ in E. M.s Werk. Frauenbilder u. Frauenbild im ausgehenden 19. Jh. (1993); R. HELLER: E. M. Leben u. Werk (a. d. Engl., 1993); E. M. neue Modelle, hg. v. JOHANN-KARL SCHMIDT, Ausst.-Kat. Galerie der Stadt Stuttgart (1993); J. KNEHER: E. M. in seinen Ausstellungen zw. 1892 u. 1912 (1994); M. u. Dtl., bearb. v. U. M. SCHNEEDE u. D. HANSEN, Ausst.-Kat. Kunsthalle der Hypo-Kulturstiftung, München (a. d. Norweg., 1994); M.s ›Roßkur‹. Experimente mit Technik u. Material, bearb. v. J. THURMANN-MOE, Ausst.-Kat. Hamburger Kunsthalle (1994); K. BJØRNSTAD: E. M. Die Gesch. seines Lebens (a. d. Norweg., 1995).

Münch, 1) Charles, frz. Dirigent, * Straßburg 26. 9. 1891, † Richmond (Va.) 6. 11. 1968; war ab 1923 Konzertmeister des Leipziger Gewandhausorchesters und debütierte 1932 in Paris als Dirigent; leitete ab 1938 das Orchester der Société des Concerts du Conservatoire de Paris, 1949–62 das Boston Symphony Orchestra und ab 1967 das Orchestre de Paris. Er machte sich bes. als Interpret frz. Musik sowie zeitgenöss. Werke einen Namen; schrieb ›Je suis chef d'orchestre‹ (1954; dt. ›Ich bin Dirigent‹).

2) *Richard,* Soziologe, * Niefern (heute zu Niefern-Öschelbronn, Enzkreis) 13. 5. 1945; war 1974–76 Prof. in Köln, 1977–95 in Düsseldorf, seitdem in Bamberg; beschäftigt sich bes. mit Fragen der histor. und theoret. Begründung der Soziologie und mit vergleichender Soziologie; seine Theorie der Moderne schließt an die Arbeiten von M. WEBER und T. PARSONS an.

Werke: Theorie des Handelns. Zur Rekonstruktion der Beitrr. von Talcott Parsons, Émile Durkheim u. Max Weber (1982); Die Kultur der Moderne, 2 Bde. (1986); Dialektik der Kommunikationsgesellschaft (1991); Das Projekt Europa. Zw. Nationalstaat, regionaler Autonomie u. Weltgesellschaft (1993); Sociological theory, 3 Bde. (1993–94); Dynamik der Kommunikationsgesellschaft (1995); Risikopolitik (1996).

Münch-Bellinghausen, Eligius Franz-Joseph Freiherr von, österr. Schriftsteller, →Halm, Friedrich.

Münchberg, Stadt im Landkreis Hof, Bayern, 546 m ü. M., auf der Münchberger Hochfläche (aus Gneis aufgebaute Rumpffläche) des südl. Frankenwalds, 12 100 Ew.; Fachhochschule und Fachschule für Textiltechnik und -gestaltung; Textil- und Bekleidungsindustrie (aus der Heimweberei hervorgegangen). – M., seit dem 10. Jh. bezeugt, wurde vor 1298 Stadt. Bis 1381 kauften die Burggrafen von Nürnberg M., das 1810 an Bayern kam.

Müncheberg, Stadt im Landkreis Märkisch-Oderland, Bbg., 69 m ü. M., östlich von Berlin, 6 100 Ew.; Zentrum für Agrarlandschafts- und Landnutzungsforschung. – M. entstand, 1232 als im Werden bezeugt, in einem 1225 dem Kloster Lebus geschenkten Gebiet. 1253 ging die Stadt an den Erzbischof von Magdeburg, 1300 an die Markgrafen von Brandenburg über.

München, 1) Hauptstadt Bayerns, an der Isar, mit (1997) 1,219 Mio. Ew. drittgrößte Stadt Dtl.s; kreisfreie Stadt und Verw.-Sitz des Landkreises M. und des Reg.-Bez. Oberbayern. Die Stadtregion (Planungsregion) M. besteht aus M. und acht umliegenden Landkreisen mit 186 Gemeinden (2,4 Mio. Ew.).

M. liegt 530 m ü. M. auf der flachen Schotterebene, die sich sanft von den Moränen des eiszeitl. Würmgletschers im S gegen das aus Sanden und Tonen aufgebaute, mit Löss bedeckte Tertiärhügelland im N abdacht, am Austritt der Isar aus ihrem Engtal in die Weite des Erdinger Mooses. Mehr als die geograph. Lage haben jedoch histor. Ereignisse den Aufstieg M.s bewirkt. Nach dem Zweiten Weltkrieg wurde M. eine der am schnellsten wachsenden Städte Dtl.s. Seine Anziehungskraft verdankt es neben dem wirtschaftl. Aufstieg auch seiner geistigen Atmosphäre, in der Bewahrung alter Tradition und drängender Fortschritt ihren Platz haben, seinem kulturellen Leben, seiner Gastronomie und der reizvollen Umgebung. Nach Schätzungen ist etwa ein Drittel der Ew. in M. geboren, über 20% sind Ausländer.

Administrative und kulturelle Einrichtungen: M. ist Sitz des Erzbischofs von M. und Freising. Die Ludwig-Maximilians-Univ. M. wurde 1472 durch Herzog LUDWIG IX., DEN REICHEN, von Bayern-Landshut auf der Grundlage einer päpstl. Bulle von 1459 als Hohe Schule in Ingolstadt geschaffen; 1510 wurde J. ECK berufen; 1556–1772 unter starkem jesuit. Einfluss, Hochburg der Gegenreformation; 1800 wurde die Univ. unter Kurfürst MAXIMILIAN IV. nach Landshut (erhielt 1802 den Namen Ludwig-Maximilians-Univ.) und 1826 durch König LUDWIG I. nach M. verlegt. Weitere Bildungseinrichtungen sind: TU (gegr. 1868), Ukrain. Freie Univ. (gegr. 1921), Univ. der Bundeswehr (z. T. in Neubiberg), Hochschule für Philosophie und für Politik, Fachhochschule M., Staatl. Hochschule für Musik, Akademie der bildenden Künste, Theaterakademie (am Prinzregententheater), Akademie des Deutschen Buchhandels, Schauspielschule, Kath. Stiftungsfachhochschule (für Sozialberufe), Dt. Journalistenschule, Hochschule für Fernsehen und Film, private Fachhochschulen, Bayer. Beamtenfachhochschule, Forschungs- und Technologiezentrum der Deutschen Bahn AG, Wirtschaftsakademie u. a. Fachakademien, Fachschulen (u. a. Meisterschule für Mode). M. ist Sitz der Max-Planck-Gesellschaft und des Goethe-Instituts sowie der Dt. Akademie für Städtebau und Landesplanung, der Bayer. Akademie der Wissenschaften, der Bayer. Akademie der Schönen Künste u. a. wiss. Gesellschaften, des Europ. Patentamtes und verschiedener Behörden und Institutionen des Bundes (Dt. Patentamt, Bundespatentgericht, Bundesfinanzhof); Bayer. Oberstes Landesgericht, Oberlandes-, Landgericht, Bayer. Verfassungsgerichtshof, Bayer. Verwaltungsgerichtshof. Wichtige kulturelle Institutionen sind die zahlr. Museen (u. a. Bayer. Staatsgemäldesammlungen in der Alten und der Neuen Pinakothek, Bayer. Nationalmuseum, Dt. Museum, Prähistor. Staatssammlung, Völkerkundemuseum, Stadtmuseum, Glyptothek, Antikensammlung, Alpines Museum); Bayer. Staatsbibliothek u. a. Bibliotheken; Dt. Bucharchiv M.; Bayer. Staatsoper, Bayer. Staatsschauspiel, zahlr. Theater; Bayerischer Rundfunk, mehrere private Rundfunk- und Fernsehanstalten, Filmstudios; Botan. Garten, Tierpark Hellabrunn, Pferderennbahn Daglfing. Höhepunkte der in M. stattfindenden Veranstaltungen sind die Opernfestspiele (seit 1875 Sommerfestspiele), die Schlosskonzerte und das Filmfest M. (seit 1983).

Wirtschaft: Das Wirtschaftszentrum M. steht nach Größe, Bedeutung und Vielseitigkeit nur hinter Hamburg und Berlin. 1995 zählte M. 780 000 Beschäftigte. Vorherrschende Industriezweige sind die elektron. Industrie, Elektrotechnik, Maschinen- und Fahrzeugbau, feinmechan., opt., Nahrungs- und Genussmittelindustrie (mit sieben Brauereien; Bierausstoß 1995: 5,5 Mio. hl), ferner chem. und Textilindustrie sowie

Charles Münch

München 1)
Stadtwappen

Hauptstadt von Bayern

an der Isar

530 m ü. M.

drittgrößte Stadt Dtl.s

1,219 Mio. Ew.

Oktoberfest

Olympiagelände

Universität (seit 1800), TU u. a. Hochschulen

Deutsches Museum

Alte und Neue Pinakothek

internationaler Flughafen

spätgotische Frauenkirche

Altes Rathaus

Residenzgebäude

Hofgarten

Englischer Garten

Künstlerviertel Schwabing

Viktualienmarkt

Hofbräuhaus

gegründet 1158

Stadtrecht seit 1294

seit 1255 Residenz der Wittelsbacher, seit 1918 Hauptstadt des Freistaates Bayern

München: Stadtplan

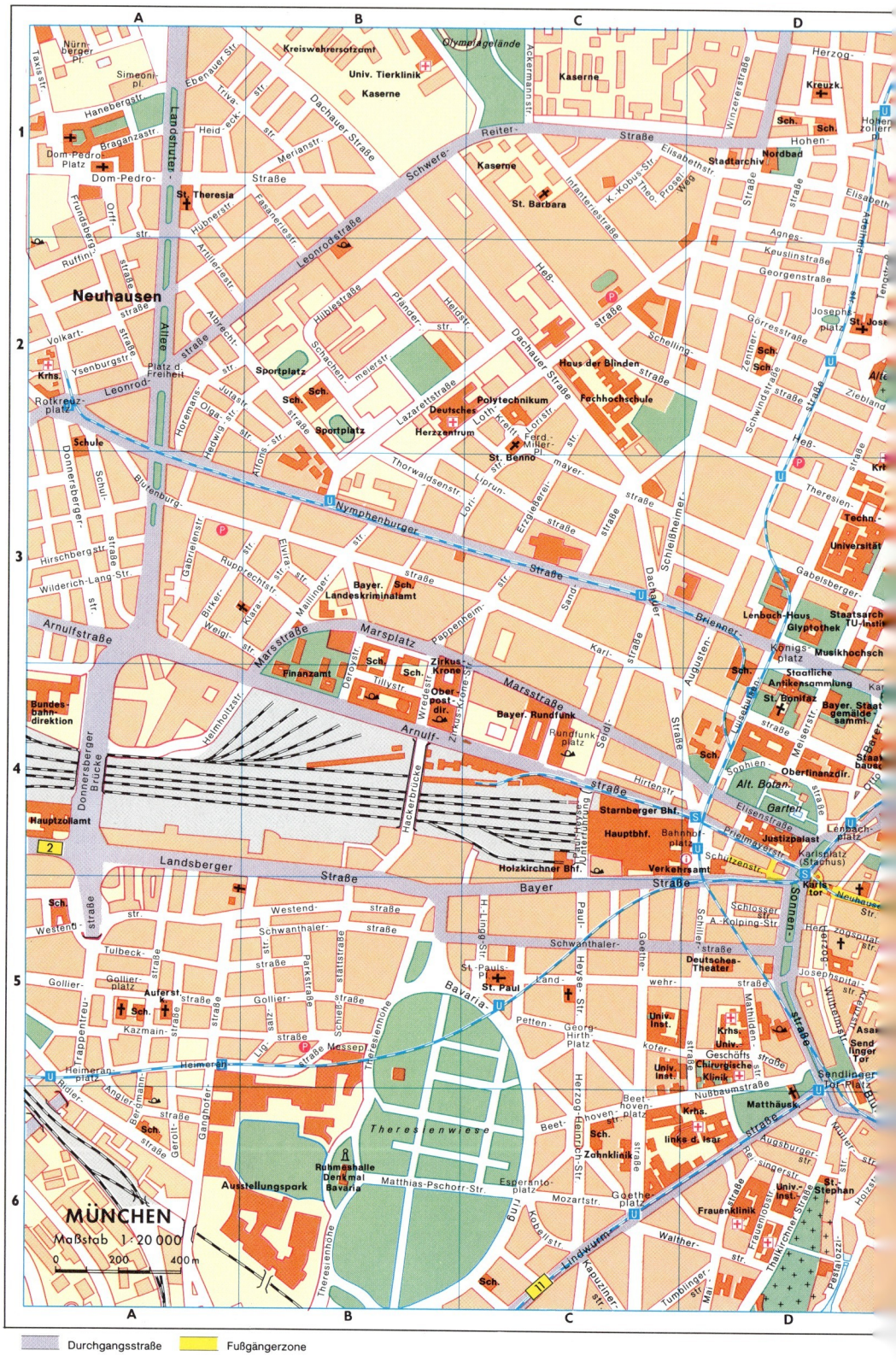

München: Stadtplan

München: Stadtplan (Namenregister)

Straßen und Plätze

Ackermannstraße C 1
Adalbertstraße E 2
Adelgundenstraße F 5
Adelheidstraße D 1-2
Adolf-Kolping-Straße D 5
Agnesstraße D 1-E 2
Ainmillerstraße EF 1
Akademiestraße EF 2
Alfonsstraße B 3-2
Albrechtstraße AB 2
Amalienstraße E 3
Am Gasteig G 6
Am Tucherpark GH 2
Anglerstraße A 6
Arnulfstraße A 3-C 4
Artilleriestraße A 2
Augsburger Straße D 6
Augustenstraße D 4-2
Baaderplatz F 6
Baaderstraße EF 6
Bahnhofplatz CD 4
Barer Straße D 4-E 2
Bauerstraße E 1
Bavariaring B 5-C 6
Bayerstraße CD 5
Beethovenplatz C 6
Beethovenstraße C 6
Belgradstraße E 1
Bergmannstraße A 6-5
Biedersteiner Straße G 1
Birkerstraße AB 3
Bismarckstraße F 1
Blumenstraße D 6-E 5
Blutenburgstraße AB 3
Boschbrücke F 6
Braganzastraße A 1
Breisacher Straße H 6
Brienner Straße D 3-E 4
Bruderstraße F 4
Buttermelcherstraße E 6
Clemensstraße EF 1
Corneliusbrücke F 6
Corneliusstraße E 6
Cuvilliésstraße H 4
Dachauer Straße B 1-C 4
Deroystraße B 4-3
Dienerstraße E 5
Dom-Pedro-Platz A 1
Dom-Pedro-Straße AB 1
Donnersberger Brücke A 4
Donnersberger Straße A 2-3
Ebenauer Straße A 1
Eduard-Schmidt-Straße F 6
Einsteinstraße H 5
Elisabethplatz E 2
Elisabethstraße CE 1
Eisenstraße D 4
Elsässer Straße H 6
Elvirastraße B 3
Emanuelstraße E 1
Emil-Riedel-Straße G 3
Erhardtstraße EF 6
Erzgießereistraße C 3-2
Esperantoplatz C 6
Fallmerayerstraße C 1
Fasaneriestraße B 1-2
Feilitzschstraße FG 1
Ferdinand-Miller-Platz C 2
Flurstraße H 5
Franz-Joseph-Straße EF 2
Franz-Joseph-Strauß-Ring F 4
Frauenlobstraße D 6
Frauenstraße E 6
Fraunhoferstraße E 6
Friedrichstraße F 2-1
Frundsbergstraße A 1-2
Fürstenstraße E 3
Gabelsberger Straße DE 3
Gabrielenstraße A 3
Galeriestraße F 4

Galileiplatz H 4
Gangloferstraße A 6-5
Gärtnerplatz E 6
Geibelstraße H 4
Georgenstraße DF 2
Georg-Hirth-Platz C 5
Geroltstraße A 6-5
Geschwister-Scholl-Platz F 3
Giselastraße F 2
Goetheplatz C 6
Goethestraße C 5-6
Gohrenstraße G 1
Gollierplatz A 5
Gollierstraße AB 5
Görresstraße B 2
Gyßlingerstraße H 1
Habsburger Platz F 1
Hackerbrücke B 4
Haimhauser Straße FG 1
Hanebergstraße A 1
Hans-Fischer-Straße AB 6
Hans-Sachs-Straße E 6
Hedwigstraße A 3-2
Heideckstraße AB 1
Heimeranplatz A 5
Heimeranstraße AB 5
Heldstraße BC 2
Helmholtzstraße A 4
Hermann-Lingg-Straße C 5-6
Herzog-Heinrich-Straße C 5-6
Herrnstraße F 5
Herzogspitalstraße D 5
Herzogstraße DF 1
Herzog-Wilhelm-Straße D 5
Heßstraße C 2-E 3
Hiblestraße B 2
Hildegardstraße F 5
Hirschauer Straße G 2-3
Hirschbergstraße A 3
Hirtenstraße C 4
Hochbrückenstraße F 5
Hochstraße FG 6
Hofgartenstraße EF 4
Hohenstaufenstraße E 2
Hohenzollernplatz D 1
Hohenzollernstraße DF 1
Holbeinstraße H 4
Holzstraße D 6
Horemannstraße A 2
Hübnerstraße A 1
Ifflandstraße H 2
Innere Wiener G 6-5
Isabellastraße E 2-1
Isarring H 1-2
Isartorplatz F 5
Ismaninger Straße H 4-3
John-F.-Kennedy-Brücke H 2
Josephsplatz D 2
Josephspitalstraße D 5
Jutastraße AB 2
Kaiserplatz F 1
Kaiserstraße EF 1
Kanalstraße F 5
Kapuzinerstraße C 6
Kardinal-Faulhaber-Straße E 4
Karl-Scharnagl-Ring F 4-5
Karlsplatz D 4
Karlstraße C 3-D 4
Karolinenplatz D 4
Kathi-Kobus-Straße C 1
Kaufinger Straße E 5
Kaulbachstraße F 3-2
Kazmairstraße AB 5
Keferstraße G 1
Kellerstraße G 6
Keuslinstraße D 2
Kirchenstraße H 5-6
Klarastraße B 3
Klenzestraße E 6-5
Knöbelstraße F 5

Kobellstraße C 6
Kohlstraße F 6
Kolberger Straße H 3
Königinstraße F 2-3
Königsplatz D 3
Konradstraße E 2
Kopernikusstraße H 4
Kreittmayerstraße C 2-3
Kreuzstraße D 5
Kufsteiner Straße H 3
Kurfürstenplatz E 1
Kurfürstenstraße E 2
Lamontstraße H 4
Landsberger Straße A 4-B 5
Landwehrstraße CD 5
Landshuter Allee A 1-2
Laplacestraße H 3
Lazarettstraße B 2
Lenbachplatz D 4
Leonrodstraße A 2-B 1
Leopoldstraße F 2-1
Lerchenfeldstraße G 4-3
Liebergesellstraße G 1
Liebherrstraße F 5
Liebigstraße FG 4
Ligsalzstraße B 5
Lilienstraße F 6
Lindwurmstraße CD 6
Liprunstraße C 3
Loristraße C 3-2
Lothstraße C 2
Lothringer Straße G 6
Löwengrube E 4-5
Lucile-Grahn-Straße H 5
Ludwigsbrücke F 6
Ludwigstraße E 4-F 3
Luisenstraße D 4
Luitpoldbrücke G 4
Maffelstraße E 4
Maistraße D 6
Mallinger Straße B 3
Mandlstraße G 2-1
Mariannenbrücke F 5
Maria-Theresia-Straße G 5-4
Marienplatz E 5
Marktstraße F 1
Marschallstraße FG 1
Marsplatz B 3
Marsstraße B 3-C 4
Marstallplatz F 4
Mathildenstraße D 5
Matthias-Pschorr-Straße BC 6
Maximilianeum G 5
Maximiliansbrücke G 5
Maximiliansplatz E 4
Maximilianstraße F 5
Max-Joseph-Brücke GH 3
Max-Joseph-Straße E 4
Max-Planck-Straße G 5
Max-Weber-Platz GH 5
Meiserstraße D 4
Merianstraße B 1
Merzstraße H 3
Messeplatz B 5
Metzstraße GH 6
Milchstraße G 6
Möhlstraße H 4-3
Montgelasstraße H 3
Mozartstraße C 6
Müllerstraße DE 6
Neuberghauser Straße H 3
Neuhauserstraße D 5
Neureutherstraße E 2
Nigerstraße H 5
Nikolaiplatz F 1
Nordendstraße E 1-2
Nürnberger Platz A 1
Nußbaumstraße D 6-5
Nymphenburger Straße BC 3
Oberanger E 5
Occamstraße G 1
Odeonsplatz EF 4

Oettingenstraße G 3
Ohmstraße F 2
Olgastraße AB 2
Orffstraße A 1-2
Orléansplatz H 6
Orléansstraße H 6
Oskar-von-Miller-Ring E 4-3
Ottostraße DE 4
Pacellistraße E 4
Pappenheimstraße BC 3
Pariser Straße H 6
Parkstraße B 5
Paul-Heyse-Straße C 5
Paul-Heyse-Unterführung C 4
Perfallstraße H 5
Pestalozzistraße D 6
Pettenkoferstraße CD 5
Pfänderstraße B 2
Platz der Freiheit A 2
Platzl F 5
Poschinger Straße H 2
Possartstraße H 4
Prannerstraße E 4
Preysingplatz G 6
Preysingstraße G 6
Prielmayerstraße D 4
Prinzregentenbrücke G 4
Prinzregentenplatz H 4-5
Prinzregentenstraße G 4
Professor-Huber-Platz F 3
Promenadenplatz E 4
Pütrichstraße E 6
Rablstraße G 6
Rankestraße E 1
Rauchstraße H 4
Reichenbachstraße E 5-6
Reisingerstraße D 6
Reitmorstraße G 4
Residenzstraße E 4
Ridlerstraße A 5-6
Riggauerweg F 6
Rindermarkt E 5
Robert-Koch-Straße G 4-5
Rosenheimer Straße G 6
Rotkreuzplatz A 2
Rumfordstraße F 5
Rundfunkplatz C 4
Rupprechtstraße AB 3
Salvatorstraße E 4
Sandstraße C 3
Sankt-Anna-Straße F 4-5
Sankt-Jakobs-Platz E 5
Sankt-Pauls-Platz C 5
Schachenmeierstraße B 2
Schackstraße F 2
Schellingstraße C 2-E 3
Schießstättstraße B 5
Schillerstraße D 5
Schleißheimer Straße C 3-D 1
Schlosserstraße D 5
Schneckenburger Straße H 5
Schönbergstraße H 2
Schönfeldstraße F 3
Schraudolphstraße E 2
Schulstraße A 3
Schumannstraße H 4
Schützenstraße D 4
Schwanthaler Straße BD 5
Schwere-Reiter-Straße BC 1
Schwindstraße D 2
Sedanstraße GH 6
Seidlstraße C 4-3
Sendlinger Straße E 5
Sendlinger-Tor-Platz D 5
Shakespeareplatz H 4
Siebertstraße H 4
Siegesstraße F 1
Siegfriedstraße F 1
Simeoniplatz A 1
Sonnenstraße D 5
Sophienstraße D 4

Sparkassenstraße E 5
Spicherenstraße H 6
Stachus D 4
Steinsdorfstraße F 6-5
Steinstraße G 6
Sternstraße G 5-4
Sternwartstraße H 3-4
Stollbergstraße F 5
Taxisstraße A 1
Tengstraße D 1
Thalkirchner Straße D 6
Theatinerstraße E 4
Theo-Prosel-Weg C 1
Theresienhöhe B 6-5
Theresienstraße DE 3
Thierschplatz FG 4-5
Thierschstraße F 5
Thomas-Mann-Allee A 3-2
Thomas-Wimmer-Ring F 5
Thorwaldsenstraße B 3
Tillystraße B 4
Tivolistraße G 3
Trappentreustraße A 5
Triftstraße F 4
Trivastraße AB 1
Trogerstraße H 5-4
Tulbeckstraße A 5
Tumblingerstraße CD 6
Türkenstraße E 4-3
Unsöldstraße F 4
Veterinärstraße F 3
Viktor-Scheffel-Straße E 1
Viktualienmarkt E 5
Vilshofener Straße H 2
Volkartstraße A 2
Von-der-Tann-Straße F 4
Wagmüllerstraße F 4
Waltherstraße CD 6
Wedekindplatz FG 1
Wehrlestraße H 3
Weiglstraße AB 3
Weinstraße E 5
Weißenburger Platz G 6
Weißenburger Straße GH 6
Werneckstraße F 1
Westendstraße AB 5
Westenriederstraße EF 5
Widenmayerstraße G 5-3
Wiener Platz G 5
Wilderich-Lang-Straße A 3
Wilhelm-Hausenstein-Weg G 4-H 3
Winzererstraße E 1
Wittelsbacher Platz E 4
Wörthstraße H 6
Wredestraße B 4
Ysenburgstraße A 2
Zenneckbrücke F 6
Zentnerstraße D 2-1
Zieblandstraße DE 2
Zirkus-Krone-Straße BC 4
Zweibrückenstraße F 5-6

Gebäude, Anlagen u. a.

Akademie der Bildenden Künste DF 2
Alpines Museum G 5
Alte Pinakothek E 3
Alter Botanischer Garten D 4
Alter Hof E 5
Alter Nördlicher Friedhof DE 2
Am Hirschanger G 4
Armeemuseum, ehemaliges F 4
Asamkirche D 5
Auferstehungskirche A 5
Ausstellungspark B 6
Bavaria, Denkmal B 6
Bayerische Akademie der Wissenschaften B 4
Bayerischer Rundfunk C 4

Bayerisches Landeskriminalamt B 3	Hauptpost E 4	Lenbach-Haus D 3	Praterinsel G 5	Siegestor F 2
Bundesbahndirektion A 4	Hauptzollamt A 4	Ludwig-Maximilians-Universität EF 3	Prinz-Carl-Palais F 4	Staatliche Antikensammlung D 4
Chemisches Institut D 4	Haus der Blinden C 2	**M**arionettentheater E 6	Prinzregententheater H 5	Staatliche Graphische Sammlung D 4
Chinesischer Turm G 2	Haus der Kunst F 4	Markuskirche E 3	**R**athaus, Altes E 5	Staatsbibliothek F 3
Chirurgische Klinik D 5	Heilig-Geist-Kirche E 5	Matthäuskirche D 6	Rathaus, Neues E 5	Stadtmuseum E 5
Cuvilliéstheater E 4	Hirschau H 1	Maximiliansanlagen G 5–3	Regierung von Oberbayern F 5	Stadtarchiv D 1
Dermatologische Klinik D 6	Hofbräuhaus F 5	Mineralogische Staatssammlung E 3	Residenz EF 4	Starnberger Bahnhof C 4
Deutsches Herzzentrum B 2	Hofgarten EF 4	Ministerien E 4	Residenztheater F 4	Sternwarte H 3
Deutsches Jagdmuseum E 5	Holzkirchner Bahnhof C 4	Ministerium für Landwirtschaft EF 4	Ruhmeshalle B 6	Stuck-Villa GH 4
Deutsches Museum F 6	**I**sar H 2	Münze E 5	**S**ankt-Anna-Kloster F 4	Technische Universität D 3
Deutsches Theater D 5	**J**ustizpalast D 4	Museum für Völkerkunde F 5	Sankt Barbara C 1	Theatinerkirche E 4
Deutsches Theatermuseum F 4	**K**ammerspiele F 5	Musikhochschule D 3	Sankt Benno C 3	Theresienwiese BC 6
Dom E 5	Karlstor D 4–5	**N**ationalmuseum G 4	Sankt Bonifaz D 4	Tierärztliches Klinikum F 2–3
Dreifaltigkeitskirche E 4	Karmelitenkirche E 4	Nationaltheater F 4	Sankt Elisabeth H 6	TU-Institute D 3
Englischer Garten FG 2–3	Kaserne B 1, C 1	Neuhausen A 2	Sankt Josef D 2	**U**niversität F 2
Erzbischöfliches Palais E 4	Kleine Freiheit, Theater F 5	**O**berfinanzdirektion D 4	Sankt Ludwig F 3	Universitätsinstitute C 5, D 6, E 3
Fachhochschule C 2, D 4	Kleine Komödie E 4, FG 5	Oberpostdirektion B 4	Sankt Lukas F 5	Universitätskliniken D 5
Feldherrnhalle E 4	Kleinhesseloher See G 1	Oberste Baubehörde F 4	Sankt Michael E 4–5	Universitäts-Tierklinik B 1
Feuerwache E 5–6	Krankenhaus A 2, D 3, G 1	Odeon E 4	Sankt Paul C 5	**V**erkehrsamt CD 4
Finanzamt B 4	Krankenhaus links der Isar D 6	Olympiagelände BC 1	Sankt Peter F 5	Volksbad F 6
Frauenkirche E 5	Krankenhaus rechts der Isar H 5	Ostbahnhof H 6	Sankt Stephan D 6	**W**irtschafts- und Verkehrsministerium G 4
Frauenklinik D 6	Kreiswehrersatzamt B 1	**P**atentamt, Deutsches F 6	Sankt Theresia A 1	**Z**ahnklinik C 6
Friedensengel-Denkmal G 4	Kreuzkirche D 1	Patentamt, Europäisches F 6	Sankt Ursula F 1	Zirkus Krone B 3–4
Glyptothek D 3	Kultusministerium E 4	Polizeipräsidium E 5	Schulzentrum der Erzdiözese H 6	Zoologisches Institut D 4
Haidhausen G 6	Landesvermessungsamt G 4	Prähistorische Staatssammlung G 4	Schwabing EF 1	
Hauptbahnhof C 4	Landtag G 5		Schackgalerie G 4	
			Sendlinger Tor D 5	

Verlagswesen, daneben Papier-, Kautschuk- sowie Lederindustrie und Holzverarbeitung. Große Bedeutung hat M. als Umschlagplatz für Getreide sowie für Obst und Gemüse aus Italien und SO-Europa; bedeutendes Handels- (jährlich verschiedene internat. Ausstellungen und Messen) und Bankenzentrum (Börse); wichtigstes Zentrum der dt. Versicherungswirtschaft. Ungewöhnlich stark ist das Handwerk vertreten mit 15 000 Betrieben und 116 000 Beschäftigten. Mit (1996) 6,2 Mio. Fremdenübernachtungen liegt M. hinter Berlin in Dtl. an zweiter Stelle; eine große Rolle spielt neben Kongressen und Messen (Messegelände auf der Theresienhöhe; neues Messegelände auf dem Gelände des ehem. Flughafens M.-Riem, 1998 eröffnet) das →Oktoberfest (1996: 6,9 Mio. Besucher). Zentrum des tertiären Wirtschaftsbereichs ist die zu einer Fußgängerzone umgestaltete Altstadt am linken Isarufer zw. Marienplatz, Karlsplatz und Hofgarten. In der Altstadt arbeiten auf 0,5 % der Stadtfläche etwa 10 % der Beschäftigten, wohnt aber nur rd. 1 % der Bev. Die Industrie siedelte sich v. a. im nördl. und nordöstl. Stadtrandgebiet an. Im Stadtteil Schwabing entwickelte sich ein Künstler- und Vergnügungsviertel.

Verkehr: M. ist ein bedeutender Schnittpunkt des Verkehrs. Mehrere Fernstrecken der Eisenbahn und fünf Autobahnen treffen hier zusammen. Dem Nahverkehr dienen S-Bahn (acht S-Bahnlinien mit insgesamt 510 km, davon 4,2 km Tunnelstrecke; 40 S-Bahnhöfe in M.) und U-Bahn (98 km in Betrieb); Straßenbahn- und Omnibuslinien besorgen den Tangenten- und Verteilerverkehr. Ein äußerer Autobahnring für den Kraftfahrzeug-Fernverkehr, der M. vom Durchgangsverkehr entlasten soll, ist z. T. fertig gestellt. Der ausgebaute Mittlere Ring soll den innerstädt. Verkehr kanalisieren; der Altstadtring hält den Fernverkehr von der Innenstadt fern und ermöglichte den Ausbau einer Fußgängerzone (1972). – Der neue Flughafen M. im Erdinger Moos ist seit 1992 in Betrieb und wurde 1996 von 15,7 Mio. Passagieren genutzt.

Stadtbild: Der Alte Hof (14./15. Jh.), die erste Stadtresidenz der Wittelsbacher, zeigt trotz erhebl. baul. Veränderungen des 19. und 20. Jh. noch den Charakter eines wehrhaften Stadtschlosses. Ein umfangreicher Gebäudekomplex entstand mit den 1560 begonnenen Residenzbauten: Das Antiquarium (1569–71) ist der größte profane Renaissancebau nördlich der Alpen. Unter Kurfürst MAXIMILIAN I. wurde die Residenz zu einer mächtigen Schlossanlage ausgebaut (1601–19), Anlage des Hofgartens 1613–17. Eine neue Bauperiode ließ die Rokokoräume (1730–37, von F. DE CUVILLIÉS D. Ä. entworfen, von J. B. ZIMMERMANN u. a. ausgeführt, z. B. Reiche Zimmer, Ahnen- und Grüne Galerie, Altes Residenztheater (1750–53, Museum; BILD →Cuvilliés, François de), entstehen. Unter König LUDWIG I. gab L. VON KLENZE der Residenz ihr endgültiges Aussehen: Königsbau (1826 bis 1835; BILD →Klenze, Leo von), darin Schatzkammer und Nibelungensäle (Fresken von J. SCHNORR VON CAROLSFELD, 1827–67, Teil des Residenzmuseums), Allerheiligenhofkirche (1826–37) und Festsaalbau (1832–42).

Zentrum der Altstadt ist neben der Residenz der Marienplatz: Er wird beherrscht vom got. Alten Rathaus (1470–80) mit dem ›Unteren Tor‹ und vom Neuen Rathaus (1867–1908 von G. J. HAUBERRISSER in Anlehnung an flandr. Gotik) mit seinem 80 m hohen Turm; Mariensäule (1638). Älteste Pfarrkirche ist St. Peter (13./14. Jh., im 17./18. Jh. barock umgestaltet) mit reicher Ausstattung von der Spätgotik bis zum Klassizismus. Das Wahrzeichen der Stadt, die spätgot. Frauenkirche (1468–88, 1989–93 renoviert), ist die größte Hallenkirche Süd-Dtl.s (109 m lang); die markanten ›welschen Hauben‹ der Doppelturmfassade kamen in der Renaissance (1525) hinzu. In der ehem. Augustinerkirche (13.–15. Jh., 1618–21 barockisiert) das Dt. Jagdmuseum. Als schönstes Haus der Spätgotik gilt die ehem. Stadtschreiberei, heute Weinstadl (1551/52); die Alte Münze (1563–67) ist ein Hauptwerk südd. Renaissance. Die Jesuitenkirche St. Michael (1583–97, Chor und Querhaus von F. SUSTRIS), ein mächtiger, tonnengewölbter Wandpfeilersaal, führte den Manierismus in Süd-Dtl. ein; westlich die Alte Akademie (1585–90). Erster Großbau des Hochbarock in Dtl. ist die Theatinerkirche St. Kajetan (1663–75, von A. BARELLI und E. ZUCCALLI, Tambourkuppel 1688 vollendet). Der Bürgersaal (Schutzengelgruppe, 1763, von I. GÜNTHER) wurde für die Marian. Kongregation 1709/10 durch G. A. VISCARDI erbaut, von ihm auch die Dreifaltigkeitskirche (1711 ff., 1718 geweiht). Die Brüder C. D. und E. Q. ASAM wirkten in der got. Heiliggeistkirche am Viktualienmarkt (1392 vollendet, 1723–27 barockisiert), in

Münc München

München 1): Vorn links die spätgotische Frauenkirche (1468–88), rechts davon das Neue Rathaus (1867–1908); im Vordergrund die Pfarrkirche Sankt Peter (13./14. Jh., im 17./18. Jh. barock umgestaltet) und die Heiliggeistkirche (1392 vollendet, 1723–27 barockisiert); in der oberen linken Bildhälfte die Theatinerkirche Sankt Kajetan (1663–75), gegenüber die Residenz, dahinter der Hofgarten; am oberen Bildrand der Anfang des Englischen Gartens mit dem Haus der Kunst (1933–37)

der Damenstiftskirche St. Anna (1732–35; das anschließende Stiftsgebäude frühklassizistisch 1784/85), in der St. Anna-Klosterkirche am Lehel (1727–30, von J. M. FISCHER) und in der Johann-Nepomuk-Kirche (›Asam-Kirche‹, 1733–46, seltenes Beispiel eines Privatkirchenbaus bürgerl. Künstler) samt Asam-Haus und schufen hervorragende Rokokostuckaturen. Zu den reichsten Palais des bayer. Rokoko zählen das Palais Porcia (1693, von ZUCCALLI, 1737 durch CUVILLIÉS D. Ä. umgestaltet), das Palais Preysing (1723–28, von J. EFFNER, Prunktreppe mit Stuck von J. B. ZIMMERMANN) und das Palais Holnstein (jetzt Erzbischöfl. Palais, 1733–37, von CUVILLIÉS D. Ä.). Der Engl. Garten mit zahlr. Gebäuden (Chin. Turm 1789/90, Rumfordhaus 1791, Monopteros 1833) ist einer der frühesten Landschaftsgärten in Deutschland.

Vier Straßen wurden im 19. Jh. zu Prachtstraßen ausgebaut: die Brienner Straße mit Karolinen-, Wittelsbacher- und Königsplatz, Letzterer mit der Glyptothek (1816–30, von KLENZE; BILD →deutsche Kunst), der Staatl. Antikensammlung (1838–48, von G. F. ZIEBLAND) und den Propyläen (1846–62, von KLENZE); die Ludwigstraße (1817–27 durch KLENZE, 1828–50 durch F. VON GÄRTNER) mit Bauwerken im Stil der ital. Renaissance, im S Feldherrnhalle (1841–44), anschließend der Odeonsplatz mit KLENZES Leuchtenbergpalais (1816–21), in einem klassizistisch umgedeuteten Neurenaissancestil, ferner Kriegsministerium (1827–30), Staatsbibliothek (1832 bis 1843), Ludwigskirche (1829–44), Univ. (1835 bis 1840) und Siegestor (1843–50) im N (BILD →Gärtner, Friedrich von); die Maximilianstraße (1853–75), ausgehend vom Nationaltheater (1811–18, nach Brand von KLENZE 1823–25 wieder aufgebaut) und ehem. Palais Törring (1747–58, 1836–39 von KLENZE zur Hauptpost umgebaut), mit Schauspielhaus (1900/01, von M. LITTMANN und R. RIEMERSCHMID), Reg. von Oberbayern (1856–64), Völkerkundemuseum (1858 bis 1865) und Maximilianeum (1857–74) als oberem Abschluss; die Prinzregentenstraße (1891 begonnen), beginnend am klassizist. Prinz-Karl-Palais (1803–11), mit dem Haus der Kunst (1933–37, von P. L. TROOST; 1991–94 saniert und modernisiert), dem historist. Prachtbau des Bayer. Nationalmuseums (1894–1900), Schack-Galerie (1907–09), Villa Stuck (1897–98, nach Entwürfen des Malers F. VON STUCK, Atelierflügel 1914, Jugendstilmuseum), Prinzregententheater (1900/01). Postamt am Goetheplatz von R. VORHOELZER (1931–32); das Theater am Gärtnerplatz (1864/65) entstand als verkleinerte Nachbildung des Nationaltheaters; Rondellbebauung am Karlsplatz von G. VON SEIDL (1899–1902); der Justizpalast am Lenbachplatz (1887–97, von F. VON THIERSCH) ist ein Werk des Späthistorismus (Neubarock); Erlöserkirche (Ungererstraße) von T. FISCHER (1902).

Zu den architektonisch wichtigsten Bauten der Zeit nach dem Zweiten Weltkrieg gehören u. a.: die Rekonstruktion der Maxburg an der Pacellistraße (1956–57, von S. RUF); Anlage und Sportbauten für die Olymp. Spiele 1972 von G. BEHNISCH (1967–72, mit F. OTTO); BMW-Verwaltungsgebäude (1970–73, von KARL SCHWANZER); Neue Pinakothek (1973–81, von A. VON BRANCA); Hypobankgebäude am Arabellapark (1975–81, von WALTER und BEA BETZ); der ›Kunstbau‹ der Städt. Galerie im Lenbachhaus in der U-Bahnstation Königsplatz (1994 eröffnet, von UWE KIESSLER); zahlr. Passagen (u. a. Kaufinger Tor, 1994 eröffnet, von HEINZ HILMER und CHRISTOPH SATTLER). 1996 wurde der Grundstein für die von STEPHAN BRAUNFELS entworfene Pinakothek der Moderne (Staatsgalerie für moderne Kunst) gelegt. In Bau befindet sich das neue Verwaltungsgebäude der Max-Planck-Gesellschaft (Architekten: RUDOLF GRAF, MICHAEL STREIB, ANGELIKA POPP).

Spätgot. Bauwerke bieten die Stadtteile **Blutenburg** (Schloss 1439 vollendet, Kirche 1488), **Untermenzing** (Martinskirche 1499) und **Pipping** (Wolfgangskirche 1478–80 mit vollständiger Ausstattung). St. Michael in **Berg am Laim** ist einer der bedeutendsten spätbarocken Kirchenbauten (1735–42, von J. M. Fischer, Stuck und Fresken von J. B. Zimmermann, Altäre von J. B. Straub). In der Georgskirche in **Bogenhausen** (spätgot. Chor, sonst Neubau 1766–68) Hochaltar von Straub und Kanzel von I. Günther (1733). Nahe bei St. Maria in **Thalkirchen,** einem barockisierten Bau um 1400, das Asam-Schlösschen (1729/30 mit bemalter Fassade). **Ramersdorf** hat eine der ältesten Marienwallfahrtskirchen Altbayerns (der Neubau des 15. Jh. wurde 1675 barockisiert). In **Fürstenried** ein Jagdschloss von J. Effner (1715–17). Im W der Stadt Schloss →Nymphenburg.

Geschichte: Das Stadtgebiet von M. war bereits im jüngeren Neolithikum besiedelt. Seit dem 5. Jh. v. Chr. gehörte die Gegend des heutigen M. zum Gebiet der kelt. Vindeliker. In der Römerzeit berührten zwei wichtige Straßen das heutige Stadtgebiet: Eine kreuzte, von Wels kommend, bei Oberföhring die Isar und vereinigte sich mit einer von Kempten nach Augsburg führenden.

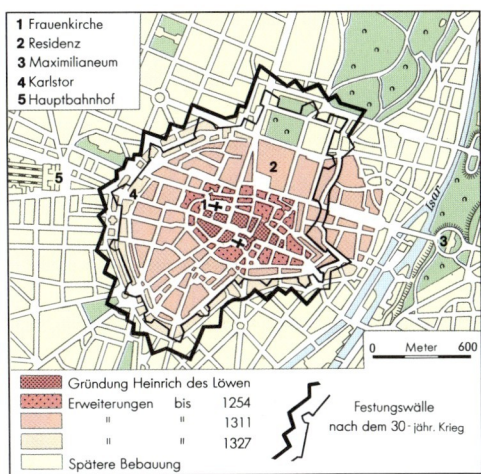

München 1): Stadtgeschichte

Schon vor der eigentl. Gründung (1158) des planmäßig angelegten M. hatte eine Siedlung **Munichen** (›bei den Mönchen‹) bestanden. – Die Geschichte des vorwelf. Siedlungskerns ist noch ungeklärt. Die Vorläuferin der Pfarrkirche St. Peter stammt nach Ausgrabungsbefunden (nach 1945) aus der Mitte des 11. Jh. – Herzog Heinrich der Löwe von Bayern und Sachsen hatte 1157/58 die freising. Zollbrücke in Oberföhring zerstört und den dortigen Markt gegen Abfindung in das isaraufwärts gelegene M. verlegt, was einen Streit zwischen Heinrich und Bischof Otto von Freising begründete. In seinem Schiedsspruch auf dem Reichstag in Augsburg (14. 6. 1158) billigte Kaiser Friedrich I. Barbarossa, mit dem Herzog eng verwandt, die Aufhebung von Markt, Münze und Brücke im bischöfl. Oberföhring, bestimmte jedoch, dass der Bischof ein Drittel der Münz- und Zolleinnahmen aus M. erhalten sollte. Bis 1803 ging diese Abgabe an Freising, dann bis 1852 an den bayer. Staat. Durch ein Fürstengericht beim Reichstag in Regensburg am 13. 7. 1180 wurde die Verlegung des Marktes nach M. zwar widerrufen, es traten jedoch keine Veränderungen ein, außer dass die Stadt 1180 an das Bistum Freising kam. 1239 erreichte die Bürgerschaft eine gewisse Autonomie, 1240 fiel M. nach schweren Auseinandersetzungen an die Wittelsbacher (1255–1918 deren Residenz). 1280 bekam die Stadt durch König Rudolf I. von Habsburg großzügige Handelsfreiheiten. 1294 erhielt M. sein erstes Stadtrecht. Auf Kaiser Ludwig IV., den Bayern, gehen die kaiserl. Stadtfarben Schwarzgelb zurück. Er verlieh der Stadt auch das zweite Stadtrecht. Mit ihm wird die Stadterweiterung in Zusammenhang gebracht. In M. wirkten damals Marsilius von Padua und Wilhelm von Ockham, die Parteigänger Ludwigs des Bayern im Streit mit der Kurie.

Seit 1317/18 sind ein Äußerer und ein Innerer Rat nachweisbar. Herzog Maximilian I. machte M. zum Zentrum des Katholizismus in Dtl. (1609 Gründung der kath. Liga in M.). Nach der kampflosen Übergabe der Stadt an Gustav II. Adolf von Schweden (1632) musste eine hohe Kriegskontribution entrichtet werden. – Der Dreißigjährige Krieg (1618–48) brachte M. auf einen wirtschaftl. Tiefpunkt. Im Span. Erbfolgekrieg nach der Niederlage von Höchstädt (1704) bis 1715 von österr. Truppen besetzt, erhob sich 1705 die Bev. in der ›Sendlinger Mordweihnacht‹ gegen die Österreicher. Auch im Österr. Erbfolgekrieg war M. zw. 1742 und 1744 mit Unterbrechungen von österr. Truppen besetzt. Zwischen 1600 und 1750 wurden zahlr. Kirchen und Klöster gegründet.

1801 wurde das Einbürgerungsverbot für Protestanten aufgehoben, 1802/03 Gericht und Polizei verstaatlicht, 1810 der Magistrat aufgehoben. Seit 1818 hatte M. wieder Selbstverwaltung (mit zwei Bürgermeistern und zwei Ratskollegien). 1818 wurde M. auch Sitz des Erzbischofs von M. und Freising. Unter König Ludwig I. (1825–48) entwickelte es sich zu einem Zentrum der Künste und der Künstler, unter Maximilian II. Joseph (1848–64) zu einer Pflegestätte der Wissenschaften. Ludwig II. (1864–86) förderte bes. die Musik R. Wagners. Im 19. Jh. wirkten in M. Gelehrte (J. von Görres, J. von Liebig, M. von Pettenkofer, F. X. von Baader, I. von Döllinger, J. A. Möhler u. a.), Techniker (J. von Fraunhofer, G. von Reichenbach, A. Senefelder), der Stenograf F. X. Gabelsberger und viele Maler (M. von Schwind, C. Spitzweg u. a.). Wirtschaft und Technik sowie das Braugewerbe blühten auf. 1841 wurde in M. die erste Lokomotive gebaut. Unter Prinzregent Luitpold (1886–1912) erlebte die Stadt eine wirtschaftl. und kulturelle Blüte. Der Stadtteil **Schwabing** wurde um 1900 Künstlerviertel.

München 1): Anlage für die Olympischen Spiele 1972 von Günter Behnisch und Frei Otto; 1967–72

Im November 1918 wurde M. Hauptstadt des von K. EISNER proklamierten Freistaats Bayern; nach dessen Ermordung wurde am 7. 4. 1919 eine kurzzeitige Räte-Rep. ausgerufen. Aus der 1919 in M. gegründeten ›Dt. Arbeiterpartei‹ ging die NSDAP hervor (Neugründung 1925). Am 9. 11. 1923 scheiterte vor der Feldherrnhalle der →Hitlerputsch; so wurde M. früh zum Zentrum des Nationalsozialismus (NS-offiziell ›Hauptstadt der Bewegung‹); am 8. 11. 1939 missglückte ein Attentat (G. ELSER) auf HITLER.
Im Zweiten Weltkrieg wurde fast die Hälfte der Stadt zerstört (Bombardements ab 1943 und v. a. 7./8. 1. 1945). 1957 überschritt die Ew.-Zahl die Millionengrenze (1850: 89 000, 1900: 490 000, 1950: 824 000). 1972 war M. Austragungsort der Olymp. Sommerspiele. (→Münchener Abkommen)

M.s Kirchen, hg. v. N. LIEB u. a. (1973); J. THINESSE-DEMEL: Münchner Architektur zw. Rokoko u. Klassizismus (1980); E.-M. WASEM: Die Münchner Residenz unter Ludwig. Bildprogramme u. Bildausstattungen in den Neubauten (1981); Museen in M., hg. v. M. GOEDL (1983); M. Ein sozialgeograph. Exkursionsführer, hg. v. R. GEIPEL u. a. (1987); M., Weltstadt in Bayern, hg. v. J. BIRKENHAUER u. a. (1987); S. FISCH: Stadtplanung im 19. Jh. Das Beispiel M. bis zur Ära Theodor Fischer (1988); K. GALLAS: M. (⁹1988); N. LIEB: M., die Gesch. seiner Kunst (⁴1988); H. F. NÖHBAUER: M. Eine Gesch. der Stadt u. ihrer Bürger, 2 Bde. (¹⁻²1989–92); Soziale Räume in der Urbanisierung. Studien zur Gesch. M.s im Vergleich 1850 bis 1933, hg. v. W. HARDTWIG u. a. (1989); Denkmäler in Bayern, hg. v. M. PETZET, Bd. 1 (Tl. 1: Landeshauptstadt M. ²1990); G. FISCHER: Architektur in M. seit 1900. Ein Wegweiser (1990); N. HUSE: Kleine Kunstgesch. M.s (1990); M. Gesch. einer Stadt, bearb. v. A. BAUER u. E. PIPER (Neuausg. 1996).

2) Landkreis im Reg.-Bez. Oberbayern, 667 km², 279 700 Ew.

Münchenbernsdorf, Stadt im Landkreis Greiz, Thür., 340 m ü. M., zw. Saale und Weißer Elster, 3 600 Ew.; Teppichfabrik. – M., 1251 als Dorf, 1332 als Stadt ersterwähnt, kam 1571 an das Kurfürstentum Sachsen, 1815 an das Großherzogtum Sachsen-Weimar. 1904 wurde M. Stadt.

Münchener Abkommen, am 29. 9. 1938 in München zw. dem Dt. Reich, Großbritannien, Frankreich und Italien geschlossener, am 30. 9. durch A. HITLER, A. N. CHAMBERLAIN, É. DALADIER u. B. MUSSOLINI unterzeichneter Vertrag. Er beendete die ›Sudetenkrise‹ und beseitigte zunächst die durch HITLERS ultimative Drohungen gegen die Tschechoslowakei (ČSR) entstandene Kriegsgefahr. Es regelte (ohne Beteiligung der ČSR) die dt. Besetzung (zw. 1. und 10. 10.) und Abtretung der überwiegend von Deutschen bewohnten Grenzgebiete Böhmens und Mährens (v. a. das ›Sudetenland‹, 78 % davon der spätere Reichsgau) an das Dt. Reich (28 643 km² mit 3,63 Mio. Ew., d. h. ein Fünftel der Gesamtfläche und ein Viertel der Bev. der ČSR). In der Folge musste die ČSR auch Gebietsteile an Polen (Teschen/Olsa-Gebiet) und Ungarn (u. a. Karpatoukraine) abtreten. Dafür sollten Bestand und Sicherheit der restl. ČSR von den Unterzeichnerstaaten garantiert werden, eine Zusage, die HITLER (wie auch die anderen Unterzeichner) nicht einhielt.

Vorgeschichte: Seit Gründung der ČSR (1918) belasteten Spannungen zw. der zentralist. Politik der Prager Regierungen und der versch. nat. Minderheiten, bes. den →Sudetendeutschen, das Land. Sahen sich die Sudetendeutschen 1918/19 gegen ihren Willen in den neuen Staat einbezogen, so fühlten sie sich seither gegenüber den Tschechen wirtschaftlich und politisch benachteiligt. Die Machtenfaltung des natsoz. Dtl. nach 1933 verschärfte die sudetendt. Autonomieforderungen und die Spannungen in der ČSR. Die von Berlin unterstützte →Sudetendeutsche Partei (SdP) unter K. HENLEIN war für HITLER ein Instrument, die Sudetenkrise anzuheizen.

Nach dem erzwungenen ›Anschluss‹ Österreichs an das Dt. Reich (März 1938) forderte die SdP auf Weisung Berlins in ihrem Karlsbader Programm (24. 4. 1938) die volle Gleichberechtigung, schließlich die ›Einverleibung‹ in das Dt. Reich. Für HITLER waren diese Forderungen nur eine takt. Durchgangsstation für die angestrebte Vernichtung der ČSR.

Verhandlungen: Die Drohungen und ultimativen Forderungen des natsoz. Dt. Reiches verschärften die internat. Spannungen und veranlassten Großbritannien und Frankreich, die auf eine militär. Auseinandersetzung nicht vorbereitet waren, zu Vermittlungsaktionen und Konzessionen (Politik des Appeasement). Im Verlauf der Mai-Krise (20./21. 5. 1938) und im Zusammenhang mit der Entsendung Lord RUNCIMANS als Vermittler nach Prag am 3. 8. 1938 sowie bei seinem Treffen mit HITLER in Berchtesgaden (15. 9. 1938) machte der brit. Premierminister CHAMBERLAIN deutlich, dass er zu Zugeständnissen in der Sudetenfrage nur bereit wäre, wenn gegen die ČSR keine Gewalt eingesetzt werde. Auf der Grundlage des Runciman-Berichtes empfahlen die brit. und frz. Reg. am 19. 9. 1938 der tschechoslowak. Reg. unter M. HODŽA die Abtretung der Sudetengebiete ohne Volksabstimmung gegen eine Garantie der neuen tschech. Grenzen (am 21. 9. von BENEŠ angenommen). Die zweite Verhandlung CHAMBERLAINS mit HITLER am 22.–24. 9. 1938 in Bad Godesberg scheiterte nun an der weitergehenden Forderung HITLERS nach einer Besetzung des Sudetengebietes durch dt. Truppen ab 28. 9. Auf Vermittlung MUSSOLINIS kam es daraufhin am 29. 9. zum Treffen in München.

Folgen: Die ČSR verlor nicht nur wirtschaftlich und strategisch wichtige Gebiete, das M. A. löste auch einen von Berlin aus unterstützten inneren Auflösungsprozess der Rest-ČSR aus. Mit dem M. A. waren die territoriale Revision der Pariser Vorortverträge (1919) abgeschlossen und die großdeutsch-nationalstaatl. Forderungen erfüllt. Doch für HITLER ging es in Wirklichkeit nicht um das Selbstbestimmungsrecht der Deutschen, sondern um die Eroberung neuen Raumes im Osten. Die Zerschlagung der ČSR, die HITLER dann im März 1939 endgültig durchsetzte, war eine Etappe auf diesem Weg. Das M. A. hatte die Kriegsgefahr in Europa nicht gebannt; es gilt inzwischen als Inbegriff falscher Nachgiebigkeit gegenüber der Aggression einer Diktatur (›Münchener Diktat‹). – Am 5. 8. 1942 wurde das M. A. in einem Briefwechsel zw. dem brit. Außen-Min. A. EDEN und dem Führer der tschechoslowak. Exil-Reg. E. BENEŠ für aufgehoben erklärt; auch das frz. Nationalkomitee unter C. DE GAULLE erklärte 1942, dass es das M. A. für nichtig halte. – Im ›Prager Vertrag‹ (dt.-tschech.) ›Normalisierungsvertrag‹; 11. 12. 1973) wurde das M. A. lediglich ›nach Maßgabe dieses Vertrages als nichtig‹ erklärt; mit dem ›Dt.-Tschechoslowak. Nachbarschaftsvertrag‹ (27. 2. 1992) wurden die beiderseitig entgegengesetzten Standpunkte über die Rechtsgültigkeit bzw. -ungültigkeit des Vertrages nicht beseitigt.

B.-J. WENDT: München 1938 (1965); R. M. SMELSER: Das Sudetenproblem u. das Dritte Reich (1980); Die große Krise der dreißiger Jahre, hg. v. GERHARD SCHULZ (1985); München 1938. Das Ende des alten Europa, hg. v. P. GLOTZ u. a. (1990).

Münchener Ebene, Schotterebene um München, Bayern, zw. dem Niederbayer. Tertiärhügelland im N und den nördlichsten Endmoränen des Isar- und z. T. auch des Inngletschers im S; umfasst das Gebiet zw. Starnberg, Holzkirchen, Grafing b. München, Freising und Dachau, rund 1 800 km², von etwa 700 m ü. M. im S auf etwa 450 m ü. M. bei Freising im N abfallend. Die von Schmelzwässern abgelagerten Schotter und Sande nehmen nach N hin an Mächtigkeit ab, sodass das durch die unterlagernde Molasse gestaute Grundwasser beim Austritt im nördl. Teil der M. E. zu

Moorbildungen (Dachauer Moos, Erdinger Moos, Freisinger Moos) führt.

Münchener Rückversicherungs-Gesellschaft AG, Kurz-Bez. **Münchener Rück** bzw. **Munich Re** [ˈmjuːnɪk riː, engl.], weltweit größtes Rückversicherungsunternehmen (Beitragseinnahmen 1996/97: 32,18 Mrd. DM; davon entfallen 19,33 Mrd. DM auf Rückversicherer und 12,85 Mrd. DM auf Erstversicherer; Beschäftigte: rd. 16300), gegr. 1880; Sitz: München. Das Unternehmen arbeitet mit Versicherungsgesellschaften in mehr als 150 Ländern zusammen und verfügt über 60 Tochtergesellschaften, Zweigniederlassungen und Servicegesellschaften. – Zahlr. Beteiligungen bestehen v. a. an anderen Versicherungsunternehmen (z. B. Hamburg-Mannheimer Versicherungs-AG, Karlsruher Lebensversicherung AG, Hermes Kreditversicherungs-AG sowie versch. Unternehmen der Allianz-Gruppe). Darüber hinaus bestehen Beteiligungen an einzelnen Industrieunternehmen (z. B. Degussa AG, Salamander AG), die z. T. über Holdinggesellschaften gehalten werden. Hauptaktionär (25%) ist die Allianz AG Holding, wobei die M. R.-G. ihrerseits mit 25% an der Allianz AG Holding beteiligt ist.

Münchener Tests, Bez. für Untersuchungsverfahren, v. a. zur Feststellung der →Schulfähigkeit.

Münchener Vertrag, Vertrag vom 8. 10. 1619 zw. Kaiser FERDINAND II. und Herzog MAXIMILIAN I. von Bayern, der dem Wittelsbacher für den Kriegsfall das unumschränkte Direktorium der →Liga einräumte und deren militär. und finanzielle Unterstützung für den Kaiser festlegte. MAXIMILIAN erhielt dafür neben einer finanziellen und territorialen Absicherung seitens der Habsburgers die mündl. Zusage der Ächtung des pfälz. Kurfürsten und böhm. Königs FRIEDRICH V. sowie der erbl. Übertragung der pfälz. Kurwürde.

Münchengrätz, tschech. **Mnichovo Hradiště** [ˈmnjixɔvɔ ˈhradjiʃtje], Stadt im Mittelböhm. Gebiet, Tschech. Rep., an der Iser, 7000 Ew.; Automobilwerke. – Das spätgot. Schloss wurde zunächst im Renaissancestil, dann um 1700 barock umgebaut; Gartenpavillon (1711). In der Kapelle St. Anna der Schlosskirche befindet sich das Grab von A. VON WALLENSTEIN. Neben dem Schloss das Kapuzinerkloster (1694–99). – M. entstand im 13. Jh. neben einer Burg und einem Zisterzienserkloster.

Münchenstein, Stadt im Kt. Basel-Landschaft, Schweiz, südlich an Basel anschließend, 11600 Ew.; Industrie- und Wohnort an der Birs; botan. Garten der Stadt Basel; Kutschen- und Schlittenmuseum. – 1270 (Erbauung der Burg) bis 1470 Sitz der Herrschaft M.; 1515 bis 1830/33 bei Basel.

München und Freising, Erzbistum mit Sitz des Erzbischofs in München, 1818 aus dem Gebiet des alten Bistums Freising (gegr. um 739; 798–1803 Suffraganbistum von Salzburg), den bayer. Gebietsteilen des Erzbistums Salzburg und des 1807 aufgehobenen Bistums Chiemsee sowie der exemten Propstei Berchtesgaden gebildet. Suffraganbistümer sind Augsburg, Passau und Regensburg. Erzbischof ist seit 1982 F. WETTER. (→katholische Kirche, ÜBERSICHT).

Münchhausen, niedersächs. Uradelsgeschlecht, das 1183 erstmals urkundlich erscheint und sich Mitte der 1260er-Jahre in eine weiße Linie und eine schwarze Linie teilt. – Bedeutende Vertreter:

1) **Börries Freiherr von,** Pseud. **H. Albrecht,** Schriftsteller, * Hildesheim 20. 3. 1874, † (Selbstmord) Schloss Windischleuba (bei Altenburg) 16. 3. 1945; Hauptvertreter der neueren dt. Balladendichtung, einer Gattung, der er auch theoret. Abhandlungen widmete und die seiner aristokrat. Lebensauffassung und virtuosen Sprachbeherrschung bes. entsprach; Themen v. a. aus der Ritterwelt des MA, Sage und Märchen.

Börries von Münchhausen

Ausgabe: Das dichter. Werk. Ausg. letzter Hand, 2 Bde. (Neuausg. 1968–69).

2) **Hieronymus Karl Friedrich Freiherr von,** genannt **Lügenbaron,** Offizier und Gutsbesitzer, * Bodenwerder 11. 5. 1720, † ebd. 22. 2. 1797; war Page bei Prinz ANTON ULRICH von Braunschweig, dann Kornett, Leutnant und Rittmeister in einem russ. Regiment; Teilnahme an zwei Türkenfeldzügen; war als ausgezeichneter Erzähler von Anekdoten, Kriegs-, Reise- und Jagdabenteuern bekannt. Die ersten Abenteuer- und Lügengeschichten erschienen 1781–83 anonym in der Zeitschrift ›Vademecum für lustige Leute‹. 1786 veröffentlichte R. E. RASPE eine engl. Ausgabe u. d. T. ›Baron Munchhausen's narrative of his marvellous travels and campaigns in Russia‹, deren dritte Auflage G. A. BÜRGER 1786 unter Hinzufügung von acht eigenen Geschichten ins Deutsche übersetzte und so erst im eigentl. Sinne dem volkstüml. Typus der Münchhausiaden als Form der →Lügendichtung schuf. 1788 ließ BÜRGER diesem Werk eine um nochmals fünf eigene Lügengeschichten erweiterte zweite Auflage folgen. In der Nachfolge kam es zu zahlreichen Bearbeitungen des M.-Stoffes im Roman (K. IMMERMANN, ›M.‹, 4 Bde., 1838–39), im Drama (H. EULENBERG, ›M.‹, 1900; F. Lienhard, ›M.‹, 1900; H. Freiherr VON GUMPPENBERG, ›M.s Antwort‹, 1901) und im Film (›M.‹, Regie J. VON BÁKY, Drehbuch E. KÄSTNER, 1943; Neuverfilmung 1988 u. d. T. ›The adventures of Baron M.‹, Regie TERRY GILLIAM).

W. R. SCHWEIZER: M. u. Münchhausiaden. Werden u. Schicksale einer dt.-engl. Burleske (1969); E. WACKERMANN: Münchhausiana. Bibliogr. der M.-Ausg. u. Münchhausiaden, 2 Bde. (1969–78).

Hieronymus Karl Friedrich von Münchhausen

Münchhausiade, Münchhauseniade, seit der zweiten Hälfte des 18. Jh. gebräuchl. Bez. für eine spezielle Form der Lügendichtung, die mit der Person des Freiherrn H. K. F. VON MÜNCHHAUSEN verknüpft ist.

Münchinger, Karl Wilhelm, Dirigent, * Stuttgart 29. 5. 1915, † ebd. 13. 3. 1990; studierte u. a. bei H. ABENDROTH, gründete 1945 das Stuttgarter Kammerorchester, 1966 die Klass. Philharmonie Stuttgart und leitete beide bis 1987. Sein Repertoire reichte von Werken des 18. Jh. bis zur Moderne.

Münchner Bilderbogen, einseitig bedruckte Einzelblätter (Einblattdrucke), die 1849–98 und 1900–05 im Verlag Braun & Schneider in München erschienen. Die meist volkstüml. Bilder (Holzstiche) nach Zeichnungen u. a. von W. BUSCH, M. VON SCHWIND, F. VON STUCK, F. VON POCCI, A. OBERLÄNDER und dem Verlagsmitinhaber CASPAR BRAUN (* 1808, † 1877) sind mit humoristisch-kulturhistor. Texten erläutert.

Münchner Dichterkreis, von König MAXIMILIAN II. von Bayern ab 1852 initiierter Kreis meist norddt. Schriftsteller (E. GEIBEL, P. HEYSE, F. M. BODENSTEDT, F. DAHN, F. DINGELSTEDT, MARTIN GREIF, J. GROSSE, W. HERTZ, H. LEUTHOLD, W. LINGG, W. H. RIEHL, A. F. VON SCHACK, J. V. VON SCHEFFEL), die offiziell in den königl. ›Symposien‹ zusammenkamen und sich auch privat in der nach einem Gedicht LINGGS (›Das Krokodil von Singapur‹) benannten ›Gesellschaft der Krokodile‹ (1856–63) trafen. Nach dem Tod MAXIMILIANS II. (1864) und GEIBELS Fortgang (1868) verlor der Kreis seinen Elan. Seine literar. Bedeutung liegt in der Pflege nichtpolit. klassizist. Dichtung. Ihr im Kreis geschätzte Formkult wie auch u. a. die histor. und romant. Thematik führten oft zu epigonalem Ästhetizismus.

Ausgaben: E. GEIBEL u. H. LEUTHOLD: Fünf Bücher frz. Lyrik vom Zeitalter der Revolution bis auf unsere Tage in Uebersetzungen (1862); Ein Münchener Dichterbuch, hg. v. E. GEIBEL (1862); Neues Münchener Dichterbuch, hg. v. P. HEYSE (1882).

M. KRAUSNICK: Paul Heyse u. der Münchener D. (1974); Die Krokodile. Ein M. D. Texte u. Dokumente, hg. v. J. MAHR (1987).

Münc Münchner Lach- und Schießgesellschaft – Munda

Münchner Lach- und Schießgesellschaft: Foto aus dem Jahr 1956 mit Fred Kassen (links; Komponist), Klaus Havenstein, Ursula Herking, Hans Jürgen Diedrich, Dieter Hildebrandt (in der Leiter, von oben) und Sammy Drechsel (rechts)

Münchner Lach- und Schießgesellschaft, politisch-satir. Kabarett, 1956 in München von S. Drechsel und D. Hildebrandt gegründet; Darsteller waren u. a. Hildebrandt (bis 1972), Hans Jürgen Diedrich (*1923; bis 1969), Klaus Havenstein (*1922; bis 1968), Ursula Herking (bis 1957), Ursula Noack (*1918, †1988; 1958–72); Texte schrieben v. a. Hildebrandt, M. Morlock und K. P. Schreiner. 1972 löste sich das Ensemble auf, 1976 wurde es mit neuen Darstellern wieder gegründet, u. a. B. Jonas (1981–84), Jochen Busse (*1941; 1981–90), Rainer Basedow (*1938; seit 1976), Renate Küster (*1936; 1985–90), H. Venske (seit 1985), ab 1991 Gabi Lodermeier (*1953) und Hans Jürgen Silbermann (*1947).

Münchner Philharmoniker, gegr. 1893, seit 1928 das offizielle Orchester Münchens. Chefdirigent war 1979–96 S. Celibidache, als Nachfolger ab 1999 wurde J. Levine verpflichtet; frühere bedeutende Dirigenten waren u. a. F. von Weingartner, H. Pfitzner, O. Kabasta, H. Rosbaud, F. Rieger, R. Kempe.

Münchner Schule, Malerei in München im 19. Jh.; beginnend mit der Ära Ludwigs I., unter dem sich München zu einem Kunstzentrum von internat. Rang entwickelte, erlangte sie mit Künstlern wie K. von Piloty als Leiter der Akademie und seinen Schülern W. von Diez, H. Makart, F. von Defregger, N. Gysis und F. von Lenbach ihren Höhepunkt. Bezeichnend für die M. S. ist das hohe Niveau ihrer Malkultur, das sich sowohl in den führenden Gattungen wie Historien-, Genre- und Landschaftsmalerei als auch in der Porträt-, Stillleben- und Tiermalerei zeigt.

Münchner Landschaftsmalerei 1800–1850, hg. v. A. Zweite, Ausst.-Kat. (1979).

Munch-Petersen [ˈmoŋ ˈpeːdərsən], Gustav, dän. Schriftsteller, *Kopenhagen 18. 2. 1912, †(gefallen) in NO-Spanien 2. 4. 1938; kämpfte als Freiwilliger im Span. Bürgerkrieg auf republikan. Seite. Seine avantgardist., experimentellen Gedichte hatten bedeutenden Einfluss auf die modernist. Lyrik der 60er-Jahre in Dänemark.
  Ausgabe: Samlede skrifter, 2 Bde. (1959).

Münchwilen, Name von geographischen Objekten:
  1) Münchwilen, Bez. im Kt. Thurgau, Schweiz, 158 km², 32 900 Ew., umfasst den S des Kantons.
  2) Münchwilen (TG), Bezirkshauptort im Kt. Thurgau, Schweiz, westlich von Wil, 518 m ü. M., 4000 Ew.; chem. und Textilindustrie.

Mund, Os, Stoma, der i. d. R. durch Muskeln verschließbare und i. Allg. durch die Kiefer begrenzte Eingang zum Darmkanal für die Aufnahme der Nahrung bei Tieren und beim Menschen; oft (v. a. bei Wirbeltieren) mit erweitertem, zum Vorderdarm gehörendem (ektodermalem) Hohlraum (**M.-Höhle**). Je nach der embryonalen M.-Entstehung unterscheidet man zwei zoolog. Stammgruppen, die Proto- und die Deuterostomier.

Die *Größe* und *Ausbildung* des M. sind der jeweiligen Ernährungsweise der Lebewesen angepasst. So macht beim Grönlandwal die M.-Spalte fast ein Drittel der Körperlänge aus. Einen bes. kleinen, in die Länge gezogenen M. (mit wurmförmiger, klebriger Zunge) haben Ameisenigel und Ameisenbär, einen **Röhren-M.** versch. Fische (z. B. Seepferdchen, Seenadeln). Bei manchen Tieren sind die beiden Lippen oder v. a. die Unterlippe zu einem **M.-Saugnapf** als Haftvorrichtung umgebildet (z. B. bei Neunaugen, Kaulquappen). Häufig sind die M.-Ränder verhornt (z. B. als Hornschnabel bei Schildkröten, Vögeln).

Beim *Menschen* wird der M. durch die mit dem **M.-Schließmuskel** (Musculus orbicularis oris) versehenen, die **M.-Spalte** (M.-Öffnung, Rima oris) begrenzenden →Lippen verschlossen. Zw. den Lippen und den Kieferwällen mit den beiden Zahnreihen befindet sich der **M.-Vorhof** (Vestibulum oris), dessen seitl. Außenwände die **Wangen** bilden. In den M.-Vorhof mündet die paarige Ohrspeicheldrüse. Der Raum zw. den Zähnen und der Rachenenge wird als **M.-Höhle** (Cavum oris) bezeichnet. Sie ist mit Schleimhaut ausgekleidet. In sie münden (ebenfalls als Speicheldrüsen) die paarigen Unterkiefer- und Unterzungendrüsen. Ein Teil der Muskeln des M.-Höhlenbodens bildet die Zunge (mit Sitz des Geschmackssinnes). Das M.-Höhlendach stellt der Gaumen dar, der zum Rachen überleitet.

Nicht nur durch seine wesentl. Beteiligung am Vorgang des Sprechens steht der M. des Menschen im Dienst sozialer Kommunikation und Information. Als ›Geschmacksgruß‹ beispielsweise zählt der M.-Kuss zu den wichtigsten Grußformen des Menschen. Außerdem hat der M. überaus auffällige Signal- und Auslösewirkungen, speziell im sexuellen Bereich. Die Lippen signalisieren durch Form, Farbe und Feuchtigkeit (oft künstlich betont und korrigiert) Angebot oder Wunsch. Zum Lächeln verzogene Lippen drücken Freundlichkeit aus oder wirken beruhigend. Darüber hinaus dienen sie u. a. als Ausdrucksorgane der Sprache. Bes. aber für den individuellen Gesichtsausdruck ist die Haltung der Lippen außerordentlich kennzeichnend. Die Hautfalten und -furchen in der Umgebung des M. stehen hierbei in enger Korrelation zur Beweglichkeit der Lippen.

Munda, 1) in mehrere Unterstämme gegliedertes ind. Volk (rd. 1,2 Mio. Menschen), namengebend für eine Sprachfamilie. Aufgesplittert durch indoarische und dravid. Siedler, wanderten viele M. aus Landmangel von ihrem Zentrum auf dem Chota-Nagpur-Plateau im Grenzbereich von Bihar, Orissa und Madhya Pradesh ab, v. a. nach W-Bengalen. Trotz starker hin-

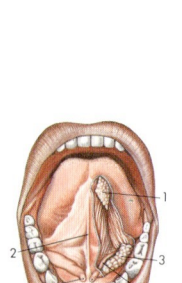

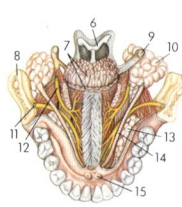

Mund: Mundhöhle des Menschen; **oben** Untere Fläche der Zunge und Boden der Mundhöhle bei erhobener Zungenspitze, rechts ist die Zungenschleimhaut entfernt; 1 Zungenspitzendrüse, 2 Zungenbändchen, 3 Unterzungendrüse, 4 Speichelwärzchen mit den einmündenden Ausführungsgängen der Unterzungen- und Unterkieferdrüsen, 5 Ausführungsgang der Unterkiefer- und Unterzungendrüse; **unten** Mundboden nach Abtragung der Zunge, der Weisheitszahn fehlt auf beiden Seiten; 6 Kehldeckel, 7 hinterster Teil der Zunge mit Zungenmandel, 8 Schnitt durch das Verbindungsstück zwischen aufsteigendem und waagerechtem Ast des Unterkiefers, 9 großes Horn des Zungenbeines, 10 Unterkieferdrüse, 11 Zungennerv, 12 Teil des XII. Hirnnervs, 13 Unterzungendrüse, 14 Ausführungsgang der Unterzungendrüse, 15 Speichelwärzchen

duist. und christl. Einflüsse haben etwa 20% der M. ihre ursprüngl. animist. Religion bewahrt.

L. ICKE-SCHWALBE: Die M. u. Oraon in Chota Nagpur. Gesch., Wirtschaft u. Gesellschaft (Berlin-Ost 1983).

2) Mundavölker, Kolari|er, Völker- und Sprachfamilie (→Mundasprachen) in Vorderindien (rd. 12 Mio. Munda). Die M. wanderten wohl als neolith. Bauern aus SO-Asien ein und verbreiteten sich über weite Gebiete von N- und Zentralindien. Neben mongoliden Rasseelementen, die auf ihre Herkunft deuten, weisen sehr dunkelhäutige und weddide Typen auf Mischungen mit den ursprüngl. Bewohnern hin. Bei einigen der heute Mundari sprechenden Stämme, z. T. mit Wildbeutertradition, wird direkte Abstammung von der Urbevölkerung vermutet (Asura, Birhor, Juang, Korwa, Nahal). Die M. wurden durch einwandernde Indoarier, Tibetobirmanen und Dravida in drei Komplexe aufgesplittert: 1) Kherwari-Gruppe (Bhuiya, Bhumij, Ho, Kharia, Korwa, Munda i. e. S., Santal, Turi u. a.) mit der Hauptmasse der M. in Waldgebieten von W-Bengalen, Bihar, Madhya Pradesh und Orissa (Rajmahalberge, Chota-Nagpur-Plateau); 2) S-Gruppe mit den Bondo, Gadaba und Savara in den Ostghats im südl. Orissa und NO von Andhra Pradesh; 3) W-Gruppe mit den Korku und Nahal in den Satpurabergen von Madhya Pradesh und Maharashtra. Zahlreiche M. wurden von Dravida (Gond, Khond, Oraon u. a.) und Indoariern (Lodha, Sahariya, mehrere Kasten in N-Indien) assimiliert oder überformt. Alle M. leben vom Ackerbau. Soziale Organisation ist die Totemgruppe. Ihre traditionelle Religion (Vegetations- und Berggottheiten, Megalithen als Ahnensitze) wurde in jüngster Zeit stark von Hinduismus und Christentum überformt.

Munda Baetica, antiker Schlachtenort in Spanien, →Montilla.

Mund|art, Dialekt, örtlich oder regional bedingte sprachl. Sonderform vor dem Hintergrund der Hoch- bzw. Standardsprache. Die M. ist nicht an die Norm der Hochsprache gebunden und stellt im Extremfall ein eigenes, von dieser phonetisch, lexikalisch und grammatisch unterschiedenes Sprachsystem dar. Historisch gesehen, bewahrt sie oft frühere Sprachzustände und älteres Wortgut als die Hochsprache, die genetisch aus ihr als mundartl. Ausgleichssprache hervorgegangen ist. Unter kommunikativem Aspekt ist sie der Hochsprache prinzipiell ebenbürtig; sie weicht jedoch in Bezug auf ihre Verwendung von dieser ab. So ist sie i. d. R. mündl. Verkehr vorbehalten (kann aber – wie in der →Mundartdichtung – auch literarisch eingesetzt werden), i. Allg. für den nichtöffentl. Gebrauch bestimmt und auf Spontaneität hin angelegt. Die M. ist nicht an eine soziale Schicht, wohl aber an eine bestimmte (regionale oder lokale) Gruppe und Sprechsituation (damit z. T. auch an bestimmte soziale Bezüge) gebunden. Grundsätzlich steht sie in ständiger Wechselbeziehung mit Hoch- und Umgangssprache. Die Bez. ›M.‹ wurde von P. VON ZESEN 1640 eingeführt. Während J. GRIMM zw. M. (lokale Sprachform) und Dialekt (übergreifende Sprachvariante) unterschied, werden heute beide Termini synonym verwendet. (→Mundartforschung, →deutsche Mundarten)

Mund|artdichtung, Dialektdichtung, Dichtung, die im Unterschied zur überregionalen hochsprachl. Literatur in einer bestimmten Mundart verfasst ist. M. in diesem Sinne gibt es also erst, seitdem sich eine allgemein verbindl. Hoch- und Schriftsprache entwickelt hat, in Dtl. etwa seit M. LUTHER. Zuvor war alle Dichtung mehr oder weniger mundartlich, auch wenn sich, wie z. B. in der mhd. Blütezeit, gewisse Ausgleichstendenzen feststellen lassen. In der griech. Antike blieben indes die literar. Gattungen auch nach der Ausbildung einer einheitl. Schriftsprache denjenigen Mundarten verbunden, in denen sie entstanden, wie etwa die Lyrik dem äol. Dialekt. Ähnliche gattungsspezif. Zuordnungen von Sprachen finden sich im europ. MA. im Zusammenhang mit dem Altprovenzalischen und Galicisch-Portugiesischen als übernat. Medien der Lyrik und hinsichtlich des Altfranzösischen als grenzüberschreitendem Idiom der (wiss.) Prosa. M. umfasst alle traditionellen Gattungen volkstüml. Erzähl- und Dichtkunst. Grenzfälle finden sich dort, wo vor einem hochsprachl. Hintergrund mundartl. Elemente zur milieugetreuen Charakterisierung verwendet werden, v. a. innerhalb des Dialogs (z. B. bei L. THOMA, G. HAUPTMANN).

Geschichte: Nach dem Vordringen der nhd. Schriftsprache finden sich im 16. und 17. Jh. neben anonymen M. mundartl. Sequenzen, meist mit dem didakt. Zweck, Volkstümlichkeit zu signalisieren und Volkstypen realistisch darzustellen, in Form von Bauerngesprächen und eingeschobenen Volksliedern in den Jesuiten- und Piaristendramen im südtt. Sprachraum sowie in den Fastnachtsspielen der Städte. Die in schles. Mundart verfasste Posse ›Die gelibte Dornrose‹ in A. GRYPHIUS' Doppeldrama ›Verlibtes Gespenst‹ (1661) gilt als erste literarisch bedeutende M. Bairisch-österr. M. manifestiert sich im 18. Jh. zunehmend in Volkspossen (MARIAN WIMMER, *1725, †1793), auf Klosterbühnen (M. LINDEMAYR) und bes. in der von J. A. STRANITZKY auf der Bühne heimisch gemachten Figur des Hanswurst (Kasperl) im Wiener Volkstheater (J. F. VON KURZ, P. HAFNER, G. PREHAUSER) sowie in der Folge in den Wiener Volksstücken von A. BÄUERLE, F. RAIMUND, J. N. NESTROY u. a. In der zweiten Hälfte des 18. Jh. erzielten die geistl. und weltl. Singspiele in oberschwäb. Mundart von J. V. SAILER, die Gedichte von J. K. GRÜBEL in Nürnberger Stadtmundart und J. H. VOSS' plattdt. Idyllen ›De Winteravend‹ (1776) und ›De Geldhapers‹ (1777) breitere Wirkung. Die Romantik mit ihrem Interesse am Volkstümlichen und Regionalen (z. B. auch Kinderreimen) bewirkte, v. a. gefördert durch die sprachwiss. Arbeiten der Brüder J. und W. GRIMM, eine literar. Aufwertung der M., z. T. nutzten die Autoren nun klass. Formen (so der Elsässer J. G. ARNOLD); überregional wirkten die ›Alemann. Gedichte‹ (1803) von J. P. HEBEL. Identitätsbewahrende und unterhaltende Funktionen kennzeichnen die nach 1850 entstandene, idyllisch geprägte M. der Heimat- und Bauernliteratur, so im niederdt. Sprachraum, die ›Quickborn‹-Gedichte von K. GROTH (1852), im ostmitteldeutschen (erzgebir.) Sprachraum die populären Gedichte und Lieder ANTON GÜNTHERS (*1875, †1937); daneben finden sich sozialkrit. Aspekte, so in der Prosa F. REUTERS, in den Dramen L. ANZENGRUBERS und im bayer. Volkstheater bei JOSEPH RUEDERER (*1861, †1915) und L. THOMA. Diese Tendenz gipfelte im naturalist. Drama (G. HAUPTMANN, F. STAVENHAGEN u. a.) und wirkte über O. M. GRAF, Ö. VON HORVATH, LENE VOIGT und H. REIMANN bis in die Gegenwart fort (F. X. KROETZ, F. MITTERER). Seit den 1970er-Jahren wurde der Dialekt zur Artikulierung gesellschaftskrit. Aussagen, v. a. aber zum Hinweis auf persönl. emotionale Betroffenheit bes. in krit. Liedtexten (K. WECKER, ›BAP‹) oder in regionale Mentalitäten aufgreifenden Schlagertexten (JOY FLEMING, ›Neckarbrücken-Blues‹, 1972), v. a. in den (Protest-)Liedern der Bürgerinitiativbewegung (z. B. W. MOSSMANN; A. WECKMANN, ›rhingold‹, 1975 für den schweizerisch-badisch-elsäss., also alemann. Raum) ein wichtiges Ausdrucksmittel. Die Bedeutung der Mundart als sprachl. Verdeutlichung sozialer Solidarität und der Gruppenidentität wurde auch von bedeutenden Vertretern der Kinder- und Jugendliteratur erkannt, wobei hier zw. M. und literar. Umsetzung von Jugendsprache im 20. Jh. (E. KÄST-

Mund Mundartforschung

NER, ›Emil und die Detektive‹, 1929; U. PLENZDORF, ›Die neuen Leiden des jungen W.‹, 1973) fließende Übergänge festzustellen sind. – Bis heute anhaltende konservativ-restaurative Funktionen erhielt die M. dagegen im Rahmen der Heimatkunstbewegung um die Jahrhundertwende und bes. im natsoz. Literaturbetrieb durch die programmat. Ideologisierung und Stilisierung des Bäuerlich-Volkstümlichen zum ›Natürlichen‹, d. h. als positiv gewerteten Gegenpol gegen alles – als negativ erachtete – Künstlich-Zivilisatorische (so bei HANS KLOEPFER, * 1867, † 1941; J. WEINHEBER u. a.). – Seit den 1950er-Jahren erlangte die M. eine neue Dimension als Experimentierfeld sprachkritisch orientierter Autoren und für deren Suche nach neuen Ausdrucksweisen, wie sie z. B. durch die Vertreter der →konkreten Poesie und die →Wiener Gruppe (H. C. ARTMANN) repräsentiert wird. – Ausgeprägte und bedeutende M. finden sich in nahezu allen Dialektgruppen. – In neuerer Zeit tragen (Freilicht-)Aufführungen mundartl. Stücke und die Sendung von Dialektstücken in Hörfunk und Fernsehen stark zur Verbreitung der M. bei. – Eine wichtige Rolle spielt die Mundart in der →niederdeutschen Literatur, der →österreichischen Literatur und der →schweizerischen Literatur sowie in den deutschsprachigen Gebieten Luxemburgs, des Elsass und Lothringens. – In den nichtdeutschsprachigen Räumen lassen sich vergleichbare Entwicklungen feststellen.

Während sich in England im 14. Jh. die Sprache Londons als Literatursprache durchzusetzen begann (bes. durch die Werke G. CHAUCERS), entstand im Dialekt des westl. Mittellandes eine auf die altengl. Stabreim zurückgreifende Dichtung (›alliterative revival‹, z. B. W. LANGLAND, ›Piers the Plowman‹; ›Sir Gawain and the green knight‹). Mundartl. Traditionen wurden v. a. in Schottland fortgeführt (R. HENRYSON, W. DUNBAR, G. DOUGLAS, Sir D. LYNDSAY), und zu Beginn des 18. Jh. kam es als Reaktion auf die polit. Union Schottlands mit England zum bewussten Rückgriff auf mundartl. Traditionen in der Dichtung A. RAMSAYS, R. FERGUSSONS und R. BURNS' (›vernacular revival‹). In England verwendete u. a. W. BARNES in seinen ›Poems of rural life in the Dorset dialect‹ (1844–62, 3 Tle.) Dialekt (Cty. Dorset), ähnlich T. HARDY in den ›Wessex poems‹ (1898) und in seinen Romanen; R. KIPLING griff in seinen Soldatengedichten (›Barrack-room ballads‹, 1892) auf den Cockney-Dialekt zurück, ebenso wie die Autoren der spätviktorian. ›Social Fiction‹ in Kurzgeschichten. H. MACDIARMID und SYDNEY GOODSIR SMITH (* 1915, † 1975) gelten als die bedeutendsten schott. Mundartdichter der Gegenwart. Einflüsse der stärker zurückgedrängten irischen Mundart zeigen sich u. a. im Drama S. O'CASEYS, B. BEHANS und J. M. SYNGES oder bei B. FRIEL. – In der Literatur der Einwanderungsländer wird Mundart zum Ausdruck nat. Eigenständigkeit (Buschballaden Australiens) und regionaler Unterschiede (Local-Color-Literatur der USA, volkstüml. Balladen und Erzählungen Kanadas in engl. und frz. Sprache); gleichzeitig dient die Sprachfärbung bes. in Roman und Drama auch ethn. Differenzierung.

In Frankreich wetteiferten seit dem 12. Jh. das Anglonormannische, das Champagnische und das Pikardische literarisch miteinander, bis sich unter dem Einfluss polit. und kultureller Entwicklungen zunehmend das Franzische, d. h. der Dialekt der Île-de-France mit dem Zentrum Paris, als Vorbild für die literar. Hochsprache herausbildete. Dieser Prozess war bereits im 14./15. Jh. abgeschlossen und beließ einer reinen M. nur noch geringen Spielraum. Für die Länder der Iber. Halbinsel mit den Zentren Toledo, Madrid und Lissabon gilt bis ins 19. Jh. eine vergleichbare, wenn auch auf ganz anderen Bedingungen fußende Entwicklung, sieht man einmal von den humanistisch inspirierten Sprachspielen B. DE TORRES NAHARROS oder G. VICENTES ab. Ganz anders dagegen Italien, dessen dialektale Vielfalt bereits DANTE in seiner Schrift ›De vulgari eloquentia‹ (entstanden nach 1305, gedruckt 1529) zusammenstellte. Erst in jahrhundertelangen Auseinandersetzungen, zuletzt gefördert durch die ital. Einigungsbewegung im 19. Jh., gewann das Toskanische jene Modellfunktion, die ihm trotz DANTE, PETRARCA und BOCCACCIO immer wieder streitig gemacht worden war (→Questione della Lingua). So lässt sich denn eine eindrucksvolle Reihe von Autoren aus der Geschichte der ital. Literatur benennen, die bewusst eine nichttoskan. Variante des Italienischen zu ihrem literar. Ausdrucksmittel wählten: RUZZANTE setzte in seinen Komödien gezielt das Paduanische, z. T. auch zur schichtenspezif. Charakterisierung, ein, G. BASILE erzählt seine Geschichten auf Neapolitanisch, C. GOLDONI bediente sich des Venezianischen, G. MELI des Sizilianischen, C. PORTA des Mailändischen, das zunächst auch A. MANZONI wählte, bevor er in der zweiten Fassung (1840–42) seines Romans ›I promessi sposi‹ die Hegemonialstellung des Toskanischen anerkannte. Die Kontinuität dieser Literatur reicht bis ins 20. Jh., von S. DI GIACOMO aus Neapel bis zu C. PAVESE aus Santo Stefano Belbo (N-Italien), dem die Sprache seiner Heimat Ausdruck der Möglichkeit war, sich in seiner gebrochenen Einsamkeit zurechtzufinden, oder bis zu C. PASCARELLA und P. P. PASOLINI, die das Römische verwendeten; sie stehen gewissermaßen in der Nachfolge G. G. BELLIS, der die Kraft seines satirisch-polem. Temperaments für die Rechte der Unterdrückten einsetzte. – Bes. durch die Autonomiebestrebungen innerhalb der Randgebiete der westl. Romania seit dem 19. Jh. finden sich neue Ausdrucksformen der M. in N- und S-Frankreich (→bretonische Sprache und Literatur, →provenzalische Sprache, →provenzalische Literatur), im Baskenland (→baskische Sprache und Literatur) sowie in Katalonien (→katalanische Sprache und Literatur) und Galicien (→galicische Sprache und Literatur).

Dt. Philologie im Aufriß, hg. v. W. STAMMLER, Bd. 2 (²1960, Nachdr. 1978); M., in: Real-Lex. der dt. Lit.-Gesch., begr. v. P. MERKER u. a., hg. v. W. KOHLSCHMIDT u. a. (²1965); F. HOFFMANN u. J. BERLINGER: Die neue dt. M. (1978); Literature of the North, hg. v. D. HEWITT u. a. (Aberdeen 1983); L. TODD: The language of Irish literature (London 1989); Einstellungen u. Positionen zur Mundart-Lit., hg. v. EVA-MARIA SCHMITT (1993).

Mund|artforschung, Dialektologie, linguist. Teildisziplin, die sich mit der Analyse örtlich oder regional bedingter sprachl. Sonderformen beschäftigt. Gegenstand der Untersuchung sind u. a. räuml. Verbreitung der Mundarten (in der Dialektgeographie analysiert wird), ihre phonet. lexikal. semant. und grammat. Eigenart, ihre Entstehung und histor. Entwicklung sowie soziale Dimensionen des Mundartgebrauchs. Die Materialsammlung erfolgt aufgrund intensiver Feldforschung (mittels Tonbandaufnahmen, direkter mündl. Befragung anhand eines detaillierten Fragenkatalogs oder auf der Grundlage schriftlich beantworteter Fragebögen). Die Ergebnisse der M. werden in Form übergreifender oder spezieller Abhandlungen, Dialektatlanten (→deutsche Sprachatlanten, →Sprachatlas) oder Dialektwörterbüchern veröffentlicht. Institute für M. befinden sich u. a. in Marburg, München, Zürich und Wien.

Die dt. M. setzte im 19. Jh. ein. Im Rahmen der histor. Sprachwissenschaft wurde versucht, die Analyse gegenwartssprachl. Dialekte im Hinblick auf eine Rekonstruktion früherer Sprachzustände auszuwerten, da die Mundarten allgemein ältere Sprachformen bewahrt haben als die Hoch- bzw. Standardsprache. Die →Junggrammatiker bemühten sich vergeblich, durch die Erforschung von Dialektspaltung ihre Hypothese von der Ausnahmslosigkeit der Lautgesetze zu verifizieren. Die – synchron orientierte und systembezogene – (strukturalist.) M. zielte, mittels phonolog. und lexikal. Dialektanalyse, auf Erkenntnisse über Sprachstruktur und Sprachwandel. Im Rahmen der generativen Transformationsgrammatik (→generative Grammatik) wurden dialektale Unterschiede als versch. Regelordnungen innerhalb eines einheitl. Sprachsystems interpretiert. Demgegenüber standen bei der Ende der 1960er-Jahre einsetzenden, von den USA und England ausgehenden M. soziale (Sprache im sozialen Kontext) und pragmat. (unterschiedl. Verwendungsbereiche von Hochsprache und Dialekten) Fragestellungen im Vordergrund. Die heutige M. ist ein wichtiger Zweig innerhalb der Soziolinguistik und wendet sich bes. auch den →Soziolekten zu.

A. Bach: Dt. M. Ihre Wege, Ergebnisse u. Aufgaben (^{3}1969); J. Goossens: Dt. Dialektologie (1977); T. L. Markey: Prinzipien der Dialektologie. Einf. in die dt. Dialektforschung (1977); Dialekt u. Dialektologie, hg. v. J. Göschel u. a. (1980); K. J. Mattheier: Pragmatik u. Soziologie der Dialekte (1980); Dialektologie. Ein Hb. zur dt. u. allg. Dialektforsch., hg. v. W. Besch u. a., 2 Tle. (1982–83); Aspekte der Dialektologie, hg. v. K. J. Mattheier (1983); H. Niebaum: Dialektologie (1983); E. Werlen: Studien zur Datenerhebung in der Dialektologie (1984); H. Löffler: Probleme der Dialektologie. Eine Einf. (^{3}1990); C. J. Hutterer: Aufsätze zur dt. Dialektologie (Budapest 1991); Dialektologie des Deutschen, hg. v. K. Mattheier u. a. (1994). – *Zeitschrift:* Ztschr. für Dialektologie u. Linguistik (1969 ff.; früher unter anderen Titeln). – Weitere Literatur →deutsche Mundarten.

Mundasprachen, eine Gruppe der →austroasiatischen Sprachen in Vorderindien, die von den →Munda gesprochen werden. Zur Ostgruppe gehören u. a. Santali und Mundari, zur Westgruppe u. a. Korku und Kharia, zur (stark von den dravid. Sprachen beeinflussten) Südgruppe Savara und Gadaba. Die urspr. in Vorder- und Hinterindien verbreiteten Sprachen wurden zunehmend von den tibetobirman. (→sinotibetische Sprachen), den indogerman. und den dravid. Sprachen zurückgedrängt.

Kennzeichen der M. sind u. a. ein einfaches phonolog. System, drei Numeri (Singular, Dual, Plural), zwei Klassen (belebt, unbelebt), häufige Verwendung von Infixen in der Wortbildung. Das Verbsystem weist (neben infigierten Pronomina) Tempus- und Aspektunterscheidungen auf.

Munddusche, Gerät zum Zerstäuben von medikamentösen, desinfizierenden Lösungen mittels komprimierter Luft oder Kohlensäure; dient zur Mundhygiene.

Mündel [von ahd. munt ›Schutz‹, ›Vormundschaft‹] *das* oder *der, -s/-,* lat. **Pupillus,** der unter Vormundschaft stehende Minderjährige. **M.-Gut** ist das einem M. gehörende Vermögen. Als **M.-Geld** bezeichnet man das Geldvermögen eines M., das der Vormund gemäß den §§ 1805 ff. BGB **mündelsicher** (d. h. für den M. sicher) verzinslich anzulegen hat, soweit es nicht zur Bestreitung von Ausgaben bereitzuhalten ist. Mündelsichere Anlageformen sind: 1) durch Hypotheken, Grund- oder Rentenschulden an inländ. Grundstücken gesicherte Forderungen; 2) verbriefte Forderungen a) gegen den Bund oder ein Bundesland, die in bestimmte Schuldbücher eingetragen sind, b) deren Verzinsung vom Bund oder einem Land gewährleistet ist; 3) bestimmte Wertpapiere, die mit Zustimmung des Bundesrates für den Bundes-Reg. für mündelsicher erklärt wurden; 4) Konten bei einer für mündelsicher erklärten öffentl. Sparkasse oder – hilfsweise – einer Bank. Die Anlage soll (außer bei befreiter Vormundschaft) nur mit Genehmigung eines etwa bestellten Gegenvormunds oder des Vormundschaftsgerichts erfolgen. Inhaberpapiere, blanko indossierte Orderpapiere, auf Anordnung des Vormundschaftsgerichts auch andere Wertpapiere, sind mit dem Sperrvermerk ›Herausgabe nur mit Genehmigung des Vormundschaftsgerichts‹ zu hinterlegen. In den neuen Ländern gelten die Vorschriften über die Anlegung von M.-Geld seit 1. 1. 1992 (Art. 234 § 14 Abs. 4 Einführungs-Ges. zum BGB). – Das *österr.* Recht (§§ 187 f., 230 ff. ABGB) kennt dem BGB ähnliche Bestimmungen. In der *Schweiz* gelten für M. die Art. 368 ff. ZGB und das (internat.) Abkommen zur Regelung der Vormundschaft Minderjähriger.

S. Sichtermann: Das Recht der M.-Sicherheit (^{3}1980).

Münden, Stadt in Ndsachs., seit 1. 1. 1991 amtlich →Hann. Münden.

Münder am Deister, Bad M. am D., Stadt im Landkreis Hameln-Pyrmont, Ndsachs., 110–440 m ü. M., im Weserbergland zw. Süntel und Deister, 19 700 Ew.; Büro- und Wohnmöbelindustrie, Hohlglasherstellung; Heilbad mit Sole-, Eisen-, Schwefel- und Bittersalzquellen, Heilanzeigen u. a. bei rheumat., Herz- und Kreislauferkrankungen. – Um die seit 1033 genutzten Solequellen hatte sich schon im 9. Jh. eine Ortschaft herausgebildet, die sich im 13. Jh. zur Stadt entwickelte. Deren Rechte wurden 1338 von den den Ort besitzenden Welfen bestätigt.

Münderkingen, Stadt im Alb-Donau-Kreis, Bad.-Württ., 517 m ü. M., am S-Rand der Schwäb. Alb, auf einem von der Donau umflossenen Hügel, 5 200 Ew.; Heimatmuseum; Kugel- und Wälzlager- u. a. Industrie. – Kath. Pfarrkirche St. Dionysius, im 16. Jh. zur spätgot. Staffelhalle umgebaut, reiche Rokokoausstattung. Barocker Pfarrhof (1706/07), Rathaus (1563) und Stadtbrunnen (1570). – Erste Erwähnung 792; Stadtgründung um 1230. Gegen 1285 kauften die Habsburger die Stadt. 1806 fiel M. an Württemberg.

Münder Mergel [nach Bad Münder am Deister], bis 800 m mächtige, Steinsalz (bis 400 m) und Gips führende Mergelschichten des Oberen Malms (Tithonium) in NW-Deutschland.

Mundfäule, →Stomatitis.

Mundflora, in der Mundhöhle vorkommende Hefepilz- und Bakterienflora, die teilweise eine Schutzfunktion ausübt. Der erwachsene Mensch besitzt eine normale M. von 30–40 Bakterienarten sowie Candidaarten als Hefepilze. Die Stoffwechselprodukte der normalen M. stehen der Ansiedlung pathogener Keime entgegen. Bei Erkrankungen der Mundhöhle (Zahnfleischentzündung, faule Zähne, Mandelentzündung) verschiebt sich das Verhältnis zugunsten der krankheitserregenden Bakterienstämme. Die Zusammensetzung der M. kann auch durch Arzneimittel, v. a. Antibiotika, verändert werden.

Mundgeruch, Foetor ex ore, Fötor, Halitosis, Kakostomie, Folge von Fäulnisvorgängen bei Erkrankungen der Mundhöhle oder des Rachens. Häufigste Ursache ist die fortgeschrittene Zahnkaries mit Bildung von Hohlräumen, in denen Bakterien zurückgebliebene Speisereste zersetzen. Auch starke Zahnbeläge sowie Zahnfleischbluten, Mandelentzündungen und bestimmte Magenerkrankungen führen zu unangenehmem Atemgeruch.

Mundgliedmaßen, Mundwerkzeuge, für den Nahrungserwerb und die Nahrungsaufnahme entsprechend umgebildete Gliedmaßenpaare der Gliederfüßer, v. a. an den Kopfsegmenten, z. T. auch noch an Rumpf- bzw. Brustsegmenten (Kieferfüße). – Die M. der *Höheren Krebse* zeigen noch Spaltfußcharakter. Sie bestehen aus einem Paar massiver, innen gezähnter Mandibeln (Oberkiefer), zwei Paar schwächeren Maxillen (Unterkiefer; innen mit blattförmigen Kauladen und Endo- und Exopoditen, →Spaltfuß) und drei Paar Kieferfüßen am Thorax. Bei den *Hundertfüßern* trägt das (einzige) Kieferfußpaar je eine zangenför-

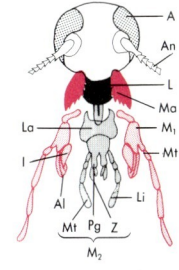
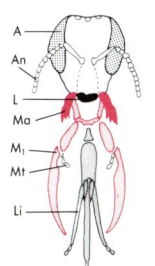
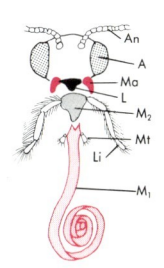
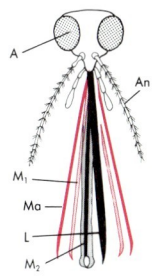

Mundgliedmaßen der Insekten; von **oben** Beißend-kauend; leckend-kauend; saugend; stechend-saugend; A Auge, Al Außenlade, An Antenne, I Innenlade, L Labrum, La Labium, Li Lippentaster, Ma Mandibel, M_1 1. Maxille, M_2 2. Maxille, Mt Maxillartaster, Pg Paraglossa, Z Zunge

Mund Mundharmonika – Mündlichkeit

mige Giftklaue. – Bei den *Fühlerlosen* sind nur zwei Paar M. ausgebildet: als Oberkiefer die Cheliceren (mit einem scherenartig bewegbaren oder als Klaue einschlagbaren, bei Spinnen mit einer Giftdrüse in Verbindung stehendem Endglied, z. T. auch Spinnorgan), als Unterkiefer die Pedipalpen (Kiefertaster; z. T. am Ende klauen- oder, wie bei Skorpionen, scherenartig ausgebildet, bei Spinnenmännchen mit kompliziertem Kopulationsapparat seitlich am Endglied).

Die M. der *Insekten* sind außerordentlich vielgestaltig. Der stammesgeschichtlich primitivste, für die Geradflügler charakterist. Typ sind die **beißend-kauenden M.**, mit deren Hilfe Holz, Blätter, tier. Gewebe oder feste Stoffwechselprodukte aufgenommen werden (u.a. bei Heuschrecken, Käfern). Die **Mandibeln** (Ober-, Vorderkiefer) bestehen aus einer ungegliederten, gezähnten Kauplatte. Die **ersten Maxillen** (Unter-, Mittelkiefer) besitzen ein zweiteiliges Grundglied, an dem vorn zwei Kauladen, die Außenlade (Galea) und die Innenlade (Lacinia) ansitzen. Seitlich trägt jede erste Maxille einen Maxillartaster (Unterkiefertaster, Palpus maxillaris). Die **zweiten Maxillen** (Unterlippe, Hinterkiefer, Labium), die die Mundöffnung nach hinten bzw. unten abschließen, sind ähnlich gebaut wie die ersten Maxillen, nur dass das zweiteilige Grundglied der einen Seite mit dem der anderen zum Postmentum und Praementum verschmolzen ist. Vorn am Praementum sitzen die ›Zungen‹ an, die jeweils aus einer äußeren Paraglossa (Nebenzunge) und einer inneren Glossa (eigentl. Zunge) gebildet werden. Auch die zweiten Maxillen besitzen an ihren Außenseiten Taster (Lippentaster, Labialtaster, Palpus labialis). Bei den höheren Hautflüglern (z. B. der Honigbiene), deren M. aufgrund ihrer funktionsfähig bleibenden Mandibeln den **kauend-leckenden Typ** darstellen (oft auch zum leckend-saugenden Typ gezählt), sind die Glossae zu einer einheitl., langen, behaarten ›Zunge‹ verwachsen, die an der Spitze in das ›Löffelchen‹ (**Labellum**) ausläuft. Beim typ. **leckend-saugenden Typ** sind die Mandibeln rudimentär, oder sie fehlen, wie z. B. bei den meisten Schmetterlingen, deren **Saugrüssel** nur aus den stark verlängerten Außenladen der ersten Maxillen geformt wird. Bei vielen Zweiflüglern (z. B. der Stubenfliege) bildet die Unterlippe (als **Haustellum**) den Hauptteil des **Tupfrüssels**, dessen Endteile, die Lippentaster, zu den kissenförmigen **Labellen** werden. Bei den **stechend-saugenden M.** (z. B. bei Stechmücken) sind die meisten Teile der M. zu **Stechborsten** umgebildet, wobei einige zur Bildung eines Nahrungs- und Speichelrohrs zusammentreten, andere reduziert sein können. Häufig bilden Teile der zweiten Maxillen (Unterlippe) eine Scheide um die Stechborsten. – Nicht von Gliedmaßen ableitbare und daher keine echten M. darstellende (unpaare) Bildungen der Mundregion sind das **Labrum**, eine bewegl. Chitinplatte, die den Mundraum nach vorn und oben abdeckt, sowie der →Hypopharynx.

Mundorgel aus China

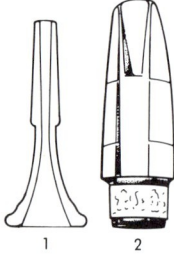

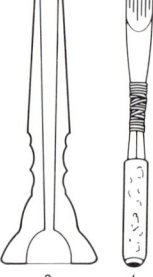

Mundstück:
1 Waldhorn;
2 Klarinette;
3 Trompete; 4 Oboe

Mundharmonika, länglich rechteckiges oder bananenförmiges Musikinstrument, das beim Spielen mit den Händen zw. Ober- und Unterlippe geführt wird und dessen durchschlagende Metallzungen durch die Atemluft in Schwingung versetzt werden. Die M. besteht aus einem Tonkanzellenkörper aus Hartholz (seltener Kunststoff) mit einer Reihe parallel eingefräster, entweder einfacher (einchörig) oder geteilter (zweichörig) Luftkanäle, in denen die Zungen frei schwingen können. Sie ist urspr. ein diaton., d. h. auf nur eine Tonart abgestimmtes Instrument. Beim Ausatmen (Blaston) oder Einatmen (Ziehton) erklingt pro Kanzelle jeweils ein anderer Ton, wobei die Kanzellen fortlaufend im Terz- oder Tonika-Dominant-Verhältnis miteinander harmonieren. Man unterscheidet drei Standardmodelle: das Richtermodell mit 10–14 einchörigen Kanzellen (Umfang etwa 3–4 $\frac{1}{2}$ Oktaven), die zweichörige Knittlinger-M. sowie die ebenfalls zweichörige Wiener oder Tremolo-M., bei der im Oktavabstand doppelt vorhandene Stimmzungen durch feine Unterschiede im ›Schwebeton‹ gehalten sind.

Diaton. M. sind in den unterschiedlichsten Größen und mit fast allen Dur- und Molltonarten abgestimmt im Handel erhältlich; speziell für M.-Orchester konstruiert sind die größere **Bass-M.** sowie die **Akkord-Begleit-M.**, auf der die gängigen Dur- und Molldreiklänge gespielt werden können. Eine chromat. M. ist die in zwei um einen Halbton differierende Tonarten gestimmte **Chromonica** mit Schiebevorrichtung zum Abdecken jeweils einer Kanzellenreihe. Die M. in der heutigen Form geht auf die 1821 von CHRISTIAN FRIEDRICH LUDWIG BUSCHMANN (*1805, †1864) erfundene Mund-Äoline zurück.

Mundharmonika: Moderne Ausführungen gebräuchlicher Mundharmonikatypen: einchöriges Richter-Modell (oben), zweichörige Wiener Schwebetonmundharmonika (Mitte), so genannte Banane in Oktavstimmung

Mundigak, aus einer Hügelgruppe bestehende Ruinenstätte 60 km nordwestlich von Kandahar, S-Afghanistan. Ausgrabungen ergaben mehrere Siedlungsschichten, deren älteste aus dem Beginn des 4. Jt. v. Chr. stammt. M., nahe dem Helmand gelegen, entwickelte sich von einer bäuerl. Siedlung zum städt. Zentrum mit Mauern und Monumentalbauten und war wichtiger Stützpunkt für die Verbindungen von Iran nach Mittelasien; um 500 v. Chr. aufgegeben.

Mündigkeit, 1) *Philosophie*: i. w. S. jegliches innere wie äußere Vermögen zur Selbstbestimmung, der Zustand der Unabhängigkeit, des Für-sich-selbst-sorgen- und -sprechen-Könnens, häufig im Zusammenhang mit Emanzipation; i. e. S. kommt dem Begriff M. v. a. seit I. KANT eine geschichtsphilosoph. Bedeutung zu. Für die Aufklärung, die den Prozess des Erwachsenwerdens von der ›Unmündigkeit‹ hin zur ›M.‹ auf den Verlauf der allgemeinen Menschheitsgeschichte projizierte, diente der Begriff M. als Legitimationsinstrument dazu, Geschichte als Fortschritt zu begreifen.
2) *Recht*: die →Volljährigkeit.

Mündlichkeit, *Recht*: der in den meisten Verfahrensordnungen vorgesehene Grundsatz, dass vor Gericht mündlich verhandelt werden muss und nur das Verhandelte der Entscheidung zugrunde gelegt wird (§ 128 ZPO, § 101 Verwaltungsgerichtsordnung, § 90 Finanzgerichtsordnung, § 124 Sozialgerichts-Ges. u. a.). Diese Verfahrensordnungen lassen aber in weitem Umfang auch ein schriftl. Verfahren zu. Im Zivilprozess findet vielfach ein schriftl. Vorverfahren statt.

Außerdem kann vom Grundsatz der M. mit Zustimmung der Parteien und in einigen Fällen von Amts wegen (z. B. Entscheidung ›nach Lage der Akten‹ bei Säumnis der Parteien, § 251 a ZPO) abgewichen werden. Am strengsten durchgeführt wird der Grundsatz der M. in der Hauptverhandlung des Strafprozesses. – Der Grundsatz der M. gilt auch in *Österreich* für die Verhandlungen in Zivil- und Strafsachen (Art. 90 Bundes-Verfassungs-Ges., u. a. §§ 257 ff. ZPO) sowie in weniger strenger Form in verschiedenen Zivil- und Strafprozessordnungen (seltener in Verwaltungsverfahrensordnungen) der *Schweiz.*

Mund|orgel, in O- und SO-Asien heim. Blasinstrument, bestehend aus mehreren Bambus- oder Holzrohren, in die metallene Durchschlagzungen eingesetzt sind. Die Rohre sitzen in einem Windbehälter, meist aus Kürbis oder Holz, durch dessen Mundstück der Spieler Luft ausstößt bzw. einsaugt. Dabei erklingen nur die Rohre, deren seitlich zugängl. Löcher der Spieler mit seinen Fingern abdeckt. In Hinterindien hat die M. eine oder mehrere Bordunsaiten.

Das Alter der M. ist nicht feststellbar, ihr Erscheinen nicht früher als 1000 v. Chr. anzusetzen. Ihre reifsten Formen finden sich in China **(Sheng)** und Japan **(Shō).** Bei ihnen sitzen die Rohre kreisförmig in einem schüsselförmigen Windbehälter aus Holz oder Metall mit Mundstück. Während die M. in bestimmten Stücken des jap. Hoforchesters Gagaku einem kompaktakust. Bordun dient, werden die Instrumente in China und Laos in homophon-mehrstimmiger Weise, z. T. in Parallelführung, gespielt. Bei dem laot. Typ **(Laos-Orgel, Khene)** sind die Rohre in zwei parallelen Reihen angeordnet. Durch die M. kamen die Durchschlagzungen im 18. Jh. auch nach Europa, wo sie zur Entwicklung von Mund- und Ziehharmonika führten.

Mundraub. Der frühere M. (Wegnahme oder Unterschlagung von Nahrungs- oder Genussmitteln in geringer Menge) wird seit 1975 als Diebstahl bestraft (§ 242 StGB), jedoch nach § 248 a StGB nur noch auf Antrag oder bei besonderem öffentl. Interesse verfolgt.

Mundsaugnapf, *Zoologie:* →Mund.

Mundsperre, die →Kieferklemme.

Mundstück, der abnehmbare Teil eines Blasinstruments, der beim Spiel an oder zw. die Lippen gesetzt wird. Zusammen mit den Lippen oder einem Rohrblatt dient das M. als Tonerzeuger, bei der Blockflöte lediglich als Anblashilfe. Bei Blechblasinstrumenten ist das M. ein kleines metallenes Ansatzstück in Form eines Trichters (Horn) oder Kessels (Posaune, Trompete, Tuba). Bei Klarinetten und Blockflöten fungiert der Schnabel als M., bei Fagotten und Oboen das frei stehende Doppelrohrblatt selbst.

Mundt, Theodor, Schriftsteller, * Potsdam 19. 9. 1808, † Berlin 30. 11. 1861; Herausgeber verschiedener literar. Zeitschriften; einer der bedeutendsten Vertreter des →Jungen Deutschland und Kämpfer gegen die preuß. Zensur, von der seine Zeitschriften wiederholt betroffen waren. Er veröffentlichte neben Novellen (›Madelon oder Die Romantiker in Paris‹, 1832; ›Der Basilisk, oder Gesichterstudien‹, 1833), Romanen (›Das Duett‹, 1831; ›Madonna‹, 1835; ›Thomas Münzer‹, 3 Bde., 1841) und Reiseschilderungen (›Ital. Zustände‹, 4 Tle., 1859–60) zahlreiche literarhistor., literaturtheoret. und ästhet. Schriften, z. B. ›Krit. Wälder‹ (1833), ›Die Kunst der dt. Prosa‹ (1837), ›Geschichte der Literatur der Gegenwart‹ (1842), ›Ästhetik‹ (1845), ›Dramaturgie, oder Theorie und Geschichte der dramat. Kunst‹ (2 Bde., 1847–48).

Theodor Mundt

Mundtrockenheit, die →Xerostomie.

Mundu, Stadt in der Rep. Tschad, →Moundou.

Mündung, 1) *Geographie:* Fluss-M., Einmündung eines Gewässers in ein anderes. Bei M. in einen See oder in ein gezeitenarmes Meer entsteht häufig ein →Delta, an flachen Küsten bei starken Gezeiten ein M.-Trichter **(Trichter-M., Schlauch-M.,** →Ästuar).

2) *Waffenwesen:* das offene Ende des Laufs (Rohrs). Als **M.-Bremse** bezeichnet man die an der Rohr-M. von Schusswaffen angebrachte Einrichtung, die einen Teil der ausströmenden Pulvergase nach hinten ablenkt, um die Rücklaufenergie herabzusetzen, als **M.-Feuer** die Feuererscheinung vor der M. von Feuerwaffen, die durch die Entzündung von austretenden unverbrannten Pulvergasen entsteht. Die Geschwindigkeit eines Geschosses unmittelbar nach Verlassen der Rohr-M., V_0, gemessen in m/s, wird als **M.-Geschwindigkeit** oder **Anfangsgeschwindigkeit** bezeichnet; sie ist von Kaliber, Gewicht und Treibladung abhängig.

Mundurukú, Eigen-Bez. **Weidjẹnyã,** Indianer der Tupí-Sprachgruppe im Gebiet des Rio Tapajós, Zentralbrasilien. Die etwa 3 800 M. sind Maniokbauern und Fischer. Früher sehr kriegerisch (Kopfjagd), verbündeten sie sich im 18. und 19. Jh. mit den Weißen, für die sie bei anderen Indianern Sklaven jagten. Heute sind sie stark durch die nichtindian. Bauernkultur des Amazonasgebietes beeinflusst.

Mundus [lat.] *der, -,* Welt, Weltall, Weltordnung. – Die Gegenbegriffe **M. intelligibilis,** die geistige Welt (der Ideen), und **M. sensibilis,** die sinnlich wahrnehmbare Welt, wurden bes. in der antiken griech. Philosophie (PLATON), bei AUGUSTINUS und im MA. im Sinne ontologisch und erkenntnistheoretisch unterschiedener Seinsbereiche diskutiert. Nach I. KANT sind sie (als Noumena und Phaenomena) nur aus den Erkenntnisbedingungen der Subjektivität zu erklären.

mundus vult decipi [lat.], *bildungssprachlich* für: die Welt will betrogen sein.

Mundwerkzeuge, die →Mundgliedmaßen.

Muñeira [muˈneira, span.] *die, -,* aus Galicien und Asturien stammender span. Volkstanz (auch Tanzlied) in mäßig bewegtem ⁶/₈-Takt.

Mungard, Jens Emil, nordfries. Dichter, * Keitum 9. 2. 1885, † KZ Sachsenhausen 15. 2. 1940; schuf in seiner sylter-fries. Mundart neben Prosa und Bühnenstücken Balladen, die aus dem Sylter Sagenschatz schöpfen, sowie Natur- und (zeitkrit.) Gedankenlyrik.

Ausgaben: Dit leewent en broket kraans, hg. v. J. H. BROUWER u. a. (1962); Fuar di min hart heer slain, hg. v. H. HOEG (1985).

Munggenast, Mungenast, Joseph, auch **Josef M.,** österr. Baumeister, * Schnann (heute zu Pettneu

Mündung 2): Mündungsbremse

Joseph Munggenast: Die Bibliothek des Stifts Altenburg; 1730–33

Mung Mungobohne – Mun-Kirche

am Arlberg, Tirol) um den 5. 3. 1680, begraben Sankt Pölten 3. 3. 1741; Vetter und Schüler von J. PRANDTAUER, dessen Bauten er z.T. vollendete (u. a. Wallfahrtskirche auf dem Sonntagberg bei Seitenstetten, 1718–28; damalige Stiftskirche in Dürnstein, 1721 ff., mit M. STEINL). 1722–35 arbeitete er für das Zisterzienserkloster Zwettl. 1730–38 war er Bauleiter des Stifts Melk (v. a. Turmabschlüsse), um 1736–40 des Stifts Geras (Um- und Neubauten). Er erbaute die Bibliothek des Stifts Altenburg und barockisierte die Stiftskirche (1730–33). M.s Stil steht an der Wende vom Spätbarock zum Rokoko.

E. MUNGGENAST: J. M., der Stiftsbaumeister (Wien 1963).

Mungobohne, Mungbohne, →Bohne.

Mungo Park ['mʌŋgəʊ pɑːk], Afrikaforscher, →Park, Mungo.

Mungos [engl., von tamil.], Sg. **Mungo** der, -(s), die →Mangusten.

Muni, Río M., Ästuar an der Coriscobucht des Golfes von Guinea, gebildet aus mehreren Küstenflüssen, erstreckt sich 24 km ins Landesinnere und bildet die Grenze zw. Mbini (früher Río M.), dem Festlandsteil von Äquatorialguinea, und Gabun.

Municipio [span. muni'sipio] das, -(s)/-s, port. und brasilian. **Município** [muni'sipiu], Verw.-Einheit in Lateinamerika und Portugal von sehr unterschiedl. Größe und Funktion (Gemeinde, Amtsbezirk, Kreis u. a.); umfasst vielfach außer dem eigentl. Ort oder der eigentl. Stadt ein größeres rein ländl. Gebiet.

Municipium [lat.] das, -(s)/...pia, **Munizipium** das, -s/...pilen, in der röm. Republik seit 338 v. Chr. die in den röm. Staatsverband aufgenommene italische Gemeinde, deren Bewohner teils röm. Vollbürgerrecht, teils kein Stimmrecht in den röm. Volksversammlungen besaßen und Rom gegenüber die gleichen Verpflichtungen hatten wie die röm. Bürger. Das Vollbürgerrecht wurde allen Italikern im Bundesgenossenkrieg 91–88 v. Chr. zuteil. Die Munizipalverfassung wurde vermutlich durch eine Rahmenordnung CAESARS (Lex Iulia Municipalis, 46 v. Chr.) geregelt. – In der Kaiserzeit bezeichnet M. die Stadtgemeinde der lat. Reichshälfte, die meist nur mit latin. Recht ausgestattet war. Da die gewählten Jahresbeamten, seit HADRIAN auch als Gemeinderäte, das Bürgerrecht erhielten, wurden die M. zu einem wichtigen Element der Romanisierung des Westens. Als unter CARACALLA 212 n. Chr. fast alle Reichsbewohner röm. Bürger wurden, fielen die Unterschiede im Rechtsstatus der Stadtgemeinden fort.

Munin [altnord. ›Erinnerung‹], german. Mythos: einer der beiden Raben, die Odin von der Welt Kunde bringen. (→Hugin)

Munition [frz., von lat. munitio ›Befestigung‹, ›Schanzwerk‹] die, -/-en, Sammel-Bez. i. e. S. für das gesamte Schießmaterial für Feuerwaffen, bestehend aus Geschossen und deren Treibladungen (Patronen/ Granatpatronen; getrennte M.), Zünd- und Leuchtsätzen; i. w. S. auch für Bomben, Handgranaten, Minen, Gefechtsköpfe von Raketenwaffen und Sprengladungen von Torpedos und Sprengbooten. – Nach der Legaldefinition des §2 Waffen-Ges. vom 19. 9. 1972 i. d. F. v. 8. 3. 1976: 1) Hülsen mit Ladungen, die das Geschoss enthalten (Patronen-M.); 2) Hülsen mit Ladungen ohne Geschoss (Kartuschen-M.); 3) Patronen-M., bei der das Geschoss einen pyrotechn. Satz enthält (pyrotechn. M.); der pyrotechn. M. stehen Geschosse mit Ladungen gleich, die nach dem Abschuss durch die mitgeführte Ladung angetrieben werden (Raketen-M.), gleich. Hülsenlose Treibladungen sind der M. gleichgestellt, wenn sie eine den Innenmaßen der Schusswaffe angepasste Form haben.

Bei der **Patronen-M. (patronierte M.)** sind das Geschoss bzw. die Granate und die Hülse mit der Treibladung zu einem Ganzen verbunden, wobei der vordere Hülsenmund in das Geschoss eingepresst ist. Patronen-M. für Hand- und Faustfeuerwaffen, Maschinengewehre und -kanonen hat am Bodenende der aus Messing oder Stahl gefertigten Hülse die Zündpille, die beim Auftreffen des Schlagbolzens die Treibladung entzündet. Bei **hülsenloser M.** hat die Treibladung eine den Innenabmessungen der Schusswaffe angepasste Form zum Antrieb von Geschossen. M. für Geschütze größeren Kalibers hat anstelle der Zündpille die für elektr. Zündung oder Schlagbolzenzündung eingerichtete Zündschraube. Bei der **getrennten M. (Kartuschen-M.)** ist das Geschoss nicht mit der Treibladung verbunden; erst durch das Laden werden beide Teile zu einem Schuss zusammengefügt. Dadurch kann die Masse der Treibladung so dosiert werden, dass nur die unbedingt notwendige Energie im Rohr entsteht, was die Lebensdauer des Rohres erhöht. Getrennte M. wird von Geschützen mit einem Kaliber von über 120 mm verschossen.

Munizipium, das →Municipium.

Munk, 1) Andrzej, poln. Filmregisseur, * Krakau 16. 10. 1921, † (Autounfall) zw. Łowicz und Sochaczew 20. 9. 1961; drehte zunächst Dokumentarfilme, ab 1956 v. a. Spielfilme mit krit. Ansatz und formalem Einfallsreichtum.

Filme: Der Mann auf den Schienen (1956); Eroica Polen 44 (1957); Das schielende Glück (1960); Die Passagierin (1961, unvollendet; fertig gestellt von WITOLD LESIEWICZ 1963).

2) Christian, Schriftsteller, →Weisenborn, Günther.

3) Georg, eigtl. **Paula Buber,** geb. **Winkler,** Schriftstellerin, * München 14. 6. 1877, † Venedig 11. 8. 1958; von der Romantik beeinflusste Erzählerin, ⚭ mit M. BUBER.

Werke: Romane und Erzählungen: Die unechten Kinder Adams (1912); Die Gäste (1927); Am lebendigen Wasser (1952); Muckensturm (1953); Geister u. Menschen. Ein Sagenbuch (hg. 1961).

Kaj Munk
(Ausschnitt aus einem Gemälde)

4) [moŋg], **Kaj** Harald Leininger, dän. Schriftsteller, * Maribo 13. 1. 1898, † (von der Gestapo ermordet) bei Silkeborg 4. 1. 1944; Pfarrer in Vedersø (W-Jütland). M., in der Geisteshaltung S. KIERKEGAARD verpflichtet, setzte sich in seinen Dramen mit theolog., philosoph. und polit. Fragen auseinander; Gestalten der Weltgeschichte, u. a. HERODES in ›En idealist‹ (1928), HEINRICH VIII. in ›Cant‹ (1931), bestimmten seine ersten Dramen, daneben entstanden Bühnenstücke um die Liebe und das Vertrauen in die Macht des Glaubens (›Ordet‹, 1932); später wandte er sich dem aktuellen polit. Geschehen zu, u. a. in ›Sejren‹ (1936) und ›Han sidder ved smeltediglen‹ (1938); ferner Lyrik, Predigten, Reisebeschreibungen.

A. O. SCHWEDE: Verankert im Unsichtbaren. Das Leben K. M.s (1970); C. EISENBERG: Die polit. Predigt K. M.s (1980).

Munkács ['muŋkɑːtʃ], Stadt in der Ukraine, →Mukatschewo.

Munkácsy ['muŋkɑːtʃi], Mihály von (seit 1878), eigtl. **Michael Lieb,** ungar. Maler, * Mukatschewo 20. 2. 1844, † Endenich (heute zu Bonn) 1. 5. 1900; studierte in Wien (bei C. RAHL), München (bei W. VON KAULBACH) und 1868–70 in Düsseldorf (bei L. KNAUS). M. erregte Aufsehen durch großformatige Bilder mit sozialkrit. Tendenz (›Letzter Tag eines Verurteilten‹, 1870; Budapest, Magyar Nemzeti Galéria). 1872–96 lebte er in Paris, wo er bevorzugt Szenen aus dem gesellschaftl. Leben des gehobenen Bürgertums darstellte (›Besuch bei der Wöchnerin‹, 1879; München, Neue Pinakothek) sowie religiöse und histor. Themen. Bedeutend sind v. a. seine von der Schule von Barbizon beeinflussten Landschaftsbilder.

M. M., hg. v. A. SZÉKELY (Berlin-Ost 1977).

Munkepunke, Pseudonym des Schriftstellers und Verlegers Alfred Richard →Meyer.

Mun-Kirche, Kurz-Bez. für die von S. M. MUN gegründete →Vereinigungskirche.

Münnerstadt, Stadt im Landkreis Bad Kissingen, Bayern, 236 m ü. M., in der südl. Vorrhön, 8 100 Ew.; Fachschule für Sozialpädagogik, Henneberg-Museum für unterfränk. Volkskunde; Glaswarenfabrik, Maschinenbau. – Mittelalterl. Stadtbild: Stadtbefestigung mit Tortürmen, spätgot. Rathaus, Renaissancebau der ehem. Deutschordenskomturei (heute Henneberg-Museum), Marktplatz mit Fachwerkbauten. Bedeutende Kunstschätze in der Stadtpfarrkirche St. Maria Magdalena (15.–17. Jh.), v. a. der wieder hergestellte Flügelaltar von T. RIEMENSCHNEIDER, die Tafelgemälde mit der Kilianslegende von V. STOSS (1503, urspr. die Rückseite des Altars) und die Glasgemälde in den Chorfenstern (um 1420–50). In der Klosterkirche der Augustinereremiten (1752–54) Rokokoausstattung der Wessobrunner Schule. – Das 770 erstmals erwähnte M. wurde 1235 Stadt.

Münnich, Minich, B u r k h a r d Christoph Graf (seit 1728), russ. Feldmarschall (seit 1732) und Politiker dt. Herkunft, *Neuenhuntorf (heute zu Berne, Landkreis Wesermarsch) 19. 5. 1683, †Sankt Petersburg 27. 10. 1767; seit 1721 als General in russ. Diensten (baute u. a. den Ladoga-Umgehungskanal). M. wurde unter Kaiserin ANNA 1731 Kabinetts-Min., 1732 zugleich Präs. des Kriegskollegiums; er war maßgeblich an der Neuorganisation des russ. Heerwesens beteiligt. M. eroberte als Oberbefehlshaber des russ. Heeres im Poln. Thronfolgekrieg 1734 Danzig, im Türkenkrieg 1736–39 die Krim und die Moldau. Nachdem er 1740 den Regenten E. J. BIRON gestürzt hatte, wurde er selbst im März 1741 verabschiedet und nach der Machtergreifung der Kaiserin ELISABETH (Dezember 1741) nach Sibirien verbannt. Erst 1762 von PETER III. zurückberufen, wurde er von KATHARINA II. zum Generaldirektor der balt. Häfen ernannt.

F. LEY: Le Maréchal de M. et la Russie au XVIIIe siècle (Paris 1959); G. NUTZHORN: Genealogie der Familie des russ. Generalfeldmarschalls B. C. von M. (1974).

Muñoz [muˈɲɔs], R a f a e l Felipe, mexikan. Schriftsteller und Journalist, *Chihuahua 1. 5. 1899, †Mexiko 6. 7. 1972. Seine episodenreichen, im Reportagestil geschriebenen Erzählungen und Romane gestalten Ereignisse aus der mexikan. Revolution, die er als Gefolgsmann des Generals F. ›PANCHO‹ VILLA erlebte.

Werke: *Erzählungen:* El feroz cabecilla (1928); Fuego en el Norte (1960); Relatos de la Revolución (hg. 1974). – *Romane:* ¡Vámonos con Pancho Villa! (1931; dt. Vorwärts mit Pancho Villa); Se llevaron el cañón para Bachimba (1941). – *Filmdrehbuch:* Traición en Querétaro (1969).

Muñoz Molina [muˈɲɔθ -], Antonio, span. Schriftsteller, *Úbeda 12. 1. 1956; im Zentrum seiner erfolgreichen Romane steht das Erinnern, die Aufarbeitung der nationalen Erfahrungen von Bürgerkrieg und Franco-Diktatur. Dabei nutzt er alle Möglichkeiten moderner literar. Gestaltung, die Romane quellen über von Einzelgeschichten und Personen.

Werke: *Romane:* Beatus ille (1986; dt. Beatus ille oder Tod u. Leben eines Dichters); El invierno en Lisboa (1987; dt. Der Winter in Lissabon); Beltenebros (1989; dt. Deckname Beltenebros); El jinete polaco (1991; dt. Der poln. Reiter); Los misterios de Madrid (1992; dt. Die Geheimnisse von Madrid); El dueño del secreto (1994; dt. Der Putsch, der nie stattfand). – *Erzählungen:* El Robinson urbano (1984); Diario del Nautilus (1986); Las otras vidas (1988; dt. Die anderen Leben); Nada del otro mundo (1993). – *Essays:* La verdad de la ficción (1992). – *Prosa:* Córdoba de los omeyas (1991; dt. Die Stadt der Kalifen. Histor. Streifzüge durch Córdoba). – *Autobiographie:* Ardor guerrero (1995).

Muñoz Seca [muˈɲɔθ ˈseka], Pedro, span. Dramatiker, *Puerto de Santa María 20. 2. 1881, †(von Republikanern im Bürgerkrieg erschossen) Paracuellos de Jarama (bei Madrid) 28. 11. 1936; beherrschte zw. 1900 und 1930 das populäre kom. Theater, zunächst in Madrid, ab 1915 in ganz Spanien. Er verfaßte allein und in Zusammenarbeit mit anderen über 200 Groteskfarcen (›astracanadas‹), darunter ›El verdugo de Sevilla‹ (1916), ›La venganza de Don Mendo‹ (1919) und ›Los extremeños se tocan‹ (1927, mit P. PÉREZ FERNÁNDEZ). Mit Stücken wie ›La oca‹ (1932) versuchte er sein höchst erfolgreiches Theater in den Dienst der antirepublikan. Propaganda zu stellen.

Ausgabe: Obras completas, 7 Bde. ($^{1-2}$1946-55).

Munro [ˈmʌnrəʊ], **1)** Alice, geb. **Laidlaw** [ˈleɪdlɔː], kanad. Schriftstellerin, *Wingham (Prov. Ontario) 10. 7. 1931; schreibt v. a. Kurzgeschichten, oft in Zyklen verbunden (häufig aus der Perspektive eines jungen, sexuell und zum Künstlertum erwachenden Mädchens). Sie zeichnet mithilfe realist., suggestiver Details die psycholog. Komplexität einfacher Menschen und alltägl. Situationen, Kommunikationsschwierigkeiten sowie die Zwänge provinzieller Milieus.

Werke: *Kurzgeschichten:* Dance of happy shades (1968); Something I've been meaning to tell you … (1974); Who do you think you are? (1978; dt. Das Bettlermädchen. Geschichten von Flo und Rose); The moons of Jupiter (1982; dt. Die Jupitermonde); The progress of love (1986; dt. Der Mond über der Eisbahn. Liebesgeschichten); Open secrets (1994; dt. Offene Geheimnisse). – *Romane:* Lives of girls and women (1971; dt. Kleine Aussichten. Ein Roman von Mädchen und Frauen).

Probable fictions. A. M.'s narrative acts, hg. v. L. K. MACKENDRICK (Downsview 1983); E. D. BLODGETT: A. M. (Boston, Mass., 1988).

2) Hector Hugh, eigentl. Name des engl. Schriftstellers →Saki.

3) Neil, schott. Schriftsteller, *Inveraray (Strathclyde Region) 3. 6. 1864, †Helensburgh (Strathclyde Region) 22. 12. 1930; Journalist, Herausgeber der ›Glasgow Evening News‹, dann freier Schriftsteller; schrieb – häufig unter dem Pseud. **Hugh Foulis** [ˈfəʊlɪs] – romantisch-histor. Romane und Erzählungen mit kelt. Stoffen, humorvolle Geschichten in schott. Dialekt sowie Balladen und lyr. Gedichte.

Werke: *Romane:* John Splendid (1898); Gilian the dreamer (1899); The new road (1914).

Munsalvaesche [wahrscheinlich aus altfrz. mont salvage, lat. mons silvaticus ›wilder Berg‹], **Monsalvatsch, Montsalvatsch,** die Gralsburg (→Gral) in WOLFRAM VON ESCHENBACHS ›Parzival‹ und bei seinen dt. Nachfolgern. WOLFRAM hat die Grundbedeutung des frz. Namens zu einer wortspieler. Bezugnahme auf ›Wildenberc‹ (die Burg Wildenberg bei Amorbach?) benutzt.

Munsell-System [mʌnˈsel-], *Farbmetrik:* ein von dem amerikanischen Kunstlehrer und Maler ALBERT H. MUNSELL (*1858, †1918) eingeführtes, durch eine Mustersammlung realisiertes Farbsystem (›Atlas of the Munsell color system‹, 1915), in dem Körperfarben nach den Merkmalen Munsell Hue (Farbton), Munsell Value (Helligkeit, ›Verschattung‹) und Mun-

Mihály von Munkácsy: Besuch bei der Wöchnerin; 1879 (München, Neue Pinakothek)

Müns Münsingen – Münster

Münster 1)
Stadtwappen

wirtschaftliches und
kulturelles Zentrum
des Münsterlandes

60 m ü. M.

281 300 Ew.

im barocken Schloss
die Westfälische
Wilhelms-Universität

moderner Theaterbau
(1952–55)

Prinzipalmarkt mit got.
Rathaus (14. Jh.)

Dom (1225–64)

spätgot.
Lambertikirche mit den
Wiedertäuferkäfigen

seit dem 8. Jh.
Missionszentrum

seit dem 14. Jh.
Mitglied der Hanse

1648 Westfälischer
Frieden

sell Chroma (Buntheit) gekennzeichnet sind. Die Farben des M.-S. lassen sich in einem dreidimensionalen Schema nach Zylinderkoordinaten anordnen (Farbbaum), wobei die Grauwerte von Reinschwarz bis Reinweiß auf der Achse liegen (Value), das Chroma mit dem Radius zunimmt und der Farbton dem Winkel entspricht. Der Hue einer Farbe wird im Wesentlichen durch die in ihr vorherrschende Wellenlänge bestimmt, das Chroma durch die Dichte und Sättigung der Farbpigmente und der Value durch das Reflexionsvermögen. Wie bei allen Farbsystemen, die auf Mustern beruhen, müssen bei der Anwendung des M.-S. die Art der Beleuchtung und der Oberflächen beachtet werden. – Das M.-S. ist v. a. in den angelsächs. Ländern verbreitet.

Münsingen, 1) Stadt im Landkreis Reutlingen, Bad.-Württ., 707 m ü. M., auf der Schwäb. Alb (Münsinger Alb, bis 866 m ü. M.), 13 600 Ew.; alter Marktort mit Eisenwarenherstellung, Maschinen- und Apparatebau, Holzverarbeitung und Agrarhandel. Aus dem ›Münsinger Hart‹ nordwestlich von M., einer ehemals unbewohnten Markung mit Weiderechten der fünf ›Hartorte‹, entstand seit 1895 der heutige Truppenübungsplatz. – Ev. Stadtkirche, eine flach gedeckte Basilika aus dem späten 13. Jh./frühen 14. Jh., Chor bis 1495–97, Turm mit neugot. Abschluss 1887; im Schloss (15.–17. Jh.) heute das Heimatmuseum; Altes Rathaus (17. Jh.) mit Erdgeschosslauben. – M., im 7.–9. Jh. Hauptstadt eines fränk. Militärbezirks, kam um 1263 an die Grafen von Württemberg, die es zur Stadt erhoben. – Zum ›Vertrag von M.‹ (1482) →Württemberg.

2) Gem. im Kt. Bern, Schweiz, 531 m ü. M., im Aaretal, 9 600 Ew.; kantonale psychiatr. Klinik; versch. Industriebetriebe. – Schloss (14., 16. und 18. Jh.).

Munster, 1) Stadt im Landkreis Soltau-Fallingbostel, Ndsachs., 61–115 m ü. M., im Zentrum der Lüneburger Heide, 18 200 Ew.; Panzermuseum; Bundeswehrstandort mit Truppenübungsplätzen **Munster Nord** und **Munster Süd** (seit 1893), Panzertruppenschule und Wehrwiss. Institut für Schutztechnologien. – M., vermutlich an der Stelle eines Klosters errichtet, wurde 1519 in der Hildesheimer Stiftsfehde zerstört. 1967 wurde M. Stadt. 1988 fand hier die erste Landesausstellung ›Natur im Städtebau‹ statt.

2) [ˈmʌnstə], irisch **Cúige Mumhan** [kuːˈgʲi ˈmuːn], histor. Prov. in der Rep. Irland, umfasst den SW der Insel, 24 127 km², 1,033 Mio. Ew. – M. war eines der alten irischen Teilkönigreiche mit Cashel als Hauptort (seit etwa 400 n. Chr.). 1127 wurde es in Nord-M. (Thomond) und Süd-M. (Desmond) aufgeteilt; 1177 eroberten die Normannen den größten Teil von M.; im 16. Jh. setzte sich die engl. Herrschaft durch.

Münster [ahd. munist(i)ri ›Kloster‹, aus kirchenlat. monasterium, von griech. monastḗrion ›Einsiedelei‹, ›Kloster‹], urspr. das gesamte Kloster, dann die Kirche eines Klosters oder Kapitels (Stiftskirche), auch eine große Pfarrkirche (Hauptkirche einer Stadt). Die Bez. ›M.‹ betont die Gemeinschaft der Geistlichen, die den liturg. Dienst an der Kirche versehen (Stiftskapitel; Domkapitel). Im dt. Sprachgebiet sind daher ›M.‹ und ›Dom‹ gleichbedeutende Bezeichnungen für eine Bischofskirche.

Münster, nach der elsäss. Stadt Münster benannter, milder Weichkäse, der in Dtl. auch als halbfester Schnittkäse produziert wird.

Münster, Name von geographischen Objekten:
1) Münster, kreisfreie Stadt in NRW, 60 m ü. M., in der Mitte des Münsterlandes an der Aa, die im SW der Stadt zum Aasee (40 ha) gestaut ist, 281 300 Ew.; kath. Bischofssitz sowie Sitz der Verwaltung des Reg.-Bez. M. und zahlreicher Behörden: Bildungszentrum der Bundesfinanzverwaltung, Institut der Biolog. Landesanstalt für Land- und Forstwirtschaft, Wasser- und Schifffahrtsdirektion, Sitz des Landschaftsverbandes Westfalen-Lippe, Oberverwaltungsgericht und Verfassungsgerichtshof des Landes NRW, Landeskulturamt, Landeszentralbank, Landwirtschaftskammer Westfalen-Lippe, Garnisonstadt. – Die Westfäl. Wilhelms-Univ. (Name seit 1907) wurde (anschließend an das Jesuitenkolleg von 1588) 1780 konstituiert, 1818 in eine theologisch-philosoph. Lehranstalt umgewandelt, 1902 Univ. - M. ist Kulturzentrum eines weiten Umlands; neben der Univ. gibt es Fachhochschulen, Kunstakademie, Ordenshochschule, Verwaltungshochschulen, Polizeiführungsakademie (in Hiltrup), Staatsarchiv und Stadtarchiv, Westfäl. Landesmuseum für Kunst- und Kulturgeschichte, für Vor- und Frühgeschichte sowie für Naturkunde, Geolog., Archäolog. und Mineralog. Museum, Stadtmuseum, Museum für Lackkunst, Bibel-Museum, Theater, zoolog. und botan. Garten.

In der Wirtschaft haben Handel, Verkehr u. a. Dienstleistungszweige die größte Bedeutung (80% aller Beschäftigten). Maschinen-, pharmazeut. und chem. Industrie, zahlreiche Druckereien und Verlage. M. ist viel besuchte Kongressstadt. Im östl. Stadtgebiet verläuft der Dortmund-Ems-Kanal (Hafen); internat. Verkehrsflughafen M./Osnabrück.

Stadtbild: Die im Zweiten Weltkrieg fast völlig zerstörte Altstadt wurde weitgehend in traditionellen Bauformen wieder aufgebaut, sie ist vollständig von einer Promenade umschlossen, die anstelle der ab 1764 geschleiften Befestigungsanlagen angelegt wurde. Der Prinzipalmarkt, umgeben von Giebelhäusern mit Laubengängen, zählt in seiner heutigen Form zu den herausragenden städtebaul. Leistungen der Nachkriegszeit; beim Wiederaufbau wurden die wesentl. Elemente der histor. Struktur (Parzellenbreite, Arkaden, Giebelreihung) aufgenommen; das Rathaus mit seinem filigranhaften Treppengiebel (14. Jh.) und mit dem vertäfelten Friedenssaal (1577) – ein Hauptwerk des got. Profanbaus in Europa – und daneben das Stadtweinhaus (1615) im Stil der Spätrenaissance wurden nach Kriegszerstörung weitgehend in ihrer alten Gestalt wiederhergestellt. Das Krameramtshaus (1589, heute ›Haus der Niederlande‹) ist das einzige erhaltene Gildehaus der Stadt. Der got. Dom (1225–64) ist als dreischiffige, doppelchörige Basilika mit zwei Querhäusern, Umgangschor mit Kapellenkranz (16./17. Jh.) und Doppelturmfassade wieder aufgebaut; in der Paradiesvorhalle Maiestas Domini

Münster 1): Prinzipalmarkt, im Hintergrund die Lambertikirche (1375–1450)

Münster 1): Schloss (1767–84)

mit Aposteln sowie Stifter- und Heiligenfiguren (meist zw. 1225 und 1235); ferner eine astronom. Uhr (1540–43), barocke Altäre und Grabmäler aus der Werkstatt der Gröninger und Domschatz. Die älteste der Hallenkirchen ist St. Ludgeri (um 1225, Stufenhalle; mit got. Turm); es folgen u. a. St. Servatii (um 1225–50), die Überwasserkirche (1340 ff.) und St. Lamberti (1375–1450) mit Wurzel-Jesse-Relief am Hauptportal und den Wiedertäuferkäfigen am Turm. Die ehem. Jesuitenkirche St. Petri (1590–97), eine Emporenbasilika, ist ein Bau des Manierismus. Zahlr. Barockbauten stammen von J. C. Schlaun, u. a. die ehem. Kapuzinerkirche St. Ägidii (1724–29), die Clemenskirche (1745–53), der Erbdrostenhof (1753–57) und das ehem. fürstbischöfl. Schloss (1767–84, Backsteinbau, Inneneinrichtung zerstört), ein Spätwerk des norddt. Barock, das als Univ.-Gebäude wieder aufgebaut wurde. Ein beispielhafter moderner Theaterbau ist das Stadttheater (1952–55) von H. Deilmann u. a., der auch den Neubau des Landgerichts (1983–86) entwarf. 1993 wurde die neue Stadtbibliothek (vom Architekturbüro Bolles & Wilson) eröffnet. Im Drufelschen Hof (1788; Umbau bis 1999 vorgesehen), soll das erste Picasso-Museum in Dtl. entstehen. – Im Stadtteil Nienberge das ›Rüschhaus‹ (1745–48) von Schlaun, heute Droste-Museum. In Havixbeck die Wasserburg Hülshoff (16. Jh.; Geburtshaus von Annette von Droste-Hülshoff). In M.-Wolbeck der Drostenhof (heute Westpreuß. Landesmuseum).

Geschichte: Am Schnittpunkt zweier Fernstraßen errichteten die Franken auf einem Hügel an der Aa um 782 an der Stelle einer frühgerman. (3. Jh.) und einer sächs. Siedlung (7.–8. Jh.) eine Befestigung (Wall und Graben seit 1958 aufgedeckt), die 793 mit Gründung eines Klosters auch Missionszentrum wurde (→Münster 5). Ihr Name **Mimigernaford** (**Mimigardeford**) wich später (erstmals 1068 erwähnt) dem Namen **Monastere**. Neben ihr entwickelte sich eine Marktsiedlung, die durch eine Münze Kaiser Ottos III. bezeugt ist. Die rasch wachsende Stadt (1137 als Civitas bezeichnet) fand um 1200 durch die Ummauerung, in die auch die auf dem linken Aa-Ufer gelegene Marktsiedlung Überwasser (11. Jh.) einbezogen wurde, ihre lange gültige Form. Im 12. Jh. schuf sich die Bürgerschaft ein eigenes Stadtrecht (erste Kodifizierung um 1214). Die 16 Gilden der Handwerker erkämpften sich gegen die Ratsgeschlechter (Erbmänner) 1454 Sitz und Stimme im Rat. Bis 1803 (1744) hatten neben der Domimmunität der Bisping- und der Niesinghof eigenes Recht. Seit dem 13. Jh. wuchs die polit. Bedeutung M.s. Ab 1246 Mitgl. der rheinisch-westfäl. Städtebündnisse; seit dem 14. Jh. Mitgl. der Hanse, war M. seit 1495 Vorort des westfäl. Hansequartiers.

Die Blütezeit M.s wurde durch das ›tausendjährige‹ Reich der Wiedertäufer nur kurz unterbrochen (1534–35 unter Johann von Leiden; blutig niedergeworfen). Die Hinwendung der Bürgerschaft zur Reformation (seit 1524) endete erst nach der Berufung der Jesuiten an die Domschule (1588; rekatholisiert). Im Dreißigjährigen Krieg war M. seit 1643 Tagungsort des Friedenskongresses; am 15. 5. 1648 wurde der Teilfrieden zw. den sieben nordniederländ. Provinzen und Spanien in der Ratsstube (Friedenssaal) beschworen, am 24. 10. 1648 der allgemeine Frieden unterzeichnet (→Westfälischer Frieden).

Im Kampf gegen Bischof Christoph Bernhard von Galen verlor M. 1661 seine Freiheit. Durch den gleichzeitigen wirtschaftl. Niedergang wurde M. eine ruhige Residenzstadt, zumal Bischof und Landesherr meist der in Bonn residierende Kurfürst von Köln war. In der Säkularisation fiel M. (1803) an Preußen, 1807 kam es an das Großherzogtum Berg, 1810 an Frankreich. 1816 wurde es Hauptstadt der preuß. Prov. Westfalen und damit Sitz des Ober-Präs. (bis 1948), 1821 des neu errichteten Bistums M. Im Kulturkampf war M. ein Zentrum kath. Geisteslebens. Durch den Anschluss an das Eisenbahnnetz und den Dortmund-Ems-Kanal (1898) wurde M.s Entwicklung zum Industriestandort gefördert.

P. Sedlacek: Zum Problem intraurbaner Zentralorte. Dargestellt am Beispiel der Stadt M. (1973); M. Geisberg: Die Stadt M., 7 Bde. (Neuausg. 1975–81); W. Albsmeier: M. Westfalens Metropole (⁴1977); J. Prinz: Mimigernaford-M. Die Entstehungsgesch. einer Stadt (³1981); R. Po-Chia Hsia: Gesellschaft u. Religion in M. 1535–1618 (a. d. Engl., 1989); Gesch. der Stadt M., hg. v. F.-J. Jakobi, 3 Bde. (³1994).

2) Münster, Gem. im Landkreis Darmstadt-Dieburg, Hessen, 135 m ü. M., nördlich von Dieburg an der Gersprenz, 13 800 Ew.; Herstellung von Lederwaren und Fenstern.

3) Münster, frz. **Munster** [mœsˈtɛːr], Stadt im Oberelsass, Dép. Haut-Rhin, Frankreich, 385 m ü. M., im Münstertal der Südvogesen, 4700 Ew.; Textilindustrie, Fremdenverkehr. – Das Benediktinerkloster fiel mehreren Bränden zum Opfer; Rathaus (1550). – Um ein im 7. Jh. gegründetes Benediktinerkloster, das bis zur Frz. Revolution bestand und 1802 zerstört wurde, wuchs die Ortschaft. M. wurde im 13. Jh. Reichsstadt und gehörte zur Dekapolis. 1536 schloss sich M. der Reformation an.

4) Münster, Reg.-Bez. in NRW, 6904 km², 2,57 Mio. Ew.; umfasst die Kreise Borken, Coesfeld, Recklinghausen, Steinfurt und Warendorf sowie die kreisfreien Städte Bottrop, Gelsenkirchen, Münster.

5) Münster, Bistum, im Zuge der kirchl. Organisation Sachsens von Karl d. Gr. gegründet; erster Bi-

Müns Münster – Münsterland

Bad Münstereifel: Stiftskirche Sankt Chrysanthus und Daria; 12. Jh.

schof war LIUDGER. Es umfaßte ein Gebiet zw. Oberlauf der Issel, Lippe und Ems, dazu fünf fries. Gaue, die im 16. Jh. verlorengingen. Seit dem 13. Jh. erlangten die Bischöfe schrittweise die Landeshoheit über das Bistumsgebiet. In seiner endgültigen Gestalt war das Fürstbistum seit dem 15. Jh. in ein Ober- und ein Niederstift gegliedert, wobei die geistl. Jurisdiktion über das Niederstift jedoch erst 1668 von den Bischöfen von Osnabrück erlangt wurde. 1802/03 säkularisiert, wurde das Bistum 1821 neu geordnet und Suffraganbistum des Erzbistums Köln. Der Gebietsanteil M.s am Ruhrgebiet ging 1957 zum größten Teil an das neu errichtete Bistum Essen über. Bischof ist seit 1980 REINHARD LETTMANN (* 1933). → katholische Kirche, ÜBERSICHT

6) Münster (BE), dt. Name von →Moutier, Kt. Bern, Schweiz.

7) Münster (GR), bis 1943 amtl. Name für Müstair, Kt. Graubünden, Schweiz, im →Münstertal.

8) Münster (VS), Hauptort des Bez. Goms im Kt. Wallis, Schweiz, 1390 m ü. M., am Oberlauf der Rhone, 480 Ew.; Fremdenverkehr. – Kath. Pfarrkirche St. Maria mit roman. Turm (12./13. Jh.), Chor von 1491, Schiff und Vorhalle von 1664–78 und mit reicher Ausstattung, v. a. spätgotischer Flügelaltar (1509); im Pfarrhaus von 1509 Pfarreimuseum.

9) Bad Münster am Stein-Ebernburg, Stadt im Landkreis Bad Kreuznach, Rheinl.-Pf., 117 m ü. M., beiderseits der Nahe, die hier die Alsenz aufnimmt, unterhalb des Rotenfelses und am Fuß des Rheingrafensteins, 4200 Ew.; Radon- und Thermalheilbad (Quellen seit Ende des 15. Jh. bezeugt), Heilanzeigen bei rheumat., Herz- und Gefäßerkrankungen, Frauen- und Kinderkrankheiten, Erkrankungen der Atmungsorgane. – Das Fischerdorf M. gehörte seit Ende des 11. Jh. als mainz. Lehen den Rheingrafen von Stein. Salzgewinnung seit 1490. 1969 wurde Bad Münster mit →Ebernburg zusammengeschlossen, 1978 Stadt.

Sebastian Münster

Münster, Sebastian, Hebraist und Kosmograph, * Ingelheim am Rhein 20. 1. 1488, † Basel 26. 5. 1552; zuerst Franziskaner, schloss sich dann den Reformatoren an. M. war 1524–27 Prof. in Heidelberg, seit 1529 in Basel. Erlangte durch die von ihm herausgegebene erste christl. Ausgabe der hebr. Bibel (1534–35, 2 Bde.), eine größere Reihe von Ausgaben alttestamentl. und jüd. Werke sowie grammatikal. und lexikal. Arbeiten hohes Ansehen. Seine ›Cosmographia‹ beschrieb bes. die Länder und Städte Dtl.s (1544; mit 471 Holzschnitten und 26 Karten; bis 1628 erschienen 21 dt., insgesamt 36 Ausgaben).

K. H. BURMEISTER: S. M. Eine Bibliogr. (Basel ²1969).

Münsterberg, Hugo, amerikan. Psychologe und Philosoph dt. Herkunft, * Danzig 1. 7. 1863, † Cambridge (Mass.) 1. 12. 1916; Schüler von W. WUNDT; war Prof. in Freiburg im Breisgau und (seit 1892) an der Harvard University in Cambridge (Mass.); bedeutende Arbeiten zur angewandten Psychologie, die er Psychotechnik nannte. Im Zentrum standen die Arbeits- und Betriebspsychologie sowie der Wertbegriff. Als Philosoph versuchte er eine Synthese zw. J. G. FICHTES ethischem Idealismus und den Ergebnissen der experimentellen Psychologie.

Münsterberg, poln. **Ziębice** [zɛmˈbitsɛ], Stadt in der Wwschaft Wałbrzych (Waldenburg), Polen, an der Ohle im Vorland der Sudeten, etwa 11 000 Ew.; Zuckerfabrik, Maschinenbau, keram., Nahrungsmittelindustrie; Brauerei. – Stadtmauern (13./14. Jh.) und Tortum (1491) erhalten; frühgot. Pfarrkirche (Langhaus von 1265–75 mit reicher got. Innenausstattung, 1484 Anbau eines spätgot. Chores, 1898–1900 grundlegend restauriert); ehem. ev. Kirche im klassizist. Stil (1796–97), Rundturm von C. G. LANGHANS. Zu M. gehört der Ortsteil →Heinrichau. – M., 1253 erstmals erwähnt, erhielt vor 1266 Stadtrecht. Seit 1321 war M. Sitz des gleichnamigen Teilherzogtums der schles. Piasten, das nach wechselvollem Schicksal 1653 an die Fürsten Auersperg kam, die es 1791 an Preußen verkauften. M. kam 1945 unter poln. Verwaltung; die Zugehörigkeit zu Polen wurde durch den Deutsch-Poln. Grenzvertrag vom 14. 11. 1990 anerkannt.

Münstereifel, Bad M., Stadt und Kneippheilbad im Kreis Euskirchen, NRW, 280 m ü. M., am N-Rand der Eifel im oberen Ersttal, 17 300 Ew.; Fachhochschule (Rechtspflege), zahlreiche gewerbl. und sonstige Bildungszentren; bedeutender Fremdenverkehr. Auf dem Gebiet von M. stehen zwei Radioteleskope: im Ortsteil Eschweiler mit 25-m-Parabolspiegel (Univ. Bonn) und im Ortsteil →Effelsberg der 100-m-Parabolspiegel. – Die Stiftskirche St. Chrysanthus und Daria (heute kath. Pfarrkirche) des ehem. Benediktinerklosters (um 830 gegr.) ist eine schlichte roman. Pfeilerbasilika (12. Jh.) mit Westwerk (um 1050) und Hallenkrypta. Ehem. Jesuitenkirche (1659–70); Roman. Haus (um 1167; heute Heimatmuseum); Windeckhaus (1644) mit reichem Fachwerk; Rathaus (15. Jh.) mit Erdgeschosslauben. M. hat die besterhaltene Stadtbefestigung des Rheinlands (13./14. Jh.). Die Umfassungsmauern der Burg auf dem Radberg (13. Jh., seit 1689 Ruine) sind fast in voller Höhe erhalten. – M. (seit 1967 B. M., 1969 mit zwölf Gemeinden zur Großgemeinde zusammengeschlossen) entstand um ein 830 von Prüm aus gegründetes Kloster. 1265 kam es an Jülich, das zum Schutz seiner Interessen 1272 eine Burg anlegen ließ. 1298 wurde M. erstmals als Stadt bezeichnet, die durch Tuchindustrie und Müllerei zu Wohlstand kam. Dem wirtschaftl. Niedergang des 17./18. Jh. folgte erst Ende des 19. Jh. mit Anbindung an das Eisenbahnnetz ein neuer Aufschwung.

Münsterland, Name von geographischen Objekten:

1) Münsterland, das nordwestl. Westfalen zw. Teutoburger Wald und Lippe, der größere, nördl. Teil der →Westfälischen Bucht. Neben fruchtbaren Böden auf pleistozänen Aufschüttungen und kreidezeitl. Kalksedimenten finden sich in der teils ebenen, teils welligen und hügeligen Landschaft auch trockene Sandgebiete (Senne), Moore im NW und NO (Gildehauser Venn, Amtsvenn, Zwillbrocker Venn, Velener Moor; z. T. in Grünland umgewandelt) und feuchte Niederungen an den Flüssen (Ems, Vechte, Lippe). Ackerbau (Weizen, Roggen, Gemüse) und Milchviehhaltung bestimmen das Landschaftsbild. Einzelhofsiedlung herrscht vor;

Baumgruppen am Hof und kleine Bauernwälder geben der Landschaft Parkcharakter.

Die Produkte der Landwirtschaft werden in der Nahrungsmittelindustrie von Gütersloh, Versmold und Dissen am Teutoburger Wald verarbeitet. In den Beckumer Bergen Zentrum der westfäl. Zementindustrie. Die Tone der Unterkreide bilden die Grundlage der Töpferei in Ochtrup und Stadtlohn. Im N und NW Textilindustriegebiet (Baumwoll- und Juteverarbeitung) mit den Zentren Rheine, Emsdetten, Ochtrup, Greven, Gronau (Westf.), Ahaus, Stadtlohn, Vreden und Bocholt. Im S die Zechen von Bockum-Hövel (heute zu Hamm) und Ahlen; Metall- bzw. Maschinenbauindustrie in Oelde, Ahlen und Gütersloh. Mittelpunkt des M.s ist Münster.

2) **Oldenburgisches Münsterland**, der 1803 an das damalige Herzogtum Oldenburg gekommene Teil des einstigen Bistums Münster mit den Mittelpunkten Vechta und Cloppenburg; heute Teil des niedersächs. Reg.-Bez. Weser-Ems.

Münsterländer: Großer Münsterländer (Widerristhöhe 58–62 cm)

Münsterländer, Bez. für zwei langhaarige dt. Vorstehhunderassen. Der **Große M.** stammt von dt. langhaarigen Stöberhunden ab (Widerristhöhe 58–62 cm); er hat ein leicht welliges, schwarzweiß gefärbtes Fell. Der **Kleine M.** ist der kleinste dt. Vorstehhund (Widerristhöhe 50–56 cm), mit wenig gewelltem Fell in den Farben Braun-Weiß oder Braun-Schimmel.

Münstermaifeld, Stadt im Landkreis Mayen-Koblenz, Rheinl.-Pf., 270 m ü. M., im fruchtbaren Maifeld 2 700 Ew.; Kunststoffverarbeitung, Polstermöbelfabrik. – Die ehem. Stiftskirche St. Martin (Neubau 1225 begonnen) hat einen spätroman. Chor und ein vom Vorgängerbau erhaltenes Westwerk (1. Hälfte 12. Jh.); zu der reichen Ausstattung gehört ein Antwerpener Schnitzaltar (16. Jh.) und ein Hl. Grab (um 1500); Altes Rathaus (1575); Fachwerkbauten. – Neben einem Mitte des 10. Jh. bezeugten Königshof sowie einem seit dem 12./13. Jh. belegten Kollegiatstift entstand der Flecken M. (heutiger Name seit Mitte des 13. Jh.), der im 14. Jh. Stadt wurde.

Münstermann, Ludwig, Bildhauer und Bildschnitzer, * Hamburg wohl um 1575, † ebd. 1637/38; führender Meister in der Übergangszeit vom Manierismus zum Frühbarock in Nord-Dtl.; 1607–12 als Mitarbeiter an den bauplast. Arbeiten des Schlosses in Oldenburg (Oldenburg) erwähnt. M. schuf für ev. Landkirchen in Oldenburg Altäre, Kanzeln und Orgelprospekte; auch Holz- und Alabasterfiguren.

Welt im Zwielicht. Das Werk des Bildhauers L. M., bearb. v. S. FLIEDNER (1962); L. M., hg. v. W. KNOLLMANN u. a. (1992); H. REIMERS: L. M. Zw. prot. Askese u. gegenreformator. Sinnlichkeit (1993).

Münstersche Bucht, →Westfälische Bucht.

Münstertal, Name von geographischen Objekten:
1) **Münstertal,** bündnerroman. **Val Müstair** [-myʃˈtair], ital. **Val Monastero,** sich zum Obervintschgau öffnendes Tal in Graubünden (Schweiz) und Südtirol (Italien), vom Rom (auch Rambach) durchflossen, der bei Glurns in die Etsch mündet; wird von der Straße über den Ofenpass durchzogen, von der in Santa Maria im M. die Straße (durch das Val Muraunza) über den Umbrailpass (zum Stilfser Joch) abzweigt. – In Müstair (dt. Münster) Benediktinerinnenkloster (UNESCO-Weltkulturerbe; urspr. Männerkonvent, nach der Tradition um 780/790 von KARL D. GR. gegründet). In der Dreikonchenkirche (Ende 8. Jh.) ein karoling. Bilderzyklus (wohl um 800), der in mehreren Bändern die Wände bedeckt (spätere Übermalungen); eine Himmelfahrt und Davidszenen wurden abgelöst (heute im Landesmuseum in Zürich); Stuckbildwerke, u. a. Karl d. Gr. (wohl nach 1165). – In Taufers im M. (ital. Tubre) Kirche St. Johann (ehem. Hospiz der Johanniter) von 1220 (erweitert 1250) mit Fresken (um 1220, 1230 und 1385). – Das M. war lange zw. Chur (später Graubünden und der Eidgenossenschaft) und Tirol (Habsburg) umstritten (am heftigsten 1499 im ›Engadinerkrieg‹, in dem Tirol unterlag); erst 1762 wurde die heutige Grenze knapp westlich von Taufers festgelegt.

ISO MÜLLER: Die Gesch. des Klosters Müstair (Disentis 1978).

2) **Münstertal,** Bez. im Kt. Graubünden, Schweiz, 199 km², 1 900 Ew. (meist Rätoromanen), umfasst den schweizer. Anteil an 1), das Gebiet um den Ofenpass und das Hochtal Val Mora im Süden.

3) **Münstertal,** Tal in den Vogesen, Frankreich, von der Fecht durchflossen, erstreckt sich von den Weinbergen von Türkheim und Winzenheim am Talausgang bei Colmar bis zu den Hochweiden der Vogesen mit ihren Melkereien (Herstellung von Münsterkäse).

4) **Münstertal/Schwarzwald,** Gem. im Landkreis Breisgau-Hochschwarzwald, Bad.-Württ., 400 bis 1 400 m ü. M., umfasst das vom Neumagen durchflossene Münstertal im südl. Schwarzwald zw. Belchen und Schauinsland, 5 100 Ew.; Bienenkundemuseum, Waldmuseum; Luftkurort mit bedeutendem Fremdenverkehr; im Schaubergwerk Teufelsgrund Asthmatherapiestollen.

Münstertalisch, →Bündnerromanisch.

Münster und Osnabrück, Frieden von, →Westfälischer Frieden.

Munt [ahd. ›Schutz‹, ›Vormundschaft‹] die, -, **Mundschaft,** latinisiert **Mundium,** noch nicht endgültig geklärter Begriff des älteren Rechts, der ein personenrechtl. Schutz- und Herrschaftsverhältnis

Ludwig Münstermann: Johannes der Täufer; bemaltes Holz, um 1633 (Oldenburg/Oldenburg, Landesmuseum für Kunst und Kulturgeschichte)

Münstertal 1): Heilung des Taubstummen; Fresko aus der Klosterkirche in Müstair; 9. Jh.

umschreibt, das inhaltlich z. T. stark differenzierend die ›Mundialfälle‹ prägte: 1) Vater-M.; umfassende Fürsorge- und Herrschaftsgewalt über das Kind; 2) Vormundschaft; der Vater-M. nachgebildete, aber inhaltlich beschränkte und kontrollierte Gewalt über das Mündel; endete im Ggs. zur Vater-M. mit Volljährigkeit des Mündels; 3) Ehe-M.; zunächst wohl Fortsetzung der Vater-M. über die Tochter in der Person des Ehemannes; später besonderes Rechtsverhältnis, gekennzeichnet u. a. durch die Vertretung der Frau durch den Mann; 4) Haus-M. über die im Wirtschaftsverband ›Haus‹ lebenden Personen (Gesinde, Gesellen u. Ä.); 5) Schutz-M. des Königs und des Lehnherrn über schutzbedürftige Personen und Einrichtungen (Kirchen, Klöster, Witwen, Waisen, Juden, Vasallen).

Munteni|en, die Große Walachei (→Walachei).

Gabriele Münter: Staffelsee im Herbst; 1923
(Washington D. C., National Museum of Women in the Arts)

Münter, Gabriele, Malerin, *Berlin 19. 2. 1877, †Murnau a. Staffelsee 19. 5. 1962; seit 1901 in München, Schülerin W. KANDINSKYS und dessen langjährige Gefährtin. Sie war Mitgl. des Blauen Reiters und wurde nachhaltig von KANDINSKYS Frühstil beeinflusst. Ihr gegenständlich orientiertes Werk (Stillleben, Interieurs, Landschaften) ist gekennzeichnet durch leuchtende Farben, eine flächige Malweise mit breitem, sicherem Pinselauftrag; auch Hinterglasbilder, Aquarelle und Zeichnungen.

J. EICHNER: Kandinsky u. G. M. (1957); S. HELMS: G. M. Zeichnungen u. Aquarelle (1979); G. M., hg. v. K.-E. VESTER, Ausst.-Kat. (1988); S. WINDECKER: G. M. Eine Künstlerin aus dem Kreis des ›Blauen Reiter‹ (1991); G. M. 1877–1962. Retrospektive, hg. v. A. HOBERG u. H. FRIEDEL, Ausst.-Kat. Städtische Galerie im Lenbachhaus, München (1992); G. KLEINE: G. M. u. Wassily Kandinsky. Biogr. eines Paares (Neuausg. ³1996); DIES.: G. M. u. die Kinderwelt (1997).

Munthe, 1) Axel Martin Fredrik, schwed. Arzt und Schriftsteller, *Oskarshamn 31. 10. 1857, †Stockholm 11. 2. 1949; erwarb als königl. schwed. Leibarzt den Besitz San Michele auf Capri. Weltbekannt wurden seine Erinnerungen ›The story of San Michele‹ (1929; dt. ›Das Buch von San Michele‹).

2) Gerhard Peter Frantz Wilhelm, norweg. Maler, Grafiker und Formgestalter, *Elverum 19. 7. 1849, †Oslo 15. 1. 1929; fand nach Aufenthalten in Düsseldorf und München zunächst als Landschaftsmaler Anerkennung. In den 1890er-Jahren entwickelte er unter dem Einfluss des Jugendstils einen flächenhaft stilisierenden dekorativen Stil. Motive für seine Bilder (auch Wandmalereien) bezog er aus der altnord. Mythologie. Aquarelle M.s dienten als Vorlage für Bildteppiche; auch Möbelentwürfe und Buchillustrationen (u. a. zu SNORRI STURLUSONS ›Heimskringla‹).

Muntjakhirsche [engl., aus javan.], **Muntiacinae,** Unterfamilie der Hirsche mit zierl. Beinen, kleinem Geweih und verlängerten oberen Eckzähnen. Der **Indische Muntjak** (Muntiacus muntjak; bis 1,3 m körperlang) lebt in den Dschungeln und Wäldern Indiens, SO-Asiens und Indonesiens; oberseits rötlich braun, unterseits weiß; der **Schopfhirsch** (Elaphodus cephalophus; bis 1,6 m körperlang) ist in O-Asien beheimatet; graubraun, Männchen mit ausgeprägtem Haarschopf auf der Stirn.

Muntmannen [zu Munt], in der Ständeordnung des MA. (bes. in den Städten) eine Gruppe der Minderfreien, die als Schutzhörige in einem Untertänigkeits- und Treueverhältnis zum Schutzherrn standen, dem sie Dienste leisteten und von dem sie Beistand empfingen.

Müntzer, Münzer, Thomas, ev. Theologe und Anführer im Bauernkrieg, *Stolberg/Harz 1486 oder 1489/90, †(hingerichtet) bei Mühlhausen (Thüringen) 27. 5. 1525; wurde nach Studium in Leipzig (ab 1506) und Frankfurt/Oder (1512) früh von M. LUTHER für die Reformation gewonnen (1519) und 1520 von ihm als Prediger nach Zwickau gesandt. Hier kam er mit der Gruppe der →Zwickauer Propheten in Kontakt und entwickelte eine myst. Theologie der Mit-Leidens mit JESUS CHRISTUS. Durch seine mehr und mehr gesellschaftsverändernden radikalen Vorstellungen geriet er zunehmend in Gegensatz zu LUTHER. M. musste deshalb im April 1521 aus Zwickau fliehen und ging nach Böhmen (Kontakt zu den Böhm. Brüdern), wo er das ›Prager Manifest‹ verfasste (November 1521), das erstmals die Grundlage seiner Theologie enthielt: die Vorstellung von der unmittelbaren Wirkung des göttl. Wortes durch den Hl. Geist und von der prakt. Realisierbarkeit des Evangeliums in einem Reich Gottes auf Erden. (Vor Ostern) 1523 wurde er Pfarrer in Allstedt und führte dort den Gottesdienst in dt. Sprache ein, für den er eine Gottesdienstordnung schuf (›Dt. evangelsche Messe‹, gedruckt 1524). Im Frühjahr 1524 begann er in Allstedt Bürger, Bauern und Bergleute um sich zu sammeln, um im Geiste des ursprüngl. Christentums einen ›Bund getreul. und göttl. Willens‹ (auch ›Allstedter Bund‹) gegen die Gottlosen aufzurichten. Es kam zum Bruch mit LUTHER, nachdem M. v. a. wegen seiner Ablehnung des Schriftprinzips (→sola scriptura) und über die Frage des Widerstandsrechts in einen theologisch unüberbrückbaren Gegensatz zu ihm geraten war. Nachdem M.s Versuch, den sächs. Kurfürsten auf seine Seite zu ziehen und zum Eintritt in den Bund zu bewegen (›Fürstenpredigt‹, 13. 7. 1524), u. a. an LUTHERS ›Brief an die Fürsten von Sachsen‹ gescheitert war, wurde er aus Allstedt (7./8. 8. 1524), danach aus Mühlhausen (27. 9.) vertrieben und floh nach Nürnberg. Ausdruck des endgültigen Bruchs mit LUTHER wurden M.s Schrift ›Ausgedrückte Entblößung‹ und die ›Hochverursachte Schutzrede und Antwort wider das geistlose sanftlebende Fleisch zu Wittenberg‹ (beide 1524). 1524/25 nahm M. Kontakt zu den Täufern sowie den aufständ. Bauern Ober-Dtl.s auf und kehrte Ende Februar 1525 nach Mühlhausen zurück, wo er zum Pfarrer gewählt wurde. Von Mühlhausen aus, wo er eine radikaldemokrat. Verf. (›Ewiger Rat‹, 17. 3. 1525) durchgesetzt hatte, wurde M. zum (v. a. geistigen) Anführer im Bauernkrieg in Thüringen. Nach der vernichtenden Niederlage des Bauernheeres bei Frankenhausen am 15. 5. 1525 wurde M. gefangen genommen, gefoltert und danach enthauptet. – Es sind keine zeitgenöss. Bildnisse M.s überliefert.

Bis ins 19. Jh. blieb M.s Bild in der *Geschichtsschreibung* bestimmt von der polemisch-abwertenden Hal-

Thomas Müntzer
(Kupferstich von Christoph van Sichem, 1608)

tung des Protestantismus (P. MELANCHTHON, E. CORDUS, H. E. HESSUS, N. FRISCHLIN, M. RINCKART) gegenüber M. (›Fanatiker‹, ›Schwärmer‹). Die revolutionäre Bewegung von 1848 (u. a. WILHELM ZIMMERMANN, * 1807, † 1878; F. ENGELS), der Nationalsozialismus, aber auch marxist. Historiker nach 1945 betonten seine Rolle als Politiker und Revolutionär; neuere Forschungen sowie die Kirchengeschichtsschreibung untersuchen vorrangig seine Bedeutung als Reformator und dabei speziell M.s spezifisch theolog. Vorstellungen.

Ausgaben: Briefwechsel, hg. v. H. BÖHMER u. a. (1931); M.s dt. Messen u. Kirchenämter, hg. v. O. J. MEHL (1937); Polit. Schriften, hg. v. C. HINRICHS (1950); Schriften u. Briefe, hg. v. G. FRANZ (1968); Polit. Schriften, Manifeste, Briefe 1524/25, hg. v. M. BENSING u. a. (²1973); Theolog. Schriften aus dem Jahr 1523, hg. v. S. BRÄUER u. W. ULLMANN (²1982).

G. FRANZ: Bibliogr. der Schriften M.s, in: Ztschr. des Vereins für thüring. Gesch., Bd. 42 (1940); C. HINRICHS: Luther u. M. (²1962, Nachdr. 1971); H.-J. GOERTZ: Innere u. äußere Ordnung in der Theologie T. M.s (Leiden 1967); W. ELLIGER: T. M. (³1976); E. BLOCH: T. M. als Theologe der Revolution (Neuausg. 4. Tsd. 1984); M. STEINMETZ: T. M.s Weg nach Allstedt (ebd. 1988); E. WOLGAST: T. M.: Ein Verstörer der Ungläubigen (Neuausg. Berlin-Ost 1988); M. BENSING: T. M. (Leipzig ⁴1989); Der Theologe T. M. Unters. zu seiner Entwicklung u. Lehre, hg. v. S. BRÄUER u. a. (1989); H.-J. GOERTZ: T. M. (1989); G. VOGLER: T. M. (Berlin-Ost 1989); T. M. im Urteil der Gesch., hg. v. K. EBERT (1990).

Münz|anstalt, Münze, Werkstatt, seit dem 19. Jh. Fabrik, in der Münzen geprägt werden. Auf den Münzen ist die M. sehr häufig durch einen Buchstaben oder eine bildl. Darstellung (→Münzzeichen) symbolisiert. Im numismat. Sprachgebrauch versteht man unter dem Begriff **Münzstätte** sowohl die M. als auch den Ort, in dem sich die M. befindet.

Münzbild, Typus, die auf einer Münze aufgeprägten Darstellungen (Bild und Schrift). Häufig ist schon durch das M. eine engere zeitl. und örtl. Zuordnung einer Münze möglich. Die antiken griech. M. sind teilweise hervorragende Kleinkunstwerke, die in ihrer Vollendung in der Folgezeit selten wieder erreicht wurden. Sie weisen sehr oft Tier- oder Pflanzendarstellungen oder Gestalten der Mythologie auf. Herrscherporträts finden sich erst in hellenist. Zeit nach dem Tod ALEXANDERS D. GR. bei den Diadochen. Noch frühere Herrscherdarstellungen sind nur von den Achaimeniden bekannt (→Dareikos). Im Münzwesen des republikan. Rom wurden die Münzen (Denare) von den Münzbeamten als Mittel der Familienpropaganda benutzt. In der Kaiserzeit erschien dann das Bild des Kaisers oder der Angehörigen des Kaiserhauses auf den Prägungen, auf den Rückseiten dominierten Götterdarstellungen und Personifikationen, wobei die Münzen oft der staatl. Propaganda dienten. Die Völkerwanderung verursachte einen starken Verfall der Münzkunst, auch im Byzantin. Reich verflachte sie in ihren Ausdrucksformen. Die karoling. Münzen tragen überwiegend Schrift und Monogramme, Porträts sind Ausnahmen. Erst seit dem ausgehenden 10. Jh. sind Herrscherdarstellungen wieder häufiger. Die Brakteaten der Stauferzeit stellen einen künstler. Höhepunkt in der Münzkunst des MA. dar, den auch die seit dem 14. Jh. geprägten breiten Goldmünzen (z. B. Nobel, Rosenobel, Pavillon d'or, Chaise d'or) nicht wieder erreichten. Die seit 1500 in größeren Stückzahlen geschlagenen Taler ermöglichten mit ihren großen Flächen eine Ausweitung der bildl. Darstellungen (z. B. Lügentaler, Pelikantaler, Wahrheitstaler, Wespentaler). Bei den Herrscherbildnissen traten seit der Renaissance (beginnend mit dem ital. Testoni) wirklichkeitsnahe Darstellungen auf, die im Barock prunkhaft überhöht wurden. – Etwa seit Beginn des 19. Jh. ist das M. überwiegend funktional ausgerichtet mit der Wertangabe und dem Staatssymbol (Wappen oder Herrscherbildnis). Bei Gedenkmünzen hat das M. immer einen deutl. Bezug zum Prägeanlass.

Münzbuchstabe, ein →Münzzeichen.

Münze [ahd. munizza, von lat. moneta ›Münzstätte‹, ›Münze‹], 1) Kurz-Bez. für →Münzanstalt.

2) eine weltweit verbreitete Form des Metallgeldes, dessen Nennwert vom Münzherrn durch das Münzbild garantiert wird. In sämtl. modernen Währungen stellen M. nur noch Scheide-M. dar und werden aus unedlen Metallen bzw. Metalllegierungen hergestellt. Edelmetalle wie Silber, Gold, Platin oder Palladium verwendet man nur noch für **Gedenk-M.** oder **Anlage-M.,** die sich nicht in der Zirkulation befinden (offiziell sind sie aber Zahlungsmittel), weil ihr Wert den Nennwert häufig weit übersteigt.

Arten: **Kurant-M.** repräsentieren im Unterschied zu den →Scheidemünzen ihren Nennwert durch ihren Edelmetallgehalt (→Kurant). **Rechnungs-M.** waren Werteinheiten, die als ausgeprägte M. nicht oder nicht mehr existierten, sondern durch umlaufende Münzsorten dargestellt wurden, z. B. der frz. Livre oder der Meißner Gulden.

Äußeres, Material: Von wenigen Ausnahmen abgesehen, sind moderne M. rund und von beiden Seiten geprägt. Im chin. Kulturkreis und bei einigen europ. Kolonialmächten (z. B. Belgien, Frankreich) gab es M. mit einem eckigen oder runden Loch im Zentrum, durch das die M. auf Schnüre aufgefädelt werden konnten (→Käsch). Die Vorderseite (Avers) einer M. zeigt das staatl. Hoheitszeichen (Wappen, Herrscherporträt), die Rückseite (Revers) die Wertangabe. Zu den häufigsten Münzwerkstoffen →Münzmetalle. Als Material für Notmünzen dienten z. B. auch Blei, Eisen, Zink, Zinn, Karton, Porzellan.

Namen: Bis in die Neuzeit war es nicht die Regel, dass auf den M. eine Münz-Bez. vorhanden war. Häufig gab es lediglich Zahlenangaben mit unterschiedl. Bezug. Die Zahl 24 z. B. innerhalb eines großen Reichsapfels bedeutete, dass 24 solcher M. (Groschen) einen Taler ergaben (befand sich die 24 aber innerhalb eines kleinen Reichsapfels auf der Brust des Reichsadlers, so war es ein 24-Kreuzer-Stück oder ein Taler, der Unterschied wurde in der Größe des M. deutlich). Andere Zahlenangaben bezogen sich auf den zugrunde liegenden →Münzfuß, z. B. ›14 auf eine feine Mark‹ auf Talern nach dem preuß. Reichstalerfuß (14 dieser Taler mussten eine Gewichtsmark Feinsilber enthalten). Münznamen entstanden u. a.: nach der Farbe, z. B. Albus, Asper; nach dem Münzbild, z. B. Mariengroschen, Teston, Löwentaler; nach der Umschrift, z. B. Dukat, Prager Groschen; nach der Form, z. B. Groschen, Dicken, Schwaren; nach dem Metall, z. B. Aureus, Gulden, Argenteus; nach dem Münzherrn, z. B. Louisdor, Philippstaler; nach dem Münzmeister, z. B. Pignatelle, Tympf; nach dem Herkunftsort, z. B. Taler, Turnose; nach einem Gewichts- oder Zählmaß, z. B. Pfund, Miliarense, Sechsling. Nicht wenige Münznamen sind aus Spottnamen entstanden, z. B. Blamüser, Stiefelknecht, Wanze.

Geschichte: Gegossene M. aus Bronze sind wahrscheinlich schon im 12. Jh. v. Chr. in China hergestellt worden; sie blieben jedoch ohne Auswirkungen auf den kleinasiatisch-griech. Kulturkreis, wo im 7. Jh. v. Chr. in Lydien die ersten M. aus Elektrum, einer natürlich vorkommenden Legierung von Gold und Silber, geprägt wurden. In den griech. Poleis entwickelte sich eine große Vielfalt künstlerisch z. T. hoch stehender →Münzbilder, wobei die M. nach unterschiedl. Münzfüßen geschlagen wurden. Wichtige Handels-M. der griech. Antike war die silberne Tetradrachme (→Drachme), die bes. von Athen mit dem Bild einer Eule (Steinkauz) aus dem Silber des Lauriongebirges in sehr hohen Stückzahlen geprägt wurde (daher das Sprichwort ›Eulen nach Athen tragen‹).

Münz Münzenberg – Münzgewicht

antiken Röm. Reich war der silberne Denar die wichtigste M., in Gold wurde der Aureus geprägt, Rechnungs-M. war jedoch der →Sesterz, der aber im Unterschied zu den Rechnungs-M. des MA. und der Neuzeit auch als M. vorhanden war. Unter KONSTANTIN D. GR. wurde der Aureus vom Solidus abgelöst, der im Byzantin. Reich dann über Jahrhunderte geschlagen wurde. Im Fränk. Reich trat an die Stelle des Solidus dessen Drittelstück (Triens, Tremissis) aus Gold. Unter den Karolingern wurde im 8. Jh. der silberne Denar (Pfennig) zur dominierenden M. und blieb bis ins 13. Jh. – von wenigen Obolen (Halbpfennigen) abgesehen – in Europa die einzige geprägte M. (in Teilen des Heiligen Röm. Reiches als →Brakteat). S-Italien bildete insofern eine Ausnahme, als dort bereits vor 1250 der goldene Augustalis, seit dem 11. Jh. Kupfer-M. und gegen Ende des 12. Jh. die Grossi geprägt wurden. Der Grundtyp der Groschen entstand jedoch 1266 mit dem Denarius Grossus Turonensis in Frankreich (→Groschen). Der Ursprung der bedeutenden spätmittelalterl. Gold-M. liegt in Italien (z. B. Dukat, Zecchino, Fiorino), von wo sie sich über ganz Europa ausbreiteten. 1500 begann dann die Massenproduktion des Talers als Silberäquivalent des Guldens im sächs. und 1520 auch im böhm. Erzgebirge (→Joachimstaler). Diese große Silber-M. wurde von den europ. Staaten übernommen (→Écu, →Crown) und als Peso und Dollar auch zur wichtigsten M. der Neuen Welt. In Dtl. wurde der Taler erst nach der Reichsgründung durch die Mark verdrängt.

Recht: Das Recht, M. zu prägen, steht dem Münzherrn als dem Inhaber der Münzhoheit (→Münzregal) zu, der dieses Recht auch anderen verleihen kann. In Dtl. gehört das Münzwesen zur ausschließl. Gesetzgebungskompetenz des Bundes (Art. 73 Nr. 4 GG). Maßgebend ist das Gesetz über die Ausprägung von Scheidemünzen vom 8. 7. 1950.

Die Welt der M., hg. v. P. A. CLAYTON, 6 Bde. (1972–76); Der gesetzl. Schutz der M. u. Medaillen. Münzgesetz mit den einschlägigen Bestimmungen, bearb. v. E. DREHER u. a. (1975); S. UHL: Die Entstehung der M., in: Geldgeschichtl. Nachr., Jg. 25 (1990).

Münzenberg, Stadt im Wetteraukreis, Hessen, in der nördl. Wetterau, 202 m ü. M., 5 600 Ew. – Die Ruine (›Wetterauer Tintenfass‹) ist eine der größten und bedeutendsten Burganlagen der Stauferzeit; roman. Palas (um 1190/1200), zwei Türme und Falkensteiner Bau (13. Jh.), Zwingeranlage (um 1500). BILD →Bergfried. – Unterhalb der vor 1160 angelegten Burg entstand die 1245 erstmals bezeugte Stadt.

Münzenberg, Wilhelm (Willi), Politiker und Publizist, *Erfurt 14. 8. 1889, †bei Saint-Marcellin (Dép. Isère) vermutlich Juni 1940; lebte 1910–18 in Zürich. Dort arbeitete er eng mit LENIN zusammen. Ab 10. 11. 1918 in Dtl., wurde er Mitgl. des Spartakusbundes, 1919 der KPD. M. gründete die Kommunist. Jugendinternationale (Abk. KJI), 1921 die kommunistisch gelenkte Internat. Arbeiterhilfe (Abk. IAH) und gab die ›Arbeiter-Illustrierte Zeitung‹ heraus. 1924 wurde M. MdR, 1927 Mitgl. des ZK der KPD. Er leitete ihren Propagandaapparat und wurde zum Organisator kommunist. Verlage und Filmunternehmen (Aufbau des ›M.-Konzerns‹; u. a. ›Neuer Dt. Verlag‹, gegr. 1924). 1933 emigrierte M. nach Paris und rief dort den Verlag ›Éditions du Carrefour‹ ins Leben. Mit publizist. Mitteln bekämpfte M. die natsoz. Diktatur in Dtl. (›Braunbuch über den Reichstagsbrand und Hitlerterror‹, 1933; ›Das braune Netz‹, 1935). 1937 wurde er wegen seiner wachsenden Abkehr vom Kurs STALINS aus der KPD ausgeschlossen. 1938 gründete er den Verlag ›Éditions Sebastian Brant‹, in dem er eine Zeitschrift (›Die Zukunft‹) und Bücher linksgerichteter dt. Emigranten herausgab. 1940 interniert, kam er auf der Flucht vor den dt. Truppen unter ungeklärten Umständen ums Leben (am 21. 10. 1940 tot aufgefunden).

B. GROSS: W. M. (1967); R. SURMANN: Die M.-Legende (1983).

Münzer, 1) Hieronymus, Arzt und Humanist, *Feldkirch 1437, †Nürnberg 27. 8. 1508; verfasste für den Nürnberger Kreis um K. CELTIS und H. SCHEDEL einen Reisebericht (›Itinerarium‹) über eine Pilgerfahrt nach Santiago de Compostela, die ihn 1494 im Auftrag MAXIMILIANS I. zunächst durch ganz Spanien bis an den port. Königshof nach Lissabon geführt hatte. Das Werk ist wegen seiner Reiseeindrücke sowie wegen eines Exkurses über die Entdeckungsfahrten HEINRICHS DES SEEFAHRERS entlang der westafrikan. Küste von großer kulturhistor. Bedeutung.

2) Thomas, ev. Theologe und Anführer im Bauernkrieg, →Müntzer, Thomas.

Münz|erneuerung, die →Münzverrufung.

Münzfernsehen, eine Ausprägung des →Pay-TV, bei der Anbieter über Satellit und Kabelverteilnetze bestimmte Sendungen (Kinospielfilme, Sport- und Konzertveranstaltungen) zu festen Zeiten und wiederholt verbreiten, die vom einzelnen Zuschauer nach Einwurf von Geldmünzen, Chips oder Zählkarten in einen Automaten am Fernsehgerät empfangen werden. M.-Systeme gibt es v. a. in den USA.

Münzfernsprecher, öffentl. Fernsprecher, über den nach Einwurf von Münzen auf das Fernsprechnetz zugegriffen werden kann. Die mit einer Glocke gekennzeichneten Geräte sind auch anrufbar. Zunehmend werden **Kartentelefone** installiert; neben der →Telefonkarte als Zahlungsmittel werden auch neuere Kartensysteme mit erweiterten Serviceleistungen eingesetzt (z. B. →T-Card).

Münzfund, wieder aufgefundene Münzen. Bei Einzel- und Streufunden handelt es sich um verlorene Münzen, bei Massenfunden (Schatzfunde) um solche, die in der Vergangenheit (meist in Kriegszeiten) verborgen wurden. Ein M. gibt z. B. Auskunft über die Verbreitung von Münzsorten und über Handelswege und ermöglicht die zeitl. Einordnung von Gegenständen, die mit dem M. vergesellschaftet waren. Streufunde aus röm. Legionslagern z. B. belegen die Dauer der Belegung und teilweise auch Truppenverlegungen. – Ein M. ist ein Schatz im Sinne von § 984 BGB und geht je zur Hälfte in den Besitz des Finders und des Besitzers des Grundstückes oder Gegenstandes ein, in dem sich der M. befand (in einigen Bundesländern besteht jedoch Abgabepflicht). Er muss aber gemeldet und einer wiss. Bearbeitung zugänglich gemacht werden.

Münzfuß, Vorschrift über die Anzahl und Zusammensetzung von Münzen, die aus einer Gewichtseinheit (Mark, Pfund, Kilogramm) des Münzmetalls ausgebracht werden darf. Von Bedeutung war dabei früher v. a. der Anteil des Edelmetalls in den Kurantmünzen. Darauf bezogen sich auch die entsprechenden Angaben des M., z. B. die Festlegung ›X EINE FEINE MARK‹ beim →Konventionsfuß. Das bedeutete, dass aus einer Gewichtsmark (233,856 g) Feinsilber zehn Konventionstaler geprägt werden mussten. Bei modernen Münzen hat der M. für das exakte Gewicht und die Legierungszusammensetzung in Bezug auf die Automatensicherheit große Bedeutung. (→Leipziger Fuß)

Münzgewicht, *Münzwesen:* **1)** tatsächl. Gewicht einer Münze (Raugewicht, Schrot), im Unterschied zum →Feingewicht; **2)** Gewichtsstück, mit dem das Raugewicht von Kurantmünzen, v. a. Goldmünzen, nachgewogen wurde. Bei beschnittenen, befeilten oder stark abgenutzten Stücken konnte so ihre Wertminderung ermittelt werden. Die M. waren durch Schrift oder Bild für die jeweiligen Goldmünzen gekennzeichnet. (→Passiergewicht)

Willi Münzenberg

Münzgewicht aus England für eine portugiesische Moeda d'ouro (1748; Durchmesser 28 mm)

Vorderseite

Rückseite

Münzgewinn – Münztechnik **Münz**

Münzgewinn, *Münzwesen:* der →Schlagschatz.
Münzhoheit, das →Münzregal.
Münzhumpen, Münzbecher, Münzpokal, Talerhumpen, Talerbecher, silbernes oder silbervergoldetes Trinkgefäß in Form eines Humpens oder Pokals, in dessen Seitenwand und Deckel Münzen (Taler) eingelassen waren; in Dtl. 16.–19. Jahrhundert.
Munzinger-Archiv, Archiv für publizistische Arbeit GmbH, Archiv- und Dokumentationsdienst, erscheint in Lieferungen mit den Ausgaben: Internat. Biograph. Handbuch, Internat. Handbuch, Zeitarchiv, Gedenktage, Internat. Sportarchiv, Poparchiv; gegr. 1913 in Berlin von Ludwig Munzinger (*1877, †1957), Sitz 1930–45 Dresden, seit 1946 Ravensburg; seit 1979 GmbH.
Münzkabinett, →Münzsammlung.
Münzkunde, die →Numismatik.
Münzmeister, der Leiter einer Münzstätte (→Münzanstalt), der dem Münzherrn gegenüber für die ordnungsgemäße Ausbringung der Münzen verantwortlich war. Münzbeamte sind namentlich schon auf verschiedenen antiken griech. Münzen nachgewiesen. In der röm. Rep. waren drei Beamte (Triumviri auro, argento, aere flando, feriundo) für die Prägungen aus den drei Münzmetallen Gold, Silber und Erz (Kupfer) verantwortlich. In der Kaiserzeit werden keine Münzbeamten mehr auf den Münzen genannt. Erst unter den fränk. Merowingern erfolgte dies wieder. Im MA. waren die M. an manchen Orten, z. B. in Wien, mit Geldwechslern, Kaufleuten und Edelmetallhändlern zu Hausgenossenschaften zusammengefasst. Wenn M. in eigener Regie eine Münzstätte führten, waren sie durch einen **Münzkontrakt** zur Ablieferung eines Teils des Schlagschatzes an den Münzherrn verpflichtet. Seit dem ausgehenden 18. Jh. wurden die M. in den Staatsdienst integriert.
Münzmetalle, Metalle und Metalllegierungen, die zur Münzproduktion verwendet werden. Die klass. M. waren Gold, Silber und Kupfer, die schon in der Antike verprägt wurden; als Legierungen waren z. B. Elektrum, Messing, Bronze, Potin, Billon bekannt. Kriterien für die M. gegenwärtiger Münzen sind u. a. gute Prägbarkeit, Verschleißfestigkeit, Korrosionsbeständigkeit, elektr. und magnet. Eigenschaften, die eine elektron. Prüfung in Automaten ermöglichen. Häufigste M. sind Legierungen von Kupfer, Nickel, Aluminium und Stahl. Für Gedenkprägungen werden weiterhin Gold, Silber, seltener Platin und Palladium eingesetzt. In Dtl. werden verwendet: für 1- und 2-Pfennig-Stücke Stahl mit Kupferauflage, für 5- und 10-Pfennig-Stücke Stahl mit Messingauflage, für die übrigen Münzen Kupfer/Nickel, wobei die 2- und 5-DM-Stücke noch einen Nickelkern aufweisen. Die 10-DM-Gedenkmünzen werden aus Silber (625/1000 fein) geprägt. Seit einigen Jahren gibt es in versch. Staaten **bimetallische Münzen** zur Erhöhung der Fälschungssicherheit. Bei ihnen umschließt ein silbrig aussehender Außenkreis aus Kupfer/Nickel ein golden erscheinendes Zentrum aus Aluminium-

bronze. Münzen dieser Art gibt es auch aus Gold und Silber.
Münzprobe, Feinprobe, Probe, die Kontrolle des Feingehaltes von Münzen und der Einhaltung des vorgeschriebenen Münzfußes. Nach der Reichsmünzordnung (1559) gehörte die M. zu den Aufgaben der jeweiligen Kreiswardeine. Der Münzmeister einer Münzstätte war verpflichtet, von jedem verprägten Werk Münzen Belegexemplare in die Fahrbüchse zu stecken. Diese Münzen wurden dann auf den vom Reichskreis anberaumten Probationstagen aufgezogen (probiert), also in Schrot (Raugewicht) und Korn (Feingewicht) bestimmt. Nach der Kipper-und-Wipper-Zeit übten statt der vom Münzherrn besoldeten Wardeine die Kontrolle der Münzmeister aus und führten die M. durch. Für die gröbere Vorprobe diente die →Strichprobe und zur genauen Feingehaltsbestimmung die Kupellenprobe, bei der das Kupfer mit Blei abgetrieben wurde.
Münzprüfer, Einrichtung in Münzautomaten, mit der eine Funktionsauslösung durch nicht sortengerechte oder falsche Münzen verhindert werden soll. Beim **Leistenprüfer** durchläuft die Münze zwei parallel angeordnete Messleisten, an denen die Prüfelemente für Dicke, Durchmesser, Reliefhöhe, Gewicht und magnet. oder elektr. Eigenschaften angebracht sind. Beim **Legierungsprüfer** werden die Münzen beim Passieren eines Magnetfeldes der Legierung entsprechend durch Wirbelstrombremsung unterschiedlich stark verzögert.
Münzregal, Münzhoheit, das dem Inhaber der Münzhoheit, dem **Münzherrn,** zustehende Hoheitsrecht zur Herstellung und Nutzung der Münze (Erhebung des →Schlagschatzes, Wechselgewinn, Münzverkauf); urspr. dem König vorbehalten, in Dtl. später von den Kurfürsten (Goldene Bulle) und den übrigen Reichsständen ausgeübt. Heute wird das M. i. d. R. vom Staat wahrgenommen.
Münzsammlung, eine systematisch nach Ländern, Sachgebieten, Epochen, Motiven oder Nominalen geordnete Sammlung von Münzen und Medaillen. Die Anfänge von M. gehen in die ital. Frührenaissance zurück; in der Folgezeit wurden M. als **Münzkabinette** i. d. R. in Fürstenhöfen angelegt, die später als staatl. Sammlungen weitergeführt wurden. Staatl. M. befinden sich z. B. in London, Paris, Berlin, Sankt Petersburg, Wien, München, Brüssel und Rom.
Münzstätte, →Münzanstalt.
Münzsystem, staatl. Bestimmungen über die Münznominale einer Währung (Stückelung), die Benennung der Nominale, den Münzfuß, die Legierung und die Funktion (Kurant- oder Scheidemünze) sowie die Festlegung, bis zu welchem Betrag Scheidemünzen angenommen werden müssen.
Münztechnik, Verfahrensschritte und techn. Mittel, die zur Herstellung von Münzen notwendig sind. Dabei wird das nach dem Schmelzen in Kokillen in Metallstreifen (→Zaine) vorliegende Münzmetall in mehreren Schritten (Stichen) auf die für das jeweilige

Münzmeister: Wappen (drei gekreuzte Hechte) des Münzmeisters Ernst Peter Hecht auf der Vorderseite eines Rechenpfennigs

Münztechnik: Die wichtigsten Verfahrensschritte bei der Münzherstellung; **links** Gießen des Zains; **Mitte** Ausstanzen der Ronden; **rechts** Prägen der Münzen

Münznominal vorgesehene Dicke ausgewalzt. Zw. den Walzwerksdurchgängen werden – abhängig vom Material – eine Oberflächenbehandlung (Beizen, Sandstrahlen) und eine Wärmebehandlung (Glühen) durchgeführt, um Oxid- und Zunderschichten zu entfernen sowie Gussspannungen zu beseitigen. Danach werden die Zaine durch ein Stanzwerk geführt und die **Ronden (Schrötlinge, Platten)** ausgestanzt. Diese werden in Trommeln entgratet, gereinigt und anschließend justiert. Wenn es sich um höhere Münznominale handelt, werden die Ronden gerändelt (→Rändeln). Nach erneutem Reinigen und Polieren erfolgt das →Prägen der Münzen. Unmittelbar an den Prägevorgang schließt sich die automat. (photoelektron.) Zählung und Verpackung in Beuteln oder Rollen an.

D. COOPER: The art and craft of coinmaking. A history of minting technology (London 1988).

Münzverein, Münz|union, im europ. Hoch-MA. entstandener Zusammenschluss mehrerer Münzherren zur Bekämpfung der →Münzverschlechterung und um den Münzen ein größeres Umlaufgebiet zu verschaffen. Vereinbart wurde u. a. ein gemeinsamer Münzfuß, wobei ein einheitl. Münzbild den Charakter als Gemeinschaftsmünze betonte. Wichtige M. des MA. waren z. B. der Wend. M. (1379), der Rhein. M. (1385), der Rappenmünzbund (1403), der Fränk. M. (1396) und der Schwäb. M. (1423). Nachdem das seit dem 16. Jh. durch die Reichsmünzordnungen einheitlichere Münzwesen in der →Kipper-und-Wipper-Zeit zusammengebrochen war, entstanden im 17. Jh. wiederum M., z. B. durch die Konvention von Zinna (1667) und den Leipziger Münzvertrag (1690, →Leipziger Fuß). Im 18. Jh. war die Münzkonvention zw. Österreich und Bayern wichtig (→Konventionsfuß); im 19. Jh. hatten der Dresdner Münzvertrag (1838), der M. süddt. Staaten (1837) und der Wiener Münzvertrag (1856) überregionale Bedeutung. Internat. Absprachen erfolgten durch die →Lateinische Münzunion (1865) und die Skandinav. Münzunion (1873), die beide nach dem Ersten Weltkrieg aufgelöst wurden.

Münzverrufung, Münz|erneuerung, überwiegend von dt. Münzherren im MA. durchgeführter Zwangsumtausch der umlaufenden Münzen (Pfennige) gegen neue Prägungen mit verändertem Münzbild. Dabei wurden für vier alte nur drei neue Pfennige (damals die einzige Münze) ausgegeben, was einer Kapitalsteuer von 25 % entsprach. Da diese M. vielerorts zweimal im Jahr erfolgte, entstand die Vielfalt an Denaren und Brakteaten im 13./14. Jh. in verschiedenen dt. Territorien. Von den Städten wurde die M. bekämpft, da sie den Handel erhebl. Handelshindernis darstellte. Sie kauften häufig dem Münzherrn das Recht der M. gegen eine einmalige hohe Zahlung ab und ließen **Ewige Pfennige** schlagen, die nicht verrufen wurden.

Münzverschlechterung, die allmähl. absichtl. Verschlechterung des →Münzfußes von Edelmetallmünzen durch Verringerung des Edelmetallgehalts (Feingewicht) oder – weit seltener – durch Reduzierung des Raugewichts. Die M. war für den Münzherrn ein Mittel, seine Einkünfte aus dem Münzregal über den →Schlagschatz hinaus zu erhöhen. Da das Münzbild nicht verändert wurde, blieb der Betrug der Masse der Bevölkerung lange verborgen. Die – schon seit der Antike zu beobachtende – M. verschwand erst, nachdem der Staat als Münzherr das Münzregal nicht mehr als Einnahmequelle betrachtete.

Münzzeichen, Zeichen unterschiedl. Art (bildl. Darstellungen, Buchstaben), aus denen die Herkunft (Münzstätte) einer Münze hervorgeht. Auf antiken griech. Münzen kommen M. hin und wieder als Monogramme vor, auf röm. Münzen des 3./4. Jh. n. Chr. kennzeichnen Buchstabenkombinationen die Münzstätte und die jeweilige Offizin. Auf den Münzen des MA. verdeutlichen Münzbild und -umschrift die Herkunft, wobei aber im zentralisierten frz. Münzwesen schon im späten 14. Jh. die →Points secrets eingeführt wurden. In Dtl. kennzeichneten etwa seit dem 15./16. Jh. die Münzmeister die von ihnen produzierten Münzen mit ihren Initialen, ›redenden‹ Zeichen (z. B. ein Hecht für den Leipziger und Zellerfelder Münzmeister ERNST PETER HECHT, † 1730) oder anderen Symbolen. Seit dem 18. Jh. (in Frankreich schon seit dem 16. Jh.) wurde es üblich, die Münzstätte von noch mit einem Großbuchstaben (Münzbuchstabe) anzugeben. – Auf dt. Münzen sind es gegenwärtig A für Berlin, D für München, F für Stuttgart, G für Karlsruhe und J für Hamburg. I. w. S. zählen auch die **Beizeichen** zu den M. Mit ihnen wurden unterschiedl. Emissionen einer im Münzbild unveränderten Münze gekennzeichnet, sodass z. B. der Münzmeister oder Geldwechsler bereits bei Ankauf der Münze grob über deren Feingehalt informiert war.

Müon, *Elementarteilchenphysik:* das →Myon.

Muong, Müong, Volk in N-Vietnam, im Hochland am SW-Rand des Deltas des Roten Flusses. Die etwa 620 000 M. sind sprachlich mit den Vietnamesen verwandt, im Ggs. zu diesen jedoch kulturell nicht sinisiert. Sie bauen Nassreis an und betreiben Fischfang. Sie glauben an zahlreiche Geister, die sie durch (männl. und weibl.) Zauberer und Medizinmänner zu beschwören suchen.

Muonioälv [schwed.] *der,* finn. **Muonionjoki,** linker Nebenfluss des Torneälv, 387 km lang, entfließt dem See Kilpisjärvi; bildet die Grenze zw. Schweden und Finnland.

Muotathal, Gem. in den Zentralschweizer Kalkalpen, umfasst den SO des Kt. Schwyz, 172 km², v. a. im Muotatal besiedelt, 3 400 Ew.; Landwirtschaft, Holzindustrie; Fremdenverkehr (u. a. →Hölloch und Waldreservat Bödmeren).

Muoth, Giachen Caspar, surselv. Dichter, Historiker und Sprachforscher, * Breil/Brigels (Kt. Graubünden) 29. 9. 1844, † Chur 6. 7. 1906. Seine im Geiste der Spätromantik geschriebenen Werke, v. a. Balladen histor. Inhalts (›Il cumin d'Ursera‹, ›La dertgira nauscha de Valendau‹) und Idyllen aus dem Bauernleben (›A mesiras‹), waren sehr erfolgreich. Sein Gedicht ›Al pievel romontsch‹ (1887) ist mit seiner Anfangszeile ›Stai si, defenda, Romontsch, tiu vegl lungatg‹ (= Stehe auf, Romane, verteidige deine alte Sprache) bis heute das Motto der rätoroman. Bewegung.

Ausgabe: La poesia, hg. v. S. M. NAY (1945).

P. CAVIGELLI: G. C. M., in: Bedeutende Bündner aus fünf Jh., bearb. v. ISO MÜLLER u. a., Bd. 2 (Chur 1970).

Muppets ['mʌpets], Fernsehpuppenstars (seit 1955) aus den USA, kreiert von J. M. HENSON. Die erste Figur war Kermit, der Frosch, mit breitem, verformbarem Mund und eng beieinander liegenden Augen. – Mimikfigur mit der Hand von innen geführt. Es folgten Bert und Ernie, Cookie Monster, ab 1976 Miss Piggy. Ab 1960 arbeitete DON SAHLIN an der Gestaltung der M. mit. Wichtigster Mitspieler wurde seit 1963 FRANK OZ. Durch Auftritte in der →Sesamstraße (ab 1969) und die M.-Show (ab 1976) wurden die M. in Europa bekannt. Kinofilme mit den M. folgten ab 1979 (z. B. ›Die M. erobern Manhattan‹, 1984). 1989 übernahm die Walt Disney Co. die Auswertungsrechte der M. (Film: ›Die Muppets Weihnachtsgeschichte‹, 1993, nach C. DICKENS, Regie: BRIAN HENSON).

M., Monster u. Magie. Die Welt von Jim Henson, Ausst.-Kat. (1987).

Mur *die,* slowen. **Mura,** ungar. **Mura** [-rɔ], linker Nebenfluss der Drau, 444 km lang (davon 348 km in Österreich), Einzugsbereich 13 824 km² (davon 10 321 km² in Österreich); entspringt am Murtörl in den Niederen Tauern, Österreich, durchfließt den Lungau und danach ein Alpenlängstal bis Bruck an der Mur,

Münzzeichen: Münzmeisterzeichen (H, S und Zainhaken) des Henning Schreiber, 1622–40 Münzmeister in Clausthal und Lauterberg

wo sie sich (nach Vereinigung mit der Mürz) nach S wendet, verlässt bei Graz die Alpen und bildet zw. Spielfeld und Bad Radkersburg die österreichisch-slowen. Grenze sowie auf 40 km vor der Mündung bei Legrad die kroatisch-ungar. Grenze. Ihr Lauf ist eine wichtige Verkehrsleitlinie, ihr östl. Längstal mit dem anschließenden Mürz, die **M.-Mürz-Furche,** bildet mit dem westlich anschließenden Judenburger Becken (→Aichfeld-Murboden) eine bedeutende inneralpine Industriegasse mit dem Zentrum Leoben.

Murad [arab. ›der (von Gott) Gewollte‹], **Murat,** Sultane des Osman. Reiches:

1) Murad I., Sultan (seit 1360) *1326(?), †(ermordet) 9. 8. 1389, Sohn ORHANS; eroberte 1361 Adrianopel (heute Edirne), das er 1365 anstelle von Bursa zur Residenz erhob, erhielt Tribut von Bulgarien und Byzanz, kämpfte in Kleinasien und gegen die Serben, die er auf dem →Amselfeld 1389 besiegte. M. erweiterte den Machtbereich des Osman. Reiches in Kleinasien und auf der Balkanhalbinsel.

2) Murad II., Sultan (seit 1421), *Amasya 1404, †Adrianopel (heute Edirne) 3. (5.?) 2. 1451, Sohn MEHMEDS I.; vergrößerte das Osman. Reich in Kleinasien und auf der Balkanhalbinsel (Einnahme des venezian. Saloniki 1430, Eroberung eines Großteils von Serbien 1439/40) und beseitigte schließlich durch die Siege bei Warna (10. 11. 1444) und auf dem →Amselfeld (19. 10. 1448) die von den Polen und Ungarn ausgehende militär. Gefahr. M. war den Derwischen zugetan und förderte Dichter und Gelehrte.

Muradeli, Wano Iljitsch, georg. Komponist, *Gori 6. 4. 1908, †Tomsk 14. 8. 1970; studierte in Moskau bei N. J. MJASKOWSKIJ. Seine Oper ›Die große Freundschaft‹ (1947, revidiert 1960) war der Anlass für die verschärfte Kontrolle musikal. Schaffens in der UdSSR (Beschluss vom 10. 2. 1948). 1948 wurde M. verbannt, 1958 rehabilitiert, seit 1959 war er Sekretär des Moskauer Komponistenverbandes. Seine Werke (Opern, Orchesterwerke, Chöre, Lieder, Bühnen- und Filmmusik) sind von Pathos und propagandist. Effekten geprägt.

Murakami, Haruki, jap. Schriftsteller, *Kyōto 12. 1. 1949; seine stark vom amerikan. Autoren beeinflussten Werke (auch Übersetzer amerikan. Lit.) enthalten Elemente von Sciencefiction, Fantasy- und Kriminalroman. Geschildert werden häufig surrealistisch anmutende Abenteuer eines jungen allein lebenden Helden in einer westlich geprägten Welt.
Werke (jap.): *Romane:* Wilde Schafsjagd (1982; dt.); Hardboiled wonderland u. das Ende der Welt (1985; dt.). – *Erzählungen:* Der zweite Bäckereiüberfall (1985; dt.); Tony Takitani (1990; dt.).
Ausgaben: Der Elefant verschwindet. Erzählungen, übers. v. N. BIERICH (1995); Wie ich eines schönen Morgens im April das 100%ige Mädchen sah. Erzählungen, übers. v. DEMS. (1996).

Murakka, Muraqqa, Album mit gesammelten Miniaturen, Kalligraphien u. a., wurde seit Ende des 16. Jh. an den Höfen der Safawiden, Moguln und Osmanen Mode.

Muralismo [zu span. mural ›Wandbild‹] *der, -,* eine Kunstrichtung, die sich in Mexiko nach der Revolution von 1910 herauszubilden begann. Man sah in den monumentalen Ausdrucksformen von Wandmalerei und -mosaik Mittel zur Durchsetzung polit. Ziele. Dargestellt wurden v. a. Szenen aus dem Kampf gegen Conquista, Klerus und Kapitalismus sowie aus der mexikan. Revolution, ferner Szenen zur Verherrlichung der eigenen präkolumb. Vergangenheit und der mexikan. Helden. Die bedeutendsten, in Auffassung und Stil sehr unterschiedl. Vertreter der Frühzeit des M. waren J. C. OROZCO, D. RIVERA und J. D. ALFARO SIQUEIROS (Hauptwerke in der Stadt Mexiko: in der Escuela Nacional Preparatoria, 1922–27; im Palacio de Bellas Artes, 1934; im Palacio Nacional von RI-

Muralismo: Diego Rivera, ›Maishandel‹; Detail eines Wandgemäldes im Palacio Nacional in Mexiko; 1929ff.

VERA, 1929ff.). OROZCO, R. TAMAYO u. a. nachfolgende Vertreter des M. wandten sich später z. T. von den revolutionären Themen ab. In der 1950–54 erbauten Universitätsstadt in der Stadt Mexiko (Wandmalereien, Reliefs, Mosaiken, z. B. Mosaikverkleidung von J. O'GORMAN am Bibliotheksbau, 1951–53) und in dem 1965–72 unter der Leitung von ALFARO SIQUEIROS dekorierten Polyforum (4 600 m² Wandmalerei) ebd. erreichte der M. neue Höhepunkte.

Wand – Bild – Mexico, hg. v. H. KURNITZKY u.a., Ausst.-Kat. (1982); Imagen de Mexico. Der Beitrag Mexikos zur Kunst des 20. Jh., hg. v. E. BILLETER, Ausst.-Kat. (1987); Mural art. Wandmalerei – wall painting – muralismo, Beitrr. v. H. J. KUZDAS u. M. NUNGESSER (1994).

Muralt ['muːralt, muˈralt], **1)** Alexander von, schweizer. Physiologe, *Zürich 19. 8. 1903, †Bern 28. 5. 1990; ab 1935 Prof. in Bern und Direktor des dortigen Theodor-Kocher-Institutes. M. beschäftigte sich mit der Nervenphysiologie, speziell mit der neuralen Signalübermittlung. Als Präsident des Nat. Forschungsrates (1952–68) und der Hochalpinen Forschungsstation Jungfraujoch (ab 1936) leitete M. auch bioklimat. Untersuchungen, bes. über die physiolog. Wirkungen des Hochgebirgsklimas.

2) Leonhard von, schweizer. Historiker, *Zürich 17. 5. 1900, †Cavalaire-sur-Mer (Dép. Var) 2. 10. 1970; seit 1940 Prof. in Zürich; Mitherausgeber der Werke U. ZWINGLIS im ›Corpus reformatorum‹, ferner Verfasser von Beiträgen zu Problemen der Renaissance und der Bismarckgeschichte.

Alexander von Muralt

Muränen: In den Gewässern Mikronesiens vorkommende Art

Mura Muramidase – Muratorisches Fragment

Murano: Basilika Santi Maria e Donato; 12. Jh.

Werke: Machiavellis Staatsgedanke (1945); Der Friede von Versailles u. die Gegenwart (1947); Bismarcks Politik der europ. Mitte (1954).

Muramidase [lat.] *die, -/-n,* das →Lysozym.

Muraminsäure [lat.], der 3-Milchsäureäther des Glucosamins; als N-Acetyl-M. wesentl. Bestandteil des →Mureins der Bakterienzellwand.

Muränen [lat.-griech.], *Sg.* **Muräne** *die, -,* **Muraenidae,** Familie der Aalartigen Fische ohne Brust- und Bauchflossen, mit unbeschuppter Haut, Länge bis 3 m. Die Kiefer sind meist mit spitzen Zähnen besetzt. Die Speicheldrüsen mancher Arten erzeugen einen giftigen Schleim, der für den Menschen gefährlich sein kann. Die räuberisch lebenden M. bewohnen mit rd. 100 Arten die Küstengebiete der trop. und subtrop. Meere. Die bis 1,5 m lange **Mittelmeer-M.** (Muraena helena) lebt in Spalten und Löchern der Felsküste. Ihr Fleisch ist wohlschmeckend. (BILD S. 249)

Murano, Stadtteil (seit 1923) von Venedig, Italien, auf fünf dicht beieinander liegenden Inseln (insgesamt 459 ha, etwa 7 000 Ew.) in der Lagune, nördlich des Stadtzentrums. M. ist seit 1292 Hauptinsel der venezian. Glasindustrie, die im 16. Jh. (über 30 000 Ew.) ihren Höhepunkt hatte. Die von der Glaskunst des Orients angeregten **M.-Gläser** zeichnen sich durch ihre Mannigfaltigkeit in Form und Farbe aus (Email-, Faden-, Flügelgläser u. a.), weiterhin wurden farbige Glasflüsse für Mosaiken, im 18. Jh. auch Lüster, Spiegel und Perlen hergestellt. – Die kreuzförmige Basilika Santi Maria e Donato (12. Jh.) ist ein Backsteinbau mit zweistöckigen Arkaden an der Chorpartie; im Innern Fußbodenmosaik (12. Jh.) und in der Apsis Goldgrundmosaik (13. Jh.). In der Pfarrkirche San Pietro Martire (14. Jh.) Altarbilder von GIOVANNI BELLINI (1488). Glasmuseum im Palazzo Giustinian (1689). – M. war eine der ersten Inseln, die von den vor den Langobarden Flüchtenden besiedelt wurden. Seit 1171 war M. dem venezian. Stadtbezirk Santa Croce angeschlossen; es erlangte 1275 Autonomie mit eigenen Kommunalstatuten.

Murano, Tōgo, jap. Architekt, *Saga 15. 5. 1891, †Takarazuka (bei Osaka) 26. 11. 1984; wirkte bahnbrechend auf dem Gebiet der neuen jap. Architektur. Bezeichnend sind funktionelle Baukörper mit ornamentaler Ummantelung; v. a. Warenhäuser (Sogō in Ōsaka, 1935, und Tokio, 1957; Takashimaya in Tokio, 1952), Gemeinschaftszentren (Stadthalle in Yonago, 1960), auch Theater (Nissei-Theater in Tokio, 1963) und Hotels (Shin Takanawa Prince Hotel, ebd., 1982).

Murasaki, Shikibu, jap. Dichterin, *um 978, †etwa 1016; kaiserl. Hofdame und Verfasserin des höf. Romans ›Genji-monogatari‹ (zw. 1004 und 1011; dt. ›Genji-monogatari. Die Geschichte vom Prinzen Genji‹). Dieser und ihr Tagebuch, das ›Murasaki-shikibu-nikki‹, beide mit zahlr. Gedichten (Waka) durchsetzt, zeugen von meisterhafter Sprachbeherrschung sowie von bildhafter, lebensnaher Darstellung.

Ausgabe: Diary and poetic memoirs, hg. v. R. BOWRING (Princeton, N. J., 1982).

Murat *der,* linker Quellfluss des →Euphrat.

Murat [myˈra], Joachim, frz. Marschall (seit 1804), als **Joachim** Großherzog von Kleve und Berg (1806–08), als **Gioacchino** [dʒoakˈkiːno] König von Neapel (1808–15), *Labastide-Fortunière (heute Labastide-Murat, Dép. Lot) 25. 3. 1767, †(hingerichtet) Pizzo (Prov. Catanzaro) 13. 10. 1815, Sohn eines Gastwirts und Gutsverwalters TALLEYRANDS. Urspr. für die geistl. Laufbahn bestimmt, nahm er 1788 und 1791 militär. Dienste an; wurde 1796 Adjutant NAPOLEON BONAPARTES im Italienfeldzug, 1799 Divisionsgeneral. M. unterstützte BONAPARTE beim Staatsstreich des 18. Brumaire (9. 11. 1799) und heiratete 1800 dessen jüngste Schwester CAROLINE BONAPARTE. Militärisch erfolgreich und von Ehrgeiz getrieben, wurde er 1804 Marschall, 1805 kaiserl. Prinz, 1806 rheinbünd. Großherzog. Am 15. 7. 1808 bestimmte ihn NAPOLEON I. zum Nachfolger JOSEPH BONAPARTES als König von Neapel. Hier reformierte er, ähnlich wie in Kleve und Berg, Wirtschaft und Gesellschaft und schuf ein beispielhaft geordnetes Staatswesen. Nach dem Russlandfeldzug von 1812 kam es zum Bruch mit NAPOLEON. 1814 verbündete sich M. mit Österreich, schloss sich während der Hundert Tage 1815 aber wieder NAPOLEON an und wurde beim Versuch, das bourbon. Neapel zurückzuerobern, gefangen genommen und standrechtlich erschossen.

J. TULARD: M., ou, L'Éveil des nations (Paris 1983).

Muratori, Ludovico Antonio, ital. Historiker, *Vignola (bei Modena) 21. 10. 1672, †Modena 23. 1. 1750; kath. Geistlicher, wurde 1695 Bibliothekar an der Biblioteca Ambrosiana in Mailand, 1700 Bibliothekar und Archivar in Modena. Mit rechtshistor. Gutachten befasst, kam M. zum krit. Studium der Quellen zur ital. Geschichte. Mit der Herausgabe bedeutender Quellenwerke (›Rerum italicarum scriptores‹, 25 Bde., 1723–51, Nachdr. 1975–83; ›Antiquitates italicae medii aevi‹, 6 Bde., 1738–42; ›Annali d'Italia dal principio dell'era volgare sino all' anno 1500‹, 13 Bde., 1744–72) wurde er zum Vater der modernen ital. Geschichtsforschung.

Muratorisches Fragment, lat. **Canon Muratori,** das von L. A. MURATORI in einer Mailänder Handschrift des 8. Jh. (evtl. aus Bobbio stammend) entdeckte, 1740 von ihm edierte, älteste erhaltene lat. Verzeichnis der als ›kanonisch‹ geltenden Schriften des N. T. Es basiert vermutlich auf einer in der röm. Kirche verfassten griech. Vorlage (um 200 n. Chr.), die die Unabgeschlossenheit des neutestamentl. Ka-

Joachim Murat

Ludovico Antonio Muratori

Murano: Muranoglas; Schale mit Schuppenmuster in Blattgold und Email; um 1500
(München, Bayerisches Nationalmuseum)

nons zu dieser Zeit belegt, da der Hebräer-, der Jakobus-, einer der Johannes- sowie die Petrusbriefe noch nicht aufgeführt werden. Dagegen werden das Buch der Weisheit und (mit Vorbehalt) die Petrusapokalypse zum Kanon gezählt. Der ›Poimen‹ des HERMAS wird zur Lektüre empfohlen.

Ausgabe: Neutestamentl. Apokryphen in dt. Übers., hg. v. W. SCHNEEMELCHER, Bd. 1 (⁶1990).

Murau, 1) Bezirkshauptstadt in der Steiermark, Österreich, 829 m ü. M., an der oberen Mur, 2 500 Ew.; höhere Bundeslehranstalt für wirtschaftl. Berufe, Heimatmuseum; Metallverarbeitung, Sägewerke; Fremdenverkehr; Heilstätte Stolzalpe (1 305 m ü. M.). – In der got. Stadtpfarrkirche St. Matthäus (Chorweihe 1296) Fresken aus dem 14./15. Jh.; got. Friedhofskirche St. Anna (15. Jh.); auf einer Anhöhe im S die spätgot. Kirche St. Leonhard (um 1445); oberhalb das Schloss Obermurau (17. Jh.). – Unterhalb der Mitte des 13. Jh. angelegten Burg entstand nach 1270 der Markt M.; ab 1298 Stadt.
2) Bez. in der Steiermark, Österreich, 1 385 km², 32 800 Ew.; umfasst den SW der Obersteiermark.

Murawjow, Murav'ev [-'vjɔf], russ. Adelsfamilie, deren Mitgl. v. a. im 19. Jh. hohe militär. und polit. Stellungen einnahmen. – Bedeutende Vertreter:
1) M i c h a i l Nikolajewitsch Graf (seit 1865), Politiker, * Moskau 12. 10. 1796, † Sankt Petersburg 10. 9. 1866, Großvater von 2), Bruder von 4); 1857–61 Min. der staatl. Domänen, 1863–65 General-Gouv. von Wilna; war berüchtigt wegen seiner Härte bei der Unterdrückung des poln. Aufstandes von 1863/64.
2) M i c h a i l Nikolajewitsch Graf, Politiker, * Sankt Petersburg 19. 4. 1845, † ebd. 21. 6. 1900, Enkel von 1); war 1897–1900 Außen-Min.; regte die 1. Haager Friedenskonferenz (1899) an.
3) N i k i t a Michajlowitsch, Offizier und Revolutionär, * Moskau 30. 7. 1796, † bei Irkutsk 10. 5. 1843; entwarf als einer der führenden Köpfe des ›Nordbundes‹ der →Dekabristen eine demokrat. Verfassung für Russland; nach der Niederschlagung des Aufstandes 1826 zum Tode verurteilt, jedoch zu 20 Jahren Zwangsarbeit begnadigt.
4) N i k o l a j Nikolajewitsch **M.-Karskij,** General, * Sankt Petersburg 25. 7. 1794, † Skornjakowo (Gebiet Lipezk) 30. 10. 1866, Bruder von 1); nahm als Statthalter (seit 1854) im Kaukasus 1855 im Krimkrieg die türk. Festung Kars ein (daher sein Beiname).
5) N i k o l a j Nikolajewitsch Graf **M.-Amurskij,** General und Politiker, * Sankt Petersburg 23. 8. 1809, † Paris 30. 11. 1881; gewann als General-Gouv. von Ostsibirien (1847–61) von den Chinesen im Vertrag von Aigun (1858) das Amurgebiet (wofür er den Titel Graf M.-Amurskij erhielt).
6) S e r g e j Iwanowitsch **M.-Apostol,** Offizier und Revolutionär, * Sankt Petersburg 9. 10. 1796, † ebd. 25. 7. 1826; leitete im Aufstand der Dekabristen den Putschversuch in der Ukraine; nach dessen Niederschlagung hingerichtet.

Murbach [frz. myr'bak], Gem. im Oberelsass, Dép. Haut-Rhin, Frankreich, 110 Ew. – Von der ehem. Abteikirche (Weihe 1216) sind nur roman. Chor und Querschiff (Mitte 12. Jh.) erhalten; Außenbau in Quaderwerk (mit Farbwechsel) mit reicher Bauplastik.

Murchison-Fälle ['mə:tʃɪsn-, engl.], Wasserfälle in Uganda, →Kabalega.

Murchison River ['mə:tʃɪsn 'rɪvə], episodisch fließender Zufluss zum Ind. Ozean im westl. Western Australia, Australien, 710 km lang. Die seit 1891 im Oberlauf ausgebeuteten Goldvorkommen haben heute nur noch geringe Bedeutung.

Murcia ['murθia], 1) Hauptstadt der gleichnamigen Region in SO-Spanien, 43 m ü. M., am Segura, inmitten einer großen, dicht besiedelten Vega (Obstbäume, Frühgemüse), 335 100 Ew.; kath. Bischofssitz, Univ. (1915 gegr.); Museen; Nahrungsmittel-, Konserven-, Textil- (bes. Seidenverarbeitung), Leder-, Möbel-, Papier-, chem. (Kunststoffe, Gummi, Pestizide), Keramik- und Mühlenindustrie; Handel mit Agrarprodukten; Fremdenverkehr; Straßen- und Eisenbahnknotenpunkt, Flughäfen Alcantarilla (10 km westlich) und San Javier (45 km südöstlich).

Stadtbild: Von der mächtigen Stadtmauer (98 Türme und 17 große Tore) aus maur. Zeit sind nur Reste erhalten. In der winkligen Altstadt liegen die Kathedrale Santa María (im 14./15. Jh. über der ehem. Hauptmoschee im got. Stil errichtet, im 18. Jh. barockisiert, vorgesetzte Hauptfassade mit Zentralnische von 1737–54) mit 95 m hohem Glockenturm und got.

Murcia 1)
Stadtwappen

Murcia 1): Hauptfassade der Kathedrale Santa María; 1737–54

Kreuzgang (15. Jh.; Museum), ferner die Capilla de Santiago (13. Jh.), das Kloster Santa Clara (aus ehem. mozarab. Kirche erbaut), Reste der 1936 zerstörten arab. Bäder sowie mehrere Kirchen des 16.–18. Jh.; Casino (1852; neomaur. und neopompejan. Patios); archäolog. Museum (iber., pun., röm., westgot., arab. Funde); Museo Provincial de Bellas Artes (1910 erbaut); in der Ermita de Jesús (1777–92) Salzillo-Museum (u. a. Passionsfiguren und Krippe ›El Belén‹ mit 1 500 Figuren); Museo Internacional del Traje Folklórico (Volkstrachten); Museo de la Muralla Árabe (arab. Befestigungen, Grabfunde). – 5 km nördlich liegt **Monteagudo,** ein steiler Felsen mit arab. Befestigungsanlagen (11. Jh., über röm. Vorgängerbauten), überragt von einer 15 m hohen Christusstatue (›El Corazón de Jesús‹); am Bergfuß die 1924–25 freigelegten Reste des ›Castillejo‹, eines almoravid. Palastes (1147–71), der Vorbild für den Löwenhofkomplex der Alhambra war.

Geschichte: M. wurde am 21. 4. 831 von Emir ABD AR-RAHMAN II. als Distrikshauptstadt **Medina Mursija** nahe einer ehem. Römersiedlung gegr. und mit einer großen Vega versehen; in der Kalifenzeit nahm es einen starken Aufschwung (v. a. Seidenproduktion); war 1016–91 Taifahauptstadt, 1224–43 Hauptstadt des selbstständigen maur. Königreichs M. und wurde 1243 von FERDINAND III. von Kastilien erobert. Im Span. Erbfolgekrieg widerstand M. den Österreichern unter dem späteren Kaiser KARL VI.; 1810 wurde es von den Franzosen besetzt. Im Span. Bürgerkrieg zerstörten die Republikaner viele Kirchen und histor. Bauwerke, die nur z. T. wieder aufgebaut wurden.
2) Region in SO-Spanien, 11 314 km², 1,081 Mio. Ew.; erstreckt sich von der Mittelmeerküste (Costa Cálida, Mar Menor) nach NW in die Betische Kordillere, hat semiarides Mittelmeerklima (weitgehend un-

Iris Murdoch

Rupert K. Murdoch

ter 300 mm Jahresniederschläge) mit hohen Temperaturen (Sommermaxima 42–43°C) und mediterraner Steppen- und Buschvegetation. Angebaut werden Gerste und (mit Bewässerung) Baumwolle, außerdem Weinbau und Ölbaumkulturen, in den Vegas von Murcia, Alhama de Murcia, Totana und Lorca Obst- und Gemüsebau sowie Dattelpalmkulturen; an den Kanalsystemen des Taibilla und Tajo-Segura wurden Bewässerungsflächen erschlossen. In Küstennähe werden Blei-, Zink-, Silber-, Kupfer- und Eisenerze abgebaut (Verarbeitung und Export in Cartagena). Industriezentren sind Murcia, Cartagena, Lorca, Yecla, Molina de Segura und Alhama de Murcia.

Murdoch [ˈməːdɔk], **1)** Dame (seit 1987) Jean I r i s, engl. Schriftstellerin irischer Herkunft, * Dublin 15. 7. 1919; 1948–67 Philosophiedozentin in Oxford und London; in ihren philosoph. Interessen spiegelnden, sorgfältig konstruierten Ideenromanen verbindet sie realist., z. T. auch grotesk-kom. und symbolhafte Gestaltungsweisen. Sie bedient sich konventioneller Formen wie des Künstler-, Schauer-, Kriminal- und Liebesromans (›Under the net‹, 1954, dt. ›Unter dem Netz‹; ›The unicorn‹, 1963, dt. ›Das Einhorn‹; ›The nice and the good‹, 1968, dt. ›Lauter feine Leute‹; ›The sea, the sea‹, 1978, dt. ›Das Meer, das Meer‹), um die u. a. von bizarren Ereignissen, der Erkenntnis der mangelnden menschl. Entscheidungsfreiheit und der Zufälligkeit des Daseins gekennzeichnete Suche ihrer meist der oberen Mittelschicht angehörenden Gestalten nach innerer Wahrheit zu schildern. Häufig setzt sie Anspielungen auf Motive SHAKESPEARES ein. Sie verfasst auch Theaterstücke.

Weitere Werke: Romane: The Italian girl (1964; dt. Das ital. Mädchen; dramatisiert); Bruno's dream (1969); An accidental man (1971; dt. Ein Mann unter vielen); The sacred and profane love machine (1974; dt. Uhrwerk der Liebe); The philosopher's pupil (1983); The good apprentice (1985); The book and the brotherhood (1987; dt. Das Buch und die Bruderschaft); The message to the planet (1989); The green knight (1993); Jackson's dilemma (1995). – *Lyrik:* A year of the birds (1984).

R. TODD: I. M. (London 1984); D. JOHNSON: I. M. (Bloomington, Ind., 1987); P. J. CONRADI: I. M. (Basingstoke ²1989); Critical essays on I. M., hg. v. L. TUCKER (New York 1992); S. RUSS: I. M.s Weg zur ›ideal novel‹ (1993).

2) R u p e r t Keith, amerikan. (seit 1985) Medienunternehmer austral. Herkunft, * Melbourne 11. 3. 1931; erbte 1952 von seinem Vater die Zeitungen ›The Adelaide Post‹ und ›Sunday Mail‹, expandierte auf dem austral. und neuseeländ., seit 1968 auf dem brit. und seit 1972 auf dem US-amerikan. Zeitungsmarkt. Mit der →News Corporation Ltd. baute M. einen multinationalen Medienkonzern auf.

Murdock [ˈməːdɔk], George Peter, amerikan. Ethnologe, * Meriden (Conn.) 11. 5. 1897, † Pittsburgh (Pa.) 29. 3. 1985; ab 1939 Prof. an der Yale University, ab 1960 in Pittsburgh (Pa.). Durch die Einführung statist. Methoden in die Völkerkunde versuchte M., zu allgemein gültigen Aussagen über die Verwandtschafts- und Sozialstrukturen bei außereurop. Völkern zu gelangen. Die Anlage der ›Human Relations Area Files‹, einer umfassenden Sammlung ethnograph. Daten unter systemat. Gesichtspunkten, geht auf seine Initiative zurück.

Werke: Our primitive contemporaries (1934); Social structure (1949); Outline of South American cultures (1951); Outline of world cultures (1954); Africa. Its peoples and their cultural history (1959); Culture and society (1965); Ethnographic atlas (1967).

Mure [bair., zum selben Stamm wie ›morsch‹, ›mürbe‹] *die, -/-n,* **Murbruch, Murgang, Schlammstrom,** Schlamm- und Gesteinsstrom in Gebirgen, der meist mit Gewalt zu Tal geht und große Schuttkegel ablagert. M. entstehen, v. a. bei Schneeschmelze sowie nach Starkregen, durch Gleiten stark wasserdurchtränkten Gehängeschutts **(trockene M.)** oder bei Hochwasser durch Überflutung des Flussbetts, wobei Gesteinsblöcke, Schotter und Erde mitgerissen werden **(nasse M.).** Tonreiche, stark quellende Böden (wie in den Schieferzonen der Alpen) begünstigen die Bildung von M., ebenso steile Hänge und großer Schuttreichtum bei nicht geschlossener Vegetationsdecke (mediterrane Gebirge, auch S-Alpen). Der M.-Schutt ist entsprechend seiner Entstehung ungeschichtet und unsortiert; in verfestigter Form kommt er (aus anderen Klimaperioden) als →Fanglomerat vor. Die M. benutzen meist bestimmte Bahnen, sodass man ihrer verheerenden Wirkung i. d. R. ausweichen kann.

Mureck, Stadt im Bez. Radkersburg, Steiermark, Österreich, 237 m ü. M., an der Mur, die hier die Grenze zu Slowenien bildet, 1 700 Ew.; Bundesanstalt für Kindergartenpädagogik, Fachschule für wirtschaftl. Berufe; Heimatmuseum; Grenzübergang. – M., unterhalb einer im 12. Jh. erwähnten Burg angelegt, wurde in den Türkenkriegen zerstört, später als Straßenmarkt wieder aufgebaut und 1664 befestigt.

Murein [zu lat. murus ›Mauer‹] *das, -s,* **Peptidoglykan,** Polysaccharid-Peptid-Komplex, der in der Zellwand der Bakterien enthalten ist; besteht aus Polysaccharidketten aus N-Acetylglucosamin und N-Acetyl-Muraminsäure, die durch Tetra- oder Pentapeptidseitenketten miteinander vernetzt sind.

Mureinsacculus [lat. sacculus ›Säckchen‹] *der, -/...li,* aus Murein bestehende ›sackförmige‹ Stützschicht in der Zellwand der Bakterien und Blaualgen. Der M. ist bei gramnegativen Bakterien ein-, bei grampositiven mehrschichtig. Er fehlt nur bei wenigen Bakterien; wird durch Lysozyme u. a. Enzyme und durch Penicillin zerstört.

Murena, Héctor Á. (Álvarez), argentin. Schriftsteller und Philosoph, * Buenos Aires 14. 2. 1923, † ebd. 6. 5. 1975; fragte in Essays (›El pecado original de América‹, 1954) und Romanen (ds. ›Las leyes de la noche‹, 1958; dt. ›Gesetze der Nacht‹) nach der lateinamerikan. Identität. Zum eigenwilligen Spätwerk gehören Romane in grotesk-fantast. Manier.

Weitere Werke: Lyrik: Relámpago de la duración (1962); El demonio de la armonía (1964). – *Erzählungen:* El coronel de caballería y otros relatos (1971). – *Romane:* La fatalidad de los cuerpos (1955); Los herederos de la promesa (1965); Epitalámica (1969); Caína muerte (1971). – *Essays:* Homo atomicus (1961); La cárcel de la mente (1971); La metáfora y lo sagrado (1973).

Mureș [-ʃ], rumän. Name des Flusses →Maros.

Muret [myˈrɛ], Marc-Antoine de, latinisiert **Muretus,** frz. Humanist und Dichter, * Muret (bei Limoges) 12. 4. 1526, † Rom 4. 6. 1585; lehrte u. a. in Bordeaux und Paris, lebte seit 1554 in Italien; edierte und kommentierte lat. und griech. Autoren und verfasste u. a. Dichtungen, so die erste neulateinische weltl. Tragödie ›Julius Caesar‹ (1549), die das frz. Theater des 16. Jh. stark beeinflusste. Aus M.s Kontakten zu den Dichtern der ›Pléiade‹ entstand sein frz. verfasster Kommentar zu P. DE RONSARDS ›Amours‹ (1553).

Ausgaben: Opera omnia, hg. v. C.-H. FROTSCHER u. a., 3 Bde. (1834–41, Nachdr. 1971); Commentaire au premier livre des Amours de Ronsard, hg. v. J. CHOMARAT u. a. (1985).

Murexid [zu lat. murex ›Purpur(schnecke)‹] *das, -s, Chemie:* dunkelrotbraune Substanz, die durch Einwirkung von konzentrierter Salpetersäure auf Harnsäure (oder andere Purine) entsteht (chemisch das Ammoniumsalz der Purpursäure). M. löst sich in Wasser mit purpurroter Farbe und ergibt bei Zusatz von Natronlauge eine Blaufärbung **(M.-Reaktion,** z. B. zum Nachweis von Harnsäure). M. wird auch als Metallindikator in der Komplexometrie verwendet.

Murg *die,* **1)** rechter Nebenfluss des Rheins, in N-Schwarzwald, Bad.-Württ., 96 km lang, entsteht am Schliffkopf aus der **Roten M.** und der **Rechten M. (Weißen M.),** erreicht unterhalb von Gaggenau das Oberrhein. Tiefland, mündet unterhalb von Rastatt. Das waldreiche **M.-Tal** ist das am stärksten industrialisierte Schwarzwaldtal, bes. im Unterlauf (Gaggenau,

Bartolomé Esteban Murillo: Buben beim Würfelspiel; um 1670–75 (München, Alte Pinakothek)

Gernsbach, Weißenbach, Forbach), hat aber auch Fremdenverkehr. Oberhalb von Forbach ist die M. zur Energieerzeugung gestaut; dem Kraftwerk dient auch das Wasser des Schwarzenbachstausees in einem Seitental (Speicherbecken, 650 m ü. M.).
2) rechter Nebenfluss des Hochrheins, Bad.-Württ., mündet zw. Laufenburg und Säckingen.

Murgab *der,* **Murghāb,** Fluss in Turkmenistan und in Afghanistan, 980 km lang, entspringt im östl. Paropamisus (Afghanistan), bildet auf 30 km Länge die afghanisch-turkmen. Grenze und versickert, ein Binnendelta bildend, in der Karakum nordwestlich von Mary; im Unterlauf Staustufen zur Bewässerung von Baumwollkulturen; durch den Karakumkanal mit Amudarja und Tedschen verbunden.

Murge [ˈmurdʒe], **Le M.,** das Kreidekalkplateau von →Apulien, Italien.

Murger [myrˈʒɛːr], Henri, frz. Schriftsteller, * Paris 24. 3. 1822, † ebd. 28. 1. 1861; schilderte die Pariser Boheme in seinen ab 1845 in der Zeitschrift ›Corsaire‹, 1851 als Roman veröffentlichten ›Scènes de la vie de bohème‹ (1849 dramatisiert mit THÉODORE BARRIÈRE, * 1823, † 1877; dt. ›Pariser Zigeunerleben‹. Bilder aus dem frz. Literaten- und Künstlerleben‹, später u. d. T. ›Die Bohème‹; Vorlage zu G. PUCCINIS Oper ›La Bohème‹, 1896).

Muri, Name von geographischen Objekten:
1) Muri, Bez. im Kt. Aargau, Schweiz, 139 km², 25 300 Ew.; umfasst v. a. den SO-Zipfel des Kantons.
2) Muri (AG), Bezirkshauptort im SO des Kt. Aargau, Schweiz, 459 m ü. M., an der Bünz, 5 700 Ew.; Klostermuseum. – Die Ortschaft M. entstand um das 1027 von den Habsburgern gegründete und 1841 aufgehobene gleichnamige Kloster, dessen Gebäude heute als Altenheim dienen.
3) Muri bei Bern, Stadt im Kt. Bern, Schweiz, südöstlich an Bern anschließend, an der Aare, 560 m ü. M., 12 700 Ew.; v. a. Wohnort; Nahrungsmittel-, Automatenindustrie.

Muria, Volksstamm in Madhya Pradesh (v. a. im Hochland von Bastar) und Maharashtra, Indien; wahrscheinlich Nachkommen der Ureinwohner, die von den →Gond assimiliert wurden. Die M. bauen Hirse, Reis und Knollenfrüchte an, halten Rinder und Schweine. Die unverheirateten Jugendlichen wohnen in einem Gemeinschaftshaus **(Ghotul).**

muriatische Quellen [lat. muria ›Salzlake‹], die →Kochsalzquellen.

Muridae [lat. mus, muris ›Maus‹], die →Mäuse.

Muridismus [zu murīd, arab. ›Novize (im islam. Ordenswesen)‹] *der, -,* eine aus der islam. Mystik (Sufi) hervorgegangene religiös-polit. Bewegung bei den ostkaukas. Bergvölkern (Dagestan). Seit 1824 predigten die religiösen Führer (→Schamil) der kaukas. Völker den hl. Krieg gegen die russ. Expansion (›Kaukasuskrieg‹, 1817–64).

Murikis, Spinnenaffen, Brachyteles, Gattung der Klammerschwanzaffen mit nur einer Art (evtl. zwei Unterarten), die mit einem Bestand von schätzungsweise 300 bis 1 000 Tieren die gefährdetste der Neuweltaffen ist. M. leben in abgelegenen Bergwäldern SO-Brasiliens, besitzen einen langen Greifschwanz (Schwanzlänge 65–84 cm; Kopf-Rumpf-Länge 46–64 cm) und hellgraues bis braunes Fell; sie ernähren sich von Blättern, Früchten, Samen.

Murillo [muˈriʎo], Bartolomé Esteban, eigtl. **B. E. Pérez** [-θ], span. Maler, getauft Sevilla 1. 1. 1618, † ebd. 3. 4. 1682; Hauptvertreter der Malerschule von Sevilla, wurde 1660 Präs. der dortigen Akademie. M. verarbeitete u. a. Einflüsse der Caravaggionachfolge (F. DE ZURBARÁN, J. DE RIBERA) und fläm. Künstler (P. P. RUBENS, A. VAN DYCK). Neben den z. T. großformatigen religiösen Darstellungen, unter denen die Madonnenbilder (v. a. die Immaculata, u. a. Madrid, Prado) eine besondere Stellung einnehmen, malte M. Genreszenen aus dem Leben des einfachen Volkes, auch Porträts und einige Landschaften. Charakterist. Merkmale seines Malstils sind weiche Nuancierungen der Tonwerte mit ausgeprägtem Sinn für feinste Hell-dunkelabstufungen. In den populären Bildern zerlumpter Bettlerjungen erfuhr so das Motiv im Malerischen eine spezif. Überhöhung. M.s Bilder gehören aufgrund ihrer anspruchslosen Schönheit zu den in Stichen und Reproduktionen weit verbreiteten und häufig kopierten Kunstwerken. – Weiteres BILD →Heilige Familie

Werke: Elf Bilder mit Szenen aus Heiligenlegenden für den Kreuzgang des Klosters San Francisco in Sevilla (1645–46; heute u. a. Madrid, Museo de la Real Academia de Bellas Artes de San Fernando); Trauben- und Melonenesser (1645–46; München, Alte Pinakothek); Der Bettlerjunge (1645–55; Paris, Louvre); Maria mit Kind (1650–60; Florenz, Palazzo Pitti); Verkündigung an Maria (um 1655; Madrid, Prado); Erscheinung des Jesuskindes vor dem hl. Antonius von Padua (1656; Sevilla, Kathedrale); Der Jesusknabe als Guter Hirte (um 1660; Madrid, Prado); Buben beim Würfelspiel (um 1670–75; München, Alte Pinakothek); Selbstbildnis (um 1670–75; London, National Gallery).

D. A. INIGUEZ: M., 3 Bde. (Madrid 1981); B. E. M., Ausst.-Kat. (ebd. 1982); C. RESSORT: M. dans les musées français, Ausst.-Kat. (Paris 1983).

Mur|insel, kroat. **Međimurje** [mɛˈdʑimuːrjɛ], Zwischenstromland zw. Mur und Drau in Kroatien, Hauptort ist Čakovec; Agrarwirtschaft, Erdölfelder.

Muris, Johannes de, frz. Mathematiker und Musiktheoretiker, →Johannes, J. de Muris.

Müritz, 1) *die,* größter See Dtl.s, im Bereich der Mecklenburg. Seenplatte, in Meckl.-Vorp., 62 m ü. M., 115 km², bis 31 m tief; von der Elde durchflossen und durch diese mit dem Kölpin-, Fleesen- und Plauer See mit der Elbe (M.-Elde-Wasserstraße) verbunden, durch den M.-Havel-Kanal über Rheinsberg und Neuruppin Verbindung mit den Berliner Gewässern (M.-Havel-Wasserstraße) sowie über Elde und Störkanal mit dem Schweriner See; Erholungsgebiet. Der Ostteil befindet sich im M.-Nationalpark. An der M. liegen die Städte Waren (Müritz) und Röbel/Müritz.
2) Landkreis im S von Meckl.-Vorp., grenzt im S an Bbg., 1 714 km², 70 500 Ew.; Kreisstadt ist Waren

Henri Murger

Müri Müritz-Nationalpark – Murner

Murlo:
Terrakottastatue vom Dachfirst eines Gebäudes in Poggio Civitate; um 575 v. Chr. (Siena, Palazzo Communale)

Murmeltiere:
Alpenmurmeltier (Körperlänge bis 70 cm)

Friedrich Wilhelm Murnau

(Müritz). Das Kreisgebiet erstreckt sich im Zentrum der Mecklenburg. Seenplatte. Hier finden sich die großen Seen Müritz (115 km²), Kölpin-, Fleesen-, Drewitzer See sowie der N-Teil des Plauer Sees, die mit zahllosen weiteren (kleinen) Seen in ein Hügelland (bis 127 m ü. M.) mit Ackerland und Wäldern eingebettet sind. Hauptwirtschaftszweige sind Land- und Forstwirtschaft, Nahrungsmittelindustrie und Fremdenverkehr. Größte Städte nach der Kreisstadt sind Malchow, Röbel/Müritz und Penzlin. – Der Kreis wurde am 12. 6. 1994 aus den früheren Kreisen Waren und Röbel/Müritz gebildet; eingegliedert wurden die Gemeinden Lärz, Rechlin und Schwarz (früher Kr. Neustrelitz) sowie Schwinkendorf (früher Kr. Malchin). →Müritz-Nationalpark

Müritz-Nationalpark, 1990 gegründeter Nationalpark in Meckl.-Vorp., in den Landkreisen Müritz und Mecklenburg-Strelitz, 318 km², umfasst die östl. Müritz, das anschließende Seengebiet sowie ein separates Gebiet östlich von Neustrelitz (insgesamt 117 Seen der Mecklenburg. Seenplatte, über 1 ha Größe). Der M.-N. ist Lebensraum für gefährdete Vogelarten wie z. B. See- und Fischadler, Schwarzstorch und Kranich. Zu den angestrebten Schutzzielen gehören die ungestörte Waldentwicklung, der Erhalt von Feuchtbiotopen sowie der Artenvielfalt bei Pflanzen und Tieren.

Murk, Tista, engadin. Schriftsteller, *Müstair (Kt. Graubünden) 15. 4. 1915; seine Dramen ›La mort dal poet‹ (1950) und ›La tuor‹ (1958) stellen eine Modernisierung des Engadiner Theaters dar. Auch seine Erzählungen (›Spinai‹, 1946) zeichnen sich durch dramat. Handlungsführung aus. Die Jugendgedichte, 1945 u. d. T. ›Prüms prüjs‹ erschienen, sind eines der wenigen Beispiele engadin. Liebeslyrik.

Murko, Matthias (Matija), slowen. Slawist, *Drstela (bei Ptuj) 10. 2. 1861, †Prag 11. 2. 1952; war 1902–17 Prof. in Graz, 1917–20 in Leipzig, 1920–31 in Prag; arbeitete über südslaw. Kultur- und Literaturgeschichte sowie über vergleichende Volkskunde und Volksepik; Beiträge zur Geschichte der Slawistik.

Werke: Gesch. der älteren südslaw. Literaturen (1908); Die Bedeutung der Reformation u. Gegenreformation für das geistige Leben der Südslawen (1927); Tragom srpskohrvatske narodne epike, 2 Bde. (1951).

Murlo, Ort südlich von Siena, in der Toskana, Italien, 1 800 Ew. – In der Umgebung, **Poggio Civitate,** legte man einen etrusk. Gebäudekomplex des 6. Jh. v. Chr. (etwa 350 m²) frei, der über einem Vorgängerbau des späten 7. Jh. errichtet wurde. Um einen an drei Seiten von Säulen flankierten Innenhof mit einer Exedra an der vierten Seite, vor der ein frei stehender Bau (Tempel?) stand, gruppierten sich Gebäude, die reich mit Terrakottastatuen (auf dem Dachfirst) geschmückt waren; um 525 v. Chr. aufgegeben. Funde im Palazzo Comunale, Siena.

Murmanbahn, Kirowbahn, wichtige Eisenbahnlinie in Russland, zw. dem eisfreien Seehafen Murmansk und Sankt Petersburg, 1 451 km lang; 1915–17 überwiegend von dt. Kriegsgefangenen erbaut; z. T. elektrifiziert; hat mehrere Zweigstrecken.

Murmanküste, früher **Normannenküste,** die eisfreie nördl. Felsküste der Halbinsel Kola in Russland, von der norweg. Grenze bis Kap Swjatoj Nos; vorgelagert sind mehrere Inseln (Fischereistützpunkte); Stützpunkte der russ. Atom-U-Boot-Flotte.

Murmann, Klaus, Unternehmer, *Dortmund 3. 1. 1932; 1975–87 Vors. des Arbeitgeberverbandes Schlesw.-Holst., 1986–96 Präs., seit 1997 Ehren-Präs. der Bundesvereinigung der Dt. Arbeitgeberverbände e. V. (BDA).

Murmansk, bis 1917 **Romanow na Murmane,** Gebietshauptstadt in Russland, im N der Halbinsel Kola jenseits des nördl. Polarkreises, an der Kolabucht der Barentssee, (1997) 393 000 Ew. (1939: 119 000 Ew.); Marineakademie, Akademie für Fischindustrie, Polarforschungs-Inst.; ganzjährig eisfreier Seehafen am N-Ende der Murmanbahn und am westl. Ende der Nordostpassage; Reparaturwerft und Schiffsausrüstungsbau, Fischereistützpunkt mit Fischverarbeitung, Maschinenbau, Holzindustrie; Versuchsgezeitenkraftwerk an der →Kislaja Guba; Flughafen; in der Nähe in der Kolabucht die Flottenstützpunkte **Seweromorsk** und **Poljarnyj,** Hauptbasen der russ. Nordmeerflotte. – M. entstand ab 1915 beim Bau der Murmanbahn.

Murmeltiere [ahd. murmunto, murmuntin, aus lat. mus (muris) montis ›Bergmaus‹, volksetymologisch an dt. murmeln angeglichen], **Marmota,** zu den Erdhörnchen (→Hörnchen) gestellte Gattung etwa 40–80 cm körperlanger, gedrungener Nagetiere mit neun Arten, v. a. in Steppen, Hochsteppen und Wäldern Eurasiens und Nordamerikas; tagaktive Bodenbewohner (legen umfangreiche Erdbauten an) mit kurzem, buschigem Schwanz, kurzen Extremitäten und rundl. Kopf. – M. halten einen ausgedehnten Winterschlaf (im N ihres Verbreitungsgebietes bis acht Monate). Sie werden z. T. wegen ihres Fleisches und Fells verfolgt.

Zu den M. gehören u. a.: das **Alpen-M.** (Marmota marmota), bis 70 cm körperlang, mit graubraunem Fell; es lebt in Kolonien an sonnigen Hängen der Alpen, Pyrenäen und Karpaten in Höhen bis 1 700 m ü. M. (z. T. neu angesiedelt, z. B. auch im Schwarzwald); bei Gefahr lässt es schrille Warnschreie hören; M. sitzen häufig aufrecht auf den Hinterbeinen; Brunstzeit ist im April/Mai; das Weibchen wirft im Juni oder Juli zwei bis vier Junge, die ihre Eltern erst im folgenden Jahr verlassen; das **Steppen-M. (Bobak,** Marmota bobak) ist etwa 50–60 cm körperlang; v. a. in Steppen Osteuropas bis Zentralasiens; Fell gelbbraun, Rücken dunkler; das Fell kommt als **Murmel** in den Handel; das **Wald-M.** (Marmota monax) lebt in Wäldern Nordamerikas; Körper 40–50 cm lang; Fell gelblich braun, mit grauweißen Grannenhaaren.

Murmelvokal, Vokal nicht genau bestimmter Qualität, z. B. das →Schwa im Hebräischen.

Murn [ˈmuːrən], Josip, Pseud. **Aleksandrov,** slowen. Lyriker, *Ljubljana 4. 3. 1879, †ebd. 18. 6. 1901; einer der Hauptvertreter der slowen. Moderne. Seine anfänglich von der russ. und poln. Romantik sowie vom Volkslied inspirierte sensible, impressionist. Lyrik, in der er das ärmliche bäuerl. Leben, die Natur und die kleinen Dinge schildert, wird später düsterer und von Todesahnung überschattet.

Ausgabe: Izbrano delo, hg. v. F. Zadravec (1969).

Murnau, Friedrich Wilhelm, eigtl. **F. W. Plumpe,** Filmregisseur, *Bielefeld 28. 12. 1888, † (Autounfall) Santa Monica (Calif.) 11. 3. 1931; ab 1919 beim Film. M. drehte, vom Expressionismus beeinflusst, in Dtl. und ab 1926 in den USA Filme wie ›Schloß Vogelöd‹ (1921), ›Nosferatu – Eine Symphonie des Grauens‹ (1921), ›Der letzte Mann‹ (1924), ›Tartüff‹ (1925), ›Faust‹ (1926), ›Sunrise‹ (1927), ›Our daily bread‹ (1930), ›Tabu‹ (1931, mit R. Flaherty).

L. H. Eisner: M. (a. d. Engl., Neuausg. 1979); E. Rohmer: M.s Faustfilm (a. d. Frz., 1980); F. W. M., Beitr. v. F. Göttler u. a. (1990); F. Gehler u. U. Kasten: F. W. M. (Berlin-Ost 1990).

Murnau a. Staffelsee, Markt-Gem. im Landkreis Garmisch-Partenkirchen, Oberbayern, 688 m ü. M., am Staffelsee, 11 900 Ew.; Luftkurort mit Moorbadebetrieb; Schlossmuseum (Hinterglasmalerei, Blauer Reiter, Gabriele Münter u. a.); Münterhaus (Wohnhaus von Münter und W. Kandinsky 1909–14). Das größte bayer. Moorgebiet, das **Murnauer Moos,** ist Naturschutzgebiet (23 km²). - Kath. Pfarrkirche St. Nikolaus (erste Hälfte 18. Jh.; Fresken 19. Jh.).

Murner, Thomas, Schriftsteller, *Oberehnheim (Obernai, bei Straßburg) 24. 12. 1475, †ebd. vor dem

23. 8. 1537; Franziskanerkonventuale, 1497 Priesterweihe; umfassende Studien an den Univ. Paris, Freiburg im Breisgau, Krakau, Prag, Straßburg und Basel; 1505 von MAXIMILIAN I. zum Dichter gekrönt; Universitätslehrer; Englandaufenthalt; in den letzten Lebensjahren Pfarrer (1525–29 in Luzern, dann in Oberehnheim). Übernahm in seinen 1512 erschienenen satir. Hauptwerken ›Narrenbeschwörung‹ und ›Schelmenzunft‹ das Narrenmotiv von S. BRANT und geißelte Laster, Torheiten und Missstände seiner Zeit

Thomas Murner (Holzschnitt mit seinem Bildnis aus der Satire ›Geuchmatt‹, gedruckt 1519)

scharf und witzig; in der 1519 erschienenen Satire ›Geuchmatt‹ (Narrenwiese) verspottete er die betrogenen Ehemänner; sein allegorisch-satir. Gedicht ›Von dem großen Lutherischen Narren, wie ihn Dr. Murner beschworen hat‹ (1522) ist eine geistreiche und schonungslose Verspottung der Reformation, die er auch in den Schriften ›Eine christl. und briederl. Ermahnung‹ (1520) und ›An den großmechtigsten Adel tütscher Nation‹ (1520) bekämpft hatte. M. musste das reformierte Straßburg verlassen, ging nach Luzern und kritisierte dort U. ZWINGLIS Eucharistielehre in der Schrift ›Die Gots heylige mesz‹ (1528). Humanisten wie Reformatoren feindeten M. an und unterstellten ihm unredl. Motive. Er gilt als der bedeutendste Satiriker des 16. Jh., voller Fantasie, Aggressivität und Spott, volkstümlich in der Sprache; auch Übersetzer (VERGILS ›Aeneis‹ in Versen).

Ausgabe: Dt. Schriften, hg. v. F. SCHULTZ u. a., 9 Bde. (1918–31).
S. M. RAABE: Der Wortschatz in den dt. Schriften T. M.s, 2 Bde. (1990).

Murom, Stadt im Gebiet Wladimir, Russland, an der Oka, 123 700 Ew.; Lokomotiv-, Rundfunkgeräte-, Messgeräte-, Kühlschrankbau, Holz-, Leinenindustrie. – Aus der Zeit vom 16. bis 18. Jh. sind zahlr. Kirchen (Kosmas und Damian, 1565; Auferstehungskirche, 1658) und Klöster erhalten; klassizist. Wohn- und Geschäftshäuser. – M., eine der ältesten russ. Städte, wird in der altruss. Chronik für das Jahr 862 erstmals erwähnt. 1097 wurde es Hauptstadt des Fürstentums M.; fiel zu Beginn des 15. Jh. mit diesem an das Großfürstentum Moskau.

Muromachi [-tʃi], Stadtviertel von Kyōto. – 1338–1573 Residenz der Shōgune aus dem Haus Ashikaga; gab dieser Epoche der Geschichte Japans ihren Namen.

Muron, Johannes, Pseud. des schweizer. Verlegers und Schriftstellers Gustav →Keckeis.

Muroran, Hafen- und Industriestadt an der S-Küste der Insel Hokkaidō, Japan, 150 200 Ew.; TH; Eisen- und Stahlindustrie, Schiffbau, Erdölraffinerie, Maschinenbau, Nahrungsmittel- und Papierindustrie; Kohleverschiffung, Fischerei.

Murphy [ˈməːfi], William Parry, amerikan. Arzt, * Stoughton (Wis.) 6. 2. 1892, † Brookline (Mass.) 9. 10. 1987; arbeitete ab 1923 am Bent Brigham Hospital in Boston (Mass.) und lehrte an der Harvard University in Cambridge (Mass.), ab 1935 als Prof.; M. erforschte die Wirkung des Insulins bei Diabetes mellitus. Gemeinsam mit G. R. MINOT und G. H. WHIPPLE führte er die Leberdiät bei perniziöser Anämie ein und erhielt 1934 mit ihnen den Nobelpreis für Physiologie oder Medizin.

Murr, Stefan, eigtl. **Bernhard Horstmann,** Schriftsteller, * München 4. 9. 1919; Jurist; Verfasser von Hörspielen und Fernsehdrehbüchern, wurde v. a. bekannt durch seine Kriminalromane.

Werke: *Kriminalromane:* 110 – hier Mordkommission! (1960); Kein Mord ist auch ein Mord (1978); Blutiger Ernst (1981); Bis aller Glanz erlosch (1989); Das späte Geständnis (1992); Die heiml. Schwestern (1994).

Murray [ˈmʌri] *der,* Hauptfluss Australiens, im SO des Kontinents; entspringt in den Snowy Mountains, mündet in den Strandsee Lake Alexandrina und über ihn in die Encounter Bay des Ind. Ozeans, 2 530 km lang; mit dem Darling, dem größten Nebenfluss (2 720 km lang), gemeinsames Einzugsgebiet von 1,06 Mio. km^2, durchschnittlicher jährl. Abfluss 24,3 Mio. m^3; Grenzfluss zw. New South Wales und Victoria. Der Oberlauf (auf 320 km Gefälle von 1 500 m) zerschneidet das Gebirge in tiefe Schluchten, der Mittellauf durchfließt die Ebene des **M.-Darling-Beckens.** Hier ist mittels mehrerer Stauseen am M. und seinen Nebenflüssen (größte: Dartmouth- und Humestausee, Menindee Lakes) das umfangreichste Bewässerungsgebiet Australiens (über 470 000 ha) entstanden; die größten Areale weist die Landschaft →Riverina auf, kleinere Zentren liegen um Mildura (ältestes Gebiet, seit 1886), Swan Hill und am Unterlauf des M., bei Renmark (South Australia); Kanäle wurden auch bis in den Raum →Wimmera angelegt. Zur Sicherung der sonst stark schwankenden Wasserführung wurde dem M. durch Umleitung Wasser des Snowy River zugeführt (→Snowy Mountains), verbunden mit der Erzeugung von Elektrizität in mehreren Wasserkraftwerken. Am Unterlauf des M. wird Wasser zur Versorgung von Adelaide u. a. Städte entnommen.

Murray [ˈmʌri], **1)** Gilbert, engl. klass. Philologe, * Sydney 2. 1. 1866, † Oxford 20. 5. 1957; wurde 1908 Prof. in Oxford; bekannt als Texteditor und Interpret griech. Dichtung; als Anhänger der Völkerverständigung 1923–38 Präs. der ›League of Nations Union‹.

Werke: The rise of the Greek epic (1907); Euripides and his age (1913; dt. Euripides u. seine Zeit); Faith, war, and policy (1917); Aristophanes (1933); Aeschylus (1940; dt. Aischylos); Greek studies (1946). – **Hg.:** Euripidis fabulae, 3 Bde. (1902–09); Aeschyli septem quae supersunt tragoediae (1937).

G. M. An unfinished autobiography, hg. v. JEAN SMITH u. a. (London 1960).

2) Henry Alexander, amerikan. Psychologe, * New York 13. 5. 1893, † Cambridge (Mass.) 23. 6. 1988; ab 1950 Prof. an der Harvard University; grundlegende Beiträge zur Persönlichkeitsdiagnostik und -theorie sowie zur Motivationsforschung (Bedürfnisskala); entwickelte viele (bes. projektive) Testverfahren, v. a. den **M.-Test** (→thematischer Apperzeptionstest).

Werke: Explorations in personality (1938, mit W. G. BARRETT u. a.); Thematic apperception test manual (1943).

3) Sir (seit 1908) James Augustus Henry, engl. Philologe und Lexikograph, * Denholm (Borders Region) 7. 2. 1837, † Oxford 26. 7. 1915; 1879–1915 Herausgeber und maßgebl. Gestalter des ›New English dictionary on historical principles‹ (1884–1928, 10 Bde., dazu ein Supplementband, 1933), des späteren →Oxford English Dictionary.

K. M. MURRAY: Caught in the web of words. J. A. H. M. and the Oxford English dictionary (New Haven, Conn., 1977).

4) James **Stuart** [ˈstjuət], Earl of (seit 1562), auch Earl **of Moray** [əv ˈmʌri], Regent von Schottland, * um 1531, † (ermordet) Linlithgow 21. 1. 1570, natürl. Sohn

William P. Murphy

Murrhardt: Spätromanische Walterichskapelle (um 1230) am Nordturm der ehemaligen Benediktinerklosterkirche

JAKOBS V., Halbbruder der MARIA STUART; Führer der prot. Sache in Schottland; seit 1567 Regent für den minderjährigen JAKOB VI.

5) Sir (seit 1898) John, brit. Ozeanograph, * Cobourg (Prov. Ontario, Kanada) 3. 3. 1841, † bei Kirkliston (Lothian Region, Schottland) 16. 3. 1914; nahm 1872–76 an der Challenger-Expedition teil, deren Ergebnisse er veröffentlichte (→Challenger); förderte die Gründung meeresbiol. Stationen.

6) Joseph Edward, amerikan. Chirurg, * Milford (Mass.) 1. 4. 1919; seit 1970 Prof. an der Harvard Medical School in Boston (Mass.). M. gelang 1954 mit der Transplantation einer menschl. Niere (bei eineiigen Zwillingen) die erste erfolgreiche Organverpflanzung in der Geschichte der Medizin. 1990 erhielt er mit E. D. THOMAS den Nobelpreis für Physiologie oder Medizin.

7) Les A. (Leslie Allen), austral. Lyriker, * Nabiac (New South Wales) 17. 10. 1938; in seinen Gedichten verbindet er, wortgewaltig und originell, die Forderung nach einer sinnvollen Existenz im Einklang mit der Landschaft Australiens sowie die Rückbesinnung auf seine kelt. Vorfahren und die Mythen der austral. Ureinwohner mit zivilisationsskept. Ansichten.

Werke: *Lyrik:* The weatherboard cathedral (1969); The vernacular republic: selected poems (1976); Ethnic radio (1978); The boys who stole the funeral (1980). – *Hg.:* The new Oxford book of Australian verse (1986).

Ausgabe: Ein ganz gewöhnlicher Regenbogen, übers. v. M. LEHBERT (1996).

8) Sunny, eigtl. **James Arthur M.,** amerikan. Jazzmusiker (Schlagzeug), * Valliant (Okla.) 21. 9. 1937; wurde durch seine Zusammenarbeit mit dem Pianisten C. TAYLOR ab 1961 bekannt und arbeitete später u. a. mit O. COLEMAN, D. CHERRY, A. SHEPP sowie in eigenen Gruppen. M. zählt mit seinem eruptiven, nach neuen Klangmöglichkeiten suchenden Spiel zu den stilbildenden Schlagzeugern des Freejazz.

Murray Grieve [ˈmʌri griːv], Christopher, eigentl. Name des schott. Lyrikers Hugh →MacDiarmid.

Mürren, Fremdenverkehrsort im Berner Oberland, →Lauterbrunnen.

Murrhardt, Stadt im Rems-Murr-Kreis, Bad.-Württ., 289 m ü. M., an der Murr, zw. Murrhardter Wald und den Ausläufern der Löwensteiner Berge, 14 400 Ew.; städt. Kunstsammlung; feinmechan. und elektrotechn. Betriebe, Lederfabrik; Fremdenverkehr. – Ehem. Benediktinerklosterkirche (im Wesentlichen 15. Jh.); romanisch sind noch die beiden Türme (12. Jh.); am Nordturm angebaut die spätroman. Walterichskapelle (um 1230) mit reichem Baudekor. Im Carl-Schweizer-Museum u. a. Bauschmuck der Klosterkirche und Originalportal der Walterichskapelle. – Um ein Anfang des 9. Jh. gegründetes Kloster entstand die 1288 erstmals als Stadt bezeugte Siedlung, die 1388 an Württemberg fiel.

G. FRITZ: Kloster M. im Früh- u. Hoch-MA. (1982).

Murrhardter Wald, Waldgebiet südlich von Murrhardt und Murr, Bad.-Württ., Teil der Keuperstufe innerhalb des Schwäbisch-Fränk. Schichtstufenlandes, bis 575 m ü. M. Der Untergrund ist v. a. magerer Stubensandstein.

Murrhinische Gefäße [zu lat. *murra* ›Myrrhe‹], **Murrinische Gefäße,** kostbare Trinkgefäße der röm. Kaiserzeit aus Flussspat, der zur Verarbeitung erhitzt und mit Myrrhenharz eingerieben wurde; v. a. für Gefäße zum Mischen von Würzwein (das Harz löste sich durch den Alkohol) verwendet.

Murri, Romolo, ital. Politiker, * Monte San Pietrangeli (Prov. Ascoli Piceno) 27. 8. 1870, † Rom 12. 3. 1944; kath. Priester, gehörte zur Gruppe des politisch engagierten Modernismus. 1909 wurde er exkommuniziert (1943 aufgehoben). An seine Ideen knüpfte später die Democrazia Cristiana an.

Murrumbidgee River [mʌrəmˈbɪdʒi ˈrɪvə], rechter Nebenfluss des Murray, im südl. New South Wales, Australien, 2541 km lang; entspringt in den Snowy Mountains, mündet bei Balranald; Staudämme für landwirtschaftl. Bewässerung (u. a. Haupttreisanbaugebiet Australiens, →Riverina; →Snowy Mountains) und Energiegewinnung. Die Wasserführung wurde durch Zufuhr aus dem Snowy River wesentlich erhöht.

Murry [ˈmʌri], John Middleton, engl. Schriftsteller, * Peckham (heute zu London) 6. 8. 1889, † Bury Saint Edmunds 13. 3. 1957; Journalist; lebte ab 1912 mit KATHERINE MANSFIELD zusammen (∞ 1918) und publizierte nach ihrem Tod 1923 ihre Werke. Er war Herausgeber der literar. Zeitschriften ›The Athenæum‹ (1919–21) und ›The Adelphi‹ (1923–30) und förderte die Arbeiten T. S. ELIOTS, VIRGINIA WOOLFS und seines Freundes D. H. LAWRENCE. Als Kritiker trat er mit den Studien ›The problem of style‹ (1922), ›Keats and Shakespeare‹ (1925) sowie ›Son of woman‹ (1931, über D. H. LAWRENCE) hervor. Seine Biographien (z. B. 1949 über KATHERINE MANSFIELD) sind psychoanalytisch angelegt; in ›The necessity of communism‹ (1932) vertrat er einen christl. Kommunismus. – Autobiographie: ›Between two worlds‹ (1935).

Ausgaben: Selected criticism: 1916–1957, hg. v. R. REES (1960); Defending romanticism. Selected essays of J. M. M., hg. v. M. WOODFIELD (1990).

F. A. LEA: The life of J. M. M. (London 1959); E. G. GRIFFIN: J. M. M. (New York 1969).

Mursili, Name hethit. Könige:
1) Mursili I., regierte etwa 1560–1530 v. Chr., Enkel HATTUSILIS I.; setzte dessen Eroberung N-Syriens fort, beendete mit seinem Babylonzug (1531) den Kassiten zur Herrschaft in Babylon. Er wurde von seinem Schwager HANTILI I. ermordet.

2) Mursili II., regierte etwa 1320–1285 v. Chr., Sohn SUPPILULIUMAS I.; konnte trotz Anfangsschwierigkeiten das Hethiterreich auch in N-Syrien neu festigen. M. berichtete in ausführl. Annalen über polit. und militär. Ereignisse seiner Regierungszeit.

Mursuk, Marsuk, Murzuq [-z-], Oasenort in SW-Libyen, im gleichnamigen Bezirk (350 000 km², 45 200 Ew.), in einer 4 km langen Oase (35 000 Dattelpalmen) im Fessan, am N-Rand der ausgedehnten Dünenwüste **Edeien M.** gelegen. – M. ist von einer z. T. zerstörten Mauer umgeben, Reste eines Forts von 1310, Moschee. – M. war früher eine wichtige Karawanenstation und Zentrum des arab. Sklaven- und Waffenhandels; im 16. bis 19. Jh. Hauptstadt des Fessan.

Murten, frz. **Morat** [mɔˈra], Bezirkshauptort des Bez. See, am O-Ufer des Murtensees im Kt. Freiburg,

Joseph E. Murray

Schweiz, 453 m ü. M., 5000 Ew.; Elektronik- und Nahrungsmittelindustrie; Fremdenverkehr; in der alten Stadtmühle von 1578 (im 18./19. Jh. erweitert) histor. Museum. – Im W des unter Denkmalschutz stehenden Stadtkerns das Schloss, dessen heutiges Aussehen v. a. Bauten des 15./16. Jh. bestimmen; reformierte Frz. Kirche (ehem. Katharinenkapelle, 15. Jh.); reformierte Dt. Kirche (ehem. Marienkapelle, 18. Jh.); am ›Ryf‹, einer Straßenzeile am See, barocke Häuser mit ebenerdigen Lagerhallen; von der Ringmauer (urspr. 13. Jh.) sind Mauerteile mit Wehrgängen und Türme des 16. Jh. erhalten. – M. wurde Ende des 12. Jh. durch die Zähringer als Stadt gegründet. 1803 wurde M., das 1475-1798 von Bern und Freiburg gemeinsam verwaltet wurde, dem Kt. Freiburg zugeschlagen. – In den Burgunderkriegen schlugen die Eidgenossen in der **Schlacht bei M.** (22. 6. 1476) den die Stadt belagernden Herzog KARL DEN KÜHNEN und schufen die Voraussetzungen zur Ausweitung des Berner Machtbereichs nach Westen.

H. WATTELET: Die Schlacht bei M. (Laupen 1926).

Murtensee, frz. **Lac de Morat** [lakdmɔˈra], See im Schweizer Mittelland, östlich des Neuenburger Sees, Kt. Freiburg und (S-Teil) Kt. Waadt, 430 m ü. M., 23 km², bis 46 m tief; von der Broye (kanalisiert) durchflossen (Abfluss zum Neuenburger See); Personenschifffahrt. – Am See wurden Reste vorgeschichtl. Uferrandsiedlungen (›Pfahlbauten‹) aus dem 4. Jt. v. Chr. nachgewiesen.

Mururoa-Atoll, Atoll der Tuamotuinseln im Pazif. Ozean, Französisch-Polynesien, Durchmesser etwa 10 km; frz. Testgebiet für Kernwaffen (erste Versuchsserie 1966, seit 1975 nur noch unterird. Explosionen, in 600-1200 m Tiefe, im unterlagernden Basalt; letzter Test 27. 1. 1996).

Murus gallicus [lat. ›gall. Mauer‹], von CAESAR detailliert beschriebene (›De bello Gallico‹ I 2) und archäologisch häufig nachgewiesene Mauerkonstruktionstechnik der eisenzeitl. Oppida bes. in Gallien, aber auch weiter östlich (z. B. Manching): Holzrahmengerüste aus übereinander liegenden, mit großen Eisennägeln verbundenen Balken und einer Stein-Erde-Füllung in den Zwischenräumen. An der Außenfront aus zugehauenen Steinen waren die Balkenköpfe sichtbar.

Murut, Stämme der Dayak in NO-Borneo (Indonesien und Malaysia). Bei den etwa 60 000 M. sind Elemente einer Megalithkultur lebendig geblieben.

Mürz die, linker Nebenfluss der Mur in der Obersteiermark, Österreich, 85 km lang, Einzugsbereich 1 513 km²; entspringt in den Quellflüssen **Stille M.** und **Kalte M.** (am N-Hang der Schneealpe) in den Steirisch-Niederösterr. Kalkalpen, mündet bei Bruck an der Mur. Das Tal ihres Unterlaufs (Alpenlängstal) bildet als Teil der Mur-M.-Furche (→Mur) eine wichtige Verkehrsleitlinie und eine bedeutende Industriegasse mit den Zentren Mürzzuschlag und Kapfenberg.

Murzuq [-ˈzuːk], Oase in Libyen, →Mursuk.

Mürzzuschlag, 1) Bezirkshauptstadt in der Steiermark, Österreich, 685 m ü. M., an der Mündung des Fröschnitztales (vom Semmering) in die Mürz, 9 800 Ew.; Wintersportmuseum; Stahlwerk und Apparatebau, Holzverarbeitung. – Der Ort wird erstmals in ULRICH VON LICHTENSTEINS ›Frauendienst‹ (1255) erwähnt. 1924 wurde M. Stadt.
2) Bez. in der Steiermark, Österreich, um die obere Mürz, 849 km², 45 100 Einwohner.

Mus [ahd. muos ›Speise‹, ›Nahrung‹], aus gekochtem Obst, aus gekochten Kartoffeln oder Gemüsen hergestellter Brei.

Muş [muʃ], Prov.-Hauptstadt im O der Türkei, 1 520 m ü. M., in N-Kurdistan, 42 300 Ew.; Handelszentrum für Getreide, Obst, Wolle und Galläpfel. – 1966 wurde die Altstadt durch Erdbeben weitgehend zerstört.

Musa [arab.], wiss. Name der Gattung →Banane.
Musa, arab. Form von →Mose.
Musa, Djebel M. [dʒ-], **1) Mosesberg,** Berg im S der Halbinsel Sinai, Ägypten, 2 285 m ü. M.; am Fuß des Berges das Katharinenkloster.
2) markanter Berg an der marokkan. Mittelmeerküste bei Ceuta, an der Straße von Gibraltar, 841 m ü. M.; im Altertum eine der beiden Heraklessäulen.

Musa, 1) Sabri, ägypt. Schriftsteller, * Damiette 1932; lebt seit den 80er-Jahren in New York. In seinen Romanen und Kurzgeschichten geht es zumeist um Grundfragen menschl. Existenz im Spannungsfeld zw. wiss. Fortschritt und Zerstörung der Natur, zw. modernen Lebensauffassungen und althergebrachten Denkweisen. Dabei verschmelzen Konkret-Reales und Fantastisches sowie versch. Zeitebenen; verfasst auch Filmszenarien und Reisebeschreibungen.

Werke (arab.): *Romane:* Das Ereignis eines halben Meters (1961); Wüstenwölfe (1973; dt.); Der Herr vom Spinatfeld (1981).

2) Salama, ägypt. Schriftsteller, * bei Zagazig 4. 1. 1887, † Kairo 4. 8. 1958; eine der bedeutendsten kopt. Persönlichkeiten Ägyptens, kehrte nach dem Studium (Paris, London) wiederholt nach Europa zurück. Stark der europ. Kultur zugewandt (u. a. den Werken C. R. DARWINS, S. FREUDS, K. MARX' und G. B. SHAWS), setzte er sich für eine Modernisierung und Liberalisierung der arab. Zivilisation – auch für die Emanzipation der Frau – ein. M. plädierte für eine Vereinfachung der Regeln der arab. Schriftsprache.

Werk (arab.): *Autobiographie:* Die Erziehung des Salama Musa (1947; engl. The education of Salāma Mūsā, 1961).

Musaceae [arab.], wiss. Name der →Bananengewächse.
Musaeus, griech. Dichter, →Musaios.
Musagetes [griech. ›Musenführer‹], poet. Beiname des Gottes →Apoll.
Musa Ibn Nusair, arab. Feldherr, * 640, † in Syrien 716/717; vollendete 698-710 die Eroberung des westl. Nordafrika und unterwarf 712-714 einen großen Teil Spaniens.
Musaios, sagenhafter griech. Sänger und Dichter, den die Griechen als Schüler des Orpheus ansahen und unter dessen Namen schon im 6. Jh. v. Chr. eine Sammlung von Orakelversen bekannt war; er wurde auch in Zusammenhang mit der Begründung der Eleusinischen Mysterien gebracht.
Musaios, Musaeus, Musäus, griech. Dichter des 5./6. Jh. Unter seinem Namen ist ein erot. Epyllion über die Sage von Hero und Leander überliefert, dessen Stoff von C. MARLOWE, SCHILLER und F. GRILLPARZER aufgegriffen wurde.

Ausgaben: Hero und Leander, hg. v. K. KOST (1971); Hero et Leander, hg. v. H. LIVREA (1982).

Musala die, Berg in Bulgarien, →Mussala.
Musangs [malaiisch], Sg. **Musang** der, -s, Gattung der →Palmenroller.
Musar, Mussar [hebr. ›Zucht‹, ›Moral‹] der, -(s), die religiös gebundene jüd. Ethik. Als **M.-Literatur** wird die hebr. (auch jiddische) jüd. Erbauungsliteratur des MA. und der Neuzeit bezeichnet.

G. STEMBERGER: Gesch. der jüd. Lit. (1977); JOHANN MAIER: Gesch. der jüd. Religion (²1992).

Musäus, griech. Dichter, →Musaios.
Musäus, Johann Karl August, Schriftsteller, * Jena 29. 3. 1735, † Weimar 28. 10. 1787; war als aufklärerisch engagierter Literaturkritiker Mitarbeiter der ›Allgemeinen Dt. Bibliothek‹. M. parodierte die Rührseligkeit S. RICHARDSONS in dem satir. Roman ›Grandison der Zweite, Oder Geschichte des Herrn von N***, in Briefen entworfen‹ (1760-62, 3 Bde., Neubearbeitung u. d. T. ›Der dt. Grandison‹, 1781/82, 2 Bde.) und die Physiognomik J. K. LAVATERS in den anonym erschienenen ›Physiognom. Reisen‹ (1778-79, 4 Bde.).

Johann Karl August Musäus

Musa Musauwarat es-Sufra – Muschelkalk

Sein Nachruhm beruht auf den ›Volksmärchen der Deutschen‹ (1782–86, 5 Bde.), die, anders als später die Brüder GRIMM, den Gattungsbegriff weiter fassen: M.s Sammlung, die im 19. und 20. Jh. oft bearbeitet und von bedeutenden Künstlern illustriert wurde (so von L. RICHTER), enthält auch Sagen, Legenden, Schwänke und Anekdoten. Am bekanntesten wurden die ›Legenden von Rübezahl‹.

A. RICHLI: J. K. A. M. Die Volksmärchen der Deutschen (Zürich 1957); B. M. CARVILL: Der verführte Leser. J. K. A. M.' Romane u. Romankritiken (New York 1985).

Musauwarat es-Sufra: Elefantenrelief am Tempel des Löwengottes Apedemak; 235–218 v. Chr.

Muschelblümchen: Isopyrum thalictroides (Höhe 10–30 cm)

Musauwarat es-Sufra, Ruinenstätte in S-Nubien (Rep. Sudan), im Wadi es-Sufra, in der Höhe des 6. Nilkatarakts, mit Resten einer großen Anlage (Pilgerzentrum?) mit versch. Gebäuden, Höfen und Tempeln; Bautätigkeit in meroitischer Zeit (7. Jh. v. Chr. bis 4. Jh. n. Chr.). Der Tempel des Löwengottes Apedemak entstand im 3. Jh. v. Chr., die Reliefs können auf 235–218 datiert werden (unter der Herrschaft von ARNEKAMANI). Der seit 1960 freigelegte Tempel wurde 1969/70 wieder aufgebaut. Etwa 20 km südlich liegt der Tempel von →Naka.

F. HINTZE: Die Inschriften des Löwentempels von M. es Sufra (Berlin-Ost 1962); DERS.: M. es Sufra, Bd. 1: Der Löwentempel, Tl. 2: Tafelband (ebd. 1971); I. GAMERT-WALLERT: Der Löwentempel von Na'ga in der Butana-Steppe (Nordsudan), in: Antike Welt, Jg. 15 (Zürich 1984).

Musca [lat.], das Sternbild →Fliege.

Muscadelle [myska'del], früh reifende weiße Rebsorte des Bordelais von mittlerer Qualität, neben Sémillon und Sauvignon Bestandteil der süßen Weine von Bordeaux und des Sauternes; auch in Australien (hier Tokay gen.) vertreten (vinifiziert zu Liqueur Tokays) sowie in Kalifornien (hier Sauvignon Vert gen.).

Muscadet [myska'de; frz., zu muscade ›Muskat‹] der, -(s)/-s, heller, trockener, frischer Weißwein von der unteren Loire, südlich und östlich von Nantes, Frankreich; aus der früh reifenden Rebsorte Melon de Bourgogne bereitet; drei Appellations contrôlées mit rd. 11 000 ha Rebland, zu 85 % im zentralen Teil um die Nebenflüsse Sèvre und Maine.

Muscari [griech.-lat.], wiss. Name der Pflanzengattung →Traubenhyazinthe.

Muscarin, das, →Muskarin.

Muscat ['mʌskət], Hauptstadt von Oman, →Maskat.

Muschchusch der, -, Symboltier des babylon. Gottes Marduk, dämon. Mischwesen (›Drache‹), ein Schlangenwesen mit Löwenpranken (Vorderbeine), Adlerklauen (Hinterbeine) und Skorpionsstachel; der M. ist z. B. auf dem Ischtartor dargestellt.

Muschel|antenne, aus einem schräg vom Brennpunkt durch einen Trichter ausgeleuchteten Parabolausschnitt bestehende Antenne mit ähnl. Eigenschaften wie der Hornstrahler (→Parabolantenne). Die wirksame Aperturkurve hat etwa die Form einer Ellipse (mit der Folge großer Nebenzipfeldämpfungen).

Muschelblümchen, Isopyrum, Gattung der Hahnenfußgewächse mit 30 Arten auf der Nordhalbkugel, v. a. in O-Asien und im Himalaja; meist kleine Stauden mit zusammengesetzten Blättern und kleinen, weißen Blüten; **Isopyrum thalictroides** ist ein sehr attraktiver und dauerhafter Frühjahrsblüher.

Muschelgeld, Muschelschalen oder Schneckengehäuse, die in Teilen Ozeaniens, Afrikas, Asiens und Amerikas als Zahlungsmittel anerkannt waren. Von der Numismatik wird M. den vormünzl. Zahlungsmitteln (Primitivgeld) zugeordnet. Die größte Bedeutung hatten die →Kaurischnecken.

Muschelgold, Malergold, Goldbronze [-brɔ̃sə], pulverisiertes Gold, das mit Gummiarabikum angerieben und früher in Muschelschälchen aufbewahrt wurde. Es dient in der Aquarellmalerei zum Vergolden von Pergamentblättern u. a. – Auf gleiche Art wird Muschelsilber hergestellt.

Muschelhaufen, Überreste vorgeschichtl. Siedlungsstellen in Strandnähe, die v. a. aus Muschelschalen und Schneckengehäusen bestehen. Als Typus gelten die dän. **Kjökkenmöddinger (Køkkenmøddinger)** der Mittelsteinzeit. Die oft mächtigen Wälle sind Abfallhaufen von Bevölkerungsgruppen, die regelmäßig die küstennahen Muschelbänke ausbeuteten (→Ertebøllekultur). Verzehrt wurden Austern, Herz- und Miesmuscheln und Litorinaschnecken. Die ältesten M. Europas liegen am Unterlauf des Tajo. Auch in Japan, auf den Philippinen, in Australien, im südl. Afrika (›shell middens‹) und in Süd- und Mittelamerika (›Sambaquis‹) kommen M. vor, die wichtige kulturgeschichtl. Aufschlüsse geliefert haben.

Muschelhorn, Muscheltrompete, aus einer Meermuschel oder dem Gehäuse einer großen Seeschnecke gefertigtes Blasinstrument, dessen Ursprung in die neolith. Zeit zurückweist und das weltweit in Kulturen mit Meeresberührung (v. a. Ozeanien) vorkommt. Das Anblasloch befindet sich an der Seite oder an der Spitze und ist oft mit einer Art Kesselmundstück (z. B. aus Bambus) versehen. Der dumpfe, weit reichende Klang des M. dient meist Signalzwecken bei kult. oder krieger. Handlungen.

Muschelhut, Pilgerhut; →Pilgerkleidung.

Muschelkalk, die mittlere Abteilung der german. Trias in Mitteleuropa. Schon im oberen →Buntsandstein hatte hier die festländ. Zeit des →Germanischen Beckens geendet. Im unteren M. drang nun von SO, über die Oberschles. Pforte, das Tethysmeer nach NW und W, schließlich auch nach S vor. Im Innern des Beckens wurden im unteren M. in einem flachen Binnenmeer mächtige Mergelkalke abgesetzt (**Wellenkalk,** benannt nach den wellenartigen →Rippelmarken), die sich an den Rändern mit Dolomiten und Muschel-

Muschchusch: Relief aus farbig glasierten Ziegeln am Ischtartor in Babylon; um 580 v. Chr. (Vorderasiat. Museum, Berlin)

sandstein verzahnen. Außer Muscheln (Gervillia, Pecten, Lima, Myophoria) enthalten sie u. a. auch zahlr. Fossilien von Armfüßern (Terebratula, Spiriferen). Durch Verdunstung (arides Klima) entstanden im mittleren M. Gips- und Anhydrit-, v. a. aber bedeutende Steinsalzablagerungen (Abbau bei Heilbronn; Solequellen, Salinen). Nach erneutem Meereseinbruch aus der Tethys wurden im oberen M. **(Haupt-M.)** fossilreiche Kalke abgelagert, zunächst in seichtem Wasser (u. a. mit Seelilien der Gattung →Encrinus; Trochitenkalk, →Trochiten), dann vertiefte sich das Meer (Ammoniten, u. a. der Gattung →Ceratites), verflachte und verlandete schließlich wieder (→Keuper). Zahlreiche Fossilien haben die Foraminiferen, Conodonten, Fische (Haie, Ganoidschuppenfische), Austern (Riffe), Ichthyosaurier (u. a. Mixosaurus), ›Pflasterzahnsaurier‹ (→Placodus, →Mastodonsaurus), Meeresreptilien (→Nothosaurus) hinterlassen.

Die Fauna ist zwar durch große Individuenzahl, aber wegen des hohen Salzgehaltes des Meeres insgesamt durch Artenarmut gekennzeichnet. Im Landschaftsbild treten die Kalkschichten oft als Schichtstufen in Erscheinung, die Landterrassen bilden in Süd-Dtl. Gäulandschaften (→Gäu).

Muschelkrebse, Ostracoda, Gruppe meist 0,5–2,6 mm langer Krebse (größte Art: **Gigantocypris agassizi,** 23 mm, in der Tiefsee) mit über 5 600 Arten im Meer und Süßwasser, deren Körper von einer muschelschalenähnl., zweiklappigen Falte des Rückenpanzers (Carapax) ganz umschlossen wird. Die Fortbewegung erfolgt laufend oder schwimmend durch schnelles Rudern mit den beiden Antennenpaaren. Zahlr. Arten leben auch grabend im Sand, eine Art im Waldboden des südl. Afrika.

Muscheln [von lat. musculus ›Mäuschen‹, übertragen auf die (in Form und Farbe ähnl.) Miesmuschel], **Bivalvia, Lamellibranchia,** 0,1–135 cm lange, Schalen tragende →Weichtiere, die mit etwa 7 500 Arten am Boden und im Grund der Süßgewässer leben. Der seitlich zusammengedrückte Körper wird rechts und links von den Mantellappen umhüllt, die an ihren Rändern die beiden Schalenklappen abscheiden. Die Schalen werden am Rücken gelenkartig durch das **Schloss** miteinander verbunden, das aus **Zähnen** und dem elast., unverkalkten **Schlossband** (Ligament) besteht, das als Antagonist der (meist) zwei kräftigen, quer durch den Körper ziehenden Schließmuskeln wirkt. Die Mantelränder sind frei oder miteinander streckenweise verwachsen, wobei hinten zwei Öffnungen ausgespart bleiben, deren muskulöse Ränder z. T. (bes. bei grabenden M.) zu **Siphonen** ausgezogen sind: eine untere Einströmöffnung für das Atemwasser, das auch die Nahrungsteilchen enthält, und die obere Ausströmöffnung, über die auch die Exkrete und Geschlechtsprodukte ausgestoßen werden. In den Mantelraum ragt von oben der schwellbare, meist beilförmige Fuß, der nur bei festsitzenden Arten (z. B. Austern) fehlt. Er dient der Fortbewegung und der Verankerung. Viele M. verankern sich mithilfe von erstarrenden Fäden (M.-Seide, →Byssus), die von der im Fuß gelegenen Byssusdrüse ausgeschieden werden. Seitlich zw. Fuß und Mantel liegen die Kiemen, die urspr. als federartig gebaute **Fiederkiemen** (Ctenidien) ausgebildet waren, aus denen sich die **Fadenkiemen** (Filibranchien) mit langen, fadenartigen Anhängen entwickelt haben, daraus wiederum die **Blattkiemen** (Eulamellibranchien). Der Kopf ist auf die vor dem Fuß liegende Mundöffnung reduziert, auch die umgebenden Mundlappen reduziert. Auch die Radula der übrigen Weichtiere fehlt. Die Nahrungsaufnahme erfolgt durch Herbeistrudeln der Nahrungsteilchen mit dem Nahrungswasser durch den Schlag von auf den Kiemen und Mundlappen stehenden Wimpern.

Sinnesorgane sind meist nur spärlich entwickelt, doch besitzen z. B. die Kamm-M. hoch entwickelte Augen am Mantelrand.

M. sind meist getrenntgeschlechtlich, die Befruchtung geschieht im Wasser oder durch Einstrudeln des männl. Samens im Mantelraum des Weibchens. Die Entwicklung vollzieht sich über →Veligerlarven oder bei den Süßwasser-M. über parasitische →Glochidien.

Die systemat. Einteilung ist trotz der großen Zahl der Fossilien (rd. 12 000 Arten, älteste aus dem Unterkambrium) und der zahlreichen Merkmale noch unbefriedigend. Nach dem Bau der Kiemen unterscheidet man künstlich: →**Fiederkiemer** (Urkiemer), →**Fadenkiemer** und →**Blattkiemer.**

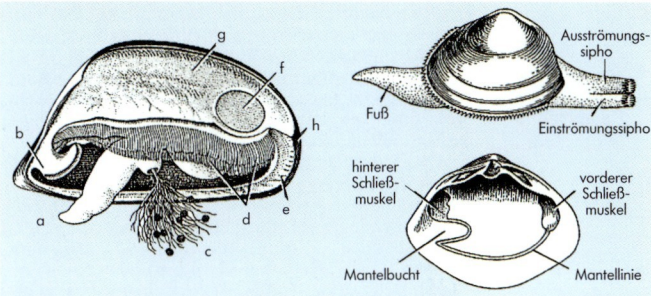

Muscheln: links Bau der Miesmuschel (linke Schalenhälfte entfernt); a Fuß, b Mundlappen, c Byssusfäden, d vordere und hintere Kieme, e Mantel, f durchschnittener Schließmuskel, g Eingeweidesack, h rechte Schalenklappe; **rechts** Trogmuscheln; **oben** Spisula elliptica mit Schale; **unten** Linke Schalenklappe von Spisula solida

Manche M. sind als Nahrungsmittel (z. B. Mies-M., Herz-M., Austern) oder für die Schmuckindustrie (v. a. Fluss- und Seeperl-M.) von Bedeutung, können aber auch durch Bohrtätigkeit im Holz von Hafenbauten und Schiffen (Bohr-M.) oder Verstopfen industrieller Filteranlagen beträchtl. Schäden verursachen.

Kulturgeschichte: M.-Schalen sind seit der jüngeren Altsteinzeit bes. als Glieder und Anhänger von Hals- und Armbändern und als Kopfschmuck verwendet worden. Aus M.- und Schneckenschalen fertigten metalllose Völker Nordamerikas und Ozeaniens Werkzeuge, Gefäße, Angelhaken oder Schallgeräte. Weit verbreitet war ihre Verarbeitung zu Schmuck, für Einlegearbeiten (→Perlmutter; z. B. bei Masken für eingelegte Augen und Zähne) sowie zur Herstellung von Mosaiken. Bes. feine, durchbrochene und gravierte M.-Schnitzereien (Brustschmuck, Ohrringe) stellten im vorkolumb. Amerika die Huaxteken her. Aus Ozeanien stammen kunstvolle Schmuckstücke (Brust- und Stirnschmuck, Armringe u. a.). Verschiedenfarbige, auf Schnüren aufgereihte, bearbeitete Konchylienscheibchen dienten auf den Salomonen, geschliffene Nassarius-Schneckengehäuse (diwarra, tambu) im Bismarckarchipel als Wertmesser für Reichtum und zur Regelung sozialer Verpflichtungen. Volle Geldfunktion hatte das M.-Geld nur selten.

Muschelpilz, Muschelkrempling, *Paxillus panuoides,* muschelförmiger, olivgelber Krempling; Hut 3–8 cm, Stiel fehlt; der keilförmige Hut ist am befallenen Holz befestigt; auf Nadel- und Bauholz.

Muschelschaler, Conchostraca, zu den Krallenschwänzen gehörende Blattfußkrebse mit 180 in Tümpeln lebenden, bis 17 mm langen Arten; der Körper wird von einer muschelschalenähnl., zweiklappigen Falte des Rückenpanzers (Carapax) umschlossen.

Muschelseide, die Byssusseide (→Byssus 1).

Muscheltierchen, Stylonychia mytilus, in Pfützen lebende Art der Wimperinfusorien mit weni-

Muschelpilz (Hutdurchmesser 3–8 cm)

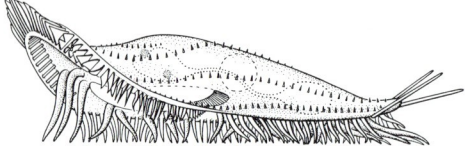

Muscheltierchen (Länge bis 300 μm)

gen Wimperreihen, jedoch mit starken Bauchborsten, auf denen das M. läuft.

Muschelvergiftung, akute Erkrankung nach dem Genuss von Muscheln mit den Anzeichen, die denen einer →Fischvergiftung ähneln. M. kann hervorgerufen werden durch die essbare Miesmuschel, die häufig Massenerkrankungen verursacht, und die gewöhnl. Auster, die bisweilen während der Laichzeit (von Mai bis Juli) gesundheitsschädlich ist **(Austernvergiftung).** Sie verläuft entweder mit nesselartigen Hautausschlägen oder mit Magen-Darm-Störungen, teils unter (auch tödl.) Lähmungserscheinungen.

Das **Muschelgift (Saxitoxin)** entsteht nicht erst bei Fäulnis, sondern kann bereits in den lebenden Muscheln nachgewiesen werden; es ist v.a. in der Leber der Muschel gespeichert und entstammt den von den Muscheln als Nahrung aufgenommenen Mikroorganismen (Dinoflagellaten, Plankton). Das Neurotoxin findet sich nur bei Tieren, die in stehendem, verunreinigtem Wasser leben, während die auf klarem, sandigem Grund in freier See gezüchteten oder gefangenen Muscheln i. Allg. unschädlich sind.

Erste Hilfe: rasche Entleerung von Magen und Darm und die Einnahme medizin. Kohle; es ist sofort, auch bei Verdacht, ein Arzt hinzuzuziehen.

Adolf Muschg

Muschelwächter, Pinnoteres pisum, 1–2 cm breite Krabbenart, die in der Nordsee und im Mittelmeer in der Mantelhöhle von verschiedenen Muscheln (z. B. Steckmuscheln) lebt.

Muschelwerk, *Baukunst:* die →Rocaille.

Muschelzucht, die gezielte, i. d. R. gewerbsmäßig betriebene Erzeugung von Muscheln. Der steigende Verzehr von Austern und Miesmuscheln hat die M. gegenüber dem Einsammeln in den Vordergrund gerückt. Am ältesten ist die Zucht von Austern. Miesmuscheln werden in **Vollkulturen** meist als **Saatmuscheln** (bis zu 2 cm groß) an Naturbänken mit Schleppnetzen (Dredgen) gefischt und auf polizeilich geschützten **Saatbänken** ausgesät, wo sie in 1–1½ Jahren zur Marktreife (Mindestgröße 6 cm) heranwachsen. In **Halbkulturen** werden halbwüchsige Wildmuscheln (3–4 cm groß) auf Zuchtbänke verpflanzt,

Walter Muschg

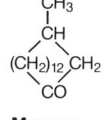

Muscon

sie erlangen in einem halben Jahr Marktreife. An der frz. Atlantikküste züchtet man Miesmuscheln auch an 4–5 m langen Muschelzäunen, an den ital. und span. Küsten an senkrecht aufgehängtem Tauwerk **(Pergolamethode).** →Aquakultur, →Perlen.

Muschg, **1)** Adolf, schweizer. Schriftsteller und Literaturwissenschaftler, * Zollikon 13. 5. 1934, Halbbruder von 2); seit 1970 Prof. in Zürich; ∞ mit HANNA →JOHANSEN. Mit vielschichtigen, glänzend konstruierten Romanen und Erzählungen setzte er seit ›Im Sommer des Hasen‹ (1965) neue Akzente in der schweizer. Literatur, indem er virtuos Rollenprosa nutzt, um gesellschaftl. Fehlentwicklungen und psych. Prozesse sichtbar zu machen (als Kriminalroman in ›Albissers Grund‹, 1974). Schwarzer Humor, hintergründige Ironie haben in M.s Werk ebenso Platz wie Auseinandersetzungen mit der Psychoanalyse (›Literatur als Therapie? Ein Exkurs über das Heilsame und das Unheilbare‹, 1981) und dem Werk G. KELLERS (›Gottfried Keller‹, 1977). Meisterschaft erreicht er v. a. in Erzählungen (›Liebesgeschichten‹, 1972; ›Entfernte Bekannte‹, 1976), mit Dramen hatte er weniger Erfolg. 1994 erhielt er den Georg-Büchner-Preis.

Weitere Werke: Romane: Gegenzauber (1967); Baiyun oder die Freundschaftsgesellschaft (1980); Das Licht u. der Schlüssel. Erziehungsroman eines Vampirs (1984); Der Rote Ritter. Eine Geschichte von Parzivâl (1993). – *Erzählungen:* Fremdkörper (1968); Leib u. Leben (1982); Der Turmhahn u. andere Liebesgeschichten (1987). – *Sonstige Prosa:* Goethe als Emigrant (1986); Die Schweiz am Ende – Am Ende die Schweiz. Erinnerungen an mein Land vor 1991 (1990); Herr, was fehlt Euch? Zusprüche u. Nachreden aus dem Sprechzimmer des heiligen Grals (1994); Die Insel, die Kolumbus nicht gefunden hat. Sieben Gesichter Japans (1995); Nur ausziehen wollte sie nicht. Ein erster Satz u. seine Fortsetzung (1995).

A. M., hg. v. M. DIERKS (1989).

2) Walter, schweizer. Literarhistoriker, * Witikon (heute zu Zürich) 21. 5. 1898, † Basel 6. 12. 1965, Halbbruder von 1); ab 1936 Prof. in Basel; veröffentlichte zahlreiche literaturhistor. Arbeiten; wurde v. a. bekannt durch seine z. T. stark polem. ›Tragische Literaturgeschichte‹ (1948).

Weitere Werke: Gotthelf. Die Geheimnisse des Erzählers (1931); Die Mystik in der Schweiz 1200–1500 (1935); Die Zerstörung der dt. Lit. (1956); Von Trakl zu Brecht (1961); Studien zur trag. Literaturgesch. (1965).

Muschik [auch -'ʃik, russ.] *der, -s/-s,* Bauer im zarist. Russland.

Muschler, Reinhold Conrad, Schriftsteller und Botaniker, * Berlin 9. 8. 1882, † ebd. 10. 12. 1957; verfasste neben botan. Arbeiten, Reiseskizzen, Biographien auch natsoz. Propagandaschriften, erfolgreich v. a. mit Novellen (›Die Unbekannte‹, 1934) und Romanen (›Bianca Maria‹, 1924; ›Der Geiger‹, 1935; ›Diana Beata‹, 1938), die durch Sentimentalität und Pathos gekennzeichnet sind.

Musci [lat.], wiss. Name der →Laubmoose.

Muscicapidae [lat.], die →Fliegenschnäpper.

Muscon [zu lat. muscus ›Moschus‹] *das, -s,* farblose, intensiv nach Moschus riechende, ölige Substanz, chemisch das 3-Methylcyclopentadecanon; wichtigster Geruchsstoff des Moschus, aus dem M. durch Äther extrahiert werden kann.

Musculus [lat.] *der, -/...li, Anatomie:* der Muskel (→Muskeln).

Muselman [türk. müslüman, pers. musalmān] *der, -en/-en, veraltet* für: Muslim.

Musen, *griech. Mythos:* Töchter des Zeus und der Mnemosyne, Göttinnen der Künste und Wissenschaften, singend und tanzend unter Führung Apolls (Musagetes) vorgestellt. Als Sitz der M. galt die Landschaft Pierien am Nordfuß des Olymp, meist aber der Helikon (Quelle Hippokrene), später auch der Parnass (Quelle Kastalia). Bei HOMER erscheint i. Allg. nur eine Muse, aber auch schon die Neunzahl; HESIOD nennt ihre Namen; die einzelnen M. wurden erst

Musen: Darstellung der neun Musen auf einem römischen Sarkophag; um 140 n. Chr. (Paris, Louvre)

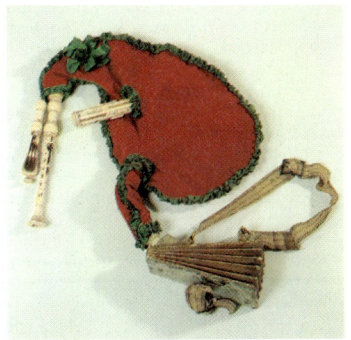

Musette
(Berlin, Musikinstrumenten-Museum im Staatlichen Institut für Musikforschung)

in hellenist. Zeit unterschiedlich fest bestimmten Bereichen mus. Tätigkeit zugeordnet; eindeutig: **Urania** der Astronomie, relativ frei: **Kalliope (Calliope)**, die ranghöchste Muse, dem Epos, **Klio (Clio)** der Geschichtsschreibung, **Melpomene** der Tragödie, **Euterpe** dem Flötenspiel und **Thalia** der Komödie; schwankend: **Polyhymnia** u. a. der Pantomime und dem Tanz, **Terpsichore** u. a. der Lyra und der Kithara und **Erato** u. a. dem Tanz und der Liebesdichtung. – Die M. bestraften streng alle Sterblichen, die es ihnen in der Kunst des Gesanges gleichtun wollten (so büßten z. B. die Sirenen ihr Gefieder, der Sänger Thamyris das Augenlicht und die Kunst des Gesanges ein). Die Anrufung der M. zu Beginn eines Werkes gehörte seit HOMER zur Tradition der antiken Dichtkunst. Da sie zu Beschützerinnen allen geistigen Lebens wurden, unterstellte man u. a. Gymnasien und philosoph. Zirkel (Schulen) ihrem Schutz. Auf die den M. geweihten Tempelbezirke geht der Begriff ›Museum‹ zurück.

Darstellungen finden sich auf griech. Vasen seit dem 6. Jh. v. Chr. (auf der Françoisvase bereits in der Neunzahl), auch zus. mit Apoll, Marsyas, Musaios und Thamyris, im Hellenismus durchweg in der Neunzahl, z. B. auf der M.-Basis von Mantineia (um 320 v. Chr.; Athen, Archäolog. Nationalmuseum; BILD →Mantineia) oder der ›Apotheose des Homer‹ von ARCHELAOS (BILD →griechische Kunst), was die Römer (M.-Sarkophage, Wandbilder) übernahmen. Die Neuzeit bevorzugte thematisch die M. zus. mit Apoll (A. SCHIAVONE, N. POUSSIN) und den Parnass (A. MANTEGNA, RAFFAEL, L. COSTA). J. VERMEER gab eine neuartige Interpretation in der ›Allegorie der Malerei‹, erneut G. DE CHIRICO mit ›Die beunruhigenden M.‹ (1916; BILD →italienische Kunst).

Musen|almanach, seit der Mitte des 18. bis ins 19. Jh. beim gebildeten Bürgertum beliebtes belletrist. Publikationsorgan nach dem Vorbild des Pariser ›Almanach des Muses‹ (1764–1833): jährlich erscheinende Anthologie meist noch unveröffentlichter Dichtungen, vorwiegend von Lyrik u. a. poet. Kleinformen, aber auch Dramen und Epen (häufig in Auszügen), Übersetzungen, Kompositionen, oft auch mit Kalendarium und Illustrationen (Kupferstiche). Bedeutsam sind einige M., in denen sich literar. Strömungen manifestierten oder in denen bedeutende literar. Werke erstmals publiziert wurden, wie der ›Göttinger M.‹ (1770–1802), als erster dt. M. begründet von H. C. BOIE und F. W. GOTTER (wichtig als Publikationsorgan des Göttinger Hains), ferner die fast allein von SCHILLER bestrittene ›Anthologie auf das Jahr 1782‹. Der bedeutendste ist SCHILLERS ›M.‹ (1796–1800; Mitarbeit GOETHES, J. G. HERDERS, A. W. SCHLEGELS, L. TIECKS, J. C. F. HÖLDERLINS), in dem u. a. die ›Xenien‹ (Jahrgang 1797) erschienen. Wichtige M. waren außerdem die der Romantiker A. W. SCHLEGEL und TIECK in Jena (1802/03), A. VON CHAMISSOS und K. A. VARNHAGEN VON ENSES ›Grüner M.‹ (1804–06), J. KERNERS ›Poet. Almanach‹ (1812/13), CHAMISSOS und G. SCHWABS ›Dt. M.‹ (1832–39). Ein Wiederbelebungsversuch war der ›Cotta'sche M.‹ (1891), dem der programmatischere und progressivere ›Moderne M.‹ von O. J. BIERBAUM folgte. Im 20. Jh. führten v. a. Verlage die Tradition der M. (mit Proben von Neuerscheinungen) weiter.

Musette [myˈzɛt; frz., zu altfrz. muse ›Dudelsack‹] *die, -/-s, Musik:* 1) eine in Frankreich im 17./18. Jh. beliebte Sackpfeife mit 2–3 Bordun- und einer, später zwei Spielpfeifen (Tonumfang etwa zwei Oktaven). Der Sack wurde nicht durch ein Windrohr, sondern durch einen an den Arm geschnallten Blasebalg mit Luft gefüllt. Die teilweise reich verzierte und aus kostbaren Materialien bestehende M. war bes. im 18. Jh. ein Modeinstrument für aristokrat. Schäferspiele; 2) ruhiger ländl. Tanz in Frankreich im 17. und in der ersten Hälfte des 18. Jhs., benannt nach dem wohl zu seiner Begleitung gespielten gleichnamigen Instrument; zur Zeit LUDWIGS XIV. und LUDWIGS XV. auch Bühnen- und Gesellschaftstanz. Man tanzte die M. im $^3/_4$-, $^6/_8$- oder auch $^2/_4$-Takt als eine Art ländl. Gavotte. – Die Kunstmusik übernahm die M. in die frz. Ballette des 18. Jhs., in die Oper (z. B. G. F. HÄNDELS ›Alcina‹, 1735) und in die Klaviermusik (F. COUPERIN, J.-P. RAMEAU, J. S. BACH); aus ihrem Tripeltakt mit festliegendem Bass entwickelte sich der **M.-Walzer (Valse à la M.)**; 3) in der Orgel ein Zungenregister enger Mensur mit doppelt kon. Becher und Klappdeckel, von pastoralem, lieblich näselndem Klang.

Museum [lat. ›Ort für gelehrte Beschäftigung‹, von griech. mouseîon ›Musensitz‹, zu moûsa ›Muse‹] *das, -s/...'seîen,* seit dem 18. Jh. öffentl. Sammlung von künstler. und wiss. Gegenständen und deren Gebäude.

Die **Kunst-M.** beschränkten sich im frühen 19. Jh. auf die damals zur ›hohen‹ Kunst gezählten Gebiete: Skulpturen des klass. Altertums, Tafelbilder der Spätgotik und Gemälde der Renaissance. Als Kunst-M. gelten heute Sammlungen alter Gemälde (meist in Verbindung mit Kupferstichkabinetten), hervorragender Werke der Skulptur und Kleinkunst, moderner Kunst sowie z. T. auch außereurop. Kunst. Die **Kunstgewerbemuseen**, mit Unterricht und Vorbildersammlungen urspr. zur Förderung der Handwerker und Gewerbetreibenden eingerichtet, entwickelten sich nach 1900 meist zu reinen Kunstmuseen.

Musenalmanach:
Titelblatt des Göttinger Musenalmanachs für das Jahr 1770

Museum: Hubert Robert, ›Ansicht der Großen Galerie des Louvre‹; 1796 (Paris, Louvre)

Muse Museum

Museum: Leo von Klenze, Alte Pinakothek in München; 1826–36

Aufgaben und *Organisation:* Aufgabe des M. im 19. Jh. war es, die aus ihrem urspr. Zusammenhang gerissenen Bestände in eine neue Ordnung zu bringen und in einem repräsentativen Bauwerk zu erschließen. Die M. wurden jedoch in immer stärkerem Maße auch Institutionen der Wissenschaft, geleitet von Historikern, Ethnologen, Kunsthistorikern u. a.; die Sammlung, Erhaltung und Ausstellung der Bestände sowie die Vermittlung durch Kataloge und Führer folgten wiss. Grundsätzen. Die M. verstehen sich heute als Kulturinstitute, die auf wiss. Grundlage an der Erfüllung des öffentl. Bildungsauftrags mitwirken. Ihre wichtigsten Aufgaben waren und sind das Sammeln, Bewahren, Forschen, Ausstellen, Informieren und Bilden. In den späten 1960er-Jahren geriet das traditionelle M. in eine Krise seines Selbstverständnisses; u. a. durch die Einrichtung kunstpädagog. Zentren, Ausarbeitung didakt. Programme, Öffentlichkeitsarbeit durch pädagogisch geschulte Mitarbeiter sowie Präsentation der Bestände und Information mittels neuer Medien wird seither versucht, die Vermittlung zum Publikum zu verbessern und den sterilen Charakter der Präsentation aufzuheben. Zunehmend problematisch wirkt sich in der Gegenwart die gespannte finanzielle Situation im Kulturbereich aus. Viele Museen sind auf die Unterstützung werbewirksamer Sponsoren und das Betreiben kommerzieller Einrichtungen angewiesen und verlieren damit an Autonomie.

Museum: Peter Busmann und Godfried Haberer, Wallraf-Richartz-Museum/Museum Ludwig in Köln; 1982–86; im Bild ein Saal im Museum Ludwig

Geschichte: Die Idee des öffentl., systematisch geordneten M. als einer demokrat. Bildungsanstalt hat schon antike Traditionen. Die Ptolemäer und die Könige von Pergamon unterhielten große Kunstsammlungen aus ›profanen‹ historisch-humanist. Interessen. In dem im 3. Jh. v. Chr. in Alexandria gegründeten ›Musentempel‹ (Museion) dienten neben Büchern und wiss. Instrumenten auch Kunstwerke wissenschaftlich-systemat. Erkenntnis.

Das moderne Kunstsammeln hat seine Anfänge im Italien der Frührenaissance, wo das aufstrebende Bürgertum begann, Sammlungen von Antiken, Münzen, Medaillen, geschnittenen Steinen und Werken zeitgenöss. Kunst anzulegen. LORENZO DE' MEDICI legte sich in Florenz einen Statuengarten an, Papst JULIUS II. gründete die vatikan. Skulpturensammlungen. Im 16. Jh. entstanden an den dt. Fürstenhöfen die Kunst- und Wunderkammern: Dem Beispiel Erzherzog FERDINANDS II. von Tirol, des Schöpfers der Ambraser Sammlung, folgten Kaiser RUDOLF II. in Prag, die sächs. Kurfürsten in Dresden, die bayer. Herzöge in München, auch reiche Patrizier (P. PRAUN und die Imhoffs in Nürnberg). Durch Auslese entwickelten sich Spezialsammlungen (z. B. das Antiquarium in München, das Grüne Gewölbe in Dresden).

Im 17. und 18. Jh. bildete sich ein Sammlungssystem heraus, das Bestandteil im Raumprogramm jedes größeren Residenzschlosses war; die höf. Barocksammlungen umfassten antike Skulpturensammlungen, Bildergalerien, Bibliotheken, Kupferstich- und Wunderkammern. Sie waren aber nur einem bestimmten Besucherkreis zugänglich. – Im späten 18. Jh. wurden v. a. die Antikensammlungen ausgebaut. In Rom entstand die Villa des Kardinals ALBANI als reine Antikengalerie; unter KLEMENS XIV. und PIUS VI. wurden die M. des Vatikans erweitert; in Neapel bekam die Farnes. Sammlung durch Funde aus Herculaneum und Pompeji neue Bestände. Auch dt. Fürsten bemühten sich um Statuengalerien. Die Vorliebe für griech. Originale im frühen 19. Jh. führte u. a. zum Abtransport der Parthenonskulpturen (→Elgin Marbles).

Seit dem 18. Jh. entwickelte sich das M. zur Institution. In Großbritannien wurde 1753 das Brit. M. als erstes öffentl. M. gegründet, als durch Parlamentsbeschluss die Nation das Erbe des Sir H. SLOANE antrat. Die Sammlungen der Medici waren schon 1739 in toskan. Staatsbesitz übergegangen, die Vatikan. Kunstsammlungen erklärte Papst KLEMENS XIV. im Jahre 1769 zum Eigentum des Kirchenstaates und machte sie der Öffentlichkeit zugänglich. Auch in den folgenden Jahrhunderten bildeten oft große private Sammlungen als Stiftung oder Leihgabe den Grundstock von Museen. In Kassel wurde 1769–79 der erste fürstl. M.-Bau, das M. Fridericianum, errichtet (BILD →Klassizismus). Große, programmatisch der Öffentlichkeit zugänglich gemachte M. waren eine Folge der

Frz. Revolution. Das Musée Français im Louvre und das Musée des Monuments Français in Klostergebäuden an der Rue des Petits-Augustins, 1793 eingerichtet, gewannen Modellcharakter. Die Eingliederung des M. in die staatl. Organisation, Erörterung seiner Funktion im Staat, Entwicklung eines Verwaltungsapparates, Festlegung von Auswahl- und Restaurationsprinzipien, Aufstellungs- und Hängungsprinzipien und damit Lösungen kunstgeschichtl., aber auch didakt. Fragen waren die Ergebnisse.

Die Eroberungen der Revolutionskriege, die Enteignung des Kunstbesitzes von Kirchen, Klöstern und Schlössern nach der Frz. Revolution in Frankreich und nach der Säkularisation in Dtl. machten riesige Kunstbestände beweglich; überall wurden öffentl. M. eingerichtet, woraus neue Bauaufgaben erwuchsen. Der erste autonome M.-Bau war die für antike Kunst bestimmte Glyptothek in München, die LUDWIG I. 1816–30 durch L. VON KLENZE erbauen ließ (BILD →deutsche Kunst). Ihr folgten die großen M.-Bauten des 19. Jh.: das Alte M., Berlin, von K. F. SCHINKEL (1824–28), die Neue Eremitage in Sankt Petersburg von KLENZE (1839–52), das Neue M., Berlin, von F. A. STÜLER (1843–55), das Kunsthistor. M., Wien, von G. SEMPER und K. HASENAUER (1871–91) und das Kaiser-Friedrich-M., Berlin, von E. VON IHNE (1897–1903, heute Bode-M.). Für die Alte Pinakothek (1826–36) in München schuf KLENZE einen eigenen lang gestreckten, zweigeschossigen Bautyp mit Oberlichtsälen und Seitenkabinetten, der bis ins 20. Jh. für Gemäldegalerien vorbildlich blieb (Neue Pinakothek, München, 1846–53, 1944/45 zerstört; Gemäldegalerie, Dresden, von G. SEMPER, 1847–55). Im 19. Jh. entstanden neue M.-Typen für bisher von der Wiss. vernachlässigte Gebiete und Epochen: das Völkerkunde-M. (1849 Ethnograph. M. in Kopenhagen), das kulturhistor. M. (1852 German. National-M. in Nürnberg), das provinzialarchäolog. M. (1852 Römisch-German. Zentral-M. in Mainz), das Kunstgewerbe-M. (1851 Museum of Ornamental Art in London, heute Victoria and Albert Museum). Eine Erweiterung des Aufgabengebiets waren die Volkskunde-M., deren Entwicklung von Skandinavien ausging. Seit der zweiten Hälfte des 19. Jh. nahmen v. a. auch die naturwiss. und techn. M. einen beachtl. Aufschwung.

Im 20. Jh. wurde das M.-Wesen stark vom polit. Geschehen beeinflusst. In Dtl. beraubte die von HITLER befohlene Aktion gegen die ›entartete Kunst‹ die M. wichtiger Bestände, die eingelagert, verkauft oder vernichtet wurden. Der Zweite Weltkrieg führte in ganz Europa zur Auslagerung der als wertvoll erachteten M.-Bestände und zur Zerstörung vieler M.-Bauten. In den von Dtl. besetzten Ländern wurden erhebl. Mengen an Kunstgut konfisziert und meist nach Dtl. transportiert. Auch durch die Alliierten, insbesondere durch die UdSSR, wurden Kunstschätze beschlagnahmt und abtransportiert. Nach dem Zweiten Weltkrieg erfolgte die Rückführung vieler ausgelagerter oder entfernter Bestände. Zahlr. Schätze kamen jedoch nicht an ihren alten Standort zurück. In der jüngsten Vergangenheit haben im Zusammenhang mit dem Wiederauftauchen solcher Kulturgüter in internat. Sammlungen und der Forderung nach Rückgabe an die rechtmäßigen Eigentümer die Diskussionen über den internat. Schutz von Kulturgut neuen Anstoß erhalten und neue Dimensionen des Problems sichtbar werden lassen (→Kulturgut).

Zu den bedeutendsten der nach 1945 errichteten Bauten gehören internat. u. a. das Museo del Tesoro di San Lorenzo in Genua von F. ALBINI (1954–56), das Guggenheim-M. in New York von F. L. WRIGHT (1956–59, 1988–92 erweitert von C. GWATHMEY und R. SIEGEL; BILD →Guggenheim), das Whitney Museum of American Art in New York von M. L. BREUER (1963–66, mit H. SMITH), das Oakland Museum (Calif.) von K. ROCHE (1961–68, mit J. DINKELOO), das Gunma M. für Moderne Kunst in Takasaki von ISOZAKI ARATA (1971–74), der Ostflügel der National Gallery of Art in Washington (D. C.) von I. M. PEI (1971–78), der Erweiterungsbau der Tate Gallery in London von J. STIRLING (›Clore Gallery‹, 1982–87; BILD →englische Kunst), der Sainsbury-Flügel der National Gallery in London von R. VENTURI und seiner Frau DENISE SCOTT BROWN (1991), das Kirchner-M. in Davos von MIKE GUYER und ANNETTE GIGON (1989–92; BILD →schweizerische Kunst), das Kunst-M. im niederländischen Groningen von Coop

Museum: Coop Himmelblau und andere, Kunstmuseum in Groningen; 1992–94

Himmelblau u. a. (1992–94), das Bonnefantenmuseum in Maastricht von A. ROSSI (1993–95), das M. für moderne Kunst (›Arken‹) in Ishøj bei Kopenhagen von SØREN ROBERT LUND (1996 eröffnet), die Ausstellungshalle in Sankt Pölten von H. HOLLEIN (1992–96), die Erweiterung des Louvre zum ›Grand Louvre‹ in Paris von PEI (1984–97), das Guggenheim-M. in Bilbao von F. O. GEHRY (1997 eröffnet; BILD →moderne Architektur), das Getty-Center in Los Angeles von R. A. MEIER (1984–97), Modernes M. und Architektur-M. in Stockholm von J. R. MONEO (1994–98); bemerkenswerte Neubauten in Dtl. u. a. die Neue Nationalgalerie in Berlin von L. MIES VAN DER ROHE (1962–67; BILD →Mies van der Rohe, Ludwig), die Neue Staatsgalerie in Stuttgart von STIRLING (1977–84), das M. für Kunsthandwerk in Frankfurt am Main von R. A. MEIER (1979–85), der Neubau des Wallraf-Richartz-Museum/Museum Ludwig in Köln von P. BUSMANN und G. HABERER (1982–86), das M. für Vor- und Frühgeschichte – Archäolog. M. in Frankfurt am Main von J. P. KLEIHUES (1980–89; BILD →Kleihues, Josef Paul), das Vitra-Design-M. in Weil am Rhein nach Plänen von F. O. GEHRY (1988–89), das M. für Moderne Kunst in Frankfurt am Main von HOLLEIN (1983–91; BILD →Hollein), in Bonn die Kunst- und Ausstellungshalle der BRD von G. PEICHL (1989–92) und das Kunstmuseum von AXEL SCHULTES (1985–92), das Jüd. M. in Berlin von D. LIBESKIND (1992 ff.; BILD →Dekonstruktivismus), der Erweiterungsbau der Kunsthalle in Hamburg von O. M. UNGERS (1992–97).

Das kunst- u. kulturgeschichtl. M. im 19. Jh., hg. v. B. DENEKE u. a. (1977); W. GRASSKAMP: M.-Gründer u. M.-Stürmer. Zur Sozialgesch. des Kunst-M. (1981); M.-Architektur, hg. v. J. FLAGGE (1985); H. SCHUBERT: Moderner M.-Bau (1986); Der Zugang zum Kunstwerk: Schatzkammer, Salon, Ausst., ›M.‹, hg. v. E. LISKAR (Wien 1986); S. BARTHELMESS: Das postmoderne M. als Erscheinungsform von Architektur

(1988); Gesch., Bild, M. Zur Darst. von Gesch. im M., hg. v. M. FEHR u. a. (1989); Neue Museen. Räume für Kunst u. Kultur, hg. v. J. M. MONTANER (a. d. Span., 1990); E. STURM: Konservierte Welt. M. u. Musealisierung (1991); Denkraum M. Über die Rezeption von Architektur u. Kunst, Beitrr. v. B. BÜRGI u. a. (1992, tlw. dt., tlw. engl.); Göttinnen, Gräber u. Geschäfte. Von der Plünderung fremder Kulturen, hg. v. E. FUCHS (Zürich 1992); K. POMIAN: Der Ursprung des M. Vom Sammeln (a. d. Frz., Neuausg. 1993); A. PREISS: Das M. u. seine Architektur. Wilhelm Kreis u. der Museumsbau in der ersten Hälfte des 20. Jh. (1993); Kunst im Bau, bearb. v. U. BRANDES (a. d. Engl., 1994); M.-Kompaß Europa, hg. v. H. VIEREGG u. a., 5 Bde. (1994-96); Museologie als Wiss. u. Beruf in der modernen Welt, hg. v. K. FLÜGEL u. A. VOGT (1995); Museen in den neuen Bundesländern, hg. v. B. GROSZ (²1995); Museen u. ihre Besucher. Herausforderungen in der Zukunft, hg. v. A. NOSCHKA-ROOS u. P. RÖSGEN (1996); Die Erfindung des M. Anfänge der bürgerl. M.-Idee in der Frz. Revolution, hg. v. G. FLIEDL u. a. (Wien 1996).

Museum für Deutsche Volkskunde, Berlin, 1889 aus privater Initiative von einem Freundeskreis um R. VIRCHOW als ›Museum für dt. Volkstrachten und Erzeugnisse des Hausgewerbes‹ gegr., 1904 zuerst als ›Königl. Sammlung für Dt. Volkskunde‹, seit 1935 unter dem heutigen Namen den Staatl. Museen angegliedert; nach 1945 verbliebene Teile der Sammlung in Berlin-Ost (Pergamon-Museum) und Berlin-West (eigenes Gebäude in Dahlem); seit 1993 Zusammenlegung der Bestände im Museum für Volkskunde, Berlin-Dahlem; Dokumentation des Lebens der unteren und mittleren Sozialschichten (Bauern, Handwerker, Arbeiter u. a.).

Museum of Modern Art [mjuːˈzɪəm əv ˈmɒdən ɑːt], Abk. **MOMA** [eməʊemˈeɪ], New York, 1929 durch fünf Sammler gegr.; Kultur- und Studienzentrum mit Sammlung moderner Malerei, Plastik und Grafik seit 1880, Sektionen für Architektur, Industriedesign, Fotografie und Film; Stiftungen ermöglichten 1939 den Neubau von E. D. STONE u. a., 1964 durch Anbauten von P. C. JOHNSON erweitert (Umbau geplant durch TANIGUSHI YOSHIO, Wettbewerbssieg 1997).

Museums|insel, Berliner M., Berliner Museumsensemble auf der Spree-Insel. Die im Zweiten Weltkrieg stark zerstörten Bauten wurden bis auf das Neue Museum (1843–46 von F. A. STÜLER, 1856 eröffnet; Rekonstruktion im Gange) wiederhergestellt: Altes Museum (1822 geplant, 1824–30 ausgeführt von K. F. SCHINKEL), Bode-Museum (ehem. →Kaiser-Friedrich-Museum, 1897–1903 von E. E. VON IHNE), Pergamon-Museum (1909–30 nach Entwürfen von A. MESSEL), Alte Nationalgalerie (1866–76 nach Plänen von STÜLER von J. H. STRACK).

Berlins Museen. Gesch. u. Zukunft, Beitrr. v. P. BLOCH u. a. (1994); Standorte, Standpunkte. Staatl. Museen zu Berlin, bearb. v. J. BUNKELMANN u. a., Ausst.-Kat. Staatl. Museen zu Berlin (1994).

Museumskäfer, Anthrenus museorum, Art der →Speckkäfer, 2–3 mm lang, Flügeldecken mit drei undeutlich abgegrenzten hellen Querbinden. Larven bisweilen schädlich in zoolog. Sammlungen, bes. Insektensammlungen.

Museumskäfer (Länge 2–3 mm)

Museveni, Yoweri, ugand. Politiker, * Ntugamu (Distr. Ankole) um 1944; studierte Politik- und Wirtschaftswiss.en und arbeitete danach im Präsidialamt unter Präs. A. M. OBOTE. Nach dessen Sturz (1971) floh er nach Tansania und baute dort einen militär. Verband auf. An seiner Spitze kehrte er während des tansanisch-ugand. Krieges (1978–79) nach Uganda zurück und ging 1981 in den Untergrund. Als polit. Plattform seiner Aufstandsbewegung gründete er 1981 das National Resistance Movement (NRM), das im Dezember 1985 die Hauptstadt Kampala einnehmen konnte. Als neuer Staatspräs. wurde M. im Januar 1986 vereidigt; 1990 verlängerte er seine Amtszeit ohne Wahlen um weitere fünf Jahre und wurde in den Präsidentschaftswahlen am 9. 5. 1996 im Amt bestä-

Yoweri Museveni

tigt. M. gelang es, v. a. durch marktwirtschaftlich orientierte Wirtschaftsreformen, die innenpolit. Lage zu stabilisieren.

Musgrave [ˈmʌzgreɪv], Richard Abel, amerikan. (seit 1940) Finanzwissenschaftler dt. Herkunft, * Königstein im Taunus 14. 12. 1910; seit 1933 in den USA, Prof. an der University of Michigan (1948–58), Johns Hopkins University (1958–62), Princeton University (1962–65) und der Harvard University (1965–81). Arbeiten v. a. zur Anwendung der modernen Wirtschaftstheorie auf das Gebiet der öffentl. Finanzen, insbesondere zur Steuerinzidenz, zu den Konflikten zw. Allokations-, Distributions- und Stabilisierungsziel und zum Konzept der meritor. u. öffentl. Güter.

Werke: The theory of public finance (1959; dt. Finanztheorie); Fiscal systems (1969); Public finance in theory and practise (1973, mit P. B. MUSGRAVE; dt. Die öffentl. Finanzen in Theorie u. Praxis, 4 Bde.); Public finance in a democratic society, 2 Bde. (1986).

Musgrave Ranges [ˈmʌzgreɪv ˈreɪndʒɪz], Gebirgszug (präkambrische metamorphe Gesteine) an der Grenze zw. South Australia und Northern Territory, Australien, über 200 km lang, im Mount Woodroffe 1 435 m ü. M.; Jahresniederschläge unter 250 mm, deshalb nur episod. Flüsse.

Musgu, Volksstamm am unteren Logone, Kamerun und Tschad, etwa 60 000 Angehörige. Die M. leben in geschlossenen Dörfern aus Lehmkegelbauten.

Mushakōji [-dʒi], **Mushanokōji,** Saneatsu, jap. Schriftsteller, * Tokio 12. 5. 1885, † 9. 4. 1976; war die Zentralfigur der Gruppe und Zeitschrift ›Shirakaba‹ (›Die Birke‹, 1910–23), die im Namen der Humanität für die Selbstentfaltung des Individuums eintrat. Von L. N. TOLSTOJ beeinflusst, errichtete er 1919 sein ›Neues Dorf‹ in der Präfektur Mijasaki, in dem er seine Ideale zu realisieren versuchte.

Werke (jap.): Dramen: Seine Schwester (1915; dt.); Es lebe der Mensch (1922; engl. Three cheers for a man). – Roman: Freundschaft (1919; engl. Friendship).

Mushin [ˈmuːʃɪn], Industriestadt in SW-Nigeria, nordwestlich an Lagos anschließend, 309 100 Ew.; Metallindustrie, Montage von Fahrrädern und Rundfunkgeräten, Textilindustrie.

Musica die, -, lat. Name der Musik, die seit der röm. Antike als **Ars musica** den mathemat. Disziplinen (Quadrivium) der →Artes liberales zugehörte und als prakt. Musik den Artes (Trivium) nebengeordnet war. Die auf Zahl und Maß gegründete harmon. Ordnung ist das Fundament der von BOETHIUS ausgehenden und für das MA. verbindl. Dreiteilung der M. in **M. mundana** (auch **M. coelestis**), die Harmonie des Makrokosmos, in **M. humana,** den die Harmonie des Makrokosmos spiegelnden Mikrokosmos von Körper und Seele des Menschen, und in **M. instrumentalis,** die klingende, sinnlich hörbare Musik. – Im frühen 18. Jh. wird der Bedeutungswandel von M. zum neuzeitl. Musikbegriff in der dt. Sprache u. a. an der Betonungsveränderung von Músik als Teil der Artes liberales zu Musík als einer der →schönen Künste deutlich.

Musica enchiriadis [zu griech. enchirídion, ›Handbuch‹, ein im 9. Jh. nördlich der Alpen entstandenes anonymes Musiktraktat, das neben der Einstimmigkeit erstmals die als ›Organum bezeichnete früheste Form der Mehrstimmigkeit lehrt. Ein kirchl. Cantus wird in chor. Stegreifausführung von Unterquarten begleitet, die am Anfang und Ende der textlich-musikalischen Abschnitte zum Einklang kommen.

Musica ficta [lat. ›künstlich gebildete Musik‹], **Musica falsa** [lat. ›falsche Musik‹], in der Musiktheorie des 13.–16. Jh. gebräuchl. Bez. für Töne, die im System der →Hexachorde nicht enthalten sind und nur unter Gebrauch von Vorzeichen (♯ und ♭) zu erreichen waren. Die M. f. fand in der Vokal- sowie Instrumentalmusik Verwendung (die Orgelmusik verfügte bereits um 1300 über alle chromat. Halbtöne).

Musical ['mju:zɪkəl, engl.] *das, -s/-s,* eigtl. **Musical-Comedy** [-'kɔmɪdɪ; engl. ›musikal. Komödie‹], **Musical-Play** [- pleɪ, engl. ›musikal. (Schau-)Spiel‹], Gattung des musikal. Unterhaltungstheaters, ein i. d. R. aus zwei Akten bestehendes Bühnenstück mit gesprochenem Dialog, Gesang (Song, Ensemble, Chöre) und Tanz, das seit 1900 in den Unterhaltungstheatern am New-Yorker Broadway aus der zunächst handlungsfreien Verbindung von Minstrel-Show, Vaudeville, Operette, Ballett und Revue hervorgegangen ist und auf einer engen künstler. Zusammenarbeit von Produzent, Buchautor, Songtexter, Regisseur, Choreograph und Dirigent basiert. Die Entwicklung des M. setzte mit musikal. Komödien von GEORGE M. COHAN (* 1878, † 1942; ›Little Johnny Jones‹, 1904) ein und führte über die Revuen von F. ZIEGFELD (›Ziegfeld Follies‹) und I. BERLINS ›Alexander's ragtime band‹ (1911) bis zu ›Show boat‹ (1927) von J. KERN, das als erstes modernes M. gilt. In G. GERSHWIN, C. PORTER, F. LOESSER, M. WILLSON, R. RODGERS, K. WEILL fand es seine ersten namhaften Vertreter. Ihre M. haben meist großstädt. Sujets mit satir. und parodist. Zügen und verwenden die Mittel der modernen amerikan. Unterhaltungsmusik und des Jazz. Seit den 30er-Jahren wurde für die Entwicklung des M. die Mitarbeit von Choreographen, die auf die Verschmelzung von Ballett und Tanz mit der Handlung abzielte, bedeutsam, so AGNES DE MILLE zu RODGERS ›Oklahoma‹ (1943) oder J. ROBBINS zu L. BERNSTEINS ›West side story‹ (1957). Nach 1940 wurde im Musical-Play die Thematik durch Aufnahme der afroamerikan. Folklore (›Cabin in the sky‹, 1940, von VERNON DUKE, * 1903, † 1969) sowie durch Hervorhebung von sozialkrit. (›Pal Joey‹, 1940, von RODGERS) oder psychoanalyt. (›Lady in the dark‹, 1941, von WEILL) Themen, Kriegs- und Rassenproblemen (›South Pacific‹, 1949, von RODGERS; ›Finian's rainbow‹, 1947, von BURTON LANE, * 1912, † 1997) erweitert. Außerdem wurden Stoffe der Weltliteratur bearbeitet (RODGERS ›The boys from Syracuse‹ nach W. SHAKESPEARES ›Komödie der Irrungen‹, 1938; F. LOEWES ›My fair lady‹ nach G. B. SHAWS ›Pygmalion‹, 1956). Seit den 60er-Jahren wurde ein neuer, mehr individualtyp. Darstellungsstil gesucht (›The fiddler on the roof‹, 1964, dt. als ›Anatevka‹, von JERRY BOCK, * 1928), Themen der jugendl. Protestbewegung aufgegriffen und die Verbindung mit der Rockmusik gesucht (›Hair‹, 1967, von GALT MACDERMONT, * 1928; ›Jesus Christ Superstar‹, 1971, von A. LLOYD WEBBER), z. T. in Form der Rockoper (›Tommy‹, 1970, von PETE TOWNSHEND, * 1945). Daneben hat das M. bevorzugt Stoffe aus dem persönl. und künstler. Lebensbereich des eigenen Showbusiness verarbeitet, z. B. ›A chorus line‹ (1975, von MARVIN HAMLISCH, * 1944), neben ›My fair lady‹ das bis heute meistgespielte Broadwaymusical.

In Europa konnte sich das M. als eigenständiges Genre nie recht durchsetzen. An dt.-sprachigen Produktionen seien genannt: ›Feuerwerk‹ (1948, P. BURKHARD), ›Heimweh nach St. Pauli‹ (1962, LOTAR OLIAS, * 1913, † 1990), ›Bel Ami‹ (1960, P. KREUDER), ›Mein Freund Bunbury‹ (1964, G. NATSCHINSKI), ›Helden, Helden‹ (1972, U. JÜRGENS), ›Das Wirtshaus im Spessart‹ (1977, F. GROTHE), ›Schinderhannes‹ (1979, P. KUHN).

Parallel zum Repertoire des Bühnen-M. entwickelte sich das Film-M., das Revue- (BUSBY BERKELEY, * 1895, † 1976) und Tanzfilm (G. ROGERS, F. ASTAIRE), Shakespeare-Lustspiel (›Kiss me Kate‹, 1953, von PORTER) und -Drama (›West side story‹, 1960, von L. BERNSTEIN), Märchen (›The wizard of Oz‹/›Das zauberhafte Land‹, 1939, erste gelungene Farbdramaturgie) und Zeitkritik (›Cabaret‹, 1971, Regie B. FOSSE) umfasst. Seit ›The Jazz singer‹ (1927, mit AL JOLSON [* 1886, † 1950]) sind Höhepunkte: ›The Broadway melody‹ (1929), ›An American in Paris‹ (1951, von GERSHWIN, mit LESLIE CARON und G. KELLY), ›My fair lady‹ (1964, mit AUDREY HEPBURN und R. HARRISON), ›Hello, Dolly‹ (1968, mit BARBRA STREISAND) und ›Fiddler on the roof‹/›Anatevka‹ (1971); neue Elemente finden sich in ›Grease‹/ ›Schmiere‹ (1978, mit J. TRAVOLTA). Ein frühes dt. Film-M. ist ›Der Kongreß tanzt‹ (1931, mit LILIAN HARVEY und W. FRITSCH).

Musical: Rennbahnszene ›Ascot‹ aus der Verfilmung des Musicals ›My fair lady‹ (1964) von Frederick Loewe

In den 80er- und 90er-Jahren wurden im dt.-sprachigen Raum erfolgreich aufgeführt: die Rockoper ›Evita‹ (Uraufführung in London 1978), ›Cats‹ (1981, nach Gedichten von T. ELIOT), ›The phantom of the Opera‹ (1986, nach dem Roman von G. LEROUX), alle von A. LLOYD WEBBER, sowie von CLAUDE-MICHEL SCHOENBERG ›Les Misérables‹ (1980, nach dem Roman von V. HUGO) und ›Miss Saigon‹ (1989); an dt. M. sind v. a. zu nennen die musikal. Revue ›Linie 1‹ (1987, von BIRGER HEYMANN, * 1943), ›Elisabeth‹ (1992, Buch und Liedtexte M. KUNZE, Musik von SYLVESTER LEVAY) und ›Der blaue Engel‹ (1992, Revue von P. ZADEK und J. SAVARY; Buch T. DORST nach dem Roman ›Professor Unrat‹ von H. MANN, Musik von PEER RABEN [* 1940] und CHARLES KALMAN [* 1929] unter Verwendung von Originalsongs von F. HOLLAENDER).

S. PFLICHT: M.-Führer (1980); G. BARTOSCH: Die ganze Welt des M. (1981); H. BEZ u. a.: M.: Gesch. u. Werke (²1981); S. GREEN: Encyclopaedia of the musical theatre (Neudr. New York 1984); DERS.: Encyclopaedia of the musical film (Neuausg. ebd. 1988); C. HIRSCHHORN: The Hollywood musical (1986); S. MORLEY: Spread a little happiness. The first hundred years of the British musical (London 1987); T. KRASKER u. R. KIMBALL: Catalog of the American musical (Washington, D. C., 1988); G. BORDMAN: American musical theatre (New York ²1992); J. SONDERHOFF u. P. WECK: M. Gesch., Produktionen, Erfolge (Neuausg. 1995); C. B. AXTON u. O. ZEHNDER: Reclams M.-Führer (⁵1996); K. BLOOM: American song. The complete musical theatre companion, 2 Bde. (New York ²1996);

Musica plana [lat.], svw. Cantus planus, →Cantus.

Musica poetica [lat.], in der dt. Musiktheorie des 16.–18. Jh. Bez. für die Kompositionslehre, gegenüber der **Musica theorica,** der spekulativen Musiktheorie, und der **Musica practica,** der Gesangslehre. Die M. p.

brachte die Musik in Verbindung zur Rhetorik und damit zu den sprachgebundenen Disziplinen der Artes liberales. Neben der allgemeinen Kompositionslehre vermittelte sie v. a. die Lehre vom Ausdruck des Textes (Affektenlehre) und die →Figurenlehre.

Musica reservata [lat.], im 16./17. Jh. Bez. für eine musikalisch-poet. Kompositionspraxis, die sich durch bes. kunstvolle Mittel (u. a. Chromatik, Enharmonik) auszeichnet und deren Ausübung und Verständnis nur wenigen in die artist. Geheimnisse eingeweihten Kennern höf. und patriz. Kreise vorbehalten (›reserviert‹) war.

Musica sacra [lat.], svw. Kirchenmusik.

Musica viva [lat., ›lebende Musik‹], Name einer von K. A. HARTMANN 1945 in München begründeten Konzertreihe zur Pflege zeitgenöss. Musik, seither Bez. für entsprechende musikal. Veranstaltungen.

Music-Hall ['mju:zɪk hɔ:l] die, -/-s, brit. Form des Varietees; der Begriff entstand 1832 durch die Gründung der ›Star Music Hall‹ in Bolton als dem ersten selbstständigen Theaterbau für das Varietee. Basierend auf der Wirtshausunterhaltung bildete sich die M.-H. als volkstüml. Unterhaltung in der Tradition der Schausteller und Jahrmarktsspiele mit Betonung des Komischen und Grotesken. Das Programm bestand aus einer losen Folge von Songs, Sketchen und akrobat. Nummern. Die sozialkritisch-satir. Grundtendenz wurde durch die Institutionalisierung der Programme als Massenunterhaltung abgeschwächt. Das Aufkommen neuer Formen der Unterhaltung (u. a. Tonfilm, Kino) führte, nach einer Blütezeit in den 1920er-Jahren, zu einem Bedeutungsverlust der Music-Hall.

L. SENELICK u. D. F. CHESHIRE: British music hall, 1840–1923 (Hamden, Conn., 1981); U. SCHNEIDER: Die Londoner Music Hall u. ihre Songs 1850–1920 (1984).

Musici di Roma, I ['mu:zitʃi-], ital. Kammerorchester, hervorgegangen aus einer 1952 gegründeten Gruppe von elf Streichern und Cembalo der Accademia Nazionale di Santa Cecilia in Rom, spielt ohne Dirigenten. Es wurde bes. mit Werken ital. Komponisten des Barock und der Neuen Musik bekannt.

Musicus [lat. ›Tonkünstler‹] der, -/...ci, seit dem MA. der die Wissenschaft der Ars musica (→Musica) beherrschende Musiker (im Unterschied zum bloßen Praktiker, dem →Kantor). Außer den theoret. Kenntnissen wurden vom M. zunehmend auch prakt. Fähigkeiten gefordert, was im 15./16. Jh. zu einer allmähl. Gleichstellung von ausübendem bzw. schöpfer. Musiker und Musikgelehrten führte. Der Komponist hieß im 16./17. Jh. **M. poeticus**. Seit dem 18. Jh. verlagerte sich der Begriff mehr und mehr auf den ausübenden Musiker. Seit dem 19. Jh. bezeichnet **Musikus** den bohemehaften, sozial wenig angesehenen, im 20. Jh. gar den ›brotlosen‹ Musiker. (→Musikant)

Musik [aus lat. musica, von griech. mousikē (téchnē), eigtl. ›Musenkunst‹] die, -, bei den Griechen die Geist und Gemüt bildende Betätigung, im Unterschied zur Gymnastik; erst in nachklass. Zeit Name für die M. im Sinne von Tonkunst. – Die M. (Tonkunst) beruht auf Tonbeziehungen, d. h. auf der Aufeinanderfolge und/oder dem Zusammenklang mehrerer Töne. Ihre Beziehungen hinsichtlich der Tonhöhe (Schwingungsfrequenz) entsprechen Zahlenrelationen, z. B. 3 : 2 (Quinte), die bereits in archaischen M.-Theorien Beachtung fanden. Im Unterschied zu den bildenden Künsten hat das musikal. Geschehen eine zeitl. Ausdehnung, deren rhythm. Gliederung wieder auf Zahlenrelationen beruht, z. B. Halb-, Viertelton.

Die wichtigsten Gestaltungsprinzipien (Parameter) sind →Rhythmus, →Melodie, →Harmonie. Hinzu kommt die Charakterisierung des Klanges durch die jeweiligen M.-Instrumente. Es liegt nahe, die Herkunft der primär **einstimmigen M.** im Singen zu sehen, die der vorzugsweise auf Zusammenklang beruhenden im klanglich-instrumentalen Musizieren. Aus der gegenseitigen Durchdringung des einstimmigen und des klangl. Prinzips entstand die **mehrstimmige** abendländ. M. In ihr ist bis um 1600 die melodisch-lineare Führung der Einzelstimmen, die im kontrapunkt. Satz (→Kontrapunkt) zur polyphonen Einheit verbunden werden, die eigtl. formbildende Kraft; die tonale Grundlage bilden dabei die Kirchentöne (→Kirchentonarten). Dagegen wird in der homophon gerichteten, akkordisch gebundenen M. seit 1600 (→Generalbass) und v. a. seit 1750 die Melodik stark von der Harmonie bestimmt, bei der im Sinne der Kadenz alle Töne und Zusammenklänge eines M.-Stücks auf den Dur- oder Moll-Dreiklang eines Grundtons bezogen werden (→Tonart, →Stimmung). Im 20. Jh. und bes. seit dem Zweiten Weltkrieg verstärkt sich die Tendenz, von dem die europ. M. seit ihren Anfängen bestimmenden System der Tonalität wegzukommen (→Neue Musik). Unterschieden werden **Volks-M.** sowie die von einzelnen Komponisten geschaffene **Kunst-M.** Der Kunst-M. (ernste M., E-M.) steht die **Unterhaltungs-M.** (U-M.) einschl. Tanz-M. und →Jazz gegenüber. Der mehrstimmigen M. (Abendland) steht die einstimmige (Antike, Orient) gegenüber, der geistl. die weltl., der absoluten M. (ohne begrifflich fassbaren Inhalt) die Programm-M. Nach den zur Ausführung der M. erforderl. Klangkörpern unterscheidet man die beiden Hauptgruppen **Instrumental-** und **Vokal-M.** Die Instrumental-M. gliedert sich in Orchester-, Kammer- und Salon-M., die Vokal-M. in die reine (A-cappella-M.) und die von Instrumenten begleitete Gesangs-M., in Chor- und Sologesangs-M.

Die wichtigsten musikal. Gattungen sind: Lied, Tanz, Fuge, Kanon, Sonate, Sinfonie, Konzert, Arie, Rezitativ, Oper, Oratorium, Motette und Messe. Der nachschaffende, ausübende Musiker (Interpret) ist der Mittler zw. Komponist und Hörer. In dem Maße, in dem die Komponisten neuerer M. von der traditionellen Notation und damit der Reglementierung der M.-Wiedergabe abkommen, nähert sich die Bedeutung des Interpreten derjenigen des Komponisten.

Nach dem Mythos ist die M. ein Geschenk Apolls und der Musen an den Menschen, der durch ihre Gunst zu mus. Werk befähigt wird. Daneben steht die Legende von der Erfindung der M. durch PYTHAGORAS, die theoret. Erkundung des Klingenden zur Voraussetzung der M. macht. Das mus. und das pythagoreische Prinzip, die in ihrem Zusammenwirken die abendländ. Idee der M. bestimmen, verhalten sich zueinander wie der Ton als Empfindungslaut (der ein Inneres kundtut) und der Ton als Naturgesetz (den das →Monochord beweist).

Neben die antike Sinngebung der M. trat zu Beginn des europ. MA. die bibl. Rechtfertigung. Sie prägt sich aus in der Ableitung des Wortes M. vom ägyptisch ›moys‹ im Sinne von Wasser (als Lebensspender) oder von lat. MOYSES (MOSE, als Lobsänger Gottes; Exodus 15,1), ferner in der Legende von der Erfindung der M. durch die hebr. Erzväter THUBAL (JUBAL) und THUBALKAIN (Genesis 4,21 f.) und in der Erklärung der zahlhaft-kosmolog. Bedeutungskraft der M. durch Hinweis auf das apokryphe Buch der Weisheit 11,21 (›Sed omnia in mensura et numero et pondere disposuisti‹). Das Ineinandergreifen antiker und christl. Sinngebung der M. kennzeichnet speziell jenen über ein Jahrtausend während Zeitraum, in dem die zahlr. Klassifikationen und Definitionen der →Musica Geltung hatten.

Mit dem Beginn der Neuzeit trat die emotionale Seite der M. immer stärker in den Vordergrund. M. wurde als Ausdruck klassifizierbarer Gemütsbewegungen verstanden. Es entwickelte sich die musikal. →Affektenlehre, v. a. durch die humanist. Musiker des dt. Sprachraums zu einer an der Rhetorik orientierten →Figurenlehre ausgebaut und systematisiert.

Neben der dt. Wortform ›músic‹ begann sich seit dem 17. Jh. unter Einfluss des frz. ›musique‹ die Betonung auf der letzten Silbe durchzusetzen. Dieser Betonungswechsel des Wortes M. markiert den endgültigen Durchbruch der neuzeitl. Grundauffassung der M. als für das Ohr bestimmte Zeitkunst. In ihren elementaren Grundlagen wurde die M. Gegenstand der Akustik, der seit Mitte des 19. Jh. die →Tonpsychologie, seit dem beginnenden 20. Jh. die →Musikpsychologie zur Seite traten. In ihrer künstler. Seins- und Wirkungsweise trat sie ins Blickfeld der Ästhetik. Ihre Theorie verlor das Spekulative und wurde zur Logik eines spezifisch kompositor. Denkens. Ihre techn. Unterweisung gipfelte im Ausbau der Kompositionslehre. Ihr Traditions- und Entwicklungsprozess wurde als Wiss. ihrer Geschichte reflektiert.

Die Definitionen der M. im Zeitraum des späteren 18. bis ins 20. Jh. betonen einerseits den Empfindungs- bzw. Gefühlsgehalt der M., andererseits deren Eigengesetzlichkeit. Sie bestimmen das Wesen der M. als sinnl. Vergegenwärtigung des Prinzips der Welt oder formulieren ihre kosmolog. Bedeutsamkeit.

Die M. jenseits des europäisch-geschichtl. Bereichs kann grundsätzlich nicht isoliert, sondern nur im Zusammenhang mit ihren ganzheitlich-menschl. Bindungen gesehen werden. Man steht hier vor der besonderen Aufgabe, die andersartige Integration, die in diesen Kulturen Mensch und Ton eingehen, zu durchschauen. Da es hier – im Unterschied zur abendländ. M. – i. d. R. nicht um rational durchdrungene, autonome ›freie‹ Kunst handelt, lassen sich die spezifisch musikal. Gesichtspunkte (wie Tonsystem, Zuordnung von Zahlenverhältnissen, Sinngebungen der M.) nicht ohne weiteres von den empir. und kulturell-soziolog. Voraussetzungen trennen.

P. Moos: Die Philosophie der M. von Kant bis Eduard von Hartmann (²1922, Nachdr. 1975); H. Pfrogner: M. Gesch. ihrer Deutung (1954); H. Scherchen: Vom Wesen der M. (1954); P. Boulez: Musikdenken heute, 2 Bde. (a. d. Frz., 1963–85); H. H. Eggebrecht: M. als Tonsprache, in: Ders.: Musikal. Denken (1977); C. Dahlhaus u. H. H. Eggebrecht: Was ist M.? (1985); T. W. Adorno: Philosophie der neuen M. (⁷1995); H. H. Eggebrecht: M. verstehen (1995); G. Bimberg: M. in der europ. Gesellschaft des 18. Jh. (1997); G. Nestler: Gesch. der M. (Zürich ⁵1997).

Musikalien [zu mlat. musicalis ›musikalisch‹] *Pl.*, Bez. für Handschriften und Drucke von Musikwerken, heute v. a. für gedruckte Noten, die im M.-Handel vertrieben werden, während Musikhandschriften, soweit sie sich nicht in privaten oder öffentl. Bibliotheken befinden, v. a. über das Antiquariat angeboten werden. Der M.-Handel vermittelt in der Zusammenarbeit von Verlagen, Sortiments- und Kommissionshandel den Verkauf von Notendrucken, in den Musikgeschäften häufig verbunden mit dem Verkauf von Instrumenten und Tonträgern (z. B. Tonbändern, CDs).

musikalische Analyse, die Zergliederung bzw. ›Auflösung‹ eines musikal. Gesamtgefüges hinsichtlich seiner satztechn. (z. B. Melodiebildung, Motivik, Harmonie, Kontrapunkt), formalen (Sonatenform, Liedform u. a.) sowie rhythmisch-metr. Bestandteile bzw. Sinnträger mit dem Ziel, deren Intentions-, Daseins- und Wirkungsstruktur zu erkennen. Dabei wird i. d. R. gefordert, dass die m. A. nicht im bloßen Beschreiben von Strukturzusammenhängen stecken bleibt, sondern sich stets an übergeordneten Fragen (histor. Standort, ästhet. Gehalt und Verstehen) orientiert. Andererseits gelangen ihre Antworten erst dann zu voller Gültigkeit, wenn sie am musikal. Objekt selbst nachgewiesen werden.

Nach Ansätzen im 17. und 18. Jh. (J. Tinctoris, J. Mattheson) wurde die m. A. im 19. Jh. v. a. von Musikern und Komponisten (E. T. A. Hoffmann, R. Schumann) betrieben und entwickelte sich erst zu Beginn des 20. Jh., ausgelöst u. a. durch die Leitmotivbetrachtungen der Werke R. Wagners, zu einer eigenständigen, mittlerweile zentralen musikwiss. Disziplin (H. Riemann, A. Halm, H. Schenker, H. Kretzschmar, A. Schering), wobei sich ihre Methodendiskussion bis heute im Spannungsfeld zw. den Vertretern der formal-strukturalen Analyse einerseits und der inhaltlich-hermeneut. andererseits bewegt. Einen besonderen Stellenwert erlangte die m. A. daneben im Kreis um A. Schönberg, wobei die analyt. Einsichten in die Eigengesetzlichkeiten der Zwölftonkomposition (Reihenformen u. a.) auch stilbildend auf die Kompositionstechnik insgesamt rückwirkten. Einen breiten Raum innerhalb der m. A. zeitgenössischer Musik (z. B. der seriellen Musik) nehmen mittlerweile auch mathematisierende Methoden ein.

C. Dahlhaus: Analyse u. Werturteil (1970); H. H. Eggebrecht: Sinn u. Gehalt. Aufsätze zur m. a. (²1985); D. de la Motte: M. A., 2 Bde. (⁶1990); A. Moraitis: Zur Theorie der m. A. (1994); Zum Problem u. zu Methoden von Musikanalyse, hg. v. N. Schüler (1996).

musikalische Aufführungspraxis, allg. die Art und Weise, wie ein vom Komponisten festgelegter Notentext durch den Interpreten klanglich realisiert wird, im Besonderen die Erforschung und Rekonstruktion der Aufführungsformen älterer Musikwerke in der Epoche ihrer Entstehung (**historische Aufführungspraxis**). Bis ins 18. Jh. war die das Klangbild fixierende Notenschrift relativ offen, und es gab keine verbindl. Form der Wiedergabe, wie überhaupt die allgemeine Vorstellung von histor. Authentizität einer Aufführung den Zeitgenossen fremd war. Viele Momente des tatsächlich Erklingenden wurden nicht aufgezeichnet, sondern vom Spieler oder Sänger improvisatorisch ergänzt, und die Besetzung bzw. Wahl der Instrumente richtete sich nach den gerade verfügbaren, i. d. R. spärl. Mitteln. Erst im 19. Jh. gewannen Fragen der m. A., entsprechend dem wachsenden subjektiven Ausdrucksgehalt klass. und romant. Musik, an Bedeutung, und die nachschöpfer. Wiedergabe musikal. Werke durch den Interpreten wurde zu einer das Musikleben zunehmend beherrschenden Aufgabe, während parallel Fähigkeiten der Stegreifausführung und Improvisation an Stellenwert verloren. In der Musik des 20. Jh. hat die eigenschöpfer. Interpretation von Musik, bedingt u. a. durch freiere Kompositions- und Aufzeichnungsformen (z. B. →Aleatorik, →musikalische Grafik), wieder an Bedeutung gewonnen.

Schwerpunkte der Erforschung der m. A. beziehen sich v. a. auf Bau- und Spielweise der Instrumente, Einsatz, Zusammensetzung und Größe instrumentaler und vokaler Ensembles, Fragen der Temperatur und Tonhöhe (Stimmton, Kammerton, Chorton) und der Verzierkunst sowie auf das hinsichtlich der histor. Rekonstruktion bes. problemat. Gebiet von Takt, Tempo und Rhythmus.

Aspekte der musikal. Interpretation, hg. v. H. Danuser u. a. (1980); F. Klausmeier: Musikal. Interpretation (Wien 1980); J. Mertin: Alte Musik. Wege zur Aufführungspraxis (ebd. ²1986); Jürgen Meyer: Akustik u. m. A. (³1995); P. Reidemeister: Histor. Aufführungspraxis. Eine Einf. (²1996); G. Frotscher: Aufführungspraxis alter Musik (⁸1997).

musikalische Begabung, die →Musikalität.
musikalische Bildung, die →Musikerziehung.
musikalische Form, die Anordnung der Teile eines Musikstücks in ihrer Aufeinanderfolge und Beschaffenheit. Sie erwächst aus einer Formidee, die i. d. R. kollektiv entwickelt wird und dazu neigt, sich zu geschichtlich und gattungsmäßig typisierbaren m. F. auszubilden, wie sie die →musikalische Formenlehre zu ihrem Gegenstand erhebt. Dabei gibt es übergeordnete Formprinzipien: Ein Standardprinzip weist die →Liedform auf; dem Reihungsprinzip, bei dem jeder Formteil relativ in sich abgeschlossen ist, gehören

z. B. die Passacaglia und das Rondo an; das Entwicklungsprinzip, bei dem die Teile (etwa motivisch) eng aufeinander bezogen sind, vertritt die Sonatensatzform. Im Blick auf die Gesamtheit der musikal. Sinnträger, die neben und in Verbindung mit dem gegliederten Bau auch melodisch, rhythmisch, harmonisch und dynamisch das musikal. Gefüge bilden, kann der Begriff der m. F. durch den der **musikalischen Formung** erweitert werden. Form und Inhalt bilden in der Musik eine Einheit. Dementsprechend steht der Form- und Formungsbetrachtung der Musik, die auf den musikal. Sinn einer Komposition gerichtet ist, das Erkennen des musikal. Gehalts zur Seite, der in der m. F. als inhalt. Aussage eingeschlossen ist.

G. NESTLER: Die Form in der Musik (1954); Darmstädter Beitrr. zur neuen Musik, hg. v. E. THOMAS, Bd. 10: Form in der neuen Musik, bearb. v. T. W. ADORNO u. a. (1966); H. ERPF: Form u. Struktur in der Musik (1967); E. LIPPOLD: Zur Frage der ästhet. Inhalt-Form-Relationen in der Musik (Leipzig 1971); P. FALTIN: Phänomenologie der m. F. (1979); N. DUBOWY: Arie u. Konzert. Zur Entwicklung der Ritornellanlage im 17. u. frühen 18. Jh. (1992).

musikalische Formenlehre, die Beschreibung und Systematisierung schematischer Gestaltmodelle besonders der Instrumentalmusik (z. B. Liedform, Rondo, Sonate, Fuge). Nach Ansätzen im 18. Jh. entwickelte sie die m. F. erst im 19. Jh. zu einem eigenständigen, auch an Hochschulen etablierten Lehrfach. Als Teil der →musikalischen Analyse integriert sie die →musikalische Form in das Gesamtgefüge der musikal. Sinnträger und beachtet, dass das konkrete Werk durch charakterist. Besonderheiten jederzeit von den Schemata der m. F. abweichen kann.

E. RATZ: Einf. in die m. F. (Wien ³1973); G. ALTMANN: M. F. (Neuausg. ²1984); H. LEICHTENTRITT: M. F. (¹²1987); C. KÜHN: Formenlehre der Musik (⁴1994).

musikalische Grafik: Robert Moran, ›Four Visions‹; 1963

musikalische Grafik, Notationsform zeitgenöss. Musik, bei der dem Interpreten die Gestaltung eines Werkes mehr oder weniger frei überlassen wird. Zw. der Weiterentwicklung der traditionellen Notenschrift zur **grafischen Notation,** die optisch konnotative Elemente herkömml. Notenzeichen wie parallele Linien, Punkte, Striche, Bögen u. a. verwendet, und der autonomen m. G., die nur noch assoziativ als momentanes Bildereignis verstanden werden will, gibt es eine Fülle von Zwischenstufen. Die der traditionellen Notenschrift näher stehende **Aktionsschrift** kombiniert graf. Elemente mit bestimmten musikal. Parametern, z. B. ›Dauerstriche‹ unterschiedl. Länge anstelle von Taktangaben, ›Tonpunkte‹ unterschiedl. Größe zur Kennzeichnung dynam. Abstufungen (K. STOCKHAUSEN u. a.). Die m. G. wurde seit 1952 von E. BROWN, J. CAGE, S. BUSSOTTI, A. LOGOTHETIS, G. LIGETI u. a. entwickelt und wird v. a. in der Aleatorik angewendet. Die Bez. prägte R. HAUBENSTOCK-RAMATI.

H. SÜNDERMANN u. B. ERNST: Klang, Farbe, Gebärde, musikal. Graphik (Wien 1981); E. KARKOSCHKA: Das Schriftbild der neuen Musik (³1984).

musikalische Prosa, allg. eine aus ungleich langen und unterschiedlich gegliederten Teilen bestehende Melodie, im Ggs. zur regelmäßig gegliederten Liedmelodik als dem Inbegriff musikal. Lyrik. Der schon für früh- und hochmittelalterl. Vokalmusik (gregorian. Choral, Polyphonie des 15. und 16. Jh.) anwendbare Begriff ist v. a. von A. SCHÖNBERG weitergeführt worden und meint eine zu jeder Zeit und in allen Stimmen des Satzes metrisch und periodisch ungebundenen, von allem Formelhaften freie, expressiv beseelte musikal. Sprache im Dienste des Prosahaften als der eigtl. wahrheitsvollen Darstellung.

Musikalisches Opfer, Komposition von J. S. BACH (BWV 1079, 1747), die kontrapunkt. Ausarbeitung eines beim Besuch BACHS am Potsdamer Hof aufgegebenen Themas von FRIEDRICH II., dem das Werk als ein ›Musicalisches Opfer‹ gewidmet ist; bestehend aus neun Kanons, drei Fugen (zwei davon Ricercar gen.) und einer Triosonate.

Musikalität, musikalische Begabung, die angeborene oder erworbene Fähigkeit, Musik aufzunehmen und auszuüben. Zu den wesentl. Komponenten der M. zählen das Erkennen von Tonhöhen-, Tondauer- und Tonstärkeunterschieden, das Auffassen und Behalten von Melodien, Rhythmen, Akkorden u. a. sowie für die Musikausübung die Fähigkeit der musikal. Gestaltung und Geschicklichkeit im Umgang mit einem Instrument.

R. WAGNER: Unterss. zur Entwicklung der M. (1970); K. FÜLLER: Standardisierte Musiktests (1974); H. P. REINECKE: Über die Problematik des Testens musikal. Fähigkeiten, in: Festschr. Kurt Blaukopf, hg. v. I. BONTINCK u. a. (Wien 1975); J. RIBKE: M. als Variable von Intelligenz, Denken u. Erleben (1979); E. GORDON: Musikal. Begabung. Beschaffenheit, Beschreibung, Messung u. Bewertung (a. d. Amerikan., 1986); Musikal. Hochbegabtenförderung. Findung u. Förderung, hg. v. H. G. BASTIAN (1991).

Musikant, urspr. Bez. für jeden Musiker. Seit dem 18. Jh. allmählich absinkend, meint der Begriff im 19. Jh. nur noch den fahrenden Musiker und Gelegenheitsspieler. Die Jugendmusikbewegung nach 1900 verstand unter M. den ungekünstelten Laienmusiker in der Gemeinschaft. Heute findet sich der Begriff M. positiv nur noch in der Volksmusik. (→Musicus)

Musikantenknochen, Mäus|chen, umgangssprachl. Bez. für einen Knochenhöcker (innerer Gelenkknorren bzw. Epicondylus medialis humeri), an der Unterseite des Oberarmknochens nach der Innenseite zu gelegen (neben dem Ellbogenhöcker). Durch Stoß oder Druck kann der hinter dem M. liegende Ellennerv schmerzhaft gereizt werden.

Musik|ästhetik, Disziplin der systemat. Musikwissenschaft; als Teil der allgemeinen Ästhetik die Wiss. vom Wesen der Musik als Kunst bzw. schöne Kunst sowie vom Zugang zu ihr im hörenden Erleben. Man unterscheidet Formalästhetik, die das Wesentliche der Musik in deren eigene Elemente und Strukturen verlegt, und Inhalts- oder Ausdrucksästhetik, für die alles Musikalische eine Bedeutung, einen Ausdruck oder Gehalt besitzt, der zu deuten und in übergeordnete Zusammenhänge zu bringen ist. Obwohl alle Arten der Musik betreffend, ist die Gesch. der M. weitgehend mit der der Kunstmusik verbunden.

Nach wichtigen musikphilosoph. Ansätzen der griech. Antike (Musik als Zahlengesetzlichkeit, Musik als kosmisch-harmon. Ordnungsprinzip), die über das MA. hinaus bis in die Renaissance- und Barockzeit (→Affektenlehre) nachwirkten und der Musik als Bestandteil der →Artes liberales einen hohen Stellenwert einräumten, geriet die M. mit Entstehen der allgemeinen Ästhetik im 18. Jh. zeitweise in Schwierigkeiten, sich als eigenständige wiss. Disziplin zu behaupten, teils, weil sie als Anhang philosoph. Theorie die Musik nur als Gegenstand genießender Aufnahme betrachtet (I. KANT), teils, weil die Musik im Rahmen eines umfassenden ästhet. Systems anderen Kunstformen (u. a. der Poesie) untergeordnet wird (G. W. F. HEGEL, F. W. J. SCHELLING), oder, wie in der marxist. Ästhetik, der Musik nur eine ›mittelbare Widerspiegelung der Wirklichkeit‹ zuerkannt wird (G. LUKÁCS). Dagegen steht seit der Romantik eine Reihe von musikphilosoph. Ansätzen, deren Erkenntnisinteresse weniger darin besteht, ästhet. Werturteile auf musikal. Sachverhalte zu beziehen, sondern vielmehr ›aus dem Geist der Musik‹ eine Philosophie zu entwerfen, die sich als ›Alternative‹ zu den überkommenen Kategorien (z. B. von Sprache, Mathematik) anbietet (A. SCHOPENHAUER, F. NIETZSCHE, E. BLOCH, H. PLESSNER). In den Schriften T. W. ADORNOS werden an Werken z. B. R. WAGNERS, G. MAHLERS und A. SCHÖNBERGS formal wie inhaltsästhetisch innermusikal. Widersprüche aufgezeigt, die als Ausdruck einer antagonist. Gesellschaft gedeutet werden.

D. ZOLTAI: Ethos u. Affekt. Gesch. der philosoph. M. von den Anfängen bis zu Hegel (a. d. Ungar., Berlin-Ost 1970); Neue Aspekte der musikal. Ästhetik, hg. v. H. W. HENZE, 2 Bde. (1979–81); Musik – zur Sprache gebracht. Musikästhet. Texte aus drei Jh., hg. v. C. DAHLHAUS u. a. (1984); Nicht versöhnt. M. nach Adorno, hg. v. H.-K. JUNGHEINRICH (1987); C. DAHLHAUS: Klass. u. romant. M. (1988); F. BEINROTH: M. von der Sphärenharmonie bis zur musikal. Hermeneutik (²1996); E. FUBINI: Gesch. der M. von der Antike bis zur Gegenwart (a. d. Ital., 1997).

Musik|automaten, die →mechanischen Musikinstrumente.

Musikbibliothek, private oder öffentl. Sammlung von Musikdrucken und -handschriften, Musikliteratur und -zeitschriften, Dokumenten (Briefe), Bildern und Tonträgern (Schallplatten, CDs, Tonbänder, Tonfilme) mit Musikaufzeichnungen. Aufgabe ist die Erhaltung, Erfassung, Erschließung und Bereitstellung musikal. Materialien. Bedeutende M. bestehen u. a. in Berlin, München, Paris, London, Washington.

Musikbogen, ein urspr. über die ganze Erde, heute v. a. noch in Zentral- und Südafrika, Asien und Ozeanien verbreitetes, zu Beschwörungszwecken verwendetes Chordophon, dem Schießbogen ähnelnd (eine Abbildung möglicherweise in den Felszeichnungen von Les Trois Frères in SW-Frankreich, um 15 000 v. Chr.). Die zw. den beiden Enden eines elast., gebogenen Stabes gespannte Saite wird mit einem Stäbchen angeschlagen oder gestrichen, seltener mit dem Finger angerissen. Durch eine über Saite und Bogen gelegte Stimmschlinge oder Fingerdruck wird der Tonhöhe verändert. Als Resonator dient die Mundhöhle, vor welche die Saite gehalten wird, oder eine mit dem Bogen verbundene, verschiebbare Kalebasse.

Musikbox, als Münzautomat (v. a. für Gaststätten) gebauter Plattenspieler mit einem Magazin von 30 bis 200 Singleplatten. Die Platten werden nach Geldeinwurf mittels einer Tastatur ausgewählt und dann automatisch abgespielt.

Musikdirektor, Abk. **MD,** urspr. Titel des leitenden Musikbeauftragten einer Stadt (lat. Director musices, so z. B. J. S. BACH in Leipzig, G. P. TELEMANN in Hamburg). Seit dem 19. Jh. allg. verliehen an die Leiter musikal. Institutionen (Städt. M., Universitäts-, [ev.] Kirchen-M.). In größeren Städten erhält der M. vielfach den Titel **General-M.** (Abk. **GMD**), so erstmals G. SPONTINI 1819 in Berlin.

Musikdrama, von T. MUNDT (›Krit. Wälder‹, 1833) geprägter Begriff für ein musikal. Bühnenwerk, bei dem sich die Musik den Anforderungen des Dramas fügt und unter Verzicht auf dramaturgisch nicht begründete Eigenansprüche (z. B. stimml. Prachtentfaltung, Nummernfolge der Partien) mit Wort und Szene eine bruchlose Einheit bildet. Die Identität von dichter. und musikal. Absicht bildet den Kerngedanken der Idee des →Gesamtkunstwerks von R. WAGNER, auf dessen Werk die Bez. M. vornehmlich angewendet wird (v. a. ›Ring des Nibelungen‹), obwohl sie WAGNER selbst ablehnte. Z. T. als Gegenbegriff zu M. wird im 20. Jh. die Bez. →Musiktheater gebraucht.

Musiker, Person, die Musik ausübt, i. e. S. der Berufs-M. im Unterschied zum Laienmusiker. Nähere Kennzeichnungen erfolgen gemäß der spezif. Tätigkeit (Orchester-, Kammer-M.) und dem Ort der Anstellung (Hof-M., Stadt-M., Kirchen-M.), dazu kamen seit dem Aufblühen des öffentl. Musiklebens im 18./19. Jh. die ›freien‹ (d. h. nicht in einem festen Anstellungsverhältnis stehenden) Musiker.

Musikerverbände, Berufsorganisationen, die sich um die soziale Sicherung der Musiker bemühen und standesrechtl., musikalisch-künstler. und kulturpolit. Aufgaben und Ziele verfolgen; es bestehen zahlr. Interessenverbänden in Dtl. heute v. a. der ›Verband Dt. Schulmusiker‹ (seit 1949; Sitz: Mainz), die ›Dt. Orchestervereinigung e. V.‹ in der DAG‹ (seit 1952; Sitz: Hamburg) und der ›Dt. Tonkünstlerverband e. V.‹ (seit 1990; Sitz: München), Nachfolger des 1844 gegründeten ›Berliner Tonkünstlervereins‹.

Musik|erziehung, Musik|pädagogik, musikalische Bildung, die Ausbildung musikal. Anlagen durch allgemeine Sensibilisierung, Gehör-, Stimmbildung und Singen, durch Musik und Bewegung, Rhythmik, Tanz, aktives Musizieren (mit Musikinstrumenten bzw. vokal), Schaffung eines Tonbewusstseins und einer inneren Vorstellung von Musik, Vermittlung der abendländ. (Kunst-)Musik, ihrer Philosophie und Techniken (z. B. Notenschrift), Wecken kreativer musikal. Kräfte (Improvisation, Komposition) sowie die Analyse musikal. Werke. Zunehmend werden die positiven Auswirkungen thematisiert und erforscht, die M. auf die Intelligenzentwicklung, Lern- und Konzentrationsfähigkeit, auf Fantasie und Kreativität, Ausdrucks- und Kommunikationsfähigkeit sowie auf Identität, Sinnerfüllung, Sozialverhalten und Teamfähigkeit ausübt.

M. liegt heute in der Bildungsverantwortung von →Musikschulen und →Musikhochschulen, freien Musikerziehern (aktives Musizieren) sowie allgemein bildenden Schulen. Auch bei der Laienmusik (Chöre, Musikvereine) findet die M. Anwendung.

Die Erziehung zur Musik und Erziehung durch Musik hat von den magisch-kult. Bezirken der altchin. Lehren bis zur ersten Begriffsbildung einer mus. Erziehung bei den Griechen in PLATONS ›Staat‹ eine wichtige Rolle gespielt. Im Erziehungssystem des MA. hatte die Musik im System der ›Artes liberales einen festen Platz. Humanismus und Reformation wandten sich verstärkt musikerzieher. bzw. schulmusikal. Fragestellungen zu. Doch erst seit der 2. Hälfte des 18. Jh. kann vom Beginn einer musikpädagog. Bestimmung und Theoriebildung i. e. S. gesprochen werden (J.-J. ROUSSEAU, J. G. HERDER, GOETHE, H. PESTALOZZI). Im 19. Jh. kamen freie Formen der musikal. Laienbildung, das Chorgesangswesen, auf. Eine Neubelebung brachten die von der Jugendmusikbewegung um 1920–30 angeregten Reformen (Volkslied, Volkstanz, alte Liedsätze). Eine veränderte Grundsituation ergab sich etwa 1950 durch die Notwendigkeit, die M. in das Bild einer gewandelten gesellschaftl. Umwelt zu integrieren. Bisher gültige musikpädagog. Vorstellungen wie die der ›mus. Erziehung‹ wurden z. B. von T. W. ADORNO kritisiert und mit der Besinnung auf die gesellschaftl. Bedingtheit und krit. Funktion des Kunstwerks konfrontiert. Erkenntnisse benachbarter Wissenschaftszweige, bes. der Psychologie und der Soziologie, wurden in die Neuorientierung einbezogen; neben der Volks- und Kunstmusik wird zunehmend auch die Unterhaltungs-, Rock-, Pop- und Jazzmusik berücksichtigt; M. erhielt dadurch eine eigenständige Bedeutung im Rahmen sozialer Lernprozesse.

Hauptaufgabe der **Musikdidaktik** ist es, Lerninhalte und -ziele den neuen Aufgaben anzugleichen und Unterrichtsmodelle bereitzustellen.

W. LUGERT: Grundr. einer neuen Musikdidaktik (²1983); H. ANTHOLZ: Musiklehren u. Musiklernen (1992); G. NOLL: Musikal. Früherziehung (1992); Musikpädagogik für die Praxis, hg. v. P. MRAZ (²1995). – *Zeitschriften:* Musica (1947 ff.); Musik u. Bildung (1969 ff.); Üben & Musizieren (1983 ff.).

Musik|ethnologie, vergleichende Musikwissenschaft, Ethnomusikologie, musikalische Volks- und Völkerkunde, in den USA auch **World-Music** [wəːld ˈmjuːzɪk], Teilgebiet der Musikwiss., das sich mit der außereurop. Stammes-, Volks- und Kunstmusik sowie der europ. Volksmusik befasst, auch interdisziplinär arbeitet und die Völkerkunde, Anthropologie, Soziologie, Psychologie, Religions- und Sprachwiss. mit einbezieht. Ihre Forschung stützt sich auf vorgeschichtl. Funde (Musikarchäologie), Studien an Bildquellen (Musikikonographie) und bei schriftlosen Völkern auf bei der Feldforschung erfragte allgemeine kulturelle Fakten sowie Tondokumente, die dem Gehör nach transkribiert und mit elektron. Apparaturen untersucht werden. Für die Kunstmusik der Hochkulturen erschließt sie zusätzlich die schriftl. Aufzeichnungsweisen von Musik und die theoret. Quellen.

Mit der Gründung von Phonogrammarchiven um die Jahrhundertwende erlebte die M. ihren ersten großen Aufschwung, beschränkte sich aber zunächst weitgehend auf das Studium isolierter Elemente musikal. Kulturen (Tonsysteme, Rhythmen, Instrumente und deren histor. Einordnung); exemplarisch ist die Sammlung des Berliner Phonogrammarchivs (heute musikethnolog. Abteilung des Museums für Völkerkunde), begonnen von C. STUMPF und E. M. VON HORNBOSTEL im Jahre 1900. Bis in die 50er-Jahre hinein stand die M. unter dem Einfluss der →Kulturkreislehre (C. SACHS, MARIUS SCHNEIDER, *1903, †1982). Auf schwacher Quellenbasis wagte man teilweise globale Aussagen und Vergleiche. Nach dem Zweiten Weltkrieg erzielte die M. große Fortschritte, nicht zuletzt aufgrund der interdisziplinären Arbeitsweise, die versucht, die Musik als eigenwertigen Bestandteil der Gesamtkultur einer Ethnie zu begreifen und Musikpraxis, Gestaltungsprozesse sowie Akkulturationsprozesse mit einzubeziehen. Verbesserte Reisemöglichkeiten und Aufnahmetechniken ermöglichen gezieltere Feldforschung und Dokumentation.

K. REINHARD: Einf. in die M. (1968); W. WIORA: Ergebnisse u. Aufgaben vergleichender Musikforschung (1975); A. SCHNEIDER: Musikwiss. u. Kulturkreislehre (1976); Musikethnolog. Sammelbände, hg. v. W. SUPPAN, auf zahlr. Bde. ber. (Graz 1977 ff.); Außereurop. Musik in Einzeldarst, hg. v. J. KUCKERTZ (1980); H. OESCH: Außereurop. Musik, 2 Tle. (1984–87); Ethnomusicology, hg. v. H. MYERS, 2 Bde. (London 1992–93); Perspektiven der M. Dokumentationstechniken u. interkulturelle Beziehungen, hg. v. B. B. REUER u. L. TARI (1994). – *Zeitschriften:* Ethnomusicology (Middletown, Conn., 1953 ff.); Jb. für musikal. Volks- u. Völkerkunde (1963 ff.).

Musikfestspiele, meist periodisch wiederkehrende Veranstaltung von festl. Tagen oder Wochen zur Pflege von Oper, Konzert oder Tanz, um mit bedeutenden Interpreten exemplar. Aufführungen von hoher künstler. Qualität darzubieten. Die ersten M. modernen Stils lassen sich in Großbritannien nachweisen (u. a. Three choirs festival in Gloucester, Hereford und Worcester ab 1724, Händel-Feste in der Westminster Abbey 1784–87 und 1791). In Dtl. fand das erste Musikfest 1810 in Bad Frankenhausen statt. Oft sind M. der Pflege oder dem Andenken der Werke eines Komponisten gewidmet (z. B. Bachfeste der Neuen Bachgesellschaft, Beethovenfeste der Stadt Bonn, Händelfestspiele in Halle), manche gelten einzelnen Musikgattungen (JazzFest Berlin) oder bestimmten Epochen, bei anderen stehen berühmte Interpreten als Initiatoren im Mittelpunkt (z. B. H. VON KARAJAN bei den Osterfestspielen Salzburg). Weitere bekannte M. sind u. a. in Bayreuth (Bayreuther Festspiele, Internat. Jugend-Festspieltreffen), Berlin (Berliner Festwochen), Dresden (Internat. Dixieland-Festival Dresden), Donaueschingen (Donaueschinger Musiktage für zeitgenöss. Musik), München (Opernfestspiele), Recklinghausen (Ruhrfestspiele), Schwetzingen (Schwetzinger Festspiele), Bregenz (Bregenzer Festspiele), Wien (Wiener Festwochen), Luzern (Internat. Musikfestwochen), Aix-en-Provence (Festival international de musique), Metz (Rencontres internationales de musique contemporaine), Edinburgh (International Festival), Glyndebourne (Glyndebourne Festival), Florenz (Maggio musicale fiorentino), Spoleto (Festival dei due mondi), Verona (Opernfestspiele), Prag (Prager Frühling), Warschau (Warschauer Herbst), Newport, R. I. (American Jazz Festival), Tanglewood, Mass. (Berkshire Symphonic Festival).

Musikgeschichte, Bez. sowohl für den Ablauf allen auf die Musik bezogenen Geschehens in der Vergangenheit, wie es sich in der Entwicklung von Komposition (Stile, Gattungen, Satztechniken), Tonsystemen, Notenschrift und Instrumenten offenbart, als auch für die Erforschung und Darstellung dieses Geschehens. Den wissenschaftlich-literar. Niederschlag finden die musikhistor. Betrachtung und deren Gegenstand in der Musikgeschichtsschreibung, die auf der Basis der musikwiss. Detailforschung eine Zusammenschau anstrebt und durch den steten Wandel ihrer Fragestellungen selbst wieder Geschichte wird. Das spätantike (PSEUDO-PLUTARCH, 2./3. Jh.) und mittelalterl. Schrifttum (z. B. ISIDOR VON SEVILLA, ›Etymologiae‹; GUIDO VON AREZZO, ›Micrologus‹) enthält frühe Beispiele histor. Betrachtung. Während im MA. die Herausbildung musikal. Neuerungen in einem ungebrochenen, das jeweils Neue aus dem Alten ableitenden Traditionsprozess erfolgt (→Ars antiqua, →Ars nova), wird im Humanismus und in der Renaissance mit der Ausrichtung an antiken Vorbildern der Boden bereitet für das moderne Bewusstsein von Geschichte als Gegenstand einer Wiederentdeckung und geistigen Durchdringung der musikal. Vergangenheit mittels Sammeln und krit. Auswertung der Quellen, wie es im 17. Jh. ansatzweise in Arbeiten von M. PRAETORIUS, A. KIRCHER, W. C. PRINTZ und G. A. BONTEMPI zu beobachten ist. Die musikal. Universalgeschichten des 18. Jh., u. a. von CHARLES-HENRI DE BLAINVILLE (*1711, †1769), JEAN-BENJAMIN DE LABORDE (*1734, †1794), G. B. MARTINI, JOHN HAWKINS (*1719, †1789), C. BURNEY, J. N. FORKEL, vertreten die aufklärer. Auffassung eines stufenweisen Fortschritts zur Vervollkommnung, i. d. R. mit der Kanonisierung eines bestimmten Epochenstils oder eines herausragenden Komponisten verbunden ist. Im 19. Jh. dringt bei F.-J. FÉTIS und RAPHAEL GEORG KIESEWETTER (*1773, †1850) der Gedanke des organ. Wachstums und der Eigenwertigkeit jeder musikgeschichtl. Epoche durch, dem A. W. AMBROS noch die kulturhistor. Perspektive hinzufügt. Zugleich verlagert sich das Interesse im Gefolge histor. Wiedererweckungsbemühungen (Neuausgaben alter Musik und nat. Denkmäler, Komponistengesamtausgaben) auf die Spezialforschung. Einen Schwerpunkt bildet die Musikerbiographie (G. BAINI, ›Memoire ... du G. P. da Palestrina‹, 2 Bde., 1828; O. JAHN, ›W. A. Mozart‹, 4 Tle., 1856–59; F. CHRYSANDER, ›G. F. Händel‹, 3 Bde., 1858–67; A. W. THAYER, ›Ludwig van Beethovens Leben‹, 3 Bde., 1866–79; P. SPITTA, ›Johann Sebastian Bach‹, 2 Bde., 1873–80). Das 20. Jh. bringt ein neues Verständnis der M. als Problemgeschichte

(H. RIEMANN), als Stilgeschichte (G. ADLER), als Form- und Gattungsgeschichte (H. KRETZSCHMAR, A. SCHERING, HUGO LEICHTENTRITT, *1874, †1951) und als Geistesgeschichte (W. GURLITT, H. BESSELER, J. CHAILLEY, J. S. HANDSCHIN, ERNST BÜCKEN, *1884, †1949, MANFRED BUKOFZER, *1910, †1955).

Die neuere Forschung ist durch die fortschreitende Spezialisierung und die Ausbildung neuer Teildisziplinen, z. B. Musikterminologie, Musikikonographie (→Ikonographie), gekennzeichnet sowie durch den Versuch, die in anderen Wiss.en wie Soziologie, Psychologie, Ethnologie, Informationstheorie, Literatur- und Sprachwiss. erarbeiteten Methoden und Erkenntnisse für die Interpretation musikgeschichtl. Phänomene zu nutzen. So wird alles musikal. Geschaffene in den Kontext seiner Entstehung und seines Fortlebens gestellt und aus sozial-, ideen-, institutionsgeschichtl., psycholog. oder anthropolog. Gegebenheiten heraus erklärt. Oder es wird umgekehrt aus der Art der Musik auf allg. vorherrschende Denk- oder Bewusstseinsformen oder auf die innere Verfassung des oder der Produzenten oder der Rezipienten geschlossen. In diesem Zusammenhang treten die Gebiete der Musikrezeption und der funktionalen und populären Musik zunehmend in den Vordergrund der historiograph. Bemühung. Ein anderer Schwerpunkt ist die Kompositionsgeschichte. Sie ist traditionell auf das schriftlich fixierte musikal. Kunstwerk von Rang gerichtet, begreift es jedoch nicht mehr allein als partielles Dokument der Biographie des Komponisten oder eines Personal-, Gattungs- oder Epochenstils, sondern sucht es als ästhet. Gegenstand in seiner Individualität und im Funktionszusammenhang der Ganzheit seiner techn. und formalen Elemente zu verstehen. Ihr Problem ist die Eingliederung des isolierten Werks in die Kontinuität der angenommenen immanenten musikgeschichtl. Entwicklung.

G. KNEPLER: Zur Methode der M., in: Beitr. zur Musikwiss. 3 (1961); DERS.: Gesch. als Weg zum Musikverständnis (Leipzig ²1982); W. F. KÜMMEL: Gesch. u. M. (1967); Studien zur Tradition in der Musik. Kurt von Fischer zum 60. Geburtstag, hg. v. H. H. EGGEBRECHT u. a. (1973); E. HEGAR: Die Anfänge der neueren M.-Schreibung um 1770 (²1974); W. BRAUN: Das Problem der Epochengliederung in der Musik (1977); C. DAHLHAUS: Grundl. der M. (1977); W. D. FREITAG: Der Entwicklungsbegriff in der M.-Schreibung (1980); W. WIORA: Ideen zur Gesch. der Musik (1980); C. KÜHN: Musiklehre. Grundl. u. Erscheinungsformen der abendländ. Musik (1981); Epochen der M. in Einzeldarst.en, Vorw. v. F. BLUME (⁵1983); A. SCHNEIDER: Analogie u. Rekonstruktion. Studien zur Methodologie der M.-Schreibung u. zur Frühgesch. der Musik, Bd. 1 (1984); W. SEIDEL: Werk u. Werkbegriff in der M. (1987); H. H. EGGEBRECHT: Schreiben über Musik, in: Europ. Musik in Schlaglichtern, hg. v. P. SCHNAUS (1990); J. HANDSCHIN: M. im Überblick (⁶1990), H.-C. SCHAPER: M. kompakt. Grundwissen u. Beispiele, 2 Bde. (1993–96); G. DIETEL: M. in Daten (1994); E. HOETZL: M. heute? Versuch einer Perspektive (Wien 1995).

Musikgesellschaften, Musikver|eine, Vereinigungen von Musikern, Musikwissenschaftlern, Musikliebhabern und Vertretern der Musikwirtschaft zur allgemeinen Musikpflege oder musikwiss. Forschungsarbeit. In Dtl. sind alle der Musikpflege dienenden Organisationen im Dt. →Musikrat zusammengeschlossen. Die führende wiss. Musikgesellschaft in Dtl. ist die ›Gesellschaft für Musikforschung‹ (gegr. 1947, mit Sitz in Kassel).

Musikhochschule, Hochschule für Musik, staatl. Lehrinstitut für die musikal. Berufsausbildung mit hauptsächlich folgenden Berufszielen: 1) Orchestermusiker, Instrumentalsolist, Dirigent, Komponist, Opern- und Konzertsänger, Tänzer; 2) freiberufl. Musiklehrer und Lehrer an Musikschulen; 3) Schulmusiker, Kirchenmusiker (diese Studiengänge gibt es nur an M.). – Eingangsvoraussetzung ist in jedem Fall eine bestandene Eignungsprüfung, ferner das Abitur. Die Studienabschlüsse sind hochschulinterne bzw. hochschulinterne oder staatl. bzw. ausschließlich staatl. Prüfungen. – Die erste so benannte M. war die 1868 gegründete Königl. Hochschule für Musik in Berlin, deren erster Direktor J. JOACHIM. Es gibt (1997) in Dtl. 23 M., die nach und nach aus Konservatorien, Akad. u. Ä. hervorgingen, und zwar in Berlin (zwei Hochschulen), Bremen, Detmold (mit Dortmund und Münster), Dresden, Düsseldorf, Essen (mit Duisburg), Frankfurt am Main, Freiburg im Breisgau, Hamburg, Hannover, Heidelberg-Mannheim, Karlsruhe, Köln (mit Aachen und Wuppertal), Leipzig, Lübeck, München, Rostock, Saarbrücken, Stuttgart, Trossingen, Weimar und Würzburg. (→Konservatorium, →Musikschule)

Musikhochschulführer, hg. v. der Rektorenkonferenz der M. der Bundesrep. Dtl. ... (1990); Musikstudium in der Bundesrep. Dtl. Musik, Musikerziehung, Musikwissenschaft, hg. v. R. JAKOBY u. E. KRAUS (¹¹1994).

Musik|instrumente, Geräte zur Erzeugung musikalisch verwendbaren Schalls (Töne, Klänge, Geräusche), i. w. S. wird auch der menschl. Körper in der M. gezählt (z. B. beim Singen, Händeklatschen). – Die lückenhafte Überlieferung durch Funde erlaubt es nicht, die Entstehung der M. im Einzelnen zu datieren. Nach der (nicht mehr vorbehaltlos anerkannten) Theorie von C. SACHS besteht diese Reihenfolge: In prähistor. Zeit entstanden Schlagidiophone, in der Altsteinzeit Schraper und Knochenpfeife, in der Jungsteinzeit Grifflochflöte, einfellige Trommel, Panflöte, Musikbogen, Xylophon, Maultrommel und Rohrblattpfeife, in der Metallzeit Zither und Glocke. Seit der Jungsteinzeit verfügen die M. über wechselnde Tonhöhen. – Über das Instrumentarium der frühen Hochkulturen können schon verhältnismäßig genaue Angaben gemacht werden. Rekonstruierbare Funde, Abbildungen und Schriftzeugnisse lassen für das 3. Jt. v. Chr. in Mesopotamien den Schluss auf den Gebrauch von Harfe, Leier und zweifelliger Trommel zu. Ein Jt. später sind in Ägypten Laute, Becken, Trompete und Doppelrohrblattpfeife bezeugt. Das griech. Instrumentarium im 1. Jt. v. Chr. ist aus dem Vorderen Orient übernommen und brachte an Neuerungen Sackpfeife, Kastagnetten und Hydraulis. Wahrscheinlich über die Etrusker und Kelten gelangten Harfen, Leiern und Hörner ins mittelalterl. Europa; aus dem Orient kamen für die Folgezeit wichtige M. wie Orgel, Psalterium, Fiedel, Rebec, Laute, Schalmei und Trompete. Eine bedeutende Neuerung des MA. war die Einführung von Tasten bei Saiteninstrumenten, wodurch spätestens im 14. Jh. über das Monochord die Frühformen von Klavichord und Cembalo entstanden. In der Renaissance wurde das Instrumentarium stark ausgeweitet; der Tonraum erweiterte sich um zwei Oktaven nach unten, es entstanden viele Instrumentenfamilien, d. h. Bau des gleichen M. in Diskant-, Alt-, Tenor- und Basslage. Neue Typen wurden entwickelt, bes. bei den Blasinstrumenten (z. B. Rackett, Sordun, Rausch- und Schreierpfeife, Dulzian, Krummhorn, Pommer, Zink). Aus Fiedel und Rebec entstanden die drei Gruppen der Streichinstrumente, die Liren, Violen und die Violinfamilie. Das 16. Jh. unterschied die akkordfähigen ›Fundamentinstrumente‹ wie Orgel, Cembalo und Laute von den i. d. R. einstimmigen ›Ornamentinstrumenten‹ wie Posaune, Flöte und Geige. Im 17./18. Jh. bildete sich das Orchester mit dem Streicherchor als Kern heraus. Bedeutsam waren im 18. Jh. die Entwicklung des Hammerklaviers und die Einführung der temperierten Stimmung. Die allgemeine Technisierung führte im 19. Jh. im Instrumentenbau zur Verbesserung vorhandener M. (z. B. Einführung der ausgereiften Klappenmechanik bei Flöten und Rohrblattinstrumenten, von Ventilen bei Blechblasinstrumenten, der Repetitionsmechanik beim

Klavier). Daneben entstanden neue M. wie Saxophon, Harmonium, Mund- und Handharmonika. Neue Klangmöglichkeiten erschlossen im 20. Jh. die Elektrophone.

In der Musikpraxis werden die M. unterschieden nach Saiten-, Blas- und Schlaginstrumenten. In der →Instrumentenkunde, die die M. nach der Beschaffenheit des vorrangig schwingenden Teils klassifiziert, gilt, mit gewissen Einschränkungen, die von C. SACHS und E. M. VON HORNBOSTEL (1914) im Anschluss an V.-C. MAHILLON (1880) aufgestellte Einteilung in folgende fünf Gruppen: 1) **Idiophone** (Selbstklinger), wie Kastagnetten, Becken, Xylophon, Rasseln, Maultrommel, Glasharmonika; 2) **Membranophone** (Fellklinger), wie Trommel und Pauke; 3) **Chordophone** (Saitenklinger), wie Musikbogen, Zither, Harfe, Klavichord, Cembalo, Klavier, Laute, Gitarre, Violine; 4) **Aerophone** (Luftklinger), wie Trompete, Flöte, Rohrblattinstrumente, Orgel, Harmonium, Mund- und Handharmonika; 5) **Elektrophone** (elektron. Musikinstrumente), wie Hammondorgel, Ondes Martenot, Trautonium und Synthesizer.

C. SACHS: Real-Lex. der M. (1913, Nachdr. 1979); DERS.: Hb. der M.-Kunde (^{2}1930, Nachdr. 1990); H. H. DRÄGER: Prinzip einer Systematik der M. (1948); H. HEYDE: Grundl. des natürl. Systems der M. (Leipzig 1975); W. PAPE: Instrumenten-Hb. (^{2}1976); M. in Einzeldarst., 2 Bde. (1981–82); H. SCHAUB: Die Instrumente im Sinfonieorchester (Bern 1981); R. DONINGTON: Music and its instruments (London 1982); K. GEIRINGER: Instrumente in der Musik des Abendlandes (a. d. Engl., 1982); H. KUNITZ: Instrumenten-Brevier (^{4}1982); J. H. VAN DER MEER: M. Von der Antike bis zur Gegenwart (1983); L. VORREITER: Die schönsten M. des Altertums (1983); New Grove Dictionary of musical instruments, hg. v. S. SADIE, 3 Bde. (London 1984); Bildwörterbuch M., bearb. v. K. MAERSCH u. a. (Leipzig 1987); M. DICKREITER: M. (Neuausg. 1987); A. BAINES: Lex. der M. (a. d. Engl., 1996).

Musik|kritik, die publizist. Darstellung, Analyse und Beurteilung von Musikwerken, Aufführungen und Veranstaltungen in Tageszeitungen, musikal. Fachzeitschriften, im Rundfunk, Fernsehen u. Ä.; bei neuen Werken mit dem Akzent auf Werkkritik, während bei bekannten die Qualität der Aufführung bzw. Interpretation kritisch betrachtet wird. Zur M. gehören auch Äußerungen zu Fragen der Musikentwicklung sowie Rezensionen von Platteneinspielungen, Buchpublikationen, Warentests von Musikinstrumenten und Geräten der Unterhaltungselektronik.

Die Anfänge der M. liegen im frühen 18. Jh. In Dtl. waren v. a. J. MATTHESON, J. A. SCHEIBE, F. W. MARPURG, J. N. FORKEL und J. F. REICHARDT bedeutende Musikkritiker, in Frankreich J.-J. ROUSSEAU und in England C. BURNEY. Ständige Einrichtung in der Tagespresse wurde die M. gegen Ende des 18. Jh. (1788 das erste Feuilleton in der Tagespresse, der ›Voss. Zeitung‹). Bedeutung erlangte die ›Allgemeine musikal. Zeitung‹ (1798–1848, gegr. von J. F. ROCHLITZ).

H. H. STUCKENSCHMIDT: Glanz u. Elend der M. (1957); Über Musik u. Kritik, hg. v. R. STEPHAN (1971); M. WAGNER: Gesch. der österr. M. (1979); L. LESLE: Notfall M. (1981); G. BÖHEIM: Zur Sprache der Musikkritiken (1987); M. O. DÖPFNER: M. in Dtl. nach 1945 (1991); F. R. LOVISA: M. im Nationalsozialismus. Die Rolle dt.-sprachiger Musikzeitschriften 1920–1945 (1993).

Musik|lehre, die Gesamtheit der theoret. Fächer, die als Grundlage des Komponierens und des Musikverstehens angesehen werden. Die M. entstand aus den musikal. Handwerkslehren (Kontrapunkt-, Generalbass-, Harmonielehren) des 18. Jh. (J. MATTHESON, F. MARPURG u. a.). Seit dem frühen 19. Jh. entstehen große Kompositionslehren, die die Einzelgebiete der älteren Handwerkslehren erschöpfend zusammenfassen, z. B. ›Die Lehre von der musikal. Komposition‹ (1837–47, 4 Bde.) von A. B. MARX, ›Die Grundsätze der musikal. Komposition‹ (1853–54, 3 Bde.) von S. SECHTER, ›Große Kompositionslehre‹ (1902–13,

3 Bde.) von H. RIEMANN, ›Neue musikal. Theorien und Phantasien‹ (1906–35, 4 Tle.) von H. SCHENKER. – Ferner ist M. auch Bez. für die Vermittlung von Grundkenntnissen im Bereich der Musik (**allgemeine M., Elementarlehre**). Dazu gehören Notations-, Intervall-, (einfache) Akkord- und Tonartenlehre, Grundzüge der Formenlehre, der Musikgeschichte und der Akustik. Bei der Aufnahme eines Musikstudiums werden diese Grundkenntnisse vorausgesetzt.

C. KÜHN: M. (1981); H. GRABNER: Allg. M. (^{19}1994); C. HEMPEL: Neue allg. M. (1997).

Musik|leistung, engl. **Dynamic Power** [daɪ'næmɪk 'pauə], *Elektroakustik:* bei kurzfristiger Vollaussteuerung erreichbare, zahlenmäßig nicht genau definierte Ausgangsleistung, die ein Verstärker unter Einhaltung eines festgelegten Klirrfaktors abgeben kann. Im Ggs. zu einer länger anhaltenden Überschreitung der →Sinusdauerleistung, bei der es zum Absinken der Betriebsspannung kommt, bleibt diese bei der M. nahezu gleich; der erhöhte Strombedarf wird durch Kondensatoren des Netzteils gedeckt. Als **MPO** (Abk. für engl. **m**usic **p**ower **o**utput) wird die auf einen Klirrfaktor von 5 % bezogene M. bezeichnet.

Musikpädagogik, die →Musikerziehung.

Musikpsychologie, Teildisziplin der systemat. Musikwissenschaft, die die psych. Faktoren musikal. Verhaltens untersucht. Die M. ist durch vielfältige Überschneidungen mit anderen Wiss.en verbunden (Physik, Physiologie, allgemeine Psychologie, Ästhetik) und sowohl in method. Hinsicht als auch in ihren Fragestellungen von diesen beeinflusst.

Hervorgegangen aus der musikal. Akustik und Psychophysik des 19. Jh., widmete sich die M. zunächst als Tonpsychologie (C. STUMPF) v. a. den elementaren Erscheinungen musikal. Wahrnehmung: dem Konsonanz-Dissonanz-Problem und den psychophys. Grundeigenschaften musikal. Klänge (Tonhöhe, Lautstärke und Klangfarbe). Unter dem Einfluss der Gestalt- und Ganzheitspsychologie (C. VON EHRENFELS) wandte sich die M. komplexeren Phänomenen wie absolutes Gehör, Musikalität, Typologie musikal. Wahrnehmung u. a. zu (ERNST KURTH, * 1886, † 1946; GÉZA RÉVÉSZ, * 1878, † 1955). Seit den 1930er-Jahren verlagerte sich das Schwergewicht in die USA, wo man die psychophysikalisch orientierte Forschung vorantrieb und sich der Untersuchung der emotionalen Wirkung von Musik zuwandte. Seit den 60er-Jahren untersucht die M. mit Methoden der Sprachforschung die Rezeption von Musik. In jüngster Zeit beginnt sich zunehmend ein sozialpsycholog. Ansatz durchzusetzen: neben psychischen werden in verstärktem Maße auch soziale Gesichtspunkte berücksichtigt. Im Rahmen der Musikpädagogik befasst sich die M. heute u. a. mit dem Problem der Messbarkeit musikal. Begabung in Form von Musikalitätstests sowie mit der Anwendung lernpsycholog. Erkenntnisse auf den Musikunterricht.

C. STUMPF: Tonpsychologie, 2 Bde. (1883–90, Nachdr. 1965); H. VON HELMHOLTZ: Die Lehre von den Tonempfindungen als physiolog. Grundl. für die Theorie der Musik (^{6}1913, Nachdr. 1983); E. KURTH: M. (1931, Nachdr. 1969); G. RÉVÉSZ: Einf. in die M. (Bern ^{2}1972); A. WELLEK: M. u. Musikästhetik (^{3}1982, Nachdr. 1987); M. Ein Hb. in Schlüsselbegriffen, hg. v. H. BRUHN u. a. (1985); M. BÜCHLER: Musik u. ihre Psychologien (1987); B. LUBAN-PLOZZA u. a.: Musik u. Psyche (Basel 1988); H. DE LA MOTTE-HABER: Hb. der M. (^{2}1996); U. RAUCHFLEISCH: Musik schöpfen, Musik hören. Ein psycholog. Zugang (1996).

Musik|rat, offizielle Dachorganisation aller der Musikpflege dienenden Verbände, Gesellschaften, Vereine u. Ä. eines Landes. Die einzelnen nat. M. sind zusammengeschlossen im →Internationalen Musikrat. Dem 1953 unter der Bez. ›Dt. Sektion des Internat. Musikrates e. V.‹ gegründeten **Deutschen M.** (Sitz: Bonn) gehören die Landes-M. und zahlr. länderübergreifende Musikorganisationen bzw. -verbände an.

Musikschule, Institution zur musikal. Früherziehung bzw. Grundausbildung von Kindern, Jugendlichen und Erwachsenen, verbunden mit der Ausbildung auf Musikinstrumenten, im Gesang und in Musiklehre sowie mit einer Begabtenförderung bis zur Vorbereitung auf ein Musikstudium. Die rd. 1 000 öffentl. M. in Dtl. sind mit (1997) über 1 Mio. Schülern die wichtigsten Träger der außerschul. musikal. Bildung. Das Angebot der M. wird durch Musiktheater, Jazz, Folklore, Popmusik, Musik mit Behinderten, Kooperation mit Schulen, Zusammenarbeit mit Vereinigungen der Blas- und Volksmusik sowie weiteren Partnern abgerundet. Den Unterricht erteilen (diplomierte) Fachlehrer; Zuschüsse von Kommunen und Ländern halten die Gebühren sozialverträglich. Die M. sind im Verband dt. M. (VdM; Sitz: Bonn) organisiert, der u. a. Lehrpläne herausgibt, Kongresse und Fortbildung veranstaltet und den Wettbewerb ›Jugend musiziert‹ fördert; er ist außerdem Träger des Dt. Musikschulorchesters (DMO). – Die erste Volks-M. wurde 1925 durch F. JÖDE in Berlin gegründet.

Die M., 7 Bde. ($^{1-2}$1974–94); Dokumente zur Gesch. der M. 1902-1976, hg. v. D. HEMMING (1977); Hb. des Musikschul-Unterrichts, hg. v. D. WUCHER u. H.-W. BERG (1979); Statist. Jb. der M.n in Deutschland... (1995 ff., früher u. a. T.).

Musiksoziologie, Disziplin der systemat. →Musikwissenschaft, die die Beziehungen zw. Musik und Gesellschaft, insbesondere das soziale Umfeld des Musikschaffenden und -rezipienten untersucht, kausale Zusammenhänge zw. gesellschaftl. und musikal. Phänomenen ermittelt und durch Erkenntnis des jeweils Typischen zur Theoriebildung zu gelangen versucht. Die soziolog. Interpretation von Musik erweist sich insofern als schwierig, als die von der Musik getragenen Bedeutungsgehalte nicht das Bild einer objektiven Realität vermitteln, sondern als die Vermittlung von etwas seinerseits Vermitteltem (Bewusstseinsinhalte, Emotionen, Ideologien) auftreten. Es sind daher nicht nur die sozioökonom. Bedingungen, sondern deren Rückwirkungen auf den ideolog. Bereich zu berücksichtigen. Bes. umstritten ist die Reichweite sozialer Faktoren hinsichtlich ihres Einflusses und ihrer Nachweisbarkeit in der musikal. Strukturen selbst. Weniger umstritten ist die rein empir. M. etwa mit Untersuchungen zur sozialen Lage der Musiker, zur Zusammensetzung des Publikums, zur Rolle von Trägern und Institutionen der Musikvermittlung und zum Musikmarkt.

Als Disziplin formierte sich die M. in den 1920er-Jahren (M. WEBER). Herausragende Vertreter der neueren M. sind u. a. KURT BLAUKOPF (* 1914), A. SILBERMANN und T. W. ADORNO.

A. SILBERMANN: Wovon lebt die Musik? (1957); M. WEBER: Die rationalen u. sozialog. Grundl. der Musik (Neuausg. 1972); C. KADEN: M. (Neuausg. 1985); F. ROTTER: Musik als Kommunikationsmedium. Soziolog. Medientheorien u. M. (1985); G. ENGEL: Zur Logik der M. (1990); T. W. ADORNO: Einl. in die M. (^{8}1992); K. BLAUKOPF: Musik im Wandel der Gesellschaft. Grundzüge der M. (^{2}1996).

Musiktheater, in Dtl. im 20. Jh. aufgekommene Bez. für die über die Gattungs-Bez. Oper hinausgehenden Verbindungen von gesprochenem und gesungenem Wort, Szene (Spiel, Tanz) und Musik seit 1918. Von der Gattung her umfasst der Begriff M. Opern wie A. BERGS ›Wozzeck‹ (1925), auf Gesang verzichtendes episches Theater wie I. STRAWINSKYS ›Geschichte vom Soldaten‹ (1918), Verbindungen von Oper und Oratorium wie STRAWINSKYS ›Oedipus rex‹ (szen. Uraufführung 1928) und D. MILHAUDS ›Christophe Colomb‹ (1930) oder Ballett wie H. W. HENZES ›Boulevard Solitude‹ (1952). Neben zeitbezogenen Werken, z. B. E. KRENEKS ›Jonny spielt auf‹ (1927), P. HINDEMITHS ›Neues vom Tage‹ (1929), B. BRECHTS und K. WEILLS ›Die Dreigroschenoper‹ (1928) stehen u. a. Versuche mit Kurzopern (MILHAUD) oder Werke, in denen instrumentale Formen vorherrschen (z. B. F. BUSONI, ›Doktor Faust‹, 1916–24, 1925 vollendet von P. JARNACH). Nach 1945 wandten sich viele Komponisten (B. BRITTEN, HENZE, G. C. MENOTTI, STRAWINSKY) wieder der Oper zu, unter Anwendung der musikal. wie dramaturg. Mittel des M. der ersten Jahrzehnte des Jahrhunderts. Das Fehlen geeigneter Libretti ließ eine Reihe von Komponisten wieder auf Dramen der großen Literatur zurückgreifen (Literaturoper): G. VON EINEM ›Dantons Tod‹ (1947, nach G. BÜCHNER), W. EGK ›Der Revisor‹ (1957, nach N. GOGOL), HENZE ›Der Prinz von Homburg‹ (1960, nach H. VON KLEIST), W. FORTNER ›Die Bluthochzeit‹ (1957, nach F. García Lorca). Unter dem Einfluss neodadaist. Bewegungen wie Pop-Art und Fluxus entwickelten sich seit den 60er-Jahren neue, von Collage und Multimedia geprägte Formen der Verbindung von Musik und Szene, gekennzeichnet durch die Strenge serieller Ordnung des Klang- und Szenenmaterials (K. STOCKHAUSEN, ›Originale‹, 1961) sowie durch die Anwendung der Prinzipien von Sprachkompositionen (G. LIGETI, ›Nouvelles aventures‹, 1962–65). Das avantgardist. Theater der 60er- und 70er-Jahre deutete die Idee des Gesamtkunstwerks zum Entwurf eines ›totalen Theaters‹ um (J. CAGE, P. SCHAT, D. SCHÖNBACH). Zum ›musikal. Theater‹ werden Stücke gezählt, bei denen die affektiven und gest. Momente klangl. und stimml. Aktionen visualisiert (LIGETI, D. SCHNEBEL) oder strukturelle Gegebenheiten der Musik auf szen. Aktionen übertragen werden (STOCKHAUSEN, ›Inori‹, 1974; ›Harlekin‹, 1975). Seit den späten 1970er-Jahren ist erneut eine Rückwendung zur literarisch gebundenen Opernform zu beobachten, z. B. bei LIGETI (›Le grand macabre‹, 1978, nach M. DE GHELDERODE), A. REIMANN (›Lear‹, 1978, nach SHAKESPEARE; ›Das Schloss‹, 1992, nach F. KAFKA), W. RIHM (›Jakob Lenz‹, 1979, nach BÜCHNER), F. CERHA (›Baal‹, 1981, nach BRECHT), W. HAUPT (›Marat‹, 1984, nach P. WEISS), K. PENDERECKI (›Die schwarze Maske‹, 1986, nach G. HAUPTMANN), D. MÜLLER-SIEMENS (›Die Menschen‹, 1990, nach W. HASENCLEVER) und A. SCHNITTKE (›Leben mit einem Idioten‹, 1992, nach V. JEROFJEW). Eigenwillige Konzeptionen verfolgen weiterhin M. KAGEL (›Die Erschöpfung der Welt‹, 1980; ›Aus Deutschland‹, 1981), STOCKHAUSEN (Zyklus ›Licht‹, 7-teilig, 1981ff.) und CAGE (›Europeras 1 & 2‹, 1987). Dem Pluralismus an angewendeten Kompositionstechniken entspricht die Mannigfaltigkeit der verarbeiteten Stoffe: Das Spektrum reicht von der Heiligenlegende (O. MESSIAEN, ›Saint François d'Assise‹, 1983) und Bibelhistorie (V. D. KIRCHNER, ›Belshazar‹, 1986) über Antikendrama (REIMANN, ›Troades‹, 1986; RIHM, ›Oedipus‹, 1987), Tierparabel (HENZE, ›Die engl. Katze‹, 1983), Sciencefiction (P. GLASS, ›1 000 Airplanes on the Roof‹, ›Planet 8‹, beide 1988; M. OBST, ›Solaris‹, 1996) und psychologisierendem Zeitstück (RIHM, ›Die Hamletmaschine‹, 1987; HENZE, ›Das verratene Meer‹, 1990) bis zu M.-Stücken von polit. Aktualität (J. ADAMS, ›Nixon in China‹, 1987; ›The Death of Klinghoffer‹, 1991), und N. J. PAIKS ›Video Opera‹ (1993).

W. FELSENSTEIN u. J. HERZ: M. (Leipzig ^{2}1976); T. KOEBNER: Die Zeitoper in den 20er Jahren, in: Erprobungen u. Erfahrungen, hg. v. D. REXROTH (1978); M. VOGEL: M., 5 Bde. (1980-88); Werk u. Wiedergabe, hg. v. S. WIESMANN (1980); E. FISCHER: Zur Problematik der Opernstruktur (1982); Oper heute, hg. v. O. KOLLERITSCH (Wien 1985); M. im 20. Jh., hg. v. P. PETERSEN u.a. (1988); A. KASPARI-GNIESMER: Faszination M. (1994); N. ECKERT: Von der Oper zum M. Wegbereiter u. Regisseure (1995); U. BÜCHTER-RÖMER: Aspekte des neuen M. u. Strategien seiner Vermittlung (1996).

Musiktheorie, →Musikwissenschaft.

Musiktherapie, im dt.-sprachigen Raum heute überwiegend als Psychotherapie vor tiefenpsycholog.

Hintergrund verstandene Heilbehandlung, die das Medium Musik in eine spezif. Kommunikationstherapie einbezieht und sich mit ihren aktiven Behandlungsverfahren (meist improvisierte Musik zus. mit dem Patienten) sowie rezeptiven Verfahren (assoziatives Musikhören, Entspannungsmethoden) zu einem selbstständigen Gesundheitsberuf entwickelt. M. wird angewandt zur Behandlung von neurot., psychot., psychosomat. und Suchterkrankungen sowie zunehmend bei organ., funktionell-vegetativen Störungen. Sie ist etabliert in stationären und ambulanten Institutionen sowie entsprechender Prophylaxe und Rehabilitation, daneben im Bereich von Heil- und Sonderpädagogik. Die Behandlungskonzepte umfassen kurz- und langzeitige Einzel- bzw. Gruppentherapien. – Die wiss. Begründung von M. basiert auf den entwicklungs- und tiefenpsycholog. Erkenntnissen, nach denen Musik als ein präverbales Medium an früheste Schichten der Persönlichkeit rührt und deren Beziehungsausprägung zur sozialen Umwelt bereits pränatal vorbereiten hilft. Daraus ließen sich die späteren Kontakthilfen für erkrankte Beziehungen zu sich selbst und zu anderen ab. – M. wird in Dtl. an staatl. bzw. staatlich anerkannten Hochschulen (Berlin, Hamburg, Heidelberg, Münster, Witten-Herdecke) sowie an staatlich geförderten und privaten Ausbildungsstätten gelehrt (u. a. am Fritz-Perls-Inst. in Hückeswagen, Oberberg. Kr.).

R. TÜPKER: Ich singe, was ich nicht sagen kann. Zu einer morpholog. Grundlegung der M. (1988); Musik u. Gestalt. Klin. M. als integrative Psychotherapie, hg. v. I. FROHNE-HAGEMANN (1990); H.-H. DECKER-VOIGT: Aus der Seele gespielt. Eine Einf. in die M. (²1992); R. SPINTGE u. R. DROH: Musik-Medizin. Physiolog. Grundlagen u. prakt. Anwendungen (1992); F. HEGI: Improvisation u. M. Möglichkeiten u. Wirkungen von freier Musik (⁴1993); Lex. M., hg. v. H.-H. DECKER-VOIGT u. a. (1996); Regulative M., hg. v. C. SCHWABE u. H. RÖHRBORN (³1996).

Musikvereine, →Musikgesellschaften.

Musikverlage, Verlage, die Musikalien und Musikschrifttum produzieren und vertreiben, Aufführungsmaterial verleihen und Rechte (Urheberrecht) verwalten. OTTAVIANO PETRUCCI gründete den ersten M. (Venedig 1501) und erfand den Notendruck mit bewegl. Metalltypen. Italien blieb im 16. und 17. Jh. führend im M.-Wesen, im 18. Jh. traten v. a. Paris, Lyon, Amsterdam, Den Haag und London als Zentren hinzu. Der älteste noch bestehende dt. M. ist Breitkopf & Härtel (seit 1719, Wiesbaden, Leipzig, Paris). Bedeutende dt. und ausländ. M. sind: Bärenreiter (Kassel), Dt. Verlag für Musik (Leipzig), Henle (München), C. F. Peters (Frankfurt am Main), Schott (Mainz), Doblinger, Universal Edition (Wien), Hug (Zürich), Ricordi (Mailand), Durand, Heugel (Paris), Boosey & Hawkes, Novello (London).

Musikwissenschaft, wiss. Disziplin, die alle Formen der theoret. und histor. Beschäftigung mit der Musik umfasst.

Die philosophisch-spekulative **Musiktheorie** wurde im griech. Altertum durch die eigentüml. Verknüpfung von Musik und Zahl, die v. a. PYTHAGORAS und die Pythagoreer (→Sphärenharmonie) beschäftigte, begründet. PLATON sah in der Musik eines der wichtigsten Erziehungsmittel. Der griech. Mathematiker EUKLID befasste sich mit der Teilung des Monochords. Wichtigster Fachtheoretiker war ARISTOXENOS, der v. a. die Harmonik als Wiss. ausbaute.

In christl. Zeit wurde die Musik im Anschluss an die Antike in die sieben →Artes liberales einbezogen. Bes. durch BOETHIUS wurde das musiktheoret. Gut der Griechen dem MA. überliefert. Nach den Lehren vom einstimmigen liturg. Gesang (→gregorianischer Gesang) wird der Beginn der abendländ. Mehrstimmigkeit in karoling. Zeit erstmals durch das anonyme Musiktraktat →Musica enchiriadis (spätes 9. Jh.) theoretisch greifbar. Die Musiktheoretiker bis etwa 1100 (u. a. GUIDO VON AREZZO) vertreten die bis dahin nur als Stegreifausführung geübte Mehrstimmigkeit. Später, als es üblich wurde, mehrstimmige Musik schriftlich zu fixieren, entwickelte sich die Kompositionslehre (→Diskant, →Kontrapunkt). Um 1280 gab JOHANNES DE GROCHEO einen Überblick über die versch. musikal. Gattungen seiner Zeit. Bei WALTER ODINGTON (um 1300) wird die Terz erstmals theoretisch als Konsonanz begründet. G. ZARLINO (1558) entwickelte eine harmonisch ausgerichtete Kontrapunktlehre. Das ›Syntagma musicum‹ (1620) des M. PRAETORIUS ist die erste umfassende Quelle zur musikal. Praxis und Instrumentenkunde der Zeit. Die Kontrapunktlehren wurden im 17. und 18. Jh. von den Generalbasslehren abgelöst, die prakt. Handwerkslehren darstellten. Ein Markstein in der Theorie der Harmonie sind J. P. RAMEAUS Arbeiten. In der Aufklärung entstanden neben Schriften frz. Enzyklopädisten (J. LE ROND D'ALEMBERT, D. DIDEROT u. a.) auch in Dtl. enzyklopäd. Werke und Musiklehren (J. MATTHESON, F. MARPURG). Hinzu kamen Musiklexika (S. DE BROSSARD, J. G. WALTHER, J.-J. ROUSSEAU, E. L. GERBER, HEINRICH CHRISTOPH KOCH, * 1749, † 1816). Mit dem ›Gradus ad Parnassum ...‹ von J. J. FUX (1725), der sich an den Palestrina-Satz anlehnt, trat die →Musiklehre als neuer Typ der Musiktheorie hervor.

Die spekulative Musiktheorie, als deren letzter großer Vertreter J. KEPLER gilt, wurde in der Neuzeit durch die Musikästhetik abgelöst (A. SCHOPENHAUER, F. NIETZSCHE). Allmählich wurde die M. auch Univ.-Fach (mit dem Schwerpunkt Musikgeschichte). Erste Vertreter waren u. a. 1875 P. SPITTA in Berlin, 1898 G. ADLER in Wien, 1900 ADOLF SANDBERGER (* 1864, † 1943) in München, 1905 H. RIEMANN in Leipzig und 1910 FRIEDRICH LUDWIG (* 1872, † 1930) in Straßburg (zuvor A. B. MARX 1830 in Berlin und A. W. AMBROS 1869 in Prag als Prof. der Musik).

Als Hauptzweige der M. unterscheidet man traditionell histor. und systemat. M. sowie die →Musikethnologie. Im Zentrum der **historischen M.** steht die Gesch. der europ. Kunstmusik vom MA. bis heute. Volks-, Pop- und Rockmusik sowie der Jazz werden inzwischen ebenfalls einbezogen, wie auch die wiss. Behandlung funktionaler Musik (Arbeit-, Salon-, Werbemusik u. a.). Ihre Hauptmethoden sind von der Philologie geprägt (Erschließung und Edition von Notentexten) und werden durch geschichtswiss. Methoden ergänzt (archival. und biograph. Quellen, Untersuchungen von Selbstzeugnissen, Briefen, theoret. Äußerungen von Musikern, ikonograph. Studien). Forschungsschwerpunkte sind Form-, Stil- und Inhaltsanalysen sowie Fragen der Gattungs-, Sozial-, Rezeptions- und Wirkungsgeschichte, wobei die traditionellen Verfahren (Kontrapunkt-, Harmonie-, Formenlehre) durch mathematisch-statist., soziolog., semiot. und terminolog. Theorien ergänzt werden.

Die **systematische M.** gliedert sich in musikal. →Akustik, Physiologie der Gehörswahrnehmung (→Hören), Musikpsychologie, →Musikästhetik und →Musiksoziologie.

V. KARBUSICKY: Systemat. M. Eine Einf. in Grundbegriffe, Methoden u. Arbeitstechniken (1979); Neues Hb. der M., hg. v. C. DAHLHAUS u. a., auf 12 Bde. ber. (1980 ff.); Gesch. der Musiktheorie, hg. v. F. ZAMINER, auf 15 Bde. ber. (1984 ff.); H. FEDERHOFER: M. u. Musikpraxis (Wien 1985); Lb. der M., hg. v. E. KREFT (1985); A. HAPPE: M. als Studienfach. Probleme u. Perspektiven (1988); J. A. KIMMEY: A critique of musicology (Lewistown, N. Y., 1988); Neue Musik u. M. M. u. Komponist, hg. v. S. FRICKE (1991); M. u. Berufspraxis, hg. v. S. EHRMANN-HERFORT (1996).

Musil, 1) Alois, tschech. Orientalist und Forschungsreisender, * Rychtářov (Mähren) 30. 6. 1868, † Neuhof bei Sternberg (Otryby na Česky Šternberk, Nordmähr. Gebiet) 12. 4. 1944; wurde 1909 Prof. in

Wien und 1920 in Prag; erforschte und kartierte Arabien und S-Mesopotamien, entdeckte Kusair Amra und verfasste die erste umfassende Studie über die Ruinenstätte Petra. – Im Ersten Weltkrieg vermittelte M. im Dienst der Mittelmächte zw. den verfeindeten Stämmen auf der Arab. Halbinsel und suchte so den dortigen brit. Einfluss zurückzudrängen.

Werke: Ḳuṣejr ʾAmra u.a. Schlösser östl. von Moab (1902); Arabia Petraea, 4 Tle. (1907–08); The manners and customs of the Rwala Bedouins (1928).

E. FEIGL: M. von Arabien (Neuausg. 1988); K. J. BAUER: A. M. (Wien 1989).

2) **Robert** Edler von (seit 1917), österr. Schriftsteller, *Klagenfurt 6.11.1880, †Genf 15.4.1942; Erzähler, Essayist und Dramatiker; besuchte von 1892–97 militär. Bildungsinstitute, brach 1898 die Ausbildung auf der Techn. Militärakademie in Wien ab, um in Brünn Maschinenbau zu studieren (1901 Ingenieurstaatsprüfung); war 1902/03 Assistent an der Techn. Hochschule Stuttgart; studierte ab 1903 in Berlin Philosophie, Psychologie und Mathematik; schrieb 1908 eine Dissertation über E. MACH. Nach der Zeit als Bibliothekar an der TH in Wien (1911–13) war M. bis zum Kriegsausbruch Redakteur der ›Neuen Rundschau‹ und Mitarbeiter der ›Aktion‹ in Berlin; er war im Ersten Weltkrieg österr. Offizier und gab ab 1916 die ›Südtiroler Soldatenzeitung‹ heraus, zuletzt im Kriegspressequartier tätig; bis 1922 Beamter im österr. Staatsdienst. Ab 1923 lebte M. als freier Schriftsteller, Kritiker und Essayist in Berlin und Wien und emigrierte 1938 über Italien nach Zürich; 1939 übersiedelte er nach Genf, wo er vereinsamt und verarmt starb. Seine Werke waren seit 1938 in Dtl. und Österreich verboten.

Erste literar. Anerkennung fand M. durch seinen Roman ›Die Verwirrungen des Zöglings Törleß‹ (1906); als psycholog. Darstellung der Pubertätsproblematik rezipiert, bildet er darüber hinaus modellhaft autoritäre Gesellschaftsstrukturen und die Zusammenhänge m. psych. Dispositionen und totalitären Institutionen ab. Hier findet sich auch das Problem einer autonomen Ichfindung des Subjekts im Spannungsfeld von Rationalität, Intellekt einerseits und Emotionalität und myst. Welterfahrung andererseits. Dieses Grundthema seines gesamten literar. Schaffens wurde dann in dem Fragment gebliebenen Hauptwerk ›Der Mann ohne Eigenschaften‹ (1930–43, 3 Bde.), an dem er fast zwei Jahrzehnte bis zu seinem Tod schrieb, breit ausgeführt. Mit ideologiekrit. Ironie verarbeitete M. darin das Entfremdungsphänomen bürgerl. Intellektueller gegenüber der modernen Industriegesellschaft und der eigenen Subjektivität, modellhaft und gleichzeitig satirisch dargestellt anhand der untergehenden Donaumonarchie (›Kakanien‹), deren geistiger Zusammenbruch in Chaos und Krieg führt. Der Held Ulrich, der ›Mann ohne Eigenschaften‹, dem das Mögliche mehr bedeutet als das jeweils Wirkliche, sucht im myst. Liebesleben die Utopie des ›anderen Zustandes‹, die Synthese zw. Seele und Verstand. Die – zeitlich diskontinuierliche – Handlung ist aufgelöst in Gespräche, Debatten, Erörterungen, Kommentare, kulturkrit. Abhandlungen, essayist. und wiss. Betrachtungen; einige Personen haben ihr Vorbild in berühmten Zeitgenossen (so Dr. Arnheim in W. RATHENAU).

Obwohl der 1. Band des Romans auf lebhaftes Interesse stieß, wurde M. nach seinem Tod zunächst vergessen. Erst mit der von A. FRISÉ 1952 besorgten Leseausgabe, deren Editionsprinzipien umstritten sind, setzte eine intensive Rezeption ein, die in M. neben J. JOYCE, M. PROUST, T. MANN und H. BROCH einen der großen Erneuerer des Romans im 20. Jh. sieht.

Weitere Werke: Die Schwärmer (1921); Grigia (1923); Die Portugiesin (1923); Drei Frauen (1924); Vinzenz u. die Freun-

din bedeutender Männer (1924); Rede zur Rilke-Feier in Berlin am 16.1.1927 (1927); Nachlaß zu Lebzeiten (1936); Über die Dummheit (1937).

Ausgabe: Ges. W. in Einzelausg., hg. v. A. FRISÉ, 3 Bde. (1952–57); Theater. Kritisches u. Theoretisches, hg. v. M.-L. ROTH (1965); Briefe nach Prag, hg. v. B. KÖPPLOVA u.a. (1971); Ges. Werke, hg. v. A. FRISÉ, 9 Bde. (1978); Tagebücher, hg. v. DEMS., 2 Bde. (Neuausg. 1983); Frühe Prosa u. aus dem Nachlaß zu Lebzeiten (104.–105. Tsd. 1992); Wege zu M. Eine Auswahl aus seinen Texten, hg. v. A. FRISÉ (1992).

W. BAUSINGER: Studien zu einer hist.-krit. Ausg. von R. M.s Roman ›Der Mann ohne Eigenschaften‹ (1964); J. C. THÖMING: R.-M.-Bibliogr. (1968); H. ARNTZEN: M.-Komm., 2 Bde. (1980–82); R. M., hg. v. R. VON HEYDEBRAND (1982); S. HOWALD: Ästhetizismus u. ästhet. Ideologiekritik. Unters. zum Romanwerk R. M.s (1984); R. M. – Lit., Philosophie, Psychologie, hg. v. J. u. J. STRUTZ (1984); R. M. Leben u. Werk in Bildern u. Texten, hg. v. K. CORINO (1988); S. DEUTSCH: Der Philosoph als Dichter. R. M.s Theorie des Erzählens (1993); R. M. Dichter, Essayist, Wissenschaftler, hg. v. H.-G. POTT (1993); Hommage à M., hg. v. B. BÖSCHENSTEIN u. M.-L. ROTH (Bern 1995); M. LUSERKE: R. M. (1995); W. BERGHAHN: R. M. (98.–99. Tsd. 1996); T. PEKAR: R. M. zur Einf. (1997).

Musique concrète [myzikkɔ̃ˈkrɛt, frz.] *die*, - -, →konkrete Musik.

Robert Musil

musisch [griech., zu moũsa ›Muse‹], 1) die schönen Künste betreffend; 2) künstlerisch begabt, den Künsten gegenüber aufgeschlossen.

musische Erziehung, die Erziehung auf der Grundlage der Künste, d.h. von Dichtkunst, Musik, Tanz/Gymnastik und bildender Kunst; sie ging aus den pädagog. Reformbestrebungen der Jahrhundertwende hervor, zu nennen sind →Kunsterziehungsbewegung, →Jugendmusikbewegung, →Laienspiel, rhythmische Erziehung (É. JAQUES-DALCROZE) und Ausdrucksgymnastik (R. BODE, H. MEDAU) sowie Sprachdidaktik (L. WEISGERBER). Die m. E. war gegen den ›Intellektualismus‹ der herkömml. Schulbildung gerichtet, und mit der angestrebten freien Entfaltung aller schöpfer. Kräfte zielte sie auf die Totalität menschl. Bildung. Diese Bestrebungen haben insbesondere zur Konsolidierung der Schulmusikerziehung beigetragen und zur Einrichtung des mus. Gymnasiums geführt, das, abgesehen von einer Oberschule in Frankfurt am Main (1939), in den 50er- und 60er-Jahren in der Bundesrepublik und das mehr oder weniger auch die Nachfolge der 1925 geschaffenen Dt. Oberschule mit Zentrierung um die →Deutschkunde antrat; es verschwand mit der gymnasialen Oberstufenreform.

R. MAIWALD: Der Begriff des Musischen u. seine Verwendung in der Pädagogik (1991).

Musivgold [lat. musivum ›Mosaik‹], aus Zinndisulfid bestehendes, goldglänzendes Pulver, das in der Malerei v.a. für tiefgelbbronzene Farbtöne und zum Vergolden von Spiegel- und Bilderrahmen verwendet wurde (heute meist durch Bronzepigmente ersetzt).

musivische Arbeiten, andere Bez. für Mosaik.

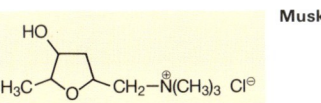
Muskarin

Muskarin [nach dem lat. Namen des Fliegenpilzes Amanita muscaria] *das, -s,* **Muscarin,** alkaloidartiger Giftstoff des Fliegenpilzes, der Rezeptoren des parasympath. Nervensystems erregt, die dementsprechend als M.-Rezeptoren bezeichnet werden. Wie der physiolog. Neurotransmitter Acetylcholin senkt M. die Herzfrequenz, steigert die Drüsensekretion, erweitert Blutgefäße und erregt glatte Muskeln. Bei Vergiftungen ist →Atropin ein wirksames Gegenmittel. In der experimentellen Pharmakologie wird M. als Testsubstanz bei Untersuchungen am parasympath. Nervensystem verwendet.

Muskatnussbaum:
Echter Muskatnussbaum; von **oben** Fruchtender Zweig; blühender Zweig; Muskatnuss (angeschnitten)

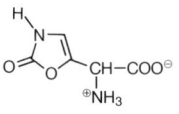

Muskazon

Muskat [mhd. muscat, von mlat. muscatus ›nach Moschus duftend‹] *der, -(e)s/-e*, Bez. für das aus der geriebenen Muskatnuss (→Muskatnussbaum) gewonnene Gewürz.

Muskateller [ital.] *der, -s*, frz. **Muscat** [mys'ka], ital. **Moscato**, span. und port. **Moscatel**, Gruppe von Reben mit 4 Hauptvarietäten (Muskat Hamburg, Muscat of Alexandria, Muscat Blanc á petits Grains, Muskat-Ottonel), rd. 30 Varietäten und etwa 200 Spielarten, deren gemeinsames Kennzeichen der markante Muskatgeschmack ist. Die Trauben sind hellgelb bis tiefschwarz; sie werden als Tafeltrauben verzehrt, zu Rosinen getrocknet oder zu Traubensaft und Wein verarbeitet, und zwar von zarten Weiß- bis zu gespriteten Rotweinen und Likörweinen (u. a. die frz. Vins doux naturels). Weltweit sind 122 000 ha Rebland mit M.-Reben bestanden, v. a. in Argentinien (24 000 ha), Spanien (23 000 ha), Russland, der Ukraine, Moldawien, Kasachstan, Usbekistan, Tadschikistan (zus. 20 000 ha), Italien und der Rep. Südafrika (je 10 000 ha). – Die bei PLINIUS D. Ä. erwähnte Uva apiana dürfte eine M.-Traube gewesen sein.

Für die Weinbereitung am besten geeignet ist der **Gelbe M.** (in Dtl. 82 ha; in Österreich 180 ha, bes. Südsteiermark) mit der Spielart Roter M.; er hat kleine (rötlich) gelbe bis rotbraune Beeren in walzenförmigen Trauben und bringt mittlere Erträge (50–80 hl/ha). Hauptanbaugebiete sind S-Frankreich, v. a. um Frontignan (daher auch Muscat de Frontignan gen.), und das Elsass sowie Italien (u. a. für Asti spumante u. a. Schaumweine).

Muskateller|erdbeere, die →Moschuserdbeere.

Muskatfink, Art der Prachtfinken, →Nonnen.

Muskatholz, das Holz einiger Muskatnussgewächse, z. B. das u. a. als Ausstattungsholz für Parkett genutzte **Niové** der westafrikan. Art Staudtia gabonensis; weiterhin **Ilomba**, ein graubraunes, leichtes, weiches Holz der Art Pycnanthus angolensis aus Äquatorialafrika; Nutzung als Schäl-, Blind- und Kistenholz. Das rötlich braune **Baboen** von der Art Virola surinamensis aus Mittel- und Südamerika dient als Schäl- und Tischlerholz.

Muskatnussbaum, Myristica, Gattung der Muskatnussgewächse mit etwa 80, vom trop. Asien bis nach Australien beheimateten Arten. Die bedeutendste Art ist der auf den Bandainseln und den Molukken heim. **Echte M.** (Myristica fragans), der heute in weiten Gebieten der Tropen kultiviert wird (jedoch nicht in Afrika). Zweihäusiger, immergrüner, bis 20 m hoher Baum mit ganzrandigen, wechselständigen Blättern und eingeschlechtigen, kleinen Blüten. Die pfirsichartige Balgfrucht enthält einen einzigen, fälschlich als ›Nuss‹ bezeichneten Samen, die **Muskatnuss**, der von einem leuchtend roten, zerschlitzten Samenmantel (Arillus) umhüllt ist. Dieser ist als Gewürz geschätzt; er wird nach dem Samen entfernt, getrocknet (wobei er eine hornartige Beschaffenheit und eine dunkelgelbe Farbe annimmt) und in Stücken oder gemahlen (Mazis, Macis oder Muskatblüte) gehandelt. Die Samen werden, von Schale und Samenmantel befreit, getrocknet und gegen Insektenfraß in Kalkmilch getaucht; Verwendung als Küchengewürz. In der Medizin werden sie als Magenmittel, Stimulans und Aromatikum benutzt. Aus minderwertigen Samen wird Muskatbutter gewonnen für Pharmazie und Parfümindustrie. Haupterzeugerländer sind heute Indonesien und Grenada. – Die Muskatnuss wurde im Mittelalter durch arab. Ärzte in Europa eingeführt. Seit dem 12. Jh. dient sie auch als Gewürz.

Muskatnussgewächse, Myristicaceae, in die weitere Verwandtschaft um die Magnoliengewächse gehörende Pflanzenfamilie mit 400 Arten in 19 Gattungen in den Tropen; meist zweihäusige Bäume der Tieflandregenwälder mit ungeteilten, ganzrandigen Blättern. In den Geweben finden sich häufig Ölzellen, die aromatisch duftende, äther. Öle enthalten (z. B. beim Muskatnussbaum).

Muskat-Ottonel, früh reifende, aber ertragsunsichere Muskatellerrebe mit relativ geringem Wärmebedarf, 1852 in Frankreich gezüchtet; liefert milde, leichte Weine, oft in Prädikatsqualität; v. a. in Österreich (1 080 ha, zu 88 % im Burgenland) und in Frankreich (rd. 400 ha, v. a. im Elsass) vertreten.

Muskatplüt, Muskatbluet [-bly:t], **Muskatblut**, ostfränk. fahrender Sangspruchdichter, *um 1375 (?), †nach 1438. Als Sänger an versch. Höfen 1410–38 nachweisbar. Die Zahl der M. zugeschriebenen Lieder wird uneinheitlich angegeben (93, 99, 104). Sie lassen sich thematisch in drei Hauptgruppen einteilen: 1) politisch-zeitkrit. Lieder (z. B. gegen die Hussiten; für ALBRECHT II. von Österreich; gegen die Misswirtschaft der Fürsten); 2) geistl. Lieder, darunter viele Marienlieder; 3) konventionell gehaltene Liebeslieder. M. verwendete vier Töne (den Hofton für 63 oder 65 Lieder), die z. T. bei den Meistersingern fortlebten.

Ausgabe: Lieder M.s, hg. v. E. VON GROOTE (1852, Nachdr. 1979).

E. KIEPE-WILMS: Die Spruchdichtungen Muskabluts (Zürich 1976); F. SCHANZE: Meisterl. Liedkunst zw. Heinrich von Mügeln u. Hans Sachs, 2 Bde. (1983–84).

Muskat|trüffel, die Wintertrüffel (→Trüffel).

Muskau, Bad M., sorb. **Mužakow** [-ʒ-], Stadt im Niederschles. Oberlausitzkreis, Sa., 105 m ü. M., an der Lausitzer Neiße (Grenze zu Polen), 3 900 Ew.; Kur- und Moorheilbad (Kurbetrieb seit 1823) mit starker Eisenvitriolquelle; Papierindustrie. – Der ehem. 545 ha große Landschaftspark (heute zu zwei Dritteln in Polen, dt. Teil 1955 zum Gartendenkmal erklärt) wurde im 1. Fürst VON PÜCKLER-MUSKAU 1815–45 im engl. Stil angelegt und war einst Vorbild zahlr. Landschaftsparks. 1992 wurde er von kommunalem in Landeseigentum überführt und bildet seit 1993 die Stiftung ›Fürst Pückler-Park Bad M.‹. Im Park befinden sich Altes Schloss (14. Jh., 1965–68 wieder errichtet; Stadt- und Parkmuseum), Neues Schloss im Renaissancestil (16. Jh., 1863–66 umgebaut, seit 1945 Ruine, ab 1993 Sicherungsarbeiten und umfangreiche Sanierung), Orangerie (1844, evtl. nach einem Plan von G. SEMPER) und Tropenhaus. – Bereits im 12. Jh. kirchl. Mittelpunkt, erhielt M. 1452 Stadtrecht; Hauptort der gleichnamigen Standesherrschaft, die 1635 an Kursachsen und 1815 an Preußen fiel.

Muskazon [zu Muskarin gebildet] *das, -s*, dem →Muskimol strukturell nahe stehender, jedoch schwächer wirksamer Giftstoff des Fliegenpilzes; chemisch ein Oxazolderivat.

Muskegon [mʌs'ki:gən], Stadt in Michigan, USA, am Michigansee, 39 800 Ew.; Motorenbau, Auto-, Möbelindustrie, Erdölraffinerien; Hafen, Fährhafen (Eisenbahnfähre nach Milwaukee).

Muskel|atrophie, Muskelschwund, Verminderung der Muskelmasse durch längere Inaktivität, Ruhigstellung (z. B. im Gipsverband), schmerzbedingten Mindergebrauch der betroffenen Körperabschnittes, Muskelerkrankungen (→Muskeldystrophie, →Myasthenie) oder Erkrankung der zugehörigen Nerven (**neurogene M.**).

Der chronisch fortschreitenden **neuralen M.** liegt eine erblich bedingte Degeneration der peripheren Nerven zugrunde, sie ist durch eine oft schon in der Kindheit beginnende aufsteigende Lähmung der Gliedmaßen gekennzeichnet.

Die **spinale M.** beruht auf einer wohl auch erblich bedingten Rückbildung der motor. Vorderhornzellen des Rückenmarks und breitet sich von den Gliedmaßen oft auch auf die Rumpf- und Atemmuskulatur (mit eventuell tödl. Ausgang) aus.

Muskelbruch, Muskelherni|e, Hervortreten eines Muskels (meist in Ruhe) durch eine verletzungsbedingte Lücke in der umhüllenden Faszie; Ursache ist eine plötzl. heftige Anspannung des Muskels (häufig Sportunfall). Als **falscher M.** wird eine Vorwölbung aufgrund eines Muskelrisses oder einer Faszienschwäche bezeichnet.

Muskeldystrophie, progressive M., Dystrophia musculorum progressiva, Zerfall der quer gestreiften Skelettmuskulatur aufgrund einer erbl. Stoffwechselstörung. Die erbl. Muskelerkrankungen mit Störung des Muskelzellstoffwechsels (ohne Nervenbeteiligung) führen zu einem fortschreitenden Schwund der rumpfnahen Muskulatur (myogene Muskelatrophie).

Die Hauptformen der M. werden nach ihrem Erbgang in X-gebundene rezessive Formen und autosomale rezessive bzw. dominante Formen eingeteilt. Zu Ersteren gehören die Duchenne-M. (DMD), die Becker-M. (BMD) und die Emery-Dreifuß-M. (EMD). Die **DMD** ist die häufigste M. und zeigt eine schwere Ausprägung mit Lähmung der Gliedmaßen bereits im ersten Lebensjahrzehnt und Tod im zweiten Lebensjahrzehnt durch Herz-Lungen-Komplikationen. Der genet. Defekt liegt in dem nahezu vollständigen Ausfall des Genprodukts (Dystrophin). Bei 60% der Patienten ist ein Verlust (Deletion) von Bausteinen des Gens die Ursache für die Erkrankung. Eine →Pränataldiagnostik ist entweder durch direkte oder indirekte Genanalyse möglich. Die **BMD** zeigt eine mildere Ausprägung, obwohl die Mutationen im gleichen Gen liegen. Diese Mutationen führen aber zu geringeren Veränderungen des Genproduktes, wodurch dessen Funktion eingeschränkt wird, aber nicht ausfällt. Die **EMD** ist eine milde Form der M. Im Vordergrund stehen frühe Muskelkontraktionen der Ellenbogen- und Achillessehne sowie eine Herzmuskelschwäche. Die frühe Implantation eines Herzschrittmachers ist deshalb von großem therapeut. Nutzen. Der Muskelschwund beginnt im Erwachsenenalter, ist schwach ausgeprägt und schreitet langsam fort.

Zu der häufigsten autosomalen M. gehört die myotone Dystrophie **(MD)**. Der Verlauf ist sehr variabel, von leichter Symptomatik im Erwachsenenalter bis hin zur schweren angeborenen Form. Hauptsymptome sind Myotonie (verlangsamte Muskelentspannung oder allgemeine Muskelschwäche), daneben finden sich Herzmuskelschwäche, Katarakt (grauer Star) und männl. Infertilität bei einem Teil der Patienten. Genetisch fällt die MD durch ihre außergewöhnl. Form der Erbveränderung auf. Die Erklärung für die Besonderheiten in der Vererbung liegt in einer Instabilität des Erbgutes, der sogenannten Triplettexpansion. Das auf dem Chromosom 19 gelegene MD-Gen zeigt unter bestimmten Voraussetzungen eine Tendenz zur Vergrößerung bei der Weitergabe von einer Generation in die nächste. Dabei werden an einer Stelle des Gens drei Bausteine des Erbgutes, ein Triplett, vervielfältigt. Eine Pränataldiagnostik ist möglich.

Muskel|entzündung, →Myositis.

muskel|erschlaffende Mittel, Muskelrelaxanzi|en, Relaxanzi|en, Stoffe, die eine Erschlaffung, bei höherer Dosierung eine vollständige Lähmung der Skelettmuskulatur bewirken. Man unterscheidet periphere und zentrale m. M. **Periphere m. M.,** die am Übergang von motor. Nerven auf die Muskelfaser (motor. Endplatte) angreifen, sind die **stabilisierenden m. M.,** die ein Übergreifen der Erregung auf die Muskelfasern verhindern (zu ihnen gehören die meisten m. M., auch Tubocurarin, ein Bestandteil des Pfeilgiftes →Curare), und die **depolarisierenden m. M.,** die eine kurze, unkoordinierte Zuckung der Muskelfasern, die dann in eine Lähmung übergeht, bewirken. Periphere m. M. werden v.a. in der Anästhesie zur Muskelerschlaffung verwendet. Da auch die Atem-

Bad Muskau: Ruine des Neuen Schlosses

muskulatur gelähmt wird, dürfen sie nur gegeben werden, wenn die Möglichkeit zur Intubation und zur künstl. Beatmung besteht. Die **zentralen m. M.** führen über eine Einwirkung an Rückenmark oder Gehirn zu einer Verminderung der Muskelspannung. Sie werden zur Behandlung von schmerzhaften Verspannungen (z. B. bei Querschnittsgelähmten und spast. Kindern) eingesetzt.

Muskelgewebe, aus kontraktilen Zellen **(Muskelzellen)** aufgebautes, i. Allg. mit Bindegewebe in Zusammenhang stehendes, die Substanz der →Muskeln darstellendes Gewebe bei vielzelligen Tieren und beim Menschen; es geht embryonal fast ausschließlich aus dem Mesoderm hervor.

Muskelhärte, *Medizin:* der →Hartspann.

Muskelherni|e, der →Muskelbruch.

Muskelkater, durch Überbeanspruchung (starke oder ungewohnte Belastung) hervorgerufene vorübergehende Muskelbeschwerden mit Schmerz, Verhärtung, Neigung zu Muskelkrampf; Ursache sind Entzündungs- und Schwellungsvorgänge aufgrund vielfacher kleinster Muskelfaserrisse (Mikrotraumen). Die *Behandlung* umfasst durchblutungsfördernde Maßnahmen (Wärmeanwendung) und Bewegung.

Muskelkontraktion, →Muskeln.

Muskelkrampf, Myospasmus, schmerzhafte Kontraktionen oder Teilkontraktionen einzelner Muskelabschnitte, bekannt v. a. als **Wadenkrampf.** Ursächlich können Mangeldurchblutungen von Bedeutung sein, jedoch auch Überanstrengungen (z. B. nach lang andauernden sportl. Belastungen), jedoch auch Elektrolytstörungen (bes. Magnesium) und Nervenwurzelreizungen, z. B. infolge eines Bandscheibenvorfalls im unteren Lendenwirbelsäulenbereich.

Muskel|lähmung, Myoparese, Myoplegie, Myoparalyse, Funktionsausfall eines Muskels oder von Muskelgruppen infolge Störungen der motor. Innervation oder des Muskelstoffwechsels. Die **paroxysmale M.** ist ein familiäres Leiden mit anfallsweise auftretenden schlaffen Lähmungen.

Muskel|lunge, Esox masquinongy, größte Art der Hechte in Nordamerika (u. a. im Mississippigebiet), bis 2 m lang, bis 50 kg schwer; die Bestände sind gefährdet.

Muskelmagen, der starkwandige, muskulöse Magen versch. Tiere, durch dessen Muskelkontraktionen, oft in Verbindung mit aufgenommenen Sandkörnchen (z. B. bei Regenwürmern), Steinchen (als Mahlsteine; v. a. bei Körner fressenden Vögeln) oder besonderen Bildungen der Mageninnenwand, die Nahrung bes. intensiv durchgeknetet und auch zerkleinert wird.

Muskeln [lat. musculus, eigtl. ›Mäuschen‹], lat. **Musculi,** Organe aus →Muskelgewebe mit der Fähig-

Musk Muskeln

keit zur Kontraktion, d.h. zur Umwandlung von chem. in mechan. Energie, die im Dienste der Fortbewegung sowie der Gestaltveränderung und der Bewegung von Körperteilen (Gliedmaßen, Organen) steht. Nach ihrer Form unterscheidet man längl. M., runde M. und breite, flächenhafte M. Die Gesamtheit der M. eines Organismus, auch eines einzelnen Organs, bezeichnet man als **Muskulatur**. Das Plasma der die M. zusammensetzenden M.-Zellen bzw. M.-Fasern heißt **Sarkoplasma**, ihre Membran **Sarkolemm** (Myolemm). Im Sarkoplasma liegen als kontraktile Proteinfilamente die M.-Fibrillen (**Myofibrillen**) und als deren submikroskop. Untereinheiten (Elementarfibrillen) die Actinfäden (Actinfilamente) und Myosinfäden (Myosinfilamente). Bei vielen Tieren, z. B. dem Hausgeflügel, können deutlich rote M. und weiße M. unterschieden werden. Erstere besitzen mehr →Myoglobin und →Cytochrome; sie kontrahieren sich langsamer als die weißen M., können dagegen einen bestimmten Spannungsgrad länger aufrechterhalten. Nach der Struktur der einzelnen M.-Zellen bzw. M.-Fasern unterscheidet man glatte M., quer gestreifte M. (v. a. die Skelett-M.) und die Herzmuskulatur.

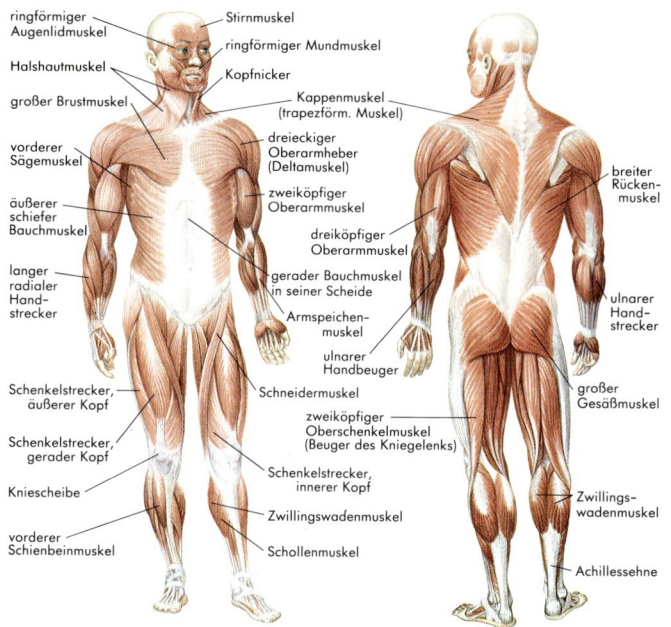

Muskeln: Oberflächliche Skelettmuskeln; links Vorderansicht; rechts Rückenansicht

Glatte Muskulatur

Die nicht dem menschl. Willen unterworfenen glatten M. bestehen aus lang gestreckten, spindelförmigen, räumlich-netzförmig angeordneten, locker gebündelten oder in Schichten gepackt liegenden M.-Zellen, die beim Menschen 15–22 μm lang (bei Lurchen bis 1 mm) und 4,7 μm dick sind und stäbchenförmigen Zellkern besitzen. Parallel zur Längsachse verlaufen uneinheitlich angeordnete, dünne, homogen erscheinende, optisch doppelt brechende M.-Fibrillen aus je einem etwa 5 μm dicken Actin- und Myosinfaden, die einander spiralig umwinden. – Glatte M. kommen v. a. im Darm- und Urogenitalsystem, in den Luftwegen, in Blut- und Lymphgefäßen, im Auge und in der Haut (bei Warmblütern), im Hautmuskelschlauch (bei niederen Würmern) sowie (bei Weichtieren) in den Schalenschließ-M. und den Fuß-M. vor.

Quer gestreifte Muskulatur

Grundelemente der quer gestreiften M. sind die quer gestreiften M.-Fasern, die zylindrisch geformt, mehr- bis vielkernig, etwa 9–100 μm dick und etwa 2–30 cm lang sind (beim Menschen bis etwa 12 cm). Die Kerne in den Fasern sind i. Allg. randständig, die Mitochondrien liegen verstreut. Die M.-Fibrillen der M.-Faser sind gegliedert in gleiche, einander entsprechende, durch optisch dichte Proteingitter (Z-Streifen) abgegrenzte Struktureinheiten, die **Sarkomeren** als die eigentl. kontraktilen Einheiten der Faser. Diese sind Bündel aus streng geordneten, unterschiedlich langen, miteinander verzahnten, etwa 10 μm dicken Myosin- und Actinfilamenten. Die dickeren Myosinfilamente (Primärfilamente) setzen in der Mitte des Sarkomers am ›M-Streifen‹ an, die dünneren Actinfilamente (Sekundärfilamente) an den ›Z-Streifen‹. Wegen der unterschiedl. opt. Eigenschaften (Doppelbrechung), die die M.-Fibrille (und auch die M.-Faser) quer gestreift erscheinen lassen, wird der einfach brechende (isotrope) Bereich als I-Bande, der doppelt brechende (anisotrope) Bereich als A-Bande bezeichnet. – Frei endende Skelettmuskelfasern gehen an ihrem Ende in v. a. aus dem Fibrillengitter des Sarkolemms bestehende (elast.) Sehnen bzw. →Aponeurosen über.

Eine gewisse Anzahl von M.-Fasern (Primärbündel) ist von einer widerstandsfähigen, Retikulumfasern enthaltenden, mit Nerven und Blutgefäßen versorgten Hülle (**Perimysium internum;** fehlt manchmal) umgeben. Zw. den Fasern und verbunden mit dem Sarkolemm liegt an Gitterfasern und Blutkapillaren reiches, lockeres Bindegewebe (**Endomysium**), das an der Oberfläche des Primärbündels in das Perimysium internum übergeht. Gruppen von Primärbündeln (Sekundärbündel) bilden als Einzelmuskel die makroskopisch sichtbaren Fleischfasern, die wiederum von Bindegewebe, dem **Perimysium externum** (mit Nerven und Blutgefäßen), umschlossen sind: Ihre Oberfläche wird von einer straffen, an den Bewegungen des M. nicht beteiligten M.-**Faszie** (M.-Scheide) begrenzt; eine solche kann mehrere Einzel-M. und größere M.-Gruppen zu höheren M.-Einheiten (z. B. M.-Fächer) zusammenfassen. Bei längeren Skelett-M. nennt man den verdickten, ausgebuchteten Mittelteil **M.-Bauch** (Venter musculi), sein proximales Ende **M.-Kopf** (Caput musculi; es gibt auch mehrköpfige M., z. B. Musculus biceps, Musculus triceps) und sein distales Ende **M.-Schwanz** (Cauda musculi).

Herzmuskulatur

Eine Sonderform des quer gestreiften M. stellt die nicht dem Willen unterworfene Herzmuskulatur dar. Ihre M.-Fasern sind dünner und geben in spitzem Winkel Verbindungsfasern zueinander ab, sodass ein Netzwerk entsteht. Die Kerne liegen zentral. Jede Herzmuskelfaser besteht aus hintereinander geschalteten Herzmuskelzellen, die durch stark gefältelte ›Glanzstreifen‹ gegeneinander abgegrenzt sind, die sich (bes. hinsichtlich der elektr. Membraneigenschaften) erheblich von der äußeren Membran der Faser unterscheiden.

Muskelkontraktion

Die schnelle und kraftvolle Kontraktion eines (quer gestreiften) Skelett-M. kann durch Erregung von →Muskelspindeln oder durch Ausschüttung eines Neurotransmitters, des Acetylcholins, in den →Endplatten ausgelöst werden. Der Transmitter bewirkt eine lokale Depolarisation der subsynapt. Muskelfasermembran (Sarkolemm), was dort zu einer Erregung führt, die weitergeleitet wird (→Aktionspotenzial), d. h. über die Einstülpungen des Sarkolemms ins Muskelfaserinnere gelangt. Hier bewirkt die Erregung eine Ausschüttung von Calciumionen (Ca^{2+}) aus dem endoplasmat. (sarkoplasmat.) Retikulum, was eine Entblockung der Regulatorproteine Troponin, Actinin und Tropomyosin des Actinfilaments zur Folge hat. Dadurch können sich die Kopfteile der Myosinmoleküle des Myosinfilaments an das Actin binden (Querbrückenbildung) und durch Abknicken des Myosinköpfchens die Actinfilamente zur Mitte des Sarkomers ziehen. Falls kein ATP (→Adenosin) verfügbar ist, bleibt der M. in diesem Starrezustand (z. B. bei der Totenstarre). Mit ATP werden die Actomyosinquerbrücken wieder gelöst, der Vorgang wiederholt sich, solange die Ca^{2+}-Konzentration hoch genug ist. Die M.-Kontraktion wird durch ein Ineinandergleiten von Proteinfilamenten (Gleitfilamentmechanismus) hervorgerufen.

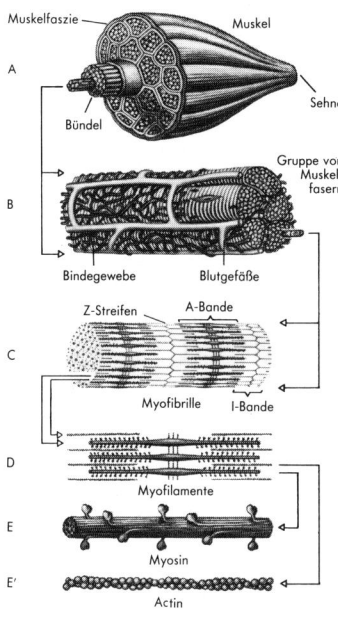

Muskeln: Aufbau der quer gestreiften Muskulatur; im Muskel (A) sind einzelne Faserbündel (B) enthalten; diese bestehen aus Muskelfibrillen (C); Myosin- und Actinstränge (E, E') bauen die kontraktile Filamente (D) auf, die in den Muskelfibrillen liegen

Die Kontraktion der glatten Muskulatur verläuft in ähnl. Weise, jedoch über untergeordnet liegende Fibrillen; sie ist bes. Energie sparend, erfolgt i. Allg. relativ langsam und hält oft sehr lange an.

Die Stoffwechselenergie für die M.-Arbeit wird durch glykolyt. Abbau von Kohlenhydraten unter Mitwirkung von Sauerstoff (über das Myoglobin) bereitgestellt. Bei hoher Beanspruchung herrschen infolge unzureichender Sauerstoffzufuhr anaerobe Bedingungen, wobei Milchsäure produziert wird (→Glykolyse). Die dadurch eintretende Übersäuerung des Gewebes ist an der Entstehung von →Muskelkater beteiligt. Durch Training kann die Blutversorgung der M. verbessert werden. Nach dem Ergebnis der M.-Kontraktion unterscheidet man u. a. Streck-M. (Extensoren), Beuge-M. (Flexoren), Abspreizer (Abduktoren), Anzieher (Adduktoren), Hebe-M. (Levatoren), Senker (Depressoren), Einwärtsdreher (Pronatoren), Auswärtsdreher (Supinatoren), Erweiterungs-M. (Dilatatoren), Schließ-M. (Konstriktoren).

Muskelrelaxanzi̱en, die →muskelerschlaffenden Mittel.

Muskelriss, Muskelruptur, Einriss oder Zerreißung eines Muskels aufgrund äußerer Gewalteinwirkung auf den vorgespannten Muskel (Dehnung, Quetschung, Abscherung vom Knochen) oder durch plötzl. übermäßige Anspannung (v. a. als Sportunfall, auch bei Elektrotrauma, Tetanusinfekt). Symptome sind heftiger stechender Schmerz, Bluterguss, Schwellung, Funktionseinschränkung; oft ist bei Anspannung eine Lücke tastbar, bei entsprechendem Ausmaß kommt es zu einem falschen →Muskelbruch. Bei sehnennahem Abriss zieht sich der Muskel unter Vorwölbung zur intakten Seite hin zusammen. Ein Riss einzelner Fasern liegt bei der Zerrung vor. *Behandlung:* Ruhigstellung, Umschläge, bei ausgedehntem Riss Muskelnaht.

Muskelschwäche, *Medizin:* →Myasthenie.

Muskelschwund, die →Muskelatrophie.

Muskelsegmente, die →Myomeren.

Muskelspindeln, in den Skelettmuskeln der Säugetiere (einschließlich des Menschen) vorhandene, zu spindelförmigen, 2–10 mm langen, von einer Bindegewebehülle umschlossenen Sinnesorganen umgewandelte Muskelfasern. Der mittlere, nicht kontraktile, zahlr. Zellkerne enthaltende Teil der Muskelfasern der M. wird von schnell leitenden, sensiblen (afferenten) Nervenfasern innerviert, der periphere, kontraktile Teil der Muskelfasern von dünnen, efferenten Fasern. Die dünnen Nervenfasern haben eine Starterfunktion bei der Muskelkontraktion, denn ihre Erregung bewirkt eine Verkürzung der peripheren, d. h. eine Dehnung der zentralen Anteile der Spindel. Dadurch werden die sensiblen Nervenfasern (Dehnungsrezeptoren) erregt, die im Rückenmark auf motor. Neurone des Muskels umgeschaltet werden. Entsprechend bewirkt zur Konstanthaltung der Muskellänge eine Dehnung der außerhalb der M. liegenden Muskeln (und damit auch des zentralen Spindelfaseranteils) ebenfalls eine (korrigierende) Muskelkontraktion (monosynapt. Reflex). Damit haben die M. Einfluss auf den Muskeltonus und kontrollieren die Muskellänge.

Muskeltonus, die Grundspannung eines nicht willkürlich innervierten Muskels. Man unterscheidet den **kontraktilen M.,** bei dem aufgrund der Spontanerregung der Muskelfaser eine Energie verbrauchende Kontraktion abläuft (z. B. bei der Grund- oder Ruhespannung der Skelettmuskeln), und den **plastischen M.** oder **Sperrtonus,** der mit einer Umordnung der kontraktilen Muskeleiweiße verbunden ist und kaum Energie benötigt (z. B. Schalenschließmuskeln der Muscheln).

Muskelzerrung, durch ruckartige Überdehnung hervorgerufener unvollständiger Muskelriss mit Zerreißung einzelner Muskelfasern; Symptome sind lokaler Druckschmerz, mitunter leichter Bluterguss, ohne wesentl. Funktionsminderung; zur Behandlung dienen feuchte Verbände und heparinhaltige Salben.

Muske̱te [zu frz. mousquet, von ital. moschetto, eigtl. ›(wie mit ›Fliegen‹ gesprenkelter) Sperber‹, zu mosca, lat. musca ›Fliege‹] *die, -/-n,* **Furke̱tt,** Anfang des 16. Jh. in Spanien entwickeltes, bald auch in Mitteleuropa verbreitetes Gewehr mit glattem Lauf (Kaliber 18–20 mm) und Luntenschloss. Die Masse der fast 2 m langen Waffe verringerte sich von urspr. 7–8 kg bereits in der 1. Hälfte des 16. Jh. auf etwa 5 kg, wodurch auf die anfänglich noch notwendige Stützgabel verzichtet werden konnte. Bedingt durch die im Verhältnis zur →Arkebuse des 15. Jh. geringere Masse und die günstigere Formgebung (leicht abwärts geneigter Kolben und Daumengriff) war der M. handlicher als diese. V. a. hierdurch wurde das Gewehr ab der Mitte des 16. Jh. neben den Stangenwaffen zur Hauptwaffe des Fußvolkes. Bereits im 16. Jh. traten Radschloss-M. neben die herkömml. M., fanden jedoch wegen der relativ hohen Kosten kaum Verbreitung im militär. Bereich. Die Erfindung des Steinschlosses führte im Verlauf des 17. Jh. zur Ablösung der Luntenschloss-M. Die neuartigen Gewehre – nun Standardwaffe der Infanteristen – wurden ab der 2. Hälfte des 17. Jh. i. Allg. als **Steinschlossgewehre** bezeichnet.

Musketie̱r [zu Muskete] *der, -s/-e,* urspr. Bez. für den mit der Muskete bewaffneten Schützen. In der

Musk Muskimol – Muspilli

2. Hälfte des 17. Jh. und im 18. Jh. wurden die meisten Infanterieeinheiten als M.-Kompanien bezeichnet (im Unterschied zu Grenadier- u. a. Einheiten); als Dienstgrad des einfachen Infanteristen hielt sich die Bez. M. noch bis 1919.

Muskimol [zu Muskarin gebildet], **Muscimol** das, -s, von Fliegen- und Pantherpilzen gebildetes Isoxazolderivat, das aus Ibotensäure durch Abspaltung von Kohlendioxid (Decarboxylierung) entsteht und das Vergiftungsbild nach Genuss der genannten Pilze trägt. Typisch sind Erregungszustände, Tobsuchtsanfälle, Verwirrtheit und Halluzinationen, die nach einer Latenz von 1–3 Stunden auftreten.

Muskogee [mʌsˈkəʊgɪ], **Maskoki, Muskogean** [mʌsˈkəʊgɪən], indian. Sprachfamilie im SO der USA, zu der die meisten Stämme dieses Gebiets zählen (Choctaw, Creek, Natchez, Seminolen u. a.).

Muskovit [zu nlat. Muscovia ›Moskau‹] der, -s/-e, **Kaliglimmer,** silbrig weißes, auch blass gefärbtes, perlmuttglänzendes, durchsichtiges bis durchscheinendes Mineral aus der Gruppe der →Glimmer. M. ist ein Dreischichtsilikat mit der chem. Zusammensetzung $KAl_2[(OH,F)_2|AlSi_3O_{10}]$; Härte nach MOHS 2–3, Dichte 2,78–3,10 g/cm³. M. bildet blättrig-körnige oder schuppige Aggregate mit Seidenglanz. Feinschuppiger M. wird **Sericit** genannt. M. ist weit verbreitet, v. a. in Tiefengesteinen, metamorphen Gesteinen, häufig in granit. Pegmatitgängen in großen, wirtschaftlich wertvollen Kristallen. M. werden v. a. als Isolierstoff in der Elektrotechnik verwendet.

muskulär, zu den Muskeln gehörig, die Muskulatur betreffend.

Muskularis die, -/...res, Muskelschicht (meist glatte Muskelfasern) als i. d. R. mehrschichtige Wandschicht (Ring- oder Spiral- und Längsmuskulatur) vieler Hohlorgane (**Tunica muscularis**) oder als dünne Schicht unter der Schleimhaut des Darmtrakts (**Muskelhaut,** Lamina muscularis).

Muskulatur, die Gesamtheit der →Muskeln (eines Organismus).

Muslim [arab. ›der sich Gott unterwirft‹] der, -(s)/-e und -s, **Moslem,** veraltet **Muselman** [zu türk. müslüman], Selbst-Bez. der Anhänger des Islam. Die Bez. ›Mohammedaner‹ lehnen die M. ab, weil ihr Glaube auf die von MOHAMMED überbrachte Offenbarung Gottes, nicht aber auf den Propheten als ihren menschl. Überbringer gerichtet ist. Nach der Lehre des Korans sind M. ›die Gläubigen‹. Alle Nicht-M. werden als ›Ungläubige‹ (Kafir) angesehen, unter denen die ›Schriftbesitzer‹ (→Ahl al-Kitab) nach islam. Recht eine Sonderstellung einnehmen.

Muslimbruderschaft, Moslembruderschaft, Moslembrüder, religiös-polit. Reformbewegung, gegr. 1928 in Ismailia (Ägypten) von dem Grundschullehrer HASAN AL-BANNA (* 1906, † [ermordet] 1949); fordert eine an Koran und Hadith orientierten Staats- und Gesellschaftsordnung und bekämpft den westlich-europ. Einfluss in der islam. Welt. Sie verbreitete sich in vielen arab. Ländern. Darüber hinaus entstanden verwandte Bewegungen in Iran (›Fidaijan-e Islam‹, dt. ›Kämpfer des Islam‹) sowie in Indien und Pakistan (›Djamaat-e Islam‹, dt. ›Vereinigung des Islam‹). Als weibl. Parallelorganisation entstanden 1936 die **Muslimschwestern.**

In Ägypten entwickelte sich die M. nach 1945 zu einer Massenbewegung, die Zeitungen, Schulen und Industrieunternehmen besaß. 1948/49 beteiligte sie sich mit militär. Verbänden am Krieg der arab. Staaten gegen Israel. Nach Errichtung der Rep. in Ägypten wurde die M. dort verboten (Januar 1954) und nach dem gescheiterten Attentat auf Präs. NASSER (26. 10. 1954; Hinrichtung zahlr. Mitgl.) endgültig aufgelöst. Auch in anderen islam. Ländern wurde die M. verboten. Unter dem Eindruck der islam. Revolution in Iran (1979) suchte sich die M. neu zu etablieren. In Syrien, wo Ende der 1950er-Jahre von der M. das Konzept eines ›islam. Sozialismus‹ entwickelt worden war, wandten sich versch. Gruppierungen der M. (zusammengefasst in der ›Vereinigten Islam. Front‹) gegen das sozialistisch-laizist. System der Baathpartei. In Ägypten kündigte MUSTAFA MASCHUR, seit Januar 1996 Oberhaupt (Scheich) der M., die Gründung einer Partei ›Al-Wasat‹ (›die Mitte‹) an, um auf legale Weise am polit. Leben des Landes teilzunehmen.

Muslimliga, Moslemliga, polit. Vereinigung ind. Muslime, gegr. als **All India Muslim League** 1906 in Dhaka, um die Interessen der muslim. Bevölkerung in Britisch-Indien zu vertreten. Bei der Verfassungsreform von 1909 setzte sie sich für die Anerkennung des muslim. Bevölkerungsteils als separate Wählerschaft (die eigene Vertreter wählt) durch. Seit etwa 1913 näherte sie sich dem Ind. Nationalkongress und schloss mit ihm 1916 den ›Pakt von Lucknow‹. Seit 1916 führte M. A. JINNAH die M. – Bei den Auseinandersetzungen um die Verf. Indiens forderte die M. eine bundesstaatl. Ordnung, die die muslim. Mehrheit im Pandschab und in Bengalen berücksichtigen sollte. Zeitweilig wurde sie in ihrem öffentl. Einfluss geschwächt durch die ebenfalls von ind. Muslimen getragene ›Khilafatbewegung‹. 1929 spaltete sich die M. vorübergehend.

Auf einer Sitzung der M. in Lahore 1940 bezeichnete JINNAH Hindus und Muslime als zwei Nationen (›Zweinationentheorie‹) und forderte die Errichtung eines separaten Staates Pakistan (›Pakistanresolution‹). Auf dieser Basis gelang es der M., während des Zweiten Weltkriegs die lokalen Muslimparteien in ihre nat. Politik einzubeziehen. In den Verhandlungen mit der brit. Reg. um die staatl. Organisation Indiens setzte sie 1947 die Errichtung des unabhängigen Staates Pakistan durch. Sie wurde dort als **Pakistan Muslim League** (PML) staatstragende Partei, verlor jedoch in den 50er-Jahren stark an Boden. Nach dem Militärputsch von 1958 trat die M. mit den anderen Parteien in den Hintergrund. Unter dem Vorsitz AYUB KHANS (1963–70; Staatspräs. 1958–69) trat sie wieder stärker hervor (Wahlsieg 1965) und diente diesem dazu, den zivilen Charakter seines Reg.-Systems zu betonen. Nach mehreren Abspaltungen, der Wahlniederlage von 1970 und einer Zersplitterung in zwei Gruppen (1979–88) ging ihr Einfluss erneut stark zurück. 1988 schloss sich die M. mit anderen oppositionellen Parteien zu dem von M. NAWAZ SHARIF geführten Wahlbündnis ›Islam. Demokrat. Allianz‹ zusammen, das die Parlamentswahlen 1990 gewann (Reg.-Verantwortung bis 1993). Danach in der Opposition und seit Mai 1993 erneut gespalten, errang die von NAWAZ SHARIF geleitete Partei (PML-N) bei den Parlamentswahlen 1997 die absolute Mehrheit.

Musö, Volk in China, →Lahu.

Musophagidae [arab.-griech.], die →Turakos.

Muspell, german. Mythologie; wohl ein Riese, der möglicherweise mit dem Feuerriesen Surtr identifiziert werden kann. Beim Endzeitkampf (→Ragnarök) ziehen die Muspellsleute (Muspellz lýdir) mit Surtr gegen die Götter. Der Feuerriese entfacht schließlich den Weltbrand. In einigen german. Dialekten (Althochdeutsch, Altsächsisch) bedeutet ›mutspelli‹ oder ›muspilli‹ wohl ›Weltende durch Feuer‹, auch ›Jüngstes Gericht‹ (→Muspilli). In der altnord. Kosmogonie des SNORRI STURLUSON (13. Jh.) eine Art Feuerreich (Muspellzheimr, ›Muspelheim‹) als Gegenpol zum kalten Niflheim.

Muspilli, wahrscheinlich im 9. Jh. im bair. Sprachraum entstandenes, als Bruchstück (103 Zeilen, Anfang und Ende fehlen) erhaltenes geistl. Gedicht. Es zeigt noch german. Stabreime, doch schon einzelne Endreime; vorherrschend sind bair. Sprachformen mit fränk. Einsprengseln. Das Gedicht stellt predigt-

artig das Schicksal der Seele nach dem Tod, den Weltuntergang und das Jüngste Gericht auf der Grundlage bibl. und apokrypher Vorstellungen dar. Das Werk überzeugt durch starke Ausdruckskraft, Fantasie und Bilderreichtum. Der Titel (nach Vers 57) stammt von dem ersten Herausgeber, J. SCHMELLER.
Ausgabe: M., in: Ahd. Leseb., hg. v. W. BRAUNE, bearb. v. E. A. EBBINGHAUS (¹⁶1979).

Mussala *die*, **Musala**, höchster Berg Bulgariens, 2925 m ü. M., im Rilagebirge; meteorolog. Station; am Osthang entspringt die Maritza.

Mussato, Albertino, ital. Humanist, * Padua 1261, † Chioggia 31. 5. 1329; neben kürzeren Dichtungen und philosoph. Dialogen schrieb er nach dem Vorbild des LIVIUS zeitgeschichtl. Werke, in denen er trotz seiner guelf. Gesinnung Kaisertreue offenbart, sowie in Nachahmung SENECAS D. J. die Tragödie ›Ecerinis‹, für die er 1315 zum Dichter gekrönt wurde.
HUBERT MÜLLER: Früher Humanismus in Oberitalien. A. M.: Ecerinis (1987).

Mussawi-Khamenei [-xamɛˈneɪ], Mir Hossein, iran. Politiker, * Kameneh (westlich von Täbris) 1941; Dipl.-Ing., engagierte sich politisch auf der Seite des islamisch-fundamentalist. Gegner Schah MOHAMMEDS RESA, nach dessen Sturz Mitgl. des Revolutionsrates (Mai bis November 1979), gehörte (bis zur Auflösung) dem Islam. Republikan. Partei an. 1981 war er Außen-Min. Als Min.-Präs. (1981–89) vertrat M.-K. in der Zeit des iranisch-irak. Krieges (1980–88) eine kompromisslose Linie gegen Irak.

Mussbach, Peter, Opernregisseur, * Schwabach 3. 7. 1949; debütierte 1973 als Regisseur in Augsburg mit P. CORNELIUS' ›Der Barbier von Bagdad‹. In Frankfurt am Main inszenierte er u. a. Werke R. WAGNERS, R. STRAUSS' und W. A. MOZARTS, an der Hamburg. Staatsoper u. a. 1992 die Uraufführung von W. RIHMS ›Die Eroberung von Mexiko‹ sowie bei den Salzburger Festspielen u. a. 1995 A. BERGS ›Lulu‹.

Muße, das tätige Nichtstun; spezif. Form schöpfer. Verwendung von Freizeit, unabhängig von Zwängen durch fremdbestimmte Arbeit, durch Forderungen der Gesellschaft, aber auch von Konsumzwängen der Freizeitindustrie; Grundbedingung der Selbstfindung und kreativen Selbstverwirklichung des Menschen. Im Gesellschafts- und Wirtschaftssystem der griech. Polis war M., z. B. als Freisein von den Geschäften, ein durch die körperl. Arbeit der Sklaven ermöglichtes Privileg der ›freien‹ Bürger mit einer entsprechend hohen Bewertung in der gesellschaftlich-eth. Wertehierarchie (ARISTOTELES z. B. hielt M. für eine der Voraussetzungen staatspolit. Handelns); sie galt bis in die Neuzeit auch als humanist. Ideal und Statusmerkmal bestimmter Klassen. Durch die ›zweite industrielle Revolution‹ mit ihrer Entlastung von körperl. Arbeit, v. a. aber mit den durch sie ermöglichten Arbeitszeitverkürzungen, wurde M. grundsätzlich für breitere Bevölkerungsschichten realisierbar.
T. VEBLEN: Theorie der feinen Leute. Eine ökonom. Unters. der Institutionen (a. d. Amerikan., Neuausg. 8.–9. Tsd. 1993); J. PIEPER: M. u. Kult (⁹1995).

Musselin [ital.-frz., nach der Stadt Mosul], leinwandbindiger Kleiderstoff mit bes. weichem Griff und fließendem Fall; wird aus schwach gedrehten, feinen Garnen aus Wolle, Baumwolle oder Gemischen, vielfach auch als Zellwolle hergestellt.

Mussert [ˈmysərt], Anton Adrian, niederländ. Politiker, * Werkendam 11. 5. 1894, † (hingerichtet) Den Haag 7. 5. 1946; Ingenieur, gründete 1931 die Nationaal-Socialistische Beweging (NSB), kollaborierte seit 1940 mit der dt. Besatzungsmacht; 1942 zum ›Führer des niederländ. Volkes‹ ernannt. 1945 verhaftet und zum Tode verurteilt.

Musset [myˈsɛ], Alfred de, frz. Schriftsteller, * Paris 11. 12. 1810, † ebd. 2. 5. 1857; schloss sich der von V. HUGO gegründeten Künstlervereinigung ›Cénacle‹ an (seine orientalisierenden ›Contes d'Espagne et d'Italie‹, 1830, zeigen die verstechn. Neuerungen HUGOS), löste sich aber schon 1831 wieder von ihr. Eine als schmerzvoll erfahrene Liebesbeziehung zu GEORGE SAND, die auch sein Dichter. Werk beeinflusste, endete 1835. M. war einer der bedeutendsten Vertreter der frz. Romantik; seine romant. Sensibilität verbindet sich jedoch mit einer z. T. an die klass. Kunstauffassung erinnernden Grundhaltung. Prägend für M.s Werk war die Erfahrung des Zusammenbruchs der Ideale der napoleon. Zeit unter Restauration und Julimonarchie: Sein Roman ›Confessions d'un enfant du siècle‹ (1836; dt. ›Beichte eines Kindes seiner Zeit‹) stellt die Erfahrung von Einsamkeit und Sinnlosigkeit als Grunderlebnis einer Generation dar (Mal du siècle). Bekenntnishafte Züge und subtile psycholog. Analyse bestimmen auch seine von hoher Musikalität getragene, rhythmisch differenzierte Lyrik, so die die Zeit mit GEORGE SAND reflektierenden und den Konflikt zw. Kunst und Leben thematisierenden ›Nuits‹ (einzeln erschienen 1835–37, gesammelt 1840 in ›Poésies nouvelles‹; dt. ›Die Nächte‹). Die Grundspannung von Ideal und Wirklichkeit wird auch in seinen Verserzählungen (›Rolla‹, 1833; dt.) und Dramen (›Andrea del Sarto‹, 1833, dt.; ›Lorenzaccio‹, 1834, dt.) spürbar. Seine Komödien (z. B. ›Les caprices de Marianne‹, 1834; dt. ›Die laun. Marianne‹, auch u. d. T. ›Die Launen einer Frau‹), darunter die in der Form der ›Proverbes dramatiques‹ als Illustration von Sprichwörtern konzipierten Stücke (u. a. ›On ne badine pas avec l'amour‹, 1834; dt. ›Man spielt nicht mit der Liebe‹), spiegeln romantisch-empfindsame Züge in iron. Brechung und verbinden Esprit, spieler. Leichtigkeit und Frivolität mit einem Grundton von Skepsis, Melancholie und Tragik.

Weitere Werke: *Erzählung:* Histoire d'un merle blanc (1842; dt. Gesch. einer weißen Amsel). – *Novellen:* Le fils du Titien (1838; dt. Der Sohn des Tizian), Mimi Pinson (1846; dt.). – *Dramen:* Fantasio (1834; dt.); Il ne faut jurer de rien (1836; dt. Man soll nichts verschwören, auch u. d. T. Der Schwur).

Ausgaben: Correspondance (1827–1857), hg. v. L. SÉCHÉ (1907, Nachdr. 1977); Œuvres complètes en prose, hg. v. M. ALLEM (Neuausg. 1951); Œuvres complètes, hg. v. P. VAN TIEGHEM (1963); Correspondance, hg. v. M. GORDXC/N u. a., auf mehrere Bde. ber. (1985 ff.); Sand et M. Lettres d'amour, hg. v. F. SAGAN (1985). – Ges. Werke, hg. v. A. NEUMANN, 5 Bde. (1925) [dt.]; Romane u. Erzählungen, übers. v. DEMS. u. a. (1980); Dramen, übers. v. DEMS. u. a. (1981).

M. ALLEM: A. de M. (Neuausg. Grenoble 1948); W. BAHNER: A. de M.s Werk (Halle/Saale 1960); P. VAN TIEGHEM: M. (Neuausg. Paris 1969); B. MASSON: M. et le théâtre intérieur (ebd. 1974); A. FABIG: Kunst u. Künstler im Werk A. de M.s (1976); P.-G. CASTEX: Études sur le théâtre de M., 2 Bde. (Paris 1978–79); P. J. SIEGEL: A. de M. A reference guide (Boston, Mass., 1982).

Mussolini, Benito, ital. Politiker, * Predappio (Prov. Forlì-Cesena) 29. 7. 1883, † (erschossen) Giulino di Mezzegra (Prov. Como) 28. 4. 1945; Sohn eines republikanisch-sozialistisch engagierten Lokalpolitikers (von Beruf Schmied) und einer kirchlich orientierten Lehrerin. 1902 ging M. als Lehrer in die Schweiz, agitierte dort bei ital. Arbeitern für die Sozialisten und besuchte Vorlesungen an versch. Schweizer Univ., u. a. bei V. PARETO in Lausanne. Ideologisch verband er den Klassenkampfgedanken nach L. BLANQUI und K. MARX mit der Idee vom ›Übermenschen‹ (F. NIETZSCHE) und der Verherrlichung aktionist. Gewalt bei G. SOREL zu einem voluntaristisch geprägten Sozialismus.

1904 in Abwesenheit wegen Fahnenflucht verurteilt, kehrte M. nach seiner Amnestierung 1905 zur Ableistung seines Militärdienstes (bis 1906) nach Italien zurück. 1909 ging er in das österr. Trentino. Er bekämpfte dort die Verfechter des polit. Katholizismus unter A. DE GASPERI und schloss sich der von C. BAT-

Alfred de Musset

Benito Mussolini

TISTI geführten →Irredenta an. Nach seiner Ausweisung aus Österreich organisierte M. in seiner Heimatprovinz den Partito Socialista Italiano (PSI) und schuf sich eine eigene Machtbasis. Wegen seines Eintretens gegen den ital. Kolonialkrieg in Libyen (1911/12) war er zeitweilig in Haft. Auf dem Parteitag des PSI in Reggio nell'Emilia 1912 gelang es der von ihm geführten internationalist. Richtung, die Parteispitze unter L. BISSOLATI zu stürzen. M. wurde Chefredakteur der sozialist. Parteizeitung ›Avanti‹, deren Auflage er von 20 000 auf 100 000 steigerte.

Der Ausbruch des Ersten Weltkrieges führte zum Bruch mit den Sozialisten: Da er – im Zuge seines militanten revolutionären Aktionismus – den Eintritt Italiens in den Krieg forderte, schloss ihn die für die strikte Neutralität des Landes eintretende PSI aus. Im November 1914 gründete M. seine (u. a. von der ital. Industrie finanzierte) Zeitung ›Il Popolo d'Italia‹. Seit dem Kriegseintritt Italiens (1915) verband er immer stärker nationalistisch-sozialrevolutionäre Stimmungen mit annexionist. Ambitionen.

1917 wurde M. bei einer militär. Übung verletzt und aus der Armee entlassen. Am 23. 3. 1919 gründete er die Bewegung Fascio di combattimento, die im November 1921 zum Partito Nazionale Fascista (PNF) umgewandelt wurde. Als Parteiführer trat er aus dem Schatten G. D'ANNUNZIOS heraus, der in den unmittelbaren Nachkriegsjahren die nationalist. und antidemokrat. Kräfte in Italien gelenkt hatte. In der Symbolik des Faschismus und dem Mythos vom ›Duce‹, ein Titel, den sich M. zugelegt hatte, fand die weit verbreitete Sehnsucht nach Autorität, Führertum und Gefolgschaft emotionalen Ausdruck. Im Bündnis mit den Liberalen gelangte M. 1921 an der Spitze von 21 faschist. Abg. ins Parlament. Diese erfolgreichen Bemühungen, im politisch-parlamentar. Raum Fuß zu fassen, waren begleitet von antisozialist. Gewaltakten faschist. Terrorgruppen (›Squadre d'azione‹) in ganz N-Italien. Unter Hinwendung zur Monarchie und im Bündnis mit etablierten Kräften in Wirtschaft, Armee, Verwaltung und Kirche errang M. im Oktober 1922 die Macht im Staat.

Unter dem Eindruck des faschist. →Marsches auf Rom (BILD →Faschismus) ernannte König VIKTOR EMANUEL III. am 31. 10. 1922 M. zum Min.-Präs. M. bildete eine Reg., in der die konservativ-bürgerl. Elemente überwogen, jedoch die Faschisten die Schlüsselpositionen besetzten. M. nutzte seine weitgehenden Vollmachten zur Disziplinierung der freien Presse, zu einer Amnestie für faschist. Gewaltakte und zu neuen Übergriffen. Unter Ausnutzung des Gegensatzes zw. den radikalen Kräften seiner Bewegung, die auf die Errichtung einer faschist. Diktatur drängten, und den bürgerl. Koalitionspartnern, die eine ›Normalisierung‹ der innenpolit. Verhältnisse und eine ›Konstitutionalisierung‹ des Faschismus unter Beibehaltung eines begrenzten Parteienpluralismus erwarteten, baute M. zielbewusst seine persönl. Machtstellung aus. So setzte er sich Ende 1922 an die Spitze des von ihm ernannten Gran Consiglio del Fascismo, der seit 1928 sogar die Krone als Staatsorgan neutralisieren sollte.

Die schwere innenpolit. Krise nach der Ermordung des sozialist. Abg. G. MATTEOTTI (Juni 1924) zwang M., am 3. 1. 1925 vor dem Parlament (bei Auszug der →Aventinianer) propagandistisch die Verantwortung für die Rechtsbrüche zu übernehmen. Unter dem Druck des radikalen Flügels der faschist. Bewegung schritt M. jedoch tatsächlich zum Aufbau einer Einparteiendiktatur (seit dem 5. 1. 1925): Die nichtfaschist. Parteien und Gewerkschaften wurden ausgeschaltet, die persönl. Vormachtstellung M.s wurde institutionell abgesichert. Die im Parlament verbliebenen Abg. stimmten 1925/26 den entsprechenden Gesetzen zu. M. war nun ›Capo del Governo‹ (Haupt der Regierung), Kommandant der Miliz und Präs. des Gran Consiglio del Fascismo; unter Instrumentalisierung der Massenmedien kultivierte er einen Mythos um seine Person als ›Duce del Fascismo‹ und begann den Aufbau einer Staats- und Gesellschaftsordnung auf korporativer Grundlage (→Korporativismus). In seiner ›Dottrina del Fascismo‹ (1932; dt. ›Lehre des Faschismus‹) fasste M. seine – stark schwankenden – ideolog. Vorstellungen vom korporativ gegliederten Gesellschaftssystem und vom totalitären Staat zusammen. Im Ggs. zum Machtanspruch M.s fand seine Herrschaft Grenzen v. a. im Bereich der Krone (und dem von ihr ernannten Senat), des Militärs sowie der kath. Kirche, der er 1929 in den Lateranverträgen autonome Organisationsmöglichkeiten beließ.

Seit Beginn der 30er-Jahre, als M. auf dem Höhepunkt seiner persönl. Machtentfaltung als Diktator stand, verfolgte er zunehmend eine imperialist. Außenpolitik. Nach der Ermordung des österr. Bundeskanzlers E. DOLLFUSS (1934) konnte er HITLER von der gewaltsamen Annexion Österreichs durch das Dt. Reich noch zurückhalten. Nach einem Kolonialabkommen mit Frankreich (1935) ließ er 1935 ital. Truppen in Äthiopien einmarschieren, um die Grundlage eines ital. Reiches im Mittelmeerraum zu legen. Unter dem Eindruck der Sanktionen des Völkerbundes gegen seine expansionist. Politik näherte sich M. dem natsoz. Dtl.; gemeinsam intervenierten HITLER und M. im Span. Bürgerkrieg (Juli 1936 bis März 1939) und begründeten im Oktober 1936 die Achse Berlin–Rom. Vor dem immer mächtiger werdenden Dt. Reich musste M. im März 1938 den ›Anschluss‹ Österreichs an das Dt. Reich hinnehmen. Die Vermittlung M.s in der Sudetenkrise (September 1938) bei Abschluss des →Münchener Abkommens blieb für ihn ein kurzlebiger persönl. Propagandaerfolg. Seine Politik geriet seitdem immer stärker in die Abhängigkeit vom natsoz. Dtl. (auch innenpolitisch: Übernahme der natsoz. Rassengesetze). Weitere Bündnisabschlüsse (Stahlpakt, Mai 1939; Dreimächtepakt, September 1940) sowie der Eintritt Italiens an der Seite Dtl.s in den Zweiten Weltkrieg (Juni 1940) vertieften die polit. Abhängigkeit M.s von HITLER.

In Verbindung mit militär. Misserfolgen Italiens im Zweiten Weltkrieg führten innere Krisen zum Ende der Herrschaft M.s. Nach Massenstreiks im März 1943 und der Invasion der Westalliierten in Sizilien (9./10. 7.) stürzte der Gran Consiglio del Fascismo auf Initiative D. GRANDIS am 25. 7. den Diktator und übergab den militär. Oberbefehl an den König. Dieser ließ M. noch am selben Tage verhaften.

Aus der Haft auf dem Campo Imperatore am Gran Sasso d'Italia am 12. 9. 1943 von dt. Fallschirmjägern befreit, führte M. in völliger Abhängigkeit von Dtl. die Repubblica Sociale Italiana (auch Republik von Salò gen.), deren Staatsgebiet angesichts des Rückzuges der dt. Truppen in N-Italien ständig schrumpfte. Kurz vor Kriegsende 1945 wurde M. mit seiner Geliebten CLARA PETACCI auf der Flucht von ital. Widerstandskämpfern gefangen genommen und erschossen.

Ausgaben: Carteggio Arnaldo – B. M., hg. v. D. SUSMEL (1954); Opera omnia, hg. v. E. u. D. SUSMEL, 35 Bde. u. 9 Erg.-Bde. ([1-5]1955–80); Carteggio D'Annunzio – M. (1919–1938), hg. v. R. DE FELICE u. a. (1971); M. e Hitler. I rapporti segreti 1922–1933, hg. v. DEMS. ([2]1983).

I. KIRKPATRICK: M. (a. d. Engl., 1965); A. CASSELS: M.'s early diplomacy (Princeton, N. J., 1970); J. PETERSEN: Hitler-M. Die Entstehung der Achse Berlin–Rom (1973); D. MACK SMITH: M.'s Roman empire (London 1976); DERS.: M. (a. d. Engl., 1983); G. BOCCA: La grande paura di M. (Rom [3]1977); DERS.: M. socialfascista (Mailand [3]1983); R. DE FELICE: Der Faschismus (a. d. Ital., 1977); DERS.: M., 4 Bde. in 7 Tlen. (Neuausg. Turin 1995–96); G. BOZZETTI: M. direttore dell' ›Avanti!‹ (Mailand 1979); L. PRETI: M. giovane (ebd. 1982); D. GRANDI: 25 luglio, quarant'anni dopo, hg. v. R. DE FELICE (Bologna 1983); E. NOLTE: Die faschist. Bewegungen. Die

Krise des liberalen Systems u. die Entwicklung der Faschismen (⁹1984); DERS.: Der Faschismus in seiner Epoche. Action française, ital. Faschismus, Nationalismus (Neuausg. ⁴1995); G. SCHEUER: Genosse M.? Wurzeln u. Wege des Ur-Faschismus (Wien 1985); G. DE LUNA: B. M. (a. d. Ital., 17.–19. Tsd. 1993); K. MITTERMAIER: M.s Ende. Die Rep. von Salò 1943–45 (1995); R. COLLIER: M. Aufstieg u. Fall des Duce (a. d. Engl., Neuausg. 1995).

Mussorgskij, Modest Petrowitsch, russ. Komponist, * Gut Karewo (Gebiet Twer) 21. 3. 1839, † Sankt Petersburg 28. 3. 1881; 1856–58 Gardeoffizier, widmete sich dann, gefördert von M. A. BALAKIREW, in Sankt Petersburg weitgehend autodidaktisch der Musik. Nach dem Verlust seines Vermögens nahm er 1863 eine untergeordnete Beamtenstellung an und trat auch als Konzertpianist auf. An Alkoholismus leidend, starb M. arm und vereinsamt.

Ungleich seinen sehr akademisch eingestellten Zeitgenossen A. G. RUBINSTEIN und P. I. TSCHAIKOWSKY durchbrach M. die scheinbar fest gefügten Konventionen, um auf dem Weg über die Musik reale humane und soziale Zusammenhänge der Wirklichkeit zu deuten. Nach dem Manifest des →Mächtigen Häufleins suchte er die russ. Musik aus dem Volkslied zu erneuern, griff dabei aber weit über die folkloristische. Tendenzen der nationalruss. Schule hinaus. So verbinden sich in seinem Hauptwerk ›Boris Godunow‹ Elementar-Rituelles (etwa im Bittchor des Volkes) und schonungsloser Realismus mit einer zuweilen an SHAKESPEARE erinnernden Hintergründigkeit (Schlusslied des Irrsinnigen), die aus einer konsequenten musikalisch-realist. Umsetzung und Ausdeutung der Sprache und der dramatisch-psycholog. Situation heraus erwächst. Seine Werke sind vielfach Fragment geblieben und wurden von seinen Freunden, bes. von N. A. RIMSKIJ-KORSAKOW, ergänzt.

Werke: Opern: Die Heirat (Fragment 1868, nach N. GOGOL); Boris Godunow (nach A. PUSCHKIN, 1. Fassung in 7 Bildern 1868/69, 2. Fassung in 4 Aufzügen mit 9 Bildern 1871/72 [Uraufführung 1874]; bearb. instrumentiert von N. RIMSKIJ-KORSAKOW 1896, von D. SCHOSTAKOWITSCH 1940); Chowanschtschina (1873–80; beendet u. instrumentiert von RIMSKIJ-KORSAKOW 1883, bearb. von M. RAVEL und I. STRAWINSKI 1913); Der Jahrmarkt von Sorotschinzy (1876–81, nach N. GOGOL; bearb. von Z. KJUI 1917, von N. N. TSCHEREPNIN 1923, von W. J. SCHEBALIN 1931). – *Sinfon. Dichtung:* Eine Nacht auf dem Kahlen Berge (1867; bearb. von RIMSKIJ-KORSAKOW 1886). – *Klavierstücke:* Bilder einer Ausstellung (1874, nach Bildern des Architekten u. Malers VIKTOR HARTMANN [* 1834, † 1873]; orchestriert von RAVEL 1922). – *Klavierlieder (Zyklen):* Kinderstube (1868–72, nach eigenen Texten); Ohne Sonne (1874); Lieder u. Tänze des Todes (1874–77); Lied des Mephisto, dt. ›Flohlied‹ (1879, nach GOETHE; instrumentiert von RIMSKIJ-KORSAKOW 1883).

Ausgabe: Complete works, hg. v. P. LAMM, 20 Bde. (1923–1939); Briefe, übers. u. hg. v. D. LEHMANN (1984).

G. FULLE: M.s ›Boris Godunow‹, Gesch. u. Werk, Fassungen u. Theaterpraxis (1974); L. HÜBSCH: M. Bilder einer Ausstellung (1978); M. M. Aspekte des Opernwerks, hg. v. H.-K. METZGER u. a. (1981); P. WEBER-BOCKHOLDT: Die Lieder M.s (1982); H. C. WORBS: M. P. Mussorgsky. Mit Selbstzeugnissen u. Bilddokumenten (20.–23. Tsd. 1989); Modest Mussorgsky. Zugänge zu Leben u. Werk; Würdigungen – Kritiken – Selbstdarstellungen – Erinnerungen – Polemiken, hg. v. E. KUHN (a. d. Russ., 1995).

Mussuranas [indian.-port.], *Sg.* **Mussurana** *die, -, Clelia,* Gattung der Trugnattern mit fünf Arten, von Mexiko bis Argentinien verbreitet. Die bis 2,5 m langen M. haben einen kräftigen Körper und sind nachtaktive Bodenbewohner in Waldrandgebieten und Galeriewäldern. Sie ernähren sich von Eidechsen und Schlangen, v. a. von Giftschlangen.

Mustafa [arab. ›der (von Gott) als der Bessere Erwählte‹], türk. **Mustafa,** Sultane des Osman. Reiches:

1) Mustafa II., Sultan (1695 bis August 1703), * Konstantinopel 2. 6. 1664, † (vergiftet) ebd. 29. 12. 1703; Sohn MOHAMMEDS IV. Der nach der türk. Niederlage gegen Prinz EUGEN (bei Zenta an der Theiß, 11. 9. 1697) geschlossene Frieden von Karlowitz (26. 1. 1699) beendete die türk. Herrschaft in Ungarn; durch einen Janitscharenaufstand am 21. 8. 1703 gestürzt.

R. A. ABOU-EL-HAJ: The 1703 rebellion and the structure of Ottoman politics (Istanbul 1984).

2) Mustafa III., Sultan (seit 1757), * Konstantinopel 28. 1. 1717, † ebd. 21. 12. 1773; Sohn AHMEDS III.; suchte eine Auseinandersetzung mit Russland zu vermeiden, unterlag jedoch der Kriegspartei und erlitt die vernichtende Niederlage bei Çeşme (5. 7. 1770).

Mustafa, türk. **Mustafa, Kara M.** [›der schwarze M.‹], **Kara M. Pascha,** osman. Großwesir (seit 1676), * bei Merzifon (Anatolien) 1634/35, † Belgrad 25. 12. 1683; unternahm 1677/78 erfolglose Feldzüge gegen Russland. Seine zweimonatige Belagerung Wiens 1683 endete mit der türk. Niederlage am Kahlenberg (12. 9.), durch die der osman. Expansionismus sein Ende fand. Auf dem Rückzug ließ ihn der Sultan wegen Versagens erdrosseln.

Kara M. vor Wien. 1683 aus der Sicht türk. Quellen, hg. v. R. F. KREUTEL (Neuausg. Graz 1982).

Müstair [myʃˈtair], Ort im Kt. Graubünden, Schweiz, →Münstertal.

Mustang [engl., von span. mestengo, mesteño, eigtl. ›herrenlos(es Pferd)‹] *der, -s/-s,* auf freier Wildbahn im S und SW der USA vorkommendes, genügsames, ausdauerndes, halbwildes Pferd; Nachfahre verwilderter, von den Spaniern nach Amerika eingeführter Lusitanos und Andalusier. Der einstige Millionenbestand war zeitweilig von der Ausrottung bedroht (herdenweiser Abschuss v. a. zur Verarbeitung zu Hundefutter und Fleischmehl); heute geschützt.

Mustapää, P., eigtl. **Martti Haavio,** finn. Schriftsteller, * Temmes 22. 1. 1899, † Helsinki 4. 2. 1973; leitete durch seine ironisch-intellektuellen Gedichte (Einfluss B. BRECHTS) mit eigenständiger, an E. POUND erinnernder Bildkomposition und mit rhythm. Neuheiten (zus. mit A. A. HELLAAKOSKI) die reimlose Moderne in der finn. Lyrik ein.

Werke (finn.): *Lyrik:* Leb wohl, Arkadien (1945); Wermutskraut, Rosenblüte (1947); Der Vogelfänger (1952).

Mustelidae [lat.], die →Marder.

Muster [von älter ital. mostra ›Ausstellung(sstück)‹, zu mostrare ›zeigen‹], **1)** *allg.:* 1) Vorlage, nach der etwas hergestellt wird; 2) etwas in seiner Art Vollkommenes, Vorbild; 3) Flächendekor, der auf einer Kombination eines einzelnen oder mehrerer Elemente (Figuren) beruht.

2) *Recht:* Element des Kaufs nach Probe (→Kauf auf Probe).

3) *Sozialwissenschaften:* →Pattern.

4) *Wirtschaft:* →Warenmuster, →Gebrauchsmuster, →Geschmacksmuster.

Muster, 1) Thomas, österr. Tennisspieler, * Leibnitz 2. 10. 1967; Sandplatzspezialist; gewann 1986–97 u. a. 44 Grand-Prix-Turniere, darunter 1995 die ›French Open‹; 1996 kurzzeitig Weltranglistenerster.

2) Wilhelm, österr. Schriftsteller, Pseud. **Ulrich Haßler,** * Graz 12. 10. 1916, † ebd. 26. 1. 1994; lebte 1952–62 in Spanien. Die Einbeziehung von Mythen, die Verschmelzung von Realem und Fantastischem, die Allgegenwart der Todesthematik sowie die fabulierfreudige Erzählweise zeigen Affinität zu Werken span. und lateinamerikan. Autoren.

Werke: Romane: Aller Nächte Tag (1960); Der Tod kommt ohne Trommel (1980); Pulverland (1986); Auf den Spuren der Kuskusesser (1993). – *Erzählungen:* Die Hochzeit der Einhörner (1981); Gehen, reisen, flüchten (1983); Sieger u. Besiegte (1989); Mars im zwölften Haus (1991). – *Parodien:* Monsieur Musters Wachsfigurenkabinett (1984).

Mustér [muʃˈter], bündnerroman. Name von →Disentis, Schweiz.

Musterbildung, *Biologie:* bei der Keimesentwicklung die Entstehung eines ›Differenzierungsmusters‹ aus den sich unterschiedlich differenzierenden Zellen

Modest Petrowitsch Mussorgskij (Ausschnitt aus einem Gemälde von Ilja Jefimowitsch Repin; 1881)

Kara Mustafa

Must Musterbuch – Musterung

als Grundlage der Gestaltbildung. Dieser Vorgang kann durch mathemat. Modelle einer M. behandelt werden. Meist werden zwei gegenläufige Konzentrationsgradienten je eines hemmenden und eines fördernden Stoffes als Erklärung für die M. angenommen. Neben Stoffgradienten spielen sicher auch mechan. Kräfte eine Rolle.

Musterbuch: Villard de Honnecourt, ›Löwe und Stachelschwein‹; Seite aus einem Musterbuch, um 1240 (Paris, Bibliothèque Nationale de France)

Musterbuch, Sammlung von Vorlagen, die dem bildenden Künstler des MA. als Exemplum für seine eigenen Werke dienten. Das M. enthielt typ. Einzelformen und -motive, die in einen beliebigen neuen Zusammenhang gebracht werden konnten. Das berühmteste M. ist das Bauhüttenbuch des VILLARD DE HONNECOURT (um 1240; Paris, Bibliothèque Nationale de France). Um 1230 entstand das Wolfenbütteler M. (Herzog August Bibliothek), das zw. byzantin. und niedersächs. Kunst vermittelt. Das Braunschweiger Skizzenbuch (zw. 1380 und 1400; Herzog Anton Ulrich-Museum) dokumentiert den Stil der got. Malerei Böhmens. Mit dem Aufkommen des Holzschnitts und des Kupferstichs kamen auch Vorlagenbücher für die verschiedensten Kunstgewerbe auf, z. B. Stick- und Webmusterbücher; der →Ornamentstich lieferte seit dem 15. Jh. v. a. die Vorlagen für den Dekor von Goldschmiedearbeiten und Möbeln.

Muster|erkennung, engl. **pattern recognition** [ˈpætən rekəgˈnɪʃn], *Informatik:* die Identifizierung von Merkmalen durch Vergleich mit einem vorliegenden Muster; i. w. S. auch Bez. für die Gesamtheit der diesem Zweck dienenden Verfahren. Durch die M. kann ein Objekt, das die identifizierten Merkmale trägt, einer gewissen Klasse zugeordnet und somit ›erkannt‹ werden. Zu den Verfahren der M. gehören u. a. der Mustervergleich (engl. template matching) oder die Überprüfung struktureller Eigenschaften (engl. feature-based matching); der Einsatz von statist. und syntakt. Klassifikatoren erfolgt häufig auch in Form →neuronaler Netze. Wichtige Anwendungsbeispiele sind die →Zeichenerkennung (z. B. in Klarschriftlesern), die opt. Lagekontrolle von Werkstücken oder Werkzeugen, die Bildauswertung, insbesondere in der →Photogrammetrie (z. B. Luftbilder, Röntgenbilder, Mikroskopbilder) und die →Spracherkennung (z. B. zur Identifizierung von Sprechern oder zum maschinellen Verstehen gesprochener Sprache).

Der Vorgang der M. lässt sich wie folgt differenzieren: 1) Erfassen des Objekts mit Sensoren i. w. S. und Speichern der gewonnenen Daten; 2) Vorverarbeitung der Daten zur Extraktion von Merkmalen; 3) Analyse der so gewonnenen Daten auf ihren Gehalt an Merkmalen; 4) Vergleich der Merkmale mit vorhandenen Mustern.

Musterprozess, Modellprozess, Rechtsstreit, der zur Entscheidung einer bestimmten Rechtsfrage geführt wird, die für eine Vielzahl gleich gelagerter Fälle von Bedeutung ist. Um eine Grundsatzentscheidung (möglichst der letzten Instanz) zu erlangen, beteiligen sich finanziell oft mehrere Interessenten an den Kosten des Verfahrens. Anhängige Prozesse können nach § 148 ZPO bis zur rechtskräftigen Entscheidung des M. ausgesetzt werden. Diese kann aber nur aufgrund entsprechender Vereinbarung für andere Prozesse und Parteien Bindungswirkung erlangen. – Nach § 93a Verwaltungsgerichtsordnung kann das Gericht, wenn die Rechtmäßigkeit einer behördl. Maßnahme Gegenstand von mehr als 20 Verfahren ist, ein oder mehrere geeignete Verfahren (**Musterverfahren**) vorab durchführen und die übrigen Verfahren aussetzen. Ist das Musterverfahren rechtskräftig entschieden, kann das Gericht nach Anhörung der Beteiligten über die ausgesetzten Verfahren durch Beschluss entscheiden, wenn es einstimmig der Auffassung ist, dass die Sachen gegenüber dem Musterverfahren keine wesentl. Besonderheiten tatsächlicher oder rechtl. Art aufweisen und der Sachverhalt geklärt ist. Das Gericht kann, wenn die anderen Verfahren durchgeführt werden, die im Musterverfahren erfolgte Beweisaufnahme verwerten sowie nach seinem Ermessen die wiederholte Vernehmung eines Zeugen oder eine neue Begutachtung durch denselben oder einen anderen Sachverständigen anordnen.

Musterprüfung, Bau|musterprüfung, Eignungsprüfung, Typenprüfung, Überprüfung eines oder mehrerer Muster (Prototypen) eines techn. Produkts im Hinblick auf die Erfüllung aller in den zugehörigen Spezifikationen festgelegten Anforderungen und Sicherheitsvorschriften. Nach erfolgreicher Durchführung aller Prüfungen kann die Freigabe zur Serienfertigung oder bei Einzelstücken die Betriebserlaubnis erteilt werden. Die Techn. Überwachungs-Vereine (TÜV) z. B. führen M. an Kraftfahrzeugen, Dampfkesseln, Druckbehältern u. a. durch.

Musterrolle, vom Seemannsamt vor Antritt der Reise eines Schiffs ausgestellte, auf dem Schiff stets mitzuführende Urkunde. Inhalt: Daten über den Kapitän und alle Besatzungsmitglieder, Heimat- oder Registerhafen, Name, Flagge, Maschinenstärke des Schiffs u. a. (§§ 13 f. Seemanns-Ges.).

Musterschutz, *Recht:* →Gebrauchsmuster, →Geschmacksmuster.

Musterung, 1) *Arbeitsrecht:* Verhandlung und Abschluss der Arbeitsverträge von Seeleuten; hierbei sind das Seefahrtsbuch und das Befähigungszeugnis in Anwesenheit des Kapitäns dem Seemannsamt vorzulegen. An-M. findet bei Dienstantritt, Ab-M. bei Dienstende, Um-M. bei Änderung der Dienststellung des Seemanns statt. (→Heuerverhältnis)
2) *Wehrrecht:* Verfahren zur Feststellung der Wehrdienstfähigkeit ungedienter Wehrpflichtiger. Bei der M. wird die geistige und körperl. Tauglichkeit untersucht, das Fehlen von Wehrpflicht- und Wehrdienstausnahmen geprüft sowie die Art des zu leistenden Wehrdienstes festgestellt. In Dtl. geschieht die M. aufgrund des Wehrpflicht-Ges. i. d. F. v. 15. 12. 1995 und der M.-Verordnung i. d. F. v. 16. 12. 1983 durch die bei den Kreiswehrersatzämtern gebildeten **M.-Ausschüsse,** die aus dem Leiter des Kreiswehrersatzamtes oder dessen Stellvertreter und zwei Beisitzern bestehen. Der **M.-Bescheid** kann binnen zwei Wochen durch Widerspruch angefochten werden, über den die **M.-Kammern** entscheiden. Der Widerspruch hat auf-

schiebende Wirkung. Leisten Wehrpflichtige der Ladung zur M. grundlos keine Folge, können sie polizeilich vorgeführt werden. (→Wehrpflicht)

Musth, bei erwachsenen Elefantenbullen in regelmäßigen Zeitabständen wiederkehrende Phase, die durch Ausfluss eines Sekrets aus den Schläfendrüsen und durch Verhaltensänderung, v. a. gesteigerte Aggressivität, gekennzeichnet ist. Die M. dauert höchstens 34 Tage und verleiht dem Bullen vorübergehend erhöhte Ausdauer, Kraft und Geschicklichkeit; sie scheint ein der Brunft ähnl. Zustand zu sein.

Muszely ['musɛli], Melitta, österr. Sängerin (Sopran), * Wien 13. 9. 1927; kam über Regensburg, Kiel, Hamburg und Berlin (Kom. Oper und Staatsoper) 1964 an die Wiener Staatsoper. Sie wurde durch die Interpretation der drei Frauengestalten in J. OFFENBACHS ›Hoffmanns Erzählungen‹ bekannt; trat als Lied- und Konzertsängerin hervor.

Mut [ahd. muot ›Gemüt(szustand)‹, ›Leidenschaft‹, ›Entschlossenheit‹, ›Mut‹], über der Norm liegender Einsatz zur Überwindung drohender Gefahr, kann sich in aktivem oder defensivem Verhalten äußern. Tapferkeit dagegen bezeichnet eher die Unerschrockenheit und Stärke im Bestehen von Gefahren. Sowohl M. als auch Tapferkeit erfordern oft ein Überwinden von Angst oder Furcht. Der M. erwächst auf dem Grund natürl. Selbstvertrauens, Kraft- und Wertgefühls, auch Machtgefühls und Geltungsbedürfnisses, aber auch einer Notsituation (M. der Verzweiflung). Nach der Art der zu bestehenden Gefahr unterscheidet man den M., der Leben oder ernstl. Verletzung wagt, von dem, der im Dienst von Überzeugungen und Idealen eigene wirtschaftl. oder gesellschaftl. Nachteile riskiert **(Zivilcourage).**

Mut [ägypt. ›Mutter‹], ägypt. Göttin, trat durch ihre Verbindung mit →Amun als Göttin hervor und hatte in Karnak ein eigenes Heiligtum. Sie wird meist als Frau mit der Doppelkrone dargestellt, in ihrem gefährl. Aspekt aber auch mit Löwenkopf.

Muta [zu lat. mutus ›stumm‹] *die, -/...tae,* Phonetik: ältere zusammenfassende Bez. für Mediä (b, d, g) und Tenues (p, t, k).

Muta cum liquida, *griech. und lat. Sprache sowie Metrik:* bei der Abfolge Verschlusslaut/Dauerlaut wirksam werdendes Prinzip, dem zufolge eine vorangehende Silbe mit kurzem Vokal kurz blieb, wenn beide Laute zur folgenden Silbe gezogen wurden (tenĕ-brae); sonst entstand →Positionslänge (tenēb-rae).

Mutagene [zu Mutation und ...gen gebildet], *Sg.* **Mutagen** *das, -s,* natürlich vorkommende und synthet. Substanzen (chem. M.) sowie Strahlen (physikal. M.), die →Mutationen hervorrufen können. Als **physikal. M.** wirken Röntgen-, Gamma- und Ultraviolettstrahlen sowie kosm. Strahlung. Zu den **chem. M.** gehören u. a. Nitrite, Aflatoxine, Benzopyren, Bromuracil. M. sind häufig karzinogen und spielen eine große Rolle bei der Krebsentstehung. – **Anti-M.** sind Substanzen, die M. entgegenwirken und die Mutationsrate herabsetzen, z. B. Äthanol, Glycerin und das in den Peroxisomen von Leberzellen, in Mikroorganismen und Pflanzen vorkommende Enzym Katalase.

Mutagenität, die Fähigkeit eines Agens (z. B. einer chem. Substanz, einer Strahlenart), als Mutagen Mutationen zu verursachen. Zur z. T. freiwilligen, z. T. gesetzlich vorgeschriebenen Prüfung von neu auf den Markt kommenden Substanzen (z. B. Arznei-, Lebensmittel, Aromastoffe, Kosmetika, Pflanzenbehandlungs-, Reinigungsmittel) auf M. werden versch. Verfahren angewendet, bei denen als Testorganismen v. a. Bakterien, Pilze, Taufliegen, Mäuse, Goldhamster sowie Zellkulturen aus menschl. Lymphozyten und aus Bindegewebsbildungszellen herangezogen werden. Als heute weltweit angewendeter, relativ einfacher Mutationstest gilt der →Ames-Test.

Mutanabbi [arab. ›der sich für einen Propheten ausgibt‹], **Motenebbi,** Abu t-Tajjib Ahmed **al-M.,** der bedeutendste arab. Dichter der Nachklassik, * Kufa 915, †(von Räubern erschlagen) Deir al-Akul (bei Bagdad) 23. 9. 965; erhielt seinen Beinamen nach einem politisch-religiösen Aufstand. 948–957 Hofdichter des Hamdanidenfürsten SAIF AD-DAULA in Aleppo, den viele seiner Gedichte feiern, lebte er nach beider Zerwürfnis u. a. in Damaskus, Alt-Kairo, Bagdad und Schiras.

Mutankiang, Stadt in China, →Mudanjiang.

Mutante [zu lat. mutare ›verändern‹] *die, -/-n,* Genetik: Bez. für ein Individuum (auch für einen Bakterienstamm), das aufgrund einer →Mutation vom Wildtyp abweicht.

Mutare, bis 1982 **Umtali,** Stadt in O-Simbabwe, 1 080 m ü. M., in einem von Bergen umschlossenen Hochbecken südlich des Gebirges Nyanga, an der Grenze zu Moçambique, 131 800 Ew.; Verw.-Sitz der Prov. Manicaland, kath. Bischofssitz; Regionalmuseum; Kfz-Montage, Maschinenbau, Zellstoff- und Papierfabrik, Obstkonserven- u. a. Industrie; Eisenbahnstation. Zur Erdölraffinerie in Feruka (26 km westlich) führt die 300 km lange Pipeline vom Hafen Beira (Moçambique). – M. wurde 1890 als Fort Umtali von den Briten gegründet.

Mutarotation, bei wässrigen Lösungen von einfachen Zuckern beobachtbare Erscheinung, dass sich die Drehung der Schwingungsebene von polarisiertem Licht (→optische Aktivität) mit der Zeit ändert. Die speziellen Drehwerte sind z. B. für α-D-Glucose (→Glucose) 112° und für β-D-Glucose 18,7°. Als Folge der gegenseitigen Umwandlung beider Formen bis zu einem Gleichgewichtszustand nähert sich der spezielle Drehwert in beiden Fällen einem Endwert von 52,7°.

Mutasiliten [arab.], **Mutaziliten** [-zil-], Angehörige einer islam. Theologenschule **(Mutasilia),** die unter Aufnahme griech. Gedankengutes und mittels rationaler Begründungsverfahren wesentlich zur Ausbildung der dogmat. Systems der sunnit. Islam beigetragen hat. Hervorgegangen aus den politisch-dogmat. Kämpfen in der 1. Hälfte des 8. Jh., wurden die M. unter den Abbasidenkalifen zur führenden Theologenschule. Die Grundbegriffe ihrer Dogmatik waren die Lehre von der absoluten Einheit Gottes (die jeden Anthropomorphismus ausschloss) und von Gottes Gerechtigkeit, die den freien Willen des Menschen bedingt. Ihre Lehre vom Erschaffensein des Korans wurde zeitweilig zum Staatsdogma erhoben. Obgleich ihre Dogmatik später verworfen wurde, besteht diese bis heute in versch. Formen fort.

Mutassim, Al-M. billah, Kalif (seit 833) aus der Dynastie der Abbasiden, * um 796, † Samarra 5. 1. 842; Sohn HARUN AR-RASCHIDS, Bruder MAMUNS, hing der von diesem zum Staatsdogma erhobenen Lehre der Mutasiliten an und ließ abweichende Meinungen rigoros verfolgen. M. gründete Samarra; er nahm als erster Kalif türk. Söldner in Dienst.

Mutation [lat. ›(Ver)änderung‹] *die, -/-en,* 1) *Genetik:* Veränderung in der Erbsubstanz (Erbänderung), der eine Änderung der Information tragenden Desoxyribonukleinsäure (DNA, →Nukleinsäuren) in Bezug auf Informationsgehalt, Struktur oder Quantität zugrunde liegt. M. können spontan auftreten **(Spontan-M.)** oder durch Mutagene erzeugt werden **(induzierte M.).** Die Häufigkeit, mit der eine M. spontan auftritt oder erzeugt werden kann, nennt man **M.-Rate;** sie liegt zw. 0,000 001 % und 0,001 %. Die Wirkung von →Mutagenen kann durch Antimutagene zumindest gemildert werden. Es wird unterschieden zw. Gen-M., Chromosomen-M. und Genommutation.

Gen-M. betreffen kleinere bis größere Abschnitte der DNA, die mit zytolog. Verfahren i. d. R. nicht erkannt werden. Wird hierbei nur ein Basenpaar verändert, liegt eine **Punkt-M.** vor; Punkt-M. können Folge eines Fehlers während der DNA-Verdoppelung oder der Einwirkung chem. oder physikal. Mutagene auf die DNA sein. Sie entstehen durch Austausch (Transition, Transversion), Wegfall (Deletion) oder Hinzufügen (Insertion) einzelner Basen. Der Austausch eines Basenpaares in einem protein-kodierenden Gen kann ggf. zum Einbau einer falschen Aminosäure in das gebildete Protein führen. Dies wiederum kann eine eingeschränkte Aktivität des Proteins oder auch den völligen Funktionsausfall zur Folge haben. Ein bekanntes Beispiel dafür ist die Punkt-M., die zur →Sichelzellenanämie führt. Die M. kann jedoch auch ohne sichtbare Folgen bleiben (**stille M.**). Stille M. können in mehrere Typen eingeteilt werden: Einige bewirken Basenänderungen in der DNA, die wegen des degenerierten →genetischen Codes keine Veränderungen in der Aminosäure der dazugehörigen Proteins hervorrufen. Andere ändern die Aminosäuren in einem Protein, aber der Ersatz führt nicht zu einer Aktivitätsänderung (konservativer Austausch). Findet die M. in einem DNA-Segment statt, das nicht für ein Protein codiert, z. B. in einem Intron (→Mosaikgene) oder einem stillgelegten Strukturen (→Pseudogene), dann erzeugt sie meist ebenfalls keine Änderung des Phänotyps.

Durch Hinzufügen oder Wegnahme eines Nukleotids werden die betroffenen Nukleotiddreiergruppen (Codons) und damit alle folgenden Dreiergruppen verändert. Solche das Leseraster der DNA verschiebende M. werden als →Frame-Shift-Mutation bezeichnet; sie führen i. d. R. zur Zerstörung des Gens und haben ein funktionsloses Protein zur Folge. Deletionen und Insertionen betreffen auch häufig größere DNA-Abschnitte. Ursache von Insertionen sind Transposone, das sind DNA-Stücke, die sich innerhalb des DNA-Strangs von einer Stelle zur anderen bewegen können (›springende Gene‹), oder Viren. Insertions-M. spielen eine große Rolle bei der Entstehung von Tumorzellen durch →Retroviren.

Bei Vorliegen von im Mikroskop sichtbaren **Chromosomen-M.** (→Chromosomenaberrationen), die entweder das ganze Chromosom oder Abschnitte desselben betreffen, sowie bei →Genommutationen treten meist starke Änderungen des Phänotyps auf. Chromosomen-M. führen im heterozygoten Zustand in der Meiose zu Fehlpaarungen der Chromosomen und zur teilweisen Sterilität.

M. in den Keimzellen (**Keimbahn-M.**) werden an Individuen der folgenden Generationen weitergegeben. M. in Körperzellen prägen sich dagegen nur in den Abkömmlingen der mutativ veränderten Zelle aus (**somatische M.**). Gene, die die M.-Fähigkeit anderer Gene erhöhen, werden als Mutatorgene bezeichnet. Wird eine einmal eingetretene M. durch eine zweite wieder rückgängig gemacht, spricht man von einer **Rück-M.**; auf Rück-M. oder einer Suppressions-M.; auf Rück-M. sind z. B. mutative Atavismen zurückzuführen. Bestimmte mutative Veränderungen am DNA-Molekül können durch spezielle Reparaturenzyme behoben werden. – M. ist ein grundlegender Evolutionsfaktor, der durch Auslese und im Zusammenwirken mit anderen Evolutionsmechanismen zur Rassen- und Artbildung beiträgt.

In der Tier- und Pflanzenzüchtung werden durch Kreuzungen M., die ein gewünschtes Merkmal bedingen, gefördert. Mithilfe der Gentechnologie ist es inzwischen auch möglich, M. gerichtet zu erzeugen.

2) *Medizin:* **Mutierung,** der Stimmwechsel beim →Stimmbruch.

3) *Musik:* 1) in der Solmisation die Umdeutung eines Tones zum Zweck des Übergangs in ein anderes →Hexachord; 2) in der barocken Musiklehre der Wechsel des Klanggeschlechts (›mutatio per genus‹) oder der Tonart (›mutatio per modum‹).

4) *Sprachwissenschaft:* Abwandlung von Stämmen oder Affixen durch Laut- oder Akzentwechsel, z. B. singen – sang (Vokalveränderung durch Ablaut), Vater – Väter (Umlaut), leiden – litt (Konsonantenveränderung durch grammat. Wechsel), Autor – Autoren (Akzentverschiebung).

Mutationsrate, *Genetik:* →Mutation.

Mutationszüchtung, *Tier-* und *Pflanzenzucht:* die Gewinnung nützl. Mutanten durch künstl. Auslösung von Mutationen (oder einer Polyploidisierung) und die züchter. Vermehrung der Mutanten.

mutatis mutandis [lat. ›unter Abänderung des zu Ändernden‹]. Abk. **m. m.,** *bildungssprachlich* für: mit den nötigen Änderungen.

Mutawtschiewa, Mutavčieva [-tʃ-], Wera Petrowa, bulgar. Schriftstellerin, * Sofia 28. 3. 1929; Historikerin; schreibt Romane über die Entstehung der bulgar. Nation und die Anfänge der nat. Befreiungsbewegung gegen die Türkenherrschaft in der 2. Hälfte des 19. Jh. sowie über die zeitgenöss. bulgar. Gesellschaft. In dem Roman ›Letopis na smutnoto vreme‹ (1965–66, 2 Bde.) verknüpft sie histor. und fiktive Personen und Vorgänge; auch Essays.

Weitere Werke: Romane: Slučajat Džem (1967; dt. Spielball von Kirche u. Thron); Alkiviad malki (1975; dt. Alkibiades der Kleine); Bombite (1985); Săedinenieto pravi silata (1985); Belot na dve răce (1986); Predrečeno ot Pangeja (1988).

Mutebi II., Ronald Muwenda, Kabaka (König) von Buganda (seit 1993), * 1955, Sohn von Mutesa II.; aufgewachsen und ausgebildet in Großbritannien. Nach der Wiedereinrichtung der Königreiche in Uganda wurde M. am 31. 7. 1993 inthronisiert; er hat jedoch nur repräsentative Funktionen und darf weder Recht sprechen noch Verordnungen erlassen.

Mutesa, Könige (›Kabaka‹) von Buganda:
1) Mutesa I., Kabaka (seit 1856), * um 1838, † Kampala 1884; knüpfte erste unmittelbare Kontakte zu den Europäern und führte Buganda zu einer wirtschaftl. Blüte (Elfenbeinhandel). Er leitete Reformen ein (u. a. des Militärs), zog anglikan. und kath. Missionare an seinen Hof, förderte aber auch den Islam.
2) Mutesa II., Edward, Kabaka (1939–66), * Makindye (bei Kampala) 19. 11. 1924, † London 21. 11. 1969; geriet über die Frage einer stärkeren Einbeziehung Bugandas in die Verw. Ugandas mit der brit. Kolonialmacht in Konflikt (1953–55 verbannt). Nach der Unabhängigkeit Ugandas (1962) und Errichtung der Republik (1963) war M. als König von Buganda ex officio Präs. von Uganda; 1966 wurde er gestürzt.

Muth, alte Volumeneinheit in Bayern und Österreich, 1 M. = 4 Scheffel = 889,430 l (in Bayern für Kalk), 1 M. = 30 Metzen = 1 844,606 l (in Österreich für Getreide).

Muth, Carl, Publizist, * Worms 31. 1. 1867, † Bad Reichenhall 15. 11. 1944; war (1903) Gründer und bis 1941 Hg. der Kulturzeitschrift ›Hochland‹; versuchte die kath. Literatur aus kirchl. und bürgerl. Verengung herauszuführen und Künste und Wiss. in ein erneuertes kath. Glaubensverständnis einzubeziehen.

Werke: Wem gehört die Zukunft? (1893); Die litterar. Aufgaben der dt. Katholiken (1899); Die Wiedergeburt der Dichtung aus dem religiösen Erlebnis (1909).

A. W. Hüffer: K. M. als Literaturkritiker (1959).

Müthel, **1)** Johann Gottfried, Komponist, * Mölln 17. 1. 1728, † Bienenhof (bei Riga) 14. 7. 1788; war seit 1747 Kammermusiker und Hoforganist im Dienst des Herzogs Christian Ludwig II. von Mecklenburg-Schwerin (* 1683, † 1756), der ihm 1750 einen Urlaub zum Unterricht bei J. S. Bach in Leipzig gewährte. Seit 1753 wirkte M. in Riga. Seine Klavierkompositionen (Konzerte, Sonaten, Variationen) gehören zu den bedeutendsten Werken der norddt. Vorklassik.

E. Kemmler: J. G. M. u. das nordostdt. Musikleben seiner Zeit (1970); R. Rapp: J. G. M.s Konzerte für Tasteninstrument u. Streicher (1992).

2) Lola, Schauspielerin, * Darmstadt 9. 3. 1919, Tochter von 3); seit 1958 ∞ mit dem Schauspieler HANS CANINENBERG (* 1917). Spielte (ab 1936) u. a. in Berlin, Stuttgart und Frankfurt am Main; Mitgl. des Bayer. Staatsschauspiels in München; als ihre wichtigste Rolle gilt Maria Stuart.

3) Lothar, eigtl. **L. Lütcke,** Schauspieler, Regisseur und Theaterleiter, * Berlin 18. 2. 1896, † Frankfurt am Main 5. 9. 1964, Vater von 2); zunächst Engagements als Darsteller (bes. erfolgreich in Schiller-Rollen) u. a. in Berlin, München; 1920–24 und 1928–39 am Staatstheater Berlin; auch Regie (u. a. ›Faust I‹, 1932, ›Hamlet‹, 1936, mit G. GRÜNDGENS); 1939–45 Direktor des Wiener Burgtheaters; 1951–56 Schauspieldirektor in Frankfurt am Main.

Hermann Muthesius: Entwurfszeichnung für die Gartenstadt Hellerau in Dresden; 1913

Muthesius, Hermann, Architekt und Kunstschriftsteller, * Großneuhausen (bei Sömmerda) 20. 4. 1861, † Berlin 26. 10. 1927; 1887–91 in Japan, 1896–1903 Attaché an der Dt. Botschaft in London. M. studierte dort das zeitgenöss. Kunsthandwerk und die engl. Architektur, die er durch zahlr. Publikationen in Dtl. bekannt machte und deren Vorbild er in seinen eigenen Bauten, v. a. Landhäusern, folgte. Er war Mitbegründer des Dt. Werkbundes und der Gartenstadt Hellerau.
Schriften: Die engl. Baukunst der Gegenwart, 4 Tle. (1900–04); Das engl. Haus, 3 Bde. (1904–05); Landhaus u. Garten (1907); Kleinhaus u. Kleinsiedlung (1918); Die schöne Wohnung (1922).
H. M., hg. v. der Akad. der Künste, Berlin-West, Ausst.-Kat. (1978); H.-J. HUBRICH: H. M. Die Schr. zu Architektur, Kunstgewerbe, Industrie in der ›Neuen Bewegung‹ (1981); H. M. im Werkbund-Archiv, hg. v. O. BÄTZ, Ausst.-Kat. Martin-Gropius-Bau, Berlin (1990); Die Großfunkstation Nauen u. ihre Bauten von H. M., bearb. v. M. BOLLÉ (1996).

Muti, 1) Ornella, eigtl. **Francesca Romana Rivelli,** ital. Schauspielerin, * Rom 5. 3. 1956; seit Mitte der 1970er-Jahre international bekannt.
Filme: Die schönste Frau (1971); Das Leben ist schön (1980); Der gezähmte Widerspenstige (1980); Eine Liebe von Swann (1984); Chronik eines angekündigten Todes (1987); Jahreszeiten der Liebe (1992); Widows (1997).

2) Riccardo, ital. Dirigent, * Neapel 28. 7. 1941; war 1969–73 musikal. Oberleiter des Teatro Comunale in Florenz, 1973–82 ebd. Direktor des Maggio Musicale Fiorentino, 1973–82 Chefdirigent des New Philharmonia Orchestra in London und 1980–92 des Philadelphia Orchestra; seit 1986 ist er Musikdirektor der Mailänder Scala. M. wurde bes. als Mozart- und Verdi-Dirigent bekannt, sein Repertoire umfasst u. a. auch selten gespielte Opern, wie ›La Vestale‹ von G. SPONTINI und ›Lodoïska‹ von L. CHERUBINI.

Mutianus Rufus, Mutian, Conradus, eigtl. **Konrad Muth,** Humanist, * Homberg (Efze) 15. 10. 1471, † Gotha 30. 3. 1526; studierte in Erfurt und Italien, wo er durch den Florentiner Neuplatonismus nachhaltig geprägt wurde. 1503 wurde er Kanonikus in Gotha.

M. R. veröffentlichte selbst keine Schriften, begeisterte aber den Erfurter Kreis um EOBANUS HESSUS, CROTUS RUBEANUS u. a., in dessen Mitte die →Epistolae obscurorum virorum entstanden, für den Humanismus. Kulturgeschichtlich wertvoll ist sein umfangreicher Briefwechsel mit Freunden und Gelehrten.
Ausgaben: Briefwechsel, hg. v. C. KRAUSE, in: Ztschr. des Vereins für hess. Gesch. u. Landeskunde, N. F., Suppl. Bd. 9 (1885); Briefwechsel, hg. v. K. GILLERT, 2 Tle. (1890).
F. HALBAUER: M. R. u. seine geistesgeschichtl. Stellung (1929, Nachdr. 1972).

mutieren [lat. mutare ›verändern‹], 1) *Genetik:* eine erbl. Veränderung (Mutation) erfahren, sich im Erbgefüge ändern; von Genen, Chromosomen, Zellen und Organismen gesagt.
2) *Medizin:* sich im Stimmwechsel befinden.

Mutilation [lat.] *die, -/-en,* die →Verstümmelung.

Mutillidae [lat.], die →Bienenameisen.

Mutina, röm. Kolonie (heute →Modena), Schauplatz des Mutinensischen Krieges.

Muting [ˈmjuːtɪŋ, engl.] *das, -s,* **Stummschaltung,** eine elektron. Unterschaltung zur Unterdrückung von Tonsignalen in elektroakust. Anlagen, z. B. von Störgeräuschen und schwachen Sendern beim Abstimmen im UKW-Bereich eines Rundfunkempfängers, von Knack- und Umschaltgeräuschen beim Wechsel der Programmquelle bei Niederfrequenzverstärkern, von Bandrauschen bzw. Brummgeräuschen innerhalb der Tonpausen bei Magnetbandgeräten und Plattenspielern sowie von Knackgeräuschen während der Aufzeichnung bei Magnetbandgeräten. Die M.-Schaltung kann automatisch angesteuert werden oder lässt sich durch Tastendruck in Betrieb setzen.

Mutis, Álvaro, kolumbian. Schriftsteller, * Bogotá 25. 8. 1923; lebt seit 1956 in Mexiko; trat seit 1947 mit bildstarker, vom Surrealismus und dem frühen P. NERUDA beeinflusster Lyrik hervor, dann v. a. mit einer Romanreihe um den fiktiven Abenteurer Maqroll.
Werke: Romanreihe: Empresas y tribulaciones de Maqroll el Gaviero (dt. Die Reisen Maqroll's des Seefahrers), Bd. 1: La nieve del almirante (1986; dt. Der Schnee des Admirals), Bd. 2: Ilona llega con la lluvia (1987; dt. Ilona kommt mit dem Regen), Bd. 3: Un bel morir (1989; dt. Ein schönes Sterben). – *Romane:* La última escala del Tramp Steamer (1988; dt. Die letzte Fahrt des Tramp Steamer); Amirbar (1990; dt. Das Gold von Amirbar); Abdul Bashur, soñador de navíos (1991). – *Lyrik:* Summa de Maqroll el Gaviero. Poesia 1947–1970 (1973, erw. 1990 u. 1992); Un homenaje y siete nocturnos (1986).

Mutismus [zu lat. mutus ›stumm‹] *der, -,* Stummheit bei vorhandener Sprechfähigkeit, intaktem Wahrnehmungsvermögen und unverletzten Sprechorganen, als vollständige (zuweilen monate- oder jahrelange) Unterbrechung des Sprachkontaktes **(totaler M.)** und als Sprechverweigerung in bestimmten Situationen **(elektiver M.);** tritt bei psych. Erkrankungen (Depressionen, Schizophrenie, Hysterie) und Fehlentwicklungen (bes. bei Kindern) auf. Eine Heilung ist durch psychotherapeut. oder heilpädagog. Behandlung möglich.

Mutran, Chalil, libanes. Schriftsteller, * Baalbek 1872, † Kairo 28. 9. 1949; emigrierte nach Ägypten und war Chefredakteur der Zeitung ›Al-Ahram‹. In der modernen arab. Literatur nimmt er eine führende Stellung ein. In seine Lyrik, die wie seine Prosaschriften zum großen Teil polit. Zeitfragen, v. a. die nat. Bewegungen im damaligen Ägypten, thematisieren, gingen auch Einflüsse der frz. und engl. Poesie ein.

Mutschierung [mhd. muotscharunge ›Teilung‹], **Nutzteilung,** im MA. Teilung eines gemeinsamen Eigentums zur Sondernutzung, bei gleichzeitiger rechtlicher Beibehaltung des Gesamteigentums; Ggs.: Watschierung (Tot-, Realteilung).

Mutschler, Carlfried, Architekt, * Mannheim 18. 2. 1926; gewann den Wettbewerb für die Gesamtplanung Herzogenriedpark der Bundesgartenschau 1975 in

Riccardo Muti

Mannheim und errichtete (mit F. OTTO) für diese u. a. die Multihalle, die damals größte Holzgitterschale der Erde. Er baute ferner u. a. das ev. Gemeindezentrum Pfingstberg (1960–63) und das Stadthaus N 1 (1986–90) in Mannheim.

Mutsuhito, Kaiser von Japan (seit 1867), *Kyōto 3. 11. 1852, † Tokio 30. 7. 1912; bestieg nach dem Tode seines Vaters KŌMEI (1867) am 12. 10. 1868 den Thron und gab seiner Reg.-Zeit am 23. 10. 1868 die Devise ›Meiji‹ (›Erleuchtete Regierung‹), die auch für ihn namengebend wurde. M. hatte bereits am 9. 11. 1867 mit dem Rücktrittsgesuch des regierenden Shōguns TOKUGAWA YOSHINOBU (15. Shōgun 1867/68) faktisch die Reg.-Gewalt übernommen. Er verlegte seine Residenz nach Edo, das in Tokio (›östl. Hauptstadt‹) umbenannt wurde. Umgeben von einem fortschrittlich eingestellten Beraterkreis aus dem Hof- und Militäradel, leitete er Reformen (→Meijireform) ein, die Japan zu einem Staat nach europ. Muster machten.

Muttenz, Stadt im Kt. Basel-Landschaft, Schweiz, 281 m ü. M., südöstlich von Basel, 16 900 Ew.; höhere techn. Lehranstalt; Bauernhausmuseum (Einrichtung wie 1800–50 üblich); chem., feinmechan. und Metallwarenindustrie; Rangierbahnhof; Weinbau. – Die ref. Pfarrkirche St. Arbogast (8., 10. und 12. Jh.) mit Freskenresten einer einst vollständigen Ausmalung ist eine ehem. befestigte Kirchenanlage mit erhaltener Ringmauer (um 1420) und zwei Tortürmen; Karner (15. Jh.). Die Genossenschaftssiedlung ›Freidorf‹, 150 Wohnhäuser mit Läden, Schulen und Restaurants, baute 1919–21 HANNES MEYER.

Mutter [ahd. muoter, urspr. Lallwort], die Frau im Verhältnis zu ihrem Kind; im biolog. und medizin. Sinn die Frau, die geboren hat; im rechtl. Sinn auch die Adoptiv-M. Im übertragenen Sinn wird der Begriff auch auf Pflanzen (M.-Pflanze) und Tiere (M.-Tier) bezogen. Der Begriff M. ist Gegenstand zahlr. Forschungen und Diskussionen auf sozial- und naturwiss. Ebene sowie unter jurist. und polit. Aspekten.

Die M. stellt i. d. R. die erste Bezugsperson des Kindes dar; v. a. die frühe *M.-Kind-Beziehung* bildet aus psycholog. Sicht die Grundlage für die Ausbildung eines ›Urvertrauens‹, der emotionalen Lebenssicherheit, der Beziehungs- und Liebesfähigkeit und der Sozialisation des Menschen. Die Verhaltensforschung nimmt mit der Geburt, und zwar beginnend mit dem Sehen (→Kindchenschema) und Hören des Säuglings durch die M., die Auslösung eines angeborenen M.- bzw. Pflegeinstinktes an, d. h. eine Prädisposition der M., für das Kind zu sorgen, wie auch das Kind durch natürl. Verhaltensweisen (Weinen, Klammern u. a.) die Zuwendung der Bezugsperson(en) und Schutz an diese sucht. Eine emotional sichere, ungestörte M.-Kind-Bindung (→Mutterbindung), die von der M. oder auch einer anderen zuverlässig verfügbaren Bezugsperson getragen wird, ist von wesentl. Bedeutung für die Entwicklung des Kindes. Die Beziehung zur M. wie auch die Ablösung von der M.-Fixierung im Laufe des Reifungsprozesses des Kindes und Jugendlichen wirken vorbildhaft für die Gestaltung von Beziehungen im späteren Leben. Eine ins Erwachsenenalter fortbestehende starke innere Abhängigkeit von der M. kann den Aufbau einer Beziehung zu anderen Menschen und insbesondere den Aufbau von Partnerschaften stören und die Selbstentfaltung und Lebensgestaltung hemmen, indem eine Erfüllung mütterl. Erwartungen unbewusst bestimmend bleibt.

Wurde in der Psychologie schon früh die Bedeutung der Eltern, v. a. der M.-Kind-Beziehung, für die Lebens- und Interaktionsfähigkeit des Menschen hervorgehoben (z. B. S. FREUD und die Psychoanalyse; C. G. JUNG), so untersucht die neuere Forschung zunehmend auch die Beziehungen des Kindes zu anderen Personen, v. a. zum Vater, aber auch zu Geschwistern, Alterskameraden, Lehrern und Betreuern (z. B. Tages-M.). Dabei wird deutlich, dass fehlgeschlagene frühe Beziehungserfahrungen durch andere enge Beziehungen kompensiert werden können.

Die *Rolle der M.* wird durch die zugrunde liegenden sozialen und ökonom. Verhältnisse in der jeweiligen Gesellschaft bestimmt und ist historisch weit reichenden Wandlungsprozessen unterworfen. So spielte in der frühen Neuzeit das Kind und damit auch die M. in der Gesellschaft eine untergeordnete Rolle. Es wurden viele Kinder geboren, und viele starben früh; zudem wurden Kinder nicht selten in Waisenhäusern oder von Ammen aufgezogen, sodass kaum tiefe emotionale Beziehungen zw. M. und Kind entstehen konnten. Im Zuge der Aufklärung trat gegen Ende des 18. Jh. eine gegenläufige Entwicklung ein: Mutterschaft und die Rolle der M. wurden in dem Maße idealisiert, wie Kindererziehung als gesellschaftlich notwendige Aufgabe gesehen wurde. V. a. für die bürgerl. Frauen wurde die Erziehung der Kinder zum wichtigen Aufgabenfeld, wenngleich die väterl. Autorität bestimmend blieb. Zu Beginn des 20. Jh. veränderte sich die soziale Lage der Frauen zunehmend: Die Zahl der berufstätigen Frauen nahm zu, und es wurden weniger Kinder geboren. Als Gegenreaktion kam es – v. a. im Dienste militarist. Ziele – zu einer Mütterideologie, deren vielfältigster Ausdruck die natsoz. ›M.-Kreuz‹ als Auszeichnung für das Gebären vieler Kinder war. Bis in die Gegenwart wurde und wird Mutterschaft (bes. in Diktaturen) durch polit. Interessen instrumentalisiert, um demograph. Probleme zu korrigieren, die Emanzipation der Frauen zu behindern oder den Arbeitsmarkt zu entlasten.

Die Entwicklung der modernen Industriegesellschaft hat insgesamt die Funktionen der Familie und damit auch die Rollen ihrer Mitglieder, nicht zuletzt die der M., tief greifend verändert; zu den entscheidenden Faktoren gehören der wachsende Einfluss außerfamiliärer Instanzen (v. a. Schule, Medien) auf die Erziehung der Kinder, die Reduzierung der Kinderzahl (wodurch die Anforderungen an die Erziehung des einzelnen Kindes zunehmen), die zunehmende Beteiligung der Väter an der Kindererziehung, die hohe Zahl allein erziehender Mütter und bes. die außerhäusl. Erwerbsarbeit der Frau, die einerseits soziale Anerkennung, andererseits eine Doppelrolle als M. und Berufstätige mit sich bringt. Damit steht die M. in bes. starkem Maße im Spannungsverhältnis zw. emotional-affektiv bestimmten Sozialbeziehungen der Familie und des Eltern-Kind-Verhältnisses einerseits und den rational organisierten Strukturen der Berufs- und Arbeitswelt andererseits. Moderne Gesellschaftspolitik versucht deshalb, die Probleme der Berufsausbildung und -ausübung mit den Anforderungen der Mutterschaft in Einklang zu bringen (z. B. durch M.-Schutz, Erziehungsurlaub, staatlich geförderte Kinderbetreuungseinrichtungen, Kindergeld, Müttergenesungswerk, Fort- und Weiterbildungsmaßnahmen zum Wiedereinstieg von M. in das Berufsleben). Innerhalb der Frauenbewegung wird teils die traditionelle Rolle der M. als Instrument zur Aufrechterhaltung patriarchal. Familienstrukturen kritisiert, teils wird Mutterschaft als (nur der Frau zugängl.) Chance der Selbsterfahrung und Selbstverwirklichung gewertet (›neue Mütterlichkeit‹).

⇨ Bindung · Ehe · Eltern · Familie · Frau · Frauenarbeit · Kind · Matriarchat · Vater

E. SULLEROT: Die Frau in der modernen Gesellschaft (a. d. Frz., 1971); R. KOCH: Berufstätigkeit der M. u. Persönlichkeitsentwicklung des Kindes (1975); U. LEHR: Die Rolle der M. in der Sozialisation des Kindes (²1978); A. RICH: Von Frauen geboren. Mutterschaft als Erfahrung u. Institution (a. d. Amerikan., 1979); A. KÖHLER-WAGNEROVÁ: M., Kind, Beruf (28.–30. Tsd. 1982); V. BARBER u. M. M. SKAGGS: Die M. Erfahrungen u. Vorschläge für ein besseres Selbstverständ-

Vierkantmutter

Flache Vierkantmutter

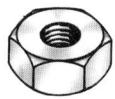
Sechskantmutter

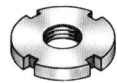
Nutmutter

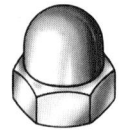
Hutmutter

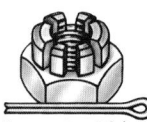
Kronenmutter mit Splint

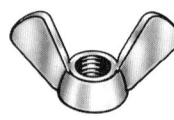
Flügelmutter

Mutter: Verschiedene Ausführungen

nis (a. d. Engl., Neuausg. 1984); E. GABERT: Autorität u. Freiheit in den Entwicklungsjahren. Das mütterl. u. das väterl. Element in der Erziehung (Neuausg. 9.–11. Tsd. 1986); Neue Mütterlichkeit, hg. v. U. PASERO (1986); E. BADINTER: Die Mutterliebe. Gesch. eines Gefühls vom 17. Jh. bis heute (a. d. Frz., Neuausg. ²1992); J. CHASSEGUET-SMIRGEL: Zwei Bäume im Garten. Zur psych. Bedeutung der Vater- u. Mutterbilder (a. d. Frz., ²1992); L. HERWARTZ-EMDEN: Mutterschaft u. weibl. Selbstkonzept. Eine interkulturell vergleichende Unters. (1995); Das Weiberlex., hg. v. F. HÉRVÉ u. a. (Neuausg. 1996); Verklärt, verkitscht, vergessen. Die M. als ästhet. Figur, hg. v. R. MÖHRMANN (1996); E. BECK-GERNSHEIM: Die Kinderfrage. Frauen zw. Kinderwunsch u. Unabhängigkeit (³1997).

Mutter, Schraubenmutter, Maschinenelement mit Innengewinde, das als Teil einer Schraubenverbindung zus. mit der zugehörigen Schraube als Befestigungsmittel oder als Verschiebungsmittel auf einer Bewegungsschraube (Gewindewelle oder -spindel) dient. Zu den wichtigsten Befestigungsschrauben gehört die **Sechskant-M.** Zum Verbinden von Holzteilen werden meist **Vierkant-M.** zus. mit Schlossschrauben verwendet. **Hut-M.** sind auf der Schutz des Gewindes einseitig geschlossen. **Flügel-M.** und **Rändel-M.** können von Hand angezogen werden (v. a. bei häufig zu lösenden Verbindungen). **Kreuzloch-M.** mit vier Sacklöchern am Rand und **Zweiloch-M.** mit zwei Löchern auf der Stirnseite werden mit Spezialschlüsseln angezogen. **Nut-M.** besitzen ein Feingewinde und dienen zur Befestigung von Wälzlagern auf Wellen. **Selbstsichernde M.** mit gewindelosem Kunststoffring in einer Innenringnut ersetzen zunehmend die **Kronen-M.**, eine M. mit Schlitzen zur Sicherung mit einem →Splint. **Niet-M.** bzw. **Anschweiß-M.** werden an dünne Blechteile genietet bzw. geschweißt. **Einschlag-M.** durch Einschlagen, **Einschraub-M.** durch Eindrehen in (vorgebohrtes) Holz verankert.

Mutter, Die, russ. ›Matʼ‹, Roman von M. GORKIJ; engl. 1906, russ. Berlin 1907.

Mutter, Anne-Sophie, Violinistin, * Rheinfelden (Baden) 29. 6. 1963; debütierte 1977 bei den Berliner Philharmonikern und trat u. a. mit Violinkonzerten von W. A. MOZART und L. VAN BEETHOVEN hervor, seit Ende der 80er-Jahre wandte sie sich verstärkt auch Werken zeitgenöss. Komponisten zu (u. a. von W. LUTOSŁAWSKI, W. RIHM, K. PENDERECKI); seit 1986 hat sie einen Lehrstuhl für Solovioline an der Royal Academy of Music in London inne.

Mutterband, 1) *Anatomie:* 1) **breites M.** (Ligamentum latum uteri), eine Eierstöcke, Eileiter und Gebärmutter umhüllende Bauchfellduplikatur; 2) **rundes M.** (Ligamentum teres uteri), ein bindegewebiges Halteband (Ligament) der Gebärmutter, das durch den Leistenkanal zu den großen Schamlippen zieht.
2) *Audio-Video-Technik:* **Masterband,** Magnetband, das die in höchstmögl. Qualität hergestellte Uraufnahme eines Ton- oder Filmstücks als analoges oder digitales, pulscodemoduliertes Signal trägt. Das M. dient zur Anfertigung von Matrizen für Schallplatten oder Compactdiscs sowie Tochterbändern im Rahmen der weiteren Vervielfältigung.

Mutterbaum, *Forstwirtschaft:* älterer, regelmäßig fruchtender Waldbaum, der z. B. auf einer Kahlschlagfläche stehen gelassen wurde, damit dessen Samen auf der Schlagfläche zur Begründung eines neuen Waldbestandes durch Naturverjüngung beitragen.

Mütterberatungsstelle, Einrichtung der Gesundheitsämter zur Aufklärung und Beratung der Mütter in allen Fragen der Säuglings- und Kleinkinderpflege.

Mutterbindung, emotionale →Bindung und Fixierung des Kindes an den weibl. Elternteil, die (wie eine entsprechende →Vaterbindung) die seel. und geistige Entwicklung des Kindes nachhaltig beeinflusst. Nach S. FREUD ist M. nicht selten libidinös gefärbt und Ursache von Konflikten (→Ödipuskomplex).

Mutterboden, Muttererde, andere Bez. für die →Ackerkrume und den A-Horizont von Böden (→Bodenhorizont).

Mutter Courage und ihre Kinder. Eine Chronik aus dem Dreißigjährigen Krieg [-kuˈraːʒə-], Stück von B. BRECHT, entstanden 1938/39, Erstdruck 1949, Uraufführung Zürich 1941.

Mutterfolge, Nachfolge in Würden, Rang oder Eigentum nach der Verwandtschaft durch die Mutter und deren Angehörige. Es kann aber auch die Nachfolge im Eigentum nach der Mutter, dagegen die in Würde oder Rang nach dem Vater berechnet werden. (→Mutterrecht)

Müttergenesungswerk, Kurz-Bez. für **Elly-Heuss-Knapp-Stiftung Deutsches Mütter-Genesungswerk,** gemeinnützige Stiftung, gegr. 1950 von ELLY HEUSS-KNAPP; Sitz: Stein. Das M. fördert die Gesundheitsvorsorge, die Rehabilitation und die Erhaltung der Gesundheit von Müttern durch stationäre Mütter- und Mutter-Kind-Kuren. Trägergruppen sind die Ev. sowie die Kath. Arbeitsgemeinschaft für Müttergenesung e. V., die Arbeiterwohlfahrt, das Dt. Rote Kreuz und der Dt. Parität. Wohlfahrtsverband. Das M. unterhält (1997) 132 Kureinrichtungen, davon 31 für Mütter und 101 für Mutter-Kind-Kuren. Die Kosten der Kur können von den Krankenkassen übernommen (Versicherte ab vollendetem 18. Lebensjahr haben Zuzahlungen zu leisten) oder ein Zuschuss gezahlt werden (§§ 24, 41 Sozialgesetzbuch V). Seit 1950 hat das M. über 2,5 Mio. Kuren durchgeführt.

Muttergesellschaft, Obergesellschaft, i. w. S. Unternehmen, das aufgrund einer Kapital- oder Stimmenmehrheit oder anderer Umstände einen beherrschenden Einfluss auf ein oder mehrere abhängige Unternehmen (**Tochtergesellschaften, Untergesellschaften**) ausübt. I. e. S. wird die kapitalmäßige Beteiligung (i. d. R. Mehrheitsbeteiligung) vorausgesetzt und zw. M. und Tochtergesellschaften ein Abhängigkeitsverhältnis vermutet. Die M. bildet dann als herrschendes Unternehmen mit den Tochtergesellschaften und von diesen wiederum abhängigen Enkelgesellschaften einen Konzern. Eine Tochtergesellschaft kann körperschaftsteuerrechtlich eine Organgesellschaft sein, die M. organisatorisch eine geschäftsführende Holdinggesellschaft.

Muttergestein, 1) *Bodenkunde:* →Bodenhorizont. **2)** *Lagerstättenkunde:* Ausgangsgestein des →Erdöls.

Mutter Gottes, im kirchl. Sprachgebrauch Bez. für →MARIA, die Mutter JESU; theologisch im besonderen Charakter ihrer Mutterschaft begründet (→Gottesmutterschaft).

Muttergottesleuchter, Marienleuchter, Leuchterform des 15. Jh. mit der hölzernen Figur der Mutter Gottes, mandorlaförmig eingerahmt von Hirschgeweihen und einer Krone mit Kerzentüllen.

Muttergöttin, Muttergottheit, die Adressatin religiöser Verehrung der primär weiblich gedachten Fruchtbarkeit der Erde oder einzelner ihrer Aspekte, die seit Entstehung der Hochkulturen auch personale Züge gewinnen konnte. Inwieweit es sich um M. oder eher Fruchtbarkeitssymbole handelt, ist für das Jungpaläolithikum umstritten. Ikonographisch werden sie meist als schwangere und gebärende oder als üppige Frauen mit hervorgehobenen Geschlechtsmerkmalen, aber auch ganz abstrakt dargestellt, ferner mit Kind und/oder mit männl. Pendant sowie versch. Attributen. Die mütterl. Natur wurde als Spenderin von Leben, Wachstum und Nahrung angesehen; sie hatte aber auch die gefährl. Züge einer chthon. Gottheit, insofern sie Gefahren und Krankheiten bereithielt und die Toten aufnahm. Jungpaläolith. ›Venusstatuetten‹ waren in West-, Mittel- und Osteuropa verbreitet (BILD →Altsteinzeit). Mit Verbreitung des Ackerbaus

Anne-Sophie Mutter

Müttergenesungswerk

Mutt Mutterhaus – Mutterkornalkaloide

Muttergöttin: Fruchtbarkeitsidol, so genannte Göttin von Tepe Sarab; Ton, Höhe 6,2 cm; um 6000 v. Chr. (Teheran, Archäologisches Museum)

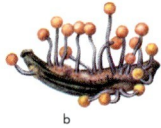

Mutterkorn: a Roggenähre mit Mutterkornbefall, b keimendes Mutterkorn mit gestielten Köpfchen

im Neolithikum traten die Vegetationszyklen noch mehr in den Vordergrund. In Anatolien (Çatal Hüyük, Hacılar) trat seit dem 6. Jt. eine Fülle von plastischen weibl. Idolen auf. Die thronende Göttin von →Çatal Hüyük vereint, als Gebärende, den Fuß auf einen menschl. Schädel gestützt, die Aspekte der Herrin von Leben und Tod und, die Arme auf katzenartige Tiere gestützt, der Herrin der Tiere. Auch W-Zypern war (seit dem 4. Jt.) das Verbreitungsgebiet einer M. ›kreuzförmige Idole‹; drei Statuetten der gebärenden M. (um 3000) konnten in Fundzusammenhang mit dem Modell eines (runden) Heiligtums geborgen werden. In den frühen Hochreligionen trat die chthon. Orientierung zugunsten von Himmels- und Lichtgottheiten zurück, männl. Götter wurden dominierend, und die bisher unpersönl. göttl. Kräfte gewannen personale Züge. Am Himmel angesiedelte M. finden sich v. a. in den versch. Varianten der Mondgottheiten.

In der griech. und röm. Religion haben sich die Detailfunktionen personalisiert (griechisch: Demeter, Hera, Artemis, Aphrodite, Kore, römisch: Juno, Venus, Minerva), die kelt. Religion kannte ebenfalls M., wenn auch in personalisierter Form weniger fassbar. Der Name des (nord-)german. Göttergeschlechts der Vanen, denen der Erde die Fruchtbarkeit geschenkt hatte, ist etymologisch verwandt mit ›Venus‹. Stark war der Kult der göttl. Fruchtbarkeit in der vorarischen Harappakultur, die den späteren Hinduismus beeinflusst hat. Bei den Azteken wird die Erde gelegentlich durch einen männl. Gott (Tlaltecuhtli) repräsentiert; entsprechend der agrar. Lebensweise waren jedoch auch weibl. Fruchtbarkeit und entsprechende M. wichtig.

Im Vorderen Orient und in Ägypten, wo M. sowohl mit Gestirnen als auch mit der Erde assoziiert wurden, lebten noch die chthon. Vorstellungen mit oberflächl. Personalisierung fort; aus ihnen heraus sind Kultzyklen entstanden, die den Wechsel von Aussaat und Ernte bzw. den Beginn der – für die Landwirtschaft – fruchtbaren Perioden und der Trockenzeit zum Gegenstand hatten. Im Kult wurde die hl. Hochzeit (→Hieros Gamos) von Inanna und Dumuzi wiederholt. Zur Zeit der Ernte stirbt der Geliebte, der erst im kommenden Jahr wieder erweckt wird. Vergleichbare Mysterien kannten die babylon. (→Ischtar) und die altägypt. Religion im Isis- und Osiriskult, der später mit eth. Assoziationen verbunden wurde – Isis als Ideal der treuen Gattin und Mutter, meist dargestellt mit ihrem Kind Horus auf dem Arm – und sich auch im Röm. Reich verbreiten konnte. Der Kult von M. ist in Kleinasien unter versch. Namen (z. B. ›die große Artemis‹, vgl. Apg. 19, 24–35) überliefert. Der Myste-

rienkult der Großen Mutter (lat. Magna Mater, →Kybele) verbreitete sich im ganzen Röm. Reich; als Auferstehungsfest wurden die Hilarien gefeiert. Als Variante dieses Kults gelten die seit dem 3. Jh. n. Chr. im Weström. Reich praktizierten Stieropfer. – Die Verehrung der M. hat auch die spätere (christl.) →Marienverehrung stark beeinflusst.

R. BRIFFAULT: The mothers. A study of the origins of sentiments and institutions, 3 Bde. (New York 1927, Nachdr. ebd. 1969); E. NEUMANN: Die große Mutter. Der Archetyp der großen Weiblichkeit (Zürich 1956); E. O. JAMES: The cult of the mother-goddess (New York 1959); M. HÖRIG: Dea Syria. Studien zur religiösen Tradition der Fruchtbarkeitsgöttin in Vorderasien (1979); T. JENNY-KAPPERS: M. u. Gottesmutter in Ephesos. Von Artemis zu Maria (1986); D. KINSLEY: Ind. Göttinnen (a. d. Amerikan., 1990).

Mutterhaus, 1) *ev. Diakonie:* Sitz der Leitung (Oberin) einer Diakonissenschwesternschaft, (zentrale) Ausbildungsstätte der Schwesterngemeinschaft und Wohnsitz für Diakonissen im Ruhestand.

2) *kath. Ordenswesen:* ein Kloster, von dem aus andere begründet wurden; heute meist die leitende Niederlassung einer Ordensprovinz.

Mutterkirche, *kath. Kirchenrecht:* die Hauptpfarrkirche eines Gebiets im Verhältnis zu ihren Tochterkirchen (→Filiale); auch die Bischofskirche im Verhältnis zur Diözese und zu anderen, von diesem Bischofssitz aus gegründeten Diözesen.

Mutterkorn, Secale cornutum [ˈzeːkale-, zeˈkaːlə-], hartes, bis zu 2,5 cm großes, schwarzviolettes, hornartig aus der Ähre herausragendes Dauermyzelgeflecht (Sklerotium) des →Mutterkornpilzes in Fruchtknoten bzw. im Korn des Getreides (bes. Roggen). Das M. enthält biogene Amine und die pharmakologisch stark wirksamen →Mutterkornalkaloide. Durch ins Mehl gelangtes, gemahlenes M. traten früher (heute durch moderne Mühlentechnologie und Reinigung nicht mehr) schwere Vergiftungserkrankungen (M.-Vergiftung, Ergotismus, Kribbelkrankheit) auf; Symptome: Schwindel, Erbrechen, Durchfälle, Benommenheit und Krämpfe; bei chron. Vergiftung mit Gefäßkrämpfen und Gangrän oder mit neurolog. Störungen.

Kulturgeschichte: M. war in der Antike und bei den Germanen von relativ geringer Bedeutung. Im alten China wurde es wahrscheinlich bereits arzneilich verwendet. Die epidem. M.-Vergiftung ist seit dem 9. Jh. in Mitteleuropa belegt (Epidemien gab es bes. in den Jahren 1596, 1649, 1736). Als Krankheitserreger wurde M. 1771 von dem dt. Arzt JOHANN DANIEL TAUBE (* 1727, † 1799) nachgewiesen.

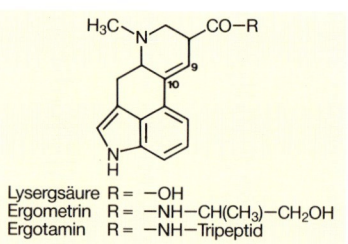

Mutterkornalkaloide

Lysergsäure R = –OH
Ergometrin R = –NH–CH(CH₃)–CH₂OH
Ergotamin R = –NH–Tripeptid

Mutterkorn|alkaloide, Secale|alkaloide, Ergot|alkaloide, Sammel-Bez. für die zahlr. im →Mutterkorn enthaltenen Alkaloide. Bes. wichtig sind die M., die sich von der Lysergsäure ableiten. Man unterscheidet M. vom **Ergometrintyp,** bei denen Lysergsäure mit einem Aminoalkohol, und M. vom **Peptidtyp,** bei denen diese mit einem zykl. Peptidrest verknüpft ist. Zu Letzteren gehören Ergotamin und Dihydroergotamin. M. vom Ergometrintyp werden in der Geburtshilfe, und zwar ausschließlich in der Nachgeburtsperiode, zur Kontraktion der Gebärmuttermuskulatur und damit zur Vermeidung von Blutverlusten eingesetzt. M. vom Peptidtyp finden Anwendung bei Migräne, Durchblutungsstörungen, zu niedrigem Blutdruck und zur Verhütung der Bildung von Blutgerinnseln (Thromboseprophylaxe).

Mutterkornpilz, Claviceps purpurea, giftiger Schlauchpilz aus der Familie Clavicipitales, der bes. auf Roggen schmarotzt. Der von den Sporen des Pilzes infizierte Fruchtknoten wird vom Myzel des Pilzes durchwuchert und bildet bei der Kornreife das aus der Ähre herausragende →Mutterkorn.

Mutterkreuz, amtlich **Ehrenkreuz der Deutschen Mutter,** am 16. 12. 1938 gestiftetes dreistufiges dt. Ehrenzeichen für Mütter mit vier und mehr Kindern; darf seit 1945 nicht mehr getragen werden.

Mutterkuchen, Placenta, Plazenta, blutgefäßreiches Stoffwechselorgan bei den meisten Säugetieren (an Plazentatieren einschließlich des Menschen), das die Verbindung zw. dem Embryo und dem Mutterorganismus bildet. Der M. dient der Versorgung des Embryos und dem Gasaustausch zw. Mutter und Frucht. Im M. erfolgt auch die Bildung von Hormonen sowie die Übertragung von Immunglobulinen. Mütterl. und fetaler Blutkreislauf sind vollständig getrennt. Der Austausch erfolgt über so genannte Stoffwechselkapillaren.

Das Bauprinzip des M. ist trotz versch. Typen grundsätzlich gleich. So lassen sich ein embryonaler Anteil (**Fruchtkuchen,** Placenta fetalis) und ein mütterl. Anteil (**Mutterkuchen** i. e. S., Placenta materna, Placenta uterina) unterscheiden. Ersterer leitet sich von den Divertikeln der Embryonalhüllen, v. a. des Chorions in Verbindung mit der Allantois (Allantochorion), her; die Placenta uterina dagegen entsteht aus Umbildungen der Uterusschleimhaut. Die Oberfläche des Chorions, der äußersten Embryonalhülle, tritt dabei (als **Zottenhaut**) durch fingerartige Fortsätze, die **Chorionzotten,** in engen Kontakt mit dem mütterl. Gewebe. Die Verbindung zw. den fetalen Chorionzotten und dem mütterl. Gebärmuttergewebe kann dabei recht lose bleiben (z.B. beim Schwein, beim Pferd), andererseits durch fortschreitenden örtl. Abbau des mütterl. Gewebeanteils jedoch zunehmend enger werden. Beim höchsten Grad des Abbaus sind alle Schichten des mütterl. Gewebeanteils aufgelöst, sodass die (in weite mütterl. Bluträume hineinreichenden) Chorionzotten unmittelbar vom mütterl. Blut umspült werden (**Zottenplazenta,** Placenta haemochorialis, bei Nagern, Hasenartigen und Primaten einschließlich des Menschen).

Bei den versch. Plazentatieren kommen unterschiedl. Typen des M. vor, benannt nach der unterschiedl. Anordnung der Zotten: Unter den Halbplazenten kann man die **diffuse Plazenta** (z. B. bei Schwein, Kamel, Unpaarhufern) und die **Büschelplazenta** (z. B. bei Wiederkäuern) unterscheiden, bei den Vollplazenten die **Gürtelplazenta** (Raubtiere), die **Zweischeibenplazenta** (Hundsaffen) und die **Scheibenplazenta** (Insektenfresser, Nagetiere, Halbaffen, Mensch). Auch bei einigen anderen Tieren ohne der Plazentatieren hat sich ein dem M. entsprechendes Organ ausgebildet, z. B. die →Dottersackplazenta der Haie.

Der M. der Frau ist am Ende der Schwangerschaft ein scheibenförmiges Organ mit einem Gewicht von 500 g, einem Durchmesser von 15–20 cm, einer Basalfläche von 250 cm² und einer Dicke von 2–3 cm. Neben dem Stoffaustausch besitzt der M. noch endokrine Funktionen u. a. durch die Bildung von Choriongonadotropin, Östrogenen und Progesteron, die der Erhaltung der Schwangerschaft dienen. Nach der Geburt wird der M. zus. mit den Eihäuten und der Nabelschnur als **Nachgeburt** ausgestoßen.

Bei der **Plazentainsuffizienz,** einer Störung der Funktion des M., ist der Stoffaustausch zw. Mutter und Kind beeinträchtigt. Nach dem zeitl. Ablauf unterscheidet man zw. akuter und chron. Plazentainsuffizienz. Die akute Form ist eine in wenigen Minuten oder Stunden ablaufende akute Durchblutungsstörung des M. (Plazentainfarkt), die durch Störung des Gasaustauschs zum intrauterinen Sauerstoffmangel mit fetaler Azidose bis zum akuten Sterben des Feten führen kann. Bei der chron. Form kommt es durch versch. morpholog. Veränderungen des M. (chron. Durchblutungsstörung, Minderwuchs des M., Zottenreifungsstörungen) über Wochen bis Monate zur intrauterinen Mangelentwicklung und schließlich zum intrauterinen Sauerstoffmangel. Beim Vorliegen des M., der **Placenta praevia,** befindet sich der M. im unteren Teil der Gebärmutter. Dabei ist der innere Muttermund mehr oder weniger vollständig vom M. bedeckt. Mit Erweiterung desselben kann es dadurch in den letzten Schwangerschaftswochen vor Beginn der Geburt zu schweren mütterl. Blutungen kommen, sodass i. d. R. ein sofortiger Kaiserschnitt notwendig ist. – Die teilweise oder vollständige Ablösung des M., der normal in den letzten Monaten der Schwangerschaft oder bei der Geburt (Eröffnungsperiode), die **vorzeitige Plazentalösung,** führt zur mütterl. Blutung zw. Gebärmutterwand und M. unter Ausbildung eines Hämatoms und ggf. zum hämorrhag. Schock bei der Mutter. Infolge der stark reduzierten Austauschfläche tritt auch ein akuter fetaler Sauerstoffmangel auf, der zum plötzl. intrauterinen Absterben des Kindes führen kann. Zur Rettung von Mutter und Kind ist meist ein Kaiserschnitt nötig.

Mutterkult, die kult. Verehrung einer →Muttergöttin; diese kann als Fruchtbarkeits- und Zeugungsgöttin, als Herrin der Erde, der Vegetation und auch der Seelen erscheinen.

Mutterkümmel, der →Kreuzkümmel.

Mutterlandspartei, türk. **Anavatan Partisi,** Abk. **ANAP,** 1983 gegründete Partei in der →Türkei.

Mutterlauge, →Lauge.

Mütterlinie, *Genealogie:* (seit 1924) Bez. für eine Abstammungslinie, die nur über die Frauen (Mütter) führt; gelegentlich auch **reine M.** gen., um sie von der Darstellung des Mannesstammes (Väterlinie; →Ahnenstamm) der Mutter zu unterscheiden.

Muttermage, im früh- und hochmittelalterl. Recht ein Verwandter von Mutterseite (→Mage).

Muttermal, Naevus, Nävus, meist nicht erbliche, angeborene, teils auch erst später auftretende örtlich begrenzte, flächenhafte oder tumorförmige Fehlbildung von Haut oder Schleimhaut. Das M. beruht auf einer embryonalen Entwicklungsstörung. Zu den wichtigsten Formen gehören das einfache →Blutgefäßmal (Naevus flammeus, ›Feuermal‹) und das Pigmentmal (Nävuszellnävus), eine gutartige Wucherung von Pigmentzellen (Melanozyten), auch als ›Leberfleck‹ bezeichnet.

Muttermilch, Frauenmilch, nach der Entbindung in den weibl. Brustdrüsen aufgrund hormoneller Reize gebildete Nährflüssigkeit für den Säugling. Schon in der Schwangerschaft wird die Brustdrüse unter dem Einfluss des hohen Östrogen- und Progesteronspiegels auf die Milchsekretion vorbereitet, der Drüsenkörper wird vergrößert und besser durchblutet. Nach der Geburt fällt der durch die Mutterkuchenhormonbildung stark erhöhte Östrogen- und Progesteronspiegel im Blut ab. Dadurch fällt die Bremswirkung auf das in der Hirnanhangdrüse gebildete Prolaktin weg. Dieses regt nun die Milchdrüsenepithel zur Milchsekretion an. In den ersten drei bis vier Tagen nach der Geburt wird das →Kolostrum gebildet. Es enthält Immunglobuline (Antikörper), die das Neugeborene gegen Infektionen schützen.

Nach der Übergangsmilch produziert die Brustdrüse von der zweiten bis dritten Woche an reife M. Die Menge der abgesonderten M. passt sich dem Bedarf des Säuglings an. Auch Mehrlinge können deshalb voll gestillt werden. Die Eiweiße der M. hemmen das Wachstum pathogener Darmbakterien, sodass Durchfallerkrankungen bei mit M. ernährten Kindern wesentlich seltener vorkommen als bei ›Flaschenkindern‹. Der hohe Anteil an weißen Blutkörperchen bewirkt wahrscheinlich einen Schutz vor Virusinfektionen. Außerdem treten bei mit M. ernährten Säuglingen weniger Allergien auf.

Zwischen M. und Kuhmilch bestehen beträchtl. Unterschiede. 1 l M. enthält u. a. 10 g Eiweiß (Kuhmilch 33 g), 40 g Fett (Kuhmilch 37 g), Milchzucker 70 g (Kuhmilch 48 g), Immunglobuline 1 g (Kuhmilch 0,03 g). Der Energiegehalt ist bei beiden mit 2 847 kJ (680 kcal) gleich.

Die M. ist häufig mit Rückständen (v. a. mit Chlorkohlenwasserstoffen und polychlorierten Biphenylen) belastet. Aufgrund einer deutl. Verringerung dieser Rückstände in den vergangenen Jahren und der vorliegenden Erfahrungen kann aber das Stillen mit seinen vielen Vorteilen uneingeschränkt empfohlen werden.

Muttermund, Teil der →Gebärmutter.

Mutterpass, Gesundheitsdokument, in dem alle für die Betreuung der Schwangeren wichtigen Fakten zusammengefasst werden. Neben den Personalien und den Daten über Gesundheitszustand und vorausgegangene Schwangerschaften werden alle Befunde über Schwangerschaftsverlauf, Vorsorgeuntersuchungen, Ablauf von Geburt und Wochenbett sowie Angaben zum Neugeborenen (Körpermaße, Apgar-Werte) eingetragen. Dazu gehören z. B. serolog. Untersuchungsbefunde (Blutgruppe, Antikörpersuchteste, Rötelntiter, Toxoplasmose, Chlamydien-Antigen aus der Gebärmutterhals, Hepatitis-B-Antigen), Ultraschallkontrollen und Normkurve für das fetale Wachstum.

Mutterrecht, von J. J. BACHOFEN (1861) geprägter Begriff für das Anfangsstadium menschl. Gesellschaft, in dem seiner Ansicht nach nur die mütterl. Abstammung maßgeblich gewesen sei, heute vielfach als Synonym für Matriarchat verwendet. BACHOFEN unterscheidet dabei zwei Phasen: ›Hetärismus‹, d. h. ungeregelter Geschlechtsverkehr (→Promiskuität) und Eigentumslosigkeit, und ›Gynäkokratie‹, Vererbung von Eigentum und Status in weibl. Linie, soziale Dominanz der Frau. Darauf folge erst das →Vaterrecht. Diese auch vom Marxismus übernommene Rekonstruktion der Gesellschaftsentwicklung ist heute nicht mehr haltbar. BACHOFEN hat jedoch richtig gesehen, dass es matrilineare Gesellschaftsordnungen gibt (in denen die mütterl. Abstammungslinie zählt); man rechnet zu ihnen etwa ein Achtel der traditionellen Gesellschaften. Sie sind gekennzeichnet durch die Kombination zumindest einiger (selten aller) der folgenden Merkmale: 1) matrilineare Abstammungsrechnung; 2) matrilokale →Wohnfolgeordnung; 3) Leugnung (oder nicht volle Anerkennung) des männl. Anteils an der Zeugung; 4) vorehel. Geschlechtsfreiheit, weitgehende sexuelle Selbstbestimmung der Frau, leichte Ehescheidung; 5) Eheformen wie Besuchsehe, Dienstehe oder Polyandrie; 6) Vererbung von Eigentum, Ämtern, Status in weibl. Linie; 7) hervorgehobene soziale Stellung der Frau (nicht jedoch polit. Vorherrschaft, →Matriarchat); 8) Bedeutung des Bruders der Mutter, der manche Aspekte der Vaterrolle übernimmt (→Avunkulat); 9) Betonung der Geschwisterbeziehung und der Gruppenbildung Gleichaltriger (Altersklassen) auf Kosten der Ehe; 10) hervorgehobene Rolle der Frau in Mythos und Kult. Am häufigsten sind mutterrechtl. Organisationsformen unter den Naturvölkern Ozeaniens, Afrikas und Amerikas verbreitet, bes. bei Pflanzervölkern, aber auch gelegentlich bei Jägern und Sammlern, Hirtenvölkern und in frühen Hochkulturen.

WILHELM SCHMIDT: Das M. (Wien 1955); W. E. MÜHLMANN: Das M., in: DERS.: Rassen, Ethnien, Kulturen (1964); G. P. MURDOCK: Social structure (Neuausg. New York 1967); H.-J. HILDEBRANDT: Der Evolutionismus in der Familienforschung des 19. Jh. (1983); J. J. BACHOFEN: Das M. (Neuausg. ⁶1985); Das M. von Johann Jakob Bachofen in der Diskussion, hg. v. H.-J. HEINRICHS (Neuausg. 1987). – Weitere Literatur →Matriarchat.

Mutterschaftsgeld, Leistung der gesetzl. Krankenversicherung (§ 200 Reichsversicherungsordnung) an Frauen während der Schutzfristen des Mutterschutz-Ges., d. h. sechs Wochen vor und acht Wochen nach der Geburt, bei Mehrlings- und Frühgeburten die ersten zwölf Wochen nach der Entbindung. Bei Frühgeburten verlängert sich die Schutzfrist um den Zeitraum nach § 3 Abs. 2 Mutterschutz-Ges., der vor der Geburt nicht in Anspruch genommen werden konnte. Das M. beträgt höchstens 750 DM monatlich. Der Arbeitgeber ist verpflichtet, die Differenz zum Nettoeinkommen durch eigene Leistungen aufzustocken. Das M. wird auf das Erziehungsgeld angerechnet. Krankengeld wird neben dem M. nicht gewährt.

Mutterschaftshilfe, alte Bez. für die Leistungen der gesetzl. Krankenversicherung an weibl. Mitgl. vor und nach der Entbindung. Seit dem 1. 1. 1989 durch die Bez. ›Leistungen bei Schwangerschaft und Mutterschaft‹ (§§ 195 ff. Reichsversicherungsordnung) ersetzt. Danach besteht Anspruch auf ärztl. Betreuung, Hebammenhilfe, Versorgung mit Arznei-, Verband- und Heilmitteln, stationäre Entbindung, häusl. Pflege, Haushaltshilfe, Mutterschafts- und Entbindungsgeld.

Mutterschafts|urlaub, Freistellung von der Arbeit, die früher die leibl. Mutter im Anschluss an die Schutzfrist nach der Entbindung verlangen konnte; durch den →Erziehungsurlaub ersetzt.

Mütterschulen, →Familienbildungsstätten.

Mutterschutz, der arbeitsrechtl. Schutz für berufstätige werdende Mütter und Wöchnerinnen; der M. ist der Kernbereich des Frauenarbeitsschutzes (→Frauenarbeit). Nach dem M.-Gesetz i. d. F. v. 17. 1. 1997 darf eine Schwangere in den letzten sechs Wochen vor der Entbindung (es sei denn, ihr ausdrückl., jederzeit widerrufl. Einverständnis liegt vor), Wöchnerin bis zum Ablauf von acht Wochen (bei Früh- und Mehrlingsgeburten zwölf Wochen) nach der Entbindung nicht beschäftigt werden. Die werdende Mutter soll die Schwangerschaft, sobald sie bekannt ist, dem Arbeitgeber mitteilen; dieser kann die Vorlage eines ärztl. Attests verlangen. Innerhalb der M.-Fristen besteht ein absolutes Verbot für körperlich schwere Arbeiten, für Akkordarbeit, Fließbandarbeit und Arbeiten mit gesundheitsgefährdenden Stoffen, Strahlen oder sonstigen Immissionen. Der Arbeitgeber ist nach der VO zum Schutz der Mütter am Arbeitsplatz vom 15. 4. 1997 verpflichtet, Art, Ausmaß und Dauer der Gefährdung für werdende und stillende Mütter zu beurteilen und Schutzmaßnahmen zu bestimmen sowie die werdenden und stillenden Mütter, die übrigen Arbeitnehmerinnen und den Betriebsrat über die Ergebnisse der Beurteilung zu informieren. Er hat die Arbeitsplätze werdender und stillender Mütter mutterschaftsgerecht zu gestalten. Das M.-Gesetz regelt ferner ein Verbot für Mehr-, Nacht-, Sonn- und Feiertagsarbeit. Sind nach ärztl. Zeugnis Leben oder Gesundheit von Mutter und Kind bei Fortdauer der Arbeit gefährdet, darf eine werdende Mutter von Beginn der Schwangerschaft an nicht mehr beschäftigt, eine Wöchnerin auch nach Ablauf der Schutzfrist nicht zu Arbeiten herangezogen werden, die ihre Leistungsfähigkeit übersteigen. Des Weiteren besteht ein Anspruch auf Stillzeiten.

Die ordentl. und außerordentl. Kündigung einer Frau ist während ihrer Schwangerschaft und bis zum Ablauf von vier Monaten nach der Entbindung verboten, wenn dem Arbeitgeber z.Z. der Kündigung die Schwangerschaft oder die Entbindung bekannt war oder innerhalb von zwei Wochen nach Zugang der Kündigung mitgeteilt wird. Ausnahmsweise kann in besonderen Fällen eine Kündigung vom Gewerbeaufsichtsamt genehmigt werden. Diese bedarf der Schriftform und der Angabe des zulässigen Kündigungsgrundes. Die Frau kann jedoch selbst kündigen, während der Schwangerschaft und Mutterschutzfrist zum Ende der Mutterschutzfrist ohne Einhaltung einer sonstigen Frist. Innerhalb des Erziehungsurlaubs kann sie unter Einhaltung einer dreimonatigen Frist zum Ende des Erziehungsurlaubs kündigen; der Arbeitgeber darf im →Erziehungsurlaub nicht kündigen. Während des M. wird →Mutterschaftsgeld gezahlt.

In *Österreich* enthält das mehrfach geänderte M.-Gesetz vom 21. 4. 1979 dieselben Kündigungsverbote wie das dt. Gesetz sowie Nacht-, Feiertags- und Mehrarbeitsverbote. Für zwei Jahre besteht Anspruch auf Karenzgeld. – In der *Schweiz* ist der M. nur lückenhaft geregelt. In den dem Arbeits-Ges. vom 13. 3. 1964 unterstellten Betrieben gilt neben weiteren rudimentären Schutzvorschriften ein Beschäftigungsverbot für acht Wochen nach der Entbindung (Art. 35). In privatrechtl. Arbeitsverhältnissen besteht während der gesamten Schwangerschaft sowie während 16 Wochen nach der Entbindung Kündigungsschutz (Art. 336c Abs. 1 OR). Gemäß dem im Jahre 1945 in die Bundes-Verf. eingeführten Art. 34 ^{quinquies} Abs. 4 hätte der Bund eine Mutterschaftsversicherung einzuführen; bis heute (Anfang 1998) ist der Gesetzgeber diesem Verf.-Auftrag nicht nachgekommen. Im Sommer 1997 hat der Bundesrat einen (umstrittenen) Gesetzentwurf für eine Mutterschaftsversicherung verabschiedet. Dieser umfaßt eine Erwerbsersatzversicherung für berufstätige Mütter sowie die Grundleistung für erwerbs- und nichterwerbstätige Mütter.

Geschichte: Ein dreiwöchiges Beschäftigungsverbot nach der Niederkunft wurde in Dtl. erstmals mit der Gewerbeordnung von 1878 eingeführt. Ab 1883 wurde Wochengeld gewährt.

K. GRÖNINGER u. W. THOMAS: M.-Gesetz einschließlich Erziehungsurlaub. Komm., Losebl. (1990 ff.); P. G. MEISEL u. H.-H. SOWKA: M. u. Erziehungsurlaub (⁴1995).

Muttersegen, in der *kath. Kirche* urspr. die Segnung einer Mutter beim ersten Kirchgang nach der Niederkunft. Der im Osten entstandene Brauch war geprägt von der alttestamentl. Auffassung, dass eine Frau nach der Geburt unrein sei (3. Mos. 12). Die Vorstellungswelt des Lichtmessfestes (bis 1969 ›Mariä Reinigung‹) führte zur rituellen Ausgestaltung, die als ›Aussegnung‹ bezeichnet wurde. Im ›Rituale Romanum‹ (1614) wurden die Reinigungsgebete jedoch nicht aufgenommen und das Motiv der Danksagung betont. Heute erfolgt eine dankende Segnung der Mutter wie auch des Vaters und der Taufpaten zum Abschluss der Tauffeier. – In den *ev. Kirchen* hat sich der M. ebenfalls im Rahmen der Taufe erhalten.

Muttersprache, beim primären →Spracherwerb des Kindes gelernte Sprache im Unterschied zur später erlernten Fremdsprache. Im Allg. hat der Mensch nur eine M.; bei Mehrsprachigkeit werden zwei Sprachen häufig nicht in gleicher Weise vollständig beherrscht, sondern in versch. Bereichen angewendet: die eigentl. M. z. B. im privaten, eine zweite Sprache im öffentl. Bereich.

M. wurde im Lauf der Geschichte unterschiedlich interpretiert. Die entsprechende Wortkombination kommt bereits bei CICERO als ›sermo patrius‹ (väterl. Sprache) vor und wird dort als Ggs. zur Fachsprache der griech. Philosophie verwendet. Im MA. begegnet seit dem 12. Jh. die Form ›materna lingua‹ (mütterl. Sprache). Erste dt. Belege bestehen aus einer Zusammensetzung von Adjektiv und Substantiv (müeterliches deutsch, 1350 u.a.). Das Kompositum ist seit dem 15. Jh. im Niederdeutschen belegt (möderspräke). Ins Hochdeutsche gelangte das Wort im 16. Jh., als das Deutsche den ›heiligen Sprachen‹ Latein, Griechisch und Hebräisch ebenbürtig wurde. LUTHER trug zur Verbreitung des Begriffs anstelle der älteren Bez. ›Landsprache‹ bei. Besondere Bedeutung erlangte der Terminus im Zusammenhang mit der roman. Bewegung sowie im Rahmen der Sprachkonzeption W. VON HUMBOLDTS; hier wird M. als ein Medium verstanden, mittels dessen sich im Rahmen einer Sprachgemeinschaft eine bestimmte geistige Ansicht von der Welt herausbildet, eine Position, die im 20. Jh. u. a. von L. WEISGERBER in seiner →Sprachinhaltsforschung wieder aufgegriffen wurde.

M. Ztschr. zur Pflege u. Erforschung der dt. Sprache, Jg. 40 ff. (1925 ff.; früher u. a. T.); H. IVO: M. – Identität – Nation. Sprachl. Bildung im Spannungsfeld zw. einheimisch u. fremd (1994).

Mutterstadt, Gem. im Landkreis Ludwigshafen, Rheinl.-Pf., 98 m ü. M., im Oberrhein. Tiefland, 12 700 Ew.; Gemüseanbau; Wohngemeinde.

Müttersterblichkeit, Zahl der Sterbefälle bei Frauen (bezogen auf 100 000 lebend Geborene), die in ursächl. Zusammenhang mit Komplikationen in der Schwangerschaft, bei der Entbindung und im Wochenbett stehen. Die Sterbeziffer steigt mit dem Alter der Frau. Durch die Verbesserung der medizin. Vorsorge und Therapie ist in den meisten Ländern innerhalb der zurückliegenden Jahrzehnte ein kontinuierl. Rückgang der M. zu verzeichnen; in Dtl. sank sie seit Anfang des 20. Jh. von etwa 300 auf (1995) durchschnittlich 5,4.

Müttersterblichkeit je 100 000 Lebendgeborene (1994)	
Ägypten . . . . 65,2[1]	Italien . . . . 7,2[2]
Belgien . . . . 4,0[3]	Japan 6,1
Brasilien . . . . 64,7[4]	Niederlande 6,1
Dänemark . . . . . . 7,4[5]	Österreich 8,7
Deutschland 5,2	Portugal 9,4
Frankreich 11,4	Russland 13,1
Großbritannien und Nordirland . . 6,7[2]	Schweiz 3,6
	Spanien . . . . 6,2[5]
Irland . . . . 5,9[2]	USA . . . . 7,5[5]

[1]1987. – [2]1992. – [3]1991. – [4]1989. – [5]1993.

Mutterstrukturen, *Mathematik:* nach Bourbaki Bez. für die drei Strukturtypen →Ordnungsstruktur, →algebraische Struktur und →topologische Struktur.

Muttertag, ein Ehrentag der Mütter, wurde ab 1905 von der amerikan. Methodistenpredigerstochter ANN JARVIS (* 1864, † 1948) propagiert und 1907 am zweiten Sonntag im Mai, dem zweiten Jahrestag des Todes ihrer Mutter, in Grafton (W. Va.) und in Philadelphia (Pa.) zum ersten Mal gefeiert. Die M.-Idee verbreitete sich rasch; 1914 erklärte der amerikan. Kongress in einer eigenen ›Mother's day bill‹ den M. zum Staatsfeiertag (ab 1915), nachdem er bereits 1912 in der Methodist Episcopal Church zum kirchl. Feiertag geworden war. Über England und Skandinavien gelangte der M. nach Mitteleuropa. In Dtl. wurde er 1923 erstmals gefeiert. Neben dem ›Verband Dt. Blumengeschäftsinhaber‹ setzten sich in den 20er-Jahren v. a. volkserzieherisch und bevölkerungspolitisch engagierte Verbände für den M. ein. Weibl. Berufstätigkeit und den Emanzipationsbestrebungen versuchte man mit der Idealisierung der Mutterschaft als dem ›natürl.‹, ›eigentl.‹ Beruf der Frau zu begegnen. Obwohl der M. 1932 in vielen Gebieten des Dt. Reiches bekannt war, blieb er zunächst ein Fest des städt. Bürgertums. Schon vor der Machtübernahme durch die Nationalsozialisten sind in Dtl. deutlich nationalist. Züge im M.-Schrifttum auszumachen. 1939 wurde aus

Mutterwurz: Alpenmutterwurz (Höhe bis 20 cm)

dem ›Dt. M.‹ der ›Tag der Dt. Mutter‹, verbunden mit der Verleihung des ›Ehrenkreuzes der Dt. Mutter‹. 1946 und 1947 kaum begangen, ist der M. seither in der Bundesrep. Dtl., Österreich und der Schweiz wie auch in vielen anderen Ländern zu einem festen Bestandteil des Festkalenders geworden.

K. Hausen: Mütter, Söhne u. der Markt der Symbole, in: Emotionen u. materielle Interessen, hg. v. H. Medick u. a. (1984); M. Matter: Entpolitisierung durch Emotionalisierung, in: Symbole der Politik, Politik der Symbole, hg. v. R. Voigt (1989).

Mutter Teresa, kath. Ordensgründerin, →Teresa.

Mutter und Kind – Schutz des ungeborenen Lebens, Name einer 1984 errichteten Bundesstiftung; ihr Zweck ist es, werdenden Müttern, die sich wegen einer Notlage an eine Schwangerschaftsberatungsstelle wenden, ergänzende Hilfen zur Verfügung zu stellen, um ihnen die Fortsetzung der Schwangerschaft zu erleichtern, soweit dies mit finanziellen Mitteln möglich ist. 1997 (1989) standen der Stiftung 200 (130) Mio. DM zur Verfügung. V. a. für die Erstausstattung des Kindes, die Weiterführung des Haushalts, die Wohnung und Einrichtung sowie die Betreuung des Kleinkindes werden Zahlungen geleistet. Seit 1. 1. 1993 sind die neuen Länder in die Hilfegewährung einbezogen.

Mutterwurz, Ligusticum, Gattung der Doldenblütler mit 25 Arten in den kühlgemäßigten Gebieten der Nordhalbkugel, vereinzelt auch in Chile und Neuseeland; ausdauernde, kahle Kräuter mit fiedrigen Blättern und häufig weißen (meist in vielstrahligen Doppeldolden angeordneten) Blüten. Eine bekannte Art ist die **Alpen-M.** (Ligusticum mutellina) mit weißen oder rosa- bis purpurfarbenen Blüten, verbreitet bes. auf alpinen und subalpinen Magerweiden und Borstgrasrasengesellschaften.

Muttra [ˈmʌtrə], Stadt in Indien, →Mathura.

Mutual Balanced Forces Reductions [ˈmju:tjʊəl ˈbælənst ˈfɔ:sɪz rɪˈdʌkʃnz, engl.], →MBFR.

Mutualismus [von lat. mutuus ›wechselseitig‹] der, -, Biologie: Beziehung zw. zwei Arten, die der Erhaltung ihrer Existenz förderlich, aber nicht zwingend notwendig ist. Zw. M. und Symbiose bestehen Übergänge. M. liegt z. B. vor bei der Blütenbestäubung und der Verbreitung von Pflanzensamen durch Tiere, ferner bei den Wechselbeziehungen zw. Ameisen und Blattläusen sowie zw. Ameisen oder Termiten u. a. Insekten (→Ameisengäste).

Mutulus [lat.] der, -/...li, Baukunst: flache, rechteckige Tropfenplatte (mit drei Reihen von je sechs →Guttae) am dor. Tempel unter dem Geison, jeweils über Metope und Triglyphe.

Mutung [mhd. muotunge ›Begehren‹], nach altem Bergrecht formelles Gesuch an die Bergbehörde um Verleihung des Bergwerkseigentums.

Mützen, schwed. **Mössor,** eine der beiden die ›Freiheitszeit‹ (1719–72) beherrschenden Parteien in Schweden. Gegner der →Hüte. Sie dominierten die Reichstage 1765–68 und 1771/72, lehnten sich außenpolitisch an Russland und Großbritannien an und vertraten innenpolitisch ein Konzept der Liberalisierung.

Mutzschen [ˈmʊtʃn], Stadt im Muldentalkreis, Sa., 189 m ü. M., östlich der Mulde, nach Zugemeindungen 2 500 Ew.; Tierfutterherstellung, Fischräucherei. – Schloss (1415; 1681 durch Brand vernichtet, Neubau 1703, heute Jugendherberge). – Erstmals 1081 und als Städtchen 1523 erwähnt.

Muwataḷḷi II., König der Hethiter (etwa 1285–1272 v. Chr.), Sohn Mursilis II.; setzte die hethit. Gebietsansprüche in Nordsyrien gegen Ägypten unter Ramses II. durch (Schlacht bei Kadesch, 1285 v. Chr.).

Muxi: Affenmutter mit Jungem (Kyōto, Sammlung Daitokūji)

Muxi [muci], **Mu-hsi, Mu-ch'i,** auch **Fa-chang** [-dʒaŋ], chin. Maler aus der Prov. Sichuan, tätig Anfang bis Mitte des 13. Jh.; M. restaurierte das Kloster Liu tong si am Westsee bei Hangzhou, das zu einem Zentrum der Chanmalerei wurde. Als Hauptwerk gilt das Triptychon des Bodhisattva ›Guanyin‹, flankiert von ›Affenmutter mit Jungen‹ und ›Rufendem Kranich‹ (Kyōto, Sammlung Daitokūji); bedeutend auch die ›Sechs Kakifrüchte‹ (ebd.; Bild →Chanmalerei).

D. Seckel: ›Mu-hsi‹: Sechs Kakifrüchte. Interpretation eines Zen-Bildes, in: Nachrr. d. dt. Gesellschaft für Natur- u. Völkerkunde Ostasiens, Bd. 77 (Tokio 1955); J. Fontein u. M. L. Hickman: Zen painting and calligraphy (Boston, Mass., 1970); H. Brinker: Zen in der Kunst des Malens (Bern 1985).

Muybridge [ˈmaɪbrɪdʒ], Eadweard, eigtl. **Edward James Muggeridge** [ˈmʌgərɪdʒ], brit. Fotograf, * Kingston upon Thames 9. 4. 1830, † ebd. 8. 5. 1904; einer der Wegbereiter der Kinematographie, wanderte 1852 nach Amerika aus. Ab 1872 machte er Phasenfotografien schneller Bewegungsabläufe (z. T. veröffentlicht in ›Animal Locomotion‹, 1887, und ›The human figure in motion‹, 1901). 1879 stellte er das von ihm entwickelte ›Zoopraxiskop‹ vor, einen Vorläufer des Filmprojektors.

G. Hendricks: E. M. The father of the motion picture (London 1975).

Muzaffarpur [mʊˈzæfəpʊə], Stadt im Bundesstaat Bihar, Indien, in der Gangesebene, 241 100 Ew.; Univ. (gegr. 1952); Verarbeitung landwirtschaftl. Erzeugnisse.

Muzak [ˈmjusak], Name einer 1934 in Seattle (Wash.) gegründeten Firma, die Hintergrundmusik für Büros, Fabrikhallen, Kaufhäuser, Flughäfen u. a. produziert und verbreitet. Die Lieferung der nach psychol. Gesichtspunkten hergestellten Musik erfolgt per Kabel bzw. Satellit. Der Begriff wurde zum Synonym für derartige funktionelle Musik.

Mužáková [ˈmuʒa:kɔva:], Johanka, tschech. Schriftstellerin, →Světlá, Karolina.

Mužakow [-ʒ-], sorbisch für Bad →Muskau.

Eadweard Muybridge: 8 Bilder aus der Serie ›16 frames of race horse galloping‹; 1883–87

Muziano, Girolamo, gen. **il Giovane dei Paesi** [-'dʒovane-], ital. Maler, * Acquafredda (bei Brescia) 1532, † Rom 27. 4. 1592; in Venedig ausgebildet, seit 1549 in Rom, wo er u. a. für GREGOR XIII. im Vatikan tätig war; übte mit seinen spätmanierist. Landschaftsszenerien starken Einfluss auf die zu seiner Zeit in Italien tätigen Niederländer aus.

Muzika ['muzika], František, tschech. Maler, * Prag 26. 6. 1900, † ebd. 1. 11. 1974; studierte in Prag (1918–24) und Paris (1924/25) und wurde nach dem Zweiten Weltkrieg Prof. an der Kunstgewerbeschule in Prag. M. ging bei seinen Bildern vom lyr. Kubismus zu einer surrealist. Malerei über: traumhafte Szenerien mit anthropomorphen Gebilden und rudimentären Figuren; auch Bühnenbilder.

Muzine [lat. mucus ›Schleim‹], *Sg.* **Muzin** *das, -s,* **Mucine, Mukoide, Mukoproteine,** zu den Glykoproteinen gehörende Schleimstoffe, die im Organismus als Gleit- und Schutzschicht Schleimhäute bedecken und gegen chem. und mechan. Einwirkungen schützen. M. treten im Körper v. a. im Speichel (bewirken Nahrungsgleitfähigkeit) sowie im Dünndarm- und Magensaft (schützen Schleimhäute vor Selbstauflösung durch Säure und Enzyme) auf. Außerdem kommen sie z. B. in Haut, Knorpel, Sehnen, Glaskörper oder Atemwegen vor.

Muzo ['muso], wichtigste Smaragdminen der Erde, in der Ostkordillere Kolumbiens, 235 km nördlich von Bogotá; schon von den Chibcha ausgebeutet.

Muzorewa, Abel Tendekayi, Geistlicher und Politiker in Rhodesien (heute Simbabwe), * Umtali (heute Mutare) 14. 4. 1925; seit 1968 Bischof der United Methodist Church. 1971 gründete M. als legalen Ausdruck der verbotenen schwarzafrikan. Befreiungsfront in Rhodesien den ›African National Council‹ (ANC, dt. ›Afrikan. Nationalrat‹), 1974 den ›United African National Council‹ (UANC). Nachdem der UANC im Zeichen einer ›internen Lösung‹ bei den ersten allgemeinen Wahlen 1979 gesiegt hatte, führte M. 1979 die erste schwarzafrikan. Mehrheitsregierung von Simbabwe-Rhodesien, die jedoch keine internat. Anerkennung fand. Nach der Unabhängigkeit Simbabwes (1980) wurde M. 1983–84 inhaftiert, lebte 1984–86 in den USA und zog sich danach vom polit. Leben zurück.

Werke: Manifest for African National Council (1972); Rise up and walk (1978).

mV, Einheitenzeichen für Millivolt, 1 000 mV = 1 Volt.

MV, Einheitenzeichen für Megavolt, 1 MV = 1 Mio. Volt.

Mvet *der, -(s)/-s,* Stabzither des westl. Zentralafrika mit 5–8 Saiten, die über einen medianen Kerbsteg laufen und mit den Fingern beider Hände gezupft werden, während eine der an den Stab gebundenen Kalebassen zur Resonanzverstärkung gegen die Brust gedrückt wird. Der M. wird von Dichtermusikern zur Begleitung beim Gesang ihrer Lieder benutzt.

mW, Einheitenzeichen für Milliwatt, 1 000 mW = 1 Watt.

MW, 1) Abk. für →Mittelwellen.
2) Einheitenzeichen für Megawatt, 1 MW = 1 Mio. Watt.
3) Nationalitätszeichen für Malawi.

Mwadui, Bergbauort in Tansania, südlich des Victoriasees; Diamantengewinnung im Tagebau (aus Kimberlitschloten).

Mwali, Insel der →Komoren.

Mwangi, Meja, kenian. Schriftsteller, * Nanyuki (Zentralkenia) im Dezember 1948; beschäftigte sich in seinen ersten Romanen v. a. mit der Mau-Mau-Bewegung im Kenia der 50er-Jahre; mit seinen späteren Werken, die ein eindringl., oft hoffnungslos scheinendes Bild der menschl. Existenz in den Elendsvierteln Nairobis entwerfen, wurde er zum Begründer des modernen ›städt. Romans‹ in Ostafrika.

Werke: *Romane:* Carcase for hounds (1974; dt. Wie ein Aas für Hunde); Going down River Road (1976; dt. Nairobi, River Road); The cockroach dance (1979); Bread of sorrow (1987); The return of Shaka (1989); Weapon of hunger (1989; dt. Mr. Rivers letztes Solo); Striving for the wind (1990; dt. Narben des Himmels); Die achte Plage (dt. 1997, Übers. aus dem engl. Manuskript). – *Kinderbücher:* Jimi the dog (1990); Little white man (1990; dt. Kariuki u. sein weißer Freund).

Mwanza, Muanza, Regionshauptstadt in Tansania, am S-Ufer des Victoriasees, 223 000 Ew.; kath. Erzbischofssitz und anglikan. Bischofssitz, Forschungsinstitut für Tropenkrankheiten, Museum; Nahrungsmittelindustrie, Ölmühle mit Seifenfabrik, Textilfabrik, Bootsbau; wichtiger Hafen, Endpunkt der Eisenbahn (von Tabora) mit Eisenbahnfähre nach Kenia und Uganda; Flughafen.

Mwata Yamvo, Herrschertitel des sakralen Königs der →Lunda in Zentralafrika. Eine Stiefschwester des Königs war stets Mitregentin (Amtstitel: Lukokesha). Der M. Y. war von einem ausgeklügelten Hofzeremoniell umgeben und lebte abgeschlossen vom Volk. Er musste stets, da er den Boden nicht berühren durfte, auf den Schultern eines Sklaven oder in einer Sänfte (›tipoya‹) getragen werden.

MWd, Einheitenzeichen für →Megawatt-Tag.

MWd/t, Einheitenzeichen für Megawatt-Tag je Tonne (›Abbrand‹).

MWe, Einheitenzeichen für →Megawatt bei Angabe der elektr. Leistung eines Kraftwerks.

Mwerusee, Merusee, See im südl. Zentralafrika, in einem tekton. Becken, an der Grenze Demokrat. Rep. Kongo/Sambia, 992 m ü. M., 4 920 km² groß, bis 14 m tief, sehr fischreich. Zufluss ist der Luapula, Abfluss der Luvua.

Mwinyi, Ali Hasan, Politiker in Tansania, * Kivure (bei Daressalam) 8. 5. 1925; arbeitete als Lehrer (Studium u. a. in Großbritannien) und übernahm nach der Revolution auf Sansibar (1964) dort leitende Funktionen in der Wirtschaft. 1970 ging er als Mitgl. der tansan. Zentral-Reg. nach Daressalam, war Staats-Min. unter Präs. NYERERE, ab 1975 in versch. Min.-Ämtern tätig. 1984–85 Präs. von Sansibar und damit Vize-Präs. von Tansania, wählte ihn die Bev. im November 1985 zum Präs. von Tansania (Wiederwahl 1990). 1989–95 auch Verteidigungs-Min. und Oberbefehlshaber der Armee und 1990–96 Vors. der Reg.-Partei Chama Cha Mapinduzi (CCM), konnte er bei den Präsidentschaftswahlen 1995 nach zwei Amtsperioden nicht mehr kandidieren. M. bemühte sich innenpolitisch v. a. um einen Ausgleich zw. Sansibar und dem Festland, außenpolitisch um enge Kontakte zu Uganda und Kenia.

mWS, Einheitenzeichen für →Meter Wassersäule.

MWth, Einheitenzeichen für →Megawatt bei Angabe der therm. Leistung eines Kraftwerks.

my..., Wortbildungselement, →myo...

My, 1) Zeichen M, μ, der zwölfte Buchstabe des griech. Alphabets.
2) *Formelzeichen:* 1) μ_B in der Atomphysik für das bohrsche →Magneton; 2) μ_N in der Kernphysik für das Kernmagneton.
3) *Physik:* μ in der Elementarteilchenphysik Symbol für das →Myon.
4) *Vorsatzzeichen:* μ für →mikro....

Mya [griech.], wiss. Name der →Klaffmuscheln.

MYA, Nationalitätszeichen für Birma (birmanisch: Myanmar).

Myalgie [zu griech. álgos ›Schmerz‹] *die, -/...'gien,* diffuser oder örtlicher Muskelschmerz; zu den Hauptursachen gehören Entzündung, Verletzung, Überbeanspruchung (Muskelkater), Muskelrheumatismus, Autoimmunkrankheiten, Muskelhärte, reflektor. Ver-

Abel Tendekayi Muzorewa

krampfung (z. B. bei Hexenschuss) und arterielle Verschlusskrankheiten. Die *Behandlung* umfasst die Heilung der Grundkrankheit oder sie erfolgt symptomatisch, v. a. durch physiotherapeut. Maßnahmen. – Die **Myalgia acuta epidemica** (→Bornholm-Krankheit) wird durch eine Virusinfektion hervorgerufen.
Myameer [nach der Klaffmuschel Mya arenaria], Bez. für das gegenwärtige Stadium der →Ostsee.
Myanmar, amtl. Name von →Birma.
Myasthenie [zu griech. asthenés ›kraftlos‹, ›schwach‹] *die, -/...'nilen,* krankhaft verminderte Leistungsfähigkeit der Muskulatur mit vorschneller Ermüdung und Auftreten einer zunehmenden Muskelschwäche unter Belastung. – Die **Myasthenia gravis pseudoparalytica** zählt zu den Autoimmunkrankheiten. Bei wiederholter Muskelanspannung kommt es zu einer rasch zunehmenden Ermüdbarkeit bis zur hochgradigen Lähmung. Meist können Antikörper gegen Acetylcholinrezeptoren nachgewiesen werden. Nicht selten finden sich bei Erkrankten Veränderungen des Thymus (z. B. Thymustumoren oder Thymusvergrößerungen). Die *Behandlung* erfordert häufig eine operative Thymusentfernung. Medikamentös kann eine Anreicherung von Acetylcholin durch Hemmung der abbauenden Enzyme (Cholinesterasehemmer) bewirkt werden. Meist wird jedoch zusätzlich eine Immunsuppression durchgeführt. Die Prognose der Erkrankung hat sich durch diese Behandlungsmöglichkeiten entscheidend verbessert.
myatrophische Lateralsklerose, →amyotrophische Lateralsklerose.
myc..., Wortbildungselement, →myko...
Mycelium, Botanik: →Myzel.
mycet..., myceto..., Wortbildungselement, →myko...
Mycetoma pedis *das, - -,* trop. Pilzinfektion, der →Madurafuß.
Mycetophilidae [griech.], die →Pilzmücken.
myco..., Wortbildungselement, →myko...
Myconius, Oswald, eigtl. O. **Geisshüsler,** ref. Theologe, *Luzern 1488, †Basel 14. 10. 1552; seit 1522 enger Mitarbeiter U. ZWINGLIS; nach dessen Tod 1531 Oberpfarrer (Antistes) und Theologieprofessor in Basel. Er verfasste u. a. die →Basler Konfession (1534); wirkte maßgeblich an der Confessio Helvetica prior (1536) mit; erster Biograph ZWINGLIS.
Mycophyta [griech.], wiss. Name der →Pilze.
Mycosis fungoides *die, - -,* die →Wucherflechte.
Mydriasis [griech. ›Pupillenkrankheit‹] *die, -/...ses,* **Mydriase,** Erweiterung der Pupille; tritt als natürl. Reaktion bei Dunkeladaptation und Blick in die Ferne auf; krankhaft und anhaltend durch eine Dauerkontraktion des pupillenerweiternden Muskels infolge einer Sympathikusreizung oder durch eine Erschlaffung des pupillenverengenden Muskels bei Parasympathikuslähmung, z. B. infolge Vergiftung, Verletzung oder Erkrankung des Gehirns (Gehirnhautentzündung). Zu diagnost. Zwecken (Feststellung von Augenhintergrundveränderungen, Sehschärfenbestimmung) oder als therapeut. Maßnahme bei Regenbogenhautentzündung werden **Mydriatika,** pupillenerweiternde Mittel, eingesetzt. Zu ihnen gehören als Sympathomimetika z. B. Adrenalin, als Parasympatholytika z. B. Atropin.
myel..., Wortbildungselement, →myelo...
Myelin *das, -s,* aus Lipiden (80 %) und Proteinen bestehende Isolationssubstanz in der Markscheide (**M.-Scheide**) von Nervenfasern.
Myelitis *die, -/...li'tiden,* 1) Entzündung des Knochenmarks (→Knochenmarkentzündung); 2) Rückenmarkentzündung. Zu den Ursachen für eine M. gehören das Übergreifen einer Entzündung der Rückenmarkhäute auf das Rückenmark, z. B. bei syphilit. oder tuberkulöser Gehirnhautentzündung, aber auch Infektionskrankheiten wie Malaria oder schwere Eiterungen. Außerdem kann eine M. auch etwa 1 bis 2 Wochen nach einer Infektionskrankheit (z. B. Masern, Röteln oder Mumps) auftreten. Auch bei →multipler Sklerose kann das Rückenmark betroffen sein.
Je nach Lokalisation kann es zu Lähmungen und Gefühlsstörungen (Sensibilitätsstörungen) sowie zu Blasen- oder Mastdarmfunktionsstörungen kommen. Eine ausgeprägte M. kann auch zu einer →Querschnittslähmung führen.
myelo... [griech. myelós ›Mark‹], vor Vokalen meist verkürzt zu **myel...,** Wortbildungselement mit den Bedeutungen: 1) Knochenmark, z. B. Myelom; 2) Nervenmark, Rückenmark, z. B. Myelographie.
Myeloblasten [zu griech. blastós ›Spross‹, ›Trieb‹], *Sg.* **Myeloblast** *der, -en,* erste Vorstufe der Granulozyten im Knochenmark; aus den M. entstehen die **Myelozyten.** Sie sind die direkte Vorstufe der Granulozyten (→Blut).
Myelographie *die, -/...phi|en,* Röntgenkontrastdarstellung von Rückenmark und Wirbelkanal zum Nachweis einengender oder raumfordernder Prozesse (Bandscheibenvorfall, entzündl. Verwachsungen, Tumoren), die den Fluss des Kontrastmittels behindern oder unterbrechen. Die Kontrastflüssigkeit wird durch Subokzipital- oder Lumbalpunktion in den zw. weicher und harter Rückenmarkhaut liegenden Spaltraum (Subarachnoidalraum) eingespritzt. Die M. wurde weitgehend durch →Kernspintomographie und →Computertomographie abgelöst.
Myelom *das, -s/-e,* vom Knochenmark ausgehender Tumor, i. e. S. das →Plasmozytom.
Myelopathie [zu griech. páthos ›Leiden‹] *die, -/...'thi|en,* allgemeine Bez. für eine Erkrankung des Rückenmarks oder des Knochenmarks.
My fair lady [maɪ ˈfɛə ˈleɪdɪ], Musical von F. LOEWE, Buch und Gesangstexte von A. J. LERNER nach G. B. SHAWS ›Pygmalion‹; Uraufführung 15. 3. 1956 in New York (verfilmt 1964).
My house is my castle [maɪ ˈhaʊs ɪz maɪ ˈkɑːsl; engl. ›mein Haus ist meine Burg‹], sprichwörtlich gewordene Formulierung aus dem brit. Grundrecht (seit dem 17. Jh.) über die Unverletzlichkeit der Wohnung; umgangssprachlich auch ›My home is my castle‹.
Myiasis [zu griech. myĩa ›Fliege‹] *die, -/...ses,* die →Fliegenlarvenkrankheit.
Myingyan, Stadt in Birma, Prov. Mandalay, am Irawadi, 220 100 Ew.; Nahrungsmittel-, Textilindustrie, Zinkverarbeitung, chem. Industrie.
Myitkyina, Hauptstadt des Kachinstaates in N-Birma, am Oberlauf des Irawadi, 52 000 Ew.; kath. Bischofssitz.
myk..., Wortbildungselement, →myko...
Mykale, altgriech. Name des Gebirges Samsun Dağı (bis 1 229 m ü. M.) an der W-Küste Kleinasiens (Türkei), zw. Ephesos und Milet; M. ist bekannt durch den See- und Landsieg der Griechen über die Perser (479 v. Chr.).
Mykene, bronzezeitl. Burg und Stadt am N-Rand der Argolis, Griechenland, vom 16. bis 12. Jh. v. Chr. ein Zentrum der →mykenischen Kultur. Die Herrscher von M. übten bis zur Zerstörung der Burg um 1100 v. Chr. eine gewisse Vormachtstellung in der nordöstl. Peloponnes aus. Im griech. Mythos war M. Sitz des Atreus und des Agamemnon. Die Ausgrabungen begannen M.s wurden 1876 von H. SCHLIEMANN begonnen. Siedlungsspuren reichen bis in das Neolithikum, Früh- und Mittelhelladikum zurück. Das dreieckige Areal des Burgbergs ist von einer kyklop. Mauer umgeben; durch sie führt im NW das Haupttor (Löwentor, nach dem Relief über dem Türsturz mit zwei Löwinnen an einer Säule, die einen Altar oder ein Heiligtum, vielleicht der Hera, repräsentiert), Teil der um 1350–30 v. Chr. erweiterten Mauer, die auch die Schachtgräberanlage des 16. Jh. v. Chr. einschloss, in

mykenische Kultur Myke

deren sechs Kammern SCHLIEMANN reiche Beigaben (Goldobjekte, Waffen, Gefäße, Totenmasken; BILD →Maske) fand (Gräberrund A). Neuere Ausgrabungen legten das hierzu gehörende Kultzentrum frei, das sich über mehrere Terrassen bis zur Burgmauer hinab erstreckte (zwei Heiligtümer, zwei Gebäude, Platz mit Rundaltar). Bereits 1960 wurde hier auch ein Tontafelarchiv in Linear B gefunden. Das Kultzentrum besaß auch eine Verbindung zum hoch gelegenen Palast. Dieser bestand aus Treppe, Propylon, kleinem Thronsaal, Hof, Säulenhalle, Vorhalle und fast quadrat. Megaron; im NO anschließend lag wohl ein Wohntrakt. Im O befand sich der kleine Palast (auch Haus der Säulen gen.) mit Werkstätten. Große frei stehende Magazinbauten (für Pithoi) lagen unmittelbar nördlich vom Löwentor (eine Pfeilerhalle) und an der N-Mauer (eine lang gestreckte Bauanlage). Hier befand sich auch ein zweites Tor. Es gab auch versch. Pforten. Der schmale O-Sektor der Burg wurde nach einer Brandkatastrophe gegen Ende des 13. Jh. v. Chr. verstärkt, mit einer Ausfallpforte nach S und einer unterird. Zisterne vor der N-Mauer versehen, zu der vom Burginnern 101 Stufen hinabführten (gespeist wurde sie von einer 360 m entfernten Quelle).

Bei der Katastrophe im späten 13. Jh. v. Chr. brannten auch die Häuser vor der Burg, die Unterstadt, ab, darunter das Haus der Sphingen (Elfenbeinfunde), des Ölhändlers, der Schilde (Funde von Möbelbeschlägen und Steingefäßen) und des Weinhändlers. Die Unterstadt wurde, Ende des 13. Jh. im Unterschied zur Burg nicht wiederhergestellt, in archaischer Zeit neu besiedelt, und auf dem alten Burgberg über dem Nordteil des um 1100 zerstörten Palastes wurde ein Athenetempel errichtet (7. Jh. v. Chr.). Nach der neuerl. Zerstörung, 468 v. Chr. durch Argos, wurde eine neu entstandene Unterstadt im 3. Jh. v. Chr. befestigt, ein Brunnenhaus ›Perseia‹ errichtet und der Tempel auf der Akropolis erneuert.

Unmittelbar vor der myken. Burg wurde 1951 das Gräberrund B entdeckt (Mitte 17. Jh. v. Chr., also älter als das im 14. Jh. v. Chr. in die Burg integrierte Gräberrund A). Aus der Zeit zw. 1520 und 1300 stammen die neun Kuppelgräber von M., darunter das gegen Ende des 14. Jh. v. Chr. errichtete, 13,2 m hohe so genannte ›Schatzhaus des Atreus‹ (BILD →Kuppelgrab) und das so genannte Grab der Klytämnestra.

H. SCHLIEMANN: Mykenae. Bericht über meine Forschungen u. Entdeckungen in Mykenae u. Tiryns (1878, Nachdr. 1991); A. THUMB: Hb. der griech. Dialekte, bearb. v. E. KIEKERS u. A. SCHERER, 2 Bde. (²1932–59); G. E. MYLONAS: Ancient Mycenae. The capital city of Agamemnon (London 1957); DERS.: Grave circle B of Mycenae (Lund 1964); A. J. B. WACE: Mycenae, an archaeological history and guide (Neuausg. New York 1964); G. KEHNSCHERPER: Kreta, M., Santorin (Leipzig ⁶1986); B. PATZEK: Homer u. M. Mündl. Dichtung u. Gesch.-Schreibung (1992). – Weitere Literatur →minoische Kultur.

mykenische Kultur, ägäische Kultur der späten Bronzezeit, deren Blüte im 14. und 13. Jh. v. Chr. lag; sie formierte sich im 16. Jh. v. Chr.; ihre Wurzeln liegen einerseits in der →helladischen Kultur des griech. Festlands, andererseits in der →minoischen Kultur Kretas. Die m. K. verbreitete sich in ganz Griechenland und auf den ägäischen Inseln, auf Zypern, z. T. auch an der von den Hethitern kontrollierten W-Küste Kleinasiens. Von der vorausgegangenen mittelhellad. Kultur setzte sich die m. K. durch den dominierenden minoischen Einfluss seit 1550 v. Chr. deutlich ab, obwohl auch Elemente der mittelhellad. Periode tradiert wurden. Die minoischen Einflüsse gelangten wohl über die Kykladen und die Insel Kythera auf das Festland, zuerst auf die S-Peloponnes (Messenien und Lakonien). Zu den wichtigsten befestigten und unbefestigten Palästen und Herrensitzen mit zugehörigen Siedlungen gehörten Mykene, Tiryns, Argos, Asine,

Mykene: Löwentor

Dendra, Pylos auf der Peloponnes, Athen, Theben, Orchomenos, Iolkos im nördl. Griechenland. Träger der m. K. waren Griechen (Achaier).

In der Chronologie werden die einzelnen Abschnitte der m. K. anhand der keram. Stilentwicklung mit SH I–III (Späthelladisch I–III) angegeben, was früh-, mittel- und spätmykenisch entspricht, zusätzlich unterteilt in SH I (ca. 1600/1550–1500 v. Chr.), SH II A (1500–1450 v. Chr.), SH II B (1450–1420/1410 v. Chr.), SH III A 1 (1420/1410–1380/1370 v. Chr.), SH III A 2 (1380/1370–1300 v. Chr.), SH III B 1 (1300–1250 v. Chr.), SH III B 2 (1250–1200 v. Chr.), SH III C (1200–1100 v. Chr.), Submykenisch (1100/1060–1000 v. Chr.).

Im 13. Jh. v. Chr. erfolgte der nochmalige Ausbau der Burgen in Mykene und Tiryns. Gegen 1200 v. Chr. endeten die meisten Paläste und Burgen in Brandkatastrophen. Möglicherweise besteht ein Zusammenhang mit einer der Zerstörungen Trojas, deren Ursache die Forschung in dem von HOMER in der ›Ilias‹ berichteten Krieg der Achaier unter Führung Mykenes gegen Troja vermutete (mehrfach auch grundsätzlich wieder infrage gestellt). Die meisten Paläste wurden geplündert. Die Gründe für das Ende des Systems der myken. Palastkultur (Erdbeben, innere Unruhen, ein Zusammenhang mit den Seevölkerwanderungen) werden noch kontrovers diskutiert. Infolge der Katastrophen wurden eine Reihe von Orten ganz verlassen, andere,

Mykene: Lageplan der Burg

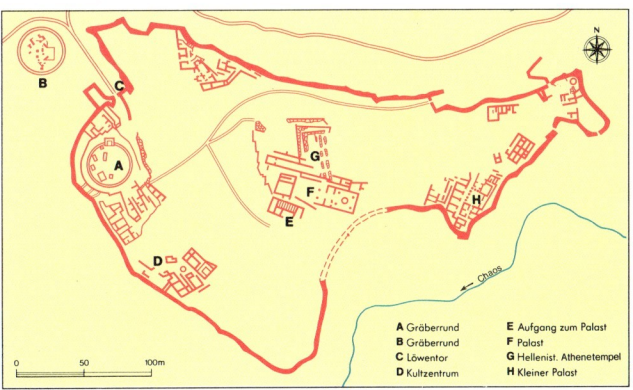

A Gräberrund E Aufgang zum Palast
B Gräberrund F Palast
C Löwentor G Hellenist. Athenetempel
D Kultzentrum H Kleiner Palast

Myke mykenische Kultur

mykenische Kultur: Mit Reliefornamenten verzierte Grabstele aus Mykene; Mitte des 16. Jh. v. Chr. (Athen, Archäologisches Nationalmuseum)

so Mykene, Tiryns und Asine in der Argolis, Theben in Böotien und Nikoria in Messenien, blieben bewohnt; von Zerstörungen verschont blieben Athen und Iolkos. Während des 12. Jh. v. Chr. verließen weitere große Bevölkerungsteile das Landesinnere und siedelten an der Küste, auf den Ägäischen Inseln und Zypern, es hielten sich Palaiokastro in Arkadien sowie Iellena und das Heiligtum von Amyklai in Lakonien. Mitte des Jahrhunderts gab es noch einmal eine Blütezeit. Im 11. Jh. v. Chr. wurden die letzten myken. Küstensiedlungen aufgegeben (Levkandi auf Euböa, Perati in Attika, Asine und Epidauros Limera auf dem Peloponnes), man spricht von der submyken. Epoche. Es folgte das ›dunkle Zeitalter‹, das mit dem Zusammenbruch der myken. Kultur beginnt, die ion. und die (neuerdings angezweifelte) dor. Wanderung einschließt, in dem das Eisen allmählich Verwendung findet und die Bronzezeit aufhört, und das mit der Konsolidierung des histor. Griechentums abschließt.

Gesellschaft

Der Beginn der m. K. im 16. Jh. v. Chr. steht in engem Zusammenhang mit dem Auftreten fürstl. Bestattungen, von Palästen und Verwaltungszentren. Diese Fürsten, die ihre Position bes. im 14. und 13. Jh. v. Chr. ausbauen konnten, waren Krieger, erfüllten sakrale Funktionen (im Megaron standen Thronsitz und Herdaltar) und kontrollierten die Wirtschaft. Sie organisierten die landwirtschaftl. und handwerklichkunsthandwerkl. Produktion, Abgaben, Vorratshaltung, Wiederverteilung sowie den Handel. Diese redistributive Palastwirtschaft ähnelte der der minoischen Kultur. In den bei den Palästen liegenden mehr oder weniger städt. Siedlungen fallen einige reiche Häuser, offenbar Handelshäuser, auf; im 13. Jh. v. Chr. wurden diese in die Paläste integriert (SH III B). In der Kopais wurden schon in mittelhellad. Zeit Dämme gebaut, der größte Kanal entstand im 15./14. Jh. v. Chr., von Orchomenos ausgehend, am N-Rand des Beckens (SH III A), durch den sowohl große Anbauflächen als auch Siedlungsland erschlossen wurden, Letzteres bes. bei dem Burgberg Gla. Noch die griech. Mythologie berichtet Jahrhunderte später von König MINYAS. Wasserbauten sind auch in der Argolis nachzuweisen. Außerdem gibt es hier Reste von Straßentrassen und bes. von Brücken. Eine dieser Fahrstraßen verlief von Mykene zum argiv. He-

raheiligtum, eine andere wohl von Nauplion nach Epidauros. Auf diesen Straßen rollten die zweirädrigen Wagen (meist als ›Streitwagen‹ bezeichnet). Nach den Bestattungen zu urteilen, liebten die myken. Fürsten von Beginn an den Prunk, bes. Gold. Anscheinend war es Sitte, kostbare Gastgeschenke auszutauschen, wodurch myken. Metallgefäße bis nach Dtl. und England gelangten. Auch myken. Schwerter sind vielfach gefunden worden. Ihren Rohstoffbedarf deckten die Mykener v. a. im Nahen Osten und in O-Europa, Kupfer bezogen sie aus Zypern und Kleinasien, auch aus Laurion in Attika, Zinn ebenfalls aus Kleinasien sowie aus O-Europa (Rumänien, Slowakei). Aus dem Baltikum kam in der Frühzeit Bernstein; Elfenbein wurde aus Syrien bezogen. Andererseits importierten die Mykener auch Fertigprodukte oder erhielten sie als Geschenke: kret. Goldschmiedearbeiten, ägypt. Stein- und Fayencegefäße und Skarabäen, Amphoren aus Kanaan und oriental. Rollsiegel (Funde in Theben). Die myken. Handelswege reichten nicht nur weit über Land, sondern auch über das Mittelmeer; im W erreichten sie Unteritalien und Sizilien. Sie selbst belieferten die ganze Ägäis, Zypern, Syrien und Ägypten mit ihrer offenbar sehr begehrten Keramik, mit parfümierten Salben und vermutlich mit Wein und Olivenöl. Eine Reihe von Orten wurde im 13./12. Jh. v. Chr. ganz verlassen, darunter Pylos, Gla und Orchomenos sowie Zyguris in der Phokis, andere blieben bewohnt. Frei stehende Vorratshäuser wurden nicht mehr errichtet, die zentrale Vorratswirtschaft war mit den Palästen untergegangen. Als Haustyp löste in spätmyken. Zeit das eingeschossige Viereckhaus das zweigeschossige Korridorhaus ab, das fast quadrat. Räume entlang dem Korridor und im Obergeschoss einen Megaronraum besaß; Breiträume nahmen zu, der Herd lag jetzt in Eingangsnähe.

Kunst

In frühmyken. Zeit stellen die Schachtgräber von Mykene (Gräberrund A und etwas älter Gräberrund B) mit ihren reichen Beigaben die bedeutendste Fundgruppe dar, jedoch stehen ihnen die Funde aus den Kuppelgräbern aus Messenien (Peristeria) kaum nach. Diese messen. Grabbauten repräsentieren als Erste den Typus des myken. Kuppelgrabes, das in Mykene erst etwas später auftrat (SH II) und im 14. Jh. v. Chr. im ›Schatzhaus des Atreus‹ gipfelte (BILDER →Grabmal, →Kuppelgrab).

Trotz der grundsätzlich anderen Gesamtanlage mit einem zentralen Megaron waren die myken. Paläste in den architekton. Details (Säulen, Proportionen, Farben, Ornamente) den minoischen vielfach ähnlich. Nach lakon. und messen. Vorläuferanlagen (Megara in Meneleion und Nikoria) entstanden die großen Megaronpaläste im 14. Jh. v. Chr. (SH III A 2); die größten waren die von Mykene, Tiryns, Pylos und Theben, wo der Palast vielleicht unbefestigt blieb wie mit Sicherheit in Pylos, Orchomenos und Iolkos. Die kyklop. Mauern wurden nach der Mitte des 13. Jh. v. Chr. verstärkt und erweitert, wobei neben Sicherheitsgründen offenbar auch die Darstellung der Macht (Monumentalität) und ein kultureller Anspruch (ästhet. Wirkung) eine Rolle spielten (BILD →kyklopische Mauern). An der Landenge von Korinth wurde ein Schutzwall errichtet.

Die engen Beziehungen zum minoischen Kreta drücken sich am deutlichsten im Kunsthandwerk aus; oft sind myken. Nachahmungen von minoischen Vorbildern nicht zu unterscheiden, weil kret. Arbeiten nicht nur importiert, sondern auch von kret. oder kretisch beeinflussten Künstlern auf dem Festland hergestellt worden sind.

Aus der frühmyken. Periode ist Keramik in mittelhellad. Tradition (Mattmalerei) überliefert, die z. T.

mykenische Kultur: Dolchklinge, gefunden in einem Kuppelgrab bei Chora (bei Pylos); Bronze, mit Einlagen in Gold, Silber und Niello, Länge 25 cm; um 1550 v. Chr. (Athen, Archäologisches Nationalmuseum)

mykenische Kultur **Myke**

schon in SH I durch Senken der Brandtemperaturen Glanz gewinnen (typisch für das Alabastron), sowie Importe und Imitationen minoischer Vasen und einheim. Gefäßtypen mit Dekorationen in kret. Geschmack. Als charakterist. myken. Gefäßform kann der Typ ›Vaphiobecher‹ mit Profilring (und häufig Spiraldekor) gelten, er ist wohl schon älterer hellad. Typ (reiche Importfunde auf Thera). Während der Periode SH II dominierten zunächst die mehr oder weniger selbstständig verarbeiteten minoischen Einflüsse, mit SH II B beginnt sich aber um 1450 v. Chr. ein neuer, rein myken. Stil auszuprägen: Der ›ephyräische Becher‹ (aus Ephyra bei Korinth) hat nur einzelne, auf freien Grund gesetzte Motive. In den drei Phasen von SH III finden sich die Ornamente in strenger, klarer Anordnung auf dreiteiligen Amphoren, Krateren, Kannen (auch Bügelkannen), Bechern, Kylikes, Skyphoi usw. Bei großen Gefäßen dieser Zeit (v. a. Krateren) spielen figürl. Darstellungen von Tieren und Menschen eine Rolle in eigenwilligen, oft abstrakten Stilisierungen (reiche Funde auf Zypern; BILD →Enkomi); hergestellt wurden sie urspr. in der Argolis, wo die Wandmalerei dafür Anregungen bot. Die myken. Keramikstile setzten sich seit der 2. Hälfte des 15. Jh. v. Chr. auch auf Kreta durch, beginnend mit dem so genannten Palaststil von Knossos, der auch (frühere?) Beispiele auf dem Festland hat.

Arbeiten krit. und einheim. Goldschmiede lassen sich aufgrund der Formen und Dekore recht gut unterscheiden. Zum Schmuck der Männer sind die mit Edelmetalleinlagen nach kret. Geschmack verzierten Schwert- und Dolchklingen und die kostbaren Schwert- und Dolchgriffe zu zählen (Zeremonialwaffen); Prunkdolche fanden sich auch in Frauengräbern, ebenso Goldringe (Siegelringe). Einheim. Künstler fertigten die Zackendiademe u. a. Schmuckteile aus dünnem Goldblech mit Reliefverzierung. Sie gehörten anscheinend v. a. zum Frauenschmuck, goldene Besatzplättchen wurden aber auch bei Männerbestattungen gefunden. Die goldenen Gesichtsmasken aus Mykene haben ebenfalls keine minoischen Parallelen. Die Metallgefäße, darunter goldene Becher und Tassen, sind von edler Schlichtheit, die klaren Formen stehen in hellad. Tradition; der mit figürl. Reliefs verzierte

mykenische Kultur: links Goldbecher, Typ ›Vaphiobecher‹ mit Profilring und Spiraldekor, gefunden in Mykene, Gräberrund A; Höhe 12,5 cm, 16. Jh. v. Chr.; rechts Goldscheibe mit einem Tiermotiv, gefunden im Gräberrund A; Durchmesser etwa 6 cm; 16. Jh. v. Chr. (beide Athen, Archäologisches Nationalmuseum)

goldene Vaphiobecher ist von einem Künstler der minoischen Kultur gearbeitet. Die Blütezeit der Toreutik lag im 14. Jh. v. Chr. (SH III A), allerdings sind Importwaren aus Kreta von festländ. Treibarbeiten nicht zu unterscheiden (Bronzekessel u. a.). Bedeutende Leistungen erbrachten die myken. Waffenschmiede (v. a. Schwerter in versch. Typen). In der spätmyken. Zeit wurden auch Rüstungen oder Teile davon aus Bronze gefertigt.

Siegel aus Gold (Goldblech) und Schmucksteinen (Gemmen) sind seit frühmyken. Zeit in Fülle nachzuweisen, die figürl. Motive (vierfüßige Tiere, auch kult. Szenen u. a.) und der Stil der Darstellung sind vielfach dem minoischen Kulturkreis zuzuordnen. Sie wurden wohl v. a. als Schmuck getragen. Auf dem Festland werden seit dem späteren 14. Jh. v. Chr. nicht mehr importierte Schmucksteine und Glas mittels ›Zeiger‹ mit figürl. Szenen verziert, sondern lokale weichere schwarze Steatitarten mittels Stichel und Messer mit Rosetten, Kreuz- und Spinnwebmotiven. Im 13. Jh. v. Chr. waren Gemmen noch weit verbreitet, um 1200 v. Chr. versiegte deren Herstellung.

Auf dem Gebiet der Plastik liegen neben Reliefs (Grabstelen mit Steinreliefs vom Gräberrund A in Mykene, Elfenbeingerät) einige Elfenbeinplastiken (Sitzgruppe zweier Göttinnen mit Kind; Köpfchen) und zahlreiche kleine anthropomorphe Idole aus Ton vor. Die überwiegend weibl. Tonidole kommen v. a. mit verschränkten Armen (Phi-Typ, wegen der Ähnlichkeit mit einem Φ) und mit erhobenen Armen (Psi-Typ; Ψ) vor; im 14. und 13. Jh. v. Chr. sind sie stark stilisiert; aus dem 12. Jh. stammen sehr differenzierte Beispiele. Eine Sonderstellung nehmen die 60 cm hohen Idole aus Keos ein.

Nur in Fragmenten ist die Wandmalerei (z. T. auch auf Stuckböden) belegt, aber offenbar wurden Palasträume, Kultbauten, Gräber sowie vornehme Privathäuser spätestens seit der 2. Hälfte des 15. Jh. v. Chr. mit Fresken geschmückt, oft mit rein dekorativen Motiven. Bes. für die figürl. Friese waren minoische Vorbilder ausschlaggebend (oder wandernde kret. Künstler führten sie aus). Ein rein myken. Motiv ist wohl die Eberjagd (Eberzähne wurden für die Helme benötigt). Bes. kostbare Freskofragmente stammen aus dem Kultzentrum von Mykene und von der Fassade des ›Schatzhauses des Atreus‹. Auch Gegenstände wurden mit Stuck überzogen und bemalt, ein fast lebensgroßer bemalter weiblicher Kopf aus Stuck wurde in Mykene gefunden.

Religion

Im Zusammenhang mit der Auflistung der Opfergaben tauchen in Linear-B-Texten neben unbekannten eine Reihe von Götternamen auf, die auch in das antike Pantheon gehören; gesichert sind Hera, Zeus und

mykenische Kultur: Weibliche Tonidole aus Seli, Lokris; links Psi-Typ, Höhe 13,7 cm, rechts Phi-Typ, Höhe 12,7 cm (Lamia, Archäologische Sammlung)

Myke Mykerinos – Mykoplasmen

mykenische Kultur: links Fresko aus einem Wohnhaus in Mykene mit der Darstellung einer Hofdame (Ausschnitt); 13. Jh. v. Chr. (Athen, Archäologisches Nationalmuseum); rechts Schnabelkanne aus Ton, gefunden in einem Kammergrab bei Mykene; Höhe 27 cm, 1. Hälfte des 15. Jh. v. Chr. (Nauplion, Archäologisches Museum)

Poseidon, beide auch in weibl. Form, Artemis, Hermes und Dionysos. In Abbildungen begegnet mehrfach eine Schildgöttin, und kleine, elfenbeinerne Schilde in der Form einer Acht dienten als Ornament, u. a. für Möbelbeschläge. An wohl jahreszeitlich begründeten Festen wurden Honig, Wein, Getreide, Gewürze, Öl, Wolle, Tuch, Käse und weniger häufig auch Tiere geopfert. Es gab eine differenzierte Priesterschaft beiderlei Geschlechts. In der Wandmalerei der Paläste sind Prozessionszüge viermal belegt. Ahnenkult bezeugen die großen Kuppelgräber; dem Gräberrund A in Mykene galten offenbar Kulthandlungen, wie dem Verbindungsgang zw. der Grabanlage und den Kultbauten zu entnehmen ist. Außerdem gab es eine Prozessionsstraße zw. Palast und Kultbauten. In spätmyken. Zeit (SH III) wurden anthropomorphe Tonidole aufgestellt. Kleine Vogelfiguren symbolisieren wohl die Epiphanie der Gottheit, die im Zentrum der minoischen Religion stand.

Sprache

Das myken. Griechisch ist der älteste, in der myken. Silbenschrift Linear B (→kretische Schriften) überlieferte Dialekt der griech. Sprache; er steht dem arkadisch-kypr. Zweig der griech. Sprache nahe und ist für das 13. Jh. v. Chr. (und früher) in Texten der Palastverwaltungen von Pylos, Mykene, Tiryns und Theben sowie auf Kreta bezeugt.

Allgemeines: G. KARO: Die Schachtgräber von Mykenai, 2 Bde. (1930–33); G. E. MYLONAS: Mycenae and the Mycenaean age (Princeton, N. J., 1966); DERS.: Mycenae, rich in gold (Athen 1983); J. T. HOOKER: Mycenaean Greece (London 1976); F. SCHACHERMEYR: Die ägäische Frühzeit, Bd. 2, 4, 5 (Wien 1976–82); DERS.: Mykene u. das Hethiterreich (ebd. 1986); O. T. DICKINSON: The origins of Mycenaean civilisation (Göteborg 1977); J. CHADWICK: Die Welt (a. d. Engl., 1979); Sanctuaries and cults in the Aegean Bronze Age, hg. v. R. HÄGG u. a. (Athen 1981); S. IAKOVIDIS: Late helladic citadels on mainland Greece (Leiden 1983); W. O. TAYLOUR: The Mycenaeans (Neuausg. London 1983); Das myken. Hellas. Heimat der Helden Homers, hg. v. K. DEMAKOPOULOU u. a., Ausst.-Kat. (1988); Die Kunst des alten Griechenland, bearb. v. B. HOLTZMANN (a. d. Frz., 1989); I. OZANNE: Les Mycéniens (Paris, 1990).

Sprache: A. THUMB: Hb. der griech. Dialekte, Tl. 2, bearb. v. A. SCHERER (²1959); E. VILBORG: A tentative grammar of Mycenaean Greek (Göteborg 1960); A. MORPURGO DAVIES: Mycenaeae Graecitatis lexicon (Rom 1963); M. VENTRIS u. J. CHADWICK: Documents in Mycenaean Greek (Cambridge ²1973); Diccionario Micénico, hg. v. F. A. JORRO, Bd. 1 (Madrid 1985); Linear B, a 1984 survey, hg. v. A. MORPURGO DAVIES (Ottignies-Louvain-la-Neuve 1985); S. HILLER u. O. PANAGL: Die frühgriech. Texte aus myken. Zeit. Zur Erforschung der Linear B-Tafeln (²1986); I. OZANNE: Les Mycéniens (Paris

mykenische Kultur: Bronzerüstung aus der Nekropole von Dendra; spätmykenisch (Nauplion, Archäologisches Museum)

1990); Dokumente im myken. Griechisch, bearb. v. M. VENTRIS u. J. CHADWICK (a. d. Engl., 1993).

Mykerinos, ägypt. **Menkaure,** ägypt. König der 4. Dynastie (um 2500 v. Chr.), Sohn und Nachfolger des CHEPHREN; erbaute bei Giseh die drittgrößte Pyramide. Ihre jetzige Höhe beträgt 62 m (urspr. 66,45 m hoch), die Seitenlänge 108 m. Vor ihr liegt der Totentempel, aus dem mehrere Statuen von M. in Begleitung der Göttin Hathor und der Personifikation einer Stadt oder eines Gaues (›Triaden‹) geborgen wurden (heute Kairo, Ägypt. Museum; BILD →Krone).

G. A. REISNER: Mycerinus, the temples of the third pyramid at Giza (Cambridge, Mass., 1931).

Mykle, Agnar, eigtl. **A. Myklebus,** norweg. Schriftsteller und Journalist, * Strinda (heute zu Trondheim) 8. 8. 1915; Verfasser realist., oft gesellschaftskrit. Romane, Erzählungen und Novellen (›Largo‹, 1967). Der Pornographieprozess um seinen bekanntesten Roman, ›Sangen om den røde rubin‹ (1956; dt. ›Das Lied vom roten Rubin‹), erregte großes Aufsehen.

myko... [griech. mýkēs ›Pilz‹], vor Vokalen meist verkürzt zu **myk...,** auch latinisiert **myco...,** vor Vokalen **myc...,** Wortbildungselement mit den Bedeutungen: 1) Pilz, z. B. Mykorrhiza, Mycophyta; 2) niederer Pilz (Hefepilz, manche Bakterien), z. B. Mykoplasmen, Mykobakterien. – Gleichbedeutend auch in der Form **myzeto...,** bzw. vor Vokalen meist **myzet...,** bzw. **mycet...,** z. B. Myzetome, Mycetophilidae.

Mykobakteri|en, Mycobakteri|en, grampositive, unbewegl. Bakterien, die unregelmäßig geformte und verzweigte Zellen bilden. Sie sind ›säurefest‹, d. h. sie lassen sich nach Färbung mit Anilinfarbstoffen durch eine Säurebehandlung nicht entfärben. Viele im Boden verbreitete M. können Paraffine, aromat. und hydroaromat. Kohlenwasserstoffe abbauen.

Mykobakteriosen, durch Mykobakterien hervorgerufene Erkrankungen beim Menschen und vielen Tierarten. Gemeinsames Kennzeichen sind granulomatöse und nekrotisierende Gewebeveränderungen versch. Ausdehnung. Die etwa 40 Arten werden in tuberkulöse und nichttuberkulöse M. unterteilt. Zu den **tuberkulösen M.** gehören v. a. die Tuberkulose (durch Mycobacterium tuberculosis) und die Lepra (durch Mycobacterium leprae). Die **nichttuberkulösen M. (atypische M.)** treten als opportunist. Infektionen bei Abwehrschwäche auf und rufen u. a. tuberkuloseähnl. Lungeninfektionen, Lymphknotenentzündungen und Hauterkrankungen hervor.

Mykolaïv [mekoˈlajɪv], **Mikolajiw** [mekoˈlajɪv], Stadt in der Ukraine, →Nikolajew.

Mykologie die, -, **Pilzkunde,** Wissenschaft von den Pilzen; beschäftigt sich mit Bau, Systematik, Ökologie und Stoffwechsel der Pilze. Spezialgebiete befassen sich mit pathogenen Pilzen und mit dem techn. Einsatz von Pilzen zur Synthese von organ. Verbindungen (z. B. Alkohol, Penicillin, Propionsäure). Die M. wird häufig mit der Bakteriologie und der Virologie zur Mikrobiologie zusammengefasst.

Mykonos, Insel der Kykladen, Griechenland, zw. Tenos und Naxos, 85 km², 6200 Ew.; gebirgig (bis 372 m. ü. M.), wenig fruchtbar. Die Stadt Mykonos (3900 Ew.) an der W-Küste ist Fremdenverkehrszentrum; Schiffsverbindung mit Piräus und Delos.

Mykophagen [zu griech. phageín ›fressen‹], Biologie: Bez. für pilzfressende Organismen.

Mykoplasmen [zu griech. plásma ›das Gebildete‹, ›das Geformte‹], Sg. **Mykoplasma** das, -s, die kleinsten selbstständig vermehrungsfähigen Bakterien (Durchmesser 125–300 nm). Sie besitzen – im Ggs. zu den typ. Bakterien – keine Zellwand und sind deshalb osmotisch extrem labil und gleichzeitig unempfindlich gegen zellwandauflösende Antibiotika. Die M. haben das kleinste Genom unter den zur Selbstvermehrung befähigten Mikroorganismen. Die Mykoplasmagruppe umfasst die Gattungen Mycoplasma, Acholeplasma, Spiroplasma und Ureaplasma. Der erste bekannt gewordene Vertreter der M. ist der Erreger der Pleuropneumonie, einer Atemwegs- und Lungenerkrankung von Rindern, die teilweise auch ohne Symptome verlaufen kann. Für den Menschen bedeutsam sind Mycoplasma pneumoniae, M. hominis und M. genitalium aus der Gattung Mycoplasma sowie Ureaplasma urealyticum aus der Gattung Ureaplasma. Mycoplasma pneumoniae verursacht eine (atyp.) Lungenentzündung und Infekte der oberen Luftwege, M. hominis, M. genitalium und Ureaplasma urealyticum Infektionen der ableitenden Harnwege und der Geschlechtsorgane. Bei Pflanzen können M. die Ursache von Vergilbungskrankheiten sein.

Mykorrhiza [griech. rhíza ›Wurzel‹] *die, -/...zen,* Symbiose zw. den Wurzeln höherer Pflanzen und Pilzen (v. a. Ständerpilzen), wobei der Pilz mit Kohlenhydraten von der betreffenden Pflanze versorgt wird. Bei der **ektotrophen M.**, die zumeist obligat bei Waldbäumen (Fichte, Lärche, Eiche), oft unter Beteiligung bekannter Gift- oder Speisepilze (Milchlinge, Röhrlinge, Wulstlinge), vorkommt, umspinnt das Myzel mit einem dichten Geflecht die Saugwurzel des Partners und dringt in dessen Wurzelrinde ein, worauf keine Wurzelhaare mehr ausgebildet werden (der Pilz liefert das Wasser und die Mineralsalze); die Saugwurzeln werden dabei zu keulig verdicktem Wuchs angeregt. – Bei der **endotrophen M.** wachsen die Hyphen in die Wurzelzellen der betreffenden Pflanze hinein; z. B. bei den meisten Orchideen, deren Samen nur in Anwesenheit spezif. M.-Pilze keimen und sich weiterentwickeln können. Viele krautige Pflanzen, bes. Kulturpflanzen, besitzen eine endotrophe M. mit niederen Pilzen, deren Hyphen in den Wurzelzellen z. T. blasenartige Vesikel, z. T. bäumchenartig verzweigte Arbuskeln (VA-M.) bilden. Die eingedrungenen Hyphen werden entweder angezapft oder teilweise verdaut. Chlorophyllfreie Pflanzen, z. B. Fichtenspargel, beziehen alle organ. Nährstoffe vom Pilz, sodass hier von Parasitismus gesprochen werden kann.

Mykosen, *Sg.* **Mykose** *die, -,* **Pilz|erkrankungen,** durch Pilze hervorgerufene Infektionskrankheiten (auch bei Tieren und Pflanzen). Die M. treten in Form lokaler Infektionen, v. a. der Haut (einschließlich Schleimhaut, Haare, Nägel, →Hautpilzkrankheiten) auf oder verursachen als systemische M. Erkrankungen der inneren Organe, z. B. der Lunge (→Lungenmykosen), des Darms oder der gesamten Haut.
Als Erreger treten Dermatophyten (Hautpilze), Hefen (v. a. der Gattung Candida) und Schimmelpilze (z. B. Aspergillus, Mucor) auf. Die durch hefeartige Pilze hervorgerufenen →Blastomykosen treten als Dermato-M. (Haut-M.) und System-M. auf; in Form opportunist. Infektionen (v. a. bei Aids) trifft dies auch auf Hefepilze allgemein und Schimmelpilze zu. (→Aktinomykose)

Mykotoxine, Pilzgifte, sekundäre Stoffwechselprodukte von Pilzen, die beim Menschen sowie bei versch. Warmblütern bereits in geringer Dosierung Pilzvergiftungen (**Mykotoxikosen**) hervorrufen. Zu den M. gehören die Krebs erzeugenden →Aflatoxine, das hitzelabile, flüchtige Gyromitrin der Frühjahrslorchel, die bes. gefährl., häufig zum Tode führenden Knollenblätterpilzgifte (Amanitine, Phallotoxine), das von Fliegen- und Pantherpilzen sowie von Risspilzen gebildete →Muskarin, das von Fliegen- und Pantherpilzen produzierte →Muskimol sowie das Orellanin in versch. Schleierlingen, das v. a. die Nieren schädigt. Auch die therapeutisch genutzten →Mutterkornalkaloide zählen zu den Pilzgiften. Im MA. wurden durch mit Mutterkorn befallenem Getreide schwere Vergiftungen (Ignis sacer, Antoniusfeuer) hervorgerufen, die z. T. epidemieartige Ausmaße annahmen.

mykotroph [zu griech. trophḗ ›Nahrung‹], sich mithilfe einer Mykorrhiza ernährend.

Mylady [mɪˈleɪdɪ; engl., eigtl. ›meine Dame‹], in Großbritannien Anrede (ohne den Familiennamen) an eine Trägerin des Titels Lady.

Mylai [ˈmyːlai, myˈlai, griech.], lat. **Mylae,** antike Stadt an der N-Küste Siziliens, heute →Milazzo.

My Lai, Weiler des vietnames. Dorfes Son My (Prov. Quang Ngai, Annam). Im Vietnamkrieg verübten hier amerikan. Soldaten unter Leutnant WILLIAM CALLEY (* 1943) am 16. 3. 1968 ein Massaker an der Bev. (über 300 Tote). Eine 1969 eingeleitete Untersuchung in den USA führte 1971 zur Verurteilung CALLEYS (zu lebenslanger Haft, bereits 1974 Freilassung).

Mylasa, antike Stadt in Karien, etwa an der Stelle der heutigen Stadt Milas (Prov. Muğla, Türkei), vor dem 4. Jh. v. Chr. 5 km weiter südlich gelegen. M. war unter pers. Herrschaft Sitz karischer Dynasten, die als Satrapen fungierten. König MAUSOLOS (377–353 v. Chr.) verlegte die Residenz nach Halikarnassos (um 360 v. Chr.). Von den einst zahlr. Tempeln zeugt nur eine korinth. Säule (1. Jh. v. Chr.); westlich von Milas liegt ein Mausoleum aus dem 2. Jh. n. Chr. (ein Sockelbau, dessen Pyramidendach von acht Säulen und vier Pfeilern getragen wird), das das Mausoleum von Halikarnassos zum Vorbild hat. Das Heiligtum von →Labranda und M. waren durch eine heilige Straße verbunden (angelegt von MAUSOLOS), an ihrem Ausgangspunkt in M. entstand in röm. Zeit (2. Jh. n. Chr.) das ›Tor der Doppelaxt‹.

Mylau, Stadt im Vogtlandkreis, Sa., 305 m ü. M., an der Göltzsch, 3 600 Ew.; Bau von Aufzügen, Herstellung von Kraftstofftanks und Motorradfelgen. – M. entstand in Anlehnung an die 1212 erstmals erwähnte gleichnamige Burg und erhielt 1367 städt. Rechte.

Myliobatidae [griech.], die →Adlerrochen.

Mylius, Christlob, Schriftsteller, * Reichenbach (Oberlausitz) 11. 11. 1722, † London 7. 3. 1754, Vetter G. E. LESSINGS; gab die ›Bemühungen zur Beförderung der Critik und des guten Geschmacks‹ heraus (mit J. A. CRAMER, 1743–47), ferner die Zeitschriften ›Der Freygeist‹ (1746), ›Der Naturforscher‹ (1747/ 1748), ›Der Wahrsager‹ (1749); schrieb auch Komödien (›Die Ärzte‹, 1745; ›Der Unerträgliche‹, 1746).

Ausgabe: Vermischte Schriften, hg. v. G. E. LESSING (1754, Nachdr. 1971).

D. HILDEBRANDT: C. M. (1981).

Mylius-Erichsen [-ˈeːregsən], Ludwig, dän. Polarforscher, * Wyborg 15. 1. 1872, † auf Grönland 25. 11. 1907; untersuchte auf zwei Expeditionen nach Grönland (1902–04 an die NW-Küste, 1906–07 Danmark-Expedition in den NO) die Kultur der Eskimo; die grönländ. Halbinsel **M.-E.-Land** ist nach ihm benannt.

Mylodon [griech.], früher **Grypotherium,** ausgestorbene Gattung etwa rindergroßer, bodenbewohnender Riesenfaultiere aus dem Pleistozän Nord- und Südamerikas; wurden vom Menschen bejagt.

Mylonit [zu griech. mýlē ›Mühle‹ (mit Bezug auf den Zerreibungsvorgang)] *der, -s/-e,* durch Druck an tekton. Bewegungsflächen zerriebenes und wieder verfestigtes Gestein, mit deutl. Einregelung der Gesteins- und Mineralbruchstücke in die Deformationsrichtung; der Vorgang wird **Mylonitisierung,** umkristallisierter M. **Blastomylonit** genannt. Manchmal kommt es zu Schmelzvorgängen, die dabei entstehenden glasartigen Produkte werden **Pseudotachylite** genannt.

Mylord [mɪˈlɔːd; engl., eigtl. ›mein Herr‹], in Großbritannien Anrede (ohne den Familiennamen): 1) an einen Träger des Titels Lord; 2) an einen Richter (durch den Anwalt).

Mymensingh [ˈmaɪmənsɪŋ], Stadt in Bangladesh, an einem Kanal des Brahmaputra, 185 500 Ew.; Landwirtschafts-Univ. (gegr. 1961), Colleges der Univ. Dhaka; Baumwoll- und Zuckerindustrie.

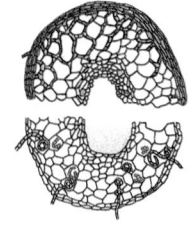

Mykorrhiza:
oben Ektotrophe Mykorrhiza;
unten Endotrophe Mykorrhiza

Mynheer [mɛiˈneːr; niederländ. ›mein Herr‹], **Mijnheer,** niederländ. Anrede an einen Herrn.

myo... [griech. mỹs, myós ›Maus‹, ›Muskel‹, vor Vokalen meist verkürzt zu **my...,** Wortbildungselement mit der Bedeutung: Muskel, z. B. Myokarditis, Myalgie.

Myoblasten [griech. blastós ›Spross‹, ›Trieb‹], *Sg.* **Myoblast** *der, -en,* embryonale Muskelzellen; bei der Differenzierung ordnen sie sich parallel zueinander an, verschmelzen zu einem Syncytium, dem **Myotubus.** In den Myotuben erfolgt die Bildung der quer gestreiften Myofibrillen; Längenwachstum und Kernteilungen ohne Zellteilungen entsprechen der Bildung von →Plasmodien und enden in der Bildung quer gestreifter Skelettmuskelzellen.

Myofibrillen, die Muskelfibrillen (→Muskeln).

Myogelose [zu lat. gelare ›gefrieren machen‹] *die, -/-n,* Form des →Hartspanns.

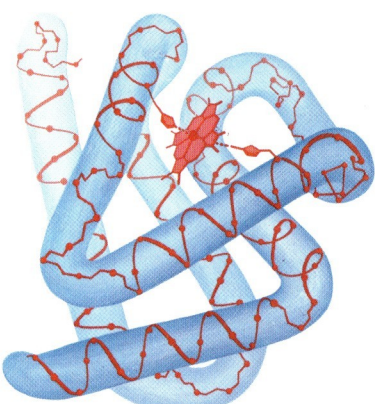

Myoglobin: Darstellung der Raumstruktur; die aus helikalen und nichthelikalen Bereichen bestehende Proteinkette (rot) ist um das Häm (roter, scheibenförmiger Teil) gefaltet

Myoglobin [zu lat. globus ›Kugel‹] *das, -s,* ein Chromoproteid von roter Farbe, das bes. reich in der Muskulatur der Säugetiere (einschließlich Mensch) vorkommt und dort als Sauerstoffspeicher dient. Das menschl. M. besteht aus einer Kette von 153 Aminosäuren (Molekülmasse rd. 17000) und enthält als prosthet. Gruppe das eisenhaltige →Häm; es ist monomer und hat große Ähnlichkeit mit den Untereinheiten des tetrameren Hämoglobins. M. nimmt sehr rasch und mit einer Affinität, die größer ist als die des Hämoglobins, Sauerstoff auf; es ist v. a. in den Muskeln, die Dauerarbeit leisten (rote Muskeln wie Herzmuskeln, Flugmuskeln), reichlich enthalten. Bei tauchenden Säugetieren (Wale, Seehunde) ermöglicht M. eine verlängerte Tauchzeit. – Die Aminosäuresequenz und die Raumstruktur des Moleküls wurden 1960 von J. C. KENDREW aufgeklärt. Es besteht aus acht längeren, eine mehrfache Schleife bildenden Helixabschnitten und kürzeren nichthelikalen Bereichen, in denen jeweils die Schleife umbiegt; sie bilden zus. eine kastenähnl. Struktur, von der das Häm umschlossen wird.

Myoglobin|ämie [zu griech. haĩma ›Blut‹] *die, -/...ˈmiǀen, Medizin:* Einschwemmung von Muskelfarbstoff (Myoglobin) aus der quer gestreiften Muskulatur in die Blutbahn; tritt bei umfangreichen Verletzungen oder Schädigungen und nach Überanstrengung der Muskulatur **(Stress-M.)** auf. Die M. führt je nach Art und Schwere zu einer kontinuierl. oder anfallsweise auftretenden (paroxysmalen) Ausscheidung von Myoglobin im Harn **(Myoglobinurie);** in schweren Fällen kommt es zum →Crush-Syndrom.

Myokard [zu griech. kardía ›Herz‹], der Herzmuskel (→Herz).

Myokard|infarkt, der →Herzinfarkt.

Myokard|insuffizi|enz, die →Herzinsuffizienz.

Myokarditis *die, -/...tiden,* die Herzmuskelentzündung (→Herzkrankheiten).

Myoklonie [zu Klonus] *die, -/...ˈniǀen,* unwillkürl. kurze, blitzartige Zuckungen einzelner Muskeln oder Muskelgruppen. M. tritt bei Erkrankungen des Zentralnervensystems, z. B. bei multipler Sklerose, Gehirnentzündung oder Epilepsie, aber auch physiologischerweise in der nächtl. Einschlaf- und Aufwachphase auf.

Myom [zu griech. mỹs, myós ›Maus‹, ›Muskel‹] *das, -s/-e,* vom Muskelgewebe ausgehender gutartiger Tumor. Sehr selten ist das aus quer gestreiften Muskelfasern bestehende **Rhabdo-M.** (z. B. als primärer Herztumor). – Dagegen gehört das aus glatter Muskulatur aufgebaute **Leio-M.** zu den häufigsten gutartigen Tumoren und kommt v. a. bei Frauen in der Gebärmutter, meist im Gebärmutterkörper, vor. Bei 20–30% aller Frauen ist mit einem **Gebärmutter-M.** zu rechnen. Oft sind mehrere M. in der Gebärmutter vorhanden **(Uterus myomatosus).** M. wachsen nur unter Östrogeneinfluss und treten deshalb bes. zw. dem 35. und 55. Lebensjahr auf. Nach der Menopause kommt es zum Wachstumsstillstand und zur Rückbildung der M. Ein Drittel aller M.-Trägerinnen ist ohne Beschwerden. Am häufigsten treten Blutungsstörungen auf. In der Gebärmutterwand entwickelte **intramurale M.** führen durch Behinderung der Gebärmutterkontraktion zu verstärkten Regelblutungen (Hypermenorrhoe), M. unter der Gebärmutterschleimhaut, die **submukösen M.,** zu starken und verlängerten oder auch Dauerblutungen (Meno- und Metrorrhagien). Unter dem Bauchfellüberzug der Gebärmutter lokalisierte **subseröse M.** führen meist zu Druck- und Verdrängungserscheinungen an den Nachbarorganen wie Harnblase, Harnleiter und Darm sowie bei Nerven und Blutgefäßen im Becken. Schmerzen können durch M.-Nekrose, M.-Erweichung oder Torsion eines gestielten subserösen M. auftreten.

In der Schwangerschaft kann es durch die starke Erhöhung plazentarer Östrogene zu einer erhebl. Größenzunahme kommen; es besteht ein erhöhtes Risiko für Fehl- und Frühgeburten. Die Entartung eines M. zu einem bösartigen **Leiomyosarkom** ist sehr selten.

Die *Behandlung* hängt von Alter, Kinderwunsch sowie Größe und Zahl der M. ab. Bei abgeschlossener Familienplanung ist eine Gebärmutterentfernung angezeigt. Bei jüngeren Frauen kann eine hormonale Therapie oder die M.-Ausschälung (bei Erhaltung der Gebärmutter) durchgeführt werden.

Myomeren [zu griech. méros ›Teil‹], *Sg.* **Myomere** *die, -,* **Muskelsegmente,** aus den →Myotomen entstehende, segmentale Abschnitte der Rumpfmuskulatur der Wirbeltiere (bes. deutlich bei Lanzettfischchen, Rundmäulern, Fischen); die einzelnen M. sind durch bindegewebige, **transversale Myozepten** voneinander getrennt.

Myometritis, →Endometritis.

Myon [zum Namen des griech. Buchstabens My gebildet] *das, -s/...ˈonen,* **Müon,** engl. **Muon** [ˈmuːɔn], instabiles, mit einer Elementarladung negativ geladenes Elementarteilchen (Symbol μ⁻) aus der Gruppe der →Leptonen, das sich wie ein Elektron verhält, aber eine rd. 207-mal größere Masse hat; das **Anti-M.** (μ⁺) ist sein positiv geladenes Antiteilchen. Während man das M. anfangs aufgrund seiner Masse zu den Mesonen rechnete (daher die frühere Bez. μ-Meson), hat die Einteilung der Elementarteilchen nach ihren

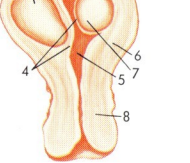

Myom: 1 Bauchfellüberzug, 2 intramurale Myome, 3 subseröses Myom, 4 Gebärmutterschleimhaut, 5 Gebärmutterhöhle, 6 Gebärmutterkörper, 7 submuköses Myom, 8 Gebärmutterhals

Wechselwirkungen (seit etwa 1957) seine Zuordnung zu den Leptonen ergeben. Neben den beiden geladenen M. gibt es kein neutrales. Die M. entstehen v. a. beim Zerfall von Pionen und anderen Mesonen, µ⁺-µ⁻-Paare auch bei der Wechselwirkung hochenerget. Elektronen und Positronen, sie zerfallen ihrerseits aufgrund →schwacher Wechselwirkung, unter Paritätsverletzung und nach einer mittleren Lebensdauer von $2,2 \cdot 10^{-6}$ s, und zwar das µ⁻ in ein Elektron, ein Elektron-Antineutrino und ein M.-Neutrino, das µ⁺ in ein Positron, ein Elektronneutrino und ein M.-Antineutrino.

Wegen ihrer großen Lebensdauer (im Vergleich zu der der Mesonen) überwiegen die M. in der sekundären kosm. Strahlung und bilden aufgrund ihrer geringen Wechselwirkung deren durchdringende Komponente. Sie wurden 1936/37 von C. D. ANDERSON und O. NEDDERMEYER in der kosm. Strahlung entdeckt. Ihr Anteil an deren Gesamtintensität beträgt auf Meeresspiegelniveau etwa 90 %. Als Teilchen der kosm. Strahlen können M. meterdicke Bleischichten durchdringen; sie sind noch in mehr als 1000 m Wassertiefe nachweisbar.

Myoneme [zu griech. nēma ›Gespinst‹, ›Faden‹], Sg. **Myonem** das, -s, kontraktile Fasern bei Einzellern, z. B. im Stiel von Glockentierchen (Vorticella). M. bestehen aus dem Protein Spasmin und werden durch Calcium zur Kontraktion gebracht.

Myra: Felsengräber

myonische Atome, instabile →exotische Atome, die ein negatives Myon (µ⁻) statt eines Elektrons in der Hülle haben. Im Ggs. zu den Mesonen kann das Myon trotz seiner Nähe zum Atomkern mit diesem nur elektromagnetisch wechselwirken. Die mittlere Lebensdauer der m. A. (etwa 10^{-6} s) entspricht derjenigen der Myonen.

Myonium das, -s/...ni\en, **Muonium,** dem Positronium ähnl. →exotisches Atom, bei dem ein Elektron an ein positives Myon (µ⁺) gebunden ist; es zerfällt nach einer mittleren Lebensdauer von 10^{-6} s.

Myoparalyse, Myoparese, →Muskellähmung.

Myopathie [zu griech. páthos ›Leiden‹] die, -/...thi\en, fachsprachl. Bez. für eine entzündl. oder degenerative Muskelerkrankung.

Myopie [zu griech. myops ›kurzsichtig‹] die, -/...pi\en, die →Kurzsichtigkeit.

Myoplegie [zu griech. plēgḗ ›Schlag‹] die, -/...gi\en, Medizin: →Muskellähmung.

Myosin das, -s, zur Zusammenziehung befähigtes (kontraktiles), faserförmiges Muskelprotein, das aus einer langen Spirale (α-Helix) und einem mehr kugelförmigen (globulären) Anteil besteht. Im Organismus sind immer zwei Spiralen umeinander geschlungen, wodurch eine stabförmige Struktur mit zwei globulären Enden (Köpfen) entsteht. Jedem der beiden Köpfe sind zwei weitere Proteine, so genannte leichte Ketten, angegliedert. Am Übergang der Köpfe zum spiralförmigen Anteil sowie innerhalb der Spirale kann das M.-Molekül abknicken. In den Köpfen befindet sich die Bindungsstelle für →Actin, außerdem besitzt hier das Molekül die Eigenschaft eines Enzyms, das (zur Energiegewinnung) Adenosintriphosphat (ATP) zu spalten vermag (ATPase-Aktivität).

Myositis die, -/...'tiden, entzündl. Reaktion (Muskelentzündung) im Muskel aus versch. Ursachen (Infektion, rheumat. Erkrankung, ungewohnte Belastung). Die **M. ossificans** ist eine umschriebene oder generalisierte Verknöcherung in der Muskulatur infolge Kalkeinlagerung. Am häufigsten sind örtlich begrenzte Verknöcherungen nach Verletzung, Operation, aber auch nach Querschnittslähmung. Die M. ossificans verläuft symptomlos oder sie ist mit Schmerzen und Bewegungseinschränkungen verbunden. Die *Behandlung* besteht bei erhebl. Beeinträchtigung in einer operativen Entfernung der Verknöcherung.

Die seltene generalisierte Form (M. ossificans multiplex progressiva) ist ein Erbleiden, das in der Rückenmuskulatur beginnt und sich über den ganzen Körper (meist mit tödl. Ausgang) ausbreitet.

Myosotis [griech. ›Mauseohr‹], wiss. Name der Gattung →Vergissmeinnicht.

Myospasmus, der →Muskelkrampf.

Myosurus [zu griech. ourá ›Schwanz‹], wiss. Name der Pflanzengattung →Mäuseschwänzchen.

Myotome [griech. tomḗ ›das Schneiden‹, ›Schnitt‹], Sg. **Myotom** das, -s, im Verlauf der Keimesentwicklung aus den dorsalen Anteilen der Ursegmente (Somiten) zu beiden Seiten der Chorda dorsalis entstehende segmentale Mesodermbildungen, aus denen die Muskelsegmente (→Myomeren) als Anlage der Stammmuskulatur (quer gestreifte Muskulatur) der Wirbeltiere hervorgehen.

Myotonie [zu griech. tónos ›das Spannen‹] die, -/...ni\en, vermehrte Muskelspannung mit verlangsamter Erschlaffung willkürlich innervierter Skelettmuskeln bei krankhaft verändertem Kontraktionsablauf im Muskel.

Myra, antike Küstenstadt im südl. Lykien, rd. 120 km südwestlich von Antalya, Türkei. In die steilen Felswände sind übereinander geschachtelt Architekturfassaden von 100 Felskammergräbern (5.–4. Jh. v. Chr.) eingeschlagen, 7 haben z. T. noch farbige Reliefs (4. Jh. v. Chr.), 15 Inschriften. Am Fuß des Halbkreises der Steilwände liegt die Meernekropole (mit W- und S-Nekropole) von M. und ein röm. Amphitheater (nach Erdbeben von 141 n. Chr. neu errichtet), auf der Höhe die Akropolis und am O-Hang die Flussnekropole. In byzantin. Zeit war M. Bischofssitz; die Kirche des hl. NIKOLAUS von M. im Zustand des 11. Jh. liegt etwas landeinwärts in der heutigen Ortschaft Demre.

M., eine lyk. Metropole in antiker u. byzantin. Zeit, hg. v. J. BORCHHARDT (1975).

Myraum, µ-Raum [Abk. für Molekülphasenraum], *statist. Physik:* ein Phasenraum mit $2f$ Dimensionen, wobei f der Freiheitsgrad eines Moleküls ist (im Ggs. zum Gammaraum, Γ-Raum, der $2Nf$ Dimensionen hat, mit N als Zahl der Moleküle). Die Beschreibung im M. wird dann verwendet, wenn die betrachteten Teilchen keine Wechselwirkung haben; das von ihnen gebildete System ist dann nur eine Superposition unabhängiger Teilchen.

Myrcen das, -s, dreifach ungesättigter azykl. Terpenkohlenwasserstoff, der in vielen äther. Ölen vorkommt; wird auch synthetisch durch Pyrolyse aus β-Pinen gewonnen und zur Herstellung u. a. von Geraniol verwendet.

Myrdal, 1) Alva, schwed. Gesellschaftswissenschaftlerin und Politikerin, *Uppsala 31. 1. 1902,

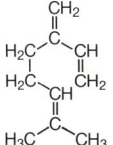

Myrcen

Alva Myrdal

Myri Myriade – Myron

† Stockholm 1. 2. 1986, Mutter von 2), ∞ mit 3); leitete als Direktorin 1936–48 das von ihr gegründete Sozialpädagog. Seminar in Stockholm. Sie entwickelte familienpolit. Ideen, die von der Sozialdemokrat. Arbeiterpartei, der sie 1932 beigetreten war, aufgegriffen wurden. 1956–61 war sie Botschafterin (in Delhi, Rangun und Colombo), 1962–73 schwed. Chefdelegierte bei der Genfer Abrüstungskonferenz, 1966–72 Staats-Min. für Abrüstungsfragen. Mit ihren Publikationen hatte sie großen Einfluss auf die Friedensbewegung in Europa. Mit ihrem Mann erhielt sie 1970 den Friedenspreis des Börsenvereins des Dt. Buchhandels, mit A. GARCÍA ROBLES 1982 den Friedensnobelpreis.

2) Jan, schwed. Schriftsteller und Kritiker, * Stockholm 19. 7. 1927, Sohn von 1) und 3); schrieb in den 50er-Jahren vorwiegend politisch-satir. Romane, in den 60er-Jahren Reiseberichte sowie dokumentar. Prosa, in der Form des Interviews wichtiges Stilmittel ist. Bekannt wurde v. a. sein ›Rapport från kinesisk by‹ (1963; dt. ›Bericht aus einem chin. Dorf‹), der erste Einblicke in den Alltag des maoist. China gab; wirkte auch als gesellschaftskrit. Journalist und Essayist (›Ord och avsikt. Ett resonemang‹, 1986; dt. ›Wort und Absicht‹).

Weitere Werke: Autobiographisches: Barndom (1982; dt. Kindheit in Schweden); En annan värld (1984; dt. Eine andere Welt); Tolv på det trettonde (1989; dt. Das dreizehnte Jahr); När morgondagarna sjöng (1994). – *Roman:* Pubertet (1988).

Gunnar Myrdal

3) Karl Gunnar, schwed. Volkswirtschaftler und Politiker, * Gustafs (Verw.-Bez. Kopparberg) 6. 12. 1898, † Stockholm 17. 5. 1987, Vater von 2), ∞ mit 1); 1933–50 Prof. an der Handelshochschule Stockholm, Berater der schwed. Sozialdemokraten, 1945–47 Handels-Min., 1947–57 Leiter der Europ. Wirtschaftskommission (ECE) der UNO, 1960–67 Prof. an der Univ. Stockholm, Vors. und Mitbegründer des Stockholmer Internat. Friedensforschungsinstituts (SIPRI). 1970 wurde ihm und seiner Frau der Friedenspreis des Börsenvereins des Dt. Buchhandels verliehen, 1974 zus. mit F. A. VON HAYEK der Nobelpreis für Wirtschaftswiss., und zwar für seine geld- und konjunkturtheoret. Arbeiten. Weiterhin arbeitete er über Entwicklungspolitik, die Armut in der Welt und die Situation der Farbigen in den USA.

Werke: Vetenskap och politik i nationalekonomien (1930); dt. Das polit. Element in der nationalökonom. Doktrinbildung); The American dilemma, 2 Bde. (1944); Economic theory and under-developed regions (1957; dt. Ökonom. Theorie u. unterentwickelte Regionen); Beyond the welfare state (1960; dt. Jenseits des Wohlfahrtsstaates); Asian drama, 3 Bde. (1968; dt. Asiat. Drama); The challenge of world poverty (1970; dt. Polit. Manifest über die Armut in der Welt); Against the stream. Critical essays on economics (1973; dt. Anstelle von Memoiren: Krit. Studien zur Ökonomie).

Myriade [engl. myriad, von griech. myriás, myriádos ›Anzahl von 10 000‹] *die, -/-n, bildungssprachlich* für: unzählig große Menge.

Myriapoda [zu griech. poús, podós ›Fuß‹], wiss. Name der →Tausendfüßer.

Myrica [lat., von griech. myríkē ›Tamariske‹], wiss. Name der Pflanzengattung →Gagelstrauch.

Myricaceae, die Gagelstrauchgewächse (→Gagelstrauch).

Myricaria [zu Myrica], wiss. Name der Pflanzengattung →Rispelstrauch.

Myricyl|alkohol, Melissyl|alkohol, höherer gesättigter, einwertiger Alkohol (Wachsalkohol); chemisch das 1-Triacontanol. M. kommt in freier Form und bes. in der Form seines Palmitinsäureesters u. a. im Bienen- und im Karnaubawachs vor.

Myrina, altgriech. Stadt in Kleinasien, rd. 40 km südlich von Pergamon (heute Bergama, Türkei), angeblich von der Amazonenkönigin M. gegründet. In der Nekropole wurden über 1 000 kleine, meist weibl. Tonfiguren aus hellenist. Zeit gefunden (M.-Terrakotten).

Myriophyllum [zu griech. phýllon ›Blatt‹], wiss. Name der Gattung →Tausendblatt.

Myristica [zu griech. myristikós ›zum Salben geeignet‹], wiss. Name der Gattung →Muskatnussbaum.

Myristinsäure, eine gesättigte Fettsäure, chemisch die Tetradecansäure, die als Glycerinester v. a. in Muskatbutter, ferner in Kokosfett, Palmkernfett, Milchfett u. a. pflanzl. und tier. Fetten vorkommt.

Myrivilis, Stratis, eigtl. **S. Stamatopulos,** neugriech. Schriftsteller, * Sykamia (auf Lesbos) 30. 6. 1892, † Athen 9. 6. 1969; trug zur Erneuerung der neugriech. Literatur in den 20er-Jahren durch sprachl. Brillanz und revolutionäre Thematik bei (Antikriegserzählungen schon 1913, Antikriegsroman ›Das Leben im Grab‹, 1924, endgültige Fassung 1932; dt.). Aufgrund der polit. Entwicklung zur Diktatur (1936) wechselte er ins konservative Lager über und kehrte in neuen Auflagen seine provokativen Antikriegserzählungen ins Gegenteil.

Weitere Werke (griech.): *Romane:* Die Lehrerin mit den goldenen Augen (1933); Die Madonna mit dem Fischleib (1949; dt.). – *Erzählungen:* Rote Geschichten (1915); Erzählungen (1928); Das grüne Buch (1935); Das blaue Buch (1939); Vassilis, der Mythos des Tapferen (1943); Die Kobolde (1944); Pan (1946); Das rote Buch (1952). – *Lyrik:* Das Lied der Erde (1936); Kleine Feuer (1942).

myrmec..., myrmeco..., Wortbildungselement, →myrmeko...

Myrmecodia, Ameisenknolle, Ameisenpflanze, Gattung der Rötegewächse mit über 20 Arten, v. a. in SO-Asien und auf den pazif. Inseln; epiphytisch lebende Halbsträucher mit kleinen Blüten, ledrigen Blättern, gelben oder weißen Beerenfrüchten und einer mit Dornenwurzeln besetzten, gekammerten Hypokotylknolle (→Hypokotyl), deren Hohlräume meist von Ameisen bewohnt werden.

Myrmecophagidae, die →Ameisenbären.

myrmek..., Wortbildungselement, →myrmeko...

myrmeko... [griech. mýrmēx, mýrmēkos ›Ameise‹], vor Vokalen meist verkürzt zu **myrmek...,** auch latinisiert **myrmeco...,** vor Vokalen meist **myrmec...,** Wortbildungselement mit der Bedeutung: Ameisen, z. B. Myrmekophilen, Myrmecophagidae.

Myrmekochorie [zu griech. choreín ›sich fortbewegen‹] *die, -,* Verbreitung von Früchten und Samen durch Ameisen; häufig bei Samen mit Ölkörpern (→Elaiosom), die den Ameisen als Nahrung dienen.

Myrmekophagen [zu griech. phageín ›fressen‹], Bez. für Tiere, die sich von Ameisen ernähren, z. B. Ameisenbär.

Myrmekophilen [zu griech. phileín ›lieben‹], die →Ameisengäste.

Myrmekophyten [zu griech. phytón ›Pflanze‹], die →Ameisenpflanzen.

Myrmeleonidae [griech.], die →Ameisenjungfern.

Myrmidonen [griech., von mýrmēx ›Ameise‹], griech. **Myrmidónes,** südthessal. Volksstamm aus der Zeit der dor. Einwanderung. – In der ›Ilias‹ sind die M. die Gefolgsleute des Achill, als ihr Herrscher erscheint Aiakos. Der Sage nach stammten die M. aus Ägina, wo sie aus Ameisen entstanden sein sollen.

Myron [griech.] *das, -s,* in der orth. Kirche Bez. für Chrisam, geweihtes Salböl.

Myron, griech. Bildhauer des 5. Jh. v. Chr. aus Eleutherai (Attika). Von seinen nicht erhaltenen Bronzestatuen sind in kaiserzeitl. Marmorkopien gesichert nachgewiesen: der →Diskobol (um 450 v. Chr.) und die Gruppe Athena und Marsyas (um 440 v. Chr.; heute auseinander gerissen in Frankfurt am Main, Liebieghaus (BILD →Athene), und Rom (Vatikan. Sammlungen). M.s scharfe Charakterisierungskunst wurzelt im strengen Stil der frühen Klassik. Schwierige Bewegungsmotive werden in ihrem organ. Zusammenhang

CH₂OH
|
(CH₂)₂₈
|
CH₃

Myricylalkohol

COOH
|
(CH₂)₁₂
|
CH₃

Myristinsäure

lebendig erfasst. M. war wahrscheinlich auch am Skulpturenschmuck des Parthenon beteiligt.
G. DALTROP u. P. C. BOL: Athena des M. (1983).

Myronsäure, Bestandteil des Glykosids →Sinigrin.

Myrrha, Smyrna, griech. *Mythos:* Tochter des Theias, nach anderer Version des Kinyras. Zur Strafe für ihr Versäumnis, Aphrodite zu ehren, oder für den Inzest mit ihrem Vater wurde sie in einen Myrrhenbaum verwandelt; Mutter des Adonis.

Myrrhe [griech. mýrrha, aus dem Semit.] *die, -/-n,* aus mehreren Myrrhenstraucharten gewonnenes Gummiharz; enthält 6–8% äther. Öle, ferner Bitterstoffe u. a.; es wird v. a. als Räuchermittel verwendet. In der Medizin dient ein alkohol. Auszug (**M.-Tinktur**) zur Behandlung von Entzündungen im Bereich der Mundhöhle.

Myrrhenstrauch, Commiphora, Gattung der Balsambaumgewächse mit etwa 185 Arten in den trocken-warmen Gebieten Afrikas, Arabiens, Madagaskars, Indiens und Südamerikas; kleine, dornige Bäume oder Sträucher mit gefiederten Blättern und Harzgängen. Das sich verfestigende Harz wird von den Stämmen und Ästen auf natürl. Weise ausgeschieden; durch Anritzen kann der Ertrag gesteigert werden. Commiphora abyssinica liefert die in der Bibel erwähnte Myrrhe, die zu den wichtigsten Handelsgütern des arab. Raumes zählte; auch andere Arten liefern Myrrhe.

Myrrhis [griech. ›ein wie Myrrhe duftendes Kraut‹], wiss. Name der Pflanzengattung →Süßdolde.

Myrsinengewächse [zu griech. myrsíně, Nebenform von myrrhíně ›Myrtenzweig‹], **Myrsinaceae,** mit den Primelgewächsen verwandte Pflanzenfamilie mit etwa 1250 Arten in 39 Gattungen, bes. in den Tropen und Subtropen; Sträucher mit meist ungeteilten, ganzrandigen Blättern und radiärsymmetr. Blüten, die sich zu Steinfrüchten entwickeln. Charakteristisch sind Harzgänge in allen Pflanzenteilen. Eine bekannte Gattung ist die →Spitzenblume.

Myrtaceae, wiss. Name der →Myrtengewächse.

Myrte [griech. mýrtos, aus dem Semit.] *die, -/-n,* **Myrtus,** Gattung der M.-Gewächse mit wenigen Arten im Mittelmeerraum, in Vorderasien und in N-Afrika. Besondere Bedeutung hat die **Myrte** i. e. S. (Myrtus communis), ein immergrüner Strauch mit ledrigen, ganzrandigen und gegenständig angeordneten Blättern, die durchscheinend drüsig punktiert sind. Die weißen Blüten mit zahlr. Staubblättern stehen einzeln in den Blattachseln; die Beerenfrüchte sind schwarz. Blüten und Blätter duften aromatisch. Die M. kommt in Macchien und Wäldern vor und ist als Zierpflanze in vielen Formen weit verbreitet. Aufgrund des hohen Gehaltes an äther. Ölen wird sie als Arzneimittel und zur Parfümherstellung verwendet.

Kulturgeschichte: Den Israeliten galt die M. als Zeichen göttl. Großmuts, des Friedens und der Freude; noch heute wird sie zum →Laubhüttenfest verwendet. In der Antike war die immergrüne M. das Symbol der Liebe und der Unsterblichkeit; Römer und Griechen bekränzten deshalb Priester, Dichter und Helden mit M. Die M. war der Aphrodite heilig und galt, wie die Palme, aber im Ggs. zum Lorbeer, als Zeichen des unblutigen Sieges. – Der **M.-Kranz** für Bräute ist wohl babylonisch-jüd. Ursprungs. Jüd. Bräute trugen seit der babylon. Gefangenschaft stets den M.-Kranz, Griechinnen schmückten sich mit Brautkränzen aus Rosen und M. In Dtl. sind Brautkränze aus M. erst seit dem späten 16. Jh. nachzuweisen.

Myrtengewächse, Myrtaceae, Pflanzenfamilie mit rd. 3850 Arten in 120 Gattungen in den Tropen sowie im warmen und temperierten Australien; Sträucher und Bäume mit Ölbehältern in versch. Geweben. Die Blätter sind meist gegenständig, immergrün und ganzrandig; die zwittrigen Blüten besitzen zahlreiche Staubblätter und einen meist unterständigen Fruchtknoten. Als Früchte kommen Kapseln, Steinfrüchte und Beeren vor. M. sind Gewürzpflanzen (Eukalyptus, Gewürznelkenbaum, Pimentbaum), Obstbäume (Guave) oder Zierpflanzen (Myrte, Schönfaden).

Myrtenheide, Melaleuca, Gattung der Myrtengewächse mit etwa 150 Arten v. a. in Australien, Tasmanien und im pazif. Raum; immergrüne Sträucher mit heidekrautähnl., aromatisch duftenden Blättern und Blüten, die meist in Ähren oder Köpfchen stehen. Häufig in Gewächshäusern kultiviert wird die in Queensland und New South Wales beheimatete Art **Melaleuca hypericifolia,** die an den älteren Ästen scharlachfarbene Blüten mit pinselartig zusammenstehenden Staubblättern ausbildet. Der **Kajeputbaum** (Melaleuca leucadendron) hat speerspitzenförmige ledrige Blätter, weiße Blütenähren, eichelbecherförmige Früchte sowie eine weiße, abblätternde Rinde. Aus den Blättern wird →Kajeputöl gewonnen.

Myrtos, an der Südküste Kretas westlich von Hierapetra auf einer Anhöhe über dem Meer gelegener Grabungsplatz. Freigelegt wurden etwa 90 durch ein Gangsystem miteinander verbundene Räume aus der zweiten Hälfte des 3. Jt. v. Chr. Funde lassen auf Töpfereien und andere Gewerbe, auf diverse Zweckbestimmungen (Magazine, Küchen) und auf ein Kultzentrum schließen. Oliven-, Wein- und Getreideanbau konnten nachgewiesen werden. Diese Siedlung sowie eine weitere auf dem 2 km entfernten Pyrgoshügel brannten um 2150 v. Chr. ab, Letztere wurde um 2000 v. Chr. wieder errichtet (mit festungsartigen Anlagen). Sie besaß in der jüngeren Palastzeit nach 1700 v. Chr. ein regelrechtes Straßennetz, den Mittelpunkt bildete eine vornehme spätminoische ›Villa‹. Diese wurde um 1450 v. Chr. zerstört, die Siedlung anscheinend erst später verlassen und teils wohl verlegt. In hellenist. und röm. Zeit wieder bebaut, stand in venezian. und türk. Zeit ein Leuchtturm auf dem Pyrgos.
P. WARREN: M. (London 1972).

Myrtus, wiss. Name der Pflanzengattung →Myrte.

Mysi|en, griech. **Mysia,** in der Antike Name einer von Thrakern bewohnten Gebirgslandschaft im nordwestl. Kleinasien, zw. Ägäischem Meer, Hellespont, Propontis (Marmarameer), Bithynien, Lydien und Phrygien. Dort gründete 280 v. Chr. PHILETAIROS das Reich von Pergamon. Seit 133 v. Chr. war M. ein Teil der röm. Prov. Asia. – **Mysisch,** ein lydisch-phryg. Mischdialekt, ist nur in drei Glossenwörtern überliefert.

Mysischer Olymp, Berg in der Türkei, →Ulu Dağ.

Myslbek [ˈmisl-], Josef Václav, tschech. Bildhauer, * Prag 20. 6. 1848, † ebd. 2. 6. 1922; ab 1885 Prof. (seit 1893 Direktor) an der Kunstgewerbeschule, 1896–1919 Prof. an der Akad. der bildenden Künste in Prag. M.s Plastiken (Gestalten aus der tschech. Geschichte, Allegorien) waren zunächst vom historisierenden Stil der Spätromantik geprägt, dann von Einflüssen des Impressionismus und des Symbolismus; er schuf auch realist. Porträts. Sein Hauptwerk ist das Reiterdenkmal des hl. WENZEL auf dem Wenzelsplatz in Prag (Entwurf 1888, vollendet 1922). (BILD S. 306)

Myślibórz [miˈɕlibuʃ], Stadt in Polen, → Soldin.

Myśliwski [miˈɕlifski], Wiesław, poln. Schriftsteller, * Dwikozy (bei Sandomierz) 25. 3. 1932; behandelt in seinen Romanen und Dramen v. a. Probleme der Anpassung des poln. Dorfes an die neuen gesellschaftl. Verhältnisse.

Werke: *Romane:* Nagi sad (1967; dt. Der nackte Garten); Kamień na kamieniu (1984; dt. Stein auf Stein). – *Dramen:* Klucznik (1978); Drzewo (1988).

Mysłowitz, poln. **Mysłowice** [mɨsu̯ɔˈvitsɛ], Stadt in der Wwschaft Katowice (Kattowitz), Polen, im Oberschles. Industriegebiet, an den östl. Stadtrand von Kattowitz grenzend, 93 600 Ew.; Steinkohlen-

Myrte
(Höhe bis 5 m)

Myso Mysophobie – Mysterienspiel

Mysore 1): Lalita-Mahal-Palast

bergbau, Herstellung von techn. Porzellan und Baukeramik, Metallindustrie. – M., 1241 erstmals genannt und 1360 als Stadt erwähnt, war später Teil einer schles. Standesherrschaft und fiel 1922 an Polen.

Mysophobie [zu griech. mýsos ›Ekel Verursachendes‹, ›Besudelung‹] *die, -/...'bi|en,* krankhafte Furcht vor Beschmutzung; i.w.S. auch Furcht vor jegl. Berührung von Personen oder Gegenständen, im Glauben, dass diese schmutzig sein könnten oder (ansteckende) Krankheiten haben bzw. verbreiten könnten.

Mysore [maɪˈsɔː], 1) Stadt im Bundesstaat Karnataka, S-Indien, 481 000 Ew.; kath. Bischofssitz; Univ. (gegr. 1916), Kunstakademie, Zentralinstitut für ind. Sprachen; Stahlwerk, Textilindustrie (Seidenweberei) sowie traditionelles Handwerk (Verarbeitung von Sandelholz und Metall). – M. war bis 1610 und 1799–1831 Hauptstadt des Fürstentums Mysore.

2) bis 1973 Name des indischen Bundesstaates →Karnataka.

3) ehem. südind. Fürstentum, Kernland des heutigen Bundesstaates →Karnataka. M. wurde seit 1399 von der Hindudynastie der Wadiyar regiert, die bis 1610 vom Reich Vijayanagar abhängig war, dann einen selbstständigen Fürstenstaat errichtete. Ihre Herrschaft wurde unterbrochen, als der muslim. Offizier HAIDAR ALI 1761 die Macht usurpierte, gefolgt von seinem Sohn TIPU SULTAN. 1799 setzten die Briten die Wadiyardynastie wieder ein, übernahmen nach einem Volksaufstand 1831 selbst die Reg. und gaben sie 1881 wieder an die Maharadschas ab. 1947 schloss sich M. der Ind. Union an.

C. HAYAVADANA RAO: History of M., 1399–1799 A. D., 3 Bde. (Neuausg. Bangalore 1943–46).

Mystagog [griech.] *der, -en/-en,* in der Antike der Priester, der neu Einzuweihende in die →Mysterien einführte; allg. der Verkünder einer Geheimlehre.

Myste [griech., zu mýein ›sich schließen‹ (von Lippen und Augen gesagt)] *der, -n/-n,* ein in die Mysterien Eingeweihter.

Mysteri|en, Orgia, in der Antike geheime religiöse Feiern, in denen die Fruchtbarkeit der Natur, ihr Werden und Vergehen, dargestellt im Leben, Sterben und Wiederauferstehen der entsprechenden Gottheiten, kultisch nachvollzogen wurde. Die M. waren dem Rhythmus der Jahreszeiten angepasst, trugen oft orgiast. und ekstat. Züge und waren in archaischen Vegetations- und Fruchtbarkeitskulten verwurzelt; dem Chthonischen kam dabei eine besondere Bedeutung zu. Mehr als die ursprüngl. Kulte sprachen die M. jedoch den Einzelnen in seiner Erlösungssehnsucht an: Der die M. Vollziehende (Myste) konnte sich und sein Schicksal mit der sterbenden und vom Tod wieder auferstehenden Gottheit identifizieren und so für sich eine Deutung von Leben und Tod sowie eine Zukunftsperspektive gewinnen; diese wurde in früher Zeit noch als besseres Dasein in der Unterwelt, später als Aufstieg zur Sternenwelt oder als ›Vergöttlichung‹ aufgefasst. Eth. Motive spielten in den M. keine große Rolle. Die Teilnehmenden unterlagen strengem Schweigegebot gegenüber Außenstehenden. Der Aufnahme als Myste gingen bestimmte Initiationsriten voraus: Auf die Reinigung des Einzuweihenden folgte die Weihe mit Handlungen, die die göttl. Kraft auf den Mysten übertragen und ihn mit der Gottheit verbinden sollten; in der myst. Schau zeigte der →Hierophant den Eingeweihten das ›Heilige‹.

Die ältesten antiken M. bildeten sich seit dem 7. Jh. v. Chr. heraus; in der hellenist. Epoche breiteten sie sich, stark beeinflusst von oriental. Kulten, weiter aus. Am bekanntesten waren die M., die zu Ehren von Demeter und Persephone in →Eleusis gefeiert wurden, sowie die M., in deren Mittelpunkt Kybele und Attis, Isis und Osiris, die Kabiren, Dionysos und Orpheus (→Orphik) standen. Z. T. entwickelten sich daraus eigentl. Mysterienreligionen.

R. REITZENSTEIN: Die hellenist. M.-Religionen nach ihren Grundgedanken u. Wirkungen (^{3}1927, Nachdr. 1980); F. CUMONT: Die oriental. Religionen im röm. Heidentum (a. d. Frz., ^{8}1981); W. BURKERT: Antike M. Funktionen u. Gehalt (1990); DERS.: Wilder Ursprung. Opferritual u. M. bei den Griechen (1990); M. GIEBEL: Das Geheimnis der M. Antike Kulte in Griechenland, Rom. u. Ägypten (Zürich 1990).

Mysteri|enreligionen, die seit den letzten Jahrhunderten v. Chr. aus Kleinasien, Griechenland und Ägypten stammenden und sich im gesamten Röm. Reich ausbreitenden Religionen, in deren Mittelpunkt die Feier von →Mysterien stand. Im kult. Nachvollzug des Sterbens und Wiederauferstehens der Gottheit fand die Hoffnung des Einzelnen auf Erlösung als Überwindung des Todes ihren Ausdruck. M. wie der urspr. iran. Kult des →Mithras waren bis ins 5. Jh. weit verbreitet und hatten erhebl. Einfluss auch auf Entwicklungen innerhalb des Christentums.

Mysteri|enspiel, eigtl. **Misteri|enspiel** [zu lat. ministerium ›Dienst‹], eine seit dem 14. Jh., v. a. in Frankreich und England, nachweisbare Form des →geistlichen Dramas. Neben anonymen M. finden sich in Frankreich Werke namentlich bekannter Dichter, z. B. von A. GRÉBAN. Die Spieldauer der auf einer Simultanbühne oder auf Bühnenwagen gespielten M. betrug manchmal Tage und Wochen; aus England sind

Václav Myslbek: Záboj und Slavoj; Bronze, Höhe 98 cm; 1882 (Prag, Národní Galerie)

umfassende M.-Zyklen (›misteries‹) erhalten, z. B. der ›York cycle‹ mit 48 Stücken. Seit dem 19. Jh. gibt es Wiederbelebungsversuche des M. nicht nur im Rahmen der musikal. Gattung des Oratoriums (F. DAVID, ›Eden‹, 1848; J. MASSENET, ›Eve‹, 1875), sondern auch durch Neuaufführungen der alten Werke (z. B. GRÉBANS ›Passion ...‹, Inszenierung 1950 durch GAILLY DE TAURINES und J. CHAILLEY).

H. REY-FLAUD: Le cercle magique. Essai sur le théâtre en rond à la fin du moyen âge (Paris 1973); W. TYDEMAN: English medieval theatre 1400–1500 (London 1986).

Mysteri|entheologie, durch I. HERWEGEN und O. CASEL geprägte Denkrichtung innerhalb der kath. Theologie, die von der Frage ausgeht, auf welche Weise das geschichtlich einmalige (und damit zeiträumlich konkret fixierte) →Geheimnis (Mysterium) der Offenbarung Gottes in JESUS CHRISTUS ›vergegenwärtigt‹, d. h. von den Glaubenden über den intellektuellen Glaubensvollzug hinaus in der Liturgie (v. a. der Eucharistie) ganzheitlich erlebt werden kann: als ›neu‹ erlebter Heilszuspruch in der Begegnung mit Gott. Das Anliegen der M. hat in der kath. Theologie (u. a. bei J. DANIÉLOU, K. RAHNER, ARNO SCHILSON [* 1945], Enzyklika PIUS' XII. →Mediator Dei, Liturgiekonstitution des 2. Vatikan. Konzils) als auch auf ev. Seite (u. a. W. MARXSEN, MAX THURIAN [* 1921]) Beachtung gefunden.

M. THURIAN: Die eine Eucharistie (a. d. Frz., 1976); A. SCHILSON: Theologie als Sakramententheologie (1982); O. CASEL: M., Ansatz u. Gestalt, ausgew. u. eingeleitet v. A. SCHILSON (1986).

Mysterium [lat.-griech.] *das, -s/...ri|en,* 1) *bildungssprachlich* für: Geheimnis, unergründbares Geschehen.
2) *christl. Theologie und Liturgie:* sowohl Bez. für die Offenbarung Gottes in JESUS CHRISTUS (als dem zentralen Geheimnis des christl. Glaubens) als auch für den liturg. Nachvollzug der Heilsgeschichte JESU CHRISTI im Gottesdienst der christl. Kirchen.
3) *Religionsgeschichte:* Bez. für die Erfahrung des Numinosen, des Heiligen oder Gottes als den Menschen unzugängl. →Geheimnis; sie wurde von R. OTTO durch die Qualitäten des Anziehenden, des Erhabenen und des Erschreckenden umschrieben.

mystifizieren, 1) einer Sache ein geheimnisvolles Gepräge geben; 2) *veraltet* für: täuschen, irreführen.

Mystik [zu lat. mysticus ›geheimnisvoll‹, von griech. mystikós] *die, -,* ein vielschichtiges, schwer fixierbares Phänomen, das in unterschiedl. kultureller Ausprägung allen Religionen gemeinsam ist. M. bezeichnet eine das alltägl. Bewusstsein und die verstandesmäßige Erkenntnis übersteigende unmittelbare Erfahrung einer göttl. Realität. In ihren Erscheinungsformen ist M. soziokulturell wie geschichtlich eingebunden in religiöse Traditionen, Glaubensformen und Gemeinschaften.

Phänomenologie

Als Definition des Phänomens hat sich seit THOMAS VON AQUINO die Umschreibung ›erfahrungsmäßige Gotteserkenntnis‹ (lat. ›cognitio Dei experimentalis‹) durchgesetzt. Demzufolge bezeichnet M. das Bestreben, durch Abkehr von der sinnlich wahrnehmbaren Welt und meditative Praktiken das Transzendente, Göttliche zu erfassen. Sie zielt darauf ab, durch Versenkung in sich selbst eine Vereinigung mit dem Transzendenten bis hin zur Aufgabe der eigenen Individualität herbeizuführen. In der myst. Erfahrung der Einheit (›unio mystica‹) wird die Kluft zw. Mensch und Gottheit überbrückt, der Eingeweihte (Myste) schaut unvermittelt die Gottheit und gelangt zu Einsichten in das Wesen der transzendenten Wirklichkeit.

Unterschiedliche Gottesbegriffe schlagen sich in versch. Arten von M. nieder: Ein monotheist. Gottesbegriff führt zur myst. Erfahrung einer affektiven Vereinigung von Gott und Mensch als zweier freier Subjekte. Häufiger sind jedoch monist. Gottesvorstellungen, denen ein apersonales göttl. Prinzip zugrunde liegt (wie im Neuplatonismus oder Buddhismus). Hier wird das myst. Verhältnis zwischen Gott und Mensch im Sinne einer Teilhabe des Menschen am Göttlichen verstanden. Der Mystiker erstrebt, sich von der Welt zu lösen und zum Göttlichen zu erheben, um zu seinem göttl. Ursprung zurückzukehren (Kreislaufgedanke).

In der Praxis zeigt M. Wege und Methoden auf, wie das Göttliche erfahrbar gemacht werden kann; so entwickelte sich z. B. im hellenistisch-christl. Bereich eine Tugendlehre, mit deren Hilfe das menschl. Selbst zu Gott aufsteigen und ihn erfahren kann, oder im kulturellen Umfeld des Buddhismus ein Weg, auf dem man ins →Nirvana eingehen kann. Askese und Kontemplation dienen der Vorbereitung auf das Zusammentreffen mit der Gottheit, sowohl als Methode des Aufstiegs als auch als reinigende Vorbereitung. Neben dem myst. Erlebnis selbst wird von körperl. Phänomenen berichtet, die spätestens seit der Aufklärung die M. in den Bereich des Übernatürlichen gerückt haben: Neben der Ekstase, Vision und Glossolalie finden sich parapsycholog. Phänomene wie Stigmatisierungen, Tränengabe, Levitation (Elevation), Telepathie, Telekinese und Bilokation.

Wegen des persönl. Erfahrungscharakters und aufgrund der Sprachlosigkeit angesichts des Göttlichen ist M. in höchstem Maße individuell und nur schwer zu vermitteln. Die Bandbreite myst. Erfahrungen reicht von Schilderungen visionärer Erlebnisse, Ekstasen und Prophezeiungen bis zur Darstellung komplexer theologisch-philosoph. Systeme.

Einheitl. Einteilungen des Phänomens M. haben sich bisher nicht durchsetzen können: So unterscheidet man nach Art des Erlebnisses die auf Erkenntnis ausgerichtete rational-intellektuelle M., die mit gefühlsmäßiger Vereinigung einhergehende emotional-affektive M. und die visionär-prophet. Mystik.

Christliche Mystik

Obwohl die Schriften des A. T. und N. T. keine myst. Schilderungen i. e. S. enthalten, fanden Mystiker in ihnen ihre Erfahrungen wieder. Die Gottesbegegnungen des A. T. (z. B. 1. Mos. 15, 12 f.; 28, 11–13; 32, 25–31; 2. Mos. 3, 1–3; 24, 15–18) und die Erscheinungen des auferstandenen CHRISTUS im N. T. sowie das Pfingsterlebnis (Lk. 24, 36–39; Apg. 2, 2–4) wurden den Mystikern ebenso wie die Berufungsgeschichten und die Berichte von Visionen zu Paradigmen ihrer eigenen existenziellen Erlebnisse und außerordentl. Erfahrungen. Psalmen, Propheten-, Weisheitsliteratur und das Hohe Lied, aber auch das Johannesevangelium und das paulin. Schrifttum fanden hierbei besonderes Interesse. Seit KLEMENS VON ALEXANDRIA und ORIGENES wurde die Suche nach einem ›geistigen‹, ›myst.‹ Schriftsinn zur beherrschenden Art der Bibelexegese.

Die M. der Ostkirchen betont seit ATHANASIOS die Vergöttlichung des Menschen, die bei JOHANNES KLIMAKOS über eine Vielzahl von Stufen zur Ausrottung aller Leidenschaften und damit zum Gottmenschen führt. Typisch für die ostkirchl. M. wurde der →Hesychasmus mit dem Jesusgebet, das durch innere Sammlung und Entrückung das Einswerden mit der Gottheit ermöglicht (GREGORIOS PALAMAS, NIKOLAOS KABASILAS). Ein spätes (18. Jh.) Zeugnis dieser Tradition bildet die ›Philokalia‹, eine Sammlung von Abhandlungen zum Jesusgebet. Das ›Sein in Christus‹, die Nachfolge, wurde zum Ideal, das in reiner Form im östl. Mönchtum weiterlebte. Über die Wüstenväter des 4. Jh. wie EUAGRIOS PONTIKOS fanden neben der Vorstellung, Gott in der Einsamkeit zu suchen, auch Askese, mönch. Tugenden und Dämonenlehre Eingang in die christl. Mystik.

Unter Rückgriff auf die antiken Mysterienkulte mit ihrem myst. Nachvollziehen des Sterbens und Wiederauferstehens der Gottheit und der hellenist., bes. der neuplaton. Philosophie bildete sich in der alten Kirche eine reiche, christlich geprägte myst. Tradition: In der Christus-M. des IGNATIUS VON ANTIOCHIA gilt das Abendmahl als ›Heilmittel der Unsterblichkeit‹; durch die Einwohnung CHRISTI erlangt der Mensch Heil. Bei ORIGENES findet sich die Vorstellung von der Verwandtschaft des Menschen mit Gott: Der ›Gnostiker‹ kann sich durch reinigende Askese zu Gott erheben. GREGOR VON NYSSA wurde durch seine Predigten zum Hohen Lied und die allegor. Methode der Schriftinterpretation zum ›Vater der M.‹. Daneben wirkte sich v. a. die ›Mystica Theologia‹ des DIONYSIUS AREOPAGITA entscheidend auf die stark rational begründete theologisch-philosoph. M. des MA. aus. Bes. weit reichende Folgen hatten seine ›negative Theologie‹ mit ihrem Grundgedanken der Unerkennbarkeit Gottes und damit der Forderung nach einem verneinenden Sprechen über Gott sowie seine Vorstellung von der Dreistufigkeit des Aufstiegs zur Gottheit durch Läuterung (lat. purgatio), Erleuchtung (illuminatio) und Einigung (unio mystica).

Im MA. rückte durch BERNHARD VON CLAIRVAUX neben der liebenden Beziehung des Individuums zu JESUS in der **Braut-M.** das Kreuz stärker in den Blickpunkt des Interesses, was auch seinen Niederschlag in der Kunst fand: Aus dem Pantokrator der Romanik wird der Schmerzensmann der Gotik. Auf dieser Grundlage entwickelte sich parallel zu den Anfängen des mittelalterl. Dramas eine starke, meist monast. Tradition von **Passions- und Kreuzes-M.**, die bes. bei den Bettelorden (z. B. in der franziskan. Leidens-M.) Verbreitung fand. Ebenfalls auf die Jesusverehrung gegründet waren die Krippen- und die →Herz-Jesu-Verehrung, die im Rahmen der Volksfrömmigkeit seit der Einführung des Fronleichnamsfestes (1264) zunehmend das Herz JESU als Quell des Lebens, der Gnade und der Sakramente verehrte.

Mit dem Aufblühen der Univ., an denen Frauen nicht zugelassen waren, kam es zu einer allmähl. Trennung zw. den beiden Großgruppen der mehr philosoph., spekulativ-theoretisch orientierten M. einerseits und der affektiv-emotional ausgerichteten M. als Lebensvollzug, vornehmlich bei Frauen (Frauen-M., Erlebnis-M.), andererseits. Die für das Abendland typ. **Frauen-M.** des 12. und 13. Jh. wie die der HILDEGARD VON BINGEN, ELISABETH VON SCHÖNAU (*1129?, †1164), HADEWIJCH, MECHTHILD VON MAGDEBURG, MECHTHILD VON HACKEBORN und GERTRUD VON HELFTA fand ihren Ausdruck weitgehend in visionären und ekstat. Erlebnissen und bildete mit ihrer Orientierung an JESUS gleichzeitig die Grundlage für die seit dem MA. anzutreffende emotionale Blut-, Wunden- und Braut-M. Die Frauen-M. entwickelte sich rasch bis in die Neuzeit hinein zu einer gesamteurop. Erscheinung: So wirkten in England JULIANA VON NORWICH und MARGERY KEMPE (*um 1373, †um 1438), in Frankreich MARGUERITE PORÈTE, in Italien KLARA VON ASSISI, ANGELA VON FOLIGNO (*1248/49, †1309) und KATHARINA VON SIENA, in Spanien THERESIA VON ÁVILA. Charakteristisch für die weibl. Erlebnis-M. vom 13. bis 16. Jh. waren die verstärkte Umsetzung des kontemplativ Geschauten in Handlung innerhalb der Gemeinschaft, das Zurücktreten theoret. Denkens sowie das verstärkte Auftreten geistig-körperl. Reaktionen.

Die neuplaton. Vorstellungen, die durch die Übersetzertätigkeit und Lehre des JOHANNES SCOTUS ERIUGENA und die philosoph. Schulen von Saint-Victor (Paris) und Chartres Eingang in das mittelalterl. Denken gefunden hatten, wurden von der philosophisch-spekulativen **deutschen M.** des 13./14. Jh. wieder aufgegriffen. MEISTER ECKHARTS Theologie war bestimmt von dem Gedanken der Teilhabe des menschl. Ichs am innergöttl. Leben. ECKHART und seine Schüler H. SEUSE und J. TAULER sahen im ›Seelenfünklein‹ (lat. scintilla animae) das Bild des trinitar. Gottes im Menschen, das bei DIETRICH VON FREIBERG mit dem Intellekt, bei ECKHART mit dem Streben zum Guten identifiziert wird. J. VAN RUUSBROEC und THOMAS VON KEMPEN gaben über die Bewegung der →Devotio moderna diese M. der Nachfolge CHRISTI an die Moderne weiter.

Die Neuzeit begann im kath. Raum mit einer Blüte der M. in Spanien (IGNATIUS VON LOYOLA, JOHANNES VOM KREUZ, THERESIA VON ÁVILA); ihr folgte die große myst. Welle in Frankreich (F. VON SALES, P. DE BÉRULLE, JEANNE-MARIE DE GUYON DU CHESNOY, MARGUERITE-MARIE ALACOQUE, B. PASCAL, F. FÉNELON). Beide Strömungen haben die Barockfrömmigkeit wesentlich geprägt. Durch Rationalismus und Aufklärung zurückgedrängt, lebt die kath. M. in einzelnen Vertretern weiter: J.-B. VIANNEY, C. DE FOUCAULD, P. TEILHARD DE CHARDIN, THERESIA VON LISIEUX und SIMONE WEIL. Eine offizielle Darstellung dessen, was eine spezifisch christl. M. ausmacht, findet sich in der Erklärung der röm. Kongregation für die Glaubenslehre ›Über einige Aspekte der christl. Meditation‹ vom 15. 10. 1989.

Das Verhältnis des Protestantismus zur M. war lange Zeit hindurch gestört, obwohl M. LUTHER selbst entscheidende Impulse von TAULER empfing und seine ›M. des Wortes‹ Parallelen zur M. des BERNHARD VON CLAIRVAUX erkennen lässt. Die synkretist. M. der schwärmer. Kreise der Täufer, Spiritualisten (Schwenckfelder) und Rosenkreuzer wurde als Gefahr für den Rechtfertigungsglauben empfunden. Trotzdem beeinflusste J. BÖHME mit seiner spekulativen M., ihren kosm. Bezügen und v. a. der ›Sophia‹-Lehre die Nachwelt nachhaltig. Breite Bevölkerungsschichten wurden vom Pietismus erfasst, myst. Tendenzen wie der persönlich erfahrbare Glaube und das Prinzip der Vereinigung von Schöpfer und Geschöpf aufgegriffen wurden (J. ARND, P. J. SPENER, G. TERSTEEGEN, G. ARNOLD, N. L. VON ZINZENDORF). Die prot. Theologie des 19. Jh. zeigte, vom dt. Idealismus (G. W. F. HEGEL, F. W. SCHELLING, J. G. FICHTE) abgesehen, bes. in der Verbindung von Religion und Gefühl bei F. H. JACOBI und im Verständnis von Religion als ›Gefühl der schlechthinnigen Abhängigkeit‹ bei F. D. E. SCHLEIERMACHER myst. Züge, die indessen von der dialekt. Theologie des 20. Jh. schroff abgelehnt wurden.

Mystik in nichtchristlichen Religionen

Die M. des *Judentums* ist zunächst reine Thron-M. (Merkaba-M.), der es um die myst. Schau der Erscheinung Gottes auf seinem Thron geht (Ez. 1, 26–28). Myst. Spekulationen um die Körpermaße Gottes (seit dem 3./4. Jh.), um Zahlen, Buchstaben und Sprachzeichen gehen ab etwa 1200 in →Kabbala und →Chassidismus ein, dessen Geschichten und Legenden als eine Form narrativer Ethik den Grundgedanken jeder M. ausdrücken: dass Gott sich auf den Menschen einlässt, sofern dieser sich ihm öffnet.

Die *griechisch-hellenist.* M. fand ihren Ausdruck bes. in den →Mysterien (→Orphik, →Pythagoreer, →Mithras). Durch kult. Handlungen in sakralen Bezirken, oft in Höhlen, sollte die im Grab des Körpers verbannte Seele von jeder Befleckung gereinigt und zur Vereinigung mit dem Göttlichen geführt werden.

In *China* lehrte LAOZI (4. Jh. v. Chr.) als Weg zur Vereinigung mit dem höchsten Prinzip aller Dinge

(dem ›Dao‹) die völlige Tatenlosigkeit (Wu-wei) und die wunschlose Versenkung in das Dao (→Taoismus).
Die *indische* M. der →Upanishaden ist durch eine Haltung zur Welt gekennzeichnet, der das Leben als Leid erscheint, woran alle Individuen durch den Kreislauf der Wiedergeburten (→Seelenwanderung) gekettet sind. Die daraus entspringende Erlösungssehnsucht führt in asket. und meditativer Weltabgewandtheit zur Erkenntnis der Wesensgleichheit der individuellen ›Seele‹ (Atman) mit der ›Weltseele‹ (Brahman). Die M. des Hinduismus betont entweder die Techniken des Yoga oder erstrebt myst. Vereinigung mit einer personalen Erlösergottheit (Vishnu, Shiva) durch hingebungsvolle Liebe (→Bhakti; dargestellt in der Bhagavadgita) oder in visionärer Ekstase.
Für die *islam.* M. ist das Phänomen der ordensähnl. Bruderschaft der Sufis (→Sufismus) bes. kennzeichnend. Ihr Leben war bestimmt von Askese und Meditation (dhikr, ›Gedenken Gottes‹). Charakterist. myst. Elemente sind das Aufgehen (fana) der Individualität in der Gottheit in Form einer ekstat. Vereinigung und das göttl. Durchdrungensein der menschl. Natur.

Gegenwärtige Tendenzen

In der Gegenwart werden myst. Bestrebungen und Richtungen in den modernen Gesellschaften des Westens als Gegengewicht zur allzu starker Betonung von Rationalität durch versch. Gruppierungen aufgegriffen. Hierzu zählt neben einem wachsenden Interesse an Esoterik und versch. Formen östl. Religiosität auch ein Umdenken, das Kritik und Ablehnung der auf Leistung, Technisierung und Konsum ausgerichteten ›westl.‹ Lebensweise mit einer Neuorientierung auf ›ganzheitl. Leben‹ hin verbindet. Besondere Bedeutung kommt dabei der New-Age-Bewegung zu.
⇨ Askese · Erleuchtung · Esoterik · Kontemplation · Meditation · New Age · Yoga

W. BEIERWALTES u. a.: Grundfragen der M. (Einsiedeln 1974); K. RAHNER: Myst. Erfahrung u. myst. Theologie, in: DERS.: Schr. zur Theologie, Bd. 12 (ebd. 1975); M.-M. DAVY: Encyclopédie des mystiques, 4 Bde. (Paris 1977–78); R. OTTO: West-östl. M. (Neuausg. 1979); R. C. ZAEHNER: Harmonie u. Dissonanz (a. d. Engl., Olten 1980); F.-D. MAASS: M. im Gespräch. Materialien zur M.-Diskussion in der kath. u. ev. Theologie Dtl.s seit dem Ersten Weltkrieg (Neuausg. 1981); M., Beitr. v. O. STEGGINK u. a., 2 Bde. (a. d. Niederländ., 1983–84); Große Mystiker, hg. v. G. RUHBACH u. a. (1984); E. SCHIRMER: M. u. Minne (1984); Frauen-M. im MA., hg. v. P. DINZELBACHER (1985); Religiöse Frauenbewegung u. myst. Frömmigkeit im MA., hg. v. DEMS. u. a. (1988); Wb. der M., hg. v. DEMS. (1989); DERS.: Christl. M. im Abendland. Ihre Gesch. von den Anfängen bis zum Ende des MA (1994); A. KAPLAN: Jewish meditation (New York 1985); Zu dir hin. Über myst. Lebenserfahrungen von Meister Eckhart bis Paul Celan, hg. v. W. BÖHME (1987); J. SUDBRACK: M. (1988); G. WEHR: Die dt. M. (1988); Christl. M. Texte aus zwei Jahrtausenden, hg. v. G. RUHBACH u. a. (1989); G. J. LEWIS: Bibliogr. zur dt. Frauen-M. des MA (1989); K. RUH: Gesch. der abendländ. M., auf 4 Bde. ber. (1990 ff.); E. BOCK: Die M. in den Religionen der Menschheit (Neuausg. 1993); G. SCHOLEM: Die jüd. M. in ihren Hauptströmungen (⁵1993); B. MCGINN: Die M. im Abendland, auf 4 Bde. ber. (a. d. Engl., 1994 ff.); A. SCHIMMEL: Myst. Dimensionen des Islam (Neuausg. 1995); A. M. HAAS: M. als Aussage. Erfahrungs-, Denk- u. Redeformen christl. M. (1996).

Mystizịsmus *der, -,* Bez. für eine geistige Haltung, die bewusst irrational die der Mystik zugrunde liegenden Erkenntnisformen und Denkweisen ohne deren religiöse Intentionen übernimmt und dabei die Möglichkeit von Wunderbarem, Geheimnisvollem, Dunklem als höherwertig und wirklich betont.

Myszków [ˈmiʃkuf], Stadt in der Wwschaft Częstochowa (Tschenstochau), Polen, an der oberen Warthe, 33 900 Ew.; Metall-, Papier-, Baustoffindustrie, Garnherstellung.

Mytens [ˈmɛjtəns], **1)** Daniel, d. Ä., niederländ. Maler, * Delft um 1590, † Den Haag 1647; wird 1618 in London als Maler im Dienst von T. HOWARD, Earl OF ARUNDEL, erstmals erwähnt. Er wurde Hofmaler JAKOBS I. und galt bis zur Ankunft A. VAN DYCKS (1632) als der führende Porträtist in England. 1637 ging er nach Den Haag.
2) Martin van, niederländisch-schwed. Maler, →Meytens, Martin van.

Mythen [ˈmiːtn] *der,* Name von zwei steil aufragenden Kreidekalkbergen im Kt. Schwyz, Schweiz, nordöstlich von Schwyz. Der viel besuchte Aussichtsberg **Großer M.** ist 1899 m hoch (von N Seilbahn bis 1405 m ü. M.), der **Kleine M.** 1811 m ü. M.

My Tho [mi θɔ], Prov.-Hauptstadt im S Vietnams, in Cochinchina, am nördlichsten Mündungsarm des Mekong, 119 900 Ew.; Nahrungsmittel- und Textilindustrie; Flugplatz.

Mythologẹm *das, -s/-e,* Terminus für einen im →Mythos narrativ vermittelten ›Inhalt‹, z. B. ›Kreislauf der Existenzen‹, ›Präexistenz‹.

Mytholog̣ie *die, -/...ˈgi\en,* urspr. Bez. für die Erzählungen vom Handeln der Götter (Göttersagen), später erweitert für die Gesamtheit der myth. Überlieferungen eines Volkes; auch die wiss. Darstellung und krit. Erforschung von Mythen. (→Mythos)

Mythos [griech. ›Wort‹, ›Rede‹, ›Erzählung‹, ›Fabel‹] *der, -/...then,* Bez. für 1) die Erzählung von Göttern, Heroen u. a. Gestalten und Geschehnissen aus vorgeschichtl. Zeit; 2) die sich darin aussprechende Weltdeutung eines frühen (myth.) Bewusstseins; 3) das Resultat einer sich auch in der Moderne noch vollziehenden Mythisierung (›neue Mythen‹) im Sinne einer Verklärung von Personen, Sachen, Ereignissen oder Ideen zu einem Faszinosum von bildhaftem Symbolcharakter.

Erscheinungsformen und Funktionen des Mythos

Eine differenzierte Bestimmung von M. kann angesichts der Unterschiedlichkeit der Deutungszusammenhänge und ihres geschichtl. Wandels nur Merkmale angeben, die in den gängigen Definitionsversuchen unterschiedlich akzentuiert werden. Danach sind Mythen meist Erzählungen, die ›letzte Fragen‹ des Menschen nach sich und seiner als übermächtig, geheimnisvoll und von göttl. Wirken bestimmt empfundenen Welt artikulieren und dieses Ganze von seinen Ursprüngen her verstehbar zu machen suchen (ganzheitl. Weltverständnis). So handeln sie vom Anfang der Welt (kosmogon. Mythen, Schöpfungsmythen) und von ihrem Ende (eschatolog. Mythen), vom Entstehen der Götter (theogon. Mythen) und ihren Taten, vom Werden und Vergehen der Natur im Wechsel der Jahreszeiten, von Tag und Nacht (kosmolog. Mythen), kreisen um zentrale Ereignisse und Situationen des menschl. Lebens wie Geburt, Pubertät, Ehe, Familie, Liebe und Hass, Treue und Verrat, Strafe und Vergeltung, Krieg und Frieden, Krankheit und Tod, erklären die Herkunft der Übel, künden von Paradies und Sündenfall (anthropolog. Mythen), von der Sintflut oder vom kommenden Heilsbringer (soteriolog. Mythen), berichten von den Ursprüngen der Stämme und Völker (Stammesmythen), den Taten ihrer Heroen, den Anfängen der Kultur, von der Stiftung religiöser Kulte und Riten, von der Begründung des Rechts sowie staatl. und gesellschaftl. Ordnung (aitiolog. Mythen). Die Wiss. verweist dabei auf den anschaulich-bildhaften, anthropomorph-personifizierenden, die Welt als belebt erfahrenden Charakter des M., auf seine Nähe zu kindl. Denken und Vorstellen wie auch zur dichter. Sprache und Fantasie, auf seinen spezif. Zeitbezug (zykl. Wiederholungsstruktur im Ggs. zu einem als linear verstandenen

Schlüsselbegriff

Myth Mythos

Geschichtsverlauf; ritueller Nachvollzug im Kult); verwiesen wird auch auf sein eigentüml. Wirklichkeitsverständnis, in dem sich ›Wort‹ und ›Sache‹ noch nicht klar trennen lassen, auf die besondere ›Umwegigkeit‹ und Umständlichkeit seiner Geschichten wie auch auf ihre exemplarisch verdichtende Prägnanz. Entstehungsgeschichtlich werden Mythen v. a. der Frühzeit oder einer ›kindlich-primitiven‹ Entwicklungsstufe der Menschheit zugeordnet, doch erweisen sich auch die in der Gegenwart laufend entstehenden ›neuen Mythen‹ als universales Kulturphänomen.

Das Spektrum der vermuteten Funktionen des M. reicht vom Erklären und Begründen über Beglaubigen (etwa von Kulten und Riten) und (im Handeln) Orientieren bis hin zum bloßen Unterhalten. Dementsprechend differieren die Vorstellungen von seinem Geltungscharakter; man versteht ihn als autoritatives, normativ bedeutsames, d. h. Glauben und Gehorsam forderndes, ›wahres‹ Überlieferungswort, das von dem bannend-bedrohl. Hintergrund des ›Heiligen‹ und ›Numinosen‹ zeugt und innerhalb eines (religiösen) Traditionskontinuums steht; ebenso wird der M. als (dichterisch gestaltete) fantast. Erzählung ohne rationale Basis gesehen – im Sinne absichtl. Täuschung wie auch als bloßes Spiel mit alten Motiven, das damit selbst zur Kritik am Überkommenen wird. Diese Komplexität und Widersprüchlichkeit lässt sich am Begriffsgebrauch ablesen: Während man mit dem Singular ›M.‹ besonders die Einheitlichkeit des Phänomens und sein Wirkungs- und Provokationspotenzial anzusprechen pflegt, verbindet sich mit dem Plural eher das Bild bunter Vielfalt und größerer Spielräume der Gestaltung; Mythologie vereinigt dann die Verschiedenheit der Perspektiven im Begriff selbst.

Deutungsaspekte und Überlieferungsformen

Seit über M. nachgedacht wird, sind Sache und Begriff umstritten. Bestimmungs- und Interpretationsversuche hängen dabei wesentlich von den Affinitäts-, Oppositions- oder Komplementaritätsbeziehungen ab, in denen er erscheint. Indem schon die griech. Antike M. dem Logos entgegensetzte und ihm die Bedeutung der ›unwahren Erzählung‹ zuwies, eröffnete sie das bis heute zentrale Bezugsfeld von *M. und Vernunft*. Seither gehört die Frage nach der ›Wahrheit‹ des M. und seinem Verhältnis zu Philosophie und Wiss. zu den Grundmotiven dieser Diskussion. So scheint nach wie vor offen, ob M. bewusste Fiktion oder Ausdruck kindlich-primitiven Denkens ist, das vom aufgeklärten Bewusstsein schließlich überwunden wird, oder ob er etwa eine der modernen wiss. Vernunft unerreichbare, tiefere Weisheit in sich birgt; ob er als ›das stets mögl. Andere des Logos‹ dessen mühsam errungene Herrschaft mit subversiver Kraft zu untergraben droht oder das in einer ›entzauberten‹ Welt lebensnotwendige Korrektiv (zweck-)rationalen Denkens, vielleicht sogar dessen Alternative darstellt. Dem offenkundig ungebrochenen Wirkungspotenzial des M. vermag sich auch die moderne wiss. Beschäftigung mit ihm nur schwer zu entziehen. Zumal dort, wo wiss. Rationalität ihrerseits in die Kritik gerät, avanciert der M. vom Objekt der Analyse leicht zum Gegenspieler, dessen attraktives Sinnangebot die eigene Vernunft zur Selbstreflexion zwingt. Der M.-Begriff wird so auch zum Indikator des jeweiligen kultur- und geschichtsphilosoph. Selbstverständnisses.

Ähnlich spannungsreich erscheint das Verhältnis von *M. und Religion*. Hier geht es insbesondere um die (Wechsel-)Beziehungen von M. und religiösem Kult und Ritus, um den Zusammenhang zw. mythisch-symbol. Sprache und Darstellung und religiösem Gehalt und Gefühl, um das Brüchigwerden mythisch-religiöser Traditionen und den Verlust ihrer normativen Kraft (etwa in der Auseinandersetzung mit fremden Kulturen), v. a. auch um die Rolle des M. im Christentum und die Möglichkeiten und Grenzen einer ›Entmythologisierung‹, d. h. eines Verzichts auf den M. – In der Beziehung zwischen *M. und Dichtung* gilt M. einerseits als (oft religiös bestimmtes) Urmotiv, das erst später künstlerisch geformt wird und sich vielfach auch nur aus solch nachmaligen ästhet. Gestaltungen erschließen lässt, andererseits als selbst schon durch und durch poetisch. Die Überlieferung des M. in der Dichtung reicht von den Werken HOMERS und HESIODS (8./7. Jh. v. Chr.), den ältesten europ. M.-Darstellungen, über das (unmittelbar aus dem Dionysoskult erwachsenen) griech. Drama über die erneute Rezeption antiker Mythen in der europ. Literatur, die von der Renaissance bis in die Gegenwart reicht. Dichter. Ausformungen myth. Stoffe spiegeln dabei die kulturellen, polit. oder gesellschaftl. Gegebenheiten der eigenen Zeit: so etwa GOETHES ›Iphigenie auf Tauris‹ die Humanitätsvorstellung der dt. Klassik, J.-P. SARTRES ›Les mouches‹, in der Gestalt des Orest, der existenzphilosoph. Idee der Freiheit. Maßgebl. Anteil an der Mythenformung und -bewahrung hat seit frühesten Zeiten die *bildende Kunst,* indem sie myth. Gestalten und Erzählungen unmittelbare visuelle Evidenz gibt und die Vorstellungen z. T. bis zur völligen Identifikation von Bild und Sache prägt. Die von Stilentwicklungen wesentlich mitbeeinflusste Überlieferungsgeschichte kennt dabei neben kontinuierl. Tradieren der Mythen und Bildformeln auch deren Unverständlich- und Brüchigwerden in Zeiten des Umbruchs, deren parodist. Interpretationen oder grundlegende Umdeutungen. Daneben lassen sich auch ein Wiedererwachen des Interesses an Mythen und eine Offenheit für den M. und mythisch-numinose Erfahrungen und Bildschöpfungen, bes. im 20. Jh., beobachten. – Die Affinität von *M. und Musik* ist begründet durch deren Wesen als nichtbegriffl. Aussage sowie deren psych. und phys., von der Profanität des Alltags entbindende Wirkungen. Sie offenbart sich in zahllosen Mythen, die u. a. vom göttl. Ursprung der Musik und ihrer bezwingenden und heiligenden Kraft berichten. Diese wird u. a. in der Einbeziehung von Musik in den Kult sinnfällig. In Dichtung und bildender Kunst erscheinen die Musikinstrumente als Attribute der Götter u. a. metaphys. Mächte. Seit der Antike wird die Idee tradiert, dass die Harmonie der Musik die zahlhafte Ordnung des Kosmos spiegelt, die seel. Befindlichkeit des Menschen bestimmt und das Absolute erahnen lässt. Noch die ästhet. Theorie der Gegenwart kennt die Vorstellung, dass in der Musik die Erinnerung an eine verloren gegangene Einheit von Mensch und Natur bewahrt sei.

Geschichte des Mythosbegriffs

Schon die griech. Antike entwickelte ein breites Spektrum der M.-Deutung: Neben der seit dem 5. Jh. v. Chr. angewandten, später u. a. in der Stoa und von PLUTARCH weiterentwickelten ›allegor.‹ Interpretation, die das Anstößige in den Götter- und Heroengeschichten durch Hinweis auf einen (naturphilosoph. oder metaphys.) ›Hintersinn‹ zu entkräften suchte, erregte bes. EUHEMEROS Aufsehen, der die Götter der Mythen auf berühmte Menschen der Vergangenheit reduzierte. Nachdem die Mythen in der griech. Tragödie eine künstler. Gestaltung gefunden hatten, deren Allgemeingültigkeit sich bis in die Gegenwart erweist, lehnte PLATON die traditionellen Überlieferungen als politisch-pädagogisch gefährlich ab und propagierte neue, philosophisch gereinigte Mythen. Für ARISTOTELES und POSEIDONIOS bewahrten die alten Mythen hingegen als Vorstufe der Philosophie das Wissen der Vorzeit. Für den Neuplatonismus enthielt der M. sogar tiefste philosoph. Weisheit. Das frühe Christentum sah im antiken M. bes. das mit der christl. Heilsbotschaft konkurrierende System heidnisch-polytheist. Theologie, das es mit allen Mitteln heidn. M.-Kritik zu entlarven galt. Eine liberale Haltung gegenüber der Mythologie kennzeichnete das etablierte Christentum. So wurden Mythen im MA. – maßgeblich in der Gestaltung OVIDS – als Bildungsgut tradiert sowie zur Bibelexegese genutzt.

Ein neues Interesse am M. entstand in der Renaissance und im Humanismus. Dabei kam es zu vielfältigen Spekulationen über Zusammenhänge zw. bibl. Tradition und dem griech. M., wobei seit dem 17. Jh. im Gefolge der Entdeckungs- und Missionsreisen auch zeitgenöss. Formen des M. in nichtchristl. Religionen zum Vergleich herangezogen wurden. Für die Religionskritik der Aufklärung bot sich dann die ›Betrugstheorie‹ als Interpretationshilfe an: Die abstrus erscheinenden Mythen wurden als Werk habgieriger und machthungriger Priester ausgelegt, die aus der Täuschung ihrer Mitmenschen Nutzen zu ziehen suchten. Ferner galten sie als Zeichen einer frühen Entwicklungsstufe der Menschheit. V. a. aber wurden sie als Bildungsgut handbuchartig inventarisiert. Ähnlich wie schon früher G. VICO nahm C. G. HEYNE ein von mythisch-symbol. Sprache geprägtes ›myth. Zeitalter‹ als geschichtlich notwendige Entwicklungsstufe der Menschheit an und legte mit dieser Theorie gegen Ende des 18. Jh. den Grund für den modernen M.-Begriff. J. G. HERDERS Deutung der Mythen als religiöse, poet. und zugleich volkstüml. Schöpfungen konnte daran anschließen. Für K. P. MORITZ, dessen ›Götterlehre oder Mytholog. Dichtungen der Alten‹ (1791) das Bild der griech. Mythologie in der Goethezeit bestimmen, sind Mythen Kunstwerke, die keiner (v. a. keiner allegor.) Deutung bedürfen. Auf dieser Grundlage wurde M. zu einer der – freilich umstrittenen – Leitkategorien der Romantik und deren Kritik am Rationalitäts- und Fortschrittsglauben der Aufklärung. F. SCHLEGEL sah in der als ›Kunstwerk der Natur‹ verstandenen Mythologie der Antike den Mittelpunkt ihrer Poesie und forderte entsprechend eine ›neue Mythologie‹ für die Dichtung der eigenen Zeit, der so eine kulturstabilisierende Rolle auch für die Gegenwart zugewiesen wurde. Seine Suche nach myth. Spuren einer göttl. Uroffenbarung spiegelt zudem das starke Interesse der Romantik an einer neu entdeckten inden. Mythen, die zu Spekulationen über (oriental.) Urweisheit, über Urvolk und Ursprache anregten (J. GÖRRES u. a.) und eine Umkehrung des aufklärer. ›M.-Logos‹-Schemas zu gebieten schienen. Diese neuplatonisch inspirierte M.-Deutung erreichte einen Höhepunkt im Werk G. F. CREUZERS, das einen heftigen Streit auslöste; CREUZERS M.-Verständnis, das als philosoph. Spekulation gilt, wurde ein rationalistisch-philolog. Methodenbewusstsein entgegengehalten. Die romant. Auffassung vom M. als Volksschöpfung wurde v. a. von J. und W. GRIMM vertreten, die nun auch die ›dt. Mythologie‹ ins Blickfeld rückten. Als schließlich F. W. J. SCHELLING in seinem Spätwerk ›Philosophie der Mythologie‹ gleichsam die Summe der romant. M.-Deutung zog, hatte diese ihren Höhepunkt schon überschritten.

So wandelte sich das M.-Verständnis in der 2. Hälfte des 19. Jh. grundlegend: Aus dem Programmwort der Romantik im Kampf gegen die ›Vernunft‹ der Aufklärung wurde das Objekt nüchterner Forschung, die im Bewusstsein von Evolution und Fortschritt M. nur in den frühen Anfängen der Menschheitsgeschichte vermutete. Schon Ende des 18. Jh. war HEYNES M.-Begriff zur Leitkategorie historisch-krit. Bibelinterpretation geworden, die sich seither immer wieder um eine überzeugende Abgrenzung zw. myth. Ausdrucksweise und dogmat. Kernbestand bemühte. L. FEUERBACH u. a. wandten sich darüber hinaus in verschärftem Religionskrit. Engagement namentlich gegen die ›christl. Mythologie‹. Als wiss. Thema der indogerman. Sprachforschung sowie der Völkerpsychologie und Ethnologie wurden die Mythen i. d. R. distanziert gedeutet. Meist galten sie als Reflexe von Naturgewalten im Geist ›primitiver‹ Völker oder als bloßes Resultat einer ›Kinderkrankheit‹ der Sprache. Die Ethnologie brachte die Mythen v. a. mit dem Animismus in Verbindung (E. B. TYLOR, H. SPENCER). J. J. BACHOFEN dagegen erhoffte sich von ihnen zuverlässige Auskünfte über die mutterrechtl. Lebensform in der Frühzeit. Inwieweit sie genuiner Ausdruck religiösen Gefühls oder nur dessen äußere Form seien, blieb umstritten. So sah W. DILTHEY – in der Kritik an A. COMTES ›Dreistadiengesetz‹ – nicht die Religion, sondern nur den M. von Metaphysik und Wiss. abgelöst. Ähnlich wie schon bei R. WAGNER gewann M. beim jungen F. NIETZSCHE dann wieder aktuelle Bedeutung: Wie der ›trag. M.‹ der Griechen den Höhepunkt ihrer Kunst und Kultur bedeutet habe, hänge das kulturelle Schicksal der eigenen Zeit von der ›Wiedergeburt des dt. M.‹ ab: So erhielt M. am Ende des 19. Jh. als das Instinktive, begrifflich weder Einhol- noch Ersetzbare eine krit. Funktion im Rahmen einer an Wiss. und Fortschritt glaubenden, in NIETZSCHES Sicht aber kulturlosen Gegenwart.

Mythosverständnis und -forschung im 20. Jahrhundert

Etwa um die Wende vom 19. zum 20. Jh. wird der M. von teilweise gegensätzl. wiss. Schulen und Richtungen als Forschungs- und Deutungsgegenstand wiederum neu entdeckt. Der Umbruch des Weltbildes, das seinen Ursprung in der Aufklärung hatte, durch das Dekadenzbewusstsein der Moderne, das Infragestellen des kontinuierl. Fortschritts führten zu einer Neubewertung. Besonderes Interesse wurde ihm – in jeder Erscheinungsform – entgegengebracht im Schnittbereich von Soziologie, Ethnologie, Anthropologie und Religionswissenschaft.

L. LÉVY-BRUHLS Begriff des ›Prälogischen‹ brachte den Unterschied zwischen myth. Bewusstsein und modernem (log.) Denken auf eine prägnante Formel. Aber auch die vitale Funktion rückt ins Blickfeld, die der M. als Element des religiösen, kulturellen und sozialen Stabilisierung für das Leben jeder Gesellschaft in einer frühen Entwicklungsphase besitzt. Immer wird in diesem Zusammenhang auf den Wahrheitscharakter des M. verwiesen. In der Auseinandersetzung um das Verhältnis des M. zu Kult und Ritus wird dem M. meist Erklärungs-, Beglaubigungs- und Einsetzungsfunktion zugeschrieben. Eine präzisere Bestimmung erfährt der spezifisch myth. Zeitbezug: Bes. M. ELIADE betonte den Wiederholungscharakter des M., der von einem Ereignis ›in illo tempore‹ berichte, das, als verbindl. Beispiel im Ritus wiederholt, den Menschen in die ›ewige Gegenwart der myth. Zeit‹ stelle. ELIADE entdeckte auch beim modernen Menschen die Sehnsucht nach solcher Überwindung der leidvollen profan-histor. Zeit durch den sinngebenden ›M. der ewigen Wiederkehr‹. E. CASSIRERS philosophisch-erkenntnistheoret. Analyse wollte den M. dagegen definitiv überwinden und die Wiss. so über ihren eigenen myth. Ursprung aufklären, dass sie nicht selbst wieder im M. ende.

Eine der wirkungsvollsten, aber auch umstrittensten Deutungen lieferte die von S. FREUD begründete Psychoanalyse, deren Erforschung des ›Unbewussten‹ und des Traumes für den M. eine völlig neue Dimension des Verständnisses eröffnete: Wie der Traum den Trieben des Individuums den imaginativen Ersatz für real versagte Befriedigung liefere, habe der M. in der frühen Menschheitsentwicklung die Rolle einer Ablagerungsstelle für verdrängte und sich folglich bisweilen neurotisch äußernde Triebregungen übernommen (Ödipus-M.). C. G. JUNG setzte die Akzente anders, indem er die ›mythenbildenden Strukturelemente‹ (›Archetypen‹) im ›kollektiven Unbewussten‹ der menschl. Gattung ortete und eine angemessene Deutung der in Fantasie und Traum des Individuums auftauchenden Mythen als Bedingung für die ›Ganzwerdung der psych. Menschen‹ ansah.

In der Kritik auch an der psychoanalyt. Deutung entwickelte C. LÉVI-STRAUSS seine strukturalist. ›Wiss. der Mythen‹. Er hob die zugleich histor. und ahistor. Struktur des M. hervor, wertete das ›myth. Denken‹ als dem positiv-wiss. gleichrangig und sah darin v. a. den Versuch, durch immer neue Mythenbildung Widersprüche zu bewältigen, die die Gesellschaft bedrängen (z. B. Leben – Tod).

Breite Wirkung entfaltete in der klass. Altertumswiss. W. NESTLE, der die griech. Geistesgeschichte als siegreichen Weg ›Vom M. zum Logos‹ interpretierte. Versuche von W. F. OTTO, K. KERÉNYI u. a., demgegenüber dem M. als ›autoritativem‹ Wort und einer vom Denken niemals einholbaren Offenbarung des göttl. ›Seins der Dinge‹ neue Dignität zu verleihen, stießen im Rahmen dieser Wiss. fast durchweg auf Ablehnung.

Entscheidend geprägt wurde die M.-Diskussion des 20. Jh. von G. SORELS Begriff des ›sozialen M.‹, der als nur intuitiv zu erfassende, visionäre und als solche unwiderlegbare ›Ordnung von Bildern‹ die moral. Kräfte der Menschen zur gemeinsamen polit. Aktion mobilisiert (›M. des Generalstreiks‹). In diesem antiintellektualist. Sinn wurde M. ›Fanal für den Aufbruch des Irrationalen‹ und ›Vehikel der Massenbewegungen des 20. Jh.‹ (H. BARTH) und zur Bez. für alles, dem man kollektive Suggestivkraft bescheinigen möchte und das zu beliebigen Zwecken fungibel erscheint. Die vom Gedanken eines solchermaßen ›lebendigen‹ M. ausgehende Faszination zeigte sich nach dem Ersten Weltkrieg in Dtl., wo krisenbewusste Rationalitäts- und Kulturkritik immer wieder die Frage nach der Präsenz des M. aufbrechen ließ. Die Nationalsozialisten reklamierten in diesem Sinne den ›nord.‹ M. als eine Grundlage ihrer Rassentheorie, von A. ROSENBERG im ›M. des 20. Jh.‹ pseudophilosophisch begründet. Die wiss. Entgegnung auf diese Pervertierung kam u. a. von CASSIRER, der die ›Technik der modernen polit. Mythen‹ untersuchte, das ästhet. Gegenbild schuf T. MANN mit der Romantetralogie ›Joseph und seine Brüder‹, die ihre Spannung aus der Vermenschlichung myth. Topoi bezieht.

Aus philosophisch-soziolog. Sicht suchten M. HORKHEIMER und T. W. ADORNO noch vor Kriegsende den furchtbaren Rückfall in die Barbarei mit der These zu interpretieren, dass die (urspr. als Befreiung vom M. verstandene) Aufklärung selbst – in Gestalt des Positivismus und einer sich an die Macht bindenden und mit Herrschaftsanspruch auftretenden instrumentellen Vernunft – dialektisch in Mythologie zurückschlägt (›Dialektik der Aufklärung‹). In der Religionswiss. und Theologie der Gegenwart setzt sich im Zusammenhang mit der Debatte um die ›Entmythologisierung‹ mehr und mehr die Auffassung durch, dass im Umgang mit dem M. zwar nicht hinter die krit. Wende des neuzeitl. Denkens zurückgegangen werden kann, eine radikale Entmythologisierung dem Wahrheitsgehalt des M. aber nicht gerecht wird und v. a. seine unverzichtbare Funktion auch innerhalb der christl. Lehre übersieht, die immer wieder auf die Sprache des M. zurückgreift. Für K. HEINRICH, der die psychoanalyt. Deutungen wieder aufnahm, lässt sich die bleibende Faszination, die von Mythen ausgeht, damit erklären, dass die dort dargestellten Konflikte bis heute von der Gattung Mensch nicht gelöst sind. Aber auch außerhalb der Theologie wird die ›Entmythologisierung‹ kontrovers diskutiert. Einerseits fordert man sie vehement aus so unterschiedl. Richtungen wie der positivist. Ideologiekritik (E. TOPITSCH), des frz. Strukturalismus (R. BARTHES) und generell in der Überzeugung vom unaufhaltsamen histor. Fortschreiten der Menschheit zur Rationalität; andererseits halten viele den Versuch totaler Entmythologisierung auch hier, zumal vor dem Hintergrund eines erschütterten Glaubens an den Fortschritt von Wiss. und Technik, Zivilisation und Emanzipation des Menschen, für verfehlt und entdecken im Gegenzug dazu aufs Neue die Weltsicht des M. Gerade in dieser Sichtweise erscheint er dann als die für den Menschen notwendige Lebensgrundlage, die das Verstehen empir. Realitäten überhaupt erst gewährleistet. So hält etwa L. KOŁAKOWSKI sogar Wahrheit selbst nur von einem umfassenden ›M. der Vernunft‹ her für denkmöglich. Darüber hinaus gilt ›Polymythie‹ im Ggs. zur ›Monomythie‹ geradezu als Voraussetzung für Freiheit und Individualität (O. MARQUARD). H. BLUMENBERG akzentuiert den liberal-humanen Charakter des M. als eines dogmenfreien Spielraums der Imagination und versteht die Rezeptionsgeschichte des M. damit zugleich als Indikator eines sich wandelnden Wirklichkeitsverständnisses.

Unter erkenntnis- und wissenschaftstheoret. Aspekt sehen K. HÜBNER u. a. den M. von seiner transzendentalen Funktion her als dem wiss. Denken durchaus gleichrangig an, da beide über je eigene Ontologien zur Beschreibung von Wirklichkeit verfügen und als komplementäre Größen auch nicht wechselseitig als wahr oder falsch widerlegt werden können, obwohl oder gerade weil der M. die Gültigkeitsbedingungen wiss. Aussagen nicht erfüllt. Eine einfache Gleichsetzung des M. mit dem Irrationalen und der Wiss. mit Rationalität scheint zudem gerade aufgrund neuerer naturwiss. Erkenntnisse eher überholt. Wenngleich in der wiss. Theoriebildung i. d. R. von ›rational‹, d. h. logisch widerspruchsfrei konstruierten Modellen der Wirklichkeit ausgegangen wird, zeigen doch insbesondere neuere Forschungen etwa in Physik (Quantenphysik, Chaostheorie) und Astronomie (chaot. Bahnverläufe einiger Himmelskörper) schon die Grenzen dieses dem M. entgegengehaltenen Begriffs von Rationalität selbst. Auch von daher stellt sich als Aufgabe ein besseres Verständnis des M. in seiner Vielschichtigkeit und damit – unter Wahrung der gegen ihn errungenen Freiheit eines aufgeklärten Bewusstseins – die Überwindung der Konfrontation von M. und Rationalität.

Neue Mythen
Parallel zu dieser wiss. Diskussion des M.-Begriffs vollzieht sich in der Gegenwart seine Inanspruchnahme auf unterschiedl. Ebenen des polit., gesellschaftl. und religiösen Lebens bis hin zur Alltagswelt. Prägend wirkt hierbei, dass einerseits traditionelle religiöse und eth. Wertsysteme ihre bindende Kraft vielfach verloren haben, die (instrumentelle) Rationalität der modernen Wiss. das menschl. Bedürfnis nach Weltverständnis und Lebensorientierung andererseits nicht zu befriedigen scheint und Mythen jeder Art diese Lücke zu füllen versprechen. Wo es dann zur Bildung ›neuer Mythen‹ kommt, spiegeln diese somit v. a. die Suche nach Sinn in einer von techn. und bürokrat. Zwängen beherrschten und immer komplexer werdenden Welt und erfüllen als solche gleichsam ›religiöse‹ Funktionen: Auf Krisenbewusstsein antworten sie mit der Faszination des emotionalen Appells, versprechen Geborgenheit und gewährleisten Stabilisierung, Identität und Integration in einem kulturellen und sozialen Kontext. Das Bedürfnis nach Mythen dieser Art findet dabei nicht zuletzt im Aufkommen neuer, alternativer weltanschaul. und religiöser Bewegungen seinen Ausdruck (→neue Religionen, →New Age). Im Unterschied zu den traditionellen (religiösen) Mythen werden die ›neuen‹ Mythen jedoch i. d. R. nicht mehr von einer universalen Gemeinschaft getragen, sondern artikulieren sich in einer pluralist. Gesellschaft meist innerhalb von Gruppen und erscheinen damit auch eher inhomogen. Im Extremfall treten sie auch in Form →individueller Mythologien auf – als Ausdruck äußerster Subjektivität. Dabei lösen sie einander meist in relativ rascher Folge ab – z. T. mit der Schnelllebigkeit von Modeerscheinungen (z. B. bei sog. Kultfiguren, -büchern, -filmen). Selbst Dinge des tägl. Lebens (z. B. Konsumartikel) können (als ›Mythen des Alltags‹, BARTHES) in dieser Weise ›myth.‹ Qualität gewinnen. Darüber hinaus wird in der politisch-gesellschaftl. Diskussion der neuesten Zeit der Begriff ideologisch instrumentalisiert. Durch die Bez. als Mythen werden diese einerseits als solche entlarvt, andererseits aber zugleich in ihrer (massen)wirksamen emotionalen Faszinationskraft bestätigt. M. in diesem Sinne kann z. B. das Charisma einer histor. Person (z. B. ›Gandhi‹) bezeichnen, auf eine soziale oder polit. Entwicklungsdynamik hindeuten (›M. der Frz. Revolution‹), ambivalent besetzt sein (›M. vom Fortschritt‹) oder eine negative Wertung ausdrücken (›M. vom Führer‹). In dieser Form bleibt die M. im allgemeinsten Verständnis auch für Funktionalisierungen und Manipulationen unterschiedlichster Art verfügbar, etwa im Sinne eines anzustrebenden (utop.) politisch-gesellschaftl. Idealzustandes, wie ihn der Marxismus verkündete. Wenn bedeutende Ideen und Begriffe von öffentl. Interesse zu nicht näher hinterfragbaren Aussagen von autoritativer Kraft und Gültigkeitsanspruch stilisiert werden (›Freiheit‹, ›Gleichheit‹, ›Brüderlichkeit‹), können auch diese ›myth.‹ Charakter annehmen, doch bedeutet die explizite Anwendung des Wortes hier zugleich Problematisierung oder sogar Entlarvung.
Die unterschiedl. Interpretierbarkeit der Vokabel ›M.‹ beweist, dass die Auseinandersetzung mit ihr noch bei weitem nicht abgeschlossen ist. Als andere Wahrnehmung und Erklärung der Wirklichkeit wird die M. seinen Platz neben dem rationalen Weltverständnis behaupten.

O. GRUPPE: Gesch. der klass. Mythologie u. Religionsgesch. während des MA. im Abendland u. während der Neuzeit (1921, Nachdr. 1965); J. DE VRIES: Forschungsgesch. der Mythologie (1961); G. LANCZKOWSKI: Neuere Forsch. zur Mythologie, in: Saeculum, Jg. 19 (1968); Terror u. Spiel, hg. v. M. FUHRMANN (1971, Nachdr. 1990); F. SCHUPP: M. u. Religion (1976); A. HORSTMANN: Der M.-Begriff vom frühen Christentum bis zur Gegenwart, in: Archiv für Begriffsgesch., Jg. 23 (1979); Philosophie u. M., hg. v. H. POSER (1979); Faszination des M., hg. v. R. SCHLESIER (Basel 1985); K. HÜBNER: Die Wahrheit des M. (1985); M. u. Rationalität, hg. v. HANS H. SCHMID (1988); Macht des M. – Ohnmacht der Vernunft?, hg. v. P. KEMPER (1989); M. u. Religion, hg. v. O. BAYER (1990); Einf. in die Philosophie des M., bearb. v. L. BRISSON u. C. JAMME, 2 Bde. (a. d. Frz., 1991–96); A. GRABNER-HAIDER: Strukturen des M. Theorie einer Lebenswelt (²1993); H. BLUMENBERG: Arbeit am M. (Neuausg. 1996); M. u. Moderne, hg. v. K. H. BOHRER (Neudr. 1996).

Mytilene, neugriech. **Mytilíni**, 1) Hauptstadt des Verw.-Bez. (Nomos) Lesbos, Griechenland, an der O-Küste der Insel Lesbos, 24 000 Ew.; griechisch-orth. Bischofssitz; Univ. (Teil der Ägäis-Univ.); archäolog. und volkskundl. Museum; Verarbeitung landwirtschaftl. Produkte; Fremdenverkehr; Hafen. – Schon das antike M. war Hauptstadt der Insel →Lesbos, deren Geschicke es teilte. Bes. im 7./6. Jh. und im 1. Jh. v. Chr. sowie in der frühen Kaiserzeit hatte die Stadt eine führende Stellung im griech. Geistesleben (ALKAIOS, SAPPHO) inne; Vaterstadt des griech. Staatsmannes PITTAKOS. – Reste der Stadtmauer (5. Jh. v. Chr. und hellenist. Zeit) sowie des Theaters (3. Jh. v. Chr.), so genanntes Haus des Menander (3. Jh. v. Chr., Fußbodenmosaiken).
2) griech. Insel, →Lesbos.

Mytíschtschi, Mytíšči [-ʃtʃi], Stadt im Gebiet Moskau, Russland, am nördl. Stadtrand von Moskau, 153 000 Ew.; Univ. für Forstwesen; Maschinen- und Gerätebau, Kunstgießerei. – M. entstand im 15. Jh.; seit 1925 Stadt.

Mývatn [ˈmi:vahtn], **Mückensee**, See in N-Island, 38 km², 278 m ü. M., bis 5 m tief mit vielen Lavainseln und -felsen; reiches Vogelleben (100 000 bis 150 000 Wildenten). Abfluss ist die Laxá (Wasserkraftwerk). Die Kieselgursedimente des M.s werden abgebaut, der vom Seegrund hochgepumpte Diatomeenschlamm wird in eine Fabrik in Reykjahlíð geleitet.

myxo... [griech. mýxa ›Schleim‹], vor Vokalen meist verkürzt zu **myx...**, Wortbildungselement mit der Bedeutung: Schleim, Schleimgewebe, schleimige Substanz, z. B. Myxoviren, Myxödem.

Myxobakteri|en, Schleimbakteri|en, stäbchenförmige Bodenbakterien, die sich auf festen Substraten durch Gleiten fortbewegen können. Sie besitzen einen charakterist. Entwicklungszyklus, der durch die Bildung von einfachen oder auch gestielten und z. T. bäumchenartig verzweigten Fruchtkörpern gekennzeichnet ist. Form, Größe und Pigmentierung der Fruchtkörper sind Grundlage für die Systematik der M. Die makroskopisch erkennbaren Fruchtkörper (Größe 1 mm oder kleiner) findet man auf verrottenden Pflanzenmaterialien, auf Baumrinden und auf dem Kotballen von Pflanzenfressern. Man unterscheidet bakteriolyt. (von anderen Bakterien lebende) und cellulolyt. (von pflanzl. Material lebende) Arten.

Myx|ödem, Myxodermia diffusa, durch Unterfunktion der Schilddrüse (Hypothyreose) hervorgerufener Symptomenkomplex; kennzeichnend ist das aufgeschwemmte Aussehen, das durch Einlagerung von Glykosaminoglykanen (Mucopolysaccharide) im extrazellulären Raum (v. a. Gesicht, Gliedmaßen) bewirkt wird. Die Oberhaut ist trocken, rissig und runzelig, die Augenbrauen sind spärlich ausgebildet, Haare und Nägel brechen leicht. Die gleichzeitige Fettstoffwechselstörung führt zu Übergewicht. Körpertemperatur und Grundumsatz sind herabgesetzt. Es entwickelt sich eine allgemeine körperl. Schwäche mit

Mzcheta: Swetizchowelikathedrale (1010–29)

Herzfunktionsstörungen (Hypotonie) und Verlangsamung der geistig-seel. Prozesse. In schweren Fällen kann es unter zusätzl. Belastungen (Infektionskrankheiten, Kälte) zu einem Abfall der Stoffwechsel- und Herzfunktionen bis zum Schock kommen (M.-Koma). Die *Behandlung* besteht in einem medikamentösen Ersatz der fehlenden Schilddrüsenhormone.

Myxom *das, -s/-e,* **Gallertgeschwulst,** seltene, meist gutartige knollige Geschwulst der Weichteile aus bindegewebiger und schleimiger Grundsubstanz; tritt u. a. in der Unterhaut des Nabelbereichs, in Mesenterium, peripheren Nerven und Brustdrüsen auf. Die bösartige Form ist das **Myxosarkom.**

Myxomatose *die, -/-n,* meldepflichtige, seuchenhafte, durch Kontakt oder Insekten übertragene, unheilbare Viruskrankheit bei Wild- und Hauskaninchen; das Virus verbreitet sich in allen Organen des Kaninchens und ruft Gewebeveränderungen in der Unterhaut hervor. Kennzeichen sind v. a. eitrige Bindehautentzündung der Augen, Schwellung und Entzündung der Augenlider sowie Schwellungen an Lippen, Nase, Ohrgrund und After. Der Tod tritt durch Entkräftung ein.

Myxomycetes [zu griech. mýkēs ›Pilz‹], wiss. Name der →Schleimpilze.

Myxosporidia [zu griech. sporá ›das Säen‹, ›Saat‹, ›Same‹], Gruppe von ausschließlich parasitisch lebenden Einzellern, deren systemat. Einordnung unsicher ist. Die Art **Myxosoma cerebrale** ist Erreger der →Drehkrankheit der Fische.

Myzel [zu griech. mýkēs ›Pilz‹ und hélos ›Nagel‹] *das, -s/...lien,* **Myzelium, Mycelium,** die Gesamtheit der aus den fadenförmigen, meist verzweigten Hyphen gebildeten Vegetationskörper der Pilze. Das M. durchwächst das Substrat (Boden, Holz) oder bei parasitären Pilzen den lebenden Wirt. Es ist äußerlich meist nicht sichtbar und dient der Nährstoffaufnahme, um Fruchtkörper oder Fortpflanzungsorgane zur Sporenbildung hervorzubringen.

myzet..., myzeto..., Wortbildungselement, →myko...

Myzetismus, die →Pilzvergiftung.

Myzetome, Sg. **Myzetom** *das, -s,* **Pilz|organe,** bei Insekten vorkommende Organe, meist in der Leibeshöhle des Abdomens gelegen, die speziell der Unterbringung von Symbionten dienen. M. können bis zu sechs unterschiedl. Symbiontentypen beherbergen, wobei die Symbionten nicht unbedingt ausschließlich Pilze sind.

Myzostomida, wiss. Name der →Saugmünder.

Mzab, M'Zab [mz-] *der,* Oasenregion in Algerien, in der nördl. Zentralsahara, ein felsiges, vegetationsloses Kalktafelhochland, durchschnitten von den netzartigen Wadis des Oued M.; umfasst fünf im 11. Jh. angelegte Oasenstädte (›Pentapolis‹) mit dem zentralen Ort Ghardaïa und der heiligen Stadt Beni Isguen, ferner Melika, Bou Noura und El Ateuf; Reste einer ehem. bedeutenden Oasenwirtschaft. Das Tal des M. wurde zum UNESCO-Weltkulturerbe erklärt. Neuerdings Verdrängung der landwirtschaftl. Bewirtschaftung im Talboden durch Siedlungsexpansion; vier der fünf Städte (außer El Ateuf) sind zu einer Agglomeration zusammengewachsen. Am Rande der Hochfläche Industriebetriebe. – Bewohner sind die etwa 120 000 **Mozabiten (Beni M.),** Nachfahren einer Gruppe von Rustamiden (Dynastie von Imamen der frühislam. Sekte der Ibaditen, →Charidjiten). Die berber. Mozabiten haben ihre asket., patriarchal. Theokratie mit der Tebria (eine Art Gesetzesrat) bewahrt, ebenso Sprache, Bauformen, Brauchtum und Kunsthandwerk (Töpfer-, Messingwaren, Schmuck, Teppiche), und bilden eine religiöse und soziale Elitekaste. Sie erschlossen den M. mit rd. 4 000 Brunnen (Norias, Ziehbrunnen, Foggaras, 8–71 m tief, heute meist mit Motorpumpen betrieben) und kontrollierten jahrhundertelang den Saharahandel (Sklaven, Gold, Elfenbein); sie beherrschen heute den Transsahara-Lastwagenverkehr. Viele Männer arbeiten in Handel, Industrie und Handwerk der nordalgerischen Städte (regelmäßige Rückkehrpflicht zur Familie spätestens alle 2 Jahre).

Mzcheta [mtsx-], Stadt in Georgien, am Aragwi nordwestlich von Tiflis, etwa 8 000 Ew. – 1937 begannen systemat. Ausgrabungen der antiken Stadt und der befestigten Akropolis. Entdeckt wurde u. a. ein Frauengrab (2. Jh.) mit reichen Beigaben. Aus der nahe gelegenen Nekropole mit Plattengräbern und monolith. Sarkophagen stammen Totenschleier, bedeckt mit gestanzten Goldplättchen, Silber- und Bronzegefäße und die Grabplatte einer Prinzessin mit ihrem Namen in aramäischer und griech. Schrift. Aus späterer Zeit stammen die befestigte Dschwari-Kirche (586/87–604/05), die Sweti-Zchoweli-Kathedrale (1010–29; Freskenmalereien aus dem 11. Jh.) und das Samtawro-Kloster (um 1030; alle UNESCO-Weltkulturerbe). – Entstanden in der 2. Hälfte des 1. Jt. v. Chr., war M. bis ins 5. Jh. n. Chr. Hauptstadt des ostgeorg. Reiches Kartli. Auch im MA. war es ein bedeutendes Handelszentrum und – als Sitz des Katholikos der Georgier (seit dem 6. Jh.) – Mittelpunkt des religiösen Lebens.

Mzuzu [engl. əm'zu:zu:], Stadt in Malawi, Verw.-Sitz der Nordregion, 1 250 m ü. M. auf dem nördlichen Vipya-Plateau, 62 700 Ew.; kath. Bischofssitz; Extraktion von Tungöl (nordöstlich von M.); Flugplatz.

N

N, n, 1) der vierzehnte Buchstabe des dt. u. a. Alphabete (im Lateinischen der dreizehnte), ein Konsonant mit dem Lautwert eines dentalen Nasals [n], z. T. auch vor [g] und [k] oder, wie im Deutschen und Englischen, eines velaren Nasalkonsonanten [ŋ]. Der Buchstabe kommt auch in Verbindung mit diakrit. Zeichen vor, z. B. als ń [ɲ] im Polnischen, als ñ [ɲ] im Spanischen und als ň [ɲ] im Tschechischen.
2) N, Abk. für Norden.
3) *Chemie:* 1) **n-**, Abk. für normal, d. h. unverzweigt, in der Nomenklatur der →Alkane; 2) **n** oder auch *n*, in chem. Formeln Angabe für eine unbestimmte Anzahl von Atomen, z. B. C_nH_{2n+2}, n = 1, 2, 3, ...; 3) **n** oder auch **N**, Symbol für die →Normalität einer Lösung; 4) **N**, Symbol für das Element →Stickstoff.
4) *Einheitenzeichen:* N für das →Newton.
5) *Formelzeichen:* 1) *n* für Brechzahl, Drehzahl, Stoffmenge, Teilchenzahldichte; 2) *N* für die Neutronenzahl eines Kerns oder Nuklids; 3) N_A für die Avogadro-Konstante.
6) *Münzkunde:* N auf frz. Münzen als Zeichen der Münzstätte Montpellier (1540–1794), auf ital. Münzen 1861–67 für Neapel, auf dt. Münzen im 17./18. Jh. zeitweise für Wiener Neustadt, Neuburg (Oberpfalz), Nürnberg, Nördlingen, Northeim und Neuenstein.
7) *Nationalitätszeichen:* N für Norwegen.
8) *Physik:* **n** Symbol für →Neutron.
9) *Vorsatzzeichen:* **n** für →Nano-.
Na, chem. Symbol für das Element →Natrium.
NA, Nationalitätszeichen für Niederländ. Antillen.
Naab *die,* linker Nebenfluss der Donau, Bayern, 165 km lang; entsteht aus den Quellflüssen Fichtel-, Haide- und Wald-N.; mündet 5 km westlich von Regensburg.
Naaldwijk ['na:ltwɛik], Gem. in der Prov. Südholland, Niederlande, 28 500 Ew.; Gartenbauversuchsanstalt; Handelszentrum und Blumengroßmarkt im →Westland; Metallwaren-, elektrotechn. und Holz verarbeitende Industrie, Klebstoffherstellung.
Naantali, schwed. **Nådendal** ['noː-], Hafenstadt im Schärenhof SW-Finnlands, 17 km westlich von Turku, 12 300 Ew.; Badeort und Altersruhesitz; Erdölraffinerie und Wärmekraftwerk, Getreidemühle und Zuckerfabrik. – Spätgot. Klosterkirche, birgt u. a. einen Altar (Danziger Arbeit, 15. Jh.). – N. entstand um das 1443 gegründete Birgittenkloster.
Naarden ['naːrdə], Stadt in der Prov. Nordholland, Niederlande, im Gooi am Gooimeer, 16 500 Ew.; mit Bussum baulich zusammengewachsen; chem. Fabrik (Herstellung von Fruchtaroma), Metall-, feinmechan. und elektrotechn. Industrie; Landschaftspark **Naardermeer** (759 ha) mit vielen Naturdenkmälern. – Innerhalb der gut erhaltenen Festung, 1675–85 nach dem System von S. LE PRESTRE DE VAUBAN gebaut, ist das altertüml. Ortsbild bewahrt, das von der spätgot. Grote Kerk (14./15. Jh.) beherrscht wird; Renaissancerathaus mit Treppengiebeln (1601). – Die heutige Stadt entstand 1350–55 als Festung anstelle einer nordostwärts gelegenen Vorgängersiedlung, die vermutlich schon im 10. Jh. ein Vorort des fries. Nordgaus war. Vom 15. bis 17. Jh. blühte die Tuchindustrie. (BILD S. 316)

Naas [neɪs], irisch **An Nás** [ən 'naːs], Verw.-Sitz der Cty. Kildare, Rep. Irland, südwestlich von Dublin, 11 100 Ew.; Industriepark (u. a. mit Maschinenbau und elektrotechn. Industrie), Technologiepark.
Nabatäer, in der Antike mächtiger nordwestarab. Volksstamm, der im 6. Jh. v. Chr. nach →Edom einwanderte, im 5./4. Jh. v. Chr. sesshaft wurde und ein Königreich bildete. Urspr. Nomaden und Karawanenführer, wurden sie durch die Kontrolle der Handelswege von Südarabien nach dem Mittelmeergebiet allmählich auch politisch bedeutsam. Neben dem Handel betrieben die N. Bewässerungsfeldbau in den Lössgebieten des Negev. 312 v. Chr. wurden sie von dem Feldherrn ANTIGONOS I. MONOPHTHALMOS erfolglos bekämpft, bald danach dehnten sie ihre Macht nach Syrien aus, wo König ARETAS III. (87–62 v. Chr.) Damaskus eroberte. Handelsmetropole war Hegra (heute Madain Salih, Saudi-Arabien), Hauptstadt Petra, beides schwer zugängl. Wüstenstädte. TRAJAN wandelte das Königreich 106 n. Chr. zur röm. Prov. Arabia Petraea um. – Die N. schrieben ihre aramäische, stark arabisch gefärbte Sprache **(Nabatäisch)** in einer Variante der aramäischen Konsonantenschrift (→aramäische Sprache, →semitische Sprachen). Ihr oberster Gott war Dusares, unter den Göttinnen waren Allat und Uzza bes. wichtig. Kunst und Kultur standen stark unter hellenist. Einfluss.
A. NEGEV: Die N. in der Antike Welt, Jg. 7, Sonder-Nr. (1976); A. SCHMIDT-COLINET: Zur nabatäischen Felsnekropole von Hegra/Madain Salih in Saudi-Arabien, in: Antike Welt, Jg. 18, H. 4 (1987); U. LEVY: Die N. Versunkene Kultur am Rande des Hl. Landes (1996); Petra u. das Königreich der N., hg. v. M. LINDNER (⁶1997).
nabatäische Kunst, durch Ausgrabungen und Grabbauten bekannte Zeugnisse der Nabatäer im heutigen Jordanien und in Saudi-Arabien. In den von röm. Ruinen überlagerten und/oder von Sand verwehten und von Löss bedeckten Städten und den z. T. abseits gelegenen Tempeln der Nabatäer fanden erst teilweise Ausgrabungen statt. Im Hauran sind u. a. Bostra (→Bosra), Umm el-Djimal (das röm. Thantia?), Kanatha (heute Kanawat), die Tempel von Seeira (nabatäisch Shia) bei Suweida, Sur und Sahir, die großen Städte Gerasa und Petra zu nennen, im Negev im W des Reichs Elusa, Mampsis, Oboda (Avdat), Sobata, Nessana und Ruheibah, im zentralen Gebiet (Edom und Moab) die Tempel von Iram (heute Rum, Ram), über dem Wadi Rum (Ram) am Hang des Djebel Rum (Ram) erbaut, Kasr Rabba, Dibon und Khirbet et-Tannur (in einem Seitental des Wadi el-Hesa), ganz im S des Reichs im Hidjas Hegra (Egra; heute Madain Salih, auch El-Hegr). Nach dem Grundriss werden versch. Tempeltypen unterschieden, alle haben ein ›Theatron‹, einen Hof meist mit umlaufenden Säulengängen, an den Wänden an drei Seiten Bänke. Mit Ausnahme der östl. Tempel verfügen alle über Treppenhaustürme. Das ursprüngl. nabatäische Kapitell hat glatte Bossen und vorgezogene ›Hörner‹ an den Ecken; die Wände sind in sorgfältig bearbeitetem Quadermauerwerk errichtet. Neben den Tempelruinen von Petra, Shia, Khirbet et-Tannur, Iram u. a. Heiligtümern, die i. d. R. der Zeit um Christi Geburt

Nabb Nabburg – Nabelschnur

Naarden: Luftaufnahme der von Festungswällen umgebenen Stadt

Nabelmiere: Moosartige Nabelmiere (Höhe bis 20 cm)

angehören, sind es v. a. Hunderte von Felsengräbern, die mit ihren aus dem Sandstein herausgehauenen Fassaden einen Eindruck von nabatäischer Baukunst vermitteln. Bei den architekton. Fassaden der Zinnen- und Stufengräber von Hegra nimmt ein hohes Tor zw. Pfeilern einen Großteil der Fassade ein; im westlich orientierten Petra kamen seit dem 1. Jh. v. Chr. hellenistisch-röm. Tempelgräber hinzu (Grabanlage El-Chasne; BILD →Felsengräber). Die Götterbilder aus dem Heiligtum von Khirbet et-Tannur stehen in Bildschema und Frontalität der parth. Kunst Palmyras und Hatras nahe. Die feine nabatäische Keramik (Fundort Oboda) ist mit pflanzl. Motiven bemalt.
Literatur →Nabatäer.

Nabburg, Stadt im Landkreis Schwandorf, Bayern, an der Naab, 407 m ü. M., 6200 Ew.; Oberpfälzer Freilandmuseum Neusath-Perschen, Museum der heim. Tierwelt; Metall-, Kunststoffverarbeitung, Zinngießereien. – Kath. Pfarrkirche (1. Hälfte 14. Jh., später umgestaltet); Rathaus (16. Jh.); zahlr. ältere Wohnhäuser mit hohen Giebeln; von der ehem. Stadtbefestigung blieben Dechanthof- und Pulverturm sowie Ober- und Mähntor erhalten. – Die 929 erstmals erwähnte Siedlung erhielt 1296 Stadtrecht.

Nabe, der Teil des Rades, mit dem es auf der Welle oder auf dem Zapfen sitzt. Die Verbindung einer Welle oder eines Zapfens mit der N. und die Kraftübertragung zw. beiden kann entweder durch einen Reibungswiderstand erfolgen, der durch Aufpressen, Aufklemmen, besondere Spannelemente (z. B. Spannhülse, Ringfeder) oder Kegelsitz erzeugt wird, oder durch →Formschluss, d. h. bestimmte Formgebung (z. B. Kegel- oder Stirnverzahnung) oder ›Mitnehmer‹-Elemente (z. B. Passfedern, Querstifte).

Nabel, 1) *Anatomie:* →Nabelschnur.
2) *Botanik:* das →Hilum.

Nabelbruch, Nabelhernie, durch den Nabelring (Annulus umbilicalis) als Bruchpforte hindurchtretender Eingeweidebruch (→Bruch), der an einer Vorwölbung des Nabels erkennbar ist. N. entwickeln sich meist bei einem Ausbleiben des Verschlusses der ›Nabellücke‹ in der Bauchwand nach der Geburt. Sie können durch Drucküberlastung im Bauchraum (Schreien, Husten, Bauchpresse) an Größe zunehmen, bilden sich jedoch meist innerhalb des ersten Lebensjahres von selbst zurück.

Nabel der Erde, mythisch begründete religionsgeograph. Mittelpunktsvorstellung, die viele Völker mit hl. Stätten, Kultorten oder Berggipfeln verbanden. In Griechenland galt der kultisch verehrte →Omphalos als Mittelpunkt der Erde, in Rom der ›Nabel der Stadt Rom‹ (›umbilicus urbis Romae‹) auf dem Forum Romanum. Auf Erdkarten erscheint bis ins 18. Jh. Jerusalem als Mittelpunkt der Welt.

Nabel|entzündung, Omphalitis, von der Nabelwunde des Neugeborenen ausgehende, durch Infektionen hervorgerufene Entzündung des Nabels und seiner Umgebung; eine gefährl. Komplikation stellt das Eindringen der Erreger über die frisch veröddeten Nabelgefäße in die Bauchhöhle dar. Die *Behandlung* erfolgt mit Antibiotika.

Nabelflechten, Schirmflechten, Umbilicariaceae, Laubflechten mit scheibenartigem Thallus, der mit einem ›Nabelstrang‹ auf kalkarmen Steinen befestigt ist; im Hochgebirge und in der Arktis.

Nabelfleck, *Botanik:* die →Chalaza.

Nabelmiere, Moehringia [mø-], Gattung der Nelkengewächse mit etwa 25 Arten in den temperierten Gebieten der Nordhalbkugel; zarte Kräuter mit weißen Blüten; z. T. Zierpflanzen; z. B. **Moosartige N.** (Moos-N., Moehringia muscosa, Höhe bis 20 cm), moosartig, Rasen bildend, mit fadenförmigen Blättern und kleinen, weißen Blüten.

Nabelschnur, Nabelstrang, Funiculus umbilicalis, strangartige Verbindung zw. dem Embryo und dem Mutterorganismus beim Menschen und bei allen plazentalen Säugetieren. Die N. entsteht aus dem Allantoisstiel, der im Verlauf der Entwicklung vom Rücken an die Bauchseite des Embryos (**Bauchstiel**) gelangt und sich dort eng an den Dottersackstiel anlegt. Beide Strangbildungen verkleben miteinander zur N. und werden vom Amnionepithel umhüllt. Nach Rückbildung des Dottersacks und seiner Blutgefäße sowie der Allantois enthält die N. am Ende der Schwangerschaft nur noch auf die Allantoisgefäße zurückgehende **N.-Gefäße (Umbilikalgefäße),** d. h. die beiden **Nabelarterien (Umbilikalarterien;** mit sauerstoffarmem, zum Mutterkuchen zurückfließendem

nabatäische Kunst: Fassaden von Felsengräbern in Hegra, Saudi-Arabien

Blut) und die →Nabelvene, die von einem gallertigen Bindegewebe, der **Wharton-Sulze,** umgeben sind.

Beim *Menschen* ist die vom Amnion umhüllte N. zum Zeitpunkt der Geburt etwa 50–60 cm lang, bis 2 cm dick und meist spiralig gedreht. Nach der Geburt, dem →Abnabeln und dem Abfallen des N.-Restes bleibt an der Bauchseite des Neugeborenen eine narbig verwachsene Grube zurück, der **Nabel** (Umbilicus, Omphalos).

N.-Komplikationen können auftreten, z. B. durch eine **N.-Umschlingung** um Körper, Hals, Arme oder Beine. Ein solches Ereignis ist zwar bei jeder 4.–5. Entbindung zu beobachten, wird aber erst dann gefährlich, wenn dadurch die N. relativ zu kurz und durch Zug und Druck der Blutfluss in der N. behindert wird. Beim **N.-Vorfall** rutscht eine N.-Schlinge bei gesprungener Fruchtblase vor den vorangehenden Kindsteil, sodass es bei bestehender Wehentätigkeit zur Kompression der N. zw. vorangehendem Teil und Becken kommt. Bei einem **echten N.-Knoten,** der durch Hindurchschlüpfen des Feten durch eine N.-Schlinge entsteht, kann es durch Zuziehen derselben zur Unterbrechung der N.-Durchblutung kommen. Ein **falscher N.-Knoten** ist eine ungefährl. Anomalie der N.-Gefäße mit knäuelförmiger Schlingenbildung. Eine **zu kurze N.** kann beim Tiefertreten des vorangehenden Teils, v. a. in der Austreibungsphase, so in die Länge gezogen werden, dass es zur Einengung der N.-Gefäße und zur Zirkulationsstörung kommt.

Nabelschweine, Pekaris, Tayassuidae, Familie schweineähnl. Paarhufer; mit verkümmertem Schwanz und kurzem, vorn spitz zulaufendem Kopf; eine unter dem langborstigen Fell verborgene Rückendrüse (›Nabel‹) sondert ein stark riechendes Sekret ab; Gesichtssinn außerordentlich schwach, Geruchssinn sehr gut entwickelt. Zwei Arten: **Halsbandpekari** (Tayassu tajacu), bis 90 cm lang; in Mexiko, Zentral- und Südamerika; **Weißbartpekari** (Tayassu albirostris), bis fast 1,2 m lang; in Zentral- und Südamerika.

Nabelvene, Umbilikalvene, Vena umbilicalis, vom Mutterkuchen in der →Nabelschnur zum Fetus verlaufendes Blutgefäß, das im Unterschied zu den beiden muskelstarken Nabelarterien dünnwandig ist. In der N. wird sauerstoff- und nährstoffreiches Blut vom Mutterkuchen, unter teilweiser Umgehung der Leber über einen Verbindungsgang (Ductus venosus Arantii), in die untere Hohlvene des Fetus transportiert. – Durch Punktion kann bei der Pränataldiagnostik fetales Blut entnommen werden oder bei rhesusfaktorbedingter Blutgruppenunverträglichkeit (→Neugeborenengelbsucht) schon intrauterin eine Bluttransfusion erfolgen. Über die N. wird auch die →Austauschtransfusion vorgenommen.

Nabereschnyje Tschelny, 1982–86 **Breschnew, Brežnev** [-ʒ-], Stadt in Tatarstan, Russ. Föderation, an der unteren Kama, (1997) 527 100 Ew. (1959: 16 000 Ew.); TH und PH; großer Kama-Autowerk-Komplex mit sieben Teilwerken (›KAMAS‹; etwa 150 000 Beschäftigte), 1969–76 für den Lastkraftwagen-, Dieselmotoren- und Panzerbau errichtet (heute auch Bau von Autobussen und PKW). Bei N. T. liegt der Unterkama-Stausee (→Kama).

Nabert [naˈbεːr], Jean, frz. Philosoph, *Izeaux (Dép. Isère) 27. 6. 1881, †Loctudy (Dép. Finistère) 13. 10. 1960; war 1908–39 Gymnasiallehrer, ab 1940 Lehrbeauftragter an der Sorbonne. N. gehörte (mit L. Lavelle und R. Le Senne) der Pariser Veröffentlichungsgemeinschaft ›Philosophie de l'Esprit‹ an, deren Publikationen eine auf Maine de Biran zurückgehende spiritualist. Tradition frz. Denkens fortsetzten. N. behandelt in seinen vornehmlich ethisch-religiösen Schriften die Frage nach der transzendentalphilosoph. Bedeutung von existenziell-negativen Gefühlen des Menschen (Schuld, Scheitern, Einsamkeit).

Werke: L'expérience intérieure de la liberté (1924); Éléments pour une éthique (1943); Essai sur le mal (1955); Le désir de Dieu (hg. 1966).

J. Baufay: La philosophie religieuse de J. N. (Namur 1974); P. Naulin: Le problème de Dieu dans la philosophie de J. N. (Clermont-Ferrand 1980); W. Kirchgessner: Die Bewegung der Reflexion in der Ethik J. N.s (Diss. Mainz 1983).

Nabeul [naˈbœl], Marktstadt und Seebad in NO-Tunesien, 69 km südöstlich von Tunis, an der S-Küste der Halbinsel Kap Bon, am Golf von Hammamet, 52 000 Ew.; Verw.-Sitz des Gouvernorats N.; Kunsthandwerk (Keramik-, Steinmetz-, Kunstschmiede-, Stickereiarbeiten), Parfümherstellung; Badetourismus; in der Umgebung Bewässerungsfeldbau (Obst, Gemüse). – N. wurde Anfang des 17. Jh. von aus Spanien vertriebenen Morisken 2 km nördlich des karthag. und röm. **Neapolis** gegründet.

Nabelschweine: Halsbandpekari (Kopf-Rumpf-Länge bis 90 cm)

Nabigha [-ga], Adh Dhubjani **an-N.,** arab. Dichter des 6. Jh.; seine Lob- und Trauergedichte auf die Fürsten von Hira und deren Feinde in N-Syrien, die Ghassaniden, gehören zu den Meisterwerken vorislam. Poesie.

Nabis [naˈbiː; zu hebr. nâvî ›Prophet‹], eine Gruppe überwiegend frz. Maler um P. Sérusier, zu der v. a. M. Denis, P. Bonnard, K.-X. Roussel und P. Ranson sowie zeitweilig auch A. Maillol, É. Vuillard und F. Vallotton gehörten. Die N. entfalteten zw. 1888 und 1905 ihre wesentl. künstlerischen Aktivitäten in Anlehnung an den zeitgenöss. literarischen Symbolismus. Ihre Malerei war von P. Gauguin sowie É. Bernard und der Schule von Pont-Aven beein-

Nabis: Édouard Vuillard, ›Die Unterhaltung; Die Ammen; Der Sonnenschirm‹; drei Folgen aus der neunteiligen Serie ›Im Park‹; 1894 (Paris, Musée d'Orsay)

Franz Nabl

flusst, aber auch von P. CÉZANNE, O. REDON, P. PUVIS DE CHAVANNES und der jap. Holzschnittkunst. Ihren stilistisch uneinheitl. Bildern (auch Grafiken, Bildteppiche, Theaterdekorationen) ist eine großzügige Erfassung von Formzusammenhängen und v. a. eine ausgeprägte Tendenz zum Dekorativen gemeinsam. Veröffentlichungsorgan der Gruppe war v. a. die ab 1889 erscheinende Zeitschrift ›La Revue Blanche‹.

Die N. u. ihre Freunde, bearb. v. H. FUCHS u. a., Ausst.-Kat. (1963); U. PERUCCHI-PETRI: Die N. u. Japan (1976); N. u. Fauves. Zeichnungen, Aquarelle, Pastelle aus Schweizer Privatbesitz, hg. v. U. PERUCCHI, Ausst.-Kat. (Zürich 1982); Die N. Propheten der Moderne, hg. v. C. FRÈCHES-THORY u. U. PERUCCHI-PETRI, Ausst.-Kat. Kunsthaus Zürich. (1993).

Nabl, Franz, österr. Schriftsteller, *Loučeň (bei Nimburg) 16. 7. 1883, †Graz 19. 1. 1974; knüpft formal an die Erzähltradition des 19. Jh. an und zeigt ein ausgeprägt psycholog. Interesse an den dargestellten Personen. Die bes. in den Romanen ›Ödhof‹ (1911, 2 Bde.) und in der Erzählung ›Der Fund‹ (1937) sichtbare Anlehnung an Positionen C. R. DARWINS und F. W. NIETZSCHES ermöglichten die Indienstnahme N.s durch die natsoz. Propaganda. Als Dramatiker fand N. in den 20er-Jahren mit seinen am Naturalismus orientierten Stücken (›Requiescat...‹, 1920; ›Trieschübel‹, 1925; ›Schichtwechsel‹, 1928) Anklang.

Ausgabe: Ausgew. Werke, 4 Bde. (1966).
Über F. N., hg. v. K. BARTSCH u. a. (Graz 1980).

Nabla|operator [griech. nábla(s), Name eines Saiteninstruments], Formelzeichen ∇, ein symbol. Vektor, dessen Einführung Berechnungen in der Vektoranalysis vereinfacht. In dreidimensionalen kartes. Koordinaten gilt

$$\nabla = \left(\frac{\partial}{\partial x}, \frac{\partial}{\partial y}, \frac{\partial}{\partial z}\right) = \frac{\partial}{\partial x}e_x + \frac{\partial}{\partial y}e_y + \frac{\partial}{\partial z}e_z,$$

wobei e_x, e_y, e_z die Einheitsvektoren sind.

Die Anwendung des N. auf eine skalare Größe $f(x, y, z)$ ergibt den Gradienten ∇f; das Skalarprodukt mit einem Vektorfeld $\boldsymbol{v}(x, y, z)$ liefert die Divergenz div $\boldsymbol{v}$, das Vektorprodukt die Rotation rot $\boldsymbol{v}$. Der dem Skalarprodukt nachgebildete Operator ∇^2 ergibt den →Laplace-Operator $\Delta = \nabla^2 = \nabla \cdot \nabla$. – Der N. lässt sich auf n Dimensionen verallgemeinern.

Nablus, Nabulus, Stadt im Westjordanland, an einem wichtigen Passübergang des Berglandes von Samaria, 570 m ü. M., rd. 70 000 Ew.; Verw.-Sitz des Distr. N.; Konserven- und Baustoffindustrie, Zündholzfabrik; Al-Kebir-Moschee (1168). – Als **(Flavia) Neapolis** 72 n. Chr. westlich von Sichem gegr.; wurde 636 arabisch (seitdem N.), erneut 1187, seit dem 16. Jh. (bis 1918) osmanisch; gehörte 1918/20–48 zum brit. Mandatsgebiet Palästina (1936 Ausgangspunkt des arab. Aufstandes) und kam 1948 an (Trans-)Jordanien. Seit 1967 unter israel. Verw., erhielt N. zum 12. 12. 1995 Autonomie (Übergabe an die Palästinens. Behörde).

Nabob [engl.] *der*, -s/-s, seit dem 18. Jh. in Europa Bez. für den Angehörigen des in Indien reich gewordenen Geldadels, geht auf den ind. Titel →Nawab zurück; danach allg. Bez. für einen sehr reichen Mann.

Nabokov [engl. nəˈbəʊkəf, nəˈbɔːkəf], **1)** Nicolas (Nikolai), amerikan. Komponist russ. Herkunft, *Ljubtscha (Gebiet Grodno) 17. 4. 1903, †New York 6. 4. 1978, Vetter von 2); studierte in Moskau, Berlin (F. BUSONI) und Paris, war nach seiner Emigration 1933 Dozent an versch. amerikan. Univ., 1963–68 künstler. Leiter der Berliner Festwochen; ab 1970 Prof. für Ästhetik an der New York State University in Buffalo. Seine Kompositionen (u. a. Oper ›The holy devil‹, 1958, Neufassung als ›Der Tod des G. Rasputin‹, 1959) gehören zur nationalruss. Schule.

2) Vladimir, russ. **Wladimir Wladimirowitsch Nabokow,** amerikan. Schriftsteller russ. Herkunft, *Sankt Petersburg 23. 4. 1899, †Montreux (Schweiz) 2. 7. 1977, Vetter von 1); die 1919 emigrierte 1919 nach Großbritannien. Nach dem Studium in Cambridge (1919–22) lebte er bis 1937 in Berlin. Über Paris wanderte er 1940 in die USA aus (Einbürgerung 1945) und war 1948–59 Prof. für russ. und europ. Lit. an der Cornell University. Zuletzt lebte er als freier Schriftsteller in der Schweiz. – Die erste Phase seines Schaffens umfasst Gedichte, Kurzgeschichten und Romane in russ. Sprache, die er unter dem Pseud. **V. Sirin** veröffentlichte. Die zweite Phase begann in den USA mit engl. Publikationen, von denen bes. seine stilistisch brillanten psycholog. Romane (u. a. ›Bend sinister‹, 1947; dt. ›Das Bastardzeichen‹) Anerkennung fanden. Aufsehen erregte Nabokovs Roman ›Lolita‹ (1955; dt.), der sexuelle Normen und Verhaltensweisen in den USA satirisch durchleuchtet. N.s Werke zeichnen sich durch parodist. Elemente, raffinierte Sprachspiele, komplexe Strukturen und Skepsis gegenüber einer als unsicher empfundenen Wirklichkeit aus. Der experimentelle Roman ›Pale fire‹ (1962; dt. ›Fahles Feuer‹) ist ein Vexierspiel mit versch. Realitätsebenen; in ›Ada. Or ardor: a family chronicle‹ (1969; dt. ›Ada oder das Verlangen‹) reflektiert N. im Rahmen der Chronik einer inzestuösen Liebe über die existenziellen Probleme von Liebe, Raum und Zeit. N. übersetzte literar. Werke aus dem Russischen und Englischen; seit 1986 auch in der Sowjetunion gedruckt.

Weitere Werke: *Romane:* Mašen'ka (1926; dt. Maschenka); Korol', dama, valet (1928; dt. König, Dame, Bube); Zaščita lužina (1930; dt. Lushins Verteidigung); Kamera obscura (1932; dt. Gelächter im Dunkel); Otčajanie (1936; dt. Verzweiflung); Priglašenie na kazn' (1938; dt. Einladung zur Enthauptung); Volšebnik (1939; dt. Der Zauberer); The real life of Sebastian Knight (1941; dt. Das wahre Leben des Sebastian Knight); Dar (entst. 1937, gedr. 1952; dt. Die Gabe); Pnin (1957; dt.); Transparent things (1972; dt. Durchsichtige Dinge); Look at the harlekins! (1974; dt. Sieh doch die Harlekins!). – *Erzählungen:* Nine stories (1947); Vesna v Fial'te. I drugie rasskazy (1956; dt. Frühling in Fialta); Nabokov's dozen (1958). – *Essays:* Lectures on literature (1980; dt. Die Kunst des Lesens. Meisterwerke der europ. Lit.); Lectures on Russian literature (1980; dt. Die Kunst des Lesens. Meisterwerke der russ. Lit.). – *Erinnerungen:* Conclusive evidence (1951; erw. Fassung 1964 u. d. T. Speak, Memory; dt. Sprich, Erinnerung, sprich).

Ausgaben: Sobranie sočinenij, auf zahlr. Bde. ber. (1986 ff.); Selected letters 1940–77, hg. v. D. NABOKOV u. a. (1989). – Ges. Werke, hg. v. D. E. ZIMMER, auf zahlr. Bde. ber. (1989 ff.).

N. Criticism, reminiscences, translations and tributes, hg. v. A. APPEL u. a. (Evanston, Ill., 1970); E. PIFER: N. and the novel (Cambridge, Mass., 1980); N. The critical heritage, hg. v. N. PAGE (London 1982); D. E. MORTON: N. (a. d. Amerikan., 1984); R. HOF: Das Spiel des unreliable narrator. Aspekte unglaubwürdigen Erzählens im Werk von V. N. (1985); A. FIELD: V. N. The life and art of V. N. (New York ³1986); M. JULIAR: V. N. A descriptive biography (ebd. 1986); V. N., hg. v. H. BLOOM (ebd. 1987); L. TOKER: N. The mystery of literary structures (Ithaka, N. Y., 1989); B. BOYD: V. N., 2 Bde. (Princeton, N. J., 1990–91); G. BARABTARLO: Aerial view. Eassays on N.'s art and metaphysics (New York 1993); B. NOSSIK: V. N. Die Biogr. (a. d. Russ., 1997).

Nabonid, babylon. **Nabu-naid,** letzter babylon. König (555–539 v. Chr.), wuchs in Harran (Karrhai) auf, wurde als älterer Mann von den Priestern des Marduk zur Herrschaft berufen, kam aber bald wegen seiner Vorliebe für den Mondgott Sin seiner Heimatstadt mit ihnen in Konflikt. Trotz seines Versuchs, Arabien in ein Verteidigungssystem gegen die Achaimeniden einzubeziehen, konnte er auch nicht gegen KYROS II., D. GR., behaupten, der Babylon 539 eroberte und N. gefangen nahm.

Nabopolassar [griech.], babylon. **Nabu-apla-usur** [›(Gott) Nebo schütze den Erbsohn‹], König von Babylon (626–605 v. Chr.), erster Herrscher aus dem Stamm der Chaldäer, urspr. assyr. General; besiegte mithilfe der Meder die Assyrer (Fall von Ninive 612) und schuf das neubabylon. (chaldäische) Reich, das er über Mesopotamien hinaus nach Syrien und Palästina

Vladimir Nabokov

(Sieg seines Sohnes, des späteren NEBUKADNEZAR II., über den ägypt. König NECHO II. in der Schlacht bei Karkemisch 605 v. Chr.) ausdehnte.

Nabta, Region mit zahlr. prähistor. Funden in der Libyschen Wüste in S-Ägypten nahe der Grenze zur Rep. Sudan. Es handelt sich hierbei um ein ehem. Seebecken (etwa 100 km^2). Die neolith. Funde von N. weisen auf frühe Sesshaftigkeit, Haustierhaltung und Ackerbau ab dem Ende des 7. Jt. v. Chr. hin.

NABU, Abk. für den →Naturschutzbund Deutschland e. V.

Nabucco, eigtl. **Nabucodonosor**, Oper von G. VERDI, Text von T. SOLERA; Uraufführung 9. 3. 1842 in Mailand.

Nabuchodonosor, in der Septuaginta und Vulgata →Nebukadnezar.

Nabulus, Stadt im Westjordanland, →Nablus.

NAC [engl. eneɪˈsiː], Abk. für **North Atlantic Council** [nɔθ ətˈlæntɪk ˈkaʊnsl], der Nordatlantikrat (→NATO).

Nacala, Hafenstadt an der Küste von N-Moçambique, am Ind. Ozean, einer der besten Naturhäfen Afrikas; 125 200 Ew.; kath. Bischofssitz; Zementfabrik, Schälanlage für Cashewnüsse. Über den Hafen von N. wird der Transitverkehr für Malawi (Bahnverbindung seit 1970) abgewickelt.

Nach|ahmung, 1) *allg.:* das möglichst genaue Kopieren einer Sache, eines Sachverhaltes oder einer Person; auch der kopierte Gegenstand selbst.

2) *Ästhetik:* als Begriff der Literatur, Philosophie und Musik →Imitation, →Mimesis.

3) *Psychologie* und *Verhaltensforschung:* **Imitation**, Übernahme von Verhaltensweisen (Bewegungen, Lautäußerungen) eines Lebewesens durch ein anderes aufgrund von Beobachtungen beim Menschen auch aufgrund einer entsprechenden mündl. oder schriftl. Überlieferung. In der Verhaltensforschung wird auch von einem N.-Trieb gesprochen, wobei das nachgeahmte Lebewesen zum Auslöser für die Reaktion des imitierenden Lebewesens wird. Es ist zu unterscheiden zw. unwillkürl. N. (→Carpenter-Effekt) und willkürl. N. Die N. ist bes. wichtig im Kindesalter für das Erlernen von Tätigkeiten und für den Spracherwerb. Als bewusstes und aktives Sichangleichen ist N. ein Grundphänomen des sozialen Lebens des Menschen. – Bei *Tieren* kommt N. z. B. bei manchen Singvögeln vor, die während der Jugendentwicklung in einer Prägungsphase in ihren Reviergesang Teile des Gesangs von Männchen der gleichen Art oder auch von solchen anderer Arten einfügen (z. B. das ›Spotten‹ des Gelbspötters). Auch Papageien und Rabenvögel können artfremde Laute, z. B. auch Worte der menschl. Sprache, nachahmen. Menschenaffen lernen wie Menschen durch Nachahmung. (→Mimikry)

4) *Recht:* Die N. oder Nachbildung fremder Produkte ist rechtlich nicht verboten, wenn sie nicht durch Sondergesetz geschütztes Rechtsgut verletzt, so z. B. beim Urheberrecht, Geschmacksmuster, Gebrauchsmuster, Patent. Die N. fremder Kennzeichnungen und Arbeitsergebnisse kann auch →unlauteren Wettbewerb sein, wenn in sittenwidriger Weise das in ›seiner Art eigene‹ Erzeugnis eines anderen nachgeahmt wird. Derartige verbotene N. können auch strafbar sein und verpflichten zum Schadensersatz (→Plagiat, →Produktpiraterie). Von **Nachbildungen** spricht man bes. im Bereich der bildenden und angewandten Kunst; sie sind rechtlich Vervielfältigungen des Originalwerkes und bedürfen, wenn dieses geschützt ist, der Genehmigung des Urhebers.

Nachbar, *Mathematik:* Ein Element a einer geordneten Menge $(M, <)$ heißt unterer N. von $b \in M$, wenn $a < b$ gilt und es kein $c \in M$ gibt mit $a < c < b$. Analog wird der Begriff oberer N. definiert. Ein oberer N. von $b \in M$ heißt auch unmittelbarer **Nachfolger** von b; ein unterer N. entsprechend unmittelbarer **Vorgänger**. In algebraischen Strukturen sind die **Atome** die oberen N. des Nullelementes.

Nachbarbestäubung, Botanik: →Fremdbestäubung.

Nachbar|recht, im *bürgerl. Recht* diejenigen Rechtssätze, die das Recht des Eigentümers, andere von jeder Einwirkung auf sein Grundstück auszuschließen, im Interesse benachbarter Grundstückseigentümer beschränken (v. a. §§ 906 ff. BGB), bes. die Bestimmungen über Immissionen, Überbau, Notweg, Grenzen und Grenzabstände. Vielfach gilt Landesrecht. Als besondere Ausprägung des Grundsatzes von Treu und Glauben verpflichtet das ›nachbarl. Gemeinschaftsverhältnis‹ jeden Nachbarn, aus den Umständen der nachbarl. Gegebenheiten heraus die gebotene und zumutbare Rücksicht auf die Nachbarschaft zu üben. Soweit das N. nicht gesetzlich geregelt ist, kann das nachbarl. Gemeinschaftsverhältnis bestehende Rechte beschränken oder Ansprüche auf bestimmtes Handeln oder Unterlassen geben.

Das *österr.* Recht kennt ähnl. Grundsätze; es versteht unter N. die aus dem Verhältnis der Grundnachbarschaft entspringenden Eigentumsbeschränkungen (§§ 340–343, 364 ff. ABGB). – Auch das *schweizer.* Recht weist ähnl. Bestimmungen auf (Art. 679, 684–698 ZGB); doch bleiben den Kantonen wesentliche rechtl. Befugnisse.

Im *öffentl. Recht* sind bes. die Vorschriften des Bauordnungsrechts mit nachbarschützenden Normen durchsetzt. Nach Landesrecht müssen i. d. R. Baupläne den Eigentümern benachbarter Grundstücke vorgelegt werden, um ihnen Einwendungen im Baugenehmigungsverfahren zu ermöglichen.

W. DEHNER: N. im Bundesgebiet (ohne Bayern). Komm. (^{6}1982); Nachbarschutz im Bau-, Umwelt- u. Zivilrecht. Planung, Genehmigung, Abwehr u. techn. Regelwerke, hg. v. N. BIRKL, Losebl. (1987 ff.); J. MACHUNSKY: Krieg der Gartenzwerge. Ein unterhaltsames N.-Lex. (Neuausg. 1992).

Nachbarschaftshilfe, 1) *Sozialwesen:* insbesondere von den freien Wohlfahrtsverbänden organisierte Hilfe und Unterstützung für alte, bedürftige, kranke und gebrechl. Menschen.

2) *Wirtschaft:* Form der →Schattenwirtschaft.

Nachbeben, →Erdbeben.

Nachbelichtung, *Fotografie:* Setzt man vorbelichtetes fotograf. Material einer diffusen gering intensiven Lichteinwirkung aus **(diffuse N.)**, treten unterschiedl. fotograf. Effekte (→Herschel-Effekt, →Latensifikation u. a.) auf. Beim Vergrößern dient die **partielle N.** von im Negativ zu stark gedeckten Bildstellen der Kontrastreduzierung.

Nachbesserung, im Werkvertragsrecht (→Werkvertrag) die auf Verlangen des Bestellers erfolgte Beseitigung eines Mangels des bestellten Werkes durch den Werkunternehmer, dem auch die Kosten für Transport, Arbeit und Material zur Last fallen. Erfolgt die N. nicht fristgerecht, kann der Besteller →Wandlung oder →Minderung verlangen (§§ 633, 634 BGB). Häufig wird auch beim Kauf in AGB anstelle des Rechts des Käufers auf Wandlung oder Minderung ein Recht auf N. vereinbart.

Nachbestattung, Vorgeschichtsforschung: Bez. für die im Verhältnis zum Zentralgrab in einem Grabhügel stratigraphisch jüngere Bestattung. Die N. wird streng von ein- oder mehrmaligen Wiederbelegungen in Kollektivgräbern unterschieden.

Nachbild, das Nachwirken des Bildes eines etwa 30 s betrachteten Gegenstands, jedoch in umgekehrten Farb- und Helligkeitswerten **(negatives N., Sukzessivkontrast)**, wenn dieser selbst nicht mehr wahrgenommen wird; beruht vermutlich auf einer örtl. Umstimmung sowie auf Regenerationsprozessen der Netzhaut im Auge. Die kurze Fortdauer der Nervenerregung kann auch **positive** N. hervorrufen (Nachempfindung). Nach intensiven Reizen kann es wechselnd zu positiven und negativen N. kommen; krankhafte anhaltende N. treten z. B. bei Aderhautentzündung auf.

Nachbildung, *Recht:* →Nachahmung.

Nachbörse, Wertpapiergeschäfte oder Kursschätzungen nach Ende der offiziellen Börsenzeit (Teil des Freiverkehrs). Die N. gibt Hinweise auf Kurstendenzen am folgenden Tag; die Kursnotierungen der N. werden über elektron. Informationsdienste und in den Wirtschaftszeitungen veröffentlicht. Außerhalb der offiziellen Börsenzeit werden Wertpapiere meist telefonisch zw. Banken gehandelt (→Telefonhandel); in jüngster Zeit gewinnt das →IBIS, das einen dezentralen nachbörsl. Handel per Computer bis 17^{00} Uhr ermöglicht, an Bedeutung. (→Börsen)

Nachbrenner, →Nachverbrennung.

nach dato, auf Wechseln (Datowechseln) stehender Vermerk (z. B. zwei Wochen n. d.), demzufolge die Leistung (insbesondere die Wechselsumme) eine bestimmte Zeit nach Ausstellung fällig wird.

Nachdichtung, freie Übersetzung und Bearbeitung einer fremdsprachl. Dichtung; Nachschöpfung.

Nachdruck, 1) der Druck einer unveränderten Nachauflage eines Werkes **(Reprint),** meist auf photomechan. Wege, wenn die Filme oder der Bleisatz nicht mehr vorhanden sind; 2) die unberechtigte Vervielfältigung eines bereits gedruckt vorliegenden Werkes **(Raubdruck).** Dieser N. wurde bis in das 20. Jh. v. a. dadurch begünstigt, dass es kein international verbindl. →Urheberrecht gab.

Nach|eile, im *Strafprozessrecht* (§ 167 Gerichtsverfassungs-Ges.) die Befugnis der Polizeibeamten der (Bundes-)Länder, die Verfolgung eines Flüchtigen auf das Gebiet eines anderen Bundeslandes fortzusetzen. Der Ergriffene ist unverzüglich an das nächste Gericht oder die nächste Polizeibehörde des Landes seiner Ergreifung abzuführen. Über die Grenzen der Bundesrepublik hinaus dürfen die Polizeibeamten des Bundes und der Länder nach Art. 40 Abs. 1 Schengener Durchführungsübereinkommen (SDÜ) vom 19. 6. 1990 bei auslieferungsfähigen Straftaten die Observation eines Verdächtigen auf dem Hoheitsgebiet einer anderen Vertragspartei (derzeit Beneluxstaaten, Frankreich, Griechenland, Italien, Österreich, Portugal und Spanien, wobei jedoch Griechenland, Italien und Österreich das Übereinkommen noch nicht in Kraft gesetzt haben) fortsetzen, sofern diese einem vorher gestellten Rechtshilfeersuchen zugestimmt hat. Ohne eine derartige vorherige Zustimmung darf nach Art. 40 Abs. 2 SDÜ eine Observation über die Grenzen hinweg nur bei besonders schweren Straftaten und bei besonderer Dringlichkeit der Angelegenheit fortgesetzt werden. Die Bundesrepublik hat in ihrer Erklärung zu Art. 41 Abs. 9 SDÜ Frankreich und den Beneluxstaaten unter Einräumung des Festhalterechts mittlerweile gestattet, die Befugnis der N. ohne räuml. und zeitl. Begrenzung für alle auslieferungsfähigen Straftaten auszuüben. – Eine gesetzl. Regelung der N. trifft auch die *österr.* StPO (§§ 414 f.).

Im *Völkerrecht* umfasst N. das Recht eines Küstenstaates, Rechtsverletzungen (z. B. Piraterie, Flaggenmissbrauch), die in seinen Küstengewässern oder in seiner Wirtschaftszone begangen wurden, auch auf hoher See zu verfolgen.

Nach|eiszeit, *Geologie:* das →Holozän.

Nach|erbe, derjenige, der kraft Verfügung von Todes wegen nach einem anderen, dem **Vorerben,** zum Erben berufen ist (§§ 2100 ff. BGB). Der N. erhält die Erbschaft erst mit dem Ereignis, an das die Nacherbschaft geknüpft ist **(Nacherbfall),** z. B. die Wiederverheiratung oder den Tod des Vorerben. Vorher hat er ein vererbl. und übertragbares Anwartschaftsrecht, sofern der Erblasser nichts anderes bestimmt hat. Das Recht des N. auf Erbschaft ist durch Beschränkungen des Verfügungsrechtes des Vorerben über bestimmte Nachlassgegenstände (z. B. bei Rechten an Grundstücken durch grundbuchl. N.-Vermerk), Verbot von Schenkungen aus dem Nachlass und die Verpflichtung des Vorerben zu ordnungsgemäßer Verwaltung gesichert (§§ 2113–2123, 2130 BGB), es sei denn, der Erblasser hat den Vorerben durch Verfügung von Todes wegen von Beschränkungen befreit (›befreite Vorerbschaft‹, § 2136 BGB). Verfügt der Vorerbe entgeltlich über Nachlassgegenstände, so fällt das Entgelt (z. B. der erhaltene Preis) in den Nachlass (Surrogation, § 2111 BGB). Verletzt der Vorerbe zum Nachteil des N. seine Verpflichtungen, macht er sich diesem gegenüber ersatzpflichtig. Der N. ist Erbe des Erblassers, nicht des Vorerben; dieser kann ihm daher die Erbschaft nicht durch Testament entziehen; anderes gilt nur dann, wenn der N. vom Erblasser unter der Bedingung eingesetzt ist, dass der Vorerbe nicht anders verfügt. Von der Nacherbschaft sind die Regelungen des →Berliner Testaments zu unterscheiden. – Auch das *österr.* ABGB (§§ 604 ff., gemeine und fideikommissar. Substitution) sowie das *schweizer.* Recht (Art. 488 ff. ZGB) kennen die Nacherbschaft.

Nachfahrentafel, *Genealogie:* die →Enkeltafel.

Nachfolgebanken, Bez. für die insgesamt 30 im Zuge der Entflechtung und Dekonzentration nach dem Zweiten Weltkrieg entstandenen Nachfolgeinstitute der drei Großbanken Dt. Bank, Dresdner Bank und Commerzbank. Die N. waren selbstständig tätig unter Aufsicht eines Treuhänders, der von der Militär-Reg. eingesetzt wurde. 1952 verschmolzen die N. zu insgesamt neun Instituten (je drei für eine Großbank). 1957/58 kam es wieder zu einer Verschmelzung der entsprechenden N. zur Dt. Bank AG, Dresdner Bank AG und Commerzbank AG.

Nachfolge Christi, lat. **Imitatio Christi,** auf dem Modell prophet. Rufes (z. B. 1. Kön. 19, 19 ff.) basierende Berufung durch JESUS zur umfassenden, vom ganzen Leben getragenen Teilhabe am Dienst für das nahende Reich Gottes (Mk. 1, 16–20; 8, 34–9, 1; 10, 28; Lk. 14, 25–35); seit urchristl. Zeit eine Grunddimension christl. Existenzweise. In der Armutsbewegung des MA. (bes. bei den Franziskanern) gewann die N. C. einen sozialen Akzent. Im Gefolge der Reformation wurde N. C. als Frucht der Rechtfertigung im Alltag verstanden; starke Betonung erfuhr sie im Pietismus und seit dem 19. Jh. (z. B. S. KIERKEGAARD; Leben-Jesu-Darstellungen). In der ev. Theologie des 20. Jh. hob bes. D. BONHOEFFER die N. C. als Konsequenz christl. Existenz hervor, die im Dienst für die anderen glaubwürdig JESUS CHRISTUS bezeugt. In der jüngsten Theologiegeschichte verstehen sich (nicht unbestritten) bes. die →politische Theologie und die →Befreiungstheologie als zeitgemäße Interpretationen der neutestamentl. Forderung der N. C. – Wichtig für die Erbauungsliteratur ist das aus dem Geist der →Devotio moderna entstandene, THOMAS VON KEMPEN zugeschriebene Werk ›Nachfolge Christi‹, in dem eine personale myst. Form des Sichversenkens in Gestalt und Weg CHRISTI beschrieben wird.

H. D. BETZ: Nachfolge u. Nachahmung Jesu Christi im N. T. (1967); R. SCHNACKENBURG: N. C. – heute (^{3}1980); E. BEST: Disciples and discipleship (Edinburgh 1986); D. BONHOEFFER: Nachfolge (^{16}1987).

Nachfolgeklausel, eine Vereinbarung im Gesellschaftsvertrag einer Personengesellschaft dahingehend, dass nach dem Tod eines Gesellschafters dessen Erben, ein einzelner oder mehrere Miterben oder ein Nichterbe (Dritter) in die Gesellschafterstellung des Erblassers einrücken sollen. Man unterscheidet die einfache N., die eine Fortsetzung der Gesellschaft mit allen Erben vorsieht, und die qualifizierte oder beschränkte N., nach der nur einer oder nur bestimmte Miterben in die Gesellschaft einrücken sollen. Durch die N. wird der Gesellschafteranteil vererblich gestellt.

Nachfolger, *Mathematik:* i. e. S. ein oberer →Nachbar; i. w. S. ein Element b einer geordneten Menge M, wenn für ein $a \in M$ gilt $a < b$; a ist dann ein **Vorgänger** von b. Die N.-Relation ist bes. charakteristisch für die natürl. Zahlen; sie nimmt im Rahmen der Peano-Axiome eine wichtige Stellung ein. Da jede natürl. Zahl einen unmittelbaren N. besitzt und die unmittelbaren N. verschiedener natürl. Zahlen niemals gleich sind, ist die Menge der natürl. Zahlen unendlich.

Nachfolgestaaten, Sukzessionsstaaten, im Völkerrecht Bez. für Staaten, die unter Übernahme von Folgelasten im Bereich eines früheren Staates entstanden oder erhebl. Teile von ihm übernahmen.

N. in diesem Sinne waren nach dem Ersten Weltkrieg die auf dem Boden Österreich-Ungarns neu entstandenen souveränen Staaten (Österreich, Tschechoslowakei und Ungarn) sowie die durch Gebiete Österreich-Ungarns erheblich erweiterten Staaten (Jugoslawien, Polen, Rumänien). Ausgangspunkt für die Entstehung der N. auf dem Boden Österreich-Ungarns war 1918 der ungelöste Nationalitätenkonflikt. Mit dem ›Völkermanifest‹ vom 16. 10. 1918 suchte Kaiser KARL I. vergeblich, den Zerfall seines Reiches durch dessen Umwandlung in einen Bundesstaat (auf der Basis von Nationalitäten für die einzelnen Völkerschaften) aufzuhalten (→Österreich, Geschichte). Die Grenzen der N. wurden durch die Friedensverträge von Saint-Germain-en-Laye (10. 9. 1919) und Trianon (4. 6. 1920) festgelegt. Je nach Anteil am Staatsgebiet Österreich-Ungarns mussten die N. einen Anteil an dessen Staatsschuld übernehmen. – Ein weiteres Beispiel für N. sind die aus den Unionsrepubliken der Sowjetunion hervorgegangenen unabhängigen Republiken, die sich mehrheitlich in der →Gemeinschaft Unabhängiger Staaten (GUS) zusammenschlossen.

Nachfrage, *Wirtschaft:* Gesamtmenge der Güter, Dienstleistungen oder Faktorleistungen (z. B. Arbeits-N., Kapital-N.), die die Käufer (Nachfrager) auf einem Markt abnehmen wollen. Die N.-Menge ändert sich theoretisch gegenläufig zum Preis: Steigenden Preisen sind sinkende N.-Mengen zugeordnet und umgekehrt. Bei anomaler (inverser) Reaktion der N. ändert sich die N.-Menge gleichläufig mit dem Preis: Steigenden Preisen sind steigende N.-Mengen zugeordnet und umgekehrt (→Veblen-Effekt).

In der Wirtschaftstheorie werden diese Preis-Mengen-Beziehungen mithilfe der **N.-Kurve** dargestellt. Die N.-Kurve auf einem Gütermarkt ergibt sich aus der Zusammenfassung der individuellen N.-Kurven der privaten Haushalte, die aus den Indifferenzkurven abgeleitet werden. Die von einem Haushalt nachgefragte Gütermenge wird v. a. bestimmt vom Preis dieses Gutes, vom Preis anderer Güter, von den Präferenzen für dieses Gut und andere Güter und vom Einkommen. Der fallende Verlauf der N.-Kurve auf einem Gütermarkt liegt darin begründet, dass ein steigender Marktpreis die Haushalte veranlasst, ihre N. entweder einzuschränken oder ganz auf das Gut zu verzichten. Der Schnittpunkt von Angebots- und Nachfragekurve zeigt den tatsächlich zustande kommenden Marktpreis und die tatsächlich am Markt umgesetzte Menge eines Gutes. **N.-Elastizität** ist das Verhältnis der prozentualen Mengenveränderung der Nachfrage zu einer (sie auslösenden) prozentualen Preisänderung (→Elastizität). Ursachen für Verschiebungen der N.-Kurve sind u. a. Veränderungen der Bedürfnisstruktur und des Einkommens. Eine Rechtsverschiebung (Linksverschiebung) der N.-Kurve bedeutet, dass die Nachfrager insgesamt zu dem jeweiligen Preis mehr (weniger) kaufen wollen. Die N. wird begrenzt durch den Prohibitivpreis, zu dem kein Nachfrager mehr bereit ist, das Gut zu kaufen, und durch die Sättigungsmenge, diejenige N.-Menge angibt, die ein Haushalt bei einem Preis von null nachfragt. – Die **gesamtwirtschaftliche N.** umfasst die N. der privaten Haushalte nach Konsumgütern, die N. der Unternehmen nach Investitionsgütern, die N. des Staates nach Gütern und Dienstleistungen sowie die N. des Auslands. Die Analyse der gesamtwirtschaftl. N. liefert Ansatzpunkte für wirtschaftspolit. Maßnahmen, z. B. im Rahmen der Fiskalpolitik.

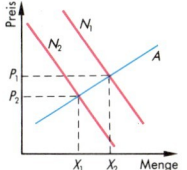

Nachfrage: Vergrößerung (Verringerung) der Nachfrage bei konstantem Angebot bewirkt steigenden (sinkenden) Marktpreis; N_1, N_2 Nachfragekurven, A Angebotskurve, X_1, X_2 Menge in Gütereinheiten, P_1, P_2 Preis in Geldeinheiten

Nachfragemacht, Nachfragermacht, *Wettbewerbspolitik:* die Möglichkeit eines Nachfragers gegenüber einem Anbieter, für diesen nachteilige Bedingungen durchzusetzen, z. B. Erzwingung niedrigerer Preise oder günstigerer Zahlungsbedingungen durch die Drohung, anderenfalls die Geschäftsbeziehung zu beenden. Über derartige N. verfügen v. a. große Handelsunternehmen. Die reale Tatsache der N. ist streng vom →Ausbeutungsmissbrauch zu trennen.

nachfrageorientierte Wirtschaftspolitik, Nachfragepolitik, wirtschaftspolit. Konzept, das im Ggs. zur →angebotsorientierten Wirtschaftspolitik in der gesamtwirtschaftl. Nachfrage die Schlüsselgröße zur Beeinflussung von Beschäftigung und Wirtschaftswachstum sieht. Arbeitslosigkeit und Wachstumsschwäche können nach Auffassung der in der Tradition des →Keynesianismus stehenden n. W. nur durch Stimulierung der Gesamtnachfrage mittels expansiver Geld- oder Fiskalpolitik überwunden werden.

Nachfrist, *Recht:* eine Frist, die bei gegenseitigen Verträgen der eine Vertragsteil dem anderen setzen kann, wenn dieser eine fällige Leistung nicht erbracht hat. Mit der Fristsetzung muss der Gläubiger die Erklärung verbinden, dass er nach Fristablauf die Annahme der Leistung ablehnen werde (N.-Setzung mit Ablehnungsandrohung, § 326 BGB). Die N. ist entbehrlich, wenn der Schuldner die Erfüllung ernstlich und endgültig verweigert oder die Erfüllung des Vertrages für den Gläubiger infolge des Verzugs ohne Interesse ist (z. B. bei Saisonarbeiten). Nach erfolglosem Fristablauf ist der Gläubiger berechtigt, Schadensersatz wegen Nichterfüllung zu verlangen oder vom Vertrag zurückzutreten.

Nachgebühr, Nach|entgelt, ein vom Empfänger für nicht oder nur unzureichend freigemachte gewöhnl. Briefe und Postkarten sowie für nicht freigemachte Pakete zu zahlender Betrag, der sich aus dem fehlenden Entgelt und einem Einziehungsentgelt (früher: Einziehungsgebühr) zusammensetzt.

Nachgeburt, *Frauenheilkunde:* →Geburt.

nachgelassene Werke, urheberrechtlich geschützte Werke, die während der Dauer des an ihnen bestehenden Urheberrechts nicht erschienen, sowie nicht geschützte Werke, die innerhalb von 70 Jahren nach dem Tode ihres Urhebers nicht erschienen sind. Der Herausgeber der Erstausgabe n. W. kann hierfür ein →Leistungsschutzrecht beanspruchen; es ist übertragbar und erlischt 25 Jahre nach Erscheinen des Werkes oder, wenn die öffentl. Wiedergabe früher erfolgt ist, 25 Jahre nach dieser (§ 71 Urheber-Ges.).

Nachhall, das Abklingen des Schalls in einem geschlossenen Raum nach Ende der Beschallung (d. h. auch in Beschallungspausen). Der N. hängt von vielen Faktoren ab, u. a. von der Gesamtinnenfläche des Raums (Wände und Gegenstände) und seinem Volumen, dem Schallabsorptionsgrad im Raum sowie der

Feuchtigkeit und Temperatur der Luft (und damit deren Dämpfungseigenschaften). Die **N.-Zeit,** eine wichtige Kenngröße der Raumakustik, ist definiert als das Zeitintervall, in dessen Verlauf die Schallenergiedichte im Raum auf den zehnmillionsten Teil abnimmt. Praktisch wird i. Allg. der Schalldruckpegel gemessen, und die N.-Zeit ist die Zeitdauer, in der dieser um 60 dB abfällt. – Bei zu kurzer N.-Zeit wirkt eine Schalldarbietung (z. B. Sprache, Musik) leer und flach, bei zu großer N.-Zeit ist der N. störend. (→Anhall)

Nachhall|erzeugung, Verhallung, *Elektroakustik:* das Erzeugen eines künstl. Nachhalls bei Tondarbietungen (bes. mit elektron. Instrumenten) zur Verbesserung der Klangqualität oder zum Hervorrufen eines bestimmten Verfremdungseffekts, z. B. bei Hörspielen. Die N. kann in einem →Hallraum stattfinden, das verhallte Signal wird über ein Mikrofon wieder aufgenommen und dem Original zugemischt. Das Tonsignal kann aber auch über ein dynam. Erregersystem einer **Hallplatte, -folie** oder einer Federkombination (**Hallfedern, -spirale**) zugeführt werden und diese in Schwingung versetzen. Durch unterschiedlich lange Schalllaufzeiten in Verbindung mit mehrfachen Reflexionen an den Platten- bzw. Folienrändern oder Federenden treten verzögerte Schallanteile auf, die nach der Rückwandlung in ein Tonsignal als Nachhall wirken. Vielfach werden elektron. Nachhallgeräte verwendet, die das Tonsignal entweder in analoger Form (z. B. mithilfe eines speziellen Tonbandgeräts) verhallen oder zunächst in ein digitales Signal umwandeln, das mithilfe eines Mikrorechners so bearbeitet wird, dass es nach der Rückwandlung in ein analoges einen Nachhall besitzt.

Schlüsselbegriff

nachhaltige Entwicklung, Leitbild der Umwelt- und Entwicklungspolitik, das eine Integration beider Bereiche zum Ziel hat. Im dt. Sprachraum als Bez. für das ressourcenökonom. Prinzip der Forstwirtschaft des 18. Jh. entstanden, kommt n. E. seit den 1980er-Jahren die oben genannte breitere Bedeutung zu. Als eine der zahlr. dt. Übersetzungen des im internat. Raum geprägten Begriffs *Sustainable Development* wird n. E. heute allg. als ein globaler Zivilisationsprozess interpretiert, der die Lebenssituation der heutigen Generation verbessert (Entwicklung) und gleichzeitig die Lebenschancen künftiger Generationen nicht gefährdet (Erhalt der Umwelt). Über Konkretisierungen und Umsetzungsmöglichkeiten von n. E. herrschen im wiss. und polit. Raum sehr unterschiedl. Auffassungen.

Historische Wurzeln: Nachhaltigkeit in der deutschen Forstwirtschaft

Im dt. Sprachraum verwendete man den Begriff **Nachhaltigkeit** erstmals in der Forstwirtschaft des 18. Jh. (HANS CARL VON CARLOWITZ [* 1645, † 1714], 1713). Zu Beginn des 19. Jh. wurde Nachhaltigkeit zum Prinzip des Waldbaus erklärt. Landwirtschaftl. Aktivitäten (Streunutzung und Niederwaldbetrieb) sowie zunehmender industrieller Holzbedarf (Berg- und Hüttenwerke, Eisenhämmer) hatten zu einer Übernutzung der Wälder geführt. Angesichts der knapper werdenden Holzbestände wurde unter *nachhaltiger Forstwirtschaft* zunächst eine Bewirtschaftungsweise verstanden, die auf einen möglichst hohen und dauerhaften Holzertrag der Wälder abzielte. Um diesen zu gewährleisten, sollte pro Jahr nicht mehr Holz geschlagen werden als nachwächst. Dieser rein ressourcenökonom. Interpretation wurden noch im 19. Jh. Vorstellungen von Nachhaltigkeit entgegengesetzt, die sich auf sämtl. Funktionen des Waldes bezogen. So hielten die von dem damaligen Leiter der preuß. Staatsforstverwaltung OTTO VON HAGEN formulierten ›Allgemeinen Wirtschaftsgrundsätze‹ (1894) fest, dass mit dem Wald keine reine Gewinnwirtschaft zu betreiben sei, sondern seine Bewirtschaftung dem Allgemeinwohl zu dienen hätte, was u. a. die Aufrechterhaltung der Schutzfunktion des Waldes erfordere. In der forstwirtschaftl. Praxis haben sich solche Ansätze lange nicht durchsetzen können. Nicht standortgerechte Baumarten und Monokulturen beherrschen heute noch das Erscheinungsbild der Wälder. Erst in jüngster Zeit gewinnen Bewirtschaftungsformen wie der *naturnahe Waldbau* an Bedeutung, die den Erhalt sämtl. Funktionen des Waldes zum Ziel haben.

Begriffliche Verallgemeinerung: Integration von Umwelt- und Entwicklungsidee

Ihre heute weit über die Forstwirtschaft hinausgehende Bedeutung verdankt die Idee der n. E. der internat. Umwelt- und Entwicklungsdiskussion, die in den späten 60er- und frühen 70er-Jahren in der westl. Welt an gesellschaftl. Relevanz gewann.

Diese Entwicklung kulminierte im Jahr 1972, als gleichzeitig die erste große UN-Umweltkonferenz in Stockholm abgehalten, das Umweltprogramm der Vereinten Nationen (UNEP) gegründet und der erste Bericht an den Club of Rome ›Grenzen des Wachstums‹ (Meadows-Studie) veröffentlicht wurden. Diese auf einem Computermodell basierende Studie kam zu dem Ergebnis, dass eine Fortschreibung von Bev.-Wachstum, Ressourcenausbeutung und Umweltverschmutzung im Laufe der nächsten hundert Jahre zu einem ökolog. Kollaps – und in der Folge zu wirtschaftl. Niedergang und Bev.-Schwund – führen müsse. Um diesem vorzubeugen, müsse ein Nullwachstum von Bev.-Zahl und Industriepotenzial angestrebt werden.

In den westl. Gesellschaften stieß die Studie auf ein breites und überwiegend zustimmendes Echo. Harte Kritik oder gar strikte Ablehnung wurde seitens der Entwicklungsländer geäußert, die ihr elementares Bedürfnis nach wirtschaftl. Entwicklung bedroht sahen. Eine ähnl. Haltung nahmen die traditionellen Wirtschaftswiss. ein, die mit Entschiedenheit die Thesen der modernen Wachstumstheorie vertraten, nach der schwindende Rohstoffreserven hinreichend durch andere Produktionsfaktoren wie Arbeit oder materielles Kapital (z. B. Industrieanlagen) substituiert werden könnten.

Den wahrscheinlich wichtigsten Impuls zur globalen Integration von Umwelt- und Entwicklungskonzepten lieferte die 1983 unter dem Vorsitz der norweg. Ministerpräsidentin GRO HARLEM BRUNDTLAND eingesetzte *UN-Kommission für Umwelt und Entwicklung* mit der Vorlage des Berichts ›Our Common Future‹ (›Brundtland-Report‹, 1987). Die mit Politikern und Wissenschaftlern aus Industrie- und Entwicklungsländern besetzte Kommission prägte den Begriff *Sustainable Development* für eine Entwicklung, ›die die Bedürfnisse der Gegenwart befriedigt, ohne zu riskieren, dass künftige Generationen ihre eigenen Bedürfnisse nicht befriedigen können‹. Die dt. Ausgabe des Berichts übersetzt Sustainable Development mit *dauerhafter Entwicklung*. Nicht zuletzt wegen der histor. Wurzeln in der dt. Forstwirtschaft hat sich jedoch in der Folge n. E. als Übersetzung durchgesetzt. In den 90er-Jahren erschienene Berichte sprechen auch von *tragfähiger, dauerhaft umweltgerechter* oder *zukunftsfähiger Entwicklung*. Erstmals in einem internat. Dokument war 1980 von Sustainable Development die Rede. Die gemeinsam von IUCN (International Union for the Conservation of Nature), WWF

(World Wildlife Fund, heute Worldwide Fund for Nature) und UNEP veröffentlichte *World Conservation Strategy* interpretierte den Begriff jedoch primär ökologisch, indem sie den Erhalt von Ökosystemen in den Vordergrund stellte. Die Brundtland-Kommission rückte deutlich von dieser westl. Naturschutzperspektive ab und betonte die Berechtigung der Entwicklungsinteressen der Länder des Südens. Erstmals definierte sie n. E. in einem sozioökonom. Kontext. Erfolgreiche Bekämpfung der Armut, Befriedigung von Grundbedürfnissen sowie ausreichendes Wirtschaftswachstum wurden als Voraussetzung für phys. Nachhaltigkeit eingestuft. Betont wurde jedoch auch die entgegengesetzte Argumentationsrichtung: Phys. Nachhaltigkeit sei ihrerseits Voraussetzung für eine langfristige wirtschaftl. und soziale Entwicklung. Um all dies zu erreichen, sei eine verstärkte internat. Kooperation zw. Nord und Süd nötig, die auf weltweites Wachstum bei gleichzeitig freieren und gerechteren Handelsbeziehungen angelegt ist. Das große Verdienst der Brundtland-Kommission besteht nicht zuletzt darin, dass sie die Diskussion über n. E. aus einzelnen Fachgremien heraus auf die Ebene multilateraler Politik gehoben hat und die Entwicklungsländer dabei in konstruktiver Weise mit einbezogen wurden. Kritik aus ökolog. Perspektive traf jedoch die Empfehlung der Kommission, dass eine global n. E. hauptsächlich durch verstärktes Wirtschaftswachstum – gerade auch in den Industrieländern (›Engine-of-Growth-Theorie‹) – und die Entwicklung neuer Technologien erreicht werden müsse. Der vom Wachstumszwang ausgehende Druck auf die natürl. Ressourcen wurde nicht ausreichend problematisiert und die von der Meadows-Studie aufgeworfene Frage nach der Tragfähigkeit des herrschenden Entwicklungsmodells nicht ernsthaft aufgenommen.

Gesellschaftlicher Durchbruch: Der Erdgipfel von Rio und seine Folgen

An weltweiter Publizität gewann die Idee einer n. E. durch die 1992 in Rio de Janeiro abgehaltene UN-Konferenz für Umwelt und Entwicklung (UNCED, Erd-, Rio- oder Umweltgipfel). An dieser waren 178 Staaten, von denen mehr als 100 ihr Staatsoberhaupt entsandten, beteiligt. Dass die Konferenz trotz z. T. ergebnisloser Vorbereitungstreffen nicht ohne Erfolge endete, wurde v. a. auf die außergewöhnl. Verhandlungsatmosphäre (›Geist von Rio‹) und das besondere Engagement einzelner Staaten und Staatengruppen zurückgeführt sowie auf die umfangreiche Medienberichterstattung (in Nord und Süd) im Vorfeld der Konferenz, die den polit. Druck auf die Entscheidungsträger erhöhte.

Auf dem Erdgipfel wurden folgende Dokumente unterzeichnet:

1) die *Klimarahmenkonvention* mit dem Ziel einer ›Stabilisierung der Treibhausgasemissionen in der Atmosphäre auf einem Niveau, auf dem eine gefährl. anthropogene Störung des Klimasystems verhindert wird‹;

2) die *Konvention über biolog. Vielfalt (Biodiversitätskonvention)* mit dem Ziel der ›Erhaltung der biologischen Vielfalt, der nachhaltigen Nutzung ihrer Bestandteile und der gerechten Aufteilung der sich aus der Nutzung der genetischen Ressourcen ergebenden Vorteile‹;

3) die *Walderklärung* mit dem Ziel ›zur Bewirtschaftung, Erhaltung und n. E. der Wälder beizutragen und deren vielfältige und sich gegenseitig ergänzenden Funktionen und Nutzungen zu sichern‹;

4) die *Rio-Deklaration* mit 27 Grundsätzen zu Umwelt und Entwicklung, worin u. a. festgehalten wird, dass ›das Recht auf Entwicklung so erfüllt werden muss, dass den Entwicklungs- und Umweltbedürfnissen heutiger und künftiger Generationen in gerechter Weise entsprochen wird‹ und dass ›angesichts der unterschiedl. Beiträge zur Verschlechterung der globalen Umweltsituation die Staaten gemeinsame, jedoch unterschiedl. Verantwortung tragen. Die entwickelten Staaten erkennen ihre Verantwortung an, die sie beim weltweiten Streben nach n. E. im Hinblick auf den Druck, den ihre Gesellschaften auf die globale Umwelt ausüben, sowie im Hinblick auf die ihnen zur Verfügung stehenden Technologien und Finanzmittel tragen‹.

5) Die *Agenda 21*, ein umfangreiches Aktionsprogramm für das 21. Jh. In 40 Kapiteln werden dort Handlungsfelder einer globalen n. E. abgesteckt sowie Fragen der Umsetzung, der Rolle von Akteuren und der Finanzierung behandelt. Beschlossen wurde die Neueinrichtung einer UN-Kommission für n. E. (UNCSD), die die Umsetzung der Agenda 21 begleiten und fördern soll. Die Finanzierung des Aktionsprogramms, dessen Kosten auf jährlich 600 Mrd. US-Dollar geschätzt wurden, soll durch die Einrichtung eines neuen Fonds bei der Weltbank (Global Environmental Facility, GEF) unterstützt werden. Die Entwicklungsländer erhalten in diesem Gremium erweiterte Mitbestimmungsrechte über die Verwendung der Gelder.

Für eine Einschätzung der Ergebnisse der Rio-Konferenz ist zunächst die Tatsache wichtig, dass keines der unterzeichneten Dokumente überprüfbare Verpflichtungen für die Vertragsstaaten enthält. Selbst die völkerrechtlich verbindl. Konventionen zum Schutz des Erdklimas und zum Erhalt der Biodiversität stellen Rahmenvereinbarungen dar, deren ultimative Ziele erst durch ergänzende Vereinbarungen (z. B. in Form von Protokollen mit konkreten Verpflichtungen) erreichbar werden. Gänzlich ohne völkerrechtl. Relevanz sind die Rio-Deklaration, die Walderklärung und auch die Agenda 21. Aufgrund nicht ausräumbarer Meinungsverschiedenheiten treffen insbesondere diese Dokumente zu Schlüsselproblemen oftmals unklare oder gar widersprüchl. Aussagen (z. B. zu Bev.-Wachstum, Schuldenproblematik, Umweltfolgen von Wirtschaftswachstum und intensiviertem Handel). Dieser Mangel wird auf die starre Haltung der Industrieländer zurückgeführt, die zwar ihre besondere Verantwortung sowohl für die Verursachung als auch für die Linderung globaler Umweltprobleme anerkannten, im Gegenzug jedoch nicht bereit waren, konkrete Zusagen für einen erweiterten Transfer von techn. und finanziellen Mitteln zu geben. Ein weiteres Entgegenkommen der Entwicklungsländer bei der Frage der Umweltverträglichkeit ihrer Entwicklung wurde dadurch erschwert, dass die Industrieländer nicht bereit waren, ihre eigenen Wirtschafts- und Konsummuster zum Gegenstand der Verhandlungen zu machen.

Trotz dieser Unzulänglichkeiten ging von der Rio-Konferenz ein Impuls für die internat. und für viele nat. Umwelt- und Entwicklungsdebatten aus. Der Begriff n. E. ist seit Mitte der 90er-Jahre Bestandteil von polit. Programmen, Unternehmensphilosophien und gesellschaftl. Diskursen.

In zahlr. Ländern wurden nat. Aktionsprogramme entwickelt (im Auftrag bzw. auf Initiative der Regierungen u. a. in den Niederlanden, Großbritannien, Österreich, der Schweiz, den USA; die EU-Kommission hatte bereits kurz vor der Rio-Konferenz ein Aktionsprogramm vorgelegt). Unter z. T. hoher Bürgerbeteiligung entstehen darüber hinaus eine wachsende Anzahl so genannter *Lokaler Agenden 21*, die den Beitrag der Kommunen zur Umsetzung der Rio-Beschlüsse konkretisieren sollen. Als bedeutende Stützen oder gar als Initiatoren dieser Prozesse erweisen sich in vielen Ländern die umwelt- und entwicklungsorientierten *Nichtregierungsorganisationen* (NGO).

Auf internat. Ebene war die Rio-Konferenz der Auftakt einer Serie von UN-Konferenzen, die sich direkt oder indirekt mit n. E. beschäftigten (u. a. die Weltbevölkerungskonferenz 1994 in Kairo und der Weltsozialgipfel 1995 in Kopenhagen). Parallel dazu richten sich die Bemühungen darauf, die auf der Rio-Konferenz unterzeichneten und mittlerweile in Kraft getretenen Konventionen (Klimarahmenkonvention und Biodiversitätskonvention) durch ergänzende Protokolle zu konkretisieren. So sind die Vertragsstaaten der Klimakonvention auf ihrer ersten Konferenz 1995 in Berlin übereingekommen, bis 1997 ein Protokoll zu entwickeln, das für die Industrieländer Mengenziele für die Emission des Treibhausgases Kohlendioxid enthält. Dieses Protokoll wurde auf der Klimakonferenz in Kyōto Ende 1997 rechtlich verbindlich verabschiedet, wenngleich die vereinbarte mengenmäßige Reduktion unter den Erwartungen der EU-Länder blieb.

Konkretisierung in der Diskussion

Die wachsende Diskrepanz zw. gesellschaftl. Verbreitung der Idee und unzureichender Umsetzung in prakt. Politik ist nicht zuletzt darauf zurückzuführen, dass eine allg. akzeptierte Operationalisierung von n. E. bisher nicht erreicht werden konnte.

Wie die bereits im Brundtland-Report formulierte Forderung nach der Bewahrung der Lebenschancen künftiger Generationen zu konkretisieren ist, wird v. a. in der Wirtschaftswiss. anhaltend kontrovers diskutiert. Die neoklass. Denkschule geht davon aus, dass ein schwindendes Naturkapital (z. B. in Form von Umweltschäden oder schrumpfenden Ressourcenvorkommen) für zukünftige Generationen hinnehmbar ist, wenn ein gleichwertiger Ersatz an produktivem Potenzial (z. B. in Form von Wissen und techn. Anlagen) geschaffen wird *(schwache Nachhaltigkeit)*. Demgegenüber vertreten die Anhänger einer ökolog. Ökonomie die Position, dass ein Ersatz von Natur- durch Humankapital nicht vollständig möglich ist, weil nachhaltiges Wirtschaften auf einen krit. Stock an Naturvermögen (z. B. in Form überlebenswichtiger Ökosystemfunktionen) nicht verzichten kann *(starke Nachhaltigkeit)*. Differenzen bestehen ebenfalls bei der Frage, wie heute verursachte, aber zukünftig auftretende Umweltschäden bzw. Ressourcenknappheiten zu bewerten sind.

In dem Maße, wie die Grenzen der Naturbelastung messbar und gleichzeitig gesellschaftlich anerkannt werden, gewinnt die Frage an Bedeutung, wie die begrenzten Möglichkeiten der Naturnutzung gerecht verteilt werden können. Da die Rio-Deklaration das souveräne Recht der Einzelstaaten betont, ihre eigenen Ressourcen zu nutzen, wird diese Frage v. a. für die anerkannten globalen Gemeinschaftsgüter (›global commons‹) wie z. B. die Atmosphäre oder die Ozeane diskutiert. Die ebenfalls in der Rio-Deklaration festgehaltene besondere Verantwortung der Industrieländer bei der Verursachung globaler Umweltprobleme fokussiert das Problem auf die Verteilung zw. Nord und Süd. Die dabei entstehende Frage der Gerechtigkeit wird von zahl. Kommentatoren so beantwortet, dass im Prinzip jeder Mensch weltweit das gleiche Recht hat, die globalen Gemeinschaftsgüter in nachhaltiger Weise zu nutzen. Dieser Interpretation wird entgegengehalten, dass sie regional unterschiedl. Bedürftigkeiten und kulturelle Besonderheiten ignoriere. Weitreichender ist der Einwand, dass neben den unterschiedl. Bedürftigkeiten auch das unterschiedl. Leistungsvermögen berücksichtigt werden müsse. Demnach sei das zulässige Nutzungsniveau eines Staates nicht nach der Größe seiner Bev., sondern nach seinem Beitrag zur globalen Wertschöpfung zu bestimmen.

Um die Konkretisierung des Nachhaltigkeitskonzepts voranzutreiben, wird in der Agenda 21 die Entwicklung von Indikatoren gefordert. Auf diese Weise sollen Fortschritte in Richtung Nachhaltigkeit messbar gemacht und Entscheidungen auf allen Handlungsebenen erleichtert werden. Der vereinbarte Text hält fest, dass die Quantifizierung des Bruttosozialprodukts sowie einzelner Ressourcen- bzw. Schadstoffströme dafür nicht ausreichend ist. Vielmehr müssten die wechselseitigen Abhängigkeiten zw. ökonom., ökolog. und sozialer Entwicklung bei der Indikatorenfindung berücksichtigt werden. Obwohl die Forschungsanstrengungen in diesem Bereich enorm zugenommen haben und das Thema eine hohe Priorität bei den Arbeiten der UNCSD hat, konnte bisher kein Konsens über ein Bündel allgemein verbindl. Kenngrößen für n. E. gefunden werden. Neuere Vorschläge laufen auf eine große Zahl von Indikatoren für die Einzelbereiche Soziales, Ökologie, Ökonomie und Institutionen hinaus, die jeweils untergliedert sind nach Ursache, Zustand und gesellschaftl. bzw. polit. Handeln. Vorschläge zur Integration der Einzelbereiche wie z. B. der ISEW (Abk. für engl. Index for Sustainable Economic Welfare, dt. ›Index für nachhaltige ökonom. Wohlfahrt‹) als Korrektiv zum ökonom. Leitindikator Bruttosozialprodukt haben sich bisher nicht durchsetzen können.

Umsetzungsstrategien: Bevölkerungskontrolle, Effizienz und Suffizienz

Es besteht heute ein weitgehender Konsens darüber, dass das ressourcenintensive Entwicklungsmodell des Nordens nicht auf die ganze Welt übertragen werden kann, wenn die natürl. Lebensgrundlagen erhalten werden sollen – schon gar nicht, wenn deren Bev. in den nächsten 50 Jahren wie vorhergesagt auf 8–12 Mrd. Menschen anwächst. Ein unverzichtbares Element einer global n. E. ist deshalb die Stabilisierung der Welt-Bev. Auf Grundprinzipien zur Erreichung dieses Ziels hat sich die Staatengemeinschaft auf der Weltbevölkerungskonferenz 1994 in Kairo geeinigt. Wichtige Schritte sind die Stärkung der Rolle der Frauen sowie die Bereitstellung neuer Mittel für Bildung und Gesundheitsfürsorge, bes. in den Entwicklungsländern mit rasch wachsender Bev. Doch selbst in einer Welt mit konstanter Bev.-Zahl kann nicht für alle Menschen das heute in den Industrieländern erreichte Niveau an Ressourcenverbrauch und Umweltbelastung als Maßstab gelten, wenn die Lebenschancen zukünftiger Generationen bewahrt werden sollen. Der wichtigste Beitrag der Industrieländer zu einer global n. E. besteht daher darin, ihre Lebens- und Wirtschaftsweise an die ökolog. Grenzen anzupassen.

Auf volkswirtschaftl. Ebene geht es darum, die Ressourcenintensität (z. B. Energie- oder Materialintensität) der Wertschöpfung zu verringern bzw. ihren Kehrwert, die Ressourcenproduktivität, zu erhöhen. Eine solche Entkopplung der allgemeinen Wirtschaftsentwicklung vom Ressourcenverbrauch wird oft als ›qualitatives Wachstum‹ bezeichnet. Sie kann zum einen dadurch erreicht werden, dass der Energie- und Materialbedarf von Herstellungsprozessen, Produkten und Dienstleistungen durch technolog. Innovationen gesenkt wird (Steigerung der Energie- bzw. Materialeffizienz). Darüber hinaus ist ein Wandel der gesamten Wirtschaftsstruktur möglich, die mit einer Schrumpfung ressourcenintensiver Branchen und einem Wachstum ressourcenextensiver Branchen einhergeht (›ökolog. Strukturwandel‹). Eine Strategie, die sich spezifischer auf einzelne Materialien, Emissionen und Abfälle bezieht, ist das *Stoffstrommanagement.* Hierunter wird die ganzheitl. Beeinflussung einzelner Stoffsysteme verstanden, die sich an ökolog., ökonom. und sozialen Zielen orientiert.

Bei den Umsetzungsinstrumenten für die Erhöhung der Ressourcenproduktivität spielen neben Verbesserungen im Umweltrecht ökonom. Instrumente eine wichtige Rolle. Dazu wird auch die Idee einer ›ökolog. Steuerreform‹ diskutiert. Neben anderen Varianten ist damit eine schrittweise Verteuerung knapper werdender natürlicher Ressourcen bei gleichzeitiger Verbilligung des Faktors Arbeit (durch Senkung der Lohnnebenkosten) gemeint.

Es ist fraglich, ob technolog. Verbesserungen und ökolog. Strukturwandel der Wirtschaft allein die Umwelt in ausreichendem Maße entlasten können. Zumindest die bisherige Erfahrung zeigt, dass diese Trends durch Bev.-Wachstum (v. a. in den Entwicklungsländern) oder Wachstum der Nachfrage (v. a. in den Industrie- und Schwellenländern) aufgezehrt werden. Neben der Forderung, die Effizienz des Ressourceneinsatzes zu steigern, wird deshalb die Frage nach dem rechten Maß der Ansprüche an die Versorgung mit Gütern und Dienstleistungen gestellt (Suffizienz). So fordert die Agenda 21 nicht nur andere Wirtschaftsstrukturen, sondern auch eine Veränderung der Konsumgewohnheiten *(nachhaltige Konsummuster)* und ordnet den Industrieländern dabei eine Führungsrolle zu. Obwohl die Regierungen der Industriestaaten dieser Formulierung in Rio zustimmten, kommt die Diskussion über ökologisch verträgl. Konsum- und Lebensstile in ihren Gesellschaften nur sehr mühsam in Gang. Dennoch ist die Ökologie in vielen Ländern der westl. Welt zum festen Bestandteil des Wertekanons geworden und beeinflusst in beträchtl. Maße sowohl das Kaufverhalten der Konsumenten als auch die Werbestrategien der Produzenten. Noch ungelöst ist jedoch die Frage, wie die empirisch belegte Lücke zw. gesellschaftl. Umweltbewusstsein und zielgerichtetem Umwelthandeln überbrückt werden kann.

Unsere gemeinsame Zukunft. Der Brundtland-Bericht. Weltkommission für Umwelt u. Entwicklung, hg. v. V. Hauff (a. d. Engl., 1987); W. M. Adams: Green development. Environment and sustainability in the Third World (London 1990, Nachdr. ebd. 1993); Der Erdgipfel. Perspektiven für die Zeit nach Rio, hg. v. W. Engelhardt u. H. Weinzierl (1993); The ›Earth Summit‹ agreements. A guide and assessment, Beitrr. v. M. Grubb u. a. (London 1993, Nachdr. ebd. 1995); H.-J. Harborth: Dauerhafte Entwicklung statt globaler Selbstzerstörung. Eine Einf. in das Konzept des ›sustainable development‹ (²1993); Der Planet als Patient, hg. v. W. Sachs (a. d. Engl., 1994); Die Grenzen des Wachstums. Bericht des Club of Rome zur Lage der Menschheit, Beitrr. v. D. L. Meadows u. a. (a. d. Amerikan., ¹⁶1994); Die Industriegesellschaft gestalten. Perspektiven für einen nachhaltigen Umgang mit Stoff- u. Materialströmen, hg. v. der Enquete-Kommission ›Schutz des Menschen und der Umwelt...‹ des 12. Dt. Bundestages (1994); D. Reid: Sustainable development. An introductory guide (London 1995); Umweltgutachten 1996, hg. vom Rat von Sachverständigen für Umweltfragen (1996); E. U. von Weizsäcker u. a.: Faktor Vier. Doppelter Wohlstand – halbierter Naturverbrauch (⁷1996); ders.: Erdpolitik (⁵1997); Zukunftsfähiges Dtl. Ein Beitr. zu einer global n. E., Beitrr. v. R. Loske u. a. (Basel ⁴1997).

Nachhaltigkeit, *Forstwirtschaft:* ein Bewirtschaftungsprinzip, das dadurch charakterisiert ist, dass nicht mehr Holz geerntet wird, als jeweils nachwachsen kann. Die Forderung nach N. kann sich über die Holzerträge hinaus auf alle Funktionen des Waldes beziehen (ökolog. Funktionen, Erholungsfunktionen). Von N. abgeleitet wurde der in der Umwelt- und Entwicklungspolitik verwendete Begriff →nachhaltige Entwicklung.

Nachhand, *Zoologie:* die →Hinterhand.

nach|industrielle Gesellschaft, andere Bez. für →postindustrielle Gesellschaft.

nachische Sprachen, →kaukasische Sprachen.

Nachitschewan, aserbaidschan. (Aseri) **Naxçıvan,** Hauptstadt der Autonomen Rep. Nachitschewan, Aserbaidschan, im Tal des Araks, 10 km vor der iran. Grenze, 66 800 Ew.; Univ.; Trikotagen-, Leder-, Möbelindustrie, Tabakfabrik, Weinkellerei. – N., bereits im 6. Jh. v. Chr. gegr., war vom 8. bis 10. Jh. ein bedeutendes Handels- und Gewerbezentrum und wurde im 12. Jh. Residenz souveräner Fürsten. Vom 13. bis 17. Jh. stand es unter der Herrschaft der Mongolen, Timurs und Persiens (mehrmals zerstört). Seit Ende des 18. Jh. Hauptstadt des Khanats N., fiel es 1828 an das Russ. Reich. 1924 wurde es Hauptstadt der gleichnamigen autonomen Republik.

Nachitschewan, aserbaidschan. (Aseri) **Naxçıvan, Autonome Republik Nachitschewan,** Teilrepublik von Aserbaidschan im äußersten S Transkaukasiens, bildet eine Exklave im Gebiet Armeniens, 5 500 km², (1994) 295 000 Ew.; Hauptstadt ist Nachitschewan. N. ist überwiegend ein Gebirgsland und liegt zu drei Vierteln über 1 000 m ü. M. Es steigt von der trockenheißen Araksniederung im S (600–1 000 m ü. M.) an der Grenze zu Iran und zur Türkei zum Araratchochland mit der Sangesurkette (3 904 m ü. M.) an. Vorherrschend ist ein streng kontinentales, trockenes subtrop. Klima, in den Ebenen mit heißen Sommern (mittlere Julitemperatur 28° C) und kurzen, aber kalten Wintern (Januarmittel −3 bis −6° C). In tieferen Lagen und Teilen des Gebirgsvorlandes hauptsächlich Wermut-Halbwüsten-Vegetation, in mittleren Gebirgslagen Phrygana oder Felsheide, z. T. auch Gebirgssteppe, in Hochlagen subalpine und alpine Wiesen; nur 0,5% der Gesamtfläche sind bewaldet.

Nach der Volkszählung von 1989 waren von den Bewohnern 95,9% Aserbaidschaner, 1,3% Russen, 1,0% Kurden, 0,7% Ukrainer, 0,6% Armenier sowie 0,5% Angehörige anderer Nationalitäten. In N. kam es seit 1988 zu religiösen und ethn. Spannungen zw. Armeniern und Aserbaidschanern. Am dichtesten ist die Araksebene besiedelt.

Größte wirtschaftl. Bedeutung haben der Acker- und Gartenbau. Nur rd. 7% der Fläche können, meist nur bei ausreichender Bewässerung, genutzt werden; Baumwollanbau, Wein- und Obstbau, Tabak-, Gemüse-, Getreideanbau sowie Schaf- und Rinderhaltung. Ein traditioneller Zweig ist die Seidenraupenzucht. Die Industrie ist auf die Verarbeitung landwirtschaftl. Produkte ausgerichtet (Naturseide-, Bekleidungs-, Tabak-, Nahrungsmittelindustrie). Daneben haben die elektrotechn. Industrie sowie die Baustoffindustrie Bedeutung, ebenso der Bergbau auf Blei, Zink, Molybdän und Steinsalz. Zwei Wasserkraftwerke am Araks versorgen die gewerbl. Wirtschaft mit Elektroenergie.

Geschichte: N., eine alte Kulturlandschaft, gehörte seit dem 6. Jh. v. Chr. zum Reich der Achaimeniden, seit dem 4. Jh. v. Chr. zu Atropatene (Medien). Zur Zeitenwende ein Handelszentrum, wurde es im 3. Jh. von den Persern und im 7. Jh. von den Arabern erobert. Im 11. Jh. unterwarfen es die Seldschuken, im 13. Jh. die Mongolen und im 14. Jh. Timur. Vom 16. bis zum 18. Jh. war es Streitobjekt zw. dem Osman.

Reich und Persien; im 18. Jh. enstand hier ein unabhängiges Khanat, das nach dem Russisch-Pers. Krieg (1826–28) an das Zarenreich fiel. Während des Bürgerkriegs (1918–20) drangen türk. und brit. Truppen in das Gebiet vor; Anhänger der ›Mussawad‹-Partei gründeten 1918 die kurzlebige ›Arak. Rep.‹. Nach Errichtung der Sowjetmacht (1920) wurde die SSR N. proklamiert, die – obwohl auch Armenien das Gebiet beanspruchte – 1923 zu einer autonomen Region und am 9. 2. 1924 zu einer ASSR innerhalb Aserbaidschans umgebildet wurde. 1989/90 entstand eine gespannte Situation im Grenzgebiet zu Iran, als muslim. Nationalisten die Grenzbefestigung zerstörten und eine Wiedervereinigung mit den auf iran. Seite lebenden Aserbaidschanern forderten.

Nachkonkurs, Wiederaufnahme eines nach Abschluss eines Zwangsvergleichs aufgehobenen Konkursverfahrens (§§ 197–201 Konkursordnung) nach rechtskräftiger Verurteilung des Schuldners wegen Bankrotts. Die Forderungen der Gläubiger leben wieder auf und können auf Antrag im N. geltend gemacht werden. Nach der am 1. 1. 1999 in Kraft tretenden →Insolvenzordnung vom 5. 10. 1994 entfällt mit dem Zwangsvergleich auch der Nachkonkurs.

Nachladeverfahren, Nachladetechnik, *Medizin:* die →After-Loading-Technik.

Nachlass, das von einem Verstorbenen hinterlassene Vermögen, d. h. die Gesamtheit der wirtschaftlich bedeutsamen privaten Rechte wie: Eigentum an Sachen, Forderungen, Immaterialgüterrechte, Aktien, GmbH- und Kommandit-Anteile, Geschäfte; nicht jedoch höchstpersönl. und Persönlichkeitsrechte, z. B. ein an die Person gebundenes Altenteilsrecht. Ob und wie die Gesellschafterstellung in einer OHG oder KG vererblich ist, hängt von den getroffenen Vereinbarungen ab (→Nachfolgeklausel). – Der N. (Erbschaft) geht mit dem Erbfall kraft Gesetzes auf den oder die Erben über (§ 1922 BGB); sind mehrere Erben (Miterben) nebeneinander berufen, wird er Gesamtgut der Erbengemeinschaft. Sind mehrere Erben nacheinander berufen (Vor- und Nacherbe), bildet er ein Sondervermögen, das zugunsten des Nacherben gebunden ist. – Die gerichtl. Bestellung eines N.-Verwalters (→Nachlassverwaltung) nimmt dem oder den Erben die Verfügungsbefugnis. – Den Bestand des N. kann der Erbe feststellen, indem er unter Mitwirkung eines Notars oder eines zuständigen Beamten ein **N.-Inventar** errichtet (→Erbrecht) und dem **N.-Gericht** (d. h. dem für die N.-Abwicklung zuständigen Gericht, i. d. R. dem Amtsgericht, in Österreich das Bezirksgericht – am letzten Wohnsitz des Erblassers) einreicht. N.-Gläubiger können durch Aufgebot aufgefordert werden, ihre Ansprüche gegen den N. zu erheben. – Ist unbekannt, wer Erbe ist oder ob der Erbe die Erbschaft angenommen hat, so kann das N.-Gericht einen **N.-Pfleger** einsetzen, wenn dies zur Sicherung des N. notwendig ist; es kann auch andere Sicherungsmaßnahmen wie Versiegelung oder Hinterlegung kostbarer N.-Gegenstände anordnen (**N.-Sicherung,** § 1960 BGB).

Nach *österr.* Recht darf sich der Erbe nicht eigenmächtig in den Besitz des N. setzen (§§ 531 ff. ABGB); dieser geht erst im Zuge eines gerichtl. Verfahrens (›Verlassenschaftsabhandlung‹, ›Einantwortung‹) in sein Eigentum über. – Im *schweizer.* Recht gilt Ähnliches wie in Dtl. (Art. 537 ff. ZGB).

Nachlasskonkurs, bei Überschuldung des Nachlasses der Absonderung vom Eigenvermögen des Erben und der Beschränkung der Erbenhaftung dienende Konkurs des Nachlasses (§§ 214 ff. Konkursordnung). Jeder Erbe, der Nachlassverwalter, ein anderer Nachlasspfleger, der Testamentsvollstrecker und (innerhalb von zwei Jahren seit Annahme der Erbschaft) jeder Nachlassgläubiger können beim Amtsgericht des letzten Wohnsitzes des Erblassers einen Antrag auf Eröffnung des N.-Verfahrens stellen. Für den N. gelten im Wesentlichen die allgemeinen Vorschriften über den Konkurs. Anstelle des N. kann unter Umständen ein Nachlassvergleichsverfahren durchgeführt werden. Es führt zur Beschränkung der Erbenhaftung, um den Nachlass (z. B. einen Betrieb) trotz Überschuldung zu erhalten. In der am 1. 1. 1999 in Kraft tretenden →Insolvenzordnung ist das einheitl. Nachlassinsolvenzverfahren in den §§ 315 ff. geregelt.

Nachlassverbindlichkeiten, →Erbrecht (Erbenhaftung).

Nachlassverwaltung, eine zum Zweck der Befriedigung der Nachlassgläubiger angeordnete Nachlasspflegschaft mit der Folge, dass die Haftung des Erben für Nachlassverbindlichkeiten sich auf den Nachlass beschränkt (§ 1975 BGB). Die N. wird vom Nachlassgericht auf Antrag des Erben oder eines Nachlassgläubigers angeordnet. Mit der Anordnung der N. verliert der Erbe die Befugnis, den Nachlass zu verwalten und zu verfügen; diese Rechte gehen auf den Nachlassverwalter über, der die Nachlassverbindlichkeiten zu berichtigen hat (§§ 1984 f. BGB). Wird die Anordnung der N. abgelehnt, da der Nachlass die Kosten der N. nicht decken würde, kann der Erbe die **Dürftigkeitseinrede** erheben.

Nachlauf, 1) *Chemie:* das letzte bei der fraktionierenden →Destillation von Flüssigkeitsgemischen übergehende Destillat.

2) *Fahrzeugtechnik:* der in Fahrtrichtung gemessene Abstand des Bodenberührpunkts eines gelenkten Rades vom Schnittpunkt der verlängert gedachten Schwenkachse mit der Fahrbahn. Bes. bei zweirädrigen Fahrzeugen ist der N. für den stabilen Lauf des Rades und für die Lenkbarkeit wichtig.

Nachleuchten, Eigenschaft von Bildschirmen, nach Beenden der Anregung der →Leuchtstoffe noch eine bestimmte Zeit lang (weniger als 1 µs bis über 1 s) weiterzuleuchten. Die Zeit, die vergeht, bis die Leuchtdichte auf 10% ihres Ausgangswertes zurückgegangen ist, ist die **Nachleuchtdauer;** sie ist v. a. von den verwendeten Leuchtstoffen abhängig (bei Fernsehbildröhren beträgt sie einige Mikrosekunden).

Nachlieferungsanspruch, *Recht:* →Gattungskauf, →Gewährleistung.

Nachmanides, eigtl. **Rabbi Mose Ben Nachman** (danach abgekürzt **Ramban** gen.), span. **Bonastruc de Porta,** span. Talmudgelehrter und Kabbalist, *Gerona(?) 1194, † Akko 1270; Arzt; wurde von JAKOB I. von Aragonien gezwungen, 1263 als Sprecher des Judentums an einer öffentl. Disputation über das Verhältnis von Christentum und Judentum teilzunehmen (Religionsgespräch von Barcelona); danach aus Aragonien verbannt, wanderte er 1267 nach Palästina aus. Sein dort fertig gestellter Pentateuchkommentar ist ein bedeutendes Zeugniss mittelalterl. jüd. Exegese.

Nachnahme, postal. Versendungsform, bei der die Sendung dem Empfänger gegen Einziehung eines vom Absender bestimmten Geldbetrages ausgehändigt wird; zulässig bei Briefen, Postkarten, Paketen. Der N.-Betrag ist auf 3000 DM je Sendung begrenzt. Für die Einlösung der N. wird dem Empfänger eine Frist von sieben Werktagen gewährt.

Nachniere, die eigentl. →Niere der Amnioten.

Nachod, tschech. **Náchod** ['na:-], Stadt im Ostböhm. Gebiet, Tschech. Rep., am Fuß des Adlergebirges, nahe der Grenze zu Polen, 21 200 Ew.; Elektromaschinenbau, Reifen-, Textil- und Genussmittelindustrie. – Die Burg wurde 1566–1614 zum Schloss umgebaut und im 17. Jh. barock umgestaltet (heute Museum). Am Markt die got. Laurentiuskirche (14. Jh.), die in der Renaissance umgebaut wurde. – Das an der Straße nach Schlesien gelegene N. entstand vor 1254. Die es beherrschende Burg, Mitte des

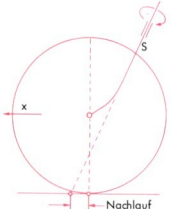

Nachlauf 2):
Nachlauf eines Rades;
x Fahrtrichtung,
S Schwenkachse

13. Jh. gegr., fiel in den 1630er-Jahren an O. Piccolomini, der sie als Geschenk des Kaisers für sein Vorgehen gegen Wallenstein erhielt.

Nachodka, Hafenstadt in der Region Primorje, Russland, an der Peter-der-Große-Bucht des Jap. Meeres, 161 100 Ew.; Schiffsreparatur-, Fisch verarbeitende Industrie. N. ist der wichtigste russ. Handels- und Fischereihafen im Fernen Osten, er wird ergänzt durch den 1976 eröffneten Nachbarhafen **Wostotschnyj,** dessen Containerterminal v. a. für den Verkehr mit Japan Bedeutung hat. Beide Häfen haben Anschluss an die Transsibir. Eisenbahn. In N. befindet sich eine Freie Wirtschaftszone und seit 1995 das erste zollfreie Gebiet Russlands.

Nachprägung, *Münzkunde:* 1) **Beischlag,** Nachahmung fremder Münzen, v. a. im Münzbild, um die N. in das Umlaufgebiet des Vorbildes einschieben zu können. N. dieser Art sind schon aus der Antike bekannt. Seit dem Hoch-MA. und bis in das 19. Jh. wurden mit ihnen oft betrüger. Absichten verbunden, weil die nachgeahmten Münzen im Feingehalt schlechter als die Vorbilder waren, aber als vollwertig untergeschoben wurden. Davon zu unterscheiden sind Fälschungen, die in Kriegszeiten mit gefälschten oder erbeuteten Münzstempeln angefertigt wurden (→Geld- und Wertzeichenfälschung). 2) **Neuprägung,** Münze, die nach einem histor. Vorbild von neuen, nicht den originalen Stempeln geschlagen wird, wobei sie im Münzbild häufig durch ein Zeichen oder die moderne Jahreszahl gekennzeichnet wird. Bei der bekanntesten N., dem →Mariatheresientaler, gibt es jedoch keine solche Kennzeichnung. N. mit noch vorhandenen Originalstempeln (→Nowodely) heißen **Neuabschlag.**

Nachricht, 1) *allg.:* die Mitteilung oder Botschaft im Kommunikationsprozess, die Meldung, eine kurz gefasste, sachl. und folgerichtige Wiedergabe eines Vorgangs oder einer Handlung, aktueller Ereignisse oder Entwicklungen in Zeichen oder Text, Bild oder Film, aufgrund eigener oder fremder Zeugnisse, verbreitet durch Kommunikationsmittel.

Die Kommunikationsforschung fragt u. a. nach den politisch-rechtl. und wirtschaftlich-techn. Einflussfaktoren der N.-Ströme, nach den Kriterien der N.-Auswahl in den Redaktionen der Agenturen und Medien, nach der Wirklichkeitsvermittlung der N.-Anbieter und der Wirklichkeitsvorstellung der N.-Empfänger sowie nach dem journalist. Objektivitätsproblem. Welche Eigenschaften aktuelle Ereignisse und Entwicklungen haben müssen, um zu einer N. zu werden, wurde systematisch untersucht und zu einer Theorie der N. ausgebaut. N.-Faktoren sind u. a.: Schwellenfaktor (Schwellenwert der Auffälligkeit), Bedeutsamkeit (Tragweite eines Ereignisses), Komment (Erwartung, Wünschbarkeit), Überraschungseffekt, Bezug auf Elitepersonen oder -gruppen, Negativismus (Bezug auf Konflikte, Zerstörung, Tod).

J. Galtung u. M. H. Ruge in: Journal of peace research, Jg. 2 (Oslo 1965); H. Höhne: Die Gesch. der N. u. ihrer Verbreiter (1977); W. Schulz: N., in: Publizistik, Massenkommunikation, hg. v. E. Noelle-Neumann (1989).

2) *Informatik* und *Nachrichtentechnik:* mit dem Ziel der Weitergabe gebildete Information, die von einer **N.-Quelle** ausgeht und an einer räumlich davon entfernten Stelle (**N.-Senke**) aufgenommen wird. Zur Übertragung der N. dienen Signale (**N.-Träger**), d. h. Verläufe physikal. Größen über der Zeit, wie z. B. Spannungen oder Ströme. Die N.-Übertragung erfolgt über einen Nachrichten- bzw. Kommunikationskanal, an dessen Ein- und Ausgang i. Allg. eine Wandlung entsprechend dem jeweiligen N.-Träger stattfindet. Eine übermittelte N. ist dann von Bedeutung, wenn der Empfänger diese eindeutig mittels einer entsprechenden Interpretationsvorschrift auf eine →Information abbilden kann.

Nachrichten|agentur, Nachrichtenbüro, ein publizist. Unternehmen, das Nachrichten und Berichte in Wort, Bild oder Film sammelt, aufzeichnet, bearbeitet und gegen Entgelt an Medieneinrichtungen weitergibt, manchmal auch an Behörden, Verbände oder nichtpublizist. Unternehmen. Die N. ist in man-

Nachrichtenagenturen (Auswahl)

Abk.	Name	Sitz
AAP	Australian Associated Press	Sydney
AFP	Agence France-Presse	Paris
AGI	Agenzia Giornalistica Italia	Rom
Akajans	Akajans – Akdeniz Haber	Ankara
ANA	Athenagence – Athens New Agency	Athen
Anadolu	Anatolian News Agency	Istanbul
ANKA	Ankara Ajansı	Ankara
ANP	Algemeen Nederlands Persbureau	Den Haag
ANSA	Agenzia Nazionale Stampa Associata	Rom
Antara	Indonesian National News Agency	Jakarta
AP	Associated Press	New York
APA	Austria Presse Agentur	Wien
APP	Associated Press of Pakistan	Karatschi
ATA	Albanian Telegraphic Agency	Tirana
Belga	Agence Télégraphique Belge de Presse/ Belgisch Pers-telegraafagentschap	Brüssel
Bernama	Malaysian National News Agency	Kuala Lumpur
BNS	Baltic News Service	Riga
BTA	Balgarska Telegrafna Agenzija	Sofia
CP	The Canadian Press	Toronto
ČTK	Četeka – Česká tisková kancelář	Prag
ddp/ADN	Deutscher Depeschen-Dienst/ Allgemeiner Deutscher Nachrichtendienst	Berlin
dpa	Deutsche Presse-Agentur	Hamburg
EFE	Agencia EFE	Madrid
ELTA	Lithuanian Telegraphic Agency	Wilna
HINA	Hrvatska izvjesteljska novinska agencia	Zagreb
INA	Iraqi News Agency	Bagdad
Interfax	Interfax	Moskau
Interpress	Polska Agencja Interpress	Warschau
IPS	Inter Press Service	Rom
IRNA	Islamic Republic News Agency	Teheran
ITAR-TASS	Informazionnoje Telegrafnoje Agenstwo Rossii/ Telegrafnoje Agenstwo Suwerennych Stran	Moskau
ITIM	Itonut Israel Meugedet	Tel Aviv
JANA	Jamahirija News Agency	Tripolis
JP	Jiji Tsūshinsha (Jiji Press)	Tokio
JTA	Jewish Telegraphic Agency	New York/ Tel Aviv
KCNA	Chung Yang Tong Shin/ Korean Central News Agency	Pjöngjang
KYODO	Kyōdo Tsūshinsha	Tokio
Leff	Leff Information Service	Sofia
LUSA	Agência Lusa de Informação	Lissabon
MENA	Middle East News Agency	Kairo
MTI	Magyar Távirati Iroda	Budapest
Naewoe	Naewoe Press	Seoul
Notimex	Notícias de México	Mexiko
NTB	Norsk Telegrambyrå	Oslo
PANA	Pan-African News Agency	Dakar
PAP	Polska Agencja Prasowa	Warschau
PL	Prensa Latina	Havanna
PTI	Press Trust of India	Bombay
RB	Ritzaus Bureau	Kopenhagen
Reuters	Reuters Ltd	London
RIA-Nowosti	Rossijskoje Informazionnoje Agenstwo-Nowosti	Moskau
Rompres	Agenţia Română de Presă	Bukarest
SAPA	South African Press Association	Johannesburg
SDA/ATS	Schweizerische Depeschenagentur/ Agence Télégraphique Suisse	Bern
STT/FNB	Oy Suomen Tietoimisto/ Finska Notisbyrå Ab	Helsinki
Tanjug	Telegrafska Agencija Nova Jugoslavija	Belgrad
TT	Tidningarnas Telegrambyrå	Stockholm
UPI	United Press International	New York
VNA	Viet-Nam News Agency	Hanoi
Xinhua	Nachrichtenagentur Neues China	Peking
Yonhap	United News Agency	Seoul

chen Ländern als staatl. Behörde oder Staatsunternehmen (bes. in autoritär regierten Staaten), in anderen als Genossenschaft von Medienunternehmen (in Dtl.: dpa, in den USA: AP), als Privatunternehmen (in Dtl.: ddp/ADN, in Frankreich: AFP) organisiert. Die N. sortiert ihr Nachrichtenangebot zeitlich (›Basisdienste‹ rund um die Uhr), räumlich (regionale oder ›Landesdienste‹), themenspezifisch (›Sonderdienste‹ für versch. Ereignis- oder Stoffgebiete), medienspezifisch (›Bilderdienste‹, ›Audiodienste‹ mit Hörfunknachrichten auf Tonträgern, ›Videodienste‹ mit Fernsehnachrichten auf Film- oder Videokassette, ›Grafikdienste‹), ferner Hintergrund-, Archiv- und Chronikdienste. Besondere N. arbeiten für bestimmte Themenbereiche (Sport- oder Wirtschaftsagenturen), bestimmte Medien (Hörfunk- oder Fernsehagenturen), bestimmte Organisationen (kirchl. N.). Dem Umfang ihrer publizist. Dienstleistung entsprechend unterhält eine N. mehrere inländ. und ausländ. Zweigbüros in Hauptstädten, Großstädten, am Sitz wichtiger Organisationen, daneben einzelne feste oder freie Mitarbeiter (Korrespondenten). Das Nachrichtenmaterial wird fernmündlich oder fernschriftlich, über Ton- oder Bildkanäle (eigene oder angemietete Leitungen, Funkstrecken) an die Zentral- oder Hauptredaktion übermittelt, dort geordnet, redigiert, manchmal übersetzt und überprüft, Fotos, Tonträger, Film- und Videoaufzeichnungen werden aufbereitet; das bearbeitete Material wird an die Bezieher heute hauptsächlich über Satellit übermittelt.

Geschichte: Botensysteme zur organisierten Nachrichtenübermittlung waren in China seit der Han-Dynastie (202 v. Chr. bis 220 n. Chr.), im Perserreich, im Röm. Reich bei der Zivil- und Militärverwaltung und im MA. im weltl. und kirchl. Bereich üblich. Sie bestanden auch noch neben der taxisschen Postorganisation weiter, die sich seit dem 16. Jh. ausbildete. Zur selben Zeit entstand die Einrichtung des Korrespondenten und Nachrichtenagenten im Dienst eines Fürsten oder Handelshauses. Um die Mitte des 19. Jh. führte die Entwicklung der Telegrafie in Europa und in den USA zur Gründung von N. (›Telegraphenbureaus‹): 1835 durch C.-L. HAVAS in Frankreich, 1848 durch New-Yorker Verleger (›Associated Press‹) in den USA, 1849 durch B. WOLFF in Dtl., 1851 durch P. J. REUTER in Großbritannien; ferner u. a. in Italien (1853), Österreich (1859), Dänemark (1866), in der Schweiz (1894) und in Russland (1904). In Dtl. wurden ›Wolff's Telegraph. Bureau‹ (W. T. B.) und die 1913 gegründete ›Telegraphen-Union‹ (T. U.) 1933 zwangsvereinigt zum ›Dt. Nachrichtenbüro‹ (DNB), das 1945 aufgelöst wurde. Aus den Büros der Alliierten in ihren Besatzungszonen ging in der BRD 1949 die ›Dt. Presse-Agentur‹ (dpa) hervor, in der DDR war schon 1946 der ›Allgemeine Dt. Nachrichtendienst‹ (ADN) entstanden, der 1992 mit dem ›Dt. Depeschen Dienst‹ (ddp) zur N. ddp/ADN vereinigt wurde.

W. RIEPL: Das Nachrichtenwesen des Altertums (1913, Nachdr. 1972); J. KLEINPAUL: Das Nachrichtenwesen der dt. Fürsten im 16. u. 17. Jh. (1930); H. HÖHNE: Report über N. (²1984); J. FENBY: The international news services (New York 1986); J. WILKE u. B. ROSENBERGER: Die Nachrichten-Macher. Eine Unters. zu Strukturen u. Arbeitsweisen von N. am Beispiel von AP u. dpa (1991); Agenturen im Nachrichtenmarkt, hg. v. J. WILKE (1993).

Nachrichtendienst, Geheimdienst, *Politik:* Bez. für staatl. Organisationen, die sich unter Einsatz von nachrichtendienstl. Mitteln (heiml. Informationseingriffe durch Abhörmaßnahmen, Brief- und Postkontrollen u. a.) mit dem Sammeln und Auswerten von Informationen auf polit., militär., wirtschaftl. und wiss. Gebiet befassen, die für die innere und äußere Sicherheit von Bedeutung sind. Zugleich steht die Abwehr polit., militär. und wirtschaftl. Spionage im Zentrum ihrer Tätigkeit. In parlamentarisch-demokrat. Staaten stehen die N. prinzipiell unter der Kontrolle des Parlaments, d. h. eines von ihm bestellten Organs (in der BRD die →Parlamentarische Kontrollkommission). Kompetenzüberschreitungen und polit. Eigenmächtigkeiten von N. lösten in versch. Staaten öffentl. Diskussionen über ihre Existenzberechtigung aus sowie Bestrebungen, die polit. Kontrolle der N. zu verschärfen und ihre Organisation zu reformieren. In diktatorisch regierten Staaten dienen N. vielfach auch der polit. Kontrolle der Bürger und als Instrument zur Unterdrückung oppositioneller Strömungen. Neben den allg. N. gibt es militär. Dienste.

In der Zeit des Nationalsozialismus (1933–45) diente der →Sicherheitsdienst des Reichsführers SS in Dtl. als Instrument der aggressiven Innen- und Außenpolitik HITLERS (→Einsatzgruppen). Daneben bestand das ›Amt Ausland/Abwehr‹ im Oberkommando der Wehrmacht (→Abwehr 5). Der →Staatssicherheitsdienst der DDR (MfS), Herrschafts- und Unterdrückungsinstrument der SED, betrieb bis 1989 auch eine offensive Aufklärungs- und Spionagearbeit nach außen (bes. über die HVA). – In der BRD sind Verfassungsschutz sowie N. und Spionageabwehr in das demokratisch-parlamentar. System eingebunden und organisatorisch getrennt (→Bundesamt für Verfassungsschutz, →Bundesnachrichtendienst). Daneben gibt es den →Militärischen Abschirmdienst. – In den westl. Demokratien entstanden versch. N., in Frankreich v. a. die →Sûreté Nationale, in Großbritannien u. a. der →Secret Intelligence Service (SIS, auch MI 6 gen.) und MI 5. In den USA besteht seit 1908 das →Federal Bureau of Investigation (FBI). Neben ihm entfaltete nach dem Zweiten Weltkrieg der →CIA, der den ›Office of Strategic Services‹ (OSS) ablöste, weltweite, oft umstrittene Aktivitäten. – Seit dem Zusammenbruch des zarist. Russland (1917), das u. a. mithilfe der →Ochrana die Bev. zu kontrollieren suchte, schuf sich die UdSSR unter wechselnden Namen N. als Instrumente der herrschenden kommunist. Partei (Tscheka, GPU, NKWD, KGB). Nach dem Zerfall der UdSSR 1991 blieb der →KGB trotz wiederholter Umbenennungen und Neustrukturierungen de facto zunächst erhalten (bes. in seinem personellen Bestand und mit wieder zunehmender Machtfülle). In Russland ging aus ihm über mehrere Zwischenstufen 1995 der (mit den GUS-Republiken zusammenwirkende) ›Föderale Sicherheitsdienst‹ (FSB) hervor.

Nachrichtendienstekontrollgesetz, Ges. vom 11. 4. 1978, das die Einrichtung der →Parlamentarischen Kontrollkommission zur Überwachung der Tätigkeit der N. vorschreibt.

Nachrichtenmagazin, polit. Wochenzeitschrift, deren Wort- und Bildbeiträge, in Sparten geordnet, zumeist gekennzeichnet sind durch Darbietung von Information in Form von besonders (interpretierend) aufbereiteten ›Geschichten‹; nicht selten bleiben die Autoren anonym. N. stützen sich auf gezielte Recherchen, betrieben mit hohem Personalaufwand (›investigativer Journalismus‹), und umfassende Redaktionsarchive. Neben den Printmedien haben auch die visuellen Medien N. in ihrem Programm.

Geschichte: Der Typ des N. wurde mit der amerikan. Zeitschrift →Time (gegr. 1923) entwickelt. In den USA folgte ›Newsweek‹ (gegr. 1933), in Großbritannien ›News Review‹ (gegr. 1936). In Dtl. entstanden die N. ›Der Spiegel‹ (gegr. 1947) und ›Focus‹ (gegr. 1993). Auch in anderen Ländern erscheinen in Inhalt und Aufmachung an den ursprüngl. Typ angelehnte Wochenzeitschriften.

Nachrichtenmesstechnik, Sondergebiet der elektr. Messtechnik, das die Messung der für die Nachrichtenübertragung wichtigen Größen zum Gegenstand hat: z. B. die linearen und nichtlinearen Verzerrungen der Signale, die Bitfehlerrate in Digitalsystemen oder den Einfluss von Störungen. Die N. hat zu Messverfahren und Messgeräten geführt, die auf bestimmte Messgrößen und Nachrichtensysteme zugeschnitten sind und einen hohen Stand an Präzision, Messkomfort und Automatisierung aufweisen.

Nachrichtensatelliten, Kommunikationssatelliten, unbemannte künstl. Erdsatelliten, die die Erde umkreisen und einen flächendeckenden nat., regionalen oder internat. Nachrichtenverkehr ermöglichen. N. dienen der Übertragung öffentl. und nichtöffentl. (von privaten Betreibern angebotener) Telekommunikationsdienste wie z. B. Fernsprechen, Fernschreiben, Fernkopieren, Fernsehen, Hörfunk, Telekonferenzen und werden zur Ergänzung und zum Ausbau terrestr. Fernmeldenetze, zur Verteilung von Hörfunk- und Fernsehprogrammen an Kabelkopfstationen zur Einspeisung ins Kabelnetz oder zur Versorgung von Heimempfangsanlagen sowie für militär., maritime oder aeronaut. Zwecke eingesetzt. N. für Funkverbindungen zw. fest installierten Erdefunkstellen werden auch **Fernmeldesatelliten** genannt.

N. umkreisen die Erde auf kreisförmigen oder ellipt. Bahnen. Wichtigster Sonderfall ist die →geostationäre Umlaufbahn, auf der ein N. von der Erde aus sozusagen stets an der gleichen Stelle ›sichtbar‹ ist **(Synchronsatellit).** Mit drei um jeweils 120° gegeneinander versetzten Synchronsatelliten lassen sich alle Punkte der Erdoberfläche erreichen, mit Ausnahme der polnahen Gebiete. Für diese sind besser geeignet (asynchrone) polare Umlaufbahnen (um 65° gegen die Äquatorebene geneigte, stark ellipt. Bahnen), auf denen z. B. die russ. N. der Molnija-Serie kreisen.

Die zum Betrieb eines N. erforderl. Energie wird i. Allg. mithilfe von Solargeneratoren gewonnen. Die aktive Lebensdauer eines modernen N. beträgt über zehn Jahre. Um den mittlerweile knappen Platz auf der geostationären Umlaufbahn für neue N. zu räumen, werden nicht mehr funktionstüchtige N. mithilfe einer speziell dafür vorgesehenen Treibstoffreserve auf andere Positionen platziert. N. arbeiten als Relaisstationen, die die von einer oder mehreren →Erdefunkstellen mithilfe von Richtantennen ausgestrahlten Signale empfangen, verstärken und in die dafür vorgesehene **Ausleuchtzone** abstrahlen.

Geschichte: Der erste Erdsatellit, der speziell als N. (zu Testzwecken) in eine Umlaufbahn gebracht wurde, war der ›passive‹ Ballonsatellit Echo 1 (Start 12. 8. 1960). Bald zeigte sich, dass eine effektive Nachrichtenübertragung nur mit ›aktiven‹, d. h. als Relaisstationen arbeitenden N. möglich ist. Bereits am 10. 7. 1962 wurde als erster kommerzieller Fernsehsatellit Telstar in eine Umlaufbahn gebracht (Bahnneigung 44,8°), der die ersten Telefongespräche und Live-Fernsehübertragungen via Satellit von Nordamerika nach Europa ermöglichte. Am 26. 7. 1963 begann das Zeitalter der geostationären N. mit Syncom 2. Der erste kommerzielle geostationäre N. für Fernsprech-, Fernseh- und Datenübertragung war der am 6. 4. 1965 von den USA gestartete N. Early Bird. Der erste in Europa gebaute N. (Start 19. 12. 1974) gehörte zum Satellitensystem →Symphonie (ein drei-Achsen-stabilisiertes N.-System). Danach folgten in Europa die von der ESA beauftragten Systeme →OTS und →ECS. Der erste N. der EUTELSAT-II-Generation wurde am 30. 8. 1990 gestartet.

⇨ *COMSAT · EUTELSAT · Fernsehsatellit · INTELSAT · Kopernikus · Marecs · Marisat · Olympus · Satellitenfernsehen · Satellitenrundfunk*

Nachrichtentechnik, früher auch **Schwachstromtechnik,** Sammel-Bez. für die gesamte Technik der Vermittlung, Übertragung und Verarbeitung von Nachrichten. Da sich die N. vorwiegend der Mittel der Elektrotechnik bedient, umfasst der Begriff i. e. S. meist nur die elektr. N. Aufgabe der N. ist der Entwurf von Nachrichtensystemen und ihre optimale Realisierung nach vorgegebenen Gütekriterien. - I. w. S. zählen auch die Bereiche Elektronik, Datenverarbeitung, Hochfrequenz-, Sende- und Empfangstechnik, Mikrowellentechnik, Fernwirktechnik u. a. zur N., d. h., es werden häufig alle Gebiete der Elektrotechnik unter dem Begriff N. zusammengefasst, die nicht zur elektr. Energietechnik gehören.

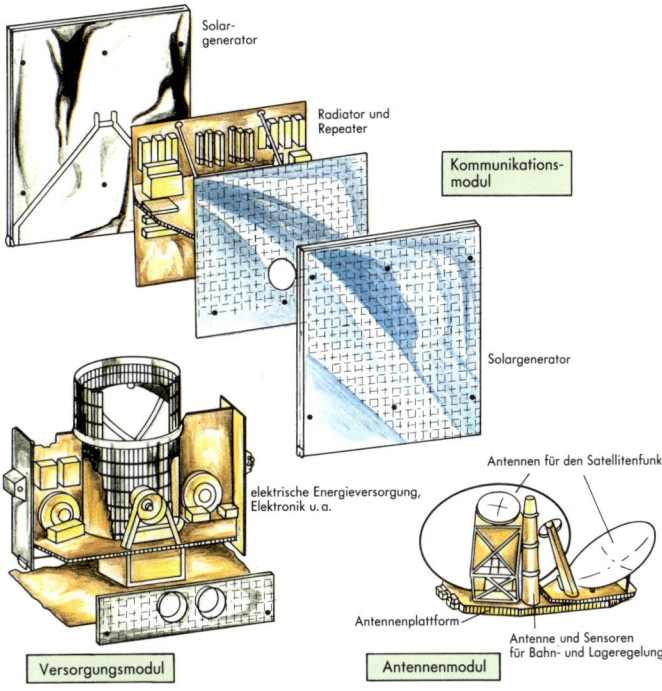

Nachrichtensatelliten: Modularer Aufbau des deutschen Fernmeldesatelliten ›Kopernikus 1‹

Nachrichten|übertragung, Teilgebiet der Nachrichtentechnik, das sich vornehmlich mit der Übertragung von Signalen zw. zwei Kommunikationspartnern (Menschen, aber auch z. B. Computer) an räumlich entfernten Orten befasst. I. d. R. besteht ein Nachrichtensystem zur N. aus einer Nachrichtenquelle (Sender), Einrichtungen zur Aufbereitung und Verarbeitung (z. B. Nachrichtenwandler, Modulator/Demodulator, Multiplexer/Demultiplexer), zur Übertragung der Nachricht (z. B. Richtfunkstrecke, Leitung) und einer Nachrichtensenke (Empfänger). Nach Art des Übertragungsmediums unterscheidet man zw. **drahtloser N.** (→Funktechnik) und **leitungsgebundener N.** Übertragungsleitungen (Fernmeldeleitungen) übertragen die Nachrichtensignale dämpfungsarm über weite Strecken. Im erdsymmetr. Betrieb werden sie gewöhnlich als Zweidrahtleitungen ausgeführt und paarweise zu ›Sternvierern‹ verseilt in Kabeln zusammengefasst. Für den erdunsymmetr. Betrieb werden →Koaxialleitungen verwendet. Zunehmend setzt man auch Lichtwellenleiter (→Lichtleiter) ein. Im Höchstfrequenzbereich finden als Übertragungsmedium auch →Hohlleiter Verwendung. Innerhalb leitungsgebundener Übertragungswege wird eine hierarchisch organisierte Informationsbündelung in fest zugeordneten oder umschaltbaren Nachrichtenkanälen als bes. wirtschaftlich bevorzugt. So ist z. B. in den Fernmeldenetzen die Anschlussleitung zw. den Kommunikationspartnern und den in den Knoten befindl. Vermittlungsstellen fest zugeordnet, dagegen lassen sich die Fernleitungen zw. den Knoten umschalten und dadurch mögl. Ausfälle im Fernbereich durch Ersatzschaltungen ausgleichen. Sowohl bei der drahtlosen als auch bei der leitungsgebundenen N. unterscheidet man je nach Richtung des Informationsflusses zw. **Simplexbetrieb** (einseitig gerichtet, z.B. Rundfunk), **Halbduplexbetrieb** (abwechselnd beidseitig gerichtet, z.B. Wechselsprechen im Funksprechverkehr) und **(Voll-)Duplexbetrieb** (gleichzeitig beidseitig gerichtet, z.B. Gegensprechen beim Fernsprechen). Meist stellt der Übertragungsweg den aufwendigsten und störungsanfälligsten Teil eines Nachrichtensystems dar. Jedes Signal wird verzerrt und von Störungen überlagert. Das Empfangssignal muss trotzdem gewissen Gütekriterien genügen, was jedoch mit möglichst geringem Aufwand erreicht werden soll. Diese Forderung führt zu der Frage, welche Anteile einer Nachricht (z.B. welche Frequenzen, wie viele Amplitudenwerte) unbedingt übertragen werden müssen, damit sie nicht verfälscht wird, und wie dies möglichst wirtschaftlich erfolgen kann. Mit der theoret. Seite dieser Probleme befassen sich die →Informationstheorie, →statistische Nachrichtentheorie und die Codierungstheorie (→Codierung). →Telekommunikation.

Nachrichtenverarbeitung, die Gesamtheit der techn. Einrichtungen, die die von einem Sender abgegebenen Nachrichten mit den Mitteln der elektr. Nachrichtentechnik einem Empfänger zugänglich machen. Ausgangspunkt ist die Nachrichtenquelle, der die Nachricht entstammt. Da diese gewöhnlich in nichtelektr. Form (Sprache, Bilder, Text u.a.) und damit in einer für den zugeordneten Übertragungsweg nicht geeigneten Form vorliegt, muss sie aufbereitet werden. Durch einen nach unterschiedlichen physikal. Prinzipien arbeitenden Signalwandler (z.B. Mikrofon, Fernsehkamera) wird das Quellensignal in ein geeignetes elektr. Signal umgewandelt und ggf. verstärkt. Neben Direktwandlern werden dabei auch Steuerungswandler verwendet, durch die das Nachrichtensignal mithilfe von informationsfreien Hilfssignalen moduliert wird (→Modulation). Zunehmend führen die Wandler auch eine Codierung der Signale aus, wodurch der Übertragungsweg besser ausgenutzt und die Auswertung störungssicherer wird. Auf dem Übertragungsweg (Übertragungskanal, Nachrichtenkanal) wird das Signal geschwächt, verzerrt und von unterwegs eindringenden Störungen überlagert. Daher muss es vor Erreichen seines Zieles in entsprechenden Einrichtungen verarbeitet (demoduliert, decodiert, verstärkt, entzerrt) und in ein Signal zurückverwandelt werden, das ein hinreichend gutes Abbild des ursprüngl. Signals darstellt, ehe es über einen weiteren Wandler (z.B. Lautsprecher, Bildröhre) dem Empfänger (Nachrichtensenke) zugeführt wird.

Nachrichter, der →Scharfrichter.

Nachrichter, Die, literarisch-parodist. Kabarett, 1930 in München gegr. von KURD E. HEYNE (* 1906, † 1961), H. KÄUTNER u.a. Die N. hatten großen Erfolg mit der Parodie ›Die Erbrecher‹ (1930) auf F. BRUCKNERS Drama ›Die Verbrecher‹ (1929) und der Kabarettrevue ›Hier irrt Goethe‹ (1932). Nach drei weiteren Programmen wurde das Kabarett am 1.10.1935 von den Nationalsozialisten aufgelöst.

Nachsatz, *Musik:* innerhalb einer achttaktigen Melodie die zweiten, den Vordersatz beantwortenden vier Takte einer →Periode.

Nachschieben von Gründen, *Recht:* das nachträgl. Begründen oder Stützen bes. einer Prozesshandlung, eines Antrages oder einer Entscheidung. – Im Prozessrecht bedeutet N. v. G., dass eine Prozesshandlung (z.B. Rechtsmittelbegründung) nachträglich auf neue, selbstständige Gründe gestützt wird; das N. v. G. kann durch Fristen ausgeschlossen sein. – Im Verwaltungsrecht spricht man vom N. v. G., wenn ein Verwaltungsakt (VA) im nachhinein auf andere tatsächl. oder rechtl. Aspekte gestützt wird, die trotz ihres Vorhandenseins die ursprüngl. Begründung nicht enthielt. Die erforderl. Begründung (deren Fehlen einen VA fehlerhaft macht) kann bis zur Erhebung einer verwaltungsgerichtl. Klage nachgereicht werden (§ 45 Verwaltungsverfahrens-Ges.). – Arbeitsrechtl. Kündigungen können auch nachträglich begründet werden, wenn die Kündigungsgründe schon bei Aussprechen der Kündigung vorgelegen haben.

Nachschlag, *musikal. Verzierungslehre:* 1) der Abschluss eines Trillers, der aus der flüchtigen einmaligen Berührung des tieferen Nachbartons und sofortiger Rückkehr zum Hauptton besteht; 2) im Ggs. zum Vorschlag das kurze Anbinden eines oder mehrerer, meist benachbarter Töne an den Hauptton:

Nachschub, *Militärwesen:* 1) allg. Bez. für nachzuschiebendes Versorgungsgut (Munition, Verpflegung, Ersatzteile, Bekleidung, Waffen, Sanitätsmaterial, Großgerät u.a.); 2) Teilgebiet der materiellen Versorgung; Aufgabenbereich der Nachschubtruppe.

Nachschubtruppe, in der Bundeswehr zu den Logistiktruppen gehörende Truppengattung des Heeres, zuständig für Bereitstellung, Umschlag und Transport von militär. Versorgungsgütern. Sie verfügt auf jeder Ebene der Großverbände des Heeres über eine Reihe von aktiven Einheiten und Verbänden sowie zahlr. mobilmachungsabhängige Truppenteile.

Nachschusspflicht, *Gesellschaftsrecht:* die in der Satzung (Gesellschaftsvertrag) einer GmbH festgesetzte Pflicht der Gesellschafter, über die Stammlagen hinaus Einzahlungen an die Gesellschaft zu leisten. Über die Einforderung der Nachschüsse beschließt die Gesellschafterversammlung. Einer unbeschränkten N. kann sich der Gesellschafter durch →Abandon entziehen. In der AG besteht keine N. Im Konkurs einer Genossenschaft trifft die Genossen eine gesetzl. N. zur Deckung des Fehlbetrags, es sei denn, dass das Statut sie aus oder beschränkt sie. Das Statut kann auch eine N. für den Fall der Liquidation vorsehen.

Nachschwindung, eine Maßveränderung bei Kunststoffformteilen nach ihrer Herstellung, die insbesondere bei längerer Lagerung in der Wärme, mitunter jedoch auch schon bei Raumtemperatur eintritt. Die N. kann auf Abgabe flüchtiger Bestandteile (z.B. Feuchtigkeit bei Kondensationskunststoffen), auf Kristallisationserscheinungen, auf chem. Veränderungen (Alterung), auf Abbau innerer Spannungen (Relaxation) zurückgehen und bis 3% betragen.

Nachsendung, Zustellung von Postsendungen nach der Änderung des Aufenthaltsortes des Empfängers. Die v.a. bei Umzügen übl., sechs Monate andauernde (kann verlängert werden) N. auf Antrag des Empfängers erfolgt i.d.R. für Briefe kostenlos, für Pakete und Päckchen kostenpflichtig.

Nachsommer, Der, Roman von A. STIFTER; 3 Bde., 1857.

Nachsorge, diagnost. und therapeut. Nachbetreuung im Anschluss an die akute klin. Versorgung, v.a. bei Krebs und Herzinfarkt.

Nachspann, *Publizistik:* →Abspann.

Nachspiel, *Musik:* ein abschließendes, selbstständiges Instrumentalstück (für Orgel am Ende des Gottesdienstes, für Orchester am Ende eines Opernaktes); von Bedeutung v.a. als Klavier-N. von Liedern oder Liederzyklen (z.B. R. SCHUMANNS ›Frauenliebe und -leben‹, 1840).

Nachstar, Trübung der im Auge erhaltenen Linsenkapsel durch Wucherung verbliebener Linsenepithelien nach Star-(Katarakt-)Operation oder durch Fibrose der nach der Operation klaren Linsenkapsel. Die Sehschärfe nimmt infolge sinkender Lichtdurchlässigkeit ab. Die Behandlung erfolgt operativ mit einem Neodym-Yag-Laser.

Nächstenliebe, die dem Wohl des Nächsten zugewandte aktive Gefühls-, Willens- und Tathaltung, die von einer Zurückstellung der eigenen Interessen begleitet wird und keine Gegenleistung erwartet. Mit dem Bedeutungswandel des Begriffs des Nächsten verändert sich auch der Inhalt dieses eth. Wertes. Die christl. Theologie beschreibt N. (Agape) als Verhaltensweise, in der sich christl. Glaube realisiert. Im A. T. wird die N. im Kontext allgemeiner Anweisungen für das zwischenmenschl. Verhalten vornehmlich für die jüd. Stammesgenossen untereinander gefordert (3. Mos. 19, 18); im N. T. wird Barmherzigkeit spontan auf das jeweils Hilfsbedürftigen (exemplarisch im Gleichnis vom barmherzigen Samariter [Lk. 10, 25–37]) bezogen und ausdrücklich auch der persönl. Feind eingeschlossen (Mt. 5, 44). Im Unterschied zum Ethos der Antike, bei dem die N. dem Grundwert der Gerechtigkeit untergeordnet ist, verknüpft die christl. Verkündigung und Theologie die N. mit der Gottesliebe (der Liebe Gottes und Liebe zu Gott) und beschreibt sie als die zwei Seiten des einen Gebotes JESU CHRISTI, in dem alle anderen Gebote zusammengefasst sind (Mt. 22, 35–40). (→Liebe)

Nacht, der Zeitraum zw. Sonnenunter- und -aufgang; seine Dauer hängt von der geograph. Breite des Beobachtungsortes und von der Jahreszeit ab. Am Äquator ist die N. immer 12 Stunden lang, in allen anderen Breiten nur zu den Zeiten der Tagundnachtgleiche (um den 21. 3. und den 23. 9.). Auf der nördl. Halbkugel ist die N. zur Wintersonnenwende (um den 21. 12.) am längsten, zur Sommersonnenwende (um den 21. 6.) am kürzesten. Auf der Südhalbkugel sind Winter- und Sommersonnenwende gegenüber der Nordhalbkugel vertauscht. (→Polarnacht)

nacht|aktive Tiere, die →Nachttiere.

Nachtanz, in der Tanzmusik vom MA. bis ins 17. Jh. ein schneller, ungeradtaktiger Springtanz, der einem langsamen und gravität., geradtaktigen Schreittanz folgt. Vor- und N. haben oft den gleichen harmon. und melod. Bau. Aus dieser Tanzfolge entwickelte sich im 16. Jh. die Suite. Wichtig als N. waren Galliarde und Courante, ferner Saltarello (Italien), Tourdion (Frankreich), Alta Danza (Spanien) sowie Hupfauf, Proporz, Sprung, Tripla (Deutschland).

Nacht|arbeit, arbeitsrechtlich die Arbeitszeit zw. 23^{00} Uhr abends und 6^{00} Uhr morgens. N. ist jede Arbeit, die mehr als zwei Stunden der Arbeitszeit umfasst (§ 2 Arbeitszeit-Ges. vom 6. 6. 1994). Das urspr. nach § 19 Arbeitszeitordnung (AZO) bestehende N.-Verbot für Arbeiterinnen wurde durch den Europ. Gerichtshof und das Bundesverfassungsgericht als verfassungswidrig angesehen und mit Wirkung vom 1. 7. 1994 aufgehoben. Jugendliche dürfen i. d. R. zw. 20^{00} Uhr und 6^{00} Uhr (Ausnahmen für Jugendliche über 16 Jahren in Gaststätten, Landwirtschaft, Mehrschichtbetrieben, Bäckereien; →Jugendschutz) nicht beschäftigt werden. Das Nachtbackverbot in Bäckereien (urspr. zw. 0^{00} Uhr und 4^{00} Uhr) wurde aufgehoben. Besondere Arbeitszeitregelungen bestehen im Straßenverkehr. Verstöße gegen den N.-Schutz werden als Ordnungswidrigkeiten oder strafrechtlich geahndet. – Aus wirtschaftl. und techn. Gründen sowie aus Gründen der Versorgung der Bev. wird N. als unvermeidlich angesehen. Für den menschl. Organismus mit seiner Ausrichtung auf einen Tagesrhythmus bedeutet N. eine besondere Belastung.

In *Österreich* gelten ähnl. Bestimmungen, z. B. nach dem Bundes-Ges. über die Beschäftigung von Kindern und Jugendlichen 1987. Das Frauennachtarbeits-Ges. 1969 untersagt grundsätzlich die Beschäftigung von Frauen während der Nacht. Da ein geschlechtsspezif. N.-Verbot der Rechtsprechung des Europ. Gerichtshofes widerspricht, enthält der EU-Beitrittsvertrag Übergangsbestimmungen für Österreich bis 2001.

In der *Schweiz* ist N. grundsätzlich verboten; generelle Ausnahmebewilligungen für bestimmte Betriebe sind aber zulässig. Frauen und Jugendliche genießen besonderen Schutz. Eine Revisionsvorlage, welche im Zuge der Verwirklichung der Gleichstellung von Mann und Frau die Aufhebung der besonderen Schutzvorschriften für Frauen vorsah, wurde vom Stimmvolk abgelehnt. Nicht in den Geltungsbereich des Arbeits-Ges. fallen öffentlich-rechtl. Arbeitgeber, sodass dort das N.-Verbot nicht gilt (Stand: Juli 1997).

Nacht|asyl, russ. ›Na dne‹, Drama von M. GORKIJ; russ. 1902.

Nacht auf dem Kahlen Berge, Eine, russ. ›Noč' na lyssoj gore‹, sinfon. Dichtung von M. MUSSORGSKIJ (1867) nach N. W. GOGOL; 1886 von N. RIMSKIJ-KORSAKOW als Fantasie für Orchester bearbeitet.

Nachtbaumnattern, Boiga, Gattung 0,8–2,5 m langer Trugnattern in Afrika, S- und SO-Asien und Australien. Die meisten der etwa 25 Arten sind nachtaktive Baumbewohner.

Nachtblindheit, Hemeralopie, abnorm verminderte Sehleistung beim Dämmerungssehen; mögl. Ursachen sind erblich bedingte Schädigungen (unvollständige Differenzierung) des Stäbchenapparats oder eine Pigmentdegeneration der Netzhaut, hochgradige Kurzsichtigkeit, Atrophie des Sehnervs, Vitamin-A-Mangel.

Nachtblüher, Pflanzen, deren Blüten sich nur zur Nacht hin öffnen, z. B. Königin der Nacht; die Bestäubung erfolgt durch nachts fliegende Insekten.

Nachtbogen, der unter dem Horizont liegende Teil der scheinbaren Bahn eines Gestirns am Himmel.

Nacht|echsen, Xantusiidae, Familie bis 15 cm langer, lebend gebärender Echsen mit 12 Arten in Mittelamerika und Kuba. Ähnlich wie bei den Geckos, mit denen die N. wohl nah verwandt sind, ist das untere durchsichtige Augenlid fest am oberen Augenrand verwachsen (›Lidbrille‹) und wird gelegentlich mit der Zunge geputzt.

Nacht|effekt, der →Dämmerungseffekt.

Nachtfalter, Nachtschmetterlinge, Heterocera, veraltete Bez. für eine Gruppe nachtaktiver Schmetterlinge ohne natürl. Verwandtschaftsverhältnisse (z. B. Spanner, Bären, Eulen, Schwärmer).

Nachtglas, Fernrohr mit großer Dämmerungsleistung, bes. zum Beobachten bei schwacher Beleuchtung. Die Dämmerungsleistung ist proportional zur Dämmerungszahl $\sqrt{V \cdot D}$, mit V als Fernrohrvergrößerung und D als Durchmesser der Eintrittspupille (Objektdurchmesser) in Millimeter.

Nachthimmelslicht, das schwache, stets vorhandene Leuchten des Nachthimmels, das unabhängig vom Streulicht großer Städte und des Mondes zu beobachten ist. Die Helligkeit des N. je Quadratgrad entspricht, je nach Spektralbereich, derjenigen von etwa zwei bis vier Sternen der scheinbaren Helligkeit 5^m. Das Spektrum des N. besteht aus einem Kontinuum, das zu etwa 20 bis 40 % auf außerird. Quellen zurückzuführen ist (Gesamtheit der Sterne und Ausläufer des Zodiakallichts), sowie aus Emissionslinien und -banden von Atomen bzw. Molekülen; die Linien und Banden stammen aus den Eigenleuchten (Luftleuchten) der Erdatmosphäre, dem so genannten →Airglow. Spektrum und Gesamtintensität des N. variieren sowohl örtlich als auch zeitlich u. a. in Abhängigkeit von der Sonnenaktivität. – I. w. S. werden gelegentlich auch die →leuchtenden Nachtwolken und die seltenen, im Mittel in etwa 120 km Höhe auftretenden

Gustav Nachtigal

Nachtkerze:
Gemeine Nachtkerze
(Höhe 0,5–1 m)

Nachtnelke:
oben Abendlichtnelke
(Höhe 0,5–1 m);
unten Taglichtnelke
(Höhe 0,3–1 m)

und vermutlich auf in die Erdatmosphäre eingedrungenen interplanetar. Staubteilchen beruhenden Leuchtstreifen sowie das →Polarlicht und das →Zodiakallicht zum N. gerechnet.

Nachtigal, Gustav, Afrikaforscher, *Eichstedt/Altmark (bei Stendal) 23. 2. 1834, †(an Bord) bei Kap Palmas 20. 4. 1885; ging als Arzt 1861 nach Algerien, 1863 nach Tunesien. 1869 reiste er im Auftrag des Königs von Preußen zum Sultan von Bornu. Er durchquerte von Tripolis aus Fessan das ziemlich unerforschte Tibesti und erreichte 1870 Kuka (südwestlich des Tschadsees), die Hauptstadt von Bornu. Als erster Europäer erforschte er 1872–74 Bagirmi, Wadai und Darfur und kehrte über Kairo 1875 nach Dtl. zurück. Ab 1882 war er dt. Generalkonsul in Tunis. 1884 leitete er im Auftrag O. VON BISMARCKS die Schutzherrschaft des Dt. Reiches über Togo und Kamerun ein.

Werk: Saharâ u. Sûdân, 3 Bde. (1879–89, Bd. 3 postum, hg. v. E. GRODDECK)

H. GAMLMAYR u. H. JUNGRAITHMAYR: Gedenkschrift G. N. 1874–1974 (1977).

Nachtigall, *Luscinia megarhynchos,* zu den →Drosseln gehörender, 16–17 cm großer, bräunl. Singvogel mit rotbraunem Schwanz; die Jungvögel sind dicht gesprenkelt. Lebt in dichtem Gebüsch in Laubwäldern, Parks usw. in West-, Mittel- und Südeuropa sowie in NW-Afrika und Vorderasien; der sehr wohltönende Gesang ist bei Tag und Nacht zu hören. Das Nest steht meist auf dem Boden, die 4–6 olivbraunen Eier werden 13–14 Tage bebrütet. Die N. überwintert im trop. Afrika. Wenn man ihr ein Brutrevier bieten will, darf man das Falllaub unter den Gehölzen nicht entfernen. – Der Name N. wird in zahlreichen Zusammensetzungen auch für andere Vögel benutzt, z. B.: Poln. N. (→Sprosser), Chin. N. (→Sonnenvögel), Virgin. N. (→Kardinäle).

Kulturgeschichtliches: Seit der Antike gilt der Gesang der N. i. Allg. als gutes Vorzeichen. Für den an Schmerzen Leidenden soll er Linderung und für den Sterbenden sanften Tod verheißen. Im alten China und in Persien war die N. Sinnbild der Liebe, aber auch der Trauer und des Leides. Aus röm. Zeit sind Abbildungen des Vogels auf Wandgemälden, Grabsteinen und Sarkophagen bekannt. Im 11. Jh. erscheint die N. in der dt. und frz. Lyrik als ›Nachtsängerin‹.

Nacht in Venedig, Eine, Operette von J. STRAUSS; Uraufführung 3. 10. 1883 in Berlin.

Nachtkerze, *Oenothera,* Gattung der N.-Gewächse mit rd. 80 Arten, v. a. in den temperierten Regionen Amerikas; in vielen Gebieten eingebürgert und verwildert; Kräuter, Stauden oder Halbsträucher mit wechselständigen Blättern und gelben, roten, bläul., gestreiften oder gefleckten achselständigen Blüten, die durch Nachtfalter bestäubt werden. Eine bekannte, aus Nordamerika stammende, früher in Europa als Wurzelgemüse angebaute, dann verwilderte Art ist die gelb blühende **Gemeine N. (Zweijährige N., Rapontikawurzel,** *Oenothera biennis*), v. a. auf Ödland; die Samen bleiben etwa 80 Jahre lang keimfähig.

Nachtkerzengewächse, Onagraceae, Oenotheraceae, Pflanzenfamilie mit etwa 650 Arten in 24 Gattungen; weltweit verbreitet, bes. aber in den temperierten und wärmeren Gebieten Nordamerikas; Kräuter, Stauden, Sträucher (selten Bäume) mit meist zwittrigen, vierzähligen Blüten mit unterständigen Fruchtknoten. Die Blüten stehen einzeln oder in Trauben bzw. Ähren (seltener in Rispen). Zu den N. gehören u. a. die Gattungen →Fuchsie, →Hexenkraut, →Nachtkerze, →Weidenröschen.

Nachtnelke, Melandryum, Melandrium, Gattung der Nelkengewächse mit etwa 80 Arten bes. in Eurasien, aber auch in den Anden und im südl. Afrika; heute meist in die Gattung Leimkraut (Silene) einbezogen. Sie umfasst unterschiedlich gestaltete Kräuter, deren Blüten meist einen bauchigen Kelch und zweispaltige Kronblätter besitzen. In Dtl. kommen vier Arten vor, darunter: **Abendlichtnelke (Weiße N.,** *Melandrium album,* Silene alba), v. a. auf Wiesen; 0,5–1 m hoch; ihre Blüten – duftend, weiß, mit großem, blasig erweitertem Kelch – öffnen sich abends. **Taglichtnelke (Rote N., Rote Lichtnelke,** *Melandrium rubrum,* Silene dioica), auf feuchten Wiesen und in Laubwäldern; 0,3–1 m hoch, weich behaart; Blüten am Tag geöffnet, geruchlos, purpurrot. Einige andere Arten werden als Zierpflanzen kultiviert.

Nachtpfauenauge, Name dreier Arten der Augenspinner mit hellgrau und schwärzlich gezeichneten braunen Flügeln mit je einem großen Augenfleck. Das **Große N. (Wiener N.,** *Saturnia pyri*), bes. in S-Europa vertreten, ist mit einer Flügelspannweite bis 14 cm der größte europ. Schmetterling; seine Raupen tragen Knopfwarzen. In Niederösterreich, Mähren und Ungarn verbreitet ist das nachtaktive **Mittlere N.** (*Eudia spini;* Spannweite bis 8 cm), dessen hellbraune Flügel dunkelbraune Querbinden und je einen dunklen Augenfleck tragen. Das **Kleine N.** (*Eudia paronia;* Spannweite 5–8 cm) hat leuchtend gelbe Hinterflügel; es ist in ganz Mitteleuropa verbreitet.

Nachtpfauenauge: Großes Nachtpfauenauge (Spannweite bis 14 cm); Imago (links) und ältere Raupe (rechts)

Nacht|tragsanklage, im Strafprozess die (auch mündlich mögl.) Anklageerweiterung in der Hauptverhandlung auf weiter bekannt werdende Straftaten des Angeklagten (§ 266 StPO). Eine N. ist nur mit Zustimmung des Angeklagten zulässig; verweigert er sie, so müssen die weiteren Straftaten in einem anderen Verfahren angeklagt werden.

Nacht|tragshaushalt, Änderung eines schon verabschiedeten Haushaltsgesetzes oder -plans, die im für den →Haushaltsplan übl. Gesetzgebungsverfahren beschlossen wird (im Unterschied zum Ergänzungshaushalt). Ein N. wird oft wegen des langen Zeitraums zw. dem Einbringen des Haushaltsentwurfes in das Parlament und der Verabschiedung notwendig.

Nacht|tragsverteilung, im →Konkurs nach der Schlussverteilung die weitere Verteilung von Mitteln

Nachtigall (Größe 16–17 cm)

der Konkursmasse, wenn zurückbehaltene Beträge für die Masse frei werden, ausgezahlte Beträge zur Masse zurückfließen oder weitere Massegegenstände ermittelt werden (§ 166 Konkursordnung; bei Insolvenzverfahren, die nach dem 31. 12. 1998 beantragt werden, gelten die §§ 203–205 Insolvenzordnung vom 5. 10. 1994).

Nachtschatten, Solanum, Gattung der N.-Gewächse mit etwa 1 400 weltweit (v. a. in den Tropen und Subtropen Südamerikas) verbreiteten Arten. Kräuter, Sträucher und Bäume, manchmal auch Kletterpflanzen, oft stark bedornt oder bestachelt; viele Arten enthalten giftige Alkaloide (z. B. →Solanin). Die fünfzähligen Blüten besitzen eine rad- oder glockenförmige Krone und sich kegelig zusammenneigende Staubbeutel. Der zweiblättrige Fruchtknoten entwickelt sich zu einer fleischigen Beere. Mehrere Arten sind wichtige Kulturpflanzen (z. B. Kartoffel, Aubergine). Bekannt als Giftpflanzen sind u. a. der **Schwarze N.** (Solanum nigrum), eine einjährige, 10–80 cm hohe Schuttpflanze; verzweigt, dunkelgrün, mit breit dreieckig-rautenförmigen Blättern, weißen Blüten in kurz gestielten, doldenartigen Wickeln und mit erbsengroßen, schwarzen, glatten, (durch den Solanin) sehr giftigen Beerenfrüchten; **Bittersüß (Bittersüßer N.,** Solanum dulcamara), in feuchtem Gebüsch und Auwäldern; niederliegender oder bis 3 m hoch kletternder Halbstrauch mit etwa herzförmigen unteren und dreilappigen oberen Blättern, fünfzähligen Blüten in Doldentrauben und roten, giftigen Beeren. Eine beliebte Topfpflanze ist das →Korallenbäumchen. – Der Schwarze N. war schon den Ärzten im 1. Jh. n. Chr. als Heil- und Gartenpflanze bekannt. In den Kräuterbüchern des 16. Jh. wird Bittersüß als volkstüml. Heilmittel erwähnt. Auch der Schwarze N. wurde als Diuretikum, Blutreinigungsmittel und gegen entzündliche Augen-, Zahn- und Halsschmerzen, außerdem als Schutz gegen Zauberei verwendet.

Nachtschattengewächse, Solanaceae, zu den Verwachsenkronblättrigen gehörende Pflanzenfamilie mit etwa 2 600 Arten in 90 Gattungen v. a. in Südamerika; Kräuter, Sträucher, Bäume und Lianen mit schraubig angeordneten Blättern und zymösen Blütenständen, meist in Wickeln, seltener mit Einzelblüten; Früchte meist Beeren oder Kapseln, oft alkaloidhaltig. Zu den N. gehören Nutzpflanzen (z. B. Kartoffel, Tomate, Paprika), Heil- und/oder Giftpflanzen (z. B. die Arten der Tollkirsche und des Bilsenkrauts) und Zierpflanzen (z. B. Blasenkirsche, Petunie).

Nachtschmetterlinge, die →Nachtfalter.

Nachtschwalben, Caprimulgidae, Familie der →Schwalme mit etwa 75 Arten, weltweit verbreitet in gemäßigten und warmen Zonen (nicht auf Neuseeland und einigen anderen Inseln). Der kleine Schnabel kann wegen einer automat. Spreizvorrichtung und der tiefen Mundspalte sehr weit geöffnet werden. N. jagen Insekten; im Flug erinnern sie an Falken oder große Segler. Viele Arten können in Kältestarre fallen, der nordamerikan. **Poorwill** (Phalaenoptilus nutallii) hält als einziger Vogel einen Winterschlaf. In Mitteleuropa kommt nur eine Art, der →Ziegenmelker, vor.

Nachtschwalbenschwanz, Holunderspanner, Ourapteryx sambucaria, zu den →Spannern gestellter, etwa 4,5 cm spannender, vorwiegend gelblich weißer Nachtschmetterling, v. a. in laubwaldreichen Landschaften großer Teile Eurasiens; Flugzeit Juni bis August; die braunen, zweigähnl. Raupen leben bes. an Holunder, Geißblatt und Efeu.

Nachtschweiß, abnorme nächtl. Schweißabsonderung; tritt bei Gesunden nach starken körperl. Belastungen auf, auch bei psychovegetativem Syndrom, als Krankheitssymptom bei Überfunktion der Schilddrüse, schweren Erkrankungen wie Leukämie u. a. Krebsformen, Tuberkulose oder Aids.

Nachtstück 1): Antonio Correggio, ›Die Heilige Nacht‹; 1522–30 (Dresden, Gemäldegalerie)

Nachtsichtgeräte, *Militärwesen:* Geräte zum Beobachten des Geländes, zur Zielsuche und zum Zielen bei Nacht oder ungünstiger Sicht. Man unterscheidet aktive und passive N. Bei den **aktiven N.** – heute kaum noch in Gebrauch – wird das Gefechtsfeld durch Weißlicht, Infrarotlicht oder andere Lichtquellen beleuchtet, was aber das Erkennen der eigenen Position durch den Gegner ermöglicht. Bei den **passiven N.** gibt es zwei mit unterschiedl. Technik arbeitende Arten: **Restlichtverstärker** intensivieren den Helligkeitswert des beobachteten Gegenstandes. Dies geschieht durch Photozellen, die für das Auge nicht oder kaum wahrnehmbare Helligkeitsgrade sichtbar machen. Die mit Infrarotdetektoren ausgestatteten **Wärmebildgeräte** – die neueste Entwicklung auf dem Gebiet der N. – ermöglichen die Darstellung des beobachteten Gegenstandes in Form eines Wärmebildes oder Thermogramms (→Thermographie).

Nachtstück, 1) *Kunst:* Bez. für ein Gemälde, in dem eine Szene im nächtl. Innen- oder Freiraum dargestellt ist; seit dem 17. Jh. eine eigene Bildgattung handlungs-, oft auch staffagefreier nächtl. Landschaften. Erst seit dem 15. Jh. wurden nächtl. Szenen wie ›Gefangennahme Christi‹, ›Geburt Christi‹ als solche dargestellt. Das früheste überzeugende Beispiel ist wohl ›Die Geburt Christi‹ von GEERTGEN TOT SINT JANS (um 1490; London, National Gallery). In den N. des 16. Jh. stehen natürl., sakrale und künstl. Lichtquellen nebeneinander, z. B. Mond, Nimbus und Fackel in RAFFAELS Fresko ›Befreiung Petri‹ (um 1511–14; Rom, Vatikan, Stanza d'Eliodoro). Im 17. Jh. wurde CARAVAGGIOS Helldunkel mit verborgenen Lichtquellen bestimmend für die N., bes. bei G. DE LA TOUR und z. B. in P. P. RUBENS' ›Flucht nach Ägypten‹ (1614; Kassel, Staatl. Kunstsammlungen). Das gleichnamige Bild von A. ELSHEIMER (1609; München, Alte Pinakothek) ist das erste N. einer nur vom Mond erleuchteten Landschaft. Zur eigenen Bildgattung wurde das N. durch A. VAN DER NEER, der nachhaltig die dt. Romantiker des 19. Jh. beeinflusste, bes.

Nachtschatten: Schwarzer Nachtschatten (Höhe 10–80 cm)

Nachtschwalbenschwanz (Spannweite etwa 4,5 cm)

Nachtwache: Rembrandt, ›Kompagnie des Kapitäns Frans Banning Cocq‹; 1642 (Amsterdam, Rijksmuseum)

C. D. Friedrich (u. a. ›Zwei Männer bei der Betrachtung des Mondes‹, um 1819/20; Dresden, Staatl. Kunstsammlungen). In der Folgezeit verlor das N. an Bedeutung.

Die Nacht, hg. v. V. Scheck, Ausst.-Kat. Kunstverein Schrobenhausen (1990); W. Schöne: Über das Licht in der Malerei (⁸1994).

2) *Literatur:* analog zu Bildkunst und Musik in der Romantik die Gestaltung einer nächtl. Szene bzw. der ›Nachtseiten‹ menschl. Lebens, z. B. in dem Roman ›Nachtwachen. Von Bonaventura‹ (1804) und dem Zyklus ›Nachtstücke‹ (1817) von E. T. A. Hoffmann.

3) *Musik:* →Notturno.

Nachttiere, nacht|aktive Tiere, Tiere, deren Lebens- und Verhaltensaktivitäten v. a. in der Nachtzeit liegen, während sie tagsüber ruhen oder schlafen; z. B. Leuchtkäfer, Nachtschmetterlinge, die meisten Geckos, manche Nachtschwalben, fast alle Eulenvögel, viele Insektenfresser, Fledertiere und Halbaffen, das Erdferkel, die Gürteltiere sowie viele Nage- und Raubtiere. N. haben entweder sehr leistungsfähige (lichtstarke) oder sehr kleine Augen. Im letzteren Fall sind Geruchssinn oder Ultraschall (z. B. bei Fledermäusen) Orientierungshilfen. – Durch Verschiebung des normalen Tag-Nacht-Rhythmus der N. um 12 Stunden (Halten der Tiere in heller Beleuchtung bei Nacht, in schwachem Licht bei Tag) können in den **Nachttierhäusern (Vierundzwanzigstundenhäuser)** einiger zoolog. Gärten (Frankfurt am Main, Saarbrücken, Stuttgart) dem Zoobesucher N. tagsüber in Aktivität gezeigt werden.

Nacht-und-Nebel-Erlass, auf Befehl Hitlers vom Oberkommando der Wehrmacht (W. Keitel) am 7. 12. 1941 in Kraft gesetzte Verfügung, die die Bev., bes. in den besetzten Gebieten W-Europas, von Widerstand abschrecken sollte. Der Erlass bestimmte, dass bei Straftaten gegen das Dt. Reich die Beschuldigten, sofern nicht mit Sicherheit das Todesurteil durch ein Wehrmachtsgericht zu erwarten stand, heimlich (›bei Nacht und Nebel‹) zur Aburteilung durch Sondergerichte nach Dtl. gebracht und in Konzentrationslager eingewiesen werden sollten.

Nachtviole, Hesperis, Gattung der Kreuzblütler mit etwa 30 Arten in Eurasien, bes. im Mittelmeerraum; einjährige oder ausdauernde, behaarte Kräuter mit meist violetten oder weißen Blüten in lockeren Trauben. Am bekanntesten ist die **Gemeine N.** (Hesperis matronalis) in SW-Europa und W-Asien; in Mitteleuropa als Zierpflanze in mehreren purpurfarben, violett oder weiß blühenden Sorten, auch mit gefüllten Blüten; stellenweise verwildert.

Nachtviole: Gemeine Nachtviole (Höhe 30–80 cm)

Nachtwache, im 19. Jh. entstandene Bez. für das bekannteste Werk Rembrandts, das 1642 gemalte Schützenstück ›Kompagnie des Kapitäns Frans Banning Cocq‹ (Amsterdam, Rijksmuseum). Das Bild wurde 1715 erheblich beschnitten und war wiederholt Ziel von Anschlägen.

E. Haverkamp Begemann: Rembrandt. The Nightwatch (Princeton, N. J., 1982).

Nachtwachen. Von Bonaventura, Roman, 1804 erschienen unter dem Pseudonym →Bonaventura.

Nachtwächterstaat, iron., vermutlich von F. Lassalle geprägte Bez. für die Staatsidee des klass. Liberalismus, nach der die Funktion des Staates auf den bloßen Schutz der Person und des Eigentums beschränkt sein sollte.

Nachtwandeln, andere Bez. für Schlafwandeln (→Somnambulismus).

Nachverbrennung, 1) *Luftfahrt:* Maßnahme zur kurzzeitigen Schubsteigerung (um 50 %) von Turbinenluftstrahltriebwerken (→Strahltriebwerk). Im **Nachbrenner (Afterburner),** einem an das Basistriebwerk angeschlossenen rohrartigen Bauteil, wird den noch sauerstoffhaltigen Turbinenabgasen Kraftstoff zu abermaliger Verbrennung zugeführt. Nachteilig hierbei sind hoher Kraftstoffverbrauch und starke Lärmentwicklung. Die N. wird v. a. bei Militärflugzeugen angewendet (zur Verkürzung der Startstrecke und Verringerung der Steigzeit).

2) *Umwelttechnik:* Maßnahme zur Verringerung der Emission von Kohlenmonoxid und Kohlenwasserstoff in den Abgasen. Die N. kann in einem therm. Reaktor in der Auspuffleitung erfolgen, wobei ggf. Luft eingeblasen wird, um Sauerstoff zur Verfügung zu stellen. Heute erfolgt die N. meist in einem →Katalysator.

Nachverfahren, *Recht:* 1) im Zivilprozess das (im selben Rechtszug) an ein Vorbehaltsurteil anschließende weitere Verfahren, z. B. im Urkunden-, Wechsel- und Scheckprozess (§§ 302, 600 ZPO). Das Vorbehaltsurteil kann im N. bestätigt oder geändert werden; 2) im Strafprozess ein fristgebundenes Verfahren, in dem nach rechtskräftiger Anordnung der →Einziehung von Gegenständen Beteiligte, die schuldlos ihre Rechte nicht geltend machen konnten, diese vertreten können (§ 439 StPO).

nachwachsende Rohstoffe, Sammel-Bez. für ganz unterschiedliche, überwiegend land- und forstwirtschaftlich erzeugte Rohstoffe zumeist pflanzl. Herkunft, z. B. Zucker, Stärke, Öle und Fette, Fasern, Holz, Heil- und Gewürzpflanzen; zu den n. R. werden häufig aber auch so genannte Abfallbiomasse wie Stroh und tier. Produkte (z. B. Leder, Wolle, Talg) gezählt. In der Öffentlichkeit werden n. R. meist als alternative Energieträger diskutiert, sie haben aber zurzeit v. a. als Rohstofflieferanten in der Produktion von Chemikalien und Nahrungsmitteln größere Bedeutung, zunehmend auch für biotechnologisch erzeugte Produkte wie Aminosäuren, Biopolymere, Enzyme, Proteine, Tenside, Vitamine. (→Rohstoffe)

Nachwahl, →Wahlrecht.

Nachwärme, *Kerntechnik:* →Nachzerfallsleistung.

Nachwehen, in den ersten Tagen nach der Geburt auftretende Wehen, die der Blutstillung (bes. an der Mutterkuchenhaftstelle) und der Rückbildung der Gebärmutter dienen. Durch den Stillreiz kommt es zur Oxytocinausschüttung und zur Intensivierung der N. Mit zunehmender Geburtenzahl werden die N. schmerzhafter.

Nachweisgrenze, Menge oder Konzentration einer Substanz, die in einer Analysenprobe gerade noch nachgewiesen werden kann; u. a. abhängig von der Empfindlichkeit des verwendeten Messgerätes.

Nachwirkung, *Arbeitsrecht:* die Fortgeltung kollektivvertragl. Normierungen (→Betriebsvereinbarung, →Tarifvertrag) über ihre regelmäßige Beendigung (z. B. nach Kündigung oder Fristablauf) hinaus; die N. ist abdingbar.

Nachzerfallsleistung, *Kerntechnik:* die im Reaktorkern eines abgeschalteten →Kernreaktors durch den Zerfall der radioaktiven Spaltprodukte in der Zeiteinheit freigesetzte Kernbindungsenergie. Die durch die N. erzeugte Wärme wird als **Nachwärme** bezeichnet. (→Kernkraftwerk, Sicherheit)

Nacka, Stadt am O-Rand von Stockholm, Schweden, 69 100 Ew.; Turbinen- und Ventilatorenbau, Mühlen, Werft.

Nacken, Genick, Nucha, bei Mensch und Wirbeltieren der nach dem Rücken zu gelegene Teil des Halses, dessen knöcherne Grundlage von der Hinterhauptschuppe des Schädels und den Halswirbeln gebildet wird. An die Halswirbelsäule legt sich beiderseits die N.-Muskulatur an, in der Mittellinie des N. verläuft das elast. Nackenband.

Nackenheim, Weinbaugemeinde im Landkreis Mainz-Bingen, Rheinl.-Pf., am linken Rheinufer, 5 000 Einwohner.

Nackensteifheit, die →Genickstarre.

Nackenstütze, Kopfbank, oft aus Holz gearbeitetes Gestell für Kopf oder Nacken zur Schonung der Frisur; ihre Form reicht vom einfachen Block bis zum kunstvoll geschnitzten Stück. Im alten Ägypten bestanden sie aus einem sichelförmigen Auflager für den Kopf über pfeilerartigem Fuß; als Grabbeigabe waren

Nackenstütze aus dem Grab des ägyptischen Königs Tut-ench-Amun; Elfenbein, um 1337 v. Chr. (Kairo, Ägyptisches Museum)

die N. auch aus Kalkstein oder Alabaster, Miniaturmodelle dienten als Amulett. Aus China sind N. aus Keramik und Porzellan erhalten; urspr. waren sie wohl aus Holz. In Afrika gibt es ornamental beschnitzte N. bes. in der Demokrat. Rep. Kongo, bei den Kuba und Lulua sowie (mit Trägerfiguren) bei den Luba und Songe. In vielen Kulturen Ozeaniens ist die N. wichtiges Inventar, oft in zeremoniellem Zusammenhang (Krieg, Kopfjagd) und daher mit mytholog. Motiven (z. B. Tierdarstellungen) beschnitzt.

Nackten und die Toten, Die, engl. ›The naked and the dead‹, Roman von N. MAILER; engl. 1948.

Nacktfarne, Rhyniales, primitivste, heute ausgestorbene, zur Gruppe der Urfarne gehörende Ordnung der Farnartigen. Sie traten an der Wende Silur/Devon (vor etwa 400 Mio. Jahren) auf und stellen die niedrigste bisher bekannte, mit Leitbündeln und Spaltöffnungen ausgestattete Gruppe der Landpflanzen. Die wurzellosen N. besaßen einen rhizomähnlichen unterird. Teil, dem etwa $1/2$ m hohe, blattlose, gabelig verzweigte oberird. Teile mit gipfelständigen Sporangien aufsaßen. Bereits zum Beginn des Oberdevons starben sie wieder aus.

Nacktfliegen, Psilidae, Familie brauner oder schwarzer, schlanker Fliegen; weltweit verbreitet, in Europa etwa 30 Arten, z. B. die →Möhrenfliege.

Nacktheit, 1) *Evolutionsgeschichtlich:* weitgehende Haarlosigkeit (mit Ausnahme v. a. des Kopfhaars) als eines der charakterist. Merkmale des Menschen. Diese N. ist im Wesentlichen ein Selektionsvorteil, der sich (und zwar relativ spät im Verlauf der menschl. Evolution) mit der Abnahme der Körperbehaarung - hauptsächlich in Verbindung mit einer Zunahme an Schweißdrüsen auf der gesamten Körperoberfläche - ergeben hat. Es wurde dadurch ein kombinierter Effekt aus Schutz vor Überhitzung und gleichzeitig vermehrter Kühlung erreicht, der dem prähistor. Menschen in seiner Phase als Wildbeuter zugute kam und ihm dadurch die Möglichkeit bot, seine Beute vor dem Erlegen über längere Strecken zu verfolgen.

2) *Kulturgeschichtlich:* der Zustand des unverhüllten menschl. Körpers. Als kulturelle, kult. oder mod. und weltanschaul. Erscheinung (z. B. →Freikörperkultur) widerspricht N. dem sekundären Bedürfnis des Menschen, sich an das klimat. Gegebenheiten entsprechend durch Kleidung zu schützen. In Klimaten, die keine Schutzkleidung erforderlich machen, ging man jedoch (z. T. noch heute) vorzugsweise nackt, legte sich aber durch Bemalung, Tatauierung oder Amulette einen mag. Schutz zu. Aus diesen unterschiedl. Lebensgewohnheiten resultiert auch ein unterschiedl. - kulturspezifisch ausgeprägtes - Schamgefühl (das wiederum das individuelle Schamgefühl bestimmt). In Kulturen, in denen Kleidung als Norm gilt, gliedert diese u. a. den Menschen in die Gesellschaftsordnung ein; N. dagegen macht ihn ›sozial ortlos‹. - Der nackte Mensch wird in einem anderen Sinne betrachtet als der bekleidete. Für die bildende Kunst wird N. deshalb häufig zum Ausdrucksmittel für die sinnbildl. Darstellung abstrakter Ideen und Ideale; bis ins 19. Jh. meist mit religiösen und mytholog. Bezügen (→Akt). - Eine besondere Rolle spielt die N. (oder teilweise N., der oft höhere Stimulanz zugeschrieben wird) bei der sexuellen Begegnung, u. a. da die nackte Haut für erot. Reize empfänglicher ist und da die Entblößung von Körperteilen selbst sexuelle Reize ausübt. Die Instrumentalisierung des nackten (meist weibl.) Körpers zur Verkaufsförderung ist im Zusammenhang mit →Sexismus zu sehen. - In der Religionsgeschichte kann N. Ausdruck besonderer Askese sein; charakteristisch hierfür sind die →Digambaras des Jainismus. Kult. N. (als solche gelten z. B. auch Barhäuptigkeit und Barfüßigkeit etwa beim Besuch hl. Stätten) soll entweder eine bedingungslose Hingabe an die Gottheit erkennen lassen oder die paradies. Unschuld des ersten Menschen wiederherstellen (so bei den →Adamiten). Die teilweise Entblößung wird z. B. in der griech. und german. Religion beim Gebet gefordert. Das Christentum verweist die N. in den Intimbereich des Menschen und fordert für die Öffentlichkeit die jeweils ›angemessene‹ Kleidung. - In der Magie ist N. oft mit Fruchtbarkeitsriten verbunden. Liebeszauberpraktiken wurden nackt vollzogen, nackt war auch die Fragestellerin beim Liebesorakel in der Andreasnacht (→Andreas, Apostel). Als Hexen verdächtigte Männer und Frauen wurden nackt (im ›Peinlkleid‹) gefoltert.

E. FEHRLE: Die kult. Keuschheit im Altertum (1910, Nachdr. 1966); Hwb. des dt. Aberglaubens, hg. v. E. HOFFMANN-KRAYER u. a., Bd. 6. (1934–35, Nachdr. 1987); H. F. GEYER: Philosoph. Tagebuch, Tl. 5: Dialektik der N. (1973); C. LÉVI-STRAUSS: Mythologica, Bd. 4, Tl. 1 u. 2: Der nackte Mensch (a. d. Frz., 1976); N. HIMMELMANN: Ideale N. in der griech. Kunst (1990); H. P. DUERR: N. u. Scham (^{4}1992).

Nackthunde: Mexikanischer Nackthund (Widerristhöhe 25–40 cm)

Nackthunde, terrierähnl., ganz oder überwiegend unbehaarte Hunderassen, die schon seit Jahrhunderten in Lateinamerika, Afrika und Ostasien gezüchtet werden. Die Haarlosigkeit beruht möglicherweise auf einer Mutation oder dem Fehlen eines den Haarwuchs fördernden Hormons. Bekannte Arten sind der **Chinesische Schopfhund,** mit einem Haarbüschel auf dem Kopf, der **Afrikanische Nackthund (Abessinischer Sandterrier)** sowie der **Mexikanische Nackthund (Xoloitzcuintle);** Widerristhöhen von 25 bis 40 cm.

Nacktkiemer, Nudibranchia, zu den →Hinterkiemern gestellte künstl. Gruppe von etwa 4 500 Arten mariner Nacktschnecken mit lebhafter Färbung und oft bizarrer Gestalt; z. B. die →Fadenschnecken.

NAD

Nacktkultur, die →Freikörperkultur.

Nacktmulle, Heterocephalus, zu den Sandgräbern gehörende Nagetiergattung mit der einzigen Art **Nacktmull** (Heterocephalus glaber) in sandigen, trockenen Gebieten des nördl. Ostafrika; mit Ausnahme einzelner Haare völlig nacktes, rosafarbenes bis gelbl., gestreckt-walzenförmiges, 8–9 cm langes Tier mit 3,5–4 cm langem Schwanz; Augen winzig; Ohrmuscheln fehlen; ernährt sich v. a. von Knollen und Wurzeln; lebt ausschließlich unterirdisch, ähnlich wie Ameisen und Bienen in Völkern von 20–30 Tieren, die von einem einzigen Weibchen, das sich allein fortpflanzt, geführt werden.

Nacktsamer, Gymnospermae, Organisation der Samenpflanzen; ausschließlich Holzgewächse mit sekundärem Dickenwachstum, verschiedenartigen Blättern und getrenntgeschlechtigen, überwiegend windbestäubten Blüten. Die Samenanlagen werden nicht von den Fruchtblättern eingeschlossen und sitzen an deren Unterseiten. Auch der Same ist nicht von einer von den Fruchtblättern gebildeten Hülle umschlossen. Selten entstehen durch Gewebswucherungen fruchtähnl. Gebilde (z. B. bei der Steineibe). – Die heutigen N. werden in Unterabteilungen eingeteilt: 1) **Cycadophytina** (fiederblättrige N.; mit Palmfarnen, Gnetum, Ephedra- und Welwitschiagewächsen); 2) **Coniferophytina** (gabel- und nadelblättrige N.; mit Ginkgogewächsen und Nadelhölzern).

Im späten Paläozoikum, im Mesozoikum und im Tertiär spielten die N. (v. a. waren es die Samenfarne, Cordaiten und Bennettitales) eine wesentlich größere Rolle als heute. Die N. stellen eine frühe Organisationsstufe der Samenpflanzen dar. Sie werden nicht als direkte Vorfahren der Bedecktsamer betrachtet.

Nacktschnecken, Bez. für Landlungenschnecken mit fehlender oder weitgehend rückgebildeter, vom Mantel überwachsener Schale; am bekanntesten sind die →Egelschnecken sowie die →Wegschnecken.

Nackt unter Wölfen, Roman von B. APITZ, 1958; gleichnamiger Film 1963 (Regie: F. BEYER).

NAD [Abk. für Nikotinsäureamid-adenin-dinukleotid], Coenzym Wasserstoff übertragender Enzyme (z. B. der Alkoholdehydrogenasen) des Energiestoffwechsels (z. B. der Atmungskette und der Glykolyse), das v. a. in den Mitochondrien und im Zytoplasma tier. und pflanzl. Zellen vorkommt. NAD setzt sich aus dem Pyridinderivat Nikotinsäureamid, der Purinbase Adenin, zwei Molekülen des Monosaccharids Ribose und zwei Phosphorsäureresten zusammen. Da der Pyridinteil im NAD eine positive Ladung trägt, wird die Verbindung genauer als NAD$^+$ bezeichnet. Ein Molekül Coenzym bindet ein Wasserstoffatom und gibt seine Ladung an ein weiteres Wasserstoffatom ab, sodass die reduzierte Verbindung NADH (auch wiedergegeben als NAD·H, NAD·H + H$^+$ oder NAD·H$_2$) entsteht. – Die Entdeckung des NAD als Bestandteil der Hefeenzyme durch A. HARDEN und S. YOUNG 1906 hatte große Bedeutung für die Enzymforschung. 1935 konnte die Struktur des NAD durch H. VON EULER-CHELPIN aufgeklärt werden. Frühere Bez. für NAD waren: Diphosphopyridinnukleotid (Abk. DPN), Cozymase und Codehydrase I.

Nadal-Preis, span. Literaturpreis, →Premio Nadal.

Nadar [naˈdar], eigtl. **Gaspard Félix Tournachon** [turnaˈʃɔ̃], frz. Karikaturist und Fotograf, * Paris 6. 4. 1820, † ebd. 21. 3. 1910; begann als Journalist, zeichnete Karikaturen Pariser Intellektueller für frz. Zeitschriften (u. a. für ›Le Charivari‹, ›Journal pour rire‹). Um 1853/54 gründete er ein fotograf. Atelier (er fertigte Porträtaufnahmen u. a. von C. BAUDELAIRE, G. DE NERVAL, A. DUMAS PÈRE, G. ROSSINI). 1858 machte er erste Luftaufnahmen von Paris vom Ballon aus. 1861 erhielt er ein Patent für Fotografieren bei künstl. Licht (Aufnahmen des Pariser Kanalisationssystems und der Katakomben). 1874 fand in seinem Atelier die erste Impressionistenausstellung statt.

N., Photograph berühmter Zeitgenossen, bearb. v. N. GOSLING (a. d. Engl., 1977); N., hg. v. M. MORRIS HAMBOURG u. a., Ausst.-Kat. Musée d'Orsay, Paris (1995).

Nadar: Interview mit Chevreul; 1886

Nádas ['na:dɔʃ], Péter, ungar. Schriftsteller, * Budapest 14.10.1942; thematisiert in seinen frühen Erzählungen durch Angst und Unterdrückung bewirkte seelische Störungen; in ›Ende eines Familienromans‹ (1977; dt.) stellt er polit., histor. und myst. Dimensionen dieses Themas am Beispiel einer Budapester jüd. Familie während der Stalinzeit dar. In dem äußere und innere Vorgänge minutiös beschreibenden Ichroman ›Buch der Erinnerung‹ (1986; dt.) überlagern sich versch. Erzählperspektiven und Zeitebenen, wodurch ein komplexes Bild vom Zeitgeschehen in Ungarn vermittelt wird. Das Werk wurde 1991 mit dem Großen Österr. Staatspreis ausgezeichnet.
Weitere Werke (ungar.): *Prosa:* Die Bibel (1967); Schlüsselsuch-Spiel (1969); Beschreibung (1979); Liebe (1979; dt.); Der Lebensläufer (1989; dt.); Zwiesprache. Vier Tage im Jahr 1989 (1992; dt.). – *Essay:* Von der himmlischen und der irdischen Liebe (1991; dt.).

Nadel, 1) *allg.:* spitzes, meist gerades Werkzeug zum Verbinden oder Verzieren von Geweben, Leder, Haut und Filz durch Fäden (Näh-N., Stopf-N., chirurg. N.; jeweils mit einem →Öhr zum Halten des Fadens), zur Maschenbildung von Gestricken, Häkelarbeiten u. a. (Strick-N., Häkel-N. mit einer zu einem kleinen Haken gekrümmten Spitze; in Strick- und Wirkmaschinen Zungen- oder Spitzen-N.), zum Zusammen- oder Feststecken mehrerer Teile (Steck-N., Sicherheits-N. mit einer federnden Drahtschlaufe und Schutzkappe zur Aufnahme der Spitze, Hut-N., Haar-N.) oder auch als Schmuckstück (Gewand-N., Krawatten-N.). I. w. S. werden auch verschiedenartige stabförmige, meist zugespitzte Gebilde, Vorrichtungen oder Bauteile als N. bezeichnet, z. B. Kristall-N., Magnet-N., Ventil-N. und Injektionsnadel.
Geschichte: Die ersten N. waren – wie auch heute noch bei einzelnen Naturvölkern – Dornen, Fischgräten u. a., aber schon im Jungpaläolithikum wurden Näh-N. aus Horn und Knochen gefertigt, später aus Bronze, Kupfer und Eisen, für Schmuckzwecke auch aus Gold (Haar- und Kleider-N., Letztere bald durch die →Fibel verdrängt). Die Erfindung des Drahtziehens führte um 1370 zum Gewerbe der Nadler. Näh-N. wurden aus zugespitztem Eisendraht hergestellt, dessen Ende zunächst gespalten und dann zu einem Öhr zusammengeklopft wurde. Seit der Mitte des 19. Jh. werden N. maschinell hergestellt.
Im Volksglauben und in der Magie spielt die N. gleich dem Nagel eine große Rolle. Unter N.-Zauber versteht man die sympathet. Praktiken des Stechens (→Defixion).
2) *Botanik:* →Nadelblatt.

Nadel, Arno, Schriftsteller, Maler und Musiker, * Wilna 3.10.1878, † KZ Auschwitz nach dem 12.3.1943; schuf Bearbeitungen jüd. Volksmusik und musikal. Teils der jüd. Liturgie. Die Impulse zu seiner lyr. (u. a. ›Der Ton, die Lehre von Gott und Leben‹, 1921) und dramat. Dichtung empfing er aus antiker und östl. Mysterienweisheit sowie der religiösen Tradition des Ostjudentums.
Ausgabe: Der weissagende Dionysos, bearb. v. F. KEMP (1959).

Nadelbäume, *Botanik:* →Nadelhölzer.
Nadelbiopsie, Gewebegewinnung zu diagnost. Zwecken mittels einer speziellen Hohlnadel, v. a. als →Aspirationsbiopsie.
Nadelblatt, nadelförmiges Blatt der Nadelhölzer; nur die vom Blattgrund abfallende Blattspreite stellt die eigentl. Nadel dar.
Nadel|eisen|erz, Mineral, →Goethit.
Nadelfilz, Filz aus meist synthet. Fasern, die in Form eines Vlieses durch viele Nadeln mit Widerhaken zu einem unentwirrbaren, festen, harten Flächengebilde von versch. Dicke verschlungen werden. N. wird z. B. als Polster- und Dekorationsmaterial, Bodenbelag und Einlage in der Konfektion verwendet.

Nadelfische, Familie der →Eingeweidefische.
Nadelflorteppich, Tuftingteppich ['tʌftɪŋ-, engl.], durch Einsticken von Florfäden mit Blindstichen in ein Jutetragegewebe oder -gewirk auf der Vielnadelmaschine hergestellter Teppich (oder Auslegware). Um die Schlingen oder geschnittenen Florschenkel festzuhalten, wird von der Unterseite Latex oder ein synthet. Kleber aufgetragen.
Nadelgewicht, *Sport:* niedrigste Gewichtsklasse im Taekwondo (bis 50 kg, Frauen bis 43 kg).
Nadelhölzer, Koniferen, Coniferen, Coniferae, Pinidae, wichtigste und artenreichste, weltweit verbreitete Unterklasse der nadelblättrigen →Nacktsamer; sie bilden v. a. auf der Nordhalbkugel einen fast geschlossenen Nadelwaldgürtel; reich verzweigte, oft harzreiche Bäume (Nadelbäume), selten auch Sträucher, mit meist starkem Holzstamm, zahlreichen kleinen, nadel- oder schuppenförmigen Blättern und getrenntgeschlechtigen Blüten in verschiedengestaltigen Zapfen, wobei die männl. als Blüten, die weibl. meist verholzenden als Blütenstände zu betrachten sind. Die weibl. Blüten sind meist stark reduziert und zu ›Samenschuppen‹ (Fruchtschuppen) verschmolzen, oft sind sie auch noch mit ihren Tragblättern (Deckschuppen) verwachsen. Deck- und Fruchtschuppe bilden zusammen den ›Zapfenschuppe‹, die bei der Reife verholzt ist. – Zahlreiche Vertreter liefern wichtige Bau-, Werk- u. a. Nutzhölzer, viele werden als Zierbäume gepflanzt. Wichtige N. sind u. a. Kiefer, Fichte, Tanne, Lärche, Zypresse, Wacholder, Lebensbaum, Mammutbaum und Eibe. Auf der Südhalbkugel sind u. a. die oftmals breitblättrigen Araukarien- und Steineibengewächse verbreitet; sie ersetzen hier an ähnl. Standorten die nordhemisphär. Familien (z. B. Steineibenwälder Neuseelands).
Nadelkap, das Südkap Afrikas, →Agulhas.
Nadelkraut, *Crassula recurva,* Dickblattgewächs in Süd- und Westaustralien und auf Tasmanien; rasig wachsende Sumpfpflanze (im Wasser bis 40 cm lang) mit paarweise gekreuzten, nadelförmigen Blättern und kleinen, rötlich weißen Blüten; Aquarienpflanze.

Nadel 1): 1 Krawattennadel; 2 Stecknadel; 3 Nähnadel; 4 Stopfnadel; 5 Maschinennadel; 6 Stricknadel; 7 Häkelnadel für Wolle; 8 Häkelnadel für Spitzen; 9 Doppelzungennadel; 10 Hutnadel; 11 Nadel für Schuhmacher und Sattler; 12 Sicherheitsnadel

Nadelman ['nɑ:dlmən], Elie, amerikan. Bildhauer und Grafiker poln. Herkunft, * Warschau 20.2.1882, † New York 28.12.1946; studierte in Warschau und Paris und emigrierte 1914 in die USA; gestaltete Tänzerinnen, Artistinnen und Porträts sowie v. a. kleine zeitkrit. Skulpturen mit strengen, kurvig geschwungenen Umrissen und glatter Oberfläche.
Nadeln der Kleopatra, zwei von THUTMOSIS III. im 15. Jh. v. Chr. in Heliopolis (Ägypten) vor dem Tempel des Sonnengottes errichtete Obelisken, die um 23 v. Chr. in Alexandria vor dem Tempel des CAESAR aufgestellt wurden, den KLEOPATRA als Mausoleum für MARCUS ANTONIUS begonnen hatte (der Tempel galt lange als ihr Werk). Als Geschenk der ägypt. Reg. kam der eine, 20 m hohe Obelisk 1878 nach London (jetzt am Victoria Embankment), der andere, 22 m hohe 1880 nach New York (jetzt im Central Park).
Nadelschnecken, Aciculidae, Familie der Vorderkiemerschnecken mit der einzigen Art **Glatte N.** (*Acicula polita*); etwa 3 mm groß, mit rotbrauner Schale; in Mittel- und Süd-Dtl.
Nadelsimse, *Eleocharis acicularis,* Riedgras in Europa, Asien, Australien, Nord- und Südamerika; in Dtl. auf zeitweise trockenfallenden Teichböden, an Seeufern und Altwässern; mit dünnen, bis 25 cm langen Rhizomen, auf denen bis 20 cm lange, faden- oder nadelförmige Blätter sitzen; Aquarienpflanze.

Nadelsimse
(Blätter bis 20 cm lang)

Nadelstreifen, *Mode:* sehr schmale Längsstreifen v. a. in Anzug- und Kostümstoffen, die sich deutlich von der Grundfarbe des Stoffes abheben.

Nadelwald, Vegetationsgemeinschaft, in der →Nadelhölzer vorherrschen.

Nadelzinn, nadelige Ausbildung des Minerals →Zinnstein.

Na-Dené, große Sprachfamilie Nordamerikas, umfasst neben den Sprachen der Athapasken (westl. Subarktis) die Sprachen der (an der Pazifikküste Kanadas und Alaskas beheimateten) Tlingit und Haida sowie das ausgestorbene Eyak. Die Zugehörigkeit des Haida zum N.-D. wird neuerdings wieder infrage gestellt.

H.-J. Pinnow: Gesch. der Na-Dene-Forschung (1976); Athapaskan linguistics, hg. v. E.-D. Cook u. K.-D. Rice (1989).

Nadeschdinsk, Nadeždinsk [-ʒ-], Stadt in Russland, →Serow.

NADGE [nædʒ, engl.], Abk. für **NATO Air Defence Ground Environment** [ˈneɪtəʊ ˈeə dɪˈfens graʊnd ɪnˈvaɪərənmənt, engl.], bodengebundenes Erfassungs-, Leit- und Führungssystem der NATO-Luftverteidigung, seit Beginn der 1970er-Jahre vollständig in Betrieb. Es besteht im Wesentlichen aus über 80 stationären Großraumradaranlagen von N-Norwegen bis zur O-Türkei sowie unterbunkerten Gefechtsständen, aus denen der Einsatz der Luftverteidigungswaffensysteme (Jagdflugzeuge und Flugabwehrraketen) geleitet wird. Im südtl. Raum wurde in den 80er-Jahren das verbesserte German Air Defence Ground Environment (GEADGE) eingerichtet. Das Frühwarnsystem →AWACS ergänzt NADGE, das infolge der Erdkrümmung eine relativ geringe Radarreichweite hat.

Nadir [arab. naẓīr (as-samt) ›(dem Zenit) entgegengesetzt‹] *der, -s,* **Fußpunkt,** der senkrecht unter dem Beobachter befindl. Punkt der Himmelskugel; sein Gegenpunkt ist der Zenit. (→astronomische Koordinaten)

Nadir, pers. Schah (seit 1736), * bei Meschhed 22. 10. 1688, † (ermordet) Fathabad (bei Firdaus) 20. 6. 1747; aus dem Stamm der Afschar. N., der 1726 in den Dienst des safawid. Schattenherrschers Tahmasp II. trat, zwang 1732 zugunsten von dessen Sohn Abbas III. absetzte, und sich 1736 selbst zum Schah erhob, vertrieb die Afghanen aus Iran und die Osmanen aus Aserbaidschan und den Kaukasusprovinzen. 1739 besiegte er den Großmogul und entführte unermessl. Schätze aus Delhi, darunter den Pfauenthron und den Diamanten Kohinoor. Nach der Unterwerfung Bucharas und Chiwas erstreckte sich sein Reich vom Indus und Oxus (Amudarja) bis zum Euphrat. Von den Dogmen der Schia sagte er sich los.

Nadjd [nadʒd], **Nadschd,** der Kernraum von Saudi-Arabien, →Nedjd.

Nadler, 1) Josef, österr. Literaturhistoriker, * Neudörfl (bei Varnsdorf, Nordböhm. Gebiet) 23. 5. 1884, † Wien 14. 1. 1963; wurde 1912 Prof. in Freiburg im Üechtland, 1925 in Königsberg und 1931 in Wien (bis 1945). In seiner ›Literaturgeschichte der dt. Stämme und Landschaften‹ (1912–28, 4 Bde., ⁴1938–41 u. d. T. ›Literaturgeschichte des dt. Volkes‹) untersuchte er, angeregt von A. Sauer, die dt. Literatur auf stammesgeschichtl. Grundlage. Durch die einseitige geistesgeschichtlich-biolog. Ableitung leistete er natsoz. Interpretationen Vorschub. N. schrieb außerdem Arbeiten zur österr. und schweizer. Literatur.

2) Karl Christian Gottfried, Schriftsteller, * Heidelberg 19. 8. 1809, † ebd. 26. 8. 1849; ab 1834 Rechtsanwalt; v. a. durch Gedichte in Pfälzer Mundart (›Fröhlich Palz, Gott erhalts!‹, 1847) bekannt.

Nadolny, 1) Burkhard, Schriftsteller, * Sankt Petersburg 15. 10. 1905, † Chieming (Landkreis Traunstein) 2. 7. 1968, Sohn von 3), ⚭ mit 2), Vater von 4); schrieb neben Hör- und Fernsehspielen sowie Reisebüchern (›Thrake‹, 1948) v. a. polit. und utop. Novellen (›Das Gesicht im Spiegel‹, 1948) und Romane (›Michael Vagrant‹, 1948; ›Konzert für Fledermäuse‹, 1952; ›Der Fall Cauvenburg‹, 1962).

2) Isabella, geb. Peltzer, Schriftstellerin und Übersetzerin, * München 26. 5. 1917, ⚭ mit 1), Mutter von 4); Verfasserin erfolgreicher, meist stark von eigenem Erleben geprägter Romane und Erzählungen. Bekannt wurde sie durch den autobiograph. Roman ›Ein Baum wächst übers Dach‹ (1959).

3) Rudolf, Diplomat, * Groß-Stürlack (bei Lötzen) 12. 7. 1873, † Düsseldorf 18. 5. 1953, Vater von 1); seit 1902 im auswärtigen Dienst, 1924–32 Botschafter in Ankara, 1933–34 in Moskau, führte 1932–33 die dt. Abordnung auf der Genfer Abrüstungskonferenz.

4) Sten, Schriftsteller, * Zehdenick (Landkreis Oberhavel) 29. 7. 1942, Sohn von 1) und 2); wurde bekannt durch seinen Roman ›Die Entdeckung der Langsamkeit‹ (1983).

Weitere Werke: *Romane:* Netzkarte (1981); Selim oder Die Gabe der Rede (1990); Ein Gott der Frechheit (1994).

Nador, Stadt an der NO-Küste Marokkos, an der Küsten-Sebcha Bu Areg, 13 km südlich von Melilla, 113 000 Ew.; Sitz einer Prov.-Verwaltung; modernes, schachbrettartig angelegtes Handels-, Verwaltungs- und Industriezentrum; Textilindustrie; Flughafen. Südlich von N. (bei Zélouane) Eisenhüttenwerk mit Kaltwalzwerk; ein Phosphorsäurewerk ist geplant. Nördlich von N. neuer Handels- und Fischereihafen **Nador Béni Enzar** mit Butangasterminal.

NADP [Abk. für **N**ikotinsäureamid-**a**denin-**d**inukleotid-**p**hosphat], ein im Aufbau dem →NAD entsprechendes Coenzym, das sich von NAD durch einen zusätzl. Phosphorsäurerest, gebunden in 2-Stellung der mit dem Adenin verbundenen Ribose, unterscheidet. NADP ist wie NAD Coenzym von Wasserstoff übertragenden Enzymen; durch reversible Wasserstoffaufnahme entsteht hier das reduzierte Coenzym NADPH (auch als NADP · H = NADP · $H + H^+$ oder NADP · H_2 wiedergegeben). – Das NADP wurde 1931 von O. H. Warburg und W. Christian entdeckt. Frühere Bez. für NADP waren: Triphosphopyridinnukleotid (Abk. TPN) und Codehydrase II.

Nadrauen, histor. Landschaft im ehem. Ostpreußen, heute zum Gebiet Kaliningrad (Königsberg), Russland; umfasst zw. Samland, Schalauen und Sudauen das Gebiet des oberen Pregel und seiner Quellflüsse. N. wurde 1274/75 vom Dt. Orden erobert.

Nadschaf, Stadt in Irak, →Nedjef.

Nadym, Stadt im Autonomen Kreis der Jamal-Nenzen, Russland, im N des Westsibir. Tieflands zw. Salechard und Urengoj, etwa 25 000 Ew.; Erdgasförderung (Lagerstätte Medweschje); Erdgasleitung zum Ural, in den zentralen europ. Teil Russlands und ins Wolgagebiet. – Erbaut ab 1965.

Naegele-Regel [ˈnɛː-, nach dem Gynäkologen Franz Karl Naegele, * 1778, † 1851], →Geburt.

Naematoloma [griech.], wiss. Name der Pilzgattung →Schwefelkopf.

Næstved [ˈnɛsdveð], Stadt im S der Insel Seeland, Dänemark, 45 700 Ew.; Stadtmuseum; Maschinenbau-, Holz-, Keramik- und Papierindustrie. – Mortenskirche (13. Jh.); Peterskirche (begonnen im 14. Jh.); am Peterskirchplatz das Alte Rathaus (um 1450), Fachwerkhäuser des 15.–17. Jh. sowie das Heiliggeisthaus mit gemauertem Giebel (15. Jh., heute Heimatmuseum); Neues Rathaus (1939–40); Schloss Gavnø (17.–18. Jh.) mit Gemäldesammlung.

Naevius, Gnaeus, röm. Dichter, * in Kampanien (Capua?) um 270 v. Chr., † Utika (Afrika) um 201 v. Chr.; schrieb seit 235 v. Chr. Tragödien und v. a. Komödien mit vorwiegend griech. Stoffen für die röm. Bühne (Fabulae palliatae, →Palliata). In seinem Hauptwerk ›Bellum Poenicum‹, dem ersten römischen

Nationalepos, stellte er in saturn. Versen den 1. Pun. Krieg dar, an dem er selbst teilgenommen hatte.
Ausgaben: N. poeta, hg. v. E. V. MARMOVALL (²1950); Poeti latini arcaici, hg. v. A. TRAGLIA, Bd. 1 (1986).

Naevus [lat.] *der, -/...vi,* das →Muttermal.

Naevuszellen, Nävuszellen, große, rundl. Zellen in Oberhaut und Lederhaut, die teils Melanin bilden können und aus Nervenzellen der Neuralleiste entstanden sind. Sie können sich in Gruppen zu **Naevuszellnaevi** zusammenlagern, gutartigen Hautgeschwülsten, bei denen jedoch die Gefahr einer Entartung zum malignen →Melanom besteht.

Näf, Werner, schweizer. Historiker, * St. Gallen 7. 6. 1894, † Gümligen (heute zu Muri bei Bern) 19. 3. 1959; war seit 1925 Prof. in Bern. N. arbeitete u. a. über das Thema der Staatsideen (›Staat und Staatsgedanke‹, 1935, Vorträge; ›Die Epochen der neueren Geschichte. Staat und Staatengemeinschaft vom Ausgang des MA. bis zur Gegenwart‹, 2 Bde., 1945–46). Nach ihm ist der →Werner-Näf-Preis benannt.

Näfels, Gem. im Kt. Glarus, Schweiz, 437 m ü. M., an der Linth, 4 000 Ew.; im Freulerpalast Museum des Landes Glarus; Maschinenbau, Textilfabrik; Sportzentrum. – Der Freulerpalast (1642–47) ist einer der eindrucksvollsten Herrensitze des 17. Jh. in der Schweiz; Renaissanceportal, Prunkzimmer mit Täfelungen und Kassettendecken. – Bei N. besiegten am 9. 4. 1388 die Glarner ein österr. Ritterheer Herzog ALBRECHTS III. und sicherten damit ihre Zugehörigkeit zur Eidgenossenschaft. Zum Gedenken wird alljährlich am ersten Donnerstag im April (kantonaler Feiertag) die **Näfelser Fahrt** veranstaltet.

Näfels: Prunkzimmer mit Pfauenofen im Freulerpalast; 1642–47

NAFTA, Abk. für engl. North American Free-Trade Area (→Nordamerikanische Freihandelszone).

Naft-e Schah, Naftshar [-ʃ-], Stadt in W-Iran, nahe der Grenze zu Irak, entstanden bei der Erschließung des gleichnamigen Erdölfeldes (seit 1927), das bis auf irak. Gebiet (dort **Naft-Khaneh** gen.) reicht; Pipeline zur Raffinerie in Kermanschah (früher Bachtaran).

Nafud, Wüste in Arabien, →Nefud.

Naga [Sanskrit], Bez. für die in ind. Religionen als chthon. Gottheit aufgefaßte Schlange. Schlangengeister wurden als Hüter der Erdschätze oder Fruchtbarkeitsgottheiten schon seit frühester Zeit verehrt; seit dem 2.–1. Jh. v. Chr. werden sie in Terrakotta und

Næstved: Schloss Gavnø; 17.–18. Jh.

Stein dargestellt: als Schlange, als Mischwesen oder in Menschengestalt meist mit mehrköpfiger Kobrahaube. Als ihr Feind gilt →Garuda. Bei den Khmer wird N. v. a. als Schöpferin des Universums dargestellt, im 13. Jh. dann auch als Schützerin des Buddhabilds.

Naga, Ruinenstätte im Sudan, →Naka.

Naga, Stadt im SO von Luzon, Philippinen, 102 700 Ew.; kath. Bischofssitz, Univ. (1948 gegr.); Wirtschafts-, Verkehrs- und Handelszentrum der Region Bicol; Flugplatz.

Naga, Gruppe mongolider Stämme mit tibetobirman. Sprache im Grenzgebirge zw. Indien und Birma, insgesamt 820 000 N., davon 40 000 in Birma. Die Mehrheit der N. (die Stämme Angami, Ao, Chakhesang, Chang, Khienmungan, Konyak, Lhota, Phom, Rengma, Sangtam, Sema, Yimchungr, Zeliang-Zemi u. a.) lebt in Nagaland, andere leben in Manipur (Kabui, Kacha, Mao, Maram, Maring, Tangkhul u. a.) und in Arunachal Pradesh (Nocte, Tangsa, Wancho u. a.), weitere (Haimi, Htangan, Pyengoo, Rangpan u. a.) in Birma.

An Kulturen der N. überwiegt Reisanbau auf Brandrodungsfeldern, Anbau auf bewässerten Terrassen kommt vor; Viehhaltung gibt es überall. Im Handwerk sind Weberei- und Flechtarbeiten bedeutend. Exogame, patrilineare Klane bilden die wichtigste soziale Einheit; Monogamie herrscht vor. Das Land ist Dorf- oder Sippenbesitz, wird aber individuell genutzt. Die N. wohnen in befestigten Höhensiedlungen (mit Männerhaus). Zur Erhöhung des Ansehens werden Verdienstfeste veranstaltet, wie die kollektiven Ahnen- und Totenfeste verbunden mit Tieropfern (bes. Büffel), Gelagen, Tanz und Musik. Angesehenen Toten und Lebenden wurden traditionell Megalithdenkmäler oder Gabelpfosten errichtet. Die bis in die 1930er-Jahre bedeutende Kopfjagd stand mit dem Feldbau (Fruchtbarkeitsmagie), dem Jenseitsglauben und der sozialen Rangordnung in Zusammenhang. Heute verlieren animist. Glaubensvorstellungen gegenüber dem Christentum an Bedeutung. – Das starke Unabhängigkeitsgefühl der N. führte immer wieder zu kämpfer. Auseinandersetzungen mit der ind. Zentralregierung und zur Gründung von →Nagaland.

J. JACOBS: The Nagas. Hill peoples of Northeast India (London 1990); J. ATHICKAL: Maram Nagas. A socio-cultural study (Delhi 1992); A. D. MAO: Nagas. Problems and politics (ebd. 1992); K. RUIVAH: Social changes among the Nagas (Tangkhal) (ebd. 1993). – Weitere Literatur →Konyak.

Nagada, Naqada, Ort in Oberägypten, namengebend für die steinkupferzeitlichen Negadekulturen (→Ägypten, Vorgeschichte).

Nagai, Kafū, eigtl. **N. Sōkichi** [-tʃi], jap. Schriftsteller, * Tokio 3. 12. 1879, † Ichikawa 30. 4. 1959; gilt als einer der Hauptvertreter des Ästhetizismus, verarbeitete seine Auslandsaufenthalte in ›Geschichten aus

Naga Nagaika – Nagasbaum

Amerika‹ (1908; jap.) und ›Geschichten aus Frankreich‹ (1909; jap.); spätere Werke spielen meist im Geisha- und Prostituiertenmilieu von Tokio (›Kräftemessen‹, 1918, engl. ›Geisha in rivalry‹; ›Romanze östlich des Sumidagawa‹, 1937, dt.).

Nagaika [russ.] *die,* -/-s, aus Lederstreifen geflochtene Peitsche der Kosaken.

Nagaland [ˈnɑːgəlænd], Bundesstaat in NO-Indien, an der Grenze zu Birma, 16 579 km², (1994) 1,41 Mio. Ew. (1968: 418 000 Ew.); Hauptstadt ist Kohima. Die Bev. des Gebirgslandes bilden Stämme der →Naga. Die parallelen, mit Regenwald bedeckten Gebirgszüge (bis 3 826 m ü. M.) umschließen Längstäler, in denen v. a. Reisanbau (als Terrassen- oder Brandrodungsfeldbau) betrieben wird. Es entwickelt sich eine Papierindustrie. – Seit 1957 waren die von Naga bewohnten Gebiete Assams und der North-East Frontier Agency unter dem Namen Naga Hills and Tuengsang Area zu einer Verw.-Einheit zusammengefasst, die der direkten Reg. der ind. Zentral-Verw. unterstand. 1962 wurde dieses Gebiet in einen Staat der Ind. Union umgewandelt mit Sonderrechten auf den Gebieten der Religion, des Familienrechts und Bodenbesitzes. 1975 kam es zu einer Verständigung zw. der Reg. und Aufständischen, die seit den 60er-Jahren die Unabhängigkeit des N. anstrebten.

Nagana [afrikan.] *die,* -, **Ngana, Tsetsekrankheit**, in Afrika, bes. südlich der Sahara, verbreitete, oft seuchenhafte, mit Fieber, Anämie und Entkräftung verbundene und nicht selten tödlich endende Krankheit bei domestizierten und wild lebenden Wiederkäuern (bes. bei Rindern). Die N. wird durch die von mehreren Arten der Tsetsefliege (bes. Glossina morsitans) als Zwischenwirt verbreiteten Flagellatenarten Trypanosoma brucei, T. congolense und T. panosoma vivax verursacht. Die Bekämpfung erfolgt hauptsächlich durch Vernichtung der Zwischenwirte. Eine Chemotherapie ist möglich.

Nagano: Haupthalle des Tempels Zenkōji; 1707

Nagano, Hauptstadt der Präfektur N., Japan, auf Honshū, nordwestlich von Tokio, 352 400 Ew.; Holz-, Seiden-, Nahrungsmittelindustrie, Maschinenbau. Austragungsort der Olymp. Winterspiele 1998. – Die Haupthalle (von 1707) des buddhist. Tempels Zenkōji (7. Jh.) gehört zu den größten Holzbauten Japans; Bronzeskulpturen des Amida-Nyorai, Kannon und Seishi. – N. entwickelte sich als Ortschaft ›vor dem Tor‹ des Tempels Zenkōji, nach dem sie sich bis 1890 benannte. Während des Tokugawa-Shogunats war N. Poststation auf dem Weg in die nördl. Provinzen.

Nagaoka, Stadt auf Honshū, Japan, in der Präfektur Niigata, 188 700 Ew.; Maschinen-, chem. und Nahrungsmittelindustrie; in der Umgebung Erdöl- und Erdgasvorkommen.

Nagarastil, Tempelbauweise in N-Indien, die sich aus den einräumigen Sanktuarien der Guptazeit (Sanchi, Deogarh) sowie Bauten in Aihole (BILD →indische Kunst) und Pattadakal im 6.–8. Jh. herausbildete und seither in Orissa (Mukhalingam, Bhubaneswar, Konarak), Zentralindien (Khajuraho), Rajasthan (Osia, Nagda, Kiradu) und Gujarat (Modhera) mit lokalen Varianten kanonisiert wurde. Charakteristisch ist die kurvilineare Kontur des sich nach oben hin verjüngenden Tempelturms, dessen meist betont vertikale Linienführung sich augenfällig unterscheidet von der horizontalen Schichtung des südind. →Dravidastils.

Nagarjuna-Sagar-Damm [-dʒuːnə-], Staudamm in der →Krishna, Südindien.

Nagarjunikonda [-dʒuː-], **Nagarjunakonda,** archäolog. Fundstätte im Distrikt Guntur, im südind. Andhra Pradesh, heute von einem der Krishna-Stauseen bedeckt. Von den 1927, 1938 und 1954 freigelegten bedeutenden Überresten sind die wichtigsten auf einem benachbarten Hügel nachgebaut worden, archäolog. Museum; nahebei das moderne Vigayapuri. Charakteristisch sind buddhistische Kultbauten des 2.–4. Jh.: Viharas, apsidiale Caityahalle und umzäunte Stupas, geschmückt mit Reliefs mit Szenen der Buddhalegende im Stil des späten Amaravati; ferner sind ein Amphitheater mit röm. Anklängen und einige Hindutempel ausgegraben worden.

Nagasaki, Hauptstadt der Präfektur N., Japan, Hafen an der W-Küste von Kyūshū, 438 000 Ew.; kath. Erzbischofssitz; Univ. (gegr. 1949). Mit der aus einer Schiffsreparaturwerkstatt (1857) hervorgegangenen Mitsubishi-Werft (1884) begann in N. der moderne jap. Schiffbau; außerdem Maschinen- und Motorenbau, Elektro-, Nahrungsmittel- (u. a. Fischkonserven), Textil- und Zementindustrie; Fischerei- und Handelshafen; Flugplatz.

Stadtbild: Im Heiwa- oder Friedenspark (Zentrum der Atombombenexplosion) befinden sich das Friedensmahnmal, eine Kolossalstatue (1955; von KITAMARU SEIBŌ), eine Gedenkstätte und das Atombombenmuseum. Da von den Zerstörungen durch die Atombombe v. a. die Nordstadt betroffen war, sind in anderen Stadtteilen historisch bedeutende Anlagen erhalten, u. a. der Suwa-Schrein aus dem 16. Jh., auf einer großen Terrasse über einer breiten Treppe gelegen; der Sōfukuji (1629), auch Akadera (Roter Tempel) gen.; der Kōfukuji wurde 1629 von einem chin. Zen-Priester gegründet (Gebäude in chin. Stil, z. T. von 1644/46); Japans älteste Steinbogenbrücke Megane-Bashi (Brillenbrücke) entstand 1634.

Geschichte: N., als Fischerdorf **Fukaeno-ura** gegr., Ende des späten 12. Jh. als Lehen an die Familie Nagasaki gekommen und nach ihr benannt, entwickelte sich mit der Aufnahme des Handels mit den Portugiesen und dem Vordringen jesuit. Missionare zur führenden jap. Hafenstadt. 1587, mittlerweile Zentrum des legalen jap. Außenhandels, wurde der Verwaltung durch die Zentral-Reg. unterstellt. Im Zuge der Abschottung Japans durch das Tokugawashogunat sowie der Christenverfolgung (seit 1612) wurde der Handel mit den europ. Staaten von den Niederlanden beschränkt, seine Abwicklung war 1641–1854 nur auf der im Hafen von N. gelegenen künstl. Insel Dejima erlaubt. Nach →Hiroshima war am 9. 8. 1945 N. Ziel eines amerikanischen Atombombenangriffs, dem 25 000–75 000 Menschen zum Opfer fielen.

Nagsbaum [ind.], **Eisenbaum, Mesua,** Gattung der Johanniskrautgewächse mit etwa 40 Arten in Hinterindien und auf Java. Die bekannteste und wirtschaftlich bedeutendste Art ist Mesua ferrea (N.

Nagasaki Stadtwappen

Hafenstadt in Japan

auf Kyūshū

438 000 Ew.

Universität (1949 gegründet)

Suwa-Schrein (16. Jh.)

älteste Steinbogenbrücke in Japan (1634)

Friedenspark mit Atombombenmuseum und Friedensmahnmal

Atombombenangriff 1945

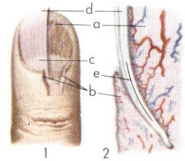

Nagel 1): 1 Fingerendglied mit halbseitig entfernter Nagelplatte; 2 Schnitt durch die Nagelwurzel (stark vergrößert; senkrecht zu Bild 1); a Nagelbett, b Nagelwall, c Nagelmöndchen, d Nagelplatte, e Nagelwurzel

i. e. S.), ein mittelgroßer Baum mit dunkelgrünen Blättern und großen, weißen, duftenden Blüten. Das sehr harte Holz (Eisenholz) wird als ostind. Nagasholz gehandelt, die Blüten werden für Parfüms verwendet.

Nagasvaram *die, -/-*, **Nagaswaram**, südind. Oboe mit kon. Bohrung, großem hölzernem Schalltrichter, sieben Grifflöchern und fünf weiteren Löchern am seitl. Rohrende, die mit Wachs verklebt und zur Feinstimmung verwendet werden. Die N. gibt es in einer großen (Bari) und einer kleinen (Timiri) Ausführung; sie wird immer paarweise zusammen mit der ›Ottu‹ genannten Bordun-N. geblasen. Mikrotöne werden nicht gegriffen, sondern durch differenzierte Blastechniken erzielt. Von C. MARIANO wurde die N. auch in den Jazz eingeführt.

Naga|uta [jap. naga-uta ›Langgedicht‹] *das, -*, Form der jap. Lyrik, die aus einer beliebigen Anzahl von Verspaaren mit 5 : 7 Silben und einem abschließenden siebensilbigen Vers besteht. In dieser Regelmäßigkeit seit dem 7. Jh. im →Manyōshū zahlreich überliefert, wurde es in der Folgezeit vom Kurzgedicht (→Uta) völlig verdrängt. Als N. wurde später auch ein lyr. Gesangsstil zur Shamisenbegleitung (v. a. im Kabuki) bezeichnet.

Nagekäfer, die →Klopfkäfer.

Nagel, 1) *Anatomie*: lat. Ụnguis, griech. Ọnyx, beim Menschen und bei Affen die dünne, durchscheinende, konvex ausgebildete Hornplatte (**N.-Platte**), welche die Oberseite des Endgliedes der Zehen und Finger bedeckt. Der N. liegt auf dem **N.-Bett** und wird seitlich vom **N.-Wall** begrenzt, der sich hinten zum **N.-Falz** einsenkt. Der im N.-Falz steckende Teil heißt **N.-Wurzel**, die nicht immer sichtbare halbmondförmige weiße Stelle davor ist das **Möndchen (Lunula)**, das durch lichtreflektierende Luftbläschen in den Hornschüppchen der N.-Platte zustande kommt. Der N. besteht aus einer weichen, unverhornten Zell- und der Hornschicht. Das Längenwachstum wird aus der Tiefe des N.-Falzes unterhalten (2–3 mm im Monat). Bei anderen Säugetieren, bei Vögeln und Kriechtieren entsprechen dem N. die Hufe, Klauen oder Krallen.

N.-Krankheiten (Onychosen) können als Folge primärer Erkrankungen (Infektionen) und Schädigungen (Verletzungen, Chemikalien) oder als Symptom innerer Krankheiten auftreten. Sie äußern sich in N.-Schäden wie Verfärbung (→Leukonychie), Brüchigkeit (**Onychorrhexis**) oder Aufsplitterung von Schichten (**Onychoschisis**) bei Hautkrankheiten, aufgrund von Entfettung durch Staubarbeiten oder Umgang mit Lösungsmitteln, auch von Kalk- oder Vitaminmangel; weitere Veränderungen sind Grübchenbildung in der N.-Platte (**Grübchen-N., Tüpfel-N.**), v. a. bei Psoriasis und Ekzemen, eine partielle oder vollständige Ablösung der N.-Platte vom N.-Bett (**Onycholysis**) durch Nagelbettentzündungen oder Pilzinfektionen, Querfurchungen bei schweren inneren oder Hautkrankheiten, Störungen im Bereich der N.-Wurzel.

Spezielle Formen einer krankhaften Umbildung sind **Hohl-N. (Koilonychie)**, muldenförmige Verformungen der Finger-N. mit erhöhter Brüchigkeit bei chron. Eisenmangel, Ekzemen, Mangelkrankheiten, Raynaud-Krankheit, und die →Uhrglasnägel bei Herz- und Lungenkrankheiten. Der **Krallen-N. (Onychogryposis)** entsteht durch übermäßige Verdickung und Verbiegung der N.-Platte mit Verfärbung und tritt v. a. in höherem Alter auf. Infektionen werden v. a. durch Hautpilze hervorgerufen (**Onychomykosen**) und befallen die Fuß-N. (→Hautpilzkrankheiten).

Durch Verletzungen und Eindringen von Eitererregern entstehen die **Nagelfalz-** und **Nagelwallentzündung (Paronychie)** und die **Nagelbettentzündung (Onychie)** v. a. der Finger-N. (→Fingerentzündung). Durch Eintrocknen und Einreißen des N.-Oberhäut-

Nagasaki

chens bis in den N.-Wall und nachfolgende schmerzhafte Entzündung wird der **Nied-N.** hervorgerufen.

2) *Botanik*: stielartiger Basalteil eines Blütenblattes.

3) *Segeln*: **Beleg-N., Coffey-N.**, hölzerner oder eiserner Bolzen, der in einem Loch der **N.-Bank**, eines dicken Holzbretts am Mast oder Schanzkleid, steckt und zum Festmachen (›Belegen‹) von Leinen der Takelung dient.

4) *Technik*: Drahtstift aus einem zugespitzten Schaft und flachem, gewölbtem oder gestauchtem Kopf zur Verbindung von Teilen, v. a. von Holzteilen untereinander oder mit anderen Bauteilen. Aus Blechstreifen oder Bandeisen werden geschnittene N. hergestellt, deren Schaft einen runden, quadrat. oder rechteckigen Querschnitt haben kann. Für Sonderzwecke benötigt man geschmiedete N. (z. B. Schienen-N.); bei der Schuhherstellung wurden auch Holz-N. (Holzstäbchen ohne Kopf) verwendet.

Volksglauben: Das Einschlagen von N. ist eine Art von Aneignungsritus; z. B. schlug der Bauherr den ersten und den letzten N. ein. Der ›Dreinägelsegen‹ volkstüml. Zauberbücher sollte Diebe bannen; im Umkreis der →Defixion entspricht er häufig den Zauberpraktiken mit Nadeln. Die in dem Dreinägelsegen verwendeten Segenstexte weisen auf Zusammenhänge mit den ›Kreuznägelreliquien‹ hin (mittelalterl. und barocke Volksfrömmigkeit); so war in der Hl. Lanze der Reichskleinodien ein angeblicher N. vom Kreuz CHRISTI eingelassen. (→Nagelfetische)

Nagel, 1) **Ernest**, amerikan. Philosoph österr. Herkunft, *Waagneustadtl (bei Trentschin) 16. 11. 1901, †New York 20. 9. 1985; lehrte 1931–70 Philosophie an der Columbia University. N. beschäftigte sich v. a. mit der Anwendung log. Methoden, dem Wahrscheinlichkeits- und dem Beweisbegriff.

2) **Hans**, Plastiker und Grafiker, *Frankfurt am Main 28. 3. 1926, †Bonn 8./9. 11. 1978; begann in Hamburg mit Schrottplastik, z. T. als Bauplastik; seit 1966 arbeitete er v. a. mit Röhrenelementen, oft monumental; auch in Holz und bemalt. Röhrenformen bestimmen auch seine Druckgrafik (Lithos).

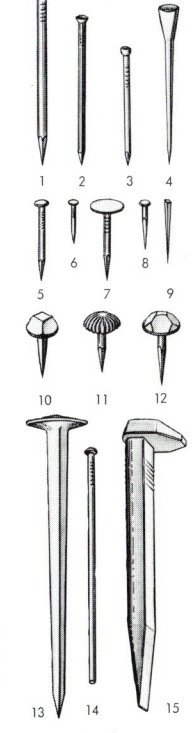

Nagel 4): 1 Gewöhnlicher Drahtstift mit rundem Schaft und flachem Kopf;
2 Drahtstift mit viereckigem Schaft; 3 Drahtstift mit Kugelkopf; 4 Hufnagel;
5 Drahtstift mit Halbrundkopf; 6 Blauzwecke; 7 Dachpappenstift; 8–9 Geschnittene Nägel (aus Blech); 10 Schuhzwecke; 11–12 Ziernagel; 13 Schiffsnagel;
14 Formerstift; 15 Schienennagel

Ivan Nagel

H. N. Röhrenplastiken, Texte von M. FATH u. a., hg. vom Inst. für moderne Kunst Nürnberg u. a. (1971).

3) Ivan, Theaterkritiker und Intendant, * Budapest 28. 6. 1931; Theaterkritiker für die ›Dt. Zeitung‹ und Chefdramaturg an den Münchner Kammerspielen; 1972–79 Intendant des Dt. Schauspielhauses Hamburg; Kulturkorrespondent der ›Frankfurter Allgemeinen Zeitung‹ in New York; 1985–88 Intendant des Schauspiels in Stuttgart; seit 1988 Prof. an der Berliner Hochschule der Künste, ab 1997 Schauspielleiter der Salzburger Festspiele.

Werke: Autonomie u. Gnade. Über Mozarts Opern (1985); Gedankengänge als Lebensläufe. Versuche über das 18. Jh. (1987); Kortner, Zadek, Stein (1989); Johann Heinrich Dannecker, Ariadne auf dem Panther. Zur Lage der Frau um 1800 (1993); Der Künstler als Kuppler (1997).

Otto Nagel: Lotte mit Puppe; 1921 (Berlin, Otto-Nagel-Haus)

4) Otto, Maler, * Berlin 27. 9. 1894, † ebd. 12. 7. 1967; knüpfte als Autodidakt an H. ZILLE und KÄTHE KOLLWITZ an und stellte die Welt der Arbeiter dar, v. a. Arbeiterporträts sowie Berliner Stadtansichten (bes. Arbeiterviertel). Er organisierte u. a. die 1. Allgemeine Dt. Kunstausstellung in der Sowjetunion (1924). 1928 wurde er Mitgl. der Asso. 1933 erteilten ihm die Nationalsozialisten Arbeitsverbot. N. war Mitbegründer und 1956–62 Präs. der Akademie der Künste in Berlin (Ost).

E. FROMMHOLD: O. N. Zeit, Leben, Werk (Berlin-Ost 1974); O. N. 1894–1967, bearb. v. C. HOFFMEISTER, Ausst.-Kat. (ebd. 1984); O. N., Ausst.-Kat. (1987); O. N., bearb. v. W. HÜTT (Berlin-Ost ⁴1988); O. N. Berliner Bilder, bearb. v. F. WEIDEMANN, Ausst.-Kat. Nationalgalerie, Berlin (1994).

5) Peter, Maler und Grafiker, * Kiel 6. 4. 1941; Mitbegründer der Gruppe →Zebra. Seine figürl. Kompositionen gleichen Momentaufnahmen. Sie wirken durch die Betonung der plast. Werte und die Art der Farbgebung, der Perspektive und des Bildausschnitts kühl und distanziert. Ein häufig wiederkehrendes Motiv sind spielende Kinder (Deckengemälde im Bildungszentrum Kiel-Mettenhof, 1977).

P. N. Werkverzeichnis 1972–78, hg. v. J. C. JENSEN, Ausst.-Kat. (1978).

Nagelbau, Ingenieurholzbau: der →Holznagelbau.

Nagelfetische, meist grob aus Holz geschnitzte Zauberfiguren in Tier- oder Menschengestalt, in deren Körper Nägel u. a. Eisenstückchen stecken. Vor dem Bauch oder auf dem Rücken ist oft ein Behälter mit mag. Substanzen angebracht. Verlangt man die Hilfe dieser Figur, wird ein Nagel eingeschlagen. N. sind bes. in Afrika am unteren Kongo verbreitet. Eine Beziehung (über die Portugiesen) zu europ. Nagelungspraktiken des späten MA. wird vermutet.

R. LEHUARD: Fétiches à clou du Bas-Zaïre (Arnouville 1980); K.-F. SCHÄDLER: Zauber mit Bildern (Neuausg. 1984).

Hans Georg Nägeli

Nagelfluh die, -, Geologie: stark verkittetes Konglomerat im (schweizer.) Alpenvorland, nagelkopfähnlich hervorwitternd; Teil der tertiären →Molasse, aus Abtragungsschutt des aufsteigenden Alpenkörpers entstanden; es gibt **Kalk-N.** (aus Kalkgeröllen) und **bunte N.** (aus Kristallingeröllen). BILD →Konglomerat

Nagelgeige, Eisenvioline, in der 2. Hälfte des 18. Jh. zeitweise beliebtes Friktions- bzw. Streichinstrument aus einem meist halbkreisförmigen, hölzernen Resonanzkasten, der am Bogenrand mit bis zu 24 nach oben ragenden Eisenstiften unterschiedl. Länge bestückt ist, die mit einem Violinbogen angestrichen werden. Eine Weiterentwicklung ist das **Nagelklavier,** bei dem ein ständig rotierendes, harzbestrichenes Leinenband auf Tastendruck in den Stimmstock eingeschlagene Eisenstifte in Schwingung versetzt.

Nägeli, Hans Georg, schweizer. Musikpädagoge und Komponist, *Wetzikon 26. 5. 1773, †Zürich 26. 12. 1836; leitete ab 1790 in Zürich einen Musikverlag und gründete 1805 das Züricher Singinstitut; bedeutend v. a. auf dem Gebiet der musikal. Volkserziehung (Jugendmusik, Chorwesen); komponierte Chöre, Lieder und Klavierstücke.

Nagelkalk, Geologie: →Tutenmergel.

Nägelkauen, Psychologie: →Onychophagie.

Nagellack, spezieller Lack zum Schutz und zur Dekoration der Finger- und Zehennägel. Als Filmbildner enthält N. Cellulosenitrat oder versch. Kunstharze (z. B. Polyacrylate, Alkydharze, Polyvinylacetat), denen Weichmacher (z. B. Kampfer, Dibutylphthalat) zugesetzt sein können. Als Lösungsmittel werden Alkohole, Ester und Ketone, zur Färbung lösl. Farbstoffe oder unlösl. Farbpigmente verwendet.

Nagellack|entferner, Lösungsmittel zum Entfernen von Nagellack. Verwendet werden u. a. Aceton oder Ester (z. B. Äthylacetat), die geringe Anteile an Rückfettern (z. B. pflanzl. Öle) enthalten können.

Nageln, Bez. für das Auftreten harter Verbrennungsgeräusche bei Dieselmotoren. Diese entstehen v. a. bei kaltem Motor durch den hohen Zündverzug des Kraftstoffs. Dadurch befindet sich zum Zündbeginn eine große Menge Kraftstoff im Brennraum, die einen steilen Druckanstieg und damit das N. bewirkt.

Nagelprobe, altskandinav. Trinksitte, das geleerte Trinkgefäß auf den Daumennagel zu stürzen, um zu

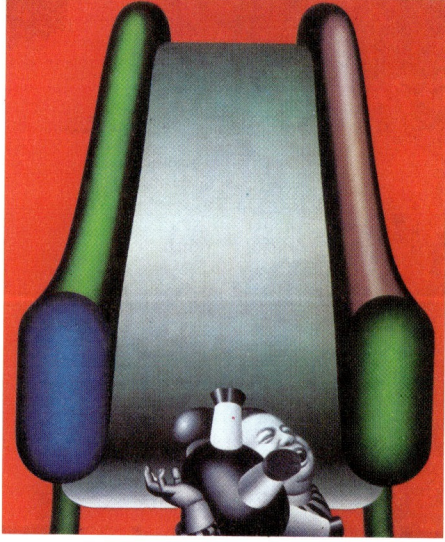

Peter Nagel: Rutschbahn II; 1969 (Privatbesitz)

beweisen, dass es völlig ausgetrunken ist. Die N. lebte in Dtl. bes. in der Reformationszeit auf und findet sich in Hoftrinkordnungen des Frühbarock. – Die N. machen steht heute für ›etwas ganz genau prüfen‹.

Nagelpuls, *Medizin:* →Kapillarpuls.

Nagelrochen, Keulenrochen, Raja clavata, bis 1,1 m langer, oberseits brauner, hell gefleckter, unterseits weißer Rochen im Nordatlantik, Mittelmeer und Schwarzen Meer; mit zahlreichen großen Dornen auf der Körperoberfläche.

Nager, die →Nagetiere.

Nagerpest, auf den Menschen übertragbare Nagetierkrankheit (→Tularämie).

Nagetiere, Nager, Rodentia, seit dem Paläozän (seit rd. 60 Mio. Jahren) existierende, heute mit fast 3 000 Arten in allen Biotopen (ausgenommen Meere) weltweit verbreitete Ordnung etwa 5–100 cm körperlanger Säugetiere; mit meist walzenförmigem Körper, relativ kurzen Beinen (Hinterbeine oft länger als Vorderbeine) und stummelförmigem, bis überkörperlangem Schwanz. Bes. kennzeichnend ist das Gebiss der N. (BILD →Gebiss): im Ober- und Unterkiefer je zwei Nagezähne; Eckzähne fehlen stets, häufig auch die Vorbackenzähne, wodurch eine Zahnlücke entsteht; Backenzähne (und, soweit vorhanden, Vorbackenzähne) sind entweder wurzellos mit unbegrenztem Wachstum (wie bei den meisten Wühlmäusen) oder bewurzelt mit endl. Wachstum (z. B. bei Hausmaus und Hausratte). – N. ernähren sich überwiegend von pflanzl. Stoffen, daher ist ihr Darmkanal lang und der Blinddarm sehr groß. – Ihre Sinnesorgane sind gut entwickelt (bes. Geruchs- und Gehörsinn), viele Kleinnager (v. a. Mäuse) nehmen Ultraschall wahr. – Die Fortpflanzungsrate der N. ist meist hoch, die Tragzeit oft sehr kurz (beim Goldhamster 16 Tage). Die Lebensdauer liegt bei Kleinnagern meist unter 1 1/2 Jahren, bei Stachelschweinen bei max. 18 Jahren.

Viele N. sind Schädlinge an Nutzpflanzen und Nahrungsvorräten, manche sind Krankheitsüberträger. Versch. Arten liefern begehrtes Pelzwerk (z. B. Bisamratte, Nutria, Chinchilla). – Einige N. sind wichtige Versuchstiere der medizin. und biolog. Forschung geworden, z. B. Weiße Mäuse. – Die meisten N. sind relativ wenig spezialisiert und äußerst anpassungsfähig.

Neben den erwähnten Arten und Gruppen gehören zu den N.: Agutis, Baumstachler, Biber, Biberratte, Bilche, Chinchillaratten, Hamster, Hörnchen, Pampashasen sowie Hüpf-, Renn- und Springmäuse.

Nag Hammadi, Stadt in Oberägypten, am linken Nilufer (Eisenbahnbrücke) 170 km südlich von Assiut, 23 400 Ew.; Marktzentrum, Zuckerraffinerie, Aluminiumhütte; Bewässerungsstaudamm (1928–30 erbaut). – 1945/46 wurden bei N. H. 13 Papyruscodices in kopt. Sprache gefunden, die eine gnost. Bibliothek darstellen. Die Codices enthalten 51 vorher größtenteils unbekannte Schriften in überwiegend gutem Erhaltungszustand, die sich heute (außer dem Codex Jung) im Kopt. Museum in Kairo befinden. Sie behalten u. a. Evangelien der Apostel THOMAS und PHILIPPUS, das ›Evangelium der Wahrheit‹ sowie mehrere Fassungen des ›Apokryphon des Johannes‹ und eine Reihe von Apokalypsen. In den gefundenen Codices wurde erstmals in Fülle gnost. Originaltexte zugänglich. Dadurch setzte eine starke Intensivierung der Gnosisforschung ein, die bis heute anhält. Besondere Impulse gingen auch auf die Erforschung der spätantiken hermetischen Literatur und des Verhältnisses von Judentum und Christentum zur Gnosis aus.

Ausgaben: The facsimile edition of the N. H. codices, hg. v. J. M. ROBINSON, 15 Bde. (1972–79); Die Nag-Hammadi-Texte, hg. v. K. DIETZFELBINGER, auf mehrere Bde. ber. (1988 ff.).

D. M. SCHOLER: N. H. bibliography, 2 Bde. (Leiden 1971–97); A. BÖHLIG u. C. MARKSCHIES: Gnosis u. Manichäismus. Forschungen u. Studien zu Texten von Valentin u. Mani sowie zu den Bibliotheken von N. H. (1994); E. H. PAGELS: Versuchung durch Erkenntnis. Die gnost. Evangelien (a. d. Amerikan., Neuausg. ⁴1995).

Naghsch-e Rustam, Felsengräber, →Naksch-e Rostam.

Nagib, Ali Mohammed, ägypt. General und Politiker, * Khartum 20. 2. 1901, † Kairo 28. 8. 1984; Inhaber versch. Kommandos im Palästinakrieg (1948–49), stürzte an der Spitze einer Gruppe von Offizieren (›Komitee der freien Offiziere‹) im Juli 1952 König FARUK. Im September 1952 wurde er Min.-Präs. (Einleitung einer Bodenreform, Verbot der Parteien, bes. der Wafd-Partei als Repräsentantin der bisherigen Führungsschicht), im Juli 1953 nach Ausrufung der Rep. auch Staatspräs. N. geriet in Konflikt mit G. ABD EL-NASSER, dem Vors. des Revolutionsrates, und musste 1954 zu dessen Gunsten auf das Amt des Min.-Präs. und des Staatspräs. verzichten. Unter der Beschuldigung der Mitwisserschaft an einem Attentat auf NASSER stellte die Reg. N. unter Hausarrest (1954–64); 1971 von Präs. A. AS-SADAT rehabilitiert.

Nagibin, Jurij Markowitsch, russ. Schriftsteller, * Moskau 3. 4. 1920, † Moskau 17. 6. 1994; begann mit Kriegsprosa, nach 1953 Naturschilderungen und Erzählungen über Gegenwartsprobleme; entscheidend ist jeweils die Selbstfindung der Persönlichkeit.

Werke: *Erzählungen:* Zerno žizni (1948); Zimnij dub (1955; dt. Die winterl. Eiche); Chazarskij ornament (1956); Kogda utki v pore (1963); Vstan' i idi (1987; dt. Steh' auf und wandle). – *Prosa:* Zabrošennaja doroga (1979). – Ein Prophet wird verbrannt. Novellen u. Erz., hg. v. W. KAEMPFE (1979).

Nagold, 1) Stadt im Landkreis Calw, Bad.-Württ., im oberen Nagoldtal, am O-Rand des Schwarzwalds, 424 m ü. M., 22 500 Ew.; Ausbildungszentren; Metallverarbeitung, Möbel-, Holz- und Elektronikindustrie; Fremdenverkehr. – Grabungen brachten Fundamente der ev. Friedhofskirche (ehem. St. Remigius und Nikolaus) hervor, die auf röm. Zeit zurückgehen; Turm (12. Jh.), Kapellenanbau (1511), Wandmalereizyklus (um 1300–25). – Das 786 erstmals urkundlich erwähnte N. kam, um 1330 zur Stadt geworden, 1363 an Württemberg.

2) die, rechter Nebenfluss der Enz, Bad.-Württ., 92 km lang, entspringt im nordöstl. Schwarzwald westlich von Altensteig, mündet bei Pforzheim.

Nagorny Karabach, →Bergkarabach.

Nagoya, Hafenstadt auf Honshū, Japan, an der Isebucht, 2,09 Mio. Ew.; Verw.-Sitz der Präfektur Aichi; kath. Bischofssitz; mehrere Univ. u. a. Hochschulen, Fachschulen, Museen, Planetarium, meteorolog. Observatorium, zoolog. Garten. N. entwickelte sich seit den 1850er-Jahren zu einem der führenden Handels- und Industriezentren Japans. In N. wird ein Großteil der jap. Porzellan- und Keramikwaren (bis ins 13. Jh. zurückreichend) sowie der Wollwaren erzeugt. N. ist außerdem ein Zentrum der jap. Schwerindustrie mit Eisen- und Stahlgewinnung, Schiff-, Flugzeug-, Kraftfahrzeug-, Waggon-, Motoren- und Maschinenbau; ferner Elektro-, chem. Industrie, Herstellung von Ölen, Lacken und Farben, Musikinstrumenten, Spielzeug und Papier. Der 1907 eröffnete Hafen ist der drittgrößte Japans; U-Bahn, Flughafen. – Ehem. Burgstadt; die Burg, 1609–14 auf Geheiß von TOKUGAWA IEYASU ausgebaut, 1959 nach Kriegszerstörung rekonstruiert, ist heute Museum. – Nordöstlich der Stadt das Freilichtmuseum Meiji-Mura mit Gebäuden u. a. aus der Meijizeit. – Das im 16. Jh. angelegte N. entstand unter Einbeziehung mehrerer Befestigungsanlagen der Umgebung. 1590 bestimmte der in N. geborene TOYOTOMI HIDEYOSHI seinen Erben, sich in N. niederzulassen. Nach dem Niedergang der Familie Toyotomi und der Machtübernahme von TOKUGAWA IEYASU setzte dieser einen seiner Söhne zum Herrn über N. ein. Seither nahm die Stadt großen

Nagoya
Stadtwappen

Hafenstadt in Japan

auf Honshū

2,09 Mio. Ew.

mehrere Universitäten

wichtiges Industrie- und Handelszentrum

drittgrößter Hafen Japans

Burg (1609–14)

Nagoya: Burg; 1609–14, 1959 rekonstruiert

Aufschwung. 1907 wurde der Hafenort Atsuta eingemeindet. Im Zweiten Weltkrieg stark zerstört.

Nagpur [ˈnɑːɡpʊə], Stadt im Bundesstaat Maharashtra, Indien, auf dem Dekhan, 1,62 Mio. Ew.; kath. Erzbischofssitz; Univ. (gegr. 1923), veterinärmedizin. Hochschule; Metall-, Baumwoll-, Papierindustrie, Eisenbahnwerkstätten; Verkehrsknotenpunkt. – N., Anfang des 18. Jh. gegr., wurde 1743 Hauptstadt eines Marathenstaates, 1861 der brit. ›Central Provinces‹.

Nagualismus der, -, bei Indianern (v. a. in Mexiko) verbreiteter Glaube an einen meist als Tier oder Pflanze vorgestellten persönl. Schutzgeist (**Nagual**), den sich ein Individuum während der Initiationsriten erwirbt; bei Tod oder Verletzung des einen Partners widerfährt dem anderen dasselbe.

Nagy [nɒdj], **1)** Ferenc, ungar. Politiker, * Bisse (Bez. Baranya) 8. 10. 1903, † Fairfax (Va.) 12. 6. 1979; war seit 1930 Gen.-Sekr. der Partei der Kleinen Landwirte, 1939–42 Abg. im Reichstag, 1945 Parlaments-Präs., 1946–47 Min.-Präs. 1947 der Verschwörung gegen den Staat beschuldigt, emigrierte er in die USA.

2) Imre, ungar. Politiker, * Kaposvár 7. 6. 1896, † (hingerichtet) Budapest 16. 6. 1958; Schlosser; seit 1916 in russ. Kriegsgefangenschaft, schloss er sich 1918 den Bolschewiki an. 1921–28 war er illegal in der ungar. Bauernbewegung tätig, wurde Mitgl. der KP. Seit 1930 in der UdSSR, entwickelte er sich zum Fachmann in Landwirtschaftsfragen. – 1944 mit den sowjet. Truppen nach Ungarn zurückgekehrt, führte er als Landwirtschafts-Min. (1944–45) eine Bodenreform (Enteignung des Großgrundbesitzes) durch; später war er u. a. Innen-Min. und Parlamentsvorsitzender. N. wandte sich 1948/49 gegen willkürl. Kollektivierungen (1949 Ausschluss aus dem Politbüro, erneut Mitgl. seit 1951) und stand in Auseinandersetzung mit der stalinist. Gruppe um Gen.-Sekr. M. RÁKOSI. Als Verfechter eines ›neuen Kurses‹ wurde er im Juli 1953 Min.-Präs., musste aber unter dem Druck der stalinist. Parteiführung im April 1955 zurücktreten und wurde Ende 1955 durch RÁKOSI aus seinen Parteiämtern verdrängt. Am 23./24. 10. 1956 als populärer Reformkommunist erneut zum Min.-Präs. berufen, bildete N. seine Reg. zur Koalitions-Reg. um (30. 10.) und stellte sich mit ihr an die Spitze des →ungarischen Volksaufstandes. Nach dessen Niederschlagung durch sowjet. Truppen (3./4. 11. 1956) wurde N. trotz Zusicherung freien Geleits zunächst nach Rumänien verschleppt, 1957 nach Ungarn zurückgebracht und in einem vom sowjet. Geheimdienst und von J. KÁDÁR angestrengten Geheimprozess zus. mit u. a. P. MALÉTER zum Tode verurteilt (15. 6. 1958; am 16. 6. 1989 in einem Staatsakt rehabilitiert).

Secret trial of I. N., hg. v. A. DORNBACH (Westport, Conn., 1995).

Imre Nagy

Nagyágit [nach dem Ort Nagyág, ungar. für Săcărîmb, Rumänien] der, -s/-e, **Blättertellur,** dunkelgraues, rhomb. Mineral schwankender Zusammensetzung (Gold, Blei, Eisen, Tellur, Antimon, Schwefel), $AuTe_2 \cdot 6 Pb(S,Te,Fe,Sb)$; Härte nach MOHS 1–1,5, Dichte 7,35–7,46 g/cm^3. N. kommt in dünntafeligen Kristallen oder blättrigen Aggregaten auf Goldlagerstätten vor.

Nagykanizsa [ˈnɒtjkɒniʒɒ], dt. **Großkanizsa** [-kaniʒa], Stadt im Bez. Zala, Ungarn, südwestlich des Plattensees, 53 100 Ew.; Maschinenbau, Möbel-, Glasindustrie; in der Umgebung Erdöl- und Erdgasförderung (seit 1938).

Nagykikinda [ˈnɒtjkikindɒ, ungar.], Stadt in Serbien (Jugoslawien), →Kikinda.

Nagykőrös [ˈnɒtjkøːrøʃ], Stadt im Bez. Pest, Ungarn, 26 700 Ew.; Obstkonserven- und Holzindustrie.

Nagykunság [ˈnɒtjkunʃaːg], ungar. Name für Großkumanien (→Kumanien).

Nagymaros [ˈnɒdjmɒroʃ], Gem. im Bez. Pest, N-Ungarn, am Donauknie, 4 300 Ew.; den 1987 begonnenen Bau eines Wasserkraftwerks – im Rahmen eines tschechoslowakisch-ungar. Gemeinschaftsprojekts (→Gabčíkovo) – ließ die ungar. Reg. unter dem Druck von Umweltschützern am 13. 5. 1989 einstellen.

Nagyszeben [ˈnɒdjsɛbɛn, ungar.], Stadt in Rumänien, →Hermannstadt.

Nagyvárad [ˈnɒdjvaːrɒd, ungar.], Stadt in Rumänien, →Großwardein.

Naha, Hafenstadt auf der Hauptinsel Okinawa der Ryūkyūinseln, Japan, 301 700 Ew.; Verw.-Sitz der Präfektur Okinawa; Univ.; Herstellung von Tonwaren, Lack- und Perlmuttarbeiten sowie von Panamahüten, Textilindustrie, Zuckerraffinerien; Dienstleistungsunternehmen für die hier stationierten amerikan. Truppen; internat. Flughafen.

Nahal, Stamm der Mundavölker (→Munda) in Indien.

Nahanni National Park [nəˈhæni næfnl pɑːk], Nationalpark im SW der Northwest Territories, Kanada, im S der Mackenzie Mountains, 4 766 km^2; umfasst rd. 320 km des South Nahanni River (Nebenfluss des Liard), darunter die Virginia Falls (Fallhöhe 96 m); zur reichen Tierwelt des Gebirgslandes gehören u. a. Elche, Bären, Vögel; nur mit Boot oder Wasserflugzeug erreichbar. 1972 eingerichtet; von der UNESCO zum Weltnaturerbe erklärt.

Nahariyya, Stadt in der Küstenebene von N-Israel, 30 km nördlich von Haifa, 37 200 Ew.; Seebadeort mit Jachthafen, Handelszentrum eines Gebiets mit Sonderkulturen für den Export (Blumen, Avocados, Obst) sowie Milchvieh- und Geflügelzucht; Metall- und Textilindustrie. – 1934 von dt. Einwanderern gegründet.

Naharro, Bartolomé de Torres, span. Dramatiker, →Torres Naharro, Bartolomé de.

Nahbereichs|entfernungsmesser, *Geodäsie:* zur elektron. Distanzmessung (→Distanz) über Entfernungen bis etwa 2 000 m eingesetzte Streckenmessgeräte mit Trägerwellen im sichtbaren oder infraroten Spektralbereich; Messgenauigkeit: ± 1 cm. Durch Aufsetzen auf einen oder konstruktive Verbindung mit einem Theodoliten lässt sich ein N. zum Tachymeter erweitern.

Nahe die, linker Nebenfluss des Rheins, im Saarland und in Rheinl.-Pf., 116 km lang, durchfließt das Saar-N.-Bergland (Quelle in 366 m ü. M.) in nordöstlich gerichtetem Lauf über →Idar-Oberstein, Kirn und Bad Kreuznach, mündet in Bingen am Rhein; am Unterlauf Weinbau (→Naheweine).

Naher Osten, Nah|ost, Vorderer Ori|ent, politisch-geograph. Sammel-Bez. für die (außereurop.) Länder am östl. Mittelmeer. Im Einzelnen schwankt die Abgrenzung (bes. zw. dt. sowie engl. und frz. Sprachgebrauch, →Mittlerer Osten). Urspr. verstand man unter N. O. die Länder des Osman. Reiches. Heute zählen i. d. R. die arab. Staaten Vorderasiens und Israel zum N. O.; oft werden auch Ägypten, die Türkei und der Iran mit einbezogen.

Näherrecht, Zugrecht, Retraktrecht, aus der mittelalterl. Gebundenheit des Bodens entstandenes, bis ins 19. Jh. geübtes Recht, gegen Erstattung von Kaufpreis und Aufwendungen verkauften Grundbesitz (auch Grunddienstbarkeiten, selten Fahrnis) ›an sich zu ziehen‹ (Vorkaufsrecht). Ziel war die Erhaltung von Familien-, Herrschafts- und Genossenschaftsgütern. Dementsprechend konnte es von Erben (Erblosung), Mark- und Dorfgenossen (Marklosung) oder dem Grund- bzw. Lehensherrn (innerhalb bestimmter Frist) geltend gemacht werden.

Johann August Nahl d. Ä.: Bibliothek im Schloss Sanssouci, Potsdam; 1745–47

Näherung, *Mathematik:* die →Approximation.

Nah|erwartung, im N. T. die Hoffnung auf ein baldiges Kommen des ›Reiches Gottes‹ und des erhöhten JESUS CHRISTUS (→Parusie).

Naheweine, Weine (fast ausschließlich Weißweine) des dt. Weinbaugebietes Nahe in Rheinl.-Pf., das sich von Bingen am Rhein die Nahe aufwärts bis Martinstein und in einige ihrer Nebentäler (v. a. Guldenbach und Gräfenbach im N) erstreckt. Zentrum ist Bad Kreuznach mit (1996) 4590 ha Rebland. Sehr unterschiedl. Böden und lokale klimat. Bedingungen (Spitzenlagen u. a. bei Niederhausen) ergeben das vielseitige Spektrum der N.; wichtigste Rebsorten sind Riesling (26,1 %), Müller-Thurgau (21,7 %) und Silvaner (10,2 %), daneben v. a. Kerner und Scheurebe. Die Weinerzeugung lag 1996 bei 293 964 hl (etwa 3,4 % der dt. Weinerzeugung).

Nahewirkung, *Physik:* die Veränderung einer physikal. Größe, deren Ursache sich unmittelbar auf einen Vorgang am Ort der Messung zurückführen lässt. N. werden durch die entsprechenden →Feldtheorien (wie die maxwellsche Theorie) beschrieben. Wesentlich für **N.-Theorien** ist, dass sich Störungen nur mit endl. Geschwindigkeit ausbreiten. (→Fernwirkung)

Nahfeldmikroskop, ein opt. →Rastermikroskop, bei dem eine opt. Sonde (meist die offene Spitze einer auf Durchmesser unter 100 nm ausgezogenen metallisierten Glasfaser) mit lateralen Abmessungen weit unterhalb der Lichtwellenlänge im Abstand von wenigen Nanometern rasterförmig über das Untersuchungsobjekt bewegt wird. Die beiden wichtigsten Arten des N. unterscheiden sich im Beleuchtungs- und Nachweisprinzip. Beim NSOM (engl. **n**ear-field **s**canning **o**ptical **m**icroscope) dient die lichtführende Glasfaser als Punktlichtquelle, und das von der Probenoberfläche reflektierte Licht wird gemessen; beim PSTM (engl. **p**hoton **s**canning **t**unneling **m**icroscope) wird dagegen die Probenoberfläche beleuchtet, und die Sonde dient als punktförmiger Empfänger für die lokal emittierte Lichtstrahlung. In beiden Fällen ist das laterale Auflösungsvermögen (etwa 100 bis 20 nm) nicht durch die Wellenlänge, sondern durch die Abmessungen der Sonde bestimmt.

Nähgarn, Nähzwirn, →Zwirn.

Nahhas Pascha, Mustafa **an-N. P.,** ägypt. Politiker, *Samanud (bei Mahalla el-Kubra) 15. 6. 1879, †Alexandria 23. 8. 1965; Richter; seit 1927 Vors. der Wafd-Partei, mehrfach Min.-Präs. (1928, 1930, 1936–37, 1942–44 und 1950–52), geriet als Verfechter eines konstitutionellen Reg.-Systems oft in Konflikt mit dem König und musste auf Druck der Revolutions-Reg. unter A. M. NAGIB abdanken. Außenpolitisch kämpfte er gegen die Einschränkung der ägypt. Souveränität durch die brit. Präsenz im Lande. Dennoch trat er im Zweiten Weltkrieg für die Unterstützung Großbritanniens gegen die Achsenmächte ein.

Nahl, 1) Johann August, d. Ä., Bildhauer und Innenarchitekt, *Berlin 22. 8. 1710, †Kassel 22. 10. 1781, Vater von 2); war nach der Ausbildung bei A. SCHLÜTER und in Paris ab 1735 in Straßburg tätig (beteiligt an der Innendekoration des Palais Rohan). 1741 wurde er Direktor der königl. Schlösser in Berlin, wo er als der bedeutendste Dekorateur des friderizian. Rokoko hervortrat. Bezeichnend für seine Arbeiten ist die Verbindung des reinen Ornaments mit figürl. und naturalist. Motiven. Sein Hauptwerk ist die Bibliothek im Schloss Sanssouci (1745–47). 1753 wurde er nach Kassel berufen, wo er neben der Ausstattung des Schlosses Wilhelmstal die Gruppe der ›Rossebändiger‹ (um 1767, Karlsaue) und das Denkmal Landgraf FRIEDRICHS II. (aufgestellt 1783) schuf. 1777 wurde er zum Direktor der Kasseler Akademie ernannt.

F. BLEIBAUM: J. A. N. (Baden 1933); E. M. FALLET: Der Bildhauer J. A. N. d. Ä. (Bern 1970); Die Künstlerfamilie Nahl. Rokoko u. Klassizismus in Kassel, hg. v. ULRICH SCHMIDT, Ausst.-Kat. Neue Galerie, Kassel (1994).

2) Johann August, d. J., Maler, *Zollikofen (bei Bern) 7. 1. 1752, †Kassel 31. 1. 1825, Sohn von 1); lehrte nach der Ausbildung bei J. H. TISCHBEIN D. Ä. sowie Aufenthalten in Paris (seit 1772) und Rom (1774–81) seit 1792 an der Akademie in Kassel, seit 1815 Direktor. Beeinflusst von E. LE SUEUR, malte N. mytholog. und histor. Bilder im klassizist. Stil des späten 18. Jh., auch Landschaften.

Nah|linse, *Fotografie:* Vorsatzlinse für Aufnahmen, für die die im Kameraobjektiv einstellbare Nahdistanz unterschritten werden muss. N. verkürzen die Objektivbrennweite, sodass ein Teil des Objektivhubs als zusätzl. Auszug gewonnen wird. Die resultierende Brennweite ergibt sich aus der Summe der Dioptrienzahlen von N. und Objektiv; eine N. von 3 dpt Brechwert verkürzt z. B. die Aufnahmeentfernung für ein auf 1 m eingestelltes Objektiv auf 0,25 m.

Nähmaschine, Maschine mit Hand-, Fuß- oder elektr. Antrieb zum Zusammennähen von Textilien, Leder u. a. Die Nähte können mithilfe eines Fadens (einfacher Kettenstich), zweier Fäden (Doppelsteppoder Doppelkettenstich), dreier oder mehr Fäden gebildet werden. Bei der u. a. im Haushalt weit verbreiteten **Doppelsteppstich-N.** durchsticht die N.-Nadel, deren Öhr sich an der Nadelspitze befindet, das Gewebe und nimmt dabei den Oberfaden mit. Die bei der Aufwärtsbewegung sich bildende Schlinge wird vom Schlingenfänger (Schiffchen oder Greifer) erfasst und

Nähmaschine: Bildung des Doppelsteppstichs (schematisch)

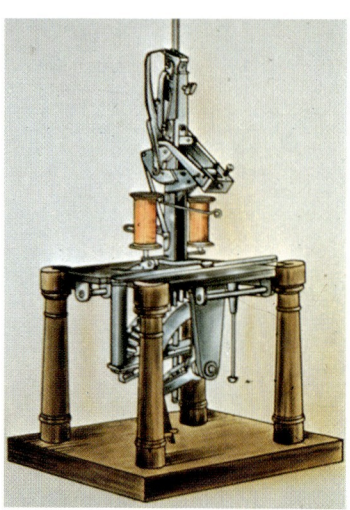

Nähmaschine von Joseph Madersperger; 1839

der Unterfaden durch die Schlinge hindurchgezogen. Beim Zurückfahren von Schiffchen und Nadel wird die lose Schlinge zugezogen, und die Fäden verketten sich in der Mitte des Gewebes. Gleichzeitig sorgt der Transporteur für die Verschiebung des Stoffes um die einstellbare Stichweite.

Zur Herstellung von elast. Nähten verwendet man **Kettenstich-N.**; sie arbeiten nur mit einem Faden, der an der Unterseite des Stoffs durch einen hakenförmigen Greifer verkettet wird. – Haushalts-N. werden als **Flachbett-N.** oder als **Freiarm-N.** (zum Nähen an schwer zugängl. Stellen) gebaut. Sie ermöglichen neben Nutz- und Geradstichen viele Zierstiche, Annähen von Knöpfen und Nähen von Knopflöchern.

Geschichtliches: Die erste mechan. Einrichtung zum Nähen konstruierte 1755 der in England lebende Deutsche CHARLES F. WEISENTHAL. THOMAS SAINT entwickelte 1790 die erste brauchbare (Kettenstich-)N. 1845 schuf E. HOWE die Urform der Doppelstich-N. ALLEN BENJAMIN WILSON (*1824, †1888) baute 1851 eine Rundschiffchen-N., die eine raschere Stichfolge ermöglichte; im gleichen Jahr ließ sich ISAAC MERRIT SINGER eine verbesserte Schiffchen-N. patentieren, die mit Tretplatte und Kurbel angetrieben wurde. Die N. war das erste Haushaltsgerät mit elektr. Antrieb (ab 1889 gewerbl. N.; ab 1921 Haushalts-N.). In den 70er-Jahren erhöhte sich die Zahl der Nutzstiche aufgrund der elektron. Antriebssteuerung. Um 1975 kamen die ersten mikrocomputergesteuerten Haushalts-N. auf, mit deren Hilfe z. B. vorgegebene Muster gestickt werden können.

Nah|ordnung, der atomare Ordnungszustand von Flüssigkeiten. Er ist dadurch charakterisiert, dass die Atome bzw. Moleküle nur in kleinen, den molekularen Abmessungen vergleichbaren Bereichen regelmäßig angeordnet sind. Die N. hat dynam. Charakter und ist örtlich und zeitlich begrenzt. Jedes Teilchen ändert im Raum und gegenüber seinen Nachbarn ständig seine Lage. Im Ggs. zu den Kristallen, die ausgeprägte Fernordnung und mit dieser zusammenhängende Formbeständigkeit zeigen, sind Stoffe, die nur N. zeigen, i. Allg. nicht formbeständig und in ihren physikal. Eigenschaften isotrop.

Nah|ostkonflikt, im Nahen Osten der Konflikt zw. Israel und den arab. Staaten sowie der →Palästinensischen Befreiungsorganisation (PLO) mit seinen regionalen und weltpolit. Interessenverflechtungen; entstand mit dem Rückzug Großbritanniens aus →Palästina (Erlöschen des Mandats am 15. 5. 1948) aus dem Konflikt zw. der jüdisch-zionist. und palästinensisch-arab. Nationalbewegung um die Gründung eines jeweils eigenen Nationalstaates auf dem Boden des früheren brit. Mandatsgebietes Palästina unter Ausschluss der jeweils anderen Volksgruppe (Proklamation des Staates Israel am 14. 5. 1948). Die Wurzeln der Palästinafrage reichen zurück bis Ende des 19. Jh.

Entstehung und Verlauf bis um 1990

Vorgeschichte (1882–1914): Noch vor Gründung der Zionist. Weltorganisation (1897) begann um 1882 – im Zeichen des →Zionismus – die Einwanderung verfolgter russ. Juden in das zum Osman. Reich gehörende Palästina. Bis 1914 wuchs dort die jüd. Bev. von 24 000 auf 85 000, die ansässige arabisch-palästinens. Bev. von 426 000 auf 600 000. Es kam zu blutigen Konflikten zw. Juden und Arabern.

Vom Ersten Weltkrieg bis zur Gründung des Staates Israel (1914–48): Im Ersten Weltkrieg Gegner des Osman. Reiches, suchte Großbritannien das türk. Erbe im Nahen Osten anzutreten. Die brit. Reg. versprach das Gebiet Palästina sowohl der arab. Nationalbewegung (Brief vom 24. 10. 1915, verfasst von Sir HENRY MCMAHON, *1862, †1949; Oberkommissar-Resident in Ägypten) als auch der zionist. Bewegung (→Balfour-Deklaration vom 2. 11. 1917), wobei jedoch nur die Gründung einer ›Heimstätte‹ für die jüd. Volk in Palästina, nicht ein jüd. Staat zugesichert wurde. Nach dem Zusammenbruch des Osman. Reiches (Oktober 1918) teilten Großbritannien und Frankreich auf der Grundlage des Sykes-Picot-Abkommens (1916) und der Einigung auf der Konferenz von San Remo (19.–26. 4. 1920; in Kraft seit dem Frieden von Lausanne, 24. 7. 1923) weite Gebiete des Nahen Ostens mit Billigung des Völkerbundes (24. 7. 1922) unter sich auf. Palästina wurde brit. Mandat (in Kraft seit 29. 9. 1923). Bereits auf der Konferenz von Kairo im März 1921 übertrug Großbritannien den Teil des Palästinamandats, der das Ostjordanland betraf, unter dem Namen ›Transjordanien‹ dem Emir ABD ALLAH IBN AL-HUSAIN als Herrschaftsgebiet (am 25. 3. 1923 zum Emirat erklärt); beide Teile Palästinas, d. h. der westlich und der östlich des Jordan gelegene, bildeten jedoch weiterhin das brit. Mandat Palästina. Die Extremisten sowohl der palästinensisch-arab. als auch der zionistisch-jüd. Nationalbewegung betrachten noch heute diese Aufgliederung des Mandats als ›erste Teilung‹ Palästinas; Transjordanien (d. h. das heutige Jordanien) ist für sie nach wie vor Teil Palästinas.

Die steigende Zahl jüd. Einwanderer nach dem Ersten Weltkrieg (rd. 352 000 zw. 1919 und 1939; nach 1933 v. a. bedingt durch die natsoz. Judenverfolgung) führte bes. im April 1920, Mai 1921 und August 1929 zu blutigen Übergriffen von Palästinensern auf die jüd. Bev. Palästinas; Höhepunkt dieser Entwicklung zw. den Weltkriegen war der ›arab. Aufstand‹ (1936–39); dieser richtete sich v. a. gegen die brit. Mandats-Reg., der die Aufständischen eine prozionist. Politik vorwarfen: Großbritannien hatte beiden Bev.-Gruppen vorgeschlagen, jeweils eigene Selbstverwaltungsorgane aufzubauen. Die palästinensisch-arab. Nationalbewegung verwarf dieses Modell, die zionist. Bewegung (jüd. Nationalkomitee) nahm es als ›Notlösung‹ an und baute polit., wirtschaftl., gesellschaftl., kulturelle und (zunächst geheime) militär. Strukturen auf (u. a. Haganah, Irgun Zwai Leumi, Jewish Agency); sie wurden zu Grundlagen des späteren Staates Israel. Unter Führung von MOHAMMED SAID AMIN AL-HUSAINI, des Großmuftis von Jerusalem, suchte die palästinensisch-arab. Nationalbewegung ihre Ziele durch Zusammenarbeit mit dem natsoz. Dtl. zu erreichen. Im Zweiten Weltkrieg kämpften die Zionisten auf alliierter Seite. Während sich die sozialdemokratisch orientierten Mehrheitszionisten im

Hinblick auf eine zu schaffende jüd. Staatlichkeit seit 1942 zunehmend auf die USA orientierten (›Biltmore-Programm‹), suchten die extrem nationalist. Minderheitszionisten (unter M. BEGIN) den bewaffneten Kampf sowohl gegen die brit. Mandats-Reg. als auch gegen die Palästinenser. Seit Oktober 1946 drängte der amerikan. Präs. H. S. TRUMAN die brit. Reg. unter Premier-Min. C. ATTLEE (Labour Party) zur Aufgabe Palästinas; im Februar 1947 überantwortete diese das Palästinaproblem der UNO. Am 29. 11. 1947 stimmte deren Generalversammlung mit der erforderl. Zweidrittelmehrheit (auch mit den Stimmen der USA und der UdSSR) für die Teilung des Mandatsgebietes, wo je ein jüd. (14 000 km^2) und palästinensisch-arab. Staat (11 000 km^2) entstehen sollte. Danach brachen Kampfhandlungen zw. den jüdisch-zionist. und den palästinensisch-arab. Kräften aus. Am 14. 5. 1948 – nach Abzug der brit. Truppen – verkündete D. BEN GURION gegen den Widerstand der Araber den unabhängigen jüd. Staat Israel.

Verlauf seit 1948: Im **Palästinakrieg (1. israelisch-arabischer Krieg,** aus israel. Sicht Unabhängigkeitskrieg; 15. 5. 1948–15. 1. 1949) schuf sich der neue Staat Israel ein Staatsgebiet, das über das den Juden zugedachte Gebiet im UNO-Teilungsplan vom 29. 11. 1947 hinausging. Der den palästinens. Arabern verbliebene Teil des Westjordanlandes (einschließlich Ostjerusalems) wurde von Transjordanien annektiert; der v. a. von ägypt. Truppen behauptete ›Streifen‹ um die Stadt Gaza im S des früheren Mandatsgebietes wurde fortan von Ägypten verwaltet. Zw. 500 000 und 900 000 Palästinenser flohen oder wurden vertrieben. Sie fanden v. a. in Jordanien und im Gazastreifen Zuflucht, aber auch in Libanon und Syrien und wurden in großen Lagern untergebracht.

Seit 1949/50 lösten palästinensisch-arab. Untergrundkämpfer (›Fedajin‹) mit ihren militär. Operationen gegen Israel dessen Vergeltungsschläge gegen ihre Stützpunkte im Gazastreifen und im Westjordanland aus; die Nachbarländer Ägypten und Jordanien suchten die Initiative im N. nicht an die Fedajin zu verlieren. Als der ägypt. Präs. G. ABD EL-NASSER die wichtige Meerenge von Tiran im Golf von Akaba für israel. Schiffe sperrte, unternahm Israel einen militär. Präventivschlag gegen Ägypten. Im engen militär. Zusammenspiel mit Großbritannien und Frankreich, die damit die Verstaatlichung des Suezkanals durch Ägypten vom 26. 7. 1956 rückgängig machen wollten, besetzten israel. Truppen im **Suezkrieg (2. israelisch-arabischer Krieg,** 29. 10.–8. 11. 1956) die Sinaihalbinsel (deshalb auch **Sinaifeldzug** gen.) und den Gazastreifen. Unter dem Druck der USA und der UdSSR sahen sich Frankreich und Großbritannien zum Rückzug vom Suezkanal, Israel vom Gazastreifen und von der Sinaihalbinsel gezwungen. Die UNO entsandte eine Friedenstruppe an die israelisch-ägypt. Grenze. Mit der Gründung der Palästinens. Befreiungsorganisation (28. 5./1. 6. 1964) suchte NASSER die palästinensisch-arab. Nationalbewegung politisch-militärisch zu kontrollieren. Gedrängt durch die palästinensisch-arab. Bev. seines Landes, vereinbarte König HUSAIN II. von Jordanien mit Präs. NASSER ein gemeinsames militär. Oberkommando. Im Mai 1967 setzte NASSER den Abzug der UNO-Friedenstruppe durch und sperrte bei Elat erneut die Meerenge von Tiran für israel. Schiffe.

Im **Sechstagekrieg (3. israelisch-arabischer Krieg,** 5.–10. 6. 1967) führte Israel erneut einen Präventivkrieg gegen Ägypten, zugleich auch gegen Jordanien und Syrien. Es eroberte das Westjordanland (einschließlich Ost-Jerusalems), die Sinaihalbinsel, den Gazastreifen und die syr. Golanhöhen und war nicht bereit, der Rückzugsaufforderung der UNO (Resolution 242 vom 22. 11. 1967) nachzukommen. Durch Terroraktionen – von Jordanien und Libanon aus – gegen Ziele in Israel und jüd. Einrichtungen außerhalb Israels suchte die PLO der Schaffung eines palästinens. Staates näher zu kommen. Ein von Ägypten 1969 ausgelöster ›Abnutzungskrieg‹ gegen Israel am Suezkanal scheiterte 1970 trotz massiver sowjet. Militärhilfe. Im **Jom-Kippur- (Oktober-) bzw. 4. israelisch-arabischen Krieg** (6.–22./25. 10. 1973), von Ägypten und Syrien gegen Israel begonnen, erlitt Israel zunächst schwere Verluste; im Laufe des Krieges gelang es jedoch den israel. Truppen, z. T. bis über den Suezkanal vorzudringen und weitere Teile der Golanhöhen zu erobern. Auf Initiative v. a. des amerikan. Außen-Min. H. KISSINGER kam es 1974/75 zu israelisch-arab. Truppenentflechtungsabkommen; der seit 1967 gesperrte Suezkanal wurde ab 5. 6. 1975 wieder geöffnet. Der ägypt. Präs. A. AS-SADAT stellte das Verhältnis seines Landes zu Israel auf eine neue Grundlage: Am 19./20. 11. 1977 besuchte er den israel. Min.-Präs. M. BEGIN in Jerusalem, schloss unter Vermittlung des amerikan. Präs. J. CARTER das ägyptisch-israel. Abkommen von Camp David (17. 9. 1978) sowie den ägyptisch-israel. Separatfriedensvertrag (26. 3. 1979; u. a. bis April 1982 Räumung der Sinaihalbinsel durch Israel). Abgelehnt wurde von Israel jedoch der von der PLO und der EG unterstützte ›Fahd-Plan‹ des (damaligen) saud. Kronprinzen (August 1981; u. a. Anerkennung Israels durch die arab. Staaten, Auflösung aller israel. Siedlungen im Westjordanland und im Gazastreifen, Gründung eines Palästinenserstaates mit der Hauptstadt Ost-Jerusalem). In Reaktion auf zahl. Überfälle palästinensisch-arab. Gruppen von Stützpunkten im Libanon auf Siedlungen in N-Israel marschierten israel. Truppen im Juni 1982 im Libanon ein (**Libanonfeldzug** bzw. **5. israelisch-arabischer Krieg**) und zwangen die PLO, mit ihren Militäreinheiten den Libanon zu verlassen. Januar bis Juni 1985 musste Israel nach dem Abzug ital., brit., amerikan. und frz. Kontingente aus Beirut Libanon (bis auf Teile im S) ebenfalls räumen. Am 9. 12. 1987 brach im Gazastreifen und im Westjordanland ein Aufstand (v. a. jugendl.) Palästinenser (Intifada) aus (bis 1990 etwa 700 Tote).

Nachdem Jordanien am 31. 7. 1988 zugunsten der PLO auf das Westjordanland verzichtet hatte, rief die PLO in Algier (Algerien) einen unabhängigen Palästinenserstaat in den von Israel besetzten Gebieten aus (Präs.: J. ARAFAT; 15. 11. 1988); eine internat. Anerkennung unterblieb.

Innerisraelische und innerpalästinensische Problematik (bis 1992/93)

In der innerisrael. Auseinandersetzung propagierten die Verfechter einer harten Linie gegenüber der palästinensisch-arab. Nationalbewegung (›Falken‹) die Errichtung eines Palästinenserstaates im Gebiet des Königreichs Jordanien, das bis 1921 ohnehin faktisch Teil Palästinas gewesen war und aus demograph. Sicht einen starken palästinensisch-arab. Charakter hat. Eine Minderheit, die den Forderungen der palästinensisch-arab. Nationalbewegung entgegenkam (›Tauben‹), befürwortete die Rückgabe des Westjordanlandes und des Gazastreifens an Jordanien (nach der Maßgabe ›Land für Frieden‹). Mit dem Libanonkrieg (1982) nahm der innerisrael. Konflikt zw. ›Falken‹ und ›Tauben‹ ständig zu; es entstand die ›Peace-now‹-(›Frieden-jetzt‹-)Bewegung. Unter dem Eindruck der Intifada radikalisierte sich Ende der 1980er-Jahre die Haltung zahlr. Israelis zur Lösung des Palästinenserproblems: Sie traten verstärkt für eine Zwangsumsiedlung der palästinens. Araber aus dem Westjordanland und dem Gazastreifen in die arab. Staaten ein. Die Lösung der binationalen Problematik des N. blieb v. a. deshalb so schwierig, weil im israel. Kernland über

Naho Nahostkonflikt

800 000 Araber leben. Die Frage nach dem jüd. Charakter des jüd. Staates polarisierte die innerisrael. Diskussion immer stärker.

Die palästinensisch-arab. Nationalbewegung verfolgte zunächst zwei verschiedene Ziele: zum einen die Verwirklichung des palästinens. Selbstbestimmungsrechts im Rahmen eines gesamtarab. Staates, der ›arab. Nation‹, zum anderen die Schaffung eines selbstständigen palästinens. Staates. Nach dem Scheitern der panarab. Pläne NASSERS gewann v. a. für die PLO unter Führung ARAFATS die Schaffung eines eigenen Staates eindeutig Vorrang. Da nicht alle Mitgliedsorganisationen der politisch vielschichtigen PLO mit der Linie der PLO-Führung einverstanden waren, kam es immer wieder zu starken Spannungen und Abspaltungen. Die auf viele Resolutionen der UNO-Generalversammlung, v. a. der Resolutionen vom 22. 11. 1967 (Nr. 242) und vom November 1975 (Verurteilung des Zionismus; Dezember 1991 annulliert), gestützten Versuche, einem Staat der Palästinenser völkerrechtlich einen Weg zu ebnen, scheiterten ebenso wie die im Camp-David-Abkommen (1978) in Aussicht genommene Autonomie für die palästinens. Araber im Westjordanland und im Gazastreifen (Verhandlungen im April 1980 abgebrochen). Die nach 1967 von jüd. Siedlern begonnene forcierte Landnahme in diesen Gebieten (Beginn in Hebron/Kiryat Arba) wurde von der neuen israel. Reg. unter BEGIN (Likud) mit ihrem Amtsantritt (1977) zur offiziellen Siedlungspolitik. Diese erhöhte die Furcht der palästinensisch-arab. Nationalbewegung, die Gebiete könnten ihre Funktion als Basis eines palästinens. Staates verlieren. Der Widerstand der Israelis gegen einen autonomen oder gar unabhängigen Palästinenserstaat (Reg.-Politik bis 1992/93) sowie die israel. Siedlungs- und Besatzungspolitik im Westjordanland und im Gazastreifen lösten die Intifada aus (1987).

Weltpolitische und arabische Aspekte

Bereits der seit dem Ersten Weltkrieg (1914–18) erfolgte Vorstoß Großbritanniens in die Region des Nahen Ostens diente der strategisch-geograph. Absicherung des brit. Kolonialreiches in Indien und der militärisch und wirtschaftlich bedeutsamen Erdölzufuhr. Sowohl der Zionismus als auch die palästinens. Nationalbewegung wurden von der brit. Kolonialmacht im Nahen Osten zur Stärkung ihrer Interessen in diesem Raum benutzt. Auch im Zweiten Weltkrieg kam der Region (z. B. beim Kampf gegen das dt. Afrikakorps) eine strateg. Schlüsselfunktion zu; dabei war das Wohlwollen der arab. Welt maßgeblich, die zionist. Ziele wurden als Störfaktor betrachtet. Nach dem Zweiten Weltkrieg (1939–45) wurde der N. vom Ost-West-Konflikt überlagert. Die zunehmende Bindung Israels an die USA, die 1968 Frankreich als Hauptwaffenlieferant Israels ablösten, gipfelte 1981 im Abschluss eines Abkommens über strateg. Zusammenarbeit, während die UdSSR – v. a. seit 1955 – die palästinensisch-arab. Nationalbewegung unterstützte (u. a. ab 1969 Waffenlieferungen an die PLO). Nach der Bandungkonferenz (1955) gewann die palästinensisch-arab. Nationalbewegung, v. a. mithilfe des ägypt. Präs. NASSER, unter den blockfreien Staaten der Dritten Welt zunehmend an Unterstützung. In den 1990er-Jahren trat der N. zunächst in den Schatten innerarab. Konflikte und der Konfrontationen der arab. mit der westl. Welt.

Die Frage der Errichtung eines Palästinenserstaates spielte in der Gesamtpolitik der arab. Staaten – im Widerstreit panarab. Ideen und eigenstaatl. Interessenpolitik – eine unterschiedl. Rolle. Die Mehrheit der heutigen Bev. Jordaniens ist palästinensisch-arab. Herkunft, steht dem haschimit. Königshaus (weitgehend) ablehnend gegenüber und betrachtet – zumindest in ihren radikal-nationalist. Teilen – Jordanien als einen Teil des Palästinenserstaates. In Jordanien (1967–70) und in Libanon (1967–82) entwickelten sich die von der PLO geführten Palästinenser zu einem Staat im Staate. Mit den von den Territorien dieser Länder gelenkten Terroraktionen gegen die israel. Bev. zog die PLO diese Staaten in ihre Konfrontation mit Israel hinein und hatten antipalästinens. Aktionen dort zur Folge.

Für Syrien, das – aus histor. Sicht – Anspruch auf Libanon erhob, blieb der N. seiner nat. Interessenpolitik untergeordnet; so bemühte sich die syr. Führung in ihrem Kampf gegen Israel, mit der Durchsetzung eines palästinensisch-arab. Staates zugleich eine Zusammenarbeit zw. Israel und den auf die Unabhängigkeit Libanons bedachten libanes. Christen zu verhindern. Mithilfe seiner Palästinapolitik versuchte auch Irak – z. B. neben Ägypten und Syrien – innerarab. Führungsansprüche durchzusetzen (Verknüpfung des Golfkonfliktes mit dem N., bes. nach Ausbruch des 2. Golfkrieges im Januar 1991).

Die Palästinenserfrage diente so den arab. Staaten zur innerstaatl. und innerarab. Profilierung; jeder arab. Staat musste seine Innen-, Arabien- und Israelpolitik aufeinander abstimmen. Islamist. Organisationen wie Hamas und Djihad Islami, die neben terrorist. Aktionen auch Sozialarbeit betreiben, nutzten die Krisen, um bes. jugendl. Palästinenser zu rekrutieren.

Neue Ansätze zum Friedensprozess

Nach dem 2. Golfkrieg (1991) und der Schwächung der PLO verstärkten sich die v. a. von den USA und der UdSSR seit 1989 forcierten Bemühungen um eine Lösung des N.; Kernproblem der am 30. 10. 1991 unter dem Vorsitz der USA (Präs. G. BUSH) und der Sowjetunion (Präs. M. S. GORBATSCHOW) eingeleiteten **Madrider Nahostfriedenskonferenz** wurde der Ausgleich zw. Israel und Palästinensern/PLO (ab November 1991 auch bilaterale Verhandlungsrunden und von Dezember 1991 bis September 1993 in Washington fortgesetzt; erstmals direkte Gespräche zw. Israel und arab. Staaten sowie Vertretern der Palästinenser/PLO). Daneben begannen multinat. Nahostkonferenzen zu Sachthemen (u. a. zu den Wasserressourcen der Region). Israel forderte die endgültige Anerkennung seiner Existenz in einem umfassenden Friedensvertrag mit den arab. Staaten und strebte dabei vorrangig eine Vereinbarung über den Status der besetzten Gebiete (Gazastreifen, Westjordanland) an. Die ab Juli 1992 amtierende Koalitions-Reg. unter I. RABIN bzw. (nach dessen Ermordung 1995) S. PERES, beide Israel. Arbeitspartei, stellte die Besiedlungspolitik in den besetzten Gebieten ein (23. 7. bzw. 5. 8. 1992; ›Land für Frieden‹) und hob das Kontaktverbot israel. Bürger v. a. mit der PLO auf (19. 1. 1993).

Geheimverhandlungen unter norweg. Vermittlung in Oslo führten im August 1993 zur Annäherung zw. Israel und der PLO, am 9./10. 9. 1993 zur gegenseitigen Anerkennung. Mit dem erklärten Ziel, den Palästinensern stufenweise Selbstverwaltung in den besetzten Gebieten zu gewähren, unterzeichneten beide Seiten am 13. 9. 1993 in Washington eine Rahmenvereinbarung. Dieser am Rahmenabkommen von Camp David (1978) orientierte Grundlagenvertrag (→Gaza-Jericho-Abkommen), ergänzt durch das Autonomieteilabkommen vom August 1995 sowie das erweiterte Autonomie- bzw. Interimsabkommen für das Westjordanland vom 28. 9. 1995 (auch ›Oslo II‹ gen.), ab 1994 zur (Teil-)Autonomie im Gazastreifen und Jericho, 1995 im Westjordanland. Die konkrete Umsetzung der Autonomieabkommen (v. a. der Truppenabzug Israels) gestaltete sich aber, begleitet von anhaltendem Terror seitens Hamas bzw. Djihad Islami sowie Protesten extremist. jüd. Siedler, äußerst schwierig.

Im Juli 1994 begannen auf der Waffenstillstandslinie von 1948 israelisch-jordan. Friedensverhandlungen. Mit der ›Erklärung von Washington‹ (25. 7. 1994) beendeten Israel und Jordanien den seit 1948 bestehenden Kriegszustand, unterzeichneten am 17. 10. 1994 ein Abkommen über Grenz- und Wassernutzungsfragen und schlossen am 26. 10. 1994 einen Friedensvertrag. Im Spannungsbogen zw. israel. Sicherheitspolitik und syr. Souveränitätsanspruch blieb die Frage der Kontrolle über die Golanhöhen Kernpunkt der (bis Anfang 1997 nicht abgeschlossenen) israelisch-syr. Verhandlungen. Trotz des Attentats auf RABIN (4. 11. 1995) und weiterer Rückschritte 1996 wurde der immer fragiler werdende Friedensprozess zunächst nicht abgebrochen, u. a. Rückzug der israel. Truppen aus großen Orten des Westjordanlands gemäß der Autonomieverträge im Dezember 1995; Wahlen zum palästinens. Autonomierat am 20. 1. 1996, Änderung der PLO-Charta vom 25. 4. 1996). Unter der von B. NETANJAHU (Likud-Block) im Juni 1996 in Israel gebildeten Koalitions-Reg. kam er aber 1996/97, v. a. durch den wieder verstärkten Ausbau bestehender Siedlungen (Jerusalem), nahezu zum Stillstand (Ausnahme: Hebron-Abkommen, 15.–17. 1. 1997).

⇨ *Ägypten · Araber · Israel (Staat) · Jordanien · Judentum · Libanon · Palästinenser · panarabische Bewegung · Syrien · Westjordanland*

B. RUBIN: The Arab states and the Palestine conflict (Syracuse, N. Y., 1981); M. WOLFFSOHN: Politik in Israel (1982); DERS.: Israel. Gesch., Politik, Gesellschaft, Wirtschaft (⁵1996); C. BAILEY: Jordan's Palestinian challenge, 1948–1983. A political history (Boulder, Colo., 1984); The Israel-Arab reader. A documentary history of the middle east conflict, hg. v. W. LAQUEUR u. a. (New York ⁴1984); Documents on the Israeli-Palestinian conflict, 1967–1983, hg. v. J. LUKACS (Neuausg. Cambridge 1986); The rise of Israel. A documentary record from the nineteenth century to 1948, hg. v. H. M. SACHAR, 39 Bde. (New York 1987); M. Y. MUSLIH: The origins of Palestinian nationalism (ebd. 1988); F. SCHREIBER: Aufstand der Palästinenser – die Intifada (1990); DERS. u. M. WOLFFSOHN: Nahost. Gesch. u. Struktur des Konflikts (⁴1996); B. TIBI: Konfliktregion Naher Osten. Regionale Eigendynamik u. Großmachtinteressen (²1991); A. NIEMETZ: Brennpunkt Nahost. Gesch. u. Hintergründe polit. u. religiöser Konfrontationen (Neuausg. 1993); H. BECKER u. a.: Der schwierige Weg zum Frieden. Der israelisch-arabisch-palästinens. Konflikt (1994); Moyen-Orient: Migrations, démocratisation, médiations, hg. v. R. Bocco u. a. (Paris 1994); M. TESSLER: A history of the Israeli-Palestinian conflict (Bloomington, Ind., 1994); T. G. FRASER: The Arab-Israeli conflict (New York 1995); V. KOCHER: Der neue Nahe Osten. Die arab. Welt im Friedensprozeß (Zürich 1996); W. G. LERCH: Brennpunkt Naher Osten. Der lange Weg zum Frieden (1996).

Nah|ostpakt, Bündnis zw. der Türkei und Irak 1955–79; →CENTO.

Nahpunkt, der dem Auge am nächsten liegende Punkt, der bei größtmögl. →Akkommodation noch scharf gesehen wird; er liegt in der Jugend etwa 7 cm vor dem Auge und entfernt sich mit zunehmendem Lebensalter bis zu etwa 2 m.

Nahraum, *Psychologie:* →Greifraum.

Nährboden, →Nährmedium.

Nährcreme [-kre:m], →Hautcreme.

Nahr el-Asi [ˈnaxr-], Fluss in Syrien, →Orontes.

Nahr el-Kelb [ˈnaxr-; arab. ›Hundsfluss‹], in der Antike **Lykos** [griech.], kleiner Küstenfluss nördlich von Beirut, Libanon. Ein Vorgebirge an der Mündung des N. bildet einen strategisch wichtigen Engpass, der bereits im Altertum benutzt wurde. Dort befinden sich beschriftete Felsreliefs von RAMSES II. und assyr. Königen sowie Inschriften in griech., lat. und arab. Sprache. Die jüngste erinnert an den Abzug der letzten frz. und engl. Truppen am 31. 12. 1946.

Nahr el-Litani [ˈnaxr-], Fluss in Libanon, →Litani.

Nährgewebe, mit Reservestoffen angereichertes pflanzl. Gewebe; dient (als Endosperm bzw. Perisperm) der Ernährung des Keimlings.

Nahostkonflikt: Der Händedruck zwischen Itzhak Rabin (links) und Jasir Arafat anlässlich der Unterzeichnung des Gaza-Jericho-Abkommens am 13. 9. 1993 in Washington; in der Mitte Bill Clinton

Nährhefe, als Nahrungs- und Futtermittel(zusatz) verwendete Hefe.

Nährmedium, für die Kultur von Organismen geeignetes Substrat, z. B. Boden, Süß- oder Meerwasser als natürl. N. Als künstl. N. dienen z. B. **Nährlösungen** für höhere Pflanzen und Gewebekulturen oder **Nährböden** (organ. und anorgan. Nährstoffe in Agar oder Gelatine gelöst bzw. suspendiert) für Mikroorganismen wie Pilze und Bakterien.

Nährmittel, koch-, tisch- oder verzehrfertige Trockenerzeugnisse aus Getreide (Getreide-N., z. B. Grieß, Grütze, Teigwaren), Stärke (Stärke-N., z. B. Süßspeisen-, Soßen-, Puddingpulver) und Hülsenfrüchten (Hülsenfrucht-N., z. B. Erbsen).

Nährschäden, durch langfristige falsche Nahrungszusammensetzung (Mehl-, Milch-N., Kwashiorkor) oder Nahrungsmangel hervorgerufene chron. →Dystrophie bei Säuglingen und Kleinkindern.

Nährstoffe, *Physiologie:* →Ernährung.

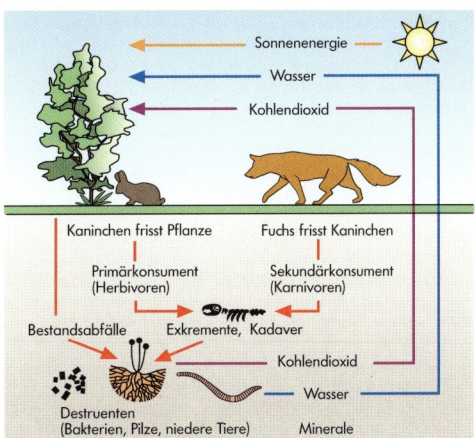

Nahrungskette: Beispiel einer Nahrungskette (schematische Darstellung)

Nahrungskette, durch Nahrungsbeziehungen voneinander abhängige Reihe von Organismen, bestehend aus grünen Pflanzen (Produzenten), Pflanzenfressern (Primärkonsumenten) und Fleischfressern (Sekundärkonsumenten). Beispiele: Weizen – Maus – Katze; Planktonalge – Algen fressender Wasserfloh – räuber. Wasserfloh – Friedfisch (Rotauge) – Raubfisch (Hecht) – Mensch. N. werden geschlossen durch Zersetzer (Reduzenten; v. a. Bakterien und Pilze), die die Abbauprodukte den Anfangsgliedern der N. zur Verfügung stellen. Neben den Lebendfresserketten gibt es somit Zersetzerketten, deren Nahrungsbasis organ. Bestandsabfall (Detritus) ist. Pestizidanwendung kann N. unterbrechen und zur Massenvermehrung einzelner Glieder führen. In artenreichen Lebensgemeinschaften sind zahlreiche N. zu →Nahrungsnetzen verknüpft. – Der Mensch steht meist als Endkonsument am Ende der jeweiligen Nahrungskette. Dies erweist sich als gefährlich, wenn biologisch nicht oder schwer abbaubare Substanzen, z. B. Schwermetalle, radioaktive Stoffe oder chlorierte Kohlenwasserstoffe, über die N. bis hin zu schädigenden Konzentrationen angereichert werden.

Nahrungsmittel, Lebensmittel, die im Ggs. zu den →Genussmitteln einen Nährwert (→Ernährung, ÜBERSICHT) besitzen, also so viel Eiweiß, Fett, Kohlenhydrate, Mineralstoffe, Vitamine, Spurenelemente und Ballaststoffe enthalten, dass sie dem Körper als Energiespender oder zur Lieferung von Aufbaustoffen dienen können.

Nahrungsmittel|allergie, allerg. Reaktionen auf Bestandteile von Lebensmitteln, die sich in allerg. Enteritis, Entzündung und Schwellung von Haut und Schleimhaut (Atemwege) und migräneartigen Kopfschmerzen äußern können. Am häufigsten sind N. auf Kuhmilch, Hühnerei oder Fisch. Ähnl. Reaktionen können v. a. durch Stoffe (z. B. Erdbeeren, Schalentiere) hervorgerufen werden, die zur Aktivierung der Mastzellen führen, oder durch histaminhaltige Lebensmittel (Käse, Rotwein).

Nahrungsmittelfälschung, andere Bez. für →Lebensmittelfälschung.

Nahrungsmittelhilfe, die Überlassung von Nahrungsmitteln zu Vorzugsbedingungen an Länder mit ungenügender Versorgung, die ihren Einfuhrbedarf nicht zu kommerziellen Bedingungen decken können. **Nahrungsnothilfe** wird in Katastrophenfällen (z. B. Dürren, Überschwemmungen) kostenlos gewährt. Bei der **Projekthilfe** werden meist ebenfalls kostenlos zur Verfügung gestellte Nahrungsmittel an ausgewählte Empfänger in bestimmten Projekten vergeben, entweder im Rahmen von Speisungsprogrammen (z. B. für Kleinkinder und Mütter), im Rahmen von ›Food-for-Work-Projekten‹, die gleichzeitig der Durchführung von Entwicklungsmaßnahmen (z. B. Aufforstung, Feldwegebau) dienen, oder als Unterstützung von Regierungsvorhaben zur Agrarpreisstabilisierung, etwa durch Anlage von Nahrungsreserven. Bei der weitaus bedeutendsten **Programmhilfe** (Massenlieferungen) übernehmen die Empfängerländer die Transportkosten oder erwerben die Nahrungsmittel zu Vorzugsbedingungen gegen langfristige, zinsgünstige, z. T. in Landeswährung rückzahlbare Kredite (wichtige Vergabeform der USA, die den größten Teil der N. stellen), und verkaufen sie über den normalen Handel. Auf die Nahrungsnothilfe entfallen rd. 10%, auf die Projekthilfe 20%, auf die Programmhilfe rd. 70% aller N.-Aufwendungen. Teilweise wird die N. auch über das →Welternährungsprogramm abgewickelt.

Die N. umfasst in erster Linie Getreide, wobei die Mengen stark schwanken (60er-Jahre: 12 Mio. t; Mitte der 70er-Jahre: 7 Mio. t; 80er-Jahre: 12 Mio. t; 1992/93: 15,2 Mio. t; 1993/94: 12,6 Mio. t; 1994/95: 9,2 Mio. t). 1995/96 erreichten sie nur 7,6 Mio. t, wovon 6,5 Mio. t in die Gruppe der Länder mit niedrigem Einkommen und Nahrungsmitteldefizit gingen, wo sie 8% (1993/94 waren es noch 13%) der Importe ausmachten. Etwa 30% gingen nach Afrika südlich der Sahara. Von den hohen Lieferungen der Jahre 1992/93 und 1993/94 entfiel ein erhebl. Anteil auf Südost- und Osteuropa (Albanien, Baltikum, Russland).

In dem 1995 neu gefassten internat. N.-Übereinkommen verpflichten sich die Geberländer, jährlich mindestens 5,35 Mio. t Weizenäquivalent (davon die EU und ihre Mitgl.-Staaten 1,755 Mio. t) in Form von Getreide, Getreideerzeugnissen oder Geld, das vorwiegend zum Ankauf von Getreide in Entwicklungsländern verwendet werden soll, zur Verfügung zu stellen. Von der EU wurden (1995) u. a. 1,775 Mio. t Getreide (davon 0,93 Mio. t im Rahmen des N.-Übereinkommens), 20 000 t Milchpulver, 68 000 t Pflanzenöl und 80 000 t Gemüse bereitgestellt. An der N. wird auch Kritik geübt, weil sie Eigenanstrengungen unterlaufe und die Bedürftigen häufig nicht erreiche.

H. H. SCHUMACHER: Die N. der Europ. Gemeinschaft (1981); J. LICHTENBERGER: Zum Beispiel N. (1989); M. WINTER: Vor- u. Nachteile der N. für die Entwicklungsländer (1992).

Nahrungsmittelvergiftung, die →Lebensmittelvergiftung.

Nahrungsnetze, vielfältig verflochtene Nahrungsketten einer ausgeglichenen Lebensgemeinschaft. Beim Ausfall einer Art werden deren Stelle und Funktion durch andere Arten ausgeglichen oder übernommen.

Nahrungssicherheit, andere Bez. für Ernährungssicherheit.

Nahrungs- und Genussmittelgewerbe, zum verarbeitenden Gewerbe gehörender Wirtschaftszweig, der in die Wirtschaftssektoren Ernährungsgewerbe und →Tabakverarbeitung unterteilt wird und in dem rd. 90% aller aus der Landwirtschaft und Fischerei kommenden Erzeugnisse verarbeitet werden. Das **Ernährungsgewerbe** umfasst u. a. die Nährmittel-, Stärke-, Backwaren-, Margarine-, Getränke-, Süßwaren- und Futtermittelherstellung, die Molkereien und deren Milch- und Milchproduktezeugung, die Obst- und Gemüse-, Fleisch-, Fisch-, Kaffee-, Zucker-, Teeverarbeitung, die Brauereien und die Spirituosenhersteller. Haupttätigkeiten sind die Herstellung von Lebens- und Genussmitteln durch Rohstoffverarbeitung, deren Konservierung und Aufbereitung zu küchen- und konsumfertigen Produkten. Dem überwiegend mittelständisch geprägten N.- u. G. stehen die Unternehmen des hoch konzentrierten Lebensmitteleinzelhandels gegenüber, der den Wettbewerb um Marktanteile fast ausschließlich über den Preis austrägt. Die Marktsituation ist in den meisten hoch entwickelten Ländern gekennzeichnet durch eine hohe Marktsättigung, den Einfluss sich ändernder Ess- und Trinkgewohnheiten auf die Produktpalette (z. B. stärkere Verbreitung regionaler Spezialitäten und ausländ. Produkte) sowie das wachsende Interesse der Verbraucher an neuen und hochwertigen Produkten (z. B. Vollwerterzeugnisse). Daneben gibt es aber auch die bes. großen Nahrungsmittelkonzerne, die standardisierte Massenprodukte weltweit anbieten.

In den Entwicklungsländern ist ein leistungsfähiges, auf den Inlandmarkt orientiertes N.- u. G. häufig nur in Ansätzen vorhanden, was die Lösung des Welternährungsproblems erschwert. Angesichts der klimat. Bedingungen ist die Konservierung von Lebensmitteln dort ein besonderes Problem.

In Dtl. waren 1996 in den 5 037 Betrieben des Ernährungsgewerbes 518 113 Personen beschäftigt, die einen Umsatz von 222,5 Mrd. DM erzielt hatten, wobei die Exportquote 13,4% betrug. Für die EU belief sich der Index (1990 = 100) der Produktion des N.- u. G. für 1996 auf den Wert 107,6 (Spanien 98,4, Irland 139,2), in den USA auf 108,5.

Nahrungsvakuolen, bei Einzellern vorkommende Organellen, die der Verdauung von durch Phagozytose aufgenommenen Nahrungsteilchen dienen. Dazu verschmilzt das von einer Membran umgebene Nahrungsteilchen (primäre N.) mit →Lysosomen, wodurch

Verdauungsenzyme in die N. gelangen. Über die begrenzende Membran werden die Produkte der Verdauung ins Zellplasma aufgenommen.

Nahrungsverweigerung, Ablehnung der Nahrungsaufnahme; häufige Erscheinung bei schweren psych. Krankheiten, z. B. bei →Magersucht; als gewaltloses Mittel zur Durchsetzung polit. Forderungen →Hungerstreik genannt.

Nährwert, der ernährungsphysiol. Wert der Nahrung, d. h. der Gehalt an verwertbaren Nährstoffen (physiolog. →Brennwert). Der N. ist auch abhängig von Bekömmlichkeit und Verdaulichkeit der Speisen, vom Nährstoffverhältnis und vom Ausmaß, in dem ein Lebens- oder Futtermittel aufgrund seines Gehalts und der Verzehrmengen zur Nährstoffbedarfsdeckung eines Lebewesens beiträgt. (→Ernährung)

Nährzelle, Nähr|ei, Trophozyte, weibl. Urgeschlechtszelle, die sich nicht weiter zur Oozyte entwickelt, sondern der Ernährung des werdenden Eies dient.

Nähseide, Nähschappe, →Zwirn.

Nahsi [naɕi], Volk in NW-Yunnan, →Naxi.

Nahsinne, Sinne, die zur Wahrnehmung von Reizen aus nahe gelegenen Reizquellen fähig sind, z. B. Geschmacks-, Tastsinn; Ggs. Fernsinne.

Naht, 1) *allg.:* Bez. für eine Verbindung oder Verbindungslinie zweier zusammengefügter Teile, z. B. bei Textilien; auch eine genietete **(Niet-N.)** und eine geschweißte **(Schweiß-N.)** Zusammenfügung.
2) *Anatomie:* **Sutura,** Verwachsungslinie von Organ- oder Gewebeteilen, z. B. der Knochen am Schädel.
3) *Chirurgie:* operative Verbindung durchtrennter Gewebe (einschließlich Blutgefäße, Sehnen, Nerven, Knochen) mittels chirurg. Nadeln oder Nähapparate unter Verwendung speziellen N.-Materials; dieses besteht aus glatten oder geflochtenen Fäden pflanzl. (Zwirn) oder tier. (Seide, →Katgut) Herkunft oder aus synthet. Material (Polyamid, Polyester). Für die N. bei Knochen und Sehnen wird rostfreier Stahldraht eingesetzt, der sich durch hohe Festigkeit, geringe Reizwirkung und leichte Entfernbarkeit auszeichnet. Bei sub- und intrakutaner N., Schleimhaut-, Muskel- u. a. Organ-N. wird resorbierbares Material (Katgut, Polyglykolsäurefasern) verwendet, bei maschineller N. (z. B. →Gefäßnaht) auch rostfreie →Klammern. Alternativen zur chirurg. N. stellen bei kleinen Wunden Gewebekleber und Elektrokoagulation dar.

Nahtod|erfahrungen, →Tod.

Nahua, größte Gruppe der →mexikanischen Indianer, mit etwa 1,5 Mio. Angehörigen. Die N. sprechen Nahuatl. Sie siedeln v. a. in Zentralmexiko (Staaten México, Puebla, Tlaxcala, Morelos, Guerrero und W-Oaxaca), in Exklaven in Hidalgo, Veracruz, San Luis Potosí, Michoacán, Jalisco und Durango.

Nahuatl, die Sprache der Azteken und deren Nachkommen, der →Nahua. Das klass. N. ist polysynthetisch (→polysynthetische Sprachen) und leicht fusionierend (→flektierende Sprachen). Das Verb ist morphologisch komplex, da es bis zu drei Personalaffixe enthalten kann und die Differenzierung versch. Tempus-, Aspekt- und Moduskategorien relativ ausgeprägt ist. Die Nomina werden häufig in andere grammat. Einheiten (Verben) inkorporiert. Das Nomen trägt keine Kasusmarkierung; jedoch muss mithilfe von Suffixen zum Ausdruck gebracht werden, ob das Objekt einer Besitzrelation ist. Das N. verfügt auch über Numeralklassifikatoren.

H. CAROCHI: Arte de la lengua mexicana (Mexiko 1645, Nachdr. ebd. 1983); J. R. ANDREWS: Introduction to classical N., 2 Tle. (Austin, Tex., 1975); M. LAUNEY: Introduction à la langue et à la littérature aztèques, 2 Bde. (Paris 1979–80); M. LEÓN-PORTILLA: Aztec thought and culture (a. d. Span., Neuausg. Norman, Okla., 1990); S. DE PURY TOUMI: Sur les traces des Indiens N. (Grenoble 1992).

Nahud, Stadt in der Rep. Sudan, →En-Nahud.

Nahuel Huapí [naˈuel uaˈpi], **Lago N. H.,** See in SW-Argentinien, 764 m ü. M. in den bewaldeten, z. T. vergletscherten Vorbergen der Anden (Patagon. Kordillere), 544 km² groß, mehr als 400 m tief; Abfluss ist der Río Limay. Der **N.-H.-Nationalpark** (seit 1934; 7385 km², BILD →Argentinien) ist das bedeutendste, auch ›argentin. Schweiz‹ genannte Fremdenverkehrsgebiet der südl. Anden; Zentrum ist, am Südufer des Sees, San Carlos de Bariloche.

Nahum [hebr. ›Trost‹], bibl. Prophet; die im **Buch N.** (3, 8) vorausgesetzte Eroberung von No-Amon (Theben; 664/63 v. Chr.) durch ASSURBANIPAL und der angekündigte Untergang Ninives (612 v. Chr.) könnten den Zeitabschnitt von N.s Auftreten bilden (?). - Das Buch N. gehört zum →Zwölfprophetenbuch. Es enthält einen akrostich. Hymnus, Heilsverheißungen an Juda und Orakel über den Untergang von Ninive und ist in seiner Endgestalt wohl im letzten Drittel des 7. Jh. v. Chr. (um 612?) entstanden.

HERMANN SCHULZ: Das Buch N. Eine redaktionskrit. Unters. (1973); K. SEYBOLD: Profane Prophetie. Studien zum Buch N. (1989).

Nahverkehr, →öffentlicher Personennahverkehr.

Nahwirkung, *Physik:* die →Nahewirkung.

Naiad, ein Mond des Planeten →Neptun.

Nail [neɪl; engl. ›Nagel‹], frühere brit. Längeneinheit, 1 N. = 2¼ Inch = 5,715 cm.

Naila, Stadt im Landkreis Hof, Bayern, 500–700 m ü. M. im flach in die Hochfläche des Frankenwaldes eingesenkten Selbitztal, 9 100 Ew.; Staatl. Fachschule für Bekleidungsindustrie; Maschinenbau, Herstellung von Katgut, Kunststoffverarbeitung, Leichtmetallbau, Mineralbrunnenbetrieb. - N., 1454 zum Markt erhoben, kam im 15. Jh. an die Markgrafen von Brandenburg-Bayreuth. Seit 1818 besitzt N. Stadtrechte. Der seit dem 15./16. Jh. in der Nähe betriebene Kupfer- und Eisenerzbergbau erlosch im 18. Jh.; danach Textil- und Schuhindustrie. 1810 kam N. an Bayern.

Nain, aus der Stadt Nain (130 km östlich von Isfahan) und seiner näheren Umgebung stammender Teppich, dessen Muster dem Isfahan ähnelt.

Nain, arab. **Nein** [ˈneɪn], in der Vulgata **Naim,** Ort am Fuß des Djebel Dahi nahe Nazareth (Galiläa). Nach Lk. 7, 11–17 erweckte dort JESUS den einzigen Sohn einer Witwe vom Tod.

Naipaul [ˈneɪpɔːl], Sir (seit 1990) V. S. (Vidiadhar Surajprasad), trinidad. Schriftsteller ind. Abstammung, *Chaguanas (bei Port of Spain) 17. 8. 1932; schreibt in engl. Sprache; Studium in Trinidad und Oxford, lebt seit 1950 v. a. in England; beschäftigt sich in seinen Romanen, Erzählungen, Essays und Reiseberichten mit den Auswirkungen von Kolonialismus und kultureller Entfremdung auf die Dritte Welt, sieht diese Erfahrungen jedoch als exemplarisch für die Bindungs- und Orientierungslosigkeit des modernen Menschen (›A house for Mr. Biswas‹, 1961; dt. ›Ein Haus für Mr. Biswas‹; Roman).

Weitere Werke: Romane: The mystic masseur (1957; dt. Der myst. Masseur); The suffrage of Elvira (1958; dt. Wahlkampf auf karibisch); Miguel Street (1959; dt. Blaue Karren im Calypsoland); An area of darkness (1964; dt. Land der Finsternis); The enigma of arrival (1987; dt. Das Rätsel der Ankunft). - *Erzählungen:* In a free state (1971; dt. Sag mir, wer mein Feind ist). - Meine Tante Goldzahn (1981; dt. Ausw.). - *Essays:* The middle passage (1962); Finding the centre (1984; dt. Prolog zu einer Autobiographie); India. A million mutinies now (1990; dt. Indien. Ein Land in Aufruhr). - *Reisebücher:* India. A wounded civilization (1977; dt. Indien. Eine verwundete Kultur); A bend in the river (1979; dt. An der Biegung des großen Flusses); Among the believers (1981; dt. Eine islam. Reise); A turn in the South (1989; dt. In den Sklavenstaaten); A way in the world (1994; dt. Ein Weg in der Welt).

P. NIGHTINGALE: The journey through darkness. The writing of V. S. N. (Saint Lucia, Queensland, 1987); R. KELLY: V. S. N. (New York 1989); R. NIXON: London calling: V. S. N.,

Sir V. S. Naipaul

Nair Nair–naive Kunst

Nairobi: Moschee im Zentrum der Stadt, im Hintergrund rechts der Turm des Kenyatta-Kongresszentrums

postcolonial mandarin (Oxford 1992); T. F. WEISS: On the margins. The art of exile in V. S. N. (Amherst, Mass., 1992).

Nair, Hindukaste in Indien, →Nayar.

Nairisi, Abu l-Abbas **al-Fadl Ibn Hatim an-N.,** latinisiert **Anaritius,** islam. Mathematiker und Astronom in Bagdad um 900; schrieb einen weitgehend auf griech. Quellen beruhenden Kommentar zu den ›Elementen‹ des EUKLID, der im 12. Jh. von GERHARD VON CREMONA ins Lateinische übersetzt wurde.

Nairn ['nɛən], ehem. County in Schottland, seit 1975 Teil der Highland Region, seit 1996 im Verw.-Distrikt Highland.

Nairobi, Hauptstadt von Kenia, auf der Athi-Ebene im Hochland östlich des Ostafrikan. Grabens, 1 670 m ü. M., mit (1990) 1,5 Mio. Ew. größte Stadt des Landes. N. ist Sitz eines anglikan., eines kath. und eines griechisch-orth. Erzbischofs, mehrerer internat. Behörden sowie Tagungsort internat. Kongressen; Univ. (gegr. 1956 als Royal Technical College of East Africa, 1963–70 Teil der University of East Africa), Polytechnikum, Konservatorium, Juristen- und Hotelfachschule, Forschungsinstitute, Nationalarchiv (mit Sammlung zeitgenöss. kenian. Kunst), -bibliothek, -museum (mit prähistorischer Abteilung für ostafrikan. Felsbildkunst), Rundfunk- und Fernsehstation; SOS-Kinderdorf. N. ist das wichtigste Wirtschaftszentrum des Landes; Messe, Kaffeeauktionen; Nahrungsmittel-, Textil-, Keramik- (v. a. Tafelgeschirr), Zigaretten-, Schuh-, Seifen-, Autoreifen-, pharmazeut. und chem. Industrie (452 km lange Produktenpipeline von der Erdölraffinerie in Mombasa), Montagewerk für VW-Transporter; Verkehrsknotenpunkt, zwei Flughäfen: Jomo Kenyatta International Airport und Wilson Airport (für Inlandflüge). – In der Stadtmitte Beispiele kolonialer Architektur aus der brit. Zeit; Kenyatta-Kongresszentrum (1983 fertig gestellt). Am Stadtrand ausgedehnte Slumviertel. – 1899 als Depot an der Eisenbahnlinie von der Küste nach Uganda gegr., wurde N. 1905 Hauptstadt des brit. Protektorats Ostafrika. – Unmittelbar südlich der Stadt liegt der **N.-Nationalpark** (115 km²; afrikan. Großwild).

Naiskos [griech.] *der, -/...koi,* Bez. für einen kleinen Tempel, bes. verwendet für die durch Tonmodelle bezeugten kleinen Rundtempel der minoischen Kultur und in der griech. Kunst für einen kleinen Rechtecktempel (bestehend aus Cella und davor Pronaos), bes. als Kultbildschrein innerhalb eines Tempels. **N.-Bilder** sind Reliefs mit Rahmen in Form eines N., v. a. auf att. Grabstelen.

Naivasha-See [-'vaʃa-], abflussloser See mit leicht alkal. Wasser in Kenia, im Ostafrikan. Graben nordwestlich von Nairobi, 1 888 m ü. M., 20 km lang, 15 km breit, 130 km² groß; viele Pelikane; im O die kleine Insel **Crescent Island** mit über 300 Vogelarten, Ried- und Wasserböcken; Fremdenverkehr. Am NO-Ufer der Ort **Naivasha** (7 500 Ew.).

Naive, weibl. Rollenfach: jugendl., heiter-unbeschwerte Liebhaberinnen, Zofen.

naive Kunst, als Laienkunst außerhalb der kunstgeschichtl. Stilrichtungen stehende Kunst. Im Unterschied zur Volkskunst und der vom Kult getragenen Kunst der Naturvölker ist sie ganz durch die Individualität des Künstlers geprägt, der die Malerei meist neben seinem Beruf (häufig erst im Ruhestand), aber als seinen eigentl. Lebensinhalt ausübt. N. K. ist detailfreudig exakt und harmonisch bunt, oft von einer instinktiven Sicherheit in Komposition und Farbklang; ihre Themen reichen von der Umwelt des Künstlers bis zu fantast. Traumbildern. Die soziolog. Wurzeln der n. K., an der Bauern und Industriearbeiter, aber auch Intellektuelle teilhaben, sind schwer zu klären, da die Künstler erst mit dem Aufkommen der modernen Malerei (Fauvismus, Expressionismus, Kubismus, Dada) und dem damit verbundenen Verzicht auf die Maßstäbe akadem. Korrektheit ein breiteres Interesse auf sich zogen.

naive Kunst: Louis Vivin, ›Die Kathedrale von Reims‹; um 1923 (Paris, Musée National d'Art Moderne)

Am weitesten lässt sich die n. K. in den USA zurückverfolgen, wo sie sich im 18. Jh. aus der volkstüml. Gebrauchsmalerei von Wanderkünstlern herausbildete und sich mit Porträt, Pionierleben und bibl. Motiven (E. HICKS) beschäftigte. Der europ. n. K. näher verwandt waren die Bilder der Farmersfrau ANNA MARY MOSES und die erotischen Szenen von M. HIRSHFIELD. In Frankreich erhob der Zöllner H. ROUSSEAU die n. K. zu einem vollgültigen Beitrag zur modernen Kunst. Auch L. VIVIN, SÉRAPHINE, A. BAUCHANT, C. BOMBOIS, die der Kunstschriftsteller W. UHDE 1928 zus. mit ROUSSEAU als ›Maler des hl. Herzens‹ ausstellte, waren bedeutende Künstler. Als eine zutiefst nat., volksverbundene n. K. können die Bilder des Georgiers N. PIROSMANASCHWILI (BILD →georgische Kunst) gewertet werden. In Dtl. gehören zur n. K. u. a. A. TRILLHAASE, FRIEDRICH GERLACH (* 1903, † 1973), der nach Illustriertenbildern malende JOSEF WITTLICH (* 1903, † 1982) und A. EBERT, in der Schweiz A. DIETRICH, in Italien OR-

Nairobi
Stadtwappen

Hauptstadt und Wirtschaftszentrum von Kenia

· 1670 m ü. M. im Hochland

· 1,5 Mio. Ew.

· Universität (1956 als College gegründet)

· internat. Flughäfen

· Kenyatta-Kongresszentrum

· 1899 als Depot an der Ugandabahn gegründet

· seit 1905 Hauptstadt

NEORE METELLI (*1872, †1938) und A. LIGABUE. In vielen Ländern erfreut sich die n. K. einer so starken Nachfrage, dass die Laienkünstler zu Berufskünstlern wurden: Die bäuerl. Schule von →Hlebine mit I. GENERALIĆ u. a. geht bereits in die zweite Generation, ebenso die Schule von Port-au-Prince (→haitianische Kunst).

Eine naive Plastik gibt es v. a. in Osteuropa. In Dtl. trat E. BÖDEKER als Bildschnitzer hervor. Ein Beispiel naiver Architektur ist der ›Ideale Palast‹ in Hauterive Drôme (Frankreich), den der Briefträger JOSEPH FERDINAND CHEVAL (*1836, †1924) in 45-jähriger Arbeit aufbaute (restauriert 1982–93).

Die Kunst der Naiven, Ausst.-Kat. (1974); T. GROCHOWIAK: Dt. n. K. (1976); A. JAKOVSKY: Naive Malerei (a. d. Frz., 1976); B. KRUG-MANN u. E. KRUG: Naive Malerei. Künstler, Werke, Tendenzen (1980); J. PIERRE: Les peintres naïfs (Paris 1983); American naive paintings from the National Gallery of Art, Ausst.-Kat. (Washington, D. C., 1985); Gemalte Paradiese. N. K. aus Solentiname, hg. v. C. RINCÓN u. a. (1985); O. BIHALJI-MERIN: Die Naiven der Welt (Neuausg. 1986); Weltenzyklopädie N. K., hg. v. O. BIHALJI-MERIN u. a. (a. d. Russ., 1989).

naiv und sentimentalisch, typolog. Begriffspaar, von SCHILLER in der Abhandlung ›Über naive und sentimental. Dichtung‹ in der Literaturzeitschrift ›Die Horen‹ (1795/96) für zwei aufeinander bezogene schöpfer. Grundhaltungen aus der Gegenüberstellung seiner Dichtungsauffassung mit der GOETHES entwickelt. Naiv meint dabei Einklang, Übereinstimmung mit der Natur, realist. Beobachtung und anschaul. Nachahmung des Wirklichen (Mimesis). Für diese Dichtung gelten als repräsentativ HOMER, SHAKESPEARE und GOETHE. Als sentimentalisch wird ein Dichter bezeichnet, der aus einem Zwiespalt zw. sich und der Natur schafft und diesen Zwiespalt spekulativ, in der Reflexion und der Idee durch die Darstellung des Ideals zu überwinden sucht. Hierzu zählt SCHILLER sich selbst und die neueren Dichter.

Naj [arab.] *die, -/-,* **Nay, Nai,** die im Nahen Osten seit dem 3. Jt. v. Chr. gebräuchliche klass. arab. Rohrflöte, die in schräger Haltung am oberen, senkrecht zum Rohrverlauf geschnittenen Rand angeblasen wird (Längsflöte). Die N. gibt es mit Rohrlängen zw. 30 und 80 cm in allen Tonlagen des jeweiligen Tonsystems. Sie hat bis zu zehn Grifflöcher und erfordert eine hohe Kunst der Anblas- und Grifftechnik. Daneben bezeichnet N. in der Türkei Flöten allgemein, in Punjab versch. Schalmeien, in Turkestan und Kaschmir Querflöten und in Rumänien die Panflöte.

Najaden, *griech. Mythos:* Nymphen von Quellen und Gewässern.

naive Kunst: Henri Rousseau, ›Der Wagen von Vater Juniet‹; 1908 (Paris, Musée de l'Orangerie des Tuileries)

Najas [lat.-griech. ›Nymphe‹], wiss. Name der Gattung →Nixenkraut.

Najibollah, Nadschibullah [nadʒi-], Mohammed, afghan. Politiker, *Kabul (nach anderen Angaben Prov. Paktia) 1947, †(ermordet) Kabul 27. 9. 1996; Arzt; war seit 1977 Mitgl. des ZK der Demokrat. Volkspartei Afghanistans (DVPA); baute nach dem Einmarsch der sowjet. Truppen in Afghanistan (Dezember 1979) den Geheimdienst KHAD auf. 1981 wurde er Mitgl. des Politbüros und 1986 Gen.-Sekr. der DVPA, 1987 Vors. des Revolutionsrates und Staatspräs. N. propagierte unter dem Druck des Kampfes der Mudjahedin gegen sein von der UdSSR gestütztes Regime eine Politik der ›nat. Aussöhnung‹ und leitete nach dem Abzug der sowjet. Truppen (1988/89) innenpolit. Reformen ein. Im April 1992 durch Generäle der Regierungsarmee gestürzt, flüchtete er in die UN-Botschaft in Kabul. Nach der Einnahme der afghan. Hauptstadt durch die radikalislam. Taliban (27. 9. 1996) wurde N. von diesen getötet.

Najran [nadʒ-], Oasengruppe in Saudi-Arabien, →Nedjran.

Naka, Naga, Ruinenstätte in N-Sudan, etwa 20 km nördlich von Musawarat es-Sufra, mit Resten von Tempel- und Grabanlagen aus meroitischer Zeit, unter denen der Amuntempel des Königs NATAKAMANI (12 v. Chr.–12 n. Chr.) hervorragt. 1997 entdeckte die internat. Sudan-Expedition des Ägypt. Museums Berlin zwei Statuen und zwei Köpfe von Statuen des Königs NATAKAMANI, die wohl zu einer Prozessionsstraße vor dem Amuntempel gehörten. Ein weiterer, gut erhaltener Tempel dieses Königs ist dem löwengestaltigen Gott Apedemak geweiht. Aus dem 3. Jh. n. Chr. stammt der ›röm. Kiosk‹, ein kleiner Sakralbau, der Elemente hellenistisch-röm. und meroitisch-ägypt. Architektur verbindet. N. besaß zwei Wasserspeicher.

Nakasone, Yasuhiro, jap. Politiker, *Takasaki 27. 5. 1917; wurde 1947 Abg., war 1967–74 mehrfach Min. (u. a. 1972–74 für Außenhandel und Industrie), 1974–76 Gen.-Sekr. der Liberaldemokrat. Partei (LDP), 1982–87 deren Vors. und Ministerpräsident.

Nakfa, Abk. **Nfa,** Währungseinheit in Eritrea, löste Ende 1997 den (äthiop.) Birr ab; 1 N. = 100 Cent.

Nakhi [naci], Volk in NW-Yunnan, →Naxi.

Nakhon Pathom, Prov.-Hauptstadt in Thailand, im Menamdelta, 90 200 Ew.; Univ.-Campus; buddhist. Wallfahrtsort. – Am westl. Stadtrand der Sanam-Chandra-Palast, eine ehem. königl. Residenz des

Nakhon Pathom: Chedi Phra Pathom; Höhe 127 m, 2. Hälfte des 19. Jh.

Yasuhiro Nakasone

19. Jh. Der über älteren Ruinen errichtete, 40 m hohe, verfallene Chedi Phra Pathom wurde in der 2. Hälfte des 19. Jh. mit riesiger Kuppel überbaut, die mit der spiralförmigen Spitze 127 m misst; der Bau gilt als das höchste buddhist. Bauwerk der Erde.

Nakhon Ratchasima [-ratʃa-], früher **Khorat** oder **Korat**, Prov.-Hauptstadt in Thailand, im SW des Khoratplateaus, 188 200 Ew.; kath. Bischofssitz; Rundfunkstation, Technikum; Zement-, Jutesackfabrik, Textilindustrie, Tabakverarbeitung, Sägewerke.

Nakhon Sawan, Prov.-Hauptstadt in N-Thailand, am Zusammenfluss von Ping und Nan, die den →Menam bilden, 97 300 Ew.; kath. Bischofssitz; Mühlen, Sägewerke.

Nakhon Si Thammarat, Prov.-Hauptstadt in S-Thailand, 80 400 Ew.; Landwirtschaftsschule; Herstellung von Metallarbeiten (Niellowaren); Garnison; nahebei Zinn- und Wolframerzbergbau. – Mittelpunkt des alten Stadtkerns ist der Vat Mahathat, der älteste und meistverehrte Tempel, über 1 000 Jahre alt, mit berühmtem Kultbild; Um- und Ausbau Mitte 13. Jh.; Chedi (74 m hoch), dessen Spitze mit Goldplättchen (216 kg) bedeckt ist. – Ungefähr seit dem 2. Jh. v. Chr. bis ins 13. Jh. als **Ligor** Hauptstadt eines Königreiches.

Nakkasch, Marun **an-N.,** libanes. Schriftsteller, * Saida 9. 2. 1817, † Tarsus 1. 6. 1855; gilt als Begründer des arab. Theaters. 1847 wurde sein erstes übersetztes Theaterstück (›Der Geizige‹, arab., nach MOLIÈRE), 1849 sein erstes eigenes Stück (›Der leicht zu betrügende Abu l-Hasan oder Harun ar-Raschid‹, arab., nach ›Tausendundeiner Nacht‹) aufgeführt.

Nakota, die Zentraldakota, →Dakota.

Nakrit [zu frz. nacre ›Perlmutter(glanz)‹] *der, -s/-e,* weißes oder leicht gefärbtes, monoklines Tonmineral der chem. Zusammensetzung $Al_4[(OH)_8|Si_4O_{10}]$; dem Kaolinit ähnl. Bestandteil des →Kaolins; v. a. auf hydrothermalen Gängen gebildet; Härte nach MOHS 1,5–2, Dichte 2,63 g/cm³.

Naksch-e Rostam, Naghsch-e Rustam, Felsengräber nahe Persepolis, S-Iran, in einer auffälligen senkrechten Felswand. Bereits um 1300 v. Chr. bestand hier ein elam. Heiligtum mit einem Felsrelief der mittelelam. Kunst (z. T. zerstört). Der Achaimenidenkönig DAREIOS I. ließ vor der eigentl. Grabkammer eine 20 m hohe Fassade herausarbeiten, deren kreuzförmige Gestalt durch eine rechts und links übergreifende Palastfassade mit Säulen entstand, Vorbild auch für die folgenden Anlagen des XERXES I. (BILD →Felsengräber), ARTAXERXES I. und DAREIOS II. Das Grab des DAREIOS I. ist mit einer Inschrift und mit Reliefs geschmückt (u. a. Huldigung vor dem Gott Ahura Masda). Vor der Gräberwand steht auf einer Terrasse ein über 12 m hoher quadrat. Turm (um 520 v. Chr.), vermutlich ein Feuertempel oder Schrein für hl. Schriften (Avesta) oder Grabturm des Achaimeniden KAMBYSES II. Im 3. Jh. n. Chr. brachten fünf sassanid. Könige und der Oberpriester KARDIR (um 280) weitere monumentale Felsreliefs an, ferner Inschriften (dreisprachiger Text über die Taten SCHAPURS I. am Turm). Das Heiligtum war mit einer nahen Lehmziegelmauer umgeben (durch dt.-amerikan. Grabungen 1931–39 freigelegt, aber bereits wieder unkenntlich geworden).

Nakskov [ˈnagsgɔu], Stadt am N.-Fjord, Insel Lolland, Dänemark, 15 500 Ew.; Werft, größte Zuckerfabrik Skandinaviens; Fähre nach Langeland.

Naktonggang, wichtigster Fluss Süd-Koreas, 525 km lang (344 km schiffbar), entspringt im Taebaekgebirge, mündet mit Delta westlich von Pusan in das Gelbe Meer.

Nakuru, Prov.-Hauptstadt in Kenia, 1 860 m ü. M., im Ostafrikan. Graben und an der Ugandabahn, 162 800 Ew.; kath. und anglikan. Bischofssitz; Zentrum eines Großfarmengebiets (Mais, Weizen, Sisal) mit Verarbeitungsindustrie (Industriepark), Zementwerk und Düngemittelfabrik. Nördlich der Stadt liegt der Menengai-(Vulkan-)Krater (Durchmesser 10 km), südlich in 1 760 m ü. M. der **N.-See**, 47 km², abflusslos, stark brackig (Sodasee), von Austrocknung bedroht; Flamingos (Nationalpark).

Nalanda, Tempelruinenstätte beim Dorf N. im ind. Staat Bihar; einst bedeutende, im 3.–8. Jh. n. Chr. blühende buddhist. Univ.-Stadt (elf Klosteranlagen, mehrfach vergrößerter Stupa des 6.–8. Jh.).

Nala und Damayanti, eine der ältesten und bekanntesten Episoden des ind. Epos →Mahabharata: König Nala verliert im Würfelspiel Gut und Reich und zieht mit seiner treuen Gattin Damayanti als Verbannter in den Wald; vom Spieldämon Kali weiter verfolgt, verlässt er seine Gattin in der Wildnis. Schlicht und künstlerisch überzeugend werden die Abenteuer der Gatten geschildert, bis sie einander wieder finden. N. u. D. wurde in fast alle Sprachen Europas übersetzt.

Nalʼčik [ˈnaltʃik], Stadt in Russland, →Naltschik.

Nalé Roxlo [-slo], Conrado, argentin. Schriftsteller, * Buenos Aires 15. 2. 1898, † ebd. 2. 7. 1971; verfasste eleg. Gedichte über den Tod, während seine Erzählungen humorist. Akzente tragen. Als Dramatiker bekannt v. a. durch die überraschende Gestaltung von Märchenfiguren (›La cola de la sirena‹, 1941) oder bibl. Themen (›Judith y las rosas‹, 1956).

Weitere Werke: *Lyrik:* De otro cielo (1952). – *Erzählungen:* Cuentos de Chamico (1942); Libro de quejas (1953). – *Theater:* Una viuda difícil (1944); Strindberg (1945); El neblí (1957); Teatro breve (1964). – *Roman:* Extraño accidente (1960).

M. H. LACAU: Tiempo y vida de C. N. R. (Buenos Aires 1976).

Naksch-e Rostam: Triumphszene auf einem Felsrelief: Schapur I. nimmt den römischen Kaiser Valerian gefangen; 3. Jh. n. Chr.

Nałkowska [nauˈkɔfska], Zofia, poln. Schriftstellerin, * Warschau 10. 11. 1884, † ebd. 17. 12. 1954; begann mit Lyrik, schrieb dann Romane und Erzählungen, in denen sie realist. Erzählkunst mit Elementen des psycholog. Romans verbindet; Thema sind v. a. die Probleme der sich emanzipierenden Frau.

Werke: *Romane:* Książę (1907); dt. Der Prinz); Romans Teresy Hennert (1924); Niedobra miłość (1928; dt. Verhängnisvolle Liebe); Granica (1935; dt. Die Schranke); Węzły życia (1948). – *Erzählungen:* Medaliony (1946; dt. Medaillons). – *Drama:* Dom kobiet (1930). – *Kriegstagebücher:* Dzienniki czasu wojny (hg. 1970); Dzienniki, hg. v. H. KIRCHNER, 5 Bde. (1975–88).

Nallino, Carlo Alfonso, ital. Orientalist, * Turin 16. 2. 1872, † Rom 25. 7. 1938; wurde 1899 Prof. in Neapel, 1902 in Palermo und 1915 in Rom. Seine Arbeiten auf dem Gebiet der arab. Astronomie und Literatur sowie des islam. Rechts waren bahnbrechend.

Hg.: Albategnius: al-Battānī sive Albattenii opus astronomicum, 3 Bde. (1899–1907).

Ausgabe: Raccolta di scritti editi ed inediti, hg. v. M. NALLINO, 6 Bde. (1939-48).

Nalorphin [Kw.] *das, -s,* **N-Allylnormorphin,** vom Morphin abgeleitete Verbindung; wirkt bei Morphinvergiftung als ein v. a. die Atemhemmung behebender Antagonist.

Naltschik, Nal'čik ['naltʃik], Hauptstadt der Rep. Kabardino-Balkarien, Russ. Föderation, in den nördl. Vorbergen des Großen Kaukasus, 232 400 Ew.; Univ. (gegr. 1957), Hochschule für Agrarwirtschaft, Kunsthochschule und -museum; Buntmetallerzhütte, Maschinenbau, elektrotechn., Holz-, Kunstleder-, Nahrungsmittelindustrie; Flughafen. – N., 1817/18 als russ. Militärstützpunkt gegr., wurde 1922 Hauptstadt des Kabardino-Balkar. Autonomen Gebietes (1936 bis 1992 mit Unterbrechung ASSR).

NAM, Nationalitätszeichen für Namibia.

Nama, Volk in Namibia, Zweig der →Hottentotten, v. a. im Namaland (zw. Keetmanshoop und Gibeon). Die etwa 65 000 N. sprechen Hottentottisch, eine Khoisan-Sprache. Ihre ursprüngl. Lebensweise, Nomadismus und Wildbeutertum, haben sie seit der dt. Kolonialzeit aufgegeben. Heute arbeiten viele N. auf Farmen. Sie sind Christen und gehören der südafrikan. Methodistenkirche an. – Die N. waren in kleinen polit. Gemeinschaften (›Nationen‹) organisiert, als sie im 18. Jh. mit Europäern in Berührung kamen. Kämpfe gegen die Herero wurden 1870 durch einen von dt. Missionaren vermittelten Zehnjahresfrieden unterbrochen, nach 1890 durch die dt. Kolonialmacht beendet. Widerstand gegen die Deutschen leistete 1893/94 bes. der Orlamführer H. WITBOOI, der sich 1904 erneut erhob. Nach seinem Tod zerfiel das polit. System der N. unter den wirtschaftl. Zwängen der dt., später südafrikan. Herrschaft.

Namaland, Gebiet im südwestl. Afrika, erstreckt sich im Innern des südl. Namibia bis zum Oranje (**Groß-N.,** Wohngebiet der Nama) und als →Namaqualand bis in die Rep. Südafrika.

Namangan, Gebietshauptstadt in Usbekistan, im Ferganabecken am Nördl. Ferganakanal, 319 200 Ew.; Univ., Hochschule für Industriewesen und Technologie; Baumwollentkernung, Naturseidenweberei, Bekleidungs-, Chemiefaser-, elektrotechn., Nahrungsmittelindustrie.

Namaqualand, trockene, halbwüstenhafte Landschaft im NW der Rep. Südafrika, südlich des unteren Oranje, mit flachem Küstenstreifen im W und Anteil am Binnenhochland im O. Die Küste ist fischreich; Diamantengewinnung, Kupfererzbergbau in Okiep und Nababeeb, Marmorabbau bei Vanrhynsdorp; Wollschafweidewirtschaft. Hauptort ist Springbok.

Namas [pers.] *das, -,* türk. **Namaz** [-'ma:s], das rituelle Gebet im Islam, →Salat.

Namasga-Tepe, Ruinenhügel in Mittelasien, 80 km südöstlich von Aschchabad mit sechs Siedlungsschichten des Chalkolithikums und der Bronzezeit (5./4.-2. Jt. v. Chr.). Schon in Schicht Namasga I, aus Lehmziegelhäusern errichtet, war Kupfer bekannt; es fanden sich Frauenstatuetten, bemalte Keramik. In Schicht IV trat auf der Töpferscheibe gedrehte Keramik auf, und die Siedlung war durch eine Lehmziegelmauer befestigt; Schicht V hatte mehrräumige Lehmziegelhäuser mit Gassen; Funde tönerner Wagenmodelle (zwei- und vierrädrig) und von Bronzegerät. Die Funde zeigen Beziehungen bis nach Iran, Afghanistan und zur Harappakultur auf. N.-T. ist wegen seiner stratigraph. Befunde für die bronzezeitl. Chronologie dieses Raums von Bedeutung.

Nambankunst, jap. Bez. für Werke, die aus dem Kontakt mit der port. und span. Jesuitenmission (1549-1639) und den europ. Handelsniederlassungen in Nagasaki (ab 1570) entstanden. Die Jesuitenschulen lehrten u. a. auch europ. Kunsttechniken, so ab 1590 Öl- und Temperamalerei sowie Kupferstich (GIOVANNI NICOLAO). Um diese Zeit entstanden die ersten christl. Andachtsbilder; 1591 erschien das erste in lat. Buchstaben gedruckte Buch in Japan. Hervorzuheben sind Stellschirme nach Vorbildern europ. Genremalerei und Darstellungen über die Ankunft der Portugiesen im Stil jap. Genremalerei (Namban-Byōbu). Es existieren auch kartograph. Darstellungen Japans und der Erde. Auf Lackgeräten, Keramik, Tsuba u. a. erschienen Figuren von Portugiesen, Schiffen oder Kreuzen. Die größte Sammlung von N. befindet sich im Städt. Museum in Kōbe.

Nambikwara, Sammel-Bez. für die indian. Völker der Anūsú (780 Menschen), Nakayandé (150) und Kolimisi (20) in den brasilian. Bundesstaaten Mato Grosso und Rondônia. Umsiedlungen, Straßenbau und staatl. Siedlungsprojekte brachten die zu Beginn des Jahrhunderts noch recht zahlreichen Stämme an den Rand der Ausrottung.

Nam Bô, vietnames. für →Cochinchina.

Nam Co [tibet. ›himml. See‹], **Nam-tso,** mongol. **Tengri Nur,** abflussloser Salzsee, mit 2 207 km² der größte der eiszeitlich ausgeschürften Seen Tibets, liegt 4 627 m ü. M.

Nam Dinh [-dɪŋ], Stadt im Tongkingdelta, Vietnam, 219 600 Ew.; Seiden- und Wollweberei, Nahrungsmittelindustrie; durch einen Kanal mit dem Roten Fluss verbunden; Flugplatz.

Name, 1) *Logik* und *Sprachwissenschaft:* **Eigen-N.,** lat. **Nomen proprium,** bezeichnet eine einzelne, als Individuum oder individuelles Kollektiv gedachte Person oder Sache zum Zweck der eindeutigen Identifizierung und Benennung. In der Grammatik zählen daneben auch Substantive zu den N., dann meist genauer **Allgemein-N.** oder **Gattungs-N.** (Nomen appellativum, Appellativ) genannt; dabei handelt es sich logisch nicht um benennende, sondern um unterscheidende sprachl. Ausdrücke. Eigen-N. bezeichnen ein Objekt unabhängig von der Bedeutung des Wortes, nur aufgrund des Lautkomplexes, sie benennen und identifizieren, die Appellativa dagegen unterscheiden und charakterisieren. Die Abgrenzung zw. beiden ist oft nicht eindeutig geklärt, z. B. bei N. von Jahreszeiten, Monaten und Festen. Da N. etymologisch gesehen nicht (immer) frei von Bedeutung sind, kann diese, sofern das Wort auch als Appellativum vorkommt, mitschwingen. N. können den Träger charakterisieren und landschaftlich und sozial zuordnen oder unabhängig von der Bedeutung positive oder negative Assoziationen hervorrufen (z. B. die ›suggestiven Personen-N.‹ in der Literatur). Orts-N. (nicht aber Personen-N.) mit durchsichtiger Bedeutung können auch übersetzt werden (z. B. Schwarzwald, engl. Black Forest, frz. Forêt Noire), obwohl sonst Unübersetzbarkeit ein Merkmal der N. ist. (→Flurnamen, →Flussnamen, →Ortsnamen, →Personennamen)

2) *Recht:* →Namensrecht.

3) *Religionsgeschichtlich* gilt der N. schon in früher Zeit als Kraftträger, der unveräußerlich mit dem Träger des N. verknüpft ist, mit diesem wesensgleich ist und ihm die Kräfte der Eigenschaften seines N. gibt. In Schöpfungsmythen, z. B. in denen Babyloniens, werden die Dinge der Welt wirklich durch ihr Benanntwerden. Das Aussprechen des N. kann daher gefährlich sein und ist dann tabu. Im Judentum wird aus Ehrfurcht die Nennung des Gottesnamens →Jahwe vermieden.

Der christl. Brauch des Tauf-N. ist im Zusammenhang mit der Einführung der Kindertaufe, als Verchristlichung der N.-Gebung und Wahl eines Heiligen als Patron (→Namenstag) entstanden. Die Annahme eines Ordens-N. beim Eintritt in ein Kloster hängt mit der Bewertung der Profess als einer zweiten Taufe zusammen. Der N.-Wechsel der Päpste (erstmals legte

Name

JOHANNES II. 533 seinen eigentl. N. MERCURIUS ab) wurde seit GREGOR V. (996) Sitte (Ausnahmen: HADRIAN VI., 1522; MARCELLUS II., 1555).

Name der Rose, Der, ital. ›Il nome della rosa‹, Roman von U. ECO, ital. 1980; verfilmt 1986.

Namen [ˈnaːmə], niederländ. Name für →Namur.

Namenforschung, Namenkunde, Onomastik, sprachwiss. Disziplin zur Erforschung der Namen, die sich mit philolog. (Laut- und Formenlehre, Wortbildung, Etymologie), histor. (Alter, Entstehung), geograph. (räuml. Verbreitung), soziolog. (Anteil der sozialen Gruppen) und psycholog. Fragen (z. B. Verhältnis von Mensch und Name) beschäftigt. Als relativ altes Sprachmaterial liefern die Namen wertvolle Erkenntnisse zu Fragen der Vor- und Frühgeschichte, daneben zu Problemen der Sprachverwandtschaft und -gliederung. – Die wiss. N. begründete J. GRIMM, der sich von einer Interpretation der Namen als zufälliger Assoziationen abwandte und für die Ableitung aus älteren Sprachzuständen einsetzte. Der Rechts-, Wirtschafts- und Kulturhistoriker W. C. F. ARNOLD begründete die Ortsnamentheorie als Grundlage der siedlungsgeschichtl. Forschung und initiierte damit eine nichtlinguistisch orientierte N., während der Germanist A. BACH für eine sprachwissenschaftlich ausgerichtete N. plädierte. In jüngerer Zeit (bes. seit den Untersuchungen des Indogermanisten H. KRAHE) werden Ortsnamen mit linguist. Methoden analysiert (Gegenstand der Toponomastik).

T. WITKOWSKI: Grundbegriffe der Namenkunde (1964); A. BACH: Dt. Namenkunde, 3 Bde. in 5 Tle.n ($^{2-3}$1974–81); Probleme der N. im deutschsprachigen Raum, hg. v. H. STEGER (1977); G. BAUER: Namenkunde des Deutschen (1985); G. KOSS: N. (^{2}1996). – *Zeitschriften:* Onoma (Löwen 1950 ff.); Names. A Journal of onomastics (De Kalb, Ill., 1953 ff); Beiträge zur N., NF. Bd. 1 (1966 ff.).

Namens|akti|e, auf den Namen einer bestimmten natürl. oder jurist. Person ausgestellte Aktienurkunde, die im Unterschied zur Inhaberaktie (→Inhaberpapier) kraft Gesetzes Orderpapier ist (§ 68 Abs. 1 Aktien-Ges.). Die N. wird wie alle Orderpapiere durch Abtretung oder durch Indossament, jeweils mit Übereignung der Urkunde, übertragen. Die Übertragung der N. kann durch Satzung zusätzlich an die Zustimmung der AG gebunden sein (**vinkulierte N.,** § 68 Abs. 2 Aktien-Ges.). N. sind in Dtl. selten; für Kapitalanlage-, Wirtschaftsprüfungs- und Steuerberatungsgesellschaften in der Form der AG und für Nebenleistungs-AG sind sie gesetzlich vorgeschrieben, sonst gebräuchlich bei Versicherungsgesellschaften. Die ausgegebenen N. müssen mit Adresse und Beruf des Inhabers im **Aktienbuch** der AG verzeichnet sein (§ 67 Aktien-Ges.). Beim Aktionärswechsel ist jeweils eine neue Eintragung im Aktienbuch notwendig. Nur die im Aktienbuch aufgeführten Aktionäre können ihre Aktionärsrechte wahrnehmen.

Namenspapier, Wertpapierart, →Rektapapier.

Namensreaktionen, Sammel-Bez. für die nach den Namen ihrer Entdecker benannten chem. Reaktionen oder Herstellungsverfahren (z. B. Beilstein-Probe, Claisen-Kondensation, Reppe-Synthese).

T. LAUE u. A. PLAGENS: Namen- u. Schlagwort-Reaktionen der Organ. Chemie (^{2}1995).

Namensrecht, in objektiver Hinsicht die Gesamtheit der den Namen betreffenden rechtl. Bestimmungen und subjektiv das Recht, einen bestimmten Namen zu gebrauchen sowie die sich daraus ableitenden Ansprüche. Das Recht, einen bestimmten Namen zu führen, steht zu: Einzelpersonen hinsichtlich ihres bürgerl. Namens, ihres Künstlernamens (Pseudonym) und ihres Decknamens; Personenvereinigungen und jurist. Personen bezüglich ihres Gesamtnamens, Kaufleuten hinsichtlich ihrer Firma. Der Name genießt den Schutz eines →absoluten Rechts und wird gegen Verletzungen und unbefugten Gebrauch geschützt (§ 12 BGB, § 37 HGB). Auch Adelsprädikate sind als Namensbestandteil geschützt. Akadem. Titel sind kein Namensbestandteil, ihr Schutz folgt anderen Regeln. Das N. einer natürl. Person ist nicht übertragbar und endet mit dem Tod des Trägers. Dagegen ist die Firma als Immaterialgüterrecht übertragbar, im Konkurs eines Einzelkaufmannes einer Personengesellschaft jedoch nur mit Zustimmung des Gemeinschuldners, wenn dessen Familienname in der Firma enthalten ist.

Im Familienrecht enthält § 1355 BGB, der durch das Familiennamensrechts-Ges. vom 16. 12. 1993 neu gefasst worden ist, einschlägige Bestimmungen: Ehegatten sollen einen gemeinsamen Familiennamen (Ehenamen) führen. Zum Ehenamen können die Ehegatten bei der Eheschließung den Geburtsnamen des Mannes oder den Geburtsnamen der Frau bestimmen. Bestimmen die Ehegatten keinen gemeinsamen Ehenamen, so behalten sie ihren z. Z. der Eheschließung geführten Namen. Die Bestimmung des Ehenamens kann auch noch innerhalb von fünf Jahren nach der Eheschließung erfolgen. Ein Ehegatte, dessen Geburtsname nicht Ehename wird, kann durch Erklärung gegenüber dem Standesbeamten dem Ehenamen seinen Geburtsnamen oder den bisherigen Namen voranstellen oder anfügen. Besteht der Name eines Ehegatten aus mehreren Namen, so kann nur einer dieser Namen hinzugefügt werden.

Der verwitwete oder geschiedene Ehegatte behält den Ehenamen. Er kann durch Erklärung gegenüber dem Standesbeamten seinen Geburtsnamen oder den Namen wieder annehmen, den er bis zur Bestimmung des Ehenamens geführt hat, oder seinen Geburtsnamen dem Ehenamen voranstellen oder anfügen.

Bis zum 30. 6. 1998 gilt: Ehel. Kinder erhalten den Ehenamen der Eltern als Geburtsnamen (§ 1616 BGB). Führen die Eltern keinen Ehenamen, so bestimmen sie gegenüber dem Standesbeamten den Namen, den der Vater oder den die Mutter z. Z. der Erklärung führt, zum Geburtsnamen des Kindes. Das nichtehel. Kind erhält den Familiennamen, den die Mutter z. Z. der Geburt des Kindes führt (§ 1617 BGB). Bei Eheschließung der Eltern erhält das nichtehel. Kind den Ehenamen der Eltern (so genannte Legitimation). Bei Ehelicherklärung des Kindes auf Antrag des Vaters erhält das Kind den Familiennamen des Vaters (§ 1736 BGB). Auch ohne →Legitimation oder Ehelicherklärung können die Mutter eines nichtehel. Kindes und ihr Ehemann (der nicht der Vater des Kindes ist) dem Kind ihren Ehenamen erteilen; dieselbe Möglichkeit hat auch der nichtehel. Vater (›Einbenennung‹, § 1618 BGB). Nach dem Kindschaftsrechtsreform-Ges., in Kraft ab 1. 7. 1998, wird im N. zw. ehel. und →nichtehelichen Kindern nicht mehr unterschieden. Das Kind erhält den Ehenamen der Eltern als Geburtsnamen. Führen diese keinen Ehenamen und steht die elterl. Sorge a) ihnen gemeinsam zu, bestimmen sie den Namen des Vaters oder der Mutter zum Geburtsnamen des Kindes; b) steht die elterl. Sorge nur einem Elternteil zu, erhält das Kind dessen Namen. Der allein sorgeberechtigte Elternteil und dessen Ehegatte (nicht Elternteil des Kindes) können dem Kind ihren Ehenamen erteilen.

Bei der Adoption erhält der Angenommene den Familiennamen des Annehmenden. Nimmt ein Ehepaar ein Kind an oder nimmt ein Ehegatte ein Kind des anderen Ehegatten an und führen die Ehegatten keinen Ehenamen, so bestimmen sie den Geburtsnamen des Kindes vor der Annahme durch Erklärung gegenüber dem Vormundschaftsgericht (§ 1757 BGB). – Den Vornamen bestimmen die Eltern. Änderungen des Familien- und des Vornamens sind nach dem Namensänderungs-Ges. vom 5. 1. 1938 nur durch Verwaltungsakt bei Vorliegen eines wichtigen Grundes möglich.

Namenstag – Namibia

Namib: Fels- und Kieswüste mit Köcherbäumen in der südlichen Namib

Auch in *Österreich* erfolgt der Erwerb des Familiennamens primär mit der Geburt (Familienname des ehel. Kindes ist der Name der Eltern bzw. jener Name, den die Eltern bestimmt haben, mangels Bestimmung ist es der Familienname des Vaters; Familienname des unehel. Kindes ist der der Mutter, §§ 139, 165 ABGB). Weitere Grundlagen für den Namenserwerb sind Adoption (§ 183) und Legitimation (§§ 162 a–d) sowie die Eheschließung (§ 93 ABGB). Danach bestimmen die Ehegatten den Familiennamen eines der Ehegatten zum gemeinsamen Familiennamen. Der jeweils andere Ehegatte kann seinen vor der Ehe geführten Familiennamen dem gemeinsamen Familiennamen voran- oder nachstellen. Mangels Bestimmung würde der Familienname des Mannes gemeinsamer Familienname. In diesem Fall kann jedoch die Frau erklären, ihren Familiennamen als alleinigen Namen weiterführen zu wollen; die Ehegatten führen dann also versch. Namen. Der Schutz des Namens ist in § 43 ABGB geregelt. Die Adelsprädikate wurden durch Gesetz vom 3. 4. 1919 abgeschafft.

In der *Schweiz* gelten hinsichtlich Namensschutz ähnl. Bestimmungen wie in Dtl. (Art. 29 ZGB). Adelsprädikate (auch dt.) werden nicht als Namensbestandteil anerkannt. Bei Ehepaaren ist der Name des Ehemannes der Familienname der Ehegatten; die Braut kann bei der Eheschließung dem Zivilstandsbeamten gegenüber erklären, sie wolle ihren bisherigen Namen dem Familiennamen voranstellen (Art. 160 ZGB; amtl. Schreibweise ohne Bindestrich). Brautleute können beim Vorliegen achtenswerter Gründe das Gesuch stellen, den Namen der Ehefrau als Familiennamen zu führen (Art. 30 ZGB). Der Bräutigam kann in diesem Fall ebenfalls erklären, dass er seinen bisherigen Namen dem Familiennamen voranstellen will (Art. 177 a Zivilstands-VO, in Kraft seit 1. 7. 1994). In diesem Fall entstehen häufig Doppelnamen (Schreibweise mit Bindestrich). Bei der Scheidung behält der Ehegatte, der seinen Namen geändert hat, den bei der Heirat erworbenen Familiennamen bei, sofern er nicht den angestammten Namen oder den Namen, den er vor der Heirat trug, wieder annehmen will (Art. 149 ZGB).

Dt. N. Komm., hg. v. A. Simader u. A. Diepold, Losebl. (1991 ff.); ABGB mit dem Namensrechtsänderungsgesetz, bearb. v. F. Mohr (Wien 1995).

Namens|tag, *kath. Brauchtum:* der Kalendertag des Heiligen, dessen Namen jemand bei der Taufe erhält. Der Feier des N. kommt in vielen kath. Gegenden größere Bedeutung zu als der des Geburtstages.

J. Torsy: Der große N.-Kalender ([13]1989).

Namib *die,* ausgedehnte subtrop. Wüste entlang der gesamten Küste Namibias, reicht bis Port Nolloth in der Nord-Prov., Rep. Südafrika, und bis Namibe in Angola, rd. 1 500 km lang, 80–130 km breit, zum Inneren hin ansteigend. Die Ursache der ausgeprägten Aridität (nur 10–20 mm Niederschlag im Jahr) liegt im kalten Benguelastrom. Weite Teile der N. sind fast vegetationslos. In dem breiten Dünengebiet im mittleren Teil (zw. Lüderitz und Swakopmund) gibt es bis 300 m hohe Dünen. Die Durchschnittstemperaturen in Walfischbai betragen im März (wärmster Monat) nur 19,4 °C, im August (kältester Monat) 14,1 °C. An der Küste bildet sich häufig Nebel. Der südl. Teil der N. in Namibia ist ein Sperrgebiet von 322 km Länge und bis 96 km Breite mit bedeutender Diamantengewinnung seit der dt. Kolonialzeit (zunächst bei Lüderitz, heute v. a. bei Oranjemund). Östlich von Swakopmund die Uranmine Rössing.

H. Besler: Klimaverhältnisse u. klimageomorphol. Zonierung der zentralen N. (Südwestafrika) (1972); N. Lancaster: The N. Sand Sea. Dune forms, processes and sediments (Rotterdam 1989).

Namibe, früher **Moçâmedes** [muˈsamədɪʃ], Prov.-Hauptstadt und Hafenstadt in S-Angola, am Atlantik, 100 000 Ew.; Fischfang und -verarbeitung; Ausfuhr von Eisenerzen; Eisenbahnendpunkt; Flugplatz.

Namibia
Fläche 824 292 km²
Einwohner (1995) 1,6 Mio.
Hauptstadt Windhuk
Amtssprache Englisch
Nationalfeiertag 21.3.
Währung 1 Namibia-Dollar (N$) = 100 Cents (c)
Uhrzeit 13:00 Windhuk = 12:00 MEZ

Namibia, amtlich engl. **Republic of Namibia** [rɪˈpʌblɪk ɔv nəˈmɪbɪə], Staat im südl. Afrika, am Atlant. Ozean, grenzt im N an Angola, im NO an Sambia (mit dem →Caprivi-Zipfel weit hineinreichend), im O an Botswana, im SO und S an die Rep. Südafrika, 824 292 km², und (1995) 1,6 Mio. Ew. eines der am dünnsten besiedelten Länder Afrikas. Hauptstadt ist Windhuk, Amtssprache Englisch. Währung: 1 Namibia-Dollar (N$) = 100 Cents (c). Zeitzone: OEZ (13:00 Windhuk = 12:00 MEZ).

STAAT · RECHT

Verfassung: Nach der am 21. 3. 1990 in Kraft getretenen Verf. ist N. eine unabhängige Rep. im Commonwealth. Staatsoberhaupt, Oberbefehlshaber der Streitkräfte und Reg.-Chef ist der auf fünf Jahre direkt vom Volk gewählte Präs. (einmalige Wiederwahl möglich). Er bestimmt die Richtlinien der Politik; die Aufgabe des Min.-Präs. beschränkt sich auf die Verw. des Kabinetts. Der Präs. ernennt die Reg.-Mitgl., die Befehlshaber von Polizei und Streitkräften und die Mitgl. des Richterwahlausschusses, z. T. unter Mitwirkung des Parlaments bzw. auf Vorschlag anderer Staatsorgane; er hat das Recht zur Gesetzesinitiative. Die Gesetzgebung obliegt der Nationalversammlung (National Assembly; 72 Abg., auf fünf Jahre gewählt) und dem Nationalrat (National Council), der – mit je zwei Mitgl. pro Region – dem US-Senat nachgebildet ist; die Mitgl. des Nationalrates werden durch die Regionalräte aus ihrer Mitte für sechs Jahre gewählt. Gegen ein mit einfacher Mehrheit vom Parlament beschlossene Gesetze kann der Präs. ein endgültiges Veto einlegen. Das Parlament kann mit Zweidrittelmehrheit jede Entscheidung des Präs. korrigieren oder revidieren, sofern die Verf. nicht ausdrücklich anderes bestimmt.

Staatswappen

Staatsflagge

Internationales Kfz-Kennzeichen

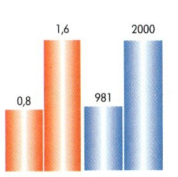

Bevölkerung (in Mio.) 1970: 0,8 – 1996: 1,6
Bruttosozialprodukt je Ew. (in US-$) 1970: 981 – 1995: 2000

Stadt / Land

38% / 62%

Bevölkerungsverteilung 1995

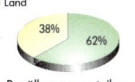

Industrie / Landwirtschaft / Dienstleistung

29% / 14% / 57%

Bruttoinlandsprodukt 1995

Nami Namibia

Klimadaten von Windhuk (1728 m ü. M.)

Monat	Mittleres tägl. Temperaturmaximum in °C	Mittlere Niederschlagsmenge in mm	Mittlere Anzahl der Tage mit Niederschlag	Mittlere tägl. Sonnenscheindauer in Stunden	Relative Luftfeuchtigkeit nachmittags in %
I	29,5	77	10,3	9,0	27
II	28,5	73	10,2	8,5	35
III	27	81	10,4	8,4	33
IV	25,5	38	5,4	9,5	30
V	22	6	1,5	10,0	24
VI	20	1	0,4	10,0	24
VII	20	1	0,2	10,3	18
VIII	23	0,1	0,1	10,6	14
IX	25,5	1	0,7	10,4	11
X	29	12	2,7	10,1	13
XI	29	38	4,6	9,9	18
XII	30	47	7,9	9,9	23
I–XII	25,8	375,1	54,4	9,7	23

Parteien: In dem Mehrparteiensystem ist die South West Africa People's Organization (SWAPO) die einflussreichste Partei; obwohl anfangs stark vom Stammesverband der Ovambo (→Ambo) bestimmt, sucht sie programmatisch die Gesamtbevölkerung N.s auf nat. Grundlage zu vertreten. Die zweitstärkste Gruppe, die Democratic Turnhalle Alliance (DTA, dt. Demokrat. Turnhallenallianz, gegr. 1977), sucht auf ethn. Grundlage die Politik zu beeinflussen; daneben kleinere Gruppierungen.

Wappen: Das Wappen (am 21. 3. 1990 eingeführt) zeigt im Schild die gleichen Farben und Elemente wie die Staatsflagge. Der Schild steht auf Sand, der die Wüste Namib symbolisiert; im Sand die Welwitschia mirabilis, eine der ältesten Pflanzen der Erde; darunter ein Schriftband mit dem Wahlspruch ›Unity, Liberty, Justice‹ (›Einheit, Freiheit, Gerechtigkeit‹). Schildhalter sind zwei Südafrikan. Spießböcke (Oryx gazella), das Oberwappen bildet ein auf einem Wulst stehender Fischadler.

Nationalfeiertag: Nationalfeiertag ist der 21. 3., der an die Erlangung der Unabhängigkeit 1990 erinnert.

Verwaltung: N. ist in 13 Regionen und ›örtl. Verwaltungseinheiten‹ (Städte, Gemeinden, Dörfer) gegliedert, deren Zahl durch Gesetz bestimmt wird. Die Abgrenzung erfolgt strikt geographisch ohne Rücksicht auf Stammesgebiete oder die Rasse der Bevölkerung.

Recht: An der Spitze der Gerichtsorganisation steht der Oberste Gerichtshof, der auch als Verfassungsgericht fungiert; seine Entscheidungen binden alle nachgeordneten Gerichte, d. h. den High Court und die Untergerichte. Die Richter des Obersten Gerichtshofes und des High Court werden vom Präs. auf Vorschlag des Richterwahlausschusses ernannt; sie genießen richterl. Unabhängigkeit.

Streitkräfte: Nach der Erlangung der Unabhängigkeit 1990 wurde mit der Aufstellung einer namib. Armee begonnen. Die Gesamtstärke der ›National Defence Force‹ beträgt rd. 8000 Mann. Gegliedert ist die Armee in eine Kampfunterstützungsbrigade, ein Infanteriebataillon sowie in die Präsidentengarde. Einheiten der Küstenwache sollen formiert werden. Die Ausrüstung umfasst neben etwa 25 Schützenpanzern ausschließlich leichte Waffen.

Wichtige Städte (Ew. 1990)

Windhuk*)	161 000	Rundu	15 000
Oshakati (mit Ondangwa)	100 000	Keetmanshoop	14 000
Swakopmund	15 500	Tsumeb	13 500
Rehoboth	15 000	Otjiwarongo	11 000

*) 1992

LANDESNATUR · BEVÖLKERUNG

N. erstreckt sich zw. den Mündungen von Kunene (im N) und Oranje (im S). Die Küstenzone am Atlantik wird von der Wüste →Namib eingenommen. Ein Steilanstieg (→Große Randstufe) führt zu den Hochländern des Innern (1000–2000 m ü. M.), die wiederum von Gebirgen überragt werden (Moltkeblick in den Auasbergen 2484 m ü. M.). Die Hochländer dachen sich leicht gegen die →Kalahari (im O) ab.

Der Untergrund besteht aus kristallinen Gesteinen des afrikan. Sockels; sie werden von paläozoischen Sandsteinen, Kalken und Dolomiten, im O von Kalaharisanden überlagert. Höchste Erhebung des Landes ist der Brandberg (2573 m ü. M.) in der Namib. Nur die Grenzflüsse Oranje, Kunene und Okawango führen ganzjährig Wasser; Swakop und Großer Fischfluss sowie alle übrigen ›Riviere‹ nur in manchen Jahren zur Regenzeit.

Klima und Vegetation: Das Klima ist subtropisch kontinental mit starken tägl. und jahreszeitl. Temperaturschwankungen. Im N und NO herrschen randtrop. Verhältnisse. In der Landesmitte wird die Temperatur durch die Höhenlage gemildert (Jahresmittel: Windhuk 19,2 °C). Die von Jahr zu Jahr stark schwankenden Regenfälle nehmen von NO nach SW ab (Tsumeb 572 mm, Windhuk 357 mm, Warmbad 85 mm) und setzen an der Küste fast ganz aus. Im N und NO ist Trockenwald verbreitet, z. T. mit Mopanebäumen, im Zentrum und O Dornsavanne, im äußersten S und an der verkehrsfeindl. Küste Halbwüste und Wüste. Große Wildschutzgebiete sind der Etoscha-Nationalpark und der Namib-Naukluft-Nationalpark.

Namibia: Übersichtskarte

Bevölkerung: Die Bev. setzt sich aus elf verschiedenartigen ethn. Gruppen zusammen. Als Ureinwohner gelten die Buschleute (etwa 2 % der Bev.); sie leben v. a. im Sandveld (Kalahari), z. T. auch heute noch vom Jagen und Sammeln. Die ebenfalls zu den Khoisan gehörenden Nama (4,6 %) leben im Namaland im S von Schaf- und Ziegenhaltung. Die Sprache der Nama wird auch von den negriden Bergdama (Damara, 7,1 %) im mittleren NW (Damaraland) gesprochen. Die größte Gruppe (47,4 %) sind die Ambo im N (Ovamboland); sie gehören zu den Bantu, ebenso wie die ihnen verwandten, östlich benachbarten Kavango (8,8 %) sowie die Herero (7,1 %) im Kaokoveld, Hereroland und in der Landesmitte. Die weiße Bev. (6,1 %) hat zu 60 % Afrikaans, zu 30 % Deutsch und zu 8 % Englisch als Muttersprache. Ein eigenes Volk sind die Rehobother Baster (etwa 2 %), die um Rehoboth leben. Im O wohnen Tswana, weitere Bantustämme im Caprivi-Zipfel. Vier Fünftel der Ew. leben in der nördlichen Landeshälfte; weite Gebiete sind unbesiedelt. Die durchschnittliche jährl. Wachstumsrate der Bev. beträgt (1985–95) 2,7%; der Anteil der städt. Bev. (1995) 38%.

Religion: Es besteht Religionsfreiheit. Über 90% der Bev. sind Christen: rd. 60% gehören prot. Kirchen und Gemeinschaften (Lutheraner, Reformierte, Methodisten u. a.) an, 19,8% der kath. Kirche, 5% der anglikan. Kirche; daneben bestehen etwa 100 (meist sehr kleine) unabhängige Kirchen. N. ist der einzige Staat in Afrika mit ev.-luther. Mehrheitsbekenntnis (51%). Die 1994 in N. errichtete kath. Kirchenprovinz umfasst das Erzbistum Windhuk mit dem Suffraganbistum Keetmanshoop und das Apostol. Vikariat Rundu. Das anglikan. Bistum N. (Sitz: Windhuk) ist Teil der anglikan. Kirche der Prov. Südafrika. Windhuk ist auch Sitz der kleinen jüd. Gemeinde. Eine weitere religiöse Minderheit bilden die Bahais. Traditionelle afrikan. Religionen (rd. 5% Anhänger) sind bes. bei den Buschleuten und im Kaokoveld bei den Himba und Tjimba verbreitet.

Bildungswesen: Schulpflicht besteht vom 7. bis 16. Lebensjahr. Der Aufbau des Primar- und Sekundarschulwesens entspricht dem Südafrikas: Primarstufe sieben Jahre, Sekundarstufe fünf Jahre. Nach der Unabhängigkeit erfolgte eine grundlegende Reformierung der Lehrpläne und -inhalte. Als Unterrichtssprache ersetzte Englisch (außer in den ersten Primarschuljahren) Afrikaans und wurde zugleich zur Nationalsprache erklärt. Die Analphabetenquote beträgt rd. 60%. Neben der Univ. in Windhuk bestehen in N. mehrere (höhere) techn. und landwirtschaftl. Schulen sowie Lehrerbildungsanstalten.

Publizistik: In Windhuk erscheinen vier Tageszeitungen in Englisch, Deutsch, Afrikaans und Oshivambo, daneben Wochenblätter u. a. Presseerzeugnisse. Nachrichtenagentur ist die ›Namibian Press Agency‹ (Nampa) mit Sitz in Windhuk. 1990 wurde die Rundfunkanstalt ›Namibian Broadcasting Corporation‹ (NBC) in Windhuk errichtet; sie verbreitet acht Hörfunkprogramme in elf Sprachen, ferner Fernsehprogramme in Englisch. 1994 nahm der erste private Rundfunksender den Betrieb auf.

WIRTSCHAFT · VERKEHR

Auch nach der polit. Unabhängigkeit ist N.s Wirtschaft von der Rep. Südafrika abhängig. N. bezieht einen Großteil seiner Importe von dort einschließlich der meisten Gebrauchsgüter für den tägl. Bedarf. Jedoch bestehen für die wirtschaftl. Entwicklung N.s sehr gute Voraussetzungen aufgrund umfangreicher Rohstoffvorkommen, reicher Fischgründe und einer guten Infrastruktur. Nach der Übernahme der Walfischbai am 1. 3. 1994 von der Rep. Südafrika wurde hier ein Freihafen geschaffen und entsteht das nat. Zentrum für Fischerei, Bergbau und Industrie. Seit 1993 hat N. eine eigene Währung, den Namibia-Dollar. Mit einem Bruttosozialprodukt (BSP) je Ew. von (1995) 2009 US-$ gehört N. zu den Entwicklungsländern mit mittlerem Einkommen.

Landwirtschaft: Im Agrarsektor arbeiten 33% der Erwerbstätigen; sie erwirtschaften (1995) 14% des Bruttoinlandsprodukts (BIP). Als Ackerland sind (1993) 662 000 ha (0,8% der Gesamtfläche), als Weideland 52,9 Mio. ha und als Wald- und Buschland 18,4 Mio. ha ausgewiesen. Von den rd. 4400 Farmen ist der größte Teil im Besitz von Weißen; die schwarze Bev.-Mehrheit lebt überwiegend von der Subsistenzlandwirtschaft. Ackerbau wird fast nur im N des Landes betrieben (v. a. Mais, Hirse und Weizen); der größte Anteil an Getreide, Gemüse und Obst wird aus der Rep. Südafrika importiert. Weitaus wichtiger als Ackerbau ist die Viehzucht (95% des landwirtschaftl.

Namibia: Die Große Randstufe, die von den Hochländern des Inneren zur Küstenebene abfällt

Produktionswerts). Im N dominiert die Rinderhaltung, im S die Karakulschafzucht (1994: 2,0 Mio. Rinder, 2,6 Mio. Schafe, davon 20% Karakulschafe). Lebende Rinder und Fleischprodukte werden zu 95% in die Rep. Südafrika verkauft. Trockenheit und Überweidung haben in den letzten Jahren keine Steigerung der landwirtschaftl. Produktion zugelassen.

Fischerei: Die Fischgründe des Benguelastromes vor der namib. Küste zählen zu den Hauptfanggebieten der internat. Hochseefischerei. Da in den 80er-Jahren N.s Küstengewässer sehr stark überfischt wurden, hat N. nach der Unabhängigkeit seine Fischereizone auf 200 Seemeilen vor der Küste ausgedehnt. Seitdem haben sich die Fischbestände wieder etwas erholt. Die Fangmenge lag 1993 bei 329 790 t (v. a. Sardinen, Pilchards, eine Heringsart, sowie Anchovis und Weißfische).

Bodenschätze: Der Bergbau ist trotz des Rückgangs seines Anteils am BIP von (1991) 32% auf (1994) 14% der Schlüsselsektor der namib. Wirtschaft. Der Anteil der mineral. Rohstoffe am Exportwert betrug 50,2%. Am wichtigsten sind der Abbau von Diamanten, v. a. in der südl. Namib (1995: 1,34 Mio. Karat, überwiegend Schmuckdiamanten), sowie von Uran, v. a. in der 1976 eröffneten Rössingmine bei Swakopmund, einer der größten der Erde (Produktion 1995: 2 608 t Uranoxid). Weitere Bergbauprodukte sind Zink (1995: 30 200 t), Kupfer (29 800 t), Blei (26 700 t) sowie Zinn, Vanadium, Lithium, Cadmium, Silber und Gold. Die Mine von Tsumeb im NO (u. a. Kupfer, Blei, Silber und Zink) gilt als eine der reichsten der Erde. Mit (1995) 380 000 t Salz aus Meersalinen bei Swakopmund ist N. ein wichtiger Salzproduzent.

Industrie: Die Industrie ist nur wenig entwickelt und hat einen Anteil am BIP von (1995) 29%. Wichtigster Zweig ist die Nahrungsmittelindustrie (v. a. Fischverarbeitung, Herstellung von Fleischerzeugnissen). Nur ein geringer Teil der Bodenschätze (z. B. Kupfer, Blei) wird in N. selbst weiterverarbeitet.

Außenwirtschaft: Seit 1985 wurde ein Handelsbilanzüberschuss erzielt; 1994 betrug der Einfuhrwert 1,2 Mrd. US-$, der Ausfuhrwert: 1,3 Mrd. US-$. Wichtigste Ausfuhrprodukte sind Diamanten und Uran mit einem Exportanteil von 37 bzw. 10,5%, ferner Fisch und Rinder. Haupthandelspartner ist die Rep. Südafrika vor den USA und Japan.

Verkehr: N. ist verkehrsmäßig gut erschlossen. Die Hauptlinie des 2382 km langen Eisenbahnnetzes verläuft von Nakop an der Grenze zur Rep. Südafrika über Keetmanshoop, Windhuk nach Walfischbai. Das Straßennetz von rd. 42 760 km (davon 4 570 km asphaltiert) verbindet alle größeren Orte. Wichtigster Hafen ist Walfischbai. Windhuk verfügt über einen internat. Flughafen.

GESCHICHTE

Die Küste des Landes wurde Ende des 15. Jh. von Portugiesen erstmals besucht, aber erst im 18. Jh. wurde die Walfischbai von Walfängern angelaufen. Vermutlich im 17./18. Jh. wanderten von Norden Herero ein. Das 19. Jh. war von Konflikten zw. den Herero und den im Süden ansässigen →Nama geprägt. Dabei errangen Kommandos der seit 1800 aus dem Kapland eindringenden Orlam, die von den weißen Siedlern (→Buren) Bewaffnung, Militärorganisation, Sprache (Afrikaans) und z. T. das prot. Christentum übernommen hatten, unter den Nama die Hegemonie. Um 1830 errichtete der Orlamführer JONKER AFRIKANER (* um 1790, † 1861) seine Oberhoheit über den Süden und das Zentrum des Landes. 1869/70 gründete eine neue Einwanderergruppe vom Kap, die →Baster, ihr unabhängiges Gebiet um Rehoboth. 1870 vermittelten ev. Missionare aus Dtl. einen Zehnjahresfrieden zw. Herero und Orlam.

Am 24. 4. 1884 erklärte das Dt. Reich die Erwerbungen des Bremer Kaufmanns FRANZ ADOLF EDUARD LÜDERITZ (* 1834, † 1886) um Angra Pequena (später Lüderitzbucht) zum dt. Schutzgebiet Deutsch-Südwestafrika und dehnte 1885 den kolonialen Besitzanspruch auf ganz N. aus. Ein Vertrag mit Portugal legte 1886 die Nordgrenze des Schutzgebietes am Kunene fest. Über die Grenze zu den brit. Gebieten einigten sich Großbritannien und das Dt. Reich 1890 im →Helgoland-Sansibar-Vertrag, durch den auch der nach dem amtierenden Reichskanzler benannte Caprivi-Zipfel zu Deutsch-Südwestafrika kam. 1893 ließen sich in Windhuk die ersten weißen Ansiedler nieder. Der einheim. Bev. gegenüber wurde die dt. Herrschaft mit militär. Gewalt durchgesetzt: Aufstände des Orlamführers H. WITBOOI (1893/94), der →Herero mit Teilen der Nama (Januar bis August 1904), WITBOOIS (Oktober 1904) sowie anderer, z. T. an keine vorkoloniale Macht gebundener Führer wie JAKOB MORENGA (gefallen 20. 9. 1907).

1908 wurden bei Lüderitz erste Diamanten gefunden. 1909 gewährte die dt. Reichs-Reg. den etwa 12 000 dt. Siedlern begrenzte Selbstverwaltung. Im Ersten Weltkrieg eroberten Truppen der Südafrikan. Union die Kolonie (Kapitulation der Schutztruppe bei Otavi 9. 7. 1915), die im Friedensvertrag von Versailles 1919 an den Völkerbund abgetreten werden musste; dieser übertrug die Verwaltung 1920 der Südafrikan. Union als C-Mandat, d. h. als Teil des eigenen Staatsgebiets unter dem Vorbehalt einer Berichtspflicht an den Völkerbund (u. a. über garantierten Schutz auch der nichtweißen Bev.). Die Rep. Südafrika förderte die Ansiedlung von Weißen neben den verbliebenen Deutschen, die 1932 südafrikan. Staatsbürger mit Wahlrecht wurden. Am 29. 10. 1934 verbot die Mandats-Reg. die NSDAP.

Die Südafrikan. Union (später Rep. Südafrika) behandelte Südwestafrika seitdem als integrierten Bestandteil ihres Staatsgebietes und lehnte es 1945 ab, dieses Territorium in Treuhandschaft für die UNO zu verwalten. Sie führte die Politik der Apartheid auch hier durch und entwarf ein Programm (1964), die nichtweißen Volksgruppen wie in Südafrika in Homelands zusammenzufassen. Innenpolitisch organisierte sich der Widerstand gegen diese Politik v. a. in der SWAPO. Die Einbeziehung Südwestafrikas in die Apartheidgesetzgebung führte zum Konflikt zw. der Rep. Südafrika und der UNO. Nachdem der Internat. Gerichtshof in Den Haag 1966 eine Klage Äthiopiens und Liberias gegen die Rep. Südafrika wegen Verletzung der Mandatspflichten aus Formgründen abgewiesen hatte, entzog die UN-Generalversammlung noch 1966 der Rep. Südafrika das Mandat über Südwestafrika. Sie übernahm direkt die Verantwortung und gab dem Land den Namen ›Namibia‹. 1971 erklärte der Internat. Gerichtshof die Präsenz der Rep. Südafrika in N. für völkerrechtlich illegal.

Unter dem Eindruck der Entlassung der port. Afrikabesitzungen in die Unabhängigkeit (1975) modifizierte die südafrikan. Reg. ihre N.-Politik, indem sie die Unabhängigkeit versprach und Apartheid-Ges. abbaute (u. a. Abschaffung des Passzwanges und der Homelands). Auf der →Turnhallenkonferenz ließ sie 1977 einen Verf.-Plan ausarbeiten, der die Bildung einer namib. Reg. aus elf Vertretern aller ethn. Gruppen vorsah. Aus den 1978 durchgeführten Wahlen ging die Demokrat. Turnhallenallianz (DTA) als Siegerin hervor. Die SWAPO, von der UNO als einzige legitime Vertretung der Bev. N.s anerkannt, nahm an den Wahlen nicht teil, da sie das Verf.-Konzept der südafrikan. Reg. ablehnte und den bewaffneten Kampf fortsetzte, den sie, unterstützt v. a. von kuban. Streitkräften, von Angola aus führte. Nach dem Scheitern einer N.-Konferenz in Genf (1981) setzte die SWAPO den Guerillakrieg fort. In den 80er-Jahren unternahmen südafrikan. Streitkräfte international stark umstrittene Vorstöße nach Angola gegen SWAPO-Stützpunkte. Mit dem In-Kraft-Treten eines Waffenstillstandes (August 1988) zw. Vertretern der Rep. Südafrika einerseits und solchen der SWAPO und Kubas andererseits kam der Unabhängigkeitsprozess wieder in Gang, nachdem dieser mit dem Abzug der südafrikan. Truppen aus N. sowie der kuban. Streitkräfte aus Angola verknüpft werden konnte. Am 22. 12. 1988 vereinbarten die Rep. Südafrika, Angola und Kuba internat. überwachte freie Wahlen zu einer verfassunggebenden Versammlung. Diese fanden im November 1989 statt; die SWAPO konnte dabei 57 %, die DTA rd. 29 % der Stimmen erringen. Nach Verabschiedung einer Verf. im Februar 1990 wurde N. am 21. 3. 1990 mit S. NUJOMA (SWAPO) als Staatspräs. unabhängig. Am 1. 3. 1994 wurde das zur Rep. Südafrika gehörende Gebiet →Walfischbai Teil Namibias. Bei den ersten Wahlen im November 1994 seit der Unabhängigkeit errang die SWAPO die zu Verfassungsänderungen nötige Zweidrittelmehrheit; Präs. S. NUJOMA wurde im Amt bestätigt.

F. JAEGER: Geograph. Landschaften Südwestafrikas (Windhuk 1965); H. BLEY: Kolonialherrschaft u. Sozialstruktur in Deutsch-Südwestafrika: 1894–1914 (1968); E. STROHMEYER u. W. MORITZ: Umfassende Bibliogr. der Völker Namibiens (Südwestafrikas) u. Südwestangolas, 2 Bde. (Kampala 1975–82); H. LESER: N. (1982); National atlas of South West Africa (Namibia), hg. v. J. H. VAN DER MERWE (Kapstadt 1983); P. H. KATJAVIVI: A history of resistance in N. (Windhuk 1987); M. GEBHARDT: N.s Weg in die Unabhängigkeit. Entwicklungen u. Perspektiven. Eine Auswahlbibliogr. (1990); F. PYCK u. A. SCHWARTZE: N. – der lange Weg in die Unabhängigkeit. Von kolonialer Fremdherrschaft zur staatl. Souveränität (1991); H. VEDDER: Das alte Südwestafrika (Windhuk ⁶1991); E. M. BRUGGER: N. Reiseführer mit Landeskunde (1993); K. SCHUPPERT: N.-Hb. (1993); Das südl. Afrika, Beitr. v. E. KLIMM u. a., Bd. 2: N. – Botswana (1994).

Namib-Naukluft-Nationalpark, Natur- und Wildschutzgebiet in W-Namibia, umfasst das Gebirge Naukluft und einen großen Teil des Namib; mit 49 768 km² einer der größten Nationalparks der Erde; 1907 gegr., bis 1986 etappenweise erweitert. Tierbestand: u. a. Bergzebras, Spießböcke, Springböcke, Strauße, Kudus, Klippspringer und Geparden.

Namık Kemal [naːˈmək-], Mehmed, türk. Schriftsteller, * Tekirdağ 21. 12. 1840, † auf Chios 2. 12. 1888; trat als engagierter Dichter und Journalist u. a. in Gedichten, Schauspielen, Romanen und Essays für vaterländ. und freiheitl. Ideale ein. Deshalb verbrachte

Nämlichkeitssicherung – Nanak **Nana**

er Jahre im Exil (London, Paris) und in der Verbannung, sein patriot. Drama ›Heimat oder Silistria‹ (1873; dt.) brachte ihm eine Gefängnisstrafe ein. N. K. war Wegbereiter der jungtürk. Bewegung.

Nämlichkeitssicherung, Zollmaßnahmen nach § 18 Zoll-Ges. zur eindeutigen Wiedererkennung (v. a. hinsichtlich Menge, Gattung, Beschaffenheit) und zur Verhinderung von Vertauschungen von Waren; bes. wichtig für die vorläufigen Zollverfahren (Waren gehen noch nicht in den freien Verkehr über). Die **Nämlichkeitsmittel** dafür sind i. d. R. der Zollverschluss, Siegel, Stempel oder zollamtl. Überwachung. Waren, die zur Veredelung ausgeführt werden und die bei der Wiedereinfuhr zollfrei bleiben sollen, werden auf **Nämlichkeitsschein** abgefertigt.

Namora [naˈmɔra], Fernando, port. Schriftsteller, * Condeixa (bei Coimbra) 15. 4. 1919, † Lissabon 31. 1. 1989; war Landarzt, lebte später in Lissabon; einer der wichtigsten Vertreter der port. Literatur des 20. Jh. Er verbindet in seinen Romanen und Erzählungen neorealist. Sozialkritik mit psycholog. Gestaltungskraft und modernen literar. Strukturen.

Werke: *Romane:* Minas de San Francisco (1946; dt. Gold aus schwarzen Steinen); O trigo e o joio (1954; dt. Spreu u. Weizen); Domingo à tarde (1961; dt. Sonntagnachmittag); Diálogo em setembro (1966); Os clandestinos (1972; dt. Im Verborgenen); O rio triste (1982; dt. Der traurige Fluß). – *Erzählungen:* Retalhos da vida de um médico, 2 Tle. (1949–63; dt. Landarzt in Portugal); Cidade solitária (1951). – *Lyrik:* As frias madrugadas (1959). – *Tagebuch:* Jornal sem data (1988).

Namp'o, früher **Chinnamp'o** [tʃ-], Stadt in Nordkorea mit Provinzstatus, an der Mündung des Taedonggang, 753 km², 715 000 Ew.; Schiffbau, Buntmetallerzverhüttung, Glas-, Elektro-, chem. Industrie, Reismühlen; Hafen; Salzgärten an der Küste.

Nampula, Provinzhauptstadt in NO-Moçambique, 540 m ü. M., an der Bahnlinie Nacala–Lichinga, 250 500 Ew.; kath. Erzbischofssitz; landwirtschaftl. Handelszentrum in einem Baumwollanbaugebiet; Tabakverarbeitung und Schälanlage für Cashewnüsse; internat. Flughafen. – N., urspr. arab. Handelsplatz, wurde 1507 von Portugiesen erobert (**Moçambique** genannt) und war bis 1897 Hauptstadt der gleichnamigen Kolonie (seit 1975 heutiger Name).

Namslau, poln. **Namysłów** [naˈmɨsuf], Stadt in der Wwschaft Opole (Oppeln), Polen, an der Weide in Niederschlesien, 16 500 Ew.; Kartoffelverarbeitung, Brauerei, elektrotechn. Metall-, Schuhindustrie. – Reste der Stadtmauer (14./15. Jh.) mit Krakauer Torturm (um 1350); kath. Pfarrkirche St. Peter (spätgot. Hallenkirche von 1405–93, im 19. Jh. erneuert); spätgot. Franziskanerkirche (urspr. 13.–15. Jh.); Rathaus (um 1600 ausgebaut und im 18.–20. Jh. verändert). – N. wurde 1287 als Stadt mit Magdeburger Recht gegründet. Nach wechselnden Herrschaften gelangte N. 1763 an Preußen. Gegen Ende des Zweiten Weltkriegs stark zerstört, kam N. 1945 unter poln. Verwaltung, die Zugehörigkeit zu Polen wurde durch den Dt.-Poln. Grenzvertrag vom 14. 11. 1990 anerkannt.

Nam-tso, See in Tibet, →Nam Co.

Namur [naˈmyːr] *das, -(s),* **Namurien** [namyrˈjɛ̃], **Namurium,** *Geologie:* Stufe des →Karbon.

Namur [naˈmyːr], niederländ. **Namen** [ˈnaːmə],
1) Hauptstadt der Prov. Namur, Belgien, an der Mündung der Sambre in die Maas, 105 000 Ew.; kath. Bischofssitz, Regionalplanungsbehörde für die Wallonische Region; Teil-Univ. (›Fakultäten‹, gegr. 1831), archäolog., Kunstmuseum, Museum für Waffen und Militärgeschichte, Archiv; Stahl- und Brückenbau, Maschinenbau, chem. Industrie, Kabelherstellung, Nahrungsmittel- und Getränkeindustrie. – Klassizist. Kathedrale (1751–63) mit got. Turm des Vorgängerbaus; barocke ehem. Jesuitenkirche Saint-Loup (1621–45); Zitadelle (17. Jh.). – Im Gebiet des heutigen N. lag vermutlich das von CAESAR belagerte

Namur 1): Die klassizistische Kathedrale; 1751–63

Oppidum Aduaticorum. Im 7. Jh. wurde N. als Münzstätte erstmals urkundlich erwähnt. Stadt und Grafschaft entstanden im 10. Jh. um eine die Maasebene beherrschende Burg. Die seit 1188 den Grafen von Hennegau zustehende Grafschaft fiel 1262 an die Grafen von Flandern; 1421/29 kam sie durch Kauf an Burgund und mit diesem 1477 an das Haus Habsburg. 1692 eroberte LUDWIG XIV. von Frankreich, 1695 WILHELM VON ORANIEN N. 1715–81 zählte N. zu den Barriereplätzen (→Barrieretraktate) der Vereinigten Niederlande. 1815–30/31 gehörte N. zu den Niederlanden, seither ist es belgisch. Weiteres BILD →Belgien.

J. DUSSART: N. et le Namurois ancien et moderne dans les collections des bibliothèques publiques de la province de N. (Brüssel 1989).

2) Prov. in Belgien, in Wallonien, 3 666 km², 434 400 Ew., Hauptstadt ist Namur. Die Prov. reicht vom fruchtbaren Haspengau über das Ardennenvorland (Condroz, Famenne) bis in die Ardennen (bis 505 m ü. M.). Von N nach S nehmen die Niederschläge (800–1 350 mm im Jahr) und der Waldreichtum zu. Chem. und Glasindustrie finden sich längs der Maas, außerdem gibt es Industrieparks, ferner Kalksteinbrüche, Holzverarbeitung, Viehmärkte und Fremdenverkehr. Der Steinkohlenbergbau ist erloschen.

Namysłów [naˈmɨsuf], Stadt in Polen, →Namslau.

Nana, Roman von É. ZOLA; frz. 1880, gehört zum Zyklus ›Les Rougon-Macquart‹; dt. Titel identisch.

Nanai, in China **Hezhen** [-ʒ-], früher **Golden,** Volk von Jägern, Fischern und Sammlern (Ginseng) in Sibirien und im Fernen Osten, v. a. beiderseits des Amur in der Region Chabarowsk, Russland, etwa 12 000, kleine Gruppen auch zw. Sungari und Ussuri im äußersten NO der chin. Provinz Heilongjiang, etwa 4 300 Angehörige. Die N. assimilierten die tungus. Kile und Samogiren völlig, sind aber heute starkem kulturellem Druck durch die Russen ausgesetzt. Die religiösen Vorstellungen werden durch eine Mischung von animistisch-schamanist. und christlich-orth. Praktiken sowie chin. Einflüssen geprägt. – Die Sprache der N. gehört zu den tungus. Sprachen.

Nanaimo [nəˈnaɪmoʊ], Stadt in der Prov. British Columbia, im W Kanadas, auf Vancouver Island, 60 100 Ew.; Holzwirtschaft und Fischerei; bedeutender Hafen, Fährverkehr nach Vancouver.

Nanak, Guru N., ind. Religionsstifter, * Talwandi (bei Lahore) 1469, † Kartarpur (Punjab) 1538 (1539 ?); entstammte einer höherkastigen Hindufamilie. N. war

Namur 1) Stadtwappen

Nanc   Nancarrow – NAND-Glied

Nancy
Stadtwappen

Wirtschaftliches Zentrum von Lothringen

an der Meurthe

212 m ü. M.

99 000 Ew.

2 Universitäten

im 16./17. Jh. Anlage der Neustadt

im 18. Jh. von E. Héré umgestaltet (Place Stanislas)

1073 erstmals erwähnt

1266 Stadtrecht

in seinem Denken von Kabir beeinflusst, führte zunächst ein Leben als religiöser Wanderlehrer und wurde über seinen Schülerkreis im Pandschab zum Stifter der Religion der →Sikhs.

Nancarrow [næŋˈkærəʊ], Conlon, mexikan. Komponist amerikan. Herkunft, * Texarkana (Ark.) 27. 10. 1912, † Mexico City 10. 8. 1997; studierte u. a. bei R. Sessions und war 1937–39 Mitgl. der Internat. Brigaden im Span. Bürgerkrieg. N. komponierte seit Ende der 40er-Jahre v. a. für elektr. Selbstspielklaviere (Player-Piano), wobei er seine komplexen Partituren direkt in die Papierrollen des automatisch ablaufenden Instruments einstanzte. In Europa und den USA wurde er mit seinen ›Studies for Player Piano‹ erst in den 70er-Jahren bekannt.

Nanchang [-dʒaŋ], **Nantschang,** Hauptstadt der Prov. Jiangxi, in S-China, am Gan Jiang oberhalb seiner Deltaverzweigung zum Poyang Hu, 1,42 Mio. Ew. (Agglomeration 3,8 Mio.); Fachhochschulen für Landwirtschaft und Medizin; Provinzmuseum und -bibliothek. Der Binnenhafen N. ist ein altes Zentrum der Schifffahrt (über den Poyang Hu Verbindung mit dem Jangtsekiang); Flugzeugwerk, Bau von Dieselmotoren und Traktoren, Lkw-Montagewerk, Baumwoll- und Papierindustrie, Reismühlen, Gewinnung von Fetten und Ölen; Flugplatz.

Nancy [nãˈsi], Stadt in Frankreich, Verw.-Sitz des Dép. Meurthe-et-Moselle, wirtschaftl. Zentrum von Lothringen, 212 m ü. M., an der Meurthe, 99 000 Ew. (städt. Agglomeration 329 000 Ew.); kath. Bischofssitz; zwei Univ., staatl. Hochschulen (u. a. für Bergbau), staatl. Forstschule, Konservatorium; Akademie

Nancy: Place Stanislas; 18. Jh.

der Schönen Künste und Architektur; zahlreiche Forschungsinstitute, Schauspielinstitut; lothring. Museum; Museum zur Geschichte des Eisens, kunsthistor. Museum; Bibliothek; Theaterfestival. Börse, Messe und Musterschau. Maschinen- (u. a. Werkzeugmaschinen) und Elektromotorenbau, chem. und pharmazeut., Textil-, Papier-, Leder verarbeitende, Möbel-, keram., Glas-, polygraph., Tabak- und Nahrungsmittelindustrie sowie Brauereien.

Stadtbild: Eine der bedeutendsten Anlagen klass. frz. Stadtbaukunst ist die als zentrales Ensemble von E. Héré 1751–55 geschaffene Platzgruppe (UNESCO-Weltkulturerbe) mit der Place Stanislas (mit den vier ›Pavillons‹, dem Hôtel de Ville sowie dem zu Ehren Ludwigs XV. 1754–56 erbauten Triumphbogen, Brunnenanlage, Prunkgittern u. a.) und der Place de la Carrière (mit dem Palais du Gouvernement, 1760, und dem ehem. Palais Ducal, Anfang 16. Jh., 1871 grundlegend restauriert, mit histor. Museum). Hervorzuheben sind ferner: die Kathedrale Notre-Dame (1742 vollendet), die Kirche Saint-François des Cordeliers (zw. 1482 und 1487; im 19. Jh. restauriert;

Nandaysittich
(Größe 30 cm)

Grablege des lothring. Herzogshauses); von den mittelalterl. Stadttoren ist die Porte de la Craffe (1861 restauriert) erhalten. Zu den modernen Projekten, die der ›Zone Meurthe-Canal‹ ein neues Gesicht geben sollen, gehört die Architekturschule (1993–96) von Livio Vacchini. Weiteres BILD →Héré, Emmanuel.

Geschichte: N., 1073 als **Castrum Nanceium** erstmals erwähnt, entwickelte sich um eine Burg der Herzöge von Lothringen; diese machten den im 12. Jh. vergrößerten, 1266 mit Stadtrecht versehenen und im 14. Jh. mit einem Mauerring bewehrten Ort zu ihrer Residenz. Im 16. und 17. Jh. ausgebaut – ab 1588 geometr. Anlage der Neustadt (Ville-Neuve) – und erneut befestigt, verlor N. 1702 seine Funktion als Hauptstadt an Lunéville, wurde aber im 18. Jh. als Residenzstadt von Stanislaus I. Leszczyński umgestaltet; 1766 kam es an Frankreich. 1768–93 bestand eine Univ. Ab 1790 Hauptstadt des Dép. Meurthe (ab 1871 Meurthe-et-Moselle), entwickelte sich N. im 19. Jh. durch Industrialisierung sowie (nach 1871) durch Zuzug aus Elsass-Lothringen außerordentlich schnell. Versch. Einrichtungen wurden 1896 zu einer Univ. zusammengeschlossen (1970 zweigeteilt). – In der **Schlacht bei N.** (5. 1. 1477) wurde Herzog Karl der Kühne von Burgund von den Eidgenossen und Herzog René von Lothringen besiegt und verlor sein Leben.

Nancyer Schule [ˈnãsiər-], klass. Richtung der Hypnoseforschung, Ende des 19. Jh. bes. von A. A. Liébeault und H. Bernheim in Nancy vertreten; entwickelte experimentell versch. Hypnosetechniken, vertrat im Unterschied zur **Pariser Schule** (J. Charcot) die Auffassung, dass Hypnose nicht ein hyster., sondern ein normales Phänomen auf der Grundlage erhöhter Beeinflussbarkeit sei.

Nandaysittich, Nandayus nenday, 30 cm langer, vorwiegend grüner Sittich mit schwarzem Kopf, bläul. Brustfleck und roten Schenkeln. Von SO-Bolivien über Paraguay bis N-Argentinien, besonders im Pantanal, verbreitet. Häufiger Käfigvogel, der in letzter Zeit auch gezüchtet wird.

Nanderbarsche, Nander, Nandidae, Familie der Barschartigen Fische mit 10 Arten in den Gewässern Südamerikas, Afrikas, Südasiens und des Malaiischen Archipels; meist kleine Raubfische. Der rd. 20 cm lange **Nander** (Nandus nandus) lebt bes. im Brackwasser; der bis 9 cm lange **Blattfisch** (Monocirrhus polyacanthus) ähnelt einem treibenden, toten Blatt. Beide werden als Warmwasseraquarienfische gehalten.

NAND-Glied [engl. nænd -; Abk. für engl. *not and* ›nicht und‹], elektron. Schaltung der Digitaltechnik zur log. Verknüpfung von Eingangssignalen, die einer Reihenschaltung von UND-Glied und NICHT-Glied entspricht. NAND-G. sind wichtig für die Digitaltechnik (ebenso wie NOR-Glieder), weil sich alle Funktionen von Schaltnetzen und Schaltwerken (z. B.

Nandus: Darwin-Nandu

Nandi – Nanking **Nank**

Nanga Parbat

auch Flipflops) durch ihre geeignete Zusammenschaltung realisieren lassen. (→Schaltalgebra)

Nandi, nilot. Volk in Kenia, nordöstlich des Victoriasees. Die etwa 600 000 N. sind kulturell stark von den Masai beeinflusst. Lebensgrundlage ist die Rinderhaltung (mit zahlreichen Riten und Tabus), daneben etwas Feldbau (Hirse, Mais). Ihre Gesellschaft ist in sieben Altersklassen gegliedert; Ahnengeister gelten als aktive Klanmitglieder. Heute sind die N. weitgehend christianisiert. Sie sprechen eine südnilot. Sprache (**Nandi**). In der neueren Literatur wird die Sprache unter dem Oberbegriff ›Kalenjin‹ mit weiteren Sprachen W-Kenias zusammengefasst (→nilotische Sprachen).

Nandus [span., aus Tupi], *Sg.* **Nandu** *der, -s,* **Rheidae,** Familie bis 1,7 m scheitelhoher, flugunfähiger, straußenähnl. Laufvögel in Südamerika; meist in kleinen Trupps lebende, schnell laufende Vögel, bei denen das Männchen brütet und die Jungen führt. Zwei Arten: **Gewöhnlicher N. (Pampasstrauß,** Rhea americana), in den Pampas und in Savannen, oberseits graubraun und schwärzlich, unterseits weißlich; **Darwin-N. (Darwin-Strauß,** Pterocnemia pennata), auf Andenhochflächen; ähnlich gefärbt, doch kleiner.

Nanga [jap. ›Südmalerei‹], jap. Bez. der späteren →Literatenmalerei.

Nanga Parbat *der,* örtlich **Diamir,** höchster Gipfel des westl. Himalaja, in dem unter pakistan. Verwaltung stehenden Teil Kaschmirs, 8 126 m ü. M., auf der N-Seite gegliedert, im S mit 4 500 m hohen Steilwänden abfallend. – Die Erstbesteigung des N. P. gelang dem Österreicher H. BUHL am 3. 7. 1953 im Rahmen einer dt. Expedition in einem Alleingang vom letzten Hochlager aus.

K. M. HERRLIGKOFFER: N. P. Sieben Jahrzehnte Gipfelkampf ... (1967); DERS.: Kampf u. Sieg am N. P. (1979); Forschung am N. P. Gesch. u. Ergebnisse, hg. v. W. KICK (1996).

Nan Hai, chin. für das →Südchinesische Meer.

Nänie [lat.] *die, -/-n,* **Nenia, Naenia,** im antiken Rom urspr. die nicht literarisch fixierte Totenklage, die beim Leichenbegängnis zur Flöte gesungen wurde. Später Bez. für die an ihre Stelle tretende förml. Laudatio funebris, auch mit den kunstgemäßen Trauerliedern (Threnos) gleichgesetzt. In dieser Tradition steht SCHILLERS Klagegedicht ›Nänie‹ (als Chorwerk vertont u. a. von J. BRAHMS, 1881, und C. ORFF, 1956).

Nanino, Nanini, Giovanni Maria, ital. Komponist, *Tivoli 1543, † Rom 11. 3. 1607; Schüler von G. P. DA PALESTRINA, wurde 1571 dessen Nachfolger an Santa Maria Maggiore in Rom, 1577 Tenorist und 1604 Kapellmeister der Sixtin. Kapelle. N. gehört zu den bedeutenden Vertretern des ›Palestrina-Stils‹. Er schrieb drei- bis fünfstimmige Motetten (1586), drei Bücher fünfstimmige Madrigale (1579, 1581, 1586), dreistimmige Kanzonetten (1593) und 157 Kontrapunkt- und Kanonkompositionen (zwei- bis elfstimmig) über einen Cantus firmus von C. FESTA.

Nanismus [zu griech. nános ›Zwerg‹] *der, -,* der →Zwergwuchs.

Nanking [nach der gleichnamigen chin. Stadt] *der, -s/-e* und *-s,* leinen- oder köperbindiges, kräftiges Baumwoll- oder Viskosegewebe; Köper-N. wird u. a. für Bluejeans und Sommerjacken verwendet.

Nanking [chin. ›südl. Hauptstadt‹], **Nanching** [-dʒɪŋ], amtl. chin. in lat. Buchstaben **Nanjing** [-dʒɪŋ], Hauptstadt der Prov. Jiangsu, China, am rechten Ufer des Jangtsekiang (300 km oberhalb seiner Mündung), mit 2,59 Mio. Ew. (mit Vorstädten 5,15 Mio. E.); Univ. (gegr. 1902), TU, Fachhochschulen für Luftfahrttechnik, Maschinenbau, Wasserbau, Pharmazie, Land- und Forstwirtschaft, Kunstakademie, zahlr. wiss. Forschungsanstalten, darunter Institute für Paläontologie, Geologie und Bodenkunde der Chin. Akademie der Wissenschaften; astronom. Observatorium; Museum für Kunstgeschichte, Bibliotheken, zoolog. und botan. Garten. N. ist eine moderne Industriestadt, v.a. mit petrochem. Industrie und Erdölraffinerie; traditionelle Textil- und Porzellanindustrie, Zementindustrie, Bau von Schwerlastkraftwagen, Kraftwerkausrüstungen, Textil-, Werkzeug- und landwirtschaftl. Maschinen, Eisen- und Stahlwerk, Elektronik- und opt. Industrie. Hafen- und Handelszentrum der Stadt ist **Siakwan;** Erdölhafen (seit 1979); durch die 1960–68 erbaute, doppelstöckige Straßen- und Eisenbahnbrücke (etwa 7 km lang; 80 m hohe Stützpfeiler) ist N. wichtiger Verkehrsknotenpunkt; Flugplatz.

Nanking: Die doppelstöckige Brücke über den Jangtsekiang

Stadtbild: Die mingzeitl. Stadtmauer (33 km) ist größtenteils erhalten. Im Stadtzentrum der Trommelturm (Golou; 1382) mit zugehörigem Glockenturm (19. Jh.). Der ehem. Palast des Himmelskönigs (Tianwang Fu; 19. Jh.) ist heute Sitz der Prov.-Regierung. Der Schwarze-Drachen-See (Xuanwu Hu) im NO der Stadt, früher kaiserl. Vergnügungspark, ist heute Teil eines Volksparks. An dem Palast (14. Jh.) der Mingkaiser (Ming Gugong) erinnern nur noch Ruinen, erhalten blieben das Haupttor (Wuchao Men) und die Fünf-Drachen-Brücke. Außerhalb der ehem. Stadtmauern begrenzt der Purpurberg (Zijin Shan) die Stadt im O, an seinem Hang die 1381 erbaute Grab-

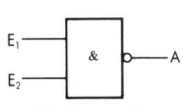

NAND-Glied:
Schaltzeichen;
E_1 und E_2 Eingänge,
A Ausgang

Nanking

Provinzhauptstadt in China

am Jangtsekiang

2,59 Mio. Ew.

Universität (1902 gegründet)

bedeutende Industrie und Flusshafen

doppelstöckige Straßen- und Eisenbahnbrücke

33 km lange Stadtmauer

ab 1368 als ›Südliche Hauptstadt‹ Regierungssitz der Mingdynastie

anlage der ersten Mingkaiser (Mingxiao Ling), deren heiliger Weg von Tierskulpturen gesäumt wird; nordöstlich davon das 1925 auf künstl. Plattform errichtete Mausoleum des SUN YATSEN; weiter östlich der Tempel des Tales der Seelen (Linggu Si), gegründet von den ersten Mingkaiser (die 1381 erbaute Halle (Wuliang Dian) ist eines der seltenen Beispiele für eine reine Ziegelarchitektur in China. Im S der Stadt der Ochsenkopf (Niushou Shan) mit den Gräbern (Fresken und Reliefschmuck) der ersten Kaiser der Tangdynastie. Die Terrasse des Blütenregens (Yuhua Tai) außerhalb des Tores Zhonghua Men war Hinrichtungsstätte für polit. Gegner des Chiang-Kai-shek-Regimes (Gedenkstele). Südwestlich, außerhalb der ehem. Stadtmauer, liegt die im 3. Jh. am Mochou-See errichtete Steinstadt (Shitou Cheng), einst von mächtigen Wällen umgeben. – 20 km nordöstlich am Hang des dreigipfeligen Berges Qixia Shan zwei Gräber aus der Mingzeit (einige Stelen und Steinfiguren) sowie vier aus der Liangdynastie, gut erhalten ist ein Paar mächtiger in Stein gehauener Grabwächterfiguren in Fabeltiergestalt.

Geschichte: N. war, unter wechselnden Namen, während der Zeit chin. Teilstaatlichkeit (3.-6. Jh., 10. Jh.) Hauptstadt mehrerer Reiche, von 1368 an, nun erstmals N. genannt, als ›Südl.‹ Reg.-Sitz der Mingdynastie; nach 1421 (Verlegung der Hauptstadt nach Peking) blieb es zweite Hauptstadt. 1853-64 war N. Hauptstadt der Taipingbewegung, 1927 wurde es Reichshauptstadt unter der National-Reg. und blieb dies formal auch nach der Einnahme durch die Japaner (Dezember 1937; Massaker an der Bev.) und der Verlegung des Reg.-Sitzes nach Chongqing (bis 1947; in N. Bildung einer japanfreundl. Gegen-Reg.) bis zur Eroberung durch die Kommunisten im April 1949. – Der zur Beendigung des britischchin. →Opiumkrieges geschlossene **Vertrag von N.** (29. 8. 1842) leitete die Periode der ›ungleichen Verträge‹ ein (→Vertragshäfen) und wurde damit zur Zäsur in den europäisch-ostasiat. Beziehungen.

E. L. FARMER: Early Ming government. The evolution of dual capitals (Cambridge, Mass., 1976); I. C. Y. HSÜ: The rise of modern China (New York ³1983).

Nankou [chin. ›Südmund‹], Engpass in einer Schlucht (633 m ü. M.) mit steilen Granitwänden im lössbedeckten **N.-Gebirge**, das, von einem Zweig der Chin. Mauer überschritten, das Nordchin. Tiefland gegen die mongol. Steppentafel absperrt. Die Bahnlinie Peking-Zhangjiakou untertunnelt den verkehrsreichen Pass.

Nan Ling, Mittelgebirge in S-China, entlang der N-Grenze der Prov. Guangdong; Wasserscheide zw. Jangtsekiang und Xi Jiang; auch Klimascheide; Kohle- und Buntmetallerzvorkommen.

Nan Madol, Ruinenstadt auf der Insel Pohnpei der östl. Karolinen, Mikronesien, im zentralen Pazifik. Auf dem Saumriff vor der Insel wurden wohl gegen Ende des 12. Jh. n. Chr. (¹⁴C-Datierung) kleine Inseln aus Korallenschutt und Basaltblöcken errichtet (zus. 70 ha) und mit Mauern aus geschichteten Basaltsäulen eingefasst. Darauf wurden Paläste, Tempel, Wohnhäuser (für den Adel) gebaut und Grabkammern, Opferplätze, Steinsitze, kleine Gärten und Teiche angelegt. Durch steinerne Schleusen konnte der Wasserstand zw. den Inseln reguliert werden. N. M. war Herrschersitz und religiöses Zentrum. Nachdem die regierende Dynastie der Saudeleurs wohl im 18. Jh. von Eindringlingen von der Insel Kosrae gestürzt worden war, blieb N. M., für tabu erklärt, unbewohnt.

P. HAMBRUCH: Ponape, Tl. 1 u. 3 (1932-36); W. N. MORGAN: Prehistoric architecture in Micronesia (London 1989).

Nạnna, *nordgerman. Mythologie:* Frau des Asengottes Baldr, die aus Kummer über dessen von Loki verschuldeten Tod stirbt.

Nạnnen, Henri, Publizist, *Emden 25. 12. 1913, †Hannover 13. 10. 1996; war seit 1937 Redakteur der Zeitschrift ›Die Kunst‹, 1940-45 Kriegsberichterstatter, 1946-47 Chefredakteur der ›Hannoverschen Neuesten Nachrichten‹, 1947-49 der ›Abendpost‹, 1948 Gründer und bis 1980 Chefredakteur der Illustrierten ›Stern‹, bis 1983 Herausgeber und Vorstands-Mitgl. des Verlags Gruner + Jahr; auch Kunstsammler und Mäzen (Stifter der Kunsthalle in Emden).

Nanni di Banco: Gruppe der Quattro Coronati an Or San Michele in Florenz; 1410-15

Nạnni, N. di Bạnco, ital. Bildhauer, *Florenz um 1373, †ebd. zw. 9. und 12. 2. 1421; ging aus der Florentiner Dombauhütte hervor, in der auch sein Vater ANTONIO DI BANCO tätig war. Wurde durch die Auseinandersetzung mit der Antike und im Wettstreit mit DONATELLO einer der Begründer der Frührenaissance. Seine 1410-15 für Or San Michele geschaffene Gruppe der Quattro Coronati (Schutzpatrone der Steinmetzzunft), gekleidet in Togen, die markanten Köpfe an röm. Porträtköpfen des 3. Jh. n. Chr. geschult, ist wichtig für die Rezeption der antiken Kontrapoststatur. Das Relief mit der Himmelfahrt MARIÄ und der Gürtelspende an den hl. THOMAS über der Porta della Mandorla des Domes (1418-21; Auftrag bereits 1414) nimmt durch die Veranschaulichung des Bewegungsvorganges stilist. Entwicklungen vorweg.

Weitere Werke: (alle in Florenz): Jesaias für die Domfassade (1408-09, heute im Dom); Hl. Philippus u. hl. Eligius für Or San Michele (1408-10); Sitzfigur des Evangelisten Lukas für die Domfassade (1410-13; heute Museo dell'Opera del Duomo).

M. WUNDRAM: Donatello u. N. di B. (1969).

Nanning [chin. ›befriedeter Süden‹], 1913 bis etwa 1945 **Yungning,** Hauptstadt des Autonomen Gebietes Guangxi Zhuang, am Yong Jiang, 1,15 Mio. Ew.; Fachhochschulen für Medizin und Landwirtschaft; Verarbeitung landwirtschaftl. Produkte, chem. Industrie, Herstellung von Ausrüstungen und Geräten für Bergbau und metallurg. Industrie, Baumwollwebereien; Wärmekraftwerk; Flusshafen, Flughafen (gleichzeitig Luftwaffenbasis).

Nano..., Vorsatzzeichen **n,** Vorsatz für den Faktor 10^{-9} (Milliardstel), z. B. Nanometer, 1 nm = 10^{-9} m.

Nanosomie [zu griech. nános ›Zwerg‹] *die, -,* der →Zwergwuchs.

Nanotechnologie, die Herstellung und Verarbeitung von Strukturen und Teilchen (›Nanostrukturen, -teilchen‹) im Nanometerbereich (1 nm = 10^{-9} m).

Während einfache Moleküle eine Größe von etwa 10^{-10} m aufweisen, besitzen nanophasige Systeme Dimensionen von 10^{-9} bis 10^{-8} m, wobei die letztere Größenordnung aber die seltene Ausnahme darstellt.

Grundsätzlich sind derartige Systeme schon seit langem bekannt, z. B. als kolloidale Lösungen (→Kolloide). In der Natur und in der Biologie spielt der nanodimensionierte Zustand eine wichtige Rolle für Transportprozesse von Materialien.

Die Etablierung als wiss. Disziplin begann Anfang der 1980er-Jahre mit der Untersuchung von nanokristallinen Metallen, die über Gasphasenkondensationsverfahren hergestellt wurden. Die Metallatome oder -cluster wurden dabei nach Verdampfung im Vakuum durch Abschrecken kondensiert, aufgesammelt und meist noch im Vakuum kompaktiert oder in einem flüssigen Medium suspendiert. Inzwischen existieren verschiedene Herstellungsverfahren, wobei die Synthese in flüssiger Phase über Ausfällungstechniken wegen ihres Potenzials zur kostengünstigen Produktion auch von größeren Mengen an Bedeutung gewinnt. Andere Verfahren sind die Laserpyrolyse von zersetzbaren, verdampfbaren Ausgangsverbindungen, z. B. Trimethylaluminium $(CH_3)_3$ Al für Aluminiumoxid (Al_2O_3) oder Silane für Siliciumcarbid (SiC), die Gasphasenreaktion (auch im Plasma) von geeigneten Ausgangsverbindungen, z. B. Titantetrachlorid $(TiCl_4)$ und Ammoniak (NH_3) für Titannitrid (TiN), oder das hochenerget. Mahlen, z. B. für Wolframcarbid (WC) als wichtigem Hartstoff.

Nanoskalige Teilchen (ob kristallin oder amorph) haben – verglichen mit kompakten Materialien oder größeren Partikeln (im Mikrometerbereich) – einen hohen Anteil an oberflächennahen Atomen oder Molekülen, die wegen fehlender Absättigung eine vom Kern der Teilchen abweichende Struktur aufweisen. Aus dem energet. Zustand dieser Strukturen ergeben sich Eigenschaften wie etwa niedrigere Verdichtungstemperaturen beim Sintern von keram., metall. und hartmetall. Ausgangsverbindungen. Dies wird auf die hohe Beweglichkeit der ungeordneten Grenzflächen- oder Oberflächenphase zurückgeführt, die bis zu 50% des Volumens ausmachen kann. Weitere Eigenschaften kleiner Phasendimensionen sind das Auftreten von Quanteneffekten in Halbleiter- oder Metallteilchen, da mit zunehmender Kleinheit des Raums die für Halbleiter und Metalle typ. Bandstruktur für die Elektronen verschwindet. Die damit verbundenen opt. Eigenschaften (z. B. Fluoreszenzverhalten, nichtlinear-opt. Eigenschaften, veränderte Energie der Bandlücke) sowie die Tatsache, dass die Rayleigh-Streuung wegen der geringen Teilchengröße vernachlässigt werden kann und damit hohe opt. Transparenz erreicht wird, haben nanoskalige Systeme für die Photoelektrochemie (neue photovoltaische Systeme, Sensorik), die nichtlineare Optik (Schalter, Verstärker, Laser), die Photoleitfähigkeit, die Hochfrequenzelektronik (→HEMT) und für verschiedene opt. Beschichtungstechniken interessant gemacht.

Sind die Teilchen in eine Matrix eingebettet, so wird durch den hohen Grenzflächenanteil auch die umgebende Matrix beeinflusst (z. B. bei Keramiknanoteilchen in einer Polymermatrix). Solche Verbundwerkstoffe (**Nanokomposite**) haben im Vergleich zur nichtkompositierten Matrix eine wesentlich höhere Härte und sind trotz Kompositierung (eine transparente Matrix vorausgesetzt) hochtransparent. Sie werden bes. als abriebfeste Schichten auf Kunststoffprodukten eingesetzt, aber auch zu transparenten Kompositfen mit neuen Eigenschaften (Festigkeit, Steifigkeit, Oberflächenhärte) weiterentwickelt. Durch Kombination mit weiteren Komponenten sind Nanokomposite auch wichtige Werkstoffe u. a. für die Mikrooptik und →Mikrosystemtechnik, für Implantate und für abriebfeste Schichten mit niedrigeren Energieoberflächen (z. B. mit Antischmutz- oder Antigraffitieigenschaften oder für die Entformungstechnik).

Während die N. bei den Metallen gegenwärtig noch auf Nischenanwendungen beschränkt ist (z. B. bei Additiven in Schmieröllen oder der Entwicklung neuer Magnete), scheinen sich bei den Nanokompositen breite Anwendungsfelder zu öffnen. Bei den keram. Werkstoffen steht die nanobasierte Prozesstechnik im Vordergrund, wobei die Sintertemperaturen zur Herstellung keram. Bauteile drastisch gesenkt werden können. Keramik-Keramik-Nanokomposite mit speziellen Gefügeeigenschaften zeigen zudem noch deutlich höhere Festigkeiten im Vergleich zu nicht nanostrukturierten Kompositen.

Nansei-shotō [-ʃo-], die →Ryūkyūinseln, Japan.

Nansen, 1) Fridtjof, norweg. Polarforscher, Zoologe, Ozeanograph und Diplomat, *Hof Mellom-Frøen (bei Oslo) 10. 10. 1861, †Lysaker (heute als Bærum bei Oslo) 13. 5. 1930, Vater von 2); durchquerte mit O. SVERDRUP 1888 als Erster Grönland auf Skiern und mit eigens dafür konstruierten Schlitten mit Skikufen (**N.-Schlitten**). 1893 unternahm er mit dem Schiff ›Fram‹ von den Neusibir. Inseln aus eine wissenschaftlich ergiebige Driftfahrt ins Nordpolarmeer; dabei ließ er sich mit der seit dem 22. 9. 1893 vor den Neusibir. Inseln ins Eis eingeschlossenen ›Fram‹ polwärts treiben. Bei dem Versuch, 1895 zus. mit F. H. JOHANSEN von der ›Fram‹ aus auf Schlitten den Pol zu erreichen, gelangte er bis 86° 14′ n. Br. und kehrte 1896 über Franz-Josef-Land nach Norwegen zurück. Hier wurde er 1896 Prof. für Zoologie, 1897 für Ozeanographie. 1900–14 unternahm er mehrfach meereskundl. Forschungen im N-Atlantik. 1906–08 war N. Gesandter in London. 1920 leitete er die Rückführung der Kriegsgefangenen aus Russland, 1921–23 als Hochkommissar des Völkerbundes (1921–30; **N.-Amt**) eine Hilfsaktion in den Hungergebieten der UdSSR; 1922 erhielt N. den Friedensnobelpreis. Auf Anregung von N. wurde der →Nansenpass geschaffen.

Werke: Paa ski over Grønland (1890; dt. Auf Schneeschuhen durch Grönland); Eskimólíf (1891; dt. Eskimoleben); Fram over Polhavet, 2 Bde. (1897; dt. In Nacht u. Eis); The Norwegian North Polar expedition, 1893–1896. Scientific results, 6 Bde. (1900–06); Nebelheim. Entdeckung u. Erforschung der nördl. Länder u. Meere, 2 Bde. (1911).

Ausgabe: Verker, hg. v. M. GREVE u. a., 8 Bde. (1961–62).

L. NANSEN-HØYER: Mein Vater F. N. (a.d. Norweg., 1957); W. SCHORECK: In der weißen Wüste. Leben u. Leistung eines Polarforschers u. Humanisten F. N. (1980); D. BRENNECKE: F. N. Mit Selbstzeugnissen u. Bilddokumenten (1990).

2) Odd, norweg. Philantrop, *Christiania (heute Oslo) 6. 12. 1901, †Oslo 27. 6. 1973, Sohn von 1); Architekt; gründete 1936 die **N.-Hilfe** für Flüchtlinge und Staatenlose und 1946 UNICEF; 1941–45 in Dtl. interniert.

3) Peter, dän. Schriftsteller, *Kopenhagen 20. 1. 1861, †Mariager (bei Randers) 31. 7. 1918; Leiter des Verlags Gyldendal (1896–1916); erregte mit freizügigen, spätnaturalist. Romanen (›Julies dagbok‹, 1893; dt. ›Julies Tagebuch‹) Aufsehen.

Ausgabe: Samlede skrifter, 3 Bde. (³1920).

Nansenpass, nach dem Ersten Weltkrieg auf Anregung von F. NANSEN ausgestelltes Reisedokument für staatenlosen russ. Flüchtlinge. Der N. wurde von den Behörden jenes Staates ausgestellt, in dem sich der betreffende Flüchtling aufhielt; er hatte eine Geltungsdauer von einem Jahr und gestattete die Rückkehr in das Gebiet des ausstellenden Staates. In der Folge wurde das System des N. u. a. auch auf armen. (1924), assyr. und türk. (1928) und saarländ. (1935) Flüchtlinge ausgedehnt. Die Institution des N. wurde durch das London Travel Document von 1946 und das Reisedokument der Genfer Flüchtlingskonvention von 1951 weitergeführt. (→Flüchtlinge)

Fridtjof Nansen

Nans Nanshan–Nantschang

Nantes: Rechts die Kathedrale, im Vordergrund Château Ducal

Nanshan [-ʃan; chin. ›Südgebirge‹], **Nanschan,** Gebirge im äußersten NO des Hochlandes von Tibet, China (Prov. Qinghai und Gansu); erstreckt sich östlich des Altun Shan bis zum Hwangho, zw. dem Qaidambecken im S und der Gobi im N; im Mittel 4000–5000 m ü. M. Der N. besteht aus einer Reihe stark zertalter, hochalpin ausgebildeter Ketten, die von Schuttmassen, Salzseen (u. a. Qinghai Hu) und -sümpfen erfüllte, z. T. sehr breite und abflusslose Senken umfassen. Die nördl. Randkette ist das **Richthofengebirge (Qilian Shan),** nach S schließen sich als weitere Hauptketten an: der **Tulai Shan; das Suessgebirge,** das mit 6346 m ü. M. die höchste Erhebung des N. besitzt; das **Humboldtgebirge (Danghe N.)** und das **Rittergebirge;** südlich der Senke Qinghai Hu der Qinghai N. und das **Semjonowgebirge.** – Der westliche, höher gelegene Teil des N. mit 100–150 mm Jahresniederschlag besitzt ausgedehnte Gletscher und Firnfelder. Bis in 3000 m ü. M. Wüste, darüber Gebirgssteppen (bis 3500 m ü. M.), alpine Matten (bis 3800 m ü. M.) und Gebirgstundra (bis 4400 m ü. M.). Der östl. Teil des N. ist niederschlagsreicher; v. a. an den N-Hängen treten vereinzelt Fichtenwälder auf.

Nanterre [nã'tɛːr], Stadt in Frankreich, Verw.-Sitz des Dép. Hauts-de-Seine im nordwestl. Vorortbereich von Paris an der Seine, 84 500 Ew.; kath. Bischofssitz; Fakultät für Literatur und Humanwissenschaften; Citroën-Werk, Flugzeugindustrie, Gießereien, Kesselbau, Werkzeugmaschinenbau, Elektro-, Papier-, Nahrungsmittel- und kosmet. Industrie.

Nantes [nãt], Industrie- und Hafenstadt in Frankreich, Hauptstadt der Region Pays de la Loire und Verw.-Sitz des Dép. Loire-Atlantique, an der Loire 58 km oberhalb ihrer Mündung, 245 000 Ew. (städt. Agglomeration 496 000 Ew.); kath. Bischofssitz; Außenstellen des Arbeits- und Landwirtschaftsministeriums sowie Teile anderer Ministerien; Univ., Hochschule für Maschinenbau, Handelshochschule, Handelsmarineakademie, staatl. Hochschulen für Architektur sowie für Landwirtschafts- und Nahrungsmittelindustrie; bedeutende Forschungseinrichtungen; zahlr. Museen, u. a. Kunst-, Volkskunde-, Archäolog., Marine-, Druckerei-, Jules-Verne- und Thomas-Dobrée-Museum; Theater; Effektenbörse und Messe. Dominierende Industriezweige sind Schiff- und Maschinenbau, Nahrungsmittel- (v. a. Konservenfabriken, Zuckerraffinerien, Brauereien) und chem. Industrie; Wärmekraftwerk N.-Cheviré (811 MW). In den Werften von N. und Saint-Nazaire werden rund 60 % aller in Frankreich gebauten Schiffe vom Stapel gelassen. Außerdem: Flugzeugindustrie, Herstellung von Kühlschränken und Fernsehgeräten, ein Blechwalzwerk und NE-Metallindustrie; Fahrzeugbau, Konfektions- und Leder verarbeitende Industrie. Der durch Eisenbahnlinien, Straßen und Binnenwasserwege (Loire, Maine, Mayenne, Sarthe) mit einem weiten Hinterland verbundene Hafen N.-Saint-Nazaire (Frachtumschlag 1995: 23,8 Mio. t) kann von Schiffen bis 15 000 t angelaufen werden; Fischerei, Flughafen.

Stadtbild: Im alten Stadtkern nördlich des herzogl. Schlosses (Château Ducal, seit 1466 anstelle einer Burg errichtet; mit Kunstgewerbe- und Volkskundemuseum) liegt die spätgot. Kathedrale (1434–1892; Wiederaufbau nach Brand 1972) mit Grabmal Franz' II. und seiner Gemahlin von M. Colombe sowie an der S-Seite der Kathedrale La Psalette (ehem. Kapitelhaus, 16. Jh.). Reste der mittelalterl. Befestigung (Porte Saint-Pierre, 15. Jh.) erhalten, auch zahlr. Patrizierhäuser (18. Jh.).

Geschichte: N., das galloröm. **Condivincum** oder **Civitas (Portus) Namnetum,** war seit dem 4. Jh. Bischofssitz. Unter Karl d. Gr. gehörte N. zur Bretagne. Mark, später war es Sitz der Herzöge der Bretagne, die 1532 an Frankreich fiel. Seit dem 14. Jh. war N. ein wichtiger Seehafen (Zuckerimport aus dem karib. Raum). Seine größte Blüte hatte es im 18. Jh. durch den Sklavenhandel mit Amerika. Seit dem Ende des amerikan. Unabhängigkeitskrieges ging seine Bedeutung aber zurück und wurde durch Napoleons Kontinentalsperre weiter geschwächt. Zudem konnten die größeren Schiffe den Hafen von N. wegen dessen geringer Wassertiefe nicht anlaufen, was den Aufschwung von Saint-Nazaire begründete. Erst der Bau des Seekanals bis Paimbœuf (2. Hälfte des 19. Jh.) machte N. wieder zu einer modernen Hafenstadt.

Nantes, Edikt von [- nãt], am 13. 4. 1598 von König Heinrich IV. erlassenes Edikt, das die frz. Hugenottenkriege beendete. Es bestätigte das kath. Bekenntnis als Staatsreligion, gewährte aber den Anhängern der ›reformierten Religion‹ Gewissens- und örtlich beschränkte Kultfreiheit. Die Reformierten bekamen Zutritt zu öffentl. Ämtern. Weiterhin wurden konfessionell gemischte Gerichtshöfe gegründet. Außerdem erhielten sie etwa 100 ›Sicherheitsplätze‹, deren wichtigster La Rochelle war; hier konnten sie auf Staatskosten Garnisonen unterhalten. Obwohl Richelieu im Interesse der Staatseinheit den Reformierten diese Plätze entzog (1629), blieb das Edikt die Grundlage ihrer religiösen und bürgerl. Rechte bis zu seiner Aufhebung durch Ludwig XIV. im Edikt von Fontainebleau (18. 10. 1685).

Ausgabe: Das E. v. N. Das Edikt von Fontainebleau, bearb. v. E. Mengin (1963).

Der Exodus der Hugenotten. Die Aufhebung des E. v. N. 1685 als europ. Ereignis, hg. v. H. Duchhardt (1985); J. Garrisson: L'édit de Nantes et sa révocation (Paris 1985).

Nanteuil [nã'tœj], 1) Célestin, frz. Maler und Grafiker, * Rom 11. 7. 1813, † Bourron-Marlotte (Dép. Seine-et-Marne) 6. 9. 1873; trat mit Vignetten, Lithographien und Aquarellen hervor, illustrierte Werke romant. Schriftsteller (V. Hugo, A. Dumas père, G. de Nerval u. a.); schuf auch Landschaftsbilder.

2) Robert, frz. Zeichner und Kupferstecher, * Reims 1623, † Paris 9. 12. 1678; Schüler von A. Bosse, der bedeutendste Porträtstecher des 17. Jh. in Frankreich. Seine über 200 Porträts, zuweilen nach Gemälden von P. de Champaigne und C. Le Brun, zeichnen sich trotz höf. Haltung durch lebensnahe Charakterisierung aus. 1658 erhielt er den Titel ›Graveur et dessinateur du roi‹; malte auch Pastelle.

Nantong, Nantung, Stadt in China, Prov. Jiangsu, im Deltagebiet des Jangtsekiang, 403 000 Ew.; Baumwollverarbeitung, Nahrungsmittelindustrie. Das Agrargebiet um N. gehört zu den am dichtesten besiedelten landwirtschaftl. Gebieten der Erde (Baumwollanbau zw. einem Netz von Deichen und Kanälen).

Nantschang, Stadt in China, →Nanchang.

Nantes
Stadtwappen

Regionshauptstadt in Frankreich

• Industrie- und Hafenstadt

• an der Loire am Beginn ihres Ästuars

• 245 000 Ew.

• Universität (15.–18. Jh., 1962 wieder errichtet)

• spätgot. Kathedrale mit Grabmal Franz' II.

• im MA. Sitz der Herzöge der Bretagne (Schloss aus dem 15. Jh.)

• 1598 Edikt von Nantes

Naoero, nauruischer Name des Inselstaates Nauru.

Naogeorgus, Naogeorg, Thomas, eigtl. **T. Kirchmair,** neulat. Dichter, *Straubing um 1506, †Wiesloch 29. 12. 1563; verließ 1524 den Dominikanerkonvent in Regensburg und wurde Anhänger M. LUTHERS, war Pfarrer in Thüringen, Sachsen und Süd-Dtl., bis er sich durch radikale, KARLSTADT und J. CALVIN nahe stehende Lehrmeinungen mit den Lutheranern überwarf und als Wanderprediger umherzog. N. kämpfte leidenschaftlich gegen die Laster seiner Zeit, die er bes. im Papsttum verkörpert sah, und formulierte seine Kritik (nur die späten Bibeldramen, u. a. ›Judas Iscariotes‹, gedruckt 1543–52, sind frei davon) wirkungsvoll in seiner Tendenzdichtung: so in 26 ›Satyrae‹ (1542, gedruckt Basel 1555), womit er als erster Deutscher die Tradition der röm. Verssatire aufnahm, und v. a. in den das lat. Schuldrama überragenden Tragödien ›Pammachius‹ (1538 für LUTHER verfasst), ›Mercator‹ (1540) und ›Incendia‹ (1541), die oft gespielt, gedruckt und übersetzt wurden.
Ausgabe: Sämtl. Werke, hg. v. H.-G. ROLOFF, auf mehrere Bde. ber. (1975 ff.).
G. ELLINGER: Gesch. der neulat. Lit. Dtl.s im 16. Jh., Bd. 2 (1929, Nachdr. 1969); H.-G. ROLOFF: Zu T. N.s ›Satiren‹, in: Daphnis, Jg. 16 (Amsterdam 1987).

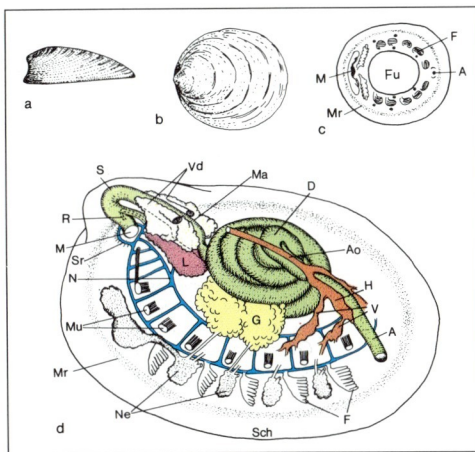

Napfschaler: Schematische Darstellung von Neopilina; a linke Schalenseite; b Schalenoberseite; c Ansicht von der Ventralseite; d Lage der inneren Organe; A After, Ao Aorta, D Darm, F segmental angeordnete Fiederkiemen, Fu Fuß, G Geschlechtsdrüsen, H Herzhauptkammer, L Leber, M Mundöffnung, Ma Magen, Mr Mantelrand, Mu segmental angeordnete Muskelstränge, N Nervenstränge, Ne segmental angeordnete Nephridien, von denen die vorderen der Ausfuhr der Geschlechtszellen dienen, R Radula, S Speiseröhre, Sch Schale, Sr Schlundring, V Herzvorkammer, Vd Vorderdarmdrüsen

Naos der, -, griech. Bez. für den ägypt., oft aus einem Stein gearbeiteten Götterbildschrein; auch für einen griech. Tempeltyp, eigtl. nur für den inneren Kernbau eines Tempels, d. h. Cella mit Vorhalle (Pronaos) und ggf. Rückhalle (Opisthodomos).

Naoumoff [na'umɔf], **Naumow,** Émile, bulgar. Komponist und Pianist, *Sofia 20. 2. 1962; war 1971–79 Schüler von NADIA BOULANGER in Paris, seit 1984 Prof. am Pariser Conservatoire. Seine freitonalen Kompositionen verbinden in klass. Formbewusstsein Einflüsse von B. BARTÓK und bulgar. Volksmusik.

Napalm [Kw. aus **Naphthensäuren und Palmitinsäure] *das,* -s, gelartiges, leicht entzündl., praktisch nicht löschbares militär. Brandmittel, das überwiegend aus Kohlenwasserstoffen (z. B. Benzin) und Eindickern (z. B. Aluminiumsalze von Naphthensäuren und Palmitinsäure) besteht, das aber auch Polymere zur Erhöhung der Klebrigkeit enthalten kann. N. ist fest haftend und entwickelt Temperaturen von etwa 1 200 °C; es führt zu schwersten Brandwunden, die oft krebsig entarten. – Erstmals im Zweiten Weltkrieg von den USA eingesetzt (als Füllmittel für die Brandbomben M-69), wurde N. weltweit v. a. durch die Anwendung im Korea- und im Vietnamkrieg bekannt.

Napata, Ruinenstätte in Obernubien beim 4. Nilkatarakt, im nördlichen Sudan, seit Thutmosis III. (1490–1436 v. Chr.) südl. Grenzort des ägypt. Machtbereichs in Nubien, seit 920 v. Chr. Residenz nub. Könige (Reich Kusch). König PIJE (740–713) eroberte 722/721 Ägypten (seine Siegesstele aus N. befindet sich heute in Kairo, Ägypt. Museum); 712–664 v. Chr. herrschten die Kuschiten aus N. als 25. (äthiop.) Dynastie auch über Ägypten. Seit etwa 530 v. Chr. verlagerte sich der Schwerpunkt ihres Reichs nilaufwärts nach →Meroë. Als Hauptgott wurde in N. der ägypt. Gott Amun verehrt, seine ausgedehnte Tempelanlage liegt am Djebel Barkal. Ägypt. Einfluss zeigen auch die Pyramidengräber, die sich die meroit. Könige noch bis um 250 v. Chr. hier errichteten. Zerstört wurde N. durch die Römer (23/22 v. Chr.).

Napa Valley ['næpə 'væli], breites Längstal in Kalifornien, rd. 80 km nördlich von San Francisco, das qualitativ bedeutendste Weinbaugebiet der USA mit etwa 10 000 ha Rebland, das fast zur Hälfte mit der roten Cabernet- und der weißen Chardonnayrebe bestanden ist, daneben u. a. mit Spätburgunder und Zinfandel (rot) sowie Sauvignon und Riesling (weiß); liefert durchschnittlich kräftige, z. T. alkoholreiche, in Spitzenqualitäten anspruchsvolle Weine mit Weltniveau; beherrschend sind weiße große Weingüter.

Napf, Molassebergland in der NW-Schweiz, zw. Emmental, Kt. Bern, und Entlebuch, Kt. Luzern; im Napf 1 408 m ü. M.; Ausflugsgebiet.

Napfpilze, die →Nestpilze.

Napfschaler, Urmützenschnecken, Monoplacophora, nur 15 Arten umfassende Gruppe der Schalen tragenden Weichtiere mit 2–35 mm langer, napfförmiger Schale, die in 1 600–6 500 m Meerestiefe leben. Neben dem breitflächigen, runden Fuß liegen 5–6 Paar Fiederkiemen in der Mantelrinne. Die getrenntgeschlechtigen Tiere haben zwei Paar Geschlechtsdrüsen, einen spiralig gewundenen Darm und fünf bis sechs Paar Nierenorgane. – Die N. waren nur fossil bekannt, bis 1952 die ersten Tiere einer rezenten Art **(Neopilina galatheae)** vor der pazif. Küste Mittelamerikas entdeckt wurden.

Napfschildläuse, Schalenschildläuse, Lecaniidae, Coccidae [-kts-], Familie bis 6 mm großer →Schildläuse mit über 900 Arten (davon etwa 40 in Mitteleuropa); mit napfförmig hochgewölbten Weibchen und geflügelten Männchen; darunter viele Schädlinge, z. B. Haselnussschildlaus (Eulecanium coryli), Zwetschgenschildlaus (Eulecanium corni), Rebenschildlaus (Pulvinaria vitis).

Napfschnecken, 1) Flussnapfschnecken, Ancylidae, Wasserlungenschnecken mit mützenförmiger Schale in fließenden und verkrauteten, stehenden Gewässern; z. B. die Flussmützenschnecke (→Ancylus).
2) Patellidae, zu den Vorderkiemern gestellte Schnecken mit napfförmiger Schale und breitem, sehr fest an der Unterlage haftendem Fuß, die in der Brandungszone der Meere den Algenaufwuchs abweiden; z. B. die etwa 5 cm große **Gemeine N.** (Patella vulgata) an der Atlantikküste und im Mittelmeer.

Naphtali, israelit. Stamm auf dem gleichnamigen Gebirge im östl. Obergalliläa (Jos. 19, 32–39), dessen Ahnherr als Sohn JAKOBS und der Sklavin BILHA galt (1. Mos. 30, 7 f.); nahm nach Ri. 5, 18 an der von DEBORA geleiteten Schlacht gegen die Kanaanäer teil.

Napfschnecken 2): Gemeine Napfschnecke (Größe bis etwa 5 cm) von oben (oben) und von der Seite (unten)

Naph Naphtali–Napier

Naphtali, Fritz, Wirtschaftspolitiker, * Berlin 29. 3. 1888, † Tel Aviv 30. 4. 1961; seit 1927 Leiter der neuen, von ADGB, SPD u. a. getragenen ›Forschungsstelle für Wirtschaftspolitik‹; entwickelte die Konzeption der →Wirtschaftsdemokratie. N. emigrierte 1933 nach Palästina, gehörte 1937 dem Zentralausschuss der Histadrut, 1949–59 der Knesset und der israel. Reg. an.

Naphtha [pers.-griech.] *das,* -s, auch *die,* -, Bez. für Benzinfraktionen mit Siedepunkt zw. 30 und 180 °C, 100 und 120 °C oder für höher siedende Gemische, die bei der Erdöldestillation anfallen. N. ist bedeutendste Rohstoffquelle der →Petrochemie.

Naphtalin *das,* -s, kondensierter aromat. Kohlenwasserstoff, der durch Destillation und Kristallisation aus den Mittel- und Schwerölen des Steinkohlenteers, aus Raffinerieprodukten und durch katalyt. Hydrodealkylierung gewonnen wird. N. bildet farblose Kristalle. Es dient v. a. zur Herstellung von Phthalsäureanhydrid und Farbstoffen. Darüber hinaus wird es zu Gerbstoffen, Insektiziden und den Lösungsmitteln Dekalin und Tetralin weiterverarbeitet.

Naphtalincarbonsäuren, vom Naphthalin abgeleitete Carbonsäuren. N. mit nur einer Carboxylgruppe heißen **Naphthoesäuren**. Die 1,8-Naphthalindicarbonsäure (**Naphthalsäure**), die durch Oxidation von Acenaphthen gewonnen wird, dient zur Herstellung von Küpenfarbstoffen.

Naphtalinsulfonsäuren, Naphthalinderivate mit einer oder mehreren Sulfogruppen $-SO_3H$, die durch Einwirkung von konzentrierter Schwefelsäure auf Naphthalin entstehen. **1-N. (α-N.)** entsteht durch Sulfonierung bei niedrigen Temperaturen (bis 80 °C), **2-N. (β-N.)** bei 160–180 °C. Bei stärkerer Sulfonierung lassen sich zwei oder drei Sulfogruppen in das Naphthalinmolekül einführen. N. werden zu Naphtholen, Naphtholsulfonsäuren u. a. Farbstoffzwischenprodukten weiterverarbeitet.

Naphtazarin *das,* -s, Naphthalinderivat (chemisch das 5,8-Dihydroxy-1,4-naphthochinon), das in Form grünlich glänzender, brauner Nadeln kristallisiert; bildet mit Chromhydroxid einen schwarzvioletten Farblack; u. a. in der Wollfärberei verwendet, Grundkörper des Naturfarbstoffs Alkannin.

Naphthene, →Cycloalkane.

Naphtensäuren, alizykl. Carbonsäuren, die in naphthenbas. Erdölen vorkommen und durch Laugenwäsche aus Erdöldestillaten gewonnen werden (v. a. die Cyclopentan- und die Cyclohexancarbonsäure). Ihre Salze, die **Naphthenate,** finden Verwendung als Trockenstoffe für Lacke, Holzschutzmittel (Kupfernaphthenat) und Schmieröladditive (Calcium- und Bleinaphthenate).

Naphtho|chinone, vom Naphthalin abgeleitete →Chinone. Von Bedeutung für die Herstellung von Anthrachinon und als Hilfsstoff bei Polymerisationen ist **1,4-N.,** das durch Oxidation von Naphthalin mit Luftsauerstoff hergestellt wird. Derivate des 1,4-N. sind die Vitamine K_1 und K_2, das orangegelbe →Lawson und das braune →Juglon.

Naphtho|esäuren, →Naphthalincarbonsäuren.

Naphthole, Hydroxynaphthaline, Derivate des Naphthalins, bei denen ein Wasserstoffatom durch eine Hydroxylgruppe ersetzt ist; je nach Stellung der Hydroxylgruppe wird zw. **1-N. (α-N., 1-Hydroxynaphthalin)** und **2-N. (β-N., 2-Hydroxynaphthalin)** unterschieden. N. sind kristalline Stoffe, die in geringen Mengen im Steinkohlenteer enthalten sind. Sie werden durch Alkalischmelze der entsprechenden Naphthalinsulfonsäure, 1-N. auch durch Oxidation von Tetralin und Dehydrierung der dabei entstehenden Reaktionsprodukte hergestellt und bes. als Kupplungskomponenten für Azofarbstoffe verwendet. N. sind auch Ausgangsstoffe zur Synthese von Insektiziden und Fungiziden und dienen als Konservierungsstoffe für techn. Produkte.

Naphtholfarbstoffe, Sammel-Bez. für Farbstoffe, die sich von Naphtholen und Naphtholderivaten ableiten; wichtige Säurefarbstoffe (→Azofarbstoffe).

Naphtholgrün B, dunkelgrüner Farbstoff aus der Gruppe der Nitrosofarbstoffe (chemisch das Natriumsalz des Eisenkomplexes von 1-Nitroso-2-hydroxynaphthalin-6-sulfonsäure); wird verwendet für Stempelfarben, zum Färben von Wolle, Seide und Papier sowie als Mikroskopierfarbstoff.

Naphtholrot S, der →Amaranth.

Naphtholsulfonsäuren, Hydroxynaphthalinsulfonsäuren, Derivate der Naphthole mit einer oder mehreren Sulfogruppen, $-SO_3H$. Die N. sind starke Säuren, die durch Sulfonierung von Naphtholen, Hydrolyse von Naphtholsulfonsäuren, Aminonaphthalinsulfonsäuren oder N. mit mehreren Sulfogruppen sowie durch Reaktionen von Aminonaphthalinsulfonsäuren mit Hydrogensulfit oder Diazoniumverbindungen hergestellt werden. **Amino-N.** (Aminohydroxynaphthalinsulfonsäuren) werden durch Hydrolyse von Aminonaphthalinsulfonsäuren mit mehreren Sulfogruppen hergestellt. Viele N. und Amino-N. sind als wichtige Zwischenprodukte für Farbstoffe (z. B. Kupplungskomponenten für Azofarbstoffe) unter Trivialnamen wie **H-Säure, I-Säure, R-Säure, γ-Säure** (›Buchstabensäuren‹) oder **Azurinsäure** (1-Hydroxynaphthalin-5-sulfonsäure) bekannt.

Naphthyl..., Bez. der chem. Nomenklatur für die vom Naphthalin abgeleitete Gruppe $-C_{10}H_7$.

Naphthylamine, Aminonaphthaline, Derivate des Naphthalins mit einer Aminogruppe. **1-N. (α-N.)** wird durch Nitrierung von Naphthalin und Reduktion des entstehenden 1-Nitronaphthalins gewonnen und als Zwischenprodukt zur Herstellung von Azofarbstoffen verwendet. Das früher ähnlich verwendete **2-N. (β-N.,** ›Beta-N.‹) gehört zu den Krebs erzeugenden Arbeitsstoffen, seine großtechn. Herstellung wurde deshalb Ende der 1980er-Jahre eingestellt.

Naphthylbromid, 1-Bromnaphthalin, farblose Flüssigkeit, die wegen ihrer hohen Brechzahl ($n = 1,658$) in der Optik als Kontaktflüssigkeit bei der Bestimmung der Refraktion fester Stoffe und als Immersionsflüssigkeit für mikroskop. Objektive dient.

Naphtol AS®, Anilid der 3-Hydroxy-2-naphthoesäure. N. AS und seine Derivate dienen als Kupplungskomponenten v. a. für Azofarbstoffe, die als Entwicklungsfarbstoffe verwendet werden.

Napier [ˈneɪpɪə], Hafenstadt an der O-Küste der Nordinsel Neuseelands, an der Hawke Bay, 52 500 Ew., als städt. Agglomeration **N.-Hastings** 111 700 Ew.; Kunstgalerie, Völkerkundemuseum, botan. Garten; Wollhandel, Konserven-, Zigaretten-, Düngemittel-, Textil-, Metall-, Elektro-, Holzindustrie, Maschinenbau; Weinkellereien; Fischerei; Seebad im Vorort **Westshore;** Flughafen. – 1931 durch Erdbeben zerstört, danach modern aufgebaut.

Napoleon I., Kaiser der Franzosen (Gemälde von Jacques-Louis David, 1820; Washington, D. C., National Gallery of Art)

Napier [ˈneɪpɪə], latinisiert **Neper,** John, **Laird of Merchiston** [ˈmɔːtʃɪstn], schottischer Mathematiker, * Merchiston Castle (bei Edinburgh) 1550, † ebd. 7. 4. 1617; erfand Rechenstäbchen (›Napiers Knochen‹) zum Multiplizieren, Dividieren und Wurzelziehen. N. veröffentlichte 1614 die erste Logarithmentafel (unabhängig von J. BÜRGI), die allerdings noch große Unterschiede zu den späteren Tafeln aufwies (u. a. waren Numeri und Logarithmen gegenläufig; eine feste Basis wurde nicht verwendet) und deren Konstruktion er in einem postum erschienenen Werk (1619) erläuterte. H. BRIGGS regte die Konstruktion dekad. Logarithmentafeln an, mit der sich N. befasste, aber erst von BRIGGS und ADRIAEN VLACQ (* um 1600, † 1667) vollendet werden konnte. Auf N. geht auch die Kommaschreibweise bei Dezimalbrüchen zurück.

N. tercentenary memorial volume, hg. v. C. G. KNOTT (London 1915); M. GARDNER: Bacons Geheimnis. Die Wurzeln des Zufalls u. andere numer. Merkwürdigkeiten (a. d. Amerikan., Neuausg. 1990).

napiersche Regel [ˈneɪpɪə-], die →nepersche Regel.
Napo, 1) *der,* linker Nebenfluss des Amazonas, rd. 750 km lang, entspringt südöstlich des Cotopaxi in Ecuador und mündet unterhalb von Iquito, Peru.
2) Prov. in →Ecuador.
Napoleon *der, -s/-(s),* **Napoleondor,** volkstüml. Bez. der goldenen frz. 20-Franc-Stücke, die erstmals 1803 unter NAPOLEON als Erstem Konsul ausgegeben wurden. Der Name wurde auch für die Prägungen der Bourbonen, LOUIS PHILIPPES und der Republik beibehalten, wobei das 40-Franc-Stück als doppelter und das 100-Franc-Stück als fünffacher N. bezeichnet wurden.
Napoleon, frz. **Napoléon** [napoleˈɔ̃], frz. Herrscher aus der kors. Familie →Bonaparte:
1) Napoleon I., Kaiser der Franzosen (1804–14/15), urspr. **Napoleone Buonaparte,** * Ajaccio (Korsika) 15. 8. 1769, † Longwood (Sankt Helena) 5. 5. 1821, Vater von 2), Onkel von 3).

Jugend und militärischer Aufstieg

Nach dem Willen des Vaters CARLO MARIA BONAPARTE französisch erzogen, blieb N. auf den Militärschulen von Brienne (1779–84) und Paris (1784–85) auch als Leutnant der Artillerie (Oktober 1785) ein Landfremder. Erst nach dem Bruch mit der kors. separatist. Bewegung P. PAOLIS (1793), der ihn, seine Mutter MARIA LETIZIA BONAPARTE und seine Geschwister zur Flucht auf das frz. Festland zwang, schloss sich N. ganz der herrschenden Bergpartei an.

Der erfolgreiche Plan zur Rückeroberung von Toulon (Dezember 1793) brachte ihm die Beförderung zum Brigadegeneral ein. Nach dem Sturz M. DE ROBESPIERRES (1794) für kurze Zeit inhaftiert und am 15. 9. 1795 aus der Armee entlassen, wurde N. im Oktober 1795 mit der Niederschlagung des royalist. Aufstandes in Paris beauftragt und nach dem Sieg über die Pariser ›Sektionen‹ (5. 10. 1795) zum Befehlshaber der ›Armee des Innern‹, dann zum Oberbefehlshaber der Italienarmee (2. 3. 1796) ernannt. Am 9. 3. 1796 heiratete er JOSÉPHINE DE BEAUHARNAIS; diese Ehe sicherte ihm die angestrebte Stellung in der Gesellschaft des Direktoriums.

Mit dem oberital. Feldzug (1796/97, →Französische Revolutionskriege) und der selbstständigen Politik des jungen Generals (territoriale Umgestaltung Oberitaliens, Friedensschlüsse von Leoben und Campoformio) begann N.s Aufstieg zur Macht. Nachdem er im Dezember 1797 nach Paris zurückgekehrt war, übertrug ihm das Direktorium den Oberbefehl über die England-Armee, beauftragte ihn jedoch dann mit der Durchführung seines Planes der →ägyptischen Expedition (1798), von der er vorzeitig zurückkehrte (Landung bei Fréjus: 9. 10. 1799).

Konsulat und Kaiserreich

Die Popularität N.s ermöglichte den Sturz des Direktoriums am 18./19. Brumaire VIII (9./10. 11. 1799). Die Konsularverfassung vom 13. 12. 1799, die ihn zum ersten unter drei auf zehn Jahre bestimmten Konsuln machte, war ganz auf die alleinige Machtausübung N.s zugeschnitten. Im Inneren setzte er an die Stelle des Gegeneinanders konkurrierender Gewalten ein vorzüglich organisiertes, zentralist. Ordnungssystem. Den Kirchenkampf der Revolution beendete er durch das Konkordat mit Papst PIUS VII. (1801), womit er sich die Verfügung über die vom Staat besoldete Kirche sicherte. 1804 erließ er den Code civil (Code Napoléon, →Code), der das bürgerl. Recht in Frankreich bis heute bestimmt und die europ. Rechtsentwicklung entscheidend beeinflusste. Den zweiten Koalitionskrieg beendete er siegreich mit den Friedensschlüssen von Lunéville (1801) und Amiens (1802). Gestützt auf Plebiszite, machte N. sich 1802 zum Konsul auf Lebenszeit und krönte sich am 2. 12. 1804 in der Kathedrale Notre-Dame zu Paris selbst zum erbl. ›Kaiser der Franzosen‹, worauf ihn der Papst weihte. Am 26. 5. 1805 krönte sich N. in Mailand zum König von Italien (Oberitalien).

N. erhob seine Brüder JOSEPH (→JOSEPH, Herrscher, Spanien), LOUIS (→LUDWIG, Herrscher, Holland), JÉRÔME wie auch seinen Schwager J. MURAT zu Königen in den von Frankreich abhängigen Territorien. Mit der Familienpolitik eng verknüpft war die Schaffung einer Elite von Großwürdenträgern und Marschällen (Stiftung der →Ehrenlegion, 1802) und eines napoleon. Neuadels, der sich mit dem alten frz. Adel, soweit dieser sich dem neuen Kaisertum anschloss, verband und so Teil der neuen Notabelngesellschaft wurde. Eine repräsentative klassizist. Kunst (Empirestil, →Empire 2) verherrlichte die kaiserl. Macht; das geistige Leben unterlag drückender Zensur durch den Polizeiminister J. FOUCHÉ.

Die durch den Reichsdeputationshauptschluss 1803 eingeleitete territoriale Neuordnung Dtl.s wurde fortgesetzt durch den unter N.s Protektorat gebildeten →Rheinbund (12. 7. 1806), der zur Auflösung des Hl. Röm. Reiches führte (→deutsche Geschichte).

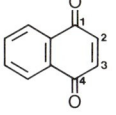

1,4-Naphthochinon
Naphthochinone

1-Naphthol
(α-Naphthol)

2-Naphthol
(β-Naphthol)
Naphthole

1-Naphthylamin
(α-Naphthylamin)
Naphthylamine

Napo Napoleon

Der Gegensatz zw. napoleon. und brit. Imperialismus führte schon 1803 zum Wiederausbruch des Krieges mit Großbritannien. Mehrere Kontinentalkriege verbanden sich damit (→Napoleonische Kriege, →Kontinentalsperre). Nach der Niederwerfung Österreichs 1805 (Schlacht von Austerlitz) und Preußens 1806 (Schlacht von Jena und Auerstedt) und dem Bündnis mit ALEXANDER I. von Russland 1807 stand N., der 1807/08 seinen polit. Einfluss auch auf Spanien ausdehnte, auf dem Gipfel der Macht, die er beim Erfurter Fürstentag 1808 glanzvoll demonstrierte. Nach dem erneuten Sieg über Österreich 1809 ließ N. seine kinderlose Ehe mit JOSÉPHINE scheiden und heiratete am 2. 4. 1810 die österr. Kaisertochter MARIE LOUISE (→MARIA, Herrscherinnen, Frankreich), mit der er einen Sohn – den späteren Herzog von Reichstadt – hatte. Damals zehrte bereits der Aufstand der nationalkonservativen Spanier gegen die aufgeklärte frz. Herrschaft an N.s Macht. 1809 annektierte er die Illyr. Provinzen, 1810 Holland, die dt. Nordseeküste und Lübeck, um die Kontinentalsperre zu verschärfen; Interessengegensätze über sie führten 1812 zum Bruch mit ALEXANDER I.

N. bot zum Krieg gegen Russland alle seine Vasallen und Verbündeten auf und führte die Große Armee in den →Russischen Feldzug von 1812, der zur Wende der napoleon. Herrschaft in Europa wurde. Die →Befreiungskriege, bes. die Völkerschlacht bei Leipzig (16.–19. 10. 1813), führten zum Rückzug N.s auf frz. Boden. Die Last der Aushebungen, die Steuern, die Polizeiherrschaft hatten die Unzufriedenheit des frz. Volkes anwachsen lassen. Nach der Besetzung von Paris durch die Verbündeten sprach der Senat am 2. 4. 1814 die Absetzung des Kaisers aus, am 6. 4. dankte N. in Fontainebleau ab. Die Sieger wiesen ihm die Insel Elba als souveränen Besitz zu; der Kaisertitel verblieb ihm. – Noch einmal griff N. nach der Macht. Die Herrschaft der Hundert Tage begann mit seiner überraschenden Landung bei Cannes (1. 3. 1815) und endete mit seiner Niederlage bei Waterloo (18. 6.). Im Interesse der polit. Beruhigung wurde N. auf Lebenszeit auf die engl. Insel Sankt Helena verbannt, wo er 1821 starb. Seine Leiche wurde 1840 nach Paris überführt und beim Invalidendom beigesetzt.

Historische Bedeutung und Nachwirkung

N. verband in seinem Wirken Ideen der Frz. Revolution mit absolutist. Herrscherwillen und grenzenlosem Machtdrang. Er griff weit über die Grenzen hinaus, die die bourbon. Machtpolitik selbst unter LUDWIG XIV. respektiert hatte. Ideenreich, aber auch brutal als Staatsmann, zerstörte er Europa das Ancien Régime. In Verwaltung, Gesellschaft und Rechtssystem prägt er Frankreich bis heute. In Italien und in Dtl. verhalf er dem modernen Staats- und Nationalgedanken zum Durchbruch, wobei feudale Sonderrechte und kleinstaatl. Zersplitterung überwunden wurden.

Als Feldherr und Truppenführer genoss er großes Ansehen, von seinen Truppen wurde er vergöttert, von seinen Gegnern (so den preuß. Heerführern G. VON SCHARNHORST und A. W. VON GNEISENAU) nachgeahmt. Die Durchführung schneller Märsche, die überraschende Truppenkonzentration an strategisch entscheidender Stelle, die systematische Verwendung der Artillerie erklären neben anderem seine Erfolge. Dabei machte er sich die von der Revolution heraufgeführte Umgestaltung der Kriegstechnik (Massenheere, Ablösung der Lineartaktik durch das Schützengefecht, Übergang vom Magazin- zum Requisitionssystem) zunutze und stützte darauf seine strateg. Pläne und operativen Maßnahmen. Den Wirtschaftskrieg baute er erstmals im großen Stil aus.

Sein Regierungssystem war die Militärdiktatur, die anfangs mit demokrat. Formen verbrämt war (Volksabstimmungen 1802, 1804). Die Rücksichtslosigkeit seiner Krieger. Politik trieb ihn mit Großbritannien zur Eroberung des ganzen Kontinents, die ungeheure Blutopfer forderte. Anfangs vielerorts als Befreier begrüßt, hat er den Freiheitsdrang der europ. Völker erweckt, der später zu seinem Sturz beitrug.

Die ›napoleon. Legende‹, nach der sein Ziel die Freiheit der Völker gewesen wäre, woran ihn nur seine Feinde, bes. Großbritannien, gehindert hätten, hat er selbst auf Sankt Helena geschaffen. Von N. III. verbreitet, wirkt sie bis heute nach.

In der frz. Geschichtsschreibung über N. wechselten zunächst Bewunderung und Hass, bevor ein unbefangeneres, wissenschaftlich begründetes Urteil möglich wurde. In der neueren Literatur werden v. a. die sozialgeschichtl. Voraussetzungen und Folgen seiner Herrschaft herausgestellt. Danach war sein Sturz letztlich die Konsequenz seiner Abkehr von der Wohlfahrtsdiktatur zugunsten der Nutznießer der Revolution und seiner Hinwendung zu einer dynastisch bestimmten Politik (J. TULARD). In der dt. Historiographie wurde er lange als Genie gefeiert oder – aus Feindschaft gegen England – heroisiert.

N. wurde schon zu seinen Lebzeiten Gegenstand konträrer Gestaltung in der Literatur. MADAME DE STAËL, W. SCOTT (Biographie, 1827) und die dt. patriot. Lyriker zeichneten das Bild eines Tyrannen, Größenwahnsinnigen und Scharlatans. Auf der anderen Seite wurde N. als Vollender der Revolution verherrlicht, so etwa in den Gedichten von F. HÖLDERLIN (›Bonaparte‹, 1798), LORD BYRON (›Ode to Bonaparte‹, 1814) und H. HEINE (›Die beiden Grenadiere‹, 1827) sowie in C. D. GRABBES Drama ›N. oder die hundert Tage‹ (1831). Mitte des 19. Jh. setzte sich die in P. BÉRANGERS Chansons geschaffene Vorstellung vom Volkskaiser, dem ›petit caporal‹, durch, der schon W. HAUFF in der Erzählung ›Das Bild des Kaisers‹ (1828) gefolgt war. V. HUGO feierte N. in dem Gedicht ›L'expiation‹ (1852) als den Vertreter von Frankreichs größtem Ruhm. A. DUMAS PÈRE machte ihn zum Helden eines Dramas (›Napoléon Bonaparte‹, 1841), F. NIETZSCHE sah in ihm das Symbol des Übermenschen und beeinflusste damit die N.-Dramen des späten 19. Jh. (K. BLEIBTREU, ›Der Übermensch‹, 1896; R. VOSS, ›Wehe den Besiegten!‹, 1888). Seit dem Expressionismus erfolgte eine erneute Abwertung N.s, v. a. in den Dramen von F. VON UNRUH (›N.‹, 1920), A. ZWEIG (›Bonaparte in Jaffa‹, 1939) und J. ANOUILH (›La foire d'empoigne‹, 1960); nur das faschist. Italien stand ihm sympathisierend gegenüber. Lustspielhaft wurde N.s Gestalt u. a. von G. B. SHAW (›The man of destiny‹, 1897), W. HASENCLEVER (›N. greift ein‹, 1929) und G. KAISER (›N. in New Orleans‹, 1941) verwendet.

Ausgaben: Correspondance de N. Ier, publiée par l'ordre de l'empereur N. III, 32 Bde. (1858–70); Correspondance militaire, hg. v. A. FABRE, 10 Bde. (1876–97); N. inconnu. Papiers inédits (1786–1793), hg. v. F. MASSON u. a., 2 Bde. (⁶1895); Lettres de N. à Joséphine et de Joséphine à N., hg. v. J. HAUMONT (1968). – N.s Leben. Von ihm selbst, hg. v. H. CONRAD, 10 Bde. u. 3 Erg.-Bde. (1911–13); Marie Louise u. N. 1813–1815. Die unveröffentlichten Briefe der Kaiserin mit den Briefen N.s, hg. v. C.-F. PALMSTIERNA (1960).

E. KLESSMANN u. K.-H. JÜRGENS: N. Lebensbilder (1988); Dictionnaire N., hg. v. J. TULARD (Neuausg. Paris 1989); DERS.: N. ou le mythe du sauveur. Avec une chronologie, une filmographie et des tableaux annexes (Neuausg. ebd. 1992); F. HERRE: N. Bonaparte. Wegbereiter des Jahrhunderts (³1989); G. LEFEBVRE: N. Biographien zur Frz. Revolution (a. d. Frz., 1989); J. PRESSER: N. Das Leben u. die Legende (a. d. Niederländ., 1990); W. VENOHR: N. in Dtl. Tyrann u. Reformator (1991); N. Bonaparte u. das frz. Volk unter seinem Konsulate, hg. v. W. GREILING (1993); R. DUFRAISSE: N. Revolutionär u. Monarch. Eine Biogr. (a. d. Frz., 1994); J. BLACKBURN: Des Kaisers letzte Insel. N. auf Sankt Helena (a. d. Engl., 1996). – *Zeitschrift:* Revue des études napoléoniennes (Paris 1912 ff.).

2) **Napoleon II.**, einziger legitimer Sohn von 1); →Reichstadt, Napoléon Herzog von.

3) **Napoleon III.**, Kaiser der Franzosen (1852–70), urspr. **Charles Louis Napoléon Bonaparte** [napole'ɔ̃ bɔna'paʀt], gen. **Louis Napoléon**, * Paris 20. 4. 1808, † Chislehurst (heute zu London) 9. 1. 1873, Sohn von LOUIS BONAPARTE, einem Bruder von 1), und der HORTENSE, Stieftochter von 1); lebte seit 1815 mit seiner Mutter im schweizer. und dt. Exil, besuchte das Gymnasium in Augsburg und die Militärschule in Thun. Als Anhänger liberaler Ideen beteiligte er sich mit seinem älteren Bruder NAPOLÉON LOUIS (* 1804, † 1831) an dem erfolglosen Aufstand CIRO MENOTTIS (* 1798, † 1831) in Mittelitalien (Februar 1831). Seit dem Tod seines Vetters, des Herzogs von Reichstadt (1832), galt N. als das Haupt der Familie Bonaparte und fühlte sich zur Wiedererrichtung des napoleon. Kaisertums berufen. Nach Putschversuchen gegen König LOUIS PHILIPPE (Straßburg 30. 10. 1836, Boulogne 6. 8. 1840) wurde er zu lebenslängl. Haft verurteilt, floh aber 1846 nach London. In diesen Jahren hat N. sein polit. Programm in mehreren Schriften, u. a. ›Idées napoléoniennes‹ (1839) und ›L'extinction du paupérisme‹ (1844), niedergelegt. Darin werden sein Bestreben, die N.-Verehrung mit Elementen des Prinzips der Volkssouveränität zu verbinden (›plebiszitärer Cäsarismus‹), sowie seine Aufgeschlossenheit für techn. und sozialen Fortschritt deutlich.

1848 kehrte N. nach Frankreich zurück und gewann im Dezember 1848 die Präsidentschaftswahl mit 74 % der Stimmen gegen seinen Hauptgegner, den General und amtierenden Reg.-Chef L. E. CAVAIGNAC. Der ›Prince-Président‹ LOUIS NAPOLÉON, der nach dem Staatsstreich vom 2. 12. 1851 umfassende Regierungsvollmachten erhielt, wurde nach einem Plebiszit am 2. 12. 1852 zum erbl. Kaiser der Franzosen ausgerufen. In der ersten Phase (1852–60) des Zweiten Kaiserreiches (›Second Empire‹) vermochte N. die polit. Opposition klein zu halten (›Empire autoritaire‹); in der zweiten Phase (1860–70) musste er den oppositionellen Forderungen nach größeren polit. Freiheiten schrittweise nachgeben (›Empire libéral‹).

Sein außenpolit. Ziel war, die europ. Ordnung des Wiener Kongresses von 1815 zum Vorteil Frankreichs umzugestalten. Er bediente sich dabei der modernen Forderung nach Durchsetzung des Nationalitätenprinzips auf der Basis des Selbstbestimmungsrechts. Durch seine Beteiligung am →Krimkrieg gelang es ihm, die ›Umgestaltung der europ. Landkarte‹ in Bewegung zu setzen. Der Pariser Kongress (1856) war Höhepunkt seines außenpolit. Ansehens. Danach unterstützte er die nat. Bewegungen in Italien, auf dem Balkan und in Polen. Ihr Siegeszug brachte jedoch mehr Nachteile als Vorteile. Durch die dt. Nationalbewegung, von O. VON BISMARCK gelenkt, wurde schließlich sein Sturz verursacht. In den Dt.-Frz. Krieg von 1870/71 war er hineingetrieben worden, ohne ihn ernsthaft gewollt zu haben (→Emser Depesche).

Durch die Kapitulation von Sedan (2. 9. 1870) geriet N. in preuß. Gefangenschaft (Schloss Wilhelmshöhe bei Kassel). Nach seiner Entlassung (9. 3. 1871) ging er nach Chislehurst; er wurde im Mausoleum zu Farnborough bestattet.

N.s Gemahlin EUGÉNIE, mit der er seit 1853 verheiratet war, suchte ihn politisch zu beeinflussen, bes. in der →Römischen Frage. Sein einziger Sohn war EUGÈNE LOUIS NAPOLÉON BONAPARTE. – Die Geschichtsschreibung hat N. lange Zeit ungünstig beurteilt, weil seine Innen- wie auch seine Außenpolitik letztlich ohne Erfolg blieben. Tatsächlich zeigt seine Herrschaft ein Doppelgesicht. Während die einen ihre plebiszitären Züge und die Existenz eines aus allgemeinen Wahlen hervorgegangenen Parlaments als demokrat. Ansätze deuten, betonen andere die autoritären Merkmale: das Fehlen einer wirksamen parlamentar. Opposition, die Pressezensur, das Verbot von Gewerkschaften und Streiks. Das soziale Problem seiner Zeit hat N. zwar erkannt, es aber trotz Verbesserung der Lage der unteren Schichten – so mittels Arbeitsbeschaffung durch öffentl. Aufträge, v. a. die Ausgestaltung von Paris durch G. E. Baron HAUSSMANN – nicht gelöst. Den wirtschaftl. Aufschwung des Landes hat er gefördert, doch kam dieser in erster Linie dem wohlhabenden Bürgertum zugute.

Ausgabe: Œuvres, 5 Bde. (1854–69).

F. A. SIMPSON: Louis N. and the recovery of France 1848–1856 (London 1951, Nachdr. Westport, Conn., 1975); A. DANSETTE: Le second empire, Bd. 1: Louis-Napoléon à la conquête du pouvoir (Neuausg. Paris 1973); WILLIAM H. C. SMITH: Napoléon III (ebd. 1982); F. HERRE: N. III. Glanz und Elend des Zweiten Kaiserreichs (1990); J. F. MCMILLAN: N. III. (Neudr. London 1993).

Napoleonische Kriege, die von NAPOLEON I. geführten Kriege, die 1803 den →Französischen Revolutionskriegen folgten.

Die Erneuerung des Krieges zw. Frankreich und Großbritannien (seit 1803): Das Vorgehen NAPOLEONS in Italien, der Schweiz, den Niederlanden und dem Reich sowie die Weigerung Großbritanniens, Malta zu räumen, entzogen dem Frieden von Amiens (27. 3. 1802) die Grundlage. Am 18. 5. 1803 nahm Großbritannien den Krieg wieder auf. Frankreich besetzte das mit Großbritannien in Personalunion verbundene Kurfürstentum Hannover, jedoch verhinderte die brit. Seeüberlegenheit frz. Landungspläne in England. Admiral H. NELSONS Sieg bei Trafalgar (21. 10. 1805) vernichtete der frz.-span. Flotte und sicherte die brit. Seeherrschaft (Ausbau des brit. Kolonialreichs auf Kosten Frankreichs und der Niederlande).

Der Krieg der 3. Koalition gegen Frankreich (1805): Um das Gleichgewicht in Europa wiederherzustellen, schloss Großbritannien am 11. 4. 1805 ein Bündnis mit Russland, dem Österreich am 9. 8. 1805 beitrat; Schweden hatte sich schon im Dezember 1804 mit Großbritannien, im Januar 1805 mit Russland verbündet. Preußen blieb neutral.

Im Feldzug von 1805 wandte sich NAPOLEON, unterstützt von Baden, Württemberg und Bayern, sofort gegen Österreich, erzwang die Kapitulation der österr. Armee unter KARL MACK Freiherr VON LEIBERICH (* 1752, † 1828) in Ulm (17. 10.), nahm Wien ein (13./14. 11.) und siegte bei Austerlitz (2. 12.) entscheidend über Österreicher und Russen. Preußen, das ein Eingreifen auf der Seite der Koalition erwogen hatte, war nun zum Bündnis mit Frankreich bereit; es verzichtete u. a. auf Ansbach und erhielt dafür Hannover (Vertrag von Schönbrunn, 15. 12.). Österreich verlor im Frieden von Preßburg (26. 12.) Venetien, Tirol und Vorderösterreich und war damit aus Dtl. und Italien verdrängt. Der Sieg NAPOLEONS schuf die Voraussetzungen für die Bildung des →Rheinbundes.

Der Krieg der 4. Koalition gegen Frankreich (1806–07): Nachdem NAPOLEON den Briten Hannover angeboten sowie Ansbach und Bayreuth besetzt hatte, forderte ihn ein Ultimatum (26. 9. 1806) zur Räumung Süd-Dtl.s auf. Ohne es zu beantworten, rückte der Kaiser nach Thüringen vor. Nach einem ersten Zusammentreffen bei Saalfeld (10. 10.) wurde am 14. 10. die preuß. Hauptmacht in der Doppelschlacht von Jena und Auerstedt vernichtend geschlagen. Sachsen trat von dem Bündnis mit Preußen zurück und schloss einen Sonderfrieden (11. 12.). Die preuß. Hauptfestungen kapitulierten fast widerstandslos. Am 27. 10. zog NAPOLEON in Berlin ein. Hier verfügte er am 21. 11. die →Kontinentalsperre, um Großbritannien zum Frieden zu zwingen.

Der nach Ostpreußen geflohene preuß. König FRIEDRICH WILHELM III. setzte mit russ. Hilfe den

Napoleon III., Kaiser der Franzosen

Krieg fort. Die Schlacht bei Preußisch Eylau (7./8. 2. 1807) endete unentschieden. NAPOLEON versuchte darauf, Preußen zum Abfall von Russland zu bewegen. Preußen und Russland antworteten mit dem Abschluss eines Schutz- und Trutzbündnisses (26. 4.). Nach seiner schweren Niederlage bei Friedland (14. 6.) fand sich Kaiser ALEXANDER I. jedoch unter dem Druck nationalruss. Kräfte in der Armee zur Verständigung bereit. Im Frieden von Tilsit (7.–9. 7.) rettete Russland zwar die Existenz Preußens, das jedoch durch den Verlust bes. seines westelb. Besitzes und der Gewinne aus der zweiten und dritten Poln. Teilung zu einer Macht zweiten Ranges herabsank. Russland trat der Kontinentalsperre bei und erhielt freie Hand zum Erwerb des schwed. Finnland. Im Oktober 1807 verbündete sich Dänemark mit Frankreich, nachdem Großbritannien durch die Beschießung Kopenhagens (2.–6. 9.) die Auslieferung der dän. Flotte erzwungen hatte, um eine Sperrung der Ostsee zu verhindern. NAPOLEON stand jetzt auf dem Höhepunkt seiner Macht. Nur Großbritannien und Schweden (bis 1810) blieben als Gegner übrig. Zu den ersten Rückschlägen kam es auf der Pyrenäenhalbinsel.

Der Krieg auf der Pyrenäenhalbinsel (1808–14): Da Portugal, verbündet mit Großbritannien, der Kontinentalsperre nicht beitrat, erklärte NAPOLEON die Dynastie Bragança für abgesetzt; eine frz. Armee besetzte das Land. 1808 gab ein Einfluss auf die span. Politik in NAPOLEON, der den Einfluss auf die span. Politik in Gefahr sah, Gelegenheit, König KARL IV. und den Kronprinzen zum Thronverzicht zugunsten seines Bruders JOSEPH zu zwingen. Der dadurch provozierte Aufstand des span. Volkes, der durch eine brit. Armee unter WELLINGTON unterstützt wurde, führte zum persönl. Eingreifen NAPOLEONS (November/Dezember 1808). Trotz mehrerer Siege und der zeitweiligen Vertreibung der Briten aus Spanien fiel keine Entscheidung. Der Volkskrieg fesselte ständig einen Teil der frz. Armee. Am 21. 6. 1813 gelang WELLINGTON bei Vitoria der entscheidende Sieg über die frz. Hauptarmee unter König JOSEPH, der Spanien verlassen musste. Der Waffenstillstand wurde erst nach NAPOLEONS Abdankung geschlossen (18. 4. 1814).

Der Krieg Österreichs gegen Frankreich (1809): Ermutigt durch den Widerstand, den NAPOLEON in Spanien fand, und in der Hoffnung auf eine allgemeine Erhebung in Dtl. plante Österreich (Graf STADION) seit Ende 1808 den Krieg gegen Frankreich. Bald nach der Erhebung in Tirol unter A. HOFER rückte die österr. Hauptarmee in Bayern ein (Kriegserklärung 9. 4. 1809). Zwar konnte München genommen werden, NAPOLEON siegte jedoch bei Abensberg, Landshut und Eggmühl (20./22. 4.) und zog am 13. 5. in Wien ein. Erzherzog KARL konnte zwar bei Aspern (21./22. 5.) NAPOLEON seine erste Niederlage beibringen, wurde jedoch bei Wagram (5./6. 7.) geschlagen. Am 12. 7. wurde der Waffenstillstand von Znaim geschlossen. Die Hoffnung Österreichs auf dt. Bundesgenossen, bes. auf Preußen, und auf russ. Unterstützung war fehlgeschlagen. Zwar kam es im mittleren und nördl. Dtl. zu Aufstandsversuchen (so durch W. VON →DÖRNBERG, F. VON →SCHILL), jedoch nicht zu einer Volkserhebung. Im Frieden von Schönbrunn (14. 10.) verlor Österreich seine adriat. Küstenländer (›Illyr. Provinzen‹), W-Galizien und einen Teil O-Galiziens, Salzburg und das Innviertel. Die N. K. fanden ihre Fortsetzung im →Russischen Feldzug von 1812 und in den →Befreiungskriegen.

R. WOHLFEIL: Spanien u. die dt. Erhebung 1808–1814 (1965); D. G. CHANDLER: The campaigns of Napoleon (London ⁵1978); DERS.: Dictionary of the Napoleonic Wars (Neuausg. ebd. 1993); G. E. ROTHENBERG: The art of warfare in the age of Napoleon (Neuausg. Bloomington, Ind., 1978); M. GLOVER: The Napoleonic wars. An illustrated history 1792–1815 (New York 1979); Napoleonic military history. A bibliography, hg. v. D. D. HOWARD (ebd. 1986).

Napoleonshut, Form des Zweispitz, modisch etwa 1798–1815. Bei zur Seite weisenden Spitzen war die hintere Krempe steil hochgebogen, die vordere in der Mitte deutlich ausgebuchtet.

Napoli, ital. Name von →Neapel.

Nappa [nach der kaliforn. Stadt Napa] *das, -(s),*

Nappaleder, elast., tuchweiches, vollnarbiges Handschuh-, Bekleidungs-, Stiefel- oder Handtaschenleder aus Kalb-, Schaf- oder Ziegenfellen, früher glacégegerbt, heute chromgar oder kombiniert gegerbt. Im Ggs. zu dem nur auf der Narbenseite gefärbten Glacéleder wird N. durchgefärbt.

Nappismus [zu frz. nappe ›Decke‹] *der, -, Geologie:* →Deckentheorie.

Nápravník [ˈnaːprαvɲiːk], Milan, tschech. Schriftsteller, * Deutsch-Brod 28. 5. 1931; lebt seit 1968 in der Bundesrepublik Dtl.; schreibt lyr. Prosa und experimentelle, paradox-humorvolle Verse.

Werke: Gedichte und Prosa: Básne, návesti po pohyby (1966); Krajokrai (1967); Moták (1969; dt. Kassiber); Beobachtungen des stehenden Läufers (1970); Do obrazu (1979); Aus den Kasematten des Schlafs (1980).

Nara, Hauptstadt der Präfektur N., auf Honshū, Japan, östlich von Ōsaka, 355 000 Ew.; Univ., Hochschule für Medizin, Nationalmuseum u. a. Museen; bedeutender Fremdenverkehrsort; Textil-, Nahrungsmittelindustrie. – Erbaut nach dem Vorbild des chin. Chang'an (Xi'an) mit schachbrettartigem Grundriss. Große Tempelanlagen dokumentieren die Macht des N.-Buddhismus: Tōdaiji (738–761), Kōfukuji (730), Yakushiji (718), Tōshōdaiji (759), deren Gebäude z. T. noch aus dieser Zeit erhalten sind (z. B. Ostpagode des Yakushiji). Sie bergen wertvolle Plastiken, v. a. das Schatzhaus Shōsōin des Tōdaiji, der auch durch den 16,2 m hohen Daibutsu, eine bronzene Buddhafigur, berühmt ist. Bedeutendster Shintō-Schrein von N. ist der Kasuga-Taisha (768), mit großer Gartenanlage, zahlr. Kunstschätzen und deren Hirsch als Kultsymbol, einer ›Drei Schreine Japans‹. Er wurde namengebend für den buddhistisch beeinflussten Schreinbaustil der Heianzeit. – Südwestlich von N. liegt →Hōryūji. – 708 wurde N. als Heijō-kyō auf Befehl von Kaiserin GEMMEI (43. Tenno 707–715) als Residenz gegründet und 710 bezogen. N. war die erste feste Metropole Japans. Bei archäolog. Grabungen der 1980er-Jahre aufgelegte Überreste eines Verw.-Archivs des 8. Jh. lassen Rückschlüsse auf die Zentralgewalt der Narazeit zu. Mit der Verlegung (784) der Residenz zunächst nach Nagaoka und später (794) nach dem heutigen Kyōto, endete eine Epoche der jap. Geschichte und Kunst. Die in N.s Blütezeit entstandenen Tempel konnten sich als Zentren religiösen Lebens behaupten. 1180 wurden weite Teile N.s durch Brandstiftung zerstört. In der Kamakurazeit (1192–1333) erlebte N. einen Aufschwung als wichtige Produktionsstätte für Tusche, während der Tokugawazeit (1603–1868) als Ort der Leinenherstellung.

Naramsin, König (um 2155–2119 v. Chr.) der Akkaddynastie in Babylonien; erneuerte das Reich seines Großvaters SARGON bis nach Syrien und O-Kleinasien. N. baute u. a. einen Palast in →Tell Brak. Seinen Sieg über die Lulubäer, ein Bergvolk im Zagrosgebirge, verherrlicht eine in Susa gefundene Siegesstele (**N.-Stele,** BILD →akkadische Kunst). Von der Blüte der Kunst unter seiner Herrschaft zeugt auch ein Bronzekopf, meist als Sargon bezeichnet, der wohl N. wiedergibt (BILD →Bronzekunst). N. bezeichnete sich als ›König der vier Weltgegenden‹ und ließ sich als erster akkad. Herrscher vergöttlichen.

Naranjo [naˈranxo], Carmen, costarican. Schriftstellerin, * Cartago 1931; 1972 Botschafterin ihres Landes in Israel; 1974–76 Kulturministerin; seit 1982

Direktorin des costarican. Kunstmuseums. Sie begann als Lyrikerin, hat sich jedoch bald mit experimentellen Romanen profiliert, deren zumeist männl. Protagonisten ein umfassendes Bild der costarican. Gesellschaft darstellen.

Werke: *Romane:* Los perros no ladraron (1966); Camino al mediodía (1968); Diario de una multitud (1974); Sobrepunto (1985). – *Lyrik:* Mi guerrilla (1977). – *Essay:* Mujer y cultura (1989).

Narasimha Rao, Pamulaparti Venkata, ind. Politiker, →Rao, Pamulaparti Venkata Narasimha.

Naraspflanze, Acanthosicyos horridus, im südwestl. Afrika beheimatete Art der Kürbisgewächse; etwa 1,5 m hoher, blattloser, stark bedornter und dichte Hecken bildender zweihäusiger Strauch, dessen armdicke Wurzeln eine Länge von bis zu 15 m erreichen. Das Fleisch und die Samen der wohlschmeckenden apfelsinenähnl. Früchte bildeten das Grundnahrungsmittel einiger Hottentottenvölker. Die kirschkerngroßen, ölreichen Samen werden bis heute wie Mandeln verwendet und auch exportiert.

Narayan [nɑːˈrɑːjən], **1)** Jaya Prakash, ind. Politiker, * im Distr. Saran (Bihar) 11. 10. 1902, † Patna 8. 10. 1979; schloss sich der ind. Nationalbewegung an. Innerhalb des Ind. Nationalkongresses gründete er 1934 eine sozialist. Gruppe, die sich 1948 als eigenständige ›Socialist Party‹ konstituierte. Mit V. BHAVE arbeitete er seit 1951 in der Bhudan-(Landschenkungs-)Bewegung. Nach der Teilung Indiens bemühte er sich um die Versöhnung zw. Hindus und Moslems. Seit 1972 geriet N. in Ggs. zu Min.-Präs. INDIRA GANDHI und wurde bald zum Kern der Opposition gegen ihre zunehmend autoritären Herrschaftsformen. Nach Verhängung des Ausnahmezustandes war er zeitweilig in Haft. 1977 trug er maßgeblich zum Sieg der Janata-Partei über die Kongresspartei INDIRA GANDHIS bei.

2) R. K. (Rasipuram Krishnaswami), ind. Schriftsteller, * Madras 10. 10. 1906; gehört zu den Mitbegründern der modernen indoengl. Literatur; in seinen Romanen und Erzählungen schildert er humorvoll-ironisch, doch auch gesellschaftskritisch, in schlicht-elegantem Erzählstil das ind. Alltagsleben, die zwischenmenschl. Konflikte und tragikom. Ereignisse meist in der eine ganze Kultur spiegelnden fiktiven südind. Kleinstadt Malgudi.

Werke: *Romane:* Swami and friends (1935); The financial expert (1952; dt. Gold vom Himmel); Waiting for the Mahatma (1955); The guide (1958; dt. Der Fremdenführer); The man-eater of Malgudi (1961; dt. Der Menschenfresser von Malgudi); The painter of signs (1976; dt. Der Schildermaler); The world of Nayaraj (1990). – *Kurzgeschichten:* Malgudi days (1943, erw. Fassung 1982); The grandmother's tale (1993).
W. WALSH: R. K. N. (London 1971); DERS.: R. K. N. A critical appreciation (Chicago, Ill., 1982); M. K. NAIK: The ironic vision. A study of the fiction of R. K. N. (Neu Delhi 1983).

Narayana [Sanskrit ›Weg des Urmenschen‹], ind. Gott, bereits im Veda erwähnt; wird mit Brahma oder Vishnu gleichgesetzt; daneben im ind. Sprachgebrauch auch allgemeine Bez. für (den höchsten) Gott.

Narayanan, Kocheril Raman, ind. Politiker, * Ozhavoor (Kerala) 27. 10. 1920 (nach anderen Angaben 4. 2. 1921); gehört zu den Kastenlosen (Unberührbaren); arbeitete nach dem Studium in Travancore und London u. a. als Reporter und Korrespondent; trat 1949 in den auswärtigen Dienst ein, war 1967–69 Botschafter in Thailand, 1973–75 in der Türkei, 1976–78 in China und 1980–83 in den USA; ab 1984 Mitgl. des ind. Unterhauses (Lok Sabha); mehrmals Staats-Min. (u. a. für Planung, Außenbeziehungen, Wiss. und Technik), 1992–97 Vize-Präs.; wurde 1997 als erster Kastenloser zum Staatspräs. gewählt.

Narayanganj [nɑːˈrɑːjəngændʒ], Stadt in Bangladesh, im Ganges-Brahmaputra-Delta, 269 000 Ew.; bildet mit Dhaka eine Industrieregion; Hauptsitz der Jutebehörde von Bangladesh; Juteverarbeitung, Baumwoll-, Glas-, chem., Leder-, Zuckerindustrie; wichtiger Flusshafen von Dhaka.

Nara: Tōdaiji-Tempel, 738–761

Narazeit, Epoche in der Geschichte →Japans.

Narbada [nəˈbædə], Fluss in Indien, →Narmada.

Narbe, 1) *Botanik:* **Stigma,** am oberen Ende des Fruchtknotens der Blütenpflanzen meist auf einem →Griffel sitzendes papillöses, Schleim absonderndes Empfangsorgan für die Pollenkörner.

2) *Medizin:* **Cicatrix,** aus derbem, weißl., faserreichem, zell- und gefäßarmem Bindegewebe bestehendes Ersatzgewebe, das sich bei der Wundheilung aus dem →Granulationsgewebe entwickelt und an Haut und Schleimhaut von einer Deckschicht aus regenerierten Epithelzellen bedeckt ist. N. bilden sich bei Substanzverlusten durch Verletzungen, Geschwüre, entzündl. Herde oder örtl. Gewebetod, auch bei ungestörter Heilung von Wunden (bes. nach Verbrennungen) sowie nach operativer Gewebedurchtrennung.

Gegenüber dem normalen Bindegewebe besitzen N. verminderte Elastizität und Belastbarkeit; bei größeren N. des Bauches kann es durch Überdehnung zu einem **N.-Bruch,** einem Eingeweidebruch (→Bruch), kommen. Durch Schrumpfung des N.-Gewebes (**N.-Kontraktur**) können im Bereich von Gelenken Bewegungseinschränkungen entstehen, nach Verätzungen und Entzündungen in Speiseröhre und Darm schwerwiegende Funktionsstörungen. Eine übermäßige bindegewebige Wucherung führt zum →Keloid.

Narben der, -s/-, *Lederherstellung:* Bindegewebsmembran, die das Fasergewebe der Lederhaut auf der Haarseite abschließt und mit ihrer durch die Haarporen bedingten Musterung die Schauseite des Leders bildet. Diese natürl. Zeichnung des N. wird durch die Einbuchtungen der Haare, Wolle oder Borsten verursacht und ist charakteristisch für die jeweilige Tiergattung oder -art. Der **N.-Spalt** ist der Teil einer in der Fläche gespaltenen Tierhaut, der den N. enthält. Ein unter Druck in die Lederoberfläche eingeprägtes Profilmuster wird als **Press-N.** oder **künstlicher N.** bezeichnet.

Narbikowa, Walerija Spartakowna, **Valeria Narbikova,** russ. Schriftstellerin, *Moskau 1958; veröffentlicht seit Ende der 80er-Jahre Liebesgeschichten, einfach im Stil, jedoch reich an Pointen und mit sinnl. Beziehung zur Sprache. N. macht ihre Figuren durch die Unbedingtheit, mit der sie ihren Gefühlen folgen, zu ›Unbehausten‹, deren Existenz ständig bedroht ist. Mit ihrer Fähigkeit, Realität als verbales Phänomen aufzulösen, steht sie A. G. BITOW nahe.

Kocheril Raman Narayanan

Narb Narbonne – Narkissos

Narbonne
Stadtwappen

- Stadt in S-Frankreich
- Weinhandelszentrum im Languedoc
- in der Küstenebene
- 45 800 Ew.
- Kathedrale Saint-Just (13./14. Jh.)
- als Narbo Martius Hauptort der röm. Prov. Gallia Narbonensis
- im MA. blühender Handel (mit Hafen)

Werke: *Romane:* Plan pervogo lica i vtorogo (1989); Ad kak da – ad kak da (1990); Ravnovesie sveta dnevnych i nočnych zvezd (1990; dt. Das Gleichgewicht des Lichts der Tages- und Nachtsterne); Okolo ékolo (1992; dt. Wettlauf. Lauf); Šepot šuma (1994; dt. Flüstergeräusch); ... i putešestne (1996; dt. Die Reise).

Narbonne [narˈbɔn], Stadt im Dép. Aude, Frankreich, in der Küstenebene des Languedoc, 45 800 Ew.; Museen; bedeutendes Weinhandelszentrum; Konfektionsindustrie, Ölmühlen, Brennereien, Böttcherei, chem. Industrie. 14 km östlich von N. das Seebad **N.-Plage**. – In der Altstadt kennzeichnet die Place Bistan die Stelle des röm. Kapitols, hier auch ein von den Römern angelegtes unterird. Lagerhaus (Horreum, 1. Jh.). Die unvollendete Kathedrale Saint-Just (13./14. Jh.) hat einen Chor im Stil der nordfrz. Gotik (um 1300). Der ehem. erzbischöfl. Palast (13./14. Jh.) wurde im 19. Jh. von E. E. VIOLLET-LE-DUC durch den Bau des neugot. Hôtel de Ville (heute Museum) erweitert. Im südl. Teil der Stadt die Basilika Saint-Paul-Serge (12./13. Jh.) sowie die Kirche Notre-Dame-de-Lamourgier (13./14. Jh.), heute Musée Lapidaire (v. a. galloröm. Kunst). – N., das antike **Narbo Martius**, auf eine vorröm. Siedlung zurückgehend, wurde 118 v. Chr. erste röm. Kolonie in Gallien, Hauptort der Prov. Gallia Narbonensis. Später stand N. unter der Herrschaft der Westgoten (462–719 Königsresidenz), dann der Araber (bis 759). Der blühende Handel des MA. litt unter den Albigenserkriegen und kam mit dem Versanden des Hafens im 14. Jh. zum Erliegen. 1507 fiel N. an die frz. Krone. Seit dem 3. Jh. war N. Bischofs-, später bis 1801 Erzbischofssitz.

Narcissus, wiss. Name der Gattung →Narzisse.

Narcissus, griech. Mythos: →Narziss.

Narcissus, Kanzleichef (›ab epistulis‹) des röm. Kaisers CLAUDIUS, †Oktober 54 n. Chr.; Freigelassener; gelangte zu großem polit. Einfluss und Reichtum; betrieb die Verstoßung und Hinrichtung der MESSALINA, widersetzte sich der Heirat des Kaisers mit dessen Nichte AGRIPPINA D. J. und wurde auf deren Veranlassung nach Ermordung des CLAUDIUS getötet.

Narde [semit.-griech.] *die, -/-n*, **1)** Name verschiedener wohlriechender Pflanzen, die z. T. schon im Altertum zur Herstellung von Salben u. a. verwendet wurden; z. B. für den Großen Speik (Lavendula latifolia; Ersatz für Lavendelöl) und den N.-Baldrian. **2) Nardostachys**, Gattung der Baldriangewächse mit der einzigen Art **Echte N.** (Nardostachys jatamansi) im Himalajagebiet; kurzstämmige Staude mit ungeteilten, ganzrandigen, dicht behaarten Blättern und kleinen rosafarbenen Blütenbüscheln. Der Wurzelstock enthält ein wohlriechendes äther. Öl.

Nardenöl, äther. Öl, →Spiköl.

Nardini, Pietro, ital. Violinist und Komponist, * Livorno 12. 4. 1722, † Florenz 7. 5. 1793; Schüler von G. TARTINI, war 1762–65 Mitgl. der Hofkapelle in Stuttgart (1763 Konzertmeister) und wurde 1769 Konzertmeister am Hof in Florenz. Seine Kompositionen (sechs Violinkonzerte, sechs Streichquartette, Violinsonaten u. a.) gehören zur Frühklassik.

Nardo di Cione [-ˈtʃoːne], ital. Maler, wahrscheinlich ältester Bruder von JACOPO DI CIONE und A. ORCAGNA, 1343–65 in Florenz nachweisbar, wo er die Fresken der Strozzi-Kapelle von Santa Maria Novella schuf (um 1354–57), mit Jüngstem Gericht, Paradies und Hölle (in Anlehnung an DANTES ›Inferno‹).

Narenta *die,* Fluss in Bosnien und Herzegowina, →Neretva.

Narew *der,* rechter Nebenfluss der Weichsel, 448 km in Polen (Mündung nordwestlich von Warschau) und 36 km in Weißrussland (Quelle in der Bialowiezer Heide), Einzugsgebiet 75 000 km²; auf 300 km Länge schiffbar. Am Zusammenfluss mit dem →Bug entstand 1979 der Zegrzynek-Stausee (33 km²), in Dębe nahe Warschau Wasserkraftwerk (20 MW).

Nargileh [auch ˈgiːlə, pers.] *die, -/-(s)* oder *das, -s/-s,* oriental. Wasserpfeife.

Naringin, →Süßstoffe.

Nariño [naˈriɲo], Dep. von →Kolumbien.

Nariokotome, Flusstalregion in Ostafrika (N-Kenia), die in den Turkanasee führt. Unweit der Talmündung wurde Mitte der 80er-Jahre das fast vollständige Skelett eines jugendl. →Homo erectus gefunden. Das Alter des männl. Individuums wird auf etwa 1,5 Mio. Jahre geschätzt.

The N. Homo erectus skeleton, hg. v. A. WALKER u. a. (Berlin 1993).

Narita, Stadt auf Honshū, Japan, 65 km östlich von Tokio, rd. 100 000 Ew.; bedeutender Pilgerort (Shinshōji-Tempel). Mit dem Bau des internat. Großflughafens von Tokio (New Tokyo International Airport [N. Airport]; 1978 eröffnet) im O-Teil von N. entstand gleichzeitig ein Industriekomplex.

Narjan-Mar, Hauptstadt des Autonomen Kreises der Nenzen, Russland, am Mündungsdelta der Petschora, etwa 20 000 Ew.; Fisch- und Holzverarbeitung; Seehafen (110 km von der Barentssee landeinwärts).

Narkissos, griech. Mythos: →Narziss.

Narbonne: Kathedrale Saint-Just (13./14. Jh.), davor der ehemalige erzbischöfliche Palast (13./14. Jh.)

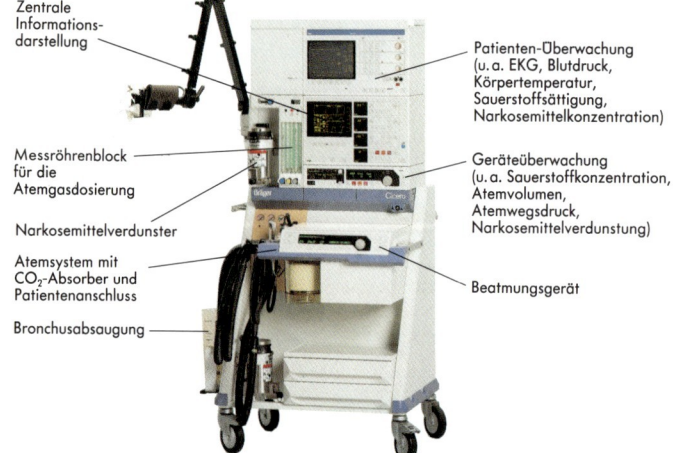

Narkose: Narkosegerät für die Inhalationsanästhesie mit Patientenüberwachung

- Zentrale Informationsdarstellung
- Messröhrenblock für die Atemgasdosierung
- Narkosemittelverdunster
- Atemsystem mit CO₂-Absorber und Patientenanschluss
- Bronchusabsaugung
- Patienten-Überwachung (u. a. EKG, Blutdruck, Körpertemperatur, Sauerstoffsättigung, Narkosemittelkonzentration)
- Geräteüberwachung (u. a. Sauerstoffkonzentration, Atemvolumen, Atemwegsdruck, Narkosemittelverdunstung)
- Beatmungsgerät

Narkolepsie [zu griech. nárkē ›Krampf‹, ›Lähmung‹, ›Erstarrung‹ und lēpsis ›Anfall‹] die, -/-...'si̱en, unvermittelt und anfallartig auftretender unwiderstehl. Schlafdrang von meist nur kurzer Dauer, mitunter verbunden mit einem vorübergehenden Verlust des Muskeltonus für aufrechte Körperhaltung, v. a. unter Affekten, wie Lachen und Weinen. Bei N. kann es auch zu v. a. nachts auftretenden Wachanfällen mit Bewegungsunfähigkeit (für Minuten) und zu traumähnl. Zuständen mit bedrohl. Sinnestäuschungen kommen. Ursächlich ist eine genet. Disposition von Bedeutung. Die *Behandlung* erfolgt medikamentös.

Narkomanie [zu Narkose], krankhafte Sucht, Schlaf-, Beruhigungs- oder Betäubungsmittel zu sich zu nehmen. (→Drogenabhängigkeit)

Narkose [griech. nárkōsis ›Erstarrung‹] die, -/-n, zur Ausführung operativer Eingriffe durch →narkotische Mittel hervorgerufene vorübergehende Ausschaltung des Bewusstseins, der Schmerzempfindung, der Abwehrreflexe und vielfach auch der Muskelspannung (Allgemeinanästhesie), im Unterschied zur Betäubung einzelner Körperabschnitte (Lokalanästhesie, →Anästhesie). – Vorbereitung und Durchführung der N. sowie die Überwachung in der Aufwachphase gehören zu den Aufgaben des Anästhesisten. Vor der geplanten N. wird für eine Leerung von Magen, Darm und Blase und für eine Sedierung durch beruhigende Mittel gesorgt. Die heute angewendeten Hauptverfahren sind die Injektions-N. und die Inhalations-N., meist in Form einer Verbindung beider.

Die **Injektions-N.** wird durch intravenöse Einspritzung geeigneter Narkotika (z. B. Barbiturate) durchgeführt und bei kleineren, kurzen Eingriffen unter gleichzeitigem Einsatz stark schmerzstillender Mittel.

Bei der **Inhalations-N.** erfolgt die Betäubung durch Aufnahme von N.-Gasen (Lachgas) oder N.-Dämpfen (z. B. Halothan, Enfluran, Isofluran). I. d. R. werden die N.-Gase nach Durchführung einer →Intubation eingebracht, bei dem Patienten nach Ausschaltung der Muskelaktivität durch ein muskelerschlaffendes Mittel ein Tubus in die Luftröhre eingeführt wird **(Intubations-N.)**; über diese Verbindung mit der N.-Apparatur kann der Patient beliebig lange beatmet werden. Gleichzeitig wird dadurch auch ein Übertritt von Mageninhalt oder Sekret der oberen Luftwege in die Luftröhre (Aspiration) verhindert. Die N.-Tiefe kann über die Beatmung durch exakte Dosierung der N.-Mittel genau gesteuert werden. Das ausgeatmete Kohlendioxid wird in dem geschlossenen N.-System in einem Absorber gebunden. Während der N. werden Herz und Kreislauffunktion durch Elektrokardiogramm, Blutdruckmessung und Pulsoximetrie (Messung der Sauerstoffsättigung des Blutes) überwacht.

In der modernen N. spielen die bei der klass. Äther-N. ausgeprägten N.-Stadien (Schmerzlosigkeit, Erregung, Toleranzstadium, in dem operiert wird, beginnende Atemlähmung und Gefahr des Herzstillstands) keine Rolle mehr. Der Entwicklungsstand der Anästhesiologie hat das N.-Risiko stark gesenkt.

Zur *Geschichte* →Anästhesie.

Narkosegewehr, Betäubungsgewehr, Waffe, deren Bolzen mit einem Betäubungs- oder Lähmungsmittel gefüllt ist. Das N. wird zum Fang von frei lebenden Tieren und Haustieren verwendet, ist bei der Jagdausübung aber verboten.

Narkotin, das →Noscapin.

narkotische Mittel, Narkotika, Allgemeinanästhetika, i. w. S. alle Stoffe, die Funktionen des Nervensystems reversibel (vorübergehend) hemmen; i. e. S. Wirkstoffe, mit denen eine →Narkose hervorgerufen werden kann. Durch Ausschalten zentralnervöser Funktionen versetzen sie den Organismus in einen Zustand, in dem operative Eingriffe ohne Bewusstsein sowie meist auch ohne Schmerzempfindung und Abwehrreflexe durchgeführt werden können. Die narkot. Wirkung beruht auf einer sehr komplexen, im Einzelnen noch nicht genau bekannten Wechselwirkung der Narkotika mit Bestandteilen der Zellmembran. Nach der Art der Anwendung unterscheidet man Inhalationsnarkotika, die eingeatmet, und Injektionsnarkotika, die injiziert werden.

Narmada [neə'mædə] die, **Narbada** [nə'bædə], Fluss in Indien, im nördl. Dekhan, 1310 km lang, entspringt in 1057 m ü. M., fließt in westl. Richtung, mündet in den Golf von Khambhat. Im Unterlauf ist seit Mitte der 80er-Jahre ein 136 m hoher Staudamm mit Wasserkraftwerk (1 200 MW) im Bau, der Hauptdamm für das ökologisch stark umstrittene **Sardar-Sarovar-Bewässerungsprojekt** (30 große, über 100 kleinere Dämme; Wasserkraftwerke, Bewässerungssysteme [70 000 km], Umsiedlung von über 100 000 Menschen) im Trockengebiet NW-Indiens werden soll. – Das Wasser der N. ist den Hindus heilig.

Narmer, einer der letzten ägypt. Könige der prädynast. Zeit (um 2900 v.Chr.). Berühmt ist die 1894 in Hierakonpolis gefundene **N.-Palette,** auf der der Sieg über einen unterägypt. König dargestellt ist (heute im Ägypt. Museum in Kairo). In Gräbern im östl. Nildelta wurden Gefäße mit dem Namen des Königs N. entdeckt, ähnl. Funde in S-Palästina deuten auf frühe Handelsbeziehungen mit Vorderasien.

Narni, Stadt in Umbrien, Prov. Terni, Italien, 240 m ü. M., auf einem Bergsporn über dem Eintritt der Nera in ihre Durchbruchsschlucht, 20 300 Ew.; Gemäldegalerie, elektron. Industrie, Linoleumherstellung. – N. wird von einer Burg (Rocca, 14.–15. Jh.) überragt. Dom (12. Jh., Vorhalle 15. Jh.) mit frühchristl. Cassianskapelle (6. Jh.), Loggia dei Priori (Mitte 14. Jh.); Palazzo del Podestà (urspr. 13. Jh., heute Pinakothek). Außerhalb von N. die Ruine der röm. Augustusbrücke (30 m hoher Bogen der urspr. 128 m langen Brücke; BILD →Brücke). – N. ist das umbrische und samnit. **Nequinum,** das 299 v. Chr. von den Römern erobert wurde und als latin. Kolonie **Narnia** hieß.

Narodnaja die, höchster Berg des Ural, Russland, im Subpolaren Ural, 1895 m ü. M.; mit einigen kleinen Firngletschern.

Narodnaja Wolja (russ. ›Volkswille‹), **Narodnaja Volja,** radikale illegale polit. Organisation in Russland, die seit 1879 einen revolutionären Agrarsozialismus im Geiste die →Narodniki vertrat und deren Exekutivkomitee die Ermordung ALEXANDERS II. (1881) organisierte; in den 1880er-Jahren zerschlagen; Vorläuferin der Partei der →Sozialrevolutionäre.

A. VON BORCKE: Gewalt u. Terror im revolutionären Narodničestvo (1979).

Narodniki [russ. ›Volkstümler‹], die Anhänger einer in Russland von den 1860er-Jahren bis um die Jahrhundertwende weit verbreiteten, v. a. durch A. I. HERZEN, N. G. TSCHERNYSCHEWSKIJ und P. L. LAWROW beeinflussten literar. und zugleich polit. Richtung. Durch das Studium des Lebens auf dem Lande und der sozialen und sittl. Vorstellungen der Bauern kamen die N. zu der Forderung, dass aus der Kraft und der Tradition des russ. Landvolks eine neue Gesellschaftsordnung – abseits und ungestört vom System des westl. Kapitalismus – erwachsen müsse. Sie gingen hierbei vom Agrarkommunismus der ›Mir‹ aus, der durch gezielte Agitation im Volk (›ins Volk gehen‹, daher der Name) für die gesellschaftl. Erneuerung in Russland nutzbar gemacht werden sollte. Die Partei der Sozialrevolutionäre führte die Gedanken der N. (N. K. MICHAJLOWSKIJ) weiter.

R. WORTMAN: The crisis of Russian populism (Cambridge 1967); A. WALICKI: The controversy over capitalism. Studies in the social philosophy of the Russian populists (Oxford 1969, Nachdr. Notre Dame, Ind., 1989).

Narmer: Darstellung des ägyptischen Königs auf der Rückseite der Narmerpalette, gefunden 1894 in Hierakonpolis; um 3000 v. Chr. (Kairo, Ägyptisches Museum)

Narr

Narr: Darstellung eines Narren in einem Holzschnitt von Jost Amman; 1568

Narr [zu ahd. narro; Herkunft unklar], törichter Mensch, Tölpel; Spaßmacher und Spötter, Gestalt mit hintergründigem Witz und versteckter Weisheit.

Geschichte: Inwieweit der Typ des N. ein direktes Erbe der Antike (röm. Saturnalien) oder der altgerman., vorchristl. Zeit darstellt, ist nicht erweisbar. Bereits früh wurden bei →Narrenfesten kirchl. Riten parodiert. Als bunt gekleidete Spaßmacher gehörten N. zum Gefolge der Ritter, auf Jahrmärkten traten sie als Possenreißer auf. Eine wichtige Rolle spielte der →Hofnarr. Die frühesten N.-Darstellungen in der bildenden Kunst stammen aus Psalterhandschriften des Hoch- und Spät-MA.; durch das ›Non est Deus‹ des Psalms 52 war der N. primär als Gottesleugner und -verächter definiert. Ein bemalter hölzerner Zierteller (›Ambraser Narrenteller‹; 1528) wurde u. a. zur Deutung der N.-Mutter als Eva herangezogen. – Im späten MA. wuchs der N. in das Fastnachtsgeschehen hinein, viele Bürger schlüpften ins N.-Kleid und stellten ihre Gemeinde zeitweise unter das N.-Zepter. Ähnliche Brauchformen leben noch in der südwestdt. Fastnacht. – Der N. begegnet auch im Volksschauspiel und auf der Bühne (Hanswurst, Harlekin, Pickelhering). Volkstüml. N.-Figuren sind z. B. Till →Eulenspiegel, →Nasreddin Hodja (in der Türkei) und die Schildbürger. (→Narrenliteratur)

G. HESS: Dt.-lat. Narrenzunft (1971); W. DEUFERT: N., Moral u. Gesellschaft (Bern 1975); W. MEZGER: Narren, Schellen u. Marotten. 11 Beitrr. zur Narrenidee, Ausst.-Kat. (1984); Schelme u. Narren in den Literaturen des MA. (1994).

Narr: Darstellung auf dem Tellerboden des Ambraser Narrentellers; 1528 (Innsbruck, Schloss Ambras)

Narratio [lat. ›Erzählung‹] *die, -/...ti'ones, Diplomatik:* in der mittelalterl. Urkunde die Schilderung der tatsächl. oder vorgebl. Umstände, die die Beurkundung veranlasst haben.

narrativ [spätlat., zu lat. narrare ›erzählen‹], erzählend, in erzählender Form darstellend.

Narrative Art [ˈnærətɪv ˈɑːt; engl. ›erzählende Kunst‹], **Story-Art** [ˈstɔːrɪ ɑːt, engl.], Richtung der zeitgenöss. Kunst, die in Form von Fotosequenzen (oft mit kurzen Texten) pointierte Geschichten erzählt oder Wahrnehmungsfragen demonstriert. Die Fotos dienen nicht als Illustration, sondern stehen in einem Spannungsverhältnis zueinander und zum Text. Die N. A. überschneidet sich mit Spurensicherung und Conceptart (J. BALDESSARI, D. BAY, C. BOLTANSKI, J. LE GAC, J. GERZ, D. MICHALS).

Text – Foto – Geschichten. Story Art/N. A. Texte von M. JOCHIMSEN u. a., Ausst.-Kat. (1979).

Narrativik *die, -,* neuere Bez. für Technik und Theorie des Erzählens. Im Unterschied zur älteren, vorwiegend an der Erzählkunst orientierten Erzählforschung untersucht die N. Voraussetzungen, Situationen, Funktionen und Wirkungen des Erzählens. Ihr Ziel ist die systemat. und histor. Erfassung von Erzähler, Strukturbildung und -wandlung sowie der ›narrativen Kommunikation‹ einschließlich der Psychologie und Soziologie von Erzähler und Hörer bzw. Leser.

Narrativum *das, -s, Sprachwissenschaft:* vorwiegend bei der Erzählung verwendetes Tempus (z. B. der histor. Aorist im Griechischen, das Imperfekt im Französischen und im Deutschen).

Narrenfeste, brauchtümlich gebundene Spielformen ausgelassenen und oft parodist. Charakters. Schon das antike Rom kannte N. (Saturnalien, Kalenden des Januar). Ein Fest der byzantin. Kirche mit dem Umritt eines Narrenpatriarchen auf einem Esel ist durch ein Verbot aus dem Jahre 867 belegt. Im MA. feierten die Klosterschulen das Fest des Knabenbischofs, bei dem ein Narrenbischof oder Narrenpapst gewählt und die kirchl. Ordnung durch Gelage, Gesänge und närr. Predigten verspottet wurde. Bes. ausschweifend waren bis ins 16. Jh. Klerikerfeste (›Fête des foux‹) in frz. Kathedralen. Heute werden N. zur Fastnacht von Narrenvereinen veranstaltet.

J. B. LUCOTTE DU TILLIOT: Mémoires pour servir à l'histoire de la fête des foux, ... (Lausanne 1741); N. Z. DAVIS: Humanismus, Narrenherrschaft u. die Riten der Gewalt (a. d. Engl., 1987).

Narrengerichte, seit dem 15./16. Jh. aufkommende, von Narrenzünften während der Fastnachtstage abgehaltene Gerichtsverhandlungen, in denen ungebühtl. und törichtes Verhalten von Mitbürgern und Herrschaften öffentlich bloßgelegt und (närrisch) abgeurteilt wurde. Als histor. Wurzel der N. wird man wohl die von mittelalterl. Bruderschaften veranstalteten Fastnachtsspiele zu sehen haben, in denen es bes. auch darum ging, sozialschädl. (aber rechtlich nicht verfolgbares) Verhalten öffentlich zu rügen.

Narrenkrankheit, *die* →Taschenkrankheit.

Narrenliteratur, Sammelbegriff für satir. Literatur, in der Narrenfiguren Träger von Zeit- und Moralkritik sind. Typisch für die N. ist die Darstellung des Widersinnigen als des Normalen mit den Stilmitteln der Polemik und Karikatur. In diesem Sinne findet sich die N. in den verschiedensten Epochen in vielen Literaturen verbreitet. Bes. im späten MA. wird der Narr zu einer beliebten Figur moralisch-didakt. Dichtung (Fastnachtsspiel, Schwank). S. BRANTS Verssatire ›Das Narren Schyff‹ (1494) gilt als Ausgangspunkt und zugleich als einflussreichstes Werk der N. der frühen Neuzeit; weitere bedeutende Verfasser von N. waren im 16. Jh. ERASMUS VON ROTTERDAM, T. MURNER, P. GENGENBACH, H. SACHS. Im 17. und 18. Jh. zeigt sich das Fortleben bei u. a. bei C. WEISE, J. BEER und ABRAHAM A SANCTA CLARA.

Narsaq, Stadt in SW-Grönland, bei 61° n. Br., 1 800 Ew.; Fischfang und -verarbeitung, Schafhaltung; in der Nähe früher Uranerzbergbau.

Narses, Feldherr des byzantin. Kaisers JUSTINIAN I., *im pers. Armenien um 480, †Rom 574; Eunuch und Günstling der THEODORA. Seit der Niederschlagung des Nikaaufstands 532 leitete N. Hofhaltung und Leibwache. Als Nachfolger BELISARS in Italien schlug er die Ostgotenkönige TOTILA und TEJA (552) und die nachziehenden Alemannen und Franken. N. reorganisierte bis zu seiner Abberufung (567) die Verwaltung Italiens.

Narte [russ.] *die, -/-n,* Rentier- oder Hundeschlitten der sibir. Völker.

Nartendichtung, im nördl. Kaukasus bei den iran. Osseten, den westkaukas. Tscherkessen, Abchasen und Ubychen, den ostkaukas. Tschetschenen und Inguschen sowie den turksprachigen Karatschaiern und Balkariern weit verbreitete Heldensagen. Ihre Hauptgestalt Sosruko (Sosryko, Soslan) verbindet Züge der Gestalt Siegfrieds (Unverwundbarkeit) mit solchen des iran. Sonnengottes Mithras. Wie dieser ist er aus einem Stein geboren und unternimmt Fahrten in die Unterwelt. Die weibl. Hauptgestalt Satanej (Satana) wird entsprechend der unabhängigen Stellung der Frau im vorislam. Kaukasien dargestellt. Die in Zyklen angelegte Nartenepik bildete sich wohl zw. dem 7. Jh. v. Chr. und dem 14. Jh. n. Chr. heraus.

Narthex [griech.] *der, -/...thizes,* die Vorhalle der frühchristl. und byzantin. Kirchen. Im Ggs. zu dem nach außen geöffneten Portikus ist der N. dem Kircheninnenraum zugeordnet und Teil des Kultraumes.

Naruhito, jap. Kronprinz (seit 1991), *23. 2. 1960, ältester Sohn Kaiser AKIHITOS; seit 9. 6. 1993 ⚭ mit OWADA MASAKO (aus bürgerl. Haus).

Naruszewicz [-'ʃɛvitʃ], Adam, poln. Dichter und Historiograph, *bei Pinsk 20. 10. 1733, †Janów Podlaski (Wwschaft Lublin) 8. 7. 1796; Jesuit (seit 1748), Hofdichter und Historiograph des Königs STANISLAUS II. AUGUST, 1788 Bischof von Smolensk, 1790 von Luzk. Seine Dichtung, beeinflusst von HORAZ und ANAKREON (die er auch übersetzte) und im Geist der Aufklärung geschrieben, umfasst Oden, Idyllen (nach dem Vorbild S. GESSNERS), Satiren ›Satyry‹, 1778) und Fabeln in Anlehnung an J. DE LA FONTAINE. Sein Hauptwerk ist die Darstellung der poln. Geschichte von der Christianisierung bis 1386: ›Historia narodu polskiego‹, Bd. 2–7, 1780–86, Bd. 1, hg. 1824.
    N. RUTKOWSKA: Bishop A. N. and his history of the Polish nation (Washington, D. C., 1941).

Narva, Stadt und Fluss, →Narwa.

Narváez [nar'βaeθ], Ramón María, Herzog **von Valencia** [- ba'lenθia] (seit 1844), span. Marschall und Politiker, *Loja (Andalusien) 5. 8. 1800, †Madrid 23. 4. 1868; besiegte 1836 die Karlisten, stürzte 1843 den Regenten B. ESPARTERO; wurde Generalkapitän der Armee und war als Führer der Konservativen (›Moderados‹) zw. 1844 und 1866 fünfmal Min.-Präs. Er setzte die autoritäre Verfassung von 1845 durch.

Narvik, Hafenstadt am inneren Ende des Ofotfjords, N-Norwegen, 18 900 Ew.; Kriegsmuseum; Endpunkt der →Lapplandbahn (Ofotbahn) und eisfreier Ausfuhrhafen für die Eisenerze von Kiruna (Schwedisch-Lappland); Eisenbahnreparaturwerkstätten; Flugplatz. – N., seit 1883 als Sitz eines schwedisch-brit., mit dem Bau der Eisenbahnlinie von Kiruna betrauten Konsortiums entstanden, entwickelte sich nach Abschluss des Bahnbaus zum Erzverladehafen und wurde 1902 Stadt. 1940 durch dt. Truppen zur Sicherung der für das Dt. Reich kriegswichtigen Eisenerzlieferungen besetzt, bei Kämpfen mit britisch-frz. Kräften (April–Juni) stark zerstört.

Narwa, Narva, 1) Stadt im NO von Estland, am W-Ufer der Narwa, die die Grenze zu Russland bildet, nahe der Mündung in den Finn. Meerbusen, 79 100 Ew. (etwa zu 90% Russen); FH; in der Festung Stadtmuseum und Kunstgalerie; nach Reval wichtigstes estn. Industriezentrum mit Baumwollverarbeitung und Elektroenergieerzeugung (bei N. zwei Ölschiefer-Wärmekraftwerke mit einer Leistung von 1 624 und 1 610 sowie ein Wasserkraftwerk mit 125 MW); Maschinenbau, Möbelfabrik; Grenzbrücke nach Iwangorod (Russland). – Hermannsfeste (ehem. Kreuzritterburg, Anfänge 12. Jh.; nach Beschädigung im Zweiten Weltkrieg seit 1955 Renovierung) gegenüber der russ. Festung Iwangorod (1492); klassizist. Rathaus (1665–71; nach Kriegszerstörung Wiederaufbau 1960–94), Industriebauten der Krenholmer Textilmanufaktur aus der zweiten Hälfte des 19. Jh. – N., eine der ältesten Städte Estlands, wurde um 1250 gegründet und erhielt lüb. Stadtrecht. Es gehörte als Handelsstadt und

Naryschkinbarock: Pokrowkirche in Fili (heute zu Moskau); 1690–93

Grenzfestung zunächst zu Dänemark, seit 1346 dem Dt. Orden. Im Livländ. Krieg eroberten die Russen N. 1558, mussten es aber 1581/95 an Schweden abtreten. Im Großen Nord. Krieg schlug KARL XII. von Schweden am 30. 11. 1700 die Russen bei N.; 1704 nahm PETER D. GR. die Stadt ein, die 1721 abgetreten werden musste und bis 1918 bei Russland verblieb.

2) *die,* Abfluss des Peipussees, 77 km lang, bildet die Grenze zw. Estland und Russland, mündet in die N.-Bucht des Finn. Meerbusens; schiffbar von der Stadt Narwa, oberhalb davon der **N.-Stausee** (191 km²) mit Wasserkraftwerk (elektr. Leistung 125 MW).

Narwal, Art der →Gründelwale.

Naryn, 1) Gebietshauptstadt in Kirgistan, 2 037 m ü. M., im Tienschan, 21 100 Ew.; Nahrungsmittelindustrie.

2) *der,* rechter Quellfluss des →Syrdarja, in Kirgistan und Usbekistan, 807 km lang; entfließt Gletschern des zentralen Tienschan und durchbricht diesen in teilweise cañonartigen Schluchten; mehrere Wasserkraftwerke, u. a. am **Toktoguler Stausee** (284 km², 214 m hoher Staudamm; elektr. Leistung des Kraftwerks 1 200 MW); der N. dient außerdem der Bewässerung im Ferganabecken.

Naryschkinbarock, Bez. für eine Sonderform des russ. Barock Ende des 17. und Anfang des 18. Jh., benannt nach der Kaufmannsfamilie Naryschkin, die (v. a. in Moskau und Umgebung, daher auch **Moskauer Barock**) mehrere bedeutende Bauten dieser Zeit in Auftrag gegeben hatte. Der N. verbindet die Traditionen der altruss. Baukunst (Motive der Holzschnitzerei werden in Stein wiederholt) mit westeurop. Einflüssen (symmetr. Grundrisse und Fassaden, reicher plast. Dekor der Mauern). Für Kirchen ist der turmartige Aufbau charakteristisch, entstanden aus der Verbindung von eigentl. Kirche und Glockenturm (Pokrowkirche in Fili [heute zu Moskau], 1690–93).

Narziss, griech. **Narkissos,** lat. **Narcissus,** *griech. Mythos:* der schöne Sohn des Flussgottes Kephisos, der sich in unerfüllter Liebe zu seinem Spiegelbild verzehrte, das er im Wasser erblickt hatte, und schließlich in eine Narzisse verwandelt wurde.

Nach OVIDS ›Metamorphosen‹ war die Selbstliebe die von der Nemesis verhängte Strafe dafür, dass N. die Liebe der Nymphe Echo zurückgewiesen hatte.

Narz   Narzisse – Nasal

NASA: Kontrollzentrum für bemannte Weltraumflüge im Lyndon B. Johnson Space Center in Houston (Tex.)

Diese Version wurde Grundlage für spätere dichter. Bearbeitungen. Als Symbol hoffnungsloser Liebe erscheint N. in der Lyrik des 12.–14. Jh. und der Renaissance. Während im 17. Jh. die Gestalt der Echo mehr Interesse fand (J. SHIRLEY, M. DE FARIA E SOUSA, CALDERÓN DE LA BARCA), rückte N. in der Romantik als Symbol des Künstlers wieder in den Mittelpunkt (Gedichte u. a. von A. W. SCHLEGEL, F. SCHLEGEL, P. B. SHELLEY, F. RÜCKERT). Als Sinnbild liebeskalter Ichbezogenheit diente er u. a. O. WILDE (›The picture of Dorian Gray‹, 1890) und R. M. RILKE. Vom asket. N.-Begriff wurde die Namengebung in H. HESSES ›Narziß und Goldmund‹ (1930) beeinflusst.

Häufig sind antike Darstellungen des N., nackt oder als Jäger, bekränzt an einer Quelle sitzend, in hellenist. und röm. Zeit auf Wandbildern (Pompeji), Mosaiken und Reliefs. Oft melanchol. Darstellungen des sein Spiegelbild betrachtenden N. schufen TINTORETTO, CARAVAGGIO, N. POUSSIN, C. LORRAIN, H. VON MARÉES, S. DALÍ.

Narzisse: oben Dichternarzisse (Höhe 20–45 cm); unten Osterglocke (Höhe 20–40 cm)

Narzisse [griech.] *die, -/-n,* **Narcissus,** Gattung der Amaryllisgewächse mit rd. 25 Arten in Europa und im Mittelmeergebiet; Zwiebelpflanzen mit meist lineal. Blättern und einzelnen bis mehreren (dann in Dolden stehenden) Blüten mit Nebenkrone (Parakorolle). N. sind in zahlreichen Zuchtformen beliebte Zier- und Schnittblumen, u. a. die (seit dem 16. Jh. kultivierten) **Dichter-N.** (Stammart: Narcissus poeticus) mit weißen, flach ausgebreiteten Blütenhüllblättern und nur wenige Millimeter hoher, gelber, rot berandeter Nebenkrone. Eine langröhrige Nebenkrone hat dagegen die 20–40 cm hohe, gelb blühende **Osterglocke (Gelbe N., Trompeten-N.,** Narcissus pseudonarcissus), die meist Ende März oder im April blüht. Topfpflanzen (Treibblumen) sind die **Tazette** (Narcissus tazetta), deren kleinere, blassgelbe Blüten zu 8–18 in Dolden stehen, und die gelb blühende, 2–5 Blüten in der Dolde tragende, nach Orangen duftende **Jonquille** (Narcissus jonquilla).

Kulturgeschichte: Unter N. verstanden die Griechen und Römer des Altertums die Späte N. (Narcissus serotinus) und die Dichter-N. DIOSKURIDES erwähnt Letztere, deren Wurzel als Heilmittel (bes. gegen Erbrechen und bei Brandwunden) verwendet wurde, VERGIL beschreibt diese als ›purpureus narcissus‹, PLINIUS D. Ä. als ›purpureum lilium‹. In der mittelalterl. Literatur (KONRAD VON WÜRZBURG) und Tafelmalerei (HANS MEMLING, R. VAN DER WEYDEN) wurde die N. gelegentlich MARIA zugeordnet.

Narzissenfliegen, Arten der →Schwebfliegen. Die Larven der **Großen N.** (Lampetia equestris) und der **Kleinen N.** oder **Zwiebelmondfliegen** (Eumerus-Arten) schädigen durch Fraß Küchen- und Blumenzwiebeln, auch Kartoffeln und Möhren. In unseren Breiten leben zwei Generationen pro Jahr.

Narzissengewächse, die →Amaryllisgewächse.

Narzissmus [zu Narziss] *der, -,* auf den eigenen Körper und die eigene Person gerichtete erot. Regungen; i. w. S. allgemein die Selbstliebe. Die *Psychoanalyse* sieht im N. als Abwendung der Libido von äußeren Objekten eine Regression **(sekundärer N.)** auf die (normale) frühkindl. Lustgewinnung am eigenen Körper **(primärer N.).** →Autoerotismus.

NASA, Abk. für **National Aeronautics and Space Administration** [ˈnæʃnl ɛərəˈnɔːtɪks ænd ˈspeɪs ədmɪnɪsˈtreɪʃn, engl.], zivile nat. Luft- und Raumfahrtbehörde der USA, gegr. 1958, Sitz: Washington (D. C.); unterhält versch. Raumflugstartplätze, insbesondere das **John F. Kennedy Space Center** auf Kap Canaveral (Fla.), und Forschungsinstitute, u. a. das mit der Entwicklung von Raumsonden und Satelliten befasste **Ames Research Center** in Moffett Field (Calif.), das für Forschungs- und Wettersatelliten, Satellitenbahnverfolgung und Nachrichtenübermittlung zuständige **Goddard Space Flight Center** in Greenbelt (Md.), das **Langley Research Center** (Forschungen in den Bereichen Flugmechanik, Raumflugtechnik, Instrumentierung, Werkstoffe, Triebwerke) in Hampton (Va.), das **Lewis Research Center** (Antriebssystemforschung) in Cleveland (Oh.), das **George C. Marshall Space Flight Center** (Entwicklung großer Trägerraketen, der Rendezvoustechnik und von Zukunftsprojekten) in Huntsville (Ala.) sowie das **Lyndon B. Johnson Space Center** in Houston (Tex.), das für Planung, Entwicklung und Erprobung bemannter Raumfahrzeuge und das Astronautentraining zuständig ist; auch Kontrollzentrum für Unternehmen mit bemannten Raumflugkörpern.

nasal, 1) *allg.:* durch die Nase (gesprochen), näselnd; als Nasal (ausgesprochen).
2) *Biologie* und *Medizin:* die Nase betreffend, zur Nase gehörend.

Nasal [zu lat. nasus ›Nase‹] *der, -s/-e,* Konsonant oder Vokal, bei dessen Artikulation das Gaumensegel

Narziss: Caravaggio, ›Narziss‹ (Rom, Galleria Nazionale d'Arte Antica)

Nasalierung – Nase **Nase**

gesenkt ist und die Luft in den Nasenraum gelangen kann. Bei **N.-Konsonanten** wird die Luft im Mundraum völlig gestoppt und kann nur über den Nasenraum entweichen; man unterscheidet den bilabialen [m], dentalen [n], palatalen [ɲ] und den velaren [ŋ] N.-Konsonanten. Bei **N.-Vokalen** (nasalierten Vokalen) kann zusätzlich zur Hauptartikulation Luft in den Nasenraum gelangen. Das diakrit. Zeichen zur Bez. für die N.-Vokale in der Lautschrift ist die Tilde [~], z. B. frz. main [mɛ̃] ›Hand‹.

Nasalierung, Veränderung von Vokalen durch Senkung des Gaumensegels, wodurch der orale Laut zum entsprechenden Nasalvokal (→Nasal) wird, z. B. frz. an [ã] aus lat. annus ›Jahr‹.

Nasarbajew, Nazarbaev [-zarˈbajef], Nursultan Abischewitsch, kasach. Politiker, *Tschemolgan (Gebiet Alma-Ata) 6. 7. 1940; 1984–89 Vors. des Ministerrates der Kasach. SSR, 1989–91 Erster Sekr. des ZK der KP-Organisation und 1989/90 Vors. des kasach. Obersten Sowjets. Seit 1990 Präs. von Kasachstan (1995 per Referendum Amtsverlängerung bis 2000), baute er seine Macht stark aus. N., der zunächst die Reformpläne von M. S. GORBATSCHOW unterstützt hatte, trat nach dem Zerfall der Sowjetunion (1991) für eine enge Zusammenarbeit mit Russland und die Erhaltung der GUS ein.

Nasat [von niederdeutsch. nazaat ›Nachsatz‹] *der, -(s),* **Nasard** [naˈzaːr, frz.], **Nazard** [naˈzaːr], *Musik:* 1) bei der Orgel ein weites zylindr. oder kon. Flötenregister (Labialregister) in Quintlage mit zartem, näselndem Klang; 2) **Nasal,** so genanntes Lautenregister beim Cembalo, bei dem die Saiten nahe am Stimmstocksteg angerissen werden.

Nascakultur, die →Nazcakultur.

Nascimento [nɐʃiˈmẽtu], Francisco Manuel do, arkad. Pseud. **Filinto Elísio** [fiˈlĩtu iˈlizju], port. Lyriker, *Lissabon 21. 12. 1734, †Paris 25. 2. 1819; Geistlicher; letzter bedeutender Vertreter des arkad. Neoklassizismus; floh vor der Inquisition nach Paris, war dort u. a. mit A. DE LAMARTINE befreundet. N. hinterließ ein umfangreiches Werk, u. a. Oden, Episteln, Epigramme, Satiren, Fabeln, Madrigale sowie eine Poetik in Briefform (›De arte poética portuguesa‹, entstanden 1790, hg. 1826); er übersetzte auch Werke aus dem Lateinischen und Französischen.

Ausgaben: Obras de Filinto Elysio, hg. v. S. CONSTÂNCIO, 22 Bde. (³1836–40); Poesias, hg. v. J. PEREIRA TAVARES (1941).

NASD, Abk. für **National Association of Securities Dealers** [ˈnæsnl əsəʊsiˈeɪʃn ɔf sɪˈkjʊərətɪs ˈdiːləz, engl.], Aufsichtsinstanz (Selbstregulierungsverband) des amerikan. Over-the-Counter-Market (→Over-the-Counter-Geschäft) sowie Träger des NASDAQ. Es besteht Pflichtmitgliedschaft für Broker, Dealer und bestimmte Mitarbeiter (z. B. Kundenberater).

NASDAQ, Abk. für **National Association of Securities Dealers Automated Quotations System** [ˈnæsnl əsəʊsiˈeɪʃn ɔf sɪˈkjʊərətɪs ˈdiːləz ɔːtəˈmætɪt kwəʊˈteɪʃnz ˈsɪstəmz, engl.], von der National Association of Securities Dealers (NASD) betriebenes elektron. Kursinformations- und Handelssystem (→New York Stock Exchange).

Nase, 1) *Anatomie:* **Nasus,** vorn am Kopf gelegenes Geruchssinnesorgan des Menschen und der übrigen Wirbeltiere, das u. a. der Prüfung von Atemluft und Atemwasser und Nahrung dient. Bei den luftatmenden Landwirbeltieren ist die N. nicht nur Organ des →Geruchssinnes, sondern auch Teil der Atemwege.

Während Knorpel- und Knochenfische nur ein Paar Riechgruben (häufig mit getrennten, hintereinander liegenden Wasserein- und -ausströmöffnungen) haben, besteht bei allen anderen Wirbeltieren und auch beim Menschen eine Verbindung zw. den beiden äußeren N.-Öffnungen (**N.-Löcher,** Nares) und der Mund- bzw. Rachenhöhle. Dies wird dadurch möglich, dass im Anschluss an die beiden N.-Höhlen zwei innere N.-Öffnungen (**Choanen**) entstanden sind. Von den Reptilien an ist die N.-Höhle in einen N.-Vorhof und eine z. T. mit dem Riechepithel ausgestattete N.-Haupthöhle aufgeteilt. Bei den Säugetieren treten erstmals **N.-Muscheln** (Conchae nasales) in Form von dünnen, von den seitl. inneren N.-Wänden quer in die N.-Höhle hineinragenden, von Schleimhaut überzogenen Knorpel- oder Knochenplatten auf. Der Luftraum in der N. ist durch die Ausbildung von →Nasennebenhöhlen erweitert. Bes. verlängert ist der äußere N.-Teil beim Rüssel der Elefanten. Manche Säugetiere können die N.-Löcher verschließen.

Die N. des Menschen gliedert sich in die äußere N., bestehend aus N.-Wurzel, N.-Rücken, N.-Spitze und N.-Flügeln, und in die N.-Höhle. Die **äußere N.** wird im Bereich der N.-Wurzel v. a. vom paarigen, schmalen **N.-Bein** (Nasale, Os nasale) gestützt. Daran anschließend formen nach vorn zu verschiedene hyaline Knorpelstücke als **knorpeliges N.-Skelett** das nachgiebige, für den Menschen typ. Unterteil der (äußeren) Nase. Die knorpelige **N.-Scheidewand** (N.-Septum) trennt die N.-Höhlen voneinander. Überkleidet ist das Skelett der äußeren N. von Haut, die stark mit Talgdrüsen besetzt ist und in den **N.-Vorhof** übergeht. Dieser ist mit starken, reusenartig nach außen gerichteten **N.-Haaren** (Vibrissae) zum Schutz gegen Fremdkörper, Staub und kleine Tiere ausgestattet. Bis auf das Riechepithel sind die N.-Höhlen von Schleimhaut mit Flimmerepithel ausgekleidet, das eingedrungene Staubpartikel rachenwärts transportiert. Von der Nasenhöhlenaußenwand beiderseits bis fast zur N.-Scheidewand ragen drei übereinander liegende N.-Muscheln in die N.-Höhle vor, die dadurch in drei überdachte **N.-Gänge** unterteilt wird. In den unteren N.-Gang mündet der Abflusskanal der Tränendrüsen, in den mittleren münden fast alle Nebenhöhlen. Die obere N.-Muschel ist kleiner als die beiden anderen und außerdem nach hinten verlagert. Sie bildet zusammen mit der N.-Scheidewand eine Rinne (**Riechfurche,** Sulcus olfactorius), deren Seitenwände das Riechepithel tragen.

Die Frühentwicklung der menschl. N. geht in der vierten embryonalen Lebenswoche von zwei noch relativ weit auseinander liegenden Epithelverdickungen (**Riechfelder**) aus. Am Anfang des dritten Embryonalmonats ist der N.-Rücken noch äußerst kurz, die N.-Löcher sind noch nach vorn gerichtet.

Krankheiten: Eine häufige Entzündung im Bereich des N.-Eingangs ist der **N.-Furunkel,** die eitrige Entzündung eines Haarbalgs oder einer Hautrandgdrüse, der wie alle →Furunkel im Bereich der N. oder Wange durch Ausbreitung der Erreger ins Gehirn lebensbedrohlich werden kann. Weitere die N. betreffende Hautkrankheiten sind Rosacea und Hauttuberkulose. Durch Einbringen von Fremdkörpern (v. a. bei Kindern) kann es zu Eiterungen, auch zu Verkrustung (Bildung von Rhinolithen) kommen. Häufigste Erkrankung der N.-Schleimhaut ist der akute **N.-Katarrh** (→Schnupfen); eine gestörte Funktion der Gefäßnerven (v. a. der N.-Muschel) kann bei äußerer

Nursultan Abischewitsch Nasarbajew

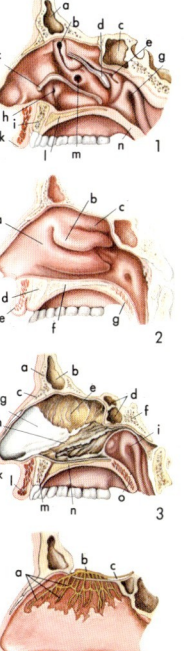

Nase 1): 1 Rechte Nasenhöhle des Menschen nach Entfernung der Scheidewand; a Stirnhöhle, b Eingang in die rechte Stirnhöhle, c Keilbeinhöhle, d mittlere Muschel (abgetragen), e Zugang zur rechten Keilbeinhöhle, f untere Muschel (abgetragen), g Mündung der Ohrtrompete, h Mündung des Tränengangs, i Oberkiefer, k Oberlippe, l Gaumenbein, m Eingang in die rechte Kieferhöhle, n weicher Gaumen; 2 Rechte seitliche Nasenwand mit Muscheln; a untere Muschel, b mittlere Muschel, c obere Muschel, d Oberkiefer, e Oberlippe, f Gaumenbein, g weicher Gaumen; 3 a Stirnbein, b Stirnhöhle, c Nasenbein, d Keilbeinhöhle, e knöcherner und herabhängender Teil der Nasenscheidewand, f Keilbein, g knorpliger Teil der Nasenscheidewand, h unterer Teil der hinteren Nasenscheidewand, i Mündung der Ohrtrompete, k Knorpel des Nasenrückens, l Oberlippe, m Oberkiefer, n Gaumenbein, o weicher Gaumen und Zäpfchen; 4 a Fasern des Riechnervs, b Riechkolben, c Siebplatte

Nase

Nase – Nasenklappe

Nasenbremsen:
Schafbiesfliege
(Länge etwa 3 cm)

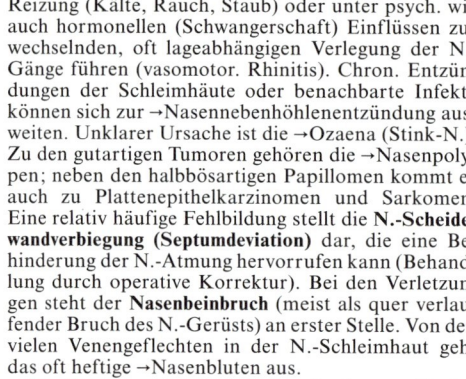

Nasenfrösche:
Maulbrüterfrosch
(Größe etwa 3 cm)

Reizung (Kälte, Rauch, Staub) oder unter psych. wie auch hormonellen (Schwangerschaft) Einflüssen zur wechselnden, oft lageabhängigen Verlegung der N.-Gänge führen (vasomotor. Rhinitis). Chron. Entzündungen der Schleimhäute oder benachbarte Infekte können sich zur →Nasennebenhöhlenentzündung ausweiten. Unklarer Ursache ist die →Ozaena (Stink-N.). Zu den gutartigen Tumoren gehören die →Nasenpolypen; neben den halbbösartigen Papillomen kommt es auch zu Plattenepithelkarzinomen und Sarkomen. Eine relativ häufige Fehlbildung stellt die **N.-Scheidewandverbiegung (Septumdeviation)** dar, die eine Behinderung der N.-Atmung hervorrufen kann (Behandlung durch operative Korrektur). Bei den Verletzungen steht der **Nasenbeinbruch** (meist als quer verlaufender Bruch des N.-Gerüsts) an erster Stelle. Von den vielen Venengeflechten in der N.-Schleimhaut geht das oft heftige →Nasenbluten aus.

Der Diagnose von Krankheiten der inneren N. dienen der →Nasenspiegel sowie Ultraschall- und Röntgenuntersuchungen.

Formfehler der äußeren N. treten v. a. als Schief-, Höcker-, Sattel- oder Breit-N. auf; sie sind häufig Grund für eine plast. Operation (**N.-Plastik**).

2) *Baukunst:* vorspringende Spitze am Überschneidungspunkt zweier Pässe im →Maßwerk. In den komplizierten Ausbildungen mit Mehrpässen und Mehrblattgebilden der Spätgotik bekommt die N. oft (in Form einer Lilie oder Krabbe) eigene ornamentale Funktion. – N. heißen auch hornförmige Gebilde an geschwungenen Fachwerkteilen (genaste Strebe) und die Aufhängungsvorrichtung an Dachziegeln (Biberschwanz). – Als **Wasser-N.** wird die zum Abtropfen des Regenwassers an Gesimsen und vorspringenden Bauteilen angebrachte Profilierung bezeichnet.

Nase
(Länge bis 50 cm)

Nase, Chondrostoma nasus, bis 50 cm langer Karpfenfisch mit unterständigem Maul, das einen verhornten, scharfkantigen Überzug besitzt. Der bodenorientierte Schwarmfisch weidet überwiegend in Fließgewässern pflanzl. Aufwuchs und Kleintiere ab. Die N. ist eine in vielen Gebieten gefährdete Fischart.

Näseln, Sprachstörung, die →Rhinolalie.

Nasenaffe, eine Art der Gattung Nasalis, →Schlankaffen.

Nasenbären, Rüsselbären, Coatis, Nasua, Gattung bis 70 cm körperlanger, langschwänziger Kleinbären mit vier Arten, v. a. in Wäldern und Steppen des südl. Nordamerika bis S-Brasilien; gesellige Allesfresser mit vorwiegend braungrauem bis rotbraunem, kurz- und dichthaarigem Fell, längl. Kopf, langer, bewegl., rüsselartiger Nase und meist dunklen und weißen Gesichtszeichnungen. N. werden in Gefangenschaft meist sehr zahm.

Nasenbluten, Epistaxis, Blutung aus Gefäßen der Nasenschleimhaut, meist am Vorderteil der Nasenscheidewand; Ursachen sind Schleimhautrisse durch scharfes Schnäuzen oder Verletzungen, trockene Entzündungen, aber auch Polypen, Tumoren der Nase oder Nasennebenhöhlen, Nasenscheidewand- oder Schädelbasisbrüche. V. a. in der Pubertät können häufige Blutungen unbekannter Ursache auftreten (**habituelles N.**).

Als Symptom einer Allgemeinerkrankung kommt N. (meist im hinteren Nasendrittel) v. a. bei Bluthochdruck, Arteriosklerose, Blutgerinnungsstörungen, Nierenschäden, akuten fiebrigen Infektionskrankheiten (z. B. Masern, Diphtherie, Typhus), Vitamin-K-Mangel und Skorbut vor. Es kann hierbei in Form des ohne Behandlung (Nasentamponade) teils lebensbedroh. ›unstillbaren N.‹ auftreten. (→erste Hilfe)

Nasenbremsen, Nasendasseln, Oestrinae, Unterfamilie der Dasselfliegen mit über 100 Arten, meist in wärmeren Gebieten. N. sind gute Flieger, ihre Mundteile sind rückgebildet. Eier oder im Ovar entwickelte Junglarven werden im Bereich der Nasenlöcher oder Augen ihrer Wirtstiere abgelegt oder im Flug dorthin gespritzt. Die Maden leben im Nasen-Rachen-Raum von Schafen, Ziegen, Pferden, Kamelen, Flusspferden, Kängurus. Die verpuppungsreifen Maden (Grübler) werden ausgeniest. Die in Mitteleuropa häufige **Schafbiesfliege** oder **Schafbremse** (Oestrus ovis) ruft bei Schafen (und Ziegen) die →Bremsenlarvenkrankheit hervor.

Nasenflöte, eine v. a. in Südostasien und Ozeanien verbreitete Flöte, die durch die Nase angeblasen wird. Meist handelt es sich um eine (quer gehaltene) Längsflöte aus Bambusrohr, bei der die aus einer Nasenhälfte ausströmende Luft auf die scharfe Kante des Rohrendes trifft. Die N. dient kult. Zwecken und ist in Polynesien und Mikronesien auch als Gefäßflöte in Gebrauch.

Nasenfrösche, Rhinodermatidae, Familie der Froschlurche mit nur zwei Arten in feuchten, kühlen Wäldern im südl. Chile und Argentinien. Die Nasenspitze ist verlängert und läuft zipfelförmig spitz aus, das Maul ist zahnlos. Die vom Weibchen an Land abgelegten Eier werden von den Männchen bis kurz vor Schlüpfen der Kaulquappen (2–3 Wochen lang) bewacht, danach im Maul aufgenommen und in den Schallblasen deponiert. Die Männchen der Art Rhinoderma rufum transportieren die geschlüpften Kaulquappen in kleine Gewässer, wo sie ihre Entwicklung vollenden. Bei dem **Maulbrüterfrosch** (Rhinoderma darwinii) erfolgt die vollständige Entwicklung zu fertigen Jungfröschen in der Schallblase der Männchen.

Nasengruß, Form des Grüßens durch gegenseitiges Berühren bzw. Reiben mit den Nasen und meist gleichzeitiges Beriechen (**Riechkuss**). Der N. findet sich als Grußform (**Geruchsgruß**) u. a. bei den Lappen und Eskimo, im hinterindisch-malaiischen Raum, auf Madagaskar und Neuguinea sowie in Polynesien.

Nasenhaie, Scapanorhynchinae, Unterfamilie der Haifische mit nur einer Art, dem 4 m langen **Nasenhai** (Scapanorhynchus owstoni). Tiefseebewohner mit schaufelförmigem Fortsatz oberhalb der Schnauze.

Nasenbären: Südamerikanischer Nasenbär
(Kopf-Rumpf-Länge 43–68 cm, Schwanzlänge 42–68 cm)

Nasenhörner, hornförmige Bildungen auf der Nase, dem Nasenbein oder am Vorderkopf bei einigen Tieren (z. B. Nashornfische, Nashörner, Nashornkäfer). Bei Nashörnern bestehen die N. aus miteinander verklebten, stäbchenförmigen, Haaren entsprechenden Hornsubstanzen der Haut über knöchernen Vorwölbungen des Nasenbeins; durch Auffasern können diese N. stellenweise wie behaart aussehen.

Nasenklappe, Krügerklappe, Kippnase, beim Flugzeug ein Hochauftriebsmittel in Form einer bewegl. Klappe an der Flügelvorderkante (Nase), die in ausgeschlagenem Zustand durch Vergrößerung von Profilwölbung und Flügelfläche Auftriebssteigerung bewirkt.

Nasenkröten, Rhinophrynidae, Familie der Froschlurche mit nur einer Art in Mittelamerika. Die bis 7,5 cm langen N. sind gut grabende Bodenbewohner mit breitem, flachem Körper, kräftigen Extremitäten und kleinem Kopf. Als Nahrung dienen Termiten, die mit der stark bewegl. herausstreckbaren Zunge aufgenommen werden.

Nasennebenhöhlen, Nebenhöhlen, Sinus paranasales, von der Nasenhöhle aus in die angrenzenden Knochen hinein ausgedehnte, von Schleimhaut ausgekleidete Lufträume der Nase. Beim Menschen sind die (bei der Geburt nur angelegten) paarigen N. im 12. bis 14. Lebensjahr voll entwickelt, sie können sich jedoch bis ins Alter hinein weiter ausdehnen. Die N. erstrecken sich vom mittleren Nasengang aus in den Oberkiefer (**Kieferhöhle,** Sinus maxillaris; größte Nasennebenhöhle, mit Flimmerepithel; oft Ausgangspunkt von →Nasenpolypen), ins Stirnbein (**Stirnhöhle**) sowie in die vorderen und mittleren Siebbeinzellen des Siebbeins hinein, vom oberen Nasengang aus in die hinteren Siebbeinzellen und vom oberen Winkel zw. Nasenwand und Keilbeinunterseite aus ins Keilbein (**Keilbeinhöhle,** Sinus sphenoidalis). Die N. beeinflussen als Resonatoren die Klangfarbe der Stimme; sie reduzieren das Gewicht der Schädelknochen.

Nasennebenhöhlenentzündung, Sinusitis, akute oder chron., auch eitrige Schleimhautentzündung meist einzelner Nebenhöhlen; entsteht v.a. durch Übergreifen von der Nasenschleimhaut, auch durch vereiterte Zahnwurzeln des Oberkiefers, Verletzungen, Einschwemmung von Erregern auf dem Blutweg. Bei Kindern sind v.a. die Siebbeinzellen betroffen (**Sinusitis ethmoidalis**), häufigste Form bei Erwachsenen ist die **Kieferhöhlenentzündung (Sinusitis maxillaris).** Häufig besteht gleichzeitig eine **Stirnhöhlenentzündung (Sinusitis frontalis).** Bei **Pansinusitis** sind alle Nasennebenhöhlen beteiligt. Komplikationen drohen durch ein Übergreifen auf Augen (Sehnerv) und Gehirn (Gehirnhautentzündung). – Symptome sind pulsierende Schmerzen in der Gegend der erkrankten Nebenhöhle und über der Stirn (auch auf Druck und Klopfen), Fieber, Behinderung der Nasenatmung (häufig einseitig), Schleim-, teils auch Eiterabsonderung, durch die es zu einer begleitenden **Sinobronchitis** kommen kann. Die chron. N. verläuft oft symptomarm; bei ihr ist die Ausbildung starker Schleimhautwucherungen möglich (Nasenpolypen). Die Diagnose erfolgt durch Nasenspiegelung, Probepunktion, Ultraschall- oder Röntgenuntersuchung. Die *Behandlung* zielt auf Abschwellung der Schleimhaut durch Nasentropfen, Spülungen und Inhalationen. Die medikamentöse Entzündungsbekämpfung erfolgt mit Antibiotika.

Nasenplastik, die →Rhinoplastik.

Nasenpolypen, gestielte oder breitflächig aufsitzende Schleimhauttumoren, meist im mittleren und oberen Nasengang oder den Nebenhöhlen. Ursachen sind chron. Entzündungen und allerg. Reaktionen. Symptome sind erhöhte Schleimabsonderung, Behinderung der Nasenatmung, Riechstörungen und Kopfschmerzen. Die Behandlung erfolgt operativ.

Nasen-Rachen-Raum, Nasopharynx, Pars nasalis pharyngis, Epipharynx, der nasale (oberste) Abschnitt des Rachenraums im Anschluss an die Nasenhöhlen, bis zur Höhe des Gaumensegels.

Nasenschmuck, Schmuck in Form von Stäben, Ringen, Gehängen oder Knöpfen aus tier. oder pflanzl. Material oder aus Metall, z.T. bis über den Mund reichend; wird oder wurde bes. von Völkern Ozeaniens, S-Asiens, Afrikas und Südamerikas in Durchbohrungen der Nasenscheidewand, der Nasenflügel oder -kuppe getragen.

Nasensoldaten, Nasuti, eine Kaste der →Termiten.

Nasensonde, durch die Nase in den Magen-Darm-Bereich eingeführter 1–3 mm dicker, etwa 1 m langer Schlauch aus Gummi oder Siliconmaterial; dient z.B. der Sondenernährung.

Nasenspiegel, 1) *Medizin:* **Nasenspekulum, Rhinoskop,** zangenähnl. Instrument zur Untersuchung der vorderen und mittleren Nasenabschnitte durch Spreizen der Nasenflügel (vordere Rhinoskopie); zur Untersuchung der hinteren Nasenhöhle und der Choanen (hintere Rhinoskopie) dient ein dem Kehlkopfspiegel ähnlicher kleiner Nasen-Rachen-Spiegel.

2) *Zoologie:* unbehaarter Hautteil im Bereich der Nase mancher Säugetiere, z.B. bei Hund und Katze, unter der Bez. **Muffel** v.a. bei Schafen und Ziegen.

Nasenwurm, Linguatula serrata, in der Nasenhöhle des Haushundes schmarotzender →Zungenwurm (Männchen bis 2 cm, Weibchen bis 13 cm lang). Die ausgeniesten Eier werden von Pflanzenfressern (Hasentiere, Huftiere) aufgenommen, in denen sich die Larven entwickeln. Diese gelangen mit der Nahrung in den Endwirt und wandern durch den Rachen in dessen Nasenhöhle, wo sie geschlechtsreif werden.

Naseret, Stadt in Äthiopien, →Nazret.

Nash [næʃ], **1) Frederic Ogden,** amerikan. Schriftsteller, *Rye (N.Y.) 19. 8. 1902, †Baltimore (Md.) 19. 5. 1971; Redakteur des ›New Yorker‹; schrieb witzige Gedichte, die bestehende Normen parodistisch und z.T. sozialkritisch infrage stellen, sowie Nonsensverse; auch Erzählungen und Kinderbücher.
Werke: Lyrik: I'm a stranger here myself (1938; dt. Ich bin leider hier auch fremd) Good intentions (1942; dt. Gute Vorsätze); Collected verse from 1929 on (1961); A penny saved is impossible (hg. 1981). – Der Kuckuck führt ein Lotterleben. Purzelreime (1977, Ausw.).

2) John, brit. Architekt, *London September 1752, †East Cowes Castle (Isle of Wight) 13. 5. 1835; erhielt als Günstling des Prinzregenten und späteren Königs GEORG IV. zahlr. Bauaufträge. Seine Landhäuser (Blaise Hamlet, Bristol, 1811) sind in historisierendem Stil errichtet, den extravaganten Palast des Prince of Wales in Brighton baute er in der islam. Baukunst entlehnten Formen um (Royal Pavilion, 1815–23; BILD →Brighton); Stadtplaner (u.a. Gestaltung von Regent Street und Regent's Park, London, 1812 ff.).
T. DAVIS: J. N. The Prince Regent's architect (London 1966); J. SUMMERSON: The life and work of J. N., architect (ebd. 1980); M. MANSBRIDGE: J. N. A complete catalogue (Oxford 1991).

3) John F., jr., amerikan. Mathematiker, *Bluefield (W. Va.) 13. 6. 1928; Lehrtätigkeit an der Princeton University und am Massachusetts Institute of Techno-

John F. Nash jr.

Paul Nash: Säule und Mond; um 1937 (London, Tate Gallery)

logy, Cambridge; Hauptarbeitsgebiete sind die Spieltheorie und die reine Mathematik. N. führte mit seiner Dissertation ›Non-cooperative Games‹ (1950) die Unterscheidung zw. kooperativen und nichtkooperativen Spielen ein und erweiterte die klass. Spieltheorie auf ökonomisch wirklichkeitsnahe Situationen. Für nichtkooperative Spiele entwickelte N. ein allg. gültiges Lösungskonzept. Für seine grundlegende Analyse des Gleichgewichts in der nichtkooperativen →Spieltheorie erhielt er 1994 zus. mit J. C. HARSANYI und R. SELTEN den Nobelpreis für Wirtschaftswissenschaften.

4) Paul, brit. Maler, *London 11. 5. 1889, †Boscombe (bei Bournemouth) 11. 7. 1946; setzte sich in Lithographien und Gemälden mit den Schrecken der beiden Weltkriege auseinander. Unter dem Einfluss v. a. von W. BLAKE und dem Surrealismus gestaltete er landschaftl. Motive, in denen sich fantast. und konstruktive Elemente zu einer magisch-poet. Komposition vereinigen. (BILD S. 381)

A. CAUSEY: P. N. (Oxford 1980).

Nashe [næʃ], **Nash,** Thomas, engl. Schriftsteller, getauft Lowestoft November 1567, †London 1601; setzte sich in streitbaren Pamphleten satirisch mit literar. Tendenzen (›The anatomie of absurditie‹, 1589) sowie in Prosasatiren mit dem Puritanismus und den Sitten seiner Zeit auseinander (›Pierce Penniless his supplication to the dinell‹, 1592; ›Christs teares over Ierusalem‹, 1593). Die an der Umgangssprache orientierte Erzählung ›The unfortunate traveller‹ (1594; dt. ›Der unglückl. Reisende ...‹, auch u. d. T. ›Der glücklose Reisende ...‹) gilt als erster engl. pikarester Roman; verfasste auch das Maskenspiel ›Summer's last will and testament‹ (UA 1592, gedr. 1600).

Ausgabe: The works, hg. v. R. B. McKERROW, 5 Bde. (1904–10, Nachdr. 1966).

C. NICHOLL: A cup of news. The life of T. N. (London 1984); J. NIELSON: Unread herrings. T. N. and the prosaics of the real (New York 1993).

Nashik, Stadt in Indien, →Nasik.

Nashörner, Rhinozerosse, Rhinocerotidae, seit dem Oligozän (seit rd. 35 Mio. Jahren) existierende, heute mit nur fünf Arten in Savannen und Grasländern Afrikas und Asiens verbreitete Familie etwa 2–4 m körperlanger, tonnenförmiger, dreizehiger Unpaarhufer; fast haarlose, Laub und Gras fressende Tiere mit panzerartiger Haut, kurzen, säulenförmigen Beinen und ein bis zwei →Nasenhörnern. Der Gesichtssinn ist schlecht, der Geruchssinn dagegen gut ausgebildet. N. sind vorwiegend Einzelgänger. Nach einer Tragzeit von 400–490 Tagen bringt das Weibchen ein Junges zur Welt, das bereits eine Stunde nach der Geburt aufstehen kann.

Heute leben nur noch fünf Arten, zwei in Afrika und drei in Asien. N. sind durch massive Wilderei und Lebensraumzerstörung gefährdet bzw. vom Aussterben bedroht. Von den drei asiat. Arten ist das **Java-N.** (Rhinoceros sondaicus; Kopf-Rumpf-Länge 3,1 m; Schulterhöhe 1,55 m; ein Horn) die am stärksten bedrohte; der Gesamtbestand beträgt nur noch etwa 50 Tiere in W-Java. Das **Indische Panzer-N.** (Rhinoceros unicornis; Kopf-Rumpf-Länge 2,1–4 m; Schulterhöhe 1,70–1,85 m; ein Horn) ist mit etwa 1 900 Individuen in Indien und Nepal verbreitet. Charakteristisch sind die großen (namengebenden) Hautplatten. Vom **Sumatra-N.** (Dicerorhinus sumatrensis; Kopf-Rumpf-Länge 2,6 m; Schulterhöhe 1,35 m; zwei Hörner), der kleinsten asiat. Art, leben nur noch etwa 400 Exemplare in Sumatra, Malaysia und Birma. – Etwas größere Bestandszahlen zeigen die (jedoch ebenfalls bedrohten) afrikan. Arten. So leben noch etwa 2 550 **Spitzmaul-N.** (**Spitzlippen-N.,** Diceros bicornis; Kopf-Rumpf-Länge 3–3,7 m; Schulterhöhe 1,55 m; zwei Hörner) v. a. in Namibia. Ihr Name deutet auf die charakterist. fingerförmig zugespitzte Oberlippe hin. Das **Breitmaul-N.** (**Breitlippen-N.,** Ceratotherium simum; Kopf-Rumpf-Länge 3,6–4 m; Schulterhöhe 1,75 bis 1,90 m; zwei Hörner) hingegen hat fast quadrat. Lippen; Bestand etwa 6 800 Tiere v. a. im südl. Afrika.

Bis zum Ende der letzten Eiszeit waren N. auch in Europa weit verbreitet. Das **Wald-** oder **Mercksche N.** (Dicerorhinus kirchbergensis) lebte in Laubwäldern, Savannen und Graslandern, in Mitteleuropa bis zum Ende des letzten Interglazials, in Spanien bis zum Beginn der Würm-Eiszeit. Das **Fell-** oder **Woll-N.** (Coelodonta antiquitatis) der Kältesteppen Eurasiens (Riß- und Würm-Eiszeit) war 3,50 m lang, 1,60 m hoch, hatte ein dichtes langhaariges, braunrotes Fell, einen tief herabhängenden Kopf, hochkronige Backenzähne, trug zwei Hörner (vorderes, größeres an der Spitze des Nasenbeins, hinteres zw. den Augen) und ernährte sich v. a. von Gräsern und Kräutern. N. wurden von paläolith. Menschen bejagt und in der Kunst dargestellt.

Zu den auf altertüml. Tapirformen zurückgehenden, seit dem Eozän belegten **Nashornartigen** gehören außer den N. die schlanken Hyracodontidae (Obereozän bis Oligozän; Nordamerika, Asien), die plumpbeinigen, mit hauerartigen Eckzähnen versehenen Amynodontidae (Mitteleozän bis Unteroligozän; Holarktis) und die Riesenformen der Indricotheriidae (Oligozän bis Miozän; Eurasien; →Baluchitherium, →Indricotherium, Paraceratherium). Nasenhörner traten erst im Miozän auf.

Kulturgeschichte: In der jüngeren Altsteinzeit wurden N. an den Wänden der Höhlen S-Frankreichs abgebildet (z. B. Lascaux, Font-de-Gaume). Aus Dolní Věstonice in der Tschech. Rep. stammt ein N.-Kopf aus gebranntem Ton. Auch bei den afrikan. Felsbildern sind N. vertreten (Fessan, Sahara, Transvaal). Im Niltal fand sich ein vorägypt. Felsbild eines N. Aus der Harappakultur sind Specksteinsiegel mit N.-Darstellungen bekannt. Die Bedeutung des N. in der hinterind. Mythologie beweist ein Relief von Angkor Vat aus dem 12. Jh., auf dem der Feuergott Agni auf einem N. reitet. Auch im antiken Rom war das N. bekannt. POMPEIUS soll 55 v. Chr. das erste N. zu den Spielen

Nashörner: Von links Indisches Panzernashorn (Kopf-Rumpf-Länge 2,1–4 m); Spitzmaulnashorn (Kopf-Rumpf-Länge 3–3,7 m); Breitmaulnashorn (Kopf-Rumpf-Länge 3,6–4 m)

Nashörner – Nasigoreng **Nasi**

Nashville-Davidson: State Capitol; 1845–55

gebracht haben. Dargestellt ist das N. auf Mosaiken, Reliefs, Wandgemälden, Münzen und Gemmen. Das Horn war Handelsware. 1513 kam ein Ind. Panzer-N. nach Lissabon, von dem A. DÜRER 1515 nach Skizzen und Beschreibungen einen Holzschnitt anfertigte.

In Asien wird das Horn des N. bis heute als Aphrodisiakum gehandelt (Ursache für massive Wilderei und daraus resultierende Bestandsbedrohung). Die Afrikaner fertigten aus der Haut Schilde, Panzer und Schüsseln und verzehrten Fleisch und Fett.

Nashörner, Die, frz. ›Les rhinocéros‹, Drama von E. IONESCO; Uraufführung (in dt. Sprache) 31. 10. 1959 in Düsseldorf; frz. Erstausgabe 1959, frz. Erstaufführung 22. 1. 1960.

Nashornfische, Einhornfische, zur Unterfamilie Acanthurinae der →Doktorfische zählende Gattung mit 12 Arten im Indopazifik. Der **Nashornfisch** (Naso unicornis) wird bis 60 cm lang und trägt ein 8 cm langes Horn über der Nase.

Nashornkäfer, 1) Oryctes, Nashornkäfer i. e. S., Gattung der Blatthornkäfer, Männchen mit nach hinten gebogenem Horn auf dem Kopf; N. leben bes. in wärmeren Gebieten. In Mitteleuropa nur die Art **Oryctes nasicornis,** dunkelbraun, bis 43 mm lang; die engerlingsähnlichen, bis 10 cm langen Larven entwickeln sich in morschem Holz, faulender Gerberlohe (›Lohkäfer‹), Misthaufen, Kompost u. Ä. und benötigen dazu 2–5 Jahre, je nach Temperatur. Trop. N. in Afrika und S-Asien schädigen Palmenkulturen.

2) Dynastinae, Riesenkäfer, Nashornkäfer i. w. S., Unterfamilie der Blatthornkäfer, rd. 1400 Arten (in Mitteleuropa nur zwei), 1–16 cm lang, die meisten neuweltlich verbreitet, darunter der bis über 40 g schwere →Herkuleskäfer.

Nashornleguan, Cyclura cornuta, über 1 m langer Leguan auf Hispaniola; die Männchen tragen drei kurze, kegelförmige Nasenhöcker.

Nashornviper, Bitis nasicornis, bis 1,3 m lange, bunte Puffotter im trop. Afrika; mit hornähnlich aufrecht stehenden Schuppen auf der Schnauzenspitze.

Nashornvögel, Bucerotidae, in den Tropen Afrikas und Asiens mit 45 elster- bis truthahngroßen Arten verbreitete Familie der →Rackenvögel, die Steppen und Wälder bewohnen. Die großen, deutlich abwärts gebogenen und meist auffallend gefärbten Schnäbel tragen häufig einen massigen Aufsatz, der aber durch zahlr. Luftkammern sehr leicht ist, so z. B. beim **Doppelhornvogel** (Buceros bicornis) der die dichten immergrünen Wälder der Malabarküste besiedelt. Lediglich bei dem in den Urwäldern Malakkas, Sumatras und Borneos verbreiteten **Schildschnabel** oder **Helmvogel** (Rhinoplax vigil), Größe bis 1,6 m, ist er massiv gebaut; Höhlenbrüter. Er ist in seinem Bestand bedroht und daher gesetzlich geschützt.

Die bodenlebenden, laufenden, aber noch flugtüchtigen **Hornraben** (Bucorvus, zwei afrikan. Arten) werden als eigene Unterfamilie den übrigen Arten gegenübergestellt. Alle N. außer den Hornraben mauern den Bruthöhleneingang bis auf einen schmalen Spalt zu. Das Weibchen verbringt die ganze Brutzeit in der Höhle und mausert währenddessen auch sein Gefieder. Es wird vom Männchen gefüttert. Die Nahrung ist sehr vielseitig, oft überwiegen Früchte.

Nashville-Davidson [ˈnæʃvɪlˈdeɪvɪdsn], bis 1963 **Nashville,** Hauptstadt des Bundesstaates Tennessee, USA, am Cumberland River, (1994) 504 500 Ew.; kath. Bischofssitz; vier Univ. (gegr. 1867, 1873, 1891 und 1912), Belmont College; Sitz vieler religiöser Bildungseinrichtungen und Verlage (v. a. der Methodisten); Zentrum der Countrymusic (→Nashville-Sound) mit Konzerthalle und Museum (Country Music Hall of Fame and Museum), Vergnügungspark Opryland und bedeutender Schallplattenproduktion. N.-D. hat Kraftfahrzeug-, Bekleidungs-, Schuh-, chem. und elektrotechn. Industrie. – Fort Nashborough (Rekonstruktion); State Capitol (1845–55). Im Central Park eine Nachbildung des Athener Parthenons (1897, Kunstmuseum). – 1779 als Fort **Nashborough** (benannt nach dem General im Unabhängigkeitskrieg FRANCIS NASH, *1720, †1777) gegründet, 1784 in Nashville umbenannt; nahm als Handelsmittelpunkt im mittleren Tennessee einen raschen Aufschwung. 1843 wurde es Hauptstadt von Tennessee.

Nashville-Sound [ˈnæʃvɪl saʊnd], Ende der 1960er-Jahre in den Studios von Nashville-Davidson (Tenn.) auf der Grundlage der Countrymusic von Studiomusikern entwickelter Soundstandard, der durch seine technisch-klangl. Perfektion und transparente Melodik auf zahlr. Interpreten des Countryrock stilbildend wirkte (u. a. BOB DYLAN, JOAN BAEZ, Peter, Paul & Mary, The Byrds).

Nashornkäfer 1): Oryctes nasicornis (Länge bis 43 mm)

Nashornvögel: Doppelhornvogel (Größe bis 1,2 m)

Nashornleguan (Länge bis über 1 m)

Nasi [hebr. ›Fürst‹], **1)** biblisch-jüd. Herrschertitel, Bez. eines Stammesfürsten (z. B. 2. Mos. 16, 22) oder polit. Führers. – Im heutigen *Israel* offizielle Bez. des Staatspräsidenten.

2) im *Röm. Reich* Titel des von den Römern offiziell anerkannten Oberhauptes des Synedrions bzw. der jüd. Gemeinde Palästinas (›Patriarch‹).

Nasigoreng [indones. ›gebratener Reis‹] *das, -(s)/-s,* indones. Gericht aus gedünstetem Reis, Gemüse, Fleisch und Krabben.

Nashornviper (Länge bis 1,3 m)

Näsijärvi, großer, zerlappter See in Mittelfinnland, 250 km², 40 km lang, 5–7 km breit, bis 59 m tief. An seinem Südufer liegt die Stadt →Tampere.

Nasik, Nashik, Stadt im Bundesstaat Maharashtra, Indien, an der oberen Godavari in den Westghats, nordöstlich von Bombay, 657 000 Ew.; Zucker- und Ölfabriken, Baumwollverarbeitung, Herstellung von Autovergasern. – Buddhist. Höhlenanlagen u. a. der Satavahanadynastie (1. Jh. v. Chr. bis 2. Jh. n. Chr.), darunter eine Caityahalle mit monolith. Stupa in der Apsis und reliefierter, durchbrochener Fassade sowie mehrere Viharas. – In N. findet das hinduist. Pilgerfest →Kumbhamela statt.

Nasir ad-Din at-Tusi, pers. Universalgelehrter und Staatsmann, *Tus (Khorasan) 18. 2. 1201, †Bagdad 26. 6. 1274; lebte lange unfreiwillig auf der Assassinenfestung Alamut, wo er u. a. maßgebende Bearbeitungen der griech. Klassiker der Mathematik und Astronomie veröffentlichte. 1256 wurde er Hofastrologe und Minister des Ilchans HÜLÄGÜ. Die in dessen Auftrag seit 1259 erbaute Sternwarte in Maragha wurde von N. bis zu seinem Tod geführt; dort entstand eine der bedeutendsten mathematisch-astronom. Schulen des islam. MA. N. begründete die Trigonometrie als selbstständigen Wissenszweig, bereicherte die Theorie der Parallellinien und fand neue Wege zur Darstellung der Planetenbahnen (Zusammensetzung geradliniger Bewegungen aus Kreisbewegungen). Verfasste zahlr. Lehrbücher (u. a. zu Arithmetik, Astronomie, Sexuallehre, Ethik, Mystik).

Nasobem: Großes Morgenstern-Nasobem, Zeichnung von Gerolf Steiner; 1957

Nasiräer [hebr. nazir ›Geweihter‹], im bibl. Judentum einzelne Gläubige, die sich durch ein Gelübde verpflichteten, sich für immer oder für eine begrenzte Zeit aller Produkte von Trauben (v. a. Wein, aber auch Saft) zu enthalten, die Haare nicht zu schneiden und sich nicht durch Berührung mit Toten zu verunreinigen. Im A. T. wird SIMSON als N. bezeichnet (Ri. 13, 7). Vorschriften über das **Nasiräat** finden sich in der Mischna. Ein auf Zeit begrenztes Gelübde wurde durch einen Kultakt mit einem Opfer im Tempel beendet. Seit 70 n. Chr. (Tempelzerstörung) kam das Nasiräat außer Gebrauch.

H. SALMANOWITSCH: Das Naziräat nach Bibel u. Talmud (1931).

Nasir-e Chosrau [-xos'roʊ], pers. Philosoph und Dichter, *bei Balkh (Afghanistan) 1004, †Yamgan etwa 1072; Anhänger der ismailit. Lehre, die er in seiner Heimat verbreiten wollte; wurde von Sunniten verfolgt und floh in die Berge von Badakhshan. Sein Werk umfasst religiöse und philosoph. Schriften in Poesie und Prosa und einen Bericht über die Pilgerreise, die ihn zw. 1045 und 1052 nach Kleinasien, Ägypten und auf die Arab. Halbinsel führte; sein Diwan wirkte nachhaltig auf die Entwicklung der ethisch-religiösen Dichtung; mit seiner Prosa leistete er einen wichtigen Beitrag zur Entstehung einer philosoph. Terminologie im Persischen.

Ausgaben: Nasir-e Khosrow Kitâb-e Jâmi' al-Hikmatein, pers. u. frz. v. H. CORBIN u. a. (1953); Forty poems from the Divan, hg. v. P. L. WILSON u. a. (1977).

Nasiriya, Nasirija, Nasiriyya, Nasirijeh, An-N., Prov.-Hauptstadt in S-Irak, am linken Ufer des unteren Euphrat, 3 m ü. M., 265 900 Ew.; Mittelpunkt des Bewässerungsgebiete am unteren Euphrat (Dattelpalmen, Weizen), Industriebetriebe; Eisenbahnstation. 15 km südwestlich davon.

Nasir od-Din, Schah von Persien, *17. oder 18. 7. 1831, †(ermordet) Teheran 1. 5. 1896; unternahm als erster pers. Schah Auslandsreisen (nach Europa). Als Schriftsteller trat er durch Herausgabe eines Diwans und durch Reisebeschreibungen (dt. u. d. T. ›Ein Harem im Reich‹, hg. 1969) hervor, die durch ihre schlichte Sprache für die pers. Literatur bahnbrechend waren.

Naso, Eckart von, Schriftsteller, *Darmstadt 2. 6. 1888, †Frankfurt am Main 13. 11. 1976; war 1918–45 am Berliner Staatl. Schauspielhaus Dramaturg, Regisseur und zuletzt unter G. GRÜNDGENS Chefdramaturg; 1953–54 Chefdramaturg in Frankfurt am Main, bis 1957 in Stuttgart. N. begann mit Dramen, wurde aber v. a. bekannt durch Romane (›Seydlitz‹, 1932; ›Die große Liebende‹, 1950), Novellen und Erzählungen (›Preuß. Legende‹, 1939) sowie Biographisches (›Moltke‹, 1937), bes. aus dem alten Preußen.

Nasobem [lat.-griech., eigtl. ›Nasenschreiter‹], **Nasobema,** von C. MORGENSTERN in den ›Galgenliedern‹ erfundenes Tier mit vier gleichartigen, langen Nasen, auf denen es sich fortbewegt. Der Zoologe G. STEINER (*1908, unter dem Pseud. H. STÜMPKE: ›Bau und Leben der Rhinogradentia‹, 1957) schuf danach die ›Säugetierordnung Naslinge‹ mit dem **Großen Morgenstern-N.** (Nasobema lyricum).

Nasopharynx [lat.-griech.] der, -, der →Nasen-Rachen-Raum.

Nasreddin Hodja [-'hɔdʒa], **Nasreddin Hodscha, Nasreddin Efendi, Nasrettin Hoca** [-dʒa], halblegendärer türk. Volksweiser, der im 13. Jh. in Akşehir gelebt haben und dort beigesetzt worden sein soll; um seine Gestalt rankte sich eine Reihe mündlich tradierter Anekdoten (älteste Handschrift 1571, seit 1837 häufig gedruckt), deren philosophisch-trockener, oft skurriler Witz ihn in Europa als ›türk. Eulenspiegel‹ bekannt werden ließ.

Ausgaben: Der Hodscha N., übers. u. hg. v. A. WESSELSKI, 2 Bde. (1911); Ein türk. Eulenspiegel. N. H. Eine Ausw. seiner Schwänke, hg. v. J. P. GARNIER (1984).

Nasriden, Banu l-Ahmar [-'ax-], die letzte arab. Dynastie in Granada, begründet 1232 in Arjona (nordwestlich von Jaén) von MOHAMMED IBN JUSUF IBN NASR (*um 1195, †1273), gen. IBN AL-AHMAR, als Sultan MOHAMMED I., der 1237 Granada einnahm. Unter der Herrschaft der N. blühte der maur. Stil (u. a. Bau der →Alhambra). Der letzte nasrid. Herrscher MOHAMMED XII. (→BOABDIL) unterlag 1492 den Kath. Königen.

L. M. I.'A. IBN AL HATĪB: Islam. Gesch. Spaniens, übers. v. W. HOENERBACH (Zürich 1970); R. ARIÉ: L'Espagne musulmane au temps des Nasrides, 1232–1492 (Paris 1973).

Nasrin, Nasreen [-'ri:n], Taslima, Schriftstellerin und Ärztin aus Bangladesh, *Mymensingh 25. 8. 1962; zog sich aufgrund schonungsloser Auftretens gegen die Unterdrückung der Frau in der islam. Gesellschaft die heftige Ablehnung fundamentalistisch-islam. Kreise in ihrem Land zu. Wegen ihres Romans ›Lajja‹ (1993; dt. ›Scham‹), der muslim. Ausschreitungen gegen eine Hindu-Minderheit nach einer Mo-

Nassau 1): Stadtschloss der Herren vom und zum Stein; 1621, 1755 und 1814–19 erweitert

scheezerstörung im ind. Ayodhya anprangert, wurde von einem ›Islam. Gericht‹ das Todesurteil gegen sie ausgesprochen. N. verfasste rd. 20 Romane und Gedichtbände in Bengali. Seit 1994 lebt sie in Schweden.

Ausgabe: Lied einer traurigen Nacht. Frauen zw. Religion u. Emanzipation, übers. v. E. WANDEL (1996).

Nạssau, 1) Stadt im Rhein-Lahn-Kreis, Rheinl.-Pfalz, 100 m ü. M., an der unteren Lahn zw. Taunus und Westerwald, 5 300 Ew.; Herstellung von Haushaltsartikeln. – Die Burg N. verfiel gegen Ende des 16. Jh., sie wurde 1971 ff. wieder aufgebaut; unterhalb Ruine der Burg Stein (1234), Stammburg der Herren vom und zum Stein. Deren 1621 im Spätrenaissancestil erbautes Stadtschloss (1755 erweitert) ließ Reichsfreiherr K. VOM UND ZUM STEIN 1814–19 um einen achteckigen neugot. Wohnturm erweitern. Das Rathaus (ehem. Adelsheimer Hof) ist ein Fachwerkbau von 1607–09; Pfarrkirche mit spätroman. Chorturm. – Im Schutz der um 1125 entstandenen Burg N. wuchs die Siedlung, die 1324 befestigt war und 1348 Stadtrecht erhielt.

2) [ˈnæsɔː], Hauptstadt der Bahamas, an der NO-Küste von New Providence Island, (1990) 172 200 Ew. (identisch mit der Insel-Bev.); anglikan. und kath. Bischofssitz; College of the Bahamas (gegr. 1974), Bibliotheken, Museum; internat. Finanzplatz und Konferenzort, Sitz zahlr. ausländ. Unternehmen; Konservenindustrie, Rumdestillation, Bootsbau; Tiefwasserhafen, internat. Flughafen. Als eine der malerischsten Städte Westindiens ein v. a. im Winter viel besuchter Erholungsort (Durchschnittstemperatur November bis Mai 22 °C; Juni–Oktober 28 °C). – Gegründet 1660 von Engländern unter dem Namen **Charles Town** (nach König KARL II.); 1690 zu Ehren WILHELMS III. von Oranien-Nassau umbenannt. – Über das Abkommen von Nassau →Bahamakonferenz.

Nạssau, Grafengeschlecht, das sich seit 1159/60 nach der um 1125 an der unteren Lahn erbauten, im 12. Jh. lehnsrechtlich an das Heilige Röm. Reich übergegangenen Burg N. benannte. Es leitete sich von einem Mainzer Vogt ab, beerbte 1122 den Grafen von Idstein-Eppstein und hatte nach 1124 die Vogtei des Hochstifts Worms in Weilburg inne. Durch gezielte Erwerbspolitik gewann es zw. Main, Mittelrhein, Sieg und Wetterau ein an die Kurfürstentümer Mainz und Trier sowie an die Landgrafschaft Hessen angrenzendes Territorium. Unter dem Druck der Erzbischöfe von Mainz und Trier kam es 1255 zur Teilung in zwei Linien: Graf WALRAM II. (* 1220, † 1280) erhielt die Lande südlich der Lahn mit Wiesbaden, Idstein, Weilburg u. a., während die nördlich der Lahn gelegenen Gebiete mit Siegen und Dillenburg an Graf OTTO I. († um 1289) fielen.

Die jüngere *ottonische Linie* teilte sich 1303 in die Linien N.-Hadamar (ältere Linie bis 1394), N.-Siegen und N.-Dillenburg. Letztere fiel 1328 an N.-Siegen, doch blieb Dillenburg weiterhin Residenz. 1343 teilte sich diese Linie erneut. Es entstanden N.-Dillenburg und N.-Beilstein (ältere Linie bis 1561). Die Dillenburger beerbten 1394 N.-Hadamar und gewannen durch Heirat die Grafschaft Diez sowie 1403/04 im Bereich der heutigen Niederlande gelegenen Gebiete Polanen, Leck, Breda und andere kleinere Güter. Die 1420 ererbte Grafschaft Vianden im Herzogtum Luxemburg verwalteten die Brüder zu gleichen Teilen. Nach versch. Teilungen im 15. Jh. – es entstanden u. a. die Linien N.-Herborn-Breda, N.-Haiger-Siegen, N.-Dillenburg-Diez – erreichte die otton. Linie im 16. Jh. ihre höchste Blütezeit. Zwar scheiterte 1507–17 im Katzenelnbogener Erbfolgestreit mit Hessen der Versuch, die Grafschaft Katzenelnbogen zu erwerben, doch steigerte der Erwerb des Fürstentums Oranien im Erbgang 1530 das Ansehen des Hauses. Graf WILHELM I., DER REICHE, von N.-Dillenburg (* 1487, † 1559), seit 1544 regierender ›Prinz‹ von Oranien, begründete das (ältere) Haus Oranien-N., das 1689 die engl. Krone gewann (WILHELM III. VON ORANIEN) und 1702 erlosch.

1607 spaltete sich erneut eine Linie N.-Diez ab, deren Herren 1652 in den Reichsfürstenstand erhoben wurden. Sie beerbte 1711 N.-Hadamar (jüngere Linie seit 1607), 1739 N.-Dillenburg, 1743 N.-Siegen (jüngere Linie seit 1607) sowie 1702 N.-Oranien; seitdem nannten sich die Grafen von N.-Diez Fürsten von N.-Oranien (neueres Haus). Sie verlegten 1747 die Residenz nach Den Haag und wurden 1803 als Landesherren von N.-Dillenburg im Reichsdeputationshauptschluss entschädigt; 1815 mussten sie als Fürsten von Oranien alle dt. Gebiete als Gegenleistung für den Erwerb des Großherzogtums Luxemburg an Preußen abtreten; seit 1815 (König WILHELM I.) stellt das Haus die Herrscher der Niederlande.

Der älteren *walramschen Linie* entstammten König ADOLF VON NASSAU (1292–98) und im 14./15. Jh. vier Mainzer Erzbischöfe. Sie teilte sich 1355 endgültig in die Linie N.-Idstein (mit Wiesbaden und Idstein) sowie die 1364 gefürstete Linie N.-Weilburg (mit Bleidenstadt und Weilburg), die 1381 durch Heirat die Grafschaft Saarbrücken (→Nassau-Saarbrücken) erwarb. In mehreren Teilungen spaltete sich das Haus weiter auf. Nach dem Aussterben von N.-Idstein waren nach 1605 nochmals alle walramschen Güter in der Linie N.-Weilburg vereint. Diese teilte sich 1629, bedingt durch den Dreißigjährigen Krieg, endgültig 1651, in die Linien N.-Idstein, N.-Weilburg und N.-Saarbrücken (ältere Linie, 1659 dreigeteilt). Seit 1688, endgültig 1737, waren die Grafen gefürstet. Nach weiteren Teilungen und Erbfällen bestanden Anfang des 19. Jh. noch N.-Weilburg und N.-Usingen, die 1806 dem Rheinbund beitraten und sich zu einem vereinigten **Herzogtum N.** zusammenschlossen (Hauptstadt: Wiesbaden; nach dem Aussterben der Linie N.-Usingen 1816 von N.-Weilburg allein regiert), das nach Gebietskorrekturen, v. a. durch Gebietstausch mit Preußen, seine Gestalt erhielt. Herzog ADOLF (1839–66) verlor N. 1866 an Preußen (ab 1866/68 Prov. **Hessen-N.**), wurde 1890 aber aufgrund des Nassauischen Erbvereins von 1783 (Anerkennung der Zusammengehörigkeit von ganz N. und des Erstgeburtsrechts) Großherzog von Luxemburg.

K. E. DEMANDT: Gesch. des Landes Hessen (Neuausg. 1980); Herzogtum N.: 1806–1866, Ausst.-Kat. (1981); O. RENKHOFF: Nassauische Biogr. Kurzbiographien aus 13 Jh. (²1992); Oranien-N., die Niederlande u. das Reich. Beitrr. zur Gesch. einer Dynastie, hg. v. H. LADEMACHER (1995).

Nass Nassauer – Nassverbesserung

Nassersee: Abu Simbel am Ufer des Nassersees

Nassauer [Herkunft unklar, wohl von rotwelsch nassenen ›schenken‹, vgl. auch frühnhd. nass ›ohne Geld‹] *der, -s/-,* jemand, der auf Kosten anderer lebt, der sich freihalten lässt.

Nassau-Saarbrücken, ehem. reichsunmittelbares Territorium im Oberrhein. Kreis, das mit Saarbrücken (seit 1442 Sitz von N.-S.), Homburg und Ottweiler den 1381 durch Heirat an die walramsche Linie des Hauses Nassau gekommenen Besitz an der mittleren Saar und an der Blies umfasste. Später kamen mit Saarwerden (1527) und Herbitzheim Gebiete an der oberen Saar dazu. Der nördl. Teil um Ottweiler war zeitweilig zur Ausstattung von Seitenlinien abgetrennt. Im Zuge der Reunionen wurde N.-S. (1527 erloschen; 1629–1723 und ab 1735 bestanden neue Linien) aufgrund seiner Lehnsabhängigkeit von den Bischöfen von Metz mit Frankreich vereinigt und erst im Frieden von Rijswijk (1697) wieder abgetreten. Das im 17. Jh. verwüstete Gebiet erlebte Mitte des 18. Jh. durch den Abbau von Steinkohlelagern, Errichtung von Eisenschmelzen und Glashütten einen wirtschaftl. Aufschwung. 1793 wurde es von frz. Truppen besetzt und fiel 1801 an Frankreich. 1815 kam N.-S. an Preußen (Rheinprovinz).

A. RUPPERSBERG: Gesch. der ehem. Grafschaft Saarbrücken, 4 Bde. (²1908–14, Nachdr. 1979).

Nassböden, Böden, die ständig bis in den Oberboden hinauf mit Grund- oder Stauwasser gesättigt sind und in denen ständig Luftmangel herrscht. Zu den N. gehören alle Moorböden, ein Großteil der Marschböden und einige Gleye.

Gamal Abd el-Nasser

Nasser, Abd el-N., Abd an-Naṣir, Gamal, ägypt. Politiker, * Beni Mor (Prov. Assiut) 15. 1. 1918, † Kairo 28. 9. 1970; Offizier, Oberst, zeichnete sich im Palästinakrieg (1948–49) aus. Er beteiligte sich maßgeblich an der Gründung des ›Komitees der freien Offiziere‹, das im Juli 1952 König FARUK I. stürzte. Als Oberbefehlshaber der Streitkräfte (seit 1953), stellv. Min.-Präs. (1953–54) und Innen-Min. (1953–54) gewann er im ›Rat der Revolution‹ eine beherrschende Stellung und verdrängte seinen Gegner General A. M. NAGIB im April 1954 als Min.-Präs. und im November 1954 auch als Staatspräs.; 1956 wurde N. – nach Einführung des Präsidialsystems – von der Bev. zum Staatspräs. gewählt. Im Oktober 1954 erreichte er die vertragl. Zusicherung Großbritanniens, seine Truppen aus der Suezkanalzone zurückzuziehen. Mit der Verstaatlichung des Suezkanals (1956) und der Verteidigung dieser Maßnahme in einer internat. politisch-militär. Kraftprobe gewann er im gesamten arab. Raum eine Führerstellung, bes. im Kampf gegen Israel. Gestützt auf seine Autorität förderte N. die panarab. Bewegung. In ihrem Sinn unterstützte er den alger. ›Front de Libération Nationale‹ (FLN) im Kampf um die Unabhängigkeit Algeriens von Frankreich (1954 bis 1962). 1958 führte er den Zusammenschluss von Syrien und Ägypten zur ›Vereinigten Arab. Republik‹ (VAR) herbei, deren Präs. er gleichzeitig wurde. Das Engagement Ägyptens im jemenit. Bürgerkrieg bewirkte jedoch innerarab. Spannungen (bes. zw. N. und König FEISAL von Saudi-Arabien). Nach dem Scheitern der ägyptisch-syr. Union (1961) suchte N. die Wirtschafts- und Sozialstruktur seines Landes unter der Leitidee eines ›arab. Sozialismus‹ zu verbessern (Bodenreform, Industrialisierung und Bau des Assuanhochdammes). In diesem Sinne bemühte er sich – ohne Rücksicht auf den Ost-West-Konflikt – um Wirtschaftshilfe aus den hoch industrialisierten Ländern Europas und Nordamerikas. 1964 wurde er als Staatspräs. wieder gewählt (Amtszeit sechs Jahre).

International trat N. zus. mit TITO und J. NEHRU als Sprecher der →blockfreien Staaten und als Förderer der Unabhängigkeit der Völker Afrikas hervor. In der Auseinandersetzung mit Israel lehnte er sein Land eng an die kommunist. Staaten, bes. an die UdSSR, an. Mit der Sperrung des Golfes von Akaba für israel. Schiffe löste N. 1967 den Sechstagekrieg (→Nahostkonflikt) aus. Nach der Niederlage der arab. Staaten bot er seinen Rücktritt an, nahm ihn jedoch auf Druck der Bev. wenig später wieder zurück.

K. WHEELUCK: N.'s new Egypt (New York 1960); R. H. DEKMEJIAN: Egypt under Nasir (Albany, N. Y., 1971); R. BÜREN: N.s Ägypten als arab. Verfassungsmodell (1972); La vision nassérienne, hg. v. P. BALTA (Sindbad 1982); B. BUMBACHER: Die USA u. N. Amerikan. Ägypten-Politik der Kennedy- u. Johnson-Administration 1961–1967 (1987); P. WOODWARD: N. (London 1992).

Nassersee, Assuanstausee, engl. **Lake Nasser** [leɪk ˈnæsə], der Stausee des Nils oberhalb des Assuanhochdamms (›Sadd al-Ali‹) südlich von →Assuan in Ägypten, bis in die Rep. Sudan hineinreichend, 550 km lang, bis 10 km breit, mit einer Staukapazität von 165 Mrd. m³. Der Aufstau bedingte Umsiedlungen (z. B. Wadi Halfa); bedeutende nub. Kulturdenkmäler (Abu Simbel, Philae) wurden vor der Überflutung gerettet, andere dokumentiert. Über die ökolog. Auswirkungen des Stausees →Nil.

K. W. BUTZER u. C. L. HANSEN: Desert and river in Nubia. Geomorphology and prehistoric environments at the Aswan reservoir (Madison, Wis., 1968).

Nassfäule, 1) *Botanik:* Knollen-N., durch versch. Bakterien hervorgerufene Erkrankung der Kartoffelpflanze, bei der die Knollen in eine übel riechende, breiige Masse verwandelt werden.

2) *Forstwirtschaft:* die Zersetzung stark durchfeuchteten Holzes durch Pilze.

Nassgley, ein Grundwasserboden, ein →Gley mit ständig hohem Grundwasserstand, daher ohne G_o-Horizont.

Nasslagerung, *Kerntechnik:* die Lagerung bestrahlter Brennelemente von Kernreaktoren in dafür bestimmten Becken unter Verwendung von Flüssigkeit als Kühlmittel (i. d. R. Wasser); Ggs.: Trockenlagerung. (→Zwischenlagerung)

Nassmetallurgie, die, →Hydrometallurgie.

Nassreis, der Sumpfreis (→Reis).

Nassspinnverfahren, →Chemiefasern.

Nassverbesserung, Nasszuckerung, Gallisieren, *Weinbereitung:* die Anreicherung des Traubenmostes mit in Wasser gelöstem Zucker, bewirkt eine Erhöhung des Mostgewichtes und damit des Alkoholgehaltes des Weines sowie eine Verminderung des Säuregehaltes; früher in klimatisch ungünstigen Weinbaugebieten oft angewandt, heute (seit 1984 endgültig) verboten.

Nassyri, Nasyry, Kajum, tatar. Schriftsteller, Aufklärer und Folklorist, *Werchnije Schirdany (Tatarstan) 14. 2. 1825, †Kasan 2. 9. 1902; führender Schöpfer der modernen tatar. Schriftsprache mit seinen literar., grammat. und lexikograph. Arbeiten sowie mit seinen Sammlungen der Volksliteratur.

Nast [næst], Thomas, amerikan. Maler und Zeichner dt. Herkunft, *Landau in der Pfalz 26. 9. 1840, †Guayaquil (Ecuador) 7. 12. 1902; kam 1846 in die USA; arbeitete ab 1855 als Illustrator für ›Illustrated Newspaper‹, ab 1862 für ›Harper's Weekly‹. Er zeichnete Szenen vom ital. Einigungskrieg und vom Amerikan. Sezessionskrieg, später v. a. polit. Karikaturen. Von ihm stammen die amerikan. Parteisymbole: Esel (Demokraten) und Elefant (Republikaner).

Nastätten, Stadt im Rhein-Lahn-Kreis, Rheinl.-Pf., 284 m ü. M., im Taunus, 4100 Ew.; Metall- und Kunststoffverarbeitung. – N. wurde 1818 erstmals als Stadt bezeichnet.

Nastien [zu griech. nastós ›(fest)gedrückt‹], *Sg.* **Nastie** *die, -,* durch einen Reiz ausgelöste Krümmungsbewegungen von Pflanzenorganen, deren Richtung unabhängig von der Reizquelle nur durch den Bau der reagierenden Organe vorgegeben ist. Der Reiz hat lediglich Signalfunktion, auch dient die N. (im Unterschied zum Tropismus) nicht der räuml. Orientierung der Pflanze. N. werden durch (reversible) Änderungen des Turgors oder (seltener) durch ungleiches Wachstum gegenüberliegender Organseiten verursacht, wobei bei Letzterem zw. →Epinastie und →Hyponastie unterschieden werden kann. Beispiele sind: **Photo-N.,** durch Lichtreize verursachte Blütenblattbewegungen, **Thermo-N.** (Blütenöffnung durch Wärme- oder Kältereiz), die durch Erschütterung verursachte **Seismo-N.,** weiterhin die **Hapto-N.** (durch Berührung ausgelöste Rankenbewegung), die **Chemo-N.,** die durch chem. Reize ausgelöst wird (z. B. bei bestimmten tierfangenden Pflanzen), und die durch Luftfeuchtigkeitsänderungen hervorgerufene **Hygro-N.** (z. B. das Einrollen von Blättern).

Nasturtium [lat.], die →Brunnenkresse.

Nasus [lat.] *der, -/...si,* die →Nase.

Nasution, Abdul Haris, indones. General und Politiker, *Kotanopan (N-Sumatra) 3. 12. 1918; schlug 1948 den kommunist. Aufstand in Madiun (O-Java) nieder; 1950–52 und 1955–62 war er Generalstabschef der Armee (Niederwerfung separatist. Aufstände, 1958–61) und 1959–66 Verteidigungs-Min. Als Präs. des beratenden Volkskongresses (1966–72) hatte er großen Anteil an der Entmachtung von Präs. A. SUKARNO.

Natal, 1) [naˈtal], Hauptstadt und wichtiger Hafen des Bundesstaates Rio Grande do Norte, Brasilien, 639 000 Ew.; Textilindustrie, Zuckerfabriken, Verarbeitung von Häuten und Fellen, Salzgewinnung; Flughafen. – Gegründet 1597 von Portugiesen.
2) [ˈnaːtal, engl. nəˈtæl], ehem. Prov. der Rep. Südafrika, heute →KwaZulu/Natal. (→KwaZulu)

Natalität [zu lat. natalis ›zur Geburt gehörig‹] *die, -,* Geburtenhäufigkeit, im einfachsten Fall gemessen als Geburtenrate (= Zahl der lebend Geborenen auf 1000 Ew. (→Geburtenstatistik).

Natangen, histor. Landschaft im Gebiet Kaliningrad (Königsberg), Russland, ehem. Ostpreußen, zw. Frischem Haff, Pregel und Ermland, mit Preußisch Eylau als Mittelpunkt.

Natantia [lat. ›die Schwimmenden‹], wiss. Name der →Garnelen.

Natchez [ˈnætʃɪz], nordamerikan. Indianerstamm, am unteren Mississippi, wurde seit 1730 in drei Kriegen mit den Franzosen fast aufgerieben; Nachfahren leben heute unter den Cherokee und Creek in Oklahoma. Ihre Sprache gehört zum Muskogee. Die N. lebten von Feldbau. In ihren befestigten Siedlungen standen auch Versammlungshäuser und Tempel (auf Erdpyramiden). Die Oberhäuptlinge, denen Abstammung von der Sonne zugeschrieben wurde, übten absolute Herrschaft aus. Zwei Kasten wurden unterschieden: Adel (höchste Stufe: die ›Sonnen‹) und Gemeine. Span. Konquistadoren trafen die N.-Kultur 1541 noch in voller Blüte an.

Nates [lat.] *Pl., Anatomie:* das →Gesäß.

Nathan [hebr., eigtl. ›er (Gott) hat gegeben‹], Hofprophet und Ratgeber DAVIDS, dem er die ewige Dauer seiner Dynastie (2. Sam. 7) verhieß; gehörte nach 1. Kön. 1–2 der Thronfolgepartei SALOMOS an und war an dessen Einsetzung zum König maßgeblich beteiligt.

Nathan, N. ben Jechiel, jüd. Talmudist, *Rom 1035, †um 1110; verfasste den ›Aruch‹, ein talmud. Wörterbuch, das oft gedruckt und ergänzt wurde.
Ausgabe: ʾArukh ha-shalem, hg. v. A. KOHUT, 8 Bde. (Neuausg. 1926).

Nathanael [hebr., eigtl. ›Gott hat gegeben‹], im N. T. in Joh. 1, 45–51 und 21, 2 (›aus Kana‹) genannter Jünger JESU, an dem der Weg vom gläubigen Judentum zum Glauben an JESUS exemplarisch dargestellt wird; oft mit BARTHOLOMÄUS identifiziert.

Nathan der Weise, Drama von G. E. LESSING, Uraufführung 14. 4. 1783 in Berlin; Erstausgabe 1779.

Nathans [ˈneɪθənz], Daniel, amerikan. Mikrobiologe, *Wilmington (Del.) 30. 10. 1928; ab 1967 Prof. an der Johns Hopkins University in Baltimore (Md.); erhielt für seine Untersuchungen zu den Restriktionsenzymen und bes. zu deren prakt. Anwendung auf dem Gebiet der Molekulargenetik mit W. ARBER und H. O. SMITH 1978 den Nobelpreis für Physiologie oder Medizin.

Nathansen, Henri, dän. Schriftsteller, *Hjørring 17. 7. 1868, †(Selbstmord) Lund 16. 2. 1944; aus jüd. Familie, floh vor der dt. Besatzung nach Schweden; Dramaturg, Literatur- und Theaterkritiker; schilderte mit realist. Humor und wehmütiger Skepsis die Beziehungen zw. der jüd. und nichtjüd. Bev. in Dänemark.
Werke: Lyrik: Memento (1951). – *Romane:* Af Hugo Davids liv, 4 Bde. (1917); Mendel Philipsen og søn (1932). – *Schauspiele:* Daniel Hertz (1909); Indenfor Murene (1912; dt. Hinter Mauern); Dr. Wahl (1915; dt.). – *Biographie:* Georg Branders (1929; dt. Jude oder Europäer).

Nathorstiana [nach dem schwed. Geologen und Paläobotaniker ALFRED NATHORST, *1850, †1921], fossile Gattung der Bärlappgewächse aus der Unterkreide, etwa 20 cm hoch; Bindeglied zw. den permokarbon. Sigillarien, →Pleuromeia und den heutigen Brachsenkräutern (v. a. Stylites, Peru).

Nation [frz., von lat. natio, nationis ›das Geborenwerden‹, ›Geschlecht‹, ›Volk(sstamm)‹] *die, -/-en,* Begriff, der international im histor. und polit., aber auch im kulturphilosoph. und staatsrechtl. Denken des 19. und 20. Jh. den Rahmen bezeichnet, innerhalb dessen sich Menschen neben kultureller Eigenständigkeit v. a. polit. Selbstständigkeit (Souveränität) unter Verweis auf eine als gemeinsam angenommene Geschichte, Tradition, Kultur, Sprache zumessen. Die polit. Zielsetzung drückt sich dabei v. a. in der Tendenz aus, N. und (National-)Staat zur Deckung zu bringen. Der seit der Frz. Revolution (1789) und den antinapoleon. Befreiungsbewegungen in Europa in den Vordergrund getretene N.-Begriff zielt v. a. auf die polit. Handlungsfähigkeit des Nationalstaates, sowohl im Hinblick auf die polit. Souveränität im internat. Zusammenhang als auch

Thomas Nast

Daniel Nathans

Nathorstiana: Nathorstiana arborea aus der Unterkreide

Schlüsselbegriff

auf die Garantie von Menschen- und Bürgerrechten im Rahmen eines Verfassungsstaats oder hinsichtlich innenpolit. autonomer Handlungs- und Entscheidungsmöglichkeiten. N. bildet insoweit den Rahmen für ein polit. Handlungsprogramm, das mit dem Blick auf eine gemeinsame Zukunft entworfen und im Rückgriff auf angenommene gemeinsame Merkmale (Sprache, Geschichte, Kultur) legitimiert wird. Die Zuordnung einzelner Bevölkerungsteile kann dabei zwischen verschiedenen N. strittig sein; sie verläuft teilweise in Konkurrenz, teilweise in Überschneidung zu anderen Zuordnungsmöglichkeiten. Die N. beansprucht seit dem 19. Jh. für sich allg. die höchste Loyalität.

Bis heute sind Versuche, N. anhand objektiver, allgemein gültiger Merkmale zu definieren, umstritten. N. als Prinzip staatl. Ordnung ist insofern eine genuin historisch und kulturell bestimmte Betrachtungs-, Interpretations- und Zurechnungskategorie, als die Herausbildung der N. – die in jedem Einzelfall durchaus auch hätte anders verlaufen können – in unterschiedl. historisch-polit. Zusammenhängen begründet ist; diese wiederum lassen einen widersprüchl. Facettenreichtum aufscheinen, der sich eindeutigen Definitionen entzieht.

Geschichte

Bereits die Begriffsgeschichte zeigt sowohl den engen Zusammenhang eines mit dem Anspruch universaler Geltung auftretenden N.-Begriffs mit der neuzeitl. europ. Geschichte als auch die kulturell geschaffene Substanz des Begriffs N., der seine histor. Bedeutung erst von den Wertungen und Einstellungen her bezieht, die Menschen ihm gegenüber entwickeln. N. erscheint dann als Integrationsrahmen für ›große, als Träger staatl. Souveränität in Betracht kommende Gruppen‹ (E. LEMBERG) unter den spezifisch polit. Bedingungen der Moderne. Demgegenüber bezeichnete lat. ›natio‹ in der Antike und noch lange im MA. die Abstammung oder den Herkunftsort einer Person, v. a. in Bezug auf politisch nicht organisierte Bevölkerungen. Im Rahmen der seit dem Hoch-MA. entstandenen Univ. wurde N. als Herkunftsbezeichnung im Sinne der Zurechnung zu einer Region oder Landschaft benutzt. Die Konzilien des Spät-MA. brachten einen weiteren, bereits auf den modernen Gebrauch vorausweisenden Bedeutungszusammenhang, der das Prinzip der Repräsentation aufnahm, indem der Begriff N. verwendet wurde, um abstimmungsberechtigte Untergruppen zu bezeichnen. Hiermit gewann der Begriff seine Qualität als Rahmenkategorie, zugleich trat aber das Dilemma der Abgrenzung und der Verbindlichkeit der jeweils als N. angesprochenen Menschengruppe auf.

Bis ins 18. Jh. standen regionale und soziale Bezeichnungen gleichberechtigt neben anderen Definitionen, in denen zunehmend der Aspekt polit. Souveränität hervortrat, wie er in den frühneuzeitl. Territorialstaaten und im Zuge der Ausbildung absolutist. Herrschaft entwickelt worden war. Während MONTESQUIEU noch auf die Gruppenordnung der ständ. Gesellschaft Bezug nahm und bei GOETHE noch ein vorpolit. sozialer Zusammenhang nachweisbar ist, gewann der moderne N.-Begriff seine auf Staats-N. und Staatsvolk abzielende, explizit polit. Bedeutung zunächst in den Auseinandersetzungen um die polit. Herrschaft in der Zeit der Frz. Revolution anlässlich der Frage, wer der legitime Repräsentant der Gesellschaft sei. So lautet die Antwort auf die selbst gestellte Frage ›Qu'est-ce que le tiers état?‹ (›Was ist der dritte Stand?‹) bei Abbé SIEYÈS: ›Eine vollständige N. ist der dritte Stand.‹ Beim N.-Begriff der Frz. Revolution handelte es sich zuerst um eine innergesellschaftl. Abgrenzung und nicht um eine gegen fremde ethn. Gruppen oder Völker gerichtete. Eine weitere Stufe der Ausformulierung des Begriffs in einem modernen Sinn stellten die Reaktionen liberaler, auf Unabhängigkeit und Selbstbestimmung zielender antinapoleon. Bewegungen in den okkupierten Ländern dar, aber auch die Erhebungen gegen die span. Kolonialherrschaft in Lateinamerika. In Europa entwickelten sich weitere. Bewegungen in Reaktion auf die durch den Wiener Kongress von 1814/15 bewirkte Restauration und prägten in der Zeit des Vormärz in vielfältiger Weise die Politik (u. a. Befreiungskampf der Griechen gegen das Osman. Reich, poln. Aufstände gegen die russ. Herrschaft).

Auf die Klassifizierung der N.-Vorstellung des 19. Jh. übte die ältere, an der Gegenüberstellung Dtl.s und Frankreichs gewonnene Unterscheidung von mitteleurop. Kultur- und westeurop. Staats-N. (F. MEINECKE) nachhaltigen Einfluss aus. Weniger mit nat. Stereotypen belastet ist dagegen die Unterscheidung, ob die Entwicklung zu polit. Souveränität und staatsbürgerl. Gleichheit in einem bereits existierenden Staat (Frankreich, Großbritannien) stattfindet, ob sie auf die Herstellung eines solchen aus Einzelstaaten zielt (Dtl., Italien) oder ob sie sich schließlich gegen einen bereits existierenden multinationalen Staat (z. B. gegen das russ., habsburg. oder Osman. Reich) richtet (T. SCHIEDER).

Während sich in der 1. Hälfte des 19. Jh. v. a. in den Strömungen gegen bestehende Herrschaftsordnungen egalitäre, demokrat. und auf polit. Souveränität zielende Vorstellungen verbanden, setzte sich in der 2. Hälfte des 19. Jh. der auf polit. Unabhängigkeit, dann aber auch auf Hegemonie, Suprematie und Dominanz (›Chauvinismus‹) zielende Aspekt durch. Dabei wurde der Mangel demokrat. Teilhabe am Staat durch politisch instrumentalisierte Feindbestimmungen und den Hinweis auf (angeblich) wachsende äußere Bedrohungen der Staats-N. (imperialist. Rivalität, ›Erbfeindschaft‹ u. Ä.) kompensiert. Durch die Berufung auf äußeren Druck konnte so im Namen der N. innere Homogenität erzwungen werden (z. B. ›Burgfriede‹ der Fraktionen des Dt. Reichstages von 1914). Kriege, Rassismus und Völkermorde belegen bis in die Gegenwart hinein die aggressive Komponente der seit dem 19. Jh. bestehenden N.-Vorstellung auf der Basis von erhoffter Homogenität durch Abgrenzung, Ausgrenzung und Feindbestimmung. Demgegenüber hat gerade die Erfahrung der nat. Hybris als Ursache der beiden Weltkriege in der 2. Hälfte des 20. Jh. verstärkt zur krit. Infragestellung der N. als Rahmenvorstellung polit. Handelns geführt. Wachsende internat. Verflechtungen und Abhängigkeiten (aber auch abermals nun verschiedenen N. gemeinsame Feindbilder) und nicht zuletzt der Eindruck einer verbindenden Verantwortung gegenüber der nuklearen Bedrohung führten zur Entwicklung vielfältiger Formen übernat. Zusammenarbeit wie UNO u. a. Zugleich wurden die Vorstellungen wieder stärker betont, die N. mit der Realisierung innerstaatl. Gleichheit, mit den Möglichkeiten eines geregelten inner- und zwischenstaatl. Zusammenlebens sowie mit polit. Partizipation und der Gewährung von Menschenrechten verbanden. In der Tradition des westlichen ›Verfassungspatriotismus‹ (D. STERNBERGER) führte dies dazu, nunmehr den Staat gegenüber der N. zu betonen.

Funktionen

Die Funktion der N. kann unter jeweiligen Zielsetzungen wechseln und für vielfältige und konträre Zwecke in Anspruch genommen werden. Vorstel-

lungen von N. und die Berufung auf sie haben neben außenpolit. auch innenpolit. und sozialpsycholog. Funktionen zu erfüllen; die Aktivierung nat. Einstellungen erfolgt im Wechselspiel mit raschem sozialem Wandel und damit verbundenen Traditionsverlusten, wobei sich das gesellschaftl. Bewusstsein langsamer verändert als die sozialen Rahmenbedingungen. ›Die drohende oder tatsächl. Auflösung bislang dominierender gesellschaftl. Normensysteme scheint dann mit einem Rückgriff auf latent bereitliegende Identitätsquellen beantwortet zu werden‹ (H. MOMMSEN). Für die Bedeutung, die der Begriff der N. dabei im europ. Rahmen seit dem 18. Jh. gewonnen hat, mögen folgende vier Tendenzen ausschlaggebend sein:
1) Mit der Auflösung der universalen, religiös und heilsgeschichtlich bestimmten Sinn- und Weltordnung in der Neuzeit setzt eine innerweltliche histor. Betrachtung (W. CONZE) des menschl. Zusammenlebens und damit auch der polit. und histor. Handlungskonzepte ein. Die Ausbildung der modernen Idee der N. reagiert dabei auf die mit der Säkularisierung einsetzende Sinnkrise durch Vorgabe der N. als innerweltl. Bestimmungsrahmen, durch den die Interpretation von Geschichte und individueller polit. Erfahrung im Hinblick auf einen kollektiven Zusammenhang ermöglicht wird.
2) In entsprechender Weise füllt der Begriff der N. die Stelle des polit. Souveräns aus, eine Position, die durch den ›sterbl. Gott‹ (T. HOBBES) des absolutist. Territorialstaats vorbereitet worden war und die nach der Ablösung der absoluten Monarchien durch repräsentative Staatsorgane die Grundlage für Repräsentation und Identifikation der Bevölkerung darstellen kann.
3) Daneben dient der Begriff der N. als ›Legitimationsidee‹ (H. O. ZIEGLER), indem er gegenüber der wachsenden Zahl der am sozialen Leben einer Gesellschaft beteiligten Bevölkerungsteile als den Lebenszusammenhang sichernde und begrenzende Bezugsgröße fungiert.
4) Schließlich dient der Begriff der N. dazu, den Individuen, trotz zunehmender Verflechtung, Anonymität und Komplexität ihrer Umwelt, einen den Einzelnen vorstellbaren Horizont für die Ausbildung eines Wirgefühls zu vermitteln. Tatsächlich wurde der Begriff der N., entgegen nat. Legenden, nicht von ›Volk‹, sondern von Bildungs- oder Machteliten unter Berufung auf das jeweilige ›Volk‹ geprägt (u. a. als Kampfbegriff des Bürgertums gegen Adel und Proletariat) und griff erst zeitversetzt auf ›national unzuverlässigere Schichten‹ der Bev. über. Die Ausbreitung der N.-Vorstellung ist damit ein Teil der mit der Neuzeit einsetzenden ›Fundamentalpolitisierung‹: Politik wurde zu etwas, ›was nun alle Menschen in beinahe allen Lebenslagen angeht‹ (C. Graf VON KROCKOW).
Die N. stellt möglicherweise die wirkungsvollste polit. Organisationsform dar, wobei Erfolge in der Ausbildung der Nationalstaaten als Verfassungs- und Rechtsstaaten, aber auch Terror und Gewalt im Namen der N. nebeneinander stehen. Dabei zeigt sich die Instabilität der bestehenden Weltstrukturen in entsprechenden Schwierigkeiten bei der Balance der in der Vorstellung der N. gefassten unterschiedl. Erwartungen und Gewaltpotenziale. Hinzu kommt, dass die Berufung auf den Wert der N. nicht universal, sondern vielfach (u. a. kulturell und schichtenspezifisch) gebrochen auftritt. Meist bedienen sich solche sozialen Gruppen des N.-Begriffs, die sich angesichts eines im Zuge weltweiter Industrialisierung und Verwestlichung stattfindenden Wandels bedroht empfinden. Für sie bietet N. dann einen Raum der Kompensation oder einen Ordnungsrahmen mittlerer Größe, der Gruppeninteressen konservieren und begrenzten Wandel initiieren kann. In Europa (und in den europäisierten Schichten außerhalb Europas) haben v. a. die Bildungseliten – in außereurop. Ländern z. T. in Abwehr, z. T. in Übernahme europ. N.-Vorstellungen (B. TIBI) – am Prozess der Herstellung der N. teilgenommen. Dabei spielten und spielen der Aufbau von Bildungssystemen, von Massenmedien und die Alphabetisierung eine hervorragende Rolle bei der Bildung eines die Kleingruppenzugehörigkeiten dominierenden Nationalbewusstseins für eine Großgruppe, die nicht (nur) auf der Basis kultureller oder sprachlicher Gemeinsamkeiten, sondern häufig allein durch die Zufälligkeit kolonialer oder durch Eroberung geschaffener Grenzziehungen vorgegeben wurde.

Entwicklungstendenzen

Auch wenn nach dem Zweiten Weltkrieg, v. a. aufgrund der propagandist. Ausnutzung des Nationalen durch den Nationalsozialismus, der Begriff der N. in Dtl. zunächst eher skeptisch und zögernd verwendet wurde, blieb die Kategorie der N. erhalten und weltpolit. Maßstab – sei es bei der Gründung der ›Vereinten Nationen‹, sei es bei den ›nat. Befreiungskämpfen‹ ehem. Kolonien – auch politisch wirksam. V. a. im Rahmen der in den 1950er- und 1960er-Jahren von den USA ausgehenden Modernisierungstheorie erschien die N. als zentrale und notwendige Stufe bei der Integration polit. und sozialer Kräfte (K. W. DEUTSCH). Entsprechend wurde der Prozess des ›nation-building‹ als wichtige Phase auf dem Weg zu ökonom. Entwicklung und zur Ausbildung demokrat. Strukturen angesehen. Eine Reihe desillusionierender Erfahrungen (z. B. Biafrakrieg 1967–70, v. a. aber die nationalist. Propaganda vieler Diktaturen und Terrorregime) hat inzwischen eine solche teleolog. Betrachtung der N. in Zweifel gezogen. Damit rückten auch entsprechende, auf Regionalisierung oder Föderalisierung zielende Prozesse in Europa (Autonomiebestrebungen der Korsen in Frankreich; der Waliser, Iren, Schotten in Großbritannien; der Basken, Katalanen u. a. in Spanien) in ein anderes Licht und verloren den Makel der Unmodernität. Neuere Konzepte betonen gerade die Sinnhaftigkeit eines unterhalb der Ebene der N. liegenden Regionalbewusstseins (→Heimat, →Regionalismus) für die Identitätsfindung der Individuen bei gleichzeitiger Abgabe von Souveränitätsrechten durch die N. an supra- oder transnationale Institutionen (›Europa der Regionen‹). Andererseits führen in den weiterentwickelten Industrieländern Individualisierung der Lebensstile und die Auflösung der Homogenitätsräume wie Arbeitswelt, Religion und soziale Schichtung in eine individuell verschiedene Anordnung von ›Lebenslagen‹ und damit auch zu einer Reduzierung des Merkmals N. auf eine Zugehörigkeit unter anderen. Am Erfolg solcher Konzeptionen kann sich zeigen, ob die These, die menschl. Identitätsfindung sei jenseits der N. möglich, genügend Zuspruch findet, wobei grundsätzlich die Möglichkeit besteht, dass sich heutige N. zu größeren Gebilden zusammenschließen, die sich ihrerseits wieder als N. definieren (z. B. Europ. N.). Die Erwartung des ›Absterbens der N.‹ zugunsten supranat. und internat. Organisationen (z. B. EU) hat sich bis jetzt jedenfalls nicht bewahrheitet.
Die Auflösung des Ostblocks und der Zerfall der UdSSR am Beginn der 1990er-Jahre spiegeln neben dem Verlangen nach Menschen- und Bürgerrechten sowie dem Wunsch nach ökonom. Fortschritt v. a. auch eine Renaissance des N.-Denkens wider. Dieser Wunsch, eine polit. Einheit auf der Basis einer

als N. vorgestellten Gemeinschaft zu schaffen, führt aber nicht nur zu Konflikten mit jeweils dominierenden (nat.) Gruppen und Herrschaftseliten, sondern auch zu erneuten Zurechnungs- und Abgrenzungsproblemen ([Bürger-]Kriege und ›ethn. Säuberungen‹ im ehem. Jugoslawien, Nationalitätenkonflikte in den Nachfolgestaaten der UdSSR und der Tschechoslowakei, in Rumänien u. a., aber auch neu auflebender Antisemitismus). Es zeigt sich dabei, dass etliche der im 20. Jh. als Zwangs-N. entstandenen Gebilde nicht zur Willens-N. geworden sind und nun bei nachlassendem Zwang in kleinere (alte) Willens-N. auseinander gebrochen sind, da die von den Herrschaftseliten postulierte neue nat. Identität der Bevölkerung (z. B. Sowjetpatriotismus) nicht die älteren Identitäten bzw. Loyalitäten verdrängen konnte. Wie wichtig die Selbstdefinition der Bev. eines Staates als N. bzw. Teil einer N. für die Stabilität desselben sein kann, zeigt sich auch am Beispiel der DDR, deren Führung es nicht gelang, die traditionelle Vorstellung von einer →deutschen Nation durch das Postulat einer ›sozialist. N.‹ zu überwinden. Dies trug letztlich 1990 zur Wiederherstellung eines dt. Nationalstaates unter nunmehr weitgehender Ineinssetzung von N. und Staat bei. Die mit dem Vereinigungs- und Transformationsprozess verbundenen Schwierigkeiten (→deutsche Einheit), durch die starke Migration bedingte Integrationsprobleme wie auch Fragen der internat. Einbindung Dtl.s (der →europäischen Integration, der steigenden Anforderungen im Rahmen von UNO und NATO u. a.) mögen Indizien dafür sein, dass am Ende des 20. Jh. das Thema der nat. Identität in Dtl. erneut an Aktualität gewinnt. Zeitgleich mit diesen Entwicklungstendenzen vollzieht sich in weiten Teilen der Dritten Welt eine Hinwendung zu anderen Integrationsideen bzw. Bezugsgrößen (z. B. Religion, Ethnie), die ihrerseits Ansatzpunkte für eine N.-Bildung sein können (z. B. Kaschmir, Kurden) und sich z. T. (wieder) auf eine überstaatl. Idee (z. B. Panarabismus, Islam) stützen.

⇨ ethnische Konflikte · Minderheit · Nationalbewusstsein · Nationalismus · Nationalitätenfrage · Selbstbestimmungsrecht

H. O. ZIEGLER: Die Moderne N. Ein Beitr. zur polit. Soziologie (1931); T. SCHIEDER: Typologie u. Erscheinungsformen des Nationalstaats in Europa, in: Histor. Ztschr., Bd. 202 (1966), H. 1; F. MEINECKE: Werke, hg. v. H. HERZFELD u. a., Bd. 5: Weltbürgertum u. Nationalstaat (²1969); Nation-building, hg. v. K. W. DEUTSCH u. a. (Neuausg. New York 1971); H. SETON-WATSON: Nations and states. An enquiry into the origins and the politics of nationalism (Boulder, Colo., 1977); Nationalismus in der Welt von heute, hg. v. H. A. WINKLER (1982); H. MOMMSEN: N. u. Nationalismus in sozialgeschichtl. Perspektive, in: Sozialgesch. in Dtl., hg. v. W. SCHIEDER u. a., Bd. 2: Handlungsräume des Menschen in der Gesch. (1986); W. J. MOMMSEN: N. u. Gesch. Über die Deutschen u. die dt. Frage (1990); K. POMIAN: Europa u. seine N. (1990); B. TIBI: Vom Gottesreich zum Nationalstaat. Islam u. panarab. Nationalismus (²1991); W. CONZE: Gesellschaft – Staat – N. (1992); N. ELIAS: Studien über die Deutschen. Machtkämpfe u. Habitusentwicklung im 19. u. 20. Jh. (Neuausg. ²1994); H. PLESSNER: Die verspätete N. Über die polit. Verführbarkeit bürgerl. Geistes (Neuausg. ⁵1994); H. SCHULZE: Staat u. N. in der europ. Gesch. (²1995); B. ANDERSON: Die Erfindung der N. (a. d. Engl., Neuausg. 1996); E. J. HOBSBAWM: Nationen u. Nationalismus. Mythos u. Realität seit 1780 (a. d. Engl., Neuausg. 1996); Mythos u. N., hg. v. H. BERDING (1996); N., Ethnizität u. Staat in Mitteleuropa, hg. v. U. ALTERMATT (Wien 1996); E. RENAN: Was ist die N.? (a. d. Frz., 1996); Volk – N. – Vaterland, hg. v. U. HERRMANN (1996). – Weitere Literatur →Nationalismus.

National Aeronautics and Space Administration [ˈnæʃnl ɛərəˈnɔːtɪks ənd ˈspeɪs ədmɪnɪsˈtreɪʃn], →NASA.

National Association for the Advancement of Colored People [ˈnæʃnl əsəʊsɪˈeɪʃn fɔː ðɪ ədˈvɑːnsmənt əv ˈkʌləd ˈpiːpl], Abk. **NAACP** [eneɪeɪsɪˈpiː], von Weißen und Farbigen getragene Organisation, die sich für die Überwindung der Rassendiskriminierung in den USA einsetzt; Sitz: Baltimore (bis 1986 New York). 1909 auf Initiative von W. E. B. DU BOIS u. a. gegründet, versuchte die NAACP ihre Ziele v. a. durch Musterprozesse, Bildungsprogramme und Öffentlichkeitsarbeit zu erreichen. Ihr wichtigster Erfolg war das Urteil des Obersten Bundesgerichts gegen die Rassentrennung in Schulen (1954).

National Association of Manufacturers [ˈnæʃnl əsəʊsɪˈeɪʃn əv mænjʊˈfæktʃərəz], Abk. **NAM** [eneɪˈem], eine der größten Spitzenorganisationen der Arbeitgeberverbände der USA, gegr. 1895; Sitz: New York.

National|atlas, systemat. Kartensammlung mit überwiegend themat. Karten für den Bereich eines Staates, enthält Karten in demselben Maßstab u. a. über natürl. Gegebenheiten (z. B. Geologie, Boden, Klima, Vegetation), zu Bevölkerung, Verwaltung, Besiedlung, Wirtschaft und Verkehr.

National Banks [ˈnæʃnl ˈbæŋks], zu den →Commercial Banks zählende Gruppe privater Kreditinstitute in den USA, die ihre Tätigkeit im Ggs. zu den →State Banks nicht aufgrund der Genehmigung eines einzelnen Bundesstaates, sondern auf der Grundlage eines für die USA insgesamt gültigen Gesetzes ausüben. Die N. B. sind zur Mitgliedschaft beim Federal Reserve System verpflichtet.

Nationalbewegungen, die Gesamtheit der polit. Ideen, Bestrebungen und Organisationen, die für das →Selbstbestimmungsrecht einer noch staatslosen Nation, deren Einigung in einem souveränen Nationalstaat und deren Gleichberechtigung in der internat. Staatengemeinschaft eintreten. Oft begnügen sich kleinere Nationen – freiwillig oder unter polit. Druck – mit innerer Autonomie oder Sonderrechten (z. B. auf kulturell-religiösem oder sprachl. Gebiet) innerhalb eines größeren Staatswesens. Kristallisationskerne einer N. können Massenbewegungen oder Parteien sein, die von polit. oder intellektuellen Führungsgruppen getragen werden. Häufig entladen sich N. unter Einwirkung sozialer und polit. Spannungen gewaltsam.

Bestimmt von Ideen sowohl der Frz. Revolution (1789) als auch der Romantik stellten die europ. N. (z. B. in Griechenland, Italien, Dtl., Polen, Finnland, Böhmen, Mähren, Ungarn und Serbien) die übernat. Reiche alten Typs infrage: das Osman. Reich, Österreich-Ungarn, Russland oder den Dt. Bund (als Nachfolger des Heiligen Röm. Reiches). Diese N. waren politisch bestimmt von liberalen und demokrat. Richtungen des Bürgertums. Während die N. in Italien und Dtl. nach den Revolutionen von 1848 zur Errichtung von Nationalstaaten führten, erreichten andere europ. N. ihr Ziel erst im Zuge der Neuordnung Europas nach dem Ersten Weltkrieg (Polen, Finnland; der neu gebildete Zweivölkerstaat Tschechoslowakei bestand bis 1992). Die in Europa im 19. Jh. entwickelte Synthese von N. und staatl. Selbstbestimmung wurde nach dem Zweiten Weltkrieg von den nach Unabhängigkeit strebenden Kolonien Afrikas und Asiens übernommen. (→Autonomie, →Befreiungsbewegung)

Nationalbewusstsein, das Bewusstsein eines Einzelnen oder einer Gruppe, einer bestimmten →Nation anzugehören; dabei können objektiv gegebene Faktoren (z. B. gemeinsame Abstammung, Sprache, Religion, Kultur und Geschichte) oder subjektiv-gedankl. Orientierungen (z. B. übereinstimmende Weltbilder, Rechts-, Staats- und Gesellschaftsauffassungen) bestimmend sein. Die eigene Nation gilt i. Allg. jenen, die sich als ihr zugehörig betrachten, als hoher Wert, als etwas Einmaliges und Besonderes. Das N.

eines Menschen ist mit einem starken Selbstbewusstsein und Selbstwertgefühl verbunden; es äußert sich einerseits als gedankl. Verbundenheit mit dem als sichtbarer Ausdruck der Nation gegebenen Staat (→Nationalstaat), andererseits als polit. Wille, einen solchen Staat zu schaffen (→Nationalbewegungen). Äußert sich das N. mehr emotional als rational, so tritt es stärker als **Nationalgefühl** in Erscheinung. Im tatsächl. Handeln des einzelnen Menschen sind jedoch N. und Nationalgefühl nur schwer voneinander zu trennen. Ist das N. mit einer aggressiven Haltung gegenüber anderen Nationen und Völkern verbunden, so wird dies heute als →Nationalismus bezeichnet.

Geschichte: Ist die Herausbildung von N. v. a. eine polit. Erscheinung seit dem europ. Spät-MA., so ist sie doch bereits in Ansätzen in der Antike erkennbar, z. B. bei den griech. Geschichtsschreibern in der Unterscheidung von Griechen und ›Barbaren‹. Im Zeitalter der Renaissance und des Humanismus (14.–16. Jh.) befassten sich die Humanisten, z. B. J. WIMPFELING und U. VON HUTTEN, mit der Vergangenheit des eigenen Volkes unter Anwendung nationaler Denkkategorien. In der Wissenschaft löste die jeweilige Nationalsprache das Lateinische als Wissenschaftssprache ab. Im kirchl. Raum entwickelten sich seit dem Spät-MA., verstärkt seit der Reformation, Landes- und Nationalkirchen, durch die der universale Anspruch der abendländ. Kirche grundsätzlich infrage gestellt wurde. Während die Stärkung des Königtums gegenüber Kirche und Adel in England und Frankreich schon früh die Entwicklung eines N. bes. in den führenden Schichten des Landes förderte, stand in Dtl. die Auffassung von der Universalität des Heiligen Röm. Reiches dt. Nation sowie das Bewusstsein ständ. Bindungen der Entwicklung eines N. entgegen. In der Zeit der →Romantik erfuhr die Herausbildung eines N. in ganz Europa durch die sich entwickelnde Sprach-, Literatur- und Geschichtswissenschaft eine entscheidende Förderung. Die Frz. Revolution von 1789 gab im polit. Raum der Entwicklung des N. zu einem maßgebl. Faktor in Politik, Wirtschaft und Kultur den entscheidenden Anstoß, der über das 19. Jh. hinweg (lange Zeit verbunden mit dem Liberalismus) bis in das 20. Jh. hinein polit. Denken und Handeln beherrschte. Seit dem 19. Jh. spielt auch der gewachsene Bedarf an sozialen Integrationsideen bei der Ausformung des N. eine wichtige Rolle. Existenz, Erscheinungsformen und Geschichte des N. werden von nun an immer stärker an die Geschichte der nationalen Ideen und Ideologien zurückgebunden und erhalten von hier aus ihre Bedeutung als Ergebnis langfristiger Prozesse polit. Bewusstseinsbildung.

Unter dem Aspekt der besonderen geistesgeschichtl. und politisch-histor. Entwicklung in Dtl. hat das N. im 19. Jh. zwei Dimensionen: eine auf die Herstellung egalitärer, demokrat. Strukturen zielende verfassungspatriotische und eine im Hinblick auf die Abwehr fremdstaatl. Kontrolle oder auf die Herstellung nationaler Souveränität gerichtete. Während sich das dt. N. in der 1. Hälfte des 19. Jh. zunächst im Kampf gegen NAPOLEON I. für die ›freie Republik‹ formierte und hier von der gesellschaftl. Bildungselite (J. G. FICHTE, H. VON KLEIST, E. M. ARNDT u. a.) repräsentiert wird, gewannen v. a. seit der 2. Hälfte des 19. Jh. die auf nat. Vormacht, schließlich auf nationale Dominanz gerichteten Kräfte die Oberhand (H. VON TREITSCHKE u. a.).

In Weiterentwicklung der gesellschaftl. Analysen von K. MARX und F. ENGELS verband der Marxismus-Leninismus (LENIN, STALIN, MAO ZEDONG) im 20. Jh. N. mit sozialrevolutionären Inhalten. Die Erschütterung nat. Identitätsbewusstseins durch den Zweiten Weltkrieg, mit besonderer Intensität in Dtl. infolge der Inanspruchnahme der nationalen dt. Identität für Krieg und Völkermord, die zunehmende Einbindung der einzelnen Staaten v. a. im westl. Europa in überstaatl. Integrationsprozesse sowie die grenzüberschreitenden Folgen ökolog. Gefahren führten in den Demokratien Westeuropas, bes. jedoch in der Bundesrepublik Dtl., zu einer krit. Haltung gegenüber dem überkommenen N. Dieses wich häufiger einem wachsenden Heimat- oder Regionalbewusstsein. Dort, wo N. erhalten blieb, zeigte es sich als Ausdruck der bewussten Zurechnung zu einer rechtsstaatl. Verfassung und zu einer auf die Menschenrechte gegründeten Wertordnung. Der Zusammenbruch der kommunist. Herrschaftssysteme im östl. Europa (seit 1989) und ihrer Ideologie ließ in diesem Bereich Europas das N. wieder stärker hervortreten und aktivierte z. T. die alten Nationalitätenkonflikte. Im Zeichen der Entkolonialisierung wurde die Entwicklung eines N. zu einer notwendigen Voraussetzung für die polit., sozioökonom. und kulturelle Entwicklung von Staaten der Dritten Welt; v. a. in Afrika stand jedoch der Schaffung eines N. oft die Existenz alter Stammesbindungen (→Tribalismus) entgegen, was zu blutigen Auseinandersetzungen führte (z. B. Nigeria, Burundi, Ruanda, Simbabwe).

W. SULZBACH: Imperialismus u. N. (1959); C. GRAF VON KROCKOW: N. u. Gesellschaftsbewußtsein, in: Polit. Vjschr., Jg. 1. H. 2 (1960); M. HÄTTICH: N. u. Staatsbewußtsein der pluralist. Gesellschaft (1966); Die Identität der Deutschen, hg. v. W. WEIDENFELD (1983); Polit. Kultur in Dtl. Bilanz u. Perspektiven der Forschung, hg. v. D. BERG-SCHLOSSER u. a. (1987); R. DAHRENDORF: Die Sache mit der Nation, in: Merkur, Jg. 44, H. 10/11 (1990); W. J. MOMMSEN: Nation u. Gesch. Über die Deutschen u. die dt. Frage (1990).

Nationalbibliothek, Bez. für eine Bibliothek, die v. a. mit der möglichst lückenlosen Sammlung, Archivierung und bibliograph. Verzeichnung des nat. Schrifttums betraut ist. I. d. R. wird auch die wichtigste ausländ. Literatur aller Fachrichtungen erworben, soweit dafür nicht andere Bibliotheken zuständig sind. Oft ist eine N. als bibliothekar. Koordinierungsstelle tätig. In Dtl. nimmt →Die Deutsche Bibliothek die Funktion einer N. wahr.

National Book Awards, The [ðə ˈnæʃnl ˈbʊk əˈwɔːdz], 1950–79 verliehene amerikan. Literaturpreise, →American Book Awards.

National Broadcasting Company [ˈnæʃnl ˈbrɔːdkaːstɪŋ ˈkʌmpəni], Abk. **NBC** [enbiːˈsiː], amerikan. Rundfunkgesellschaft, gegründet 1926 in New York; eine der überregionalen Sendegruppen (›Network‹) produziert, sendet und vermarktet Hörfunk- und Fernsehprogramme. Drei Hörfunkprogramme (›NBC-Radio Network‹, ›The Source‹, ›Talknet‹) werden über acht eigene Hörfunkbetriebe und rd. 500 Zuschalter, das Fernsehprogramm (›NBC-TV Network‹) wird über fünf eigene Fernsehbetriebe und rd. 200 fremde Zuschalter verbreitet. NBC gehört seit 1985 zur General Electric Company.

National Bureau of Standards [ˈnæʃnl bjʊəˈrəʊ əv ˈstændədz], Abk. **NBS** [enbiːˈes], 1901 in Washington (D. C.) gegründetes metrolog. Staatsinstitut der USA. Das NBS ist maßgeblich für alle Einheiten des Messwesens und oberste Eichbehörde der USA.

Nationalchina, inoffizielle Bez. für →Taiwan.

National Council of Churches of Christ in the USA [ˈnæʃnl ˈkaʊnsl əv ˈtʃɜːtʃɪz əv ˈkraɪst ɪn ðə juːsˈeɪ; ›Nationaler Rat der christl. Kirchen in den USA‹], Abk. **NCCC** [ensiːˈsiːˈsiː], Zusammenschluss von (1997) 33 prot., orth. und anglikan. Kirchen; Sitz: New York. Der NCCC wurde 1950 als Zusammenschluss mehrerer protestantischer konfessioneller Organisationen gegründet und repräsentiert als größte ökumen. Organisation in den USA heute rd. 52 Mio. Christen in seinen Mitgliedskirchen.

Nationaldemokratische Partei Deutschlands, 1) Abk. **NPD,** in der Bundesrepublik Dtl. 1964 gegründete Partei, entstanden aus dem Zusammenschluss von Dt. Reichspartei mit Gruppen der Gesamtdt. Partei, entwickelte sich zum Sammelbecken neonazistisch/nationalist. Kräfte, erzielte unter dem Vorsitz ADOLF VON THADDENS (*1921, †1996; 1967–71) vor dem Hintergrund einer wirtschaftl. Rezession bei Landtagswahlen 1967/68 starke Stimmengewinne (bis zu 9,8% in Bad.-Württ.) und war (z. T. bis 1972) in 7 Landtagen vertreten. Mit dem Scheitern bei der Bundestagswahl 1969 (4,3% der Stimmen) setzte ihr Niedergang zur Splitterpartei ein (1994: 0,3%).

2) Abk. **NDPD**, eine polit. Partei in der DDR, gegr. am 25. 5. 1948 in der SBZ auf Initiative der SED, im Rahmen der Blockpolitik 1949–89 eingefügt in die von der SED gesteuerte ›Nat. Front der DDR‹; war in der Volkskammer und in der Reg. vertreten; sollte urspr. die einfachen Mitgl. der NSDAP und die Berufssoldaten der Wehrmacht in einer polit. Organisation zusammenfassen. Vors. waren: LOTHAR BOLZ (1948 bis 1968), HEINRICH HOMANN (1968–89). – Nach dem Sturz der SED-Herrschaft (1989) und den Wahlen zur Volkskammer (18. 3. 1990, 0,38% der Stimmen, zwei Sitze) schloss sie sich im März 1990 kooperativ dem ›Bund Freier Demokraten – Die Liberalen‹ an; ging am 12. 8. 1990 in der FDP auf.

Nationaldenkmal, aus nat. Anspruch heraus v. a. im 19. Jh. errichtetes Denkmal, in dem sich die Nation zur Selbstdarstellung brachte und in dem die Erinnerung an herausragende Ereignisse historisch-polit. und kulturellen Charakters wach gehalten werden sollte. Am Beginn dieses Konzepts des N. steht das →Panthéon. (→Denkmal)

H. SCHARF: Kleine Kunstgesch. des dt. Denkmals (1984); Dt. N.e 1990–1990, hg. vom Kultursekretariat Nordrhein-Westfalen (1993); Dt. National-Denkmale. 500 bedeutende Monumente, hg. v. W. MALLEBREIN (1995).

Nationale Aktion für Volk und Heimat, Abk. **NA,** schweizer. Partei, gegr. 1961, tritt v. a. für eine äußerst restriktive Ausländerpolitik (gegen Überfremdung) ein. Innerpartei. Spannungen führten 1970 unter Führung von J. SCHWARZENBACH zur Abspaltung der (Schweizer.) **Republikan. Bewegung (REP);** nach dessen Rücktritt 1978 stark geschwächt, 1989 aufgelöst. Bei einem gemeinsamen Wähleranteil von 7,2% (1970) bzw. 7,5% (1971) konnte sich nur die NA mit 3,4% (1983) und 2,9% (1987; drei Mandate) behaupten. Nach der Umbenennung in **Schweizer Demokraten** (Abk. **SD**) erhielt die Partei 1991 (bei 3,4%) fünf, 1995 (bei 3,1%) drei Sitze im Nationalrat.

Nationale Forschungs- und Gedenkstätten der klassischen deutschen Literatur in Weimar, →Stiftung Weimarer Klassik.

Nationale Front der DDR, Abk. **NF,** bis 1973 **Nationale Front des Demokratischen Deutschland,** gegründet am 7. 10. 1949, hervorgegangen aus der Volkskongressbewegung (→Deutscher Volkskongress), umfasste unter Führung der SED im Sinne ihrer Blockpolitik alle polit. Parteien und Massenorganisationen der DDR. Darüber hinaus konnten alle gesellschaftl. Vereinigungen mitarbeiten. Ziel der NF war es, auf möglichst breiter Basis die Bev. politisch zu erfassen und im Sinne der SED zu lenken, u. a. durch Mobilisierung staatsbürgerl. Aktivitäten. Sie bereitete v. a. die (Kommunal- und Volkskammer-)Wahlen ideologisch vor und stellte die Listen der Wahlkandidaten auf. Die Arbeit vollzog sich in Ausschüssen; oberstes Organ war der Kongress, der den **Nationalrat** und seinen (formell parteilosen) Präsidenten (1950–81 ERICH CORRENS, 1981–89 LOTHAR KOLDITZ) wählte; Ende 1989 faktisch, am 20. 2. 1990 offiziell aufgelöst.

National|einkommen, in der Terminologie sozialist. Planwirtschaften Bez. für →Volkseinkommen.

National|epos, Heldenepos, das im Bewusstsein oder im Bildungskanon einer Nation eine besondere Rolle einnimmt, entweder weil die darin aufgenommenen Mythen für die nat. Frühgeschichte als bestimmend angesehen werden, weil man dem Stoff bzw. Werk für das histor. Selbstverständnis einen besonderen Stellenwert zuspricht oder weil in ihm die nat. Eigenart am reinsten ausgeprägt zu sein scheint. Als N. gelten u. a. die ›Ilias‹ und ›Odyssee‹ (8. Jh. v. Chr., →HOMER) für Griechenland, →Mahabharata (400 v. Chr. bis 300 n. Chr.) und →Ramayana (ab 400 n. Chr.) für Indien, die ›Aeneis‹ des VERGIL (30–19 v. Chr.) für Rom (→Äneas), ›La chanson de Roland‹ (um 1075–1100) für Frankreich (→Rolandslied), der →Beowulf (um 1000) für England, das ›Poema del Cid‹ (um 1140) für Spanien (→Cid), für Russland ›Slovo o polku Igoreve‹ (um 1185–87, →Igorlied), für Finnland das →Kalevala (endgültige Fassung 1849) und für Dtl. das →Nibelungenlied (um 1200).

Nationaler Verteidigungsrat der DDR, Abk. **NVR,** zentrales Verfassungsorgan der DDR zur einheitl. Leitung aller militär. Maßnahmen für die Landesverteidigung; errichtet durch das Ges. vom 10. 2. 1960 und in seinen Aufgaben bestimmt durch die Verteidigungs-Ges. von 1961 und 1978, konnte (seit 1978) noch vor Verkündung des Verteidigungszustandes durch die Volkskammer die allgemeine oder die Teilmobilmachung beschließen sowie ›von Gesetzen und Rechtsvorschriften abweichende Regelungen‹ treffen. Der NVR setzte sich aus dem Vors. und mindestens 12 vom Staatsrat bestimmten Mitgl. zusammen. Vors. waren: 1960–71 W. ULBRICHT, 1971–89 E. HONECKER, 1989 (Oktober–Dezember) E. KRENZ. – In den Protokollen der Sitzungen vom 20. 9. 1961 und vom 3. 5. 1974 ist die Anwendung von Schusswaffen bei Grenzverletzungen an der innerdt. Grenze festgehalten; ein Verfahren des Berliner Landgerichts, begonnen am 12. 11. 1992 gegen HONECKER u. a., endete am 16. 9. 1993 mit der Verurteilung von drei Mitgl. des NVR zu mehrjährigen Freiheitsstrafen.

O. WENZEL: Kriegsbereit. Der N. V. der DDR 1960 bis 1989 (1995).

Nationales Komitee für Elitesport, Abk. **NKES,** ein Organ des Schweizer. Landesverbandes für Sport (SLS) zur Förderung und Leitung des Leistungssports in der Schweiz; gegr. 1966, Sitz: Bern. Am 1. 1. 1997 erfolgte die Vereinigung des NKES mit dem Schweizer. Landesverband für Sport (SLS) und dem Schweizer. Olymp. Comité (SOC) zum neu gegründeten →Schweizerischen Olympischen Verband.

Nationales Olympisches Komitee, Abk. **NOK,** Organisation auf nat. Ebene zur Verbreitung des olymp. Gedankengutes sowie zur Vorbereitung und Entsendung der Nationalmannschaften für die Olymp. Spiele. Vom Internat. Olymp. Komitee (IOK) sind (1996) 197 NOK anerkannt.

Das **NOK für Deutschland** wurde 1949 in Bonn gegründet und am 9. 6. 1951 in Wien vom IOK anerkannt; Geschäftssitz: Frankfurt am Main. Bisherige Präs.: 1949–51 Herzog ADOLF FRIEDRICH von Mecklenburg-Schwerin, 1951–61 K. Ritter VON HALT, 1961–92 W. DAUME, seitdem W. TRÖGER. – Das NOK für Dtl. hatte seit 1895 Vorgängerorganisationen unter verschiedenen Namen. In der DDR bestand 1951–90 das **NOK der DDR.**

Nationale Volks|armee, Abk. **NVA,** Bez. für die Streitkräfte der DDR. Nach Gründung des Warschauer Paktes (14. 5. 1955) und Beendigung des sowjet. Besatzungsregimes in der DDR (20. 9. 1955) wurde die NVA am 18. 1. 1956 gemäß dem ›Gesetz über die Schaffung der N. V. und des Ministeriums für Nationale Verteidigung‹ gegründet; staatsrechtl. Grundlage bildete die von der Volkskammer am 26. 9. 1955 beschlossene Ergänzung der Art. 5 und 112 der Verf. der DDR vom 7. 10. 1949. Gleichzeitig wurde die →Kasernierte Volkspolizei (KVP) in NVA umbe-

Nationales Olympisches Komitee: Emblem des NOK für Deutschland

nannt. Am 28. 1. 1956 beschloss der Polit. Beratende Ausschuss des Warschauer Paktes, nach Schaffung der NVA deren Kontingente in die Vereinigten Streitkräfte einzubeziehen. Die Aufstellung der NVA begann am 10. 2. 1956, bereits am 1. 3. 1956 erfolgte offiziell die Formierung der ersten Einheiten. Die angestrebte Stärke von 120 000 Mann wurde Mitte 1956 auf 90 000 Mann verringert, da sich zu wenige Freiwillige meldeten. Am 24. 1. 1962 wurde die allgemeine Wehrpflicht (für Männer vom 18. bis zum 50. Lebensjahr) eingeführt (Grundwehrdienstzeit 18 Monate). Für Frauen sah das Wehrpflichtgesetz die allgemeine Wehrpflicht (vom 18. bis zum 50. Lebensjahr) im Fall der Mobilmachung vor. Seit 1970 war für Jugendliche eine vormilitär. Ausbildung in der →Gesellschaft für Sport und Technik verpflichtend, ergänzt 1978 durch Wehrkunde in den 9. und 10. Klassen der polytechn. Oberschulen. Kriegsdienstverweigerung war in der DDR grundsätzlich nicht möglich, jedoch konnten Wehrpflichtige in Einzelfällen (aus religiösen oder ähnl. Gründen) als ›Bausoldaten‹ waffenlosen Wehrersatzdienst in Baueinheiten der NVA leisten.

Die NVA war von Anfang an – als einzige nat. Streitkraft im Warschauer Pakt – dessen Vereinigtem Oberkommando bereits im Frieden mit allen Truppenteilen unterstellt. Oberste nationale militär. Führungs- und Verwaltungsbehörde war das Ministerium für Nat. Verteidigung (MfNV), weisungsbefugte höhere staatl. Institution der Staatsrat sowie der →Nationale Verteidigungsrat der DDR. Kennzeichnend für die NVA war die enge Verbindung mit der SED; so wirkten z. B. auf allen Führungsebenen Politoffiziere.

Gliederung und Ausrüstung

Anfang 1989 betrug die Gesamtstärke der NVA 173 100 Mann, darunter 92 500 Wehrpflichtige, sowie 323 500 Reservisten. Die **Landstreitkräfte** (120 000 Soldaten) waren im Wesentlichen in zwei Panzer- und vier motorisierte Schützendivisionen gegliedert, im Kriegsfall war die Mobilisierung fünf weiterer motorisierter Schützendivisionen vorgesehen. Die Bewaffnung der Heerestruppen umfasste u. a. 3 140 Kampfpanzer, 4 350 gepanzerte Mannschaftstransportwagen und 1 000 Schützenpanzer.

Die **Luftstreitkräfte** (37 100 Soldaten) umfassten zwei Luftwaffendivisionen mit zusammen zwei Jagdbomber- und sechs Jagdregimentern sowie sieben Flugabwehrregimentern. Die Ausrüstung bestand u. a. aus etwa 400 Kampfflugzeugen und 100 Kampfhubschraubern.

Die **Volksmarine** (16 000 Soldaten) hatte drei Fregatten der Rostock-Klasse (sowjet. Typ Koni), 16 große Korvetten der Parchim-Klasse, fünf Korvetten der sowjet. Tarantul-I-Klasse, 13 Flugkörperschnellboote und 20 kleinere Torpedoschnellboote.

Von Bedeutung waren die ebenfalls zu den bewaffneten Organen der DDR gehörenden paramilitär. Truppen: die →Grenztruppen der DDR; die Kräfte der Zivilverteidigung (15 000 Aktive); das dem Ministerium für Staatssicherheit unterstehende Wachregiment ›Feliks Dzierzynski‹ in Berlin (etwa 7 000 Mann); unter der Verantwortung des Ministeriums des Innern die Transportpolizei (8 500 Mann); die Volkspolizei (12 000 Mann) und die →Kampfgruppen.

Im Frühjahr 1989 begann die NVA mit der Reduzierung ihrer Truppenstärke um 10 000 Mann, bis zum Herbst wurden ein Fliegerregiment mit 50 MiG-21 sowie sechs Panzerregimenter mit rd. 600 Kampfpanzern aufgelöst.

Die Entwicklung seit Herbst 1989

Die polit. Umwälzungen im Herbst 1989 in der DDR lösten die Außerkraftsetzung oder Änderung verschiedener Verordnungen und Bestimmungen aus (u. a. Verkürzung des Wehrdienstes auf 12 Monate, neuer Diensteid). Mit Wirkung vom 3. 10. 1990 hatte die NVA als eigenständige Streitkraft zu bestehen aufgehört; dieser Tag war zugleich der Beginn der gesamtdt. Bundeswehr. Die noch existierenden Einheiten, Verbände und Dienststellen der NVA wurde bis auf einige Ausnahmen mit der Absicht der vorläufigen oder längerfristigen Übernahme im Rahmen der Bundeswehr ›reaktiviert‹. Die herausragenden Repräsentanten der NVA waren bereits entlassen worden, weitere rd. 7 000 Berufssoldaten schieden freiwillig aus dem Dienst aus, Generale und Admirale, Berufssoldaten über 55 Jahre, Politoffiziere und Soldaten der Militärstaatsanwaltschaft und Militärgerichte wurden nicht in die Bundeswehr übernommen. Die noch etwa 6 000 Berufssoldaten der Grenztruppen und der Zivilverteidigung erhielten einen befristeten besonderen zivilen Status. Die Bundeswehr übernahm die Verantwortung für die verbliebenen rd. 40 000 Wehrpflichtigen und 50 000 Zeit- und Berufssoldaten sowie etwa 48 000 Zivilangestellten. Im Rahmen einer bedarfsgerechten Auswahl des militär. Personals wurden etwa 3 000 Offiziere und 7 600 Unteroffiziere in weiterführende Dienstverhältnisse übernommen. Soldaten, die nicht übernommen wurden, konnten mithilfe des Berufsförderungsdienstes der Bundeswehr für eine neue berufl. Zukunft qualifiziert werden. Von den Zivilangestellten wurden etwa 21 000 weiterbeschäftigt.

Gleichzeitig übernahm die Bundeswehr aus den Beständen der NVA und anderer paramilitär. Einheiten zur Verwertung bzw. Vernichtung, die im November 1997 abgeschlossen werden konnte, 767 Flugzeuge und Hubschrauber (darunter 368 Kampfflugzeuge), 12 228 gepanzerte Fahrzeuge (davon 2 761 Kampfpanzer), 2 199 Artilleriewaffen, 208 Schiffe und Boote (davon 82 Kriegsschiffe), rd. 133 900 Radfahrzeuge, rd. 1,34 Mio. Handfeuerwaffen, rd. 14 335 t Raketentreibstoffe und Reinigungsmittel, rd. 19 087 t Bekleidung und persönl. Ausrüstung sowie rd. 303 690 t Munition. Kriegswaffen, sonstige Waffen und Munition wurden überwiegend zerstört; ein Teil des Materials wurde verkauft. Von den ca. 2 300 militär. Liegenschaften werden etwa 25 % durch die Bundeswehr weiter genutzt.

Zur Wahrnehmung von Führungs- und Unterstützungsaufgaben in den neuen Ländern wurden rd. 2 000 Bundeswehrsoldaten in den Bereich der ehem. NVA abkommandiert. Das am Sitz des früheren Min. für Nat. Verteidigung in Strausberg eingerichtete ›Bundeswehrkommando Ost‹ konnte am 30. 6. 1991 nach der Integration der NVA in die nun auch neu strukturierte Bundeswehr aufgelöst werden.

V. KOOP: Abgewickelt? Auf den Spuren der N. V. (1995); NVA. Anspruch u. Wirklichkeit, hg. v. K. NAUMANN (²1996).

Nationalfarben, Landesfarben, die Farben eines Staates oder staatsähnl. Territoriums, in den Nationalflaggen, auf Kokarden, Ordensbändern u. Ä. geführt werden. Die N. sind vielfach den Wappen entlehnt und oft symbolisch begründet (für Dtl. →deutsche Farben).

Nationalfeiertag, i. d. R. gesetzl. Feiertag zur Erinnerung an ein für die jeweilige Nation wichtiges polit. Ereignis. In manchen Staaten gibt es zwei (und mehr) N. Begangen werden N. insbesondere zum Gedenken an die Erlangung der Unabhängigkeit (z. B. in den USA: 4. 7. 1776, ›Independence Day‹; auch in den meisten ehemaligen Kolonien europ. Staaten), den Beginn einer Revolution (z. B. in Frankreich: 14. 7. 1789), einen Machtwechsel (Militärputsch u. Ä.) oder das In-Kraft-Treten einer Verf. N. ist in Dtl. seit 1990 der →Tag der deutschen Einheit.

Nationalflagge, →Flagge.

Nationalgalerie, →Nationalmuseum.

Nationalgarde, 1) Garde nationale [gard nasjɔˈnal], im Juli 1789 in Paris entstandene frz. Bürgerwehr; ihr erster Befehlshaber war General LA FAYETTE. Ihre Mitgl. stammten vorwiegend aus dem besitzenden Bürgertum. Die N. bestand mit Unterbrechungen bis 1871.

2) National Guard ['næʃnl 'gɑːd], heute freiwillige Miliztruppe in den USA; einerseits militär. Organ der Bundesstaaten (zur Aufrechterhaltung der öffentl. Ordnung z.B. nach Katastrophenfällen), andererseits Reserveformation für die US-Streitkräfte, die vom Mobilisierungstag an dem Bund zur Verfügung zu stehen hat. Im Fall des nationalen Notstandes kann der Präs. der USA die N. einberufen, ohne den Aufruf der Gouverneure der Einzelstaaten abwarten zu müssen. – Die Geschichte der N. beginnt mit der Einwanderung europ. Siedler nach Nordamerika. 1636 wurden im Raum Boston (Mass.) erstmalig alle wehrfähigen Männer in Milizregimentern zusammengefasst, ab 1643 waren die Milizverbände militär. Organ der Territorien. Im Unabhängigkeitskrieg standen rd. 170 000 Milizsoldaten aus 13 Kolonien unter dem Oberbefehl G. WASHINGTONS. Die Bez. N. – der Pariser Garde nationale entlehnt – wird seit 1842 verwendet. – Die **Army National Guard** hat rd. 445 000, die **Air National Guard** etwa 115 000 Angehörige, die pro Jahr 39 bezahlte Ausbildungstage absolvieren, überwiegend an Wochenenden.

National Geographic ['næʃnl dʒɪə'græfɪk], geograph. Publikumszeitschrift, gegr. 1888 unter dem Namen N. G. Magazine als Monatsblatt in Washington (D. C.), Organ der amerikan. geograph. Gesellschaft ›National Geographic Society‹ (gegr. 1888). N. G. erscheint mit mehreren nat. und internat. Anzeigenausgaben mit einer Gesamtauflage von 10,1 Mio. Exemplaren. Die Gesellschaft verlegt u. a. die wiss. Vierteljahresschrift ›N. G. Research‹, die Reisezeitschrift ›N. G. Traveler‹ (Auflage 760 000), Bücher und Lehrmittel.

Nationalhymnen, im Gefolge der Frz. Revolution seit der 1. Hälfte des 19. Jh. sich ausbreitende patriot. Gesänge mit meist populärer Melodie, die als Ausdruck des nat. Selbstverständnisses gelten bei feierlichen polit. und sportl. Anlässen gespielt und gesungen werden bzw. zum Protokoll gehören.

National Iranian Oil Comp. ['næʃnl ɪ'reɪnjən 'ɔɪl 'kʌmpənɪ], Abk. **NIOC** [enaɪəʊ'siː], staatl. iran. Ölgesellschaft, gegr. 1951; hat seit 1973 die Verfügungsgewalt über das iran. Erdöl und Erdgas; Sitz: Teheran.

Nationalisierung, politisch-ökonom. Begriff 1) für die Überführung von (in privater Hand befindlichen) Produktionsmitteln in das Eigentum des Staates, entweder entschädigungslos (Konfiskation) oder gegen Entschädigung; 2) für die Enteignung ausländ. Besitzes und dessen Übernahme durch inländ. Stellen. (→Eigentum, →Verstaatlichung)

Nationalismus der, -, eine Ideologie, die auf der Grundlage eines bestimmten →Nationalbewusstseins den Gedanken der →Nation und des →Nationalstaates militant nach innen und außen vertritt. Sie sucht durch nat. Identifikation, aber auch durch Assimilation oder gewalttätige Gleichschaltung soziale Großgruppen zu einer inneren Einheit zu verbinden und gegen eine anders empfundene Umwelt abzugrenzen. In seinen vielfältigen Erscheinungsformen ist der N. an keine bestimmte Gesellschafts- oder Staatsform gebunden.

Das Bewusstsein eines Anders- und Besondersseins verbindet sich im N. oft mit einem starken Sendungsbewusstsein. Die Hochschätzung der eigenen Nation, der Vorrang, der ihren Rechten und Interessen (bes. auf territorialem oder wirtschaftl. Gebiet) eingeräumt wird, geht häufig einher mit der Geringschätzung, gar Verachtung anderer Völker oder nat. Minderheiten (→Fremdenfeindlichkeit, →Rassismus). Das nat. Interesse (ital. ›sacro egoismo‹) wird zum alleinigen Maßstab des polit. Handelns, bes. in seiner höchsten Steigerung, im →Chauvinismus.

Historisch gesehen, entsteht N. als Ideologie von Gesellschaftsschichten (z. B. des Bürgertums), die infolge wirtschaftl. und sozialer Wandlungsprozesse aufsteigen, oder als Ideologie eines sich seiner Originalität bewusst werdenden Volkes gegenüber einem übernationalen Herrschaftsverband oder einer Kolonialmacht. Als polit. Maxime gewann der N. seit der Frz. Revolution von 1789 infolge seiner Verbindung mit der liberalen Idee der Selbstbestimmung und dem demokrat. Gedanken der Volkssouveränität große Bedeutung. Unter Einschluss von Gewalt suchten im 19. Jh. bestimmte Nationalbewegungen (z. B. in Griechenland, Italien, Ungarn und Dtl.) ihre soziale Großgruppe, meist durch die Vorstellung einer gemeinsamen Geschichte, Kultur und Sprache verbunden, als Nation politisch in einem Nationalstaat zusammenzufassen. Bestehende Nationalstaaten aktivierten den N. nicht allein zur inneren Festigung der Nation, sondern auch zur Ausdehnung ihres Territoriums und ihrer Macht nach außen. So war der Gewinn der ›Rheingrenze‹ ein besonderes Anliegen des frz., der Gewinn der ›Brennergrenze‹ ein Ziel des ital. N. In der nationalistisch bestimmten Außenpolitik v. a. von Großmächten trat das Streben nach Vorherrschaft hervor (z. B. Russlands Anstrengungen um eine Vorherrschaft auf der Balkanhalbinsel). Im Wettlauf um Einfluss und Weltgeltung, um Rohstoffquellen und Absatzmärkte entwickelte sich der N. seit dem 19. Jh. zur Triebfeder von →Kolonialismus und →Imperialismus. All diese Tendenzen fanden ihren Höhepunkt zu Beginn des 20. Jh. im Ersten Weltkrieg. Dabei spielte im Hinblick auf Dtl. und Japan die enge Verbindung von N. und →Militarismus eine große Rolle. Nach 1918 traten bes. der →Faschismus und der →Nationalsozialismus als die aggressivsten Formen des N. hervor, nach innen in Gestalt einer totalitären Diktatur, nach außen durch unbedenklich ausgelöste Angriffskriege. Nach 1945 wurde der N. in Europa (z. T. auch als Folge der Weltkriegserfahrungen) von neuen internat. Bündnisbeziehungen sowie supranationalen Integrationsvorgängen überlagert, bis 1989/91 auch geprägt durch die Bipolarität im Ost-West-Konflikt.

Im Rahmen der Entkolonialisierung in Asien, Afrika und Ozeanien wirkte der N. als Mittel sozialer Integration und innerer Stabilisierung und trug zur Überwindung der kolonialen Abhängigkeit bei. In Verknüpfung mit sozialrevolutionären Kräften entfaltete er im Rahmen von Guerillabewegungen eine starke militär. Kraft (→Indochinakrieg, →Vietnamkrieg). Nach dem Erstarken des islam. Fundamentalismus nach 1979 gewann der N. bes. im arab. Raum an polit. Bedeutung. Durch die globale Wende 1989/91 (Ende des Kalten Krieges) wurde der N. häufig zum neuen Orientierungsmodell und führte mit dem Zerfall multinat. Staaten (UdSSR, Jugoslawien) z. T. zu →ethnischen Konflikten. Mit der fortschreitenden Verschmelzung der Weltwirtschaft (›Globalisierung‹) sowie der Schaffung neuer politischer Großeinheiten (z. B. EU) gehen Prozesse der ›Renationalisierung‹ (JACQUES RUPNIK) und Regionalisierung einher.

Eine besondere Spielart des N. sind in seiner Entwicklung die ›Pan‹-Bewegungen, z. B. →Panafrikanismus, →panarabische Bewegung, →Pangermanismus, →Panislamismus, →Panslawismus.

H. KOHN: Die Idee des N. (a. d. Engl., Neuausg. 1962); E. LEMBERG: N., 2 Bde. (1964); T. SCHIEDER: Der Nationalstaat in Europa als histor. Phänomen (1964); M. R. LEPSIUS: Extremer N. (1966); E. KEDOURI: N. (a. d. Engl., 1971); K. LENK: Volk u. Staat. Strukturwandel polit. Ideologien im 19. u. 20. Jh. (1971); K. W. DEUTSCH: Der N. u. seine Alternativen (a. d. Engl., 1972); DERS.: Nationalism and social communication (Cambridge, Mass., ²1978); C. GRAF VON KROCKOW: N. als dt. Problem (²1974); N. u. sozialer Wandel, hg. v. O. DANN (1978); H. A. WINKLER u. T. SCHNABEL: Bibliogr. zum N. (1979); N., hg. v. H. A. WINKLER (²1985); New nationalisms of the developed West, hg. v. E. A. TIRYAHIAN u. a. (Boston, Mass., 1985); I. BERLIN: Der N. (a.d. Engl., 1990); T. SCHIEDER: N. u. Nationalstaat (²1992); P. ALTER: N. (Neuausg. ⁴1993); Nationen, Nationalitäten, Minderheiten. Probleme des N. in Jugoslawien, Ungarn, Rumänien, der Tschechoslowakei, Bulgarien, Polen, der Ukraine, Italien u. Österreich 1945–1990, hg. v. V. HEUBERGER u. a. (Wien 1994, Text tlw. dt., tlw. engl.); Le déchirement des nations, hg. v. J. RUPNIK (Paris 1995); N. – Nationalitäten – Supranationalität, hg. v. H. A. WINKLER u. H. KAELBLE (²1995); O. DANN: Nation u. N. in Dtl. 1770–1990 (³1996); M. WEBER: Der Nationalstaat u. die Volkswirtschaftspolitik (Neuausg. 1996).

Nationalität, 1) Zugehörigkeit zu einer Nation, im Rechtssinn die Staatsangehörigkeit (engl. nationality; frz. nationalité).
2) Volksgruppe in einem fremden Staat, nat. →Minderheit.

Nationalitätenfrage, Bez. für polit., wirtschaftlich-soziale und kulturelle Probleme, die sich aus dem Zusammenleben versch. (Teil-)Nationen in einem Staat ergeben. Die N. tritt nicht nur in Vielvölkerstaaten (›Nationalitätenstaaten‹), sondern auch in Nationalstaaten auf, in denen sich eine Nation, die sich als Staatsnation mit dem Staat identifiziert, einer größeren oder kleineren Zahl von nat. Minderheiten gegenübergestellt sieht. Während die Staatsnation die Struktur und Entwicklung des Staates ganz oder weitgehend bestimmen will, fordern die nat. Minderheiten Mitbestimmung an den Staatsgeschäften, meist in Verbindung mit Autonomierechten auf polit., wirtschaftlich-sozialem und kulturellem Gebiet. – Die N. entwickelte sich mit dem Neuverständnis von Staat und Gesellschaft als Nation in der polit. Aufklärung und mit der Rückbesinnung einer Gruppe von Menschen auf gemeinsame Sprache, Kultur und Geschichte in der Romantik (18./19. Jh.). Für Staaten mit Gruppen versch. Selbstverständnisses entstand, bes. seit dem 19. Jh., die Notwendigkeit einer **Nationalitätenpolitik,** deren Maßnahmen sowohl Unterdrückung nat. Minderheiten bzw. Nationalitäten (Ignorierung, Ausweisung, physische Vernichtung) und diskriminierende oder gewaltsame Assimilierung als auch Gewährung von Autonomierechten umfassen können.

Geschichtl. Entwicklung: Im 19. und frühen 20. Jh. erlangte die N. mit dem Freiheitskampf der unterdrückten Völker besondere Brisanz in Mittel-, O- und SO-Europa sowie auf der Arab. Halbinsel. Von existenzieller Bedeutung war sie bes. für die Vielvölkerstaaten Österreich-Ungarn, das Kaiserreich Russland und das Osman. Reich. – Mit der Errichtung der österr.-ungar. Doppelmonarchie (1867) war man bestrebt, die v. a. in der Märzrevolution (1848) evident gewordene N. durch einen Österr.-Ungar. →Ausgleich zu lösen; er erwies sich jedoch als wenig entwicklungsfähig; in Transleithanien infolge der Politik der Magyarisierung, in Zisleithanien bes. in Anbetracht der dt.-tschech. Frage (u. a. gescheiterter Böhm. Ausgleich 1890). Demokratisch orientierte Kräfte (z. B. Brünner Nationalitätenprogramm 1899 der SPÖ) unternahmen Vorstöße, durch übernationale, pluralist. und humanitäre Staatskonzeptionen die Nationalitätenprobleme zu überwinden. Erst während des Ersten Weltkrieges gewannen irredentist. und sezessionist. Kräfte die Oberhand und trugen maßgeblich zum Zerfall der Donaumonarchie bei (v. a. wegen der →südslawischen Frage). – Im zarist. Russland war die N. weitgehend unbeachtet geblieben; die durch Eroberungen bes. im 18./19. Jh. dem Russ. Reich angeschlossenen nichtruss. Völker (z. B. Polen, Ukrainer, Finnen, Balten) waren, in Verbindung mit dem Panslawismus, häufig einer brutalen Russifizierungspolitik unterworfen worden. – Das Osman. Reich fand seit den Freiheitskämpfen der Balkanvölker wie auch gegenüber den Arabern weder im Panislamismus noch im Osmanismus der Jungtürken Lösungsansätze in der N., die in den Balkankriegen (1912–13) zur Vertreibung von Nationalitäten führte. Vor und während des Ersten Weltkrieges kam es zu einer blutigen Verfolgung der Armenier.

Mit den ›Pariser Vorortverträgen‹ (1919/20) bildeten sich in Europa neue Staaten; das dabei proklamierte Selbstbestimmungsrecht der Völker – v. a. in Mittel- und Südosteuropa – wurde allerdings durch die Grenzziehungen seitens der Ententemächte verletzt, und neue Minderheitensituationen entstanden (u. a. Sudetendeutsche in der Tschechoslowakei, Ungarn in Rumänien, der Slowakei, Karpatoukraine und Wojwodina; in Griechenland, der Türkei). – Mit dem Übergang vom kaiserl. zum bolschewist. Russland bildete sich dort ein Staatswesen auf föderativer Grundlage (1922 als →Sowjetunion konstituiert); zwar fand die N. durch die Autonomie für die Völkerschaften Beachtung, wurde jedoch durch die Alleinherrschaft der (russisch dominierten) bolschewist. Partei, die angestrebte Einführung einheitl. polit. und wirtschaftl. Verhältnisse sowie die Nivellierung der kulturell-ethn. Unterschiede weitgehend wieder aufgehoben bzw. blieb formal. – Mit der Auflösung des Osman. Reiches (ab 1918) bildeten sich in enger Verbindung mit dem brit. und frz. Kolonialismus arab. Staaten, deren führende Schichten (z. T.) diese Staaten als Teil einer ›arab. Nation‹ auffassten (→panarabische Bewegung). Im Kampf sowohl mit dem türk. als auch dem arab. Nationalismus versuchen die Kurden seit dem Ersten Weltkrieg die Anerkennung einer eigenen nat. Identität durchzusetzen.

Eine Sonderform der N. wurde Ende des 19. Jh. die Palästinafrage; neben verschiedenen anderen europ. nat. Konflikten entstanden durch die Veränderungen im Gefolge des Zweiten Weltkrieges neue Konfliktherde, deren brisantester bis zum Ende des Ost-West-Konflikts der Nahe Osten (→Nahostkonflikt) blieb. – Die mit dem Zusammenbruch des Ostblocks 1989–91/92 einhergehenden neuen nat. Eigenentwicklungen führten auch zu zunehmenden Spannungen (z. B. in der Tschechoslowakei). Im posttitoist. Vielvölkerstaat Jugoslawien brachen die zuvor weitgehend eingeebneten nat. Gegensätze auf; nach seinem Zerfall kam es 1991–95 zu krieger. Auseinandersetzungen um die Findung einer nat. Identität. Im Rahmen der sowjet. Reformpolitik seit 1985 erlangte die in der Sowjetunion ungelöste N. erneut Aktualität mit der (Neu-)Formierung von Autonomie- und Unabhängigkeitsbewegungen. Jahrzehntelang aufgestaute Nationalitätenprobleme zw. bzw. innerhalb der Unionsrepubliken entluden sich in blutigen, oft bürgerkriegsähnl. ethn. Konflikten (z. B. zw. Armeniern und Aserbaidschanern, zw. Georgiern und Abchasen sowie Südosseten) und erschütterten die UdSSR, die mit der Gründung der Gemeinschaft Unabhängiger Staaten (GUS) 1991 ihr Ende fand. Danach wurde in der Russ. Föderation v. a. die N. in Tschetschenien brisant. – Zur N. in Afrika →Apartheid, →Tribalismus.

⇨ *Autonomie · ethnische Konflikte · Minderheit*

Nationalitätenstaat, ein Staat mit Staatsangehörigen aus unterschiedl. Teilnationen, umfasst im Ggs. zum Nationalstaat mehrere, meist gleichberechtigte nat. Gruppen. Im Rahmen einer meist föderativen Staatsordnung sucht er den Teilnationen eine bestimmte polit., wirtschaftl. und kulturelle Selbstständigkeit zu gewährleisten. Der Aufbau eines Staates als N. schließt das Bekenntnis aller Staatsbürger, zu einer Nation zu gehören, nicht aus (z. B. Schweiz).

Nationalitätszeichen, früher **Nationalitätskennzeichen,** internat. Kfz-Kennzeichen; ein Buchstabe oder eine Buchstabenkombination, die das Zulassungsland eines Kfz angibt. Das N. ist in Form eines

Nationalitätszeichen im internationalen Kraftfahrzeugverkehr
(Stand: Januar 1996)

A	Österreich	GH	Ghana	RCB	Kongo
AFG	Afghanistan	GR	Griechenland	RCH	Chile
AL	Albanien	GUY	Guyana	RH	Haiti
AND	Andorra	H	Ungarn	RI	Indonesien
ANG	Angola	HK	Hongkong	RIM	Mauretanien
AUS	Australien	HN	Honduras	RL	Libanon
AZ	Aserbaidschan	HR	Kroatien	RM	Madagaskar
B	Belgien	I	Italien	RMM	Mali
BD	Bangladesch	IL	Israel	RN	Niger
BDS	Barbados	IND	Indien	RO	Rumänien
BF	Burkina Faso	IR	Iran	ROK	Süd-Korea
BG	Bulgarien	IRL	Irland	ROU	Uruguay
BH	Belize	IRQ	Irak	RP	Philippinen
BIH	Bosnien-Herzegowina	IS	Island	RSM	San Marino
		J	Japan	RT	Togo
BOL	Bolivien	JA	Jamaika	RUS	Russland
BR	Brasilien	JOR	Jordanien	RWA	Ruanda
BRN	Brunei	K	Kambodscha	S	Schweden
BRU	Brunei	KS	Kirgistan	SD	Swasiland
BS	Bahamas	KSA	Saudi-Arabien	SGP	Singapur
BY	Weißrussland	KWT	Kuwait	SK	Slowakische Republik
C	Kuba	KZ	Kasachstan	SLO	Slowenien
CDN	Kanada	L	Luxemburg	SME	Surinam
CH	Schweiz	LAO	Laos	SN	Senegal
CI	Elfenbeinküste	LS	Lesotho	SP	Somalia
CO	Kolumbien	LT	Litauen	SY	Seychellen
CR	Costa Rica	LV	Lettland	SYR	Syrien
CY	Zypern	M	Malta	THA	Thailand
CZ	Tschechische Republik	MA	Marokko	TJ	Tadschikistan
		MAL	Malaysia	TM	Turkmenistan
D	Deutschland	MC	Monaco	TN	Tunesien
DK	Dänemark	MD	Moldawien	TR	Türkei
DOM	Dominikanische Republik	MEX	Mexiko	TT	Trinidad und Tobago
DZ	Algerien	MK	Makedonien		
		MOC	Moçambique	UA	Ukraine
E	Spanien	MS	Mauritius	UAE	Vereinigte Arabische Emirate
EAK	Kenia	MW	Malawi		
EAT	Tansania	MYA	Birma (Myanmar)	USA	Vereinigte Staaten von Amerika
EAU	Uganda	N	Norwegen		
EC	Ecuador	NA	Niederländische Antillen	UZ	Usbekistan
ER	Eritrea			V	Vatikanstadt
ES	El Salvador	NAM	Namibia	VN	Vietnam
EST	Estland	NIC	Nicaragua	WAG	Gambia
ET	Ägypten	NL	Niederlande	WAL	Sierra Leone
ETH	Äthiopien	NZ	Neuseeland	WAN	Nigeria
F	Frankreich	OM	Oman	WD	Dominica
FIN	Finnland	P	Portugal	WG	Grenada
FJI	Fidschi	PA	Panama	WL	Santa Lucia
FL	Liechtenstein	PE	Peru	WS	Samoa
FR	Färöer	PK	Pakistan	WV	Saint Vincent and the Grenadines
GB	Großbritannien und Nordirland	PL	Polen		
		PY	Paraguay	YU	Jugoslawien (Bundesrepublik)
GBA	Alderney	Q	Katar		
GBG	Guernsey	RA	Argentinien	YV	Venezuela
GBJ	Jersey	RB	Botswana	Z	Sambia
GBM	Insel Man	RC	Taiwan	ZA	Südafrika
GBZ	Gibraltar	RCA	Zentralafrikanische Republik	ZRE	Zaire
GCA	Guatemala			ZW	Simbabwe
GE	Georgien				

ovalen Schildes (schwarze Schrift auf weißem Grund) am Kfz anzubringen. Nach § 2 der VO über internat. Kraftfahrzeugverkehr müssen ausländ. Kfz neben ihrem heim. Kennzeichen ein solches N. tragen.

Nationalkirche, eine kirchenrechtlich selbstständige Kirche, die eine Nation (im staatl. oder ethn. Sinn) umfasst oder von ihr als ›ihre‹ nat. Kirche anerkannt wird. Die N. kann zugleich →Staatskirche eines (National-)Staates sein, ist jedoch andererseits nicht auf ein bestimmtes staatl. Hoheitsgebiet beschränkt. Geschichtl. Beispiele sind: die arianisch-german. N. der Völkerwanderung, bes. die westgotische; die seit dem 5. Jh. entstandenen ostkirchl. autokephalen Kirchen; die merowing., fränk., westgotisch-span. und die iroschott. Kirche; die engl. Kirche des Hoch- und Spät-MA. und die im 16. Jh. entstandene Kirche von England; die frz. Kirche in der Zeit des Gallikanismus. In Dtl. waren während des MA. unterschiedlich viele Elemente einer N. verwirklicht, z. B. in der otton. Reichskirche (→Reichskirchensystem) oder unter den Staufern.

In der Neuzeit gab es in der *kath. Kirche* Ansätze zur Bildung von N. im Febronianismus, im Josephinismus und durch J. H. VON WESSENBERG. PIUS IX. verbot im ›Syllabus‹ 1864 nationalkirchl. Bestrebungen. Im Gefolge des 2. Vatikan. Konzils wurden durch die Einrichtung bzw. Bischofskonferenzen Elemente der N. in die Kirchenverfassung eingebaut; aufgrund ihres Kirchenverständnisses kennt die kath. Kirche jedoch keine volle kirchenrechtl. Selbstständigkeit ihrer (nat.) Teilkirchen.

Nationalkomitee ›Freies Deutschland‹, Abk. **NKFD,** im Zweiten Weltkrieg von der sowjet. Reg. gestützte Organisation dt. Kriegsgefangener (v. a. Überlebende der Schlacht von Stalingrad) und kommunist. Emigranten (W. PIECK, W. ULBRICHT, E. WEINERT, J. R. BECHER, T. PLIVIER), gegr. am 12./13. 7. 1943 in Krasnogorsk, verschmolz im September 1943 mit dem ›Bund Dt. Offiziere‹ (BdO); beide Organisationen gaben das Wochenblatt ›Freies Dtl.‹ heraus. Präs. wurde WEINERT, Vize-Präs. General W. VON SEYDLITZ. Durch Flugblätter, Rundfunksendungen (Sender ›Freies Dtl.‹) und Lautsprecher rief das NKFD die in Russland kämpfenden Angehörigen der dt. Wehrmacht zum Sturz A. HITLERS und zur Beseitigung des natsoz. Regimes auf. Nach 1945 erhielten zahlr. Angehörige des NKFD, das im November 1945 aufgelöst wurde, Schlüsselstellungen in der SBZ/DDR.

Nationalkommunismus, Bez. für Ideen und gesellschaftl. Konzepte, die die Entwicklung einer marxistisch-leninist. Gesellschaftsordnung verbinden mit den besonderen polit., wirtschaftl. und kulturellen Bedingungen eines Staates sowie den in ihm wirksamen geschichtl. Traditionen. In den internat. Beziehungen zw. kommunist. Parteien und kommunist. Staaten soll der ›sozialist. Internationalismus‹ mit der Achtung vor staatl. Unabhängigkeit verbunden werden. 1945/46 entwickelten einzelne kommunist. Parteien v. a. dort, wo sie zur Macht gelangt waren, Theorien von einem ›nat. Sonderweg zum Kommunismus‹. Anlässlich des jugoslawisch-sowjet. Konflikts von 1948 über den Aufbau eines eigenständigen kommunist. Gesellschaftsmodells in Jugoslawien verwarf die sowjet. Partei- und Staatsführung unter STALIN den N. als ›Überreste nationalist. Denkens‹ und als Abweichung vom Marxismus-Leninismus. Nach dem Tod STALINS (1953) verbanden sich nationalkommunist. Vorstellungen immer häufiger mit reformkommunist. Ideen. Im Gegenzug suchte die UdSSR – mit Gewalt – die ideolog. Einheit der kommunist. Bewegung zu bewahren, so v. a. im Bereich des Ostblocks (Unterdrückung des Aufstandes in Ungarn, 1956, und der Reformbewegung in der Tschechoslowakei, 1968). Mit der Politik der ›Perestroika‹ in der UdSSR unter M. S. GORBATSCHOW und der Aufgabe der →Breschnew-Doktrin traten die national- und reformkommunist. Tendenzen in der Endphase des kommunist. Herrschaftssystems zugunsten eines revolutionären Demokratisierungsprozesses immer stärker in den Hintergrund.

Nationalkonvent, 1) **Convention nationale** [kõvɑ̃sjɔ̃ nasjɔˈnal], →Konvent.

2) in den USA Bez. für die seit 1832 alle vier Jahre stattfindenden Parteikongresse, deren von den Einzelstaaten und Territorien bestimmte Delegierte die Kandidaten für die Ämter des Präs. und Vize-Präs. wählen und das Wahlprogramm (→Plattform) formulieren.

Nationalliberale Partei, aus der Dt. Fortschrittspartei zunächst als ›neue Fraktion der nat. Partei‹

Nationalpark: Müritz-Nationalpark in Mecklenburg-Vorpommern (bei Boek)

(17. 11. 1866) hervorgegangene polit. Gruppierung, die sich im Februar/März 1867 im Norddt. Reichstag als ›Fraktion der N. P.‹ bezeichnete und am 12. 6. 1867 ihr Gründungsprogramm veröffentlichte. Unter R. VON BENNIGSENS Führung (bis 1883) verstand sich die N. P. als Partei des Besitz- und Bildungsbürgertums, vielfach auch des Mittelstandes. In Bayern behielt sie den Namen ›Fortschrittspartei‹ bei, in Württemberg nannte sie sich ›Dt. Partei‹. Nach der Reichsgründung, die die N. P. unter Hintanstellung ihrer liberalen Grundsätze unterstützte, wurde sie 1871–81 stärkste Partei im Reichstag. Während des Kulturkampfs waren die Nationalliberalen die parlamentar. Stütze O. VON BISMARCKS. Dessen Schutzzollpolitik spaltete 1879 die Partei. Nach dem Austritt einer schutzzöllnerisch orientierten Gruppe (1879) und dem Sichablösen der Liberalen Vereinigung (1880) verblieb die N. P. eine Partei mittlerer Größe, die ihre Stellung unter dem neuen Partei-Vors. J. VON MIQUEL (1883–87) mit der 1884 vorgenommenen deutl. Betonung der nationalstaatl. Interessen sowie dem weiteren Eintreten für die Politik BISMARCKS und die Zusammenarbeit mit den Konservativen nochmals festigte. In Verfolgung ihrer polit. Ziele gehörte die N. P. 1878 zu den Kartellparteien und zählte 1907–09 zum Bülow-Block. Nach 1900 vermehrten sich Forderungen nach Einbeziehung der bürgerl. Linken in das Parteispektrum. Der seit der Gründung bestehende Gegensatz zw. nationalstaatl. Machtstaatsidee und liberalem Rechtsstaatsdenken stürzte die Partei im Ersten Weltkrieg in eine Existenzkrise. Mit dem polit. Neubeginn setzte ein innerer Auflösungsprozess ein und führte nach der Novemberrevolution 1918 zur Auflösung der N. P. Ein Teil ihrer Anhänger schloss sich der Dt. Demokrat. Partei an, ein anderer trat der von der ehem. Vors. ihrer Reichstagsfraktion, G. STRESEMANN, gegründeten Dt. Volkspartei bei, während eine Minderheit sich 1924 in der Nationalliberalen Reichspartei fand, die 1925 in der Deutschnat. Volkspartei aufging.

Nationalliga, in der *Schweiz* höchste Spiel- oder Leistungsklasse für Vereinsmannschaften in versch. Sportarten. Im Fußball, Handball und Eishockey wird darüber hinaus unterschieden in N. A und (zweitklassig) N. B.

Nationalliteratur, das in einer bestimmten Nationalsprache verfasste Schrifttum. Der Begriff begegnet in Dtl. erstmals 1780 bei dem Literarhistoriker LEONHARD MEISTER (*1741, †1811, ›Beiträge zur Geschichte der dt. Sprache und N.‹; anonym bereits 1777 erschienen) und wurde zunächst im Rahmen der bürgerl. Selbstbesinnung auf die eigene nat. Vergangenheit gegen die geistige Vorherrschaft v. a. der frz. Kultur verwendet, insbesondere dann mit Bezug auf die als typisch angesehenen Wesenszüge der muttersprachl. Literatur (19. Jh.), weiter auch nur im Unterschied zu einer die nat. Grenzen überschreitenden →Weltliteratur.

Nationalmuseum, Nationalgalerie, Bez. für ein überregional bedeutendes Museum, in dem die nat. Kunst- und Kulturgüter in hervorragender Auswahl repräsentiert werden, wie dies in Dtl., Italien, Griechenland, Dänemark zutrifft, oder aber für eine Sammelstätte des künstler. und kulturellen Eigentums der Nation, wie z. B. in Großbritannien, Frankreich und in den USA. Die Entwicklung der Museen in den letzten Jahrzehnten hat des Öfteren zur Überschneidung und Vermischung der beiden Aufgaben geführt. Die Gründung von N. erfolgte, abgesehen vom Louvre (1793) als ›Musée central des arts de la République‹, im 19. Jh.; Begriff und Gründungen stehen in engem Zusammenhang mit der Herausbildung des Nationalbewusstseins.

Nationalökonomie, die →Volkswirtschaftslehre.

Nationalpark, großräumige Naturlandschaft, die durch ihre besondere Eigenart und Einmaligkeit oft keine Parallelen auf der Erde mehr hat. Nach der international gültigen IUCN-Definition von 1969 gelten für den N. folgende Kriterien: Ein N. ist ein relativ großes Gebiet, in dem ein oder mehrere Ökosysteme durch menschl. Nutzung oder Inanspruchnahme in der Substanz nicht verändert werden; wo Pflanzen, Tiere oder landschaftl. Besonderheiten von außerordentlichem Interesse für Wiss., Bildung und Erholung oder Naturlandschaften von großartiger Schönheit vorhanden sind; wo von der obersten Landesbehörde Maßnahmen getroffen werden, im entsprechenden Gebiet Nutzung oder Inanspruchnahme zu verhindern; wo Besucher nur unter bestimmten Bedingungen zur Anregung, Erziehung, Bildung und Erbauung zugelassen sind. 1992 hat die Föderation der Natur- und Nationalparks Europas (FNNPE) nochmals betont, dass N. vornehmlich dem Schutz der natürl. Entwicklung dienen sollen und ein Prozessschutz ohne jegliche menschl. Eingriffe zumindest im überwiegenden Teil von N. das Ziel sein muss. Damit ist eine Nutzung natürl. Ressourcen grundsätzlich nicht zulässig (auch keine Fischerei, Jagd usw.). In diesem Sinne gibt es in der Natur auch keine ›Katastrophen‹, d. h. Windwurf, Brände, Massenvermehrungen von Insekten erfordern im N. keine Eingriffe, sofern benachbarte Gebiete nicht gefährdet werden.

In Dtl. sind N. nach dem Bundesnaturschutz-Ges. definiert als verbindlich festgesetzte, einheitlich zu schützende Gebiete, die großräumig und von besonderer Eigenart sind; im überwiegenden Teil ihres Gebietes die Voraussetzungen eines Naturschutzgebietes erfüllen; sich in einem von Menschen nicht oder wenig beeinflussten Zustand befinden und vornehmlich der

Nationalparks in Deutschland (Stand: 1. Mai 1997)

Nr.	Nationalpark	Bundesland	Gründungsjahr	Gesamtfläche in ha
I	Niedersächsisches Wattenmeer	Niedersachsen	1986	240 000
II	Hamburgisches Wattenmeer	Hamburg	1990	11 700
III	Schleswig-Holsteinisches Wattenmeer	Schleswig-Holstein	1985	285 000
IV	Vorpommersche Boddenlandschaft	Mecklenburg-Vorpommern	1990	80 500
V	Jasmund	Mecklenburg-Vorpommern	1990	3 000
VI	Müritz-Nationalpark	Mecklenburg-Vorpommern	1990	31 800
VII	Hochharz	Sachsen-Anhalt	1990	5 889
VIII	Sächsische Schweiz	Sachsen	1990	9 292
IX	Bayerischer Wald	Bayern	1970	13 042
X	Berchtesgaden	Bayern	1978	21 000
XI	Harz	Niedersachsen	1994	15 800
XII	Unteres Odertal	Brandenburg	1995	10 570

Gesamtfläche mit Wattenmeer: 727 593 ha (2 % des Bundesgebietes). – Gesamtfläche ohne Wattenmeer: 190 893 ha (0,5 % des Bundesgebietes).

Erhaltung eines möglichst artenreichen heim. Pflanzen- und Tierbestandes dienen. Da diese Definition im Vergleich zu der internat. eine weitergehende Einflussnahme des Menschen auf solche Gebiete zulässt, wird sie immer wieder als unzureichend kritisiert (v. a. im Zusammenhang mit der Schaffung der das Wattenmeer umfassenden N.).

Der erste N. wurde 1872 in den USA eingerichtet (Yellowstone National Park); in der Folge entstanden weitere N. in vielen Ländern, bekannt sind z. B. Serengeti-N. und Krüger-N. im östl. und südl. Afrika. In der Bundesrepublik wurde 1970 der erste N. ausgewiesen: N. Bayerischer Wald mit einer Größe von rd. 13 000 ha im größten geschlossenen Waldgebiet Mitteleuropas an der bayerisch-tschech. Grenze. Insgesamt gibt es in Dtl. (1997) zwölf N. mit einer Gesamtfläche von etwa 727 000 ha, wovon etwa 80 % auf Watt- und Wasserflächen der Küsten-N. entfallen.

National Party [ˈnæʃnl ˈpɑːtɪ, engl.], Afrikaans **Nasionale Party** [- parˈtɛi], Abk. **NP,** polit. Partei in der Rep. Südafrika, die nach der Niederlage der Burenrepubliken (1902) gegen Großbritannien und der Bildung der ›Südafrikan. Union‹ (1910) von Kritikern der brit. Vorherrschaft in Südafrika 1914 in Bloemfontein unter Führung von J. B. M. HERTZOG gegründet wurde und v. a. in der burischen/kapniederländ. Bev. ihre Anhänger hat. Die NP setzte sich die ›nationale Befreiung‹ sowie die wirtschaftl. und kulturelle Selbstbehauptung des weißen ›Afrikanertums‹ (und des Afrikaans) zum Ziel, bildete 1924 eine Koalitions-Reg. mit der probrit. ›South African Party‹ und verschmolz 1934 mit ihr zur ›United Party‹. 1969 spaltete sich die rechtsradikale ›Herstigte‹ NP (›Wiederhergestellte‹ NP), 1982 die ›Conservative Party‹ unter ANDRIES PETRUS TREURNICHT (* 1921) ab. 1948–94 ununterbrochen Reg.-Partei, vertrat sie bis 1990 die Politik der →Apartheid. Unter Verfolgung des polit. Kurses des damaligen Partei-Vors. und Staatspräs. F. W. DE KLERK betrieb die NP seit 1990 eine Politik des Abbaus der Apartheid, die bis 1994 zu deren Abschaffung und zu einer pluralist. und gemischtrassigen Demokratie führte. Bei den ersten freien Wahlen im April 1994 erlangte die NP 20,4 % der Stimmen und wurde zweitstärkste Partei. In der Prov. West Kap errang sie die Mehrheit der Stimmen. 1997 wurde M. VAN SCHALKWYK zum Partei-Vors. gewählt.

Nationalprodukt, veraltete Bez. für →Sozialprodukt, wörtl. Übersetzung der engl. Bez. ›national product‹.

Nationalrat, 1) in *Österreich* die erste gesetzgebende Kammer des Bundes (Sitz: Wien). Die (183) Abg. zum N. werden vom Volk in freier, gleicher, unmittelbarer, geheimer und persönl. Verhältniswahl auf vier Jahre gewählt (Art. 24 ff. Bundes-Verfassungs-Ges.). Der N. wird alljährlich vom Bundes-Präs. zu einer ordentl. Tagung (zw. 15. 9. und 15. 7. des Folgejahres) einberufen. Neben der Gesetzgebung des Bundes obliegt dem N. auch die polit. und (mithilfe des Rechnungshofes) die finanzielle Kontrolle der Vollziehung (Reg.). Die Bundes-Reg. ist vom Vertrauen des N. abhängig. (→Österreich, Verfassung)

2) in der *Schweiz* eine der beiden Kammern des Parlaments, der Bundesversammlung. Dem N. gehören 200 Abg. an, die vom Volk der Kantone und Halbkantone auf vier Jahre nach dem Proporzwahlverfahren (Verhältniswahl) gewählt werden (Art. 72 ff. der Bundes-Verf.). Bei der Verteilung der Sitze wird auf die Wohnbevölkerung abgestellt, wobei auf jeden Kanton und Halbkanton mindestens ein Sitz entfällt. Stimmberechtigt sind alle Männer und (seit 1971) Frauen schweizer. Nationalität, die das 18. Lebensjahr vollendet haben; passiv wahlberechtigt ist jeder stimmberechtigte Schweizer Bürger weltl. Standes. (→Schweiz, Verfassung)

3) Bez. für die einzelnen Mitgl. (Abg.) des österr. und schweizer. Nationalrats.

Nationalreligiöse Partei, aus dem →Mizrachi hervorgegangene Partei.

Nationalsozialer Verein, im November 1896 auf Betreiben von F. NAUMANN, H. VON GERLACH, M. WEBER u. a. gegründete polit. Vereinigung, die sich bes. an die nicht konservativen Mitgl. der Christlichsozialen Partei wandte. Der N. V. trat für die Umgestaltung von Staat und Wirtschaft, ein ›soziales Kaisertum‹, die Gewinnung der Arbeiterschaft im Sinne nat. und staatsbejahenden Gedankenguts. Mit seinem hoch gesteckten Ziel, eine polit. Organisation als Gegenpol zur SPD aufzubauen, scheiterte der v. a. das politisch interessierte Bildungsbürgertum ansprechende N. V.; 1903 löste er sich auf.

D. DÜDING: Der N. V. 1896–1903 (1972).

Nationalsozialismus, völkisch-antisemitisch-national-revolutionäre Bewegung in Dtl. (1919–45), die sich 1920 als Nationalsozialist. Dt. Arbeiterpartei (NSDAP) organisierte und die unter Führung A. HITLERS in Dtl. 1933 eine Diktatur errichtete. Der N. wird in Wiss. und Publizistik (nicht unumstritten) auch als bes. radikale Form des Faschismus gesehen.

Die Anfänge

Die NSDAP ging aus der Dt. Arbeiterpartei hervor, einer der vielen Protestgruppen im völkisch-antisemit. Milieu Münchens, gegr. am 5. 1. 1919 von dem Schlosser ANTON DREXLER (* 1884, † 1942). Im September 1919 schloss sich HITLER der Partei an. Führende Mitgl. in der Anfangsphase waren der Publizist DIETRICH ECKART (* 1868, † 1923), der Ingenieur GOTTFRIED FEDER (* 1883, † 1941) und der Reichswehroffizier E. RÖHM. Bald kamen A. ROSENBERG und J. STREICHER dazu. Am 24. 2. 1920 gab die in

NSDAP umbenannte Partei ihr von DREXLER und HITLER zusammengestelltes 25-Punkte-Programm bekannt, das eine wirksame Kombination darstellte von kleinbürgerl. Vulgärsozialismus und damals gängigen völkisch-nationalist. Ideen, verbunden mit einem radikalen Antisemitismus; Ziele waren: Schaffung eines Groß-Dtl. in den Volkstumsgrenzen, Rückgewinnung der Kolonien, Schaffung einer starken Zentralgewalt, Durchführung einer Bodenreform, Verstaatlichung der Großunternehmen, ›Brechung der Zinsknechtschaft‹, Gewinnbeteiligung der Arbeiter an Großbetrieben, Einziehung der Kriegsgewinne, Verweigerung der Staatsbürgerrechte v. a. gegenüber den Juden und ihre Ausweisung aus dem Dt. Reich, Einleitung einer Gesetzgebung und Kulturpolitik nach rassist. Kriterien, Förderung eines ›positiven‹ Christentums ›auf der Grundlage des Sittlichkeits- und Moralgefühls der german. Rasse‹ (→Rassismus).

HITLER, zunächst Werbeobmann der NSDAP, wurde nach innerparteil. Differenzen mit DREXLER im Juli 1921 Vors. der Partei und erhielt in einer neuen Parteisatzung eine fast unangreifbare Führungsstellung. Von den anderen ›rechten‹ Parteien unterschied sich die NSDAP v. a. durch die Intensität und Radikalität ihrer Propaganda und die extreme antisemit. Agitation unter Verwendung aggressiver Werbemaßnahmen; der Saalschutz mit der Hakenkreuzbinde, Keimzelle der späteren →SA, verdeutlichte durch das militär. Ordnungsgepränge die Radikalität der Partei und ihre Bereitschaft zu Gewalt. Massenkundgebungen und spektakuläre Aktionen, wie der Auftritt HITLERS mit 800 SA-Männern auf dem ›Dt. Tag‹ in Coburg (14./15. 10. 1922), machten die NSDAP zu einer der lautstärksten antirepublikan. Agitationsgruppen im südtl. Raum. HITLER gewann bald einflussreiche Gönner und Freunde aus Bürokratie, Militär (u. a. E. LUDENDORFF) und Großbürgertum (WINIFRED WAGNER), die der Exaltiertheit des Agitators eine gesellschaftl. Absicherung boten. Die Mitgl. der NSDAP kamen zunächst aus den aufgelösten militär. und paramilitär. Verbänden v. a. in Bayern, aber auch im östl. Dtl. (Freikorps, Einwohnerwehren). Das führte zu einem schnellen Anwachsen der SA, die mehr und mehr zu einem parteiunabhängigen, wenngleich auf HITLER verpflichteten Wehrverband wurde. Dabei entstand für HITLER und die NSDAP die Gefahr, dass das Eigengewicht der SA-Spitze wuchs und die alleinige Parteiführung durch HITLER bedrohte. Zulauf erhielt die NSDAP auch aus vorwiegend mittelständ. Schichten, die von Inflation und sozialem Statusverlust betroffen waren. Sie wurden von der radikalen Agitation gegen den Friedensvertrag von Versailles und gegen den Weimarer Staat angezogen. Die frühe NSDAP verstand sich nicht als Partei, sondern als revolutionäre Bewegung, die auf dem Weg eines Putsches nach dem Vorbild von B. MUSSOLINIS ›Marsch auf Rom‹ (1922) die verhasste Weimarer Rep. von Bayern aus beseitigen wollte.

Im Herbst 1923 glaubte HITLER, der von Putschplänen führender nationalkonservativer und militär. Kreise wusste, den schweren Konflikt zw. der bayer. Regierung unter Generalstaatskommissar G. Ritter VON KAHR und der Reichsregierung nutzen zu können, um das Zeichen zu einer ›nationalen Erhebung‹ gegen die Reichsregierung und zur Errichtung einer ›nationalen Diktatur‹ zu geben. Der →Hitlerputsch (8./9. 11. 1923) brach mit der blutigen Auflösung eines bewaffneten Demonstrationszuges am 9. 11. 1923 zusammen. Die NSDAP wurde verboten und HITLER am 1. 4. 1924 in einem Hochverratsverfahren zu fünf Jahren Festungshaft in Landsberg verurteilt. Während seiner Haftzeit, aus der HITLER am 20. 12. 1924 vorzeitig entlassen wurde, zerbrach die 1923 von 15 000 auf 55 000 Mitgl. angewachsene Bewegung, die von der Hoffnung auf ein baldiges Losschlagen zusammengehalten worden war, in mehrere völk. Gruppierungen.

Weltanschauung und Programm

Die natsoz. Weltanschauung, die HITLER v. a. in ›Mein Kampf‹ (1924/25) und in seinem ›Zweiten Buch‹ (1928) darlegte, ist keine im Einzelnen ausgearbeitete, von Widersprüchen freie Lehre. Im Zentrum stehen ein radikaler, universaler, rassisch begründeter Antisemitismus und die Lebensraumdoktrin. Ausgangspunkt ist die Auffassung von Geschichte als einem stetigen Kampf der Völker um Selbsterhaltung und um Sicherung und Vermehrung des dazu notwendigen Lebensraumes. Siegreich bleibt jeweils das stärkere, d. h. ›rassisch wertvollere‹; als Endziel der Geschichte propagierte HITLER die Herrschaft eines ›Herrenvolkes‹. Im Rahmen dieses rassist., die Ebenbürtigkeit aller Menschen verneinenden Denkschemas bildet sich – gleichsam als Unterfaktor – die rassisch wertvolle Persönlichkeit aus, die einen Führungsanspruch gegenüber der sich unterordnenden Volksgemeinschaft erheben darf; im Zuge dieser Vorstellungen entwickelte HITLER das →Führerprinzip. Im jüd. Volk sah HITLER den Gegner dieser ›Naturgesetze‹. Aus Mangel an ›Rassenwert‹ unfähig, einen Staat zu bilden, versuche es, durch Vermischung mit rassisch höheren und Versklavung von produktiv tätigen Völkern sich selbst zu erhalten. Als Mittel dienten ihm dabei Kapital und Propaganda. In den Bahnen seines rassist. Denkens schrieb HITLER diesen Bestrebungen des jüd. Volkes neben dem Kapitalismus auch die Existenz aller internat. Bewegungen zu (z. B. Marxismus, Bolschewismus, Demokratie, Pazifismus, Liberalismus), da sie den unterschiedl. Rassenwert missachteten und die Völker vom naturgewollten Lebenskampf abhielten. Für das ›rassisch hoch stehende‹, zahlenmäßig zunehmende dt. Volk ergab sich nach HITLER daher die zentrale Aufgabe, die Juden zu bekämpfen und im wiederhergestellten Lebenskampf neuen Lebensraum zu erobern. Der Krieg galt dabei als ein legitimes Mittel.

Zur Verwirklichung seiner Ziele entwickelte HITLER 1919–26/28 vor dem Hintergrund seiner Bewertungen des Ersten Weltkrieges und der Weimarer Rep. ein polit. Konzept, in dem der Außenpolitik der Primat eingeräumt wurde und die anderen Bereiche der Politik in deren Dienst gestellt wurden. Dem Staat kam dabei die Aufgabe der weltanschaul. Ausrichtung der gesamten Bev. zu. Es lassen sich zunächst drei Phasen unterscheiden: 1) innere Erneuerung des Volkes, Aufrüstung, Bündnisabschluss mit Großbritannien und Italien; 2) Krieg gegen Frankreich, um dessen Hegemonie zu beseitigen und die eigentl. Expansion nach Osten abzusichern, als Nebenergebnis: Erfüllung der Forderungen bezüglich der Revision des Versailler Vertrages; 3) Eroberungskrieg gegen die Sowjetunion zur Gewinnung neuen Lebensraumes für das dt. Volk.

Abgesehen von einigen Historikern wie z. B. M. BROSZAT und H. MOMMSEN, die in diesem ›Programm‹ keinen auf Verwirklichung ausgerichteten Zielkatalog, sondern nur Symbole zur Begründung immer neuer Aktivität als im Grunde sinnlosen natsoz. Handelns sehen, ist sich die Forschung heute weitgehend darin einig, dass dieses Konzept die Leitlinie der hitlerschen Politik darstellt, wobei takt. Handeln innerhalb des vorgegebenen Rahmens durchaus möglich war: Diskutiert wird v. a., ob HITLERS Endziel mit der Unterwerfung des europ. Kontinents (E. JÄCKEL) oder erst mit einer darüber hinausgreifenden Weltherrschaft erreicht sei (A. HILLGRUBER). Demgegenüber hat das Parteiprogramm der NSDAP von 1920 wenig Bedeutung. Weite Teile wurden totgeschwiegen, völlig missachtet (z. B. die Punkte sozialist. Inhalts) oder nur berücksichtigt, wie sie im Sinne des eigentl. hitlerschen Programms nützlich waren.

Die Jahre 1925–33

Die Wiedergründung der NSDAP: Nach seiner Entlassung aus der Haft wurde HITLER zum Sammelpunkt beim Wiederaufbau der NSDAP, die durch eine veränderte Strategie und einen anderen Parteiaufbau ein neues Profil erhielt: 1) Die Putschtaktik wurde durch eine Legalitätstaktik ersetzt, ohne dass damit der polit. Gewalt abgeschworen wurde; der Massenmobilisierung kam lediglich ein Vorrang zu. 2) Die am 27. 2. 1925 neu gegründete Partei wurde auf ganz Dtl. ausgedehnt, regional gegliedert und auf Reichsebene straff organisiert; darüber hinaus wurde sie von anderen völkisch-nationalist. Gruppen scharf abgegrenzt; die paramilitär. Parteigliederung der SA hatte sich der polit. Führung unterzuordnen. 3) Die Partei sollte zu einem bedingungslosen Instrument des Führerwillens geformt werden.

Die Organisation der NSDAP beschränkte sich zunächst auf die Reichsleitung in München, auf Gaue und Ortsgruppen. 1926 wurde als Jugendorganisation der natsoz. Kampfverbände der Bund dt. Arbeiterjugend, die spätere →Hitler-Jugend (HJ), gegründet. Weitere Sonderorganisationen und Berufsverbände folgten mit dem Ziel der Mobilisierung und Erfassung der heterogenen Mitglieder- und Anhängerschaft. Mit der am 9. 11. 1925 zum Schutz der Parteiführerschaft gegründeten ›Schutzstaffel‹ (→SS) wurde ein konkurrierendes Instrument zur SA geschaffen. Seit 1925/26 gelang es der Münchner Reichsleitung der Partei um HITLER, sich allmählich gegen zentrifugale Tendenzen durchzusetzen und auch die ideologisch-propagandist. Alleinvertretung zu behaupten (z. B. gegenüber dem ›linken‹ Parteiflügel um O. und G. STRASSER). Innerparteil. Gruppierungen organisierten sich nicht gegen HITLER, sondern suchten seine Unterstützung im Machtkampf mit anderen Gruppierungen der Partei zu gewinnen. HITLER duldete und förderte zeitweise solche Gruppenbildungen, die seine Rolle als oberste Schiedsinstanz erst sicherten. Nur wenn seine Autorität infrage gestellt war, griff er in die Richtungskämpfe ein.

Die Erfolge der NSDAP blieben 1924–29 beschränkt (2,6 % der Stimmen bei den Reichstagswahlen von 1928).

Aufstieg zur Massenpartei: Seit 1929/30 begann vor dem Hintergrund der Weltwirtschaftskrise und der dt. Staatskrise der Aufstieg der NSDAP zur Massenpartei. Sie wurde seit der Reichstagswahl vom 14. 9. 1930, bei der sie 18,3 % der Stimmen erhielt, zu einem großen Machtfaktor, dessen radikale Agitation die polit. Krise der Weimarer Rep. noch beschleunigte. Mit der Verschärfung der Wirtschafts- und Staatskrise stieg ihre Erfolgskurve bei den folgenden Landtags- und Reichstagswahlen stark an. Ihren Höhepunkt erreichte sie bei den Reichstagswahlen am 31. 7. 1932 mit 37,8 % der Stimmen. Innerhalb von vier Jahren war die NSDAP von einer kleinen radikalen Partei zu einer Massenbewegung geworden. Was sie attraktiv machte, waren nicht konkrete soziale und polit. Programme, sondern die Wirksamkeit des Kults um HITLER, der als Retter und Erneuerer erwartet und bejubelt wurde. Der naive Glaube an die Erneuerungskraft und die Überwindung der Partei- und Klassenspaltungen in einer neuen ›Volksgemeinschaft‹ erhielt im Augenblick einer tiefen sozialen und mentalen Krise durch die Radikalität des Auftretens der Hitlerpartei zusätzl. Nahrung. Neben dem Hitlerkult war die Volksgemeinschaftsparole das wirksamste Element der natsoz. Propaganda. Damit wurden ebenso restaurative Sehnsüchte nach Erhalt vormoderner Sozialordnungen angesprochen wie die Hoffnungen anderer Gruppen auf soziale Mobilität und Modernisierung. Die NSDAP versprach Bewahrung und Veränderung zugleich. Sie verband Methoden der Daueragitation und Massenregie (Massenkundgebungen) mit terrorist. Gewalt in Form von Saal- und Straßenschlachten und der Sprengung gegner. Veranstaltungen. Für die Protest- und Glaubensbewegung der NSDAP genügte es, dass sie ihre Ziele schlagwortartig wiederholte und sich als dynam. und ›entschlossene‹ Bewegung darstellte.

Eine kontinuierliche finanzielle Förderung der NSDAP durch die Großindustrie ist nicht belegt. Die Finanzierung der gewaltigen Propagandakampagnen der NSDAP erfolgte in erster Linie durch die Mitgl. und ihre Beiträge, dann durch Hilfe von Sympathisanten sowie v. a. durch kleinere und mittlere Betriebe. Zudem war das Verhalten der Großindustrie gegenüber der NSDAP und HITLERS Regierungsbeteiligung 1932/33 sehr uneinheitlich; nur eine kleine Fraktion unterstützte HITLER. Wichtiger war die Rolle der Großwirtschaft und anderer traditioneller Machteliten bei der Zerstörung der parlamentar. Demokratie zugunsten einer autoritären Staatsform, die sich am Ende gegen den Ansturm der natsoz. Massenbewegung nicht behaupten konnte. HITLERS Weg zur Macht war weder geradlinig noch unaufhaltsam. Seine Doppelstrategie des Ausbaus einer eigenen, ungeteilt verfügbaren Massenbewegung und takt. Bündnisse mit den traditionellen Machtgruppen in Politik, Bürokratie, Militär und Wirtschaft war in der NSDAP nicht unumstritten und erfuhr immer wieder Rückschläge entweder durch terrorist. Ausbrüche der SA oder durch Zurückweisungen seitens der erhofften konservativen Bündnispartner. Ausdruck dieses Konzepts der Zusammenarbeit in der ›nationalen Opposition‹ und der gleichzeitigen Distanzierung von den Verbündeten war die →Harzburger Front (Oktober 1931). Weil beide Seiten angesichts der zunehmenden polit. Massenmobilisierung und der Machtauflösung aufeinander angewiesen waren, intensivierten sich die Zweckbeziehungen zw. HITLER und den traditionellen Machteliten. Die nationalkonservativen Kräfte erhofften sich vom Bündnis mit der wählerstärksten Partei eine Massenbasis und eine plebiszitäre Legitimation ihres autoritären polit. und gesellschaftl. Programms. HITLER brauchte umgekehrt ihre Unterstützung, um die Kluft zu schließen, die seine nicht etablierte Protestpartei trotz ihrer Wahlerfolge noch immer von der Macht trennte, was zu wachsender Ungeduld der eigenen Basis führte. Zugleich schrumpfte der polit. Handlungsspielraum der verfassungstreuen Kräfte, bis sich in der Endphase die Präsidialregierung unter F. VON PAPEN nur noch auf extrem rechte Gruppen stützen konnte und dabei der NSDAP durch eine Politik der Vorleistungen entgegenkam. Nach der Reichstagswahl vom Juli 1932 scheiterten die Verhandlungen über den Eintritt der NSDAP in die Regierung Papen. Die von HITLER gegenüber dem Reichs-Präs. P. VON HINDENBURG geforderte ›volle Regierungsverantwortung‹ rückte jedoch nach den beträchtl. Verlusten, die die NSDAP bei der Reichstagswahl vom 6. 11. 1932 erlitt (33,1 %), in die Ferne. Über die Zweckmäßigkeit von HITLERS kompromissloser, auf Eroberung der vollen Macht zielender Haltung gab es innerparteil. Meinungsverschiedenheiten. Der Flügel um G. STRASSER trat für die Beteiligung der NSDAP an der autoritären Regierung ein, die der Reichskanzler K. VON SCHLEICHER (seit Dezember 1932) zu bilden versuchte, konnte sich aber nicht gegen HITLER durchsetzen. STRASSER legte daraufhin alle Parteiämter nieder. Nach dem mit großem Propagandaeinsatz erzielten Wahlerfolg in Lippe (15. 1. 1933; 39,5 %) führten Verhandlungen auf informeller persönl. Ebene zw. HITLER und seinen Partnern aus der ›Nationalen Front‹ zum Plan einer Reichsregierung, in der die konservativen Kräfte im Rahmen eines ›Zähmungs‹-Konzeptes den Kanzler HITLER ›einrahmen‹ sollten. Nach massiver Einflussnahme auf den Reichs-Präs. wurde HITLER von diesem am 30. 1. 1933 zum Reichskanzler ernannt.

Der nationalsozialistische Staat

Vom 30. 1. 1933 bis zum 2. 8. 1934, als HITLER nach HINDENBURGS Tod die Ämter des Regierungschefs und Reichs-Präs. als ›Führer und Reichskanzler‹ auf sich vereinigte, vollzog sich die ›Machtergreifung‹, der Aufbau der natsoz. Diktatur. Im Zuge einer gleitenden, scheinbar legal ablaufenden Entwicklung ging die natsoz. Führung unter Verwendung der Parole von der ›nationalen Erhebung‹ und mittels der →Gleichschaltung des polit., gesellschaftl. und öffentl. Lebens daran, allmählich die machtpolitisch entscheidenden Positionen einzunehmen und Dtl. tief greifend umzugestalten. Charakteristisch für das natsoz. Herrschaftssystem war das Nebeneinander von überkommenen und neuen Elementen (Tradition und Revolution), von Legalität und Terror. Instrumente des bisherigen Staates (z. B. gesetzl. Absicherung von Maßnahmen) wurden insoweit beibehalten, als sie der Erreichung der natsoz. Ziele direkt oder indirekt (als Mittel zur Verschleierung) dienten. Nach der propagandist. Verklärung des 30. 1. 1933 als Tag der ›nationalen Erhebung‹, die die natsoz. Machtansprüche noch verbarg, wurden Vizekanzler VON PAPEN und der Reichs-Min. für Wirtschaft und Ernährung, A. HUGENBERG, bald politisch ausgeschaltet.

Das Zentrum der Machtergreifung lag zunächst in Preußen, wo H. GÖRING als Chef des Innenministeriums auch über den Polizeiapparat verfügte und eine Hilfspolizei von 50 000 Mann überwiegend aus SA- und SS-Männern aufstellte. Im Vorfeld der Reichstagswahlen vom März 1933 kam es zu terrorist. Ausschreitungen der SA, die von keiner staatl. Macht mehr gezügelt wurde. Ziel des Terrors waren die polit. Gegner, v. a. die Kommunisten und Sozialdemokraten. Ihre Verfolgung konnte sich auf die Zustimmung der konservativen Regierungspartner und weiter Teile des Bürgertums stützen. Grundlage der Verfolgungspraxis war neben einer heftigen antimarxist. Propaganda das präsidiale Notverordnungsrecht nach Art. 48 der Weimarer Verf., das schon in den Februartagen dazu diente, die Tätigkeit der anderen Parteien zu behindern, die Pressefreiheit einzuschränken und sich den Beamtenapparat gefügig zu machen. Höhepunkt dieser Praxis war die Notverordnung vom 28. 2. 1933 ›Zum Schutz von Volk und Reich‹, die, sofort nach dem →Reichstagsbrand erlassen, die formelle Grundlage für groß angelegte Verfolgungsmaßnahmen und für den permanenten Ausnahmezustand bildete. Sie wurde zur eigentl. ›Verfassungsurkunde‹ der Diktatur HITLERS und seiner Partei. Alle bürgerl. Grundrechte wurden außer Kraft gesetzt. Die Reichstagswahlen, die in einem Klima der ›legalisierten‹ Rechtsunsicherheit stattfanden, brachten der NSDAP (43,9 %) nur zus. mit dem deutschnationalen Bündnispartner (8 %) die absolute Mehrheit.

Der ›Tag von Potsdam‹ (Staatsakt zur ersten Sitzung des neuen Reichstages am 21. 3. 1933) sollte mit dem Treffen zw. HITLER und HINDENBURG das Bündnis des kaiserl. Dtl. mit dem neuen Reich zur Schau stellen. Das →Ermächtigungsgesetz (23. 3. 1933), das mithilfe der bürgerl. Mitte- und Rechtsparteien und bei bereits vollzogener Eliminierung der KPD-Abg. gegen die Stimmen der SPD verabschiedet wurde, machte HITLER vom präsidialen Notverordnungsrecht und der Kontrolle des Reichstages unabhängig. Der Regierung wurde zugestanden, außerhalb oder abweichend von der Verfassungsordnung Reichsgesetze zu erlassen, soweit sie nicht die Einrichtung des Reichstages oder des Reichsrates an sich betrafen. Im Zuge der Gleichschaltung wurden in den Ländern NSDAP-Gauleiter als Reichsstatthalter eingesetzt. Mit dem ›Ges. zur Wiederherstellung des Berufsbeamtentums‹ (7. 4. 1933) und den antijüd. Aktionen v. a. der Parteibasis leitete die Regierung Hitler die →Judenverfolgung ein. Die Gewerkschaften wurden in einer Doppelstrategie von Verführung und Gewalt ausgeschaltet (2. 5. 1933). Die Parteien wurden, einschließlich des deutschnationalen Bündnispartners, im Juni und Juli 1933 aufgelöst oder zur Selbstauflösung gezwungen. Begleitet und unterstützt wurde dieser beispiellose Vorgang durch die Gleichschaltung von Verbänden und Vereinen und die ersten Verfolgungs- und Boykottmaßnahmen gegen jüd. Bürger. An die Stelle der Gewerkschaften trat die sozialpolitisch einflusslose →Deutsche Arbeitsfront (DAF), die Zwangsvereinigung aller in der Wirtschaft Tätigen, unter Führung von R. LEY; die bäuerl. Organisationen wurden im →Reichsnährstand unter W. DARRÉ zusammengefasst. Zur Lenkung der Presse und der Kultur gründete der neu ernannte Reichspropaganda-Min. J. GOEBBELS die →Reichskulturkammer. Nach einem halben Jahr hatte HITLER das parlamentar. System, den Föderalismus und die Parteien ausgeschaltet und durch eine Einparteienherrschaft ersetzt. Abgeschlossen wurde die Machteroberung ein Jahr später. HITLER nutzte im Bündnis mit der Reichswehrführung und der SS den →Röhmputsch am 30. 6. 1934 zu einer Mordaktion gegen innerparteil. Rivalen und die SA-Führung unter RÖHM sowie gegen konservative Opponenten und andere politisch missliebige Personen. Ein Gesetz vom 3. 7. erklärte diese staatl. Mordaktion nachträglich für ›rechtens‹. Unter ihrem neuen Chef, V. LUTZE, blieb die SA fortan ohne polit. Bedeutung. Die SS unter ›Reichsführer‹ H. HIMMLER wurde aus der SA herausgelöst und begann mit dem Ausbau ihrer Sonderstellung, die sie bereits mit dem Zugriff auf die polit. Polizei und die →Konzentrationslager begründet hatte. Die Reichswehr, die zum Komplizen dieser Mordaktion geworden war, unterwarf sich, als HINDENBURG starb, am 2. 8. 1934 durch einen persönl. Treueid auf HITLER. Damit gab es keine verfassungsmäßige Institution mehr, die HITLERS Stellung hätte eingrenzen können.

Der Führerstaat: Im Sommer 1934 waren ›Machtergreifung‹ und Gleichschaltung im Wesentlichen abgeschlossen. Es folgte ein Prozess der Vertiefung des Einflusses, in dem auch die alten Machteliten, die HITLER bei der Konsolidierung des natsoz. Staates und bei der Vorbereitung und Durchführung seiner Rüstungspolitik benötigte, wichtige Positionen aufgeben mussten. Dies lässt sich an den Umgestaltungen in Wirtschaft, Wehrmacht und Auswärtigem Amt Ende 1937 und Anfang 1938 festmachen: Entlassung des Reichswirtschafts-Min. H. SCHACHT und des Reichskriegs-Min. W. VON BLOMBERG sowie des Oberbefehlshabers des Heeres W. VON FRITSCH (→Blomberg-Fritsch-Krise); zugleich übernahm HITLER den Oberbefehl über die Wehrmacht; des weiteren ersetzte er den Außen-Min. K. VON NEURATH durch den Nationalsozialisten J. VON RIBBENTROP. Die polit. Durchdringung und Beherrschung der Gesellschaft wurde mit dem Ausbau der Gliederungen der NSDAP, der angeschlossenen Verbände und natsoz. Berufs- und Standesorganisationen sowie massiver Mitgliederwerbung vorangetrieben. Im Sinne der Verbindung mit dem Staat ersetzte z. B. die HJ als Staatsorganisation die Vielfalt der Jugendverbände der Weimarer Zeit. Demselben Ziel dienten die Überwachung der Bev. durch die ›Geheime Staatspolizei‹ (→Gestapo), die Einweisung Oppositioneller oder sonst missliebiger

Personen in Konzentrationslager und die ständige Verschärfung von Strafandrohung und Rechtsprechung bei polit., später auch kriegswirtschaftl. Delikten. Doch konnte der Totalitätsanspruch des N., trotz vielfacher Eingriffe in die Privatsphäre, in letzter Konsequenz nicht durchgesetzt werden, es blieben immer noch Freiräume. Auch der Grundsatz der Einheit von Staat und Partei ließ sich nicht im eigentl. Sinne verwirklichen.

Der natsoz. Führerstaat war zu keinem Zeitpunkt ein von oben nach unten hierarchisch aufgebauter, monolith. Herrschaftsblock, wie es die natsoz. Propaganda behauptete. Hinter der Fassade des allumfassenden Führerwillens gab es Machtkämpfe zw. der NSDAP und ihren Untergliederungen einerseits und den natsoz. wie konservativen Inhabern staatl. Ämter andererseits (→Polykratie); es gab darüber hinaus Auflösungserscheinungen in der traditionellen gleichförmigen staatl. Bürokratie zugunsten von Partei oder führerunmittelbaren Sonderbehörden, die ihrerseits immer weiter wucherten und neue Kompetenzen oder Hoheitsfunktionen aus der staatl. Administration an sich zogen (wie z. B. im Bereich der Polizei und Justiz). Auch eine einheitl. Behördenorganisation, die von der lokalen Ebene bis zur Spitze Länder und Gaue in einen einheitl. Verwaltungsaufbau mit eindeutig abgegrenzten Zuständigkeiten einbezogen hätte, ist nicht geschaffen worden, da die beabsichtigte Reichsreform nie ernsthaft in Angriff genommen wurde. Stattdessen blieb es bei einem ungeklärten Zustand eines Neben- und Gegeneinander zentraler und partikularer Gewalten. Im Krieg hat sich das organisierte Chaos der natsoz. Herrschaftsordnung noch verschärft. Die kriegsbedingte Zentralisierung mündete meist in die Kompetenzkonflikte und Anarchie konkurrierender Zentralbehörden und Sonderverwaltungen, die die Ausbildung neuer partikularer Gewalten begünstigten. Die zentralen Verwaltungsinstanzen verloren zunehmend die Kontrolle über die regionalen Entscheidungs- und Machtträger. Das waren meist die natsoz. Gauleiter, die – i. d. R. noch mit der Funktion des Reichsverteidigungskommissars zusätzlich betraut – während des Krieges ihre Macht durch die unterschiedlichsten Sondervollmachten ausdehnten.

Gleichwohl führte diese ›Polykratie der Ressorts‹ als ein Element der hitlerschen Herrschaftstechnik nicht zum Zusammenbruch von Herrschaft, sondern sie produzierte eine Dynamik, die den Zielen HITLERS diente und es ihm ermöglichte, sich bis zum Ende des Regimes als unentbehrl. Schiedsrichter und Bezugspunkt aller rivalisierenden Machtgruppen zu behaupten. Die permanenten Kompetenzkämpfe in der natsoz. Polykratie unterhalb der monokrat. Spitze wurden nach außen abgeschirmt durch den Führermythos. Dieser ließ den Führer zum Bezugspunkt aller parteiinternen Bewegungen und eines wachsenden öffentl. Konsenses werden und garantierte den Zusammenhalt des Regimes, dem bis zu seinem Ende ein großes Maß an Loyalität entgegengebracht wurde bei gleichzeitiger Ausweitung von Kontrolle, Terror und Vernichtung. Getragen wurden Führermythos und Konsens von den Resultaten der natsoz. Wirtschafts- und Sozialpolitik (wie z. B. Abbau der Massenarbeitslosigkeit, Wirtschaftsaufschwung) und mehr noch von HITLERS außenpolit. Erfolgen. Wenngleich vieles am natsoz. ›Wirtschaftswunder‹ von der Propaganda übertrieben wurde und die wichtigsten Daten wie Beschäftigungsgrad, Löhne und Volkseinkommen erst 1937/38 die Werte von 1929 erreichten, konnte sich das Regime ein Vertrauens- und Zustimmungskapital erwerben, das alle Anzeichen erneuter inflationärer Tendenzen verdrängte und v. a. die Tatsache, dass der Wirtschaftsboom im Wesentlichen ein Resultat der Kriegsrüstung war, nicht beachtete.

Die Wirtschaft konnte sich für geraume Zeit eine relative Selbstständigkeit erhalten, wurde aber von Anfang an auf die Kriegsvorbereitung ausgerichtet. Die Bereiche Ein- und Ausfuhr, Rohstoffe, Aufträge, Kredite, Preise, Devisen und Arbeitskräftepotenzial wurden bei grundsätzl. Erhaltung des Privateigentums an Wirtschaftsgütern und Unternehmen zunehmend der staatl. Lenkung unterworfen. Die Umstellung auf die Kriegswirtschaft im Frieden wurde 1936 mit dem →Vierjahresplan, der zur Errichtung neuer Sonderbehörden unter Leitung von staatl. und privaten Bürokratien führte, auch nach außen hin deutlich.

In der Arbeits- und Sozialpolitik wurde nach Zerstörung der Gewerkschaften und der Tarifautonomie durch Verbot von Streik und Aussperrung, durch die Einführung staatl. Tarifordnungen, durch ein autoritäres Arbeitsrecht mit großen Vollmachten der ›Betriebsführer‹ gegenüber ihrer ›Gefolgschaft‹ und die weitgehende Erfassung der in der Wirtschaft Tätigen in der DAF ein Lenkungsinstrumentarium geschaffen, das zu einer temporären Leistungssteigerung im Bereich der Investitionsgüter und zu einer Drosselung bei den Konsumgütern führte. Zur Ablenkung vom Verlust polit. und sozialer Autonomie und zur systemstabilisierenden Befriedung massenzivilisator. Bedürfnisse wurde in der NS-Gemeinschaft ›Kraft durch Freude‹ (KDF) mit ihrem großen Freizeitangebot bei gleichzeitiger Kontrollmöglichkeit der ›Volksgenossen‹ geschaffen. Die Wohlfahrtspflege der freien und kirchl. Verbände wurde zugunsten der NS-Wohlfahrt und des Winterhilfswerks beschränkt und behindert.

Im Bereich der Kultur- und Medienpolitik erstreckte sich der Machtanspruch des N. auf die weltanschaul. Ausrichtung und Kontrolle des Pressewesens, des Rundfunks, der literar. und künstler. Tätigkeit, der Erziehung sowie der wiss. Forschung und Lehre. Durch eine Kombination von Verdrängung und Verfolgung, von Gleichschaltung und finanzieller Förderung, von Anpassung und Opportunismus näherte sich die NS-Politik diesem Ziel. Auf dem Erziehungssektor wurde speziell der Gedanke der Elitenbildung (Adolf-Hitler-Schulen, Nationalpolit. Erziehungsanstalten, SS-Ordensburgen) unter Betonung kämpfer. und rassist. Denkmuster propagiert, der im Bereich der ›Volksgesundheit‹ mit ›Höherzüchtung‹ mittels ›wertvollen Erbgutes‹ (→Lebensborn e. V.), mit ›Vernichtung unwerten Lebens‹ (→Euthanasie) sowie mit Zwangssterilisierungen korrespondierte (→Eugenik). Nach der Verdrängung der progressiven und avantgardist. Kultur unter dem diffamierenden Schlagwort ›entartete Kunst‹ konnte sich zunächst noch eine Vielfalt künstler. und kultureller Entwicklungen auf der Basis einer begrenzten Autonomie der bürgerl. Kultur behaupten, die freilich mit der Zäsur von 1937/38 immer stärker kontrolliert und eingeengt wurde. Auch im Bereich der natsoz. Kultur- und Bildungspolitik gab es bei aller Gleichschaltung ein Nebeneinander rivalisierender Ressorts und Kompetenzen, das einerseits Freiräume eröffnete, andererseits der Durchsetzung des Führerwillens zustatten kam. Die christl. Kirchen waren ebenfalls massiven Beeinflussungs- und Unterwerfungsversuchen ausgesetzt (→Kirchenkampf).

Die natsoz. ›Rechtsvorstellung‹, nach der alle ›Gemeinschaftsfremden‹ auszuschalten seien, wurde bes. drastisch in der Judenpolitik des NS-Regimes verwirklicht (→Holocaust). Freilich lag dem keine detaillierte Planung zugrunde. Die zunehmende Radikalisierung weist versch. Phasen und Erscheinungsformen auf, die auch nebeneinander bestanden. Die erste Phase umfasst v. a. Boykottmaßnahmen, rechtl. Diskriminierung (→Nürnberger Gesetze, 1935; →Rassengesetze), wirtschaftl. Entrechtung (→Arisierung) und persönl. Bedrohung. Eine zweite Phase (ab 1939) war zunächst vom Gedanken einer ›territorialen Endlösung‹, d. h. vom Plan einer Deportation eines Großteils der europ. Juden nach Madagaskar oder Sibirien, geprägt. Dann setzte mit dem dt. Angriff auf die Sowjetunion eine dritte Phase ein, die auf die ›phys. Endlösung‹ zielte. Sie begann mit den unmittelbar seit dem 22. 6. 1941 durchgeführten Erschießungen durch die →Einsatzgruppen des ›Sicherheitsdienstes‹ (SD) und der ›Sicherheitspolizei‹ (Sipo) und führte mit der Errichtung von Gaskammern, die bereits bei der Durchführung des natsoz. Euthanasieprogramms erprobt worden waren, zur systematisch betriebenen und technisch perfektionierten Ermordung in den →Vernichtungslagern des Ostens.

Außenpolitik

Die natsoz. Außenpolitik zeigte sich zunächst als Bündnispolitik, die – ausgehend von angeblich nicht existierenden Interessengegensätzen – Großbritannien und Italien zu primären Partnern bestimmte. Sie zielte auf die Umsetzung des von HITLER in seinen Schriften formulierten Programms. Auch in der Außenpolitik herrschte eine Polykratie der Konzeptionen und Entscheidungsträger. Beteiligt waren neben dem Auswärtigen Amt u. a. die natsoz. Kräfte in der Dienststelle RIBBENTROP, das Außenpolit. Amt und die Auslandsorganisation der NSDAP. Auch wenn HITLER in der Außenpolitik auf versch. Stellen und Persönlichkeiten zurückgriff bzw. Anregungen aufnahm (z. B. RIBBENTROPS antibrit. Plan zur Zusammenarbeit mit Japan und der Sowjetunion), blieb er selbst in diesem für ihn zentralen Bereich der Politik ausschlaggebend.

In der ersten Phase wurden die polit. und rüstungswirtschaftl. Aggressionsvorbereitungen mit einer Strategie der Verharmlosung abgeschirmt (z. B. ›Friedensrede‹ HITLERS im Reichstag 17. 5. 1933; Dt.-Poln. Nichtangriffsabkommen 26. 1. 1934); sie unterschied sich nach außen hin kaum von den traditionellen Forderungen nach Revision des Versailler Vertrages und Wiederherstellung der nationalen ›Größe‹. Der erste Akt der Aggression mit dem Versuch des gewaltsamen ›Anschlusses‹ von Österreich an Dtl. scheiterte 1934 (fehlgeschlagener natsoz. Putsch, Ermordung des österr. Bundeskanzlers E. DOLLFUSS am 25. 7.) und verstärkte die seit dem Austritt aus dem Völkerbund (14. 10. 1933) bestehende diplomat. Isolierung des Dt. Reiches. Die Veränderung der internat. Konstellation (B. MUSSOLINIS Äthiopienkrieg 1935, Span. Bürgerkrieg 1936–39, permanente Spannungen in Ostasien) und die dadurch verstärkte Bindung Großbritanniens im Mittelmeerraum und in Ostasien nutzte HITLER zu einer forcierten Revisionspolitik: Wiedereinführung der allgemeinen Wehrpflicht (16. 3. 1935), Abschluss des →Deutsch-Britischen Flottenabkommens (18. 6. 1935), Einmarsch dt. Truppen in die entmilitarisierte Zone des Rheinlands (7. 3. 1936, d. h. Bruch der Verträge von Versailles und von Locarno. Begünstigt wurde diese Politik durch den britisch-sowjet. Gegensatz in Europa wie durch die brit. Appeasementpolitik, die angesichts der innen-, sozial- und außenpolit. Belastungen Großbritanniens militär. Konflikte in Mitteleuropa zu vermeiden suchte. Hinzu kam das Verlangen der westeurop. Öffentlichkeit nach Aufrechterhaltung des Friedens.

Nach dem gescheiterten Werben um ein Bündnis mit Großbritannien, das im Sinne von HITLERS außenpolit. Zielvorstellungen die Basis für seine kontinentalen Eroberungs- und Herrschaftspläne hätte bilden sollen, gelang es HITLER, seinem Programm entsprechend, das faschist. Italien für sich zu gewinnen (›Achse Berlin–Rom‹, seit Oktober 1936). Während des Span. Bürgerkrieges beteiligte sich das natsoz. Dtl. neben Italien an der militär. Unterstützung der Aufständischen unter General F. FRANCO. Der Abschluss eines Militärbündnisses (→Stahlpakt, 22. 5. 1939) bekräftigte die Achse Berlin–Rom. Durch eine Vereinbarung mit Japan (Antikominternpakt 25. 11. 1936, Beitritt Italiens 6. 11. 1937) entstand eine Konstellation, die Großbritannien entweder neutral halten oder doch noch zum Einlenken bringen sollte. – Auf der anderen Seite zerfiel das von Frankreich gestützte Bündnissystem der südost- und osteurop. Staaten.

Im Spätherbst 1937 nutzte HITLER Meinungsverschiedenheiten innerhalb der militär. und außenpolit. Führungsgruppen in Dtl., um seine außen- und kriegspolit. Zielvorstellungen vor den Spitzen der Wehrmacht und des Auswärtigen Amtes zu entwickeln (→Hoßbachniederschrift) und die dort vorgetragenen Einwände gegen seine Außenpolitik unter skrupelloser Ausnutzung persönl. Angelegenheiten bzw. Affären (Blomberg-Fritsch-Krise, Januar/Februar 1938) mit der Ausschaltung konservativer Entscheidungsträger in der Wehrmacht und im Auswärtigen Amt zu überwinden. Das eröffnete ihm den Zugriff auf die Wehrmacht wie den Durchbruch zur offenen Expansionspolitik bei einer günstigen Gelegenheit. Diese bot sich mit der von den österr. Nationalsozialisten provozierten innenpolit. Krise Österreichs, die vor dem Hintergrund einer verbreiteten ›Anschlusserwartung‹ in der österr. und dt. Öffentlichkeit den Vorwand für den militär. ›Anschluss‹ Österreichs im März 1938 lieferte. Das unter politisch-militär. Druck zustande gekommene →Münchener Abkommen (29. 9. 1938), das die Abtretung der sudetendt. Gebiete an Dtl. bestimmte, band HITLER gegen seinen Willen in ein multilaterales Abkommen ein, machte ihn zum Gefangenen seiner eigenen Volkstumspolitik und verzögerte die eigentlich beabsichtigte Zerschlagung der Tschechoslowakei. Bei der weiteren Verfolgung seines Konzeptes, in dem zum Ausbau eines einheitl. Aufmarschgebietes gegen Osten die ›Erledigung der Resttschechei‹ (15. 3. 1939) ohnehin feststand und die ›Lösung der Polenfrage‹ in den Mittelpunkt rückte, musste HITLER v. a. mit brit. Widerstand rechnen, da seine eigentl. Ziele damit deutlich zutage traten. Der Widerstand der Westmächte gegen HITLERS Expansionsbestrebungen zeigte sich in der britisch-frz. Garantieerklärung für Polen (31. 3. 1939).

Da sich seine außenpolit. Ziele gegen den Widerstand Großbritanniens nicht verwirklichen ließen, war HITLER jetzt bereit, durch ein Bündnis mit der Sowjetunion eine gemessen an seinem Konzept unerhörte (d. h. antibrit.) Frontstellung einzunehmen. Der →Hitler-Stalin-Pakt (23. 8. 1939) ermöglichte es ihm, ›den Krieg gegen Polen zu eröffnen‹ (1. 9. 1939), der die zweite Stufe seines Planes (Westfeldzug) absichern sollte, sich aber zwei Tage später zu einem europ. und spätestens 1941 zu einem Weltkrieg ausweitete. Nach dem Sieg Dtl.s über Frankreich im Sommer 1940 und den mehrfach verschobenen und schließlich abgebrochenen Angriffsplanungen auf Großbritannien, das entgegen seinen Erwartungen nicht einlenkte, begann HITLER – nun auf dem Höhepunkt seiner Macht – mit dem planmäßigen Angriff auf die Sowjetunion (22. 6. 1941). Geplant war zur Vermeidung eines Zweifrontenkrieges ein blitzartiger Eroberungs- und Vernichtungskrieg mit dem Ziel der weitgehenden Vernichtung der slaw. Völkerschaften (→Generalplan Ost) und der dauernden Sicherung eines Großgerman. Reiches, in dem natsoz. expansionistisch-rassist. Vorstellungen Verwirklichung finden sollten. Mit dem Scheitern dieses ›Blitzkrieges‹ und der Kriegserklärung der USA im Dezember 1941 erfuhr der Krieg seine entscheidende Wende und führte trotz erhebl. Erfolge der dt. Armeen im Osten (Sommer 1942) seit 1943 (Stalingrad, El-Alamein) zum Rückschlag und schließlich zur totalen militär. Niederlage und Zerstörung des Dt. Reiches; HITLER hielt bis zum Schluss an

Nati Nationalsozialismus

Nationalsozialismus: Adolf Hitler während seiner Reichstagsrede am 1. September 1939, in der er den Krieg mit Polen verkündete

seiner ideologisch bestimmten Politik des Alles oder Nichts, von Weltmacht oder Untergang, starr fest.

Begleitet wurde der Eroberungs- und Vernichtungskrieg nicht nur von dem massenhaften Mord (Genozid) an den europ. Juden, dem angesichts des drohenden Scheiterns des Lebensraumkonzeptes und entgegen militär. Effektivitätsüberlegungen sogar der Vorrang eingeräumt wurde, sondern auch von der stetigen Radikalisierung des Herrschafts- und Verfolgungssystems im Innern, einer gewaltigen Steigerung der Kriegswirtschaft durch den millionenfachen Einsatz von Fremd- und Zwangsarbeitern und einer Anspannung aller Ressourcen bei gleichzeitiger Verhängung drakon. Strafen (z. B. wegen ›Wehrkraftzersetzung‹ oder ›Kriegswirtschaftsvergehen‹). Der gescheiterte, v. a. von konservativen Kreisen getragene Versuch, mit einem Attentat auf HITLER das Regime zu stürzen (→Zwanzigster Juli 1944), endete mit einer weiteren Konzentrierung aller Machtpositionen in der natsoz. Führungsgruppe und der SS. Erst mit dem Selbstmord HITLERS (30. 4. 1945) angesichts der völligen militär. Niederlage brach das Regime zusammen.

Forschung

Keine Epoche der dt. Geschichte ist so gründlich erforscht worden wie die NS-Zeit. Neben zahlreichen wiss. Instituten und Einzelforschern im In- und Ausland wird die NS-Forschung v. a. vom Institut für Zeitgeschichte (München) durch Quellenpublikationen, Monographien, Forschungsprojekte und die ›Vierteljahrshefte für Zeitgeschichte‹ betrieben. Schwerpunkte der Forschungen waren zunächst die Weltanschauung und die Kriegspolitik des N., Formen und Bedingungen der Entstehung und des Aufstiegs der NSDAP zur Macht sowie die Rolle HITLERS im N. (›Hitlerzentrik‹ versus ›Strukturgeschichte‹, Phänomen der Polykratie). Es folgten Studien zum Verhältnis der NSDAP oder HITLERS zu den alten Machteliten in Dtl. und zu Fragen der Kontinuität oder des Bruches des N. mit den Traditionen dt. Außen- und Gesellschaftspolitik. Immer wieder wird das Problem aufgegriffen, inwieweit das natsoz. Dtl. besser mit dem Begriff des →Totalitarismus oder des →Faschismus zu erfassen ist. Intensiv betrieben und methodisch ständig differenziert wurden ferner Untersuchungen zum Widerstand gegen den N. (→Widerstandsbewegung). Hinzu kamen Arbeiten zur natsoz. Judenpolitik, speziell zur Genese der ›Endlösung‹, neuerdings zu den versch. Tätergruppen, ihrem sozialen Profil wie ihrer Motivation. Nach der Erforschung der natsoz. Außen- und Kriegspolitik sowie der Wirtschafts- und Rüstungspolitik hat sich das Interesse verstärkt auf die Zeit des Krieges und auf Einzelstudien zu Rüstungsunternehmen gerichtet. Beiträge zur Sozial- und polit. Verhaltensgeschichte einzelner sozialer Gruppen (Justiz, Medizin und Wehrmacht) haben den stufenweisen Prozess der Verstrickung dieser Funktionseliten in das sich radikalisierende Herrschafts- und Vernichtungssystem verdeutlicht. Biograph. Untersuchungen sowie Studien zur Alltags-, Kultur-, Sozial- und Wirtschaftsgeschichte bzw. Regionalgeschichte der NS-Zeit vertieften das Bild von der Vielfalt der natsoz. Herrschaftswirklichkeit und stellten die modernisierenden Effekte der Gleichschaltungs- und Rüstungspolitik wie die egalitären Verheißungen der Volksgemeinschaftspropaganda heraus. Eine neuerl. Debatte um die Rolle des N. im Prozess der Modernisierung machte das Neben- und Ineinander von modernisierenden und regressiven inhumanen Zielen und Methoden sichtbar. Im Sinne einer Historisierung (Forderung von M. BROSZAT) wird nun neben der polit. Zäsur, die das Ende der NS-Zeit bedeutete, die Frage nach sozialen, mentalen und personellen Kontinuitäten, die über das Jahr 1945 hinausreichen, auch nach den Folgen der →Kriegsverbrecherprozesse und der →Entnazifizierung für die gesellschaftl. und polit. Entwicklung im Nachkriegs-Dtl. untersucht.

⇨ *deutsche Geschichte · Historikerstreit · NS-Prozesse · Vergangenheitsbewältigung · Weltkrieg*

Dokumente: Der Prozeß gegen die Hauptkriegsverbrecher vor dem Internat. Militärgerichtshof Nürnberg ..., 42 Bde. (1947-49, Nachdr. 1984, 23 Bde.); Akten zur dt. auswärtigen Politik, Serie D, 13 Bde. (1950-70), Serie E, 8 Bde. (1969-79), Serie C, 12 Bde. (1971-81); Das polit. Tagebuch Alfred Rosenbergs aus den Jahren 1934/35 u. 1939/40, hg. v. H.-G. SERAPHIM (1956); Ausgew. Dokumente zur Gesch. des N.: 1933-1945, hg. v. H.-A. JACOBSEN u. a., Losebl. (1961-66); Hitlers Zweites Buch, hg. v. G. WEINBERG (1961); Hitlers Lagebesprechungen ... 1942-1945, hg. v. H. HEIBER (1962); Staatsmänner u. Diplomaten bei Hitler, hg. v. A. HILLGRUBER, 2 Bde. (1967-70); Reichsführer! Briefe an u. von Himmler, hg. v. H. HEIBER (1968); ›Führer befiehl‹. Selbstzeugnisse aus der Kampfzeit der NSDAP, hg. v. A. TYRELL (1969); H. HIMMLER: Geheimreden 1933 bis 1945 u. a. Ansprachen, hg. v. B. F. SMITH u. a. (1974); Hitler, Dtl. u. die Mächte. Materialien zur Außenpolitik des Dritten Reiches, hg. v. M. FUNKE (Neuausg. 1978); Natsoz. Außenpolitik, hg. v. W. MICHALKA (1978); Das Dritte Reich. Dokumente zur Innen- u. Außenpolitik, hg. v. DEMS., 2 Bde. (1985); Das Dt. Reich u. der Zweite Weltkrieg, hg. v. Militärgeschichtl. Forschungsamt, 6 Bde. (1979-90); A. HITLER: Monologe im Führerhauptquartier. 1941-1944. Die Aufzeichnungen Heinrich Heims, hg. v. W. JOCHMANN (1980); Hitler. Sämtl. Aufzeichnungen: 1905-1924, hg. v. E. JÄCKEL u. a. (1980); Akten der Partei-Kanzlei der NSDAP, bearb. v. H. HEIBER u. a., 10 Tle. (1983-92); Akten der Reichskanzlei. Reg. Hitler 1933-1938, hg. v. K. REPGEN, 2 Bde. (1983); Meldungen aus dem Reich, hg. v. H. BOBERACH, 17 Bde. u. Reg.-Bd. (1984-85); J. GOEBBELS: Die Tagebücher. Sämtl. Fragmente, hg. v. E. FRÖHLICH, auf mehrere Bde. ber. (1987ff.); R. HOESS: Kommandant in Auschwitz (¹¹1987); M. RUCK: Bibliogr. zum N. (1995).

Darstellungen: K. HILDEBRAND: Dt. Außenpolitik 1933-1945 (⁴1980); DERS.: Das Dritte Reich (⁵1995); A. HILLGRUBER: Endlich genug über N. u. Zweiten Weltkrieg? Forschungsstand u. Lit. (1982); DERS.: Zum Stand der wiss. Erforschung der NS-Zeit. Schwerpunkte u. Kontroversen. In: Theoriedebatte u. Geschichtsunterricht, hg. v. P. LEIDINGER (1982); DERS.: Der Zweite Weltkrieg. Ziele, Methoden u. Strategie der großen Mächte (⁶1996); M. H. KATER: The Nazi party. A social profile of members and leaders 1919-1945 (Cambridge, Mass., 1983); Natsoz. Diktatur: 1933-1945. Eine Bilanz, hg. v. K. D. BRACHER u. a. (1983); DERS.: Zeitgeschichtl. Kontroversen um Faschismus, Totalitarismus, Demokratie (⁵1984); Dtl. 1933–1945. Neue Studien zur natsoz. Herrschaft, hg. v. DEMS. u. a. (²1993); DERS.: Die dt. Diktatur. Entstehung, Struktur, Folgen des N. (Neuausg. 1997); Ploetz, das Dritte Reich. Ursprünge, Ereignisse, Wirkungen, hg. v. M. BROSZAT u. a. (1983); Anatomie des SS-Staates, bearb. v. H. BUCHHEIM u. a., 2 Bde. (⁴1984); Der Widerstand gegen den N., hg. v. J. SCHMÄDEKE u. a. (²1986); W. WIPPERMANN: Kontroversen um Hitler (1986); D. REBENTISCH: Führerstaat u. Verwaltung im Zweiten Weltkrieg (1989); E. JÄCKEL: Hitlers Weltanschauung. Entwurf einer Herrschaft (Neuausg. ⁴1991); DERS.: Hitlers Herrschaft. Vollzug einer Weltanschauung (³1991); J. C. FEST: Hitler. Eine Biogr. (Neuausg. ³1992); E. KOGON: Der SS-Staat (Neuausg. ⁴1993); M. BROSZAT: Die Machtergreifung. Der Aufstieg der NSDAP u. die Zerstörung der Weimarer Republik (⁵1994); H.-U. THAMER: Verführung u. Gewalt. Dtl. 1933–1945 (Neuausg. 1994); I. KERSHAW: Der NS-Staat. Geschichtsinterpretationen u. Kontroversen im Überblick (a. d. Engl., Neuausg. 10.–13. Tsd. 1995); Hb. zur ›völkischen Bewegung‹ 1871–1918, hg. v. U. PUSCHNER u. a. (1996); U. HERBERT u. a.: Best. Biograph. Studien über Radikalismus, Weltanschauung u. Vernunft 1903–1989 (1996); Nationalsozialismus in der Region, hg. v. H. MÖLLER u. a. (1996); N. FREI: Der Führerstaat. Natsoz. Herrschaft 1933 bis 1945 (⁵1997); L. HERBST: Das natsoz. Dtl. 1933–1945. Die Entfesselung der Gewalt: Rassismus u. Krieg (Neuausg. 1997).

Nationalsozialistische Deutsche Arbeiterpartei, Abk. **NSDAP,** nationalistisch-antisemit. Partei, gegr. am 5. 1. 1919 als **Deutsche Arbeiterpartei** (DAP), nach der Ernennung des ›Führers‹, A. HITLER, zum dt. Reichskanzler (30. 1. 1933) und dem Verbot aller anderen Parteien (bis zum 14. 7. 1933) die allein zugelassene Partei in Dtl., wurde nach der bedingungslosen Kapitulation Dtl.s (8. 5. 1945) mit allen ihren Neben- und Sonderorganisationen von den Siegermächten des Zweiten Weltkrieges durch das Ges. Nr. 2 des Alliierten Kontrollrates vom 10. 10. 1945 verboten.

Die NSDAP war die polit. Plattform des Nationalsozialismus und die Agitationsbasis HITLERS. Das 25-Punkte-Programm der NSDAP von 1920 verlor im Laufe der 20er-Jahre seine Verbindlichkeit zugunsten der Vorstellungen HITLERS, die er in ›Mein Kampf‹ (1924/25) und in seinem ›Zweiten Buch‹ (1928) formuliert hatte. Im Mittelpunkt standen jetzt ein radikaler, universaler, rassisch begründeter Antisemitismus und die Lebensraumdoktrin. Endziel der Geschichte war nach natsoz. Vorstellung die nach dem →Führerprinzip gestaltete Herrschaft eines ›Herrenvolkes‹; Instrument dieser Politik war das dt. Volk.

Die NSDAP sah sich als polit. Bewegung mit militär. Charakter, die nicht nur programmatisch, sondern auch organisatorisch ganz auf die Person HITLERS ausgerichtet war. Aus der nicht immer genau bestimmbaren Relation von Führerideologie und Parteiorganisation ergaben sich Kompetenzkonflikte, bei denen der ›Führer‹ als unbestrittene Instanz angerufen wurde. Dieses in der Ideologie der Partei angelegte ›Führungschaos‹ trat nach dem Aufbau der natsoz. Diktatur (seit 1933) auf staatl. Ebene als ›Polykratie der Ressorts‹ in Erscheinung.

Nach dem Verbot (November 1923) und der Neugründung (Februar 1925) der NSDAP entwickelte sich in mehreren Stufen über den Reg.-Antritt HITLERS (Januar 1933) hinaus folgende Gliederungsstruktur: An oberster Stelle stand der ›Führer‹ mit der ›Kanzlei des Führers‹. Neben dem ›Stellv. des Führers‹ bestand unterhalb dieser Spitze die ›Reichsleitung‹; die einzelnen Reichsleiter stellten kein kollegiales Organ dar, sondern waren je einzeln allein HITLER verantwortlich. Auf der mittleren Ebene gliederte sich die NSDAP in Gaue (Gauleiter), auf der unteren in

Nationalsozialistische Deutsche Arbeiterpartei: Spitzengliederung der Partei 1936

Führer der NSDAP, zugleich Oberster SA-Führer (Adolf Hitler)					
		Kanzlei des Führers (Reichsleiter Philipp Bouhler)			
Stellvertreter des Führers (Rudolf Heß)	Reichsleitung			Angeschlossener Verband	Betreute Verbände
Stabsleiter (Reichsleiter Martin Bormann)	Schutzstaffel (Reichsführer SS Heinrich Himmler)	Reichsrechtsamt (Hans Frank)	Hauptamt für Kommunalpolitik (Reichsleiter Karl Fiehler)	Deutsche Arbeitsfront (Reichsleiter Robert Ley)	Deutscher Gemeindetag (Vorsitzender Karl Fiehler)
Abteilung für Parteiangelegenheiten	Reichstagsfraktion der NSDAP (Wilhelm Frick)	Kolonialpolitisches Amt (Franz von Epp)	Hauptamt für Beamte (Herrmann Neef)	Reichsbund der Deutschen Beamten e. V. (Leiter Herrmann Neef)	Reichsarbeitsdienst (Reichsarbeitsführer und Staatssekretär im Reichsministerium des Innern Konstantin Hierl)
Abteilung für Staatsangelegenheiten	NS-Kraftfahrkorps (Adolf Hühnlein)	Reichspropagandaleitung (Joseph Goebbels)	Hauptamt für Erzieher (Fritz Waechtler)	NS-Lehrerbund e. V. (Fritz Waechtler)	Reichsnährstand (Reichsbauernführer Richard Walter Darré)
	Sturmabteilung (Stabschef der SA Viktor Lutze)	Beauftragter des Führers für die Überwachung der gesamten geistigen und weltanschaulichen Erziehung der NSDAP (Alfred Rosenberg)	Hauptamt für Kriegsopfer (Hanns Oberlindober)	NS-Kriegsopferversorgung e. V. (Reichskriegsopferführer Hanns Oberlindober)	
	Reichspressechef (Otto Dietrich)		Hauptamt für Volksgesundheit (Gerhard Wagner)	NS Deutscher Ärztebund (Reichsärzteführer Gerhard Wagner)	
	Reichsamt für Agrarpolitik (Richard Walter Darré)	Oberstes Parteigericht (Walter Buch; Wilhelm Grimm)	Hauptamt für Volkswohlfahrt (Erich Hilgenfeldt)	NS-Volkswohlfahrt e. V. (Erich Hilgenfeldt)	
	Reichsjugendführung (Hitlerjugend mit Deutschem Jungvolk, Bund Deutscher Mädel, Jungmädel in der HJ; Baldur von Schirach)	Reichsorganisationsleitung (Robert Ley)	Amt für Technik (Fritz Todt)	NS-Bund Deutscher Technik (Generalinspektor Fritz Todt)	
	Außenpolitisches Amt (Alfred Rosenberg)	Hauptorganisationsamt	NS-Frauenschaft (Hauptamtsleiter Erich Hilgenfeldt; Reichsfrauenführerin Gertrud Scholtz-Klink)		
	Reichsschatzmeister (Franz Xaver Schwarz)	Hauptpersonalamt			
		Hauptschulungsamt			
	Reichsleiter für die Presse (Max Amann)	Hauptamt NS-Betriebszellen-organisation	NS Deutscher Studentenbund (Reichsstudentenführer Gustav Adolf Scheel)		
		Hauptamt für Handwerk und Handel	NS Deutscher Dozentenbund (Amtsleiter Walther Schultze)		
	Gau (Gauleiter)				
	Kreis (Kreisleiter)			Aufbau parallel zur Partei	
	Ort (Gemeinde) / (Ortsgruppenleiter)				
	Stützpunkt / Zelle / Block				

Kreise (Kreisleiter) und Blöcke (Blockleiter). Gliederungen besonderer Art innerhalb der Partei waren die →SA, die →SS, das NS-Kraftfahrer-Korps (NSKK), die →Hitler-Jugend, die NS-Frauenschaft und der NS-Studentenbund (NSDStB). Der NSDAP ›angeschlossene‹ Verbände (und von Dienststellen der NSDAP geführte) Organisationen waren u. a. der NS Deutsche Ärztebund, der NS-Rechtswahrerbund, der NS-Lehrerbund, die NS-Volkswohlfahrt, der NS-Bund Deutscher Technik, der Reichsarbeitsdienst (→Arbeitsdienst) und der →Reichsnährstand.

Presseorgane der Partei waren: ›Völkischer Beobachter‹ (1921–45), ›Nationalsozialist. Monatshefte‹ (seit 1930), ›Das Reich. Dt. Wochenzeitung‹ (1940–45). Darüber hinaus gab es auch Presseorgane u. a. der SA und SS.

Das Parteiabzeichen war das von einem Eichenkranz umzogene und einem stilisierten Adler in die Fänge gegebene Hakenkreuz. Flaggen und Fahnen der NSDAP waren Hakenkreuzflaggen, ggf. mit Beizeichen. Die Standarten ahmten die röm. Vexilla nach. Auszeichnungen der NSDAP waren u. a. das Goldene Parteiabzeichen für Parteigenossen mit einer Mitgl.-Nummer unter 100 000, der Blutorden und Erinnerungsplaketten für Parteiveranstaltungen.

Geschichte

Seit der Übernahme der Parteiführung durch HITLER (1921) ist die Entwicklung der NSDAP eng verbunden mit dessen Strategie und Ideologie. Gestützt auf die SA, trat die Partei im südd. Raum als lautstärkste nationalist., antisemit. und antirepublikan. Gruppe auf. Inzwischen von 15 000 auf 55 000 Mitgl. angewachsen, suchte sie, geführt von HITLER, im November 1923 einen Konflikt zw. Bayern und der dt. Reichsregierung zu einem Umsturz im Dt. Reich auszunutzen (→Hitlerputsch), scheiterte aber; sie wurde verboten, ihre Führer, v. a. HITLER, inhaftiert und verurteilt.

Nach der Entlassung HITLERS und der Wiedergründung der NSDAP blieben deren Erfolge in der Konsolidierungsphase der Weimarer Republik (1924–29) beschränkt. Bei den Reichspräsidentenwahlen von 1925 erreichte ihr Kandidat E. LUDENDORFF im ersten Wahlgang nur 1% der Stimmen. Bei den Reichstagswahlen von 1928 gewann die NSDAP 2,6% der Stimmen (12 Sitze). Ende 1929 saßen in 13 Landtagen 48 Abg. der NSDAP. Vor dem Hintergrund der Weltwirtschaftskrise wurde die Partei zu einem Machtfaktor. Bei den Reichstagswahlen von 1930 erhielt sie 18,3% der Stimmen (107 Abg.). Ihre größten Erfolge bei dieser Wahl hatte sie in vorwiegend ev. und agrar. Wahlkreisen (z. B. Schleswig-Holstein, Pommern) und in agrarisch-kleingewerbl. Bezirken (z. B. Niederschlesien, Chemnitz-Zwickau, Rheinpfalz) erreicht (zw. 27% und 22%). Noch stärker wurde die NSDAP bei den folgenden Landtags- und Reichstagswahlen: Oldenburg (Mai 1931) 37%, Hessen (Nov. 1931) 37%. Bei der Reichspräsidentenwahl (März/April 1932) entfielen auf HITLER 36,8% der Stimmen, bei den Landtagswahlen in Preußen (April 1932) 37,8% und bei der Reichstagswahl (Juli 1932) 37,8%. Durch diese Erfolge veränderte die NSDAP das polit. Gefüge Dtl.s revolutionär; sie sog v. a. Wähler und Mitgl. bürgerl. Parteien (Deutschnationale, Dt. Volkspartei, Dt. Demokraten u. a.) auf. Parteien, die im kath. Milieu (v. a. Zentrum) oder in der organisierten Arbeiterbewegung (SPD, KPD) verankert waren, konnten sich gegen die NSDAP behaupten. Die Zahl der Mitgl. wuchs von (1925) 27 000 auf (1932) 1 002 000. 1930 waren fast 70% von ihnen jünger als 40, 37% jünger als 30 Jahre. Die soziale Basis rekrutierte sich bes. aus dem breiten Spektrum des ev. (bäuerl. und bürgerl.) Mittelstandes, Selbstständige, Angestellte und Beamte waren – gemessen am Anteil der jeweiligen Gruppe an der Zahl der Berufstätigen – in der NSDAP überrepräsentiert, Arbeiter (v. a. Nichtorganisierte aus kleinen und mittleren Betrieben, aus Heimarbeit und öffentl. Dienst) unterrepräsentiert. Die NSDAP schnitt nach 1930 bei Wahlen in Wohnvierteln der Oberschichten und der oberen Mittelklassen überdurchschnittlich gut ab. Sie entwickelte sich zu einer ›Integrationspartei‹ aller sozialen Schichten, zur ›nationalist. Volkspartei‹. Die Bündelung der versch. von der NSDAP und ihren Gliederungen angesprochenen Interessen machte HITLER als Führer- und Integrationsfigur unentbehrlich. Methodisch verband die NSDAP Massenkundgebungen (bes. ihre Parteitage) und regionale Versammlungswellen mit den Mitteln der Gewalt; sie setzte dabei zugleich Plakate, Zeitungen, Filme, Fahnen, Uniformen und Marschmusik als Propagandamittel ein. Die Finanzierung der Parteitätigkeit erfolgte v. a. durch die Beiträge der Mitglieder.

Ihren Kampf um die Macht führte die NSDAP im Zuge der Strategie HITLERS auf zwei Ebenen: auf der politisch-parlamentar. Bühne nach der parteioffiziellen ›Legalitätsstrategie‹ und auf der Straße durch Terrorisierung des polit. Gegners. Der Stimmenrückgang für die NSDAP bei der Wahl im Nov. 1932 sowie finanzielle Schwierigkeiten stürzten die Partei in eine Krise. Nach dem Scheitern des Planes (vonseiten des Reichskanzlers K. VON SCHLEICHER), Spaltungstendenzen in der NSDAP gegen HITLER auszunutzen, sowie aufgrund von dessen Verhandlungen auf informeller Ebene ernannte Reichs-Präs. P. VON HINDENBURG am 30. 1. 1933 HITLER zum Reichskanzler.

Im Zuge der ›Machtergreifung‹ und des Ausbaus der natsoz. Diktatur stützte sich HITLER auf ein ›Gemisch‹ parteiamtl. oder staatl., von der Partei durchdrungener Institutionen. Eine für die Machtsicherung wichtige Parteigliederung wie die SS konnte dabei tief in den Verwaltungsapparat eindringen und sich die Polizeifunktionen aneignen, ohne ihre Selbstständigkeit aufzugeben. Die NSDAP wurde durch das ›Gesetz zur Sicherung der Einheit von Partei und Staat‹ (1. 12. 1933) als ›Trägerin des dt. Staatsgedankens und mit dem Staate unlösbar verbunden‹ gegenüber dem Staatsapparat optisch aufgewertet, doch entsprach dem keine eindeutige institutionelle Zuordnung. Das beschränkte die Funktion der Partei im natsoz. Dtl. weitgehend auf propagandist. Indoktrination und politisch-ideolog. Kontrolle der Bev. im Privat- und Kommunalbereich durch das Block- und Zellensystem und die ständ. Organisationen, die Schulung der Partei-Mitgl. und die Übernahme sozialer Betreuungsaufgaben (Volkswohlfahrt, Kriegsopferversorgung, auch Dt. Arbeitsfront). Einfluss auf die Reichspolitik nahm die Partei v. a. durch den Stellvertreter des Führers (seit 21. 4. 1933), R. HESS (und seinen Stabsleiter M. BORMANN), der am 27. 7. 1934 durch Führererlass in den Gesetzgebungs- und Verordnungsprozess aller Reichsressorts verbindlich eingeschaltet wurde. Während des Krieges wuchs bestimmten Funktionsträgern der NSDAP, insbesondere dem Leiter der nach HESS' Englandflug so genannten Parteikanzlei (seit 29. 5. 1941) und Sekretär des Führers (seit 12. 4. 1943), M. BORMANN, und den im Herbst 1942 zu Reichsverteidigungskommissaren ernannten Gauleitern, zusätzl. Macht gegenüber staatl. Hoheitsträgern zu.

Literatur →Nationalsozialismus.

Nationalsprache, 1) i. w. S. Sammel-Bez. für alle regionalen (Dialekte), sozialen (Soziolekte), funktionalen (von Sprechsituation und Kommunikationsabsicht geleiteten) u. a. Sprachvarianten im Rahmen einer historisch-politisch definierten Sprachgemeinschaft; 2) i. e. S. gleichbedeutend mit Hoch- oder Standardsprache. – Die Bez. ›N.‹ gilt als problematisch, da die Definitionsgründe zur Bestimmung von

Sprachgemeinschaft, Staat und Nation nicht immer zusammenfallen.

Nationalstaat, ein Staat, dessen Staatsangehörige im Ggs. zum Nationalitätenstaat (auch: Vielvölkerstaat) alle oder in ihrer überwiegenden Mehrheit Angehörige ein und derselben Nation sind. Im N. besteht eine weitgehende Identität von Staatsvolk und Nation. Polit. Grundlage jedes N. ist das Zusammengehörigkeitsbewusstsein der Nation und der polit. Wille, die Eigenart der Nation in einem eigenen und selbstständigen Staat zu verwirklichen.

Nationalstraßen, die in der *Schweiz* zu den wichtigsten Straßenverbindungen von nat. und internat. Bedeutung zählenden Teile des Straßennetzes. Man unterscheidet **N. 1. Klasse** (Autobahnen), **N. 2. Klasse** (Autostraßen und Autobahnen mit verringerten Abmessungen) und **N. 3. Klasse** (Gemischtverkehrsstraßen mit hohem Ausbaustandard). Die Kt. haben mit finanzieller Beteiligung des Bundes für den Unterhalt und den Betrieb der N. aufzukommen (zur **N.-Abgabe** →Straßenverkehrsabgaben). Das N.-Netz verbindet in W-O-Richtung die bedeutenden Städte sowie die wirtschaftlich und kulturell dazugehörigen Einzugsgebiete. In N-S-Richtung verlaufen die drei Alpenverbindungen über den Simplon, durch den Gotthard- und durch den Bernhardtunnel (Tunnel unter dem Großen Sankt Bernhard). Internat. sind die einzelnen N.-Züge Bestandteil des Europastraßennetzes. – Als N. werden auch die Fernstraßen in *Italien* und *Frankreich* bezeichnet.

Nationaltheater, ein für eine Nation repräsentatives und vorbildl. Theater, z. B. die →Comédie-Française in Paris oder das National Theatre in London. – In Dtl. wurde die Idee eines N. im 18. Jh. im Zusammenhang mit den Bemühungen um ein dt. Drama entwickelt. G. E. Lessing versuchte 1767, in Hamburg ein N. zu verwirklichen (gescheitert 1769). In der Folge wurden einige Hoftheater in N. umbenannt, so in Wien (1776), Mannheim (1779), Berlin (1786), ohne dass in ihnen die N.-Idee nachhaltig verwirklicht worden wäre. Bes. im 19. Jh. verstärkten sich die Bemühungen um ein N.; für die Idee des N. traten u. a. E. Devrient, R. Wagner und G. Keller ein. 1919 wurde in Weimar ein ›Dt. N.‹ eingerichtet.

J. Petersen: Das dt. N. (1919); W. Feustel: N. u. Musterbühne von Lessing bis Laube (Diss. Greifswald 1954).

National Theatre [ˈnæʃnl ˈθɪətə], 1962 in London gegründetes brit. Nationaltheater; 1962–73 von Sir L. Olivier, 1973–88 von Sir P. Hall geleitet, spielte das subventionierte Ensemble zunächst im Old Vic Theatre, seit 1976 im eigenen, drei Bühnen umfassenden Haus am südl. Themseufer in London; 1988 übernahm Richard Eyre (* 1943) die Leitung.

J. Cook: The N. T. (London 1976); J. Elsom u. N. Tomalin: The history of the N. T. (ebd. 1978).

National Trust for Places of Historic Interest or Natural Beauty [ˈnæʃnl ˈtrʌst fə ˈpleɪsɪz əv hɪˈstɒrɪk ˈɪntrɪst ɔː ˈnætʃrəl ˈbjuːtɪ], gemeinnütziger Verein zur Pflege und Erhaltung von Kultur- und Baudenkmälern sowie von Landschaften in England, Wales und Nordirland, Sitz: London, gegr. 1895. Die übernommenen Objekte werden der Öffentlichkeit zugänglich gemacht. Die Finanzierung erfolgt über freiwillige Unterstützung in Form von Schenkungen, Vermächtnissen, Eintrittsgeldern und jährl. Beiträgen der Mitglieder. – Als parallele Institution wurde 1931 der **National Trust for Scotland** gegründet, Sitz: Edinburgh.

National Urban League [ˈnæʃnl ˈɜːbən ˈliːg], Organisation zur Verbesserung der sozialen und wirtschaftl. Lage der schwarzen Bev. wie auch anderer benachteiligter Minoritäten in amerikan. Großstädten; 1911 als ›National League on Urban Conditions Among Negroes‹ (bis 1919) gegründet, mit Hauptsitz in New York. Seit ihrer Entstehung getragen von Weißen und Schwarzen und stark in der Bürgerrechtsbewegung engagiert, sucht sie ihre Ziele u. a. durch Sozialforschung, Beratung und Ausbildung zu erreichen.

Nationalverein, →Deutscher Nationalverein.

Nationalversammlung, Bez. für die zur Beratung oder Beschlussfassung der Grundfragen einer Nation und ihres staatl. Gemeinwesens, v. a. der Verfassunggebung, gewählte Volksvertretung. Die Bez. entstand bei der Umprägung der ständ. Assemblée zur N. in der Frz. Revolution 1789; die N. wurde 1792 durch den Nationalkonvent abgelöst. – In der dt. Geschichte erfolgte 1848/49 die Berufung der Frankfurter N., in Preußen die einer verfassunggebenden N. (22. 5. bis 5. 12. 1848), 1919 die der Weimarer N. Bei der Auflösung Österreich-Ungarns 1918 proklamierte eine provisor. dt.-österr. N. die Rep. Deutschösterreich; 1919 wurde für die Rep. Österreich eine österr. Konstituierende N. gewählt. Im griech. Freiheitskampf tagte 1821/22 und 1826 die N. von Epidauros. In der Zeit der frz. Dritten Republik (1870–1940) führten Deputiertenkammer und Senat als vereinigte Körperschaft den Namen N. – Entsprechend dem frz. Vorbild der gesetzgebenden N. (1791/92) tragen auch heute noch zahlr. Parlamente die Bez. Nationalversammlung.

National Westminster Bank PLC [ˈnæʃnl ˈwestmɪnstə bæŋk piːelˈsiː], zu den Big Four gehörende engl. Großbank, 1968 aus der Fusion der National Provincial Bank Ltd. (gegr. 1833) mit der Westminster Bank Ltd. (gegr. 1834) hervorgegangen; der Geschäftsbetrieb der Tochtergesellschaft ›District Bank‹ (gegr. 1829) der National Provincial Bank wurde mit Wirkung zum 1. 1. 1970 auf die fusionierte Bank übertragen; Sitz: London; weltweite Geschäftstätigkeit.

National-Zeitung, Titel mehrerer deutschsprachiger Zeitungen, u. a. für das Aufklärungsblatt ›N.-Z. der Deutschen‹ (Gotha 1830–49), eine liberale ›N.-Z.‹ (Berlin 1848–1938) und das Parteiorgan der NDPD (Ost-Berlin 1948–90); in der Schweiz erschien die freisinnige ›Nationalzeitung‹ (Basel 1842–1977), aus der durch Fusion die ›Basler Zeitung‹ hervorging. In München erscheint seit 1963 unter dem Titel ›Dt. N.-Z.‹ (gegr. 1951 als ›Dt. Soldaten-Zeitung‹) eine rechtsradikale Wochenzeitung, herausgegeben von Gerhard Frey (* 1933), dem Gründer der rechtsextremen ›Dt. Volksunion – Liste D‹ (gegr. 1987), in dessen Verlag auch die ›Dt. Wochen-Zeitung/Dt. Anzeiger‹ erscheinen, die zus. eine Auflage von (1997) 140 000 haben.

Nationenpreis, *Reitsport:* der →Preis der Nationen.

Nations Bank [ˈneɪʃnz ˈbæŋk], große amerikan. Bank-Holding, zu der die Nations Banks versch. Bundesstaaten der USA gehören; Sitz: Charlotte (N. C.).

Native [ˈneɪtɪv, engl.] *der, -s/-s,* Eingeborener, bes. der ehem. brit. Kolonien.

Native American Church [ˈneɪtɪv əˈmerɪkən tʃɜːtʃ], nordamerikan. indian. Religionsgemeinschaft, deren Zentrum der →Peyotekult bildet. 1918 in Oklahoma gegr. und in der Folge zeitweilig aufgrund von Anfeindungen und ungerechtfertigter Vorwürfen (›Rauschorgien‹) verboten. 1944 schuf sich die Gemeinschaft eine bundesweite, 1955 in der ›N. A. C. of North America‹ eine auch Kanada einschließende gesamtnordamerikan. Organisationsstruktur.

Nativismus [zu lat. nativus ›angeboren‹] *der, -,*
1) *Psychologie:* erkenntnistheoret. Position, der zufolge bestimmte Fähigkeiten oder Vorstellungen (z. B. die Raum- und Zeitvorstellung) angeboren sind. Der N. steht in psycholog. bzw. verhaltenswiss. Lehre im Ggs. zum →Empirismus, als anthropolog. Entwicklungstheorie (milieutheoret. Pessimismus) im Ggs. zur Milieutheorie (→Milieu).
2) *Völkerkunde, Religionssoziologie:* Bez. für das betonte Festhalten an (oder das Wiederbeleben von) be-

stimmten Elementen der eigenen Kultur infolge ihrer Bedrohung durch eine überlegene Fremdkultur. Sozialpsychologisch kann ein solcher Rückgriff auf überlieferte Glaubensvorstellungen und soziale Institutionen als Versuch gesehen werden, ein ›erschüttertes Gruppen-Selbstgefühl‹ (W. E. MÜHLMANN) wiederherzustellen; mit neuen Inhalten gefüllt, werden sie zu Symbolen der ethn. Identität und des Widerstands gegenüber einer Fremdherrschaft.

Nativist. Bewegungen sind seit dem Beginn der europ. Kolonisation bei den Völkern Amerikas, Afrikas und Ozeaniens in Reaktion auf die Überfremdung ihrer traditionellen Lebensformen und auf die drohende Zerstörung ihrer ökonom. Subsistenzgrundlagen entstanden. Verbunden mit chiliast. und messian. Momenten, wurden sie meist von prophet. Führern ins Leben gerufen und organisiert. Bereits die seit dem 16. Jh. überlieferte Suche der Guaraní nach einem ›Land ohne Übel‹ weist nativist. Züge auf. Zum N. zählen auch die →Geistertanzbewegung der Prärie- und Plains-Indianer, die →Cargo-Kulte im melanes. Inselraum sowie die synkretist. Religionen und Kirchen, die bes. in Afrika entstanden (→unabhängige Kirchen). Teils in Sektenbildung, teils in polit. Unabhängigkeitsbewegungen mündend (Mau-Mau-Aufstand), lassen sich in nativist. Bewegungen religiöse Frühformen antikolonialen Widerstands erkennen.

In den USA kam es im Laufe des 19. Jh. im Zuge der Masseneinwanderung aus Europa zu fremdenfeindl. Bewegungen. Z. T. gewalttätig agierend, beruhten sie vom Beginn der 1830er-Jahre bis zum Vorabend des Bürgerkriegs stark auf antikath. Tendenzen (ir. Einwanderung) und seit etwa 1880 auf dem zunehmenden Widerstand gegen die viel ›neue Einwanderung‹ aus O- und S-Europa (1887 ›American Protective Association‹) sowie, v. a. im W der USA, gegen die Einwanderung aus Asien. Nach dem Ersten Weltkrieg fanden die Bemühungen nativist. Gruppierungen u. a. in Einwanderungsbeschränkungen (Quotensystem) ihren Niederschlag.

V. LANTERNARI: Religiöse Freiheits- u. Heilsbewegungen unterdrückter Völker (a.d. Ital., Neuausg. 1968); T. J. CURRAN: Xenophobia and immigration, 1820–1930 (Boston, Mass., 1975); G. ELWERT: Nationalismus u. Ethnizität. Über die Bildung von Wir-Gruppen (1989); J. HIGHAM: Strangers in the land (Neudr. New Brunswick, N. J., 1994).

Nativitäts|stil, Weihnachts|stil, Bez. für die im MA. übliche Art der Festlegung des Jahresanfangs auf den 25. 12.; war im größten Teil Dtl.s bis ins 16. Jh. gebräuchlich.

NATO
Flagge

NATO, Abk. für **North Atlantic Treaty Organization** [nɔːθ ətˈlæntɪk ˈtriːtɪ ɔːgənərˈzeɪʃn; engl. ›nordatlant. Vertragsorganisation‹], **OTAN,** Abk. für frz. **Organisation du Traité de l'Atlantique-Nord** [ɔrganizaˈsjɔ̃ dytrɛˈte dəlatlɑ̃ˈtik nɔːr], **Nordatlantikpakt, Atlantische Gemeinschaft,** am 4. 4. 1949 in Washington (D. C.) geschlossenes Bündnis, das die Mitgl. neben der polit. und wirtschaftl. Zusammenarbeit zur gemeinsamen militär. Verteidigung verpflichtet. Völkerrechtl. Grundlage der NATO ist Art. 51 der UN-Charta, die den Staaten das Recht der individuellen und kollektiven Selbstverteidigung einräumt.

Gründungs-Mitgl. sind Belgien, Dänemark, Frankreich, Großbritannien, Island, Italien, Kanada, Luxemburg, die Niederlande, Norwegen, Portugal und die USA. 1952 wurde die Allianz um Griechenland und die Türkei erweitert, nach dem Scheitern der Europ. Verteidigungsgemeinschaft (EVG) schloss sich ihr 1955 im Rahmen der →Westeuropäischen Union die BRD an (→Pariser Verträge). Am 30. 5. 1982 wurde Spanien 16. Mitgl. Mit Wirkung vom 1. 7. 1966 zog sich Frankreich aus der integrierten militär. Struktur des Bündnisses zurück, blieb aber Mitgl. der polit. Allianz, stellte jedoch im Juni 1996 die volle Beteiligung in den militär. Strukturen in Aussicht und arbeitet seitdem u. a. wieder im Militärausschuss mit. Im Verlauf der Zypernkrise von 1974 verließ Griechenland die integrierte Militärorganisation, trat ihr jedoch am 1. 1. 1981 wieder bei. Nachdem Spanien 1986 nach einem Volksentscheid die Militärstruktur verlassen hatte, beschloss das span. Parlament im November 1996 die Eingliederung der span. Streitkräfte in die NATO-Militärstruktur. Island unterhält als einziger Bündnispartner keine Streitkräfte. Der Sitz der NATO befindet sich in Brüssel.

Der **Nordatlantikvertrag** (›NATO-Vertrag‹; insgesamt 14 Artikel) bekräftigt in der Präambel die Ziele und Grundsätze der UN-Satzung sowie den Wunsch, mit allen Völkern und Regierungen in Frieden zu leben. In Art. 1 verpflichten sich die Unterzeichnerstaaten, bei Konflikten untereinander den friedl. Ausgleich zu suchen. Art. 2 legt die polit. und wirtschaftl. Zusammenarbeit fest, Art. 4 die Konsultationspflicht. Nach Art. 5 bedeutet ein bewaffneter Angriff auf ein oder mehrere Mitgl.-Länder einen Angriff gegen alle Mitgl. Allerdings folgt daraus nicht automatisch eine militär. Beistandsverpflichtung; vielmehr ist es den Regierungen der einzelnen Bündnis-Mitgl. überlassen, unverzüglich und im Zusammenwirken mit den anderen Partnern die Maßnahmen zu treffen, einschließlich der Anwendung von Waffengewalt, die sie jeweils für notwendig halten. Das Vertragsgebiet, innerhalb dessen der Art. 5 gilt, ist in Art. 6 definiert. Es umfasst die Hoheitsgebiete der Vertragspartner sowie die der Gebietshoheit eines Mitgl.-Staates unterstehenden Inseln im nordatlant. Gebiet nördlich des Wendekreises des Krebses. Inbegriffen in den Vertragsschutz sind die im betreffenden Gebiet stationierten Streitkräfte, Schiffe oder Flugzeuge eines Mitgl. Die Festlegung in Art. 6 besagt nicht, dass nicht auch Ereignisse, die außerhalb des Vertragsgebiets auftreten, Thema der Konsultationen im Bündnis sein können, wenn die polit. Gesamtlage Auswirkungen auf die Sicherheitslage des Bündnisses hat. Die NATO ist eine zwischenstaatl. Organisation ohne Hoheitsrechte, in der die Mitgl.-Staaten ihre volle Souveränität und Unabhängigkeit behalten. Als Forum für die Beratung und Beschlussfassung der Mitgl.-Staaten sowie die Gewährleistung einer effektiven Verteidigung wurde auf der Grundlage des Art. 9 eine ständige polit. und militär. Organisation errichtet. Nach Art. 10 kann die NATO jeden anderen europ. Staat, der in der Lage ist, die Grundsätze des NATO-Vertrages zu fördern und zur Sicherheit des nordatlant. Gebietes beizutragen, zum Beitritt einladen.

Organisation

Polit. Organisation: Höchstes Beratungs-, Koordinierungs- und Entscheidungsgremium des Bündnisses ist der aus den Vertretern der Mitgl.-Staaten bestehende **Nordatlantikrat** (North Atlantic Council, Abk. NAC), kurz NATO-Rat. Dieser kann in zwei Formen zusammentreten: Bei den zweimal jährlich stattfindenden Min.-Tagungen (Frühjahr und Herbst) wird jedes Land durch seinen Außen-Min. vertreten, gelegentlich finden auch Treffen der Staats- und Regierungschefs statt (so genannte ›NATO-Gipfel‹). Zw. den Min.-Tagungen wird die Funktionsfähigkeit des NATO-Rates durch die wöchentl. Tagungen der im Botschafterrang stehenden ›Ständigen Vertreter‹ der Bündnispartner aufrechterhalten. Unabhängig von der Ebene, auf der er zusammentrifft, hat der NATO-Rat die gleiche Machtbefugnis und Entscheidungsgewalt. Da bei der Entscheidungsfindung und Beschlussfassung nach dem Einstimmigkeitsprinzip vorgegangen wird, ist auch für die kleineren NATO-Staaten ein uneingeschränktes Mitwirkungs- und Mitbestimmungsrecht sichergestellt. Fragen, die mit der militär. Verteidi-

Nato

Generalsekretäre der NATO	
1952–57:	Lord Ismay, Großbritannien
1957–61:	P.-H. Spaak, Belgien
1961–64:	D. Stikker, Niederlande
1964–71:	M. Brosio, Italien
1971–84:	J. Luns, Niederlande
1984–88:	Lord Carrington, Großbritannien
1988–94:	M. Wörner, BRD
1994–95:	W. Claes, Belgien
seit 5. 12. 1995:	J. Solana, Spanien

gung unmittelbar zusammenhängen, werden vom 1963 gegründeten **Ausschuss für Verteidigungsplanung** (Defense Planning Committee, Abk. DPC) erörtert. Dieses Gremium – ausgestattet mit faktisch den gleichen Befugnissen wie der NATO-Rat – tagt zweimal jährlich auf der Ebene der Verteidigungs-Min. (1966–96 ohne denjenigen Frankreichs), wöchentlich auf der Ebene der ›Ständigen Vertreter‹. Speziell über nukleare Strategien wird in der 1967 gegründeten **Nuklearen Planungsgruppe** (Nuclear Planning Group, Abk. NPG) beraten, hinsichtlich der Teilnehmerebene und der Beratungsintervalle entspricht sie dem DPC; seit 1993 tagen DPC und NPG gemeinsam. Der 1997 gegründete **Euro-Atlantische Partnerschaftsrat** (Euro-Atlantic Partnership Council, Abk. EAPC) vertieft die Zusammenarbeit zw. NATO und den Ländern, die bisher im Nordatlant. Kooperationsrat (North Atlantic Cooperation Council, Abk. NACC), einem 1991–97 bestehenden Konsultativgremium von NATO- und ehem. Warschauer-Pakt-Staaten sowie bündnisfreien Ländern, und der 1994 initiierten ›Partnerschaft für den Frieden‹ zusammengefasst waren. Der EAPC tritt einmal im Monat auf Botschafterebene sowie auf der Ebene der Außen- und Verteidigungs-Min. je zweimal jährlich zusammen und dient der polit. Konsultation, der Koordinierung bei Friedensmissionen, der Rüstungskontrolle und der Vertrauensbildung. Außerdem soll er Staaten, die sich um Aufnahme in die NATO bewerben, auf eine künftige Mitgliedschaft vorbereiten. Mit dem **Ständigen Gemeinsamen NATO-Russland-Rat** (NATO-Russia Permanent Joint Council, Abk. NRPJC) wurde 1997 ein Forum für regelmäßige Konsultationen zw. NATO und Russland geschaffen.

An der Spitze des **Generalsekretariats** steht der NATO-Generalsekretär, der zugleich Vors. des NATO-Rates, des DPC, der NPG, des EAPC und des NRPJC ist und in seiner Arbeit durch den **Internationalen Stab** (International Staff, Abk. IS) unterstützt wird. – Zur Bearbeitung versch. militär., polit. u. a. Spezialbereiche hat der NATO-Rat eine Anzahl von Fachausschüssen eingesetzt.

Militär. Organisation: Höchstes militär. Gremium des Bündnisses ist der dem NATO-Rat untergeordnete **Militärausschuss** (Military Committee, Abk. MC). Er besteht aus den Stabschefs der Mitgl.-Länder (für Dtl. der Generalinspekteur der Bundeswehr); Island kann einen zivilen Beamten entsenden. Geleitet wird der MC von einem Vors. im Rang eines Viersternegenerals. Die Stabschefs kommen mindestens zweimal im Jahr zusammen; in der Zeit zw. den Sitzungen werden die Interessen der Mitgl.-Länder durch die ›Ständigen militär. Vertreter‹ im MC (i. d. R. im Rang eines Generalleutnants) wahrgenommen. Im Frieden hat der MC den Auftrag, die für die gemeinsame Verteidigung des NATO-Gebiets erforderl. Maßnahmen zu empfehlen. Er koordiniert die Anträge der obersten militär. NATO-Befehlshaber und legt sie dem NATO-Rat vor, andererseits erteilt er jene Weisungen, die zur Durchführung der vereinbarten NATO-Pläne erforderlich sind. – Als ausführendes Organ steht dem MC der **Internationale Militärstab** (International Military Staff, Abk. IMS) zur Seite. Für die versch. Regionen des Vertragsgebiets gibt es die Alliierten Oberbefehlshaber Atlantik (SACLANT, Norfolk/Va.), Europa (SACEUR mit dem Hauptquartier SHAPE, Casteau/Belgien) sowie die Regionale Planungsgruppe Kanada-USA (CUSRPG, Arlington/Tex.), denen die Alliierten Kommandobereiche Atlantik (ACLANT), Europa (ACE) und Kanada-USA unterstehen.

Die Zuteilung der nationalen Streitkräfte (›Assignment‹) begründet im Frieden keine Befehlsgewalt der alliierten Kommandobehörden über diese Streitkräfte. Erst in Spannungszeiten oder spätestens mit dem Beginn von Kampfhandlungen übernehmen die alliierten Kommandobehörden die operative Füh-

NATO: Die zivile (blau) und militärische (rot) Struktur (Stand 1997)

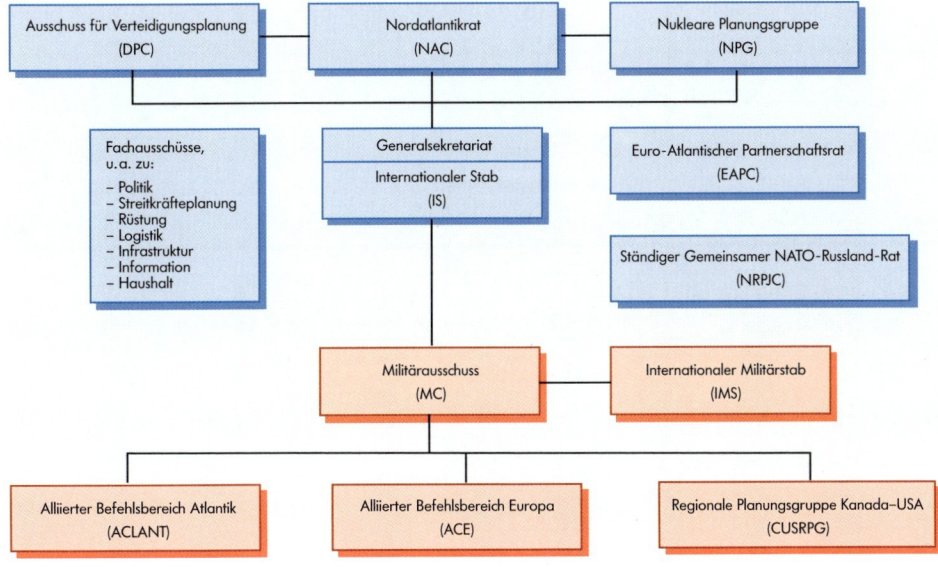

Nato NATO

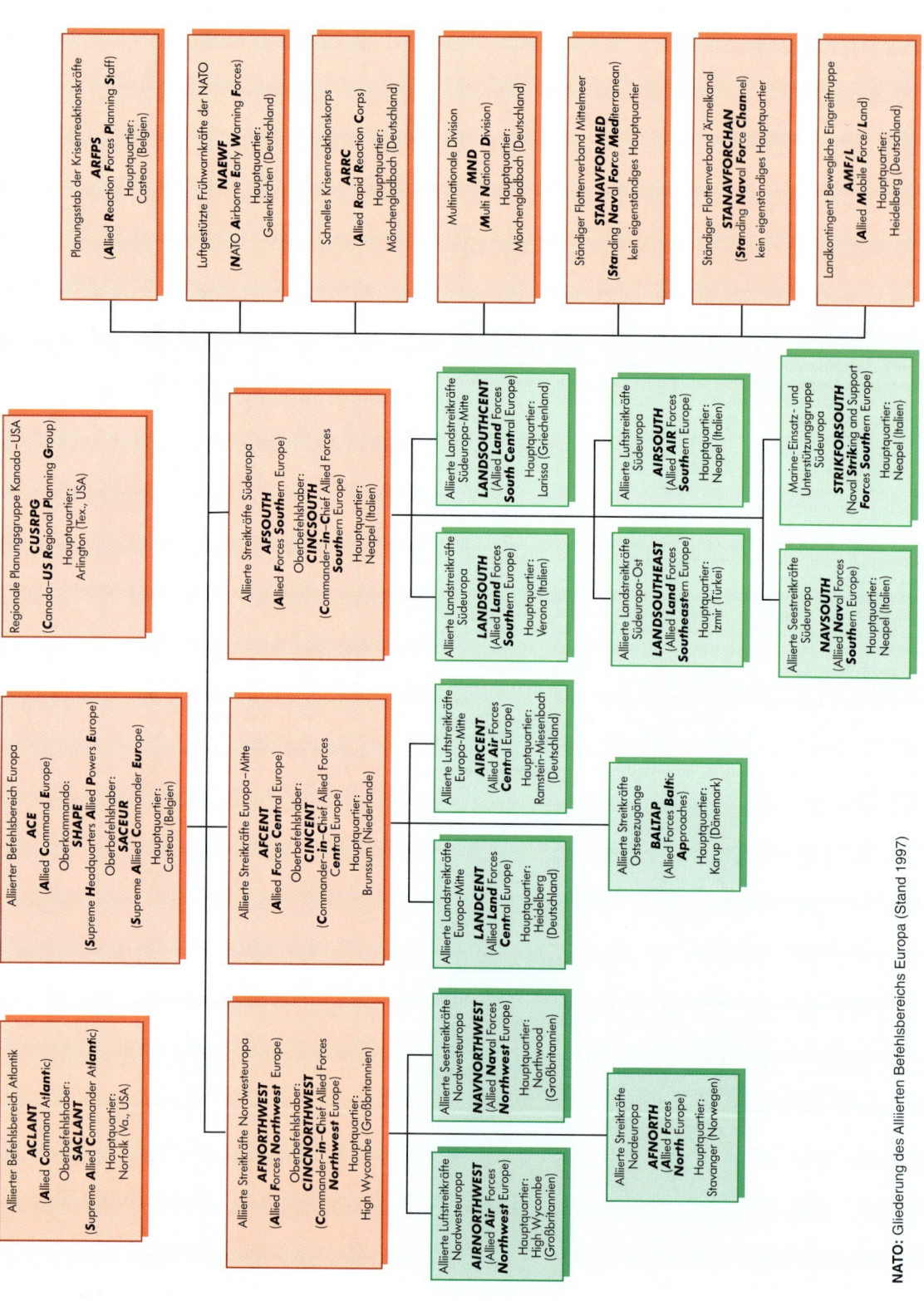

NATO: Gliederung des Alliierten Befehlsbereichs Europa (Stand 1997)

rung. Dieser Zeitpunkt ergibt sich aus einem mehrstufigen Alarmsystem, dessen Auslösung der Entscheidungsgewalt der Mitgl.-Länder unterliegt.

Andere Organisationen: Völlig unabhängig von der NATO, jedoch ein Bindeglied zw. NATO und den jeweiligen Staaten, ist die 1955 gegründete **Nordatlantische Versammlung** (North Atlantic Assembly, Abk. NAA), die zweimal jährlich tagt und der Vorbereitung nationaler Entscheidungen dient. Ihr gehören Parlamentarier der Mitgl.-Staaten an; Vertreter der Staaten Ost- und Mitteleuropas sowie Zentralasiens sind seit 1990 assoziierte Mitgl. mit Rederecht.

Geschichte

Die Gründung der NATO 1949 erfolgte unter dem Eindruck des sich ausdehnenden kommunist. Machtbereichs in Europa (1945–48). Vor dem Hintergrund des Kalten Krieges sollte das Bündnis der als Bedrohung empfundenen militär. Präsenz der Sowjetunion als Gegengewicht ein Streitkräftepotenzial im westl. Europa entgegensetzen.

Das militär. Konzept der NATO war von Anfang an von dem Grundgedanken bestimmt, gegenüber der Androhung oder Anwendung von krieger. Gewaltmaßnahmen gegen das Bündnis abschreckend und damit kriegsverhindernd zu wirken sowie – falls es zu einem Angriff käme – die territoriale Integrität des nordatlant. Gebiets so rasch wie möglich wiederherstellen zu können. Um glaubwürdige Abschreckung zu erzielen, war es notwendig, stets Verteidigungsbereitschaft sowie -fähigkeit zu demonstrieren. – Hinsichtlich der konkreten Ausformung unterlag die Militärstrategie der NATO versch. Änderungen.

Im Gründungsjahr der NATO standen in Kontinentaleuropa 14 westl. gegen 200 sowjet. Divisionen. Aufgrund der damit gegebenen konventionellen Unterlegenheit waren die westeurop. Staaten von den USA abhängig. Das strateg. Konzept, das sich aus dieser Lage ergab, war die 1950 beschlossene Vorwärtsstrategie (›Forward Strategy‹), die einen Angreifer so weit östlich wie möglich abwehren sollte. Die von den US-Streitkräften 1954 formulierte Strategie der massiven Vergeltung (›Massive Retaliation‹), deren Kerninhalt darin bestand, Angriff mit einem vernichtenden Schlag zu beantworten, wurde auch von der NATO aufgenommen. Sie entwickelte dieses Konzept in der 1957 beschlossenen so genannten ›Schwert-Schild-Doktrin‹ weiter und ersetzte damit die Vorwärtsstrategie. Die neue Doktrin sah vor, dass konventionelle Streitkräfte als ›Schildkräfte‹ begrenzte Angriffe abwehren, bei einer groß angelegten Aggression die nuklearen ›Schwertkräfte‹ zum Einsatz kommen sollten. Diese Strategie konnte jedoch nur so lange als kriegsverhindernd gelten, wie sowjet. Kernwaffen die USA nicht erreichen konnten. Dies änderte sich aber in der 1. Hälfte der 60er-Jahre.

Als Konsequenz aus der veränderten Lage billigte die NATO 1968 die Strategie der flexiblen Reaktion (›Flexible Response‹). Sie sah vor dem Hintergrund des eintretenden atomaren Patts im Ggs. zur massiven Vergeltung keinen nuklearen Automatismus vor. Stattdessen sollte auf jede Art von Aggression angemessen und flexibel reagiert werden. Als Instrumentarium hierfür machte man die drei mögl. Reaktionsarten ›Direktverteidigung‹ (Verteidigung auf der vom Gegner gewählten Stufe des militär. Konflikts), ›vorbedachte Eskalation‹ (kalkulierter Kernwaffeneinsatz oder räuml. Ausdehnung des Konflikts) und ›allgemeine nukleare Reaktion‹ (äußerste Reaktion mit Einsatz des gesamten militär. Potenzials). Um sich im Rahmen der Reaktionsarten alle Optionen offenhalten und auf jede Aggressionsform angemessen reagieren zu können, benötigte die NATO ein Potenzial aus Kräften, das konventionelle Streitkräfte, nukleare Kurz- und Mittelstreckensysteme sowie interkontinentalstrateg. Kernwaffen umfasste. Dieser als ›NATO-Triade‹ bezeichnete Kräfteverbund sollte ein lückenloses Spektrum von Reaktions- und Eskalationsoptionen schaffen.

Grundlage der Sicherheitspolitik des Bündnisses war seit Ende der 60er-Jahre die im →Harmelbericht (1967) formulierte polit. Gesamtstrategie: Auf der Basis eines militär. und polit. Gleichgewichts zw. den Blöcken sei durch Dialog und Zusammenarbeit in allen Bereichen ein stabileres Verhältnis zw. den Staaten in Ost und West anzustreben.

Basierend auf dem Harmelbericht versuchte die NATO seit Ende der 60er-Jahre, den Weg für Abrüstungsverhandlungen mit dem Warschauer Pakt zu ebnen. Der Erfolg dieser Initiative war schließlich die Aufnahme der MBFR-Verhandlungen. Um angesichts der kritisch anwachsenden Überlegenheit des Warschauer Paktes im Bereich der nuklearen Mittelstreckenwaffen – hervorgerufen v. a. durch die Stationierung der SS-20-Raketen ab Mitte der 70er-Jahre – eine glaubhafte Abschreckungs- und Verteidigungsfähigkeit zu erhalten, fasste das Bündnis im Dezember 1979 den →NATO-Doppelbeschluss. In der 2. Hälfte der 80er-Jahre verbesserte sich das Klima zw. NATO und Warschauer Pakt grundlegend. Sichtbarer Ausdruck hierfür waren u. a. der Abschluss der ersten Phase der →Konferenz über vertrauens- und sicherheitsbildende Maßnahmen und Abrüstung in Europa (KVAE) 1986, die Unterzeichnung des INF-Vertrages 1987 (→INF) sowie 1989 die Aufnahme der Verhandlungen über konventionelle Streitkräfte in Europa (→VKSE), die 1990 zum KSE-Vertrag führten.

Entwicklung seit 1989

Bedingt durch den Umbruch in der Sowjetunion und die umwälzenden Veränderungen in den übrigen Staaten Mittel- und Osteuropas sowie dem damit einhergehenden Zerfall des Warschauer Paktes verringerte sich die militär. Bedrohung für die NATO entscheidend. Als Konsequenz aus dieser Entwicklung bekräftigte die Allianz auf dem Londoner Gipfeltreffen am 6. 7. 1990 ihre Bereitschaft zur Freundschaft und Zusammenarbeit mit den Staaten Osteuropas. Am 19. 11. 1990 unterzeichneten Vertreter der NATO und des Warschauer Pakts die ›Pariser Erklärung‹, in der sie feierlich das Ende des Kalten Krieges erklärten und sich zu freiheitl. und demokrat. Prinzipien für die Gestaltung einer Friedensordnung in Europa bekannten. Daran anknüpfend beschloss der NATO-Rat am 7./8. 11. 1991 in Rom ein neues strateg. Konzept sowie eine veränderte Streitkräfte- und Kommandostruktur. Die neue Strategie geht davon aus, dass an die Stelle einer konkreten Bedrohung aus dem Osten vielgestaltige und schwer abschätzbare Konfliktpotenziale bzw. Risiken getreten sind. Um diesen zu begegnen, setzt die Allianz im Rahmen einer vorausschauend betriebenen Friedenssicherungspolitik künftig verstärkt auf Dialog, Kooperation, wirksame kollektive Verteidigung sowie Krisenbewältigung und Konfliktverhütung. Gleichzeitig wird zur Abschreckung potenzieller Aggressoren eine angemessene Fähigkeit zur kollektiven Verteidigung aufrechterhalten. Um dem veränderten Bedrohungsbild Rechnung zu tragen, gliederte die NATO ihre Streitkräfte nun in drei Gruppen: 1) Reaktionsstreitkräfte (›Reaction Forces‹), die im Rahmen des wichtiger werdenden Krisenmanagements rasch und flexibel eingesetzt werden können; 2) Hauptverteidigungskräfte (›Main Defence Forces‹), die aus der Masse der insgesamt verbleibenden Verbände bestehen und angesichts länger werdender Vorwarnzeiten stark mobilmachungsabhängig sein können; 3) Verstärkungskräfte (›Augmentation Forces‹), die mit unterschiedl. Einsatzbereitschaft zur Verfügung stehen.

Den bisherigen Aufgabenbereich erheblich ausweitend, erklärten sich die Mitgl.-Staaten 1992 bereit, ihre Streitkräfte bereitzustellen, wenn die KSZE (ab 1995 OSZE) oder die UNO ein Mandat für friedenserhaltende Maßnahmen in einer europ. Region erteilen sollte. Auf dieser Grundlage begann im Juli 1992 der Adria-Einsatz zur Überwachung der Einhaltung des UN-Embargos gegen die Rep. Jugoslawien (›Rest-Jugoslawien‹). Vom 12. 4. 1993 an wurde das bereits im Oktober 1992 von der UNO verhängte Flugverbot über Bosnien-Herzegowina von der NATO militärisch durchgesetzt; dies war der erste Kampfeinsatz in der Geschichte der NATO. Am 20. 12. 1995 begann schließlich der auf 12 Monate befristete Einsatz von Einheiten der →IFOR in Bosnien und Herzegowina. Dies war die bis dahin größte militär. Operation unter Führung der NATO, die auch nicht zur NATO gehörende Staaten einschloss und außerhalb des NATO-Territoriums stattfand und mit →SFOR ihre Fortsetzung fand. Nachdem 1994 der Kommandobereich Ärmelkanal entfiel, der neue Kommandobereich AFNORTHWEST installiert und seit Beginn der 90er-Jahre das Prinzip →multinationaler Streitkräfte verstärkt umgesetzt sowie im Juni 1996 das Konzept der Alliierten Streitkräftekommandos (→Combined Joint Task Forces, Abk. CJTF) gebilligt wurde, konnte die Umstrukturierung der NATO-Kommandobehörden und die Neuformierung der Streitkräftestrukturen vorerst abgeschlossen werden; eine weitere Straffung der Kommandobehörden v. a. in Europa soll jedoch 1998 eingeleitet werden. Alle diese Maßnahmen wurden von einer umfassenden Truppenreduzierung der NATO begleitet.

Öffnung und Erweiterung der NATO

Neben den Veränderungen in Strategie und Streitkräftestruktur wurde seit 1990/91 die Frage einer so genannten Osterweiterung der NATO besonders kontrovers diskutiert. In Ergänzung des im Dezember 1991 gegr. Nordatlant. Kooperationsrates (NACC) wurde als weiterer Schritt in Richtung einer sicherheitspolit. Anbindung v. a. der mittel- und osteurop. Staaten im Januar 1994 vom NATO-Rat das Konzept der →Partnerschaft für den Frieden (Abk. PfP) verabschiedet. Es eröffnete einzelnen Staaten die Kooperation mit der Allianz auf der Grundlage bilateraler Abkommen, beinhaltete jedoch keine Beistandspflicht. Die Arbeit des NACC sowie des PfP-Programms wird seit 1997 im ›Euro-Atlant. Partnerschaftsrat‹ weitergeführt.

Durch die seit 1994 forciert vorgetragene NATO-Osterweiterung sah Russland seine Interessen im ›westl. Vorfeld‹ beeinträchtigt und befürchtete den Beginn einer Einkreisung bzw. Isolierung durch die NATO. Aus Sicht der Allianz bestand das Problem einer Erweiterung bzw. Öffnung nach Osten darin, die Wünsche beitrittswilliger Länder zu berücksichtigen, ohne aber die Interessen Russlands zu vernachlässigen und ohne eine neue Trennungslinie in Europa zu errichten. Die Diskrepanzen zw. NATO und Russland konnten am 27. 5. 1997 in Paris mit der Unterzeichnung der ›Grundakte über gegenseitige Beziehungen, Zusammenarbeit und Sicherheit zw. der NATO und der Russ. Föderation‹ beigelegt werden. Die Grundakte bezieht Russland in die Sicherheitsordnung der NATO ein, ohne die Funktions- und Handlungsfähigkeit des Bündnisses zu schwächen, ohne Mitgliedschaften zweiter Klasse zu schaffen oder Absprachen zulasten Dritter zu treffen; sie bekräftigt das Recht der freien Bündniswahl und markiert mit dem 1997 gegr. NATO-Russland-Rat den Beginn eines völlig neuen Verhältnisses beider Partner.

Auf dem NATO-Gipfel in Madrid unterzeichneten die NATO und die Ukraine am 9. 7. 1997 die ›Charta über eine ausgeprägte Partnerschaft‹ und vereinbarten die Zusammenarbeit zur Konfliktverhütung, Abrüstung und der Kontrolle von Waffenexporten. Schließlich einigten sich die Staats- und Regierungschefs in Madrid nach z. T. kontroversen Diskussionen darauf, zunächst Polen, Tschechien und Ungarn zu Verhandlungen über einen Beitritt zur NATO einzuladen. Der haupsächlich von Frankreich und Italien unterbreitete Vorschlag, auch Slowenien und Rumänien die Mitgliedschaft anzubieten, wurde abgelehnt. Zugleich würdigte jedoch die NATO die positiven Entwicklungen in Slowenien, Rumänien und den balt. Staaten. Somit eröffnete sich auch weiteren Ländern die Perspektive einer möglichen NATO-Mitgliedschaft, da mit den drei Kandidaten der Prozess einer Erweiterung und Öffnung der NATO erst begonnen habe.

Nach Aufnahme der Beitrittsverhandlungen mit den vorgesehenen drei neuen Mitgl. im September 1997 erfolgte die Unterzeichnung der Beitrittsprotokolle auf der NATO-Ratstagung am 16. 12. 1997 in Brüssel. In diesen Protokollen nahmen die künftigen Mitgl. die Beitrittseinladung förmlich an und versicherten zugleich, die Verpflichtungen des NATO-Vertrages zu erfüllen, sich an der gemeinsamen Verteidigungsplanung zu beteiligen, in die NATO-Militärstruktur einzutreten und den Beitritt weiterer Länder zur NATO nicht zu behindern. Nach der anschließend notwendigen Ratifizierung der Protokolle durch die 16 NATO-Staaten und die drei Beitrittsländer soll die förmliche Aufnahme der neuen Mitgl. anlässlich des 50. Jahrestages der Gründung der NATO am 4. 4. 1999 erfolgen.

NATO-Hb. Die Organisation des Nordatlantikvertrags (Brüssel 1952 ff.); D. SCHULZE-MARMELING: Die NATO. Anatomie eines Militärpaktes (1987); D. FARWICK: Die strateg. Antwort. Die NATO auf dem Weg in das nächste Jahrtausend. Bilanz, Prognose, Folgerungen (1989); Abrüstung u. Strukturwandel, hg. v. J. CALLIESS (1990); U. WEISSER: NATO ohne Feindbild. Konturen einer europ. Sicherheitspolitik (1992); Anfänge westdt. Sicherheitspolitik 1945–1956, hg. vom Militärgeschichtl. Forschungsamt, Bd. 3: Die NATO-Option (1993); Das Nordatlant. Bündnis 1949–1956, hg. v. KLAUS A. MAIER u. N. WIGGERSHAUS (1993); M. Z. KARÁDI: Die Reform der Atlant. Allianz. Bündnispolitik als Beitrag zur kooperativen Sicherheit in Europa? (1994); G. KOSLOWSKI: Die NATO u. der Krieg in Bosnien-Herzegowina (1995); NATO-Osterweiterung. Neue Mitglieder für ein altes Bündnis?, Beitrr. v. A. PRADETTO u. a. (1996).

NATO-Doppelbeschluss, Bez. für den am 12. 12. 1979 vom NATO-Rat verabschiedeten Beschluss über die Aufstellung neuer bodengestützter nuklearer Mittelstreckenwaffen der NATO (›Nachrüstung‹) bei gleichzeitigem Angebot an die UdSSR, bis zum vorgesehenen Beginn der Stationierung Ende 1983 über den Abbau entsprechender sowjet. Waffen (v. a. SS-20) in Verhandlungen zu treten (→Abrüstung). Nach Beginn der Stationierung der westl. Raketen (Pershing II) und Marschflugkörper (→Cruisemissile) wurden die am 30. 11. 1981 begonnenen INF-Gespräche zw. den USA und der UdSSR am 23. 11. 1983 von der Sowjetunion abgebrochen, am 12. 3. 1985 jedoch wieder aufgenommen. Nach erfolgreichem Abschluss der Verhandlungen (Einigung auf beiderseitige ›doppelte Nulllösung‹) wurde im Dezember 1987 der INF-Vertrag unterzeichnet (→INF).

Natoire [na'twa:r], Charles Joseph, frz. Maler, * Nîmes 3. 3. 1700, † Castel Gandolfo 29. 8. 1777; Schüler u. a. von F. LEMOYNE, hielt sich erstmals 1723–29 in Rom auf und war dort 1751–74 Direktor der Académie de France. N. war einer der bedeutendsten Dekorationsmaler des Rokoko. Neben Fresken (acht Szenen aus der ›Geschichte der Psyche‹ für das Pariser Hôtel Soubise, 1737–39, heute Archives Nationales; Deckenfresko in San Luigi dei Francesi in Rom, 1754–56) schuf er zahlr. Tafelbilder (›Venus und Vulkan‹, 1734; Montpellier, Musée Fabre) sowie Kartons für Tapisserien der Manufakturen in Paris und Beauvais; auch vorzügl. Landschaftszeichnungen mit Motiven von Rom und Umgebung.

F. BOYER: Catalogue raisonné de l'œuvre de C. N. (Paris 1949); C.-J. N. Nîmes, 1700–Castel Gandolfo, 1777. Peintures, dessins, estampes et tapisseries des collections publiques françaises, Ausst.-Kat. (Nantes 1977).

NATO-Lage, stabile Seitenlage eines Bewusstlosen (vom Sanitätsdienst der NATO-Truppen zuerst erprobt); Maßnahme der →ersten Hilfe.

Natorp, Paul, Philosoph, * Düsseldorf 24. 1. 1854, † Marburg 17. 8. 1924; ab 1885 Prof. in Marburg. Mit H. COHEN Hauptvertreter der Marburger Schule des Neukantianismus; suchte, vorwiegend an PLATON und I. KANT anknüpfend, unter starker Betonung einer idealist. Grundüberzeugung nach einer ›panmethod.‹ Grundlage der Wiss., die in einer Einheit von Idee und Gesetz (Erfahrung) bestehen sollte. In seiner ›Allgemeinen Psychologie nach krit. Methode‹ (1912) entwickelte er ein ›rekonstruktives Verfahren‹, das die Unmittelbarkeit des Erlebens im Bewusstsein aufdeckt und dieses in Ggs. zu den Objekten und Objektivierungen in Natur und Geschichte stellt. N. unterstützte die Hinwendung des Neukantianismus zur prakt. Philosophie; seine Hauptarbeitsgebiete waren Ethik, Sozialphilosophie und Sozialpädagogik.

Weitere Werke: Sozialpädagogik (1899); Platos Ideenlehre (1903); Philosophie u. Pädagogik (1909); Die log. Grundl. der exakten Wiss. (1910); Die Philosophie, ihr Problem u. ihre Probleme (1911); Sozialidealismus (1920).

J. KLEIN: Die Grundlegung der Ethik in der Philosophie Hermann Cohens u. P. N.s (1976); I. KREBS: P. N.s Ästhetik (1976); N. JEGELKA: P. N. Philosophie, Pädagogik, Politik (1992).

Natrit [zu Natron] *der, -s/-e*, Mineral, →Soda.

Natrium [zu Natron] *das, -s*, chem. Symbol **Na**, ein →chemisches Element aus der ersten Hauptgruppe des Periodensystems (Alkalimetalle). N. ist ein sehr weiches, leicht schneid- und pressbares, nur an frischen Schnittflächen silberweißes, sonst infolge Oxidation graubraunes Leichtmetall, das elektr. Strom und Wärme sehr gut leitet. Es ist wie alle Alkalimetalle äußerst reaktionsfähig; da es an feuchter Luft sehr rasch zu N.-Hydroxid (NaOH) reagiert, kann es nur in reaktionsträgen Flüssigkeiten (wie Petroleum) aufbewahrt werden. Beim Erhitzen an der Luft verbrennt es mit typisch gelber Flamme (›N.-Licht‹) zu N.-Peroxid, Na_2O_2; alle N.-Verbindungen geben eine gelbe Flammenfärbung (intensives Spektrallinendublett mit den Wellenlängen 589,5923 und 588,9953 nm). Mit Quecksilber bildet N. unter Erwärmen N.-Amalgam. – N. kommt in der Natur verbreitet vor; an der Zusammensetzung der festen Erdkruste ist es mit 2,63 % beteiligt und liegt damit in der Häufigkeit der chem. Elemente an 6. Stelle. Entsprechend seiner Reaktionsfähigkeit findet es sich jedoch nur in Form von Verbindungen, vorwiegend in Silikaten (z. B. Albit), als Chlorid (Steinsalz), Carbonat (Soda), Nitrat (Salpeter), Sulfat (Glaubersalz), Kryolith und Borax.

Die techn. *Gewinnung* des N. erfolgt durch Schmelzflusselektrolyse v. a. von wasserfreiem N.-Chlorid in einer Elektrolysierzelle mit einer Anode aus Graphit und einer Kathode aus Eisen (**Downs-Verfahren**). Zur Schmelzpunkterniedrigung bei etwa 600 °C werden Calcium- und Bariumchlorid zugegeben. Ein älteres Verfahren ist die Elektrolyse von N.-Hydroxid mit einer Anode aus Nickel und einer Kathode aus Kupfer (**Castner-Verfahren**); bei beiden Elektrolysierzellen müssen Kathoden- und Anodenraum durch Diaphragmen getrennt sein, um die Vermischung des kathodisch abgeschiedenen N. mit den anodisch entstehenden Produkten (Chlor bzw. Sauerstoff) zu vermeiden.

Verwendung: N. dient als Ausgangsmaterial zur Herstellung vieler technisch wichtiger Verbindungen

Charles Natoire: Römische Ruinen auf dem Palatin; um 1750 (Wien, Grafische Sammlung Albertina)

wie N.-Amid und N.-Peroxid (→Natriumverbindungen). Außerdem wird N. zur Herstellung von Bleitetraäthyl und Bleitetramethyl (→bleiorganische Verbindungen), als Katalysator u. a. bei der Synthese organ. Verbindungen, in der Metallurgie zur Reindarstellung einiger schwer reduzierbarer Metalle, für Natriumdampflampen und als Kühlmittel in Kernreaktoren verwendet. Viele N.-Verbindungen spielen in Haushalt und Industrie eine wichtige Rolle, z. B. Soda, Natronlauge und Glaubersalz.

Metall. N. wurde erstmals 1807 von H. DAVY durch elektrolyt. Zersetzung von geschmolzenem N.-Hydroxid gewonnen.

Physiologie: N. ist in Form seines Ions (Na^+) ein lebenswichtiger Mineralstoff für Tiere und den Menschen; es kommt in vielen Lebensmitteln vor und wird v. a. in Form von Kochsalz (NaCl) zugeführt. Na^+ ist das Hauptkation im extrazellulären Raum (rd. 98 % des austauschbaren Na^+ im Unterschied zu nur 2 % im Zellinnern). Hauptaufgabe des Na^+ ist, in enger Verbindung mit Chloridionen, die Aufrechterhaltung des osmot. Drucks der extrazellulären Flüssigkeit; weiterhin ist es notwendig für den über die N.-Kalium-Pumpe stattfindenden Aufbau von Membranpotenzialen, und es wirkt hemmend (und damit negativ regulierend) auf manche Enzyme. Der Mindestbedarf eines gesunden Erwachsenen wird auf etwa 0,5 g/Tag geschätzt, die tägl. Aufnahme sollte bei etwa 1,5 g liegen. N.-Mangel führt zum Salzverlustsyndrom, das mit Kopfschmerzen, Übelkeit, Durst und Schwindel verbunden ist. Die Ausscheidung von Na^+ erfolgt v. a. über die Nieren, daneben auch über die Haut (Schweiß) und den Darm. Andauernde erhöhte Aufnahme kann, insbesondere in Verbindung mit ungenügender Flüssigkeitszufuhr oder Störungen der

Paul Natorp

Natrium		
chem. Symbol:	Ordnungszahl	11
	relative Atommasse	22,9898
	Häufigkeit in der Erdrinde	2,63 %
Na	natürliche Isotope (stabil)	nur ^{23}Na
	radioaktive Isotope	^{19}Na bis ^{22}Na, ^{24}Na bis ^{35}Na
	längste Halbwertszeit (^{22}Na)	2,605 Jahre
	Dichte (bei 20 °C)	0,97 g/cm³
	Schmelzpunkt	97,72 °C
	Siedepunkt	883 °C
	spezifische Wärmekapazität (bei 25 °C)	1,228 J/(g · K)
	elektrische Leitfähigkeit (bei 0 °C)	23,8 · 10⁶ S/m
	Wärmeleitfähigkeit (bei 27 °C)	141 W/(m · K)

Natriumboden – Natriumverbindungen

N.-Ausscheidung, zu schwerwiegenden Veränderungen der Stoffwechselfunktionen führen, die sich u. a. in der Entstehung von Bluthochdruck äußern können. – Bei vielen Pflanzen liegt N. (ebenfalls in Form von Na^+) in ziemlich hoher Konzentration vor, und es ist bekannt, dass bei einigen Pflanzen der Bedarf an Kalium zum Teil ersatzweise durch N. gedeckt werden kann. Für bestimmte Salz- und Wüstenpflanzen ist N. lebensnotwendig, ebenso für einige C_4-Pflanzen.

Natriumboden, *Bodenkunde:* →Solonez.

Natriumdampflampe, eine vorwiegend mit Natriumdampf gefüllte →Entladungslampe. Die mit Natriumdampf und einem Hilfsgas (Neon) gefüllten **Natriumdampfniederdrucklampen** strahlen fast nur das gelbe Spektraliniendublett des Natriums ab. Dieses monochromat. Licht lässt keine Farben erkennen, sodass die Niederdrucklampe trotz überragender Lichtausbeute (über 180 lm/W) nur ein beschränktes Anwendungsgebiet hat (z. B. als Beleuchtung von Schnellstraßen). Der Lichtbogen der **Natriumdampfhochdrucklampen** brennt in einem Gemisch aus Edelgas, Natrium- und Quecksilberdampf; diese haben ein keram. Entladungsgefäß, hauptsächlich aus Aluminiumoxid, das gegenüber Natrium bis zu Temperaturen von etwa 1 500 K resistent ist. Bei den diesen Temperaturen entsprechenden Dampfdrücken verbreitern sich die gelben Spektrallinien des Natriums so über das sichtbare Spektralgebiet, dass auch der rote und grüne Bereich erfasst werden. Die Natriumdampfhochdrucklampe verbindet hohe Lichtausbeute (bis 120 lm/W) mit günstiger Lichtfarbe und für viele Zwecke ausreichender Farbwiedergabe. Anwendungsgebiete sind Verkehrs- und Industrieanlagen sowie Innenbeleuchtungen von Schwerindustrieanlagen.

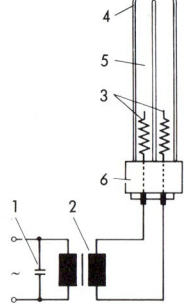

Natriumdampflampe: Natriumdampfniederdrucklampe (Schnittzeichnung); 1 Kompensationskondensator, 2 Streufeldtransformator, 3 Wolframwendeln, 4 Vakuumschutzrohr zur Verringerung von Wärmeverlusten, 5 Entladungsrohr mit Neongas und Natriumdampf, 6 Lampensockel

Natrium-Kalium-Pumpe, Na^+/K^+-ATPase, membrangebundener Glykoproteinkomplex, der unter Energieverbrauch (ATP-Spaltung) drei Natriumionen (Na^+) aus dem Zellinneren (Zytoplasma) gegen zwei Kaliumionen (K^+) aus dem extrazellulären Raum (Interstitium) austauscht. Damit wird der Natrium-Kalium-Gradient zw. Zytoplasma und extrazellulärem Raum aufrechterhalten. Dieser Gradient ist für die Erregbarkeit von Zellen unerlässlich, außerdem kann er als Triebkraft für andere Transportvorgänge, z. B. für die Aufnahme von Glucose zus. mit Na^+, genutzt werden. Spezif. Hemmstoffe der N.-K.-P. sind die herzwirksamen Glykoside, z. B. Digitalis.

Natrium-Schwefel-Akkumulator, komplette, mit Temperaturregelung ausgerüstete, aus Modulen mit vielen einzelnen Natrium-Schwefel-Zellen zusammengesetzte, wieder aufladbare Batterie (→Akkumulator). Die einzelne NaS-Zelle besteht aus flüssigem Natrium als Anode, in elektrisch leitendem Kohlefilz eingebrachtem Schwefel als Kathode und einem keram. Festkörper aus β-Aluminiumoxid als Elektrolyt, der bei der Betriebstemperatur von 300°C bis 350°C flüssigen Reaktionspartner Natrium und Schwefel voneinander trennt. Beim Entladen wandern Natriumionen durch den Elektrolyten zum Kathodenbereich und verbinden sich dort mit dem Schwefel zu Natriumpolysulfid, zur Wiederaufladung wird eine äußere Stromquelle mit einer Spannung, die größer ist als die Ruhespannung der Zellen, angeschlossen; der Ladestrom fließt dann in die entgegengesetzte Richtung. N.-S.-A. sind noch in der Erprobung; sie eignen sich u. a. zum Betrieb von Elektrofahrzeugen sowie als Pufferspeicher für Photovoltaikanlagen.

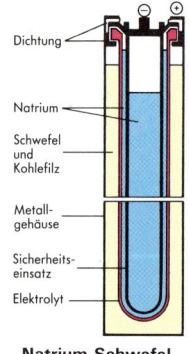

Natrium-Schwefel-Akkumulator: Schematische Schnittzeichnung einer Natrium-Schwefel-Zelle

Natriumverbindungen. Als Element der ersten Hauptgruppe (Alkalimetalle) tritt Natrium ausschließlich in der Wertigkeitsstufe + 1 auf. Fast alle N. sind in Wasser gut löslich; in der Flamme geben sie eine charakterist. gelbe Flammenfärbung.

Mit Sauerstoff bildet Natrium mehrere Oxide. Beim Verbrennen von Natrium an der Luft bildet sich das gelbe **Natriumperoxid**, Na_2O_2, ein starkes Oxidationsmittel; es reagiert in wässriger Lösung wie eine stark alkal. Lösung mit Wasserstoffperoxid und wird als Bleichmittel verwendet. Mit metall. Natrium entsteht aus Natriumperoxid das weiße **Natriumoxid (Natriummonoxid)**, Na_2O, mit Sauerstoff unter Druck das gelbliche **Natriumhyperoxid (Natriumdioxid)**, NaO_2. – **Natriumhydroxid (Ätznatron, kaustische Soda)**, NaOH, ist eine weiße, hygroskop., stark ätzende Substanz, Schmelzpunkt 318°C, die früher durch Umsetzen von Natriumcarbonat (Soda) mit gelöschtem Kalk, $Ca(OH)_2$ (›Kaustifizierung der Soda‹) hergestellt wurde und heute durch Eindampfen der (nach versch. Verfahren der Chloralkalielektrolyse hergestellten) →Natronlauge gewonnen wird. Natriumhydroxid wird technisch vielfach verwendet, z. B. in der Glas-, Seifen-, Waschmittel- und Zellstoffindustrie sowie bei der Farbstoffherstellung (z. B. in der Alkalischmelze).

Mit den Halogenen bildet Natrium zahlr., z. T. sehr wichtige Verbindungen. **Natriumfluorid**, NaF, eine weiße, kristalline, giftige Substanz, wird u. a. als Holz- und Leimkonservierungsmittel und als Trübungsmittel z. B. für Glas und Email verwendet; daneben dient es z. T. auch zur Fluoridierung von Trinkwasser. NaF-Kristalle sind durchlässig für Strahlung im UV- und IR-Bereich und werden für opt. Fenster, Linsen u. Ä. verwendet. Aus der Flusssäure entsteht aus Natriumfluorid das **Natriumhydrogenfluorid (Natriumbifluorid)**, $NaHF_2$, eine kristalline, ebenfalls giftige Substanz, die sehr leicht Fluorwasserstoff abspaltet und z. B. zum Ätzen von Glas benutzt wird. **Natriumfluorophosphat**, Na_2PO_3F, ein weißes Pulver, dient zur Fluoridierung von Trinkwasser, Zahnpasten oder Zahnlacken. **Natriumchlorid**, NaCl, ist eine in der Natur verbreitet vorkommende und technisch und physiologisch bes. wichtige N. (→Kochsalz). Zu den Chlorverbindungen **Natriumhypochlorit**, NaOCl, **Natriumchlorit**, $NaClO_2$, und **Natriumchlorat**, $NaClO_3$, →Chlorverbindungen. **Natriumbromid**, NaBr, und **Natriumjodid**, NaJ, sind weiße, wasserlösl. Salze, deren Verwendung durch ihre anion. Bestandteile bestimmt wird; das Natriumbromid dient zur Herstellung fotograf. Papiere und Platten; Natriumjodid wird in der analyt. Chemie (Jodometrie) verwendet. Das **Natriumjodit**, $NaJO_2$, und das **Natriumjodat**, $NaJO_3$, ebenfalls weiße, wasserlösl. Salze, werden zur Jodierung von Kochsalz benutzt.

Natriumsulfid, Na_2S, eine ätzende, farblose, sehr hygroskop. Substanz, wird durch Reduktion von Natriumsulfat mit Kohle gewonnen; es bildet mit Wasser ein gut kristallisierendes Hydrat, $Na_2S \cdot 9\,H_2O$, das sich leicht in Wasser löst und dabei zu **Natriumhydrogensulfid**, NaHS, hydrolysiert. Verwendung findet Natriumsulfid u. a. als Enthaarungsmittel in der Gerberei und als Reduktionsmittel in der organ. Chemie. Weitere Natriumsulfide sind die gelben **Natriumpolysulfide**, Na_2S_x (x = 2 bis 5), die ebenfalls in Form von Hydraten kristallisieren, werden durch Verschmelzen von Natriumsulfid mit Schwefel hergestellt und u. a. zur Herstellung von Schwefelfarbstoffen, Flotationsmitteln, Additiven und Insektiziden verwendet. **Natriumsulfat**, Na_2SO_4, eine weiße, kristalline, gut wasserlösl. Substanz, kommt in natürl. Salzmineralen (Glaubersalz, Thenardit, versch. Doppelsalze), im Meerwasser und in Mineralquellen vor und wird auch künstlich hergestellt. Aus wässrigen Lösungen scheidet es sich unter 32°C als Dekahydrat, $Na_2SO_4 \cdot 10\,H_2O$

(›Glaubersalz‹), aus. Natriumsulfat wird bei der Zellstoffgewinnung (Sulfatverfahren) sowie u. a. in der Glas-, Textil- und Farbstoffindustrie verwendet. Gelegentlich wird es noch als Abführmittel gebraucht. **Natriumsulfit**, Na_2SO_3, eine farblose, wasserlösl. Substanz, kristallisiert aus wässriger Lösung als Heptahydrat, $Na_2SO_3 \cdot 7 H_2O$. Es wird ebenfalls bei der Zellstoffgewinnung (Sulfitverfahren) verwendet; in der organ. Chemie dient es u. a. als Reduktionsmittel und zur Einführung von Sulfonsäuregruppen. Auch das (nur in wässriger Lösung vorliegende) **Natriumhydrogensulfit**, $NaHSO_3$, und das **Natriumdisulfit**, $Na_2S_2O_5$, sind starke Reduktionsmittel, die zum Bleichen, Desinfizieren und Konservieren verwendet werden. Ebenso ein starkes Reduktionsmittel ist das **Natriumdithionit**, $Na_2S_2O_4$, das in der Farbstoffindustrie, der Küpenfärberei, zum Bleichen von Papier, Textilien u. a. gebraucht wird. **Natriumthiosulfat**, $Na_2S_2O_3$, eine farblose, wasserlösl. Substanz, entsteht durch Erhitzen von Natriumsulfitlösung mit fein verteiltem Schwefel; es kristallisiert als Pentahydrat, $Na_2S_2O_3 \cdot 5 H_2O$. Verwendet wird es u. a. zur Entfernung von Chlor aus Geweben oder Papiermasse (Antichlor) und als Fixiersalz in der Fotografie (→fixieren).
Natriumnitrat (Natronsalpeter), $NaNO_3$, eine farblose, kristalline, stark hygroskop. Substanz, kommt in einigen ariden Gebieten der Erde in Lagerstätten vor (→Caliche); es wird durch Abbau der natürl. Vorkommen gewonnen sowie heute v. a. durch Umsetzen von Salpetersäure (oder Stickoxiden) mit Sodalösung oder Natronlauge synthetisch hergestellt. Verwendet wird Natriumnitrat bes. zur Herstellung von Düngemitteln, ferner u. a. in der Glas- und Emailindustrie, der Pyrotechnik und bei der Sprengstoffherstellung. **Natriumnitrit**, $NaNO_2$, ein lösl., giftiges Salz, wird u. a. zur Herstellung von Diazoniumverbindungen (für Azofarbstoffe) und als Zusatz zu Pökelsalz gebraucht. Das durch Umsetzen von Natrium mit Ammoniak entstehende **Natriumamid**, $NaNH_2$, (→Amide), wird bes. in der organ. Chemie für Kondensationsreaktionen, Amidierungen u. a. verwendet. Die **Natriumphosphate** bilden eine größere Gruppe technisch z. T. sehr wichtiger N. (→Phosphate). **Natriumcarbonat**, Na_2CO_3, das Natriumsalz der Kohlensäure, ist eine technisch bes. wichtige N., die in der Natur vorkommt und auch künstlich hergestellt wird (→Soda). **Natriumhydrogencarbonat** (Natron, veraltet: **Natriumbicarbonat**, doppeltkohlensaures Natron), ein weißes, in Wasser mäßig lösl. Salz, fällt bei der Herstellung von Soda nach dem Solvay-Verfahren als Zwischenprodukt an. Natriumhydrogencarbonat spaltet beim Erhitzen leicht Kohlendioxid ab; in Lösung reagiert es infolge Hydrolyse schwach alkalisch. Verwendung findet es in Feuerlöschern, für Back- und Brausepulver sowie als Säure abstumpfendes Mittel in der techn. Chemie. **Natriumsilikate** finden sich in der Natur als Bestandteile vieler Minerale (z. B. der Feldspäte); i. e. S. versteht man unter Natrumsilikaten Verbindungen mit der chem. Zusammensetzung $Na_2O \cdot (SiO_2)_x$ (x = 1 bis 4), die glasige, in Wasser lösl. Substanzen bilden (→Wassergls).
Weitere N. sind z. B. Natriumchromat und -dichromat (→Chromverbindungen), Natriumcyanid (→Cyanverbindungen), Natriumboranat (→Borverbindungen). Auch Natriumsalze weiterer organ. Säuren haben prakt. Bedeutung, z. B. das Natriumformiat (Salz der Ameisensäure), das Natriumacetat (Salz der Essigsäure), das Natriumglutamat (Salz der Glutaminsäure, →Glutamate).
Natrolith [zu Natron und griech. lithos ›Stein‹] der, -s und -en/-e(n), weißes, gelbliches, grünlich oder rötlich gefärbtes, rhomb. Mineral der chem. Zusammensetzung $Na_2[Al_2Si_3O_{10}] \cdot 2 H_2O$, ein Faserzeolith (→Zeolithe); Härte nach Mohs 5–5,5, Dichte 2,2–2,5 g/cm³; hydrothermale Entstehung, oft als radialstrahlige Aggregate in Hohlräumen basalt. und andesit. Gesteine; auch durch Zersetzung von Nephelin in den Pegmatiten der Syenite entstanden.
Natron [wohl unter Einfluss von frz. und engl. natron aus span. natrón, dies von arab. natrūn, ägypt. Ursprungs] das, -s, urspr. Bez. für das Mineral vorkommende Natriumcarbonat (Soda); heute meist andere Bez. für das Natriumhydrogencarbonat; in Zusammensetzungen wie N.-Feldspat, N.-Salpeter, N.-Lauge usw. gleichbedeutend mit Natrium oder Natriumhydroxid. (→Natriumverbindungen)
Natronfeldspat, das Mineral Albit, →Feldspäte.
Natrongesteine, *Petrologie:* →Gesteinsprovinzen.
Natronglimmer, das Mineral →Paragonit.
Natronlauge, Bez. für wässrige Lösungen von Natriumhydroxid, NaOH, die wegen der durch Dissoziation gebildeten Hydroxidionen als starke Base wirken. Die maximale NaOH-Konzentration bei 20 °C ist 52,2 Masse-%. Die N. gehört zu den bedeutendsten chem. Zwischenprodukten. Sie wird nahezu ausschließlich durch →Chloralkalielektrolyse von Kochsalz als Kuppelprodukt von Chlor (und Wasserstoff) hergestellt. In Dtl. wird derzeit ein Überschuss an N. produziert, der exportiert wird. Falls es in Zukunft aus ökolog. Gründen zu einem Rückgang der Chlorchemie kommen sollte, muss mit einer N.-Verknappung gerechnet werden. Die beim Diaphragmaverfahren anfallende aufkonzentrierte N. ist mit 1–2% Natriumchlorid verunreinigt. 50%ige N. von großer Reinheit wird beim Amalgamverfahren gewonnen. Wegen des geringeren Energieverbrauchs, niedrigerer Investitionen und geringerer Umweltbelastungen werden heute neue Chloralkalielektrolyse-Anlagen errichtet, die nach dem Membranverfahren arbeiten. Bei diesem Verfahren werden Kathoden- und Anodenraum durch eine nur für Kationen durchlässige Membran getrennt. Der Salzgehalt der Sole wird im Anodenraum infolge anod. Chlorabscheidung und Diffusion der Natriumionen in den Kathodenraum reduziert. Dem Kathodenraum wird reines Wasser zugeführt, aus dem infolge Zuwanderung von Natriumionen und kathod. Wasserstoffabscheidung 33- bis 35%ige N. gebildet wird. Die Herstellung von N. aus Natriumcarbonat und Löschkalk (Kalk-Soda-Verfahren) ist heute ohne techn. Bedeutung. – Über 50% der N.-Produktion werden in der chem. Industrie z. B. zur Einstellung von pH-Werten, Herstellung von Natriumsalzen oder Dehydrochlorierungen (→Propylenoxid) weiterverwendet. Daneben hat N. bei der Herstellung von Seifen, Waschmitteln, Viskose, Zellstoff, Papier sowie bei der Wasseraufbereitung und beim Bauxitaufschluss Bedeutung. – N. wirkt gewebsverflüssigend und deshalb bes. auf Schleimhäute und Augen sehr stark ätzend. Bei Unfällen ist sofort mit viel fließendem Wasser zu spülen.
Natronsalpeter, →Natriumverbindungen.
Natronseen, Art der Salzseen, z. B. die N. in Tansania, südwestlich von Nairobi am Peninji; Fundort (1964) eines fast vollständigen, rd. 1,5 Mio. Jahre alten Unterkiefers von Australopithecus robustus.
Natrontal, arab. **Wadi an-Natrun**, Depression in Unterägypten, westlich des Nildeltas in der Libyschen Wüste, 50 km lang, bis 6 km breit, reicht bis 24 m u. M. Das N. ist durch Windausblasung entstanden; es besitzt zehn Natronseen (→Salzseen), die jedoch nur von Dezember bis Mai mit Wasser gefüllt sind; die zurückbleibenden Salze (Soda, Kochsalz, Glaubersalz) werden seit dem Altertum abgebaut. Seit 1956 landwirtschaftl. und industrielle Erschließung; mithilfe künstl. Bewässerung gedeihen Zitrusfrüchte, Wein, Oliven, Gemüse und Getreide; Soda-, Seifen-, Glas-, Radio- und Konservenfabriken. – Seit dem 4. Jh. war das N. (Nitrische Wüste) ein Zentrum des altkirchl. Mönchtums. Heute bestehen noch vier kopt. Klöster.

Natrolith: Kugelige Kristallaggregate

Giulio Natta

Natternkopf:
Gemeiner Natternkopf
(Höhe bis 1 m)

Natternzunge:
Gemeine
Natternzunge
(Höhe 10–30 cm)

Natsume, Sōseki, eigtl. **N. Kinnosuke,** jap. Schriftsteller, *Tokio 5. 1. 1867, †ebd. 9. 12. 1916; Antinaturalist und neben MORI ŌGAI einer der Klassiker der jap. Moderne; literar. Durchbruch 1905 mit dem kulturkrit. Roman ›Ich bin eine Katze‹ (jap.; engl. ›I am a cat‹), der aus der Sicht eines Katers in satirisch-humorist. Weise das Leben eines Intellektuellen schildert. Schrieb ferner Haikus, Erzählungen und Essays.
Weitere Werke (jap.): *Romane:* Ein Tor aus Tokyo (1906; dt.); Träume aus zehn Nächten (1908; dt.).

Natta, Giulio, ital. Chemiker, *Imperia 26. 2. 1903, †Bergamo 2. 5. 1979; Prof. in Pavia, Rom, Turin und (seit 1938) Mailand, arbeitete über Drucksynthese von Alkoholen, Synthese von Kohlenwasserstoffen, Polypropylen, Furfurol u. a., entdeckte die stereospezif. Polymerisation von Olefinen und Acetylenverbindungen sowie die asymmetr. Synthese optisch aktiver Polymere. Für diese Arbeiten erhielt er 1963 mit K. ZIEGLER den Nobelpreis für Chemie.

Natter, 1) Heinrich, österr. Bildhauer, *Graun im Vintschgau (Prov. Bozen) 16. 3. 1846, †Wien 13. 4. 1892; lebte ab 1868 in München, ab 1876 in Wien. N. schuf Porträtbüsten und -statuen sowie (Grab-)Denkmäler (u. a. Denkmäler für U. ZWINGLI, 1885, Zürich; J. HAYDN, 1887, Wien; WALTHER VON DER VOGELWEIDE, 1889, Bozen, und A. HOFER, 1892, Innsbruck).
2) Johann Lorenz, Steinschneider und Medailleur, *Biberach an der Riß 21. 3. 1705, †Sankt Petersburg 27. 10. 1763; ausgebildet als Goldschmied, schuf v. a. Porträts in klassizist. Stil.
E. NAU: L. N. 1705–1763, Gemmenschneider u. Medailleur (1966).

Natter|auge, Johannis|echse, Ablepharus kitaibeli, bis 12 cm lange Art der Skinke. Das untere Augenlid ist durchsichtig und fest mit dem oberen verwachsen. N. sind von Ungarn über den Balkan bis nach W-Asien hin verbreitet.

Natterkopf, die Pflanzengattung →Natternkopf.

Nattern [ahd. nat(a)ra, eigtl. ›die sich Windende‹], **Colubridae,** weltweit verbreitete Familie der Schlangen mit zumeist schlankem Körper, langem Schwanz und deutlich abgesetztem Kopf. Die Augen sind relativ groß mit senkrecht-ovalen oder runden Pupillen. Der Körper ist mit glatten oder gekielten Schuppen besetzt, unterseits mit Schilden. N. ernähren sich v. a. von kleinen Wirbeltieren (Kriechtiere, Lurche, kleine Nagetiere); sie haben sich an die verschiedensten Lebensräume angepasst. Zu den N. gehören über 1500 Arten in etwa 290 Gattungen. Dies sind mehr als zwei Drittel der heute lebenden Schlangenarten, die Erkenntnisse über Umfang und systemat. Untergliederung sind ständigen Veränderungen unterworfen. Die Mehrzahl der Arten ist ungiftig, in einigen Unterfamilien (z. B. Trug-N., Schwimm-N.) finden sich jedoch auch Vertreter mit hochwirksamen Giften, teilweise auch mit gefurchten Giftzähnen. Man unterscheidet bis zu 14 Unterfamilien, u. a. Dickkopf-N., Eierschlangen, Höckerschlangen, Trug-N. und Wolfszahn-N. In Dtl. vorkommende N. sind →Äskulapnatter und →Schlingnattern aus der Unterfamilie der Echten N. (Colubrinae) sowie →Ringelnatter, →Würfelnatter und →Vipernatter aus der Unterfamilie der Schwimm-N. (Natricinae). Die mit den N. wahrscheinlich nah verwandten →Giftnattern werden in eine eigene Familie (Elapidae) gestellt.

Natternfarn, die Pflanzengattung →Natternzunge.

Natternhemd, die abgestreifte Haut einer Schlange (→Häutung).

Natternkopf, Natterkopf, Echium, Gattung der Raublattgewächse mit 40 Arten in Makaronesien, Europa, W-Asien, im nördl. und südl. Afrika; Kräuter oder Sträucher mit meist blauen, violetten oder roten Blüten in einer aus Wickeln zusammengesetzten Ähre oder Rispe; v. a. die Arten aus Makaronesien (bes. Kanar. Inseln, Madeira) sind als Zierpflanzen beliebt. Einzige einheim. Art ist der **Gemeine N.** (Echium vulgare), eine Wärme liebende, zweijährige, bis 1 m hoch werdende, borstig behaarte Halbrosettenpflanze an Trockenhängen, Wegrändern und auf Schuttplätzen, mit zuerst rötl., dann blauen Blüten.

Natternzunge, Natterzunge, Natternfarn, Ophioglossum, Gattung der N.-Farne mit etwa 40 weltweit verbreiteten, epiphytisch bis terrestrisch lebenden Arten; ausdauernde eusporangiate (derbkapselige) Farne mit kurzer, meist unterird. Grundachse und fleischigen Wurzeln ohne Wurzelhaare; pro Jahr wird i. d. R. nur ein einziges Blatt gebildet, das aus einem sterilen, ungeteilten oder gelappten Teil und einem endständigen fertilen Teil besteht. Letzterer trägt die miteinander verwachsenen Sporenkapseln in zwei Reihen, die parallel des Mittelnervs liegen und diesem Blattteil ein ährenartiges Aussehen verleihen. Die einzige einheim. Art ist die gelbgrüne, 10–30 cm hohe **Gemeine N.** (Ophioglossum vulgare) auf feuchten, kalkhaltigen Wiesen und auf Flachmooren.

Natternzungenfarne, Natternzungengewächse, Rautenfarngewächse, Ophioglossaceae, Familie der eusporangiaten (derbkapseligen) Farne mit etwa 65 krautigen Arten in vier Gattungen. Besonderes Kennzeichen sind die Blätter, die in einen sterilen, der Assimilation dienenden, und einen fertilen, Sporangien tragenden Teil gegliedert sind. Im Ggs. zu den übrigen Farnen sind die jungen Blätter nicht bischofsstabartig eingerollt. Einheimische Gattungen sind →Natternzunge und →Mondraute.

Jean-Marc Nattier d. J.: Das Feuer: Madame Henriette de France, 1731; Bild aus der Folge ›Die vier Elemente‹ (São Paulo, Museu de Arte)

Nattier [na'tje], Jean-Marc, d. J., frz. Maler, *Paris 17. 3. 1685, †ebd. 7. 11. 1766; wurde 1718 Mitgl. der Akademie, schuf Bildnisse v. a. von Damen der höf. Gesellschaft in Frankreich (auch der Zarenfamilie) in liebenswürdig-gefälliger Malweise in hellen Farben und lockerer Komposition.

Natufien [naty'fjɛ̃; nach dem Fundort Wadi an-Natuf, Palästina] *das, -(s),* spätsteinzeitl. Kultur Palästinas (etwa 9. Jt. v. Chr.), die dem Mesolithikum wie der frühen Neolithikum zugerechnet wird; Vorkommen in Höhlen und Felsnischen (u. a. im Karmel) sowie in Siedlungen (z. B. Jericho, Tell al-Beidha [Jordanien], Eynan [Ain Matalla; Palästina]) von Syrien bis Ägypten. Kennzeichnend sind Werkzeuge aus Mikrolithen, darunter in Knochen geschäftete Sichelmesser zum Ernten von Wildgetreide, das in Vorratsgruben aufbewahrt wurde. Fischfang und Jagd waren aber noch die Hauptgrundlage der Ernährung. Haustierhaltung war noch unbekannt. In Eynan wurde ein Dorf gefunden, das etwa 50 Rundhäuser aus Stein und einen zentralen Platz mit Vorratsgruben umfasste. Die Toten wurden innerhalb des Dorfes, teilweise in ihren Häusern bestattet, meist mit rotem Ocker bestreut.

Natuna, indones. Inselgruppe, →Bunguraninseln.

Natur [von lat. natura ›Geburt‹, ›natürl. Beschaffenheit‹, ›Schöpfung‹, zu nasci, natum ›geboren werden‹] *die, -,* zentraler Begriff der europ. Geistesgeschichte, im Sinne von dem, was wesensgemäß von selbst da ist und sich selbst reproduziert. Das menschl. Selbstverständnis, die Auffassung von Kunst, Recht, Kultur und Technik sind durch ihn geprägt, die Naturwissenschaften dienen als Vorbild für Wissenschaftlichkeit überhaupt. Die Wirklichkeit der N. wurde vom Menschen seit jeher ambivalent erfahren: als Grundlage des Lebens und Nahrungsspenderin, aber auch als fremd, feindlich und zerstörerisch. Nach christl. Auffassung ist sie Gegenstand pflegender Herrschaft, die dem Menschen als höchstem Geschöpf zusteht und mittels derer er ihre Zwecke vollenden und dabei zu seinen eigenen Gunsten wirken kann. Zu allen Zeiten war N. auch, in historisch unterschiedl. Ausprägung, Gegenstand der Bewunderung. Sie galt als Offenbarung des Göttlichen und erfuhr kult. Verehrung als Ausdruck von Harmonie und Schönheit, als ein Ganzes, mit dem sich der Mensch verbunden fühlte oder aus dem er sich abgesondert, herausgefallen erfuhr: ›Einssein‹ konnte so als Inbegriff einer Versöhnung von Mensch und N. oder als Ziel einer menschl. Sehnsucht aufgefasst werden.

Das Verhältnis zur N. ist heute für die Menschheit zu einem der großen Probleme geworden, da sie durch die schädigenden Nebenwirkungen des menschl. Handelns (bes. im Rahmen von Industrie und Technik) an sich und damit als Grundlage der menschl. Existenz bedroht ist. Darüber hinaus ist aber der N.-Begriff selbst problematisch geworden: Durch die Zunahme techn. Eingriffe in die N., wodurch sich die Grenze des traditionell als unverfügbar Angesehenen immer weiter verschoben hat, einerseits, und die Erkenntnis, dass N. nicht nur Objekt des menschl. Erkennens und Handelns darstellt, sondern der Mensch selbst ein Teil dieser N. ist, andererseits wird der Begriff unscharf; er verliert seine bisher durch die Gegenüberstellung zum menschl. Bereich (z. B. ›N. und Technik‹, ›N. und Kunst‹) geprägte Position.

Bei den vorsokrat. Philosophen bezeichnete N. (Physis) alles Seiende, einschließlich des menschl. Bereichs und der Götter. Viele ihrer Werke trugen den Titel ›Über die N.‹. Die frühen Naturphilosophen versuchten, alles Seiende auf ein Prinzip (Arche) zurückzuführen, so THALES auf das Wasser und HERAKLIT auf das Feuer. Bis in die neuzeitl. Wissenschaft hinein wirkten sich die N.-Theorien des PYTHAGORAS, des EMPEDOKLES und v. a. der Atomismus von LEUKIPP und DEMOKRIT aus. PYTHAGORAS versuchte, das Seiende durch Zahlenverhältnisse zu bestimmen, EMPEDOKLES sah in allem die vier Elemente – Feuer, Wasser, Erde, Luft – und das Wirken der Gegensätze Liebe und Hass, LEUKIPP und DEMOKRIT erklärten N. aus der Existenz von ›Atomen‹ und deren Bewegung im leeren Raum. Darüber hinaus blieb die Vorstellung von N. als einem Ganzen lebendig, das hierarchisch geordnet, in einer Analogie von Welt als Makrokosmos und Mensch als Mikrokosmos bzw. als göttl. Schöpfungsordnung vorgestellt wurde.

Natur und menschliches Handeln

ANTIPHON DER SOPHIST unterschied die N.-Ordnung (Physis) und das menschl. Gesetz (Nomos). Während die N.-Ordnung im Sinne des Notwendigen dem Menschen lebensdienlich und zuträglich sei, könnten menschl. Satzungen und Normen wie alle Kulturgüter grundsätzlich infrage gestellt werden und seien oft lebensfeindlich, indem sie der N. Gewalt antun. ›Denn die Gesetze sind willkürlich, die Gebote der N. dagegen notwendig; und die Gesetze sind vereinbart, nicht gewachsen, die Gebote der N. dagegen gewachsen, nicht vereinbart.‹ Hier ist der Ausgangspunkt einer Tradition, nach der in der N. das Gesetz des Stärkeren herrscht und Überverteilung und Lustbefriedigung als natürl. Rechte des Stärkeren abgeleitet werden; die menschl. Gesetze hätten ihren Sinn darin, den Schwächeren zu schützen. Diese Auffassung vertrat in extremer Form T. HOBBES, der sagte, dass gegenüber einem rohen N.-Zustand (›jeder Mensch ist dem anderen ein Wolf‹) überhaupt erst ein Zusammenleben durch gesellschaftl. Ordnung möglich werde. F. NIETZSCHE dagegen erschien eine solche Gesellschaft als die Herrschaft der vielen, der Schwachen und Unbedeutenden; er forderte stattdessen den ›Übermenschen‹. Die Berufung auf die N. kann jedoch auch eine Kritik der gesellschaftl. Ungleichheit, die ja auf Tradition und Konvention beruht (J.-J. ROUSSEAU), begründen. Schon bei ANTIPHON heißt es: ›Von N. aus sind alle Menschen gleich, Griechen und Barbaren.‹

Wenn auch mit der Entgegensetzung *N. und Satzung* zunächst unterschiedl. Ursprünge (etwa bezogen auf Sprache und Institutionen) bezeichnet werden, so gewinnt doch N. dabei die Rolle einer normativen Instanz: Es ist Aufgabe des Menschen, sich in der Einrichtung seiner Institutionen und in seiner Lebensführung in den Zusammenhang der N. einzufügen. Als Handelnder ist er zwar an die N.-Ordnung gebunden, in seiner Selbstbestimmung, Zwecke setzend und wählend, gilt er jenen aber auch als in einem gewissen Maße enthoben, d. h. als frei. Er soll die Bewegungen der eigenen Seele mit den kosm. Harmonien in Einklang bringen (PLATON), ein naturgemäßes, sich der Begierden und egoist. Interessen enthaltendes Leben führen (Stoa), und seine Gesetze sollen sich am Naturrecht messen. Die N. als normative Instanz impliziert in jedem Fall die Existenz einer dem Menschen vorgegebenen und überlegenen Ordnung, sei dies die ewige Ordnung des Kosmos, die Ordnung, die im Wesen jeder Sache liegt, oder eine von Gott gesetzte Schöpfungsordnung. Dabei wurde in der christl. Ethik im Zusammenhang mit dem Begriff der N. auch die Frage nach der Herkunft des Bösen erörtert, das als eine Abweichung von der in sich vollkommenen Schöpfungsordnung aufgefasst werden konnte. Jeder dieser drei normativen Ansätze stellt eine Vernunftordnung dar, in dem Sinne, dass nicht die tatsächlich vorgefundene N. maßgebend sei, sondern eine – nur der Vernunft zugängl. und in dieser begründete – Ordnung, die dem Faktischen zugrunde liegt.

Das Naturrecht hat für menschl. Satzung zweierlei Konsequenzen: Als natürlich begründet verleiht es ihr Legitimation, als den N.-Normen untergeordnet begrenzt es sie in ihrem Anspruch. Die moderne Naturrechtslehre hat, angefangen bei den Aufklärern S. VON PUFENDORF, C. THOMASIUS und C. WOLFF, im 18. Jh. zur Formulierung der Menschenrechte geführt. Diese konstituieren die prinzipielle Gleichheit aller Menschen und formulieren die ihnen ›naturgemäß‹ zustehenden Rechte.

Der Gegensatz von *N. und Technik* hat bei ARISTOTELES seine klass. Formulierung erfahren. N., sagt er, sei dasjenige, welches das Prinzip seiner Bewegung, also seiner Entwicklung wie auch seiner Reproduktion, in sich habe. Technisch sei dagegen dasjenige, dessen Bewegungsprinzip durch den Menschen gesetzt und das deshalb auch auf den Menschen für seine Produktion und Reproduktion angewiesen sei. Aus dieser Entgegensetzung leitet

Schlüsselbegriff

sich der Begriff ›N. der Sache‹ her, denn das Bewegungsprinzip der N.-Dinge ist ja deren ›N.‹ oder Wesen; von hier aus kann dann auch von der ›N.‹ eines techn. Gegenstandes gesprochen werden. Der Entgegensetzung von N. und Technik entspricht ferner der Unterschied von ›naturgemäß‹ und ›von der N. abweichend‹.

Die antike und mittelalterl. Technik verstand sich im Wesentlichen als eine Kunst, der N. etwas abzulisten. Bis in die neueste Zeit gehen damit die einander entsprechenden Auffassungen von zivilisator. Fortschritt und menschl. Befreiung von der N. einher. Es ist charakteristisch für dieses Verständnis von Technik, dass Maschinen in dem Bewusstsein verwendet werden, durch sie die N. zum Nutzen des Menschen arbeiten zu lassen: ›Die N. beherrscht man nur, indem man ihr gehorcht‹ (F. BACON). Das Verhältnis von Technik zu N. wurde demgemäß bis in die Techniktheorien des 20. Jh. hinein als Verhältnis der Nachahmung aufgefasst. Ein hoher Grad an Zweckmäßigkeit und Sparsamkeit der Mittel in der N. wurde als ›Technik der N.‹ bewundert, die menschl. Technik ihrerseits als Versuch gesehen, die Leistungen der N. nachzuahmen, zu ersetzen oder zu erweitern (z. B. ›Automatenleidenschaft‹ des 18. Jh. und der Romantik). Erst die moderne Technik hat sich vom strengen Vorbild der N. gelöst (z. B. Entwicklung von Kunststoffen mit bestimmten Eigenschaften für gewünschte Zwecke). Allerdings nehmen wichtige techn. Bereiche die N., v. a. biolog. Strukturen und Funktionen, zum Vorbild (→Bionik).

Auch das Verhältnis von *N. und Kunst* wurde von der Antike bis ins 19. Jh. als Nachahmungsverhältnis verstanden. Dabei wurde zw. der Nachahmung der schönen Formen der N. und der Nachahmung des Wirkens der N. unterschieden. Ersteres bestand nicht unbedingt im Abbilden von N.-Formen, sondern konnte durchaus Zusammenstellung und Konstruktion bedeuten oder sogar Übertreffen oder Vollenden dessen, was die N. selbst in der Wirklichkeit nicht zur Vollkommenheit bringt. Die Nachahmung des Wirkens bezieht sich auf das künstler. Schaffen: Der Künstler als Genie wirke selbst wie eine N.-Kraft (F. W. J. SCHELLING). Beide Gedanken werden zusammengefasst in der Feststellung, dass das wahre Kunstwerk wie ein Werk der N. sei: ›Die Kunst kann nur schön genannt werden, wenn wir uns bewusst sind, sie sei Kunst, und sie uns doch als N. aussieht‹ (I. KANT). N. wird hierin als unbewusst schöpfer. Kraft verstanden (Natura naturans). Diese ist in ihren Werken (Natura naturata) nur unvollkommen zu erfassen, sie wird jedoch im Schaffensprozess des Künstlers nachgeahmt. Erst die Kunst ist deshalb nach der romant. Naturphilosophie die wahre Erkenntnis der Natur.

Natur und Geist

Die Entgegensetzung von N. und Geist hat ihre Wurzeln in der Antike, etwa bei PLATON, der die rein phys. Konzeption des Kosmos bei ANAXAGORAS den Nus (›Vernunft‹) entgegensetzte. Durch die Verbindung von Vernunft und Schöpfergott im Christentum wurde die Entgegensetzung verstärkt, weil N. als (endl.) Schöpfung ganz und gar abhängig vom (unendl.) göttl. Geist gesehen wurde. In säkularer Form begegnet der Dualismus wieder bei KANT: Er stellt dem ›Mundus sensibilis‹ (sinnl. Welt) den ›Mundus intelligibilis‹ (geistige Welt) gegenüber. N. ist die Welt bloßer Erscheinungen und als solche durchgängiger Kausalität unterworfen. Der Mensch dagegen ist, obgleich N.-Wesen, als Angehöriger des Mundus intelligibilis frei. Die Romantik versuchte den Gegensatz zu versöhnen: Die

N. komme im menschl. Geist zu sich selbst (SCHELLING). Entsprechend verstand sich romant. Naturwissenschaft als Aufsuchen des Geistes in der N. (H. C. ØRSTED). Ähnl. Gedanken finden sich im 20. Jh. bei P. TEILHARD DE CHARDIN.

Trotz dieser Versöhnungsversuche setzte W. DILTHEY die Wissenschaft vom Menschen als Geisteswissenschaft den Naturwissenschaften entgegen: In den Naturwissenschaften gehe es um kausale Erklärung, in den Geisteswissenschaften um das Verstehen von Sinn. Dieser Ggs. verliert mit dem Einzug des Informationsbegriffs in die Naturwissenschaften zunehmend an Bedeutung. Von der molekularen ›Datenverarbeitung‹ (Proteinsynthese durch Ablesen des Erbcodes) bis hin zu den Tiersprachen stellt sich die N. heute nicht mehr nur als Wechselwirkungszusammenhang, sondern auch als Kommunikationszusammenhang dar. Die neuere Naturphilosophie versucht deshalb, N. und menschl. Bereich mit einem einheitl. Konzept zu umfassen (I. PRIGOGINE, E. JANTSCH).

Der Antike (etwa PLATON) ging es um die Erkenntnis der N. als ewiger Ordnung, GOETHE um die Grundtypen (Urphänomene) einer ›N. für uns‹ in ihrer sinnl. Gegebenheit. Paradigmatisch für die neuzeitl. Naturwissenschaften ist die Mechanik bei G. GALILEI, bei der nicht mehr als eine Kunst verstanden wurde, Bewegungen gegen die N.-Tendenz zu erzeugen, sondern vielmehr als Kunst, die N. unter kontrollierten Bedingungen, durch das Experiment und die Abschirmung unerwünschter Umwelteinflüsse, manifest zu machen. Weitere Charakteristika der neuzeitl. Naturwissenschaften sind der rekonstruktive Erkenntnisbegriff (etwas erkennen heißt, dessen Elemente herauszufinden und es aus diesen zu rekonstruieren) und die Objektivität (nicht was ein Subjekt irgendwie erfahren hat, gilt als Datum, sondern nur, was als Messergebnis an einem Instrument sichtbar geworden ist). Diese Charakteristika haben zu der Behauptung geführt, dass die Naturwissenschaften nicht wirklich von der N., von dem gegebenen konkreten Zusammenhang, handelten, sondern eher Technikwissenschaften seien. Abgesehen davon, dass die Naturwissenschaften immer auch durch Beobachtung Erkenntnis gewinnen (etwa in der Astronomie), wenden sie sich auch in heute bes. beachteten Disziplinen wie der Ökologie der gegebenen N. zu. Damit deutet sich eine Einschränkung gegenüber dem bisher dominierenden Erkenntnisziel, der techn. Beherrschbarkeit der N., an, nämlich zugunsten einer Anerkennung gegebener Ordnungen und einer Einsicht in die Kontingenz der Welt.

Der neueren Wissenschaftstheorie zufolge liegt den Naturwissenschaften ein von histor. Bedingungen abhängiges Erkenntnismodell (Paradigma) zugrunde, das durch andere Voraussetzungen und Erkenntnismodelle abgelöst werden kann. Die Frage ›Was ist N.?‹ ist somit nicht eigentlich Gegenstand der Naturwissenschaften, sondern vielmehr der Naturphilosophie.

Noch im 18. Jh. wurde gegen die Naturwissenschaften vorgebracht, der menschl. Geist könne nur einsehen, was er selbst geschaffen habe (G. VICO). Auf diesen Gedanken gründete sich die Geschichtswissenschaft als Wissenschaft von dem, was der Mensch hervorgebracht hat. Umgekehrt wurden die Naturwissenschaften als Erkenntnis von etwas wesentlich Ungeschichtlichem, nämlich den N.-Gesetzen, angesehen. Der Unterschied zw. Naturwissenschaften und Geschichtswissenschaften konnte deshalb von W. WINDELBAND als der zw. nomothet. (verallgemeinernder) und idiograph. (individualisierender) Vorgehensweise bestimmt werden. Faktisch aber haben die Naturwissenschaften seit den Theorien von KANT und von P. S. DE LAPLACE über die Entstehung des Planetensystems angefangen, auch die N. geschichtlich zu sehen. Weitere Schritte auf diesem Weg waren die Einführung des Entropiebegriffs in die Thermodynamik und die Erkenntnis der Irreversibilität der meisten N.-Prozesse, die darwinsche Theorie der Evolution, die moderne Kosmologie seit A. EINSTEIN und schließlich die Theorie der Selbstorganisation des Universums. Vor dem Hintergrund dieser Entwicklungen stellt sich heute die N. als ein evolutionärer Prozess dar, der sich unter Bildung von Stabilitätsformen in Richtung zunehmender Entropie entwickelt. Die Stabilitätsformen bilden ein System emergenter Schichten: Von einfachsten stabilen Teilchen (den Elementarteilchen) bis zu den Sternsystemen einerseits und lebenden Organismen andererseits bilden sich relativ stabile Formen höherer Komplexität, die in ihrem Verhalten nicht als Summe ihrer Bestandteile zu begreifen sind. Die N. kann ferner durch Symmetrie und Symmetriebrechung charakterisiert werden: Von einem Zustand höchster Symmetrie, nämlich vollständiger Homogenität und Isotropie, entwickelt sie sich durch Symmetriebrechungen, d. h. durch Ausschluss von Möglichkeiten, zu bestimmteren Formen, die durch jeweils neue Symmetrien gekennzeichnet sind. Diese Entwicklung lässt sich kosmologisch durch Epochen unterschiedl. Temperatur und Energiedichten beschreiben. Die N. ist ferner durch den Ggs. von Gesetz und Chaos zu charakterisieren: Naturgesetze beherrschen das Naturgeschehen in jedem einzelnen Schritt, obwohl dieses wegen der großen Komplexität des Gesamtgeschehens und der Unschärfe der jeweiligen Randbedingungen im Ganzen ›chaotisch‹ ist. Die N. ist schließlich im Wesentlichen Materie, Energie und genet. Information. Dabei gilt für Materie und Energie (im Ggs. zur Information) ein Erhaltungssatz.

Natur und Umwelt

Etwa seit Mitte des 20. Jh. ist die Gefährdung der natürl. Lebensgrundlagen des Menschen durch übermäßige Nutzung der Ressourcen der Erde und durch Umweltverschmutzung zunehmend zu einem öffentl. Thema geworden. Diese Probleme sind letztlich Folgen einer ausschließlich quantitativen Betrachtungsweise der N., die diese lediglich als Quelle expansiven Wachstums und Wohlstands ansieht. Als Reaktion darauf hat sich die schon im 19. Jh. begründete Ökologie zu einer grundsätzl. Betrachtungsweise der N. entfaltet, nach der die N. als eine Vielzahl von Ökosystemen, d. h. vielfältig in sich gegliederten, sich selbst regulierenden Ganzheiten anzusehen ist, vielleicht sogar im Ganzen eine Art Lebewesen darstellt (Gaia-Hypothese). Dabei muss aber berücksichtigt werden, dass N. in diesem Sinne den Menschen und seine Lebenspraxis einschließt und daher nur als sozial konstituierte N. verstanden werden kann. Es setzt sich langsam die Einsicht der Notwendigkeit einer →nachhaltigen Entwicklung durch, die die Lebenssituation der heutigen Generation verbessert (Entwicklung) und gleichzeitig die Lebenschancen künftiger Generationen nicht gefährdet (Erhalt der Umwelt). Dieser Ansatz fordert zwingend die Suche nach einer normativen Basis für menschl. Verhalten gegenüber der N. (ökolog. Ethik), die Auseinandersetzung mit philosophisch-ethischen Fragen – nicht nur im Rahmen naturwissenschaftlich-techn. Disziplinen, sondern auch im wirtschaftl. und polit. Kontext – sowie im alltägl. Leben die Berücksichtigung von Bedingungen und Rechten der N. (ökolog. Denken). Dabei gewinnt gegenüber der bisher vorherrschenden Frage nach techn. Mitteln die Frage menschl. Zielorientierung in und mit der N. größeren Raum.

⇨ *Akzeptanz · Alternativkultur · Arbeit · Bioethik · Erfahrung · Ethik · Evolution · Kosmologie · Kultur · Leben · Materie · nachhaltige Entwicklung · Naturdarstellung · Naturgesetz · Naturphilosophie · Naturrecht · Naturschutz · Naturwissenschaften · New Age · Ökologie · Rohstoffe · Schöpfung · Technikfolgenabschätzung · Umwelt · Umweltökonomie · Weltall*

C. F. VON WEIZSÄCKER: Die Gesch. der N. (^{8}1979); DERS.: Die Einheit der N. (Neuausg. 1995); Das N.-Bild des Menschen, hg. v. J. ZIMMERMANN (1982); N. als Gegenwelt, hg. v. G. GROSSKLAUS u. a. (1983); J. E. LOVELOCK: Unsere Erde wird überleben. Gaia – eine optimist. Ökologie (Neuausg. 1984); Klassiker der N.-Philosophie, hg. v. G. BÖHME (1989); Nature in Asian traditions of thought, hg. v. J. B. CALLICOTT u. a. (Albany, N. Y., 1989); Vom Wandel des neuzeitl. N.-Begriffs, hg. v. H.-D. WEBER u. a. (1989); Geist u. N. Über den Widerspruch zw. naturwiss. Erkenntnis u. philosoph. Welterfahrung, hg. v. H.-P. DÜRR u. a. (Bern ^{3}1990); Über N. Philosoph. Beitrr. zum N.-Verständnis, hg. v. O. SCHWEMMER (^{2}1991); E. JANTSCH: Die Selbstorganisation des Universums (Neuausg. 1992); N. als Gegenstand der Wiss.en, hg. v. L. HONNEFELDER (1992); I. PRIGOGINE u. I. STENGERS: Dialog mit der N. (Neuausg. ^{2}1993); N. in der Krise. Philosoph. Essays zur Naturtheorie u. Bioethik, hg. v. R. LÖW u. R. SCHENK (1994); Culture within nature, hg. v. B. u. B. SITTER-LIVER (Basel 1995); K. GLOY: Das Verständnis der N., 2 Bde. (1995–96).

Naturaldienste, Arbeitsleistungen, die v. a. im MA. und in der frühen Neuzeit von bestimmten verpflichteten Personen dem öffentl. Gemeinwesen (z. B. Wegebau) bzw. dem Grundherrn (Hand- und Spanndienste) geleistet werden mussten. Pflichten zu N. bestehen heute noch, v. a. Wehrpflicht, Schöffenpflicht.

Naturali|en [lat., zu *naturalis* ›natürlich‹] *Pl.,* 1) landwirtschaftl. Produkte, Rohstoffe (als Zahlungsmittel oder zum Tauschen); 2) Gegenstände einer naturwiss. Sammlung.

Naturalisation *die, -/-en,* **Naturalisierung,** die →Einbürgerung.

Naturalismus *der, -,* 1) *bildende Kunst:* die naturgetreue Darstellung des Sichtbaren. Als Ausdruck einer weltanschaul. Haltung bezeichnet die Kunstwissenschaft – nicht immer konsequent – damit versch.

Naturalismus 1): Fritz von Uhde, ›Bayerische Trommler‹; 1883 (Dresden, Staatliche Kunstsammlungen)

Kunstströmungen oder Stile, wobei sie den N. oft mit dem Realismus gleichsetzt. ›Naturalismen‹ zeigen die griech. Kunst des 4.–3. Jh. v. Chr. und die röm. Kunst z. Z. der Republik ebenso wie Malerei und Plastik des späten MA. und die altniederländ. Malerei, aber auch die niederländ. Malerei des 17. Jh., CARAVAGGIO und die Genremalerei des 18. Jh. Eine zentrale Rolle wurde dem N. im 19. Jh. zuteil, wo ihn die bürgerl. Kunst aus ihrer ›Autonomie‹ heraus als Gegensatz zum Idealismus begriff. G. SCHADOW und F. G. WALDMÜLLER bekannten sich zum N. aus Protest gegen das Pathos des Akademieklassizismus. Doch ist damit mehr ein naturhafter Realismus gemeint, wie ihn auch um 1850 die frz. Freilichtmalerei (Schule von Barbizon) vertrat.

Unter N. als Stilrichtung versteht man positivist., von der Milieutheorie beeinflusste Tendenzen v. a. in der Malerei zw. 1870 und 1900, die mit dem literar. N. korrespondieren. Die Zufälligkeit des Alltäglichen wird ohne jegl. Stilisierung gegen idealisierende und heroisierende Richtungen der gründerzeitl. Kunst eingesetzt. Die Themen aus dem sozialen Alltag, der kleinbürgerl. Idylle und dem proletar. Milieu wurden z. T. in sozialkrit. Absicht unter Einbeziehung des Hässlichen und des Elends dargestellt (M. MUNKÁCSY, M. LIEBERMANN, F. VON UHDE, L. CORINTH, KÄTHE KOLLWITZ), anknüpfend an vergleichbare Bestrebungen zeitgenöss. frz. Künstler (G. COURBET, J. BASTIEN-LEPAGE).

H. C. VON DER GABELENTZ: Der N. Seine Deutung u. Bedeutung in der Malerei des 19. Jh. (1966); J. A. SCHMOLL gen. Eisenwerth: N. u. Realismus; in: Städel-Jb., Bd. 5 (1975).

Naturalismus 2): Titelseite der Originalausgabe von Arno Holz' Schrift ›Die Kunst. Ihr Wesen und ihre Gesetze‹; 1891

2) europ. literar. Strömung (etwa 1870–1900), deren Ziel die möglichst naturgetreue Abbildung der empirisch fassbaren Wirklichkeit ist. Die naturalist. Poetik richtete sich, bei aller Heterogenität, gleichermaßen gegen idealist. wie gesellschaftlich affirmative Literaturauffassungen (z. B. des poet. Realismus). V. a. die Lebensstände der sozial Schwächsten, einschließlich bis dahin tabuisierter Themen wie Prostitution und Alkoholismus, wurden mit wiss. Präzision geschildert. Damit orientierten sich die Vertreter des N. an dem zeittypischen technisch-wiss. Leitbild, das durch die Evolutionstheorien von C. R. DARWIN und E. HAECKEL sowie durch die Errungenschaften und industriellen Umsetzungen der mechan. Physik geprägt war. Entscheidenden Einfluss hatten bes. die Arbeiten von J. S. MILL, H. SPENCER, A. COMTE und C. BERNARD, v. a. aber die Theorien (›Philosophie de l'art‹, 1865) und Literaturbetrachtungen (›Histoire de la littérature anglaise‹, 4 Bde., 1863–64) von H. TAINE und dessen ›Dogma‹ vom unfreien Willen‹, d. h. die Determination des Menschen durch Vererbung und Umwelt. Hier liegen die Wurzeln für die von den Naturalisten geforderte naturwiss. Orientierung von Ästhetik und Poetik, wie sie bereits im ersten Manifest des N., dem Vorwort der Brüder E. und J. DE GONCOURT zu ihrem Roman ›Germinie Lacerteux‹ (1864), zum Ausdruck kam. Zum franz. Programmatiker des N. wurde É. ZOLA. In seiner naturalist. Ästhetik ›Le roman expérimental‹ (1880) definierte er Kunst als literarisch durchgeführtes Experiment auf der Grundlage einer naturwiss. Methodik, die lückenlos die ursächl. Zusammenhänge des determinierten menschl. Daseins beweisen müsse. Allein Auswahl und Ordnungsprinzipien seien dem Dichter noch überlassen. Dieses Programm wurde bereits seit 1870 im ›Kreis von Médan‹ diskutiert. Der Versuch seiner literar. Verwirklichung war ZOLAS 20-teiliges Romanwerk ›Les Rougon-Macquart. Histoire naturelle et sociale d'une famille sous le Second Empire‹ (1871–93). Neben ZOLA ist in Frankreich v. a. noch G. DE MAUPASSANT zu nennen, der sich jedoch mehr inhaltlich als formal an der naturalist. Ästhetik orientierte. – Eine ähnl. Entwicklung vollzog sich seit etwa 1870 in Skandinavien. Im Anschluss an die Forderungen von G. BRANDES nach exakter Analyse der Zeittendenzen in der Literatur entstanden die Werke der 1870/80er-Jahre von B. BJØRNSON, H. IBSEN und A. STRINDBERG. Eine vergleichbare Wirkung ging in Russland von den Romanen F. M. DOSTOJEWSKIJS und L. N. TOLSTOJS aus. – Der dt. N. stand zunächst unter frz., seit etwa 1887 auch unter skandinav. und russ. Einfluss. Seine erste Phase war dabei (etwa 1880–86) von programmat. Diskussionen bestimmt. Zentren waren München (M. G. CONRAD, K. ALBERTI, K. BLEIBTREU, D. VON LILIENCRON, O. E. HARTLEBEN) und Berlin, wo im Friedrichshagener Dichterkreis und in literar. Zirkeln um die Brüder H. und J. HART in zahlr. Programmen und Manifesten ein eigenes Selbstverständnis erarbeitet wurde. Charakteristisch für den dt. N. sind die Verbindung einer seit Ende der 1870er-Jahre geforderten literar. Neubesinnung mit der Forderung nach polit. und nat. Erneuerung sowie die Ablehnung der Literatur der Gründerzeit. Wichtige Zeitschriften waren die ›Krit. Waffengänge‹ (1882–84, 6 Hefte) der Brüder HART und ›Die Gesellschaft‹ (1885–1902) von CONRAD in München. Wichtige Programmschriften entstanden im Berliner Verein ›Durch!‹ u. a. von W. BÖLSCHE (›Die naturwiss. Grundlagen der Poesie‹, 1887) und von A. HOLZ (›Die Kunst, ihr Wesen und ihre Gesetze‹, 1891), der die typ. Stil- und Darstellungstechniken des ›konsequenten N.‹, den →Sekundenstil, entwickelte. – Die Hauptphase des N. (etwa 1886–95) ist bestimmt durch das dramat. Werk G. HAUPTMANNS, der die Einflüsse ZOLAS (Milieuschilderung, Bloßlegung der sozialen und psych. Mechanismen), HOLZ' (minutiöse Beschreibungstechnik) und IBSENS (analyt. Dramenstruktur, offener Schluss, genaueste Bühnenanweisungen) zu sozialen Dramen verarbeitete, wie ›Vor Sonnenaufgang‹ (1889), ›Die Weber‹ (1892), ›Der Biberpelz‹ (1893). Daneben sind als Dramatiker zu nennen: J. SCHLAF (›Meister Oelze‹, 1892; zus. mit A. HOLZ ›Die Familie Selicke‹, 1890), M. HALBE (›Freie Liebe‹, 1890; ›Jugend‹, 1893), G. HIRSCHFELD (›Die Mütter‹, 1896), HARTLEBEN (›Rosenmontag‹, 1900) und H. SUDERMANN (›Die Ehre‹, 1889). Da die staatl. Vorzensur die Auf-

führung naturalist. Dramen an öffentl. Bühnen weitgehend unmögl. machte, wurde 1889 in Berlin der Theaterverein →Freie Bühne gegründet. Dieser und weitere Theatervereine und -klubs sowie die Literatur- und Theaterkritik hatten wesentl. Anteil an der unmittelbaren zeitgenöss. Wirkung der neuen Stücke, die wiederum selbst von Bedeutung für das expressionist. Stationendrama (G. KAISER, E. TOLLER) sowie auch für das Schaffen von E. PISCATOR und B. BRECHT waren. – Während das dt. naturalist. Drama europ. Rang erreichte, blieb die naturalist. Prosa hinter derjenigen Frankreichs und Russlands zurück. Stilgeschichtlich bedeutend waren hier neben Arbeiten von SCHLAF, HOLZ und HAUPTMANN (›Bahnwärter Thiel‹, 1888) auch die Romane von M. KRETZER (›Meister Timpe‹, 1888) und W. VON POLENZ (›Der Büttnerbauer‹, 1895). Dasselbe gilt für die naturalist. Lyrik, die mit nat. und sozialkrit. Pathos neue Stoffe in traditionellen Formen artikulierte, z. B. in der Anthologie ›Moderne Dichter-Charaktere‹ (1884, hg. von WILHELM ARENT); eine formale Erneuerung versuchte nur HOLZ in seinen ›Phantasus‹-Heften (1898–99, 2 Tle.). – Der N. wirkte nachhaltig auf die gesamte nachfolgende europ. Literatur, u. a. auch durch die Erschließung neuer Stoffbereiche sowie Verwendung von Umgangssprache und Mundart im literar. Text. Als Epochenbegriff hat sich die Bez. ›N.‹ allerdings nur in Frankreich und Dtl. durchgesetzt. – In den USA entwickelte sich, anknüpfend an europ. Einflüsse, ein naturalist. Romanschaffen (F. NORRIS, S. CRANE, J. LONDON, T. DREISER, später J. T. FARRELL, J. STEINBECK); naturalist. Phasen sind auch in der engl. (A. BENNETT, G. MOORE) und lateinamerikan. Literatur (R. DELGADO, C. REYES) zu verzeichnen. In der ital. Literatur wirkte der N. auf den →Verismus, wichtigster Vertreter in Spanien war V. BLASCO IBÁÑEZ, in Portugal J. M. EÇA DE QUEIROS.

M. BRAUNECK: Lit. u. Öffentlichkeit im ausgehenden 19. Jh. (1974); N., hg. v. H. SCHEUER (1974); R. DAUS: Zola u. der frz. N. (1976); H. SUWALA: Naissance d'une doctrine, formation des idées littéraires et esthétiques de Zola: 1859–1865 (Warschau 1976); N., Ästhetizismus, hg. v. C. BÜRGER u. a. (1979); R. C. COWEN: Der N. Komm. zu einer Epoche (^{3}1981); H. MÖBIUS: Der N. (1982); V. I. MOE: Dt. N. u. ausländ. Lit. Zur Rezeption der Werke von Zola, Ibsen u. Dostojewski durch die dt. naturalist. Bewegung: 1880–1895 (1983); S. HOEFERT: Das Drama des N. (^{4}1993); G. KEIL: Kritik des N. (1993); Manifeste u. Dokumente zur dt. Lit. 1880–1900, N., hg. v. M. BRAUNECK u. CHRISTINE MÜLLER (Neuausg. 1994); G. MAHAL: N. (^{3}1996).

3) *Musik:* die unmittelbare Nachahmung von Naturlauten und -geräuschen oder die Übernahme akust. Ereignisse der Lebenswirklichkeit. Die musikal. Stilisierung von Naturvorgängen (Tonmalerei) ist kein N. Über den N. in der Oper →Verismus.

4) *Philosophie:* im 17. Jh. entstandene Denkhaltung, die sowohl die Einzelphänomene der Welt als auch deren Gesamtzusammenhang allein aus der Natur (als Grund aller Realität) zu begreifen sucht. Der **ontologisch-metaphysische N.** versteht alles Seiende als sichtbaren Ausdruck naturbestimmter Zweckmäßigkeit. Mensch, Pflanze, Tier und Kosmos sind allein auf biologisch erfahrbare und materialistisch begründbare Erklärungszusammenhänge zurückzuführen. Dabei wird Gott als metaphys. Ursache des Seins negiert. Die Entstehung der Welt wird als Produkt natürlicher Evolutionen aufgefasst (in Anlehnung an positivistisch-materialistische Ansätze von K. MARX, F. NIETZSCHE, E. MACH, R. AVENARIUS). Ähnlich fasst der **ethische N.** (in Anlehnung an den Pragmatismus J. S. MILLS) die Gesetze menschl. Tuns und Lassens als naturgebundene funktionale Handlungsrichtlinien auf. Menschl. Freiheit als metaphys. Voraussetzung für moral. Handeln wird negiert. Sittl. Leben wird als übersteigerte idealist. Interpretation rein biolog. Abläufe angesehen. Der Versuch, eine übernatürlich fundierte Moralehre aufzustellen, die Sittlichkeit als Resultat menschl. Vernunft begreift, fällt aus dem gedankl. System des N. heraus. Im 20. Jh. führt dies zu der Maxime, der Mensch solle so handeln, dass er dabei die ihm gegebenen ›Naturanlagen‹ zur größtmögl. Entfaltung bringe bzw. sich selbst verwirkliche. G. E. MOORES (›Principia ethica‹, 1903) **metaethischer N.** zielt nicht mehr auf die Begründung normgebender Handlungstheorien ab, sondern auf eine Theorie über die Bedeutung von Zeichen und Sprachsymbolen mit moralisierendem Inhalt (z. B. das Wort ›gut‹). Naturalistisch ist demzufolge diejenige Theorie, die derartige Zeichen mithilfe von natürl. Begriffen und Objekten definiert und ihnen so ihren Sinn gibt.

H. CONRAD-MARTIUS: Der Selbstaufbau der Natur (^{2}1961); A. PORTMANN: Entläßt die Natur den Menschen? (^{2}1971); R. RIEDL: Die Strategie der Genesis. Naturgesch. der realen Welt (^{6}1986); K. LORENZ: Das Wirkungsgefüge der Natur u. das Schicksal des Menschen (^{6}1990).

Naturallohn, Arbeitsentgelt in Form von Sachgütern, heute nur noch in bestimmten Bereichen als Ergänzung des Geldlohns (z. B. Deputat) üblich. (→Lohn)

Naturalobligation, eine Forderung, die zwar rechtlich besteht, aber nicht eingeklagt werden kann. Eine trotzdem erbrachte Leistung ist keine Schenkung, sondern Erfüllung; sie kann nicht zurückgefordert werden. Zu den N. gehören z. B. verjährte Forderungen (§ 222 BGB), Spiel- und Wettschulden (§ 762 BGB) und der Ehemäklerlohn (§ 656 BGB).

Naturalrestitution, →Schadensersatz.

Naturalwirtschaft, eine autarke, auf Eigenproduktion und Bedarfsdeckung ausgerichtete Volkswirtschaft; im Unterschied zur Geldwirtschaft jene Wirtschaftsstufe oder -form, in der die Wirtschaftsgüter ›in natura‹, d. h. als solche getauscht werden (**Naturaltauschwirtschaft**).

Natura naturans [lat.], die erzeugende, schöpfer. Natur im Ggs. zur ›geschaffenen Natur‹ (**Natura naturata**), eine auf aristotelische Begriffe zurückgreifende Unterscheidung (erstmals bei IBN RUSCHD), die in der Scholastik auf das Verhältnis Gottes zur Schöpfung übertragen wurde. Gott wird hierbei als Erzeuger und Ursache alles natürlich Entstehenden verstanden.

natura non facit saltus [lat. ›die Natur macht keine Sprünge‹], eine philosoph. These, die auf der Annahme des Prinzips der Stetigkeit beruht. Sie besagt, dass es im Naturgeschehen keine Lücke gibt und in ihm alles durch Kontinuität verbunden ist; wurde bes. von G. W. LEIBNIZ (›Nouveaux essais‹, 1704, Vorrede) zur Formulierung der ›lex continui‹ sowie u. a. von C. VON LINNÉ, GOETHE und A. SCHOPENHAUER verwendet. Gegen deren Allgemeingültigkeit lehrt die Quantentheorie, dass es im atomaren Bereich diskontinuierl., sprunghafte Veränderungen gibt.

Naturdarstellung, die künstler. Beschäftigung mit der Natur im Sinne von Versuchen ihrer künstler. Nachahmung und Gestaltung, begleitet von ästhet. Theoriebildung.

In der *bildenden Kunst* der griech. Antike wurde die gegenständl. Welt, die Natur einschließlich des Menschen, die ganze Welt der Erscheinungen, grundsätzlich idealtypisch wiedergegeben, wie es bes. in der gut überlieferten Plastik ablesbar ist. Entsprechend den philosoph. Überlegungen über Natur und Kunst schien jedoch immer nur eine Annäherung der bildenden Kunst an das nachgeahmte Urbild möglich. Erste räuml. Wiedergaben in der (verlorenen) Malerei, zunächst durch Überschneidungen (so auch in der Vasenmalerei), dann durch Schatten, wurden als Nachahmung der Erscheinungswelt eingestuft. In der hellenist. und röm. Kunst setzte das Porträt im eigentl. Sinn ein mit einer Darstellung der Natur ohne idealtyp. Überformung oder zumindest unter Einbeziehung erster realist. Elemente. In der Kunst der Neuzeit wird unter N. meist nur Landschaftsdarstellung und die Darstellung der Gegenstandswelt (Tiere, Pflanzen) verstanden, die zunächst als symbol. Kürzel, Landschaft dann auch als Schauplatz und Hintergrund in Gemälden mit religiösen, mytholog. oder geschichtl. Themen erschien und in der Folge in der reinen →Landschaftsmalerei und im →Stillleben sowie in der Tierdarstellung eine außerordentl. Entwicklung erfuhr. Die moderne Kunst vollzog eine Abwendung von der realist. Wiedergabe bzw. ›Nachahmung‹ von Naturerscheinungen, wobei die Künstler z. T. parallel zur Natur arbeiten wollten, womit sie an das Selbstverständnis des Künstlers seit der Renaissance und bes. der Romantik anknüpfen. Solche Parallelen werden im Aufspüren und gestalter. Berücksichtigen der vorgegebenen Ordnungsgefüge der menschl. Wahrnehmung und ihrer Strukturierungsgesetze, die auch Gesetze der Gestalt sind (z. B. Prägnanzprinzip, Gleichgewicht), gesehen. – In der zeitgenöss. Kunst wird auch Natur in das künstler. Tun einbezogen – von natürl. Materialien wie Sand als Grundierung von Bildern über Erde, Stein, Baumstämmen, Blütenstaub im Ausstellungsraum bis zur Aktion in der unberührten Natur, bes. in der Wüste, womit die Künstler auf die Entfremdung der modernen Zivilisation von Natur und natürl. Dasein verweisen.

Naturdarstellung: Emil Nolde, ›Feuerlilien und dunkelblauer Rittersporn‹, um 1925 (Mannheim, Kunsthalle)

Bedeutung und Funktion der Natur in der *Literatur* der versch. Zeiten und Völker ist seit jeher mannigfachen Wandlungen unterworfen, die in engem Zusammenhang und in Wechselwirkung mit v. a. religiösen, philosoph., naturwissenschaftlich-techn. und ökonom. Vorstellungen und Erklärungsmodellen stehen. Die Natur als das dem Menschen gleichermaßen Vorausgesetzte wie ihn Transzendierende zeigt sich dabei hinsichtlich einer mentalitätsgeschichtl. Betrachtungsweise von Dichtung als bedeutendes Strukturelement für das Verstehen zeittyp. Einstellungen und Wandlungen in europ. wie außereurop. Kulturen und Literaturen.

Konstituierendes Element kann N. in der Lyrik und in einigen epischen Formen sein: so in der antiken Dichtung, bes. in Idylle und Elegie (THEOKRIT, PROPERZ, TIBULL, HORAZ, VERGIL). In der frühmittelalterl. Literatur ist Natur nicht autonomer Gestaltungsgegenstand, sondern im Rahmen eines vielfachen allegor. Bedeutungs- und Verweisnetzes ein dem spirituellen Gesamtauftrag der Dichtung untergeordnetes Element. In der volkssprachl. weltl. Dichtung findet sich N. v. a. in der Form des →Natureingangs (W. VON DER VOGELWEIDE, NEIDHART) sowie in der Aufnahme von (natur)wissenschaftl. Versatzstücken in die fiktionale Literatur (Lyrik, höf. Roman). Humanismus und Renaissance knüpfen wieder an antike, bes. arkad. Dichtung an, z. T. überformt durch gesellschaftl. oder theolog. Zweckbestimmungen (breite Ausbildung der Naturmetaphorik). Die stilisierende Fixierung der Natur in der Dichtung ändert sich erst mit der Aufklärung. Noch ganz auf rationalist. Religiosität gestellte Naturauslegung findet sich bei B. H. BROCKES, pathet. Lehrdichtung bei A. VON HALLER; mit dem Lebensgefühl der Empfindsamkeit wird dann ein originäres Erleben der Natur möglich (ausgehend von J.-J. ROUSSEAUS ›Zurück zur Natur‹ bei J. G. HAMANN und J. G. HERDER). Es äußert sich in hymn. Naturpreis bei F. G. KLOPSTOCK, M. CLAUDIUS, den Dichtern des Göttinger Hains und des Sturm und Drang. Aus dem Erlebnis der Natur als einer Wachstumsgesetzen gehorchenden Ganzheit erwuchs der Organismusgedanke, den HERDER auf das Verständnis der Kulturen anwendete und GOETHE auf seiner wiss. Suche nach Strukturierungsprinzipien der N. zur morpholog. Methode vertiefte. Die Romantik weitet dann das Naturerlebnis einerseits zur Naturschau und -mystik (NOVALIS, J. C. F. HÖLDERLIN), andererseits zur sehnsüchtigen Einstimmung und Begegnung (C. VON BRENTANO, J. VON EICHENDORFF) oder Dämonie (Nachtstücke) aus. An die Stelle solcher symbol. Strukturen treten im späteren 19. Jh. Versuche genauer Landschaftsbeschreibungen (A. STIFTER, T. STORM, G. KELLER, C. F. MEYER), exot. oder minutiöser Detailmalerei (ANNETTE VON DROSTE-HÜLSHOFF, E. MÖRIKE, F. RÜCKERT, F. FREILIGRATH), der Parallelisierung von Naturgewalt und Menschenschicksal. Im Naturalismus ist die Natur kein literar. Thema, umso mehr in den Gegenbewegungen, in der Neuromantik, in Impressionismus, Symbolismus und Expressionismus. Die dichter. N. zu Beginn des 20. Jh. war zunächst durch die Benennung von Extremen, von negativen Bildern der Fäulnis und Verwesung (G. BENN) einerseits und einer positiv-utop. Konzeption der Natur als heiler (Gegen-)Welt andererseits sowie in den 1950er- und 1960er-Jahren durch Tendenzen zur Naturmagie (P. CELAN, I. BACHMANN, O. LOERKE, W. LEHMANN), wie auch einer Abkehr von der reinen Naturlyrik (Natur als ›Form der Verneinung‹, G. EICH) geprägt. In der Gegenwart ist das Bild der Natur in der Dichtung v. a. durch das zunehmende Erkennen der Bedrohtheit der Natur und des mit ihr verbundenen Menschen bestimmt. Die hieraus erwachsenden schriftsteller. Gestaltungen sind jedoch kaum mehr einheitlich, sondern durch Stilpluralismus gekennzeichnet.

Für die *Musik* ist die Natur dreifach bedeutsam: als Ursprung, als ästhet. Konzept und als Objekt tönender Abbildung. Die Antike kannte die Vorstellung, dass Musik Teil der Natur ist, ihr entspringt und auf sie einwirkt. Naturhaftes im Sinne des kosm. Ordnungsprinzips wohnt den harmon. Proportionen der Intervalle und Rhythmen inne, es bewahrt sich in Instrumenten, die der belebten Natur entstammen, und es beweist sich in der Macht, die Töne auf Tiere und Menschen ausüben. Die musikal. Affektenlehre der Renaissance und des Barock ging davon aus, dass menschl. Gefühle darstellbar und evozierbar sind. Auf die Naturgegebenheit bestimmter Tonverhältnisse berufen sich noch die Verteidiger der harmon. Tonalität. Neuzeitl. Herkunft sind Ableitungen der vorgeschichtl. Anfänge der Musik aus der emotionalen Steigerung des gesprochenen Worts (J.-J. ROUSSEAU) oder der Nachahmung von Tierlauten (C. DARWIN). – Das ästhet. Postulat der Nachahmung der Natur betrifft in wortgebundenen Werken außer der Sprachkomponente u. a. die schlicht zu formende Gesangsmelodie. Die Idee der Sanglichkeit als Ausdruck reiner Menschlichkeit wird im 18. Jh. auch ein Leitbild der Instrumentalmusik, für die später noch das Prinzip der organischen Motiventwicklung Bedeutung gewinnt. – Die klingende Vergegenwärtigung akust. oder opt. Naturphänomene (Gewitter, Sturm, Waldes-, Meeresrauschen, Plätschern, Tierstimmen) oder arkad. Idyllik ist in Oper und Programmmusik verbreitet. Für die neue Musik ist Natur sowohl Inspiration (O. MESSIAEN) als auch Gegenstand von Kritik (M. KAGEL).

Naturdenkmal, Felsen, Quellen, Wasserfälle, alte Bäume u. a. bemerkenswerte ›Einzelschöpfungen der Natur‹, die aus wiss., naturgeschichtl. oder landeskundl. Gründen oder wegen ihrer Seltenheit, Eigenart oder Schönheit geschützt sind.

nature [na'ty:r, frz.], **naturell** [-ty-], *Gastronomie:* ohne besondere Zutaten, Zusätze.

Natur|eingang, im Minnesang und in der Volksliedtradition gängige Naturdarstellung (als literar. Topos) im Einleitungsteil eines Liebesgedichtes. Nach Anfängen im 12. Jh. (z. B. DIETMAR VON AIST) war der N. im Minnesang des 13. Jh. bes. beliebt (v. a. NEIDHART).
B. VON WULFFEN: Der N. im Minnesang u. frühen Volkslied (1963).

Natur|erbe, Bez. für die von der UNESCO in die Liste des →Welterbes aufgenommenen Weltnaturgüter. Das N. umfasst geolog. Formationen, archäolog. Fundstätten, Naturlandschaften und Schutzreservate vom Aussterben bedrohter Tiere und Pflanzen.

Naturfasern, Sammel-Bez. für alle (v. a. als Textilrohstoffe oder als Rohstoffe für Seile, Netze, Matten, Isoliermaterialien usw. verwendeten) Fasern natürl. Herkunft. Man unterscheidet v. a. die (aus Proteinen bestehenden) **tierischen N.** (wie Seide und Wolle) und die (aus Cellulose bestehenden) **pflanzlichen N. (Pflanzenfasern).** Letztere lassen sich unterteilen in die aus Pflanzenstängeln oder Blättern gewonnenen Bastfasern (Stängelfasern sind z. B. Flachsfasern, Hanf, Jute, Blattfasern z. B. Manilafaser, Sisal, Yuccafaser) sowie die aus Samenhaaren oder Fruchtwandbestandteilen gewonnenen Fruchtfasern (z. B. Baumwolle, Kapok, Kokosfaser). Daneben sind auch mineralische N. (z. B. Asbest) bekannt.

Naturgas, das der Erde entweichende →Erdgas.

Naturgefühl, das emotionale Verhältnis des Menschen zur Natur als vorgegebenem Lebensraum, wie er (in Abhängigkeit von historisch-kulturellen Entwicklungsstufen und zivilisator. Lebensbedingungen) als natürl. Inbegriff von biolog. Existenz erfahren wird. Das N. als ursprüngl. Erleben der Schöpfung geht in der jüngsten Gegenwart einher mit der qualitativen Beurteilung der Natur als organ. Umwelt, die aufgrund zunehmender Gefährdung durch Technologie und Industrie als Wert an sich geschützt und erhalten werden soll. (→Natur, →Naturphilosophie)

Naturgeschichte, 1) die Geschichte der Natur, in der die Entwicklung der Erde, des Sonnensystems, des Kosmos beschrieben wird; 2) das Wissen von der Natur, wie es sich in den einzelnen Naturwissenschaften niedergeschlagen hat und wie es in traditionellem Verständnis Gegenstand des mit Experiment, Sammeln und Systematisieren beschäftigten Naturforschers gewesen ist; 3) seit dem 19. Jh. als Schulfach und Museums-Bez. im Sinne von →Naturkunde.

Naturgesetz, eine erfahrungsgemäß sich immer wieder bestätigende, aus dem Naturgeschehen abgeleitete Regel; i. e. S. ein allg. anerkannter Lehrsatz einer Naturwissenschaft, d. h. eine Aussage, die bei Vorliegen gewisser experimentell prüfbarer Bedingungen Voraussagen über das Eintreten anderer Erscheinungen gestattet.

Der Begriff N. (lat. lex naturae) trat erstmals in der Scholastik auf. Im Zuge der Säkularisierung des Naturbegriffs entwickelte sich die Vorstellung, dass die

Naturdenkmal: Die ›Lange Anna‹ an der Nordspitze der Insel Helgoland

Natur selber nach Gesetzen handle. J. KEPLER formulierte als Erster N. im modernen Sinn (→keplersche Gesetze), I. NEWTON entwickelte die erste umfassende Theorie im Sinne der heutigen Physik. G. GALILEI erörterte methodolog. Probleme, D. HUME und I. KANT verwiesen auf Fragen wie die der Anwendbarkeit von Induktionsschlüssen und die der Abhängigkeit der Naturerkenntnis von allgemeinen Vernunftprinzipien. R. DESCARTES' Überlegungen ließen den hypothet. Charakter von N. erkennen. Mit der Überwindung des Mechanismus in der Physik gewannen wissenschaftsphilosoph. Überlegungen an Gewicht, die sich in den modernen Wissenschaftstheorien des Wiener Kreises und seiner Gegner sowie der Nachfolger beider Schulen weitgehend verselbstständigten. R. CARNAP und H. REICHENBACH versuchten mit wahrscheinlichkeitstheoret. Mitteln Grade der Verifizierbarkeit von physikal. Gesetzen zu definieren. Im Falsifikationismus K. R. POPPERS sind N. gegen Widerlegungsversuche erfolgreiche Sätze. Die Diskussion verschiebt sich dann von einzelnen N. auf vollständige Theorien (I. LAKATOS). Nach T. S. KUHN sind N. durch ihre fakt. Anerkennung unter Fachwissenschaftlern legitimiert und können unter Vorgabe andersartiger Grundbegriffe (›Paradigmen‹) durch neue N. abgelöst werden. Eine andere Tradition führte über den Konventionalismus H. POINCARÉS und den krit. Voluntarismus H. DINGLERS zum Konstruktivismus (P. LORENZEN u. a.), der nach Abtrennung nichtempir. Messtheorien (Protophysik) die Abhängigkeit der weniger natur- als technikwissenschaftlich aufgefassten physikal. Gesetze von kulturhistor. Einflüssen rational zu rekonstruieren versucht.

In der Chemie wird der Begriff N. entweder wie in der Physik bestimmt, oder er ist unerheblich; in der Biologie bilden sich gegen mechanist. Auffassungen gerichtete, nicht mehr an der Physik orientierte Alternativen heraus. Ob die Psychologie, wenigstens in Teilbereichen, N. formuliert, ist umstritten.

Naturgottheiten, *Religionswissenschaft:* unpersönl. Kräfte oder personale Götter, die mit Naturphänomenen (z. B. Gestirne, Tiere, Blitz, Quellen) identifiziert werden. (→Naturverehrung)

Naturhaushalt, das Wirkungsgefüge der biot. und abiot. Faktoren der Natur. Zur Erhaltung der Leistungs- und Funktionsfähigkeit des N. ist u. a. der Erhalt der Artenmannigfaltigkeit, der biolog. Vielfalt (›Biodiversität‹) erforderlich.

Naturheilkunde, i. w. S. die Lehre von der Heilung von Krankheiten durch ›naturgegebene‹ Einwirkungen. Die N. entzieht sich einer eindeutigen Definition: So bestehen einerseits weitgehende Überlappungen mit der Schulmedizin, die sich auch vieler ›natürl.‹ Verfahren wie Bewegungstherapie, Atemtherapie,

Wärme- und Kältetherapie, Klimatherapie und Massagetherapie bedient. Andererseits sind gerade unter den von der Schulmedizin verwendeten Arzneimitteln zahlr., aus Pflanzen oder Bakterienkulturen gewonnene ›natürl.‹ Stoffe vertreten (z. B. Antibiotika, Mutterkorn- oder Opiumalkaloide). Trotz Uneinigkeit über Definition und Abgrenzung des Fachs zu Schulmedizin einerseits und zu weiteren alternativen Heilverfahren andererseits sind die Verwurzelung in der von der Natur Vorgegebenen und das Hinzielen auf eine Steigerung der dem Menschen innewohnenden Naturheilkräfte im Selbstverständnis der Naturheilkundler unbestritten. Dabei verwertet die N. die Erfahrung, die von der Naturwiss. bestätigt wird, dass eine Krankheit ohne die Mittel des Organismus nicht geheilt werden kann (biolog. Medizin): die Fähigkeit, zerstörte Gewebe wiederherzustellen (Regeneration), bestimmte Gewebedefekte zur Vernarbung zu bringen, geschwächte Leistungen eines Organs allmählich zu bessern oder durch Mehrleistung anderer Organe auszugleichen. Dazu kommen die allgemeine Widerstandsfähigkeit des Menschen gegen krank machende Wirkungen der Außenwelt überhaupt wie auch die Kraft des seel. Gleichgewichts. Krankheitssymptome wie Fieber erscheinen dabei als Ausdruck natürl. Heilungsvorgänge, die nicht unbedingt unterdrückt, sondern sinnvoll geleitet werden sollen. Da die natürl. Heilkraft des Körpers allein manchmal nicht ausreicht, müssen zusätzl. Behandlungsmaßnahmen ergriffen werden. ›Natürl.‹ Anwendungen werden hierbei als Naturheilverfahren bezeichnet. Die N. kommt heute in großem Maße in der Vorsorge (Prophylaxe), bei Frühheilverfahren, bei chron. Erkrankungen (z. B. Zivilisationskrankheiten) und bei der Nachbehandlung von Krankheiten (Rehabilitation) zum Einsatz.

Schlüsselbegriff

Verfahren: Angewendet werden naturgegebene Einwirkungen, die auch den gesunden Menschen durch Abhärtung in seiner gesunden Leistung erhalten. Dazu gehören Luft- und Lichtbäder, Wasserbäder versch. Wärmegrade, Ruhe und Bewegung, Gymnastik, Massage, klimat. Einwirkungen und eine zweckmäßige Ernährung. Je weniger diese natürl. Reize verändert und spezialisiert werden, desto näher kommen sie dem Sinn der N. Die Pflanzenheilkunde (Phytotherapie), ein Teilgebiet der N., verwendet frische bzw. getrocknete Pflanzen oder Teile davon (Drogen) ohne weitere chem. oder sonstige Verarbeitung als Grundlage von Tees, Aufgüssen und Abkochungen. Die aus den Drogen gewonnenen Tinkturen und Extrakte gestatten je nach ihrem Wirkstoffgehalt eine differenzierte Therapie. I. w. S. werden auch psychotherapeut. Verfahren wie Hypnose und autogenes Training sowie alle kreativen Maßnahmen wie Musik- und Kunsttherapie (Maltherapie) zu den Naturheilverfahren gezählt. Im Unterschied zur streng verstandenen naturwiss. Medizin verwendet die N. auch Methoden, deren Heilerfolge wissenschaftlich (noch) nicht erwiesen sind, sondern auf der Beobachtung von Einzelfällen beruhen (Erfahrungsheilkunde).

Geschichtliches: Die Medizin war über Jahrtausende naturheilkundlich orientiert. Schon in der Antike haben die Vorsokratiker und Hippokratiker auf die Bedeutung einer naturgemäßen Krankheitsbehandlung, der ›Diaita‹ (Diät), hingewiesen; auch in der Medizin außereurop. Kulturen spielt die N. eine große Rolle.

Die neuzeitl. N. geht auf die auf Erfahrung gestützte Anwendung naturgegebener Heilmittel zurück; zunächst waren Laienbehandler in dieser Richtung tätig, z. B. V. PRIESSNITZ, J. SCHROTH, S. KNEIPP, die die rein naturwissenschaftlich ausgerichtete Medizin ablehnten oder für zumindest ergänzungsbedürftig hielten. Ihre Methoden wurden wiss. begründet und in die Medizin eingeführt durch die Ärzte HEINRICH LAHMANN (*1860, †1905), M. BIRCHER-BENNER, ALFRED BRAUCHLE (*1898, †1964) und HANS MALTEN (*1897, †1959).

Lb. der Naturheilverfahren, hg. v. K.-C. SCHIMMEL, 2 Bde. (²1990); E. MEYER-CAMBERG: Das prakt. Lex. der N. (Neuausg. 1990); Naturheilverfahren in der ärztl. Praxis, hg. v. H.-D. HENTSCHEL (²1996).

Naturhorn, Naturtrompete, Bez. für klappen- und ventillose Hörner und Trompeten, auf denen nur die →Naturtöne geblasen werden können.

natur|identische Aromastoffe, →Aromastoffe.

Naturkatastrophen, Sammel-Bez. für alle extremen Naturereignisse, die nicht nur zu großen Schäden in der Natur, sondern v. a. am vom Menschen geschaffenen Bauwerken und Infrastrukturen sowie zu zahlr. Todesopfern, Verletzten und Obdachlosen führen (›N. sind Kulturkatastrophen‹). Als ›groß‹ werden solche Katastrophenereignisse gewertet, die die Selbsthilfefähigkeit der betroffenen Region übersteigen und deshalb überregionale oder internat. Hilfe erforderlich machen. Dies ist i. d. R. dann der Fall, wenn die Zahl der Toten in die Hunderte oder Tausende, die der Obdachlosen in die Zehn- und Hunderttausende und die Gesamtschäden in die Hunderte Mio. oder Mrd. US-$ gehen. Bei Fortsetzung der steilen Trendkurve der letzten Jahrzehnte muss schon zum Ende der 1990er-Jahre mit durchschnittlichen jährl. Gesamtschäden von weit über 100 Mrd. US-$ gerechnet werden. Aber auch einzelne N. wie das Erdbeben von Kōbe 1995 können diese Größenordnung erreichen. Weltweit wurden 1996 insgesamt rd. 600 N. mit einem volkswirtschaftl. Schaden von zus. 61 Mrd. US-$ erfasst. Im Ggs. zu techn. Katastrophen werden N. von natürl. Extremereignissen ausgelöst; auf menschl. Einfluss gehen z. B. Erdbebenauslösung durch Bergbau und Stauseen, Dürrekatastrophen infolge von Überweidung und Hochwasser infolge von wasserbaul. und landwirtschaftl. Eingriffen zurück.

Nach ihrer Entstehungsursache kann man folgende Arten von N. unterscheiden: 1) meteorolog. N., hervorgerufen durch Stürme (trop. Wirbelsturm, Wintersturm, Tornado, Gewittersturm, Sandsturm), Niederschläge (Starkregen, Eisregen, Glatteis, Hagel, Schneesturm, Lawine), Nebel und Smog, Dürren, Hitze- oder Kältewellen, Blitzschlag, Wald-, Busch- oder Steppenbrände; 2) hydrolog. N. durch Überschwemmungen, Sturzfluten, Hochwasser, Grundwasseranstieg, Muren, Rückstau in Gerinnen, Eisstau in Flüssen, Gletscherwasserausbrüche (isländ. Jökullhaup), Gletschervorstöße oder Gletschereisabbrüche; 3) geolog. N. in-

Naturkatastrophen: Weltweit aufgetretene große Naturkatastrophen 1960–1996

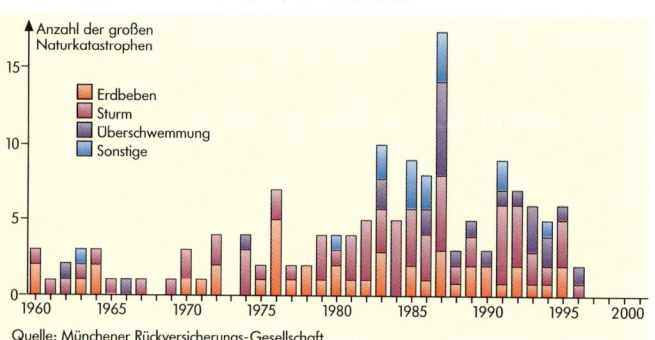

Quelle: Münchener Rückversicherungs-Gesellschaft

Naturkatastrophen (versicherte Schäden von 1 Mrd. US-$ und darüber)

Rang*)	Jahr	Ereignis	Region	versicherte Schäden in Mio. US-$	volkswirtschaftliche Schäden in Mio. US-$
17	1983	Hurrikan ›Alicia‹	USA	1 257	1 650
6	1987	Wintersturm	Westeuropa	3 100	3 700
5	1989	Hurrikan ›Hugo‹	Karibik, USA	4 500	9 000
4	1990	Wintersturm ›Daria‹	Europa	5 100	6 800
16	1990	Wintersturm ›Herta‹	Europa	1 300	1 900
8	1990	Wintersturm ›Vivian‹	Europa	2 100	3 250
15	1990	Wintersturm ›Wiebke‹	Europa	1 300	2 250
3	1991	Taifun ›Mireille‹	Japan	5 200	6 000
11	1991	Waldbrand ›Oakland fire‹	USA	1 700	2 000
1	1992	Hurrikan ›Andrew‹	USA	20 000	30 000
12	1992	Hurrikan ›Iniki‹	Hawaii	1 600	3 000
10	1993	Schneesturm	USA	1 750	5 000
19	1993	Überschwemmung	USA	1 000	12 000
2	1994	Erdbeben	USA	12 500	30 000
7	1995	Erdbeben	Japan	3 000	100 000
18	1995	Hagel	USA	1 135	2 000
14	1995	Hurrikan ›Luis‹	Karibik	1 500	2 500
9	1995	Hurrikan ›Opal‹	USA	2 100	3 000
13	1996	Hurrikan ›Fran‹	USA	1 600	3 000

*) nach der versicherten Schadenshöhe

folge von Erdbeben (Bodenerschütterung, Bodenverflüssigung, Verwerfung), Vulkanausbrüchen (Lavastrom, Ascheausbruch, Glutwolke, Schlammstrom, Gasausbruch, Caldera-Einsturz), Erdrutsch, Erdabsenkung oder Bergsturz; 4) astronom. N. (Meteoriten- oder Kometeneinschlag); 5) biolog. N. durch Seuchen, Schädlingsbefall, Heuschreckenschwärme.

In den letzten Jahrzehnten wird eine starke Zunahme der Häufigkeit und Schwere von N. beobachtet. Dafür gibt es eine Reihe von Gründen, für die hauptsächlich der Mensch verantwortlich ist: die weltweite Bev.-Zunahme (v. a. in der Dritten Welt), der mit steigendem Lebensstandard wachsende Sachwert, die Konzentration von Bev. und Sachwerten in Großstadträumen, die Besiedlung und Industrialisierung stark naturgefährdeter Regionen, die Schadensanfälligkeit moderner Gesellschaften und Technologien sowie die Änderung der Umweltbedingungen. Vor allem in Ländern der Dritten Welt treten N. häufiger in Erscheinung und verursachen immer größere Schäden, denn hier werden infolge des rapiden Bev.-Wachstums zunehmend auch katastrophengefährdete Küsten- (z. B. in Bangladesh) und Berggebiete (z. B. im Himalaja und in den Anden) besiedelt; Vorsorge- und Schutzmaßnahmen – sofern es sie überhaupt gibt – können mit diesen Entwicklungen nicht Schritt halten. In den Industrieländern werden inzwischen katastrophenanfällige Standorte auch wirtschaftlich genutzt (z. B. Tourismuszentren in Florida, Kernkraftwerke und Staudämme an Erdbebenverwerfungen in Kalifornien, Offshoreplattformen in der Nordsee und im Golf von Mexiko, Besiedlung von Überschwemmungsflächen, Bebauung steiler Hänge). Hier wächst zudem die Schadensauswirkung durch wirtschaftliche Vernetzung. Verschiedene große N. der letzten Jahre (z. B. Hurrikan ›Andrew‹ in Florida 1992, Erdbeben in Kōbe 1995) zeigen, dass die von ihnen ausgehenden Schäden heute Größenordnungen von 100–1000 Mrd. DM erreichen können. Das Eintreten derartiger Extremereignisse (›Worst-Case‹-Szenarien) kann zum wirtschaftl. Zusammenbruch ganzer Regionen und Länder führen, unter Umständen sogar weltweite Auswirkungen z. B. im Banken- und Versicherungssektor nach sich ziehen. So geraten Entwicklungsländer oft schon bei geringeren Schäden in große wirtschaftliche Schwierigkeiten.

Für eine Zunahme von Zahl und Stärke der N. selbst gibt es eine Reihe von Indizien, die allerdings wegen der großen natürl. Schwankungsbreite nur selten statistisch gesichert sind. Eine besondere Rolle spielt die Frage, ob die vermutete deutl. Klimaänderung bereits in Witterungserscheinungen zum Ausdruck kommt und ob oder inwieweit sie vom Menschen verursacht ist. Als Folge der Erwärmung der Atmosphäre durch den zusätzl. (anthropogenen) Treibhauseffekt können voraussichtlich in bestimmten Regionen der Erde künftig generell mehr Überschwemmungen und Sturzfluten, Hagelschläge und Unwetter, trop. Wirbelstürme und Winterstürme, Sturmfluten und Bergstürze, Hitzewellen und Dürren auftreten. Andere Regionen würden dagegen durch die Erwärmung begünstigt. Der weitere Abbau der stratosphär. Ozonschicht (→Ozonloch) wird zu erhebl. Schädigungen der Biosphäre (v. a. in hohen Breiten) führen. Als Folge des langfristigen Meeresspiegelanstiegs (seit Anfang des 20. Jh. etwa 10 cm) fühlen sich zahlr. Länder existenziell bedroht. Sie haben sich deshalb zur ›Vereinigung kleiner Inselstaaten‹ (engl. Abk. AOSIS) zusammengeschlossen und fordern mit Nachdruck globale Gegenmaßnahmen.

Naturkatastrophen: Durch große Naturkatastrophen weltweit bedingte volkswirtschaftliche Schäden 1960–1996 (in Mrd. US-$)

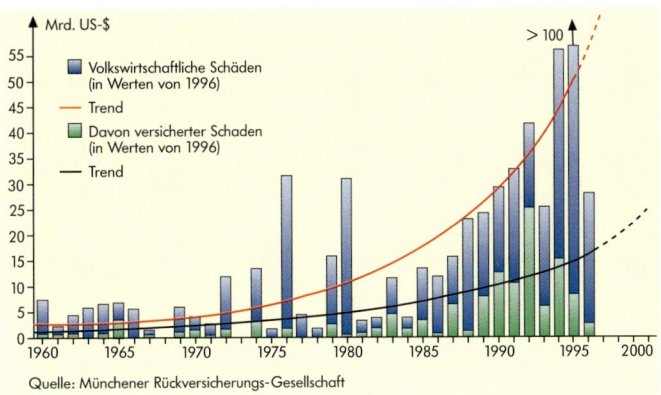

Quelle: Münchener Rückversicherungs-Gesellschaft

Die dramat. Zunahme der Auswirkungen von N. kann nur dann mit Erfolg begrenzt werden, wenn weltweit Vorsorge- und Schutzmaßnahmen ergriffen werden. Dazu gehören: Vorhersage- und Warndienste (z. B. Sturm- und Überschwemmungswarnung, ständige instrumentelle Überwachung von Vulkanen), Katastrophenhilfe (z. B. Evakuierung, Suchtrupps, Notversorgung und -unterbringung, rascher Wiederaufbau), Bauvorschriften (z. B. für erdbebensichere Konstruktion) und Bauüberwachung, Landnutzungsbeschränkungen (z. B. in Überschwemmungsgebieten), Schutzbauten (z. B. Schutzräume, Deiche und Dämme, Renaturierung von Flussläufen), Aufklärung und Ausbildung der Bev., Katastrophenmanagement (z. B. nat. und internat. Koordination, Bevorratung von Hilfsgütern), Forschung (z. B. Untersuchungen zur Katastrophenanfälligkeit von Bauwerken, Infrastruktur und Gesellschaft; Hagelbekämpfung; Erdbebenvorhersage), Versicherung (vertragl. Schutz gegen finanzielle Schäden, in bestimmten Fällen staatl. Zwangsversicherungsprogramme).

Besondere Hoffnung für einen verbesserten Schutz der gefährdeten Bev. wird mit der Weiterentwicklung der Vorhersage- und Warnmethoden verknüpft. Tatsächlich haben sich die Möglichkeiten einer genaueren zeitl. und örtl. Vorhersage z. B. von trop. Wirbelstürmen, Überschwemmungen, Vulkanausbrüchen und Heuschreckenzügen in den letzten Jahrzehnten soweit verbessert, dass geeignete Vorsorge-, Schadensverhütungs- und Evakuierungsmaßnahmen i. d. R. rechtzeitig eingeleitet werden können. Jedoch gibt es nach wie vor eine Reihe von Gefahren (z. B. Erdbeben, Unwetter) und Regionen (z. B. Bangladesh), für die noch entscheidende Verbesserungen nötig sind, um die Bev. effektiv schützen zu können. Auch Sachschäden lassen sich i. d. R. durch rechtzeitige Warnungen erheblich verringern, wenngleich hier von verschärften Bau- und Landnutzungsvorschriften langfristig mehr Erfolg zu erwarten ist. Wegen des weltweiten Zunahmetrends, aber auch wegen der bes. großen N.-Probleme in der Dritten Welt hat die UNO die 1990er-Jahre zur ›Internat. Dekade für die Vorbeugung von N.‹ (engl. International Decade for Natural Disaster Reduction, Abk. IDNDR) erklärt. Die Industrieländer sind aufgefordert, geeignete wiss., techn. und wirtschaftl. Hilfsprojekte mit Partnerländern durchzuführen und darüber hinaus die N.-Problematik im eigenen Land zu erforschen. Ziel ist es, das starke Anwachsen der N.-Schäden bis zum Anfang des 21. Jh. unter Kontrolle zu bekommen. So lassen sich auch Überschwemmungskatastrophen wie 1993 und 1995 an Rhein und Mosel oder wie 1997 an der Oder (mit volkswirtschaftl. Schäden von vielen Mrd. DM) künftig nur verhindern, wenn neben den notwendigen Dammsanierungen den Flüssen wieder mehr Überflutungsfläche (Retentionsraum) gegeben wird und eine weitere Besiedelung oder Industrialisierung von bekannten Überschwemmungszonen verhindert oder nur unter strengen Auflagen zugelassen wird.

G. Schneider: N. (1980); Weltkarte der Naturgefahren, hg. v. der Münchener Rückversicherungs-Gesellschaft (^{2}1988); R. Geipel: Naturrisiken. Katastrophenbewältigung im sozialen Umfeld (1992); D. M. Raup: Ausgestorben. Zufall oder Vorsehung? (a.d. Amerikan., 1992); N. Eldredge: Wendezeiten des Lebens. Katastrophen in Erdgesch. u. Evolution (a.d. Engl., 1994); K. Jacob: Entfesselte Gewalten. Stürme, Erdbeben u. andere N. (Basel 1995); H. u. G. Lamping: N. Spielt die Natur verrückt? (1995); E. Seibold: Entfesselte Erde. Vom Umgang mit N. (1995). – *Zeitschrift:* Natural hazards. An international journal of hazards research and prevention (Dordrecht 1988 ff.).

Naturklangtheorie, eine Theorie, die versucht, aus der natürl. Obertonreihe (→Obertöne) eines Tones die Naturgegebenheit des Dur-Moll-Tonsystems herzuleiten, da dessen Akkordtöne z. T. in der Obertonreihe enthalten sind, so z. B. der Dur-Dreiklang auf dem Grundton. Gegen die N., mit deren Hilfe im 20. Jh. vielfach gegen die Neue Musik bzw. atonale Musik polemisiert wurde, wird eingewendet, sie beachte zu wenig, dass das Dur-Moll-Tonsystem auch ein historisch begründetes Phänomen ist.

Naturkoks, durch Kontaktmetamorphose in Kohlelagerstätten gebildete koksähnl., poröse Masse; diese enthält (infolge der hohen Drücke im Bildungsbereich) im Ggs. zum künstl. Koks noch die freigesetzten Gase.

Naturkonstanten, Fundamentalkonstanten, physikal. Größen, die als von der Natur konstant vorgegeben und im ganzen Universum als gültig angesehen werden. Je nach dem Bereich der Natur, für den sie Bedeutung haben, werden sie auch als **atomare Konstanten** bzw. →Atomkonstanten oder außerhalb der Atomphysik als **allgemeine physikalische Konstanten** bezeichnet. Zw. vielen N. bestehen Beziehungen, die es erlauben, eine N. mithilfe anderer (den **universellen N.**) darzustellen.

Die wichtigsten universellen N. sind die Lichtgeschwindigkeit im Vakuum c_0 und das plancksche Wirkungsquantum h, die elektr. Feldkonstante ε_0 und die magnet. Feldkonstante μ_0, die Elementarladung e sowie die Ruhemassen m_e und m_p des Elektrons und des Protons, die Avogadro-Konstante N_A und die Boltzmann-Konstante k.

N. können nicht aus theoret. Betrachtungen berechnet, sondern nur direkt gemessen oder indirekt aus Messungen N. abgeleitet werden, beides oft nach unterschiedl. Methoden. Zur Ermittlung eines konsistenten Satzes von N. aus versch. Messungen wird seit 1920 (R. T. Birge) ein Ausgleichsverfahren nach der Methode der kleinsten Fehlerquadrate angewandt. Die zur allgemeinen Anwendung empfohlenen Werte der N. beruhen auf den Ausgleichsrechnungen der ›Task Group on Fundamental Constants‹ des ›Committee on Data for Science and Technology‹ (CODATA) des ›International Council of Scientific Unions‹ (ICSU).

N. sind aus versch. Gründen für alle Naturwiss.en von großer Bedeutung: 1) Genauere Werte von N. sind für den krit. Vergleich von Theorie und Experiment erforderlich. Damit hängt eng zusammen, dass durch Vergleich der Werte von N., die sich aus Experimenten in versch. Bereichen der Physik ergeben, die Selbstkonsistenz der grundlegenden Theorien geprüft werden kann. 2) Die Messung von N. mit immer größerer Präzision fördert die Entwicklung adäquater Verfahren, die in der Folge häufig anderweitig Anwendung finden. Die Steigerung der Messgenauigkeit um eine weitere Dezimale ist niemals trivial und erfordert gewöhnlich völlig neue Techniken. 3) N. haben eine Schlüsselfunktion bei der Entwicklung eines Systems reproduzierbarer und unveränderl. Einheiten, einem Grundanliegen der Metrologie. Kann ein Einheitensystem auf N. bezogen werden, so ist es unabhängig von möglicherweise veränderl. Prototypen. Für das derzeit gültige Einheitensystem (SI) ist dies bereits teilweise erreicht.

E. R. Cohen u. B. N. Taylor in: Reviews of modern physics, Jg. 59 (Minneapolis, Minn., 1987).

Naturkost, Bez. für Lebensmittel, die ökolog. Erzeugung entstammen und eindeutig definierte Qualitätsmerkmale besitzen, zu deren Einhaltung sich die Erzeuger verpflichten: 1) N. ist möglichst naturbelassen, d. h. möglichst wenig bearbeitet und frei von synthet. Zusatzstoffen; 2) N. ist vollwertig, sie enthält z. B. Nährstoffe und Vitamine in höchstmögl. Maß;

Empfohlene Werte einiger wichtiger Naturkonstanten[1]

Größe	Formelzeichen	Zahlenwert[2]	Einheit (dezimale Vielfache)	relative Unsicherheit
Lichtgeschwindigkeit im Vakuum	c_0	299 792 458	ms^{-1}	null
magnetische Feldkonstante	μ_0	$4\pi \times 10^{-7}$	NA^{-2}	null
		=12,566370614	$10^{-7} NA^{-2}$	
elektrische Feldkonstante, $1/\mu_0 c_0^2$	ε_0	8,854187817	$10^{-12} F\,m^{-1}$	null
Gravitationskonstante	G	6,67259(85)	$10^{-11}\,m^3\,kg^{-1}\,s^{-2}$	$1{,}28 \times 10^{-4}$
plancksches Wirkungsquantum	h	6,6260755(40)	$10^{-34}\,J\,s$	$6{,}0 \times 10^{-7}$
		4,1356692(12)	$10^{-15}\,eV\,s$	$3{,}0 \times 10^{-7}$
	$\hbar = h/2\pi$	1,05457266(63)	$10^{-34}\,J\,s$	$6{,}0 \times 10^{-7}$
		=6,5821220(20)	$10^{-22}\,MeV\,s$	$3{,}0 \times 10^{-7}$
Elementarladung	e	1,60217733(49)	$10^{-19}\,C$	$3{,}0 \times 10^{-7}$
Josephson-Frequenz-Spannungs-Quotient	$2e/h$	4,8359767(14)	$10^{14}\,Hz\,V^{-1}$	$3{,}0 \times 10^{-7}$
quantisierter Hall-Widerstand, $h/e^2 = \frac{1}{2}\mu_0 c_0/\alpha$	R_H	25 812,8056(12)	Ω	$4{,}5 \times 10^{-8}$
Bohr-Magneton, $e\hbar/2m_e$	μ_B	9,2740154(31)	$10^{-24}\,J\,T^{-1}$	$3{,}4 \times 10^{-7}$
		5,78838263(52)	$10^{-5}\,eV\,T^{-1}$	$8{,}9 \times 10^{-8}$
Kernmagneton, $e\hbar/2m_p$	μ_N	5,0507866(17)	$10^{-27}\,J\,T^{-1}$	$3{,}4 \times 10^{-7}$
		3,15245166(28)	$10^{-8}\,eV\,T^{-1}$	$8{,}9 \times 10^{-8}$
Sommerfeld-Feinstrukturkonstante, $\mu_0 c_0 e^2/2h$	α	7,29735308(33)	10^{-3}	$4{,}5 \times 10^{-8}$
	α^{-1}	137,0359895(61)		$4{,}5 \times 10^{-8}$
Rydberg-Konstante, $m_e c_0 \alpha^2/2h$	R_∞	10 973 731,534(13)	m^{-1}	$1{,}2 \times 10^{-9}$
Bohr-Radius, $\alpha/4\pi R_\infty$	a_∞	0,529177249(24)	$10^{-10}\,m$	$4{,}5 \times 10^{-8}$
Ruhemasse des Elektrons	m_e	9,1093897(54)	$10^{-31}\,kg$	$5{,}9 \times 10^{-7}$
		5,48579903(13)	$10^{-4}\,u$	$2{,}3 \times 10^{-8}$
		0,51099906(15)	MeV	$3{,}0 \times 10^{-7}$
Compton-Wellenlänge des Elektrons, $h/m_e c_0$	λ_C	2,42631058(22)	$10^{-12}\,m$	$8{,}9 \times 10^{-8}$
$\lambda_C/2\pi = \alpha a_0 = \alpha^2/4\pi R_\infty$	$\bar{\lambda}_C$	3,86159323(35)	$10^{-13}\,m$	$8{,}9 \times 10^{-8}$
(klassischer) Radius des Elektrons, $\alpha^2 a_0$	r_e	2,81794092(38)	$10^{-15}\,m$	$1{,}3 \times 10^{-7}$
magnetisches Moment des Elektrons	μ_e	928,47701(31)	$10^{-26}\,J\,T^{-1}$	$3{,}4 \times 10^{-7}$
	μ_e/μ_B	1,001159652193(10)		$1{,}0 \times 10^{-11}$
	μ_e/μ_N	1838,282000(37)		$2{,}0 \times 10^{-8}$
g-Faktor des Elektrons	g_e	2,002319304386(20)		$1{,}0 \times 10^{-11}$
Ruhemasse des Myons	m_μ	1,8835327(11)	$10^{-28}\,kg$	$6{,}1 \times 10^{-7}$
		0,113428913(17)	u	$1{,}5 \times 10^{-7}$
		105,658389(34)	MeV	$3{,}2 \times 10^{-7}$
magnetisches Moment des Myons	μ_μ	4,4904514(15)	$10^{-26}\,J\,T^{-1}$	$3{,}3 \times 10^{-7}$
g-Faktor des Myons	g_μ	2,002331846(17)		$8{,}4 \times 10^{-9}$
Ruhemasse des Protons	m_p	1,6726231(10)	$10^{-27}\,kg$	$5{,}9 \times 10^{-7}$
		1,007276470(12)	u	$1{,}2 \times 10^{-8}$
		938,27231(28)	MeV	$3{,}0 \times 10^{-7}$
magnetisches Moment des Protons	μ_p	1,41060761(47)	$10^{-26}\,J\,T^{-1}$	$3{,}4 \times 10^{-7}$
	μ_p/μ_B	1,521032202(15)	10^{-3}	$1{,}0 \times 10^{-8}$
	μ_p/μ_N	2,792847386(63)		$2{,}3 \times 10^{-8}$
gyromagnetisches Verhältnis des Protons	γ_p	26 752,2128(81)	$10^4\,s^{-1}\,T^{-1}$	$3{,}0 \times 10^{-7}$
	$\gamma_p/2\pi$	42,577469(13)	$MHz\,T^{-1}$	$3{,}0 \times 10^{-7}$
Ruhemasse des Neutrons	m_n	1,6749286(10)	$10^{-27}\,kg$	$5{,}9 \times 10^{-7}$
		1,008664904(14)	u	$1{,}4 \times 10^{-8}$
		939,56563(28)	MeV	$3{,}0 \times 10^{-7}$
magnetisches Moment des Neutrons	μ_n	0,96623707(40)	$10^{-26}\,J\,T^{-1}$	$4{,}1 \times 10^{-7}$
	μ_n/μ_B	1,04187563(25)	10^{-3}	$2{,}4 \times 10^{-7}$
	μ_n/μ_N	1,91304275(45)		$2{,}4 \times 10^{-7}$
Ruhemasse des Deuterons	m_d	3,3435860(20)	$10^{-27}\,kg$	$5{,}9 \times 10^{-7}$
		2,013553214(24)	u	$1{,}2 \times 10^{-8}$
		1875,61339(57)	MeV	$3{,}0 \times 10^{-7}$
magnetisches Moment des Deuterons	μ_d	0,43307375(15)	$10^{-26}\,J\,T^{-1}$	$3{,}4 \times 10^{-7}$
	μ_d/μ_B	0,4669754479(91)	10^{-3}	$1{,}9 \times 10^{-8}$
	μ_d/μ_N	0,857438230(24)		$2{,}8 \times 10^{-8}$
Avogadro-Konstante	N_A	6,0221367(36)	$10^{23}\,mol^{-1}$	$5{,}9 \times 10^{-7}$
Atommassenkonstante, $m_u = \frac{1}{12}m(^{12}C)$	m_u	1,6605402(10)	$10^{-27}\,kg$	$5{,}9 \times 10^{-7}$
		931,49432(28)	MeV	$3{,}0 \times 10^{-7}$
Faraday-Konstante	F	96 485,309(29)	$C\,mol^{-1}$	$3{,}0 \times 10^{-7}$
universelle Gaskonstante	R, R_0	8,314510(70)	$J\,mol^{-1}\,K^{-1}$	$8{,}4 \times 10^{-6}$
Boltzmann-Konstante, R/N_A	k	1,3806513(25)	$10^{-23}\,J\,K^{-1}$	$8{,}5 \times 10^{-6}$
Stefan-Boltzmann-Konstante, $(\pi^2/60)k^4/\hbar^3 c_0^2$	σ	5,67051(19)	$10^{-8}\,W\,m^{-2}\,K^{-4}$	34×10^{-6}
Konstante des wienschen Verschiebungsgesetzes	λ_{max}/T	2,897756(24)	$10^{-3}\,m\,K$	$8{,}4 \times 10^{-6}$
Elektronvolt, (e/C) J	eV	1,60217733(49)	$10^{19}\,J$	$3{,}0 \times 10^{-7}$
atomare Masseneinheit, $1u = m_u = \frac{1}{12}m(^{12}C)$	u	1,6605402(10)	$10^{-27}\,kg$	$5{,}9 \times 10^{-7}$

[1] nach CODATA (Committee on Data for Science and Technology), 1986. – [2] die Ziffern in runden Klammern entsprechen der einfachen Standardabweichung.

3) N. ist schadstoffarm; pflanzl. Lebensmittel stammen aus kontrolliert ökolog. Landbau, tier. Lebensmittel aus artgerechter Haltung ohne Verwendung von Tierbehandlungsmitteln; 4) bei Erzeugung, Verarbeitung und Vertrieb von N. wird streng auf ökolog. Verträglichkeit geachtet; auf Importe von Futtermitteln aus der Dritten Welt, Massenproduktion sowie Industrialisierung landwirtschaftl. Betriebe wird verzichtet. Erzeugung und Verarbeitung von N. sind durch Richtlinien festgelegt, deren Einhaltung durch

eine EG-Verordnung gesetzlich geregelt ist. (→biologisch, →ökologischer Landbau)

Naturkunde, in kulturellen Einrichtungen (z. B. Museen) zusammenfassende Bez. für Zoologie, Botanik, Paläontologie, Geologie und Mineralogie. – Im Schulwesen ist die (auch als Naturlehre bezeichnete) N. Bestandteil des Faches Biologie in der Sekundarstufe I bzw. des Sachunterrichts der Grundschule.

Naturlandschaft, die vom Menschen nicht oder nicht wesentlich gestaltete Landschaft. Heute sind N. fast nur noch in wirtschaftlich nicht nutzbaren Gebieten der Erde (Wüste, Hochgebirge u. a.) erhalten. Zumindest in Mitteleuropa stellen auch fast alle Naturschutzgebiete keine N. mehr dar, sondern sind vom Menschen beeinflusst. Die dem menschl. Eingriff vorausgegangene, rekonstruierte N. (theoret. N.) wird beim ersten Auftreten des Menschen als Urlandschaft bezeichnet (→Altlandschaft).

Naturlehrpark, Park mit kulturgeschichtl., natur- und landschaftskundl. Informationszentren, Lehrpfaden u. a. Als erster N. wurde 1968 in der Bundesrepublik der N. **Haus Wildenrath** im Naturpark Schwalm-Nette (NRW) eingerichtet.

natürliche Killerzellen, große granulierte Lymphozyten mit der Fähigkeit, bestimmte Zielzellen zu töten. Sie besitzen keine Antigenrezeptoren wie die B- oder T-Lymphozyten und kein immunol. Gedächtnis (→Gedächtniszellen). Neben anderen Zellen, z. B. dem Monozyten-Makrophagen-System, sind sie Träger der natürl. Abwehr. N. K. richten sich v. a. gegen Tumorzellen und virusinfizierte Zellen, bei denen ein programmierter Zelltod (Atoptose) ausgelöst wird. Durch Sekretion von Zytokinen (bes. γ-Interferon) können sie durch Aktivieren von Makrophagen auch zur Abwehr intrazellulär lebender Bakterien beitragen und Immunreaktionen regulieren.

natürliche Kinder, allg. die ehel. Kinder im Unterschied zu den angenommenen; daneben, v. a. beim Adel, Bez. für nichtehel. Kinder.

natürliche Person, im Recht der Mensch als Träger von Rechten; Ggs.: →juristische Person. (→Rechtsfähigkeit.)

natürliche Religion, in der Religionsphilosophie der Aufklärung und im →Deismus geprägter Begriff, dem die Vorstellung zugrunde liegt, von den geschichtl. Erscheinungsformen der Religionen lasse sich etwas Wesentliches abstrahieren, das als Norm für eine Religion ohne ›dogmat.‹ Überbau gelte und zu gelten habe (dargelegt z. B. in der philosoph. Moraltheologie I. KANTS). Er bezeichnet den Sachverhalt, dass Menschen in ihrer Geschichte – von ihrer ›Natur‹ her – immer Religion hervorgebracht haben, und hebt den Ggs. zur ›Offenbarungsreligion‹ hervor. (→natürliche Theologie)

S. ZURBUCHEN: Naturrecht u. n. R. (Diss. Zürich 1989).

natürlicher Preis, *Wirtschaftstheorie:* →Marktpreis.

natürlicher Sprecher, muttersprachl. Sprecher einer bestimmten Sprache, der aufgrund seiner Sprachkompetenz über →Akzeptabilität und Grammatikalität sprachl. Äußerungen oder über Bedeutungsgleichheit und Bedeutungsverschiedenheit von Ausdrücken befinden kann. In der generativen Transformationsgrammatik wird der n. S. mit dem für eine bestimmte Sprachgemeinschaft repräsentativen →idealen Sprecher gleichgesetzt.

natürlicher Zins, originärer Zins, *Wirtschaftstheorie:* →Zins.

natürliche Schule, russ. **Naturalnaja schkola,** russischer literaturhistor. Begriff, 1846 von FADEJ WENEDIKTOWITSCH BULGARIN (*1789, †1859) geprägt, bezeichnet eine Vorform des Realismus, die nach 1840 z. T. unter frz. Einfluss in der Nachfolge N. W. GOGOLS entstand und von W. G. BELINSKIJ ge-

fördert wurde. In handlungsarmen, aber detailreichen Prosatexten, v. a. ›physiolog. Skizzen‹ (u. a. Almanach ›Fiziologija Peterburga‹, hg. v. N. A. NEKRASSOW, 2 Bde., 1845), wurde, meist mit humanitärer Tendenz, ein Bild bes. der städt. Unterschicht entworfen. Zur n. S. zählten mit ihrem Frühwerk u. a. F. M. DOSTOJEWSKIJ, A. I. HERZEN, N. A. NEKRASSOW und M. J. SALTYKOW.

natürliches Monopol, →Privatisierung.

natürliche Sprache, historisch gewachsene Sprache im Unterschied zu den künstl. Sprachsystemen (z. B. Welthilfssprachen, formalisierte Sprachen, Programmiersprachen). Anders als diese weist sie u. a. versch. Sprachschichten (Hoch- oder Standardsprache, Dialekte, Soziolekte) sowie Mehrdeutigkeit in Wortschatz und grammat. Struktur auf; auch ist sie in ihrer Verwendung vom jeweiligen Kontext (oder der jeweiligen Sprechsituation) abhängig. Grundsätzlich ist bei n. S. die gesprochene Form von der geschriebenen sowie die konkrete, individuelle Sprachausübung (Performanz) vom abstrakten, überindividuellen Sprachsystem (Kompetenz) zu unterscheiden.

natürliche Theologie, theolog. Ansatz, der von der grundsätzl. Frage ausgeht, ob es neben den auf Religionsstifter zurückgehenden Religionen mit einem festen Glaubens- und Offenbarungsinhalt eine allen Menschen auf natürl. Weg zugängl. und vernunftmäßig erschließbare religiöse Erkenntnis gibt (→natürliche Religion). Im N. T. vertritt PAULUS die Auffassung, dass die ›Heiden‹ durch die Betrachtung der Schöpfung zu einer Gotteserkenntnis kommen können (Röm. 1, 20) und ihnen durch eine Gewissensentscheidung eine auch im religiösen Sinn verantwortbare Handlungsweise möglich ist (Röm. 2, 14). In den christl. Kirchen erlangte das Problem der n. T. im Zusammenhang mit der Aufklärung eine zentrale Bedeutung. Die *kath. Kirche* vertrat auf dem 1. Vatikan. Konzil (1870) die Auffassung, dass es eine zweifache religiöse Erkenntnisweise gibt, wonach zwar natürl. Glaubenserkenntnis möglich ist, es aber gleichzeitig Glaubensinhalte gibt, die dem Menschen nur durch besondere Offenbarung zugänglich sind. Glaube und Vernunft werden dabei verstanden als sich nie widersprechende komplementäre Zugänge zum Glauben. Das 2. Vatikan. Konzil (1962–65) hat diese Vorstellung bestätigt. In der *ev. Theologie* beschreibt bes. F. D. E. SCHLEIERMACHER in Auseinandersetzung mit I. KANTS ›Religion innerhalb der Grenzen der bloßen Vernunft‹ die grundsätzlich jedem Menschen mögl. Gotteserfahrung. Dagegen wandte sich die dialekt. Theologie (bes. K. BARTH), indem sie die Ausschließlichkeit der in JESUS CHRISTUS ergangenen Offenbarung hervorhob.

P. EICHER: Offenbarung. Prinzip neuzeitl. Theologie (1977); P. BIEHL: N. T. als religionspädagog. Problem (1983); H. BECK: N. T. Grundr. philosoph. Gotteserkenntnis (²1988); Natural theology versus theology of nature?, hg. v. G. HUMMEL (Berlin 1994).

natürliche Zahlen, die positiven ganzen Zahlen 1, 2, 3, ..., von ARISTOTELES als ›Einheit in der Vielheit‹ definiert, heute meist unter Einschluss der Null; die Menge der n. Z. wird mit ℕ oder N bezeichnet. Auf die n. Z. führt sowohl der Zählprozess als auch der Prozess des Anordnens. Die n. Z. bilden die Grundlage aller anderen Zahlbereiche. Aus ihnen lassen sich unmittelbar die ganzen Zahlen und die positiven rationalen Zahlen konstruieren. Abstrakt wird die Struktur der n. Z. in der einfachsten Form im sog. →peanosche Axiomensystem gefasst.

Naturmythologie, die Interpretation bestimmter Mythen (→Mythos) als normativ ausgestaltete Erfahrungen von Naturphänomenen, die sich z. B. in den Erzählungen von Göttern und ihren Handlungen spiegeln. N. wurde schon von vorsokrat. Philosophen betrieben, in der Aufklärung und im 19. Jh. gelegentlich wieder aufgegriffen. In der neueren Religionswissenschaft wird selbst bei Mythen, die z. B. um Sonne und Mond kreisen, stärker ihr Ursprung in der Eigenart des Menschen und seiner religiösen Verfassung gesehen, die auch seine Deutung der Natur bestimmt. (→Naturverehrung)

Naturns, ital. **Naturno**, Gem. in der Prov. Bozen, Südtirol, Italien, an der Etsch im Vintschgau, 554 m ü. M., 4800 Ew.; Obstbau, Fremdenverkehr. – Pfarrkirche St. Zeno mit karoling. Bauresten. Am östl. Ortsrand die Kirche St. Prokulus (8. Jh., Turm 12. Jh.) mit Fresken aus dem 8. Jh. (Einfluss der iroschott. Buchmalerei).

Naturpark, in sich geschlossener, größerer Landschaftsbereich, der sich durch natürliche Eigenart, Schönheit und Erholungswert auszeichnet und in seinem gegenwärtigen Zustand erhalten werden soll. N. werden i. Allg. nach Grundsätzen der Landschaftspflege behandelt. Die Ausweisung von N. dient v. a. der naturverträgl. Entwicklung von Erholung und Tourismus. Eine ordnungsgemäße Land- und Forstwirtschaft sowie die gesetzlich geregelte Jagd und Fischerei sind gestattet. Größere Flächenanteile der N. sind als Landschaftsschutzgebiete, kleinere Flächen als Naturschutzgebiete ausgewiesen.

Hinsichtlich Zahl und Größe besitzt Dtl. im Vergleich zu anderen europ. Ländern nicht nur die größten, sondern auch die meisten (1997: 72) N., die rd. 59 000 km² Landschaft umfassen.

Anzahl der Naturparks in Deutschland (Stand 31. März 1997)

Bundesland	Anzahl	Fläche in ha	Anteil an der Landesfläche in %
Baden-Württemberg	5	353 877	9,9
Bayern*)	17	2 075 490	29,4
Berlin	–	–	–
Brandenburg	4	144 869	4,9
Bremen	–	–	–
Hessen*)	9	615 786	29,2
Mecklenburg-Vorpommern	4	156 050	6,7
Niedersachsen*)	12	788 010	16,6
Nordrhein-Westfalen*)	14	1 008 023	29,6
Rheinland-Pfalz*)	6	458 927	23,1
Saarland*)	1	103 148	40,1
Sachsen	–	–	–
Sachsen-Anhalt	1	25 706	1,3
Schleswig-Holstein	5	189 925	12,1
Thüringen	–	–	–
Deutschland*)	**78**	**5 919 811**	**16,6**

*) in diesen Ländern kommen Naturparks vor, die grenzübergreifend sind, deshalb kommt es in der Summe zu Doppelzählungen: Die Anzahl der Naturparks beträgt 72, davon liegen 6 in jeweils zwei Bundesländern.

Naturphilosophie, begriffl. Einordnung der philosoph. Erkenntnisse, die auf die Bestimmung des Wesens, der Erscheinungs- und der Bewegungsformen der Natur gerichtet sind. Die N. verfolgt das Ziel, die Struktur der in der Natur ablaufenden Prozesse zu analysieren, um solche Aussagen treffen zu können, die einerseits ihrer Komplexität und Totalität Rechnung tragen und andererseits die Stellung des Menschen zur und in der Natur bestimmen sollen. Die N. ist deshalb nicht selten mit anderen Teilgebieten der Philosophie verbunden (z. B. Ontologie, Erkenntnistheorie, Logik, Ethik, Ästhetik). Sie ist historisch durch ihre urspr. umfassenden Fragestellungen und den Versuch, mit philosoph. Mitteln die Prinzipien der Natur zu erforschen, die Vorstufe der Naturwissenschaften. In ihren frühen Ausprägungen trat die N. hervor als myth. Weltentstehungslehre (→Kosmogonie), später als ontolog. Teilgebiet eines spekulativ verallgemeinerten Weltbildes oder als spekulative Metaphysik der Natur. In der Neuzeit diente sie häufig der mathemat. Grundlegung einer empir. Naturwissenschaft und zunehmend der theoret. Grundlagenforschung in den Naturwissenschaften.

Geschichte

Bereits in der frühen *ind. Philosophie* sind naturphilosoph. Spekulationen über die Beseeltheit der Materie, verwoben mit myst. Auffassungen, in den ved. Upanishaden und im Epos ›Mahabharata‹ nachweisbar. In der antiken *miles. N.* (THALES VON MILET, ANAXIMANDER, ANAXIMENES) dominierte die spekulative Suche nach einem ›Urstoff‹. In der miles. Tradition standen auch die philosoph. Auffassungen von HERAKLIT, EMPEDOKLES, ANAXAGORAS, LEUKIPP und DEMOKRIT. In den großen griech. Schulen der Eleaten (PARMENIDES, ZENON), der Pythagoreer (PHILOLAOS VON KROTON, ARCHYTAS VON TARENT), der platon. Akademie (SPEUSIPPOS, XENOKRATES VON CHALKEDON) und des aristotel. Lyzeums (THEOPHRAST, STRATON VON LAMPSAKOS) wurde die N. kaum verändert. Für die gesamte vorsokrat. Philosophie gilt, dass die N. weitgehend in den Mythos eingebettet blieb, wobei die Kosmologie sich erst langsam von der Kosmogonie (HESIOD) löste, bis sie bei den Atomisten (LEUKIPP, DEMOKRIT, EPIKUR, LUKREZ; →Atomismus) von einer qualitativen zur quantifizierenden Betrachtung überging. Von den naturphilosoph. Auffassungen der *klass. Zeit* besaßen das Zwei-Welten-Theorem PLATONS, die Stoff-Form-Lehre des ARISTOTELES und das neuplaton. Emanationssystem (PLOTIN) eine weit reichende Wirkung. – Der Begriff der ›philosophia naturalis‹ lässt sich bis auf die Stoa (SENECA D. J.) zurückverfolgen. Bis dahin waren naturwiss. und naturphilosoph. Überlegungen eng verbunden. Erstmals trat die Spaltung zw. N. und Naturwissenschaft in den hellenist. Gelehrtenschulen Alexandrias auf, in denen Astronomie, Medizin und Geographie verselbstständigt wurden. Dieser Ausgliederungsprozess war für die Wiss.-Methodologie und ihre Systematik richtungsweisend.

Die *scholast. Philosophie* des MA. übernahm die N. im Wesentlichen in Gestalt der aristotel. Philosophie, die sich gegen die platonisch-neuplaton. Naturlehren (JOHANNES SCOTUS ERIUGENA) durchsetzte. Die N. behielt dabei eine besondere Aufgabe als theologisch bestimmte Metaphysik, z. B. in der umfassenden Argumentation für den kosmolog. Gottesbeweis, für die ›Übersetzung‹ der vorreligiösen Lehre vom ›unbewegten ersten Beweger‹ in die kirchl. Lehre vom Schöpfergott und für die Untersuchung des Verhältnisses von Leib und Seele sowie von Gott und Welt (THOMAS VON AQUINO). Das 13. und 14. Jh. brachten die Bemühung um die Trennung von Theologie und N. (in Oxford und Paris) und die Auseinandersetzungen um die Lehre von der doppelten Wahrheit. Dabei wurde zunächst eine Übereinstimmung oder Ergänzung von Glauben und Vernunft angenommen, während später der schon von IBN RUSCHD (AVERROES), J. DUNS SCOTUS und W. VON OCKHAM behauptete mögl. Widerspruch zw. dem ›Lumen naturale‹ und dem Offenbarungswissen zugestanden wurde. Damit wurde einer theologiefreien ›weltl. Philosophie‹ der Weg geebnet (P. POMPONAZZI, F. BACON, P. BAYLE).

Die N. der *Renaissance* mit ihrem Bestreben, alle Lehren und Meinungen der vergangenen klass. Zeit kritisch zu rezipieren, ermöglichte eine Wiederbelebung der verschiedensten früheren Spekulationen; neben ARISTOTELES (durch POMPONAZZI, G. ZABARELLA) und PLATON (durch F. PATRIZI) oder PLOTIN (durch M. FICINO, G. PICO DELLA MIRANDOLA) wurde auch die ion. N. (durch CLAUDE DE BERIGARD, †1663), der Atomismus (durch P. GASSENDI), die Lehre des EMPEDOKLES (durch EMANUEL MAIGNANUS, *1601, †1676) und die der Stoa (durch J. LIPSIUS) neu belebt. V. a. in Italien entwickelten sich daraus Spielarten eines spekulativen Philosophierens über die Natur (G. CARDANO, B. TELESIO, G. BRUNO, T. CAMPANELLA). Gelegentlich nahm die N. magisch-mystisch-theosoph. Züge an (AGRIPPA VON NETTESHEIM, J. REUCHLIN, PARACELSUS, J. B. VAN HELMONT, R. FLUDD, V. WEIGEL, J. BÖHME). Noch immer wirkte die aristotel. Begriffswelt. Eine bedeutende Rolle bei naturphilosoph. Erklärungen spielten ›Gestirngeister‹, ›Sphären‹, ›Elementarseelen‹, ›archei‹ und ›Samgeister‹. Die N. fiel z. T. mit der Entwicklung der Alchimie (RAIMUNDUS LULLUS) und der Astrologie (von CLAUDIUS PTOLEMÄUS bis J. KEPLER) zusammen. Die eigenständige Entwicklung der Naturwissenschaften, die bes. von ALBERTUS MAGNUS, R. BACON, NIKOLAUS VON ORESME, HEINRICH VON LANGENSTEIN und J. L. VIVES unterstützt worden war, verlief dagegen eher im Hintergrund.

Im *16. und 17. Jh.* setzte sich die quantifizierende Naturauffassung (N. KOPERNIKUS, G. GALILEI, LEONARDO DA VINCI) immer mehr durch. Die Bemühungen um ihre systemat. Begründung (T. HOBBES, R. DESCARTES, B. DE SPINOZA, G. W. LEIBNIZ, I. NEWTON) erreichten einen ersten Höhepunkt. Der engl. Empirismus (F. BACON) unterschied ›operative N.‹ (Mechanik, Magia naturalis) und ›spekulative N.‹ (Physik, Metaphysik). Erst im *18. Jh.* erfolgte eine endgültige Trennung von ›physica empirica‹, der physikal. Tatsachenforschung betreibenden Physik, von der ›physica speculativa‹. Mit dieser Abgrenzung trat die N. nun meist als Metaphysik der Natur gegen die empir. Naturwissenschaft auf. Mehr unkritisch reflektiert diese Wendung C. WOLFF, bei I. KANT hat sie die Form des Kritizismus und Transzendentalismus als Lehre von den log. Bedingungen der Möglichkeit der Erfahrung, die zugleich die ontolog. Bedingungen der Möglichkeit ihrer Gegenstände darstellen. Die kantische Lehre ist damit die erste krit. N. der neuzeitl. mechanist. Naturwissenschaft, die sich auf die Gültigkeit der newtonschen Mechanik gründet.

Der *dt. Idealismus* (KANT, J. G. FICHTE, F. W. J. SCHELLING, G. W. F. HEGEL) versuchte die Natur aus dem dialekt. Entwicklungsgang des Geistes abzuleiten und ihren Aufbau und Zusammenhang in einem universalen System darzustellen. Die Romantik (L. OKEN, C. G. CARUS) entwickelte eine N. des Organischen, die sich bes. für die Frühgeschichte des Geistes interessierte (J. J. BACHOFEN) und beträchtl. Ausstrahlung erreichte, u. a. auf GOETHE.

Der Aufschwung der Einzelwissenschaften und der Technik im *19. Jh.* und die gesellschaftl. Umbrüche verursachten eine Hinwendung zu anderen Positionen. L. FEUERBACHS Kritik an der N. des dt. Idealismus knüpfte an die Bemühungen der frz. Aufklärung an, eine enge Bindung zw. den Naturwissenschaften und der N. zu erhalten. Das Aufkommen des Positivismus (A. COMTE), die Verbreitung einer naturwiss. begründeten, überwiegend mechanizist. N. (L. BÜCHNER, C. VOGT, J. MOLESCHOTT) und der Versuch, die Dialektik mit den Ergebnissen der Einzelwissenschaften zu verbinden, um die Notwendigkeit eines radikalen gesellschaftl. Wandels wiss. zu begründen (K. MARX, F. ENGELS), zeigen an, dass die klass. N. immer weniger Resonanz fand. – Unter den naturphilosoph. Konzeptionen der 2. Hälfte des 19. Jh. waren v. a. die mit dem Darwinismus und der Physik verbundenen von großer Bedeutung. So versuchten zu Beginn des 20. Jh. u. a. E. HAECKEL, F. JODL, W. OSTWALD und RUDOLF GOLDSCHEID (* 1870, † 1931), mit den Ergebnissen und Methoden der Naturwissenschaft die Grundlegung eines philosoph. Weltbildes vorzunehmen, das die Selbstständigkeit und Eigengesetzlichkeit jedes nichtphys. Seins verneint. In der Tradition von COMTE und AVENARIUS stand der Empiriokritizismus des Physikers E. MACH, der bes. den Neopositivismus des Wiener Kreises beeinflusste. Bei vielen Physiologen des 19. Jh. wurde N. zur krit. Theorie der Grundlagen der Naturwissenschaften (R. H. LOTZE, J. P. MÜLLER, H. VON HELMHOLTZ); sie war mechanistisch (JULIUS SCHULTZ, * 1862, † 1936), vitalistisch (MELCHIOR PALÁGYI, * 1858, † 1924) oder kategorialanalytisch (N. HARTMANN) ausgerichtet. Andere Konzeptionen (W. WUNDT, H. DRIESCH; JOHANNES REINKE, * 1849, † 1931) wollten die für eine Gesamtauffassung wichtigen Naturerkenntnisse durch weiteres Schließen vom Erfahrenen her zu einem hypothet., revidierbaren Bild der Gesamtnatur vereinigen. Sie verzichteten auf eine Ableitung der Natur aus Begriffen; v. a. prüften sie die in den Naturwissenschaften auftretenden Probleme, Methoden und Theorien in log. Analyse und suchten dabei Überlegungen von KANT, LEIBNIZ, HEGEL und des Positivismus zu vereinigen.

Mit der Erweiterung der Begriffswelt der klass. Physik durch die Quanten- und Relativitätstheorie des *20. Jh.* (M. PLANCK, A. EINSTEIN) werden die modernen naturphilosoph. Versuche unmittelbar von dem Stand der jeweiligen Forschung her stark beeinflusst und in ihrer Sprache entwickelt; die korrespondierenden N. wechseln dementsprechend in der raschen Folge der naturwiss. Horizonterweiterungen (L. DE BROGLIE, A. S. EDDINGTON, W. HEISENBERG, J. H. JEANS, P. JORDAN, E. SCHRÖDINGER, C. F. VON WEIZSÄCKER). Erkenntnistheoretisch von größter Bedeutung wird die Hereinnahme des Beobachters in den Beobachtungsvorgang. Neben wahre und falsche Sätze treten unter bestimmten Voraussetzungen objektiv unbestimmte (nicht hypothetische), die für die aristotel. Logik nicht möglich sind und eine mehrwertige Logik voraussetzen (J. ŁUKASIEWICZ, H. REICHENBACH, A. TARSKI). Die Existenz universeller Naturkonstanten lässt die Frage nach dem Ursprung von Quantität und Qualität auftauchen; das Problem der Objektivität solcher Konstanten leitet über zum Problem der Objektivität von Vorgängen überhaupt (EDDINGTON). Die Einseitigkeiten des alten Materiebegriffs verweisen auf das Substanzproblem (A. MARCH); die Entdeckung der Unschärferelationen (HEISENBERG) schließt ein, dass die elementaren physikal. Vorgänge nur beschränkt vorausbestimmbar und damit die Grundgesetze wesentlich statist. Art sind (→Indeterminismus). Die Quantenmechanik wirft naturphilosoph. Fragen auf (M. BORN, JORDAN), die zur logisch-theoret. Erörterung der Zusammenhänge zw. Wahrscheinlichkeit und Möglichkeit und zw. Möglichkeit und Stetigkeit zwingen (WEIZSÄCKER) sowie Perspektiven auf eine neue Kosmologie (E. WHITTAKER) und eine mit den chemischphysikal. Gesetzlichkeiten nicht auskommende neue Biologie und Anthropologie eröffnen (P. TEILHARD DE CHARDIN). Diese können jedoch nur noch im Einklang mit den empir. Forschungen sinnvoll verfolgt werden. In neuerer Zeit fordert die positivistisch orientierte N. die Aufhebung des Unterschieds zw. N. und Naturwissenschaftsphilosophie (REICHENBACH). Traditionelle Fragen der N. werden durch veränderte methodolog. Ansätze zu solchen der Erkenntnis- und Wissenschaftstheorie. Das Objekt der N. besteht hier weniger in der wiss. Erkenntnis oder Metaphysik der Natur als inhaltl. Ganzes, es geht vielmehr primär um die Einheit der Physik als ein in sich geschlossenes System method. Erkennens (WEIZSÄCKER).

P. TEILHARD DE CHARDIN: Der Mensch im Kosmos (a. d. Frz., 1959, Nachdr. 1994); H. SACHSSE: Einf. in die N., 2 Bde. (1967-68); I. CRAEMER-RUEGENBERG: Die N. des Aristoteles (1980); Z. BUCHER: Natur, Materie, Kosmos (1982); E. JAECKLE: Vom sichtbaren Geist (1984); E. LEHRS: Mensch u. Materie (³1987); M. EWERS: Elemente organism. N. (1988);

H. VON DITFURTH: Zusammenhänge. Gedanken zu einem naturwiss. Weltbild (Neuausg. 1990); W. HEISENBERG: Quantentheorie u. Philosophie. Vorlesungen u. Aufsätze (1990, Nachdr. 1994); C. F. VON WEIZSÄCKER: Zum Weltbild der Physik (¹³1990); J. E. CHARON: Der Geist der Materie (a. d. Frz., Neuausg. ⁵1992); I. PRIGOGINE: Vom Sein zum Werden. Zeit u. Komplexität in den Naturwiss.en (a. d. Engl., ⁶1992); B. KANITSCHEIDER: Von der mechanist. Welt zum kreativen Universum (1993); G. BATESON: Geist u. Natur (a. d. Engl., Neuausg. ⁴1995); H. BLUMENBERG: Die Genesis der kopernikan. Welt, 3 Bde. (Neuausg. ³1996); J. MONOD: Zufall u. Notwendigkeit (a. d. Frz., Neuausg. 1996).

natur|räumliche Gliederung, *Geographie:* nach der Landesnatur, den physisch-geograph. Verhältnissen (Gesteinsaufbau, Oberflächengestalt, Böden, Klima, Wasserhaushalt, Vegetation u. a.) durchgeführte Gliederung der Erdoberfläche in Einheiten gleicher natürl. Ausstattung, wobei eine Stufung in Haupt- und Untereinheiten vorgenommen wird. Die kleinsten ökologisch homogenen Grundeinheiten werden **Fliesen, Physiotope** oder **Geotope** genannt.

Natur|recht, *Rechtsphilosophie:* in einem weiteren Sinne diejenigen Grundsätze einer allg. Ordnung, die unabhängig von menschl. Zustimmung und von vom Menschen gesetztem (positivem) Recht stets gelten; in einem engeren Sinne diejenigen Gerechtigkeitsprinzipien, die in der Natur der Sache oder der Natur des Menschen angelegt sind; dieser Ansatz weist auf das Problem hin, ob die natürl. Welt in sich selbst einen Maßstab für das Richtige, ein Richtmaß für das Gesollte enthält und somit die Frage beantwortet werden kann, was naturgegebene Gerechtigkeit sei.

Die Wurzeln der N.-Lehre reichen in die ion. Naturphilosophie (6./5. Jh. v. Chr.) zurück. Sie verstand die Natur (›physis‹) als das wahre, angeborene Wesen im Unterschied zu den bloßen Konventionen. In der späteren Sophistik traten Natur und Gesetz als deutl. Gegensätze auf. Während ein Teil der Sophisten unter ›Natur‹ die phys. Wesensart des Menschen verstand und deshalb das Recht des Stärkeren für das ›Naturgemäße‹ hielt, begriff PLATON das wahre Recht des Menschen von der Idee des Logos (Wort, Verstand) bzw. von der Kraft des Wortes als Ausdruck der Vernunft her. ARISTOTELES verstand unter N. das, was unabhängig von konventionellen Gesetzen überall dieselbe Geltungskraft habe. Die stoische Philosophie sah den Begriff der Natur in einer Einheit mit dem Weltgesetz der Allvernunft: Das ewige Gesetz der Welt (lat. ›lex aeterna‹) ist auch das Gesetz der menschl. Natur (›lex naturalis‹). Dieser Gedanke beeinflusste auch das röm. Staats- und Rechtsdenken; so schrieb CICERO, es gebe ein wahres Gesetz, nämlich die rechte Vernunft, die mit der Natur übereinstimmt, in allen Menschen lebendig ist und unabänderlich und ewig gilt (›lex est ratio summa insita in natura‹). Diesem, und nur diesem Gesetz habe der Mensch zu gehorchen. In der Spätantike erschien die ›lex aeterna‹ bei AUGUSTINUS als die in der Vernunft oder dem Willen Gottes existente, von Ewigkeit her bestehende Schöpfungsordnung; von ihr sei die ›lex naturalis‹ ein Abdruck in der menschl. Ratio. Die Frage, ob in der ›lex aeterna‹ der Vernunft oder dem Willen der Vorrang gebühre, wurde zum philosoph. Grundproblem des MA. THOMAS VON AQUINO gab der Vernunft den Vorzug. Er lehrte, alles, was existiert, habe eine Zweckbestimmung, so auch der Mensch. Dieser strebe naturgemäß danach, seine Anlagen und Fähigkeiten zu entfalten. Diese Entfaltung erfordere eine gerecht geordnete Gemeinschaft, der alle Politik und alles Recht zu dienen habe. Nach THOMAS VON AQUINO markieren J. DUNS SCOTUS und WILHELM VON OCKHAM den Wandel des philosoph. Weltbildes. Sie verwarfen die vorangegangene Vernunftgläubigkeit und postulierten als einzigen Grund für die (göttl.) Gerechtigkeit den Willen Gottes.

Fanden sich schon bei OCKHAM die ›iura naturalia‹, die natürl. Rechte Leben, Freiheit und Eigentum, so versuchte die Rechtsphilosophie der Aufklärung, diese Rechte als vernunftnotwendig abzuleiten. – Der systematisierte Begriff des modernen N. wurde v. a. von F. SUÁREZ, H. GROTIUS, S. VON PUFENDORF, J. ALTHUSIUS geschaffen und als einer der Hauptimpulse der Aufklärung begriffen. Wie schon bei ARISTOTELES und THOMAS VON AQUINO ist der Geselligkeitstrieb des Menschen die Ursache für den Gesellschaftsvertrag. Da Unrecht ist, was eine Gemeinschaft vernünftiger Menschen verletzt, wird mit der Vernunft als Erkenntnisquelle das N. zu einem ›Vernunftrecht‹, das auch dann gilt, wenn Gott nicht existieren sollte (GROTIUS). PUFENDORF führte eine Trennung des N. vom luther. Aristotelismus durch und ordnete es der absolutist. Verfassungstheorie zu. Parallel zur Profanierung des N. erfolgte dessen Positivierung aufgrund der Übernahme naturwiss., insbesondere mathematisch fundierter Ansätze. C. THOMASIUS und C. WOLFF versuchten, von obersten Prinzipien aus ein vollständiges, alle Rechtsgebiete umfassendes System von exakten, absolut gültigen Gesetzen herzuleiten.

Das Vernunftrecht der Aufklärung beeinflusste die amerikan. und die frz. Revolution und somit die Entstehung des modernen, auf die Beachtung von Menschenrechten verpflichteten Staates und prägt Inhalt und Systematik vieler Kodifikationen der Zeit (Preuß. Allg. Landrecht, 1794; Code civil, 1804; Österr. ABGB, 1811). Zugleich werden aber die theoret. Grundlagen des N. in der krit. Philosophie I. KANTS durch die (zuvor schon von THOMASIUS vertretene) Trennung von Recht und Sittlichkeit und durch die Ablehnung einer auf die Erfahrung gegründeten Moral (heute ›naturalist. Fehlschluss von Tatsachenbehauptungen auf Sollenssätze‹) zerstört. Die stattdessen von KANT unternommene apriori. Normenbegründung durch den kategor. Imperativ bleibt formal und wird im 19. Jh. im Historismus (F. C. VON SAVIGNY) und später im Rechtspositivismus nicht weiterverfolgt. Als Reaktion auf die Gewaltherrschaft des Nationalsozialismus erlebte der Gedanke des N. nach 1945 eine kurze Renaissance, wird aber heute außerhalb der kath. Kirche (neuthomist. Sozialhehre im Anschluss an V. CATHREIN) allg. abgelehnt, nachdem das prakt. Bedürfnis durch die Gewährleistung individueller Grundrechte in den modernen Staatsverfassungen entfallen ist und die theoret. Basis der Kritik der sprachphilosoph. Metaethik nicht gewachsen ist (→Grundwerte). Dennoch lebt das Kernproblem der N.-Frage, die Letztbegründung der Verbindlichkeit des Rechts, auch im modernen Rechtsdenken und der Sozialphilosophie fort, etwa in Gestalt einer Bindung der Rechtsfindung an die ›Natur der Sache‹, der Erneuerung des Paradigmas des Gesellschaftsvertrages (J. RAWLS) oder des prozeduralen Gerechtigkeitsverständnisses der ›Transzendental-‹ (K. O. APEL) bzw. ›Universalpragmatik‹ (J. HABERMAS).

V. CATHREIN: Recht, N. u. positives Recht (²1909, Nachdr. 1964); O. GIERKE: Die Grundbegriffe des Staatsrechts u. die neuesten Staatsrechtstheorien (1915, Nachdr. 1973); W. ECKSTEIN: Das antike N. in sozialphilosoph. Bedeutung (Wien 1926); J. SAUTER: Die philosoph. Grundl. des N. (1932, Nachdr. 1966); S. VON PUFENDORF: Die Gemeinschaftspflichten des N. Ausgew. Stücke aus ›De officio hominis et civis‹ 1673 (²1948); F. FLÜCKIGER: Gesch. des N. (Zollikon-Zürich 1954); H. REINER: Grundl., Grundsätze u. Einzelnormen des N. (1964); DERS.: Die Grundl. der Sittlichkeit (²1974); E. WOLF: Das Problem der N.-Lehre (³1964); S. C. OTHMER: Berlin u. die Verbreitung des N. in Europa (1970); A. VERDROSS: Stat. u. dynam. N. (1971); E. BLOCH: N. u. menschl. Würde (Neuausg. ²1980); N. oder Rechtspositivismus, hg. v. W. MAIHOFER (³1981); J. MESSNER: Das N. (⁷1984); K.-O. APEL: Diskurs u. Verantwortung (1988); J. DETJEN: Neopluralismus u. N. (1988); H. KELSEN: Staat u.

N. (²1989); N. u. Politik, hg. v. K. BALLESTREM (1993); J. RAWLS: Eine Theorie der Gerechtigkeit (a. d. Engl., ⁹1996); E. SCHOCKENHOFF: N. u. Menschenwürde. Universale Ethik in einer geschichtl. Welt (1996).

Naturreligionen, →Stammesreligionen.

Naturreservat, Naturschutzgebiet (v. a. bezogen auf den engl. und frz. Sprachraum).

Schlüsselbegriff

Naturschutz, nach dem Gesetz über N. und Landschaftspflege (Bundesnaturschutzgesetz, Abk. BNatSchG) die Gesamtheit der Maßnahmen zum Schutz und zur Pflege und Entwicklung der Natur als Lebensgrundlage für den Menschen sowie für seine Erholung. Hierzu sollen die Leistungsfähigkeit des Naturhaushalts, die Nutzungsfähigkeit der Naturgüter, die Pflanzen- und Tierwelt sowie die Vielfalt, Eigenart und Schönheit von Natur und Landschaft nachhaltig gesichert und entwickelt werden. N. umfasst damit auch die Gesamtheit der Maßnahmen zur Erhaltung und Förderung wild lebender Tiere und Pflanzen, ihrer Lebensgemeinschaften und -räume.

Historische Entwicklung

Auf ERNST RUDORFF (*1840, †1916) geht die Begriffsbildung N. als Naturdenkmalpflege einschließlich Landschaftspflege zurück (1888). Die Studie des Botanikers HUGO CONWENTZ (*1855, †1922) ›Die Gefährdung der Naturdenkmäler und Vorschläge zu ihrer Erhaltung‹ (1904) gab Veranlassung zur Errichtung der ersten ›Staatl. Stelle für Naturdenkmalpflege‹ in Preußen (1906). Auf Betreiben von WILHELM BODE (*1860, †1927), FRITZ ECKER (*1859, †1924) und H. LÖNS wurde schließlich 1920 der erste dt. N.-Park in der Lüneburger Heide eingerichtet. Danach erfolgte die Anerkennung des N. als Staatsaufgabe, und er wurde in der Weimarer Reichsverfassung verankert. 1935 wurde das bis 1976 geltende Reichsnaturschutzgesetz erlassen.

Grundlagen

Die wiss. Grundlagen für den N. liefert die Ökologie (1866 durch E. HAECKEL begründet). Sie beschäftigt sich mit den Wechselwirkungen der Organismen mit ihrer abiot. Umwelt und ihren Beziehungen untereinander. Die Kenntnisse darüber sind jedoch auch heute noch lückenhaft, was Handlungsentscheidungen des N. teilweise erschwert. Ähnliches gilt für die Zusammenhänge zw. ökolog. und ökonom. Anforderungen an den Naturhaushalt; beider Ziel muss sein, eine ökonomisch orientierte Wirtschaftsweise so zu gestalten, dass eine nachhaltige, ökologisch vertretbare Nutzung der Naturgüter (Pflanzen und Tiere, Boden, Wasser, Luft, Energie, Landschaft u. a.) als Lebensgrundlage für den Menschen erreicht wird.

Ethisch begründen lässt sich der N. aus der Sicht, dass sich der Mensch die Natur bewahrt (anthropozentr. N.), er sich selbst als Teil der Natur begreift und sie aus Achtung vor dem Leben an sich schützt (physiozentr. oder biozentr. N.). Bes. in seinen Anfängen erfuhr der N. auch eine stark naturromant. Begründung, die Erbauung des Menschen; er hatte noch überwiegend konservierenden Charakter.

Der moderne, ökologisch begründete N. beruht auf naturwiss. Grundlagen. Eine wesentl. Rolle spielen dabei die versch. Ökosysteme (z. B. Tümpel, Ozean, Wiese, trop. Regenwald) und die in ihnen ablaufenden Prozesse. Ökosysteme sind offene Systeme; es besteht ein dynam. Gleichgewicht zw. Organismen, das auf stoffl. und energet. Regelkreisen und Rückkopplungsmechanismen fußt. Aufgrund der hohen Komplexität gestaltet sich die Ökosystemforschung sehr schwierig und erfordert oft langfristige Beobachtungen. Die Funktionen aller Organismen (Arten) sind in einem komplizierten Beziehungsgefüge (z. B. Nahrungsnetz) miteinander verwoben. Fällt eine Art durch eine Störung aus, können Arten mit ähnl. Funktionen deren Aufgaben häufig weitgehend übernehmen und damit den Ausfall kompensieren, jedoch kann der Ausfall einiger wichtiger ›Schlüsselarten‹ auch zu einer Umstrukturierung des gesamten Ökosystems führen. Massive Störungen mit Ausfall ganzer ökologisch-funktionaler Gruppen führen regelmäßig zu gravierenden Ökosystemschäden. Wenn z. B. durch den Einsatz von Insektiziden für die Blütenbestäubung wichtige Insekten ausfallen, ist sofort auch die Fortpflanzungsfähigkeit der Blütenpflanzen, die wichtigste Primärproduzenten sind, gefährdet. Ein weiteres, heute verbreitetes Beispiel ist die Eutrophierung von Gewässern. Der z. B. durch Düngung der Umgebung erhöhte Nährstoffeintrag in die Gewässer führt zunächst zu einer Veränderung von Flora und Fauna. Algen und andere Pflanzen wachsen verstärkt; infolge der höheren nächtl. Sauerstoffzehrung sinkt der Sauerstoffgehalt so weit, dass sauerstoffabhängiges Leben gar nicht mehr möglich ist und das Gewässer plötzlich ›umkippt‹. Für die Beurteilung des Zustandes von Ökosystemen bzw. den Grad ihrer Beeinträchtigung sind neben Organismen mit Schalterfunktionen so genannte Bioindikatoren wichtig, denn sie stehen in enger Wechselbeziehung zu bestimmten Umweltverhältnissen und reagieren auf Veränderungen sehr empfindlich. Am bekanntesten ist der Saprobienindex zur Bestimmung der Gewässergüte auf der Basis des Vorkommens von Indikatorarten aus dem Macrozoobenthos (vielzellige Tiere des Gewässerbodens, z. B. Insektenlarven, Würmer, Weichtiere). Diese Methode wurde bereits Anfang des 20. Jh. eingeführt und ständig weiter verbessert. Bekannt ist auch die indikator. Bedeutung von Flechten. Ihr empfindl. Reagieren auf sauren Regen und Luftverschmutzung führt bes. in Ballungsräumen häufig zu einem alarmierenden Rückgang bis hin zur ›Flechtenwüste‹, d. h. dem vollständigen Fehlen von Flechten.

Das Aussterben von Arten hat heute in Dtl., aber auch global, ein alarmierendes Ausmaß erreicht. Die Ursache dafür liegt fast immer in der Zerstörung oder erhebl. Beeinträchtigung von Lebensräumen (z. B. trop. Regenwälder) durch den Menschen. Der Erhalt der biolog. Vielfalt (Biodiversität) ist

Naturschutz: Erlenbruchwald – ein gefährdeter Feuchtbiotoptyp

Naturschutzgebiete in Deutschland (Stand: 31.12.1994)

Bundesland	Anzahl festgesetzter NSG	Fläche in ha	Flächenanteil an der Landesfläche in %	Anzahl einstweilig sichergestellter NSG	Fläche in ha	Flächenanteil an der Landesfläche in %
Baden-Württemberg	807	58 820	1,7	1	12	0,00
Bayern	491	141 645	2,0	2	793	0,01
Berlin[1]	21	575	0,7	8	1 047	1,20
Brandenburg[2]	251	60 387	2,0	150	40 490	1,40
Bremen	14	1 282	3,2	1	12	0,03
Hamburg[3]	25	4 170	5,5			
Hessen	582	28 044	1,3	56	8 729	0,40
Mecklenburg-Vorpommern	216	54 647	2,4	40	10 554	0,50
Niedersachsen	660	127 507	2,7			
Nordrhein-Westfalen	1 107	76 870	2,3	382	22 325	0,70
Rheinland-Pfalz	436	26 141	1,3	2	96	0,00
Saarland	73	2 505	1,0			
Sachsen	160	14 578	0,8	20	17 217	0,90
Sachsen-Anhalt	146	30 300	1,5	53	25 561	1,30
Schleswig-Holstein[4]	153	39 490	2,5	6	1 908	0,12
Thüringen	172	17 542	1,1	166	39 749	2,50
Deutschland	**5 314**	**684 503**	**1,9**	**887**	**168 493**	**0,50**

[1] ohne die NSG des ehemaligen Ostteils, die zurzeit nicht anerkannt sind. – [2] Stand: Mai 1994. – [3] ohne Wattenmeer. – [4] ohne die in dem Nationalpark ›Schleswig-Holsteinisches Wattenmeer‹ liegenden Naturschutzgebiete.

heute eine der vordringlichsten Aufgaben der Menschheit (UN-Entschließung von Rio de Janeiro 1992). So ist neben möglichst großräumigen, vom Menschen weitgehend unbeeinflussten Gebieten, in denen eine naturnahe Prozessdynamik (›natürl. Sukzession‹) stattfinden kann, ein dichtes Netz naturnaher Elemente (Biotopvernetzung) ebenso notwendig wie extensiv genutzte oder gepflegte Kulturbiotope, deren naturschutzfachl. Wert erst durch die Kulturnahme entstanden ist, sowie eine die Leistungsfähigkeit des Naturhaushaltes nicht überfordernde, nachhaltige Nutzung der gesamten Erde. Moderner, ökolog. N. umfasst also neben der traditionellen konservierenden Komponente in sehr hohem Maße pflegende und gestaltende Aspekte.

Praxis

In Dtl. ist der N. überwiegend Aufgabe der Länder. Lediglich Grundsätze, wesentl. Teile des Artenschutzes, Aspekte des Verhältnisses zur Bauleitplanung und zu N.-Verbänden sind bundesrechtlich geregelt, während das BNatSchG in den übrigen Belangen nur ein Rahmengesetz darstellt. Verwaltung und Vollzug erfolgen auf Landes-, Regierungsbezirks- und Kreisebene durch die oberste, höhere und untere N.-Behörde. Ansprechpartner für den Bürger, z. B. in Fragen des Biotopschutzes oder bei Eingriffen in die Natur, ist stets die untere N.-Behörde. Den Vollzugsbehörden sind für Forschung, Beratung, Planung usw. die Landesämter für N. und z. T. auch Bezirksstellen als Fachbehörden zugeordnet. Beratend tätig sind auch ehrenamtl. N.-Beiräte bei den Kreisverwaltungen, Bezirks- oder Landesregierungen. N.-Forschung wird u. a. durch das Bundesamt für N. in Bonn, die frühere Bundesforschungsanstalt für N. und Landschaftsökologie sowie an versch. Univ., Fachhochschulen und Forschungszentren, z. B. dem Umweltforschungszentrum Halle-Leipzig, betrieben. Der erste Lehrstuhl für N. wurde 1990 an der Univ. Marburg eingerichtet. Forschungsarbeiten, begleitet von prakt. Umsetzung, werden auch an den Vogelschutzwarten und an den Akademien für N. und Landschaftspflege, die von Ländern und Verbänden unterhalten werden, durchgeführt. Letztere dienen v. a. der Öffentlichkeitsarbeit, die für den N. hinsichtlich Akzeptanz und Durchsetzbarkeit von großer Bedeutung ist. Unterstützung erfährt der N. außerdem durch privatrechtl. Organisationen, die im Dt. Naturschutzring e. V. als Dachorganisation zusammengeschlossen sind.

Dtl. ist an versch. internat. Institutionen beteiligt, die sich mit N. befassen, z. B. an der Internat. N.-Union (IUCN), am Internat. Wasservogelforschungsbüro (IWRB), am Umweltprogramm der Vereinten Nationen (UNEP) und am Programm ›Der Mensch und die Biosphäre‹ (MAB) der UNESCO. Internat. Maßnahmen zum N. sind z. B. die Resolution von Neu-Delhi (1969; definiert den Begriff Nationalpark; inzwischen Neufassung), die EG-Vogelschutzrichtlinie (1970), das Washingtoner Artenschutzübereinkommen (1973; regelt den grenzüberschreitenden Verkehr mit gefährdeten Tier- und Pflanzenarten), das Bonner Übereinkommen (1983; Schutz wandernder Tierarten), das Berner Übereinkommen (seit 1985 für die BRD in Kraft; Erhaltung europ. wild lebender Pflanzen und Tiere sowie ihrer Lebensräume) und die Resolution von Rio de Janeiro (1992; Erhalt der Biodiversität). Einen wesentlichen neuen Impuls erreichte der N. in Europa durch die FFH-Richtlinie (Flora-Fauna-Habitat) der EU (1992), die unter dem Namen ›Natura 2000‹ den Aufbau eines europ. Schutzgebietssystems vorsieht.

In Dtl. können versch. Arten von Schutzgebieten – mit unterschiedl. Schutzzielen und -intensitätsgraden – rechtsverbindlich festgesetzt werden: 1) N.-Gebiete dienen dem Schutz von Natur und Landschaft, von wild lebenden Pflanzen- und Tierarten sowie ihren Lebensgemeinschaften. Sie werden aus wiss. und naturgeschichtl. Gründen sowie wegen der Seltenheit der Arten oder der herausragenden Schönheit der Landschaft festgesetzt. Alle Handlungen, die zur Zerstörung, Beschädigung oder Veränderung des N.-Gebietes bzw. seiner Bestandteile oder zu einer nachhaltigen Störung führen können, sind verboten. 1994 gab es in Dtl. 5 314 N.-Gebiete, die etwa 1,9 % der Gesamtfläche umfassten. Die Erklärung zum N.-Gebiet erfolgt durch Rechts-VO, die i. d. R. durch die höhere N.-Behörde (meist Reg.-Präs.) der Länder erlassen wird. Sich daraus ergebende Nutzungseinschränkungen muss der Eigentümer hinnehmen, soweit sich dies im Rahmen der Sozialbindung des Eigentums hält. Ausgenommen davon sind jedoch die ordnungsgemäße Land- und Forstwirtschaft, die i. d. R. auch

Naturschutz

Naturschutz: Trockenrasen mit Kartäusernelken

in N.-Gebieten weiter betrieben werden dürfen. Diese, die Schutzmöglichkeiten einschränkende, so genannte ›Landwirtschaftsklausel‹ wird häufig kritisiert. 2) →Nationalparks dienen vornehmlich dem großräumigen Schutz einer artenreichen Tier- und Pflanzenwelt unter weitestgehend naturnahen Bedingungen, d. h. im Wesentlichen ohne menschl. Eingriffe (›Prozessschutz‹). 3) Landschaftsschutzgebiete sind meist großräumige Landschaftsausschnitte, die zur Erhaltung oder Wiederherstellung der Leistungsfähigkeit des Naturhaushaltes aufgrund ihrer Vielfalt, Eigenart oder Schönheit und v. a. auch wegen ihrer besonderen Bedeutung für die Erholung ausgewiesen werden. Die Restriktionen für die Nutzung sind weniger streng als in N.-Gebieten. 1994 gab es in Dtl. etwa 5 900 Landschaftsschutzgebiete, die etwa 24,6 % der Gesamtfläche umfassten. 4) Naturparks dienen v. a. der Erholung und dem Fremdenverkehr. Der Flächenanteil der 72 Naturparks – häufig überlappend mit Landschaftsschutzgebieten – betrug 1997 reichlich 16 %, die Ausweisung weiterer steht unmittelbar bevor. 5) Alte Einzelbäume, Quellen, Felsen usw. werden als Naturdenkmale bzw. flächenhafte Naturdenkmale (i. d. R. bis 5 ha Größe) gekennzeichnet. 6) Als geschützte Landschaftsbestandteile können z. B. naturnahe Hecken, Parks ausgewiesen werden.

Neben diesen durch das BNatSchG vorgegebenen Schutzgebietskategorien gibt es eine Reihe von internat. Schutzgebieten wie ›Feuchtgebiete internat. Bedeutung‹, ›Vogelschutzgebiete‹, ›Europareservate‹. Die von der UNESCO anzuerkennenden ›Biosphärenreservate‹ haben sogar Eingang in einige Landesnaturschutzgesetze gefunden, ihre Aufnahme in BNatSchG ist zu erwarten.

Neben den durch Rechtsverordnung festzusetzenden Schutzgebieten genießen eine Reihe von wertvollen und gefährdeten Biotopen den besonderen Pauschalschutz des BNatSchG. Hierzu gehören z. B. Moore, Sümpfe, bestimmte Nasswiesen, Quellbereiche, unverbaute Fluss- und Bachabschnitte, offene Binnendünen, Zwergstrauch- und Wacholderheiden, Trockenrasen, Bruch-, Sumpf- und Auwälder, Fels- und Steilküsten, Salzwiesen, Wattflächen, offene Felsbildungen und alpine Rasen. Die Bundesländer haben die Liste der geschützten Biotope teilweise noch erheblich erweitert.

Wichtige Impulse für den N. gehen von den N.-Verbänden aus. Sie regen Maßnahmen der Behörden an, wirken bei ihrer Umsetzung mit und nehmen Einfluss auf die N.-Politik. Außerdem führen sie selbst Projekte durch, z. B. durch Ankauf und Pflege von N.-Flächen. Wesentlich ist ihr Beitrag zur Öffentlichkeitsarbeit. Bundesweit tätige N.-Verbände sind u. a. der N.-Bund Deutschland (NABU), der Bund für Umwelt und N. Deutschland (BUND), der Dt. N.-Ring – Bundesverband für Umweltschutz, Greenpeace und der World Wide Fund for Nature (WWF).

Anwendungsbereiche und Ziele

Die wichtigsten Aufgaben für den N. bestehen im Biotop- und Artenschutz, im Flächenschutz durch die Ausweisung von Schutzgebieten sowie in einem gesamtheitl. Schutz der Naturgüter des Landes, der im Wesentlichen über Maßnahmen der Landschaftspflege (→Landespflege) realisiert werden muss (z. B. Biotopverbund und -vernetzung).

Artenschutz ist ohne Biotopschutz nicht möglich. Die Wiederansiedlung einer aus einem bestimmten Lebensraum verschwundenen Art ist zwar grundsätzlich möglich, praktisch jedoch oft sehr schwierig und setzt die Sicherung bzw. Wiederherstellung geeigneter Lebensräume voraus. Wiederansiedlungen kommen daher nur ausnahmsweise als letztes Mittel des Artenschutzes in Betracht. Der gesetzl. Schutz bestimmter Biotope wie auch die klass. Ausweisung von N.-Gebieten sind damit neben dem allg. Schutz von Lebensgemeinschaften und -räumen auch wesentl. Instrumente für den Artenschutz. Zu den wichtigsten und bes. schützenswerten Lebensstätten wild lebender Pflanzen- und Tierarten gehören u. a. Moore, Sümpfe, naturnahe Gewässer, Auwälder, Heiden und Felsen.

Aus dem Bestreben, nicht allein konservierenden N. zu betreiben, entstand das Konzept des Biotopmanagements. Angestrebt wird u. a. ein komplexes Biotopverbund- und -vernetzungssystem. Neben dessen Funktion z. B. bei der Aufwertung des Landschaftsbildes soll damit v. a. der zunehmenden Verinselung der Landschaft und der dadurch bedingten genet. Isolation mit erhöhtem Aussterberisiko entgegengewirkt werden. Geeignete Maßnahmen sind Schutz, Wiederherstellung oder Neuanlage wertvoller Biotope, die Schaffung so genannter ›Trittsteinbiotope‹ in weitflächig ausgeräumten Landschaftsteilen, z. B. Feldgehölze oder Gewässer inmitten der intensiv genutzten Agrarsteppe, die Wiederherstellung oder Neuanlage linearer Verbundelemente wie Feldhecken, -raine oder Ackerrandstreifen und deren naturnahe Gestaltung. Auch eine naturschutzkonforme Entwicklung und Nutzung von Sekundärbiotopen (z. B. ehem. Sand- und Kiesgruben) spielt vielerorts eine wesentl. Rolle. Dabei sind auch in genügendem Umfang Flächen auszuweisen, die vollständig einer natürl. Entwicklung ohne menschl. Eingriffe überlassen werden (natürl. Sukzession). So wird angestrebt, dem N. auf mindestens 10–15 % der Gesamtfläche Dtl.s Vorrangfunktion einzuräumen. Damit darf N. nicht an den Grenzen der geschützten Gebiete Halt machen. Die durch Land- und Forstwirtschaft genutzten Flächen müssen durch Extensivierung möglichst mit einbezogen werden, z. B. durch Verzicht auf einseitiges Aufforsten mit Nadelbäumen.

Für die überwiegende Mehrzahl der ausgewiesenen Schutzgebiete ist eine Biotoppflege unumgänglich. Dies gilt immer dann, wenn die Schutzwürdigkeit der Flächen durch historische menschl. Nutzung bedingt ist, z. B. entstanden erst durch Schafbeweidung die Heideflächen der Lüneburger Heide. Auf Nutzung gehen auch nahezu alle Trocken- und Halbtrockenrasen, Nasswiesen, Streuobstwiesen

u. a. zurück. Zur Erhaltung dieser häufig artenreichen Biotope ist es notwendig, sie regelmäßig zu pflegen bzw. auch künftig extensiv zu nutzen (z. B. Mahd oder Beweidung unter bestimmten Auflagen), damit es im Laufe der natürl. Sukzession nicht zu einer Verbuschung und schließlich Wiederverwaldung kommt und schutzbedürftige Offenlandarten ihre Lebensräume verlieren würden.

Die Dringlichkeit des N. wird auch durch die Roten Listen unterstrichen. In ihnen werden Arten verzeichnet, die bereits ausgestorben oder in ihrem Bestand bedroht sind. Sie werden für Gesamt-Dtl., aber auch für die einzelnen Bundesländer aufgestellt und regelmäßig aktualisiert. Der Gefährdungsgrad ist bei vielen Gruppen von Pflanzen und Tieren alarmierend; so mussten beispielsweise 77 % aller Kriechtier- und 72 % aller Süßwasserfischarten inzwischen in die Rote Liste Dtl.s aufgenommen werden. Obwohl die Listen im Ggs. zur Bundesartenschutz-VO keinerlei unmittelbare Rechtswirkung besitzen, sind sie ein sehr wichtiges polit. und planer. Instrument geworden.

Wirkungsvoller N. ist nicht durch Gesetze und Verordnungen zu erreichen, sondern nur durch bewusstes Handeln der Bürger, umfassender N. kaum ohne Mitarbeit jedes Einzelnen möglich. So wird in Kleingärten zunehmend auf chem. Pflanzenschutzmittel und Mineraldüngung verzichtet; Wildblumenwiesen statt kurzgemähtem Rasen, Ecken mit Wildkräutern, Reisig- und Laubhaufen usw. bieten Lebensräume für zahlr. Arten.

Rechtliches

Grundlage des N.-Rechts bildet das Gesetz über N. und Landschaftspflege (Bundesnaturschutzgesetz) i.d. F. v. 12. 3. 1987, das der Bund aufgrund von Art. 75 Nr. 3 GG als Rahmenvorschrift erlassen hat. Die Erfordernisse und Maßnahmen zur Verwirklichung der Ziele des N. und der Landschaftspflege werden unter Beachtung der Ziele und Grundsätze der Raumordnung und Landesplanung in einem Landschaftsprogramm, in Landschaftsrahmenplänen sowie in Landschafts- und Grünordnungsplänen dargestellt. Detailliert geregelt wird die Verfahrensweise bei Eingriffen in Natur und Landschaft. Dabei steht das Prinzip der Vermeidung an erster Stelle. Bei unvermeidbaren und zulässigen Eingriffen hat der Verursacher den Eingriff innerhalb einer bestimmten Frist auszugleichen oder, wenn dies nicht möglich ist, geeignete Ersatzmaßnahmen durchzuführen (z. B. Neuanlage bestimmter Biotope, Anpflanzungen). Ein wesentl. Mittel des N.-Rechts ist die Erklärung von Teilen von Natur und Landschaft zu geschützten Gebieten, wobei Schutzgegenstand, Schutzzweck, die zur Erreichung des Zwecks notwendigen Gebote und Verbote sowie die notwendigen Pflege- und Entwicklungsmaßnahmen festgelegt werden müssen. Ein weiterer wesentl. Abschnitt des Gesetzes befasst sich mit dem Schutz bestimmter wild lebender Arten, die im Einzelnen in der ergänzenden Bundesartenschutz-VO aufgeführt sind. Von großer Bedeutung sind auch die Regelungen zur Sicherheit der Erholungsmöglichkeiten in der Landschaft. – Als Rahmengesetz mit nur wenigen unmittelbar geltenden Abschnitten (z. B. Artenschutz) muss das BNatSchG durch Landesrecht der einzelnen Bundesländer (Landesnaturschutzgesetze) konkretisiert werden. Aspekte des N. werden auch von einer Reihe weiterer Gesetze berührt, z. B. Gesetz über die Umweltverträglichkeitsprüfung (UVP).

⇒ *Artenschutz · Aussterben · bedrohte Pflanzen und Tiere · Biotop · geschützte Pflanzen und Tiere · Gewässerschutz · Landespflege · nachhaltige Entwicklung · Natur · Ökologie · ökologischer Land-*

Naturschutz: Renaturierung eines Hochmoors im Naturpark Solling-Vogler

bau · Umweltökonomie · Umweltpolitik · Umweltschutz

Hb. für Landschaftspflege u. N., hg. v. K. BUCHWALD u. a., 4 Bde. (1968–69); Natur- u. Umweltschutz in der Bundesrepublik Dtl., hg. v. G. OLSCHOWY (1978); E. KRÄMER: Politik der Ökologie. Ein Wegweiser zur transindustriellen Gesellschaft (1985); Die Eingriffsregelung des Bundesnaturschutzgesetzes. Ein Instrument zur Sicherung von Natur u. Landschaft?, Beitrr. v. C. BÖHME u. a. (1986); N. in der Gemeinde, Beitrr. v. C.-P. HUTTER u. a. (^{2}1988); Natur- u. Umweltschutzrecht, Beitrr. v. H. BENZ u. a. (1989); H. REMMERT: N. Ein Lesebuch nicht nur für Planer, Politiker, Polizisten, Publizisten u. Juristen (^{2}1990); G. KAULE: Arten- u. Biotopschutz (^{2}1991); H. PLACHTER: N. (1992); W.-E. BARTH: N. Das Machbare. Prakt. Umwelt- u. N. für alle. Ein Ratgeber (^{2}1995); R. K. KINZELBACH: Ökologie, N., Umweltschutz (Neuausg. 1995); Natur- u. Umweltschutz. Ökolog. Grundlagen, Methoden, Umsetzung, hg. v. L. STEUBING u. a. (1995); F. VESTER: Leitmotiv vernetztes Denken. Für einen besseren Umgang mit der Welt (^{5}1995); Biotop- u. Artenschutz in Dtl. Eine Status-quo-Analyse der Forschungsprojekte, bearb. v. B. HOLZ u. G. KAULE (1997).

Naturschutzbund Deutschland e.V., Abk. **NABU,** seit 1990 Name des 1899 als ›Bund für Vogelschutz‹ gegründeten ältesten dt. Naturschutzverbandes. Schwerpunkte der Arbeit sind u. a. der Schutz und die Pflege gefährdeter Lebensräume von Pflanzen und Tieren, wobei diese Biotope – wenn nötig – gekauft oder gepachtet werden (1995 betreute der NABU mehr als 5000 großflächige Naturschutzprojekte und über 70 Naturschutzzentren). Darüber hinaus setzt er sich v. a. für eine großräumige und naturschonende Landnutzung ein sowie – außerhalb des eigentl. Naturschutzes – für die Eindämmung der Abfallflut, den Vorrang des öffentl. Verkehrsnetzes und die schnelle Sanierung von Umweltkrisengebieten. Im NABU sind (ohne Bayern) rd. 210 000 Mitgl. in 15 Landesverbänden organisiert, in Bayern wird er durch eine Partnerorganisation, den ›Landesbund für Vogelschutz‹, mit weiteren 35 000 Mitgl. vertreten.

Natursportarten, die →Outdoor-Sportarten.

Natursteine, *Bautechnik:* Sammel-Bez. für die aus natürl. Vorkommen gewonnenen Gesteine, gebrochen als Schotter, Splitt oder Brechsand für den Straßenbau oder zur Betonherstellung, eben gearbeitet (grob behauen oder poliert) z. B. als Pflaster-, Grenz-, Bord- und Nummernstein, als Naturwerkstein u. a. für Massiv- und Verblendmauerwerk, für Fensterbänke, Treppenanlagen sowie Bodenbeläge. Im Wasserbau dienen N. als Schütt- und Uferbausteine, im Gleisbau als

Gleisbettungsstoffe; daneben bilden sie wichtige Ausgangsmaterialien zur Herstellung anderer Baustoffe.

Naturstoffe, i. w. S. alle Stoffe, die in der Natur vorkommen; i. e. S. organ. Verbindungen, die aus Tieren, Pflanzen und Mikroorganismen isoliert werden können. In unreiner Form waren viele N. schon im Altertum bekannt. Die moderne N.-Chemie begann 1785, als C. W. SCHEELE Oxalsäure, Zitronensäure, Weinsäure, Harnsäure u. a. durch Fällung mit Calcium- und Bleisalzen in reiner Form gewann. Höhepunkte der N.-Chemie im 19. Jh. waren die Synthese von Alizarin und Indigo. Die grundlegenden Arbeiten von E. FISCHER ermöglichten Strukturaufklärung (z. B. von Hämin und Chlorophyll durch H. FISCHER) und Totalsynthese (z. B. von Chinin 1945, Cholesterin 1951 und Chlorophyll 1960 durch R. B. WOODWARD) vieler N. im 20. Jh. Um fossile Rohstoffe zu schonen und die Kohlendioxidemission zu vermindern, sind N. wie Stärke, Bioäthanol, Öle und Fette in zunehmendem Maße als Energieträger (›nachwachsende Rohstoffe‹) und chem. Rohstoffe von Interesse. Verbesserte Verfahren zur Herstellung von N. werden durch die →Biotechnologie ermöglicht.

Naturtheater, →Freilichttheater.

Naturtöne, Bez. für diejenigen Töne eines Blasinstruments, die ohne Verwendung von Klappen, Ventilen, Grifflöchern oder Zügen allein durch Veränderungen beim Anblasen (z. B. der Lippenstellung) erzeugt werden können (v. a. von Blechblasinstrumenten). Die neben dem Grundton als tiefstem Ton ansprechenden und mit den Obertönen ident. Töne werden als **Naturtonreihe** bezeichnet. Die ersten zwei Töne der Naturtonreihe sind die Oktave über dem Grundton und die Duodezime.

Natur|umlaufkessel, Natur|umlaufdampferzeuger, ein Dampferzeuger, bei dem der Wasserumlauf ›natürlich‹ durch die Dichteunterschiede im beheizten, Wasser-Dampf-Gemisch enthaltenden Steigrohr und dem Wasser enthaltenden Fallrohr hervorgerufen wird.

Naturverehrung, die religiöse Verehrung von Naturdingen und -phänomenen (z. B. Steine, Quellen, Berge, Sonne und Mond, die Erde, Wind, Pflanzen und Tiere). Die N. ist in der Religionsgeschichte über längste Epochen von großer Bedeutung für den religiösen Kult gewesen und bildet nach wie vor ein wesentl. Moment in zahlr. →Stammesreligionen, aber auch in traditionellen Volksbräuchen. Insofern die zentralen Sinnfragen menschl. Lebens im Zusammenhang mit den einzelnen Lebensphasen, Geburt, Tod und der elementaren Abhängigkeit des menschl. Lebens von der Natur (Vegetation, Fruchtbarkeit) artikuliert wurden und Antworten erfuhren, spielten bes. in der frühen Menschheitsgeschichte die als ›hl. Wirklichkeit‹ erlebten Naturphänomene eine zentrale Rolle. Religionswissenschaftlich lassen sich diese als Träger übernatürl., numinoser Kraft beschreiben (Naturgottheiten), die zunächst unpersönlich, in einer späteren Stufe religiöser Entwicklung (spätestens ab 3 000 v. Chr.; einhergehend mit ersten Erklärungsversuchen von Naturkräften) auch als Götter personalisiert erscheinen (z. B. als Göttin der Erde, bei den Griechen ›Gaia‹). Sie können auch Kultorte oder Ort der Offenbarung eines bestimmten Gottes sein (z. B. die Eiche von Dodona als Kultort des Zeus) oder als Aufenthaltsorte numinoser Wesen (Dschinnen u. a.) angesehen werden.

In den monotheist. Religionen schließlich wird eine Gottesvorstellung erreicht, in der die N. theologisch ›überwunden‹ ist, jedoch im religiösen Sprachgebrauch in zahlr. Bildern ›weiterlebt‹ (z. B. Gott als Licht, Sonne).

Naturverjüngung, *Forstwirtschaft:* im Waldbau die Erneuerung eines Waldes durch natürl. →Verjüngung.

Naturvölker, kleinere Kulturgemeinschaften meist außerhalb Europas, die im Ggs. zu Mitgliedern von Industriegesellschaften unmittelbarer mit ihrer natürl. Umwelt in Kontakt stehen, sie planvoll nutzen und i. d. R. pfleglich behandeln. Entsprechend den in der Natur erkannten Regeln erhält hier menschl. Verhalten Sinn und Struktur.

Wissenschaftsgeschichtlich hat der von J. G. HERDER erstmals verwendete Begriff N., urspr. zur Vermeidung von Bez. wie ›Primitive‹ oder ›Wilde‹ erdacht, versch. konzeptionelle Umdeutungen erfahren. A. VIERKANDT unterstellte den N. im Ggs. zu den ›Vollkulturvölkern‹ noch kulturelle Minderwertigkeit, R. THURNWALD sah in ihnen ›Völker geringer Naturbeherrschung‹. Solche Konnotationen treffen nicht zu, wie überhaupt eine scharfe Trennung zw. N. und anderen ethn. Formationen kaum möglich ist. Dennoch wird die Bez. N. beibehalten.

Naturvölkermärchen, das Erzählgut schriftloser Kulturen; z. T. handelt es sich um ausgeschmückte Berichte von tatsächl. Ereignissen aus Ahnen-, Stammes- und Lokalgeschichte oder von heroischen Abenteuern. Beherrschende Themen sind außerdem Schöpfungsmythen und umweltbezogene Ätiologien. Dämonengestalten sind in der Glaubenswelt und im Erzählgut weitgehend identisch. Totemist. Vorstellungen bei Jäger- und Hirtenvölkern spiegeln sich in zahllosen Tiergeschichten. Im Unterschied zum europ. Märchen enden N. vielfach tragisch. Aus der starken Bindung an Mythos und Religion ergaben sich mitunter Vorstellungen von einer mag. Wirkung des Erzählens, etwa auf das Gedeihen der Saat oder auf den Verlauf eines Unwetters.

Naturwaldreservate, als charakterist. Vegetationsgesellschaften ausgewählte, v. a. der Erforschung ökolog. Systeme dienende, durch Erlass der dt. Bundesländer unter umfassenden Schutz gestellte Waldteile. Sie sollen in ihrer Zusammensetzung weitgehend den natürl. Waldgesellschaften entsprechen. Forstwirtschaftl. Eingriffe finden nicht statt; N. bleiben der natürl. Sukzession überlassen. In Dtl. gab es (1995) 635 N. mit einer Fläche von etwa 20 500 ha.

Naturwissenschaften, Oberbegriff für die einzelnen empir. Wissenschaften, die sich mit der systemat. Erforschung der Natur (bzw. eines Teils von ihr) und dem Erkennen von →Naturgesetzen befassen. Man teilt die N. auch heute noch vielfach, entsprechend der unbelebten und der belebten Natur bzw. Materie, ein in die physikalisch und mathematisch formulierbaren **exakten** N. (Physik, Chemie, Astronomie, Geologie sowie ihre versch. Teildisziplinen bzw. die sie verbindenden Wissenschaftsbereiche wie physikal. Chemie, Astrophysik, Geophysik, Meteorologie, Mineralogie u. a.) und die **biologischen** N. (allgemeine Biologie, Botanik, Zoologie, Anthropologie, Physiologie, Genetik, Molekularbiologie, Ökologie u. a.); Grenzgebiete z. B. den Bereichen Biophysik und Biochemie. Das Ziel der N. besteht heute nicht nur darin, die Erscheinungen und Vorgänge in der Natur sowie ihre Gesetzmäßigkeiten mittels geeigneter Experimente zu ergründen und mittels bereits bekannter oder zu entwickelnder Theorien zu beschreiben und zu ›erklären‹, sondern auch darin, die gewonnenen Erkenntnisse im Rahmen der **angewandten** N. und der Technik dem Menschen allg. nutzbar zu machen. Insofern schaffen die N. theoret. Voraussetzungen z. B. auch für Landwirtschaft, Medizin und andere Bereiche menschl. Aktivität.

Die Methoden der N. bzw. naturwiss. Forschung sind neben den unmittelbaren Beobachtens und Messen in gezielt vorgenommenen, reproduzierbaren Experimenten das Beschreiben, Vergleichen, Ordnen und Zusammenfassen von Einzelerscheinungen mit individuell versch. Merkmalen sowie die Entwicklung widerspruchsfreier Begriffe; weiter gehören dazu: die Abstraktion, d. h. das Heraussondern des als wesentlich Erachteten; die Induktion und Deduktion, d. h. die Verallgemeinerung von Einzelbeobachtungen und die log. Folgerung einer Aussage, einer Gesetzmäßigkeit u. a. aus Voraussetzungen bzw. Hypothesen; die Analyse und Synthese, d. h. die Zergliederung komplizierter Sachverhalte in einfachere und umgekehrt die Zusammenfügung von Einzelerscheinungen bzw. -objekten zu einem größeren Ganzen. Die Aufstellung von Hypothesen, Modellen und Theorien zur Deutung des in den Experimenten Erkannten bzw. der den Naturphänomenen zugrunde gelegten Ursachen gibt ihrerseits Anlass zu weiteren Experimenten, v. a. zur Verifizierung und Prüfung der Tragweite. (→Natur, →Naturphilosophie)

A. EINSTEIN u. L. INFELD: Die Evolution der Physik (a. d. Amerikan., Neuausg. 1989); H.-P. DÜRR: Das Netz des Physikers. Naturwiss. Erkenntnis in der Verantwortung (Neuausg. 1990); G. VOLLMER: Evolutionäre Erkenntnistheorie. Angeborene Erkenntnisstrukturen im Kontext von Biologie, Psychologie, Linguistik, Philosophie u. Wissenschaftstheorie (⁵1990); C. F. VON WEIZSÄCKER: Die Tragweite der Wiss. (⁶1990); DERS.: Zum Weltbild der Physik (¹³1990); H. WEYL: Philosophie der Mathematik u. Naturwiss. (a. d. Amerikan., ⁶1990); I. HACKING: Einf. in die Philosophie der N. (a. d. Engl., 1996).

naturwissenschaftlicher Unterricht, im Schulwesen der Unterricht an allgemein bildenden Schulen in Biologie, Physik und Chemie. In der Grundschule bildet der n. U. einen Bestandteil des Sachunterrichts, in der Hauptschule beginnt er im 5. Schuljahr mit Biologie als selbstständigem Fach, Physik, Chemie (und Technik) werden als Fächerverbindung gelehrt (durchschnittlich vier Wochenstunden n. U.). In Gymnasien und Realschulen werden die drei Fächer gesondert, mit eigenem Fachaufbau, unterrichtet (etwa sechs Wochenstunden). In der gymnasialen Oberstufe können diese drei Fächer, ggf. auch Astronomie, als Grund- oder Leistungskurse gewählt werden; beim Abitur muss der Nachweis des erfolgreichen Besuchs von mindestens einem naturwiss. Fach mit vier (Halbjahres-)Kursen der Oberstufe nachgewiesen werden.

Grundlegendes Ziel ist die Erschließung der natürl. und von der Technik geprägten heutigen Umwelt, wobei Fakten und Zusammenhänge nach naturwissenschaftl. oder naturwiss. orientierten Fragestellungen einsehbar gemacht werden sollen. Damit verbunden ist die Einführung in die naturwiss. Methodik. Als didakt. Weg gelten Beobachtung und Experiment, wodurch die Fähigkeiten des Sammelns, Benennens, Ordnens und Klassifizierens geschult werden.

Natyamandapa [Sanskrit], Tanzhalle ind. Tempel, meist dem Hauptbau vorgelagerte offene Säulenhalle.

Natyashastra [-ʃ-; Sanskrit ›Lehrbuch der Bühnenkunst‹], dem BHARATA, über dessen Leben nichts bekannt ist, zugeschriebenes Werk der Sanskritliteratur, dessen Hauptinhalt in das 3. oder 4. Jh. datiert wird. Es behandelt u. a. die Rasas, versch. Arten des Dramas sowie unterschiedl. Dramengestalten, Kostüme und Dekorationen. Das N. ist nur in einer überarbeiteten Gestalt überliefert.

Ausgabe: The N., hg. v. M. GOSH, 2 Bde. (a. d. Sanskrit, Kalkutta 1961–67).

A. RANGACHARYA: Introduction to Bharata's Nāṭya-śāstra (Bombay 1966).

Nauarch [griech.] *der, -en/-en,* der Flottenführer in vielen antiken griech. Staaten. Bes. wichtig wurde in Sparta die **Nauarchie,** das Amt des N., durch den Oberbefehl über die peloponnes. oder (in den Perserkriegen) die hellen. Bundesflotte. Der N. wurde jährlich (seit etwa 430 v. Chr.) gewählt und war den Königen nicht unterstellt. In der röm. Flotte der Kaiserzeit war der **Nauarchus** der Flottillenkapitän.

Nauba [arab.] *die, -,* **Nuba,** klass. Form der arab. Kunstmusik, ein suitenartiger Zyklus, bestehend aus einem rhythmisch ungebundenen, meist virtuos vorgetragenen Instrumentalvorspiel sowie fünf bis neun Vokal- und Instrumentalstücken. Das N.-Ensemble setzt sich i. d. R. zusammen aus Solosänger, Chor, Flöte (Naj), Laute (Ud) sowie Streich- und Schlaginstrumenten. Die mündlich überlieferte N., deren Ursprünge vermutlich ins MA. zurückreichen, ist in Ägypten und Syrien, v. a. aber in Marokko, Algerien und Tunesien die verbreitetste Gattung zur Darstellung der Maqamat. (→Maqam)

Nauders, österr. Fremdenverkehrsort am →Reschenpass.

Nauen, Stadt im Landkreis Havelland, Bbg., 40 m ü. M., am SO-Rand des Havelländ. Luchs, 10 400 Ew.; Hausgerätewerk; Großfunkstelle (1906 errichtet, ab 1921 Funk weltweit, bis 1990 ›Nauener Zeitzeichen‹, heute Ausstrahlung der Programme der ›Dt. Welle‹). – Spätgot. Backsteinhallenkirche St. Jakobi (14./15. Jh., Turmaufsatz 1742); neuroman. Basilika St. Peter und Paul (1905/06); Goethe-Gymnasium von M. TAUT (1913–15); im NO die 1917–19 nach Plänen von H. MUTHESIUS erweiterte ehem. Großfunkstation. – N. entstand Ende des 12. Jh. im Schutz einer brandenburg. Burg an der Straße Berlin–Hamburg. 1305 erstmals als Stadt erwähnt, von 1826 bis 1993 Kreisstadt. – Bei N. wurde ein befestigtes german. Dorf des 3. Jh. n. Chr. von viereckiger Form mit etwa 50 Häusern entdeckt; es bestand knapp 100 Jahre.

Heinrich Nauen: Herbstwald; um 1911 (Bonn, Städtische Kunstsammlungen)

Nauen, Heinrich, Maler und Grafiker, * Krefeld 1. 6. 1880, † Kalkar 26. 11. 1940; Vertreter des ›Rhein. Expressionismus‹, malte, ausgehend von V. VAN GOGH, Stillleben, Landschaften und Figurenbilder in heller, kräftiger Farbgebung.

E. MARX: H. N. (1966); H. N. Krefeld 1880 – Kalkar 1940, hg. v. G. KALDEWEI, Ausst.-Kat. Städt. Museum Kalkar (1991); H. N. 1880–1940, hg. v. K. DRENKER-NAGELS, Ausst.-Kat. Kunstmuseum Bonn (1996).

Nauheim, Bad N., Stadt und Heilbad im Wetteraukreis, Hessen, 144 m ü. M., am O-Abfall des Taunus zur Wetterau und im Tal der Usa, 30 000 Ew.; Max-Planck-Institut für physiolog. und klin. Forschung – W. G. Kerckhoff-Institut; Rosenmuseum, Salzseum. N. ist ein bedeutender Badeort in Hessen; die kohlensäure-, eisen- und radiumhaltigen Kochsalzthermen (34,4 °C) werden gegen Herz-, Kreislauf-, rheumat. Erkrankungen und Asthma angewendet

Bad Nauheim
Stadtwappen

(Thermal-Sole-Bewegungsbad); ferner Reifenindustrie und Metallverarbeitung. – Ref. Wilhelmskirche (1739–40); ehem. kath. Reinhardskirche (seit 1907 russ. Kirche; 1732 als Saalbau errichtet); am Marktplatz Rathaus (1740). Zw. 1905 und 1911 wurde

Bad Nauheim: Sprudelhof mit angrenzenden Badehäusern; zwischen 1905 und 1911

nach einem einheitl. Plan eine Kur- und Badeanlage geschaffen. Dieses einzigartige Jugendstilensemble besteht aus dem durch Arkadengänge begrenzten Sprudelhof und sechs Badehäusern. – Seit dem 1. Jh. v. Chr. ist die Salzgewinnung im heutigen Ortsgebiet belegt, doch deuten archäolog. Funde auf eine weit frühere Nutzung hin. Das 1222 erstmals urkundlich erwähnte Dorf N. kam 1255 an die Herren von Hanau und 1736 an Hessen-Kassel. Die Salzsiederei (seit dem 14. Jh.) trat gegenüber dem 1835 aufgenommenen und 1846 erweiterten Kurbetrieb in den Hintergrund. 1854 wurde N. Stadt, seit 1869 führt es die Bez. ›Bad‹.

C. LANGEFELD: B. N. (1986).

Naukratis [altägypt.-griech. ›Stadt des Krates‹], altgriech. Faktorei an einem Nilarm im S von Damanhur, Ägypten, um 650 v. Chr. von Milet aus gegründet, von König AMASIS im 6. Jh. v. Chr. als Stadt mit Stapelplatz für zwölf griech. Städte eingerichtet und mit den ersten griech. Tempeln Ägyptens geschmückt. Trotz der Gründung Alexandrias 331 v. Chr. behauptete N. seine Bedeutung als Umschlaghafen für den Warenverkehr von und nach Memphis. N. hatte Töpfereien und Fayencewerkstätten. Ruinen von

Friedrich Naumann

Bruce Nauman: Videoinstallation ›Anthro/Sozio‹; 1992 (Hamburg, Kunsthalle)

Heiligtümern liegen bei Nibeira (Nebira) im westl. Delta.

Naumachie [griech.] *die, -/...'chi̱en,* urspr. die Seeschlacht, dann vor allem im antiken Rom die Aufführung einer (häufig historischen) Seeschlacht, zumeist auf künstlich angelegten Seen in entsprechend ausgerüsteten Amphitheatern. Die Kämpfer waren meist Kriegsgefangene, Gladiatoren oder zum Tod Verurteilte. Die erste bekannte röm. N. veranstaltete CAESAR 46 v. Chr., die größte CLAUDIUS 52 n. Chr., angeblich unter Mitwirkung von 19 000 Menschen.

Nauman [ˈnaʊmən], Bruce, amerikan. Künstler, *Fort Wayne (Ind.) 6. 12. 1941. Seine Arbeiten umfassen Installationen, Objekte, Plastiken, Zeichnungen, an M. DUCHAMP orientierte visuelle Wortspiele (Gedanken über Kunst) und Videoaufzeichnungen. In den Werken der 80er-Jahre traten zeitkrit. Aspekte in den Vordergrund (›Head and bodies‹, 1989).

B. N. 1972–1981, Ausst.-Kat. (1981); B. N. Zeichnungen 1965–1986, hg. vom Museum für Gegenwartskunst, Basel (Basel 1986); B. N., hg. v. N. SEROTA u. a., Ausst.-Kat. (London 1986); B. N., Skulpturen u. Installationen 1985 bis 1990, hg. v. J. ZUTTER, Ausst.-Kat. (1990); B. N., hg. v. J. SIMON u. a., Ausst.-Kat. Museo Nacional Centro de Arte Reina Sofia, Madrid (Minneapolis, Minn., 1994).

Naumann, 1) Friedrich, Politiker, *Störmthal (bei Leipzig) 25. 3. 1860, †Travemünde 24. 8. 1919; zunächst Gemeindepfarrer bei Langenberg (bei Hohenstein-Ernstthal); 1890–97 Vereinsgeistlicher der Inneren Mission in Frankfurt a. M. und, unter Anschluss an die christlich-soziale Bewegung von A. STOECKER, Mitarbeit im →Evangelisch-sozialen Kongress, wo er Mittelpunkt eines reformorientierten, liberalen Kreises wurde, der sich seit 1895 zunehmend gegen den polit. Konservativismus der stoeckerschen Bewegung stellte. Nach Begegnungen mit M. WEBER und R. SOHM vollzog N. 1896 durch die Gründung des →Nationalsozialen Vereins (1903 aufgelöst) den Bruch mit den Christlich-Sozialen. Sprachrohr seines (im Ergebnis erfolglosen) Bemühens, die innere Verbindung von nat. und sozialem Gedankengut zu schaffen, waren die von ihm 1895 gegründete Zeitschrift ›Die Hilfe‹ sowie seine zahlr. Schriften: In ›Demokratie und Kaisertum‹ (1900) forderte er im Rahmen eines ›sozialen Kaisertums‹ die Verknüpfung des demokrat. Staatswesens mit dem autoritär-elitären Führungsgedanken, denn nur ein starker und wirtschaftlich unabhängiger Staat sei in der Lage, innere Reformen zu garantieren. Mit der Schrift ›Neudt. Wirtschaftspolitik‹ (1902) mahnte er linksliberale gesellschaftspolit. Reformen an. – 1903 schloss sich N. der Freisinnigen Vereinigung und 1910 der Fortschrittl. Volkspartei an (1907–12 und 1913–18 MdR). Sein Programm für eine mitteleurop. föderalistische Wirtschaftsgemeinschaft unter dt. Führung (›Mitteleuropa‹, 1915) stieß auf breite Zustimmung. 1917 setzte er sich entschieden für die Friedensresolution des Reichstags ein. 1918 war er Mitgründer der DDP (1919 in die Weimarer Nationalversammlung gewählt). – Nach N. ist die →Friedrich-Naumann-Stiftung benannt.

Ausgabe: Werke, hg. im Auftrag der F.-N.-Stiftung v. W. UHSADEL, 6 Bde. (1964–69).

A. MILATZ: F.-N.-Bibliogr. (1957); K. OPPEL: F. N. (1961); T. HEUSS: F. N. (³1968); I. ENGEL: Gottesverständnis u. sozialpolit. Handeln. Eine Unters. zu F. N. (1972); A. LINDT: F. N. u. Max Weber (1973); W. GÖGGELMANN: Christl. Weltverantwortung zw. sozialer Frage u. Nationalstaat. Zur Entwicklung F. N.s 1860–1903 (1987).

2) Johann Friedrich, Ornithologe, *Ziebigk (heute zu Cosa, Landkreis Köthen) 14. 2. 1780, †ebd. 15. 8. 1857; Prof. und Inspektor am herzogl. Ornitholog. Museum in Köthen (Anh.); Wegbereiter der dt. Feldornithologie. Künstlerisch hoch begabt, illustrierte er das zus. mit seinem Vater JOHANN ANDREAS (*1744, †1826) angelegte zwölfbändige Werk ›Naturgeschichte der Vögel Dtl.s‹ (1822–44).

3) Johann Gottlieb, Komponist, * Blasewitz (heute zu Dresden) 17. 4. 1741, † Dresden 23. 10. 1801; Schüler von G. TARTINI in Padua, von Padre MARTINI in Bologna und J. A. HASSE in Venedig; wurde 1766 kurfürstl. Kapellmeister in Dresden; reiste als erfolgreicher Opernkomponist und Dirigent nach Italien (1765–68 und 1772–74), Kopenhagen (1785–86) und Berlin (1788–89). 1777 rief ihn König GUSTAV III. als Berater nach Stockholm, wo 1786 seine Oper ›Gustaf Wasa‹, die lange Zeit als schwed. Nationaloper galt, uraufgeführt wurde. N. zählte zu den angesehensten Persönlichkeiten des europ. Musiklebens am Ende des 18. Jh. Sein kompositor. Schaffen (23 Opern, 15 Oratorien, Kirchen- und Kammermusik, Lieder) war zunächst der Neapolitan. Schule, dann (bei seinen schwed. Opern) den Reformgedanken C. W. GLUCKS sowie der frz. Chor- und Ballettoper verpflichtet; die späteren Werke bereiteten den Übergang zur Frühromantik (C. M. VON WEBER) vor.

4) Klaus Dieter, General, * München 25. 5. 1939; Eintritt in die Bundeswehr 1958; Artillerieoffizier; nach wechselweiser Verwendung in der Truppe, im Verteidigungsministerium sowie bei der NATO 1988 Stabsabteilungsleiter ›Militärpolitik‹ im Führungsstab der Streitkräfte und 1991–95 Generalinspekteur der Bundeswehr; 1994 zum Vors. des NATO-Militärausschusses gewählt (Amtsantritt 1996).

Naumburger Fürstentag, vom 20. 1. bis 8. 2. 1561 in Naumburg (Saale) tagende Versammlung prot. Fürsten. Bei den Debatten über das Augsburg. Bekenntnis, das erneut unterzeichnet werden sollte, spielten die unterschiedl. Formulierungen der Ausgaben von 1530 und 1540 in der Abendmahlsfrage (Art. 10) eine entscheidende Rolle. Die päpstl. Einladung zur abschließenden Tagungsperiode des Tridentinums wurde abgelehnt.

Naumburger Meister, Notname für die prägende Künstlerpersönlichkeit einer got. Bildhauerwerkstatt und Bauhütte, als deren wichtigste Schöpfungen der Mainzer Lettner (um 1239) und der Naumburger W-Chor mit seinen zwölf Stifterfiguren (um 1250) sowie der dortige W-Lettner (Passionsreliefs an der Bühne und Kreuzigung am Portal des Lettners; BILD →Lettner) angesehen werden. Der N. M. gehört zu den bedeutendsten Bildhauern des MA. Seine besondere Leistung ist es, authentische hochgot. Formen aus Frankreich nach Dtl. vermittelt und diese zu einem Höhepunkt naturnaher Ausdrucksfähigkeit geführt zu haben. Der künstler. Ursprung des N. M.s liegt in der

Naumburg (Saale): Der viertürmige Dom Sankt Peter und Paul; Anfang des 13. Jh. bis um 1330

Bauhütte der Kathedrale von Reims (1211 ff.). Dort sowie an der Kathedrale von Noyon und am S-Portal der Liebfrauenkirche in Metz sind Reliefs erhalten, die mit denen in Mainz und Naumburg (Saale) in unmittelbarem Stilzusammenhang stehen. Die erhaltenen Reliefs des zerstörten Mainzer Lettners, die Verdammten und Seligen des Weltgerichts, die Deesis, der Kopf mit der Binde, sowie ein Martinsrelief (→Bassenheimer Reiter) unterscheiden sich von den meisten Naumburger Figuren durch einen weichen, lyr. Ausdruck der Gesichter. Das hat einige Forscher dazu geführt, den führenden Meister in Mainz von dem in Naumburg (Saale) zu trennen. Diese Auffassung setzte sich jedoch nicht durch. Unter den Werken in der Nachfolge des N. M.s in Sachsen sind bes. die Figuren im Chor und an der Marienpforte des Domes in Meißen zu nennen.

W. PINDER u. W. HEGE: Der Naumburger Dom u. der Meister seiner Bildwerke (23.–37. Tsd. 1952); Die Naumburger Stifterfiguren, Einf. v. H. JANTZEN (1959); A. PESCHLOW-KONDERMANN: Rekonstruktion des Mainzer Westlettners u. der Ostchoranlage des 13. Jh. im Mainzer Dom (1972); Der Naumburger Westchor. Figurenzyklus, Architektur, Idee, Beitrr. v. H. SCIURIE u. F. MÖBIUS (1989); E. SCHUBERT: Die Erforschung der Bildwerke des N. M. (1994).

Naumburg (Saale), Kreisstadt des Burgenlandkreises, Sa.-Anh., 130 m ü. M., am rechten Ufer der Saale gegenüber der Unstrutmündung, 31 500 Ew.; Oberlandesgericht; Stadt-, Nietzschemuseum; Baugewerbe, Werkzeugmaschinenbau, Holzverarbeitung; um die Stadt Wein- und Obstbau.

Stadtbild: Domstadt und Bürgerstadt sind im Grundriss noch klar zu erkennen. Der doppelchörige, viertürmige Dom St. Peter und Paul, an der Stelle einer älteren Kirche (1042 geweiht; Krypta z. T. erhalten, um 1170–80, erweitert um 1210–20), wurde Anfang des 13. Jh. von W nach O begonnen und um 1330 mit dem O-Chor vollendet; er zeigt die Ablösung der Romanik durch die Gotik. Der O-Lettner (um 1225) gilt als der älteste Lettner in Dtl. Bes. bedeutend sind der W-Lettner (BILD →Lettner) sowie im W-Chor die

Johann Gottlieb Naumann

Naumburger Meister: Eckehard und Uta; Stifterfiguren im Naumburger Dom; um 1250

Naumburg (Saale) Stadtwappen

Naun Naundorf – Nauroz

Nauplion: Das venezianische Kastell Burzi

Stifterfiguren des →Naumburger Meisters; acht Chorfenster mit originalen Glasmalereien; zahlr. Grabdenkmäler (14.–18. Jh.); südlich an den Dom anschließend Kreuzgang mit Klausurgebäuden. Die spätgot. Moritzkirche (1483–1521) ist die Kirche des ehem. Augustinerchorherrenstifts. Im Mittelpunkt der Bürgerstadt spätgot. Stadtkirche (Wenzelskirche, 15./16. Jh.) mit hohem N-Turm, im Innern 1724 barockisiert; Barockkirchen sind St. Othmar (1691–99) und St. Marien (1712–30). Rathaus (1517–28) mit sechs Maßwerk-Zwerchgiebeln an der Marktfront; zahlr. Bürgerhäuser (16.–18. Jh.) v. a. in der Nähe des Marktes. Von der Stadtbefestigung sind das spätgot. Marientor sowie die Wasserkunst von 1480 erhalten.

Geschichte: Im Schutz der um 1000 wohl von Markgraf EKKEHARD I. von Meißen angelegten Nuwenburg (›Neuen Burg‹) wuchsen ein vor 1021 errichtetes Stift sowie eine Kaufmannssiedlung, deren Entwicklung zur Stadt Anfang des 12. Jh. begann. Nach der Verlegung des Bischofssitzes von Zeitz nach N. in das Stift (1028/30) durch EKKEHARD II. und seinen Bruder HERRMANN N., das bis zur Reformation im Besitz seiner Bischöfe stand, 1144 als Civitas erwähnt (seit 1315 Stadtrat belegt); kam 1564 an das albertin. Kursachsen (1656–1718 zum Sekundogeniturfürstentum Sachsen-Zeitz; zeitweilig Residenz), 1815 an Preußen (Prov. Sachsen). – Für das seit 1526 (nicht regelmäßig), mit Bezug auf eine sagenhafte hussit. Belagerung 1432, gefeierte ›Hussiten-Kirschfest‹, ein Schulfest, fehlt jegl. histor. Beleg.

B. HERRMANN: Die Herrschaft des Hochstifts N. an der mittleren Elbe (1970); E. SCHUBERT: Der Naumburger Dom (1997).

Naundorf, Naundorff, Karl Wilhelm, Uhrmacher, * Potsdam (?) 1785 (?), † Delft 10. 8. 1845; gab sich als LUDWIG (XVII.), Sohn des frz. Königs LUDWIG XVI., aus und machte seine Ansprüche in Berlin und Paris geltend. Seine Nachkommen, 1863 in den Niederlanden unter dem Namen de Bourbon naturalisiert, bemühten sich noch im 20. Jh. um Anerkennung.

Naunhof, Stadt im Muldentalkreis, Sa., 135 m ü. M., an der Parthe, südöstlich von Leipzig, 6 700 Ew.; Turmuhrenmuseum; Baugewerbe, Spannbetonwerk. Bei N. das Naherholungsgebiet Ammelshainer Seen. – Im 12. Jh. erstmals bezeugt, 1223 als ›Städtchen‹ erwähnt.

Naunyn, Bernhard, Internist, * Berlin 2. 9. 1839, † Baden-Baden 27. 7. 1925; Prof. in Dorpat (1869–71), Bern, Königsberg (1872–88) und Straßburg; Forschungen über Leber- und Gallenkrankheiten sowie Diabetes mellitus. 1872 begründete er (mit E. KLEBS und O. SCHMIEDEBERG) das ›Archiv für experimentelle Pathologie und Pharmakologie‹, 1896 (mit J. VON MIKULICZ-RADECKI) die ›Mitteilungen aus den Grenzgebieten der Medizin und Chirurgie‹.

Naupaktos, neugriech. **Návpaktos,** Hafenstadt im Verw.-Bez. (Nomos) Ätolien und Akarnanien, Griechenland, am Eingang zum Golf von Korinth, 10 900 Ew.; orth. Bischofssitz; Textilindustrie. – N., ital. **Lepanto,** urspr. eine Siedlung der Lokrer, kam 338 v. Chr. zu Ätolien, nach 146 v. Chr. an Rom, später zu Byzanz (um 900 Hauptstadt des Verw.-Bezirk Nikupolis). Im MA. **Epaktos** gen., gehörte N. nach 1204 zum Despotat Epirus, fiel 1294 an die Anjou von Neapel, dann an die Albaner. Das zur Festung ausgebaute N. war 1407–99 und erneut 1687–99 in venezian., 1499–1687 und 1699/1700–1828 als **Ainebachti** in türk. Besitz. – Über die Seeschlacht bei N. →Lepanto.

Nauplion, neugriech. **Návplion,** Hauptstadt des Verw.-Bez. (Nomos) Argolis, Griechenland, auf der Peloponnes am Argol. Golf, 11 900 Ew.; griech.-orth. Bischofssitz; archäolog. Museum; Fremdenverkehr; Hafen. – In der Nähe von N. fand man myken. Kammergräber und in den Franchthihöhlen (15 m ü. M.) bei archäolog. Grabungsarbeiten (1967–74) Spuren einer fast kontinuierl., von 20 000 bis 3000 v. Chr. dauernden Besiedlung. Die Befunde scheinen die These zu bestätigen, dass die Landwirtschaft im Vorderen Orient ›erfunden‹ und erst erheblich später in SO-Europa übernommen wurde. – Anstelle der alten Festung Itschkale (85 m) gab es schon antike und fränk. Anlagen, als venezian. Festung erneuert (1394–1440, 1477–80); Stadtmauern (1502, nur Teile erhalten). Aus venezian. Zeit stammen auch die Festung Palamidi (1711–14) im SO (229 m), die Sophienkirche (um 1400) und der Palast (früher Sitz des Marinekommandos) am Stadtplatz (1713; jetzt Museum), zwei Kirchen – Nikolaos- (1713) und Spiridonkirche (1702) – sowie einige Wohnhäuser. Aus der türk. Zeit sind einige ehem. Moscheen erhalten (im ›Vuletiko‹ tagte 1827–34 das erste griech. Parlament). – Das antike **Nauplia** diente Argos als Hafenstadt. Im MA. blieb N. bis in die 1. Hälfte des 13. Jh. byzantinisch, gehörte bis 1388 zum fränk. Herzogtum Athen, wurde dann den Venezianern übergeben, unter denen die Stadt als **Napoli di Romania** seine Blütezeit erlebte (Ausbau der Unterstadt durch künstl. Aufschüttung der Küstenzone, Sicherung der Hafenbucht durch den Bau der Inselfestung Burzi 1471) und zwei türk. Angriffen (1499–1500 und 1537–38) standhalten konnte. 1540–1686 und 1715–1822 befand sich N. unter osman. Herrschaft, wurde 1822 von den aufständ. Griechen erobert und war 1829–34 griech. Hauptstadt.

Nauplios, Gestalten der griech. Mythologie:
1) Sohn des Poseidon und der Danaide Amymone, Begründer der Stadt Nauplia (heute Nauplion).
2) Vater und Rächer des →Palamedes.

Nauplius [lat., von griech. naúplios ›Krebs‹] *der, -/...lien,* **Naupliuslarve,** erstes Larvenstadium der Krebstiere; Körper länglich oval, mit drei (z. T. fächerartig beborsteten und dann als Nahrungssammler dienenden) Gliedmaßenpaaren (erstes und zweites Antennenpaar, Mandibeln), unpaarem Naupliusauge und (bei Muschelkrebsen) entwickeltem Carapax.

Naupliusauge, Mittelauge, Medianauge, bei den Niederen Krebsen dauernd vorhandenes, bei den Höheren Krebsen nur während des Naupliuslarvenstadiums ausgebildetes, sehr einfaches, unpaares, dicht neben dem Gehirn liegendes Auge, überwiegend aus drei Pigmentbecherozellen zusammengesetzt.

Nauroz [-z], das pers. Neujahrsfest, seit vorislam. Zeit das größte Fest der Perser und bis in die Gegenwart der iran. Völker, unabhängig von der Religionszugehörigkeit (bei den Kurden **Newroz** gen.). Es wird am Frühlingsäquinoktium mit Tanz und Musik gefeiert. – Durch Probleme mit der Kalenderberechnung wurde dieses Fest der Fruchtbarkeit und Befreiung zu versch. Zeiten und in unterschiedl. Gegenden auch an anderen Tagen des Jahres begangen.

G. WIDENGREN: Die Religionen Irans (1965); M. BOYCE: Zoroastrians (London 1979).

Nauru

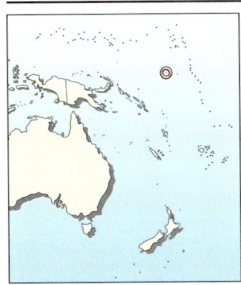

Nauru
Fläche 21,3 km²
Einwohner (1995) 10 500
Verwaltungssitz Yaren
Amtssprachen Nauruisch, Englisch
Nationalfeiertag 31. 1.
Währung 1 Austral. Dollar ($A) = 100 Cents (c)
Uhrzeit 22³⁰ Nauru = 12⁰⁰ MEZ

Nauru, amtliche Namen: nauruisch **Naoero**, engl. **Republic of Nauru** [rɪˈpʌblɪk əv -], Inselstaat im Pazif. Ozean, bestehend aus der zu Mikronesien gerechneten Insel N. mit einer Fläche von 21,3 km² und aus einem Seegebiet von 326 000 km², (1995) 10 500 Ew.; Verw.-Sitz: Yaren; Amtssprachen: Nauruisch (eine mikrones. Sprache) und Englisch. Währung: 1 Austral. Dollar ($A) = 100 Cents (c). Uhrzeit: 22³⁰ Nauru = 12⁰⁰ MEZ.

STAAT · RECHT

Verfassung: Nach der am 31. 1. 1968 in Kraft getretenen Verf. ist N. eine parlamentar. Rep. im Commonwealth. Staatsoberhaupt und Reg.-Chef ist der vom Parlament auf drei Jahre gewählte Präs.; er ernennt die Mitgl. des Kabinetts. Das Parlament, die Legislative, besteht aus 18 für drei Jahre aus allgemeinen Wahlen (Wahlpflicht) hervorgehenden Abgeordneten.

Parteien: Einzige Partei ist die Democratic Party of N. (DPN, dt. Demokrat. Partei N.s; gegr. 1987).

Wappen: Das Wappen zeigt einen von Fregattvogelfedern, Palmfaserschnüren und Haifischzähnen (zeremonielle Häuptlingsabzeichen) umrahmten Schild, der geteilt und am Schildhaupt nach innen gebogen ist. Dessen oberen Teil bildet die Darstellung einer Flechtmatte, auf der ein gleichseitiges, an der oberen Spitze in ein Kreuz übergehendes Dreieck liegt (Symbol für das auf der Insel abgebaute Phosphat). Im unteren Teil ist neben einem Zweig ein Fregattvogel abgebildet. Das Oberwappen bildet ein weißer Stern, der als Kennzeichen der Insel mit seinen zwölf Strahlen die urspr. zwölf Stämme der Bewohner N.s verkörpert; über dem Stern auf Schriftband den Namen der Insel in Nauruisch ›Naoero‹). Am Fuß des Schildes befindet sich ein Schriftband mit dem Wahlspruch ›God's Will First‹ (›Gottes Wille zuerst‹).

Nationalfeiertag: Nationalfeiertag ist der 31. 1., der an die Erlangung der Unabhängigkeit 1968 erinnert.

Verwaltung: Es bestehen 14 Distrikte.

Recht: Der Oberste Gerichtshof ist sowohl Eingangs- als auch Rechtsmittelinstanz. Weiter gibt es ein Distrikts- und ein Familiengericht, dessen Richter teilweise aus Listen gewählt werden.

Streitkräfte: N. verfügt über keine eigene Armee. Die Verteidigung obliegt Australien.

LANDESNATUR · BEVÖLKERUNG

N. ist eine gehobene Koralleninsel. Sie ist von einem Korallenriff umgeben, das bei Ebbe trockenfällt, und von einem Sandstrand umsäumt, der in einen 150–300 m breiten Gürtel fruchtbaren Bodens übergeht. Dahinter erhebt sich ein durchschnittlich 30 m, maximal 65 m hohes zentrales Plateau. Dieses ist von (einst mächtigen) Phosphatablagerungen bedeckt, die den Korallenkalk des Untergrundes überlagern oder in ihn eingebettet sind. Sie sind aus einer Anhäufung von Vogelexkrementen (Guano) entstanden. Im SW des Plateaus liegt ein flacher See, die Buadalagune, die der Versorgung mit Trinkwasser (z.T. von Schiffen gebracht) dient. Es gibt keine Wasserläufe und wegen des Korallenriffs keine natürl. Häfen. N. hat trop. Klima mit Durchschnittstemperaturen von 24–34 °C, das durch kühle Meereswinde erträglich wird. Die Niederschlagsmenge schwankt von Jahr zu Jahr erheblich, von 300 bis 4 500 mm/Jahr. Die meisten Niederschläge fallen zwischen November und Februar. Zur natürl. Vegetation gehören v. a. Kokospalmen und Schraubenbäume (Pandanus). Vor dem Hintergrund weltweiter Klimaveränderungen sieht sich N. existenziell von einem Anstieg des Meeresspiegels bedroht.

Bevölkerung: Über die Hälfte der Bev. sind Naururer und gehören zu dem einheim. mikronesisch-polynesisch-melanes. Mischvolk. Die übrigen Bewohner, v. a. aus Kiribati und Tuvalu (etwa 25%), Hongkong (8%) und den Philippinen (2,5%) sowie aus Australien und Neuseeland (5%), wurden für den Phosphatabbau angeworben. Außerdem leben etwa 260 Europäer auf N. Die Bev. lebt auf dem Küstenstreifen und konzentriert sich v. a. im SW, im Bereich des Verw.-Sitzes (Yaren), südlich der Schiffsverladestelle für das Phosphat.

Religion: Es besteht Religionsfreiheit. Rd. 90% der Bev. sind Christen: rd. 60% gehören prot. Kirchen und der anglikan. Kirche an, rd. 30% der kath. Kirche (Bistum Tarawa und N. auf Kiribati). Religiöse Minderheiten bilden die Buddhisten, Bahais und die Anhänger chin. Volksreligionen.

Bildungswesen: Schulpflicht besteht bei kostenlosem Schulbesuch vom 6. bis 16. Lebensjahr, jedoch wird nach der Primarschule (sieben Jahre) nur noch von einem knappen Drittel auch die Sekundarschule (vier Jahre) besucht. Die Analphabetenquote ist sehr gering (1%). N. verfügt über ein Univ.-Zentrum der Südpazif. Univ. von Suva (Fidschi).

Publizistik: Die Wochenzeitung ›Bulletin‹ in engl. und nauruischer Sprache hat eine Auflage von etwa 700 Exemplaren. Daneben erscheinen die ›Central Star News‹ und ›The N. Chronicle‹. – Der staatl. Hörfunksender ›N. Broadcasting Service‹ verbreitet am Vormittagssendungen in Englisch und Nauruisch. Fernsehsendungen (meist Übernahmen vom neuseeländ. Fernsehen) sind seit 1991 zu empfangen.

WIRTSCHAFT · VERKEHR

Mit einem Bruttosozialprodukt je Ew. von (1991) 13 000 US-$ gilt N. als einer der reichsten Staaten im Südpazifik. Da 80% des Landes mit phosphorhaltigem Guano bedeckt waren, sind die wirtschaftl. Aktivitäten auf den Phosphatabbau (1992: 747 000 t) konzentriert. Die Nettoeinnahmen aus dem Phosphatexport werden zw. der Reg., dem N. Local Government Council und dem N. Phosphate Royalties Trust (zum Zweck der Reinvestition) aufgeteilt; außerdem zahlt die Reg. Lizenzgebühren an die Grundstückseigentümer. Der Phosphatexport v. a. nach Australien und Neuseeland erbrachte ständig einen großen Außenhandelsüberschuss (1989: Exportwert 101 Mio. $A, Importwert 17 Mio. $A). Da die Phosphatvorräte in den nächsten Jahren (etwa im Jahr 2000) erschöpft sein werden, kauft N. zur Sicherung seiner Wirtschaft Grundstücke und Immobilien in anderen Ländern des pazif. Raums sowie Wertpapiere. Außerdem sollen Tourismus und Fischerei entwickelt werden. Einnahmen resultieren auch aus dem Briefmarkenverkauf. Die Erträge aus Kokosnusspalmen- und Bananenanbau sind gering. Unübersehbar ist die Landschaftszerstörung durch den Phosphatabbau; 1994 galten etwa vier Fünftel des Landes als verwüstet.

Verkehr: Die 5,2 km lange Eisenbahnlinie dient ausschließlich dem Phosphattransport. Rund um die Insel führt eine Küstenstraße. N. besitzt keinen Hafen; Frachtschiffe müssen im Tiefwasser vor der Küste ankern und werden mit speziellen Fördereinrichtungen beladen. Die nat. Fluggesellschaft ist die Air Nauru.

Staatswappen

Staatsflagge

GESCHICHTE

Das 1798 von Walfängern (Captain JOHN FEARN) entdeckte und zunächst **Pleasant Island** (Angenehme Insel) genannte N. wurde 1888 von Dtl. in Besitz genommen (Anschluss an das Schutzgebiet Marshallinseln). 1899 begann hier die prot., 1903 die kath. Mission. Ab 1906 wurden die Phosphatvorkommen abgebaut (zunächst von einer brit. Gesellschaft in Verbindung mit der dt. Jaluit-Gesellschaft). 1914 von austral. Truppen besetzt, wurde N. ab 1920 als Mandat des Völkerbundes von Australien unter Beteiligung Großbritanniens und Neuseelands verwaltet. Während der jap. Besetzung (1942–45) kam es zur Deportation großer Teile der Bev. (Tod vieler Nauruer); Rückkehr 1946. Ab 1947 als UN-Treuhandgebiet von Australien verwaltet, erhielt N. am 31. 1. 1968 seine Unabhängigkeit. Erster Staatspräs. war HAMMER DEROBURT (1968–76, 1978–86 und 1987–89); ihm folgten BERNARD DOWIYOGO (1976–78, 1989–95) und LAGUMOT G. N. HARRIS (seit 1995) im Amt. Die 1987 gegründete DPN sollte v. a. die Macht des Präs. einschränken. 1989 verklagte N. vor dem Internat. Gerichtshof (IGH) in Den Haag Australien auf Wiedergutmachung des Schadens, den es als Mandatsmacht auf N. beim Phosphatabbau verursacht habe; 1993 kam es zu einem außergerichtl. Vergleich (Einigung auf die Zahlung von 107 Mio. $A durch Australien zur Renaturierung der Insel).

Nausea [griech. ›Seekrankheit‹] *die, -,* Übelkeit mit Brechreiz, Schwindel, v. a. als Symptom der Bewegungskrankheit (z. B. bei Schiffsreisen).

Nausika|a, griech. **Nausika|a,** *griech. Mythos:* die Tochter des Phäakenkönigs Alkinoos. In der ›Odyssee‹ trifft sie den Schiffbrüchigen Odysseus am Strand und führt ihn in das Haus ihres Vaters.

Nautical Mile [ˈnɔːtɪkl ˈmaɪl], engl. Bez. für →Seemeile.

Nautik [griech., zu naûs ›Schiff‹] *die, -, Schifffahrtskunde:* die der Schifffahrt gehörenden Wissensgebiete, insbesondere die →Navigation sowie alle die eigentl. Schiffsführung betreffenden Bereiche. Die **Nautiker** einer Schiffsbesatzung sind der Kapitän und die naut. Offiziere (im Ggs. zu den techn. Offizieren, z. B. Schiffsingenieuren). Zu den der Navigation dienenden **nautischen Instrumenten** auf einem Seeschiff gehören u. a. die Kompassanlage, das Chronometer, Log- und Loteinrichtungen, Sextanten, meteorolog. Messgeräte, Radar- und Funkpeilanlagen.

Nautiloidea, Nautiloideen, Unterklasse der Kopffüßer mit geradem oder (bis spiralförmig) gekrümmtem Gehäuse, seit dem Oberkambrium belegt. Von den sieben Ordnungen mit insgesamt über 700 Gattungen sind heute nur noch die Nautilida (seit dem Devon) durch die Gattung Nautilus vertreten.

Nautilus [griech. ›Seefahrer‹, ›Schiffer‹], **1)** einzige noch lebende Gattung der →Perlboote, einer Ordnung der Kopffüßer, die eine äußere Kalkschale ähnlich der der ausgestorbenen Ammoniten besitzen.

2) [engl. ˈnɔːtɪləs], in den USA gebautes, erstes atomgetriebenes Unterseeboot der Erde; 1954 vom Stapel gelaufen, 1980 außer Dienst gestellt; erreichte am 3. 8. 1958 nach dreitägiger Fahrt unter dem Polareis als erstes Wasserfahrzeug den Nordpol; seit 1985 Museumsschiff in Groton (Conn.).

Nautiluspokal, Nautilusbecher, Nautilusschale, aus einem Nautilusgehäuse hergestelltes Prunkgefäß mit kunstvoller Edelmetallfassung in Gestalt von Meereswesen (Tritonen, Delphine u. Ä.), Schiffen und Tieren aller Art. Die N. waren v. a. in Dtl. und in den Niederlanden seit der Mitte des 16. Jh. bis Ende 17. Jh. beliebt. (BILD →Goldschmiedekunst)

H.-U. METTE: Der N. (1995).

nautische Bücher, Handbücher mit geograph., ozeanograph., navigator. Hinweisen **(Seehandbücher),** Verzeichnissen der Leuchtfeuer, Signal- und Funkstellen, Anweisungen für den Wetter- und naut. Funkdienst; ferner Tabellen für die in der Nautik erforderl. Berechnungen **(nautische Tafeln);** Atlanten für Meeres- und Gezeitenströmungen, Salzgehalt des Meerwassers, Vereisung, u. a.; in Dtl. werden die n. B. vom Bundesamt für Seeschifffahrt und Hydrographie bearbeitet und herausgegeben, u. a. das ›Naut. Jahrbuch‹ (1947 ff.).

nautische Maße, in der Schifffahrt neben den metrischen verwendete Einheiten, z. B. Seemeile, Kabellänge, Faden, Knoten, Raumzahl.

nautisches Dreieck, *Astronomie:* das →astronomische Dreieck.

Navajo [span. naˈβaxo, engl. ˈnævəhəʊ], **Navaho** (anglisierte, bis 1969 übl. Schreibweise), Eigen-Bez. **Diné,** einer der größten nordamerikan. Indianerstämme. Die 219 000 N. leben v. a. auf der großen N.-Reservation (64 000 km²) in NO-Arizona, S-Utah und im NW von New Mexico sowie auf drei kleineren Reservationen (Ramah, Cañoncito, Alamo) in der ›Checkerboard Area‹ in New Mexico, USA. – Die Vorfahren der N. kamen als Apachen, von denen sie sich erst im SW differenzierten, nach Abtrennung von den subarkt. Athapasken, zw. 1000 und 1500 n. Chr. in den trockenen SW der USA und lebten dort zunächst als einfache Jäger und Sammler. Von den sesshaften Puebloindianern übernahmen sie trotz oftmals krieger. Beziehungen den Maisanbau und Züge des Zeremonialismus. Nach Ankunft der Spanier (um 1540) wandten sie sich der Viehhaltung zu (Schaf, Ziege, Pferd); seitdem ist ihre Kultur von den Wertvorstellungen einer Viehzüchterkultur geprägt. Im 18. Jh. übernahmen sie von den Hopi Töpferei und Weberei sowie die Herstellung von zeremoniellen Streubildern (stark schematisierte Darstellungen von myth. Figuren, Pflanzen, Naturerscheinungen; 30 cm bis 5 m Durchmesser) mit farbigen Sanden, Pollen und Maismehl. Die Herstellung von Sandbildern war eng mit Krankenheilungsriten verbunden. Im 19. Jh. übernahmen die N. von Mexikanern das Silberschmieden. Nach Verfolgung und Deportation (1864–68) nach Bosque Redondo (Fort Sumner) im östl. New Mexico wurde den rd. 4 000 Überlebenden sowie einigen Tausend N., die sich der Deportation entziehen konnten, ihre (inzwischen mehrmals erweiterte) Reservation zugeteilt. Sie wird heute von einem erstmals 1923 gewählten Stammesrat (Sitz: Window Rock, Ariz.) verwaltet. Unter tatkräftigen Vorsitzenden und mit Unterstützung der amerikan. Regierung wurden Schulen und Krankenhäuser errichtet, Landwirtschaftsprogramme konnten z. T. verwirklicht werden (›N. Indian Irrigation Project‹). Kleinindustrien, v. a. im O der Reservation, wurden aufgebaut, ein College in Many Farms gegründet. In den Schulen wird heute wieder die N.-Sprache gelehrt, Zeitungen erscheinen regelmäßig. Erdöl- und Erdgasvorkommen erbringen Pachtgebühren; der Tagebau auf Steinkohle (Black Mesa) hat wegen der starken Umweltverschmutzung und dem Absinken des Grundwassers den Widerstand vieler N. hervorgerufen. Neben Viehhaltung und Lohnarbeit gewinnt das Kunsthandwerk (Silberschmiedekunst, Deckenweberei) als Einkommensquelle immer mehr an Bedeutung. Die stark gestiegene Bevölkerungszahl schafft neue Probleme: Arbeitslosigkeit, Alkoholismus, Abwanderung in die Städte, Weißenfeindlichkeit. In den letzten Jahrzehnten ist die Zahl der Anhänger der synkretist. Peyote-Religion (Native American Church of North America) stark angewachsen. Die N. sind sich heute wieder vermehrt ihrer eigenen kulturellen Identität bewusst und vertreten ihre Interessen gegenüber den Weißen mit Zähigkeit und fachkundiger Unterstützung.

Die Sprache der N., das **Navajo (Navaho),** gehört i. w. S. zu den athapask. Sprachen und ist eng verwandt mit der Sprache der Apachen. Sie ist das zahlenmäßig stärkste indian. Idiom in den USA. Das Navajo ist eine Tonsprache; seine Morphologie ist synthetisch (→polysynthetische Sprachen) und fusionierend (→flektierende Sprachen). Das Verb ist morphologisch sehr komplex: Ein Verb hat bis zu fünf Stammformen, die jeweils unterschiedl. temporale, aspektuelle und modale Komponenten enthalten. An diese Stämme treten drei bis neun Affixe. Das Navajo gehört zu den bestdokumentierten, aber auch komplexesten Indianersprachen; deshalb ist seine Erforschung noch nicht abgeschlossen. Im Zweiten Weltkrieg wurde es von den USA als Codesprache benutzt.

C. KLUCKHOHN u. a.: Navaho material culture (Cambridge, Mass., 1971); DERS. u. D. LEIGHTON: The Navaho (Neuausg. ebd. 1974); R. KÖNIG: N. Report (^{2}1983); G. A. u. R. G. BAILEY: A history of the N.'s (Santa Fe, N. Mex., 1986); R. W. YOUNG u. W. MORGAN: The N. language. A grammar and colloquial dictionary (Neuausg. Albuquerque, N. Mex., 1991).

Navaratri [Sanskrit ›neun Nächte‹], zehn Tage dauerndes hinduist. Fest der Herbst-Tagundnachtgleiche, dessen Abschluss der Tag →Dasahra bildet.

Navarino, ital. Name der griech. Stadt →Pylos. – Am 20. 10. 1827 wurde in der **Seeschlacht von N.** die türkisch-ägypt. Seemacht unter IBRAHIM PASCHA von einer britisch-frz.-russ. Flotte unter Admiral E. CODRINGTON vernichtet. Der Sieg der Verbündeten entschied letztlich den griech. Unabhängigkeitskampf.

C. M. WOODHOUSE: The battle of N. (London 1965).

Navarra [span. na'βarra], amtl. **Comunidad Foral de N.**, Region in Spanien, 10 391 km², 528 800 Ew.; Hauptstadt ist Pamplona. N. erstreckt sich vom Kamm der tief zertalten, bewaldeten westl. Pyrenäen (Schafhaltung in Transhumanz) über deren südl. Ausläufer mit den trockeneren Becken von Pamplona und Sangüesa (Getreide-, Kartoffelanbau) bis ins trockene obere Ebrobecken (Zuckerrübenanbau, Weinbau, im Bewässerungsfeldbau v. a. Frühgemüse). Östlich von Pamplona wird Kalisalzen. Geringe Industrialisierung: Nahrungsmittel- und Konservenindustrie, Metallverarbeitung, Textil- und Lederindustrie konzentrieren sich in Pamplona, Tudela, Estella, Olza, Alsasua, Lesaca, Leiza. – Die Siedlungen entlang den Hauptrouten des Jakobswegs sind reich an roman. Baudenkmälern.

Geschichte: Als Land der Basken während der westgot. Herrschaft (5.–8. Jh.) aufgrund seiner Gebirgslage weitgehend selbstständig, wurde N. zwar 711 von den Arabern besetzt, jedoch nur im S-Teil dauerhaft beherrscht. Zeitweise mit den Arabern gegen KARL D. GR. verbündet, war N. lange ohne einheitl. staatl. Organisation, bis die eine Konföderation aus Gruppen, Stämmen und kleinen Städten im 9. Jh. allmählich unter den Herren von Pamplona zusammengefügt wurde. 905 wurde N. unter dem bask. Fürsten SANCHO GARCÉS (als König SANCHO I., 905–925) Königreich. SANCHO III. (1000–1035) vereinigte das beiderseits der Pyrenäen gelegene Reich mit Kastilien, teilte jedoch das Gesamtreich unter seine Söhne so auf, dass N. unter Abspaltung von Kastilien und Aragonien zum Kleinkönigreich wurde. 1234 erbte THIBAUT IV., Graf von Champagne und Brie (als König THIBAUT I.), N., 1284 wurde es durch die Heirat seiner Enkelin JOHANNA I. (* 1271, † 1304) mit dem späteren frz. König PHILIPP IV. integraler Bestandteil der frz. Monarchie. Als Erbe der frz. Königstochter JOHANNA II. (* 1311, † 1349), die 1329 PHILIPP III. (* 1301, † 1343) aus der kapeting. Seitenlinie Évreux heiratete, erlangte N. 1328 seine Selbstständigkeit zurück. 1484 übernahm das Haus Albret die Herrschaft, 1512 eroberte FERDINAND II. von Aragonien N. südlich der Pyrenäen (Ober-N.). Der Krone Kastiliens angegliedert, besaß N. bis 1841 eine Sonderstellung im Königreich Spanien. Das nördl. N. (Nieder-N.) gelangte mit HEINRICH III., Sohn JOHANNAS VON ALBRET, der 1589 als HEINRICH IV. den frz. Thron bestieg, zus. mit Foix und Béarn an Frankreich.

J. M. LACARRA: Historia política del reino de N. Desde sus orígenes hasta su incorporación a Castilla, 3 Bde. (Pamplona 1972–73).

Navarrete [naβa-], Juan Fernández de, span. Maler, →Fernández de Navarrete, Juan.

Navarro [nəˈværoʊ], Fats, eigtl. **Theodore N.**, amerikan. Jazztrompeter, * Key West (Fla.) 24. 9. 1923, † New York 7. 7. 1950; spielte u. a. bei B. ECKSTINE, L. HAMPTON und C. HAWKINS; gilt als einer der bedeutendsten Trompeter des Bebop, dessen Spiel sich durch klare, technisch brillante Improvisationen auszeichnete.

Navas de Tolosa, Ortsteil der span. Stadt La Carolina, Prov. Jaén, Schauplatz der Schlacht von →Las Navas de Tolosa.

Navel|orange [-ɔrãʒə; engl. navel, eigtl. Nabel], Kulturform der →Apfelsine.

Naveta [naˈβe-; katalan. ›Schiffchen‹], auf den Balearen verbreiteter, zu kyklop. Steinquadern errichteter vorgeschichtl. Grabraum in Form eines kieloben liegenden Schiffes; urspr. etwa mannshoch. Die Zweischalenmauern sind bis zu 5 m stark, die Innenräume messen bis zu 14 m × 3 m, die gesamte Länge bis zu 20 m. Abgedeckt waren die Räume mit Holzbohlendecken oder Steinplatten. Auf Mallorca kennt man rd. 120 N., auf Menorca etwa halb so viele (überwiegend bronzezeitlich).

Navez [naˈve], François Joseph, belg. Maler, * Charleroi 16. 11. 1787, † Brüssel 12. 10. 1869; Schüler von J.-L. DAVID in Paris, lebte 1817–21 in Rom, ab 1822 in Brüssel, wo er 1835 Direktor der Akademie wurde. N. malte spätklassizist. Historien- und Genrebilder sowie religiöse und mytholog. Darstellungen, trat jedoch v. a. mit von J. A. D. INGRES beeinflussten Porträts hervor.

Navicula [lat. ›Schiffchen‹], **Schiffchen|alge**, Gattung der Kieselalgen mit über 200 Arten im Meer und im Süßwasser; durch Schleimausscheidung in der →Raphe erfolgt eine gleitende Fortbewegung. Häufiges wiss. Untersuchungsobjekt für Bewegungsstudien.

Navier [naˈvje], Claude Louis Marie Henri, frz. Physiker, * Dijon 15. 2. 1785, † Paris 23. 8. 1836; ab 1819 Prof. in Paris, ab 1831 dort an der École Polytechnique, leistete Beiträge zur Mechanik, zur Baustatik und zur Hydrodynamik.

Navier-Stokes-Gleichung [naˈvje ˈstəʊks-; nach C. L. M. H. NAVIER und G. G. STOKES], Bewegungsgleichung(en) einer isotropen zähen Flüssigkeit (→newtonsche Flüssigkeiten); für den Fall konstanter dynam. →Viskosität η lautet die N.-S.-G.:

$$\varrho \frac{d\boldsymbol{v}}{dt} = \boldsymbol{f} - \operatorname{grad} p + \eta \Delta \boldsymbol{v} + {}^1\!/_3\, \eta \operatorname{grad} \operatorname{div} \boldsymbol{v};$$

dabei ist $\boldsymbol{v} = \boldsymbol{v}(\boldsymbol{r}, t)$ die vom Ort $\boldsymbol{r}$ und von der Zeit t abhängige Strömungsgeschwindigkeit, ϱ die Dichte und p der stat. Druck der Flüssigkeit; $\boldsymbol{f}$ ist die auf die Volumeneinheit der Flüssigkeit wirkende äußere Kraft. Für inkompressible Flüssigkeiten (z. B. in der Hydrodynamik) vereinfacht sich die N.-S.-G., da $\operatorname{div} \boldsymbol{v} = 0$ gilt; für nichtviskose (ideale) Flüssigkeiten ($\eta = 0$) wird darüber hinaus auch der 3. Term der Gleichung null und man erhält die eulersche Bewegungsgleichung für Flüssigkeiten, deren Integration längs eines Stromfadens einer wirbelfreien Strömung die →Bernoulli-Gleichung ergibt.

Navigation [lat. ›Schifffahrt‹, zu navis ›Schiff‹] *die*, -, i. w. S. das Führen eines Wasser-, Luft- oder Raumfahrzeugs von einem Ausgangsort auf bestimmtem Weg zu einem Zielort, einschließlich der dazu erforderl. Mess- und Rechenvorgänge zur Bestimmung des augenblickl. Standortes (→Ortung) und des Kurses

Navi Navigationsakte – Navigatio Sancti Brendani

i. e. S. ist N. die Planung und Überwachung der Fahrzeugbewegung in möglichst optimaler Weise. Dazu gehören das Erreichen bestimmter Orte zu bestimmten Zeiten, das Ermitteln des bereits zurückgelegten Weges, das Einhalten eines vorgeschriebenen Kurses, das möglichst schnelle, möglichst Treibstoff sparende und möglichst sichere Erreichen eines Ziels.

Bei der bordautonomen N. können sämtl. für die N. erforderl. Mess- und Rechenvorgänge an Bord des Fahrzeuges vorgenommen werden (völlige Unabhängigkeit von Bodenstationen). Hierzu gehört insbesondere die Koppel-N. (→Koppeln). Nach dem Prinzip der Koppel-N. arbeitet auch die (mit Bordrechnern automatisierte) →Trägheitsnavigation, die v. a. in der Luft- und Raumfahrt angewandt wird.

Nach den Grundlagen bzw. messtechn. Hilfsmitteln unterscheidet man terrestr. N., die die naturgegebenen Eigenschaften der Erde (z. B. das Erdmagnetfeld; N. mithilfe des Magnetkompasses in der Luft- und Seefahrt) bzw. die Sicht zur Positions- und Kursbestimmung ausnutzt, und astronom. N. (→Astronavigation; v. a. in der Schifffahrt). Große Bedeutung für die gesamte Luft- und Seefahrt hat die →Funknavigation mithilfe der weltweit installierten N.-Sender. Für die N. auf hoher See gewinnt die →Satellitennavigation zunehmend an Bedeutung (→TRANSIT, →GPS). In neuerer Zeit steht die **integrierte N. (hybride N.)** im Vordergrund der Entwicklung. Hierfür ist typisch, dass mehr Messgeräte, als unbedingt erforderlich sind, eingesetzt werden und deren optimale Nutzung (im Sinne maximaler Genauigkeit und Sicherheit) angestrebt wird. Diese Entwicklung ist v. a. auf die Fortschritte in der modernen Datenverarbeitung zurückzuführen. Bei voller Ausnutzung der mess-, rechen- und gerätetechn. Möglichkeiten können N.-Karten sowie jede gewünschte Anzeige und Information auf Farbbildschirmen dargestellt werden; das Hauptproblem besteht im Standardisieren der für den Fahrzeugführer geeignetsten Informationsdarstellung.

Geschichte: Die Orientierung der Küstenschifffahrt erfolgte von alters her nach natürl. Landmarken (Berge, Klippen, Baumgruppen usw.). Im Mittelmeerraum kamen während der klass. Antike an Hafeneinfahrten und Meerengen gelegentlich auch befeuerte künstl. Zeichen (Leuchtturm), im MA. in den Flusseinfahrten speziell ausgelegte Tonnen hinzu. Zur Auffindung der Himmelsrichtung dienten nachts bestimmte Sterne oder Sternbilder in der Nähe des jeweiligen Himmelspols, tagsüber die Sonne. Der Kompass wird als N.-Mittel im Abendland erstmals um 1190 erwähnt. Portolankarten (→Portolane) kamen um 1300 für den Mittelmeerraum auf. Die seit dem ausgehenden 15. Jh. einsetzende Überseeschifffahrt benötigte möglichst genaue astronom. Tafeln für die Bewegung von Sonne und Mond, genau gehende Schiffschronometer (1675 erstmals als Hilfsmittel von C. Huygens empfohlen) und geeignete Winkelmessgeräte zur Beobachtung der Gestirnshöhen (Astrolabium, Jakobsstab, Sextant). C. Kolumbus führte auf seinen Entdeckungsfahrten die Tafeln des J. Regiomontanus mit. Die Königl. Sternwarte von Greenwich wurde 1676 auf Anregung von J. Flamsteed gegründet, um genaue Tafeln der Mondörter speziell für die geograph. Längenbestimmung zu erarbeiten. 1903 wurde erstmals die drahtlose Telegrafie in der Schifffahrt verwendet; H. Anschütz-Kaempfe erfand 1908 den Kreiselkompass. Neuere N.-Hilfsmittel sind Echolot und Radar sowie die Anlagen der Funk-N. Die Trägheits-N. (erste dt. Patentanmeldung bereits 1910) wurde ab 1956 praktisch erprobt (v. a. im militär. Bereich) und wird seit Beginn der 1970er-Jahre im zivilen Langstreckenflugverkehr angewandt. Die Satelliten-N. wurde ab 1964 erprobt und 1967 für den zivilen Gebrauch freigegeben.

Johannes Müller u. J. Krauss: Hb. der Schiffsführung, Bd. 1: N., 3 Tle. (⁸1983–86). – *Zeitschrift:* Ortung u. N., Jg. 1 ff. (1962 ff.).

Navigations|akte, Bez. für engl. Gesetze, die zur Förderung der nat. Schifffahrt erlassen wurden. Die erste N. stammt von 1381. Die vom engl. Parlament 1651 beschlossene N. (Ergänzungen 1660, 1663 und 1673) sollte die engl. Schifffahrt gegenüber dem niederländ. Zwischenhandel begünstigen und die Abhängigkeit der engl. Kolonien vom Mutterland festigen. Waren aus den Kolonien durften danach ausschließlich auf engl. Schiffen oder Schiffen der Kolonialländer mit überwiegend engl. Besatzung, die wichtigsten Güter aus Europa und sämtl. Waren aus Russland und dem Osman. Reich nur auf engl. Schiffen oder Schiffen des Ursprungslandes der Güter nach England eingeführt werden. Die engl. Küstenschifffahrt und der Verkehr der engl. Kolonien untereinander blieben engl. Schiffen vorbehalten. Mit dem Sieg des Freihandels wurde die N. 1849 aufgehoben (1854 auch für die Küstenschifffahrt).

Navigationskarten, Karten, die der Schiffs-, Flugzeug- oder Raumfahrzeugführung (Navigation) dienen. N. haben ein winkeltreues Kartennetz (z. B. Mercatorprojektion).

Navigations|satelliten, i. d. R. aktive (mit Sender und Empfänger ausgestattete), seltener passive Satelliten zur Ortung und Navigation von Schiffen und Flugzeugen; zu den wichtigsten Systemen zählen das TRANSIT-System und →GPS der USA sowie deren russ. Gegenstücke, das TSIKATA- und GLONASS-System. (→Satellitennavigation).

Navigationssysteme, Sammel-Bez. für Systeme, die die Bestimmung der momentanen Position eines Fahrzeuges erlauben und daher neben dem Vergleich mit digitalisierten Straßenkarten sowohl eine Orientierungshilfe (einfache Systeme) als auch eine Zielführung ermöglichen **(Fahrzeugnavigation).** Sie können daher den Fahrzeugführer von Routineaufgaben entlasten, von Ablenkungen fernhalten und somit einen Beitrag zur Erhöhung der Verkehrssicherheit leisten.

Grundsätzlich umfassen N. Einrichtungen zur Ortung des Fahrzeuges, zur Eingabe des Fahrzieles und zur Ausgabe von Fahrtrichtungsempfehlungen. Die Ortung kann über fahrzeuggebundene sowie über externe Systeme erfolgen. Bei den Ersteren werden dazu Signale der vorhandenen Radsensoren (→Antiblockiersystem), also des Abrollweges, verarbeitet und mit denen von so genannten Erdmagnetfeldsensoren gekoppelt, wodurch die Genauigkeit der Ortung erhöht wird (Koppelortung). In modernen Fahrzeugen werden zunehmend externe Ortungssysteme, z. B. Satellitensysteme (GPS) eingesetzt, die von geostationären Satelliten aus eine Funkortung vornehmen. Mit diesen ist es z. B. auch möglich, Fahrzeuge wieder aufzufinden. Die Zieleingabe erfolgt über ein Tableau, meist in Form von Stadt- und Straßennamen. Die Koordinaten des Zieles werden intern berechnet. Dies setzt, genauso wie für die Zielausgabe, die hochaufgelöste Digitalisierung der Straßenkarten von Städten, Regionen, Ländern und Kontinenten voraus (auf CD-ROM). Für die Fahrtrichtungsvorgabe verfügen moderne Systeme optional über Kartenausschnitte auf einem opt. Tableau, Pfeilausgabe der zu wählenden Fahrtrichtung und/oder akust. Ausgabe. Derzeit angebotene Systeme ermöglichen die Positionsbestimmung mit Genauigkeiten von unter 50 Metern.

Navigatio Sancti Brendani [lat. ›Brendans Meerfahrt‹], mittelalterl. Erzählung von der abenteuerl. Seefahrt des irischen Abtes Brendan von Clonfort († 16. 5. 577 oder 583) zur paradies. Jenseitsinsel; sie vereint Elemente der Vita des Heiligen und altirische Schifffahrtsberichte mit antiken, oriental. und christl. Motiven zum erbaul., das Pilgerideal irischer Mönche

illustrierenden Legendenbuch, das um 950 in Lothringen von einem gebildeten Iren verfasst und durch zahlreiche Abschriften und Übersetzungen europaweit verbreitet wurde. Auch eine dt. Umgestaltung (um 1150) zum höf. Abenteuerroman wirkte nach, bes. als oft gedrucktes Volksbuch.
Ausgabe: N. S. B. abbatis, hg. v. C. SELMER (1959, Nachdr. 1989).
Die dt. Lit. des MA. Verfasser-Lex., begr. v. W. STAMMLER, hg. v. K. RUH u. a., Bd. 1 (²1978).

Navigator [lat. ›Seemann‹] *der, -s/...'toren,* Mitgl. einer Flugzeugbesatzung, das für die Navigation verantwortlich ist; heute wegen Verwendung automat. Navigationssysteme nur noch bei speziellen (militär.) Aufgaben erforderlich.

Navio, Serra do N. [-du na'viu], Gebirgszug im Bundesstaat Amapá, Brasilien, nördlich der Amazonasmündung, mit den bedeutendsten Manganerzlagern Brasiliens (Abbau seit 1957; Vorräte etwa 20 Mio. t). Der Manganerzexport erfolgt über die Bahn (195 km) zum Hafen Pôrto de Santana (Erzaufbereitung, Pelletisierung) am Nordarm des Amazonas.

Năvodari [nəvo'darj], Stadt im Kr. Konstanza (Constanța), Rumänien, auf der Nehrung zw. Tașaulsee und Schwarzem Meer, 33 500 Ew.; chem. Industrie; Badeort.

Navoi, Stadt in Usbekistan, →Nawoi.

Navon, Itzhak, israel. Politiker, * Jerusalem 19. 4. 1921; in der Tradition der sephard. Juden stehend; ab 1948 im diplomat. Dienst; 1952–63 enger Mitarbeiter D. BEN GURIONS; war 1965–78 Mitgl. des Knesset (Israel. Arbeitspartei), 1973–78 Präs. des Zionist. Weltkongresses, 1978–83 Staatspräs. und 1984–90 stellv. Min.-Präs. sowie Min. für Erziehung und Kultur.

Navotas, Stadt und größter Fischereihafen der Philippinen, nördlich von Manila in der Hauptstadtregion Metro Manila, 186 000 Einwohner.

Navpaktos, griech. Stadt, →Naupaktos.

Navplion, griech. Stadt, →Nauplion.

Josef Navrátil: Mutter und Kind (Prag, Národní Galerie)

Navrátil ['navra:tjil], Josef Matěj, tschech. Maler und Dekorateur, * Slaný (bei Prag) 17. 2. 1798, † Prag 21. 4. 1865; malte Genrebilder und Landschaften (häufig mit Genreszenen) sowie Porträts in lockerer Pinselführung und einem vom Rokoko angeregten Kolorit, auch romant. Wanddekorationen (Schloss Liběchov bei Mělník, 1838–43; Schloss Ploskovice bei Ostrau, 1853–54). Bedeutend sind ferner seine (Stillleben-)Studien.

Navratilova, Martina, amerikan. Tennisspielerin tschech. Herkunft, * Řevnice (bei Prag) 18. 10. 1956; errang 55 Siege in Grand-Slam-Turnieren, davon 18 im Einzel und 37 im Doppel; gewann neunmal in Wimbledon das Einzel (1978, 1979, 1982–87 und 1990); zw. September 1979 und August 1987 Weltranglistenerste; beendete im November 1994 ihre leistungssportl. Laufbahn.

NAVSTAR/GPS [Abk. für engl. **na**vigation **s**ystem with **t**ime **a**nd **r**anging/**g**lobal **p**ositioning **s**ystem], andere Bez. für →GPS.

Nävus, das →Muttermal.

Nawab, Nawwab [von Hindi nabāb, aus arab. nuwwāb, ›Regenten‹, ›Fürsten‹], in Indien Titel muslim. Fürsten; auf N. geht der Begriff →Nabob zurück.

Nawapolazk, Navapolack [-tsk], Stadt in Weißrussland, →Nowopolozk.

Nawaz Sharif, Mian Mohammed, pakistan. Politiker, * Lahore 25. 12. 1949; aus einer der führenden Industriellenfamilien des Landes (Unternehmensgruppe ›Ittefaq‹); 1981–85 Finanz-Min. und 1985–90 Chef-Min. der Prov. Punjab; seit 1985 dort auch Vors. der Pakistan Muslim League (PML, →Muslimliga). Er führte das 1988 entstandene Wahlbündnis ›Islam. Demokrat. Allianz‹ (IDA); 1990–93 war er Premier-Min. Als sich die PML 1993 spaltete, übernahm er die Leitung der ›Nawaz‹-Gruppe (PML-N), die bei Parlamentswahlen im Februar 1997 siegte, N. S. wurde wieder Premierminister.

Nawiasky [-ki], Hans, österr. Staatsrechtslehrer, * Graz 24. 8. 1880, † St. Gallen 11. 8. 1961; wurde 1914 Prof. in Wien, lehrte 1919–33 in München, nach seiner vom natsoz. Dtl. erzwungenen Emigration seit 1934 in St. Gallen und seit 1946 wieder in München. Er wirkte maßgeblich an der bayer. Verfassung von 1946 und an den Vorarbeiten von Herrenchiemsee (1948) zur Schaffung des GG mit. Methodisch stand N. dem Rechtspositivismus nahe.
Werke: Der Bundesstaat als Rechtsbegriff (1920); Allg. Staatslehre, 5 Tle. (1945–58); Die Verf. des Freistaats Bayern (1948).

Nawoi, Navoi, Stadt im Gebiet Samarkand, Usbekistan, am Serawschan am SO-Rand der Sandwüste Kysylkum, 110 000 Ew.; chem., elektrotechn., Zementindustrie; Kraftwerk (Erdgasbasis).

Nax, Abk. für **Na**turaktien**i**ndex, zum 1. 4. 1997 vom Wiener Börsendienst ›Öko-Invest‹ und dem Münchener Monatsmagazin ›Natur‹ kreierter ökolog. Aktienindex, der 20 weltweit ausgewählte Werte (30% entfallen auf die USA, je 10% auf Dtl. und Österreich, der Rest auf 10 weitere Länder) umfasst und währungsbereinigt auf US-Dollar-Basis kalkuliert wird. Auswahlkriterien: Das Unternehmen muss um nachhaltige Wirtschaftsweise bemüht sein und eine Vorreiterrolle bei der Steigerung der Ökoeffizienz spielen. Nax-Werte dürfen keiner ausgesprochen umweltschädigenden Branche (z. B. Atomkraft-, Rüstungs- oder Tabakindustrie) angehören. Mindestens drei Viertel der Unternehmen haben einen Jahresumsatz von mehr als 100 Mio. DM und sind langjährig etabliert.

Naxçıvan [-tʃe'van], Stadt und autonome Rep. in Aserbaidschan, →Nachitschewan.

Naxi [-ci], **Moso, Nahsi** [naçi], **Nakhi** [naç], tibetobirman. Volk in NW-Yunnan, im Bereich der Bögen des Jangtsekiang nahe von Lijiang, China. Die etwa 300 000 N. leben meist von Feldbau und Viehzucht (Rinder und Yaks). Der alte Volksglaube der N. ist von Elementen des Lamaismus, Taoismus, Christentums und der Bon-Religion durchsetzt. Die N. gingen vermutlich aus der Überschichtung von Ureinwoh-

Martina Navratilova

Mian Mohammed Nawaz Sharif

Naxos, 1) größte Insel der Kykladen, Griechenland, 428 km², 14 800 Ew.; gebirgig (bis 1 001 m ü. M.). Am schroffen O-Abfall seit dem Altertum Abbau von Schmirgel und Marmor; auf der fruchtbaren W-Abdachung Weinbau und Zitrusfruchtkulturen. Der Hauptort N. (4 300 Ew.) an der NW-Küste ist griechisch-orth. Bischofs- und kath. Erzbischofssitz. – Die antike Stadt N. lag an der Stelle der heutigen. Auf einem durch eine Mole angebundenen Inselchen Reste (v. a. Marmortor) eines Apollontempels (6. Jh. v. Chr.); auf der Mole steht die Antoniuskapelle (15. Jh.). Im venezian. Kastell (13. Jh.) mit noch einem von einst sieben Türmen beginnt die dichte mittelalterl. Bebauung mit versch. Adelspalazzi, Klosterbauten und Kirchen; archäolog. Museum (Kykladenidole, -schmuck, myken. und archaische Keramik aus N.). Von der archaischen Bildhauerschule von N. (7./6. Jh.) zeugen der Kuros bei Melanes und die Figur des Dionysos bei Apollona, die in den Marmorbrüchen von N. unfertig liegen blieben. – N., schon zur Zeit der →Kykladenkultur dicht besiedelt, erlebte Blütezeiten im 7. und 6. Jh. v. Chr. (bedeutende Machtstellung unter dem Tyrannen LYGDAMIS, 538–524), desgleichen im MA., als die Stadt N. 1207 Hauptstadt des von dem Venezianer MARCO SANUDO gegründeten Herzogtums N. (auch Dodekanesos oder Archipelagos) wurde. 1579 ging N. in osman. Besitz über, 1829 wurde es griechisch.

2) älteste griech. Siedlung auf Sizilien, nach THUKYDIDES 735 v. Chr. – nach neuen Funden wohl schon 757 v. Chr. – von Siedlern aus Chalkis und der Insel Naxos unterhalb des heutigen Taormina gegründet. 476 v. Chr. durch HIERON VON SYRAKUS zerstört, 403 v. Chr. erneut durch DIONYSIOS I. VON SYRAKUS; freigelegt wurden Teile der Stadtmauer (7./6. Jh. v. Chr.) und ein Heiligtum (Ende des 6. Jh. v. Chr.).

Nay, arab. Flöte, →Naj.

Nay, Ernst Wilhelm, Maler, * Berlin 11. 6. 1902, † Köln 8. 4. 1968; Schüler von K. HOFER, begann mit landschaftl. und figürl. Darstellungen, die von Expressionismus und Kubismus beeinflusst sind. Die Auseinandersetzung mit dem Werk R. DELAUNAYS führte ihn zur reinen Abstraktion. Seit den 50er-Jahren malte er gegenstandslose Bilder von lebhafter Farbigkeit. Den Höhepunkt seines Schaffens bilden die zw. 1955 und 1964 entstandenen ›Scheibenbilder‹ (eng aneinander gereihte Farbflecken von großer Leuchtkraft).

E. W. N. 1902–68, Ausst.-Kat. Museum Haus Lange, Krefeld (1985); A. SCHEIBLER: E. W. N. Werkverz., 2 Bde. (1990); W. HAFTMANN: E. W. N. (Neuausg. 1991); E. W. N. Die Hofheimer Jahre 1945–51, hg. v. K. GALLWITZ, Ausst.-Kat. Städt. Galerie im Städel, Frankfurt am Main (1994).

Nayar, Nair, Hindukaste der Malayali an der Malabarküste, im ind. Bundesstaat Kerala. Die im Ggs. zu den meisten Hindus matrilinear ausgerichtete Gesellschaftsordnung (z. T. Polyandrie) ist, z. T. durch Gesetze (1933, 1956), heute stark verändert.

Nayarit, Bundesstaat Mexikos, 27 621 km², (1990) 825 000 Ew.; Hauptstadt ist Tepic. N. liegt im Gebiet der pazif. Küstenebene und des tief zerschluchteten Westabfalls der Sierra Madre Occidental, vom Río Grande de Santiago durchflossen; überwiegend Ackerbaugebiet, bes. Mais-, Bohnen-, Zuckerrohr-, Kaffee-, Gemüse-, Baumwoll- und Tabakanbau; im Gebirge Bergbau (Silber, Kupfer); Fischerei, Salzgewinnung; Hafen in San Blas. – Die vorkolumb. Kultur im Gebiet von N. ist belegt durch figürl. Keramik aus der Zeit von 300–800 (→westmexikanische Kulturen).

Naylor [ˈneɪlə], Gloria, amerikan. Schriftstellerin, * New York 25. 1. 1950; studierte u. a. an der Yale University. Ihr Erstlingsroman ›The women of Brewster Place‹ (1982; dt. ›Die Frauen von Brewster Place‹; Film: 1985) schildert die Komplexität afroamerikan. Lebens aus der den sieben Geschichten des Romans zugeordneten jeweiligen Perspektive einer Frau. Die allen gemeinsame Erfahrung der Unterdrückung soll durch die aus gemeinschaftl. Handeln gewonnene geistige Stärke kompensiert werden. Schreibt für die ›New York Times‹, hat versch. Gastdozenturen, u. a. an der New York University, wahrgenommen.

Weitere Werke: Romane: Linden Hills (1985); Mama Day (1988; dt.); Bailey's Cafe (1992; dt. Baileys Café).

Ernst Wilhelm Nay: Feuerfächer; 1964 (Privatbesitz)

Nazaräer, Nazoräer, Beiname JESU; vermutlich von Nazareth (Mt. 2, 23), weniger wahrscheinlich von →Nasiräer abgeleitet. Nach Apg. 24, 5 jüd. Bez. für Christen (die Anhänger des N.); später Bez. der syrisch-palästin. Judenchristen wie auch einiger gnost. Gemeinschaften.

Nazaräer|evangelium, apokryphe judenchristl. Bearbeitung des Matthäusevangeliums aus dem frühen 2. Jh., die nur fragmentarisch erhalten ist (u. a. bei HIERONYMUS). Die ursprüngl. Sprache (Aramäisch, Syrisch oder Griechisch), in der das N. verfasst wurde, ist nicht festzustellen. Unklar bleiben auch seine Beziehungen zu anderen judenchristl. Werken und die Einordnung in das Judenchristentum. Mögl. Abfassungsort ist das syr. Beroia (Aleppo).

Nazarener, urspr. Spottname für die 1809 in Wien von F. OVERBECK, F. PFORR u. a. unter dem Namen **Lukasbund** gegründete Vereinigung österr. und dt. Maler, die eine Reform der Kunst auf religiöser

Nazarener: Friedrich Overbeck, ›Italia und Germania‹ (Sulamith und Maria); 1811–28 (München, Neue Pinakothek)

Nazım Hikmet

Grundlage erstrebten und Kunst und Ethik zu verbinden. 1810 bezogen die Lukasbrüder das leer stehende Kloster Sant' Isidoro in Rom, wo sie nach dem Vorbild religiöser Bruderschaften lebten und arbeiteten. In der Folgezeit schlossen sich ihnen P. VON CORNELIUS, W. SCHADOW und J. SCHNORR VON CAROLSFELD an. Die Grundlage ihrer Kunst bildete die Rückbesinnung auf die altdt. (A. DÜRER) und ital. Malerei (P. PERUGINO, RAFFAEL). In ihren Gemälden mischen sich krasser Realismus und sentimentale Mystik. Hauptwerke sind die Fresken der Casa Bartholdy (1816/17; heute Berlin, Nationalgalerie) und des Casino Massimo in Rom (1817–29). Die N. beeinflussten bes. die Gestaltung von Bilderbibeln sowie religiöser Andachts- und Kleingrafik des 19. Jh.

Die N. in Rom. Ein dt. Künstlerbund der Romantik, hg. v. K. GALLWITZ (1981); H. SCHINDLER: N. Romant. Geist u. christl. Kunst im 19. Jh. (1982); M. JAUSLIN: Die gescheiterte Kulturrevolution. Perspektiven religiös-romant. Kunstbewegung vor der Folie der Avantgarde (1989); G. JANSEN: Die N.-Bewegung im Kontext der kath. Restauration (1992); Nazarener. Zeichenkunst, bearb. v. P. MÜLLER-TAMM, Ausst.-Kat. Kunsthalle Mannheim (1993).

Nazareth, 1) hebr. **Nazerat** [natsəˈrat], arab. **En-Nasira,** Stadt in N-Israel, im Hügelland von Untergaliläa, 300–500 m ü. M., 50 000 Ew., bildet mit den umliegenden halb verstädterten Dörfern einen Ballungsraum von über 100 000 Ew. (größte arab. Stadt Israels); Verw.-Sitz des Norddistrikts. Ihre Hauptachse ist ein enges Tal, von eng bebauten Hängen begleitet. Die Altstadt ist Ziel des Fremden- und Pilgerverkehrs; griechisch-orth. theolog. Seminar, philosoph. Seminar, Terra-Sankta-Museum (Archäologie). Auf den Höhen östlich von N. breitet sich die 1957 gegründete jüd. Stadt **Nazerat Illit** (33 400 Ew.) aus; Automontagewerk, Schokoladenfabrik, Textil- und Bekleidungsindustrie, Lederverarbeitung, Autoreifenfabrik. In der 2 km südlich von N. gelegenen Höhle El-Qafze wurden altsteinzeitl. Kulturreste und menschl. Skelette aus der Zeit des Moustérien (um 50 000 v. Chr.) gefunden. – Die Ausgrabungen von 1895, 1907–09, 1955 und 1960 haben in großen Zügen die Geschichte der ›Verkündigungskirche‹ geklärt: Die byzantin. Kirche, noch vor der Kreuzfahrerzeit zerstört, bezog die Verkündigungsgrotte, in der die Verkündigung der Geburt JESU an MARIA durch den Engel Gabriel stattgefunden haben soll (Lk. 1, 26), nicht mit ein, im Unterschied zur mächtigen Kreuzfahrerbasilika (errichtet kurz nach 1100; zerstört 1263). Die 1730 errichtete und 1877 erweiterte Kirche der Franziskaner wurde abgebrochen und nach 1955 durch einen Monumentalbau ersetzt (1967 vollendet, 1969 geweiht); sie ist die größte Kirche des Nahen Ostens. – Nach dem N.T. ist N. die Vaterstadt JESU (Lk. 2, 4), Wohnort seiner Eltern und Ort seiner Kindheit, wodurch es zu einer hl. Stätte des Christentums geworden ist. Die vorher unbedeutende Ortschaft ist literarisch in vorchristl. Zeit nicht erwähnt; archäologisch ist eine Besiedlung seit der mittleren Bronzezeit (um 1600 v. Chr.) belegt. Bis ins 3. Jh. n.Chr. war N. ein rein jüd. Dorf; die christl. Tradition ist seit dem 4. Jh. nachgewiesen.

2) Stadt in Äthiopien, →Nazret.

Nazcakultur [ˈnaska-], **Nascakultur,** präkolumb. Indianerkultur im Gebiet des heutigen S-Peru (100–650); sie hatte ihr Kerngebiet in den Tälern von Nazca, Ica und Pisco, wo mithilfe von Bewässerungssystemen intensiver Feldbau betrieben wurde; Fischfang ergänzte die Ernährungsgrundlage. Der Einflussbereich der N. ging von der Zentralküste Perus bis ins Hochland von Ayacucho. Cahuachi, eine größere Siedlung mit Tempelplattformen und Pyramiden aus Adobe, gilt als Zentrum. In den dort gefundenen Gräbern finden sich neben anderen Grabbeigaben auch Trophäenköpfe. Für Schmuckgegenstände wurde nur Gold verarbeitet. Die zum Einwickeln der

Nazareth 1): Verkündigungskirche

Mumien verwendeten Textilien sind weniger farbenprächtig und von weniger guter Qualität als die der vorausgegangenen (z. T. zeitgleichen) Paracaskultur, deren Darstellung von myth. Wesen auf Textilien in der N. auf die Keramik übertragen wurden. Diese Keramik (u. a. Schalen, Becher sowie Rundgefäße mit Doppelausguss und Bandhenkel) ist dünnwandig und hat einen Rundbogen. Sie ist berühmt wegen ihrer Farbenvielfalt (z. T. neun verschiedene Farbtöne), die Motive sind naturalistisch (Pflanzen und Tiere) oder geometrisch. Ebenfalls der N. zuzuordnen sind die →Scharrbilder der Pampa del Ingenio; sie lassen sich stilistisch mit entsprechenden Motiven der Gefäßmalerei vergleichen. Die Zeugnisse der N. wurden von der UNESCO zum Weltkulturerbe erklärt.

D. EISLEB: Altperuan. Kulturen, Bd. 2: N. (1977); A. NEUDECKER: Archäolog. Forschungen im Nazcagebiet, Peru (1979). – Weitere Literatur →Scharrbilder.

Nazigold, →Raubgold.

Nazilli [ˈnaːzilli], Stadt in der Prov. Aydın in W-Anatolien, Türkei, im Menderesgraben, 80 200 Ew.; Verarbeitung von Baumwolle, Zitrusfrüchten, Oliven und Gemüse.

Nazım Hikmet [-ˈzim-], eigtl. **N. H. Ran,** türk. Lyriker und Dramatiker, * Saloniki 20. 1. 1902, † Moskau 3. 6. 1963; lebte 1922–24 sowie 1925–28 in Moskau; nach seiner Rückkehr in die Türkei wegen kommunist. Gesinnung angeklagt und mehrmals verurteilt, zuletzt (1938) zu 28 Jahren Haft. Nach einer allg. Amnestie (1950) floh er 1951 und lebte danach in Moskau und Warschau. Mit freien Versformen, einer volksnahen, oft plakativ-agitator. Sprache sowie sozialistisch-revolutionären Motiven gilt N. H. als formaler und themat. Erneuerer der türk. Poesie, z. T. unter dem Einfluss der russ. Avantgarde. Zu seinen Hauptwerken zählen das monumentale epische Gedicht ›Menschenlandschaften‹ (1966–67, 5 Bde.; dt.) und das Drama ›Legende von der Liebe‹ (1948; dt.). N. H.s Werke haben trotz langen Verbots der türk. Lit. stark beeinflusst und wurden in viele Sprachen übersetzt.

Ausgaben: Gedichte, hg. v. A. BOSTROEM (1959); In jenem Jahr 1941, hg. v. H. W. BRANDS (1963); Menschenlandschaften, übers. v. Ü. GÜNEY, 5 Bde. (1–4 1980–84); Das Epos von Scheich Bedreddin, Sohn des Kadis von Simavne, übers. v. Y. PAZARKAYA u.a. (1982); Die Romantiker (1984); Eine Reise ohne Rückkehr, übers. v. H. DAGYELI-BOHNE u. Y. DAGYELI (Neuausg. 1993); Das schönste Meer ist das noch nicht befahrene, übers. v. DENS. (Neuausg. 1994).

D. GRONAU: N. H. mit Selbstzeugnissen u. Bilddokumenten (1991).

Nazcakultur: Bügelkanne mit Doppelausguss; 14,5 cm hoch (Stuttgart, Linden-Museum)

Nazcakultur: Bemaltes Baumwollgewebe aus Südperu; 300–500 n.Chr. (München, Staatliches Museum für Völkerkunde)

Nazo Nazor–Neal

Nazor [ˈnaːzɔr], Vladimir, kroat. Schriftsteller, * Postira (Insel Brač) 30. 5. 1876, † Zagreb 19. 6. 1949; Lehrer, im Zweiten Weltkrieg Partisan, seit 1945 Vors. des Präsidiums des kroat. Parlaments. N., der Formstreben mit pantheist. Naturschau und Lebensgläubigkeit verband, schrieb national-myth. und symbol. Gedankenlyrik, Partisanenlieder und Versepen (›Ahasver‹, 1945), Novellen und den symbol. Roman ›Pastir Loda‹ (1938–39, 2 Bde.; dt. ›Der Hirte Loda‹).

Ausgabe: Sabrana djela, 21 Bde. (1977).

Nazret, Naseret, Nazareth, früher **Adama,** Stadt in Äthiopien, zentraler Ort des mittleren Awashtals am O-Rand des Äthiop. Grabens, 1 720 m ü. M., 131 600 Ew.; 80 km südöstl. von Addis Abeba, an der Eisenbahnlinie nach Djibouti und an der Fernstraße nach Dire Dawa; pharmazeut. Industrie, Papierfabrik, Gerberei.

Nazwa [-z-], Marktstadt in Oman, →Nizwa.

Nb, chem. Symbol für das Element →Niob.

NB, Abk. für →notabene.

NBA [enbiːˈeɪ; Abk. für National Basketball Association], amerikan. Basketballprofiliga, die 1949 aus einer Fusion der bis dahin miteinander rivalisierenden Verbände NBL (National Basketball League, gegr. 1937) und BAA (Basketball Association of America, gegr. 1946) hervorging. Seit 1950 haben auch afroamerikan. Spieler Zutritt. 1976 schloss sich die NBA mit der seit 1967 existierenden zweiten amerikan. Profiliga ABA (American Basketball Association) zusammen. Bei den Olymp. Spielen 1992 in Barcelona spielte erstmals die NBA-Auswahl (›Dreamteam‹) für die USA (u. a. mit EARVIN [›MAGIC‹] JOHNSON, MICHAEL JORDAN und CHARLES BARKLEY).

NBA

NBC [enbiːˈsiː, engl.], Abk. für →National Broadcasting Company.

NBR [enbiːˈɑː, Abk. für engl. nitrile butadiene rubber], →Synthesekautschuk.

n. Br., *Geographie:* Abk. für **n**ördliche **B**reite (→Breite).

NC [enˈsiː, Abk. für engl. **n**umerical **c**ontrol], →Numerikmaschinen.

N. C., postamtlich **NC,** Abk. für den Bundesstaat North Carolina, USA.

n.Chr., Abk. für **n**ach **Chr**istus (Christi Geburt).

Nd, chem. Symbol für das Element →Neodym.

N. D., N. Dak., postamtlich **ND,** Abk. für den Bundesstaat North **Dak**ota, USA.

NDB [endiːˈbiː, Abk. für engl. **n**on**d**irectional **b**eacon], ein ungerichtetes →Funkfeuer (Kreisfunkfeuer).

Ndebele, 1) **Amandebele, Matabele,** zu den Nguni gehörendes Bantuvolk in Simbabwe. Die 1,9 Mio. N. betreiben Ackerbau und Großviehhaltung; dem städt. Leben passten sie sich schneller an als die Shona. Trotz der Erfolge christl. Missionen ist ihre traditionelle Religion nach wie vor von Bedeutung. – Eine um 1821 gegen CHAKA rebellierende Truppe der Zulu wanderte unter ihrem Führer MSILIKASI durch Transvaal (inkorporierte dabei zahlreiche Tswana und Sotho) und errichtete nach 1840 im S des heutigen Simbabwe eine Militärmonarchie, die sie die ansässigen Shona unterwarf. 1888 nahm König LOBENGULA brit. ›Schutz‹ an, 1893 wurde sein Land Rhodesien eingegliedert. Bei den Wahlen zur Unabhängigkeit 1980 stimmten die N. großenteils für die Minderheitspartei der Befreiungsbewegung, die ›Zimbabwe African People's Union‹ (ZAPU) unter J. NKOMO.

2) **Transvaal-N.,** zu den Nguni gehörendes Bantuvolk in der Rep. Südafrika, in der ehem. Provinz Transvaal (jetzt die Provinzen Nord-West, Nord-Provinz, Mpumalanga und Gauteng). Die N. sind heute in zwei Gruppen aufgespalten: die **Nord-N.** (etwa 300 000 Angehörige), die sich den Nord-Sotho akkulturieren, und die **Süd-N.** (etwa 400 000 Angehörige), die sich den Swasi akkulturieren. Von den im 17. Jh. von den übrigen Nguni abgespaltenen N. haben v. a. die Manala und Ndzundza (auch Mapocha; nach Häuptling MABOGO) ihre ursprüngl. Kultur und Sprache bewahrt, sonst wird weitgehend Pedi und Tswana gesprochen. Patriarchal. Großfamilie, Polygynie, Initiationsriten, Feldbau und Viehhaltung bestimmen das Leben der N. Die Krale (ummauert) sind mit bunten, geometr. Ornamenten bemalt; auch der reiche Perlenschmuck der Frauen ist sehr farbenprächtig.

***n*-dimensionaler Raum,** Verallgemeinerung des dreidimensionalen Raumes für Zahlen $n \geq 4$. (→Raum)

N'Djamena [ndʒaˈmena], bis 1973 **Fort-Lamy** [fɔrlaˈmi], Hauptstadt der Rep. Tschad, Afrika, in staubiger Dornbuschsteppe auf dem rechten Steilufer des Schari gegenüber der Einmündung des Logone, hat mit Vororten (1993) 531 000 Ew.; Sitz eines kath. Erzbischofs; Univ. (seit 1971), Verwaltungsfachschule, Öl- und Getreidemühlen, Zucker- und Parfümfabriken, Brauerei, Bau von Rundfunkgeräten; internat. Flughafen. – N. wurde 1900, unmittelbar nach der frz. Kolonialeroberung, als Fort-Lamy gegründet.

Ndola, drittgrößte Stadt von Sambia, 1 250 m ü. M., 376 300 Ew.; Wirtschafts-, Verwaltungs- und Verkehrszentrum des Kupfergürtels; kath. Bischofssitz; Technikum, Museum, Bibliothek; internat. Handelsmesse; Kupfer- und Kobaltverhüttung, vielseitige Industrie (Grubenausrüstungen, Kfz, Waschmittel, Bier, Zucker, Baumaterial u. a.); Endpunkt der Erdölleitung von Daressalam mit Raffinerie; internat. Flughafen.

Ndongo-Ngola, Ambundu, Kimbundu, Gruppe von Bantuvölkern in Angola, von der Küste um Luanda im W bis über dem Kwango im O, im Wesentlichen das Einzugsgebiet des Cuanza einschließend. Die etwa 2,5 Mio. N.-N. sind Waldland- und Savannenbauern (Mais, Hirse, Maniok) und Handwerker (Schmiede, Holzbildhauer). Ihre Sprache (Kimbundu) erlangte seit dem 17. Jh. als Verkehrssprache Bedeutung. Ihre traditionelle Religion hat gegenüber dem Christentum (v. a. Katholiken) stark an Bedeutung verloren. Vom Herrschertitel des Ndongo-Reiches (Ngola) leitet sich der Name ›Angola‹ ab.

NDP, Abk. für →**N**ational**d**emokratische **P**artei Deutschlands 1).

NDPD, Abk. für →**N**ational**d**emokratische **P**artei **D**eutschlands 2).

NDR, Abk. für →**N**ord**d**eutscher **R**undfunk.

'Ndrangheta [-ˈgeta; von griech. andreía ›Mannhaftigkeit‹], **Mafia calabrese,** urspr. aus dem jahrhundertealten südital. Brigantentum entstandene Form der organisierten Kriminalität, die v. a. Entführungen und Raub verübte. Seit Mitte des 19. Jh. sickerte die vorher im kalabres. Aspromonte konzentrierte 'N. in die Städte ein und richtete sich an Organisation und Tätigkeiten der sizilian. →Mafia aus.

ne..., Wortbildungselement, →neo...

Ne, chem. Symbol für das Element →Neon.

NE, postamtl. Abk. für den Bundesstaat **Ne**braska, USA.

Neagh, Lough N. [lɔk ˈneɪ], größter See der Brit. Inseln, in Nordirland, 396 km², i. Allg. nur 12 m tief; der See wird nach N durch den Bann entwässert.

Neal [niːl], John, amerikan. Schriftsteller, * Portland (Me.) 25. 8. 1793, † ebd. 20. 6. 1876; Anwalt und vielseitiger Literat, dessen Romane das Amerika der Revolutionszeit und die Geschichte Neuenglands behandeln; lebte 1823–27 in England und veröffentlichte dort z. T. sachlich falsche, oft von Vorurteilen geprägte Artikel über amerikan. Autoren (1937 hg. u. d. T. ›American writers‹), die als erster Versuch amerikan. Literaturgeschichtsschreibung gelten.

Werke: *Romane:* Logan, 2 Bde. (1822); Seventy-six, 2 Bde. (1823); Brother Jonathan, 3 Bde. (1825); Rachel Dyer (1828);

John Neal

Neapel 1): Bucht von Neapel, im Hintergrund der Vesuv

The Down-Easters, 2 Bde. (1833). – *Autobiographie:* Wandering recollections of a somewhat busy life (1869).
D. A. SEARS: J. N. (Boston, Mass., 1978).

Neander, 1) Joachim, Theologe und Kirchenlieddichter, * Bremen 1650, † ebd. 31. 5. 1680; wurde 1674 Rektor der ref. Lateinschule in Düsseldorf, 1679 Prediger in Bremen. Unter seinen von J. CALVIN und Pietismus beeinflussten, z. T. von ihm selbst vertonten Kirchenliedern ist am bekanntesten ›Lobe den Herren, den mächtigen König der Ehren‹.

2) Johann August Wilhelm, eigtl. **David Mendel**, ev. Theologe, * Göttingen 17. 1. 1789, † Berlin 14. 7. 1850; Sohn jüd. Eltern (getauft 1806); wurde 1813 Prof. für Kirchengeschichte in Berlin. Zunächst von F. D. E. SCHLEIERMACHER beeinflusst, entwickelte er sich im Sinne der Erweckungsfrömmigkeit zu einem der führenden Neupietisten. Gegenstand der Kirchengeschichte, die N. als Frömmigkeitsgeschichte versteht, ist für ihn die Auseinandersetzung zw. dem Geist CHRISTI und dem Geist der Welt. Seine Kirchengeschichtsschreibung war geprägt von dem Grundsatz ›pectus est quod theologum facit‹ (Das Herz macht den Theologen).
Ausgaben: Werke, 14 Bde. (1862–75); Allg. Gesch. der christl. Religion u. Kirche, 9 Bde. (⁴1863–65).

3) Michael, gräzisiert aus **Neumann**, Humanist und Pädagoge, * Sorau 1525, † Ilfeld (Landkreis Nordhausen) 26. 4. 1595; Schüler von P. MELANCHTHON, leitete 45 Jahre lang das Gymnasium in Ilfeld, gehört mit J. STURM und V. TROTZENDORF zu den bedeutenden Schulorganisatoren des 16. Jh., setzte sich mit vielen Schulbüchern und Klassikerausgaben für den Unterricht nicht nur für alte Sprachen, sondern auch für Realien ein und erstrebte eine enzyklopäd. Bildung.

Neandertal [nach J. NEANDER, der es häufig aufsuchte], schluchtartiger Talabschnitt der Düssel bei ihrem Austritt aus dem Bergischen Land, östlich von Düsseldorf im südl. Stadtgebiet von Mettmann, NRW; Fundort des 1856 von J. C. FUHLROTT entdeckten Neandertalers und Standort des Neanderthal Museums.

Neandertaler, nach dem 1856 in der Kleinen Feldhofer Grotte im Neandertal bei Düsseldorf gemachten Knochenfund benannte Menschenform. Der N. war eine Frühform des Homo sapiens (Homo sapiens neanderthalensis), die in weiten Teilen der Alten Welt zw. 300 000 und 40 000 lebte. Die Kultur des N. ist das Mittelpaläolithikum. Viele Anthropologen sehen im N. eine ausgestorbene Seitenlinie der Menschheit. Diese Annahme wird durch 1997 durchgeführte Analysen →alter DNA aus einem N.-Knochen gestützt. Deutl. Unterschiede zum morphologisch modernen Menschen sind die gedrungene, kräftige Körpergestalt, eine mäßige Körpergröße (1,60–1,78 m), ein flach gewölbter Hirnschädel mit einem Hirnvolumen von 1500–1600 cm³, starke Überaugenwülste, große, runde Augenhöhlen und ein Unterkiefer ohne vorspringendes Kinn. Der N. war ein auf seine Umwelt spezialisierter Altmensch (→Paläanthropinen). Die N. lebten v. a. in der Tundra als Jäger und Sammler unter Bedingungen, wie sie heute etwa im nördl. Lappland bestehen. Als Werkzeuge dienten ihnen v. a. Faustkeile und Abschlagwerkzeuge, daneben Schaber und Messer. – Die Zahl der jeweils gleichzeitig lebenden N. wird auf nicht viel größer als einige Tausend geschätzt. Aus den gefundenen Kulturgegenständen mit ihren immer wiederkehrenden Formen (so gut wie keine künstler. Erzeugnisse) und bes. aus der an fossilen Schädelresten erkenntl. Form des Gehirns wird auf – im Vergleich zum heutigen Menschen – noch insgesamt geringe geistige Fähigkeiten geschlossen.
G. BOSINSKI: Der N. u. seine Zeit (1985).

Neanthropinen [griech.], veralteter Begriff für die heute als anatomisch moderne Menschen bezeichneten Vertreter von Homo sapiens sapiens (→Mensch).

Neapel, 1) ital. **Napoli**, größte Stadt S-Italiens, am Golf von N., bis an den Nord- und Westfuß des Vesuvs reichend, umgeben von den Phlegräischen Feldern, 15 m ü. M., 1,053 Mio. Ew.; Verw.-Sitz der Region Kampanien und der Prov. N.; kath. Erzbischofssitz; Univ. (gegr. 1224), Handelshochschule, Meerwasseraquarium mit biolog. Forschungsstation, Polytechnikum, orientalist. Inst., histor. Inst., vulkanolog. Inst. und Erdbebenwarte, Kunstakademie, Musikhochschule, Observatorium, Schifffahrtshochschule; mehrere Museen, u. a. histor., Porzellan- und stadthistor. Museum, archäolog. Museum (mit den →Farnesischen Sammlungen), Gemäldegalerie, Bibliotheken, Staatsarchiv; bedeutendes Theater, Filmfestspiele; Börse.
N. bildet zus. mit seinem Umland den wirtschaftl. Schwerpunkt S-Italiens, mit Erdölraffinerie, Werften, Flugzeugtechnik, Textil- und Bekleidungs-, Leder-, chem. und Nahrungsmittelindustrie; nach Schließung des staatl. Eisen- und Stahlunternehmens (mit ehem. 10 000 Beschäftigten) hat dieser Industriezweig keine Bedeutung mehr. Daneben existieren viele, oft wenig produktive Kleinbetriebe. Die Produkte des Umlandes (Obst, Wein, Gemüse) werden hier vermarktet. Bedeutender Handelshafen (Umschlag 1994: 14,7 Mio. t). Die Lage der Stadt am Schnittpunkt wichtiger Verkehrslinien (Flugplatz, Autobahnen, Eisenbahnen) in einer landschaftlich reizvollen Umgebung mit vielen natürl. und kulturhistor. Sehenswürdigkeiten (Pompeji, Pozzuoli), den nahen Inseln im Golf (u. a. Capri) und den Badeorten an der Küste haben schon früh zu einem regen Fremdenverkehr geführt. Andererseits sind hier Umweltverschmutzung und die Probleme des →Mezzogiorno, u. a. Armut, Arbeitslosigkeit, Camorra, Korruption, deutlich ausgeprägt.
Stadtbild: Die UNESCO erklärte das histor. Zentrum von N. zum Weltkulturerbe. Das im 5. Jh. v. Chr.

Neapel 1)
Stadtwappen

Hafenstadt in S-Italien

am Golf von Neapel, am Fuß des Vesuvs

1,053 Mio. Ew.

Erzbischofssitz

Universität (1224 gegründet)

Katakomben

Kirchen des 13./14. Jh. mit bedeutenden Grabmälern

Castel Nuovo

Zoologische Station mit Fresken von Hans von Marées

aus zwei griechischen Kolonien entstanden

ab 1282 Hauptstadt des Königreichs Neapel

angelegte Straßennetz ist bis heute prägend. Durch die wechselvolle Geschichte N.s hat sich kein mittelalterl. Stadtzentrum herausgebildet. Die gegen N und W oft treppenartig ansteigende Altstadt, mit dicht bewohnten Quartieren überalterten Baubestandes, erstreckt sich zw. Hauptbahnhof im O und Monte Calvario im W; nach S zum Hafen hin wurde sie nach 1884 (Choleraepidemie) umgestaltet; so entstand der geradlinige ›Rettifilo‹ (Corso Umberto I.), der zur Verkehrsachse und Geschäftsstraße zw. Piazza Garibaldi und Piazza G. Bovio wurde. Nach den Zerstörungen im Zweiten Weltkrieg wurde v. a. das Hafenviertel wieder aufgebaut. Der Verelendung des Stadtkerns soll entgegengewirkt werden; dennoch verfallen weite Teile der Altstadt. Ältere Wohnviertel liegen im N, Villen und neuere Wohnviertel der gehobenen Stufe auf Höhen im W. Ein Gewerbe- und Industriesektor schließt sich im O jenseits des Hauptbahnhofs an; Arbeiterviertel im NO.

Neapel 1): Castel Nuovo; 1279–84

N.s Sakralbauten stammen vorwiegend aus frühchristl. Zeit, aus der Gotik und bes. aus dem Barock. Früheste christl. Zeugnisse sind die Katakomben von San Gennaro extra moenia (seit dem 2. Jh.; mit Freskenfragmenten), ferner die mit dem Dom San Gennaro verbundene kleine Basilika Santa Restituta (beim Dombau weitgehend verändert; mit Apsismosaik, 1322, und zwei Reliefplatten, 12./13. Jh.) und das dahinter liegende Baptisterium San Giovanni in Fonte (5. Jh., z. T. originaler Mosaikschmuck). Unter der Herrschaft der Anjou setzte sich got. Baustil durch: San Lorenzo Maggiore (um 1270 gegr., um 1330 vollendet; Barockfassade, 1743; mit Grabmal der KATHARINA VON ÖSTERREICH, von TINO DI CAMAINO, nach 1323), San Domenico Maggiore (urspr. 13./14. Jh., mehrfach umgebaut), Santa Chiara (1310–40; mit den Grabmälern der Anjou von TINO DI CAMAINO u. a., 14. Jh.; im Kreuzgang, ›Chiostro delle Maioliche‹ gen., Majolikadekoration des 18. Jh.) und der Dom (urspr. 13./14. Jh.). Aus der Frührenaissance stammen Santa Anna dei Lombardi (1411 begonnen; mit Grabmälern und Altären von BENEDETTO DA MAIANO, A. ROSSELLINO, G. MAZZONI u. a.) und San Giovanni a Carbonara (vor 1414 begonnen, mit Grabmälern des 15. und 16. Jh.). Im Barock entstand eine Fülle von Kirchen – u. a. Gesù Nuovo, Santi Apostoli, Santa Maria Maggiore, Santissima Annunziata. Die Certosa San Martino (1325 gegr.), auf dem Monte Calvario unterhalb des Castel Sant'Elmo (urspr. 1329–43; 1536–46 verändert) gelegen, mit Klosterkirche (ursprüngl. Bau 1368 geweiht, 1580 ff. umgebaut) ist seit 1866 Nationalmuseum. Der Bau von San Francesco di Paola (Anfang 19. Jh.) folgt dem röm. Pantheon; davor zwei Reiterdenkmäler von A. CANOVA.

Zu den bedeutendsten Profanbauten gehört das Castel Nuovo, Residenz der neapolitan. Könige und Vizekönige, zugleich Festung zum Schutz der Stadt, Wahrzeichen N.s, von KARL I. VON ANJOU als ›Neues Kastell‹ neben den schon bestehenden Castelli dell'Ovo und Capuano 1279–84 erbaut; nach Verfall seit Ende des 14. Jh. Neuaufbau unter ALFONS I. von Aragonien seit 1442; am Eingang Triumphbogen, den Einzug ALFONS' I. darstellend; im Innern die Sala dei Baroni (1452–57) mit Sterngewölbe. 1484–88 entstand das Stadttor Porta Capuana, ein reich geschmückter Torbogen (nach Entwurf von GIULIANO DA MAIANO). Das Castel Nuovo verlor an Bedeutung nach Errichtung des Palazzo Reale (1600–02, nach Entwurf von D. FONTANA, Erneuerung im 19. Jh. und 20. Jh.) als neue Residenz der Könige (heute Museum und Nationalbibliothek). Prächtigster Brunnen ist die Fontana del Nettuno (1600/01 urspr. am Hafen aufgestellt, 1634–39 von C. FANZAGO restauriert). 1737 wurde das Teatro San Carlo gebaut (nach Brand 1816 erneuert); gegenüber die überdachte Passage Galleria Umberto I. (1887–90). In der klassizist. Villa Floridiana Keramikmuseum Duca di Martina. Der Freskenzyklus in der Zoolog. Station ist ein Hauptwerk von H. VON MARÉES (1873; BILD →Fresko). Am N-Rand der Stadt liegt das Schloss →Capodimonte.

Geschichte: N. ist hervorgegangen aus einer im 8./7. Jh. v. Chr. von der griech. Kolonie Kyme (Cumae) aus gegründeten Tochterkolonie und einer benachbarten Neugründung (**Neapolis**, ›Neustadt‹) des 5. Jh. Um 420 nahm die Stadt Flüchtlinge aus Kyme und kampan. Zuwanderer auf; 326 schloss sie ein Bündnis mit Rom, bewahrte aber weiterhin griech. Charakter. 89 v. Chr. erhielt Neapolis röm. Bürgerrecht, in der Kaiserzeit wurde es Kolonie. Seit 553 byzantinisch, errang N. im 7. Jh. allmählich Autonomie, die es behielt, bis das Herzogtum N. (das auch Cumae, Pozzuoli, Sorrent umfasste) 1139 von ROGER II. von Sizilien unterworfen wurde. Von nun an ist die Geschichte des Königreichs Sizilien (→Neapel 3).

W. DÖPP: Die Altstadt N.s (1968); Reclam's Kunstführer Italien, hg. v. M. WUNDRAM, Bd. 6: N. u. Umgebung (²1983); C. DE SETA: Napoli (Bari ³1986); E. KLUCKERT: N. (Zürich ²1989).

2) Prov. in der Region Kampanien, Italien, 1 171 km², 3,095 Mio. Ew.; Hauptstadt ist N. 1).

3) ehemaliges Königreich, das Unteritalien und 1130–1282, 1442–58, 1504–1707/13, 1720–98, 1799 bis 1805 sowie 1816–60 auch Sizilien umfasste (bis 1282 **Königreich Sizilien**, 1816–60 **Königreich beider Sizilien**). Im 6. Jh. errichteten in diesem Raum die Langobarden das Herzogtum Benevent, das in der Mitte des 9. Jh. in die Fürstentümer Benevent, Salerno und Capua zerfiel. Der Rest von Unteritalien und Sizilien verblieb Byzanz, bis ihn im 11. Jh. die Normannen eroberten. Unter ROGER II. (1101–54), der 1130 den Titel ›König von Sizilien, Kalabrien und Apulien‹ annahm, erlebte das Land eine ungewöhnl. Blüte. Das von ihm geschaffene Staatswesen trug bereits Züge des modernen zentralist. Beamtenstaates. 1186 heiratete der spätere Kaiser HEINRICH VI. KONSTANZE, die Erbtochter ROGERS II. Damit wurde der Staufer Erbe des unterital. Reiches. Kaiser FRIEDRICH II. organisierte Verwaltung, Rechtspflege und Finanzwesen streng zentralistisch (Konstitutionen von Melfi, 1231). Die letzten Staufer, MANFRED und KONRADIN, konnten sich gegen KARL I. VON ANJOU (1265–85) nicht behaupten. Dieser wiederum musste nach dem Aufstand der →Sizilianischen Vesper (1282) auf Sizilien verzichten, die Insel wurde 1285 eine aragones. Sekundogenitur. König ROBERT I. VON ANJOU (1309–43) baute unter Anlehnung an Frankreich und das Papsttum seine Stellung zu einer Art Hegemonie aus, konnte Sizilien aber nicht zurückerobern.

Nach der Absetzung Königin JOHANNAS I. (1343 bis 1382) übertrug Papst URBAN VI. Neapel ihrem Verwandten KARL VON DURAZZO (KARL III. von N.). Im Kampf um das Erbe JOHANNAS II. (1414–35) setzte sich König ALFONS V. von Aragonien gegen RENÉ I. von Anjou durch, eroberte 1442 N. und vereinigte das Königreich wieder mit Sizilien. König KARL VIII. von Frankreich, der als Erbe der Anjou die Krone von N. beanspruchte, eroberte 1495 die Stadt.

Nachdem FERDINAND II. von Aragonien 1504 die Franzosen aus N. vertrieben hatte, wurden N. und Sizilien bis 1707 als Vizekönigreiche der span. Krone unterstellt. Die fast uneingeschränkte polit. und fiskal. Verfügungsgewalt Spaniens, die Polarisierung des öffentl. Lebens (u. a. Einführung der Inquisition, Judenverfolgungen) führten zu sozialen, wirtschaftl. und polit. Spannungen, die im 16./17. Jh. Revolten auslösten. 1713 kam N., das österr. Truppen 1707 im Span. Erbfolgekrieg besetzt hatten, an Österreich, während Sizilien zunächst als Königreich an Savoyen, 1720 im Tausch gegen Sardinien ebenfalls an Österreich fiel. 1735 ging N.-Sizilien als unabhängige Sekundogenitur an die span. Bourbonen über (Friede von Wien, 3. 10. 1735). N. wurde zu einem Zentrum der europ. Aufklärung. Republikan. Revolten in N. und Sizilien scheiterten, bis Anfang 1799 unter dem Schutz frz. Revolutionstruppen in N. die Parthenopäische Rep. ausgerufen wurde; sie brach wenige Monate später unter dem Gegenangriff eines königstreuen Volksheeres zusammen. Der Reaktion der Monarchie, die sich seitdem auf die unteren Volksschichten stützte, fiel die bürgerl. Intelligenz zum Opfer.

1806 wurde N. von NAPOLEON I. erobert, der zunächst seinen Bruder JOSEPH, 1808 seinen Schwager J. MURAT zum König erhob, während sich FERDINAND IV. auf Sizilien halten konnte. Im Juni 1815 nach N. zurückgekehrt, gab dieser sich Ende 1816 als FERDINAND I. den Titel eines Königs beider Sizilien; mit österr. Hilfe schlug er die Revolution von 1820/21 brutal nieder. 1848 gab FERDINAND II. zwar der Verfassungsforderung zunächst nach; in N. rasch wieder Herr der Lage und 1849 Sieger auch in Sizilien, das sich für unabhängig erklärt hatte, verstärkte er aber in der Folge sein absolutist. Regiment. Nach der Invasion G. GARIBALDIS (Eroberung Siziliens im Mai 1860, im September Einzug in N.; BILD →Italien, Geschichte) schlossen sich N. und Sizilien am 21. 10. 1860 dem neuen Königreich Italien an.

R. MOSCATI: La fine del regno di Napoli (Florenz 1960); G. GALASSO: Mezzogiorno medievale e moderno (Turin 1965, Nachdr. ebd. 1975); Storia di Napoli, 10 Bde. in 14 Tlen. (Neapel 1967–72); N. KAMP: Kirche u. Monarchie im stauf. Königreich Sizilien, Bd. 1, Tl. 1–4 (1973–82); B. CROCE: Storia del regno di Napoli (Bari ⁴1980); I Borboni delle Due Sicilie, hg. v. A. PECCHIOLI (Rom 1992); G. CONIGLIO: I Borboni di Napoli (Neuausg. Mailand 1995).

Neapelgelb, →Antimonpigmente.

Neapolitaner, 1) *Musik:* →neapolitanischer Sextakkord.

2) *Pferdezucht:* altital. Pferderasse; kräftige, doch graziöse Pferde mit gutem Temperament und besonderer Begabung für die hohe Schule. Züchter. Grundlage bildeten arab. und altspan. Pferde (Genetten), die durch Einkreuzung kräftiger nord. Pferde mit der Zeit schwerer wurden. Der heute in Reinzucht nicht mehr existente N. beeinflusste maßgeblich zahlr. bedeutende Pferderassen wie den Lipizzaner (→Lipizza) und den →Kladruber.

Neapolitanische Malerschule, Malerschule von Neapel. Obwohl Neapel seit dem 14. Jh. eine lebendige Kunststadt war, kann man erst seit dem Auftreten CARAVAGGIOS in Neapel (zw. 1607 und 1610) von einer eigenen lokalen N. M. sprechen, die den allg. herrschenden Manierismus ablöste, der allerdings im Werk von MONSÙ DESIDERIO in Neapel noch eine spezielle Ausformung finden sollte. Die Barockmalerei Neapels war anfangs ganz von dem Caravaggisten G. B. CARACCIOLO geprägt, 1616 kam J. DE RIBERA nach Neapel. Hier arbeiteten gebürtige Neapolitaner wie BERNARDO CAVALLINO (*1616, †zw. 1654 und 1656) und zugezogene Caravaggisten (ARTEMISIA GENTILESCHI), ab etwa 1630 auch Vertreter des röm. Hochbarock, die aufgrund von Aufträgen nach Neapel kamen, u. a. M. STANZIONE, v. a. aber G. LANFRANCO sowie DOMENICHINO, deren Illusionismus den Grund für die bedeutende Monumentalmalerei von L. GIORDANO und F. SOLIMENA in der 2. Hälfte des 17. Jh. legte. Daneben blühte eine Blumenmalerei im Stil CARAVAGGIOS, auch die Bambocciade.

neapolitanischer Sext|akkord, Neapolitaner, Bez. für einen charakterist., subdominantisch wirkenden Akkord auf der vierten Stufe der Tonleiter, mit kleiner Terz und kleiner Sexte anstelle der Quinte (in C-Dur oder c-Moll: f–as–des). Der n. S. war in der Musik des 18. Jh. (v. a. in der Neapolitan. Schule) ein beliebtes Stilmittel zur Erzielung einer plötzl. (oft schmerzl.) Ausdruckssteigerung. Er bildete auch später ein verbreitetes Mittel zur raschen Modulation in entferntere Tonarten.

Neapolitanische Schule, Gruppe in Neapel tätiger oder dort ausgebildeter Komponisten im 17./18. Jh. Als ihr Begründer gilt F. PROVENZALE, ihr erster führender Meister war A. SCARLATTI. Die N. S. entwickelte bes. die Gattung der Oper in ihren drei Typen, der Opera seria, Opera buffa und Opera semiseria. Der Einfluss der von P. METASTASIO eingeführten Neuerungen zeigt sich u. a. in der Beschränkung der Personen auf sechs Darsteller und in der Orientierung der Libretti an klass. Stoffen. Erstmals wurde die Oper durch eine dreiteilige Sinfonia als Ouvertüre eingeleitet und umfasste drei Akte. Zur Regel erhoben wurde ferner die Gliederung in eine Folge von die Handlung weiterführenden Rezitativen und Da-capo-Arien, die der Zustandsschilderung und dem Ausdruck von Affekten dienten. Die sangl. Melodik (›Belcanto‹) und die Gesangsvirtuosität (der Primadonnen und Kastraten) standen dabei im Vordergrund, die Satztechnik war im Wesentlichen homophon. Ein besonderer Schwerpunkt der N. S. lag bei der Ausformung der Opera buffa (G. B. PERGOLESI), als deren Vorstufe die musikal. Komödie in venezian. Dialekt und die Intermezzi der Opera seria gelten. Im Anschluss an das Kantatenschaffen von SCARLATTI wurde in der N. S. auch die Kirchenmusik sowohl in konzertantem (z. B. PERGOLESI) als auch in streng kontrapunkt. Stil (z. B. F. DURANTE und L. LEO) gepflegt. Weitere bekannte Vertreter waren u. a. N. PORPORA, L. VINCI, N. JOMMELLI, N. PICCINNI, T. TRAETTA, G. PAISIELLO und D. CIMAROSA. Die N. S. wirkte u. a. auf C. H. GRAUN, J. A. HASSE, G. F. HÄNDEL, C. W. GLUCK, der sie in seinen Reformopern zugleich überwand, und W. A. MOZART, in dessen klass. Opernsynthese sie als Element einging. Aus der dreiteiligen Einleitungssinfonia entwickelte sich die Sinfonie.

Near Banks [ˈnɪə bæŋks, engl.], banknahe Institute, die Finanzdienstleistungen anbieten, aber im Unterschied zu den Kreditinstituten keine Bankgeschäfte im Sinne § 1 Abs. 1 Kreditwesen-Ges. erbringen. Zu den N. B. gehören u. a. Versicherungen, Leasing-, Factoring-, Kreditkarten-, Kapitalbeteiligungs- und Kapitalanlagegesellschaften sowie Vermögensverwaltungs-, Anlageberatungsgesellschaften und Broker.

Nearchos, Nearchos, griech. Seeoffizier, Jugendfreund und Flottenbefehlshaber ALEXANDERS D. GR., † (gefallen) 312 v. Chr. (?); erkundete 326/325 den Seeweg vom Indus zum Pers. Golf. Seine Aufzeichnungen wurden von ARRIAN verwendet.

Nearktis [griech.], **nearktische Subregion,** *Tiergeographie:* der Nordamerika (etwa nördlich des 30.

neapolitanischer Sextakkord (*) in einer C-Dur-Kadenz

Breitengrades) und Grönland umfassende Teil der holarkt. Region.

Near Money ['nɪə 'mʌnɪ, engl.], die →Geldsubstitute.

Ne|arthrose, krankhafte Neubildung eines Gelenks, z.B. in Form einer verlagerten Pfanne bei Hüftgelenkluxation oder eines →Falschgelenks bei Defektheilung von Knochenbrüchen; auch Bez. für die chirurg. Wiederherstellung eines Gelenks, z.B. bei Gelenkversteifung (Ankylose).

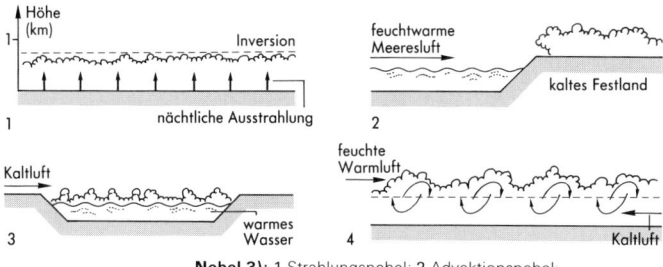

Nebel 3): 1 Strahlungsnebel; 2 Advektionsnebel, 3 Verdunstungsnebel; 4 Mischungsnebel

NEAT, Abk. für →Neue Eisenbahn-Alpentransversale.

Neath [niːθ], Industriestadt im Verw.-Distrikt Neath Port Talbot, S-Wales, am Fluss Neath, 30 000 Ew.; petrochem. Industrie, Maschinenbau, neu angesiedelte Leichtindustrie.

Neath Port Talbot ['niːθ pɔːt 'tɔːbət], Verw.-Distrikt in S-Wales, 442 km², 139 600 Ew.; Verw.-Sitz ist Port Talbot.

Nebbiolo, edelste Rotweinrebe Italiens, mit kleinen, kernigen Beeren, spät reifend und nur mäßig im Ertrag (50–60 hl/ha), bevorzugt Hanglagen; hauptsächlich im Piemont und im Veltlin vertreten; ergibt tiefrote Weine mit starkem Bukett sowie hohem Gerbstoff- und Säuregehalt, wodurch sie lange lagerfähig sind. Die DOCG-Weine Barolo und Barbaresco werden ausschließlich aus N.-Trauben bereitet, andere Spitzenrotweine haben unterschiedl. N.-Anteile.

Nebel [ahd. nebul, urspr. ›Feuchtigkeit‹, ›Wolke‹], **1) allg.:** ein →Aerosol, das flüssige Schwebeteilchen (Tröpfchen) enthält.

2) *Astronomie:* historisch bedingte Sammel-Bez. für Objekte außerhalb des Planetensystems, die als kleine, schwach leuchtende und nicht scharf begrenzte flächenhafte Gebilde an der Himmelskugel erscheinen. Mit bloßem Auge sichtbar sind der Orion-N., der Andromeda-N. und die beiden Magellanschen Wolken. Die meisten derartigen N. sind jedoch nur im Fernrohr, auf lang belichteten Himmelsaufnahmen oder mit elektron. Geräten zu erkennen. – Der Orion-N. gehört zu den **galaktischen N.,** die aus relativ dichten Ansammlungen von →interstellarer Materie im Milchstraßensystem bestehen, wobei →Emissionsnebel (→Gasnebel, →planetarischer Nebel), →Reflexionsnebel und Dunkel-N. (→Dunkelwolken) unterschieden werden. Der Andromeda-N. und die Magellanschen Wolken sind **extra-** oder **außergalaktische N.,** d. h. außerhalb des Milchstraßensystems liegende Sternsysteme (→Galaxien). – Zu den **N.-Katalogen** gehören der →Messier-Katalog und der →NGC.

3) *Meteorologie:* Bez. für kondensierten Wasserdampf in bodennahen Luftschichten, wenn die Sicht unter 1 km zurückgeht. N. entsteht wie bei einer Wolke durch Kondensation überschüssigen Wasserdampfs an Kondensationskernen, und zwar durch: 1) Abkühlung feuchter Luft bis zum Tau- oder Reifpunkt (**Abkühlungs-N.**); 2) Mischung von feuchtwarmer und kalter Luft (**Mischungs-N.**); 3) Zunahme des Wasserdampfgehaltes der Luft infolge Verdunstung (**Verdunstungs-N.** oder →Dampfnebel).

Unter den Abkühlungs-N. ist der **Strahlungs-N.** am häufigsten. Er tritt v. a. im Herbst bei windschwachen oder windstillen Hochdruckwetterlagen (Strahlungswetterlagen) auf, wenn sich der Erdboden und die darüber liegenden Luftschichten infolge ungehinderter nächtl. Ausstrahlung bis unter den Taupunkt abgekühlt haben. Manchmal bildet sich unter einer höher gelegenen Inversion durch Ausstrahlungsabkühlung ein **Hoch-N.,** der nach unten wachsen kann und dann als gewöhnl. N. empfunden wird. Flache **Boden-N.** entstehen meist über feuchten oder noch regennassen Böden, kaum über größeren, offenen Wasserflächen, da diese ihre gespeicherte Wärme an die Luft abgeben können und so der Abkühlung infolge Ausstrahlung entgegenwirken. N.-Herde sind v. a. Täler und Mulden (**Tal-N.**). Wird die Abkühlung durch Advektion feuchtwarmer Luft über eine kalte Unterlage erreicht, bilden sich **Advektions-N.** Dazu gehören im Spätherbst und Winter N. in Mitteleuropa, die beim Vordringen milder und feuchter Luftmassen gegen das kalte Festland auftreten. Bei der Entstehung von **Meeres-** und **Küsten-N.** wirken meist advektive Abkühlung und Mischung verschieden temperierter Luftmassen zusammen. Solche **Mischungs-N.** bilden sich auch im Bereich von Kalt- und Warmfronten, wo eine turbulente Durchmischung feuchtwarmer und kälterer Luft stattfindet, die zudem mit adiabat. Abkühlung verbunden ist (**Front-** oder **Niederschlags-N.**).

Im N. beträgt die relative Luftfeuchtigkeit über 90 %. Die N.-Tröpfchen haben einen Durchmesser von 0,01 bis 0,1 mm; sie schweben in der Luft, können sich auch zu größeren Tropfen vereinigen und v. a. bei Luftbewegung an der Erdoberfläche oder an Gegenständen absetzen oder ausfallen (**N.-Niederschlag, nässender N.**). Auch bei Lufttemperaturen unter 0 °C besteht N. aus Wassertröpfchen, die sich an festen Oberflächen als Eis absetzen (**N.-Frostablagerungen**).

Nebel, 1) Gerhard, Schriftsteller, *Dessau 26. 9. 1903, †Stuttgart 23. 9. 1974; war bis 1933 Studienrat. N.s philosoph. und kulturkrit. Werk, das anfangs von E. JÜNGER beeinflusst ist, zeigt auf sprachlich hohem Niveau seine Entwicklung vom nihilist. Ästheten zum prot. Christen. Seine Kriegstagebücher (›Bei den nördl. Hesperiden‹, 1948; ›Auf ausonischer Erde‹, 1949; ›Unter Partisanen und Kreuzfahrern‹, 1950) sind eine Abrechnung mit dem Militarismus; daneben entstanden auch Reisebeschreibungen.

Rudolf Nebel

2) Otto, Pseud. **Martin Maurer,** Schriftsteller und Maler, *Berlin 25. 12. 1892, †Bern 12. 9. 1973; war zunächst Bauarbeiter, dann Schauspieler, Maler und freier Schriftsteller; Freundschaft mit H. WALDEN, P. KLEE und W. KANDINSKY; Mitarbeit an der Zeitschrift ›Der Sturm‹; 1933 Emigration in die Schweiz. Seine literar. Collagen, Wortspiele und Buchstabenspiele (›Runenfugen‹) zeigen N.s Nähe zur konkreten Poesie. Als Maler begann N. mit gegenständl., vom Kubismus beeinflussten Bildern und gelangte später zu abstrakten Kompositionen; er trat auch als Kunstschriftsteller und vielseitiger Grafiker hervor.

Ausgaben: Das dichter. Werk, hg. v. R. RADRIZZANI, 3 Bde. (1979); Schriften zur Kunst (1988).

O. N. 1892–1973, bearb. v. S. KUTHY u. a., Ausst.-Kat. (Bern 1990).

3) Rudolf, Raketenpionier, *Weißenburg i. Bay. 21. 3. 1894, †Düsseldorf 18. 9. 1978; stellte 1930 an der Berliner Chemisch-Techn. Reichsanstalt sein erstes Raketentriebwerk vor und gründete den Raketenflugplatz Tegel in Berlin-Reinickendorf, wo ihm 1930–34 die Starts kleiner Flüssigkeitsraketen gelangen. 1932 legte N. das Diagramm für eine Fernrakete von 1 000 km Reichweite vor (›Raketenflug‹, 1932); Autobiographie ›Die Narren von Tegel‹ (1972).

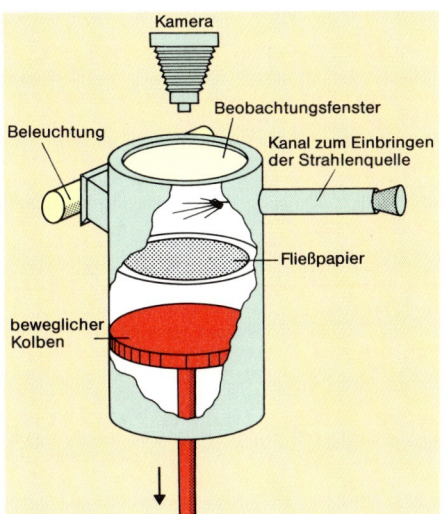

Nebelkammer: Aufbau und Funktionsprinzip einer Kolbenexpansionskammer; schematische Darstellung

Nebelbilder, Bilder, die bei tief stehender Sonne als Schatten auf einer nahen Nebelwand entstehen. Täuschung über die wahre Entfernung lässt den Schatten übergroß erscheinen (z. B. Brockengespenst, →Glorie).

Nebelbogen, Nebelregenbogen, ein weißer Regenbogen, der bei Tropfendurchmessern unter 0,025 mm entsteht.

nebelfreie Zone, *Astronomie:* ein Streifen unterschiedl. Breite längs des galakt. Äquators, in dem bis auf einige kleine, isolierte Gebiete keine Galaxien (extragalakt. Sternsysteme) beobachtet werden. An die n. Z. schließt sich zu beiden Seiten eine **nebelarme Zone** an, in der die im Mittel beobachtete Zahl von Sternsystemen je Flächeneinheit mit wachsender galakt. Breite zunimmt. Das scheinbare Fehlen extragalakt. Objekte in der Nähe des galakt. Äquators ist durch die Stellung der Sonne nahe der Symmetrieebene des →Milchstraßensystems sowie durch die Konzentration des interstellaren Staubes gegen diese Ebene bedingt, der das Licht extragalakt. Objekte stark absorbiert.

Nebelhaufen, die →Galaxienhaufen.

Nebelhöhle, eine der größten Karsthöhlen in der Schwäb. Alb, südlich von Reutlingen, Bad.-Württ.; 810 m lang, davon 480 m erschlossen.

Nebelhorn, Schallsignalgerät für Schiffe im Nebel, das weit hörbare tiefe Töne abgibt; auf Dampfschiffen die Dampfpfeife, auf Motorschiffen das →Typhon.

Nebelhorn, Berg der Allgäuer Alpen, aus Hauptdolomit, nordöstlich von Oberstdorf, Bayern, 2 224 m ü. M.; Seilschwebebahn.

Nebelkammer, Wilson-Kammer [ˈwɪlsn-], Gerät zur Sichtbarmachung der Bahnen elektrisch geladener atomarer Teilchen. Die Wirkung dieser Spurenkammer beruht darauf, dass Ionen in übersättigten Dämpfen Kondensationskeime für Flüssigkeitströpfchen bilden. Das in die N. eindringende geladene Teilchen ionisiert den übersättigten Dampf; die längs der Bahn des energiereichen Teilchens an den von ihm erzeugten Ionen sich bildenden Flüssigkeitströpfchen machen die Teilchenbahn kurzzeitig als dünnen, weißen Nebelstreifen sichtbar (BILD →Alphastrahlung). Diese Bahnspur wird fotografiert und ausgewertet. Befindet sich die N. in einem homogenen Magnetfeld, so lassen sich aus der Krümmung der Bahn der Impuls bzw. die Energie des Teilchens und das Vorzeichen seiner Ladung bestimmen.

Die Übersättigung des Dampfs (meist Wasser- oder Alkoholdampf) wird bei der von C. T. R. WILSON konstruierten, erstmals 1912 vorgeführten **Expansions-N. (Expansionskammer)** durch eine plötzliche adiabat. Expansion des mit Luft oder Edelgas sowie gesättigtem Dampf gefüllten Kammervolumens und die damit verbundene Unterkühlung des Füllgas-Dampf-Gemisches erreicht. In der Praxis geschieht das z. B. durch die Bewegung eines luftdicht schließenden Kolbens (Kolbenexpansionskammer). Wegen der kurzen Empfindlichkeitsdauer werden bei Expansionskammern meist Expansion, Beleuchtung und Aufnahme durch das nachzuweisende Teilchen selbst ausgelöst (automatische N.). Im Unterschied zur Expansions-N. ist die **Diffusions-N.** permanent sensitiv. – Die N. war jahrzehntelang eines der wichtigsten Nachweisgeräte der Kernphysik und verhalf u. a. zur Entdeckung der Myonen und des Positrons.

Nebelkrähe, Unterart der Aaskrähe (→Krähen).

Nebelmittel, Stoffe zur Erzeugung künstl. Nebels. Meist enthalten oder entwickeln N. flüchtige, hygroskop. Verbindungen, die mit Luftfeuchtigkeit zur Nebelbildung führen. Für militär. Zwecke werden Phosphor (verbrennt zu hygroskop. Phosphor[V]-oxid) und Mischungen aus Schwefeltrioxid und Chlorsulfonsäure (›Nebelsäure‹) verwendet; in der Pyrotechnik Mischungen aus Aluminium- oder Zinkpulver, Zinkoxid und Chlorkohlenwasserstoffen. Für Theater- und Filmszenen sind reizfreie Mischungen aus Trockeneis und heißem Wasser geeignet.

Nebelparder, Neofelis nebulosa, zu den Kleinkatzen gestelltes, bis 1 m körperlanges, oberseits vorwiegend ockerfarbenes bis bräunlich gelbes, unterseits helleres Raubtier in Wäldern S-Asiens (einschließlich Sumatras und Borneos); gewandt kletternder und springender, kurzbeiniger Baumbewohner mit langen Eckzähnen, körperlangem Schwanz, großen, eckigen, schwarz umrandeten Seitenflecken und (an Kopf und Extremitäten) kleineren, runden, schwarzen Flecken; ernährt sich von Säugetieren und Vögeln, wobei er seine Hauptbeute (Hirsche, Wildschweine) meist aus Baumkronen herab anspringt.

Nebelscheinwerfer, →Kraftfahrzeugbeleuchtung.

Nebelspalter, schweizer. humoristisch-satir. Wochenschrift; 1875 in Zürich gegründet, erscheint seit 1922 in Rorschach (Auflage: 26 000).

Nebelung, Nebelmonat, alte dt. Bez. für den Monat November.

Nebelwald, immergrüner Feuchtwald in der Nebelregion tropisch-subtrop. Gebirge; in Höhen von 2 000 bis 3 000 m ü. M., am Ostrand der Anden bis 4 000 m ü. M.; typisch sind Baumfarne und auf Bäumen lebende Pflanzen (trop. Epiphyten).

Nebelwüste, schmaler Streifen einer durch kaltes Auftriebwasser bedingten Küstenwüste, der für sechs

Nebelparder (Körperlänge bis 1 m)

bis acht Monate jährlich fast ständig von Nebel (Advektionsnebel) überzogen ist. Die hohe relative Luftfeuchtigkeit in Bodennähe wird u. a. von Tillandsiengewächsen, die Flüssigkeit durch die Blätter aufnehmen und wurzellos dem staubtrockenen Boden (Gesteinsschutt, Dünen) aufliegen, unter Flechten genutzt. N. treten an der pazif. Küste Südamerikas (S-Peru, N-Chile), bedingt durch den Humboldtstrom, und an der Atlantikküste des südwestl. Afrika (Namib), bedingt durch den Benguelastrom, auf.

Neben|altar, Seiten|altar, weiterer Altar im Kirchenraum neben dem Hauptaltar, meist in größerer Anzahl in Nebenkapellen im Chorumgang, in den Seitenschiffen, seit der Renaissance auch an den Pfeilern, in Nischen und z. T. auf der Empore.

Neben|anschluss, *Fernmeldetechnik:* die →Nebenstelle.

Nebenbetrieb, *Betriebswirtschaftslehre:* im Unterschied zum Hilfsbetrieb ein gesonderter Produktionsbereich eines Unternehmens, der marktfähige Güter herstellt. Die Produktion hat im Hinblick auf den eigentl. Unternehmenszweck i. d. R. nur eine ergänzende Funktion (z. B. Verarbeitung von Abfallprodukten des Hauptbetriebs). Steuerrechtlich kann der N. einem Hauptbetrieb zu Bewertungs- und Veranlagungszwecken zugeordnet werden (z. B. Einheitsbewertung des land- und forstwirtschaftl. Vermögens), arbeitsrechtlich ist er organisatorisch selbstständig mit eigenem Betriebsrat.

Nebenblattdornen, Stipulardornen, zu spitzen Dornen umgewandelte Nebenblätter (→Blatt), z. B. bei Kakteen und einigen Akazien.

Nebenblätter, *Botanik:* →Blatt.

Nebenbücher, *betriebl. Rechnungswesen:* Aufzeichnungen zur Ergänzung und weiteren Aufgliederung des Hauptbuches, z. B. das Kontokorrentbuch zur Erfassung der Kreditverhältnisse mit einzelnen Kunden und Lieferanten.

Nebenchöre, *Baukunst:* im Kirchenbau die meist kleineren, zuweilen nur als Apsiden (Nebenapsiden) gebildeten Chöre, die den Hauptchor beiderseits flankieren; bes. ausgebildet bei den Bauten der Cluniazenser und der Hirsauer Bauschule.

Nebendreiklänge, in der Harmonielehre die leitereigenen Dreiklänge auf der 2., 3., 6. und 7. Stufe der Dur- und Molltonleiter im Unterschied zu den tonartbestimmenden Hauptdreiklängen auf der 1., 4. und 5. Stufe (→Kadenz). Darunter gibt es auch verminderte oder übermäßige Dreiklänge, u. a. auf der 7. Stufe (z. B. in C-Dur h-d-f).

Neben|eierstock, Epoophoron, Parovarium, funktionsloses, mit Epithel ausgekleidetes Spalträume und Epithelstränge, die im oberen Teil des breiten Mutterbandes zw. Eierstock und Eileiter liegen; der N. besteht aus Resten der Urniere und ihres Ausführungsgangs.

Neben|einkünfte, *Steuerrecht:* →Nebentätigkeit.

Neben|erwerbsbetrieb, Neben|erwerbslandwirtschaft, nebenberuflich bewirtschafteter landwirtschaftl. Betrieb, der das erforderl. Familieneinkommen nur teilweise sichert und den Besitzer deshalb zwingt, eine nichtlandwirtschaftl. Beschäftigung auszuüben. Ursache ist meist eine unzureichende Betriebsfläche.

Nebenfische, *Teichwirtschaft:* die →Beifische.

Nebenfolge, *Strafrecht:* →Nebenstrafe.

Nebenfruchtformen, besondere, meist massenhaft ausgebildete, Sporen bildende Vermehrungsorgane (Konidien), die neben den (oft nicht bekannten) Hauptfruchtformen (Geschlechtszellen ausbildende sexuelle Fortpflanzungsorgane) in der normalen Entwicklung fast nur bei den →Deuteromycetes auftreten.

Nebengemengteile, *Petrographie:* die →Akzessorien.

Nebengestein, das an einen Gesteinskörper, z. B. einen Gang, grenzende Gestein; bes. bei Lagerstätten gesagt.

Nebengruppen, *Chemie:* Untergruppen im →Periodensystem der chemischen Elemente.

Nebenhaushalte, →Fonds.

Nebenherzen, zusätzlich zum Herzen ausgebildete pulsierende, meist ampullenförmige akzessor. Organe des Blutkreislaufs der Insekten. Sie haben die Aufgabe, den Blutstrom auch in die Hohlräume der Körperanhänge (z. B. Flügel, Beine) zu pumpen.

Nebenhoden, →Hoden.

Nebenhoden|entzündung, Epididymitis, meist durch eine aufsteigende infektiöse Entzündung von Prostata, Harnröhre, Blase oder Niere, auch durch Ausbreitung von Erregern auf dem Blutweg oder durch unfallbedingte Quetschung hervorgerufene Erkrankung. – Die meist einseitige **akute N.** äußert sich in schmerzhafter harter Schwellung und Rötung des Nebenhodens mit Fieber und kann zu Abszessbildung führen; die **chronische N.,** die aus einer akuten N. hervorgeht oder infolge einer chron. Harnwegsinfektion entsteht, verläuft ohne größere Beschwerden; ein Übergreifen auf den Hoden ist möglich. Beidseitige N. führt durch Verlegung der Samenwege zu Sterilität. Die *Behandlung* der akuten N. umfasst Antibiotikagaben, Hochlagerung und Kühlung des Hodens.

Nebenhöhlen, die →Nasennebenhöhlen.

Neben|intervention, *Recht:* →Intervention.

Nebenius, Karl Friedrich, bad. Staatsmann, * Rhodt (heute Rhodt unter Rietburg, Landkreis Südl. Weinstraße) 29. 9. 1785, † Karlsruhe 8. 6. 1857; trat 1807 in den bad. Finanzdienst ein, setzte sich dort sehr früh im Geist des gemäßigten Liberalismus für die Gründung eines dt. Zollvereins ein. Die von ihm 1818 erarbeitete Verf. Badens war beispielgebend für Dtl. Er reformierte 1832 die Polytechn. Schule in Karlsruhe (wurde die erste TH in Dtl.) und setzte sich für Verbesserungen im Bildungswesen ein. Zukunftweisend war sein Plan, die Eisenbahnlinie Mannheim-Basel mit Staatsmitteln zu errichten. Als Innen-Min. 1838–39 geriet N. bald in Ggs. zu dem konservativen Außen-Min. K. L. VON BLITTERSDORF, was zu N.s Rücktritt führte. 1845–46 war er erneut Innen-Min., 1846–49 Präs. des Staatsrats.

Nebenklage, im Strafprozessrecht der Anschluss einer bestimmten berechtigten Person an die von der Staatsanwaltschaft erhobene öffentl. Klage (Anklage) (§§ 395 ff. StPO). Nach der Neuregelung der N. durch das Opferschutz-Ges. vom 18. 12. 1986 steht die Befugnis zur N. bes. den Personen zu, die durch einen Mord- oder Tötungsversuch oder durch Delikte gegen die sexuelle Selbstbestimmung, die persönl. Freiheit, durch Beleidigungs- oder durch Körperverletzungsdelikte verletzt wurden, ferner nahen Angehörigen eines Getöteten. Zu den bes. wichtigen Rechten eines Nebenklägers gehören sein Recht, Beweisanträge zu stellen, und die Befugnis zur selbstständigen Einlegung von Rechtsmitteln. Dem Nebenkläger ist ggf. Prozesskostenhilfe zu gewähren. Im Übrigen sind ihm entstandenen notwendigen Auslagen (z. B. Kosten eines Rechtsanwalts) dem Angeklagten aufzuerlegen, wenn er wegen einer die N. betreffenden Tat verurteilt wird (§ 472 StPO). Die N. dient der Genugtuung des Verletzten und seiner Kontrolle der Staatsanwaltschaft. Von der N. sind der Adhäsionsprozess und die Privatklage zu unterscheiden. – In *Österreich* und in der *Schweiz* ist die N. nicht vorgesehen.

Nebenklasse, *Mathematik:* Ist U eine Untergruppe der Gruppe G, so heißt diejenige Menge, die aus allen Produkten $a \cdot b$ mit festem $a \in G$ und $b \in U$ besteht, eine **linksseitige N. (Links-N.)** von U. Analog definiert man **rechtsseitige N. (Rechts-N.).** Man schreibt auch kurz $a \cdot U$ bzw. $U \cdot a$. Ist jede Links-N.

auch eine Rechts-N., so ist U ein Normalteiler. Die N. eines Normalteilers bilden die Faktorgruppe.

Nebenkosten, 1) *Betriebswirtschaftslehre:* der Teil der Anschaffungskosten eines Vermögensgegenstandes, der über seinen Anschaffungspreis und eventuell nachträgl. Anschaffungskosten hinaus aufgewendet werden muss, um den Vermögensgegenstand zu erwerben und ihn in einen betriebsbereiten Zustand zu versetzen (§ 255 Abs. 1 HGB). Zu den N. zählen z. B. Transportkosten, Zölle, Gebühren, Provisionen, Montagekosten, Grunderwerbsteuer beim Erwerb von Grundstücken.

2) *Mietrecht:* neben den Betriebskosten Teil des Mietzinses. N. gelten grundsätzlich als abgegolten, wenn im Mietvertrag ein pauschaler Mietzins vereinbart und keine Regelung über zusätzl. N. getroffen ist. Die Umlage von N. bedarf stets einer ausdrückl. Vereinbarung.

Nebenkreis, *Mathematik:* der →Kleinkreis.

Nebenkrone, *Botanik:* →Parakorolle.

Nebenläufigkeit, *Datenverarbeitung:* →Parallelverarbeitung.

Nebenleistung, *Privatrecht:* Leistung, die aus einem Vertrag neben der den eigentl. Vertragsgegenstand bildenden Hauptleistung (v. a. der Kaufpreis) geschuldet wird, z. B. Zinsen, Nutzungen, Kosten, Provisionen. Der Anspruch auf N. verjährt mit dem Hauptanspruch (§ 224 BGB). – **N.-Gesellschaft** (N.-AG, § 55 Aktien-Ges., N.-GmbH, § 3 GmbH-Ges.), Kapitalgesellschaft, deren Mitgl. (Aktionären, Gesellschaftern) durch die Satzung außer der Einlagepflicht noch die Verpflichtung zu sonstigen Leistungen auferlegt ist. Die N.-AG ist nur zulässig, wenn vinkulierte Namensaktien ausgegeben werden.

Nebenlinie, Seitenlinie, *Genealogie:* (bes. in Dynastenfamilien) die Nachkommenschaft des Zweit-, Drittgeborenen, im Ggs. zur Hauptlinie, den Nachkommen des Erstgeborenen.

Nebenmetalle, *Chemie:* in Erzen u. a. Rohstoffen zur Metallgewinnung neben dem Hauptmetall in unterschiedl. Mengen vorkommende Metalle. N. fallen bei der Verhüttung entweder rein, als Legierung oder in Form von Verbindungen an.

Nebenniere, Glandula suprarenalis, Corpus suprarenale, Epinephron, endokrines Organ der Wirbeltiere, das bei Säugetieren (einschließlich des Menschen) kappenförmig jeder der beiden Nieren aufsitzt (ohne irgendwelche Beziehung zu diesen) und aus dem **N.-Mark** und der **N.-Rinde** besteht. Stammesgeschichtlich haben Mark und Rinde unterschiedl. Ursprung. Die (chromaffinen) Zellen des Marks entstammen dem Grenzstrang des sympath. Nervensystems bzw. kommen von der Neuralleiste her und werden insgesamt als **Adrenalorgan** bezeichnet. Die Zellen der Rinde entstehen aus dem (mesodermalen) Zölomepithel **(Interrenalorgan).** Beide Komponenten sind bei Rundmäulern, Knorpel- und Knochenfischen noch völlig getrennt; bei Amphibien liegen sie nebeneinander auf der Ventralseite der Nieren; bei vielen Reptilien und den Vögeln vermischen sich beide Gewebe in Form von Strängen; bei den Säugetieren formen sie dann das aus Mark und Rinde bestehende einheitl. Organ.

Funktionell ist die N. (in Bezug auf die N.-Rinde) durch Hormonproduktion ein lebenswichtiges Organ. Die Interrenalzellen produzieren unter der Kontrolle von ACTH aus dem Hypophysenvorderlappen eine Reihe von Steroidverbindungen (N.-Rindenhormone, Corticosteroide). Das adrenale Gewebe des Marks dagegen produziert →Adrenalin und das eng verwandte →Noradrenalin.

Die N. des Menschen sind 10 g schwer. Das (nicht lebensnotwendige) N.-Mark (etwa 20% gegenüber 80% Rinde) hat eine weißgraue Farbe. Die (lebensnotwendige) gelbl. N.-Rinde besteht aus drei in den einzelnen Lebensaltern (dem Funktionszustand des Hypophysenvorderlappens in Bezug auf seine kortikotrope Funktion entsprechend) versch. stark ausgebildeten Zonen von Epithelzellhaufen, nämlich der äußeren Zona glomerulosa (aus rundl. Zellhaufen), der mittleren Zona fasciculata (aus parallelen Zellsträngen) und der inneren Zona reticularis (aus netzartig angeordneten Strängen), die insgesamt rd. 40 versch. Corticosteroide produzieren, in der Außenzone →Mineralocorticoide, in der mittleren Zone →Glucocorticoide und in der Innenzone Androcorticoide (Androgene; →Geschlechtshormone).

Erkrankungen der N. führen durch Beeinträchtigung der Funktion der N.-Rinde zu unterschiedl. Stoffwechselstörungen. Zu einer **Nebennierenrindeninsuffizienz** kommt es infolge primärer Schädigung bei der →Addison-Krankheit oder in akuter Form als **N.-Apoplexie** durch traumat. Einflüsse, Embolien, Infarkte, Vergiftungen, bakterielle Sepsis (→Waterhouse-Friderichsen-Syndrom), als sekundäres Geschehen bei Krankheitsprozessen des Hypophysenvorderlappens oder durch abruptes Absetzen einer lang dauernden Corticoidtherapie. – Die relativ seltenen **N.-Tumoren** treten als gutartige Adenome, im Markbereich v. a. als →Phäochromozytom, auch als Ganglioneurom oder als bösartige Karzinome oder Sarkome auf. Sie führen häufig durch gesteigerte Hormonproduktion zu den Krankheitsbildern des Hyperkortizismus.

Nebennierenrindenhormone, die im Rindenbereich der Nebenniere gebildeten Hormone (→Glucocorticoide, →Mineralocorticoide).

Nebenpflichten, *Privatrecht:* →Leistungspflichten.

Nebenplatz, *Bankwesen:* Ort ohne eine Niederlassung der zuständigen Landeszentralbank. An einem N. zahlbare Wechsel werden von der Bundesbank nicht angekauft; Ggs.: Bankplatz.

Nebensatz, Gliedsatz, unselbstständiger Satz, der nur in Abhängigkeit von einem Hauptsatz vorkommt.

Nebenschilddrüse, Beischilddrüsen, Epithelkörperchen, Glandulae parathyroideae, vier der Rückseite der Schilddrüse eng anliegende, kleine endokrine Drüsen. Bei Säugetieren (einschließlich des Menschen) produzieren die N. das lebenswichtige →Parathormon, das den Calciumgehalt des Blutes u. a. Organe, z. B. der Knochen, regelt. – Schädigungen und Krankheiten der N. führen zu unterschiedl., durch Über- oder Unterfunktion hervorgerufenen Störungen (→Hyperparathyreoidismus, →Hypoparathyreoidismus).

Nebenschluss, Zweig einer Parallelschaltung, der dazu dient, einen Teil einer Größe (z. B. Strom) an einem bestimmten Objekt (z. B. Messwerk) vorbeizuleiten. Ein N.-Widerstand **(Nebenwiderstand,** engl. **Shunt)** wird bes. in der Messtechnik angewendet, um den Messbereich von Strommessern zu vergrößern. Die Ströme I_A und I_N in den parallelen Zweigen verhalten sich umgekehrt proportional zu den Widerständen R_A (Innenwiderstand des Messinstrumentes) und R_N (Nebenwiderstand), sodass der Messbereich des Strommessers um den Faktor $n = 1 + (R_A/R_N)$ erhöht wird. Der **magnetische N.,** ein bei manchen elektr. Messgeräten vorhandenes zusätzl. Eisenteil, dient zum Abzweigen eines Teils des magnet. Flusses, wodurch die Einstellung der wirksamen magnet. Flussdichte (magnet. Induktion) ermöglicht wird.

Nebenschlussmotor, →Elektromotor.

Nebensonne, eine Haloerscheinung (→Halo).

Nebensprechen, aus der Fernsprechtechnik stammender Sammelbegriff für gegenseitige Beeinflussung von Fernmeldestromkreisen, wodurch Signale eines störenden in einen dadurch gestörten Stromkreis übergehen. N. kann zw. benachbarten Leitungen durch unerwünschte Kopplungen auftreten **(li-**

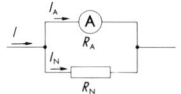

Nebenschluss: Messbereichserweiterung mit einem Nebenschlusswiderstand

neares, verständliches N.) oder zwischen versch. Frequenzlagen auf einer Leitung (**nichtlineares, unverständliches N.**). Man unterscheidet ferner **Nah-N.** und **Fern-N.**, je nachdem, ob die Störstelle auf das gleiche oder das entgegengesetzte Ende der gestörten Leitung wirkt. Aus Gründen der Geheimhaltung und zur Vermeidung von Störungen sind die Anforderungen an die Dämpfung beim linearen N. sehr hoch. Die durch N. entstehende Störung wird durch das logarithmierte Verhältnis (in dB) der Nutzleistung zur Störleistung am Ausgang der gestörten Leitung beurteilt (Grundwert der Nebensprechdämpfung).

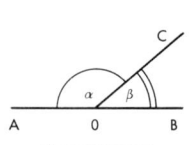

Nebenwinkel

Nebenstelle, Neben|anschluss, über einen →Hauptanschluss an das Fernsprechnetz angeschlossenes, nichtöffentl. Endgerät, z. B. Fernsprecher.

Nebenstrafe, Strafe, die nur zus. mit einer Hauptstrafe (in Dtl.: Freiheits-, Geld-, Vermögensstrafe) verhängt werden kann. Das dt. StGB sieht als einzige N. das →Fahrverbot (§ 44 StGB) vor; als **Nebenfolge** (Rechtsfolge ohne ausdrückl. Strafcharakter) gelten der Verlust der Amtsfähigkeit, der Wählbarkeit und des Stimmrechts (§ 45), auch die Bekanntgabe der Verurteilung bei falscher Verdächtigung und Beleidigung (§§ 165, 200 StGB). Von den N. zu unterscheiden sind die Einziehung, der Verfall sowie Maßregeln zur Besserung und Sicherung. – Das *österr.* StGB sieht als N. den Verfall geldeswerter Zuwendungen an den Täter (§ 20) und als Nebenfolge den Amtsverlust des Beamten bei Verurteilung wegen einer Vorsatztat zu mehr als einjähriger Freiheitsstrafe vor (§ 27), z. T. wird auch die Abschöpfung der Bereicherung (§ 20a) als N. betrachtet. – Das *schweizer.* StGB kennt versch. N. (Art. 51–56 StGB), z. B. Amtsunfähigkeit, Entziehung der elterl. Gewalt.

Nebentäterschaft, Begehung einer Straftat durch mehrere Personen, ohne dass sie bewusst und gewollt (dann →Mittäterschaft) zusammenwirken. Der Nebentäter wird wie ein Alleintäter bestraft.

Nebentätigkeit, *Recht:* eine Tätigkeit, die neben dem Hauptberuf (Hauptamt) ausgeübt wird. – Bei Beamten ist die N. die Ausübung eines Nebenamts oder einer Nebenbeschäftigung. Ein **Nebenamt** ist ein nicht zu einem Hauptamt gehörender Kreis von Aufgaben, der aufgrund eines öffentlich-rechtl. Dienst- oder Amtsverhältnisses wahrgenommen wird. Eine **Nebenbeschäftigung** ist jede sonstige, nicht zu einem Hauptamt gehörende Tätigkeit innerhalb oder außerhalb des öffentl. Dienstes. Unter bestimmten Voraussetzungen ist ein Beamter auf Verlangen seiner obersten Dienstbehörde zur Ausübung einer N. verpflichtet; sonst sind N. ggf. genehmigungspflichtig. Die Genehmigung einer freiwilligen N. ist zu erteilen, wenn die N. mit den dienstl. Pflichten nicht kollidiert. Die Vergütungen aus N. (**Nebeneinkünfte**) müssen z. T. bis auf bestimmte Sockelbeträge abgeliefert werden. Einzelheiten sind in den N.-Verordnungen des Bundes und der Länder geregelt. – Im *Arbeitsrecht* ist die N. eines Arbeitnehmers grundsätzlich zulässig, soweit damit das Arbeitsverhältnis nicht beeinträchtigt wird. Beschränkungen können sich aus Gesetz, Regelung, Tarifvertrag, Betriebsvereinbarung oder Arbeitsvertrag ergeben. – Im *Einkommensteuerrecht* unterliegen nichtselbstständige Einkünfte aus einem zweiten Arbeitsverhältnis grundsätzlich der Lohnsteuer (Steuerklasse VI); Nebeneinkünfte, die nicht der Lohnsteuer unterliegen (z. B. Einkünfte aus selbstständiger Arbeit), werden der Einkommensteuer unterworfen, sofern die Summe dieser Nebeneinkünfte 800 DM übersteigt (§ 46 Abs. 2 Einkommensteuer-Ges.).

Nebenton|art, eine Tonart, die in einem Musikstück neben der Haupttonart eine mehr oder weniger ausgeprägte Rolle spielt und meist zu dieser in einem terz- oder quintverwandten Verhältnis steht (z. B. G-Dur zu C-Dur).

Nebenvalenzbindungen, →chemische Bindung.

Nebenversicherung, neben Doppelversicherung und Mitversicherung dritte Unterart der mehrfachen Versicherung. Bei einer N. wird ein Interesse gegen dieselbe Gefahr bei mehreren Versicherungsunternehmen versichert, wobei die Summe der einzelnen Versicherungssummen der Verträge den Versicherungswert nicht übersteigt; der Versicherungsnehmer hat den Versicherungsunternehmen die N. anzuzeigen.

Nebenwerte, Aktien mit relativ geringem Börsenumsatz, meist von kleineren Aktiengesellschaften mit nur lokaler oder regionaler Bedeutung.

Nebenwiderstand, →Nebenschluss.

Nebenwinkel, zwei Winkel mit einem gemeinsamen Schenkel, wobei die beiden anderen Schenkel eine Gerade bilden. Die Summe zweier N. ist 180°.

Nebenwirkungen, *Pharmakologie:* Wirkungen, die bei Anwendung eines Arzneimittels neben der Hauptwirkung auftreten. Obwohl diese erwünscht oder unerwünscht sein können, versteht man heute darunter meist nur noch die unerwünschten Effekte. Unterschieden werden tox., allerg. und sekundäre N. **Toxische N.** sind dosisabhängig und für den einzelnen Arzneistoff spezifisch. Bei genügend hoher Dosierung treten sie bei jedem Tier und Menschen auf. Beispiele sind Magen-Darm-Beschwerden, Leber- oder Nierenschäden. **Allergische Reaktionen** (→Allergie) sind weitgehend dosisunabhängig und nicht für den betreffenden Wirkstoff charakteristisch. Sie beruhen auf einer Immunreaktion (Antigen-Antikörper-Reaktion). **Sekundäre N.** sind die unerwünschten Folgen der Hauptwirkung eines Arzneimittels, z. B. die Schädigung der Darmflora durch Breitbandantibiotika.

Nebenwirt, *Biologie:* bei Schmarotzern Bez. für die Wirtsorganismenart, die bei Fehlen des Hauptwirts genutzt werden kann; bei wirtswechselnden Schmarotzern auch fälschlich die Wirtsart (richtig Sekundärwirt), an der regelmäßig die nicht zweigeschlechtl. Generationen gedeihen. (→Zwischenwirt)

Nebenwurzeln, sprossbürtige Wurzeln, die zur normalen Entwicklung einer Pflanze gehören; z. B. an der Unterseite von Ausläufersprossen der Erdbeere.

Nebenzeit, *Wirtschaft:* Teil der →Grundzeit.

ne bis in idem [lat. ›nicht zweimal gegen dasselbe‹], elementarer Grundsatz des Strafprozessrechts (durch Art. 103 Abs. 3 GG grundrechtsartig geschützt), dass wegen einer Tat, die rechtskräftig abgeurteilt worden ist, nicht noch einmal ein Strafverfahren eingeleitet werden kann (bei öffentlich Bediensteten sind ggf. zusätzl. disziplinar. Maßnahmen möglich). Auch ein rechtskräftig Freigesprochener darf nicht in einem anderen Verfahren wegen derselben Tat verurteilt werden. In seltenen Ausnahmefällen ist eine Wiederaufnahme des Verfahrens (§§ 359 ff. StPO) zulässig. Der Grundsatz gilt auch in *Österreich* (§ 352 StPO) und in der *Schweiz*. (→Rechtskraft)

Nebit-Dag, Stadt im Gebiet Turkmenbaschi, Turkmenistan, im wüstenhaften Küstenstreifen am O-Ufer des Kasp. Meeres, 89 100 Ew.; Erdöl- und Erdgasförderung (seit 1933), Erdölraffinerie, Jodgewinnung; Station an der Transkasp. Eisenbahn.

Neblina, Pico da N., der höchste Berg Brasiliens, in der Serra Imeri (Bergland von Guayana) im Grenzgebiet zu Venezuela, 3 014 m ü. M.; erst 1962 entdeckt.

Nebo [babylon. ›Berufener‹], **Nabium, Nabu,** babylon. Gott der Schreibkunst und Weisheit, Schreiber und Besitzer der Schicksalstafeln. Als Sohn des Marduk v. a. in Borsippa verehrt, im 1. Jt. v. Chr. auch in Assyrien und Syrien (bes. in Palmyra).

Nebo, 1) Stadt auf dem S-Abhang des Berges N., heute zu Khirbet el-Muchaijit; Station auf der Wüstenwanderung der Israeliten (4. Mos. 33, 47); im 9. Jh. v. Chr. von König MESA erobert und zerstört; später als Stadt in Moab erwähnt (Jes. 15, 2; Jer. 48, 1; 22).

2) Berg in Jordanien, 1 100 m über dem N-Ende des Toten Meeres, mit den Kuppen **Djebel en-Neba** (808 m ü. M.) und **Ras Sijaga** (710 m ü. M.); in 5. Mos. 3, 27 **Pisga** gen.; von hier aus soll MOSE vor seinem Tod das →Gelobte Land gesehen haben (5. Mos. 32, 49, 34,1). Ausgrabungen legten eine Klosteranlage mit Kirche aus dem 6. Jh. mit Mosaiken und Inschriften frei.

Nebr., Abk. für den Bundesstaat **Nebr**aska, USA.

Nebra, Stadt im Burgenlandkreis, Sa.-Anh., 156 m ü. M., im Unstrut-Trias-Land auf einem Buntsandsteinplateau an steilen Talhang der Unstrut, 3 000 Ew.; Zentrum eines Agrarkreises (mit etwas Weinbau), im nahen Karsdorf Zementindustrie. – Das Stadtbild wird v. a. von Bauten des frühen 19. Jh. geprägt (mehrere Renaissanceportale). Am Markt die Stadtkirche St. Georg (um 1416), Burgruine, Neues Schloss (1874). Im N am Steilufer der Unstrut der Schlosskomplex Vitzenburg (16./17. und 19. Jh.). – Auf dem 34 m über der Unstrut gelegenen Felsplateau ›Altenburg‹ wurde 1962 ein Siedlungsplatz des Magdalénien aufgedeckt. Neben zahlr. Stein-, Knochen- und Geweihartefakten erbrachten die Ausgrabungen auch Überreste von Jagdtieren (v. a. Rentier und Wildpferd) sowie bes. verwahrte beinerne Frauenstatuetten. – Nahe eines Unstrutübergangs, 1207 wird erstmals eine Brücke urkundlich erwähnt, entstand nördlich der heutigen Stadt aus einem karoling. Königshof ein Marktflecken. Erst im 13. Jh. wurde auf dem heutigen Stadtgebiet eine Siedlung angelegt, die 1266 als ›Oppidum‹ genannt wird, 1341 an die Wettiner, 1485 an deren albertin. Linie und 1815 an Preußen fiel. 1952–94 war N. Kreisstadt.

Nebraska [engl. nɪˈbræskə], Abk. **Nebr.,** postamtlich **NE,** Bundesstaat der USA, 200 360 km², (1994) 1,62 Mio. Ew. (1980: 1,49 Mio. Ew.). Hauptstadt ist Lincoln. N. ist in 93 Verw.-Bez. (Countys) eingeteilt.
Staat und Recht: Verf. von 1875 (zahlreiche Änderungen): N. hat seit 1934 als einziger Bundesstaat der USA ein Parlament mit nur einer Kammer (49 Mitgl.). Im Kongress ist N. mit zwei Senatoren und drei Abg. vertreten.
Landesnatur: N. gehört zur Plateaulandschaft der Great Plains, die vom Missouri westwärts bis 1 654 m ü. M. am Fuß der Rocky Mountains ansteigt. Im O und S gibt es fruchtbare Lössböden. Das Klima ist ausgeprägt kontinental mit heißen Sommern und kalten Wintern. Die Niederschläge nehmen von O nach W weniger als 400 mm im Jahr ab.
Bevölkerung: Der Anteil der Weißen belief sich 1990 auf 93,8 %, der der Schwarzen auf 3,6 %, andere 2,6 %. 1990 lebten 66,1 % der Bev. in Städten. Größte Städte sind Omaha und die Hauptstadt Lincoln.
Wirtschaft: N. ist einer der wichtigsten landwirtschaftl. Erzeugerstaaten der USA mit Rinder- und Schweinezucht sowie bedeutendem Anbau von Mais, Weizen, Hirse, Sojabohnen und Zuckerrüben. In West-N. kann Ackerbau nur mit künstl. Bewässerung betrieben werden. Die Industrie verarbeitet v. a. Agrarerzeugnisse, dazu kommen Metall-, elektrotechn. Industrie sowie Erdölförderung.
Geschichte: N. kam 1803 als Teil der frz. Kolonie Louisiana an die USA und war, bis auf Handelsniederlassungen am Missouri, lange nur dünn besiedelt; um die Mitte des 19. Jh. war es Durchgangsgebiet für nach W ziehende Pioniere. 1854 wurde N. als Territorium organisiert und am 1. 3. 1867 als 37. Staat (etwa mit den heutigen Grenzen) in die Union aufgenommen.

J. C. OLSON: History of N. (Lincoln, Nebr., ²1966); B. H. BALTENSPERGER: N. (Boulder, Colo., 1985).

Nebrija [neˈbrixa], Elio Antonio de, eigtl. **E. A. Martínez de Cala** [marˈtineð ðe -], span. Humanist, * Lebrija (bei Sevilla) um 1442, † Alcalá de Henares 2. 7. 1522; reformierte in Spanien den Lateinunterricht (›Primae declinationis ... introductiones latinae explicitae‹, 1481). Mit seiner ›Grammatica ... sobre la lengua castellana‹ (1492) leitete er die Vereinheitlichung des Sprachgebrauchs (des Kastilischen) in Spanien und Südamerika ein; sie ist die erste systemat. Grammatik einer roman. Volkssprache. Der Normierung des Spanischen dienten auch seine ›Reglas de orthographia en lengua castellana‹ (1517).

Nebrodisches Gebirge, ital. **Monti Nebrodi** oder **Caronie,** Gebirge in NO-Sizilien, Italien, zw. Peloritan. Gebirge im O und Madonie im W, unweit der Küste, im Monte Soro 1 847 m ü. M.; Rücken und Hochflächen des Gebirges sind aus alttertiären Sandsteinen und Tonen aufgebaut; in höheren, über 1 000 mm Jahresniederschlag erhaltenden Lagen Stein- und Korkeichenniederwälder.

Nebukadnezar, babylon. **Nabû-kudurri-usur** [›(Gott) Nebo, schütze meinen Erbsohn‹], hebr. und biblisch-aramäisch **Nebukadrezar,** griech. und Vulgata **Nabuchodonosor,** Name zweier Herrscher von Babylonien:
1) Nebukadnezar I., König (etwa 1125–1104 v. Chr.); bedeutendster Herrscher der 2. Dynastie von Isin, befreite Babylonien von der Herrschaft Elams und führte auch gegen Assyrien erfolgreich Krieg.
2) Nebukadnezar II., König (605–562 v. Chr.), aus der chaldäischen Dynastie, Sohn und Nachfolger NABOPOLASSARS. 605 v. Chr. war er bis an die Grenze Ägyptens vorgedrungen (Sieg über NECHO II. bei Karkemisch). In Kämpfen in Syrien und Palästina drängte er den Machtanspruch Ägyptens auf diese Gebiete zurück. Bei diesen Feldzügen eroberte er 597 v. Chr. Jerusalem zum ersten Mal und löschte es 587 v. Chr. zusammen mit dem Staat Juda aus (Deportation der Einwohner, →Babylonisches Exil). Er baute seine Residenz Babylon mit verschwender. Pracht aus (Prozessionsstraße mit Ischtartor, Stadtschloss mit ›Hängenden Gärten‹, Sommerpalast, Vollendung des Tempelturms Etemenanki, des →Babylonischen Turms) und schützte sie durch einen doppelten Mauerring. Sein Land schirmte er gegen die Feinde aus dem Norden durch die ›Medische Mauer‹ ab.
Seine überragende Persönlichkeit regte die Juden (Buch Daniel, dort teilweise Geschichten um NABONID auf N. übertragen; das ungeschichtl. Buch Judith erwähnt N. von Assyrien) und Griechen zur Legendenbildung an.

Nebularhypothese, allg. Bez. für eine der Hypothesen, nach denen die Körper des Sonnensystems aus einer als Wolke oder Nebel (›Urnebel‹) bezeichneten Ansammlung fein verteilter Materie entstanden sind; i. e. S. Bez. für die besondere, von P. S. DE LAPLACE entwickelte Form der Kosmogonie des Sonnensystems (→Kant-Laplace-Theorie).

nebulitisch [zu lat. nebula ›Dunst‹, ›Nebel‹], *Petrologie:* Bez. für ein Gefüge metamorph-magmat. Gesteine (→Migmatite), dessen Bereiche ohne scharfe Grenzen ineinander übergehen und das durch schlierig-wolkenartige Bildungen gekennzeichnet ist.

Necatigil [nɛdʒatiˈgil], Behçet, türk. Lyriker, * Istanbul 16. 4. 1916, † ebd. 13. 12. 1979; seine subtile, zw. Resignation und Lebenskraft pendelnde Lyrik behandelt die Bedrängtheit des Individuums in einer feindl. Umwelt und ist durch zunehmende poet. Formexperimente und sprachl. Konzentration geprägt.

Ausgabe: Eine verwelkte Rose beim Berühren. Gedichte in 2 Sprachen, hg. u. übers. v. Y. PAZARKAYA (1988).

NEC Corporation [enˈiːsiː kɔːpəˈreɪʃn, engl.], einer der führenden jap. Elektronikkonzerne; gegr. 1899 als Nippon Electric Company, Ltd., firmiert seit 1983 unter dem heutigen Namen, Sitz Tokio. Umsatz (1996): 43,9 Mrd. US-$, Beschäftigte: rd. 152 000.

Necessaire [neseˈsɛːr; frz., von lat. necessarius ›notwendig‹] *das,* -s/-s, kleiner Behälter, Beutel für Toiletten-, Nähutensilien o. Ä.

Nebraska
Flagge

Neckar: Tal im Landkreis Heilbronn

Necheb, altägypt. Ruinenstätte, heute →El-Kab.

Necho II., ägypt. **Nekaw,** in der Vulgata **Nechao,** ägypt. König der 26. Dynastie (610–595 v. Chr.); Sohn PSAMMETICHS I., eroberte Syrien und besiegte 609 v. Chr. König JOSIA von Juda bei Megiddo, wurde aber 605 v. Chr. von NEBUKADNEZAR II. bei Karkemisch geschlagen und musste auf Syrien verzichten. N. gilt als Schöpfer einer ägypt. Seemacht. Er begann mit dem Bau des **Nechokanals** vom Nil zum Roten Meer und ließ phönik. Seeleute Afrika auf der Südroute umfahren.

Nechud [pers. ›Kichererbse‹], **Nachod, Nukhud,** alte pers. Masseneinheit, 1 N. = 4 Gändum = 0,192 g, 24 N. = 1 Mitkal.

Neckargemünd

Neckar der, rechter Nebenfluss des Rheins, Bad.-Württ., 367 km lang, mit einem Einzugsgebiet von 13 958 km², entspringt 706 m ü. M. auf der Baar im Schwenninger Moos (heute im Schwenninger Stadtpark), mündet in Mannheim. Wichtigste Nebenflüsse sind von rechts Fils, Rems, Murr, Kocher, Jagst und Elz, von links Enz, Zaber und Elsenz. Steilwandige Täler im Muschelkalk, wie bei Rottweil oder Besigheim, wechseln mit weiten Talauen im Stuttgarter und Heilbronner Becken. Unterhalb Neckarelz durchbricht der N. den Buntsandstein-Odenwald in einem viel gewundenen Tal und tritt bei Heidelberg in die Oberrheinebene. Bis gegen Ende der letzten Eiszeit floss er die Bergstraße entlang, durch das Hess. Ried und erreichte bei Trebur den Rhein. Der N. ist von Plochingen bis zur Mündung kanalisiert (26 Staustufen, 1950–68 erbaut), heute auf 203 km schiffbar.

Haupthäfen sind Stuttgart und Heilbronn. Von großer wirtschaftl. Bedeutung ist das **N.-Becken** zw. Stuttgart und Neckarsulm, das mit der Industriegasse des oberen N. von Reutlingen über Plochingen bis Stuttgart einen wirtschaftl. Kernraum in Dtl. bildet. Der N. ist dadurch stark mit Abwasser belastet.

J. A. CROPP: Der N. Von der Quelle bis zur Mündung (1987); Der N. in alten Landkarten, hg. v. G. RÖMER, Ausst.-Kat. (1988).

Neckar-Alb, Region im Reg.-Bez. Tübingen; →Baden-Württemberg (ÜBERSICHT).

Neckarbischofsheim, Stadt im Rhein-Neckar-Kreis, Bad.-Württ., 171 m ü. M., im nordöstl. Kraichgau, 3950 Ew.; Kristallverarbeitung, Kartonagenfabrik, Sägewerk. – Ev. Stadtpfarrkirche (15. Jh.) mit stattl. Chorturm aus der Mitte des 16. Jh.; außerhalb des alten Stadtbereichs die ev. Totenkirche, die ehem. Stadtpfarrkirche (12.–13. Jh.; im 16. Jh. erweitert); Grabdenkmäler). Der dreigeschossige Bruchsteinbau ›Steinernes Haus‹ (ehem. Palas) ist der Baurest einer Tiefenburg; Reste der Stadtbefestigung (›Fünfseitiger Turm‹, 15. Jh.). – N., 988 erstmals urkundlich erwähnt, erhielt zw. 1358 und 1378 Stadtrecht. 1806 kam die Stadt an Baden.

Neckargemünd, Stadt im Rhein-Neckar-Kreis, Bad.-Württ., 120 m ü. M., im Odenwald an der Mündung der Elsenz in den Neckar, 14 500 Ew.; Fachschule für Sozialpädagogik; Rehabilitationszentrum für Kinder und Jugendliche; Fremdenverkehr. – Spätgot. Pfarrkirche (16. Jh.); Altes Rathaus, 1771 als luther. Kirche erbaut, im klassizist. Fassade (heute u. a. Museum). Auf einem Bergkegel liegt die ehem. Burg →Dilsberg. – N., 988 erstmals als **Gemundi** unterhalb der Reichsburg Reichenstein am Zusammenfluss von Elsenz und Neckar erwähnt, ist seit 1241 als Reichsstadt belegt. 1395 fiel N. an die Grafen von der Pfalz, 1803 an Baden.

Neckar-Odenwald-Kreis, Landkreis im Reg.-Bez. Karlsruhe, Bad.-Württ., 1126 km², 147 300 Ew.; Kreisstadt ist Mosbach. Das Kreisgebiet gehört zum südwestdt. Schichtstufenland. Die waldreichen Buntsandsteinplateaus des Hinteren Odenwalds im W (Katzenbuckel 626 m ü. M.) gehen nach O in das Bauland über, eine vielfach mit Löss bedeckte, altbesiedelte Landschaft. Die Landwirtschaft (v. a. Ackerbau) bestimmt 42% der Fläche; 42% sind Wald. In der Industrie ist der Maschinenbau dominierend.

Neckarsteinach, Stadt im Landkreis Bergstraße, Hessen, 129 m ü. M., an der Mündung der Steinach in den unteren Neckar, 4000 Ew.; mittlere Industriebetriebe. – Ev. Pfarrkirche, eine spätgot. Chorturmkirche aus dem 15. Jh.; neubarocke kath. Pfarrkirche (1907–09) von FRIEDRICH PÜTZER; im Ortsbild noch einige Fachwerkhäuser des 16. Jh. – Ruine der Hinterburg (Bergfried, 12. Jh.); westlich die Ruine Burg Schadeck, das ›Schwalbennest‹, mit starker Schildmauer und Halsgraben (2. Hälfte des 14. Jh.); östlich der Hinterburg die Mittelburg mit Bergfried (12. Jh., heutiger Baubestand v. a. 19. Jh.) sowie Reste der Vorderburg (v. a. 16. Jh.), die mit N. durch teilweise erhaltene Wehrmauern (14. Jh.) verbunden war. – N. entstand als Burgflecken der 1142 erstmals bezeugten Vorderburg. 1377 wurde der Ort erstmals urkundlich als Stadt bezeichnet, die bis 1653 dem fränk. Rittergeschlecht Landschad von Steinach unterstand.

Neckar|sulm, Große Kreisstadt im Landkreis Heilbronn, Bad.-Württ., 170 m ü. M., am mittleren Neckar an der Mündung der Sulm, 25 600 Ew.; Dt. Zweiradmuseum. N. ist bedeutende Industriestadt mit Fahrzeugbau (Audi AG) und Aluminiumschmelzwerk mit Kolbenfabrik; Weinbau. – Ehem. Deutschordensschloss (gegr. Anfang 14. Jh.); kath. Pfarrkirche St. Dionys, ein barocker Saalbau (1706–10), nach Kriegszerstörung 1946 ff. wieder aufgebaut. – Die 771

Neckarsulm: Ehemaliges Deutschordensschloss; gegründet Anfang 14. Jh.

erstmals erwähnte Siedlung **Villa Sulmana** wurde später Reichslehen der Herren von Weinsberg. Um 1300 erhielt die Ortschaft Stadtrecht. 1335 fiel sie durch Kauf an das Erzstift Mainz, kam 1484 im Tausch an den Dt. Orden und fiel 1805 an Württemberg.

Neckar|sweben, kleiner swebischer Stammesteil in der Umgebung von Lopodunum (heute Ladenburg), wohl zurückgebliebene Reste des großen Swebenstammes; sie gerieten im 1. Jh. n. Chr. unter röm. Herrschaft. Trotzdem standen sie noch im 2. Jh. in Verbindung mit ihren Stammesgenossen an der Elbe.
R. NIERHAUS: Das sweb. Gräberfeld von Diersheim (1966).

Neckarwestheim, Gem. im Landkreis Heilbronn, Bad.-Württ., am mittleren Neckar, 3300 Ew.; Standort eines Kernkraftwerks (zwei Blöcke, 850 und 1300 MW). – Schloss Liebenstein, eine Anlage des 16. Jh.; Schlosskapelle (1590) mit reichem Renaissancegiebel.

Neckarzimmern, Gem. im Neckar-Odenwald-Kreis, Bad.-Württ., 150 m ü. M., am Neckar, 1700 Ew. – In der ev. Pfarrkirche (18. Jh.) Grabdenkmäler der Gemmingen; Rentamt (1630–34). Burg Hornberg (urspr. 12. Jh.) kam nach mehrmaligem Besitzerwechsel 1517 an GÖTZ VON BERLICHINGEN. Die Burg, auf der er nach 16-jähriger Haft 1562 starb, verfiel und wurde 1634 von kaiserl. und 1688 von frz. Truppen geplündert. Die Anlage zeigt Baureste aus dem 14.–16. Jh.; Palas (um 1565), Kapelle mit Flügelaltar (1632) und zwei frühgot. Glasscheiben.

Necker [ˈnɛkɐr, frz. nɛˈkɛːr], Jacques, frz. Bankier und Politiker, * Genf 30. 9. 1732, † Coppet 9. 4. 1804; Sohn des in Küstrin geborenen Rechtsprofessors KARL FRIEDRICH N., lebte seit 1750 in Paris, seit 1768 als Gesandter der Rep. Genf, wurde ein erfolgreicher Bankier. Als Gegner A. R. TURGOTS und der Physiokraten wurde der prot. Ausländer N. an die Spitze der Finanzverwaltung berufen (1777). Er suchte eine Finanzreform mithilfe der Privilegierten durch Wiederbelebung der Provinzialstände und lockerte die wirtschaftl. Reglementierung. Frankreichs Teilnahme am amerikan. Unabhängigkeitskampf ermöglichte er durch Anleihen. Die öffentl. Darlegung der Staatsfinanzen im ›Compte rendu, présenté au roi‹ (1781) führte zwar zu seiner Entlassung, machte ihn aber zum populärsten Staatsmann des ausgehenden Ancien Régime. Dass er im ›Compte rendu‹ die Finanzlage günstiger darstellte, als sie in Wirklichkeit war, hat unter seinen Nachfolgern dazu beigetragen, dass eine Beseitigung des Defizits nicht zustande kam. LUDWIG XVI. machte ihn am 26. 8. 1788 angesichts leerer Staatskassen wieder zum Finanz-Min., bevor er die Generalstände einberief. N. erstrebte einen Bund zw. Königtum und drittem Stand und erreichte die Verdoppelung von dessen Abgeordnetenzahl. Wegen seiner liberalen Politik geriet er bald in Ggs. zum Hof, seine Entlassung am 11. 7. 1789 war einer der Anlässe zum Sturm auf die Bastille. Zurückberufen, konnte er den Lauf der Revolution nicht mehr beeinflussen und trat im September 1790 zurück. Seiner Ehe mit SUSANNE, geb. CURCHOD DE NASSE (* 1739, † 1794), entstammte MADAME DE STAËL.
Ausgabe: Œuvres complètes, hg. v. A. L. DE STAËL-HOLSTEIN, 15 Bde. (1820–21, Nachdr. 1970–71).
H. GRANGE: Les idées de N. (Paris 1974); R. D. HARRIS: N. and the revolution of 1789 (Lanham 1986); W. OPPENHEIMER: N. Finanzminister am Vorabend der Frz. Revolution (1989).

Neckermann, Josef, Unternehmer, * Würzburg 5. 6. 1912, † Dreieich 13. 1. 1992; gründete 1948 die spätere Neckermann Versand AG, Frankfurt am Main (→Karstadt AG); war als Dressurreiter Mannschafts-Olympiasieger 1964 und 1968, Weltmeister 1966 (Einzel und Mannschaft), Europameister 1965 (Einzel und Mannschaft), 1969 und 1971 (Mannschaft) sowie Olympiazweiter 1968 (Einzel) und 1972 (Mannschaft). 1967–89 Vors. der Stiftung Dt. Sporthilfe.

Neckermoos [nach dem Botaniker NOEL JOSEPH VON NECKER, * 1730, † 1793], **Neckera,** Gattung der Laubmoose mit zwei häufig bestandsbildenden Arten an schattigen Kalkfelsen; Blätter hellgrün, zungenförmig, quer gewellt.

neckerscher Würfel [nach dem schweizer. Physiker und Mathematiker LOUIS ALBERT NECKER, * 1786, † 1861], perspektiv. Strichzeichnung eines Würfels, mit der sich eine opt. Inversion demonstrieren lässt; der Würfel wird als Kippfigur bald in der Aufsicht, bald in der Untersicht gesehen.

Necking [amerikan.] *das,* -(s)/-s, aus den USA stammender Begriff für diejenigen Formen sexueller Beziehungen, die sich im Unterschied zum →Petting auf körperl. Kontakte (Zärtlichkeiten) außerhalb der Genitalsphäre beschränken.

Nectariniidae, die →Nektarvögel.

Nectria [griech.], Gattung saprophyt. oder parasit. Schlauchpilze, zu der z. B. der Erreger der Rotpustelkrankheit (N. cinnabarina), dessen Fruchtkörper zahlr. bis 2 mm große, zinnoberrote Pusteln v. a. auf abgestorbenen Ästen von Laubbäumen bilden, und die in der Rinde von Gehölzpflanzen parasitieren, dort Krebs verursachenden Arten N. ditissima und N. galligena (v. a. an Apfel- und Birnbäumen) gehören.

Nectriakrebs, der →Obstbaumkrebs.

Neculce [neˈkultʃe], Ion, rumän. Chronist, * 1672 (?), † Prigoreni (heute Ion Neculce, Kr. Jassy) 1745 (?); auf hohen Verwaltungsposten in der Moldau, engster Berater des Fürsten DIMITRIE CANTEMIR; lebte 1711–20 im Exil in Russland und Polen. Er schrieb u. a. eine Geschichte der Moldau von 1662 bis 1743 (hg. 1845; Fortsetzung der Chronik M. COSTINS).

Nedbal, Oskar, tschech. Komponist und Dirigent, * Tabor 26. 3. 1874, † (Selbstmord) Zagreb 24. 12. 1930; Bratscher im Böhm. Streichquartett, ab 1896 Dirigent der Böhm. Philharmonie in Prag, 1906–19 des Tonkünstlerorchesters in Wien, seit 1923 Direktor des slowak. Nationaltheaters in Preßburg. Er komponierte eine Oper, Ballette, Operetten (u. a. ›Polenblut‹, 1913), Orchester- und Kammermusik.

Nederland, niederländisch für die →Niederlande.

Nederlands Dans Theater, niederländ. Ballettensemble, gegr. 1959 in Den Haag durch Abspaltung aus dem Amsterdamer Het Nederlands (heute Nationale) Ballet. Bes. unter der künstler. Kodirektion von H. VAN MANEN (1961–71, seit 1969 mit G. TETLEY) wurde das N. D. T. zu einem der führenden nichtklass. Ensembles. 1975 übernahm J. KYLIÁN die Leitung des N. D. T. (bis 1978 zus. mit H. KNILL), gliederte ihm 1981 eine Junior Group (heute N. D. T. 2) an, die v. a. die Talente junger Tänzer entwickeln sollte, und gründete 1991 das N. D. T. 3, ein kleines Ensemble, das reifen Solisten Gelegenheit gab, in Zusammenarbeit

Jacques Necker

Josef Neckermann

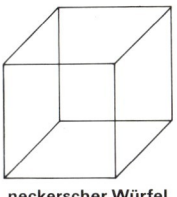

neckerscher Würfel

Aert van der Neer: Winterlandschaft; um 1652 (München, Alte Pinakothek)

mit prominenten Choreographen ein neues Ausdrucksgenre zu erforschen.
I. LANZ: Jiří Kylián 20 Years at Nederlands Dans Theater (1995).

Nedim, Ahmed, türk. Dichter, * Konstantinopel wohl 1681, † ebd. 1730; führender Dichter der ›Tulpenzeit‹ (1718–30). Seine anmutigen Gedichte und Lieder spiegeln diese glanzvolle, kultiviert-verschwender. Periode und besingen in klarer und natürl. Sprache Wein, Liebe und Lebensfreude.

Nedjd [nɛdʒd; arab. ›Hochland‹], **Nejd, Nẹdschd, Nadjd** [nadʒd], Landschaft im zentralen Teil der Arab. Halbinsel, Saudi-Arabien; rd. 1,1 Mio. km²; Hauptort Riad. Das etwa 1000 m ü. M. gelegene Binnenhochland (Schichtstufenlandschaften) ist im N und O von Sandwüsten gesäumt (Nefud). In den schluchtartigen Trockentälern liegen Palmoasen mit teilweise dicht bewohnten Siedlungen; mithilfe von Grundwasserbrunnen (Motorpumpen) betriebener Bewässerungsfeldbau (Zitrusfrüchte, Datteln, Getreide, Gemüse). Der wirtschaftl. und polit. Schwerpunkt Saudi-Arabiens hat sich heute von den kargen zentralen Landschaften des N. auf die Regionen am W-Rand (Pilgerorte Mekka und Medina) und O-Rand (Erdölfördergebiete) der Arab. Halbinsel verlagert.
Geschichte: Bis 1786 von den Wahhabiten erobert, dann Ausgangsraum ihres dauerhaften Reiches, ab 1926 in Personalunion mit Hidjas, wurde der N. zum Kernraum des wahhabit. Königreichs Saudi-Arabien (seit 1932).

Christian Gottlob Neefe

Nedjef [ˈnɛdʒɛf], **Nẹdschef, Nạdjaf** [ˈnadʒaf], **Nạdschaf,** Wüstenstadt am Rand der Syr. Wüste und Wallfahrtsort in Irak, 55 m ü. M., 15 km westlich des unteren Euphrat, 309 000 Ew.; Hochschule; Bewässerungsanbau. Neben dem unweit gelegenen Kerbela ist N. das am meisten verehrte und besuchte Heiligtum der schiitischen Islam. – In der von mittelalterl. Mauern mit hohen Rundtürmen umgebenen Stadt liegt die Grabmoschee des 4. Kalifen ALI IBN ABI TALIB, des ersten →Imams der Schiiten, dessen Grab von HARUN AR-RASCHID dort vermutet wurde (was nicht unwahrscheinlich ist) und der deshalb 791 N. gründete; die Grabmoschee in ihrer jetzigen Form geht auf 977 zurück, sie wurde 1086 von den Seldschuken restauriert. Die quadrat. Anlage mit vergoldeter Kuppel ist reich mit farbigen Fliesen verkleidet. Der Eingang zum ummauerten Hof ist flankiert von zwei mit vergoldeten Kupferplatten verkleideten Minaretten.

Louis Néel

Nedjran [nɛdʒˈran], **Nedschran, Nejran** [nɛdʒ-], **Najran** [nadʒ-], fruchtbare, wasserreiche Oasengruppe und stadtähnl. Siedlungskomplex im O des Hochlands von Asir, Saudi-Arabien. – N. war ein bedeutendes Zentrum früharab. Kultur und hatte im 5./6. Jh. viele christl. Bewohner. Gewöhnlich zum Jemen gerechnet, wurde es durch den Vertrag von Mekka (21. 10. 1926) an Saudi-Arabien abgetreten.

Nédromạ, Nedrumạ, Marktstadt im Traraberg-land, in NW-Algerien, 420 m ü. M., 55 km nordwestlich von Tlemcen, in maler. Lage über einer Ebene; 26 000 Ew.; Kunsthandwerkschule, Islam. Institut; ehem. bedeutendes Kunsthandwerk (Töpferei, Teppichknüpferei, Stickerei); staatl. ausgewiesenes Industriegebiet mit Möbel- und Textilindustrie; in der Umgebung Obstbau. – Mittelalterl. Medina (vielfarbig getünchte Häuser) mit der neunschiffigen Großen Moschee (11.–13. Jh.), neun weiteren Moscheen (z. T. prunkvolle Kuppeln) und Resten der Stadtmauer (11./12. Jh.). – N. ist die im 11. Jh. gegründete Ahnstadt der Almohaden (Geburtsort ABD AL-MUMINS) und noch heute ein religiöses Zentrum des Islams.

Nẹdschd, Landschaft im Inneren der Arab. Halbinsel, →Nedjd.
Nẹdschef, Stadt in Irak, →Nedjef.
Nedschrạn, Oasengruppe in Arabien, →Nedjran.
Need [niːd, engl.] *das, -(s), Psychologie:* Bez. für die Gesamtheit der auf die Umwelt bezogenen psych. Spannungslagen, die auf Antrieben, Bedürfnissen, Wünschen usw. beruhen.

Needham [ˈniːdəm], Joseph, brit. Biologe und Sinologe, * London 9. 12. 1900, † Cambridge 24. 3. 1995; verfasste grundlegende Arbeiten zur Geschichte der Naturwiss.en und Technik in China. Bahnbrechend wirkte das von ihm herausgegebene vielbändige Werk ›Science and civilization in China‹ (1954ff.).

Neefe, Christian Gottlob, Komponist, * Chemnitz 5. 2. 1748, † Dessau 26. 1. 1798; Schüler von J. A. HILLER, 1779–84 Musikdirektor am Nationaltheater in Bonn; Lehrer u. a. des jungen L. VAN BEETHOVEN. Er komponierte erfolgreich Singspiele und Opern, darunter ›Die Apotheke‹ (1771), ›Die Einsprüche‹ (1772) und ›Adelheid von Weltheim‹ (1780).
C. G. Neefens Lebenslauf von ihm selbst beschrieben, hg. v. W. ENGELHARDT (1957).

Néel [neˈɛl], Louis Eugène Félix, frz. Physiker, * Lyon 22. 11. 1904; Prof. in Straßburg und Grenoble, 1956–71 auch Direktor des dortigen Zentrums für Kernforschung; Arbeiten über Festkörperphysik, Ferromagnetismus, (keramische) magnet. Werkstoffe (entdeckte u. a. den Unterschied zw. ›weichem‹ und ›hartem‹ Magnetismus). N. erhielt für seine Forschungen auf dem Gebiet des Antiferro- und Ferromagnetismus sowie der Festkörperphysik 1970 zus. mit H. ALFVÉN den Nobelpreis für Physik.

Néel-Temperatur [neˈɛl-; nach L. E. F. NÉEL], Formelzeichen T_N, Temperatur, bei der antiferromagnet. Stoffe einen Umkehrpunkt der Suszeptibilität (**Néel-Punkt**) zeigen und bei der der →Antiferromagnetismus verschwindet.

Néel-Wand [neˈɛl-; nach L. E. F. NÉEL], Wandtyp zw. →Weiss-Bezirken in dünnen magnet. Schichten.

Neer, Aert van der, auch **Aernout van der N.,** niederländ. Maler, * Gorinchem 1603 oder 1604, † Amsterdam 9. 11. 1677; malte effektvoll beleuchtete nächtl. Fluss- und Winterlandschaften; Mondschein, auch Sonnenuntergänge, Brände und Nachtgewölk geben den dramatisch angelegten Kompositionen einen poet. Stimmungsgehalt. Ihr Einfluss reicht bis zu den dt. Malern der Romantik.

Neera, Pseud. für **Anna Radius,** geb. **Zuccari,** ital. Schriftstellerin, * Mailand 7. 5. 1846, † ebd. 19. 7. 1918; schrieb zahlreiche Romane, in denen sie Frauengestalten schildert, die zw. Pflicht und Neigung stehen, den Weg des Verzichtes wählen und in der Mutterschaft oder der platon. Freundschaft ihr Glück finden (am überzeugendsten in ›Teresa‹, 1886; dt. ›Theresa‹).

Weitere Werke: *Romane:* Addio (1877; dt.); Un nido (1880; dt. Ein Nest); Il castigo (1881; dt. Die Strafe); La vecchia casa (1900; dt. Das schweigende Haus); Duello d'anime (1911). – *Erinnerungen:* Una giovinezza del secolo XIX (hg. 1919).
Ausgabe: N., hg. v. B. Croce (²1943).

Neerströmung, Nehrströmung, der Hauptströmung entgegengerichteter Teil einer Wasserwalze mit lotrechter Achse, z. B. in Buchten, Buhnenfeldern oder Hafeneinfahrten.

Nefasti Dies, in der altröm. Jahresordnung die Feiertage. (→Fasti)

Nefertari, ägypt. Königin, →Nofretiri.

Neff, 1) Timofej Andrejewitsch N., Maler, *Mödders (Estland) 2. 10. 1805, †Sankt Petersburg 24. 12. 1876; war Hofmaler Kaiser Nikolaus' I. und Prof. an der Petersburger Akad. N. malte Porträts, Historien- und Genrebilder, war beteiligt an der Ausstattung der Isaakkathedrale (ab 1845) in Sankt Petersburg und schuf Bilder für die Ikonostasen der russ. Kapellen in Nizza und Wiesbaden.
2) Vladimír, tschech. Schriftsteller, *Prag 13. 6. 1909, †ebd. 2. 7. 1983; stellte in seinen Romanen zunächst das Milieu des tschech. Großbürgertums, dem er selbst entstammte, dar, wobei er mit Parodien des Kriminalromans (›Nesnáze Ibrahima Skály‹, 1933; ›Papírové panoptikum‹, 1934) begann; wandte sich später hist. Themen zu; auch Dramatiker, Filmautor und Übersetzer.
Weitere Werke: *Romane:* Pentalogie: Sňatky z rozumu (1957; dt. Vernunftehen), Císařské fialky (1958; dt. Kaiserveilchen), Zlá krev (1959; dt. Böses Blut), Veselá vdova (1961; dt. Die lustige Witwe), Královský vozataj (1963; dt. Der Rosselenker); Trampoty pana Humbla (1967; dt. Die Wetterfahne. Berichte eines braven Mannes); Trilogie: Královny nemají nohy (1973; dt. Königinnen haben keine Beine), Prsten Borgiů (1975; dt. Der Ring der Borgias), Krásná čarodějka (1980; dt. Die schöne Zauberin).

Neffe, männl. Verwandter; Sohn des Bruders bzw. Schwagers oder der Schwester bzw. Schwägerin, i. w. S. auch der Vetters oder der Base (alle für den N. der Onkel bzw. die Tante). Die entsprechende weibl. Verwandte heißt **Nichte.**

Nefi, eigtl. **Ömer,** führender türk. Dichter der nachklass. Zeit,* Hasankale (bei Erzurum) 1582 (?), † Konstantinopel 27. 1. 1635; Vertreter des ›Persianismus‹ (einer sich an die pers. Dichtersprache anpassenden Strömung), verfasste u. a. einen türk. und einen pers. Diwan. Der als größter Satiriker der osmanisch-türk. Literatur geltende N. wurde wegen eines Spottgedichts hingerichtet.

Nefta, Oasenstadt in SW-Tunesien, am NW-Rand des Schott el-Djerid, an der Straße zu den Souf-Oasen und nach Touggourt (Algerien), 15 600 Ew.; von 152 Quellen und neuen, bis 1000 m tiefen Bohrbrunnen bewässerte Dattelpalmenoase (rd. 350 000 Bäume mit bester Fruchtqualität); Fremdenverkehr. N. ist seit dem 9. Jh. ein Zentrum des Sufismus und Wallfahrtsziel für die südtunes. Nomaden und Oasenbauern. – Maler. Altstadtviertel ›Chorfa‹, Tunnelgassen, alte kubische Lehmhäuser mit geometr. Backsteindekor; 24 große Moscheen, u. a. Djama el-Kebir (15. Jh., Minarett mit vier Kuppeln). – Das urspr. röm. Militärlager **Aggasel Nepte** wurde von den Wandalen und den Byzantinern besetzt und Mitte des 7. Jh. von den Arabern erobert.

Neftejugansk, Stadt im Autonomen Kreis der Chanten und Mansen, Russland, im Westsibir. Tiefland, südwestlich von Surgut an einem Seitenarm des Ob, etwa 80 000 Ew.; Erdöl- und Erdgasförderung.

Neftekamsk, Stadt in Baschkirien, Russ. Föderation, nahe der Kama, etwa 100 000 Ew.; Erdölförderung, Lkw-Werk, Kunstlederindustrie.

Neftjanyje Kamni, aserbaidschan. (Aseri) **Neft Daşları,** Erdölplattform in Aserbaidschan im Kasp. Meer 42 km vor der Halbinsel Apscheron, etwa 30 km lang, durchschnittlich 5 000 Bewohner; etwa 570 Bohrlöcher fördern 0,8 Mio. t Erdöl/Jahr. – 1949 bei Beginn der Offshore-Erdölförderung entstanden.

Nefud, Nafud, Sand- und Dünenwüste im Inneren der Arab. Halbinsel, die die zentrale Landschaft Nedjd halbkreisförmig umgibt. Die **Große N.,** erhält noch gelegentl. Winterregen und ist beduin. Weidegebiet. Im SO bildet die **Kleine N.** (Wüste Dahana) den Übergang zur Wüste Rub al-Chali.

Nefusa, Djebel N. [dʒ-], Schichtstufenlandschaft im nordwestl. Tripolitanien, Libyen, an der tunes. Grenze; 300 km lang, aus Kreidekalken aufgebaut, erhebt sich steil bis 968 m ü. M. über das nördl. Küstenvorland (Djeffara) und bricht nach S in mehreren kleineren Stufen zur Hamada el-Homra ab.

Nefzaoua-Oasen [nɛfzaˈwa-], Oasengruppe in S-Tunesien, am S-Rand des Schott el-Djerid; Hauptort ist →Kebili. Die etwa 72 000 Bewohner sind ehem. Halb- und Vollnomaden (meist Berber), die mit Regierungsprogrammen sesshaft gemacht wurden. Die rd. 1,7 Mio. Dattelpalmen und die Oasengärten (15 450 ha) sind zum Schutz gegen Versandung mit Wällen umgeben. Wichtigste der 25 Oasensiedlungen sind **Douz** am N-Rand des Östl. Großen Erg (Kamelmarkt, Saharafestival im Januar, Ausgangspunkt für Saharafahrten), **Sabria** (Flugplatz) und **Telmine,** unter Hadrian röm. Außenposten (Civitas Turris Tamaleni).

Negadekulturen, nach dem Fundort bei Luxor bezeichnete steinkupferzeitl. Kulturen in Ägypten (→Ägypten, Vorgeschichte).

Negation [lat. ›Verneinung‹] *die, -/-en,* **1)** bildungssprachlich für: Ablehnung (einer Ordnung, eines Werkes u. Ä.).
2) *Logik:* ein einstelliger Junktor (Symbol ¬ oder ~), der aus einer Aussage *A* deren Gegenteil ¬*A*, das Negat von *A*, bildet. Wenn *A* den Wahrheitswert wahr hat, hat ¬*A* den Wert falsch, und umgekehrt. Wichtige mit der N. verbundene Prinzipien sind das Prinzip vom ausgeschlossenen Dritten, vom verbotenen Widerspruch und das ›duplex negatio affirmat‹ (die doppelte Verneinung bejaht). In der Schaltalgebra ist die N. durch ein →NICHT-Glied realisiert.
3) *Sprachwissenschaft:* Verneinung einer Aussage oder eines Teils einer Aussage. Man unterscheidet N., bei denen nur das Beziehungswort verneint ist (z. B. ›Paul ist nicht fleißig, sondern faul‹), von N., durch die die Gesamtaussage negiert wird (z. B. ›wir sahen ihn nicht‹). Die doppelte N. ist z. T. pleonast. Verneinung (z. B. frz. ›il ne vient pas‹, ›er kommt nicht‹), hervorgegangen aus einer emphat. Verstärkung, eigtl. ›keinen Schritt‹, z. T. als Litotes die Aufhebung der Verneinung (z. B. ›sie sah ihn ungern‹).

negativ [lat. ›verneinend‹], **1)** *allg.:* verneinend, ablehnend; ungünstig, nachteilig; schlecht (zu bewerten). – Ggs.: positiv.
2) *Mathematik:* Bez. für Zahlen, die kleiner als null sind (→negative Zahlen).
3) *Medizin:* bezeichnet einen Befund, der keinerlei Hinweise auf das Bestehen einer Krankheit enthält.

Negativ *das, -s/-e,* das bei der fotograf. Aufnahme zunächst entstehende Bild (nach der Entwicklung des Films), das seitenverkehrt ist und Hell- und Dunkelwerte vertauscht sowie die Objektfarben in ihren Komplementärfarben zeigt, in einem nachfolgenden fotograf. Prozess, der Kopie, entsteht das seiten-, tonwert- und farbrichtige Positiv.

Negativdruck, Druckwiedergabe mit negativer Bildwirkung, z. B. wenn man die Schrift weiß in einer farbigen oder schwarzen Fläche erscheinen lässt.

Negativdruck

BROCKHAUS ENZYKLOPÄDIE

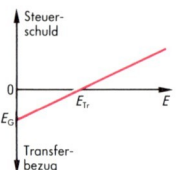

negative Einkommensteuer: Darstellung des Grundkonzepts; E Erwerbseinkommen, E_{Tr} Transfergrenze, E_G garantiertes Mindesteinkommen

negative Einkommensteuer, Negativsteuer, Konzept eines Systems einkommensabhängiger Geldtransfers an private Haushalte, das mit der Einkommensteuer derart abgestimmt ist, dass für die Transferzahlungen (›negative‹ Einkommensteuer) und die Steuerzahlungen (›positive‹ Einkommensteuer) eine einheitl. Bemessungsgrundlage (Einkommen) maßgeblich ist und mit steigendem Einkommen die Transferzahlungen ab- und die Steuerzahlungen zunehmen (›integriertes Steuer- und Transfersystem‹). Die vielfältigen Vorschläge einer n. E. lassen sich durch drei Größen charakterisieren: 1) das ›garantierte Mindesteinkommen‹ (E_G) stellt den maximalen Betrag dar, der als Transferzahlung ausgezahlt wird, wenn der Empfänger keine eigenen Bezüge hat (Erwerbseinkommen $E = 0$). 2) Die ›Transfergrenze‹ (E_{Tr}) kennzeichnet die Höhe der eigenen finanziellen Mittel, deren Unterschreiten die staatl. Leistung auslöst bzw. bei deren Überschreiten die Transferzahlung wegfällt. In der einfachsten Variante ist diese Einkommenshöhe identisch mit dem Beginn der (positiven) Steuerpflicht. 3) Der ›Negativsteuersatz‹ gibt an, mit welcher Rate die staatl. Zahlungen bei steigendem Einkommen des Empfängers gekürzt werden. Im einfachsten Modell einer n. E. ist dieser Satz identisch mit dem Satz der (positiven) Einkommensteuer; die n. E. ist damit eine Verlängerung des Einkommensteuertarifs ›nach unten‹ für Einkommen unterhalb des Grundfreibetrages. Modelle einer n. E. werden im engl. Sprachraum schon seit längerem diskutiert (M. FRIEDMAN u. a.).
M. HÜTHER: Integrierte Steuer-Transfer-Systeme für die Bundesrep. Dtl. (1990).

negative Erziehung, ein auf J.-J. ROUSSEAUS ›Émile ou De l'éducation‹ (1762) zurückgehender Begriff für die Erziehung, die nur indirekt, allein durch Fernhalten schädigender Einflüsse aus der kindl. Umwelt, in den Entwicklungsprozess eingreifen will; geht von der Annahme aus, dass die im Kind angelegten positiven Kräfte sich unter solchen Bedingungen selbst verwirklichen. Eine entsprechende Grundauffassung über natur- und vernunftgemäße Selbstregulierung findet sich auch in versch. pädagog. Ansätzen und Konzepten des 20. Jh. wieder.

negative Logik, *Elektronik:* →Logikpegel.

negativer Held, Hauptfigur eines epischen oder dramat. Werkes, die im Unterschied zum →positiven Helden und zur Passivität des Antihelden v. a. durch den selbstzerstör. Charakter ihres Wirkens gekennzeichnet ist (z. B. Franz Moor in SCHILLERS ›Die Räuber‹, 1781).

negatives Interesse, →Schadensersatz.

negatives Kapitalkonto, das Kapitalkonto eines Gesellschafters einer Personengesellschaft, das durch zugerechnete Verluste, die über den Betrag der Einlage hinausgehen, negativ geworden ist. Die *einkommensteuerl.* Anerkennung des n. K., die sich v. a. Abschreibungsgesellschaften zunutze gemacht haben, ist (seit 1980) durch § 15 a EStG bei Verlustzuweisungen an Kommanditisten auf die Höhe des Haftungsbetrags beschränkt. Der darüber hinausgehende Betrag des n. K. kann nur mit künftigen Gewinnanteilen des Gesellschafters verrechnet werden. *Handelsrechtlich* führt das n. K. u. a. zum Wegfall der jährl. Vorausverzinsung des Kapitalanteils des betroffenen Gesellschafters (§§ 121 Abs. 1 und 168 Abs. 1 HGB). Scheidet ein Gesellschafter mit n. K. aus, ist er gegenüber den übrigen Gesellschaftern zum Ausgleich des Kapitalkontos verpflichtet (§ 105 Abs. 2 HGB).

negative Theologie, theolog. Ansatz, der, ausgehend von der Unerkennbarkeit und dem Anderssein Gottes, deutlich zu machen versucht, wie unzutreffend letztlich menschl. Begrifflichkeit Gottes Wesen ausdrücken kann. Statt positiver Aussagen werden Verneinungen konkreter Eigenschaften verwendet: Gott kann nicht als Güte, Wahrheit, Gerechtigkeit usw. definiert werden, weil kein menschl. Begriff Gott wirklich und umfassend gerecht werden kann. Die neuplatonisch beeinflusste altkirchl. und frühmittelalterl. Theologie (GREGOR VON NYSSA, DIONYSIUS AREOPAGITA, JOHANNES SCOTUS ERIUGENA) entwickelte den Ggs. von **kataphatischer** (bejahender) und (verneinender) **apophatischer Theologie** als dialekt. Erkenntnislehren. Von der mittelalterl. Mystik (MEISTER ECKHART) aufgegriffen, wurde der Denkansatz der n. T. in der Folge in unterschiedl. Form theologisch verarbeitet; z. B. in NIKOLAUS VON KUES' ›De docta ignorantia‹ (›Von der gelehrten Unwissenheit‹); im 20. Jh. in der →dialektischen Theologie.

negative Zahlen, die reellen Zahlen, die weder null noch positiv sind, d. h., die sich nicht als Quadrat einer reellen Zahl darstellen lassen. Das Negative einer Zahl a ist diejenige Zahl, die die Gleichung $a + x = 0$ löst. N. Z. unterscheiden sich von den betragsmäßig gleich großen positiven Zahlen durch das negative Vorzeichen (Minuszeichen). – Der erste europ. Mathematiker, der systematisch mit n. Z. rechnete, war L. FIBONACCI. Noch jahrhundertelang hegten die Mathematiker Vorbehalte gegen die ›Zahlen kleiner als nichts‹, die R. DESCARTES (1637) noch ›falsche‹ Lösungen nannte.

Negativismus *der, -,* Verhaltensstörungen, die sich allg. als Widerstand gegen die Umwelt, starre, feindselige Haltung und geringe Beeinflussbarkeit zeigen. Beim **aktiven N.** wird mit einem zur äußeren Erwartung gegenteiligen Verhalten, beim **passiven N.** mit Unterlassung einer erwarteten Handlung reagiert. Vorkommen bes. bei Katatonie (→Schizophrenie); i. w. S. abgeschwächt als **negative Phase** auch in den Trotzperioden der kindl. und jugendl. Entwicklung.

Negativliste, Verzeichnis von Arznei-, Heil- und Hilfsmitteln, deren Kosten nach § 34 Abs. 1 Sozialgesetzbuch V von der gesetzl. Krankenversicherung nicht übernommen werden; betroffen sind hiervon u. a. Arzneimittel gegen Erkältungskrankheiten und grippale Infekte sowie Abführmittel, seit dem 1. 1. 1990 auch bestimmte Hilfsmittel wie Kompressions- oder Leibbinden, Fingerlinge, Milchpumpen, Augen- und Ohrenklappen, ab dem 1. 7. 1991 Arzneimittel, die Bestandteile enthalten, die für das Therapieziel oder die Minderung von Risiken nicht erforderlich sind oder deren Wirksamkeit nicht nachgewiesen ist.

Negativmodulation, *Fernsehtechnik:* das Verfahren, das Bildsignal der Trägerschwingung so aufzumodulieren, dass den größten Helligkeitswerten die kleinste und den im Schwärzer-als-schwarz-Gebiet liegenden Synchronimpulsen die größte Trägeramplitude entspricht, d. h., bei hoher Aussteuerung des Senders erscheint der Bildschirm schwarz, bei niedriger dagegen weiß. Die N. hat den Vorteil, dass hochfrequente Störungen im Übertragungsweg nur dunkle Punkte auf dem Bildschirm hervorrufen, die sich weniger störend auswirken als helle.

Negativ-Positiv-Verfahren, →Fotografie.

Negativum *das, -s/...va,* 1) *bildungssprachlich* für: etwas Negatives.
2) *Sprachwissenschaft:* Verbform mit Negationspartikel als Verneinungsform des Verbs, z. B. türk. bilmem ›ich weiß nicht‹ gegenüber bilirim ›ich weiß‹.

Negatron *das, -s/...ronen,* selten für →Elektron, wobei die Bez. auf die negative elektr. Ladung des Elektrons hinweist, i. Ggs. zu seinem Antiteilchen, dem →Positron.

Neger [frz. nègre, über span. von lat. niger ›schwarz‹], Anfang des 17. Jh. aus dem Frz. übernommene, seit dem 18. Jh. in Dtl. eingebürgerte Bez. für die indigenen Bewohner Schwarzafrikas (→Negride). Ausgehend von dem im Amerikanischen verbreiteten Gebrauch des Schimpfwortes ›Nigger‹, gilt die Bez.

›N.‹ seit Ende des 19. Jh. zunehmend als diskriminierend und ist heute durch ›Schwarze‹, ›Schwarzafrikaner‹, ›Afrikaner‹, ›Afroamerikaner‹ o. Ä. ersetzt.

Negerhirse, Perlhirse, Rohrkolbenhirse, Pennisetum glaucum, in Afrika beheimatete und hier wie in Indien kultivierte einjährige anspruchslose Art der Gattung Federborstengras; Halme bis 2 m hoch, Blattspreiten bis 1 m lang und 3 cm breit; Rispe kolbenförmig, 20–50 cm lang; Ährchen zweiblütig, Körner bis 5 mm dick. Die sehr trockenresistente N. ist ein wichtiges Getreide v. a. in den südl. Randgebieten der Sahara und in den Trockengebieten Indiens.

Negeri Sembilan, früher **Negri Sembilan,** Gliedstaat Malaysias im SW der Malaiischen Halbinsel, 6 643 km², (1993) 723 900 Ew. (überwiegend Malaien, in den Städten Chinesen und Inder); Hauptstadt ist Seremban. Die von N hineinreichenden bewaldeten Ketten (bis rd. 1 500 m ü. M.) des zentralen Gebirgssystems trennen die Küstenebene im W vom Tiefland im O; Kautschukgewinnung, Anbau von Reis, Maniok und Obst sowie Kokospalmenkulturen; Zinnerzabbau. Der Hafen Port Dickson ist durch eine Stichbahn mit der Hauptstadt Seremban verbunden. – Das Sultanat N. S. wurde 1874 brit. Protektorat, 1895 Teil der Federated Malay States, 1948 Teil der Federation of Malaya; seit 1963 Teil Malaysias.

Negerpfeffer, der →Guineapfeffer.

Negersamen, die Samen des Korbblütlers →Ramtill.

Negev der, **Negeb,** der wüstenhafte S-Teil Israels, mit 12 800 km² fast 60 % des Staatsgebietes. Der N. bildet einen sich nach S erstreckenden Keil, dessen Spitze das Rote Meer im Golf von Akaba erreicht. Die Trockenheit nimmt von N nach S zu (Elat durchschnittlich 15 mm Niederschlag im Jahr). Die Temperaturen, von der Höhenlage abhängig, betragen im Wadi al-Araba im Jahresdurchschnitt 24 °C, das Sommermaximum 40 °C. – Der aus Kreideschichten aufgebaute nördl. Teil ist mit Löss bedeckt und erhält jährlich rd. 200 mm Niederschlag, unzureichend für den Trockenfeldbau. Durch Bewässerung (Wasserleitungen aus N-Israel und vom Jordan) wurden größere Flächen für die Landwirtschaft nutzbar gemacht. – Das südlich anschließende Hügelland wird von Faltungszügen der Oberkreide durchzogen, die im Ramongebirge 1 000 m ü. M. übersteigen. Aus ihnen sind Erosionsmulden (Machtesh) herausgeformt, 5–7 km breit und bis 40 km lang, deren Wände 300–400 m Höhe erreichen. In den Talzügen werden Phosphate und Gips gefördert. Die Mitte des N. ist von flachen Plateaus geformt, die von Wüstenkiesen bedeckt sind. – Der äußerste S ist ein Ausläufer des Arabisch-Nub. Massivs; im Nub. Sandstein liegen die ehem. Kupferminen von Timna. Im O fällt der N. in seiner ganzen Länge zum Wadi al-Araba ab, einem Teilstück des Ostafrikan. Grabensystems; an einigen Stellen im Wadi wurden Tiefbrunnen (bis 800 m tief) erbohrt, die landwirtschaftl. Siedlungen ermöglichen.

Rohstoffe werden v. a. im NO gewonnen (Phosphate und Ölschiefer, Kali- und Bromsalze im Toten Meer) und verarbeitet. Landwirtschaftl. Siedlungen, die Wasser über die Kinneret-N.-Wasserleitung erhalten, entstanden v. a. im NW. Der W ist Militärgebiet. Der Zentralort des N. ist Beerscheba am N-Rand, weitere Städte sind Dimona, Mizpeh Ramon und Arad. Hafenstadt ist Elat. Am Toten Meer und in Elat hat der Fremdenverkehr Bedeutung. In der Region von Beerscheba leben etwa 25 000 Beduinen, die zunehmend seßhaft werden.

Geschichte: Die ältesten festen Siedlungen im N. sind aus dem Chalkolithikum (um 3400 v. Chr.) bezeugt. In der frühen Bronzezeit findet sich eine Kette befestigter Orte im Nord-N. (v. a. →Arad). Im Übergang zur mittleren Bronzezeit (um 2000 v. Chr.) gab es weit nach S gestreute Siedlungen. Eine Blütezeit des N. war die Epoche der israel. Königszeit seit dem 10. Jh. v. Chr. – Nach osman. (1517–1918) und brit. Herrschaft (1918–48; ab 1920 als Teil des Mandatsgebiets Palästina) kam der N. 1948 zu Israel.

G. W. KREUTZER: Der N., ein Entwicklungsgebiet Israels (³1976).

Negligee [negli'ʒe:; frz., eigtl. ›vernachlässigte (Kleidung)‹] *das, -s/-s,* **Negligé,** ursprüngl. Bez. für alle nicht zur offiziellen (Hof-)Kleidung (›Grand parure‹) gehörenden Kleider; später Bez. für ein bequemes, leichtes Haus- oder Morgenkleid oder für einen eleganten Morgenrock.

Negligentia [lat.] *die, -, Recht:* die unbewusste →Fahrlässigkeit.

Negombo, Stadt in Sri Lanka, an der W-Küste Ceylons, 76 000 Ew.; Kunsthandwerk.

Negev

Negotiation [frz., zu lat. negotiari ›Handel treiben‹] *die, -/-en,* **Negoziation,** *Börsenwesen:* Verkauf eines Wertpapiers durch dessen feste Übernahme durch eine Bank bzw. ein Bankenkonsortium; v. a. bei öffentl. Anleihen. Im *Außenhandel* Bez. für die Diskontierung von (Dokumente begleitenden) Tratten; v. a. bei der Exportfinanzierung üblich.

Negotiationskredit, Negoziationskredit, Negoziierungskredit, Wechselkredit zur kurzfristigen Finanzierung von Außenhandelsgeschäften. Die Bank des Exporteurs verpflichtet sich, einen vom Exporteur auf seinen Kunden (Importeur) oder dessen Bank gezogenen Wechsel gegen Vorlage der Versanddokumente anzukaufen (zu negoziieren), bevor dieser Wechsel vom Importeur oder von dessen Bank akzeptiert worden ist. Damit kann der Exporteur schon bei Vorlage der Versanddokumente über den Rechnungsbetrag verfügen.

Nègre ['nɛ:grə], Charles, frz. Maler und Fotograf, * Grasse 9. 5. 1820, † ebd. 16. 1. 1880; als Maler u. a. an der Pariser Akad. und bei P. DELAROCHE ausgebildet. Sein fotograf. Werk umfasst Porträts, Genrefotografien, Stillleben, ferner Bildfolgen über die Restaurierung der Kathedrale Notre-Dame in Paris und die Kathedrale in Chartres, über Landschaft und Baudenkmäler der Provence und das kaiserl. Asyl in Vincennes.

C. N. 1820–1880. Das photograph. Werk, Text v. F. HEILBRUN (a. d. Frz., 1988).

Negrelli, Alois, Ritter **von Moldelbe,** österr. Ingenieur, * Primiero (Prov. Trient) 23. 1. 1799, † Wien 1. 10. 1858; war im Eisenbahn-, Straßen- und Wasserbau in der Schweiz (erste schweizer. Eisenbahnstrecke Zürich–Baden), Italien und Österreich tätig und

Alois Negrelli

Ada Negri

Pola Negri

wurde 1855 Generalinspektor der österr. Staatsbahnen. N. entwarf auch den Plan für den Suezkanal, der 1859–69 von F. DE LESSEPS verwirklicht wurde.

Negret, Edgar, kolumbian. Bildhauer, * Popayán 11. 10. 1920; formt aus dünnem Aluminiumblech abstrakte Plastiken, die er mit einer nicht reflektierenden Farbschicht überzieht; gestaltet auch Möbel.

Negri, 1) Ada, ital. Dichterin, * Lodi 3. 2. 1870, † Mailand 11. 1. 1945; aus einer Arbeiterfamilie, war Lehrerin; wurde 1940 als erste Frau in die Ital. Akademie aufgenommen. In ihrer von sozialem Mitleid bestimmten Lyrik wie in ihren Liebesgedichten gestaltete sie eigenes Erleben in pathet. Sprache; im Alter löste sie sich vom sozialist. Idealen und wandte sich religiös-myth. Dichtung zu.

Werke: *Lyrik:* Fatalità (1892; dt. Schicksal); Tempeste (1896; dt. Stürme); Maternità (1904; dt. Mutterschaft); I canti dell'isola (1924); Fons amoris. 1939–1943 (1945); Poesie (hg. 1948). – *Autobiograph. Roman:* Stella mattutina (1921; dt. Frühdämmerung). – *Novellen:* Finestre alte (1923); Le strade (1926).

Ausgabe: Tutte le opere, hg. v. B. SCALFI u.a., 2 Bde. ($^{2-3}$1966).

2) Pola, eigtl. **Barbara Apolonia Chałupiec** [xa-'lupjɛts], Schauspielerin poln. Herkunft, * Lipno (bei Włocławek) 3. 1. 1897 (?), † San Antonio (Tex.) 1. 8. 1987; kam 1916 durch M. REINHARDT nach Berlin. Star der Ufa in Stummfilmen wie ›Die Augen der Mumie Ma‹ (1918), ›Anna Karenina‹ (1919), ›Madame Dubarry‹ (1919); 1923 folgte sie E. LUBITSCH nach Hollywood; arbeitete u. a. auch noch in Deutschland.

Weitere Filme: Das verbotene Paradies (1924); Mazurka (1935); Madame Bovary (1937).

Negride [zu span. negro, von lat. niger ›schwarz‹], **negrider Rassenkreis,** typolog. Kategorie für indigene Bev., die in Afrika südlich der Sahara verbreitet ist. N. sind nach der Kategorisierung v. a. der morpholog. Merkmale, die heute als überholt gilt, gekennzeichnet durch eine extrem starke Pigmentierung (dunkelbraune bis schwarze Haare, Haut und Augen), kurzes, meist engkrauses Kopfhaar, schwache Bart- und Körperbehaarung, mittleren bis hohen Wuchs, lange Beine, mittellangen bis langen Schädel, breite, niedrige Nase mit flacher Wurzel und stark geblähten Flügeln, dicke, oft wulstige Lippen. – Die vielfach hellhäutigeren Bantuide (Kafride) sind die volkreichste Teilgruppe der N.; Hauptverbreitungsgebiete sind Süd- und Ostafrika.

Negri-Körperchen [nach dem ital. Pathologen ADELCHI NEGRI, * 1876, † 1912], intrazelluläre, 1–25 μm große Einschlusskörperchen in jeder Hirnregion bei Tollwut der Tiere und des Menschen, am häufigsten jedoch in den Ganglienzellen des Ammonshorns im Gehirn; ihr Nachweis besitzt diagnost. Bedeutung.

Negrín, Juan, span. Politiker, * Las Palmas 3. 2. 1894, † Paris 14. 11. 1956; Prof. für Physiologie und Anatomie, Mitgl. des PSOE, seit 1933 Abg. der Cortes, 1936–37 Finanz-Min., ab Mai 1937 Min.-Präs. der Volksfront-Reg. Im Kampf gegen die nationalspan. Aufständischen suchte er alle polit. Kräfte der Republik zu sammeln, blieb aber stark von den Kommunisten abhängig; emigrierte 1939.

Negritos [span.], klein- bis zwergwüchsige (Durchschnittsgröße 137 cm), dunkelhäutige Bev.-Gruppen in weiten Teilen S- und SO-Asiens, wie die Semang auf der Malaiischen Halbinsel, die Aeta auf den Philippinen (Luzon, Panay, Negros und Palawan) und die Andamaner auf den Andamanen. Gelegentlich wurden auch Kleinwüchsige in Neuguinea und auf den Sundainseln zu ihnen gerechnet. Die N. wurden früher häufig als östl. Teilgruppe **(Negritide)** mit den afrikan. Bambutiden zu den **Pygmiden** zusammengefasst. Neuerdings nimmt man an, dass die afrikan. und asiat. Varianten selbstständig entstanden sind. Die N. sind Rückzugsvölker, die von Sammelwirtschaft leben.

P. SCHEBESTA: Die Pygmäenvölker der Erde, Reihe 2: Die Negrito Asiens, 3 Tle. (Wien-Mödling 1952–57); J. M. GARVAN: The N. of the Philippines (Wien 1964).

Négritude [negri'tyd; frz., zu nègre ›Neger‹] *die,* -, kulturphilosoph. und literar. Bewegung, die im Paris der 1930er-Jahre entstand; dort trafen schwarze Intellektuelle aus den frz. Kolonien (A. CÉSAIRE, L.-G. DAMAS, R. MARAN aus der Karibik, L. S. SENGHOR aus Senegal) zusammen und wandten sich, angeregt durch die →Harlem Renaissance, die Werke von Ethnologen (L. FROBENIUS, M. DELAFOSSE) und das Interesse bildender Künstler (P. PICASSO, G. BRAQUE) für Afrika, in der Zeitschrift ›L'Étudiant Noir‹ gegen die eurozentr. Vorstellung eines ahistor. und kulturell wertlosen Afrika. Ein weiteres bedeutendes Publikationsorgan der N. wurde die 1947 von A. DIOP gegründete Zeitschrift ›Présence africaine. Revue culturelle du monde noir‹. CÉSAIRE, der den Begriff N. prägte, bezeichnete damit die Gemeinschaft aller Schwarzen, ihre Geschichte des Leidens unter Sklaverei und Kolonialismus sowie ihre produktiven Leistungen in der Neuen Welt. In Afrika dagegen wurde unter N. die Gesamtheit dessen verstanden, was man als eigene kulturelle Werte und Eigenschaften ansah: Emotivität und Einklang mit der Natur als positiver Gegensatz zu ›abendländ. Eigenschaften‹ Vernunft und Fortschrittsglauben. Dieser Ansatz wurde von etlichen afrikan. Regierungen nach der Unabhängigkeit ideologisch übernommen, aber von der folgenden Generation afrikan. Kritiker und Literaten ab den 60er-Jahren vielfach als rassistisch, undifferenziert und rückschrittlich kritisiert. (→schwarzafrikanische Literatur, →karibische Literatur)

J.-P. SARTRE: Schwarzer Orpheus, in: DERS.: Situationen. Essays (a.d.Frz., 1956); L. S. SENGHOR: N. u. Humanismus (a.d.Frz., 1967); K.-M. SCHREINER: N.: Suche nach Identität – Verlust von Realität, in: Lendemains, Jg. 5 (1980), Nr. 19; Anthologie de la nouvelle poésie nègre et malgache de langue française, hg. v. L. S. SENGHOR (Paris ^{5}1985); M. HAUSSER: Pour une poétique de la n., Bd. 1 (ebd. 1988); M. BETI u. O. TOBNER: Dictionnaire de la négritude (Paris 1989).

negroid, Anklänge an das Merkmalsbild der Negriden zeigend, entweder aufgrund genet. Ursachen oder als negriforme Merkmalsvariante bei anderen Menschengruppen. In nichtbiolog. Zusammenhängen häufig in herabsetzender Bedeutung verwendet.

Negroponte, im MA. ital. Name der griech. Insel →Euböa.

Negros, die größte Insel der Visayan Islands, Philippinen, 12 705 km^2, 3,359 Mio. Ew.; in zwei Prov. gegliedert: **N. Occidental** (Haupt- und Hafenstadt: Bacolod) und **N. Oriental** (Haupt- und Hafenstadt: Dumaguete). Das zentrale Gebirge (bis 2 465 m ü. M.) bewirkt eine Dreiteilung der Insel: im W eine breite Küstenebene mit dem bedeutendsten Zuckerrohranbaugebiet des Landes. Daneben herrscht, wie an der sehr viel schmaleren Ostküstenebene, Anbau von Reis, Mais und Bananen vor; ferner Kokospalmenwälder. Im Innern betreiben die zurückgedrängten altindones. Stämme Aeta Wanderfeldbau, die nur noch wenigen gen Aeta Wanderfeldbau. Die Industrie verarbeitet Zuckerrohr und Kokosnüsse.

Negrospiritual ['ni:grəʊ'spɪrɪtjʊəl, engl.] *das,* auch *der,* -s/-s, Gattung religiöser (jedoch nicht liturg.) Lieder der Afroamerikaner, entstanden in den Südstaaten der USA. Im 18. Jh. lernten die Afroamerikaner im Zuge ihrer Christianisierung bzw. Missionierung durch ihre Teilnahme an den Gottesdiensten der Weißen die prot. *Spiritual Songs* kennen und ahmten diese nach, wobei sie abendländ. mit afroamerikan. Musizierformen verbanden. Die urspr. einstimmigen Melodien wurden von den Vorsängern vorgetragen und der Refrain vom Chor (nach der →Ruf-Antwort-Form) wiederholt. Dabei wurde das Thema vielfältig variiert und verziert und der Vortrag von Zwischenrufen, Fußstampfen und Händeklatschen begleitet. Im Aufbau folgt das N. der abendländ. Liedform, die Rhythmik wird wesentlich von dem der afrikan. Musizierpraxis entstammenden →Off-Beat geprägt, für die Harmonik sind →Bluenotes charakteristisch. Die Texte sind dem A. T. entnommen, jedoch bezogen auf die polit. und soziale Situation der schwarzen Bevölkerung im 18. und 19. Jh. (so hat die Erwähnung des unterjochten Volkes Israel als Metapher für die Unterdrückung der Schwarzen zu gelten, das ›gelobte Land‹ der Bibel als Codewort für den Freiheit verheißenden Norden der USA). Im 19. Jh. entwickelte sich ein mehrstimmiger Typus der N.; sie wurden zu Chorarrangements oder in der Art des Kunstliedes zum Sologesang mit Klavierbegleitung umgeformt. Durch die Konzerte der Fisk Jubilee Singers wurde das N. in den 1870er-Jahren erstmals auch außerhalb der Kirchen populär. Aus der Verbindung von Elementen des N. mit dem Jazz entstand in den 1920er-Jahren der Gospelsong. Bekannte Interpreten von N. sind u. a. MAHALIA JACKSON und das Golden Gate Quartet.

Negruzzi [ne'grutsi], Costache Constantin, rumän. Schriftsteller, *Trifeşti (Kr. Jassy) 1808, †Jassy 24. 8. 1868; hatte zw. 1840 und 1860 hohe polit. Ämter inne; mit seinen histor. (v. a. ›Alexandru Lăpuşneanu‹, 1840; dt.) und sozialen Novellen, den ersten Beispielen dieser Gattung in der rumän. Literatur, wurde er zum Begründer der modernen rumän. Kunstprosa.
Ausgabe: Opere, hg. v. L. LEONTE, 2 Bde. (1974–84).
A. PIRU: C. N. (Bukarest 1966).

Negt, Oskar, Soziologe, *Königsberg (Pr) 1. 8. 1934; beeinflusst von der Frankfurter Schule (T. W. ADORNO, M. HORKHEIMER), seit 1970 Prof. für Soziologie an der TU Hannover; Studien zur Ideengeschichte der Soziologie, zum Marxismus (→Neomarxismus) und zur Gesellschaft der BRD, gab Anstöße zu einer nichtformellen Bildungsarbeit (›Glocksee-Schule‹ Hannover) und befasst sich seit den 80er-Jahren bes. mit den Organisationsstrukturen und Handlungsfeldern der Gewerkschaften. Mit A. KLUGE entstanden drei Studien zum Thema Instrumentalisierung der schöpfer. Vermögen des Menschen.
Werke: Strukturbeziehungen zw. Gesellschaftslehren Comtes u. Hegels (1964, ²1974 u. d. T. Die Konstituierung der Soziologie als Ordnungswiss.); Soziolog. Phantasie u. exemplar. Lernen (1968); Öffentlichkeit u. Erfahrung (1972, mit A. KLUGE); Die Herausforderung der Gewerkschaften (1989); Maßverhältnisse des Politischen (1992, mit A. KLUGE); Unbotmäßige Zeitgenossen (1994).

Nehalęnnia, german. Göttin, deren Name auf zahlr. Votivtäfelchen (gefunden auf den niederländ. Inseln Walcheren und Nordbeveland sowie in Köln-Deutz) überliefert ist. Ihre Attribute sind Fruchtkörbe sowie ein Schiff, auch ein Hund. Sie könnte eine Göttin der Fruchtbarkeit, der Schifffahrt und des Todes (N. vielleicht von lat. necare ›töten‹ sein.

Nehden [nach dem Ort Nehden, heute zu Brilon, NRW], *Geologie:* Stufe des →Devon.

Nehemia [hebr. ›Jahwe hat getröstet‹], hoher Beamter (Mundschenk) am Hof des Perserkönigs ARTAXERXES I. (Neh. 1, 11); war 445–433 v. Chr. Bevollmächtigter des Königs in Jerusalem und wurde erster Statthalter der neu geschaffenen pers. Prov. Juda (→Judäa). Als einer der maßgebl. Reorganisatoren (neben →ESRA) des nachexil. jüd. Gemeinwesens ließ N. die Jerusalemer Stadtmauer wieder aufbauen und stabilisierte die innere Ordnung (Schuldenerlass, Rückgabe verkaufter oder verpfändeten Grundbesitzes, Verbot von Ehen mit ausländ. Frauen, Tempelsteuer, Sabbatruhe). – Das **Buch N.** beruht auf N.s eigenen Aufzeichnungen (Kap. 1–7; 12–13), die mit anderen Stoffen vom Verf. des chronist. Geschichtswerkes (→Chronik) bearbeitet worden sind. In Septuaginta und Vulgata wird es als 2. Buch Esra gezählt.
W. RUDOLPH: Esra u. N. (1949).

Caspar Neher: Bühnenbildentwurf zum 2. Akt der Oper ›Lulu‹ von Alban Berg für das Theater an der Wien in Wien; 1962

Neher, 1) Caspar, Bühnenbildner, *Augsburg 11. 4. 1897, †Wien 30. 6. 1962; arbeitete v. a. mit seinem Jugendfreund B. BRECHT (›Mann ist Mann‹, 1926; ›Die Dreigroschenoper‹, 1928; ›Aufstieg und Fall der Stadt Mahagonny‹, 1930). Gab auch mit seinen Opernbühnenbildern, seit den 30er-Jahren von ihm bevorzugt (v. a. Mozartinszenierungen) – u. a. in Berlin, für die Wiener Staatsoper und die Salzburger Festspiele –, bedeutende Impulse (grauer oder gedämpfter Bühnenhintergrund, farbl. Akzente durch Kostüme und Requisiten).
C. N.s szen. Werk, bearb. v. F. HADAMOWSKY (Wien 1972); C. N. 1879–1962, hg. v. O. PAUSCH, Ausst.-Kat. Österreich. Theatermuseum, Wien (Wien 1987); Was ist die Antike wert? Griechen u. Römer auf der Bühne von C. N., hg. v. V. GREISENEGGER-GEORGILA u. a. (Wien 1995).

2) Erwin, Physiker, *Landsberg a. Lech 20. 3. 1944; arbeitet seit 1972 am Max-Planck-Inst. für biophysikal. Chemie in Göttingen und ist dort seit 1983 Leiter der Abteilung Membranbiophysik; er erhielt mit B. SAKMANN für gemeinsam durchgeführte Forschungen über zelluläre Ionenkanäle, bes. für die Entwicklung einer Methode zur Messung kleinster elektr. Ströme, die einzelne Ionenkanäle durchfließen (›Patch-Clamp-Technik‹), 1991 den Nobelpreis für Physiologie oder Medizin.

Erwin Neher

3) Karl Josef Bernhard, Maler, *Biberach an der Riß 16. 1. 1806, †Stuttgart 17. 1. 1886, Bruder von 4); Schüler von P. VON CORNELIUS in München; hielt sich 1828–32 in Rom auf (Einfluss von F. OVERBECK). Er war u. a. in Leipzig (1841–46; Direktor der Akademie) und Stuttgart (1846–79; Direktor der Kunstschule) tätig. Er malte Porträts und Wandbilder (u. a. im Weimarer Schloss nach Motiven aus Werken SCHILLERS und GOETHES, 1836–46) und schuf Entwürfe für Glasfenster.

4) Michael, Maler, *München 31. 3. 1798, †ebd. 4. 12. 1876, Bruder von 3); war 1819–25 in Italien, dann in München tätig. N. unternahm Studienreisen und malte sachlich genaue Architekturbilder in der Nachfolge A. QUAGLIOS.

Nehru, 1) Jawaharlal, ind. Politiker, *Allahabad 14. 11. 1889, †Delhi 27. 5. 1964, Sohn von 2); aus einer Brahmanenfamilie Kaschmirs, führte den Titel ›Pandit‹ (›Gelehrter‹). Seit 1905 in Großbritannien, studierte er 1907–10 Naturwissenschaften in Cambridge, 1910–12 Jura in London; kehrte nach Indien zurück, wurde 1912 Mitgl. des Ind. Nationalkongresses (INC) und war seit 1916 als Anwalt in Allahabad tätig.

Jawaharlal ›Pandit‹ Nehru

Im Rahmen der 1916 entstandenen ›Home Rule League‹ (›Liga für Selbstregierung‹) engagierte er sich für die Unabhängigkeit Indiens. Er wurde stark beeinflusst von den Ideen MAHATMA GANDHIS, dem er 1916 erstmals begegnete. Im Zusammenhang mit der (ersten) von GANDHI eingeleiteten Kampagne des zivilen Ungehorsams (1920–22) wurde N. 1921 verhaftet. 1923–25 und 1927–29 war er Gen.-Sekr. des INC; 1929 wurde er dessen Präs. Unter dem Eindruck der Not der ind. Land-Bev. wandte er sich sozialist. Vorstellungen zu, ohne sich einer bestimmten Ideologie zu verpflichten. 1930 nahm er an der (zweiten) Kampagne des zivilen Ungehorsams teil, war 1930–35 (mit Unterbrechungen) in Haft, während der er eine Autobiographie (erschienen 1936; dt. ›Indiens Weg zur Freiheit‹) und die Briefe an seine Tochter INDIRA GANDHI schrieb. 1936 wurde er wieder Präs. des INC.
Nach dem Scheitern von Verhandlungen inhaftierte die britisch-ind. Reg. 1942 GANDHI, N. und andere Vertreter der Unabhängigkeitsbewegung. 1945 wurde N. freigelassen, 1946 wieder zum Kongress-Präs. gewählt (1951–54 erneut in dieser Funktion).
1946 beauftragten ihn die Briten mit der Bildung einer Interims-Reg. Nach der Teilung des ind. Subkontinents (August 1947) war er 1947–64 der erste Premier-Min. und Außen-Min. des mehrheitlich von Hindus bewohnten unabhängigen Indien. Während sich GANDHI in seinen polit. Kampagnen an den traditionellen Werten der ind. Kultur orientierte, ließ sich N. auch von westlich-europ. Ideen leiten. Demokratie und Sozialismus, staatl. Einheit und Säkularität des Denkens waren die Richtpunkte seiner Innen- und Gesellschaftspolitik. Die Lage der Armen sollte verbessert, die Kastenlosen sollten in die Gesellschaft eingegliedert werden. In Auseinandersetzung v. a. mit den ind. Fürsten setzte seine Reg. eine neue föderative Ordnung durch (Verf. der ›Ind. Union‹ von 1949/50). Von Anfang an begleitete den indisch-pakistan. Konflikt um Kaschmir seine Reg.-Tätigkeit. Nach dem freiwilligen Rückzug Frankreichs aus seinen ind. Besitzungen (bis 1954) ließ N. 1961 die port. Kolonien Goa, Daman und Diu besetzen. In seiner Außenpolitik trat er für die Blockfreiheit Indiens ein und verfocht das Prinzip der friedl. Koexistenz. Mit ZHOU ENLAI, SUKARNO und NASSER prägte er die Bandungkonferenz (1955) und wurde zu einem Wortführer der Dritten Welt. Die militär. Niederlage Indiens im Grenzkonflikt mit China (1962) führte innenpolitisch zu scharfer Kritik v. a. an seiner Verteidigungspolitik.
Ausgabe: The philosophy of Mr. N. (1966).
W. R. CROCKER: N. A contemporary's estimate (London ²1967); B. N. PANDEY: N. (ebd. 1976); R. C. DUTT: Socialism of J. N. (Neu Delhi 1981); S. GOPAL: J. N. A biography, 3 Bde. (London ²⁻⁴1983–85); B. R. NANDA: Die Nehrus. Motilal u. Jawaharlal (a. d. Engl. 1986); G. BONN: N. Annäherungen an einen Staatsmann u. Philosophen (1992).

2) Motilal, ind. Politiker, *Delhi 6. 5. 1861, †Lucknow 6. 2. 1931, Vater von 1); Rechtsanwalt; schloss sich dem Ind. Nationalkongress an. Er beteiligte sich an den Kampagnen des zivilen Ungehorsams. 1928 legte er den Entwurf einer Verf. für ein unabhängiges Indien auf der Basis eines Dominionstatus vor.

Nehrung, schmaler Landstreifen (meist aus sandigem Material), der eine flache Meeresbucht vom offenen Wasser abtrennt. Zunächst entsteht ein Haken, dann eine lang gestreckte N.; das so vom Meer abgetrennte Haff (Lagune) wird bei völligem Abschluss zu einem Strandsee. N. entstehen durch Strandversetzung an Flachküsten (Ausgleichsküsten). Für N., die nicht an die Küste anschließen (**N.-Inseln**), wird oft der ital. Name Lido verwendet. (→Küste)

Neid, eine aus Missgunst bis Hass reichende Gesinnung gegen einen anderen Menschen wegen seines Wohlergehens oder wegen Werten (Besitz, Ruhm u. a.), deren Besitz dem Neider nicht gegeben ist, ihm aber erreichbar scheint; eine sowohl negativ zu bewertende Triebkraft im Rahmen menschl. Zusammenlebens, von z. T. sehr zerstörer. Kraft. Motiv des N. ist immer ein allgemeiner oder gezielter Benachteiligungsverdacht, der zwar durch aktuelle Ideologien verstärkt wird, aber auch in traditionellen Gemeinschaften zu finden ist (böser Blick, Schadenzauber). Häufig strebt der Neider weniger danach, die beneideten Vorzüge zu gewinnen, als danach, dass der Beneidete sie auch nicht hat oder sie verliert (Schadenfreude). Die Griechen sprachen vom ›N. der Götter‹ gegen den Menschen, etwa ausgelöst durch Vernachlässigung des Opferdienstes, durch Überheblichkeit gegenüber den Göttern (Hybris) oder durch ungetrübtes Glück. In der traditionellen christl. Lehre zählt der N. zu den sieben Hauptsünden. (→Eifersucht)

Neidenburg, poln. **Nidzica** [ni'dzitsa], Stadt in der Wwschaft Olsztyn (Allenstein), Polen, an der Neide (poln. Nida), 15 100 Ew.; Herstellung von Isoliermaterial, Möbeln, medizin. Apparaturen. – Die bei einer 1370 vom Dt. Orden angelegten Burg entstandene Siedlung wurde 1381 Stadt nach Culmer Recht. Die Burg war bis 1945 eine der besterhaltenen in Ostpreußen; sie wurde 1945 ebenso wie die Stadt stark zerstört. N. kam 1945 unter poln. Verwaltung, die Zugehörigkeit zu Polen wurde durch den Dt.-Poln. Grenzvertrag vom 14. 11. 1990 anerkannt.

Neiderländisch, →deutsche Mundarten.

Neidhardt, Friedhelm, Soziologe, *Gadderbaum (heute zu Bielefeld) 3. 1. 1934; nach Forschungsaufenthalten in Südamerika Lehrtätigkeit in Hamburg und Tübingen; 1975–88 Prof. für Soziologie an der Univ. Köln; wurde 1988 Direktor am Wissenschaftszentrum Berlin für Sozialforschung (WZB), seit 1994 dessen Präs. N. ist v. a. durch seine Studien zu Methodenfragen der Soziologie, zur Familiensoziologie sowie zur Lebens- und Berufssituation von Jugendlichen und Studenten bekannt geworden.
Werke: Die Familie in Dtl. (1966); Soziale Schichtung (1966, mit K. M. BOLTE u. D. KAPPE); Systemeigenschaften der Familie (1976). – **Hg.:** Frühkindl. Sozialisation (1975); Kultur u. Gesellschaft. René König ... gewidmet (1986).

Neidhart, N. von Reuental, Herr Nithart, mittelhochdt. Minnesänger aus der 1. Hälfte des 13. Jh., nachweisbar etwa zw. 1210 und 1237 (oder 1242?). Herkunft und Stand (niederer bayer. Adel?) sind ebenso wenig sicher wie die Bedeutung des Beinamens ›von Reuental‹ (Herkunfts-Bez.; symbol. Bedeutung im Sinne von ›Jammertal‹), der nur innerhalb der Lieder als Name des Dichters in den Handschriften erscheint. N. lebte bis etwa 1230 in Bayern, dann in der Umgebung Herzog FRIEDRICHS II. von Österreich. Aus seinen unkonventionellen, illusionslosen Kreuzliedern ist auf die Teilnahme an einem Kreuzzug (1217–21 eher als 1228–29) zu schließen. N. ist der Begründer der →dörperlichen Dichtung. In seinen mit Natureingang beginnenden Sommer- und Winterliedern transponiert er das Modell des höf. Minnesangs in eine bäuerl. Umgebung und parodiert es damit für ein höf. Publikum. In den Sommerliedern erscheint der Sänger als der von Bauernmädchen Begehrte, in den Winterliedern als den bäuerl. Rivalen Unterlegene. N.s Lieder hatten eine weit reichende Nachwirkung, auch auf andere Gattungen (→Neidhart Fuchs, →Neidhartspiele). Die älteste Handschrift (Ende des 13. Jh.) enthält 56 Lieder N.s. Insgesamt sind unter seinem Namen etwa 140 Lieder überliefert, viele mit Melodien.
Ausgaben: Sangweisen, hg. v. E. ROHLOFF, 2 Bde. (1962); Die Lieder, hg. v. S. BEYSCHLAG (1975); Die Lieder N.s, hg. v. E. WIESSNER (⁴1984).
E. SIMON: N. v. R. Gesch. der Forschung u. Bibliogr. (Den Haag 1968); N., hg. v. H. BRUNNER (1986); G. SCHWEIKLE: N. (1990); D. KÜHN: N. u. das Reuental (Neuausg. 1996).

Neidhart Fuchs, spätmittelalterl. Schwanksammlung aus der zweiten Hälfte des 15. Jh., kompiliert aus 36 meist derb-obszönen Neidhartschwänken in Strophenform neben drei Liedern OSWALDS VON WOLKENSTEIN und HANS HESELLOHERS, mit einem Schlussabschnitt in Reimpaaren (insgesamt 4000 Verse). Der Held, der Dichter NEIDHART, wird durch den ›Veilchenschwank‹ (→Neidhartspiele) zum Bauernfeind, der sich in immer neuen Streichen an seinen Widersachern rächt. – Der Kompilator ist nicht bezeugt. Überliefert ist N. F. in drei Drucken: um 1491 (München), 1537 (Nürnberg), 1566 (Frankfurt am Main).
 Ausgabe: F. BOBERTAY: Narrenbuch. Der Pfarrer vom Kalenberg, Peter Leu, Neithart Fuchs ... (1884, Nachdr. 1964).

Neidhartspiele, ältester greifbarer Typus des weltl. Dramas in dt. Sprache, bereits in der Mitte des 14. Jh. nachweisbar; die N. stehen in enger Beziehung zu den Schwankerzählungen um den Dichter NEIDHART VON REUENTAL, der als ritterl. ›Bauernfeind‹ erscheint. Im Mittelpunkt steht der ›Veilchenschwank‹: NEIDHART findet im Frühling das erste Veilchen und will es der Herzogin von Österreich zeigen; in seiner Abwesenheit ersetzen die Bauern das Veilchen durch ihre Exkremente. Überliefert sind: 1) das wohl schwäbische St. Pauler N. (um 1350; Handschrift des Benediktinerstiftes St. Paul in Kärnten; 66 Verse); 2) das Sterzinger Szenar eines N. (15. Jh.) und das dazugehörige Sterzinger N. (15. Jh.; 1 064 Verse); 3) das Große N. aus Tirol (15. Jh.; Wolfenbütteler Sammelhandschrift, 2 624 Verse); 4) das Kleine N. (Ende des 15. Jh.; Wolfenbütteler Sammelhandschrift; 236 Verse). H. SACHS schrieb ›Der Neidhart mit dem feyhel‹ (1557).
 Die dt. Lit. des MA., begr. v. W. STAMMLER, hg. v. K. RUH u. a., Bd. 6 (²1987).

Neiding, in altnord. Texten derjenige, der sich einer Handlung aus ehrloser Gesinnung schuldig gemacht hat (z. B. des Verwandtenmordes).

Neidkopf, Kopf eines Ungeheuers aus Stein oder Holz, seit frühester Zeit als Abwehrzauber gegen Unheil an Häusern, in und an mittelalterl. Kirchen, an Taufsteinen und am Chorgestühl angebracht.

Neifen, Gottfried von, mittelhochdt. Minnesänger, →Gottfried, G. von Neifen.

Neigetechnik, Einrichtung in Schienenfahrzeugen, mit der bei schnellerem Durchfahren von Kurven die Fliehkraft im Fahrgastraum begrenzt wird. **Aktive N.** stellt bei Einfahrt in einen Gleisbogen hydraulisch oder elektrisch den Fahrzeugaufbau gegenüber den Fahrwerken bis zu 8° schräg zur Bogeninnenseite (z. B. Pendolino, Italien). **Passive N.** lässt den an Traversen aufgehängten Fahrzeugaufbau allein infolge der Fliehkraft in Kurven bis zu 3,5° auspendeln (z. B. Talgo, Spanien). Da Eisenbahngleise nur wenig überhöht werden können, mindert bei höherer Geschwindigkeit die Neigung des Wagenaufbaus den Überhöhungsfehlbetrag. An den Fahrwerken steigt die Seitenbeschleunigung jedoch unabhängig von der N. mit dem Quadrat der Geschwindigkeit; Fahrzeuge mit N. müssen deshalb leicht sein, um die auf das Gleis wirkenden Kräfte und damit Verschleiß und Instandhaltungsaufwand zu begrenzen. Neigezüge eignen sich nur für nicht voll ausgelastete Strecken, weil der Geschwindigkeitsunterschied zu den übrigen Zügen die Streckenkapazität erheblich einschränkt.
 Die von der Dt. Bundesbahn ab 1968 erprobte ›gleisbogenabhängige Wagenkastensteuerung‹ wurde in Italien weiterentwickelt und 1992 für Regionaltriebwagen (Baureihe 610) wieder übernommen. Nachts sind seit 1994 Hotelzüge (Baureihen 881 bis 889) des Talgo-Systems mit passiver N. im Einsatz. N. erhalten künftig auch Intercity-Triebwagen (Baureihen 411, 415 und 605).

Neigetechnik: Neigezug 610 der Dt. Bahn AG, Dieselversion des in Italien entwickelten Pendolino

Neigung, 1) *allg.:* 1) das Geneigtsein, das Schrägabfallen; 2) besonderes Interesse, Vorliebe.
 2) *Astronomie:* **Bahnneigung, Inklination,** der Winkel zw. der Bahnebene eines Himmelskörpers und der Grundebene eines Systems →astronomischer Koordinaten (im Sonnensystem meist die Ebene der Ekliptik). Die N. gehört zu den Bahnelementen (→Bahn).
 3) *Philosophie:* seit der dt. Mystik (14. Jh.) urspr. Bez. für die innere Hinwendung der Seele bzw. des Gemüts zu Objekten des Empfindungsvermögens. Im 18. Jh. bestimmte I. KANT (unter dem Einfluss der engl. Moralphilosophie) N. als ›habituelle sinnl. Begierde‹ (in: ›Anthropologie in pragmat. Hinsicht‹, 1798–1800) und ›Abhängigkeit des Begehrungsvermögens von Empfindungen‹ (in: ›Grundlegung zur Metaphysik der Sitten‹, 1785). In seiner Ethik unterscheidet er zw. Tun und Lassen aus bloßer N. und vernunftbestimmtem Wollen aus Pflicht. Negativer Inbegriff aller N. ist die Selbstsucht, die in der Erfüllung allein individuell bestimmter Wünsche besteht. Da folglich jede N. entsprechenden Schwankungen unterworfen sein kann, fehlt ihrem Motiv das Prinzip der Allgemeingültigkeit als Kategorie moral. Verbindlichkeit.
 B. HÖGEMANN: Die Idee der Freiheit u. das Subjekt (1980).

Neigungsmesser, Flugüberwachungsgerät zur Bestimmung der Lage (Neigung) eines Flugzeuges gegenüber einer Bezugsfläche. Als **absolute N.** werden Kreiselgeräte verwendet (→künstlicher Horizont); Pendel und Kugellibellen geben als **relative N.** nur das Scheinlot an.

Neill [niːl], Alexander Sutherland, brit. Pädagoge, * Forfar (Tayside Region) 17. 10. 1883, † Aldeburgh 23. 9. 1973; war 1921 Mitbegründer der Internat. Schule Hellerau (heute zu Dresden), gründete 1924 seine Heimschule Summerhill in Lyme Regis, Cty. Dorset (1927 verlegt nach Leiston, Cty. Suffolk). Beeinflusst von S. FREUD und bes. W. REICH, zielte N. im Sinne einer ›Pädagogik vom Kinde aus‹ auf zwangfreie Erziehung ohne alle disziplinar. Maßnahmen. Bei der Diskussion über →antiautoritäre Erziehung galt Summerhill vielfach als Modell.
 Werke: The problem child (1925); That dreadful school (1937; dt. Selbstverwaltung in der Schule); The last man alive (1938; dt. Die grüne Wolke); Summerhill: A radical approach in education (1960; dt. Erziehung in Summerhill, Neuausg. u. d. T. Theorie u. Praxis der antiautoritären Erziehung); Talking of Summerhill (1967; dt. Das Prinzip Summerhill); Children's rights (1971, mit anderen; dt. Die Befreiung des Kindes).
 H. HIRSCHFELD: Jean Jacques Rousseau u. A. S. N., Fortschritt, Stagnation oder Rückschritt? (1987).

Neil neilsche Parabel – Nejedlý

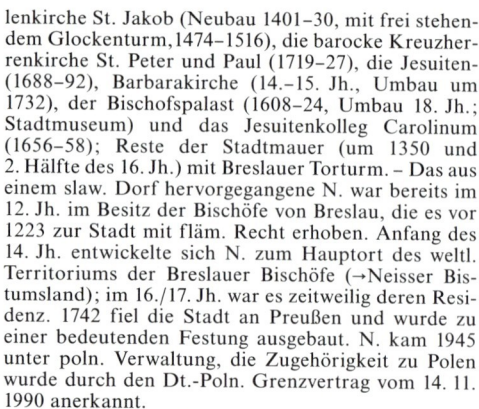

Neisse: Giebel der Hallenkirche Sankt Jakob (Neubau 1401–30) mit frei stehendem Glockenturm (1474–1516)

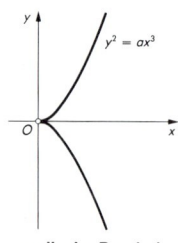

neilsche Parabel

Albert Neisser

neilsche Parabel ['niːl-; nach dem engl. Mathematiker WILLIAM NEIL, * 1637, † 1670], **semi|kubische Parabel,** Kurve 3. Ordnung mit der Gleichung $y^2 = ax^3$ in kartes. Koordinaten, wobei a eine Konstante ist. Die n. P. hat eine charakterist. Spitze bei $y = 0$.

Neilson ['niːlsn], John Shaw, austral. Lyriker, * Penola (South Australia) 22. 2. 1872, † Melbourne 12. 5. 1942; stammte aus einer Farmerfamilie und führte ein hartes Leben als Buscharbeiter und Bürobote; schrieb magisch-myst. Naturgedichte sowie balladeske Lyrik über menschl. Unglück. Sein sensibler, prätentiöser Stil übte großen Einfluss auf die weitere Entwicklung der austral. Lyrik aus.
Ausgabe: The poems of S. N., hg. v. A. R. CHISHOLM (Neuausg. 1973).
H. ANDERSON u. L. J. BLAKE: J. S. N. (Adelaide 1972).

Nei-meng-Ku, autonomes Gebiet in China, →Innere Mongolei.

Nei Monggol Zizhiqu [-tsɪdʒɪtɕy], autonome Region in China, →Innere Mongolei.

Neipperg, fränk. Uradelsgeschlecht, das schon 1120 belegt ist und dessen Name erstmals 1241 urkundlich erwähnt wird (Burg N.=Niberch). 1726 in den Reichsgrafenstand erhoben, gelangte es 1766 in das schwäb. Grafenkollegium, wo es als Personalist zur Reichsstandschaft kam. Bekannt wurden v. a.: Graf WILHELM REINHARD (* 1684, † 1774), kaiserl. Feldmarschall, unterlag im 1. Schles. Krieg in der Schlacht bei Mollwitz (10. 4. 1741) König FRIEDRICH II., D. GR., von Preußen. – Graf ADAM ALBERT (* 1775, † 1829), WILHELM REINHARDS Neffe, General und Diplomat in österr. Diensten, war ab 1815 Oberhofmeister von Erzherzogin MARIE LOUISE, der Frau NAPOLEONS I., in ihren Herzogtümern Parma, Piacenza und Guastalla. Nach NAPOLEONS Tod verband er sich 1821 MARIE LOUISE in geheimer morganat. Ehe.

Neiße *die,* Name von drei Flüssen: →Glatzer Neiße; Görlitzer oder →Lausitzer Neiße; Jauersche oder Wütende N. (→Jauer).

Neisse, poln. **Nysa** ['nisa], Stadt in der Wwschaft Opole (Oppeln), Polen, 190 m ü. M., an der Glatzer Neiße im Sudetenvorland (Oberschlesien), 48 800 Ew.; Priesterseminar; Bau von Industrieanlagen, Lieferwagen und Kleinbussen, chem. Industrie; Eisenbahnknotenpunkt. Oberhalb von N. der N.-Stausee an der →Glatzer Neiße. – 1945 wurde N. zu 75% zerstört. Erhalten oder wiederhergestellt sind u. a. die got. Hallenkirche St. Jakob (Neubau 1401-30, mit frei stehendem Glockenturm, 1474-1516), die barocke Kreuzherrenkirche St. Peter und Paul (1719-27), die Jesuiten- (1688-92), Barbarakirche (14.-15. Jh., Umbau um 1732), der Bischofspalast (1608-24, Umbau 18. Jh.; Stadtmuseum) und das Jesuitenkolleg Carolinum (1656-58); Reste der Stadtmauer (um 1350 und 2. Hälfte des 16. Jh.) mit Breslauer Torturm. – Das aus einem slaw. Dorf hervorgegangene N. war bereits im 12. Jh. im Besitz der Bischöfe von Breslau, die es vor 1223 zur Stadt mit fläm. Recht erhoben. Anfang des 14. Jh. entwickelte sich N. zum Hauptort des weltl. Territoriums der Breslauer Bischöfe (→Neisser Bistumsland); im 16./17. Jh. war es zeitweilig deren Residenz. 1742 fiel die Stadt an Preußen und wurde zu einer bedeutenden Festung ausgebaut. N. kam 1945 unter poln. Verwaltung, die Zugehörigkeit zu Polen wurde durch den Dt.-Poln. Grenzvertrag vom 14. 11. 1990 anerkannt.

Neisser, Albert, Dermatologe, * Schweidnitz 22.1. 1855, † Breslau 30. 7. 1916; ab 1882 Prof. in Breslau; entdeckte (1879) den Erreger des Trippers und sicherte (1880-81) mit neuzeitl. Färbemethoden den Nachweis des von G. H. A. HANSEN entdeckten Lepra-Erregers.

Neisser Bistumsland, histor. Landschaft in Schlesien, seit Anfang des 14. Jh. das weltl. Territorium der Bischöfe von Breslau (1344 durch den Kauf von Grottkau erweitert). Hauptort war →Neisse. 1742 fiel der größere Teil an Preußen (1810 säkularisiert), der kleinere Teil blieb bis 1918 bei Österreich und kam dann zur Tschechoslowakei.

Neisseria [nach A. NEISSER], Bakteriengattung mit etwa zehn Arten, davon zwei humanpathogen (Gono-, Meningokokken); unbewegl., paarig auftretende, gramnegative Kokken, die nur auf Nährböden (Blut oder tier. bzw. menschl. Eiweiß) wachsen.

Neisseriaceae, Familie gramnegativer, aerober, kugelförmiger (Kokken) oder stäbchenförmiger Bakterien, die in Paaren, Massen oder kurzen Ketten zusammenliegen. Vier Gattungen, davon drei parasitisch (Neisseria, Branhamella, Moraxella) und eine saprophytisch lebend (Acinetobacter).

Ne|iswęstnyj, Ernst Iossifowitsch, russ. Bildhauer und Grafiker, * Swerdlowsk 9. 4. 1925; gehörte zur inoffiziellen künstler. Avantgarde in der UdSSR, lebt seit 1977 in Zürich. Beeinflusst u. a. von H. MOORE und J. LIPCHITZ, schuf er Grafikzyklen (u. a. zu DANTE ALIGHIERIS ›Divina Commedia‹), z. T. mit Fotomontage, kleine (bronzene) Skulpturen (›Golgatha‹) sowie das Grabmal für N. S. CHRUSCHTSCHOW (1974; Moskau).

Neith, ägypt. **Neret** [›die Schreckliche‹], ägypt. Göttin des Krieges; von den Griechen mit Athene gleichgesetzt. Sie wurde urspr. in Saïs (Nildelta) verehrt, daher mit der Krone Unterägyptens dargestellt. Menschengestaltig dargestellt, galt N. als Mutter des Sonnengottes und als eine der vier Schutzgöttinnen der Toten.

Neiva ['nɛiβa], Hauptstadt des Dep. Huila, Kolumbien, 472 m ü. M., am oberen Río Magdalena, 232 600 Ew.; Bischofssitz; Aufbereitung und Verarbeitung der in der Umgebung erzeugten Agrarprodukte (u. a. Reis, Kaffee, Baumwolle); Endpunkt der Schiffahrt auf dem oberen Río Magdalena (bis 1934) sowie (seit 1961) der Eisenbahnlinie von Santa Marta.

Nejedlý ['nɛjɛdliː], Zdeněk, tschech. Historiker, Literaturkritiker und Musikwissenschaftler, * Litomischl 10. 2. 1878, † Prag 9. 3. 1962; wurde 1919 Prof. in Prag, 1925 Mitgl. der tschechoslowak. KP (1946 ihres ZK), 1935 Vors. der Sozialist. Akademie und der Internat. Arbeiterhilfe. Nach Emigration in der UdSSR (1939–45; Lehrer an der Lomonossow-Univ.) war N. 1948-53 Min. für Schulwesen, Kunst und

Wiss. in der Tschechoslowakei, wurde 1952 Vors. der tschechoslowak. Akademie der Wiss.en; zahlr. Arbeiten zur Musik (u. a. eine Geschichte der tschech. Musik und ›Dějiny husitského zpěvu‹, 6 Bde., 1904–13) sowie zur Geschichte, Literatur und Volkskunde.

Nekes, Werner, Filmemacher, * Erfurt 29. 4. 1944; arbeitet seit 1965 an Filmexperimenten, die er auch theoretisch untermauerte.

Filme: Kelek (1968); Spacecut (1971); T-WO-MEN (1972); Amalgam (1976); Lagado (1977); Mirador (1978); Hurrycan (1979); Uliisses (1982); Was geschah wirklich zw. den Bildern? (1985); Johnny Flash (1986); Candida (1991).

nekr..., Wortbildungselement, →nekro...

Nekrassow, Nekrasov, 1) Nikolaj Aleksejewitsch, russ. Dichter, * Nemirow (Gebiet Winniza) 10. 12. 1821, † Sankt Petersburg 8. 1. 1878; bedeutendster Vertreter der politisch engagierten Poesie vor der Revolution; Repräsentant der →natürlichen Schule. N. verband in seinen Versdichtungen in Themenwahl, Motivik und sprachl. Gestaltung realist. Tendenzen mit der folkloristisch-liedhaften und der pathetisch-anklagenden Tradition. In Verserzählungen (›Moroz, krasnyj nos‹, 1863, dt. ›Frost Rotnase‹; ›Russkie ženščiny‹, 1872/73, dt. ›Russische Frauen‹) und dem unvollendeten Versroman ›Komu na Rusi žit' chorošo?‹ (1866–81; dt. ›Wer lebt glücklich in Rußland?‹) entwirft er ein satir. Panorama des Volkslebens und der Missstände in Russland. N. war Herausgeber von Zeitschriften und Sammelbänden (›Fiziologija Peterburga‹, 2 Bde., 1845). Seine Dichtung fand auch bei den russ. Symbolisten Anerkennung.

Ausgabe: Polnoe sobranie sočinenij i pisem, auf 15 Bde. ber. (1981 ff.).

S. S. BIRKENMAYER: N. Nekrasov. His life and poetic art (Den Haag 1968); V. A. ŽDANOV: Žizn' Nekrasova (Moskau 1981); F. J. PRIJMA: Nekrasov i russkaja literatura (Leningrad 1987); N. N. SKATOV: Nekrasov (Moskau 1994).

2) Wiktor Platonowitsch, russ. Schriftsteller, * Kiew 17. 6. 1911, † Paris 3. 9. 1987; hatte einen ersten Erfolg mit dem Roman ›V okopach Stalingrada‹ (1946; dt. ›In den Schützengräben von Stalingrad‹), der sich ebenso wie die späteren Kriegserzählungen durch sachl. Schilderung von dem damals übl. Pathos unterschied. Seine Romane ›V rodnom gorode‹ (1954; dt. ›Ein Mann kehrt zurück‹) und ›Kira Georgievna‹ (1962; dt. ›Kyra Georgijewna‹), die zu den bedeutendsten Erzählwerken der Tauwetterperiode nach STALINS Tod gehören, setzen sich mit dem sowjet. Alltag auseinander. 1972 Parteiausschluss, ging 1974 nach Paris (1979 Aberkennung der sowjet. Staatsbürgerschaft; 1990 rehabilitiert), wo er der Redaktion der Zeitschrift ›Kontinent‹ angehörte.

Weitere Werke: *Erzählungen:* Slučaj na Mamaevom Kurgane (1965; dt. Vorfall auf dem Mamai-Hügel); Vtoraja noč' (1965; dt. Die zweite Nacht); Malen'kaja pečal'naja povest' (1986; dt. Drei Musketiere aus Leningrad). – *Prosa:* Po obe storony okeana (1962; dt. Auf beiden Seiten des Ozeans; Reisenotizen); Po obe storony steny (1980; dt. Zu beiden Seiten der Mauer); Vzgljad i nečto (1980; dt. Ansichten und etwas mehr). – Stalingrad (1981, dt. Ausw.).

nekro... [griech. nekrós ›Leichnam‹], vor Vokalen meist verkürzt zu **nekr...,** Wortbildungselement mit den Bedeutungen: 1) Leiche, Toter, Verstorbener, z. B. Nekropole, Nekropsie; 2) Vorgang des Absterbens von Gewebe, z. B. Nekrose.

Nekrobiose [zu griech. bíos ›Leben‹] *die, -/-n,* langsames Absterben von Zellen, eine durch noch rückbildungsfähige Kern- und Zytoplasmaveränderungen gekennzeichnete Vorstufe der →Nekrose.

Nekrolog [zu griech. lógos ›Wort‹, ›Rede‹] *der, -(e)s/-e,* 1) *allg.:* Nachruf, kurze Lebensbeschreibung eines Verstorbenen.

2) Nekrologion, lat. **Obituarium, Totenbuch,** Verzeichnis der Todestage von Mitgl., Wohltätern u. a. einer kirchl. Gemeinschaft, deren Gedächtnis jährlich begangen werden sollte (Gebetsverbrüderung). Verwandt mit den N. sind die **Jahrtags-** oder **Seelbücher** mit den in ihnen verzeichneten gestifteten Jahrtagen für Verstorbene. Die N. sind eine wichtige Quelle, bes. für die Genealogie, und sind in den Monumenta Germaniae Historica ediert.

Nekromantie [zu griech. manteía ›Weissagung‹] *die, -,* Totenorakel, das durch direkte Beschwörung Verstorbener, durch das Gebet an eine dem Toten übergeordnete Gottheit oder durch den ›Tempelschlaf‹ (→Inkubation 3) auf Gräbern gesucht wird. Berühmte Fälle von N. sind das Herbeirufen des Sehers Teiresias durch Odysseus (Odyssee XI, 90–151), die Beschwörung Samuels, die die Hexe von Endor auf Bitten Sauls vollzieht (1. Sam. 28, 7–20), und die Erscheinung Enkidus vor Gilgamesch (Gilgamesch-Epos); auch die Edda kennt den ›Totenzauber‹ (›valgaldr‹). Der Zweck der N. besteht meist in der Erlangung von Wissen und Weisungen für die Zukunft oder von Erkenntnissen über das Jenseits. Ein anderes Ziel verfolgt der tibet. ›Ritus der sich erhebenden Leichnams‹ (›rolangs‹): Dem beschworenen Toten wurde die Zunge aus dem Mund geschnitten, um diese als mächtiges Zaubermittel zu besitzen. (→Mantik)

Nekrophagen [zu griech. phageín ›fressen‹], Tiere, die sich von toten Organismen ernähren **(Nekrophagie);** man unterscheidet →Koprophagen und →Saprophagen.

Nekrophilie [zu griech. philía ›Vorliebe‹] *die, -,* i. w. S. Vorliebe für totes Material, auch für Vergangenes, Hinwendung zu Toten; i. e. S. Neigung zu geschlechtl. Verkehr mit Leichen als Folge schwerer sexueller Fehlentwicklung; auch Bez. für sexuelle Leichenschändung.

Nekrophobie, krankhafte Furcht vor Toten.

Nekropole [griech. ›Totenstadt‹] *die, -/-n,* Bez. antiker Friedhöfe und Gräberstraßen, auf vor- und frühgeschichtl. Gräberfelder sowie Friedhöfe des Altertums überhaupt, z. B. in Ägypten.

Nekropsie [zu griech. ópsis ›das Sehen‹] *die, -/...'sien, Rechtsmedizin:* die Leichenschau.

Nekrose [griech. nékrosis ›das Töten‹] *die, -/-n,* örtlich begrenztes Absterben von Zellen (Zelltod) oder Gewebeteilen (Gewebetod) eines Organismus durch Ausfall des Zellstoffwechsels. Zu den Hauptursachen gehören örtl. Stoffwechselstörungen, v. a. aufgrund einer Behinderung oder Aufhebung der Blutversorgung mit daraus folgendem Sauerstoffmangel (Hypoxie); sie treten als Folge von (v. a. arteriosklerot.) Gefäßkrankheiten, plötzlich aussetzender Blutzufuhr (Embolie, Thrombose), Quetschung oder Zerreißung großer Blutgefäße), Abschnürung von Gewebeteilen (z. B. bei Brucheinklemmung, Stieldrehung von Tumoren) oder anhaltender Druckschädigung **(Druck-N.)** auf. Weitere Ursachen sind Gewebeschädigungen durch chem. Einflüsse (Ätzmittel, Gifte, bakterielle Toxine) oder physikal. Einwirkungen (Erfrierung, Verbrennung, Strahlenschädigung). Auch das Fettgewebe kann von einer N. betroffen sein **(Fettgewebe-N.),** v. a. infolge Quetschung oder Erfrierung. Je nach Ursache und betroffener Gewebeart verläuft der Abbau als **Koagulations-N.** in Form einer Gerinnung des Zelleiweißes (z. B. bei Infarkten von Herz und Niere) oder als **Kolliquations-N.** durch Verflüssigung der abgestorbenen Zellen (v. a. im fettreichen Nervengewebe, z. B. beim Schlaganfall). Sind größere Gewebeteile betroffen (z. B. Zehen, Fuß), vollzieht sich die Veränderung des nekrot. Gewebes entsprechend dem Milieu und der Beteiligung von Fäulnisbakterien als trockene oder feuchte →Gangrän.

Nektanebos, Name zweier ägypt. Könige der 30. Dynastie.

1) Nektanebos I., ägypt. **Nechtnebef,** König (380 bis 363 v. Chr.); bemühte sich um die Neuordnung des Landes nach den Wirren der Perserzeit.

Nikolaj Aleksejewitsch Nekrassow

Wiktor Platonowitsch Nekrassow

Nekt Nektar – Nelkengewächse

2) **Nektanebos II.,** ägypt. **Nechthorhebet,** König (360–343 v. Chr.); der letzte einheim. Pharao, als Bauherr bedeutend. In seine Regierungszeit fällt die Einnahme Ägyptens durch die Perser unter ARTAXERXES III. OCHOS.

Nektar [griech.-lat.] *der, -s/-e,* 1) *Botanik:* pflanzl. Drüsensekret, das aus den meist in der Blüte liegenden →Nektarien ausgeschieden und Blüten suchenden Insekten als ›Lockspeise‹ geboten wird; wässrige Flüssigkeit mit hohem Gehalt an Trauben-, Frucht- und Rohrzucker sowie an verschiedenen organ. Säuren, blütenspezif. Duftstoffen und Mineralstoffen. Nach einem chemisch-physikal. Umwandlungsprozess unter dem Einfluss von Invertase und Diastase aus dem Honigmagen der Bienen und unter dem Einfluss der Wärme im Bienenstock (34 °C) entsteht in den Honigwaben der Blütenhonig (→Honig).
2) *Getränk:* Kurz-Bez. für Frucht-N. (→Fruchtsaft).
3) *griech. Mythos:* der Trank der Götter, der wie ihre Speise Ambrosia Unsterblichkeit verlieh.

Nektari|en, *Sg.* **Nektarium** *das, -s,* **Honigdrüsen, Saftdrüsen,** *Botanik:* äußere Drüsen, die ein zuckerhaltiges Sekret (→Nektar) ausscheiden. Die **floralen N.** liegen als Drüsenflächen oder -haare innerhalb der Blüten an der Blütenachse oder an den Blütenblättern, oder sie sind als ringförmige sezernierende Verdickungen des Blütenbodens (Diskus) ausgebildet. Sie locken Insekten zur Bestäubung an. Außerhalb der Blüten liegen die **extrafloralen N.,** z. B. an Nebenblättern (Wicke, Holunder), am Blattstiel (Süßkirsche, Passionsblume, Adlerfarn) oder in den Winkeln der stärksten Blattrippen (Trompetenbaum). Über die Bedeutung der extrafloralen N. ist noch nichts bekannt.

Nektarine *die, -/-n,* **Prunus persica var. nucipersica,** nur in Kultur bekannte glattschalige Varietät des Pfirsichs mit leicht herauslösbarem Steinkern.

Nektarvögel, Nectariniidae, Familie der Singvögel mit etwa 105 Arten in der altweltl. Tropen; ihre Größe liegt zw. 9 und 28 cm, wobei die hohen Werte auf die verlängerten mittleren Schwanzfedern mancher Arten zurückgehen. Die meisten N. haben im männl. Geschlecht ein bunt schillerndes Gefieder ähnlich den Kolibris, mit denen sie aber nicht verwandt sind. N. ernähren sich von Insekten, Spinnen und von Blütennektar, den sie mit der aus dem dünnen und meist gebogenen Schnabel weit vorstreckbaren und spezialisiert gebauten Zunge aufnehmen. Die meisten Arten bauen Hängenester mit überdachtem Eingang; die Spinnenjäger (Gattung Arachnothera) heften das Nest an die Unterseite großer Blätter.

Nekton [griech. ›das Schwimmende‹] *das, -s,* Lebensgemeinschaft der im Wasser (im Ggs. zum Plankton) aktiv schwimmenden, in ihrer Fortbewegung nicht oder kaum durch Wasserströmungen beeinflussten größeren Lebewesen; v. a. Fische, auch Kopffüßer, Quallen, Meeresreptilien und Meeressäugetiere.

Neleus, griech. **Neleus,** *griech. Mythos:* Sohn des Poseidon und der Tyro, Zwillingsbruder des Pelias, Gründer von Pylos. N. und seine Söhne – außer Nestor – wurden von Herakles getötet, als er Pylos eroberte. Athen. Adelsgeschlechter sowie ion. Städte (bes. Milet) leiteten sich von N. her.

Nelke [mnd. negelke, mhd. negellin, eigtl. ›kleiner Nagel‹ (nach der Form)], 1) *Botanik:* **Dianthus,** Gattung der N.-Gewächse mit etwa 300 Arten in Eurasien (in Europa 120) und (wenige Arten) im südl. Afrika. Meist Stauden mit kreuzgegenständigen Blättern und lockeren oder gedrängten, zymösen Blütenständen; Blüten auch einzeln und endständig; Blüten duftend, rosa, rot, seltener weiß, nur Gartenformen gelb; Kronblätter genagelt (plötzlich in einem schmalen Basalteil verengt); alle Arten sind geschützt. In Dtl. nur wenige Arten, u. a. **Kartäuser-N.** (Dianthus carthusianorum), auf trockenen, kalkhaltigen Böden; bis 50 cm hoch, Blüten purpurrot, in büscheligen Köpfchen; wird in versch. Sorten als Zierpflanze kultiviert. **Pracht-N.** (Dianthus superbus), auf feuchten Waldwiesen; 30–50 cm hoch, mit langen, schmalen Stängelblättern und großen, blasslilafarbenen, fransigen Blüten. **Gletscher-N.** (Dianthus glacialis), auf sauren Böden der höheren Zentralalpen und der Karpaten; bis 10 cm hoch; dichte Rasen bildend; mit steifen, grasartigen, gebüschelten Blättern; Blüten einzeln, klein, fleischfarben, am Rand gekerbt, beliebte Steingartenpflanze. **Stein-N. (Wald-N.),** Dianthus sylvestris), in den Alpen und in S-Europa; dicht rasig wachsend; mit 1–2 mm breiten, hell- bis bläulich grünen Blättern und bis zu vier rosafarbenen Blüten an 5–40 cm hohem Stängel. **Bart-N.** (Dianthus barbatus), in den Gebirgen S-Europas; Blätter breitlanzettlich; Blüten kurz gestielt, in Büscheln, mit schmallanzettl. Hochblättern; wird in versch., meist weiß oder rosa bis dunkelrot, auch gestreift oder gescheckt blühenden Gartensorten kultiviert und oft gekreuzt mit der aus China kommenden **Chineser-N. (Chinesische N.,** Dianthus chinensis), bis 40 cm hoch, die großen Blüten in locker verzweigtem Blütenstand; zahlr. Zuchtformen, am bekanntesten die aus Japan eingeführte Gruppe der **Heddewigs-N.,** z. T. mehrfarbig; mit stark geschlitzten Blütenblättern. **Feder-N.** (Dianthus plumarius) aus SO-Europa; bildet dichte, rasenartige Polster; die stark duftenden Blüten weiß oder rosa, mit fingerartig eingeschnittenen Blütenblättern; Stängel 20–40 cm hoch, gabelig verzweigt; viele winterharte Sorten. **Garten-N.** (Dianthus caryophyllus), heimisch in Dalmatien; Stammform einer Vielzahl allg. kultivierter Beet- und Schnittnelkensorten, z. B. der je nach Sorte 30–50 cm hohen **Land-N.** mit drei- bis mehrfarbigen, meist gefüllten, duftenden Blüten. Nicht winterhart sind die **Chor-N.** mit ganzrandigen Blütenkronblättern; in Dtl. nur noch die im Topf kultivierten, schwachstängeligen, dunkelroten **Gebirgshänge-N.** Die bis 60 cm hohen **Chabaud-N.** sind einjährige Schnittblumen mit großen, gefüllten, duftenden Blüten in zahlr. Farben. Die in großen Mengen in Gewächshäusern gezogenen, in vielen Farben blühenden **Edel-N.** sind die wichtigsten Schnittblumen der Blumenhandlungen, die letztlich auf in Amerika weitergezüchtete frz. **Remontant-N.** zurückgehen, eine Hybridzüchtung vermutlich aus Lyon.

Kulturgeschichtliches: Die N. wurde im islam. Orient zur Kulturpflanze entwickelt und gelangte im 13. Jh. durch Kreuzfahrer nach Europa. Im MA. galten N. als Mariensymbol. – Die rote N., Symbolblume des 1. Mai, wurde im 20. Jh. Symbol des Sozialismus und der sozialdemokrat. Parteien.

2) *Gewürz:* →Gewürznelkenbaum.

Nelken, Dinah, eigtl. **Bernhardina N.-Ohlenmacher,** geb. **Schneider,** Schriftstellerin, * Berlin 16. 5. 1900, † Berlin (West) 14. 1. 1989; schrieb in den 20er-/30er-Jahren u. a. Feuilletons und Romane (›Die Erwachenden‹, 1925); befreundet u. a. mit E. KÄSTNER und E. M. REMARQUE. 1936 Emigration nach Wien, wo sie zus. mit ihrem Bruder, dem Grafiker ROLF GERO SCHNEIDER, den populären Liebesroman ›Ich an dich‹ (1938; verfilmt u. d. T. ›Eine Frau wie du‹) verfasste; dann Aufenthalte auf der Insel Korčula (Dalmatien) und in Italien; seit 1950 freie Schriftstellerin in Berlin (West). Neben zeitgeschichtl. Romanen (›Das angstvolle Heldenleben einer gewissen Fleur Lafontaine‹, 1971) schrieb sie Hörspiele und Drehbücher.

Nelkengewächse, Caryophyllaceae, Pflanzenfamilie mit rd. 270 Arten in etwa 90 Gattungen; bes. in der temperierten Zone der Nordhalbkugel; überwiegend Kräuter oder Halbsträucher, meist kreuzgegenständig beblättert; Blüten überwiegend zwittrig

Nelke 1):
Von **oben**
Kartäusernelke (Höhe 10–50 cm); Bartnelke (Höhe 20–60 cm); Gletschernelke (Höhe 2–10 cm)

und fünfzählig, häufig in zymösen Blütenständen. Bekannte Gattungen sind →Hornkraut, →Leimkraut, →Lichtnelke, →Mastkraut, →Nabelmiere und →Nelke.

Nelkenhafer, der →Schmielenhafer.

Nelken|öl, stark würzig riechendes äther. Öl, das durch Wasserdampfdestillation aus Gewürznelken gewonnen wird; es enthält v. a. Eugenol, ferner u. a. Acetyleugenol, Caryophyllen, Salicylsäuremethylester. Verwendung in der Parfümerie und Aromenherstellung, auch in der Zahnmedizin (als Antiseptikum und lokales Betäubungsmittel).

Nelkenpfeffer, ein Gewürz, →Piment.

Nelkenrevolution, häufige Bez. für den Sturz der Diktatur in Portugal (1974) durch die ›Bewegung der Streitkräfte‹, deren Zeichen die rote Nelke war.

Nelkenwickler, zwei Arten der Schmetterlingsfamilie →Wickler, deren Raupen durch Fraß an Knospen, Blüten und Blättern von Nelken schädlich werden; die befressenen Pflanzenteile sind oft zusammengesponnen. Der bräunl. **Mittelmeer-N.** (Cacoecimorpha pronubana) hat ockergelbe bis blassorangefarbene Hinterflügel; der ähnlich aussehende **Südafrikanische N.** (Epichoristodes acerbala) ist seit 1960 wiederholt mit Blumensendungen aus dem südlichen Afrika nach Europa verschleppt worden.

Nelkenwurz, Geum, Gattung der Rosengewächse mit etwa 65 Arten, v. a. in der nördl. gemäßigten Zone; Stauden mit gefiederten oder geteilten Blättern und einzelnen, meist jedoch in Scheindolden stehenden großen gelben, roten oder weißen Blüten; Nussfrüchtchen meist mit hakig verlängertem Griffel. In Dtl. sind fünf Arten heimisch, darunter die gelb blühende **Echte N.** (Geum urbanum) in Laubmischwäldern und die **Bach-N.** (Geum rivale): von den Niederungen bis ins Hochgebirge verbreitet; bis 70 cm hoch; Blüten nickend, rötlich gelb, mit braunrotem Kelch; Grundblätter fiederspaltig, Stängelblätter dreiteilig.

Nell-Breuning, Oswald von, kath. Theologe, Wirtschafts- und Sozialwissenschaftler, * Trier 8. 3. 1890, † Frankfurt am Main 21. 8. 1991; studierte Nationalökonomie (u. a. Schüler A. H. WAGNERS) und Theologie, wurde 1911 Jesuit, erhielt 1921 die Priesterweihe und war ab 1928 Prof. für christl. Gesellschaftslehre und Ethik an der Philosophisch-Theolog. Hochschule St. Georgen in Frankfurt am Main, ab 1965 zugleich Honorar-Prof. an der Frankfurter Univ. N.-B. war maßgeblich an der Erarbeitung der Sozialenzyklika →Quadragesimo anno (1931) beteiligt, hat durch seine wiss. Arbeit wesentl. Grundlagen der →katholischen Soziallehre gelegt, ihre Entwicklung über Jahrzehnte geprägt und sich in vielfältiger Weise für die polit. Umsetzung ihrer drei Prinzipien (Personalität, Solidarität, Subsidiarität) als den Grundlagen einer sozialen Gesellschaft eingesetzt. Wichtige Themen seiner über 1 700 Veröffentlichungen sind Fragen der Wirtschaftsethik sowie der Wirtschafts- und Sozialpolitik: Verhältnis von Arbeit und Kapital, Bedeutung der Gewerkschaften, Auseinandersetzung mit dem Marxismus, Frage der Mitbestimmung. (BILD S. 472)

Werke: Grundzüge der Börsenmoral (1928); Die soziale Enzyklika (1932); Einzelmensch u. Gesellschaft (1950); Wirtschaft u. Gesellschaft heute, 3 Bde. (1956–60); Kapitalismus u. gerechter Lohn (1960); Baugesetze der Gesellschaft (1968); Grundsätzliches zur Politik (1975); Soziallehre der Kirche (1977); Soziale Sicherheit (1979); Gerechtigkeit u. Freiheit. Grundzüge kath. Soziallehre (1980); Arbeit vor Kapital (1983); Arbeitet der Mensch zuviel? (1985); Unsere Verantwortung. Für eine solidar. Gesellschaft (1987).

Ausgaben: O. von N.-B. – unbeugsam für den Menschen. Lebensbild, Begegnungen, ausgewählte Texte, hg. v. H. KLEIN (1989); Den Kapitalismus umbiegen. Schriften zu Kirche, Wirtschaft u. Gesellschaft. Ein Lesebuch, hg. v. F. HENGSBACH (1990).

A. LOSINGER: Gerechte Vermögensverteilung. Das Modell O. von N.-B.s (1994).

Nellore [neˈlɔː], Stadt im Bundesstaat Andhra Pradesh, S-Indien, in der Koromandelküstenebene am Penner, 316 000 Ew.; kath. Bischofssitz; Keramik- und Nahrungsmittelindustrie.

Nelson [nelsn, engl.], *Ringen:* Gruppe der Nackenhebel. N. werden am Nacken des Gegners angesetzt; dabei werden ein Arm **(Halb-N.)** oder beide Arme **(Doppel-N.)** unter der Achsel des Gegners durchgeführt.

Nelson [nelsn], **1)** Industriestadt in der Cty. Lancashire, England, nördlich von Manchester, 29 100 Ew.; Textil-, Schuh-, chem. Industrie.

2) Hafenstadt auf der Südinsel Neuseelands, an der Tasman Bay, 50 200 Ew.; anglikan. Bischofssitz; landwirtschaftl. Forschungsstation; Kunstgalerie, Museum; Obstbau und -verarbeitung, Brauerei, Sägewerke, Bootsbau; Flugplatz.

Nelson, 1) Horatio, Viscount (seit 1801), seit 1798 Baron **of the Nile** [əv ðə ˈnaɪl], seit 1800 Herzog **von Brontë** [ˈbrɒnti], brit. Admiral, * Burnham Thorpe (Cty. Norfolk) 29. 9. 1758, † (gefallen) bei Trafalgar 21. 10. 1805; Sohn eines Pfarrers, ging früh zur See und kommandierte mit 21 Jahren im nordamerikan. Unabhängigkeitskrieg eine engl. Fregatte. Nach Erfolgen im Seekrieg gegen das revolutionäre Frankreich übernahm N. 1798 den Oberbefehl über die brit. Flotte im Mittelmeer. Am 1. 8. 1798 vernichtete er vor Abukir die frz. Flotte der →ägyptischen Expedition NAPOLÉON BONAPARTES. 1798/99 verhalf er – begleitet von seiner Geliebten Lady EMMA HAMILTON – dem von den Franzosen aus Neapel vertriebenen König FERDINAND IV. zur Rückkehr. Wegen einer Befehlsverweigerung von seinem Kommando abberufen, 1801 aber zum Vizeadmiral ernannt, leitete er unter dem Oberbefehl von Sir HYDE PARKER (* 1739, † 1807) die Beschießung Kopenhagens (2. 4. 1801). Beim Wiederausbruch des Krieges 1803 (→Napoleonische Kriege) erhielt N. erneut den Oberbefehl im Mittelmeer, wie er die frz.-span. Flotte in der für England entscheidenden Schlacht bei Trafalgar am 21. 10. 1805 schlug. Sein stets kühner Einsatz führte zu häufigen Verwundungen und machte ihn zu einem populären Kriegshelden. (BILD S. 472)

Ausgaben: The dispatches and letters of Vice Admiral Lord Viscount N., hg. v. N. H. NICOLAS, 7 Bde. (1844–46); T. J. PETTIGREW: Memoirs of the life of Vice-Admiral Lord Viscount N., 2 Bde. (1849); J. K. LAUGHTON: The Barker collection. Manuscripts of and relating to Admiral Lord N. (1913).

G. M. BENNETT: N. the commander (London 1972).

2) [ˈnɛlsən], Leonard, Philosoph und Staatstheoretiker, * Berlin 11. 7. 1882, † Göttingen 29. 10. 1927; ab 1919 Prof. in Göttingen. Begründer des Neufriesianismus. Unter Berufung auf J. F. FRIES versuchte N., KANTS ›Kritik der reinen Vernunft‹ als auf die gesicherte Grundlegung der systemat. Philosophie abziehende Untersuchung des menschl. Erkenntnisvermögens zu begreifen und dabei die Begründungszirkel der psychologist. und transzendentalist. Auffassung zu vermeiden. Dieses Begründungsproblem versuchte N. mit der subjektiven Deduktion der reinen Verstandesbegriffe zu lösen. Grundlegend hierfür ist der Begriff des ›Selbstvertrauens‹. Seine Leistungen zur Ethik versuchte N. in der Erziehung (1924 Gründung des Landerziehungsheims Walkemühle bei Kassel) und in der Jugendbewegung (1926 Gründung des ›Internat. Sozialist. Kampf-Bundes‹) zu verwirklichen. (BILD S. 472)

Werke: Über das sog. Erkenntnisproblem (1908); Vorlesungen über die Grundlagen der Ethik, 3 Tle. (1917–24); Die Rechtswiss. ohne Recht (1917); Beitr. zur Philosophie der Logik u. Mathematik (hg. 1959).

Nelson River [ˈnelsn ˈrɪvə], Fluss in der Prov. Manitoba, Kanada, 644 km lang, Abfluss des Winnipegsees, mündet in die Hudsonbai; mehrere Wasserkraftwerke. Zus. mit dem →Saskatchewan, dem South Sas-

Nektarvögel:
Malachitnektarvogel (Männchen, Gesamtlänge einschließlich Schwanzspitzen bis 28 cm)

Nelkenwurz:
Echte Nelkenwurz (Höhe 25–70 cm)

Oswald
von Nell-Breuning

Horatio Nelson

Leonard Nelson

katchewan und dem Bow ergibt sich eine Flusslänge von 2575 km.

Nelspruit [ˈnelsprɔit], Hauptstadt der Prov. Mpumalanga, Rep. Südafrika, im Lowveld, am Crocodile River, 670 m ü. M., 60000 Ew.; Forschungsinstitut für subtrop. Früchte; botan. Garten. N. ist wichtiger Handelsort; bedeutender Anbau von Obst und Gemüse. – N. entstand 1892 als Eisenbahnstation.

Neman, 1) Stadt in Russland, →Ragnit.
2) russ. Name für die →Memel.

Nemanjiden, serb. **Nemanjići** [-tci], serb. Dynastie im MA. (1123–1394), die unter Großžupan Stephan Nemanja (um 1168–96) die byzantin. Oberhoheit abschüttelte und unter Stephan IV. Dušan Uroš (1331–55, seit 1346 Zar) den Höhepunkt ihrer Macht erreichte.

Nemastomatidae, die Fadenkanker, →Weberknechte.

Nemathelminthes, die →Schlauchwürmer.

nematische Phase, →flüssige Kristalle.

Nematizide [zu griech. nēma ›Faden‹ und lat. caedere, in Zusammensetzungen -cidere ›töten‹], Sg. **Nematizid** das, -(e)s, Wirkstoffe zur Abtötung tier- und menschenpathogener (→Wurmmittel) sowie pflanzenpathogener Fadenwürmer. Da Letztere vorwiegend bodenbewohnend sind, gehören diese N. v. a. zu den chem. Bodendesinfektionsmitteln. Gegen frei im Boden lebende Fadenwürmer werden v. a. Atemgifte eingesetzt; Stängel- und Blattälchen sowie Fadenwurmzysten werden mithilfe wasserlösl. N. bekämpft, die von der Pflanze aufgenommen werden.

nematoblastisch, Gefügecharakterisierung metamorpher Gesteine; n. Gefüge bestehen v. a. aus langsäulig-nadeligen, mehr oder weniger parallel orientierten Mineralen; sie bilden sich bei der →Kristalloblastese.

Nematocera, die →Mücken.

Nematoda, die →Fadenwürmer.

Nematoloma, die Pilzgattung →Schwefelkopf.

Nematomorpha, die →Saitenwürmer.

Nematozyste, die Nesselkapsel (→Nesselzellen).

Nembutsu, die Anrufung der hl. Namen, bes. des Buddha Amitabha (Namu Amida butsu, ›Anbetung, Dir, Amida Butsu‹) und des Titels des Lotossūtra (Namu myōhō rengekyō, ›Gepriesen sei das wunderbare Gesetz des Lotossūtra‹), bildet die stärkste Form des buddhist. Gebetes in Japan; dessen Motive sind Hingabe und Vertrauen, Bitte um Hilfe und Schutz und Verlangen nach endgültiger Erlösung.

Němcová [ˈnjɛmtsovaː], Božena, geb. **Barbara Pankl,** tschech. **Panklová,** tschech. Schriftstellerin, *Wien 4. 2. 1820, †Prag 21. 1. 1862; lernte durch die häufigen Versetzungen ihres Mannes, eines Zollbeamten, Böhmen und die Slowakei kennen; schloss sich der nat. Bewegung (1848) an. N. wurde durch ihre viel gelesenen Erzählungen und Romane, in denen sie anschaulich, z. T. romantisch-sentimental gefärbt, das Volksleben schildert, sowie durch sozialkrit. Prosa richtungweisend für die tschech. realistische Prosa; gab auch Sammlungen tschech. und slowak. Märchen und Sagen heraus.

Werke: Roman: Babička (1855; dt. Die Großmutter). – *Erzählungen:* Chudí lidé (1856; dt. Aus einer kleinen Stadt); Pohorská vesnice (1856); V zámku i v podzámčí (1856). – *Märchen und Sagen:* Národní báchorky a pověsti, 7 Bde. (1845–46; dt. Ausw. u. d. T. Der goldene Vogel); Slovenské pohádky a pověsti, 10 Bde. (1857–58; dt. Ausw. u. d. T. Das goldene Spinnrad u. a. tschech. u. slowak. Märchen).

Ausgabe: Spisy, 15 Bde. (1950–61).

J. Mukařovský: B. N. (Brünn 1950); Život B. N., hg v. M. Novotný, 6 Bde. (Prag 1951–59); M. Laiske: Bibliografie B. N. (ebd. 1962); G. J. Morava: Sehnsucht in meiner Seele. B. N., Dichterin (Innsbruck 1995).

Nemea [griech. ›Weide‹], Gem. im Verw.-Bez. (Nomos) Korinth, Griechenland, im NO des Peloponnes,

Nemesie:
Nemesia strumosa
(Höhe bis 25 cm)

4200 Ew. – Östlich davon liegt das Heiligtum von N. mit dem Zeustempel (330–328 v. Chr.), von dem noch drei dor. Säulen stehen und wo im Altertum seit 573 v. Chr. die →Nemeischen Spiele gefeiert wurden. Ausgrabungen stellten einen Vorläuferbau des Tempels (6. Jh. v. Chr.) fest, ferner Palästra, Bäder, eine Herberge (?), über der im 5.–8. Jh. eine Basilika stand und an deren Stelle im 17. Jh. eine Kapelle errichtet wurde, sowie das Stadion.

Německý Brod [ˈnjɛmɛtski: ˈbrɔt], früher tschech. Name für →Deutsch-Brod.

Nemeischer Löwe, griech. *Mythos:* von Typhon und Echidna gezeugter Löwe mit unversehrbarem Fell, der die Bewohner von Nemea heimsuchte. Er wurde von Herakles erwürgt; der Kopf des N. L. diente Herakles seitdem als Helm, das Fell als Panzer.

Nemeische Spiele, zu den panhellen. Spielen gehörende Wettkämpfe, die seit 573 v. Chr. alle zwei Jahre zu Ehren des nemeischen Zeus im Heiligtum von →Nemea durchgeführt wurden und die Herakles, der den Nemeischen Löwen erschlug, begründet haben soll. (→antike Festspiele)

Nemertini [griech.], die →Schnurwürmer.

Nemes [ˈnɛmɛʃ], Endre, schwed. Maler ungar. Herkunft, *Pécsvárad (Bez. Baranya) 10. 11. 1909, †Göteborg 22. 9. 1985; übersiedelte nach Studien in Prag 1940 nach Schweden, wo er v. a. durch seine Lehrtätigkeit an der Vaterland-Kunstschule in Göteborg großen Einfluss auf die zeitgenöss. schwed. Kunstszene ausübte. N.' Malerei bewegte sich zw. Surrealismus und Pop-Art und spiegelt kaleidoskopartig die europ. Moderne wider.

Nemesie [wohl zu griech. némos ›Wald‹], **Nemesia,** Gattung der Rachenblütler mit rd. 65 Arten, v. a. im südl. Afrika; meist zarte, einjährige Kräuter mit zweilippigen, offenen (gelben, weißen, violetten oder verschiedenfarbigen) Blüten. Mehrere Sorten, die alle von den südafrikan. Arten Nemesia strumosa und Nemesia versicolor abstammen, sind als reich blühende Sommerblumen beliebt.

Nemésio [nəˈmɛziu], Vitorino **Mendes Pinheiro da Silva** [ˈmendiʃ piˈɲeiru -], port. Schriftsteller, *Praia da Vitória (auf Terceira, Azoren) 19. 12. 1901, †Lissabon 20. 2. 1978; ab 1939 Prof. für roman. Literaturen in Lissabon. Seine realistisch-psycholog. Erzählungen (u. a. ›O mistério do paço do milhafre‹, 1949) und Romane (u. a. ›Varanda de Pilatos‹, 1927; ›Mau tempo no canal‹, 1944) spielen fast alle auf den Azoren. Schrieb auch Lyrik, Essays und literaturkrit. Arbeiten.

Ausgabe: Obras completas, auf mehrere Bde. ber. (1978 ff.).

Nemesios, N. von Emesa, Philosoph, Bischof von Emesa (heute Homs) in Syrien in der 1. Hälfte des 5. Jh.; verfasste die Gregor von Nyssa zugeschriebene, für das MA. bedeutsame philosoph. Anthropologie ›Über die Natur des Menschen‹, in der er neben der Präexistenz der Seele den freien menschl. Willen hervorhebt.

Nemesis, griech. *Mythos:* Göttin, die als Personifikation der rechtmäßigen ›Zuweisung‹ des dem Menschen Zustehenden aufgefasst wurde, zugleich als Personifikation von Vergeltung, Strafe und Missbilligung unverdienten Glücks und menschl. Überheblichkeit (Hybris). Bei Hesiod erscheint sie als Tochter der Nacht, nach einer anderen Version des Mythos galt sie als Mutter der Helena durch Zeus. Ihre Hauptkultstätten waren Rhamnus (in Attika) und Smyrna. In der röm. Kaiserzeit wurde sie v. a. in Amphitheatern und Rennbahnen verehrt. Häufig erscheint ihr Bild auf griech. Vasen, auf röm. Reliefs und pompejan. Wandbildern; ihre Attribute sind u. a. Steuerruder und Elle.

NE-Metalle, Kurz-Bez. für die →Nichteisenmetalle.

Nemeter, lat. **Nemetes,** german. Stamm im Gefolge des Ariovist, der sich – nach der histor. Überlieferung – in der Gegend von Speyer ansiedelte. Nach dem archäolog. Befund siedelten dort jedoch erst im 1. Jh. n. Chr. Germanen.

Németh [ˈneːmet], **1)** *Gyula,* ungar. Orientalist, * Karcag (Bez. Jász-Nagykun-Szolnok) 2. 11. 1890, † Budapest 14. 12. 1976; war 1916–65 Prof. in Budapest und wurde zum Begründer der modernen Turkologie in Ungarn.

Werke: Zur Einteilung der türk. Mundarten Bulgariens (1956); Die Türken von Vidin. Sprache, Folklore, Religion (1965).

2) *László,* ungar. Schriftsteller, * Baia Mare 18. 4. 1901, † Budapest 3. 3. 1975. In seinen u. a. bildungspolitisch motivierten literar. und kulturkrit. Essays versuchte er das abendländ. Kulturerbe mit den z. T. verschütteten heimatl. Traditionen organisch zu verbinden, die Kluft zw. Intellektualität und Ursprünglichkeit in der ungar. Geisteskultur zu überbrücken, was ihn auch zur Herausgabe der von ihm allein geschriebenen Zeitschrift ›Tanú‹ (1932–37) bewog. Seine metaphernreichen, anschaul. Formulierungen lassen einen Hang zum Pädagogischen erkennen (1945–48 unterrichtete er im Gymnasium von Hódmezővásárhely). Seine im bäuerl. Milieu spielenden, psychologisch präzisen und differenzierten Gesellschaftsromane ›Maske der Trauer‹ (1930; dt.) und ›Wie der Stein fällt‹ (1947; dt., auch u. d. T. ›Abscheu‹) veranschaulichen exemplarisch die Realisierung seines Ziels, einen östl. Stoff mit westl. Analytik zu durchleuchten. In seinen von existenzialist. Ethik inspirierten Dramen kämpfen autonome Individuen (z. T. histor. Gestalten wie Papst GREGOR VII., J. HUS, G. GALILEI, M. GANDHI) gegen die religiös und ideologisch verbrämte Indolenz und Angepasstheit ihrer Umwelt.

Weitere Werke (ungar.): *Romane:* Sünde, 2 Bde. (1936; dt.); Esther Egető (1956; dt.); Die Kraft des Erbarmens, 2 Bde. (1965; dt.).

Ausgaben: Munkái, 19 Bde. (1969–89); Levelek Magdához (1988). – Die Revolution der Qualität (1962, Essays); Dramen (1965).

3) *Miklós,* ungar. Politiker, * Monok (bei Miskolc) 24. 1. 1948; Volkswirtschaftler. Seit seiner Berufung (1981) in die wirtschaftspolit. Abteilung des ZK der KP prägte er die ungar. Wirtschaftspolitik mit; er entwickelte mit anderen das Konzept der ›sozialist. Marktwirtschaft‹. Als Sekretär des ZK für Wirtschaftspolitik (1987/88) sowie als Mitgl. des Politbüros und Min.-Präs. (1988–90) war N. Motor der radikalen Wirtschaftsreform im Übergang Ungarns zur Demokratie.

Nemichthyidae, die →Schnepfenaale.

Nemirowitsch-Dantschenko, Nemirovič-Dančenko [-vitʃ -tʃ-], **1)** *Wassilij Iwanowitsch,* russ. Schriftsteller, * Tiflis 5. 1. 1849, † Prag 18. 9. 1936, Bruder von 2); Kriegsberichterstatter und Reiseschriftsteller, dessen zahlreiche Romane, Erzählungen und Skizzen ihrer spannenden und lebendigen Handlungsschilderung wegen beliebt waren.

Werke: *Romane:* Kulisy (1886; dt. Hinter den Kulissen); Cari birži (1886; dt. Die Fürsten der Börse).

I. N. SOLOV'EVA: N.-D. (Moskau 1979).

2) *Wladimir Iwanowitsch,* russ. Dramatiker und Regisseur, * Osurgety (heute Macharadse, Georgien) 23. 12. 1858, † Moskau 25. 4. 1943, Bruder von 1); gründete 1898 mit K. S. STANISLAWSKIJ das Moskauer Künstlertheater, war dessen organisator. Leiter und Dramaturg und nach STANISLAWSKIJS Tod (1938) alleiniger Direktor. Ein 1919 von ihm als Musikstudio gegründetes Moskauer Theater trägt seit 1926 seinen Namen.

Werk: *Memoiren:* Iz prošlogo (1936).
Ausgabe: Povesti i p'esy (1958).

Nemi|see, im Altertum **Lacus Nemorensis,** Kratersee in den →Albaner Bergen, Italien.

Aurelie Nemours: Droiterose; Tafel aus einer Serie von zehn Tafeln mit jeweils vier Variationen; 1992 (Privatbesitz)

Nemophila [zu griech. némos ›Wald‹ und philē ›Freundin‹], die Pflanzengattung →Hainblume.

Nemours [nəˈmuːr], *Aurelie,* frz. Malerin, * Paris 29. 10. 1910; fand für ihr der konkreten Kunst zuzurechnendes Werk erst seit den 1980er-Jahren breitere Würdigung. Die kraftvolle Entfaltung ihres Spätwerks (seit etwa 1974) entwächst einem Bildvokabular der geometr. Abstraktion, das sie sich, nachdem sie 1948 zu erneutem Studium in das Atelier von F. LÉGER eingetreten war, um 1952/53 erschloss. Ausgehend von der leeren Fläche mit vertikalen und horizontalen Kräften, gelangt sie über deren gegenseitige Durchdringung zu Gitter, Kreuz und Quadrat. Formen (auch Farbformen) und Teilformen (z. B. Winkel) und ihre Anordnung sind von N. nicht mathematisch berechnet, der Rhythmus sei der Generator der Form. Auf einer philosoph. Ebene reflektiert ihre Kunst die Entstehung von Materie im leeren energet. Raum.

N., hg. v. R. W. GASSEN u. a., Ausst.-Kat. Wilhelm-Hack-Museum, Ludwigshafen am Rhein (1995).

NEMP [Abk. für engl. **n**uclear **e**lectro**m**agnetic **p**ulse], →EMP.

Nemrut Daği [-dɑːi] *der,* **Nemrud Daği, 1)** Gipfelmassiv in SO-Anatolien, Türkei, südöstlich von Malatya im Äußeren Osttaurus, 2150 m ü. M. – Auf der Spitze des N. D. liegt eine Kultstätte späthellenist. Zeit, nordöstlich der Residenz des Königreichs Kommagene (→Arsameia am Nymphaios). Am 50 m hohen künstl. Schotterkegel (Grabhügel) des Königs ANTIOCHOS I. (69–34 v. Chr.) sind an der Ost- und Westseite Kultterrassen angelegt; abgesehen vom Hauptaltar auf der O-Terrasse haben sie prinzipiell die gleiche Ausstattung: thronende Statuen des vergöttlichten Königs und der Götter Zeus-Oromasdes, Apoll-Mithras-Helios-Hermes, Artagenes-Herakles-Ares sowie der Göttin Kommagene. Diese Namen zeigen den Versuch, die Götter der griech. und der iran. Religion synkretistisch zu verbinden. Daneben sind vier Begrüßungsreliefs mit ANTIOCHOS und je einem der vier anderen Götter aufgestellt sowie als fünftes Kultrelief das Löwenhoroskop, dessen Thema die Vergöttlichung bzw. Versetzung des Königs in das Sternbild des Löwen ist; der Königsstern (Regulus) steht neben den Sternen von Jupiter, Merkur, Mars und Tyche, der Mondgöttin. Auf beiden Kultterrassen sind außerdem auf Ahnenreliefs je sechs Figuren der väterl. achaimenid. und der mütterl. seleukid. Ahnenreihe des ANTIOCHOS wiedergegeben. Die dritte, an der Nordseite ge-

Božena Němcová

László Németh

Nemrut Dağı 1): Thronende Statuen auf der Ostterrasse (Höhe 8–9 m); von links: Apoll-Mithras, Kommagene, Zeus-Oromasdes, Antiochos, Artagenes-Herakles; im Vordergrund der herabgefallene Kopf des Artagenes-Herakles

Pietro Nenni

legene Terrasse von 80 m Länge ist mit (umgestürzten) Stelen gesäumt; sie diente als Sammlungs- und Aufmarschplatz bei kult. Handlungen. – 1987 von der UNESCO zum Weltkulturerbe erklärt. Weiteres Bild →Derwischorden

F. K. Dörner: Der Thron der Götter auf dem Nemrud Dağ (²1987); J. Wagner: Kommagene. Heimat der Götter (²1988).

2) erloschener Vulkan in O-Anatolien, Türkei, westlich des Vansees im Ararathochland, 2822 m ü. M., mit Kratersee (2247 m ü. M.); 1441 noch tätig. Durch einen quartären Ausbruch des N. D. wurde der →Vansee zu seiner heutigen Gestalt aufgestaut.

Nẹmunas, litauischer Name der →Memel.

Nenagh [ˈniːnə], irisch **An tAonach** [ənˈteːnax], Stadt in der Rep. Irland, Verw.-Sitz der Cty. Tipperary (North Riding), 5800 Ew.; jüngere Industrieansiedlung in zwei kleinen Industrieparks; elektrotechn., Metallindustrie.

Nen Jiang [-dʒjaŋ], **Nunkiang, Nun-chiang, Nonni,** linker und bedeutendster Nebenfluss des Songhua Jiang, in der Mandschurei, China, 1170 km lang, entspringt im Großen Chingan, mündet 150 km südwestlich von Harbin; von Qiqihar an (900 km) schiffbar.

Nẹnnbetrieb, Betrieb einer Maschine oder Anlage in einem Betriebszustand, für den sie bemessen wurde und der durch die Nenndaten festgelegt ist.

Nẹnndorf, Bad N., Gem. und Staatsbad im Landkreis Schaumburg, Ndsachs., 70–100 m ü. M., am N-Ende des bewaldeten Deisters, 9800 Ew.; Agnes-Miegel-Haus. Kurmittel des Heilbades sind Heilschlamm-(Moor-), Schwefel-, Sole- und Thermal-Schwefel-Sole-Bäder; Heilanzeigen bei rheumat. Krankheiten, Wirbelsäulenschäden und Schuppenflechte. – Von den ehem. Badeanlagen sind einige Bauten des ausgehenden 18. Jh. erhalten (Hotel Esplanade, Brunnenhaus, Logierhäuser). – An der bereits 1546 beschriebenen Schwefelquelle bei der Ortschaft N. (sicher um 1150 als **Niendorpe** urkundlich bezeugt) ließ Landgraf Wilhelm IX. von Hessen-Kassel (*1743, †1821) 1787 einen Badeort anlegen.

Nẹnndruck, engl. **Pressure-Norm** [ˈpreʃə nɔːm], Abk. **PN** [piːˈen], derjenige Druck, für den genormte Rohrleitungsteile aus einem bestimmten Ausgangswerkstoff und unter Einhaltung einer Temperatur von 20 °C bemessen sind (Betriebsdruck). Der N. wird ohne Einheit angegeben, seine Staffelung reicht von PN 1 bis PN 6400.

Nẹnner, Mathematik: die unter dem Bruchstrich stehende Zahl (→Bruch); steht im N. eine natürl. Zahl, so gibt diese an, in wie viele Teile geteilt wird.

Nẹnnform, Sprachwissenschaft: der →Infinitiv.

Nẹnni, Pietro, ital. Politiker, *Faenza 9. 2. 1891, †Rom 1. 1. 1980; Arbeiter, zunächst Mitgl. des Partito Repubblicano Italiano (PRI), organisierte zus. mit B. Mussolini einen Generalstreik gegen die Eroberung Libyens (1911). Nach dem Eintritt Italiens in den Ersten Weltkrieg (1915) ging er als Freiwilliger an die Front. 1919 vorübergehend in der faschist. Bewegung tätig, schloss sich N. 1921 dem Partito Socialista Italiano (PSI) an und kämpfte als Chefredakteur der Parteizeitung ›Avanti‹ publizistisch gegen die faschist. und die kommunist. Bewegung. Politisch verfolgt, ging er 1926 ins Exil nach Frankreich; 1931–39 war er Sekr. des PSI (im Exil). – Nach dem Sturz Mussolinis widmete sich N. dem Neuaufbau einer sozialist. Partei, wurde 1943 Gen.-Sekr. des Partito Socialista Italiano di Unità Proletaria (PSIUP) und gehörte dem Comitato di Liberazione Nazionale (CLN) an. 1945–46 war er stellv. Min.-Präs., 1946–47 Außen-Min. Seine Politik der Zusammenarbeit mit den Kommunisten führte im Zuge des beginnenden Kalten Krieges 1947 zur Spaltung der Sozialisten und zu ihrem Ausscheiden aus der Reg. Die ›N.-Sozialisten‹, nun wieder unter dem alten Parteinamen PSI organisiert, bildeten 1948 eine Wahlkoalition mit der KP. Seit 1956 löste N. den PSI wieder von den Kommunisten und öffnete ihm durch Anerkennung der NATO-Bindung Italiens den Weg zur Reg.-Beteiligung. In den Reg. des Centro sinistra (›Mitte-Links‹) war N. 1963–68 stellv. Min.-Präs., 1968–69 Außenminister.

G. Spadolini: N. sul filo della memoria, 1949–1980 (Florenz 1982); G. Tamburrano: P. N. (Rom 1986); E. Santarelli: P. N. (Turin 1988).

Nẹnnig, Ortsteil der Gem. Perl im Landkreis Merzig-Wadern, Saarland. – Bei N. liegt eine der prachtvollsten Villen der Römerzeit nördlich der Alpen; sie bestand aus dem Herrenhaus und Seitenflügeln, die durch einen Wandelgang (250 m) miteinander verbunden waren. Die Fassade war 140 m lang und hatte Seitenrisalite, eine Treppe führte zu Portikus, Eingangshalle und Festsaal (mit Brunnen), dessen heute noch erhaltenes Mosaik (10,30 m × 15,65 m; Mitte 3. Jh. n. Chr.) pseudoperspektiv. Musterfelder mit eingestreuten Szenen aus dem Amphitheater zeigt (deshalb

Nennig: Ein Feld aus dem römischen Fußbodenmosaik (›Gladiatorenmosaik‹) mit einer Kampfszene; Mitte des 3. Jh. n. Chr.

Gladiatorenmosaik genannt). Neben Kampf- und Tierszenen sind in einem der Bildfelder Musikanten mit Orgel und Cornu dargestellt.

A. KOLLING: Der röm. Palast von N. (1982).

Nennius, Nemnius, kelt. Geschichtsschreiber, verfasste um 830 die ›Historia Britonum‹ (auch ›Brittonum‹), die viel umstrittene Kompilation einer Geschichte der Briten des 7. oder 8. Jh.; ihr histor. Wert ist gering, der sagengeschichtliche – bes. wegen der Darstellung des Königs ARTHUR (→Artus) – bedeutend (Quelle für GEOFFREY OF MONMOUTH).

F. LOT: N. et l'Historia Brittonum, 2 Bde. (Paris 1934); A. GRANSDEN: Historical writing in England, Bd. 1: c. 550 to c. 1307 (London 1974); D. N. DUMVILLE: N. and the Historia Brittonum, in: Studia Celtica, Bd. 10/11 (Cardiff 1975/76); DERS.: On the North British section of the Historia Brittonum, in: Welsh History Review, Bd. 8 (ebd. 1977).

Nennleistung, diejenige Leistung, für die eine Maschine oder eine Anlage bemessen und gebaut ist; im Nennbetrieb ist die N. die dauernd aufnehmbare oder abgebbare Leistung, z. B. in der Elektrizitätswirtschaft die höchste dauerhaft mögl. Leistung von Erzeugungs-, Übertragungs- und Verbrauchsanlagen gemäß den jeweiligen Lieferbedingungen.

Nennmaß, im *Maschinenbau* das als Größenangabe dienende charakterist. Maß (meist genormter Bauteile), auf das die Abmaße (die Differenz zw. dem Größtmaß, dem Kleinstmaß oder dem Ist-Maß zum N.) bezogen werden; i. d. R. das in techn. Zeichnungen eingetragene Maß. – Im *Bauwesen* spricht man auch von Sollmaß (→Baunennmaße).

Nennweite, Abk. **NW,** engl. **Diameter-Norm** [daɪˈæmɪtə nɔːm], Abk. **DN** [diːˈen], Kenngröße für den Durchmesser von zueinander passenden Teilen, z. B. Rohrleitungen mit Armaturen; die N. stimmt etwa mit der lichten Weite (in mm) überein und wird ohne Einheit angegeben. Ihre Staffelung reicht von DN 1 bis DN 4000.

Nennwert, Nennbetrag, Nominalwert, der auf Münzen, Banknoten, Wertpapieren in Worten oder Zahlen aufgeprägte bzw. aufgedruckte Wert (Betrag in Geldeinheiten, z. B. DM); er kann vom Kurs- oder Effektivwert z. T. stark (bei Aktien) abweichen. Bei Schuldverschreibungen ist der N. der vom Schuldner zu verzinsende und zurückzuzahlende Betrag. Die Summe der N. aller Aktien einer AG entspricht deren Grundkapital.

Nennwertaktie, Summenaktie, Aktie, die auf einen bestimmten Geldbetrag (Nennwert) lautet und einen Teilbetrag des Grundkapitals der AG darstellt. In Dtl. sind gemäß § 6 Aktien-Ges. nur N. zulässig. Die N. steht im Ggs. zur **nennwertlosen Aktie (Quotenaktie),** die v. a. in den angelsächs. Ländern üblich ist. Die nennwertlose Aktie lautet auf keinen bestimmten Betrag, sondern auf einen Bruchteil des Grundkapitals.

Nennwort, *Sprachwissenschaft:* das →Nomen.

Nenzen, wichtigste Untergruppe der →Samojeden im N Russlands, beiderseits des Ural zw. Weißem Meer und der Halbinsel Taimyr, gegliedert in Tundra-N. und Wald-N. Die etwa 34 700 N. leben v. a. in den drei für sie eingerichteten Kreisen: Autonomer Kreis der N., Autonomer Kreis der Jamal-N., Autonomer Kreis Taimyr (der Dolganen und N.). Die früher in Zelten lebenden N. sind heute weitgehend sesshaft und betreiben Rentierzucht, Jagd und Fischerei; kulturelle und sprachl. Unterschiede bestehen zw. den Bewohnern der Tundra und des Waldes. Eine Mischung aus animistisch-schamanist. und christlich orth. Praktiken bestimmt die religiösen Vorstellungen. Die Sprache der N. gehört zu den samojed. Sprachen innerhalb der ural. Sprachen.

Nenzen, Autonomer Kreis der N., russ. **Nenezkij awtonomnyj okrug,** autonomer Kreis im Gebiet Archangelsk, Russland, 176 700 km², (1994) 50 400 Ew. (davon nach der Volkszählung von 1989 65,8 % Russen, 11,9 % Nenzen, 9,5 % Komi, 6,9 % Ukrainer, 2,0 % Weißrussen); Verw.-Sitz ist Narjan-Mar. Der von der Petschora durchflossene Kreis umfasst den äußersten NO des europ. Russlands und besteht zu drei Vierteln aus tundrabedecktem, vermoortem Flachland (Dauerfrostboden); im Pajchojbergland (bis 467 m ü. M.) setzt sich der Polare Ural fort. Wirtschaftl. Bedeutung haben Renzucht, Pelztierjagd und -zucht, Fischfang in der Barents- und Karasee sowie Fisch- und Holzverarbeitung. Die reichen Erdöl- und Erdgasvorkommen werden bisher wenig genutzt.

neo... [griech. neós ›neu‹; ›jung‹], vor Vokalen meist verkürzt zu **ne...,** Wortbildungselement mit den Bedeutungen: 1) neu, z. B. Nearthrose; 2) erneuert, wieder auflebend, z. B. Neoklassizismus; 3) weiterentwickelt, z. B. Neokolonialismus; 4) neuer, jünger, z. B. Nearktis.

Neoabsolutismus, Bez. für das österr. Regierungssystem 1849–60, das mit der Auflösung des Reichstags von Kremsier (1849) und der (nie in Kraft getretenen) oktroyierten Verf. sowie deren formaler Auflösung durch das Silvesterpatent von 1851 begann. Das zentralistisch und faktisch absolutistisch agierende System mit seiner Überbetonung von Polizei, Armee und seit dem Konkordat von 1855 auch der kath. Kirche sowie den Zugriffsmöglichkeiten dieser Institutionen auf alle Bereiche des öffentl. Lebens verschärfte einerseits den Konflikt mit dem liberalen, reformorientierten Bürgertum, trug andererseits aber durch die konsequent durchgeführte Bauernbefreiung und das Eintreten für die Industrialisierung zum wirtschaftl. Aufstieg Österreichs bei. Begünstigt durch die militär. Niederlage Österreichs 1859/60 in Italien (u. a. Magenta, Solferino) wuchs der Widerstand gegen den N., der mit dem Oktoberdiplom 1860 und dem Februarpatent 1861 durch ein konstitutionelles System abgelöst wurde.

F. WALTER: Die Gesch. der Ministerien 1852–67 (1970).

neoafrikanische Literatur, →schwarzafrikanische Literaturen.

Neobarock, *Kunst:* der →Neubarock.

Neo-Bechstein-Flügel, Bechstein-Nernst-Siemens-Flügel, in Zusammenarbeit mit der Klavierbaufirma Bechstein (Berlin) und der Firma Siemens um 1932 von W. NERNST und O. VIERLING entwickeltes elektr. Klavier in Flügelform ohne Resonanzkasten. Die Tonerzeugung erfolgt über einen normalen Hammermechanismus mit ›Mikrohämmern‹, die Klangabtastung der 88 Saiten umfassenden ein- bzw. zweichörigen Bespannung über elektromagnet. Tonabnehmer. Der N.-B.-F. hat einen hellen, kurz schwingenden Klang.

Neoblasten [zu griech. blastós ›Spross‹, ›Trieb‹], omnipotente Ersatzzellen (Regenerationszellen) im Bindegewebe von Strudelwürmern. N. sind für die hohe Regenerationsfähigkeit dieser Tiere verantwortlich. Bei den Hydrozoa erfüllen so genannte interstitielle Zellen dieselbe Funktion.

Neodadaismus, *Kunst:* →Nouveau Réalisme.

Neodarwinismus, die von dem Zoologen A. WEISMANN gegen Ende des 19. Jh. begründete Weiterentwicklung der darwinist. Abstammungslehre (→Darwinismus); der N. lehnt bes. die von C. DARWIN z. T. übernommene lamarckist. Theorie der Vererbung erworbener Eigenschaften ab und hebt die Bedeutung der Selektion als entscheidenden Evolutionsfaktor hervor.

Neo-Destur, Partei in Tunesien, →Destur.

Neodym [Kw., zu neo... und Didym] *das, -s,* chem. Symbol **Nd,** ein →chemisches Element aus der Reihe der →Lanthanoide im Periodensystem der chem. Elemente. N. ist ein silberglänzendes, verhältnismäßig unedles Metall, das als Begleiter von Cer u. a. im Cerit

Neodym

chem. Symbol: Nd		
	Ordnungszahl	60
	relative Atommasse	144,24
	Häufigkeit in der Erdrinde	0,0022 %
	natürliche Isotope (mit Anteil in %)	^{142}Nd (27,13), ^{143}Nd (12,18), ^{144}Nd (23,80), ^{145}Nd (8,30), ^{146}Nd (17,19), ^{148}Nd (5,76), ^{150}Nd (5,64)
	insgesamt bekannte Isotope	^{127}Nd bis ^{156}Nd
	längste Halbwertzeit (^{147}Nd)	10,98 Tage
	Dichte (bei 20 °C)	7,007 g/cm^3
	Schmelzpunkt	1016 °C
	Siedepunkt	3066 °C
	spezifische Wärmekapazität (bei 25 °C)	0,190 J/(g · K)
	elektrische Leitfähigkeit (bei 25 °C)	1,56 · 10^6 S/m
	Wärmeleitfähigkeit (bei 27 °C)	16,5 W/(m · K)

und im Monazit vorkommt. In seinen blau bis rotviolett gefärbten Verbindungen tritt es ausschließlich in der Wertigkeitsstufe + 3 auf; wässrige Lösungen von Nd^{3+} sind blassrosa gefärbt. Verwendet wird N. meist im Gemisch mit anderen Metallen (v. a. im Cermischmetall) als Legierungsbestandteil für Leichtmetall-(bes. Magnesium-)Legierungen. N.-Verbindungen, z. B. das hellblaue N.-Oxid, Nd$_2$O$_3$, werden zum Färben von Glas und Email sowie für Porzellanfarben gebraucht. N. enthaltende Gläser werden als Sonnenschutzgläser und für Laser verwendet. – N. wurde 1885 von C. AUER VON WELSBACH bei der Zerlegung von Didym entdeckt.

Neoeuropa, *Geologie:* von H. STILLE eingeführte Bez. für den in der alpid. Faltungsära geprägten Bereich des südl. Europa (mit Pyrenäen, Bet. Kordilleren, Alpen, Apennin, Dinariden, Pindos, kret. Inselbogen, Karpaten sowie den zugehörigen Vor- und Rückländern).

Neoexpressionismus, Richtung der zeitgenöss. Malerei und Plastik, deren kraftvoll gestaltete Handschrift und maler. Vitalität auf den dt. Expressionismus zurückweisen. Charakteristisch ist eine freie Figuration, die häufig mit chiffrenhaften Gestalten arbeitet. Begrifflich sind die Grenzen zw. N. und →Neuen Wilden fließend. So wurden G. BASELITZ, A. KIEFER und A. R. PENCK häufig auch als Neue Wilde bezeichnet. Demgegenüber entwickelten A. JORN, K. APPEL u. a. Mitglieder der Gruppe Cobra eine schon Anfang der 1960er-Jahre im Wesentlichen abgeschlossene Spielart des Neoexpressionismus.

Neofaschismus, urspr. die von Anhängern des histor. Faschismus getragene politisch-soziale Bewegung in Italien, organisierte sich 1946 unter dem Namen →Movimento Sociale Italiano als polit. Partei. Darüber hinaus entwickelte sich der Begriff N. allg. zur Bez. rechtsextremer Bewegungen und Parteien auch außerhalb Italiens, die an Programmatik, Symbolik und Aktionsformen des Faschismus und Nationalsozialismus (in Dtl. daher auch **Neonazismus** gen.) anknüpfen. Dies geschieht in traditionalist. Formen oder in Gestalt von ›revisionist.‹ (d. h. auf Ablenkung des politisch-moral. Blickwinkels gerichteten) Thesen (z. B. Leugnung des natsoz. Völkermordes an den Juden; →Auschwitz-Lüge). Neofaschist. Bewegungen propagieren extrem autoritäre Gesellschaftsbilder, korporativist. Staatsvorstellungen und die ethnisch homogene, hierarchisch gegliederte Volksgemeinschaft; neofaschist. Gruppierungen wenden sich oft militant gegen Einwanderer und ausländ. Arbeitnehmer, gegen einheim. Minderheiten wie gegen Flüchtlinge aus der Dritten Welt (→Rechtsextremismus).

L. B. WEINBERG: After Mussolini: Italian neo-fascism and the nature of fascism (Washington, D. C., 1979); C. O. MAOLÁIN: The radical right. A world directory (Burnt Hill 1987).

Neogäa [zu griech. gẽ ›Erde‹] *die, -, Geologie:* von H. STILLE geprägte Bez. für die aus der →Megagäa hervorgegangene, durch den algonk. Umbruch regenerierte (außer den →Kratonen) und so für neue Faltungsvorgänge zur Verfügung stehende Erde. Das mit dem Umbruch einsetzende, bis heute andauernde geolog. Zeitalter **Neogäikum** löste das **Protogäikum** ab.

Neogen [zu griech. ...genḗs ›hervorbringend‹] *das, -s, Geologie:* →Tertiär.

Neohesperidin, →Süßstoffe.

Neohinduismus, Sammelbegriff für die Bestrebungen, den Hinduismus auch nichthinduist. Kulturen zu vermitteln. Die Wurzeln des N. wurden durch ind. Reformbewegungen im 19. Jh. begründet, die versuchten, den Hinduismus durch die (verloren geglaubte) authent. Auslegung des Veda, aber auch durch die Integration christl. und islam. Traditionselemente zu reformieren (→Aryasamaj; →Brahmasamaj). Eigentl. Begründer des N. ist VIVEKANANDA, der auf dem Weltparlament der Religionen in Chicago 1893 die Verbreitung der Lehre des Vedanta vertrat und 1897 die →Ramakrishna-Mission gründete. Heute knüpfen in Nordamerika und in Europa versch. ›Gurubewegungen‹ (→Guru) und geistige Schulen (z. B. die Transzendentale Meditation) an den N. an, haben ihm jedoch, v. a. durch die synkretist. Übernahme nichthinduist. (buddhist., christl., taoist., esoter. u. a.) Elemente, einen anderen Charakter gegeben.

R. HUMMEL: Ind. Mission u. neue Frömmigkeit im Westen (1980).

Neoimpressionismus: Paul Signac, ›Hafen von Saint-Tropez‹; 1893 (Wuppertal, Von der Heydt-Museum)

Neoimpressionismus, ein Stil in der Malerei, der den →Impressionismus weiterentwickelte, von G. SEURAT seit etwa 1885 in Frankreich begründet. Der N. gab nach wissenschaftlichen opt. Theorien (Farbenlehre von E. CHEVREUL, 1839, und H. HELMHOLTZ) die Erscheinung der sichtbaren Welt in reinen Farben wieder, die als einzelne kleinste Partikel punktartig dicht nebeneinander gesetzt werden, daher auch **Pointillismus** (von frz. point ›Punkt‹) oder **Divisionismus** genannt. Sie sollen sich, der divisionist. Theorie zufolge, erst auf der Netzhaut des Betrachters vermischen und so eine intensivere Leuchtkraft erlangen als durch das Mischen auf der Palette. Dem N. folgten bald P. SIGNAC (auch theoret. Abhandlungen), C. PISSARRO, der Niederländer J. TOOROP u. a.; auch V. VAN GOGH erhielt (1887) Anregungen.

J. SUTTER: Die Neo-Impressionisten (a. d. Frz., 1970).

neoinstitutionelle Wirtschaftsgeschichte, New Economic History [nju: iːkə'nɔmɪk 'hɪstəri, engl.], neuere Forschungsrichtung, die die Konzepte der Neuen →Institutionenökonomik auf die Erklärung wirtschaftshistor. Fragestellungen anwendet. Einen wichtigen Beitrag zur n. W. lieferte D. NORTH mit seiner **Theorie des institutionellen Wandels**. Im Mittelpunkt dieser Theorie steht die Hypothese, dass Wirtschaftswachstum nur aufgrund fortschreitender Spezialisierung möglich ist. Mit zunehmender Spezialisierung steigen aber auch die Transaktionskosten, die ihrerseits die Spezialisierungsgewinne schmälern und daher das Wachstum behindern. Nach NORTH ist wirtschaftl. Wachstum auf Dauer nur möglich, wenn sich die Institutionen einer Gesellschaft so entwickeln und wandeln, dass der Anstieg der Transaktionskosten geringer ausfällt als die Spezialisierungsgewinne. Institutioneller Wandel ist aus dieser Sicht also Voraussetzung für wirtschaftl. Wachstum; die Bedeutung techn. Innovationen wird relativiert.

D. C. NORTH: Theorie des institutionellen Wandels. Eine neue Sicht der Wirtschaftsgesch. (a. d. Amerikan., 1988); DERS.: Institutionen, institutioneller Wandel u. Wirtschaftsleistung (a. d. Amerikan., 1992); H. LÖCHEL: Institutionen, Transaktionskosten u. wirtschaftl. Entwicklung. Ein Beitr. zur neuen Institutionsökonomik u. zur Theorie von Douglass C. North (1995).

Neoklassik, neoklassische Wirtschaftstheorie, Bez. für eine Richtung der Volkswirtschaftslehre, beginnend mit der Grenznutzenschule (W. S. JEVONS, C. MENGER, L. WALRAS, A. MARSHALL, V. PARETO), die Gedanken der klass. Nationalökonomie fortentwickelte. Von dieser unterscheidet sie sich in der Fragestellung: Statt der Ursachen von Produktionshöhe und Kapitalakkumulation werden nun die Bestimmungsgründe der Nachfrage und der Tausch- bzw. Preisverhältnisse erforscht. Damit verbunden ist inhaltlich der Übergang von der objektiven Wertlehre (der Wert der Waren bemisst sich nach den Produktionskosten) zur subjektiven Wertlehre, der zufolge der Wert einer Ware von den subjektiven Bedürfnissen der Nachfrager abhängt. Methodisch gesehen ist die N. eine statische Theorie, die für gegebene Bestände an Arbeit und Sachkapital, gegebene Präferenzen der Nachfrager und gegebene Produktionstechnik mithilfe der Analyse kleiner Veränderungen (Grenzbetrachtung, Marginalanalyse) ermittelt, wie die Produktionsfaktoren so auf die Produktion an Gütern aufgeteilt werden können, dass die Bedürfnisse der Nachfrager möglichst gut befriedigt werden (Allokationsproblem). Für diese Lösung wird angenommen, dass die einzelnen Produzenten und Konsumenten unabhängig voneinander (also in unbeschränkter Konkurrenz) ihre Entscheidungen so treffen, dass ihr individueller Gewinn bzw. Nutzen maximiert wird (eigennütziges, rationales Handeln). Auf jedem einzelnen Markt sorgen unbeschränkt flexibel schwankende Preise dafür, dass Angebot und Nachfrage übereinstimmen (stabiles Gleichgewicht auf allen Märkten). Nicht berücksichtigt werden dabei (außer rein formal im Modell des allgemeinen Gleichgewichts) die Rückwirkungen der Preishöhe auf einem Markt auf die Nachfrage auf anderen Märkten (wichtig v. a. für den Zusammenhang zw. Lohnhöhe und Konsumgüternachfrage). Alle Individuen sind Nachfrager und Bezieher von Faktoreinkommen, wobei der Unternehmergewinn durch die vollständige Konkurrenz ›gegen null‹ gedrückt werde. Eine ausreichende Gesamtnachfrage kann wie beim →sayschen Theorem gesamtwirtschaftlich keine untersuchungsbedürftigen Fragen aufwerfen. Wie bei den Klassikern ist Geld nur Tauschmittel. – Im Laufe der Zeit sind im Rahmen der N. auch Verteilungs-, Wachstums- und Konjunkturtheorien entwickelt worden. Die Gegenposition zur N.

liefert die Wirtschaftstheorie von J. M. KEYNES und des →Keynesianismus. Die Verbindung von Elementen der N. (u. a. Produktionsfunktion, Preisflexibilität) mit der keynesian. Nachfrageanalyse wird als neoklass. Synthese bezeichnet.

Neoklassizismus 1): Paul Ludwig Troost, Haus der Kunst in München; 1933–37

Neoklassizismus, 1) *Kunst:* Bez. für historisierende Tendenzen in der Kunst und v. a. der Architektur seit Ende des 19. Jh., die auf die Antike bzw. den →Klassizismus zurückgehen. In Malerei und Plastik zeigen sich neoklassizist. Tendenzen u. a. im Werk von P. PICASSO, G. DE CHIRICO, C. CARRÀ, A. VON HILDEBRAND und A. MAILLOL. Die Architektur beschränkte sich in der Übernahme klassizist. Ideen auf kolossale Säulenordnungen, einfache Grundrisse, Symmetrie, Rechtwinkligkeit, Monumentalität; auf klassizist. Ornamentik wurde weitgehend verzichtet. A. PERRET, T. GARNIER, L. MIES VAN DER ROHE, A. LOOS und LE CORBUSIER begannen mit neoklassizist. Entwürfen. V. HORTA, J. HOFFMANN, P. BEHRENS, D. H. BURNHAM, G. ASPLUND, T. FISCHER und P. BONATZ kehrten am Ende ihres Schaffens zum N. zurück. Beispiele bieten auch die natsoz. und faschist. Kunst und Architektur in Dtl. und Italien. Dazu gehören Gemälde von A. ZIEGLER, Skulpturen von A. BREKER, Bauten wie das Haus der Kunst in München von P. L. TROOST (1933–37), das Parteitagsgelände in Nürnberg von A. SPEER (1937) und der Foro Italico (Campo della Farnesina) in Rom (1932). Viele öffentl. Gebäude wurden bis etwa 1950 neoklassizistisch gestaltet, v. a. in totalitären Staaten (Lomonossow-Univ. in Moskau, 1949–53). Neoklassizist. Elemente tauchten erneut in der Architektur der Postmoderne auf.
2) *Literatur:* der →Neuklassizismus.
3) *Musik:* um 1920 entstandene Strömung, die bestrebt war, der als übersteigert empfundenen Musiksprache der Spätromantik unter Rückgriff auf barocke und klass. Formprinzipien wieder mehr Einfachheit und Natürlichkeit des Ausdrucks entgegenzustellen. Zu ihren Vertretern zählten zeitweilig u. a. I. STRAWINSKY (›Pulcinella‹-Suite), S. PROKOFJEW (›Symphonie classique‹), die ›Groupe des Six in Paris‹, P. HINDEMITH, J. N. DAVID und E. KRENEK.

Neokolonialismus, Neoimperialismus, krit., oft polemisch gebrauchte Bez. für die Politik der Staaten W-Europas und Nordamerikas gegenüber den Ländern der Dritten Welt, wurde in der Phase der Entkolonialisierung von marxist. Theoretikern geprägt, von den kommunist. Staaten im Ost-West-Konflikt propagandistisch aufgegriffen und von Kritikern der Politik der USA und der früheren Kolonialmächte (v. a. Frankreich, Großbritannien) in Asien, Afrika und Lateinamerika als Vorwurf erhoben.
Der Begriff des N. besagt, dass die früheren Kolonialmächte zwar ihre direkte Herrschaft über die Län-

der der Dritten Welt aufgegeben, die Industriestaaten W-Europas und Nordamerikas insgesamt jedoch auf versch. Ebenen ein vielfältiges System indirekter Herrschaft aufgebaut haben. Orientierungslinie des N. seien die an der kapitalist. Wirtschaftsweise ausgerichteten Bedürfnisse dieser Staaten. Eine einheim. Oberschicht, die mit diesen Industriestaaten zusammenarbeitet, erleichtere neokolonialist. Tendenzen.

Entsprechend ihrer sozioökonom. Unterentwicklung blieben die formal unabhängigen Länder der Dritten Welt abhängig vom Import hochwertiger Industriegüter und vom Technologietransfer. Von den Kritikern der Industriegesellschaft (marktwirtschaftl. Prägung) wird nicht nur die Militärhilfe, sondern vielfach auch die Entwicklungshilfe als Mechanismus des N. angesehen. Als Ausdruck des N. gilt v. a. vielen Politikern der Dritten Welt die Überwachung von Finanzhilfeleistungen, z. B. durch die Weltbank oder den Internat. Währungsfonds (IWF). Kritisiert wird v. a. die Ausbildung von Akademikern und Facharbeitern in den Industriestaaten, die (indirekt) die Abhängigkeit der Dritten Welt vom Know-how dieser Staaten vertieft. Eingebettet hat der N. nach dem Urteil seiner Kritiker in die Schaffung von polit. Einflusszonen.

Neokom [Neocom(i)um, lat. Name von Neuenburg, Schweiz] *das, -s,* älterer Teil der Unterkreide (→Kreide).

Neokonservativismus, Neokonservatismus, geistige Strömung, deren Vorläufer schon in den 1950er-Jahren in den USA auftraten, breitete sich in den 70er-Jahren auch in anderen westl. Industriegesellschaften aus, um dem Konservatismus eine zeitgemäße Form zu geben. Bes. in Reaktion auf die antiautoritäre Studentenbewegung und die gesellschaftspolit. Reformbestrebungen der 60er-Jahre sowie die Krise des Wohlfahrtsstaates und seiner Regulierungsmechanismen in den 70er-Jahren hatten neokonservative Theorien und Ideologien wachsenden publizist. Erfolg. Ihre Autoren proklamierten selbst eine ›Tendenzwende‹; nicht die Tradition, sondern der Fortschritt sei begründungspflichtig. Sie konstatierten den Verfall traditioneller Wertvorstellungen und religiöser Orientierungen zugunsten eines ausufernden Hedonismus und das Schwinden der Autorität von Institutionen wie Schule, Armee, Kirche und der von ihnen verteidigten moral. Tugenden wie Mäßigung, Respekt, Anstand, Arbeitsdisziplin und Selbstkontrolle. Ursache dieser moral. Krise sei die Dynamik des marktwirtschaftl. Systems, das den überkommenen Wertgrundlagen den Boden entziehe.

Die polit. Konsequenzen, die daraus gezogen wurden, waren unterschiedlich: Einige neokonservative Autoren radikalisierten ihre Kritik zu der Aufforderung, den Kapitalismus traditionalistisch zu überwinden; dieser Ansatz war auch mit einer Kritik am industriellen Wachstumsmodell verbunden. Die Mehrheit der Neokonservativen kritisierte den Wohlfahrtsstaat, der Anzeichen der ›Unregierbarkeit‹ erzeugt habe. Überzogene Politik der ›Gleichmacherei‹ und Umverteilung sowie die Infragestellung der Leistungsgesellschaft gehe zulasten der Freiheit des Einzelnen. Diese Kritik fiel wirtschaftspolitisch zusammen mit der neoliberalen Infragestellung keynesian. Regulierungsmodelle (→Globalsteuerung) zugunsten einer →angebotsorientierten Wirtschaftspolitik.

Tendenzwende? Zur geistigen Situation der Bundesrep., hg. v. C. Graf PODEWILS (1975); Rekonstruktion des Konservatismus, hg. v. G.-K. KALTENBRUNNER (Bern ³1978); D. BELL: Die Zukunft der westl. Welt (a.d. Engl., Neuausg. 1979); I. KRISTOL: Reflections of a neoconservative (New York 1983); H. LÜBBE: ›Neo-Konservative‹ in der Kritik. Eine Metakritik, in: Merkur, Jg. 37 (1983); Neokonservatismus in den USA, hg. v. J. SCHISSLER (1983); R. SAAGE: Rückkehr zum starken Staat? Studien über Konservatismus, Faschismus u. Demokratie (1983); H. DUBIEL: Was ist Neokonservatismus? (1985).

Neolamarckismus, die von E. D. COPE gegen Ende 19. Jh. begründete Weiterentwicklung der lamarckist. Evolutionstheorie (→Lamarckismus), wobei die Anschauung vertreten wird, dass psych. Faktoren (Wille, Bedürfniserfüllung) in teleolog. Hinsicht für die phylogenet. Entwicklung und Formgestaltung der Organismen maßgebend seien (**Psycholamarckismus**). – Als N. werden auch die in der Sowjetunion z. Z. STALINS (v. a. aus politisch-weltanschaul. Gründen) protegierten und u. a. von I. W. MITSCHURIN und T. D. LYSSENKO durchgeführten Pflanzenversuche bezeichnet, die den Beweis der Erblichkeit von direkten Umweltanpassungen erbringen sollten, deren Ergebnisse jedoch nicht bestätigt werden konnten.

Neoliberalismus, wirtschaftspolit. und sozialphilosoph. Konzept für eine Wirtschaftsordnung, die durch die Steuerung aller ökonom. Prozesse über den Markt, d. h. durch einen freien und funktionsfähigen Wettbewerb, gekennzeichnet ist. Das im 20. Jh. zur Erneuerung des Liberalismus entwickelte Konzept ist durch Ablehnung des Staatsinterventionismus und jeder Form von Sozialismus und Planwirtschaft gekennzeichnet und hebt die liberale Grundeinstellung hervor, dass den Individuen auf der Basis des Privateigentums ein vom Staat möglichst wenig eingeschränkter Handlungsspielraum zugestanden werden soll. Der unbeschränkte Wettbewerb, der eine zentrale Voraussetzung für das Wirken der am Eigennutz orientierten Privatinitiative bildet, war jedoch seit dem ausgehenden 19. Jh. immer stärker durch private Wettbewerbsbeschränkungen aufgehoben worden. Aus dieser Erfahrung werden unterschiedl. Schlüsse gezogen: Auf der einen Seite reagierte die schon in den 30er-Jahren entstandene Freiburger Schule mit dem Konzept des Ordoliberalismus. Auf der anderen Seite messen v. a. US-amerikan. Vertreter des N. (v. a. M. FRIEDMAN) den Wettbewerbsbeschränkungen und generell der ungleichen Verteilung von Marktmacht geringere Bedeutung bei und betonen umso mehr die Gefahren der Zusammenballung staatl. Macht.

Gemäß dem **Ordoliberalismus** soll der Staat die Rahmenbedingungen für einen freien Wettbewerb schaffen und jede Art monopolist. oder gruppenegoist. Machtentfaltung verhindern. Eine konsistente →Ordnungspolitik soll nicht nur einen möglichst freien Wettbewerb erhalten, sondern auch durch Konstanz der Rahmenbedingungen die wirtschaftl. Entwicklung verstetigen. Nach W. EUCKEN erfüllt der Staat seine Aufgabe einerseits durch Sicherung der freien Preisbildung und eines stabilen Geldwertes, Verhinderung von Marktzutrittsschranken, Gewährleistung von Vertragsfreiheit, Privateigentum und Konstanz der staatl. Wirtschaftspolitik (›konstituierende Prinzipien‹), andererseits durch eine aktive Wettbewerbspolitik, eine Korrektur der primären Einkommensverteilung aus sozialpolit. Gesichtspunkten, Maßnahmen gegen negative externe Effekte und anormales Nachfrage- und Angebotsverhalten, z. B. auf dem Arbeitsmarkt (›regulierende Prinzipien‹). Dabei ist sicherzustellen, dass in der Marktwirtschaft der Staat mit marktkonformen Mitteln steuernd eingreift, die den Anreiz- und Sanktionsmechanismus des Marktes ausnutzen (z. B. durch Steuern und Abgaben), nicht aber behindern (durch Verbote u. a.). Stärker als EUCKEN betonen W. RÖPKE, A. RÜSTOW und A. MÜLLER-ARMACK den Aspekt der sozialen Gerechtigkeit und Chancengleichheit (staatl. Maßnahmen in den Bereichen Bildung, Vermögensbildung, soziale Grundsicherung). Der Ordoliberalismus bildet die Grundlage für das Konzept der sozialen Marktwirtschaft. Der N. in der Ausprägung, die in den USA dominiert und stark von F. A. VON HAYEK beeinflusst ist, vertraut weitestgehend auf die Selbststeuerung der →Marktwirtschaft und sieht in der staatl. Rahmensetzung häufig den Beginn einer unerwünschten Einflussnahme. Auf wirtschaftspolit. Ebene sind →Monetarismus und →angebotsorientierte Wirtschaftspolitik wichtige Bestandteile des N.

R. BLUM: Soziale Marktwirtschaft. Wirtschaftspolitik zw. N. u. Ordoliberalismus (1969); M. WULFF: Die neoliberale Wirtschaftsordnung (1976); Liberalismus im Kreuzfeuer, hg. v. H. G. NUTZINGER (1986); W. EUCKEN: Grundsätze der Wirtschaftspolitik (⁶1990); J. KROMPHARDT: Konzeptionen u. Analysen des Kapitalismus. Von seiner Entstehung bis zur Gegenwart (³1991); F. A. VON HAYEK: Freiburger Studien. Ges. Aufsätze (²1994); S. IMMEL: Bildungspolitik. Ansätze von der klass. Nationalökonomie bis zum N. (1994); A. SIEDSCHLAG: Neorealismus, N. u. postinternat. Politik (1997).

Neolinguistik, Anfang des 20. Jh. in Italien entstandene und bes. dort verbreitete Richtung der Sprachwiss., die die These von der Ausnahmslosigkeit der →Lautgesetze ablehnt und sich damit gegen die →Junggrammatiker richtet. Die N. untersucht die gebietsmäßige Verteilung gleichartiger sprachl. Tatbestände und gelangt zu ›arealen Normen‹ (→Sprachgeographie). Sie trug auch zur Weiterentwicklung der Mundartforschung bei.

Neolithikum [zu griech. lithos ›Stein‹] das, -s, die →Jungsteinzeit.

neolithische Revolution, von VERE GORDON CHILDE (* 1892, † 1957) in Analogie zum Begriff ›industrielle Revolution‹ 1936 formulierte Bez. für den Übergang von der aneignenden Wirtschafts- und Lebensform (Jäger und Sammler; →Altsteinzeit, →Mittelsteinzeit) zur produktiven Wirtschaftsform (sesshafte Kulturen; →Jungsteinzeit).

Neologie [zu griech. lógos ›Wort‹, ›Rede‹, ›Vernunft‹] die, -, von der Aufklärung geprägte Richtung innerhalb der dt. ev. Theologie in der zweiten Hälfte des 18. Jh. Ziel der **Neologen** war, die Erkenntnisse der Wiss. in die Theologie (im Sinne der histor. →Exegese bes. in die Bibelwiss.) einzubringen und eine dem Anspruch des Rationalismus genügende Dogmatik zu entwickeln. Zu den Hauptvertretern zählen JOHANN JOACHIM SPALDING (* 1714, † 1808), JOHANN AUGUST ERNESTI (* 1707, † 1781) und J. S. SEMLER.

E. HIRSCH: Gesch. der neueren ev. Theologie, Bd. 4 (³ 1964, Nachdr. 1984); Profile des neuzeitl. Protestantismus, hg. v. F. W. GRAF, Bd. 1 (1990).

Neologismenkomplex, sinnlose, syntaktisch ungeordnete Aneinanderreihung von Wörtern und Wortneubildungen (›Wortsalat‹); speziell als Ausdruck höchster Denkzerfahrenheit; bei Schizophrenie und sensor. Aphasie.

Neologismus, *Sprachwissenschaft:* in den allg. Gebrauch übergegangene sprachl. Neuprägung, die meist mit den übl. Mitteln der Wortbildung entsteht. Zu unterscheiden sind dabei 1) N. für neue Gegenstände (z. B. CD-ROM); 2) N., die durch Bedeutungsübertragung entstehen (z. B. Computervirus); 3) N. als neue Bezeichnungen für bereits existierende Sachverhalte (z. B. Auszubildender für Lehrling).

Neomarxismus, zusammenfassende Bez. für eine Vielfalt philosoph., ideolog. und praktisch-polit. Strömungen in der Nachfolge der Lehren von K. MARX und F. ENGELS (→Marxismus), v.a. nach dem Zweiten Weltkrieg. In der Auseinandersetzung mit dem Leninismus und seiner Realisierung sucht der N. das Werk von MARX neu zu deuten. Dabei stehen der Mensch als Wesen der Praxis, die Aufhebung der menschl. Entfremdung sowie auch die Bedingungen der so genannten spätkapitalist. Gesellschaft (u. a. Verhältnis von sozialist. und kapitalist. Staaten, drängender gewordene Probleme des Verhältnisses von ›reichen‹ zu Industrienationen und Armut in Ländern der Dritten Welt) im Mittelpunkt. Politisch stehen eine Reihe neomarxist. Theoretiker der →neuen Linken nahe.

Der N. ist nach dem Ersten Weltkrieg als Reaktion auf sozialdemokrat. und sowjetkommunist. Interpretationen entstanden, bes. auf die Lehren K. KAUTSKYS, dem vorgeworfen wurde, er verflache den revolutionären Marxismus zu einer undialekt. Evolutionstheorie, aber auch auf die zunehmende Tendenz im Sowjetkommunismus, den Leninismus als verbindl. Fassung des Marxismus darzustellen. G. LUKÁCS vertrat in ›Geschichte und Klassenbewußtsein‹ (1923) die Auffassung, dass das historisch notwendige Heraufkommen des Sozialismus eine dialekt. Bewegung der Selbstverneinung des Kapitalismus sei. Die kapitalist. Produktionsweise bewirke, dass die Beziehungen zw. Menschen als Verhältnis von Sachen (›Verdinglichung‹) erscheinen; die Ware werde zur gesamtgesellschaftl. Universalkategorie. Dieser Prozess kehre sich jedoch beim Proletariat in revolutionäres Klassenbewusstsein um, wobei die verdinglichende Struktur des Kapitalismus im revolutionären Handeln durchbrochen werden könne: Das Proletariat erscheint so als das ›identische Subjekt-Objekt der Geschichte‹.

Besondere Ausstrahlungskraft besaß die von den Philosophen der Frankfurter Schule entwickelte →kritische Theorie der Gesellschaft (M. HORKHEIMER, T. W. ADORNO, E. FROMM, H. MARCUSE). In ihrem Werk ›Dialektik der Aufklärung‹ (1947) weisen HORKHEIMER und ADORNO auf die Widersprüche in der durch die Erfahrung von Faschismus und Stalinismus geprägten Gegenwart sowie der von technolog. und bürokrat. Zwängen beherrschten kapitalist. Gesellschaft hin und versuchen sie in einer am Marxismus orientierten krit. Perspektive dialektisch zu durchdringen. Da die meisten Vertreter der Frankfurter Schule das rein technisch-zweckrationale Denken, die ›instrumentelle Vernunft‹, die für die kapitalist. Gesellschaft kennzeichnend sei, auch in der UdSSR am Werk sahen, lehnten sie Theorie und Praxis des Sowjetmarxismus ab. MARCUSE vertrat eine aktivist. Variante des N. Außenseiter der bürgerl. Gesellschaft, rassisch Diskriminierte, vom System psychisch Geschädigte haben für ihn das ›Naturrecht‹ der Unterdrückten, gegen die von der gesellschaftl. Zwangsmechanismen verewigten Regeln (auch gegen die ›repressive Toleranz‹) zu rebellieren. – Anknüpfend an die krit. Theorie wurde die marxist. Diskussion bes. von ALFRED SCHMIDT und O. NEGT fortgeführt.

J. HABERMAS geht bes. den erkenntnis- und wissenschaftstheoret. Folgerungen der krit. Theorie und des Marxismus nach. Die Reproduktion der bürgerl. Gesellschaft sei nach wie vor durch den latenten Krisenstoff einer asymmetr. Aneignung des gesellschaftlich produzierten Reichtums gekennzeichnet. Gesellschaftl. Interessen könnten nur dann als legitim gelten, wenn sie in einem ›prakt. Diskurs‹ überprüft worden seien. Das Prinzip der Öffentlichkeit, Voraussetzung einer Transparenz der kommunikativen Austragung von Interessenkonflikten in einem herrschaftsfreien Raum, werde jedoch unter den Bedingungen des gegenwärtigen Kapitalismus beeinträchtigt.

E. BLOCH hat v. a. die zukunftsbezogenen Aspekte des marxschen Denkens herausgearbeitet und zu einer umfassenden Philosophie des ›Prinzips Hoffnung‹ verallgemeinert. Grundmuster utop. Denkens, das, dem Wesen des Menschen eigen sei, finden sich, so BLOCH, in den Sozialutopien.

Dem neomarxist. Denken können auch die Positionen einiger frz. und ital. Marxisten zugerechnet werden. In Frankreich prägten v. a. HENRI LEFÈBVRE (* 1901, † 1991) und R. GARAUDY durch ihre Kritik des parteioffiziellen Marxismus die Diskussion, in der auch Einflüsse der Phänomenologie von M. MERLEAU-PONTY und des Existenzialismus J.-P. SARTRES wirksam waren. Kontrovers diskutiert wurde die strukturalist. Auffassung des Marxismus von L. ALTHUSSER: Das Werk des späten MARX breche mit den anthropologisch-humanist. Fragestellungen der Frühschriften, indem es die Gesellschaft als eine Struktur von interdependenten Ebenen oder Instanzen begreife, bei der jedoch die ökonom. Instanz die anderen ›determiniere‹. – In Italien untersuchten GALVANO DELLA VOLPE (* 1895, † 1968) und CESARE LUPORINI (* 1909, † 1993) v. a. das Problem der log. Eigenschaften einer ›materialist. Dialektik‹ (im Unterschied zur hegelschen Fassung der Dialektik). Marxist. Denken wurde auch in der Tschechoslowakei (KAREL KOSÍK [* 1926], R. KALIVODA), in Jugoslawien (Kreis um die seit 1974/75 verbotene Zeitschrift ›Praxis‹: GAJO PETROVIĆ [* 1927], MIHAILO MARKOVIĆ [* 1923], S. STOLJANOVIĆ) und in Polen (L. KOŁAKOWSKI) kritisch fortgeführt.

B. GUGGENBERGER: Die Neubestimmung des subjektiven Faktors im N. (1973); G. ROHRMOSER: Die Strategie des N. (1975); A.-F. UTZ: Zw. Neoliberalismus u. N. (1975); T. HANAK: Die Entwicklung der marxist. Philosophie (1976); V. SPÜLBECK: N. u. Theologie (1977); P. ANDERSON: Über den westl. Marxismus (a. d. Engl., 1978); P. VRANICKI: Gesch. des Marxismus, 2 Bde. (a. d. Jugoslaw., Neuausg. 1983); K. LENK: Marx in der Wissenssoziologie. Studien zur Rezeption der Marxschen Ideologiekritik (²1986); G. LUKÁCS: Gesch. u. Klassenbewußtsein (Neuausg. ⁹1986); Linke Spuren. Marxismus seit den sechziger Jahren, hg. v. B. KUSCHEY (Wien 1987); M. JAY: Dialekt. Phantasie. Die Gesch. der Frankfurter Schule u. des Instituts für Sozialforschung 1923–1950 (a. d. Amerikan., Neuausg. 15.–16. Tsd. 1991); Polit. Theorien in der Ära der Transformation, hg. v. K. VON BEYME u. C. OFFE (1996).

Neometabolie, Form der unvollkommenen Verwandlung bei Insekten (→Metamorphose).

Neomycin, aus Streptomyces fradiae gewonnenes lokales Breitbandantibiotikum aus der Gruppe der Aminoglykosidantibiotika (Komplex dreier sehr ähnl. Verbindungen); Anwendung meist als N.-Sulfat (z. B. Puder) bei Haut- und Schleimhautinfektionen.

Neon		
chem. Symbol: **Ne**	Ordnungszahl	10
	relative Atommasse	20,1797
	Häufigkeit in der Erdrinde	$5 \cdot 10^{-7}$ %
	natürliche Isotope (stabil)	^{20}Ne bis ^{22}Ne
	relative Häufigkeit	90,51 %, 0,27 %, 9,22 %
	bekannte Isotope	^{16}Ne bis ^{28}Ne
	Dichte (bei 0 °C)	0,8999 kg/cm³
	Schmelzpunkt	−248,59 °C
	Siedepunkt	−246,08 °C
	kritische Temperatur	−228,75 °C
	kritischer Druck	26,54 bar
	spezifische Wärmekapazität (bei 25 °C)	1,030 J/(g · K)

Neon [griech. néon ›das Neue‹] das, -s, chem. Symbol **Ne,** ein →chemisches Element aus der Gruppe der →Edelgase. N. ist ein farb- und geruchloses, sehr reaktionsträges Gas, das in der Luft zu etwa $1{,}8 \cdot 10^{-3}$ Vol.-% enthalten ist. Es gehört zu den sehr seltenen Elementen und steht in der Häufigkeit der chem. Elemente an 77. Stelle; im Weltraum ist es nach Wasserstoff und Helium das dritthäufigste Element. Techn. wird N. neben anderen Edelgasen bei der fraktionierenden Destillation von verflüssigter Luft gewonnen und dient als Füllgas für Gasentladungslampen (›N.-Röhren‹, rotes ›N.-Licht‹) und Glimmlampen, für Laser und als Kältemittel in der Kryotechnik verwendet. – N. wurde 1898 von W. RAMSEY und seinem Mitarbeiter MORRIS WILLIAM TRAVERS (* 1872, † 1961) entdeckt.

Neo|natologie die, -, Spezialgebiet der Kinderheilkunde, das sich mit der Erforschung der Besonderheiten des Neugeborenenalters, v. a. mit Vorbeugung und Behandlung von Schäden und Erkrankungen bei Frühgeborenen, unter Einbeziehung der Pränataldiagnostik, befasst. Wesentl. Fortschritte stellten die Einführung des Inkubators dar und die Anwendung von künstl. Beatmung, Ernährung und medikamentöser Infektionsprophylaxe sowie Surfactantsubstitution (→Surfactant), durch die pulmonale Störungen erheblich reduziert werden konnten. Die 50%-Überlebenswahrscheinlichkeit der Frühgeborenen konnte dadurch in den letzten 30 Jahren von 1 800 g auf 600 g Geburtsgewicht gesenkt werden.

Neo|nazismus, →Rechtsextremismus.

Neonfisch: Roter Neonfisch (Länge bis 5 cm)

Neonfisch, Name versch. Salmlerarten: **Neonsalmler (Neontetra, Echter Neon,** Paracheirodon innesi; BILD →Aquarium), bis 4 cm langer Salmler mit bläul. Längsband; friedl. Schwarmfisch aus dem Amazonasgebiet, der weltweit gezüchtet wird und zu den beliebtesten Warmwasseraquarienfischen zählt. Der in Südamerika weit verbreitete **Rote Neonfisch** (Cheirodon axelrodi) ist bis 5 cm lang, besitzt eine rote Bauchseite und wird überwiegend als Wildimport eingeführt. Seltener importiert wird der dem Neonsalmler sehr ähnliche, bis 3,5 cm lange **Blaue Neon** oder **Falsche Neon** (Paracheirodon simulans).

Neongrundel, Elacatinus oceanops, rd. 5 cm lange Art der Meergrundeln; bewohnt bes. Korallenriffe der Karib. See und beseitigt Parasiten von der Haut anderer Fische (›Putzerfisch‹).

Neongrundel (Länge etwa 5 cm)

Neopentan, nichtsystemat. Bez. für den Kohlenwasserstoff 2,2-Dimethylpropan (→Pentane).

Neophyten [griech. neóphytos ›neu gepflanzt‹], Sg. **Neophyt** der, -en, **1)** Botanik: Pflanzenarten, die etwa seit der Völkerwanderungszeit durch den Menschen in ein Gebiet, wo sie nicht schon immer vorkamen, eingeführt oder unabsichtlich eingeschleppt wurden. Zu den N. zählen z. B. die Kartoffel, der in Dtl. etwa seit dem 16. Jh. heim. Echte Kalmus, die seit Mitte des 19. Jh. eingebürgerte Kanad. Wasserpest und die Rosskastanie. Einige N. erscheinen nur vorübergehend in einem Gebiet, z. B. Pflanzen, die in der Umgebung von Großmärkten, Gewürzmühlen, Häfen u. Ä. zufällig auskeimen und durch die ungünstigen Standortbedingungen bald wieder verschwinden.

2) Religionswissenschaft: die neu in Mysterienreligionen oder Geheimbünde Aufgenommenen; in der frühen Kirche Bez. für erwachsene Neugetaufte.

Neophytikum das, -s, Geologie: das →Känophytikum.

Neopilina [griech.], Gattung der →Napfschaler.

Neoplasma, krankhafte Gewebeneubildung (→Tumor).

Neoplastizismus, von P. MONDRIAN geprägte Bez. für Kunsttheorie und -praktiken der →Stijl-Gruppe; zuerst formuliert in seinem Essay ›Le néoplasticisme‹ (1920, dt. 1925). Beeinflusst vom Kubismus, erstrebte der N. eine neue Räumlichkeit durch geometr. Klarheit und strenge Harmonie. Die Bildgestaltung beschränkte sich auf die Grundelemente der Senkrechten und Waagerechten sowie die drei Primärfarben (Gelb, Rot, Blau) und Weiß, Grau, Schwarz; alles Bildhafte, Zufällige und Willkürliche wurde ausgeschlossen. Der N. wirkte auch auf die Architektur sowie auf industrielle Formgestaltung und Typographie.

Neopositivismus, Neupositivismus, logischer Positivismus, logischer Empirismus, Sammelbez. für eine Richtung naturwissenschaftlich orientierter Wissenschaftstheorie und -philosophie, die sich nach 1918 in Wien (→Wiener Kreis mit M. SCHLICK, R. CARNAP, V. KRAFT, O. NEURATH

u. a.) und Berlin (H. REICHENBACH u. a.) formierte und deren Entstehung gedanklich insbesondere von E. MACH beeinflusst worden war. Der N. sucht philosoph. und verwandte Probleme v. a. mit Mitteln der formalen Logik und der Semiotik zu lösen. Dabei werden Grundannahmen des Empirismus sowie die antimetaphys. Grundhaltung des älteren Positivismus fortgeführt. Einige Vertreter des N. (NEURATH, E. ZILSEL) verbanden die Forderung nach einer entsprechenden Neuorientierung des Denkens mit der nach Reformen in anderen gesellschaftl. Bereichen (Siedlungswesen, Statistik, Bildungspolitik u. a.).

Der N. verteidigt eine ›natürl.‹ strenge Zweiteilung aller wiss. Aussagen in die analytisch wahren der Formalwissenschaften und die wahren (oder falschen) empir. der Realwissenschaften, die allein etwas über die Wirklichkeit aussagen. Hier nicht einzuordnende (wenngleich grammatisch korrekt gebildete) Sätze sind sinnlos und bloße Scheinsätze. Um ggf. metaphys. Sätze als solche Scheinsätze zu entlarven, wird das Sinnkriterium entwickelt, das die Bedeutung eines Satzes durch die Methode seiner (empir.) Verifikation bestimmt. Entsprechend fordert das Prinzip der Konstituierbarkeit die prinzipielle Rückführbarkeit aller Satzteile sinnvoller Sätze auf das in der Erfahrung unmittelbar Gegebene, das in Elementarsätzen, nach späterer Ansicht in Protokollsätzen, festgehalten wird. Durch eine intersubjektive, universelle Sprache (→Physikalismus) will der N. die Einzelwissenschaften zusammenfassen. – V. a. durch die Kritik K. R. POPPERS (→kritischer Rationalismus) sah sich der N. gezwungen, seine Ansichten entscheidend zu modifizieren. Die demzufolge von CARNAP und ihm nahe stehenden Wissenschaftslogikern vertretenen Positionen, die sich weitgehend von ihrem Ausgangspunkt entfernt haben, werden auch als log. Empirismus (i. e. S.) bezeichnet.

V. KRAFT: Der Wiener Kreis. Der Ursprung des N. (Wien ²1968); R. KAMITZ: Positivismus (1973); M. SCHLICK: Allgemeine Erkenntnislehre (1979); G. SCHNITZLER: Zur ›Philosophie‹ des Wiener Kreises. Neopositivist. Schlüsselbegriffe in der Ztschr. ›Erkenntnis‹ (1980); D. KOPPELBERG: Die Aufhebung der analyt. Philosophie (1987); K. BRAND: Ästhetik u. Kunstphilosophie im ›Wiener Kreis‹ (1988); F. STADLER: Studien zum Wiener Kreis. Ursprung, Entwicklung u. Wirkung des Logischen Empirismus im Kontext (1997).

Neoptolemos, Pyrrhos, *griech. Mythos:* Sohn des Achill. Da nach einer Weissagung Troja nach Achills Tod nicht ohne N. erobert werden konnte, wurde er von der Insel Skyros geholt. Bei der Einnahme der Stadt tötete er Priamos am Altar des Zeus sowie dessen Enkel Astyanax und opferte Priamos' Tochter Polyxena am Grab des Achill; Andromache wurde seine Sklavin. N. wurde in Delphi (nach einer Version als Frevler auf Weisung der Pythia, nach einer anderen von Orest wegen →Hermione) erschlagen. – Bei SOPHOKLES und EURIPIDES wird N. als herausragender Held, bei VERGIL (›Aeneis‹) als ruchloser Kämpfer dargestellt. Als Motive der bildenden Kunst wurden seine frevler. Handlungen gewählt, so auf griech. Vasen (Amphora des LYDOS, 6. Jh. v. Chr., Berlin, Antikensammlung; Schale des BRYGOSMALERS, 5. Jh. v. Chr., Paris, Louvre) und auf Schildbändern.

Neorealismus, ital. **Neorealismo, Neoverismo,** Richtung der ital. Literatur um die Mitte des 20. Jh., die in ihrer Stoffwahl eng an die histor. Ereignisse (Faschismus, Krieg, Widerstand, Partisanenkampf) gebunden war und sich entschieden für eine Erneuerung von Gesellschaft und Kultur einsetzte, oft im Sinne sozialist. oder kommunist. Ideale. Neorealist. erzählende Prosa knüpfte an den →Verismus an. Sie ist gekennzeichnet durch grelle naturalist. Szenen und direkte Sprache, die handelnden Personen stammen häufig aus den unteren Schichten. Zu den profiliertesten Neorealisten zählen E. VITTORINI und C. PAVESE; weitere wichtige Vertreter sind: V. PRATOLINI, C. LEVI, F. JOVINE, I. CALVINO, B. FENOGLIO. Parallel zur Literatur bestimmt der N. auch die ital. Filmproduktion, v. a. damit fand er internat. Resonanz, bes. durch die Filme von R. ROSSELLINI, V. DE SICA, L. VISCONTI, P. GERMI, später die Filme von P. P. PASOLINI. (→Film) Das neorealist. Konzept wirkte auch in der port. Literatur der 1940er- und 50er-Jahre (u. a. bei A. A. REDOL, F. NAMORA).

B. RONDI: Il neorealismo italiano (Parma 1956); Ital. N., hg. v. H. L. ARNOLD (1979); C. DE MICHELIS: Alle origini del neorealismo (Cosenza 1980); Cinema e letteratura del neorealismo, hg. v. G. TINAZZI (Venedig 1983); C. MUSCETTA: Realismo, neorealismo, controrealismo (Rom 1990).

Neo-Sannyas-Bewegung, Selbst-Bez. der →Bhagvan-Bewegung.

Neosom [griech.] *das, -s, Petrologie:* →Migmatite.

Neotenie [zu griech. *teínein* ›spannen‹, ›ausdehnen‹] *die, -, Zoologie:* Beibehalten von Merkmalen des Larven- oder Embryonalstadiums auch nach dem Eintreten der Geschlechtsreife, so z. B. beim amerikan. Axolotl, der, im Ggs. zu Salamandern und Molchen, seine Kiemen nicht verliert.

Neoteriker [griech.-lat. ›die Neueren‹], die jungröm. Dichter, die im 1. Jh. v. Chr. unter Führung des VALERIUS CATO in Rom das alexandrin. Kunstideal des ›gelehrten Dichters‹ (poeta doctus) durchsetzten. Die N. lehnten die Großformen Epos und Tragödie ab und bevorzugten Epyllion, Epigramm, Elegie und polymetr. Lyrik. Wichtige Vertreter waren CATULL, CALVUS, G. HELVIUS CINNA, M. FURIUS BIBACULUS.

Neotropis *die, -, Biogeographie:* Bez. für das Gebiet, das die trop. und subtrop. Bereiche Mittel- und Südamerikas sowie den südl. Teil Mexikos umfasst; in der Tiergeographie auch als **neotropische Region,** in der Pflanzengeographie als **neotropisches Florenreich** bezeichnet.

Neottia [griech. ›Nest‹], wiss. Name der Orchideengattung →Nestwurz.

Neoverismo [ital.], der →Neorealismus.

Neovitalismus, philosophische Richtung des 19./20. Jh., die gegen mechanist. Erklärungsweisen des Kosmos eine spezifisch biolog. Kausalität und die Zweckbestimmtheit ganzheitl. Lebensprozesse annimmt, im Unterschied zum reinen Vitalismus aber die naturwiss.-mechan. Kausalität für die chemisch-physikal. (Teil-)Prozesse des Lebens, ihre Analyse und Erklärung gelten lässt; Vertreter u. a. H. DRIESCH, J. VON UEXKÜLL, E. VON HARTMANN.

Neoplastizismus: Piet Mondrian, ›Komposition‹; 1921 (Privatbesitz)

Neoz Neozoikum – Nepal

Neozoikum [zu griech. zõon ›Lebewesen‹] *das*, *-s*, *Geologie:* das →Känozoikum.

NEP [Abk. für russ. Nowaja Ekonomitscheskaja Politika ›Neue Ökonom. Politik‹], im März 1921 von LENIN in Sowjetrussland eingeführtes Wirtschaftsprogramm; löste die rigorose Politik des →Kriegskommunismus ab, um die katastrophale Ernährungslage der Bev. am Ende des Bürgerkriegs zu verbessern. – Die NEP ersetzte in der Landwirtschaft die willkürl. Zwangsabgabe von Agrarprodukten durch eine feste, deutlich geringere Naturalsteuer. Außerdem war es dem Bauern erlaubt, seine überschüssigen Erträge auf dem freien Markt zu verkaufen. Die NEP ließ den freien Binnenhandel und privates Kleinunternehmertum wieder zu und gewährte Konzessionen an ausländ. Privatpersonen zur Gründung industrieller Unternehmungen. 1927/28 beendete STALIN die NEP und forcierte im Rahmen einer ›Revolution von oben‹ die Industrialisierung der UdSSR und (ab 1929) die Kollektivierung der Landwirtschaft.

Nepal

Staatswappen

Staatsflagge

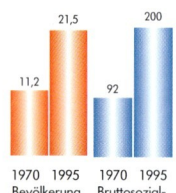

1970 1995 1970 1995
Bevölkerung Bruttosozial-
(in Mio.) produkt je Ew.
 (in US-$)

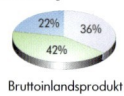

Bevölkerungsverteilung
1995

Bruttoinlandsprodukt
1995

Nepal

Fläche 147 181 km²
Einwohner (1995) 21,46 Mio.
Hauptstadt Katmandu
Amtssprache Nepali
Nationalfeiertage 11. 1., 9. 11., 28. 12.
Währung 1 Nepalesische Rupie (NR) = 100 Paisa (P.)
Uhrzeit 16⁴⁵ Katmandu = 12⁰⁰ MEZ

Nepal, amtlich Nepali **Nepal Adhirajya,** dt. **Königreich N.**, Binnenstaat im Himalaja, grenzt im N an China (Tibet), im W, S und O an Indien; mit 147 181 km² knapp halb so groß wie Italien, (1995) 21,46 Mio. Ew.; Hauptstadt ist Katmandu. Amtssprache ist Nepali. Währung: 1 Nepalesische Rupie (NR) = 100 Paisa (P.). Uhrzeit: 16⁴⁵ Katmandu = 12⁰⁰ MEZ.

STAAT · RECHT

Verfassung: Gemäß der am 9. 11. 1990 proklamierten Verf. ist N. eine konstitutionelle Monarchie. Das neue Grundgesetz fixiert ein Mehrparteiensystem, Pressefreiheit sowie die Unabhängigkeit der Justiz und erklärt den Hinduismus zur Staatsreligion. Der König als Staatsoberhaupt kann in Abstimmung mit der Reg. den Ausnahmezustand verhängen, der vom Repräsentantenhaus bestätigt werden muss. Er ist nur noch formal Oberster Befehlshaber der Streitkräfte, de facto liegt die Entscheidungsgewalt beim Verteidigungsrat unter Leitung des Premier-Min. Mit der Statuierung der Nepalesen als ›Bürger‹ (vorher: ›Untertanen‹) bekennt sich die Verf. zur Souveränität des Volkes, das seine legislative Macht an ein Zweikammerparlament delegiert. Das Repräsentantenhaus besteht aus 205 Abg., die auf fünf Jahre direkt gewählt werden; dem Nationalrat mit einer Legislaturperiode von sechs Jahren gehören 60 Mitgl. an, davon werden 10 vom König ernannt, 35 vom Repräsentantenhaus und 15 von einem speziellen Wahlgremium gewählt. Die Exekutive liegt beim Kabinett unter Vorsitz des Premier-Min.; die Min. werden auf Vorschlag des Premiers vom König ernannt.

Parteien: Einflussreichste Parteien sind die Communist Party of N. – Unified Marxist-Leninist (CPN – UML; gegr. 1991), die bürgerl. Nepali Congress Party (NCP; gegr. 1947) und die monarchist. National Democratic Party (NDP).

Gewerkschaften: Der 1961 gegründete Dachverband der Gewerkschaften, Nepal Trade Union Centre, wurde 1990 legalisiert.

Wappen: Das Wappen (1963) zeigt eine Landschaft am Fuße des Himalaja, darüber ein gesichteter Mond und eine gesichtete Sonne, im Vordergrund das Nationaltier, eine Kuh, und der Nationalvogel, der Glanzfasan, am Ufer eines Flusses. Das Ganze ist unten von sechs Nationalblumen, Rhododendron, umrahmt, seitlich je ein Gurkhakrieger, einer in moderner Uniform, einer in ursprüngl. Tracht. Am Fuß auf einem Spruchband in Sanskrit: ›Janani Janmanbhumishtsha Svargad api Gariyasi‹ (›Achte Mutter und Heimat wie das Himmelreich‹); darüber die königl. Embleme, die auch allein gebraucht werden: die Fußspuren Vishnus, umrahmt von zwei gekreuzten Dolchen (Kukris) und zwei mit den Stangen gekreuzten Staatsflaggen, von der nepales. Königskrone überhöht.

Nationalfeiertag: 11. 1. (Tag der Einheit), 9. 11. (Verfassungstag) und 28. 12. (Geburtstag des Königs).

Verwaltung: Das Land ist in 14 Zonen, 75 Distrikte und Panchayats (Städte und Dörfer) untergliedert.

Recht: An der Spitze des Gerichtswesens steht der Oberste Gerichtshof, darunter Appellations- und Distriktsgerichte; daneben existiert der Militärgerichtshof.

Streitkräfte: Die Gesamtstärke der Freiwilligenarmee (nur Heerestruppen) beträgt rd. 35 000 Mann, die der paramilitär. Kräfte etwa 25 000 Polizisten. Gegliedert ist die Truppe hauptsächlich in fünf Infanteriebrigaden und die ›königl. Palastwache‹ in Brigadestärke. Die Ausrüstung besteht (abgesehen von 25 Spähpanzern) im Wesentlichen aus leichten Waffen. – Etwa 7 % der Staatsausgaben werden für die Verteidigung verwendet.

LANDESNATUR · BEVÖLKERUNG

N. erstreckt sich über rd. 800 km in westöstl. Richtung. Der vergletscherte Hohe Himalaja mit tief eingeschnittenen Flusstälern zieht sich mitten durch die westl. Landeshälfte (Dhaulagiri 8 167 m ü. M., Annapurna I 8 091 m ü. M.), der Manaslu (8 163 m ü. M.) in Zentral-N. hat schon eine geringere Entfernung zur nördl. Landesgrenze; in Ost-N. sind die höchsten Gipfel Grenzberge zu Tibet (Mount Everest 8 846 m ü. M., Lhotse 8 516 m ü. M., Makalu 8 463 m ü. M., Cho Oyu 8 201 m ü. M.) und zu Indien (Kangchendzönga 8 586 m ü. M.). Im niedrigeren Vorderhimalaja, an dessen S-Rand sich die Mahabharatkette durch das ganze Land zieht, finden sich das von einem Gebirgsring (rd. 2 000 m ü. M.) eingefasste Katmandutal (rd. 1 340 m ü. M., rd. 30 km lang und rd. 20 km breit) und das Tal von Pokhara. Parallel zur Mahabharatkette erstrecken sich im S des Landes die Siwalikketten, vor denen die 15–50 km breite, einst malariaverseuchte Schwemmlandebene des Tarai liegt, die in N-Indien in die Gangesebene übergeht. Einzelne Höhenzüge der

Nepal: Übersichtskarte

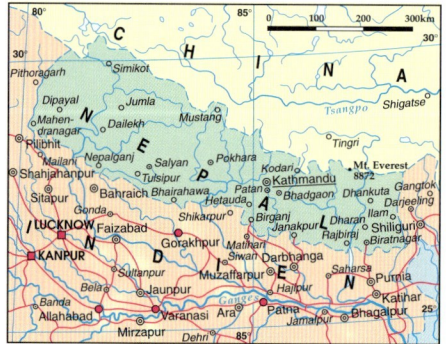

Siwalikketten schieben sich durch den Tarai bis zur ind. Grenze vor.

Klima: N. steht unter dem Einfluss des sommerl. SO-Monsuns, der 80–90% der Jahresniederschlagsmengen bringt, und des trockenen, winterl. NW-Monsuns. Winterregen fallen im Zusammenhang mit von W kommenden Zyklonen. Die heiße Monsunzone reicht vom Tarai bis in Höhenlagen von etwa 1 500 m ü. M. (Jahresmitteltemperatur 25 °C bei Extremwerten von 44,4 °C bzw. 2,2 °C; über 2 000 mm Niederschlag pro Jahr). In Höhenlagen zw. etwa 1 500 m und 2 200 m ü. M. herrscht gemäßigt-warmes, zw. etwa 2 200 und 4 000 m ü. M. gemäßigt-kühles Monsunklima. Die Hochgebirgsregion zeichnet sich durch bes. kalte Winter und geringere Niederschlagsmengen aus. Jenseits des Hohen Himalaja erstreckt sich im NW des Landes eine Trockenzone mit stellenweise weniger als 250 mm Jahresniederschlag.

Vegetation: Die nur noch in Resten erhaltenen immergrünen Monsunwälder und die Grasfluren des Tarai werden höhenwärts von Falllaubwäldern, vereinzelt von Bambusbeständen abgelöst; in den höheren Gebirgslagen folgen Rhododendron und Nadelwälder, über der Waldgrenze Krüppelholz, Flechten und Moose (die klimat. Schneegrenze liegt bei 5 000–5 800 m ü. M.). Im trockenen NW sind alpine Steppen vorherrschend.

Bevölkerung: In N. finden sich sowohl tibetobirman. als auch indoarische Völker. Politisch, religiös und sozial führend sind die →Gurkha 1) mit 58,4% der Bev. Ihre Muttersprache Nepali wurde als Nationalsprache angenommen. Zu den altnepales. Gruppen, die lange vor der Einwanderung der Gurkha in den Mittelgebirgen sesshaft waren, zählen die Tamang (3,5%) und Tharus (3,6%). Die →Newar (3%) sind die Ureinwohner des Katmandutals, und ihre Kultur hat den Hausstil, das geschnitzte Fachwerk mit Ziegelfüllung, und die Tempelpagoden in Katmandu geprägt. Im O des Landes befinden sich die Rai (1,5%) und Limbu (0,9%); in Zentral-N. die altnepales. Gruppen der Magar (1,4%) und Gurung (1,2%) und im nördl. Grenzraum die →Bhutija und →Sherpa (0,5%). Nicht unerheblich ist die Zahl der Nepalesen, die im Ausland vorübergehend (z. B. als Gurkhasoldaten [→Gurkha 3]) oder Gastarbeiter in Indien oder dauernd (insbesondere in Sikkim und Darjeeling) weilen.

Größte Städte (Ew. 1991)

Katmandu[1]	419 100	Bhadgaon	61 100
Biratnagar	130 100	Pokhara	46 600[2]
Patan	117 200	Birganj	43 600[2]

[1]1993. – [2]1981.

Die Bev. ist von (1961) 9,4 Mio. über (1981) 15,0 Mio. auf (1995) rd. 21,5 Mio. Ew. angewachsen. Die demograph. Situation N.s gehört damit zu den schwierigsten unter den Ländern der Erde. Es zeichnet sich eine zunehmende Migration in die Städte ab. Während in den 70er-Jahren nur 3% in den als Stadt-Panchayat anerkannten Orten lebte, sind es heute über 14%.

Religion: Der Hinduismus ist Staatsreligion; zu ihm bekennen sich das Königshaus und rd. 89% der Bev. Die Verf. garantiert die Ausübung der ›ererbten Religionen‹; Mission und Konversion sind verboten. Der Buddhismus, zu dem sich rd. 7% der Bev. (die Tamang und andere tibetobirman. Völker) bekennen, hat geschichtlich über die Integration hinduist. Elemente (Shivaismus) eigene nepales. Formen ausgebildet. Von gesamtbuddhist. Bedeutung ist der Geburtsort BUDDHAS Lumbini (UNESCO-Weltkulturerbe) im damaligen Königreich Kapilavastu. Rd. 3% der Bev.

Klimadaten von Katmandu (1 335 m ü. M.)

Monat	Mittleres tägl. Temperaturmaximum in °C	Mittlere Niederschlagsmenge in mm	Mittlere Anzahl der Tage mit Niederschlag	Mittlere tägl. Sonnenscheindauer in Stunden	Relative Luftfeuchtigkeit nachmittags in %
I	18,1	15	1	5,9	70
II	20,1	41	5	5,6	68
III	25,2	23	2	7,6	53
IV	28,9	58	6	9,5	54
V	29,5	122	10	5,7	61
VI	29,3	246	15	4,9	72
VII	28,7	373	21	2,6	82
VIII	28,5	345	20	2,4	84
IX	28,1	155	12	3,3	83
X	26,7	38	4	5,2	81
XI	22,7	8	1	5,2	78
XII	18,8	2	0,2	5,1	73
I–XII	25,4	1 426	97,2	5,3	72

sind Muslime (v. a. im Tarai). Von den etwa 55 000 Christen gehören rd. 50 000 prot. Kirchen und Gemeinschaften an; für die rd. 5 000 kath. Christen besteht seit 1983 mit der ›Mission N.‹ (Sitz: Katmandu) ein eigener kirchl. Jurisdiktionsbezirk.

Bildungswesen: Schulpflicht besteht für Kinder zw. sechs und zehn Jahren. Die Grundschule umfasst fünf Jahre; auf ihr bauen die untere (zwei Jahre) und die obere Sekundarschule (drei Jahre) auf. Der Besuch der ersten bis sechsten Klasse ist an den staatl. Schulen kostenlos. Unterrichtssprache ist Nepali. 1990 begann die Reg. ein zwölfjähriges Alphabetisierungsprogramm, vorrangig auf Personen zw. sechs und 45 Jahren orientiert. Die Analphabetenquote beträgt ca. 73%. In Katmandu gibt es die staatl. Tribhuvan University (gegr. 1959).

Publizistik: Die Verf. von 1990 garantiert die Pressefreiheit. Alle Tageszeitungen erscheinen in der Hauptstadt, mit der höchsten Aufl. ›Gorkhapatra‹ (gegr. 1901, Nepali, Aufl. 75 000), ›Nepali Hindi Daily‹ (gegr. 1958, Hindi, Aufl. 45 000) und ›Rising Nepal‹ (gegr. 1965, Englisch, Aufl. 20 000). Amtl. Nachrichtenagentur ist ›Rastriya Samachar Samiti‹ (RSS), 1992 entstand die private ›Nepal Sangbad Samiti Co. Pvt Ltd.‹. Die staatl. Rundfunkverwaltung betreibt ›Radio N.‹ (gegr. 1951) mit einem landesweiten Hörfunkprogramm in Nepali und einem Auslandsdienst in Englisch sowie ›Nepal Television Corporation‹ (gegr. 1986).

WIRTSCHAFT · VERKEHR

N. zählt sowohl hinsichtlich des Pro-Kopf-Einkommens als auch des sozialen Entwicklungsstandes zu den ärmsten Ländern der Erde (BSP je Ew. 1995: 200 US-$). Etwa die Hälfte der Bev. lebt in absoluter Armut. Hauptursachen des geringen wirtschaftl. Entwicklungsstandes sind die ausgesprochen knappe Ausstattung des Landes mit natürl. Ressourcen, das starke Bev.-Wachstum und die isolierte geograph. Lage.

Landwirtschaft: N. ist ein Agrarland. 1995 waren über 90% der Erwerbstätigen in der Land- und Forstwirtschaft beschäftigt. Sie erwirtschafteten 42% des BIP. Die landwirtschaftl. Erzeugung geschieht überwiegend in kleinen Familienbetrieben für den Eigenbedarf. Etwa 60% der Agrarproduktion entfallen auf die Feldwirtschaft, 30% auf die Viehhaltung und 10% auf die Forstwirtschaft. Die landwirtschaftl. Nutzfläche, etwa ein Drittel der Gesamtfläche, setzt sich aus (1990) 18% Ackerland und Dauerkulturen (6,8% bewässertes Reisland), 13,6% Dauerwiesen und -weiden sowie 16,9% Wald und 51,5% sonstigen Flächen zusammen. Das Hauptanbaugebiet mit rd. 60% der gesamten Nutzfläche und etwa 85% der gesamten Reis-

Nepa Nepal

Nepal: Terrassenfeldbau in der Mittelgebirgszone

anbaufläche liegt im Tarai. In den übrigen Teilen des Landes reichen die Anbaugrenzen max. bis 4000 m ü. M. Die Hauptanbauprodukte sind Reis im Sommer (Regenzeit) und Mais, Buchweizen, Hirse und Gerste im Winter. Als Cashcrops werden – vorwiegend im Tarai – Zuckerrohr, Jute, Tabak, Mais, Ölsaaten, Kartoffeln und Linsen angebaut. Die starke Erosion des Gebirges führt zu erhebl. Beeinträchtigungen der tiefer liegenden Gebiete und zu einer Wanderbewegung der Bauern aus den Bergen in das Tarai.

Hauptsächlich wird die Viehzucht (Rinder, Büffel, Ziegen, Schweine, Yaks) in den Hill- und Mountainregionen betrieben.

Forstwirtschaft: Durch Brandrodungsfeldbau und unkontrollierte Brennholzgewinnung (97% des Holzeinschlags von 18,2 Mio. m³) sind große Waldgebiete (1990: 2,48 Mio. ha) degeneriert. Die hierdurch bewirkten Erosionsschäden sind beträchtlich; mit der Wiederaufforstung wurde begonnen.

Bodenschätze: Abgebaut werden Glimmer und Kalkstein; noch unerschlossen sind die Vorkommen an Gold-, Kupfer-, Eisen-, Blei-, Nickel-, Kobalt-, Zinkerz, Magnesit, Kohle und Schwefel.

Industrie: Zu den wichtigsten Industrieprodukten gehören Juteerzeugnisse, Streichhölzer, Zucker, Zigaretten, Schuhe, Textilien, landwirtschaftl. Erzeugnisse und Tee. Wichtigster Exportartikel sind die N.-Teppiche (60% des Exportwertes). Die größten Industrieunternehmen gehören dem Staat. Nennenswert sind v. a. ein Eisenwalzwerk, eine Zement- und eine Düngemittelfabrik. Die Industrieproduktion ist wegen Energiemangels in den letzten Jahren zurückgegangen. Sintflutartige Regenfälle im Juli 1993 haben große Schäden an der Infrastruktur, Industrie- und Energieanlagen angerichtet.

Tourismus: Der Tourismus begann 1954 mit der Eröffnung des Tribhuvan-Flughafens von Katmandu; 1955 kamen die ersten Gruppenreisenden. Zunächst war N. Ziel des Expeditions- und Trekkingtourismus. Der heutige Trend geht in Richtung Massentourismus. Der Tourismus ist in Bezug auf Deviseneinnahmen an die zweite Stelle (nach dem Teppichexport) gerückt. Die meisten Touristen kamen 1991 aus Asien (47,8%), Westeuropa (37,7%) und Nordamerika (8,2%). Wichtige tourist. Anziehungspunkte sind das Katmandutal mit den Kulturstädten Katmandu, Patan und Bhadgaon, das Pokharatal am Fuße des Annapurna und Lumbini, dem Geburtsort des histor. BUDDHA im Tarai. Der Trekking- und Bergsteigertourismus brachte jedoch große ökolog. Probleme mit sich. Durch Dezentralisierung des Fremdenstroms und die Einrichtung von Nationalparks (Chitwan-Nationalpark, Sagarmatha-Everest-Nationalpark [beide UNESCO-Weltnaturerbe] u. a.) soll ein umweltfreundl. Tourismus betrieben werden.

Außenwirtschaft: Seit 1970 hat das Außenhandelsdefizit stetig zugenommen. Um die stark negative Handelsbilanz auszugleichen, sind bes. die Einnahmen aus Überweisungen der Gurkhasoldaten und Gastarbeiter im Ausland wichtig. Bei den Ausfuhren nehmen Teppiche, Textilien, Bekleidung, Felle und Häute die wichtigste Position ein. Daneben bietet N. Jute und Juteprodukte, kunsthandwerkl. Waren und Überschussprodukte aus dem Agrarsektor an. N. ist bei den Import lebenswichtiger Investitionsgüter wie Erdöl, Stahl, Zement und Halbfertigwaren sowie Konsumgüter wie Textilien, Papier, Geräte u. a. aus Indien angewiesen. Andererseits braucht N. den ind. Markt, um selbst in wirtschaftl. Stückzahlen produzieren zu können. Haupthandelspartner sind v. a. Indien, des Weiteren Singapur, Japan, Dtl. und die USA.

Verkehr: Aufgrund der topograph. und klimat. Gegebenheiten befindet sich N. verkehrsmäßig in einer ungünstigen Lage. Das Schwergewicht der staatl. Entwicklungsplanung liegt deshalb auf dem Straßenbau. 1991 hatte N. ein Straßennetz von 7615 km, davon 3072 km asphaltiert. Viele Straßen sind jedoch nicht ganzjährig befahrbar. Die wichtigste Straßenverbindung nach Indien, der kurvenreiche ›Tribhuvan Rajpath‹ zw. Katmandu und dem ind. Eisenbahnendpunkt Raxaul, wurde in den fünfziger Jahren erbaut. Inzwischen wurde diese durch eine Verbindung weiter westlich ergänzt. Priorität hat der Ausbau weiterer Verbindungen. Eine Straße, der ›Mahendra-Highway‹, wurde 1992 fertig gestellt; Kernstück dieser Verbindung ist die gut ausgebaute Straße von Katmandu nach Pokhara. In der Mittelgebirgsregion ist eine wichtige Strecke zw. Katmandu und Kodari an der chin. Grenze in Betrieb. Bis auf zwei kurze Stichbahnen zur ind. Grenze verfügt N. über kein Eisenbahnnetz. Eine mit amerikan. Hilfe erbaute Seilbahn mit 20 t Nutzlast pro Stunde und 64 km Länge verbindet Katmandu mit Hitaura im Tarai. Im indisch-nepales. Transitvertrag wird die Nutzung ind. Seehäfen auf Kalkutta beschränkt. Der einzige internat. Flughafen liegt südöstlich von Katmandu; daneben gibt es 45 weitere Flugplätze, davon fünf mit festem Belag. Nat. Fluggesellschaft ist die ›Royal N. Airlines Corporation‹ (RNAC), daneben gibt es vier private Fluggesellschaften: N. Airways, Necon Air, Everest Air und Asian Airlines.

GESCHICHTE

Bis in die Neuzeit ist die Geschichte N.s weitgehend identisch mit der des Katmandutals. Die frühesten Siedler dürften eine tibetobirman. Sprache gesprochen haben. Legendendurchsetzte Chroniken nennen u. a. Kirataherrscher (auch Kirati). Historisch sicherer wird der Boden mit der Licchavidynastie, aus deren Zeit (4./5.–8./9. Jh.) Inschriften und Bauten erhalten sind. Das heutige Bild des Tals prägten die Malla (1200–1768; 1482 Aufspaltung in die drei Reiche von Bhaktapur, Katmandu und Patan). Mit dem 14. Jh. setzte eine kulturelle Hochblüte ein. Der staatlich geförderte Hinduismus (Einführung des Kastensystems durch JAYASTHITI MALLA, Reg.-Zeit 1382–95) überlagerte die älteren Religionen, auch den Buddhismus. Das heutige N. wurde stark geprägt von der seit 1559 herrschenden Gurkhadynastie der Shaha. Die Feldzüge ihres bedeutendsten Herrschers, PRITHVI NARAYAN (Reg.-Zeit 1723–75), gipfelten 1768 in der Eroberung von Katmandu. 1846 ging die Macht auf das in der Familie Rana erblich gewordene Amt des Premier-Min. über (bis 1951). Mit Britisch-Indien war N. durch Verträge von 1816 und 1923 verbunden. In bei-

nepalesische Kunst: Stupa von Svayambhunath; 14. Jh.

den Weltkriegen kämpften Gurkharegimenter im brit. Heer. Nach der Entlassung Indiens in die Unabhängigkeit (1947) schloss die nepales. Reg. 1950 einen Freundschaftsvertrag mit der Ind. Union. Am 18. 2. 1951 proklamierte König TRIBHUVAN BIR BIKRAM SCHAH (* 1906, † 1955; 1911–50, 1952–55; 1950–52 im ind. Exil) N. zur konstitutionellen Monarchie. Sein Nachfolger MAHENDRA BIR BIKRAM SCHAH (* 1920, † 1972; 1955–72) setzte die Politik der konstitutionellen Reformen fort. 1959 trat die erste unter parlamentarisch-demokrat. Blickwinkel geschaffene Verf. in Kraft. Aus den allgemeinen Wahlen ging die indisch orientierte Nepali Congress Party (NCP) als Sieger hervor und stellte mit B. MATRIKA PRASAD KOIRALA (* 1915, † 1982) den Premier-Min. 1960 setzte der König die Reg. ab und hob das parlamentar. System auf; 1961 verbot er die Parteien. Mit der Einführung der Panchayat-Verf. (16. 12. 1962) gewann MAHENDRA BIR BIKRAM SCHAH eine beherrschende Stellung im polit. System (1975 durch eine Verf.-Änderung weiter gestärkt zum Nachteil der parlamentar. Kontrolle), 1972 bestieg BIRENDRA BIR BIKRAM (* 1945) den Thron. Ohne die Zulassung von Parteien fanden 1981 und 1986 Wahlen statt. Unter Führung der verbotenen Kongresspartei entwickelte sich seit Mitte der 80er-Jahre v. a. in den Städten eine Demokratiebewegung. Nach blutigen Unruhen im April 1990 verkündete der König am 9. 11. 1990 eine neue Verf., die N. in eine konstitutionelle Monarchie verwandelte und ein Mehrparteiensystem gesetzlich verankerte. Die Wahlen vom Mai 1991 gewann die NPC; sie stellte mit GIRIJA PRASAD KOIRALA den Min.-Präs. (bis 1994). Die Neuwahlen am 15. 11. 1994 gingen zugunsten der Communist Party of N. – Unified Marxist-Leninist aus, deren Vors. MAN MOHAN ADHIKARY eine Minderheits-Reg. bildete und am 30. 11. als erster kommunist. Min.-Präs. einer Monarchie vereidigt wurde. Nach seinem Sturz durch ein Misstrauensvotum am 10. 9. 1995 bildete SHER BAHADUR DEUBA (NPC) eine Koalitionsregierung. 1996 brach in West-N. die blutige Revolte einer maoist. Untergrundbewegung aus. Im März 1997 wurde LOKENDRA BAHADUR CHAND (National Democratic Party) Min.-Präs. einer neuen Regierung.

N., bearb. v. T. HAGEN u. a. (Bern ³1975); Journal of the N. Research Center, Bd. 1 ff. (Wiesbaden 1975 ff.); S. S. CHARAK: History and culture of Himalayan states, auf mehrere Bde. ber. (Delhi 1978 ff.); W. HAFFNER: N. – Himalaya (1979); P. M. BLAIKIE u. a.: N. in crisis (Oxford 1980); D. W. WADHWA: N. (ebd. 1982); C. KLEINERT: Siedlung u. Umwelt im zentralen Himalaya (1983); The changing Himalayan landscape in West N., hg. v. P. H. KEMP (Berlin 1984); L. PETECH: Mediaeval history of N.: c. 750–1482 (Rom ²1984); C. CHANT: Gurkha. An illustrated history (Poole 1985); H. GURUNG: Regional patterns of migration in N. (Honolulu, Ha.,1989); N. als Forschungsgegenstand. Literaturschau, in: N.-Information, Jg. 23 (1989); Polit. Lex. Asien, Australien, Pazifik, hg. v. W. DRAGUHN u. a. (²1989); R. Z. APTE: Three kingdoms on the roof of the world. Bhutan, N., Ladakh (Berkeley, Calif., 1990); W. DONNER: N. Im Schatten des Himalaya (1990); DERS.: Lebensraum N. Eine Entwicklungsgeographie (1994); C. PYE-SMITH: Travels in N. The sequestered kingdom (Harmondsworth 1990); N. R. SHRESTHA; Landlessness and migration in N. (Boulder, Colo., 1990); DERS.: In the name of development. A reflection on N. (Lanham 1997); U. GRUBER: N. Ein Königreich im Schatten des Himalaya (1991); K.-H. KRÄMER: N. – der lange Weg zur Demokratie (1991); DERS.: Ethnizität u. nationale Integration in N. (1996); K. MORAN: N. handbook (Chico, Calif., 1991); B. R. SINGH: Glimpses of tourism, airlines and management in N. (Delhi 1991); D. B. BISTA: Fatalism and development. N.'s struggle for modernization (Neudr. Hyderabad 1994); R. KRACK: N.-Hb. (³1996).

nepalesische Kunst, nepalische Kunst, die buddhist. und hinduist. Kunstwerke in Nepal, v. a. in den Städten des Katmandutales (Katmandu, Bhadgaon, Patan u. a.) sowie in der südl., an NO-Indien grenzenden Region, der Heimat des histor. BUDDHA. Die frühe n. K. entwickelte sich in enger Bindung an die jeweiligen Phasen der ind. Kunst, brachte aber schon in der zweiten Hälfte des 1. Jt. in der Steinplastik (→Changu Narayana) und später v. a. in der Bronzekunst und Malerei bedeutende Werke in eigenständigen Formen hervor. In S-Nepal entstanden seit der Ashokazeit an den legendären Stätten des BUDDHA (Lumbini) Kloster- und Kultanlagen mit flach gewölbten Stupas (abweichend von dem ind. Stupatypus mit hohem Anda). Im Katmandutal reichen die ältesten Werke der Stein- und Terrakottaplastik bis ins 2.–4. Jh. zurück und stehen der späten Kushanakunst von Mathura nahe (Bodhisattva im Museum Katmandu). Die hinduist. und buddhist. Skulpturen der Licchavizeit (etwa 4./5.–8./9. Jh.) und der wegen fehlender Quellen historisch kaum erschlossenen Thakurzeit (9.–12. Jh.) gehen aus der Gupta- und Palakunst N-Indiens hervor. Ihr Gesichtsschnitt und die Feingliedrigkeit der Körper blieben stilist. Kennzeichen der n. K. auch in der Mallazeit (13.–18. Jh.), in der die heutigen Städte mit weitläufigen Palast- und Kultanlagen entstanden und ausgebaut wurden. Als typ. Bauform entwickelte sich der quadrat. Ziegeltempel mit mehrstufigem, von geschnitzten Holzbalken getragenem Pyramidendach (Taleju- und Degutaletempel in Katmandu, Nyatapolatempel in Bhadgaon). Die Stupas von Svayambhunath und Bodhnath wurden zu Zentren des nepalesisch-tibet. Buddhismus. Wechselbeziehungen mit Tibet und China bestanden seit dem 12./13. Jh. und führten bis in die jüngere Vergangenheit zu hoher künstler. und handwerkl. Blüte.

nepalesische Kunst: Mit Schnitzereien verzierte Holzbalken des Basantapur Durbar im Palastbezirk in Katmandu

Nepa nepalesische Literatur – Nephrographie

P. Pal: The arts of Nepal, 2 Bde. (Leiden 1974–78); L. S. Bangdel: Nepal. 2500 Jahre n. K. (1987); J. Schick: Die Götter verlassen das Land. Kunstraub in Nepal (Graz 1989); U. Wiesner: Nepal. Königreich im Himalaya. Gesch., Kunst u. Kultur im Kathmandu-Tal (⁹1992).

nepalesische Literatur, nepalische Literatur. Die Anfänge der n. L. im 19. Jh. lehnen sich in ihren Gattungen, in Stil und Stoffen eng an die Literatur des klass. Indien an; einflussreich war die Bearbeitung des alten Epos ›Ramayana‹ durch Bhanubhakta (* 1814, † 1868) und die ausgedehnte publizist. Tätigkeit des Motiram Bhatta (* 1866, † 1912). Deutl. Einflüsse westl. Literatur zeigen sich nach 1930, zuerst in literar. Zeitschriften, die an der Herausbildung eines Lesepublikums maßgebl. Anteil hatten (z. B. in ›Sharada‹, 1932–52). Zwischen Tradition und Moderne in Genre und Stil vermitteln die Gedichte des Lekhnath Paudyal (* 1884, † 1965). Von individueller Imagination geprägt sind die Gedichte und Erzählungen des Lakshmi Prasad Devkota (* 1909, † 1959), die, dem Vorbild der engl. Romantiker verpflichtet, Themen des alltägl. Lebens literarisch gestalten. Seit Mitte des 20. Jh. wird mit allen europ. Literaturformen experimentiert, wobei Gedicht und Essay einen breiten Raum einnehmen. Die Thematik wird zunehmend von sozialen Fragen und den Problemen der Verwestlichung bestimmt, wie überhaupt die moderne n. L. die polit. und sozialen Verhältnisse ihrer Entstehungszeit oft sehr direkt widerspiegelt.

K. Pradhan: A history of Nepali literature (Delhi 1984); M. J. Hutt: Nepali, a national language and its literature (ebd. 1988); Himalayan voices. An introduction to modern Nepali literature, hg. v. Dems. (ebd. 1993).

Nepali, Hauptsprache des mittleren Himalaja vom oberen Sutlej bis östlich von Sikkim. Seit 1769 Staatssprache des Königreichs Nepal; dort Idiom der Medien und Schulen. N. gehört zur Westgruppe der neuindoarischen Sprachen (→Paharisprachen). Inschriftl. Vorformen existieren seit dem 12. Jh.; übl. Schrift ist die ind. Devanagari.

D. Srivastava: Nepali language, its history and development (Kalkutta 1962); R. L. Turner: A comparative and etymological dictionary of the N. language (Neuausg. London 1965, Nachdr. Delhi 1990); D. Matthews: A course in N. (London 1984); N. K. Aggarwal: Studies on Nepali language and linguistics. A bibliography (Gurgaon 1991).

Nepenthaceae, die Kannenstrauchgewächse (→Kannenpflanze).

Nepenthes [griech.], die Gattung →Kannenpflanze.

Neper [nach J. Napier] *das, -/-,* Kurzzeichen **Np,** Pseudoeinheit zur Kennzeichnung des logarithmierten Verhältnisses zweier gleichartiger physikal. Größen (häufig als Pegel oder Maß bezeichnet), wenn dabei der natürl. Logarithmus (ln) verwendet wurde. Bei Verwendung des Zehnerlogarithmus (lg) lautet das entsprechende Hinweiswort →Bel (Kurzzeichen B) oder Dezibel. Wie beim Bel sind auch beim N. Vorsätze erlaubt. Während für die Angabe von Pegeln und Maßen in Bel (und Dezibel) der Logarithmus des Quotienten aus zwei leistungsproportionalen Größen gebildet wird, die zu den Quadraten entsprechender Feldgrößen proportional sind, wird für die Angabe in N. der Logarithmus des Quotienten aus den Feldgrößen selbst verwendet. Für die Umrechnung gilt daher:

$$1\,\text{Np} = (2/\ln 10)\,\text{B} = (2\lg \text{e})\,\text{B} \approx 0{,}8686\,\text{B}.$$

Neper ['neɪpɪə], John, schott. Mathematiker, →Napier, John.

nepersche Regel [nach J. Napier], **napiersche Regel** ['neɪpɪə-]. Im rechtwinkligen sphär. Dreieck ist der Kosinus eines jeden Stücks gleich dem Produkt der Kotangenten der anliegenden oder gleich dem Produkt der Sinusse der nicht anliegenden Stücke. Dabei zählt der rechte Winkel nicht als Stück; die Katheten werden durch ihre Komplemente ersetzt. Mithilfe der n. R. können alle Sätze über rechtwinklige sphär. Dreiecke hergeleitet werden.

Nepeta [lat.], die Pflanzengattung →Katzenminze.

NEPH-Analyse [zu griech. *néphos* ›Wolke‹], auf Satellitenbildern beruhende Analyse geograph. Verteilung der Wolkenarten und des Bedeckungsgrades (des Himmels); in Karten durch Symbole und bestimmte Schraffuren dargestellt.

Nephele [griech. ›Nebel‹, ›Wolke‹], in der *griech. Mythologie* ein von Zeus geschaffenes Trugbild, mit dem Ixion den Kentauros, den Stammvater der Kentauren, zeugte; auch als Name der Gattin des Athamas, der Mutter von Phrixos und Helle, überliefert.

Nephelin [zu griech. *nephélē* ›Nebel‹, ›Wolke‹ (weil die Kristalle, von Säure zersetzt, trüb werden)] *der, -s/-e,* zu den Feldspatvertretern zählendes farbloses oder (meist) weißes bis lichtgraues hexagonales Mineral der chem. Zusammensetzung $(\text{Na}_3,\text{K})[\text{AlSiO}_4]_4$; Härte nach Mohs 5–6, Dichte 2,6 g/cm³. N. ist ein wichtiges gesteinsbildendes Mineral, das als wesentl. Gemengteil von magmat. Alkaligesteinen vorkommt, in Tiefengesteinen (Syenite und ihre Pegmatite, in denen die Feldspäte durch Feldspatvertreter ersetzt sind) und in vulkan. Gesteinen (N.-Basalt, Nephelinit u. a.). Eine grobkristalline, blau, rötlich oder grau gefärbte Varietät wird als **Eläolith** bezeichnet. N. wird in der keram. Industrie z. T. anstelle von Feldspat sowie zur Herstellung grüner Gläser verwendet.

Nephelinit *der, -s/-e,* olivinfreies basalt. Ergussgestein mit Einsprenglingen von Nephelin und Pyroxen in einer grünlichen oder dunkelgrauen Grundmasse aus Nephelin und Pyroxen sowie Nebengemengteilen. **Nephelinbasalt** weist dagegen auch Olivin auf.

Nephelometrie [zu griech. *nephélē* ›Nebel‹, ›Wolke‹] *die, -,* **Tyndallometrie,** opt. Analyseverfahren zur Bestimmung des Gehaltes an kolloiden und feindispersen Teilchen in Flüssigkeiten oder Gasen unter Ausnutzung des →Tyndall-Effekts. In das zu untersuchende Medium wird Licht eingestrahlt, das an den darin enthaltenen Teilchen gestreut wird. Die Intensität des Streulichtes, das die Messzelle in einem bestimmten Winkel (z. B. 90°, 180°) verlässt, wird mit einer Photodiode gemessen. Die N. hat als Verfahren der Trübungsmessung (→Turbidimetrie) z. B. in der Wassertechnologie und Getränkeindustrie Bedeutung. Das Messergebnis wird nach Eichung mit einer Standardsuspension meist in nephelometr. Trübungseinheiten angegeben. Nach dem gleichen Prinzip lässt sich der Staubgehalt von Abgasen messen.

nephr..., Wortbildungselement, →nephro...

Nephrektomie [zu griech. *ektémnein* ›herausschneiden‹] *die, -/...'mi|en,* die operative Entfernung einer Niere.

Nephrit [zu *nephrós* ›Niere‹ (der Stein soll gegen Nierenleiden helfen)] *der, -s/-e,* zu den Amphibolen gehörendes Mineral, eine kryptokristalline Varietät des Strahlsteins. N. bildet dicht aussehende, durchscheinende, glänzende, splittrig brechende, zähe Massen in versch. grünen Tönen; Verwendung als Schmuckstein und für Kunstgegenstände (→Jade, →Jadekunst), in prähistor. Zeit für Werkzeuge und Waffen. N. entsteht in hydrothermal veränderten magmat., bas. Gesteinen sowie bei der Metamorphose; Vorkommen in Russland (am Baikalsee), in China, Neuseeland, Tasmanien, Neukaledonien, Polynesien.

Nephritis *die, -/...'tiden,* die →Nierenentzündung.

nephro... [griech. *nephrós* ›Niere‹], vor Vokalen meist verkürzt zu **nephr...,** Wortbildungselement mit der Bedeutung: Niere, z. B. Nephrologie, Nephrektomie.

Nephroblastom, *der* →Wilms-Tumor.

Nephrographie [zu griech. *gráphein* ›schreiben‹] *die, -/...'phi|en,* Darstellung der Niere mittels bildgebender Verfahren zur Untersuchung der gewebl.

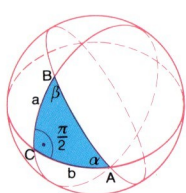

nepersche Regel: Rechtwinkliges sphärisches Dreieck ABC mit den Katheten a und b

Nephelin mit Ätzfiguren

Struktur und zur Funktionsdiagnostik. Hauptverfahren sind u. a. Ultraschalldiagnostik, Computertomographie, die Röntgenkontrastdarstellung im Rahmen der →Urographie oder Nierenszintigraphie.

Nephrolepis [zu griech. lepís ›Schuppe‹], die Gattung →Nierenschuppenfarn.

Nephrolithiasis [zu griech. líthos ›Stein‹] *die, -/...'asen,* das →Nierensteinleiden.

Nephrologie *die, -,* Lehre von Bau und Funktion der Niere und den Nierenkrankheiten, Teilbereich der inneren Medizin; die chirurg. Therapie fällt in die Zuständigkeit der Urologie.

Nephron *das, -s/...phra,* Funktionseinheit der →Niere.

Nephroptose [zu griech. ptōsis ›das Fallen‹] *die, -/-n,* Nierensenkung (→Wanderniere).

Nephro|sklerose, Gefäßkrankheit der Niere, die zu einer Einengung und Verlegung der Arterien und Arteriolen der Nierenrinde führt. Durchblutung und Funktion der Niere werden dadurch beeinträchtigt. Die **benigne N.** ist Folge einer Arteriosklerose, die **maligne N.,** die rasch fortschreitet, wird v. a. durch einen lange bestehenden Hochdruck verursacht. Endstadium ist in beiden Fällen die →Schrumpfniere.

Nephro|stomie [zu griech. stóma ›Mund‹] *die, -/...'mi|en,* operatives Anlegen einer äußeren Nierenfistel zur künstl. Harnableitung über einen Katheter bei Harnstauung aus dem Nierenbecken, z. B. bei Hydronephrose.

nephrotisches Syndrom, früher **Lipoidnephrose,** Symptomenkomplex einer durch unterschiedl. Ursachen hervorgerufenen Nierenschädigung mit erhöhter Durchlässigkeit der Glomerulummembran für Eiweiß. Sie führt zu Eiweißausscheidung im Harn (Proteinurie), Verminderung des Bluteiweißes (Hypoproteinämie), Ödembildung infolge Absenkung des kolloidosmot. Drucks und zu einer ursächlich ungeklärten Erhöhung des Cholesterinspiegels (Hypercholesterinämie). Der Verlust an Immunglobulinen erhöht die Infektanfälligkeit. – Ursachen sind Nierenentzündungen (Glomerulonephritis), Antigen-Antikörper-Reaktionen, Kollagenkrankheiten, Amyloidablagerungen, diabet. Nephropathie, auch tox. Schädigungen durch bakterielle Toxine oder Vergiftungen. Die Diagnose erfolgt durch Nierenbiopsie und serolog. Untersuchungen. Die Behandlung richtet sich nach der Grundkrankheit.

Nephrotomie [zu griech. tomé ›das Schneiden‹, ›Schnitt‹] *die, -/...'mi|en,* operative Eröffnung der Niere durch Einschnitt in das Parenchym zur Entfernung von Nierensteinen, Behandlung von Abszessen, Durchführung einer Nephrostomie.

Nephrozyten [zu griech. kýtos ›Höhlung‹, ›Wölbung‹], **Perikardialzellen,** der Ausscheidung von Stoffwechselprodukten dienende Zellen im Perikard von Weichtieren und Gliedertieren. Die Zellen speichern die Ausscheidungsprodukte.

Nephthys, ägypt. **Nebet-hut,** ägypt. Göttin, Helferin ihrer Schwester Isis, mit der sie den verstorbenen Osiris beweint; dargestellt mit ihrer Hieroglyphe (›Hausherrin‹) auf dem Kopf, in der einen Hand einen Papyrusstängel, in der anderen das Lebenszeichen.

Nepomuk, Johannes von, Landespatron von Böhmen, →Johannes, J. von Nepomuk.

Nepos, Cornelius, röm. Geschichtsschreiber, *in Oberitalien um 100 v. Chr., † nach 27 v. Chr.; schrieb u. a. einen chronolog. Abriss der Weltgeschichte und 16 Bücher Lebensbeschreibungen berühmter Männer (›De viris illustribus‹), in denen er röm. und nichtröm. Persönlichkeiten einander gegenüberstellte.

Ausgabe: Werke, erklärt v. K. NIPPERDEY, hg. v. K. WITTE ([13]1967).

J. GEIGER: C. N. and ancient political biography (Stuttgart 1985).

Neptun: Falschfarbenaufnahme mit dem Großen Dunklen Fleck (links) und Cirruswolken; aufgenommen von Voyager 2 (1989)

Nepotismus [ital. nepotismo, zu lat. nepos, nepotis ›Enkel‹, ›Neffe‹] *der, -, bildungssprachlich* für: Vetternwirtschaft, Bevorzugung der eigenen Verwandten (Nepoten) bei der Vergabe von Ämtern und Würden (urspr. bes. durch den Papst).

Neptun [nach dem röm. Gott Neptun], *Astronomie:* Zeichen ♆, der von der Sonne aus gezählt achte Planet im Sonnensystem, und damit der zweitäußerste. Er ist mit bloßem Auge nicht zu sehen und konnte daher erst nach der Erfindung des Fernrohrs entdeckt werden. Anlass zu seiner Suche waren Störungen der Bahn des Planeten Uranus, als deren Ursache die Gravitationswirkung eines weiteren äußeren Planeten vermutet wurde. J. C. ADAMS und U. LE VERRIER berechneten etwa zeitgleich, aber unabhängig voneinander die Bahnelemente dieses hypothet. Körpers. LE VERRIER teilte seine Ergebnisse u. a. J. G. GALLE mit, der N. unter Mithilfe von H. L. D'ARREST am 23. 9. 1846 in weniger als 1° Entfernung vom berechneten Ort fand. Möglicherweise hat G. GALILEI N. bereits im Januar 1613 in seinem Fernrohr gesehen, ohne jedoch die Natur des beobachteten Objekts zu erkennen.

N. umläuft die Sonne auf einer nahezu kreisförmigen Bahn, die 1° 46′ gegen die Ekliptik geneigt ist, mit einem mittleren Abstand von 4,519 Mrd. km in 163,7

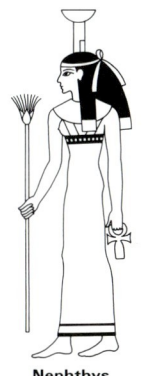

Nephthys

Astronomische und physikalische Daten des Neptun	
(gerundete Vielfache der entsprechenden Erdgrößen in Klammern)	
Bahn	
größte Entfernung von der Sonne	$4,549 \cdot 10^9$ km (29,9)
kleinste Entfernung von der Sonne	$4,489 \cdot 10^9$ km (30,2)
Umfang der Bahn	$28,0 \cdot 10^9$ km (29,8)
numerische Exzentrizität	0,0066
Bahnneigung gegen die Ekliptik	1° 46′
siderische Periode	163,7 a
synodische Periode	367,5 d
Planet	
Äquatorradius	$a = 24\,765$ km (3,88)
Polradius	$b = 24\,340$ km (3,83)
Abplattung	$f = (a-b)/a = 0,017$ (5,0)
Masse	$1,028 \cdot 10^{26}$ kg (17,2)
mittlere Dichte	1,76 g/cm³ (0,32)
Schwerebeschleunigung an der Oberfläche	11,17 m/s² (1,14)
Entweichgeschwindigkeit	23,6 km/s (2,10)
Rotationsperiode des Inneren	ca. 16 h 3 min
Äquatorneigung	29°
scheinbare Größe	1″ bis 2,4″
größte scheinbare visuelle Helligkeit	$7^m 8$

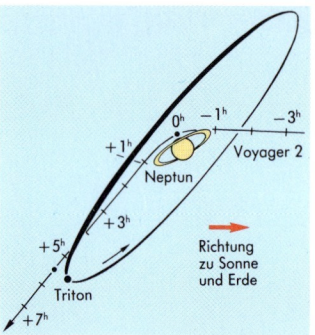

Neptun: Flugbahn der Raumsonde Voyager 2 durch das Neptun-System; die Sonde kommt von rechts, erreicht nach Passieren der Ringebene die größte Annäherung an Neptun (0ʰ) und etwa 5ʰ 30ᵐⁱⁿ später an Triton

Jahren. Er hat einen Äquatordurchmesser von 49 530 km und eine 17,2-mal so große Masse wie die Erde. Sein innerer Aufbau ist weitgehend unbekannt. Aus seiner mittleren Dichte, die mit 1,76 g/cm^3 etwas größer ist als die der übrigen äußeren Planeten, ist zu schließen, dass er in seinem Innern eine erhebl. Menge (in der Größenordnung einiger Erdmassen) an Gesteinsmaterial enthält. Dieser Kern ist nach den gegenwärtigen Modellvorstellungen von einer flüssigen, elektrisch leitfähigen Schicht aus Wasser, Methan und Ammoniak umgeben, an die sich nach außen eine hauptsächlich aus Wasserstoff und Helium bestehende Hülle anschließt. Wahrscheinlich besteht aufgrund der gegebenen physikal. Bedingungen keine feste Phasengrenze zw. flüssigem und festem Aggregatzustand. Die Durchmesserangaben für den N. beziehen sich daher auf das Druckniveau von 10^{15} Pa.

Die Satelliten (Monde) und Ringe des Neptuns

Satelliten	mittlerer Bahnradius in km	Umlaufzeit	Durchmesser in km
Naiad	48 230	7,1 h	(50)
Thalassa	50 070	7,4 h	(80)
Despina	52 530	8,1 h	(180)
Galatea	61 950	10,3 h	(160)
Larissa	73 540	13,4 h	(200)
Proteus	117 600	1,125 d	(420)
Triton	354 800	5,877 d	2 705
Nereide	5 513 000	360,1 d	(340)

Ringe	Radius in km	Breite in km
1989 N 3R	42 000	etwa 50
N 2R	53 000	etwa 15
N 4R	56 000	etwa 6 000
N 1R	63 000	etwa 15

(Unsichere Werte sind eingeklammert.)

Die überwiegend aus molekularem Wasserstoff bestehende N.-Atmosphäre enthält etwa 25 % Helium sowie Spuren von Methan (das durch seine starke Absorption im roten Spektralbereich im Wesentlichen die blaue Farbe des Planeten bedingt) und Äthan. In ihr befindet sich eine dichte, undurchsichtige Wolkenschicht, die möglicherweise von Ammoniak- und Schwefelwasserstoffeisteilchen gebildet wird, sowie eine darüber liegende, vermutlich aus Methaneisteilchen bestehende Dunstschicht. Durch die Raumsonde →Voyager 2 wurden 1989 zwei große Wirbelsysteme beobachtet: Bei etwa 20° südl. Breite wurde der Große Dunkle Fleck (GDF) entdeckt, mit einer Ausdehnung, die der der Erde vergleichbar ist; er wies Ähnlichkeiten mit dem Großen Roten Fleck des Jupiters auf, war allerdings nicht so langlebig, denn seit 1995 konnte er nicht mehr beobachtet werden. Ein anderer dunkler Fleck mit einem auffällig hellen Zentrum befand sich bei etwa 55° südl. Breite. N. hat eine differenzielle Rotation: Die Rotationsperiode beträgt in den Breiten des Großen Dunklen Flecks 18,3 Stunden, in denen des südlicheren Flecks 16,1 Stunden, im Mittel beläuft sie sich auf 17,8 Stunden. Die Rotationsachse ist etwa 29° gegen die N.-Bahnebene geneigt.

Die gemessene *effektive Temperatur* des N. von 57 K ist um einige Grad höher, als aufgrund der Sonneneinstrahlung zu erwarten wäre. Die abgegebene Energie ist etwa 2,4-mal höher als die empfangene; es handelt sich möglicherweise um die im N. gespeicherte Restwärme aus seiner Entstehung.

Die Stärke des schwachen dipolartigen *Magnetfeldes* des N. beträgt etwas weniger als die Hälfte der des Erdmagnetfeldes. Die Magnetfeldachse ist 47° gegen die Rotationsachse geneigt und um 0,55 Planetenradien gegen den Mittelpunkt versetzt. Wegen dieser anormalen Lage ändert sich die Magnetosphäre des N. unter dem Einfluss des Sonnenwindes ständig ihre Form, sodass sich keine starken Strahlungsgürtel ausbilden können.

Der N. besitzt mindestens acht *Satelliten* (›Monde‹), Triton und Nereide wurden von der Erde aus entdeckt, die anderen erst 1989 mithilfe der Raumsonde Voyager 2. **Triton** umläuft den N. rückläufig auf einer um rd. 23° gegen die Bahnebene des N. geneigten Bahn. Er hat einen rezenten Vulkanismus, wie die von Voyager 2 aus beobachteten, bis in Höhen von etwa 8 km reichenden Eruptionswolken zeigen. Ursache dafür sind möglicherweise Gezeitenreibungen, wodurch unter der Oberfläche befindl. gefrorener Stickstoff in den Gaszustand übergeht, explosionsartig entweicht und Krustenmaterial mitreißt. **Nereide** ist rechtläufig, ihre extrem exzentr. Bahn ist etwa 15-mal größer als die des Triton und rd. 28° gegen die N.-Bahnebene geneigt. Beide Satelliten sind wahrscheinlich von N. eingefangene ehem. Planetoiden. Die übrigen Satelliten – Naiad, Thalassa, Despina, Galatea, Larissa, Proteus – bilden ein reguläres System: Sie umlaufen den N. rechtläufig in nahezu kreisförmigen Bahnen mit i. Allg. sehr geringer Neigung gegen seine Äquatorebene.

N. hat vier Ringe. Die *N.-Ringe* 1989 N 1R und 1989 N 2R sind scharf begrenzt und haben eine Breite von etwa 15 km. Der äußere (1989 N 1R) besitzt eine Reihe von 6–8° langen Segmenten, die sich über 40° des Ringumfangs erstrecken. Die Materieanhäufung in ihnen ist so groß, dass sie von der Erde aus nachweisbar ist. Der innerste Ring (1989 N 3R) ist etwas breiter und diffuser, der sehr dünne Ring 1989 N 4R nimmt einen Bereich von etwa 6 000 km ein. Das Ringmaterial besteht aus Partikeln von der Größenordnung der Lichtwellenlänge, sodass es v. a. im Gegenlicht in Erscheinung tritt. Das gesamte Satelliten- und Ringsystem ist in eine dünne Staubansammlung mit einer Dicke von etwa 1 000 km eingebettet.

Neptun, lat. **Neptunus,** der altitalische Gott des fließenden Wassers, dessen Fest (**Neptunalia**) am 23. 7. mit der Errichtung von Laubhütten begangen wurde. Sein Haupttempel lag am Circus Flaminius, eine jüngere Kultstätte auf dem Marsfeld. Wahrscheinlich erst infolge der Beziehungen Roms zu Tarent (seit dem 5. Jh. v. Chr.) mit dem griech. Poseidon gleichgesetzt.

G. Wissowa: Religion u. Kultus der Römer (²1912, Nachdr. 1971); K. Latte: Röm. Religionsgesch. (²1967, Nachdr. 1992).

Neptunismus [nach dem röm. Gott Neptun] *der, -, Geologie:* von A. G. Werner entwickelte Theorie, dass alle Gesteine durch chem. Ausfällung oder mechan. Sedimentation aus einem vormals die Erde bedeckenden Urmeer entstanden seien. Den nicht zu leugnenden, aber als nebensächlich angesehenen Vulkanismus führte er auf lokale Erdbrände (Kohle) zurück. Der N. wurde schon im 18. Jh., v. a. durch J. Hutton, widerlegt. Gegner der **Neptunisten** waren die Plutonisten (→Plutonismus).

Literatur →Geologie.

Nereidenmonument: Rekonstruktion unter Verwendung der erhaltenen Originalteile im Britischen Museum, London; Ende des 5. Jh. v. Chr.

Neptunium [nach dem Planeten Neptun, der im Planetensystem auf Uranus folgt] *das, -s,* chem. Symbol **Np,** künstlich hergestelltes radioaktives →chemisches Element aus der Reihe der →Actinoide im Periodensystem der chem. Elemente, eines der →Transurane. N. ist ein silberweißes, sehr reaktionsfähiges Metall, dessen chem. Verhalten dem des Urans ähnelt. In seinen Verbindungen tritt es in den Wertigkeitsstufen $+3$ bis $+7$, bevorzugt in den Stufen $+3$ bis $+5$ auf. N. war das erste durch eine Kernumwandlung künstlich hergestellte Transuran. Man erhielt das Isotop ^{239}Np erstmals 1940 (E. M. MCMILLAN, P. H. ABELSON) als Betazerfallsprodukt des sich bei Neutronenbeschuss von ^{238}U bildenden Uranisotops ^{239}U. Äußerst geringe Mengen von ^{239}Np finden sich auch in natürl. Uranlagerstätten, wo es aus ^{238}U durch Einfang spontan gebildeter Neutronen entsteht. Das Isotop ^{237}Np fällt in größeren Mengen als Nebenprodukt bei der Herstellung von Plutonium im Kernreaktor an.

Neptunium-Zerfallsreihe, radioaktive Zerfallsreihe, benannt nach dem längstlebigen Nuklid dieser Reihe, $^{237}_{93}$Np (Halbwertszeit $2{,}14 \cdot 10^6$ Jahre); im Vergleich zum Alter der Erde ist die Lebensdauer dieses Nuklids kurz, sodass die N.-Z. nicht mehr in der Natur vorkommen kann. (→Radioaktivität, ÜBERSICHT)

Neratowitz, tschech. **Neratovice** ['nɛratɔvitsɛ], Stadt im Mittelböhm. Gebiet, Tschech. Rep., an der Elbe, 16 000 Ew.; petrochem. Industrie.

Nerchau, Stadt im Muldentalkreis, Sa., durchschnittlich 125 m, maximal bis 233 m ü. M., im Mittelsächs. Hügelland, 4 500 Ew.; Farbenfabrik. – N. wurde 974 erstmals erwähnt und war um 980 bezeugter Mittelpunkt eines Burgwards, im Spät-MA. Herrensitz; erhielt um 1282 Stadtrecht.

Nerčinsk [-tʃ-], Stadt in Russland, →Nertschinsk.

Nereidae [nach den Nereiden], zu den Vielborstern gehörende, lang gestreckte Ringelwürmer mit einem ausstülpbaren Rüssel, einem Paar Antennen, zwei Paar dicken Tastern (Palpen), vier Paar Tentakel und einer Vielzahl von Segmenten mit zweiästigen Stummelfüßen (Parapodien). N. leben eingegraben im weichen Meeresboden und ernähren sich v. a. von Algen; z. B. **Nereis diversicolor** an Nord- und Ostseeküste.

Nereide, engl. **Nereid,** ein Mond des Planeten →Neptun.

Nereiden, *griech. Mythos:* die meerbewohnenden 50 Töchter des →Nereus, darunter Amphitrite, Thetis und Galatea. Die N. spielen und tanzen im Meer und können Seefahrern helfen. – Sie erscheinen in vielen mytholog. Zusammenhängen (Thetis begleitend, bes. die Waffen für Achill tragend; bei Andromaches Befreiung durch Perseus); sie werden auf griech. Vasen und als Skulpturen dargestellt, u. a. Gruppe des SKOPAS und Einzelfiguren am N.-Monument. Sie gehören hier wie auf den röm. N.-Sarkophagen in den Umkreis der Jenseitsvorstellungen (sie begleiten die Fahrt zu den Inseln der Seligen). In den Wellen schaukelnd werden sie in der neuzeitl. Kunst wieder dargestellt (RAFFAEL, P. P. RUBENS).

Nereidenmonument, Grabtempel eines lyk. Fürsten in Xanthos, Türkei; von griech. Künstlern Ende des 5. Jh. v. Chr. erbaut. Der mit zwei Reliefstreifen geschmückte Sockel trug die Grabkammer, die mit einer Ringhalle umgeben war und zw. deren Säulen Statuen der Nereiden standen, von denen fünf, dargestellt in ›nassen‹ Gewändern, erhalten sind (London, Brit. Museum).

Nereites, von Würmern oder Schnecken verursachte mäandrierende Weidespuren in paläozoischen Tiefseeablagerungen.

Neptunium		
chem. Symbol:	Ordnungszahl	93
	bisher bekannte Isotope (alle radioaktiv)	^{226}Np bis ^{242}Np
	beständigstes Isotop	^{237}Np
Np	Halbwertszeit	$2{,}14 \cdot 10^6$ Jahre
	relative Nuklidmasse	237,0482
	Dichte (bei 20 °C)	20,25 g/cm³
	Schmelzpunkt	644 °C
	Siedepunkt	3902 °C
	Wärmeleitfähigkeit (bei 27 °C)	6,3 W/(m · K)

Neresheim, Stadt im Ostalbkreis, Bad.-Württ., 500 m ü. M., Mittelpunkt des Härtsfeldes auf der östl. Schwäb. Alb, 8 200 Ew.; Härtsfeldmuseum, Härtsfeldbahnmuseum; Kunststoff, Metall und Pappe verarbeitende Industrie. – Der Neubau der Klosterkirche (1745–92) ist ein Spätwerk B. NEUMANNS, einer der großen Barockbauten Europas; in den sieben Flachkuppeln Deckenfresken von M. KNOLLER (1775), Stuck und Einrichtung bereits in klassizist. Formen; Westabschluss durch den siebenteiligen Fensterorgelprospekt (1796/97). In den Klostergebäuden (1668–1724) Stuckdekorationen (Festsaal von D. ZIM-

Neresheim: Im Vordergrund die Benediktinerabtei mit der von Balthasar Neumann erbauten Klosterkirche

MERMANN, 1719). – Das unterhalb des Benediktinerklosters liegende Dorf ist eine frühe alemann. Gründung und wurde 1350 zur Stadt erhoben. 1806 fiel N. zunächst an Bayern, 1810 an Württemberg.

Neretva *die*, ital. **Narenta,** Hauptfluss der Herzegowina, Bosnien und Herzegowina, 218 km lang; entspringt bei Luka, fließt in einem Längstal des Dinar. Gebirges nach NW, durchbricht das Gebirge zw. Konjic und →Jablanica und wendet sich nach SW; mündet in einem Delta (120 km^2) bei Ploče (Kroatien) in das Adriat. Meer. Der Talabschnitt ab Jablanica ist eine wichtige Verkehrsleitlinie. In dem versumpften N.-Delta wurden im 19. Jh. und v. a. nach 1945 umfangreiche Meliorationen durchgeführt und 1895 eine 20 km lange Schifffahrtsstraße geschaffen.

Nereus, griech. **Nereus,** *griech. Mythos:* greiser Meergott mit der Gabe der Verwandlung und der Weissagung, Vater der →Nereiden. – N. wurde in der bildenden Kunst zunächst fisch- oder schlangenleibig, dann in menschl. Gestalt dargestellt.

Nerezi: Beweinung Christi; Fresko in der Klosterkirche des heiligen Pantaleon; 1164

Nerezi [-zi], Dorf in der Nähe von Skopje, Rep. Makedonien, mit Klosterkirche des heiligen Pantaleon (1164), deren Fresken zu den bedeutendsten Leistungen der byzantin. Malerei des 12. Jh. gehören.

Nerfling, Art der →Karpfenfische.

Neri, Filippo, kath. Priester, *Florenz 21. 7. 1515, †Rom 26. 5. 1595; Gründer der Oratorianer (→Oratorium); stand als bedeutender Vertreter der kath. Reform in Verbindung mit IGNATIUS VON LOYOLA, K. BORROMÄUS und FRANZ VON SALES und hatte großen Einfluss an der röm. Kurie, war zugleich sehr volkstümlich und wurde schon früh als ›il santo‹ verehrt. – Heiliger (Tag: 26. 5.).

Nering, Johann Arnold, Baumeister, getauft Wesel 17. 3. 1659, †Berlin 21. 10. 1695; seit 1691 Oberbaudirektor des staatl. Bauwesens in Brandenburg-Preußen. Ausgehend von der an A. PALLADIO geschulten niederländ. Architektur, begründete N. die maßvolle, schmuckarme Bauweise der märk. Barock, dessen spezif. Reiz in einer klaren rhythm. Gliederung, einem ausgewogenen Proportionskanon und einer dezenten Flächenbehandlung liegt.

Werke: Schlosskapelle Köpenick (1683–85); Umbau und Erweiterung des Schlosses Oranienburg (1690–94); Schloss Charlottenburg, Berlin, Mittelbau (1695 ff.). – Berlin-Friedrichstadt mit etwa 300 zweistöckigen Häusern (1688–95).

Neris, Fluss in Osteuropa, →Wilija.

neritisch [zu griech. narós ›fließend‹], zum Flachmeerbereich (Schelf) gehörend. In der *Biologie:* im freien Wasser des Uferbereichs vorkommend (im Meer der bis etwa 200 m Tiefe reichende Schelf, in Süßgewässern, außer bei großen Seen, oft das ganze Freiwasser).

Nerium [griech.], die Pflanzengattung →Oleander.

Nerja [-xa], Seebad und Fischerhafen in S-Spanien, an der Costa del Sol, Andalusien, Prov. Málaga, 14 500 Ew. Auf dem hoch gelegenen Aussichtsterrasse des Felssporns Balcón de Europa findet jährlich die Semana Internacional de Música (Internat. Musikwoche) statt. – 4 km östlich die 1959 entdeckte Tropfsteinhöhle **Cuevas de N.,** rd. 800 m lang, Stalaktiten bis 70 m Länge; altsteinzeitl. Felsbilder, archäolog. Museum mit bedeutenden Funden (u. a. Skelette des Cro-Magnon-Menschen). Im Höhleninnern werden jährlich im August die Festivales de Música y Danza (mit Theater, Ballett, Konzerten) veranstaltet. Landeinwärts von N. erstreckt sich das 20 398 ha große Gebiet des Naturparks und Nationalreservats Sierra de Teseda. – Reste einer arab. Festungsanlage; Kirche San Salvador (1697; Artesonados im Mudéjarstil).

Nerjungri, Bergbaustadt in S Jakutiens (Russ. Föderation), an der Kleinen BAM, etwa 70 000 Ew.; Steinkohlentagebau im Südjakut. Kohlenbecken; Verkokungsanlage (Koksexport nach Japan).

Nerlich, Marcel, österr. Schriftsteller, →Rys, Jan.

Nerlinger, Oskar, Maler und Grafiker, *Schwann (heute zu Straubenhardt, Enzkreis) 23. 3. 1893, †Berlin (Ost) 25. 8. 1969; 1955–58 Prof. an der Hochschule in Berlin-Weißensee. Sein bes. der Wiedergabe des modernen Industriemilieus (Fabrikschlote, Brücken) gewidmetes Werk steht in der Tradition der Neuen Sachlichkeit; schuf auch lyr. Landschaftsaquarelle.

T. FRANK: O. N. (Diss. Berlin-Ost 1990).

Nernst, Walther Hermann, Physiker und Physikochemiker, *Briesen 25. 6. 1864, †Gut Ober-Zibelle (bei Bad Muskau) 18. 11. 1941; war Prof. in Göttingen und Berlin, 1922–24 Präs. der Physikalisch-Techn. Reichsanstalt; begründete mit W. OSTWALD, J. H. VAN'T HOFF und S. A. ARRHENIUS die physikal. Chemie. Er entdeckte die nach ihm benannten thermo- und galvanomagnet. Effekte, erklärte die Vorgänge an galvan. Elementen und berechnete die dabei auftretenden Spannungen (1889 nernstsche Gleichung), bestimmte Ionenbeweglichkeiten und Diffusionskoeffizienten in stark verdünnten Lösungen (1890/91 nernstscher Verteilungssatz), stellte (1906) den nernstschen Wärmesatz auf. N. entwickelte ferner Verfahren zur Bestimmung der spezif. Wärmekapazitäten bei extrem hohen und sehr tiefen Temperaturen, lehrte Molekular- und Gasgleichgewichte bei hohen Temperaturen zu bestimmen und beschäftigte sich mit kosmolog. Fragen. N. erhielt 1920 den Nobelpreis für Chemie.

H.-G. BARTEL: W. N. (Leipzig 1989).

Walther Nernst

Nernst-Effekt [nach W. H. NERNST], 1) ein longitudinaler →galvanomagnetischer Effekt, bei dem sich beim transversalen Durchgang eines elektr. Stromes durch ein Magnetfeld in dem betreffenden Elektronenleiter ein Temperaturgefälle in Stromrichtung ausbildet. 2) →thermomagnetische Effekte.

nernstsche Gleichung [nach W. H. NERNST], der aus der →nernstschen Theorie abgeleitete Zusammenhang zw. der Gleichgewichtsspannung *U* eines galvan. Elements und der Aktivität der an der elektrochem. Umsetzung beteiligten Stoffe. Mit ihrer Hilfe lässt sich die Gleichgewichtskonstante (→Massenwirkungsgesetz) aus den gemessenen *U*-Werten gewinnen.

nernstscher Wärmesatz, nernstsches Wärmetheorem, von W. H. NERNST 1906 aufgestellter und von M. PLANCK 1911 erweiterter Satz, der besagt, dass sich die Entropie aller Körper bei Annäherung an den absoluten Nullpunkt dem Betrag null beliebig nähert. Eine andere Formulierung des n. W. (H. A. LORENTZ, 1913) lautet: Der absolute Nullpunkt der Temperatur ist nicht erreichbar. Der n. W. wird auch als **3. Hauptsatz der Thermodynamik** bezeichnet.

nernstsche Theorie [nach W. H. NERNST], Theorie der galvan. Stromerzeugung, nach der in der Metall ein elektrolyt. **Lösungsdruck** zugeschrieben wird. Je nachdem, ob er größer (unedle Metalle) oder kleiner (edle Metalle) ist als der osmot. Druck der Ionen in der Elektrolytlösung, werden vom Metall Ionen in die Lösung entsandt oder aus ihr auf dem Metall niedergeschlagen. Dadurch bildet sich an der Grenzschicht Metall/Lösung ein Potenzialsprung aus. Die bei Stromfluss für den Übergang der Ionen vom Lösungs- auf den osmot. Druck (oder umgekehrt) umgesetzte osmot. Arbeit ist gleich der elektr. Arbeit.

Nernst-Strahler [nach W. H. NERNST], **Nernst-Lampe**, Infrarotstrahler mit einem 10–30 mm langen Stäbchen aus Oxiden der Seltenerdmetalle (bes. Zirkonoxid) als Leuchtkörper (**Nernst-Stift**), heute nur noch in der Infrarotspektroskopie benutzt.

Nero:
Porträt auf einem Sesterz, Durchmesser etwa 35 mm; zwischen 54 und 60 n.Chr. (Berlin, Münzkabinett)

Nero, urspr. **Lucius Domitius Ahenobarbus**, nach Adoption durch CLAUDIUS (50) **N. Claudius Caesar**, röm. Kaiser (seit 54), *Antium (heute Anzio) 15. 12. 37 n.Chr., †(Selbstmord) bei Rom 9. 6. 68, Sohn von DOMITIUS AHENOBARBUS und AGRIPPINA DER JÜNGEREN, die ihn nach Beseitigung des CLAUDIUS, dessen Tochter OCTAVIA N. 53 geheiratet hatte, auf den Thron brachte (13. 10. 54), um selbst gemeinsam mit dem Prätorianerpräfekten SEXTUS AFRANIUS BURRUS und SENECA DEM JÜNGEREN, N.s Erziehern, zu regieren. Aber N. überwarf sich schon 55 (Vergiftung seines Stiefbruders BRITANNICUS) mit seiner Mutter, die er 59 ermorden ließ. 62 beseitigte er OCTAVIA, um POPPAEA SABINA heiraten zu können; im gleichen Jahr starb BURRUS. SENECA zog sich vom Hof zurück, und der von ›Cäsarenwahnsinn‹ besessene Despot, der öffentlich als Sänger, Schauspieler und Wagenlenker auftrat, umgab sich mit Günstlingen. Als 64 mehrere Bezirke Roms niederbrannten, lenkte N. den wohl unbegründet gegen ihn gerichteten Verdacht der Brandstiftung auf die Christen, die er grausam verfolgte. 65 schlug er die ›Pison. Verschwörung‹ nieder; SENECA, der Teilnahme beschuldigt, musste sich das Leben nehmen. 68 führten Aufstände in Gallien und Spanien, der Abfall der Prätorianergarde, die Ächtung durch den Senat zu N.s Selbstmord. Mit ihm erlosch das julisch-claud. Geschlecht.

Nach dem Brand in Rom im Jahre 64 ließ N. sich einen etwa 50 ha einnehmenden Palast (›Domus Aurea‹) bauen, der vom Palatin bis zum Esquilin erstreckte; die prunkvoll ausgestattete unvollendete Anlage wurde von seinen Nachfolgern OTHO und TITUS erweitert. VESPASIAN ließ im Park das Kolosseum errichten. Nach Feuersbrünsten 80 und 104 n.Chr. errichtete TRAJAN die Thermen auf dem Esquilin, die unter diesen erhaltenen Teile der ›Domus Aurea‹ gehören in ihrem W-Teil (mit Nymphäum) in die Zeit N.s (u. a. Deckenmalereien); im östl. Teil wurde die Laokoongruppe gefunden.

In der Zeit des N., die späteren Generationen teils als die des Antichrist, teils als Erfüllung des Hellenentums galt, standen dem Röm. Reich hervorragende Militärs zur Verfügung (u. a. die späteren Kaiser GALBA und VESPASIAN). Die Grenzen an der unteren Donau und im O (Armenien) wurden durch energ. Vorstöße gesichert, Aufstände in Britannien und Judäa erfolgreich bekämpft.

Schon die Kunstdichtung der Antike zeigte den Tyrannen N. in einer (fälschlich SENECA zugeschriebenen) Tragödie ›Octavia‹, die seit dem 16. Jh. Märtyrerdramen (u. a. D. C. VON LOHENSTEIN, ›Epicharis‹, 1665) und historisch-heroische Tragödien (u. a. von J. RACINE, ›Britannicus‹, 1670) beeinflusste. N.s Beziehungen zu den Frauen, die in diesen Dramen eine große Rolle spielen, behandelt auch der Roman ›Octavia, Röm. Geschichte‹ (1677–79, 3 Bde.; 1685–1707, 6 Bde.) des Herzogs ANTON ULRICH von Braunschweig-Wolfenbüttel. Das Interesse am N.-Stoff nahm seit dem 19. Jh. wieder zu, so u. a. bei K. GUTZKOW (Drama ›N.‹, 1835), A. DUMAS PÈRE (Roman ›Acté‹, 1847), R. HAMERLING (Epos ›Ahasver in Rom‹, 1865), A. VON WILBRANDT (Tragödie ›N.‹, 1876) sowie H. SIENKIEWICZ (Roman ›Quo vadis?‹, 1895). Von Bearbeitungen des 20. Jh. sind u. a. die Dramen von F. MARCEAU (›L'étoffe chrétien‹, 1960) und L. DURRELL (›Acte‹, 1961) zu nennen.

B. H. WARMINGTON: N. Reality and legend (New York 1969); M. GRANT: N. (a.d. Engl., ²1980); J. ROBICHON: N. (a.d. Frz., 1986); M. HEIL: Die oriental. Außenpolitik des Kaisers N. (1997).

Neroccio [ne'rɔttʃo], eigtl. **N. di Bartolomeo di Benedetto de' Landi**, ital. Maler und Bildhauer, *Siena 1447, †ebd. 1500; Schüler des VECCHIETTA, arbeitete 1467–75 in Werkstattgemeinschaft mit FRANCESCO DI GIORGIO MARTINI; schuf überwiegend Madonnendarstellungen in hellen, zarten Farben.

Werke: Triptychon der Madonna mit den Hl. Michael und Bernardino (1476; Siena, Pinakothek); Thronende Madonna mit sechs Heiligen (1492; ebd.); Holzfigur der hl. Katharina (Siena, Oratorio di Santa Caterina).

Neroliöl, →Agrumenöle.

Nerses, N. Schnorhali, armen. Theologe und Schriftsteller, *in Kilikien 1102, †ebd. 14. 8. 1173; bemühte sich um eine Union mit der byzantin. Kirche. Berühmt wurde seine Elegie auf die Einnahme von Edessa durch die Muslime. (→armenische Literatur)

Ner tamid [hebr. ›ewiges Licht‹] *das*, -, die schon für die Stiftshütte (2. Mos. 27, 20–21; 3. Mos. 24, 2–4) vorgeschriebene, in jeder Synagoge vor dem Thoraschrein hängende, dauernd brennende Lampe.

Nerthus, frühgerman. weibl. Gottheit, von deren gemeinsamer Verehrung durch sieben Stämme TACITUS (Germania, Kap. 40) berichtet. Ihr Heiligtum befand sich in einem heiligen Hain auf einer Insel im Meer. TACITUS nennt N. ›Mater terra‹ (Mutter Erde), was auf eine Fruchtbarkeitsgottheit schließen lässt. Der von ihm beschriebenen Kulthandlung – Umfahrt mit einem Wagen, Sonderfriede, rituelle Waschung des Wagens und des Kultbildes (?) der Göttin, Tötung der beteiligten Sklaven – liegt vermutlich eine Spielart des →Hieros Gamos (heilige Hochzeit) mit nachfolgender Lustration zugrunde. Archäolog. Funde (Wagen von Dejbjerg) und Ortsnamen sprechen für eine Lokalisierung des N.-Kultes in Dänemark.

J. DE VRIES: Altgerman. Religionsgesch., 2 Bde. (³1970).

Nertschinsk, Nerčinsk [-tʃ-], Stadt im Gebiet Tschita, Russland, in Transbaikalien an der Nertscha, vor deren Mündung in die Schilka. – N. wurde 1654 gegründet, 1696 Stadt; bis 1917 Verbannungsort. – Der 1689 zw. China und dem Russ. Reich abgeschlossene **Vertrag von N.** war das erste Abkommen eines europ. Staates mit dem chin. Kaiserreich; er regelte die strittigen Grenzprobleme (u. a. Anerkennung des Amur als chin. Herrschaftsgebiet) und verankerte zugleich das Recht eines freien Handelsverkehrs über die Grenzen hinweg; galt bis 1860.

Neruda, 1) ['neruda], **Jan**, tschech. Schriftsteller, *Prag 9. 7. 1834, †ebd. 22. 8. 1891; Redakteur und

Jan Neruda

Theaterkritiker, mit 2260 Feuilletons (1860–91) Begründer der tschech. Feuilletonistik. Seine lyr. Dichtungen sind meditativ, philosophisch oder humoristisch-nachdenklich, zuletzt auch mystisch-patriotisch. Durch seine Skizzen aus dem Prager Leben (›Povídki malostranské‹, 1878; dt. ›Kleinseitner Geschichten‹) sowie farbige Bilder aus dem Orient, Italien und Paris förderte er die tschech. realist. Prosa.

Weitere Werke: Roman: Trhani (1888). – *Erzählungen:* Arabesky (1864; dt. Genrebilder); Různí lidé (1871). – *Lyrik:* Hřbitovní kvítí (1858); Písně kosmické (1878; dt. Kosmische Lieder); Zpěvy páteční (hg. 1896; dt. Freitags-Gesänge u. a. Gedichte).

Ausgaben: Spisy, auf zahlr. Bde. ber. (1950 ff.). – Werke, 2 Bde. (1926–27).

H. Šik u. M. Laiske: Literatura o Janu Nerudovi (Prag 1976).

2) [neˈruða], Pablo, eigtl. **Neftalí Ricardo Reyes Basoalto** [ˈrrei̯ez -], chilen. Lyriker, * Parral 12. 7. 1904, † Santiago de Chile 23. 9. 1973; nahm 1920 in Gedenken an J. Neruda den Pseud. P. Neruda an. War Diplomat u. a. in Birma, Argentinien, Spanien und Mexiko; wurde 1945 Mitgl. der KP und Senator; lebte 1949–52 im europ. Exil; 1969/70 bis zur Nominierung von S. Allende Gossens als Kandidat der Unidad Popular Kandidat der KP für das Amt des Präsidenten; 1971–73 Botschafter in Paris. 1971 erhielt er den Nobelpreis für Literatur. – N., einer der bedeutendsten Lyriker des amerikan. Kontinents, löste sich mit ›Veinte poemas de amor y una canción desesperada‹ (1924; dt. ›Zwanzig Liebesgedichte und ein Lied der Verzweiflung‹) aus modernist. Anfängen. Geprägt durch eine surrealist. Phase entstand der ›Nerudismo‹ genannte Stil aus Gefühlsintensität, verbaler Suggestionskraft und formaler Virtuosität (›Residencia en la tierra‹, 1933–47, 3 Bde.; dt. ›Aufenthalt auf Erden‹). Im Span. Bürgerkrieg wandte N. sich antifaschist. Themen zu (›España en el corazón‹, 1937; dt. ›Spanien im Herzen‹). Sein umfangreiches Versepos ›Canto general‹ (1950; dt. ›Der Große Gesang. Canto general‹) vereint Realität, Geschichte, Politik und Utopie des Kontinents. Populär wurden seine einfachen, die natürl. und alltägl. Dinge feiernden ›Odas elementales‹ (1954–57, 3 Tle.; dt. ›Elementare Oden‹). Sein internat. Ruf als Lyriker und das antiimperialist. Engagement (›Incitación al nixonicidio y alabanza de la revolución chilena‹, 1973) sowie die Solidarität mit den von der Diktatur A. Pinochet Ugartes Unterdrückten machten ihn zur Kultfigur der Linken, aber auch zum Gegenstand allgemeiner Verehrung.

Weitere Werke: Lyrik: Las uvas y el viento (1954; dt. Die Trauben und der Wind); Las manos del día (1968; dt. Die Hände des Tages); Aún (1969; dt. Immer noch). – *Prosa:* Para nacer he nacido (hg. 1978; dt. Um geboren zu werden). – *Autobiographie:* Confieso que he vivido (hg. 1974; dt. Ich bekenne, ich habe gelebt).

Ausgaben: Obras completas, hg. v. H. Loyola u. a., 3 Bde. (⁴1973); Cuadernos de Temuco, hg. v. V. Farías (²1997). – Dichtungen: 1919–1965, übers. u. hg. v. E. Arendt, 2 Bde. (Neuausg. 1977); Der gemordete Albatros. Essays u. Reden (1982, dt. Ausw.); Das lyr. Werk, hg. v. K. Garscha, 3 Bde. (1984–86); Letzte Gedichte, hg. v. Dems. (Neuausg. 1993); Liebesbriefe an Albertina Rosa, übers. v. C. Meyer-Clasen (1996); Hungrig bin ich, will deinen Mund. Liebessonette, bearb. v. F. R. Fries (1997).

J. Marcenac: P. N. (Paris ⁹1978); R. de Costa: The poetry of P. N. (Cambridge, Mass., 1979); M. M. Solá: Poesía y política en P. N. (Puerto Rico 1980); Der Dichter ist kein verlorener Stein. Über P. N., hg. v. K. Garscha u. a. (1981); M. Agostín: P. N. (Boston, Mass., 1986); V. Teitelboim: P. N. Ein Lebensweg (a. d. Span., Berlin-Ost 1987); H. C. Woodbridge u. D. S. Zubatsky: P. N. An annotated bibliography of biographical and critical studies (New York 1988); M. Urrutia: Mein Leben mit P. N. (a. d. Span., Berlin-Ost 1989); J. C. Rovira Soler: Para leer a P. N. (Madrid 1991); J. Edwards: Adios, poeta... Erinnerungen an P. N. (a. d. Span., 1992); S. Millares Martín: La génesis poética de P. N. (Madrid 1992).

Pablo Neruda

Gérard de Nerval

Nerva, Marcus **Cocceius,** röm. Kaiser (seit 96 n. Chr.), * Narnia (heute Narni) 8. 11. 30, † Rom 25. 1. 98; Konsul 71 und 90. Nach der Ermordung Domitians vom Senat zum Kaiser ausgerufen, suchte N. nach Ausgleich, musste aber 97 seine Stellung durch Adoption Trajans (Beginn der Reihe der Adoptivkaiser) sichern. N. führte ein Alimentationsinstitut ein, das an die italische Landwirtschaft Hypotheken vergab und die Erträge u. a. für Erziehungsbeihilfen verwendete; er ließ das N.-Forum errichten und eine Wasserleitung in Rom anlegen.

nerval, das Nervensystem oder die Nerventätigkeit betreffend, durch die Nervenfunktion bewirkt.

Nerval [nɛrˈval], Gérard de, eigtl. **G. Labrunie** [labryˈni], frz. Dichter, * Paris 22. 5. 1808, † (Selbstmord) ebd. 25. oder 26. 1. 1855; wurde nachhaltig von E. T. A. Hoffmann (›Contes et facéties‹, 1852), der schwarzen Romantik, von Esoterik und Okkultismus geprägt. Seit 1841 auftretende Phasen geistiger Verwirrung erschlossen ihm eine zweite Wirklichkeitsebene, die er visionär erfasste und scharfsichtig analysierte. Er initiierte damit die literar. Aufwertung des Unterbewussten, Irrationalen und Unheimlichen (›Les illuminés ou Les précurseurs du socialisme‹, 1852; ›Die Erleuchteten oder die Vorläufer des Sozialismus‹) sowie des Traums als autonomer Erkenntnisinstrumente für einen verborgenen Sinn der Dinge (z. B. in den Novellen ›Sylvie‹, 1853, dt. ›Sylvia‹, und ›Aurélia ou Le rêve et la vie‹, dt. ›Aurelia oder Der Traum und das Leben‹). Realist. Genreschilderung und genaue Selbstbeobachtung verbinden sich in dem für N. typ. ›schwebenden‹ Erzählstil zu traumhaft-präziser Augenblickswahrnehmung (›Les nuits d'octobre‹, 1852; ›Petits châteaux de Bohême‹, 1852; ›Promenades et souvenirs‹, 1854). Die suggestive Klanglichkeit seiner Sonette ›Les chimères‹ (1854; dt. ›Die Chimären‹) weist auf S. Mallarmé voraus. N.s Werk wurde wegweisend für die Moderne und beeinflusste u. a. M. Proust und die Surrealisten. N. trat auch als Übersetzer – Werke von F. G. Klopstock, G. A. Bürger, H. Heine, Schiller und Goethe (›Faust I‹, 1828; ›Faust II‹, 1840) –, als Reisereporter (›Voyage en Orient‹, 2 Bde., 1851, dt. ›Reisen in den Orient‹; ›Loreley. Souvenirs d'Allemagne‹, 1852, dt. ›Vom Rhein zum Main‹) sowie Bühnenautor, u. a. mit A. Dumas père (›Léo Burckart‹, 1839), hervor.

Ausgaben: Œuvres complémentaires, hg. v. J. Richer, 8 Bde. (1959–81); Œuvres complètes, hg. v. J. Guillaume u. a., 3 Bde. (Neuausg. 1984–93). – Werke, hg. v. Norbert Miller u. a., 3 Bde. (1986–89).

K. Stierle: Dunkelheit u. Form in G. de N.s Chimères (1967); J. Richer: G. de N. (Paris ⁸1984); Ders.: N., expérience vécue et création ésotérique (ebd. 1987); J. Senelier: Au pays des ›Chimères‹ (ebd. 1985); Ders.: Bibliographie Nervalienne, in: Œuvres et critiques, Jg. 13 (Tübingen 1988), H. 2.; P. Petitfils: N. (Paris 1986); J. Guillaume: N., Masques et visage (Namur 1988); J.-N. Illouz: N. le rêveur en prose (Paris 1997).

Nervatur die, -/-en, Bez. für die Aderung der Pflanzenblätter (→Blatt).

Nerven [lat. nervus ›Sehne‹, ›Saite‹], 1) *Anatomie:* bei Mensch und Tieren gebündelte Axone des peripheren N.-Systems, die von Gewebehüllen umgeben sind und ebenso wie die Hormone als Kommunikationsmittel zw. verschiedenen Teilen des Organismus der Koordination und Kontrolle physiolog. Leistungen dienen. N. im zentralen Nervensystem (ZNS) werden als Stränge (Fasciculi) bezeichnet.

N. bestehen aus markhaltigen und marklosen **N.-Fasern** (→Nervengewebe). Die einzelnen N.-Fasern werden von zartem Bindegewebe **(Endoneurium)** umhüllt, einige bis zu mehreren hundert N.-Fasern von strafferem Bindegewebe zu Kabeln zusammengefasst **(Perineurium),** das **Epineurium** verbindet alle Kabel untereinander und mit der Umgebung. Die großen N.-

Stämme sind stricknadel- bis fingerdick, die feinsten Verästelungen mikroskopisch klein.

Die N. werden nach Funktion und Leitungsrichtung unterschieden. Die zum ZNS leitenden N. (Afferenzen) werden in **somatische N.** (Gelenke, Haut, Skelettmuskeln) und **viszerale N.** (autonome N., vegetative N., Eingeweide-N.) unterteilt und die vom ZNS wegführenden N. (Efferenzen) in **motorische N.** (Skelettmuskeln) und **vegetative N.** (Drüsen, glatte Muskulatur, Herzmuskel). Die dickeren N. (z. B. der Nervus ischiadicus) entspringen meist aus **N.-Geflechten** und enthalten versch. N.-Fasertypen **(gemischte N.)**, die sich später in Haut-, Muskel-, Gelenk-N. u. a. aufzeigen. Ebenso enthalten die Eingeweide-N. viszerale Afferenzen und vegetative Efferenzen. Die zerebrospinalen N. gliedern sich in **Gehirn-N.** (12 Paare) und **Rückenmark-** oder **Spinal-N.**, deren Anzahl von der Länge des Rückenmarks abhängt (beim Menschen 31 Paare).

Die Nervenleitungsgeschwindigkeit beträgt 0,1 bis 135 m/s und ist umso höher, je dicker und markhaltiger die N.-Faser ist. Die ruhende Membran der N.-Faser ist außen positiv, innen negativ geladen **(Ruhepotenzial)**, bei Erregung erfolgt ein Spannungsumkehr (→Aktionspotenzial). Der Impuls pflanzt sich entlang der N.-Faser fort, bei markhaltigen Fasern verläuft er sprunghaft von einem Ranvier-Schnürring zum anderen **(saltatorische Erregungsleitung)**. Dadurch werden die Leitungsgeschwindigkeit erhöht und der Energieverbrauch verringert. Wird ein N. verletzt, so verliert der von der N.-Zelle abgetrennte Teil seine Erregbarkeit und zerfällt **(N.-Degeneration)**. Die Faser kann jedoch (außer in Gehirn und Rückenmark) von der N.-Zelle wieder in die alten Bahnen hineinwachsen **(N.-Regeneration)**.

2) *Botanik:* die einzelnen Adern oder Rippen eines Blattes.

3) *Zoologie:* die Adern der Insektenflügel.

Nervenarzt, Facharzt für Nervenheilkunde (Neurologie und Psychiatrie); nach Trennung der Fachgebiete ist jedoch auch die Ausbildung zum Facharzt für Neurologie oder für Psychiatrie möglich.

Nervendruckpunkte, **Valleix-Druckpunkte** [vaˈlɛ-], druckempfindl. Stellen im Verlauf größerer Nervenstämme mit herabgesetzter Reizschwelle. Auf Druck kommt es zu einer Reaktion mit Schmerzen, oft infolge einer Nervenschädigung, z. B. bei Nervenentzündungen oder Neuralgie.

Nervenentzündung, Neuritis, entzündl. Erkrankung eines oder mehrerer peripherer Nerven und von Hirnnerven mit nachweisbaren Veränderungen ihrer Funktion oder histologisch nachweisbaren Veränderungen des Nervengewebes. Die Einteilung erfolgt nach dem Verlauf in **akute** oder **chronische N.**, nach den Symptomen in **motorische, sensible** oder **gemischte N.** und nach der Lokalisation in örtlich umschriebene **(Mononeuritis)** oder generalisierte **(Polyneuritis) N.** Folgeerscheinungen sind häufig subjektive Reizerscheinungen wie Missempfindungen (Parästhesien), Schmerzen, Sensibilitätsstörungen mit Minderung der Berührungs- und Schmerzwahrnehmung sowie schlaffe Lähmungen der Muskulatur.

Nervenfaser, *Anatomie:* →Nervengewebe.

Nervengase, →chemische Waffen.

Nervengeflecht, Nervenplexus, netzartige Verknüpfung von Nerven, bei Säugetieren (einschließlich des Menschen) z. B. in der Schulter- und Kreuzbeingegend als Geflecht mehrerer Spinalnerven, aus denen Arm- und Beinnerven hervorgehen. Sind Ganglienzellen am N. beteiligt, spricht man von einem **Ganglienplexus** (z. B. der Solarplexus; →Eingeweidegeflecht).

Nervengewebe, Gesamtheit der erregungsleitenden Elemente **(Nervenzellen, Neurone)** und des zelligen Hüll- und Stützgewebe **(Gliazellen, Neuroglia)** eines menschl. oder tier. Organismus.

Ontogenese (Histogenese): Das N. differenziert sich aus dem über der Chorda dorsalis liegenden Ektoderm (primäre Epidermis) zum **Neuroektoderm**, das sich zur **Neuralplatte** verdickt (2. Woche des menschl. Embryos). Durch Einsenkung der Neuralplatte entsteht die **Neuralrinne** mit den beiderseitigen **Neuralwülsten**, die dann im Weiteren am oberen Rand verschmelzen, sodass aus der Neuralrinne das →Medullarrohr (Neuralrohr) entsteht (Ende der 4. Woche). Gleichzeitig nimmt am vorderen Ende (kranial) des Neuralrohres die Zahl der Zellen sehr schnell zu (Anlage des Gehirns), und aus den Neuralwülsten wandern Zellen aus, die beiderseits des Neuralrohres je einen Zellstrang bilden **(Neuralleisten)**. Aus den Neuralleisten geht das periphere neurogene Gewebe hervor (d. h. alle außerhalb des zentralen Nervensystems, ZNS, liegenden nervösen Strukturen: periphere Neuroblasten, periphere Gliazellen, Sympathoblasten, Melanoblasten u. a.), während aus den Zellen des Neuralrohres im Wesentlichen die Strukturen des ZNS entstehen. Zusätzlich wandern aus dem Mesoderm hervorgehende Zellen in die epitheliale Zellschicht des ZNS ein. Sie bilden die **Mesoglia** und das gesamte Blutgefäßsystem des ZNS. Die Teilungsfähigkeit der Neuroblasten und deren Ausdifferenzierung zu Nervenzellen sind mit der Geburt bzw. im frühen Kindesalter abgeschlossen, hingegen behalten die Gliazellen bis ins hohe Alter ihre Teilungsfähigkeit. Ebenso ist die funktionelle Verknüpfung des ZNS während des ganzen Lebens veränderbar, womit die funktionelle Anpassung und Plastizität des Nervensystems erklärt wird.

Aufbau des N.: Die Nervenzelle (Neuron, Neurozyt) ist die funktionelle Basiseinheit jedes Nervensystems. Im menschl. Gehirn wird die Zahl der Neurone auf über 25 Mrd. geschätzt. Ein Neuron besteht aus dem Zellkörper **(Perikaryon, Soma)** mit einem Durchmesser von etwa 5–100 μm, der den Kern und die Zellorganellen enthält, sowie zwei Arten von Zellausläufern, die an entgegengesetzten Polen des Zellkörpers liegen: die meist nur einige Hundert Mikrometer kurzen, stark verzweigten **Dendriten**, welche die Erregung zum Zellkörper führen (afferent, Rezeptorpol), und das einige μm bis über 1 m lange, dünne **Axon** (Neurit), das die Erregung vom Zellkörper wegleitet (efferent, Effektorpol). Eine Ausnahme sind die sensor. Axone der Wirbeltiere, welche die Erregung zentripetal leiten, d. h. vom Sinnesorgan zum ZNS. Seitl. Verzweigungen des Axons heißen **Kollateralen**. Die Nervenzellen werden von den Gliazellen umgeben, die Ernährungs- und Stützfunktion besitzen. Sie sind kleiner, aber zahlreicher als die der Nervenzellen, sodass beide Zelltypen je etwa die Hälfte des N.-Volumens ausmachen. Bei den peripheren Nerven wird jedes Axon von speziellen Gliazellen, den **Schwann-Zellen** (Lemnoblasten), umhüllt. Dabei wickelt sich während des Wachstums die Schwann-Zelle mehrfach um das Axon und bildet so eine weitere Hülle aus Lipiden und Proteinen (Myelin), die **Markscheide** (Myelinscheide, Schwann-Scheide). Diese Hülle ist etwa alle 1–2 mm unterbrochen (Ranvier-Schnürringe). Solche durch eine Hülle ›isolierten‹ Nervenfasern werden als **myelinisierte (markhaltige) Nervenfasern** bezeichnet. Myelinisierung und die Ranvier-Schnürringe haben große Bedeutung für die Erregungsleitungsgeschwindigkeit (saltator. Erregungsleitung). Auch **unmyelinisierte (marklose) Nervenfasern** werden von Schwann-Zellen eingehüllt, jedoch meist mehrere Axone von einer Zelle und ohne Ausbildung der Lipid-Protein-Hülle,

Nervengewebe: Verschiedene Formen von Nervenzellen (oberhalb des Pfeils Perikaryon mit Dendriten, unterhalb Axon); 1 unipolare, 2 multipolare Nervenzelle mit langem, 3 mit kurzem Axon, 4 Pyramidanzelle, 5 Purkinje-Zelle, 6 bipolare, 7 pseudounipolare Nervenzelle

Nerv Nervengifte – Nervenheilkunde

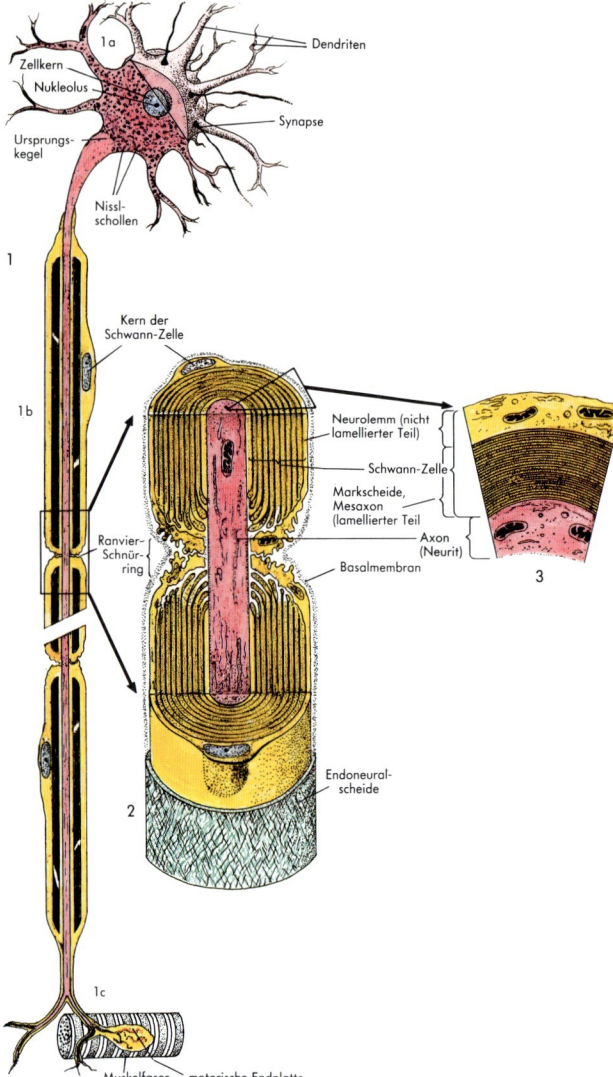

Nervengewebe: 1 motorisches Neuron (schematische Darstellung); **1a** Nervenzelle (Perikaryon) mit Dendriten; **1b** markhaltige Nervenfaser (Axon); **1c** motorische Endplatte; **2** markhaltige Nervenfaser mit Ranvier-Schnürring (Längsschnitt aus 1b, stark vergrößert); **3** Markscheide (vergrößerter Querschnitt aus 2)

während bei den myelinisierten Nervenfasern der Platz zw. zwei Schnürringen jeweils von einer Schwann-Zelle eingenommen wird.

Funktion: Die Nervenfasern dienen in erster Linie der Übertragung von Information durch elektr. Impulse (→Aktionspotenzial). Daneben sind sie auch Leitungsbahnen für den Transport von Substanzen (Aminosäuren, Eiweiße, Nährstoffe, Neurotransmitter) aus dem Zellkörper zu den →Synapsen und umgekehrt **(axonaler Transport)**. Die Transportgeschwindigkeit beträgt 20–40 cm/Tag. Einige Viren und Toxine, z. B. die Poliomyelitisviren (Erreger der spinalen Kinderlähmung) und das Tetanustoxin, das den Wundstarrkrampf verursacht, gelangen über den retrograden axonalen Transport von der Hautwunde in die Nervenzelle und entfalten dort ihre Wirkung. Andere Giftstoffe lähmen den axonalen Transport und führen dadurch zu Nervenschädigungen. Als Folge können z. B. Muskellähmungen auftreten.

Klassifizierung von Nervenfasern und Nervenzellen: Es gibt mehrere Klassifizierungen der Nervenfasern nach anatom. und physiolog. Merkmalen, die sich z. T. überlappen. So werden myelinisierte Fasern als **A-Fasern** bezeichnet, unmyelinisierte als **C-Fasern.** Eine sehr gebräuchl. Einteilung beruht auf dem Durchmesser der Nervenfasern: Fasergruppe I (13 μm), II (9 μm), III (3 μm) und IV (< 1 μm). Die wichtigste funktionelle Klassifikation der Nervenfasern, nämlich in Afferenzen und Efferenzen, beruht auf der Richtung der Erregungsleitung (→Nervensystem).

Alle Nervenzellen stehen mit ihren Ausläufern in synapt. Kontakt mit anderen Zellen (Nervenzellen, Drüsenzellen, Sinneszellen, Muskelzellen u. a.). Spezialisierte Neurone, die auf Änderungen im Organismus oder der Umwelt antworten, nennt man **Rezeptoren.** Sie reagieren jeweils nur auf den für sie spezif. Reiz (→adäquater Reiz). Funktionell werden unterschieden: Telerezeptoren (Auge, Ohr), Exterorezeptoren (Haut), Labyrinthrezeptoren (Gleichgewichtsorgan), Propriorezeptoren (Muskeln, Sehnen, Gelenke) und Viszerorezeptoren (Eingeweide).

Anhand der Zahl der Ausläufer werden die Nervenzellen in folgende Typen unterteilt: apolar (z. B. Neuroblasten, Rezeptorzellen des Gleichgewichts-, Geschmacks-, Hörorgans); unipolar (z. B. Stäbchen und Zapfen der Netzhaut); pseudounipolar: Axon und Dendrit gehen ineinander über (z. B. sensible Ganglienzellen der Hirn- und Spinalnerven); bipolar (z. B. die zweiten Neurone der Sehbahn, des Hör- und Gleichgewichtsorgans); multipolar: ein Axon und zahlr. Dendriten (Hauptteil aller Nervenzellen).

Weiterhin werden morphologisch folgende als Sinneszellen fungierende Nervenzellen unterschieden: 1) **primäre Sinneszellen** sind spezialisierte echte Nervenzellen. Sie transformieren den Reiz in Erregung und leiten ihn in Form von Impulsen weiter; 2) **Sinnesnervenzellen** sind ebenfalls echte Nervenzellen. Sie liegen tiefer im Gewebe und senden reizaufnehmende Fortsätze zur Oberfläche, die sich dort zu ›freien Nervenendigungen‹ verzweigen; 3) **sekundäre Sinneszellen** sind keine echten Nervenzellen, sondern Epithelzellen, welche die Erregung über Synapsen auf Nervenzellen übertragen. Sie kommen nur selten bei Wirbellosen vor (Mollusken, Chaetognathen), sind bei Wirbeltieren jedoch verbreitet (z. B. Geschmacksknospen, Tastkörperchen, inneres Ohr). – Bei fast allen Tiergruppen und beim Menschen wurden auch sekretorisch tätige Nervenzellen gefunden (**neurosekretorische Nervenzellen**). Das Neurosekret wird im Perikaryon gebildet und über die Axonendigungen an die Blutgefäße abgegeben. Funktionell können somit die neurosekretor. Nervenzellen mit den endokrinen Drüsen und die Neurosekrete mit den Hormonen gleichgesetzt werden (→Neurohormone).

Nervengifte, Neurotoxine, natürlich oder synthetisch hergestellte Substanzen, die bes. am Nervensystem giftig wirken, wie das Krampfgift Strychnin und das Gift des Erregers des Wundstarrkrampfes, das Tetanustoxin. Als N. wirken auch zahlr. als Pflanzenschutzmittel verwendete Stoffe, so versch. Chlorkohlenwasserstoffe (z. B. DDT®, Gammexan), Carbamate (z. B. Bendiocarb, Butacarb) oder Phosphorsäureester (z. B. Dichlorvos, Parathion bzw. E 605®), ferner Quecksilberverbindungen, die sich in bestimmten Nahrungsmitteln (z. B. Fische, Waldpilze) anreichern können. – N. werden auch als →chemische Waffen eingesetzt (z. B. Sarin, Tabun).

Nervenheilkunde, medizin. Disziplin, die sowohl die →Neurologie als auch die →Psychiatrie umfasst.

Nervenimpuls, das →Aktionspotenzial.
Nervenkampfstoffe, andere Bez. für nervenschädigende →chemische Waffen.
Nervenklinik, neurologische Klinik, Krankenhaus zur Diagnose und Behandlung von Erkrankungen des Nervensystems; i. w. S. auch Bez. für →psychiatrische Klinik.
Nervenknoten, das →Ganglion.
Nervenkrankheiten, Oberbegriff für alle Krankheiten des Nervensystems. Soweit sie Gegenstand der Neurologie sind, umfassen die N. v. a. entzündl., degenerative sowie durchblutungsbedingte Erkrankungen, Verletzungen und Tumoren des zentralen und peripheren Nervensystems: z. B. Epilepsie, Schlaganfall, Gehirnentzündung, -erschütterung, -tumor, -verletzungen, Lähmung, multiple Sklerose, Nervenentzündung, Neuralgie, Neuropathie und Parkinson-Syndrom. I. w. S. werden auch Psychosen, Neurosen und Psychopathien zu den N. gerechnet.
Nervenleiden, die →Neuropathie.
Nervennetz, Anatomie: →Nervensystem.
Nervenphysiologie, die →Neurophysiologie.
Nervenplastik, Neuroplastik, operative Überbrückung von durch Verletzung entstandenen Gewebelücken eines Körpernervs, entweder durch Verpflanzen eines anderen, körpereigenen Nervs bzw. körperfremden (heterologen) Nervenmaterials **(Nerventransplantation)** oder durch Verbindung des Nervenstumpfs mit einem gesunden Körpernerv **(Nervenpfropfung).**
Nervenquetschung, Neurotripsie, Schädigung eines Körpernervs durch Druck. Therapeutisch wird eine N. u. a. durchgeführt zur Verhütung von Phantomschmerzen bei Gliedmaßenamputationen oder zur vorübergehenden Ausschaltung eines Zwerchfellnervs.
Nervenresektion, Neurektomie, Neurexairese, operative Entfernung eines Nervs, z. B. zur gezielten Ruhigstellung von Muskeln oder zur Schmerzminderung bzw. -ausschaltung bei nicht beherrschbaren Schmerzzuständen.
Nervenschwäche, das →psychovegetative Syndrom.
Nervensystem, Gesamtheit der Nervengewebe eines Organismus als anatom. und funktionelle Einheit mit der Fähigkeit zur Reizaufnahme, Erregungsleitung, Signalverarbeitung und motor. Beantwortung. N. sind die kompliziertesten organ. Strukturen, die jemals entstanden sind. Die Komplexität eines N. beruht zum einen auf der großen Anzahl grundsätzlich verschiedener elektr. Signale, zum anderen auf der Kompliziertheit der Verbindungen zw. den Neuronen (→Synapse). Es ist zudem das empfindlichste Gewebe bzw. Organ tier. Organismen. Bereits kurzfristiger Sauerstoff- oder Substratmangel führt sehr schnell – v. a. bei höher entwickelten Tieren – zu Funktionsbeeinträchtigungen bzw. Funktionsverlust.
Bau des N. im Tierreich: Die einfachsten N. besitzen die Hohltiere. Sie bestehen aus Nervenzellen, deren kreuz und quer verlaufende Fasern ein diffuses Netz bilden und an den Schnittpunkten synapt. Kontakte haben **(Nervennetze).** Bei den Wirbellosen kommt es zu einer Konzentration des Nervengewebes zu Nervensträngen. Bei einigen primitiven Würmern und Weichtieren enthalten diese Stränge Nervenzellkörper und Nervenfasern gemischt (Markstränge). Eine entscheidende Weiterentwicklung war die Zusammenlegung mehrerer Nervenzellkörper um einen Knäuel von Nervenfasern (Neuropil) zu einem Ganglion. Bei den gegliederten Wirbellosen sind je Segment zwei Ganglien ausgebildet, die untereinander durch Nerven verbunden sind: innerhalb des Segments durch Kommissuren, zw. den Segmenten durch Konnektive, sodass ein bilateraler ventraler Nervenstrang **(Strickleiter-N.)** entsteht. Bei Krebsen und Insekten findet man eine weitere Konzentrierung der Ganglien im Kopfbereich zu ›Superganglien‹ (Cerebralganglion, Gehirn). Dagegen haben die radiärsymmetr. Stachelhäuter (Echinodermata) wie Seesterne, Seeigel einen Nervenring ohne übergeordnete Ganglien. Das N. der Weichtiere (Mollusken) ist unsegmentiert: Zahlr. Ganglien werden durch Nervenstränge verbunden. Das höchstentwickelte N. der Wirbellosen besitzt der Octopus (ein Kopffüßer). Sein Gehirn enthält über 100 Mio. Neurone.
Funktion: Die Bildung von Ganglien und deren Zusammenlagerung zu immer komplexeren Strukturen (bis hin zum Gehirn des Menschen) waren die Voraussetzungen für die hierarch. Funktion des Nervensystems. Die übergeordnete Kontrollfunktion der Gehirne beruht zum einen auf dem hohen Anteil sensor. Information durch die im Kopfbereich liegenden Rezeptoren, zum anderen auf der Ausbildung von Steuerzentren im Gehirn selbst. Das N. ist (zus. mit dem Hormonsystem) verantwortlich für die Koordination des tier. Organismus, d. h. für die Funktion der Organe, die Regulation ihrer physiolog. Leistungen sowie die Reaktionen auf Veränderungen in der Außenwelt. Es nimmt Reize auf, wandelt sie in Erregungen um und gibt sie in verarbeiteter Form an die Zielorgane weiter. Es dient so u. a. der Verbindung zw. den →Sinneszellen und den →Erfolgsorganen. Somit besteht – wenn man die Funktion betrachtet – zw. dem Hormonsystem und dem N. kein prinzipieller Unterschied. Während das Hormonsystem v. a. langfristige Stoffwechselprozesse (Wachstum, Fortpflanzung) kontrolliert und die Signalübertragung durch Hormone über die Blutbahn erfolgt, stehen kurzfristige Regelprozesse unter nervöser Kontrolle. Die Signalübertragung erfolgt über Nerven, die strukturell mit den Erfolgsorganen in Verbindung stehen.
Das N. des *Menschen* enthält 10^{10} bis 10^{11} Nervenzellen und noch einmal die gleiche Zahl an Stützzellen (Gliazellen, Neuroglia). Während der Ontogenese organisieren sich die Nervenzellen selbst zu interagierenden Systemen (neurale Netzwerke).
Das N. wird topographisch unterteilt in **zentrales N.** (ZNS: Gehirn und Rückenmark) und **peripheres N.** (PNS: Ganglien, Nervenfasern, Rezeptoren). Bedeutender für das Verständnis und die Erforschung des N. ist jedoch die funktionelle Gliederung in **zerebrospinales N.** (animal., oikotropes N.) mit dem ZNS (Gehirn und Rückenmark) und dem PNS (Hirn- und Rückenmarknerven: Afferenzen, Efferenzen) sowie in **autonomes N.** (vegetatives, idiotropes N., Eingeweide-N.) mit dem zentralen vegetativen Steuerungssystem (im Gehirn: Hypothalamus, Formatio reticularis), dem zentralen parasympath. und sympath. N. (im Gehirn und Rückenmark: spinosegmentales System) und dem peripheren autonomen N. (Afferenzen, Efferenzen). Im zerebrospinalen sowie im autonomen N. werden peripher die Nervenfasern entsprechend der Richtung ihrer Erregungsleitung in Afferenzen (von den Rezeptoren zum ZNS) und Efferenzen (vom ZNS in die Peripherie) eingeteilt. Bei den Afferenzen des zerebrospinalen N. werden sensible Fasersysteme (Schmerz, Temperatur, Tastsinn) und sensor. Systeme (Sehsinn, Hörsinn, Geruchssinn, Geschmackssinn, Gleichgewichtsorgan) unterschieden. Das autonome N. wird in zwei funktionelle Gegenspieler unterteilt: den Sympathikus (aktivierende Wirkung) und den Parasympathikus (beruhigende, aufbauende Wirkung). Diese beiden Systeme wirken antagonistisch auf die effektor.

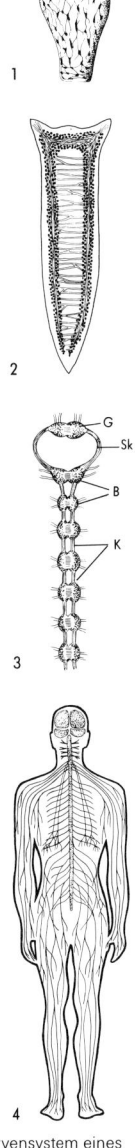

Nervensystem: 1 Nervennetz eines Süßwasserpolypen; 2 Nervensystem eines Strudelwurms mit Marksträngen; 3 Bauchganglienkette eines Ringelwurms (B Bauchganglien, G Gehirn, K Konnektive, Sk Schlundkonnektiv); 4 Nervensystem des Menschen (grau Zentralnervensystem, schwarz peripheres Nervensystem)

Nerv Nervenzelle – Nervi

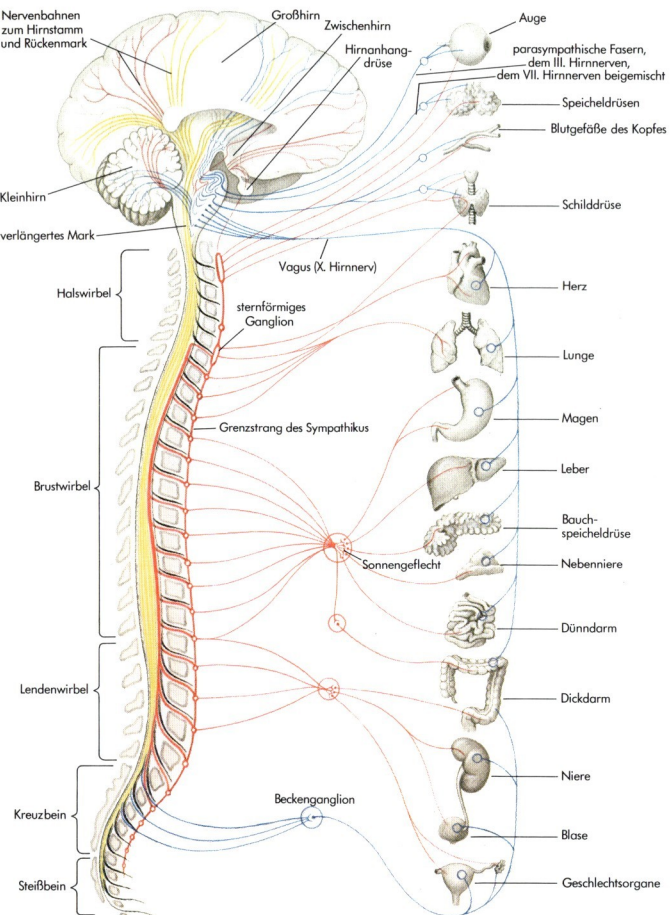

Nervensystem: Autonomes Nervensystem mit Gehirn und Rückenmark (schematisch); das Rückenmark im Wirbelkanal (gelb) ist lagemäßig unrichtig dargestellt; der Übersicht halber keine naturgetreuen Verhältnisse; die peripheren Rückenmarknerven (schwarz) sind angedeutet. – Der Sympathikus setzt sich zusammen aus dem Grenzstrang, einer zu beiden Seiten der Wirbelsäule gelegenen Kette von Nervenknoten (Ganglien), in denen für die Kopf- und Brustorgane die Umschaltung auf neue Nervenbahnen erfolgt, die zu den Organen ziehen (der wichtigste Nervenknoten des Grenzstrangs ist das sternförmige Ganglion), und drei großen, vor der Wirbelsäule gelegenen Nervenknoten, in denen die Nervenbahnen für Bauch- und Beckenorgane umgeschaltet werden, wodurch Querverbindungen nach allen Seiten möglich sind. – Der Parasympathikus (blau) gliedert sich in ein Kopf- und ein Beckensystem; die parasympathischen Nervenbahnen werden in Nervenbahnen umgeschaltet, die im zugehörigen Organ oder in seiner unmittelbaren Nähe liegen. Das Zusammenspiel von Sympathikus und Parasympathikus wird durch Nervenzentren im Zwischenhirn gesteuert, wozu noch Einflüsse der Hirnanhangdrüse kommen; vom Zwischenhirn laufen Verbindungen zu Rückenmark und Großhirnrinde.

Teile des autonomen N. (Herz-Kreislauf-Tätigkeit, Darmtätigkeit, sekretor. Aktivität, Stoffwechselaktivität). Morphologisch ist diese Einteilung nur beschränkt sinnvoll, da sich Sympathikus und Parasympathikus weitgehend überlappen; sie hat daher v.a. funktionell-physiolog. und pharmakolog. Bedeutung. Zum **sympathischen N.** (Sympathikus) gehören: 1) die im Zwischenhirn (Hypothalamus) gelegenen übergeordneten vegetativen Zentren, die den Wasserhaushalt, den Kohlenhydratstoffwechsel, die Körperwärme, die Geschlechtsfunktionen und (über die Hirnanhangdrüse) das Wachstum regeln; 2) die in der grauen Substanz des Rückenmarks liegende sympath. Seitenhornkette; 3) der vor der Wirbelsäule befindl. Grenzstrang, eine Ansammlung von Nervenknoten; 4) die in der Kopf- und Halsregion, in Brust- und Bauchhöhle eingelagerten peripheren Ganglien, z.B. das Eingeweidegeflecht (Plexus solaris). Das **parasympathische N.** (Parasympathikus) ist in seinem oberen Abschnitt eng gekoppelt mit den III. und VII. bis X. (Vagus) Gehirnnerven, deren Tätigkeit z.B. die Verengung von Lidspalte und Pupille, Tränen- und Speichelfluss unter dem Einfluss von Gemütsbewegungen bewirkt. Von seinen unteren Abschnitten aus innerviert der Parasympathikus v.a. Geschlechtsorgane, Harnblase und Mastdarm.

Zentral-N. sind hierarchisch aufgebaut. Sie bestehen aus so genannten Zentren (Ganglien), die in strenger Rangordnung zueinander in Beziehungen stehen, wobei die ›höheren‹ Zentren die ›niedrigeren‹ beeinflussen und kontrollieren. Dies erfolgt durch **Schaltneurone** (Interneurone), die in ihrer gesamten Ausdehnung innerhalb des ZNS lokalisiert sind. Die Regulation wird bestimmt durch die Art der anatom. Verbindungen (elektr., chem. Synapsen) und die Art der Transmittersubstanz (hemmend oder erregend).

Von den Sinnesorganen gelangen über die sensiblen Nerven Erregungen zum Gehirn, durch die motor. Nerven werden wieder Nervenimpulse an die Muskeln abgegeben. Zw. diesen beiden Vorgängen, die zw. Innen- und Außenwelt vermitteln, liegt die geregelte Eigentätigkeit des N. Bestimmte Leitungswege können durch wiederholte Impulse in ihrer Tätigkeit gefördert (Bahnung) oder durch andere Impulse gehemmt werden (Hemmung). Diese Bahnungs- und Hemmungserscheinungen wurden zuerst an den →Reflexen untersucht, gelten aber auch für die höheren Koordinationsvorgänge des N. Durch Vernetzungen zw. den Neuronen, die teils hemmend, teils erregend wirken, wird eine bestimmte Ordnung im N. aufrechterhalten, das auf ein inneres Gleichgewicht ausgerichtet ist. Die im ZNS lokalisierten höheren Regulationen fassen Empfindung, Bewegung, vegetative und psych. Vorgänge zu einer geordneten Leistung zusammen.

Eine der größten, aber bisher am wenigsten verstandenen Leistungen des Zentral-N. ist die Lernfähigkeit. Es gibt zahlr. Hinweise dafür, dass Lernen zusammenhängt mit Veränderungen physiolog. und anatom. Parameter: Auftreten von bestimmten Ribonukleinsäurederivaten, Proteinsynthese in Neuronen, Zunahme oder Abnahme der Zahl synapt. Verbindungen, der Neurotransmitterausschüttung je Nervenimpuls, der Rezeptormoleküle in der subsynapt. Membran.

Die Erforschung des ZNS, speziell des Gehirns des Menschen, wird als eine der größten Herausforderungen der modernen Wiss. angesehen.
⇨ Gehirn · Nerven · Nervengewebe · Neurophysiologie · Neurotransmitter · Rückenmark

Nervenzelle, Anatomie: →Nervengewebe.
Nervenzusammenbruch, umgangssprachl. Bez. für allgemeine nervale Erschöpfung; meist Versagensreaktion auf körperl., seel. oder geistige Überbeanspruchung, aber auch Ausbruch einer →Psychose oder →Depression.

Nẹrvi, Pier Luigi, ital. Bauingenieur und Architekt, * Sondrio 21. 6. 1891, † Rom 9. 1. 1979; lehrte seit 1946 in Rom. N. ist einer der bedeutendsten Konstrukteure mit Stahlbeton, den er bes. bei großen Hallenbauten in räumlich-stat. Systemen aus vorzugsweise linear beanspruchten Elementen unter Verwendung vorgefertigter Teile zugrunde legte. Die äußerst dünnen Wandhüllen steifte er in seinen ›Hangars‹ zunächst durch rechtwinklige Verstrebungen (1935–41). Bei den folgenden Aufträgen gelang ihm durch plast., wellenförmige Dachrippen oder Faltungen die ästhet. Umsetzung der Konstruktion in elegante, kraftvolle und bewegte Lineaturen.

Werke: Stadion Florenz (1930–32); Ausstellungshallen Turin (1948–49; 1961); UNESCO-Gebäude Paris (1953–58, mit M. BREUER u. B. ZEHRFUSS); Pirelli-Gebäude, Mailand (1955–59, mit G. PONTI); Kleiner u. großer Sportpalast u. Stadion für die Olymp. Spiele, Rom (1956–60); Ausstellungshalle ›Palazzo del Lavoro‹, Turin (1961); Audienzhalle im Vatikan (1966–71).

P. L. N., bearb. v. P. DESIDERI u. a. (a. d. Ital., Zürich 1982); M. FUJII-ZELENAK: Strukturen in den modernen Architekturen. P. L. N. – Kenzo Tange. Ein Vergleich europ. u. jap. Architekturkultur (1992); Architekten – P. L. N., bearb. v. H. FRITSCH (⁴1995).

Nervi|er, lat. **Nervi|i,** Stamm der →Belgen zw. Ardennen und Schelde, nach eigener Auffassung german. Herkunft, jedoch keltisiert; 57 v. Chr. von CAESAR an der Sambre besiegt.

nervös [über frz. nerveux, engl. nervous von lat. nervosus ›sehnig‹, ›nervig‹], **1)** *allg.:* unruhig, leicht reizbar, erregbar.

2) *Physiologie* und *Medizin:* **nerval,** Nervensystem und Nerventätigkeit betreffend, durch die Nervenfunktionen bewirkt.

Nervosität, Zustand psych. Spannung und damit erhöhter Reizbarkeit (›Überempfindlichkeit‹); auch Bez. für Übererregbarkeit (›Übereiztheit‹), die sich in Hast, Unausgeglichenheit, Überaktivität, Unruhe und Ungeduld äußert (→psychovegetatives Syndrom).

Pier Luigi Nervi: Ausstellungshalle ›Palazzo del Lavoro‹ in Turin; 1961

Nerze: Europäischer Nerz (Körperlänge etwa 40 cm)

Nerze [slaw., eigtl. ›Taucher‹], Name zweier eng miteinander verwandter Marderarten, v. a. in wasser- und deckungsreichen Landschaften Eurasiens und Nordamerikas; Körper 30 bis über 50 cm lang, mäßig lang gestreckt, mit etwa 20 cm langem, buschig behaartem Schwanz, hell- bis dunkelbraunem, kurzhaarigem, dichtem Fell, kurzem, breitem Kopf, ziemlich kurzen Beinen und kleinen Schwimmhäuten zw. den Zehen. Die meist dämmerungs- und nachtaktiven Tiere schwimmen und tauchen sehr gut. Sie ernähren sich bes. von Nagetieren, Fischen, Fröschen und Vögeln. Nach einer Tragzeit von fünf bis zehn Wochen werden in einem Erdbau drei bis sechs zunächst blinde Junge geboren. N. können in Gefangenschaft acht bis zehn Jahre alt werden. Der **Europäische N.** (**Nörz, Sumpfotter,** Mustela lutreola) war urspr. in ganz Eurasien verbreitet; er ist bis etwa 40 cm körperlang, mit weißem Kinn und weißer Oberlippe; in Dtl. ausgerottet, Restvorkommen noch in O-Europa und Asien. Größer (bis 75 cm Körperlänge) und langhaariger sowie ohne weiße Oberlippe ist der **Amerikanische N.** oder **Mink** (Mustela vison), der in großen Teilen Nordamerikas verbreitet ist.

N. werden als Pelztiere seit Ende des 19. Jh. gezüchtet; etwa seit den 1920er-Jahren in N.-Farmen, zunächst in Amerika, nach dem Zweiten Weltkrieg zunehmend auch in Europa. Alle N.-Zuchten gehen ausschließlich auf den Amerikan. N. zurück, dessen Fell schöner und dichter ist als das Europ. N.; Wildnerzfelle stammen überwiegend von Amerikan. N. Neben der Naturfarbe Braun (Standard-N.) existieren bei den Zucht-N. rd. 200 Farbschläge vom gelbbraunen Pastell-N. über den blaugrauen Platinum-N. bis zum tiefschwarzen Dark- oder Jet-Blacknerz.

Nerzfrosch, Minkfrosch, Rana septentrionalis, im nördl. Nordamerika beheimatete Art der Echten Frösche mit typ., scharfem Geruch.

Nerzmurmel, Bez. für das auf Nerz umgefärbte Fell des Steppenmurmeltiers.

Nesazio, lat. **Nesactium,** Ruinenstätte im NO von Pula in Istrien, Kroatien; in vorröm. Zeit ein illyr. Ort mit Ringwall (Castellieri), Heiligtum und Gräberfeldern des 10. bis 3. Jh. v. Chr. Die Grabfunde der älteren Eisenzeit zeugen von intensiven Kontakten zur →Estekultur. Von überregionaler Bedeutung sind die zahlr. Steinskulpturen, die im 7. Jh. unter dem Einfluss italischer Kulturen entstanden und bis ins 4. Jh. v. Chr. als Grabstelen dienten. N. war Hauptort der illyr. Istrer; 177 v. Chr. von den Römern erobert.

Nesbit [ˈnɛzbɪt], E. (Edith), engl. Schriftstellerin, *London 15. 8. 1858, †New Romney (Cty. Kent) 4. 5. 1924; war an der Entstehung der Fabian Society beteiligt; sie schrieb (mehrfach verfilmte) humor- und fantasievolle Jugendbücher, u. a. um die Bastable-Kinder (›The story of the treasure-seekers‹, 1899; dt. ›Die Schatzsucher‹). Realität und Fantasie mischen sich in ›The phoenix and the carpet‹ (1904; dt. ›Der Phönix und der Teppich‹) und ›The story of the amulet‹ (1906), die das Motiv der Zeitreise aufgreifen, während ›The railway children‹ (1906; dt. ›Die Eisenbahnkinder‹) realistischer erzählt ist.

A. BELL: E. N. (Neuausg. New York 1964).

Nesch, Rolf, eigtl. **Emil Rudolf N.,** norweg. Maler und Grafiker dt. Herkunft, *Esslingen am Neckar 7. 1. 1893, †Oslo 27. 10. 1975; studierte an der Dresdner Akademie, emigrierte 1933 nach Norwegen (1946 norweg. Staatsbürger). N. durchätzte und durchlöcherte seine Radierplatten, schnitt sie auch aus, später wurden Druckstöcke selbst durch Montage von Mate-

Rolf Nesch: Am Badestrand; 1940 (Privatbesitz)

Aleksandr Nikolajewitsch Nesmejanow

rialelementen, Glasscherben und Strandgut zu Materialbildern, wobei der figürl. Bezug deutlich blieb. Er übte großen Einfluss auf die expressionist. Kunst in Norwegen aus.

R. N., bearb. v. R. JENTSCH, Ausst.-Kat. (1985); R. N. 1893–1975, Retrospektive zum 100. Geburtstag, Beitrr. v. J. ASKELAND u. a., Ausst.-Kat. Kloster Cismar (1993).

Nẹschi [-sxi] *das,* - oder *die,* -, **Nẹsschi, Nạschi,** heute allgemein gebräuchl. Duktus der runden arab. Kursivschrift; entwickelte sich neben der monumentalen kuf. Schrift, die durch das leicht les- und schreibbare N. im 12. Jh. verdrängt wurde. (→Kalligraphie)

Nẹschin, Nẹžin [-ʒ-], **Nịschyn, Nịžyn, Nịzhyn,** Stadt im Gebiet Tschernigow, Ukraine, etwa 85 000 Ew.; PH; Landmaschinenbau, Nahrungsmittelindustrie.

Nesẹbăr, Stadt in Bulgarien, →Nessebar.

Nesịmi, Nasịmi, eigtl. **Imad ad-Dịn, Imadäddịn,** türk. Dichter, *bei Bagdad 1369, † Aleppo 1404; verbreitete in volkstüml. Gedichten, die wegen ihrer Dialektbesonderheiten als die ersten eindeutig aserbaidschan. Sprachdenkmäler gelten, die Glaubenslehre der Hurufi, einer myst. islam. Sekte; wurde als deren Anhänger hingerichtet.

Nesịn, Aziz, eigtl. **Mehmet Nusrẹt,** türk. Schriftsteller, *Konstantinopel 20. 12. 1915, †Çeşme 6. 7. 1995; verfasste Kurzgeschichten, Erzählungen, Romane und Theaterstücke; wegen der darin geäußerten Gesellschafts- und häufig Regimekritik erhielt N. Haftstrafen und Publikationsverbote; er galt als der profilierteste Satiriker der Türkei. Seine (mehr als 100) Werke wurden in über 30 Sprachen übersetzt. Das Vorhaben, S. RUSHDIES ›Satanische Verse‹ ins Türkische übersetzen zu lassen, mobilisierte den Widerstand national-religiöser Kräfte. Bei einem Anschlag radikaler Islamisten gegen N. kamen am 2. 7. 1993 in Sivas 37 Menschen ums Leben.

Werke (türk.): *Romane:* Die skandalösen Geschichten vom türk. Erzgauner Zübük (1961; dt.); Die heutigen Kinder sind wunderbar (1976); Sürnâme – Man bittet zum Galgen (1976; dt.); Der einzige Weg (1978; dt.). – *Satiren:* Wie bereitet man einen Umsturz vor? (1961; dt.); Ein Schiff namens Demokratie (1978; dt.); Wir leben im 20. Jh. (1983; dt.); Die Häuser vom Nachtigallenhain (1996; dt. Slg.). – *Kurzgeschichten:* Heimatfilm (1987; dt.); Die Umleitung (1989; dt.). – *Autobiographie:* So geht's nicht weiter (1966–72, 2 Bde. dt.).

Nesiọten [zu griech. *nêsos* ›Insel‹], griech. **Nesiọtai,** die griech. Bewohner der Inseln des Ägäischen Meeres, bes. der Kykladen; sie schlossen sich in hellenist. Zeit im Bund (Koinon) der N. zusammen.

Nesle [nɛl], Blondel de, pikard. Trouvère, →Blondel, B. de Nesle.

Nesmejanow, Aleksandr Nikolajewitsch, sowjet. Chemiker, *Moskau 9. 9. 1899, †ebd. 17. 1. 1980; seit 1935 Prof. in Moskau, 1951–61 Präs. der Akad. der Wiss.en der UdSSR. N. arbeitete u. a. über metallorgan. (bes. quecksilberorgan.) und weitere elementorgan. Verbindungen. Nach der von ihm 1929 beschriebenen **N.-Reaktion** werden Arylmetallverbindungen hergestellt durch Umsetzen der Diazoniumsalze mit Metallchloriden und Zersetzen der entstandenen Doppelsalze mit Kupfer- oder Eisenpulver.

Ness, Loch N. [lok'nes], See in N-Schottland, in der Talfurche des Glen More, 52 km², 36 km lang, durchschnittlich 1,5 km breit, bis 230 m tief. – Das angeblich in ihm lebende Ungeheuer, die Seeschlange ›Nessie‹, soll erstmals von dem hl. COLUMBAN 565 beobachtet worden sein. Seit 1933 (Fertigstellung der Autostraße von Inverness) wurde die These, es handele sich um ein Exemplar der vor rd. 70 Mio. Jahren

Nessebar: Kirche Sankt Johannes der Täufer; 9. Jh.

ausgestorbenen Plesiosaurier, erneut populär. In neuerer Zeit haben sich historisch-myst. Fabelglaube, wiss. Forschung (Einrichtung des L. N. Phenomena Investigation Bureau) und Tourismus erfolgreich verbunden. Auch das technisch aufwendige Unternehmen (u. a. mit Sonargeräten, Unterwasserkameras) im Oktober 1987 konnte die Frage nach der Existenz des Ungeheuers von L. N. nicht beantworten.

Nẹsschi [-xi], arab. Schrift, →Neschi.

Nessẹbăr, Nesẹbăr, Stadt in der Region Burgas, Bulgarien, am Schwarzen Meer, 7 000 Ew.; Kur- und Badeort. Nördlich von N. liegt das Seebad **Sonnenstrand** (bulgar. Slantschew brjag, Slănčev brjag). – In der Altstadt (UNESCO-Weltkulturerbe) blieben von den mittelalterl. Kirchen zehn erhalten, u. a. Alte Metropolis (7./8. Jh., Erneuerung eines Baus aus dem 5./6. Jh.), St. Johannes der Täufer (9. Jh.), Johannes Aleiturgetos (13./14. Jh.) und Pantokratorkirche (14. Jh.). – Die am Ende des 2. Jh. v.Chr. von den Thrakern gegründete Siedlung wurde 72 v.Chr. von den Römern besetzt und erhielt den Namen **Mesambria.** Der bedeutende Handelsplatz wurde 680 Sitz eines Bistums. Wurde abwechselnd von Byzanz aus und von den Fürsten regiert, 1371 von Türken erobert.

Nessel [ahd. nazza, eigtl. ›Gespinstpflanze‹], **1)** *Botanik:* 1) Kurz-Bez. für die →Brennnessel; 2) Bez. für nesselähnliche, aber nicht zu den N.-Gewächsen gehörende Pflanzen; z. B. Gold-N. (→Taubnessel), Hanf-N. (→Hohlzahn).

2) *Textiltechnik:* leinwandbindiges, urspr. aus den Fasern versch. Arten der N.-Gewächse, heute v. a. aus ungebleichten Baumwollgarnen hergestelltes, ungefärbtes Gewebe ohne Ausrüstung (Grob-N., Roh-N. und Rohkattun).

Nesselblatt, 1) *Botanik:* andere Bez. für die Pflanzengattung →Kupferblatt.

2) *Heraldik:* seit dem 14. Jh. übl. Bez. für eine Figur als Gegenform zu einem gezackten Schildrand, bes. im Wappen der Grafen von Schaumburg und Holstein.

Nesselfalter, anderer Name für den Kleinen Fuchs (→Fuchs).

Nesselfieber, →Nesselsucht.

Nesselgewächse, Urticaceae, Familie der zweikeimblättrigen Pflanzen mit etwa 1 050 Arten in 52 Gattungen, bes. in den wärmeren Gebieten verbreitet; meist windblütige Kräuter, Sträucher oder Lianen mit unscheinbaren Blüten, oft mit Brennhaaren; einige Arten sind aufgrund ihrer Bastfasern Nutzpflanzen; bekannte Gattungen sind →Boehmeria und →Brennnessel.

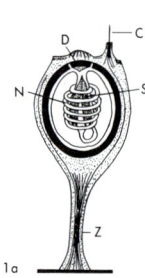

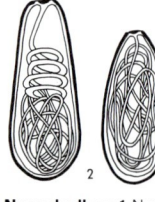

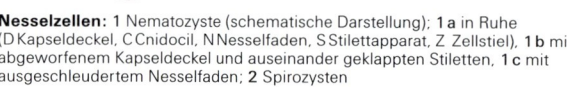

Nesselzellen: 1 Nematozyste (schematische Darstellung); **1a** in Ruhe (D Kapseldeckel, C Cnidocil, N Nesselfaden, S Stilettapparat, Z Zellstiel), **1b** mit abgeworfenem Kapseldeckel und auseinander geklappten Stiletten, **1c** mit ausgeschleudertem Nesselfaden; **2** Spirozysten

Nesselhaare, *Botanik:* die →Brennhaare.

Nesselkapsel, Cnide, charakterist., dem Beutefang dienende Vorrichtung in den →Nesselzellen der Nesseltiere.

Nesselrode, Karl Wassiljewitsch Graf, russ. Politiker dt. Herkunft, * Lissabon 13. 12. 1780, † Sankt Petersburg 23. 3. 1862; aus niederrhein. Adel, Diplomat ALEXANDERS I. beim Wiener Kongress (1814–15); war 1816–56 Außen-Min., wurde unter NIKOLAUS I. 1828 auch Vizekanzler und 1845 Reichskanzler.

Nesselröden, Ortsteil von Herleshausen, Hessen, mit Renaissanceschloss (1592–94); die Hauptfront des dreigeschossigen Baus wird durch einen Treppenturm mit Fachwerkabschluss und erkerartigen Eckrisaliten mit Giebeln geprägt.

Nesselschön, der Zierstrauch →Katzenschwanz.

Nesselsdorf, Stadt in der Tschech. Rep., →Kopřivnice.

Nesselsucht, Nessel|ausschlag, Quaddelsucht, Urtikaria, unregelmäßig begrenzter, mit stark juckenden Quaddeln, seltener mit Bildung von Papeln oder Blasen verbundener blasser oder rötl. Hautausschlag; er breitet sich akut, teils in Schüben, rasch aus und kann den ganzen Körper, auch die Schleimhäute betreffen (bes. gefährlich im Rachenbereich). Als Begleitsymptome können Fieber **(Nesselfieber)** und Schüttelfrost auftreten. Ursache sind äußere oder innere Reize, die durch Freisetzung von Mediatorsubstanzen (v. a. Histamin) aus den Mastzellen zu einer Erweiterung und erhöhten Durchlässigkeit der Kapillaren mit Ödembildung führen. Oft liegt eine →Allergie vor, die durch Nahrungsmittel, Insektengifte (→Insektenstiche), Arzneimittel (→Arzneimittelausschlag), körperfremdes Serum (→Serumkrankheit) oder einen Herdinfekt (Zähne, Mandeln, Nasennebenhöhlen) ausgelöst wird. Bei der **Kontakturtikaria** kommt es durch Überempfindlichkeit nach Berührung mit Reizstoffen (Brennnesseln, Primeln, Quallen, Farbstoffe, Kosmetika) zu einer N. Unter der so genannten **physikalischen Urtikaria** werden entsprechende Reaktionen auf Wärme, Sonneneinstrahlung oder Kälte (Kälteurtikaria) zusammengefasst.

Die *Behandlung* wird mit Antihistaminika, in schweren Fällen mit Corticosteroiden durchgeführt; wichtig ist das Ausschalten der auslösenden Ursache.

Nesseltiere, Cnidaria, 0,5 mm bis 2,2 m lange →Hohltiere, die mit etwa 7 700 Arten v. a. in Meeren (z. T. auch in Süßgewässern; Süßwasserpolypen) vorkommen. N. sind gekennzeichnet durch einen mundnahen Tentakelkranz und durch die →Nesselzellen. Die Entwicklung ist meist mit einem Generationswechsel verbunden. Aus der frei schwimmenden Planularlarve geht ein Stadium festsitzender Polypen hervor, die auf ungeschlechtl. Wege die frei schwimmende, getrenntgeschlechtige Medusengeneration erzeugen. Man unterscheidet →Korallentiere, →Hydrozoa, →Scheibenquallen und →Würfelquallen.

Nesselwang, Markt-Gem. im Landkreis Ostallgäu, Bayern, 867 m ü. M., in den Molassevorhügeln der Allgäuer Alpen, am Gebirgsrand (Alpspitz 1 575 m ü. M.), 3 500 Ew.; Luftkurort und Wintersportplatz; Herstellung von mathemat. Instrumenten, Mess- und Regeltechnik, Kunststoff-, Metallverarbeitung.

Nesselzellen, Cnidozyten, charakterist. Zellen in der Körperoberfläche von Nesseltieren, bes. in deren Fangarmen. Die N. enthalten je eine **Nesselkapsel** (Cnide, Cnidozyste, Nematozyste), bestehend aus peripherer Kapsel mit Deckel und zentraler Matrix mit einem spiralig aufgewundenen Faden, der Stacheln und ein Stilett tragen kann. Durch Reizung des Cnidocils (einer umgewandelten →Zilie) stülpt sich der hohle Faden nach außen, dringt in die durch Stilett und Stacheln gesetzte Wunde ein und injiziert den giftigen Matrixinhalt in das Beutetier. Die Gifte der N. zählen zu den stärksten Giften. Drei Hauptgruppen von Nesselkapseln werden unterschieden: **Nematozysten** (Penetranten, Heteroneme), **Spirozysten** (Glutinanten, Haploneme), die den Faden zur Anheftung z. B. an eine Beute nutzen, und **Ptychozysten,** deren Sekretionsprodukt dem Bau von Wohnröhren dient.

Neßler, Nessler, Victor Ernst, Komponist, * Baldenheim (Elsass) 28. 1. 1841, † Straßburg 28. 5. 1890; war u. a. Chordirektor am Stadttheater in Leipzig. N. schrieb Chöre für Männer, Lieder und Opern, darunter ›Der Trompeter von Säckingen‹ (1884).

Neßlers Reagenz [nach dem Agrikulturchemiker JULIUS NESSLER, * 1827, † 1905], *Chemie:* eine alkal. Lösung von Kaliumtetrajodomercurat(II), $K_2[HgJ_4]$, die zum Nachweis und zur Bestimmung kleiner Mengen von Ammoniak dient; sie reagiert mit diesem unter Bildung von orangebraunem $[Hg_2N]J$, dem Jodid der millonschen Base (→Quecksilberverbindungen). N. R. wird u. a. zur Überprüfung von Trinkwasser verwendet.

Nessos, *griech. Mythos:* ein Kentaur, der am Fluss Euenos wohnte und die Reisenden über das Wasser trug, so auch Herakles und danach seine Gattin Deianeira. Dabei versuchte N., ihr Gewalt anzutun und wurde deshalb von Herakles mit einem Pfeil tödlich verwundet. Der Sterbende riet Deianeira, aus seinem Blut einen Liebeszauber zu bereiten. Deianeira bestrich ein Hemd des Herakles damit, das sich in sein Fleisch fraß und ihm einen qualvollen Tod brachte **(N.-Hemd).**

Nessosmaler, att. Vasenmaler des ausgehenden 7. Jh. v. Chr., tätig bis etwa 580 v. Chr.; steht mit kraftvollen Figuren mit Binnenritzung am Beginn der att. schwarzfigurigen Vasenmalerei. Namengebend ist eine Amphora mit Herakles und dem Kentauren Nessos (Athen, Archäolog. Nationalmuseum).

Nest, Nidus, von Tieren gebaute Behausung, meist zur Aufnahme der Eier oder der frisch geborenen Jungen sowie zum Bebrüten und/oder der Aufzucht der Nachkommen; daneben auch für erwachsene Tiere ein Aufenthaltsort, der gegen Feinde, Kälte oder Nässe schützt, zum Nächtigen gebaut wird **(Schlaf-N.** der Menschenaffen) oder dem Überdauern ungünstiger Witterungsverhältnisse dient **(Winter-N.** der Winterschläfer). Bei Staaten bildenden Insekten (Ameisen, Bienen, Termiten) sind N. Aufenthaltsort für das ganze Tiervolk.

Die für den N.-Bau verwendeten Materialien sind sehr unterschiedlich: Zweige, Gräser, Moos, z. B. bei Bilchen und vielen Singvögeln; Sand, Lehm, Schlamm, u. a. bei Grabwespen, Rauch- und Mehlschwalben; zerkaute und mit Speichel verkittete Holzfasern **(Papier-N.)** bei Wespen oder auch Tonerde und Speichel bei Termiten. Bienen benutzen körpereigenes Wachs zum Herstellen der Waben; Spinnen und manche Schmetterlinge (zur Herstellung der Raupen-N.) bauen N. aus Gespinstfäden; Froschlurche, Zikaden und Labyrinthfische produzieren N. aus Schaummassen **(Schaum-N.).**

Die N. für die Jungen der *Säugetiere* befinden sich oft in natürl. (z. B. bei Braunbären) oder in selbst gegrabenen Höhlen (z. B. in den Erdbauen bei Fuchs, Dachs, Kaninchen, Hamster, Mäusen).

Bei *Vögeln,* die i. d. R. Brut-N. bauen, werden je nach Standort und Bauweise unterschieden: **Boden-N.** (z. B. bei Entenvögeln, Laufvögeln und vielen Hühnervögeln); **Schwimm-N.** auf der Wasseroberfläche aus Wasserpflanzen (v. a. bei Lappentauchern); **Erd-** und **Baumhöhlen-N.** bei Höhlenbrütern; die meisten Singvögel legen **Baum-N.** im Gezweig von Bäumen

Nest: Von oben Nest der Rauchschwalbe mit durchspeichelter Erde und Halmen; Kugelnest der Zwergmaus aus Gras- und Getreidehalmen; Lehmnest der Glockenwespe

und Sträuchern an; v. a. Rohrsänger befestigen an senkrecht stehenden Rohrhalmen **Pfahlbau-N.**; Beutel- und Schwanzmeisen, Webervögel und Zaunkönig haben bis auf ein Einflugloch geschlossene **Kugel-N.** In **Gemeinschafts-N.**, bei denen viele Einzel-N. unter einem gemeinsamen ›Dach‹ sind, leben z. B. Mönchssittich und Siedelsperling. Störche, Reiher, Greif- und Rabenvögel bauen feste **Reisighorste**. Eine Besonderheit sind die großen **Bruthaufen** bestimmter Großfußhühner sowie die bei der Balz dienenden, kunstvoll geschmückten **Spiel-N.** der Laubenvögel. – Künstl. N. sind das Lege-N. für Geflügel und die Nistkästen. V. a. größere Vögel benutzen ihr N. mehrere Jahre, während Kleinvögel für jede Brut ein neues N. anlegen. Das arttyp. Nestbauverhalten ist angeboren, kann jedoch durch Lernen modifiziert werden.

Nestdunen, Typ der Vogelfeder (→Federn).

Nestelknüpfen, Schlossschließen, ein Bindezauber, der einen Mann (Bräutigam) impotent machen sollte (nur gegenüber der Braut). Im Augenblick des Trauaktes sollte ein Knoten geknüpft, ein Schloss geschlossen werden. Ein Lösen des Zaubers war durch das Lösen des Knotens, Schutz vor dem Zauber durch bestimmte Amulette möglich. – Der Zauberbrauch, der 400 n. Chr. erstmals genannt wird, war noch nach 1900 bekannt.

Nesterow, Stadt in Russland, →Stallupönen.

Nestfarn (Blattwedel bis 1,5 m lang)

Nestfarn, Asplenium nidus, epiphyt. oder Felsen bewohnender Farn aus der Familie der Streifenfarngewächse in den Tropen der Alten Welt. Die bis zu 1,5 m langen lanzettl. Blätter bilden große Trichterrosetten. Auf ihrer Unterseite tragen die Blätter die in Reihen angeordneten Sporangien. Der N. ist eine beliebte Zierpflanze, die Wärme und hohe Luftfeuchtigkeit braucht.

Nestfliegen, Neottiophilidae, artenarme Fliegenfamilie mit zwei Arten in Mitteleuropa; die Larven ernähren sich in Vogelnestern vom Blut junger Vögel.

Nestflüchter, Autophagen, die im Ggs. zu den →Nesthockern in weit entwickeltem Zustand zur Welt kommenden, schnell den Geburtsort oder das Nest verlassenden Tiere; z. B. Hühner-, Enten- und Laufvögel, der Feldhase, Huftiere. N. können oft bereits unmittelbar nach der Geburt selbst Nahrung suchen und aufnehmen. Häufig erkennen sie nur jenes Lebewesen als führende Mutter an, das ihnen während einer kurzen, artspezifisch festgelegten Prägungszeit (→Prägung) zuerst begegnet.

Nesthocker, Insessoren, Jungtiere versch. Vogel- und Säugetierarten, die in einem noch unvollkommenen postembryonalen Entwicklungsstadium geboren werden. Sie kommen nackt zur Welt, ihre Augen und Ohren sind meist durch epitheliale Verwachsungen geschlossen. N. bedürfen besonderer Pflege und besonderen Schutzes durch die Eltern (→Brutpflege). Bei den Säugetieren ist – im Unterschied zu den Vögeln – der N.-Zustand als primitiv anzusehen, d. h., niedere Säugetiere sind in der Regel N. (mit kurzer Tragezeit und vielen Jungen in einem Wurf). – Eine Ausnahme bildet der Mensch mit einer entsprechend längeren Pflege- und Warteperiode, wie es bei den übrigen Primaten der Fall ist. Es wird also beim Menschen ein Teil der Entwicklung, die beim höheren Säugetier noch intrauterin verläuft, ›nach außen‹ verlegt. A. PORTMANN spricht in diesem Zusammenhang von einer →physiologischen Frühgeburt und bezeichnet den gleichsam zu früh geborenen ›Nestflüchter Mensch‹ als **sekundären Nesthocker.**

Nestle, 1) Eberhard, ev. Theologe und Orientalist, *Stuttgart 1. 5. 1851, †Maulbronn 9. 3. 1913; wurde 1883 Prof. in Ulm, 1898 in Maulbronn; wurde v. a. durch seine bis heute maßgebende textkrit. Edition des griech. N. T. (›Novum testamentum Graece‹ (1898) bekannt. Sie wurde ab der 10. Aufl. (1914) von seinem Sohn ERWIN N. bearbeitet; ab der 22. Aufl. (1956) zus. mit K. ALAND, der sie bis zu seinem Tod (1994) betreut hat (seit der 26. Aufl. [1979] zus. mit BARBARA ALAND [* 1937]; 27. Aufl. 1993).

2) Wilhelm, Philosophiehistoriker und klass. Philologe, *Stuttgart 16. 4. 1865, †ebd. 18. 4. 1959; war seit 1932 Prof. in Tübingen. N. wies in seiner Bearbeitung der griech. Geistesgeschichte v. a. die Verdrängung myth. Vorstellungen durch rationales Denken nach.

Werke: Euripides, Der Dichter der griech. Aufklärung (1901); Gesch. der griech. Lit., 2 Bde. (1923–24); Vom Mythos zum Logos (1940); Griech. Weltanschauung in ihrer Bedeutung für die Gegenwart (1946); Die Krisis des Christentums (1947); Griech. Studien (1948). – **Hg.:** Die Sokratiker (1922); Die Nachsokratiker, 2 Bde. (1923).

Nestlé AG [ˈnɛstlə-, frz. nɛstˈle-], größtes schweizer. Unternehmen und weltgrößter Produzent von Nahrungs- und Genussmitteln, entstanden aus der Anglo-Swiss Condensed Milk Co., Cham (Kt. Zug; gegr. 1866) und der AG Henri Nestlé, Vevey (gegr. 1867), die 1905 fusionierten, 1947 Umbenennung in Nestlé Alimentana AG, seit 1977 jetziger Firmenname; Sitz Cham und Vevey. Das Produktionsprogramm umfasst Getränke (Umsatzanteil 1996: 27,0%), Milchprodukte, Diätetik und Speiseeis (27,6%), Fertiggerichte u. a. Produkte für die Küche (26,4%), Schokolade, Süßwaren (14,9%), pharmazeut. Produkte (4,1%). N. ist in über 100 Ländern tätig und betreibt (1996) weltweit 489 Fabrikationsstätten sowie 18 Forschungs- und Entwicklungszentren. Zu den zahlr. Beteiligungen des Konzerns gehören Stouffer (USA; Tiefkühlkost), Carnation (USA; Nahrungsmittel), Chambourcy (Frankreich; Milchfrischprodukte), Buitoni (Italien; Teig- und Süßwaren), Rowntree (Großbritannien; Süßwaren), Perrier (Mineralwasser) und eine Minderheitsbeteiligung an L'Oréal (Frankreich; Kosmetika). Die Marken der N. AG sind u. a.: Alete, Allgäuer Alpenmilch, Bärenmarke, Dallmayr, Herta, Libby, Maggi, Nescafé, Nesquik, Sarotti. Umsatz (1996): 60,5 Mrd. sfr, Beschäftigte: rd. 221 100. Das multinationale Unternehmen hat in den vergangenen Jahren seine Aktivitäten in Entwicklungs- und Schwellenländern stark ausgebaut.

M. GLOOR: Ein Leben mit Nestlé. Auch Multis sind menschlich (Stäfa 1990); J. HEER: Nestlé. 125 Jahre von 1866 bis 1991 (a. d. Frz., Vevey 1991).

Nestler, Wolfgang, Bildhauer, *Gershausen (heute zu Kirchheim, Landkreis Hersfeld-Rotenburg) 8. 9. 1943; entwickelte veränderbare Skulpturen aus Eisenstäben und -bändern, deren Form sich jeweils aus der Verlagerung des Gleichgewichts ergibt; seit den späten 70er-Jahren auch massive Eisenplastiken, ferner Fotografien.

Nestling, noch nicht flügger Vogel.

Nestlingskleid, Dunenkleid, erstes Federkleid der meisten Vögel, das aus Nestdunen (→Federn) gebildet wird. Auf das N. folgt noch vor dem Flüggewerden das Jugendkleid (→Gefieder).

Nestor, griech. Mythos: Sohn des Neleus, König von Pylos. Er nahm am Kampf der Lapithen und Kentauren, an der Jagd auf den Kalydon. Eber, am Zug der Argonauten und am Trojan. Krieg teil, in dem er sich v. a. als weiser Ratgeber der Griechen auszeichnete (danach im übertragenen Sinn verwendet für den herausragenden ältesten Vertreter eines Fachs). – Darstellungen aus N.s Sagenkreis finden sich v. a. auf vielen griech. Vasenbildern seit dem 8. Jh. v. Chr. Nach dem von HOMER beschriebenen **N.-Becher** benannte H. SCHLIEMANN einen in Mykene ausgegrabenen Goldbecher (16. Jh. v. Chr.; Athen, Archäol. Nationalmuseum).

Nestor, russ. Chronist, Mönch des Kiewer Höhlenklosters, schrieb in den 80er-Jahren des 11. Jh. die Viten des ersten Abtes des Höhlenklosters, FEODOSSIJ, sowie von BORIS und GLEB. N. soll einer der Verfasser der nach ihm benannten →Nestorchronik sein (daher nimmt man an, dass er um 1114 starb).

Nest|orchis, die Orchideengattung →Nestwurz.

Nestorchronik, russ. **Povest' vremennych let,** grundlegendes Werk der altostslaw. Chronistik, im 2. Jahrzehnt des 12. Jh. in Kiew entstanden, jedoch nur als Bestandteil späterer Chronikhandschriften des 14.–16. Jh. überliefert; in einigen Handschriften wird der Mönch des Kiewer Höhlenklosters NESTOR als Verfasser der ersten Redaktion genannt, die auf der Grundlage einer Sammlung von histor. Quellen, Verträgen, byzantin. Chroniken und Viten sowie altslaw. Überlieferungen und Legenden erstellt wurde. Die beiden wichtigsten späteren Redaktionen der N. sind die des Abtes SILWESTR vom Jahr 1116, überliefert in der →Laurentiuschronik, und die Überarbeitung und Ergänzung von 1118, die am besten in der →Hypatiuschronik erhalten ist. Der Stoff der N. ist nach Jahren geordnet, wobei eine Einordnung der altruss. Ereignisse in die Weltgeschichte versucht wurde.
Ausgaben: Povest' vremennych let, hg. v. D. S. LICHAČEV, 2 Bde. (1950). – Hb. zur N., hg. v. LUDOLF MÜLLER, auf 5 Bde. ber. (1977ff.).
M. D. PRISELKOV: Istorija russkogo letopisanija XI–XV vv. (Leningrad 1940).

Nestorianer, die Anhänger der Lehre des NESTORIUS. Die offizielle Annahme des →Nestorianismus durch die Kirche Persiens 486 hatte die Trennung von der Reichskirche zur Folge und führte zur Bildung der unter einem eigenen Oberhaupt stehenden ostsyrischen (›nestorian.‹) Kirche. Diese entwickelte unter Sassaniden, Arabern und Mongolen eine starke missionar. Aktivität und brachte das Christentum bis nach Indien (→Thomaschristen), Zentralasien und China. Im 16. Jh. schloss ein Teil der pers. Christen eine Union mit der kath. Kirche.
Heute ist die ostsyr. Kirche (Selbst-Bez. **Heilige Apostolische und Katholische Kirche des Ostens;** auch ›Assyrische Kirche‹) mit rd. 150000 Mitgl. im hohen Osten (Iran, Irak, Libanon, Syrien), in Indien, Australien und den USA die zahlenmäßig kleinste oriental. Kirche. Ihr Oberhaupt führt den Titel ›Katholikos-Patriarch‹ (Sitz in Teheran). Liturg. Sprachen sind Ostsyrisch und die Landessprachen. Seit 1964 besteht infolge eines Schismas eine zweite kirchl. Jurisdiktion (Sitz in Bagdad). – Die mit der kath. Kirche unierte **Chaldäische Kirche** hat rd. 270000 Mitgl.; ihr Oberhaupt führt den Titel ›Patriarch von Babylon und der Chaldäer‹ (Sitz in Bagdad).

Nestorianertafel, ein 1625 in Xi'an (Prov. Shaanxi, China) entdeckter Stein, dessen Inschrift aus dem Jahre 781 in chin. Sprache einen Abriss des christl. Glaubens nach der Lehre der Nestorianer und einen Bericht über ihre Mission in China enthält sowie in syr. Sprache die Namen eines Bischofs und von 62 Priestern.

Nestorianisch, Form der →syrischen Schrift.

Nestorianismus der, -, die Christologie des NESTORIUS und seiner Anhänger. Den Anstoß zur Entwicklung des N. gab die Auseinandersetzung um die Frage, ob MARIA, die Mutter JESU, als ›Gottesgebärin‹ (griech. theotokos) zu bezeichnen sei oder ob sie nur einen Menschen zur Welt gebracht habe (›Menschengebärerin‹, griech. anthropotokos). NESTORIUS stellte dem Begriff ›Gottesgebärin‹ die Bez. ›Christusgebärerin‹ (griech. christotokos) entgegen. Im Hintergrund stand dabei die christologische Frage nach der Einheit von göttl. und menschl. Natur in JESUS CHRISTUS. Gegen monophysit. Tendenzen entwickelte NESTORIUS seine Konzeption von zwei Subjekten in CHRISTUS, einem menschl. und einem göttl., die in Liebe miteinander verbunden sind; die Einheit des Gottmenschen bestehe in einer verhaltensmäßigen, nicht in einer naturalen Einheit. (→Christologie)

Nestorius, Patriarch von Konstantinopel (428 bis 431), * Antiochia nach 381, † in Oberägypten frühestens 451; in Antiochia zum Presbyter und Prediger ausgebildet. Zum Patriarchen berufen, geriet N. in die kirchenpolit. Auseinandersetzungen zw. den Patriarchaten von Alexandria und Konstantinopel und den Streit der theolog. Schulen von Antiochia und Alexandria. Gegen die monophysit. Tendenzen der Alexandriner vertrat N. eine →Christologie, die die Trennung von göttl. und menschl. Natur betonte (→Nestorianismus). Sein Gegner KYRILL VON ALEXANDRIA erreichte auf dem Konzil von Ephesos (431) die Verurteilung und Absetzung des N. als Häretiker. Nach seiner Verbannung (436) nach Oberägypten verfasste er zu seiner Verteidigung die fragmentarisch erhaltene ›Tragoedia‹ und ein im ›Liber Heraclidis‹ überliefertes Werk, in dem er seine Theologie darlegte.
Ausgabe: Nestoriana, hg. v. F. LOOFS (1905).

Nestorpapageien, Nestor, Gattung der →Papageien mit drei etwa krähengroßen Arten (eine davon ausgerottet) auf Neuseeland und einigen umliegenden Inseln. Die vorwiegend dunkel gefärbten N. haben einen auffallend langen Oberschnabel und sind aktive und verspielte Vögel. Der **Kea** (Nestor notabilis) lebt oberhalb 600 m ü. M.; die Behauptung, dass er Schafe angreife, gilt als widerlegt. Der **Kaka** (Nestor meridionalis) bewohnt Wälder. Von dem 1851 ausgestorbenen **Norfolk-Kaka** (Nestor productus) gibt es nur einige Museumsstücke.

Nestorpapageien: Kea (Größe etwa 45 cm)

Nestos der, griech. Name des Flusses →Mesta.

Nestpilze, Napfpilze, Nidulariales, Ordnung der Ständerpilze mit rd. 50 meist saprophyt. Arten; die kleinen, napf- bis becherförmigen Fruchtkörper sind mit einem Deckel verschlossen, der bei der Reife aufreißt und die Sporenträger freigibt; eine bekannte Gattung sind die →Teuerlinge.

Nest|rosette, die Pflanzengattung →Nidularium.

Nestroy [-ɔɪ], Johann Nepomuk, österr. Schriftsteller und Schauspieler, * Wien 7. 12. 1801, † Graz 25. 5. 1862; begann als Opernsänger, wirkte dann auch in Sprechrollen zunächst in Wien (1822), danach Engagements in Amsterdam (1823), Brünn (1825) und Graz (1827). 1831 ließ sich N. in Wien nieder, wo er einen Vertrag mit K. CARL (Theater an der Wien) als Schauspieler und Bühnenautor schloss. Ab 1839 spielte N. unter CARL auch am Leopoldstädter Theater, dem späteren (ab 1847) Carl-Theater, dessen Leitung er 1854–60 innehatte. Nach F. RAIMUND gilt N. als bedeutendster und zugleich letzter Vertreter der Altwiener Volkskomödie. Er markiert den Übergang vom Volksstück der Vorstadtbühnen, von den Feenmärchen und raimundschen Fantasiekomödien zum sozialen Tendenzstück L. ANZENGRUBERS. Seine gesellschaftskrit. Possen und Lokalstücke spielen im nüchternen Alltag des vormärzlich-biedermeierl. Wien. Scharfer Witz, Spott, skept. Gebrochenheit und beißende Satire sind verbunden mit urwüchsiger Komik und Humor, auch z. T. mit absurden Zügen. Bes. mit seinen brillanten Wortspielen machte N. die Sprache selbst wieder zum Gegenstand der Dichtung. Hierzu gehörte auch der bewusste Einsatz von Klassikerzitaten, die einerseits als Versatzstücke – verfremdet – Eingang in N.s Stücke fanden, andererseits aber auch klass. Bildungsgut auf die Vorstadtbühnen brachten. N. hinterließ über 80 Stücke in Mundart und Hochsprache, viele mit Gesangseinlagen. Nachhaltige Wirkung ging von N.s Schriften auf Mundartdichtung und Volksstück, v.a. aber auch auf Schriftsteller wie K. KRAUS (›N. und die Nachwelt‹, 1912), F. WEDEKIND, Ö. VON HORVÁTH, B. BRECHT und F. DÜRRENMATT aus.
Werke (Auswahl): Der böse Geist Lumpacivagabundus, ... (1835); Die beiden Nachtwandler (1836); Das Haus der Temperamente (1837); Zu ebener Erde und erster Stock ... (1838);

Johann Nepomuk Nestroy (Ausschnitt aus einer Lithographie)

Nestwurz:
Vogelnestwurz
(Höhe 20–40 cm)

António Agostinho
Neto

Netsuke
in Form von Hasen,
oben aus Elfenbein,
unten aus einer
Steinnuss
(Elfenbeinnuss)
geschnitten; 19. Jh.
(Privatbesitz)

Eulenspiegel (1841); Die verhängnißvolle Faschingsnacht (1841); Liebesgeschichten und Heiratssachen (1843); Der Talisman (1843); Einen Jux will er sich machen (1844); Das Mädl aus der Vorstadt, ... (1845); Der Zerrissene (1845); Freiheit in Krähwinkel (1849); Der Unbedeutende (1849); Der alte Mann mit der jungen Frau (entstanden 1849, gedr. 1890); Kampl ... (1852); Nur keck (entstanden 1855, hg. 1923).
Ausgaben: Sämtl. Werke. Historisch-krit. Gesamtausg., hg. v. F. BRUKNER u. a., 15 Bde. (1924–30, Nachdr. 1973); Sämtl. Werke. Historisch-krit. Ausg., hg. v. J. HEIN u. a., auf zahlr. Bde. ber. (1977 ff.).
G. CONRAD: J. N. N. 1801–1862. Bibliogr. zur N.-Forschung u. -rezeption (1980); H. AHRENS: Bis zum Lorbeer versteig' ich mich nicht. J. N., sein Leben (1982); N. Bilder aus einem Theaterleben, hg. v. G. RIEDL (Wien 1988); J. HEIN: J. N. (1990); P. CERSOWSKY: J. N. oder nix als philosoph. Mussenzen. Eine Einf. (1992).

Nestwurz, Nest|orchis, Neottia, saprophyt. Orchideengattung mit sechs Arten, verbreitet von Europa bis Ostasien. Die einzige einheim. Art ist die **Vogel-N. (Vogelnestorchis,** Neottia nidus-avis), eine fast blattgrünlose Pflanze mit unterird., kriechendem Wurzelstock, der mit fleischigen, unverzweigten Wurzeln dicht besetzt ist; Stängel 20–40 cm lang, mit zahlreichen kleinen (bis 15 mm großen) in ährenartigem Blütenstand stehenden bräunl. Blüten; in schattigen Buchenwäldern, seltener in Nadelmischwäldern.

NET [nɛt, engl.; Abk. für Next European Torus], 1983 begonnenes europ. Studienprojekt auf dem Gebiet der kontrollierten →Kernfusion. Ziel von NET war die erstmalige Erzeugung eines thermonuklear gezündeten und für 100 s Energie liefernden brennenden Plasmas mit einer nach dem Tokamakprinzip arbeitenden Versuchsanlage. Darüber hinaus sollte NET auch die technolog. Machbarkeit eines Fusionsreaktors demonstrieren sowie die Beurteilung einer sicheren und zuverlässigen Betriebsweise ermöglichen. 1988 mündeten die NET-Studien in die Entwurfsarbeiten des internat. Großprojekts →ITER.

Netanjahu, Benjamin, israel. Politiker, * Jerusalem 21. 10. 1949; Architekt und Geschäftsmann; nahm 1967 in einer Eliteeinheit am Sechstagekrieg und 1973 am Jom-Kippur-Krieg teil; gründete 1976 ein Institut zur Erforschung des internat. Terrorismus; war 1984–88 Botschafter in den USA, wurde 1988 Abg. der Knesset und stellv. Außen-Min., 1991 Leiter der israel. Delegation bei der Madrider Nahostfriedenskonferenz; am 25. 3. 1993 zum Vors. des Likud gewählt, wurde N. am 29. 5. 1996 erster direkt gewählter Min.-Präs. und bildete eine Fünfparteienkoalition.

Netanya, Nataniya, Nathaniya, Stadt an der zentralen Küste Israels, größtes Seebad des Landes, 144 900 Ew.; Sporthochschule, Museum israel. Kunst, Rehabilitationszentrum für Blinde mit Bibliothek (Werke in Brailleschrift) und Museum; Zentrum der Diamantenschleiferei (mit Fachschule), Textil- und Elektronikindustrie, Brauerei, Holz- und Metallverarbeitung. – 1928 gegründet.

Neto ['nɛtu], 1) António Agostinho, angolan. Politiker und Lyriker (in port. Sprache), * Kaxikane (bei Luanda) 17. 9. 1922, † Moskau 11. 9. 1979; Arzt; zw. 1952 und 1962 mehrfach in Haft, seit 1962 Vors. des marxistisch orientierten Movimento Popular de Libertação de Angola (MPLA), seit der Unabhängigkeit Angolas 1975 Präs. Mit sowjet. und kuban. Hilfe konnte seine Reg. die Alleinherrschaft des MPLA gegen konkurrierende Befreiungsbewegungen durchsetzen. – In seinen z. T. vom Surrealismus beeinflussten Gedichten drückte N. Not und Unterdrückung, aber auch den Lebens- und Freiheitswillen seiner Landsleute aus.
Werke: Lyrik: Colectânea de poemas (1961); Com os olhos secos (1963); Sagrada esperança (1974; dt. Angola, heilige Hoffnung). – Gedichte (1977, dt. Ausw.).

2) Henrique Maximiano **da Fonseca Coelho** [- fõ-'sɛka 'kuɐʎu], brasilian. Schriftsteller, →Coelho Neto, Henrique Maximiano da Fonseca.

Netphen ['nɛtfən], Gem. im Kr. Siegen-Wittgenstein, NRW, 290 m ü. M., im Naturpark Rothaargebirge im Quellbereich von Sieg, Lahn und Eder, 25 500 Ew.; Bundeskunstturnleistungszentrum; Walzengießerei, Maschinenbau, Blechverarbeitung, Fremdenverkehr. – Östlich von N. der Obernaustausee.

Netschajew, Nečaev [-'tʃajef], Sergej Gennadijewitsch, russ. Revolutionär, * Iwanowo 2. 10. 1847, † Sankt Petersburg 3. 12. 1882; trat in der Emigration mit M. A. BAKUNIN in Verbindung, verfasste theoret. revolutionäre Schriften (›Katechizis revoljucionera‹, 1869; dt. ›Katechismus eines Revolutionärs‹). 1872 in der Schweiz verhaftet und an Russland ausgeliefert, starb er in der Peter-und-Pauls-Festung.

Netscher, Caspar, niederländ. Maler dt. Herkunft, * Heidelberg 1636, † Den Haag 15. 1. 1684; war ab 1662 in Den Haag v. a. als Porträtist tätig, beeinflusst von seinem Lehrer G. TERBORCH. Er schuf auch Genrebilder in der Nachfolge von J. VERMEER, P. DE HOOCH, G. DOU und G. METSU (›Die Spitzenklöpplerin‹, 1664; London, Wallace Collection). Seine Söhne THEODOR (* 1661, † 1732) und CONSTANTIJN (* 1668, † 1723) ahmten als Bildnismaler seinen Stil nach.

Netsuke [-kə, jap.] *die, -/-(s),* auch *das, -(s)/-(s),* ein 3–5 cm großer, meist kunstvoll geschnitzter Knebel oder Knopf aus Holz, Elfenbein, Horn oder Knochen (seltener aus Metall, Porzellan, Koralle, Onyx oder Jade), verhindert das Herausgleiten der unter dem Gürtel (Obi) durchgezogenen Schnur z. B. von →Inrō oder Geldtasche.
O. H. NOETZEL: N. Gesch., Meister, Motive (1981); N. Jap. Gürtelschmuck des 18. bis 20. Jh. aus einer westdt. Privatsammlung, hg. v. P. JIRKA-SCHMITZ, Ausst.-Kat. Kunstmuseum Düsseldorf (1990); Jap. N., Inro u. andere Sagemono, Ausst.-Kat. Galerie Zacke, Wien (Wien 1991).

Nettelbeck, Joachim, preuß. Patriot, * Kolberg 20. 9. 1738, † ebd. 29. 1. 1824; fuhr mit elf Jahren zur See, zeichnete sich 1760 bei der Verteidigung Kolbergs gegen russ. Belagerungstruppen aus, erhielt das Kapitänspatent, wurde wegen Ungehorsams entlassen und ließ sich als Branntweinbrenner in Kolberg nieder. Als gewählter Bürgeradjutant verteidigte er 1807 an der Seite von A. Graf NEIDHARDT VON GNEISENAU das von frz. Truppen belagerte Kolberg. Er schrieb ›Eine Lebensbeschreibung, ...‹ (1821, 2 Bde.).
Ausgabe: Lebensbeschreibung des Seefahrers, Patrioten u. Sklavenhändlers J. N., hg. v. J. C. L. HAKEN (1987).

Nettesheim, Agrippa von, Philosoph, Theologe und Arzt, →Agrippa von Nettesheim.

Nettetal [nach der Nette, Nebenfluss der Niers], Stadt im Kr. Viersen, NRW, 59 m ü. M., im Niederrhein. Tiefland nahe der Grenze zu den Niederlanden, 40 500 Ew.; wissenschaftlich-biologische Station des Schwalm-Nette-Naturparks; Stahl-, Leichtmetall- und Maschinenbau, Elektronik-, Textil-, und Holz verarbeitende Industrie, Speditionen, Fremdenverkehr. – N. entstand zum 1. 1. 1970 durch Zusammenschluss von Kaldenkirchen (1205 erstmals erwähnt, Stadt seit 1268), Lobberich, Breyell, Leuth und Hinsbeck.

netto [ital., eigtl. ›rein‹, ›klar‹, von lat. nitidus ›glänzend‹], rein, nach Abzug bestimmter relevanter Größen (z. B. Steuern, Abschreibungen, Verpackung); Ggs.: brutto. – **Nettogewicht,** Gewicht der Ware ohne Verpackung; **Nettopreis,** Warenpreis nach Skonto- und/oder Rabattabzug; n. wird auch als Handelsklausel gebraucht, die besagt, dass keine Abzüge erlaubt sind; z. B. zahlbar innerhalb 14 Tagen **n. Kasse.**

Netto|einkommen, →Einkommen.

Nettogewinn, →Bruttogewinn.

Netto|inlandsprodukt, →Nettosozialprodukt.

Nettokreditaufnahme, Nettoneuverschuldung, *Finanzwissenschaft:* →öffentliche Schulden.

Net Ton [nɛt tʌn, engl.], Masseneinheit, →Short Ton.

Nettoproduktions|index, eine statist. Messzahl, die unter Ausschaltung der Preisveränderungen aufzeigt, wie sich die Nettoleistung (Nettoproduktion) des produzierenden Gewerbes insgesamt bzw. einzelner Wirtschaftszweige in kurzfristiger Sicht entwickelt hat. Der von der amtl. Statistik ermittelte N. wird für eine Auswahl von Erzeugnissen berechnet, monatlich auf der Grundlage des Produktions-Eilberichts (rd. 1 000 der wichtigsten Erzeugnisse) und vierteljährlich auf der Basis der Produktionserhebung (rd. 6 000 Warenarten). Die Gewichtung erfolgt durch die Wertschöpfungsgrößen des Basisjahres (derzeit 1991). Der N. charakterisiert die wirtschaftl. Produktionsentwicklung und bildet eine wichtige Grundlage für die Berechnung der Arbeitsproduktivität.

Nettoproduktionswert, Bruttoproduktionswert (→Produktionswert) abzüglich Verbrauch an Roh-, Hilfs- und Betriebsstoffen, Einsatz an Handelsware und Kosten für durch andere Unternehmen durchgeführte Lohnarbeiten. Im amtl. System der volkswirtschaftl. Gesamtrechnung werden die Begriffe N. und Bruttoproduktionswert nicht mehr verwendet.

Nettoquote, in der Produktionsstatistik Quotient aus Netto- und Bruttoproduktionswert (→Wertschöpfung).

Nettoraumzahl, Schiffsvermessung: →Raumzahl.

Nettoregistertonne, Schiffsvermessung: →Registertonne.

Nettoreproduktionsrate, Nettoreproduktionsziffer, ein statist. Maß für das Wachstum einer Bev., berechnet aus dem Verhältnis von Geburtenniveau und Sterblichkeit, also unter Vernachlässigung von internat. Wanderungen. In der N. werden die in einem bestimmten Zeitraum beobachteten Geburtenhäufigkeits-, Sterbe- und gelegentlich auch Heiratswerte zusammengefasst. Die N. gibt an, ob die Anzahl der Geburten ausreicht, um die gegenwärtig lebende Elterngeneration zu ersetzen. Bei einem Wert der N. von 1 bleibt die Bev.-Zahl konstant, bei einem niedrigeren (höheren) Wert sinkt (steigt) sie. Die N. wird i. Allg. nur für ein Jahr berechnet. Erst wenn sie den Wert 1 über einen längeren Zeitraum über- bzw. unterschreitet, ist mit einer langfristigen Zunahme bzw. Abnahme der Bev. zu rechnen. In allen Industrieländern liegt die N. seit Jahren unter 1 und deutet daher auf einen Rückgang der einheim. Bev. hin. In den Entwicklungsländern hat die N. Werte über 1 und nähert sich dem Bestandserhaltungsniveau. Selbst wenn die N. von einem Jahr zum nächsten auf den Wert 1 fallen würde, nähme die absolute Geburtenzahl und die absolute Bev.-Zahl infolge der jungen Altersstruktur in den Entwicklungsländern und in der Welt insgesamt noch für drei bis fünf Jahrzehnte zu (→Population-Momentum). Im Ggs. zur N. berücksichtigt die oft für internat. Vergleiche benutzte **Bruttoreproduktionsrate** nur die Fertilität. In den Industrieländern mit niedriger Mortalität liegt sie nur geringfügig über der N. (etwa 1 bis 2 %), in den Entwicklungsländern ist diese Differenz wesentlich größer.

⇒ Bevölkerungsentwicklung · Bevölkerungswissenschaft · Geburtenstatistik · Kohortenanalyse

Nettosozialprodukt, die Summe der Wertschöpfung der Wirtschaftsbereiche in einer Volkswirtschaft (**Nettoinlandsprodukt**), vermehrt (oder vermindert) um den Saldo der Einkommen aus Tätigkeiten und Vermögen im Ausland. Das N. zu Faktorkosten wird als Volkseinkommen bezeichnet. Es gilt dabei die Beziehung: N. zu Faktorkosten zuzüglich indirekte Steuern abzüglich Subventionen = N. zu Marktpreisen. Im Ggs. zum Bruttosozialprodukt sind die Abschreibungen nicht enthalten. (→Sozialprodukt, →volkswirtschaftliche Gesamtrechnung)

Nettotonnenkilometer, Messzahl der Verkehrsstatistik, errechnet durch Multiplikation der Transportweiten (in km) mit beförderten Nettotonnen. (→Tariftonnenkilometer)

Network ['netwəːk; engl., eigtl. ›Netzwerk‹] *das*, -(s)/-s, **1)** *Datenverarbeitung:* →Rechnernetz.

2) *Medienwesen:* ein Rundfunkverbundsystem zur großflächigen Verteilung von Hörfunk- und Fernsehprogrammen oder Einzelsendungen durch Zusammenschalten mehrerer Sender und Umsetzer. Der Verbund (die Vernetzung) erfolgt über Kabel- und Funkstrecken terrestrisch und über Satellit. Die N.-Technik wurde in großem Umfang erstmals von amerikan. Rundfunkgesellschaften entwickelt. Die drei großen (›Big Three‹) N. sind →American Broadcasting Companies, →Columbia Broadcasting System Inc. und →National Broadcasting Company.

Netz [ahd. nezzi, eigtl. ›Geknüpftes‹], **1)** *allg.:* Struktur aus einzelnen Elementen (**N.-Knoten**), die miteinander verbunden sind bzw. in Verbindung treten können.

2) *Astronomie:* **Reticulum,** Abk. **Ret,** kleines, aber markantes Sternbild des südl. Himmels, das in unseren Breiten nicht sichtbar ist. Seine Sterne α, β, γ, δ und ε bilden eine relativ kompakte Gruppe.

3) *Datenverarbeitung:* **Network** ['netwəːk, engl.], **Netzwerk,** ein Datenkommunikationssystem, das durch Übermittlung und Übertragung von Signalen den Austausch von Daten zw. mehreren unabhängigen Geräten ermöglicht (→Rechnernetz).

4) *Elektrotechnik:* **Netzwerk,** Zusammenstellung elektr. Bauteile wie Widerstände, Spulen, Kondensatoren, Spannungs- und Stromquellen, aber auch nichtlinearer Bauelemente wie Dioden und Transistoren zu einem System, dessen techn. Zweck meist darin besteht, eine oder mehrere unabhängige Variable am Eingang des Systems (Erregung) in eine oder mehrere abhängige Variable am Ausgang des Systems (Antwort) in vorgeschriebener Weise umzuformen. Die Variablen sind oft physikal. Größen (Spannung, Druck, Temperatur) und als solche Funktionen der Zeit. – N.-Werke lassen sich nach ihren Eigenschaften in lineare, passive bzw. aktive, umkehrbare, stationäre, dynam. bzw. nichtdynam. und kausale N.-Werke unterteilen.

5) *Geodäsie, Kartographie:* auf dem Erdmodell (Ellipsoid, Kugel) rechtwinkliges, in der ebenen Abbildung (→Kartennetz) verzerrtes N. geographischer (→Gradnetz) oder kartes. Koordinaten (→gaußsche Koordinaten). In der Landesvermessung auch das System der durch Triangulation oder Trilateration bestimmten Lagefestpunkte (trigonometr. N.), der durch Nivellement bestimmten Höhenfestpunkte (Nivellements-N.) oder der durch Schweremessungen bestimmten Schwerefestpunkte.

6) *Mathematik:* 1) zwei Scharen von Kurven (**Kurven-N.**), z. B. gebildet aus einem Geradenbüschel durch den Punkt *P* und konzentr. Kreisen mit Mittelpunkt; 2) System von zusammenhängenden Polygonen in der Ebene, das zu einem Polyeder gefaltet werden kann (Tetraeder-N., Würfel-N. u. a.). Verallgemeinernd wird oft jeder zusammenhängende Graph als N. bezeichnet.

7) *Nachrichtentechnik:* Gesamtheit aller Einrichtungen, die für die Kommunikation zw. zwei räumlich getrennten Partnern notwendig sind (v. a. Vermittlungseinrichtungen, Verbindungswege, Anschlussleitungen und Endgeräte). →Fernmeldenetze

8) *Textiltechnik:* ein aus Zwirnen oder synthet. Endlosgarn geknüpftes Maschenwerk. Die Knoten können von Hand oder mit N.-Knüpfmaschinen (insbesondere Raschelmaschinen) hergestellt werden. Bei Fischer-N. ist die Maschenweite häufig fischereirechtlich vorgeschrieben oder internat. festgelegt.

9) *Versorgungstechnik:* Gesamtheit der Verteilungsleitungen und Einrichtungen eines Versorgungssys-

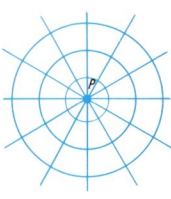

Netz 6): oben Geradenbüschel durch den Punkt *P* mit konzentrischen Kreisen zum Mittelpunkt *P*; unten Netz eines Tetraeders

tems für Wasser, Gas, Dampf, Öl oder einer Kanalisation; in der elektr. Energietechnik die Gesamtheit aller miteinander verbundenen Leitungen und Anlagen gleicher Nennspannung; die Kennzeichnung erfolgt u. a. nach Aufgaben (z. B. Übertragungs-N., Verteilungs-N.), Betriebsweisen, Spannungen (z. B. Hochspannungs-N.) oder Besitzverhältnissen (öffentl. N. der Elektrizitätsversorgungsunternehmen oder nichtöffentl. N. von Bahn und Industrie). Weitläufige N. zur Stromversorgung über Kontinente bezeichnet man als **Verbundnetze.**

Netz|aderung, Netznervatur, Form der Leitbündelanordnung in den Blättern vieler Farne und der meisten zweikeimblättrigen Pflanzen, bei der von einem Haupt- oder Mittelnerv Seitennerven erster Ordnung in etwa gleichen Abständen (fiedernervige N., bei längl. Blättern) oder gemeinsam von der Blattbasis in die Blattspreite (handförmige N., bei rundl. und handförmig geteilten Blättern) abzweigen.

Netzahualcóyotl [nɛtsaual'kojotl], Stadt in Mexiko, →Nezahualcóyotl.

Netz|annone, Annona reticulata, Art der Gattung →Annone mit apfelgroßen, süßen, schmackhaften Früchten, deren Oberfläche in fünfeckige Felder aufgeteilt ist.

Netz|augenfische, Ipnopidae, Familie der Laternenfische (Myctophoidei); Tiefseebewohner. Bei einigen ist die Hornhaut bei gleichzeitig stark entwickelter Netzhaut abgeplattet; andere besitzen Leuchtflecken oder sind blind.

Netzblatt, Goodyera [gʊdˈjeːra], Gattung der Orchideen mit rd. 20 Arten in Europa, Nordamerika und Asien; Erdorchideen mit netzadrig gezeichneten, grundständigen Laubblättern und kleinen, in dichter Traube stehenden Blüten. Bekannt, aber fast nur in moorigen Misch- und Nadelwäldern Süd-Dtl.s vorkommend, ist das **Netzblatt** i. e. S. (Goodyera repens), eine 12–15 cm hohe Orchideenart mit kleinen, am Stängelrand gehäuften Blättern und weißen Blüten.

Netzbrummen, Brummen, Störsignal mit einer Frequenz von 50 Hz (oder auch 100 Hz) in netzbetriebenen Geräten, die bei einer nicht hinreichenden Aussiebung der Betriebsspannung durch Modulation des Nutzsignals oder auch durch Einstreuungen der Netzwechselspannung auf ungenügend abgeschirmte Anschlussleitungen bewirkt wird und sich bei Tongeräten als tiefer Brummton bemerkbar macht. In Bildschirmgeräten ruft das N. entweder eine Hell-Dunkel-Modulation und ein rhythm. Schwanken des Bildes hervor oder horizontale dunklere, meist langsam von oben nach unten laufende Streifen.

Netze die, poln. **Noteć** [ˈnɔtɛtɕ], rechter und Hauptnebenfluss der Warthe, in Polen, 388 km lang. Als Quellfluss gilt der östl. Arm, der südöstlich des Goplosees entspringt und diesen durchfließt. Südlich von Bromberg erreicht die N. das Thorn-Eberswalder Urstromtal und fließt darin in westl. Richtung. Am Unterlauf erstreckt sich das seit 1772 urbar gemachte **Netzebruch**. – Durch den 25 km langen Bromberger Kanal Verbindung mit Brahe und Weichsel; schiffbar von der Mündung östlich von Landsberg (Warthe) bis zum Goplosee, von hier Kanalverbindung zur Warthe.

Netz|ebene, *Kristallographie:* eine durch drei nicht komplanare Gitterpunkte des Raumgitters des Kristalls definierte Ebene (Gitterebene). Die Orientierung einer N. bzw. einer Schar paralleler N. wird durch ihre →millerschen Indizes angegeben. Der Abstand zw. parallelen N. und die Dichte der in ihnen enthaltenen Gitterpunkte sind um so geringer, je größer die Indizes bzw. deren Verhältnisse sind. N. fallen makroskopisch als Begrenzungs- oder Spaltflächen von Kristallen auf, mikroskopisch lassen sich ihnen die für Strukturanalysen wichtigen Interferenzen von Röntgenoder Materiestrahlen zuordnen.

Netzedistrikt, der beiderseits der Netze gelegene westl. Teil des poln. Gebiets Kujawien, der 1772 infolge der 1. Poln. Teilung sowie eines Grenzausgleichs 1776 zu Preußen kam und 1815 teilweise der Prov. Posen eingegliedert wurde. 1919/20 wurde der Hauptteil des N. polnisch, bei der Grenzmark Posen-Westpreußen verblieben lediglich der Netzekreis, die Kreise Flatow, Deutsch Krone und der später gebildete Stadtkreis Schneidemühl.

Netzfliegen, Nemestrinidae, Familie 10–15 mm großer Fliegen mit stark geäderten Flügeln. N. sind v. a. in warmen Trockengebieten verbreitet, in Mitteleuropa nur eine Art. Schnelle Flieger, die rüttelnd aus Blüten den Nektar saugen. Ihre Larven leben räuberisch, parasitisch oder halbparasitisch.

Netzflügler, Neuropteren, Neuropteroidea, Überordnung der Insekten mit vollständiger Verwandlung. Die zwei Paar Flügel sind meist fast gleich groß, netzartig geädert und in Ruhelage dachförmig über dem Hinterleib gehalten; sie sind meist durchsichtig, seltener bunt (→Schmetterlingshafte). Die N. umfassen die Ordnungen →Schlammfliegen, →Kamelhalsfliegen und **Echte N.** oder **Hafte** (Planipennia); Letztere mit rd. 7 000 Arten (in Mitteleuropa 60), 0,2–8 cm lang, von meist zartem Bau, räuberisch von anderen Insekten lebend, z. T. als Blattlausvertilger (eine Larve der →Florfliegen verzehrt im Leben bis zu 50 Blattläuse). Weitere N. sind →Ameisenjungfern, →Fanghafte und →Staubhafte.

Netzfrequenz, die Frequenz des Wechselstroms oder der Wechselspannung (bzw. der Drehstromkomponenten) in einem Elektrizitätsnetz. Die N. beträgt z. B. in Europa 50 Hz, in den USA 60 Hz, in Japan im südl. Landesteil 50 Hz, im nördlichen 60 Hz. Europ. Wechselstrombahnnetze benutzen neben 50 Hz auch $16\frac{2}{3}$ Hz.

Netzgerät, Netzteil, zum Anschluss an das elektr. Stromversorgungsnetz geeignetes Gerät, das Strom und Spannung des Netzes in die für den Betrieb elektr. bzw. elektron. Anlagen oder Geräte notwendige Art und Höhe umformt. N. können bereits fest in die Geräte eingebaut oder als eigenständige Baugruppen mit Steckanschlüssen und Netzkabel ausgebildet sein. Ein N. enthält i. Allg. einen Transformator (Netztransformator) zur Herabsetzung der Netzspannung, eine Gleichrichterschaltung (Netzgleichrichter) zur Gleichrichtung der Wechselspannung, eine Siebschaltung zur Glättung der pulsierenden Gleichspannung und meist eine Stabilisierungsschaltung. Die von N. zu erfüllenden Anforderungen (und ihr Aufbau) können sehr unterschiedlich sein, z. B. bei einem Klein-N. (Auflader von NiCd-Akkumulatoren) oder bei einem Labor-N. mit hochkonstanter, einstellbarer Ausgangsspannung und versch. Regeleinrichtungen.

Netzglas, ital. **Vetro a reticello** [- retiˈtʃɛllo], venezian. →Fadenglas mit netzartigem Fadenmuster.

Netzhaube, *Mode:* →Kalotte.

Netzhaut, *Anatomie:* →Auge.

Netzhaut|ablösung, Ablatio retinae, relativ seltene Augenkrankheit, bei der es zu einer Abhebung der Netzhaut (Retina) unterschiedl. Ausmaßes von dem darunter liegenden Pigmentepithel kommt. Sie bedroht das Sehvermögen akut und führt unbehandelt fast immer zur Erblindung.

Zu den *Ursachen* gehören degenerative Veränderungen der Netzhaut, z. B. durch Dehnungsprozesse bei starker Kurzsichtigkeit, als Alterungsvorgang oder als Folge von Diabetes mellitus (diabet. Retinopathie) oder durch Zugkräfte infolge Glaskörperschrumpfung bzw. -verlusts. Meist gelangt hierbei durch einen Riss in der Netzhaut Glaskörperflüssigkeit zw. Netzhaut und Pigmentepithel; das Sehvermögen fällt in diesem Bereich aus. Symptome wie die Wahrnehmung von Lichtblitzen oder das Augenflimmern mit flocki-

Netzblatt:
Goodyera repens
(Höhe 12–15 cm)

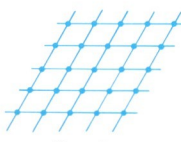

Netzebene

gen Sehstörungen entstehen durch das Einreißen der Netzhaut und die Blutung in den Glaskörper. Die N. vollzieht sich ohne Schmerzen; die Diagnose wird durch Augenspiegelung gestellt.

Die *Behandlung* besteht in der Verriegelung des Risses und Anheftung der Netzhaut durch Laserkoagulation mit Ruhigstellung des Auges bei Netzhautloch, aber noch anliegender Netzhaut (Lochbrille, Verband); vorher ist ein operativer Eingriff erforderlich (Eindellung des Augapfels von außen durch Aufnähen einer Kunststoffplombe und damit Tamponade des Rissgebietes der Netzhaut).

Netzhaut|entzündung, Retinitis, Entzündung der Netzhaut des Auges; sie geht i. d. R. von einer primären Erkrankung der Aderhaut (**Chorioretinitis**) aus und kann auch den Sehnerv betreffen.

Zu den *Ursachen* gehören infektiöse Prozesse, v. a. Toxoplasmose, Zytomegalievirus bei Aids (Zytomegalieretinitis), Herdinfekte, Sepsis, Erkrankungen des rheumat. Formenkreises, Gefäßschäden durch Diabetes mellitus oder arteriosklerot. Erkrankungen. Das Ausmaß der Sehstörungen (Flimmern, Verminderung des Sehvermögens) hängt von Lage (zentral am schwerwiegendsten) und Ausdehnung ab. Die Diagnose wird durch Augenspiegelung gestellt.

Netzkarte, Zeitfahrkarte für beliebig häufige Fahrten gegen Zahlung eines Pauschalpreises; besitzt Gültigkeit im Gesamtnetz von Unternehmen des öffentl. Personennahverkehrs bzw. Verkehrsverbünden, im Fernverkehr auch innerhalb eines bestimmten Streckennetzes der Dt. Bahn AG. Bei Letzterer gibt es für das Gesamtnetz die persönl. oder übertragbare **Netz-Card** (für ein Jahr) und die persönl. **Monats-N.,** darüber hinaus für 20 Teilnetze der Dt. Bahn AG die persönl. **Monats-N. für ein Teilnetz.**

Netzleisten, *Geomorphologie:* Abgüsse von →Trockenrissen.

Netzmagen, Vormagen des Wiederkäuermagens (→Magen).

Netzmittel, grenzflächenaktive Stoffe (→Tenside), die die Benetzbarkeit von Feststoffen durch (meist wässrige) Flüssigkeiten verbessern. N. setzen die Oberflächenspannung von Wasser und die Grenzflächenspannung zw. Wasser und Feststoffen herab. Die wässrige Phase bildet dadurch keine einzelnen Tropfen, sondern breitet sich als dünner Film unter Verdrängung von Luftblasen über die Feststoffoberfläche aus. N. werden u. a. als Bestandteile von Reinigungsmitteln, Lacken, Pflanzenschutzmitteln und Löschwasser verwendet.

Netzmücken, Lidmücken, Blepharoceridae, Familie 5–15 mm langer, räuberisch lebender Mücken, langbeinig, mit rd. 200 Arten (in Mitteleuropa 15). Die asselartigen Larven leben in stark strömenden Gebirgsbächen, in denen sie sich mit sechs hintereinander liegenden Bauchsaugnäpfen an Steinen anheften, deren Algenbelag sie abweiden.

Netzplantechnik, Netzplanmodell, Teilgebiet des *Operations-Research* zur quantitativen Unterstützung der Planung und Ablaufüberwachung von Großprojekten, insbesondere in Bereichen wie Hoch-, Tief- und Industriebau, Raumfahrt, Flugzeug- und Schiffbau sowie Organisation von Wahlkampagnen, Ausstellungen, Festivals. Solche Projekte werden gedanklich in Einzeltätigkeiten (Aktivitäten, Vorgänge) zerlegt und diese dann gemäß ihren technologisch bedingten Verknüpfungen mit Mitteln der Graphentheorie (→Graph) dargestellt, im einfachsten Fall mit Pfeilen als Tätigkeiten und Knoten als Ereignissen. Ein Ereignis gilt dann als realisiert, wenn sämtl. Tätigkeiten, deren Pfeilspitzen in den betreffenden Knoten einmünden, abgeschlossen sind. Erst danach können jene Tätigkeiten begonnen werden, deren Pfeilschäfte von dem betreffenden Knoten ausgehen.

Auf der Basis eines solchen Strukturplans folgt die Zeitplanung für das entsprechende Projekt. Dafür werden der Zeitverbrauch aller Einzeltätigkeiten geschätzt und die frühestmögl. Termine berechnet, zu denen die Ereignisse und das Projektende eintreten können. Im nächsten Schritt werden die spätestzulässigen Eintrittszeitpunkte für alle Ereignisse unter der Voraussetzung bestimmt, dass der frühestmögl. Projektende erhalten bleibt. Aus den Ergebnissen beider Rechnungen lässt sich der **kritische Pfad** für das Projekt ermitteln, d. h. diejenige Folge von Tätigkeiten,

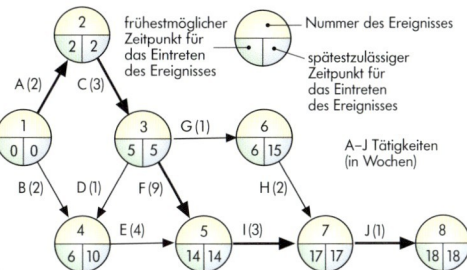

Netzplantechnik: Beispiel eines CPM-Netzplanes für die Erneuerung einer Fertigungsanlage mit folgenden Tätigkeiten (in Klammern: Anzahl der Wochen); A Entwurf und Genehmigung (2); B Demontage der alten Anlage (2); C Detailkonstruktion (3); D Erstellung eines Installationsplans (1); E Vorbereitung der Installation (4); F Bau der neuen Anlage (9); G Ausarbeitung der Bedienungsvorschriften (1); H Schulung des Personals (2); I Einbau der neuen Anlage (3); J Inbetriebnahme (1); die verstärkt gezeichneten Pfeile markieren den kritischen Pfad

deren Zeitdauern das im ersten Rechenschritt ermittelte frühestmögl. Projektende bestimmen. Alle anderen Tätigkeiten verfügen über zeitl. Spielräume, deren Beträge ebenfalls berechnet werden. Aufbauend auf solchen Zeitberechnungen können schließlich die unter Kostenaspekten optimalen Einsatzpläne für Personal- und Betriebsmittel ermittelt werden. Neben dieser **Critical Path Method (CPM;** 1957) gibt es die aufwendigere, aber für prakt. Anforderungen geeignetere N. der **Metra-Potenzial-Methode (MPM;** 1958) sowie zahlr. daraus hervorgegangene branchenspezif. Versionen. Ein Sonderfall des CPM-Modells ist die **Program Evaluation and Review Technique (PERT;** 1958), die mit Wahrscheinlichkeitsverteilungen für die Tätigkeitsdauern rechnet. – Als Musterbeispiel für die Anwendung von MPM gilt die Planung und Realisierung der ICE-Strecke Würzburg–Hannover über einen Zeitraum von rd. zehn Jahren bei einem Finanzierungsvolumen von ca. 10 Mrd. DM. Zur Förderung einer einheitl. Verwendung von MPM-Begriffen wurde die DIN 69900 ›N.‹ entwickelt.

K. NEUMANN u. M. MORLOCK: Operations Research (Neuausg. 1993); C. MAAS: Graphentheorie u. Operations Research für Studierende der Informatik (^{2}1994); J. SCHWARZE: N. Eine Einf. in das Projektmanagement (^{7}1994); G. ALTROGGE: N. (1996); MANFRED MEYER u. K. HANSEN: Planungsverfahren des Operations-Research (^{3}1996); N. in der Bauablaufplanung, bearb. v. H. FRITSCH (1997).

Netzpython, die Netzschlange (→Pythonschlangen).

Netzsamenpalme, Acanthophoenix [-ˈføniks], Gattung mittelhoher bis hoher Palmen mit vier Arten auf den Maskarenen; Stamm am Grund verdickt; Blätter gefiedert, mit oft langen, braunen oder schwarzen Stacheln besetzt.

Netzschicht, untere Schicht der Lederhaut (→Haut).

Netzschkau, Stadt im Vogtlandkreis, Sa., 375 m ü. M., westlich der →Göltzsch, 4 400 Ew.; Bau von Maschinen sowie von Anlagen und Geräten der Luft-,

Klima- und Kältetechnik, Nahrungsmittelindustrie. – Spätgot. Schloss (1490), in den Innenräumen Stuckarbeiten von 1627; Schlosskirche (Neubau 1838–40). – Neben einer slaw. Siedlung entstand um 1200 ein Herrensitz, der in der 2. Hälfte des 15. Jh. selbstständiges Rittergut wurde. Die 1496 als Markt bezeugte Siedlung, 1557 Dorf, wurde 1687 Stadt.

Netzsperren, *Militärwesen:* im Meer verankerte, durch Bojen senkrecht gehaltene Stahlnetze zur Sicherung von Meerengen, Buchten, Häfen, Schiffen oder Seezufahrten gegen U-Boote und Torpedos.

Netzteil, das →Netzgerät.

Netzverluste, die Stromwärme- und Koronaverluste in Elektrizitätsnetzen. Eine Verringerung der von der Stromstärke abhängigen Stromwärmeverluste wird durch Übertragung sehr hoher Spannungen erreicht; bei Wechselspannungen werden jedoch die Koronaverluste infolge →Koronaentladungen groß.

Netzwanzen, Gitterwanzen, Tingidae, Familie der Landwanzen, 2–5 mm lange, flache Arten mit netz- oder gitterartiger Struktur der Körperoberfläche, rd. 750 Arten (in Mitteleuropa 70). Meist wirtsspezif. Säftesauger, auf den Blattunterseiten sitzend.

Netzweide, Art der Pflanzengattung →Weide.

Netzwerk, 1) *Datenverarbeitung:* →Rechnernetz.
2) *Elektrotechnik:* →Netz.
3) *Soziologie und Sozialpsychologie:* Begriff zur Erklärung zwischenmenschl. Beziehungen in einem gesellschaftl. System. Graphisch dargestellt, bezeichnen Punkte Personen, Linien ihre gegenseitigen Beziehungen. Die Gesamtgesellschaft eines definierten Raumes kann in soziale N. gegliedert und in deren Rahmen analysiert werden (z.B. Nachbarschafts- und Freundschaftsbeziehungen, Statushierarchien, örtl. Einflussverhältnisse). – Die experimentelle Sozialpsychologie untersucht in Gestalt von Kommunikations-N. die Einwirkung von Verhaltensweisen und Persönlichkeitsstrukturen auf soziale Beziehungen.
4) *Sprachwissenschaft:* Begriff zur Erklärung von Beziehungen sprachl. Elemente untereinander, für deren Beschreibung die **N.-Grammatik** im Rahmen der automat. Sprachanalyse eine bedeutende Rolle spielt. Die Anordnung von Syntagmen in N. ermöglicht eine unmittelbar einsichtige Darstellung der Beziehungen zw. grammat. Funktionsklassen sowie die Übersicht über versch. Systeme oder Subsysteme. Die N.-Grammatik erlaubt die (für natürl. Sprachen noch ungeeignete) Bearbeitung kontextfreier Grammatiken.

Neu-Amsterdam, 1) ursprüngl. Name von →New York.
2) frz. **Nouvelle-Amsterdam** [nu'vɛl-], Insel im südl. Ind. Ozean, bei 37°50′ s. Br. und 77°34′ ö. L., 55 km²; erloschener Vulkan, bis 911 m ü. M., Brutplatz für Albatrosse und Pinguine; wiss. Forschungsstation. – 1522 entdeckt, seit 1893 frz. (Terres Australes et Antarctiques Françaises).

Neu-Anspach, Gem. im Hochtaunuskreis, Hessen, 342 m ü. M., im östl. Hintertaunus, 13 700 Ew.; Freilichtmuseum →Hessenpark; Holzverarbeitung, Herstellung von Möbeln und elektron. Geräten.

Neu|apostolische Kirche, religiöse Gemeinschaft, die 1860/63 aus den →Katholisch-Apostolischen Gemeinden hervorgegangen ist. Sie versteht sich als Fortsetzung der Urkirche und sieht dies u. a. durch die Einführung des Apostelamtes, das die N. K. im Ggs. zu den Kath.-Apostol. Gemeinden auch nach dem Tod der Gründungsapostel weitergeführt hat, verwirklicht. An der Spitze der N. K. steht ein ›Stammapostel‹, der von der ›Apostelversammlung‹ gewählt wird. Als Träger der höchsten geistl. Autorität ernennt er die ›Apostel‹ (heute rd. 260), denen die weiteren hierarchisch gegliederten Ämter unterstehen. Zur Bibelauslegung sind allein die Apostel berufen, deren (Lehr-)Aussagen neben der Bibel als zweite Glaubens-quelle gelten. Wichtigstes Sakrament ist neben Taufe und Abendmahl die ›Versiegelung‹ (Spendung des Hl. Geistes). Weltweit zählt die N. K. nach eigenen Angaben über 9 Mio. Mitgl. und rd. 60 000 Gemeinden; davon rd. 400 000 Mitgl. in Dtl., rd. 39 000 in der Schweiz und rd. 5 000 in Österreich. Bes. in Ostasien, Afrika und Südamerika ist die N. K. stark im Wachsen begriffen. – Von der N. K. spalteten sich eine Reihe von selbstständigen **Freien Apostelgemeinden** ab.

H. OBST: Die N. K. Die exklusive Endzeitkirche? (1996).

neu|attische Kunst, Bez. einer Kunstrichtung mit klassizist. und eklektisch-archaist. Tendenzen, die sich in der Athener Bildhauerschule seit Mitte des 2. Jh. v. Chr. und bes. im 1. Jh. v. Chr. ausprägte und bes. auch auf die röm. Kunst bis zum frühen 2. Jh. n. Chr. ausstrahlte; zu ihr werden u. a. der →Dornauszieher und die →Campanareliefs gezählt.

Neubarock, Neobarock, historist. Rückgriff auf die Kunst von Hoch- und Spätbarock im 19. Jh. Die 1. Phase um 1830–40 trug der polit. Orientierung an der Kunst vor der Frz. Revolution (Ancien Régime) Rechnung, die 2. Phase (um 1860–1900) wurde zum Repräsentationsstil des Großbürgertums, v. a. in Bauten mit gesellschaftl. Funktion (Grand Opéra in Paris von C. GARNIER, 1861–75, BILD →Garnier, Charles; Justizpalast in Brüssel von J. POELAERT, 1866–83, BILD →belgische Kunst; Hôtels). Auch die Stadtplanung in geometr. Strukturen griff ideen des Barock auf (Pariser Boulevards von R. HAUSSMANN). Die Vollendung von Schlossanlagen (Paris, Louvre) gehörte ebenso zum Programm des N. wie deren Neubau (Herrenchiemsee, 1878–85 von G. VON DOLLMANN). Großen Einfluss hatte der N. auf das Kunstgewerbe, v. a. Porzellan, Goldschmiedekunst, Gobelins, Glas. Ein Teil der historisierenden Malerei des späten 19. Jh. versteht sich als Erneuerung barocker Tradition, z. B. der pompöse Stil des Franzosen T. COUTURE, des Deutschen W. VON KAULBACH sowie der Österreicher H. MAKART und F. X. WINTERHALTER. Jedoch finden sich auch in der Malerei von E. DELACROIX und T. GÉRICAULT barocke Elemente. Hauptvertreter des N. in der frz. Plastik war F. RUDE, in der dt. Plastik R. BEGAS.

Das pompöse Zeitalter, hg. v. H. J. HANSEN (1970); R. LINNENKAMP: Die Gründerzeit (1976); Ethos u. Pathos. Die Berliner Bildhauerschule 1786–1914, hg. v. P. BLOCH u. a., Ausst.-Kat. Hamburger Bahnhof, 2 Bde. (1990).

Neubau, der VII. Gemeindebezirk von →Wien.

Neubauern, Landarbeiter und Umsiedler, die 1945–49 mit der →Bodenreform in der SBZ/DDR neu geschaffene Bauernstellen erhielten.

Neuber, Friederike Caroline, geb. **Weißenborn,** gen. **die Neuberin,** Schauspielerin und Theaterprinzipalin, *Reichenbach/Vogtl. 8. 3. 1697, †Laubegast (heute zu Dresden) 29. 11. 1760; Schauspielerin bei Wanderbühnen; 1727 übernahm sie die Leitung einer Theatergruppe und erhielt das sächs. Privileg, in Leipzig ein feststehendes Theater zu führen. In Zusammenarbeit mit J. C. GOTTSCHED versuchte sie, anstelle der Haupt- und Staatsaktionen sowie der derben Hanswurstiaden (1737 allegor. Verbannung des Hanswursts von der Bühne) nach frz. Vorbild regelmäßige Dramen in dt. Hochsprache zu realisieren. 1741 trennte sie sich von GOTTSCHED und verspottete ihn in dem Spiel ›Der allerkostbarste Schatz‹ (1741). Gastierte im dt. Sprachraum und in Russland. 1750 Auflösung der Truppe; der Versuch einer Neubildung in Wien scheiterte; N. starb in Armut. – Sie schrieb v. a. Gelegenheitsgedichte, programmat. Vorspiele (›Ein dt. Vorspiel‹, 1734) sowie Schäferspiele.

P. OELKER: ›Nichts als eine Komödiantin‹. Die Lebensgeschichte der F. C. N. (1993).

Neuberg, Carl, Biochemiker, *Hannover 29. 7. 1877, †New York 30. 5. 1956; seit 1916 Prof., seit 1920

Friederike Caroline Neuber

auch Direktor des Kaiser-Wilhelm-Instituts für Biochemie in Berlin, 1938–41 Prof. in Jerusalem, danach in New York. N. arbeitete v. a. über die Chemie der Gärung und die Wirkungen von Enzymen; er entdeckte die Carboxylasen, die die Übertragung von Kohlendioxid auf organ. Substrate bewirken.

Neuberg an der Mürz, Gem. in der Steiermark, Österreich, am Fuß der Schneealpe, 730 m ü. M., 1 700 Ew.; Kaisermuseum, Naturmuseum; Metall verarbeitende, Holz- und Kunststoffindustrie. – Ehem. Zisterzienserabtei (gegr. 1327, 1786 aufgehoben), Pfarrkirche (ehem. Stiftskirche; 14.–15. Jh.) u. a. mit ›Neuberger Madonna‹ (14. Jh.). – Im Kloster N. kam es am 25. 9. 1379 zur Teilung des Hauses Habsburg in eine albertin. und eine leopoldin. Linie **(Neuberger Teilungsvertrag).**

Neubiberg, bis 1. 1. 1975 **Unterbiberg,** Gem. im Landkreis München, Oberbayern, an München angrenzend, 9 800 Ew.; Univ. der Bundeswehr, Akad. für Tierschutz; Bekleidungsfabrik, elektron. Industrie.

Neubildung, neu entstandenes Gewebe (→Regeneration); i. e. S. in Form eines gut- oder bösartigen Tumors (Neoplasie).

Neubrandenburg, 1) kreisfreie Stadt in Meckl.-Vorp., 15–25 m ü. M., im Grundmoränengebiet nordöstlich der Mecklenburg. Seenplatte am Ausfluss der Tollense aus dem 17,4 km² großen Tollensesee, (1996) 80 200 Ew. (1950: 22 400 Ew.); Fachhochschule; Museum, Kunstsammlung, Schauspielhaus; Dienstleistungs- und Gewerbeunternehmen, bes. des Maschinenbaus, der Bau- und Lebensmittelindustrie; Flugplatz Trollenhagen. – Die Altstadt wurde kurz vor Ende des Zweiten Weltkriegs stark zerstört. Der Turm der ausgebrannten Marienkirche (um 1300; Wiederaufbau seit 1977, vorgesehen ist die Nutzung als Konzerthalle) ist mit seinem prachtvollen O-Giebel ein beherrschendes Element der Stadtsilhouette. Die mittelalterl. Stadtmauer mit Friedländer (14./15. Jh.), Stargarder (14. Jh.), Treptower (um 1400) und Neuem Tor (15. Jh.) und mit ihren 25 der Mauer aufgesetzten Wiekhäusern sowie die Wallanlage sind fast vollständig erhalten. Außerdem sind die spätgot. ehem. Franziskanerklosterkirche St. Johannis (14. Jh.) und die ehem. Spitalkirche St. Georg (15. Jh.) bedeutsam. – N. wurde 1248 von den Markgrafen von Brandenburg als Stadt mit kreisförmigem Grundriss und gitterförmigem Straßennetz angelegt. Um 1300 kam N. an Mecklenburg und entwickelte sich zum Mittelpunkt des Landes Stargard. 1701 fiel die Stadt an Mecklenburg-Strelitz. 1952–90 war N. Hauptstadt des gleichnamigen DDR-Bezirks.

2) 1952–90 Bez. der DDR, gehört heute zu Meckl.-Vorp. (die kreisfreie Stadt Neubrandenburg sowie [ganz oder teilweise] die Landkreise Demmin, Güstrow, Mecklenburg-Strelitz, Müritz, Ostvorpommern und Uecker-Randow) und zu Bbg. (Landkreis Uckermark). →Deutsche Demokratische Republik (TABELLE).

Neubraunschweig, Provinz in Kanada, →New Brunswick.

Neubreisach, frz. **Neuf-Brisach** [nøbri'zak], Stadt im Oberelsass, Dép. Haut-Rhin, Frankreich, 230 m ü. M., am Rhein gegenüber von Breisach, 2 100 Ew. – Die 1699 von LUDWIG XIV. durch VAUBAN als Festung in Achteckform angelegte Stadt wurde im Zweiten Weltkrieg stark zerstört und steht heute unter Denkmalschutz; Porte de Belfort (1709) mit Vauban-Museum. BILD →Festung

Neubritanni|en, Insel des Bismarckarchipels, →New Britain.

Neubuddhismus, Sammelbegriff für die im 19. Jh. einsetzenden Bestrebungen, den Buddhismus dem westlich-christl. Kulturkreis zu vermitteln. Geistige Wegbereiter des N. waren Indologen (THOMAS WIL-

Neubrandenburg 1): Stargarder Tor (14. Jh.)

LIAM RHYS DAVIDS, * 1834, † 1922; H. OLDENBERG; KARL EUGEN NEUMANN, * 1865, † 1915, Übersetzung weiter Teile des Pali-Kanons: ›Die Reden Gotamo Buddhos‹, 1896–1902), Philosophen (A. SCHOPENHAUER) und Theosophen (HELENA P. BLAVATSKY, H. S. OLCOTT, * 1832, † 1907). Im 20. Jh. entstanden zahlr. kleine buddhist. Gesellschaften in Europa und Amerika. Führend in Dtl. waren KARL SEIDENSTÜCKER (* 1876, † 1936; ›Buddhist. Missionsverein in Dtl.‹, 1903), PAUL DAHLKE (* 1865, † 1928; ›Buddhist. Haus‹ in Berlin-Frohnau, 1924), G. GRIMM (›Altbuddhist. Gemeinde‹, 1935) und ERNST LOTHAR HOFFMANN (* 1898, † 1985), der nach Aufenthalten in Sri Lanka, Ladakh, Sikkim und Tibet als Lama ANAGARIKA GOVINDA 1952 den Orden ›Arya Maitreya Mandala‹ für Europa gründete. Die Vermittlung des Zen in Europa und den USA geht wesentlich auf den jap. Buddhisten DAISETSU SUZUKI zurück. Die im Dachverband der ›Dt. Buddhist. Union‹ (DBU; gegr. 1958, Sitz: München) vereinigten selbstständigen Gemeinden und Zentren sind versch. geprägt, aber einig in dem Bemühen, den Buddhismus dem westl. Denken anzupassen. Hiervon sind die von Japanern in Hawaii und an der W-Küste Nordamerikas gegründeten buddhist. Gemeinden zu unterscheiden, die für einen reformierten Buddhismus werben.

Buddhismus der Gegenwart, hg. v. H. DUMOULIN (1970); U. OLVEDI: Buddhismus, Religion der Zukunft? (1973).

Neubukow [-ko], Stadt im Landkreis Bad Doberan, Meckl.-Vorp., 22 m ü. M., im Küstentiefland, 4 800 Ew.; Schliemann-Gedenkstätte. – Um 1250 wurde N. als Stadt (1260 so bezeichnet) planmäßig angelegt. – In N. wurde H. SCHLIEMANN geboren.

Neubulach, Stadt im Landkreis Calw, Bad.-Württ., 584 m ü. M., im nördl. Schwarzwald, 5 100 Ew.; histor. Bergwerk (Atemwegetherapie, Besucherbergwerk), Bergbau- und Mineralienmuseum. – N., 1300 als reichsunmittelbare Stadt **Bulach** urkundlich bezeugt, wurde 1322 als Bergbaustadt (Kupfer- und Silberbergbau) genannt; 1440 an Württemberg.

Neuburg, Name von geographischen Objekten:
1) Neuburg, Benediktinerabtei am Neckar, in Heidelberg, Bad.-Württ.; um 1130 gegr., wurde 1195 Nonnenkloster und kam 1300 an den Zisterzienserorden (1568 aufgehoben). 1671 wurde N. adliges Damenstift (seitdem Stift N.). JOHANN WILHELM von Pfalz-Neuburg überließ es 1706 den Jesuiten; 1773 (Aufhebung des Jesuitenordens) kam es an die Lazaristen. Seit 1804 in Privatbesitz, wurde N. durch J. F. H. SCHLOS-

Neubrandenburg 1)
Stadtwappen

SER (* 1780, † 1851) zu einem Treffpunkt der Romantiker, bes. der Nazarener. 1926 durch das Kloster Beuron erworben, seit 1928 wieder Abtei. Die Klosterkirche St. Bartholomäus (14. Jh.) wurde im 19. Jh. durch HEINRICH HÜBSCH (* 1795, † 1863) stark verändert; Klosterbauten aus dem 17. Jahrhundert.

Neuburg 2): Schloss (1534–45) und ehemalige Hofkirche Sankt Maria (1607–18 nach Plänen von Joseph Heintz d. Ä. erbaut)

2) Neuburg a. d. Donau, Große Kreisstadt in Oberbayern, Verw.-Sitz des Landkreises Neuburg-Schrobenhausen, 398 m ü. M., auf einem von der Fränk. Alb abgetrennten Bergrücken, 27 600 Ew.; Schlossmuseum. Die jüngere Unterstadt ist Sitz von Handel, Behörden und Industrie (chem., Bekleidungsindustrie, Papierverarbeitung, Glashütte, Herstellung von Dämmstoffen, Stahlstichprägeanstalt). – Das Stadtbild wird v. a. von Bauten aus Renaissance und Barock geprägt. Schloss (1534–45 von Pfalzgraf OTTHEINRICH erbaut) mit Arkadenhof und Sgraffitomalerei sowie Schlosskapelle (1540–43) mit frühem Zeugnis prot. Monumentalmalerei (1543); Ostflügel des Schlosses 1665–68. In der ehem. Hofkirche St. Maria (1607–18 nach Plänen von J. HEINTZ D. Ä.) Stuckaturen; frühbarockes Rathaus (1603–09, erneuert 1640–42); Studienkirche St. Ursula (1700/01; ehem. Klosterkirche der Ursulinen) mit vorzügl. Stuckaturen. In der Nähe Schloss →Grünau. – Ende des 8. Jh. war N. vermutlich Sitz eines bis 801/807 bestehenden Bistums; die Siedlung fiel 788 an den König, seit dem 11. Jh. an die Herzöge von Bayern. Um 1000 erhielt N. Marktrecht. Nach wechselnden Herren wurde es nach dem Erbfolgestreit 1505 Sitz des Fürstentums **Pfalz-Neuburg.**

Die Kunstdenkmäler von Schwaben, Bd. 5: Stadt- u. Landkreis N. a. d. D., bearb. v. A. HORN u. a. (1958); F. KAESS u. R. H. SEITZ: N. an der Donau (²1992); M. CRAMER-FÜRTIG: Landesherr u. Landstände im Fürstentum Pfalz-Neuburg (1995).

3) Neuburg-Schrobenhausen, Landkr. im Reg.-Bez. Oberbayern, 740 km², 86 300 Ew.; Kreisstadt ist Neuburg a. d. Donau. Der Kreis liegt beiderseits der Donau, oberhalb von Ingolstadt. Nördlich des Flusses umfasst er Ausläufer der Fränk. Alb, im Übergangsgebiet zum fränk. Siedlungsraum. Südlich der von Auenwäldern eingenommenen Donauniederung erstrecken sich das weitgehend trockengelegte Donaumoos sowie das von der Paar durchzogene, dicht besiedelte niederbayer. Tertiärhügelland; es wird landwirtschaftlich intensiv genutzt (Getreide, Futterpflanzen, um Schrobenhausen Spargel), im Donaumoos werden v. a. Saatkartoffeln und Zuckerrüben erzeugt. Außer Neuburg a. d. Donau hat nur Schrobenhausen Stadtrecht.

4) Pfalz-N., 1505 aus Teilen von Bayern-Landshut und Bayern-München gebildetes, der Kurpfalz als Junge Pfalz oder Pfalz-N. zugeteiltes Fürstentum; 1808 mit Bayern vereinigt.

Neuburger, Max, österr. Medizinhistoriker, * Wien 8. 12. 1868, † ebd. 15. 3. 1955; ab 1904 Prof. in Wien und Leiter des von ihm dort gegründeten Inst. für Geschichte der Medizin; lebte 1939–48 in London, danach in Buffalo (N. Y.), kehrte dann wieder nach Wien zurück; verfasste u. a. eine ›Geschichte der Medizin‹ (1906–11, 2 Bde.) sowie ›Entwicklung der Medizin in Österreich‹ (1918), ›Das alte medizin. Wien in zeitgenöss. Schilderungen‹ (1921) und ›Die Lehre von der Heilkraft der Natur im Wandel der Zeiten‹ (1926); gab das ›Handbuch der Geschichte der Medicin‹ (1901–05, 3 Bde.; mit J. L. PAGEL) und ›Meister der Heilkunde‹ (1921–25, 7 Bde.) heraus.

Neuburger Kiesel|erde [nach Neuburg a. d. Donau], Lockergestein aus etwa 25–30 % Kaolinit und 70–75 % Quarz; dient als Zusatz (Füllstoff) für Gummi und Kunststoffe sowie zur Herstellung von Schleif- und Poliermitteln.

Neuchâtel [nøʃaˈtɛl], frz. Name von →Neuenburg.

Neu-Dachau, Künstlergruppe, →Dachauer Schule.

Neudamm, poln. **Dębno** [ˈdɛmbnɔ], Stadt in der Wwschaft Gorzów, dt. Landsberg (Warthe), Polen, 14 200 Ew.; Schuhindustrie, Obst- und Gemüse- sowie Holzverarbeitung. – Hölzerne Erzengel-Michael-Kirche (15. Jh.) mit got. Austattung. – N. erhielt um 1562 Stadtrecht. Im 19./20. Jh. nahm es durch die Tuchindustrie großen Aufschwung. N. kam 1945 unter poln. Verwaltung; die Zugehörigkeit zu Polen wurde durch den Deutsch-Poln. Grenzvertrag vom 14. 11. 1990 (in Kraft seit 16. 1. 1992) anerkannt.

Neu-Delhi [-ˈdeːli], engl. **New Delhi** [njuːˈdelɪ], Hauptstadt Indiens, südl. Stadtteil von →Delhi.

Neudenau, Stadt im Landkreis Heilbronn, Bad.-Württ., 160 m ü. M., an der unteren Jagst, 5 000 Ew.; Heimatmuseum, volkskundl. Sammlungen; Glasveredlung, Produktion von Holzpflaster, Styropor, Dämmplatten; Weinbau. – Marktplatz mit Rathaus (1586) und Fachwerkhäusern des 17. Jh.; barocke Stadtpfarrkirche St. Laurentius, Wallfahrtskapelle St. Gangolf (13./14. Jh.) mit Wandmalerei des 14./15. Jh. – Das im 13. Jh. zur Stadt erhobene N. kam 1364 an Kurmainz und 1806 an Baden.

neudeutsche Schule, seit 1859 selbst gewählte Bez. einer Komponistengruppe um F. LISZT (u. a. H. VON BÜLOW, P. CORNELIUS, J. RAFF), die sich für die Werke R. WAGNERS, H. BERLIOZ' und LISZTS einsetzte. Musikdrama und sinfon. Dichtung wurden wegen ihrer engen Verbindung von Poesie und Musik als ›fortschrittlich‹ bezeichnet, während die an der Wiener Klassik orientierten Komponisten wie F. MENDELSSOHN BARTHOLDY, R. SCHUMANN und J. BRAHMS als ›konservativ‹ galten. Diese ihrerseits nannten die Anhänger der n. S. polemisch ›Zukunftsmusiker‹. Die ›Neudeutschen‹ gründeten 1861 den ›Allgemeinen Dt. Musikverein‹, ihr Vereinsorgan wurde die einst von SCHUMANN gegründete ›Neue Zeitschrift für Musik‹.

Neudörffer, Neudörfer, Johann, d. Ä., Schreib- und Rechenmeister, * Nürnberg 1497, † ebd. 12. 11. 1563; entwarf die ›Prob‹ für die Fraktur (›Dürerfraktur‹), zeichnete die Unterschriften zu A. DÜRERS ›Apostelbildern‹, veröffentlichte 1547 die ›Nachrichten von Künstlern und Werkleuten zu Nürnberg‹.

Neue Abstraktion, *Malerei:* →Post painterly abstraction.

Neue Ära, Bez. für die Ende 1858 mit der Übernahme der Regentschaft durch den späteren König WILHELM I. einsetzende wirtschafts- und nationalpolit. Umorientierung der Politik Preußens, die sich, getragen von den Hoffnungen der liberalen Kräfte, in der Entlassung des als reaktionär geltenden Kabinetts Manteuffel Bahn brach. Das im Weiteren aber starre Festhalten des späteren Monarchen an den tradierten Rechten der Krone sowie die Opposition von Bürokratie und Militär ließen 1862 die Politik der N. Ä. in den preuß. →Verfassungskonflikt münden.

T. NIPPERDEY: Dt. Gesch. 1800–1866 (46.–51. Tsd. 1994).

Neue deutsche Welle, *Musik:* →New Wave.

Neue Einfachheit, schlagwortartige, vielfach umstrittene Bez. für Bestrebungen zeitgenöss. dt., nach 1945 geborener und um 1975 hervorgetretener Komponisten (u. a. P. M. HAMEL, H.-C. VON DADELSEN, M. TROJAHN, W. RIHM, H.-J. VON BOSE, W. VON SCHWEINITZ, D. MÜLLER-SIEMENS), die in Abkehr von der extrem strukturierten seriellen und postseriellen Musik der 50er- und 60er-Jahre wieder mehr auf unmittelbar fassl. Musik abzielen und sich dabei z. T. auch traditioneller (z. B. spätromant.) Form- und Sprachmitteln bedienen.

Neue Eisenbahn-Alpentransversale, Abk. NEAT, Ausbauvorhaben für einen (Bahn-)Transitkorridor durch die Schweiz, das den Bau von zwei Tunneln unter dem Sankt Gotthard und dem Lötschberg vorsieht (geplante Fertigstellung 2010).

Neue Figuration, Bez. für die figürl. Malerei nach dem Zweiten Weltkrieg, nach dem gleichnamigen Buchtitel (1959) des Malers und Kritikers H. PLATSCHEK. Zur N. F. gehören insbesondere die der Pop-Art nahe stehenden Künstler und die Vertreter der versch. realist. Strömungen.

N. F. Dt. Malerei 1960–88, hg. v. T. KRENS u. a., Ausst.-Kat. (1989).

Neue Freie Presse, österr. liberale Tageszeitung, erschien 1864–1938 in Wien (seit 1935 in Staatsbesitz), ging dann im ›Neuen Wiener Tageblatt‹ auf, das 1945 eingestellt wurde. Die N. F. P. versuchte die Tradition der Zeitung →Die Presse fortzuführen.

Neue Hebriden, Inselgruppe im O Melanesiens, bilden seit 1980 die Rep. →Vanuatu. Die traditionelle Kunst der N. H. ist gekennzeichnet durch zahlreiche Regionalstile und weiträumige Tauschbeziehungen (›Kula‹). Holzplastik dominiert im Zentrum (menschl. Figuren, z. T. als Stützpfosten, ferner stehende Schlitztrommeln mit einem oder zwei übereinander angeordneten Gesichtern, Schweineskeulen). Farnfiguren kommen auf den Banks Islands, auf Ambrym und im Innern Malekulas vor. Ein wichtiges Motiv ist das dem Rhombus eingeschriebene Gesicht, das im geöffneten Ober- und Unterkiefer eines wegen der spiraligen Hauer gezüchteten Ebers gezeigt wird. Diese und andere Formen stehen im Zusammenhang mit Ranggesellschaften und wurden aus Anlass der Rangerhöhung in Auftrag gegeben und ausgestellt.

J. GUIART: Nouvelles Hébrides (Auvers-sur-Oise 1965).

Neue-Heimat-Gruppe, Kurz-Bez. des bis zu seiner Liquidation größten westeurop. Wohnungs- und Städtebaukonzerns mit Sitz in Hamburg. Vorläufer war die gemeinnützige ›Kleinwohnungsbaugesellschaft Groß-Hamburg mbH‹, gegr. 1926 durch den Ortsausschuss Groß-Hamburg des Allg. Dt. Gewerkschaftsbundes; 1933, mit der Enteignung allen gewerkschaftl. Eigentums, Übergang auf die Dt. Arbeitsfront. Mit der Rückgabe (1950) des Eigentums an den Dt. Gewerkschaftsbund (DGB) erfolgte die Neugründung, danach Übernahme anderer gewerkschaftseigener Wohnungsgesellschaften. Der Konzern, der über die ›Neue Heimat Gemeinnützige Wohnungs- und Siedlungsgesellschaft mbH‹ (NH) 1950–80 rd. 470 000 Wohnungen errichtete, 13 % des gemeinnützigen Wohnungsbestandes der alten Bundesländer verwaltete und über die ›Neue Heimat Städtebau GmbH‹ (NHS) gewinnorientiert arbeitete, geriet Anfang der 80er-Jahre durch langjährige Misswirtschaft und Verfehlungen des Managements in wirtschaftl. Schwierigkeiten, die schließlich 1986 zur stillen Liquidation führten. Der DGB beschloss seinen Rückzug, nachdem er Verluste der N.-H.-G. aus gewerkschaftl. Streikfonds begleichen musste. Bis 1990 wurde der Wohnungsbestand weitgehend veräußert, teils an kommunale oder landeseigene Genossenschaften unter Wahrung der Sozialbindung, teils an die Privatwirtschaft, jedoch ohne die Sozialbindung. Parallel dazu wurden NHS-Unternehmen veräußert und das Auslandsengagement weitgehend abgeschlossen.

P. SCHEINER u. HANS H. SCHMIDT: Neue Heimat, teure Heimat. Ein multinat. Gewerkschaftskonzern (1974); HANS-JÜRGEN SCHULZ: Die Ausplünderung der Neuen Heimat (1987).

neue klassische Makroökonomik, engl. **New classical economics** [nju: ˈklæsɪkl iːkəˈnɔmɪks], Weiterentwicklung der neoklass. Makrotheorie, die sich insbesondere um eine gleichgewichtsorientierte Erklärung konjunktureller Schwankungen bemüht. Wichtige Vertreter sind R. E. LUCAS, THOMAS SARGENT und NEIL WALLACE. Die Modelle der n. k. M. basieren auf folgenden Prämissen: vollständige Preisflexibilität und permanente Markträumung, ›natürliche‹ Arbeitslosigkeit bzw. ›natürliches‹ Aktivitätsniveau, rationale Erwartungen, unvollständige Informationen, Neutralität des Geldes. Konjunkturelle Schwankungen werden letztlich durch Informationsmängel erklärt: Kommt es beispielsweise zu einem Anstieg des nominalen Geldangebots und damit der monetären Gesamtnachfrage, steigt das gesamtwirtschaftl. Preisniveau. Auf der Mikroebene bewirkt dies eine proportionale Erhöhung der Einzelpreise. Diese Preiserhöhungen werden von den Produzenten – zumindest teilweise – nur als Erhöhung des Preises betrachtet, den sie für ihr eigenes Produkt erzielen können. Weil sie hierin irrtümlich eine Erhöhung ihres (realen) Gewinns sehen, dehnen sie ihre Produktion aus. Die Ausdehnung verstärkt sich, wenn davon ausgegangen wird, dass der höhere Gewinn nur temporär anfällt. In diesem Fall lohnt es sich besonders, heute mehr zu produzieren und in Zukunft dafür weniger. Das Verhalten der Güterproduzenten wird analog auf den Arbeitsmarkt übertragen. Auch hier treten Informationsunvollkommenheiten auf. Die Arbeitnehmer halten zumindest einen Teil der inflationsbedingten Lohnerhöhung für eine Erhöhung des Reallohns. Wenn sie dies nur als vorübergehendes Ereignis ansehen, werden sie ihr gegenwärtiges Arbeitsangebot unter der Prämisse ausdehnen, in Zukunft entsprechend weniger zu arbeiten. Umgekehrt kommt es bei einer vermuteten Senkung des Reallohnsatzes zu einer Einschränkung des Arbeitsangebots. Die Vertreter der n. k. M. folgern daraus, dass es keine unfreiwillige Arbeitslosigkeit gibt. Registrierte Arbeitslosigkeit sei darauf zurückzuführen, dass die Arbeitnehmer ihren Lohnsatz als temporär zu niedrig ansehen und daher künftige Muße gegen heutige substituieren. Sie werden in der Statistik nicht dennoch als arbeitslos erfasst, weil sie ihre prinzipielle Arbeitsbereitschaft signalisieren. Da die konjunkturelle Entwicklung v. a. auf freiwillige Reaktionen von Produzenten und Arbeitnehmern zurückgeführt wird, sehen die Vertreter der n. k. M. wenig Anlass für konjunkturpolit. Eingriffe. Notwendig sei nur eine stetige Geldpolitik, um eine falsche Interpretation der Preissignale zu verhindern.

Kritik an den Konzepten der n. k. M. wird v. a. von Keynesianern geäußert. Im Ggs. zur Annahme vollständiger Preisflexibilität und permanenter Markträumung lassen sich in der Realität eher Preisrigiditäten beobachten, die eine ständige Markträumung verhindern. Als überzogen wird auch die Hypothese bewertet, dass die statistisch gemessene Arbeitslosigkeit überwiegend freiwillig sei. Dagegen steht, dass Arbeitslosigkeit in den meisten Fällen auf Entlassungen durch den Arbeitgeber zurückzuführen ist, nicht auf Kündigungen durch den Arbeitnehmer. Es ist auch wenig plausibel, eine lang anhaltende Massenarbeitslosigkeit durch intertemporale Substitution von Arbeitszeit und Freizeit zu erklären. Schließlich wird angezweifelt, dass es in größerem Umfang zur Verwechslung von relativen Preisänderungen und Änderungen des Preisniveaus kommt. Diese Verwechslung ist aber nach Auffassung der n. k. M. die treibende Kraft für den Konjunkturzyklus.

In den 80er-Jahren wurde eine neue Variante der n. k. M. entwickelt, die **Theorie der realen Konjunkturzyklen.** Diese erklärt Konjunkturschwankungen nicht mehr in erster Linie aus monetären Störungen, sondern aus unvorhersehbaren Störungen im realwirtschaftl. Bereich. Im Vordergrund stehen dabei abrupte technolog. Veränderungen (›technolog. Schocks‹). Als Beispiel dafür wird die Entwicklung und Nutzung neuer Informations- und Kommunikationstechnologien genannt. Durch einen solchen positiven technolog. Schock erhöht sich die Produktivität von Arbeit und Kapital. Bei Entlohnung nach dem Grenzprodukt steigen auch Reallohn und -zins. Die Arbeitnehmer dehnen daher ihr Arbeitsangebot aus, und es wird mehr investiert. Damit hat der positive technolog. Schock zu einer Ausdehnung der Wirtschaftsaktivitäten geführt, die als konjunktureller Aufschwung interpretiert wird. Die in der Realität zu beobachtenden komplexen Konjunkturzyklen werden durch sich überlagernde Schwingungen erklärt, die durch technolog. Änderungen ausgelöst werden. Die Schwingungen sind der Ausdruck optimaler Anpassungsreaktionen von rational handelnden Wirtschaftssubjekten. Diese Betrachtungsweise führt zu einem mit Rücksicht reichenden konjunkturpolit. Ergebnis: Da die Schwankungen in Produktion und Beschäftigung auf optimierendes Verhalten zurückzuführen sind, würde eine erfolgreiche Glättung dieser Schwankungen durch wirtschaftspolit. Maßnahmen des Staates mit einer Verringerung der wirtschaftl. Wohlfahrt verbunden sein.

Gegen die Hypothese, dass letztlich technolog. Schocks für die gesamtwirtschaftl. Schwankungen verantwortlich seien, sprechen v. a. zwei Argumente: Erstens ist davon auszugehen, dass der technolog. Fortschritt langsam und kontinuierlich diffundiert und nicht schockartig auftritt. Zweitens müssten Rezessionen konsequenterweise durch negative technolog. Schocks, also durch techn. Rückschritt erklärt werden. In neueren Arbeiten sind Vertreter der Theorie der realen Konjunkturzyklen daher von bestimmten Positionen abgerückt und weisen darauf hin, dass auch ungünstige Witterungsbedingungen oder staatl. Auflagen, z. B. im Umweltbereich, zu einer Verminderung der Faktorproduktivität führen und i. w. S. als negative technolog. Schocks wirken können.

P. MINFORD u. D. A. PEEL: Rational expectations and the new macroeconomics (Oxford 1983); R. E. LUCAS: Theorie der Konjunkturzyklen (a. d. Engl., 1989); T. J. SARGENT: Makroökonomik (a. d. Engl., 1994); Advances in business cycle research, hg. v. P.-Y. HÉNIN (Berlin 1995).

Neue Kronen-Zeitung, österr. Tageszeitung, gegr. 1900 in Wien; Auflage (1996) werktags 510 000, sonntags 751 000.

Neue Künstlervereinigung München, gegr. 1909 u. a. von W. KANDINSKY, A. VON JAWLENSKY, GABRIELE MÜNTER, A. KUBIN, A. KANOLDT, später mit F. MARC und K. HOFER; trat für nachimpressionist. Strömungen ein und nahm Anregungen der Fauves auf. Die N. K. M. verneinte die völlige Lösung vom Gegenständlichen. Nach dem Austritt von KANDINSKY und MARC (1911), die danach den →Blauen Reiter gründeten, löste sich die Gruppe auf.

neue Leben, Das, ital. ›La vita nuova‹, Dichtung (31 Gedichte mit Prosarahmen) von DANTE ALIGHIERI, entstanden 1292–95, gedruckt 1576.

neue Linke, von C. W. MILLS geprägte Bez. für sozialist., v. a. marxist. Gruppen, die bes. während der 1960er-Jahre in den hoch industrialisierten Demokratien Europas und Nordamerikas auftraten. Getragen von Studenten und Intellektuellen, artikulierte sie sich in zahlreichen Protestbewegungen. In ihrer Zielsetzung suchte sie sich von der polit. Praxis und den theoret. Konzeptionen der ›alten Linken‹, den sozialdemokrat. und kommunist. Parteien, abzuheben und neue revolutionäre Strategien im Kampf gegen die ›kapitalist. Konsumgesellschaft‹ zu entwickeln.

Die versch. Strömungen der n. L. fußten auf unterschiedl. Theorien; sie verarbeiteten neomarxist. Gedanken (H. MARCUSE, T. W. ADORNO, J. HABERMAS und M. HORKHEIMER) wie revolutionäre Theorien aus Entwicklungsländern (F. CASTRO RUZ, E. ›CHE‹ GUEVARA SERNA, MAO ZEDONG). Auch anarchist. Gedankengut (M. BAKUNIN) fand zunehmend Beachtung. Der n. L. gelang es jedoch nicht, eine geschlossene theoret. Formulierung ihrer Ziele zu entwickeln. Gemeinsam ist allen Strömungen eine radikale Kritik an der marktwirtschaftlich konzipierten industriellen Welt: Scheinfreiheit der Lohnabhängigen, Leistungszwang, durch Werbung und Bedarfsweckung gesteuerter Konsumzwang, Warencharakter alles Kulturellen und Stützung eines bes. am Konsum orientierten Bewusstseins z. B. durch die Massenmedien. Damit werde der Mensch seiner sozialen Fähigkeiten beraubt und einer ›totalen Repression‹ unterworfen. Hintergrund dieser scharfen Gesellschaftskritik war die Krise um die Glaubwürdigkeit und Funktionsfähigkeit der polit. Systeme in den USA und im westl. Europa. Hier schien sich entgegen den demokrat. Ansprüchen eine Machtelite (Establishment) aus Großindustrie, Politik und Militär herausgebildet zu haben, die die Masse der Bev. in manipulierter Abhängigkeit hielt. Demgegenüber postulierte die n. L. im Rückgriff auf radikaldemokrat. Forderungen die Demokratisierung der Gesellschaft und die Beseitigung von Leistungs- und Konsumzwang.

Im Ggs. zur traditionellen marxist. Theorie verfochten zahlr. Vertreter der n. L. die Idee, dass die Arbeiterklasse nicht mehr primär das Subjekt der Revolution sein könne, da sie in die moderne Komsumgesellschaft bereits weitgehend integriert sei. Die Revolutionierung der Konsumgesellschaft könne nur von ›Außenseitern‹, d. h. sozialen ›Randgruppen‹, herbeigeführt werden. Mit besonderen Demonstrationstechniken (Sit-in, Go-in, Teach-in) sollten diese Gruppen die kapitalist. Gesellschaft verunsichern. Gleichzeitig sollte durch ein begrenztes Durchbrechen der bestehenden Rechtsordnung der staatl. Machtapparat, bes. Polizei und Justiz, zu massiven Gegenmaßnahmen herausgefordert werden, um die ›Gewalt des Systems‹ offen zu legen.

In den USA entwickelte sich innerhalb der liberalen Bürgerrechtsbewegung gegen die Rassentrennung eine student. Linke (Ausgangspunkt: Univ. Berkeley, Calif.); sie verband angesichts des ›anderen Amerika‹, d. h. der weit verbreiteten Armut inmitten einer Überflussgesellschaft, den Protest gegen Rassendiskriminierung und das militär. Engagement der USA in Vietnam mit einer Kampfansage gegen die bestehende Gesellschaft allgemein. Diese Protestbewegung griff auf Europa, bes. die BRD und Frankreich, über. Unter Führung des →Sozialistischen Deutschen Studentenbundes (SDS) suchte eine von der Freien Univ. in Berlin (West) ausgehende →außerparlamentarische Opposition eine antiautoritäre Reformbewegung in Gang zu setzen. Sie nahm das amerikan. Engagement in Vietnam, die überkommene Struktur des dt. Bildungssystems und die geplante Notstandsgesetzgebung zum Anlass ihrer Demonstrationen (Höhepunkt: 1967/68; →Studentenbewegung). Im Mai 1968 lösten Studentenunruhen in Paris eine Staatskrise in Frankreich aus (→Frankreich, Geschichte).

Seit etwa 1969/70 verlor die n. L. ihre organisator. Konturen; viele ihrer Vertreter fanden sich in meist maoistisch orientierten Parteien (z. B. in den →K-Gruppen) zusammen, zahlr. andere suchten bei den Jungsozialisten in der SPD oder in den Gewerkschaften eine neue polit. Plattform. Eine Minderheit organisierte sich in terrorist. Vereinigungen (z. B. in der →Rote-Armee-Fraktion). Die Kritik der n. L. an der Konsumgesellschaft beeinflusste in den 1970er-Jahren die programmat. Entwicklung der Grünen.

J. Habermas: Protestbewegung u. Hochschulreform (³1970); Die N. L., hg. v. P. Pulte (1973); A. von Weiss: Schlagwörter der n. L. (1974); K. Sontheimer: Das Elend unserer Intellektuellen. Linke Theorie in der Bundesrep. Dtl. (1976); H. Marcuse: Das Ende der Utopie (1980); G. Langguth: Protestbewegung – Entwicklung, Niedergang, Renaissance. Die n. L. seit 1968 (1983).

Neue Maas, niederländ. **Nieuwe Maas** [ˈniːwə ˈmaːs], schiffbarer Flussarm im Rhein-Maas-Delta, Niederlande, 23 km lang. Die N. M. ist die Fortsetzung des Lek (ab der Mündung des Noord), durchfließt Rotterdam und setzt sich ab der Vereinigung mit der Alten Maas (bei Vlaardingen) als Scheur fort, die in den →Nieuwe Waterweg übergeht.

neue Mathematik, Sammel-Bez. für diejenige Auffassung vom Mathematikunterricht, die in den 1960er-Jahren dessen Neuformierung auf der Basis von Mengenlehre und Strukturmathematik forderte. Die n. M. orientierte sich stark an der Fachwiss., bes. am Bestreben der Gruppe →Bourbaki um einen an wenigen Kernstrukturen orientierten einheitl. Aufbau der gesamten Mathematik, und berief sich auf entwicklungspsychol. Forschungen v. a. der Genfer Schule um J. Piaget.

neue Medi|en, seit Beginn der 1970er-Jahre gebräuchl. Sammel-Bez. für durch Entwicklung neuer Technologien entstandene Kommunikationsmittel zur Individual- und Massenkommunikation. Kennzeichnend für den Entwicklungsprozess sind auch die Vernetzung neuer und alter Medien sowie die Ausbildung neuer Organisationsformen zur wirtschaftl. Nutzung alter und neuer Medien. N. M. lassen sich daher nicht exakt von den herkömml. Massenmedien abgrenzen, markieren aber techn., ökonom. und medienrechtl. Innovationen.

Als n. M. wurden zunächst die technisch neuartigen Medien wie Telex, Teletex, Bildschirm-, Videotext, Videorekorder, Telefax, Bildplatte, Kabel- und Satellitenrundfunk bezeichnet. Dies sind techn. Neu- oder Weiterentwicklungen, v. a. bedingt durch elektronisch leistungsfähigere, schnellere und flächendeckendere (globale) Übertragungs-, Wiedergabe- und Speichereinrichtungen, insbesondere durch Digitalisierung von Information, computergestützte Steuerung des Übertragungsprozesses und Vernetzung von Medien und Nutzern (→Bigfon). Dabei unterscheidet man Medien zur direkten, zugleich wechselweise möglichen (reziproken) Kommunikation zw. zwei Personen, z. B. Telefax (Individualkommunikation) und Medien zur indirekten, einseitigen Kommunikation (→Massenkommunikation), z. B. durch Kabel- oder Satellitenrundfunk. Diese Trennung zw. mono- und bidirektionaler Kommunikation wird durch das interaktive Fernsehen aufgehoben, das als Massenkommunikationsmedium dem Zuschauer durch einen Rückkanal (i. d. R. über die Telefonleitung) die direkte und individuelle Kommunikation mit dem Medium ermöglicht. So werden durch techn. Innovation bisher getrennte Medien miteinander kombiniert bzw. vernetzt und es entstehen n. M.: Videotext und Digitalfernsehen zählen ebenso dazu wie der Videorekorder oder das →Internet. Zusätzlich ergeben sich auch aus der Vernetzung der Nutzer neue Kommunikationsmöglichkeiten, etwa die elektron. Zusammenschaltung von Teilnehmern an beliebigen Orten als Videokonferenz oder für die Bürokommunikation. Schließlich werden auch die im Ggs. zu den öffentlich-rechtl. Rundfunkanstalten privatwirtschaftlich organisierten neuen Hörfunk- und Fernsehsender als n. M. bezeichnet.

Die n. M. bewirken umfassende medienpolit., medienrechtl., ökonom. und soziale Veränderungen: Die Abgrenzungen und Unterscheidungsmerkmale werden verwischt, wodurch die für einzelne Medien z. B. in Dtl. bisher sehr unterschiedl. Regulierung zunehmend schwierig wird und eine Neuverteilung der Kompetenzen zw. Bund und Ländern erforderlich ist. Durch die ökonom. Bedeutung der n. M. ist der Sektor Information und Kommunikation zum größten Dienstleistungsbereich angewachsen. Tief greifende soziale Auswirkungen haben die n. M. auf Beruf und Arbeitsplatz, Freizeit und die Privatsphäre (Datenschutz) und auf das Verkehrswesen.

⇨ *Informationsgesellschaft · Informations- und Kommunikationstechnik · Massenmedien · Medienpolitik · Multimedia*

D. Ratzke: Hb. der n. M. (²1984); H. Redeker: Neue Informations- u. Kommunikationstechnologien u. bundesstaatl. Kompetenzordnung (1988); K. Brepohl: Lex. der n. M. (⁶1993); Kursbuch n. M., hg. v. S. Bollmann (1995).

Neue Mittelschule, Bez. einer seit 1985 in Österreich (v. a. in Wien) als Schulversuch eingeführten Schulart für 10- bis 14-Jährige im Sinne einer integrierten Gesamtschule. Die N. M. kennt im Ggs. zur Hauptschule weder Leistungsgruppen noch Klassenzüge. Die Schüler werden in speziellen Lerngruppen gefördert, der Unterricht wird nicht in der übl. Fächereinteilung, sondern in Lernfeldern von Lehrerteams erteilt. Neben der N. M. bestehen die Hauptschule und die Unterstufen der Gymnasien weiter.

Neue Musik, Begriff, der im weitesten Sinn eine Musik bezeichnet, deren Repräsentanten nach neuen Ausdrucksmöglichkeiten suchen. So ist N. M. einerseits an keine Epoche gebunden, sofern sie bestrebt ist, überkommene Vorbilder zu überwinden. Andererseits kann sie selbst wieder veralten, wenn neue Strömungen auftreten. Schon die Ars nova im 14. Jh. suchte neue Wege in Rhythmik und Melodik gegenüber der ihr vorausgehenden Ars antiqua. Im 19. Jh. galten F. Liszt und R. Wagner gegenüber J. Brahms als Exponenten einer N. M. (→neudeutsche Schule).

I. e. S. meint N. M. die Musik, die sich programmatisch von den im 19. Jh. geltenden Prinzipien der Dur-Moll-Tonalität gelöst hat. Paul Bekker (* 1882, † 1937), der als Erster den Ausdruck N. M. gebrauchte und zum Titel einer Schrift (1923) machte, fasste ihn noch relativ weit, indem er z. B. eine Erneuerung des melod. Empfindens forderte. Dagegen kündigte sich die Abkehr von der Funktionsharmonik im 19. Jh. schon im Vorspiel des ›Tristan‹ (1854/55) von Wagner (1859) an, und die Auflösung der überkommenen harmon. Strukturen der Dur-Moll-Tonalität fand bereits im Stilbereich des Impressionismus statt.

Den eigentl. Beginn der N. M. markieren die ersten atonalen Kompositionen von A. Schönberg aus dem Jahre 1909 (drei Klavierstücke op. 11; →atonale Musik). Dabei sah man das grundsätzlich Neue der N. M. weniger in ihrer lange als fremdartig empfundenen Klangfassade als vielmehr in ihrem anders gearteten Strukturgefüge. Während in der traditionellen Musik alle musikal. Ereignisse (z. B. Harmonik, Metrik, Rhythmik) in einem syntakt. Sinne hierarchisch bezogen waren, kennt die N. M. die vorgeordnete Hierarchie der Elemente nicht. Stattdessen wird jedes kompositor. Element als tendenzloses Einzelereignis begriffen, das erst aufgrund eines für jede Komposition charakterist. Strukturentwurfs seinen musikal. Stellenwert erhält.

In den ersten Jahrzehnten des 20. Jh. lassen sich drei Richtungen der N. M. unterscheiden: 1) eine expressionist. seit etwa 1906 (→Wiener Schule), v. a. mit SCHÖNBERG, A. BERG und A. WEBERN; 2) eine neoklassizist. seit 1920, v. a. mit I. STRAWINSKY; 3) eine folklorist., v. a. mit B. BARTÓK. Institutionen förderten diese N. M. in ihrer Vielfalt, v. a. die 1922 gegründete Internat. Gesellschaft für Neue Musik. Hinzu kommen jährl. Musiktage, z. B. in Donaueschingen 1921–26 und seit 1950, in Darmstadt die Ferienkurse für N. M. seit 1946 (seit 1970 alle zwei Jahre). Die expressionist. Richtung wandte sich seit 1923 der Kompositionsweise mit zwölf nur aufeinander bezogenen Tönen (→Zwölftontechnik) zu. In der neoklassizist. Richtung kam die elementare Rhythmik von STRAWINSKY in den Jahren 1930–50 zu Weltgeltung (A. HONEGGER, D. MILHAUD, P. HINDEMITH). Zur theoret. Leitfigur für N. M. wurde T. W. ADORNO, der in seiner ›Philosophie der N. M.‹ (1949) beide Positionen (wenn auch nur bis zur Entwicklung der Zwölftontechnik) in der Antithese ›Schönberg und der Fortschritt‹ und ›Strawinsky und die Reaktion‹ gegeneinander stellte. Dem suchten u. a. P. BOULEZ und K. STOCKHAUSEN zu begegnen, indem sie bes. die rhythm. Neuerungen STRAWINSKYS hervorhoben.

Seit etwa 1947 griffen zahlreiche Komponisten die Zwölftontechnik auf: L. DALLAPICCOLA, H. W. HENZE, W. FORTNER u. a., zuletzt auch STRAWINSKY. Angeregt durch die Spätwerke WEBERNS und durch ein Klavierstück von O. MESSIAEN (›Mode de valeurs et d'intensités‹, 1949/50) begannen Komponisten versch. Länder (L. NONO, BOULEZ, STOCKHAUSEN), die →serielle Musik zu entwickeln. Z. T. mit mathematisierenden Methoden übertrugen sie das anfangs noch an der thematisch-melod. Arbeit entwickelte Gesetz der Reihe auch auf andere Parameter des Werkes wie Tondauer, Dynamik, Klangfarbe.

Um 1950 entstand, angeregt durch Untersuchungen des Physikers WERNER MEYER-EPPLER (* 1913, † 1960), die →elektronische Musik, in Frankreich etwa zur gleichen Zeit die →konkrete Musik. Neue Materialien und Verfahrensweisen führten seit Mitte der 60er-Jahre durch eine Kombination des herkömml. Instrumentariums mit elektron. Klängen, Tonbandeinblendungen, verfremdeten Sprachlauten sowie Raumklangeffekten zu einer außerordentl. Vielfalt akust. Eindrücke. Die verbindl. Fixierung der Notation weicht der Aufzeichnung einzelner Klang- und Geräuschelemente oder bloßen Hinweisen über die Art der Ausführung. Von zusätzl., der überkommenen Notenschrift hinzugefügten, mitunter grafisch gestalteten Zeichen verläuft die Entwicklung bis zu den Assoziationsfeldern der →musikalischen Grafik.

Von 1950 ›neu entdeckten‹ kompositor. Materialien hat v. a. der Parameter Klangfarbe, auf den schon SCHÖNBERG in seiner ›Harmonielehre‹ (1911) hingewiesen hatte, nach 1960 (G. LIGETI, K. PENDERECKI) an Bedeutung gewonnen. Grundelement ist nun nicht mehr nur der Einzelton, sondern daneben ein sich stets veränderner, in sich belebter Tonkomplex.

Allg. führt die Ablehnung herkömml. kompositionstechn. Systeme zu freien Formen der →Aleatorik und der →Collage, auch zu Wandelkonzerten: gleichzeitige Darbietungen in versch. Räumen, auf Straßen oder Plätzen, bei denen der Zuhörer eine aktive Rolle übernimmt, indem er durch Wechsel des Standortes seinen Höreindruck bestimmt (STOCKHAUSEN, M. KAGEL u. a.). Vielfache Anregungen erfährt die experimentelle Musik durch das Institut de Recherche et de Coordination Acoustique-Musique (IRCAM) in Paris. Speziell Fragen der Raumklangkomposition und der Realisation von Liveelektronik widmet sich seit 1971 das Experimentalstudio des Südwestfunks in Freiburg im Breisgau. Zw. Avantgarde, Jazz und Rockmusik steht die in den USA entstandene →Minimalmusic. Sie verwirklicht stat., oft meditative Klanglichkeit. Auf dem Gebiet der Oper, deren Entwicklung von Ausnahmen abgesehen (z. B. HENZE) in der N. M. nach 1950 zeitweise stagnierte, ist nach experimentellen Formen des →instrumentalen Theaters der 70er-Jahre wieder ein verstärktes Interesse am literarisch gebundenen →Musiktheater zu verzeichnen.

Im Ggs. zu Prinzipien der Avantgarde steht seit Ende der 70er-Jahre eine neoromant., anfangs schlagwortartig als →Neue Einfachheit charakterisierte Richtung, die unter Rückgriff auf überlieferte, auch tonale Elemente wieder mehr auf Sinnlichkeit und Unmittelbarkeit der musikal. Erfahrung abzielt. Diese Richtung hat inzwischen einem Stilpluralismus Platz gemacht, der eine Standortbestimmung gegenwärtiger Musik zunehmend unmöglich macht. Postserielle, tonale, modale, minimalist. (J. ADAMS), meditative oder Geräuschklangkompositionen (C. A. DELZ) stehen nebeneinander bzw. durchdringen sich wechselseitig. Hinzu kommen Anleihen bei fernöstl., afrikan. oder lateinamerikan. Musik (Kronos-Quartett) sowie Grenzüberschreitungen in Richtung Jazz, Pop- oder Rockmusik (M. DAVIES; L. LOMBARDI). Bei osteurop. Komponisten (A. PÄRT, PENDERECKI, H. GÓRECKI), aber auch bei manchen westeurop. Avantgardisten (z. B. STOCKHAUSENS Zyklus ›Licht‹) offenbart sich eine neue Religiosität, vielfach getragen von einer Vorliebe für emphat. Melodik. Vor dem Hintergrund der allgemeinen Postmoderne-Diskussion ist das Stichwort der ›Dekomposition‹ zu sehen. Musikgeschichte als universal zugängl. Fundus wird z. B. mithilfe von Collage- und Zitattechniken neu verfügbar gemacht und ›polystilistisch‹ umgedeutet (A. SCHNITTKE, D. SCHNEBEL). Die Ende der 1980er-Jahre programmatisch auftretende ›neue Komplexität‹ (B. FERNEYHOUGH) versucht, mit handwerklich höchst differenziert strukturierten Kompositionen gegen die kompositor. Beliebigkeit der Postmoderne anzutreten, gerät dabei allerdings mitunter an die Grenzen von Aufführungspraxis und Durchhörbarkeit neuester Musik. In den 1990er-Jahren sind Bemühungen erkennbar, eine Klangkunst der äußersten Differenzierung zu schaffen. Raum, Zeit, Farbe, Tonhöhe und Dynamik werden in ihren Mikrobereichen zum Gegenstand kompositor. Prozesse (→Computermusik).

E. KŘENEK: Über n. M. (Wien 1937, Nachdr. 1977); A. VON WEBERN: Der Weg zur n. M. (ebd. 1960); C. DAHLHAUS: Schönberg u. andere. Ges. Aufs. zur N. M. (1978); T. W. ADORNO: Philosophie der n. M. (Neuausg. 1983); U. DIBELIUS: Moderne Musik, 2 Bde. (Neuausg. 1984–88); R. SMITH-BRINDLE: The new music. The avant-garde since 1945 (Oxford ²1987); N. M. – Quo vadis? 17 Perspektiven, hg. v. D. DE LA MOTTE (1988); Die Wiener Schule, hg. v. R. STEPHAN (1989); Musik im Exil. Folgen des Nazismus für die internat. Musikkultur, hg. v. H.-W. HEISTER u. a. (1993); N. M. im geteilten Dtl., hg. v. U. DIBELIUS u. F. SCHNEIDER, 3 Bde. (1993–97); D. SCHNEBEL: Anschläge, Ausschläge, Texte zur n. M. (1993).

Neuenahr-Ahrweiler, Bad N.-A., Kreisstadt des Landkreises Ahrweiler, Rheinl.-Pf., 90 m ü. M., im unteren Ahrtal, 27 800 Ew.; Europ. Akademie zur Erforschung von Folgen wissenschaftl.-techn. Entwicklungen, Landes-Lehr- und Versuchsanstalt für Wein-, Obstbau und Landwirtschaft mit staatl. Rotweindomäne; Katastrophenschutzschule, Berufsbildungszentrum, Bundeswehrdienststellen. **Bad Neuenahr** ist seit 1858 Heilbad; die warmen (36 °C) alkalischerdigen, kochsalzarmen, kohlensäurereichen Quellen, vulkan. Heilschlamm und CO_2-Gasbäder werden bei Zuckerkrankheit, Gicht und Erkrankungen der Verdauungs- und Kreislauforgane angewandt; außerdem

Mineralwasserabfüllung. Die Spielbank wurde 1948 eröffnet. **Ahrweiler** ist Mittelpunkt des Weinbaus (Rotwein) und Weinhandels sowie Fremdenverkehrsort. – Die Stadt entstand 1969 aus dem Zusammenschluss der Städte Ahrweiler (893 erstmals urkundlich erwähnt) und Bad Neuenahr (abgeleitet von der 1220 errichteten und 1372 zerstörten Burg Neuenahr) sowie fünf weiterer Gemeinden.

Neuenburg, Name von geographischen Objekten:
1) Neuenburg, amtl. frz. **Neuchâtel** [nøʃaˈtɛl], Hauptstadt des Kt. und des Bez. N., Schweiz, erstreckt sich vom Ufer des Neuenburger Sees (430 m ü. M.) auf die Hänge des Jura, 31 600 Ew.; Univ. (gegr. 1909), Höhere Wirtschafts- und Verwaltungsschule, Konservatorium, Berufsschulzentrum, Schweizer. Drogistenschule, kantonales astronom. Observatorium, Museum für Kunst und Geschichte (des Kt. N.), Archäolog., Ethnograph. sowie Naturhistor. Museum; Schweizer. Zentrum für Elektronik und Mikrotechnik (CSEM), Uhren- und Schmuckindustrie, Apparatebau; Verkehrsknotenpunkt. – Schloss (urspr. 12. Jh., Ausbau 15./16. Jh.) und Stiftskirche beherrschen das Stadtbild; die dreischiffige Kirche (begonnen um 1180, geweiht 1276) zeigt den Übergang von Romanik zu Frühgotik; Kreuzgang (15. Jh.). Bedeutende Profanbauten: Maison des Halles (1569–72), ehemals Kornmarkt (Erdgeschoss) und Tuchhalle; Haus Marval (1609); Patrizierhaus Hôtel DuPeyrou (1764–71) in einem frz. Garten; klassizist. Rathaus (1784–86). – Das um eine Burg entstandene N. erhielt als Residenz der Grafen von N. 1214 Stadtrecht. Im Weiteren teilte es das Schicksal von 2).

2) Neuenburg, amtl. frz. **Neuchâtel** [nøʃaˈtɛl], Kanton in der frz.-sprachigen Westschweiz, 803 km² (davon 86 km² Anteil am Neuenburger See), (1994) 164 200 Ew., Hauptstadt ist Neuenburg. Der dt.-sprachige Bev.-Anteil beträgt rd. 9%, 36 800 sind Ausländer; knapp 52% der Bev. sind Protestanten, 40% Katholiken. N. umfasst das Gebiet des Kettenjura zw. Neuenburger See und schweizerisch-frz. Grenze (im nördl. Teil durch den Doubs gebildet) und ist daher durch lang gestreckte Bergregionen (Montagnes) und dazwischen liegende Talschaften (u. a. Val de Travers an der Grenze zu Waadt, Val de Ruz nördlich der Stadt N., die Hochtäler, etwa 1 000 m ü. M., von La Brévine und von La Chaux-de-Fonds) gekennzeichnet. Am Chasseral erreicht das Kantonsgebiet 1 552 m ü. M.; höchste Berge sind Le Soliat des Creux-du-Van (1 463 m ü. M.) an der waadtländ. Grenze und der Tête de Ran (1 422 m ü. M.) im Zentrum.

Kanton Neuenburg: Größe und Bevölkerung (1994)		
Bezirk	km²	Ew.
Boudry	105	35 100
La Chaux-de-Fonds	93	38 300
Le Locle	144	15 100
Neuenburg	80	49 800
Val-de-Ruz	128	13 600
Val-de-Travers	167	12 300
Kanton Neuenburg	803*)	164 200

*) einschließlich Anteil am Neuenburger See

Staat und Recht: Nach der Verf. vom 21. 11. 1858 (mit zahlr. Änderungen) ist der Große Rat (Grand Conseil) mit 115 im Verhältniswahlsystem vom Volk für vier Jahre gewählten Mitgl. gesetzgebendes Organ. Die vollziehende Gewalt wird durch den fünfköpfigen Staatsrat (Conseil d'État) ausgeübt, der ebenfalls für vier Jahre vom Volk gewählt wird. Den Frauen wurde 1959 das Stimm- und Wahlrecht zugesprochen. Für die Gesetzesinitiative und das (fakultative) Gesetzes-

Neuenburg 1): Schloss (ursprünglich 12. Jh., Ausbau 15./16. Jh.) und Stiftskirche (begonnen um 1180, 1276 geweiht)

referendum ist die Unterstützung von 6 000 Stimmberechtigten erforderlich. Oberste kantonale Gerichte sind das Kantonsgericht (Tribunal Cantonal) und das Verwaltungsgericht (Tribunal Administratif).

Wappen: Das Wappen (von 1848) ist zweimal gespalten in Grün, Weiß und Rot (von heraldisch rechts bis links) und vereinigt die Nationalfarben der Schweiz mit der grünen Freiheitsfarbe. Im heraldisch linken Obereck befindet sich ein weißes Kreuz.

Landesnatur: Klimatisch begünstigt ist nur der Abfall des Juras zum See (Weinland), während in den anderen Gebieten kühlfeuchtes Klima mit reichl. Niederschlägen vorherrscht; in den Talmulden bilden sich bei winterl. Hochdrucklagen vielfach Kaltluftseen. In der Vegetation dominieren daher Wälder (etwa 35% der Landfläche) sowie Wiesen und Weiden (37%); lediglich 6% werden als Ackerland genutzt.

Bildungswesen: Der Kindergartenbesuch ist kostenlos und fakultativ. Der Schuleintritt erfolgt mit sechs Jahren, die Primarstufe dauert fünf Jahre. Daran schließt sich die vierjährige Sekundarstufe I mit Orientierungsjahr (Année d'orientation) und drei Jahren in einer der vier Sektionen ›classique‹, ›scientifique‹, ›moderne‹, ›préprofessionnelle‹ an. Die Sekundarstufe II umfasst das Gymnasium (eidgenöss. Maturitätstypen A, B, C, D, E sowie die kantonale Maturität G), die höhere Handelsschule, die Vollzeitberufsschule und die Berufslehre. Es gibt kaufmänn. und gewerblich-techn. Berufsschulen, Uhrmacherschulen, eine Holz- und Baufachschule, Technikerschulen, Höhere Techn. Lehranstalt, Schule für Gestaltung, Lehrerseminar, Höhere Wirtschafts- und Verwaltungs-, Drogisten-, landwirtschaftl. Schule, Univ. (Medizin nur propädeut. Studium) mit Mikrotechn. Institut. Die Stadt N. ist Sitz der westschweizer. Bildungsforschungsstelle (›Institut romand de recherches et de documentation pédagogiques‹, IRDP).

Wirtschaft: N. wird durch Industrie und den Dienstleistungssektor geprägt, 38,8% bzw. 57% der (1993) insgesamt 90 500 Erwerbstätigen sind hier beschäftigt. Mit einem Volkseinkommen je Ew. von (1995) 39 205 sfr liegt N. an 19. Stelle unter den 26 Kantonen (Schweiz: 45 276 sfr). Führende Industriezweige sind Metallindustrie, Maschinen- und Apparatebau (11 300 Beschäftigte) sowie die früher dominierende Uhren- und Schmuckindustrie (8 500 Beschäftigte; Zentren sind La Chaux-de-Fonds und Le Locle; die Umstrukturierung ist noch im Gange, Nachfolgeindustrien sind Elektronik und Präzisionsmechanik) und das Baugewerbe einschließlich der Baustoffindustrie (Kalkvorkommen; der Naturasphaltabbau im Val de Travers wurde 1986 eingestellt). Weiterhin

Neuenburg 1) Stadtwappen

Kantonshauptstadt in der Westschweiz

an den Hängen des Jura und am Ufer des Neuenburger Sees

430–580 m ü. M.

31 600 Ew.

Universität (gegründet 1909)

Schweizer. Zentrum für Elektronik und Mikrotechnik

Stiftskirche (12./13. Jh.)

Neuenburg 2) Kantonswappen

wichtig sind die Nahrungs- und Genussmittelindustrie (v. a. Schokoladenfabriken, Tabakverarbeitung), die Holz- sowie die Papierindustrie einschließlich graf. Gewerbe. Im landwirtschaftl. Sektor (1993: 3800 Beschäftigte) ist neben der Almwirtschaft in der Montagne und etwas Ackerbau v. a. der Weinbau am Neuenburger See von Bedeutung (610 ha Rebland, zu 70 % mit Gutedelreben bestanden; rd. 30 000 hl Wein jährlich). Der Tourismus hat keine große Bedeutung; Beliebtheit erlangte aber der Jura als Wintersportgebiet.

Geschichte: Die Grafschaft N. kam im 9. Jh. zum Königreich Burgund. 1406 ging N. ein ›Ewiges Burgrecht‹ mit Bern ein. Unter Berner Einfluss wurde um 1530 die Reformation durchgeführt. 1504 waren die gräflichen Rechte an das Haus Orléans-Longueville gelangt. Nach dessen Aussterben (1694) ging die Grafschaft, 1648 zum Fürstentum unter dem Schutz der Eidgenossenschaft erhoben, durch die Wahl (1707) der seit 1648 mitbestimmungsberechtigten Stände an König FRIEDRICH I. in Preußen, dessen Ansprüche als Erbe des Hauses Oranien auch Bern gegen die Anwartschaften frz. Fürsten stützte. 1805 musste N. an Frankreich abgetreten werden. 1806–13 wurde es von Marschall L. A. BERTHIER als ›Fürst und Herzog von N.‹ regiert.

Seit 1814 wieder mit Preußen vereint, erhielt N. von König FRIEDRICH WILHELM III. eine Verf., die seine Aufnahme am 12. 9. 1814 als 21. Staat in die Eidgenossenschaft ermöglichte. Die vom preuß. König als persönl. Besitz vorbehaltenen Hoheitsrechte (Neuenburger Frage) wurden am 1. 3. 1848 durch eine bewaffnete Erhebung, mittels derer der Staatsrat zur Abdankung gezwungen wurde, mit einer von der Schweiz gewährleisteten republikan. Verf. aufgehoben (seither Kantonsfeiertag). Nach erfolglosen Protesten und Bemühungen um die Wiedererlangung seiner Rechte verzichtete der preuß. König am 20. 4. 1857 auf alle Rechte, wobei er den Titel ›Fürst von N.‹ behielt.

E. BONJOUR: Preußen u. Österreicher im Neuenburger Konflikt 1856/57 (Bern 1930); Neuchâtel et la Suisse, hg. v. L. MONTANDON u. a. (Neuenburg 1969); Histoire du pays de Neuchâtel, hg. v. M. EGLOFF u. a., 3 Bde. (Hauterive 1989–93).

3) **Neuenburg,** amtl. frz. **Neuchâtel** [nøʃaˈtɛl], Bez. im Kt. N., Schweiz, 80 km² (zuzüglich 32 km² Anteil am Neuenburger See), 49 800 Ew.; umfasst den NO des Kantons.

4) **Neuenburg am Rhein,** Stadt im Landkreis Breisgau-Hochschwarzwald, Bad.-Württ., 230 m ü. M., auf einem Sporn der Niederterrasse, der in die Rheinaue vorragt, 10 300 Ew.; Museum für Stadtgeschichte; Kunststoff- und Maschinenfabriken; Straßen- und Eisenbahnübergang nach Frankreich. – N. wurde zw. 1170 und 1180 von den Zähringern planmäßig in Kreuzform angelegt; 1219 erhob es FRIEDRICH II. zur Reichsstadt. 1956 wurde das Stadtrecht erneuert.

Neuenbürg, Stadt im Enzkreis, Bad.-Württ., 325 m ü. M., im nördl. Schwarzwald an der Enz, 7 700 Ew.; Fremdenverkehr; Besucherbergwerk; Pektinfabrik, Maschinenbau. – Schlossanlage (12. Jh.) mit Burgruine und Park; in der St.-Georg-Kirche Freskenzyklus des 15. Jh.; klassizist. ev. Stadtkirche (1788) mit Kanzelaltar. – N., Ende des 12. Jh. im Schutz einer Burg der Grafen von Calw gegründet, wurde 1274 Stadt. Der Eisenerzbergbau (seit dem 16. Jh.) wurde 1868 eingestellt.

Neuenburger See, frz. **Lac de Neuchâtel** [lak də nøʃaˈtɛl], der größte der schweizer. Jurarandseen, 429 m ü. M. zw. Molassehöhen im O und der ersten Jurakette im W, 218 km², 38 km lang, bis 8 km breit und bis 153 m tief; im S (bei Yverdon-les-Bains) mündet die kanalisierte Orbe (Thielle), im NO die kanalisierte Broye (vom Murtensee); im N Abfluss durch den Zihlkanal zum Bieler See; am NW-Ufer liegt Neuenburg; an den westl. Uferhängen Weinbau. Bei der künstl. Senkung des Seespiegels (1868–81) wurden

Reste von Uferrandsiedlungen (›Pfahlbauten‹) der späten Jungsteinzeit und der Urnenfelderzeit sowie in La Tène am NO-Ende des Sees eine kelt. Opferstätte gefunden, die der La-Tène-Kultur und der La-Tène-Zeit den Namen gab.

Neuendettels|au, Gem. im Landkreis Ansbach, Mittelfranken, Bayern, 438 m ü. M., auf der flachen Keuperplatte unweit der Fränk. Rezat, 7 800 Ew.; Missionsmuseum, Sitz der Neuendettelsauer Mission, des Ev.-Luther. Diakoniewerks und der ev.-theolog. Hochschule ›Augustana‹; Holz-, Kunststoff- und Papierverarbeitung.

Neuendettels|auer Mission, Kurz-Bez. für die von W. LÖHE 1849 gegründete ›Gesellschaft für Innere und Äußere Mission im Sinne der luth. Kirche‹ mit Sitz in Neuendettelsau; bis 1972 v. a. in Brasilien und Neuguinea tätig. 1972 übertrug sie ihre Missionsarbeit auf ein im Auftrag der bayer. Landeskirche arbeitendes ›Missionswerk‹ (Sitz: Neuendettelsau; v. a. in Tansania und Papua-Neuguinea tätig) und nimmt v. a. theolog. und volksmissionar. Aufgaben wahr.

Neuenfels, Hans, Theater- und Opernregisseur, * Krefeld 31. 5. 1941; ∞ mit ELISABETH TRISSENAAR; arbeitete u. a. in Heidelberg und Frankfurt am Main (1972–76), danach als Gastregisseur, ab 1985 für die Freie Volksbühne Berlin, deren Intendant er 1986–90 war; im September 1990 führte er Regie am Dt. Schauspielhaus Hamburg. N. wurde bekannt durch kritisch-provozierende Inszenierungen, u. a. von H. VON KLEISTS ›Penthesilea‹ (1981, Schiller-Theater Berlin; danach der Film ›Heinrich Penthesilea von Kleist‹, 1983), R. MUSILS ›Die Schwärmer‹ (1982; verfilmt 1985) und Opern wie Y. HÖLLERS ›Der Meister und Margarita‹ nach M. A. BULGAKOWS Roman (1989), ›Die Meistersinger von Nürnberg‹ (1994).

Weitere Filme: Die Familie ohne Schroffenstein (1984, Fernsehfilm nach KLEISTS ›Familie Schroffenstein‹); Europa und der zweite Apfel (1988); Das blinde Ohr der Oper (1990).

Neu|england, engl. **New England** [njuːˈɪŋlənd], 1) Region im äußersten NO der USA, bestehend aus den Bundesstaaten Maine, New Hampshire, Vermont, Massachusetts, Connecticut und Rhode Island (die N.-Staaten); umfasst stark bewaldetes Mittelgebirge mit Rumpfflächen und Gebirgsketten, erreicht in den White Mountains 1 917 m ü. M.; bes. im S bedeutende Industrie; wichtigste Stadt ist →Boston.

Geschichte: Den Namen N. prägte der Engländer J. SMITH, der die Küstenregion 1614 erkundete. Die Besiedlung durch engl. Puritaner ging von Plymouth (1620, →Pilgerväter) und – in größerem Maße – von der Massachusetts Bay aus (1630 Boston; 1630–40 ›Große Wanderung‹). Connecticut (1635), Rhode Island (1636), New Hampshire (1638), Maine (1640) und später Vermont wurden in der für N. charakterist. Form der Townships (→Town) besiedelt. 1643 schlossen die Kolonien (ohne Rhode Island) zur Abwehr von niederländ. und indian. Angriffen die ›New England Confederation‹ (Neuenglandkonföderation), die im Indianerkrieg von 1675/76 (›King Philip's War‹) zum letzten Mal aktiv war und 1684 aufgelöst wurde. Mit der Einwanderung der Puritaner und deren Vorstellungen von einem religiös motivierten Gemeinwesen entwickelte sich in N. eine eigenständige Kultur. Ab 1651 ergaben sich zw. der v. a. auf Fischfang und Handel angewiesenen Bevölkerung des landwirtschaftlich weitgehend unergiebigen Gebiets von N. und dem engl. Mutterland aufgrund der Schifffahrts- und Handelsgesetze (→Navigationsakte) immer stärkere Differenzen. Die ab 1686 von England betriebene administrative und militär. Zusammenfassung der Kolonien zum ›Dominion of New England‹ beschränkte die Rechte der einzelnen Kolonien gegenüber der Krone und wurde im Gefolge der Glorreichen Revolution wieder zurückgenommen. In der Unabhängigkeitsbe-

Hans Neuenfels

wegung spielte N. eine führende Rolle und blieb auch im 19. Jh. Ausgangspunkt wichtiger religiöser, polit. und moral. Bewegungen (→Abolitionismus). Zu Anfang des 19. Jh. erlebte N. eine kulturelle Blüte und im Zuge der Industrialisierung ab 1815 (Textilindustrie) einen wirtschaftlichen Aufschwung, der allerdings mit einer Abwanderung in die neu erschlossenen Westgebiete einherging. Die irische (später auch ital. und jüd.) Masseneinwanderung in die Städte ab der Mitte des 19. Jh. bewirkte starke Veränderungen.

J. T. ADAMS: The history of New England, 3 Bde. (Boston, Mass., 1921–27, Nachdr. New York 1968, 2 Bde.); R. C. SIMMONS: The American colonies (New York 1976); R. R. JOHNSON: Adjustment to empire. The New England colonies 1675–1715 (Leicester 1981); D. CRESSY: Coming over. Migration and communication between England and New England in the 17th century (Cambridge 1987).

2) Distrikt im nördl. New South Wales, Australien, gegliedert in ein Hochplateau und die **N.-Kette** (engl. **New England Range**), die als Teil der Great Dividing Range etwa 300 km in N-S-Richtung verläuft und im Round Mountain 1 615 m ü. M. erreicht. N. hat Schaf- und Rinderzucht, Gemüse- und Maisanbau sowie Forstwirtschaft.

Neuengland-Theologie, engl. **New England Theology** [nju: 'ɪŋlənd θɪ'ɔlədʒɪ], eine im 18. Jh. von J. EDWARDS begründete theolog. Richtung in der amerikan. Erweckungsbewegung, die die kalvinistisch-puritan. Lehre philosophisch und theologisch neu zu untermauern suchte. Unter dem Einfluss idealistisch-determinist. Vorstellungen wurde bes. der Gedanke der Gleichsetzung des Reiches Gottes mit einer Idealform der menschl. Gemeinschaft gefördert.

Neuenglisch, Abk. **ne.,** um 1500 einsetzende Stufe der →englischen Sprache. (→englische Literatur)

Neuenhaus, Stadt im Landkreis Grafschaft Bentheim, Ndsachs., an Dinkel und Vechte, nahe der Grenze zu den Niederlanden, 8 900 Ew.; Wohngemeinde; in der Umgebung Erdöl- und Erdgasförderung. – N. entwickelte sich um eine 1317 erbaute Wasserburg und wurde 1369 Stadt.

Neuenhausen, Siegfried, Bildhauer, Maler und Grafiker, *Dormagen 30. 11. 1931; verfolgt eine eigene Linie in der Nähe des krit. Realismus, wobei er sich bes. mit Faschismus und dem Missbrauch polit. Macht auseinander setzt. Er leitete Projekte in Strafvollzugsanstalten und psychiatr. Abteilungen.

Neuenheerse, Stadtteil von Bad Driburg, Kr. Höxter, NRW. – Die ehem. Damenstiftskirche (868 gegr., 1131 geweiht), heute kath. Pfarrkirche St. Saturnina, wurde im 14. Jh. zur Hallenkirche umgebaut, wobei man u. a. den Westbau im roman. Zustand beließ; weiträumige sechsjochige Hallenkrypta; barocke Ausstattung der ersten Hälfte des 18. Jh.; Abteigebäude (1599–1603) im Stil der Weserrenaissance.

Neuenhof, Gem. im Kt. Aargau, Schweiz, 403 m ü. M., südl. Nachbarort von Baden und Wettingen, an der Limmat, 7 600 Ew.; Kunststoff- und Leichtmetallverarbeitung u. a. Industrie.

Neuenkirchen, ländliche Gem. im Kr. Steinfurt, NRW, 61 m ü. M., südwestlich von Rheine, im Münsterland, 13 400 Ew.; Textilindustrie, Kühlerbau, Großmolkerei. – In der Nähe das Erholungsgebiet Offlumer See.

neuen Leiden des jungen W., Die, Stück von U. PLENZDORF, Uraufführung Halle (Saale) 18. 5. 1972; Prosafassung erschienen in ›Sinn und Form‹ 1972; Buchausgabe 1973.

Neuenrade, Stadt im Märk. Kreis, NRW, 320 m ü. M., im oberen Hönnetal im Lennegebirge, teils im Naturpark Homert, 12 300 Ew.; Herstellung von Draht, Kleineisen- und Gießereierzeugnissen, Kunststoff verarbeitende Industrie, Fahrradbau; Landwirtschaft; Fremdenverkehr. – N. entstand 1353 mit seiner

Neuenstein: Schloss Neuenstein (1555–64); rechts ein Nebengebäude des Schlosses, dahinter der Turm der Pfarrkirche

Burg zur Sicherung der O-Grenze der Grafschaft Mark gegen die Grafschaft Arnsberg. 1355 erhielt N. Stadtrecht.

Neuenstadt, Name von geographischen Objekten:
1) Neuenstadt, Bezirkshauptort im Kt. Bern, Schweiz, →La Neuveville.
2) Neuenstadt am Kocher, Stadt im Landkreis Heilbronn, Bad.-Württ., 182 m ü. M., im unteren Kochertal, 8 800 Ew.; Museum; Fertigung von Präzisionsteilen u. a. Industrie. – Ev. Pfarrkirche (ehem. St. Kilian, 1595/96 umgebaut) mit mehreren Grabdenkmälern; Schloss (1565; nach Kriegszerstörung wieder aufgebaut); Bürgerhäuser des 16.–18. Jh. – N. geht auf die 797 erstmals erwähnte Siedlung **Hęlmanabiunde,** Anfang des 14. Jh. **Neue Stadt Hęlmbund** genannt, zurück und erhielt 1324 Stadtrecht. 1618–1781 war N. Residenzstadt der Herzöge von Württemberg-Neuenstadt.

Neuenstein, Stadt im Hohenlohekreis, Bad.-Württ., 284 m ü. M., auf der westl. Hohenloher Ebene, 6 100 Ew.; Bau von Fahrzeuggetrieben u. a. Maschinen. – Im Schloss N. (1555–64), einer Vierflügelanlage von maler. Wirkung, heute das Hohenlohe-Museum (u. a. Stilräume von der Renaissance bis zum Biedermeier) und das Zentralarchiv des Hauses Hohenlohe. – N. entstand als Burgsiedlung in Anlehnung an die 1300 an das Haus Hohenlohe gefallene gleichnamige Burg. 1351 wurde N. Stadt, 1553–1698 war es Residenz der Linie Hohenlohe-Neuenstein.

Neue Ökonomische Politik, russ. **Nowaja Ekonomitscheskaja Politika,** →NEP.

Neue Philosophie, frz. **Nouvelle Philosophie** [nu'vɛl filɔzɔ'fi], aus den Pariser Studentenunruhen 1968 hervorgegangene poststrukturalist. Richtung der frz. Philosophie, deren linksintellektuelle Vertreter, anknüpfend an Strukturalismus, Psychoanalyse und Diskursanalyse, sich mit gesellschaftspolit. Fragestellungen beschäftigen und z. T. auch durch eigenes polit. Engagement hervortreten. Zu Vertretern der N. P. zählen sehr unterschiedl. Denker: JEAN-MARIE BENOIST (*1942, †1990), JEAN-PAUL DOLLÉ (*1939), A. GLUCKSMANN, CHRISTIAN JAMBET (*1947), GUY LARDREAU (*1947), B.-H. LÉVY und PHILIPPE NEMO (*1949). Gemeinsame Züge ihrer Schriften sind eine Ablehnung von Dogmatismus und totalitären Formen gesellschaftl. Praxis (Faschismus, Sozialismus) sowie ein krit. Verhältnis zum Marxismus und zur traditionellen Philosophie.

B.-H. LÉVY: Die Barbarei mit menschl. Gesicht (a. d. Frz., 1978); J. ALTWEGG u. AUREL SCHMIDT: Frz. Denker der

Gegenwart (²1988); B. TAURECK: Frz. Philosophie im 20. Jh. (1988).

neue politische Ökonomie, ökonomische Theorie der Politik, →politische Ökonomie.

Neue Prächtigkeit, Schule der N. P., 1973 in Berlin von J. GRÜTZKE, MANFRED BLUTH (*1926), MATTHIAS KOEPPEL (*1935) und KARLHEINZ ZIEGLER (*1935) gegründete und in einem Manifest verkündete Richtung der Malerei. Die N. P. ist im Rahmen der neuen Figuration zum krit. Realismus zu zählen und zeigt in ihrer satirisch überspitzten akadem. Malerei eine antimodernist. Tendenz.

Neue Preußische Zeitung, 1848 von E. L. VON GERLACH u. a. als Organ der preuß. Konservativen gegründete Tageszeitung, wurde wegen der Vignette des Eisernen Kreuzes im Titelkopf allg. auch **Kreuzzeitung** genannt, führte diesen Namen seit 1911 im Titel (Neue Preuß. Kreuzzeitung) und nannte sich 1932 bis zur Einstellung 1939 nur Kreuzzeitung. Die Zeitung war zunächst Sprachrohr der nach ihr benannten ›Kreuzzeitungspartei‹, später der Deutschkonservativen Partei. 1848–51 war O. VON BISMARCK einer ihrer regelmäßigen Mitarbeiter; von Anbeginn an übten Industriekreise maßgebl. Einfluss auf die Zeitung aus, der während der Endphase der Weimarer Rep., nachdem die Zeitung 1932 an den ›Stahlhelm‹ übergegangen war, bes. deutlich hervortrat.

Neuerburg, Stadt im Landkreis Bitburg-Prüm, Rheinl.-Pf., 330 m ü. M., auf der südwestl. Eifelabdachung, 1850 Ew.; Luftkurort. – Burg und Flecken N. waren Mittelpunkt der gleichnamigen Herrschaft. 1332 erhielt N. Stadtrecht.

Neuer deutscher Film, →Film.

neue Rechte, geistig-kulturelle Strömung seit den 1970er-Jahren in Europa und den USA, die sich von älteren polit. und weltanschaul. Auffassungen der Rechten absetzt. Sie entstand als **Nouvelle Droite** in Frankreich um 1968, getragen von rechtsintellektuellen Pariser Gruppierungen, die sich gegen die ›kulturelle Hegemonie‹ der Linken wenden; gemäß dem von ihr angenommenen ›Ende der Ideologien‹ glauben sie, in ein geistiges Vakuum vorstoßen zu müssen. Theoretiker der n. R., u. a. ALAIN DE BENOIST und GUILLAUME FAYE, verstehen sich als Gegenbewegung zur Mairevolte der ›68er‹ und zur neuen Linken. Im Unterschied zu älteren rechtskonservativen Strömungen, die Theorien und Ideologien gegenüber i. d. R. skeptisch eingestellt waren, strebt die n. R. eine kohärente Doktrin auf sozial- und naturwiss. Grundlage an. Im Anschluss an Theorien des ital. Kommunisten A. GRAMSCI will sie selbst die ›kulturelle Hegemonie‹ erringen; im Gegenzug, aber auch in Analogie zur ›Kulturrevolution‹ der neuen Linken sei in westl. Industriegesellschaften die Macht nicht mehr über politisch-militär. Apparate und Institutionen zu erlangen, sondern durch eine ›Kulturrenaissance‹ und die gezielt vorbereitete Vorherrschaft im Bereich der Ideen. Diese ›metapolit.‹ Strategie zielt auf eine langfristige Umwandlung der Mentalitäten und Wertvorstellungen bis zur ›Umkehr der ideolog. Mehrheit‹ mit den Intellektuellen als Meinungsführer.

Der polit. Hintergrund für die Entstehung der n. R. war die ökonom. und polit. Krise der 70er-Jahre und die neokonservative Kritik am Wohlfahrtsstaat und der Massendemokratie westl. Prägung (→Neokonservativismus); außenpolit. Kontext war die westl. Politik der Entspannung mit dem ideolog. ›Hauptfeind‹, der UdSSR, und das Kondominium der beiden Supermächte, das Europa in eine untergeordnete Rolle versetzt habe. Organisator. und konzeptionelles Zentrum der n. R. sind ›Gedankengesellschaften‹, z. B. die Forschungs- und Studiengruppe GRECE (Abk. für Groupement de recherche et d'études pour la civilisation européenne; gegr. 1968 von BENOIST, JEAN MABIRE, JEAN-CLAUDE VALLA u. a.; geschätzte Mitgliederzahl etwa 3000–5000 Personen) und der Club de l'Horloge. Adressaten dieser Zirkel sind Meinungsführer in Regierung und Verwaltung sowie in den Medien und rechtsgerichteten Parteien.

Die zentralen Ideen der n. R. in Frankreich richten sich kritisch gegen Grundpositionen der kulturellen und polit. Moderne, v. a. gegen das Gleichheitspostulat und die Verbindlichkeit universaler Menschenrechte. Marxisten, Christen und Liberale werden gleichermaßen als Vertreter eines ›reaktionären Humanitarismus‹ und ›humanist. Aberglaubens‹ verurteilt. Die n. R. verficht einen antiegalitären ›heroischen Humanismus‹ zugunsten eines (nicht durch Geburt, sondern durch Leistung) aristokrat. Menschen. Zu den wichtigsten geistigen Wurzeln und Quellen zählen die Soziobiologie und die Ethologie (K. LORENZ, I. EIBL-EIBESFELDT, H. J. EYSENCK). Vererbung und anthropolog. Verhaltenskonstanten gelten als Grundlagen des Sozialen. Letzte kollektive Grundeinheiten der im Prinzip unabänderl., aber im Detail von ›den Besten‹ schöpferisch zu gestaltenden Welt sind die Völker, also ethn. Gemeinschaften. Die Rechte der Völker und Nationen, auch der staatl. und sozialen Organismen werden höher gesetzt als die der Individuen. Die n. R. geht auf Distanz nicht nur zum Kommunismus, sondern auch zur ›amerikan. Vermassung‹. Die Periode des europ. Faschismus wird von der n. R. weniger kritisch, z. T. als ›anschlussfähig‹ betrachtet.

Die Grenzen zw. Neokonservativismus und n. R. sind fließend. In Großbritannien wollen Rechtsintellektuelle, z. B. die Salisbury Group (ROGER SCRUTON), dem Konservativismus ein anspruchsvolles Programm geben, scheuen aber auch nicht Verbindungen zur rechtsextremen Szene. Neben krieger. Heroismus und pseudowiss. begründetem Rassedenken spielt der Antifeminismus eine Rolle. In den USA kommen Themen der n. R. in den Veröffentlichungen und Veranstaltungen neokonservativer Publizisten zum Tragen; zu den genannten europ. Aspekten kommen dort Motive der radikalen Lebensschutzbewegung (Pro Life), die gegen die liberale Abtreibungsgesetzgebung und -praxis zu Felde ziehen und zum fundamentalist. ›religiösen Rechten‹ Programmat. Überschneidungen und personelle Verbindungen zu konspirativ arbeitenden neofaschist. Organisationen (New Alliance Party) und Geheimgruppen (World Anti-Communist League, Ku-Klux-Klan) werden von Kritikern hervorgehoben. Charakteristisch sind populist. Agitationstechniken (z. B. über Fernsehkirchen).

In Dtl. greift die n. R. auf deutschsprachige Theoretiker wie F. NIETZSCHE, CARL SCHMITT, E. JÜNGER und K. LORENZ zurück. Die im Kaiserreich und in der Weimarer Republik aktiven Strömungen der konservativen Revolution können als eine Hauptquelle der n. R. angesehen werden. Im Ggs. zu Frankreich beschränkt sich ihr Wirkungskreis nur auf kleine Zirkel (›Thule-Seminar‹, gegr. 1980) und Zeitschriften (Criticón, gegr. 1970). Einer der führenden Publizisten der n. R. ist ARMIN MOHLER. Die n. R. ist trotz ein intellektuelles Phänomen, lässt sich also an Parteigründungen im Bereich des Rechtsextremismus nicht festmachen, wenngleich sie sich z. T. in einer Grauzone zw. Konservativismus und Rechtsextremismus bewegt und ideolog. Übereinstimmungen mit Letzterem aufweist (antiegalitäre und antiliberale Stoßrichtung, Nationalismus und Ausländerfeindlichkeit).

A. MOHLER: Von rechts gesehen (1974); DERS.: Die konservative Revolution in Dtl. 1918–1932, 2 Bde. (³1989); G. BARTSCH: Revolution von rechts? Ideologie u. Organisation der N. R. (1975); A. DE BENOIST: Kulturrevolution von rechts (a. d. Frz., 1985); A.-M. DURANTON-CRABOL: Visages de la nouvelle droite. Le Grèce et son histoire (Paris 1988); C. LEGGEWIE: Der Geist steht rechts. Ausflüge in die Krise der Union (Neuausg. 1990); M. MINKENBERG: Neokonservativismus u.

n. R. in den USA (1990); S. Mantina: Die ›N. R.‹ in der ›Grauzone‹ zw. Rechtsextremismus u. Konservatismus (1992); P.-A. Taguieff: Sur la nouvelle droite. Jalons d'une analyse critique (Paris 1994); U. Worm: Die n. R. in der Bundesrep. Programmatik, Ideologie u. Presse (1995); R. Benthin: Die N. R. in Dtl. u. ihr Einfluß auf den polit. Diskurs der Gegenwart (1996).

neue Religionen, religionsgeschichtlicher Fachbegriff für die in der Neuzeit (v. a. seit Mitte des 19. Jh.) entstandenen religiösen Bewegungen, die entweder von ihren Herkunftsreligionen als Häresien oder →Sekten ausgegrenzt wurden, weil sie aufgrund ›neuer Erkenntnis‹ oder ›neuer Offenbarung‹ eine Gegenposition zu jenen einnahmen oder das traditionelle Religionssystem zu übertreffen meinten, oder verschiedenartige religiös und kulturell bestimmte Überlieferungsstränge zu einem neuen Religionssystem verbanden. Religionswissenschaftlich unterschieden werden von ihnen Sekten oder religiöse Schulen, die von ihrem Selbstverständnis her Sonderüberlieferungen oder eklektizistisch-fundamentalist. Glaubensformen innerhalb eines umfassenderen Religionssystems pflegen.

Religionssystematisch gehören zu den n. R. alle religiösen Bewegungen, die eine von bestehenden Traditionen mehr oder weniger unabhängige neue Lehre verkünden, einen in dieser Lehre begründeten neuen Kult leben und eine um Kult und Lehre zentrierte neue Gemeinschaft bilden.

Entstehungsbedingungen und Erscheinungsformen

Es kennzeichnet die Gesch. der Religionen, dass immer wieder n. R. entstehen, wobei jedoch die wenigsten von ihnen bisher zu dauernder histor. Gestalt gelangt sind. Dieser Prozess zeigt seit der Mitte des 19. Jh. zunehmende Tendenz, sodass das 20. Jh. als Jh. der religiösen Neubildungen bezeichnet werden kann. Als wesentl. Ursachen für diese Entwicklung werden in besonderer Weise die geistigen und sozialen Krisen und Umbrüche des Jh. und der Prozess der →Säkularisierung angesehen, die in der heutigen westl. Welt mit einer wachsenden ›Privatisierung der Religion‹, aber auch mit der Abnahme fester weltanschaul. Bindungen verbunden sind. Oft bildeten die in gesellschaftl. Krisensituationen aufgeworfenen Fragen und Infragestellungen den eigentl. Nährboden für das Entstehen von n. R., die sich als ›neue‹ Wege zur Welterklärung und Lebensbewältigung anboten.

Die meisten der n. R. entstanden und entstehen als Antwort (oft als bewusst gesuchter Gegensatz) auf die religiöse und zivilisator. Ausbreitung des Christentums oder im Kontext der anderen großen Religionen ([Neo-]Hinduismus, Buddhismus, Islam). Insofern sind n. R. ein weltweites Phänomen. Ihre Schwerpunkte liegen in den außereurop. Ländern, von wo die meisten sich als missionierende Religionen weltweit ausbreiten konnten. Zu den vor christl. Hintergrund entstandenen n. R. gehören u. a. →Adventisten, →Mormonen, →Vereinigungskirche, →Zeugen Jehovas, →Universelles Leben, ›Neue Kirche‹ (→Swedenborg) und die →Christengemeinschaft. Aus islam. Kontext hervorgegangen sind z. B. die →Ahmadija und die →Bahai-Religion, aus hinduistischem →Ananda Marga, →Bhagvan-Bewegung, →Hare-Krishna-Bewegung, →Divine Light Mission und →Transzendentale Meditation sowie neohinduist. Religionsgemeinschaften (z. B. →Brahmasamaj), aus buddhistischem v. a. die zahlr. neuen →japanischen Religionen (darunter als die größten →Nichiren-shōshū, →Sōka-gakkai und →Risshō-kōseikai). Eine Mischform aus buddhist., taoist., konfu-

zian. und christl. Elementen ist der →Caodaismus in Vietnam.

Charakteristisch für die meisten n. R., die zugleich als Reaktion einheim. Gesellschaften auf die als Überfremdung empfundene (christl.) Kultur der modernen Industriegesellschaften zu verstehen sind, ist die Rückbesinnung auf die Traditionen ihres Stammes oder Volkes. Beispiele für so entstandene synkretist. Religionen sind in Lateinamerika die →afroamerikanischen Religionen wie →Wodu, →Candomblé und →Umbanda, in Nordamerika die →Black Muslims oder die neuen indian. Religionen (z. B. →Peyotekult), in Ozeanien die →Cargo-Kulte und die neuen →polynesischen Religionen. In Mitteleuropa sind damit vergleichbar die →deutschgläubigen Bewegungen und das →Neuheidentum.

N. R. sind damit zumindest teilweise ein Ergebnis des Akkulturationsprozesses, wobei aus beiden Kulturkreisen und Religionssystemen ›Anleihen‹ genommen und zu einem neuen System verschmolzen werden. Dieses wird gegenüber den Herkunftsreligionen als überlegen angesehen und führt (in religionssoziolog. Betrachtungsweise) bei seinen Anhängern zu einer neuen Identität. Da der Gestaltwerdungsprozess vieler n. R. noch nicht abgeschlossen ist, bevorzugen Religionswissenschaftler für diese die Bez. **neue religiöse Bewegungen,** mit der die für sie typ. Aktualität und Mobilität präziser erfasst werden soll. Andere n. R. sind bereits zu geschlossenen Systemen geworden, allerdings offen für durch ihre Geschichte bedingte Wandlungen. Für die aus den großen Weltreligionen hervorgegangenen n. R. ist charakteristisch, dass von Anfang an die Lehre im Mittelpunkt steht, aus der neue heilige Urkunden hervorgebracht werden, während die meisten anderen n. R. zumindest in der Anfangsphase illiterat sind (z. B. →Maria Lionza).

Den n. R. ist die Überzeugung gemeinsam, dass sie als ›Offenbarung‹, ›Erkenntnis‹ oder ›Weltgesetz‹ die letztgültige (oder zeitgemäße) Wahrheit besitzen und verkünden, die oft als die ursprüngl., jetzt wiederhergestellte Wahrheit schlechthin verstanden wird. Häufig sind sie von der Vorstellung des nahen Weltendes – oder der Transformation dieser Welt in eine höhere und bessere – getragen, sind elitär oder auch autoritär. Ihre Heilsvorstellungen sind im Hinblick auf Heilsweg und Heilsziel fast ausschließlich immanent: Heil geschieht im Hier und Jetzt als Heilung des Einzelnen, der Gruppe oder auch (über die nähere Umwelt) der Welt, weshalb die religiöse Praxis in diesen meist überschaubaren Gemeinschaften weit wichtiger ist als die religiöse Theorie oder Doktrin. Viele von ihnen erheben dennoch einen universalen Anspruch, der jedoch über ihr histor. Erscheinungsbild weit hinausgeht. Die meisten bleiben partikular; nur wenigen ist eine weltweite, zahlenmäßig aber meist unbedeutende Ausbreitung gelungen.

Das Selbstverständnis der n. R. ist eng verknüpft mit der Komplexität ihrer Entstehungsbedingungen. Ihre Gründer oder deren ›Urgemeinde‹ berufen sich auf religiöse Erlebnisse und verbinden die aus dem angestammten Traditionskontinuum nicht mehr beantwortbaren Fragen und die darauf inzwischen gefundenen Antworten zu einem neuen umfassenden System religiöser Wirklichkeit. Dieser Prozess wird als Erkenntnis, Schau oder Offenbarung erfahren. Zugleich ist dies eine spezif. Reaktion auf konkrete und verschiedenartige Infragestellungen, die religionsgeschichtlich bedingt, aber auch durch ökolog., ökonom., geograph., klimat., ethn., soziolog., polit. und andere Faktoren hervorgerufen sein können. Die n. R. bieten damit ihren Anhängern neue Welterklärungs- und Lebensbe-

Schlüsselbegriff

wältigungssysteme als Möglichkeit zur Überwindung einer Krisen- oder Bedrohungssituation. So entstand z. B. Mitte des 19. Jh. der →Babismus als Antwort auf die polit. Wirren in Persien, die zarist. Expansions- und die engl. Kolonialpolitik, das Eindringen okzidentaler Technik und Philosophie. Die Black Muslims sind eine Antwort auf die polit. und soziale Situation der Schwarzen in den USA. Ähnlich ist das Entstehen des →Rastafari in Jamaika wie auch die Bildung der zahlreichen afrikan. unabhängigen Kirchen zu erklären: Als Antwort auf die Dominanz der Weißen auch im religiösen Bereich wird das Verhältnis umgekehrt und für Afrika und die schwarze Rasse die (auch histor.) Vorrangigkeit reklamiert (›Schwarze Theologie‹ [→Befreiungstheologie]). Viele der jap. und korean. n. R. sind Antworten auf die Niederlage im Zweiten Weltkrieg; ein Teil der korean. n. R. (z. B. Ch'ŏndogyo, Tankunkyo) ist aber auch schon unter der jap. Okkupation entstanden. Häufig spielen (z. B. bei den Cargo-Kulten) lokal begrenzte Ereignisse eine entscheidende Rolle für die Entstehung n. R. Darin liegt wohl auch der Hauptgrund dafür, dass die meisten n. R., auch wenn sie einen universalen Anspruch erheben, zu keiner universellen Ausbreitung kommen, zumal ein Überschreiten des religiös-kulturellen Entstehungsraumes zu synkretist. Veränderungen, aber auch zu Missdeutungen und Verzerrungen bis hin zur Auflösung führen kann.

Religionswissenschaftliche Erklärungsmuster

Neben den systemimmanent und strukturanalytisch vorgehenden religionswiss. Erklärungen für die Entstehung n. R. gibt es eine Reihe anderer, die nicht nur bestimmt sind durch die Komplexität und Unterschiedlichkeit der zu erforschenden Erscheinungen, sondern auch durch die Grundhaltungen und ideolog. Standpunkte der Forscher. Autoren, die n. R. bes. unter dem Aspekt des Christentums betrachten, verwenden eine diesem entsprechende Terminologie und sprechen von messian., messianist., prophet., chiliast., millenarist. Bewegungen, aber auch von Heilsbewegungen, Heilserwartungsbewegungen oder Freiheitsbewegungen. Andere Bez. für n. R. sind nativist., revivalist. oder revitalist. Bewegungen. Von neuen religiösen Bewegungen oder sozioreligiösen Bewegungen sprechen v. a. Soziologen und Sozialanthropologen, die auch den Begriff ›neue Kulte‹ in die Diskussion eingeführt haben, der sich in weltanschaulich festgelegter Literatur häufig in abwertender Absicht als ›destruktive Kulte‹ oder ›Psychokulte‹ wieder findet.

Zu den fragwürdigen und von der Religionswiss. heute als irreführend abgelehnten Bez. gehört auch **Jugendreligionen.** Die fünf urspr. so genannten n. R. (Hare-Krishna-Bewegung, Vereinigungskirche, Scientology Church, Divine Light Mission, Children of God) kamen als missionierende Religionen um 1970 aus den USA auch in die BRD. Trotz ihres unterschiedl. religiösen Herkommens schien ihnen eines gemeinsam: der ›Erfolg‹ nur innerhalb der jüngeren Generation. Dieses biographisch bedingte, für viele n. R. typ. Kriterium wurde dahingehend verallgemeinert, dass mit dem Begriff ›Jugendreligionen‹ die Vorstellung verbunden wurde, es handele sich um Pseudoreligionen, die der Jugendverführung dienen, die jugendgefährdend, ja jugendverderbend sind. Im Zentrum der Kritik stehen die oft autoritären Strukturen der Gemeinschaften und die umfassende, geistig-psych., aber auch finanzielle Vereinnahmung der Anhänger, die sich häufig ihrer Umgebung entziehen, die Verbindungen zu Familie und Freunden aufgeben und sich ganz in die Abhängigkeit der neuen Gemeinschaft begeben. Als Reaktion auf den Einfluss, den diese Bewegungen unter Jugendlichen gewannen, bildeten sich in den 1970er-Jahren versch. Elterninitiativen, die sich 1980 in Paris zum ›International Committee Concerned with New Totalitarian Ideological and Religious Organizations‹ (›Internat. Komitee, befasst mit neuen totalitären ideolog. und religiösen Organisationen‹) zusammenschlossen. Allerdings waren auch die hier gemeinten n. R. in ihrer Entstehungs- und Konsolidierungsphase nicht für Jugendliche ›konzipiert‹; sie umfassen vielmehr (mit Ausnahme der Children of God) in ihren jeweiligen Herkunftsgebieten alle Altersgruppen und sind z. T. Familienreligionen. Darüber hinaus verwischt der Begriff ›Jugendreligionen‹, der inzwischen auf eine Vielzahl von n. R. ausgedehnt worden ist, trotz mögl. Ähnlichkeiten die grundsätzl. Unterschiede im Welt- und Selbstverständnis der jeweiligen Religionssysteme, die als n. R. oder neue religiöse Bewegungen zu gelten haben.

Aber auch den meisten anderen Benennungen sind Werturteile immanent, oder sie heben lediglich Einzelaspekte hervor, die so weit vereinfachen, dass sie dem Phänomen n. R. nicht gerecht zu werden vermögen. Eine überzeugende Systematik fehlt bislang ebenso wie eine empirisch fundierte Typologie.

Die wiss. Theoriebildung wird auch dadurch erschwert, dass das Entstehen n. R. einerseits als Ausdruck eines positiven, aktiv fortschreitenden religiösen Lebens angesehen wird, andererseits als Verfallsprozess oder im Einklang mit dem Säkularisierungsprozess als Niedergang religiösen Bewusstseins gedeutet wird. Diese unterschiedl. Sicht führt zum einen zu einer Euphorie, die von der Erneuerung der Weltkultur schwärmt oder die schöpfer. Kräfte des Menschengeistes in diesen Bewegungen verherrlicht, zum anderen zu einem reinen Abwehrverhalten, das die n. R. und die sich neu konstituierende Religiosität als Massenwahn, psych. Epidemie oder Psychoterror verwirft. Erhärtet werden diese Vorwürfe durch spektakuläre Ereignisse wie die kollektiven Selbstmorde von Anhängern der von JIM JONES in Kalifornien gegründeten chiliast. Bewegung 1978 in Guyana und des ›Ordens des Sonnentempels‹, einer von dem belgisch-kanad. Arzt LUC JOURET (*1947, †[Selbstmord] 1994) gegründeten elitären Endzeitgemeinschaft, in der Schweiz (Cheiry [Kt. Freiburg] und Granges-sur-Salvan [Kt. Wallis]) 1994. Widersprüchlich ist auch die Beurteilung der Gründerpersönlichkeiten und ihrer religiösen Erlebnisse. Von der einen Seite wird die neue Lehre als die letzte Wahrheitswirklichkeit, als die göttl. Offenbarung schlechthin gepriesen, von der anderen werden die Aktivitäten der Gründer als Ausdruck teufl. Betrügereien und als Missbrauch religiöser Hingabe verurteilt. Häufig wird dabei die Entstehung n. R. mit psychopatholog. Erscheinungen erklärt, indem auf die Abnormität der Gründer (auf sexuellem, soziopolit., wirtschaftl., sozialem oder auch religiösem Gebiet) verwiesen wird. Religionshistorisch und -systematisch gibt es zwar auch das Phänomen des religiösen Wahns, das jedoch als Erklärungsmuster für die n. R. ebenso wenig angemessen ist wie für die ›alten Religionen‹.

Aus religionswiss. Sicht sind die n. R. eine der treibenden Kräfte der Religionsgeschichte, sie stellen ein Phänomen innerhalb aller histor. Epochen dar und sind dem Wandel und Verfall ebenso ausgesetzt wie alle anderen Erscheinungen. Deshalb sind viele der n. R. äußerst kurzlebig (i. Allg. drei bis vier Generationen). Andere wurden, bes. durch die Verbindung mit der jeweiligen polit. Macht, zu Weltreligionen; so waren Buddhismus, Christentum und Islam auch einmal neue Religionen.

Da n. R. immer in einem bereits gesellschaftlich, politisch und religiös verfestigten, wenn auch häufig im Umbruch befindl. Umfeld entstehen und, falls sie zu missionierenden Religionen werden, auf ebensolche Strukturen stoßen, sehen sie sich immer auch Ablehnung bis hin zu Verfolgungen ausgesetzt. Von den jeweiligen traditionellen (vorherrschenden) gesellschaftl., polit. und religiösen Systemen werden sie als Störfaktoren, ›Abnormitäten‹ oder ›Verirrungen‹ angesehen. Der allgemeinen Öffentlichkeit vermittelbare Kriterien zur Beurteilung n. R. lassen sich nur von den allgemeinen Menschenrechten, der Verfassungskonformität oder den jeweils gültigen Strafgesetzen her erheben. Dies gilt auch für die in Europa entstandenen oder seit den 1970er-Jahren hier missionierenden n. R. Religionswissenschaftler gehen davon aus, dass infolge der immer kürzer werdenden Kommunikationswege der interkulturellen Migration und der daraus folgenden Kulturkontakte und -durchdringungen die Entstehung n. R. eher zu- als abnehmen wird. Da im religiösen Bereich u. a. Zahlen- und Zeitspekulationen keine geringe Rolle spielen, löst das Zugehen auf das 3. Jt. möglicherweise zusätzl. Gründungen bzw. Ausbreitung apokalypt. Gruppierungen aus.

E. Benz: N. R. (1971); G. Lanczkowski: Die n. R. (1974); Christus u. die Gurus. Asiat. religiöse Gruppen im Westen, hg. v. L. Schreiner u. a. (1980); Jurist. Probleme im Zusammenhang mit den sogenannten neuen Jugendreligionen, hg. v. P. A. Engstfeld u. a. (1981); F. W. Haack u. a.: Die neuen Jugendreligionen, 4 Tle. ($^{1-24}$1982–88); J. R. Gascard: Neue Jugendreligionen. Zw. Sehnsucht u. Sucht (1984); Jugendsekten u. neue Religiosität. Beitr. v. H.-W. Baumann u. a. (^{2}1984); J. Needleman: The new religions (Neuausg. New York 1984); G. K. Nelson: Cults, new religions and religious creativity (London 1987); New religious movements and the churches, hg. v. A. R. Brockway u. a. (Genf 1987); F. Usarski: Die Stigmatisierung neuer spiritueller Bewegungen in der Bundesrep. Dtl. (1988); R. Wassner: Neue religiöse Bewegungen in Dtl. Ein soziolog. Bericht (1991); J. G. Melton: Encyclopedia of American religions (Detroit, Mich., 1993); Hb. religiöse Gemeinschaften. Freikirchen, Sondergemeinschaften, Sekten, Weltanschauungen, missionierende Religionen des Ostens, Neureligionen, Psycho-Organisationen, hg. v. H. Reller u. a. (^{4}1993); R. Hummel: Religiöser Pluralismus oder christl. Abendland? (1994); International biographical dictionary of religion, hg. v. J. C. Jenkins (München 1994).

Neuererbewegung, in der DDR Bez. für die gesetzlich geregelten, staatlich gelenkten Initiativen einzelner Betriebsangehöriger **(Neuerer)** oder Kollektive, die dem Ziel dienten, durch ›schöpfer. Lösungen‹ organisator., techn. oder wiss. Probleme der Produktion eines Betriebes zu steigern; wesentl. Bestandteil des ›sozialist. Wettbewerbes‹ (→Aktivist).

Neuer Keynesianismus [- keɪnz-], engl. **New keynesian economics** [nju: ˈkeɪnzjən iːkəˈnɔmɪks], als Reaktion auf die →neue klassische Makroökonomik in den 80er-Jahren entstandene makroökonom. Schule, die sich insbesondere um die mikroökonom. Fundierung der für die keynesian. Theorie zentralen Hypothese kurzfristiger Preis- und Lohnstarrheiten bemüht. Vertreter sind u. a. George A. Akerlof, Janet L. Yellen und N. Gregory Mankiw. Ausgangspunkt ist die (der neuen klass. Makroökonomik diametral entgegengesetzte) Überzeugung, dass sich die in der Realität beobachtbaren konjunkturellen Schwankungen nur bei Marktunvollkommenheiten auf der Mikroebene erklären lassen (z. B. Lohn- und Preisstarrheiten); insofern steht der N. K. in der Tradition der keynesian. Lehre. Allerdings wurden im naiven →Keynesianismus Lohn- und Preisstarrheiten oftmals durch nicht rationales Verhalten erklärt (z. B. Nominallohnillusion der Arbeitnehmer). Dieses Abweichen vom Paradigma des Homo oeconomicus wurde v. a. bei neoklassisch orientierten Ökonomen zu einem zentralen Kritikpunkt am Keynesianismus. Der N. K. will zeigen, dass makroökonom. Lohn- und Preisstarrheiten mit Rationalverhalten auf der Mikroebene zu vereinbaren sind. Dieser Nachweis lässt sich nur dann führen, wenn die Unternehmen bzw. Gewerkschaften einen Preissetzungsspielraum haben. Daher ist die in den Modellen des N. K. bevorzugte Marktform das →Monopol bzw. die monopolist. Konkurrenz. Als mögl. Ursache für rational begründbare Preisstarrheiten werden u. a. Menu-Costs, gestaffelte Preissetzung und Koordinationsversagen genannt.

Ausgangspunkt für die Erklärung makroökonom. Preisstarrheiten durch gestaffelte Preissetzung auf der Mikroebene ist die Beobachtung, dass viele Preise einer Volkswirtschaft für eine gewisse Zeit vertraglich fixiert sind (z. B. durch Lieferverträge und Tarifabkommen). Grund für die Fixierung ist i. d. R. – durchaus rational – die Vermeidung von Risiko. Solche Verträge implizieren eine gewisse Lohn- und Preisträgheit. Entscheidendes Argument ist jedoch, dass es zu einem zusätzlichen Trägheitsmoment kommt, weil aus makroökonom. Perspektive die Verträge gestaffelte Laufzeiten aufweisen und daher nicht zum selben Zeitpunkt enden bzw. neu verhandelt werden. Kommt es z. B. zu einem Rückgang der Gesamtnachfrage, müssten die Lohnsätze proportional sinken, um Vollbeschäftigung aufrechtzuerhalten. Es wird unterstellt, dass die Arbeitnehmer zu einer solchen Lohnsenkung bereit wären, wenn sich dadurch ihre ›relative‹ Lohnposition im Vergleich zu anderen Arbeitnehmern nicht ändert. Lohnsenkungen sind aber nur dort mögl., wo Tarifverträge ausgelaufen sind und Neuverhandlungen anstehen. Würden die betroffenen Arbeitnehmer der gesamtwirtschaftlich erforderl. Lohnsenkung zustimmen, würde sich ihre Lohnposition gegenüber den Arbeitnehmern verschlechtern, die noch von bestehenden Tarifverträgen geschützt werden. Ob diese später ebenfalls Lohnsenkungen zustimmen werden, ist aber offen. Daher werden die Beschäftigten in den Lohnverhandlungen allenfalls einer geringen Lohnsenkung zustimmen. Dieses – durchaus rationale – Verhalten lässt sich auf spätere Verhandlungen übertragen. Allein durch die Staffelung kommt es also zu Trägheiten des gesamtwirtschaftl. Preisniveaus mit der Folge, dass auf Rückgänge der Gesamtnachfrage nicht das Preisniveau, sondern das Beschäftigungsniveau sinkt. Ob diese oder andere Hypothesen des N. K. zur Erklärung von Starrheit des gesamtwirtschaftl. Preisniveaus ausreichen, ist Gegenstand der aktuellen makroökonom. Diskussion.

M. Pflüger: Neukeynesianismus u. Marktmacht (1994); New Keynesian economics, hg. v. N. G. Mankiw u. D. Romer, 2 Bde. (Neudr. Cambridge, Mass., 1995).

Neuer Kurs, 1) Bez. für die nach Bismarcks Sturz durch Reichskanzler L. von Caprivi (1890) entscheidend mitbestimmte Umorientierung der Innen-, Sozial-, Wirtschafts- und Kulturpolitik, wodurch unter Wahrung der konstitutionellen Regierungsform die bisherige Opposition gewonnen und auch Zeitströmungen Rechnung getragen werden sollte.

J. C. G. Röhl: Dtl. ohne Bismarck. Die Reg.-Krise im 2. Kaiserreich 1890–1900 (a. d. Engl., 1969).

2) Bez. für die vom sowjet. Min.-Präs. G. M. Malenkow nach dem Tod Stalins (1953) eingeschlagene innenpolit. Linie, die v. a. auf eine Steigerung der Konsumgüterproduktion zulasten der Schwerindustrie, auf steuerl. Erleichterungen für Bauern und einen Schuldenerlass für die Kolchosen gerichtet war. Die Politik des N. K., bereits 1955 als politisch verfehlt verworfen (Ablösung Malenkows), stand in enger Verbindung mit der Politik des N. K. in der DDR.

3) Bez. für die vom Politbüro der SED auf Initiative der sowjet. Reg. unter G. M. Malenkow am 9. 6.

1953 beschlossene, nach dem Aufstand vom →Siebzehnten Juni 1953 am 26. 7. 1953 bestätigte polit. Linie, durch die die bedrohte innere Stabilität der DDR gesichert werden sollte. Die Maßnahmen stellten u. a. in Aussicht: Erweiterung der Planauflagen für die Leicht- und Konsumgüterindustrie, Rücknahme der Kampfansage an den besitzenden Mittelstand, stärkere Entfaltung des privaten Handels, Stopp der Kollektivierung der Landwirtschaft, eine flexiblere Kirchenpolitik, beschränkte Amnestie. Nach dem Sturz MALENKOWS (1955), dem v. a. eine Vernachlässigung der Schwerindustrie vorgeworfen worden war, machte die SED ihren N. K. rückgängig und ging forciert zum ›Aufbau des Sozialismus‹ über.

Neue Sachlichkeit 1): Ernst Thoms, ›Trödelladen‹; 1926 (Hannover, Sprengel-Museum)

Neuer Malik Verlag, 1983 gegründeter Verlag, Sitz: Kiel; stellt sich mit seinem Programm bewusst in die Tradition des →Malik-Verlages und veröffentlicht anspruchsvolle Belletristik.

Neuer Markt, am 10. 3. 1997 in Analogie zur amerikan. NASDAQ eingeführtes privatrechtlich organisiertes Marktsegment der Dt. Börse AG, das Anlegern die Möglichkeit eröffnet, gezielt in Aktien junger, wachstumsorientierter Unternehmen aus Zukunftsbranchen (z. B. Biotechnologie, Telekommunikation, Multimedia) zu investieren. Innovative Unternehmen erhalten damit →Risikokapital von Anlegern, die bewusst Aktien mit gegenüber den Standardwerten erhöhten Risiken, aber auch Chancen suchen. Zur Begrenzung des Risikos wurden die Zulassungsbedingungen für Emittenten erhöht, Transparenzanforderungen verschärft und die Marktliquidität durch Einführung von ›Betreuern‹ (Handelshäuser, die sich verpflichten, während des Börsenhandels jederzeit An- und Verkaufsgebote mit einer Spanne von maximal 5 % zu stellen) verbessert. Die Akzeptanz des N. M. dokumentiert sich u. a. darin, dass bereits in den ersten sechs Monaten alle dort eingeführten Werte mehrfach überzeichnet und die Emissionskurse z. T. mehr als verdoppelt wurden. Im Rahmen einer internat. Initiative (Europ. N. M.) kooperiert die Dt. Börse AG eng mit dem Pariser Nouveau Marché sowie dem Nieuwe Markt in Amsterdam.

Neuer Realismus, *Kunst:* →Nouveau Réalisme. (→neue Figuration)

Neuer Schekel, Abk. **NIS,** Währungseinheit in Israel, 1 N. S. = 100 Agorot.

neuer Stil, Abk. **n. St.,** Zusatz-Bez. für Datierungen nach dem gregorian. →Kalender.

Neue Rundschau, Die, Kulturzeitschrift, gegr. 1890 als Wochenzeitschrift ›Freie Bühne‹ von O. BRAHM und SAMUEL FISCHER (* 1859, † 1934) in Berlin; seit 1894 Monatsschrift mit dem Titel ›Neue dt. Rundschau‹; seit 1904 heutiger Titel. Die N. R. erschien bis 1944 in Berlin, zuletzt im Suhrkamp Verlag, 1945–50 als Vierteljahresschrift in Stockholm und Amsterdam im Bermann Fischer Verlag; seit 1950 erscheint sie in Frankfurt am Main im S. Fischer Verlag; Auflage (1997) 6 000 Exemplare.

Neuer Wasserweg, der →Nieuwe Waterweg in den Niederlanden.

Neue Sachlichkeit, 1) *Kunst:* von G. F. HARTLAUB 1923 geprägter Begriff für eine in den 20er-Jahren in Dtl. entwickelte Richtung, für die eine objektive und präzise Realitätswiedergabe charakterist. Anliegen war. Die Überschärfe und die starke Betonung der Gegenständlichkeit unter Ausschaltung von Licht und Schatten in vielen Werken lässt oft eine mag. Wirkung entstehen (→magischer Realismus). Die Möglichkeiten der N. S. umfassen sowohl eine kubistisch bestimmte, von der Form her monumentalisierte Auffassung (A. KANOLDT, G. SCHRIMPF) als auch eine sozial engagierte Gesellschaftskritik (O. DIX, G. GROSZ). Weitere Vertreter der N. S. sind R. SCHLICHTER, K. HUBBUCH, A. RÄDERSCHEIDT, C. MENSE, G. SCHOLZ, HEINRICH DAVRINGHAUSEN (* 1894, † 1970), F. RADZIWILL, C. GROSSBERG, C. SCHAD, ERNST THOMS (* 1897, † 1983) und GRETHE JÜRGENS (* 1900, † 1981). Die sachbezogene, an der zivilisator. Umwelt orientierte verist. Darstellung ist als künstler. Ablehnung des subjektiven Expressionismus zu werten. Sie wurde wesentlich durch die →Pittura metafisica beeinflusst. Ähnl. Tendenzen zeigten sich in der europ. Kunst des 20. Jh. u. a. bei F. LÉGER, BALTHUS, A. DERAIN, F. VALLOTTON, S. SPENCER und O. GUTFREUND sowie bei Vertretern des Regionalismus und des Präzisionismus in den USA, aber auch in der Fotografie (A. RENGER-PATZSCH, A. SANDER, P. STRAND).

WIELAND SCHMIED: N. S. u. mag. Realismus in Dtl. 1918–1933 (1969); F. SCHMALENBACH: Die Malerei der ›N. S.‹ (1973); H. G. VIERHUFF: Die N. S. Malerei u. Fotografie (1980); M. ANGERMEYER-DEUBNER: N. S. u. Verismus in Karlsruhe 1920–1933 (1988); S. MICHALSKI: N. S. Malerei, Graphik u. Photographie in Dtl. 1919–1933 (1992); G. PRESLER: Glanz u. Elend der 20er Jahre. Die Malerei der N. S. (1992); N. S. Bilder auf der Suche nach der Wirklichkeit, bearb. v. H.-J. BUDERER, Ausst.-Kat. Städt. Kunsthalle Mannheim (1994); A. FLUCK: Mag. Realismus in der Malerei des 20. Jh. (1994); M. SEELEN: Das Bild der Frau in Werken dt. Künstlerinnen u. Künstler der n. S. (1995); N. S. Österreich 1918–1938, bearb. v. K. SCHRÖDER, Ausst.-Kat. Kunstforum Bank Austria, Wien (Wien 1995).

2) *Literatur:* aus der Kunstgeschichte übernommener Begriff für (z. T.) ähnliche, in ihrer Bewertung al-

Neue Sachlichkeit 1): Alexander Kanoldt, ›Stillleben‹; 1925 (Mannheim, Städtische Kunsthalle)

lerdings bis heute kontrovers diskutierte Tendenzen: Im Ggs. zum Pathos und der zw. Untergangsvisionen und utop. Idealisierungen schwankenden Geisteshaltung des (Spät-)Expressionismus suchten die Vertreter der N. S. nach einer künstler. Perspektive in der Auseinandersetzung mit der alltägl. Wirklichkeit der Weimarer Republik. Die literar. Darstellung sozialer und wirtschaftl. Probleme war bevorzugtes Thema, wobei tatsachenorientierte Darstellungsformen im Vordergrund standen: das dokumentar. Theater (E. PISCATOR), die neuen Medien Film (W. RUTTMANN, R. SIODMAK, E. ULMER) und Rundfunk, die Reportage, die Biographie, der Gegenwartsroman, die Gebrauchslyrik. Wichtige Vertreter der N. S. waren u. a. B. BRECHT, F. BRUCKNER, A. DÖBLIN, H. FALLADA, L. FEUCHTWANGER, E. KÄSTNER, E. E. KISCH, S. KRACAUER, W. MEHRING, J. RINGELNATZ und K. TUCHOLSKY. Vielfach blieb die N. S. allerdings nur Episode schriftsteller. Schaffens, so bei BRECHT, der nach anfängl. Zustimmung bald eine ablehnende Haltung (›N. S.‹, 1928) zeigte und sich damit dem Urteil von W. BENJAMIN, G. LUKÁCS, E. BLOCH u. a. marxistisch orientierten Theoretikern anschloss, die der N. S. eine systemstabilisierende Funktion vorwarfen (während rechtskonservative Kreise die Politisierung der Literatur kritisierten).

K. PETERSEN: N. S., Stilbegriff, Epochenbezeichnung oder Gruppenphänomen?, in: Dt. Vjschr. für Lit.-Wiss. u. Geistesgesch., Jg. 56 (1982); Weimarer Republik. Manifeste u. Dokumente zur dt. Lit. 1918–1933, hg. v. A. KAES (1983); Berlin - Provinz. Literar. Kontroversen um 1930, bearb. v. JOCHEN MEYER u. a. (1985).

3) *Musik:* zw. 1924 und 1929 aufgetretene antiromant. Richtung in Dtl., die sich in einer die Technik z. T. verklärenden Weise (z. B. in der Zeitoper ›Maschinist Hopkins‹, 1929, von MAX BRAND, * 1896, † 1980) an Idealen wie ›Materialgerechtigkeit‹ und ›Sachlichkeit‹ orientierte und den Unterschied zw. absoluter und angewandter Musik leugnete.

Neues Bauen, programmat. Begriff für vorwiegend dt. avantgardist. Architekturströmungen des Funktionalismus nach dem Ersten Weltkrieg, die sich gegen den Stil der Wilhelmin. Epoche richteten. Kennzeichnend sind u. a. der Verzicht auf repräsentative Details, Verwendung von industriell gefertigten Baustoffen, weißer Verputz, asymmetr. Gruppierung kubist. Elemente sowie Funktionalität, Sachlichkeit und Lichtfülle. Bedeutende Beispiele für N. B. sind das Bauhaus in Dessau von M. GROPIUS (1925/26; BILD →Bauhaus) und der Dt. Pavillon auf der Internat. Ausstellung in Barcelona von L. MIES VAN DER ROHE (1929). – Seit etwa 1926 nannte auch H. HÄRING seine Theorie vom ›organ. Bauen‹ Neues Bauen.

Neues China, chin. Nachrichtenagentur, →Xinhua.

Neues Deutschland, Abk. **ND,** Tageszeitung der Partei der Demokrat. Sozialismus (PDS) in Berlin, gegr. 1946, 1950 bis 4. 12. 1989 Organ des ZK der SED, erscheint seit dem 18. 12. 1989 mit dem Untertitel ›Sozialist. Tageszeitung‹; Auflage (1997): 70 000.

Neues Forum, Abk. **NF,** Bürgerrechtsorganisation in der DDR, am 9. 9. 1989 in Grünheide (bei Berlin) gegründet, am 31. 10. 1989 unter dem Druck von Demonstrationen als polit. Organisation zugelassen; verstand sich im Gründungsaufruf (u. a. unterzeichnet von B. BOHLEY, J. GAUCK, ROLF HENRICH [* 1944] und J. REICH; schon Mitte Oktober 25 000 Unterzeichner) als Plattform, die Demokratisierung der DDR zu erreichen. Mit der Organisation von Demonstrationen im Oktober und November 1989 in allen größeren Orten der DDR (u. a. der ›Montagsdemonstrationen‹ in Leipzig) entwickelte sich das NF zur stärksten und wirksamsten demokratisch bestimmten Oppositionsbewegung und trug so maßgeblich zum Sturz des SED-Regimes bei. In dem Maße, wie die Ziele des NF (v. a. demokrat. Reform einer eigenständig bleibenden DDR) hinter der ab Dezember 1989 zunehmenden nat. Forderung nach Wiedererlangung der staatl. Einheit Dtl.s zurückblieben, verlor das NF seit der Jahreswende 1989/90 an Rückhalt in der Bev., die sich stärker an den etablierten Parteien (v. a. ihren westdt. Schwesterparteien) orientierte. Auf einer Gründungskonferenz nahm das NF (etwa 100 000 Mitgl.) am 28. 1. 1990 ein polit. Programm und Statut an und beschloss, sich als →Bürgerbewegung, nicht als Partei an Wahlen zu beteiligen. Am 7. 2. 1990 schloss sich das NF mit anderen Bürgerbewegungen zum →Bündnis 90 zusammen; eine Minderheit des NF gründete am 7. 1. 1990 die **Deutsche Forum-Partei** (Abk. **DFP**), die am 12. 8. 1990 der FDP beitrat. Das NF wahrte nach der Konstituierung von Bündnis 90 als gesamtdt. Partei (September 1991) bzw. der Bundesvereinigung Bündnis 90/Die Grünen (1993) seine organisator. Eigenständigkeit als polit. Vereinigung mit erneuerter Satzung (1996).

Neues Ökonomisches System der Planung und Leitung der Volkswirtschaft, Abk. **NÖS, NÖSPL,** offizielle Bez. für eine in der DDR 1963 begonnene und 1970/71 abgebrochene Wirtschaftsreform (seit April 1967 **Ökonomisches System des Sozialismus,** Abk. **ÖSS,** gen.). Veranlasst von immer offensichtlicher werdenden wirtschaftl. Defizten sowie Krisenanzeichen Anfang der 1960er-Jahre wurde versucht, die Zentralverwaltungswirtschaft durch marktwirtschaftl. Elemente wie größere Eigenverantwortlichkeit der Betriebe, gefördert durch ein System ›ökonom. Hebel‹ und betriebl. ›Selbstregulierung‹, sowie durch reduzierte Plankennziffern effektiver zu gestalten. Der von ERICH APEL (* 1917, † 1965) und G. MITTAG initiierte Umbau der Wirtschaftsverwaltung begann 1964 mit der Umstellung der Vereinigungen volkseigener Betriebe auf die wirtschaftl. Rechnungsführung und sah ihre Weiterentwicklung zu ›sozialist. Konzernen‹ vor. Die mit einer Beeinträchtigung des Machtmonopols der SED im Bereich der Wirtschaft verbundenen Auswirkungen des NÖS wie wachsender Einfluss des Marktes auf die Unternehmensentscheidungen und Gewinnorientierung der Betriebe führten schließlich zum Abbruch der Reform.

neue soziale Bewegungen, zu Beginn der 1980er-Jahre aufgekommene Sammel-Bez. für soziale Bewegungen und Protestgruppen, die seit etwa 1970 – im Unterschied zur traditionellen Arbeiterbewegung – mit neuartigen Äußerungsformen und hoher Öffentlichkeitswirksamkeit (v. a. →Bürgerinitiativen) hervortraten. Sichtbar wurden n. s. B. bes. in der →Alternativkultur, in der →Frauenbewegung, der →ökologischen Bewegung sowie der →Friedensbewegung; i. w. S. sind ihrem Umfeld aber z. B. auch Hausbesetzer und ›Autonome‹ zuzuordnen. Die u. a. von der →außerparlamentarischen Opposition und der Studentenbewegung geprägten Vorstellungen der n. s. B. haben mittlerweile in den Programmen von grünen Parteien und alternativen Listen ihren Niederschlag gefunden. Zur gemeinsamen Thematik der in vielen Einzelaspekten höchst unterschiedl. Gruppen sind zu zählen: Protest gegen die bestehenden Gesellschaftsverhältnisse und polit. Strukturen, Orientierung an eigenen Bedürfnissen nach Spontaneität, Selbstbestimmung und Basisdemokratie. Ein wichtiges Element in den Vorstellungen der n. s. B. ist neben individueller und gesellschaftl. Emanzipation die ökolog., pazifist. und alternative Modernisierungskritik. – Umstritten ist die Frage, ob die →Bürgerbewegungen in der DDR den n. s. B. zuzurechnen sind.

N. s. B. in Westeuropa u. den USA, hg. v. K.-W. BRAND (1985); J. RASCHKE: Soziale Bewegungen. Ein historisch-systemat. Grundr. (Neuausg. ²1988); N. s. B. in der Bundesrep. Dtl., hg. v. R. ROTH u. a. (²1991).

Neue Städte, →New Towns.

Neues Tal [als Ggs. zum ›alten‹ Niltal], arab. **El-Wadi el-Jedid** [-dʒeˈdid], **1)** eine dem Nil etwa parallel verlaufende Kette von Depressionen im ägypt. Teil der Libyschen Wüste, mit den Oasen Charga, Dachla, Farafra, Bahrija und Siwa (von S nach N). Die traditionelle (gut florierende) Oasenwirtschaft basierte auf der Erzeugung von Datteln. Seit 1959 wurde, bes. in den beiden südl. Oasen, das **Entwicklungsprojekt N. T.** zur Gewinnung neuer landwirtschaftl. Flächen durchgeführt, um Bauern aus dem übervölkerten Niltal zur Übersiedlung zu veranlassen; geplant waren 100 000 ha Neuland für 1 Mio. Menschen. Hierfür wurde in großem Maße fossiles Grundwasser im →nubischen Sandstein erschlossen. Der extensive Raubbau durch 160 neu gebohrte artes. Brunnen (über 1 000 m tief) führte aber zum Versiegen der traditionellen Brunnen und damit zum Verlust der alten Dattelpalmenhaine. Der Grundwasserspiegel sank, durch mangelhafte Drainage trat außerdem Bodenversalzung auf. Die Zahl der Neusiedler erreichte (1985) nur einige Tausend, der Umfang des erschlossenen Neulands rd. 27 000 ha. Der Tuskakanal (vom Nassersee über die Tuskadepression), 1996 fertig gestellt, soll nun zur Deckung des Wasserbedarfs beitragen. Am →Abu Tartur wird Phosphat abgebaut.

F. BLISS: Wirtschaftl. u. sozialer Wandel im ›N. T.‹ Ägyptens (1989).

2) Governorat in Ägypten, umfasst den ganzen SW des Landes (aber nur den südl. Teil von 1), 376 505 km², 136 000 Ew. Hauptort ist El-Charga.

Neues Testament, Abk. **N. T.,** Bez. für die Sammlung von 27 urchristl. Schriften (größtenteils aus dem 1. Jh.), die den zweiten Teil der christl. Bibel bildet. Abgefasst in der späthellenist. Umgangssprache (Koine), divergiert der Sprachstil zw. starkem semit. Einfluss (Mk. und Apk.) und einem der Septuaginta entsprechenden hohen sprachl. Niveau (Lk., Apg. und Hebr.). Der →Kanon des N. T. bildete sich erst allmählich heraus. Vermittelt über versch. Gattungen (Evangelien, Briefe, Apokalypse) spiegelt das N. T. den kerygmat. Nachvollzug der Botschaft JESU; dieser geschieht sowohl durch Fortentwicklung traditioneller theolog. und eth. Ansätze bes. des A.T. als auch durch Neuentwicklungen auf der Basis der Verkündigung JESU. Zur Entstehung des N. T. →Bibel; zur Erforschung des N. T. →Exegese.

Ausgabe: Novum Testamentum Graece, begr. v. E. u. E. NESTLE, hg. v. B. u. K. ALAND (²¹1993).

H. M. SCHENKE u. K. M. FISCHER: Einl. in die Schriften des N. T., 2 Bde. (1978–79); W. G. KÜMMEL: Einl. in das N. T. (²¹1983); W. BAUER: Griech.-dt. Wb. zu den Schriften des N. T. u. der frühchristl. Lit. (⁶1988); P. GUILLEMETTE: Analyse des griech. N. T. (1988); Theolog. Wb. zum N. T., begr. v. G. KITTEL, hg. v. G. FRIEDRICH, 11 Bde. (Neuausg. 1990); Theolog. Begriffslex. zum N. T., hg. v. L. COENEN u. a. (Neuausg. ⁴1993); Exeget. Wb. zum N. T., hg. v. H. BALZ u. a., 3 Bde. (²1996).

Neue Welle, →Film.

Neue Welt, andere Bez. für Amerika. Der Name entstand im 16. Jh., als sich ergeben hatte, dass C. KOLUMBUS auf seiner Fahrt nach Westen nicht Indien erreicht hatte, sondern einen noch unbekannten Kontinent. (→Alte Welt)

Neue Weltwirtschaftsordnung, Abk. **NWWO,** Bez. für die Konzeption der mehrheitlich in der Gruppe der 77 zusammengeschlossenen Entwicklungsländer (EL) zur Gestaltung der weltwirtschaftl. Beziehungen. Anlass war deren zunehmende Kritik (u. a. im Rahmen der Dependencia-Theorien) am bestehenden System der internat. Arbeitsteilung, das einseitig die Industrieländer (IL) begünstige. Die Forderungen der EL wurden v. a. auf Welthandelskonferenzen (→UNCTAD) diskutiert und mündeten in zwei Erklärungen der UNO-Vollversammlung von 1974 (Erklärung und Aktionsprogramm zur Errichtung einer NWWO, Charta über die wirtschaftl. Rechte und Pflichten der Staaten).

Wesentl. Elemente einer NWWO sind: 1) wirtschaftl. Souveränität und Anerkennung der EL als gleichberechtigte Partner (Selbstbestimmung, Verfügungsgewalt über die Rohstoffe, Recht auf Verstaatlichung ausländ. Besitzes nach nationalstaatl. Regelungen); 2) Selbstversorgung mit Nahrungsmitteln (Diversifizierung der Agrarproduktion, Finanzhilfen für ländl. Entwicklung); 3) Vereinbarung von Rohstoffabkommen zur Exporterlösstabilisierung (u. a. durch multilaterale Ankaufs- und Verkaufsverpflichtung, Schaffung von Bufferstocks), Förderung der Weiterverarbeitung der eigenen Rohstoffe, Billigung von Rohstoffkartellen; 4) Erhöhung des Anteils der EL an der Weltindustrieproduktion auf 25% im Jahr 2000 bes. durch Direktinvestitionen, Kooperationen, Öffnung der Märkte für industrielle Halb- und Fertigwaren aus EL; 5) Erleichterungen im Außenhandel durch Abbau von Zöllen und nichttarifären Handelshemmnissen, Schaffung von Präferenzsystemen für EL, Kontrolle der Tätigkeit multinat. Unternehmen, Verbesserung der Kooperation der EL untereinander; 6) Verbesserung des Technologietransfers durch Entwicklung angepasster Technologien, Ausbau von Forschung und Entwicklung in EL, Patent- und Lizenzerwerb durch EL zu Vorzugsbedingungen; 7) höhere Beteiligung der EL in den Bereichen Transport, Versicherungswesen und Tourismus; 8) Neuordnung des Weltwährungssystems durch mehr Mitbestimmung der EL beim Internat. Währungsfonds, besserer Zugang zu den Kapitalmärkten, mehr Finanzmittel für den Zahlungsbilanzausgleich, Maßnahmen zur Bewältigung der Schuldenkrise (Schuldenerlass, Umschuldung); 9) Verbesserung der Entwicklungshilfe durch Erhöhung der Finanzmittel internat. Entwicklungsorganisationen (z. B. Weltbank, regionale Entwicklungsbanken), Verwirklichung des Entwicklungshilfeziels der IL (0,7% des Bruttosozialprodukts für öffentl. Entwicklungshilfe), effizienterer Einsatz der Finanzmittel. Verglichen mit den Forderungen sind die Erfolge der NWWO für die EL bescheiden geblieben. Gewisse Fortschritte wurden v. a. im Bereich des Außenhandels erzielt (→Lomé-Abkommen). Mit der Welthandelsorganisation (WTO) soll ein transparenteres, verlässlicheres Welthandelssystem geschaffen werden, das den EL als den schwächeren Partnern einen besseren Marktzugang ermöglicht.

⇒ *Entwicklungshilfe · Entwicklungspolitik · Nord-Süd-Konflikt · Schuldenkrise · Weltwirtschaft*

Neue Wilde, Junge Wilde, Bez. für Maler, die seit Ende der 1970er-Jahre mit einer Malerei in Erscheinung traten, die durch radikale Ausschöpfung maler. Möglichkeiten, v. a. durch eine aggressive Farbigkeit, und eine teilweise Rückkehr zur Gegenständlichkeit gekennzeichnet ist. Der Name deutet auf die Verwandtschaft zu den frz. Fauves (›Wilde‹) hin. Bekannt wurden in der Bundesrep. Dtl. v. a. die Gruppen in Berlin (›Heftige Malerei‹) mit R. FETTING, H. MIDDENDORF, SALOMÉ (* 1954), BERND ZIMMER (* 1948) und in Köln (›Mülheimer Freiheit‹, 1983 aufgelöst), u. a. mit H.-P. ADAMSKI, W. DAHN und G. J. DOKOUPIL, außerdem ELVIRA BACH, M. KIPPENBERGER, VOLKER TANNERT (* 1955) und der Schweizer M. DISLER. Parallel dazu entwickelten sich in der DDR mehrere Künstlergruppen, die sich bewusst von der Glätte und Erstarrung des sozialist. Realismus absetzen wollten: Gruppe ›Clara Mosch‹ in Karl-Marx-Stadt (C. CLAUS, T. RANFT, DAGMAR RANFT-SCHINKE, M. MORGNER, G.-T. SCHADE), ›Lücke-TpT‹ in Dresden (u. a. A. R. PENCK und HARALD GALLASCH, * 1949) und der ›1. Leipziger Herbstsalon‹ (u. a. FRIEDER HEINZE, * 1950; OLAF WEGEWITZ, * 1949; LUTZ DAMMBECK, * 1948; HANS-HENDRIK GRIMMLING,

1947); auch W. LIBUDA, ANGELA HAMPEL (1956) und T. WENDISCH gehörten zu diesem Umkreis der Neuen Wilden.

Vergleichbare Tendenzen zeigen in Italien die Arte Cifra (→Transavanguardia), in Frankreich die ›Figuration libre‹ (J.-C. BLAIS, ROBERT COMBAS, * 1958, HERVÉ DI ROSA, *1959), in den USA ›New image painting‹ (J. SCHNABEL, D. SALLE) und →Patternpainting.

Neue Zeitung, Die, dt. Tageszeitung, im Oktober 1945 als ›eine amerikan. Zeitung für die dt. Bev.‹ (so der Untertitel) von der amerikan. Militär-Reg. in München gegründet (mit Redaktionen in mehreren dt. Städten). Ab 1947 erschienen eine Berliner und eine westdt. Ausgabe, Letztere ab 1951 in Frankfurt am Main; sie wurde 1953, die Berliner Ausgabe 1955 eingestellt.

Neue Zürcher Zeitung, Abk. **NZZ,** schweizer. liberale Tageszeitung mit überregionaler und internat. Verbreitung, gegr. 1780 als ›Zürcher Zeitung‹, seit 1821 unter dem Titel NZZ, seit 1843 Tageszeitung; seit 1995 gleichzeitig in Zürich, Frankfurt am Main und Passau gedruckt (Gesamtauflage 1997: 160 000).

Neufahrn b. Freising, Wohn- und Industrie-Gem. im Landkreis Freising, Oberbayern, 16 000 Ew.; Kosmetikwerk, Brotfabrik, Herstellung von Wellpappe, Fahrzeugbau.

Neuf-Brisach [nøbri'zak], Stadt im Elsass, →Neubreisach.

Neufert, Ernst, Architekt, *Freyburg (Unstrut) 15. 3. 1900, †Bugnaux (Kt. Waadt) 23. 2. 1986; studierte am Bauhaus in Weimar, war (bis 1926) Mitarbeiter von W. GROPIUS, 1926–29 Prof. in Weimar, 1945–65 in Darmstadt. N. errichtete Industrieanlagen, Verwaltungsbauten und Wohnsiedlungen und verfasste theoret. Arbeiten zur Normung und Maßordnung im Hochbau.
Schriften: Bau-Entwurfslehre (1936); Bauordnungslehre (1943); Industriebauten (1973).

Neuffen, Stadt im Landkreis Esslingen, Bad.-Württ., 408 m ü. M., am Fuß des Steilabfalls der Schwäb. Alb, 6 000 Ew.; Stadtmuseum, Ordensmuseum; Industrie (Maschinen-, Elektrogeräte-, Elektronikfabriken), Nebenerwerbslandwirtschaft mit Wein- und Obstbau. – Ev. Pfarrkirche (ehem. St. Martin), eine flach gedeckte Pfeilerbasilika aus dem 14. Jh.; zahlreiche Fachwerkhäuser, Rathaus (1657) mit großen Fachwerkgiebeln; in der Nähe die Burgruine →Hohenneuffen. – N., bereits um 300 besiedelt, gegen 1100 als Dorf bezeugt, wurde 1232 Stadt. 1301 fiel N. an Württemberg.

Neufrankreich, frz. **Nouvelle France** [nu'vɛl frɑ̃s], bis zum Pariser Frieden von 1763 Bez. des frz. Kolonialreichs in Nordamerika, das Kanada (mit dem Zentrum um den Sankt-Lorenz-Strom) und das Mississippibecken zw. dem Alleghenyplateau und den Great Plains (Louisiane, später Louisiana) einschloss.

Neufranzösisch, Epoche der →französischen Sprache (seit dem 16. Jh.).

Neufundland, Insel und Prov. in Kanada, →Newfoundland.

Neufundlandbänke, Schelfgebiet östlich und südlich der Insel Neufundland, rd. 280 000 km², Meerestiefen oft nur 50 m, umfasst die →Große Neufundlandbank, die Saint-Pierre-Bank und weitere Bänke; ergiebige Fischgründe.

Neufundländer, wahrscheinlich von Indianerhunden abstammende, durch Einkreuzung norweg. Bärenhunde und engl. Fleischerhunde entstandene Hunderasse mit starkem Schutztrieb und ausgeglichenem Wesen; ihre Widerristhöhe beträgt 68–75 cm. Das langhaarige Fell ist i. d. R. schwarz, selten braun. N. halfen den Fischern in Newfoundland, die Netze an Land zu ziehen. Aus nach Europa gebrachten N. entwickelte sich in der zweiten Hälfte des 19. Jh. der schwarzweiße **Landseer,** der seit 1959 als eigene Rasse anerkannt ist.

neufürstliche Häuser, Fürstenhäuser im Hl. Röm. Reich, die im Unterschied zu den altfürstlichen Häusern erst nach 1582 in den Reichsfürstenstand erhoben wurden. Seit 1641 war die Erhebung an die Zustimmung des Reichstages und den Erwerb einer Standesherrschaft gebunden.

Neugablonz, Stadtteil von →Kaufbeuren.

Neugeborenengelbsucht, 1) einfache N., Icterus neonatorum, bei 50–90% der Neugeborenen am 2.–3. Lebenstag auftretende, i. Allg. harmlose physiolog. Form der →Gelbsucht (Konjugationsikterus), die ihren Höhepunkt am 6. Lebenstag erreicht und danach schnell wieder abklingt. Sie wird durch Zerfall und Abbau der Erythrozyten nach der Geburt hervorgerufen. Aufgrund der noch unvollständigen Reife der Leberzellen mit einem daraus resultierenden Enzymmangel steigt das Bilirubin als ein Abbauprodukt der Erythrozyten im Blut an (Hyperbilirubinämie). Sichtbar wird der Bilirubinanstieg an einer gelblich roten Hautfarbe und gelbl. Verfärbung der Schleimhäute,

Neue Wilde: Martin Disler, ›Ermordung einer Schwangeren‹; 1982 (Privatbesitz)

Neufundländer (Widerristhöhe 68–75 cm)

bes. der Bindehaut des Auges. Mit Lichttherapie kann der Abfall des Bilirubinspiegels beschleunigt werden.

2) **hämolytische N., Erythroblastose,** durch Bildung von mütterl. Antikörpern und deren Übergang in den kindl. Kreislauf hervorgerufene Zerstörung der Erythrozyten des Kindes durch Phagozytose und Hämolyse. Ursache ist überwiegend eine Blutgruppenunverträglichkeit (v. a. gegen das Rhesusantigen D), die bei rhesusnegativer Mutter durch Vererbung des Rhesusfaktors auf das Kind entstehen kann. Bei Übertritt von kindl. Blut in den mütterl. Kreislauf kommt es zur Sensibilisierung und Antikörperbildung. Bei wiederholter Schwangerschaft mit rhesuspositivem Kind gehen die Antikörper vom mütterl. in den kindl. Kreislauf über, es kommt zur Rhesusunverträglichkeit.

Je nach Schweregrad entwickelt sich eine unterschiedlich ausgeprägte Schädigung der Leibesfrucht (Fetopathie) in Form einer schweren prähepatit. Gelbsucht, evtl. mit Schädigung des Nervensystems (im Hirn →Kernikterus), einer Anämie mit Anstieg der Erythroblasten (Vorstufen der Erythrozyten) aufgrund der gesteigerten kompensator. Erythrozytenbildung. Bei der schwersten Form kommt es zusätzlich zu einer angeborenen Wassersucht (Hydrops fetalis), die unbehandelt innerhalb weniger Tage, auch schon im Mutterleib, zum Tod führt. In einer nachfolgenden Schwangerschaft ist stets mit einer schwereren Verlaufsform zu rechnen. Einen wesentlich leichteren Verlauf weisen anders verursachte Unverträglichkeitsreaktionen (v. a. innerhalb des AB0-Blutgruppensystems) auf. Die Pränataldiagnostik wird mit Antikörperbestimmung, Ultraschalluntersuchung, Amniozentese und Nabelschnurpunktion durchgeführt.

Die *Behandlung* kann bereits vor der Geburt mit Transfusionen rhesusnegativen Blutes in die Nabelschnur beginnen, um ein günstiges Reifealter des Kindes zu erreichen. Nach der Geburt können Lichttherapie und →Austauschtransfusionen beim Kind vorgenommen werden. Um der Entstehung des Krankheitsbildes vorzubeugen, wird bei rhesusnegativen Müttern die →Anti-D-Prophylaxe durchgeführt.

Neugeborenen-Hypo|prothrombin|ämie, relativer Mangel von Gerinnungsfaktoren des Prothrombinkomplexes im Neugeborenenalter. Dieser Zustand wird als physiologisch angesehen, da sich das Gerinnungssystem des Neugeborenen im Gleichgewicht befindet. Bei einem zusätzl. Mangel an Vitamin K, das in der Muttermilch unzureichend vorhanden ist und deshalb substituiert werden muss, besteht eine erhebl. Blutungsgefahr. Die *Behandlung* erfolgt mit Vitamin K und Prothrombinkomplexkonzentraten.

Neugeborenes, jedes lebend geborene Kind in den ersten 28 Lebenstagen (Definition der Weltgesundheitsorganisation); in dieser Zeit vollzieht sich die Anpassung der Organe und Organsysteme an die Lebensverhältnisse außerhalb des Mutterleibs. Nach einer normalen Tragzeit sind die Organsysteme und Funktionen gut entwickelt, die bereits im Mutterleib beansprucht und trainiert worden sind; andere sind leistungsbereit. Herztätigkeit, Saug-, Schluck-, Atembewegungen, Harnproduktion sowie Magen- und Darmkontraktionen können bereits Wochen vor der Geburt registriert werden. Auch Leistungen der Wahrnehmung wie Hören, Sehen, Riechen und Fühlen sind beim N. schon vorhanden, aber noch nicht so ausgebildet wie in späteren Lebensabschnitten.

In den ersten Sekunden nach der Geburt setzt die Atmung des N. ein. Das bis dahin in der Lunge befindl. Fruchtwasser wird ausgepresst (während der Geburt) bzw. abtransportiert. Gleichzeitig steigt die Lungendurchblutung an, Körper- und Lungenkreislauf beginnen sich voneinander zu trennen. Im Verlauf der ersten Lebenswoche steigt der Energie- und Sauerstoffbedarf des N. aufgrund zunehmender motor. Aktivitäten (Saugen, Bewegen, Atmen), der Arbeit versch. Organe (Verdauung, Nierenleistung, Lebertätigkeit), der Wärmeregulation und des beginnenden Wachstums kontinuierlich an.

Die dem N. angemessene Nahrung ist die →Muttermilch, die in den ersten Tagen in Form der bes. nährstoff- und eiweißreichen Vormilch (Kolostrum) zur Verfügung steht. Durch sie werden auch Immunstoffe zugeführt. Sie ermöglichen den Übergang von der Ernährung im Mutterleib (dort auf dem Blutweg) zur selbstständigen Ernährung mithilfe des eigenen Magen-Darm-Kanals am sichersten.

Das anfänglich vom N. entleerte braunschwarze Kindspech wird vom 3. Tag an durch den breiigen, gelblich bräunl. Stuhl ersetzt. Ein Gewichtsverlust von bis max. 10 % des Geburtsgewichtes während der ersten 3–5 Lebenstage ist physiologisch. Bei stärkerem Flüssigkeitsverlust kann gelegentlich Durstfieber beobachtet werden, wobei immer eine infektiöse Ursache ausgeschlossen werden muss. Nach 3–6 Tagen beginnt das N. an Gewicht zuzunehmen, sodass nach 1–2 Wochen das Geburtsgewicht wieder erreicht ist.

Die körpereigenen Regulationsmechanismen zur Erhaltung der optimalen Körpertemperatur, die zw. 37 und 38 °C liegen sollte, sind beim N. zwar vorhanden, aber angesichts einer relativ großen Hautoberfläche und relativ dünner isolierender Körperschichten nicht ausreichend. Eine gute Wärmepflege, die sowohl Abkühlung als auch Überwärmung vermeidet, ist daher notwendig. Bei der Mehrzahl aller N. ist die frische, rosige Färbung der Haut vom 2.–3. Lebenstag an mehr oder weniger gelblich getönt. Es handelt sich meist um die harmlose physiolog. →Neugeborenengelbsucht. Aufgrund einer Nachwirkung mütterl. Hormone kann es sowohl bei Mädchen als auch bei Knaben am 2. oder 3. Lebenstag zu einer Schwellung der Brustdrüsen kommen, aus denen mitunter eine milchähnl. Flüssigkeit (Hexenmilch) abgesondert wird. Der Nabel des N. wird offen gepflegt, der Nabelschnurrest fällt nach 5–10 Tagen ab.

Neugeistbewegung, in der 2. Hälfte des 19. Jh. unter dem Einfluss der Lehren von PHINEAS PARKHURST QUIMBY (* 1802, † 1866) in den USA entstandene Heilungsbewegung. Ihre bald über viele Länder verbreiteten Zweige sind seit 1914 in der ›International New Thought Alliance‹ zusammengeschlossen; in Dtl. im 1923 gegründeten ›Dt. Neugeistbund‹. Von Dtl. aus fand ihre N. auch Eingang in der Schweiz und in Österreich. Sie lehrt Gott als den ›Allgeist‹, das alles beseelende Prinzip der Güte und Harmonie, das der Mensch in sich trägt und mit dem er in Einklang leben soll. Übel, bes. Krankheit, in seinem Leben werden als Folgen eines falschen, negativen Denkens gedeutet und können allein durch das ›richtige‹, den ›Allgeist‹ bejahende (positive) Denken überwunden werden.

Neugersdorf, Stadt im Landkreis Löbau-Zittau, Sa., 385–474 m ü. M., in der Lausitzer Bergland, an der Grenze zur Tschech. Rep., 6 800 Ew.; Textilindustrie, Stahlbau, Möbelherstellung. – 1306 erstmals urkundlich erwähnt, 1429 durch Hussiten zerstört, 1657 erneute Ansiedlung durch böhm. Exulanten, es entstanden die Orte Alt-Gersdorf und Neu-Gersdorf, die sich 1899 zu N. vereinigten, das 1924 Stadt wurde.

Neugewürz, das Gewürz →Piment.

Neugier, allgemeinsprachlich oft abwertend gebrauchte Bez. für unangemessenes Interesse an den Angelegenheiten anderer Menschen; grundsätzlich ist N. (N.-Verhalten) ein Bedürfnis nach Neuem und Aufsuchen von Neuem, wobei orientierendes, ebenso wie gerichtetes und zielstrebiges Vorgehen eine Rolle spielt. N. ist ein bei Menschen und bei Tieren zu beobachtendes Verhalten, das wahrscheinlich angeboren ist (Trieb zur Exploration). Sie regt zum Auskundschaften der Umwelt und zu oft spieler. äußerem und innerem Experimentieren um der Entdeckung des Neuen willen an. Der kindl. N. und ihrer Förderung durch ein freilassendes und Anregungen bietendes Verhalten der Erziehungspersonen wird in der Pädagogik eine große Bedeutung beigemessen für die Entwicklung der Motivation eines späteren Strebens nach Erkenntnis (Lernfähigkeit, Wissbegier), schöpfer. Tätigkeiten, aber auch für Offenheit und Kontaktbereitschaft im Sozialisationsprozess. Bei vielen Tieren erlischt das N.-Verhalten mit der Geschlechtsreife. Beim Menschen dagegen bleibt die N. lebenslang bestehen.

Neugliederung des Bundesgebiets, die in Art. 29 GG verankerte Möglichkeit einer territorialen Neugliederung Dtl.s, welche Länder schaffen soll, die nach Größe und Leistungsfähigkeit die ihnen obliegenden Aufgaben wirksam erfüllen können. Dabei sind die landsmannschaftl. Verbundenheit, die geschichtl. und kulturellen Zusammenhänge, die wirtschaftl. Zweckmäßigkeit sowie die Erfordernisse der Raumordnung und Landesplanung zu berücksichtigen. Art. 29 GG sieht nunmehr vier Verfahren der N. d. B. vor. Nach der Grundregel des Abs. 2 erfolgt eine Maßnahme zur Neugliederung durch Bundesgesetz, das in den betroffenen Gebietsteilen der Bestätigung durch Volksentscheid bedarf (Art. 29 Abs. 2, 3). Auf Initiative der Einwohner eines zusammenhängenden, abgegrenzten Siedlungs- und Wirtschaftsraums kann durch Bundesgesetz die Landeszugehörigkeit gemäß Abs. 2 geändert oder eine Volksbefragung angeordnet werden (Abs. 4, 5). Kleinere Gebietsänderungen, die nicht mehr als 50 000 Einwohner betreffen, können in einem vereinfachten Verfahren entweder durch Staatsverträge der beteiligten Länder oder durch ein Bundesgesetz mit Zustimmung des Bundesrates vorgenommen werden (Abs. 7). Endlich können seit der Einfügung (1994) von Art. 29 Abs. 8 GG Neugliederungsmaßnahmen abweichend von Art. 29 Abs. 2–7 durch Staatsvertrag geregelt werden, der der Bestätigung durch Volksentscheid bedarf. Nach der Sondervorschrift des Art. 118a GG kann die Neugliederung in den Ländern Berlin und Bbg. abweichend von Art. 29 GG unter Beteiligung der Wahlberechtigten durch Vereinbarung beider Länder erfolgen; eine entsprechende Vereinbarung zur Fusion wurde in Bbg. 1996 durch Volksentscheid abgelehnt. – Das einzige bisher verwirklichte Neugliederungsprojekt führte 1952 zur Entstehung des Landes →Baden-Württemberg (Art. 118 GG).

Neugotik, Neogotik, die Wiederaufnahme der Gotik in Architektur, Kunst und Kunstgewerbe. Bereits im späten 16. Jh. finden sich erste Rückgriffe auf got. Formen, v. a. im Dienst der Gegenreformation (›Jesuitengotik‹ im westl. Dtl., Kirchen in Münster und Köln); im mainfränk. Raum entstand um diese Zeit der ›Echter-Stil‹ (auch ›Julius-Stil‹), benannt nach dem Würzburger Fürstbischof JULIUS ECHTER VON MESPELBRUNN. Zu Beginn des 18. Jh. verband G. SANTINI Barockformen mit spätgot. Elementen (›Barockgotik‹). Während diese gotisierenden Tendenzen mehr von dekorativen Aspekten bestimmt waren, ging es in der Folgezeit auch um konstruktiv-strukturelle Gesichtspunkte. Voraussetzung der N. war die programmat. Rückbesinnung auf das MA. Abgesehen vom →Gothic Revival in England spielte die N. in der europ. Baukunst v. a. im 19. Jh. eine Rolle, wobei in Dtl. der Entwurf (1814) von K. F. SCHINKEL für einen Nationaldom in Berlin am Anfang stand. Rathäuser (u. a. in München von G. HAUBERRISSER, 1867–74; in Wien von F. VON SCHMIDT, 1872–83) und andere öffentl. Profanbauten (Parlamentsgebäude in Budapest von I. STEINDL, 1884ff., 1904 vollendet), Kirchen (Friedrichswerdersche Kirche in Berlin von SCHINKEL, 1824–30; Votivkirche in Wien von H. VON FERSTEL, 1856–79), Burgen (Ho-

Neugotik: Karl Friedrich Schinkel, Friedrichswerdersche Kirche in Berlin; 1824–30

henzollern von F. A. STÜLER, 1850–67) und Schlösser (Hohenschwangau, 1833–37), aber auch Industriebauten und Villen wurden in diesem Stil errichtet. Zum Programm der N. gehörte die Vollendung und Restaurierung got. Kathedralen (Vollendung des Kölner Doms nach Plänen von E. F. ZWIRNER, 1842–80), die in Frankreich E. VIOLLET-LE-DUC vorantrieb. – In England bereitete die späteste N. im →Arts and Crafts Movement dem Jugendstil den Weg. Die Besinnung auf das mittelalterl. Handwerk in dieser letzten Phase der N. kam v. a. der Buchkunst, der Textilkunst und der Glasmalerei zugute.

G. GERMANN: N. Gesch. ihrer Architekturtheorie (1974); C. BAUR: N. (1981); N. – neuere Lit., bearb. v. T. N. DAHLE (²1994).

Neugrad, veraltete Bez. für die Einheit →Gon.

Neugranada, span. **Nueva Granada,** span. Generalkapitanat (seit 1547), dann Vizekönigreich (seit 1739) in Lateinamerika; 1832–58 hieß das heutige Kolumbien **Republik Neugranada.** (→Kolumbien, Geschichte)

neugriechische Kunst, die auf die byzantin. Kunst folgende Epoche der griech. Kunst. Ihren Aufschwung nahm sie in der 1. Hälfte des 19. Jh. nach Be-

neugriechische Kunst: Nicolas Ghika, ›Land und Meer‹; 1965 (Privatbesitz)

endigung der Türkenherrschaft. An der 1836 gegründeten Kunst-Akad. in Athen förderten Lehrer wie NIKIPHOROS LYTRAS (* 1832, † 1904), N. GYSIS und KONSTANTINOS VOLANAKIS (* 1837, † 1907) einen akadem. Realismus nach dem Vorbild der Münchner Akademie. Der Bildhauer L. DROSIS (* 1836, † 1882) u. a. setzten sich mit dem antiken und byzantin. Erbe auseinander. Der Freilichtmalerei widmeten sich u. a. KONSTANTINOS PARTHENIS (* 1878, † 1967) und KONSTANTINOS MALEAS (* 1879, † 1928). Im 20. Jh. wurde nach einer Phase intensiver Bemühung um eine nat. Kunst der Anschluss an die internat. Strömungen gefunden (N. GHIKA). Wichtige Beiträge zur zeitgenöss. Kunst leisteten TAKIS, COSTAS TSOCLIS (* 1930) und KONSTANTIN XENAKIS (* 1931) in Frankreich, I. KOUNELLIS in Italien sowie VARDEA CHRYSSA und L. SAMARAS in den USA. Unter den Architekten traten bes. DIMITRIS A. PIKONIS (* 1887, † 1968), ARIS KONSTANTINIDIS (* 1913), DIMITRIS ANTONAKIS (* 1933), SUZANA M. ANTONAKIS (* 1935) und ALEXANDROS N. TOMBAZIS (* 1939) hervor.

avantgarde griechenland, Ausst.-Kat. (1968); A. S. IOANNOU: Greek painting. 19th century (a. d. Griech., Athen 1974).

neugriechische Literatur, Literatur in →neugriechischer Sprache. Nach der Eroberung Konstantinopels durch die Türken (1453) blieben im Volk die als die Anfänge der n. L. geltenden volkssprachl. Werke der byzantin. Literatur (→byzantinische Kultur [Literatur]) lebendig, z. B. das Epos →Digenis Akritas (10.–12. Jh.), das Lehrgedicht des SPANEAS (12. Jh.), das Kerkergedicht des MICHAEL GLYKAS (12. Jh.), die Bettelgedichte des PTOCHOPRODROMOS (12. Jh.), ebenso die mit dem Epos ›Digenis Akritas‹ in Zusammenhang stehenden akritischen Volkslieder. Während der Türkenzeit entstand überall in Griechenland eine von Leid und Freiheitsdrang geprägte Volksdichtung, deren starke dichter. Aussage großen Nachklang in den literar. Kreisen W-Europas fand (Sammlung neugriech. Volkslieder von C.-C. FAURIEL: ›Chants populaires de la Grèce moderne‹, 2 Bde., 1824–25, übersetzt von WILHELM MÜLLER: ›Neugriech. Volkslieder‹, 2 Bde., 1825; Übersetzung mehrerer Volkslieder durch GOETHE u. a.). In den nicht von den Türken besetzten Gebieten, z. B. auf Kreta, blühte ein reges literar. Schaffen, das im 17. Jh. mit dem kret. Theater (›Erophile‹, von GEORGIOS CHORTATZIS; ›Abrahams Opfer‹ u. a.) und den episch-lyr. Dichtungen (›Erotokritos‹, von V. KORNAROS u. a.) seinen Höhepunkt erreichte. Die kret. Literatur dieser Zeit und das griech. Volkslied (Klephtenlieder, Klagelieder, histor. Volkslieder, Distichen u. a.) sind die stärksten literar. Zeugnisse der n. L. zw. 1453 und 1800.

Erst in der zweiten Hälfte des 18. Jh. erwachte an den griech. Höfen der Donaufürstentümer und an den griech. Hochschulen in Bukarest und Jassy eine neue Bildungsbewegung im Licht der Aufklärung. Die dort wirkenden griech. Gelehrten sowie u. a. A. KORAIS in Frankreich bildeten mit ihren Arbeiten die geistige Grundlage für das Entstehen der ersten Versuche einer bewussten neugriech. Literatur.

Noch während des Befreiungskampfes Griechenlands wies D. SOLOMOS den Weg für eine vorbildl. neugriech. Lyrik; auch verwendete er die – bisher verschmähte – lebendige griech. Volkssprache (Demotike) in seinem Werk. Jedoch war das nach der Befreiung Griechenlands und der Gründung des griech. Staates (1830) durch bestimmte Gelehrtenkreise dem jungen Staat aufgezwungene Bildungsprogramm nicht vom liberalen Geist SOLOMOS' geprägt. Mit der Einführung der antikisierenden purist. Sprache (Katharevusa) als offizieller Sprache des Staates auch für die Literatur wurde Letztere in eine Sackgasse gedrängt, die sie erst nach rd. 50 Jahren unfruchtbarer Irrwege verlassen sollte. Mit dem Erscheinen des in der Volkssprache verfassten Buches ›Meine Reise‹ (1888; griech.) des Erzählers J. PSYCHARIS brach die neue Ära der n. L. an, die die Verbindung zur Dichtung von SOLOMOS und zum neugriech. Volkslied wieder aufnahm. Die Abhängigkeit von westl. Vorbildern wurde vom Streben nach einer eigenständigen Literatur mit eigenschöpfer. Verbindung zur westeurop. Literatur abgelöst. Um die starke Persönlichkeit des K. PALAMAS scharte sich eine Dichtergeneration, die die neugriech. Sprache zu einem reichen und dynam. Ausdrucksmittel gestaltete. Es waren die Lyriker und Erzähler ALEXANDROS PALLIS (* 1852, † 1935), ARGYRIS EPHTALIOTIS (eigtl. KLEANTIS MICHAILIDIS, * 1849, † 1923), LORENTZAS MAVILIS (* 1860, † 1912), MILTIADIS MALAKASSIS (* 1869, † 1943), ANGELOS SIMIRIOTIS (* 1870, † 1944), ZACHARIAS PAPANTONIU (* 1877, † 1940), I. GRYPARIS, PETROS VLASTOS (* 1879, † 1941), LAMBROS PORPHYRAS (* 1879, † 1932), N. KASANTZAKIS, APOSTOLOS MELACHRINOS (* 1883, † 1952), A. SIKELIANOS, K. VARNALIS, K. URANIS, NAPOLEON LAPATHIOTIS (* 1893, † 1943), KOSTAS KARYOTAKIS (* 1896, † 1928), TELLOS AGRAS (* 1899, † 1944), MARIA POLYDURI (* 1902, † 1930) und die Erzähler A. KARKAVITSAS, JANNIS VLACHOJANNIS (* 1867, † 1945), G. XENOPULOS, ANTONIS TRAVLANTONIS (* 1867, † 1943), KONSTANTINOS CHRISTOMANOS (* 1863, † 1911), PAVLOS NIRVANAS (* 1866, † 1937), DIMOSTHENIS VUTYRAS (* 1872, † 1956), DIONYSSIOS KOKKINOS (* 1884, † 1967), NIKOS NIKOLAIDIS (* 1884, † 1956), GALATIA KASANTZAKI (* 1886, † 1962), ELLI ALEXIU u. a. Eine besondere Stellung nahm der Nestor der neugriech. Erzählung, A. PAPADIAMANTIS, ein. Er pflegte die Sittenschilderung in klarer, antikisierender Sprache. Auch EMMANUEL ROIDIS (* 1836, † 1904) beteiligte sich maßgeblich an der Konsolidierung eines krit. Bewusstseins für Literaturnormen. GEORGIOS VISYINOS (* 1849, † 1896) spielte eine bedeutende Rolle in der Entwicklung der neugriech. Erzählung und Lyrik zw. Katharevusa und Demotike.

Nach dem griech.-türk. Krieg von 1897 sahen Autoren wie PALAMAS ihre Aufgabe darin, den Griechen mit ihren Werken (z. B. ›Zwölf Gesänge des Zigeuners‹, 1907; griech.) neue Wege zur Selbstbesinnung zu weisen. Die neuen philosoph. Ideen der Zeit (z. B. die Theorien T. CARLYLES, M. BARRÈS', H. BERGSONS und F. NIETZSCHES) sowie die Anfänge der Soziologie interessierten mehrere Dichter (darunter PALAMAS); der Sozialismus des Westens – v. a. der dt. – gewann Anhänger (K. CHATZOPULOS, KONSTANTINOS THEOTOKIS, * 1872, † 1923, KOSTAS PARORITIS, * 1878, † 1931), deren Werk z. T. beeinflusste; die literar. Strömungen Westeuropas (Parnassiens, Symbolismus) waren in Griechenland durch bedeutende Dichter vertreten, bes. durch SIKELIANOS mit seiner sprachdynam. Lyrik. Nach dem Ersten Weltkrieg und dem griech.-türk. Krieg von 1919 bis 1922 entstand eine Antikriegsliteratur, z. B. S. MYRIVILIS' Roman ›Das Leben im Grabe‹ (1924, endgültige Fassung 1932; dt.).

Die Erzähler der ›Generation der 30er-Jahre‹ warteten mit zunächst viel versprechenden Werken auf, in denen auch die sozialen Konflikte breiten Raum einnahmen. Die Sittenschilderung wurde von der Psychographie, das ländl. Milieu vom städt. abgelöst. Es entstanden der urbane Roman und die urbane Erzählung, u. a. von E. VENESIS, MYRIVILIS, I. M. PANAJOTOPULOS, T. PETSALIS-DIOMIDIS, G. THEOTOKAS, M. KARAGATSIS, K. POLITIS, P. KONTOGLU, A. TERSAKIS, THEMOS KORNAROS (* 1907, † 1970), P. CHARIS, P. PREVELAKIS, KOSMAS SUKAS (* 1901, † 1981), PETROS PIKROS (* 1900, † 1956). Nach dem Vorbild von K. P. KAVAFIS fand auch die Lyrik in den 30er-Jahren zu der schlichteren Form der Moderne, die damit die von PALAMAS ausgegangene, auch von SIKELIANOS gepflegte Tradition dynam., an Stilmitteln reicher Sprachgestaltung und die bes. vom Symbolismus durch äußerste Ausdrucksverfeinerung erstrebte Sprachmelodik ablöste. Die Lyrik der Moderne begründeten G. SEFERIS, O. ELYTIS, die Surrealisten A. EMBIRIKOS, NIKOS ENGONOPULOS (* 1910, † 1985) und die sozialpolitisch engagierten Dichter J. RITSOS und N. VRETTAKOS. Der ›Generation der 30er-Jahre‹ gehörten u. a. T. PAPATZONIS und die Lyrikerin MELISSANTHI (eigtl. IVI SKANDALAKI, * 1910, † 1990) mit ihrer von religiösem Empfinden gestimmten Lyrik an.

Während des Zweiten Weltkrieges und danach entstand eine Literatur des Widerstandes, die sich nach Ende des Krieges und während des anschließenden Bürgerkrieges in zwei Lager teilte. Auch während dieser Zeit erschienen viele Werke der ›Generation der 30er-Jahre‹, die ihren anfängl. Kurs z. T. aufgab. Sie hatte als etablierte Gruppe über Jahrzehnte den Aufstieg aller nachkommenden Autoren verhindert; diese werden als ›Junge Autoren‹ bezeichnet, auch wenn sie schon in den 50er- und sogar in den 40er-Jahren publizierten. Ein Einzelgänger war KASANTZAKIS, der seine bekanntesten Romane nach dem Zweiten Weltkrieg schrieb. Zur Generation der 40er- und 50er-Jahre gehören u. a. die Erzähler S. TSIRKAS, M. LUNDEMIS, MICHAIL PERANTHIS (* 1917, † 1984), JANNIS MANGLIS (* 1909), T. ATHANASSIADIS, ALKIS ANGELOGLU (* 1915, † 1990), ASTERIS KOVATZIS (* 1916, † 1983), KOSTAS MAKISTOS (* 1895, † 1984), S. PLASKOVITIS, KOSTAS STERJOPULOS (* 1926), GALATIA SARANTI (* 1920), SOTIRIS PATATZIS (* 1915, † 1991), TATIANA MILLIEX (* 1920), EVA VLAMI (* 1910, † 1974), NIKOS ATHANASSIADIS (* 1904, † 1990), ALEXANDROS KOTZIAS (* 1926, † 1992), TILEMACHOS ALAVERAS (* 1926), NESTORAS MATSAS (* 1935), zur Generation der 60er-Jahre GERASSIMOS GRIGORIS (* 1907, † 1985), KOSTAS KOTZIAS (* 1921, † 1979), KOSTULA MITROPULU (* 1940), PETROS ABATZOGLU (* 1931). Die Ereignisse der Kriegs-, Besatzungs- und Bürgerkriegszeit werden aus verschiedenen ideolog. Perspektiven dargestellt; aus der Sicht des bürgerl. Lagers u. a. von LUKIS AKRITAS (* 1909, † 1965), JANNIS BERATIS (* 1905, † 1968), STELIOS XEFLUDAS (* 1902, † 1984), G. THEOTOKAS, RENOS APOSTOLIDIS (* 1924), RODIS RUFOS (* 1924, † 1972), THEOPHILOS D. FRANGOPULOS (* 1923), NIKOS KASDAGLIS (* 1928) und aus der Perspektive der Linken von THEMOS KORNAROS (* 1907, † 1970), M. LUNDEMIS, D. HADZIS, DIMITRIS JAKOS (* 1914), S. PATATZIS, ANDREAS FRANGIAS (* 1923), K. KOTZIAS, MITSOS ALEXANDROPULOS (* 1924), DIMITRIS RAVANISRENTIS (* 1925). Eine eindringl. Prosa schreiben die Erzählerinnen MARIA IORDANIDU (* 1897, † 1989), IPHIGENIA CHRYSOCHU (* 1913), DIDO SOTIRIU (* 1914), die auch TATIANA STAVRU (* 1899, † 1990) ihrem Leben in Konstantinopel oder Ionien und seinem bitteren Ende nachtrauern.

Unter den Erzählern der Nachkriegszeit treten bes. hervor A. SAMARAKIS, V. VASSILIKOS, KOSTAS TACHTSIS (* 1927, † 1988), D. CHRISTODULU, MARIOS CHAKKAS (* 1930, † 1972), IVI MELEAGRU (* 1928), unter den jüngeren Erzählern MENIS KUMANTAREAS (* 1931), THANASSIS VALTINOS (* 1932), JORGOS CHIMONAS (* 1936), LIA MEGALU SEFERIADU (* 1945), KATERINA PLASSARA, ERSI LANGE (* 1945), EVGENIA FAKINU (* 1945), MARO DUKA (* 1947).

Seit dem Zweiten Weltkrieg erschienen zahlreiche Werke der bekannten Lyriker RITSOS, ELYTIS und N. VRETTAKOS. Weitere Vertreter der modernen griech. Lyrik bieten ein breites Spektrum aller bekannten Richtungen, u. a. GIORGOS SARANTARIS (* 1900, † 1941), GIORGOS THEMELIS (* 1900, † 1976), TAKIS SINOPULOS (* 1917, † 1981), KOSTAS THRAKIOTIS (* 1909), ARIS DIKTÄOS (* 1919, † 1982), MINAS DIMAKIS (* 1917, † 1983), TAKIS VARVITSIOTIS (* 1916), SOI KARELLI (* 1901), GORGIS KOTSIRAS (* 1921), KOSTAS STERJOPULOS (* 1926), SARANTOS PAVLEAS (* 1917), MILTOS SACHTURIS (* 1913), KRITON ATHANASSULIS (* 1916, † 1979), GEORGIOS T. VAPHOPULOS (* 1904), NIKOS KARUSOS (* 1926, † 1990), TASSOS KORPHIS (* 1921), KYPROS CHRYSANTHIS (* 1915), PHOEBOS DELPHIS (* 1909, † 1988), KOSTAS MONTIS (* 1914), der auch als Erzähler hervortrat, MARGARITA DALMATI (* 1921), MARIA LAMBADARIDU-POTHU (* 1933), ALEXIS ZAKYNTHINOS (* 1934, † 1992), NANA ISSAIA (* 1935), PITSA GALASI (* 1940), ANDREAS CHRISTOPHIDIS (* 1937), STELIOS GERANIS (* 1920, † 1993). Unter dem Aspekt des sozialpolit. Engagements steht die ausdrucksstarke Lyrik u. a. von MANOLIS ANAGNOSTAKIS (* 1925), RITA BUMI-PAPA, NIKOS PAPAS (* 1906), TITOS LIVADITIS (* 1921, † 1988), GIORGIS SARANTIS (* 1920, † 1978), TITOS PATRIKIOS (* 1928), MICHALIS KATSAROS (* 1913), ANDREAS LENTAKIS (* 1935).

Im Rahmen der postsurrealist. Bewegung traten bisher hervor: MANTO ARAVANTINU (* 1926), HEKTOR KAKNAVATOS (* 1920), NANOS VALAORITIS (* 1921), ARIS ALEXANDRU (* 1922, † 1984) und die jüngeren JANNIS KONTOS (* 1943), LEFTERIS PULIOS (* 1944), THANASSIO NIARCHOS (* 1945), ANTONIS PHOSTIERIS (* 1953), GIORGOS VEIS (* 1955), JANNIS VARVERIS (* 1955) u. a. Einen Surrealismus eigener Prägung vertrat DIMITRIS P. PAPADITSAS (* 1924, † 1987). Den inneren Monolog pflegt bes. die Thessalonikerschule, darunter NIKOS GABRIEL PENTZIKIS (* 1908, † 1993), STELIOS XEFLUDAS (* 1902, † 1984), GIORGOS DELIOS (* 1897, † 1980) u. a. Weitere Vertreter moderner Prosa zw. Realismus und mag. Suggestion: A. JANNOPULOS, JANNIS SKARIMBAS (* 1897, † 1984) u. a. Bes. hervorzuheben ist auch der literar. Beitrag der polit. Flüchtlinge aus der Zeit des Bürgerkrieges, die z. T. jahrzehntelang in den Staaten des Ostblocks gelebt haben.

In der Zeit der Sprachrevolution gegen Ende des 19. Jh. war eine Gattung neugriech. Theaters entstanden, die einen Jahre lang große Erfolge auf griech. Bühnen verzeichnete: die kom. Idylle und die dramat. Idylle, schablonenhafte, Sitten schildernde Stücke mit Liedeinlagen in der Art der Vaudevilles (Hauptvertreter: DIMITRIOS KOROMILAS, * 1850, † 1898, DIMITRIOS KOKKOS, * 1856, † 1891, SPYROS PERESSIADIS, * 1864, † 1918, ANAGOS MELISSIOTIS, * 1854, † 1904).

Das eigentl. neugriech. Theater begründete neben G. XENOPULOS S. MELAS mit seinen sozialkrit. Schauspielen. DIMITRIS BOGRIS (* 1890, † 1964) schrieb Sittenschilderungen, TERSAKIS Tragödien und Schauspiele, KASANTZAKIS und SIKELIANOS schufen Tragödien mit griechisch-byzantin. Themen; mehrere Erzähler wie THEOTOKAS, E. VENESIS, PETSALISDIOMIDIS, PREVELAKIS, GALATIA KASANTZAKI u. a. verfassten auch Theaterstücke. Als bekannte Theaterautoren erlebten erfolgreiche Aufführungen ihrer Werke: ALEKOS LIDORIKIS (* 1907, † 1988), DIMITRIS IOANNOPULOS (* 1904), NIKOS ZAKOPULOS (* 1917; auch als Erzähler bekannt). Jüngeren Theaterautoren wie VANGELIS KATSANIS (* 1935), VASSILIS ZIOGAS (* 1935), IAKOVOS KAMBANELLIS (* 1922), MARGARITA LYMBERAKI (* 1918), GIORGOS SKURTIS (* 1941), KOSTAS MURSELAS (* 1930), DIMITRIS KECHAIDIS (* 1933), CHRISTODULU, GIORGOS MANIOTIS (* 1951), LULA ANAGNOSTAKI, PETROS MARKARIS (* 1937) gelang es, neue Wege zu beschreiten. Ihr Theater modernerer Prägung und zeitgenöss. Problematik gewinnt internat. Anerkennung. DINOS TAXIARCHIS (* 1919) schreibt absurdes Theater. – Auch die Literaturkritik und der literaturkrit. Essay werden von vielen neugriech. Erzählern und Lyrikern gepflegt.

K. Dieterich: Gesch. der byzantin. u. neugriech. Litteratur (^{2}1909); ders.: Neugriech. Lyriker (^{2}1931); D. C. Hesseling: Histoire de la littérature grecque moderne (a. d. Niederländ., Paris 1924); Anthologie de la prose néo-hellénique. 1884–1948, hg. v. A. Mirambel (ebd. 1950); A. Mirambel: La littérature grecque moderne (ebd. 1953); I. Rosenthal-Kamarinea: Neugriech. Erzähler (Olten 1958); Anthologie neugriech. Erzähler, hg. v. ders. (1961); Die kleinen Menschen u. die großen Tage. Neugriech. Erz., hg. v. ders. (1981); Antigone lebt. Neugriech. Erzählungen, hg. v. M. Axioti u. a. (^{2}1961); B. Lavagnini: La letteratura neoellenica (Neuausg. Florenz 1969); K. T. Dimaras: A history of modern Greek literature (a. d. Griech., Albany, N. Y., 1972); M. Vitti: Einf. in die Gesch. der n. L. (a. d. Ital., Neuausg. 1975); M. G. Meraklis: Synchronē hellenikē logotechnia, 1945–1980, auf mehrere Bde. ber. (Athen 1987ff.); P. Tzermias: Die n. L. (1987); Südosteurop. Popularlit. im 19. u. 20. Jh., hg. v. K. Roth (1993); R. Beaton: An introduction to modern Greek literature (Oxford 1994); L. Politis: Gesch. der n. L. (a. d. Engl., 1996).

neugriechische Musik, die Musik der Griechen nach der Befreiung von der türk. Herrschaft 1830 (zur Antike →griechische Musik). Sie lässt sich in drei Komplexe einteilen: die Volksmusik, die nachbyzantin. Kirchenmusik und die ›Kunstmusik‹.

Zu den Grundlagen der Volksmusik gehört ein reiches Repertoire an Volksliedern der verschiedensten Gattungen, die z. T. auf das 15. und 16. Jh. zurückgehen. Die ältesten Aufzeichnungen der Melodien, die vielfach auf Kirchentonarten beruhen, stammen aus dem 17. Jh. Dem griech. Volkslied eigen ist ein melismenreiches Melos. Jedes Intervall wird mit ständig variierten Vortragsfloskeln ausgefüllt. Das Tetrachord, aber auch die Quinte, sind strukturbildend. Einen weiteren Bereich bildet die Instrumentalmusik zu Volkstänzen, deren Melodien z. T. variierende Metren (→Sirtaki) aufweisen. Typ. Volksmusikinstrumente sind die dreisaitige, mit Rundbogen gestrichene Fiedel, die pastorale Längsflöte, das schrill klingende Blasinstrument ›Pipiza‹, der Dudelsack, versch. Arten von Trommeln und die Busuki (Ensembles persisch-türk. Lauteninstrumente), die das Bild der populären Unterhaltungsmusik prägen. – Die neugriech. Kirchenmusik stellt eine Fortentwicklung der byzantin. Kirchenmusik (→byzantinische Kultur) dar.

Entsprechend den künstler. Tendenzen in vielen anderen europ. Ländern galt es für die neugriech. Komponisten als Ideal, unter Auswertung des folklorist. Musikgutes und versch. Elemente der nachbyzantin. Kirchenmusik eine nat. ›Kunstmusik‹ zu schaffen. Dabei orientierten sich anfangs (Nikolaos Mantzaros, * 1795, † 1872) an ital. Vorbildern, später am frz. Impressionismus, an der russisch-nat. Schule und an Stilrichtungen der dt. Musik. Die prominentesten Vertreter der älteren Komponistengeneration sind Petros Petridis (* 1892, † 1978), Manolis Kalomiris (* 1883, † 1962) und der Schönberg-Schüler N. Skalkottas. Die meisten der jüngeren Komponisten, die vielfach im Ausland arbeiten, schreiben im atonalen Stil. Zur europ. Avantgarde zählen v. a. A. Logothetis, Yorgo Sicilianos (* 1922), I. Xenakis, der Initiator der stochast. Musik, A. Kounadis, J. Christou, Nikos Mamangakis (* 1929), T. Antoniou, D. Terzakis, G. Aperghis. Ein Studio für neue Musik wurde 1962 in Athen von G. Becker gegründet. Ein prominenter Vertreter der politisch engagierten Musik ist M. Theodorakis. Manos Hadjidakis (* 1925, † 1994), ein weiterer Repräsentant der zeitgenöss. griech. Volksmusik, wurde v. a. durch seine Filmmusiken bekannt.

Hauptträger des griech. Musiklebens sind das 1925–39 von D. Mitropoulos geleitete Athener Staatsorchester, die Nationaloper (1939 gegr.) und das 1871 gegr. Ausbildungsinstitut ›Odeion‹.

P. Tzermias: Die volkstüml. Musik Griechenlands (1962); Griech. Musik u. Europa. Antike – Byzanz – Volksmusik der Neuzeit, hg. v. R. M. Brandl u. E. Konstantinous (1988); Jani Christou: Im Dunkeln singen, hg. v. K. Angermann (1993).

neugriechische Sprache, Bez. für zwei Sprachformen in Griechenland und Zypern: die **Demotike** (›Volkssprache‹), die eine organ. Entwicklung der griech. Sprache durch die Jahrtausende darstellt, und die purist. Sprache **Katharevusa,** die künstl. Form eines gelehrten, archaisierenden Griechisch.

Der griech. Sprachdualismus begann in der Zeit Alexanders d. Gr. nach der Herausbildung der Koine, der allgemeinen Verkehrssprache des Hellenismus, mit der Unterscheidung zw. gesprochenem und geschriebenem Griechisch. Die Gelehrten betrachteten die Koine als vulgäre Sprachform und bemühten sich um ein klass. Attisch (Attizismus). Diese Einstellung behauptete sich während der byzantin. und türk. Ära sowie im neu gegründeten griech. Staat. Seit der kret. Literatur des 15. bis 17. Jh. wurde die Volkssprache literarisch und fand im 20. Jh. als allgemeine griech. Schriftsprache in Literatur und Kultur Anerkennung, während die Katharevusa sich als Amtssprache behauptete und auf wiss. Gebiet vorherrschte. Die Anhängerschaft der beiden Sprachformen teilte sich in zwei Lager. Künstler, Schriftsteller und Anhänger fortschrittl. Tendenzen traten für die Demotike ein, sodass das Sprachproblem auch polit. Charakter erhielt. Wiederholt wurden die Erziehungspläne von diktator. Regimen zugunsten der Katharevusa geändert. 1975 wurde der Sprachdualismus durch Parlamentsbeschluss beseitigt; die Demotike ist seitdem über den kulturellen Bereich hinaus auch als Amts- und Wissenschaftssprache anerkannt.

Die Aussprache beider Sprachformen, die sich von der Dtl. üblichen erasmischen Aussprache des Altgriechischen (→Etazismus) unterscheidet, entstand in den letzten Jahrhunderten v. Chr. (→griechische Sprache, →griechische Schrift). Schon in der Koine wurden Vokale und Diphthonge weitestgehend wie im heutigen Griechisch ausgesprochen (→Itazismus). 1982 wurde das Ein-Akzent-System eingeführt, d. h., die betonte Silbe wird bei mehrsilbigen Wörtern mit Akut gekennzeichnet und nicht mehr mit Gravis oder Zirkumflex. Gleichzeitig entfielen Spiritus asper und Spiritus lenis am Wortanfang. In der Deklination ist der Dativ geschwunden; er wird durch präpositionale Wendungen ersetzt. Die Deklinationssysteme sind um einige Schemata verringert, das Verb hat Infinitiv und Optativ eingebüßt. Die Syntax ist im Sinne eines stark analyt. Satzbaus vereinfacht.

Die in byzantin. Zeit in versch. Gegenden Griechenlands und Kleinasiens herausgebildeten Dialekte basieren u. a. auf der Koine der hellenist. Zeit.

K. Krumbacher: Das Problem der neugriech. Schriftsprache (1902); A. Thumb: Hb. der neugriech. Volkssprache. Gramm., Texte, Glossar (Straßburg ^{2}1910, Nachdr. 1974); U. von Wilamowitz-Moellendorff: Gesch. der griech. Sprache (1928); J. T. Pring: A grammar of modern Greek on a phonetic basis (Neuausg. London 1995); Gesch. der griech. Sprache, Bd. 2: A. Debrunner: Grundfragen u. Grundzüge des nachklass. Griechisch (^{2}1969); P. Tzermias: Neugriech. Gramm. (1969); N. P. Andriotis: Etymologikó lexikó tēs koinēs neoellēnikēs (Saloniki ^{3}1983, Nachdr. ebd. 1988); R. Browning: Medieval and modern Greek (Cambridge ^{2}1983); P. Mackridge: The modern Greek language (Oxford 1985, Nachdr. ebd. 1992); Langenscheidts Taschen-Wb. der neugriech. u. dt. Sprache, 2 Bde. ($^{7-17}$1990–91); G. S. Henrich u. K. Chrisomalli-Henrich: Langenscheidts Euro-Wb. Griechisch (^{3}1995); G. Horrocks: Greek. A history of the language and its speakers (London 1997); H. Ruge: Gramm. des Neugriechischen. Lautlehre, Formenlehre, Syntax (^{2}1997).

Neugroschen, 1840–73 Währungseinheit des Königreiches Sachsen, 1 N. = 10 Pfennige, 30 N. = 1 Taler. Diese Einteilung des Groschens in 10 Pfennige (im Ggs. zum preuß. Silbergroschen zu 12 Pfennigen) übernahmen auch andere dt. Staaten, ohne den Groschen dann auch als N. zu bezeichnen.

Neuguinea [-gi'neːa], engl. **New Guinea** ['njuː-'gɪnɪ], indones. **Irian,** zweitgrößte Insel der Erde, nördlich von Australien, 2 100 km lang und fast 800 km breit, 771 900 km², etwa 4,5 Mio. Ew.; der W-Teil gehört als →Irian Jaya zu Indonesien, der O-Teil bildet den Hauptteil von →Papua-Neuguinea. Die Küste ist durch mehrere Buchten gegliedert (Geelvinkbucht, MacCluergolf, Papuagolf, Huongolf). Die Insel wird fast in ihrer gesamten Länge von mehreren parallelen Gebirgsketten durchzogen, die sich im äußersten SO zur Kette des Owen-Stanley-Gebirges vereinigen, welche die nach SO ausgreifende Halbinsel bildet; in der Vogelkophalbinsel im W läuft das Gebirge in einem Berg- und Hügelland aus. Höchster Berg ist der Gunung Jaya im Zentralgebirge mit 5 033 m ü. M. Südlich an die Gebirgsketten schließt sich die bis 500 km breite und im W weitgehend versumpfte Schwemmlandebene der Flüsse Digul, Fly River u. a. an. Am N-Rand liegen kleinere Flussebenen (Sepik im O, Mamberamo-Quellflüsse im W), die im N wiederum von niedrigeren Gebirgszügen begrenzt werden; der östl. Gebirgszug fällt steil zur Küste ab, dem westl. ist der Schwemmfächer des Mamberamo vorgelagert. Tiefebenen treten außerdem im S der Vogelkophalbinsel und im Zentrum der Bomberaihalbinsel auf.

Landesnatur: Die durch den Sahulschelf mit Australien verbundene Insel liegt am Rand der Austral. Platte gegen die von Tiefsee bedeckte Pazif. Platte, in einer sehr mobilen Zone der Erdkruste, die durch junge Faltengebirge, Vulkanismus und Erdbeben geprägt ist. Aktiver Vulkanismus ist aber nur noch im O anzutreffen, am Mount Lamington (1 785 m ü. M.). Starke aktive Tektonik zeigt sich v. a. im nördlichen Küstengebirge. Durch kräftige Hebung (3 m pro 1 000 Jahre) entstanden treppenartige marine Terrassen, v. a. an der Huonhalbinsel.

Das *Klima* ist trop. Regenklima mit geringen jahreszeitl. und tageszeitl. Temperaturunterschieden. Die Niederschläge fallen das ganze Jahr über, sie werden von Dezember bis April vom NW-Monsun, von Mai bis November vom SO-Passat herangebracht; allerdings herrscht während des SO-Passats um Port Moresby und Merauke (beide an der S-Küste) eine lokale Trockenzeit, sodass diese Gegenden jährlich nur 1 000 bzw. 1 500 mm Niederschlag erhalten, im Ggs. zu den Gebirgen mit 7 000–8 000 mm und der N-Küste mit 2 000–3 000 mm jährlich.

Vegetation: Zwei Drittel der Insel sind dicht bewaldet. An den Küsten und in Sumpfgebieten Mangrovevegetation; in nichtbrackigen Sumpfgebieten gedeiht die für die Ernährung wichtige Sagopalme. Das Bergland ist bis trop. Regenwald bedeckt bis etwa 1 000 m ü. M.), dem trop. Bergwald mit dichtem Moos- und Krautunterwuchs folgt. Oberhalb 3 300 m ü. M. schließen sich Nadelbäume und Baumfarne an. Über 3 800 m ü. M. folgt die Region der alpinen Matten.

In der *Tierwelt* gibt es durch die Nähe zu Australien und die ehemals mit ihm bestehende Verbindung eine Reihe von Übereinstimmungen. Von den mehr als 900 Vogelarten im Gebiet von Australien und N. kommen über die Hälfte in N. vor. Die Paradiesvögel und der große, flugunfähige Kasuar leben auf beiden Seiten der Torresstraße. Bei den Säugetieren gilt das Gleiche für den Ameisenigel und versch. Beuteltiere.

Die überwiegend zu den Melanesiern zählende *Bevölkerung* ist physisch, kulturell und v. a. sprachlich sehr unterschiedlich. Man unterscheidet zwei Hauptsprachfamilien, die melanes. und die Papuasprachen. Die Mehrheit der Bev. besteht aus →Papua, den Nachkommen der vor mindestens 30 000 Jahren ins Hochland vorgedrungenen Urbevölkerung; außer von Jagd und Sammelwirtschaft lebten sie hier seit mindestens 9 000 Jahren auch von Feldbau und Schweinehaltung. Die Träger der melanes. Sprachen (Austronesier) kamen vor etwa 5 000 Jahren aus dem W (Lapitakultur, →Ozeanien), setzten sich an den Küsten fest, verdrängten hier die Papua oder vermischten sich mit ihnen. Zur jüngsten Bev.-Gruppe gehören außer den Indonesiern auch Europäer und Chinesen.

Geschichte: N. wurde 1526 von Spaniern entdeckt, 1606 als Insel erkannt. 1828 nahmen die Niederlande die Westhälfte der Insel in Besitz, 1884 Dtl. den nordöstl. **(Deutsch-N., Kaiser-Wilhelms-Land)** und Großbritannien den südöstl. Teil (Papua). Der brit. Teil wurde 1946 Territorium des Austral. Bundes. Im September 1914 besetzten austral. Truppen den dt. Teil, der auch den Bismarckarchipel umfasste. 1921 erhielt der austral. Bund dieses Gebiet als Mandat des Völkerbundes, 1946 als Treuhandgebiet der UNO. Die Küstengebiete von N. im N und S waren 1942–44 von jap. Truppen besetzt. 1949 verschmolz die austral. Reg. Papua und das Treuhandgebiet zur Verwaltungseinheit Papua-Neuguinea.

Als Niederländisch-Indien 1949 unter dem Namen Indonesien unabhängig wurde, blieb **Niederländisch-N. (West-N.)** als überseeischer Reichsteil mit den Niederlanden staatsrechtlich verbunden. Der von Indonesien erhobene Anspruch auf Niederländisch-N. wurde von den Niederlanden abgewiesen. Eine niederländisch-indones. Konferenz (1955/56) scheiterte an diesem Problem. Seit Januar 1962 versuchte Indonesien, durch Truppenlandungen Niederländisch-N. gewaltsam seinem Staatsgebiet einzugliedern. Durch Vermittlung der USA und der UNO schlossen die Niederlande und Indonesien am 15. 8. 1962 einen Vertrag über den staats- und völkerrechtl. Status dieses Gebiets. Danach übernahm am 1. 10. 1962 die UNO, am 1. 5. 1963 Indonesien die Verwaltung des Inselteils. Nach einer im Vertrag vereinbarten Volksabstimmung entschied sich die Mehrheit der Bev. 1969 für den Verbleib bei Indonesien.

R. W. FIRTH: Art and life in New Guinea (London 1936, Nachdr. New York 1979); T. BODROGI: Art in north-east New Guinea (a. d. Ungar., Budapest 1961); T. SCHULTZE-WESTRUM: N. (Bern 1972); New Guinea vegetation, hg. v. K. PAIJMANS (Amsterdam 1976); E. SERRA GÜELL u. A. FOLCH: The art of Papua and New Guinea (a. d. Span., Neuausg. New York 1977); Mensch, Kultur u. Umwelt im zentralen Bergland von West-N. Beitr. zum interdisziplinären Schwerpunktprogramm der Dt. Forschungsgemeinschaft, auf zahlr. Bde. ber. (1979 ff.); Tingting bilong mi, bearb. v. I. HEERMANN, Ausst.-Kat. (1979); A. L. CRAWFORD: Aida. Life and ceremony of the Gogodala (Bathurst 1981); D. HYNDMAN: Ancestral rain forests and the mountain of gold, Indigenous peoples and mining in New Guinea (Boulder, Colo., 1994); J. HETTLER: Bergbau u. Umwelt in Papua-N. (1995). – Weitere Literatur →Papua-Neuguinea.

Neuguineasee [-gi'neːa-], die →Bismarcksee.

Neuhannover, früherer Name von →Lavongai, Papua-Neuguinea.

Neuhaus, Name von geographischen Objekten:
1) Neuhaus, tschech. **Jindřichův Hradec** ['jindr̝ixuːv 'radets], Stadt im Südböhm. Gebiet, Tschech. Rep., 478 m ü. M., 22 600 Ew.; Textil-, Holz-, Nahrungsmittelindustrie. – Reste der mittelalterl. Stadtbefestigung und Burg, die im 16. Jh. zu einem Schloss mit drei Höfen (im dritten Hof große Arkadenfront) umgebaut wurde. Kirche des Minoritenklosters (13. Jh., verändert im 16. und 18. Jh.); Propsteikirche Mariä Himmelfahrt (14./16. Jh.); ehem. Jesuitenkolleg (1595–1605; heute Museum) mit der Kirche Maria Magdalena (1628–32); am Marktplatz Renaissance- und Barockhäuser. – Stadt und Burg N. reichen bis Anfang des 13. Jh. zurück.

2) Neuhaus am Rennweg, Stadt im Landkreis Sonneberg, Thür., 835 m ü. M., im Thüringer Schiefergebirge, 7 300 Ew.; Luftkurort und Wintersportplatz; alteingesessene Glasindustrie, heute mit der Herstellung von techn. Glas und Glaskunstartikeln; Fertigung mikroelektron. Bauteile. – Der 1607 gegründete

Ort wurde nach Eingemeindungen 1933 Stadt. 1952–94 war N. a. R. Kreisstadt.

Neuhaus, Josef, Maler und Plastiker, * Essen 30. 11. 1923; steht in der Tradition der konkreten Kunst. N. variiert in seinen Wand- und Bodenarbeiten, Reliefs und Zeichnungen die Grundlagen einer bildner. Grammatik, wobei er sich auf die Gegensatzpaare Schwarz und Weiß, Volumen und Öffnung, Raum und Fläche, graf. Element und plast. Erscheinungsbild konzentriert. Grundlage seiner Arbeiten ist immer auch der kalkulierte Einsatz von Zahlen-, Maß- und Proportionsverhältnissen.

J. N., hg. v. P. VOLKWEIN, Ausst.-Kat. Museum für Konkrete Kunst, Ingolstadt (1994).

Neuhäusel, slowak. **Nové Zámky** [ˈnɔvɛː ˈzaːmki], ungar. **Érsekújvár** [ˈɛːrʃɛkuːjvaːr], Stadt im Westslowak. Gebiet, Slowak. Rep., an der Neutra, 43 400 Ew.; Textil-, Bekleidungs-, Nahrungsmittelindustrie, Bau von Kühlschränken.

Neuhausen, Name von geographischen Objekten:
1) **Neuhausen,** russ. **Gurjewsk, Gur'evsk** [-je-], Stadt im Gebiet Kaliningrad (Königsberg), Russland. Die ehem. Burg erfuhr im 16. Jh. umfangreiche Umbauten, nach der Reformation war sie Sommersitz der preuß. Herzöge, Kammeramt und Jagdschloss, Mitte des 19. Jh. neugotisch umgestaltet. Ehem. Hausmühle des Dt. Ordens (Ende 14. Jh.), Pfarrkirche (Ende des 14. Jh.). – N. ist im Schutz einer Burg des samländ. Domkapitels gegen Ende des 13. Jh. entstanden. Die Gemeinde N. (1939: 4 200 Ew.) kam nach 1945 mit dem nördl. Teil Ostpreußens an die Sowjetunion (seitdem als Stadt bezeichnet).

2) **Neuhausen am Rheinfall,** Stadt im Kt. Schaffhausen, Schweiz, 412 m ü. M., 10 700 Ew.; südl. Nachbarort von Schaffhausen, am Rhein, der hier den Rheinfall bildet; Aluminium-Forschungsinstitut (der Alusuisse), Maschinen- und Waggonbau, Herstellung von Waffen, chem. und Textilindustrie, Spielkartenfabrik; Fremdenverkehr. – Schlösschen Wörth (12. Jh., später stark verändert; ehem. Zollstation). – 1888 entstand am Rheinfall die erste Aluminiumfabrik Europas.

Neuhäusler, Johann, kath. Theologe, * Eisenhofen (heute zu Erdweg, Landkreis Dachau) 27. 1. 1888, † München 14. 12. 1973; wurde 1932 Domkapitular in München; war einer der Führer des kath. Widerstands gegen den Nationalsozialismus und 1941–45 im Konzentrationslager Dachau inhaftiert. 1947 wurde er Weihbischof im Erzbistum München und Freising.

Neuhegelianismus, zusammenfassende Bez. für sehr verschiedenartige Erneuerungsversuche der Philosophie G. W. F. HEGELS im 1. Drittel des 20. Jh. I. e. S. kann man von N. nur in Abhebung von einem älteren Hegelianismus sprechen, wie er z. B. in Dtl. und Italien im 19. Jh. aufgetreten ist. I. w. S. werden auch erstmalige Hegelrezeptionen, die in manchen Ländern gleichzeitig mit dem dt. N. erfolgten, als N. bezeichnet.

Nachdem der ältere Hegelianismus in Dtl. etwa ab der Mitte des 19. Jh. verebbt und durch eine Rückwendung zum Kritizismus I. KANTS abgelöst worden war, eröffneten K. FISCHER und W. DILTHEY mit Arbeiten zur Entwicklungsgeschichte des hegelschen Denkens die neue positive Aufnahme seiner Philosophie. Bereits in seinen Anfängen wie auch später begleitete den N. eine ausgeprägte Selbstreflexion. W. WINDELBAND sah im Fortgang vom Neukantianismus zum N. eine Wiederholung des Weges von KANT zu HEGEL, ausgelöst durch einen neuen ›Hunger nach Weltanschauung‹. HEGELS staats- und geschichtsphilosophisch orientierte Lehre von der Welt als ›Erfüllungsort des Geistes‹ und eine Absage an den schrankenlosen Individualismus F. NIETZSCHES schienen diesem Bedürfnis zu entsprechen. R. KRONER knüpfte an WINDELBAND an, indem er v. a. die innere Notwendigkeit in der systemat. Problemfaltung auf dem Weg von KANT zu HEGEL herausarbeitete. Die Entstehung des N. sowie sein Selbstverständnis hängen weitgehend mit dieser Fragestellung zusammen. Das entsprach HEGELS philosophiegeschichtl. Methode, die Geschichte des Denkens als log. Entfaltung des Problemgehalts zu verstehen. H. GLOCKNER versuchte im Anschluss an die Lebensphilosophien des 19. Jh. (L. FEUERBACH, F. T. VON VISCHER, DILTHEY) den irrationalen Momenten, die sich beim jungen HEGEL finden, mehr Geltung zu verschaffen. HEGELS Rechts-, Staats- und Geschichtsphilosophie gerieten teilweise in deutl. Nähe zum Nationalsozialismus (JULIUS BINDER, † 1939; K. LARENZ). – Der N. übernahm die Gehalte der Philosophie HEGELS meist nur kritisch und modifiziert. Unterstützt wurde er durch die editor. Bemühungen um HEGELS Werk (H. NOHL; GEORG LASSON, * 1862, † 1932).

In *Italien* eignete sich B. CROCE HEGEL kritisch an, indem er zw. dem Lebendigen und dem Toten in HEGELS Philosophie unterschied, also nicht nur zw. Anschauung und Begriff. G. GENTILE unternahm eine interpretator. Reform der Dialektik HEGELS.

In den *Niederlanden* wandte sich G. BOLLAND HEGEL zu. Aus seiner Schule, der Bollandgesellschaft (u. a. B. WIGERSMA und J. HESSING), ging 1930 der ›Internat. Hegel-Bund‹ hervor, der zu einer Sammlungsbewegung für den N. wurde. Er hatte aber keinen längeren Bestand.

Zum N. i. w. S. kann man auch die Hegelrezeption in *Großbritannien* von 1865 bis etwa 1920 zählen (J. H. STIRLING, F. H. BRADLEY, B. BOSANQUET). Die Hegelrezeption in *Frankreich* (u. a. J. HYPPOLITE, A. KOJÈVE), die erst seit etwa 1930 und in einer vom dt. Idealismus stark verselbstständigten Form erfolgte, wird nicht dem N. im strengen Sinne zugerechnet.

W. DILTHEY: Die Jugendgesch. Hegels (1905); B. CROCE: Lebendiges u. Totes in Hegels Philosophie (a. d. Ital., 1909); G. LASSON: Beitr. zur Hegelforschung, 2 Tle. (1909–10); W. WINDELBAND: Die Erneuerung des Hegelianismus (1910); H. LEVY: Die Hegel-Renaissance in der dt. Philosophie (1927); H. HÖHNE: Der Hegelianismus in der engl. Philosophie (1936); H. GLOCKNER: Beitr. zum Verständnis u. zur Kritik Hegels sowie zur Umgestaltung seiner Geisteswelt (1965); W. MOOG: Hegel u. die Hegelsche Schule (Neuausg. 1969); W. R. BEYER: Hegel-Bilder (Berlin-Ost ³1970); R. KRONER: Von Kant bis Hegel, 2 Bde. (³1977); J. HYPPOLITE: Introduction à la philosophie de l'histoire de Hegel (Neuausg. Paris 1983); Stuttgarter Hegel-Tage 1970. Vorträge..., hg. v. H.-G. GADAMER (²1983); T. KESSELRING: Die Produktivität der Antinomie (1984); D. LOSURDO: Hegel u. das dt. Erbe (a. d. Ital., 1989); A. KOJÈVE: Hegel, eine Vergegenwärtigung seines Denkens (a. d. Frz., Neuausg. ⁴1997).

Neuheidentum, Sammelbegriff für neuere nicht- bzw. postchristl. Tendenzen und Strömungen innerhalb des Spektrums der so genannten ›neuen Religiosität‹, deren religiöse Überzeugungen in einer bewussten Rückwendung zu vor- oder außerchristl. Wertungen und Glaubensvorstellungen gründen und z. T. mit Bestrebungen verbunden sind, den antiken und altgerman. Götterglauben wieder zu beleben. Der Begriff N. leitet sich von den Selbstbezeichnungen ihrer Anhänger als ›Heiden‹ bzw. ›Neuheiden‹ ab, die zugleich Abgrenzungen gegenüber den bewussten Atheisten und der großen Menge religiös indifferenter Menschen in der modernen Gesellschaft darstellen. Das N. ist breit gefächert, ›überlappt‹ sich z. T. mit der Esoterik- und der New-Age-Szene, lässt sich jedoch grundsätzlich im Rahmen zweier Hauptrichtungen darstellen, die sich als völkisch-rassist. N. (›rechtes N.‹) und als alternativ-emanzipator. N. (›linkes N.‹) deutlich voneinander abheben, aber auch versch. Mischformen eingehen.

Das ›rechte‹ N. gliedert sich in Dtl. traditionell in die aus den →deutschgläubigen Bewegungen und in die aus dem stärker esoterisch geprägten ›Neugermanischen Heidentum‹ hervorgegangenen Gruppierungen. Die auf ›völkische‹ Religiosität und Rasselehren des 19. Jh. (A. →GOBINEAU) zurückgehende, einen ›arteigenen deutschen Glauben‹ vertretende **deutschgläubige Szene** ist heute zersplittert und z. T. im Verschwinden begriffen: ›Deutschgläubige Gemeinschaft‹ (1911 gegr., 1957 wieder gegr.); ›Nordische Glaubensgemeinschaft‹; ›Artgemeinschaft‹ (gegr. 1951). Dem **Neugermanentum** entstammen v. a. die heute noch aktiven ariosoph. Splittergruppen, deren Lehre (Ariosophie) wesentlich auf Theorien der österr. Schriftsteller GUIDO VON LIST, (*1848, †1919) und ADOLF JOSEF LANZ VON LIEBENFELS (*1874, †1954) zurückgeht: ›Armanen-Orden‹ (1907 als ›Guido-von-List-Gesellschaft‹ gegr.); ›Goden-Orden‹ (gegr. 1957); ›Gylfiliten-Gilde‹ (gegr. 1976). Neuerdings definiert sich das neugerman. N. auch als ›Ásatrú‹ (›den Asengöttern treu‹). Auch der ›intellektuelle Neopaganismus‹ (zu kirchenlat. pagan ›heidnisch‹) von Theoretikern der ›neuen Rechten‹ sieht in einer neuen heidn. ›Religion‹ die Alternative zum christl. Universalismus und Egalitarismus.

Die polit. Vorbelastung der neuheidn. Szene in Dtl. lässt leicht übersehen, dass es seit Humanismus, Aufklärung und Romantik auch ein emanzipator. Interesse an ›heidn.‹ Religiosität mit entsprechender Urkultur-Rezeption (Kelten, Germanen, Indianer) gegeben hat (z. B. sozialist. Sonnwendfeiern; Maifeiertag). Diese Tradition erscheint heute v. a. in der **ökosozialistischen Variante des N.** wieder. Bes. von Amerika, Großbritannien und Skandinavien ausgehende Einflüsse haben seit dem Entstehen gegenkultureller Strömungen innerhalb der westl. säkularen Gesellschaften (New Age) auch zum Erstarken eines sich z. T. betont ›antifaschistisch‹ gebenden oder sich dem grünalternativen Spektrum zurechnenden ›linken‹ N. geführt, das sich mit der Umweltschutz-, der Frauen- und der Friedensbewegung zu verbünden versucht. Dabei betonen bes. diejenigen Kreise, die an Traditionen des Schamanismus und der indian. Kultur anknüpfen, anarchist. und ökolog. Werte und vertreten politisch eher ›links‹ angesiedelte Einstellungen (STEFANIE VON SCHNURBEIN). Über Vertreter des Neoschamanismus hinaus verstehen sich viele Anhänger und Anhängerinnen des Wicca-Kults (Selbst-Bez.: neue →Hexen), des Neokeltentums bzw. Neodruidentums und neuerdings der so genannten ›Tiefenökologie‹ als Neuheiden.

Während es in Dtl., abgesehen vom ›Bund für Gotterkenntnis (Ludendorff) e. V.‹ mit rd. 10 000 Anhängern und der ›Deutschen Unitarier Religionsgemeinschaft e. V.‹ (rd. 2 000) nur wenige, in Kleinstgruppen organisierte Neoheiden gibt, schätzen Religionswissenschaftler die Zahl der in neureligiösen Gemeinschaften in den USA organisierten Neoheiden auf 40 000 bis 50 000 (Eigenangaben bis zu 100 000).

F.-W. HAACK: Wotans Wiederkehr. Blut-, Boden- u. Rasse-Religion (1981); E. GUGENBERGER u. R. SCHWEIDLENKA: Mutter Erde, Magie u. Politik (Wien ²1989); K. WEISSMANN: Druiden, Goden, weise Frauen (1991); S. VON SCHNURBEIN: Religion als Kulturkritik. Neugerman. Heidentum im 20. Jh. (1992); DIES.: Götterstreit in Wendezeiten. Neugerman. Heidentum zw. New Age u. Rechtsradikalismus (1993); J. G. MELTON u. I. POGGI: Magic, witchcraft and paganism in America. A bibliography (New York ²1992); V. CROWLEY: Phoenix aus der Flamme. Heidn. Spiritualität in der westl. Welt (a. d. Engl., 1995); H. BAER: Arischer Rassenglaube – gestern u. heute. Das Weltbild der esoter. Ariosophie u. ›philosoph.‹ Deutschgläubigen (1995); Das neue Heidentum, Beitrr. v. O. BISCHOFBERGER u. a. (1996); M. ADLER: Drawing down the moon. Witches, druids, goddess-worshippers, and other pagans in America today (Neuausg. New York 1997).

Neuhochdeutsch, Abk. **nhd.,** Epoche der →deutschen Sprache (seit etwa Mitte des 17. Jh.).

Neuhof, Gem. im Landkreis Fulda, Hessen, 270 m ü. M., 11 500 Ew.; Kalibergbau (seit 1909). – Die Burg (Nova Curia, 1249 erwähnt) gehörte dem Abt von Fulda und war Sitz eines Amts von 20 Dörfern. Der Neubau (1519 begonnen), eine quadrat. Anlage mit vier Ecktürmen, wurde im 18. Jh. barock umgebaut.

Neuhof, Neuhoff, Theodor Freiherr von, Abenteurer, *Köln 24. (oder 25.) 8. 1694, †London 11. 12. 1756; entstammte westfäl. Adel, stand in frz. (u. a. als Page der LISELOTTE VON DER PFALZ), schwed. und span. Kriegsdiensten, bevor er im Auftrag Kaiser KARLS VI. von Florenz aus Verhandlungen mit sich gegen die Rep. Genua erhebenden Korsen aufnahm. Er wurde am 15. 4. 1736 als THEODOR I. zum König von Korsika gewählt, konnte aber seinen Herrschaftsanspruch nicht durchsetzen und wurde vertrieben. Rückkehrversuche scheiterten 1738 und 1743 v. a. am frz. Widerstand. 1749 ging N. nach London, wo er nahezu sechs Jahre im Schuldturm verbrachte, bis er durch eine von H. WALPOLE veranstaltete Geldsammlung freikam.

Neuholland, histor. Name für den von den Niederländern entdeckten Teil Australiens.

Neuhumanismus, die Neuaufnahme humanist. Ideale und Wiederbelebung antik-klass. Kulturwerte im dt. Raum in der 2. Hälfte des 18. Jh., mit Hang zu philosophisch begründendem Denken sowie zur ästhetisch-schöngeistigen Verklärung vorromant. Welt- und Daseinsbetrachtungen (J. J. WINCKELMANN). Die letztlich uneinheitl. Bewegung des N., angebahnt durch insbesondere altphilologisch interessierte Gelehrte wie C. GESNER, C. G. HEYNE und JOHANN AUGUST ERNESTI (*1707, †1781), bildete den Grundstein für Reformen des preuß. und des bayer. Schul- und Universitätswesens, wofür v. a. W. VON HUMBOLDT und F. I. NIETHAMMER eintraten.

F. NIETHAMMER: Der Streit des Philantropinismus u. Humanismus in der Theorie des Erziehungs-Unterrichts unserer Zeit (1808); F. PAULSEN: Gesch. des gelehrten Unterrichts auf den dt. Schulen u. Universitäten, 2 Bde. (³1919–21, Nachdr. 1965); W. RÜEGG: Anstöße (1973); W. VON HUMBOLDT: Bildung u. Sprache (Neuausg. ³1979); G. BUCK: Rückwege aus der Entfremdung (1984).

Neuilly-sur-Seine [nœˈjisyrˈsɛn], Stadt im westl. Vorortbereich von Paris, nördlich des Bois de Boulogne an der Seine, Dép. Hauts-de-Seine, Frankreich, 61 800 Ew.; Maschinenbau und chem. Industrie, ferner Herstellung von Autozubehör und Präzisionsinstrumenten, pharmazeut. und kosmet. Industrie. – Am 27. 11. 1919 wurde hier der **Friede von Neuilly** zw. Bulgarien und den Ententemächten geschlossen (→Pariser Vorortverträge).

Neuiranisch, →iranische Sprachen.

Neuirland, Insel des Bismarckarchipels, →New Ireland.

Neu-Isenburg, Industriestadt im Landkreis Offenbach, Hessen, 122 m ü. M., im Rhein-Main-Gebiet südlich von Frankfurt am Main, 35 700 Ew.; Heimatmuseum, Zeppelinmuseum; Herstellung von Informations- und Kommunikationstechnik, Foto- und Lebensmittelindustrie (›Frankfurter Würstchen‹), Bundesdruckerei. – Zu der ursprüngl. Gründung als Idealstadt mit quadrat. Plan und mittlerem Markt gehören die ev. Pfarrkirche (1775), das ehem. frz. (1705) und das ehem. deutsch-luther. Schulhaus (1783). – N.-I., eine 1699 gegründete Siedlung frz. Hugenotten, erhielt 1894 Stadtrecht. 3 km östlich wurde seit 1960 die Wohnstadt Gravenbruch errichtet.

Neujahr, Neujahrstag, allg. der erste Tag eines Jahres; zunächst nicht auf einen bestimmten Tag festgelegt (Jahresanfang; →Kalender). Die kirchl. Anerkennung des N. am 1. 1. (gregorian. Kalender) erfolgte erst 1691 durch Papst INNOZENZ XII.; der Tag und Abend davor, der nach dem 335 gestorbenen Papst SILVESTER I. benannt ist, ist in Glauben und Brauch nicht vom Jahresbeginn zu trennen. Ferner gibt es vom Kalenderjahr unabhängige Einteilungen (z. B. Kirchenjahr, Geschäftsjahr).

In vielen *Religionen* ist N. ein Festtag, dessen rituelle und mag. Handlungen dem Zweck dienten, einen Neubeginn zu sichern, der als Erneuerung der Welt und Neuschöpfung des Lebens verstanden wurde. Deshalb fand häufig der Vollzug eines Kultdramas statt, das eine symbol. Wiederholung der Kosmogonie darstellte. Dem Fest gingen Reinigungsriten zur Entsühnung von Sünden voraus, die während des alten Jahres begangen worden waren. Maskenumzüge und lärmende Feiern galten der Vertreibung böser Mächte. Zeichen des Neubeginns war häufig die Erneuerung des Feuers im Haus oder Tempel.

Die *christl. Liturgie* feierte den Tag zunächst nicht, seit dem 6. Jh. sah sie ihn wegen der Ausgelassenheit der weltl. Neujahrsfeier als Bußtag und beging ihn seit dem 13./14. Jh. als Fest der ›Beschneidung Christi‹. Die Liturgiereform des 2. Vatikan. Konzils hat an seine Stelle das ›Hochfest der hl. Gottesmutter Maria‹ als Oktavtag von Weihnachten gesetzt. – Der in den ev. Kirchen als Tag der Besinnung begangene Beginn des Jahres wird in neueren Agenden wieder als ›Tag der Beschneidung und der Namengebung Jesu‹ verstanden.

Im Judentum wird N. am 1./2. Tischri (September/Oktober) gefeiert (→Rosch ha-Schanah). Im Islam richtet sich der Jahresbeginn nach dem Mondjahr und ist daher variabel.

Brauchtum: Die spätantike Feier der Januarkalenden hatte den erbitterten Widerstand der christl. Kirche gefunden. Noch über Jahrhunderte galten Verbote von Vermummungen und Tänzen. Gegen Reigentänze mit Gesängen auf Straßen und Plätzen schritten im 13. Jh. städt. Obrigkeiten ein. Der für höf. Kreise seit dem 9. Jh. bezeugte Brauch, zu N. Geschenke zu machen, erfuhr vielfache Ausweitungen, indem sich weltl. Herrschaften und geistl. Institutionen mit ›Verehrungen‹ bedachten, Stadtverwaltungen ihren Bediensteten, Klöster ihrem Gesinde Zuwendungen an Geld und an Brotspenden, häufig in Form von Zopfgebäcken und Lebkuchen, zukommen ließen. Der Geschenktermin ging im 19. Jh. meist von N. auf das Weihnachtsfest über. Mit →Neujahrsliedern pflegte man das Jahr ›einzusingen‹. Das N. ›anzublasen‹ zogen herrschaftl. Trompeter, Stadtpfeifer und Bettelmusikanten weit herum, das N. ›anzuschießen‹ wurde durch die in den Winterquartieren liegenden Soldaten des Dreißigjährigen Krieges üblich. Heute gehören Böllerschießen und Feuerwerk zum festl. Jahresbeginn; ebenso die durch einen Zuruf (›prosit N.‹) oder einen Spruch übermittelten Gesundheits-, Glück- und Segenswünsche (N.-Wünsche). Im 14. und 15. Jh. entwickelte sich in fürstl. und geistl. Kreisen der Brauch, N.-Wünsche in Briefen auszutauschen. Frühe Holzschnittbilder und Kupferdruckblätter des 16./17. Jh. enthalten einen kurzen Wunsch im Spruchband, mit dem Motiv des Jesuskindes als N.-Künder, geistl. Themen, Tier- und Pflanzenmotiven. Im 18. bzw. frühen 19. Jh. fanden N.-Wünsche ihre Fortsetzung in Ausschneidebögen und Klappkarten. 1872 wurden in Dtl. die ersten N.-Glückwunschkarten gedruckt, seit den 1950er-Jahren in Kombination mit Weihnachtskarten. – Alte Orakelbräuche wie Bleigießen, Schuhwerfen und Glücksgreifen von Symbolfiguren, die Auskünfte über Schicksal, Liebe, Hochzeit, Ehe, Tod, Wetter und Ernte geben sollten, leben in Resten abergläub. Meinungen weiter oder sind zu Scherzen der Silvesterfeier verharmlost.

Hwb. des dt. Aberglaubens, hg. v. E. HOFFMANN-KRAYER u. a., Bd. 6 (1934/35, Nachdr. 1987); M. ELIADE: Der Mythos der ewigen Wiederkehr (a. d. Amerikan., 1953); A. SPAMER: Das kleine Andachtsbild (²1980); J. KÜSTER: Wb. der Feste u. Bräuche im Jahreslauf (1985); I. WEBER-KELLERMANN: Saure Wochen, Frohe Feste (1985).

Neujahrslieder, die zum kalendar. Jahreswechsel in der Silvesternacht oder am Neujahrstag vorgetragenen, mit einem Wunsch beginnenden Brauchtumslieder, die seit dem MA. u. a. von Kurrenden gesungen wurden. Im 19. und 20. Jh. zogen bzw. ziehen Jugendliche, Handwerksburschen, Kirchen- und Gemeindediener durch die Straßen, um das neue Jahr ›anzusingen‹. Jedem Stand (weltl. und geistl. Obrigkeit, Gemeinde, Hausherren, Dienstboten, Eheleuten, Jugend, Eltern, Kranken, Armen) wurde in einer Strophe, meist verbunden mit einem Rückblick in das vergangene Jahr, der Erfahrung des unaufhaltsamen Zeitablaufs und der Hoffnung auf eine glückl. Zukunft, Charakteristisches gewünscht. Dem Liedvortrag folgt i. d. R. eine Einladung ins Haus, den Sängern werden Speisen und Getränke angeboten, mancherorts erhalten sie Geld- oder Naturaliengeschenke.

Hb. des Volksliedes, hg. v. R. W. BREDNICH u. a., Bd. 1 (1973).

Neukaledoni|en, frz. **Nouvelle-Calédonie** [nuˈvɛl kaledoˈniː], frz. Überseeterritorium im südwestl. Pazifik, zw. 18° und 23° s. Br. sowie 158° und 172° ö. L.; 19 103 km², (1995) 182 200 Ew.; Hauptstadt ist Nouméa (65 100 Ew.). N. umfasst die rd. 1 500 km östlich von Australien gelegene Insel **Neukaledonien (Nouvelle-Calédonie, Grande Terre;** 16 750 km²; 1989: 144 100 Ew.) sowie die angegliederten **Îles Bélep** (70 km²; 740 Ew.), **Île des Pins** (153 km²; 1 500 Ew.), **Loyaltyinseln (Îles Loyauté;** Hauptinseln Uvéa, Lifou, Maré; 2 072 km²; 17 900 Ew.), ferner die unbewohnten Inseln **Îles Chesterfield** (elf Inseln, 10 km²), **Îles Huon** (0,7 km²), **Walpole Island** (1,25 km²), **Matthew Island** (0,2 km²) und **Hunter Island** (2 km²). Amtssprache ist Französisch. Währungseinheit ist der CFP-Franc.

Landesnatur: Die 410 km lange, von einem Korallenriff umgebene Insel N. wird von Gebirgsmassiven durchzogen, die im Mont Panié (1 628 m ü. M.) und Mont Humboldt (1 618 m ü. M.) ihre höchsten Erhebungen haben und zur Ostküste steil abfallen. Im W erstreckt sich eine Küstenebene. Mit Ausnahme der Vulkane Matthew Island und Hunter Island sind alle übrigen Inseln niedrige Koralleninseln (meist unter 100 m ü. M.); die Île des Pins, die einen vulkan. Kern besitzt, erreicht 265 m ü. M. Das Innere der Insel N. und die Küstenebene im W nehmen weithin Savannen und Buschwälder ein (typisch ist der Weißbaum, Melaleuca viridiflora); an den Küsten Mangroven und Kokospalmen; die Bergwälder setzen sich v. a. aus Kopalfichten und Araukariengewächsen zusammen.

Das *Klima* ist tropisch mit einer warmen Jahreszeit (Mitteltemperatur im Januar um 26°C) von November bis März und einer kühleren (Mitteltemperatur 17–20°C) und trockeneren von Juni bis September. Im Jahresdurchschnitt fallen 1 000–2 300 mm Niederschlag. Hohe Niederschläge erhalten v. a. die östl. Inselteile durch den SO-Passat.

Bevölkerung: Die Besiedlung N.s durch die Melanesier (mit austrones. Sprache) erfolgte seit etwa 4 000 v. Chr.; seit dem 14. Jh. n. Chr. (oder später) kamen auch Polynesier. Franzosen ließen sich seit 1853 hier nieder. Rd. die Hälfte der Gesamt-Bev. sind Melanesier (überwiegend →Neukaledonier, Eigen-Bez. Kanaken), ferner 12% Polynesier (v. a. von Wallis und Futuna sowie Tahiti), 34% Europäer (überwiegend Franzosen); Minderheiten sind v. a. Vietnamesen und Indonesier. Über 90% der Bev. leben auf der Insel N. Neben Französisch werden melanes. und polynes. Sprachen gesprochen. Größte Stadt ist Nouméa. Die Bev. ist überwiegend christlich (59% römisch-katholisch, 17% protestantisch).

Wirtschaft: Außer bei den Exportprodukten Kopra (größtenteils von der Insel Uvéa) und Kaffee herrscht auf dem Agrarsektor die Subsistenzwirtschaft (Mais, Bataten, Jamswurzeln, Maniok, Taro, Gemüse) der

Melanesier vor. Der marktorientierte Anbau nimmt 10 000 ha ein. Auf ausgedehnten Weiden (229 000 ha) betreiben Europäer eine bedeutende Viehzucht. 980 000 ha sind Waldgebiete. – Führender Wirtschaftszweig ist der Nickelerzbergbau (1996: 142 600 t). Die Nickelerzreserven auf der Insel N. werden auf 45 Mio. t Nickel (30 % der Weltreserven) geschätzt; die Produktion von Nickelmetall und Ferronickel erreichte (1996) 42 200 t. Es bestehen mehrere Aufbereitungs- und Verhüttungsanlagen (bei Yaté, Nouméa und Koné). Weitere Bergbauprodukte sind Kupfer-, Kobalt-, Mangan- und Chromerz sowie Jade. – Die Industrie umfasst Kaffeeaufbereitungsanlagen, Fleischkonserven-, Getränke-, Holz verarbeitende, chem. und Zementfabriken. – Ausgeführt werden v. a. Nickel und Nickelerz. Haupthandelspartner ist Frankreich. – Der Tourismus gewinnt an Bedeutung; 1993 kamen 80 700 Touristen, zumeist aus Frankreich und Japan.

Verkehr: Das Straßennetz umfasst (1993) 5 560 km, größtenteils Erdstraßen. Haupthafen ist Nouméa. Nahe der Hauptstadt liegt auch der internat. Flughafen Tontouta.

Geschichte: 1774 entdeckte J. COOK N.; 1853 nahm Frankreich die Insel in Besitz und richtete sie als Strafkolonie (1864–96) ein; gegen die frz. Kolonialherrschaft kam es 1858 und 1878 zu Aufständen. 1943 war N. amerikan. Luftstützpunkt im Pazifikkrieg. 1946 erhielt es den Status eines frz. Überseeterritoriums, 1956 begrenzte, 1976 und 1984 erweiterte Autonomie. Seit Ende der 60er-Jahre entwickelte sich eine v. a. unter melanes. Bev.-Teil, den Kanaken, getragene Unabhängigkeitsbewegung. Nach dem Ausbruch schwerer Unruhen (November 1984) rief der ›Front de libération nationale kanaque socialiste‹ (FLNKS; dt. ›Sozialist. Kanak. Nat. Befreiungsfront‹) im Dezember 1984 die ›Rep. Kanaky‹ aus. Bei einer Volksbefragung sprach sich jedoch 1987 eine Mehrheit (98,3 % bei 59,1 % Wahlbeteiligung) für den Verbleib bei Frankreich aus. 1998 soll in einem Referendum endgültig über den staatsrechtl. Status von N. entscheiden.

J.-P. DOUMENGE: Du terroir à la ville. Les Mélanésiens et leurs espaces en Nouvelle-Calédonie (Talence 1982); A. SAUSSOL: Colonisation rurale et problème foncier en Nouvelle-Calédonie (Diss. Bordeaux 1985); J. SÉNÈS: La vie quotidienne en Nouvelle-Calédonie. De 1850 à nos jours (Paris 1985); Kanaken. Ein Südsee-Volk kämpft um sein Land u. seine Kultur, bearb. v. R. BOULAY u. a. (Neuausg. 1989).

Neukaledonier: Tanzmaske aus Bopope, Neukaledonien (Basel, Museum für Völkerkunde)

Neukaledoni|er, Eigen-Bez. **Kanaken,** die melanes. Bewohner des Territoriums Neukaledonien. Die etwa 65 000 N. gehören rassisch zu den →Melanesiden; ihr Gesellschaftsleben ist durch erbl. Häuptlingstum und Totemismus geregelt. – Die N. bilden ein künstlerisch relativ einheitl. Gebiet mit lokalen Variationsformen. Sehr eindrucksvoll sind die dunklen Holzmasken mit vorstehender Nase, geöffnetem Mund und gerundeten Wangen; für den Auftritt werden sie an einem korbartigen Stülpteil montiert, bekrönt mit Menschenhaarperücke und behangen mit Federkleid. Weiter verbreitet sind geschnitzte Dachaufsätze (durchbrochen gearbeitet, z. T. mit aufgesetzten Tritonschnecken), Schwellen, Pfosten und Zierbretter an Rundhäusern, bes. der Häuptlinge. Dabei dominieren z. T. breitnasige Gesichter, kombiniert mit geometr. Mustern (z. B. gekerbte Rautenfelder).

F. SARASIN: Ethnologie der Neu-Kaledonier u. Loyalty-Insulaner (1929); R. BOULAY: La grande case des Kanaks (Nouméa 1984).

Neukalen, Stadt im Landkreis Demmin, Meckl.-Vorp., 10 m ü. M., an der Peene, 2 500 Ew. – Nahe einer 1174 bezeugten Burg entstand 1244 die Stadt **Kalen,** die wegen ihrer ungünstigen Entwicklung 1281 an ihrem heutigen Standort (9 km vom ursprüngl. entfernt) neu gegründet wurde.

Neukantianismus, einflussreichste philosoph. Richtung in Dtl. etwa 1865–1910, anfänglich Gegenbewegung zum populärmaterialistisch geprägten Zeitgeist (u. a. G. BÜCHNER, E. HAECKEL), mit dem Hauptanliegen der Rückbesinnung auf I. KANT und dessen krit. Erkenntnistheorie als Grundlage wiss. Philosophierens.

Philosophiegeschichtlich eingeleitet wurde der N., von dem seit etwa 1875 die Rede ist, u. a. durch die Veröffentlichungen O. LIEBMANNS (›Kant und die Epigonen‹, 1865) und F. A. LANGES (›Geschichte des Materialismus und Kritik seiner Bedeutung in der Gegenwart‹, 1866, 2 Bde.), die in der Schopenhauernachfolge einer jungen Schule von Kantianern angehörten. Deren primär erkenntniskrit. Geisteshaltung ist von einem vorrangigen Interesse am Formalen bestimmt: Es geht – im Sinne KANTS – v. a. um die Beantwortung der Frage nach der Reichweite des menschl. Erkenntnisvermögens und die Möglichkeiten formal richtigen Denkens, was v. a. die Methode der Philosophie und ihren Anspruch als exakte Wissenschaft betrifft. Damit setzt sich der N. zugleich von →Positivismus und →Empirismus ab, denen es mehr auf die Inhalte des Wissens ankam, weshalb die Anhänger des frühen N. auch dem philosoph. →Idealismus näher stehen.

Entwicklungsgeschichtlich lässt sich der N. in drei Zeitphasen gliedern: In der Anfangsphase (bis etwa 1875) stehen u. a. Versuche im Vordergrund, sinnesphysiolog. Erkenntnisse (von H. VON HELMHOLTZ und G. T. FECHNER) in subjektiv-idealist. Fragestellungen einzuarbeiten. KANTS theoret. Philosophie setzt hier den Maßstab der krit. Methode, wenn es darum geht, die Bedeutung der Sinnesphysiologie für die inhaltl. Erklärung des Erfahrungsbegriffs geltend zu machen. Die zweite Phase (etwa 1875–95) ist die Zeit, in der sich die eigentl. Schulen des N. herausbildeten. Ihr Hauptanliegen war es, nicht nur einzelne Elemente von KANTS transzendentalphilosoph. Hauptwerk (›Kritik der reinen Vernunft‹, 1781, 2. veränderte Aufl. 1787) neu zu rezipieren, sondern den Methoden der krit. Philosophie als Ganzes auch für die Erklärung wissenschaftstheoret. Probleme (unter besonderer Berücksichtigung naturwissenschaftl. Belange) zu deuten und nutzbar zu machen. Dies gilt auch für jene Richtung des N., die mit der transzendentalphilosoph. Begründung einer Theorie die Geisteswissenschaften befasst war. Die dritte Phase (etwa 1895–1910) zeichnet sich dadurch aus, dass die einzelnen Vertreter des N. dazu übergingen, eigene Systeme zu entwickeln, was zur Auflösung des N. als Schule führte. Bis dahin wurde der N. nach außen in Gestalt der Marburger und der Heidelberger Schule repräsentiert, deren Vertreter noch heute als die bedeutenden Denker des N. gelten: Bei der **Marburger Schule** mit H. COHEN,

P. NATORP, E. CASSIRER, N. HARTMANN, K. VORLÄNDER u. a. herrscht die Rezeption von KANTS theoret. Philosophie, v. a. die Anwendung der transzendentalen Logik (Analytik der Begriffe bzw. Grundsätze) auf Fragen der Wissenschaftstheorie, der Methodenlehre der Naturwissenschaften und der Mathematik, vor. Ausgangspunkt ist hier das mathematisch exakte Erkenntnisideal KANTS, allerdings bei weitgehender Aufgabe von anschaul. Erkenntnisinhalten und metaphys. Fragen. Der Umfang der Philosophie wird fast gänzlich auf den Bereich der Erkenntnistheorie eingeschränkt. Selbst bei eth. und ästhet. Fragen (COHEN, ›Ethik des reinen Willens‹, 1902) scheinen Form und Funktion des Denkens den spezifisch moralphilosoph. Gehalt zu verdrängen und die Ethik zur ›Logik der Geisteswissenschaften‹ umzubilden.

Die **Heidelberger Schule (Südwestdeutsche Schule, Badische Schule)** mit W. WINDELBAND, H. RICKERT, E. LASK, B. BAUCH, J. COHN, R. KRONER u. a. widmete sich v. a. den eher individualistisch, lebensphilosophisch wie kulturhistorisch eingestellten Geisteswissenschaften, wobei es ihr – auf dem Boden des kantischen Kritizismus – i. e. S. um Fragen der ›Wertphilosophie‹ ging: Im Mittelpunkt steht das philosoph. Anliegen, die gestaltende Kraft idealer Werte anzuerkennen, und zwar in ihrer lebensbestimmenden Bedeutung für das Individuum wie für die Gesellschaft.

H.-L. OLLIG: Der N. (1979); Erkenntnistheorie u. Logik im N., hg. v. W. FLACH u. a. (1980); R. HEINZ: Psychoanalyse u. Kantianismus (1981); N. Texte der Marburger u. Südwestdt. Schule, ihrer Vorläufer u. Kritiker, hg. v. H.-L. OLLIG (1982); Materialien zur N.-Diskussion, hg. v. DEMS. (1987); E. CASSIRER: Symbol, Technik, Sprache. Aufs. aus den Jahren 1927–1933 (1985); K. C. KÖHNKE: Entstehung u. Aufstieg des N. (1986); H.-D. HÄUSSER: Transzendentale Reflexion u. Erkenntnisgegenstand (1989); N. Kulturtheorie, Pädagogik u. Philosophie, hg. v. J. OELKERS u. a. (1989); N. Perspektiven u. Probleme, hg. v. E. ORTH u. a. (1994).

Neukastili|en, span. **Castilla la Nueva** [kas'tiʎa la 'nueβa], Landschaft in Zentralspanien, Teil →Kastiliens, der sich über die südl. Meseta erstreckt, umfasst die Regionen Kastilien-La Mancha (mit fünf Prov.) und Madrid mit zus. 87 490 km² und 6,8 Mio. Ew.; wird umrahmt von Kastil. Scheidegebirge im N und N, der Sierra de Cuenca im O, der Sierra de Segura im SO, der Sierra de Morena im S und der Sierra de Guadalupe im W. Zwischen den Flusssystemen des Tajo (im N) und des Guadiana (im S) erheben sich in West-N. die relativ niedrigen, bewaldeten Montes de Toledo (bis 1 443 m ü. M.). Die weiten Ebenen und flachen Tafeln der tertiären Rumpfflächen bilden eine leicht nach W geneigte baumarme Hochfläche von 500–700 m ü. M. mit kontinental geprägtem Klima (heiße, staubreiche Sommer, kalte, schneearme Winter, Jahresniederschläge: 300–500 mm), mit großflächigen Trockenfeldkulturen (Getreide-, Reb-, weitständige Ölbaumkulturen). Im N Rinder- und Schweinehaltung, im S Schafhaltung in Transhumanz. Weit auseinander liegende Großsiedlungen konzentrieren sich bes. auf Verarbeitung von Agrarprodukten.

Neukirch, Benjamin, Dichter, * Reinke (Schlesien) 27. 3. 1665, † Ansbach 15. 8. 1729; war Hofmeister, Professor für Poesie und Rhetorik in Berlin, dann Prinzenerzieher in Ansbach. Seine Gedichte folgen zunächst dem Vorbild D. C. VON LOHENSTEINS und HOFMANN VON HOFMANNSWALDAUS, später verarbeitete er frz. und ital. Muster. Bedeutend ist v. a. seine Anthologie ›Herrn von Hoffmannswaldau und andrer Deutschen auserlesene und bißher ungedruckte Gedichte‹ (so genannte Neukirchsche Sammlung, 1695–1727, 7 Tle.; Nachdruck 1961–91), die einen repräsentativen Querschnitt der dt. Lyrik um 1700 bietet. N. übersetzte auch FÉNELONS ›Télémaque‹ (1699) ins Deutsche (›Die Begebenheiten des Prinzen von Ithaca‹, 2 Bde., 1727–39).

F. HEIDUK: Die Dichter der galanten Lyrik. Studien zur Neukirchschen Sammlung (1971).

Neukirchen, Name von geographischen Objekten: 1) **Neukirchen,** Stadt im Schwalm-Eder-Kreis, Hessen, 258 m ü. M., am SW-Fuß des Knüll, 7 600 Ew.; Kneipp- und Luftkurort; Textilindustrie. – Nikolaikirche (14. Jh.); Rathaus, ein dreigeschossiger Fachwerkbau (1536); zahlr. Fachwerkhäuser (16.–19. Jh.); Stadtbefestigung (14. Jh.) z. T. erhalten und von Häusern überbaut. – Das 1142 erstmals urkundlich erwähnte **Nuwenkirchen** erhielt 1351 Stadtrecht. 2) **Neukirchen-Vluyn** [-fly:n], Stadt im Kreis Wesel, NRW, 30 m ü. M., nördlich von Krefeld, 28 800 Ew.; Sitz der Neukirchener Mission und des Neukirchener Erziehungsvereins (Herausgeber des Neukirchener Kalenders); Ortsgeschichtl. Museum; Steinkohlenbergbau, Klimatechnik, Maschinenbau, Textil- und Druckindustrie, Verfahrenstechnik, Computer- und Softwareherstellung. – Ev. Kirche in Vluyn (15. Jh.); Schloss Bloemersheim, eine ehem. Wasserburg (15. Jh.). – N.-V. entstand 1928 durch Zusammenschluss von Neukirchen, im 13. Jh. erstmals erwähnt, und Vluyn, 1297 erstmals urkundlich in Erscheinung getreten. Seit 1981 ist N.-V. Stadt.

Neukirch/Lausitz, Gem. im Landkreis Bautzen, Sa., im Lausitzer Bergland nördlich des Valtenbergs (587 m ü. M.), 6 000 Ew.; Erholungsort; Zwiebackherstellung, Fahrrad- und Maschinenbau, Töpfereien. – Umgebindehäuser.

Neuklassizismus, Neuklassik, 1) *bildende Kunst:* der →Neoklassizismus. **2)** *Literatur:* eine Richtung der dt. Literatur um 1905, die ein Neuanknüpfen an die klass. Kunst- und Formideale (bes. Rückbesinnung auf die Gattungsgesetze) forderte. Der N. betonte gegenüber dem Naturalismus die grundlegende Bedeutung der Form und die Eigengesetzlichkeit der Dichtung und der dichter. Gattungen (v. a. den Vorrang der Tragödie); er verlangte nicht Abbildung der Wirklichkeit, sondern Darstellung ideeller Ordnungen und Werte. Zugleich wandte sich der N. gegen den Psychologismus und die formauflösende Stimmungskunst der Neuromantik. Führende Vertreter dieses bereits zu Beginn des Ersten Weltkriegs überlebten und früh schon von G. LUKÁCS in ›Metaphysik der Tragödie: Paul Ernst‹ (1910) beschriebenen literar. Experiments waren S. LUBLINSKI (›Bilanz der Moderne‹, 1904), P. ERNST (›Der Weg zur Form‹, 1906) und W. VON SCHOLZ (›Gedanken zum Drama‹, 1905).

Die neuklass. Bewegung um 1905, hg. v. K. A. KUTZBACH (1972); A. WOHRMANN: Das Programm der Neuklassik (1979).

Neukloster, Stadt im Landkreis Nordwestmecklenburg, Meckl.-Vorp., 33 m ü. M., am Neuklostersee (2,6 km²), 4 500 Ew.; – In der Kirche des Zisterzienserinnenklosters (13. Jh.), einer roman. Backsteinbasilika, die ältesten Glasgemälde Mecklenburgs (Reste in den Chorfenstern zusammengefasst). – Der neben dem 1219–1555 bestehenden Kloster (seit 1245 Zisterzienserinnen) entstandene Flecken wurde 1938 Stadt.

Neukölln, Verw.-Bezirk von Berlin, 44,9 km², 312 800 Ew. – N. wurde 1360 vom Johanniterorden als **Richardsdorp** gegründet; 1737 wurden böhm. Emigranten angesiedelt (Böhmisch-Rixdorf) und beide Dörfer 1874 zur Gem. **Rixdorf** vereinigt (10 000 Ew.). Nach Einbeziehung in die städtebaul. Entwicklung Berlins erhielt Rixdorf 1899 Stadtrecht. 1912 hatte es 253 000 Ew. und wurde in N. umbenannt; 1920 kam es als Verw.-Bez. zu Berlin (Ortsteile Britz, Buckow, Rudow). N. umfasst neben dicht bebauten Wohnvierteln aus dem 19. Jh. und Industriebetrieben (Maschinenbau, Elektrotechnik, Chemie) städtebaulich bedeutende neuere Wohnviertel, z. B. die Hufeisensiedlung (1925–27 von B. TAUT) und die →Gropiusstadt.

Neukreuzer, österr. Währungseinheit 1857–92, 100 N. = 1 Gulden. Im Fürstentum Montenegro galt diese Währung bis 1900.

Neukuhren, russ. **Pionerskij,** Stadt im Gebiet Kaliningrad (Königsberg), an der N-Küste des Samlandes, etwa 11 900 Ew.; Ostseebad; Fischerei. – N. kam 1945 mit dem nördl. Teil Ostpreußens an die Sowjetunion und gehört heute zu Russland. Seit 1952 Stadt.

Neukurve, *Physik:* →Magnetisierung.

Neulandgewinnung, die →Landgewinnung.

neulateinische Literatur: Titelblatt der Erstausgabe von ›Querela pacis‹ des Erasmus von Rotterdam; 1517

neulateinische Literatur, die lat. Literatur Europas in der Neuzeit. Sie entstand in Italien unter dem Einfluss des →Humanismus seit etwa 1350 und löste in einem langen Verdrängungsprozess bis um 1500 die →mittellateinische Literatur ab, breitete sich im 16. Jh. über das gesamte christl. Europa aus, behauptete sich im 17. und 18. Jh. als letzte übernat., vorwiegend gelehrte Literatur, brachte aber ab 1800 nur noch wenige Dichtungen und wiss. Schriften hervor. Ihre Sprachform ist das weitgehend von den ital. Humanisten durch Rezeption von klassisch-antikem Wortgebrauch und Stil geschaffene Neulatein (→neulateinische Sprache).

Grundlagen

Als Väter des Humanismus, der wie andere geistige Bewegungen im Spät-MA. (Mystik, Devotio moderna) einen Versuch zur Überwindung der religiösen und gesellschaftl. Krisen der Zeit darstellte, und damit auch als Begründer der n. L. gelten F. PETRARCA und C. SALUTATI. PETRARCA wies mit seiner Begeisterung für die Antike, v. a. für CICERO, und mit dem Ruf nach geistiger und polit. Erneuerung den Weg und setzte durch programmatisch wirkende Dichtungen und Prosaschriften Maßstäbe für fast alle Gattungen der n. L. SALUTATI, seit 1375 Staatskanzler in Florenz, verhalf den ›Studia humanitatis‹ zum Durchbruch, indem er ihre Anhänger förderte, das Sammeln von Handschriften und die Einrichtung von Bibliotheken anregte, das Übersetzen griech. Autoren (durch Berufung von M. CHRYSOLORAS, 1397), die Textphilologie und Gespräche über wiss. oder philosoph. Fragen initiierte.

So suchte man im 15. Jh. eifrig nach handschriftl. antiken Werken (G. F. POGGIO BRACCIOLINI, BESSARION), schrieb die lateinischen teils in imitierter karoling. Minuskel-, teils in humanist. Kursivschrift (geschaffen von NICCOLÒ NICCOLI, * 1364, † 1437) ab und übersetzte die griechischen (L. BRUNI, P. C. DECEMBRIO), entwickelte textkrit. und philolog. Methoden, z. B. L. VALLA in seinem grundlegenden Werk ›Elegantiae linguae latinae‹ (um 1440) und A. POLIZIANO in seinen Ausgaben und Kommentaren zu antiken Autoren. BRUNI und P. P. VERGERIO D. Ä. begründeten die humanist. Geschichtsschreibung bzw. Pädagogik, M. VEGIO und FLAVIO BIONDO (* 1392, † 1463) die klass. Archäologie, L. B. ALBERTI Kunsttheorie und Architekturgeschichte. Relativ spät entstanden neue Schulgrammatiken, Verslehren und Sachlexika (N. PEROTTI), noch später die früheste wiss. Grammatik und Poetik (beide von J. C. SCALIGER). In der Metrik waren für die überwiegend verwendeten antiken Versmaße (bes. Hexameter, eleg. Distichon) die klass. Dichter selbst das Vorbild.

Alle literar. Gattungen der Antike wurden wieder aufgenommen und fortgeführt; nach dem Beispiel PETRARCAS betätigte sich fast jeder humanist. Lehrer, Gelehrte oder Dichter auf nahezu allen Feldern der Prosa und Poesie. Man drückte persönl. Gedanken und Empfindungen im philosoph. Dialog oder in lyr. Formen aus, stellte die eigene Zeit durch Historiographie, Biographie, Panegyrik oder Satire dar. Man pflegte auch die geistl. Dichtung und nutzte im 16. Jh. die dramat. Form zu Belehrung und konfessioneller Polemik (Bibel-, Reformations-, Jesuitendrama). Entsprechend dem humanist. Bildungsziel und Freundschaftsideal wurden die eher kommunikativen Gattungen (Brief, Dialog, Schülergespräch, persönl. Lyrik) bevorzugt. Über das antike Vorbild hinaus entwickelten sich inhaltlich bestimmte, individuelle Formen wie Epithalamion, Epicedion, Enkomion (Hochzeits-, Trauer-, Reise-, Lobgedicht); allen Poeten galt die Dichterkrönung als höchste Auszeichnung.

Die Durchsetzung der ›Studia humanitatis‹ gelang in Italien dank den Bemühungen SALUTATIS und seiner Nachfolger in Florenz eher als anderswo in Europa. Getragen von meist akademisch Gebildeten, entstanden in Städten (z. B. Padua, Siena, Venedig), an Fürstenhöfen (u. a. der Este in Ferrara, der Medici in Florenz, der Visconti und Sforza in Mailand), am Königshof von Neapel und an der röm. Kurie humanist. Zirkel (›Sodalitas‹, Vorläufer der Akademie). Charakteristisch für die literar. Kultur dieser Kreise waren der geistige Austausch und das wiss. Gespräch, das Schreiben und Dichten füreinander, aber auch Polemik und Invektive gegen Konkurrenten und anders Denkende. Manche ihrer Mitglieder dienten Herrschern und Päpsten als Erzieher, Sekretäre, Gesandte; andere wirkten als Lehrer der Grammatik, Rhetorik, Dichtkunst an den Universitäten. Ihr Ruhm zog seit der Mitte des 15. Jh. Studenten aller europ. Länder nach Italien. Durch sie wurde die n. L. in ganz Europa verbreitet, ebenso durch den Buchdruck, der die Zahl der Titel (bis 1500 erschienen rd. 500 Werke) und Exemplare wesentlich ansteigen ließ, woran auch Humanisten als Editoren und Drucker (z. B. J. AMERBACH und J. FROBEN in Basel, GUILLAUME FICHET, * 1433, † um 1480, und die Familie Estienne in Paris, A. MANUTIUS in Venedig) beteiligt waren.

Italien

Trotz früher Ansätze u. a. in Padua, wo A. MUSSATO seine Tragödie ›Eccerinis‹ nach dem Vorbild SENECAS D. J. schrieb und dafür 1315 als erster Autor seit der Antike zum Dichter gekrönt wurde, gilt PETRARCA mit seinem lat. Werk (z. B. Scipio-Epos ›Africa‹, ›Bucolicum Carmen‹, röm. Biographien, Briefsammlungen, ›Fortuna‹-Dialog) als eigentl. Begründer der n. L. SALUTATI zog Talente wie den Historiker BRUNI, den Dichter ANTONIO LOSCHI (* 1368, † 1441) und POGGIO BRACCIOLINI, den Schöpfer der frivol-witzigen Kurzerzählung (›Facetiae‹), nach Florenz. Hier entstand unter dem Patronat der Medici, bes. LORENZOS

DE' MEDICI, dem POLIZIANO und M. MARULLO feinsinnige Elegien und Epigramme widmeten, die berühmte ›Platon. Akademie‹. Ihre Gedankenwelt spiegeln die ›Disputationes Camaldulenses‹ (eine allegor. Deutung der ›Aeneis‹ VERGILS) des C. LANDINO; ihr geistiger Kopf, M. FICINO, suchte in der ›Theologia platonica‹ christl. Lehre mit der Philosophie PLATONS und PLOTINS zu vereinen, während sein Schützling G. PICO DELLA MIRANDOLA, der 1486 in Rom in 900 Thesen den universal gebildeten, freien Menschen zum Maß aller Dinge erhob und in der großartigen Rede über dessen Würde (›De dignitate hominis‹) feierte, der Ketzerei verdächtigt wurde. Dagegen verlor F. FILELFO die Gunst der Medici durch oft zügellose Satiren und Epigramme und ging an den Mailänder Hof zu F. SFORZA, dessen Taten er im Epos ›Sphortias‹ pries. Auch die Herzöge von Este holten Humanisten an ihren Hof in Ferrara, u. a. den Philologen GUARINO VON VERONA, der an der Univ. die klass. Studien begründete; sein Schüler T. V. STROZZI knüpfte an die antike Tradition von Ekloge und Liebeselegie an. Diesen übertraf jedoch an Wirkung der Karmeliter BAPTISTA MANTUANUS, dessen christl. ›Aeglogae‹ (1498) in Europa zum Schulbuch wurden. Ebenso erfolgreich waren der allegor. Liebesroman ›Hypnerotomachia Poliphili‹ (gedr. 1499 von MANUTIUS), in dem der Dominikaner F. COLONNA eine ideale Traumwelt beschrieb, und die von der Kirche indizierte, episch-satir. Lebenslehre ›Zodiacus vitae‹ (gedr. 1535) des M. PALINGENIUS STELLATUS (*um 1500, † 1543?). Weitere humanist. Zentren entstanden am Königshof in Neapel und an der Kurie in Rom. Gründer der älteren ›Neapolitan. Akademie‹ war 1435 der durch seine gewagt-erot. Epigrammsammlung (›Hermaphroditus‹, 1425) berühmt gewordene A. PANORMITA, ihr Haupt für lange Zeit G. PONTANO, dessen Liebeselegien, Hymnen und astrolog. Lehrdichtung ›Urania‹ zum Besten ihrer Art zählen; ihr gehörte auch der Philologe VALLA an, der die ›Konstantin. Schenkung‹ als unecht nachwies, sowie der Dichter I. SANNAZARO. Beide waren Mitglieder der von VALLAS Schüler J. POMPONIUS LAETUS gegründeten, von den Päpsten geförderten ›Röm. Akademie‹. Hier wirkten u. a. B. SACCHI und P. GIOVIO als Historiker des Papsttums bzw. der Zeitgeschichte, verfasste M. VEGIO sein antike und christl. Bildungsideale verbindendes Werk über Kindererziehung (›De educatione liberorum‹), dichtete M. G. VIDA Epen über das Schachspiel (›Scacchia ludus‹, 1527) und das Leben CHRISTI (›Christias‹, 1535); berühmt wurde auch G. FRACASTOROS Lehrdichtung über Herkunft und Ausbreitung der Syphilis (1530). Sein Freund P. BEMBO schrieb ein rein ciceronian. Latein, aber auch Werke in der Muttersprache. T. FOLENGO mischte beide Idiome im humorvollen Ritterepos ›Baldus‹ (1517) und schuf damit die →makkaronische Dichtung. Außerhalb von Kirche und Jesuitenorden verengte sich die n. L. Ende des 16. Jh. zunehmend auf die Wissenschaften, wofür G. BRUNOS philosoph. Lehrdichtung (1589) und T. CAMPANELLAS utop. ›Civitas solis‹ (1623) beispielhaft sind.

Heiliges Römisches Reich Deutscher Nation

Humanist. Denken und n. L. gelangten im 15. Jh. auf zwei Wegen in den dt. Sprachraum: Von den ital. Teilnehmern am Konzil von Basel (1431–49), die ihren Aufstieg wie später noch andere ital. Humanisten an dt. Höfen suchten, wurde der lange Zeit für Kaiser FRIEDRICH III. tätige ENEA SILVIO PICCOLOMINI (später Papst PIUS II.) zum eigentl. Anreger und viel gelesenen Musterautor. In Wien wirkte G. PEURBACH mit mathemat. und astronom. Schriften, sein Werk wurde fortgesetzt von REGIOMONTANUS. Umgekehrt lernten dt. Studenten in Italien wie P. LUDER, A. VON EYB und R. AGRICOLA das neue Bildungskonzept (und die n. L.) kennen und verkündeten es in Dtl. als Lehrer und Poeten begeistert in Wort und Schrift, wenn auch wenig erfolgreich; humanist. Kreise wie in Heidelberg um J. VON DALBERG (Kanzler der Univ. seit 1481), Kloster Adwerth bei Groningen (AGRICOLA), Deventer (A. HEGIUS) und Münster (R. VON LANGEN) blieben vorerst Ausnahmen. Dennoch gingen aus ihnen die beiden Hauptgestalten des dt. Humanismus hervor: K. CELTIS, der erste (1487) zum Dichter gekrönte Deutsche und von Kaiser MAXIMILIAN I. berufene Poetikprofessor in Wien, gab als Gründer literarisch-gelehrter Gesellschaften, als Lyriker (›Amores‹) und Historiker (Erstausgaben lat. Werke des dt. MA., ›Germania illustrata‹) entscheidende Anstöße zur Bildung eines nationalkulturellen Selbstbewusstseins. Anders ERASMUS VON ROTTERDAM, überragender Bibelphilologe und Stilist, der für seine geistreiche Kritik an Scholastik, Kirche, Gesellschaft im ›Encomium moriae‹ (›Lob der Torheit‹) und in den ›Colloquia familiaria‹ (›Gespräche‹) gerühmt, aber auch angefeindet wurde, weil er sein Ideal nicht in der Reformation, sondern in einem von Moral und Friedenswillen bestimmten christl. Humanismus sah. Zum literar. Aufschwung kam es um 1500, gefördert von MAXIMILIAN I. und einigen Landesfürsten, zuerst in städt. Kreisen, dann auch an Universitäten: so in Basel um ERASMUS VON ROTTERDAM und den Editor BEATUS RHENANUS, in Augsburg um den Historiker C. PEUTINGER, in Erfurt um MUTIANUS RUFUS mit den Poeten E. CORDUS und H. E. HESSUS, in Heidelberg mit dem Begründer der dt. Hebraistik J. REUCHLIN, in Nürnberg um den Dürerfreund und Übersetzer W. PIRCKHEIMER, in Straßburg um den Pädagogen J. WIMPFELING und den Dichter des ›Narrenschiffs‹, S. BRANT. Dessen satir. Zeitkritik setzten seine Schüler J. LOCHER und H. BEBEL als Professoren in Ingolstadt bzw. Tübingen fort, dieser auch in der volkstüml. Form der Schwankerzählung (›Facetiae‹), wurden jedoch in der Wirkung weit übertroffen von den 1515–17 anonym gedruckten →Epistolae obscurorum virorum, mit denen ihre Verfasser CROTUS RUBEANUS, H. VON DEM BUSCHE und U. VON HUTTEN (der Kölner) Vertreter spätmittelalterl. Scholastik endgültig der Lächerlichkeit preisgaben. Die Lehren der Reformation wurden am prägnantesten von P. MELANCHTHON (›Loci theologici‹) verkündet. In der Auseinandersetzung darüber herrschten Satire und Polemik vor: herausragend z. B. HUTTENS Kampfschriften und T. NAOGEORGUS' ›Satyrae‹ gegen das Papsttum, die Dialogsatiren ›Eckius dedolatus‹ (anonym gedr. Erfurt 1520, gegen J. ECK) und des S. LEMNIUS EMPORICUS ›Monachopornomachia‹ gegen LUTHER. Aus dem Wittenberger Kreis stammten auch P. LOTICHIUS SECUNDUS, der eindrucksvolle Elegien schuf, und F. DEDEKIND, der seiner Zeit mit der Verssatire ›Grobianus‹ (1549) erfolgreich den Spiegel vorhielt. Moral. Erziehung war das Leitmotiv des bes. in Dtl. populären Dramas, das u. a. durch REUCHLIN (›Henno‹, 1497) antike Formen wieder aufnahm, von CELTIS zum höf. Festspiel verändert wurde, in den Schuldramen des G. GNAPHEUS und G. MACROPEDIUS, in NAOGEORGUS' antipäpstl. Tragödien (›Pammachius‹, 1538) und N. FRISCHLINS grotesken Komödien (›Julius redivivus‹, 1585) seine Höhepunkte erreichte und in den Prunkschauspielen der Jesuiten (u. a. J. BIDERMANN, N. AVANCINI) lange nachblühte. Jesuit war auch J. BALDE, der sich mit formvollendeter persönl. Lyrik den Ehrentitel ›dt. Horaz‹ erwarb, als Zeitgenossen wie P. FLEMING und A. GRYPHIUS nach dem Vorbild von M. OPITZ bereits das dt. Idiom bevorzugten und das Lateinische zunehmend auf Fachliteratur von der Art der Bergbaukunde (›De re metallica‹, gedr. 1556) des G. AGRICOLA einengten.

neulateinische Sprache **Neul**

Das übrige Europa

Nicht zeitgleich, sondern abhängig von kirchl., polit. und kulturellen Beziehungen drang der ital. Humanismus in Europa vor, zunächst in Ungarn, wo König MATTHIAS I. CORVINUS (1458-90) für seine reiche Büchersammlung antiker Werke in Buda die Bibliotheca Corviniana gründete und in Kontakt mit FICINOS ›Platon. Akademie‹ um 1472 Humanisten um sich versammelte, u. a. die Italiener A. BONFINI und GALEOTTO MARZIO (*um 1427, †um 1494), die die erste Geschichte Ungarns (1496) bzw. die Taten des Königs (um 1484) beschrieben, und den Epigrammdichter JANUS PANNONIUS. PHILIPPUS CALLIMACHUS (*1437, †1496) aus Italien und CELTIS führten an der Univ. Krakau die neuen Studien ein und beeinflussten u. a. N. KOPERNIKUS, der 1514 in der Denkschrift ›De hypothesibus motuum coelestium‹ erstmals sein heliozentr. System darlegte. Am poln. Königshof dichteten J. DANTYSZEK, ANDREJ KRZYCKI (*1482, †1537) und K. JANICKI, später auch der Begründer der nationalen poln. Dichtung J. KOCHANOWSKI sowie M. SARBIEWSKI, der als Jesuit kath. Ideologie in horaz. Formen brachte.

In Frankreich setzte sich der Humanismus, obwohl schon früh in der Dichtung des Kanzlers der Pariser Univ. J. DE GERSON spürbar, erst durch, als deren Rektor R. GAGUIN ital. und griech. Gelehrte nach Paris holte. Zu seinem Kreis gehörten u. a. G. PICO DELLA MIRANDOLA und der junge ERASMUS VON ROTTERDAM, v. a. J. FABER, Herausgeber theol. Werke des MA. (z. B. erste Gesamtausgabe des NIKOLAUS VON KUES, 1514), Übersetzer der Bibel ins Französische und Kritiker der Kirche und der berühmte Gräzist G. BUDAEUS, den König FRANZ I. zur Gründung des ›Collège de France‹ (1530) anregte. Dessen Hofpoet JEAN SALMON MACRIN (*1490, †1557) wurde als ›frz. Horaz‹ gefeiert. Als Dichter traten auch der Philologe J. C. SCALIGER aus Italien und sein Schüler M.-A. DE MURET hervor, Letzterer führte mit seinem ›Julius Caesar‹ (1550) die klass. Heldentragödie in Europa ein und trug mit der lat. Kommentierung von P. DE RONSARDS Liebessonetten (1552) zum Erfolg frz. Dichtung bei. Der Holländer JOHANNES DOUSA (*1545, †1609), Mitgl. des Pariser Pléiade-Kreises, begründete als erster Rektor der Univ. Leiden (1575) dort eine Schule der Dichtkunst, an der auch so berühmte Philologen wie J. J. SCALIGER und seine Schüler D. HEINSIUS und H. GROTIUS, der Schöpfer des Völkerrechts (›Mare liberum‹, dt. ›Freiheit der Meere‹, 1609), teilhatten.

In England verfügte die Univ. Oxford schon Ende des 15. Jh. dank des Sammeleifers engl. Adeliger und ital. Lehrer über die reichste Sammlung klass. Texte außerhalb Italiens. Hier lehrte der von FICINO beeinflusste Theologe und Gründer der ersten ›Public School‹ J. COLET und studierte der des Griechischen mächtige und juristisch gebildete Staatsmann T. MORE, beide Humanisten von Rang, befreundet miteinander und mit ERASMUS VON ROTTERDAM, der ihnen Werke widmete und MORES staatstheoret. ›Utopia‹ sowie seine Epigramme 1516-18 veröffentlichte. Einen Idealstaat (›Nova Atlantis‹) entwarf auch der Philosoph und Politiker F. BACON sowie mit ›Novum Organum‹ eine auf Empirie gegründete neue Methodik wiss. Erkenntnis. Als die größten Dichter der elisabethan. Zeit gelten die Schotten G. BUCHANAN, wegen seiner scharfen Satiren im Geiste des Protestantismus v. a. in Frankreich bekannt, und JOHN BARCLAY (*1582, †1621), dessen politisch-satir. Roman ›Argenis‹ (z. T. in Übersetzung) europaweit gelesen wurde, sowie der walis. Moralist J. OWEN mit seinen brillanten Epigrammen. Im 17. Jh. wurde die Dichtung zunehmend zweisprachig, das Latein nur noch in Frühwerken (z. B. J. MILTONS Elegien, 1629) oder in Lehrgedichten benutzt (z. B. die Botanik von A. COWLEY).

Die n. L. Dänemarks und Schwedens wurde v. a. von Dtl. her angeregt; herausragende Autoren sind der Historiker O. MAGNUS, die Dichter ERASMUS LAETUS (*1526, †1582, Schüler MELANCHTHONS; bukol. und histor. Werke) und J. W. LAUREMBERG (Satiren) sowie der Astronom T. BRAHE (Lehrdichtung ›Urania‹). In Spanien und Portugal kamen die wesentl. Impulse von Italien. Humanisten wie P. M. d'ANGHIERA, der als Kaplan ISABELLAS I. die Entdeckungsgeschichte der Neuen Welt schrieb. Der bedeutendste span. Humanist, J. L. VIVES, verkündete u. a. durch seine Erziehungslehre (›De disciplinis‹, 1531) von Brügge aus das Bildungsprogramm seines Freundes ERASMUS VON ROTTERDAM bis zum Verbot (1537) durch Kaiser KARL V., in Portugal wirkte an den neuen Univ. Lissabon und Coimbra der Dichter und Historiker ANTONIO DE RESENDE (*1500, †1573) im Sinne der neuen Ideale. Als bedeutender Lyriker aus dem Kreis um KARL V. ist der Niederländer JOHANNES SECUNDUS zu nennen.

Im 17. Jh. gewann überall in Europa die nationalsprachl. Dichtung den Vorrang vor der in neulat. Sprache. Späte Werke neulat. Belletristik sind der satir. Reiseroman durch das Erdinnere (›Nicolai Klimii iter subterraneum‹, 1741) des dän. Historikers L. von HOLBERG und das Lehrgedicht über die Gleichheit der Menschen (›Carmen de aequalitate hominum‹, 1808) des Niederländers HIERONYMUS VAN BOSCH (*1740, †1811). Das Latein blieb noch bis Ende des 18. Jh. Sprache der Wiss., so bei dem Franzosen R. DESCARTES, dem Engländer I. NEWTON, dem Italiener G. VICO, dem Niederländer B. DE SPINOZA, dem Schweden C. VON LINNÉ und den Deutschen G. W. LEIBNIZ und C. F. GAUSS.

G. ELLINGER: Gesch. der n. L. Dtl.s im 16. Jh., 3 Bde. (1929-33, Nachdr. Bd. 2 u. 3 1969); P. VAN TIEGHEM: La littérature latine de la renaissance (Neuausg. Paris 1944, Nachdr. Genf 1966); H. RUPPRICH: Die dt. Lit. vom späten MA. bis zum Barock, 2 Bde. (1970-73); Musae reduces. Anthologie de la poésie latine dans l'Europe de la renaissance, hg. v. P. LAURENS u. a., 2 Bde. (Leiden 1975); E. BERNSTEIN: Die Lit. des dt. Frühhumanismus (1978); P. O. KRISTELLER: Humanismus u. Renaissance, 2 Bde. (a. d. Engl., Neuausg. 1979-80); G. BÖHME: Bildungsgesch. des frühen Humanismus (1984); Contemporaries of Erasmus, hg. v. P. G. BIETENHOLZ u. a., 3 Bde. (Toronto 1985-87); A. BUCK: Humanismus. Seine europ. Entwicklung in Dokumenten u. Darstellungen (1987); Acta conventus Neo-Latini Guelpherbytani, hg. v. S. P. REVARD u. a. (Binghamton, N. Y. 1988); Höf. Humanismus, hg. v. A. BUCK (1989); Humanismus u. höfisch-städt. Eliten im 16. Jh., hg. v. K. MALETTKE u. a. (1989); W. LUDWIG: Litterae neolatinae. Schriften zur n. L. (Neuausg. 1989); Humanismus, in: Lex. des MA., hg. v. L. LUTZ, Bd. 5, Lfg. 1 (1990). – *Bibliographien:* Bibliographie Internationale de l'Humanisme et de la Renaissance, Bd. 1 ff. (Genf 1966 ff.); J. IJSEWIJN: Companion to neo-latin studies (Amsterdam 1977).

neulateinische Sprache, Neulatein, Bez. für die lat. Sprache der Neuzeit. Die Ablehnung des scholast. Lateins und schließlich des gesamten, angeblich barbar. Mittellateins seit dem 14. Jh. durch F. PETRARCA, C. SALUTATI und andere Humanisten (in Dtl. v. a. in den →Epistolae obscurorum virorum) war mit der Hinwendung zu den klass. Autoren, bes. CICERO, als stilist. Vorbild verbunden. Trotz der purist. Bestrebungen und klassizist. Sprachfähigkeit setzten neulat. Verfasser bisweilen mittellat. Eigentümlichkeiten fort (z. B. mit antik nicht belegtem surdere ›taub sein‹, adjektivischem statt adverbiellem extrinsecus und intrinsecus, mit der Vertauschung der Pronomina suus und eius oder der noch lange verbreiteten Schreibung mit ›e caudata‹ statt der Diphthonge ae und oe, z. B. celum statt coelum oder caelum, ›Himmel‹). Bes. in den Fachsprachen (Rechtswissenschaft, Medizin, Philosophie, Theologie) herrschte eine bemerkenswerte lexikal. Kontinuität vor. Die Gelehrten pflegten das Neulatein als internat. Verständigungsmittel; bis ins 18. Jh. erschienen die meisten wiss. Veröffentlichungen in n. S., wobei zahlr. Neologismen das Vokabular beträchtlich erweiterten. Aber auch im akademischen Unterricht und in der Literatur behauptete sich das Lateinische in Europa als gemeinsame Zweitsprache noch bis ins 18. Jh.

Seine einstige umfassende Bedeutung hat das Latein zwar eingebüßt, doch werden auch heute noch Dissertationen z.T. in Latein verfasst, und viele Wissenschaften prägen neue Begriffe ganz oder teilweise mithilfe lat. Wortstämme (z. B. Kontaktlinse, Sanatorium, Supralation); dabei unterlaufen auch fehlerhafte Bildungen wie Exponat (anstelle von Expositum, zum Partizip Perfekt von exponere). Die kath. Kirche hält am Latein als offizieller Sprache fest; die Verlautbarungen des Apostol. Stuhles werden lateinisch abgefasst. Zahlr. Neuprägungen (z.B. pilula anticonceptiva ›Antibabypille‹ oder textus televisificus ›Videotext‹) sollen die Eignung der n. S. als ein modernes, übernat. Kommunikationsmittel sichern. Auch Kongresse ›Pour le latin vivant‹ finden regelmäßig statt.

J. IJSEWIJN: Companion to neolatin studies (Amsterdam 1977); DERS.: Mittelalterl. Latein u. Humanistenlatein, in: Die Rezeption der Antike, hg. v. A. BUCK (1981); C. HELFER: Lexicon auxiliare (Neuausg. 1985). – *Zeitschriften:* Societas Latina (1932 ff.); Vox Latina (1965 ff.).

Neulauenburg, früherer Name der →Duke of York Islands, Papua-Neuguinea.

Neulengbach, Markt-Gem. im Bez. Sankt Pölten, NÖ, 251 m ü. M., am W-Rand des Wienerwaldes, 6600 Ew.; Bezirksgericht; Heimatmuseum; Textilindustrie.

Neulicht, das erste Sichtbarwerden der schmalen, zunehmenden Sichel des neuen Mondes; diente in vielen Kulturen zur Bestimmung des Monatsanfangs.

Neuluthertum, kirchlich-theolog. Richtung, die zu Beginn des 19. Jh. aus der Erweckungsbewegung hervorging und durch die Rückbesinnung auf das Werk M. LUTHERS und das theolog. Erbe der luther. Orthodoxie die Erneuerung des Luthertums als bewusst gelebte Konfession anstrebte. Zentren des N. waren Erlangen (→Erlanger Schule), Hermannsburg (L. HARMS) und Neuendettelsau (W. LÖHE), von wo auch Einflüsse nach Nordamerika ausgingen (→Missouri-Synode). Weitere wichtige Vertreter des N. waren E. W. HENGSTENBERG, C. HARMS und C. E. LUTHARDT. (→Luthertum)

Neumagen-Dhron: ›Großes Neumagener Weinschiff‹; um 200 n. Chr. (Trier, Rheinisches Landesmuseum)

Neumagen-Dhron [-dro:n], Gem. im Landkreis Bernkastel-Wittlich, Rheinl.-Pf., 125 m ü. M., am rechten Moselufer, 2400 Ew.; Heimatmuseum; Weinbau, Fremdenverkehr. – Anfang des 1. Jh. n. Chr. entstand nahe der Dhronmündung eine Siedlung der Treverer (Nachweis von Brandgräbern), um 270 wurde sie von den Römern befestigt und Anfang des 4. Jh. unter KONSTANTIN I., D. GR., zu einem Kastell ausgebaut. Baumaterial waren provinziale röm. Grabmonumente des 2. und 3. Jh., von denen 1878–84 über 1000 Einzelfunde, darunter zahlr. Reliefs, geborgen und ins Landesmuseum Trier verbracht wurden. Das ›Große Neumagener Weinschiff‹ ist das Grabmal eines Weinhändlers in der Form eines mit Weinfässern beladenen Moselschiffs.

Neumann, 1) Alfred, Schriftsteller, * Lautenburg (Westpreußen) 15. 10. 1895, † Lugano 3. 10. 1952; emigrierte 1933 nach Italien, dann über Frankreich 1941 in die USA; 1949 Rückkehr nach Florenz. N. gestaltete in seinen psychologisch analysierenden Werken anhand histor. Stoffe das Thema ›Macht und Machtmissbrauch‹, so z. B. in der Romantrilogie um NAPOLEON (›Neuer Caesar‹, 1934; ›Kaiserreich‹, 1936; ›Das Kind von Paris‹, 1952). Für den Roman ›Der Teufel‹ (1926) erhielt er den Kleist-Preis; auch Dramatiker, Lyriker und Übersetzer.

Ausgabe: A. N. Eine Auswahl aus seinem Werk, hg. v. G. STERN u. a. (1979).

2) Franz Ernst, Physiker und Mineraloge, * Joachimsthal (Landkreis Barnim) 11. 9. 1798, † Königsberg (heute Kaliningrad) 23. 5. 1895; Prof. in Königsberg; begründete nach dem Vorbild von J. B. FOURIER die mathemat. Physik in Dtl., arbeitete über Wellenlehre des Lichtes, Elektrodynamik und Kristallographie (›Zonengesetz‹). N. gelang es, die von C. G. J. JACOBI begründete bedeutende Stellung des Königsberger Mathemat. Seminars zu stärken und auszubauen.

3) Gert, Schriftsteller, * Heilsberg 2. 7. 1942; studierte 1967–69 am Literaturinstitut ›J. R. Becher‹ in Leipzig (Exmatrikulation aus politisch-ideolog. Gründen), arbeitete danach in verschiedenen Berufen. Sein Prosaband ›Die Schuld der Worte‹ (1979) erregte in der BRD Aufsehen; auch die folgenden Werke durften bis Ende 1989 in der DDR nicht erscheinen. Im Mittelpunkt der schriftsteller. Arbeit N.s steht die Reflexion über die Sprache und ihre Bedeutung für die menschl. Individualität.

Weitere Werke: Romane: Elf Uhr (1981); Die Klandestinität der Kesselreiniger. Ein Versuch des Sprechens (1989). – *Prosa:* Übungen jenseits der Möglichkeit (1991).

4) Günter, Kabarettautor und Komponist, * Berlin 19. 3. 1913, † München 17. 10. 1972; textete und komponierte in den 30er-Jahren für Berliner Kabaretts (u. a. ›Die Katakombe‹), wurde mit dem von ihm gegründeten Rundfunkkabarett ›Die Insulaner‹ zu einem der populärsten Kabarettisten der 50er-Jahre.

5) Günter, Sprachwissenschaftler, * Freiberg 31. 5. 1920; wurde 1964 Prof. in Gießen, 1969 in Bonn, 1972 in Würzburg und erforscht bes. die indogerman. Sprachen des alten Kleinasien und das Altgriechische.

Werke: Unters. zum Weiterleben hethit. u. luw. Sprachgutes in hellenist. u. röm. Zeit (1961); Neufunde lyk. Inschriften seit 1901 (1979); Phrygisch u. Griechisch ... (1988); System u. Ausbau der hethit. Hieroglyphenschrift (1992).

6) Heinz, Politiker, * Berlin 6. 7. 1902, † (erschossen) in der UdSSR 1937; seit 1920 Mitgl. der KPD und hauptamtlich für sie tätig, 1925 ihr Vertreter bei der Komintern, nahm in deren Auftrag 1927 aktiv am kommunist. Aufstand in Kanton teil. Seit 1928 war er wieder in Dtl.; als Mitgl. des Parteisekretariates trat er neben E. THÄLMANN und H. REMMELE als einer der polit. Führer der KPD hervor und galt als ihr Theoretiker. 1930–32 war er auch MdR. 1933 emigrierte er und ging 1935 in die UdSSR (gemeinsam mit MARGARETE BUBER-N.). Im Zuge der ›Großen Tschistka‹ wurde er am 26. 11. 1937 zum Tode verurteilt.

7) Johann Balthasar, Architekt und Ingenieur, getauft Eger 30. 1. 1687, † Würzburg 19. 8. 1753; kam 1711 nach Würzburg, wo er zunächst als Gießereigeselle tätig war. 1712 trat er in den Militärdienst ein.

Johann Balthasar Neumann: Hofkirche der Würzburger Residenz, 1732–43

1719 wurde er fürstbischöfl. Baudirektor in Würzburg und 1720 mit dem Bau der Residenz beauftragt, deren Bauleitung er bis 1744 innehatte (Innenausbau bis 1766). 1723 reiste er nach Paris, wo er seine Pläne für die Würzburger Residenz von R. DE COTTE und G. BOFFRAND begutachten ließ. In Zusammenarbeit mit M. VON WELSCH und L. VON HILDEBRANDT entstand eine der imponierendsten Residenzanlagen in Dtl. N.s Hauptleistung war der Bau der Hofkirche (1732–43) und des in der Raumkonzeption großartigen Treppenhauses (1735–44). Höhepunkte gelöster Raumgestaltung sind auch die Treppenhäuser der Schlösser Bruchsal (1731–33) und Brühl bei Köln (1744–48). 1731 erhielt N. einen Lehrstuhl an der Würzburger Univ.; 1741 wurde er Oberst. 1743 erarbeitete er einen überaus komplizierten Plan für sein Hauptwerk, die Wallfahrtskirche Vierzehnheiligen (1743/44 ff., vollendet 1772), in dem er versch. große ellipt. Räume in der Grundriss- und Gewölbezone einander zuordnete. In der Abteikirche Neresheim (1745 ff., vollendet 1792) variiert er die ovale Grundrissform durch frei stehende schlanke Säulen, die die monumentale Mittelkuppel tragen und dadurch den Eindruck völliger Schwerelosigkeit vermitteln. Sein letztes großes Werk ist die Wallfahrtskirche Maria Limbach bei Haßfurt (1751–55), die durch die ebenso kunstvolle Gliederung des Außenbaus wie Gestaltung des Innenraums ausgezeichnet ist. N. knüpfte an das Werk J. DIENTZENHOFERS an und verband in seinen Bauten Einflüsse des ital., österr. und frz. Barock. Seine Kirchenbauten vollenden G. GUARINIS Gedanken der Raumdurchdringung.

Weitere Werke: Wallfahrtskirche in Gößweinstein (1730–39); Kirche St. Paulin in Trier (1734–54); Schloss Werneck (1733–44, mit L. VON HILDEBRANDT); Heiligkreuzkirche in Kitzingen-Etwashausen (1741–45); Wallfahrtskirche Käppele in Würzburg (1748/49).

M. H. VON FREEDEN: B. N. Leben u. Werk (³1981); J. HOTZ: Das ›Skizzenbuch B. N.s‹, 2 Tle. (1981); H. REUTHER: B. N. Der mainfränk. Barockbaumeister (1983); W. HANSMANN: B. N. (1986); B. N., hg. v. T. KORTH u. a. (1987); E. EICHHORN: B. N.s Architekturwerk u. das Erbe der Baumeisterfamilie Dientzenhofer (1987); B. SCHÜTZ: B. N. (²1987); E. ORTNER: Der Barockbaumeister B. N. (Sonderausg. 1989); B. MANITZ: Wand, Wölbung u. Rotunde. Themen u. Leitmotive in B. N.s kurvierter Sakralarchitektur, 2 Bde. (1992); Architekten – B. N., bearb. v. D. HEZEL (³1995).

8) Johannes Nepomuk, tschech. Redemptorist, * Prachatitz 28. 3. 1811, † Philadelphia (Pa.) 5. 1. 1860; wanderte nach dem Studium in die USA aus, erhielt 1836 in New York die Priesterweihe, wirkte als Missionar unter den Deutschen in der Gegend von Buffalo. 1852 wurde er Bischof von Philadelphia und sorgte durch die Gründung von Schulen, Kirchen, der Kathedrale und des Priesterseminars für den Ausbau der Diözese. – 1977 heilig gesprochen (Tag: 5. 1.).

9) John von, eigtl. **Johann Baron von N.**, amerikan. Mathematiker ungar. Herkunft, * Budapest 28. 12. 1903, † Washington (D. C.) 8. 2. 1957; in seiner Jugend als Rechengenie bekannt; Studium der Mathematik in Budapest, daneben Studium (Physik und Chemie) in Zürich, 1928 Habilitation in Berlin, ab 1929 in Princeton (N. J.) tätig, 1933 Prof. am Institute for Advanced Study. Frühe Arbeiten betrafen die Axiomatik der Mengenlehre (1925) und die Beweistheorie (1927), aber auch die mathemat. Grundlagen der Quantenmechanik (1932). Auf N. geht die heute übliche mengentheoret. Definition der Ordnungs- und damit der natürl. Zahlen zurück. Weitere Arbeiten galten der Funktionalanalysis und der Spieltheorie (unter Einschluss wichtiger Anwendung in der Nationalökonomie, zus. mit O. MORGENSTERN, mit dem er 1944 das Werk ›Theory of games and economic behavior‹ veröffentlichte), der mathemat. Statistik, der Maß- und Gruppentheorie sowie der →Quantenstatistik (Von-N.-Gleichung). In den 40er-Jahren entwickelte N. die Idee des programmgesteuerten elektron. Rechners (→Von-Neumann-Rechner) und war wesentlich an der Konstruktion des Großrechners ENIAC beteiligt. Im Zweiten Weltkrieg hatte er Anteil am amerikan. Atombombenprojekt.

Ausgabe: Collected works, hg. v. A. H. TAUB, 6 Bde. (1961–63).
Leben u. Werk von J. v. N., hg. v. T. LEGENDI (a. d. Ungar., 1983).

10) Robert, österr. Schriftsteller, * Wien 22. 5. 1897, † München 3. 1. 1975; emigrierte 1934 nach Großbritannien (ab 1938 brit. Staatsbürger, schrieb z. T. in engl. Sprache); später lebte N. v. a. im Tessin. N. schrieb aggressiv, fantasievoll und stilistisch gewandt gesellschaftskrit. Romane, Lyrik (›Gedichte‹, 1919) und Erzählungen (›Die Pest von Lianora‹, 1927). Bekannt wurde er v. a. durch seine meisterhaften literar. Parodien (›Mit fremden Federn‹, 1927, erweitert 2 Bde., 1955; ›Unter falscher Flagge‹, 1932).

Weitere Werke: Romane: Sinflut (1929); Struensee (1935; Neuausg. 1953 u. d. T. Der Favorit der Königin); By the waters of Babylon (1939; dt. An den Wassern von Babylon); Children of Vienna (1946; dt. Kinder von Wien); Ein unmögl. Sohn (1972). – Autobiographie: Mein altes Haus in Kent. Erinnerungen an Menschen u. Gespenster (1957).

Ausgabe: Ges. Werke in Einzelausgaben, 15 Bde. (1959–72).
U. SCHECK: Die Prosa R. N.s (New York 1985).

11) Stanislav Kostka, tschech. Lyriker, * Prag 5. 6. 1873, † ebd. 26. 6. 1947; vertrat als Individualist unter dem Einfluss F. NIETZSCHES nach 1890 die ›Dekadenz‹, wandte sich dann dem radikalen Sozialismus und dem Anarchismus im Sinne P. A. KROPOTKINS zu und war ab 1921 als Politiker und Publizist propagandistisch für den Kommunismus tätig (ab 1922 Sekr. des ›Proletkult‹).

Werke: Nemesis, bonorum custos (1895); České zpěvy (1910); Kniha lesů, vod a strání (1914); Nové zpěvy (1918); Rudé zpěvy (1923); Sonáta horizontálního života (1937); Zamořená léta (1946).

Ausgabe: Sebrané spisy, 23 Bde. (1947–56).

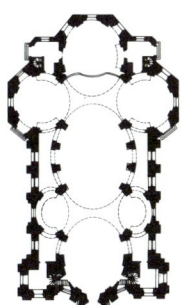

Johann Balthasar Neumann: Grundriss der Wallfahrtskirche Vierzehnheiligen

John von Neumann

Robert Neumann

12) Therese, Stigmatisierte, * Konnersreuth (Landkreis Tirschenreuth) 9. 4. 1898, † ebd. 18. 9. 1962; war nach einem Unfall seit 1918 gelähmt und blind, seit 1925 unerwartet geheilt; seit der Fastenzeit 1926 war sie stigmatisiert und erlebte an jedem Freitag in ekstat. Visionen die Leidensgeschichte CHRISTI. Die Echtheit ihrer Stigmatisation ist nicht zweifelsfrei erwiesen, da, soweit bekannt, keine medizinisch-klin. Untersuchung erfolgte.

13) Václav, tschech. Dirigent, * Prag 29. 9. 1920, † Wien 2. 9. 1995; war Bratschist und Mitgründer des Smetana-Quartetts; 1955–60 Chefdirigent der Kom. Oper Berlin, 1964–68 Generalmusikdirektor (GMD) der Leipziger Oper und Dirigent des Gewandhausorchesters, danach bis 1990 Chefdirigent der Tschech. Philharmonie in Prag sowie daneben von 1970–72 GMD und Leiter der Symphoniekonzerte der Stuttgarter Oper. Er wurde bes. als Interpret tschech. Musik und der Werke G. MAHLERS bekannt.

Václav Neumann

Neumann-Funktionen [nach C. G. NEUMANN, * 1832, † 1925], Bez. für bestimmte →Bessel-Funktionen.

neumannsche Lini|en, Braunauer Lini|en [nach JOHANN GEORG NEUMANN, * 1813, † 1882, der sie 1847 an einem Eisenmeteorit von Braunau in Böhmen entdeckte], auf der angeschliffenen und leicht angeätzten Oberfläche von schlagartig (v. a. durch Kollision im Weltraum) verformtem Eisen sichtbare Scharen von sehr feinen parallelen, sich oft mehrfach durchkreuzenden Linien, die Querschnitte der sich bei der starken Beanspruchung ausbildenden, sehr dünnen Zwillingslamellensysteme sind; v. a. bei den aus Kamazit bestehenden Eisenmeteoriten ausgebildet; wegen der Spaltbarkeit nach dem Würfel (Hexaeder) werden diese →Meteorite Hexaedrite genannt.

Neumark, histor. Gebiet, umfasst die nordöstlich der Oder beiderseits der unteren Warthe gelegenen Teile der ehem. preuß. Prov. Mark Brandenburg einschließlich des rechts der Oder gelegenen ehem. Teils von Frankfurt (Oder), heute die poln. Stadt Słubice (früher der Stadtteil Dammtor). Die N. war weder geographisch noch historisch-politisch eine fest umrissene Einheit; allg. wird darunter die schwach besiedelte Grund- und Endmoränenlandschaft nördlich des Warthe- und Netzebruchs bis zum Pommerschen Höhenrücken verstanden. Die land- und forstwirtschaftlich geprägte N. gehört seit 1945 (durch den Deutsch-Poln. Grenzvertrag vom 14. 11. 1990 anerkannt) zu Polen, Teil der Wwschaften Gorzów (Landsberg [Warthe]) und Zielona Góra (Grünberg). Die Gebiete östlich der mittleren Oder waren im 13. Jh. von Polen und Pommern umkämpft. Seit der Mitte des 13. Jh. dehnten die Markgrafen von Brandenburg ihre Herrschaft bis zur Drage im O aus. Die Erwerbung von Dramburg und Schivelbein zeigt die Stoßrichtung nach der Ostsee. Die dt. Siedlung setzte in der 1. Hälfte des 13. Jh. ein. Das Gebiet hieß urspr. ›Terra trans Oderam‹, erst um 1400 N. (lat. Nova marca). Zur N. i. w. S. gehörte das südlich der Warthe gelegene Land Sternberg. 1402–55 besaß der Dt. Orden die N., 1535–71 war sie im Besitz einer brandenburg. Nebenlinie. 1815 kam sie an die preuß. Prov. Brandenburg; die Kreise Dramburg und Schivelbein fielen an die Prov. Pommern.

Fritz Neumark

Neumark, 1) Fritz, Finanzwissenschaftler, * Hannover 20. 7. 1900, † Baden-Baden 9. 3. 1991; war 1932–33 und 1952–70 Prof. in Frankfurt am Main, 1933–51 in Istanbul. N. gilt als Nestor der dt. Finanzwiss. und war u. a. wiss. wie auch politikberatend tätig, u. a. 1960–62 Vors. des Steuer- und Finanzausschusses der EWG; 1965–76 Vors. des Wiss. Beirats beim Bundesfinanzministerium.

Werke: Der Reichshaushaltsplan (1929); Neue Ideologien der Wirtschaftspolitik (1936); Theorie u. Praxis der modernen Einkommensbesteuerung (1947); Wirtschafts- u. Finanzprobleme des Interventionsstaates (1961); Fiskalpolitik u. Wachstumsschwankungen (1968); Grundsätze gerechter u. ökonomisch-rationaler Steuerpolitik (1970); Inflationsprobleme – alt u. neu (1976). – *Autobiographie:* Zuflucht am Bosporus (1980). – **Mit-Hg.:** Hb. der Finanzwiss., 4 Bde. (³1977–83).

2) Georg, Dichter, * Langensalza (heute Bad Langensalza) 16. (6.?) 3. 1621, † Weimar 3. 7. 1681; Mitgl. der ›Fruchtbringenden Gesellschaft‹, deren Sekretär (1656) und Historiograph (›Der neu sprossende teutsche palmbaum‹, 1668); 1679 Mitgl. des ›Pegnes. Blumenordens‹ (→Nürnberger Dichterkreis); verfasste neben Romanen v. a. Schäferdichtungen sowie barocke weltl. und geistl. Lyrik (›Wer nur den lieben Gott läßt walten‹, 1641).

Neumarkt, Name von geographischen Objekten:
1) Neumarkt, poln. **Środa Śląska** ['ɕrɔda 'ɕlɔ̃ska], Stadt in der Wwschaft Wrocław (Breslau), Polen, 8 100 Ew.; Schuhmuseum; Holz-, Textil-, Leder-, Nahrungsmittelindustrie. – Stadtmauern (14. Jh.) z. T. erhalten. Die Pfarrkirche St. Andreas, urspr. spätroman., wurde später verändert (Glockenturm Mitte 14. Jh., Fassade 1828); Franziskanerkirche (14./15. Jh.). Das spätgot. Rathaus (15. Jh.) wurde 1552 im Renaissancestil umgebaut (heute Regionalmuseum), davor Rolandsfigur. – Das Anfang des 13. Jh. als Marktsiedlung nach dt. Recht gegründete N. erhielt vor 1223 Stadtrecht. N. kam 1945 unter poln. Verwaltung, die Zugehörigkeit zu Polen wurde durch den Deutsch-Poln. Grenzvertrag vom 14. 11. 1990 anerkannt.

2) Neumarkt, poln. **Nowy Targ** ['nɔvi-], Stadt in der Wwschaft Nowy Sącz (Neusandez), Polen, 592 m ü. M., am Zusammenfluss von Schwarzem und Weißem Dunajec, 33 800 Ew.; Hauptort der Landschaft Podhale; Podhalemuseum; Schuhindustrie, Kürschnergewerbe (Schafspelze), Lebensmittel-, Holz-, baukeram. Industrie; Fremdenverkehr. – Got. Katharinen- (1346, Umbau 1606 und 1765; Glockenturm von 1701), hölzerne Friedhofskirche (15. Jh.). – N. wurde zw. 1287 und 1326 unter dem Namen Langes Feld (poln. Długie Pole) von Zisterziensern gegründet und erhielt 1336 Stadtrecht.

3) Neumarkt, rumän. **Târgu Mureș** ['tirgu 'mureʃ], ungar. **Marosvásárhely** ['mɔrɔʃvaːʃarhɛj], Hauptstadt des Kr. Mureș, Rumänien, an der Maros in Siebenbürgen, 167 000 Ew.; Univ. (1990 gegr.), medizinisch-pharmazeut. Hochschule, Theaterhochschule, Museen, Teleki-Bibliothek, Theater mit rumän. und ungar. Abteilung; Maschinenbau, Metallwaren-, chem. (Düngemittel), Möbel-, Textil- und Bekleidungs-, Leder-, Nahrungsmittelindustrie; Verkehrsknotenpunkt, Flughafen. – Festung (15.–17. Jh.), reformierte Kirche (15. Jh.; Umbau 17.–18. Jh.), römisch-kath. Kirche (1728–50). – 1332 erste urkundl. Erwähnung, im 15./16. Jh. Entwicklung zu einem Kultur- und Wirtschaftszentrum Siebenbürgens, dessen oberster Gerichtssitz die Stadt 1757–1848 war.

4) Neumarkt, ital. **Egna** ['eɲɲa], Gem. in der Prov. Bozen, Südtirol, Italien, 217 m ü. M., links der Etsch, 4 100 Ew.; Hauptort des Bozener Unterlands. – Häuserzeilen entlang der alten Brennerstraße (Brenner–Verona) mit fortlaufenden Laubengängen; Pfarrkirche St. Nikolaus. – Im Ortsteil **Vill** die Kirche Unserer Lieben Frau in der Vill (Chor, 1412; Langhaus, 1460/61), im Innern dreigeschossiges Sakramentshäuschen, Fresken. – In **Pinzon** (ital. **Pinzano**) oberhalb von N. Stephanskirche mit spätgot. Flügelaltar (um 1500).

5) Neumarkt i. d. OPf., Große Kreisstadt in der Oberpfalz, Bayern, 425 m ü. M. in einer Talsenke vor dem Stufenrand der Fränk. Alb, 38 900 Ew.; Stadtmuseum; Kunststoffverarbeitung, Holz-, Bau-, elektrotechn. Industrie. – In der Mitte des Straßenmarktes mit

Giebelhäusern frei stehend das Rathaus (15./16. Jh.), seitlich das kath. Pfarrkirche St. Johann Baptist, eine Hallenkirche des 15. Jh., mit roman. Taufstein (um 1200); Pfalzgräfl. Renaissanceschloss (1539, stark verändert, heute Amtsgericht) und daneben die ehem. Hofkirche Mariä Himmelfahrt (Chor und W-Teile 15. Jh., Langhaus Anfang 18. Jh.). – N., erstmals 1235 als Stadt bezeugt, lag in einem mit Reichsgut durchsetzten Gebiet, mit dem es 1269 als stauf. Erbe an den Herzog von Bayern, 1329 an die pfälz. Wittelsbacher und 1628 an Kurbayern kam.

6) Neumarkt i. d. OPf., Landkreis im Reg.-Bez. Oberpfalz, Bayern, 1 344 km², 121 200 Ew. Der Kreis liegt in der mittleren Fränk. Alb (Oberpfälzer Alb) und ihrem unterhalb des Steilabfalls gelegenen westl. Vorland. Er ist stark von der Landwirtschaft geprägt. Auf dem Waldreichtum (v. a. Kiefern auf der Alb, Fichten in den Tälern) fußt die Holzindustrie. Durch den S des Kreisgebietes führt die Trasse des Rhein-Main-Donau-Großschifffahrtsweges. Stadtrecht haben außer der Kreisstadt auch Berching, Freystadt, Parsberg, Velberg und Dietfurt a. d. Altmühl.

7) Neumarkt-Sankt Veit, Stadt im Landkreis Mühldorf a. Inn, Oberbayern, Marktzentrum des im Tertiärhügelland gelegenen Rottgaues, 6 100 Ew.; Herstellung von Gartenmöbeln sowie Blas- und Streichinstrumenten. – Die ehem. Klosterkirche ist ein spätgot. Bau (1380–1500) mit Kunstschätzen aus niederbayer. und Salzburger Schulen. Die Klostergebäude wurden nach 1639 erbaut. – N. entstand 1269 als **Neumarkh** anstelle eines Marktes in Elsenbach. Auf dem Sankt Vitusberg bestand 1171–1802 ein Benediktinerkloster.

Neumarkt, Johannes von, Frühhumanist, →Johannes, J. von Neumarkt.

Neumayer, Georg Balthasar von, Hydrograph, *Kirchheimbolanden 21. 6. 1826, †Neustadt an der Weinstraße 24. 5. 1909; Gründer des Flagstaff-Observatoriums für Geophysik, Magnetismus und Nautik (1857) in Melbourne; dort Direktor bis 1864. 1865 Rückkehr nach Dtl.; 1876–1903 erster Direktor der Dt. Seewarte in Hamburg, deren Mitbegründer er war. Neben geophysikal. und meereskundl. Arbeiten Förderung der Südpolarforschung. Ab 1879 Vorsitz der Internat. Polarkommission und maßgeblich beteiligt am Zustandekommen des 1. Internat. Polarjahres 1882–83 und des Antarkt. Jahres 1901 mit der dt. Antarktisexpedition mit dem Forschungsschiff ›Gauß‹.

Neumayer-Station [nach G. B. VON NEUMAYER], ganzjährig besetzte dt. Forschungsstation in der Antarktis, bei 70° 39′ S und 8° 15′ W in Neuschwabenland, auf dem Ekströmschelfeis an der Atkabucht im NO des Weddellmeeres; sie ersetzt seit 1992 die →Georg-von-Neumayer-Station. Die N.-S. besteht aus zwei jeweils 90 m langen in das Eis eingelassenen Stahlröhren von 8 m Durchmesser, die durch eine Querröhre verbunden sind. Ein 20-kW-Windgenerator wird für zusätzl. Energiegewinnung eingesetzt. Im antarkt. Winter ist die Station mit 9 Personen besetzt; im Sommer ist sie auch Basis für Landexpeditionen (für max. 60 Personen). Die N.-S. dient als geophysikal. (Seismologie), glaziolog., atmosphärenwiss. (Strahlung, Luftchemie) Observatorium. Programme (v. a. zur Ozonmessung) der 1993–96 abgebauten Georg-Forster-Station wurden übernommen. – In rd. 1 450 km Entfernung liegt die **Filchner-Sommerstation** (→Filchner-Ronne-Schelfeis). Das 1994 eröffnete **Dallmann Laboratorium** auf der Potter-Cove-König-Georg-Insel (62° 14′ S; 8° 15′ W), eine dt.-argentin. Forschungsstation (Sommerbetrieb; für max. 12 Personen) ist der argentin. Jubany-Station angegliedert und dient v. a. für biolog. Untersuchungen (Flachwasserökologie, Warmblüterbiologie).

Neumecklenburg, Insel des Bismarckarchipels, →New Ireland.

Neumeier, John, amerikan. Tänzer, Choreograph und Ballettdirektor, *Milwaukee (Wis.) 24. 2. 1942; war 1963–69 Mitgl. des Balletts der Württemberg. Staatstheater Stuttgart, 1969–73 Ballettdirektor in Frankfurt am Main, seitdem in Hamburg. N. schuf zeitgemäße Interpretationen klass. Ballettstoffe (›Illusionen – wie Schwanensee‹, 1976; P. TSCHAIKOWSKYS Ballett wird auf das Leben LUDWIGS II. von Bayern projiziert), beschäftigte sich mit dem Œuvre G. MAHLERS und entwickelte moderne, v. a. abendfüllende Choreographien; daneben inszenierte und choreographierte er auch L. BERNSTEINS Musicals ›West side story‹ (1978) und ›On the town‹ (1991). 1989 gründete er das ›Ballettzentrum Hamburg — John Neumeier‹.

Weitere Werke: *Choreographien:* Separate journeys (1962); Romeo u. Julia (1971); Nußknacker (1971); Josephslegende (1978); Dornröschen (1978); Die Kameliendame (1978); Matthäus-Passion (1981); Artus-Sage (1982); Endstation Sehnsucht (1983); Othello (1985); Magnificat (1987); Medea (1990); Fenster zu Mozart (1991); A Cinderella Story (1992); Undine (1994); Odyssee (1995); Vivaldi oder Was ihr wollt (1996). – *Schriften:* Traumwege (1980, mit J. FLÜGEL); Photographien u. Texte zum Ballett der Matthäus-Passion von Johann Sebastian Bach (1983).

Zehn Jahre J. N. u. das Hamburger Ballett 1973–1983, hg. v. C. ALBRECHT (1983); Zwanzig Jahre J. N. u. das Hamburg-Ballett, 1973–1993. Aspekte, Themen, Variationen, hg. v. W. WILLASCHEK (1993).

Neumen [von griech. neuma ›Wink‹], Sg. **Neume** *die, -,* Notenzeichen des MA., mit denen die einstimmigen Melodien, v. a. der liturg. Gesänge, aufgezeichnet wurden. In der Geschichte der Notenschriften stehen sie zw. der →Buchstabennotation der Antike und den aus den N. entwickelten Quadratnoten der →Choralnotation. In ihrer frühen Form bezeichnen sie nur den allgemeinen Verlauf der Melodien und sind so nur Gedächtnisstützen bei der Ausführung der aus mündl. Überlieferung bekannten Gesänge. Ein Pes (Podatus) oder eine Clivis (Flexa) bezeichnen nur ein auf- oder absteigendes Intervall, ohne dass sich bestimmen ließe, ob es sich um eine Sekunde, Terz, Quarte, Quinte oder Sexte handelt. Im Vergleich mit späteren, klarer oder eindeutig zu bestimmenden Notierungen derselben Melodien sind die Aufzeichnungen in N. dennoch von wesentlich histor. Bedeutung. Auch der Rhythmus der Melodien blieb unberücksichtigt. Dem schon seinerzeit verspürten Mangel versuchte man durch Zusatzzeichen (u. a. durch die ›Litterae significativae‹, Buchstaben, die u. a. ›hoch‹, ›höher‹ oder ›schnell‹ anzeigten) zu begegnen. Mit diastemat. N. wurden die Melodieverläufe, von gedachten Linien ausgehend, klarer festgelegt, bis seit dem 10. Jh.

Georg von Neumayer

John Neumeier

Neumen: Linienlose Neumen in der ›Carmina Burana‹-Handschrift; um 1230 (München, Bayerische Staatsbibliothek)

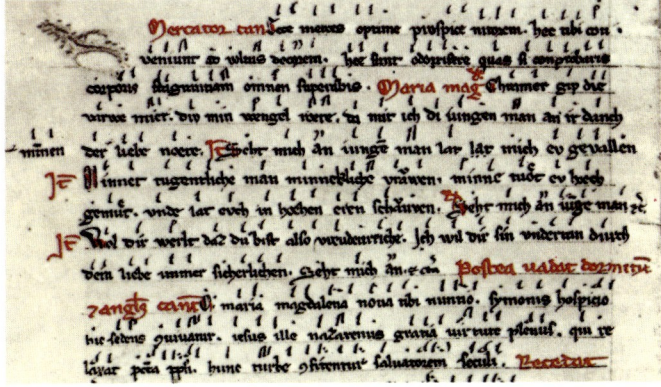

mit der Einführung von urspr. ein oder zwei Orientierungslinien (allg. für f und c^1, bezeichnet durch einen Tonbuchstaben am Anfang oder durch Rot- und Gelbfärbung) die Intervallverhältnisse eindeutig fixiert werden konnten.

Die N.-Schrift gehört zu den geographisch sehr weit verbreiteten Notationen der Musikgeschichte. Außer Europa umfasst das ›N.-Gebiet‹ den Nahen Osten und das Gebiet bis zum Kaukasus. Dieser großen Verbreitung entsprechend setzt sich die ›N.-Familie‹ aus mehreren Komplexen zusammen.

Neben den lat. N. West- und Mitteleuropas, deren früheste Belege bis in das 9. Jh. zurückreichen, gab es u. a. byzantin. N. Die N. entwickelte sich wahrscheinlich aus der →ekphonetischen Notation, die ihrerseits auf die prosod. Zeichen des griech. Alphabets zurückgeführt wird. Aus der lat. N.-Schrift ist im 12. Jh. die quadrat. Choralnotation entstanden.

P. WAGNER: Einf. in die Gregorian. Melodien, Bd. 2: N.-Kunde. (^{2}1921, Nachdr. 1962); Tafeln zur N.-Schrift, hg. v. E. JAMMERS (1965); C. FLOROS: Universale N.-Kunde, 3 Bde. (1970); DERS.: Einf. in die N.-Kunde (1980); M. HAAS: Probleme der universalen N.-Kunde, in: Basler Studien zur Musikgesch. (Bern 1975); S. CORBIN: Die N. (1977); B. STÄBLEIN: Schriftbild der einstimmigen Musik (Leipzig ^{2}1984); M. WALTER: Grundlagen der Musik des MA. Schrift, Zeit, Raum (1994).

Neumẹxiko, Bundesstaat der USA, →New Mexico.

Neumeyer, Fritz, Cembalist, * Saarbrücken 2. 7. 1900, † Freiburg im Breisgau 16. 1. 1983; gehörte 1935-63 dem mit G. SCHECK und A. WENZINGER gegründeten Kammertrio für alte Musik an und war 1946-69 Prof. für histor. Klavierinstrumente und Generalbass an der Freiburger Musikhochschule; setzte sich für eine authent. Interpretation älterer Musik ein und hinterließ eine bedeutende Sammlung histor. Tasteninstrumente (seit 1974 in Bad Krozingen).

Neuminute, veraltete Bez. für die Winkeleinheit Zentigon (ein hundertstel →Gon).

Neumond, eine Phase des →Mondes.

Neumünster, kreisfreie Stadt in Schlesw.-Holst., auf dem mittelholstein. Geestrücken, 81 700 Ew.; Textilmuseum, Tierpark, Holstenhallen; elektrotechn., Elektronik-, Chemiefaser-, Druckindustrie, Maschinen- und Apparatebau, Stahl- und Leichtmetallbau, Feuerverzinkerei und Metallveredlung, Gießereien, Eisenbahnausbesserungswerk; Garnison. – In der ev. Vizelinkirche, ursprünglich 1828–34 nach Entwurf von C. F. HANSEN errichteten Emporensaalkirche, eine Kreuzigungsgruppe (16. Jh.) sowie ein Tonrelief von B. THORVALDSEN (1837); Anscharkirche (1910–13); Bugenhagenkirche (1963–65); ehem. Amtshaus (1744–46; heute Volkshochschule). – N. wurde 1127/36 als **Wippendorf** in Verbindung mit einem Augustinerchorherrenstift gegründet. Vom Stift aus wurde die Christianisierung Wagriens in die Wege geleitet. 1332 wurde das Stift nach Bordesholm verlegt. Im 17. Jh. gewann N. Bedeutung als Textilindustriestandort. 1870 erfolgte die Verleihung der Stadtrechte; seit 1901 ist N. kreisfreie Stadt.

Industriekultur in N., hg. v. A. HEGGEN u. a. (1988).

neun, eine der natürl. Zahlen, mit dem Zahlzeichen 9 im Dezimalsystem. Die Neun wurde früher als ›gesteigerte‹ Drei als Zahl der Vollkommenheit angesehen: Es gibt neun Chöre der Engel, schon die Antike kennt neun Musen, bei den Chinesen gilt die neunstöckige Pagode als Abbild des Himmels; im Islam kennt man 99 Namen Allahs, die große Gebetsschnur zählt 99 Perlen. Bei mag. Praktiken galt schon früh neben der Drei als wirkungsvollste Zahl. Neun versch. Körner legte man im 13. Jh. Kindern ins Bad nach der Taufe, Schweine erhielten sie noch im 19. Jh. in Thüringen nach dem Kauf, um vor Behexungen gesichert zu werden. Räucherungen mit neunerlei Holz oder Baden mit Absud von demselben galten seit alters als Abwehrhilfen oder dienten zu sympathet. Heilkuren an Mensch und Vieh oder zur Hexenprobe.

F. C. ENDRES u. A. SCHIMMEL: Das Mysterium der Zahl. Zahlensymbolik im Kulturvergleich (^{9}1996).

Neunaugen: Meerneunauge (Länge etwa 90 cm)

Neunaugen, Pricken, Bricken, Petromyzọnidae, seit dem Oberkarbon (seit rd. 300 Mio. Jahren) nachgewiesene fischähnl. Familie der Rundmäuler (Cyclostomata) mit unpaarem Flossensaum; Rückenflossen ohne paarige Flossen und ohne Schuppen. Das Skelett wird von einer elast. Rückensaite (Chorda dorsalis) gebildet. Das napfartige Saugmaul hat raspelartige Hornzähne und eine stempelförmige Zunge; es dient zum Ansaugen an Steine (Petromyzon ›Steinsauger‹) oder an lebende Fische. Die sieben Kiementaschen (einschließlich Nasenöffnung und Auge also ›neun Augen‹), durch einen knorpeligen Kiemenkorb gestützt, öffnen sich getrennt nach außen und münden gemeinsam in den Schlund. Die Eier werden im Frühjahr in Gruben oder Nestern abgesetzt und befruchtet. Die Larven **(Querder)** haben einen hufeisenförmigen Mund, kaum entwickelte Augen und wurden früher als selbstständige Art (Ammocoetes branchialis) beschrieben; sie verwandeln sich in 2-4 Jahren. N. sterben nach dem Laichen.

Das 10–16 cm lange **Bach-N.** (Lampetra planeri) laicht sofort nach der Verwandlung und nimmt keine Nahrung mehr auf. Das **Fluss-N.** (Lampetra fluviatilis) wird bis 50 cm lang; es laicht im Oberlauf der Flüsse. Die Larven wandern nach der Verwandlung in das Meer und steigen nach mehrjähriger Fresszeit laichreif wieder in die Flüsse. Beim **Meer-N. (Meerpricke** oder **Lamprete,** Petromyzon marinus) dauert der Meeraufenthalt länger; diese bis zu 1 m lange Art ist ein Fischparasit (bes. bei den Seeforellen) in den Großen Seen Nordamerikas. Das Fluss-N. ist vom Aussterben bedroht, Meer- und Bach-N. sind in Mitteleuropa stark gefährdet.

Neunburg vorm Wald, Stadt im Landkreis Schwandorf, Bayern, 398 m ü. M. am Austritt der Schwarzach aus dem Oberpfälzer Wald, 8 000 Ew.; Forstwirtschaftsschule; Schwarzachtaler Heimatmuseum; Nahrungsmittelindustrie, Metallverarbeitung, Solar-Wasserstoff-Pilotprojekt; Garnison. – Die kath. Pfarrkirche St. Joseph (urspr. 16. Jh.) wurde durch Umbauten stark verändert, erhalten blieb ein spätgot. Kruzifix; Altes Schloss mit Wartturm (15. Jh.); Neues Schloss (16. Jh.). – N., 1017 erstmals urkundlich erwähnt, erhielt um 1300 Stadtrecht. Es war im 14./15. Jh. Residenz der Wittelsbacher (pfälz. Linie).

Neunerprobe, Verfahren zur Überprüfung des Ergebnisses einer Addition, Subtraktion oder Multiplikation, das auf der Teilbarkeitsregel durch neun beruht: Der Rest, den man erhält, wenn man eine Summe (Differenz, Produkt) durch neun teilt, der **Neunerrest,** ist gleich der Summe (der Differenz, dem Produkt) der Neunerreste, die sich ergeben, wenn man alle Summanden (Minuend und Subtrahend, Faktoren) einzeln durch neun teilt; deswegen lässt jede Zahl bei der Division durch neun den gleichen Rest wie ihre Quersumme. Beispiel:

Aufgabe	→	Quersumme	→	Neunerrest
28	⇒	10	⇒	1
+31		4		4
59	→	14	→	5

Analog lässt sich mithilfe der **Elferregel** die Teilbarkeit durch elf ermitteln. Hierbei ist die alternierende Quersumme der fragl. Zahl zu bilden, d. h., beginnend mit der ersten Ziffer sind die weiteren abwechselnd davon abzuziehen bzw. dazu hinzuzuzählen. Ist das Ergebnis durch elf teilbar, so gilt dies auch für die Ausgangszahl.

Aufgabe	→	alternierende Quersumme	→	Elferrest
2468	⇒	2−4+6−8=−4	⇒	7
+4293		4−2+9−3= 8		8 (bzw. −3)
6761	→	6−7+6−1= 4		→15 (bzw. 4)

Das Ergebnis einer Grundrechenart ist etwa mit 91% Sicherheit richtig, wenn die Rechnung mit den alternierenden Quersummen ein Ergebnis liefert, das sich von der alternierenden Quersumme des zu prüfenden Ergebnisses nur um ein Vielfaches von elf unterscheidet (**Elferprobe**). – Die N. kam von den Arabern im 12. Jh. nach Europa; L. FIBONACCI hat sie ausführlich erläutert. Sie war fortan für das prakt. Rechnen von großer Bedeutung.

neungeschacht, *Heraldik:* Bez. für eine je zweimal gespaltene (senkrecht) und geteilte (waagerecht) und dadurch in neun Felder (›Plätze‹) aufgeteilte Fläche eines Schildes.

Neu-Niederland, ehem. niederländ. Kolonie im NO der USA (etwa die heutigen Staaten New York und New Jersey). Das Gebiet, 1524 von dem florentin. Seefahrer GIOVANNI DA VERRAZANO (*1485?, †1528?) entdeckt und 1609 von H. HUDSON erkundet, wurde 1621 mit nicht genau festgelegten Grenzen der Niederländ. Westind. Kompanie übertragen und seit 1624 besiedelt. Der erste Gouv., P. MINNEWIT, legte 1626 auf der von Indianern erworbenen Insel Manhattan Fort Neu-Amsterdam, das spätere New York, als zentralen Handelsstützpunkt (v. a. Pelzhandel) an. Nach 1629 wurden zur Förderung der Besiedlung einige große Gebiete mit grundherrl. Rechten an die ›Patroons‹ übertragen. Trotz Bedrängung durch benachbarte Indianerstämme, Eindringen engl. Siedler und innerer Streitigkeiten nahm die Kolonie seit 1647 unter Gouv. P. STUYVESANT einen raschen Aufschwung und konnte 1655 Neu-Schweden angliedern. 1664 wurde das Gebiet von RICHARD NICOLLS (*1624, †1672) für England in Besitz genommen, im Frieden von Breda (1667) traten es die Niederlande an England ab.

T. J. CONDON: New York beginnings. The commercial origins of New Netherland (New York 1968); H. u. B. VAN DER ZEE: A sweet and alien land. The story of Dutch New York (London 1978).

Neunkirch, Hauptort des Bez. Oberklettgau im Kt. Schaffhausen, Schweiz, 430 m ü. M., 1 700 Ew.; Ortsmuseum; Herstellung von Lager- und Büroeinrichtungen, Maschinen- und Apparatebau. – Bergkirche (erstmals im 9. Jh. angelegt, heutiger Bau im Kern von 1292, 1484 und 1598 erweitert); Gemeindehaus von 1568. – N. wurde 850 erstmals urkundlich genannt; 1270 mit rechteckigem Grundriss (270 × 150 m) mit vier Längsstraßen (bis heute erhalten) als Bauernstadt durch den Bischof von Konstanz neu angelegt und ummauert (Oberturm von 1419 erhalten). 1525 kam N. durch Kauf an Schaffhausen.

Neunkirchen, Name von geographischen Objekten:

1) Neunkirchen, Gem. im Kr. Siegen-Wittgenstein, NRW, 270 m ü. M., im südl. Siegerland, 14 700 Ew.; Museum; Metall- und Kunststoffverarbeitung, Maschinenbau und Elektrotechnik. – Bis 1962 Eisenerzförderung (tiefste Eisenerzgrube Europas).

2) Neunkirchen, Kreisstadt im östl. Saarland, 252 m ü. M., an der Blies, mit 51 900 Ew. die zweitgrößte Stadt des Saarlands; zoolog. Garten; nach Stilllegung der Steinkohlengruben (letzte 1968) und des Neunkircher Eisenwerks (1982) Wandel zu einem Dienstleistungszentrum und Industriestandort (Feinstahlstraße, Herstellung von Schalldämpfern und Katalysatoren für die Autoindustrie, Maschinenbau, Produktion von Geschirrspülmaschinen und Abgasreinigungsanlagen). – Von dem 1984–86 abgerissenen Eisenwerk blieben Relikte als industriearchäolog. Denkmale erhalten. – Das seit 1281 bezeugte N. ging aus einer mittelalterl. Rodungssiedlung hervor. Der Steinkohlenbergbau und Eisenhämmer lassen sich bis 1430 und die Eisenerzverhüttung bis ins 16. Jh. zurückverfolgen.

H. FRÜHAUF: Eisenindustrie u. Steinkohlenbergbau im Raum N. (1980).

3) Neunkirchen, Bezirkshauptstadt in NÖ, 371 m ü. M., am S-Ende des Wiener Beckens (Steinfeld), an der Schwarza, 11 500 Ew.; Landesberufsschule für Schlosser, Dreher u. a.; Heimatmuseum; Maschinen- und Stahlbau, Holzverarbeitung, Betonsteinwerk; Verkehrsknotenpunkt an der Südbahn. – Pfarrkirche Mariä Himmelfahrt (13.–16. Jh.) mit Rokokoausstattung; Bürgerhäuser des 16.–18. Jh. – N., im 11. Jh. mit Marktrecht und Münze versehen, verlor 1190 die Funktion als Münzstätte an Wiener Neustadt. Im 19. Jh. entwickelte sich der Marktort zu einem Industriestandort, der 1920 Stadt wurde.

4) Neunkirchen, Landkreis im Saarland, 249 km², 150 300 Ew. Der flächenmäßig kleinste Kreis des Saarlandes liegt beiderseits der Blies im Saar-Nahe-Bergland. Von W ragt der Saarkohlenwald in das Kreisgebiet hinein. Steinkohle wird heute nicht mehr gefördert. Industriestandorte sind v. a. die Städte Neunkirchen (seit 1974 Kreissitz) und Ottweiler. Für den N und W sind landwirtschaftlich genutzte Flächen charakteristisch, für den SO Wälder.

5) Neunkirchen, Bez. im südl. NÖ, 1 146 km², 89 500 Ew.; umfasst das Gebiet um die Semmeringbahn und die westl. Bucklige Welt.

6) Neunkirchen-Seelscheid, ländl. Gem. im Rhein-Sieg-Kr., NRW, 220 m ü. M., am W-Rand des Berg. Landes, 19 600 Ew.; elektrotechn. und Tauchpumpenfabrik.

Neunkircher Höhe, höchste Erhebung des Vorderen Odenwaldes, nordwestlich von Lindenfels, Hessen, 605 m ü. M., mit Rundsicht-Radaranlage der Flugsicherung; Wintersportgebiet.

Neunpunktekreis, *Mathematik:* der →feuerbachsche Kreis.

neungeschacht

Neuntöter (Größe etwa 17–18 cm) mit Beutetier

Neuntöter, Dorndreher, Lanius collurio, etwa 17–18 cm langer, zu den →Würgern gehörender Singvogel, der in weiten Teilen Eurasiens dichte Gebüsche in offener Landschaft und an Waldrändern besiedelt. Das oberseits rotbraune, unterseits blassrosa gefärbte Männchen hat einen grauen Oberkopf mit schwarzer

Gesichtsmaske, das Weibchen ist eintöniger bräunlich. Jagt vom Ansitz Insekten, seltener kleine Wirbeltiere; legt Vorräte aus aufgespießten Beutetieren an. Das napfförmige Nest steht bevorzugt in einem dornigen Strauch; auf den 5–6 Eiern brütet das Weibchen 14–16 Tage. N. überwintern im trop. Afrika.

Neunundvierziger, 49er, engl. **Fortyniner** [fɔːtɪˈnaɪnə], *Segeln:* Zweihandjolle, bei der der Crewgewichtsausgleich durch Zusatzgewichte am Rumpf und durch Flügelverstellung erfolgt; Länge 4,99 m, Breite 1,95 m (bei ausgefahrenen Flügeln 2,90 m), Segelflächen 38 m^2 (Hauptsegel) bzw. 21,2 m^2 (Spinnaker); Segelzeichen: ›49‹. Die N. wird mit Doppeltrapez gesegelt und ist erstmals im Jahr 2000 olymp. Segelklasse.

Neunzehnhundertvierundachtzig, engl. ›Nineteen eighty-four‹, Roman von G. ORWELL; engl. 1949. – Wurde 1956 und 1984 verfilmt.

Neuötting, Stadt im Landkreis Altötting, Oberbayern, 392 m ü. M. auf dem rechten Ufer der Innaue nahe dem Südrand des Tertiärhügellandes, 8 500 Ew.; Stadtmuseum; Innstaustufe mit Kraftwerk. – Am Stadtplatz die kath. Stadtpfarrkirche St. Nikolaus (1410 begonnen), ein Beispiel altbayer. Ziegelgotik; kath. Spitalkirche (um 1500) mit Rokokoaltar. Straßenfronten der Häuser mit durchgehenden Laubengängen. Reste der Stadtbefestigung mit spätgot. Burghauser und Landshuter Tor. – N., 748 erstmals als ›Oetting‹ urkundlich erwähnt, wurde 1321 Stadt.

neupersische Sprache, in Iran **Farsi,** in Afghanistan **Dari,** →iranische Sprachen.

Neupert, J. C. N., dt. Klavierbaufabrik und Werkstätten für histor. Tasteninstrumente in Bamberg; gegr. 1868 von JOHANN CHRISTOPH NEUPERT (* 1848, † 1921) in Münchberg, seit 1874 im Bamberg (mit 1900 Filiale in Nürnberg). Das *Musikhistorische Museum N.,* das mit über 250 histor. Tasteninstrumenten weltweit zu den bedeutendsten Sammlungen dieser Art zählt, wurde 1968 vom German. Nationalmuseum Nürnberg übernommen.

Neuphilologie, Wiss. von den neuzeitl. europ. Sprachen und Literaturen (→Philologie).

Neuplatonismus, im 18. Jh. geprägter Begriff für die letzte bedeutende Strömung der griech. Philosophie (zw. 200 und 500 n. Chr.), eine Weiterbildung der Philosophie PLATONS, in die außer platon. auch aristotel., stoische und spätantike myst. Begriffe eingegangen sind. Dennoch ist der N. eine selbstständige, wenn auch weithin von der religiösen Grundstimmung des ausgehenden Altertums bestimmte Schöpfung.

Höchster Begriff ist das über alle Bestimmungen erhabene Eine (Gott), aus dem weniger durch einen Willensakt (wie in der Bibel) als vielmehr durch wesensnotwendige Ausstrahlung (›Emanation‹) alle Seinsformen hervorgehen: zuerst der Geist (griech. Nus), der die platon. Ideen in sich enthält, dann die Seele und die Bereiche der Erscheinung bis herab zur Materie. Alle Wesen haben den Drang, zu dem Einen als ihrem Ursprung zurückzukehren, sodass das Stufensystem der Welt nach der einen Seite Emanation, nach der anderen Rückkehr aus der Entfremdung ist. ›Emanation‹ ist wesentlich der im Seienden selbst erscheinende Verweis auf den Grund als das wahre Sein, der zugleich als ursprüngl. Licht der Erkenntnis gedeutet wird. Die einzelnen Strahlen dieses Lichts, die die versch. Stufen beleuchten und dabei Erkenntnis konstituieren, werden als ›Mittelkräfte‹ verstanden. Sie vermitteln die Gegenstände der Welt in Gestalt von Erscheinungen.

Geschichte: Stifter des N. war AMMONIOS SAKKAS, sein bedeutendster Denker, der den N. als System gestaltete, dessen Schüler PLOTIN. Er leitete unter Beibehaltung des platon. Dualismus das ganze Gefüge der übersinnl. und sinnl. Welt aus dem Einen ab, wobei erkenntnistheoret. Elemente grundlegend sind. Charakteristisch für ihn ist die Verbindung von rationalem Denken und myst. Intuition. PLOTINS Schüler PORPHYRIOS VON TYROS integrierte die aristotel. Logik in seine Betrachtungen über die Seelenerlösung, in das auch Aspekte der heidn. Religion einflossen.

Als Hauptvertreter des *syr.* N. gilt PORPHYRIOS' Schüler IAMBLICHOS VON CHALKIS, bei dem die Neigung zu religiösen Themen bes. hervortrat. Er hob den übersinnl. Bereich noch weiter über die Erscheinungswelt hinaus und verknüpfte zugleich die Einzelstufen der Welt mit Gottheiten und übermenschl. Gestalten griech. und oriental. Glaubens. Sein Schüler AIDESIOS († um 355) gründete die *pergamen. Schule,* die sich vorwiegend mit Fragen der Theurgie befasste (v. a. MAXIMOS VON EPHESOS, † 372) und versuchte, das Christentum durch den Polytheismus zu verdrängen. Der mit PLUTARCH VON ATHEN (* um 350, † 431/432) zuerst fassbare *athen.* N. schloss sich an die syr. Schule an. SYRIANOS (1. Hälfte des 5. Jh.), PLUTARCHS Schüler, schuf in seiner Metaphysik die Grundlagen zum System seines Nachfolgers PROKLOS, das in seiner Geschlossenheit und differenzierten Gliederung einen Höhepunkt neuplaton. Denkens darstellt. Im *alexandrin.* N. (KLEMENS VON ALEXANDRIA, GREGOR VON NYSSA, ORIGENES, AMBROSIUS, AUGUSTINUS) ging das Interesse am metaphys. System zurück, die Verwurzelung im Polytheismus wurde zugunsten einer Harmonisierung mit dem Christentum aufgegeben. Die Vertreter des *lat.* N., z. T. Heiden (z. B. A. T. MACROBIUS), zumeist aber Christen (bedeutend v. a. CALCIDIUS, um 400, A. M. T. S. BOETHIUS), waren nur i. w. S. Neuplatoniker und bildeten keine Schule. Sie waren meist Übersetzer und Kommentatoren platon., aristotel. und neuplaton. Schriften. Ihre Bedeutung besteht v. a. in der Vermittlung der antiken Philosophie an das christl. Mittelalter.

Fortwirkung: In der Antike wie in der Renaissance hat der N. u. a. mag. Vorstellungen angeregt, sein Einfluss ist auch in der hermet. Literatur und mag. Lehren des Islam zu spüren, die seit dem 13. Jh. über Spanien nach Europa gewirkt haben. Bes. aber sind Scholastik und Mystik des christl. MA. über AUGUSTINUS, DIONYSIUS AREOPAGITA und JOHANNES SCOTUS ERIUGENA entscheidend geprägt worden. Hierbei wurden platon. und neuplaton. Gedanken teils verwechselt, teils verschmolzen. Auch in der Renaissance, bes. bei den Mitgliedern der platon. Akademie (G. PICO DELLA MIRANDOLA, M. FICINO), bei NIKOLAUS VON KUES, PARACELSUS und später bei den Philosophen der Cambridger Schule war vieles, was für Platonismus gehalten wurde, in Wahrheit N. Im 15. Jh. nahm bes. FICINO auch die Astralmystik und die Kabbala auf wie dann im frühen 16. Jh. AGRIPPA VON NETTESHEIM. Abgesehen hiervon findet sich der Einfluss des N. in vielen großen spekulativen Systemen der Neuzeit (v. a. in der dt. Idealismus) bis in die Gegenwart. – Das moderne historisch-krit. Bewusstsein hat N. und Plotinismus schärfer vom Platonismus zu unterscheiden gesucht. Das im 20. Jh. durch Ausgaben, Übersetzungen und Kommentare der Schriften PLOTINS gewonnene bessere Verständnis des N. einerseits und die Neuinterpretation des späten PLATON andererseits (›Tübinger Schule‹) tendieren wieder mehr zu einer Annäherung der beiden philosoph. Systeme.

T. WHITTAKER: The Neo-Platonists (Cambridge [4]1961); W. THEILER: Forsch. zum N. (1966); The Cambridge history of later Greek and early medieval philosophy, hg. v. A. H. ARMSTRONG (Cambridge 1967, Nachdr. ebd. 1980); H. J. KRÄMER: Der Ursprung der Geistmetaphysik. Unters. zur Gesch. des Platonismus zw. Platon u. Plotin (Amsterdam [2]1967); Platonismus in der Philosophie des MA., hg. v. W. BEIERWALTES (1969); DERS.: Platonismus u. Idealismus (1972); Die Philosophie des N., hg. v. C. ZINTZEN (1977); Neoplatonism and early Christian thought, hg. v. H. J. BLUMENTHAL (London 1981).

Neupommern, Insel des Bismarckarchipels, →New Britain.

Neupositivismus, *Philosophie:* der →Neopositivismus.

Neuprägung, → Nachprägung.

Neupreußen, die Provinzen, die das Königreich →Preußen im Wiener Kongress 1815 gewann.

Neuprotestantismus, zusammenfassende Bez. für jene Strömungen im Protestantismus, die sich unter dem Einfluss der Aufklärung v. a. im 19. Jh. entwickelt haben und sich durch eine prinzipielle Offenheit für die Gedanken und Werte der modernen Kultur auszeichneten. Der Begriff wurde von E. TROELTSCH geprägt, der damit die noch dem MA. zuzurechnende Reformation und die aus ihr erwachsene altprot. Theologie dem auf die Neuzeit und das moderne Weltbild bezogenen N. (als ›philosoph. Bildungsreligion‹) gegenüberstellte. Der N. lehnte Konfessionalismus und Klerikalismus ab und fand seinen theolog. Niederschlag in der →liberalen Theologie. Als →Kulturprotestantismus bes. vom Dt. Protestantenverein (gegr. 1863) vertreten, wurde das dem N. zugrunde liegende Konzept einer prot. Kultur- bzw. philosoph. Bildungsreligion v. a. von K. BARTH und der dialekt. Theologie grundsätzlich infrage gestellt.

W. VON LOEWENICH: Luther u. der N. (1963); Troeltsch-Studien, hg. v. H. RENZ u. a., auf mehrere Bde. ber. (1982 ff.); F. W. GRAF: Kulturprotestantismus, in: Archiv für Begriffsgesch., Jg. 28 (1984).

Neupythagoreer, griech. Philosophen, die zw. dem 1. Jh. v. Chr. und dem 4. Jh. n. Chr. die Lehre und Lebensform der →Pythagoreer erneuerten, unter Einbeziehung von Denkelementen der Stoa und v. a. der durch SPEUSIPPOS und XENOKRATES VON CHALKEDON fortgeführten späten platon. Metaphysik, verbunden mit Astrologie, Mantik und Magie. Die N. hatten Gemeinsamkeiten mit der Gnosis. Zu ihren Grundanschauungen gehörte PLATONS Lehre von der ursprüngl. Einheit der Welt, die sie an den Neuplatonismus weitergaben. Vertreter des okkulten Neupythagoreismus waren: NIGIDIUS FIGULUS (*um 100, †45 v. Chr.), APOLLONIOS VON TYANA, MODERATOS VON GADES (1. Jh. n. Chr.), KRONIOS (2. Jh. n. Chr.), NIKOMACHOS VON GERASA und NUMENIOS VON APAMEIA (2. Jh. n. Chr.).

B. L. VAN DER WAERDEN: Die Pythagoreer. Religiöse Bruderschaft u. Schule der Wiss. (Zürich 1979); H. KISSENER: Lebenszahlen. Die Logik von Buchstabe, Zahl u. Zeit (⁴1983); WOLFGANG H. MÜLLER: Eros u. Sexus im Urteil der Philosophen (1985).

Neuquén [neu'ken], 1) Hauptstadt der Prov. N., Argentinien, am Zusammenfluss von Río Neuquén und Limay zum Río Negro, 167 100 Ew.; kath. Bischofssitz; Technikum; Marktort für das agrar. Umland. – Gegr. 1904.

2) Prov. in Argentinien, im NW Patagoniens, an der Grenze zu Chile, 94 078 km², (1991) 389 000 Ew.; Schafzucht auf den Steppenflächen, Anbau von Obst und Luzerne in den Flussoasen (Staudämme im Río N. und Río Limay); Erdöl- und Erdgasförderung um Plaza Huincul, Uranerzvorkommen. In der Prov. liegen der Lanín- (194 600 ha) und der Laguna-Blanca-Nationalpark (8 250 ha), außerdem hat N. Anteil am Nahuel-Huapí-Nationalpark (→Nahuel Huapí).

3) der, **Río N.,** linker Quellfluss des →Río Negro in Argentinien.

neur..., Wortbildungselement, →neuro...

neural, *Physiologie* und *Medizin:* einen Nerv, die Nerven betreffend, vom Nervensystem ausgehend.

Neuralbogen, das Rückenmark einschließender Teil eines →Wirbels.

Neuralgie [zu griech. álgos ›Schmerz‹] *die, -/...'gien,* Bez. für anfallartig auftretende Schmerzen im Versorgungsgebiet eines sensiblen oder gemischten Nervs, wobei (im Unterschied zur →Nervenentzündung) keine anatom. Veränderungen und keine Funktionsausfälle nachweisbar sind. Neuralg. Schmerzen werden als ziehend, schneidend, stechend oder bohrend empfunden und besitzen oft eine unerträgl. Intensität. Zu den Ursachen gehören u. a. spezif. oder unspezif. Entzündungen, Herdinfektionen, mechan. Nervenschädigungen (z. B. Reizung der Nervenwurzeln des Rückenmarks bei Bandscheibenschaden), chron. Vergiftungen (z. B. durch Alkohol), aber auch Gehirn- und Rückenmarktumoren. Die *Behandlung* erfolgt bei fehlender mechan. Ursache zuerst medikamentös. Es werden auch Injektionen zur Schmerzausschaltung oder chirurg. Eingriffe mit Unterbrechung der Schmerzleitungsbahnen vorgenommen.

neuralgisch, 1) *bildungssprachlich* für: sehr problematisch, kritisch, anfällig für Störungen.

2) *Medizin:* auf Neuralgie beruhend, für eine Neuralgie charakteristisch.

Neuralleiste, embryonale Anlage der außerhalb des Zentralnervensystems liegenden nervösen Strukturen (→Nervengewebe).

Neuralmedizin, veraltete Richtung der Erfahrungsmedizin, die davon ausgeht, dass jede Zell- und Organfunktion und somit auch jede krankhafte Veränderung im Organismus ihren Ursprung im Nervensystem hat. Die N. geht auf die Arbeiten von W. CULLEN zurück.

Neuralrohr, das →Medullarrohr.

Neuralrohrdefekt, Hemmungsfehlbildung, bei der es zu einer Störung des Verschlusses der Neuralrinne bei der Ausbildung von Gehirn und Rückenmark in der 4. Embryonalwoche kommt. Die Feststellung eines N. ist durch Pränataldiagnostik aufgrund des erhöhten Alpha-Fetoprotein-Gehalts im Fruchtwasser möglich.

Neuraltherapie, Heilanästhesie, von dem dt. Mediziner FERDINAND HUNEKE (*1891, †1960) 1925 eingeführte, heute nur teilweise anerkannte medizin. Heilmethode, die das Nervensystem in den Vordergrund jedes krankhaften Prozesses stellt. Durch gezielte Applikation eines Medikaments (z. B. Procainhydrochlorid) in so genannte Störfelder des Organismus wird versucht, eine Normalisierung dieser Bezirke zu erreichen und damit ihre auf dem Nervenwege übermittelte krankmachende Wirkung auf entfernte Körperorgane oder Organsysteme auszuschalten.

Neuraminsäure, formal aus Mannosamin und Brenztraubensäure zusammengesetzter Aminozucker, der als solcher oder in Form seiner N- und O-Acetyl- und -Glykolylderivate (→Sialinsäuren) u. a. als Baustein membranbildender Glykoproteide und Bestandteil von Mukopolysacchariden vorkommt.

Neurasthenie [zu griech. asthenés ›schwach‹, ›kraftlos‹] *die, -/...'nien,* **neurasthenisches Syndrom,** das →psychovegetative Syndrom.

Neurath, Teil der Stadt Grevenbroich, NRW, Braunkohlenkraftwerk (elektr. Leistung 2 100 MW).

Neurath, 1) Konstantin Freiherr von, Diplomat, *Kleinglattbach (heute zu Vaihingen an der Enz) 2. 2. 1873, †Leinfelderhof (heute zu Vaihingen an der Enz) 14. 8. 1956; 1922–30 Botschafter in Rom, 1930–32 in London, war 1932–38 Außen-Min.; danach Reichs-Min. ohne Geschäftsbereich und Vors. des Geheimen Kabinettsrates (nie zusammengetreten), 1939–43 (1941 beurlaubt) Reichsprotektor in Böhmen und Mähren. Seit 1937 Mitgl. der NSDAP, wurde N. 1943 Obergruppenführer der SS. Im Nürnberger Prozess gegen die Hauptkriegsverbrecher wurde er am 1. 10. 1946 zu 15 Jahren Gefängnis verurteilt; aus gesundheitl. Gründen im November 1954 aus der Haft im Kriegsverbrechergefängnis Berlin-Spandau entlassen.

2) Otto, österr. Philosoph, Soziologe und Bildungspolitiker, *Wien 10. 12. 1882, †Oxford 22. 12. 1945; lehrte zuletzt in Oxford. N. gehört zum →Wiener Kreis

COOH
|
CO
|
CH₂
|
CHOH
|
CHNH₂
|
(CHOH)₃
|
CHOH

Neuraminsäure

des Neopositivismus, dessen rationalist. Grundsätze er auf die Sozial- und Geisteswissenschaften anwendete. Soziologie erscheint dabei als Beschreibung räumlich-zeitl. korrelativer Beziehungen (›Sozialbehaviorismus‹).

Werke: Lebensgestaltung u. Klassenkampf (1928); Empir. Soziologie. Der wiss. Gehalt der Gesch. u. Nationalökonomie (1931); Foundations of the social sciences (1944).
Ausgaben: Ges. philosoph. u. methodolog. Schriften, hg. v. R. HALLER u. a., 2 Bde. (1981); O. N. oder Die Einheit von Wiss. u. Gesellschaft, hg. v. P. NEURATH u. a. (1994).
E. NEMETH: O. N. u. der Wiener Kreis (1981).

Neurektomie, *Medizin:* die →Nervenresektion.

Neurenaissance [-rɑnɛˈsãs], **Neorenaissance,** die Wiederaufnahme von Renaissanceformen in Architektur und Kunstgewerbe im 19. Jh. Sie begann bereits z. Z. von K. F. SCHINKEL und erlebte ihren künstler. Höhepunkt mit den Bauten von G. SEMPER: Opernhaus (1838–41) und Gemäldegalerie (1847–54) in Dresden. Die N. wurde während des →Historismus v. a. für den Theater- und Museumsbau (Oper und Kunsthistor. Museum in Wien) angewendet, prägte aber auch den Städtebau (München, Ludwigstraße; Wien, Ringstraße). In der bürgerl. Inneneinrichtung setzte sich seit etwa 1871 die ›dt. Renaissance‹ durch.

K. MILDE: Neorenaissance in der dt. Architektur des 19. Jh. (Dresden 1981); Renaissance der Renaissance, hg. v. G. U. GROSSMANN u. P. KRUTISCH, Ausst.-Kat. Weserrenaissance-Museum Schloss Brake, 3 Tle. (1992–95).

Neurenaissance: Mittelteil des Kunsthistorischen Museums in Wien von Carl Hasenauer und Gottfried Semper; 1871–91

Neureuther, Eugen Napoleon, Maler und Zeichner, * München 11. 1. 1806, † ebd. 23. 3. 1882; Schüler sowie Mitarbeiter von P. CORNELIUS bei der Ausmalung der Münchener Glyptothek. Er leitete 1847–56 die Nymphenburger Porzellanmanufaktur und lehrte 1868–76 an der Münchener Kunstgewerbeschule. N. schuf Landschaftsbilder und illustrierte Werke dt. Dichter, angeregt von A. DÜRERS Randzeichnungen zum Gebetbuch Kaiser MAXIMILIANS I.

Neurexairese [zu ex... und griech. hairein ›(weg)nehmen‹] *die, -/-n, Medizin:* die →Nervenresektion.

neuri..., Wortbildungselement, →neuro...

Neurin *das, -s,* giftige organ. Base, die bei Fäulnis von Fleisch entsteht und zu den Leichengiften zählt; chemisch das Trimethylvinylammoniumhydroxid.

$CH_2=CH-\overset{\oplus}{N}(CH_3)_3\ OH^-$ Neurin

Neurinom [zu griech. ís, inós ›Sehne‹, ›Gewebefaser‹] *das, -s/-e,* **Schwannom,** meist gutartiger Bindegewebetumor, der von Zellen der Schwann-Scheide ausgeht; tritt v. a. an Hirnnerven (in 60% der Fälle als Akustikus-N. am Hörnerv), an den Nervenwurzeln des Rückenmarks und an peripheren Nerven auf. Durch Nervenverdrängung kann es zu entsprechenden Funktionsausfällen (z. B. Taubheit) kommen.

Neuritis *die, -/...ˈtiden, Medizin:* die →Nervenentzündung.

neuro... [griech. neũron ›Sehne‹, ›Nerv‹], vor Vokalen meist verkürzt zu **neur...,** auch in der Form **neuri...,** Wortbildungselement mit der Bedeutung: Nerv, Nervengewebe, Nervensystem, z. B. Neurologie, Neurasthenie, Neurinom.

Neurobiologie, Disziplin der Biologie, die Struktur und Funktionsweise sowie phylo- und ontogenet. Entwicklung von Nerven und Nervensystem (einschließlich des Gehirns) untersucht. Teilgebiete der N. sind u. a. die **Neuroanatomie,** die sich mit Entstehung, Differenzierung und meistens. Aufbau des Nervensystems befasst, die **Neurochemie,** welche die chem. Grundlagen der Erzeugung, Übertragung und Verarbeitung von Information im Nervensystem untersucht, v. a. Struktur, Bildung und Stoffwechsel von Neurotransmittern, Rezeptoren und molekularen Mechanismen der Signalweiterleitung. Außerdem gehören dazu die **Neuroendokrinologie,** die Wechselwirkung zw. Nervensystem und den endokrinen Drüsen bearbeitet (→Hormone), die **Neuroimmunologie,** die sowohl Immunreaktionen im Nervensystem als auch nervöse Einflüsse auf das Immunsystem untersucht, und die →Neurophysiologie. Mit einbezogen in die N. werden u. a. Erkenntnisse der Elektrophysiologie, der Sinnesphysiologie, der Kybernetik.

Neurochirurgie, Fachgebiet, das sich mit den Verletzungen und operativ behandelbaren Erkrankungen und Fehlbildungen des Gehirns und Schädels (→Gehirnchirurgie), des Rückenmarks und der Wirbelsäule (z. B. auch degenerative Erkrankungen, Bandscheibenvorfälle) sowie des peripheren und vegetativen Nervensystems befasst. Hirn- und Rückenmarkoperationen wurden seit Ende des 19. Jh. durchgeführt, in England v. a. durch VICTOR HORSLEY (* 1857, † 1916), in Dtl. durch E. VON BERGMANN. Zu Beginn des 20. Jh. wurden die Operationstechniken verbessert, Chirurgen wie H. CUSHING und FEDOR KRAUSE (* 1898, † 1937) sowie der Neurologe OTFRIED FÖRSTER (* 1873, † 1941) hatten sich auf die Chirurgie des Nervensystems spezialisiert. Nach dem Zweiten Weltkrieg wurde die dt. N. durch W. TÖNNIS ausgebaut und zu einem selbstständigen Fach entwickelt.

Neurocranium [lat. cranium, von griech. kraníon ›Schädel‹] *das, -s/...nia* und *...niǀen,* Teil des →Schädels, der das Gehirn umgibt.

Neurode, poln. **Nowa Ruda,** Stadt in der Wwschaft Wałbrzych (Waldenburg), Polen, 376 m ü. M., am Rande des Eulengebirges, 27 600 Ew.; Abbau von Steinkohle (im Auslaufen) und feuerfesten Tonen; Möbel-, Textil-, Papierindustrie, Druckereien. – Barocke Lauben- und Patrizierhäuser. Zur Heiligkreuzkirche bestand eine alte Wallfahrt. – N. wurde vor 1336 planmäßig angelegt und besaß ab 1434 Stadtrechte. Seit dem 15. Jh. ist der im 19. Jh. verstärkt aufgenommene Steinkohlenabbau bezeugt. N. kam 1945 unter poln. Verwaltung, die Zugehörigkeit zu Polen wurde durch den Dt.-Poln. Grenzvertrag vom 14. 11. 1990 (in Kraft seit 16. 1. 1992) anerkannt.

Neurodermitis [zu griech. dérma ›Haut‹] *die, -/...ˈtiden,* **N. diffusa,** chronisch-entzündl. Hauterkrankung, die überwiegend auf eine angeborene allerg. Überempfindlichkeit (Atopie) unter Mitwirkung psychovegetativer Einflüsse zurückzuführen ist (endogenes Ekzem, atop. Ekzem). Sie tritt meist schon im frühen Kindesalter in Form von ekzemartigen Hautveränderungen an den Wangen (›Milchschorf‹), später an Gelenkbeugen, Gesäß, auch Gesicht, Hals und am übrigen Körper auf und ist v. a. durch den anfallartigen quälenden Juckreiz (bes. nachts) gekennzeichnet. Durch Unterfunktion der Schweiß- und Talgdrüsen besteht Hauttrockenheit mit Schuppung; infolge chron. Reizung kommt es zur Vergröberung der Oberflächenstruktur (Lichenifikation). Häufig ist die N. mit weiteren allerg. Beschwerden wie Heuschnupfen und Bronchialasthma verbunden. Durch Aufkratzen der Haut werden z. T. eitrige Sekundärinfektionen (Staphylokokken) hervorgerufen. Auch liegt eine besondere Empfindlichkeit gegenüber Virusinfektionen (Herpes-simplex-Virus u. a.) mit oft lebensbedrohl. Verlauf vor. Die Einwirkung äußerer Allergene (Hausstaubmilben, Tierhaare, Nahrungsmittel, Baum- und Gräserpollen) oder psych. Einflüsse (Stress) können auf der Basis einer T-Lymphozyten-Fehlbalance zu akuter Verschlimmerung führen.

Die *Behandlung* wird im akuten Stadium symptomatisch mit Antihistaminika oder Glucocorticoiden durchgeführt, im Übrigen mit allgemeinen Hautpflegemaßnahmen (Öl- und Teerbäder, Cremes), einer speziell angepassten, allergenfreien Diät, Klimakuren (Gebirgs- oder Meeresklima), UV-A-Licht sowie psycholog. und heilpädagog. Betreuung. Wesentl. Bedeutung kommt dem möglichst langen Stillen von Neugeborenen aus Allergikerfamilien bzw. der Verordnung einer hypoallergenen Säuglingsnahrung zu.

neuro|endokrines System, neurosekretorisches System, Gesamtheit aller neurosekretor. Gewebe und der mit ihnen in funktionellem Zusammenhang stehenden Organe. (→Neurohormone, →Neurosekretion)

Neuro|endokrinologie die, -, Erforschung, Diagnostik und Behandlung von Erkrankungen der hormonproduzierenden Zellen bes. der Hirnanhangdrüse und der Hypophysentumoren.

Neurofibrillen, die feinsten noch färbbaren und im Lichtmikroskop sichtbaren fadenförmigen Strukturen in Nervenzelle und Axon. Sie entstehen durch Zusammenlagerung von **Neurofilamenten** und **Neurotubuli.**

Neurofibrom, gutartiger Tumor, der von Zellen der Markscheide peripherer Nervenfasern ausgeht und bindegewebige Anteile besitzt. Durch langsam fortschreitendes Wachstum kann es zu Schmerzen und neurolog. Ausfällen kommen; tritt gehäuft bei der Recklinghausen-Krankheit auf.

Neurofibromatose, die →Recklinghausen-Krankheit.

neurogen [zu griech. -genés ›verursacht‹], von einem Nerv, einer Nervenzelle oder vom Nervensystem ausgehend; **neurogene Lähmung,** Ausfall einer Muskelfunktion infolge Unterbrechung der Nervenleitung.

Neuroglia, spezielle Form des Bindegewebes, das Stützgewebe des Nervensystems (→Nervengewebe).

Neurohämal|organ, Gewebestruktur oder Organ (z. B. die Hirnanhangdrüse) zur Abgabe und Speicherung von →Neurohormonen. (→Neurosekretion)

Neurohormone, neurosekretorische Hormone, Neurosekrete, in Nervenzellen (neurosekretor. Zellen) gebildete →Hormone. Die Erforschung der N. ist wie die der Neurotransmitter zentrales Arbeitsgebiet der Neurobiologie. Das hypothalamohypophysäre System war das erste bekannte Beispiel einer →Neurosekretion bei Wirbeltieren. Die Aktivität der Adenohypophyse wird weitgehend vom →Hypothalamus gesteuert. Die dort synthetisierten neurosekretor. Wirkstoffe (Releasinghormone) werden durch nervöse oder humorale Reize gebildet. Sie stimulieren **(Liberine)** oder hemmen **(Statine)** die Sekretion von Hypophysenhormonen. Die Releasinghormone sind somit das Bindeglied zw. nervöser und hormonaler Regulation und regulieren außerdem das Rückkopplungssystem periphere Drüse –Hypophyse. – Der Hypophysenhinterlappen (Neurohypophyse, Pars nervosa) besteht aus neurosekretor. Axonen. Er entlässt die beiden N. Vasopressin (antidiuret. Hormon, ADH) und Oxytocin, deren Vorstufen im Hypothalamus gebildet werden. Während des axonalen Transports werden daraus die beiden N. (chemisch beides Nonapeptide) gebildet, zus. mit ihren Carrierproteinen Neurophysin I (für Oxytocin) und Neurophysin II (für Vasopressin). Den **Neurophysinen** wird auch Speicherfunktion zugeschrieben. Erst bei der Sekretion (Hormonausschüttung durch Exocytose) werden die Neurophysine abgespalten. Beide N. haben maßigen Einfluss auf die Kontraktion der glatten Muskulatur in den Arteriolen und im Uterus. Oxytocin aktiviert bei Säugern die Uteruskontraktionen beim Geburtsvorgang (Wehen) und die Abgabe der Milch aus den Brustdrüsen (ebenfalls durch Muskelkontraktion); bei Vögeln aktiviert es die Motilität des Oviduktes. Vasopressin regt die Wasserreabsorption in der Niere an. Störung der Vasopressinproduktion führt zum Krankheitsbild des Diabetes insipidus.

Neurohypophyse, Teil der →Hirnanhangdrüse.

Neu|rokoko, Neorokoko, Zweites Rokoko, Stilrichtung des 19. Jh., v. a. in Innenarchitektur und Kunstgewerbe, die von Frankreich ausging und sich am Rokoko orientierten. Als exemplarisch für alle Disziplinen der Innenausstattung können die Einrichtungen des Palais Liechtenstein (1842–47) in Wien und das unter König LUDWIG II. von Bayern erbauten Schlosses Linderhof (1869–78) gelten. Hochrangige Porzellane im Stil des N. stellten die Manufakturen Sèvres und Meißen her.

Neurolepsie die, -/...'si|en, Dämpfung bzw. Minderung der psych. Spannung durch Arzneimittel (bes. von Neuroleptika).

Neurolept|analgesie, Anästhesieform, bei der ein Neuroleptikum gleichzeitig mit einem (starken, aber kurz wirksamen) Analgetikum injiziert wird. Die N. wird nur noch selten bei kleineren operativen Eingriffen, z. B. Endoskopien, angewendet. – Bei der **Neuroleptanästhesie** wird zusätzlich noch Lachgas und eventuell auch ein Muskelrelaxans eingesetzt. Lachgas verstärkt die Wirkung des Analgetikums und bewirkt außerdem Bewusstlosigkeit.

Neuroleptika [zu griech. lambánein ›nehmen‹, ›ergreifen‹], Sg. **Neuroleptikum** *das, -s,* **Neuroplegika, Major Tranquilizer** [ˈmeɪdʒɔ ˈtræŋkwɪlaɪzə, engl.], Wirkstoffe, die insbesondere bei Schizophrenie die Symptome bessern (antipsychot. Wirkung), ohne das Bewusstsein und die intellektuellen Fähigkeiten wesentlich zu beeinflussen. Die psych. Erregbarkeit des Patienten wird gehemmt, innere Spannung und Angst verringert. Dadurch wird eine Distanzierung von der Psychose möglich, und der Patient kann seinen psych. Zustand selbst als krankhaft erkennen.

Der *Wirkungsmechanismus* der N. beruht auf einem Eingreifen in Vorgänge bei der synapt. Erregungsübertragung (→Synapse). Zahlr. N. blockieren v. a. Dopaminrezeptoren. Diese Wirkung ist auch die Ursache der motor. Nebenwirkungen (z. B. parkinsonartige motor. Störungen).

Therapie mit N., hg. v. H. HIPPIUS u. a. (1983); Therapie mit N., hg. v. G. SCHWARZ-POLLINGER u. a. (1988).

Neurolinguistik, Teildisziplin der Linguistik, die sich mit der Repräsentation der menschl. Sprachfähigkeit und der menschl. Sprache(n) im Gehirn (speziell der Großhirnrinde) befasst. Untersuchungsgegenstände sind Aufnahme- und Sprachproduktionsprozesse sowie Speicherung von und Zugriff auf sprachl. Einheiten. In den Anfängen dieser Forschungsrichtung analysierte man v. a. sprachl. Ausfallerscheinungen bei hirngeschädigten Patienten (→Patholinguistik, daher oft noch synonym für N. verwendet). Heute hat sich der Forschungsschwerpunkt auf Versuche verlagert, anhand von Daten aus Sprachverständnis- und Sprachproduktionsexperimenten am gesunden Menschen sowie aus Spracherwerbsbeobachtungen (→Spracherwerb) mithilfe von Computersimulationen die Prozesse nachzubilden, die der menschl. Sprachfähigkeit zugrunde liegen.

A. R. LURIA: Basic problems of neurolinguistics (a. d. Russ., Den Haag 1976); H. LEUNINGER: N. Probleme, Paradigmen, Perspektiven (1989); Sprache u. Gehirn, hg. v. H. SCHNELLE (^{2}1990); D. CAPLAN: Neurolinguistics and linguistic aphasiology (Neudr. Cambridge 1995).

neurolinguistisches Programmieren, Abk. **NLP,** Anfang der 1970er-Jahre von den amerikan. Psychotherapeuten RICHARD BANDLER und JOHN GRINDER entwickelte Interventionsverfahren zur Veränderung menschl. Verhaltens (z. B. Mobilisierung positiver Empfindungen und Fähigkeiten). Inzwischen wird NLP als eine eigenständige Form der Psychotherapie angesehen und findet überdies Anwendung z. B. in Unternehmensberatung, Pädagogik, Verkauf und im medizin. Bereich. Als Methodik der Auffindung und Aneignung effektiven Denkens und Handelns stützt sich NLP auf Techniken, die bestimmten Grundannahmen folgen (z. B. der Vorstellung von Geist und Körper als Teilen eines kybernet. Systems und der Annahme, dass Menschen nicht auf die Realität, sondern auf ihr inneres Modell der Realität reagieren). – Kritisch eingewandt wird u. a., dass NLP eine Therapie ohne Diagnostik sei, die Wirkungsweise der NLP-Techniken zu positivistisch gesehen werde, der Mensch als (fast) beliebig programmierbar gelte und somit die Gefahr der Manipulation bestehe.

Neurologie *die, -,* Fachgebiet der Medizin, das sich mit den organ. Erkrankungen des zentralen und peripheren Nervensystems (Gehirn, Rückenmark, Körpernerven einschließlich der Hüllen und Gefäße) sowie den innervationsbedingten Krankheiten der Skelettmuskulatur befasst. Zu den organ. Nervenkrankheiten gehören z. B. Schlaganfall, Parkinson-Krankheit, Lähmungen oder Nervenentzündungen. Das Fachgebiet wurde früher häufig mit der Psychiatrie (dann **Nervenheilkunde** gen.) kombiniert. – I. w. S. bezeichnet N. die Lehre vom Neuron (→Nervengewebe). Oberbegriff für alle den normale und patholog. Struktur und Funktion des Nervensystems erforschenden Naturwissenschaften (z. B. Neurochemie, Neuroanatomie, Neurophysiologie, Neurogenetik).

Geschichte: Beschreibungen neurolog. Krankheitsbilder (z. B. der Lähmung) gab es bereits im Altertum. Im 17. Jh. prägte der engl. Mediziner T. WILLS die Bez. N. für die Lehre von den Nerven. Den entscheidenden Aufschwung nahm die (biolog.) N. allerdings erst gegen Ende des 19. Jh., nachdem T. SCHWANN die Nervenzellen identifiziert hatte. Im 20. Jh. wurden die ersten Lehrstühle für N. eingerichtet. Um die Jahrhundertwende waren Neurologen die Pioniere der modernen Psychotherapie und der Psychoanalyse. Diagnose und Behandlung haben sich in der zweiten Hälfte des 20. Jh. u. a. durch die Entwicklung bildgebender Verfahren zum Nachweis von Hirnerkrankungen (z. B. Computer-, Kernspin- und Positronenemissionstomographie) erheblich verbessert.

W. SCHEID: Lb. der N. (^{5}1983); Lb. der N., hg. v. K. KUNZE (Neuausg. 1992); Therapie u. Verlauf neurolog. Erkrankungen, hg. v. T. BRANDT u. a. (^{2}1993, Nachdr. 1994); H.-W. DELANK: N. (^{7}1994); K. POECK: N. (^{9}1994, Nachdr. 1996); M. MUMENTHALER u. H. MATTLE: N. (^{10}1997).

neurologische Klinik, die →Nervenklinik.

Neurom [zu griech. neûron ›Sehne‹, ›Nerv‹] *das, -s/-e,* gutartige Neubildung durch Wucherungen des Nervengewebes (Hyperplasie) nach Verletzungen oder Durchtrennung, z. B. bei Amputation von Gliedmaßen (**Amputations-N.**) in Form schmerzhafter, derber Knoten. (→Ganglioneurom)

Neuromanik: Blick vom Torbau in den Hof von Schloss Neuschwanstein; 1868–86

Neu|romanik, Neoromanik, eine der verbreitetsten Formen des →Historismus, v. a. im dt. Kirchenbau des 19. Jh., angeregt durch Rekonstruktionen wie die des Speyerer Domes, fortwirkend bis ins frühe 20. Jh. Die N. wurde ferner zum Stil von Militär- und Schlossbauten des 19. Jh. (Arsenal in Wien von E. VAN DER NÜLL, 1849; Schloss Neuschwanstein, 1868–86), aber auch von neuen Bautypen (Bahnhof von Worms, 1901–04). Beispiele der N. finden sich auch in den USA (Trinity Church in Boston, Mass., von H. H. RICHARDSON, 1873–77).

Neu|romantik, Bez. für die sich als Gegenbewegung zum Naturalismus verstehenden literar. Strömungen (mit Ausnahme des Neuklassizismus) Ende des 19. Jh. bis Anfang der 1930er-Jahre in Dtl. Die N. ist weniger durch die histor. Auseinandersetzung mit der Romantik als Epoche (z. B. bei RICARDA HUCH, ›Die Romantik‹, 2 Bde., 1899–1902) als durch die Hinwendung zu Individualismus, Irrationalismus und Ästhetizismus, bes. auch durch den Einfluss der Werke F. NIETZSCHES und R. WAGNERS gekennzeichnet. Problematisch ist der Begriff v. a. wegen der heute unterschiedlich diskutierten Abgrenzung zu anderen Literaturströmungen, die teils als Einfluss nehmend, teils im Nebeneinander mit der N. oder auch unter Einwirkung der N. gesehen werden müssen, so z. B. die Dichtung der Dekadenz sowie des Impressionismus, des Jugendstils, des L'art pour l'art, des Symbolismus und der Wiener Moderne.

Beispiele neuromant. Dichtung finden sich in der Lyrik, die Nähe zur Heimatkunst bezeugt, v. a. in den Balladendichtungen von AGNES MIEGEL, B. VON MÜNCHHAUSEN und LULU VON STRAUSS UND TORNEY, im Drama bei R. BEER-HOFMANN, L. GREINER, G. HAUPTMANN, H. VON HOFMANNSTHAL, im Roman bei H. HESSE, RICARDA HUCH, E. STUCKEN und S. ZWEIG.

Neuromodulation, →Neurotransmitter.

Neuron [griech.] *das, -s/...'rone(n),* die Nervenzelle (→Nervengewebe).

neuronale Netze, künstliche neuronale Netze, Abk. **KNN,** *künstl. Intelligenz:* in Anlehnung an Neuronen (die Nervenzellen des Gehirns) gebildete Bez. für ein künstl. Netzwerk, das aus einer Vielzahl einfacher uniformer Verarbeitungselemente besteht, die alle gleichzeitig untereinander elektr. Impulse austauschen. Ziel n. N. ist die Simulation der massiv parallelen Informationsverarbeitung im Gehirn. N. N. werden meist durch spezielle Softwaresimulatoren für

Parallelverarbeitung unterstützt. Sie zeichnen sich bes. durch ihre Lernfähigkeit (→lernender Automat) aus. Sie sind in der Lage, stark verrauschte oder unvollständige Informationen zu klassifizieren und werden daher oft im Bereich der →Mustererkennung oder für Prognoseaufgaben eingesetzt.

Es gibt verschiedl. Netztopologien. I. d. R. bestehen künstliche n. N. aus mehreren Schichten von Elementen (Eingabe- und Ausgabeschicht entsprechend den Dendriten und Axonen des Gehirns sowie ein oder mehrere verborgene Schichten), wobei Elemente einer Schicht mit Elementen anderer Schichten verbunden sind. Es gibt gerichtete und ungerichtete Verbindungstypen. Jede Verbindung zw. Elementen ist gewichtet. Impulse werden von der Eingabeschicht, entlang der Verbindungen, auf Elemente nachgeschalteter Schichten übertragen und können je nach Gewicht hemmende oder verstärkende Wirkung haben. Dieses Prinzip entspricht der synapt. Plastizität der Neuronen im Gehirn und ist wesentl. Voraussetzung für die Lernfähigkeit. Aus den bei einem Element eingehenden gewichteten Impulsen wird der Aktivierungszustand berechnet. Überschreitet dieser einen gewissen Schwellenwert, so ›feuert‹ das neuronale Element über seine Ausgangsverbindung(en) einen Impuls an die nachgeschalteten Netzwerkelemente. Auf dem Zusammenwirken divergenter und konvergenter Netzwerkverbindungen sowie von Verstärkung und Hemmung beruht die Fähigkeit n. N., komplexe Strukturen bzw. Zusammenhänge schnell zu erkennen und sich die wesentl. Merkmale der zu klassifizierenden Muster einzuprägen (zu lernen). Dies geschieht oft in einer Trainingsphase, in der sich die Netzgewichte an die Klassifikationsaufgabe anpassen.

Das zugrunde liegende Funktionsprinzip unterscheidet sich wesentlich von der herkömmlichen symbol. Informationsverarbeitung auf der Basis klass. Rechnerarchitekturen wie der →Von-Neumann-Rechner; es gibt in n. N. keine Trennung zw. Programm und Daten oder zw. Prozessor und Speicher. Jedes neuronale Element fungiert zugleich als Prozessor und (in Form der Gewichte an den Verbindungen) als Speicher; ferner sind die gespeicherten Informationen nicht an bestimmte neuronale Elemente gebunden, sondern codiert in den Verbindungsgewichten über das gesamte Netz verstreut. Im Ggs. zum biolog. Vorbild wird derzeit ein n. N. meist durch einen zentralen Takt gesteuert; die Gründe hierfür liegen in techn. Bedingungen und Lernverfahren für solche Netze.

Die Ursprünge dieser Forschungsrichtung liegen in Arbeiten von W. S. MᴄCᴜʟʟᴏᴄʜ und W. Pɪᴛᴛs (1943); sie gingen von der stark vereinfachenden Vorstellung aus, dass die Nervenzellen des Gehirns boolesche Schaltelemente (→Schaltalgebra), die die binären Signale 0 und 1 verarbeiten, im Übrigen aber ›gedächtnislos‹ sind. Weitere Arbeiten stammen von M. Mɪɴsᴋʏ (1954), J. ᴠᴏɴ Nᴇᴜᴍᴀɴɴ (1956) und F. Rᴏsᴇɴʙʟᴀᴛᴛ (1958). Erst in den 1980er-Jahren erhielt die Neuroinformatik wieder Auftrieb, insbesondere durch die Entwicklung leistungsfähigerer Rechner- und Softwaresysteme. In der Folge entstand eine Fülle neuer Modellbildungen und Realisierungen, die jeweils auf unterschiedl. Theorien über die Arbeitsweise des Gehirns basierten. Wichtige Vertreter dieses häufig **neuerer Konnektionismus** genannten Gebiets sind in den USA u. a. J. A. Fᴇʟᴅᴍᴀɴ, J. L. Mᴄᴄʟᴇʟʟᴀɴᴅ, J. J. Hᴏᴘғɪᴇʟᴅ und D. E. Rᴜᴍᴇʟʜᴀʀᴛ.

Auf der Basis der Trainingsphase bewältigen n. N. ihre Aufgaben weitgehend ohne die sehr aufwendigen Softwareentwicklungsarbeiten, die bei der klass. Programmierung von Rechnersystemen erforderlich sind. Wegen der hohen Komplexität sind bisher allerdings nur für wenige Netzmodelle und Lernverfahren theoret. Aussagen über deren Verhalten hergeleitet worden. Wie n. N. v. a. in Grenzbereichen reagieren, kann daher bei heutigen Systemen meist nur durch experimentelle Tests bestimmt werden. Nahezu völlig offen ist auch das Problem, wie bzw. ob die Fähigkeit des Gehirns, mit Inhalten, Bedeutungen oder Emotionen umzugehen, mithilfe künstlicher n. N. erreicht werden kann. (→künstliche Intelligenz)

Neuro|onkologie die, -, Erforschung der Ursachen und Auswirkungen von Hirn- und Rückenmarktumoren sowie deren Diagnostik und Behandlung.

Neuropathie [zu griech. páthos ›Schmerz‹, ›Leiden‹] die, -/...'thiēn, **Nervenleiden**, besondere Neigung zu Funktionsstörungen des vegetativen Nervensystems ohne krankhaften körperl. Befund. Die Beschwerden sind vielseitig und manifestieren sich an versch. Organen: z. B. Herz (Herzjagen), Magen-Darm-Kanal (›Reizmagen‹, Erbrechen, ›Kloßgefühl‹ im Hals mit Schluckstörungen, hartnäckiger Durchfall oder Verstopfung), an ableitenden Harnwegen (häufiger Harndrang, nächtl. Einnässen, v. a. bei Kindern). Es können auch Störungen der Sexualfunktionen (Frigidität, vorzeitiger Samenerguss, Impotenz) oder vasomotor. Fehlregulationen (z. B. migräneartige Kopfschmerzen, kalte Füße, Händekribbeln) auftreten. Die Beschwerden körperl. Art sind meist verbunden mit psych. Fehlhaltungen (Gefühlsüberschwang, Affektlabilität, Neigung zu depressiven Verstimmungen), abnormer Erschöpfbarkeit, Schlafstörungen und inadäquaten Reaktionen auf körperl. oder psych. Belastungen.

Neuropathologie, medizin. Disziplin, die sich als Teilgebiet der Pathologie mit den Erkrankungen des zentralen und peripheren Nervensystems befasst.

Neuropeptide, zu den Neurotransmittern sowie Hormonen gehörende Substanzgruppe mit Peptidstruktur. Wichtige Vertreter sind u. a. die →Endorphine, die Tachykinine, zu denen Substanz P und die Neurokinine A und B zählen, sowie Neuropeptid Y. Tachykinine sind außer als Neurotransmitter an Synapsen von Nervenfasern, die von der Peripherie zum Zentralnervensystem ziehen (sensor. Afferenzen), an der Freisetzung von Entzündungsstoffen (Entzündungsmediatoren) beteiligt. Neuropeptid Y spielt eine wichtige Rolle bei der Regulation des Körpergewichts. Die Substanz bewirkt gesteigerte Nahrungsaufnahme, erhöhte Insulinproduktion und Senkung der Körpertemperatur.

Neuropharmakologie, Teilgebiet der Pharmakologie, das sich mit der Wirkung von Pharmaka auf das Nervensystem und das neurosekretorisch beeinflusste Gewebe befasst.

C. Sᴛᴜᴍᴘғ: N. (Wien ³1985).

Neurophysiologie, Nervenphysiologie, Teilgebiet der Physiologie, das allgemeine und spezielle Leistungen des Nervensystems bei der Koordinierung des Organismus in seiner Wechselbeziehung zur Umwelt untersucht. Die N. hat vornehmlich durch die Entwicklung elektrophysiolog. Verfahren zur gezielten Reizung bzw. Registrierung von Nervenzellgruppen und Einzelzellen sowie durch die bahnbrechenden Erkenntnisse auf dem Gebiet der →Neurotransmitter große Fortschritte gemacht. Die experimentelle N. bedient sich v. a. des Tierversuchs und nutzt Erfahrungen und Methoden von Nachbardisziplinen, z. B. Neuromorphologie, Neurochemie, Neuropharmakologie, Neurokybernetik und Neuropsychologie.

Neuroplastik, *Medizin:* die →Nervenplastik.

Neuroplegika [zu griech. plēgé ›Schlag‹], *Sg.* **Neuroplegikum** *das, -s,* die →Neuroleptika.

Neuropsychologie, Teilgebiet der (physiolog.) Psychologie, das die Abhängigkeit der psych. Funktionen von neuronalen Prozessen im Gehirn untersucht. Dazu erfasst die N. psych. (z. B. sprachl.) Funktionsverluste und Verhaltensänderungen und

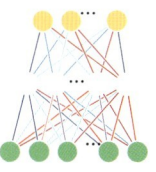

neuronale Netze: Die Aktivität wandert von den Eingabe- (grün) über die internen (grau) zu den Ausgabeknoten (gelb). Die Farben der Verbindungslinien stehen für unterschiedlich große Gewichte

Neuropteris aus dem Karbon

erforscht Ort und Art zugrunde liegender Störungen oder Hirnschädigungen (Änderungen im chem. Milieu, Überschuss oder Mangel an Neurotransmittern, arterielle Insuffizienz, epilept. Aktivität, Verletzungen, Durchblutungsstörungen oder Tumoren).

J. G. BEAUMONT: Einf. in die N. (a. d. Engl., 1987); Klin. N., hg. v. K. POECK (²1989); Klin. N., hg. v. H. J. MARKOWITSCH (1997).

Neuropteris [griech. ptéris ›Farn‹], aufgrund der Beblätterung definierter Typ (oder Gattung) der fossilen Samenfarne, vom Unterkarbon bis zum Unterperm (Rotliegendes): fiedernervige, ganzrandige, am Blattgrund eingeschnürte oder mit einem winzigen Stiel angeheftete, meist zungenförmige bis rundlich-herzförmige Blätter; man unterscheidet Paripteris (paarig gefiedert) und Imparipteris (unpaarig).

Neuropteroidea [zu griech. pterón ›Flügel‹], die →Netzflügler.

Neurose [zu griech. neûro ›Nerv‹] *die, -/-n*, Sammelbegriff für eine Vielzahl von psych. Störungen mit unterschiedl. Erscheinungsformen und Ursachen, von verschiedenen psycholog. Richtungen (v. a. Psychoanalyse, Lerntheorien) uneinheitlich festgelegt.

Allg. versteht man unter N. störende, länger andauernde psych. Einstellungen oder Verhaltensgewohnheiten (z. B. Angst, Furcht, Unsicherheit, Depression) ohne nachweisbare organ. Ursache, die im Verlauf der menschl. Entwicklung durch bestimmte Erfahrungen (länger anhaltende Lernprozesse oder einschneidende Erlebnisse) entstehen, den Betroffenen (**Neurotikern**) unverständlich bleiben und von ihnen nicht ausreichend kontrolliert werden können. Die Betroffenen haben jedoch (anders als bei einer Psychose) ein (zumindest vages) Bewusstsein von ihrer Störung; ein Zerfall psych. Funktionen (etwa des Wahrnehmens oder Denkens) tritt nicht auf.

Erstmals wurde der Begriff N. von W. CULLEN gebraucht zur Bez. aller nichtentzündl. Nervenkrankheiten im weitesten Sinn, also auch organisch bedingter Krankheiten, z. B. Epilepsie. Erst durch S. FREUD wurde der Begriff so bestimmt, wie er gültig ist. Danach handelt es sich bei der N. um eine seelisch bedingte Störung, die zurückgeht auf meist unbewusste, in der Kindheitsentwicklung verwurzelte innere Konflikte zw. verschiedenen Anteilen der Persönlichkeit. Kindl. Triebwünsche können wegen starker, mit Bedrohung verbundener Widerstände (→Ich, →Über-Ich) nicht ausgelebt werden, sondern werden durch andere Persönlichkeitsanteile abgewehrt und ins Unbewusste verdrängt (→Abwehrmechanismen). Lerntheoretisch beruhen neurot. Symptome auf erlernten (Fehl-)Gewohnheiten, die in krank machender Weise (z. B. bei →Phobien durch Vermeidung) verstärkt und unterhalten werden.

Die auf FREUD zurückgehende Einteilung der N. in →Aktualneurose und →Psychoneurose hat sich nicht durchgesetzt. Heute unterscheidet man i. d. R. nur die Organ-N. bzw. psychosomat. Störungen (→Psychosomatik) mit ihren körperl. Symptomen von den Psycho-N., die bestimmte auffällige Leidenszeichen aufweisen, sich jedoch auch lediglich in unbestimmten charakterl. Veränderungen (z. B. Hemmungen, Kontaktstörungen, Selbstunsicherheit, depressive Verstimmung) bemerkbar machen können. – Die Abgrenzungen sind allerdings schwierig und umstritten. Einzelne N. werden auch nach ihren Ursachen benannt, z. B. **iatrogene N.** (auf unsachgemäße ärztl. Behandlung zurückgeht) oder **soziale N.** (durch außerfamiliäre, gesellschaftl. Einflüsse bewirkt).

Die *Behandlung* von N. im Sinn der analyt. Psychotherapie zielt auf die Erkennung und Bewusstmachung der Ursachen; in Einzel- oder Gruppensitzungen sollen die Kranken mithilfe von Traumanalysen und freien Assoziationen (auch Hypnose, autogenes Training und Psychopharmaka) befähigt werden, ihre Konflikte zu verstehen und zu überwinden. Die verhaltenstherapeut. Richtungen dagegen stellen die Gestaltung von Lernprozessen (z. B. durch systemat. Desensibilisierung, operante Konditionierung, negative Übung, Reizüberflutung), durch die Hemmungen abgebaut, inadäquate Befürchtungen beseitigt und Fehlreaktionen vermieden werden sollen, in den Mittelpunkt. (→Verhaltenstherapie)

H. J. EYSENCK: N. ist heilbar (a. d. Engl., Neuausg. 1980); P. C. KUIPER: Die seel. Krankheiten des Menschen (a. d. Niederländ., ⁷1992); V. E. FRANKL: Theorie u. Therapie der N.n (⁷1993); W. BRÄUTIGAM: Reaktionen, N., abnorme Persönlichkeiten (⁶1994); S. O. HOFFMANN u. G. HOCHAPFEL: Neurosenlehre, psychotherapeut. u. psychosomat. Medizin (⁵1995); Verhaltenstherapie, hg. v. M. LINDEN u. M. HAUTZINGER (³1996).

Neuro|sekretion, Produktion von →Neurohormonen oder hormonähnl. Substanzen durch Nervenzellen. Solche Zellen sind gleichzeitig Nervenzellen und endokrine Zellen. Sie kommen bei fast allen Vielzellern vor, bes. intensiv bei Insekten, Krebsen, Ringelwürmern, Weichtieren und Wirbeltieren. Der Unterschied zw. einer normalen Nervenzelle und einer **neurosekretorischen Zelle** ist v. a. morpholog. Art. Normale Nervenzellen bilden an ihren Axonendigungen Synapsen, während neurosekretor. Axone dicht an Kapillaren enden. Die Neurohormone werden in Vesikeln (Durchmesser 100–400 nm) durch den **schnellen axonalen Transport** (etwa 250 cm je Tag) an das Axonende gebracht. Dort werden sie durch ein **Neurohämalorgan** in den interstitiellen Raum abgegeben. Anschließend diffundieren sie in das Blut, um so zu ihren Zielgeweben zu gelangen. Das Neurohämalorgan ist im einfachsten Fall eine Axonendigung (häufig bei Wirbeltieren), bei Krebsen die Sinusdrüse, bei Insekten sind es die Corpora allata und Corpora cardiaca.

neuro|sekretorisches System, das →neuroendokrine System.

neuro|sensorisch, *Sinnesphysiologie:* einen an der Sinneswahrnehmung beteiligten Nerv betreffend; sich auf einen sensiblen Nerv beziehend.

Neurospora, saprophyt. Schlauchpilzgattung, deren bekannteste Vertreter, N. crassa und N. sitophila, oft auf feuchtem Brot vorkommen. Die raschwüchsigen N.-Arten sind wichtige Forschungsobjekte der Genetik und Biochemie. Mittels bestimmter Mutanten, denen die Fähigkeit zur Synthese bestimmter Aminosäuren fehlte, wurde z. B. der Biosyntheseweg der essenziellen Aminosäure Methionin aufgeklärt.

Neurotomie [zu griech. tomé ›Schnitt‹] *die, -/...'mi|en*, operative Durchtrennung eines Nervs zur Ausschaltung bestimmter Nervenbahnen (z. B. →Chordotomie).

Neurotoxine, die →Nervengifte.

Neurotransmitter, Transmitter, chemische Übertragersubstanzen, körpereigene Verbindungen, die an den →Synapsen Nervenimpulse – im Unterschied zur elektr. Erregungsleitung – auf chem. Weg an die nächste Nerven-, Muskel- oder Drüsenzelle weiterleiten. N. werden mit Ausnahme der Neuropeptide, die im Zellkörper gebildet werden, in den Nervenendigungen synthetisiert und dort in Vesikeln gespeichert. Erreicht ein Nervenimpuls (Aktionspotenzial) die Nervenendigung, kommt es zu einem Einstrom von Calciumionen in die Nervenfaser und dadurch zur *N.-Freisetzung:* Nach Verschmelzen mit der Nervenfasermembran öffnet sich die Vesikelmembran nach außen, und der Vesikelinhalt wird in den synapt. Spalt abgegeben. Der N. diffundiert durch den Spalt und löst an der postsynapt. Membran durch Wechselwirkung mit seinen →Rezeptoren den entsprechenden Effekt aus. Die *Inaktivierung* des N. und damit die Beendigung des Effekts erfolgt u. a. durch seinen Abbau oder durch Wiederaufnahme in die Nervenendigung.

Nachdem lange Zeit angenommen wurde, dass in einer Nervenendigung nur ein N. gespeichert und freigesetzt wird (so genanntes Dale-Prinzip), steht heute fest, dass viele Nervenendigungen zwei oder mehr N. enthalten, die vielfach gemeinsam in den synapt. Spalt abgegeben werden. Dieser Vorgang wird als Kotransmission bezeichnet.

Zu den N. gehören Acetylcholin, die Monoamine Dopamin, Noradrenalin, Adrenalin, Serotonin und Histamin, die Aminosäuren Glutaminsäure, Asparaginsäure, Gamma-Aminobuttersäure und Glycin, Adenosin sowie versch. →Neuropeptide. Acetylcholin ist N. im parasympath. Nervensystem sowie an den Synapsen der quer gestreiften Muskulatur. Dopamin ist an der Erregungsübertragung im Hirnstamm sowie in der Hirnanhangdrüse beteiligt. Noradrenalin und Adrenalin wirken an sympath. Synapsen, Serotonin im Zentralnervensystem und im Magen-Darm-Kanal. Histamin ist als N. u. a. für den Schlaf-wach-Rhythmus von Bedeutung. Glutaminsäure ist der wichtigste erregende N. im Zentralnervensystem und als solcher bedeutsam für Lern- und Gedächtnisvorgänge sowie die Willkürmotorik. Asparaginsäure ist ein weiterer zentral erregender N. Beide Substanzen werden dementsprechend als exzitator. Aminosäuren bezeichnet. Gamma-Aminobuttersäure (GABA) und Glycin gehören dagegen zu den zentral hemmenden (inhibitor.) N. (Glycin-Antagonisten, z. B. Strychnin, führen zu starken Krämpfen). Adenosin ist u. a. an der Blutdruckregulation beteiligt. Endorphine wirken schmerzunterdrückend (analgetisch).

Neurotraumatologie die, -, Diagnostik und Behandlung von Verletzungen des Schädels, Gehirns, Rückenmarks, der Wirbelsäule und der Nerven.

Neurotripsie [zu griech. trípsis ›Reibung‹] *die, -/...'si|en, Medizin:* die →Nervenquetschung.

neurotrop [zu griech. trépein ›wenden‹], auf Nerven oder Nervengewebe einwirkend; z. B. von Arzneimitteln (bes. Neuroleptika) gesagt.

Neurotropika, die →Nootropika.

Neurozyt [zu griech. kýtos ›Höhlung‹, ›Wölbung‹] *der, -en/-en,* die Nervenzelle (→Nervengewebe).

Neurula [griech.] *die, -,* auf die Gastrula folgendes Stadium der Embryonalentwicklung der Chordatiere, bei dem die Organanlagen, v. a. das dorsale Neuralrohr (→Medullarrohr), die Chorda dorsalis und die Muskelsegmente entstehen. Die Neuralrohrbildung heißt **Neurulation.**

Neuruppin, Kreisstadt des Landkreises Ostprignitz-Ruppin, Bbg., 45 m ü. M., in der →Ruppiner Schweiz am 14 km langen Ruppiner See, 32 400 Ew.; Umweltforschungszentrum, Heimatmuseum; Kunststoff-, Metallindustrie, Holz verarbeitende Industrie, Herstellung von Feuerlöschern, Nahrungsmittelindustrie. – N. wurde nach Brand von 1787 bis 1806 planmäßig wieder aufgebaut, daher einzigartige frühklassizist. Stadtanlage (u. a. Pfarrkirche St. Marien, 1801–04). Erhalten blieb die Kirche des 1246 gegründeten Dominikanerklosters, eine frühgot. Hallenkirche (vor 1300) mit got. Sandsteinreliefs des Lebens CHRISTI (Türme von 1906/07), und die spätgot. Siechenhauskapelle (1491). Im Tempelgarten (barocke Gartenanlage) Rundtempel von G. KNOBELSDORFF (1735) und Baulichkeiten im maur. Stil (um 1855). In **Alt Ruppin** (Zugemeindung 1993) frühgot. Backsteinkirche mit spätgot. Turm (im 19. Jh. erneuert). – N., Anfang des 13. Jh. gegr., erhielt 1256 Stadtrecht. Im 19. Jh. erlangte die Herstellung der Neuruppiner →Bilderbogen wesentl. Bedeutung. – In N. wurde 1781 K. F. SCHINKEL und 1819 T. FONTANE geboren.

Neusalz, poln. **Nowa Sól** [-'sul], Stadt in der Wwschaft Zielona Góra (Grünberg), Polen, an der Oder, 43 300 Ew.; Gießereien, Metall-, Textil-, Schuh-, Nahrungsmittelindustrie; Oderhafen. – 1553 wurde die Salzsiederei ›Zum neuen Salze‹ (seit 1713 Salzfaktorei) errichtet. Die dadurch entstandene Siedlung erhob FRIEDRICH II., D. GR., 1743 zur Stadt. 1744 siedelten sich Angehörige der Herrnhuter Brüdergemeine an. 1827 entstand ein Hüttenwerk. N. kam 1945, bis dahin amtlich **Neusalz (Oder)** genannt, unter poln. Verwaltung, die Zugehörigkeit zu Polen wurde durch den Deutsch-Poln. Grenzvertrag vom 14. 11. 1990 (in Kraft seit 16. 1. 1992) anerkannt.

Neusalza-Spremberg, Stadt im Landkreis Löbau-Zittau, Sa., 334 m ü. M., an der Spree im Lausitzer Bergland, 2 700 Ew. – N.-S. entstand 1920 durch den Zusammenschluss von **Neusalza** (gegr. 1670 durch prot. Exulanten aus Böhmen, Mähren und Ungarn, seit 1674 Stadtrecht) mit **Spremberg** (1242 als Waldhufendorf entstanden).

Neusạndez [-dɛts], poln. **Nowy Sącz** ['nɔvɨ 'sɔntʃ], 1) Hauptstadt der Wwschaft Nowy Sącz (N.), S-Polen, 290 m ü. M., am Dunajec in den Beskiden, 81 200 Ew.; Handelshochschule, Stadt-, Freilichtmuseum; Eisenbahnreparatur-, Automotorenwerk, Bergbaueinrichtungsbau, Nahrungsmittel-, elektronisch-elektrotechn., chem., Holzindustrie. – Margaretenkirche (15., Umbau 19. Jh.), got. Franziskaner-Klosterkirche (1297, zweite Hälfte des 14. Jh. teilweise zerstört) mit barocker Kapelle (1663), Alte Synagoge (1746, Umbau 19. Jh.; Galerie für zeitgenöss. Kunst). – 1292 gegr., im 14. Jh. Stadtrecht, 1772 zu Österreich, seit 1918 bei Polen.

2) Wwschaft im SO von Polen, 5 576 km², 721 300 Einwohner.

Neuruppin: Frühgotische Kirche des Dominikanerklosters (Türme von 1906/07)

Neusatz, Stadt in Serbien, →Novi Sad.

Neuscholastik, das philosoph. und theolog. Bemühen um eine Wiederbelebung des Gedankenguts der Scholastik seit der Mitte des 19. Jh. In Dtl. wurde die N. v. a. durch J. KLEUTGEN (›Philosophie der Vorzeit‹, 1860) eingeführt. Papst LEOS XIII. Enzyklika ›Aeterni Patris‹ zur Empfehlung der Philosophie des hl. THOMAS VON AQUINO (1879) hat die Bewegung in der ganzen kath. Welt gefördert. Im 19. Jh. überwog das bloße Weiterführen der alten Überlieferungen im Anschluss an THOMAS VON AQUINO (→Neuthomismus) oder (wie in Spanien) an F. SUÁREZ. Grundlegende histor. Studien erarbeiteten in Dtl. C. BAEUMKER, H. DENIFLE, FRANZ EHRLE (* 1845, † 1934), M. GRABMANN u. a.; in Frankreich v. a. É. H. GILSON und J. MARITAIN, in Belgien u. a. D. MERCIER. Themenkreise der philosoph. N. waren Erkenntnislehre, das Leib-Seele-Verhältnis, Hylemorphismus und das

Neuruppin
Stadtwappen

Neus Neuschottland – Neuseeland

Problem von Akt und Potenz. Inhaltlich war für die N. die scholast. Methode des MA., bes. des THOMAS VON AQUINO, bei der Behandlung der theolog. Überlieferung ausschlaggebend. Von großer Bedeutung für die zeitgemäße Weiterentfaltung der Scholastik in Auseinandersetzung mit den modernen Wissenschaften wurde das 1889 von MERCIER gegründete Institut Supérieur de Philosophie in Löwen.

F. EHRLE: Grundsätzliches zur Charakteristik der neueren u. neuesten Scholastik (1918); W. KASPER: Die Lehre von der Tradition in der Röm. Schule (1962); O. MUCK: Die transzendentale Methode in der scholast. Philosophie der Gegenwart (Innsbruck 1964); G. SÖHNGEN: Philosoph. Einübung in die Theologie (²1964); Theologie u. Sozialethik im Spannungsfeld der Gesellschaft, hg. v. A. LANGNER (1974); F.-J. NIEMANN: Jesus als Glaubensgrund in der Fundamentaltheologie der Neuzeit (Innsbruck 1983); Christl. Philosophie im kath. Denken des 19. u. 20. Jh., hg. v. E. CORETH u. a., Bd. 2: Rückgriff auf scholast. Erbe (Graz 1988).

Neuschottland, Provinz in Kanada, →Nova Scotia.

Neuschwabenland, küstennaher Teil des Königin-Maud-Landes in der Ostantarktis, zw. 10° w. L. und 18° ö. L.; überwiegend von Inlandeis bedeckt. N. wird über 1 000 km hinweg von hohen Gebirgen durchzogen, darunter das Mühlig-Hofmann-Gebirge (bis 3 090 m ü. M.) und das Wohlthatmassiv (bis 2 980 m ü. M.). Südlich der Gebirge steigt das Gelände zum Wegenerinlandeisplateau (mehr als 4 000 m ü. M.) an. – N. wurde 1938/39 von der Dt. Antarktisexpedition (›Schwabenland‹-Expedition) unter Leitung von ALFRED RITSCHER entdeckt. Hier befindet sich die neue →Neumayer-Station. N. war auch Standort der →Georg-von-Neumayer-Station und der →Georg-Forster-Station.

Neuschwanstein: Erbaut 1868–86 von Eduard Riedel

Neuschwanstein, Schloss bei Füssen, Allgäu, Bayern, 964 m ü. M.; 1868–86 von E. RIEDEL im neuroman. Stil, angelehnt an den Stil der Wartburg, für König LUDWIG II. von Bayern nach Plänen des Theatermalers CHRISTIAN JANK (* 1833, † 1888) erbaut. (Weiteres BILD →Neuromanik)

König Ludwig II. u. die Kunst, bearb. v. M. PETZET u. a., Ausst.-Kat. (1968); Designs for the Dream King. The castles and palaces of Ludwig II of Bavaria, bearb. v. S. JERVIS u. a., Ausst.-Kat. (London 1978).

Neu-Schweden, ehemalige schwed. Kolonie in Nordamerika, an der Mündung des Delaware River, 1638 im Auftrag der New Sweden Company von P. MINNEWIT gegr. (Ansiedlung von Schweden und Finnen); 1655 von den Niederländern besetzt.

S. DAHLGREN u. H. NORMAN: The rise and fall of New Sweden (Uppsala 1988).

Neuseeland

Fläche 270 534 km²
Einwohner (1996) 3,66 Mio.
Hauptstadt Wellington
Amtssprache Englisch
Nationalfeiertag 6.2.
Währung 1 Neuseeland-Dollar (NZ$) = 100 Cents (c)
Uhrzeit 23:00 Wellington = 12:00 MEZ

Neuseeland, maorisiert **Niu Tirani,** amtl. Namen: engl. **New Zealand** [njuːˈziːlənd], Maori **Aotearoa** [›Land der langen weißen Wolke‹], Staat im südwestl. Pazifik, zw. 34° und 47° s. Br. sowie 166° und 179° ö. L., umfasst die rd. 1 600 km südöstlich von Australien gelegenen beiden Hauptinseln Nordinsel (North Island; 115 777 km²) und Südinsel (South Island; 151 215 km²) sowie Stewart Island und die Chatham Islands; die Kermadecinseln und die subantarkt. Inseln Antipodes Islands, Auckland Islands, Bounty Islands, Campbell Island und Snares Islands sind unbewohnt; insgesamt 270 534 km², (1996) 3,66 Mio. Ew. Überseeisches Territorium N.s sind die Tokelau Islands; Niue und die Cookinseln sind assoziierte Gebiete mit Selbstverwaltung; N. verwaltet außerdem einen Sektor der Antarktis (Ross Dependency). Hauptstadt ist Wellington (auf der Nordinsel), Amtssprache ist Englisch, Maori gleichberechtigte Sprache. Währung: 1 Neuseeland-Dollar (NZ$) = 100 Cents (c). Uhrzeit: 23:00 Wellington = 12:00 MEZ.

STAAT · RECHT

Verfassung: N. ist eine parlamentar. Monarchie im Commonwealth. Eine geschriebene Verf. existiert nicht; die verfassungsmäßige Ordnung beruht v. a. auf Traditionen und Präzedenzentscheidungen. Staatsoberhaupt und formell Inhaber der Exekutivgewalt ist der brit. Monarch, vertreten durch einen General-Gouv. Tatsächlich wird die Exekutivgewalt vom Exekutivrat ausgeübt, dem neben dem General-Gouv. das Kabinett unter Vorsitz des Premier-Min. angehört. Der General-Gouv. ernennt den Premier-Min. und auf dessen Vorschlag die Min. Die Reg. ist dem Parlament verantwortlich. Die Gesetzgebung liegt beim Parlament, das aus der Krone und dem Repräsentantenhaus (120 für drei Jahre gewählte Abg.; mindestens drei Sitze sind dem Volk der Maori vorbehalten) besteht. 1993 wurde ein neues Wahlrecht eingeführt, das Elemente der Mehrheits- und Verhältniswahl verknüpft. Danach werden 64 Abg. – darunter mindestens drei Maori in eigenen Wahlkreisen – in Einzelwahlkreisen direkt nach dem Mehrheitswahlsystem gewählt; der restl. 56 Sitze werden nach dem Verhältniswahlsystem vergeben, vorausgesetzt, die einzelnen Parteien haben mindestens 5 % aller gültigen Stimmen (oder mindestens ein Direktmandat) gewonnen.

Parteien: Einflussreichste Parteien sind die New Zealand National Party (gegr. 1936), die Labour Party (gegr. 1916), die New Zealand First Party (gegr. 1993), die Alliance Party (gegr. 1991) und die ACT New Zealand (gegr. 1996). Die Mana Motuhake o Aotearoa (gegr. 1980) vertritt die Interessen der Maori.

Gewerkschaften: Dachorganisation für 26 der 82 Einzelgewerkschaften mit insgesamt (1994) 375 900 Mitgl. ist der New Zealand Council of Trade Unions.

Neuseeland **Neus**

Wappen: Das Wappen (von 1911, später mehrmals geändert) ist geviert und mit einem silbernen Pfahl belegt, der als Sinnbild für die hohe Bedeutung des Seehandels drei Schiffe trägt; heraldisch rechts oben im blauen Feld das ›Kreuz des Südens‹, unten im roten Feld eine goldene Korngarbe, heraldisch links oben im roten Feld ein goldenes Vlies, unten im blauen Feld gekreuzt Schlägel und Eisen. Den Schild halten eine Europäerin mit der neuseeländ. Nationalflagge und ein Maorihäuptling mit einer Lanze (taiaha). Seit 1956 schwebt über dem Schild die St. Edwardskrone. Unter dem Schild befindet sich über zwei Farnblättern ein Schriftband mit dem Landesnamen.

Nationalfeiertag: Nationalfeiertag ist der 6. 2., an die Unterzeichnung des Vertrages von Waitangi 1840 mit den Maori erinnert.

Verwaltung: Nach der Verwaltungsreform von 1989 ist N. in 12 Regionen gegliedert. Die Regionalvertretungen (Regionalräte) gehen aus allgemeinen und direkten Wahlen hervor und verfügen über eigene Regelungskompetenzen. Unterhalb dieser Ebene gibt es 15 Stadtbezirke (Cities), 58 Landbezirke (Districts) und eine County (Chatham Islands) mit gewählten Räten.

Recht: Die ordentl. Gerichtsbarkeit wird von den Bezirksgerichten (District Courts), dem Hohen Gericht (High Court) und dem Appellationsgericht (Court of Appeal) ausgeübt. Gegen Entscheidungen des Appellationsgerichts kann der Kronrat (Privy Council) in London angerufen werden. Daneben gibt es zahlr. Spezialgerichte sowie das Waitangi Tribunal, das sich allg. mit Beschwerden der Maori befaßt, jedoch keine Entscheidungsbefugnis hat und nur Empfehlungen an die Reg. ausspricht.

Spezialgesetze im Vertrags- und Familienrecht verleihen dem neuseeländ. Recht gegenüber dem engl. Recht zunehmend einen eigenständigen Charakter; z. B. haben das Gesetz über Verfahren in Familiensachen (1980) und das Ehegüterstandsgesetz (1976) das Eherecht tief greifend reformiert.

Streitkräfte: Die Gesamtstärke der Freiwilligenarmee beträgt rd. 9 600 Mann. Ergänzt wird sie im Verteidigungsfall durch etwa 4 500 Angehörige des ›Territorial Army Service‹. Das Heer (4 300 Soldaten) ist hauptsächlich in zwei Infanteriebataillone, eine Artilleriebatterie und eine Panzereinheit mit 26 leichten Kampfwagen Scorpion gegliedert. Die Luftwaffe verfügt über 3 200 Mann und etwa 40 überwiegend leichte Kampfflugzeuge, die Marine 2 100 Mann und vier Fregatten sowie vier Wachfahrzeuge.

LANDESNATUR · BEVÖLKERUNG

Die Längsachse N.s von N nach S beträgt etwa 1 600 km. Nord- und Südinsel werden durch die Cookstraße (23 km breit), Südinsel und Stewart Island durch die Foveauxstraße (26 km breit) getrennt. Die größte Breite der Inseln beträgt 450 km. Als Teil des zirkumpazif. Gebirgsgürtels, an der Grenze zw. der Indisch-Austral. und der Pazif. Platte, sind die Hauptinseln durch junge Faltengebirge, anhaltende vulkan. Tätigkeit auf der Nordinsel und Erdbeben gekennzeichnet. Den Kern der Nordinsel bildet ein vulkan. Hochland mit aktiven Vulkanen (BILD →Egmont), Thermalquellen und Geysiren. Die höchsten Vulkane sind der Ruapehu (2 797 m), Egmont (2 518 m), Ngauruhoe (2 287 m) und Tongariro (1 967 m ü. M.). Das Vulkangebiet ist seenreich (u. a. Lake Taupo, Lake Rotorua, Lake Wairarapa). An das zentrale Hochland schließt sich im O ein Gebirgszug an, der die Nordinsel von S nach NO durchzieht. Im W und S grenzen Bergländer an, die von zahlr. Flüssen zerschnitten sind. Die Südinsel wird von der vergletscherten Gebirgskette der →Neuseeländischen Alpen durchzogen; 18 Gipfel liegen über 3 000 m ü. M.; der Mount Cook ist mit 3 764 m ü. M. die höchste Erhebung N.s. Im S schließt sich das Fjordland an, in das Fjorde und glazial überformte Täler eingetieft sind. Nach O breitet sich die fruchtbare Canterburyebene, weite Schwemmfächer der Gebirgsflüsse, aus. Bergländer trennen sie von den Ebenen im Südland. – Der Westland-, der Mount-Cook- und der Fjordland-Nationalpark, der Nationalpark Tongariro mit Kultstätten der Maori sowie das Naturschutzgebiet Te Wahipounamu wurden von der UNESCO zum Weltnaturerbe erklärt.

Klima: Bedingt durch die Lage in den mittleren Breiten und inmitten des (Süd-)Pazifik besitzt N. gemäßigtes Klima; im N hat es Anteil an den Subtropen. Es fallen reiche Niederschläge mit über 1 000 mm im Jahresdurchschnitt. Im Luv der Regen bringenden Winde erhalten die W-Küsten beider Inseln hohe Niederschläge (bis 8 000 mm und mehr) über das ganze Jahr, die auf der Nordinsel im Winter ihr Maximum erreichen. Auf der Leeseite der neuseeländ. Alpen fällt die Niederschlagsmenge auf unter 750 mm. Die Temperaturunterschiede zw. dem N der Nordinsel und dem S der Südinsel sind gering (um 5 °C), sie übersteigen nur im Innern der Inseln 10 °C. Die Jahresmittel der Temperatur in den Küstengebieten liegen bei 15 °C im N und 9 °C im äußersten S. Die wärmsten Monate sind Januar und Februar mit etwa 19–20 °C (N) bzw. um 15 °C (S); kältester Monat ist der Juli mit 10–11 °C (N) bzw. 5 °C (S). Strenge Fröste treten nur in den Neuseeländ. Alpen und im Hochland auf.

Vegetation: Dank der fehlenden Verbindung zu anderen Landmassen weist die Pflanzenwelt N.s einen hohen Anteil an endem. Arten auf (etwa 35 % der Farne, Flechten und Moose, etwa 85 % der Blütenpflanzen, 100 % der Nacktsamer). Neben der Gliederung von N nach S ist in den Gebirgen, bes. in den Neuseeländ. Alpen, eine deutl. Höhenstufendifferenzierung der Vegetation gegeben. Im subtrop. N finden sich Mangrovenwälder; in den warmfeuchten Tieflandgebieten herrschen immergrüne Lorbeer-Koniferen-Wälder (u. a. mit Kaurifichte) vor, im südl. Teil Scheinbuchenwälder. Charakteristisch sind auch baumförmige, bis über 10 m hohe Farne. Im O dominieren Grasfluren (bes. Tussockgräser). Wälder mit heim. Baumbestand bedecken nur noch knapp 20 % des Landes. Bes. zw. 1870 und 1920, als europ. Siedler Weiden für Schafe und Rinder schufen, sind beträchtl. Flächen gerodet worden. Aufforstungen, bes. im Innern der Nordinsel, v. a. mit der kaliforn. Montereykiefer (Pinus radiata).

Tierwelt: Ein stark ausgeprägter Endemismus, das Fehlen von Säugetieren (außer zwei Fledermausarten) und die große Mannigfaltigkeit der Vogelwelt waren vor der Besiedlung für die Tierwelt N.s kennzeichnend. Zu den auffälligen Vögeln zählen die flugunfähi-

Neuseeland

Staatswappen

Staatsflagge

Internationales Kfz-Kennzeichen

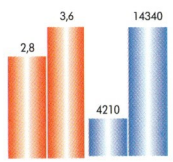

1970 1996 Bevölkerung (in Mio.)   1970 1995 Bruttosozialprodukt je Ew. (in US-$)

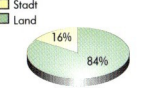

Bevölkerungsverteilung 1995

Bruttoinlandsprodukt 1994

Klimadaten von Wellington (125 m ü. M.)					
Monat	Mittleres tägl. Temperatur-maximum in °C	Mittlere Niederschlags-menge in mm	Mittlere Anzahl der Tage mit Niederschlag	Mittlere tägl. Sonnen-scheindauer in Stunden	Relative Luft-feuchtigkeit nachmittags in %
I	19,9	73	10	7,6	67
II	20,0	91	9	7,0	61
III	18,8	79	10	6,1	69
IV	16,6	94	13	5,0	76
V	13,7	119	15	3,8	77
VI	11,6	122	16	3,5	78
VII	10,7	130	16	3,5	76
VIII	11,7	135	16	4,5	74
IX	13,3	96	14	5,6	75
X	15,0	122	14	5,9	74
XI	16,8	81	12	6,6	69
XII	18,6	107	12	7,2	69
I–XII	15,6	1249	159	5,5	72

Neus Neuseeland

Neuseeland: Die vom Vulkanismus geprägte Landschaft der Nordinsel

gen wie die Moas, bereits vor Ankunft der Europäer ausgerottet, und Kiwis, der Takahe, im 19. Jh. vereinzelt gesehen, 1948 wieder entdeckt, und der Kea. Die ältesten Vertreter der Fauna N.s (Trias) sind die auf kleinen Inseln in der Cookstraße und vor der Küste der Nordinsel lebenden, streng geschützten Brückenechsen. Die heute in N. verbreiteten Säugetiere brachten die Polynesier (Hund, Ratte) und die Europäer (u. a. Rinder, Schafe, Rothirsche, Kaninchen) mit.

Größte Städte (Ew. 1995)	
Auckland 952 600	Napier-Hastings ... 112 200
Wellington 331 100	Tauranga 78 600
Christchurch ... 324 400	Palmerston North 76 300
Hamilton 156 000	Rotorua........ 55 200
Dunedin 113 500	Invercargill 51 600

Bevölkerung: Fast 80% der Bev. N.s sind Europäer, überwiegend brit. Herkunft. Die Briten haben die gesamte Gesellschaft geprägt. Neben Engländern, Schotten, Walisern und Iren kamen Mitte des 19. Jh. auch Deutsche, um die Jahrhundertwende Norweger, Dänen, Dalmatiner und Italiener, nach dem Zweiten Weltkrieg Niederländer und Griechen. Seit den 70er-Jahren des 19. Jh. gibt es eine chin. Minderheit (1991: 45 000). Seit Jahrzehnten kommen zahlr. Einwanderer aus dem pazif. Raum (4,9% Bev.-Anteil), seit den 80er-Jahren aus Südostasien (2,9% asiat. Bev.-Anteil).

Die Ureinwohner, die polynes. →Maori, machen 12,6% der Bev. aus (nach Selbsteinschätzung unter ethn. Gesichtspunkten). Seit der zweiten Hälfte des 18. Jh. hatte ihre Zahl durch eingeschleppte Krankheiten und Kämpfe mit den brit. Siedlern rapide abgenommen. Um 1840 schätzte man ihre Zahl auf 115 000; 1896 zählte man nur etwa 42 000. Dank staatl. Schutzmaßnahmen hat die Maori-Bev. wieder zugenommen und beträgt über 450 000. Wachsendes Selbstbewusstsein hat zu einer Rückbesinnung auf die alten Traditionen geführt. Maorinamen wurden für viele Städte geprägt. Die polynes. Sprache ist heute gleichberechtigte Sprache. Der Staat unterstützt die Bemühungen der Maori um die Wahrung ihrer Kultur und Sprache. Trotz gesellschaftl. und polit. Gleichstellung mit den Weißen sind die Maori im Wirtschaftsleben noch benachteiligt; die Arbeitslosigkeit ist unter ihnen überdurchschnittlich hoch. Nahezu 90% der Maori leben auf der Nordinsel, bes. im subtrop. N, erst seit den 70er-Jahren erfährt die Südinsel eine stärkere Zuwanderung. – Auf der Nordinsel leben rd. drei Viertel der gesamten Bev. N.s. Die Bev.-Dichte insgesamt beträgt (1996) nur 13 Ew. je km^2; der Anteil der städt. Bev. (1995) 84%, das durchschnittliche jährl. Bev.-Wachstum (1985–95) 1,0%.

Religion: Es besteht Religionsfreiheit. Staat und Kirche sind getrennt. Nach offiziellen Erhebungen waren 1991 (Volkszählung) rd. zwei Drittel der Bev. Christen: rd. 22,1% gehören der anglikan. Kirche (Prov. N.) an, rd. 15% der kath. Kirche (Erzbistum Wellington mit fünf Suffraganbistümern), über 28% prot. Kirchen (bes. Presbyterianer, Methodisten und Baptisten). Die meisten Maori bekennen sich zum Christentum, das in den unabhängigen Maorikirchen, der Ringatukirche (gegr. 1868) und der Ratanakirche (1925), in bewusster Aufnahme traditioneller religiöser Vorstellungen und Praktiken der Maori gelebt wird. Rd. 20% der Bev. bezeichneten sich als nichtreligiös. Die jüd. Gemeinschaft zählt rd. 4 000 Mitgl.

Bildungswesen: Schulpflicht besteht vom 6. bis 16. Lebensjahr. Die Grundschule umfasst sechs Jahre, es schließen eine zweijährige Mittel- und nachfolgend eine fünfjährige höhere Schule oder eine allgemein bildende oder beruflich orientierte Sekundarschule an, deren Oberstufe auf Hochschule oder höhere Fachschule (Community-College) vorbereitet. An das 10. Schuljahr schließen Lehre und Berufsschule (Technical School) an. Univ. gibt es in Dunedin (gegr. 1869), Christchurch (1873 und 1878), Auckland (1882), Wellington (1899), Palmerston North (1926) und Hamilton (1964), außerdem rd. 25 polytechn. Schulen und Hochschulen.

Publizistik: In Wellington, Auckland und Christchurch erscheinen mehrere, in Dunedin u. a. Städten je eine Tageszeitung. Die bei weitem höchste Auflage erreicht das Morgenblatt ›New Zealand Herald‹ in Auckland (gegr. 1863, Auflage 240 000). Die Zahl der Maorizeitungen und -zeitschriften nimmt zu. – *Nachrichtenagenturen* sind die genossenschaftl. ›New Zealand Press Association‹ (NZPA; gegr. 1879) und der ›South Pacific News Service‹ (Sopacnews; gegr. 1948; beide Wellington). – *Rundfunk:* 1988 wurden die beiden staatl. Gesellschaften ›Radio New Zealand Ltd.‹ (RNZ) und ›Television New Zealand Ltd.‹ (TVNZ) errichtet, die sich aus Gebühren, Werbung und den Erträgen der Rundfunkzeitschrift ›New Zealand Listener‹ finanzieren. Daneben senden rd. 20 private Hörfunkgesellschaften Lokal- und Regionalprogramme. 1989 nahm das erste private Fernsehunternehmen, ›TV3 Network Ltd.‹ (Auckland), den Sendebetrieb auf, 1990 die ›Sky Network Television Ltd.‹ (Auckland) mit drei Pay-TV-Programmen.

WIRTSCHAFT · VERKEHR

Mehr als 100 Jahre war die Wirtschaft N.s aufs Engste mit Großbritannien verknüpft (Export von Agrarprodukten, Import von Industrieerzeugnissen). Mit dem Reg.-Wechsel zur Labour Party 1984 setzte eine Zäsur in der Wirtschaftspolitik der marktwirtschaftlich ausgerichteten Volkswirtschaft ein. Die Umstrukturierung war durch Deregulierung der Finanzmärkte, Liberalisierung des Außenhandels, Vereinfachung des Steuerwesens (Steuersenkungen, Einführung der Mehrwertsteuer), Privatisierung von öffentl. Unternehmen, Reform der Arbeitsgesetzgebung und Neuordnung des Verkehrswesens gekennzeichnet. Diese Maßnahmen trugen entscheidend zur industriellen Entwicklung und Stabilisierung der Wirtschaft bei.

Neuseeland

N. gehört mit einem Bruttosozialprodukt (BSP) je Ew. von (1995) 14 340 US-$ zu den Ländern mit hohem Einkommen. Trotz des Wandels zu einem modernen Industriestaat mit einem hohen Anteil des Dienstleistungssektors am Bruttoinlandsprodukt (BIP), 1994 von 68%, bildet der Agrarsektor weiterhin eine wichtige Grundlage der Wirtschaft. Die Inflationsrate betrug 1985–94 durchschnittlich 4,7%, konnte aber 1995 auf 2,9% gesenkt werden. Die Arbeitslosenquote lag 1995 bei 6,3%.

Landwirtschaft: Die Landwirtschaft hat zwar ihre führende Rolle eingebüßt, ihr kommt aber nach wie vor große Bedeutung zu (42,3% des Exports entfielen 1995 auf landwirtschaftl. Güter). Noch (1994) 11% der Erwerbstätigen sind in diesem Sektor tätig. Von der landwirtschaftl. Nutzfläche von (1994) 14,3 Mio. ha (53,4% der Landesfläche) sind 13,5 Mio. ha Weideland und 3,5% Ackerland (einschließlich Dauerkulturen). Neben Weizen werden Gerste, Futtermittel (Mais, Hafer, Futterrüben), Kartoffeln, Gemüse und Hopfen angebaut. Der Obstbau gewinnt an Bedeutung (Exportanteil von Obst rd. 4%), v. a. Kernobst (bes. Äpfel) und Kiwis, ferner Zitrusfrüchte, Steinobst und Beerenobst; der Weinbau hat sich ausgeweitet (1996: 8 300 ha). Die intensiv (70%) und extensiv (30%) genutzten Weiden bilden die Grundlage der Viehwirtschaft (1994: fast 9 Mio. Rinder, 50 Mio. Schafe) und somit für die Produktion von Wolle, Fleisch und Molkereierzeugnissen, v. a. für den Export. N. ist weltgrößter Exporteur von Molkereiprodukten (Trockenmilch, Butter, Käse) und nach Australien zweitgrößter Exporteur von Wolle. Auf der Nordinsel wird meist Rinderhaltung betrieben, in den Neuseeländ. Alpen und im Hochland v. a. Merinoschafzucht. Die Haltung von Hirschen (bes. Wapitis) und Rehen in Gehegen hat zugenommen (1994: 1,2 Mio. Stück Rot- und Rehwild).

Forstwirtschaft: Die Waldfläche, die einst über die Hälfte der Gesamtfläche umfasste, wurde durch Umwandlung in Farmland und starke Nutzung auf 23% der Landesfläche vermindert. Nach Jahrzehnten des Raubbaus sind große Flächen des verbliebenen Waldes heute in Nationalparks (2,5 Mio. ha), Forstparks (1,8 Mio. ha) und Reservaten geschützt. Gezielte Aufforstungen führten zum Aufbau einer leistungsfähigen Holz verarbeitenden Industrie (Holzeinschlag 1995: knapp 17 Mio. m³). Holz und Holzprodukte sind mit 12,6% Exportanteil wichtige Exportgüter.

Fischerei: Seit der Errichtung der 200-Seemeilen-Wirtschaftszone 1978 um N. (mehr als 4,1 Mio. km²) gehört dieses Gebiet zu den größten Fischfanggebieten der Erde, das von der neuseeländ. Fischereiflotte und in Lizenz durch ausländ. Hochseeschiffe (1995: rd. 50%) genutzt wird. Jährlich werden die Fangquoten festgelegt. Bes. für den Export wird die Zucht von Austern, Muscheln und Lachs in Meeresfarmen be-

Neuseeland: Wirtschaft

trieben. Über die Hälfte der Fangmenge an Fisch und Schalentieren (1993: 580 800 t) wird exportiert, v. a. nach Japan, Australien und in die USA.

Bodenschätze: Die wichtigsten Bodenschätze sind Kohle (Fördermenge 1994: 3 Mio. t), Erdgas (5,7 Mrd. m³) und Erdöl (1,8 Mio. t, v. a. vor der Küste von Taranaki), eisenhaltige Sande an der W-Küste der Nord- und der Südinsel (gesamt 2,1 Mio. t), Gold (10,12 t) und Silber (27,8 t). Weitere nichtmetall. Bergbauerzeugnisse sind Bimsstein, Pyrit, Grünstein, Serpentin und Quarzsand. Im Lake Grassmere, im NO der Südinsel, wird Meersalz gewonnen (1993: 80 000 t).

Energiewirtschaft: Aufgrund heim. Erdgas-, Erdöl- und Kohlevorkommen, eines reichen Potenzials an Wasserkräften und geotherm. Energie kann sich N. zu (1994) 75% mit eigener Energie versorgen. Der Rest wird mit importiertem Erdöl gedeckt. Rd. 75% der elektr. Energie werden aus Wasserkraft gewonnen, 12% aus Kohle, 6% aus geotherm. Energiequellen, der Rest aus Erdöl und Erdgas.

Industrie: In der Industrie sind (1995) 25% der Erwerbstätigen beschäftigt. Der Anteil der industriellen Produktion am BIP betrug (1994) 27%. Bis zu den 50er-Jahren wurden, mit Ausnahme der Verarbeitung landwirtschaftl. Produkte für den Export, v. a. Konsumgüter für den heim. Markt erzeugt. Seit Mitte der 80er-Jahre hat sich eine sehr leistungsfähige Grundstoff- und Investitionsgüterindustrie entwickelt. Mehr als zwei Drittel aller Betriebe konzentrieren sich auf der Nordinsel. Neben der v. a. exportorientierten Nahrungsmittelindustrie haben die Holz verarbeitende, Zellstoff- und Papierindustrie, das Druckereigewerbe, die chem., Eisen verarbeitende, Elektro- und Elektronikindustrie sowie der Maschinen- und Fahr-

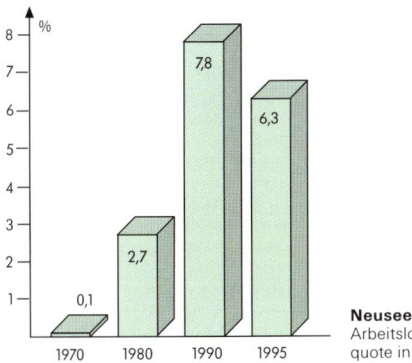

Neuseeland: Arbeitslosenquote in Prozent

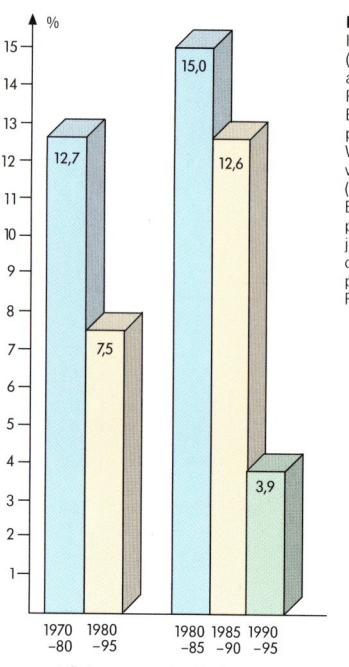

Neuseeland: Inflation (Zunahme des allgemeinen Preisniveaus des Bruttoinlandsprodukts) und Wirtschaftswachstum (Zunahme des Bruttoinlandsprodukts), jeweils durchschnittlich pro Jahr in Prozent

zeugbau große Bedeutung. N. besitzt ferner ein Stahl- und ein Aluminiumwerk (Tonerde aus Australien) sowie eine Erdölraffinerie. Auckland ist das größte und wichtigste Industriezentrum des Landes.

Tourismus: N. gilt als eines der schönsten Länder der Erde, geprägt von starken landschaftl. Gegensätzen. Nationalparks und unberührte Gebiete, eine spezif. Fauna und Flora ziehen ausländ. Besucher an (1995: rd. 1,3 Mio.), v. a. aus Australien, den USA, Kanada und Japan. Zentren des Fremdenverkehrs auf der Nordinsel sind Rotorua, die Bay of Islands, Waitomo und Wairakei im vulkan. Hochland, auf der Südinsel die Nationalparks um den Mount Cook und das südl. Fjordland.

Außenwirtschaft: Seit Mitte der 80er-Jahre war die Handelsbilanz positiv, 1995 leicht negativ (Exportwert: 13,7 Mrd. US-$, Importwert: 14 Mrd. US-$). Der Anteil der Agrargüter am Gesamtexport (bes. Nahrungsmittel und Wolle) ist von früher 67% auf rd. 40% zurückgegangen. War Großbritannien früher der wichtigste Handelspartner, so richtet N. jetzt verstärkt seine Aktivitäten auf die Länder des pazif. Raums, in denen es mehr als 50% seiner Produkte absetzt. Australien (1995: 20,8%), Japan (16,3%) und die USA (10,4%) sind die wichtigsten Länder für den Export; 16% der Exportgüter gehen in EU-Staaten (Fleisch, Wolle, Molkereierzeugnisse, Obst). V. a. Molkereiprodukte werden weltweit abgesetzt. Führende Länder im Importgeschäft sind Australien (21%), die USA (20%), Japan (15%). N. importiert v. a. Rohstoffe (darunter Erdöl) und Industrieerzeugnisse.

Verkehr: N. besitzt ein gut ausgebautes Verkehrsnetz zu Lande, zu Wasser und in der Luft. Das Streckennetz der Eisenbahn umfasst (1995) 3 915 km, davon sind über 13% elektrifiziert. Vier Fährschiffe (damit drei auch für Eisenbahnwagen und Lkw) verbinden die beiden Hauptinseln (Wellington–Picton) über die Cookstraße. Das Straßennetz hat eine Gesamtlänge von (1995) 91 876 km, davon sind etwa 60% befestigt, 10 450 km sind Autobahnen. Die Pkw-Dichte ist mit (1995) 463 Wagen pro 1 000 Ew. hoch.

Aufgrund der peripheren Lage N.s kommt der Seeschifffahrt große Bedeutung zu. Nahezu (1995) 83% aller Exporte und 75% aller Importe werden per Schiff transportiert. Der Umschlag aller neuseeländ. Häfen beträgt (1995) rd. 42 Mio. t; die größten Häfen sind Whangarei (v. a. Erdöl, Erdölprodukte), Tauranga (Holz, Zellstoff, Papier, eisenhaltige Sande) und Auckland. Seit Mitte der 80er-Jahre hat sich Auckland im Südpazifik auch zur bedeutenden Drehscheibe im internat. Luftverkehr entwickelt; außerdem haben Christchurch und Wellington einen internat. Flughafen. Das innerstaatl. Luftverkehrsnetz ist sehr dicht; es wird von der Air New Zealand, der Ansett New Zealand und zahlr. kleineren Fluggesellschaften (zusammengefasst in Air New Zealand Link) bedient.

GESCHICHTE

Zw. Mitte und Ende des 1. Jt. n. Chr. (nach anderen Auffassungen schon in vorchristl. Zeit) besiedelten Polynesier oder Melanesier N.; da die wichtigste Nahrungs- und Rohstoffquelle der Ankömmlinge die Moas waren, wurden sie Moajäger genannt. Ihnen folgte etwa ab Mitte des 14. Jh. eine zweite polynes. Einwanderungswelle, die Maori, die die Moajäger unterwarfen und assimilierten. Am 13. 12. 1642 sichtete A. TASMAN die W-Küste von N. (zunächst ›Staten Landt‹, später ›Nieuw Zeeland‹ gen.). Im Oktober 1769 betrat J. COOK bei Gisborne (O-Küste der Nordinsel) neuseeländ. Boden; im Zuge der Umsegelung N.s (1769–70) fand er die später nach ihm benannte Meeresstraße (Cookstraße) zw. Nord- und Südinsel. Seit den 90er-Jahren des 18. Jh. wurden – vornehmlich auf der Südinsel – Robbenjägerstationen (Dusky Sound, 1792) und in der ersten Hälfte des 19. Jh. auf beiden Inseln Walfangstationen eingerichtet. 1814 entstand auf der Nordinsel im Gebiet der Bay of Islands die erste Missionsstation. 1833 erhielt N. einen brit. Residenten (JAMES BUSBY). Der Unterzeichnung des Vertrages von Waitangi am 6. 2. 1840 durch den Vertreter der brit. Krone und Maorihäuptlinge der Nordinsel folgte im Mai 1840 die Proklamation der brit. Souveränität über N. (Südinsel kraft Entdeckung in Besitz genommen). Das zunächst verwaltungspolitisch der Kolonie New South Wales zugeordnete N. wurde 1841 eine eigene Kronkolonie. Unter Leitung der 1837 gegründeten ›New Zealand Association (Company)‹ und anderer Kolonisierungsgesellschaften erfolgte die planmäßige Anlage europ. Siedlungen (u. a. 1840 Wellington). Durch den ›Constitution Act‹ (1852) erhielt die Kolonie innere Selbstverwaltung (1856 erste Reg.). Verw.-Sitz war ab 1841 Auckland, seit 1865 Wellington. Die sich gegen den Landverlust und die Bedrohung ihrer Kultur durch die Europäer wehrenden Maori, die auch häufig untereinander Kleinkriege führten und die 1857 TE WHEROWHERO zum König erhoben (Herrschername POTATAU I., Residenz Ngaruawahia am Waikato River), wurden in blutigen Kämpfen (bes. 1845–47 und 1860–72) dezimiert; 1867 (Native Representation Act) billigte man ihnen vier Abg.-Sitze im Parlament zu.

Goldfunde auf der Südinsel lösten ab 1861 einen Goldrush aus. Bis zum Ende des 19. Jh. lag das wirtschaftl. Schwergewicht auf der Südinsel (extensive Schafweidewirtschaft auf dem Tussockgrasland, seit den 1870er-Jahren Ackerbau in den Canterbury Plains); Dunedin war damals wirtschaftl. Zentrum. Dem Verkehrsausbau in den 70er-Jahren mit ausländ. Kapital (bes. unter dem Finanz- und späteren Premier-Min. Sir JULIUS VOGEL [* 1835, † 1899]), verbunden mit einer starken Zuwanderung aus Europa (v. a. aus dem Mutterland), folgte in den 80er-Jahren eine wirtschaftl. Depression (›Long Depression‹). Die wirtschaftl. und sozialen Probleme (Arbeitslosigkeit, Landhunger) wurden von der Liberal Party nach ihrem Wahlsieg (1890) im Rahmen gesetzgeber. Maßnahmen unter den 1891–1912 von ihr geführten Reg. gemildert bzw. gelöst (u. a. Arbeitsgesetzgebung, Regelung des Bodenrechts, 1893 Frauenwahlrecht, 1898 Sicherung der Altersversorgung). 1907 wurde N. Dominion im brit. Commonwealth. 1912 übernahm WILLIAM FERGUSON MASSEY (* 1856, † 1925), der Führer der Reform Party, die Leitung der Reg.; 1915 traten die Liberalen in das Kabinett Massey ein (bis 1919). Am Ersten Weltkrieg (1914–18) nahmen neuseeländ. Truppen auf der Seite der Ententemächte in Europa teil (bei Gallipoli, in Flandern und Nordfrankreich). 1914 besetzte N. kampflos die dt. Kolonie Westsamoa, über die es als eines der Gründungs-Mitgl. des Völkerbundes 1920 das Mandat erhielt (nach dem Zweiten Weltkrieg durch die UNO erneuert, Treuhandgebiet bis 31. 12. 1961). 1925–28 war JOSEPH GORDON COATES (* 1878, † 1943; Reform Party) Premier-Min., 1928–30 gefolgt von dem Liberalen J. WARD. Eine von dem liberalen Politiker GEORGE WILLIAM FORBES (* 1869, † 1947) seit 1930 geführte Reg., die sich seit 1931 auf eine Koalition von Liberalen und Reformpartei stützte, suchte die Folgen der Weltwirtschaftskrise mit deflator. Mitteln zu bekämpfen. Nach ihrem hohen Wahlsieg bestimmte die Labour Party 1935–49 das polit. Geschehen N.s (Premier-Min. 1935–40 M. SAVAGE, 1940–49 P. FRASER); sie schuf ein für Jahrzehnte über die Reg.-Wechsel hinweg bestehendes Sozialsystem (grundlegend der ›Social Security Act‹ von 1938).

Bis in den Zweiten Weltkrieg folgte N. eng den Grundlinien der brit. Außenpolitik (erst 1943 Bildung eines eigenen Departments of External Affairs). Nach Ausbruch des Krieges kämpften neuseeländ. Verbände unter brit. Kommando in Europa (u. a. in Griechenland, Italien und Nordafrika), seit 1941/42 unter amerikan. Kommando im Pazifik. Die Kriegsereignisse im pazif. Raum, der Zerfall des brit. Weltreichs und die Ausbreitung des Kommunismus nach dem Zweiten Weltkrieg führten zu einer zunehmend eigenständigeren Außenpolitik N.s und zugleich auch zu ihrer Umorientierung. Im engen Verbund mit Australien und den USA richtete sich das Augenmerk nun auf den pazif. und ostasiat. Raum (u. a. Canberra Pact mit Australien 1944, Gründungs-Mitgl. des Colombo-Plans 1950, des Pazifik-[ANZUS-]Pakts 1951, der SEATO 1954, des South Pacific Forum 1971, der APEC 1989). Erst 1947 nahm N., das 1945 Mitgl. der UNO geworden war, das Statut von Westminster (1931) an, das die Souveränität der Dominions und ihre volle Gleichberechtigung anerkannt hatte (damit Bestätigung der Unabhängigkeit). Neuseeländ. Truppen beteiligten sich im Rahmen von UN-Kontingenten am Koreakrieg (1950–53) und kämpften auf amerikan. Seite im Vietnamkrieg.

Nach Übernahme der Reg.-Verantwortung durch die National Party stellte diese 1949–57 mit SYDNEY GEORGE HOLLAND (* 1893, † 1961), 1960–72 mit K. J. HOLYOAKE und 1975–84 mit R. D. MULDOON den Premier-Min., nur 1957–60 von der Labour-Reg. unter WALTER NASH (* 1882, † 1968) und 1972–75 von den Labour-Kabinetten unter NORMAN ERIC KIRK (* 1923, † 1974; Premier-Min. 1972–74) und WALLACE ROWLING (* 1927, † 1995; Premier-Min. 1974–75) in die Opposition verwiesen. Auf der Grundlage des von der Labour Party geschaffenen Wohlfahrtsstaates und des Exports von Agrarprodukten gelang es der National Party, über mehr als zwei Jahrzehnte der Bev. einen hohen Lebensstandard zu sichern. Die wachsenden wirtschaftl. Schwierigkeiten in den 70er-Jahren (u. a. Exportrückgang) versuchte die Reg. Muldoon durch eine beschleunigte Industrialisierung, durch Subventionen (v. a. auch in der Landwirtschaft) und einen verstärkten Kapitalzufluss aus Übersee zu beheben. Der Wahlsieg der Labour Party (1984) wurde von ihrer Reg. unter D. LANGE (Premier-Min. 1984–89) und insbesondere von ihrem Finanz-Min. ROGER DOUGLAS (1984–88) zu einem tief greifenden Strukturwandel genutzt (›Rogernomics‹: Deregulierung, Reform der Finanz- und Steuergesetzgebung, Liberalisierung des Außenhandels, Privatisierung öffentl. Einrichtungen, Streichung von Subventionen, Reform des Gesundheits- und Bildungssystems und der Verw.). Die Antinuklearpolitik der Reg. Lange, unter der sich N. 1987 zur nuklearwaffenfreien Zone erklärte, beeinträchtigte zeitweise die Beziehungen zu Frankreich (Konflikt wegen der Versenkung des Greenpeace-Schiffes ›Rainbow Warrior‹ 1985 durch den frz. Geheimdienst) und bes. zu den USA, die nach der Sperrung der neuseeländ. Häfen für Kernwaffen führende Kriegsschiffe 1986 ihre aus dem ANZUS-Pakt resultierenden Sicherheitsverpflichtungen gegenüber N. aufkündigte. Nach LANGES Rücktritt war 1989–90 der Labour-Politiker GEOFFREY PALMER (* 1942) Reg.-Chef, gefolgt von MICHAEL MOORE (September–Oktober 1990). Nach ihrem Wahlsieg vom Oktober 1990 bildete die National Party wieder die Reg. (Premier-Min. J. BOLGER, abgelöst 1997 durch JENNY SHIPLEY); die National Party ging 1996 eine Koalition mit der New Zealand First Party ein. Im Mai 1995 unterzeichneten die Reg. und Vertreter der Maori ein Abkommen zur Landrechtsregelung.

J. C. BEAGLEHOLE: The discovery of New Zealand (London ²1961); R. M. BURDON: The new dominion (Wellington 1965); R. MCNAB: Historical records of New Zealand, 2 Bde. (Neuausg. Wellington 1973); Biogeography and ecology in New Zealand, hg. v. G. KUSCHEL (Den Haag 1975); New Zealand atlas, hg. v. I. WARDS (Wellington 1976); R. D. MAYHILL u. H. G. BAWDEN: New Zealand geography (Auckland ³1979); G. W. A. BUSH: Local government and politics in New Zealand (ebd. 1980); B. EASTON: Social policy and the welfare state in New Zealand (ebd. 1980); The Oxford history of New Zealand, hg. v. W. H. OLIVER u. a. (Oxford 1981); Landforms of New Zealand, hg. v. J. M. SOONS u. a. (Auckland 1982); J. M. DAVIDSON: The prehistory of New Zealand (ebd. 1984); G. R. HAWKE: The making of New Zealand. An economic history (Cambridge 1985); P. DENT u. F. MCEWAN: New Zealand. A new geography (Auckland ²1986); H. FLEET: The concise natural history of New Zealand (ebd. 1986); K. SINCLAIR: A history of New Zealand (Neuausg. Harmondsworth 1986); Southern approaches. Geography in New Zealand, hg. v. P. G. HOLLAND u. a. (Christchurch 1987); C. ORANGE: The treaty of Waitangi (Neudr. Wellington 1988); C. JAMES: New Territory. The transformation of New Zealand 1984–92 (ebd. 1992); R. DOUGLAS: Unfinished business (Neudr. Auckland 1994); A. H. GREY: Aotearoa & New Zealand. A historical geography (Christchurch 1994); G. MOON: The Reed field guide to New Zealand wildlife (Auckland 1994); N. Tiere u. Pflanzen einer einzigartigen Inselwelt, Beitrr. v. G. CUBITT u. L. MOLLOY (a. d. Engl., 1996). – New Zealand Official Yearbook, hg. v. Statistics New Zealand (Wellington 1892 ff.).

Neuseeländer Flachs, bekannteste Art der Gattung →Flachslilie.

Neuseeländische Alpen, engl. **Southern Alps** ['saðən 'ælps], Gebirge auf der Südinsel Neuseelands, rd. 430 km lang, in der Hauptkette mit 18 Gipfeln über 3 000 m ü. M., darunter der Mount Cook (3 764 m ü. M.), der höchste Berg Neuseelands. Die N. A. sind, v. a. an ihrer Westseite, außerordentlich niederschlagsreich (bis 6 000–8 000 mm/Jahr), im zentralen Teil stark vergletschert; größter der 360 Gletscher ist der Tasmangletscher (29 km lang, bis 9 km breit) am Mount Cook. Das Gebiet um den Mount Cook ist Nationalpark (1953 gegr., 707 km²). Drei weitere Nationalparks liegen in den N. A. bzw. haben an ihnen großflächig Anteil: Arthur's Pass National Park (1929 gegr., 1 144 km²), Westland National Park (1960 gegr., 1 176 km²) und Mt. Aspiring National Park (1964 gegr., 3 555 km²). Die N. A. werden von drei Passstraßen und einer Eisenbahnlinie (Christchurch–West

Coast) gequert. Sie sind nahezu menschenleer; die einzigen bedeutenden Siedlungen sind Arthur's Pass Township und Otira.

neuseeländische Literatur, die Literatur Neuseelands, deren Wurzeln in der in viktorian. Vorbildern verhafteten Literatur der kolonialen Zeit liegen, die jedoch zunehmend von der bis ins 19. Jh. mündlich tradierten Maorikultur (Mythologie, Lebensphilosophie und kult. Lieder) sowie von den literar. Einflüssen Australiens geprägt wird. Aus den autobiograph. Schilderungen des Pionier- und Siedlerlebens (FREDERICK E. MANING, *1811, †1883; JOHN LOGAN CAMPBELL, *1817, †1912; z.T. in Versen verfasst (JESSIE MACKAY, *1864, †1938; BLANCHE E. BAUGHAN, *1879, †1958; EILEEN DUGGAN, *1894, †1972), sowie den Beschreibungen der (krieger.) Auseinandersetzung (1843–69) mit den Maori (J. B. STONEY, *1817, †1912, ›Taranaki. A tale of the war‹, 1861) entwickelte sich als erste Gattung der Roman (WILLIAM SATCHELL, *1859, †1942, ›The greenstone door‹, 1914). Zu den Vertretern dieser frühen Phase zählen ferner WILLIAM HERBERT GUTHRIE-SMITH (*1861, †1940), ALFRED A. GRACE (*1867, †1942), JANE MANDER (*1877, †1949) und bes. EDITH SEARLE GROSSMAN (*1863, †1931), deren Werk die wichtigsten Themen der Zeit vor dem Ersten Weltkrieg (nat. Selbstfindung, Stellung der Frau, Alkoholismus) widerspiegelt. Mit SATCHELL, MANDER, GEORGE CHAMIER (*1842, †1915), JEAN DEVANNY (*1894, †1962) und ROBIN HYDE (*1906, †1939) etablierte sich allmählich eine fruchtbare einheim. Erzähltradition, die ihren ersten Höhepunkt im Werk KATHERINE MANSFIELDS erreichte (›Bliss‹, 1920; ›The garden party‹, 1922). Mit der wirtschaftl. Unabhängigkeit bildete sich eine nat. Identität heraus, die v. a. in der Lyrik ein Echo fand (WILLIAM P. REEVES, *1857, †1932). Es entstanden für die Genese einer eigenständigen Lyrik richtungweisende Zeitschriften wie ›Phoenix‹ (gegr. 1932 von P. R. A. K. MASON, *1905, †1971), die einen Kreis später einflussreicher Literaten förderte, u. a. den Kritiker JAMES BERTRAM (*1910) sowie HYDE und A. CURNOW, der sich zur Zeit der Weltwirtschaftskrise kritisch mit der nat. Lage und Geschichte auseinander setzte; A. R. D. FAIRBURN (*1904, †1957) und DENIS GLOVER (*1912, †1980) nahmen sich des nat. Themas in satir. Form an. Die Entwicklung der Lyrik nach 1945 wurde nachhaltig von den Zeitschriften ›Landfall‹ (1949ff., hg. v. C. BRASCH) und ›The New Zealand Poetry Yearbook‹ (1951–64, hg. v. LOUIS JOHNSON, *1924, †1988) bestimmt, in denen auch Werke von RUTH DALLAS (*1919), J. K. BAXTER und den polynes. und europ. Traditionen verknüpfenden A. CAMPBELL erschienen. In den 30er-Jahren wurde auch die Erzählung um sozialkritische Perspektiven erweitert (JOHN A. LEE, *1891, †1971, ›Children of the poor‹, 1934) und von JOHN MULGAN (*1911, †1945, ›Man alone‹, 1939) sowie F. SARGESON im Sinne einer nat. n. L. programmatisch weiterentwickelt, die Schriftsteller der folgenden Generation wie C. K. STEAD inspirierte. In der n. L. der Nachkriegszeit verlor die Siedler- und Farmerthematik an Bedeutung, während städt. Lebensformen und die Erfahrungen der modernen Gesellschaft (Isolation, Anonymität, Kommunikationsunfähigkeit) in den Vordergrund traten. 1951 führte JANET FRAME einen lyrisch-surrealist. Prosastil in die n. L. ein, 1958 erschien SYLVIA ASHTON-WARNERS neuseeländ. Schlüsselroman ›Spinster‹. Seit den 60er-Jahren war ein skeptisch-illusionsloses Eintreten für Menschlichkeit und Toleranz ein Hauptanliegen der n. L., die sich seit 1970 immer stärker ihrer Affinität zur austral. Literatur bewusst wird und sich internat. Tendenzen (M. SHADBOLT, V. O'SULLIVAN) erschließt. So konnte auch der mit Elementen der nordamerikan. Popkultur spielende Roman ›Came a hot Friday‹ (1964) von RONALD HUGH MORRIESON (*1922, †1972) postum einen weiten Leserkreis finden. Von den innovativen Impulsen der Gegenwart sind v. a. das Werk M. GEES, die postmodernen Experimente I. WEDDES sowie eine von AMELIA BATISTICH (*1919), BUB BRIDGER (*1920) und LAURIS EDMOND (*1926, auch als Lyrikerin erfolgreich) vertretene selbstbewusste Frauenliteratur zu nennen. Eine wesentl. Erneuerung erfuhr die n. L. auch durch die Einbeziehung der Maorikultur. Von internat. literar. Geltung sind v. a. die Erzählungen von W. IHIMAERA und PATRICIA GRACE, die Romane KERI HULMES, die Lyrik H. TUWHARES sowie das Werk des Westsamoaners A. WENDT. Das zeitgenöss. Theater zeichnet, etwa in den Stücken ROGER HALLS (*1939), das Bild einer Gesellschaft, die die Sicherheiten der weltabgeschiedenen Idylle zerbrechen sieht.

Ausgaben: Speaking for ourselves, hg. v. F. SARGESON (1945); A book of New Zealand verse, 1923–50, hg. v. A. CURNOW (Neuausg. 1951); Contemporary Maori writing, hg. v. M. ORBELL (Neuausg. 1974); The Penguin book of New Zealand verse, hg. v. I. WEDDE (Neuausg. 1986); The Penguin book of contemporary New Zealand poetry, hg. v. M. EVANS (1990).

P. EVANS: The Penguin history of New Zealand literature (Auckland 1990); Dirty silence. Aspects of language and literature in New Zealand, hg. v. G. McGREGOR (ebd. 1991); The Oxford history of New Zealand literature in English, hg. v. T. STURM (Neudr. ebd. 1991).

Neuseeländischer Spinat, Tetragonia tetragonioides, trockenresistentes Eiskrautgewächs an den Küsten Neuseelands, Tasmaniens, S- und W-Australiens, in den Tropen und auch in den gemäßigten Gebieten angebaut; mit fleischigem, meist kriechendem Stängel, wechselständigen, schmalen Blättern und kleinen, gelblich grünen Blüten; Blätter und junge Triebe werden wie Spinat verwendet.

Neuseeländischer Spinat

Neu|sekunde, veraltete Bez. für die Winkeleinheit 10^{-4} →Gon.

Neusibirische Inseln, russ. **Nowosibirskije ostrowá,** unbewohnte Inselgruppe im Nordpolarmeer zw. Laptew- und Ostsibir. See, Teil von Jakutien (Sacha) innerhalb der Russ. Föderation, rd. 35 500 km², besteht aus den **Ljachowinseln** (rd. 6 100 km²) in S, aus den **Anschuinseln,** den **Neusibirischen Inseln** (rd. 29 000 km²) mit der Belkowinsel, der Kotelnyj- (11 665 km²) und Faddejewinsel (beide sind durch das zeitweise überflutete Bungeland miteinander verbunden) und mit der Insel Neusibirien sowie aus den **De-Long-Inseln** (228 km²) im NO. Die N. I. sind im Wesentlichen aus quartären Ablagerungen mit fossilem Bodeneis, Kalksteinen und Schiefern aufgebaut, nur die aus Sandsteinen und Basalten bestehenden De-Long-Inseln (bis 426 m ü. M.) sind gebirgig. Das Klima ist arktisch, die spärl. Vegetationsdecke besteht aus arkt. Tundra, in der Rentiere, Wölfe, Lemminge und Schneehühner leben. In den 35–40 m mächtigen fossilen Eisschichten Reste von Mammut, Nashorn, Wisent sowie von Holzgewächsen. – 1712 entdeckt.

Neusiedl am See, Bezirkshauptstadt im nördl. Burgenland, Österreich, 131 m ü. M., am N-Rand des Neusiedler Sees, 5 300 Ew.; im Sommer bedeutender Fremdenverkehr; Seemuseum, Pannon. Heimatmuseum; Konservenfabrik; in der Umgebung Obst- und Weinbau (415 ha Rebland) sowie Gewürzpflanzenkulturen. – Das 1209 erstmals genannte Neusiedl wurde 1926 Stadt.

Neusiedler See, ungar. **Fertő-tó** [ˈfɛrtøːtoː], sehr flacher (durchschnittlich 70–150 cm tief), weitgehend abflussloser See (Steppensee mit etwas erhöhtem Salzgehalt) in der Ebene zw. Donau und Raab östlich des Leithagebirges, im nördl. Burgenland, Österreich, und (S-Teil) in Ungarn (Bez. Raab-Wieselburg-Ödenburg), 115 m ü. M., N-S-Erstreckung rd. 30 km, max. etwa 2 m tief; im NW mündet die Wulka, jedoch weitgehend von Grundwasser gespeist. Der N. S. hat einen (auch jahreszeitlich) schwankenden Wasserstand (1786: 515 km^2; 1855–68 ausgetrocknet) und ist von einem 1–3 km breiten Schilfgürtel umgeben; im S verlandet er bes. stark. Von seinem Gesamtareal entfallen (1993) etwa 276 km^2 (135 km^2 in Österreich) auf die freie Wasserfläche und etwa 120 km^2 (in Österreich etwa 100 km^2; um 1900 erst rd. 50 km^2) auf den 2,5–3 m hohen Schilfgürtel mit reichem Vogelleben (seit 1977 Biosphärenreservat der UNESCO, aufgrund der Eutrophierung ständig wachsend; Biolog. Station bei Illmitz), der nur bei Podersdorf am See, dem einzigen Ort direkt am Ufer, unterbrochen ist. Das Schilf wird z. T. wirtschaftlich genutzt; der Schilfschnitt erfolgt nur auf 10–15 % des Schilfgürtels. 1994 wurde gemeinsam mit Ungarn der Nationalpark N. S. (rd. 16 000 ha) eingerichtet.

Der N. S. ist Zentrum eines im Sommer viel besuchten Fremdenverkehrsgebietes; der zunehmende Ausbau kollidiert jedoch mit den Interessen des Landschafts- und Naturschutzes. Die meisten Seerandsiedlungen (z. B. Rust; Mörbisch am See mit Seebühne und Wanderweg durch den N. S. nach Illmitz) haben (Bade-)Zugänge (Stege) zum Wasser. Im nördl. Seeteil besteht Ausflugsschifffahrt. Um den N. S. entwickelte sich der Weinbau (begünstigt durch die temperaturausgleichende Wirkung des Sees) fast zur Monokultur. In den beiden Weinbaugebieten N. S. (östlich und nördlich) und N.-S.-Hügelland (westlich des Sees) bewirtschaften rd. 9 500 Winzerbetriebe (oft im Nebenerwerb) rd. 14 000 ha Rebland, zu 70 % mit Weißweinreben, v. a. Grünem Veltliner, Welschriesling, Müller-Thurgau und Weißem Burgunder, bestanden.

H. LÖFFLER: Der N. S. Naturgesch. eines Steppensees (Wien 1974).

Neusilber, Alpacca®, Alpaka, Bez. für eine Kupfer-Nickel-Zink-Legierung von hoher Korrosionsbeständigkeit, Festigkeit und silberglänzender Farbe aus 45–67 % Kupfer, 10–26 % Nickel, Rest Zink; verwendet für Reißzeuge, Bestecke, Tafelgeräte, Beschläge.

Neusohl, slowak. **Banská Bystrica** [-'bistritsa], Hauptstadt des Mittelslowak. Gebietes, Slowak. Rep., 362 m ü. M., an der Gran, 84 700 Ew.; kath. Bischofssitz; Kupferhütte, Textil-, Holz-, Zementindustrie; Ausgangspunkt für Ausflüge in die Niedere Tatra und die Große Fatra. – Im histor. Stadtkern sind vom früheren Burgkomplex u. a. der got. Torturm (16. Jh.) und Renaissancebarbakane erhalten, ferner die Marienkirche (Turm vor 1255), die im 14.–16. Jh. umgebaut wurde (im Innern u. a. got. Altar der hl. BARBARA); Rathaus mit Renaissancearkaden; Bürgerhäuser aus dem 15./16. Jh. mit Stuck- und Sgraffitoverzierungen der Fassaden (u. a. das Thurzo-Haus mit Wandmalerei; heute Museum). – Das 1255 mit Stadtrecht ausgestattete N. war im 15. und 16. Jh. eine Bergstadt mit reichen Kupfergruben in der Umgebung.

Neuspanien, span. **Nueva España** [-es'paɲa], ehemaliges span. Vizekönigreich (1536 eingerichtet) im nördl. Lateinamerika mit der Hauptstadt Mexiko (→Mexiko, Geschichte).

neusprachlicher Unterricht, der Unterricht in lebenden Fremdsprachen. Im n. U. – unter Einbeziehung der Landeskunde – lässt sich ein vertieftes Verhältnis zu Sprache überhaupt und in der Begegnung mit einer anderen Kultur und Sprache auch für die Vielfalt kultureller Phänomene gewinnen. Der n. U. dient insbesondere dem Verständnis der benachbarten Völker und leistet damit einen Beitrag zur internat. Verständigung und zur polit. Bildung. er erfährt auch besondere Förderung (Schüleraustausch, -wettbewerbe). Große Bedeutung hat auch der durch Volkshochschulen, nat. Kulturinstitute, private Sprachschulen (z. T. Fernunterricht) sowie durch Hörfunk und Fernsehen angebotene neusprachl. Unterricht.

Gegenwärtig wird im öffentl. Schulwesen an allgemein bildenden Schulen n. U. als Pflichtfach gegeben, i. d. R. Englisch ab der fünften Klasse. Seit Anfang der 1990er-Jahre kann n. U. bereits in der Grundschule ab der ersten Klasse erteilt werden. Das Konzept der ›Begegnungssprache‹ soll der Tatsache Rechnung tragen, dass Kinder im Grundschulalter bereits vor und während der Grundschulzeit auf vielfältige Art Kontakt zu anderen Sprachen haben. Die Wahl der Begegnungssprache ist z. T. in die Verantwortung der Schule gestellt: Schulen im Grenzgebiet können die Sprache des Nachbarlandes bevorzugen, Schulen in Gebieten mit einem hohen Anteil von ausländ. Mitbürgern können den n. U. für Begegnungssprache wählen. Der n. U. in der Begegnungssprache variiert im Umfang zw. 20 und 45 Minuten je Woche. Die Realschulen bieten fakultativ eine weitere lebende Fremdsprache (i. d. R. Französisch), die bei Gymnasien zum (z. T. auch alte Sprachen umfassenden) Fächerkanon gehört; je nach erster Fremdsprache (im neusprachl. Gymnasium meist Englisch; im altsprachl. Gymnasium Latein) ab der siebten Klasse Latein, Englisch, Französisch oder Griechisch. Fakultativ ist eine dritte (ab der neunten Klasse oder später, z. T. auch Russisch, Italienisch, Spanisch oder Griechisch). Eine Fremdsprache muss durchgängig bis zum Abitur belegt werden.

In *Österreich* setzt der n. U. in der fünften Klasse (nach zweijähriger fremdsprachiger Vorschulung in der Grundschule) i. d. R. mit Englisch ein, die Hauptschule bietet im Fach Englisch versch. Niveaukurse an, im Gymnasium wird z. T. auch mit Französisch begonnen, als zweite Fremdsprache kommt in der siebten Klasse Latein dazu, in der neunten Klasse Griechisch oder eine zweite lebende Fremdsprache. Im Realgymnasium folgt auf die grundständige lebende Fremdsprache in der neunten Klasse eine zweite lebende Fremdsprache oder Latein.

In der *Schweiz* wird in der vierten oder fünften Klasse mit dem Unterricht in der zweiten Landessprache begonnen, je nach Sprachregion Französisch oder Deutsch, in der italienischsprachigen Schweiz wahlweise Französisch oder Deutsch. Auf der Sekundarstufe II (Gymnasium) kann als zweite lebende Fremdsprache die dritte Landessprache oder Englisch gewählt werden. Weitere Sprachen sind je nach Maturitätstyp Latein, Griechisch, ferner Spanisch und Russisch.

Im Berufs- und Fachschulwesen wird n. U. entsprechend den jeweiligen Zielsetzungen unter Einbeziehung der Fachterminologie angeboten.

Methodisch stehen Interaktion und Kommunikation und die Anwendung der direkten Methode (der Unterricht erfolgt in der zu erlernenden Sprache) im Vordergrund. Computergestützter Unterricht sowie auditive und audiovisuelle Hilfen können dabei eine Rolle übernehmen.

Geschichte: Der n. U. (bes. Französisch) war seit der Renaissance Bestandteil höfisch-weltmänn. Bildung. Seit der Aufklärung gewann er auch in den bürgerl. Schulen eine gewisse Bedeutung; im Lauf des 19. und 20. Jh. holte der n. U. gegenüber dem →altsprachlichen Unterricht auf und überrundete ihn schließlich; 1938 löste in Dtl. Englisch das Französische als meistgelehrte lebende Sprache ab.

Konvergenzen. Fremdsprachenunterricht: Planung – Praxis – Theorie, hg. v. I. BUCHLOH u. a. (1996); The cultural context in foreign language teaching, hg. v. M. PÜTZ (Frankfurt am Main 1997); Strategien u. Techniken beim Erwerb fremder Sprachen, hg. v. U. RAMPILLON u. a. (1997).

Neuss, 1) Kreisstadt in NRW, 40 m ü. M., links des Niederrheins, mit Düsseldorf durch mehrere Brücken verbunden, 149 000 Ew.; Europ. Studienzentrum der Fernuniversität, Polizeifortbildungsinstitut NRW,

Neuss 1)
Stadtwappen

Neuss 1): Die romanische Emporenbasilika Sankt Quirin; 1. Hälfte des 13. Jh.

Wolfgang Neuss

Fachschulen, Industrie- und Handelskammer, Spezialkrankenhäuser, Rhein. Landestheater, Globe-Theater, Museum; Galopprennbahn. Die wichtigsten Industriezweige sind Maschinenbau, Metallbearbeitung, Elektrotechnik, Papierverarbeitung und Nahrungsmittelindustrie; bedeutende Aluminiumhütte; Blumengroßmarkt; Modehandelszentren; Hafen (1996: 4,9 Mio. t Umschlag) mit Containerterminal.

Stadtbild: Die mächtige roman. Emporenbasilika St. Quirin (1. Hälfte 13. Jh.) mit Dreikonchenchor und fünfschiffiger Krypta eines Vorgängerbaus (um 1050/1100) besitzt reichen bauplast. Schmuck; barocke Kuppel (nach 1741). In der Pfarrkirche Hl. Dreikönige (1909–11) Hängedecke (nach 1945) von D. und G. BÖHM, Glasgemälde von J. THORN-PRIKKER; die ehem. Observantenkirche (1637–40), nach 1802 als Zeughaus genutzt, seit 1923 Konzert- und Festsaal; kath. Gemeindezentrum St. Pius X. (1965–67) von J. SCHÜRMANN. Neben dem doppeltürmigen Obertor (13. Jh.) in einem Neubau von H. DEILMANN (1973–75) das Clemens-Sels-Museum (u. a. röm. Funde, Kunstgewerbe, Kunst des 19. und 20. Jh.). Im Stadtteil Gnadenthal die ›Fossa sanguinis‹, eine freigelegte röm. Kultstätte der Kybele. Im S der Stadt die Insel →Hombroich mit Kunstsammlungen.

Geschichte: Kern des röm. N. war seit dem 4. Jahrzehnt des 1. Jh. n. Chr. das Legionslager **Novaesium**. Auf dem Gebiet der Zivilsiedlung nördlich davon entstand die Stadt des MA. Kernzelle ist das Frauenkloster (2. Hälfte 10. Jh.). Stadt und Stift gehörten seit dem 11. Jh. dem Erzbischof von Köln. 1474–75 widerstand die Stadt einer Belagerung durch KARL DEN KÜHNEN von Burgund. Seine Bedeutung als wichtiger Handelsplatz verlor N. nach der Eroberung und Zerstörung 1586 im Köln. Krieg. Im 19. Jh. brachten Mühlenindustrie und Hafenbetrieb neuen Aufschwung. Im Zweiten Weltkrieg erlitt N. schwere Schäden.

Gesch. der Stadt N., auf mehrere Bde. ber. (1986 ff.).

2) Kreis im Reg.-Bez. Düsseldorf, NRW, 576 km², 439 300 Ew., Kreisstadt ist 1). Das Kreisgebiet liegt in der Niederrhein. Bucht beiderseits der unteren Erft. Abgesehen von Rindvieh-Weidewirtschaft in den lehmig-feuchten Auen herrscht, bes. auf den flachen Lößlehmböden, ertragreicher Weizen- und Zuckerrübenanbau vor (auch Gemüsebau und Baumschulen). N. gehört zum Ballungsgebiet Rhein-Ruhr mit NE-Metallverhüttung, Schwerchemie und Maschinenbau. Der S ragt in das Rhein. Braunkohlenrevier hinein.

Neuss, Wolfgang, Kabarettist und Schauspieler, * Breslau 3. 12. 1923, † Berlin (West) 5. 5. 1989; nach Mitarbeit bei versch. Berliner Kabaretts (u. a. ›Nürnberger Trichter‹, 1951, und ›Die Stachelschweine‹, 1952/53) wirkte er als Schauspieler in über 50 Filmen mit (häufig zus. mit WOLFGANG MÜLLER, * 1922, † 1960; z. B. in ›Das Wirtshaus im Spessart‹); daneben produzierte er die satir. Filme ›Wir Kellerkinder‹ (1960) und ›Genosse Münchhausen‹ (1962, auch Regie). Bekannt wurde N. als ›Mann mit der Pauke‹ durch seine Solokabarettprogramme, in denen er aggressive Systemkritik formulierte. 1967 bildete er mit H. D. HÜSCH, D. SÜVERKRÜP und F. J. DEGENHARDT das ›Quartett 67‹. 1968 zog er sich von der Bühne zurück. Anfang der 80er-Jahre erlangte N. mit seinen satirisch-witzigen Monologen erneut Medienpopularität. 1983 erhielt er den Dt. Kleinkunstpreis.

Ausgaben: Das W.-N.-Buch, hg. v. V. KÜHN (²1984); Der totale N., hg. v. DEMS. (1997).

G. SALVATORE: Der Mann mit der Pauke, W. N. (Neuausg. 1983); DERS.: W. N., ein faltenreiches Kind. Biogr. (Neuausg. 1995).

Neustadt, Name von geographischen Objekten:

1) Neustadt, poln. **Prudnik,** Stadt in der Wwschaft Opole (Oppeln), Polen, 265 m ü. M., 24 500 Ew.; Baumwoll-, Schuh-, Lebensmittel-, Möbelindustrie. – Got. Pfarrkirche (15. Jh., Anbau 17./18. Jh.), barockklassizist. Rathaus (1782, 1856, Umbau 1894–96), Reste der Stadtmauer (15. Jh.) mit got. Wasser- und Neustädter Torturm. – N. wurde 1279 planmäßig als Stadt neben einer mähr. Burg angelegt. 1337 fiel sie an das Herzogtum Oppeln, wechselte danach mehrfach den Besitzer, fiel 1532 an die Habsburger und wurde 1742 preuß. Kreisstadt. N. kam 1945, bis dahin amtlich **Neustadt O. S.** (›Oberschlesien‹) unter poln. Verwaltung; die Zugehörigkeit zu Polen wurde durch den Dt.-Poln. Grenzvertrag vom 14. 11. 1990 (in Kraft seit 16. 1. 1992) anerkannt.

2) Neustadt, poln. **Wejherowo** [vɛjxɛˈrɔvɔ], Stadt in der Wwschaft Gdańsk (Danzig), Polen, 30 m ü. M., im Tal der Rheda, 47 300 Ew.; Kaschubisch-Pommersches Museum; Holz-, Schuh-, Bekleidungs-, Zementindustrie. – N. wurde 1643 angelegt und erhielt 1650 Stadtrecht. Aufgrund der 1646–55 erbauten Stationsbilder des Leidenswegs sowie seiner 26 Kapellen und der Annenkirche wurde N. zu einer Wallfahrtsstätte. Es gehörte bis 1919/20 zur preuß. Prov. Westpreußen, danach zu Polen. Nach dem dt. Angriff auf Polen am 1. 9. 1939 wurde die Stadt wieder dem Dt. Reich eingegliedert und war 1939–45 unter der offiziellen Bez. **Neustadt in Westpr.** (›in Westpreußen‹) Kreisstadt des dt. Reichsgaues Danzig-Westpreußen. 1945 kam N. wieder zu Polen.

3) Neustadt a. d. Aisch, Kreisstadt des Landkreises N. a. d. Aisch-Bad Windsheim, Bayern, 293 m ü. M., im Aischtal zw. Steigerwald und Frankenhöhe, 12 100 Ew.; Heimatmuseum; Herstellung von Musikinstrumenten und Bettwäsche, Stickereien. – In der ev. Stadtpfarrkirche (15./16. Jh.) Teile eines Schnitzaltars (Ende 15. Jh.). Barocker Marktplatz mit Rathaus (1711–15); Schloss (15. Jh., mehrfach umgebaut). – Aus dem 741 erstmals genannten Königshof ›Riedfeld‹ entstand gegen Ende des 13. Jh. die ›Neue Stadt‹, die zum Hauptort des Bayreuther Unterlandes aufstieg.

4) Neustadt a. d. Donau, Stadt im Landkreis Kelheim, Bayern, 354 m ü. M., nordöstlich von Ingolstadt, 12 000 Ew.; Erdölraffinerie, Herstellung von Kunststofferzeugnissen, Automobilzulieferbetriebe, Autoteststrecke. Im Gemeindeteil Bad Gögging Kurbetrieb (Schwefel-Thermalquellen, Moorbad). – N. wurde 1270 gegründet.

5) Neustadt a. d. Saale, Bad N. a. d. S., Kreisstadt des Landkreises Rhön-Grabfeld, Bayern, 242 m ü. M., an der Fränk. Saale, am Rand des Grabfeldes gegen das Rhönvorland, 15 800 Ew.; Fachkliniken (Herz-, Gefäß-, Handchirurgie, Neurologie); Fernmelde-, Werkzeugbau, Verpackungsindustrie; am Fuß der Salzburg im Stadtteil Neuhaus das Heilbad. – Klassizist. Pfarrkiche Mariä Himmelfahrt (1794–1836) mit zwei korinth. Säulenreihen zur Unterteilung der Schiffe und einem Kreis aus acht Säulen als Altarraum; in der ehem. Karmeliterklosterkirche (1352 gegr.) Barockausstattung. Die Ruine der Salzburg über dem O-Ufer der Saale ist eine der größten Burgen Dtl.s (Ganerbenburg, 12.–13. Jh.) mit sechs Burghäusern.

Geschichte: N., bei der karolingisch-otton. Pfalz Salz gelegen, wurde 1232 erstmals urkundlich erwähnt und in der Folge zur Stadt ausgebaut. Die bereits lange bekannten kohlesäurehaltigen Kochsalzquellen werden seit 1853 im Kurbetrieb genutzt.

6) Neustadt a. d. Waldnaab, Kreisstadt in Bayern, 419 m ü. M., am Austritt der Waldnaab aus dem Oberpfälzer Wald, 6 100 Ew.; Herstellung von Bleikristall. – In der kath. Pfarrkirche St. Georg (1735 ff.) Stuckaturen des frühen Rokoko. Das Alte Schloss (16./17. Jh.) mit Arkadenfreitreppe; am östl. Markt das Neue Schloss (1689–1720), ein u. a. durch Rustikapilaster gegliederter dreigeschossiger Bau. Außerhalb der Stadt die Wallfahrtskirche St. Felix (18. Jh.) mit kleeblattförmigem Chor. – N., 1218 erstmals urkundlich erwähnt, wurde 1358 durch Kaiser KARL IV. um eine selbstständige Stadt erweitert.

7) Neustadt a. d. Waldnaab, Landkreis im Reg.-Bez. Oberpfalz, Bayern, 1 430 km², 99 900 Ew. Der Kreis, der die kreisfreie Stadt Weiden umschließt, liegt im Oberpfälzer Wald und dem vorgelagerten Oberpfälzer Hügelland. Die Wirtschaftskraft des an der Grenze zur Tschech. Rep. (Übergang bei Waidhaus) gelegenen Kreises ist gering (strukturschwache Landwirtschaft; Baustoff-, Glas-, Porzellanindustrie). 16 % des Kreises werden vom Truppenübungsplatz Grafenwöhr eingenommen. Stadtrecht haben außer 6) auch Eschenbach i. d. OPf., Grafenwöhr, Neustadt a. Kulm, Pleystein, Pressath, Vohenstrauß und Windischeschenbach. Bei Windischeschenbach wurde das →kontinentale Tiefbohrprogramm durchgeführt.

8) Neustadt a. Kulm, Stadt im Landkreis Neustadt a. d. Waldnaab, Bayern, 516 m ü. M., am Fuße des steilen Basaltkegels des Rauhen Kulms (682 m ü. M., mit urgeschichtl. Wall und Ruinen einer Stauferburg), 1 300 Ew. – Die ev. Pfarrkirche (urspr. Karmeliterklosterkirche) ist ein Bau v. a. des 18. Jh. – N. wurde 1370 als lang gestreckter Straßenmarkt gegründet.

9) Neustadt am Rübenberge, Stadt im Landkreis Hannover, Ndsachs., 28 m ü. M., an der Leine, 44 000 Ew.; Inst. für Tierzucht und Tierverhalten der Bundesforschungsanstalt für Landwirtschaft, Prüfstelle Scharnhorst des Bundessortenamtes für Nutzpflanzen; Torfabbau und -verarbeitung, Arzneimittelwerk; der Stadtteil Mardorf am N-Ufer des Steinhuder Meeres ist Erholungsort. – Ev. Liebfrauenkirche (13 Jh.; 1500–02 umgebaut, später mehrfach restauriert); Schloss Landestrost (1573 begonnen), eines der bedeutendsten Bauwerke der Weserrenaissance; zahlr. Fachwerkhäuser; Stadtbefestigung (16. Jh.); Leinebrücke (1687 bis 1689). Im Stadtteil Mandelsloh Pfarrkirche St. Osdacus (urspr. 12. Jh.) mit Wandmalerei von 1421 an den Chorwänden. – Die 1215 gegründete Stadt kam mit der gleichnamigen Burg 1302 an die Welfen, die zur Sicherung der bei N. gelegenen Leinefurt die Burg seit 1572 zur Festung ausbauten (1911 aufgegeben).

10) Neustadt an der Mettau, tschech. **Nové Město nad Metují** [ˈnɔvɛː ˈmjɛsto ˈnad mɛtuji:], Stadt im Ostböhm. Gebiet, Tschech. Rep., 324 m ü. M., 10 200 Ew.; Herstellung von Baumaschinen, Bekleidungs-, Uh-

Neustadt 12): Binnenhof des ehemaligen Jesuitenkollegs (1729–43; heute Rathaus), dahinter die Pfarrkirche Mariä Empfängnis (1860–62)

ren-, Nahrungsmittelindustrie. – Am Marktplatz Laubenganghäuser aus dem 16. Jh. Die mittelalterl. Burg wurde zu einem Schloss im Renaissancestil umgebaut, an der Fassade Sgraffitoschmuck; Park im ital. Terrassenstil (um 1910) mit 24 Zwergen (1713 nach Stich von J. CALLOT gefertigt).

11) Neustadt an der Orla, Stadt im Saale-Orla-Kreis, Thür., 306 m ü. M., in der fruchtbaren Orlasenke, 10 000 Ew.; Holzverarbeitung; Kleingewerbe. – Spätgot. Rathaus (1465–1500) mit reich ausgeschmücktem Erker, kunstvollen Portalen und Giebeln; spätgot. Johanneskirche (1471–1528) mit wertvollem Flügelaltar aus der Werkstatt L. CRANACH D. Ä. (1513) und Taufstein (1484); Klosterkirche der Augustinereremiten (1471), Fleischbänke (1475), Lutherhaus (1574 umgebaut) und zwei Kursächs. Postmeilensäulen. – Das erstmals 1287 erwähnte N. ist eine planmäßig gegründete Stadt, die ab 1289 zu den Wettinern, 1657–1718 zu Sachsen-Zeitz gehörte und 1815 in das Großherzogtum Sachsen-Weimar-Eisenach eingegliedert wurde.

12) Neustadt an der Weinstraße, kreisfreie Stadt in Rheinl.-Pf., 136 m ü. M., Verw.-Sitz des Reg.-Bez. Rheinhessen-Pfalz, am Fuß der Haardt, 56 500 Ew.; Finanzgericht Rheinl.-Pf., Verwaltungsgericht, Landes-Lehr- und Versuchsanstalt für Landwirtschaft, Wein- und Gartenbau; Eisenbahnmuseum mit Museumsbahn; Weinbaumuseum (im Ortsteil Mußbach); Kongresszentrum. N. besitzt Weinbau, Weingroßhandel und Kellereien (u. a. Sektkellerei), ferner Papier und Metall verarbeitende Industrie sowie Maschinenbau und ist Fremdenverkehrsort an der Dt. Weinstraße. Der Weinbau wird v. a. in den 1969 eingemeindeten Winzerorten Diedesfeld, Duttweiler, Geinsheim, Gimmeldingen, Haardt, Hambach an der Weinstraße, Königsbach, Lachen-Speyerdorf und Mußbach betrieben. – Die ehem. Stiftskirche Unserer Lieben Frau (1368–1489), eine Gewölbebasilika mit Doppelturmfront, ist das bedeutendste got. Bauwerk der vorderen Pfalz; zeitweise Grablege der Kurfürsten von der Pfalz, seit 1708 Simultankirche (Trennung von Chor und Schiff). Das ›Casimirianum‹ (1579 gegr.) wurde im Stil der Renaissance errichtet. Das Rathaus, das ehem. Jesuitenkolleg (1729–43), ist eine barocke Vierflügelanlage (1867 aufgestockt). Großer Bestand von Bürgerhäusern des 16.–18. Jh. Über N. die Ruine der Wolfsburg (13.–14. Jh.) mit mächtiger Schildmauer und Palas, über dem Ortsteil →Hambach an der Weinstraße das Hambacher Schloss. – Das 1235 erstmals erwähnte N. war eine Gründung der Pfalzgrafen

Neustadt 12) Stadtwappen

Stadt in Rheinl.-Pf.

an der Deutschen Weinstraße

56 500 Ew.

Eisenbahnmuseum

Weinbau und -handel

1832 Hambacher Fest auf dem Hambacher Schloss

bei Rhein zur Sicherung und Festigung ihrer linksrhein. Territorien. 1275 wurde N. Stadt. 1578–85 bestand hier als ref. Hochschule das ›Casimirianum‹, 1587 gab DAVID PAREUS (*1548, †1622) die Lutherbibel als ›Neustadter Bibel‹ heraus. Die Stadt fiel 1816 an Bayern.

A. HAAS: Aus der Nüwenstat (²1964); N. an d. W. Beitr. zur Gesch. einer pfälz. Stadt, bearb. v. K.-P. WESTRICH (1975); B. RUDOLPH: N. an d. W. (1986).

13) Neustadt b. Coburg, Stadt im Landkreis Coburg, Bayern, 344 m ü. M., auf einer Buntsandsteinscholle vor dem S-Rand des Thüringer Waldes, Große Kreisstadt mit 16 800 Ew.; auf handwerkl. Tradition zurückgehende Spielwaren-, Puppen- und Christbaumschmuckindustrie mit Museum der Dt. Spielzeugindustrie; Kunststoffverarbeitung, Herstellung von Bekleidung, Drahtseil- und Federnfabrik, Werkzeugmaschinenbau, Kabel- und Leitungswerk, Lichtwellenleiterwerk. – Das 1248 erstmals genannte N. wurde vor 1316 Stadt.

14) Neustadt (Dosse), Stadt im Landkreis Ostprignitz-Ruppin, Bbg., 35 m ü. M., an der Dosse, 3 500 Ew.; Pferdezucht. – 1664 wurde die Stadt N. gegründet. Das 1789 entstandene ›Landgestüt Lindenau‹, heute das Brandenburg. Haupt- und Landgestüt, entwickelte sich zu einem der Zentren mitteldt. Pferdezucht.

Neustadt 17): Kremper Tor

Neustadt 15): Junker-Hansen-Turm; 1506 vollendet

15) Neustadt (Hessen), Stadt im Landkreis Marburg-Biedenkopf, Hessen, 251 m ü. M., zw. Amöneburger Becken und Schwalm, 9 400 Ew.; Werkzeugfabriken; Garnison. – Kath. Pfarrkirche St. Johannes (Neubau 15. Jh.), Turm 13. Jh. Der zum Schloss gehörende Junker-Hansen-Turm (1506 vollendet) gilt als größter Fachwerkrundturm Dtl.s. – N., gegen 1260 durch die Grafen von Ziegenhain als Festung gegen die Landgrafschaft Hessen erbaut, seit 1270 Stadt, wurde 1294 an das Erzstift Mainz verkauft. Nach wechselvoller Gesch. mit unterschiedl. territorialen Zugehörigkeiten fiel N. 1803 an Kurhessen.

16) Neustadt im Schwarzwald, seit 1971 Teil von →Titisee-Neustadt.

17) Neustadt in Holstein, Stadt im Kr. Ostholstein, Schlesw.-Holst., 15 700 Ew.; Ostseebad, zw. Lübecker Bucht und einem Binnensee an der ›Vogelfluglinie‹ gelegen; Marinestandort, Küstenwachzentrum Ostsee; seit 1951 Europ. Volkstums- und Trachtenwochen; Industriehafen, Fischereihafen, Seglerhafen, Bootswerft; Büchsenmilchwerk; Fremdenverkehr, v. a. in den Seebädern Pelzerhaken und Rettin. – Nach Wiederaufbau (Großbrand 1817) klassizist. Stadtbild. Am weiträumigen Marktplatz das Rathaus (1819/20) und die got. Stadtkirche (1238 als Hallenkirche begonnen), Turm 1334 ff., Mitte 14. Jh. Umbau zur Basilika (mit erhöhtem Mittelschiff) mit got. Ausmalung des Innenraums und Schnitzaltar (1643). Im mittelalterl. Kremper Tor Ostholsteinmuseum und Cap Arcona Museum. – N. erhielt 1244 Stadtrecht. Bes. im 19. Jh. war N. ein bedeutender Handels- und Fischereihafen.

18) Neustadt i. Sa., Stadt im Landkreis Sächs. Schweiz, Sa., 340 m ü. M., im Polenztal zw. der Oberlausitz und Sächs. Schweiz, nahe der Grenze zur Tschech. Rep., 12 000 Ew.; Landmaschinenbau, Bau- und Baunebengewerbe, Herstellung von Kunststoffrohren. – N. wurde nach 1300 als gitterförmige Stadtanlage planmäßig angelegt und 1333 erstmals als Städtchen erwähnt.

19) Neustadt (Wied), Gem. im Landkreis Neuwied, Rheinl.-Pf., 150–350 m ü. M., im Vorderen Westerwald, 6 300 Ew.; Metall- und Kunststoffverarbeitung, Landwirtschaft. – In der kath. Pfarrkirche St. Margarita, einer neugot. Hallenkirche (1869–75), ein Taufstein des 14. Jh. Im Ortsbild Fachwerkhäuser des 18. Jh. – In der Nähe das seit 1486 bestehende Kreuzherrenkloster Ehrenstein; in der Dreifaltigkeitskirche (1477) köln. Glasmalereien (zw. 1470 und 1510).

Neustadt, Heinrich von, mittelhochdt. Dichter, →Heinrich, H. von Neustadt.

Neustadt a. d. Aisch-Bad Windsheim, Landkreis im Reg.-Bez. Mittelfranken, Bayern, 1 268 km², 95 600 Ew.; Kreisstadt ist Neustadt a. d. Aisch. Zentraler Raum ist das Mittelfränk. Becken mit dem breiten Aischtal. Es wird im N vom Steigerwald (im Hohenlandsberg 498 m ü. M.) begrenzt, im SW, südlich der Windsheimer Bucht, von der Frankenhöhe (bis rd. 500 m ü. M.). Neben der Landwirtschaft bieten die vielen kleinen Industrie- und Handwerksbetriebe der Städte (außer der Kreisstadt und dem Kurort Bad Windsheim auch Burgbernheim, Scheinfeld und Uffenheim) und Märkte Arbeit; viele Auspendler in den Raum Nürnberg-Fürth. Im mittleren und unteren Aischgrund wurden zahlr. Karpfenteiche angelegt (›Aischgründer Spiegelkarpfen‹). Steigerwald und Frankenhöhe sind stark besuchte Ausflugsziele.

Neustadt-Glewe, Stadt im Landkreis Ludwigslust, Meckl.-Vorp., 36 m ü. M., an der schiffbaren Elde, 7 800 Ew.; geotherm. Heizkraftwerk. – Burg (14.–15. Jh.) mit Bergfried und Ringmauer; Neues Schloss, eine 1619 begonnene Dreiflügelanlage, die 1711–17 barock umgestaltet wurde. In der got. Stadtkirche St. Marien eine prachtvolle Lübecker Kanzel. – Das im Schutz einer Burg der Grafen von Schwerin um 1248 entstandene Neustadt war 1727–35 Residenzstadt von Mecklenburg-Schwerin. 1926 erhielt N. den heutigen Namen.

Neustämme, die dt. Stämme, die seit dem MA. mit der dt. Ostsiedlung im ostdt. und südostdt. Raum aus der verbliebenen Vor-Bev. (Altpreußen, Slawen) und eingewanderten Teilen der dt. Altstämme aus dem westlich der Elbe-Saale-Böhmerwald-Linie liegenden Gebiet entstanden sind. Zu ihnen zählen 1) die Brandenburger, Mecklenburger, Pommern, West- und Ostpreußen mit überwiegend niederdt. Herkunft und Mundart; 2) die Obersachsen und Schlesier mit mitteldt. Herkunft und Mundart; 3) z. T. die Österreicher.

Neustettin, poln. **Szczecinek** [tʃɛˈtɕinɛk], Stadt in der Wwschaft Koszalin (Köslin), Polen, 139 m ü. M., auf dem Pommerschen Höhenrücken, 42 200 Ew.; elektrotechn., Holz-, Nahrungsmittelindustrie; Fremdenverkehr. – N. wurde 1310 als Stadt mit lüb. Recht gegen die nach SO vordringenden Markgrafen von Brandenburg gegründet. 1653 fiel N. an Brandenburg. Die Stadt kam 1945 unter poln. Verwaltung, die Zugehörigkeit zu Polen wurde durch den Dt.-Poln. Grenzvertrag vom 14. 11. 1990 anerkannt.

Neustift, ital. **Novacella** [-tʃ-], Augustiner-Chorherrenstift (gegr. 1142) am Eisack, nördlich von Brixen, Südtirol, Italien; Stiftskirche Unserer Lieben Frau (dreischiffige, urspr. romanische Basilika, 12.–18. Jh.) mit spätbarocker Ausstattung, in der Sakristei Fresken von M. PACHER (um 1470); Kreuzgang (um 1200, Gewölbe um 1370) mit Fresken (14./15. Jh.) und Grabsteinen (wahrscheinlich Grab OSWALDS VON WOLKENSTEIN); Michaelskapelle (zweigeschossiger Rundbau, um 1200, ›Engelsburg‹ gen.); Marienkapelle (1695); in den Stiftsgebäuden Gemäldegalerie; Bibliothek; Wunderbrunnen im Stiftshof.

Neustoizismus, die Phase intensiver Hinwendung zur Stoa seit der Mitte des 16. Jh., die für die Schule von Salamanca und v. a. für die Philologenschule in Leiden, in der von J. LIPSIUS' grundlegendem Werk ›De constantia‹ (1584; dt. ›Von der Beständigkeit‹) ausgehenden späthumanist. Richtung, kennzeichnend war. Der N. versuchte, Elemente der spätrömisch-stoischen Weltsicht und Ethik (v. a. von SENECA D. J. und EPIKTET) in Verbindung mit undogmatisch-überkonfessionellen christl. Überzeugungen zur moral. und geistigen ›Aufrüstung‹ des Einzelnen in der Gemeinschaft zu erneuern. ›Constantia‹ (Standhaftigkeit), ›patientia‹ (Geduld), ›temperantia‹ (Selbstbeherrschung) wurden zu zentralen Topoi des N.; verbunden mit christl. Vorstellungen von Vorsehung und Askese, von ›pietas‹, verstanden nicht als bloßes Gottvertrauen, sondern als moral. Handeln, Seelenstärke und Kraftentfaltung (›robur animi‹), sollten die Lebensenergien sittl. Vernunft gewonnen werden, die notwendig sind zur Selbstbehauptung gegenüber dem in den Schrecken der Glaubenskämpfe elementar spürbar gewordenen Fatum (Schicksal, Vorsehung).

Der N. hat sich während des Barock in ganz Europa zu einer populären Moralphilosophie entwickelt. Seinen Niederschlag fand er im Menschen- und Weltbild der frz. und dt. Literatur (so bei M. OPITZ, A. GRYPHIUS, D. C. LOHENSTEIN sowie in philosophisch-moral. Betrachtungen bei MONTAIGNE, P. CHARRON, R. DESCARTES) und in der Machtstaatstheorie der Fürstenspiegel des 17./18. Jahrhunderts.

Der Einfluss der niederländ. Bewegung des N., v. a. durch D. HEINSIUS, J. J. SCALIGER, H. GROTIUS, G. VOSSIUS, FRANCISCUS JUNIUS (* 1545, † 1602) und I. CASAUBON, war außerordentlich weit reichend. Auf seiner Grundlage entwickelte sich über DESCARTES, T. HOBBES, S. PUFENDORF, C. THOMASIUS und C. WOLFF einer der bedeutendsten Ansätze der modernen, säkularisierten Lehre vom Naturrecht.

J. L. SAUNDERS: Justus Lipsius. The philosophy of Renaissance stoicism (New York 1955); G. OESTREICH: Antiker Geist u. moderner Staat bei Justus Lipsius (1547–1606). Der N. als polit. Bewegung (1989).

Neustift: Michaelskapelle; um 1200

Neuston [griech. ›das Schwimmende‹] *das, -s,* Lebensgemeinschaft der an der Wasseroberfläche am Oberflächenhäutchen anhaftenden Mikroorganismen wie Algen (v. a. Diatomeen), Pilze, Bakterien, Protozoen und versch. Larvenstadien; man unterscheidet **Epi-N.** (das N. auf dem Wasserhäutchen) und **Hypo-N.** (das N. unterhalb des Häutchens). Das N. dient einigen Kleinkrebsen und Schnecken (auch den Kaulquappen) als Nahrung, indem diese das Oberflächenhäutchen von unten her ›abweiden‹.

Neustrelitz, Kreisstadt des Landkreises Mecklenburg-Strelitz, Meckl.-Vorp., um 70 m ü. M., am Zierker See im Bereich der Mecklenburg. Seenplatte, 24 700 Ew.; Landestheater Mecklenburg-Strelitz, Stadtmuseum, Karbe-Wagner-Archiv (Literaturarchiv); mittelständ. Betriebe, bes. des Elektroanlagen-, Heizungsbaus, der Lüftungs- und Sanitärtechnik sowie der Touristik. – Stadtanlage seit 1733 als achtstrahliger Stern (Idealstadt) mit dem quadrat. Markt als Mittelpunkt. Das Schloss brannte 1945 aus; der Schlossgarten ist eine barocke Anlage, die 1790 in engl. Stil umgestaltet und später mit klassizist. Gartenarchitekturen ausgestattet wurde; im Schlossbezirk Gedächtnishalle (1891–92) für die Königin LUISE von Preußen, Orangerie (1755), ›Weißes Herrenhaus‹ (1740), neugot. Schlosskirche (1853–59), Marstall (um 1872). Am Markt Stadtkirche (1768–78), Rathaus (1841) und Bürgerhäuser. – Den Anstoß zur Gründung von N. (1733), bis 1918 Residenzstadt des Großherzogtums, dann bis 1934 des Freistaats Mecklenburg-Strelitz, gab der Brand des Residenzschlosses in (Alt-)Strelitz. 1931 wurde das benachbarte **Alt-Strelitz** (urspr. **Strelitz**) eingemeindet, das, aus einer wend. Siedlung hervorgegangen, 1349 Stadtrecht erhalten hatte und 1701–12 Sitz des neu gebildeten Herzogtums Mecklenburg-Strelitz gewesen war.

Neustrelitz Stadtwappen

Neustri|**en** [›Neu-(West)land‹?], **Neuster,** seit dem 7. Jh. belegter (wahrscheinlich schon um 600 aufgekommener) Name des W-Teils des Merowingerreiches, urspr. wohl nur auf das Kleinreich CHLOTHARS II. mit der Hauptstadt Rouen bezogen, dann auch auf die Francia des Teilreiches von Soissons und die Gebiete zw. Seine und Loire. N. übernahm zeitweise die Führung des merowing. Gesamtreiches, die mit dem Aufstieg der Karolinger im austras. Hausmeieramt an das Ostreich (→Austrasien) verloren ging.

La Neustrie. Les pays au nord de la Loire de Dagobert à Charles le Chauve (VIIᵉ–IXᵉ siècles), hg. v. P. PÉRIN u. a., Ausst.-Kat. (Rouen 1985); N. Die Gebiete nördlich der Loire von 650 bis 850, hg. v. H. ATSMA, 2 Bde. (1989).

Neusüdarabisch, im O des Jemen, in Dhofar und auf der Insel Sokotra verbreitete Sprachgruppe, die mit dem →Altsüdarabischen und den semit. Sprachen Äthiopiens den südl. Zweig des semit. Sprachstamms bildet. Zum N. gehören das →Mehri mit den Dialekten Harsusi und Bathari, das Sheri oder Jibbali, das Hobyot und das →Sokotri.

T. M. JOHNSTONE: The modern South Arabian languages (Malibu, Calif., 1975); A. LONNET: The modern South Arabian languages in the P. D. R. of Yemen, in: Proceedings of the Seminar for Arabian Studies, Bd. 15 (London 1985).

Neusüdwales [-weılz], Bundesstaat Australiens, →New South Wales.

neutestamentliche Theologie, Ermittlung und Darstellung der theolog. Aussagen des N. T. Angestoßen durch die histor. Fragestellungen hat sich die n. T. im 18. Jh. von der Dogmatik losgelöst und zu einer Teildisziplin der Exegese entwickelt. Sie versucht von einem systemat. (ausgehend von den Themen Christologie, Ekklesiologie, Eschatologie, Anthropologie, Soteriologie u. Ä.) oder genet. (den theologiegeschichtl. Weg von der Verkündigung JESU zu JESUS CHRISTUS als dem Verkündigten in der Urgemeinde bei PAULUS und den übrigen Autoren des N. T. verfolgend) Ansatz her, die Theologie der neutestamentl. Schriften sowohl in ihrer Divergenz wie auch in ihrer Konvergenz herauszuarbeiten. Wichtige Aspekte sind die geschichtl. Rekonstruktion theolog. Gedankenentwicklungen im N. T. und deren systematisch-theologisch vergleichende und kirchengeschichtlich einordnende Interpretation. Ev. Ansätze befragen angesichts der divergierenden theolog. Vorstellungen innerhalb des N. T. diese z. T. stärker von der ›Mitte der Schrift‹ (CHRISTUS, ›Kanon im Kanon‹) her, während sich auf kath. Seite eher die Tendenz zur Suche nach der Einheit in der Vielfalt der theolog. Konzepte findet.

R. SCHNACKENBURG: N.T. (²1965); K. H. SCHELKLE: Die Theologie des N.T., 5 Bde. (1968-76); Das Problem der Theologie des N.T., hg. v. G. STRECKER (1975); L. GOPPELT: Theologie des N.T. (³1978, Nachdr. 1991); O. MERK: Bibl. Theologie II, in: TRE, Bd. 6 (1980); R. BULTMANN: Theologie des N.T. (⁹1984); J. JEREMIAS: N.T., Bd. 1 (⁴1987); J. GNILKA: N.T. (1989); DERS.: Theologie des N.T. (1994); E. LOHSE: Grundr. der n. T. (⁴1989); H. CONZELMANN: Grundr. der Theologie des N.T., bearb. v. A. LINDEMANN (⁵1992); W. THÜSING: Studien zur n. T. (1995).

Neuthomismus, eine Richtung der Neuscholastik, die im Wesentlichen auf die Werke des THOMAS VON AQUINO zurückgreift und sie systematisch kommentierend darstellt. Durch die Enzyklika ›Aeterni Patris‹ LEOS XIII. (1879), in der die Philosophie des THOMAS VON AQUINO als Grundlage richtigen Denkens und seiner Weiterentwicklung empfohlen wurde, wurde der N. in der kath. Kirche bes. gefördert.

M. GRABMANN: Die Gesch. der scholast. Methode, 2 Bde. (1909-11, Nachdr. 1988); L. VEING-HANHOFF: Thomas von Aquin u. die Situation des Thomismus heute, in: Philosoph. Jb., Bd. 70 (1962/63); Thomas von Aquino. Interpretation u. Rezeption, hg. v. W. P. ECKERT (1974).

Neutitschein, tschech. **Nový Jičín** ['nɔvi: 'jitʃi:n], Stadt im Nordmähr. Gebiet, Tschech. Rep., 285 m ü. M., im →Kuhländchen, 27 200 Ew.; Textilmaschinenbau, Bekleidungs-, Nahrungsmittelindustrie. – Am Marktplatz Bürgerhäuser mit Laubengängen, ›Alte Post‹ aus dem 16. Jh.; zweitürmiges Renaissanceschloss (heute Museum); Maria-Himmelfahrts-Kirche (im 18. Jh. umgebaut) mit barocker Innenausstattung. – N. wurde im 13. Jh. als Stadt nach dt. Recht an der Handelsstraße nach Polen gegründet.

Neutoggenburg, Bez. im Kt. St. Gallen, Schweiz, 103 km², 15 300 Ew.; Hauptort ist Wattwil.

Neutra, slowak. **Nitra** ['njitra], **1)** Stadt im Westslowak. Gebiet, Slowak. Rep., 190 m ü. M., am gleichnamigen Fluss, 87 100 Ew.; kath. Bischofssitz; Landwirtschaftshochschule, Labor für Biotechnologie in der Tierproduktion, Archäolog. Institut der Slowak. Akademie der Wiss.en; Textil-, Leder-, Nahrungsmittel-, chem. und pharmazeut. Industrie; jährl. Landwirtschaftsausstellung. – An der Stelle einer alten slaw. Burgstätte entstand im 11. Jh. eine roman. Burg, bis ins 17. Jh. mehrmals umgebaut und mit Befestigungen versehen (Bischofsburg), 1710-39 vor den Mauern der neue bischöfl. Palast. Nahe der Burg die Kirche des hl. Emmeram, eine roman. Rotunde aus dem 11. Jh. (später erweitert, 1930/31 erneuert) und die Kathedrale, urspr. got. Bau (1333-55), im 17. Jh. erweitert und im 18. Jh. barockisiert (Deckengemälde 1720). – N., eine der ältesten Städte der Slowakei, entstand im 7. Jh. als slaw. Siedlung; Hauptort des Großmähr. Reiches, seit 880 Bischofssitz.

2) *die,* Fluss in der Slowak. Rep.,198 km lang, entspringt in der Kleinen Fatra, mündet bei Komorn in die Waagdonau.

Richard Neutra: Lovell House (Health House) im Griffith Park in Los Angeles; 1927-29

Neutra, Richard Josef, amerikan. Architekt österr. Herkunft, *Wien 8. 4. 1892, †Wuppertal 16. 4. 1970; Schüler und Mitarbeiter von O. WAGNER und A. LOOS in Wien sowie von E. MENDELSOHN in Berlin. 1923 übersiedelte er in die USA und wurde dort Assistent von F. L. WRIGHT. Ab 1925 war er als selbstständiger Architekt in Los Angeles (Calif.) tätig. N. errichtete Wohnbauten, Schulen und Siedlungen in strengen kub. Formen unter Berücksichtigung ökolog. und biolog. Erkenntnisse.

Schriften: Wie baut Amerika? (1927); Wenn wir weiterleben wollen (1956); Naturnahes Bauen (1970).

R. N. Buildings and projects. ... Bauten u. Projekte, hg. v. W. BOESIGER, 3 Bde. (Zürich 1951-66); A. DREXLER u. T. S. HINES: The architecture of R. N., Ausst.-Kat. (New York 1982); T. S. HINES: R. N. and the search for modern architecture (ebd. 1982); Architekten - R. N., bearb. v. U. STARK (²1993); M. SACK: R. N. (²1994, dt. u. engl.).

neutral [mlat. neutralis ›keiner Partei angehörend‹, von lat. neutralis ›sächlich‹, zu neuter ›keiner von beiden‹], **1)** *allg.:* 1) keiner Partei oder Interessengruppe angehörend, unparteiisch; 2) keiner der Krieg führenden Parteien angehörend oder diese unterstützend; 3) nichts Hervorstechendes zeigend.

2) *Betriebswirtschaftslehre:* →Aufwand, →Ertrag.
3) *Chemie:* →Neutralisation.
4) *Physik:* elektrisch ungeladen, d. h. mit gleich großer positiver und negativer elektr. Ladung.
5) *Volkswirtschaftslehre:* Kennzeichnung für ökonom. Größen, wenn sie den Wirtschafts- und Konjunkturablauf nicht beeinflussen. Z. B. bedeutet die **Neutralität des Geldes,** dass durch die Geldpolitik eine Geldversorgung der Wirtschaft angestrebt wird, die weder den Geldwert verändert noch die Entwicklung des Sozialprodukts beinflusst; **neutraler technischer Fortschritt** besteht, wenn im wirtschaftl. Wachstumsprozess der techn. Fortschritt die Einkommensverteilung unberührt lässt.

neutrale Punkte, Gebiete am Himmel, in denen die Himmelslichtpolarisation ein Minimum aufweist (→Himmelsstrahlung).

neutrales Element. Ist auf einer Menge M eine Verknüpfung $v: M \times M \to M$ gegeben, so heißt ein Element $n_L \in M$ **linksneutrales Element**, wenn für alle $a \in M$ gilt: $v(n_L, a) = a$. Analog wird ein Element $n_R \in M$ **rechtsneutrales Element** genannt, wenn für alle $a \in M$ gilt: $v(a, n_R) = a$. Ein Element, das sowohl rechts- als auch linksneutral ist, heißt n. E. Ist die Verknüpfung v die Addition, so nennt man ihr n. E. **Nullelement**, ist v eine Multiplikation, so spricht man vom **Einselement**.

neutrale Ströme, *Elementarteilchenphysik:* Ströme elektrisch neutraler Wechselwirkungsquanten als Vermittler der Wechselwirkung zw. Elementarteilchen. Bei der elektromagnet. Wechselwirkung sind die entsprechenden Quanten Photonen. Beim Betazerfall des freien Neutrons in Proton, Elektron und Elektron-Antineutrino und beim Zerfall des Myons in Elektron, Elektron-Antineutrino und Myonneutrino transportiert der Strom dagegen Ladung. Wären bei der schwachen Wechselwirkung die geladenen Ströme allein von Bedeutung, so würde bei der Streuung von Myonneutrinos an Nukleonen stets ein Myon im Ausgangskanal auftreten. Tatsächlich beobachtet man aber bei der Wechselwirkung von hochenerget. Myonneutrinos auch Prozesse, bei denen im Ausgangskanal statt des Myons ein Neutrino auftritt, das →Neutrino daher auch über n. S. wechselwirkt. Das Auftreten n. S. bei der schwachen Wechselwirkung zeigt deren enge Verwandtschaft zur elektromagnet. Wechselwirkung und ermöglicht eine vereinheitlichte Feldtheorie, in der beide Wechselwirkungen zur elektroschwachen Wechselwirkung vereinigt werden (→Glashow-Salam-Weinberg-Theorie). – Die n. S. der schwachen Wechselwirkung wurden 1973 beim CERN nachgewiesen.

neutrale Zeiten, in der *österr. Sozialversicherung* leistungsunwirksame Zeiten, die allerdings den Rahmenzeitraum, innerhalb dessen die Wartezeit in der Pensionsversicherung erfüllt sein muss, verlängern, z. B. Zeiten rentenversicherungsfreier Beschäftigung.

Neutrale Zone, Bez. für zwei völkerrechtlich neutrale Gebiete auf der Arab. Halbinsel; 1922 auf Veranlassung Großbritanniens für 40 Jahre errichtet, damit die traditionellen Weidegebiete der Beduinen nicht durch Staatsgrenzen beeinträchtigt wurden. Die N. Z. südlich von Kuwait (5 836 km^2, seit 1955 bedeutende Erdölförderung) wurde 1966 zwischen Kuwait (N-Teil) und Saudi-Arabien geteilt, ohne dass dadurch Änderungen der Erdölkonzessionen (Verträge von 1948 und 1949) erfolgten. Die N. Z. westlich von Kuwait (6 700 km^2), zw. Saudi-Arabien und Irak, wurde nach einem 1975 in Algier vereinbarten Abkommen zu gleichen Teilen unter beide Staaten aufgeteilt.

Neutralfette, die natürl., aus Glyceriden bestehenden Teile eines Fettes; ihre Menge errechnet sich aus dem Gesamtfett abzüglich des freien Fettsäuren.

Neutralisation die, -/-en, 1) *Chemie:* von J. VON LIEBIG eingeführte Bez. für chem. Reaktionen zw. Säuren und Basen, bei denen sich ein Salz und Wasser bilden, z. B. nach

$$HCl + NaOH \to NaCl + H_2O,$$

und bei denen sich demzufolge saure und bas. Wirkung gegenseitig aufheben (die Produkte neutral, d. h. weder sauer noch basisch, reagieren). Nach der in der modernen Chemie bevorzugten Säure-Base-Theorie von J. N. BRØNSTED und T. M. LOWRY wird der →Säure-Base-Begriff weiter gefasst als der klass. Theorie (z. B. ist Wasser sowohl eine sehr schwache Säure als auch eine sehr schwache Base), sodass die von LIEBIG gegebene Definition nicht mehr zutreffend ist. Im Einklang mit der Theorie von BRØNSTED und LOWRY kann eine N. als Reaktion bezeichnet werden, bei der eine Säure und eine Base nahezu vollständig unter Bildung einer sehr viel schwächeren Säure und Base reagieren. Die Reaktion zw. Salzsäure und Natronlauge (oder zw. anderen starken Säuren und Basen) lässt sich durch die Gleichung

$$H_3O^+ + OH^- \to 2 H_2O$$

darstellen, die N. einer starken Säure mit Carbonationen (z. B. in Form von Kalk oder Soda) durch die Gleichungen

$$H_3O^+ + CO_3^{2-} \to H_2O + HCO_3^-$$
$$H_3O^+ + HCO_3^- \to 2 H_2O + CO_2$$

beschreiben. Eine N. wird z. B. bei Säure-Base-Titrationen, aber auch zum Zwecke der Aufbereitung von sauren bzw. bas. Abwässern durchgeführt. Der **Neutralpunkt** ist erreicht, wenn sich bei der N. der pH-Wert 7 einstellt (**neutrale Reaktion**); der **Äquivalenzpunkt** ist durch die Reaktion äquivalenter Stoffmengen an Säure und Base gekennzeichnet (z. B. 1 mol CO_3^{2-} und 2 mol H_3O^+). Die N. ist eine exotherme Reaktion. Bei der Reaktion zw. starken, einwertigen Säuren und Basen werden 57,2 kJ/mol (**N.-Enthalpie**) frei.

2) *Sprachwissenschaft:* Aufhebung einer →Opposition, z. B. im phonet. Bereich die Aufhebung des Unterschieds zw. den Phonemen [t] und [d] bei auslautender Position im Deutschen: Rat [-t], Rad [-t], im morpholog. Bereich die Aufhebung des Genusunterschieds der Substantive im Plural: der Mann – die Männer, die Frau – die Frauen, das Kind – die Kinder.

Neutralisationstest, Schutzversuch, serolog. Verfahren, das auf der Fähigkeit von Antikörpern zur Bindung und Neutralisierung v. a. mikrobieller Antigene (Viren, Rickettsien, Toxine) beruht. Bei nachfolgender Belastung eines empfängl. lebenden Gewebes (Gewebekultur, Versuchstier) wird das Ausbleiben einer (zell-)tox. Wirkung geprüft. Bei konstanter Antigenmenge kann die Wirksamkeit von z. B. virusneutralisierenden Immunseren erprobt werden. Diagnostisch dient der N. einmal bei bekanntem Antigen zur Erkennung von Krankheiten (bei denen Antikörper gebildet werden), zum anderen mit Antikörpern bekannter Spezifität zur Identifizierung von Erregern.

Neutralisationszahl, Abk. Nz., früher NZ, Kennzahl, die den Gehalt eines Mineralöls oder Naturfetts an wasserlösl. Säuren bzw. Gesamtsäuren angibt und damit Hinweise auf das Korrosionsverhalten oder auf die Alterung des Öles oder Fettes liefert. Sie wird ausgedrückt in mg KOH (Kaliumhydroxid), die notwendig sind, um die in 1 g Probe enthaltenen Säuren zu neutralisieren.

neutralisieren, die Wirkung von etwas durch etwas anderes aufheben.

Neutralisierung, *Völkerrecht:* der durch Vertrag oder freiwillig bewirkte Zustand der →Neutralität eines Staates oder der Entmilitarisierung oder sonstigen Befriedung eines Gebietes, Gebietsteiles oder Gewässers, um die so geschaffenen **neutralisierten Gebiete (neutralen Zonen)** vom Kriegsgebiet auszunehmen oder zu verhindern, dass sie zum Kriegsschauplatz gemacht werden (→offene Stadt). Die N. kann zeitweise oder dauernd festgelegt sein. Sie kann dem Schutz dritter Staaten (Garantiemächte) anvertraut werden. Durch N. will man v. a. einem exponierten und umstrittenen Gebiet seine militär. Bedeutung nehmen oder den Ausbruch oder die Fortsetzung von Feindseligkeiten dadurch verhindern, dass die Streitenden einander militärisch nicht zugängl. sind. Landstreifen getrennt werden. Dem Schutz der Verwundeten und Kranken dienen die in Art. 23 der I. Genfer Rotkreuz-Konvention von 1949 vorgesehenen **Sanitätszonen** und **Sanitätsorte.** Das I. Zusatzprotokoll von 1977 ergänzt diese Konvention in seinem Art. 60 durch Vorschriften über entmilitarisierte Zonen. Die Haager

Konvention vom 14. 5. 1954 zum Schutz von Kulturgut bei bewaffneten Konflikten regelt die Schaffung eines Sonderschutzes für Bergungsorte, Denkmalzentren u. a. sehr wichtige unbewegl. Kulturgüter. Von **neutralisierten Staaten** spricht man, wenn deren Neutralität weniger auf freier Entschließung als auf dem Druck einer überlegenen Mächtegruppierung beruht.

Neutralismus *der, -,* eine besondere Form der Bündnisfreiheit, im internat. Sprachgebrauch sinnverwandt mit →Non-Alignment, bezeichnet – ohne feste ideelle und rechtl. Bindung an das klass. Neutralitätsrecht – die Politik eines Staates, sich militär. Bündnissystemen fern zu halten. Der N. als Prinzip der Außenpolitik entsprang v. a. dem Willen vieler Staaten der Dritten Welt, sich im Ost-West-Konflikt nicht in das System einander bekämpfender Blöcke einbinden zu lassen (→blockfreie Staaten).

Neutralität, 1) *allg.:* unparteiische, neutrale Haltung; Nichteinmischung, Nichtbeteiligung, v. a. eines Staates in einem Konflikt.

2) *Recht:* Im *Staatsrecht* der Grundsatz der Nichteinmischung des Staates. Die **weltanschauliche N.** fordert die Nichteinmischung des Staates in Fragen des religiösen oder weltanschaul. Bekenntnisses. Sie ist in dem Verbot der Benachteiligung oder Bevorzugung wegen des Glaubens, der religiösen oder polit. Anschauung (Art. 3 Abs. 3 GG), in der Glaubens-, Gewissens- und Bekenntnisfreiheit (Art. 4 Abs. 1 u. 2 GG), der Sicherung des bekenntnisunabhängigen Zugangs zu öffentl. Ämtern (Art. 33 Abs. 3 GG) und durch die staatskirchenrechtl. Gewährleistungen des Art. 140 GG in Verbindung mit Art. 136 und 137 Weimarer Reichs-Verf. gewährleistet. Sie verbietet nicht nur die Entscheidung von Glaubensfragen durch den Staat, sondern jede Diskriminierung und Privilegierung von religiösen oder weltanschaul. Gemeinschaften und deren Angehörigen. Sie fordert allerdings nicht allein Laizität. Staat mit völliger Trennung von Staat und Kirche. Die **koalitionsrechtliche N.** verpflichtet den Staat gegenüber den Vereinigungen auf Arbeitgeber- und auf Arbeitnehmerseite zur Nichteinmischung bei Tarifauseinandersetzungen und →Arbeitskämpfen. Die Rechtsordnung darf dem Grundsatz der Parität von Arbeitgeber- und Arbeitnehmerseite nicht zuwiderlaufen.

Im *Völkerrecht* bedeutet N. die Nichtbeteiligung eines Staates an einem Krieg oder sonstigen dem →Kriegsrecht unterliegenden bewaffneten Konflikt. Die Rechte und Pflichten des neutralen Staates und der Krieg Führenden ergeben sich im Wesentlichen aus den Haager Abkommen vom 18. 10. 1907. Das Hoheitsgebiet des neutralen Staates einschließlich des Luftraums und der Territorialgewässer gehört nicht zum Kriegsgebiet; es darf weder für Kriegshandlungen noch für den Durchzug von Truppen oder Militärkolonnen einer Krieg führenden Partei benutzt werden. Die Krieg Führenden müssen den Handel des Neutralen, auch mit dem Kriegsgegner, respektieren, soweit er nicht in der Zufuhr von Kriegsbedürfnissen besteht; Kontrollen sind zulässig. Der neutrale Staat ist zu Unparteilichkeit verpflichtet, die allerdings keine Pflicht zur N. der Gesinnung (weder moralisch noch ideologisch) umschließt; er muss auch für die Unverletzlichkeit seines Gebietes sorgen. Kriegsschiffe der Krieg Führenden dürfen sich innerhalb der Häfen, Reeden und Territorialgewässer des Neutralen nicht länger als 24 Stunden aufhalten und dort weder mit Kriegsbedürfnissen versehen noch in ihrer militär. Kraft wiederhergestellt oder verstärkt werden. (→Internierung)

Die **dauernde N.** eines Staates ist der zu einer besonderen völkerrechtl. Rechtsstellung erstarkte, ihn bereits in Friedenszeiten bindende Grundsatz seiner Außenpolitik, krieger. Auseinandersetzungen fernzubleiben. Sie entsteht durch Vertrag oder durch kollektive Anerkennung einer entsprechenden Erklärung des Staates. Sie schließt militär. Rüstung und Selbstverteidigung nicht aus, ist aber unvereinbar mit der Beteiligung an Bündnissen, die unter bestimmten Voraussetzungen zum Kriegseintritt zwingen, und mit der Zulassung fremder Stützpunkte. Die Mitgliedschaft in der UNO ist nach verbreiteter Ansicht trotz der mögl. Beteiligung an Sanktionen mit der dauernden N. vereinbar. Die dauernde N. beschränkt zwar die Handlungsfreiheit, nicht aber die rechtl. Handlungsfähigkeit des jeweiligen Staates, er bleibt also souverän. Die immer währende N. der Schweiz ist eine seit Jahrhunderten, deutlich seit 1648, eingehaltene Maxime der eidgenöss. Politik (von den Hauptmächten des Wiener Kongresses im 2. Pariser Frieden vom 20. 11. 1815 anerkannt und garantiert, im Versailler Vertrag bekräftigt). Die Neutralisierung Österreichs beruht auf einer Verpflichtung durch das Moskauer Memorandum vom 15. 4. 1955, die Österreich mit dem Bundesverfassungs-Ges. vom 26. 10. 1955 (daher Staatsfeiertag) erfüllte; die Siegermächte des Zweiten Weltkriegs haben sie anerkannt. Die dauernde N. der Vatikanstadt ist durch Art. 24 der Lateranverträge vom 11. 2. 1929 begründet.

K. GINTHER: N. u. N.-Politik (Wien 1975); J. KÖPFER: Die N. im Wandel der Erscheinungsformen militär. Auseinandersetzungen (1975); M. SCHWEITZER: Dauernde N. u. europ. Integration (Wien 1977); M. ROTTER: Die moderne N. (1981); D. MAJER: N.-Recht u. N.-Politik am Beispiel Österreichs u. der Schweiz (1987); H. SEITER: Staats-N. im Arbeitskampf (1987); H. HÄNGGI: N. in Südostasien. Das Projekt einer Zone des Friedens, der Freiheit u. der N. (Bern 1992); N. Mythos u. Wirklichkeit, hg. v. H. KREJCI u. a. (Wien 1992).

Neutralleiter, Abk. **N,** elektr. Leiter, der an den Mittelpunkt eines Gleich- oder Wechselstromsystems (**Mittelpunktleiter,** früher Mittelleiter; Abk. Mp) oder an den Sternpunkt (**Sternpunktleiter**) eines Mehrphasen-, z. B. Drehstromsystems, angeschlossen ist. N. sind meist geerdet und haben keine Sicherungen; N. mit Schutzleiterfunktion sind die →PEN-Leiter.

Neutralpflanzen, Bez. für in der Fruchtfolge anstelle einer gefährdeten Frucht angebaute Kulturen (statt Rüben z. B. Hülsenfrüchte, Möhren, Kartoffeln), die von einem zu bekämpfenden Schaderreger (z. B. Rübenälchen) nicht befallen werden. Der Anbau von N. führt zur ›Aushungerung‹ des Erregers.

Neutralpunkt, *Chemie:* →Neutralisation.

Neutralrot, zu den Azinfarbstoffen zählender Farbstoff, der als Indikator (Farbumschlag bei pH 6,8 bis 8,0 von Rot nach Gelb) und als Mikroskopierfarbstoff verwendet wird.

Neutralsalze, *Chemie:* Salze, die weder Wasserstoff- noch Hydroxidionen enthalten (**neutrale Salze**); sie können neutral, sauer oder alkalisch reagieren, abhängig von der Stärke der Säure und der Base, aus denen sie gebildet wurden. – I. e. S. werden unter N. nur diejenigen Salze verstanden, die in wässriger Lösung weder saure noch alkal. Reaktion zeigen (z. B. Natriumchlorid, Ammoniumacetat).

Neutraubling, Stadt im Landkreis Regensburg, Bayern, 13 200 Ew.; 1951 auf einem ehem. Wehrmachtsflugplatz angelegt und seit 1986 Stadt. Industriestandort, vorwiegend Maschinenbau.

Neutrino [ital., eigtl. ›kleines Neutron‹] *das, -s/-s,* stabiles, elektrisch neutrales Elementarteilchen, das in drei Arten, **Elektron-N.** (e-N., ν_e), **Myon-N.** (μ-N., ν_μ) und **Tau-N.** (τ-N., ν_τ), sowie den entsprechenden Antiteilchen, den **Anti-N.** ($\bar{\nu}_e$, $\bar{\nu}_\mu$, $\bar{\nu}_\tau$) vorkommt. Zusammen mit den jeweils zugehörigen geladenen Elementarteilchen e^-, μ^- und τ^- bilden die drei N. ν_e, ν_μ und ν_τ die drei Generationen der →Leptonen. N. unterliegen nur der →schwachen Wechselwirkung. Sie haben den Spin $1/2$ und, obwohl sie Energie und Impuls tragen, nach heutigem Kenntnisstand keine Ruhemasse. Sie bewegen sich daher mit Lichtgeschwindigkeit, ihr Spin kann deswegen nur entweder in Richtung ihres Impulses, also ihrer Bewegungsrichtung, ausgerichtet sein (positive →Helizität, Rechtshändigkeit) oder entgegengesetzt dazu (negative Helizität, Linkshändigkeit). Die N. sind linkshändig, die Anti-N. rechtshändig.

Ein Teilchen wie das N. wurde 1931 von W. PAULI postuliert, um das beim →Betazerfall von Atomkernen (β^--Zerfall, später auch β^+-Zerfall) beobachtete Kontinuum des Elektronen- bzw. Positronenspektrums ohne Verletzung des →Energiesatzes und des →Impulssatzes erklären zu können; seinen heutigen Namen (›kleines Neutron‹) erhielt das N. von E. FERMI, der den Betazerfall quantenfeldtheoretisch beschrieb. Durch ihren Spin gewährleisten die N. außerdem die Erhaltung des Drehimpulses beim Betazerfall und allg. bei der schwachen Wechselwirkung.

Typ. Prozesse, bei denen N. beteiligt sind, sind der Betazerfall des freien Neutrons (n): $n \to p + e^- + \bar{v}_e$ sowie dessen Umkehrung $\bar{v}_e + p \to n + e^+$ (p Proton, e^+ Positron), der Zerfall des Myons mit einem Elektron im Ausgangskanal $\mu^- \to e^- + \bar{v}_e + v_\mu$ und der Zerfall des Tauleptons mit einem Myon im Ausgangskanal $\tau^- \to \mu^- + \bar{v}_\mu + v_\tau$.

N. werden künstlich in Kernreaktoren und mithilfe von Teilchenbeschleunigern erzeugt, auf natürl. Weise in kosm. Prozessen, wie sie z. B. in der Sonne und in Supernovae ablaufen. Wegen ihrer außerordentlich schwachen Wechselwirkung mit Materie, die es ihnen erlaubt, kosm. Materiemassen zu durchdringen, dauerte es einerseits geraume Zeit, bis sie experimentell nachgewiesen werden konnten, vermögen sie andererseits aber auch Aufschluss über Vorgänge im Innern der Sonne zu geben, da sie diese im Ggs. zu den Photonen praktisch ohne Wechselwirkung verlassen können. – Der erste (indirekte) Nachweis gelang Anfang der 1950er-Jahre durch Messung des Rückstoßes beim K-Einfang; der erste direkte Nachweis erfolgte 1956 (C. COWAN, F. REINES) mit einem Elektron-Anti-N. ($\bar{v}_e$) aus einem Kernreaktor für die oben angegebene Umkehrung des Betazerfalls. Das Myon-N. wurde 1962 (L. LEDERMAN, M. SCHWARTZ, J. STEINBERGER) an einem Beschleuniger nachgewiesen, das Tau-N. erst nach der Entdeckung des Tauleptons (1975). Wegen der Kleinheit der Wirkungsquerschnitte für die Wechselwirkung mit Materie (etwa 10^{-46} bis 10^{-36} cm^2) sind für die Untersuchung von N.-Reaktionen sehr große Targetmassen (viele Tonnen) und intensive N.-Strahlen erforderlich. Gegenwärtig werden bei N.-Experimenten Ereignisraten bis zu etwa 1000 pro Stunde erreicht (beim Nachweis des v_τ war es noch durchschnittlich ein Ereignis in zehn Stunden).

Weil N. nur der schwachen Wechselwirkung unterliegen, stellen sie nützl. Sonden zur Untersuchung der inneren Struktur der Hadronen sowie zur Erforschung der schwachen Wechselwirkung dar. Ein bedeutsames Ergebnis der N.-Experimente war der Nachweis (1973 am CERN), dass es bei der schwachen Wechselwirkung neben Prozessen mit geladenen Strömen, vermittelt durch die intermediären Bosonen (→Eichbosonen) W^+ und W^-, auch Prozesse mit →neutralen Strömen gibt, die durch das neutrale intermediäre Boson Z^0 vermittelt werden. Bei Prozessen mit geladenen Strömen werden N. in geladene Leptonen verwandelt und umgekehrt, während eine solche Umwandlung bei Prozessen mit neutralen Strömen nicht stattfindet. Die schwachen neutralen Ströme sind deswegen bedeutsam, weil sie die →Glashow-Salam-Weinberg-Theorie bestätigen.

Obwohl in der Theorie bislang angenommen wird, dass die N. Ruhemasse null haben, konnten experimentell bislang nur folgende Obergrenzen ermittelt werden: 17 eV/c^2 (v_e), 0,17 MeV/c^2 (v_μ), 24 MeV/c^2 (v_τ).

Ein endl. Wert der Ruhemasse der N. hätte weit reichende Folgen: Bei nicht verschwindender Ruhemasse könnten sich die verschiedenen N. ähnlich den neutralen K-Mesonen K^0 und $\bar{K}^0$ oszillatorisch ineinander umwandeln (**N.-Oszillationen**); z. B. könnten sich die in der Sonne bei Kernfusionsprozessen entstehenden Elektron-N. in ein Gemisch aus gleichen Teilen von Elektron-, Myon- und Tau-N. umwandeln und damit das experimentell beobachtete N.-Defizit erklären. Ferner könnten massebehaftete N. Träger eines Teils der bislang nicht entdeckten dunklen Materie des Weltalls sein (→Neutrinoastronomie).

Low temperature detectors for neutrinos and dark matter, hg. v. K. PRETZL u. a. (Berlin 1987); Neutrinos, hg. v. H. V. KLAPDOR (ebd. 1988); N. physics. Proceedings of an international workshop, hg. v. DEMS. u. B. POVH (ebd. 1988); Physics and astrophysics of neutrinos, hg. v. M. FUKUGITA u. A. SUZUKI (Tokio 1994); C. SUTTON: Raumschiff N. Die Gesch. eines Elementarteilchens (a. d. Engl., Basel 1994). – Weitere Literatur →Elementarteilchen.

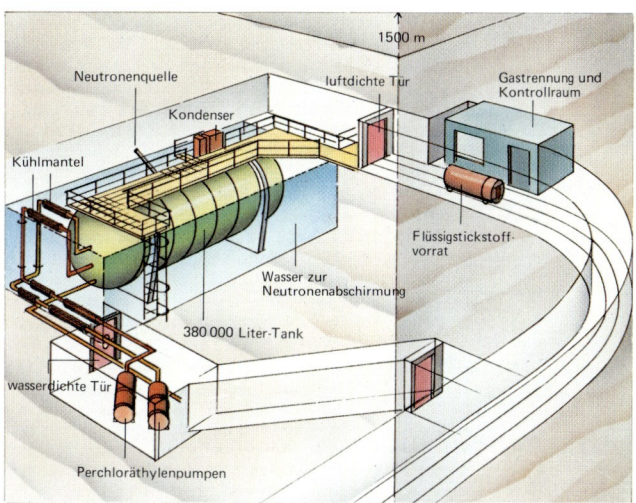

Neutrinoastronomie: Der Neutrinodetektor in der Homestake Mine in Lead (S. D., USA); Kernstück ist ein 380 000 Liter Tetrachloräthen (Perchloräthylen, Cl$_2$Cl$_4$) enthaltender Tank, in dem durch Neutrinoeinfang Chlor-37 in Argon-37 umgewandelt wird; nach der Abtrennung durch Heliumspülung wird das Argon-37 gereinigt, in kleinere Zählrohre abgefüllt und durch seinen radioaktiven Zerfall nachgewiesen

Neutrino|astronomie, Forschungsgebiet der Astrophysik, auf dem in enger Zusammenarbeit mit der Elementarteilchenphysik die durch Kernreaktionen in der Sonne (→Bethe-Weizsäcker-Zyklus, →Proton-Proton-Reaktion) und in anderen Sternen (v. a. in →Supernovae) erzeugten →Neutrinos untersucht werden.

Neutrinodetektoren: Um den solaren Neutrinostrom zu messen und damit Informationen über die Art der Kernreaktionen und die Temperatur im Sonneninneren zu erhalten, werden wegen der geringen Wechselwirkungswahrscheinlichkeit von Neutrinos mit Materie riesige Detektoren benötigt, die sich zur Reduzierung störender Nebeneffekte weit unterhalb der Erdoberfläche (vielfach in Minen oder in der Tiefsee bzw. dem Polareis) befinden.

Mit dem 1968 in Betrieb genommenen, in der Homestake Mine in Lead (S. D., USA) in 1500 m Tiefe befindl. Detektor können Neutrinos mit einer Energie oberhalb 0,81 MeV über die Reaktion $v_e + {}^{37}Cl \to {}^{37}Ar + e^-$ nachgewiesen werden.

Da nur etwa 0,01 % der solaren Neutrinos eine derart hohe Energie besitzen, nutzt man bei einem Galliumdetektor die Reaktion $v_e + {}^{71}Ga \to {}^{71}Ge + e^-$ zum

Neutrinonachweis aus, da hier die Mindestenergie von 0,23 MeV von mehr als der Hälfte aller Sonnenneutrinos erreicht wird. Solche Experimente werden als Gemeinschaftsprojekte im Gran-Sasso-Massiv in Italien (→Gallex) sowie im Baksan-Neutrinolabor, 1 600 m unter den Gipfeln des Kaukasus (Russ. Föderation; USA), durchgeführt.

In einer dritten Art von Experiment wird die Wechselwirkung der Sonnenneutrinos mit den Elektronen von Wassermolekülen in riesigen unterird. Tanks zum Nachweis ausgenutzt und die durch die freigesetzten Elektronen entstehende Tscherenkow-Strahlung registriert, wie z. B. im jap. →Superkamiokande-Experiment. Die Mindestenergie der Neutrinos liegt bei 7,3 MeV, doch lassen sie sich im Ggs. zu den übrigen Detektoren in Echtzeit nachweisen sowie ihre Einfallsrichtungen bestimmen. (Voraussichtlich) 1998 soll das Sudbury Neutrino Observatory (SNO; Ontario, Kanada) in Betrieb gehen und die Tscherenkow-Strahlung registriert werden, die bei der Wechselwirkung von Neutrinos mit schwerem Wasser entsteht. Aus den Deuteriumkernen werden dabei Neutronen ausgelöst, nicht nur (wie bei den anderen Nachweismethoden) durch die Wechselwirkung mit Elektronneutrinos, sondern auch durch Myon- und Tauneutrinos.

Messergebnisse: Sämtl. bisherige Beobachtungen (die jedoch nur Elektronneutrinos erfassten) ergaben nur etwa ein Drittel bis die Hälfte der Neutrinoereignisse, die man aufgrund von Sonnenmodellrechnungen erwarten würde. Damit mit den benutzten Standardsonnenmodellen die meisten anderen Sonnenbeobachtungen befriedigend beschrieben werden können, geht man zur Erklärung dieser Diskrepanz i. Allg. davon aus, dass Neutrinos massebehaftet sind und auf dem Weg von der Sonne zur Erde so genannten Neutrinooszillationen unterworfen sind, wodurch die Zahl der nachweisbaren Elektronneutrinos reduziert wird. Mithilfe des Sudbury-Neutrinodetektors kann diese Annahme überprüft werden. – Nichtsolare Neutrinos konnten erstmals von der Supernova 1987 A nachgewiesen werden, die 1987 in der Großen Magellanschen Wolke explodierte. Insgesamt wurden 19 Neutrinos registriert, die innerhalb von 12 s die Erde erreichten.

Das Weltall ist mit einer großen Menge Neutrinos angefüllt, die noch aus der Frühphase des Weltalls stammen (→Kosmologie). Wegen ihrer sehr geringen Energie entziehen sie sich der Beobachtung. Falls Neutrinos massebehaftet sind, könnten die kosmolog. Neutrinos einen möglicherweise erhebl. Beitrag zur Gesamtmasse des Weltalls liefern (→dunkle Materie).

Neutron [engl., zu lat. neutrum ›keines von beiden‹, Analogiebildung zu Elektron] *das, -s/...'ronen*, Symbol **n**, zu den →Baryonen gehörendes elektrisch neutrales →Elementarteilchen mit der Ruhemasse $m_n \approx 1{,}675 \cdot 10^{-24}$ g (939,6 MeV), dem Spin $1/2$ und einem magnet. Dipolmoment von $-1{,}913\,042$ Kernmagnetonen; neben dem Proton Baustein des Atomkerns und mit ihm sowie mit den entsprechenden Antiteilchen Anti-N. und Antiproton zur Klasse der Nukleonen gehörend. Das N. ist im Verband eines Atomkerns stabil, als freies Teilchen radioaktiv (β-Strahler) und zerfällt mit einer Halbwertszeit von rd. 10 min unter Freisetzung einer Energie von 0,782 MeV in ein Proton, ein Elektron und ein Antineutrino ($n \rightarrow p^+ + e^- + \bar{\nu}_e$). Streuversuche mit Elektronen und das magnet. Dipolmoment deuten auf unterschiedl. Verteilung positiver und negativer Ladung im N., das aber nach außen neutral erscheint. Die innere Struktur der N. spiegelt sich im Quarkmodell der Hadronen wider (→Quarks) und ist experimentell gesichert. N. entstehen v. a. bei der Kernspaltung und spielen bei der Umwandlung und Spaltung von Atomkernen eine entscheidende Rolle. Ihre Wechselwirkung mit Materie hängt stark von deren Art und von der kinet. Energie der N. ab. Von besonderer Bedeutung sind **thermische** N. (0,01 bis 0,1 eV), die sich im Gleichgewicht mit der Wärmebewegung der Materie befinden, in der sie sich bewegen (d. h., ihre kinet. Energie ist mit derjenigen von Gasatomen bei der Temperatur der Materie vergleichbar), und **schnelle N.** (100 keV bis 50 MeV), deren Geschwindigkeiten im Bereich der bei der Kernspaltung frei werdenden N. liegt. Das Isotop Uran 238 wird durch schnelle, Uran 235 und Plutonium 239 durch therm. und schnelle N. gespalten. **Relativistische N.** haben Energien oberhalb 50 MeV, **mittelschnelle N.** zw. 100 eV und 100 keV, **epithermische N.** zw. 0,1 und 100 eV, **kalte N.** zw. 10^{-5} und 10^{-2} eV und **ultrakalte N.** unterhalb 10^{-5} eV. Die Bez. **langsame N.** wird meist für epitherm., therm. und energieärmere N. verwendet. Bei der →Kernspaltung unterscheidet man zw. **prompten N.**, die momentan frei werden, und **verzögerten N.** Hochenerget. N. kann man durch eine Abstreifreaktion erzeugen; hierbei wird einem hochbeschleunigten Deuteron in einer dünnen Folie das Proton abgestreift, während das N. weiterfliegt. – Aufgrund ihrer Ladungsfreiheit sind N. bevorzugte Sonden zur Untersuchung der Struktur der Materie. Sie werden auch zur Erzeugung radioaktiver Isotope, zur Durchstrahlungsprüfung und in der Medizin zur Strahlenbehandlung benutzt. – Die von E. RUTHERFORD 1921 vermuteten ungeladenen Teilchen in Atomkernen wurden von J. CHADWICK 1932 durch Beschuss von Beryllium mit α-Teilchen als N. nachgewiesen.

Unter Ausnutzung der Kräfte, die stark inhomogene Magnetfelder auf das magnet. Dipolmoment des N. ausüben, ist es gelungen, isolierte ultrakalte N. mit Energien von etwa 10^{-7} eV einzuschließen. Das ›Speichern‹ von N. soll u. a. für die Suche nach einem elektr. Dipolmoment des N. genutzt werden, das nach dem Quarkmodell der Hadronen nicht ausgeschlossen werden kann. Da der Nachweis eines elektr. Dipolmoments bei einem Elementarteilchen die Verletzung des physikal. Prinzips der Symmetrie gegenüber Zeitumkehr bedeuten würde, hätte die Entdeckung eines elektr. Dipolmoments beim N. weit reichende Konsequenzen für die Symmetrievorstellungen der Physik.

N. physics, Beitrr. v. L. KOESTER u. A. STEYERL (Berlin 1977).

Neutronen|aktivierung, Erzeugung künstlicher radioaktiver Nuklide durch Bestrahlung stabiler Nuklide mit Neutronen, z. B. bei der **N.-Analyse** (→Aktivierungsanalyse).

Neutronenbeugung, Neutronendiffraktion, 1936 von W. ELSASSER nachgewiesene Beugung langsamer Neutronen an der Kristallstruktur von Festkörpern, die durch den Welle-Teilchen-Dualismus erklärt wird und den Wellencharakter des Neutrons demonstriert (→Materiewellen). Die Wellenlänge eines Neutrons mit der Energie von rd. 25 meV hat mit 0,1 nm etwa die Größe des Abstands der Gitterpunkte im Kristall. Die N. kann daher wie Röntgenstrahlung zur Strukturaufklärung genutzt werden. Seit Forschungsreaktoren als intensive Neutronenquellen verfügbar sind, wurde die N. zu einer wichtigen analyt. Methode für die Materialforschung, Festkörperphysik, Kernphysik, Chemie und Biologie entwickelt, mit der neben der geometr. Anordnung der Atome und Moleküle in Festkörpern, Flüssigkeiten, Biopolymeren u. a. auch die Dynamik von Diffusionsbewegungen und therm. Schwingungen der Bausteine untersucht werden kann. Zur Messung der N. dient das **Neutronendiffraktometer,** in dem der Neutronenstrahl aus dem Reaktor zunächst, z. B. durch Bragg-Reflexion an einem Kristall, monochromatisiert (→Neutronenspektrometer) und dann als feines Bündel auf die Probe gelenkt wird. Die Energie- und Winkelverteilung der gebeugten Neutronen wird mit vielen Detektoren hinter der

Probe vermessen und in einem Computer zur Strukturbestimmung ausgewertet. Aus den Energieverlusten können Frequenzen und Wellenlängen der in der Probe angeregten Schwingungen berechnet und Rückschlüsse auf die Bindungskräfte gewonnen werden. Vorteile gegenüber der →Röntgenstrukturanalyse sind: 1) Die unterschiedl. Stärke der Wechselwirkung der Neutronen mit versch. Isotopen eines Kerns erlaubt die Ausmessung von Isotopenverteilungen und wird u. a. zur Lokalisierung von Wasserstoff in Polymeren genutzt. 2) Da Neutronen keine elektr. Ladung haben, wechselwirken sie mit den Elektronen der Atomhülle nicht über elektr. Kräfte, sondern nur über magnet. Dipolkräfte. Daher können mit Neutronen dicke Proben untersucht werden. Gleichzeitig stellen sie eine sehr empfindl. Sonde zur Aufklärung des magnet. Verhaltens der Materie dar. – Die Genauigkeit der N. wird durch die Intensität der gestreuten Neutronen und damit vom verfügbaren Neutronenfluss begrenzt. (→Spallationsneutronenquelle)

Neutron diffraction, hg. v. H. DACHS (Berlin 1978); J. M. COWLEY: Diffraction physics (Amsterdam ^{3}1995).

Neutronendiffusion, die räuml. und zeitl. Ausbreitung von Neutronen in einem Medium, wobei die Gesetzmäßigkeiten, die bei der Diffusion von Gasen gelten, angewendet werden können; sie spielt bei der Berechnung von Kernreaktoren eine wichtige Rolle.

Neutronendotierung, *Halbleitertechnik:* Verfahren zur Dotierung von Silicium mit Phosphor durch Bestrahlung reinen Siliciums mit Neutronen. Dabei geht das mit einer Häufigkeit von 3% vorkommende Isotop ^{30}Si in ^{31}Si über und zerfällt anschließend in das stabile ^{31}P. Der Dotierungsverlauf durch N. ist durch hohe Homogenität ausgezeichnet. Die N. wird bes. für Hochleistungsbauelemente und hochintegrierte Schaltungen angewendet.

Neutronen|einfang, Neutronen|absorption, Kernreaktion, bei der ein Neutron von einem Atomkern aufgenommen wird (→Einfangprozess). Unter N. i. e. S. versteht man die **Neutron-Gamma-Reaktion** (n, γ), bei der ein Neutron eingefangen und γ-Strahlung abgegeben wird.

Neutronenflussdichte, Kurz-Bez. **Neutronenfluss,** *Kerntechnik:* im Sinne der Transporttheorie eine skalare Größe, die das Neutronenfeld, z. B. in einem Kernreaktor beschreibt; sie wird gewöhnlich in cm^{-2}s^{-1} angegeben (SI-Einheit: m^{-2}s^{-1}). An Stellen mit homogener **Neutronendichte**, d. h. der Anzahl der Neutronen pro Volumen (meist je cm^3) und isotroper Geschwindigkeitsverteilung der Neutronen ist die N. gleich dem Produkt aus Neutronendichte und Betrag der Neutronengeschwindigkeit.

Neutronen-Gamma-Log, mittels einer Neutronenquelle und einem Gammaspektrometer und/oder einem Detektor für langsame Neutronen durchgeführtes geoelektr. Verfahren, das bei Erkundung von Lagerstätten (als **Neutronenlog** auch bei der Suche nach Erzen in der Tiefsee) verwendet wird. Die Neutronen des z. B. in ein Bohrloch hinabgelassenen Messgerätes (**Neutronensonde**) lösen je nach Art des Gesteins oder Erzes unterschiedl. Kernreaktionen aus, deren Gammastrahlen vom Gammaspektrometer registriert werden, oder sie werden z. B. bei Vorhandensein von erdölhaltigen Schichten verlangsamt und durch den Detektor für langsame Neutronen nachgewiesen.

Neutronengenerator, →Neutronenquelle.

Neutronenquelle, Neutronen liefernde Anordnung. 1) Eine N. kann aus einem α-Strahler (z. B. ^{226}Ra oder ^{241}Am) mit anschließender (α, n)-Kernreaktion bestehen, z. B. bei ^{9}Be mit der Kernreaktion ^{9}Be(α, n)^{12}C; oder man gewinnt die Neutronen als 2) Photoneutronen durch Einwirkung energiereicher Gammastrahlung auf geeignete Kerne (d. h. über einen (γ, n)-Prozess); derartige N. bezeichnet man als Photo-N. 3) Häufig erzeugt man die Neutronen mit Beschleunigern (**Neutronengeneratoren**), durch die dann in einem Target über Kernreaktionen Neutronen freigesetzt werden. Intensive Neutronenströme können dabei z. B. beim Beschuss von Deuterium oder Tritium mit Deuteronen durch die Reaktionen ^{2}D(d, n)^{3}He oder ^{3}T(d, n)^{4}He erzeugt werden. Die höchsten Neutronenflüsse lassen sich mit →Spallationsneutronenquellen erzielen. 4) Jeder Kernreaktor ist durch die in ihm ablaufenden Kernspaltungen eine N.; die solcherart entstandenen Neutronen heißen Spaltneutronen.

Neutronenspektrometer, Gerät zur Trennung von Neutronen verschiedener Energien, dient zur Bestimmung der Energieverteilung (**Neutronenspektrometrie, Neutronenspektroskopie**) und zur Herstellung von Neutronenstrahlen einheitl. Energie. Dies geschieht für langsame Neutronen, deren Wellenlänge dem Gitterabstand in Einkristallen entspricht (Energien bis etwa 1 eV), durch →Neutronenbeugung mit →Kristallspektrometern, für Neutronenstrahlen mit Energien bis etwa 1 keV durch Aussonderung aus einem Strahl mit einem Flugzeitspektrometer (→Flugzeitmethode). Die Energie schneller Neutronen kann durch Messen des Winkels zw. der Richtung der Neutronen und der Richtung von aus dünnen (Wasserstoff enthaltenden) Folien herausgeschossenen Protonen (Rückstoßprotonen) sowie deren Energie ermittelt werden (**Rückstoßprotonenspektrometer**). Daneben können durch Neutronen ausgelöste Kernreaktionen und Kernspaltungen für die Neutronenspektrometrie ausgenutzt werden.

Neutronenstern, extrem kleiner und dichter Stern, in dessen Innern die Materie hauptsächlich aus →Neutronen besteht. Die Masse eines N. ist etwa so groß wie die der Sonne, der Radius beträgt jedoch nur etwa 10 km; die Dichte kann daher Werte über 10^{15} g/cm^3 erreichen und selbst über die von Atomkernen hinausgehen. N. entstehen am Ende der Entwicklung massereicher Sterne (mehr als etwa acht Sonnenmassen), wenn diese als Supernovae explodieren (→Sternentwicklung). Dabei kollabiert das Zentralgebiet des Sterns nahezu im freien Fall, wobei mit der Dichte die Energie der Gaspartikeln ansteigt. Freie Elektronen können dadurch in die Atomkerne eindringen, dort mit den Protonen reagieren und sie in Neutronen umwandeln, wobei jede Umwandlung mit dem Ausstoß eines Neutrinos verbunden ist (Umkehrung des Betazerfalls des Neutrons). Atomkerne mit hohem Neutronenüberschuss sind instabil und zerfallen, sodass die Sternmaterie schließlich im Wesentlichen nur noch aus freien Neutronen mit sehr wenigen Protonen und freien Elektronen besteht. Je nach Größe der Restmasse ist das Endprodukt ein N. oder ein Schwarzes Loch. Die Druck-, Temperatur- und Dichteabhängigkeit der Neutronenmaterie, die sich in einem entarteten Gaszustand befindet, ist noch nicht genau bekannt, was sich auf die Kenntnis des inneren Aufbaus eines N. überträgt. Infolge der vorhandenen Protonen und freien Elektronen ist die Materie supraleitend.

Für N. existiert eine obere Grenzmasse (analog der Chandrasekhar-Grenzmasse Weißer Zwerge), die wegen der Unkenntnis der genauen Zustandsgleichung der Neutronenmaterie nicht genau bekannt ist; sie dürfte zw. zwei und drei Sonnenmassen liegen (bei der Supernovaexplosion geht dem Stern der größte Teil der Masse verloren). Sterne mit geringerer Masse als etwa 0,2 Sonnenmassen können nicht als N. existieren, da deren Gravitationskraft nicht ausreicht, um die extremen Dichten zu gewährleisten. Beim Gravitationskollaps bleiben sowohl der Drehimpuls als auch (wegen der hohen elektr. Leitfähigkeit) der magnet. Fluss erhalten. N. rotieren deshalb nach ihrer

Entstehung außerordentlich rasch und haben ein starkes Magnetfeld. Schnell rotierende N. mit extrem hohen Magnetfeldern sind unter geeigneten Beobachtungsbedingungen als →Pulsare zu beobachten. Den empir. Beweis für die Bildung von N. bei Supernovaexplosionen liefert der →Krebsnebel, der 1045 bei einer Supernovaexplosion entstanden ist, und in dessen Innern sich ein Pulsar befindet.

Die Existenz von N. wurde 1932 von L. LANDAU vermutet, 1934 von W. BAADE und F. ZWICKI als möglich angesehen. 1939 berechneten J. R. OPPENHEIMER und G. M. VOLKOFF erstmals theoretisch ein Modell eines N. Tatsächlich entdeckt wurden N. in der Form von Pulsaren erstmals 1967.

Neutronen|überschuss, Neutronen|exzess, die Differenz zw. der Anzahl der Neutronen N und der Anzahl der Protonen Z im Atomkern; sie ist bis auf wenige Ausnahmen stets positiv und steigt infolge der Bindungsverhältnisse im Kern mit zunehmender Ordnungszahl Z bis auf $N - Z \approx 60$ an.

Neutronenvermehrungsfaktor, *Kerntechnik:* →Vermehrungsfaktor.

Neutronenwaffe, Kampfmittel mit Atomsprengkörper, →Kernwaffen.

Neutronenzahl, Formelzeichen N, Anzahl der Neutronen in einem Atomkern oder einem Nuklid (→Kern).

Neutronenzähler, Neutronendetektor, Nachweisgerät für Neutronen. Neutronen wechselwirken kaum mit Elektronen und ionisieren Materie daher nur unwesentlich. Der Neutronennachweis muss deshalb über Kernreaktionen mit genügend großem Wirkungsquerschnitt erfolgen. Die Energieabhängigkeit solcher Wirkungsquerschnitte führt zu unterschiedl. Methoden für den Nachweis langsamer oder therm. und schneller Neutronen.

Zum Nachweis niederenerget. oder therm. Neutronen ($< 0,2$ eV) werden häufig mit Bortrifluorid, BF_3 gefüllte Zählrohre verwendet. Das im natürl. Bor enthaltene Borisotop ^{10}B absorbiert mit großem Wirkungsquerschnitt Neutronen gemäß der Kernreaktion $^{10}B(n,\alpha)^7Li$, wobei die entstehende α-Teilchen und der Lithiumkern mit großer Geschwindigkeit davonfliegen und das umgebende Gas ionisieren. Diese Ionisation liefert im Zählrohr einen nachweisbaren Spannungsstoß. Die Empfindlichkeit des Zählrohrs wird erhöht, wenn mit ^{10}B (z. B. auf 96 %) angereichertes Bor eingesetzt wird. In analoger Weise arbeiten Ionisationskammern, deren Wand z. B. mit Bor belegt ist, und ^6Li-haltige Szintillatoren, bei denen die Reaktion $^6Li(n,\alpha)^3He$ zugrunde liegt. Therm. Neutronen können auch in Ionisationskammern, deren Wände mit ^{235}U belegt sind (so genannten **Spaltkammern**), gezählt werden. Die hier bei der neutroneninduzierten Kernspaltung entstehende Spaltfragmente ionisieren das Kammergas. Zum Nachweis von schnellen Neutronen ohne Energiemessung bremst man die Neutronen (z. B. durch Umhüllung des Nachweisgeräts mit einer Paraffinschicht) auf therm. Energien ab, weil therm. Neutronen bevorzugt absorbiert werden. Es kann aber auch die ionisierende Wirkung von Rückstoßprotonen benutzt werden, die bei der Streuung von schnellen Neutronen an Wasserstoffkernen entstehen, z. B. in Zählrohren, die mit Wasserstoff oder gasförmigen Kohlenwasserstoffen gefüllt sind.

neutrophil, Eigenschaft bestimmter Zellen oder Gewebeteile, sich mit neutralen bzw. alkal. und sauren Farbstoffen gleichermaßen anfärben zu lassen, z. B. (neutrophile) Granulozyten.

Neutrum [lat. ne utrum ›keines von beiden‹ *das, -s/...ra, Sprachwissenschaft:* ein →Genus.

Neutsch, Erik, Schriftsteller, * Schönebeck/Elbe 21. 6. 1931; freier Schriftsteller seit 1960; suchte seine Themen v. a. in der Arbeitswelt der DDR, die er in realist., auch krit. Details, aber in grundsätzlich affirmativer Haltung schildert. Am bekanntesten wurde der Roman ›Spur der Steine‹ (1964; Verfilmung durch F. BEYER, 1966, kurz nach der Uraufführung verboten), der auch die Vorlage für HEINER MÜLLERS Drama ›Der Bau‹ (1964) lieferte. Mit dem Romanzyklus ›Der Friede im Osten‹ wollte er ein ›sozialist. Nationalepos‹ über Geschichte und Gesellschaft der DDR schaffen (auf 6 Bde. geplant, 4 Bde. erschienen, den 1987 erschienenen 4. Bd., ›Nahe der Grenze‹, zog er 1990 wegen historisch falscher Darstellung des Einmarschs der Warschauer-Pakt-Truppen in die ČSSR zurück).

Weitere Werke: Erzählungen: Bitterfelder Geschichten (1961); Zwei leere Stühle (1979); Forster in Paris (1981); Claus u. Claudia (1989). – *Romane:* Auf der Suche nach Gatt (1973); Totschlag (1994).

Neuweiler: Dreischiffige Doppelkapelle (um 1050) an der Benediktinerabteikirche Sankt Peter und Paul

Neu|uigurisch, →uigurische Sprache und Literatur.

Neu-Ulm, 1) Kreisstadt in Bayern, 471 m ü. M., am rechten Donauufer gegenüber Ulm, Große Kreisstadt mit 50 900 Ew. (nach Eingemeindungen 1972–77); Heimatmuseum, Vorgeschichtsmuseum, Edwin-Scharff-Museum; Maschinen-, Apparate-, Fahrzeugbau, chem., Textil-, Leder- und Genussmittelindustrie, Papier- und Holzverarbeitung. – Von den ab 1844 erbauten Festungsanlagen sind Reste der Festungsmauer im Glacispark, das Memminger Tor und die Vorwerke erhalten. Die kath. Stadtpfarrkirche St. Johann Baptist, eine urspr. neuroman. Anlage, wurde 1922–26 durch D. BÖHM grundlegend umgestaltet; neugot. Stadtpfarrkirche St. Petrus. – N.-U. (heutiger Name seit 1814) entstand 1811 aus dem Dorf Offenhausen und mehreren Einöden. 1841 wurde der Ort als Brückenkopf am rechten Donauufer in die Bundesfestung Ulm einbezogen. 1869 erhielt N.-U. Stadtrecht.

Stadt N.-U. 1869–1994, hg. v. B. TREU (1994).

2) Landkreis im Reg.-Bez. Schwaben, Bayern, 516 km², 157 400 Ew. Der Kreis liegt größtenteils auf der →Iller-Lech-Platte des Alpenvorlandes (bis 610 m ü. M.; auf den lössbedeckten Höhen v. a. Getreideanbau, in den Niederungen Wiesen, im O Wald), im N erstreckt er sich über die von Auenwäldern und Seen eingenommene Donauniederung hinaus auf Ausläufer der Schwäb. Alb. Bei Elchingen kreuzt die Autobahn Ulm–München die Strecke Würzburg–Kempten. Neben der eng mit Ulm verbundenen Kreisstadt haben auch Illertissen, Senden, Vöhringen und Weißenhorn Stadtrecht.

Luftbildatlas Region Ulm, N.-U., bearb. v. H. BIRKENFELD (1987).

Neuweiler, frz. **Neuwiller-lès-Saverne** [nœviˈlɛr lɛsaˈvɛrn], Stadt im Dép. Bas-Rhin, Frankreich,

Unterelsass, im Hanauerland bei Zabern, 1 100 Ew. – Ehem. Benediktinerabteikirche St. Peter und Paul, eine dreischiffige Basilika mit Vierungsturm (12. Jh. und 1. Hälfte des 13. Jh., W-Bau 1768) und im Scheitel der Kirche angefügter Doppelkapelle (um 1050; in der oberen Sebastianskapelle Wandteppiche des 15. Jh.); im südl. Seitenschiff das Adelphigrab (um 1300); ev. Adelphikirche (um 1200), eine dreischiffige Basilika mit zwei Treppentürmchen an der Westseite.

Neuwelt|affen, die →Affen (Breitnasenaffen) Mittel- und Südamerikas.

Neuweltgeier, Familie der Storchenvögel (→Geier).

Neuwelthirsche, Amerikahirsche, Odocoileini, Gattungsgruppe der Trughirsche mit rd. zehn hasen- bis rothirschgroßen Arten, die in der Neuen Welt verbreitet sind. N. besitzen große Voraugendrüsen und ein Geweih, das spießförmig bis gut ausgebildet ist. Zu den N. gehören u. a. →Spießhirsche, →Sumpfhirsch und →Virginiahirsch.

Neuweltmäuse, Sigmodontinae, Unterfamilie der Wühler, die mit 370 Arten in 73 Gattungen in der Neuen Welt verbreitet sind und dort die urspr. ganz fehlenden Echten Mäuse ersetzen. N. haben sich in viele Richtungen spezialisiert und sind dementsprechend gestaltlich sehr unterschiedlich.

Neuwerk, 1920 entstandene ›offene Gemeinschaft junger Christen‹, hervorgegangen aus Gruppierungen der Jugendbewegung, bes. der →Freideutschen Jugend. Zentrum war der Habertshof bei Schlüchtern. Das N. stand dem religiösen Sozialismus nahe, bes. nach der noch 1920 erfolgten Abspaltung der Bruderhofgemeinschaft (→Bruderhöfe).

Neuwied 1): Festsaal im ehemaligen Schloss der Kurfürsten von Trier in Engers

Neuwerk, vor der Elbmündung im Wattenmeer der Nordsee gelegene Marschinsel, 355 ha; bildet mit der Insel →Scharhörn, der 1989 neu aufgeschütteten Vogelschutzinsel Nigehörn (15 ha) und dem umgebenden Meer eine Exklave (Stadtteil N.) der Freien und Hansestadt Hamburg, mit 763 ha und 35 Ew.; Landwirtschaft und Fremdenverkehr; Radarstation, Leuchtturm, Außenstelle der Strom- und Hafenbehörde. Bei Ebbe Wattenweg nach Cuxhaven. – Auf der 1286 erstmals bezeugten Hallig ›Nige O‹ errichteten die Hamburger 1300–10 ein ›Werk‹ (Seezeichen; einen festungsähnl. Backsteinturm), das für die Elbschifffahrt von großer Bedeutung wurde. Die nach 1556 eingedeichte Insel, seitdem auch dauerhaft besiedelt, kam 1937 von Hamburg an Preußen (später zu Niedersachsen), 1961 wurde sie erneut an Hamburg gegeben.

Neuwertversicherung, Versicherungsform, bei der im Schadensfall nicht der Zeitwert ersetzt wird, sondern der Wiederbeschaffungswert bzw. Neuwert. I. d. R. setzt ein solcher Ersatz jedoch ein bestimmtes Verhältnis von Zeitwert zu Neuwert voraus. Die N. findet sich v. a. in der Feuer-, der Kraftfahrt- und der Hausratversicherung. Für Wohn-, Geschäfts- und landwirtschaftl. Gebäude existiert nach Sonderbedingungen die **gleitende N.,** die Fälle von Unterversicherung aufgrund einer Wertsteigerung der zu versichernden Gebäude vermeiden soll.

Neuwied, 1) Kreisstadt in Rheinl.-Pf., am rechten Ufer des Mittelrheins (7 km langer Hochwasserschutzdeich), an der Wiedmündung im Neuwieder Becken (60 m ü. M.) und auf den Randhöhen (340 m ü. M.), 67 500 Ew.; Kreismuseum, Museum für die Archäologie des Eiszeitalters (in Niederbieber-Segendorf), zoolog. Garten. Zw. Koblenz und Bonn ist N. das wichtigste Wirtschaftszentrum am Rhein, mit Walzblechindustrie, Maschinenbau, Verbandstoff- und Klebstoffindustrie, Verpackungs-, Elektronik- und Bimssteinindustrie; Rheinbrücke (erbaut 1978) zw. N. und Weißenthurm. – Das Anfang des 12. Jh. gegründete Prämonstratenserkloster Rommersdorf (heute Außenstelle des Landeshauptarchivs Koblenz) befindet sich im Stadtteil Heimbach-Weis; die ehem. Klosterkirche ist durch Umbauten stark verändert; Klosteranlage mit Abtskapelle (1219 geweiht) und Kapitelsaal (13. Jh.). In Engers ehem. Schloss der Kurfürsten von Trier (1758–62 nach Plänen von J. SEITZ an der Stelle einer Burg errichtet; heute Sitz der Akad. für Kammermusik der rheinland-pfälz. Stiftung Villa Musica e. V.), im Festsaal reiche Stuckaturen und Deckengemälde von JANUARIUS ZICK (1760). – Vorgeschichtl. Funde im Stadtteil →Gönnersdorf. – Die Stadt wurde seit 1653 neben dem Schloss (1648 begonnen, 1693 zerstört, 1707 ff. Neubauten um einen Ehrenhof) von den Grafen von Wied als Idealstadt angelegt. Aufgrund eines Toleranzedikts gegenüber allen christl. Bekenntnissen (1662) blühte N. rasch auf und wurde in der 2. Hälfte des 18. Jh. u. a. ein Zentrum der Kunsttischlerei. Außerdem gewann die Eisen gewinnende und verarbeitende Industrie Bedeutung. 1806 fiel N. an Nassau, 1815 an Preußen.

2) Landkreis im Reg.-Bez. Koblenz, Rheinl.-Pf., 627 km², 180 400 Ew. Der Kreis erstreckt sich am rechten Ufer des Mittelrheins. Der größte Flächenanteil entfällt auf den Vorderen Westerwald (Naturpark Rhein-Westerwald), der S-Teil liegt im Neuwieder Becken. 39 % der Kreisfläche sind bewaldet. Etwa die Hälfte der landwirtschaftl. Nutzfläche ist Dauergrünland. In der Engtalstrecke des unteren Mittelrheins wird z. T. Wein angebaut. Die Städte Neuwied, Bad Hönningen, Linz am Rhein und Unkel liegen im Rheintal, die Stadt Dierdorf im Vorderen Westerwald.

Neuwieder Becken, tekton. Senkungsfeld in Rheinl.-Pf., östl., tiefster Teil des Mittelrhein. Beckens, beiderseits des Rheins zw. Koblenz und Andernach. Das N. B. ist von fluviatilen und vulkan. Sedimenten (Bimssteintuffe, die von Vulkanausbrüchen im Bereich des Laacher Sees stammen) erfüllt. Auf den fruchtbaren Böden gedeihen Gemüse und Obstbaumkulturen. Die Baustoffindustrie in Neuwied und Weißenthurm verwertet den Bimssteintuff.

Neuwiller-lès-Saverne [nœviˈlɛr lɛsaˈvɛrn], Stadt im Unterelsass, →Neuweiler.

Neu Wulmstorf, Gem. im Landkreis Harburg, Ndsachs., 17 m ü. M., am Stadtrand von Hamburg, 19 000 Ew. Im Ortsteil Rübke, einem typ. Straßendorf des Alten Landes, wird Obstbau, in anderen Ortsteilen Landwirtschaft betrieben. – Der Ortsteil N. W. entstand nach 1945 bei der Ansiedlung von 4 000 Heimatvertriebenen und Flüchtlingen.

Neu-Württemberg, heute **Panambi,** dt. Ackerbaukolonie im Bundesstaat Rio Grande do Sul, Brasilien, mit dem städt. Zentrum Elsenau (450 m ü. M.); wurde 1898 von HERRMANN MEYER gegründet.

Neuzeit, Bez. für die an das MA. anschließende und bis in die Gegenwart reichende Epoche.

Begriffsinhalt: Der Begriff wurde schon im 15. Jh. verwendet, ist als Periodisierungsbegriff allg. üblich geworden und wie die Begriffe Alte und Mittlere Geschichte (Altertum, Mittelalter) aus der europ. Geschichte abgeleitet (→Europa, Geschichte). Insofern aber der geschichtl. Raum Europas sich im 15. Jh. durch die Entdeckungsfahrten der Portugiesen und Spanier erweiterte, kann der Begriff N. auch als Bez. einer neuen Phase in der menschl. Geschichte angesehen werden und hat dann allgemeinere Bedeutung.

Zeitliche Eingrenzung und Periodisierung: Lange Zeit sind die Entdeckung Amerikas 1492 und der Beginn der Reformation M. LUTHERS 1517 als Anfang der N. betrachtet worden. Doch waren bereits vor diesen Zeitpunkten wichtige Grundzüge des neuen Zeitalters erkennbar geworden: 1) war der Schriftlichkeitsgrad der europ. Kultur durch eine starke Zunahme des schriftl. Verkehrs (Akten und Briefe) und durch die Erfindung des Buchdrucks mit bewegl. Lettern um 1450 angestiegen (nur so konnte auch der Humanismus als säkulare Bewegung in neue Kreise eindringen); 2) war der höhere Schriftlichkeitsgrad der Kultur selbst wieder nur Ausdruck einer kulturellen Leistung des Bürgertums, dessen Wohlstand, Produktions- und Geschäftstechniken eine Frühform des modernen Kapitalismus heraufführten, der für die N. von zentraler Bedeutung geworden ist; 3) stellte Europa schon in der 2. Hälfte des 15. Jh. ein geschlossenes Staatensystem dar, dessen einzelne Mitgl. Staatswesen auf der Grundlage moderner Herrschafts- und Verwaltungsapparate ausgebildet hatten oder im Begriff standen, dies zu tun.

Die neuere histor. Forschung hat den *Beginn der N.* daher auf die Mitte des 15. Jh. oder doch auf eine ›Schwellenzeit‹ zw. 1450 und 1500 angesetzt. Sie ist damit wieder zu einem Periodisierungseinschnitt zurückgekehrt, den schon P. MELANCHTHON vorgeschlagen hatte, als er den Beginn der Renaissance als Anfang der Moderne mit dem Fall Konstantinopels 1453 einsetzen ließ. Durch die Flucht der damals vertriebenen griech. Gelehrten nach Italien blühte hier der Humanismus als große Bewegung auf. Ein zweiter Gesichtspunkt war für MELANCHTHON die auf dem Konzil von Ferrara und Florenz 1439 bereits angebahnte Union mit den Griechen, die durch den Zustrom griech. Theologen und Humanisten nach 1453 noch verstärkt wurde. Die Eroberung Konstantinopels durch die Osmanen war für die neuere Geschichte Europas unter folgenden Gesichtspunkten wichtig: Zum einen wurde nun Russland zur Schutzmacht der orth. Christen des Ostens, zum anderen bewirkte die Sperrung der Landwege des Indienhandels durch die Osmanen nicht nur den allmähl. Niedergang Venedigs, sondern auch eine wachsende Bedeutung der port. und span. Seefahrer, die auf vielerlei Routen den Seeweg nach Indien suchten und auf dieser Suche unter der Leitung von C. KOLUMBUS 1492 Amerika entdeckten. Diese Vielfalt der Neuansätze charakterisiert die Übergangsphase vom MA. zur N., in der im Verlauf einiger Jahrzehnte die meisten Lebensbereiche des europ. Menschen grundlegend verändert wurden.

Fundamentale Bedeutung hatte der geistige Wandlungsprozess, der durch den Humanismus und seine Rückbesinnung auf die Antike in Gang kam und der in seiner langfristigen Wirkung zu einem krit. Bewusstsein und zu einer säkularisierten Auffassung des Christentums bei bestimmten bürgerl. Schichten geführt hat. Diese Säkularisierung kam auch in der abnehmenden Bedeutung der Geistlichkeit zum Ausdruck, die das kulturelle Leben im MA. stark geprägt hatte. Die von den Humanisten entwickelten Regeln der philologisch-krit. Textanalyse führten zu den ersten textkrit. Ausgaben des N. T., die z. T. große Bedeutung gewannen, bes. für LUTHER. Trotzdem hängen Humanismus und Reformation nicht unmittelbar zusammen. Beide haben aber die Einheit der mittelalterl. Kirche aufgehoben. An die Stelle der ›Res publica christiana‹ des MA. trat das moderne europ. Staatensystem.

Dieses Staatensystem war eine weitere Grundlage der N. Sowohl in Europa als auch in Übersee markierte dabei erstmals das Jahr 1494 einen Einschnitt, an dem ein globales Mächtesystem erkennbar wurde, das seither in vielen Wandlungen die N. bestimmt hat. Für die überseeischen Gebiete, die zunächst v. a. von den Portugiesen und Spaniern beherrscht wurden, legte Papst ALEXANDER VI. in einem Schiedsspruch am 7. 6. 1494 fest, dass sie durch eine nordsüdl. Trennungslinie 370 Meilen westlich der Kapverd. Inseln in eine östl., zu Portugal gehörige Hemisphäre und in eine westl., span. Hälfte geteilt sein sollten. Doch hatte dieser Spruch durch das baldige Aufkommen der prot. Seemächte Niederlande und England keinen Bestand. In Europa selbst war das inzwischen entstandene Mächtesystem erstmals 1494 anlässlich des Italienzuges des frz. Königs KARL VIII. deutlich in Erscheinung getreten: KARL VIII. meldete als Erbe der Anjou die frz. Anwartschaft auf Neapel an, die er zuvor in Verträgen mit England, Spanien und den Habsburgern 1492/93 diplomatisch abzusichern versucht hatte. Als aber sein Einrücken in Italien zum Zusammenbruch des innerital. Staatensystems führte, vereinigten sich die übrigen Mächte gegen Frankreich, um das Gleichgewicht in Italien wiederherzustellen.

Die Entwicklung in Italien als Ansatz zur Neuzeit

In den Kämpfen um Italien ist das moderne europ. Staatensystem zu einem ersten Abschluss gelangt. Italien war zu jener Zeit nicht nur reich, sondern hatte in seinen polit., gesellschaftl. und kulturellen wie wirtschaftl. Verhältnissen bereits einen Entwicklungsgrad erlangt, der in vielem für die N. allg. kennzeichnend wurde. Der fortgeschrittene Grad der polit. Verhältnisse in Italien bestand aber nicht in der äußeren Macht der fünf Mittelstaaten (Mailand, Florenz, Venedig, Kirchenstaat, Neapel), die sich z. T. gegenseitig neutralisierten, sondern in der neuen Gestaltungsmethode der Beziehungen zw. diesen mittleren Mächten, auch in ihrer modernen sozialen und wirtschaftl. Verfassung im Innern. Der moderne Gedanke des Mächtegleichgewichts in den äußeren Beziehungen ist zuerst in Italien des 15. Jh. in der Theorie entwickelt worden. Der Friede von Lodi (1454), in dem die ital. Verhältnisse zu einem gewissen Gleichgewichtszustand geführt worden waren, galt in der Folge als Musterbeispiel einer auswärtigen Balancepolitik.

Der für die N. charakterist. Zug der Zweckrationalität, wie er in diesen Methoden der Gestaltung auswärtiger polit. Beziehungen zum Ausdruck kam, erwuchs aber auch aus dem gewandelten Denk- und Arbeitsstil, wie er sich schon zu Anfang des 15. Jh. in den ital. Stadtgemeinden herausgebildet hatte. V. a. in Venedig und Florenz, z. T. auch in Mailand, Rom und Neapel wurde ein hoher Stand der Handels- und Wirtschaftstechniken erreicht, der selbst wiederum das Ergebnis einer stärkeren Rationalisierung und Mathematisierung der Handels- und Gewerbetätigkeit war. Die Voraussetzung hierfür war die Übernahme der arab. Ziffern, die in Italien schon im 14. Jh. vollzogen wurde. Von dieser neuen Grundlage aus entwickelte sich in Italien (zuerst in Venedig) das handelsgeschäftl. Verfahren der doppelten Buchführung. Träger dieser rationellen Wirtschaftspraxis war das Bürgertum, das bes. in Florenz auch den techn. Stand des Handwerks und der Gewerbe, v. a. der Textilherstellung, beträchtlich weiterentwickelte. Auch in Flandern gab es zu dieser Zeit schon ein hoch entwickeltes Textilgewerbe und moderne Wirtschaftstechniken. Die Besonderheit der ital. Entwicklung lag in der engen Verbindung des Wirtschaftslebens mit der Politik und in den Beziehungen der oberen bürgerl. Gesellschaftsschichten zu den Gelehrten, v. a. zu den Humanisten der Zeit.

Die gesellschaftlich-ökonom. Verfassung von Florenz war durch die z. T. noch spätmittelalterl. Struktur des Zunftwesens, andererseits aber auch durch das moderne Element der frühkapitalist. Bankherren geprägt. Beide Komponenten wirkten in der polit. Verfassung von Florenz zusammen. Wenn das florentin. Patriziertum (hervorgegangen aus den sieben ›oberen‹ Zünften) auch nicht so exklusiv war wie der venezian. Adel in seiner ›Republik‹, so vergrößerte sich doch die Kluft zu den 14 ›unteren‹ Zünften im 15. Jh. immer mehr. Eigentlich waren es die führenden Familien, die – wie auch ohne das Heer der 30 000 bis 40 000 Manufakturarbeiter und deren Arbeitskraft undenkbare – frühe Entwicklung von Florenz getragen haben. Auch die fortgeschritteneren Staaten der frühen N. blieben noch durch diese polit. Struktur gekennzeichnet. – Die führenden Geschlechter waren es auch, die den kulturellen Aufschwung der Renaissance in Italien beträchtlich förderten. Die Verbindung von Staatsamt und Gelehrtendasein war ein wichtiges Kennzeichen dieser ersten Phase einer neuen Zeit. Der Geist analytisch-wiss. Betrachtung wurde wie auf die neue Kunst auch auf die Welt der Politik angewendet. Die Realität der innerstaatl. Machtkämpfe der Parteien und das komplizierte Geflecht der auswärtigen Beziehungen des 15. Jh. sind von N. MACHIAVELLI zuerst analysiert und in einer Theorie abgebildet worden. Die moderne Idee der Staatsräson wird der Sache nach in seiner 1513 entstandenen Schrift ›Il principe‹ (gedruckt 1532) begründet. Die Politik wurde hier erstmals als autonom betrachtet. Die Moral des Herrschers (›virtù‹) wurde nicht an einen eth. Tugendkanon gebunden, sondern an die Fähigkeit zur Gewinnung und Erhaltung von polit. Macht als Voraussetzung für einen stabilen Staat. Diese Zweckrationalität einer autonomen Politik hat die polit. Theorie der N., aber auch die Politik selbst nachhaltig bestimmt.

Eine gleichsam mechanist. Betrachtung auch der polit. Verhältnisse, wie sie später T. HOBBES versuchte, wurde durch den starken Aufschwung der Naturwissenschaften nahe gelegt. Die Entdeckungsfahrten bestätigten die Lehre von der Kugelgestalt der Erde. Das heliozentr. System wurde von N. KOPERNIKUS 1543 auch astronomisch untermauert (›kopernikan. Wende‹). Die Einheit der Welt und der Wiss., wie sie die N. dann zunehmend bestimmt hat, hat zur Durchsetzung des neuen heliozentr. Weltbildes geführt.

Politische, gesellschaftliche und geistige Grundzüge

Die Geschichte der N. ist politisch die Geschichte von Staatensystemen, in denen sich auch die gesellschaftl. und geistige Entwicklung vollzog. Dabei ist es von grundlegender Bedeutung gewesen, dass sich diese Systeme überwiegend als Ordnungen von Nationalstaaten bildeten und z. T. noch heute bilden. Die europ. Staaten der N. sind meist als Nationalstaaten aufgetreten oder haben sich doch überwiegend eine nat. Interpretation gegeben. Die Wurzeln hierzu lagen schon im Spät-MA., die Verwirklichung des Nationalstaates wurde z. B. in England oder Frankreich im 14. Jh. erreicht, in Spanien im 15. Jh., in Italien und Dtl. erst in den nat. Einigungen des 19. Jahrhunderts.

Der moderne Begriff Nation ist z. T. eng mit dem für die neuzeitl. Staatsgeschichte zentralen Begriff der Souveränität verbunden. Am Beginn der N. war es in Frankreich, England und Spanien, wo sich schon im 14./15. Jh. ein Königtum und eine Nationalkirche entwickelt hatten, kaum umstritten, dass der Träger der Souveränität – abgesehen von gewissen Einschränkungen, die für England zu berücksichtigen sind – das Königtum war. Als nat. Staat im eigentl. Sinne galt der Herrscher und sein Anhang. So hat es auch der Begründer der neuzeitl. Souveränitätslehre, J. BODIN, gesehen. Doch während hier noch die Rechtfertigung der zentralen Herrschergewalt gleichzeitig eine Bindung an göttl. und Naturrecht bedeutete, ging T. HOBBES weiter und begründete die Lehre von der absoluten Gewalt des Souveräns, vor der es auch keine Glaubens- oder Gewissensfreiheit geben könne.

Neben diesen Theorien, die für die Herrschaftslegitimation des fürstl. und monarch. Absolutismus des 16.–18. Jh. wesentlich geworden sind, steht als zweite Entwicklungslinie die Idee vom Volksstaat, die MACHIAVELLI in den zw. 1513 und 1521 verfassten ›Discorsi ...‹ (gedruckt 1531) beschrieben hat. Wenn die dort entworfene Konzeption auch nicht im modernen Sinne als Demokratie bezeichnet werden kann, so bildete dieser Ansatz doch den Beginn einer neuzeitl. Legitimationstheorie, die über die auf dem Gedanken der Volkssouveränität fußende Staatslehre von J. LOCKE zum Begriff der Volkssouveränität bei J.-J. ROUSSEAU und zur modernen Lehre von der Gewaltenteilung bei MONTESQUIEU geführt hat.

Diese Theorien waren z. T. Deutungen einer tatsächlichen staatl. und gesellschaftl. Entwicklung der N., die v. a. durch ein starkes emanzipator. Moment gekennzeichnet war. Dabei handelte es sich zunächst in erster Linie um eine Emanzipation des Bürgertums gegenüber dem Adel. Das Bürgertum war in der Stadtkultur und in der schnell wachsenden Geldwirtschaft der N. zu Reichtum und zu einer gewissen Macht gekommen. Der vom Bürgertum des 15. und 16. Jh. getragene Frühkapitalismus (Fugger, Welser, Medici) hat durch seine weit reichenden Handels- und Kapitalverbindungen den Welthandel und das Weltverkehrssystem der N. wesentlich mitbegründet. Diese bürgerl. Handelsmacht wurde seit dem 16. Jh. durch ein besonderes Leistungs- und Wirtschaftsethos getragen, das die eigentümlich säkularisierte Form der mittelalterl. Askese darstellt und durch eine sparsame, kalkulierende und dem Luxus gegenüber zurückhaltende ökonom. Lebensführung gekennzeichnet ist. Diese Grundlinie wurde durch die Reformation z. T. noch gestärkt. Das galt bes. für die kalvinist. Niederlande und England, später auch für die USA. In England kam ein wichtiges sozialgeschichtl. Phänomen hinzu: Die führenden Schichten des Bürgertums verschmolzen hier mit dem Kleinadel, weil der Adelstitel immer nur auf den ältesten Sohn überging. Die nachgeborenen Söhne mussten sich meist Handelsgeschäften zuwenden und heirateten oft Töchter von Bürgerlichen. Die dadurch eingetretene soziale Homogenität einer Mittelschicht war für die Entstehung der modernen parlamentar. Demokratie und später auch für den Beginn der industriellen Revolution von zentraler Bedeutung.

Dennoch bedeutete die relativ starke Wirtschaftsmacht des Bürgertums noch nicht das Ende der seit dem MA. bestehenden polit. Vorherrschaft des Adels und der Geistlichkeit. Es ist deshalb auch die These vertreten worden, dass erst die polit. und gesellschaftl. Umwälzung der Frz. Revolution von 1789 den eigentl. Beginn der N. darstellte. Aufgrund der vielen Neuansätze allein schon zw. 1450 und 1517 erscheint es jedoch richtiger, die Zäsur des Jahres 1789 als Kulminationspunkt und als Durchbruch einer ganzen Reihe von nationalstaatl., geistigen und gesellschaftl. emanzipator. Tendenzen zu sehen, die in der modernen Entwicklung schon seit der Mitte des 15. Jh. ange-

Neuz Neuzeit

legt waren (versch. ›Modernisierungsschwellen‹). Für die Übergangsphase (1750–1850) entwickelte R. KOSELLECK den Begriff der europ. ›Sattelzeit‹.

Historische Gliederung

Das in der histor. Wiss. mit kleineren Abweichungen übl. Schema einer Gliederung der N. in eine Phase der **frühen N.** (etwa 1450–1650) und in eine die Zeit ab etwa 1650 umfassende ›jüngere N.‹ ist eine Grobeinteilung. Dabei kommt der Zäsur des Jahres 1648 eine besondere Bedeutung zu. Der Westfäl. Friede brachte das definitive Ende einer universalen Ordnungsvorstellung, die durch den religiösen Alleingeltungsanspruch des Papsttums und durch die universale Herrschaftsidee des römisch-dt. Kaisertums gekennzeichnet war. Im Westfäl. Frieden wurden die beiden prot. Konfessionen, von denen die luther. schon seit 1555 reichsrechtlich anerkannt war, in der Reichsverfassung legitimiert. Die zunächst religiös-konfessionellen Kampfanlässe waren seit 1635 (Prager Friede) immer mehr durch die immanenten Machtkräfte des europ. Staatensystems überholt worden. Der Ggs. zw. Frankreich und dem Haus Österreich machte das Reich zum Schlachtfeld der europ. Mächte (Dreißigjähriger Krieg). – Mit Verweis auf frühere Debatten (u. a. H. FREYER, 1948) diskutiert die Forschung Beginn und Ende der frühen N. (z. T. erst 1789 angesetzt) verstärkt in Zusammenhang mit der Frage nach dem Beginn der Moderne.

Die etwa um 1650 einsetzende **jüngere N.**, die mit Vorherrschaft Frankreichs in Europa begann, ist eine Zeit der Entfaltung wiss. und gewerblich-merkantiler Neuerungen gewesen, die überwiegend vom Bürgertum getragen wurden und schließlich die gesellschaftl. und polit. Emanzipation des Bürgertums eingeleitet haben. Bes. in der Staatstheorie J. LOCKES sind diese Vorgänge zu einer Lehre von der konstitutionell eingegrenzten Monarchie verarbeitet worden. LOCKES Lehre von der Gewaltenteilung zw. der vorrangigen gesetzgebenden Gewalt, die beim Volk oder seinen Repräsentanten liegt, und der exekutiven Gewalt der Reg. wurde von MONTESQUIEU 1748 durch eine unabhängige rechtsprechende Gewalt ergänzt. In dieser Form hat die Lehre von der polit. Gewaltenteilung die Verfassungen fast aller parlamentar. Staaten der N., zuerst die der USA von 1787 und die frz. Verfassung von 1791, bestimmt.

Die Aufhebung der feudalklerikalen Privilegien in Frankreich 1789 zugunsten der bürgerl. Gleichheit und Freiheit war vorbereitet durch die Philosophie des Rationalismus und der Aufklärung. In der den Rationalismus popularisierenden Aufklärungsliteratur war der Gedanke der krit. Vernunft auch auf Gesellschaft und Staat gerichtet worden, bestärkt durch die Idee des Widerstandsrechts, die 1688 in England und 1776 in Amerika wirksam wurde. Der Kreis der Enzyklopädisten war für diese grundlegende Gedankenarbeit repräsentativ. Neue Wiss. wie Nationalökonomie, dann auch Soziologie und Psychologie wurden von relativ großen Kreisen mit Verständnis und Interesse aufgenommen. Die arbeitsteilige bürgerl. Leistungs- und Erwerbsgesellschaft führte eine neue Funktionalität des Staatswesens herbei, die darin bestand, dass der Staat nicht nur die Existenz seiner Mitgl. sichern, sondern auch Glück und Wohlfahrt des Individuums fördern sollte. Dabei sollten die Freiheitsrechte der Einzelnen möglichst geschützt sein. Dieser Liberalismus war nicht nur politisch, sondern auch gesellschaftlich und wirtschaftlich orientiert. Er führte zunächst aber nur zu größerer Macht der führenden Schichten des Bürgertums, nicht aber der übrigen bürgerl. Gesellschaft und der unteren Volksschichten. Hieraus entwickelten sich jedoch später neue Kräfte, die nach 1789 immer mehr an Gewicht gewannen.

Wenn man die Frz. Revolution von 1789 innerhalb der seit etwa 1650 zu rechnenden ›jüngeren N.‹ als Beginn einer **neuesten Zeit** bezeichnet, so war diese neue Phase auch durch die fast gleichzeitig sich vollziehende industrielle Revolution bestimmt (›Doppelrevolution‹, E. HOBSBAWM), die von Großbritannien ausging und nach dem ›frz.‹ sozusagen ein ›brit.‹ Zeitalter heraufführte. Die Mechanisierung der Produktion (1769 wurde J. WATT das Patent auf seine Dampfmaschine erteilt) setzte einen Prozess in Gang, der die gewerbl. Produktion durch den Übergang zur Industriewirtschaft vollkommen veränderte und das äußere Erscheinungsbild und die innere Struktur der N. grundlegend wandelte.

Die Einführung von Arbeits- und Antriebsmaschinen zwang zur Abschaffung des Zunftwesens und führte damit zu einer fundamentalen Veränderung der Arbeitsverfassung. Sie entlastete die menschl. Arbeitskraft, erschloss aber zugleich neue Möglichkeiten, Menschen als Arbeitskräfte einzusetzen. Nachdem G. STEPHENSON 1814 seine erste Lokomotive gebaut hatte, veränderte sich auch das Verkehrswesen grundlegend. Es ist jedoch nicht zu übersehen, dass die allgemeine Verwirklichung der bürgerl. Revolutionsideen von 1789 im Zuge der industriellen Revolution zunächst einen starken Rückschlag erlitten hat. Freiheit und Gleichheit waren für die während der Industrialisierungsbewegung entstandenen Massen des Proletariats kaum zu erreichen; die neue Klasse der Lohnarbeiter im freien Kapitalverhältnis musste sich erst organisieren, ehe der Kampf um die Verbesserung ihrer sozialen Situation Aussicht auf Erfolg haben konnte (→Arbeiterbewegung). In der Erkenntnis dieser Notwendigkeit und in deren krit. Begründung lag der wesentl. Unterschied zw. der noch undifferenzierten Auffassung der Frühsozialisten sowie dem Anspruch von K. MARX, einen ›wiss. Sozialismus‹ begründet zu haben. Dieser setzte sich zum Ziel, die auf dem Privateigentum an Produktionsmitteln fußende bürgerl. Gesellschaft des Sozialismus in Gestalt einer Diktatur des Proletariats und danach durch den Kommunismus (K. MARX: ›Randglossen‹ zum Gothaer Programm) zu ersetzen. Die erwartete klassenlose Gesellschaft sollte durch die Selbstvernichtung des Kapitalismus entstehen. Diese Prognose wurde durch W. I. LENINS Programm der proletar. Weltrevolution verändert. Die russ. Oktoberrevolution von 1917 sollte der Anfang auf dem Weg zur Weltrevolution sein.

Der Sieg des Bolschewismus in Russland hat die Machtverhältnisse zw. den großen Mächten stark verändert. Das Jahr 1917 bildet daher auch für eine Untergliederung der N. eine wichtige Zäsur, die durch die Revolutionen in Mittel-, Ost- und SO-Europa 1989/90 faktisch ›eingeebnet‹ worden ist. Die Oktoberrevolution war der Beginn einer ideolog. Blockbildung zw. Ost und West, die bis zum Fall der Berliner Mauer (1989) und zur Auflösung des Warschauer Paktes (1991) bestand (→Ost-West-Konflikt). Diese neuartige Blockbildung wurde schon unmittelbar nach dem Ersten Weltkrieg deutlich. Aber dieser Krieg hat nach seinem Ende auch Entwicklungen freigesetzt, die auf eine allmähl. Emanzipation der vom Kolonialismus und Imperialismus der europ. Mächte im 19. Jh. erschlossenen und eroberten Überseegebiete hinausliefen. Eine wichtige Zäsur kam 1917 auch darin zum Ausdruck, dass die USA als Großmacht in den Weltkrieg eintraten und ihn praktisch sehr schnell entschieden. Das Schwergewicht der weltpolit. Macht lag nicht mehr in Europa oder doch nicht mehr in Europa allein.

Als Grundmodelle europ. Gesellschaft mit spezif. Problemkonstellation sind (LEPSIUS, 1996) anzusehen: die kontinuierlich demokrat., zugleich klassenstrukturierte Industriegesellschaft (repräsentiert durch

Großbritannien), das zentralistisch verwaltete Industriesystem mit hoher territorialer Konsistenz (repräsentiert durch Frankreich), das nichtdemokratische industrielle Mobilisierungsmodell mit einer daraus hervorgegangenen faschist. Gegenrevolution (repräsentiert durch Dtl.) und das vordemokratisch industrielle Mobilisierungsmodell (repräsentiert durch Russland). Die Geschichte der N. am Ende des 20. Jh. schließt für Europa die Frage ein: Was ist Europa – nach dem Verlust seiner weltpolit. Geltung als globaler Regulierungsmacht – und was bedeutet diese Ausgangssituation für die nächste Stufe der europ. Integration?

Zeitgeschichte und Grundlinien der Neuzeit

Man hat die ›jüngste Phase der N.‹, deren Beginn in der Geschichtsschreibung unterschiedlich gesetzt wird, auch als →Zeitgeschichte bezeichnet. Jedoch ist dieser Begriff sehr stark an den Standpunkt der jeweils lebenden Generation und an die Epoche ihres Lebenszeitraums gebunden, sodass H. ROTHFELS den Begriff Zeitgeschichte als ›die Epoche der Lebenden und ihre wiss. Behandlung‹ definiert hat.

So erweisen sich auch der Begriff N. und seine Untergliederungen als heurist. Begriffe, die gewisse Haupttendenzen des histor. Verlaufs seit etwa 1450 beschreiben sollen. Zu deren Grundlinien gehören die Entstehung des neuen Menschen- und Weltbildes und des modernen Staatensystems nat. Staaten, das Prinzip der Staatsräson, die Säkularisierung, die zunehmende ›Verschriftlichung‹ und ›Verwissenschaftlichung‹ der Kultur, die industrielle Revolution, eine wirtschaftl. und polit. Emanzipation des Bürgertums sowie dann auch zunehmend der Arbeiterschaft auf dem Weg zur modernen Industriegesellschaft. Deren traditionell gesetzten Grenzen erscheinen im Übergang zum 21. Jh., mit der fortschreitenden Internationalisierung und Verflechtung der (Finanz-)Märkte und Volkswirtschaften, der Information und Kommunikation (→Globalisierung), immer stärker durchbrochen und von der Entwicklung zu einer globalen →Informationsgesellschaft aufgelöst.

⇨ *Absolutismus · Aufklärung · Humanismus · Industriegesellschaft · Kolonialismus · Reformation · Renaissance*

J. M. KULISCHER: Allg. Wirtschaftsgesch. des MA. u. der N., Bd. 2 (1929, Nachdr. 1988); H. FREYER: Weltgesch. Europas (³1969); Der Übergang zur N. u. die Wirkung von Traditionen. Vorträge ... (1978); E. HINRICHS: Einf. in die Gesch. der Frühen N. (1980); R. WOHLFEIL u. H. J. GOERTZ: Gewissensfreiheit als Bedingung der N. (1980); S. SKALWEIT: Der Beginn der N. Epochengrenze u. Epochenbegriff (1982); E. J. HOBSBAWM: Europ. Revolutionen (a.d. Engl., Neuausg. 1983); Grundkurs Gesch., hg. v. P. BARCELÓ, Bd. 3: Frühe N. 16.–18. Jh. (1985); L. BAUER u. H. MATIS: Geburt der N. Vom Feudalsystem zur Marktgesellschaft (²1989); F. BRAUDEL: Sozialgesch. des 15.–18. Jh., 3 Bde. (a.d. Frz., Neuausg. 1990); Frühe N. – frühe Moderne? Forschungen zur Vielschichtigkeit von Übergangsprozessen, hg. v. R. VIERHAUS (1992); E. J. HOBSBAWM: Das Zeitalter der Extreme. Weltgesch. des 20. Jh. (a.d. Engl., 1995); H. BLUMENBERG: Die Legitimität der N. (Neuausg. 1996); E. FRIEDELL: Kulturgesch. der N. (155.–162. Tsd. 1996).

Nev., Abk. für den Bundesstaat **Nevada**, USA.

Neva [-va, russ. neˈva], Fluss in Russland, →Newa.

Nevada [nev-; engl. neˈvɑːdə], Abk. **Nev.**, postamtlich **NV**, Bundesstaat im W der USA, 286 369 km², (1994) 1,457 Mio. Ew. (1910: 81 900, 1960: 285 300, 1980: 799 200 Ew.). Hauptstadt ist Carson City. N. ist in 17 Verw.-Bez. (Countys) und den Hauptstadt-Bez. Carson City gegliedert.

Staat und Recht: Verf. von 1864 (zahlr. Änderungen). Senat mit 21, Repräsentantenhaus mit 42 Mitgl. Im Kongress ist N. mit zwei Senatoren und zwei Abg. vertreten.

Landesnatur: Der größte Teil von N. liegt im steppen- und wüstenhaften →Großen Becken; von vielen kurzen, z. T. bewaldeten Gebirgsketten (Boundary Peak 4 006 m ü. M.) durchzogen. Im Regenschatten der Sierra Nevada gelegen, besitzt N. ein ausgesprochen arides Klima. Die Niederschläge (80 mm im W, bis 300 mm im O pro Jahr) fallen hauptsächlich in den Wintermonaten.

Bevölkerung: Der Anteil der Weißen belief sich 1990 auf 84,3 %, der der Schwarzen auf 6,6 %; Indianer und andere 9,1 %. Die (1990) rd. 7 200 Indianer (Paiute, Shoshone, Washo) leben v. a. in den 22 Indianerreservationen. In Städten leben (1990) 88,3 % der Bev., davon allein in den beiden größten Städten Las Vegas und Reno (1994) über 90 %.

Wirtschaft: Wichtigster Wirtschaftszweig ist der Fremdenverkehr, der durch Naturparks, Wintersportgebiete, die liberalen Glücksspiel- und Scheidungsgesetze sowie die Ghosttown (Geisterstadt) Virginia City über die Hälfte der Staatseinnahmen einbringt. Noch immer bedeutend ist der Erzbergbau (v. a. auf Gold, Silber, Kupfer, Eisen, Quecksilber). Die Industrie beschränkt sich im Wesentlichen auf Erzverhüttung, chem. Industrie und Holzverarbeitung. Wichtigster Zweig der Landwirtschaft ist die Rinder- und Schafhaltung. Der Anbau (Futterpflanzen, Baumwolle) ist von künstl. Bewässerung abhängig. An der Grenze zu Arizona liegt der →Hoover Dam.

Geschichte: N., in der Kolonialzeit Teil von Neuspanien, wurde durch den Vertrag von Guadalupe Hidalgo 1848 von Mexiko an die USA abgetreten und bildete seit 1850 den westl. Teil des Territoriums Utah. Seit 1851 von Mormonen nur spärlich besiedelt, erhielt das Gebiet infolge reicher Goldfunde (v. a. Comstock Lode) starken Zuzug aus Kalifornien. 1861 wurde N. als Territorium organisiert und am 31. 10. 1864 als 36. Staat in die Union aufgenommen.

J. W. HULSE: The N. adventure. A history (Reno, Nev., ⁶1990).

Nevado [neˈβaðo, span.], Zusatz-Bez. bei Bergen in Lateinamerika, z. B. Nevado de Colima (→Colima).

Nevali Çori [-tʃo-], Ruinenstätte in der SO-Türkei, urspr. im Seitental des Euphrat gelegen, 60 km nordöstlich von Şanlıurfa, seit 1992 vom Atatürk-Stausee überflutet; ausgegraben 1983, 1985–87 und 1989–91 (HARALD HAUPTMANN). Unter einem Siedlungshorizont der Frühbronzezeit mit Nekropole (3000 v. Chr.) und der chalkolithischen Tell-Halaf-Kultur (2. Hälfte 6. Jt. v. Chr.) stießen die Ausgräber auf fünf Schichten des akeram. (nichtkeram.) Neolithikums B (Schicht V: etwa 8300–8200). Die aus Stein in Lehmverband errichteten Langrechteckhäuser besitzen einen größeren, eng gekammerten Magazin- und einen kleineren Wohnteil. Das flache Dach wurde bei einigen Bauten durch Pfosten vor den Längsseiten gestützt. In den Häusern sind Hocker- und Teilbestattungen nachzuweisen, es wurden auch gesondert Schädel niedergelegt. Herdstellen liegen außerhalb der Häuser. Ein Wohnhaus in Schicht III diente als Werkstatt zur Herstellung von Steingeräten aus Feuerstein. Die Bewohner lebten von entwickeltem Ackerbau und Sammeln von Wildfrüchten, aber auch von der Jagd und Haustierhaltung (Schaf, Ziege und Rind). Wie im fortgeschrittenen akeram. Neolithikum B (wie Jericho) kommen aus Stein geschliffene Beile, Keulen, Perlen und Armreifen vor, ferner weibl. und männl. Figuren aus getrocknetem Lehm und gebranntem Ton. Von der entwickelten Technologie zeugt eine Kupferperle, die einen ersten Hinweis auf Schmelzverfahren gibt. Am Westrand der Siedlung konnten in den Schichten V–III drei aufeinander folgende quadrat. Gebäude von 188 bzw. 155 m² ausgegraben werden (mit Terrazzoboden, Steinbänken, skulptierten Pfeilern und Skulpturen von männlichen Kultstatuen, Vögeln und Mischwesen), die als älteste Sakralbauten in Vorderasien gelten können.

Nevada
Flagge

Nevers: Ehemaliger herzoglicher Palast auf der Place Ducale; 15./16. Jh., heute Justizpalast

Nevers Stadtwappen

Nevelson [ˈnevəlsn], Louise, eigtl. **L. Berliawsky** [-ki], amerikan. Bildhauerin russ. Herkunft, * Kiew 23. 9. 1899, † New York 17. 4. 1988; lebte seit 1905 in den USA. Den Schwerpunkt ihres Werks bilden große relief- oder stelenartige Assemblagen aus Möbel- und Holzfragmenten. Durch die schwarze, weiße oder goldene Farbgebung erhalten ihre Arbeiten eine konzentrierte Strenge. (BILD →Assemblage)

J. LIPMAN: N.'s world (New York 1983); L. N. Silent music, Ausst.-Kat. Galerie Gmurzynska, Köln (Köln 1995).

Nevers [nəˈvɛːr], Stadt im Nivernais, Frankreich, Verw.-Sitz des Dép. Nièvre, an der Mündung der Nièvre in die Loire, 42 000 Ew.; kath. Bischofssitz; archäolog., städt. und Fayencemuseum; Herstellung von Elektrogeräten, Maschinen- und Apparatebau, chem., Gummi-, Textilindustrie, Fayencemanufaktur; Flugplatz. – Mittelpunkt der Altstadt ist die Place Ducale mit dem ehem. herzogl. Palast (Renaissancebau des 15./16. Jh., heute Justizpalast) und der Kathedrale (11.–16. Jh.; urspr. roman. Doppelchoranlage, erhalten die roman. Vierung und der W-Chor). Im O der Stadt liegt Saint-Étienne, eine roman. Kirche des 11. und 12. Jh. In der Porte du Croux (Stadttor des 14. Jh.) das archäolog. Museum. – Das kelt. Lager **Noviodunum**, ein Ort der Äduer, schloss sich 52 v. Chr. dem Aufstand des VERCINGETORIX an; in röm. Zeit entwickelte es sich zur Stadt **Nevirnum**. N. war im MA. Mittelpunkt einer mächtigen Grafschaft, die 1538 Herzogtum wurde (→Nivernais).

Neviges [-vi-], Wallfahrtsort in NRW, 170 m ü. M., im Niederberg. Hügelland; gehört seit 1975 zur Stadt Velbert. – Ev. Kirche (1740–46, W-Turm 1697); Schloss Hardenberg (16. Jh.; im 17.–18. Jh. umgebaut). Neues Pilgerzentrum mit Wallfahrtskirche ›Maria, Königin des Friedens‹ (1963–68) von G. BÖHM, ein Stahlbetonbau in Gestalt eines Kristalls, Glasfenster nach Entwürfen des Architekten. – Das seit 1681 als Wallfahrtsort bezeugte N. wurde 1922 Stadt.

Neville [ˈnevɪl], nordengl. Adelsgeschlecht, im 15. Jh. mit den Königshäusern York und Lancaster nahe verwandt; Mitglied der Familie war der ›Königsmacher‹ RICHARD NEVILLE, Earl of →Warwick.

Nevinnomyssk [nev-], Stadt in Russland, →Newinnomyssk.

Nevinson [ˈnevɪnsn], Christopher Richard Wynne, brit. Maler, * London 13. 8. 1889, † ebd. 7. 10. 1946; schloss sich 1913 der futurist. Bewegung an. Während des Ersten Weltkriegs entstanden Kriegsbilder (Official War Artist); im Spätwerk Landschafts- und Blumenbilder sowie Großstadtszenerien.

Nevis [ˈniːvɪs], Insel der Kleinen Antillen, Teil des Staates Saint Kitts und N., 93 km^2, bis 985 m ü. M., 8 800 Ew.; Hauptort ist Charlestown (1 400 Ew.); Haupterzeugnisse: Baumwolle, Kopra, Kokosnüsse; Fremdenverkehr. – Die Insel strebt nach staatl. Selbstständigkeit (Parlamentsbeschluss 1997).

Nevşehir [ˈnɛvʃehir], Prov.-Hauptstadt in Inneranatolien, Türkei, in Kappadokien, 50 500 Ew.; nahe N. liegt →Göreme.

Newa [-va, russ. neˈva] die, **Neva** [-va, russ. neˈva], Fluss in Russland, 74 km lang, Abfluss des Ladogasees, mündet in den Finn. Meerbusen, bis 1300 m breit. Die N. ist Teil des Wolga-Ostsee-Wasserwegs und hat über diesen Verbindung zum Weißmeer-Ostsee-Kanal. Im N.-Delta liegt die Stadt →Sankt Petersburg. Eisbedeckung von Anfang Dezember bis Ende April. – Durch die **Schlacht an der N.** (15. 7. 1240) verdrängte der Nowgoroder Fürst ALEXANDER NEWSKIJ die Schweden vom Mündungsgebiet und stellte die Verbindung Nowgorods zur Ostsee wieder her.

Christopher Nevinson: Die Ankunft; 1913/14 (London, Tate Gallery)

New Age [njuː ˈeɪdʒ; engl. ›neues Zeitalter‹], Begriff, der allgemein bekannt wurde als 1) die zentrale Botschaft einer im letzten Drittel des 20. Jh. in den USA aufgekommenen weltanschaul. Bewegung, 2) Bez. dieser Bewegung selbst, in der sich in lockerer Form Gruppen, Strömungen, Traditionen und Inhalte höchst unterschiedl. Herkunft zusammenfinden, 3) Umschreibung für das religiöse ›feeling‹ dieses ›N.-A.-Syndroms‹ (GOTTFRIED KÜENZLEN), das sich in vielen diffusen und vagen Tendenzen und Grundanliegen gegenwärtigen Lebensgefühls wieder findet: die Sehnsucht nach Überwindung der Krise des modernen, technolog. Zeitalters durch Wiedergewinnung der Einheit der Menschheit und der Einheit des Menschen mit der Natur auf der Grundlage eines epochal ›neuen Denkens‹ und eines ›neuen Bewusstseins‹.

Der Begriff N. A. ist aber älter als diese aktuellen Tendenzen. Wie seine Äquivalente ›Wassermannzeitalter‹ und ›Aquariuszeitalter‹ (engl. age of aquarius) hat er eine Vorgeschichte in den von gesetzmäßigen astrolog. Zyklen der Menschheitsgeschichte ausgehenden Zeitalterspekulationen der esoter. und okkulten Weltanschauungen des 19. und frühen 20. Jh., die bes. in der Theosophie ALICE A. BAILEYS (* 1880, † 1949) sowie in E. SWEDENBORGS Idee eines ›neuen christl. Zeitalters‹ eine Rolle spielen. Esoterisch und theosophisch beeinflusste Autoren, z. B. DAVID SPANGLER (›N. A.‹, 1978), gehören auch zu den Ersten, die den Begriff N. A. und Wassermannzeitalter auf die Bewegung des ›neuen Bewusstseins‹ bezogen haben: Indem sie sie in ihr okkultes Deutungssystem einbeziehen, wollen sie suggerieren, dass die N.-A.-Bewegung aufgrund feststehender geistig-kosm. Gesetze eine notwendige und unvermeidl. Entwicklung der Geschichte vollzieht.

Die N.-A.-Bewegung wurde neben anderen antimodernist. Strömungen (z. B. Fundamentalismus) zu einem Sammelbecken von Vertretern eines Gegenprogramms zum ›Projekt der Moderne‹ (J. HABERMAS), wobei die Abgrenzungen zu Strömungen mit verwandten Intentionen (z. B. Alternativ-, Ökologiebewegung) fließend sind. Entsprechend den Positionen einiger Vertreter der Postmoderne soll die ›Entzauberung‹ der Welt durch die moderne Technik (M. WEBER) durch eine ›Wiederverzauberung der Welt‹ (MORRIS BERMAN, * 1944) rückgängig gemacht werden. Diese Deutung des postindustriellen und postchristl. Zeitalters als Anbruch des N. A. hat Auswirkungen v. a. auf die Bereiche Naturwissenschaft, Psychologie, Esoterik und Religion.

Geschichte

Unmittelbar greifbar wird die N.-A.-Bewegung mit ihrer Kultur- und Gesellschaftskritik zuerst in der kaliforn. Gegenkultur der 1960er-Jahre. Im Rahmen der ›Entmodernisierung‹ der amerikan. Jugendkultur (PETER L. BERGER) wird, zusammen mit dem Vordringen östl. Weltanschauungen und okkulter Praktiken in den Kommunen der Hippies und ›Blumenkinder‹, auch als gültiges Modell akzeptiert, dass die Menschheit im 20. Jh. in das astrolog. ›Zeitalter des Wassermanns‹ eintritt (so z. B. im Aquarius-Song im Musical ›Hair‹, 1967). Erst in den 70er- und 80er-Jahren fand dieses Deutungsmodell über die Jugend- und Protestkultur hinaus Verbreitung in der gesamten westl. Gesellschaft. Diese übergreifende Bewegung bezeichnete man in den USA zunächst auch als ›neues Bewusstsein‹ (engl. new consciousness). Ihre klass. Darstellung hat diese Strömung in MARILYN FERGUSONS (* 1938) ›The Aquarian conspiracy‹ (1980; dt. ›Die sanfte Verschwörung. Persönl. und gesellschaftl. Transformation im Zeitalter des Wassermanns‹) gefunden. Darin beschreibt die Autorin, wie N.-A.-Ideen bei vielen zu Schlüsselerlebnissen geführt haben: zur Überwindung des ›alten Denkens‹ des materialist. Zeitalters durch neue Orientierungen in Richtung einer hoffnungsvolleren und harmon. Zukunft. Darin kommt zugleich zum Ausdruck, dass nach Auffassung der N.-A.-Anhänger das ›neue Bewusstsein‹ nicht infolge revolutionärer Umbrüche oder gesellschaftl. Reformen entsteht, sondern als ›führerloses Netzwerk‹ von Gleichgesinnten an vielen Stellen gleichzeitig in Erscheinung tritt.

Wesen und Erscheinungsformen

Die wichtigste Grundanschauung des N. A. ist ein Holismus und Geistmonismus: ›Bewusstsein‹ gilt als die Realität, das Sein schlechthin. Es gibt ›keine letztl. Unterteilung zw. Bewusstsein und Realität‹ (MICHAEL TALBOT, * 1953). Alles ist Bewusstsein; Bewusstsein ist das ›primäre Faktum der Existenz, aus dem alles andere hervortritt‹ (STANISLAV GROF, * 1931).

Darauf gründet sich der ›myst. Utopismus‹ des N. A., in dem der Mensch zum Regisseur seiner eigenen Evolution werden soll: Durch ›Bewusstseinsveränderung‹ oder ›Bewusstseinserweiterung‹ soll der ›neue Mensch‹ des ›neuen Zeitalters‹ geschaffen werden. Dieser ist durch ein überindividuelles integrales‹ oder ›kosm.‹ Bewusstsein ausgezeichnet, in dem der Einzelne seine höhere Einheit mit der Menschheit und dem Kosmos realisiert. Häufig wird dies mit Vorstellungen aus den östl. Weltanschauungen (Ich = Atman = Brahman) oder mit Begriffen aus der modernen Psychologie (›Selbst-

findung‹) ausgedrückt. Die Verwirklichung der neuen Werte und Ziele in der menschl. Gesellschaft soll beim Individuum durch Arbeit an sich selbst beginnen, wobei letztlich nicht eine fremde Autorität, sondern sein ›innerer Guru‹ maßgebend ist.

De facto besteht die ›Bewusstseinsrevolution‹ des N. A., die weitgehend die polit. Reformbewegungen der 60er- und 70er-Jahre ablöste, in der Rezeption verschiedenster geistiger und esoter. Traditionen. Die N.-A.-Bewegung setzt sich zusammen aus Anhängern moderner Psychotechniken und alter Meditationsformen, von östl. Weltanschauung und westl. Esoterik. Das ›neue Bewusstsein‹ des N. A. manifestiert sich dabei v. a. in folgender Weise:

Erstens in einer frühen Form als ›Drogenmystik‹ oder ›psychedel. Religion‹: ALDOUS HUXLEY, TIMOTHY LEARY (* 1920, † 1996), C. CASTANEDA und JOHN LILLY (* 1915, LSD-Forschung) sammelten die ersten N.-A.-Anhänger um sich. Das erste für ein breites Publikum bestimmte Buch über N. A. schrieb 1971 ein Mitarbeiter LEARYS an der Harvard University, RICHARD ALPERT (* 1931), nachdem er den Namen BABA RAM DASS angenommen hatte. Der Titel ›Remember, be here now‹ (dt. ›Denke daran, sei jetzt hier‹) wurde als ›Leben im Hier und Jetzt‹ zum Slogan der 70er-Jahre. Der Name des Autors signalisiert zugleich eine zweite Form der Manifestation des ›neuen Bewusstseins‹: als Renaissance östl. Weltanschauungen (Hinduismus, Buddhismus, Taoismus) im Westen. Mit dem Einfluss östl. Guru- und Meditationsbewegungen verband sich drittens eine Renaissance des Okkultismus, der Magie und archaischer Traditionen, insbesondere des Schamanismus und der indian. Weltanschauung, angeregt durch ethnolog. Forschungen z. B. CASTANEDAS und der Anthropologin JOAN S. HALIFAX (* 1942). Für ARNOLD Graf KEYSERLING (* 1922), einen führenden Vertreter der humanist. Psychologie, gehören zu den ›Trägern dieser Offenbarung der Wassermannzeit‹, die die Rückbindung an die ›große Naturreligion‹ vollziehen, die Indianer, deren Prophezeiungen er durch den Aufbau eines weltweiten ›Indian. Netzwerkes‹ allgemein zugänglich machen will. Viertens manifestiert sich das ›neue Bewusstsein‹ als ein gewaltiger ›Psychoboom‹ von Selbsterfahrungs- und Meditationsangeboten im Rahmen der ›Humanpotenzial-Bewegung‹ (Bewegung zur Entfaltung der menschl. Bewusstseinspotenzials). Wichtigstes Zentrum ist das 1962 gegründete Esalen-Institut in Kalifornien (auf einem alten indian. Kultplatz gelegen und benannt nach einem in der Gegend ansässigen Indianerstamm), dessen Programm weltweit zahlr. Nachahmer gefunden hat.

Auswirkungen

Es kennzeichnet die N.-A.-Bewegung als ›sanfte Verschwörung‹, dass sie einerseits eklektisch und konsumistisch aus den verschiedensten Bereichen, von der Naturwissenschaft bis zu den Weltreligionen und der Esoterik, ihre weltanschaul. Versatzstücke bezieht, gleichzeitig aber auch ihrerseits diese Bereiche unterwandert und auf sie zurückwirkt: In die Fragestellungen einiger mit N. A. sympathisierender Naturwissenschaftler ging der N.-A.-Monismus ein, indem behauptet wurde, der Sicht von Mensch und Natur in einigen avantgardist. Ansätzen heutiger Naturwissenschaft (Quantenphysik, Systemtheorie, Bootstrap-Hypothese u. a.) liege ein ›Paradigmenwechsel‹ zugrunde, der eine komplementäre Sicht zur ›myst.‹ Anschauung von Mensch und Natur (Geist und Materie als Einheit) beinhalte. Dies war die Aufsehen erregende These des Atomphysikers F. CAPRA, wobei er und die meisten

Vertreter von N. A. unter ›Mystik‹ v. a. die für die östl. Weltanschauungen maßgebl. monist., Geist und Materie vereinigende ›Wahrnehmung der Einheit der Natur‹ (FERGUSON) verstehen. Der damit vollzogene Wechsel von der ›mechanist.‹ und materialist. Sichtweise R. DESCARTES' und I. NEWTONS zu einer ›ganzheitlich-organ.‹ Betrachtungsweise der Natur wird unter Aufnahme eines von T. KUHN in die Wissenschaftstheorie eingeführten Begriffs als ›neues Paradigma‹ der Wissenschaft gedeutet. Während der Begriff ›Paradigmenwechsel‹ bei KUHN aber auf revolutionäre Veränderungen in Einzelwissenschaften bezogen ist, deren bisheriger Erklärungsrahmen (›Paradigma‹) sich als zu eng erweist, wird er von den der N.-A.-Bewegung nahe stehenden Wissenschaftlern umgedeutet zum Ausdruck für die Grundidee des N. A. schlechthin: die globale Veränderung der weltanschaul. Voraussetzungen der (Natur-)Wissenschaft durch das ›neue Denken‹ des N. A. In ihrer populären Form wird CAPRAS These in der N.-A.-Bewegung daher so verstanden, dass die Naturwissenschaft heute ein ›myst. Weltbild‹ liefere.

Eine große Rolle für die Weltanschauung der N.-A.-Bewegung spielt deren Sympathie für ganzheitlich-holist. und monist. Theorien, in deren Verbreitung sich die ›Wendezeit‹ des N. A. widerspiegele. Hierzu gehören u. a.: der holist. Systemansatz von G. BATESON; die Theorie der ›Selbstorganisation des Universums‹ des Astrophysikers ERICH JANTSCH (* 1929, † 1980); die ›Gaia-Hypothese‹ (Erde als ein sich selbst heilender lebender Organismus) von JAMES E. LOVELOCK (* 1919); die Theorie der ›morphogenet. Felder‹ des Biochemikers RUPERT SHELDRAKE; die ›holonom. Theorie‹ (engl. holomovement) D. J. BOHMS; die ›holograph. Theorie‹ des Neuropsychologen KARL H. PRIBRAM (* 1919); die Theorie der ›dissipativen Strukturen‹ des Nobelpreisträgers I. PRIGOGINE und die Vorstellung von der Menschheit als ›globalem Gehirn‹ (immer komplexer werdendes Netz von Kommunikationsbeziehungen) der Erde von PETER RUSSELL (* 1946). Allen diesen Ansätzen ist gemeinsam, dass ein Denken in ›vernetzten Systemen‹ im Sinne der Kybernetik und Systemtheorie postuliert wird.

Im Bereich der Psychologie haben Vertreter der humanist. und der transpersonalen Psychologie einen großen Einfluss auf das N.-A.-Bewusstsein, v. a. A. MASLOW, C. R. ROGERS und GROF. Unter dem Einfluss des Kulturanthropologen J. GEBSER, des Philosophen P. TEILHARD DE CHARDIN, des Zen-Philosophen K. Graf DÜRCKHEIM und H. M. ENOMIYA-LASSALLE und des ind. Philosophen S. AUROBINDO gilt N. A. als das Zeitalter des künftigen ›integralen Bewusstseins‹. Die Entfaltung dieser künftigen Bewusstseinsstufe der Menschheit hat KEN WILBER in ›Halbzeit der Evolution‹ (1984) aufgezeigt. Wichtig für die Anthropologie und Psychologie des N. A. sind auch die Ergebnisse der Thanatologie (›Nahtodes-Forschung‹; ELISABETH KÜBLER-ROSS, * 1926, KENNETH RING, * 1935), womit zugleich die Schwelle zu esoter. und okkulten Menschenbildern erreicht wird (Reinkarnation; THORWALD DETHLEFSEN, * 1946, GROF).

In der Esoterik, aus der die N.-A.-Bewegung einen beträchtl. Teil ihrer weltanschaul. Beständer bezieht, gilt N. A. als das ›Zeitalter des Wassermanns‹, das den 2000-jährigen Zyklus des ›Fischezeitalters‹ ablöst. Über den genauen Beginn gibt es unterschiedl. Auffassungen, doch wird allgemein die sich vollziehende ›Bewusstseinsrevolution‹ am Ende des 20. Jh. als dessen Ausdruck angesehen, v. a. auch die Tatsache, dass das esoter. ›Geheimwissen‹ der Vergangenheit nun öffentlich und allgemein zugänglich wird. Damit leben Vorstellungen auf, die im Okkultismus des 19. und beginnenden 20. Jh., bes. bei Vertretern der angloind. Theosoph. Gesellschaft, entwickelt wurden. Diese moderne Theosophie, vertreten u. a. von HELENA P. BLAVATSKY, ANNIE BESANT, ALICE A. BAILEY und FRANZ HARTMANN (* 1842, † 1912), war der erste umfassende Versuch eines ›internat. Synkretismus‹ auf der Basis eines esoter. Welt- und Menschenbildes in der Neuzeit. Die N.-A.-Bewegung ist auch als eine Neuauflage dieses Versuchs zu verstehen.

Deshalb ist auch der Bereich der Religion unmittelbar davon tangiert. Man spricht geradezu von einer neuen, synkretist. Spiritualität des N. A., die beansprucht, die traditionellen ›dogmat.‹ Religionsformen durch erfahrungsorientierte Spiritualität abzulösen. Großen Einfluss gewinnt daher die die Religion auf innerpsych. Phänomene reduzierende Tiefenpsychologie C. G. JUNGS. An die Stelle des Glaubens treten das angeblich sichere Wissen und die Erkenntnis. Somit vollzieht sich im N. A. eine Wiedergeburt der Gnosis bis hin zu Vorstellungen und Praktiken antiker Mysterienreligionen. Der Synkretismus des N. A. rezipiert die Religionen jedoch nicht in ihrer ursprüngl. Form, sondern eklektisch: Er sieht sie als verschiedene ›Pfade‹ zu demselben Ziel oder als Ausdruck eines gemeinsamen Kerns: der myst. Einheit von Mensch, Natur und Gott (›kosm. Bewusstsein‹), zu der sich der Mensch entwickeln soll. Die N.-A.-Bewegung versucht damit, Defizite sowohl des modernen Christentums als auch der modernen Gesellschaft aufzufangen. Neuere Deutungen sehen die N.-A.-Bewegung als Ausdruck einer säkularen ›Gebildetenreligion‹ (C. BOCHINGER) oder der sich ankündigenden künftigen ›Religion des neuen, des dritten Milleniums post Christum‹ (H. TIMM).

Kritiker verweisen darauf, dass das Plädoyer der N.-A.-Bewegung für Mystik und Irrationalismus häufig zu kurz greift: Eine wirklich postmoderne, die Fragwürdigkeiten der Moderne überwindende Zeit müsse die krit., diskursive Vernunft integrieren und nicht eliminieren (HANS-JÜRGEN RUPPERT, * 1945). Der ›Erfolg‹ der N.-A.-Bewegung beruhe zu einem großen Teil darauf, ›dass sie zwar dem gegenwärtigen Unbehagen an der modernen Lebenskultur Stimme verleiht, aber ihre Rezepturen doch dem ›alten‹ Denken entnimmt‹ (KÜENZLEN). Der verbreitete Wissenschaftsglaube und das Machbarkeitsdenken würden durch die N.-A.-Orientierung nicht abgebaut, sondern noch verstärkt, denn das rational nicht Fassbare und das Menschen schlechthin Unverfügbare (in der Sprache der Religion: die ›letzten Dinge‹ und die Erlösung des Menschen) sollten im N. A. durch die neue Wissenschaft ›beweisbar‹ und durch spirituelle Techniken und okkulte Praktiken ›machbar‹ und ›verfügbar‹ werden.

⇨ *Alternativkultur · Esoterik · Jugend · Mythos · neue Religionen · Okkultismus · Postmoderne · Religion · Spiritualität · Subkultur*

M. BERMAN: Wiederverzauberung der Welt (a. d. Amerikan., Neuausg. 1985); J. HALIFAX: Die andere Wirklichkeit der Schamanen (a. d. Amerikan., Neuausg. 1985); K. RING: Den Tod erfahren – das Leben gewinnen (a. d. Amerikan., Bern ²1986); J. SUDBRACK: Neue Religiosität – Herausforderung für die Christen (³1988); E. GRUBER u. S. FASSBERG: N.-A.-Wb. (²1988); G. KÜENZLEN: Das N.-A.-Syndrom. Zur Kultursoziologie vagabundierender Religiosität, in: Ztschr. für Politik, N. F. Jg. 35 (1988); Wiss. der Wendezeit – Systemtheorie als Alternative?, hg. v. J. P. REGELMANN u. a. (²1988); H.-J. RUPPERT: Durchbruch zur Innenwelt. Spirituelle Impulse aus N. A. u. Esoterik in dreifacher Beleuchtung (1988); DERS.: N. A., Endzeit oder Wendezeit? (⁶1988); J. W. SIRE: The universe next door (Downers Grove, Ill., ²1988); H. A. PESTALOZZI: Die sanfte Verblödung (⁸1989); C. SCHORSCH: Die N.-A.-Bewegung (³1989); H. SEBALD:

N.-A.-Spiritualität. Religiöse Synthese in der westl. Welt von heute, in: Geist u. Natur, hg. v. H.-P. DÜRR u. a. (Bern 1989); M. TALBOT: Mystik u. Neue Physik (a. d. Amerikan., 1989); Die Rückkehr der Zauberer, hg. v. H. HEMMINGER (Neuausg. 1990); F. CAPRA: Das neue Denken (a. d. Amerikan., Neuausg. ²1992); DERS.: Wendezeit (a. d. Amerikan., Neuausg. ⁵1996); J. G. MELTON: The N. A. Movement, in: DERS.: Encyclopedic handbook of cults in America (Neuausg. New York 1992); P. KRATZ: Die Götter des N. A. Im Schnittpunkt von ›Neuem Denken‹, Faschismus u. Romantik (1994); M. YORK: The emerging network. A sociology of the N. A. and neo-pagan movements (Lanham, Md., 1995); R. SHELDRAKE: Das schöpfer. Universum (a. d. Engl., Neuausg. ²1996).

Newai, Navai, Nevai, eigtl. Nisameddin Ali Schir, später Mir Ali Schir Nevai, dschagataischer Dichter, *Herat 9. 2. 1441, †ebd. 3. 1. 1501. Seine fast alle damaligen Literaturgattungen umfassenden Werke wurden noch zu seinen Lebzeiten in der gesamten türk. Welt bekannt; es überwiegt die lyr. Gattung des Ghasels. N.s Hauptwerk, die ›Chamsa‹ (Pentalogie), enthält u. a. romant. Erzählungen nach traditionellen Motiven. Er gilt auch als der erste türk. Literarhistoriker. Auf die spätere zentralasiat., aserbaidschan. und osman. Dichtung übte er starken Einfluss aus.

Newald, Richard, österr. Germanist, *Lambach 30. 7. 1894, †Berlin 28. 4. 1954; 1930 Prof. in Freiburg (Schweiz), ab 1952 in Berlin. Arbeiten bes. zur dt. Literaturgeschichte. Zus. mit H. DE BOOR Begründer und z. T. Verfasser der ›Geschichte der dt. Literatur von den Anfängen bis zur Gegenwart‹ (1949 ff.).

New Amsterdam [nju: ˈɛmstədæm], Stadt in Guyana, an der Mündung des Berbice in den Atlantik, 25 000 Ew.; Hafen. – 1740 von den Niederländern unter dem Namen **Fort Sint Andries** gegr., 1790–1803 Sitz der niederländ. Kolonialverwaltung.

Newar, mongolides, sprachlich den Tibetern sehr nahe stehendes Volk in Nepal. Die N. begründeten im Tal von Katmandu die hohe Kultur des Landes (→Nepal), wurden aber 1769 von den Gurkha unterworfen und unterdrückt. Seitdem verliert ihre Sprache, das **Newari** (mit eigener Schrift), gegenüber dem Nepali an Bedeutung. Etwa 60% der N. leben als Händler, Handwerker und Bauern (Bewässerungsfeldbau) in ihrem Kernland mit den alten Residenzstädten Katmandu, Patan und Bhadgaon, die Übrigen im Lande verstreut. Ihr Vajrayana-Buddhismus, dessen Verbreitung zurückgeht, ist stark mit hinduist. Elementen durchsetzt (Kastenwesen); Geisterglaube deutet auf eine ältere Religionsstufe.

Newark [ˈnjuːək], Industrie- und Hafenstadt in New Jersey, USA, westlich von New York, an der Mündung des Passaic River in die Newark Bay, (1990) 275 000 Ew. (1980: 329 200 Ew., davon über 50% Schwarze); die Metrop. Area hat (1990) 1,8 Mio. Ew.; kath. Erzbischofssitz; TH (gegr. 1881). N. ist Standort vielseitiger Industrie sowie Finanzzentrum. Großflughafen (für New York); John Plume House (um 1710), First Presbyterian Church (1787), Trinity Episcopal Church (18. Jh.). – N. wurde 1666 von Puritanern aus Connecticut als **Pesayak Towne** (später in **New Milford** umbenannt) gegründet.

New Bedford [njuː ˈbɛdfəd], Hafenstadt in SO-Massachusetts, USA, 99 900 Ew.; Walfangmuseum; Fischereihafen; Textil- und Bekleidungsindustrie, Maschinenbau, Werkzeugherstellung, Elektronikindustrie. – N. B., 1652 von Siedlern der Plymouth-Kolonie gegr., war Ortsteil von Dartmouth; seit 1787 selbstständig.

New Britain [njuː ˈbrɪtn], **Neubritanni|en,** vor 1919 **Neupommern,** größte Insel des Bismarckarchipels, Papua-Neuguinea, 36 500 km², 311 900 Ew. (mit umliegenden Inseln: Vitu Islands und Duke of York Islands). Die lang gestreckte Insel wird von einem Gebirge mit z. T. tätigen Vulkanen durchzogen, im Mount Sinewit, auf der Gazellehalbinsel (im NO), bis 2438 m ü. M.; dichter trop. Regenwald als Folge der hohen Niederschläge (im N jährlich bis 4200 mm, im S bis über 6000 mm). Die melanes. Bev., in viele Stämme gegliedert, ist z. T. christianisiert. Wirtschaftlich bedeutend sind nur die Gazellehalbinsel (Kokospalmen-, Kakaoplantagen) mit dem Hauptort und -hafen Rabaul (17 000 Ew.) sowie das Gebiet um Kimbe (4700 Ew.) an der zentralen N-Küste (Ölpalmenkulturen). In den W-Gebieten gibt es v. a. Holzeinschlag und -verarbeitung. – N. B., 1616 von dem niederländ. Seefahrer J. LE MAIRE entdeckt, gehörte 1884–1919 zum Schutzgebiet Deutsch-Neuguinea.

N. B. bildet eine bedeutende Kunstregion mit mehreren Regionalstilen. Bes. bemerkenswert sind die z. T. gesichtsförmigen, z. T. körperhaften, hohen Maskenaufsätze, aus Baumbaststoff (→Tapa) über Lianenrahmen gearbeitet, schwarz und gelb bemalt, für Tag- oder Nachttänze der →Baining. Die Tolai im NO sind Hersteller der kon. Helmmasken für die Geheimbünde Dukduk und Tumbuan (aus bemaltem Maschenstoff u. a.) sowie der mit den Riten des Geheimbunds Iniet verbundenen Steinfiguren und der aus Holz durchbrochen geschnitzten, teils figürl., teils geometr. Tanzbrettchen. Die aus Baummarkwülsten aufgebauten Masken und die zugehörigen geschnitzten figürl. Tanzaufsätze (u. a. Baumbär) der Sulka und ihrer Nachbarn (S-Küste) fallen durch bes. feine Gliederung und Farbigkeit auf. Die Kulturen der SW-Küste (Kilenge) zeigen starke Übereinstimmung ihrer künstler. Ausdrucksformen (Holzmasken, Auslegerboote) mit jenen der NO-Küste Neuguineas (→Tami). Von der N-Küste stammen dreiteilige, geometrisch verzierte Schilde und kub. Helmmasken aus Holz (Vitu Islands).

P. J. C. DARK: Kilenge life and art (London 1974); G. CORBIN: The art of the Baining in N. B., in: Exploring the visual art of Oceania, hg. v. S. MEAD (Honolulu 1979); G. KOCH: Iniet. Geister in Stein (1982).

New Brunswick [njuː ˈbrʌnzwɪk], **1)** Stadt in New Jersey, USA, 50 km südwestlich von New York, 41 700 Ew.; Rutgers University (1766 als College gegr., seit 1924 Univ., seit 1945 Staats-Univ. von New Jersey); Herstellung von chirurg. Instrumenten. – 1681 durch engl. Kolonisten aus Long Island gegründet.

2) dt. **Neubraunschweig,** Prov. im O Kanadas, an der Grenze zu den USA, 73 440 km². Ethnisch ist die Bev. geteilt. Von den (1992) 729 300 Ew. sind rd. 34% frz. Herkunft, überwiegend im NW, wo auch die frz. Sprache vorherrscht; rd. 45% sind brit. Herkunft, die Übrigen sind andere Europäer, u. a. Deutsche, Niederländer und Skandinavier. Größte Städte sind Saint John, Moncton und die Hauptstadt Fredericton. – Die Küsten sind buchtenreich, an der →Fundybai erstreckt sich Marschland, im NW steigt die Oberfläche bis 820 m ü. M. an. Im Inneren herrscht Kontinentalklima mit kühlen Sommern und schneereichen Wintern, die Küstengebiete haben ausgeglicheneres und mildes Klima. Fast 90% der Fläche sind bewaldet. Hauptwirtschaftszweige sind Holzwirtschaft, Zellstoff- und Papierherstellung. Außerdem gibt es Fischerei und Bergbau (Zink-, Blei-, Kupfererz). Landwirtschaft ist auf das Marschgebiet und die Täler beschränkt (Kartoffelanbau, Milchwirtschaft). Die Industrie ist auf die Verarbeitung der Rohstoffe ausgerichtet. Eine Einnahmequelle ist auch der Fremdenverkehr. N. B. war vor 1763 Teil des frz. besiedelten, mit England strittigen →Akadien, dann des brit. Nova Scotia. 1784 von diesem abgetrennt und als eigenständige Kolonie organisiert, gehörte es 1867 zu den Gründungsprovinzen des Dominion of Canada.

Acadia of the Maritimes, hg. v. J. DAIGLE (Moncton 1995).

New Britain: Bemalter Holzschild (Berlin, Museum für Völkerkunde)

Newcastle 4): Tyne Bridge, erbaut 1925–28; davor die Swing Bridge, 1876 eröffnet

Newburn [ˈnjuːbən], Industriestadt in der Metrop. Cty. Tyne and Wear, NO-England, 42 900 Ew.; Wohnort für Pendler nach Newcastle upon Tyne; großer Industriepark.

Newcastle [ˈnjuːkɑːsl, engl.], Name von geographischen Objekten:

1) Newcastle, Stadt im NW der Prov. KwaZulu/Natal, Rep. Südafrika, 1 186 m ü. M., am Fuß der Drakensberge, 40 700 Ew. Die Stadt liegt verkehrsgünstig inmitten eines Kohlenreviers; ausreichende Wasser- und Energievorkommen machten aus N. eines der sich am schnellsten entwickelnden Wachstumszentren des Landes mit Eisenhütte und Stahlwerk, Textil-, Gummi- und Zementindustrie; Wollhandelszentrum. – N. wurde 1864 gegründet.

2) Newcastle, zweitgrößte Stadt in New South Wales, Australien, an der Mündung des Hunter River in den Pazifik, 265 000 Ew.; anglikan. Bischofssitz; Univ. (gegr. 1965), Konservatorium, Bibliothek; Gemäldesammlung; zwei Rundfunksender. N. ist Australiens zweitgrößtes Schwerindustriezentrum, basierend auf den hochwertigen Steinkohlevorkommen an der Küste und im anschließenden Binnenland, mit großem Eisen-, Stahl- und Walzwerk, Metallverarbeitung, Maschinenbau, Elektro- und Nahrungsmittelindustrie, Werft; wichtiger Hafen; Flugplatz. In der Nähe mehrere Kohlegroßkraftwerke und Aluminiumhütte. – N. wurde 1804 als Sträflingssiedlung und Kohleausfuhrhafen gegründet.

3) Newcastle-under-Lyme [-ˈʌndəˈlaɪm], Stadt in der Cty. Staffordshire, Mittelengland, 73 700 Ew.; Eisen-, Textil-, elektrotechn. und Metall verarbeitende Industrie.

Newcastle 4) Stadtwappen

4) Newcastle upon Tyne [- əˈpɒn ˈtaɪn], Industriestadt und Verw.-Sitz der Metrop. Cty. Tyne and Wear, NO-England, am Tyne, 15 km oberhalb der Mündung in die Nordsee, 189 150 Ew.; anglikan. und kath. Bischofssitz; Universitäten (gegr. 1963, bestand seit 1852 als Teil der Univ. von Durham; seit 1992, vorher Polytechnikum), Bibliotheken und Museen, u. a. Museum für Wiss. und Industrie. Begünstigt durch Seehafen, Flughafen und Autobahn ist N. Hauptgeschäftszentrum im städt. Verdichtungsraum am unteren Tyne; Werften, chem., Metall-, Leder-, Schuh-, Bekleidungs-, Elektronikindustrie, Maschinen- und Fahrzeugbau, Druckereien. – Die 1359 geweihte Pfarrkirche Saint Nicholas (seit 1882 anglikan. Kathedrale) erhielt um 1470 einen Turm mit offenem Helm. Die Kirche All Saints wurde 1786–98, die klassizist. Moot Hall 1810 erbaut. Im normann. Keep und dem Torhaus (Black Gatehouse, 1248) der Burg Museum röm. Funde. High Level Bridge (1845–49), eine doppelstöckige Eisenbahnbrücke von R. STEPHENSON; Swing Bridge (1876 eröffnet); Tyne Bridge (1925–28). – N. u. T., die röm. Grenzfestung **Pons Aeli**i gegen die Skoten, wurde nach dem um 1080 errichteten, unter HEINRICH II. 1172–77 erweiterten normann. Kastell benannt. Die Stadt entwickelte sich im MA. zu einem wichtigen Handelszentrum.

Newcastle-Krankheit [ˈnjuːkɑːsl-, engl.], Tiermedizin: →Geflügelkrankheiten.

New classical economics [njuː ˈklæsɪkl iːkəˈnɒmɪks, engl.], →neue klassische Makroökonomik.

Newcomb [ˈnjuːkəm], Simon, amerikan. Astronom, * Wallace (Prov. Nova Scotia) 12. 3. 1835, † Washington (D. C.) 11. 7. 1909; ab 1861 Prof. in Washington, 1877–97 auch Leiter des ›American Ephemeris and Nautical Almanac Office‹; Arbeiten über die Bewegung der Planeten, Planetoiden und des Mondes sowie über Positionsastronomie und zur Bestimmung astronom. Konstanten.

Newcomen [ˈnjuːkʌmən], Thomas, engl. Schmied, getauft Dartmouth 28. 2. 1663, † London 5. 8. 1729; baute ab 1712 atmosphär. Dampfmaschinen, die im 18. Jh. zur Wasserförderung in Bergwerken dienten.

Newcomer [ˈnjuːkʌmə; engl. ›Neuankömmling‹, ›Neuling‹] der, -(s)/-(s), jemand, der innerhalb einer Branche, eines Geschäfts als Neuling (Erfolg versprechend) auftritt.

New Criticism [ˈnjuː ˈkrɪtɪsɪzm; engl. ›neue Kritik‹] der, - -, amerikan., bes. 1930–60 wirksame formalästhet. Richtung der Literaturwiss., die sich aus der Bewegung der →Fugitives entwickelte. Beeinflusst v. a. von S. T. COLERIDGE, T. S. ELIOT, E. POUND, I. A. RICHARDS, W. EMPSON und B. CROCE, betonte der N. C. in einer Epoche großer gesellschaftl. Spannungen die Autonomie des literar. Kunstwerks, das als organ. Struktur verstanden und einer genauen formalen Analyse (›close reading‹) unterzogen wurde. Soziale, histor. und psycholog. Perspektiven wurden aus der Betrachtung ausgeschlossen; die Interpretation konzentrierte sich auf die sprachl., metaphor. und strukturelle Vielschichtigkeit des Textes. Zu den amerikan. Hauptvertretern zählen (bei im Einzelnen unterschiedl. Standpunkten) J. C. RANSOM, dessen Schrift ›The new criticism‹ (1941) der Bewegung den Namen gab, A. TATE, R. P. BLACKMUR, R. P. WARREN, C. BROOKS, WILLIAM KURTZ WIMSATT (* 1907, † 1975), Y. WINTERS; in England stand F. R. LEAVIS dem N. C. nahe.

M. KRIEGER: The new apologists for poetry (Minneapolis, Minn., 1956, Nachdr. Westport, Conn., 1977); U. HALFMANN: Der amerikan. ›New criticism‹ (1971); R. WEIMANN: New criticism u. die Entwicklung bürgerl. Literaturwiss. (²1974); F. LENTRICCHIA: After the new criticism (Neuausg. London 1983).

Newdance [njuːˈdɑːns; engl. ›neuer Tanz‹] der, -, **New Dance,** Bez. für versch. Strömungen des zeitgenössischen Bühnentanzes bes. in den USA, die vom →Moderndance ausgehen, ihn aber von jeder Schematisierung befreien oder auf eine mathematisch strenge Formalisierung (Minimaldance) reduzieren. Obwohl auch männl. Choreographen (DOUGLAS DUNN, * 1942) zum N. gehören, sind seine bedeutendsten Repräsentanten Frauen. TRISHA BROWN (* 1936), LUCINDA CHILDS und LAURA DEAN schreiben in ihren Solo- und Gruppenchoreographien (überwiegend für reine Frauenensembles) bestimmte geometr. Figuren ab oder reihen minimale Körperbewegungen aneinander. Jede Bewegung wird (z. T. mit leichten Varianten) oft vielfach wiederholt. Ein enger Kontakt besteht zu Musikern mit vergleichbarer Ästhetik (→Minimalmusic). Im ›Dance‹ (1979) von LUCINDA CHILDS wurden die kleinen Bewegungsstrukturen erstmals zur Großform zusammengesetzt. MEREDITH MONK, TWYLA THARP und KEI TAKEI (* 1946) pflegen eine gleichzeitig dramat. und freiere Tanzkunst, in der sich fantast. Bilder und intensiv-nervöse Tanzbewegungen collageartig zusammenfügen. In Dtl. lassen sich PINA BAUSCH und REINHILD HOFFMANN dem N. zurechnen.

New Deal [ˈnjuː ˈdiːl; engl. ›neues Geben‹ (im Kartenspiel)] *der*, - -, F. D. ROOSEVELTS plakative Bez. für sein 1933–39 durchgeführtes staatsinterventionist. Reformprogramm zur Neubelebung der amerikan. Wirtschaft und Politik im Zeichen der Chancengleichheit für alle, das die Folgen der Weltwirtschaftskrise überwinden sollte. Der N. D. war gekennzeichnet durch eine Fülle pragmat. Einzelmaßnahmen ohne einheitl. Konzeption.

In der Frühphase (1933–35) überwogen Notstandsmaßnahmen zur Stabilisierung des Bank- und Börsenwesens (u. a. Trennung von Depositen- und Investitionsgeschäft, Kontrolle des Wertpapiermarktes), daneben solche zur Eindämmung von Produktion und Konkurrenz der Landwirtschaft und Industrie. Hinzu kam ein groß angelegtes Entwicklungsprojekt für das sieben Staaten umfassende Stromgebiet des Tennessee unter der Tennessee Valley Authority (TVA). Unmittelbarer Not begegneten Unterstützungsmaßnahmen für Farmer und Hauseigentümer sowie Arbeitsbeschaffungsprogramme. Inflationär wirkende Geld- und Währungspolitik (Abgehen vom Goldstandard, Abwertung des Dollars auf 59,06%) sowie aktive Außenwirtschaftspolitik (Politik der ›guten Nachbarschaft‹ gegenüber Lateinamerika, Handelsverträge) sollten durch höhere Inlandspreise und Exportsteigerung den Aufschwung fördern, der jedoch ausblieb. So wuchs die polit. Opposition (u. a. geführt von der konservativen Liberty League, 1934), die den stärker reformer. Zug der zweiten Phase des N. D. (1935–38/39) prägen half: Maßnahmen zur Disziplinierung der Großunternehmer (Entflechtung großer Energiekonzerne, stärker progressive Steuern seit 1935) und für breite Bev.-Schichten, namentlich die Arbeiterschaft, gedachte Sozialgesetzgebung (Festigung der Stellung der Gewerkschaften, Anfänge einer nat. Sozialversicherung, öffentl. Wohnungsbau). Das nat. Bankwesen wurde strenger geregelt und eine beweglichere Diskontpolitik ermöglicht. Auch der Not leidenden landwirtschaftl. Arbeiter und Pächter und der bes. betroffenen Indianer nahm sich der N. D. jetzt an, kaum allerdings der Frauen und der Schwarzen. Als der Supreme Court 1935/36 u. a. die wirtschaftl. Maßnahmen als verfassungswidrig außer Kraft setzte, wurden sie für bestimmte Teilgebiete durch Neufassungen ersetzt, eine grundsätzl. Auseinandersetzung mit dem Supreme Court 1937 durch geschicktes Taktieren auf beiden Seiten entschärft. Das anfängl. Misstrauen der Gewerkschaften ließ sich so rasch überwinden, ihre gesellschaftl. und polit. Stellung ausbauen, wenn auch schwere Arbeitskämpfe und ein durch vorzeitige Aufgabe defizitärer Haushaltspolitik ausgelöster Konjunktureinbruch (1938) den Prozess behinderten und die Arbeitslosenzahlen wieder auf 10 Mio. stiegen. Groß angelegte Arbeitsbeschaffungsprogramme änderten dies kaum.

Zwar war der N. D. wirtschaftspolitisch nur teilweise erfolgreich, doch er bewirkte eine allgemeine Aufbruchsstimmung und förderte das Prinzip des modernen Sozialstaats, dem zufolge die Öffentlichkeit, repräsentiert durch die Bundes-Reg., für das Wohlergehen der Gesamtgesellschaft verantwortlich ist. Diese Stärkung der Zentralgewalt bedeutete eine Veränderung der traditionellen Grundlagen des polit. Denkens in den USA.

The N. D., hg. v. J. BRAEMAN u. a., 2 Bde. (Columbus, Oh., 1975); J. B. KIRBY: Black Americans in the Roosevelt era (Knoxville, Tenn., 1980); R. BILES: A N. D. for the American people (Dekalb, Ill., 1991); A. J. BADGER: The N. D. (Neudr. New York 1993); J. A. SCHWARZ: The new dealers (Neuausg. ebd. 1994); E. ANGERMANN u. H. WELLENREUTHER: Die Vereinigten Staaten von Amerika seit 1917 (⁹1995); W. E. LEUCHTENBURG: Franklin D. Roosevelt and the N. D.: 1932–1940 (Neudr. New York 1995).

New Delhi [ˈnjuː ˈdelɪ], die Hauptstadt Indiens, südl. Stadtteil von →Delhi.

Newelskojstraße [nach dem russ. Forschungsreisenden GENNADI IWANOWITSCH NEWELSKOJ, * 1813(?), † 1876], bis 7,3 km breite und 56 km lange Meerenge im Tatarensund zw. dem asiat. (russ.) Festland (Region Chabarowsk) und der Insel Sachalin.

New England [ˈnjuː ˈɪŋglənd], Region der USA, →Neuengland.

New England Renaissance [ˈnjuː ˈɪŋglənd rəˈneɪsəns], Epoche großer kultureller und literar. Produktivität in den Neuenglandstaaten im NO der USA (etwa 1830–60). Während sich im S und im expandierenden W eigene kulturelle Traditionen entwickelten, baute Neuengland in dieser Zeit seine führende Position aus. Vor dem Hintergrund des Puritanismus, der diese Region seit der Ankunft der ersten Siedler beherrschte, entwickelte sich mit dem Transzendentalismus eine philosophisch-literar. Bewegung, die Einflüsse der dt. Romantik und der oriental. Mystik aufgriff, um die kulturelle Eigenständigkeit der USA zu proklamieren und zu verwirklichen. Das Städtchen Concord (Mass.) wurde mit R. W. EMERSON und H. D. THOREAU zum Zentrum dieser Bewegung, die in EMERSONS Essay ›Nature‹ (1836; dt. ›Natur‹) ihr Programm verkündete. Die ›intellektuelle Unabhängigkeitserklärung‹ Amerikas, die EMERSON in ›The American scholar‹ (Rede, 1837, dt. Hg. 1901) aussprach, zeugt von Vitalität und Optimismus dieser Epoche. Das utop. Denken der Zeit fand seinen Ausdruck in zahlr. Kommunen (→Brook Farm). Die Literatur der Epoche streifte die provinziellen Züge ab und erlangte mit Autoren wie EMERSON, THOREAU, N. HAWTHORNE, H. MELVILLE und W. WHITMAN weltweite Geltung.

F. O. MATTHIESSEN: Amerikan. Renaissance (a. d. Engl., 1948); R. W. LEWIS: The American Adam (Neuausg. Chicago, Ill., 1982).

New English Drama [ˈnjuː ˈɪŋglɪʃ ˈdrɑːmə], Bez. für das neue engl. Theater nach 1956, das durch öffentl. Subventionierung innovativer und an der Förderung junger Autoren interessierter Ensembles (English Stage Company, gegr. 1956; Royal Shakespeare Company, gegr. 1960) entstand und zur künstler. Vielfalt des engl. Theaterlebens beitrug. Die Abschaffung der Zensur (1968) und die damit mögl. Öffnung für avantgardist. und experimentelle Gruppen (›Fringe Theatre‹) führte teilweise zur Abkehr vom reinen Sprechtheater und beeinflusste vielfach auch die kommerzielle Bühne. (→englische Literatur)

Engl. Drama von Beckett bis Bond, hg. v. H. F. PLETT (1982).

Newerow, Neverov, Aleksandr Sergejewitsch, eigtl. **A. S. Skobelew,** russ. Schriftsteller, * Nowikowka (Gebiet Simbirsk) 24. 12. 1886, † Moskau 24. 12. 1923; Dorfschullehrer, N., der selbst dem Bauerntum entstammte, schrieb über das russ. Dorf, dessen Probleme nach der Revolution, die Hungersnot.

Werke: *Dramen:* Baby (1920); Golod (1921); Taškent, gorod chlebnyj (1923; dt. Taschkent, die brotreiche Stadt). – *Roman:* Gusli – lebedi (1923).

Ausgaben: Polnoe sobranie sočinenij, 7 Bde. (1926); Izbrannoe (1977).

New Forest [ˈnjuː ˈfɔrɪst], Wald- und Heideland in der Cty. Hampshire, S-England, zw. Southampton und Bournemouth, 375 km²; früher königl. Jagdgebiet, seit 1877 unter Naturschutz.

Newfoundland [ˈnjuːfəndlənd, auch njuːˈfaʊndlənd], dt. **Neufundland,** Prov. im O Kanadas,

405 720 km², (1992) 577 500 Ew., fast ausschließlich brit. Abstammung. Hauptstadt und größte Stadt ist Saint John's. – Die Prov. besteht aus der Insel **Neufundland** (108 860 km²) und aus dem östl. Teil der Halbinsel →Labrador. Die Insel Neufundland gehört zum Gebirgssystem der Appalachen; die wellige, von niedrigen Bergketten (bis 806 m ü. M.) durchzogene, glazial überformte Hochfläche im Inselinneren ist mit Wald oder Tundra bedeckt und wenig besiedelt. Die Küsten der Insel sind stark gegliedert (Buchten, Fjorde, Inseln); zahlr. Fischersiedlungen, bes. auf der Halbinsel →Avalon. Das Klima der Insel ist kühlgemäßigt, mit kalten, schneereichen Wintern; sehr häufig sind Nebel. – Wirtschaftsgrundlagen der Prov. bilden Küsten- und Hochseefischerei (Neufundlandbänke); Holzwirtschaft mit Zellstoff- und Papierfabriken; Bergbau, bes. auf Eisenerze bei Labrador City/Wabush; bedeutendes Wasserkraftwerk an den Churchill Falls (→Churchill River). Landwirtschaft und Industrie sind unbedeutend. Die Arbeitslosigkeit weist mit über 20% (1994) die höchsten Werte in Kanada auf. Handels- und Kulturzentrum ist Saint John's.

Geschichte: N., um 1000 von normann. Seeleuten berührt (→Anse aux Meadows), aber erst nach der Landung von G. CABOTO 1497 besiedelt, seit dem 17. Jh. von Franzosen und Engländern wegen des reichen Fischfangs umkämpft, wurde im Frieden von Utrecht (1713) Großbritannien zugesprochen. Es erhielt 1855 Selbstverwaltung. 1928 unterzeichnete N. den Briand-Kellogg-Pakt. 1949 trat es als 10. Prov. Kanada bei.

F. W. ROWE: A history of N. and Labrador (Toronto 1980).

New Frontier [ˈnjuː ˈfrʌntɪə; engl. ›neue Grenze‹], Leitgedanke der Inaugurationsrede J. F. KENNEDYS als Präs. der USA: Proklamation eines neuen Aufbruchs zu den alten Zielen der amerikan. Nation, der von den Angehörigen der jüngeren Generation getragen werden sollte; löste zahlr. Aktivitäten aus, die u. a. in der Gründung von Organisationen zum Kampf gegen die Armut und zum Einsatz für die Bürgerrechte gipfelten. (→Frontier)

New General Catalogue of Nebulae and Clusters of Stars [ˈnjuː ˈdʒenərəl ˈkætəlɔɡ əv ˈnebjuːli: ənd ˈklʌstəz əv ˈstɑːz, engl.], *Astronomie:* →NGC.

Newgrange [ˈnjuːɡreɪndʒ], Megalithgrab des 3. Jt. v. Chr. in der Nähe des Gehöftes N. in der Grafschaft (County) Meath, O-Irland. Das in einem Hügel liegende Grab mit einem 19 m langen Gang und einer Grabkammer aus Trockenmauerwerk ist das bedeutendste vorgeschichtl. Denkmal einer Gruppe von megalith. Anlagen im Gebiet der Boynekultur.

M. J. O'KELLY: N. Archaeology, art and legend (London 1982).

New Guinea [ˈnjuː ˈɡɪni], engl. für →Neuguinea.

New Halfa [ˈnjuː-], neue Stadt in der Rep. Sudan, für umgesiedelte Nubier aus Wadi Halfa; Zentrum des Bewässerungsgebietes →Khashm el-Girba.

New Hampshire [ˈnjuː ˈhæmpʃɪə], Abk. **N. H.,** postamtlich **NH**, Bundesstaat im NO der USA, einer der Neuenglandstaaten, grenzt an Kanada, 24 043 km², (1994) 1,137 Mio. Ew. (1910: 430 600, 1960: 606 900, 1980: 920 600 Ew.). Hauptstadt ist Concord. N. H. ist in zehn Verw.-Bez. (Countys) eingeteilt.

Staat und Recht: Verf. von 1784 (zahlr. Änderungen). Der Senat hat 24, das Repräsentantenhaus 400 Mitgl. Im Kongress ist N. H. mit zwei Senatoren und zwei Abg. vertreten.

Landesnatur: Von der schmalen Küstenebene am Atlantik (im SO) abgesehen, ist N. H. ein glazial überformtes, seenreiches Bergland (um 300 m ü. M.), das zu den Appalachen gehört. Im N erheben sich die White Mountains (Mount Washington 1917 m ü. M.), deren obere Höhenlagen waldlos sind.

Bevölkerung: Der Anteil der Weißen belief sich 1990 auf 98,0%, der der Schwarzen auf 0,6%, andere 1,4%.

New Hampshire
Flagge

In Städten leben (1990) 51% der Bev. Größte Stadt ist Manchester.

Wirtschaft: N. H. hat Granitbrüche, ferner werden Feldspat, Glimmer und Granat abgebaut. Milch- und Geflügelwirtschaft sind in der Landwirtschaft führend. Hauptindustriezweige sind Elektrotechnik und Elektronik, Maschinenbau und Papierherstellung. Wirtschaftlich wichtig ist der Fremdenverkehr (v. a. Wintersport).

Geschichte: Die Küste von N. H. wurde 1603 und 1605 von S. DE CHAMPLAIN erkundet. Seit 1623 hauptsächlich von Massachusetts und Connecticut aus besiedelt, wurde N. H. 1629 Eigentümerkolonie und, nach einer Periode der Abhängigkeit von Massachusetts, 1679 selbstständige brit. Kronkolonie. Nach Beseitigung der Indianergefahr begann um 1725 eine starke Einwanderung. Im Zuge der Unabhängigkeitsbewegung setzte N. H. als erste der brit. Kolonien den königl. Gouv. ab und bildete eine Reg. Es ratifizierte als 9. Gründungsstaat am 21. 6. 1788 die amerikan. Bundes-Verf., die damit in Kraft trat.

E. F. u. E. E. MORISON: N. H. (New York 1976); L. W. TURNER: The ninth state. N.H's formative years (Chapel Hill, N. C., 1983).

New Hanover [ˈnjuː ˈhænəʊvə, engl.], früherer Name der Insel →Lavongai, Papua-Neuguinea.

New Haven [ˈnjuː ˈheɪvn], Stadt in Connecticut, USA, Hafen am Long Island Sound, 125 100 Ew.; Sitz der traditionsreichen →Yale University (gegr. 1701) mit zahlr. Museen; vielseitige Industrie, u. a. Herstellung von Waffen, Munition, Werkzeugen, Maschinen und Gummiwaren. – N. H. wurde 1638 von Puritanern als Siedlung mit theokrat. Rechtsordnung gegründet und 1643 mit angrenzenden Siedlungen (Milford, Guilford u. a.) zur Kolonie N. H. verbunden. 1664 wurde es der Kolonie Connecticut angegliedert, deren Hauptstadt (zus. mit Hartford) es 1701–1875 war.

New Hebrides [ˈnjuː ˈhebrɪdiːz], engl. Name der Neuen Hebriden, →Vanuatu.

Newhouse-Gruppe [ˈnjuːhaʊs-], amerikan. Mehrmedienunternehmen, gegr. 1922 von SAMUEL IRVING NEWHOUSE (* 1895, † 1979) in New York. Zu der Familienholding ›Advance Publications‹ gehören mehrere Zeitungsverlage, der Zeitschriftenverlag Condé Nast Publications (u. a. mit ›Vanity Fair‹, ›Vogue‹, ›Self‹, ›Mademoiselle‹, ›House & Garden‹, ›Glamour‹, ›GQ‹), der Verlag des ›New Yorker‹, der Buchverlag Random House, Inc., Kabelfernsehunternehmen mit europ. Beteiligung. Tochterunternehmen (u. a. Condé Nast Verlag GmbH, München).

Newicon [ˈnjuːɪkɔn; engl., Kw.] *das, -s/-s,* **Newvikon** [ˈnjuːvɪkɔn], zu den →Vidikons zählende Bildspeicherröhre mit besonders hoher Fotoempfindl. Halbleiterschicht aus Zinkselenid oder Zink-Cadmium-Tellurid; das N. besitzt ähnl. Eigenschaften wie das →Chalnicon, ist jedoch nicht so lichtempfindlich und hat einen größeren Dunkelstrom.

Ne Win, eigtl. **Maung Shu Maung,** birman. General und Politiker, * Paungdale (Bez. Prome) 24. 5. 1911; schloss sich während des Zweiten Weltkrieges der von AUNG SAN geführten Unabhängigkeitsbewegung an. Gestützt auf die Armee, suchte er sich als Min.-Präs. (1958–60) die starken innenpolit. Spannungen zu überwinden. Angesichts der andauernden Staatskrise übernahm er 1962 als Vors. eines Revolutionsrates und Staatschef (1962–74) sowie als Min.-Präs. (1962–74) die Macht. Innenpolitisch leitete er einen staatssozialist. Kurs ein und baute, gestützt auf die von ihm 1962 gegründete und bis 1989 geführte Burma Socialist Programme Party (BSPP), ein diktator. Reg.-System auf. Nach Verabschiedung einer neuen Verf. war er 1974–81 Vors. des Staatsrates. Außenpolitisch führte er Birma unter weitgehender Isolierung auf einem blockfreien Kurs.

Newinnomyssk, Nevinnomyssk, Stadt in der Region Stawropol, Russland, am Kuban, 127 000 Ew.; Nahrungsmittel-, chem. Industrie; Erdgaskraftwerk.

New Ireland [ˈnjuː ˈaɪələnd], **Neuirland,** vor 1914 **Neumecklenburg,** lang gestreckte, fast 350 km lange, im Mittel nur 12 km breite gebirgige Insel im NO des Bismarckarchipels, Papua-Neuguinea, bis 2399 m ü. M., 8651 km², als Prov. (einschließlich Lavongai u. a. kleiner Nachbarinseln) 9600 km², 87 200 Ew.; Hauptort: Kavieng (im NW, 4600 Ew.; Flugplatz, Hafen); im Innern dicht bewaldet, in den Küstenebenen Kokospalmenpflanzungen (Kopra-Ausfuhr), auch Kakaoanbau.

N. I. bildet künstlerisch ein relativ einheitl., v. a. durch den Stil der →Malanggane geprägtes Gebiet (zus. mit dem benachbarten Lavongai). Im isolierten S Hinweise (u. a. Stelen, Masken und Steinfiguren für Geheimbund) auf Beziehungen zur N-Küste von New Britain. Während die durchbrochenen, reich bemalten Formen der Malanggan-Schnitzwerke an der N-Küste, auf den vorgelagerten Tabarinseln sowie im SW sich durch spezialisierte Schnitzer zu ungeheurer Vielfalt entwickelt haben (bereits vor Einführung europ. Metallwerkzeuge), dokumentieren die schlichten männl. und weibl. Regenmacherfiguren im selben Gebiet sowie die aus dem zentralen Teil der Insel stammenden →Uli aus dauerhaften Hölzern die westmelanes. Grundlagen der Schnitzstils von N. I. Auch übermodellierte Schädel einflussreicher Verstorbener (u. a. von Regenzauberspezialisten) zeigen dieselbe Betonung der Augen (aus Deckeln einer Meeresschnecke), die in der von der Stirn abgesetzten hohlen Wangenpartie sitzen, sowie des in die Breite gezogenen, die feinen Zahnreihen zeigenden Mundes. Im Ggs. zu den massiven Figuren wurden die Malanggane an den Küsten nach den Feiern verbrannt und ins Meer gestreut oder einfach in den Busch geworfen.

A. BÜHLER: Neuirland u. Nachbarinseln (Basel 1948); P. LEWIS: The social context of art in Northern N. I., in: Fieldiana. Anthropology, Jg. 58 (Chicago, Ill., 1969). – Weitere Literatur →Melanesien.

Newjanskit [nach dem Vorkommen in der Platinseife von Newjansk] der, -s/-e, Mineral, →Iridosmium.

New Jersey [ˈnjuː ˈdʒɜːzɪ], Abk. **N. J.,** postamtlich **NJ,** Bundesstaat im O der USA, 21 277 km², (1994) 7,904 Mio. Ew. (1910: 2,54 Mio., 1960: 6,07 Mio., 1980: 7,36 Mio. Ew.). Hauptstadt ist Trenton. N. J. ist in 21 Verw.-Bez. (Countys) eingeteilt.

Staat und Recht: Verf. von 1947 (zahlr. Änderungen). Es bestehen ein Senat mit 40 und eine Generalversammlung mit 80 Mitgl. Im Kongress ist N. J. mit zwei Senatoren und 13 Abg. vertreten.

Landesnatur: Der Staat, zw. Delaware River im W und Atlantik im O, hat Anteil an den Appalachen (bis 550 m ü. M.), am hügeligen Piedmontplateau und an der Küstenebene. Im NO trennt der Hudson River N. J. von New York. Der ursprüngl. Hartholzwald, der das Staatsgebiet mit Ausnahme der Sumpf- und Dünenbereiche bedeckte, ist weitgehend verschwunden oder nur als sekundärer Wuchs wieder aufgeforstet worden. In den jüngeren Nadelholz- und Eichenbuschwäldern sind Heidelbeer- und Preiselbeerkulturen weit verbreitet.

Bevölkerung: Der Anteil der Weißen belief sich 1990 auf 79,3 % der Bev., 13,4 % waren Schwarze, 3,5 % Asiaten und 3,8 % andere. Mit (1994) 372 Ew. je km² Landfläche ist N. J. der am dichtesten bevölkerte und mit (1990) 89,4 % der Bev. in städt. Siedlungen der nach Kalifornien am stärksten verstädterte Staat der USA. Die größten Städte Newark, Jersey City, Paterson und Elizabeth gehören zur städt. Agglomeration von New York.

Wirtschaft: N. J. ist einer der führenden Industriestaaten der USA mit einer äußerst vielseitigen Produktion, u. a. Elektronik-, Bekleidungsindustrie, Stahlproduktion, Schiff- und Maschinenbau. Die hoch entwickelte Landwirtschaft ist auf die Versorgung der Großstädte eingestellt (Gemüse, Obst, Geflügel, Milch). Die lang gestreckte, dünenbesetzte Nehrungsküste (bes. um →Atlantic City) ist Anziehungspunkt für bedeutenden Fremdenverkehr. N. J. hat eine führende Stellung in der Forschung der USA (Forschungsinstitute der Industrie, →Institute for Advanced Study).

Geschichte: Als Teil von Neu-Niederland nach 1624 vereinzelt besiedelt, wurde das Gebiet zw. Hudson und Delaware nach der engl. Übernahme (1664) vom Herzog von York (dem späteren JAKOB II. von England) an Lord JOHN BERKELEY († 1678) und Sir GEORGE CARTERET (* 1610, † 1680) als Eigentümerkolonie übergeben und 1676 geteilt: West Jersey, von W. PENN u. a. gekauft, wurde v. a. durch Quäker, East Jersey von New England und Schottland aus besiedelt. Die Teile bewahrten auch nach der polit. Vereinigung (1702) als brit. Kronkolonie, die bis 1738 vom Gouv. New Yorks mitverwaltet wurde, ihre Eigenart. 1776 unabhängig, nahm N. J. im Unabhängigkeitskrieg strategisch wie später verkehrspolitisch zw. New York und Pennsylvania eine Schlüsselstellung ein. Es ratifizierte am 18. 12. 1787 die Bundesverfassung als 3. Staat der Union. Durch seine milden Körperschaftsgesetze zog N. J. im 19. Jh. zahlr. große Gesellschaften an und galt vor den Reformen unter W. WILSON als einer der korruptesten Bundesstaaten. Die starke Zuwanderung, namentlich auch von Schwarzen, in die großen Industriebezirke seit etwa 1900 führte zu sozialen Spannungen.

N. J., a history, hg. v. I. S. KULL, 6 Bde. (New York 1930–32); The story of N. J., hg. v. W. S. MYERS, 5 Bde. (ebd. 1945); C. A. STANSFIELD: N. J. (Boulder, Colo., 1983); T. FLEMING: N. J. A history (New York 1984).

New Journalism [ˈnjuː ˈdʒɜːnəlɪzəm; engl. ›neuer Journalismus‹] der, - -, Stilrichtung der amerikan. Prosa, die seit etwa 1965 dem Zweifel an der Unterscheidung von Fakten und Fiktionen dadurch Rechnung zu tragen versucht, dass tatsächl. Ereignisse mit den Mitteln fiktionalen Erzählens dargestellt werden. Unter Rückgriff auf frühere Ansätze (S. CRANE, J. DOS PASSOS) greift der N. J. Themen aus dem Bereich der Massenkultur und kultureller Randbereiche auf, die vorher wenig Beachtung fanden. Bekannte Vertreter des N. J. sind T. CAPOTE mit ›In cold blood‹ (1966; dt. ›Kaltblütig‹), N. MAILER mit ›The armies of the night‹ (1968; dt. ›Heere aus der Nacht‹), HUNTER S. THOMPSON (* 1939) mit ›Fear and loathing in Las Vegas‹ (1971; dt. ›Angst und Schrecken in Las Vegas‹) und T. K. WOLFE mit ›The electric kool-aid acid test‹ (1968; dt. ›Unter Strom‹).

E. E. DENNIS u. W. L. RIVERS: Other voices. The new journalism in America (San Francisco, Calif., 1974); J. HELLMANN: Fables of fact. The new journalism as new fiction (Urbana, Ill., 1981); The new journalism, hg. v. T. WOLFE u. a. (Neuausg. London 1990).

New keynesian economics [njuː ˈkeɪnzɪən iːkəˈnɒmɪks, engl.], →Neuer Keynesianismus.

Newlands [ˈnjuːləndz], John Alexander Reina, brit. Chemiker, * London 26. 11. 1837, † ebd. 29. 7. 1898; beschäftigte sich seit 1863 mit den Regelmäßigkeiten bei den Atommassen der chem. Elemente und verwendete dafür erstmals die Ordnungszahl; mit seinem ›Oktavengesetz‹, nach dem beim Ordnen der chem. Elemente nach steigender Atommasse jeweils jedes achte Element ähnliche chem. Eigenschaften zeigt, veröffentlichte er 1865 einen Vorläufer des Periodensystems der chem. Elemente.

Newlook [njuːˈlʊk; engl. ›neues Aussehen‹] der oder das -(s), **New Look,** neue Linie, neuer Stil (in Mode, Film, Literatur); die in den USA geprägte Bez. für die 1947 von C. DIOR und anderen frz. Mode-

New Ireland: Ahnenfigur aus bemaltem Holz; Höhe 127 cm (Basel, Museum für Völkerkunde)

New Jersey Flagge

schöpfern propagierte Modelinie zielte nach dem Ende des Krieges auf ein neues, durch weiche Linienführung die weibl. Körperformen betonendes Erscheinungsbild der Frau ab.

Newly industrializing countries [ˈnjuːlɪ ɪnˈdʌstrɪəlaɪzɪŋ ˈkʌntrɪz, engl.], die →Schwellenländer.

Newman [ˈnjuːmən], **1)** Alfred, amerikan. Filmkomponist, * New Haven (Conn.) 17. 3. 1901, † Los Angeles (Calif.) 17. 2. 1970; Schüler u. a. von A. SCHÖNBERG; war 1939–60 musikal. Leiter der 20th Century Fox und schrieb die Musik für mehr als 250 Filme (u. a. ›The hunchback of Notre Dame‹, 1939; ›Das verflixte siebente Jahr‹, 1955; ›Airport‹, 1969).

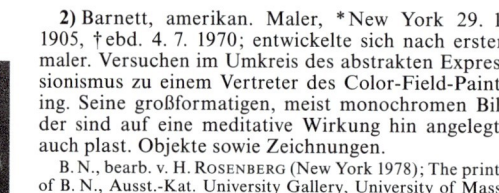

Barnett Newman: Who's afraid of red, yellow and blue IV; 1969/70 (Berlin, Nationalgalerie)

2) Barnett, amerikan. Maler, * New York 29. 1. 1905, † ebd. 4. 7. 1970; entwickelte sich nach ersten maler. Versuchen im Umkreis des abstrakten Expressionismus zu einem Vertreter des Color-Field-Painting. Seine großformatigen, meist monochromen Bilder sind auf eine meditative Wirkung hin angelegt; auch plast. Objekte sowie Zeichnungen.

B. N., bearb. v. H. ROSENBERG (New York 1978); The prints of B. N., Ausst.-Kat. University Gallery, University of Mass. (ebd. 1983); B. N. Selected writings and interviews, hg. v. J. P. O'NEILL (Neuausg. Berkeley, Calif., 1992); B. N. – Die Druckgraphik 1961–1969, bearb. v. G. SCHOOR u. U. GAUSS, Ausst.-Kat. Staatsgalerie Stuttgart u. a. (1996).

3) Joe, eigtl. **Joseph Dwight N.,** amerikan. Jazztrompeter, * New Orleans (La.) 7. 9. 1922; spielte u. a. bei C. BASIE und mit eigenen Combos; trat seit 1964 bevorzugt in Jazzgottesdiensten auf und wirkte auch in Fernsehshows mit; in den 70er-Jahren war er Gast in versch. All-Star-Ensembles. Seine Improvisationen zeigen klaren Ton und durchsichtige Melodik.

4) John Henry, engl. anglikan., später kath. Theologe, * London 21. 2. 1801, † Birmingham 11. 8. 1890; wurde 1825 anglikan. Priester; angeregt v. a. durch die Beschäftigung mit der alten Kirche und den Schriften der Kirchenväter wurde N. einer der Führer der →Oxfordbewegung und war an der Herausgabe der Flugschriften ›Tracts for the Times‹ (1834–41, 6 Bde.) beteiligt. In ›Tract 90‹ veröffentlichte er 1841 eine kath. Deutung der ›39 Glaubensartikel‹ der Kirche von England, die von den anglikan. Bischöfen verworfen wurde. 1843 legte N. seine kirchl. Ämter nieder und konvertierte 1845 zur kath. Kirche. Nach Studium und Priesterweihe (1847) in Rom, wo er dem Oratorium des hl. FILIPPO NERI (→Oratorium) beitrat, war er zunächst Rektor der neu gegründeten kath. Univ. in Dublin (1852–57) und eröffnete dann (1859) in Birmingham eine Privatschule. 1879 wurde N. zum Kardinal ernannt.

Theologisch setzte er sich als Bewahrer der überlieferten Offenbarung für eine weltoffene, geschichtlich denkende und möglichst freie theolog. Forschung ein, da auch für den Katholiken die letzte verbindl. Instanz nicht das Lehramt (das N. achtete), sondern das Gewissen sei. Wegen seines Aufsatzes ›On consulting the faithful in matters of doctrine‹ (1859; dt. ›Über die Befragung der Gläubigen in Sachen der Lehre‹) wurde er in Rom denunziert und geriet in Häresieverdacht. Aus seinem gespannten Verhältnis zu H. E. →MANNING und als Antwort auf einen öffentl. Angriff auf die innere Wahrhaftigkeit seiner Konversion entstand 1864 seine ›Apologia pro vita sua‹, in der er die Entwicklung seiner theolog. Vorstellungen beschrieb. Die Unfehlbarkeit des Papstes wurde von N. nicht grundsätzlich bestritten, ihre Dogmatisierung auf dem 1. Vatikan. Konzil jedoch für ›nicht opportun‹ erachtet. In seinem Hauptwerk ›Essay in aid of a grammar of assent‹ (1870) entwickelte er die Theorie vom ›Folgerungssinn‹ (›illative sense‹), den er jeder Form der liberalen Auflösung des Glaubens, der Erlebnisreligion und dem Rationalismus entgegensetzte: Das jedem Menschen gegebene Urteils- und Folgerungsvermögen des Verstandes kann, ausgehend von der Lebenserfahrung und einer personalen, dem Gewissen verpflichteten Gewissheitsbildung, einen Glaubensakt bewirken, auch wenn dieser nur auf der Abwägung von Wahrscheinlichkeiten beruht. N.s geschichtlich und ökumenisch ausgerichtetes Denken wirkte weiter im 2. Vatikan. Konzil, als einer dessen maßgebl. geistigen Wegbereiter er heute gilt. – Seine literar. Begabung zeigte sich in zahlr. Gedichten, ›Lead, kindly light‹ (1833) wurde zu einem der populärsten anglikan. Kirchenlieder.

Ausgaben: Works of Cardinal N., 40 Bde. (1874–1921); Ausgew. Werke, hg. v. M. LAROS u. a., 8 Bde. (1951–75).
G. BIEMER: J. H. N. 1801–1890. Leben u. Werk (1989); I. KER: J. H. N. A biography (Neuausg. Oxford 1990); H. GEISSLER: Gewissen u. Wahrheit bei J. H. Kardinal N. (²1995); R. SCHUSTER: Das kirchl. Amt bei J. H. N. (1995).

5) Paul, amerikan. Schauspieler und Regisseur, * Cleveland (Oh.) 26. 1. 1925, ⚭ mit JOANNE WOODWARD seit 1958; trat ab 1953 am Broadway auf; seine erste Filmrolle übernahm er 1955; Star des amerikan. Films.

Filme: *Darsteller:* Der lange, heiße Sommer (1958); Die Katze auf dem heißen Blechdach (1958); Haie der Großstadt (The Hustler, 1961); Man nannte ihn Hombre (1966); Zwei Banditen (Butch Cassidy and the Sundance Kid, 1968); Der Clou (1973); Das war Roy Bean (1975); Die Farbe des Geldes (1986); Blaze (1990); Mr. und Mrs. Bridge (1990); Hudsucker – Der große Sprung (1994); Nobody's Fool (1995). – *Regie:* Die Liebe eines Sommers (1968); Harry & Sohn (1983, auch Darsteller); Die Glasmenagerie (1986).

L. J. QUIRK: The films of P. N. (New York 1971).

Newmarket [ˈnjuːmɑːkɪt], Stadt in der Cty. Suffolk, SO-England, 16 500 Ew.; Zentrum der Rennpferdezucht, National Horseracing Museum (1983 eröffnet), Pferderennbahnen; Leichtindustrie.

New Masses, The [ðə ˈnjuː ˈmɑːsɪs], 1926 in den USA als Nachfolgerin von ›The Masses‹ (1911–18, herausgegeben von M. EASTMAN) und ›The Liberator‹ (1918–24) entstandene kulturkrit. Zeitschrift. Im Verlauf der Verschärfung der sozialen Spannungen in der Depressionszeit entwickelte sie sich zu einem wichtigen Forum radikaler polit. und kultureller Diskussion. In den 40er-Jahren schwand ihr Einfluss, 1948 ging sie in einer neuen marxist. Publikation (›Masses and Mainstream‹) auf.

New Mexico [ˈnjuː ˈmɛksɪkəʊ], Abk. **N. Mex.,** postamtlich **NM,** dt. **Neumexiko,** Bundesstaat im S der USA, grenzt an Mexiko, 314 939 km², (1994) 1,654 Mio. Ew. (1910: 327 300, 1960: 951 000, 1980: 1,3 Mio. Ew.). Hauptstadt ist Santa Fe. N. M. ist in 33 Verw.-Bez. (Countys) eingeteilt.

Staat und Recht: Verf. von 1912 (zahlr. Änderungen). Der Senat hat 42, das Repräsentantenhaus 70 Mitgl. Im Kongress ist N. M. mit zwei Senatoren und drei Abg. vertreten.

Landesnatur: Die südl. Rocky Mountains (Wheeler Peak 4014 m ü. M.) verlaufen durch den zentralen Teil des Staates. Im O hat N. M. Anteil an den Great Plains

John Henry Newman

Paul Newman

New Mexico
Flagge

(High Plains, Llano Estacado), der W ist eine von vielen kurzen Bergketten durchzogene Hochfläche. Im N herrscht Steppen-, im S Wüstenklima.

Bevölkerung: Der Anteil der Weißen belief sich 1990 auf 75,6 %, der der Indianer auf 8,9 %, der der Schwarzen auf 2,0 %, andere 13,5 %. Die (1990) rd. 135 000 Indianer (Zuni, Apache, Navajo) leben v. a. in den 24 Indianerreservationen. In Städten leben (1990) 73 % der Bev., allein im Großraum von Albuquerque (1994) 39 %; wegen des hohen Bev.-Anteils der Hispanos (1990: 38,2 %) ist neben Englisch auch Spanisch Amtssprache.

Wirtschaft: Aufgrund der geringen Niederschläge (um 300 mm pro Jahr, von O nach W abnehmend) ist Anbau (v. a. Baumwolle, Gemüse, Obst) fast nur mit künstl. Bewässerung möglich; Stauseen gibt es v. a. am Rio Grande, am Pecos River und am Canadian River. Bedeutender in der Landwirtschaft ist die Rinder- und Schafhaltung. Unter den Staaten der USA besitzt N. M. die größten Uranerzvorkommen, wichtigste weitere Bodenschätze sind Kalisalz, Erdöl, Erdgas, Kupfer. Hauptindustrieerzeugnisse sind chem. Produkte, Nahrungsmittel, Holzprodukte, Maschinen und Metallwaren sowie Textilien. Zentren für militär. Forschung sind Alamogordo und Los Alamos. Die Erzeugnisse des indian. Kunsthandwerks (Silber- und Türkisschmuck) finden v. a. bei den Touristen Abnahme. Wegen seines warmen und sonnigen Wetters wird der Staat v. a. in den Wintermonaten gern besucht. Große Anziehungskraft besitzen die Tropfsteinhöhlen von Carlsbad, White Sands National Monument und die Indianerreservationen.

Geschichte: Das seit 1540 von Spaniern (F. VÁZQUEZ DE CORONADO) erkundete Gebiet des heutigen N. M. ging 1821 in mexikan. Besitz über. Nach dem Abfall von Texas (1836) und dessen Anschluss an die USA (1845) annektierten diese 1846 N. M. und erhielten es im Frieden von Guadalupe Hidalgo 1848 zugesprochen. 1850 als Territorium organisiert (1863 wurde Arizona abgetrennt), war das wegen seiner Verkehrswege (Santa Fe Trail) wichtige Gebiet Schauplatz schwerer Auseinandersetzungen mit den Indianern (v. a. bis 1886, →Geronimo). Am 6. 1. 1912 wurde N. M. als 47. Staat in die Union aufgenommen.

Contemporary N. M. 1940–1990, hg. v. R. W. ETULAIN (Albuquerque, N. Mex., 1994); M. SIMMONS: N. M., a bicentennial hystory (New York 1977).

New Orleans ['nju: 'ɔ:lɪənz, auch - ɔ:'li:nz], Stadt in Louisiana, USA, Seehafen im Mississippidelta, 175 km oberhalb der Flussmündung, (1994) 484 100 Ew. (1990: 496 900 Ew., davon 61,9 % Schwarze); die Metrop. Area hat (1995) 1,32 Mio. Ew.; Sitz eines kath. Erzbischofs, eines anglikan. und eines methodist. Bischofs; Sitz von sechs Univ., u. a. Tulane University of Louisiana (gegr. 1834 als medizin. College, seit 1884 Univ.), kath. Loyola University (gegr. 1905 als Loyola College, seit 1912 Univ.); Museen, u. a. Kunstmuseum, Museum für histor. Pharmazie; Sporthalle Superdome (Kuppelhöhe 85,3 m, fasst bis zu 84 700 Zuschauer; 1975 eröffnet). – Als größter Außenhandelsplatz für die Erzeugnisse der Mississippistaaten (Baumwolle, Zucker, Holz, Erdöl, Schwefel) hat N. O. mehrere Warenbörsen. Der Hafen, für See- und Binnenschifffahrt, an der Kreuzung des Intracoastal Waterway mit dem hier 400–800 m breiten Mississippi, ist einer der größten der USA. Bedeutend sind die Seefischerei (Garnelen, Austern) und Konservenherstellung. Die Metrop. Area ist ein wichtiges Industriegebiet der USA, mit petrochem., Luft- und Raumfahrt-, Nahrungsmittel-, Bekleidungs-, Metall-, Schiffbau-, Fahrzeugindustrie. Die v. a. von der petrochem. Industrie in den letzten Jahren verursachten Umweltschäden stellen die Stadt vor große Probleme. Zunehmende Bedeutung hat der Fremdenverkehr.

New Orleans: Haus mit typischer Balkonfront im French Quarter

Stadtbild: Die Altstadt zeigt ein für die USA ungewöhnl. Straßenbild, in dem frz. und span. Einflüsse die Architektur mitbestimmen. Die Straßenfronten der dicht aneinander gebauten Häuser werden durch Balkone mit darüber gezogenen Dächern belebt; Eisenstreben stützen Balkon und Dach, schmiedeeiserne Gitter schmücken die Balkone; viele Häuser besitzen einen Patio; im Zentrum der Altstadt, am Jackson Square, die Saint-Louis-Kathedrale (1794) und der ehem. Gouv.-Sitz (Cabildo, 1795; heute Museum) aus der span. Kolonialzeit, seitdem häufig verändert; ebenfalls in der Altstadt das ehem. Ursulinenkloster (um 1734), das Old Absinth House (1807) sowie das Gebäude der Bank of Louisiana (1821). Eine der überzeugendsten zeitgenössischen Platzgestaltungen und ein Hauptbeispiel postmoderner Architektur ist die Piazza d'Italia von C. W. MOORE (1977–78) am Rand des French Quarter. Das moderne Stadtbild wird v. a. von Wolkenkratzern (u. a. Riverfront, Central Business District) geprägt.

Geschichte: Die 1718 von den Franzosen in strategisch wichtiger Lage im Mississippidelta gegründete Siedlung wurde 1722 Hauptstadt der frz. Kolonie Louisiana, kam mit dieser 1762/63 an Spanien und 1803 an die USA. 1812–49 Hauptstadt des Bundesstaates Louisiana, war N. O. Mittelpunkt des vom Mississippi und der Küstenschifffahrt beherrschten Wirtschaftslebens der Region. Die span.-frz.-kreol. Kultur der großen Zeit N. O.' vor dem Sezessionskrieg (1862 von Unionstruppen eingenommen) schlägt sich im Bild der Altstadt (Vieux Carré, French Quarter) nieder. Auf die frz. Siedler geht der seit den 1830er-Jahren gefeierte Karneval (Mardi Gras) zurück.

New-Orleans-Jazz [ˈnju: ˈɔ:lɪənz ˈdʒæz, ˈnju: ɔ:ˈli:nz-], Bez. für die erste voll ausgebildete Stilform des Jazz, wie sie sich Ende des 19. Jh. in den Südstaaten der USA, speziell in New Orleans (La.), entwickelte; Vorbild des →Dixielandjazz. Der N.-O.-J. verdankt seine Entstehung einem Prozess der Akkulturation, in dessen Verlauf schwarze Musiker eine Verschmelzung von Elementen der afroamerikan. Volksmusik (Blues, Worksong, Spiritual) und des Ragtime mit solchen der euroamerikan. Marsch- und Tanzmusik vollzogen. Die typ. Besetzung einer New-Orleans-Band bestand aus drei melodietragenden Instrumenten (i. d. R. Kornett, Klarinette und Posaune) und einer Rhythmusgruppe mit Banjo, Tuba (später Kontrabass) und Schlagzeug. Zum wichtigsten Gestaltungs-

New Orleans

Stadt in Louisiana, USA

·

im Mississippidelta

·

484 100 Ew.

·

sechs Universitäten

·

Seehafen

·

petrochemische u. a. Industrie

·

Entstehungsort des New-Orleans-Jazz

·

1722 Hauptstadt der französischen Kolonie Louisiana

·

1718 von Franzosen gegründet

prinzip des N.-O.-J. gehört die Kollektivimprovisation: Das Kornett als führendes Instrument spielt das Thema des Stückes; die Klarinette umspielt dieses in Akkordbrechungen und Läufen; die Posaune bringt die harmon. Basis.

Der Beginn des N.-O.-J. wird i. Allg. mit dem Hervortreten des ersten bekannten Jazzmusikers B. BOLDEN um 1890 angesetzt. Sein Höhepunkt fällt mit der Blütezeit der Stadt als Vergnügungszentrum des amerikan. Südens um 1910 zusammen. Veranlasst v. a. durch die Schließung des Vergnügungsviertels Storeyville 1917, verlagerten sich die Aktivitäten der New-Orleans-Musiker dann zunehmend in den N der USA, v. a. nach Chicago (Ill.), wo mit KING OLIVER, L. ARMSTRONG, J. R. MORTON, J. und BABY DODDS die wichtigsten Schallplattenaufnahmen des N.-O.-J. entstanden. In den 30er-Jahren fast völlig vergessen, kam es seit den 40er- und verstärkt seit den 50er-Jahren zu Revivalbewegungen v. a. auch in Europa, durch die der N.-O.-J. zunehmend popularisiert wurde, z. T. aber auch an Ursprünglichkeit einbüßte.

New Philharmonia Orchestra [ˈnjuː fɪlɑːˈməʊnjə ˈɔːkɪstrə], engl. Sinfonieorchester, →Philharmonia Orchestra.

New Plymouth [ˈnjuː ˈplɪməθ], Hafenstadt an der Westküste der Nordinsel Neuseelands, am Fuß des Mount Egmont, 49 500 Ew.; astronom. Observatorium; das wichtigste Milchwirtschaftszentrum Neuseelands; Flugplatz. – 1841 ließen sich die ersten Europäer hier nieder.

Newport [ˈnjuːpɔːt], **1)** Hafenstadt und seit 1996 Sitz des Verw.-Distrikts N., S-Wales, an der Mündung des Usk in den Bristolkanal, 115 500 Ew.; Museum mit Kunstgalerie; Aluminium-, chem. und elektrotechn. Industrie, Herstellung digitaler Telefone. – Die Kathedrale Saint Woolos (urspr. normannisch) wurde im 13. und 15. Jh. erweitert; Burgruine (12. Jh.). – N. entstand um eine im frühen 12. Jh. errichtete normann. Burg; 1227 erstmals Stadtrecht.

2) Stadt auf der Insel Wight, S-England, am schiffbaren Medinaästuar, 20 600 Ew.; Verw.-Sitz der Cty. Isle of Wight, Marktzentrum und Hafen; Nahrungsmittelindustrie. – Kirche Saint Thomas of Canterbury (1854); Rathaus (1816) von J. NASH. In Carisbrooke Burg aus dem 12. Jh., heute Isle of Wight Museum. – N. erhielt Ende des 12. Jh. erstmals Stadtrechte.

3) Stadt in Rhode Island, USA, auf einer Insel am Eingang zur Narragansett Bay, 28 200 Ew.; Marineakademie; wichtiger Hafen und Marinestützpunkt; Elektroindustrie, Schiffbau; Seebad. – Am Washington Square das Old Colony House (1739), nahebei die Trinity Church (1726), Touro Synagogue (1763), die Redwood Library (1747) und das Militärmuseum mit großer Uniformensammlung; stattl. Landhäuser (17.–19. Jh.) wohlhabender New-Yorker, u. a. ›The Breakers‹, das 1895 für die Vanderbilts errichtete Palais. – N. wurde 1639 von Nonkonformisten, die Massachusetts verlassen mussten, gegründet und war zw. 1650 und 1680 Zufluchtstätte für religiöse Flüchtlinge, u. a. Juden, Quäker, Baptisten. Dank seines günstigen Hafens entwickelte es sich schon bald zu einer bedeutenden Handelsstadt.

4) Verw.-Distrikt in Wales, 190,4 km², 137 200 Ew., Verw.-Sitz ist 1).

Newport News [ˈnjuːpɔːt ˈnjuːz], Hafenstadt in Virginia, USA, verkehrsgünstig an der Spitze der Landzunge zw. →Hampton Roads und Chesapeakebai, 170 000 Ew.; Marinemuseum; Werften, Fischkonserven-, Textil- und Elektroindustrie. – N. N., schon 1619 als Newportes Newes bekannt, entstand 1621 als Siedlung irischer Kolonisten.

New Providence, N. P. Island [nju: ˈprɒvɪdəns ˈaɪlənd], eine der Bahamainseln, 207 km², 172 200 Ew.; einziger Ort (außer mehreren Ferienhauskolonien) ist Nassau; waldbedeckt, mit mehreren Seen; Anbau von Tomaten, Bananen, Zitrusfrüchten und Sisal, Kokospalmenbeständen; Fischfang; Meerwasserentsalzungsanlage; wichtigster Wirtschaftszweig ist der Fremdenverkehr.

New Red [njuː ˈred], *Geologie:* in England der den Buntsandstein und Muschelkalk vertretende (rote) Sandstein.

Newroz, kurd. Neujahrsfest, →Nauroz.

Newry and Mourne [ˈnjʊəri ənd ˈmɔːn], Distr. im S Nordirlands, 909 km², 84 500 Ew., Verw.-Sitz ist Newry (19 000 Ew.).

News Corporation Ltd. [ˈnjuːs kɔːpəˈreɪʃn ˈlɪmɪtɪd], australisch-britisch-amerikan. Medienkonzern, gegr. 1952 in Sydney von R. K. MURDOCH. Zur N. C. Ltd. gehören u. a. in Australien und Neuseeland zahlr. Tageszeitungen, Sonntagsblätter, Zeitschriften und Buchverlage; in Großbritannien ›The Times‹, ›Sunday Times‹, ›News of the World‹ und ›The Sun‹, mehrere Provinzzeitungen und Publikumszeitschriften, Beteiligungen an Buchverlagen, an der Satellitenfernsehgesellschaft British Sky Broadcasting (BSkyB; 40%) und an Sky Radio (71,5%); in den USA u. a. die Tageszeitung ›Boston Herald‹, Zeitschriften (z. B. ›TV Guide‹), der Buchverlag Harper & Row, der Pay-TV-Kanal Fox News Channel sowie eine Mehrheitsbeteiligung an der Filmgesellschaft 20th Century Fox. Zunehmend engagiert sich der Konzern im Multimediabereich.

News of the World [njuːz əv ðə ˈwɜːld], engl. Sonntagszeitung, gegr. 1843 in London; eines der ältesten Blätter dieses Typs; Auflage 307 000; gehört seit 1968 zur Mehrmediengruppe von R. K. MURDOCH.

New South Wales [nju: saʊθ ˈweɪlz], dt. **Neusüdwales,** Bundesstaat von Australien, im SO des Kontinents, 801 600 km² (einschließlich Lord Howe Island), (1994) 6,051 Mio. Ew., zu über 80% brit. Herkunft; 88% in städt. Siedlungen; 80 400 Aborigines. Hauptstadt ist Sydney; N. S. W. umschließt das →Australian Capital Territory.

Landesnatur: Die an das schmale Küstengebiet anschließende Great Dividing Range erreicht im S in den Alpen im Mount Kosciusko 2 230 m ü. M., im N, in der New England Range, 1 586 m (Round Mountain), in den Blue Mountains 945 m ü. M. Sie dacht sich allmählich zu den westl. Ebenen ab, die fast zwei Drittel von N. S. W. einnehmen; sie werden von Flüssen mit unregelmäßiger Wasserführung durchflossen (Darling, Murray).

N. S. W. liegt im Bereich warmgemäßigten Klimas. Der N ist wärmer als der S. Die Niederschläge, mit Sommermaximum im N und Wintermaximum im S, nehmen von der Küste zum Landesinnern ab. Im nördl. Küstengebiet findet sich subtrop. Regenwald; weiter im S wird er von feuchtem Eukalyptuswald abgelöst. Zum Landesinnern hin schließt sich trockener Eukalyptuswald an. Den nordwestlichsten Teil nimmt Akaziengebüsch (Mulga-Scrub) ein. Die Baumgrenze liegt bei 1 700–1 950 m ü. M.; darüber Grasland.

Wirtschaft: N. S. W. verfügt über (1993) 3,9 Mio. ha Ackerland; davon wurden 43% mit Weizen bestellt. Im Küstengebiet wird intensiver Anbau in Verbindung mit Milchviehhaltung betrieben, im Bergland und auf der W-Abdachung des Gebirges Schaf- und Rinderzucht mit Hafer- und Gersteanbau. In den Trockengebieten im W finden sich Großbetriebe, die sich allein der Schafzucht widmen. In Bewässerungsgebieten (1993: 930 000 ha), z. B. in der Riverina, werden Reis, Weintrauben, Orangen, Pfirsiche und Aprikosen geerntet. Der Anbau von Tabak und Baumwolle ist auf die Täler des Macintyre River, des Macquarie River und das Bogan Valley beschränkt. Im nördl. Küstenabschnitt können bereits Zuckerrohr und Bananen reifen. Die Viehwirtschaft stellt zw. 50 und 60% des Produktionswertes der Landwirtschaft. 1994 wurden in N. S. W. 46,9 Mio. Schafe gehalten; sie dienen der Woll- (33% des gesamten Australien) und Fleischerzeugung. N. S. W. besitzt ausgedehnte Kohle- und Erzlagerstätten. Am wichtigsten sind die silberhaltigen Blei-Zink-Erze von Broken Hill und die Kohle im Hunter Valley (Hunter River) bei Newcastle sowie bei Wollongong (1994 wurden 101,9 Mio. t Steinkohle abgebaut). Außerdem Abbau von rutil- und zirkonhaltigem Sand, von Antimon-, Kupfererz und Schwefel. Nach dem Produktionswert liegt die Metallindustrie, einschließlich Maschinen- und Fahrzeugbau, an erster Stelle, es folgt die Nahrungs- und Genussmittelindustrie. Als Industriestandorte sind außer Sydney noch Newcastle und Wollongong wichtig.

Geschichte: Das 1770 von J. COOK entdeckte N. S. W. ist die älteste brit. Kolonie in Australien. 1788 wurde eine Strafkolonie am Port Jackson eingerichtet (Deportationen 1840 eingestellt), ab 1790 (verstärkt nach 1793) ließen sich auch freie Siedler in N. S. W. nieder. 1855 erhielt es Selbstverwaltung. 1859 wurde Queensland abgetrennt. Seit dem 1. 1. 1901 bildet N. S. W. einen Teil des Austral. Bundes. 1911 wurde das Australian Capital Territory mit Canberra ausgegliedert.

New Statesman and Society [nju: ˈsteɪtsmən ənd səˈsaɪətɪ], engl. Wochenzeitschrift, gegr. 1913 als kulturblatt. Organ der →Fabian Society in London; fusionierte 1988 mit der Zeitschrift ›New Society‹.

Newsweek [ˈnjuːzwiːk], amerikan. Wochenzeitschrift, gegr. 1933 in New York als Nachrichtenmagazin, gehört zum Mehrmedienunternehmen ›The Washington Post Co.‹ und erscheint in den USA als ›N. USA‹ (Auflage 3,2 Mio.) und weltweit als ›N. International‹ (Auflage 1,05 Mio.).

New Technology Telescope [nju: tekˈnɔlədʒɪ ˈteləskəʊp, engl.], Abk. **NTT** [entiːˈtiː], *Astronomie:* 1989 an der Europ. Südsternwarte in Betrieb genommenes 3,58-m-Teleskop, mit dem unter erstmaliger Verwendung neuer Technologien auf opt., mechan. und elektron. Gebiet, bes. durch die Anwendung einer →aktiven Optik, eine sehr hohe Bildqualität erlangt wird.

Helmut Newton: Manhattan at night; 1978

New Technology Telescope: Das Teleskopgebäude weicht stark von der klassischen Kuppelform ab, um optimale Sichtbedingungen zu ermöglichen; es folgt während der Beobachtungen den Bewegungen des Teleskops

New Territories [nju: ˈterɪtərɪz], 1898 auf 99 Jahre durch Großbritannien von China gepachtetes, zu →Hongkong gehörendes Gebiet.

Newton [ˈnjuːtn; nach I. NEWTON] *das, -s/-,* Einheitenzeichen **N,** die Einheit der Kraft im Internat. Einheitensystem (SI), definiert als die Kraft, die erforderlich ist, um einem Körper der Masse 1 kg die Beschleunigung 1 m/s² zu erteilen; 1 N = 1 kg m/s² = 1 J/m.

Newton [ˈnjuːtn], **1)** *Helmut,* austral. Fotograf dt. Herkunft, * Berlin 31. 10. 1920; emigrierte nach Australien, übersiedelte 1958 nach Paris, 1981 nach Monte Carlo. N. arbeitet auf den Gebieten der Mode-, Werbe-, Akt- und Porträtfotografie.

H. N. Portraits. Bilder aus Europa u. Amerika. Text v. K. HONNEF (Neuausg. 1990).

2) *Sir* (seit 1705) *Isaac,* engl. Mathematiker, Physiker und Astronom, * Woolsthorpe (bei Grantham) 4. 1. 1643, † Kensington (heute zu London) 31. 3. 1727; Sohn eines Landwirts; studierte ab 1661 an der Univ. Cambridge, wo er bahnbrechende theoret. Ansätze über die Natur des Lichtes, über die Gravitation und die Planetenbewegung sowie über die mathemat. Probleme, die mit Tangenten-, Flächen- und Schwerpunktsberechnungen zusammenhängen, entwickelte. Er wurde 1669 als Nachfolger seines Lehrers I. BARROW Prof. der Mathematik in Cambridge und 1672 Mitgl. der Royal Society. 1689 entsandte ihn die Univ. Cambridge als einen Vertreter in das engl. Parlament; 1699 wurde er Vorsteher der königl. Münze in London, 1703–27 auch Präs. der Royal Society.

N.s Ruhm als Begründer der klass. theoret. Physik und damit (neben G. GALILEI) der exakten Naturwissenschaften überhaupt geht v. a. auf sein 1687 erschienenes Hauptwerk ›Philosophiae naturalis principia mathematica‹ (dt. ›Mathemat. Prinzipien der Naturlehre‹) zurück, in dem er seine drei Axiome der Mechanik (→newtonsche Axiome) formulierte, als dynam. Grundgleichung die nach ihm benannte Bewegungsgleichung aufstellte und mit ihr theoretisch die Bewegung der Körper (u. a. auch den Stoß) behandelte. Hier formulierte er auch sein bereits 1666

Sir Isaac Newton

gefundenes Gravitationsgesetz (→Gravitation) und zeigte, dass seine Bewegungsgleichung im Falle der Bewegung eines Planeten um die Sonne die →keplerschen Gesetze liefert. Die Anwendung seiner theoret. Mechanik und der allgemeinen Massenanziehung auf die Bewegung der Himmelskörper machten ihn zum Begründer der Himmelsmechanik. N. bewies hier erstmals die Gültigkeit ird. Naturgesetze auch für die Himmelskörper – eine radikal von der Physik des ARISTOTELES abweichende fundamentale Voraussetzung für die einheitl. Naturwissenschaft der Neuzeit. In seinen ›Principia‹ erklärte N. außerdem die Gezeiten, legte die Grundlagen der Potenzialtheorie und behandelte Strömungsvorgänge (newtonsche Flüssigkeiten) sowie Schwingungsprobleme und damit verbundene Fragen aus der Akustik.

In der Mathematik befasste sich N. ab 1664, angeregt v. a. durch R. DESCARTES und J. WALLIS, mit der Entwicklung der Fluxionenrechnung, wie er seine Form der Infinitesimalrechnung nannte. Eines seiner wichtigsten method. Hilfsmittel war die in der kurz ›De analysi‹ (1669, Druck 1711) genannten Schrift dargestellte Reihenentwicklung von Funktionen; die allgemeine Binomialentwicklung (→binomischer Lehrsatz) war eines seiner frühesten Ergebnisse. In seinem ›Methodus fluxionum et seriarum infinitarum‹ (1671, Druck 1736 in engl. Übersetzung u. d. T. ›Method of fluxions‹) entwickelte er die Grundlagen der Fluxionsrechnung sowie umfassende Quadraturmethoden mittels Reihen und behandelte zahlr. geometr. Probleme, u. a. die bewegungsgeometr. Erzeugung algebraischer und transzendenter Kurven. Später vertiefte er seine Quadraturmethoden, entwickelte versch. Interpolationsverfahren und gab 1704 eine Klassifikation der algebraischen Kurven 3. Ordnung. Daneben beschäftigte sich N. auch mit algebraischen Problemen; er verfasste auf der Basis von Vorlesungen eine ›Arithmetica universalis‹ (1673/74, Druck 1707).

Bei der Durchführung opt. Experimente entdeckte N. die Abhängigkeit des Brechungsindex von der Farbe des Lichtes (→Dispersion) und die Zusammensetzung des weißen Lichtes aus den verschiedenen Spektralfarben. 1675 untersuchte er die →Farben dünner Blättchen u. a. Beugungserscheinungen, insbesondere die 1665 von R. HOOKE entdeckten Interferenzringe (newtonsche Ringe; →Interferenz). In den erst 1704 erschienenen ›Opticks ...‹ (dt. ›Optik ...‹) gab er eine genaue Beschreibung seiner Experimente und versuchte, sie mit seiner Korpuskulartheorie des →Lichtes zu erklären. Bereits 1668 hatte N. auch, um Farbfehler auszuschalten, ein Spiegelteleskop (N.-Teleskop) konstruiert, das dem von J. GREGORY kurz zuvor beschriebenen überlegen war. – N. betrieb außerdem intensive chem., alchimist., chronolog. und theolog. Studien. Als Direktor der Münze bekämpfte er das Falschmünzerwesen.

Mehrmals war N. in heftige Prioritätsstreitigkeiten verwickelt, u. a. mit G. W. LEIBNIZ wegen der Erfindung der Infinitesimalrechnung – heute steht die Unabhängigkeit der leibnizschen Erfindung von N. fest – und mit R. HOOKE wegen seiner opt. Experimente. N.s physikal. Ansichten setzten sich anfangs nur langsam durch, v. a. gegen die Wirbeltheorie von R. DESCARTES. In Frankreich traten jedoch schon früh P. L. M. DE MAUPERTUIS, VOLTAIRE und die Marquise DU CHÂTELET für N. ein. Die von ihm geschaffene Grundlage der Mechanik wurde erst zu Beginn des 20. Jh. durch die einsteinsche Relativitätstheorie modifiziert.

Ausgaben: The correspondence, hg. v. H. W. TURNBULL, 7 Bde. (1959–77); Unpublished scientific papers, hg. v. A. R. u. M. B. HALL (1962); Mathematical works, hg. v. D. T. WHITESIDE, 2 Bde. (1964–67); The mathematical papers, hg. v. DEMS. u. a., 8 Bde. (1967–81); Papers and letters on natural philosophy. And related documents, hg. v. J. B. COHEN (^{2}1978).

M. FIERZ: I. N. als Mathematiker (Zürich 1972); Die Anfänge der Mechanik. N.s Principia gedeutet aus ihrer Zeit u. ihrer Wirkung auf die Physik, hg. v. K. HUTTER (1989); C. H. EDWARDS: The historical development of the calculus (Neuausg. New York 1994).

Newtonmeter [ˈnjuːtn-; nach I. NEWTON], Einheitenzeichen **Nm**, die SI-Einheit des Drehmoments; wegen der Beziehung 1 J = 1 Ws = 1 Nm auch eine Einheit der Energie.

newtonsche Axiome [ˈnjuːtn-], von I. NEWTON aufgestellte Grundgesetze der klass. →Mechanik. Durch sie werden die dynam. Begriffe Masse, Impuls und Kraft präzisiert und mit den kinemat. Begriffen Geschwindigkeit und Beschleunigung verknüpft. 1) Jeder Körper verharrt im Zustand der Ruhe oder der gleichförmigen geradlinigen Bewegung, solange er nicht durch äußere Kräfte gezwungen wird, diesen Zustand zu ändern (**Trägheitsprinzip, -gesetz**). 2) Die Bewegungsänderung (Beschleunigung a) eines Körpers der Masse m ist der einwirkenden Kraft F proportional und ihr gleichgerichtet: $F = ma$ (**dynamisches Grundgesetz, Aktionsprinzip**). 3) Zu jeder Wirkung (Kraft) gehört eine gleich große, ihr entgegen gerichtete Wirkung (actio = reactio; **Wechselwirkungs-, Reaktions-** oder **Gegenwirkungsprinzip**).

Die n. A. definieren implizit den Begriff des Inertialsystems sowie die Vorstellungen von einem absoluten Raum und einer absoluten Zeit. Aus ihnen folgen die →newtonschen Bewegungsgleichungen und (insbesondere aus dem dritten n. A.) der Impulssatz. Als ›Lex quarta‹ formulierte NEWTON das **Superpositionsprinzip**, nach dem die Wirkung mehrerer an einem Körper angreifender Kräfte die gleiche ist wie die einer Kraft, die die Vektorsumme der Einzelkräfte darstellt.

newtonsche Bewegungsgleichungen [ˈnjuːtn-], die unmittelbar aus dem zweiten →newtonschen Axiom abgeleiteten Bewegungsgleichungen der klass. Mechanik. Im Unterschied zu den formalen Weiterentwicklungen der klass. Mechanik durch J. L. DE LAGRANGE, W. R. HAMILTON und C. G. J. JACOBI wird in den n. B. mit den wirkl. Koordinaten und Impulsen der Körper im dreidimensionalen Raum gerechnet. Ist m eine Punktmasse und F eine auf sie wirkende Kraft sowie $r(t)$ ihr von der Zeit t abhängiger Ortsvektor, so ist $v = dr/dt$ ihre Geschwindigkeit und $p = mv$ ihr Impuls. In einem Inertialsystem gilt dann die n. B.:

$$d p/dt = d(mv)/dt = F.$$

Diese Gleichung stellt die allgemeine Form des 2. newtonschen Axioms dar, die urspr. von I. NEWTON angegeben wurde. Falls sich die Masse nicht ändert (wie das in der nichtrelativist. Mechanik der Fall ist), gilt: $F = m dv/dt = m d^2r/dt^2 = m\ddot{r}$, wobei $a = dv/dt = d^2r/dt^2$ die Beschleunigung ist. F ist die resultierende aller Kräfte F_i, die auf m einwirken. Sie kann von r, t und v abhängen. Der zeitl. Ablauf der →Bewegung bei gegebenen Kräften wird damit durch eine Differenzialgleichung 2. Ordnung für den von t abhängigen Ortsvektor r beschrieben. Gibt man für einen Anfangszeitpunkt t_0 die Anfangswerte r_0 und v_0 vor, so erhält man durch Integration eine Lösung für r, die die Bahngleichung, d. h. die Bewegung, bestimmt.

newtonsche Flüssigkeiten [ˈnjuːtn-; nach I. NEWTON], Flüssigkeiten (Fluide), deren dynam. →Viskosität η vom Spannungs- oder Deformationszustand unabhängig ist (linear-reinviskose Flüssigkeiten), d. h. deren durch die newtonsche Gleichung $\tau = \eta \cdot D$ definierter Fließwiderstand bei gegebener Temperatur eine Stoffkonstante ist. Strömungen n. F. (z. B. niedermolekulare reine Flüssigkeiten oder Lösungen) erfüllen folgende Bedingungen: 1) Schubspannung τ und Geschwindigkeitsgefälle D (mitunter wird auch γ für die Schergeschwindigkeit verwendet) sind direkt proportional; 2) in der Laminarströmung sind die Normalspannungen in der Richtung der Strömung und in den dazu senkrechten Richtungen gleich groß; 3) bei zeitlich veränderl. Schubspannung muss die elast. Verformung der Flüssigkeit so klein sein, dass sie das Geschwindigkeitsgefälle nicht beeinflusst. Flüssigkeiten mit anderem Verhalten heißen **nichtnewtonsche Flüssigkeiten.** (→Fließen)

newtonsche Ringe [ˈnjuːtn-; nach I. NEWTON], *Physik:* →Interferenz.

newtonsches Abkühlungsgesetz [ˈnjuːtn-; nach I. NEWTON], →Abkühlung.

newtonsches Gravitationsgesetz [ˈnjuːtn-; nach I. NEWTON], →Gravitation.

newtonsches Interpolationsverfahren [ˈnjuːtn-; nach I. NEWTON], ein Verfahren, das zu n vorgegebenen Punkten der Ebene ein Polynom liefert, dessen Graph durch diese Punkte geht. Sind (x_1, y_1), $(x_2, y_2),...,(x_n, y_n)$ die vorgegebenen Punkte (Stützstellen), so hat das gesuchte Polynom die Form

$$p(x) = A_1 + \sum_{i=2}^{n} A_i (x - x_1) \cdot ... \cdot (x - x_{i-1}),$$

wobei die Koeffizienten A durch $A_1 = y_1$ und

$$A_i = \sum_{j=1}^{i} \frac{y_i}{\prod_{\substack{k=1 \\ j \neq k}}^{i} (x_j - x_k)} \quad (i = 2,...,n)$$

definiert sind. Das n. I. wurde erstmals von J. GREGORY formuliert, NEWTON hat es verbessert.

newtonsches Näherungsverfahren [ˈnjuːtn-; nach I. NEWTON], **Newton-Verfahren,** Näherungsverfahren zur approximativen Bestimmung von Nullstellen differenzierbarer Funktionen. Ist $f : \mathbb{R} \to \mathbb{R}$ differenzierbar und x_1 ein Näherungswert für die gesuchte Nullstelle x_0, so schneidet die Tangente an den Graphen von f im Punkte $[x_1, f(x_1)]$ die x-Achse in einem Punkt x_2, für den i. Allg. $|f(x_2)| < |f(x_1)|$ gilt; x_2 ergibt sich aus der Formel

$$x_2 = x_1 - \frac{f(x_1)}{f'(x_1)},$$

wobei $f'(x_1) \neq 0$ vorausgesetzt ist (→Regula Falsi). Indem man das Verfahren iteriert, d. h. x_2 anstelle von x_1 als neuen Näherungswert benutzt, kann man immer genauere Näherungen für x_0 finden.

Newton-Teleskop [ˈnjuːtn-; nach I. NEWTON], **Newton-Spiegel,** ein →Spiegelteleskop.

Newtown [ˈnjuːtaʊn], Stadt in der Cty. Powys, Wales, am Severn, 10 500 Ew.; wurde 1967 zu einer der →New Towns in Großbritannien bestimmt; zur Verbesserung der Wirtschaftsstruktur des die Stadt umgebenden ländl. Raumes wurden u. a. Industrieparks in N. geschaffen. – Gegr. 1280.

Newtownabbey [ˈnjuːtnæbɪ], **1)** Stadt in Nordirland, Verw.-Sitz des gleichnamigen Distr., 57 100 Ew.; Industrieparks mit Maschinenbau, Textil-, elektrotechn. u. a. Industrie. – N. entstand 1958 aus sieben Siedlungen im Vorstadtbereich von Belfast am Belfast Lough.

2) Distr. in Nordirland, 151 km², 79 200 Einwohner.

Newtownards [njuːtnˈɑːdz], Industriestadt und Verw.-Sitz des Distr. Ards in Nordirland, östlich von Belfast, 24 300 Ew.; Leinenindustrie, Maschinenbau und Leichtindustrie.

New Towns [ˈnjuːtaʊnz], **Neue Städte,** staatlich geplante neue Städte in Großbritannien und Nordirland, denen Gesetze (New Town Acts) von 1946, 1965 und 1968 zugrunde liegen. Zw. 1946 und 1973 wurden 31 N. T. gegründet oder ältere Städte für den weiteren Ausbau zu N. T. bestimmt. Die frühen N. T. folgen in der städtebaul. Konzeption den auf privater Basis ab 1903 entstandenen →Gartenstädten. Die geplanten Bev.-Zahlen, die zunächst bei 30 000–120 000 Ew. lagen, wurden später auf 70 000–450 000 Ew. erhöht, nach 1976 aufgrund von Finanzierungsschwierigkeiten deutlich reduziert. Bis zum Endausbau wurden die N. T. staatlich verwaltet; sie sind administrativ und wirtschaftlich eigenständig. Mit der Gründung der N. T. sollte neben der Entlastung von Ballungszentren v. a. eine Verbesserung der regionalen Siedlungs- und Wirtschaftsstruktur erreicht werden.

Als ungefähr vergleichbare Siedlungstypen entstanden im 20. Jh. z. B. in Dtl. Eisenhüttenstadt, Espelkamp und Wolfsburg, in den Niederlanden Lelystad, in Frankreich Lille-Est, L'Isle d'Abeau (bei Lyon), Le Vaudreuil (bei Rouen) sowie mehrere →Villes nouvelles im Raum von Paris, in Australien Canberra, in Brasilien Brasília, in Indien Chandigarh.

New Wave [ˈnjuː ˈweɪv; engl. ›neue Welle‹] *der, -,* Mitte der 1970er-Jahre in den USA auftretende Strömung innerhalb der Rockmusik, z. T. vom engl. Punkrock herkommend, ohne dessen Aggressivität zu übernehmen. In bewusster Distanz zu dem gesteigerten artifiziellen und techn. Anspruch zahlr. Rockgruppen der 1970er-Jahre orientieren sich die N.-W.-Gruppen wieder mehr am ›klass.‹ Rock 'n' Roll und an der Beatmusik der frühen 60er-Jahre, elektron. Klangzauber ist unerwünscht und die musikal. Struktur meist rockig einfach. Vertreter waren u. a. PATTI SMITH (*1946), ELVIS COSTELLO (*1954), IAN DURY (*1942) und Gruppen wie ›Blondie‹ und ›Talking Heads‹.

Von Einfluss war der N. W. Ende der 70er-Jahre auch auf die deutschsprachige Rockszene. V. a. in Berlin (West) bildeten sich viele Kleingruppen, deren Musik sich bald als **Neue deutsche Welle** fest etablieren konnte. Texte und Gruppennamen (u. a. ›Fehlfarben‹, ›Wirtschaftswunder‹, ›Hans-A-Plast‹, ›Dt.-Amerikan. Freundschaft‹, ›Einstürzende Neubauten‹) stellen die neue dt. Welle in die Nähe jugendl. Protestformen Ende der 70er-Jahre; bekanntere Vertreter sind ferner u. a. ›Ideal‹, ›Trio‹ und NENA (*1960).

W. LONGERICH: ›Da Da Da‹. Zur Standortbestimmung der Neuen Dt. Welle (1989).

New Windsor [njuː ˈwɪnzə], **Windsor,** Stadt in England, →Windsor.

New York [njuː ˈjɔːk], Abk. **N. Y.,** postamtlich **NY,** Bundesstaat im NO der USA, grenzt an Kanada, 139 832 km², (1994) 18,173 Mio. Ew. (1800: 589 000, 1850: 3,10 Mio., 1910: 9,11 Mio., 1960: 12,78 Mio., 1980: 17,56 Mio. Ew.). Verwaltung: 62 Verw.-Bez. (Countys), von denen fünf die Stadt New York bilden. Hauptstadt ist Albany.

Staat und Recht: Verf. von 1894 (zahlr. Änderungen), Senat mit 60, Repräsentantenhaus mit 150 Mitgl. Im Kongress ist N. Y. durch zwei Senatoren und 31 Abg. vertreten.

Landesnatur: Die Landschaften sind vielgestaltig. Die Adirondacks im N (bis 1 629 m ü. M.) sind ein Teil des Kanad. Schilds. Tiefländer mit glazialen Formen finden sich bes. am Ontario- und Eriesee. Die Appalachenplateaus im S erreichen 1 281 m ü. M. (Catskill Mountains). Die Täler des Hudson River und des Mohawk River (Hudson-Mohawk-Furche) sind eine bedeutende Verkehrsleitlinie zw. Atlantik und den Großen Seen. Das Klima ist kühlgemäßigt und feucht. Durch Kaltlufteinbrüche können die Temperaturen stark absinken; selbst im Stadtgebiet von New York wurden Extremwerte von −26°C gemessen. Fast die Hälfte der Fläche ist waldbedeckt.

Bevölkerung: Der Anteil der Weißen belief sich 1990 auf 74,4%, der der Schwarzen auf 15,9%, der Asiaten auf 3,9%, andere 5,8%. In Städten leben (1990) 84,3% der Bev., allein in New York City 47%; nächstgrößte Städte sind Buffalo, Rochester, Yonkers, Syracuse und Albany.

New Towns

England:
Aycliffe
Basildon
Bracknell
Central Lancashire
Corby
Crawley
Harlow
Hatfield
Hemel Hempstead
Milton Keynes
Northampton
Peterborough
Peterlee
Redditch
Runcorn
Skelmersdale
Stevenage
Telford
Warrington
Washington
Welwyn Garden City

Schottland:
Cumbernauld
East Kilbride
Glenrothes
Irvine
Livingston
Stonehouse

Wales:
Cwmbran
Newtown

Nordirland:
Ballymena
Craigavon (bei Belfast)

New York
Flagge

New Yo New York

New York
Stadtwappen

- größte Stadt der USA
- im Bundesstaat New York
- an der Mündung des Hudson River in den Atlantik
- 7,33 Mio. Ew., in der Metropolitan Area 19,8 Mio. Ew.
- zentraler Bezirk ist Manhattan
- Sitz des ständigen Hauptquartiers der UNO
- Universitäten
- Metropolitan Museum of Art
- Museum of Modern Art
- Guggenheim-Museum
- Metropolitan Opera
- Carnegie Hall
- Wall Street
- Broadway
- berühmte Skyline
- Freiheitsstatue
- 1626 als Neu-Amsterdam gegründet

Wirtschaft: Die Landwirtschaft ist mit Milchwirtschaft, Geflügelhaltung, Anbau von Kartoffeln, Gemüse und Obst bes. auf den Absatz in den Großstädten ausgerichtet. In der industriellen Produktion steht N. Y. hinter Kalifornien an 2. Stelle. Druckereien, Verlage und Bekleidungsindustrie finden sich bes. in der Stadt New York, daneben sind u. a. Rochester, Buffalo und Syracuse bedeutende Industriezentren. N. Y. verfügt über eine gute Verkehrserschließung (→New York State Barge Canal, hervorragende Highways, Eisenbahnen) und Infrastruktur, 18 Univ. und Akademien. Ziele des Fremdenverkehrs sind v. a. die Adirondacks mit Lake Placid, die Finger Lakes u. a. Seen und die Niagarafälle.

Geschichte: Die niederländ. Kolonie →Neu-Niederland wurde 1664/67 an England abgetreten und, nach der Abtrennung von New Jersey, in N. Y. umbenannt. 1685 wurde N. Y. Kronkolonie, 1688/89 war es Teil des Dominion of New England (→Neuengland). In der Unabhängigkeitsbewegung war N. Y. zw. Radikalen und Loyalisten gespalten; die strateg. Aufgabe, die Revolutionszentren in Neuengland und Virginia zu trennen, scheiterte mit der brit. Niederlage bei Saratoga (17. 10. 1777). Noch im gleichen Jahr nahm N. Y. die erste Staats-Verf. an und ratifizierte am 26. 7. 1788 nach heftiger Agitation (→Federalists) als 11. Gründungsstaat die Bundes-Verf. Durch seine Wirtschaftskraft und Bev.-Stärke nahm der ›Empire State‹ seit der 1. Hälfte des 19. Jh. die führende Stellung unter den amerikan. Bundesstaaten ein (1964 von Kalifornien überholt). Politisch besteht seit jeher ein Ggs. zw. der riesigen Stadt New York und ihrem weitgehend agrar. Hinterland (›Upstate New York‹).

History of the state of N. Y., hg. v. A. C. FLICK, 10 Bde. (New York 1933–37); P. U. BONOMI: A factious people. Politics and society in colonial N. Y. (New York 1971); M. KAMMEN: Colonial N. Y. A history (ebd. 1975); Geography of N. Y. state, hg. v. J. H. THOMPSON (Neuausg. Syracuse, N. Y., ²1980); A history of N. Y. State, Beitrr. v. D. M. ELLIS u. a. (Neuausg. Ithaca, N. Y., 1983).

New York [nju: 'jɔːk], **N. Y. City** [- 'siti], größte Stadt der USA, im Bundesstaat New York, an der Mündung des Hudson River in den Atlantik (→New York Bay). Die Stadt hat eine Fläche von 800,2 km² und (1994) 7,33 Mio. Ew. (1850: 696 100, 1900: 3,44 Mio., 1950: 7,89 Mio., 1980: 7,07 Mio. Ew.), Bev.-Dichte 9 160 Ew./km²; sie bildet zus. mit weiteren im Umkreis liegenden Städten (in den Bundesstaaten New York, New Jersey und Connecticut) eine Consolidated Metropolitan Statistical Area mit (1994) 19,8 Mio. Ew. (→Metropolitan Area). In der Bev. von N. Y. sind alle rass., ethn. und religiösen Gruppen vertreten, darunter (1990) 52,3% Weiße, 28,7% Schwarze und 24,4% Hispanos. Zw. den einzelnen Gruppen, die meist in geschlossenen Wohnvierteln leben, gab es seit jeher Spannungen.

N. Y. ist Sitz des ständigen Hauptquartiers der UNO, Sitz eines kath. und eines orth. (zum Ökumen. Patriarchat gehörenden) Erzbischofs, eines Bischofs der armen. Kirche sowie Sitz des National Council of the Churches of Christ in the USA und zahlr. christl. und nichtchristl. Religionsgemeinschaften.

An der Spitze stehen (jeweils für vier Jahre gewählt) der Bürgermeister und der Stadtrat (City Council). Die Stadt ist in fünf Bezirke (Boroughs) gegliedert, von denen jeder einer County des Bundesstaates New York entspricht. Zentraler Bez. der Stadt ist **Manhattan** (N. Y. County; 73,5 km²; 1992: 1,49 Mio. Ew.), auf der gleichnamigen Insel zw. Hudson River, →East River und Harlem River. Seine Wolkenkratzersilhouette (Skyline) ist zum Wahrzeichen der Stadt geworden. Im S-Teil von Manhattan (Lower M. oder Downtown) liegt um die Wall Street der Finanzdistrikt mit Börsen (→New York Stock Exchange) und Banken. Nördlich schließen sich u. a. der Wohnbereich von Greenwich Village (mit Künstlerkolonien), das Hauptgeschäftszentrum (Midtown), der Central Park und weitere Wohngebiete bis zum v. a. von Schwarzen und Puertoricanern bewohnten Stadtteil Harlem an. Die Qualität der Wohnbezirke reicht von Luxusbauten bis zu ausgedehnten Slums, bes. im SO (Lower East Side). Von Bev.-Gruppen bestimmter nat. Herkunft sind z. B. ›Chinatown‹ und ›Little Italy‹ im S Manhattans bewohnt. Neben Bekleidungsindustrie und Druckereien überwiegen in Manhattan Dienstleistungen wie Einzelhandel (Luxusgeschäfte an der Fifth Avenue), Kaufhäuser, Verwaltungen von Firmen, Banken, Versicherungen, kulturelle und Bildungseinrichtungen.

Von Manhattan durch den East River getrennt, liegt, im SW-Teil von Long Island, der Stadtbezirk **Brooklyn** (Kings County: 182,5 km², 1992: 2,29 Mio. Ew., davon 37,9% Schwarze, 20,1% Hispanos). Er gehört zum Wohngürtel mit hoher Bebauungsdichte, mehrstöckigen Mietshäusern, verbreiteten Slums (Brownsville); daneben Industrie und Hafenanlagen; an der Atlantikküste im S liegt Coney Island, eine Halbinsel mit Badestrand und Vergnügungsstätten.

Der sich auf Long Island im NO anschließende Bezirk **Queens** (Queens County: 283,3 km², 1992: 1,95 Mio. Ew.) ist v. a. Wohnviertel der Mittelklasse, die Bebauung ist etwas aufgelockerter.

The Bronx (Bronx County: 108,8 km², 1992: 1,2 Mio. Ew., davon 37,3% Schwarze, 43,5% Hispanos) im N der Stadt, von Manhattan durch den Harlem River getrennt, ist der einzige nur auf dem Festland gelegene Teil von N. Y. Dieser Bez. ist ebenfalls überwiegend Wohngebiet; an seiner 130 km ›Waterfront‹ finden sich Hafenanlagen, Lagerhäuser und Industriegebiete (u. a. Produktion von Textilien, Maschinen, Papierwaren). Die Bronx ist ein besonderes Problemgebiet; es wird viel getan, um die Ausbreitung der Slums zu verhindern, die Zentren von Rauschgifthandel u. a. Kriminalität sind. Zugleich gibt es in der Bronx große Spannungen zw. Schwarzen und Puertoricanern.

Richmond (Richmond County, auch Staten Island Borough: 151,8 km², 1992: 391 000 Ew.) auf →Staten Island ist der am dünnsten besiedelte Bezirk N. Y.s, weist aber seit Fertigstellung (1964) der Verrazano-Narrows-Brücke (Verbindung mit Brooklyn) das größte Bev.-Wachstum aller Bezirke auf.

Administrative und kulturelle Einrichtungen: Zu der großen Anzahl von Univ. und Hochschulen gehören u. a. City University of N. Y. (gegr. 1847), N. Y. University (gegr. 1831), →Columbia University (gegr. 1754), die kath. Fordham University (gegr. 1841), die Saint John's University (eröffnet 1870), Rockefeller University (gegr. 1901), Juilliard School (für Musik, Theater und Tanz; gegr. 1905). N. Y. hat viele hervorragende Museen, wie →Metropolitan Museum of Art, →Museum of Modern Art, Guggenheim-Museum (BILD →Guggenheim, Solomon R.), Frick Collection (europ. Malerei des 13.–19. Jh.), Whitney Museum of American Art, American Museum of Natural History (mit Planetarium), Museum of the American Indian. Das Museum ›The Cloisters‹ im Fort Tryon Park an der N-Spitze Manhattans beherbergt in einem aus Elementen mittelalterl. Architektur (v. a. frz. und span. Herkunft) zusammengesetzten Gebäudekomplex eine Sammlung mittelalterl. Kunst (Gemälde, Bildteppiche, Manuskripte, Skulpturen). Die bedeutendsten Bibliotheken sind die N. Y. Public Library (11 Mio. Bände) in Manhattan, die Brooklyn Public Library, die Bibliotheken der Univ. (v. a. die der Columbia University), der Forschungsinstitute, der Museen und der wiss. Gesellschaften (N. Y. Historical Society, Hispanic Society of America u. a.) sowie die Pierpont-Morgan Library. Als Zentrum des amerikan. Unterhaltungstheaters, das keine festen Ensem-

New York

New York

New York: Die Brooklyn Bridge (1052 m; 1867–83), die älteste Brücke über den East River, vor der Skyline von Manhattan

bles kennt, sondern für jede Inszenierung neue zusammenstellt, in denen Stars dominieren, gilt der diagonal durch Manhattan verlaufende →Broadway, an dem sich die Theater zw. der 42. und 66. Straße konzentrieren; hier befindet sich auch das →Lincoln Center for the Performing Arts mit der neuen Metropolitan Opera, der N. Y. City Opera, dem N. Y. Philharmonic Orchestra und dem N. Y. City Ballet. Eine berühmte Konzerthalle ist die Carnegie Hall (südlich des Central Park). Im Madison Square Garden finden Sport- und kulturelle Großveranstaltungen statt.

Wirtschaft: Die besondere wirtschaftl. Bedeutung N. Y.s liegt im Dienstleistungssektor, in der Konzentration von Banken u. a. Finanzierungsunternehmen, Versicherungen, Beratungsdiensten, Firmensitzen u. a. Betrieben, die weltweit tätig sind. N. Y. ist eine Global City. In Manhattan befinden sich über 450 Hauptkonzernverwaltungen, davon 200 multinat. Unternehmen; besondere Standorte sind die Midtown, zunehmend auch die Downtown (Battery Park City); ein starker Zuwachs an Büroflächen erfolgte in den 80er-Jahren. Hinzu kommen große →Medienkonzerne (ÜBERSICHT), Rundfunk- und Fernsehstationen, Buch- und Zeitungsverlage, Behörden. – Stadt und Großraum N. Y. sind ferner durch eine vielseitige Industrie bestimmt; wichtige Zweige sind u. a. Bekleidungs-, Druck-, chem. Industrie und Hochtechnologie sowie die Herstellung von Konsumgütern. Viele der meist kleineren und mittleren Betriebe sind in das Umland abgewandert, sodass der Stadt Steuern und weniger qualifizierte Arbeitsplätze verloren gehen. Dagegen erfordern die Tätigkeiten in den Büros höhere Qualifikationen, sodass sich ein Missverhältnis am Arbeitsmarkt herausbildet.

Verkehr: Den gewaltigen Verkehr im Stadtgebiet (mit Ausnahme von Richmond) bewältigt zu mehr als 40% die Untergrundbahn. Viele Brücken, Tunnel und Fähren queren die Flüsse und Meeresarme. Die beiden wichtigsten Bahnhöfe sind Grand Central Station und Pennsylvania Station. Über den John F. Kennedy International Airport (im S von Queens) gehen rd. 40% des Überseereiseverkehrs und mehr als die Hälfte der Außenhandelsluftfracht der USA; die Großflughäfen La Guardia und Newark dienen bes. dem Inlandverkehr. Die Schifffahrt, einst einer der wichtigsten Wirtschaftszweige, geht im Stadtgebiet seit Jahren zurück; viele der Hafenanlagen an N. Y.s ›Waterfront‹ (930 km) verfallen, da die einst bedeutende Passagierschifffahrt nahezu ganz eingestellt wurde; einen großen Teil des Frachtverkehrs übernahmen die modernen Container-Verladeanlagen des in New Jersey gelegenen Hafenteils. Der ›Port of N. Y.‹ ist einer der größten Seehäfen der USA.

Stadtbild: Keiner anderen Stadt der Welt vergleichbar, verkörpert N. Y. den Höhepunkt der urbanen Kultur im 20. Jh. Aus der Kolonialzeit sind nur noch wenige Bauwerke erhalten, so die Saint Paul's Chapel (1764–66; Georgian Style). Für Manhattan wurde 1811 der Grundriss der sich rechtwinklig schneidenden Straßen festgelegt, ab 1858 entstand die große Freifläche des Central Park (350 ha; Gartenarchitekt war FREDERICK LAW OLMSTED, *1822, †1903). Wahrzeichen der Stadt wurde die auf Liberty Island am Hafeneingang errichtete →Freiheitsstatue (UNESCO-Weltkulturerbe). Bis ins 20. Jh. entstanden Bauten überwiegend in historisierendem Stil, so das Rathaus (City Hall; 1803–12) im Georgian Style und der Formensprache der frz. Renaissance, in neugot. Stil die Trinity und die Grace Church (1879). Auch bei Wohnhäusern verwendete man die verschiedensten europ. Stilelemente, einige erhaltene Einzelhäuser und ganze Straßenzüge wurden unter Denkmalschutz gestellt. Um 1870 hatte N. Y. bereits mehr als 1 Mio. Ew. Es begann der Bau von Wolkenkratzern. Neben dem auch hier, ungeachtet moderner Materialien und Baumethoden, zu findenden Historismus gab es vielfältige Bauformen (turm-, kasten-, scheiben-, treppenartige Hochhäuser) und Dekorationen: Bayard-Condict Building (1897 bis 1899, L. H. SULLIVAN, mit gusseisernen und Terrakottaornamenten); Flatiron Building (1902, D. H. BURNHAM, Stahlgerüst mit Steinverkleidung im Stil eines ital. Palazzo); Woolworth Building (1908–13, C. GILBERT, mit gotisierenden Stilelementen) und das →Empire State Building. Funktionalismus und internat. Stil begannen sich ab Anfang der 1950er-Jahre durchzusetzen (Seagram Building, 1954–58, L. MIES VAN DER ROHE und P. C. JOHNSON, BILD →Glasarchitektur; Lever House, 1951–52, G. BUNSHAFT und SOM, BILD →amerikanische Kunst; Curtainwall). Diese Entwicklung findet ihren Höhepunkt in den mit Ganzglasfassaden verkleideten Hochhäusern (u. a. United Nations Plaza I und II, 1969–75, K. ROCHE, J. DINKELOO). Zw. 1962 und 1975 entstanden die Doppeltürme des World Trade Center (YAMASAKI MINORU u. a.) mit einer von der Neugotik inspirierten Fassade. Neben den Bauten des internat. Stils werden auch plastisch-skulpturale Bauwerke, wie das TWA-Empfangsgebäude am John F. Kennedy International Airport (1956–62, E. SAARINEN u. a.) gebaut. Mit dem Rockefeller Center (1931–40) und dem Lincoln Center for the Performing Arts (1958–68) sowie dem Citicorp Center (1973–78, H. STUBBINS) entstanden Großkomplexe mit Freiräumen und Grünanlagen. Ford Foundation (1963, ROCHE, DINKELOO) und IBM Building (1983, E. L. BARNES) mit ihren öffentlich zugängl. Binnenbereichen sind Beispiele einer profitableren Grundstücksnutzung. Den Einfluss der Postmoderne zeigen u. a. das ehem. AT + T Building (heute Sony Tower; 1980–84, JOHNSON, J. BURGEE) und das Hochhaus Lexington Avenue (1983–88, H. JAHN). Zahlr. Museen wurden umgebaut bzw. erweitert (u. a. Guggenheim-Museum, Brooklyn Museum, Metropolitan Museum of Art). Geplant ist ein Umbau des Museum of Modern Art (Sieger des Architekturwettbewerbs von 1997 ist der Japaner TANIGUSHI YOSHIO). Im Stadtviertel SoHo entstand in einem histor. Ziegelbau von 1881 eine Dependance des Guggenheim-Museums (1991–92, von ISOZAKI ARATA). 1997 konnte der Neubau des Holocaust Museums (von Roche, Dinkeloo & Associates) im Battery Park eröffnet werden. Zu den bemerkenswerten Stadterneuerungsprojekten gehören die an der S-Spitze von Manhattan angelegte Battery Park City, die ihre architekton. Akzente u. a. auch durch die Gebäude des World Financial Center (1982–88, C. PELLI) erhält, und der histor. Theaterdistrikt am Times Square.

Geschichte: Die 1626 als Fort **Neu-Amsterdam** gegründete Hauptstadt →Neu-Niederlands kam 1664/1667 mit diesem an England und wurde in N. Y. umbenannt. In der Unabhängigkeitsbewegung sehr aktiv, war die Stadt 1776 für kurze Zeit Hauptquartier G. WASHINGTONS, wurde dann aber von brit. Truppen und Loyalisten besetzt (bis 1783). 1789–90 war sie Sitz der Bundes-Reg. und bis 1797 Hauptstadt des Staates New York. Ihr traditionell kosmopolit. Charakter und ihre verkehrsgünstige Lage ermöglichen einen raschen allseitigen Aufstieg, sodass N. Y. schon um 1820 Philadelphia (Pa.) an Bedeutung übertraf. Die Bev. der 1898 als ›Greater N. Y.‹ zusammengeschlossenen Stadtteile Manhattan, The Bronx, Brooklyn, Queens und Richmond wuchs schnell; ethn. Vielfalt und extremes soziales Gefälle prägen seit langem das Bild der Stadt. Die durch Abwanderung der Mittelschicht in angrenzende Gebiete, die wachsenden Aufgaben der Stadt (Sozialfürsorge, Polizei, Verkehrswesen u. a.) und durch administrative Unzulänglichkeiten entstandenen fiskal. Probleme führten 1975 zu einer schweren Finanzkrise, die eine Intervention des Bundesstaates und der Bundes-Reg. erforderte.

R. G. ALBION u. J. B. POPE: The rise of N. Y. port. 1815–1860 (Neuausg. New York 1970); I. ROSENWAIKE: Population history of N. Y. City (Syracuse, N. Y., 1972); N. GLAZER u. D. P. MOYNIHAN: Beyond the melting pot. The negroes, Puerto Ricans, Jews, Italians, and Irish of N. Y. City (ebd. ⁷1976); N. Y. The centennial years, 1676–1976, hg. v. M. M. KLEIN (Port Washington, N. Y., 1976); H. TEIFER: N. Y. (1982); S. LIETZMANN: N. Y. (³1983); R. STARR: The rise and fall of N. Y. city (New York 1985); K. BRAKE: Phönix in der Asche – N. Y. verändert seine Stadtstruktur (1988); Die Janusgesichter des Booms. Strukturwandel der Stadtregionen N. Y. u. Boston, hg. v. U. BECKER u. a. (1989); Manhattan, die Architektur einer Metropole, bearb. v. D. M. REYNOLDS (a. d. Engl.,

New York: ›Skyscrapers‹, u. a. die 420 m hohen Doppeltürme des World Trade Center im Südteil von Manhattan

1989); N.-Y.-Architektur 1970–1990, hg. v. H. KLOTZ, Ausst.-Kat. (1989); R. PLUNZ: A history of housing in N. Y. City (New York 1990); L. WINNICK: New people in bad neighborhood. The role of new immigrants in rejuvenating N. Y.'s communities (ebd. 1990); Dual City. Restructuring N. Y., hg. v. J. H. MOLLENKOPF u. M. CASTELLS (ebd. 1991); A. WINDHOFF-HÉRITIER: City of the poor, city of the rich. Politics and policy in N. Y. City (Berlin 1992); J. SCHWARTZ: The N. Y. approach. Robert Moses, urban liberals, and redevelopment of the inner city (Columbus, Oh., 1993); N. Y. Strukturen einer Metropole, hg. v. H. HÄUSSERMANN u. W. SIEBEL (²1994).

New York Bay [ˈnjuːjɔːk ˈbeɪ], der Mündungstrichter des Hudson River, USA. Zw. der Stadt New York und dem Bundesstaat New Jersey erweitert sich der Hudson River zur buchtenreichen oberen N. Y. B. **(Upper N. Y. B.);** hier befinden sich die zum Stadtgebiet von New York gehörenden Inseln Liberty Island (mit der →Freiheitsstatue) und Ellis Island (die restaurierte ehem. Kontrollstelle für Einwanderer ist seit 1990 Nat. Einwanderungsmuseum) sowie die ausgedehnten Anlagen des Hafens von New York (in Brooklyn, Manhattan und auch in New Jersey; die Uferlinie der Hafenanlage misst insgesamt 1 200 km). An die 1,5 km breite Flussverengung **(The Narrows)** zw. Long Island und Staten Island, seit 1964 überspannt von der zweigeschossigen Verrazano-Narrows-Brücke, schließt sich die untere N. Y. B. **(Lower N. Y. B.)** an, die in den Atlantik übergeht.

New York City Ballet [ˈnjuːjɔːk ˈsɪti ˈbæleɪ], amerikan. Ballettensemble (seit 1964 im New York State Theater im Lincoln Center), das aus früheren Gründungen G. BALANCHINES und des Ballettdirektors und -schriftstellers LINCOLN KIRSTEIN (* 1907, † 1996) hervorging (seit 1948 N. Y. C. B.). Mit KIRSTEIN, BALANCHINE als J. ROBBINS als Direktoren und BALANCHINES neoklassizist. Choreographien als Repertoirebasis entwickelte es sich zu einem führenden Ensemble in der westl. Welt; Veranstaltung von Festivals (›Strawinsky‹, 1972; ›Ravel‹, 1975; ›Tschaikowsky‹, 1981). Nach BALANCHINES Tod 1983 übernahm P. MARTINS (bis 1990 zus. mit ROBBINS) als Chefballettmeister die Leitung des Ensembles.

New York Five, The [ðə ˈnjuːjɔːk ˈfaɪv], amerikan. Architekten, die 1969 in New York in einer Gruppenausstellung vorgestellt wurden. Sie knüpften in ihren

New York: Der Central Park inmitten von Manhattan

Bauten an den Rationalismus der 20er-Jahre, v. a. an die Frühwerke LE CORBUSIERS an. Zu ihnen gehören P. D. EISENMAN, M. GRAVES, CHARLES GWATHMEY (* 1938), J. HEJDUK und R. A. MEIER.

Five architects (Neuausg. New York 1975).

New York Herald Tribune [ˈnjuːjɔːk ˈherəld ˈtrɪbjuːn], amerikan. Tageszeitung mit republikan. Grundhaltung, entstand 1924 durch Vereinigung des ›New York Herald‹, gegr. 1835 von JAMES GORDON BENNETT (* 1795, † 1872), und der ›New York Tribune‹, gegr. 1841 von H. GREELEY; 1966 eingestellt; die Europaausgabe erscheint weiter in Neuilly-sur-Seine als ›International Herald Tribune‹.

New York Philharmonic Orchestra [ˈnjuːjɔːk fɪlɑːˈmɔnɪk ˈɔːkɪstrə], gegr. 1842 als ›New York Philharmonic Society‹, ältestes Orchester der USA; Chefdirigent: K. MASUR (seit 1991). Frühere bedeutende Dirigenten waren u. a. W. DAMROSCH, G. MAHLER, W. MENGELBERG, A. TOSCANINI, J. BARBIROLLI, A. RODZINSKI, B. WALTER, L. STOKOWSKI, D. MITROPOULOS, L. BERNSTEIN, P. BOULEZ und Z. MEHTA. Stammhaus des N. Y. P. O. ist die Carnegie Hall.

New York Review of Books, The [ðə ˈnjuːjɔːk rɪˈvjuː əv ˈbʊks], 1963 während eines Druckerstreiks gegründete, vierzehntägig (im Juli und August monatlich) erscheinende, liberale amerikan. Literaturzeitschrift, die primär Neuerscheinungen der Literatur und der Kulturwissenschaften in ausführl. Rezensionen vorstellt, aber auch Gedichte und längere Essays über aktuelle Ereignisse abdruckt.

New York State Barge Canal [ˈnjuːjɔːk ˈsteɪt ˈbɑːdʒ kəˈnæl], **Barge Canal,** Wasserstraßensystem des Bundesstaates New York, USA, das den Hudson River mit dem Sankt-Lorenz-Strom, den Großen Seen und den Finger Lakes verbindet, Gesamtlänge 845 km, erbaut 1905–18; Hauptteile sind der vom Niagara River abzweigende →Eriekanal, der Champlainkanal (→Champlainsee), der Oswegokanal (zw. Eriekanal bei Syracuse und Ontariosee) und der Cayuga-Seneca-Kanal (vom Eriekanal zu den Finger Lakes).

New York Stock Exchange [ˈnjuːjɔːk ˈstɔk ɪksˈtʃeɪndʒ], Abk. **NYSE** [enwaɪesˈiː], zentrale Wertpapierbörse der USA und weltweit größte Börse (auch ›Big Board‹ gen.). Häufig wird der Sitz an der Wall Street als Synonym für die NYSE verwendet. Ihre Entstehung geht auf formlose Treffen von Wertpapierhändlern gegen Ende des 18. Jh. zurück. 1792 gründeten 24 von ihnen eine Gesellschaft (Buttonwood Tree Agreement), die in rasch wachsendem Umfang und nach immer strengeren Regeln den Börsenhandel organisierte. 1863 erhielt sie ihren heutigen Namen.

Nach dem Ersten Weltkrieg stieg die NYSE zur weltweit wichtigsten Börse auf. Im Anschluss an die Weltwirtschaftskrise und den Zusammenbruch des Wertpapierhandels 1929 wurde 1934 der Handel erstmals einer staatl. Aufsicht durch die Securities and Exchange Commission (SEC) unterstellt. Träger der NYSE ist ein privatrechtl. Verein, dem v. a. die Broker (Makler) und Dealer (Börsenhändler) angehören.

Die Kundenaufträge werden grundsätzlich im Börsensaal (Börsenzeit: 15.30–22.00 Uhr MEZ) nach dem Auktionsprinzip abgewickelt. Für kleine oder limitierte Aufträge wird einer der Specialists unter den Börsen-Mitgl. eingeschaltet, die verpflichtet sind, für jeweils bestimmte Papiere für einen geregelten Markt zu sorgen, wenn erforderlich durch Selbsteintritt. Die Specialists sind über das Intermarket Trading System (ITS) mit den Specialists an anderen Börsen verbunden, was bei an mehreren Börsen notierten Papieren den für Kunden jeweils günstigsten Abschluss ermöglicht. Der älteste und bekannteste Aktienindex der NYSE ist der →Dow-Jones-Index.

Neben der NYSE besteht in New York die →American Stock Exchange (AMEX). Starke Konkurrenz haben beide Börsen durch die 1971 von der National Association of Securities Dealers (NASD) geschaffene ›Computerbörse‹ (Automated Quotations System; NASDAQ) erhalten. Über diese Börse werden die von →Marketmakern angegebenen Geld- und Briefkurse für die rd. 5 000 umsatzstärksten Aktien des Over-the-Counter-Market landesweit verbreitet. Die Umsätze an der NASDAQ überschreiten nur an manchen Tagen die Umsätze an der NYSE. In der Rangfolge steht die NYSE unumstritten an erster Stelle, gefolgt von der NASDAQ und der drittplatzierten AMEX. Weitere wichtige Börsen in New York sind die Commodity Exchange (COMEX) v. a. für Edelmetalle, die New York Cotton Exchange (NYCE), die New York Mercantile Exchange (NYMEX) für den Handel mit Futures (v. a. auf Metalle, Energie- und Agrarprodukte) und die New York Futures Exchange (NYFE) für den Aktienindexhandel.

New York Times, The [ðə ˈnjuːjɔːk ˈtaɪmz], amerikan. Tageszeitung, gegr. 1851 in New York mit landesweiter Verbreitung; Auflage 1,1 Mio. (werktags), 1,7 Mio. (sonntags). Zum Mehrmedienunternehmen ›The New York Times Co.‹ gehören weitere Zeitungen und Zeitschriften (u. a. der ›Boston Globe‹), eine Hörfunkgesellschaft mit klass. Musikprogramm in New York, drei Fernsehgesellschaften, die Kabelfernsehgesellschaft ›NYT Cable TV‹ mit Abonnementprogrammen, ferner mehrere Informationsdienste sowie

New York Stock Exchange: Blick in den Börsensaal

New Zealand – Ngala Ngal

Anteile an amerikan. und kanad. Papierfabriken und an der ›International Herald Tribune‹. Mehrheitsgesellschafter ist die Familie Sulzberger.

New Zealand [nju: 'zi:lənd], engl. Name von →Neuseeland.

Nexø ['negsø], Martin Andersen, dän. Schriftsteller, →Andersen Nexø, Martin.

Nexus [lat. ›das Zusammenknüpfen‹] der, -/-, bildungssprachlich für: Verbindung, Zusammenhang.

Ney, 1) Elisabeth Franzisca Bernardina Wilhelmina, Bildhauerin, * Münster 26. 1. 1833, † Austin (Tex.) 29. 6. 1907; lebte ab 1871 in Texas; studierte in München und ab 1854 in Berlin bei C. D. RAUCH, dessen Einfluss v. a. in ihren Porträtbüsten deutlich wird; schuf auch Statuen und Medaillons.

M. GOAR: Marble dust. The life of E. N. An interpretation (Austin, Tex., 1984); E. F. CUTRER: The art of the woman. The life and work of E. N. (Lincoln, Nebr., 1988).

2) Elly, Pianistin, * Düsseldorf 27. 9. 1882, † Tutzing 31. 3. 1968; studierte u. a. bei T. LESCHETIZKY und E. VON SAUER und galt als eigenwillige Beethoven-Interpretin; schrieb die Autobiographie ›Ein Leben für die Musik‹ (1952, ²1957 u. d. T. ›Erinnerungen und Betrachtungen‹).

3) [nɛ], Michel, Herzog **von Elchingen** (seit 1808), Fürst **von der Moskwa** (seit 1813), frz. Marschall (seit 1804), * Saarlouis 10. 1. 1769, † Paris 7. 12. 1815; wurde 1796 Brigadegeneral, trug durch seinen Sieg bei Elchingen (bei Ulm) am 14. 10. 1805 wesentlich zur Kapitulation der Österreicher bei. 1812 tat er sich bes. bei Borodino hervor. LUDWIG XVIII. ernannte ihn 1814 zum Pair; 1815 ging er wieder zu NAPOLEON I. über und führte bei Waterloo die alten Garden. Nach Rückkehr der Bourbonen wurde er auf der Flucht ergriffen und als Hochverräter standrechtlich erschossen.

J. T. FOSTER: Napoleon's marshal. The life of M. N. (New York 1968); F. G. HOURTOULLE: N., le brave des braves (Paris 1981).

Neydharting, Moorbad in Oberösterreich, Teil von Bad →Wimsbach-Neydharting.

Neyshabur [-ʃa'bu:r], Stadt in Iran, →Nischapur.

Nezahualcóyotl, Netzahualcóyotl, Stadt in Mexiko, im östl. Vorortbereich der Hauptstadt Mexiko, im Bundesstaat México, 1 260 000 Ew.; Massenquartier der Unterschichten (eingeschossige Häuser, aber nur z. T. ›Slum‹) auf dem Boden des ehem. Lago de Texcoco; anfangs illegale Landnahme, seit 1958 (12 000 Ew.) unter staatl. Lenkung (gleichmäßiges Straßennetz, keine Wasserleitungen, kein öffentliches Verkehrssystem); seit 1963/67 eigene Gem. (1970: 580 000 Ew.). Die Erwerbstätigen arbeiten - abgesehen von Handel und Handwerk - im Distrito Federal.

Nezessitativ [zu lat. necessus ›notwendig‹] der, -s, Sprachwissenschaft: Verbform zur Bez. einer Notwendigkeit, die u. a. in den Turksprachen vorkommt, z. B. türkisch gelmeliyim ›ich muss kommen‹.

Nežin [-ʒ-], Stadt in der Ukraine, →Neschin.

Nez Percé [nɛpɛr'sɛ; frz. ›durchstochene Nase‹], nordamerikan. Indianerstamm, gehört wie die nahe verwandten Cayuse, Umatilla und Yakima zur Sahaptin-Familie der Penutisprachen. Urspr. Jäger, Sammler und Fischer im nordöstl. Oregon, haben die N. P. von den Plainsstämmen im 18. Jh. Pferde übernommen, die sie weiterzüchteten (Appaloosa) und mit denen sie zur Bisonjagd auszogen. Ihrer Vertreibung durch die US-Armee (1877) leisteten ein Teil der N. P. unter Häuptling JOSEPH erbitterten Widerstand; Nachfahren dieser Gruppe (etwa 300) leben auf der Colville Reservation (Washington). Auf ihrer Reservation in NW-Idaho (etwa 3 300 N. P.) sind ›Recreation Areas‹ für Touristen eingerichtet worden.

M. D. BEAL: ›I will fight no more forever‹ (Seattle, Wash., 1963).

Nezval ['nɛzval], Vítězslav, tschech. Schriftsteller, * Biskupovice (bei Trebitsch) 26. 5. 1900, † Prag 6. 5. 1958; Sohn eines Lehrers, studierte Philosophie in Prag; seit 1924 Mitgl. der KP, seit 1936 Mitarbeiter des Parteiorgans ›Rude právo‹; wurde 1956 als ›Formalist‹ aus dem Schriftstellerverband ausgeschlossen, 1962 postum rehabilitiert. – N., Mitgl. der avantgardist. Gruppe ›Devětsil‹, vertrat den →Poetismus in der tschech. Literatur (Manifest des Poetismus, 1924 und 1928, zus. mit K. TEIGE). Eine Frankreichreise (1933) brachte, v. a. unter dem Einfluss von A. BRETON, die zunehmende Neigung zum Surrealismus; 1934 gründete er mit TEIGE eine surrealist. Gruppe. Nach erzwungenem Schweigen im Zweiten Weltkrieg verstärkte sich später bei ihm die Tendenz zu patriot. Dichtung. N.s vielseitiges Werk umfasst neben sozialer und Liebeslyrik auch Romane, Erzählungen, Dramen, Essays, Kinderbücher und Übersetzungen aus der engl. und frz. Literatur.

Werke: *Lyrik:* Most (1922); Pantomima (1924); Diabolo (1926); Akrobat (1927); Edison (1928); Sbohem a šáteček (1934); Absolutní hrobař (1937). – *Roman:* Kronika z konce tisíciletí (1929). – *Erzählung:* Pražský chodec (1938; dt. Der Prager Spaziergänger).

Ausgaben: Dílo, 31 Bde. (1951–70). - Ich singe den Frieden (1950, Ausw.); Ausgew. Gedichte (1967); Auf Trapezen (1978, Ausw.).

P. DREWS: Devětsil u. Poetismus. Künstler. Theorie u. Praxis der tschech. literar. Avantgarde am Beispiel V. N.s, Jaroslav Seiferts u. Jiří Wolkers (1975); C. HANSEN-LÖVE: Die Wurzeln des tschech. Surrealismus. V. N., in: Wiener Slavist. Almanach, Bd. 4 (Wien 1979); M. BLAHYNKA: V. N. (Prag 1981).

nF, Einheitenzeichen für Nanofarad (→Farad).

NF, 1) Abk. für →Niederfrequenz.
2) *Politik:* Abk. für →Neues Forum.

NFA [enef'eɪ; engl.], Abk. für **National Futures Association** ['næsnl 'fjuːtʃəz əsəʊsɪ'eɪʃn], 1982 gegründeter Selbstregulierungsverband der amerikan. Terminbörsen; Pflichtmitglieder sind Händler, Broker und alle am Handel mit Futures beteiligten Dienstleistungsunternehmen. Die NFA überwacht den ordnungsgemäßen Ablauf des Terminhandels, übt Kontrollfunktionen über die Mitgliedsfirmen aus, fungiert als Schiedsgericht, verbreitet Informationsmaterial.

NFL [enef'el, Abk. für engl. **National Football League**], 1920 in Canton (Oh.) als APFA (American Professional Football Association) gegründete amerikan. Profiliga für American-Football-Teams; 1922 Umbenennung in NFL. 1959 erfolgte die Gründung einer zweiten Profiliga, der AFL (American Football League), die 1966 mit der NFL fusionierte. Die NFL ist seitdem in die National Football Conference (NFC) und die American Football Conference (AFC) unterteilt. Am Ende einer Saison tragen die Meister von NFC und AFC das seit 1971 als **Superbowl** bezeichnete Endspiel aus.

Ngąda, Bez. für eine aus indones. und melanes. Elementen gemischte Volksgruppe in Mittelflores, Indonesien; in der Mehrzahl katholisch; Reste der animist. Glaubensvorstellungen blieben erhalten.

Ngaju, Stamm der →Dayak im südl. Borneo, S-Kalimantan (Indonesien).

Ngala, 1) Bangala, zusammenfassende Bez. von Bantugruppen (Boloki, Iboko, Babale, Poto u. a.) entlang dem Kongo, etwa von Lolango bis Lisole in der Demokrat. Rep. Kongo, etwa 5 Mio. Menschen. Auf der Grundlage der Dialekte dieser Gruppen und der nahe verwandten **Bangi (Babangi, Bobangi)** entwickelten Missionare die Verkehrssprache ›Lingala‹. Kultur und Lebensweise werden vom großen Fluss bestimmt, die N. werden deshalb auch als Flussmenschen (Gens d'eau) bezeichnet.

2) Mbangala, Imbangala, ein durch Lundaeinflüsse im 17. Jh. gebildetes Bantuvolk zw. oberem Kwango und Lui in N-Angola; war eng verbunden mit den

Elly Ney

Michel Ney

Vítězslav Nezval

NFL

Ngam Ngamiland – Nguni

Jagaherrschaften in Mittelangola, die im 16. Jh. weite Landstriche durch Kriegszüge verwüsteten.

Ngamiland [əŋˈgaːmiː-], Landschaft in NW-Botswana, eine Trockensavanne mit dem Okawangobecken. An dessen S-Ende liegt das abflusslose **Ngamisee**, ein fischreiches Sumpfgebiet, 65 km lang, 6–13 km breit, bis 3 m tief; er erhält episodisch Wasser vom Okawango und ist fast völlig mit Gräsern und Dornbüschen bestanden; zahlr. Wasservögel, darunter Zugvögel aus Europa. Alte Uferlinien weisen auf eine frühere Größe von 50 000 km² hin.

E. KLIMM: N. Geograph. Voraussetzungen u. Perspektiven seiner Wirtschaft (1974).

Ngana, die →Nagana.

Ngandong, Dorf am Solo, Mitteljava, Fundstelle (1931–33) fossiler menschl. Skelettreste; 1932 von F. OPPENOORTH als Homo soloensis (Javanthropus soloensis, Solomensch) bezeichnet, heute als späte Ausprägung des Homo erectus bzw. als archaischer Homo sapiens angesehen. Hirnschädelvolumen 1 035 bis 1 255 cm³ (in der Variationsbreite des Homo erectus), aber nur schwacher Brauenwulst; Körperhöhe 166 cm. Alter der Funde nach Begleitfauna wohl frühe Würm-Eiszeit (? 0,1–0,5 Mio. Jahre). Begleitfunde von Steinkugeln und Steinwerkzeuge.

Nganking, Stadt in China, →Anqing.

Ngaoundéré [ngaːundeˈre], **Ngalundere,** Stadt in Adamaua in N-Kamerun, 1 100 m ü. M., 47 500 Ew.; Verw.-Zentrum; Sitz eines Fulbeherrschers und eines kath. Bischofs; Endpunkt der Transkamerunbahn, Flugplatz.

Ngauruhoe, Mount N. [maʊnt naʊrəˈhɔɪ], aktiver Vulkan auf der Nordinsel Neuseelands, im Tongariro-Nationalpark, 2 287 m ü. M.

Ngbandi, Volksgruppe im N der Demokrat. Rep. Kongo, südlich des Ubangi und nördlich des Kongoflusses. Die etwa 500 000 N. betreiben Feldbau (Bananen, Maniok) auf Rodungsinseln sowie Kleinviehhaltung, Fischerei und Jagd mit Netzen; sie haben runde Kegeldachhäuser für die Frauen und rechteckige Männerhallen; Polygynie; sie kennen einen Schöpfergott, Lokalgeister und Ahnenkult, der sich in ihren künstler. Erzeugnissen widerspiegelt. Die Sprache der N. gehört zu den Adamaua-Ost-Sprachen.

NGC [endʒiˈsiː, engl.], Abk. für **New General Catalogue of Nebulae and Clusters of Stars** [njuːˈdʒenərəl ˈkætələɡ əv ˈnebjuli: ənd ˈklʌstəz əv ˈstaːz, ›Neuer allgemeiner Katalog von Nebeln und Sternhaufen‹], ein von dem dän. Astronomen JOHN LUDWIG EMIL DREYER (*1852, †1926) zusammengestellter und 1888 veröffentlichter Katalog von Sternhaufen, galakt. Nebeln und extragalakt. Sternsystemen mit etwa 8 000 Objekten; 1895 und 1908 durch zwei ›Index-Kataloge‹ (**IC I** und **IC II**) mit rd. 5 000 weiteren Objekten ergänzt. NGC in Verbindung mit einer Zahlenangabe bezeichnet eines der Objekte (NGC 224 z. B. den Andromedanebel), wobei die Zahl die Nummer angibt, unter der es im Katalog zu finden ist.

NGO [endʒiːˈəʊ], Abk. für **N**on-**g**overnmental **o**rganizations, →Nichtregierungsorganisationen.

Ngo Dinh Diem [ŋo ɖin ziəm], vietnames. Politiker, *Quang Binh (Annam) 3. 1. 1901, †(ermordet) 2. 11. 1963; einer der polit. Führer der kath. Minderheit in Vietnam, lehnte im Zweiten Weltkrieg eine Zusammenarbeit mit den Japanern, danach mit den Franzosen wie auch den kommunistisch geführten Vietminh ab. 1950–54 lebte er in der Emigration. Nach der frz. Rückzug aus Indochina (1954) war N. 1954–55 Min.-Präs. von Süd-Vietnam. 1955 rief er nach Absetzung des Kaisers BAO DAI die Republik aus; er selbst wurde Staatspräs. Gestützt auf die kath. Minderheit seines Landes, errichtete er ein diktator. Reg.-System, das im Hinblick auf die Auseinandersetzung mit dem kommunist. Nord-Vietnam lange Zeit von den USA gestützt wurde. Repressalien bes. gegenüber der buddhist. Mehrheit des Landes, Korruption und steigender polit. Einfluss von Angehörigen seiner Familie führten 1963 zu seinem gewaltsamen Sturz.

Ngoni, zu den Nguni zählende Volksgruppe der Bantu in SW-Tansania (östlich des Njassasees, rd. 200 000 N.) und in benachbarten Gebieten von Moçambique (rd. 30 000 N.). Die in SO-Sambia (rd. 270 000) und verstreut in Malawi (rd. 675 000) lebenden N. wurden von den alteingesessenen Bev. bereits weitgehend, v. a. sprachlich, assimiliert. Die N. gehen auf Kriegergruppen zurück, die sich etwa um 1820 von den Zulu abspalteten. Sie leben als Viehzüchter mit Feldbau (Mais, Erdnüsse, Hirse u. a.) und haben eine patrilineare Gesellschaftsform.

Ngoring Hu, Eling Hu, See im NO des Hochlands von Tibet, Prov. Qinghai, China, im versumpften Hochtal des Hwangho, bildet mit dem benachbarten Gyaring Hu und mehreren kleinen Seen eine Seenkette.

Ngorongoro, N.-Krater, Caldera in N-Tansania, mit 250 km² Fläche und 22 km Durchmesser einer der größten Vulkankrater der Erde. Die Wände ragen etwa 600 m über den zumeist mit Gras bedeckten, 1 750 m ü. M. gelegenen Kraterboden auf, der von Masai bewohnt ist und von deren Rinderherden beweidet wird. Der N. ist Zentrum des von der UNESCO zum Weltkultur- und Weltnaturerbe erklärten Naturschutzgebietes N. (8 300 km²; Elefanten, Gnus, Zebras, Gazellen, Löwen u. a.), das außer dem N. einige Nebenkrater und die Schlucht Olduvai umfasst.

Ngugi wa Thiọng'o, früher **James Thiong'o Ngugi,** kenian. Schriftsteller, *Limuru (bei Nairobi) 5. 1. 1938; studierte Literaturwiss. in Kampala und Leeds; einer der bekanntesten Autoren Schwarzafrikas, gehört zu den führenden oppositionellen Intellektuellen Kenias; ging 1982 nach Großbritannien ins Exil, seit 1989 lebt er in den USA. Seine in engl. Sprache geschriebenen Romane und Erzählungen sind von den Traditionen des antikolonialen Widerstands in Kenia, bes. der Mau-Mau-Bewegung, geprägt und setzen sich – in späteren Werken zunehmend in satirisch-allegor. Form – mit der Kluft zw. den Idealen der Unabhängigkeitsbewegung und der ernüchternden sozialen Wirklichkeit im nachkolonialen Kenia auseinander. Ab Mitte der 70er-Jahre schuf N. stärker orthodox-marxistisch inspirierte Werke, begann in seiner Muttersprache Kikuyu zu schreiben und wandte sich dem Theater als Medium revolutionärer Bewusstseinsbildung zu.

Werke: *Romane:* Weep not, child (1964; dt. Abschied vor der Nacht); The river between (1965; dt. Der Fluß dazwischen); A grain of wheat (1967; dt. Freiheit mit gesenktem Kopf, auch u. d. T. Der Preis der Wahrheit); Petals of blood (1977; dt. Verbrannte Blüten); Caitaani mūharaba-inī (1980; dt. Der gekreuzigte Teufel); Matigari (1989; dt.). – *Kurzgeschichten:* Secret lives (1975; dt. Verborgene Schicksale). – *Theaterstücke:* Ngaahika ndeenda (1977; engl. I will marry you when I want); Maitu njugira (1982). – *Tagebuch:* Detained. A writer's prison diary (1981). – *Essays:* Moving the centre: the struggle for cultural freedoms (1993).

D. LOOK u. M. OKENIMPHE: N. wa T. An exploration of his writings (London 1983); C. SICHERMAN: N. wa T. A bibliography of primary and secondary sources (ebd. 1989); HERTA MEYER: ›Justice for the oppressed‹. The political dimension in the language use of N. wa T. (Essen 1991).

Ngultrum, Abk. **NU, Nu.,** Währungseinheit von Bhutan, 1 N. = 100 Chhetrum (CH, Ch.).

Nguni, sprachverwandte Gruppe von Bantuvölkern, etwa 20 Mio. Angehörige. Zu den N. gehören die →Xhosa, →Swasi sowie die →Zulu und die aus ihnen hervorgegangenen →Ngoni und →Ndebele. Die N. sind von allen Bantu am weitesten nach S vorgedrungen (östl. Kapland). In Erscheinungsbild und Sprache (Schnalzlaute) der N. lassen sich Vermischungen mit

Ngugi wa Thiong'o

Niagarafälle: Links die Amerikanischen Fälle, rechts die kanadischen Hufeisenfälle

Buschmännern und Hottentotten erkennen. Die ursprüngl. Viehzüchter und Hackbauern sind heute einem starken Kulturwandel unterworfen (Missionierung, Kontraktarbeit, Landflucht). Die ostafrikan. Pidginsprache Fanagalo leitet sich von den N.-Sprachen her.

Nguru, Stadt in N-Nigeria, im Bundesstaat Borno, 76 300 Ew.; Handelszentrum; Fleischverarbeitung; Endpunkt der Eisenbahnlinie von Kano.

Nguyen Van Linh [ŋuiən vain liŋ], vietnames. Politiker, * Hung Yen (Prov. Hai Hung) 1. 7. 1915; zunächst Mitgl. der KP Indochinas, später der kommunist. Lao Dong (›Arbeiterpartei‹) in Vietnam, seit Anfang der 30er-Jahre im Untergrund gegen die frz. Kolonialmacht in Indochina aktiv, 1930–36 und 1941–45 in frz. Haft; organisierte in Süd- und Zentralvietnam 1945/46–54 den Widerstand gegen die Herrschaft Frankreichs, seitdem gegen die von den USA gestützte Reg. in Süd-Vietnam. Er steuerte die Aktionen des Vietcong. 1960 wurde er Mitgl. des ZK, 1976 – nach der Vereinigung der beiden Teile Vietnams – Sekretär des ZK und Mitgl. des Politbüros. 1981–86 leitete er die Parteiorganisation in Ho-Chi-Minh-Stadt. Innerparteil. Spannungen führten zum zeitweiligen (1982–85) Ausschluss aus dem Sekretariat und dem Politbüro. 1985 rehabilitiert, leitete er im Auftrag der Parteiführung wirtschaftl. Reformen ein. 1986–91 war er Gen.-Sekr. des ZK der KP Vietnams.

Nguyen Van Thieu [ŋuiən vain θiəu], vietnames. General und Politiker, * Phan Rang (früher Prov. Thuan Ninh) 5. 4. 1923; als Befehlshaber der 5. südvietnames. Infanteriedivision 1963 maßgeblich am Militärputsch gegen Präs. NGO DINH DIEM beteiligt. 1964–65 war N. V. T. stellv. Min.-Präs. und Verteidigungs-Min. Nach einem weiteren Putsch übernahm er 1965 als Vors. des nat. Verteidigungsrates die Funktion eines Staatsoberhauptes. 1967–75 war er Staatspräs. Nach dem militär. Zusammenbruch Süd-Vietnams (1975) ging er ins Exil.

Ngwato, Mangwato, Bantustamm der Tswana in Botswana, südöstlich der Salzpfanne Makarikari um den Hauptort Serowe. Die etwa 350 000 N. betreiben Feldbau in der Savanne und Viehhaltung.

N. H., postamtlich **NH,** Abk. für den Bundesstaat New Hampshire, USA.

Nha Trang [na traŋ], Stadt im südl. Vietnam, im Zentralen Tiefland, Hafen am Südchin. Meer, 213 700 Ew.; kath. Bischofssitz; ozeanograph. Institut, Marineakademie, Luftfahrtschule; Fischerei, Salzgewinnung; Flugplatz.

NHL [eneitʃel, Abk. für National Hockey League], 1917 in Montreal gegründete nordamerikanische Eishockeyprofiliga; urspr. war die NHL auf Kanada begrenzt, 1924 wurde der erste USA-Klub aufgenommen. Heute ist die NHL in die Eastern Conference und die Western Conference unterteilt, deren Meister sich im Finale um den **Stanley-Cup** gegenüber stehen. Sieger wird die Mannschaft, die zuerst vier von max. sieben Spielen gewinnt.

Nhulunbuy, Stadt in Australien, →Gove Peninsula.
Ni, chem. Symbol für das Element →Nickel.
Niacin [Kw.] *das, -s,* die →Nikotinsäure.
Niacin|amid, *das* →Nikotinsäureamid.
Niagarafälle [indian. ›donnerndes Wasser‹], engl. **Niagara Falls** [naɪˈægərə ˈfɔːlz], Wasserfälle in den USA und Kanada, im Bereich der Großen Seen am →Niagara River, der eine Schichtstufe aus silur. Kalksteinen unterschiedl. Härte schneidet. Durch eine Insel (Goat Island) teilt sich der Fluss und bildet die kanad. **Hufeisenfälle** (engl. **Horseshoe Falls,** 49 m hoch und 790 m breit), über die der überwiegende Teil des Wassers fließt (etwa 6 000 m³/s), und die **Amerikanischen Fälle** (engl. **American Falls,** 51 m hoch und 350 m breit). Durch Unterspülung der oberen Kalkschicht kommt es zu Abbrüchen und einer Rückverlegung (durchschnittlich 1,40 m pro Jahr an den Hufeisenfällen). Unterhalb der N. hat sich eine fast 100 m tiefe Schlucht (Niagara Gorge) gebildet. Zur Umgehung der N. wurde der Wellandkanal erbaut, der in acht Schleusen einen Höhenunterschied von 99,7 m überwindet. An den N., jährlich Ziel vieler Millionen Touristen, liegen sich die beiden Städte Niagara Falls gegenüber. – Eine frz. Expedition unter S. DE CHAMPLAIN entdeckte 1613 die N.; die erste Beschreibung (1678) stammt von Pater LOUIS JOHANNES HENNEPIN (* 1640, † 1701 oder 1706).

Niagara Falls [naɪˈægərə ˈfɔːlz], **1)** Stadt in der Prov. Ontario, Kanada, am W-Ufer des Niagara River, unmittelbar an den Niagarafällen, 75 400 Ew.; zwei Wasserkraftwerke, chem., Nahrungsmittelindustrie; bedeutender Fremdenverkehr (rd. 14 Mio. Besucher pro Jahr; Hotels und Motels).
2) Stadt im Bundesstaat New York, USA, mit der gegenüberliegenden, gleichnamigen kanad. Stadt durch drei Brücken verbunden, 61 800 Ew.; Wasserkraftwerke, elektrochem. und elektrometallurg. sowie Raumfahrtindustrie; Fremdenverkehr. Außerhalb der Stadtgrenze liegt die Niagara University (gegr. 1856).

Niagara River [naɪˈægərə ˈrɪvə], Grenzfluss zw. Kanada und den USA, 55 km lang, Abfluss des Eriesees zum Ontariosee. In den oberen Flussabschnitt, der bis zu Stromschnellen oberhalb der →Niagarafälle schiffbar (30 km) ist, mündet nördlich von Buffalo der →New York State Barge Canal. Die Schifffahrt auf dem Sankt-Lorenz-Seeweg benutzt den westlich des N. R. angelegten Wellandkanal. Von den Wasserkraftwerken am N. R. stehen zwei in Kanada und fünf in den USA.

NHL

Niam Niamey – Nibelungenlied

Niamey [nja'mɛ], Hauptstadt der Rep. Niger, 200 m ü. M., am linken Ufer des Niger (Brücke) im SW des Landes, (1990) 550 000 Ew. (städt. Agglomeration); kath. Bischofssitz, Univ. (1971 gegr.), Verw.-Schule, Forschungsinstitute, Nationalmuseum (Freilichtmuseum mit der landesübl. Wohnformen). N. ist Wirtschaftszentrum des Landes; Nahrungsmittel- und Textilindustrie, Getreidemühle, Brauerei, Seifenfabrik, Ziegelei, Gerberei, Herstellung von Kunststoffartikeln, Metallmöbeln und Töpfereiwaren; Straßenknotenpunkt, Hafen der Nigerschifffahrt (Oktober bis März); internat. Flughafen. – N., als frz. Militärposten in der Nähe älterer Dörfer gegr., wurde 1926 Hauptstadt von Niger.

Niari, Fluss im S von Kongo (Brazzaville), 700 km lang, entspringt auf der Niederguineaschwelle, im Oberlauf **Ndouo**, im Unterlauf **Kouilou** genannt, mündet 50 km nördlich von Pointe-Noire in den Atlant. Ozean. Das Tal des mittleren N. ist das bedeutendste Landwirtschaftsgebiet des Landes (Zuckerrohr, Ölpalmen, Bananen, Kaffee); Zentrum ist Nkayi.

Nias, Insel im Ind. Ozean, vor der W-Küste Sumatras, zu Indonesien, 4772 km², bis 887 m ü. M., 470 000 Ew.; Hauptort und -hafen Gunungsitoli; Anbau von Reis, Mais, Jams, Taro u. a., Kokospalmenkulturen (Kopraexport), Fischerei.

Auf der ganzen Insel, bes. im südl. Teil, gibt es Zeugen einer alten Megalithkultur, die bis in jüngste Zeit lebendig war: Steinsäulen, Rundtische und Steinsärge (ähnlich wie bei den Batak). Wie bei den meisten Altindonesiern spielt auch bei den **Niassern** der Ahnenkult eine bedeutende Rolle; für ihn werden kleine hölzerne Ahnenfiguren hergestellt, die zu Reihen aneinander gebunden werden. Die Ahnenfiguren der Kopfjäger waren armlos, im Unterschied zu den sorgfältig bearbeiteten der übrigen Niasser grob geschnitzte Figuren, denen einige Haare der erbeuteten Köpfe angeheftet wurden.

W. MARSCHALL: Der Berg des Herrn der Erde (1976).

Niaux: Verwundeter Wisent; Felsbild in der Höhle Niaux; um 12 000 v. Chr.

Niaux [njo], Gem. bei Tarascon-sur-Ariège im Dép. Ariège in den frz. Pyrenäen mit mehreren Höhlen an den Hängen des Vicdessostals. Bei N. befindet sich eine 1 400 m lange Höhle (**Höhle N.**) mit zahlr. gut erhaltenen Wandmalereien (Friese mit Wisenten, Wildpferden, Hirschen und Steinböcken), die dem jungpaläolith. Magdalénien und dem frankokantabr. Kreis angehören. Im Höhlenboden haben sich menschl. Fußabdrücke sowie eingravierte Tierbilder erhalten. Gegenüber von N., im linken Talhang des Vicdessos, liegt die Höhle **La Vache**, in der reichhaltige Fundschichten des Magdalénien aufgedeckt wurden (Kleinkunstwerke mit seltenen Tiergravierungen: Braunbär, Höhlenlöwe, Seehund, Saigaantilope).

L'art des cavernes. Atlas des grottes ornées paléolithiques françaises (Paris 1984).

Nibble [nɪbl; engl., eigtl. ›Bissen‹, ›Happen‹] *das*, -(s)/-(s), *Informatik:* die Hälfte eines Bytes, d. h. eine Gruppe von vier Bits.

Nibelungen, im →Nibelungenlied zunächst die ursprüngl. Besitzer eines großen Schatzes (Hort), der von Zwerg Alberich gehütet wird, sowie deren nach König Nibelunc benannten Untertanen, im zweiten Teil des Liedes wohl eine Bez. der Burgunden. Der Name Nibelung ist variantenreich, seit dem 8. Jh. als Personenname häufig belegt; myth. Ursprung ist für ihn nicht anzunehmen. Die Bez. der Helden mit dem Volksnamen Burgunden ist eine Besonderheit des N.-Liedes. Die nord. Dichtungen nennen sie Gjúkungar (›Abkömmlinge des Gjúki‹), später auch Niflungar. Auch in der dt. Tradition hat der Name N. die Priorität gegenüber der sekundär eingeführten Bez. Burgunden.

Nibelungenlied, mittelhochdt. Heldenepos eines namentlich nicht bekannten Dichters um 1200 im Donaugebiet (Passau?), das in 39 ›Aventiuren‹ in der Form der →Nibelungenstrophe von Siegfrieds Werbung um die burgund. Königstochter Kriemhild und der mit ihr verbundenen Gewinnung Brünhilds für König Gunther, der Vermählung beider Paare, von Siegfrieds Ermordung durch Hagen und von Kriemhilds furchtbarer Rache mithilfe des hunn. Königs Etzel berichtet.

Das N. gliedert sich in zwei urspr. selbstständige Teile: die Siegfried-Brünhild-Kriemhild-Handlung und den Burgundenuntergang (Einschnitt zw. der 19. und 20. Aventiure).

Dem zweiten Teil liegen geschichtl. Ereignisse zugrunde: die Vernichtung der Burgunden (→Burgunder) unter GUNDAHAR am Mittelrhein durch die mit dem weström. Feldherrn AETIUS verbündeten Hunnen 436 und der Tod ATTILAS 453 in der Nacht seiner Hochzeit mit der Germanin ILDIKO. Auf älterer Stufe der Sage (Altes Atlilied) rächt Kriemhild (Gudrun) den Tod ihrer Brüder an Etzel (Atli), der diese aus Gier nach dem Hort an seinen Hof gelockt und getötet hatte. Dass Kriemhild im N. nicht mehr ihre Brüder an Etzel rächt, sondern dessen arglos gewährte Hilfe benutzt, um den Tod ihres ersten Gatten Siegfried an ihren Brüdern Gunther, Gernot und Giselher sowie an Siegfrieds Mörder Hagen zu rächen, also die altgerman. Sippenbindung durch die Liebesbindung ablöst, bedeutet eine völlige Umgestaltung der Fabel.

Für den ersten Teil sind histor. Grundlagen schwieriger nachzuweisen und auch im Einzelnen umstritten. Am ehesten kommen mit myth. und märchenhaften Elementen verbundene Ereignisse aus der merowing. Geschichte des 6. Jh. in Betracht.

Die jahrhundertelange Heldensagentradition wirkt noch im hochmittelalterl. N. nach; bewahrt gebliebenes germanisch-heroisches Ethos wird mit höf. Formen der Stauferzeit konfrontiert. Christliches ist im N. nur äußere Einkleidung. Die unerbittl. Härte und der Pessimismus des N. stehen im Ggs. zum idealistisch-utop. Optimismus des höf. Romans.

Von der Beliebtheit des N. zeugen 35 Handschriften oder Handschriftenfragmente aus dem 13. bis zum frühen 16. Jh. Sie repräsentieren zwei Hauptfassungen: die ›Nôt‹-Fassung, vertreten durch die Handschrift A (Hohenems-Münchener Handschrift; 2 316 Strophen) und die Handschrift B (St. Galler Handschrift; 2 376 Strophen), sowie die ›Liet‹-Fassung, vertreten durch die Handschrift C (Hohenems-Laßbergische oder Donaueschinger Handschrift; 2 442 Strophen) mit einer deutlich höf. Tendenz.

Das seit dem 16. Jh. in Vergessenheit geratene Epos wurde 1755 von dem Lindauer Arzt JACOB HERMANN OBEREIT (* 1725, † 1798) wieder entdeckt, zwei Jahre später von J. J. BODMER teilweise und 1782 durch

Nibelungenlied: Blatt aus einer Bilderhandschrift des Nibelungenlieds mit der Ermordung Siegfrieds; 15. Jh. (Staatsbibliothek zu Berlin – Preußischer Kulturbesitz)

CHRISTOPH HEINRICH MÜLLER (* 1740, † 1807) vollständig publiziert. Die Romantik und ihre Verklärung des MA. erhöhte das Interesse am N. (seit 1807 brachte F. H. VON DER HAGEN mehrere Ausgaben heraus), wobei die Dichtung geeignet erschien, der Nation ›ein Bild ihres alten Ruhmes, ihrer alten Würde und Freiheit im Spiegel ihrer Vorzeit vorzuhalten‹ (F. SCHLEGEL). Die in der Folgezeit zunehmend ideologisierende Deutung des N., die einen myth. Volkstumsbegriff herauslas, führte dazu, das N. als Hauptwerk der dt. Nationalliteratur zu verstehen. Diese volkstüml., die Dichtung aber missdeutende Tradition bereitete den Boden für den Versuch des Nationalsozialismus, das N. zum Hohen Lied der bedingungslosen Gefolgschaftstreue zu einem Führer zu erklären.

Der Stoff des N. wurde in der dt. Literatur vielfältig bearbeitet. Eine frühe Variante ist das ›Lied von →Hürnen Seyfried‹, das die Vorlage für das Volksbuch bildete. Nach der Wiederentdeckung des Epos wurde die dramat. Form bevorzugt. Sie beginnt mit F. DE LA MOTTE FOUQUÉS Trilogie ›Der Held des Nordens‹ (1808-10), die sich an die nord. Fassung der Völsunga saga und der Snorra-Edda hielt. FOUQUÉ nahe steht mit der Betonung der nord. Elemente, zu denen auch das Motiv vom Fluch des Goldes gehört, R. WAGNERS musikdramat. Tetralogie ›Der Ring des Nibelungen‹ (entstanden 1848-52). Auf das Mittelhochdeutsche griffen u.a. E. GEIBEL (›Brunhild‹, 1857) und F. HEBBEL (Tragödientrilogie ›Die Nibelungen‹, 1862, 2 Bde.) zurück. Spätere dramat. Bearbeitungen des Stoffes schufen u.a. P. ERNST (›Brunhild‹, 1909; ›Chriemhild‹, 1918), M. MELL (›Der Nibelunge Not‹, 2 Tle., 1951), R. SCHNEIDER (›Die Tarnkappe‹, 1951) und in neuester Zeit V. BRAUN (›Siegfried, Frauenprotokolle, dt. Furor‹, 1987). Daneben traten v.a. im 20. Jh. zunehmend Neugestaltungen in Romanform, so von J. FERNAU (›Disteln für Hagen‹, 1966) und J. LODEMANN (›Der Mord‹, 1995). Eine poet. Nacherzählung für Kinder schuf F. FÜHMANN (›Das N.‹, 1971). Einzelne Episoden und Motive thematisierten in Erzählgedichten und Balladen z.B. L. UHLAND, GEIBEL, F. DAHN und AGNES MIEGEL.

Ausgaben: Das N., hg. v. M. S. BATTS (1971); Das N. Kudrun. Text, Nacherz., Wort- u. Begriffserklärungen, hg. v. W. HOFFMANN (1972); Das N., hg. v. H. DE BOOR (^{22}1988); Das N., hg. v. H. BRACKERT, 2 Bde. (80.-90. Tsd. 1988-90).

O. EHRISMANN: N. Epoche – Werk – Wirkung (1987); S. GROSSE u. U. RAUTENBERG: Die Rezeption mittelalterl. dt. Dichtung. Eine Bibliogr. ihrer Übersetzungen u. Bearbeitungen seit der Mitte des 18. Jh. (1989); W. HOFFMANN: Das N. (^{6}1992); J. E. HÄRD: Das Nibelungenepos. Wertung u. Wirkung von der Romantik bis zur Gegenwart (a. d. Schwed., 1996); J. HEINZLE: Das N. Eine Einf. (Neuausg. 5.-6. Tsd. 1996); URSULA SCHULZE: Das N. (1997).

Nibelungen-Siegfried-Straße, →Fremdenverkehrsstraßen (ÜBERSICHT).

Nibelungenstrophe, Strophenform des →Nibelungenliedes. Sie besteht aus vier paarweise reimenden Langzeilen; die Anverse haben vier Hebungen, wobei die vierte Hebung v. a. auf eine nebentonige Silbe fällt (klingende Kadenz), nur gelegentlich auf eine betonte Silbe (volle Kadenz). Die ersten drei Abverse haben drei Hebungen, der letzte Abvers dagegen vier (›betonter Strophenschluss‹), ganz überwiegend mit Ausgang auf betonter Silbe. Beispiel:

Diu vil míchel érè| was dâ gelégen tôt.
die líute héten állè| jâmer únde nôt.
mit léide wás veréndèt| des küniges hôhgezît,
als íe diu líebe léidè| z'áller júngèste gít.

Auftakt und Versfüllung sind relativ frei; neben der vorherrschenden Füllung der Senkung mit einer Silbe kommt zweisilbige Senkungsfüllung ebenso vor wie Senkungsausfall (einsilbiger Takt oder beschwerte Hebung). Dies ist verhältnismäßig häufig ein Takt des letzten Abverses als Mittel zur Hervorhebung des Strophenschlusses der Fall. Zusätzl. Reim zw. den Anversen (Zäsurreim), z.B. in der ersten Strophe, ist nicht planmäßig durchgeführt. Die syntakt. Gliederung deckt sich öfter nicht mit der metrischen, sondern überspielt diese durch Verwendung von Enjambement (Zeilensprung, Bogen- oder Hakenstil), gelegentlich auch über die Strophengrenze hinaus (Strophenjambement, Strophensprung). – N. finden sich auch außerhalb des Nibelungenliedes, so in der Lyrik des KÜRENBERGERS. Ist der Bau der vierten Langzeile den ersten drei gleich (d. h. kein betonter Strophenschluss), handelt es sich um den nach dem ›Jüngeren Hildebrandslied‹ benannten ›Hildebrandston‹. Er ist in der Heldendichtung wie in geistl. Lieddichtungen weit verbreitet. Diese Form wurde auch in der Neuzeit gepflegt, z. B. in Kirchen- und Volksliedern sowie in romant. Balladen, hier u. a. bei L. UHLAND.

Nibelungentreue, von B. VON BÜLOW geprägtes Schlagwort, mit dem er am 29. 3. 1909 im Reichstag das Verhältnis des Dt. Reichs zu Österreich-Ungarn nach der Bosn. Annexionskrise (1908) beschrieb; seit 1914 wurde der Begriff im Sinne unbedingter Bündnistreue oder Hingabe an eine Führerpersönlichkeit häufig gebraucht.

NIC [enər'siː], 1) Abk. für engl. Newly industrializing countries, die →Schwellenländer.
2) Nationalitätszeichen für **Nic**aragua.

Nicäa, Nizäa, lat. **Nicaea,** das antike und byzantin. Nikaia, heute →İznik, Türkei.

Nicäa, Konzile von, zwei in Nikaia (Nicäa) abgehaltene ökumen. Konzile des Altertums.

Das **1. Konzil von N.** (325, 1. ökumen. Konzil) wurde von Kaiser KONSTANTIN I., D. GR., als erste Reichssynode in den kaiserl. Sommerpalast Nikaia einberufen. Rd. 250 Bischöfe (davon fünf aus der

Nica Nicander – Nicaragua

Nicaragua

Staatswappen

Staatsflagge

Internationales
Kfz-Kennzeichen

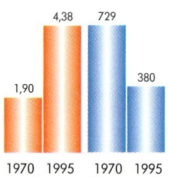
1970 1995   1970 1995
Bevölkerung   Bruttosozial-
(in Mio.)   produkt je Ew.
                (in US-$)

Bevölkerungsverteilung
1995

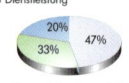
Bruttoinlandsprodukt
1995

westl. Reichshälfte) nahmen teil. Das Konzil verurteilte den →Arianismus, formulierte als Zusammenfassung der künftig verbindl. Christologie das →Nicänische Glaubensbekenntnis und legte die Berechnung des Ostertermins (→Osterrechnung) fest. Die Beschlüsse wurden vom Kaiser bestätigt und als Reichsgesetze verkündet. Die Diskussion über die nicän. Theologie kam nach heftigen Kontroversen erst auf dem Konzil von Chalkedon 451 zum Abschluss.

Das **2. Konzil von N.** (787, 7. ökumen. Konzil) wurde von Kaiserin IRENE einberufen. Rd. 350 Bischöfe (davon zwei aus der westl. Reichshälfte) nahmen daran teil. Es entschied im →Bilderstreit, dass die Bilderverehrung erlaubt sei, und erließ 22 weitere Reformdekrete.

Nicander, Karl August, schwed. Schriftsteller, * Strängnäs (Verw.-Bez. Södermanland) 20. 3. 1799, † Stockholm 7. 2. 1839. Seine unter dem Einfluss eines Italienaufenthalts (1827–29) entstandenen Gedichte und Novellen (›Hesperider‹, 1835) markieren den Beginn der schwed. Italienromantik.

Nicänisches Glaubensbekenntnis, lat. **Symbolum Nicaenum,** das auf dem 1. Konzil von Nicäa 325 beschlossene Glaubensbekenntnis. Ihm liegt ein älteres Taufbekenntnis zugrunde, in das eine Reihe von gegen den Arianismus gerichteten Stichworten eingefügt wurde, insbesondere der Begriff ›homousios‹, der die Wesensgleichheit von Gott-Vater und Gott-Sohn (CHRISTUS) zum Ausdruck bringen sollte. Der anschließende theolog. Streit um das N. G. führte u. a. zum →Antiochenischen Schisma und war Gegenstand der Diskussion auf dem 1. Konzil von Konstantinopel (381, 2. ökumen. Konzil). Im prakt. Gebrauch wurde das N. G. durch das Nicänokonstantinopolitanum verdrängt und gilt in dieser Form als →Credo in die Liturgie der Messe ein (heute meist durch das kürzere →Apostolische Glaubensbekenntnis ersetzt).

Kompendium der Glaubensbekenntnisse u. kirchl. Lehrentscheidungen, begr. v. H. DENZINGER, hg. v. P. HÜNERMANN (^{37}1991, früher u. a. T.).

Nicänokonstantinopolitanum, lat. **Symbolum Nicaenoconstantinopolitanum,** eine bes. im Artikel über den Hl. Geist erweiterte Form des Nicän. Glaubensbekenntnisses, die auf dem 1. Konzil von Konstantinopel (381, 2. ökumen. Konzil) beschlossen und durch das Konzil von Chalkedon 451 bestätigt wurde. Im Abendland setzte sich das N. mit dem von KARL D. GR. geforderten, seit Anfang des 11. Jh. auch vom Papst anerkannten Zusatz des →Filioque durch.

Das gemeinsame Credo. 1600 Jahre seit dem Konzil von Konstantinopel, hg. v. T. PIFFL-PERČEVIĆ u. a. (Innsbruck 1983).

Nicaragua: Übersichtskarte

Nicaragua
Fläche 121 428 km²
Einwohner (1995)
4,38 Mio.
Hauptstadt Managua
Amtssprache Spanisch
Nationalfeiertag 19. 7. und 15. 9.
Währung 1 Córdoba (C$) = 100 Centavos (c, cts)
Uhrzeit 5^{00} Managua = 12^{00} MEZ

Nicaragua [span. nika'raɣua], auch **Nikaragua,** amtlich spanisch **República de N.,** Staat in Zentralamerika, zw. Pazifik und Karib. Meer, grenzt im N an Honduras, im S an Costa Rica, 121 428 km², (1995) 4,38 Mio. Ew.; zu N. gehören auch einige kleine, der karib. Küste vorgelagerte Inseln, u. a. die Islas del Maíz. Hauptstadt ist Managua, Amtssprache Spanisch. Währungseinheit: 1 Córdoba (C$) = 100 Centavos (c, cts). Zeitzone: Central Standard Time (5^{00} Managua = 12^{00} MEZ).

STAAT · RECHT

Verfassung: Gemäß der am 9. 1. 1987 verkündeten Verf. ist N. eine präsidiale Republik. Am 4. 7. 1995 trat eine umfangreiche Verf.-Reform in Kraft, die auf eine Stärkung der Legislative zugunsten der Exekutive zielt. Staatsoberhaupt, oberster Inhaber der Exekutive (Reg.-Chef) sowie Oberbefehlshaber der Streit- und Sicherheitskräfte ist der Präs. (mit einem Vize-Präs. als Stellv.), der vom Volk direkt auf fünf Jahre gewählt wird (keine direkte Wiederwahl möglich). Er ernennt die Mitgl. des Kabinetts und besitzt gegenüber dem Parlament ein Vetorecht. Die Legislative liegt bei der Nationalversammlung (Asamblea Nacional), deren (derzeit) 93 Abg. vom Volk im Verhältniswahlsystem für fünf Jahre gewählt werden.

Parteien: Einflussreichste Parteien und Bündnisse im stark zersplitterten, instabilen Parteiensystem sind die Allianza Liberal, bestehend aus Partido Liberal Constitucionalista (PLC, gegr. 1968), Partido Neo-Liberal (PALI, gegr. 1985), Partido Liberal Nacionalista (PLN) und Partido Liberal Independiente de Unidad Nacional (PLIUN, gegr. 1988), der →Frente Sandinista de Liberación Nacional (FSLN), der Camino Cristiano Nicaragüense (CCN), der Partido Conservador de N. (PCN, gegr. 1979) und der Proyecto Nacional (PRONAL, gegr. 1995).

Gewerkschaften: Neben den beiden sandinistisch dominierten Gewerkschaftsverbänden, Central Sandinista de Trabajadores (CST) und Asociación de Trabajadores del Campo (ATC), entstanden nach 1990 auch bürgerl. Gewerkschaften, z. B. Central de Trabajadores de N. (CTN) und Confederación de Unificación Sindical (CUS).

Wappen: Das Wappen (1908) in Form eines gleichseitigen Dreiecks zeigt eine Kette von fünf Vulkanen zw. zwei Meeren, darüber die von einem Regenbogen überspannte, Lichtstrahlen aussendende rote Freiheitsmütze. Das Dreieck ist kreisförmig umschrieben mit dem amtl. Staatsnamen im oberen und mit ›America Central‹ im unteren Schriftbogen.

Nationalfeiertag: Nationalfeiertage sind der 19. 7. (Tag der Befreiung) und der 15. 9., der an die Erlangung der Unabhängigkeit 1821 erinnert.

Verwaltung: N. ist in neun Regionen sowie in Departamentos und Gemeinden (Municipios) gegliedert.

Recht: Die Rechtsprechung liegt in Händen des Obersten Gerichtshofes, dessen Richter für sechs Jahre von der Nationalversammlung berufen werden, der Appellationsgerichte und der ›Gerichte der Republik‹.

Streitkräfte: Die Gesamtstärke der Freiwilligenarmee beträgt etwa 12 000 Mann. Das Heer (rd. 10 000 Soldaten) ist in fünf Regionalkommandos gegliedert. Die Luftwaffe hat rd. 1 200, die Marine rd. 800 Mann. Die Ausrüstung besteht im Wesentlichen aus etwa 150 Kampfpanzern T-54/-55, 12 leichten Kampfflugzeugen und 20 Patrouillenbooten. – Das Land verwendet etwa 8 % der Staatsausgaben für die Verteidigung.

LANDESNATUR · BEVÖLKERUNG

N. wird im westl. Teil durch eine von NW nach SO verlaufende Grabensenke (**N.-Senke**) mit dem →Nicaraguasee (8 264 km²) und dem →Managuasee (1 040 km²) bestimmt, die bis ins Pliozän von Meereswasser erfüllt war. Den Westrand der Senke bildet eine Reihe von Vulkanen, sieben waren in histor. Zeit aktiv und brachten neben Zerstörungen wertvolle Aschenregen zur Regeneration der seit vorspan. Zeit intensiv genutzten Agrarböden; häufig treten in dieser Zone Erdbeben auf (z. B. zerstörten 1931 und 1972 heftige Erdstöße die Hauptstadt Managua). Im S erhebt sich zw. Grabensenke und Pazifik ein bis 900 m hohes Bergland. Östlich trennt ein bis 2 100 m ü. M. hohes Bergland die Senke von der an breiten Sümpfen und Lagunen reichen karib. Küstenebene (→Mosquitoküste).

Klima: Das trop. Klima weist geringe jahreszeitl. Temperaturschwankungen auf (im Tiefland 22–26 °C, im Bergland 17–22 °C). Das zentrale Gebirgsland bewirkt infolge des jahreszeitl. Wechsels zw. NO- und SW-Winden eine Trennung zw. den immerfeuchten Gebieten mit 2 500–6 000 mm Jahresniederschlag im O und den wechselfeuchten Gebieten mit maximal 2 000 mm Jahresniederschlag im W (in der Senkenzone z. T. unter 1 000 mm). Die Regenzeit reicht von Mai bis Oktober. Häufiger treten Hurrikane an der Atlantikseite auf.

Vegetation: Auf der karib. Seite schließt sich an die Kiefernsavannen im N nach S trop. Regenwald an, der oberhalb 600 m ü. M. in immergrünen Bergwald übergeht. Daneben gibt es Mangroven, Palmsümpfe und durch Menschen degradierte Savannen. Regengrüne Mischwälder mit Eichen und Kiefern bedecken oberhalb 800 m ü. M. die Westlagen der zentralen Berglandes, in tieferen Lagen herrschen regengrüne Feuchtwälder mit Hülsenfrüchtlern vor. Die früher regengrünen Trockenwälder im Innern der Grabensenke sind weitgehend zugunsten der Landwirtschaft gerodet.

Bevölkerung: Rd. 60 % der Bev. wohnen zw. der Pazifikküste und den großen Seen. Auch das nördl. Hochland ist dicht besiedelt (rd. 30 % der Bev. N.s). Die Bev. besteht zu 69 % aus Mestizen, 8 % Weißen und 9 % Schwarzen (1991). Das karib. Tiefland hat nur wenige Siedlungszentren an der Küste und an Flussläufen, wo v. a. Indianer (5 %; Misquito, Sumo, Rama) und von den Westind. Inseln eingewanderte Schwarze (einschließlich Mulatten und Zambos) leben. Der Anteil der städt. Bev. lag 1995 bei 62 % (25 % in der Agglomeration Managua); die nächstgrößten Städte sind León, Masaya, Chinandega, Matagalpa und Granada. Außer Spanisch werden indian. Sprachen und unter Schwarzen, z. T. auch unter den Indianern an der karib. Küste Englisch gesprochen.

Religion: Es besteht Religionsfreiheit. Seit 1894 sind Staat und Kirche gesetzlich getrennt. Rd. 97 % der Bev. sind Christen. Rd. 84 % gehören der kath. Kirche als der traditionell größten Glaubensgemeinschaft an. Die von kirchl. Gruppen und zahlr. Geistlichen (u. a. E. CARDENAL) getragene kath. Basisbewegung (›Iglesia popular‹), in den 1980er-Jahren zus. mit der sandinist. Reg. bestrebt, grundlegende sozialpolit. Reformen umzusetzen, hat ihre Bedeutung in der kath. Kirche N.s nahezu verloren. Den zahlr. prot. Kirchen und Gemeinschaften (bes. Pfingstler, Adventisten, Brüdergemeine [›Iglesia Morava‹], Church of God, Baptisten) gehören rd. 13 % der Bev. an (mit wachsender Tendenz).

Bildungswesen: Es besteht vom 6. bis 13. Lebensjahr allgemeine Schulpflicht; der Unterricht ist unentgeltlich. Es gibt sechsjährige Primarschulen, denen sich fünf- bis sechsjährige allgemein bildende und berufsbildende Sekundarschulen anschließen. Die Analphabetenquote beträgt 34,3 %. In Managua bestehen u. a. eine staatl. Univ. (gegr. 1812, Außenstelle in León), eine private Univ. (1961), eine polytechn. Univ. (1967) und eine Univ. für Ingenieurwissenschaften (1983), dazu zahlr. andere Hochschuleinrichtungen.

Publizistik: Überregionale Tageszeitungen sind die sandinist. ›Barricada‹ (gegr. 1979; Auflage 95 000), die traditionsreiche konservative ›La Prensa‹ (gegr. 1926, 1986–87 verboten), die unter PEDRO JOAQUÍN CHAMORRO in Opposition zum Somozaregime stand und heute von der ehem. Präsidentin VIOLETA BARRIOS DE CHAMORRO geleitet wird (Auflage 75 000), ferner die dem FSLN nahe stehende Boulevardzeitung ›Nuevo Diario‹ (gegr. 1980; Auflage 45 000). Nachrichtenagentur ist die ›Agencia Nicaragüense de

Größe und Bevölkerung (1993)

Departamento	Verwaltungssitz	Fläche in km²	Ew.	Ew. je km²
Boaco	Boaco	4 244	129 000	30,4
Carazo	Jinotepe	1 050	165 200	157,3
Chinandega	Chinandega	4 926	357 700	72,6
Chontales	Juigalpa	6 378	276 600	43,4
Estelí	Estelí	2 335	181 200	77,6
Granada	Granada	929	165 200	177,8
Jinotega	Jinotega	9 755	190 100	19,5
León	León	5 107	373 400	73,1
Madriz	Somoto	1 602	104 400	65,2
Managua	Managua	3 672	1 188 100	323,6
Masaya	Masaya	590	225 100	381,5
Matagalpa	Matagalpa	8 523	403 700	47,4
Nueva Segovia	Ocotal	3 123	132 000	42,3
Rio San Juan	San Carlos	7 473	37 600	5,0
Rivas	Rivas	2 155	147 800	68,6
Zelaya	Bluefields	59 566	187 700	3,2
Nicaragua	Managua	121 428	4 264 800	35,1

Klimadaten von Managua (45 m ü. M.)

Monat	Mittleres tägl. Temperaturmaximum in °C	Mittlere Niederschlagsmenge in mm	Mittlere Anzahl der Tage mit Niederschlag	Mittlere tägl. Sonnenscheindauer in Stunden	Relative Luftfeuchtigkeit nachmittags in %
I	30	0	0	7,0	66
II	30	0	0	7,6	67
III	30	0	0	8,1	62
IV	32	14	2	7,4	64
V	32	155	6	6,2	69
VI	31	192	12	4,3	78
VII	31	129	11	4,6	78
VIII	31	120	12	5,6	76
IX	31	221	15	5,9	74
X	31	262	16	5,8	72
XI	30	40	4	6,5	71
XII	30	11	1	6,9	68
I–XII	30,8	1 144	79	6,3	70

Nica Nicaragua

Nicaragua: Cordillera Isabella im Norden des Landes

Noticias‹ (ANN). N. hat eine Vielzahl parteieigener, kirchl. und privater Rundfunkgesellschaften, u. a. das sandinist. ›Radio Sandino‹ (gegr. 1977), ›Radio Católica‹ (gegr. 1961, 1986–87 geschlossen), das konservativ ausgerichtete ›Radio Corporación‹, mit meist lokalen Hörfunkprogrammen. Neben dem staatl. Fernsehen ›Sistema Nacional de Televisión‹ (SNTV) haben sich private Fernsehsender etabliert.

WIRTSCHAFT · VERKEHR

Nachdem sich nach der sandinist. Revolution (1979) zunächst ein wirtschaftl. Aufschwung abgezeichnet hatte, geriet N. seit Mitte der 80er-Jahre durch den Bürgerkrieg in eine schwere Wirtschaftskrise, die auch nach dem Krieg und Machtwechsel 1990 anhält. Bes. die Einstellung der Wirtschaftshilfe seitens der USA (1980) und das 1985 verfügte US-Handelsembargo (bis 1979 gingen rd. 80–90% der Exporte in die USA) haben die wirtschaftl. Entwicklung stark beeinträchtigt. So sank das Bruttosozialprodukt (BSP) 1995 auf 380 US-$ je Ew. (1987: 830 US-$). Der Reg. Chamorro gelang es jedoch, mit einer restriktiven Geldpolitik Anfang der 90er-Jahre die galoppierende Inflation (1988: 11 000%) auf 15% zurückzudrängen. Seit 1992 beginnt sich die wirtschaftl. Lage langsam zu erholen. Die öffentl. Auslandsschulden stiegen von (1970) 147 Mio. US-$ auf (1994) 11,7 Mrd. US-$. Der Schuldendienst betrug 1994 275 Mio. US-$.

Das von den Sandinisten nach 1979 eingeführte gemäßigte sozialistische Wirtschaftsmodell mit einer Mischung aus Privat- und Staatsbesitz sowie zahlr. Sozialleistungen scheiterte in der Folge durch hohe Kriegskosten, das US-Embargo, die Zerstörung von Wirtschaftsanlagen durch die Contra-Rebellen und falsche Wirtschaftsmaßnahmen. So blieb zwar ein Großteil von Landwirtschaft und Industrie in Privatbesitz, doch fehlten hinreichende wirtschaftl. Anreize. Weiterhin spielte unter SOMOZA verstärkte Abhängigkeit N.s von seinen landwirtschaftl. Exportprodukten eine wichtige Rolle. Die neue Reg. verfolgt einen marktwirtschaftl. Kurs (finanziell bes. von den USA unterstützt) und will u. a. durch Reaktivierung der privaten Investitionstätigkeit, Reprivatisierung von Staatsbetrieben, Rückgabe des an Landlose verteilten Bodens an die früheren Eigentümer, Förderung von exportorientierter Landwirtschaft die wirtschaftl. Entwicklung stabilisieren. Die Reduzierung des aufgeblähten Staatsapparates auf einen um zwei Drittel verringerten Personalbestand und die Geldmengenkontrolle führten 1994 zu einem über drei Jahre zugesagten IWF-Kredit zur Strukturanpassung von jährlich 173 Mio. US-$. Schuldenerlasse aus der EG und Russland halfen zusätzlich, die Lage zu verbessern. Trotzdem leben 60% der Erwerbstätigen und 75% der Gesamt-Bev. unterhalb der Armutsgrenze.

Landwirtschaft: Die Landwirtschaft erbringt (1995) 33% des Bruttoinlandsprodukts (BIP) und rd. 90% des Ausfuhrwertes. Die landwirtschaftl. Nutzfläche setzt sich zusammen aus (1994) 1,0 Mio. ha Ackerland, 170 000 ha Dauerkulturen und 5,5 Mio. ha Wiesen und Weiden. Die von den Sandinisten durchgeführte Agrarreform hat den Anteil des Großgrundbesitzes von 36% auf 9% reduziert. Etwa die Hälfte der landwirtschaftlich genutzten Fläche gehört privaten Klein- und Mittelbetrieben. Der weitaus überwiegende Teil des agrarisch genutzten Gebietes liegt im pazif. und zentralen Raum. Aus dem pazif. Tiefland kommen u. a. Baumwolle, Zuckerrohr, Bananen, aus dem Hochland Kaffee. An der karib. Küste sind in neuerer Zeit v. a. um Puerto Cabezas und Bluefields Reis-, Bananen-, Zuckerrohr- und Kakaopflanzungen angelegt worden. Beachtl. Umfang hat die Viehwirtschaft, v. a. die Rinderzucht (rd. 20% der Gesamtproduktion). Die in den Kleinbetrieben erzeugten Grundnahrungsmittel (v. a. Mais, Reis, Hirse u. a.) müssen durch Importe ergänzt werden.

Forstwirtschaft: Durch jahrelangen Raubbau, v. a. durch ausländ. Unternehmen, sind die wertvollen Holzbestände weitgehend erschöpft. Die Waldfläche wird mit (1994) rd. 3 Mio. ha angegeben. Der Holzeinschlag beträgt (1993) 3,7 Mio. m^3; davon wurden 80% für Brennholz verwendet.

Fischerei: Fischerei wird v. a. im Karib. Meer betrieben. Fast die gesamte Fangmenge (1993: 8 800 t, davon 500 t Schalentiere; 1980: 20 000 t) wird exportiert.

Bodenschätze: Die Bedeutung des Bergbaus ist mit Ausnahme von Edelmetallen und Kupfer gering, obwohl N. auch über Blei-, Zink-, Zinn- und Eisenerzlagerstätten verfügt. Gewonnen wurden (1991) 1 154 kg Gold (1980: 2 084 kg) und rd. 2 000 kg Silber (1980: 5 194 kg). US-amerikan. und kanad. Unternehmen haben seit kurzem die Produktion im Goldbergbau aufgenommen. Die Salzproduktion beträgt 15 000 t (1993).

Industrie: Der industrielle Sektor (einschließlich Bergbau) trägt mit (1995) 20% zur Entstehung des BIP bei. Die Industrie ist sehr stark auf die Großräume Managua und Chinandega–Corinto–León am Pazifik konzentriert. Wichtigste Teilbereiche sind die Verarbeitung der einheim. Agrarprodukte, ferner werden Textilien, Leder-, Metallwaren, chem. und pharmazeut. Erzeugnisse hergestellt.

Außenwirtschaft: Die Handelsbilanz weist ein sehr hohes Defizit aus (Einfuhrwert 1994: 784,7 Mio. US-$, Ausfuhrwert: 351,2 Mio. US-$). Die Exporte bestehen v. a. aus Kaffee (12%), Fleisch (23%), Industrieprodukten (21%), Schalentieren (10%), Baumwolle und Zucker. Wichtigste Handelspartner sind bei den Exporten die USA (42%), Kanada, Dtl. und Belgien, bei den Importen v. a. die USA, Venezuela und die zentralamerikan. Länder.

Verkehr: Die Verkehrserschließung ist noch unzureichend. Das insgesamt 287 km umfassende Eisenbahnnetz wird seit 1994 wegen Unrentabilität nicht mehr genutzt. Die wichtigsten Verbindungen des (1994) rd. 15 286 km langen Straßennetzes sind der 384 km lange Abschnitt des Panamerican Highway und die Verbindungen zur Pazifikküste. Wichtig ist auch die Binnenschifffahrt auf dem Nicaraguasee. Neben Panama ist N. das einzige Land Zentralamerikas mit eigener Handelsflotte (25 Schiffe). Wichtigste Häfen am Pazifik sind Corinto, Puerto Sandino (früher Puerto Somoza) und San Juan del Sur, am Karib. Meer El Bluff und El Rama. Seit 1996 gibt es Pläne für eine 40 km lange Kanalverbindung zw. Pazifik und Atlantik. Managua hat einen internat. Flughafen.

GESCHICHTE

Von C. KOLUMBUS 1502 entdeckt, wurde N. von G. GONZÁLEZ DE ÁVILA 1522 erobert und nach dem an der Westküste ansässigen Indianerstamm Nicarao benannt. 1524 gründete F. HERNÁNDEZ DE CÓRDOBA die Städte León (seit 1531 Bischofssitz) und Granada. Die Eroberung beschränkte sich zunächst v. a. auf das westl. Bergland. Das Verbot der Indianerversklavung führte bei den span. Siedlern zu einem Aufstand, der 1550 niedergeworfen wurde und die Angliederung N.s an das Generalkapitanat Guatemala nach sich zog. In der 2. Hälfte des 17. Jh. plünderten Flibustier Granada. Die Bev. lebte v. a. von der Landwirtschaft (Viehzucht, Zucker, Baumwolle), am Pazifik vom Schiffbau. Der Handel mit Europa verlief vom Pazifikhafen El Realejo aus über die militärisch gesicherte Landenge von Panama. Seit der Kolonialzeit bildete sich eine mestizisch bestimmte Gesellschaft aus. Der klimatisch unwirtl. Osten blieb Domäne der Mosquitoküsten-Flibustier und der Misquito-Indianer, die starken engl. Einflüssen unterlagen und sich der span. Herrschaft erfolgreich widersetzten.

Als 1821 Mexiko seine Unabhängigkeit von Spanien erklärte, schloss sich N. dem neuen Kaiserreich an. 1822–38 bildete es dann einen Teil der Vereinigten Staaten von Zentralamerika. Wegen seiner Lage zw. Atlantik und Pazifik wurde N. für die aufstrebenden USA strategisch bedeutsam (Kanalprojekt vom Río San Juan zum Nicaraguasee mit Durchstich zum Pazifik). Die Rivalitäten zw. den USA und Großbritannien um einen Zweimeerkanal führten zu einem Stillhalteabkommen (→Clayton-Bulwer-Vertrag). Die ständigen Kämpfe zw. Liberalen und Konservativen (den beiden rivalisierenden polit. Gruppen der Oberschicht) förderten den Aufstieg des nordamerikan. Abenteurers W. WALKER, der zunächst mit einigen Freischärlern den Liberalen zum Sieg verhalf und sich später selbst zum Präs. wählen ließ. WALKER wurde 1857 vertrieben. Zw. 1857 und 1893 regierten konservative Präsidenten. Unter dem als Angehöriger des liberalen Lagers angetretenen, aber autoritär regierenden J. S. ZELAYA (1893–1909) wurde der Einfluss der Kirche zurückgedrängt und eine vom Positivismus beeinflusste Modernisierung des Landes betrieben (Erziehungswesen, Ausbau des Verkehrsnetzes). ZELAYA unterwarf endgültig die Misquito-Indianer und gliederte ihr Gebiet dem Staat ein. Außenpolitisch verwickelte er N. in militär. Auseinandersetzungen mit den Nachbarstaaten. Sein diktator. Regime wurde 1909 mithilfe der USA, die ihre Kanalinteressen bedroht sahen, gestürzt. Die USA übernahmen 1912 mit Marineinfanterieeinheiten die militär., ökonom. und polit. Kontrolle über N., die u. a. im Bryan-Chamorro-Vertrag (1916) zum Ausdruck kam, in dem sich die USA für 3 Mio. US-$ das Recht auf eine interozean. Kanalverbindung sowie die Errichtung von Marinestützpunkten sicherten. Aber auch auf die Reg.-Bildung nahmen die USA Einfluss, das Zoll-, Bank- und Transportwesen blieb bis 1925 in nordamerikan. Hand. 1927 formierte sich eine gegen die Fremdherrschaft gerichtete Arbeiter- und Bauernfraktion unter A. C. SANDINO, die Ende 1932 nach einem sechsjährigen Befreiungskampf den Abzug der amerikan. Einheiten durchsetzen konnte. Den Anhängern SANDINOS gelang es jedoch nicht, die von den USA ausgebildete und unterstützte Nationalgarde, die von General A. ›TACHO‹ SOMOZA GARCÍA geführt wurde, zu entmachten. SANDINO wurde 1934 ermordet. Zwei Jahre später übernahm SOMOZA in einem Staatsstreich die Macht. 1937–47 und 1950–56 zog er die Präsidentschaft an sich, wesentl. Teile der Wirtschaft brachte er unter seine und seines Clans Kontrolle. N. behielt auch unter den Nachfolgern L. A. SOMOZA DEBAYLE (1956–63), R. SCHICK GUTIÉRREZ (1963–66), L. GUERRERO GUTIÉRREZ (1966–67) und A. ›TACHITO‹ SOMOZA DEBAYLE (1967–72) den Charakter einer ›Bereicherungsdiktatur‹. 1967 formierte sich mit dem Frente Sandinista de Liberación Nacional (FSLN) der Widerstand gegen den Somoza-Clan. SOMOZA DEBAYLE hatte 1972 die Macht für kurze Zeit einer Junta übergeben, übernahm aber nach einer Erdbebenkatastrophe im gleichen Jahr wieder die Reg.-Geschäfte und wurde 1974 erneut Präs. Nach einem (gescheiterten) Staatsstreich des FSLN im Oktober 1977 verschärfte sich die innenpolit. Situation trotz erhebl. Wirtschaftswachstums, das v. a. durch Importbeschränkungen und eine zunehmende Industrialisierung in den 70er-Jahren zustande kam.

Vor dem Hintergrund extremer sozialer Gegensätze und im Zuge scharfer Repressionen gegenüber sozialreformer. Bewegungen wurde am 10. 1. 1978 der Oppositionsführer und Herausgeber der Zeitung ›La Prensa‹, P. J. CHAMORRO, ermordet. Dem sich anschließenden Volksaufstand begegnete SOMOZAS Nationalgarde, indem sie Städte und Dörfer bombardieren ließ. Es entwickelte sich ein Bürgerkrieg mit großen Zerstörungen und hohen Bev.-Verlusten. Im Laufe des Jahres 1979 gewann der FSLN die militär. Oberhand und übernahm am 19. 7. 1979 zus. mit anderen Oppositionellen die Regierung. ›Koordinator‹ der 1979–81 aus fünf, seit 1981 aus drei Mitgl. bestehenden ›Junta des nat. Wiederaufbaus‹ (1984 aufgelöst) und somit formal Staatsoberhaupt und Reg.-Chef wurde 1981 D. ORTEGA SAAVEDRA. Als Verteidigungs-Min. war sein Bruder HUMBERTO ORTEGA SAAVEDRA (* 1947) für die neu aufgebaute Armee zuständig. Mehrere Nicht-Sandinisten traten nach und nach aus der Junta aus. Die sozialistisch orientierte sandinist. Reg. verfolgte eine gemäßigte Verstaatlichungspolitik und beschloss 1981 eine Agrarreform, die enteignetes Land insbesondere Genossenschaften zur Verfügung stellte. Die sozialpolit. Strukturreformen (u. a. eine Alphabetisierungskampagne, kostenfreie medizin. Versorgung und die zeitweise Subventionierung von Grundnahrungsmitteln) gingen einher mit Menschenrechtsverletzungen der sandinist. Armee. Wirtschaftlich wurde das sandinist. Regime von der UdSSR, Kuba u. a. Mitgl. des RGW unterstützt, in der Außenpolitik orientierte sich N. an Kuba.

Seit 1981 leistete eine von den USA unterstützte und ausgerüstete Opposition, die ›Contras‹, Widerstand gegen die sandinist. Reg., meist von Basen in Honduras und Costa Rica aus. Als US-amerikan. Truppen und Contras 1984 die Häfen N.s verminten, kam es zu erhebl. Spannungen mit den USA und aufgrund des zusätzl. US-Handelsembargos auch zu sehr großen wirtschaftl. Schwierigkeiten. 1988 begann D. ORTEGA auf Vermittlung der Contadora-Gruppe (Mexiko, Venezuela, Kolumbien) und der Nachbarstaaten direkte Verhandlungen mit den Contras, die schließlich nach einem ›Demokratisierungs- und Versöhnungsprozess‹ 1990 zu freien Wahlen führten, aus denen VIOLETA BARRIOS DE CHAMORRO, die Kandidatin der ›Unión Nacional Opositora‹ (UNO), überraschend als Siegerin hervorging. Ihre Reg. nahm im April 1990 die Arbeit auf und begann im Mai, die Contra-Rebellen zu entwaffnen und in 20 ›polos de desarollos‹ (Entwicklungszonen) mit ihren Familien anzusiedeln. CHAMORRO beteiligte sowohl die Contras als auch die Sandinisten an der Reg. und bemühte sich um einen Ausgleich. Dennoch kam es 1991/92 zu bewaffneten Auseinandersetzungen zw. ehem. Contras (›Recontras‹) und ihren ehem. sandinist. Gegnern (›Recompas‹), die das Eingreifen der Armee unter H. ORTEGA provozierten. Dieser musste nach Protesten der Bev. zurücktreten. Trotz der instabilen polit. Lage und schwierigster wirtschaftl. Bedingungen gelang CHA-

MORRO die allmähl. Befriedung des Landes. Das polit. Klima wurde durch eine starke Zersplitterung der Parteienlandschaft geprägt. Die Präsidentschaftswahlen im Oktober 1996 gewann ARNOLDO ALEMÁN LACAYO (*1946) als Kandidat der Allianza Liberal. Obwohl polit. Gegner der Sandinisten, bemüht er sich um eine Versöhnung der immer noch polarisierten Lager.

N. MACAULY: The Sandino affair (Chicago, Ill., 1967); HARREY K. MEYER: Historical writing of N. (Metuchen, N. J., 1972); H. JUNG: N., Bereicherungsdiktatur u. Volksaufstand (1980); Herausforderung im Hinterhof. Das neue N., hg. v. N. GREINACHER u. a. ²1987); T. P. ANDERSON: Politics in Central America. Guatemala, El Salvador, Honduras, and N. (Neuausg. New York 1988); W. DIETRICH: N. (³1988); L. GABRIEL: Aufstand der Kulturen. Konfliktregion Zentralamerika: Guatemala, El Salvador, N. (Neuausg. 1988); D. GILBERT: Sandinistas. The party and the revolution (New York 1988); H. THIELEN: N. Entwicklung der Agrarreform u. Umweltpolitik seit 1979 (1988); G. LANGGUTH: Wer regiert N.? Gesch., Ideologie u. Machtstrukturen des Sandinismus (1989); F. NIESS: Das Erbe der Conquista. Gesch. N.s (²1989); I. WEBER u. H.-O. WIEBUS: N. (1990); M. DODSON u. L. N. O'SHAUGHNESSY: N.'s other revolution (Chapel Hill, N. C., 1991); J. E. MULLIGAN: The Nicaraguan church and the revolution (Kansas City, Mo., 1991); WOLFGANG MEIER: Problematik sozialrevolutionärer Regime in der ›dritten Welt‹. Eine vergleichende Betrachtung der Entwicklungen in Guinea-Bissau (1974–90) u. N. (1979–90) (1993); R. L. WOODWARD: N. (Oxford ²1994); G. HEINEN: ›Mit Christus u. der Revolution‹. Gesch. u. Wirken der ›iglesia popular‹ im sandinist. N. 1979–90 (1995).

nicaraguanische Literatur, →lateinamerikanische Literatur.

Nicaraguasee, Lago de Nicaragua, Lago Cocibolca [-kɔsi-], größter See Zentralamerikas, im SW von Nicaragua, 8264 km², bis 70 m tief; steht durch den Río Tipitapa mit dem Managuasee in Verbindung und entwässert über den Río San Juan ins Karib. Meer; über 400 Inseln. Die seit 1500 v. Chr. besiedelte **Isla de Ometepe** (276 km²) besteht aus dem aktiven Vulkan Concepción (im NW, 1610 m ü. M.) und dem erloschenen Vulkan Maderas (im SO, 1394 m ü. M.); beide sind durch eine Landbrücke verbunden. Fischerei; Fremdenverkehr.

Niccodemi, Dario, ital. Dramatiker, *Livorno 27. 1. 1874, †Rom 24. 9. 1934; verbrachte seine Jugend in Buenos Aires; arbeitete auch als Journalist und Theaterkritiker. N. schrieb zwei Theaterstücke in span. Sprache (›Duda suprema‹, 1895; ›Por la vida‹, 1896); wurde 1900 Dramaturg in Paris, während dieser Zeit entstanden Dramen in frz. Sprache (›La flamme‹, 1910; ›L'aigrette‹, 1912); nach Italien zurückgekehrt, ließ er in seiner Muttersprache sehr bühnenwirksame, bürgerlich-realist. Dramen folgen; größten Erfolg hatte ›Scampolo‹ (1916; dt.). N. gründete 1921 eine bedeutende ital. Theatertruppe, die im selben Jahr L. PIRANDELLOS ›Sei personaggi in cerca d'autore‹ zur Uraufführung brachte.

Weitere Werke: *Dramen:* L'ombra (1915; dt. Der Schatten); La nemica (1917); La maestrina (1918); La volata (1920); L'alba, il giorno, la notte (1921; dt. Tageslauf der Liebe); Teatrino, 3 Bde. (1922, Einakter); La Madonna (1927); Il principe (1929). – *Romane:* La morte in maschera (1920); Tempo passato (1929).

Niccolini, Giovanni Battista, ital. Dramatiker, *San Giuliano Terme 19. 11. 1782, †Florenz 20. 10. 1861; war seit 1807 Prof. für Gesch. und Mythologie an der Accademia delle belle arti in Florenz; 1812 Mitgl. der Accademia della Crusca; 1848 Mitgl. des toskan. Senats. Befreundet mit A. MANZONI. Verfasser historisch-patriot. Dramen zw. Klassizismus und Romantik, u. a. ›Nabucco‹ (1819), ›Antonio Foscarini‹ (1827), ›Arnaldo da Brescia‹ (1843; dt. ›Arnaldo von Brescia‹).

Ausgabe: Opere edite ed inedite, hg. v. C. GARGIOLLI, 8 Bde. (¹⁻²1873–80).

Studi su G. B. N. Atti del Convegno (Pisa 1985).

Niccolò, ital. Bildhauer, →Nicolò.

Niccolò, N. da Correggio [-kor'reddʒo], ital. Dichter, *Ferrara 1450, †ebd. 1. 2. 1508; stand im diplomat. Dienst der Este, 1490–98 im Dienst von Herzog LUDOVICO IL MORO von Mailand; Berater der ISABELLA D'ESTE. Verfasste petrarkist. Gedichte, in Anlehnung an APULEIUS eine Ekloge in Oktaven (›Psiche‹, entstanden 1491, gedruckt 1510) und die dramat. Dichtung ›Fabula de Caephalo‹ (Uraufführung 21. 1. 1487 in Ferrara, gedruckt 1510) in Oktaven, Terzinen und Kanzonen, fünf Akte, ein erster Versuch, ein Theaterstück nach klass., stofflich an OVID, formal an ARISTOTELES orientiertem Muster zu schaffen.

Ausgabe: Opere, hg. v. A. TISSONI BENVENUTI (1969).

Niccolò dell'Arca: Engel mit einem Kerzenhalter am Grabmal des heiligen Dominikus; Marmor, 1469–73 (Bologna, San Domenico)

Niccolò, N. dell'Arca, ital. Bildhauer, *Bari oder in einer anderen Ortschaft Apuliens um 1435(?), †Bologna 2. 3. 1494, wo er seit 1463 bezeugt ist; benannt nach der Arca (Grabmal) des hl. DOMINIKUS (Bologna, San Domenico), deren Stufenbau von der Werkstatt des NICCOLÒ PISANO (bes. FRA GUGLIELMO) ab 1267 errichtet wurde und für die N. 1469–73 den großartigen architekton. Aufbau mit 13 Figuren ausführte (vier weitere wurden 1495 von MICHELANGELO, dem Plan entsprechend, eine 18. Figur von GIROLAMO COLTELLINI, †nach 1560, die Sockelreliefs 1532 von ALFONSO LOMBARDI, *1497, †1537, geschaffen). N. scheint Arbeiten von DONATELLO und C. SLUTER gekannt zu haben. Das bildhauer. Spätwerk entstand unter dem Eindruck der ferrares. Malerei (F. DEL COSSA, E. DE' ROBERTI) und zeigt einen pathet. Naturalismus.

Weitere Werke (alle Bologna): Marmorrelief der Madonna, vor Goldgrund gerahmt (1478; Palazzo Comunale); Terrakotta-Adler am Portal von San Giovanni in Monte (1480); Terrakotta-Gruppe der Beweinung Christi (vermutlich nach 1485; Santa Maria della Vita).

Nice [nis], frz. Name von →Nizza.

Nichiren [nitʃi-], Shōnin, jap. buddhist. Mönch, *Kominato 1222, †Ikegami 1282; studierte die Sutras und ihre Kommentare und fand im ›Lotos-Sutra‹ (Sanskrit: Saddharma-pundarika-sutra [›Sutra des Lotus des guten Gesetzes‹]; Basis der →Tendai-Schule) die Grundlage seines weiteren Denkens und begründete nach 1253 mit der **N.-Schule** eine eigene Lehrtradition; grundlegende Aussage war, dass das Rezitieren des Titels des ›Lotos-Sutra‹ *der* Weg für den Menschen sei, (bereits) in seinem jetzigen Leben Erleuchtung – und damit Erlösung – zu erlangen. Die Katastrophen im Japan seiner Zeit waren für N. in der Abirrung von der wahren Lehre des Buddha begründet, die er in den anderen buddhist. Schulen (Nembutsu, Shingon, Ritsu, Zen) gegeben sah. Wegen seiner scharfen Kritik an den politisch einflussreichen Schulen wurde N. 1261–63 und 1272–74 als Unruhestifter verbannt. Der Kern seiner Lehre, die bis in das heutige Japan wirkt (→japanische Religionen), findet sich bes. in den Schriften ›Kaimokushō‹ (›Über das Öffnen der Augen‹; 1272) und ›Kanjin-honzon-shō‹ (›Das wahre Objekt der Verehrung‹; 1273).

Nichiren-shōshū [nitʃiren ʃoːʃuː; jap. ›die wahre Schule Nichirens‹], urspr. Name des Mönchsordens der Nichiren-Schule, 1290 von NIKKŌ (*1246, †1333), einem Schüler →NICHIRENS im Daisekijitempel am Fuji gegr.; heute Name einer sich in der geistigen Ordenstradition verstehenden jap. buddhist. Religionsgemeinschaft (gegr. 1913; 1992 nach eigenen Angaben rd. 17 Mio. Mitgl.), die NICHIREN als den Buddha des gegenwärtigen Zeitalters verehrt.

nichol [ˈnɪkəl], b p, eigtl. **Barrie Phillip Nichol,** kanad. Lyriker, *Vancouver 30. 9. 1944, †Toronto 25. 9. 1988; arbeitete als Psychotherapeut; seine konkrete Poesie experimentiert mit klangl. und visuellen Mitteln, um das Wesen und Funktionieren der Sprache auszuloten. Er führte seine Lautgedichte auch öffentlich auf, seit 1970 v. a. mit der Dichtergruppe ›The four horsemen‹. Zentral in seinem reichen, auch Prosaarbeiten umfassenden Werk ist das selbstreflexive Gedicht ›The martyrology‹ (1972–83, 5 Bücher).

Weitere Werke: *Gedichte:* Journeying and the returns (1967); The cosmic chef (1970); Still water (1970); Monotones (1971). – *Prosa:* Two novels (1969); The true eventual story of Billy the Kid (1970); Craft dinner (1978); Journal (1978).

S. SCOBIE: bp nichol: what history teaches (Vancouver 1984).

Ben Nicholson: Kontrapunkt; 1953 (London, Collection Arts Council of Great Britain)

Nicholas [ˈnɪkələs], Albert, amerikan. Jazzmusiker (Klarinette), *New Orleans (La.) 27. 5. 1900, †Basel 3. 9. 1973; spielte seit 1919 in New Orleans u. a. bei KING OLIVER und K. ORY, später v. a. in Chicago (Ill.) und New York bei C. WEBB und L. ARMSTRONG; siedelte 1953 nach Europa über, wo er mit lokalen Dixielandgruppen auftrat. N. war kreol. Abstammung und zählte zu den herausragenden Vertretern der ›frz.‹ New-Orleans-Spielweise.

Nichols [ˈnɪklz], **1)** Grace, brit. Schriftstellerin, *Georgetown (Guyana) 1950; lebt seit 1977 in Großbritannien. N. publizierte zunächst Kinderbücher; 1983 erschien ein erster Gedichtband ›I is a long memoried woman‹, in dem sie alle Aspekte eines karib. Frauenlebens zur Zeit der Sklaverei schildert. Neben Leiden und Erniedrigung thematisiert sie auch den Widerstand dagegen und das Schaffen neuer Traditionen. Sie verwendet das Kreolische als Literatursprache. In späteren Werken wendet sie sich v. a. den Beziehungen zw. den weißen Briten und den neuen Bürgern anderer Hautfarbe zu.

Weitere Werke: *Gedichte:* The fat black woman's poems (1984); Come on to my tropical garden (1988); Lazy thoughts of a lazy woman and other poems (1989). – *Roman:* Whole of a morning sky (1986).

2) Mike, eigtl. **Michael Igor Peschkowsky** [-ki], amerikan. Bühnen- und Filmregisseur, *Berlin 6. 11. 1931; emigrierte mit den Eltern in die USA; wurde bekannt durch Filme wie ›Wer hat Angst vor Virginia Woolf?‹ (1965) und ›Die Reifeprüfung‹ (1967).

Weitere Filme: Catch 22 (1970); Die Kunst zu lieben (1970); Silkwood (1982); Sodbrennen (1985); Die Waffen der Frauen (1988); Grüße aus Hollywood (1990); In Sachen Henry (1991); Wolf – Das Tier im Manne (1993); The Birdcage (1996).

H. W. SCHUTH: M. N. (Boston, Mass., 1978).

3) Peter Richard, engl. Dramatiker, *Bristol 31. 7. 1927; war Lehrer und Schauspieler und schrieb zunächst für das Fernsehen. Bekannt wurde er mit dem Theaterstück ›A day in the death of Joe Egg‹ (1967; verfilmt) über eine Familie mit einem spastisch gelähmten Kind. Seine späteren Stücke behandeln satirisch-parodistisch histor. Themen (›Poppy‹, 1982, über den englisch-chin. Opiumkrieg 1840–42) und wenden sich sozialen und familiären Problemen zu, meist in tragikom. Manier (›The national health‹, 1970; ›Forget-me-not lane‹, 1971; ›Passion play‹, 1980; ›A piece of my mind‹, 1987).

Weitere Werke: *Filme:* Catch Us If You Can (1965); The National Health (1973); Private View (1995); Blue Murder (1995).

Ausgabe: P. N. Plays, 2 Bde. (1991).

JEANNINE SCHMIDT: Elemente populärer Genres in den Dramen von P. N. (1990).

4) Red, eigtl. **Ernest Loring N.,** amerikan. Jazzmusiker (Trompete, Orchesterleiter), *Ogden (Ut.) 8. 5. 1905, †Las Vegas (Nev.) 28. 6. 1965; kam 1923 nach New York und gründete 1926 seine Band ›Five Pennies‹, der Musiker wie J. DORSEY, B. GOODMAN, G. KRUPA und G. MILLER angehörten. Stilistisch ist N. dem Chicago-Stil zuzurechnen.

Nicholson [ˈnɪklsn], **1)** Ben, brit. Maler und Grafiker, *Denham (Cty. Buckinghamshire) 10. 4. 1894, †London 6. 2. 1982; ⚭ 1932–51 mit BARBARA HEPWORTH. Entscheidend für seine Entwicklung war 1921 die Begegnung mit P. PICASSO sowie der Einfluss P. MONDRIANS und des Neoplastizismus. 1933–37 war er Mitgl. der Gruppe Abstraction-Création. N. zeichnete Stillleben und Landschaften, deren Umrisse er mit sich durchschneidenden feinen Linien wiedergab und auf eine Bildebene ohne Tiefenillusion hob. Ab 1933 entstanden auch mehrschichtige Reliefs aus aufeinander geklebten Hartfaserplatten in geometr. Formen.

B. N.: fifty years of his art, bearb. v. S. A. NASH (Buffalo, N. Y., 1978).

2) Jack, amerikan. Filmschauspieler, *Neptune (N. J.) 22. 4. 1937; seit 1958 beim Film, oft im Typus des Außenseiters; seit Mitte der 70er-Jahre führender Hollywoodstar und Charakterdarsteller mit internat. Bedeutung, u. a. durch die Filme ›Easy Rider‹ (1969), ›Chinatown‹ (1974), ›Einer flog über das Kuckucksnest‹ (1975); auch Regie (›Der Galgenstrick‹, 1978).

Weitere Filme: *Darsteller:* Shining (1980); Wenn der Postmann zweimal klingelt (1980); Zeit der Zärtlichkeit (1983); Die Ehre der Prizzis (1985); Sodbrennen (1985); Die Hexen von Eastwick (1987); Wolfsmilch (1987); Batman (1989); Eine Frage der Ehre (1992); Wolf – Das Tier im Manne (1993); Jahre der Zärtlichkeit (1996); Mars Attacks! (1996).

P. McGILLIGAN: Jack's life. J. N. (a. d. Amerikan., Neuausg. 1996).

3) Reynold Alleyne, brit. Orientalist, *Keighley 19. 8. 1868, †Chester 27. 8. 1945; wurde 1926 Prof. in Cambridge, beschäftigte sich bes. mit islam. Mystik.

Albert Nicholas

Jack Nicholson

Werke: A literary history of the Arabs (1907); Studies in Islamic mysticism (1921); Jalāl al-Dīn Rūmī, Mawlānā: The Mathnawī of Jalālu'ddín Rúmí, 8 Bde. (1925–40).

Nicht|angriffspakt, Nicht|angriffsvertrag, zw. zwei oder mehreren Staaten geschlossener Vertrag, in dem sich die Vertragspartner gegenseitig zusichern, bei der Lösung von Konflikten auf die Anwendung von Gewalt zu verzichten oder im Falle eines Krieges mit anderen Staaten im Verhältnis zueinander neutral zu bleiben. Ein N. wurde abgeschlossen z. B. von der UdSSR und Frankreich (1932) sowie vom Dt. Reich und Polen (1934).

nicht|archimedischer Körper, ein angeordneter Körper K, in dem das →archimedische Axiom nicht gilt. Ist a ein Element von K mit der Eigenschaft, dass kein natürlichzahliges Vielfaches von a 1 übertrifft, so nennt man a ein **unendlich kleines Element.** Da die Differenzial- und Integralrechnung urspr. mit solchen Elementen arbeitete, erlaubt die Verwendung n. K. in gewisser Weise eine Rekonstruktion früherer Vorstellungen (→Nichtstandardanalysis). Geometrien, die sich n. K. bedienen, werden **nichtarchimedische Geometrien** genannt (erstes systemat. Studium durch G. VERONESE, 1891).

Nichtbanken, in der Volkswirtschaftslehre Begriff zur Abgrenzung der Kreditinstitute von den übrigen Wirtschaftseinheiten bzw. -sektoren; auch von der Dt. Bundesbank verwendet. Unter die N. werden gefasst: Staat, private Haushalte, private Unternehmen, soweit diese nicht als Kreditinstitute im Sinne § 1 Abs. 1 Kreditwesen-Ges. gelten, und das Ausland. An Bedeutung haben Non-Banks und Near Banks gewonnen, die zwar zum N.-Bereich zählen, aber bankähnl. Finanzdienstleistungen erbringen.

Nichte [niederdt.], weibl. Verwandte; Tochter des Bruders bzw. Schwagers oder der Schwester bzw. Schwägerin. (→Neffe)

Von 100 Kindern wurden als nichtehelich geboren							
	1950	1960	1970	1980	1989	1990[1]	1995
BRD	9,7	6,3	5,5	7,6	10,2	15,3	16,1
DDR	12,8	11,6	13,3	22,8	33,6		
Österreich	18,3	13,0	12,8	17,8	22,6	23,6	26,8[2]
Schweiz	3,8	3,8	3,8	4,7	5,9	6,1	6,4[2]

[1] ab 1990 Gesamtdeutschland. – [2] 1994.

nicht|eheliche Kinder, nach bis 30. 6. 1998 geltendem Recht Kinder einer unverheirateten Frau, in einer Nichtehe geborene Kinder, Kinder, deren Ehelichkeit wirksam angefochten worden ist, sowie Kinder aus aufgelösten (oder für nichtig erklärten) Ehen, wenn sie später als 302 Tage nach der Eheauflösung geboren sind. Die Rechtsstellung der n. K. ist in Entsprechung des Verfassungsauftrages aus Art. 6 Abs. 5 GG zunächst durch das Ges. über die rechtl. Stellung der n. K. vom 19. 8. 1969 neu gestaltet worden. Grundsätzlich haben danach n. K. die gleichen Rechte wie ehel. Kinder. N. K. stehen unter der elterl. Sorge der Mutter, erhalten deren Familiennamen (§ 1617 BGB, →Namensrecht) und teilen Wohnsitz und Staatsangehörigkeit der Mutter; sie haben das Jugendamt als Pfleger (→Amtspflegschaft). Im Verhältnis zur Mutter und deren Verwandten haben n. K. grundsätzlich die Stellung von ehel. Kindern. Die →Vaterschaft wird mit Wirkung für alle durch Anerkennung oder gerichtl. Entscheidung festgestellt. Der Vater kann dem Kind mit dessen und der Mutter Einwilligung seinen Namen erteilen, jedoch hat er keine elterl. Sorge, nur die der Bestimmung der Mutter unterliegende Befugnis zum persönl. Verkehr. Bis zur Erlangung einer selbstständigen Lebensstellung hat er dem Kind unter Berücksichtigung der Verhältnisse beider Eltern Unterhalt zu leisten, bis zur Volljährigkeit jedoch mindestens den gesetzl. Regelunterhalt (→Regelbedarf). Abweichende Unterhaltsvereinbarungen sind zulässig. N. K. werden ehelich, wenn ihre Eltern heiraten (→Legitimation).

Eine völlige Neuordnung des Rechts der n. K. bringt das **Kindschaftsrechtsreformgesetz** vom 16. 12. 1997, in Kraft ab 1. 7. 1998. Für die Rechtsstellung eines Kindes spielt es danach grundsätzlich keine Rolle mehr, ob die Eltern miteinander verheiratet sind oder nicht. Heiraten die Eltern erst nach Geburt des Kindes, wird es dadurch nicht mehr ›legitimiert‹. Sind die Eltern bei der Geburt des Kindes nicht miteinander verheiratet, sollen sie nur dann gemeinsam das Recht der →elterlichen Sorge erhalten, wenn sie entweder erklären, die Sorge gemeinsam übernehmen zu wollen, oder einander heiraten (§ 1626a BGB). Im Übrigen hat allein die Mutter die elterl. Sorge und dem Vater steht ein Recht auf Umgang mit dem Kind zu. Trennung der Eltern hat grundsätzlich keine Auswirkung auf das gemeinsame Sorgerecht, jedoch kann jeder Elternteil beantragen, dass die elterl. Sorge ihm ganz oder teilweise allein übertragen wird (§ 1671 BGB). Die Amtspflegschaft wird zum 1. 7. 1998 abgeschafft und durch eine freiwillige Beistandschaft des Jugendamtes ersetzt (§§ 1712ff. BGB i. d. F. des Beistandschafts-Ges. vom 4. 12. 1997). Das Erbrechtsgleichstellungs-Ges. vom 16. 12. 1997, in Kraft ab 1. 4. 1998, hebt die Sonderregelungen im →Erbrecht für n. K. auf und stellt diese erbrechtlich ehel. Kindern gleich. Das Unterhaltsrecht für Kinder geschiedener Ehepaare und n. K. wird durch das Unterhalts-Ges. 1998 vereinheitlicht.

In *Österreich* sind die n. K. durch versch. legislative Maßnahmen der letzten 25 Jahre heute ehel. Kindern weitestgehend gleichgestellt. Wichtigste Stationen auf diesem Weg sind das Kindschafts-Ges. 1977, das Kindschaftsrecht-Änderungs-Ges. 1989 sowie das Erbrechtsänderungs-Ges. 1989. Bes. die Diskriminierungen im Unterhalts- und Erbrecht wurden beseitigt. Es gibt keinen Amtsvormund mehr, gesetzl. Vertreter des Kindes ist die Mutter; rechtl. Beziehungen zum Vater setzen die Feststellung seiner Vaterschaft voraus. – Das *schweizer.* Recht unterscheidet terminologisch nicht mehr zw. ehel. und n. K. (Art. 252ff. ZGB in der seit 1. 1. 1978 geltenden Fassung). In Bezug auf Unterhaltsansprüche und Erbrecht sind ehel. und n. K. gleichgestellt. Das Kindesverhältnis zum nicht mit der Mutter verheirateten Vater entsteht durch Anerkennung oder Urteil; das n. K. untersteht von Gesetzes wegen der elterl. Gewalt der Mutter und trägt ihren Familiennamen.

Auf europ. Ebene gibt es Bestrebungen, die Unterschiede in der Rechtsstellung der ehel. und n. K. zu beseitigen oder zu verringern. Diesem Ziel soll insbesondere das Europ. Übereinkommen über die Rechtsstellung der n. K. vom 15. 10. 1975 dienen. Das Übereinkommen ist bisher für zwölf Mitgliedstaaten des Europarats in Kraft getreten (Dänemark, Griechenland, Großbritannien, Irland, Luxemburg, Norwegen, Österreich, Portugal, Rumänien, Schweden, Schweiz, Zypern), jedoch noch nicht für Dtl. Es sieht u. a. die Möglichkeit vor, auch dem Vater des Kindes die elterl. Sorge zu übertragen. Erbrechtlich soll das Kind die gleichen Rechte haben, wie wenn es ehelich wäre.

R. ENDRISS u. OLAF MÜLLER: Kinder ohne Trauschein (Neuausg. 1997).

nicht|eheliche Lebensgemeinschaft, →eheähnliche Lebensgemeinschaft.

Nicht|einmischung, völkerrechtl., mit dem Gewaltverbot eng verwandter Grundsatz; das Gebot der N. ist die Kehrseite des Verbotes der →Intervention eines Staates in die Angelegenheiten eines anderen Staates. Es gilt auch für die Vereinten Nationen, mit

Ausnahme von ordnungsmäßig beschlossenen Maßnahmen bei Bedrohung des Friedens, bei Friedensbrüchen und Angriffshandlungen (Art. 2 Nr. 7 der UN-Charta). →Souveränität.

Nicht|eisenmetalle, NE-Metalle, Sammel-Bez. für 1) unlegierte Metalle mit Ausnahme des Eisens; 2) Legierungen, in denen ein beliebiges Metall, ausgenommen Eisen, den größten Massenanteil ausmacht. Sind die Gehalte von Eisen und den übrigen Legierungsmetallen gleich, so zählt die Legierung nicht zu den N. – Innerhalb der N. werden nach der Dichte Leichtmetalle und Schwermetalle unterschieden.

Nicht|erfüllung, Zivilrecht: der Nichteintritt des mit einem Vertrag bezweckten Erfolges wegen der Unmöglichkeit der Leistung, verschuldeter Späterfüllung (Verzug) oder Schlechterfüllung (→positive Vertragsverletzung). In bestimmten Fällen kann Schadensersatz wegen N. gefordert werden (§§ 325 f. BGB). Sonderregelungen wegen Mängeln des Vertragsgegenstandes enthalten die §§ 463 (Kauf), 538 (Miete) und 635 (Werkvertrag) BGB.

Nicht|erwerbspersonen, Bez. der amtl. Statistik (→Erwerbspersonen).

nicht|euklidische Geometrie, Sammel-Bez. für solche Geometrien, die sich von der euklid. Geometrie im Wesentlichen nur dadurch unterscheiden, dass in ihnen das →Parallelenaxiom nicht gilt. Man unterscheidet die hyperbol. und die ellipt. nichteuklid. Geometrie.

In der **hyperbolischen Geometrie** wird das Parallelenaxiom ersetzt durch die Formulierung: ›Zu jedem Punkt P und jeder Geraden g, die den Punkt P nicht enthält, gibt es mindestens zwei Parallelen durch P zu g‹. Man kann zeigen, dass es unter dieser Voraussetzung sogar unendlich viele Parallelen durch P zu g gibt. Ein euklid. Modell der hyperbol. Geometrie lässt sich so beschreiben: Man betrachte einen Kreis in der euklid. Ebene, dessen innere Punkte die Punkte der hyperbol. Geometrie sein sollen. Als Geraden gelten die Sekanten des Grundkreises; eine Metrik lässt sich mithilfe des Doppelverhältnisses definieren. Die Verhältnisse der hyperbol. Geometrie lassen sich auch mithilfe einer Fläche konstanter negativer Krümmung, der Pseudosphäre, veranschaulichen. In allen Formen der hyperbol. Geometrie gilt, dass die Winkelsumme im Dreieck kleiner ist als 180°.

In der **elliptischen Geometrie** wird das Parallelenaxiom ersetzt durch die Aussage: ›Ist P ein Punkt, der nicht auf der Geraden g liegt, so gibt es keine Gerade, die durch P geht und die g nicht schneidet‹. In der ellipt. Geometrie gibt es also überhaupt keine Parallelen. Allerdings erzwingt diese Tatsache eine Abänderung der Anordnungsaxiome. Ein Modell der ellipt. Geometrie ergibt sich aus der Kugeloberfläche, wenn man auf dieser Diametralpunkte miteinander identifiziert (man erhält dann die projektive Ebene). Die Punkte der ellipt. Geometrie sind diametrale Punktepaare der Kugeloberfläche, ihre Geraden sind die Großkreise der Kugel. Da sich zwei beliebige Großkreise stets in einem Paar von Diametralpunkten schneiden, also in einem Punkt der ellipt. Geometrie, gibt es hier in der Tat keine Parallelen. Die Verhältnisse der ellipt. Geometrie lassen sich auch auf einer Fläche mit konstanter positiver Krümmung (eine solche Fläche ist notwendigerweise homöomorph zur Kugeloberfläche) realisieren. In der ellipt. Geometrie ist die Winkelsumme im Dreieck stets größer als 180°.

Geschichte: Bereits in der Antike wurde das Parallelenaxiom, wie es sich bei EUKLID findet, eingehend untersucht. Es wurde diskutiert, ob die euklid. Formulierung nicht durch plausiblere zu ersetzen sei, andererseits versuchte man, das Parallelaxiom als Folgerung aus den anderen Axiomen zu erweisen (PTOLEMÄUS, PROKLOS). Letzteres versuchten auch die Araber (NIRISI). In der Neuzeit finden sich Bemühungen zu zeigen, dass aus der Negation des Parallelenaxioms notwendig Widersprüche folgen und dass deshalb das Parallelenaxiom selbst wahr sein müsse, so bei G. SACCHERI, J. H. LAMBERT und A.-M. LEGENDRE. Die Einsicht, dass sich auch mit der Negation des Parallelenaxioms widerspruchsfreie Geometrien aufbauen lassen, wurde unabhängig voneinander von C. F. GAUSS, J. BOLYAI und N. I. LOBATSCHEWSKIJ gefasst. Die erste Veröffentlichung durch LOBATSCHEWSKIJ erfolgte 1829, die von BOLYAI 1830; GAUSS beschränkte sich auf briefl. Mitteilungen zu diesem Thema. Die n. G. vermochten sich nur langsam durchzusetzen. Eine wichtige Rolle dabei spielten die Modelle, die nach 1860 von versch. Mathematikern (E. BELTRAMI, A. CAYLEY, F. KLEIN, H. POINCARÉ) entdeckt wurden. Diese zeigten einerseits, dass die n. G. widerspruchsfrei sind, wenn die euklid. Geometrie dies ist, und andererseits, dass die n. G. einer Veranschaulichung fähig sind, was ihren erkenntnistheoret. Status aufwertete. Die von B. RIEMANN angegebenen Verallgemeinerungen der n. G. (→Riemann-Geometrie) und deren Verwendung durch A. EINSTEIN in der allgemeinen Relativitätstheorie haben die n. G. im 20. Jh. weiter gefördert, zugleich aber das Schwergewicht geometr. Untersuchungen auf noch allgemeinere, stärker von der euklid. Geometrie abweichende Geometrien verlagert, als es die n. G. sind.

Die Theorie der Parallellinien von Euklid bis auf Gauss. Eine Urkundensammlung zur Vorgesch. der n. G., hg. v. P. STAECKEL u. F. ENGEL (1895, Nachdr. New York 1968); R. BONOLA: Die n. G. (a. d. Ital., ³1921); I. TÓTH: Die nichteuklid. Geometrie in der Phänomenologie des Geistes. Wissenschaftstheoret. Betrachtungen zur Entwicklungsgesch. der Mathematik (1972); R. J. TRUDEAU: The non-Euclidean revolution (Boston, Mass. 1987).

NICHT-Funktion, die →NOT-Funktion.

Nichtgleichgewicht, Zustand eines thermodynam. Systems bei zeitl. Veränderung oder bei äußerem Eingriff (im Ggs. zum ›thermodynamischen Gleichgewicht). Prozesse, die N.-Zustände durchlaufen, sind irreversibel und Gegenstand der ›Thermodynamik irreversibler Prozesse‹ (→Thermodynamik).

NICHT-Glied, engl. *NOT-gate* ['nɔtgeɪt], *Digitaltechnik:* ein Verknüpfungsglied zur Realisierung der Negation im Sinne der Schaltalgebra. Es kehrt den an seinen Eingang angelegten Signalzustand um, d. h., es verwandelt logisch 0 in logisch 1 und umgekehrt.

Nicht|huminstoffe, Bodenkunde: →Humus.

Nichtigkeit, Recht: Unwirksamkeit eines Rechtsakts des öffentl. oder privaten Rechts (Hoheitsakt, Rechtsgeschäft), die wegen eines ihm anhaftenden Fehlers von Anfang an besteht. Anders als bei anfechtbaren Rechtsgeschäften, die einer Anfechtungserklärung bedürfen, entfaltet das nichtige Rechtsgeschäft keine Rechtswirkung. N. kann die Folge eines inhaltl. Gesetzesverstoßes, z. B. Willenserklärung eines Geschäftsunfähigen (§§ 104 f. BGB), Scheingeschäft (§ 117 BGB), Sittenwidrigkeit, Wucher (§ 138 BGB), oder des Fehlens einer notwendigen Form (§ 125 BGB) sein. Während bei Rechtsgeschäften des Privatrechts ein schwerer Fehler regelmäßig zur N. führt, tritt bei Verwaltungsakten (und bes. bei Urteilen) N. nur ausnahmsweise ein. Verwaltungsakte sind nur bei einem schwerwiegenden Fehler, der ganz offenkundig ist, nichtig, z. B. bei Undurchführbarkeit (§ 44 Verwaltungsverfahrens-Ges.). Bei minderschweren Fehlern kann die Unwirksamkeit durch Rechtsbehelfe (z. B. Anfechtung, bei Verwaltungsakten auch durch Widerspruch und Rücknahme) herbeigeführt werden. Rechtsverordnungen und Gesetze sind nach herrschender Auffassung bereits bei jedem Verstoß gegen höherrangiges Recht nichtig.

Ist ein Rechtsgeschäft nur zum Teil nichtig, ist es insgesamt nichtig, es sei denn, dass es auch ohne den

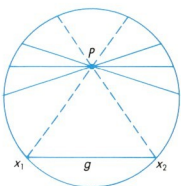

nichteuklidische Geometrie: kleinsches Modell der hyperbolischen Geometrie: Parallelen zu g durch P

nichtigen Teil vorgenommen worden wäre (§ 139 BGB); für den Bereich der allgemeinen Geschäftsbedingungen (AGB) ordnet § 6 AGB-Ges. an, dass bei N. einzelner Bestimmungen der Vertrag im Übrigen wirksam bleibt. Eine ähnl. Rechtsfolge sieht § 2085 BGB bei der Unwirksamkeit nur einzelner Verfügungen in Testamenten vor.

Nichtige Rechtsgeschäfte können umgedeutet (→Umdeutung) werden. Sie sind zwar nicht heilbar, doch können sie bestätigt werden, d. h., sie können von neuem vorgenommen werden (§ 141 BGB).

Das *österr.* (z. B. §§ 865, 879 ABGB) und das *schweizer.* Recht (z. B. Art. 20 OR) folgen ähnlichen Grundsätzen.

Nichtigkeitsbeschwerde, im *österr. Strafprozess* ordentl. Rechtsmittel gegen Urteile der Schöffen- und Geschworenengerichte an den Obersten Gerichtshof (OGH) (gegen Urteile der Bezirksgerichte und des Einzelrichters am Gerichtshof ist **Nichtigkeitsberufung** möglich, §§ 467 Abs. 2, 468, 489 StPO). Mit den in der StPO und im Jugendgerichts-Ges. (JGG; für das jugendgerichtl. Verfahren) abschließend aufgezählten Nichtigkeitsgründen (§§ 281 f., § 345 StPO, §§ 32, 39 Abs. 3, 41 Abs. 2 JGG) können v. a. bes. schwerwiegende Verfahrensmängel und Fehler in der rechtl. Beurteilung geltend gemacht werden. Ferner ist N. auch zulässig, wenn sich erhebl. Bedenken gegen die Richtigkeit und Vertretbarkeit der den Schuldspruch und die Strafbemessung tragenden Feststellungen ergeben. Anmeldung (Erhebung) der N. ist binnen drei, Ausführung (Begründung) binnen 14 Tagen erforderlich. Sie kann vom Ankläger, vom Verteidiger, vom Beschuldigten oder nahen Angehörigen erhoben werden. – **N. zur Wahrung des Gesetzes,** ist im österr. Strafprozess ein Rechtsbehelf gegen gesetzwidrige Urteile sowie gegen jeden gesetzwidrigen Beschluss oder Vorgang (§§ 33, 292 StPO). Sie kann unbefristet, aber nur von der Generalprokuratur beim OGH erhoben werden. Ihr Zweck liegt in einer vereinheitlichenden Kontrolle der Rechtsprechung.

Zur *schweizer.* N. →Nichtigkeitsklage.

Nichtigkeitsklage, 1) *Gesellschaftsrecht:* Geltendmachen bestimmter schwerer Mängel durch N. gegen die Gesellschaft, v. a. die Nichtigkeit der Gründung einer Kapitalgesellschaft oder Genossenschaft wegen eines wesentl. Mangels der Satzung (§ 275 Aktien-Ges., § 75 GmbH-Ges., § 94 Genossenschafts-Ges.). Auch ein Hauptversammlungsbeschluss einschließlich des festgestellten Jahresabschlusses kann so für nichtig erklärt werden (§§ 243, 256 Aktien-Ges., § 51 Genossenschafts-Ges.). – Die Bestimmungen über die N. im *österr.* Gesellschaftsrecht finden sich in den §§ 199 ff. Aktien-Ges. und in den §§ 41 ff. GmbH-Gesetz. – Das *schweizer.* OR spricht bei der Anfechtung eines Generalversammlungsbeschlusses einer AG von **Anfechtungsklage.**

2) *Patentrecht:* Die im Verfahren wegen der Erklärung der Nichtigkeit eines Patents zu erhebende Klage (§§ 22, 81 Patent-Ges.).

3) *Zivilprozess:* im Wiederaufnahmeverfahren eine Gestaltungsklage, mit der die Aufhebung einer Entscheidung und Neuentscheidung eines Rechtsstreits begehrt wird. Sie will die Rechtskraft der angegriffenen Entscheidung beseitigen und kann nur auf in § 579 ZPO bezeichnete schwere Verfahrensmängel (›Nichtigkeitsgründe‹) gestützt werden, insbesondere bei Verstößen gegen das Gebot des gesetzl. Richters. – In Ehesachen ist die N. die Klage auf Erklärung der Nichtigkeit einer Ehe (§§ 631 ff. ZPO) aus den in §§ 16 ff. Ehe-Ges. bestimmten Gründen (z. B. Formmangel, fehlende Geschäftsfähigkeit, Doppelehe).

In *Österreich* gelten hinsichtlich der N., auch in Bezug auf die Nichtigkeitsgründe ähnl. Grundsätze (§ 529 ZPO); für die eherechtl. N. gilt § 27 Ehe-Ges.

Im *schweizer.* Recht kann dem Begriff N. unterschiedl. Bedeutung zukommen: Ehenichtigkeitsklage nach Art. 120 ff. ZGB (neue Bez. nach der zz. hängigen Scheidungsrechtsrevision voraussichtlich: unbefristete Ungültigkeitsklage); Klage auf Feststellung der Nichtigkeit eines Rechtsgeschäfts; N. als Rechtsmittel in versch. Prozessordnungen (oft auch **Nichtigkeitsbeschwerde** genannt) u. Ä. Die Wiederaufnahme eines Verfahrens wird als **Revision** bezeichnet.

Nichtleiter, *Physik* und *Technik:* →Dielektrikum, →Isolator, →Isolierstoffe.

nichtlineare Optik, Abk. **NLO,** Gebiet der Optik, das nichtlineare Wechselwirkungen elektromagnet. Strahlung (z. B. Licht) mit Materie (Festkörper, Flüssigkeiten, Gase, Plasmen) untersucht. Diese treten v. a. auf, wenn die elektr. Feldstärke einer Lichtwelle nicht klein gegen die Feldstärken ist, die für die Bindung der Materiebausteine untereinander sorgen, insbesondere auch die der Elektronen in Atomen und Molekülen (etwa 10^8 V/cm). Während in der linearen Optik vorausgesetzt wird, dass die opt. Eigenschaften des Mediums unabhängig von der Intensität des eingestrahlten Lichts sind, befasst sich die n. O. mit allen Effekten, bei denen sich die opt. Eigenschaften der Materie mit zunehmender Strahlungsintensität reversibel ändern. Die Erzeugung derart hoher Feldstärken, die im opt. Frequenzbereich durch die Entwicklung des Lasers möglich wurden, haben nichtlineare Anteile in den Materialbeziehungen der maxwellschen Gleichungen zur Folge, wie die Abhängigkeit der elektr. Polarisation von der elektr. Feldstärke. Diese Nichtlinearitäten führen im Unterschied zu den Vorgängen in der linearen Optik (→Superpositionsprinzip) zu einer Wechselwirkung der elektromagnet. Wellen.

Bei Durchstrahlung eines optisch nichtlinearen Materials mit einem Laserstrahl entsteht durch die nichtlineare elektr. Polarisation Licht mit völlig anderen Eigenschaften, v. a. anderen Frequenzen. Hierzu gehören insbesondere die Erzeugung neuer Frequenzen, so genannter Harmonischer oder Oberwellen, wie die **Frequenzverdopplung** (bei der ein Lichtstrahl der Frequenz ω teilweise in einer der Frequenz 2ω umgewandelt wird), die Frequenzverdreifachung usw., sowie die Entstehung von Licht mit der Summen- oder Differenzfrequenz zweier eingestrahlter Wellen (**Frequenzmischung**). Unter Ausnutzung der nichtlinearen Polarisation kann eine Lichtwelle auf Kosten einer anderen verstärkt werden (**parametrische Verstärkung**). Ein Sonderfall der Frequenzumwandlung ist die **optische Gleichrichtung,** d. h. die Erzeugung einer elektr. Gleichfeldkomponente durch eine elektromagnet. Welle in einem nichtlinearen Kristall. – Durch das Strahlungsfeld eines Lasers können Brechzahl und Stärke der Absorption eines Materials für Licht einer bestimmten Wellenlänge verändert werden, da die Intensität des Laserlichts ausreicht, die Absorption eines Materials, das für die schwache Strahlung einer übl. Lichtquelle undurchlässig ist, so weit ›auszubleichen‹ (**gesättigte Absorption**), dass es für den Laserstrahl transparent wird. Dieser Effekt wird z. B. bei Güteschaltern und dem Modelocking bei Lasern ausgenutzt. Die **Selbstfokussierung** oder **Selbstdefokussierung** eines intensiven Laserstrahls beruht auf einer intensitätsabhängigen Veränderung der Brechzahl im durchstrahlten nichtlinearen Material. Die Verteilung der Lichtintensität über den Strahlquerschnitt führt zu einer Variation der opt. Dichte. Auf der gleichen Art von Wechselwirkung beruht auch die →Phasenkonjugation. – Weitere Effekte der n. O. sind **induzierte Streuprozesse,** z. B. die stimulierte Raman-Streuung (→Raman-Effekt) oder die **Mehrphotonenabsorption,** d. h. die gleichzeitige Absorption von mehreren Photonen durch ein Atom oder Molekül, sowie der →Kerr-Effekt und der →Pockels-Effekt.

nichtlineare Programmierung, nichtlineare Optimierung, →mathematische Programmierung.

nichtlineare Regelung, ein Regelkreis, der mindestens ein Übertragungsglied enthält, das nicht dem Superpositionsprinzip (→lineare Regelung) entspricht. Häufig ist eine Regelstrecke mit gekrümmter Kennlinie vorgegeben. Mitunter benutzt man, vorwiegend aus Kostengründen, auch nichtlineare Regler, z. B. bei der →Zweipunktregelung und der →Dreipunktregelung, bei denen sich die Reglerausgangsgröße jeweils nur auf zwei bzw. drei Werte oder Schaltzustände einstellt. Hierbei handelt es sich um den relativ einfachen Fall ›stat. Nichtlinearitäten‹.

nichtlineare Schwingungen, Schwingungsvorgänge, deren theoret. Behandlung auf nichtlineare Differenzialgleichungen führt. Obwohl dies weitgehend für alle realen schwingungsfähigen Systeme gilt, können die von den nichtlinearen Gliedern herrührenden Beiträge häufig vernachlässigt werden; bei vielen realen Vorgängen sind Nichtlinearitäten jedoch wesentlich.

Nichtmetalle, diejenigen chem. Elemente, die nicht die charakterist. Eigenschaften der Metalle aufweisen. Zu den N. zählen neben dem Wasserstoff folgende Elemente der vierten bis achten Hauptgruppe des Periodensystems: Kohlenstoff, Stickstoff, Phosphor, Sauerstoff, Schwefel, die Halogene (Fluor, Chlor, Brom, Jod, Astat) und die Edelgase (Helium, Neon, Argon, Krypton, Xenon, Radon). Einen Übergang zu den Metallen bilden die →Halbmetalle.

nichtmetallisch-anorganische Werkstoffe, neben Metallen und Polymerwerkstoffen (→Kunststoffe) eine der Hauptgruppen der Werkstoffe. Sie lassen sich unterteilen in nichtkristalline n.-a. W. (Glas) und kristalline n.-a. W. (keram. Werkstoffe), die wiederum in keram. Werkstoffe, Faserwerkstoffe, nichtoxidische keram. Werkstoffe, oxidische keram. Werkstoffe und Tonkeramik untergliedert werden können. Mit Ausnahme der Elemente Bor und Kohlenstoff in seinen Modifikationen Diamant und Graphit wird die Gruppe der keram. Werkstoffe von chem. Verbindungen zw. Nichtmetallen (Beispiel: Carbide, Nitride und Oxide der Elemente Bor und Silicium) und von Metall-Nichtmetall-Verbindungen (Carbide, Nitride, Oxide mit Metallen) gebildet. Ihr atomarer Aufbau ist geordnet (Kristallstrukturen). Von den vier Hauptbindungsarten (→chemische Bindung) dominieren die Atom- und die Ionenbindung; die Metall- tritt nur gemeinsam mit der Atombindung bei den metall. Hartstoffen und die dipolare bei der Graphitmodifikation des Kohlenstoffs und des Bromnitrids (›weißer Graphit‹) gemeinsam mit der homöopolaren Bindung auf. Den keram. Werkstoffen sind folgende Eigenschaften gemeinsam: Im Vergleich zu Metallen haben sie relativ komplexe Raumgitter; sie besitzen keine freien Elektronen (Ausnahme: metall. Hartstoffe), sind transparent, wenig duktil und daher plastisch nicht verformbar. Ihre Herstellung erfolgt durch pulvertechnolog. Verfahren (mit Ausnahme der Herstellung neuer Einkristalle). Die keram. Faserwerkstoffe liegen in der Form von Haarkristallen oder polykristallinen Fasern vor. Da sie bes. zur Verstärkung dienen, werden sie im Wesentlichen gekennzeichnet durch ihre Festigkeit und ihren Elastizitätsmodul. Häufig werden sie durch Aufdampfen des Fasermaterials auf ein Kernmaterial hergestellt (z. B. SiC auf Wolframkern), oder die Faser wird durch eine Oberflächenschicht veredelt (Siliciumcarbid auf Kohlenstoff).

nichtmonotone Logik, insbesondere für Anwendungen in der *Informatik* und in der *künstl. Intelligenz* wichtige Erweiterung der üblichen (klass.) Logik, in der aufgrund neuer Ausgangsinformationen eine ›Rücknahme‹ von zuvor erlaubten Schlussfolgerungen möglich ist. Von besonderer Bedeutung ist die Formalisierung des Schließens ›bis zum Beweis des Gegenteils‹ in Wissensbasen, bei denen vor einer ›Rücknahme‹ von Schlussfolgerungen mit allgemeinen Aussagen argumentiert worden ist, zu denen keine Gegenbeispiele bekannt waren, neue Informationen aber solche Gegenbeispiele liefern.

nichtnewtonsche Flüssigkeiten [-'nju:tn-; nach I. NEWTON], Oberbegriff für Flüssigkeiten mit nichtlinearer Viskosität (→Fließen).

nicht notierte Werte, unnotierte Werte, Wertpapiere, deren Kurs nicht nach gesetzlich oder in ähnl. Weise festgelegten Regeln festgestellt wird und für die deshalb eine Wertermittlung (z. B. bei der Erbschaftsbesteuerung) schwierig ist. Es sind Papiere, die an der Börse weder zum amtl. Handel noch zum Freiverkehr und zum geregelten Markt zugelassen sind. Sie werden allenfalls zw. den Banken im Telefonverkehr gehandelt (außerbörsl. Freiverkehr). Mitunter zählt man zu den n. n. auch die in den Börsensegmenten geregelter Markt und Freiverkehr gehandelten Papiere (**amtlich n. n. W.**), erkennt also als ›Notierung‹ allein die amtl. Kursfeststellung an.

Nicht|oxidkeramik, Bez. für Fertigprodukte oder Halbzeuge aus nichtoxidischen keram. Werkstoffen, deren Hauptvertreter das Element Kohlenstoff mit seinen Modifikationen Diamant und Graphit, die zu den nichtmetall. Hartstoffen zählenden Verbindungen Borcarbid, Bornitrid, Siliciumcarbid und Siliciumnitrid sowie die Verbindung Aluminiumnitrid sind.

nichtparametrische Verfahren, parameterfreie Verfahren, statist. Verfahren, bei denen die Verteilungsannahme im Modell (→Statistik) nicht aus einer Familie von Verteilungen mit endlich-dimensionalem Parameter, sondern z. B. aus der Klasse aller Verteilungen mit stetiger Verteilungsfunktion besteht. Solche Verfahren sind wichtig bei der Behandlung qualitativer Merkmale und bei Stichproben kleinen Umfangs. Beispiele: der χ^2-Anpassungstest (→Chi-Quadrat-Verteilung) und der →Kolmogorow-Test.

Nicht|raucherschutz, der Schutz der Nichtraucher vor Belästigung und Gesundheitsbeeinträchtigung durch rauchende Dritte. Ein gesetzl. N. existiert nur lückenhaft: Z. B. verpflichtet §32 Arbeitsstätten-VO vom 20. 3. 1975 den Arbeitgeber zu geeigneten Maßnahmen, um in Pausen-, Bereitschafts- und Liegeräumen für den Schutz der Nichtraucher zu sorgen. Tarifverträge und Betriebsvereinbarungen können Regelungen über n. enthalten. Der Betriebsrat hat bei Einführung eines Rauchverbots ein erzwingbares Mitbestimmungsrecht gemäß §87 Abs. 1 Nr. 1 Betriebsverfassungs-Ges. In der Rechtswiss. ist umstritten, ob das Recht der Raucher auf freie Entfaltung ihrer Persönlichkeit hinter dem Recht der Nichtraucher auf körperl. Unversehrtheit zurückzutreten habe. Der Entwurf eines N.-Gesetzes, der eingeschränkte Rauchverbote am Arbeitsplatz, in Behörden und öffentl. Verkehrsmitteln vorsah, wurde im Februar 1998 im Bundestag abgelehnt. – In *Österreich* wurde 1995 durch eine Änderung der Schulverordnung, zeitgleich mit dem Tabakgesetz, ein totales Rauchverbot auf dem gesamten Schulgelände eingeführt. Das Tabakgesetz regelt den N. v. a. durch Einführung spezif. Rauchverbote in Räumen, die für bestimmte Zwecke genutzt werden. (→Rauchen).

Nicht|regierungsorganisationen, Abk. **NRO,** engl. **Non-governmental Organizations** [nɔŋgʌvn'mentl ɔːgənaɪ'zeɪʃnz], Abk. **NGO** [endʒiːˈəʊ], Bez. für die privaten Träger der Entwicklungshilfe. In Dtl. gibt es über 200 N., darunter Kirchen, polit. Stiftungen sowie sonstige fachlich, personell und finanziell leistungsfähige private Träger mit langjährigen Erfahrungen in der Entwicklungszusammenarbeit. Die wichtigsten N. haben sich im Verband Entwicklungspolitik dt. N. e. V. (VENRO; gegr. 1995) zusammengeschlossen. Staatl. und private Entwicklungszusammenarbeit ergänzen sich. Neben die Programm- und Projektförderung ist in den letzten Jahren der länder- und sektorbezogene Meinungsaustausch zw. Bundes-Reg. und N. getreten. 1962–95 erhielten dt. N. rd. 12 Mrd. DM, 1995 rd. 794 Mio. DM (entspricht etwa 10 % des Entwicklungshilfehaushalts des Bundesministeriums für wirtschaftl. Zusammenarbeit und Entwicklung, BMZ). Die eigenen Leistungen der dt. N. für Entwicklungsprojekte beliefen sich 1995 auf knapp 1,594 Mrd. DM. Die Vorhaben sonstiger privater Träger (z. B. Aktion Friedensdorf, Andheri-Hilfe, Dt. Welthungerhilfe, Dt. Caritasverband, Dt. Genossenschafts- und Raiffeisenverband, Jugend Dritte Welt, Komitee Ärzte für die Dritte Welt, terre des hommes) wurden 1995 vom BMZ mit 70,9 Mio. DM gefördert. Darüber hinaus erhielten sie für Nahrungsmittelhilfe in akuten Notsituationen sowie für Maßnahmen der Ernährungssicherung 24 Mio. DM.

Die Stärke der N. liegt in ihrer Nähe zu unterprivilegierten Bevölkerungsgruppen. Sie mobilisieren die Eigeninitiative der Bev., bilden heim. Fachkräfte heran und nutzen v. a. die Ressourcen des betreffenden Entwicklungslandes. Dies führt zu höherer Effizienz des Mitteleinsatzes. Darüber hinaus sind sie in geringerem Maße wirtschaftl. und polit. Zwängen unterworfen als staatl. Institutionen. – Auch internat. gewinnen die N. an Bedeutung. So wird z. B. in einer Erklärung des Rates der EG vom 11. 11. 1992 zur Politik der Entwicklungszusammenarbeit bis zum Jahr 2000 die Bedeutung der europ. N. v. a. in den Bereichen Sofort- und Nahrungsmittelhilfe, Frauen und Entwicklung, Bildungsförderung, Umweltschutz und Zusammenarbeit mit den ärmsten Bevölkerungsgruppen gewürdigt. 1993 wurden Projekte von N. mit insgesamt 703,3 Mio. ECU aus dem EG-Haushalt gefördert. – Durch professionelle Organisationsformen und internat. Vernetzung sind N. als kompetente Experten zu gefragten Gesprächspartnern von Reg. und internat. Organisationen geworden. Auch bei internat. Konferenzen (z. B. Menschenrechtskonferenz 1993, Weltbevölkerungskonferenz 1994, Weltsozialgipfel, Weltfrauen- und Weltklimakonferenz 1995) erlangten die N. – teilweise auch durch die Veranstaltung von ›Gegengipfeln‹ – Einfluss auf Medien und Politik. Beim Wirtschafts- und Sozialrat der UNO besteht ein ständiges Komitee für die Zusammenarbeit mit Nichtregierungsorganisationen.

K.-E. PFEIFER: N. – Protagonisten einer neuen Entwicklungspolitik? (1992); R. WEGNER: Nicht-Regierungsorganisationen als entwicklungspolit. Hoffnungsträger? (1993); Vernetzt u. verstrickt. Nicht-Regierungs-Organisationen als gesellschaftl. Produktivkraft, hg. v. E. ALTVATER u. a. (1997).

nicht rostende Stähle, Stähle, die aufgrund ihrer Zusammensetzung, v. a. durch Zusatz von Chrom (mindestens 12 %), einen erhöhten Widerstand gegen Korrosion aufweisen; diese Beständigkeit wird durch weitere Legierungsbestandteile wie Nickel, Molybdän, Titan oder Niob noch verbessert. N. r. S. werden als Walz- und Schmiedestähle gefertigt; v. a. im Konsumgüterbereich hat sich für die n. r. S. die Bez. ›Edelstahl Rostfrei‹ durchgesetzt.

Nichts, lat. **Nihil,** in der Philosophie sowohl Bez. für die logisch-begriffl. Verneinung des Seins als auch Gegenbegriff zu real Seiendem bzw. Existenz, der im Sinne einer Negation (Nichtsein), einer Privation (Beraubung, Entbehrung) oder einer nicht entfalteten Potenz (Noch-nicht-Sein) verstanden werden kann.

In der Ontologie (Seinslehre) der *Antike* versuchen PARMENIDES VON ELEA, DEMOKRIT und PLATON, das Sein (als allgemeinen Inbegriff der Welt) auch von seinem denkbaren Gegenpol aus zu erfassen. Das N. ist nicht nichts, sondern eine Kategorie, die über das konkrete Dasein hinausgeht und für seine Erklärung einen übergeordneten Verständnisansatz bildet: z. B. dann, wenn das Leben des Einzelnen von dessen Sterblichkeit bzw. Tod (Nichtsein) aus verstanden werden soll.

Mit ARISTOTELES wird der Begriff N. zunehmend formalisiert bzw. – bei Abstraktion von allen Erkenntnisinhalten – als log. Kategorie (Negation) gedacht, die keine besonderen Prädikate mehr enthält und auch von besonderer Bedeutung für die allen Wiss.en gemeinsamen Axiome, z. B. den Satz des Widerspruchs, ist. PLOTIN führt den eleat. Gedanken fort, die Entwicklung des Daseins als ein Werden zu begreifen, das von der dialekt. Spannung zw. Sein und N. lebt.

Die *Patristik* fasst die Idee des N. weitgehend theologisch als überzeitl. Dimension auf, aus der heraus Gott die Welt erschaffen hat (AUGUSTINUS; →Creatio ex nihilo). J. DUNS SCOTUS unterscheidet für die *Scholastik* zw. relativem und absolutem N., wobei Letzterem auch die Möglichkeit des Seins fehlt. In der *Mystik* (MEISTER ECKHART, J. BÖHME) wird das N. (diese Welt) als die Wurzel des Bösen gesehen. In anderer Hinsicht dient das ›N.‹ zur Charakterisierung des menschl. Intellekts und der Seele, insofern sie mit der erkennbaren Welt nichts gemein haben, sondern dem Göttlichen verwandt und zugewendet sind.

Im *Idealismus* verwendet G. W. F. HEGEL den Begriff des N. zur Bez. des reinen Seins als ›das unbestimmte Unmittelbare‹ (›Wiss. der Logik‹, 1812–16). Für die *Existenzphilosophien* des 19. Jh. (S. KIERKEGAARD) und des 20. Jh. (M. HEIDEGGER) offenbart sich dem Einzelnen das N. in der Angst und ihm in Grenzerfahrungen zugleich als labiler Grund seines Daseins bewusst. Bei J.-P. SARTRE besteht das Wesen der menschl. Existenz im Selbstbewusstsein des Individuums, dessen Freiheit im N. wurzelt.

G. KAHL-FURTHMANN: Das Problem des Nicht (²1968); G. KEIL: Grundriß der Ontologie (²1984); G. LÜHRS: Die Schöpfung aus dem N. (Zürich 1986); W. G. NEUMANN: Die Philosophie des N. in der Moderne. Sein u. N. bei Hegel, Marx, Heidegger u. Sartre (1989).

Nicht|sesshafte, allein stehende Wohnungslose, im Sozialhilferecht Personen, die ohne gesicherte wirtschaftl. Lebensgrundlage ›umherziehen‹ oder sich in Einrichtungen zur sozialen Wiedereingliederung befinden. Die Abgrenzung zu anderen Gruppen der Gesellschaft, die sich in sozialer Notlage befinden (z. B. →Obdachlose), ist administrativ bedingt durch die besondere kostenrechtl. Zuständigkeitsregelung für N. im Sozialhilferecht. In der gegenwärtigen Sozialarbeit, Sozialpolitik und Sozialwiss. wird die Bez. N. als ein von der natsoz. ›Asozialenpolitik‹ (Erklärung der nichtsesshaften Lebensweise als Veranlagung oder charakterl. Schwäche) eingeführter Begriff abgelehnt und nicht mehr verwendet. Der ersatzlose Verlust einer Wohnung und das damit verbundene (Über-)Leben ohne festen Wohnsitz wird als eine Erscheinungsform des sozialen Problems Obdach- oder Wohnungslosigkeit, Armut und sozialer Ausgrenzung/Benachteiligung verstanden. Betroffen sind überwiegend allein stehende Männer, die im Unterschied zu obdachlosen Familien und Alleinerziehenden zum großen Teil aus der kommunalen Versorgung mit Ersatzwohnraum herausfallen. Sie leben i. d. R. ungeschützt im Freien, in kommunalen Gemeinschaftsunterkünften oder im Rahmen der Hilfe zur Überwindung besonderer sozialer Schwierigkeiten nach § 72 Bundessozialhilfe-Ges. in Einrichtungen der →Nichtsesshaftenhilfe. Betroffen sind v. a. Arbeitnehmer mit keiner oder geringer berufl. Qualifikation und entsprechend hohem Arbeitsplatzrisiko, Facharbeiter und Handwerker aus Krisenbranchen und -berufen, Gelegenheits- und Saisonarbeiter, (Langzeit-)Arbeitslose sowie aus Kliniken und Haft in ungesicherte soziale und wirtschaftl. Verhältnisse Entlassene. Neben den Kürzungen in der sozialen Sicherung hat die Massenarbeitslosigkeit sowie die Wohnungsknappheit die Zahl der N. ansteigen lassen, die für Dtl. auf (1996) rd. 196 000 geschätzt wurde. Davon sind rd. 80% Männer, der Frauenanteil ist von etwa 3–5% Anfang der 80er-Jahre auf rd. 20% gestiegen.

G. ALBRECHT u. a.: Lebensläufe. Von der Armut zur ›Nichtseßhaftigkeit‹ oder wie man ›Nichtseßhafte‹ macht (1990); V. BUSCH-GEERTSEMA u. E.-U. RUHSTRAT: Wohnungsnotfälle. Sicherung der Wohnungsversorgung für wirtschaftlich oder sozial benachteiligte Haushalte (1994); Wohnungslos. Aktuelles aus Theorie u. Praxis zur Armut u. Wohnungslosigkeit, hg. v. der Bundesarbeitsgemeinschaft Wohnungslosenhilfe (1995ff.).

Nicht|sesshaftenhilfe, Wohnungslosenhilfe, im Rahmen der Hilfe zur Überwindung besonderer sozialer Schwierigkeiten nach §72 Bundessozialhilfe-Ges., BSHG, und der dazu erlassenen Durchführungs-VO durch die örtl. und überörtl. Träger an Nichtsesshafte (allein stehende Wohnungslose) zu gewährende Hilfe. Im Vordergrund stehen Beratung über mögl. Maßnahmen, materielle Hilfen, Wohnraumbeschaffung, Hilfe zur Arbeitsplatzfindung, Schuldenregulierung usw. Die kommunalen und privaten Träger der Sozialarbeit bieten Beratungen und Dienstleistungen an, wie selbst organisiertes Leben und Wohnen, individuelle Wohnungsbetreuung oder teilstationäre arbeits- und sozialtherapeut. Hilfen. Eine besondere Funktion kommt der vorbeugenden Obdachlosenhilfe zu, die vermeiden will, dass Arbeitslosigkeit und Wohnungsnot entstehen. Koordinierend tätig ist die Bundesarbeitsgemeinschaft für Wohnungslosenhilfe e. V. in Bielefeld. (→Obdachlose)

Nichtstandard|analysis, Non-Standard-Analysis, neuere Art des Aufbaus insbesondere der Differenzial- und Integralrechnung, die sich nichtarchimedischer Erweiterungen des Körpers ℝ der reellen Zahlen bedient, d. h. solcher Erweiterungen, in denen es neben den gewöhnl. reellen Zahlen auch unendlich kleine (zu null infinitesimal benachbarte) Zahlen gibt und daher auch zu jeder gewöhnl. reellen Zahl solche zu ihr infinitesimal benachbarten Zahlen.

Die N. nimmt in moderner und präzisierter Form die naiven Vorstellungen der Infinitesimalmathematik von L. EULER und G. W. LEIBNIZ auf und erreicht dadurch eine wesentl. Vereinfachung in der Begründung zentraler Resultate der Analysis und in manchen ihrer grundlegenden Berechnungsweisen. Die genannten Erweiterungen des Körpers ℝ sind jedoch schwieriger zu veranschaulichen und mathematisch komplizierter zu konstruieren als die reellen Zahlen ℝ selbst.

Die für die N. fundamentale Existenz von Nichtstandardmodellen üblicher mathemat. Strukturen wurde von T. SKOLEM (1934) bewiesen, dessen Ergebnisse von A. ROBINSON systematisch zum Aufbau der N. erweitert wurden (1966). Ein anderer Ansatz, der v. a. in Dtl. wirksam wurde, geht auf D. LAUGWITZ (*1932) und C. SCHMIEDEN (*1905, †1991) zurück.

D. LAUGWITZ: Zahlen u. Kontinuum (1986, Nachdr. 1994); D. LANDERS u. L. ROGGE: Nichtstandard Analysis (1994); Nonstandard analysis in practice, hg. v. F. u. M. DIENER (Berlin 1995).

nicht|stöchiometrische Verbindungen, chem. Verbindungen, deren Zusammensetzung nicht den stöchiometr. Gesetzen (→Stöchiometrie) entspricht, sondern innerhalb weiter Grenzen schwankt. Zu den n. V. (früher auch **Berthollide** gen.) zählen die meisten intermetall. Verbindungen sowie viele Verbindungen zw. Metallen und Halbmetallen bzw. Sauerstoff.

Nicht|unterscheidbarkeit, *Quantenstatistik:* Merkmal von Elementarteilchen, Atomen und Molekülen. Alle größeren Objekte (Sandkörner, Zellen, Blätter usw.) sind auch bei größter Ähnlichkeit **unterscheidbar** und infolgedessen **wieder erkennbar.** In der älteren Entwicklung der →statistischen Mechanik hatte man auch den Mikroteilchen eine individuelle Wiedererkennbarkeit zugeschrieben, sodass bei der Abzählung thermodynamisch-statist. Wahrscheinlichkeiten jeweils zwei verschiedene, nur durch die Vertauschung zweier Individuen bedingte Zustände unterschieden wurden. Real besteht jedoch eine grundsätzl. N. für gleichartige (identische) mikrophysikal. Objekte. Da überdies aufgrund der heisenbergschen Unschärferelationen nicht einmal im Gedankenexperiment die Identität z. B. eines Elektrons durch Verfolgung seiner Bewegungsbahn gesichert werden kann, ergibt die Quantentheorie, dass gleichartige mikrophysikal. Gebilde bei naher Begegnung und Wechselwirkung nicht mehr als unterscheidbare Objekte betrachtet werden können. So treten an die Stelle der älteren thermodynam. →Boltzmann-Statistik die →Bose-Einstein-Statistik oder die das →Pauli-Prinzip berücksichtigende →Fermi-Dirac-Statistik.

In der *Philosophie* und *Logik* spielt die N. v. a. durch das von G. W. LEIBNIZ formulierte Prinzip von der Identität des Nichtunterscheidbaren eine wichtige Rolle, das in moderner Weiterentwicklung zur Definition der Gleichheit im Rahmen der Prädikatenlogik (→Logik) herangezogen wird.

nichtverbale Kommunikation, nonverbale Kommunikation, zusammenfassende Bez. für nichtsprachl. Verhaltens- und Interaktionselemente (Körperkontakt, -bewegungen, -haltung, Gesten, Gebärden, Gesichtsausdruck, Mimik, Sprechweise, Stimme, äußere Erscheinung, Tonfall u. a. Formen der **Körpersprache**). Übertragungskanäle in Kommunikationsmodellen nichtverbaler Mitteilungen sind das Gehör, der Tast-, der Gesichts- und der Geruchssinn sowie das Wärmeempfinden (Multikanalmodell).

nichtverbale Tests, *Psychologie:* →sprachfreie Tests.

Nichtverbreitungsvertrag, →Kernwaffensperrvertrag.

Nichtwiederkäuer, Nonruminantia, Suiformes, Unterordnung der →Paarhufer mit drei rezenten Familien (→Schweine, →Nabelschweine, →Flusspferde). N. sind gekennzeichnet durch einen einfach gebauten Magen, ein relativ vollständiges Gebiss und eine geringe Verschmelzungstendenz am Extremitätenskelett (Mittelhandknochen sind nie verschmolzen, Mittelfußknochen nur bei den Nabelschweinen).

Nichtzulassungsbeschwerde, im Verwaltungsgerichts-, Arbeitsgerichts-, Sozialgerichts- und Finanzgerichtsprozess ein Rechtsmittel gegen die Nichtzulassung der Revision durch das Gericht, dessen Entscheidung angefochten werden soll. Sie muss binnen Monatsfrist nach Urteilszustellung bei diesem Gericht eingelegt werden. Erfolgt keine Abhilfe, so entscheidet das übergeordnete Gericht. Der N. ist nur stattzugeben, wenn einer der gesetzl. Zulassungsgründe vorliegt (→Revision). Auch im Rechtsbeschwerdeverfahren in Kartellsachen gibt es eine N. Hingegen kennt der Zivilprozess zwar eine Zulassung der Revision (§ 546 Abs. 1 ZPO), aber keine N. gegen deren Versagung, allerdings ist die Revision zuzulassen (§ 546 Abs. 1 Satz 2 Ziff. 1 und 2 ZPO), wenn die Rechtssache grundsätzl. Bedeutung hat oder das Urteil des OLG von einer Entscheidung des BGH als dem Revisionsgericht abweicht und es auf dieser Abweichung beruht.

Nick, Edmund Josef, Komponist und Musikkritiker, *Reichenberg 22. 9. 1891, †Geretsried 11. 4. 1974; wurde 1947 in München Chefdirigent der Bayer. Staatsoperette, 1949 Prof. an der Münchner Musikhochschule und war 1952–56 Leiter der Musikabtei-

Edmund Nick

Nick Nickel

lung beim WDR in Köln, dann Musikkritiker der ›Welt‹, seit 1962 der ›Süddt. Zeitung‹. Er schrieb das musikal. Lustspiel ›Das kleine Hofkonzert‹ (1935), Operetten, Unterhaltungs-, Bühnen- und Filmmusik.

Nickel		
chem. Symbol: **Ni**	Ordnungszahl	28
	relative Atommasse	58,6934
	Häufigkeit in der Erdrinde	0,015 %
	natürliche Isotope (mit Anteil in %)	^{58}Ni (68,077), ^{60}Ni (26,223), ^{61}Ni (1,140), ^{62}Ni (3,634), ^{64}Ni (0,926)
	insgesamt bekannte Isotope	^{51}Ni bis ^{74}Ni
	längste Halbwertzeit (^{59}Ni)	7,6 · 10^4 Jahre
	Dichte (bei 25 °C)	8,902 g/cm³
	Schmelzpunkt	1455 °C
	Siedepunkt	2913 °C
	spezifische Wärmekapazität (bei 25 °C)	0,444 J/(g · K)
	elektrische Leitfähigkeit (bei 20 °C)	1,46 · 10^7 S/m
	Wärmeleitfähigkeit (bei 27 °C)	90,7 W/(m · K)

Nickel [schwed., gekürzt aus kopparnickel ›Kupfernickel‹] *das, -s,* chem. Symbol **Ni,** ein →chemisches Element aus der achten Nebengruppe des Periodensystems. N. ist ein silberweißes, zähes, stark glänzendes, ferromagnet. Schwermetall, das sich schmieden, zu Drähten ausziehen, schweißen und polieren lässt. Das reine, kompakte Metall ist sehr resistent gegen Sauerstoff, Wasser und nicht oxidierende Säuren; es löst sich dagegen in verdünnten oxidierenden Mineralsäuren unter Bildung meist grünlich gefärbter Salze auf. Durch konzentrierte Salpetersäure wird N. passiviert. Gegen schmelzende Alkalihydroxide ist es bis fast 400 °C beständig (N.-Tiegel im chem. Laboratorium). Fein verteiltes N. absorbiert bei höheren Temperaturen beträchtl. Mengen Wasserstoff (Verwendung als Hydrierungskatalysator).

Vorkommen: N. kommt (außer in Meteoriten) nie gediegen, sondern nur in Form von Verbindungen vor (v. a. als Silikat, Sulfid und Arsenid). Die wichtigsten N.-Minerale sind →Garnierit und →Pentlandit; weitere N.-Minerale wie →Millerit, →Rotnickelkies und →Chloanthit haben geringere Bedeutung. Wegen seiner Verwandtschaft zu Eisen kommt N. auch in größeren Mengen als Begleiter von Eisenerzen vor (→Nickelmagnetkies); zu etwa 1 % ist N. in den →Manganknollen enthalten. Die reichsten Vorkommen an sulfid. N.-Erzen finden sich in Kanada (Sudbury); weitere sind u. a. in Russland, Südafrika, Norwegen und Australien bekannt; silikat. N.-Erze kommen v. a. in Neukaledonien, in den USA (Oregon), in Russland, Brasilien und Venezuela vor.

Gewinnung: N.-Erze sind meist sehr arm an N. (0,4–2 %) und müssen deshalb zunächst durch mechan. Aufbereitung (Flotation, Magnetscheidung u. a.) angereichert werden. Die weiteren Verfahren zur Gewinnung von N. hängen von der Art der Erze ab. Die sulfid. N.-Erze sind meist mit großen Mengen an Eisen- und Kupfererzen vermischt und enthalten auch Kobalt und Edelmetalle; ihre Verarbeitung ist v. a. deshalb schwierig, weil sich das N. nur schlecht von Kupfer (und Kobalt) trennen lässt. Durch mehrere Anreicherungs- und Umschmelzschritte wird aus ihnen Nickelsulfid, NiS, gewonnen, aus dem man durch Abrösten (Umwandlung in Nickeloxid, NiO) und Reduktion mit Kohle Roh-N. erhält. Die silikat. N.-Erze sind kupferfrei, sie enthalten jedoch große Mengen Eisen, Magnesium, Calcium und Aluminium (als lohnendes Nebenmetall nur Kobalt). Sie werden meist zunächst mit Schwefel (oder Gips und Kohle) verschmolzen, wobei das N. in N.-Sulfid übergeht, aus dem man (nach Abtrennung von Eisen) durch Abrösten und Reduktion Roh-N. gewinnt. Das Roh-N. wird durch elektrolyt. Raffination in Rein-N. (**Elektrolyt-N.** mit 99 % N.) überführt. Bes. reines N. wird nach dem Mond-Verfahren durch Umsetzen mit Kohlenmonoxid gewonnen; dabei entsteht flüchtiges N.-Tetracarbonyl, Ni(CO)$_4$, das sich beim Erwärmen wieder zersetzt (**Carbonyl-N.** mit 99,99 % N.).

Verwendung findet N. v. a. als Legierungsmetall für rostfreie Stähle und zur Herstellung von →Nickellegierungen, daneben auch in geringem Umfang als Reinmetall zum Bau von Apparaturen für die chem. Industrie sowie in der elektrotechn. Industrie. Da N. für viele Verwendungszwecke zu teuer ist, beschränkt man sich häufig darauf, es durch mechan. (Plattieren) oder elektrolyt. Verfahren (galvan. Vernickelung) auf andere Werkstoffe aufzubringen. Außerdem wird N. u. a. zur Herstellung von N.-Cadmium-Akkumulatoren sowie als Katalysator verwendet.

Umweltwirkung: N. reichert sich in Gewässern in Schwebstoffen, Sedimenten und Wasserorganismen an. Bei Algen ist eine Konzentration von 0,5–10 mg/kg wachstumshemmend. Bei Fischen differiert die Letalkonzentration (LC) sehr: Bei Regenbogenforellen liegt sie zw. 0,05 und 35 mg/l Wasser. In weichem Wasser ist die Toxizität für Wasserorganismen generell höher als in hartem Wasser. – N. stellt für manche Pflanzen ein essenzielles Spurenelement dar. Erhöhte Konzentrationen wirken allerdings schädigend. Für normale Pflanzensamen gilt eine Konzentration von 0,5 bis 2 mg/l in der Nährlösung als toxisch. Kalkung immobilisiert das im Boden vorhandene N. und mindert so die Toxizität, während die Zugabe von Phosphat die Mobilität von N. im Boden erhöht. Manche Pflanzen reichern bes. hohe Konzentrationen von N. an, sie werden als Hyperakkumulatoren bezeichnet. – Für das Aufbringen von Klärschlamm gilt ein Grenzwert von 200 mg/kg Schlamm- bzw. 50 mg/kg Bodentrockenmasse. Für Trinkwasser beträgt der Maximal-

Nickel: Bergwerksproduktion, Hüttenproduktion und Verbrauch der jeweils bedeutendsten zehn Staaten

Bergwerksproduktion (Nickelinhalt in 1000 t)			Hüttenproduktion in 1000 t			Verbrauch in 1000 t		
Staat	1988	1996	Staat	1988	1996	Staat	1988	1996
Australien	62,4	113,1	Australien	42,0	73,0	China	27,6	45,9
Botswana	22,5	22,9	China	25,5	44,2	Deutschland	90,9[3]	79,1[4]
China	26,0	42,0	Dominikanische Republik	29,3	30,4	Frankreich	39,6	45,0
Dominikanische Republik	29,3	31,1	Großbritannien	28,0	36,0	Großbritannien	33,0	42,0
Indonesien	59,8	84,3	Japan	102,6	130,1	Italien	28,6	40,5
Kanada	216,6	193,1	Kanada	145,7	126,7	Japan	161,7	178,6
Kuba	43,9	53,1	Neukaledonien[1]	37,4	42,2	Russland	–	32,1
Neukaledonien[1]	71,2	142,6	Norwegen	52,5	61,6	Schweden	18,9	26,1[2]
Republik Südafrika	34,8	33,6	Republik Südafrika	29,2	33,1	Taiwan	17,6	26,0
Russland	–	224,0[2]	Russland	–	190,5[2]	USA	135,3	147,2
Welt	**867,1**	**1040,0**	**Welt**	**850,9**	**930,3**	**Welt**	**857,1**	**890,1**

[1] französisches Überseeterritorium. – [2] Schätzung. – [3] alte Bundesländer. – [4] Gesamtdeutschland

wert gemäß EU-Richtlinie 0,05 mg/l. – In Dtl. wird infolge der Karzinogenität von N. für Arbeitsplätze kein MAK-Wert festgelegt. Für N. und N.-Verbindungen gilt ein TRK-Wert von 0,5 mg/m^3 bzw. für N.-Verbindungen in atembaren Tröpfchen von 0,05 mg/m^3 Luft.

Erkrankungen durch N. und seine Verbindungen treten v. a. als Hautentzündungen und allerg. Reaktionen auf; Kontaktallergien werden oft durch nickelhaltigen Schmuck oder Brillengestelle bewirkt. N. und einige seiner Verbindungen sind ferner Krebs erregend, wenn sie mit der Atemluft in Form von Stäuben oder Aerosolen aufgenommen werden. Die gefährlichste N.-Verbindung ist das N.-Tetracarbonyl, das nach Einatmen ein tox. Lungenödem auslöst.

Geschichte: Als Legierungsbestandteil war N. wahrscheinlich schon früh in China bekannt. Um 200 v. Chr. wurde es in Baktrien in Form von Kupferlegierungen für Münzzwecke verwendet. 1751 gelang A. F. VON CRONSTEDT erstmals die Reindarstellung von N. Die Stahl veredelnden Eigenschaften des N. wurden 1870 entdeckt.

Nickelblüte, das Mineral →Annabergit.

Nickel-Cadmium-Akkumulator, Sekundärelement zur Energiespeicherung (→Akkumulator).

Nickel-Eisen-Akkumulator, Sekundärelement zur Energiespeicherung (→Akkumulator).

Nickelin, ein Mineral, →Rotnickelkies.

Nickellegierungen, Legierungen, deren Hauptbestandteil Nickel ist. **Nickel-Kupfer-Legierungen** mit etwa 30% Cu (z. B. Monel) sind sehr korrosionsbeständig und besitzen gute mechan. Eigenschaften; eine zusätzl. Festigkeitssteigerung wird durch Zugabe von Aluminium, Titan oder Eisen bewirkt. Ni-Cu-Legierungen sind bes. gegen Einwirkungen von See- und Leitungswasser, alkal. und neutralen Salzlösungen sowie trockene Gase beständig. **Nickel-Chrom-Legierungen** mit einem Anteil von max. 20% Chrom sind zunderbeständig und warmfest, sie werden u. a. für Heizleiter und Thermoelemente verwendet. N. auf NiCr-, NiFeCr- oder NiCoCr-Basis, die durch Zusätze von Aluminium oder Titan ausgehärtet werden, haben eine besondere Bedeutung als hochwarmfeste Werkstoffe gewonnen (→Superlegierungen). **Nickel-Eisen-Legierungen** stellen die Grundlage für hochwertige, weichmagnet. Werkstoffe dar; zur Anwendung kommen v. a. N. mit 36–40% Ni, etwa 50% Ni sowie zw. 75 und 80% Ni. Ni-Fe-Legierungen zeichnen sich in physikal. Hinsicht bes. durch eine hohe Permeabilität und eine kleine Koerzitivkraft aus.

Nickelmagnetkies, wichtigstes Nickelerz, Gemenge der Minerale Pentlandit und Magnetkies. N.-Lagerstätten sind an gabbroide Tiefengesteine gebunden (v. a. Sudbury in Kanada).

Nickelpigmente, als Farbpigmente verwendete Nickelverbindungen. Am wichtigsten ist **Nickeltitangelb (Nickelrutilgelb),** (Ti, Sb, Ni)O$_2$, das thermisch aus Titandioxid, Nickel- und Antimonsalzen hergestellt wird; Verwendung für Fassadenanstriche, Lacke und Kunststoffe.

Nickelverbindungen. Nickel tritt in seinen Verbindungen v. a. in der Oxidationsstufe +2 auf; daneben sind auch N., in denen das Nickel in den Oxidationsstufen −1, 0, +1, +3 und +4 vorliegt, bekannt. **Nickel(II)-oxid,** NiO, entsteht beim Glühen vieler Nickelsalze als grünl. oder braunschwarzes, wasserunlösl. Pulver, das zum Färben von Glasuren und Email verwendet wird; durch Wasserstoff bei 200 °C wird es zu fein verteiltem Nickel reduziert, das als Hydrierungskatalysator gebraucht wird. **Nickel(II)-hydroxid,** Ni(OH)$_2$, fällt aus Nickelsalzlösungen beim Versetzen mit Alkalihydroxid als grüner, voluminöser Niederschlag aus. Bei Behandlung mit starken Oxidationsmitteln geht es in **Nickel(III)-oxid,** Ni$_2$O$_3 \cdot$ H$_2$O bzw. NiO(OH), oder **Nickel(IV)-oxid,** NiO$_2 \cdot$ xH$_2$O über. **Nickel(II)-chlorid** kristallisiert aus wässriger Lösung als grünes Hexahydrat, NiCl$_2 \cdot$ 6 H$_2$O, aus; im Chlorwasserstoffstrom geht es in das wasserfreie, gelbe NiCl$_2$ über.

Dieses dient wie auch das grüne **Nickel(II)-cyanid,** Ni(CN)$_2 \cdot$ 4H$_2$O, zum galvan. Vernickeln. **Nickel(II)-sulfat** liegt meist als grünes bis blaues Hexahydrat, NiSO$_4 \cdot$ 6 H$_2$O, vor, bildet aber auch ein grünes Heptahydrat, NiSO$_4 \cdot$ 7 H$_2$O (›Nickelvitriol‹); es wird als Ausgangsmaterial für die Herstellung von anderen N. und von Katalysatoren sowie in der Galvanotechnik verwendet. **Nickel(II)-sulfid,** NiS, wird durch Zusammenschmelzen der Elemente oder beim Fällen aus Nickelsalzlösungen mit Ammoniumsulfidlösung als schwarzer, unlösl. Niederschlag gewonnen; es hat Bedeutung bei der Herstellung von Katalysatoren. **Nickel(II)-carbonat,** NiCO$_3$, ist nur schwer rein darzustellen; die hellgrünen **basischen Nickel(II)-carbonate,** x NiCO$_3 \cdot$ y Ni(OH)$_2 \cdot$ z H$_2$O, die aus Nickelsalzlösungen durch Fällen mit lösl. Carbonaten entstehen, werden zum Galvanisieren, als Katalysatoren und für keram. Farben und Glasuren gebraucht.

Nickeltetracarbonyl, Ni(CO)$_4$, eine farblose, stark lichtbrechende, sehr giftige flüssige Substanz (Siedepunkt 43 °C), ist Zwischenprodukt bei der Gewinnung von bes. reinem Nickel; technisch hergestellt wird es zum Vernickeln von Glas, Keramik u. a. (›Gasplattieren‹) sowie als Katalysator (zur Übertragung von CO-Gruppen) verwendet. Nickel bildet viele Komplexverbindungen, in denen es im Anion oder im Kation vorliegt; beim Umsetzen von Nickel(II)-cyanid mit überschüssigem Kaliumcyanid entsteht z. B. das **Kaliumtetracyanonickelat,** K$_2$[Ni(CN)$_4$]; viele Nickelsalze vermögen Ammoniak aufzunehmen und bilden komplexe Amminsalze, z. B. das blaue **Nickelhexamminsulfat,** [Ni(NH$_3$)$_6$]SO$_4$. In der chem. Analyse wird das (mit →Dimethylglyoxim gebildete) **Nickeldimethylglyoxim** zur Nickelbestimmung benutzt. Eine dem Ferrocen (→Eisenverbindungen) ähnl. Verbindung ist das **Dicyclopentadienylnickel, Nickelocen,** Ni(C$_5$H$_5$)$_2$, eine dunkelgrüne kristalline Substanz.

Nicken, Drehbewegung eines Fahrzeugs (einschließlich Flugzeug und Schiff) um die Querachse; bewirkt durch ein Längsmoment (**Nickmoment**), das durch Luftkräfte, Steuer-, Bremsvorgänge, Einfluss von Wind und Seegang, Boden- und Gleisunebenheiten hervorgerufen wird. Die Nickbewegung tritt auch häufig als **Nickschwingung** auf (pendelnd n. um die Querachse). Die **Nickgeschwindigkeit** ist die Winkelgeschwindigkeit der Drehbewegung eines Fahrzeugs um seine Querachse. – Das N. von Schiffen und Kraftfahrzeugen nennt man auch **Stampfen.**

Nickersamen, Samen des Kugelstrauchs (Caesalpinia bonduc), dessen Heimat nicht sicher bekannt ist; heute in den Tropen weit verbreitet und häufig als Heckenpflanze kultiviert. Die N., auch Blätter, Wurzeln und Rinde (alle enthalten einen Bitterstoff) des Strauchs werden zu medizin. Zwecken verwendet.

Nickhaut, Membrana nictitans, drittes Augenlid vieler Wirbeltiere, das als häufig durchsichtige Bindehautfalte meist im inneren Augenwinkel entspringt, hier von besonderen **N.-Drüsen** befeuchtet wird und durch bestimmte Muskeln unterhalb der beiden anderen Augenlider von innen oben schräg nach unten über den Augapfel ausgebreitet werden kann. Unter den Fischen besitzen nur wenige (z. B. Blauhaie, Hammerhaie) eine N., bei den Amphibien kommt sie bei den Froschlurchen vor. Die Sauropsiden (Reptilien, Vögel) weisen immer, die Säugetiere z. T. eine N. auf.

Nick Knatterton, Comicfigur, die MANFRED SCHMIDT (* 1913) 1950 für die Illustrierte ›Quick‹ erfand. Urspr. als Persiflage auf Comics gedacht, wurden die 1952–59 in Heftform erschienenen Abenteuer des genialen Meisterdetektivs N. K. ein großer Erfolg.

Nick   Nicklisch – Nicolò

Otto Nicolai

Friedrich Nicolai
(Ausschnitt aus einem Gemälde von Anton Graff)

Aurèle Nicolet

Charles Nicolle

Ausgabe: MANFRED SCHMIDT: N. K. die aufregendsten Abenteuer des berühmten Meisterdetektivs, 2 Bde. (1971–72).

Nicklisch, Heinrich, Betriebswirtschaftler, * Tettau (Landkreis Oberspreewald-Lausitz) 19. 7. 1876, † Berlin 28. 4. 1946; Prof. in Mannheim (ab 1910) und Berlin (1921–45); einer der Pioniere der dt. Betriebswirtschaftslehre (Gründung des ersten betriebswirtschaftl. Forschungsinstituts), trug Wesentliches zu ihrer Systematisierung bei und begründete zus. mit J. F. SCHÄR eine ethisch-normative Richtung der Betriebswirtschaftslehre, die Normen für wirtschaftl. Handeln in Unternehmen formuliert. Dabei entwickelte N. u. a. eine Lehre von der Betriebsgemeinschaft, die den Ggs. zw. Kapital und Arbeit aufheben sollte.

Werke: Allg. kaufmänn. Betriebslehre als Privatwirtschaftslehre des Handels u. der Industrie (1912, später u. d. T. Die Betriebswirtschaft, 3 Tle.); Der Weg aufwärts! Organisation (1920). – Hg.: Ztschr. für Handelswiss. u. Handelspraxis (1908 ff.); Hwb. der Betriebswirtschaft, 5 Bde. (1926–28).

Nickmoment, →Nicken.

Nicobar Islands [ˈnɪkəʊbɑː ˈaɪləndz], Inselgruppe im Indischen Ozean, →Nikobaren.

Nicolai [nikoˈlaɪ, ˈnɪkolaɪ], 1) Carl Otto Ehrenfried, Komponist und Dirigent, * Königsberg (heute Kaliningrad) 9. 6. 1810, † Berlin 11. 5. 1849; Schüler von C. F. ZELTER; wurde 1841 Hofkapellmeister in Wien und begründete die Philharmon. Konzerte; ab 1847 Dirigent des Domchors und Kapellmeister der Königl. Oper in Berlin. Mit seinem Hauptwerk ›Die lustigen Weiber von Windsor‹ (1849, nach SHAKESPEARE) schuf er den kom. Typus der dt. romant. Oper.

U. KONRAD: O. N. 1810–1849. Studien zu Leben u. Werk (1986).

2) Christoph Friedrich, Schriftsteller und Verleger, * Berlin 18. 3. 1733, † ebd. 8. 1. 1811; 1752 Eintritt in Verlag und Buchhandlung des Vaters, ab 1758 deren Leiter. Ab 1784 Mitgl. der Akad. der Wiss.en in München und ab 1799 in Berlin. Seine ›Briefe über den itzigen Zustand der schönen Wiss.en in Dtl.‹ (1755) brachten ihn in Verbindung mit G. E. LESSING und M. MENDELSSOHN, mit denen er einen ›Briefwechsel über das Trauerspiel‹ (herausgegeben und kommentiert von J. SCHULTE-SASSE, 1972) unterhielt. 1757 gründete er die Zeitschrift ›Bibliothek der schönen Wissenschaften und der freyen Künste‹, die ab 1759 von C. F. WEISSE geleitet wurde, 1759 folgten die gemeinsam mit LESSING und MENDELSSOHN herausgegebenen ›Briefe, die neueste Litteratur betreffend‹, die dann 1765 von der →Allgemeinen Deutschen Bibliothek abgelöst wurden. N. war ein Vermittler im gelehrten und literar. Leben der Spätaufklärung und eine der führenden Persönlichkeiten des dt. Buchhandels. Seine Kritik an I. KANT und J. G. FICHTE, den Sturm-und-Drang-Autoren, J. G. HERDER, F. H. JACOBI, J. K. LAVATER, G. A. BÜRGER und dem frühen GOETHE ging von einem aufklärer. Verständnis von Literatur und Philosophie aus, das stärker deren Bildungs- und gesellschaftl. Nützlichkeitsfunktion betonte. N.s Parodien (u. a. ›Freuden des jungen Werthers ...‹, 1775) und seine Satiren auf die Ausdrucksästhetik HERDERS und des Sturm und Drang (›Eyn feyner kleyner Almanach ...‹, 3 Bde., 1777–78) lösten eine heftige Literaturfehde u. a. mit den Brüdern A. W. und F. SCHLEGEL, FICHTE, F. W. J. SCHELLING, GOETHE und SCHILLER aus. Satir. Tendenzen gegen pietist. Strömungen, Schwärmerei und Mystizismus prägten auch N.s Romane (so ›Das Leben und die Meinungen des Herrn Magisters Sebaldus Nothanker‹, 3 Bde., 1773–76; ›Geschichte eines dicken Mannes ...‹, 2 Bde., 1794). Die ›Beschreibung einer Reise durch Dtl. und die Schweiz, im Jahre 1781 ...‹ (1783–96, 12 Bde.) ist kulturgeschichtlich bedeutsam.

Ausgabe: Ges. Werke, hg. v. B. FABIAN u. M.-L. SPIECKERMANN, auf 21 Bde. ber. (1753–1820, Nachdr. 1985 ff.).

H. MÖLLER: Aufklärung in Preußen. Der Verleger, Publizist u. Geschichtsschreiber F. N. (1974); P. J. BECKER u. a.: F. N. Leben u. Werk, Ausst.-Kat. (1983); F. N., 1783–1811. Essays zum 250. Geburtstag, hg. v. B. FABIAN (1983).

3) Philipp, luther. Theologe und Kirchenliederdichter, * Mengeringhausen (heute zu Arolsen) 10. 8. 1556, † Hamburg 26. 10. 1608; war ab 1596 Pfarrer in Unna, ab 1601 in Hamburg; verfasste antikalvinist. Streitschriften sowie Erbauungsschriften; wurde v. a. durch seine 1599 u. d. T. ›Frewden Spiegel dess ewigen Lebens‹ erschienenen Kirchenlieder ›Wie schön leuchtet der Morgenstern‹ und ›Wachet auf, ruft uns die Stimme‹ bekannt.

A. M. STEINMEIER-KLEINHEMPEL: ›Von Gott kompt mir ein Frewdenschein‹. Die Einheit Gottes u. des Menschen in P. N.s ›Frewden Spiegel dess ewigen Lebens‹ (1991).

Nicolas, N. de Haguenau [nikɔˈla də agˈno], oberrhein. Bildschnitzer, →Hagnower, Niclas.

Nicole [niˈkɔl], Pierre, kath. Theologe, * Chartres 19. 10. 1625, † Paris 16. 11. 1695; Freund, Verteidiger und Mitarbeiter von A. ARNAULD; mit diesem und B. PASCAL führender Vertreter des Jansenismus; beteiligt an den ›Lettres Provinciales‹ PASCALS und mit ARNAULD Verfasser der einflussreichen ›Logik von Port Royal‹ (›La logique. Ou, L'art de penser‹). Seine zahlreichen – wegen der antijansenist. Tendenzen anonym erschienenen – Schriften fanden erst im 18. Jh. ihre größte Verbreitung. Großen Einfluss auf die Moraltheologie hatte sein Hauptwerk ›Essais de morale‹ (1671–78, 4 Bde.; später erweitert).

Weiteres Werk: Apologie de M. Nicole, écrite par lui-mesme (hg. 1734).

Ausgaben: La logique. Ou, L'art de penser ..., hg. v. P. CLAIR u. a. (⁵1683, Nachdr. 1965; mit A. Arnauld); Œuvres philosophiques et morales, hg. v. C. M. G. BRÉCHILLET JOURDAIN (1845, Nachdr. 1970).

Nicolet [nikɔˈlɛ], Aurèle Georges, schweizer. Flötist, * Neuenburg 22. 1. 1926; war u. a. 1950–59 Soloflötist des Berliner Philharmon. Orchesters, 1954–65 Prof. an der Berliner Musikhochschule und lehrte 1965–82 an der Freiburger Musikhochschule; wurde bes. als Interpret der Werke von J. S. BACH und W. A. MOZART sowie zeitgenöss. Musik (u. a. Uraufführungen von Werken E. DENISSOWS, K. HUBERS, G. LIGETIS) bekannt. Er schrieb ›A. N., Flöte. C. DEBUSSY, Syrinx‹ (1967) und gab ›Pro Musica Nova. Studien zum Spielen Neuer Musik für Flöte‹ (1974) heraus.

Nicolle [niˈkɔl], Charles Jules Henri, frz. Bakteriologe, * Rouen 21. 9. 1866, † Tunis 28. 2. 1936; ab 1903 Direktor des Institut Pasteur in Paris; klärte 1909 experimentell die Übertragungsform des Fleckfiebers und erhielt hierfür 1928 den Nobelpreis für Physiologie und Medizin. N. befasste sich auch mit anderen Infektionskrankheiten (bes. Diphtherie und Tuberkulose) sowie mit der Züchtung versch. Erreger von Tropenkrankheiten.

Nicolò, Niccolò, ital. Bildhauer und Baumeister, tätig in Oberitalien in der 1. Hälfte des 12. Jh.; Schüler des WILIGELMUS VON MODENA, auch beeinflusst von frz. Skulptur (Saint-Denis). Arbeitete an der Abteikirche Sacra di San Michele bei Turin (Zodiakusportal, um 1120), übernahm dann vermutlich die Planung des roman. Neubaus des Doms von Piacenza (1122 ff.) und führte bis 1140/50 wohl Langhaus, Chor und Fassade (ohne Oberteil mit Rose) in sehr plast. Durchbildung des Baukörpers aus. 1135 begann er die Arbeit am Portalvorbau des Doms in Ferrara, für das er Reliefs und Gewändefiguren schuf, konzipierte wohl auch die gesamte Domfassade. Anschließend schuf er den Portalvorbau von San Zeno Maggiore in Verona (um 1138) und den des Doms ebd. (1139), der mit Zwickelfiguren von JOHANNES DEM TÄUFER und dem Evangelisten JOHANNES, Evangelistensymbolen, Gewändefiguren von Propheten, Kriegergestalten (vielleicht Roland und Olivier) und dem Tympanon als ein

Hauptwerk ital. roman. Bildhauerkunst vor B. ANTELAMI gilt. Der Bildhauerstil seiner Werkstatt wurde bis ins letzte Drittel des 12. Jh. tradiert.

E. KAIN: The sculpture of Nicholaus and the development of a North Italian romanesque workshop (Wien 1986).

Nicol-Prisma ['nikl-; nach dem brit. Physiker WILLIAM NICOL, * 1768, † 1851], Polarisationsprisma zur Erzeugung (opt. Polarisator) oder zum Nachweis (opt. Analysator) linear polarisierten Lichts aus einem längl. Spaltstück von Kalkspat mit schrägen Endflächen, das zerschnitten und in der ursprüngl. Lage mit Kanadabalsam wieder zusammengekittet wird; der ordentl. Strahl (→Doppelbrechung) wird an der Kittfläche total reflektiert, der außerordentliche geht nahezu unabgelenkt durch den Kristall. Verbesserte Ausführungen sind das Glan-Thompson-Prisma und das Ahrens-Prisma, deren Endflächen senkrecht zur Strahlrichtung geschliffen sind, wodurch eine seitl. Versetzung des durchgehenden Strahls nahezu vermieden wird.

Nicolson ['nɪklsn], **1)** Arthur, 1. Baron **Carnock** ['kɑːnək] (seit 1916), brit. Diplomat, * London 19. 9. 1849, † ebd. 5. 11. 1928, Vater von 2); seit 1874 im diplomat. Dienst, war 1906–10 Botschafter in Sankt Petersburg und schloss 1907 das britisch-russ. Abkommen über Persien ab. 1910–16 war er Unterstaatssekretär im Auswärtigen Amt.

2) Sir (seit 1953) Harold George, brit. Diplomat und Schriftsteller, * Teheran 21. 11. 1886, † Sissinghurst Castle (Cty. Kent) 1. 5. 1968, Sohn von 1); seit 1913 ⚭ mit der Schriftstellerin VICTORIA SACKVILLE-WEST. N. war 1909–29 im diplomat. Dienst, widmete sich danach v. a. seinen publizist. Interessen. Unter seinen Schriften ragen die Biographien (u. a. ›Byron‹, 1924; ›Benjamin Constant‹, 1949; ›King George V‹, 1952, dt. ›König Georg V.‹) und die Arbeiten zur Diplomatiegesch. (u. a. ›The Congress of Vienna‹, 1946; ›The evolution of diplomatic method‹, 1954, dt. ›Kleine Gesch. der Diplomatie‹) hervor. 1935–45 gehörte H. N. dem Unterhaus an (National Labour Party), 1947 trat er der Labour Party bei.

Ausgabe: Tagebücher u. Briefe: 1930–1962, hg. v. N. NICOLSON, 2 Bde. (1969–71).

J. LEES-MILNE: H. N. A biography, 2 Bde. (London 1980–81).

Nicosia, Hauptstadt von Zypern, →Nikosia.

Nicotiana [frz. nicotiane ›Tabak‹], die Pflanzengattung →Tabak.

Nicotin, →Nikotin.

Nicoya, Península de N. [peˈninsula ðe niˈkoja], größte Halbinsel Costa Ricas, am Pazifik, durch den **Golf von N.** vom Festland abgeschnürt, 120 km lang, 30–50 km breit, im Zentrum ein Bergland (bis 1 168 m ü. M.) mit Kaffee- und Reis-, im Tiefland Zuckerrohr-, Baumwoll- und Reisanbau. – N. bildet, zus. mit der Prov. Guanacaste sowie dem Dep. Rivas (S-Nicaragua), die vorspan. Kulturprovinz **Groß-N.,** die eine durchgängige Besiedlung seit etwa 500 v. Chr. aufweist. Von 300 v. Chr. bis 300 n. Chr. entstanden viele Orte oder wurden ausgebaut. Gefundene Gräber und Grabbeigaben lassen auf eine geschichtete Gesellschaft schließen. Hohen Würdenträgern wurden dekorierte Metates und Jadeanhänger (Olmekeneinfluss) als Grabbeigaben mitgegeben. Um 800 n. Chr. ist ein deutl. Wandel festzustellen: Die Orte werden größer, die Wohngebiete werden zur Küste hin verlagert, neben den Feldbau tritt die Nutzung der Meeresfrüchte. Diese Umwälzungen stehen möglicherweise in Zusammenhang mit den kulturellen Veränderungen im Gebiet der Maya. Die Keramik zeigt die ›rote Zonierung‹, bei der Ritzlinien oder breitere Eintiefungen die farbigen Zonen begrenzen. Als die Kulturregion ab 1000 n. Chr. deutlich unter mesoamerikan. Einfluss geriet, setzte sich die echte polychrome Bemalung durch mit Schwarz, Rot, Violett und Graublau auf hellem Grund. Vorher war der Kunststil von zentralamerikan. Elementen geprägt, die aber auch ab 1000 n. Chr. nicht ganz verschwanden; z. B. kommt weiterhin die hohle Tonfigur in Sitzstellung mit gespreizten, zu Stummeln verkürzten Beinen vor.

Between continents – between seas. Precolumbian art of Costa Rica, bearb. v. S. ABEL-VIDOR (New York 1981).

Nidarlos, früherer Name der Stadt →Trondheim.

Nidation [zu lat. nidus ›Nest‹] die, -/-en, **Implantation,** die Einnistung der befruchteten Eizelle in die Gebärmutterschleimhaut. Die N. erfolgt mithilfe proteolyt., die Gebärmutterschleimhaut auflösender Enzyme aus dem Trophoblasten, der die Abbauprodukte als Nahrung für den Keim aufnimmt. Die N. findet beim Menschen etwa am 5. bis 7. Tag nach der Befruchtung statt.

Nidau, 1) Bezirkshauptort im Kt. Bern, Schweiz, 433 m ü. M., südl. Nachbarort von Biel, am Bieler See, 6 900 Ew.; Apparatebau, Uhrenherstellung. – Schlossanlage aus dem 17. Jh.; Rathaus (1756–58). – N. wurde 1338 bei der vor 1198 angelegten gleichnamigen Wasserburg gegründet.

2) Bez. im Kt. Bern, Schweiz, 113 km², 37 800 Ew.; umfasst Gemeinden beiderseits des nördl. Bieler Sees und in der anschließenden Aareebene.

Nidda, 1) Stadt im Wetteraukreis, Hessen, 130 m ü. M., am S-Rand des Vogelsberges, an der Nidda, 19 300 Ew.; Heimatmuseum; Kunststoff- und Spanplattenwerk, Papierverarbeitung. Im Ortsteil **Bad Salzhausen** Hess. Staatsbad (Heilanzeigen bei Erkrankungen der Atmungsorgane und des Herzens, der Nerven und bei Rheuma). – Heiliggeistkirche (1616–18), ein frühbarocker Emporensaalbau mit kraftvoller Stuckdekoration aus geometr. Mustern; klassizist. Rathaus (1811). In Bad Salzhausen Kurhaus von G. MOLLER (1826) im gleichzeitig im Landschaftsgartenstil angelegten Kurpark. – Das im 10. Jh. erstmals urkundlich erwähnte N. erhielt 1311 Stadtrecht. Das Gebiet um die Ortschaft gehörte urspr. den Grafen von N., dann denen von Ziegenhain, die die Grafschaft als Fuldisches, Stadt N. und Burg als Reichslehen innehatten. 1450 kam N. an Hessen.

2) die, rechter Nebenfluss des Mains, Hessen, 98 km lang, entspringt am Taufstein (Vogelsberg), durchfließt die Wetterau, mündet bei Frankfurt-Höchst. Bei Schotten N.-Talsperre (Stausee mit 7 Mio. m³ Stauinhalt).

Niddah [hebr. ›unreine‹ (Frau), ›Unreinheit‹] die, -, im Judentum Bez. für die durch den Blutfluss bewirkte rituelle Unreinheit der menstruierenden Frau (mindestens 12 Tage) und Wöchnerin (3. Mos. 15, 19 ff.; 12). Reinheitsvorschriften sind in Mischna und Talmud enthalten.

Niddatal, Stadt im Wetteraukreis, Hessen, 121 m ü. M., 8 700 Ew.; Schlossmuseum. N. ist Wohngemeinde für Auspendler nach Friedberg und ins Rhein-Main-Gebiet. – Hofgut Wickstadt mit Herrenhaus (1792) und Fachwerkbau des Wehrspeichers (15. Jh.). Im Wald die Wallfahrtskirche Sternbach (im Kern 12. Jh.) mit altem Gnadenbild. Im Stadtteil Ilbenstadt ehem. Prämonstratenserabtei (1123 gegr.); roman. Klosterkirche (geweiht 1159) mit mächtigem Westbau, über zwei Untergeschossen fünfgeschossige quadrat. Türme; Barockausstattung, Grabmal des Stifters GOTTFRIED VON KAPPENBERG (Ende 13. Jh.); barocke Abteigebäude. – N. wurde zum 1. 12. 1970 durch Zusammenschluss der Stadt Assenheim mit den Gemeinden Bönstadt, Ilbenstadt (818 erstmals erwähnt) gebildet.

Nidderau, Stadt im Main-Kinzig-Kreis, Hessen, 177 m ü. M., in der südl. Wetterau an der Nidder (Nebenfluss der Nidda), nördlich von Hanau, 19 600 Ew.; Heimatmuseum; Maschinenbau. – In Windecken

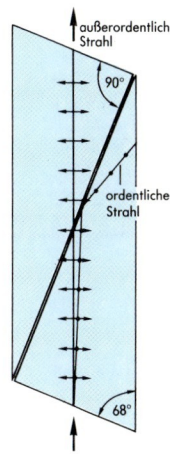

Nicol-Prisma mit Strahlengang; der außerordentliche Strahl ist parallel zur Zeichenebene polarisiert, der ordentliche senkrecht dazu

Nicoya: Tongefäß in Form eines mythischen Tiers; Höhe 22 cm (Privatbesitz)

spätgot. ev. Stadtkirche (15. Jh.); spätgot. Rathaus (15. Jh.); von der mittelalterl. Burg (13. Jh.) sind nur die späteren Befestigungen erhalten; Fachwerkhäuser des 16.–18. Jh.; Teile der Stadtbefestigung (13./14. Jh.). – In Heldenbergen kath. Pfarrkirche St. Maria (1752–54) und Oberburg (›Schloss‹, 17. und 18. Jh.). In Ostheim ev. Pfarrkirche (1738). – N. wurde zum 1. 1. 1970 durch Zusammenschluss der Gemeinden Heldenbergen und Windecken (Stadtrechte seit 1288) gegründet.

Nideggen, Stadt im Kreis Düren, NRW, 335 bis 480 m ü. M., im Naturpark Nordeifel an der Rurtalsperre, 9 700 Ew.; reger Ausflugsverkehr. – Die kath. Pfarrkirche St. Johann Baptist, eine flach gedeckte spätroman. Emporenbasilika mit W-Turm (13. Jh.), birgt in der Apsis Wandmalereien (um 1250). Die Burg über dem Rurtal (12.–14. Jh.) ist seit 1542 Ruine. – N., im Schutz einer Burg der Grafen von Jülich erbaut, wurde 1313 Stadt.

Nidhögg, *nord. Mythologie:* Leichen fressender Unterweltsdrache, der an einer Wurzel der Weltesche Yggdrasil nagt. Am Ende des →Ragnarök fliegt er, mit den Toten beladen, davon.

Nidikolen [zu lat. nidus ›Nest‹ und colere ›bewohnen‹], *Sg.* **Nidikole** *der, -n,* **Nestgäste,** Bez. für Tiere, meist Gliedertiere, die bevorzugt in Wohnbauten warmblütiger Tiere leben; sie profitieren dort vom gleichmäßigen Kleinklima, vom Abfall oder vom Wirt.

Nidulariales, wiss. Name der →Nestpilze.

Nidularium [zu lat. nidulari ›ein Nest bauen‹], **Nidularie, Nestrosette,** Gattung der Ananasgewächse mit 26 meist epiphytisch lebenden Arten in den Regenwaldgebieten O-Brasiliens; Trichterrosetten bildende Pflanzen mit dornig gezähnten Blättern; im Zentrum der Rosette finden sich meist lebhaft gefärbte ›Herzblätter‹, die Hochblätter des Blütenstandes; z. T. Warmhaus- und Zierpflanzen.

Nidularium: Nidularium innocentii

Nidus [lat.], *das* →Nest.

Nidwalden, amtlich **Unterwalden nid dem Wald,** Kanton in der Innerschweiz, 276 km², (1996) 36 800 Ew. (darunter 3 300 Ausländer); Hauptort ist Stans. N. umfasst das Gebiet südlich des Vierwaldstätter Sees von Hergiswil bis Emmetten sowie weite Teile der südlich anschließenden Talschaft der Engelberger Aa (Zentrum Dallenwil; im äußersten S gehört der Trübsee zu N.), insgesamt elf Gemeinden.

Staat und Recht: Nach der Verf. vom 10. 10. 1965 (mit zahlr. Änderungen) liegt die Gesetzgebung beim Volk und beim Landrat. Die Landsgemeinde wurde Ende 1996 abgeschafft. Verf.-Änderungen unterstehen dem obligator. Referendum, Gesetze dem fakultativen (250 Unterschriften). Eine Initiative zur Gesamtrevision der Verf. bedarf 1 000, eine solche zur Teilrevision 500, eine Gesetzesinitiative 250 Unterschriften. Der Landrat (60 Mitgl.) wird alle vier Jahre nach dem Proporzwahlsystem gewählt. Stimm- und wahlberechtigt sind alle Personen mit Schweizer Bürgerrecht, die das 18. Lebensjahr vollendet haben (Frauenstimmrecht seit 1972). Der Reg.-Rat (neun Mitgl.) wird im Majorzverfahren vom Volk auf vier Jahre gewählt; sein Präs. (Landammann) und dessen Stellvertreter (Landesstatthalter) werden jeweils für eine einjährige Amtsdauer vom Landrat gewählt. Oberste Gerichte sind das Obergericht und das Verwaltungsgericht.

Nidwalden Kantonswappen

Wappen: Es zeigt auf rotem Grund einen weißen Doppelschlüssel. Die Wappendarstellung fand sich erstmalig auf einem Banner von 1422.

Bevölkerung: Die Bev. ist überwiegend deutschsprachig und katholisch.

Bildungswesen: Die allgemeine Schulpflicht beträgt neun Jahre. Auf die sechsjährige Primarschule folgt die dreijährige Orientierungsstufe. Der Eintritt in die Mittelschule erfolgt nach dem sechsten Schuljahr in die erste Klasse der Mittelschule oder nach der dritten Orientierungsstufe in die dritte Klasse der Mittelschule. Das Unterrichtsangebot der Mittelschule umfasst sechs Jahre. Ferner führt N. eine kaufmänn., gewerbl. und hauswirtschaftl. Berufsschule, eine Schule für Pflegeberufe und eine heilpädagog. Sonderschule.

Wirtschaft: Mit einem Volkseinkommen je Ew. von (1995) 44 869 sfr liegt N. an neunter Stelle unter den 26 Kantonen (Schweiz: 45 276 sfr). Von den Erwerbstätigen sind (1991) 8 % in der Landwirtschaft, 37 % in der Industrie und 55 % im Dienstleistungsbereich beschäftigt. In der Landwirtschaft wird überwiegend Viehhaltung (v. a. Milchvieh) und Feldfutterbau betrieben. Im Ggs. zu Obwalden ist N. stärker industrialisiert und liegt im nördl. Bereich (u. a. mit Hergiswil) im Einzugsgebiet der Agglomeration Luzern. Hauptindustriezweige sind der Maschinen- und Apparatebau sowie der Fahrzeugbau, zu dem auch die Flugzeugwerke in Stans zählen, und das Baugewerbe. Im Dienstleistungssektor dominiert der Fremdenverkehr, der v. a. in dem Gebiet um den Vierwaldstätter See mit dem Zentrum am Bürgenstock eine große Rolle spielt. Es gibt mehrere Bergbahnen, u. a. von Beckenried auf die Klewenalp und von Stans auf das Stanserhorn.

Verkehr: Der verkehrsmäßig abgelegene Kanton (Stichstraßen von Luzern; Schifffahrt auf dem Vierwaldstätter See, Autofährverbindung mit Gersau) ist seit Fertigstellung des Seelisbergtunnels der Gotthardautobahn, die N. im Norden quert, direkt mit dem O und S der Schweiz verbunden.

Geschichte: Bereits in vorgeschichtl. Zeit besiedelt, ist erst die Binnenkolonisation und die Entstehung der mittelalterl. geistl. Grundherrschaften (u. a. Beromünster, Luzern, Muri, Sankt Blasien) im 11./12. Jh. sicher belegt; ab dem 10. Jh. gehörte N. zum Zürichgau (Schwaben). 1291 trat N., wenig später auch Obwalden dem Bund mit Uri und Schwyz bei (Urkanton). 1309 erlangte das als **Unterwalden** zusammengefasste Gebiet die Reichsunmittelbarkeit. Um 1350 war die Teilung in die politisch eigenständigen Gebilde N. und Obwalden abgeschlossen, doch wurde innerhalb der Eidgenossenschaft die Einheit gewahrt (u. a. Tagsatzung 1432). In der Reformation (Kappelerkriege 1529–31) standen N. und Obwalden entschieden auf der Seite der kath. Kirche. Am 13. 5. 1798 unterwarf sich N. erst nach der Kapitulation des Kantons Schwyz den frz. Truppen und stimmte der Helvetik (Verf.) zu. In der Helvet. Republik gehörte Unterwalden als Distrikt Stans zum Kt. Waldstätten. 1803 wurden die zwei gleichberechtigten Halbkantone N. und Obwalden gebildet. 1803 gelangte der ehem. souveräne Klosterstaat Engelberg an N., 1815 an Obwalden. 1845–47 gehörten beide Halbkantone dem Sonderbund an. 1850 erhielten sie neue Verf., die durch die heutigen (1965 für N.; 1968 für Obwalden) ersetzt wurden.

Nidzica [ni'dzitsa], Stadt in Polen, →Neidenburg.

Niebelschütz, Wolf Friedrich Magnus von, Schriftsteller, * Berlin 24. 1. 1913, † Düsseldorf 22. 7. 1960; Literatur-, Theater und Kunstkritiker. Seine Lyrik, formal der Barockzeit verpflichtet (Sonett, Terzine), ist z. T. durch das Kriegserlebnis bestimmt. In seinem erzähler. Hauptwerk, dem Roman ›Der blaue Kammerherr‹ (1949, 2 Bde.), schildert N. graziös-frivole Abenteuer und Staatsaffären in einem utop. Fürstentum; er schrieb auch Lustspiele.

Weitere Werke: *Lyrik:* Preis der Gnaden (1939); Die Musik macht Gott allein (1942); Sternen-Musik (1951). – *Roman:* Die Kinder der Finsternis (1959). – *Reden und Essays:* Freies Spiel des Geistes (hg. 1961).

Ausgabe: Gedichte u. Dramen, hg. v. I. VON NIEBELSCHÜTZ (1962).

Niebergall, Ernst Elias, Pseud. **E. Streff,** Schriftsteller, * Darmstadt 13. 1. 1815, † ebd. 19. 4. 1843; während seines Theologiestudiums mit G. BÜCHNER befreundet; Lehrer in Dieburg und Darmstadt. Von seinen in Darmstädter Dialekt mit meisterhaftem Zeit- und Ortskolorit geschriebenen Lokalstücken hatte ›Datterich‹ (1841), die Tragikomödie eines Aufschneiders, den größten Erfolg.

Ausgaben: Dramat. Werke, hg. v. K. ESSELBORN (1925); Erzählende Werke, hg. v. DEMS., 3 Bde. (1925).

Niebuhr, 1) Barthold Georg, Historiker, * Kopenhagen 27. 8. 1776, † Bonn 2. 1. 1831, Sohn von 2); trat 1800 in den dän., 1806 auf Veranlassung des Freiherrn VOM UND ZUM STEIN als Direktor der Seehandlung in den preuß. Staatsdienst. Er nahm nach dem Sturz STEINS 1810 seinen Abschied und hielt an der neuen Berliner Univ. grundlegende Vorlesungen über röm. Geschichte, durch die er die histor. Quellenkritik begründete. Aus den Vorlesungen ging sein Hauptwerk (›Röm. Geschichte‹, 5 Bde., 1812–45; bis 241 v. Chr. reichend) hervor. Während der Befreiungskriege verteidigte er in Flugschriften die preuß. Politik. 1816–23 war er preuß. Gesandter beim Vatikan, seit 1823 lehrte er an der Univ. Bonn. Er hatte starken Einfluss auf L. VON RANKE und T. MOMMSEN.

Ausgaben: Kleine histor. u. philolog. Schr., 2 Bde. (1828–43, Nachdr. 1969); Nachgelassene Schr. nichtphilolog. Inhalts (1842); Histor. u. philolog. Vorträge, 8 Bde. (1846–58); Polit. Schr., hg. v. G. KÜNTZEL (1923); Briefe, hg. v. D. GERHARD u. a., 2 Bde. (1926–29); Briefe., hg. v. E. VISCHER, 5 Bde. (1981–84).

S. RYTKÖNEN: B. G. N. als Politiker u. Historiker (Helsinki 1968).

2) Carsten, Forschungsreisender, * Lüdingworth (heute zu Cuxhaven) 17. 3. 1733, † Meldorf 26. 4. 1815, Vater von 1); 1761–67 Teilnehmer einer dän. Expedition in den Nahen Osten (Ägypten, Jemen, Syrien), bis Indien. Als einziger Überlebender kehrte N. über Mesopotamien, Iran und Kleinasien zurück.

Werk: Reisebeschreibung nach Arabien ..., 3 Bde. (1774–78).

Ausgabe: Entdeckungen im Orient. Reise nach Arabien u. a. Ländern 1761–1767, hg. v. R. u. E. GRÜN (Neuausg. 1983).

T. HANSEN: Reise nach Arabien. Die Gesch. der königlich Dänischen Arabien-Expedition 1761–1767 (a. d. Dän., 1965).

3) Reinhold, amerikan. ev. Theologe, * Wright City (Mo.) 21. 6. 1892, † Stockbridge (Mass.) 1. 6. 1971; war 1915–28 Pfarrer einer Arbeitergemeinde in Detroit (Mich.), 1928–60 Prof. für Sozialethik und Religionsphilosophie in New York. In seiner schöpfungstheologisch begründeten, sozialreformer. Ethik der Liebe anfangs von der Theologie des →Social Gospel beeinflusst, orientierte sich N. in den Jahren der Weltwirtschaftskrise stärker an der marxist. Gesellschaftstheorie, wobei er eine vom Begriff der Sünde als individueller und sozialer Gegenmacht zur Liebe geprägte eth. Konzeption entwickelte. In einer spezifisch theolog. Dialektik von Gesch. und Transzendenz integrierte er in späteren Jahren diese beiden gegensätzl. Entwürfe. Seine Bedeutung für die amerikan. Theologie besteht in der neuartigen konzeptionellen Verbindung von christl. Glauben und sozialem Handeln.

Werke: Moral man and immoral society (1932); The nature and destiny of man, 2 Bde. (1941–43); Christian realism and political problems (1953; dt. Christl. Realismus u. polit. Probleme).

Niebüll, Stadt im Kr. Nordfriesland, Schlesw.-Holst., 2 m ü. M., auf einer Geestinsel in der Nordfries. Marsch, 6900 Ew.; Fries. Heimatmuseum, Naturkundemuseum. N. ist Umschlagplatz für die Nordfries. Inseln und Halligen, Verladebahnhof für Kraftfahrzeuge nach Sylt. – Mit der Abtretung des nördl. Teils des Kreises Tondern und der Stadt Tondern an Dänemark wurde N. 1920 Verw.-Sitz des neu geschaffenen Kreises Südtondern, der 1970 aufgehoben wurde. 1960 erhielt N. Stadtrecht.

Niedenstein, Stadt im Schwalm-Eder-Kreis, Hessen, 315 m ü. M., 5700 Ew. – Rathaus (Fachwerkbau des 17. Jh.). – N., um 1250 als militär. Stützpunkt angelegt, 1254 erstmals bezeugt, erhielt 1259 Stadtrecht.

Niederalteich, Gem. im Landkreis Deggendorf, Niederbayern, 310 m ü. M., am linken Ufer der Donau, 1900 Ew. – Die urspr. got. Kirche der Benediktinerabtei wurde von J. M. FISCHER 1718–26 zur monumentalen barocken Wandpfeilerkirche mit Doppelturmfassade umgebaut. In der Sakristei (Stuck von F. J. HOLZINGER) altes Kunsthandwerk; Paramenten- und Schatzkammer der Abtei (Museum). – Die Benediktinerabtei (731 gegr.; 1803–1918 aufgehoben) hatte wesentl. Anteil an der um 1000 einsetzenden Rodung des Bayer. Waldes. Bedeutende zeitgenöss. Quellen stellen die nach 1050 aufgezeichneten ›Annales Altahenses‹ sowie die nach 1250 niedergeschriebenen Aufzeichnungen des Abtes HERMANN († 1271) dar.

Niederbayern, Reg.-Bez. in SO-Bayern, 10 325 km², 1,147 Mio. Ew.; Verw.-Sitz ist Landshut; umfasst die kreisfreien Städte Landshut, Passau, Straubing und die Landkreise Deggendorf, Dingolfing-Landau, Freyung-Grafenau, Kelheim, Landshut, Passau, Regen, Rottal-Inn, Straubing-Bogen.

Niederblätter, reduzierte Blattorgane an der Basis einer Sprossachse. Als Knospenschuppen schützen sie Spross- und Blütenstandsanlagen vor deren Entfaltung; schuppenförmige N. an unterird. Sprossen (Rhizomen, Sprossknollen) sind chlorophyllfrei und hinterlassen beim Absterben typ. Narben (z. B. Kartoffelknolle); als Zwiebelschuppen speichern sie Reservestoffe. – Ggs.: Hochblätter.

Niederbreisig, Bad N., Stadtteil von Bad →Breisig.

Niederbronn, Bad N., frz. **Niederbronn-les-Bains** [-lɛ 'bɛ̃], Stadt im Unterelsass, Dép. Bas-Rhin, Frankreich, am Rand der Nordvogesen, 4400 Ew.; kochsalzhaltige Mineralquellen (bes. gegen Erkrankungen der Verdauungswege).

Niederburgund, Königreich in Südfrankreich, →Burgund (Königreich Burgund).

Niederdeutsche, 1) die (ehem.) norddt. Bev. mit niederdt. Sprache (Niederfranken, Ostfriesen, Nordniedersachsen, West- und Ostfalen, Mecklenburger, Märker, Pommern, West- und Ostpreußen).

2) die Bewohner der niederdt. Ebene i. e. S. (Nordwestfalen, Niedersachsen) mit Einbeziehung der von dort kolonisierten Mecklenburger, Pommern und Nordmärker.

niederdeutsche Literatur. Die Literatur in niederdt. Sprache ist in ihrem Ablauf mit der hochdt., im hohen MA. auch der niederländ. Literatur eng verbunden.

In der *altniederdt. Periode* (›altsächs. Periode‹) hatte sie mit dem formal in der Tradition des german. Heldenlieds stehenden Stabreimepos ›HELIAND‹ die erste dt. Christusdichtung aufzuweisen, aus dessen Nachfolge noch Bruchstücke einer ›Genesis‹-Dichtung überliefert sind. Sie stehen in enger Beziehung zur altengl. Dichtung.

Die Literatur der *mittelniederdt. Periode* ist durch zwei Faktoren bestimmt: 1) die hansischen Handelsbeziehungen im Bereich zw. Flandern und dem Ostseeraum, 2) die religiösen Bewegungen des späten MA. In beiden spielen die Verbindungen mit dem niederländ. Sprachraum eine bedeutende Rolle, andererseits wurde viel literar. Gut an die nördl. und östl. Nachbargebiete weitergegeben. Den Hauptanteil lieferte die Prosaliteratur, die gegen Mitte des 13. Jh. mit dem Rechtsbuch ›Sachsenspiegel‹ des EIKE VON REPGOW eröffnet wird. Die →Sächsische Weltchronik markierte den Anfang der Entwicklung zur dt.-sprachigen Prosachronik. Rechtsliteratur und Chronistik bestimmten das Bild weitgehend. Eine reiche Predigt- und Erbauungsliteratur entstand unter Anregung der ›Devotio moderna‹ aus den Niederlanden. Daneben

Barthold Niebuhr

Reinhold Niebuhr

sind eine gut belegte Lieddichtung (›Mühlenlied‹, ›Störtebeker‹) und Dramatik (›Redentiner Osterspiel‹, 1464; ›Bordesholmer Marienklage‹, 1475; ›Theophilus‹, 15. Jh.; ARNOLD IMMESSENS ›Sündenfall‹, um 1480) zu erwähnen. Auch die ›Totentänze‹ (›Lübecker Totentanz‹, 1463) weisen dramat. Form auf. Frz. Erzählstoffe wurden bes. über Flandern mit dem Hansekontor Brügge vermittelt. Beispiele sind die Verserzählungen ›Flos unde Blankeflos‹ (um 1350), ›Valentin unde Namelos‹ (um 1450) und ›De Deif van Brugghe‹ (um 1450) sowie v. a. ›Reynke de Vos‹ (1498; →Reinecke Fuchs). Als Dichterpersönlichkeit trat der Braunschweiger Zollschreiber H. BOTE hervor, der in vielgestaltiger Form Gesellschaftskritik übte, v. a. im Interesse der Macht der Hanse (›Boek van veleme Rade‹, etwa 1492/93; ›Schichtbok‹, 1510 bis 1513/14; ›De Köker‹, gegen 1520); von ihm stammt auch der vermutlich nach niederdt. Vorstufe hochdeutsch geschriebene ›Ulenspiegel‹. 1584 ragte noch einmal das kritisch gegen den Adel gerichtete Jedermann-Spiel des Pastors JOHANNES STRICKER (* um 1540, † 1598) hervor, und 1652 suchte JOHANN LAUREMBERG (* 1590, † 1658) mit seinen gegen das Alamodewesen gerichteten ›Veer Schertzgedichten‹ an die Tradition des mittelniederdt. Schriftgebrauchs anzuschließen.

Mitte des 17. Jh. begann die *neuniederdt. Periode,* in der das Niederdeutsche nur noch in der Form regional unterschiedl. Mundarten – d. h. auch sozial und funktional beschränkt – gebräuchlich ist. So gab es zunächst nur vereinzelt literar. Versuche in diesen Sprachformen, z. B. die anspruchslos und manchmal derb schildernden Gedichte von W. BORNEMANN. Beachtenswert sind die nach antikem Vorbild, aber unter Verwendung moderner Mundartliedtradition gestalteten ›Vierländer Idyllen‹ (1777/78) von J. H. VOSS. Die eigentliche plattdt. Mundartliteratur setzte erst nach 1850 in der Periode des poet. Realismus ein. Sie wurde für die Lyrik (und die Versepik) begründet durch den Holsteiner K. GROTH in seinem vielgestaltigen ›Quickborn‹, Volksleben in plattdt. Gedichten dithmarscher Mundart‹ (1852), für die erzählende Dichtung durch den Mecklenburger F. REUTER, der nach Anfängen mit schwankartigen Reimgedichten zum autobiographisch getönten humorist. Roman vordrang (›Ut de Franzosentid‹, 1860; ›Ut mine Festungstid‹, 1862; ›Ut mine Stromtid‹, 3 Tle., 1862–64). In der dramat. Literatur vollzog sich der Neuanfang erst ein halbes Jahrhundert später im Spannungsfeld zw. Naturalismus und Heimatkunst durch den Hamburger F. STAVENHAGEN (›Der Lotse‹, 1901; ›Mudder Mews‹, 1904). In Mecklenburg stand bald J. BRINCKMAN neben REUTER mit Lyrik aus dem bäuerl. Bereich (›Vagel Grip‹, 1859) und Erzählungen mit vorwiegend seemänn. Färbung (›Kasper-Ohm un ick‹, 1855, erw. 1868). J. H. FEHRS aus Holstein ließ in formstrengen Novellen (›Lüttj Hinnerk‹, 1876; ›Ehler Schoof‹, 1901) und einem Roman (›Maren‹, 1907) die Vielfalt menschl. Daseins im Rahmen eines Dorfes Gestalt werden. G. FOCK von der Elbinsel Finkenwerder beeindruckte durch die Darstellung trotzigen Selbstgefühls in Erzählungen (›Schullengrieper un Tungenknieper‹, 1910) und im Roman ›Hein Godenwind‹ (1912). G. DROSTE aus Bremen schuf mit seiner Trilogie ›Ottjen Alldag‹ (1913–16) einen Entwicklungsroman, der in ein Kaufmannsleben einmündet. In der Lyrik bemühte sich der von der Elbe bei Lauenburg stammende R. GARBE (›Upkwalm‹, entst. 1898–1910, ersch. 1921), die Aussagemöglichkeiten des Niederdeutschen über die Norm der Volksnähe hinaus zu erweitern, H. CLAUDIUS gelang unter Einbeziehung impressionist. und expressionist. Darstellungsweisen in ›Mank Muern‹ (1912) die Gestaltung der Großstadt (Hamburg). Im Mittelpunkt der Dramen des unmittelbar an STAVENHAGEN anschließenden H. BOSSDORF steht die menschl. Existenz im Spannungsfeld zw. Sein und Schein (›De Fährkrog‹, 1917; ›Bahnmeester Dod‹, 1918). In Westfalen, wo es bereits vorher einzelne eigene Ansätze zu mundartl. Literatur gegeben hatte, entstand der Roman ›Rugge Wiäge‹ (1882) von FERDINAND KRÜGER (* 1843, † 1915), der die Probleme des industriellen Umbruchs spiegelt. Der Münsterländer A. WIBBELT steigerte seine Darstellungskunst von anspruchslos-publikumswirksamen Geschichten (›Drüke-Möhne‹, 1898–1906) zu differenzierten Erzählungen, in denen sich Humor und Ernst verbinden (›De Iärfschopp‹, 1908; ›Dat veerte Gebott‹, 1912); seine Lyrik ist von tiefer Religiosität geprägt. Ein weiterer Münsterländer, K. WAGENFELD, erreichte in religiösen Versdichtungen einen dichter. Höhepunkt.

Nach dem Ersten Weltkrieg gingen neue Impulse von der niederdt. Bühnenbewegung aus, die dem Vorbild von R. OHNSORG gegründeten Niederdt. Bühne Hamburg folgte. Für das niederdt. Theater schrieben u. a. P. SCHUREK, der die Charakterkomödie pflegte mit der nach Kriegsende spielenden Tragikomödie ›Kasper kummt na Hus‹ (1932) sein bedeutendstes Stück verfasste, H. EHRKE, der Grenzsituationen menschl. Daseins in Form der Komödie (›Narrenspegel‹, 1925) und der Tragödie (›Füer!‹, 1927) gestaltete, A. HINRICHS, dessen in klass. Komödienmanier gehaltene Stücke aktuelle Thematik aufweisen (›Swienskomödi‹, 1930) und KARL BUNJE (* 1897, † 1985), der mit dem bauernschlauen Schelmenstück vor dem Hintergrund des Ersten Weltkriegs ›De Etappenhas‹ (1935) nachhaltig erfolgreich war. Zur Suche nach neuen Formen führte die Begründung des niederdt. Hörspiels durch H. BÖTTCHER am seit 1924 bestehenden Sender Hamburg, zu dem auch EHRKE (›Ose von Sylt‹, 1932; ›Bataljon 18‹, 1932) und SCHUREK (›Der Hamburger Brand‹, 1932) zukunftsweisende Beiträge leisteten. In teils umfangreichen Balladen (›Hemmingsted‹, 1928) und in grüblerisch-aphorist. Texten (›Grappenkram‹, 1935) suchte A. MÄHL die Vision von ›niederdt. Art‹ zu gestalten. Als Erzähler erreichte R. KINAU, Bruder von G. FOCK, mit seinen stets auf den Alltag von Finkenwerder bezogenen Geschichten mehr Hörer (teils über den Funk) und Leser als sonst ein niederdt. Autor im 20. Jh. 1932 schrieb M. JAHN in ostfries. Niederdeutsch die ironisch-humorvolle Novelle ›De Moorfro‹, in der dörfl. und wiss. Betrachtungsweise einander gegenseitig relativieren, 1938 beendete er die hintergründige Ketzernovelle ›Luzifer‹ (erschienen erst 1950 und 1956); selbst- und weltkrit. Humor bestimmt auch seine gedankenreiche Lyrik (›Ulenspegel un Jan Dood‹, 1933). Von der ostfries. Autorin WILHELMINE SIEFKES erschien noch während des Zweiten Weltkriegs (trotz Schreibverbots) der wichtige sozialkrit. Roman ›Keerlke‹. Die Situation nach dem Zweiten Weltkrieg suchten zwei bereits früher hervorgetretene Autoren zu fassen: H. HEITMANN schuf ein gleichnisartiges Schauspiel, dessen Handlung an das Ende des Dreißigjährigen Krieges verlegt ist (›Oprümen‹, 1949), während IVO BRAAK (* 1906, † 1991) Kriegs- und Nachkriegsschicksal direkt auf die Bühne bringt. In der DDR beleuchtete FRITZ MEYER-SCHARFFENBERG (* 1912, † 1975) die Veränderung der ländl. Situation Mecklenburgs nach der ersten Bodenreform in kleinen Geschichten von der menschl. Seite her (›Dörpgeschichten‹, 1959); der Rostocker BERTHOLD BRÜGGE (* 1909, † 1979) zeichnete demgegenüber in kurzen Erzählungen die Welt der Küste. In den Erzählungen von K. MEYER (* 1937) finden sich neben ernsten Zeitskizzen humorvoll-doppelbödige Geschichten, die unter der Maske der Selbstironie vorsichtige Kritik an den Verhältnissen im Staat wagen (›Zuckerkauken un Koem‹, 1982). Vor allem als Lyrikerin wahrt die feinfühlig selbst- und zeitkritische ERNA TAEGE-RÖHRISCH (*1909) aus der Uckermark ihre Eigenständigkeit (›Tieden un Lüd‹, 1986). In der formal wie inhaltlich eher konventionellen niederdt. Lyrik der DDR gab es vereinzelt auch anrührende Aussagen wie bei U. KURZ (*1923) oder in den Gelegenheitsgedichten H. PANTZIERS (*1925).

Für das westl. Dtl. wird die Nachkriegszeit am deutlichsten markiert durch die Kurzgeschichten von H. KRUSE (›Weg un Ümweg‹, 1958), in denen die in der Gegenwart weiterwirkende Vergangenheit behandelt wird. Auch H. SCHMIDT-BARRIEN stellte sich mit der Flüchtlingsnovelle ›De frömde Fro‹ (1952) Problemen der Gegenwart. Beide bestimmten auch maßgeblich die Entwicklung des niederdt. Hörspiels mit, das zentrale Bedeutung für die n. L. erlangte, KRUSE z. B. mit seinem Spiel um ein KZ-Opfer ›Dat Andenken‹ (1962), SCHMIDT-BARRIEN, dem es vielfach um Konflikte im engsten Personenkreis geht, u. a. in ›Snee‹ (1968). Weitere Hörspielautoren (mit jeweils einem charakterist. Werk genannt) sind J. D. BELLMANN, der die menschl. Verantwortung auf dem Hintergrund des Glaubens behandelte (›De Soot‹, 1962), der Holsteiner KONRAD HANSEN (*1933, †1993), der häufig Widersprüchlichkeiten im menschl. Handeln entlarvt (›Den enen sien Uhl‹, 1962), der Bremer FRITZ AREND (*1925, †1993), der die Innenseite menschl. Handelns vielfältige Gestalt werden lässt (›Gah nich de Beek hoog‹, 1969), der Westfale NORBERT JOHANN-IMLOH (*1930), der u. a. die Gestaltungsmöglichkeiten des Originaltonhörspiels nutzt (›Airport Mönsterland‹, 1971), der Holsteiner WOLFGANG SIEG (*1936), bei dem groteske Fantastik zu beißender Satire der Realität werden kann (›Deenstleistungen‹, 1974), der aus Rostock nach Holstein gekommene FRIEDRICH HANS SCHAEFER (*1908), der mit Ideenvielfalt aktuellen Themen auf der Spur bleibt (›Hans Nüms‹, 1969), und WALTER ARTHUR KREYE (*1911, †1991) aus dem Oldenburgischen, der als Leiter des Heimatfunks in Bremen (1957–73) das Programm durch thematisch wichtige Aspekte ergänzte (›Buern in us Tied‹, 1970). Einige dieser Autoren setzten auch in anderen Gattungen Maßstäbe, im Schauspiel HANSEN (›Een Handvull Minsch‹, 1973), als Erzähler SIEG (›Wahnungen‹, 1974), als Lyriker JOHANNIMLOH (›En Handvöll Rägen‹, 1963). Hinzu kommen der zeitkrit. Lyriker OSWALD ANDRAE (*1926) aus dem Jeverland (›Wat maakt wi?‹, 1971), der differenzierte Sauerländer SIEGFRIED KESSEMEIER (*1930; ›Gloipe unner dör‹, 1971), der sich der Darstellung jüd. Leidens widmende ALOYS TERBILLE (*1936) aus dem Westmünsterland (›Spoor van Lieden allevedan‹, 1984) sowie als Lyrikerinnen die von äußerster Konzentration vielschichtige Ostfriesin GRETA SCHOON (*1909, †1991; ›Kuckucksömmer‹, 1977), die bild- und perspektivreiche Holsteinerin WALTRUD BRUHN (*1936; ›Windlast‹, 1987] und die in gebändigter Emotion intensive Ostfalin RENATE MOLLE (*1942; ›Deißelnsaot‹, 1987) sowie als Erzähler G. SPIEKERMANN (*1952), der Untergründiges Bild werden lässt und B. BULLERDIEK (*1939; ›Tohuus un annerwegens‹, 1991), der die Problematik von Heimat und Fremde gestaltet. Zw. allen Gattungen steht ›Lüttjepütt‹ (1983) von BELLMANN, in dem aus kindl. Sicht menschl. Dasein und Handeln infrage gestellt wird.

W. STAMMLER: Gesch. der n. L. (1920, Nachdr. 1977); C. BORCHLING u. B. CLAUSSEN: Niederdt. Bibliogr., 2 Bde. (1931–36, Nachdr. Utrecht 1976); H. QUISTORF u. J. SASS: Niederdt. Autorenbuch, Haupt- u. Erg.-Bd. (1959–66); G. CORDES: Alt- u. mittelniederdt. Lit., u.: Niederdt. Mundartdichtung, in: Dt. Philologie im Aufriß, hg. v. W. STAMMLER, Bd. 2 (²1960, Nachdr. 1978); H. TEUCHERT in: Realexx. der dt. Literaturgesch., begr. v. P. MERKER u. a., hg. v. W. KOHLSCHMIDT, Bd. 2 (²1965); Plattdt. Bibliogr., hg. v. Inst. für Niederdt. Sprache, Bremen, Jg. 1–15 (1974–88); C. SCHUPPENHAUER: Lex. niederdt. Autoren, Losebl. (1975 ff.); Hb. zur niederdt. Sprach- u. Literaturwiss., hg. v. G. CORDES u. a. (1983); J. BÖGER: Die n. L. in Ostfriesland von 1600–1870 (1991); R. LÜBBE: N. L. in der Landesbibliothek Oldenburg (⁵1994).

niederdeutsches Hallenhaus, ein längs geteiltes Einheitshaus (→Bauernhaus).

niederdeutsche Sprache. Die n. S. ist die Sprache, die seit der historisch fassbaren Zeit im NW des dt. Sprachgebietes und seit dem hohen MA. auch im N des ostdt. Siedlungsgebietes gesprochen wird. Die südl. Abgrenzung ist durch die Linie der hochdt. Lautverschiebung (→Benrather Linie) gegeben. Die ersten Zeugnisse stammen aus der Zeit KARLS D. GR., in der sie als Sprache des Stammes der Sachsen erscheint (altsächs./altniederdt. Periode); seit dem 9. Jh. ist sie auch Literatursprache. Seit dem 13. Jh. wird die n. S. als Sprache der Hanse im gesamten nordostdt. Bereich und darüber hinaus schriftlich verwendet (mittelniederdt. Periode). Im 16./17. Jh. weicht diese ›Schriftsprache‹ vor der neuhochdt. immer stärker zurück, so dass seit etwa 1650 die n. S. nur noch in der Form regional unterschiedl. (meist als Plattdeutsch bezeichneter) Mundarten und der aus ihnen abgeleiteten Dichtung (→niederdeutsche Literatur) existiert (neuniederdt. Periode). Auffälligstes Kennzeichen der n. S. sind die unverschobenen Konsonanten (z. B. ›lopen‹, ›Water‹, ›maken‹ gegenüber hochdt. ›laufen‹, ›Wasser‹, ›machen‹); hinzu tritt die einheitl. Endung für alle drei Personen des Plurals. – Die niederdt. Dialekte lassen sich in Westniederdeutsch und Ostniederdeutsch gliedern. (→deutsche Mundarten)

Niederdeutsch. Sprache u. Lit. Eine Einf., hg. v. J. GOOSSENS, Bd. 1: Sprache (1973); D. STELLMACHER: Niederdeutsch. Formen u. Forschungen (1981); W. SANDERS: Sachsensprache, Hansesprache, Plattdeutsch (1982); Hb. zur niederdt. Sprach- u. Literaturwiss., hg. v. G. CORDES u. a. (1983). – Zeitschriften: Jb. des Vereins für niederdt. Sprachforsch. (1875 ff.); Niederdt. Mitteilungen, Jg. 1–30 (1945–74); Niederdt. Wort (1960 ff.).

Niederdruckkraftwerk, ein →Wasserkraftwerk.

Niederdruckpressverfahren, *Kunststofftechnik:* versch. Verfahren zum Herstellen von meist großflächigen Formteilen oder Halbzeug mit niedrigen Drücken (meist unter 1 MPa bzw. 10 bar) aus härtbaren, armierten Kunststoffmassen, z. B. Vakuumfolien-, Gummisackpress- und Injektionsverfahren. Die N. eignen sich wie das manuelle →Laminieren und das →Faserspritzverfahren zur Anfertigung einzelner Teile oder kleiner Serien und werden nur in geringem Umfang eingesetzt.

Niedere Krebse, Entomostraca, systematisch umstrittene Gruppe der Krebse mit über 17 000 Arten mit uneinheitl. Zahl der Körperringe, fehlenden Hinterleibsbeinen und einästigen Antennen. Zu den N. K. gehören →Kiemenfußkrebse, →Blattfußkrebse, →Muschelkrebse, →Fischläuse, →Ruderfußkrebse und →Rankenfüßer.

niedere Minne, →Minnesang.

niedere Pflanzen, zusammenfassende Bez. für Algen, Pilze, Flechten und Moose.

Niederes Gesenke, vor dem →Altvatergebirge liegendes Plateau in den Ostsudeten.

Niedere Tatra, Teil der Westkarpaten, →Tatra.

Niedere Tauern, Teil der Ostalpen, Österreich, östlich des Großarltales zw. Enns (im N) und Mur (im S), im NO durch Palten- und Liesingtal (zw. beiden der Schoberpass) begrenzt; umfasst die Radstädter, Schladminger (mit der höchsten Erhebung, dem Hochgolling, 2862 m ü. M.), Wölzer, Rottenmanner und Seckauer Tauern. Die N. T. werden von der Tauernautobahn (mit dem Tauerntunnel) und den Straßen über die Tauernpasshöhe, den Sölkerpass und den Hohentauern (Rottenmanner Tauern) gequert.

niedere Tiere, die →Wirbellosen.

Niederfinow [-no], Gem. im Landkreis Barnim, Bbg., am Finowkanal, 650 Ew. Nördlich von N. liegt das 94 m lange, 27 m breite und 60 m hohe Schiffshebewerk N. (erbaut 1927–34 für Schiffe bis 1 200 t) des Oder-Havel-Kanals, durch das 36 m Höhenunterschied zw. Oder- und Havelpegel überwunden werden.

Niederfrequenz, Abk. **NF,** Bez. für Frequenzen von elektromagnet. Schwingungen und von elektr. Wechselströmen bzw. -spannungen bis 10 kHz. Da niederfrequente Schwingungen nach Umwandlung in Schallschwingungen mit dem Ohr wahrgenommen werden können, bezeichnet man die N. häufig auch als **Tonfrequenz.**

Niederguineaschwelle [-ginea-], das Kongobecken im W begrenzendes Hochland, etwa parallel zur Atlantikküste, von Kamerun bis N-Angola, im NW über 2 700 m ü. M.; wird vom Kongo in den Livingstonefällen (→Inga) durchschnitten.

Niederhäusern, Auguste de, gen. **Rodo,** schweizer. Bildhauer, * Vevey 2. 4. 1863, † München 21. 5. 1913; arbeitete nach Studien in Genf und Paris 1892–98 im Atelier von A. RODIN, dessen Stil richtungweisend für seine eigenen Werke (Porträts, Statuen, Denkmäler, Bauplastik) wurde.

Niederjagd, Jagd auf →Niederwild.

Niederkalifornien, span. **Baja California** ['βaxa-], Halbinsel im NW Mexikos, rd. 1 200 km lang, 40–240 km breit, durch den Golf von Kalifornien vom Festland getrennt. Verwaltungsmäßig ist N. in die mexikan. Bundesstaaten **Baja California Norte** im N und **Baja California Sur** im S gegliedert. N. als Fortsetzung der Coast Ranges in Kalifornien ist eine bis über 3 000 m ü. M. ansteigende Pultscholle mit Steilabfall im O; sie ist wüsten- und steppenhaft und nur in der feuchteren Hochlandzone des N z.T. bewaldet. Den rd. 3 300 km langen Küsten sind viele Inseln vorgelagert. Die Lagune von El Vizcaino (Schutzgebiet für Wale) ist Biosphärenreservat und UNESCO-Weltnaturerbe. N. hat in den vergangenen Jahren einen raschen wirtschaftl. Aufschwung genommen. Durch Bewässerung wurde das Coloradodelta im N zu einem wichtigen Baumwollanbaugebiet, daneben gibt es oasenhaften Anbau von Mais und Weizen, im S Zuckerrohr- und Tomatenanbau, Weinbau, Dattel- und Ölbaumkulturen sowie Viehhaltung; bedeutende Fischerei; Salzgewinnung, Kupfererzbergbau. Große wirtschaftl. Bedeutung hat der Fremdenverkehr (Tijuana).

Niederkassel, Stadt im Rhein-Sieg-Kreis, NRW, 57 m ü. M., rechts des Rheins zw. Köln und Bonn, 32 700 Ew.; chem. Fabrik (Hüls AG) in Lülsdorf, Maschinenbau, Kiesabbau. – Der im 9. Jh. erstmals erwähnte Ort wurde 1981 Stadt.

Niederkrüchten, Gem. im Kr. Viersen, NRW, 65 m ü. M., im Naturpark Schwalm-Nette (große Wacholderheide), nahe der deutsch-niederländ. Grenze, 13 100 Ew.; Holz- und Metallverarbeitung, rege Landwirtschaft; brit. Militärflughafen. – Kath. Pfarrkirche St. Bartholomäus, eine spätgot. Hallenkirche (15. Jh.) mit fläm. Barockausstattung.

Niederlande

Fläche 41 526 km²
Einwohner (1996) 15,6 Mio.
Hauptstadt Amsterdam
Regierungssitz Den Haag
Amtssprache Niederländisch
Nationalfeiertag 30. 4.
Währung 1 Holländischer Gulden (hfl) = 100 Cent (c)
Zeitzone MEZ

Niederlande, niederländ. **Nederland** [-lɑnt], amtlich niederländ. **Koninkrijk der Nederlanden** [ˈkoːnɪŋkrɛik dər ˈneːdərlɑndə], dt. **Königreich der Niederlande,** Staat in W-Europa, grenzt im W und N an die Nordsee, im O an Dtl., im S an Belgien; mit 41 526 km² halb so groß wie Österreich, die Landfläche umfasst nur 33 889 km²; (1996) 15,6 Mio. Ew.; Hauptstadt ist Amsterdam, Regierungssitz ist Den Haag. Die Amtssprache ist Niederländisch. Währung: 1 Holländischer Gulden (hfl) = 100 Cent (c). Zeitzone: MEZ. Zum Hoheitsgebiet gehören die →Niederländischen Antillen einschließlich der Insel →Aruba.

STAAT · RECHT

Verfassung: Gemäß der am 17. 2. 1983 in Kraft getretene Verf. sind die N. eine konstitutionelle Monarchie mit parlamentarisch-demokrat. Reg.-System. Die Königswürde ist erblich im Hause Oranien-Nassau (seit 1983 verfassungsrechtl. Verankerung der weibl. Thronfolge). Der Monarch fungiert als Staatsoberhaupt und ist formell Inhaber exekutiver und legislativer Befugnisse. Tatsächlich liegt die vollziehende Gewalt auf gesamtstaatl. Ebene bei dem vom Vertrauen des Parlaments abhängigen Ministerrat unter Vorsitz des Min.-Präs. Zur Bildung einer Reg. beruft der Monarch nach Beratungen mit den Fraktionsführern einen ›Formateur‹ (bei bes. schwierigen Verhandlungen zunächst einen ›Informateur‹). Die Ernennung und Entlassung des Min.-Präs. und der Min. obliegt dem Monarchen; mit der Annahme ihrer Ernennung sind diese dem Parlament verantwortlich. Dem Zweikammerparlament, den Generalstaaten (Staten-Generaal), kommen v.a. die Aufgaben der Legislative zu; das Übergewicht liegt bei der Zweiten Kammer (Initiativ- und Änderungsrecht). Alle Ges. bedürfen der Zustimmung beider Kammern. Die Erste Kammer (75 Abg.) wird von den Provinzialstaaten (Provinzialparlamente) gewählt; die 150 Mitgl. der Zweiten Kammer werden vom Volk nach dem Verhältniswahlsystem gewählt. Die Wahlperiode beider Kammern beträgt vier Jahre. Das aktive und passive Wahlalter liegen bei 18 Jahren. Jede der beiden Kammern kann durch königl. Erlass (mit ministerieller Gegenzeichnung) aufgelöst werden. Gesetze werden von der Reg. und den Generalstaaten gemeinsam erlassen; Gesetzesvorlagen können vom Monarchen und von der Zweiten Kammer eingebracht werden. Beratungsorgan der Reg. und des Parlaments bei allen Gesetzesvorlagen und völkerrechtl. Verträgen sowie Oberstes Verwaltungsgericht ist der unter Vorsitz des Monar-

Niederfinow: Schiffshebewerk am Oder-Havel-Kanal; eröffnet 1934

Niederlande **Nied**

chen tagende Staatsrat (maximal 28 durch königl. Erlass auf Lebenszeit berufene Mitgl.).
Parteien: Einflussreichste Parteien sind die Partei der Arbeit (Partij van de Arbeid, PvdA; gegr. 1946 als Nachfolgeorganisation der Sozial-Demokrat. Arbeiterpartei), der Christlich-Demokrat. Appell (Christen Democratisch Appel, CDA; gegr. 1980), die liberale Volkspartei für Freiheit und Demokratie (Volkspartij voor Vrijheid en Democratie, VVD; gegr. 1948) und die Democraten '66 (D '66; gegr. 1966 als Partei links von der Mitte). Das 1991 entstandene Bündnis Grün Links (Groen Links) umfasst versch. Linksparteien, u. a. die Pacifistisch Socialistische Partij (PSP, gegr. 1957) und die Communistische Partij van Nederland (CNP, gegr. 1918). Die rechtsradikalen, nationalist. Centrumsdemokraten (CD) gewannen an Einfluss.
Gewerkschaften: Ein Charakteristikum der in den 1860er-Jahren entstandenen Gewerkschaften ist ihre Zersplitterung in Richtungs- und Standesgewerkschaften. Das gilt auch nach dem 1976 erfolgten Zusammenschluss des sozialdemokratisch orientierten Nederlands Verbond van Vakvereeningen (NVV) mit dem kath. Nederlands Katholieke Vakverbond (NKV) zur zunächst weltanschaulich pluralistisch orientierten Federatie Nederlandse Vakbeweging (FNV). Die FNV ist mit rd. 1,16 Mio. Mitgl. die größte Dachorganisation. Die bedeutendsten der 19 Einzelgewerkschaften der FNV sind die Allgemeine Beamtengewerkschaft, die Industriegewerkschaft und die Baugewerkschaft. Neben der FNV, die programmatisch der Partei der Arbeit nahe steht und dem IBFG beim EGB angeschlossen ist, sind der interkonfessionelle, jedoch überwiegend prot. Christelijk Nationaal Vakverbond (CNV; 17 Einzelgewerkschaften mit rd. 350 000 Mitgl.) und die Gewerkschaftszentrale für mittleres und höheres Personal (Rat MHP; rd. 141 400 Mitgl.) bedeutend. Hohe Arbeitslosigkeit und deutl. Mitgl.-Verluste sowie der abnehmende Einfluss der paritätisch bzw. drittelparitätisch von Gewerkschaften, Unternehmerverbänden und Staat besetzten Beratungsorgane für sozial- und wirtschaftspolit. Fragen auf die Reg., die Stiftung der Arbeit (Stichting van de Arbeid) und den Sozialökonom. Rat (Sociaal-Economische Raad) haben einen erhebl. Bedeutungsverlust der Gewerkschaften und einen sinkenden Organisationsgrad der Arbeiterschaft (1994: 25%) bewirkt.
Wappen: Das Wappen (seit 1815) zeigt in einem mit goldenen Schindeln bestreuten blauen Schild einen gekrönten goldenen Löwen (Wappen von Nassau). Dieser hält in der rechten Pranke ein ›Röm.‹ Schwert, in der linken sieben Pfeile, Beizeichen des Löwen im Wappen der ehem. Generalstaaten. Im großen Wappen wird der Schild, über dem sich die niederländ. Königskrone befindet, von zwei Löwen gehalten. Das Schriftband unter dem Schild trägt dort die Devise ›Je maintiendrai‹ (frz. ›Ich werde standhalten‹).
Nationalfeiertag: Nationalfeiertag ist i. Allg. der Geburtstag des jeweils regierenden Monarchen, gegenwärtig der 30. 4. (Geburtstag der 1980 zugunsten ihrer Tochter BEATRIX abgedankten Königin JULIANA).
Verwaltung: Die N. (europ. Gebiet) sind in 12 Prov. gegliedert; ihre administrativen Organe sind die vom Monarchen ernannten Kommissare, die aus allgemeinen Wahlen hervorgehenden Provinzialstaaten und die von ihnen gewählte Provinzexekutive (Deputiertenstaaten). Die Provinzen genießen im Rahmen der Verf. Selbstverwaltungsrecht für die ihnen übertragenen Aufgaben. Auf kommunaler Ebene (633 Gemeinden) existieren - analog zur Prov.-Verwaltung - kommunale Räte und Exekutiven (Magistrate); die Bürgermeister als Vors. der Gemeinderäte und Magistrate werden von der Krone auf sechs Jahre ernannt.
Recht: Das R. ist heute kaum noch durch die einstige Übernahme der napoleon. Gesetzbücher geprägt,

sondern bildet - auch unter Aufnahme dt. und engl. Einflüsse - eine eigenständige europ. Rechtsordnung. Das sich seit 1948 in Ausarbeitung befindliche neue Bürgerliche Gesetzbuch (Burgerlijk Wetboek) ist inzwischen weithin fertig gestellt und umfasst acht Bücher. Das Internat. Privatrecht ist durch zahlr. Einzelgesetze geregelt worden. Reformiert wurde das Verwaltungsrecht, ein Ges. über allg. Regeln des Verwaltungsverfahrens ist 1992 erlassen worden. Das StGB stammt von 1886, die StPO von 1926, doch sind beide Gesetzbücher verschiedentlich geändert worden. - Der mehrstufige Gerichtsaufbau umfasst den Obersten Gerichtshof (Hoge Raad), Berufungsgerichte (Gerechtshoven), erstinstanzliche Gerichte (Rechtbanken) sowie Kantongerichte. In Verwaltungsstreitsachen gibt es die Möglichkeit, gegen die erstinstanzl. Entscheidung der Rechtbank Berufung beim Staatsrat einzulegen. Daneben gibt es andere Gerichte, bes. der Verwaltungsgerichtsbarkeit.
Streitkräfte: Die Gesamtstärke der Streitkräfte beträgt rd. 78 000 Mann (einschließlich Zivilpersonal), eine Reduzierung auf etwa 56 000 Mann ist bis Ende 1998 geplant. Zum 1. 2. 1996 wurde in den N. die allgemeine Wehrpflicht suspendiert; formell bleibt die Wehrdienstpflicht (Dauer neun Monate) jedoch weiterhin bestehen. An paramilitär. Kräften stehen rd. 5 000 Angehörige der Gendarmerie und des Zivilverteidigungskorps zur Verfügung. Das Heer (etwa 34 000 Soldaten) gliedert sich in je eine Panzer-, mechanisierte Infanterie- und Luftlandebrigade; zwei mechanisierte Infanteriebrigaden können kurzfristig mobilisiert werden. Die Luftwaffe (u. a. sieben Jagd-/Jagdbomberstaffeln) hat rd. 14 000, die Marine etwa 18 000 Mann. Die Ausrüstung besteht im Wesentlichen aus 445 Kampfpanzern Leopard 2 (geplante Reduzierung auf 330; die 217 Leopard-1-Panzer werden ausgesondert), 160 Kampfflugzeugen F-16, zwei Zerstörern, 13 Fregatten und vier U-Booten. - Die N., Gründungs-Mitgl. von NATO sowie WEU, verwenden etwa 7% der Staatsausgaben für die Verteidigung.

LANDESNATUR · BEVÖLKERUNG

In den N. setzt sich das Norddt. Tiefland fort. Die Küste ist von Dünen (bis 60 m Höhe) gesäumt, die im Bereich der Westfries. Inseln durch das Wattenmeer (→Waddenzee) vom Festland getrennt sind. Weiter landeinwärts liegen (bis 6 m u. M.) eingedeichte See- und Flussmarschen (Polder) und die flachwellige, sandig-moorige Geest, die 110 m ü. M. erreicht. Pumpen (ehem. von Windmühlen betrieben) entwässern die Marschen. Im äußersten SO haben die N. Anteil an der Lössbörde und der Mittelgebirgszone mit dem höchsten Punkt der N., 321 m ü. M. - Hauptflüsse sind der Rhein und die Maas, deren Mündungsgebiet in

Niederlande

Staatswappen

Staatsflagge

Internationales Kfz-Kennzeichen

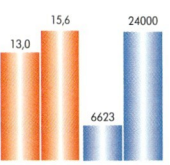

1970 1996 | 1970 1995
Bevölkerung | Bruttosozial-
(in Mio.) | produkt je Ew.
 | (in US-$)

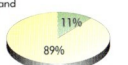

Bevölkerungsverteilung 1995

Bruttoinlandsprodukt 1995

Größe und Bevölkerung (1995)				
Provinz	Hauptstadt	Landfläche in km²	Ew. in 1 000	Ew. je km²
Drente	Assen	2 652	454,9	172
Flevoland	Lelystad	1 426	262,3	184
Friesland	Leeuwarden	3 361	609,6	181
Gelderland	Arnheim	4 995	1 864,7	373
Groningen	Groningen	2 344	558,0	238
Limburg	Maastricht	2 168	1 130,0	521
Nordbrabant	Herzogenbusch	4 938	2 276,2	461
Nordholland	Haarlem	2 660	2 463,6	926
Overijssel	Zwolle	3 337	1 050,4	315
Seeland	Middelburg	1 792	365,8	204
Südholland	Den Haag	2 860	3 325,1	1 163
Utrecht	Utrecht	1 356	1 063,5	784
Niederlande	**Amsterdam**	**33 889*)**	**15 424,1**	**455**

*) einschließlich Wasserflächen 41 526 km²

Nied Niederlande

Klimadaten von Amsterdam (1 m ü. M.)

Monat	Mittleres tägl. Temperaturmaximum in °C	Mittlere Niederschlagsmenge in mm	Mittlere Anzahl der Tage mit Niederschlag	Mittlere tägl. Sonnenscheindauer in Stunden	Relative Luftfeuchtigkeit nachmittags in %
I	4,6	73	14	1,8	82
II	5,2	53	11	2,5	78
III	8,7	46	9	3,6	70
IV	12,6	48	9	5,5	62
V	17,1	50	9	6,9	61
VI	20,1	53	9	7,2	61
VII	21,6	80	11	6,3	66
VIII	21,5	90	11	5,9	66
IX	18,9	83	12	4,8	70
X	13,9	86	12	3,2	75
XI	9,0	82	14	1,8	81
XII	6,0	70	13	1,3	85
I–XII	13,3	814	134	4,2	71

die Geburtenziffer (1993) 1,3%, die Sterbeziffer 0,9%. In Städten und verstädterten Landgemeinden (1995) 89% der Bev. Amsterdam, Rotterdam, Den Haag und Utrecht gehören zur →Randstad Holland; in diesem Ballungsgebiet konzentrieren sich über ein Drittel der Bevölkerung.

Religion: Die Religionsfreiheit wird durch die Verf. garantiert. Seit 1848 sind alle Religionsgemeinschaften rechtlich gleichgestellt und Staat und Kirche gesetzlich getrennt, was für die ref. Kirche mit dem Verlust ihrer bis dahin bevorzugten Stellung verbunden war. Nach kirchl. Angaben (1995) gehören rd. 59% der Bev. einer christl. Kirche an: rd. 35% der kath. Kirche, rd. 24% versch. prot. (überwiegend ref.) Kirchen. Die kath. Kirche umfasst das Erzbistum Utrecht mit sechs Suffraganbistümern. Die beiden größten prot. Kirchen sind die ›Niederländ. Ref. Kirche‹ (›Nederlandse Hervormde Kerk‹; rd. 2,2 Mio. Mitgl.) und die ›Ref. Kirche in den N.‹ (›Gereformeerde Kerk in Nederland‹; rd. 730 000 Mitgl.), die zus. mit der luther. Kirche (›Evangelisch-Lutherse Kerk‹; rd. 25 000 Mitgl.) die Vereinigung zu einer Kirche anstreben. Die altkath. Kirche hat rd. 10 000 Mitgl. – Nichtchristl. religiöse Minderheiten bilden der rd. 3% Muslime, rd. 100 000 Hindus, rd. 30 000 Juden und die Bahais. Die ersten jüd. Gemeinden entstanden Ende des 16. und in der ersten Hälfte des 17. Jh. Während der dt. Besetzung (1940–44/45) wurden über 100 000 niederländ. Juden Opfer des Holocaust.

Bildungswesen: Die allgemeine Schulpflicht beginnt mit dem 6. Lebensjahr und dauert 12 Jahre; der Schulbesuch ist kostenlos. Nach acht Jahren Grundschule werden noch das erste Sekundarschuljahr (Brugklas) oder die ersten zwei Jahre von allen Kindern gemeinsam besucht (danach trennen sich die Schularten); diese Zeit wird zur ursprünglich gewählten Schulart gezählt. Die Zusammenfassung versch. Schularten der Sekundarstufe in Schulgemeinschaften ist häufig. Die Sekundarstufe dauert (mit Brugklas) vier bis sechs Jahre und ist allgemein bildend und berufsorientiert. Vier Jahre dauert die allgemein bildende Form der Sekundarstufe, der ›Middelbaar algemeen voortgezet onderwijs‹ (Abk. M. a. v. o.), ebenso die Schulzeit der berufsorientierten Sekundarschule, der ›Lager beroeps-onderwijs‹ (L. b. o.). Der wissenschaftspropädeut. Unterricht, der ›Voorbereidend wetenschappelijk onderwijs‹ (V. w. o.), dauert sechs Jahre. Den Fächerkanon wählen die Schüler; Pflichtfächer sind in allen Typen Niederländisch und eine lebende Fremdsprache. Neben dem V. w. o. gibt es eine fünfjährige Sekundarstufe, ›Hoger algemeen voortgezet onderwijs‹ (H. a. v. o.), als Vorbereitung auf den Besuch von (Fach-)Hochschulen (Hogescholen, auch als H. b. o.-Institute bezeichnet; ›Hoger beroeps-onderwijs‹). Der mittlere berufsbildende Unterricht, ›Middelbaar beroeps-onderwijs‹ (M. b. o.), dauert vier Jahre, er baut auf M. a. v. o. auf. Es gibt auch eine auf drei Jahre verkürzte Form, den ›Kort middelbaar beroeps-onderwijs‹ (K. m. b. o.). Der Unterricht an M. b. o.-Schulgemeinschaften wird in vier Fachrichtungen angeboten (Technik; Wirtschaft und Verw.; Dienstleistungen und Gesundheitspflege; Landwirtschaft). Die N. haben 13 Univ., darunter drei techn., eine landwirtschaftl. sowie eine Fern-Univ., ferner versch. theolog. Hochschulen, Kunstakademien und Konservatorien, außerdem etwa 85 (Fach-)Hochschulen. In der Erwachsenenbildung können auch Schulabschlüsse nachgeholt werden (ebenfalls an der Fern-Univ.).

zahlr. Inseln aufgelöst ist. Das Flussnetz ist größtenteils eingedeicht, kanalisiert und gegen die See mit Schleusen verschlossen. – Die im S stark gegliederte Küste wird durch Abschlussdämme z. T. ausgeglichen (→Deltawerke). Dollart und Westerschelde bleiben zum Meer geöffnet; die Oosterschelde hat 1986 ein Sturmflutsperrwerk erhalten. Die vollendete Abdämmung des →IJsselmeeres (1932) und des →Lauwersmeeres (1969) sowie die Deltawerke dienen der Vergrößerung und Sicherung des niederländ. Landgebietes; Letzterem dient v.a. das Sturmflutwehr im Nieuwe Waterweg, das 1997 fertig gestellt wurde.

Klima: Das Klima ist gemäßigt maritim; westl. Winde herrschen vor. Die durchschnittl. Niederschlagsmengen liegen zw. 620 und 850 mm im Jahr. Die Sommertemperaturen sind niedrig, die Durchschnittstemperatur im Juli/August liegt bei 17 °C. Es gibt wenige Eistage. Die Häfen bleiben eisfrei.

Vegetation: Die natürl. Vegetation ist kaum erhalten. Die Sandböden der Geest trugen urspr. Birken-Eichen-Wälder, die heute zu Heiden degradiert sind (teilweise mit Kiefern aufgeforstet). Sommergrüne Buchen- und Eichenwälder haben ihre Hauptverbreitung im Utrechter Hügelrücken und in Teilen von Nordbrabant und Drente. Hinzu kommen die spezif. Pflanzengemeinschaften der Watt- und Dünenregion, des Polderlandes (Fettwiesen, Weiden) sowie der Flachmoore, Seen und Hochmoore.

Bevölkerung: Die Bev. besteht zum größten Teil aus Niederländern. Im Zuge der Verselbstständigung Niederländisch-Indiens (1949) wanderten Indonesier und →Ambonesen, indonesisch-papuan. Mischlinge, ein. Bis zur Unabhängigkeit Niederländisch-Guayanas (1975) kamen Surinamer, die ihre niederländ. Staatsbürgerschaft behalten wollten; die Zahl der Surinamer und deren Nachkommen wird auf über 100 000 geschätzt. Außerdem leben (1993) rd. 757 000 Ausländer in den N., darunter 212 000 Türken, 165 000 Marokkaner, 49 000 Deutsche, 17 000 Italiener, ferner Briten, Belgier, Franzosen, Spanier u. a. – Das durchschnittliche jährl. Bev.-Wachstum beträgt (1985–95) 0,6%;

Größte Städte (Ew. 1995)

Amsterdam	722 200	Enschede	148 000
Rotterdam	598 200	Nimwegen	147 500
Den Haag	442 900	Arnheim	134 600
Utrecht	235 660	Zaanstad	133 560
Eindhoven	196 900	Breda	129 900
Groningen	170 600	Maastricht	118 400
Tilburg	164 400	Leiden	115 400
Apeldoorn	149 900	Dordrecht	114 100
Haarlem	148 900	Amersfoort	112 400

Publizistik: Mehrere Tageszeitungen sind mit z. T. hohen Auflagen landesweit verbreitet, so die Amsterdamer Kaufzeitung ›De Telegraaf‹ (gegr. 1893, Auflage 800 000), das kath. Morgenblatt ›De Volkskrant‹ (gegr. 1919, Auflage 361 000), das prot. Morgenblatt

›Trouw‹ (gegr. 1943, Auflage 121 000) und das sozialist. Abendblatt ›Het Parool‹ (gegr. 1940, Auflage 102 000); in Rotterdam erscheinen die Kaufzeitung ›Algemeen Dagblad‹ (gegr. 1946, Auflage 414 000), das liberale Abendblatt ›NRC Handelsblad‹ (gegr. 1970, Auflage 268 000) und das ›Rotterdams Dagblad‹ (gegr. 1991, Auflage 118 000). Von den rd. 80 Regional- und Lokalzeitungen gehören zahlr. Blätter zu Mehrmedienunternehmen wie Reed Elsevier, Wolters Kluwer und VNU – Verenigde Nederlandse Uitgeversbedrijven. – Die *Nachrichtenagentur* ›Algemeen Nederlands Persbureau‹ (ANP, gegr. 1934) ist ein Gemeinschaftsunternehmen der ›Vereniging De Nederlandse Dagbladpers‹ (NDP). – *Rundfunk:* Konfessionelle, polit. und wirtschaftl. Gruppierungen haben Rundfunkvereine als Programmanbieter gegründet, die sich aus den Erlösen ihrer Mitgliederzeitschriften sowie privaten und öffentl. Spenden finanzieren. Sieben Rundfunkvereine verbreiten abwechselnd den größten Teil der Hörfunk- und Fernsehprogramme: die unabhängige ›Algemene Omroepvereniging AVRO‹ (gegr. 1923), die prot. ›Nederlandse Christelijke Radio Vereniging‹ (NCRV, gegr. 1924), die ›Katholieke Radio Omroep‹ (KRO, gegr. 1925), die sozialdemokrat. ›Omroepvereniging VARA‹ (gegr. 1925), die sozialkrit. ›Omroepvereniging VPRO‹ (gegr. 1926), die unabhängige ›Televisie Radio Omroep Stichting‹ (TROS, gegr. 1964) und die ›Evangelische Omroep‹ (EO, gegr. 1967). Die Verteilung der Sendezeiten erfolgt nach einem an den Mitgliederzahlen der Vereine bemessenen Schlüssel durch ein interparlamentar. ›Commissariaat van de Media‹. Verwaltung und Programmkoordination wurden 1988 durch ein neues Mediengesetz reorganisiert. Neben der staatl. Verwaltungsorganisation ›Nederlandse Omroepprogramma Stichting‹ (NOS, gegr. 1969, Sitz: Hilversum) wurde die privatwirtschaftlich organisierte ›Nederlandse Omroepproduktie Bedrijf‹ (NOB, Sitz: Hilversum) errichtet. Insgesamt werden fünf landesweite, 13 regionale und mehr als 300 lokale Hörfunkprogramme sowie drei öffentlich-rechtl. Fernsehprogramme ausgestrahlt, ferner werden Programme von Privatsendern angeboten (u. a. ›RTL 4‹, ›RTL 5‹ sowie der 1976 gegründete, 1995 privatisierte Sender ›Veronica‹). Einen Auslandsdienst in sieben Sprachen verbreitet die staatl. Stiftung ›Radio Nederland Wereldomroep‹ (gegr. 1947), Sitz: Hilversum.

WIRTSCHAFT · VERKEHR

Mit einem Bruttosozialprodukt (BSP) je Ew. von (1995) 24 000 US-$ nehmen die N. einen mittleren Platz in der Rangfolge der EU-Staaten ein. Das Land verfügt neben einer bedeutenden Landwirtschaft über

Niederlande: Hafen von Zierikzee auf der Insel Schouwen-Duiveland im Rhein-Maas-Delta

eine hoch entwickelte und internat. wettbewerbsfähige Industrie. Das Wirtschaftssystem ist marktwirtschaftlich ausgerichtet. Die rasche Industrialisierung des Landes in der Zeit nach dem Zweiten Weltkrieg wurde durch den groß angelegten Ausbau der Hafenindustriekomplexe bestimmt, während der Agrarsektor schon traditionell eine große, aber heute abnehmende Bedeutung hat.

Wichtige makroökonom. Indikatoren weisen für die N. auf eine positive gesamtwirtschaftl. Entwicklung hin: So erreichte die Wachstumsrate des Bruttoinlandsprodukts (BIP) 1995 2,4%, die Inflationsrate ist seit Jahren gering (1995: 1,1%). Die Leistungsbilanz schloss 1995 mit einem Überschuss in Höhe von 15,6 Mrd. US-$ ab. Mit 24,4% des BIP ist die Sparquote hoch; die Staatsquote wurde von (1987) 59,5% auf (1995) 51,9% gesenkt. Das größte wirtschaftspolit. Problem ist neben dem chron. Haushaltsdefizit (1995: 4% des BIP) und dem hohen Stand der Staatsverschuldung (1995: 78,4% des BIP) die Arbeitslosigkeit (1995: 7,3%). Zwar wurden Erfolge bei ihrer Bekämpfung erzielt, aber der Anteil der Langzeitarbeitslosen an der Arbeitslosengesamtzahl ist mit 50% sehr hoch.

Landwirtschaft: Die Landwirtschaft stellt bei ihrer starken Exportorientierung (sie erbringt 20% des Gesamtexports) eine wichtige Wirtschaftsgrundlage dar. Die landwirtschaftl. Nutzfläche beträgt (1994) rd. 2,0 Mio. ha, davon sind 899 000 ha Ackerland, 1,01 Mio. ha Dauergrünland und 36 000 ha Dauer- und Sonderkulturen; 330 000 ha werden als Wald ausgewiesen. Einer der führenden Zweige der Landwirtschaft ist der Erwerbsgartenbau, der hochwertige Produkte für den Export liefert. In Freilandkultur werden Gemüse und Obst angebaut sowie Blumenzwiebeln und Blumen gezüchtet. Ein beträchtl. Teil der Sonderkulturfläche liegt unter Glas. Nach landwirtschaftl. Produktionsrichtungen lässt sich das Land wie folgt aufteilen: Obstbau in den Flussmarschen, Ackerbau in Limburg, im SW des Landes, in den Fehnkolonien und in Teilen der Seemarschen, Viehhaltung in Nordbrabant, Drente und Gelderland, Grünlandnutzung (v. a. durch Milchvieh) im W und NW. Gartenbauprodukte werden vornehmlich im W des Landes erzeugt. Hauptanbauprodukte sind Kartoffeln (1994: 7,1 Mio. t), Weizen (981 000 t), Gerste (228 000 t), Zuckerrüben (6,1 Mio. t), Tomaten (525 000 t), Äpfel (506 000 t), Zwiebeln (1993: 601 000 t) und Gurken (1993: 507 000 t).

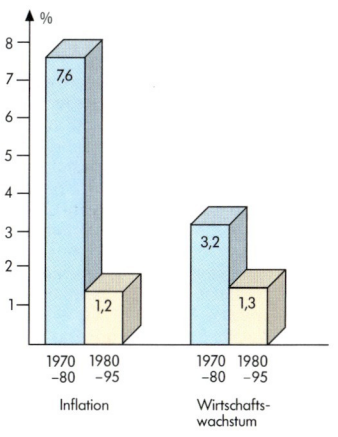

Niederlande: Inflation (Zunahme des allgemeinen Preisniveaus des Bruttoinlandsprodukts) und Wirtschaftswachstum (Zunahme des Bruttoinlandsprodukts) jeweils durchschnittlich pro Jahr in Prozent

Nied Niederlande

Niederlande: Blick auf Europoort, Rotterdam

Innerhalb der Landwirtschaft nimmt die Viehhaltung eine überragende Stellung ein; sie ist ganz auf Veredelungswirtschaft wie die Herstellung von Butter und Käse (1995: 678 000 t) ausgerichtet. Wichtig sind auch Schweinezucht und Geflügelhaltung. Gehalten werden (1994) 13,9 Mio. Schweine, 4,6 Mio. Rinder (davon 1,8 Mio. Milchkühe), 110 Mio. Hühner. Hohe Produktivität, ermöglicht durch Intensivhaltung in der Veredelungswirtschaft sowie starken Einsatz von Dünge- und Pflanzenschutzmitteln, führt zu zunehmender Belastung des Bodens und zu steigender Verunreinigung des Grund- und Oberflächenwassers. Es werden bei einigen Agrarprodukten sehr hohe Selbstversorgungsgrade erreicht (z. B. bei Käse 275 %, Fleisch 233 %, Gemüse 207 %); dagegen muss Getreide importiert werden (30 %).
Fischerei: Die niederländ. Fischereiflotte umfasst (1994) 162 Schiffe mit einer Gesamttonnage von 374 000 BRZ. Makrelen, Kabeljau, Schellfisch und Heringe werden vorwiegend in der nördl. Nordsee, bei den Brit. Inseln und bei Irland gefangen. Die küstennahe Fischerei mit Kuttern ist vornehmlich Krabbenfischerei in niederländ., dt. und dän. Gewässern. Weichtierfang wird mit Spezialfahrzeugen im Wattenmeer und der Oosterschelde betrieben. Im Jahre 1993 lag die Fischfangmenge insgesamt bei 487 000 t. Die wichtigsten Fischereihäfen besitzen Scheveningen (Den Haag), IJmuiden (Velsen), Urk und Den Helder. Die Binnenfischerei liefert v. a. Süßwasseraale.
Bodenschätze: Gegenwärtig sind nur noch drei Bergbauerzeugnisse von Bedeutung: Erdgas, Erdöl und Steinsalz. Die N. verfügen in Europa über die größten Erdgasreserven (nachgewiesene Reserven 1995: 1 844 Mrd. m³). Neben festländ. Vorkommen in der Prov. Groningen liegen die Lagerstätten in der Nordsee. Mit einer Fördermenge von (1995) 84 Mrd. m³ liegen die N. weltweit an 4. Stelle und in der EU an 1. Stelle. Bei der Erdölförderung (im Emslandbecken und bei Den Haag; Fördermenge 1995: 3,8 Mio. t) stehen die N. in Europa an 5. Stelle, können allerdings nur 10,5 % ihres Bedarfs durch die eigene Förderung decken. Der Steinkohlenbergbau in S-Limburg wurde 1975 eingestellt. In den Prov. Overijssel und Groningen werden Salze abgebaut (u. a. Verarbeitung zu Tafelsalz).
Energiewirtschaft: Für die heim. Energieversorgung spielt Erdgas eine entscheidende Rolle. Etwa 95 % aller Haushalte werden mit Erdgas beliefert. Erdgas ist mit einem Anteil am Primärenergieverbrauch von (1995) 46,5 % wichtigster Energieträger vor Erdöl (37,5 %) und Kohle (12,6 %). Pläne für die Errichtung weiterer Kernkraftwerke über die zwei genutzten bei Dodewaard und Borsele (zus. 507 MW Nettoleistung) hinaus wurden zurückgestellt (Anteil der Kernenergie an der Elektrizitätserzeugung 1994: 4,9 %).
Industrie: Vier Weltkonzerne (Philips, Unilever, Shell und Akzo) haben ihren Hauptsitz in den N. Darüber hinaus gibt es weltbekannte Unternehmen in den Bereichen Erdöl und Chemie, Schiffbau und Maschinenbau. Die Industriestruktur hat sich seit den 70er-Jahren drastisch verändert. Werften, Textil- und Bekleidungsindustrie verloren erheblich an Bedeutung; chem. Industrie, Kunststoffverarbeitung sowie Erdgas- und Erdölindustrie gewannen deutlich an Gewicht. Zentrum der Erdölraffination und der chem. Industrie ist der Rotterdamer Hafen. Weitere wichtige Industriezweige sind die Nahrungs- und Genussmittelindustrie (z. B. Brauereien, Molkereien), die Metallverarbeitung, die Kraftfahrzeugindustrie sowie die elektrotechn. und elektron. Industrie. Etl. Industriezweige verdanken ihre Bedeutung der einst günstigen Rohstoffversorgung aus dem ehem. Kolonialreich, so die Tabakverarbeitung, die Süßwaren-, Kakao- und Schokoladenherstellung, die Speiseöl- und Margarineherstellung, die Textil- und die Gummiindustrie. Eine Besonderheit stellt die Diamantenschleiferei in Amsterdam dar.
Die Ballung der Industrie um Rotterdam führte zu einer Überlastung dieses Gebietes, daher profitierten in den vergangenen Jahren v. a. die Häfen an der Schelde vom Wachstum der metallurg. und petrochem. Industrie. Nordbrabant ist heute die wichtigste Industrieprovinz. Neben Rotterdam sind Eindhoven und Amsterdam die wichtigsten Industriestandorte.
Tourismus: Die N. zählen wegen ihres umfangreichen Kultur- und Freizeitangebotes zu den beliebtesten europ. Reiseländern. Als Hauptanziehungspunkte gelten die Westfries. Inseln, das Wattenmeer und die Badeorte an der Küste sowie das IJsselmeer; im Binnenland sind es die histor. Stadtkerne (z. B. von Amsterdam, Delft, Gouda und Groningen), die zahlr. Museen, Kunstgalerien und Vergnügungsparks. 1993 wurden 5,7 Mio. Auslandsgäste gezählt.
Außenwirtschaft: Mit einem Gesamtvolumen des Außenhandels von (1994) 294,9 Mrd. US-$ (Export 155,1 Mrd. US-$, Import 139,8 Mrd. US-$) liegen die N. unter den Welthandelsnationen an 9. Stelle und erzielten einen Exportüberschuss von 15,3 Mrd. US-$. Der Anteil der Exporte am BIP liegt mit 46,4 % weit über dem europ. Durchschnitt. Den größten Anteil am Außenhandel haben die EU-Länder (1995) mit 62 % der niederländ. Importe und 77 % der Exporte. Der wichtigste Handelspartner sowohl in der Ausfuhr (28 % des Gesamtexports) als auch in der Einfuhr (22 %) ist Dtl. Es folgen Belgien/Luxemburg, Großbritannien und Frankreich sowie die USA.

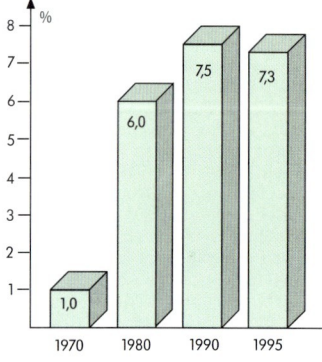

Niederlande: Arbeitslosenquote in Prozent

Niederlande **Nied**

Niederlande: Wirtschaft

Verkehr: Das Verkehrssystem ist sehr gut ausgebaut. Das Streckennetz der Eisenbahn umfasst (1993) 2 752 km, davon sind 1 991 km (72,2 %) elektrifiziert. Die Staatsbahnen (NV Nederlandse Spoorwegen) beförderten 1994 rd. 312 Mio. Passagiere und 17,8 Mio. t Fracht. Die geplante Betuwe-Linie soll den Gütertransport zw. Rotterdam und Dtl. verbessern.

Der Ausbauzustand des Straßennetzes (Länge 1994: 109 000 km) gilt als ausgezeichnet; das Autobahnnetz umfasst (1993) 2 134 km. Die N. stehen mit der Pkw-Dichte an 6. Stelle in der EU (1994: 383 Pkw je 1 000 Ew.). Die Zahl der Lkw hat sich im Zeitraum 1980–94 von 313 000 auf 650 000 erhöht. Die Beutung des niederländ. Transportgewerbes unterstreicht die Tatsache, dass rd. die Hälfte des grenzüberschreitenden Straßengüterverkehrs innerhalb der EU von niederländischen Transportunternehmen abgewickelt wird. – Das Fahrrad ist in den N. ein sehr populäres Verkehrsmittel und wird durch großzügige Radwege und Fahrradstraßen gefördert.

Aufgrund der günstigen Lage im Mündungsgebiet von Rhein, Maas und Schelde, die ein weites Hinterland erschließen, konnten sich in den N. große Überseehäfen entwickeln. Von den Handelsgütern, die in Häfen der EU geladen oder gelöscht werden, passieren rd. 30 % niederländ. Häfen. Eine führende Rolle spielen dabei die Häfen von Rotterdam und Amsterdam. Rotterdam ist mit einem Güterumschlag von (1995) 294,3 Mio. t (davon rd. 30 % Erdöl) der größte Hafen der Erde und größter Containerumschlaghafen Europas. Im Amsterdamer Hafen werden 29,6 Mio. t umgeschlagen. Die Binnenschifffahrt (1992: 262,4 Mio. t beförderte Güter) hat entscheidenden Anteil am grenzüberschreitenden Warenverkehr. Die Rheinschifffahrt ist ein wichtiger Zubringer der Seehäfen und befördert in zunehmendem Maße auch Container

Nied Niederlande

von Rotterdam ins Hinterland des Rheinstromgebiets. Wichtige Wasserwege sind außerdem die Maas, der Amsterdam-Rhein-Kanal, der Nordseekanal, der Nieuwe Waterweg, der Emskanal sowie der Rhein-Schelde-Kanal (1994 betrug die Gesamtlänge der Wasserstraßen für Binnenschiffe 5 046 km, davon 3 745 km Kanäle). Die Handelsflotte zählt (1995) 461 Schiffe mit einer Tonnage von 4,6 Mio. BRZ.

Die Erdgasleitung TENP (Trans-Europe-Naturalgas-Pipeline) führt über Luxemburg und die Schweiz nach Italien; weitere Leitungen gehen nach Paris, ins Ruhrgebiet und nach Süd-Dtl. Rohölleitungen führen ins Rhein-Main-Gebiet und eine Produktenpipeline nach Ludwigshafen am Rhein.

Die teilprivatisierte Luftverkehrsgesellschaft KLM (Ende 1995: 25 300 Mitarbeiter) ist nach Fluggästen die fünftgrößte, nach dem Luftfrachtaufkommen die sechstgrößte Fluggesellschaft im internat. Linienverkehr. Der internat. Flughafen Amsterdam-Schiphol ist auf dem Frachtsektor der drittgrößte (1994: 838 000 t), auf dem Passagiersektor der fünftgrößte (23,6 Mio. Passagiere) in der EU. Weitere internat. Flughäfen sind in Rotterdam, Maastricht und Groningen.

GESCHICHTE

Zur Vorgeschichte →Mitteleuropa, →Westeuropa.

Ältere Geschichte bis 1559

In röm. Zeit grenzten die german. Stämme der Bataver, Friesen u. a. an die keltisch-german. oder rein kelt. Volksgruppen südlich des Rhein-Maas-Schelde-Deltas. Auf die german. Wanderungen des 4.–6. Jh. und den nachfolgenden Sprach- und Kulturausgleich geht die germanisch-roman. Sprachgrenze zurück.

Bei der Reichsteilung 843 kam Flandern westlich der Schelde an Frankreich, der übrige Raum um Maas, Schelde und Rhein an Lotharingien und 879/925 an das ostfränk., später Hl. Röm. Reich. Als dessen Glied erlebten bes. die Maaslande im 10.–12. Jh. eine hohe Blüte. Früh entstanden durchgebildete Territorien: im S Flandern, Brabant, Hennegau, Namur, Limburg und das des Stifts Lüttich, im N Holland, das sich seit dem 11. Jh. mit dem Stift Utrecht als nördl. Kernland entwickelte, Seeland und Geldern. Manche von ihnen spielten zeitweise auch in der europ. Politik eine selbstständige Rolle, v. a. Flandern, in dem Brügge und Gent Blüten waren.

Für die politisch-kulturelle und sprachl. (seit etwa 1200) Verselbstständigung der N. entscheidend wurde ihre Zusammenfassung durch die Herzöge von Burgund im 14. und 15. Jh. Durch die Vermählung der Tochter KARLS DES KÜHNEN, MARIA VON BURGUND, mit dem späteren Kaiser MAXIMILIAN I. kamen die N. 1477 – nachdem MARIA im Großen Privileg den Städten und Territorien ihre Privilegien garantiert hatte – an das Haus Habsburg, das die Politik der Verselbstständigung der N. gegenüber dem Reich zielbewusst fortsetzte; im Sinne des habsburg. Hausinteresses wirkte Kaiser MAXIMILIANS Tochter MARGARETE VON ÖSTERREICH als Statthalterin. 1512 wurden auf einem Kölner Reichstag im Zuge einer neuen Kreiseinteilung des Reiches die meisten Provinzen zum →Burgundischen Kreis zusammengefasst; KARL V. fügte 1524 Friesland, 1526 Flandern, Utrecht und Overijssel, 1536 Groningen und Drenthe, 1543 Geldern hinzu, verstärkte 1548 die Sonderstellung dieses Kreises im zu Augsburg geschlossenen Burgund. Vertrag, legte 1549 in der Pragmat. Sanktion das Erbfolgerecht für die N. als geschlossenes Territorium fest und übertrug 1555 die Herrschaft über den 17 Gebiete umfassenden Länderkomplex seinem Sohn, König PHILIPP II. von Spanien. Wirtschaft und Kultur standen im Zeitalter KARLS V. in hoher Blüte; Antwerpen wurde Mittelpunkt des Welthandels mit z. T. frühkapitalist. Zügen. Die Reformation fand anfangs vorwiegend als Luthertum über Antwerpen, seit den 1540er-Jahren über die wallonisch-nordfrz. Textilstädte als Kalvinismus Eingang, wurde aber von KARL V. blutig niedergehalten.

Der Freiheitskampf

Der Abfall der nördl. N. von Spanien wurde verursacht durch gesteigerten polit., finanziellen und religiösen Druck sowie die zunehmende Schmälerung der überkommenen ständ. Freiheiten durch die königl. Macht. Unter der Statthalterin MARGARETE VON PARMA und ihrem Minister GRANVELLE wurde durch die militär. Lasten und die Ketzeredikte, die geplante Gründung neuer Bistümer und die Furcht vor der Einführung der Inquisition heftiger Widerspruch laut, der 1566 im Adelskompromiss von Breda, der Überreichung einer Bittschrift (Rückzug der span. Truppen, Widerruf des Inquisitionsedikts) durch den als →Geusen verhöhnten niederen Adel und im Bildersturm der Volksmassen gipfelte. 1567 sandte PHILIPP II. Herzog ALBA mit einem Heer in die N.; durch zahlr. Hinrichtungen (u. a. EGMONT, HORNE) und Zwangsmaßnahmen stellte dieser zunächst die Ruhe wieder her, entfesselte aber durch maßlose Willkür 1568 den Aufstand, an dessen Spitze 1572 WILHELM VON ORANIEN trat, indem er von 12 Städten zum königl. Statthalter von Holland, Seeland und Utrecht gewählt wurde. Seine Niederwerfung fand eine unüberwindl. natürl. Grenze in den Niederungsgebieten Hollands und Seelands; in der Genter Pazifikation schlossen sich 1576 die übrigen Prov. dem Aufstand an. Durch die religiöse Unduldsamkeit der Geusen wurde die Front gegen Spanien mit der Union von Arras (6. 1. 1579) gesprengt. Die Utrechter Union (23. 1. 1579) führte daher nur zur Vereinigung der sieben nördl. Provinzen (Holland, Seeland, Utrecht, Geldern, Overijssel, Friesland, Groningen); diese sagten sich 1581 ganz von Spanien und dem Hause Habsburg los und bildeten die Rep. der Vereinigten N. Die südl. N. wurden von ALEXANDER FARNESE 1585 einschließlich Antwerpens erneut unterworfen (Span. N.). Die militär. Grenze zw. beiden Machtbereichen in N Flanderns und Brabants (→Generalitätslande) wurde allmählich zur Wesensscheide zwischen N und S; religiös und politisch, wirtschaftlich und sozial wurden beide Teile unterschiedlich von Grund auf neu geordnet.

Die nördlichen Niederlande bis 1810

Nach der Ermordung WILHELMS VON ORANIEN (1584) behaupteten die nördl. N. im Waffenstillstand von 1609–21 ihre Unabhängigkeit, die zunächst vom span. König PHILIPP III. und dann 1648 im Westfäl. Frieden international anerkannt wurde. Die Beschlüsse des Friedenskongresses bedeuteten zugleich die Loslösung der N. vom Hl. Röm. Reich. Die Staatshoheit lag bei den Ständen (Staaten) der Provinzen und den →Generalstaaten, die polit. Führung bei einem →Ratspensionär, den die maßgebl. Prov. Holland stellte, die ausführende Gewalt bei dem Statthalter aus dem Haus Oranien. Der Gegensatz zw. ihnen und den Ratspensionären (Regenten) durchzieht, zeitweise mit dem zw. Strenggläubigen (Gomaristen) und Freisinnigen (Arminianern) und Gegensätzen der Außenpolitik gekoppelt, die Entwicklung der N. während des ganzen 17. und 18. Jh. (1619 J. VAN OLDENBARNEVELT nach Konflikt mit MORITZ von Nassau-Oranien über Religions- und Militärfragen hingerichtet, 1650 Anschlag WILHELMS II. auf Amsterdam, 1672 Ratspensionär J. DE WITT in Den Haag ermordet, 1786 Absetzung WILHELMS V. durch die Patrioten). Hauptstadt des Landes war Amsterdam, oran. Residenz Den Haag. Mit ihrer Ostind. Kompanie (→Handelskompa-

Niederlande **Nied**

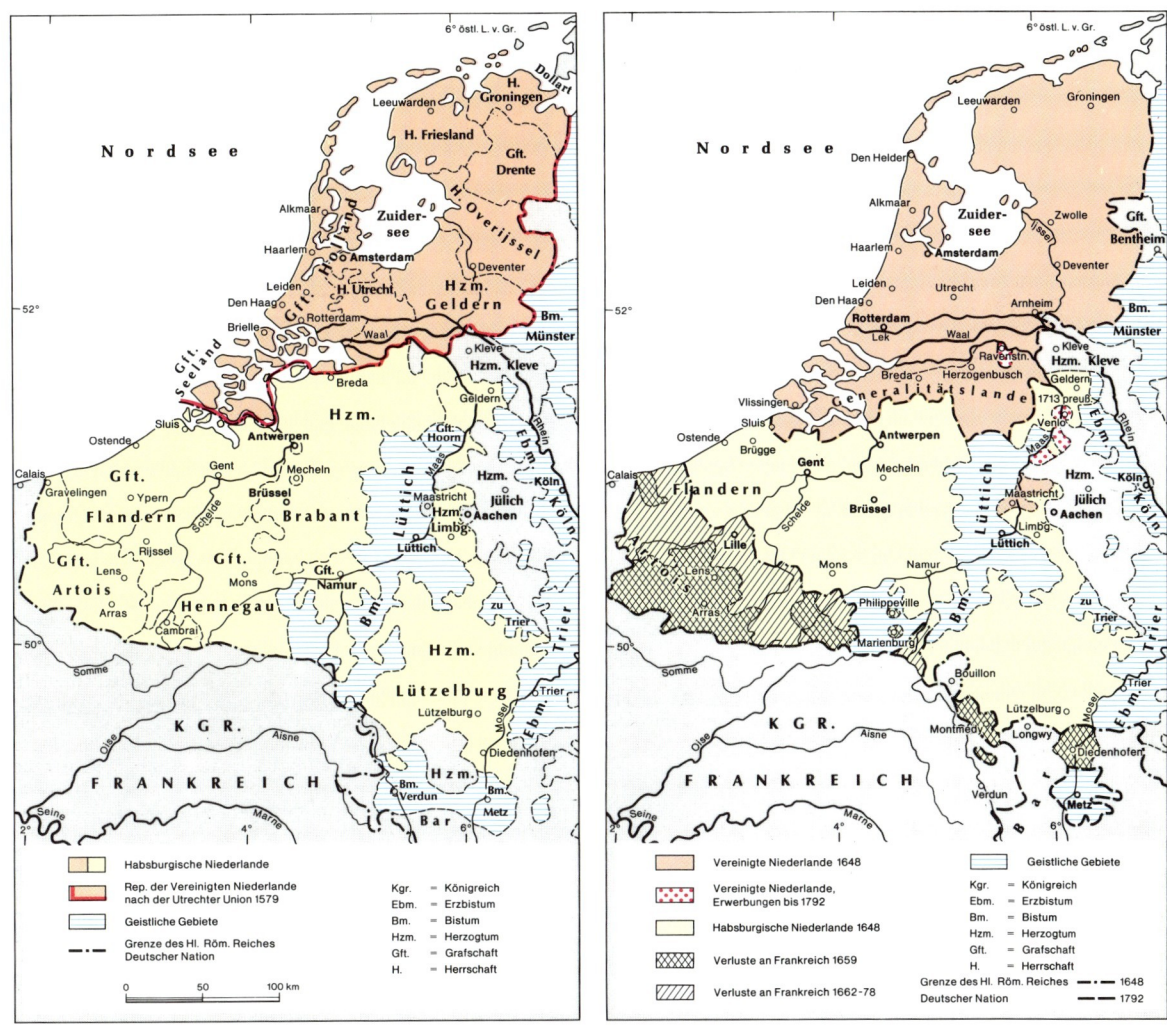

Niederlande: links Der Freiheitskampf der Niederlande: Von Kaiser Karl V. zur Republik der Vereinigten Niederlande; **rechts** Die Niederlande vom Westfälischen Frieden bis zur Französischen Revolution

nien) und dem Besitz in Afrika (Kapland) und Amerika (Guayana, Neu-Niederland) waren die N. trotz statthalterloser Zeiten 1648–72 und 1702–47 zeitweise die führende See- und Handelsmacht Europas (›Goldenes Jahrhundert‹ bis 1713), bis sie nach den Seekriegen (1652–54, 1664–67) trotz bedeutender Erfolge ihrer Admirale (M. TROMP, M. DE RUYTER) hinter England zurücktreten mussten. Gegen LUDWIG XIV. von Frankreich verteidigten sie in vier Kriegen (1667/68, 1672–78, 1688–97, 1702–13) erfolgreich ihre Sicherheit und ihren Besitzstand, wozu im Frieden zu Utrecht bes. der Ratspensionär A. HEINSIUS beitrug. Dennoch sanken sie nach dem Krieg außenpolitisch ins zweite Glied zurück, verloren an wirtschaftl. Bedeutung und sahen sich sozialen Konflikten gegenüber. Im 17. Jh. waren sie Mittelpunkt politisch-freiheitl. Denkens (H. GROTIUS, R. DESCARTES, B. DE SPINOZA) und höchster künstler. Entfaltung. Die niederländ. Sprache erreichte damals im Wesentlichen ihre heutige Ausbildung. 1747 wurde WILHELM IV. erbl. Statthalter und militär. Oberbefehlshaber, was im Zuge der Aufklärung den Widerstand der gegen die Oranier gerichteten Bewegung der ›Patrioten‹ begünstigte, der sich die Regenten anschlossen. 1795 wurden die N. von den Franzosen erobert, als Batav. Rep. nach frz. Muster umgebildet und von den ›Patrioten‹ verwaltet. 1806 wurde die Rep. unter NAPOLEONS I. Bruder LUDWIG Königreich und 1810 Frankreich einverleibt.

Zur Geschichte der südlichen N. bis 1815 →Belgien (Geschichte).

Königreich der Vereinigten Niederlande 1815–30

Durch den Wiener Kongress wurden die beiden N. und das Fürstbistum Lüttich zum ›Königreich der Vereinigten N.‹ zusammengeschlossen. In den bisherigen südl. N. wuchs das in frz. Zeit gewachsene belg. Nationalbewusstsein rasch an und wandte sich gegen die autokrat. Herrschaft König WILHELMS I., seine Bevorzugung des Holländischen sowie den offen zutage tretenden Konfessionsgegensatz. Der Zusammenschluss der kath. und der liberalen Oppositionskräfte trug dort wesentlich zum Ausbruch und zum Verlauf der Septemberrevolution von 1830 bei, die 1831 mit der Londoner Konferenz zur Loslösung Belgiens von den N. führte.

Königreich der Niederlande seit 1832

Das Königreich der N., nach der Loslösung Belgiens ein europ. Kleinstaat, vermochte dank seines reichen Kolonialbesitzes, seiner langen Tradition und seiner Kultur seine weltpolit. Geltung zu halten. Die Innenpolitik stand seit 1815 im Zeichen des Ringens um eine Verf.-Revision. Nach einer ersten Änderung 1840 war König WILHELM II. (1840–49) unter dem Eindruck der revolutionären Ereignisse in Frankreich und in Dtl. 1848 zu weiteren Zugeständnissen bereit. Im Verf.-Streit von 1866–68 setzte das Parlament gegenüber König WILHELM III. (1849–90) sein staatsrechtl. Übergewicht sowie weitgehende liberale Grundpositionen durch. Die folgenden Jahre waren geprägt von den innenpolit. Auseinandersetzungen zw. Liberalen und konfessionell ausgerichteten Parteien, der 1878 entstandenen kalvinist. Anti-Revolutionären Partei (ARP; A. KUYPER), der 1908 von ihr abgespalteten Christlich-Histor. Union (CHU) sowie den kath. Wählervereinen, um die Förderung der Konfessionsschule, die Sozialgesetzgebung sowie die Einführung der allgemeinen Wehrpflicht. Mit dem wirtschaftl. Aufbau (Anlage des Eisenbahnnetzes, Bau des Nordseekanals) war das Aufkommen der modernen Arbeiterbewegung verbunden (1894 Gründung der Sozialdemokrat. Arbeiterpartei, SDAP). Erstmals in der Geschichte des Landes trat 1890 nach dem Tod WILHELMS III. die weibl. Erbfolge in Kraft, was aber die Personalunion mit Luxemburg beendete. Königin WILHELMINA, bis zur Erlangung der Volljährigkeit 1898 unter der Regentschaft ihrer Mutter, regierte bis 1948. Der Erste Weltkrieg, in dem die N. ihre Neutralität wahrten, unterbrach die innere Entwicklung nicht.

Zwischen den Weltkriegen

Die Einführung des allgemeinen Wahlrechts für Männer (1917), für Frauen (1919) und der Übergang zum Verhältniswahlrecht markierten die zweite, tief greifende Verf.-Reform der N. nach 1815; die Parteien wurden die entscheidenden Machtträger im Staat. Während die liberale Bewegung nach 1880 ihren Höhepunkt überschritt, gewannen die konfessionellen Parteien, v. a. die 1926 gegründete Römisch-Kath. Staatspartei (RKSP), im 20. Jh. politisch stark an Gewicht; sie stellten in der Zeit zw. den Weltkriegen mit C. J. M. RUYS DE BEERENBROUCK (RKSP; 1918–25, 1929–33), H. COLIJN (ARP; 1925, 1933–39) und D. J. DE GEER (CHU; 1926–29) den Min.-Präs. Die Sozialdemokratie blieb in dieser Zeit in der Opposition; die Liberalen beteiligten sich 1933–37 an der Reg. Befolgten die niederländ. Regierungen in den 20er-Jahren das Prinzip der freien Wirtschaft, so mussten sie nach Ausbruch der Weltwirtschaftskrise (1929) immer stärker zu dirigist. Maßnahmen greifen. Mit dem Agrar-Ges. (1933), Einfuhrbeschränkungen und der Aufhebung des Goldstandards für den Gulden (1936) suchte die Reg. der Krise zu begegnen.

Außenpolitisch hielten die N. zw. den Weltkriegen streng an der Neutralität fest. Mit Belgien kam es zu einer länger dauernden Kontroverse über das niederländ. Limburg und die Scheldemündung. Die N. traten dem Völkerbund bei und begrüßten die mit den Locarnoverträgen (1925) eingeleitete Verständigungspolitik in Europa. Seit 1933 beunruhigten die expansive Außenpolitik des natsoz. Dtl. und seine rassist. Ideologie die N. Angesichts der allg. sich zuspitzenden Krise in Europa verkündete die Reg. de Geer, die Anfang August 1939 unter erstmaliger Beteiligung der Sozialdemokraten gebildet worden war, am 28. 8. 1939 die allgemeine Mobilmachung. In ihrer Kolonie Niederländisch-Indien waren die N. v. a. in den 30er-Jahren mit der Forderung einheim. Politiker nach Mitregierung konfrontiert.

Im Zweiten Weltkrieg

Trotz gemeinsamer Friedensappelle Königin WILHELMINAS und König LEOPOLDS III. von Belgien griff das natsoz. Dtl. am 10. 5. 1940 die N. und Belgien unter Verletzung ihrer Neutralität an. Die königl. Familie und die Reg. de Geer gingen am 13. 5. nach London. Nach der schweren Bombardierung Rotterdams kapitulierte das niederländ. Heer unter General HENRI GERARD WINKELMAN (*1876, †1952) am 14. 5. Im September 1940 übernahm P. S. GERBRANDY die Führung der Londoner Exil-Reg. (bis Mai 1945). In den N. selbst setzte die dt. Besatzungsmacht eine Zivil-Verw. unter dem Reichskommissar A. SEYSS-INQUART ein; sie hatte die Aufgabe, die innere Gestalt der N. mit dem diktatorisch-rassist. System des natsoz. Dtl. gleichzuschalten sowie das niederländ. Potenzial an Gütern und Menschen im Sinne der natsoz. Reichspolitik auszubeuten. Nach dem Verbot der Parteien blieb nur noch die Nationalsozialist. Bewegung (NSB) unter A. MUSSERT bestehen; aus ihren Reihen rekrutierten sich auch die niederländ. Formationen der SS. Die Verfolgung der Juden und der Einsatz niederländ. Bürger in der dt. Rüstungsindustrie ließen eine von den Kirchen unterstützte Widerstandsbewegung entstehen. Die ersten Pogrome gegen den jüd. Bev.-Teil gaben am 25./26. 2. 1941 den Anlass zu einem allgemeinen Streik der Amsterdamer Bev., dem sich später andere Streikbewegungen in den N. anschlossen.

Unter dem Eindruck des jap. Angriffs auf Pearl Harbor (8. 12. 1941) erklärte die niederländ. Exil-Reg. noch am selben Tag Japan den Krieg. Im Zuge der Kriegshandlungen schlugen die jap. Streitkräfte die niederländ. Flotte in der Javasee und besetzten Niederländisch-Indien. Nach dem Zusammenbruch Japans (August 1945) suchten die N. ihre Herrschaft über Niederländisch-Indien wieder zu errichten, gerieten dabei jedoch in Konflikt mit einer einheim. Unabhängigkeitsbewegung, die im August 1945 den unabhängigen Staat Indonesien ausrief.

Die Nachkriegszeit

Im Zuge der militär. Niederlage Dtl.s (Kapitulation der Besatzungstruppen am 5. 5. 1945) nahmen die N. kleinere dt. Gebiete (v. a. Elten) unter ihre Verwaltung (1963 im Rahmen des ›Dt.-Niederländ. Ausgleichsvertrags‹ in die Bundesrep. Dtl. eingegliedert). Auf Dauer konnten sie ihre Kolonie Niederländisch-Indien nicht behaupten (unter dem Druck der UNO und der USA Einlenken nach zwei sogenannten Militäraktionen 1947 und 1948) und entließen sie am 27. 12. 1949 mit Ausnahme des Gebiets von West-Neuguinea als Indonesien in die Unabhängigkeit. Die Niederländ. Antillen und Surinam wurden 1954 gleichberechtigte Teile der Niederlande.

Im Sommer 1945 kehrte Königin WILHELMINA aus ihrem Exil in London zurück, dankte jedoch 1948 zugunsten ihrer Tochter JULIANA ab. Seit 1945 war die Reg.-Bildung stark bestimmt von der Kath. Volkspartei (KVP; im Dezember 1945 aus der RKSP hervorgegangen) und der sozialdemokrat. Partei der Arbeit (PvdA; seit Februar 1946 Nachfolgerin der SDAP); bis Mitte der 60er-Jahre wechselten sich beide Parteien in der Führung von Koalitionsregierungen (unterschiedl. Zusammensetzung) ab und stellten mit W. SCHERMERHORN (PvdA; 1945–46), L. J. M. BEEL (KVP; 1946–48, 1958–59), W. DREES (PvdA; 1948–58), J. E. DE QUAY (KVP; 1959–63) und VICTOR GÉRARD MARIJNEN (KVP; 1963–65) den Min.-Präs. Die Liberalen (seit 1948 organisiert in der ›Volkspartij voor Vrijheid en Democratie‹) sowie die prot. Parteien beteiligten sich mehrfach an der Reg. Bezeichnend für die partei- und machtpolit. Entwicklung in den 60er- und 70er-Jahren war die allmähl. Aufweichung der traditionellen Willensbildung in festen konfessionellen oder weltanschaul. Verbänden. Ausdruck dieser Entwicklung war v. a. die Gründung der Gruppe ›Democraten '66‹ (D'66) und später der Zusammenschluss der streng konfessionellen Parteien im Christlich-Demokrat. Appell (CDA). Nach einer Zeit kurzlebiger Regierungen seit Mitte der 60er-Jahre, u. a. unter JOSEPH MARIA CALS (KVP; 1965–66) und BAREND BIESHEUVEL (ARP; 1971–73), übernahm 1973 der Sozialdemokrat J. DEN UYL die Führung einer Koalitions-Reg. (bis 1977).

Mithilfe des Marshallplanes, der den N. rd. 1 Mrd. US-$ gewährte, konnte die Wirtschaft des Landes wiederaufgebaut werden. Dabei bemühten sich die Reg. um eine enge Zusammenarbeit mit Belgien und Luxemburg (→Benelux). Im Widerstreit zw. marktwirtschaftlich-liberalen und sozialist. Vorstellungen setzte sich in den 50er-Jahren eine sachbezogene, rationale Linie durch. Mit einem System staatlich sanktionierter Produktions- und Betriebsvereinigungen (›Productie- en bedrijfschappen‹) konnte die Sozialdemokratie sozialist. Vorstellungen verwirklichen. Der technisch-industrielle Wandel, der bereits vor dem Zweiten Weltkrieg eingesetzt hatte, griff beschleunigt auf viele Gebiete der Wirtschaft (bes. auch auf die Landwirtschaft) über. In den 70er-Jahren bemühten sich die sozialdemokratisch geführten Reg. um gesellschaftl. Reformen (im Bereich Mitbestimmung, Vermögensbildung, Bodenrecht).

Außenpolitisch trat nach dem Zweiten Weltkrieg an die Stelle einer strikten Neutralitäts- eine aktive Bündnispolitik. 1948 traten die N. dem Brüsseler Pakt, 1949 der NATO bei. Die versch. Reg. des Landes förderten mit großer Energie die Bemühungen um die polit. und wirtschaftl. Integration Europas: Beitritt zum Europarat (1949), zur Montanunion (1952), zur EWG (1957) und zur EURATOM. In ihrer Dtl.-Politik stimmten sie unter der Perspektive der europ. Integration der Ausgleichspolitik der westl. Siegermächte des Zweiten Weltkriegs zu. Infolge der Entkolonialisierung zogen sich die N. 1963 aus West-Neuguinea zurück und entließen 1975 Surinam in die Unabhängigkeit.

Nach der Abdankung Königin JULIANAS (30. 4. 1980) bestieg ihre Tochter BEATRIX den Thron. 1977–94 war der CDA die führende Regierungspartei, zeitweilig (1982–86) jedoch von der PvdA als stärkste Fraktion in der Zweiten Kammer abgelöst. Unter Min.-Präs. A. A. VAN AGT stellte er 1977–81 eine Koalitions-Reg. mit den Liberalen, 1981–82 mit den Sozialisten und den Democraten '66. Min.-Präs. R. F. M. LUBBERS (1982–94) führte zunächst eine Koalitions-Reg. mit der liberalen VVD, ab 1989 mit der PvdA. Gegen den Widerstand einer starken inner- und außerparlamentar. Opposition (u. a. 1981 eine Protestdemonstration der niederländ. Friedensbewegung mit über 400 000 Teilnehmern) stimmte die Reg. Lubbers 1984 der Stationierung von 48 amerikan. Marschflugkörpern aufgrund des NATO-Doppelbeschlusses zu; die Stationierung (ab 1985) wurde durch den INF-Vertrag (Dezember 1987) rückgängig gemacht. Im November 1992 billigte das niederländ. Parlament den Maastrichter Vertrag. Von der Reg. Lubbers beschlossene Einsparungen bei den Sozialausgaben führten wiederholt zu Proteststreiks (u. a. im Oktober 1991) und zu einem Popularitätsverlust v. a. der Christdemokraten, die bei den Wahlen im Mai 1994 schwere Einbußen erlitten. Die PvdA, die trotz Verlusten als stärkste Partei aus den Wahlen hervorging, bildete daraufhin unter WIM KOK als Min.-Präs. eine Koalition mit der rechtsliberalen VVD und den linksliberalen Democraten '66 (D'66), die beide zahlr. Stimmen hinzugewonnen hatten; der CDA wurde erstmals in die Opposition verwiesen. Die Reg. Kok setzte die – einen erhebl. Rückgang der Arbeitslosigkeit bewirkende – wirtschaftl. Reformpolitik, den Abbau der Sozialleistungen, aber auch die bereits vorher betriebene liberale Drogenpolitik fort. Bei den Kommunalwahlen im März 1998 war der CDA knapp stärkste Partei (Zugewinne der Linksparteien, Wählerverluste bei D'66).

Algemene geschiedenis der Nederlanden, hg. v. J. A. VAN HOUTTE u. a., 12 Bde. (Utrecht 1949–58); I. BUHLMANN: Die Landgewinnung im IJsselmeer (1975); Raumordnung in den N., hg. v. der Akad. für Raumforsch. u. Landesplanung (1976); Algemene geschiedenis der Nederlanden, hg. v. D. P. BLOK u. a., 15 Bde. (Haarlem 1977–83); H. HAMBLOCH: Die Beneluxstaaten (1977); Winkler Prins Geschiedenis der Nederlanden, hg. v. J. A. BORNEWASSER u. a., 3 Bde. (Amsterdam 1977); H. LADEMACHER: Gesch. der N. Politik, Verf., Wirtschaft (1983); De grote Bosatlas (Groningen ⁵⁰1988); P. KING u. M. WINTLE: The Netherlands (Oxford 1988); R. TAMSMA: The Netherlands in fifty maps (Amsterdam 1988); M. DE SMIDT u. E. WEVER: Industrial geography of the Netherlands (a. d. Niederländ., London 1990); M. ERBE: Belgien, N., Luxemburg. Gesch. des niederländ. Raumes (1993); M. NORTH: Gesch. der N. (1997). – *Bibliographien:* H. DE BUCK: Bibliografie der geschiedenis van Nederland (Leiden 1968); Geography of the Netherlands, select bibliography of literature on the Netherlands in foreign languages, 1984–1988, in: Tijdschrift voor economische en sociale geografie, Jg. 79 (ebd. 1988).

Niederländer, 1) german. Volk in den Niederlanden, das stammesmäßig v. a. aus Niederfranken, Friesen und Sachsen hervorgegangen ist; ihre Sprache, das Niederländische, hat sich aus dem Altniederdeutschen zu einer eigenen Sprache entwickelt.

2) Staatsbürger der Niederlande.

Niederländische Antịllen, niederländ. **De Nederlandse Antịllen** [-lə], autonomer Teil der Niederlande im Bereich der Westind. Inseln, 800 km², (1995) 207 300 Ew.; Hauptstadt ist Willemstad (auf Curaçao). Vor der venezolan. Küste liegen (zw. 12°03′ und 12°38′ n. Br. sowie 68°45′ und 70°04′ w. L.) die Inseln **Curaçao** (einschließlich Klein Curaçao 444 km², 151 400 Ew.) und **Bonaire** (einschließlich Klein Bonaire 288 km², 14 200 Ew.), die zu den Inseln unter dem Winde (Kleine Antillen) gehören. Etwa 880 km entfernt (zw. 17°29′ und 18°05′ n. Br. sowie 63°05′ und 63°14′ w. L.) befinden sich die Inseln **Sint Maarten** (niederländ. S-Teil: 34 km², 38 600 Ew; der N-Teil, Saint-Martin, ist Teil des frz. Übersee-Dép. Guadeloupe), **Sint Eustatius** (21 km², 1 900 Ew.) und **Saba** (13 km², 1 200 Ew.), die zu den Inseln über dem Winde (Kleine Antillen) zählen. Einen Sonderstatus besitzt die Insel →Aruba. – Währung ist der Niederländ. Antillen-Gulden (NAf) = 100 Cents (c, ct).

Landesnatur: Die Inseln unter dem Wind sind niedrig (Curaçao bis 375 m ü. M.) und bestehen aus Kalken, die untermeer. Basalten und Vulkangesteinen aufliegen. Während ihre N-Küsten stark zerklüftet sind, haben die S-Küsten ausgeglichene Sandstrände. Die Inseln über dem Winde sind gebirgig (Saba bis 884 m ü. M.) und überwiegend vulkan. Ursprungs; nur Sint Maarten besteht aus Kalken und wird von Sandstränden umgeben. – Das unter dem Einfluss des Passats stehende trop. Klima weist Jahresniederschläge von 400–550 mm auf den Inseln unter dem Winde (Wasserversorgung durch Meerwasserentsalzungsanlagen) und 1 000–1 100 mm auf den Inseln über dem Winde (mit starken Abweichungen je nach Luv- oder Leelage) auf; die Temperaturen schwanken zw. etwa 22 und 30 °C. – Auf den Inseln unter dem Winde herrscht Dornstrauch- und Sukkulentensavanne vor. Die vielfach zerstörte natürl. Vegetation der Inseln über dem Winde reicht vom trop. Regenwald bis zur Dornstrauchsavanne.

Bevölkerung: Der weitaus größte Teil der Bev. lebt auf den Inseln unter dem Winde. Die vorherrschenden Schwarzen und Mulatten sind Nachkommen der seit dem 17. Jh. für die Plantagenwirtschaft eingeführten afrikan. Sklaven. Die Weißen sind hauptsächlich

Niederländische Antillen

Wappen

Flagge

Internationales Kfz-Kennzeichen

Niederländer. Die Inseln über dem Winde zeigen Abwanderungstendenzen, außer Sint Maarten, wo aufgrund der Entwicklung des Fremdenverkehrs Bewohner des frz. Teils der Insel zugewandert sind. Rd. ein Drittel der Gesamt-Bev. lebt in der größten Siedlung, Willemstad, auf Curaçao; die Hauptorte der übrigen Inseln sind sehr klein: Kralendijk (Bonaire), Philipsburg (Sint Maarten), Oranjestad (Sint Eustatius) und The Bottom (Saba). – Amtssprache ist Niederländisch, Umgangssprache auch Spanisch, Englisch und Papiamento. Rd. 70% der Bev. gehören der kath. Kirche an, die Bev. von Sint Maarten und Sint Eustatius ist überwiegend protestantisch.

Wirtschaft: Die Wirtschaft basiert v. a. auf der Verarbeitung von Erdöl, dem Tourismus und dem internat. Bankengeschäft. Die 1916 gegründete Erdölraffinerie auf Curaçao ist bis zum Jahre 2012 an eine venezolan. staatl. Gesellschaft verpachtet. 1994 machten Erdölprodukte 59% aller Im- und Exporte von Curaçao und Bonaire aus. Auf beiden Inseln wird auch Meersalz gewonnen. Die wichtigsten Industriebetriebe sind auf Curaçao (Werft, Textil-, Farbenfabrik, zwei Zigarettenfabriken, Brauerei) und auf Bonaire (Textilfabrik, Salzgewinnungsanlage); auf Sint Maarten Rumfabrik und Fischerei. Die Landwirtschaft hat nur geringen Umfang, fast alle Nahrungsmittel müssen importiert werden. Die N. A. sind, v. a. auf Curaçao und Sint Maarten, ein wichtiges Offshore-Finanzzentrum mit mehr als 30 000 registrierten internat. Firmen. Auch der Fremdenverkehr spielt eine wesentl. Rolle (1994 kamen allein nach Sint Maarten, Curaçao und Bonaire 827 000 ausländ. Touristen sowie 864 000 Passagiere von Kreuzfahrtschiffen). Der Hafen von Willemstad gehört zu den bedeutendsten Freihäfen der Erde. Zollfreier Einkauf ist auf Sint Maarten möglich. Internat. Flughäfen gibt es auf Curaçao, Bonaire und Sint Maarten, auf Sint Eustatius und Saba Flugplätze für den Verkehr zw. den Inseln.

Geschichte: Die Inseln wurden Ende des 15. Jh. von Spaniern entdeckt. Die Kolonisation begann erst später, auf den Inseln über dem Winde erst im 17. Jh. Die span. Hegemonie in diesem Gebiet wurde von Engländern, Franzosen und Niederländern bedroht. Die unmittelbar nach dem Ende des zwölfjährigen Waffenstillstandes mit Spanien (1621) gegründete niederländ. Westind. Kompanie besetzte auf der Suche nach Stützpunkten im Kaperkrieg gegen Spanien einige der Inseln, so 1634 Curaçao, Aruba und Bonaire. Bis gegen Ende des 18. Jh. blühten Handel und Schifffahrt. 1807–16 waren die Inseln unter dem Winde, 1810–16 die Inseln über dem Winde britisch besetzt. Neuer wirtschaftl. Aufschwung stellte sich erst mit dem Bau von Raffinerien für venezolan. Erdöl in den 1920er-Jahren ein.

1954 erhielten die N. A. (einschließlich Aruba) den Status einer Föderation mit vollständiger innerer Selbstverwaltung; für die Außenbeziehungen entsenden die Inseln seitdem einen stimmberechtigten Min. nach Den Haag. Die Vertretung des Staatsoberhauptes, der niederländ. Königin, erfolgt durch einen von ihr ernannten Gouv., dem ein beratendes Gremium zur Seite steht. Der Gouv. und die vom Parlament (seit 1985 22 Mitgl.: 14 von Curaçao, drei von Bonaire, drei von Sint Maarten, je einer von Saba und Sint Eustatius) gewählten Min. wählen einen Premier-Min. Daneben bestehen auf den Inseln jeweils eigene Volksvertretungen. Die Entlassung Surinams in die Unabhängigkeit (1975) begünstigte die Loslösung Arubas von den Niederländ. Antillen (1986). Versuche der niederländ. Reg., den Status auch der anderen Inseln zu ändern, wurden von der Bev. abgelehnt (Referenden 1993 und 1994).

H. BLUME: Die Westind. Inseln (²1973); C. C. GOSLINGA: A short history of the Netherlands Antilles and Surinam (Den Haag 1979); J. HARTOG: De Nederlandse Antillen en de Verenigde Staten van Amerika (Zutphen 1983); G. HECK: N. A. (1995); J. DERKX: Netherlands Antilles and Aruba. A bibliography 1980–95 (Leiden 1996).

niederländische Kolonien, die ehem. überseeischen Besitzungen der Niederlande. Den Ausgangspunkt für die systemat. Begründung der niederländ. Kolonialmacht bildete die Errichtung der Ostind. Kompanie (1602) und der Westind. Kompanie (1621). Die Ostind. Kompanie, privilegiert im Handel mit Indien, gründete Handelsniederlassungen auf Ceylon, Malakka, Taiwan und dem Malaiischen Archipel sowie Stützpunkte an der arab. und ind. Küste. Die Westind. Kompanie, deren Operationsgebiet W-Afrika sowie Nord- und Südamerika umfasste, übernahm u. a. auch die seit 1590 an der Goldküste bestehenden befestigten Handelsplätze. Sie gründete ab 1628 Stützpunkte in dem Neu-Niederlande genannten Gebiet im NO der heutigen USA, die sie nach 1664 an England abtreten musste, wofür sie 1667 als Entschädigung einen Teil Guayanas erhielt. 1630 eroberte sie Pernambuco und errichtete ein brasilian. Einflussgebiet, das 1636–44 seine größte Ausdehnung erreichte, aber bereits 1654 wieder aufgegeben werden musste. 1634 wurden die westind. Inseln Curaçao, Aruba und Bonaire in Besitz genommen. Die ab 1652 besiedelte Kapkolonie war die einzige niederländ. Siedlungskolonie (→Südafrika, Geschichte). Während die meisten Kolonien bereits im 19. Jh. an Großbritannien übergingen (so endgültig 1815 die Kapkolonie und Ceylon, 1824 Malakka, 1872 die Niederlassungen an der Goldküste), endete die niederländ. Kolonialherrschaft über den größten Teil der Sundainseln, die Molukken und West-Neuguinea (Niederländisch-Indien) erst 1949 bzw. 1963 im Zuge der Entkolonialisierung (→Indonesien, Geschichte). Die westind. Besitzungen erhielten 1954 als gleichberechtigte Reichsteile innere Autonomie, Niederländisch-Guayana 1975 dann die volle Unabhängigkeit (→Niederländische Antillen, →Surinam).

niederländische Kunst, die Kunst im Bereich der Niederlande und des heutigen Belgien bis 1830 (ab 1830 →belgische Kunst). Die Kunst im Bereich des

niederländische Kunst: Hans Memling, ›Madonna mit Kind‹; linker Flügel vom Diptychon des Maarten van Nieuvenhoven; 1487 (Brügge, Memlingmuseum)

niederländische Kunst **Nied**

niederländische Kunst: links Kathedrale von Tournai; um 1130 ff.; rechts Tuchhalle mit 70 m hohem Belfried am Grote Markt in Ypern; 13./14. Jh.

heutigen Belgien von etwa 1600 bis 1800, also die Kunst der südl. Niederlande, wird auch als **flämische Kunst** abgegrenzt. Dieser Begriff entstand durch die ital. Bez. ›fiamminghi‹ für alle Künstler aus dem Bereich der spanisch gebliebenen, dann Österr. Niederlande, ohne Rücksicht auf die (frz. oder niederländ.) Muttersprache der Künstler; als stilist. Begriff beschränkt er sich nicht allzu eng auf aus diesem Gebiet gebürtige Künstler. Die Stil-Bez. ›fläm. Schule‹ gilt oft auch bis etwa 1900.

Romanik

Gemäß der polit. Zugehörigkeit übten sowohl das Heilige Röm. Reich als auch Frankreich (Flandern) Einfluss auf die Kunst des niederländ. Raumes aus.
Von karoling. *Baukunst* ist wenig erhalten. Nach dem Vorbild der Aachener Pfalzkapelle entstanden in Lüttich Saint-Jean (um 980) und in der Karolingerpfalz Nimwegen die Nikolauskapelle (um 1030). Die unter Bischof BERNULF von Utrecht (1027–54) errichteten roman. Kirchen wie St. Lebuinus in Deventer (nach 1046, nur Reste erhalten) und Sint-Pieter in Utrecht (1048 geweiht) sind stark eigenständige Bauten. Rhein. Einflüsse zeigen u. a. Onze-Lieve-Vrouwekerk in Maastricht (v. a. 12. Jh.), die Abteikirche Rolduc in Kerkrade (12 Jh.) und Onze-Lieve-Vrouwekerk (Munsterkerk) in Roermond (1224 geweiht), normannische die Kathedrale von Tournai (um 1130 ff.).

niederländische Kunst: Hieronymus Bosch, ›Kreuztragung‹; 1515/16 (Gent, Museum voor Schone Kunsten)

Die roman. *Plastik* umfasst v. a. bedeutende Bauskulptur (u. a. Kapitelle in der Onze-Lieve-Vrouwekerk in Maastricht). Zu Beginn des 12. Jh. entstand ein landschaftlich gebundener Stil der Goldschmiedekunst von hohem Rang: die →Maasschule (REINER VON HUY, GODEFROID DE HUY und NIKOLAUS VON VERDUN). Ihr stilistisch verwandt sind die steinerne ›Madonna des Dom Rupert‹ (um 1180; Lüttich, Musée Curtius) sowie in der *Buchmalerei* die Miniaturen der Bibel von Stavelot (1097; London, Brit. Museum) und der Bibel von Floreffe (um 1160; ebd.).

Gotik

Entscheidend für die *Baukunst* war der frz. Einfluss, bes. an den Kathedralbauten: Kathedrale Saint-Michel in Brüssel (ehem. Sainte-Gudule, 1226 ff.), Kathedrale in Tournai (Chor 1242–55), in Utrecht (Chor 1254 ff.), in Brügge (1223 ff.). In Brabanter Art (mit Sandstein verkleideter Backstein) wurde z. B. die Grote Kerk in Alkmaar (Neubau 1470 ff.) errichtet. Neben dem basilikalen Kathedraltyp setzte sich die Hallenkirche durch, meist ohne steinernes Gewölbe, mit Flachdecke oder Holzgewölbe (Grote Kerk in Den Haag, 14./15. Jh. ff.). Häufig wurden Triforium- und Fensterzone zusammengezogen (u. a. Kathedrale in Antwerpen 1352 ff.). Die breite, gitterartige Zone über der Obergadenwand (nach engl. Vorbild) wie in der Kathedrale in Mecheln (13.–15. Jh.) wurde typisch für den niederländischen Kirchenbau, für den ferner Schlichtheit, Breite und Helligkeit charakteristisch sind.

Der Profanbau kam früh zu großer Bedeutung durch den wirtschaftl. Aufschwung der Städte, deren Bild durch Kirchen, Befestigungen (Delft, Haarlem, Amsterdam), repräsentative Stadttore (Gent, Brügge) und Zunftbauten geprägt wurde: Tuchhallen des 13. und 14. Jh. in Ypern, Brügge und Löwen. Bes. die spätgot. Rathäuser repräsentieren ein mächtiges, selbstbewusstes Bürgertum: u. a. Brügge (1376 ff.), Brüssel (1402–50), Löwen (1447–68), Gouda (1450–52). Eine Blütezeit der Kunst erlebte Flandern unter burgund. Herrschaft (1384/85–1477).

Die *Plastik* ist, obwohl infolge der Bilderstürme wenig erhalten blieb, vorzüglich vertreten durch den wichtigsten Bildhauer jener Zeit, C. SLUTER, der im Dienst Herzog PHILIPPS DES KÜHNEN von Burgund monumentale Bildwerke für die Chartreuse de Champmol bei Dijon (1389 ff.) schuf. Auch die *Malerei* wurde gefördert durch zahlr. Aufträge der burgund. Herzöge. Es entstand – zunächst in der Buchmalerei – ein neuer Stil, gespeist aus südniederlän-

niederländische Kunst: Claus Sluter, Figur des Propheten Jesaja am ›Mosesbrunnen‹ in der Chartreuse de Champmol bei Dijon; um 1400

Nied niederländische Kunst

disch-burgund. Quellen, bereichert durch Wirklichkeitsgehalte der ital., v. a. sienes. Kunst, der sich in der Linienspache des →weichen Stils artikulierte. Die bedeutendsten Künstler der niederländ.-burgund. Schule sind A. BEAUNEVEU, M. BROEDERLAM, J. DE HESDIN, deren Werke den neuen ›realist.‹ Erzählstil aufweisen, der dann bei den BRÜDERN VON LIMBURG in einer wirklichkeitsnahen, doch poetisch verklärten Bildwelt erscheint. In ihrer Erzählfreude wurde diese Schule Ausgang für die spätere niederländ. Landschafts- und Genremalerei. Im Rahmen der sakral bestimmten altniederländ. Malerei des 15. Jh. wird die Vielfalt der Erscheinungswelt im Reichtum ihrer stoffl., farbigen und räuml. Differenzierung durchaus schon erfasst. Dabei entfaltete sich in den südl. wie in den nördl. Niederlanden deutlich eine künstler. Eigensprache. Ab etwa 1600 bildete sich (entsprechend der religiösen und polit. Trennung nach 1581) eine niederländ. und eine fläm. Schule, zw. denen eine bis zum Ende des 17. Jh. fortdauernde Wechselwirkung bestand. In den südl. Niederlanden begann mit den Brüdern H. und J. VAN EYCK (→Genter Altar) und R. CAMPIN (Mérode-Altar, um 1425; New York, Metropolitan Museum) die Geschichte des Tafelbildes sowie des Porträts (JAN VAN EYCK) mit einem neuen Wirklichkeitssinn, wobei jedoch Jenseits- und Sakralbezüge noch immer mitschwingen. R. VAN DER WEYDEN, stärker gebunden an die expressive Ausdrucksbewegung spätgot. Linearität, gelangte als Erster zur farbigen Bildeinheit. JUSTUS VAN GENT, am herzogl. Hof in Urbino tätig, verband niederländ. Ikonographie mit ital. Monumentalität zu einem Stil würdevoller Anmut. H. VAN DER GOES übertrug den Realismus selbst auf Irreales. H. MEMLING, Strukturen und Motive des 15. Jh. aufnehmend, verband diese zu einer kühlen Harmonie. – Die eigentl. niederländ. Schule setzte ein mit A. VAN OUWATER und D. BOUTS. Ihr Versuch, das Unsichtbare im Sichtbaren darzustellen, wird von GEERTGEN TOT SINT JANS visionär gesteigert. Ende des 15. Jh. wurden die beiden extremen Tendenzen niederländ. Wirklichkeitserfahrung und -verwandlung noch einmal deutlich: in der rätselhaften Verfremdung zu höllengleichen Traum- und Spukgeschichten durch H. BOSCH und in der behaglichidyll. Darstellungsweise von G. DAVID.

Renaissance

Im 16. Jh. überströmten fremde Einflüsse die heim. Überlieferung und führten zu manierist. Stilmischungen.

Baukunst: Die Kirchen, oft noch auf herkömml. Grundriss errichtet, weisen reichen Ornamentalschmuck auf: u. a. Saint-Jacques (1513–38) und Saint-Martin (1506 ff.) in Lüttich; schlichter ist Sint-Paulus in Antwerpen (1533–1639). Aufgaben der Profanarchitektur sind Rathaus und Patrizierhaus: u. a. Sitz der Statthalterin (heute Justizpalast) in Mecheln (1507 ff.), Rathaus in Gent (1482 und 1518 ff.). Seit Mitte des 16. Jh. wurde der Antwerpener Baumeister C. FLORIS tonangebend durch den nach ihm benannten

niederländische Kunst: Peter Paul Rubens, ›Heilige Familie mit heiliger Elisabeth und dem Johannesknaben‹; um 1630–35 (Köln, Wallraf-Richartz-Museum)

→Florisstil, der europ. Geltung erlangte. Das von ihm erbaute Rathaus (1561–65) in Antwerpen – z. B. in Sockel- und Gesimsgliederung ital., in der Dekoration aus figürl. und pflanzl. Ornamenten, Beschlag- und Rollwerk niederländ. Herkunft – wurde als Musterbau der südniederländ. Renaissance Vorbild für die Rathäuser in Den Haag (1564/65), Bremen und Emden. In den nördl. Niederlanden entstanden infolge der Reformation nur wenige Kirchen. Nach Ausrufung der Republik (1588) traten die Architekten L. DE KEY (Rathaus in Leiden, 1593/94; Fleischhalle in Haarlem, 1602–03) und H. DE KEYSER (in Amsterdam u. a. die Zuiderkerk, 1603 ff., und die Westerkerk, 1620 ff.) hervor.

Die *Plastik,* anfangs noch stark von spätgot. Formen bestimmt, war erst nach der Jahrhundertmitte ital. Formen aufgeschlossen (JACQUES DUBRŒUCQ, *1500/1510, †1584); ihre Meister arbeiteten häufig im Ausland: GIAMBOLOGNA aus Douai in Italien, H. GERHARD und A. DE VRIES in Dtl. C. FLORIS schuf bedeutende Grabmäler in den Domen von Schleswig (1551–55) und Roskilde (1568–75), H. DE KEYSER und sein Sohn PIETER gestalteten das Grabmal WILHELMS I. VON ORANIEN in der Nieuwe Kerk in Delft (1614–22).

Malerei: Der von Antwerpen ausgehende Manierismus orientierte sich an ital. und dt. Vorbildern. Vieles wurde durch die Grafik (Stiche von M. RAIMONDI nach RAFFAEL) und durch Skizzenbücher (M. VAN

niederländische Kunst: Pieter Bruegel d. Ä., ›Die niederländischen Sprichwörter‹; 1559 (Ausschnitt; Berlin, Gemäldegalerie)

niederländische Kunst   Nied

HEEMSKERCK) vermittelt. Bei der Aneignung und Übertragung ital. Formen und Motive kam es oft zur ornamentalen Verflechtung der Bildfläche oder zu pathet. Übertreibungen von Figuren und Bewegung. In dieser Tendenz sind sich die führenden Romanisten verwandt, wenn auch unterschiedlich in der Artikulation (J. GOSSAERT, gen. MABUSE, J. VAN SCOREL, Q. MASSYS, B. VAN ORLEY, M. VAN COXCIE, P. COECKE VAN AELST, F. FLORIS, M. DE VOS). – Die nordniederländ. Manieristen (B. C. ENGEBRECHTSZ., J. CORNELISZ.) verarbeiteten nur zögernd die neuen Errungenschaften. LUCAS VAN LEYDEN, eigenständiger Romanist, schuf ein bedeutendes Kupferstichwerk. Die Malerei begann sich zu spezialisieren in Porträtmalerei (A. MOR, P. J. POURBUS), Genremalerei (J. S. VAN HEMESSEN, P. AERTSEN) und Landschaftsmalerei (J. PATINIR, G. VAN CONINXLOO, P. BRIL). Sie alle überragt der dem Romanismus abgeneigte P. BRUEGEL D. Ä.; seine Landschaften sind tragisch und lyrisch zugleich, seine Gesellschaftsstücke Schicksalsparabeln. In der 2. Hälfte des 16. Jh. gab sich der Romanismus gelehrt und höfisch gestimmt. An europ. Fürstenhöfen arbeiteten P. CANDID (München) und F. SUSTRIS (München, Prag) sowie B. SPRANGER (Prag). In Haarlem gründete H. GOLTZIUS mit C. VAN MANDER und C. CORNELISZ. 1583 eine Akademie. Die *Teppichwirkerei*, schon im 15. Jh. in Flandern und Brabant (bes. in Tournai) zur ersten Blüte gelangt, wurde im 16. Jh. in ganz Europa führend. Kartons entwarfen Maler wie ORLEY, COECKE VAN AELST u. a. In der 2. Jahrhunderthälfte wurden ornamentale Motive aufgenommen, später auch Architekturmotive. Um 1620–30 entstand durch die Kartons von P. P. RUBENS ein großfiguriger, pathetischer fläm. Stil, der von J. JORDAENS weiter gefördert wurde.

Barock

Baukunst: Der Barock setzte im kath. S mit dem Architekten WENZEL COBERGHER (*1561, †1634) ein (Augustinerkirche in Antwerpen, 1615–18). PETER HUYSSENS (*1577, †1637), Ordensbaumeister der Jesuiten, erbaute Kirchen in Antwerpen (1615–21), Brügge (1619–41) und Namur (1621–45), WILLEM HESIUS (*1601, †1690), ebenfalls Ordensbaumeister der

niederländische Kunst: Rembrandt, ›Jugendliches Selbstbildnis‹; 1633/34 (Florenz, Uffizien)

niederländische Kunst: Jacob van Ruisdael, ›Die Mühle von Wijk bei Duurstede‹; um 1670 (Amsterdam, Rijksmuseum)

Jesuiten, die Sint-Michielskerk (1650–71) in Löwen. RUBENS nahm mit seinen Stichfolgen der ›Palazzi di Genova‹ (1622 und 1635 ff.) Einfluss auf fläm. und europ. Fassaden und Patrizierhäuser. – Die Predigtkirchen des ref. N – wie auch städt. und Bürgerbauten – sind von einem nüchternen Klassizismus bestimmt (H. DE KEYSER), der fortan die Entwicklung der niederländ. Architektur prägte. Herausragende Architekten waren in der Folgezeit die von A. PALLADIO beeinflussten J. VAN CAMPEN (Mauritshuis in Den Haag, 1633 ff.; Nieuwe Kerk in Haarlem, 1645–49; Rathaus in Amsterdam, 1648 ff.) und P. POST, der das Mauritshuis vollendete und das königl. Lustschloss ›Huis ten Bosch‹ (1645 ff.) in Den Haag und das Rathaus (1659–64) in Maastricht erbaute.

Plastik: Führend waren die fläm. Bildhauer, die unter dem Einfluss von RUBENS und G. L. BERNINI standen: F. DUQUESNOY, L. FAYDHERBE, Haupt der Mechelner Schule, A. QUELLINUS D. Ä., der ab 1650 mit R. VERHULST am Amsterdamer Rathaus tätig war. VERHULST schuf zahlr. Marmorskulpturen.

Malerei: Wirklichkeitssinn und Freude an der Welt, Wohlhabenheit und Besitzerstolz kennzeichnen die niederländ. Malerei des ›goldenen Zeitalters‹. Ein wichtiger Impuls ging von CARAVAGGIO aus, dessen Anregungen (Halbfigurenbilder, verdeckte Lichtquelle, pathet. Bewegungen) die Flamen T. ROMBOUTS, J. JORDAENS u. a. wie auch die Niederländer P. LASTMAN, A. BLOEMAERT, H. TERBRUGGHEN und G. H. VAN HONTHORST (→Utrechter Schule) folgten. RUBENS, Hauptvertreter des fläm. Barock, beherrschte alle Bildgattungen. Er belebte die Bildfläche durch einen rhythm. Bewegungsstrom und ein von TIZIAN inspiriertes Kolorit. Sein bedeutendster Schüler war A. VAN DYCK mit vornehmen, kühl-distanzierten Bildnissen. JORDAENS, der Gesellschaftsstücke, Bilder mit religiösen und mytholog. Themen sowie Porträts schuf, arbeitete wiederholt mit RUBENS zusammen. Die bäuerl. Genrebilder von A. BROUWER und die Gesellschaftsstücke von D. TENIERS gehören zur fläm. Schule, sind aber stark abhängig von der Entwicklung in den Niederlanden: Im Laufe des 16. Jh. hatten sich bestimmte Themen verselbstständigt, die sich im 17. Jh. zu eigenständigen Bildgattungen ausbildeten. Die niederländ. Maler gaben die sakralen, allegor., histor. Inhalte auf, die jedoch bei aller ›Verweltlichung‹ als Bildinhalte emblematisch verschlüsselt wirksam blieben. Im Stillleben werden die eucharist.

633

Nied niederländische Kunst

niederländische Kunst: Vincent van Gogh, ›Die Rhonebarken‹; 1888 (Essen, Museum Folkwang)

Heimkehr maler. und symbol. Motiv zugleich, v. a. bei J. VAN GOYEN. Unübersehbar ist die Zahl der Porträtmaler; repräsentativ sind M. J. VAN MIEREVELT, sein Schüler P. J. MOREELSE, die Amsterdamer T. DE KEYSER und B. VAN DER HELST mit Einzel- und Gruppenbildnissen (Schützen- und Regentenstücke sowie Anatomien). Der bedeutendste Vertreter der Porträtmalerei ist F. HALS. F. SNIJDERS und sein Schüler J. FYT traten mit Tierbildern hervor. REMBRANDT, der Niederländer, gleichbedeutend als Maler, Zeichner und Radierer, verband alle Bildgattungen zu einem Bilderkosmos myst. Erlebnistiefe. Er übertrug die Heilsgeschichten in die Sphäre niederländ. Bürgerlichkeit und rückte sie zugleich in einen Jenseitsbezug. Die Bildnisse erfassen zutiefst den Dargestellten und seine Lebensgeschichte. Seine Landschaften sind zugleich Ereignisbilder der Seele. Zu seinen Schülern gehörte neben J. LIEVENS, G. FLINCK, F. BOL, C. FABRITIUS und A. DE GELDER auch G. DOU, der Hauptmeister der Leidener Feinmaler.

18. und 19. Jahrhundert

Im 18. Jh. wurde ein akadem. Klassizismus bestimmend, in der *Baukunst* v. a. vertreten durch den Pariser Architekten D. MAROT D. Ä., in der *Malerei* durch den Feinmaler A. VAN DER WERFF, der bedeutendste

Zeichen Brot, Wein, Fisch auf Silbergeschirr dargeboten (P. CLAESZ, W. KALF, W. C. HEDA), dann verdeckt in überreichen Frühstücks-, Frucht- und Jagdstücken. In Blumenstillleben tauchen Vanitassymbole wie Totenschädel, Insektenfraß auf (J. D. DE HEEM). Küchen- und Marktstücke enthalten allegor. Verweise auf den Gegensatz von beschaul. und tätigem Leben. Die Gesellschaftsstücke sind satirisch-moralisierend bei J. STEEN, anekdotenhaft bei N. MAES und G. METSU, stilllebenhaft bei G. TERBORCH und P. DE HOOCH, gleichnishaft bei J. VERMEER. Die wichtigsten Vertreter der Architekturmalerei sind P. SAENREDAM und E. DE WITTE. Die Landschaftsmalerei erfuhr eine ungeahnte Differenzierung in Thematik und Stimmung (u. a. S. VAN RUYSDAEL, E. VAN DE VELDE, A. CUYP, A. VAN DER NEER). Mit den einsamen Flachlandschaften von H. SEGHERS und den realistisch-fantast. von J. VAN RUISDAEL erreichte die Gattung ihren Höhepunkt. In der Marinemalerei (See- und Küstenstücke von J. PORCELLIS, J. VAN DE CAPPELLE, W. VAN DE VELDE D. Ä. und D. J.) waren die Spiegelung von Himmel und Wasser wie Ausfahrt und

niederländische Kunst: Carel Nikolaas Visser, ›Doppelform‹; 1958 (Otterloo, Rijksmuseum Kröller-Müller)

Nachfolger DOUS neben F. VAN MIERIS. Die Architektur des 19. Jh. ist in Holland wie in Belgien vom Historismus geprägt (P. CUYPERS). Die Maler zur Zeit der Romantik suchten an das ›goldene Zeitalter‹ anzuknüpfen (A. SCHELFHOUT, B. C. KOEKKOEK). Neue Impulse gingen von der →Haager Schule aus, die zum Impressionismus überleitete (J. B. JONGKIND, G. H. BREITNER). V. VAN GOGH verband niederländ. Tradition mit neuen künstler. Strömungen in Frankreich und wurde zu einem Bahnbrecher des Expressionismus. Hauptmeister des Jugendstils in seiner spezifisch niederländ. Ausprägung des Symbolismus sind J. THORN-PRIKKER und J. TOOROP. Im Kunstgewerbe übernahm der niederländ. Jugendstil Anregungen aus Indonesien (Batik).

20. Jahrhundert

Mit kubisch-nüchternen Bauten (Börse in Amsterdam, 1897–1903; Gemeindemuseum in Den Haag, 1927–35) wurde H. P. BERLAGE richtungweisend für die moderne *Architektur* in den Niederlanden. Die expressionist. ›Amsterdamer Schule‹ bemühte sich um eine skulpturelle Baukörpergestaltung (Schifffahrtshaus in Amsterdam von M. DE KLERK, 1911–16). Die 1917 gegründete Stijl-Gruppe erneuerte die Ästhetik der Außen- und Innengestaltung in konstruktivist.

niederländische Kunst: Corneille, ›katalanischer Sommer‹; 1965 (Privatbesitz)

niederländische Kunst **Nied**

Formen. Zu ihr gehörten u. a. die Architekten T. VAN DOESBURG, G. T. RIETVELD, J. J. P. OUD, J. DUIKER und C. VAN EESTEREN, die ihre Ideen meist erst in den 20er-Jahren verwirklichen konnten. Die von J. A. BRINKMAN, L. C. VAN DER VLUGT und M. STAM entworfene Fabriek Van Nelle (1926–30) in Rotterdam gilt als einer der bedeutendsten Industriebauten dieser Zeit. Vorbildl. Charakter hatte auch das von W. M. DUDOK errichtete Rathaus in Hilversum (1928–31). Zu führenden niederländ. Architekten nach 1945 wurden J. H. VAN DEN BROEK und J. B. BAKEMA (Ladenzentrum ›Lijnbaan‹ in Rotterdam, 1946–53), A. E. VAN EYCK (Waisenhaus in Amsterdam, 1955–61), H. HERTZBERGER (Centraal Beheer in Apeldoorn, 1968–72), R. KOOLHAAS (Niederländ. Tanztheater in Den Haag, 1984–88) und JO COENEN (Architekturinstitut in Rotterdam, 1993). Im Wohnungsbau machten mit hervorragenden Leistungen u. a. das Baubüro ›Mecanoo‹, ART ZAAIJER, CLAUS EN KAAN, KEES CHRISTIAANSE und LIESBETH VAN DER POL auf sich aufmerksam. Für ein Bauen, das sich den Strukturen eines vorhandenen urbanen Umfelds einfügt, stehen Bauwerke wie der von den Architekten JAN BENTHEM und MELS CROUWEL projektierte Anbau des Anne-Frank-Museums in Amsterdam (1987), ebenso das Theaterzentrum in Breda (1995) von HERTZBERGER und die Zentrale der Nederlandse Middenstandsbank (NMB) in Amsterdam (1979–86) von ANTON CAREL ALBERTS. Neben KOOLHAAS (Kunsthalle in Rotterdam, 1987–92), und seinem Büro ›OMA‹ (Abk. für Office for Metropolitan Architecture) setzen Architekten wie WIEL ARETS (Kunstakademie, Maastricht, 1989–93), BERT DIRRIX und REIN VAN WYLICK (Bürohaus, Eindhoven, 1988–90), FRITS VAN DONGEN (Theater, Leeuwarden, 1990–93) und ›Mecanoo‹ (Restaurant ›Boompjes Pavillon‹, Rotterdam, 1990; Sekundarschule in Silvolde [Gem. Wisch, Prov. Gelderland], 1990–95) die Tradition der klaren konstruktiven Bauform fort. Experimenteller Stilpluralismus manifestiert sich in dem von ASHOK BHALOTRA konzipierten Neubaugebiet Kattenbroek in Amersfoort (1990 ff.). Das neue Kunstmuseum in →Groningen entstand als Gemeinschaftswerk internat. führender Architekten und Designer als dekonstruktivist. Bau 1992–94. Dekonstruktivist. Elemente verwendet auch SJOERD SOETERS (Umbau des Verkehrsministeriums, Den Haag, 1990). Als Backsteinbau von klass. Strenge konzipierte A. ROSSI das Bonnefantenmuseum (1993 bis 1995) in Maastricht.

Auf dem Gebiet der *Plastik* wurde der belg. Bildhauer G. VANTONGERLOO, Mitgl. der Stijl-Gruppe, mit seinen stereometr. Skulpturen richtungweisend für die konstruktivist. Arbeiten der jüngeren Generation: C. N. VISSER, ANDRÉ VOLTEN (* 1925), A. DEKKER u. a. Die Stijl-Gruppe entwickelte eine auf reiner

niederländische Kunst: Anton Carel Alberts, Zentrale der Nederlandse Middenstandsbank (NMB) in Amsterdam; 1979–86

Farbe und radikal vereinfachten geometr. Formen beruhende *Malerei,* deren wichtigster Vertreter und Theoretiker neben VAN DOESBURG und B. A. VAN DER LECK P. MONDRIAN war. Als Gegenreaktion auf den Konstruktivismus kamen ab Ende der 20er-Jahre surrealist. (PIETER OUBORG, * 1893, † 1953) und realist. Tendenzen (CHARLEY TOOROP, * 1891, † 1955; CAREL WILLINK, * 1900, † 1983; RAOUL HYNCKES, * 1893, † 1973; PYKE KOCH, * 1901) auf. Der in Paris lebende B. VAN VELDE übte großen Einfluss auf die amerikan. Maler des abstrakten Expressionismus aus. Den bedeutendsten Beitrag der Niederlande zur Nach-

niederländische Kunst: Außenansicht des Restaurants ›Boompjes Pavillon‹ in Rotterdam, das 1990 nach Plänen des Baubüros ›Mecanoo‹ fertig gestellt wurde

kriegskunst leisteten die Mitgl. der 1948 gegründeten Gruppe →Cobra. Auf dem Gebiet der Grafik traten v. a. C. M. ESCHER und A. HEYBOER hervor. Die konstruktivist. Linie im Sinne der Stijl-Bewegung setzte in der Malerei u. a. P. STRUYCKEN fort. J. SCHOONHOVEN gründete 1961 mit ARMANDO (* 1929) und H. PEETERS die Gruppe ›Nul‹, die der dt. Gruppe Zero nahe stand. An ihren Aktivitäten beteiligte sich auch HERMAN DE VRIES (* 1931). Fortgeführt wird diese konstruktivist. Tendenz von Künstlern bes. um die Gruppe ›Art Construct‹ (1981–92) und die Stiftung IDAC (ab 1992). Internat. Bedeutung haben v. a. BOB BONIES (* 1937), WILLEM KLOPPERS (* 1937) und ANDRÉ VAN LIER (* 1951) erlangt, die vornehmlich in den Gattungen Malerei und Plastik ihre Bildideen realisieren. Parallel zu diesen Künstlern arbeiten MARINUS VAN BOEZEM (* 1934) und JAN VAN MUNSTER (* 1939) mit den techn. Medien Fotografie

niederländische Kunst: Bob Bonies, ›Ohne Titel‹; 1986 (Privatbesitz)

Nied niederländische Literatur

und Kunstlicht. SIERT DALLINGA (*1954), AB VAN HANEGEM (*1960), EDWIN JANSSEN (*1961), JAN STARKEN (*1956) und C. A. WERTHEIM (*1962), R. SCHOLTE und HUGO KAAGMAN (*1955) beziehen sich in ihren Gemälden, Plastiken und Installationen ironisch-assoziativ auf kunstgeschichtl. Traditionen und aktualisieren verfremdend die histor. Vorbilder. Bekannt wurden auch STANLEY BROUWN (*1935) mit Fluxus, J. C. J. VAN DER HEYDEN (*1928) mit Computerkunst, JAN VAN MUNSTER (*1939) mit Lichtkunst und PIETER ENGELS (*1938), der sich mit den verschiedensten Tendenzen zeitgenöss. Kunst auseinander setzt. Mit experimentellen Fotoarbeiten und Videos trat J. DIBBETS hervor. Beiträge zur konzeptuellen Fotografie leisteten auch G. DEKKERS und GER VAN ELK (*1941), der wie DIBBETS 1968 Mitbegründer des ›International Institute for the Re-Education of Artists‹ war. Auf dem Gebiet der experimentellen Fotografie arbeitet auch TOTO FRIMA (*1954).

M. J. FRIEDLÄNDER: Die altniederländ. Malerei, 14 Bde. (Leiden 1924–37); Rhein u. Maas. Kunst u. Kultur 800–1400, hg. v. A. LEGNER, Ausst.-Kat., 2 Bde. (1972–73); A. L. J. VAN DE WALLE: Got. Kunst in Belgien (a. d. Frz., Wien 1972); Die niederländ. Maler u. Zeichner des 17. Jh.s, hg. v. W. BERNT, 5 Bde. ($^{2-5}$1979–91); L. J. BOL: Holländ. Maler des 17. Jh.s. Nahe den großen Meistern (^{2}1982); Holländ. Malerei in neuem Licht. Hendrik ter Brugghen u. seine Zeitgenossen, bearb. v. A. BLANCKERT u. a., Ausst.-Kat. (1986); D. THOSS: Fläm. Buchmalerei (Graz 1987); Dutch ›Feinmalerei‹, Ausst.-Kat. (Amsterdam 1989); H. OLBRICH u. H. MÖBIUS: Holländ. Malerei des 17. Jh.s (Leipzig 1990); Modernism without dogma. Architects of a younger generation in the Netherlands, Beitrr. v. H. IBELINGS u. a., Ausst.-Kat. (1990); Venice Biennale, Venedig (Rotterdam 1991, Nachdr. ebd. 1993); Grafische Formgebung in den Niederlanden, 20. Jh., bearb. v. K. BROOS u. P. HEFTING, Ausst.-Kat. De Beyerd, Breda (Basel 1993); Nether Art. A Dutch response to the nineties, hg. v. I. HARDEMAN u. a., Ausst.-Kat. West-Indisch Huis u. a. (Amsterdam 1993); J. ROSENBERG u. a.: Dutch art and architecture 1600–1800 (Neuausg. New Haven, Conn., ^{3}1993); H. BELTING u. C. KRUSE: Die Erfindung des Gemäldes. Das erste Jh. der niederländ. Malerei (1994); Made in Holland. Design aus den Niederlanden, hg. v. G. LUEG, Ausst.-Kat. Museum für Angewandte Kunst, Köln (1994); O. PÄCHT: Altniederländ. Malerei. Von Rogier van der Weyden bis Gerard David, hg. v. M. ROSENAUER (1994); Projekt 30 × 30, konkrete Kunst international, Ausst.-Kat. Wilhelm-Hack-Museum, Ludwigshafen am Rhein (1994); Niederländ. Architektur des 20. Jh., hg. v. H. IBELINGS (a. d. Niederländ., 1995); B. HAAK: Das goldene Zeitalter der holländ. Malerei (Neuausg. 1996); Zeitgenöss. Fotokunst aus den Niederlanden, hg. v. S. SCHMALRIEDE u. A. TOLNAY, Ausst.-Kat. Neuer Berliner Kunstverein, Berlin (1996).

niederländische Literatur, die Literatur in niederländ. Sprache, d. h. die volkssprachl. Literatur in den Niederlanden und Flandern. (→flämische Literatur)

Mittelniederländische Literatur: Die geschriebene Überlieferung beginnt erst am Ausgang des 12. Jh. mit HEINRICH VON VELDEKE. Für die Zeit zw. dem 13. und 15. Jh. ist neben der bes. Ritterepik mit karoling. (→Karel ende Elegast) und antiken oder oriental. Erzählstoffen sowie Artusromane (›Walewein‹) umfassenden weltl. Dichtung eine reiche geistl. Epik überliefert: Die Brabanter Begine HADEWIJCH verfasste in der Mitte des 13. Jh. von der Metaphorik des Minnesangs beeinflusste myst. Gedichte. Ein anderes Beispiel der Frauenmystik des 13. Jh. ist das Werk der Zisterzienserin BEATRIJS VAN TIENEN (auch BEATRIJS VAN NAZARETH, *1200, †1268). Weiterhin sind v. a. WILLEM VAN AFFLIGHEMS (*1210, †1297) ›Leven van Sinte Lutgard‹ und die anonyme Verslegende ›Beatrijs‹ (13. Jh.) zu nennen; im 14. Jh. dann bes. die für die →Devotio moderna grundlegende Prosa J. VAN RUUSBROECS und G. GROOTES. Vertreter der lehrhaften bürgerl. Dichtung waren J. VAN MAERLANT und JAN VAN BOENDALE (*1279, †zw. 1343 und 1350). Die Erzähldichtung erreichte ihren Höhepunkt mit ›Van den vos Reinaerde‹ (→Reinecke Fuchs); die →Abele Spelen charakterisieren das weltl. Drama des 14. Jahrhunderts.

Rederijkers und Reformation: Die Zeit zw. 1450 und 1585 wird oft als eigenständige Periode der n. L. aufgefasst. Sie war geprägt durch die →Rederijkers, die wichtige Funktionsträger der städt. Festkultur waren. Neben ihrer v. a. auch Refrain und Rondeau (Ringelgedicht) pflegenden Lyrik schufen sie bedeutende Dramen und geistl. Spiele (→Moralitäten) wie ›Elckerlijk‹ (→Jedermann) und →Mariken von Nimwegen. – Die Reformation fand ihren Niederschlag in versch. literar. Gattungen. In der Lyrik verherrlichten die Geusenlieder (→Geusen) den Aufstand gegen Spanien, in der Prosa wirkte v. a. die Satire des P. VAN MARNIX gegen die kath. Kirche lange Zeit nach.

Renaissance, Barock, Klassizismus und Aufklärung: Die Frührenaissance stand unter frz. Einfluss, v. a. der →Pléiade, z. B. bei J. B. VAN DER NOOT. Der Krieg gegen Spanien führte nach dem Fall von Antwerpen (1585) zur Spaltung in die nördl. und südl. Niederlande. Der größere Teil der kulturellen Oberschicht wanderte daraufhin aus, meist nach Holland, wo die Renaissanceliteratur im ›goldenen Zeitalter‹ der ersten Jahrzehnte des 17. Jh. einen Höhepunkt erreichte (›Statenbijbel‹, 1637). Zu den bekanntesten Dichtern zählen u. a. P. C. HOOFT, G. A. BREDERO, J. VAN DEN VONDEL, J. CATS und C. HUYGENS. – Seit der zweiten Hälfte des 17. Jh. wurde der frz. Klassizismus zum Vorbild, gefördert durch literar. Gesellschaften wie die 1669 gegründete ›Nil volentibus arduum‹. Bedeutend waren, neben dem sich dann v. a. der pietist. Emblematik zuwendenden J. LUYKEN (›Duytse Lier‹, 1671), die Dramen von L. ROTGANS, Komödien von P. LANGENDIJK sowie die Lyrik von HUBERT KORNELISZ. POOT (*1689, †1733). – Aufklärer. Positionen wurden seit etwa 1720 in moral. Wochenschriften nach engl. Modell verbreitet. Hauptvertreter dieses Genres war JUSTUS VAN EFFEN (*1684, †1735) mit ›De Hollandsche Spectator‹ (1731–35). In den südl. Niederlanden vertraten JUSTUS DE HARDUYN (*1582, †1636) und A. POIRTERS im 17. und 18. Jh. die volkssprachl. Literatur.

Romantik: Wichtigster Vertreter der sehr sentimentalen romant. Literatur seit etwa 1770 war RHIJNVIS FEITH (*1753, †1824; ›Julia‹, 1783); romant. Auffassungen in klassizist. Gewand finden sich bei W. BILDERDIJK. Der nat. Zug in die Romantik war in der Literatur des niederländ. N zw. 1800 und 1820 stark vertreten, im S führte er zu einer Neubelebung der volkssprachl. Dichtung, u. a. durch J. F. WILLEMS und H. CONSCIENCE, die den histor. Roman in den Dienst der →Flämischen Bewegung stellten. Auch im N behandelte der histor. Roman Szenen aus der nat. Vergangenheit, so bei J. VAN LENNEP und ANNA LOUISE GEERTRUIDA BOSBOOM-TOUSSAINT (*1812, †1886). Der bedeutendste Literaturkritiker war E. J. POTGIETER (Gründer der Ztschr. ›De Gids‹, 1837). – Ein kleinbürgerlich-humorist. Realismus, der seine Wurzeln schon früh, etwa bei AGATHA DEKEN und ELIZABETH WOLFF-BEKKER hat, findet sich in Erzählungen von N. BEETS. Den eigentl. Weg zur Moderne bahnten der n. L. neben CONRAD BUSKEN-HUET (*1826, †1886) v. a. MULTATULI und der fläm. Priester G. P. GEZELLE.

Die Tachtigers (Achtziger): In den 1880er-Jahren suchte die Bewegung der →Tachtigers den Anschluss an die europ. literar. Strömungen, v. a. an die engl. Romantik sowie den frz. Naturalismus und Impressionismus. Hauptvertreter dieser Richtung, deren 1885 gegründete Zeitschrift den programmat. Titel ›De Nieuwe Gids‹ trug, waren W. J. T. KLOOS, H. GORTER, A. VERWEY, FREDERIK WILLEM VAN EEDEN (*1860, †1932), HENRIËTTE ROLAND-HOLST-VAN DER

SCHALK (*1869, †1952) und K. J. L. ALBERDINGK THIJM. Bedeutende literar. Beiträge lieferten auch H. COUPERUS, H. HEIJERMANS und JOHAN DE MEESTER (d. i. ELIZA JOHANNES, *1860, †1931). Parallel zu den ›Tachtigers‹ entstand in Flandern die Bewegung ›Van Nu en Straks‹, die für eine ›Europäisierung‹ der fläm. Literatur eintrat (A. VERMEYLEN, KAREL VAN DE WOESTIJNE, *1878, †1929, C. BUYSSE, S. STREUVELS).

Die 1. Hälfte des 20. Jh. bot eine Fülle von Strömungen. Vertreter einer neuen Romantik in der Poesie, mit stilist. Raffinement, waren P. N. VAN EYCK, A. ROLAND-HOLST, J. C. BLOEM, M. NIJHOFF. Neuromant. Romane schrieb A. VAN SCHENDEL. Der Heimatroman war v. a. in Flandern stark vertreten (F. TIMMERMANS, E. A. J. CLAES). Iron. Realismus findet sich in W. ELSSCHOTS Erzählungen. – Um den Ersten Weltkrieg setzte sich der Expressionismus durch. Hauptvertreter in der Lyrik waren P. A. VAN OSTAIJEN; bedeutend waren auch die dichter. Beiträge von H. MARSMAN; als wichtigster expressionist. Romanautor gilt F. BORDEWIJK. In den 30er- und 40er-Jahren wurde der Roman auf unterschiedl. Weise erneuert: Vertiefung der Dorfgeschichte (G. WALSCHAP), autobiograph., intellektualist., psychologisch-analysierende Erzählungen (S. VESTDIJK, M. GIJSEN, MARIANNE PHILIPS, *1886, †1951), mag. Realismus (J. DAISNE, später H. LAMPO), Neonaturalismus (L.-P. BOON). Die literar. Kritik erreichte ein hohes Niveau bei J. GRESHOFF, C. E. DU PERRON und M. TER BRAAK. – Die Erneuerungsbewegung der 50er-Jahre (›Vijftigers‹) war um eine Darstellung der Totalität des Lebens bemüht und wandte sich gegen die Erstarrung im Konventionellen. Hauptvertreter waren LUCEBERT, G. KOUWENAAR, JAN G. ELBURG (*1919, †1992), RUDY KOUSBROEK (*1929), JAN HANLO (*1912, †1969), R. W. CAMPERT, SIMON VINKENOOG (*1928), in Flandern, v. a. um die Zeitschrift ›Tijd en mens‹, BOON und H. CLAUS. Die Literatur der 60er-Jahre spiegelte sich das gewandelte Selbstverständnis der Gesellschaft und das von der Zeitstimmung geprägte Lebensgefühl vieler Autoren, v. a. in der Hinwendung zu einem neorealist. bzw. dokumentar. Schreiben. Für die Lyrik sind hier bes. H. DE CONINCK, K. SCHIPPERS (d. i. GERARD STITGTER, *1936), J. BERNLEF, in Flandern zunächst CLAUS, dann v. a. GUST GILS (*1924), P. SNOEK, HUGUES C. PERNATH (*1931, †1975) und STEFAAN VAN DEN BREMT (*1941) zu nennen; die Prosa repräsentieren u. a. MENSJE VAN KEULEN (*1946), J. WOLKERS und BOON. Über mehrere Jahrzehnte präsent sind W. F. HERMANS, der auch als Polemiker und Publizist das literar. Leben prägte, HELLA S. HAASSE sowie die bereits seit Ende der 40er-Jahre produktiven H. MULISCH, CLAUS, C. NOOTEBOOM und G. REVE. Hierauf folgte in den 70er-Jahren eine neoromant. und neodekadente Gegenbewegung, u. a. JUDITH HERZBERG, RUTGER KOPLAND (*1934; eigtl. R. HENDRIK VAN DEN HOOFDAKKER), LEONARD NOLENS (*1947), G. KOMRIJ, ESTHER MEIJSING (*1950) und HERMAN PORTOCARERO (*1952). Zu den Vertretern einer betont experimentellen n. L. zählten schon früh I. MICHIELS, SYBREN POLET (*1924; eigtl. SYBE MINNEMA) sowie DANIEL ROBBERECHTS (*1937, †1992). Überregionale Bedeutung in der Lyrik erlangte ANNA ENQUIST (*1945) und in der so genannten leichten Poesie die internat. als Kinderbuchautorin renommierte ANNIE M. G. SCHMIDT. Das Werk von M. 'T HART leitet die in den 80er-Jahren über, zu deren herausragenden Literaten auch ADRIANUS FRANCISCUS THEODORUS VAN DER HEIJDEN (*1951) gerechnet wird. Zeitkritisch und stark individuell ist das Werk von W. RUYSLINCK. Daneben gehören zu den wichtigsten Autoren der jüngeren und jüngsten n. L. v. a. A. K. KOSSMANN, D. A. KOOIMAN (*1946), NICOLAAS MATSIER (*1945; eigtl. TJIT REINSMA), FRANS KELLENDONK (*1951, †1990), DOESCHKA MEIJSING (*1947) sowie W. VAN DEN BROECK, MONIKA VAN PAEMEL, CONNIE PALMEN (*1955), TESSA DE LOO (*1946) und LEON DE WINTER (*1954).

J. TE WINKEL: De ontwikkelingsgang der Nederlandsche letterkunde, 7 Bde. (Haarlem ²1922-27, Nachdr. Utrecht 1973); G. P. KNUVELDER: Handboek tot de geschiedenis der Nederlandse letterkunde, 4 Bde. (Herzogenbusch ⁵1970-76); C. G. N. DE VOOYS u. G. STUIVELING: Schets van de Nederlandse letterkunde (Groningen ³¹1971); Kritisch Lexicon van de Nederlandstalige Literatuur na 1945, hg. v. A. ZUIDERENT u. a., Losebl. (ebd. 1980 ff.); De Nederlandse en Vlaamse auteurs. Van middeleeuwen tot heden met inbegrip van de Friese auteurs, hg. v. G. J. VAN BORK u. a. (Weesp 1985); Lit. in den Niederlanden u. Flandern, hg. v. H. VEKEMANN u. a. (1986); Die niederl. u. fläm. Lit. der Gegenwart, hg. v. F. LIGTVOET u. M. VAN NIEUWENBORGH (1993); H. VAN UFFELEN: Moderne n. L. im dt. Sprachraum 1830-1990 (1993); DERS.: Bibliogr. der modernen n. L. in dt. Übers. 1830-1990 (1993).

niederländische Musik, die Musik in den ehem. burgund., dann habsburg. und später Span. Niederlanden (dem heutigen Königreich der Niederlande) und früher auch in den südl. Niederlanden (dem heutigen Königreich Belgien).

Die niederländ. Komponisten der burgund. und habsburg. Zeit bestimmten mit mehrstimmigen Kompositionen (Messen, Motetten, Chansons) im 15. und 16. Jh. die abendländ. Musik entscheidend. Frühester Meister ist der aus Lüttich stammende JOHANNES CICONIA (*um 1335, †1411). Zur ersten Blüte kam die n. M. am burgund. Hof PHILIPPS DES GUTEN und KARLS DES KÜHNEN zw. etwa 1420 und 1460 mit den aus dem frz.-sprachigen Hennegau gebürtigen Komponisten G. DUFAY und G. BINCHOIS (burgund. Musik). Das fläm. Element tritt in der zweiten Jahrhunderthälfte mit J. OCKEGHEM und J. OBRECHT hervor. Dieser Epoche gehören weiter JOSQUIN DESPREZ und H. ISAAC an (frankofläm. Schule). Die großen Meister im 16. Jh. heißen N. GOMBERT, A. WILLAERT und J. CLEMENS NON PAPA. WILLAERT begründete die venezian. Schule. Zu seinen Schülern gehören der Niederländer C. DE RORE und der Venezianer A. GABRIELI.

Mit O. DI LASSO beginnt die letzte große Epoche der n. M. (etwa 1565-94). Er repräsentiert, gemeinsam mit dem Italiener G. P. DA PALESTRINA, die klass. Vokalpolyphonie; frz. Chanson, dt. Liedbearbeitung und ital. Madrigal beherrschte er gleichermaßen. Die große Zeit der niederländ. Vokalpolyphonie klingt aus mit J. P. SWEELINCK, der mit seinen Orgel- und Klavierwerken zugleich die Instrumentalmusik pflegte. Nach ihm erreichten die Komponisten in den nördl. Niederlanden nur noch lokalgeschichtl. Bedeutung. Die Entfaltung der Kirchenmusik wurde durch den Kalvinismus beeinträchtigt. Erst 1829 begann eine bewusste Pflege einheim. Musik, und erst gegen Ende des 19. Jh. gewinnt die europ. Entwicklung auch in den Niederlanden Form (JOHAN WAGENAAR, *1862, †1941, u. a.). W. PIJPER und dessen Schüler H. BADINGS gelten als Mitbegründer der Neuen Musik, um deren Anschluss an die internat. Richtungen der Gegenwart u. a. bemüht sind: TON DE LEEUW (*1926, †1996), PETER SCHAT (*1935), OTTO KETTING (*1935), MISHA MENGELBERG (*1935), JAN VAN VLIJMEN (*1935), REINBERT DE LEEUW (*1938), L. ANDRIESSEN, der aus Spanien stammende ENRIQUE RAXACH (*1932), K. BOEHMER und TRISTAN KEURIS (*1946); sie zeigen z. T. auch polit. Engagement. Förderung erfährt die Neue Musik der Niederlande bes. durch die 1947 gegründete Stiftung DONEMUS (›Documentatie in Nederland voor Muziek‹), Amsterdam. In Bilthoven besteht das Kontaktzentrum ›Gaudeamus‹ für junge Musiker. 1960 entstand an der Univ. Utrecht ein Studio für elektron. Musik

(1967 umbenannt in Inst. für Sonologie). Ein Studio für Elektro-Instrumentale Musik entstand 1970 in Amsterdam. Auf dem Gebiet der elektron. Musik traten neben H. BADINGS v. a. TON BRUYNÈL (* 1934), DICK RAAIJMAKERS (* 1930) und JAN BOERMAN (* 1923) hervor. Einige jüngere Komponisten beziehen auch Elemente der Pop- und Rockmusik in ihre Kompositionen ein.

In den südl. Niederlanden bestand die von PHILIPP II. in Brüssel begründete Kapelle (›Capilla real‹) bis Ende des 18. Jh. Im späteren Belgien lehnte sich die Musik bes. an frz. Vorbilder an (→belgische Musik).

C. VAN DEN BORREN: Geschiedenis van de muziek in de Nederlanden, 2 Bde. (Amsterdam 1949–51); H. C. WOLFF: Die Musik der alten Niederländer (Leipzig 1956); W. ELDERS: Studien zur Symbolik in der Musik der alten Niederländer (a. d. Niederländ., Bilthoven 1968); A. DUNNING: Die Staatsmotette, 1480–1555 (Utrecht 1970); L. SAMAMA: Zeventig jaar Nederlandse muziek, 1915–1985 (Amsterdam 1986).

niederländische Philosophie. Eine eigenständige n. P. bildete sich erstmals mit der an der arab. Aristoteles-Rezeption orientierten Vermittlung der griech. Philosophie im 13. Jh. (HEINRICH VON GENT, SIGER VON BRABANT); WILHELM VON MOERBEKE übersetzte die für die Scholastik bestimmenden griech. Texte. Das 14. Jh. war durch ein mystisch-theolog. Denken und das Wirken des Buß- und Reformpredigers G. GROOTE (→Devotio moderna) bestimmt. DIONYSIUS DER KARTÄUSER (›Doctor ecstaticus‹) verarbeitete im 15. Jh. noch einmal das scholast. Wissen. W. GANSFORT und R. AGRICOLA bereiteten den Boden für ERASMUS VON ROTTERDAM, der die 1425 gegründete Univ. Löwen zum Zentrum des Humanismus werden ließ.

Zunächst Hochburg des Aristotelismus, wandelte sich die 1580 gegründete Univ. Leiden zum Stützpunkt eines niederländ. Cartesianismus (HENRICUS REGIUS, * 1598, † 1679; B. BEKKER). Insgesamt wurde die gesamten Niederlande im 17. Jh. zur Zufluchtsstätte unabhängiger Geister (R. DESCARTES, ANGELUS SILESIUS, P. BAYLE, B. DE SPINOZA). Humanismus und Naturrechtslehre verband H. GROTIUS; A. GEULINCX erneuerte die Metaphysik (Okkasionalismus). BERNHARD NIEUWENTIJT (* 1654, † 1718) und W. 'S GRAVESANDE entwickelten eine Experimentalphilosophie newtonscher Prägung.

Im 18. Jh. bekämpfte F. HEMSTERHUIS als Vertreter eines ästhetisch-myst. Pantheismus den Rationalismus und gilt damit als Vorläufer der Romantik; mit PHILIP WILLEM VAN HEUSDE (* 1778, † 1839) übte er Einfluss auf die kalvinist. Theologie aus.

Das 19. Jh. spiegelte die philosoph. Entwicklungen in Dtl., Frankreich und England wider: Kantianismus (PAULUS VAN HEMERT, * 1756, † 1825; JOHANNES KINKER, * 1764, † 1845), Commonsense-Philosophie (VAN HEUSDE) und Empirismus-Materialismus (J. MOLESCHOTT; CORNELIS WILLEM OPZOOMER, * 1821, † 1892). Ende des 19. Jh. erfolgte eine Rückwendung zum Spinozismus (JOHANNES VAN VLOTEN, * 1818, † 1883; JOHANNES DIDERIK BIERENS DE HAAN, * 1866, † 1943). Parallel entwickelten sich Neukritizismus (JAN PIETER NICOLAAS LAND, * 1834, † 1897), Neuhegelianismus (G. BOLLAND) und Neuthomismus (LOUIS DE RAEYMAEKER, * 1895, † 1970; JOSEPHUS THEODORUS BEYSENS, * 1864, † 1945). Neben dem Marburger Neukantianismus (B. J. OVINK) und psych. Monismus (GERARD HEYMANS, * 1857, † 1930), der Existenzphilosophie (R. F. BEERLING) und einem kalvinistisch geprägten Personalismus (PHILIP ABRAHAM KOHNSTAMM, * 1857, † 1951) gewann im 20. Jh. die Phänomenologie Bedeutung (G. VAN DER LEEUW, F. J. BUYTENDIJK, EDGAR DE BRUYNE, * 1898, † 1959; HERMAN LEO VAN BREDA, * 1911, † 1974, Gründer des Husserl-Archivs in Löwen). Prägend für die n. P. wurden zudem formale Logik (EVERT WILLEM BETH, * 1908, † 1964; L. E. J. BROUWER, A. HEYTING) und analyt. Philosophie.

J. J. POORTMAN: Repertorium der Nederlandse wijsbegeerte, 3 Bde. (Amsterdam 1948–68); F. SASSEN: Geschiedenis van de wijsbegeerte in Nederland ... (ebd. 1959); DERS.: Wijsgerig leven in Nederlanden in de 20ste eeuw (ebd. ³1960); C. E. M. STRUYKER BOUDIER u. a.: Fenomenologie in Nederland en België (Nimwegen 1980). – *Zeitschrift:* Algemeen Nederlands Tijdschrift voor Wijsbegeerte (Assen 1907ff.).

Niederländischer Antillen-Gulden, Abk. **NAf,** Währungseinheit der Niederländ. Antillen, 1 N. A.-G. = 100 Cents.

Niederländischer Katechismus, Holländischer Katechismus, ein im Auftrag des niederländ. Episkopats 1966 herausgegebener kath. Katechismus (›De Nieuwe Katechismus‹, 1966), dt. Ausgabe 1969 unter dem Titel ›Glaubensverkündigung für Erwachsene‹, der die vom 2. Vatikan. Konzil (1962–65) eingeleitete Erneuerung von Kirche und Theologie weiterzuführen suchte. – Im gleichen Geist, aus dem heraus der N. K. entstanden war, fand 1968–70 das **Niederländische Pastoralkonzil** (maßgeblich mitinitiiert von Kardinal B. ALFRINK) statt, das sich für eine Erneuerung des Katholizismus einsetzte, die Gleichberechtigung aller Gläubigen in der Kirche betonte und die soziale, wirtschaftl. und polit. Dimension christl. Handelns hervorhob.

niederländische Sprache, holländische Sprache, westgerman. Sprache (→germanische Sprachen), die in den Niederlanden und N-Belgien (→Flämisch) gesprochen wird. Die Reste german. Dialekte in N-Frankreich (bei Dünkirchen) sind historisch ebenfalls als niederländisch zu betrachten; Tochtersprache ist das →Afrikaans. Die n. S. ist außer in den Niederlanden und Belgien auch Amtssprache in Surinam und auf den Niederländ. Antillen. – Während nach der Völkerwanderungszeit die german. Dialekte des heutigen dt.-niederländ. Sprachgebiets ein Kontinuum mit allmähl. Übergängen bildeten, verdrängten im 16. und 17. Jh. die sich weiter vereinheitlichenden hochdt. und niederländ. Schreibsprachen das Niederdt., sodass zw. ihnen eine Scheide zustande kam, die nicht mit der Grenze zw. Dtl. und den Niederlanden zusammenfällt. In Wallonien (Belgien) und N-Frankreich hatte bis ins 10. Jh. eine german. (›niederländ.‹) Oberschicht bestanden, die allmählich von der romanisierten Bev. assimiliert wurde. Im 19. und 20. Jh. entwickelte sich Brüssel zu einer mehrheitlich frz.-sprachigen Insel im niederländ. Sprachgebiet.

Altniederländisch (9.–12. Jh.): Aus dieser Zeit sind, von spärl. literar. Resten abgesehen, nur Namen und einige Glossen erhalten.

Mittelniederländisch (13.–16. Jh.): Die ältesten literar. Handschriftenfragmente reichen bis Ende 12. Jh./Anfang 13. Jh. zurück. Um 1240 entstanden die ersten volkssprachl. amtl. Dokumente in Gent und Umgebung; aus dem 13. Jh. sind Urkunden erhalten aus den Grafschaften Flandern, Seeland und Holland, in geringerem Ausmaß aus Brabant und Utrecht; weiter nach O und N setzte die Verdrängung des Lateins erst im 14. Jh. ein. Die mittelniederländ. Schreibsprache war geographisch noch stark differenziert, doch sind deutl. Vereinheitlichungstendenzen erkennbar: Auflösung des Umlauts als Flexionsmittel, Kasusschwund, Vereinheitlichung der schwachen substantiv. Pluralbildung. Characterist. Lautentwicklungen setzten sich durch, z. B. die Palatalisierung des alten û und die Diphthongierung der alten Kombinationen ald/t, old/t zu oud/t. Diese Tendenzen verstärkten sich seit der Verbreitung des Buchdrucks. Brabant schien sich nach 1500 als kultureller Schwerpunkt zum Kern der werdenden Hochsprache zu entwickeln, doch führte der Krieg gegen Spanien am Ende des 16. Jh. zur Teilung der Niederlande und zur Verlagerung des kulturellen Schwerpunkts nach Holland.

Neuniederländisch: Die gesprochene Sprachform der Amsterdamer und Haager Oberschicht wurde im 17. Jh. bald als vorbildlich angesehen. Nach dieser Norm richteten sich immer mehr Niederländer in formalen Sprechsituationen. Eine Verdrängung der Mundarten durch diese Vorstufe der gesprochenen Hochsprache fand jedoch zunächst nicht in größerem Umfang statt. Auf die geschriebene Sprache übte der Sprachgebrauch bedeutender Dichter wie P. C. HOOFT und J. VAN DEN VONDEL sowie der offiziellen Bibelübersetzung (›Statenbijbel‹, 1637) einen großen Einfluss aus. Seit dem späten 16. Jh. gibt es Wörterbücher und Grammatiken der n. S.; die ersten sprachpfleger. Arbeiten waren schon vor 1550 entstanden. Der Rationalismus des 18. Jh. führte zu einer engeren Eingrenzung der Norm. – Nach Trennung der nördl. von der südl. Niederlanden blieb die S kulturell zurück. Die fortschreitende Französierung der Oberschicht hatte zur Folge, dass gesprochene n. S. hier nur in Dialektform vorkam; die geschriebene n. S. differenzierte sich stärker von der südl. Entwicklung und verlor den Anschluss an die Entwicklung im N. Die Wiedervereinigung 1815–31 führte zur →Flämischen Bewegung. Diese erreichte über eine Reihe von belg. Gesetzen, dass Flandern seit dem späten 19. und im 20. Jh. allmählich wieder homogenes niederländ. Sprachgebiet wurde.

Das 19. und 20. Jh. werden im N charakterisiert durch eine weitgehende Verdrängung der Mundarten durch umgangssprachl. Varianten der Hochsprache; im S hat diese Entwicklung erst in den letzten Jahrzehnten eingesetzt. Die im S als allgemein Niederländisch intendierten Sprachformen enthalten v. a. im mündl. Gebrauch noch häufig Abweichungen von der nördl. Norm, doch ist eine deutl. Entwicklung in Richtung auf diese Norm zu beobachten. – Durch einige Rechtschreibreformen seit dem Anfang des 19. Jh. verfügt die n. S. über eine verhältnismäßig adäquate Orthographie. Einige Charakteristika der neuniederländ. Hochsprache im Vergleich zum Mittelniederländischen sind die Diphthongierung der alten Längen î und û zu [ɛi] (geschrieben ij) und [œi] (geschrieben ui) und der Zusammenfall der monophthongierten Längen ê und ô (been ›Bein‹, hoop ›Haufen‹) mit tonlangen ē und ō (geven ›geben‹, boven ›oben‹).

Woordenboek der Nederlandsche taal, hg. v. M. DE VRIES u. a., auf zahlr. Bde. ber. (Den Haag 1882 ff.); T. FRINGS: Die Stellung der Niederlande im Aufbau des Germanischen (1944); E. KRUISINGA: Het Nederlands van nu (Amsterdam ²1951); J. GOOSSENS: Histor. Phonologie des Niederländischen (1974); DERS.: Inleiding tot Nederlandse dialectologie (Groningen ²1977); DERS.: Was ist Deutsch – u. wie verhält es sich zum Niederländischen? (⁵1982); C. G. N. DE VOOYS: Geschiedenis van de Nederlandse taal (Groningen ⁶1975); A. VAN LOEY: Middelnederlandse spraakkunst, 2 Bde. (ebd. ⁷⁻⁹1976–80); DERS.: Schoenfelds historische grammatica van het Nederlands (Zutphen ²1980); G. GEERTS: Voorlopers en varianten van het Nederlands (Löwen ⁴1979); O. VANDEPUTTE u. D. DE VIN: Niederländisch. Die Sprache von zwanzig Mio. Niederländern u. Flamen (Rekkem 1981); B. C. DONALDSON: Dutch. A linguistic history of Holland and Belgium (Leiden 1983); M. C. VAN DEN TOORN: Nederlandse grammatica (Groningen ⁹1984); DERS.: Nederlandse taalkunde (Utrecht ⁷1987); Algemene Nederlandse spraakkunst, hg. v. G. GEERTS u. a. (Groningen 1985); J. H. VAN DALE: Groot woordenboek der Nederlandse taal, 3 Bde. (Utrecht ³1985); P. BRACHIN: Die n. S. (a. d. Frz., 1987).

niederländisches Warmblut, Bez. für alle im ›Warmbloed Paarden Stamboek in Nederland‹ (Abk. WPN) erfassten holländ. Warmblutpferde; sie bilden keine einheitl. Pferderasse. Grundlage bilden die **Gelderländer,** elegante Arbeits- und Wagenpferde, und die **Groninger,** auf ostfriesisch-oldenburg. Basis gezüchtete schwere Wagen- und Wirtschaftspferde. Beide Zuchten wurden 1970 im WPN zusammengefasst. Durch Einkreuzen von Engl. Vollblütern, Holsteinern, Trakehnern und Anglonormannen wurde das n. W. veredelt und dem Typ des modernen Sportpferdes angepasst; daneben wird auf der gleichen züchter. Grundlage auch der alte Wagenpferdtyp (›Tuigpaard‹) weitergezüchtet.

Niederländisch-Guayana, früherer Name von →Surinam.

Niederländisch-Indien, die früheren niederländ. Gebietsteile des Malaiischen Archipels und Neuguineas, jetzt Republik →Indonesien.

Niederländisch-Indonesische Union, 1949 bis 1954 bestehende Personalunion zw. den Niederlanden (einschließlich Niederländisch-Guayanas und der Niederländ. Antillen) mit den Vereinigten Staaten von Indonesien.

Niederländisch-Neuguinea [-giˈneːa], bis 1963 polit. Name des westl. Teils von Neuguinea, heute →Irian Jaya.

Niederländisch-Westindien, bis 1937 Name der →Niederländischen Antillen.

Niederlassung, ständiger Wohn-, Geschäftssitz. *Handelsrecht:* Jeder Kaufmann muss eine N. haben (§ 29 HGB); eine gewerbl. N. (§ 42 Gewerbeordnung) besteht, wenn der Gewerbetreibende Geschäftsräume zum dauernden Gebrauch einrichtet. Eine N. ist für die Ausübung eines stehenden Gewerbes nicht erforderlich. Bei mehreren N. eines Unternehmens spricht man von **Haupt-N.** (von der aus das Unternehmen geleitet wird) und **Zweig-N.** Der N. entspricht bei Handelsgesellschaften der **Sitz,** den die Satzung bestimmen muss.

Im *Völkerrecht* bezeichnet N. die Begründung eines Wohnsitzes in einem Staat, um dort eine selbstständige Erwerbstätigkeit auszuüben. Die N. von Ausländern bestimmt sich nach dem →Fremdenrecht und nach bi- bzw. multilateralen Abkommen (→Freizügigkeit, →Niederlassungsfreiheit).

Niederlassungsbewilligung, in der Schweiz die ohne Rechtsanspruch von der kantonalen Fremdenpolizei erteilte 2. Stufe der Aufenthaltsbewilligung, die einen Ausländer zu dauernder Niederlassung und Erwerbstätigkeit im Bewilligungskanton befugt und die Niederlassung in anderen Kantonen erleichtert. Die N. wird mit dem Ausländerausweis C erteilt und setzt i. d. R. einen ununterbrochenen rechtmäßigen Aufenthalt in der Schweiz von zehn Jahren voraus; gestützt auf einzelne Staatsverträge (u. a. mit Dtl. und Österreich) sowie beim ausländ. Ehegatten eines Schweizer Bürgers wird sie bereits nach fünfjährigem Aufenthalt bzw. fünfjähriger Ehe erteilt.

Niederlassungsfreiheit, vom Grundrecht der Freizügigkeit umschlossenes und auch durch die Berufsfreiheit abgestütztes Recht, sich an jedem Ort innerhalb Dtl.s niederzulassen, Grundeigentum zu erwerben, ein Gewerbe zu betreiben oder einer sonstigen Tätigkeit (bes. in freien Berufen) nachzugehen. Eine öffentl. →Bedürfnisprüfung ist grundsätzlich unzulässig. Umstritten ist, ob die →Residenzpflicht bestimmter Berufsangehöriger mit der N. vereinbar ist.

Im Rahmen des EG-Rechts bildet die N. ein subjektives, notfalls gerichtlich erzwingbares (Grundfreiheits-)Recht eines jeden Marktbürgers (Art. 52 ff. EG-Vertrag). Sie umfasst die Aufnahme und die Ausübung selbstständiger Erwerbstätigkeit sowie die Gründung und Leitung von Unternehmen nach den Bestimmungen für Inländer. Ausgenommen von der N. sind Tätigkeiten, die zur Ausübung öffentl. Gewalt gehören. (→Freizügigkeit)

Niederlaufhunde, Schweizer Haushunderassen **(Schweizer N., Berner N., Luzerner N., Jura-N.)** mit dunklen Augen und langen Ohren; Widerristhöhe: 30–38 cm.

Niederlausitz, ehem. Markgrafschaft, →Lausitz.

Nied Niedernhall – Niederösterreich

Niedernhall, Stadt im Hohenlohekreis, Bad.-Württ., 202 m ü. M., am mittleren Kocher, 3 700 Ew.; Solebewegungsbad; Elektro-, Metall- und Kunststoffindustrie, Weinbau. – Im Kern roman., spätgotisch umgebaute ev. Pfarrkirche (ehem. St. Laurentius; um 1200; 1955 im Innern erneuert); Schloss Hermersberg (16. und 17. Jh.). – Das 1037 mit den (vermutlich schon in vorgeschichtl. Zeit genutzten) Salzquellen erstmals urkundlich erwähnte N. wurde 1356 Stadt.

Niedernhausen, Gem. im Rheingau-Taunus-Kreis, Hessen, 277 m ü. M., nordöstlich von Wiesbaden im Taunus, 15 350 Ew.; Zellstoffherstellung.

Niederösterreich
Landeswappen

Niederösterreich, mit 19 174 km² das flächenmäßig größte Bundesland Österreichs mit (1996) 1,59 Mio. Ew. (18,8% der österr. Bev.), liegt im NO des Landes (beiderseits der Donau) und grenzt damit im N an die Tschech. Rep. und NO an die Slowak. Rep.; im SO grenzt N. an das Burgenland, im S an die Steiermark und im W an Oberösterreich. Im zentralen O liegt Wien (bis 1997 Verw.-Sitz von N.), das aber ein eigenes Bundesland bildet; Landeshauptstadt ist seit 10. 7. 1986 Sankt Pölten (seit 1997 auch Sitz der Landes-Reg.).

Staat und Recht: Nach der Landesverfassung von 1978 übt der aus 56 Abg. bestehende, jeweils für fünf Jahre gewählte Landtag die Gesetzgebung aus. Die Verw. wird in 21 Verw.-Bez. von Bezirkshauptmannschaften und vier Statutarstädten unter Leitung der vom Landtag gewählten Landes-Reg., an deren Spitze der Landeshauptmann steht, geführt. Den Landesbürgern und den Gemeinden sind Initiativ-, Einspruchs- und Beschwerderechte eingeräumt.

Für N. zuständige Gerichte sind das Oberlandesgericht Wien (zu dessen Sprengel es gehört), die Landesgerichte Korneuburg, Krems, Sankt Pölten und Wiener Neustadt sowie 46 Bezirksgerichte.

Wappen (seit 1335 nachgewiesen, seit etwa 1360 als Wappen von ›Alt-Österreich‹ angesehen, seit 1805 auf Österreich unter der beiden bezogen): auf blauem Grund fünf goldene Adler. Seit 1920 ruht auf dem Schild eine Mauerkrone.

Landesnatur: Im NW, im Waldviertel, hat N. Anteil am →Böhmischen Massiv, das in der Neustadtler Platte und im Dunkelsteiner Wald auch noch südlich der Donau auftritt, weshalb diese hier die Engtalstrecken Strudengau bzw. Wachau ausbildete. Das Weinviertel im NO ist ein tertiäres, z. T. lössbedecktes Hügelland, das von einer Kalkklippenzone (Rohrwald, Leiser Berge, Galgenberg) in SSW-NNO-Richtung durchzogen wird und im S mit einem Steilrand (Wagram) zum Tullnerfeld und zum Marchfeld, aus glazialen und fluvialen Schottern gebildeten Aufschüttungsebenen, abfällt. Südlich der Donau hat N. Anteil am Alpenvorland, den Nördl. Kalkalpen, hier die Steirisch-Niederösterr. Kalkalpen (mit der höchsten Erhebung N.s, 2 076 m ü. M., dem Klosterwappen des Schneebergs), der dazwischenliegenden Voralpenzone der gefalteten Molasse, die im Wienerwald größerer Breite erreicht, nach N umbiegt und im Bisamberg auch noch nördlich der Donau auftritt. Den SO N.s bildet das Wiener Becken (mit dem Steinfeld) und südlich anschließend das Hügelland der Buckligen Welt.

Klima: Die räuml. Nachbarschaft von zerschnittenen Rumpfflächen, Mittelgebirgen, Hügelländern und Ebenen prägt die klimat. Verhältnisse in diesem Übergangsgebiet von einem mehr ozean. Klima im W zur pannon. Variante des kontinentalen Klimas im O. Während Waldviertel und westl. Alpenvorland jährlich 800 – 1 500 mm Niederschlag erhalten, die Kalkhochalpen sogar über 2 000 mm erhalten, leiden Weinviertel, Marchfeld und das Wiener Becken unter Trockenheit (stellenweise nur 600 mm Niederschlag jährlich).

Bevölkerung: Die Siedlungsdichte ist sehr unterschiedlich. Die größte Dichte tritt um Wien auf; am Alpenostrand entstand eine Siedlungskette von Wien über Mödling und Baden bis Wiener Neustadt. Die Ausbildung eines Zentralraumes um Sankt Pölten-Krems an der Donau erfolgte mit dem Ausbau (seit 1991) von Sankt Pölten zur Landeshauptstadt. Wald- und Weinviertel sind dagegen ausgesprochen ländl. Siedlungsräume (Abwanderungsgebiete). Die ländl. Siedlungen im nördl. N. sind meist geschlossene Dörfer mit Dreiseit-, Streck- und Hakenhöfen; Alpenvorland, Voralpen und Bucklige Welt werden durch Streusiedlungen mit Vierseithöfen geprägt.

Religion: Die große Mehrheit (90%) der Bev. ist römisch-katholisch. Sie untersteht dem Erzbistum Wien und dem Bistum Sankt Pölten.

Wirtschaft: Im Vergleich der neun Bundesländer liegt N. in der Wirtschaftskraft mit einem Bruttoinlandsprodukt (BIP) je Ew. von (1992) 214 504 öS an 6. Stelle. Der Beitrag N.s zum BIP beträgt 16,1%. Die Öffnung der Ostgrenzen (Tschech. Rep., Slowak. Rep.), umfangreiche Investitionsprogramme (u. a. im Zusammenhang mit der Übersiedlung der Verw. in die neue Landeshauptstadt) und erfolgreiche Umstrukturierungsmaßnahmen im industriellen Bereich haben dem Bundesland neue Impulse verliehen. Zw. 1990 und 1995 konnte N. eine reale Wachstumsrate von 3,7% jährlich erzielen (Österreich insgesamt 3%). Die regionale Arbeitslosenquote lag 1995 mit 6,4% geringfügig unter dem Bundesdurchschnitt (6,6%).

Landwirtschaft: Der Beitrag der Land- und Forstwirtschaft zum BIP ist in N. mit (1992) 5% doppelt so hoch wie in Gesamtösterreich. N. verfügt über (1994) rd. 28% der landwirtschaftl. und rd. 20% der forstwirtschaftl. Nutzfläche Österreichs. Mit fast 700 000 ha dominiert Ackerland (knapp 50% des österreich. Ackerlandes). Daneben gibt es 185 400 ha Weiden und 23 600 ha Wiesen sowie 32 900 ha Weingärten. Als Wald werden 659 200 ha (40,6% der Waldfläche Österreichs) ausgewiesen. Auf dem Ackerland wachsen vorwiegend Brotgetreide (Weizen, Roggen), ferner Gerste, Hackfrüchte (Kartoffeln, Zuckerrüben) und Futterpflanzen. N. ist bei den meisten Erzeugnissen führend unter den Bundesländern (1994: 73% der in

Größe und Bevölkerung (1996)			
Verwaltungseinheit	Fläche in km²	Ew.	Ew. je km²
Verwaltungsbezirk			
Amstetten	1 188	109 100	91,8
Baden	753	134 500	178,6
Bruck an der Leitha	495	38 800	78,3
Gänserndorf	1 271	87 200	68,6
Gmünd	786	43 500	55,3
Hollabrunn	1 011	50 200	49,6
Horn	784	33 600	42,8
Korneuburg	626	70 400	112,4
Krems	924	54 900	59,4
Lilienfeld	931	27 600	29,6
Melk	1 013	79 000	77,9
Mistelbach	1 291	73 100	56,6
Mödling	277	113 100	408,3
Neunkirchen	1 146	89 500	78,0
Sankt Pölten	1 121	91 900	81,9
Scheibbs	1 023	41 800	40,8
Tulln	658	63 200	96,0
Waidhofen an der Thaya	669	29 300	43,7
Wiener Neustadt	970	73 500	75,7
Wien-Umgebung	484	109 000	225,2
Zwettl	1 399	48 100	34,3
Stadt mit eigenem Statut			
Krems an der Donau	52	22 800	438,4
Sankt Pölten	109	50 000	458,7
Waidhofen an der Ybbs	132	11 400	86,3
Wiener Neustadt	61	41 800	685,2
Niederösterreich	**19 174**	**1 587 300**	**82,7**

Österreich produzierten Kartoffeln und Zuckerrüben, 61 % des Brotgetreides und 56 % der Gerste). Die wichtigsten Ackerbaugebiete sind Weinviertel, Marchfeld, Wiener Becken und Tullnerfeld. Im Waldviertel spielt auch die Wiesennutzung eine Rolle. Im Alpenvorland besteht Acker-Grünland-Wirtschaft, in den Voralpen dominiert die Grünlandnutzung. – N. ist mit rd. 60 % der österr. Weinproduktion die größte Weinbauregion Österreichs; in den fünf Weinbaugebieten (Wachau, Kamptal-Donauland, Donauland-Carnuntum, Weinviertel, Thermenregion) sind rd. 33 000 ha (58,8 % der österr. Rebfläche) mit Reben bestockt, v. a. mit Grünem Veltliner (zu 50 %), daneben mit Portugieser (9 %), Müller-Thurgau (8 %), Zweigelt (6 %) und Welschriesling (5 %). Zentren des Weinbaus sind v. a. Krems an der Donau, Langenlois, Dürnstein, Spitz, Retz, Klosterneuburg und Gumpoldskirchen. Weiterhin wichtig sind Gemüsebau um Wien sowie Obstbau (Wachau). N. hat mit die größten Viehbestände (1994: 559 000 Rinder, 1,1 Mio. Schweine, 4,3 Mio. Hühner). Fleisch- und Milcherzeugung ist ein Schwerpunkt.

An *Bodenschätzen* sind Erdöl und Erdgas im Weinviertel und im Marchfeld von Bedeutung. Die Energieversorgung wird durch Wasserkraftwerke (westlich von Wien ist die Donau vollständig ausgebaut) und Wärmekraftwerke (die größten stehen in Korneuburg, Schwechat und Dürnrohr) sichergestellt.

Industrie: Der Anteil des sekundären Sektors am BIP liegt mit (1992) 33 % deutlich über dem österr. Durchschnitt (25,3 %). Die Produktionsschwerpunkte sind (1994) Nahrungs- und Genussmittel (16,8 %), Chemie (15,6 %), Maschinen- und Stahlbau (10,6 %), Eisen- und Metallwaren (9,3 %) sowie Erdöl (9 %). Die Betriebe sind v. a. im Wiener Becken und im Wiener Umland konzentriert, aber auch im Traisental (Sankt Pölten), in Krems an der Donau, im Ybbstal und im oberen Waldviertel.

Der *Fremdenverkehr* hat vorrangig regionale Bedeutung. N. ist Ausflugs- und Erholungsgebiet für Wien (Semmering, Baden).

Verkehr: Das Verkehrsnetz von N. ist auf Wien ausgerichtet. Die wichtigsten Straßen- und Bahnverbindungen verlaufen von Wien durch N. nach München (Westautobahn, Westbahn), nach Südeuropa (Südautobahn, Semmeringbundesstraße, Südbahn), in die Slowak. Rep. und nach Ungarn (Ostautobahn). Die Donau hat v. a. im Güterverkehr Bedeutung (wichtigster Hafen: Krems an der Donau). In Schwechat liegt der größte internat. Flughafen Österreichs.

Geschichte: Der Raum des späteren N. war zur Römerzeit geteilt. Die Gegenden südlich der Donau gehörten zu den röm. Provinzen Pannonien (mit Carnuntum) und Noricum, während nördlich der Donau german. Kleinstämme wohnten. Um 530 besiedelten Baiern die westl., Slawen weite Teile der östl. und nördl. Landstriche. Im 7. und 8. Jh. wurde der Raum z. T. in den bair., z. T. in den awar. Machtbereich einbezogen; nach 790 wurde durch KARL D. GR. der Großteil des Landes dem Fränk. Reich eingegliedert und einem Markgrafen unterstellt. 905 (endgültig 907) kam das Land bis 955 unter ungar. Hoheit. Danach entstand im Alpenvorland wieder eine dem bair. Herzog unterstellte Grenzmark, die OTTO II. 976 den Babenbergern verlieh. Diese Bair. Ostmark wird 996 erstmals ›Ostarrichi‹ genannt, 1156 ist sie Herzogtum (→Österreich, Geschichte). Inzwischen waren die Grenzen im O bis an March und Leitha, im N bis zur Thaya vorgeschoben worden.

Nach dem Aussterben der Babenberger (1246) nahm König OTTOKAR II. PŘEMYSL von Böhmen das Herzogtum in Besitz (1251) und teilte es entlang der Enns (daher die Bez. ›Österreich unter der Enns‹ für N.); damit setzte eine gewisse Trennung zw. N. und Oberösterreich ein. Nach dem Interregnum (1254–73) verlieh König RUDOLF I. VON HABSBURG 1282 das Herzogtum seinen Söhnen. Bis 1918 waren die Habsburger, seit 1457 als ›Erzherzöge‹, Landesfürsten. Als erstes ›dt. Erbland‹ wurde N. mit der Stadt Wien Zentrum des habsburg. Imperiums, bes. nach 1526. 1482–90 war N. vom ungar. König MATTHIAS I. CORVINUS besetzt, 1529 und 1683 wurde es von den Türken verheert, 1741 z. T., 1805 und 1809 ganz von den Franzosen besetzt.

Seit der Barockzeit war N. mit Wien ein kultureller und wirtschaftl. Zentralraum. Seit dem 18. Jh. entstanden bes. im Wiener Becken bedeutende Industrien. Durch den Zerfall der Donaumonarchie 1918/19 wurde N. Grenzland. Seit der Verf. vom 1. 10. 1920 gibt es das Bundesland N. (seit 1921 amtl. Bez.), innerhalb dessen Wien (1938–54 aus Teilen N.s vergrößert) als eigenständiges Bundesland besteht; 1938–45 bildete N. den Hauptteil des Reichsgaus Niederdonau, 1945–55 gehörte es zur sowjet. Besatzungszone.

E. THENIUS: N. (Wien ²1974); K. GUTKAS: Gesch. des Landes N. (Sankt Pölten ⁶1983); DERS.: Gesch. N.s (1984); E. ZÖLLNER: Gesch. Österreichs. Von den Anfängen bis zur Gegenwart (Wien ⁸1990); K. LECHNER: Die Babenberger (Wien ⁶1996); O. NESTROY: N. heute aus physisch-geograph. u. landwirtschaftl. Sicht, in: Jb. für Landeskunde von N., Bd. 62 (Wien 1996).

Nieder|rhein, 1) der Unterlauf des Rheins, etwa von Bonn an.
2) umgangssprachlich für die Niederrhein. Bucht.

Niederrheinische Bucht, das von N in das Rhein. Schiefergebirge eingreifende Tiefland, in NRW. Im Innern ragt die →Ville heraus, die die →Kölner Bucht von den westlich gelegenen niederrhein. Börden (Jülicher Börde, Zülpicher Börde) trennt. Gegen das Bergische Land im O und die Eifel im SW wird die N. B. durch Bruchlinien begrenzt. Die Grenze im N (zum Niederrhein. Tiefland) bildet die Lössgrenze. Klimatisch zählt die N. B. zu den mitteleurop. Gunsträumen (Vegetationsperiode von 230 bis 250 Tagen, 550–600 mm Jahresniederschlag im Lee der Eifel, sonst bei 800 mm). Die fruchtbaren Böden werden meist von Ackerland eingenommen (bes. Zuckerrüben, Weizen; am O-Hang der Ville v. a. Obst und Gemüse), waldbedeckt sind nur die Flussauen (Eichen, Buchen) und Sandgebiete (Eichen, Birken; Heide).

Die N. B. ist eine altbesiedelte Tieflandsbucht; im ländl. Siedlungsbild überwiegen Haufendörfer. Ein Teil der Industrie verarbeitet die Produkte der Landwirtschaft (Zuckerfabriken). Von größter wirtschaftl. Bedeutung ist die Großindustrie, die längs der Rheinachse im Raum Bonn–Köln–Leverkusen und im Raum Siegburg angesiedelt ist, sowie der Braunkohlentagebau im →Rheinischen Braunkohlenrevier.

Niederrheinisches Tiefland, die nordwestl. Fortsetzung der Niederrhein. Bucht an Niederrhein, Niers und mittlerer Rur, in NRW. Das N. T. erstreckt sich von der niederländ. Grenze etwa bis zur Linie Düsseldorf–Mönchengladbach zw. dem Münsterland im NO und der Maas im NW. Auf den sandigen Böden nimmt bei ozean. Klima die Dauergrünland etwa ein Fünftel der landwirtschaftl. Nutzfläche ein; gegen S nimmt der Anteil des Ackerlandes (Anbau von Hafer, Roggen, Kartoffeln, Rüben) zu; um Straelen, Xanten und Neuss ausgedehnter Erwerbsgartenbau. – Durch das Ineinandergreifen räuml. gelegener Industriezonen mit Textil- und Bekleidungsindustrie (um Mönchengladbach, Viersen und Krefeld), Tuchindustrie im Aachener Raum, Hüttenwerke und chem. Großindustrie im Raum Duisburg und im randl. Ruhrgebiet besteht eine große Bev.-Dichte. Mit der Schließung der Zeche Sophia-Jacoba in Hückelhoven 1997 erlosch der Steinkohlenabbau im Aachener Revier. Gehobene zentralörtl. Funktionen haben die Städte an der Rheinachse, v. a. die Landeshauptstadt Düsseldorf.

Niederrheinisch-Westfälischer Kreis, im 16. Jh. auch **Niederländisch-Westfälischer Kreis** gen., einer der seit 1500 bestehenden (seit 1512 zehn) Reichskreise des Heiligen Röm. Reichs, umfasste 1522 die Bistümer Münster, Paderborn, Utrecht, Cambrai, Lüttich, Osnabrück, Minden und Verden, die Reichsabteien Stablo-Malmédy, Werden, Kornelimünster, Essen, Echternach, Herford und Corvey, die Herzogtümer Kleve-Mark, Jülich und Berg, mehrere Reichsstädte (u. a. Köln, Aachen und Dortmund) sowie zahlr. Grafschaften und Herrschaften (u. a. Ostfriesland, Oldenburg, Bentheim, Tecklenburg, Diepholz, Pyrmont, Lippe, Dillenburg, Wied). Kreisausschreibende Reichsstände waren zunächst der Herzog von Jülich und der Bischof von Münster, der sich nach dem Jülich-Kleveschen Erbfolgestreit das Amt mit Kurbrandenburg und Pfalz-Neuburg teilen musste.

Nieder|rotweil, Ortsteil von Vogtsburg im Kaiserstuhl, Kreis Breisgau-Hochschwarzwald, Bad.-Württ. In der got. Friedhofskirche St. Michael Schnitzaltar des MEISTERS H. L. (um 1525) und Wandmalereien (um 1350).

Niedersachsen, Land im NW Dtl.s, mit 47 611 km² das flächenmäßig zweitgrößte, der Bev.-Zahl nach mit (1996) 7,815 Mio. Ew. das viertgrößte Bundesland, die durchschnittl. Bev.-Dichte beträgt 164 Ew. je km². N. grenzt im N an die Nordsee, an Schleswig-Holstein und Hamburg, im NO und O an Mecklenburg-Vorpommern, Sachsen-Anhalt und Thüringen, im S und SW an Hessen und NRW, im W an die Niederlande. Die beiden Gebietsteile des Landes Bremen (die Städte Bremen und Bremerhaven) werden von niedersächs. Gebiet umschlossen. Hauptstadt ist Hannover.

Niedersachsen
Landeswappen

STAAT · RECHT

Verfassung: Nach der Verf. vom 19. 5. 1993 (letzte Änderung vom 12. 11. 1997) ist der Landtag gesetzgebendes Organ; er besteht aus 161 Abg. und wird alle vier Jahre neu gewählt. Das Parlament besitzt ein Selbstauflösungsrecht. An plebiszitären Elementen enthält die Verf. Volksinitiative, Volksbegehren und Volksentscheid. Durch Volksinitiative können 70 000 Wahlberechtigte verlangen, dass sich der Landtag mit einer bestimmten Frage befasst. 10% der Wahlberechtigten können durch Volksbegehren eine Gesetzesinitiative ergreifen. Folgt der Landtag der Gesetzesinitiative nicht, kann er per Volksentscheid überstimmt werden, wenn der vorliegende Gesetzentwurf von der Mehrheit der Abstimmenden, wenigstens aber von einem Viertel der Wahlberechtigten gebilligt wird. Die vollziehende Gewalt liegt bei der Landes-Reg. unter Vorsitz des vom Landtag gewählten Min.-Präs. Der Min.-Präs. ernennt und entlässt die Mitgl. seines Kabinetts und besitzt Richtlinienkompetenz. Die Landes-Reg. bedarf zur Amtsübernahme der Bestätigung durch den Landtag. Das Parlament kann dem Reg.-Chef das Vertrauen entziehen, indem es mit Mehrheit seiner Mitgl. einen Nachfolger wählt (konstruktives Misstrauensvotum). Seit 1997 sind die Staatsziele Arbeit, Wohnen, Tierschutz und Sport sowie das Verbot der Diskriminierung von Behinderten in der Verf. verankert.

Wappen: Das Landeswappen, am 3. 4. 1951 durch den niedersächs. Landtag angenommen, zeigt in rotem Feld ein weißes, im Sprung steigendes Pferd (›Sachsen‹-, ›Welfen‹- oder ›Westfalenross‹). – Das Pferd erscheint nach der Mitte des 14. Jh. (ältester farbiger Nachweis von 1379/80) - in unterschiedl. Formen neben den alten Wappenfiguren in den Siegeln einiger Glieder des Welfenhauses. Gegen Ende des 15. Jh. nahmen die Erzbischöfe von Köln als Herzöge von Westfalen das Ross als Wappenbild an und setzten es ab 1530 regelmäßig in eines der Felder ihres Wappens. Erst um die Mitte des 17. Jh. steht das Pferd als Wappentier des niedersächs. Reichskreises im Wappen einiger und bald aller Linien des Welfenhauses. Als bevorzugtes ›Stammwappen‹ kam es ins kurfürstlich (später königlich) hannoversche und von 1714 bis 1837 ins engl. Königswappen, im Herzogtum Braunschweig hatte es zuletzt die älteren Wappen völlig verdrängt.

Verwaltung: Nach der Neugliederung der Landkreise (Kreisreform vom 1. 8. 1977) enthalten die vier (früher acht) Reg.-Bez. Hannover, Braunschweig, Lüneburg und Weser-Ems 38 Landkreise, neun kreisfreie Städte und 1030 Gemeinden.

Recht: Über Verfassungsstreitigkeiten entscheidet der Staatsgerichtshof in Bückeburg. Die ordentl. Gerichtsbarkeit wird durch drei OLG (Braunschweig, Celle, Oldenburg/Oldenburg), elf Landgerichte und 80 Amtsgerichte ausgeübt; die Verwaltungsgerichtsbarkeit durch das Oberverwaltungsgericht in Lüneburg und sieben Verwaltungsgerichte; die Sozialgerichtsbarkeit durch das Landessozialgericht in Celle und acht Sozialgerichte; die Arbeitsgerichtsbarkeit durch das Landesarbeitsgericht in Hannover und 15 Arbeitsgerichte; die Finanzgerichtsbarkeit durch ein Finanzgericht in Hannover.

LANDESNATUR · BEVÖLKERUNG

Der größte Teil von N. gehört dem Norddt. Tiefland an (weniger als 200 m ü. M.). Im S geht das Tiefland in die Lössbördenzone über, und mit den Bergländern an Weser und Leine sowie dem westl. Oberharz hat N. Anteil am Mittelgebirgsraum; dazu zählt auch das Gebiet um Osnabrück mit Teilen vom Wiehengebirge und Teutoburger Wald. – Der nördl. Tieflandteil wird bei vorherrschend ärmeren sandigen, z. T. auch lehmigen Böden als Geest weithin von Grund-, Sander- und Talsandbildungen (Lüneburger Heide) aufgebaut, darin eingeschaltet sind vermoorte Niederungen und ausgedehnte Hochmoorgebiete (Bourtanger Moor, Teufelsmoor). Zw. Geest und Küstensaum sowie entlang den Unterläufen der zur Nordsee entwässernden Hauptflüsse Ems, Weser und Elbe liegen deichgeschützte Marschengebiete (→Marsch), z. T. unter dem Meeresspiegel (der tiefste Oberflächenpunkt Dtl.s befindet sich bei der Krummhörn, 2,3 m u. M.). Außerhalb der Deiche schließt sich das von den Gezeiten bestimmte Wattenmeer an (→Niedersächsisches Wattenmeer), dem im ostfries. Raum die Ostfries. Inseln vorgelagert sind.

Der Südteil von N. leitet von den fruchtbaren Lössbörden zw. Hannover und Helmstedt mit eiszeitlich angewehtem Bodenmaterial in die zahlr. aus mesozoischen Gesteinen aufgebauten, meist bewaldeten Höhenzüge der Berg- und Hügelländer zw. Weser und Harz über. Hier ergibt sich mit Schichtstufen- und Schichtkammlandschaften (Bückeberge, Deister, Süntel, Osterwald, Hildesheimer Wald, Sieben Berge, Sackwald, Ith, Hils) und dazwischen eingeschalteten Becken und Mulden, mit der sich scharf von ihrer Umgebung abhebenden, weit gespannten Buntsandsteinaufwölbung des Solling und dem tektonisch angelegten Leinegraben ein sehr differenziertes Landschaftsbild. Die höchsten Erhebungen von N. weist der überwiegend aus paläozoischen Gesteinen aufgebaute Harz auf (Wurmberg 971 m ü. M.).

Klima: Der Küstenbereich ist ozeanisch beeinflusst, mit gemäßigten Temperaturen im Sommer und Winter. Im Binnenland nimmt der kontinentale Einfluss bei der Temperatur von O zu. In gleicher Richtung nehmen die jährl. Niederschlagsmengen ab, sie steigen jedoch in den westwindexponierten Bergländern und bes. im Harz von 600–700 mm im Tiefland bis nahezu 2 000 mm in den Gipfellagen an.

Bevölkerung: N. liegt fast ganz im Bereich der niederdt. Sprache; im äußersten NW spielt Friesisch eine

Niedersachsen **Nied**

Niedersachsen: Verwaltungsgliederung

Rolle. Im Harz haben Bergleute aus dem Erzgebirge und dem Mansfelder Raum die hochdt. (oberdt.) Sprache eingeführt. Größere Bev.-Veränderungen brachte die Ansiedlung von Vertriebenen und Flüchtlingen. 1961 waren 24,3 % der 6,64 Mio. Ew. Vertriebene, 5,4 % Flüchtlinge. Seitdem werden diese nicht mehr statistisch erfasst. Sie sind auch z. T. wieder abgewandert. Den stärksten Anteil unter den Neueinwanderern hatten mit 720 000 die Schlesier, mit 410 000 die Ostpreußen, mit 350 000–400 000 die Mitteldeutschen, mit 270 000 die Pommern und mit 170 000 die Westpreußen.

Die Verteilung der Bev. ist in N. sehr unterschiedlich. Relativ hohen Bev.-Dichten im stärker industrialisierten und verdichteten südl. Landesteil, bes. im Großraum Hannover (1996: 486 Ew./km²), stehen sehr geringe Dichten im N-Teil des Landes gegenüber, wo der Reg.-Bez. Lüneburg 104 Ew., der Landkreis Lüchow-Dannenberg sogar nur 43 Ew./km² hat.

Die ländl. Siedlungsformen sind in den einzelnen Landesteilen unterschiedlich. Unregelmäßige Grundrissformen sind für die altbesiedelten Gebiete charakteristisch; sie erscheinen in den Lössbörden und den Bergländern, aber auch in den altbesiedelten Marschen (Wurtendörfer in der Krummhörn) enger geschlossen, hingegen in den nördl. Geestgebieten weitläufiger. Planmäßige Grundrissformen finden sich als Reihendörfer bzw. Wald-, Hagen- und Moorhufendörfer in seit etwa dem 12. Jh. jung besiedelten Landschaften, bes. in den großen Stromniederungen, in küstennahen Niederungsmoorgebieten und um Stadthagen und im Sackwald. Rundlinge als frühe Dorfform der dt. Ostsiedlung sind in der Ostheide zw. Aller und Elbe bestimmend, bes. gut erhalten im Hannoverschen Wendland. Frühneuzeitl. Hochmoorkolonien erscheinen meist als schematisch-planmäßige Zeilenanlagen (z. B. Fehndörfer). Westlich der Weser sind Einzelhofsiedlungen bes. verbreitet.

Unter den traditionellen ländl. Hausformen ist im nördl. N. das niederdt. Hallenhaus (fälschlich auch N.-Haus genannt) beherrschend, ein Fachwerkbau mit unterschiedl. Ausführung als Zwei-, Vier-, vereinzelt auch als Dreiständerhaus; im ostfries. Raum tritt an seine Stelle das Gulfhaus, z. T. als Ziegelbau ausgeführt. In den Lössbörden und Bergländern bestimmen quer geteilte Hausbauten und Gehöftformen, die zum mitteldt. Gehöft überleiten, das traditionelle dörfl. Siedlungsbild. Im Oberharz gehen erzgebirg. Hausformen auf Zuwanderung von Bergleuten im 16. Jh. zurück.

Wichtige Städte wie Hannover, Braunschweig und Osnabrück liegen an der Grenze von Geest und Lössbördenzone oder am Rande des Berglandes, die meisten sind alte Gründungen. In diesem Bereich finden sich auch die Neubildungen Salzgitter und Wolfsburg. In der Geest liegt z. B. Oldenburg (Oldenburg). Im Küstengebiet entwickelten sich als Hafenstandorte Wilhelmshaven, Cuxhaven, Emden, Brake (Unterweser). Städt. Gepräge zeigen vielfach die Bade- und Kurorte (z. T. frühere Salzstädte).

Nied Niedersachsen

Verwaltungsgliederung Niedersachsen (Größe und Bevölkerung 31.12.1996)

Verwaltungseinheit	Fläche in km²	Ew. in 1 000	Ew. je km²	Verwaltungssitz
Reg.-Bez. Braunschweig	8 097	1 677,8	207	Braunschweig
Kreisfreie Städte				
Braunschweig	192	251,3	1 309	Braunschweig
Salzgitter	224	116,9	522	Salzgitter
Wolfsburg	204	124,7	611	Wolfsburg
Landkreise				
Gifhorn	1 562	164,0	105	Gifhorn
Goslar	965	160,3	166	Goslar
Göttingen	1 117	267,2	239	Göttingen
Helmstedt	674	101,2	150	Helmstedt
Northeim	1 267	153,6	121	Northeim
Osterode am Harz	636	88,2	139	Osterode am Harz
Peine	534	127,9	240	Peine
Wolfenbüttel	722	122,6	170	Wolfenbüttel
Reg.-Bez. Hannover	9 045	2 146,7	237	Hannover
Kreisfreie Stadt				
Hannover	204	522,6	2 562	Hannover
Landkreise				
Diepholz	1 987	205,5	103	Diepholz
Hameln-Pyrmont	796	163,8	206	Hameln
Hannover	2 086	590,4	283	Hannover
Hildesheim	1 205	293,0	243	Hildesheim
Holzminden	692	83,3	120	Holzminden
Nienburg (Weser)	1 399	124,4	89	Nienburg (Weser)
Schaumburg	676	163,7	242	Stadthagen
Reg.-Bez. Lüneburg	15 504	1 616,3	104	Lüneburg
Landkreise				
Celle	1 545	179,7	116	Celle
Cuxhaven	2 072	199,6	96	Cuxhaven
Harburg	1 244	219,4	176	Winsen (Luhe)
Lüchow-Dannenberg	1 220	51,9	43	Lüchow
Lüneburg	1 322	157,8	119	Lüneburg
Osterholz	651	106,0	163	Osterholz-Scharmbeck
Rotenburg (Wümme)	2 070	154,6	75	Rotenburg (Wümme)
Soltau-Fallingbostel	1 873	136,1	73	Fallingbostel
Stade	1 266	185,6	147	Stade
Uelzen	1 454	96,2	66	Uelzen
Verden	788	129,4	164	Verden (Aller)
Reg.-Bez. Weser-Ems	14 963	2 374,2	159	Oldenburg (Oldenburg)
Kreisfreie Städte				
Delmenhorst	62	78,2	1 261	Delmenhorst
Emden	113	51,5	456	Emden
Oldenburg (Oldenburg)	103	152,8	1 483	Oldenburg (Oldenburg)
Osnabrück	120	167,3	1 394	Osnabrück
Wilhelmshaven	103	89,6	870	Wilhelmshaven
Landkreise				
Ammerland	728	105,0	144	Westerstede
Aurich	1 287	181,5	141	Aurich
Cloppenburg	1 418	142,7	101	Cloppenburg
Emsland	2 879	295,4	103	Meppen
Friesland	608	98,6	162	Jever
Grafschaft Bentheim	981	126,7	129	Nordhorn
Leer	1 086	155,7	143	Leer (Ostfriesland)
Oldenburg	1 063	114,2	107	Wildeshausen
Osnabrück	2 122	344,6	162	Osnabrück
Vechta	812	120,3	148	Vechta
Wesermarsch	822	94,4	115	Brake (Unterweser)
Wittmund	657	55,6	85	Wittmund
Niedersachsen	47 611	7 815,1	164	Hannover

Religion: Rd. 59,5% der Bev. gehören (1995) einer ev. Landeskirche, rd. 19,2% der kath. Kirche und etwa 1% ev. Freikirchen (darunter die ›Selbständige Ev.-Luther. Kirche‹ und die ›Altref. Kirche in N.‹) an. Das Land N. umfasst die Territorien der ev.-luther. Landeskirchen von Braunschweig, Hannover, Oldenburg und Schaumburg-Lippe und der ›Ev.-ref. Kirche‹ (in NW-Dtl.) sowie die kath. Bistümer Hildesheim und Osnabrück und einen Teil des Bistums Münster. Der Landesverband der Jüd. Gemeinden von N. zählt 4 470 Mitgl. (1996; seit 1997 sechs Gemeinden).

Bildungswesen: Auf die vierjährige Grundschule folgt die zweijährige Orientierungsstufe (5. und 6. Klasse), die schulformunabhängig geführt wird. Hierauf bauen Hauptschule, Realschule und Gymnasium sowie die jeweiligen Schulzweige der kooperativen Gesamtschule auf. Die integrierte Gesamtschule beginnt mit dem 5. Schuljahr. Inzwischen sind 252 der Grundschulen zu vollen Halbtagsschulen ausgebaut worden und mehr als 100 Ganztagsschulen und 212 Integrationsklassen, in denen behinderte und nicht behinderte Kinder gemeinsam unterrichtet werden, entstanden. Seit 1990 ist die Lernmittelfreiheit stufenweise eingeführt worden. Die berufsbildenden Schulen umfassen Berufsschulen, Berufsfachschulen, Berufsaufbauschulen, Fachoberschulen, Fachgymnasien, Berufsoberschulen und Fachschulen. Die Berufsschule gliedert sich in die Grundstufe und in die Fachstufe. Die Grundstufe dauert ein Jahr und wird geführt als Berufsgrundbildungsjahr mit Vollzeitunterricht (schul. Berufsgrundbildungsjahr) oder, bei Berufsausbildung, als Berufsgrundbildungsjahr in Kooperation mit betriebl. Ausbildungsstätten (kooperatives Berufsgrundbildungsjahr) oder in Form von Teilzeitunterricht, wie in den weiteren Jahren der Berufsausbildung. Ein Berufsvorbereitungsjahr soll Schülern, die noch eine besondere Förderung brauchen, den Eintritt in das Berufsleben erleichtern. Mit dem Bestehen der Abschlussprüfung an der zweijährigen Fachschule, deren Besuch eine berufl. Erstausbildung oder eine mehrjährige einschlägige prakt. Berufstätigkeit voraussetzt, kann neben der Weiterbildungsqualifikation die Fachhochschulreife erworben werden. Im Hoch- und Fachhochschulbereich bestehen dreizehn Hochschulen mit Univ.-Rang (u. a. zwei TU, eine medizin., eine tierärztl. Hochschule, eine für bildende Künste und eine für Musik und Theater) sowie acht staatl. Fachhochschulen und fünf staatlich anerkannte Fachhochschulen in kirchl. und privater Trägerschaft, ferner die Niedersächs. Fachhochschule für Verwaltung und Rechtspflege.

WIRTSCHAFT · VERKEHR

Mit den Stadtstaaten Bremen und Hamburg ist N. Teil des norddt. Wirtschaftsraumes südlich der Elbe mit ausgeprägten strukturellen Unterschieden in den Teilräumen Hannover-Braunschweig, dem Umland der Stadtstaaten, Südost-N., Mittel-Oberweser, Osnabrück-Emsland und der Nordwestregion (Ostfriesland, Oldenburg, Lüneburg-Uelzen). Das niedersächs. Wirtschaftsgebiet ist durch die polit. und wirtschaftl. Öffnung in Mittel- und Osteuropa seit 1989 aus seiner bisherigen Randlage ins Zentrum des Europäischen Hauses gerückt.

Die Zahl der Erwerbstätigen hat sich von 1960 (3,0 Mio.) bis Ende der 80er-Jahre kaum verändert. Im Zuge des Booms infolge der dt. Vereinigung stieg die Zahl der Erwerbstätigen zu Beginn der 90er-Jahre stark an und betrug 1996 3,4 Mio. Dahinter stehen allerdings erhebl. Umschichtungen bei der Verteilung der Erwerbstätigen auf die einzelnen Wirtschaftsbereiche. So sank die Zahl der Erwerbstätigen in der Land- und Forstwirtschaft von (1960) 568 000 auf (1996) 145 700. Auch die Zahl der Erwerbstätigen im produzierenden Gewerbe ging im gleichen Zeitraum von 1,27 Mio. auf 1,10 Mio. zurück. Zugenommen hat die Zahl der Erwerbstätigen im Bereich Handel, Verkehr und Nachrichtenübermittlung von 595 000 auf 780 000. Die Zahl der Erwerbstätigen im sonstigen Dienstleistungssektor hat sich von 523 000 auf 1,33 Mio. deutlich mehr als verdoppelt. Im Vergleich der Bundesländer ist N. überdurchschnittlich von Arbeitslosigkeit betroffen. Die Arbeitslosenquote lag mit (1975) 5,4%, (1980) 4,7%, (1985) 12,3%, (1990) 9,4% und (1996) 12,1% z. T. deutlich über dem westdt. Durchschnitt mit bes. hohen Arbeitslosenquoten in den Arbeitsamtsbezirken Helmstedt und Wilhelmshaven. Von 1990 bis 1992 stieg das Bruttoinlandsprodukt (BIP) real um 10,0% (Westdeutschland: 6,9%). Aber auch von 1992 bis 1996 erreichte N. mit +4,6% überdurchschnittl. reale Wachstumsraten des BIP (Westdeutschland: +3,2%). Dennoch liegen auch 1996 das BIP je Erwerbstätigen mit 101 747 DM und das BIP je Einwohner mit 40 424 DM unter dem westdt. Durchschnitt von 111 520 DM bzw. 47 317 DM. Am BIP Westdeutschlands hat N. seit 1970 einen fast konstanten Anteil von (1996) 10,0%, der Anteil N.s am BIP von Dtl. insgesamt beträgt (1996) 8,9%.

Landwirtschaft: Mit (1996) 2,69 Mio. ha werden rd. 57% der Gesamtfläche landwirtschaftlich genutzt (1,77 Mio. ha Ackerland, 0,91 Mio. ha Dauergrünland, 16 172 ha Obstanlagen und Baumschulen). Diese Flächen werden von (1996) 77 263 Betrieben bewirtschaftet. Die strukturellen Voraussetzungen der Landwirtschaft sind im Vergleich zu den übrigen alten Bundesländern günstig. Die durchschnittl. Betriebsgröße liegt bei rd. 34 ha, die der Haupterwerbsbetriebe bei rd. 53 ha. Auf den nährstoffreichen Marschböden der Küstenregion werden hohe Getreideerträge erzielt. Sonst prägen Wiesen und Weiden mit Milchvieh- und Rindermastbetrieben die Landschaftsbild. Mehr als zwei Drittel N.s sind von Geestlandschaften bedeckt, die weniger fruchtbar sind. In deren östl. Teil, im Reg.-Bez. Lüneburg, ist der Kartoffelanbau verbreitet, im westl. Teil, im Raum zw. Oldenburg und Osnabrück, Lingen und Nienburg, hat sich eine starke Veredelungswirtschaft mit Schweine- und Geflügelhaltung entwickelt. Intensiver Ackerbau findet sich dagegen auf den guten Lössböden um Hannover und Hildesheim sowie Braunschweig. Der Gemüsebau (z. T. auch unter Glas) konzentriert sich auf Südoldenburg, um Hannover, Braunschweig und Lüneburg. Der Obstbau hat seinen Schwerpunkt im Alten Land an der Unterelbe. N. ist im Vergleich der Bundesländer führend bei Kartoffeln (1995: 4,4 Mio. t; Anteil an der Erzeugung in Dtl.: 44,3%) und Zuckerrüben (6,5 Mio. t; 25,0%). Darüber hinaus ist N. zweitwichtigster Getreideproduzent (6,3 Mio. t; 15,9%) und Obsterzeuger (149 600 t; 18,9%) sowie wichtigster Baumschulerzeuger; Viehzucht und -mast bestimmen weite Teile des Tieflandes. Milch, Milchprodukte und Fleisch sowie Zuchttiere kennzeichnen die leistungsfähige niedersächs. Viehwirtschaft. N. hat unter den Bundesländern den höchsten Bestand an Schweinen (1996: 6,95 Mio.) und Geflügel (z. B. 36,3 Mio. Lege- und Masthühner) sowie den zweithöchsten an Rindern (2,99 Mio.). Bekannt ist auch die Pferdezucht (→Hannoveraner).

Forstwirtschaft: Wald bedeckt (1995) 1 074 300 ha, das sind 22,6% der Landesfläche; geschlossene Ausdehnung im Harz, auf den Höhen des Niedersächs.

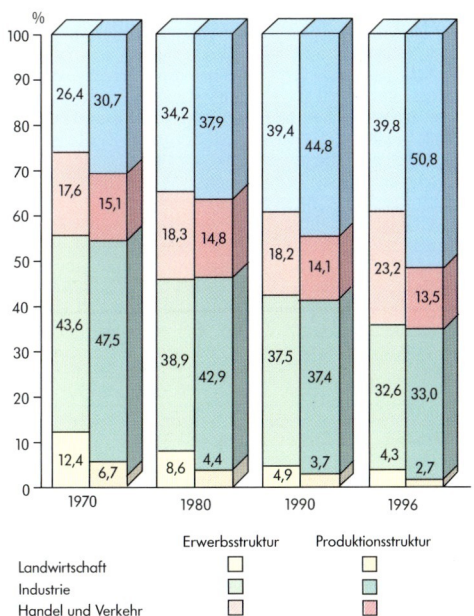

Niedersachsen: Erwerbsstruktur (Erwerbstätige nach zusammengefassten Wirtschaftsbereichen in Abgrenzung der volkswirtschaftlichen Gesamtrechnung in Prozent) und Produktionsstruktur (Beiträge zusammengefasster Wirtschaftsbereiche zur Bruttowertschöpfung in jeweiligen Preisen in Prozent)

Berglandes und in einigen Teilen der Geest (Lüneburger Heide, Göhrde). Der Holzeinschlag beträgt (1996) 2,8 Mio. m³.

Fischerei: Etwa ein Viertel der bundesdeutschen Fangmenge wird in den niedersächs. Häfen angelandet. Außer den großen und den kleinen Hochseefischerei wird Küstenfischerei im Wattenmeer (Krabben, Muscheln, Fische) betrieben.

Bodenschätze: Der niedersächs. Anteil an der Erdgasförderung in Dtl. beträgt derzeit rd. 94 % (1996: 19,4 Mrd. m³), an der Erdölförderung rd. 67 % (1996: 1,9 Mio. t). Die Schwerpunkte der Fördergebiete liegen für Erdgas in den Räumen Emsland, Südoldenburg, Sulingen, Söhlingen, Rotenburg (Wümme) und Walsrode, für Erdöl im Emsland und Celle-Gifhorn. In den Räumen Hannover und Helmstedt werden Stein- und Kalisalze und im Raum Helmstedt außerdem Braunkohle (1996: 3,9 Mio. t) abgebaut.

Energiewirtschaft: Elektr. Energie wird in 42 Kraftwerken erzeugt, darunter in den Kernkraftwerken Stade, Unterweser, Grohnde und Emsland.

Industrie: Die Industrie ist überwiegend mittelständisch strukturiert. Nur 52 der rd. 5900 Betriebe haben mehr als 1000 Beschäftigte. In diesen Großbetrieben arbeiten (1995) rd. 33 % aller Industriebeschäftigten. In den knapp 5400 Betrieben mit bis zu 199 tätigen Personen sind rd. 32 % aller Industriebeschäftigten tätig. Die wichtigsten Branchen sind, gemessen am Anteil an den Industriebeschäftigten, Automobilbau/Autozulieferer (1996: rd. 25 %), Nahrungsmittelgewerbe (13 %), Elektronik/Elektrotechnik sowie Maschinenbau (je 10 %) und Gummi-/Kunststoffgewerbe (7,5 %). Eine besondere Stellung nimmt Wolfsburg (Sitz der VW AG) ein; wichtig für den Kraftfahrzeugbau sind auch Hannover, Emden, Braunschweig, Salzgitter und Osnabrück. Hannover ist der Sitz internat. Industriekonzerne wie Preussag, Continental, Bahlsen und Varta. Um Osnabrück konzentriert sich die Nahrungsmittelindustrie, im Raum Göttingen Feinmechanik und Optik. An der Küste dominieren neben dem Schiffbau die Fisch- und Importgüterverarbeitung und hafengebundene Industrien (Verhüttung, Chemie, Petrochemie); hierbei treten Wilhelmshaven (Mineralölumschlag mit Pipelines in das Ruhrgebiet) und Nordenham in den Vordergrund. Wichtige Standorte der Stahlerzeugung befinden sich in Salzgitter, Peine und im Raum Osnabrück.

Dienstleistungssektor: Hier ist das Handels- und Finanzzentrum Hannover hervorzuheben. Hannover richtet die Weltausstellung EXPO 2000 aus und ist Sitz der größten Industriemesse und der größten Messe für Computer- und Bürotechnik (CeBIT) der Erde.

Tourismus: Die bekanntesten Fremdenverkehrslandschaften sind die Nordseeküste mit den Ostfries. Inseln, der Harz, die Lüneburger Heide und das Weserbergland. In N. gibt es 49 Heilbäder und Kurorte (20 Seebäder, 17 Mineral- und Moorbäder sowie 12 heilklimat. Kurorte und Kneippbäder). In (1996) rd. 5500 Beherbergungsbetrieben stehen 230000 Betten zur Verfügung. In Betrieben mit mindestens neun Gästebetten wurden 1996 rd. 33 Mio. Übernachtungen erzielt, auf Campingplätzen rd. 3,5 Mio.

Verkehr: N. weist drei Hauptrichtungen des Durchgangsverkehrs auf: Der W-O-Verkehr verläuft v. a. am Nordsaum der Mittelgebirgsschwelle, der N-S-Verkehr, der von den Nordseehäfen ausgeht, benutzt v. a. das Leinetal als Verkehrsträger, eine Diagonale durch die norddeutsche Tiefebene verbindet die dt. Häfen mit dem nordrhein-westfäl. Verdichtungsraum. Zur umfangreichen Verkehrsinfrastruktur zählt neben dem Straßennetz (1996: 28282 km Straßen des überörtl. Verkehrs, davon 1334 km Bundesautobahnen) und dem Eisenbahnnetz (Länge rd. 4900 km, davon 1599 km elektrifiziert) auch ein beachtl. Netz von Binnenwasserstraßen (Länge 1680 km, davon 35 % Kanäle). Dortmund-Ems-Kanal, Elbeseitenkanal, Mittellandkanal und Küstenkanal sind für Europaschiffe (1350 t) befahrbar. Die wichtigsten schiffbaren Flüsse sind Elbe, Weser und Ems. Wichtige Binnenhäfen sind Braunschweig, Dörpen, Bramsche, Peine, Salzgitter, Hildesheim, Hannover, Lüneburg, Uelzen und Osnabrück. Die bedeutenden Binnenhäfen Oldenburg, Leer und Papenburg haben auch Seeschiffsverkehr. In den Seehäfen Emden, Nordenham, Brake, Cuxhaven und Stade-Bützfleth findet in unterschiedl. Umfang Umschlag auf Binnenschiffe statt. Die Überseehäfen liegen z. T. hinter der Küstenlinie an den Unterläufen der Nordseezuflüsse. Die wichtigsten Seehäfen nach dem Warenumschlag (1996) sind Wilhelmshaven (37,2 Mio. t), Brake (4,3 Mio. t), Stade-Bützfleth (3,5 Mio. t), Emden (2,5 Mio. t) und Cuxhaven (1,3 Mio. t). Im Luftverkehr hat der Flughafen Hannover überregionale Bedeutung. Es wurden 1996 4,2 Mio. Fluggäste abgefertigt und rd. 11000 t Fracht umgeschlagen. Die Hauptverkehrsstrecken werden nach der Vereinigung vorwiegend um Neu- und Ausbaumaßnahmen zum Lückenschluss in W-O-Richtung ergänzt (Ausbau der Bundesautobahn, der Schnellfahrstrecke und der Kanalverbindung Hannover–Berlin).

GESCHICHTE

Nach dem staatl. Zusammenbruch Dtl.s im Mai 1945 kam NW-Dtl. mit Ausnahme der ›Enklave Bremen‹ zur brit. Besatzungszone. Mit der VO vom 1. 11. 1946 bildete die brit. Militär-Reg. aus den Ländern Hannover (gegr. am 23. 8. 1946; die frühere preuß. Prov. Hannover), Braunschweig, Oldenburg, Schaumburg-Lippe und Lippe-Detmold (1947 zu NRW) das Land N. und ernannte am 23. 11. 1946 H. W. KOPF (SPD) zum Min.-Präs.; Verf.-Grundlage war zunächst das ›Ges. zur vorläufigen Ordnung der Landesgewalt‹ vom 11. 2. 1947. 1947 kamen Teile des Landes Bremen zu N., 1949 wurde N. Land der Bundesrepublik Dtl. Am 3. 4. 1951 verabschiedete der Landtag die ›Vorläufige Niedersächs. Verfassung.‹.

Aus den ersten Landtagswahlen (20. 4. 1947) war die SPD als stärkste Partei hervorgegangen, gefolgt von CDU, DP, FDP, KPD und Zentrum. Später gewannen zeitweilig der GB/BHE Bedeutung für die Landespolitik. Aufsehen erregte 1951 der Wahlerfolg der Sozialist. Reichspartei (SRP; 1952 als Nachfolgeorganisation der NSDAP vom Bundesverfassungsgericht für verfassungswidrig erklärt). Bis zu den Landtagswahlen von 1963 konzentrierte sich das Parteienfeld auf SPD, CDU, FDP. Bei den Wahlen von 1967 konnte die NPD Abg. in den Landtag entsenden. 1970–74 und 1978–82 war die FDP nicht im Landtag vertreten. 1982 zogen die Grünen erstmals in den Landtag ein. 1947–55 und 1959–61 führten KOPF (SPD), 1955–59 H. HELLWEGE (DP), 1961–70 GEORG DIEDERICHS (*1900, †1983; SPD) und A. KUBEL (SPD) Koalitions-Reg. unterschiedl. Zusammensetzungen. Für die ersten Nachkriegs-Reg. standen v. a. die Eingliederung der Vertriebenen, die Verbesserung der Ernährungslage sowie die Beseitigung von Arbeitslosigkeit und Wohnraumknappheit im Vorder-

Landtagswahlen in Niedersachsen 1986–1998
(Sitzverteilung und Stimmenanteile der Parteien)

Parteien	15.6.1986	13.5.1990	13.3.1994	1.3.1998
SPD	66; 42,1%	71; 44,2%	81; 44,3%	83; 47,9%
CDU	69; 44,3%	67; 42,0%	67; 36,4%	62; 35,9%
FDP	9; 7,1%	9; 6,0%	–; 4,4%	–; 4,9%
Grüne*⁾	11; 6,0%	8; 5,5%	13; 7,4%	12; 7,0%
Andere	–; 0,1%	–; 1,8%	–; 7,5%	–; 4,3%

*⁾ seit 1993 Bündnis 90/Die Grünen

grund. 1965 schloss die Reg. Diederichs ein Konkordat mit dem Hl. Stuhl und beendete damit den 1954 dauernden Streit mit der kath. Kirche um die Einführung der christl. Gemeinschaftsschule.

Bei den Landtagswahlen von 1974 löste die CDU die SPD als stärkste Partei ab. Nach dem Rücktritt KUBELS (1976) wählte der Landtag 1976 E. ALBRECHT (CDU) zum Min.-Präs. (bis 1990); seine Reg. stützte sich 1977/78 und 1982–86 allein auf die CDU, 1978–82 und 1986–90 auf eine Koalition von CDU und FDP. Nach den Landtagswahlen von 1990 übernahm die SPD unter Min.-Präs. G. SCHRÖDER (SPD) wieder die Reg., 1990–94 in Koalition mit den Grünen, ab 1994 in Allein-Reg. (1998 bestätigt).

G. UELSCHEN: Die Bev. in N. 1821–1961 (1966); W. MEIBEYER: Das Unterems-Jade-Gebiet (1977); K. MITTELHÄUSSER: Ländl. u. städt. Siedlung, in: Gesch. N.s, hg. v. H. PATZE, Bd. 1 (1977); Topograph. Atlas N. u. Bremen, hg. v. H. H. SEEDORF (1977); D. STECKHAN: N. Landeskunde u. Landesentwicklung (1980); H. H. SEEDORF u. HANS-HEINRICH MEYER: Landeskundlich-statist. Übersichten (1982); E.-R. LOOK: Geologie u. Bergbau im Braunschweiger Land (1984); E. WASSERMANN: Aufstrecksiedlungen in Ostfriesland (1985); Hb. der histor. Stätten Dtl.s, Bd. 2: N. u. Bremen, hg. v. K. BRÜNING u. a. (⁵1986); Bev.-Entwicklung u. Strukturwandel in N., bearb. v. C. GEISSLER u. a. (1986); H. WACHENDORF: Der Harz. Varisz. Bau u. geodynam. Entwicklung (1986); N. Polit. Landeskunde, hg. v. der Niedersächs. Zentrale für polit. Bildung (1987); Stadtgesch., N., hg. vom Informationszentrum Raum u. Bau der Fraunhofer-Gesellschaft (1987); K.-H. STRIEZEL: Verz. niedersächs. Ortsgeschichten (1988); T. VOGTHERR: Aus Aufsätzen u. Beitrr. zur niedersächs. Landesgesch., in: Niedersächs. Jb. für Landesgesch., Bd. 61 (1989); H.-W. KRUMWIEDE: Kirchengesch. N.s 2 Bde. (1995–96); Niedersächs. Gesch., hg. v. U. HUCKER u. a. (1997).

Niedersachsenrundfahrt, Internationale N., *Straßenradsport:* seit 1977 (Frauen: 1990–92 sechs Etappen über ca. 500 km) jährlich im Frühjahr ausgetragenes internat. Etappenrennen (10 Etappen) über rd. 1 600 km für Elite-Fahrer (→Straßenradsport); unterschiedl. Streckenführung mit Etappenlängen zw. 140 und 235 km.

Niedersächsische Landespartei, Abk. **NLP,** polit. Partei, gegr. am 20. 6. 1945 in Hannover (unter Traditionsbezug auf die Deutschhannoversche Partei). Aus ihr ging am 4. 6. 1947 die Dt. Partei hervor.

Niedersächsischer Kreis, einer der zehn Reichskreise des Heiligen Röm. Reichs, entstand 1512 und umfasste 1522 die Erzbistümer Bremen und Magdeburg, die Bistümer Hildesheim, Lübeck, Ratzeburg, Schleswig und Schwerin, die Herzogtümer Braunschweig, Mecklenburg, Holstein und Sachsen-Lauenburg, zwei Grafschaften, die Reichsstädte Lübeck, Goslar, Nordhausen und Mühlhausen sowie Hamburg und Göttingen. Kreisausschreibende Fürsten waren der Erzbischof von Magdeburg und der Herzog von Braunschweig-Wolfenbüttel. Nach dem Westfäl. Frieden (1648) wurde ein zw. Kurbrandenburg und Schweden wechselndes Direktorium sowie ein Kondirektorium Braunschweig-Lüneburgs eingerichtet. Eine Kreisorganisation bildete sich seit den 1530er-Jahren heraus.

Niedersächsisches Wattenmeer, Nationalpark in Ndsachs., rd. 240 000 ha, eingerichtet am 1. 1. 1986 und seit 10. 11. 1992 auch Biosphärenreservat; erstreckt sich vor der Nordseeküste zw. Ems- und Elbmündung im Bereich der Ostfries. Inseln (→Friesische Inseln), des Jadebusens und der Knechtsände. Der besondere Lebensraum des Wattenmeeres (→Watt) soll im Rahmen des Nationalparkkonzepts in drei Zonen unterschiedl. Schutzintensität erhalten werden. Besonderheiten der Naturausstattung sind Salzwiesen und Sanddünen mit standorttyp. Pflanzen. Im N. W. leben zahlr. an amphib. Verhältnisse gebundene Wirbellose, z. B. Wattwurm und Sandklaffmuschel, es ist Nahrungs-, Aufzucht- u. Ruhegebiet für Seehunde; Brut,- Nahrungs- und Rastgebiet für viele Vogelarten, u. a. für Austernfischer und Säbelschnäbler.

Niederschacht|ofen, ein dem Hochofen nachgebildeter kleiner Ofen von etwa 10 m Nutzhöhe zur Gewinnung von Roheisen und Ferrolegierungen.

Niederschlag, 1) *Chemie:* amorpher oder kristalliner Feststoff, der sich aus einer (gesättigten) Lösung durch chem. Reaktion oder infolge Temperaturerniedrigung oder Druckerhöhung abscheidet und am Boden absetzt. (→Fällung)
2) *Meteorologie:* das in der Atmosphäre aus der Gasphase (Wasserdampf) in die flüssige oder feste Phase umgewandelte und ausgeschiedene Wasser. Man unterscheidet zwischen **fallenden** bzw. **gefallenen N.** (Sprühregen, Regen, Schnee, Eiskörner, Schneegriesel, Reifgraupel, Frostgraupel, Hagel u. a.), **abgesetzten N.** (Tau, Reif, nässender Nebel) und **abgelagerten N.** (gefallene feste N., d. h. Decken aus Schnee, Hagel usw.). Zur N.-Bildung müssen die einzelnen Elemente eine bestimmte Größe überschreiten, damit sie nicht unterhalb der Wolke vollständig wieder verdunsten. Durch Kondensation allein wird dieser Grenzwert kaum erreicht. Dazu müssen erst Tropfen sehr unterschiedl. Durchmessers auftreten, wobei die großen durch ihre höhere Fallgeschwindigkeit auf die kleinen unter ihnen treffen und diese dabei ggf. einfangen. Dieser Vorgang (**Koaleszenz**) ergibt unter den klimat. Verhältnissen mittlerer und höherer Breiten nur geringe N.-Intensität. Für größere Ergiebigkeit ist es hier notwendig, dass Flüssigwasser und Eis gleichzeitig in einer Wolke vorhanden sind. Wegen des höheren Sättigungsdampfdruckes über Wasser und der somit geringeren relativen Feuchte (z. B. bei −10 °C und 2,9 mbar Dampfdruck: 100 % relative Feuchte über Wasser, 110 % über Eis) wachsen nach dem von T. BERGERON und WALTER FINDEISEN (* 1909, † 1945) beschriebenen Prozess die Eisteilchen rasch auf Kosten der Tröpfchen, bis sie die nötige Größe haben (→Mischwolken). Wenn heftige Aufwinde (wie in den Quellwolken der Tropen) größere Tropfen längere Zeit in der Schwebe halten und kleinere gegen sie blasen, kann auch ohne Eisphase durch Koaleszenz allein eine für einen Schauer genügende Zahl großer Tropfen entstehen. Wenn sie im Ausfallen durch Turbulenz zerrissen werden und darauf erneut in genannter Weise anwachsen, wird der Effekt noch verstärkt.
Künstliche Erzeugung von N. ist möglich, wenn man bei fehlenden Eisteilchen an ihre Stelle Silberjodid oder Kohlensäureschnee in unterkühlte Wolken einbringt und so den ›Bergeron-Findeisen-Prozess‹ auslöst. In Mitteleuropa ist dazu jedoch kaum Gelegenheit, da zumeist Wolken hier i. d. R. auch genügend Eiskeime enthalten. (→Wetterbeeinflussung)

N. ist zeitlich wie räumlich sehr variabel. Man benötigt daher zu seiner Erfassung ein enges Messnetz. Im Gebirge nimmt er mit der Höhe zu, in den Tropen nur bis etwa 2 000 m ü. M., darüber wieder leicht ab. Jahres-N. erreichen 11–13 m im Luv trop. Gebirge (als niederschlagsreichster Ort der Erde gilt →Cherrapunji, Indien), während in Wüstengebieten oft jahrelang kein N. fällt; mit der Entfernung vom Meer nehmen die N. i. Allg. ab. Im Allgäu werden bis zu 2 600 mm gemessen gegenüber 450 mm bei Eisleben. Das weltweite Mittel wird auf 1 000 mm geschätzt.

Niederschlagsmesser, Regenmesser, Hyetometer, Pluviometer, Ombrometer, Gerät zur Messung der Niederschlagsmenge. Der gebräuchl. N. nach G. HELLMANN (**Hellmann-Regenmesser**) besteht aus einem 46 cm hohen Zylinder mit einer Auffangfläche von 200 cm². Das aufgefangene Niederschlagswasser fließt durch den trichterförmig ausgebildeten Boden des Auffanggefäßes in eine Sammelkanne, die in ein Messglas entleert wird, an dem die Niederschlagsmenge in Millimetern abgelesen werden kann.

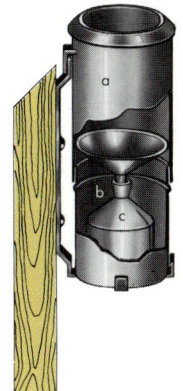

Niederschlagsmesser:
a Auffanggefäß,
b Sammeltrichter,
c Sammelkanne;
Durchmesser 160 mm

Nied Niederschlagsverfahren – Niedrigenergiehaus

Maß ist die Höhe in mm, die das Niederschlagswasser hätte, wenn die Boden- gleich der Auffangfläche wäre. Dabei entspricht 1 mm 1 Liter je m². Fester Niederschlag wird vor dem Messen geschmolzen. In entlegenen Gebieten werden **Niederschlagssammler (Totalisatoren)** aufgestellt, die jährlich abgelesen werden. Geräte, die den Niederschlag fortlaufend registrieren, werden als **Niederschlagsschreiber (Regenschreiber, Hyetographen** oder **Ombrographen)** bezeichnet.

Niederschlagsverfahren, Metallgewinnungsverfahren, bei dem sulfid. Erze mit Eisen verhüttet werden, wobei das unedlere Eisen den Schwefel bindet. Techn. Bedeutung hatte das N. früher v. a. bei der Gewinnung von Antimon.

Niederschlagung, 1) Steuerrecht: die Entscheidung der Finanzbehörde, einen Steueranspruch vorläufig nicht geltend zu machen (anders beim →Billigkeitserlass), weil er unbringlich ist oder die Steuerbeitreibung im Vergleich zum geschuldeten Steuerbetrag unverhältnismäßig kostspielig sein würde (§ 261 Abgabenordnung). Später kann der Steueranspruch wieder geltend gemacht werden; die N. unterbricht die Verjährung nicht.
2) Strafrecht: die →Abolition.

Niederschlesien, nordwestl. Teil Schlesiens, 1919–38 und 1941–45 preuß. Prov. (26981 km², 1941: 3,287 Mio. Ew., Hauptstadt Breslau) mit den Reg.-Bez. Liegnitz und Breslau.

Niederschlesischer Oberlausitzkreis, Landkreis im Reg.-Bez. Dresden, Sa., grenzt im N an Bbg., im O mit der Lausitzer Neiße an Polen und umschließt die kreisfreie Stadt Görlitz, 1357 km², 113500 Ew.; Kreisstadt ist Niesky. Das im Bereich der Spreezuflüsse Weißer und Schwarzer Schöps (Talsperre Quitzdorf bei → Niesky) liegende Kreisgebiet, ein dt.-sorb. Siedlungsraum, hat im N Anteil am Lausitzer Grenzwall (Drachenberg bis 162 m ü. M.), südlich davon an der Muskauer Heide, an der Oberlausitzer Heide- und Teichlandschaft und an einem kleinen Teil des Oberlausitzer Gefildes. Der südl. Kreisteil liegt im Bereich der östl. Oberlausitz mit Berggruppen (Königshainer Berge, 406 m ü. M.) und Decklössplatten. Auf fruchtbaren Lössböden Getreide-, Zuckerrüben- und Kartoffelanbau. Braunkohlenkraftwerk in →Boxberg, das von den Tagebauen Nochten und Reichwalde beliefert wird. Standorte des verarbeitenden Gewerbes sind Weißwasser und Niesky. Weitere Städte sind Bad Muskau (Kurort; Landschaftspark), Reichenbach/O.L. (›Oberlausitz‹) und Rothenburg/O.L. (Flugplatz). Grenzübergänge zu Polen in Bad Muskau, Podrosche (sorb. Podróżć; zu Krauschwitz) und Ludwigsdorf. – Der N.O. wurde am 1.8. 1994 aus den Kreisen Weißwasser, Niesky und Teilen der Kreise Görlitz und Hoyerswerda gebildet.

Niederschmiedeberg, Teil der Gem. Großrückerswalde (3700 Ew.) im Mittleren Erzgebirgskreis, Sa., nordöstlich von Annaberg-Buchholz. Kühlschrankherstellung (1993 Bau des ersten FCKW-freien Kühlschranks).

Niedersimmental, Bez. im Kt. Bern, Schweiz, westlich des Thuner Sees, 319 km², 20600 Ew.; Hauptort ist Wimmis, größter Ort Spiez.

Niederspannung, elektr. Spannung unter 1000 V. Üblich sind für die elektrische Elektrizitätsversorgung mit Drehstrom 220/380 V; dabei ist 380 V die verkettete Spannung und 220 V die Sternspannung, d.h. die Spannung gegen den Nullleiter. In Haushaltungen sind nur Spannungen bis 250 V zulässig.

Niederstetten, Stadt im Main-Tauber-Kreis, Bad.-Württ., 306 m ü. M., am Vorbach, 5600 Ew.; Jagdmuseum, Zeppelinmuseum; Kunststoff- und Metallverarbeitung; bedeutender Ferkelmarkt. – Romanische ev. Pfarrkirche (1788 zur Saalkirche erweitert); Schloss Haltenbergstetten (16. und 17. Jh.). – Das um 800 erstmals urkundlich erwähnte N. wurde 1340 Stadt.

Niederstotzingen, Stadt im Landkreis Heidenheim, Bad.-Württ., 473 m ü. M., zw. Schwäb. Alb und Donaumoos, 4900 Ew.; Landeswasserwerk, Gartengerätefabrik. – Fundort eines reich ausgestatteten kleinen alemann. Gräberfeldes, das als separierte Grablege einer Adelsfamilie des frühen 7. Jh. anzusehen ist. – Schloss (1776–83) mit z.T. klassizist. Ausmalung in großem Park. – Das 1143 erstmals erwähnte Stotzingen, später in N. umbenannt, wurde 1366 Stadt. 1848 wurde das Stadtrecht erneuert.

J. WERNER: Adelsgräber von N. bei Ulm u. von Bokchondong in Südkorea (1988).

Niederstwertprinzip, Betriebswirtschaftslehre: →Bewertung.

Niederung, tief liegendes Land, meist in Tälern oder Becken, an Flüssen oder Seen, häufig mit jungen, wenig ausgebildeten Alluvialböden. Bei ausreichenden Niederschlägen sind N. oft von Altwassern, Sümpfen, Mooren oder Nassböden erfüllt.

Niederungsmoor, das Niedermoor (→Moor).

Niederwald, eine forstl. Betriebsart, bei der der Wald ausschließlich vegetativ, d.h. aus Stock- und Wurzelausschlägen von Laubhölzern, verjüngt wird. Die Umtriebszeiten betragen nur 12–25 Jahre. Das erzeugte Holz ist i. Allg. nur brennholztauglich.

Niederwald, südwestlichster Teil des Rheingaugebirges und des Taunus, zw. Rüdesheim am Rhein und Assmannshausen, Hessen, aus Taunusquarzit, bis 331 m ü. M.; am S-Hang Weinbau.

Niederwalddenkmal, von J. SCHILLING 1877–83 geschaffenes Nationaldenkmal oberhalb von Rüdesheim am Rhein; 10,5 m hohes Bronzestandbild der Germania auf 25 m hohem Sockel (Reliefs zu Themen des Krieges). BILD →Denkmal.

L. TITTEL: Das N. 1871–1883 (1979).

Niederwild, Jägersprache: das nicht zur hohen Jagd gezählte Wild, z.B. Hase, Kaninchen, Murmeltier, Fuchs, Dachs, kleineres Haarraubwild, Federwild (außer Auerwild, Stein- und Seeadler).

Niederzier, Gem. im Kr. Düren, NRW, 110 m ü. M., 13300 Ew.; Braunkohlentagebau (Hambach), Baumwollspinnerei.

Niedrigenergiehaus, keine genormte, aber üblicherweise für Häuser mit einem jährl. Energieverbrauch unter 100 kWh/(m²) verwendete Bezeichnung. Bei einem N. soll die Zufuhr von nicht erneuerbarer Energie minimiert werden.

Richtungweisend für die Entwicklung energieeffizienter Gebäude waren seit Beginn der 1970er-Jahre Architekten und Bauphysiker in Skandinavien (z.B. Korsgaard ›zero-energie-house‹, 1974), den USA (1976, z.B. Shick ›super-insulated house‹) und Kanada (z.B. Shutcliff ›Saskatchewan Conservation House‹, 1981). Das bekannteste in Dtl. entwickelte Modell (›Philips Experimentierhaus‹, 1974, Aachen) fand wegen seiner wenig ansprechenden Architektur jedoch keine große Akzeptanz. Im Ggs. zu der in Amerika und Skandinavien verbreiteten schlichteren Bauweise (z.B. kleine Fenster) setzte sich in Dtl. seit dieser Zeit die →Solararchitektur als Trend durch.

Kennzeichnend für N. sind: kleine Oberflächen im Verhältnis zum umbauten Raum, geringe Transmissionswärmeverluste durch sehr gute Isolierung, Vermeidung von Wärmebrücken, sorgfältige Abdichtung aller Fugen, Südorientierung der Fensterflächen. Daneben werden →Sonnenkollektoren zur Wärmegewinnung für Heizung und Brauchwasser, Solarzellen zur Erzeugung elektr. Energie sowie die Verlustwärme (→Verlustleistung) elektr. Geräte genutzt. Die Deckung des Restwärmebedarfs erfolgt vorzugsweise durch →Wärmepumpen. Eine Weiterentwicklung des N. ist das →Passivhaus.

O. HUMM: Niedrigenergiehäuser. Innovative Bauweisen u. neue Standards (⁶1997); S. OBERLÄNDER u. a.: Das N. Ein Hb. mit Planungsregeln zum Passivhaus (²1997).

Niedrigwasser, der niedrigste Wasserstand von Gewässern innerhalb eines bestimmten Zeitraums. Am Meer ist N. oder **Tide-N.** bei Ebbe der Tiefststand der jeweiligen Gezeitenwellen.

Niedrigwasser|anreicherung, *Wasserbau:* die Grundwasseranreicherung (→Grundwasser).

Niegocin, Jezioro N. [jɛz'jɔrɔ njɛ'gɔtçin], See in Polen, →Löwentinsee.

Niehans, Paul, schweizer. Arzt, * Bern 21. 11. 1882, † Montreux 1. 9. 1971; befasste sich v. a. mit der Drüsen- und Hormonforschung. Im Zweiten Weltkrieg und in den ersten Nachkriegsjahren war N. für das Internat. Rote Kreuz tätig. Im Laufe seiner ärztl. Tätigkeit spezialisierte sich N. auf die Behandlung endokriner Störungen. Er führte dazu zahlr. Drüsentransplantationen durch und entwickelte – zur Vermeidung solcher Operationen – in den frühen 30er-Jahren die →Zellulartherapie.

Nieheim, Stadt im Kr. Höxter, NRW, 250 m ü. M., 7 600 Ew.; kath. Heimvolkshochschule; Polstermöbelfabrik und Mühlenbau. – Kath. Pfarrkirche St. Nikolaus (13. und 15. Jh.); Rathaus (1610) im Stil der Weserrenaissance. – N. wurde um 1247 in der Paderborner Festungsstadt gegen das unter kurköln. Einfluss stehende Gebiet von Pyrmont gegründet.

Niekisch, Ernst, Schriftsteller und Politiker, * Trebnitz 23. 5. 1889, † Berlin (West) 23. 5. 1967; war 1918/19 Vors. des ›Zentralen Arbeiter- und Soldatenrates‹ in München; ab 1917 Mitgl. der SPD (1919–22 der USPD), später Vertreter der ›konservativen Revolution‹ und Nationalbolschewist (Hg. der Zeitschrift ›Der Widerstand‹, 1926–34). Als NS-Gegner 1937 verhaftet (ab 1939 Zuchthaus Brandenburg-Görden). In der SBZ 1945 Mitbegründer des Kulturbunds, Mitgl. der KPD, 1946 der SED, 1948–54 Prof. an der Humboldt-Univ., 1949/50 Abg. in der Volkskammer. Nach dem 17. 6. 1953 kritisierte er das Reg.-System der DDR und trat aus der SED aus; wohnhaft in Berlin (West), war weiterhin publizistisch tätig.

B. RÄTSCH-LANGEJÜRGEN: Das Prinzip Widerstand. Leben u. Wirken von E. N. (1997).

Niel [njɛl], Adolphe, frz. Marschall (seit 1859), * Muret (Dép. Haute-Garonne) 4. 10. 1802, † Paris 13. 8. 1869; leitete im Krimkrieg 1855 die Belagerung von Sewastopol und focht im ital. Krieg von 1859 bei Magenta und Solferino. Als Kriegs-Min. (seit 1867) begann er eine Heeresreform nach preuß. Vorbild und führte das Chassepotgewehr ein.

Niello [ital., zu lat. *nigellus* ›schwärzlich‹] *das, -(s)/-s* und ...*len,* zur Verzierung von Metallgegenständen verwendete schwärzl. Legierung aus einem oder mehreren Metallsulfiden, die in eine gravierte Zeichnung eingeschmolzen wird, sodass sich diese durch den anderen Farbton oder Helligkeitswert von der glänzend polierten Metallfläche abhebt; auch Bez. für einen so verzierten Metallgegenstand. – Das N. ist seit dem 1. Jh. n. Chr. belegt und diente im MA. zur Ausschmückung von Silbergerät. Höhepunkte bilden der Tassilokelch (um 780, BILD →karolingische Kunst) in Verbindung von N. und Tauschierung, die Tragaltäre des ROGER VON HELMARSHAUSEN und die N. der ital. Frührenaissance im 15. Jh. Von den gravierten Silberplatten, zumeist Buchdeckel, wurden häufig vor dem Einschmelzen des N. Papierabdrucke gemacht, ebenfalls N. genannt. Im 16. Jh. vom Email verdrängt, blieb N. in Persien, bes. in der islam. Kunst, und im 19. Jh. in Russland **(Tulaarbeit)** von Bedeutung. – Irrtümlich wird die Bez. auch für eine schwarze Kupfer-Zinn-Legierung mit Gold- und Silberanteilen (auch Arsen und Antimon) verwendet, belegt in Altägypten und der myken. Kultur, in der Antike als ›corinthium aes‹ bekannt.

Nielsen, 1) ['niːlsn], Arthur Charles, amerikan. Marktforscher, * Chicago (Ill.) 5. 9. 1897, † ebd. 1. 6. 1980; zunächst als Ingenieur tätig, gründete 1923 in Chicago das Marktforschungsunternehmen **A. C. Nielsen Company,** das er zu einem führenden Marketingforschungsinstitut ausbaute. Das Unternehmen mit Sitz in Stamford (Conn.) wurde 1984 von Informationskonzern The Dun & Bradstreet Corp. übernommen. Seit 1996 ist es als **ACNielsen Corporation** wieder selbstständig und in über 90 Ländern vertreten.

ACNielsen unterstützt Kunden in der Konsumgüterindustrie, im Handel und im Dienstleistungsbereich mit Daten, Analysen und Beratung in ihren Märkten. Auf repräsentativer Stichprobenbasis messen die **ACNielsen-Handelspanels** (1933 eingeführt) kontinuierlich die Warenbewegungen vom Handel zum Endverbraucher. Die Daten geben Auskunft über Lagervorräte und -veränderungen, Einkäufe, Verkäufe, Beschaffungswege, Preise, Marktanteile. Neben Handels- und Haushaltspanels z. B. für Ge- und Verbrauchsgüter (Food und Non-Food) werden heute auch Prognosen, Werbe- und Werbewirkungsforschung, Befragungen, Testmarketing und Markenbewertung, Managementinformationssysteme, kundenindividuelle Analysen sowie Merchandising-Services (z. B. Regaloptimierung) angeboten.

Die Ergebnisse der ACNielsen-Panels werden in Dtl. u. a. regional nach sieben ›ACNielsen-Gebieten‹ (Gebiet 1: Schlesw.-Holst., Ndsachs., Hamburg, Bremen; Gebiet 2: NRW; Gebiet 3a: Hessen, Rheinl.-Pf., Saarland; Gebiet 3b: Bad.-Württ.; Gebiet 4: Bayern; Gebiet 5: Berlin; Gebiet 6: Meckl.-Vorp., Bbg., Sa.-Anh.; Gebiet 7: Thür., Sa.) sowie zehn ›ACNielsen-Ballungsräumen‹ differenziert. Wegen der Bedeutung des ACNielsen-Panels für Marketing und Vertrieb wurde diese regionale Gliederung von vielen Unternehmen übernommen und erhielt Standardcharakter. Die Gliederung der Daten nach Einzelhandelstypen (z. B. Verbrauchermärkte, Discounter, Supermärkte) oder nach Groß- bzw. Schlüsselkunden (z. B. EDEKA, Rewe-Gruppe, SPAR) ist auch gängig.

2) ['niːlzən, 'nɛlsən], Asta, dän. Theater- und Filmschauspielerin, * Kopenhagen 11. 9. 1881, † Frederiksberg 25. 5. 1972; wurde 1910 für den Film entdeckt, entwickelte sich v. a. in Dtl. zu einem der populärsten Stars des Stummfilms, dem sie durch ihre Ausdruckskraft erstmals auf künstler. Niveau hob. Memoiren: ›Den tiende Muse‹ (1945/46, 2 Tle.; dt. ›Die schweigende Muse‹).

Filme: Die arme Jenny (1911); Die Suffragette (1913); Hamlet (1921, in der Titelrolle); Fräulein Julie (1922); Hedda Gabler (1925); Die freudlose Gasse (1925); Das gefähr. Alter (1927).

A. N., hg. v. R. SEYDEL u. a. (1981).

Paul Niehans

Ernst Niekisch

Asta Nielsen

Niello: Islamisches Becken aus Messing, mit Gold- und Silbereinlagen; das Becken diente lange als Taufbecken der französischen Thronfolger und galt als Taufbecken des heiligen Ludwig; Anfang des 14. Jh. (Paris, Louvre)

Oscar Niemeyer: Palácio da Alvorada in Brasília; 1957–59

Oscar Niemeyer

3) [ˈnelsən], Carl August, dän. Komponist, * Nørre Lyndelse (bei Odense) 9. 6. 1865, † Kopenhagen 3. 10. 1931; Schüler von N. GADE, war 1908–14 in Kopenhagen Hofkapellmeister, 1915–27 Dirigent der ›Musikforeningen‹, seit 1916 Lehrer des Königlich Dän. Musikkonservatoriums. Sein Schaffen weist kraftvolle Kontrapunktik und Polytonalität ebenso auf wie volkstüml. Melodik. Er komponierte die Opern ›Saul og David‹ (1902) und ›Maskarade‹ (1905, nach L. HOLBERG), sechs Sinfonien (1892–1925), Konzerte für Violine (1911), Flöte (1926) und Klarinette (1928) mit Orchester, vier Streichquartette (1888–1907), Vokalmusik, Klavier- und Orgelwerke sowie Schauspielmusiken.
TORBEN L. MEYER u. F. SCHANDORF PETERSEN: C. N., 2 Bde. (Kopenhagen 1947/48); M. F. MILLER: C. N. A guide to research (New York 1987).

4) [ˈnelsən], Einar, dän. Maler und Grafiker, * Kopenhagen 9. 7. 1872, † ebd. 21. 7. 1956; gehörte um 1900 mit flächig-dekorativen Bildern zu den bedeutendsten skandinav. Vertretern des Jugendstils. In der Folgezeit entstanden Genre- und Landschaftsbilder, Porträts sowie Illustrationen (u. a. Holzschnitte zum Buch Hiob, 1924) und Mosaiken im Königl. Theater in Kopenhagen (1932–39).

5) [ˈnelsən], Kai, dän. Bildhauer, * Svendborg 26. 11. 1882, † Kopenhagen 21. 11. 1924. Anfangs von A. RODIN beeinflusst, schuf er später in mehr geschlossenen Formen v. a. Porträts und Frauenfiguren (›Leda, die Wassermutter‹, 1920; Kopenhagen, Ny Carlsberg Glyptotek); auch Figurinen für die Kopenhagener Porzellanmanufaktur Bing & Grøndal.

6) [ˈnelsən], Morten, dän. Schriftsteller, * Ålborg 3. 1. 1922, † Kopenhagen 30. 8. 1944. N., der sich dem Widerstand gegen die dt. Besatzung anschloss, übte mit seinen Gedichten bedeutenden Einfluss auf die dän. Literatur nach dem Zweiten Weltkrieg aus.
Ausgabe: Digte (1954).

Niemandsland, *Völkerrecht:* Landgebiet, das zum Staatsgebiet keines Staates gehört **(Terra nullius);** im allgemeinen Sprachgebrauch auch unbesiedelter Grenzstreifen; Gebiet zw. zwei Fronten.

Niemann, Albert, Sänger (Heldentenor), * Erxleben (bei Magdeburg) 15. 1. 1831, † Berlin 13. 1. 1917; war 1866–88 Mitgl. der Berliner Hofoper, 1886–88 auch der Metropolitan Opera in New York und sang, von R. WAGNER mehrfach zu Erstaufführungen engagiert, bei den Bayreuther Festspielen.

Niemann-Pick-Krankheit [nach dem Kinderarzt ALBERT NIEMANN, * 1880, † 1921, und dem Pathologen LUDWIG PICK, * 1868, † 1944], erblich bedingte →Lipoidspeicherkrankheit.

Niembsch, Nikolaus Franz, Edler **von Strehlenau,** österr. Schriftsteller, →Lenau, Nikolaus.

Niemcewicz [njɛmˈtsɛvitʃ], Julian Ursyn, poln. Schriftsteller und Publizist, * Skoki (bei Brest-Litowsk) 16. 2. 1758, † Paris 21. 5. 1841; nahm an den Aufständen 1794 und 1830/31 teil und lebte seit 1833 in Paris. Sein Werk, das sowohl dem Rationalismus wie der Romantik verpflichtet ist, hatte patriot. Ziele: In der Komödie ›Powrót posła‹ (1790; dt. ›Die Rückkehr des Landboten vom letzten Warschauer Reichstage‹) trat er für staatserhaltende Reformen ein, in der Sammlung histor. Lieder ›Śpiewy historyczne‹ (1816; dt. ›Geschichtl. Gesänge der Polen‹) besang er die einende nat. Tradition, und in dem histor. Roman ›Jan z Tęczyna‹ (1824/25, 3 Bde.; dt. ›Johann von Tenczyn‹) erzählte er nach dem Vorbild W. SCOTTS von der vergangenen Größe Polens.
Weitere Werke: *Romane:* Dwaj panowie Sieciechowie (1815); Lejbe i Siora, 2 Bde. (1821; dt. Levi und Sara).
Ausgabe: Dzieła-poetyczne. Wierszem i prozą, 12 Bde. (1838–40).
I. KUNERT: N., Śpiewy historyczne. Geschichtsauffassung u. -darstellung (1968); M. WITKOWSKI: W kręgu ›Śpiewów historycznych‹ N.a (Posen 1979).

Niemegk, Stadt im Landkreis Potsdam-Mittelmark, Bbg., 80 m ü. M., im Niederen Fläming, 2 700 Ew.; Observatorium für Erdmagnetismus; Zentrum eines Agrargebietes. – Die um eine 1161 bezeugte Burg entstandene Siedlung N. wurde im 13. Jh. erweitert und erhielt vermutlich 1228 Stadtrecht.

Niemeyer, Oscar, eigtl. **O. N. Soares Filho** [ˈsuarʃ ˈfiʎu], brasilian. Architekt, * Rio de Janeiro 15. 12. 1907; arbeitete u. a. im Büro von L. COSTA und war am Neubau des Erziehungsministeriums (1937–43) in Rio de Janeiro beteiligt. Mit dem Gebäudekomplex in Pampulha bei Belo Horizonte (Kasino, Jachtklub, Kapelle São Francisco, 1939–44) fand N. seinen eigenen Stil. 1957 wurde er Mitgl. der Gründungsorganisation für Brasília; er entwarf den Palácio da Alvorada (Sitz des Präs., 1957–59), den Obersten Gerichtshof (1958–60), die Kathedrale (1960 und 1969; BILD → lateinamerikanische Kunst) sowie den Platz der drei Gewalten mit Regierungs- (1958–60), Kongress- (1958–70) und Justizgebäude (1966–72). Seine Bauten beeindrucken durch die freie Handhabung konkaver und konvexer Formen, schwingender Linien und kantiger Kuben.
C. HORNIG: O. N. (1981); A. FILS: Brasilia. Moderne Architektur in Brasilien (1988); Architekten – O. N., bearb. v. W. KAISER (²1993).

Niemeyer-Holstein, Otto, Maler und Grafiker, * Kiel 11. 5. 1896, † Lüttenort in Koserow 20. 2. 1984; entwickelte nach expressionist. und nachimpressionist. Phasen in den 40er-Jahren seinen Stil (Landschaftsbilder, Interieurs, Porträts, Akte). Daneben entstanden Holzschnitte, Radierungen und Lithographien. N.-H. lebte seit 1939 auf Usedom.
O. N.-H. Malerei u. Aquarelle, hg. v. A. BARDON, Ausst.-Kat. Kunsthalle Rostock (1995); A. ROSCHER: Lüttenort. Das Leben des Malers O. N.-H. (1995).

Niemodlin [njɛ-], Stadt in Polen, →Falkenberg in Oberschlesien.

Niemöller, Martin, ev. Theologe, * Lippstadt 14. 1. 1892, † Wiesbaden 6. 3. 1984; urspr. Seeoffizier (im Ersten Weltkrieg U-Boot-Kommandant); ab 1919 Studium der Theologie; nach der Ordination (1924) Geschäftsführer der Inneren Mission in Münster. 1931 wurde N. Pfarrer in Berlin-Dahlem. Dort gründete er 1933 den ›Pfarrernotbund‹ (→Kirchenkampf) und wurde einer der entschiedensten Gegner der natsoz. Kirchenpolitik und die prägende Persönlichkeit der →Bekennenden Kirche. 1937 wurde N. verhaftet und kam als ›persönl. Gefangener HITLERS‹ 1938 in das KZ Sachsenhausen, 1941 in das KZ Dachau und 1945 nach Südtirol, wo er befreit wurde.
Nach dem Zweiten Weltkrieg übernahm N. führende Ämter in der Ev. Kirche in Dtl. und in der Öku-

Martin Niemöller

mene: 1945-56 war er Mitgl. des Rates der EKD und Leiter des Kirchl. Außenamtes, 1947-64 Kirchenpräs. der Ev. Kirche in Hessen und Nassau, 1948-61 Mitgl. des Exekutivkomitees und 1961-68 einer der sechs Präs. des Ökumen. Rates der Kirchen. Wegen seiner engagierten Äußerungen zu polit. Fragen wurde N. innerhalb und außerhalb der Kirche heftig kritisiert. Er war überzeugt von der Mitschuld der Kirche am Aufkommen und an den Verbrechen des Nationalsozialismus; er wandte sich gegen die Entstehung und die Westorientierung der Bundesrepublik Dtl., bekämpfte den Antikommunismus und die Atomrüstung und suchte schon früh Kontakte mit den Kirchen und den Völkern des Ostblocks (u. a. 1952 Reise nach Moskau, 1967 nach Nord-Vietnam). In den 1950er-Jahren wurde er, u. a. durch ein Gespräch mit O. Hahn über die Wirkungen von Kernwaffen, überzeugter Pazifist und war bis zu seinem Tod aktives Mitgl. der Friedensbewegung.
Werke: Vom U-Boot zur Kanzel (1934); Reden, 4 Bde. (1957-64).
Ausgabe: Ein Lesebuch, hg. v. H. J. OEFFLER (1987).
JÜRGEN SCHMIDT: M. N. im Kirchenkampf (1971); DIETMAR SCHMIDT: M. N. (Neuausg. 1983); J. BENTLEY: M. N. Eine Biogr. (a. d. Engl., 1985); M. SCHREIBER: M. N. (1997).

Nienburg, Name von geographischen Objekten:
1) Nienburg (Saale), Stadt im Landkreis Bernburg, Sa.-Anh., 70 m ü. M., an der Mündung der Bode in die Saale, 5400 Ew.; Zement-, Papierfabrik, Landwirtschaftsbetriebe. – In der Schlosskirche (ehem. Klosterkirche, 13. Jh.) frühgot. Sandsteinpfeiler mit Skulpturen der Monatsdarstellungen (vielleicht ehem. Osterleuchter). – 961 wurde N. erstmals urkundlich als Mittelpunkt eines Burgwards erwähnt. 975 wurde die Benediktinerabtei von Thankmarsfelde (bei Gernrode) nach N. verlegt. Die in der Folge vom Kloster abhängige Siedlung erlangte Marktrecht und wurde vermutlich im 12. Jh. Stadt (1233 als solche urkundlich ausgewiesen).
2) Nienburg (Weser), Kreisstadt in Ndsachs., an der Mittelweser, 32 700 Ew.; Fachbereiche (Architektur, Bauingenieurwesen) der Fachhochschule Hannover; Museum; Glas-, chem. Industrie. – Der mächtige Stockturm (16. Jh.) ist der Rest des Residenzschlosses der Grafen von Hoya; Rathaus (16. Jh.) im Stil der frühen Weserrenaissance. In der spätgot. St. Martinskirche (1441 geweiht) zahlr. Epitaphe und Grabplatten; im klassizist. Haus Quaet-Faslem (1821) das Museum (Vorgeschichte, städt. Kultur im 18. und 19. Jh.). – Das 1025 als ›neue Burg‹ erstmals bezeugte N. wurde vor 1235 Stadt.
3) Nienburg (Weser), Landkreis im Reg.-Bez. Hannover, Ndsachs., 1399 km², 124 400 Ew.; umfasst Sand- und Moorgeest beiderseits der Mittelweser, im Wesertal zahlr. Altwasserarme. Anbau von Roggen, Futtergetreide, Kartoffeln und Rüben sowie Schweinemast und Rinderhaltung. In den Städten Nienburg (Weser), Rehburg-Loccum und Hoya einige Industriebetriebe.

Nienburger Gruppe, in weiten Teilen von Ndsachs. zw. Aller und Ems verbreitete früheisenzeitl. Kulturgruppe. Kennzeichnend sind verzierte Urnen mit randständigem Henkel, wie sie u. a. in den namengebenden Gräberfeldern bei Nienburg (Weser) gefunden wurden (›Nienburger Tassen‹). Die N. G. entstand unter dem Einfluss der Hallstattkultur, im 6./5. Jh. v. Chr. ging sie in der Jastorfgruppe auf.
H. NORTMANN: Die vorröm. Eisenzeit zw. unterer Weser u. Ems (1983); H.-G. TUITJER: Hallstätt. Einflüsse in der N. G. (1987).

Niendorf, Ortsteil von →Timmendorfer Strand, Schleswig-Holstein.

Nienstedt, Gerd, Sänger (Bariton), * Hannover 10. 7. 1932, † Wien 14. 8. 1993; debütierte 1954 in Bremerhaven und war u. a. 1965-73 Mitgl. der Wiener Staatsoper. N., der v. a. als Wagner-Interpret bekannt wurde, setzte sich auch für zeitgenöss. Werke ein. 1985 wurde er Intendant des Landestheaters Detmold.

Niepce [njɛps], Joseph Nicéphore, frz. Offizier (seit 1792) und Privatgelehrter, * Chalon-sur-Saône 7. 3. 1765, † Saint-Loup-de-Varennes (bei Chalon-sur-Saône) 5. 7. 1833; einer der Erfinder der Fotografie. Ihm gelang es 1822 als Erstem, mit einer Camera obscura aufgenommene Gegenstände auf lichtempfindl. Bitumenschichten zu fixieren (Niepcotypie). Ab 1829 arbeitete er mit J. DAGUERRE zusammen.

Niere, griech. **Nephros,** lat. **Ren,** wichtigstes Organ der Wirbeltiere zur Kontrolle der extrazellulären Flüssigkeit hinsichtlich der Homöostase ihres Volumens, der Osmolarität **(Isotonie),** des pH-Wertes **(Isohydrie)** und der Konzentration von Salzen **(Isoionie)** und anderen gelösten Substanzen sowie zur Ausscheidung schädl. und unnützer Stoffe (Exkretion). Sie ist damit das am höchsten entwickelte osmoregulator. und sekretor. Organ. Die N. der versch. Wirbeltiergruppen sind jedoch sehr unterschiedlich gebaut. So übernimmt der Säugetier-N. Funktionen, die bei niederen Wirbeltieren andere Organe ausführen **(extrarenale osmoregulatorische Organe).** Dazu gehören z. B. die Kiemen der Fische und die Salzdrüsen der Reptilien und Vögel.
Anatomie der Säugetierniere: Die paarig angeordneten N. liegen beiderseits der Wirbelsäule unterhalb des Zwerchfells zw. Bauchfell und hinterer Bauchwand. Beim Menschen ist die N. am äußeren Rand konvex und innen konkav, etwa 12 cm lang, 6 cm breit und 4 cm dick. Eine Niere wiegt etwa 120-200 g. Das **N.-Mark** (Medulla) umgibt das **N.-Becken,** welches muldenförmige **N.-Kelche** bildet und in das es pyramidenförmige **N.-Papillen** entsendet. N.-Papillen und N.-Kelche bilden zus. die **N.-Lappen** (beim Menschen 10-20). Die äußere N.-Schicht **(N.-Rinde,** Cortex) ist von einer bindegewebigen **N.-Kapsel** umgeben. Am inneren Rand der N. liegt der **N.-Hilus:** die Ein- und Austrittsstelle der N.-Arterie, der N.-Vene, des Harnleiters und der N.-Nerven. Aus dem N.-Becken führt der Harnleiter (Ureter) über die →Harnblase zur →Harnröhre (Harnweg). Die Harnblase ist von quergestreifter Muskulatur umgeben und steht unter neuronaler Kontrolle, während die N.-Funktion selbst v. a. humoral reguliert wird. Die funktionelle Einheit ist das **Nephron,** ein kompliziert gebauter Tubulusapparat (Röhrensystem), der an einem Ende verschlossen ist und sich mit dem anderen Ende in das N.-Becken öffnet. Es lässt sich morphologisch und funktionell in drei Abschnitte gliedern: das proximale Nephron, die Henle-Schleife und das distale Nephron. Das proximale Nephron (N.-Körperchen) ist die verschlossene Seite und liegt in der N.-Rinde. Es besteht aus der **Bowman-Kapsel,** die in den **proximalen Tubulus** übergeht. Dieser setzt sich aus einem stark verschlungenen Teil (proximaler Tubuluskonvolut: Pars convoluta) und einem gestreckten Teil (Pars recta) zusammen. Letzterer geht in die im N.-Mark liegende **Henle-Schleife** über. Sie verläuft u-förmig und wird daher in einen absteigenden und einen aufsteigenden Schenkel unterschieden. Der aufsteigende Schenkel geht in das distale Nephron über. Dieses besteht aus dem **distalen Tubulus** und dem (in der N.-Rinde gelegenen) distalen Tubuluskonvolut und mündet in das **Sammelrohr** (für den Endharn). Proximaler Tubulus, Henle-Schleife und distaler Tubulus werden auch als **N.-Kanälchen** (Harnkanälchen, N.-Tubulus) bezeichnet. Das distale Tubuluskonvolut berührt die Arteriole seines zugehörigen Glomerulus und bildet mit ihr den **juxtaglomerulären Apparat,** dessen Zellen das Gewebehormon →Renin produzieren.

Nicéphore Niepce

Nier Niere

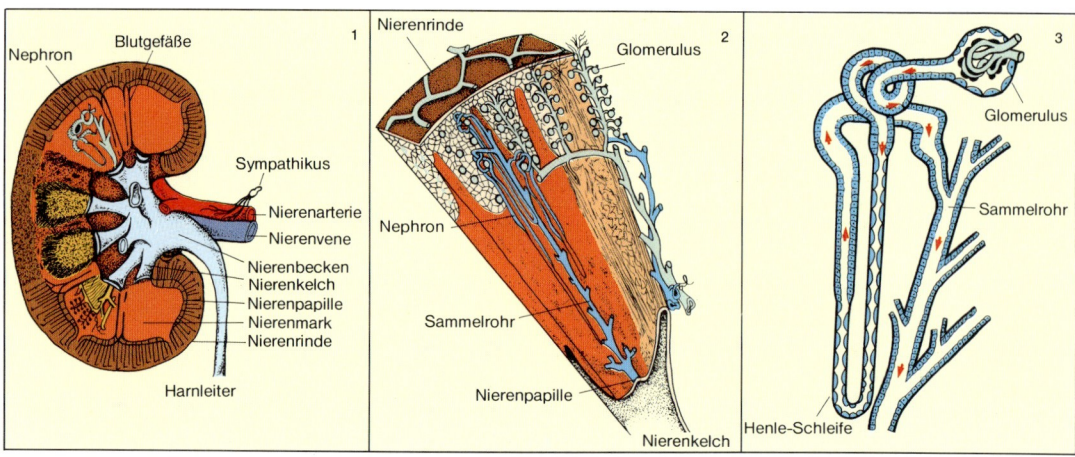

Niere: 1 Längsschnitt durch die Niere des Menschen; 2 Längsschnitt durch eine Nierenpapille; 3 Nephron

Funktion: Die Bowman-Kapsel umschließt ein Kapillarnetz **(Glomerulus)** – beide gemeinsam als **N.-Körperchen (Malpighi-Körperchen)** bezeichnet –, an dem der erste der drei Schritte der Harnbildung erfolgt **(erste glomeruläre Filtration):** Der Primärharn (Filtrat, Vorharn) wird aus dem Blut der Kapillaren in das Lumen der Bowman-Kapsel gepresst und im Weiteren durch den N.-Tubulus und das Sammelrohr in das N.-Becken geleitet. Er enthält 20–25% des Wassers sowie praktisch alle Bestandteile des Blutes außer den Blutzellen und den Proteinen. Die glomeruläre Filtration ist unselektiv und hängt nur von der Molekülgröße der filtrierten Stoffe ab. Rd. 99% des Wassers des Primärharns und fast alle Ionen werden in den N.-Tubuli wieder an den interstitiellen Raum abgegeben **(zweite tubuläre Reabsorption).** Die Wand des N.-Tubulus besteht nur aus einer Epithelzellschicht, die an einigen Stellen auf der tubulären Seite einen dichten Mikrovillisaum hat. Die Epithelzellen sind nur punktuell verbunden (durch Tight Junctions), sodass auch eine interzelluläre Diffusion möglich ist. Die tubuläre Reabsorption ist bis zu einem gewissen Grad selektiv und führt zu einer Konzentrierung der Abfallstoffe (z. B. Harnstoff). Die meisten Ionen werden aktiv aus dem Glomerulusfiltrat reabsorbiert, während andere Substanzen (z. B. Wasser) passiv entlang dem osmot. Gradienten reabsorbiert werden. Der osmot. Gradient wird mithilfe der Henle-Schleife aufgebaut, die nach dem Gegenstromprinzip arbeitet. Gleichzeitig findet ein entgegengerichteter, aktiver, selektiver Transport von bestimmten Substanzen in den N.-Tubulus statt **(dritte tubuläre Sekretion).** Er sorgt für die Regulierung der K^+- und H^+-Konzentrationen und des Hydrogencarbonats im Blut (Puffersystem des Blutes) sowie für die Beseitigung von Fremdsubstanzen (z. B. Drogen). Die Anzahl der Nephrone ist sehr unterschiedlich und von der Größe und Stoffwechselaktivität des Tieres abhängig: Amphibien 400–2 000, Maus 20 000, Mensch 2 Mio., Rind 8 Mio. Beim Menschen passieren rd. 1 500 Liter Blut je Tag die Nephrone, wovon 150–170 Liter Primärharn gebildet werden, aber nur 1–2 Liter Endharn. Die Aorta versorgt die Glomeruli mit Blut. Bei niederen Wirbeltieren besteht ein zusätzl. **renales Pfortadersystem,** das im Verlauf der Wirbeltierreihe schrittweise reduziert wird und bei den Säugetieren ganz fehlt. – Ein Maß für die Ausscheidungsarbeit der N. bei der N.-Funktionsprüfung ist der Clearancewert (→Clearance).

Nieren der Wirbeltiere: Einen primitiven Vorläufer des Nephrons findet man bei einigen Prochordaten, bei denen das proximale Ende des Nephrons eine offene Verbindung mit dem Zölom (sekundäre Leibeshöhle) hat. Bei den marinen Schleimfischen (Cyclostomata) sind Glomeruli vorhanden, die Nierentubuli fehlen jedoch vollständig, sodass die Bowman-Kapsel direkt in das Sammelrohr entleert wird. Diese N. haben nur begrenzte osmoregulator. Funktion. Sie scheinen hauptsächlich Blut, Wasser und darin enthaltene Substanzen je Zeiteinheit umzuwälzen, um die Anhäufung giftiger, stickstoffhaltiger Substanzen zu verhindern. Wasser und Ionen, die mit dem Harn verloren gehen, werden aus dem umgebenden Medium ersetzt. Das Plasma der Schleimfische sowie der Rochen und Haie (Chondrichthyes) ist mit dem Meerwasser annähernd isotonisch. Dies beruht auf einer hohen Harnstoffkonzentration im Plasma. Die Knochenfische (Teleostei) stehen auf der nächsthöheren Stufe: Ihr Plasma ist gegenüber Meerwasser hypoosmotisch, gegenüber Süßwasser hyperosmotisch. Dafür ist jedoch nicht die N. verantwortlich, sondern die Aktivität der Kiemen. Marine Knochenfische müssen daher, ebenso wie in trockener Umgebung lebende Reptilien, ihre Wasserausscheidung möglichst gering halten. Sie haben dazu nur kleine Glomeruli ausgebildet, und bei einigen Arten fehlen sie vollständig. Bei solchen **aglomerulären N.** wird der Harn ausschließlich durch Sekretion gebildet. Dagegen haben Süßwasserknochenfische, ebenso wie alle höheren Wirbeltiere, große und zahlr. Glomeruli. Hyperton. Harn können nur Vögel und Säugetiere bilden, da nur sie die Henle-Schleife besitzen und damit eine N.-Organisation, die mit dem Gegenstromprinzip arbeitet. Dadurch kann ein großer osmot. Gradient von der N.-Rinde bis zum N.-Mark aufgebaut werden, der eine wirkungsvolle osmot. Beseitigung von Wasser aus dem Sammelrohr zur Folge hat. Bei Reptilien und Vögeln werden aus Wasserersparnisgründen die stickstoffhaltigen Endprodukte des Stoffwechsels nicht als in Wasser gelöster Harnstoff, sondern in fester Form als Harnsäure ausgeschieden.

Evolution: Das N.-System leitet sich von einem ursprüngl. Organ **(Holonephros)** ab, das sich über fast alle Körpersegmente erstreckt und meist in Nephrotome gegliedert ist. Die Grundform des Holonephros findet sich nur noch bei Larven der Schleimfische. Bei den Wirbeltieren ist der vordere N.-Teil (**Vor-N., Stamm-N.,** Pronephros) nur noch bei Neunaugen, einigen Amphibienlarven und neotenen Knochenfischen (hier als einziges Exkretionsorgan) vorhanden. Bei anderen Knochenfischen ist er in die **Kopf-N.** (meist nur noch Blutbildungsorgan) eingegangen. Von der dann übrig bleibenden **Hinter-N.** (Opisthonephros) findet man die **Ur-N.** (Mesonephros) noch in der Rumpfgegend von Schleimfischen an aufwärts bis zu den Amphibien. Bei den meisten Knochenfischen und Amphibien ist sie das Harnorgan. Bei der Ur-N. werden zwei Tendenzen deutlich: Die segmentale Anordnung der N.-Kanälchen geht verloren, und der Urnierengang (**primärer Harnleiter**) wird mehr und mehr zum Ausführgang für Geschlechtsprodukte, während ein neuer Harnleiter (**sekundärer Harnleiter**) entsteht (Ureter). Bei den Amnioten entwickelt sich der auf die Ur-N. folgende Teil der Hinter-N., die **Nach-N.** (**Dauer-N.**, Metanephros; mit sekundärem Harnleiter), nach und nach zu der definitiven, während die Ur-N. nur noch embryonal als Exkretionsorgan angelegt wird. Bei Reptilien und Vögeln ist die Nach-N. meist noch lang gestreckt und gelappt oder gekerbt und erreicht erst bei Säugetieren (v. a. beim Menschen) die einheitl., typisch bohnenförmige Gestalt. (→Exkretion, →Harn)

P. DEETJEN u. a.: N. u. Wasserhaushalt (^{3}1976); H. PENZLIN: Lb. der Tierphysiologie (^{6}1996).

Nieren|abszess, meist gehäuft und kleinherdig auftretende Eiteransammlungen im Nierengewebe; Ursache sind Eiter erregende Bakterien, die über den Blutweg (Bakteriämie) oder durch eine in den Harnwegen aufsteigende Infektion (v. a. Nierenbeckenentzündung) in die Niere gelangen und dort bes. bei Vorschädigung (Nierensteine, Stauung) zu einem N. führen. Symptome sind Fieber, Schüttelfrost, Klopfempfindlichkeit und ausstrahlende Schmerzen in der Nierengegend. Die Diagnose wird durch Ultraschall- und Röntgenuntersuchung gestellt. Die *Behandlung* umfasst die N.-Drainage und die Gabe von Antibiotika.

Nierenbaum, Acajoubaum [akaˈʒu-], **Cashewbaum** [ˈkæʃu-], **Maranõbaum** [-ˈnjɔn-], **Anacardium occidentale,** Art der Gattung Herznussbaum, immergrünes Sumachgewächs aus dem trop. Südamerika; heute in allen Tropen, v. a. in Indien, kultivierter Obstbaum mit ganzrandigen, ledrigen Blättern und charakterist. Steinfrüchten (→Cashewnuss), deren fleischig verdickte Fruchtstiele (Cashewäpfel) als Obst gegessen werden.

Nierenbecken|entzündung, Pyelitis, akute oder chron. Entzündung des Nierenbeckens; Ursache sind i. d. R. Bakterien (v. a. Colibakterien, Enterokokken, Proteus), die durch eine aufsteigende Entzündung von Blase und Harnleitern (u. a. bei Dauerkatheterisierung) oder über den Blut- oder Lymphweg bei anderen entzündl. Prozessen einwandern. Begünstigend wirken Nässe und Kälte, Abflusshindernisse (z. B. Prostataadenom, Steinbildung, Schwangerschaft (Einengung der ableitenden Harnwege, Verschiebung des pH-Werts im Harn), funktionelle Störungen wie Rückfluss von Harn in die Niere (vesikourethraler Reflux), Querschnittslähmung, Stoffwechselkrankheiten (Diabetes mellitus, Gicht) und Vorschädigungen der Niere durch Arzneimittelmissbrauch, Gefäßveränderungen bei Bluthochdruck, Arteriosklerose, organ. Veränderungen wie Zystennieren.

Da die Papillen des Nierengewebes in das Nierenbecken ragen, kommt es meist (immer bei der chron. N.) zu einem Übergreifen auf Nierenzwischengewebe (Interstitium) und Tubuli, der **Pyelonephritis,** als häufigster Erkrankung der Niere.

Die *Symptome* von N. und Pyelonephritis bestehen bei akuter Erkrankung in plötzl. hohem Fieber, Schüttelfrost, Kopf- und ausstrahlenden Rückenschmerzen, erhöhter Harnausscheidung, Harntrübung (durch Schleim, Eiter, Eiweiß, weiße und rote Blutkörperchen); die teils sich anschließende chron. Form (häufig von akuten Schüben unterbrochen) ist meist symptomarm. Bei ihr besteht die Gefahr einer eitrigen Einschmelzung des Nierengewebes (Pyonephrose) oder einer pyelonephrit. Schrumpfniere mit Niereninsuffizienz.

Die *Behandlung* erfordert eine reichl. Flüssigkeitszufuhr und die medikamentöse Anwendung von Antibiotika, ggf. eine Behebung der Harnabflussstörung.

Nierendiät, Schonkost bei Nierenkrankheiten. Früher wurde bei chron. Funktionseinschränkung des Organs kochsalz- und eiweißarme Nahrung empfohlen; heute wird die Kost (zusätzlich zur medikamentösen Behandlung) den speziellen Erkrankungsformen angepasst (z. B. eiweißreiche N. bei chron. Eiweißverlusten, kochsalzreiche bei der Salzverlustniere).

Nieren|entzündung, Nephritis, häufig nach Infekten oder als Herdinfektion auftretende akute (begünstigt durch Nässe und Kälte) oder chron. Entzündung des Nierengewebes.

Die **Glomerulonephritis** betrifft die Filterkörperchen (Glomeruli) der Nierenrinde und wird überwiegend durch Immunreaktionen im Anschluss an Infektionskrankheiten (selten durch Autoantikörper) verursacht; meist handelt es sich um Streptokokkeninfekte der oberen Luftwege (Angina), aber auch andere bakterielle Infektionskrankheiten (Diphtherie, Typhus, Lungenentzündung, Hepatitis B) können Ursache sein. Durch Ablagerung der in diesem Zusammenhang gebildeten Immunkomplexe kommt es zu einer Schädigung der Basalmembran, die dadurch für Eiweiße und rote Blutkörperchen durchlässig wird. Die Hauptsymptome der **akuten diffusen Glomerulonephritis** bestehen in Hämaturie, Ödemen durch verminderte Flüssigkeitsausscheidung und Natriumrückresorption mit hieraus folgendem Bluthochdruck (**nephrotisches Syndrom**).

Die **chronische Glomerulonephritis,** die sich u. a. aus einer akuten nicht ausgeheilten N. entwickeln kann, stellt ein uneinheitl. Krankheitsbild dar und verläuft über Jahre schleichend, wobei entweder die Symptome des →nephrotischen Syndroms oder der Bluthochdruck im Vordergrund stehen, oft auch zur symptomarmen Ausbildung einer Schrumpfniere. Neben der Niereninsuffizienz können auch die Folgen des Bluthochdrucks zu tödl. Komplikationen führen.

Außer in der diffusen Form tritt die Glomerulonephritis auch als **Herdnephritis** auf, bei der sich die Veränderungen auf einzelne Herde beschränken.

Bei der **interstitiellen Nephritis** ist das Nierenzwischengewebe betroffen; Ursache sind bakterielle Infekte, eine übergreifende Nierenbeckenentzündung oder Glomerulonephritis, Vergiftungen (z. B. durch Blei, Cadmium), allerg. Reaktionen (auch auf Arzneimittel wie Penicillin); eine chron. Schädigung kann durch langfristigen Missbrauch schmerzstillender Mittel entstehen.

Die *Behandlung* der N. besteht grundsätzlich in entwässernden, blutdrucksenkenden, kreislaufstützenden Maßnahmen und Bettruhe, Infektbekämpfung durch Antibiotika, Einhaltung einer Nierendiät, ggf. einer Anwendung von immunsuppressiven und entzündungshemmenden Arzneimitteln sowie Beseitigung von schädigenden Einflüssen und urolog. Veränderungen.

Nierenfistel, →Nephrostomie.
Nierenfunktionsprüfung, →Clearance.
Nierengrieß, →Nierensteinleiden.
Nieren|infarkt, durch Verschluss einer Nierenarterie hervorgerufener Untergang eines keilförmigen Nierenbezirkes; Ursache ist meist eine Embolie im Zusammenhang mit einer Endokarditis oder einer Aortenarteriosklerose. Zu einer Nierenvenenthrombose mit hämorrhag. N. kommt es durch traumat. Einflüsse oder eine Venenentzündung. Wichtige Symptome sind plötzl. kolikartige Schmerzen im Oberbauch und Hämaturie. Die Diagnose wird mithilfe der →digitalen Subtraktionsangiographie gestellt.

Nieren|insuffizi|enz, erhebl. Herabsetzung des Nierenleistungsvermögens infolge unterschiedl. Nierenerkrankungen; die N. tritt als akutes, rückbildungsfähiges →Nierenversagen, i. e. S. jedoch als **chronische N.** mit allmähl. Rückgang der Nierenleistung bis hin zum Organversagen **(terminale N.)** auf.

Zwischen den einzelnen Stadien besteht ein gleitender Übergang; anfangs ist lediglich die glomeruläre Filtrationsrate gemindert (herabgesetzte renale →Clearance), wobei Symptome fehlen. Zunehmend kommt es im weiteren Verlauf zu einem Rückgang der Ausscheidung harnpflichtiger Substanzen, von Wasser und Elektrolyten mit entsprechendem Anstieg der Serumkonzentration (Azotämie) und Abnahme der Harnkonzentration (→Hyposthenurie). Sie führt zur Störung der Homöostase im Wasser-, Elektrolyt- und Säure-Basen-Haushalt und fortschreitender Schädigung innerer Organe, v. a. des Herz-Kreislauf-Systems. Der Rückgang inkretor. Nierenfunktionen (Renin-, Prostaglandin-, Erythropoetinmangel) beeinträchtigt Natriumausscheidung, Blutdruckregulierung (renaler →Hochdruck), Blutbildung (renale Anämie) und führt zu Skelettveränderungen (renale Osteopathie). Mit zunehmender N. treten die Symptome der →Harnvergiftung und der Rückgang der Harnausscheidung (Oligurie) in den Vordergrund. Schließlich kommt es ohne Dialysebehandlung zum Tod im urämischen Koma. Die N. kann als Endstadium nahezu aller primären und sekundären Nierenerkrankungen auftreten, v. a. bei chron. Nieren- und Nierenbeckenentzündung, Gefäßschädigung durch Bluthochdruck, Arteriosklerose, Stoffwechselkrankheiten (diabet. Nephropathie), Fehlbildungen (Zystenniere).

Die *Behandlung* richtet sich zunächst auf die Grundkrankheit, mit Fortschreiten der N. v. a. auf den Ausgleich der exokrinen und endokrinen Störungen durch Förderung der Ausscheidung von Stoffwechselprodukten, Minderung ihrer Entstehung durch diätet. Maßnahmen (Eiweißreduktion), Normalisierung des Blutdrucks; bei terminaler N. ist eine Dauerbehandlung mit der künstl. Niere (Dialyse) erforderlich, ggf. eine Nierentransplantation.

Nierenkolik, →Nierensteinleiden.

Nierenkrebs, Nierenkarzinom, bösartiger Tumor des Nierenparenchyms, meist von den Tubulusepithelien (Nierenkanälchen) ausgehendes Adenokarzinom, auch Hypernephrom oder Grawitz-Tumor genannt; ist mit etwa 85 % der häufigste Nierentumor beim Erwachsenen. Mischtumoren werden als Nephroblastome bezeichnet, zu denen auch der →Wilms-Tumor als häufigster N. im Kindesalter gehört.

Der N. kommt bei Männern häufiger als bei Frauen vor; spät auftretendes Hauptsymptom ist eine Hämaturie. Die *Behandlung* erfolgt durch operative Entfernung der betroffenen Niere. Bei Früherkennung beträgt die Fünfjahresüberlebensrate etwa 50 %.

Nieren|operationen, chirurg. Eingriffe zur Behandlung von Nierenkrankheiten; die häufigsten Maßnahmen sind die operative Eröffnung (Nephrotomie) zur Entfernung von Nierensteinen, Abszessen, plast. Erweiterung eines verengten Nierenbeckens, Anlegung einer äußeren Nierenfistel zwecks Harnableitung (Nephrostomie), die Entfernung geschädigter Gewebeteile (Nierenresektion) oder der gesamten Niere (Nephrektomie), v. a. bei Nierenkrebs, und die →Nierentransplantation.

Nierenschrumpfung, die →Schrumpfniere.

Nierenschuppenfarn, Nephrolepis, Gattung der →Tüpfelfarngewächse mit rd. 30 sub- und subtrop. Arten; epiphyt. oder terrestr. Farne mit vielgestaltigen Blättern und kriechendem Rhizom. Einige Arten und Mutanten sind beliebte Warmhauspflanzen, werden aber auch als dekorative Grünpflanzen im Freien kultiviert.

Nierenschuppenfarn: Kräuselfarn

Nierenschwänze, Keulenschwanzgeckos, Kugelschwanzgeckos, Nephrurus, Gattung austral. Geckos. Der kurze Schwanz ist am Ende kugelförmig verdickt.

Nierensenkung, *Medizin:* →Wanderniere.

Nierensteinauflösung, →Urolitholyse.

Nierensteine, →Harnsteine, →Nierensteinleiden.

Nierensteinleiden, Nephrolithiasis, Bildung von →Harnsteinen in den Nierenkelchen oder im Nierenbecken; Vorstufen sind der kleinkörnige Nierensand oder -grieß. Das Nierenbecken kann u. U. völlig ausgefüllt sein **(Ausgussstein).**

Die Symptome hängen von Größe und Lage der Nierensteine ab; kleinere Steine können beim Abgang im Harnleiter stecken bleiben und Nierenkoliken verursachen; sie äußern sich in starken, anfallsweise auftretenden krampfartigen Schmerzen mit Ausstrahlung in Geschlechtsorgane und Oberschenkel, auch mit Erbrechen, Schüttelfrost, Fieber (bei bakteriellen Infekten), sogar reflektor. Darmverschluss. Es besteht erhöhter Harndrang mit verminderter, schmerzhafter Harnausscheidung und Hämaturie oder Harnsperre. Meist endet der Anfall durch Zurückgleiten des Steins in das Nierenbecken oder Ausscheidung in die Blase; anhaltender Harnstau führt zur →Hydronephrose. Große Steine rufen die oft symptomarmen **chronischen N.** hervor. Durch anhaltende Schleimhautreizung kann es hierbei zu Nierenbeckenentzündungen mit bakteriellen Sekundärinfektionen oder Stauungsschäden kommen. Die Diagnose wird durch die Verfahren der Nephrographie gestellt.

Die *Behandlung* besteht beim akuten Anfall in der Anwendung krampflösender und schmerzstillender Mittel und warmer Bäder, in hoher Flüssigkeitszufuhr, auch Bewegung. Festsitzende Steine können z. B. mit der Harnleiterschlinge entfernt werden, größere Steine durch Zertrümmerung (→Lithotripsie, →Stoßwellenlithotripsie), reine Harnsäuresteine auch durch medikamentöse Auflösung (→Urolitholyse), Ausgusssteine durch operative Nierenöffnung (Lithotomie).

Nierenszintigraphie, Verfahren der Nuklearmedizin zur Nierendiagnostik; nach Injektion eines Radiopharmakons in die Blutbahn wird dessen Anreicherungsmuster in den Nieren (im Unterschied zur Isotopennephrographie) zur meist farbcodierten Abbildung dieser genutzt. Versch. Durchführungsvarianten ermöglichen funktionelle Aussagen zur Durchblutung und Harnproduktion, z. B. bei chron. Nierenerkrankungen, sowie zu Abstoßungsreaktionen von transplantierten Nieren. Aufgrund funktionsspezif. Informationen ergänzt die N. die in der räuml. Strukturauflösung weit überlegene Computer- und Kernspintomographie.

Nierentransplantation, operative Übertragung einer lebensfrischen Spenderniere auf einen Empfänger (→Transplantation). Das Transplantat stammt in der Mehrzahl der Fälle von verstorbenen Spendern oder, da die Nieren doppelt angelegt sind, von lebenden, verwandten Spendern. Die Niere wird dabei in eine künstl. Nische zw. Darmbeinschaufel und Bauchfell eingebracht und an die Beckenarterie und -vene sowie mit dem Harnleiter an die Blase angeschlossen. Der Erfolg einer N. ist von der →Gewebeverträglichkeit der Blutgruppen und des →HLA-Systems abhängig. Die gewebetyp. Daten der auf eine N. wartenden Empfänger sind für einen Teil Europas z. B. in der Eurotransplant-Zentrale in Leiden (Niederlande) gespeichert; nach Übermittlung der Spendermerkmale werden durch Computer die Empfänger mit der größten Übereinstimmung festgestellt. Wie bei allen Organtransplantationen ist eine lebenslange Therapie mit →Immunsuppressiva notwendig.

Nach fünf Jahren sind bei Gewebeverträglichkeit 50–70 % der transplantierten Nieren funktionsfähig.

Hauptursache für den Verlust ist eine chron. Abstoßung. Die Überlebensrate ist höher als bei einer Dialysebehandlung; außerdem ermöglicht die N. (abgesehen von der immunsuppressiven Dauertherapie und deren Komplikationen) ein normales Leben.

Nierentuberkulose, →Tuberkulose.

Nierentumoren, Neubildungen der Niere, selten in gutartiger Form als mesenchymale (z. B. Fibrome, Lipome) oder epitheliale Tumoren (z. B. Adenome), in bösartiger Form als →Nierenkrebs auftreten.

Nierenversagen, Minderung oder vollständiger Ausfall der Ausscheidungsfunktion beider Nieren, i. e. S. das plötzlich einsetzende **akute N.** (Schockniere) als Folge einer meist rückbildungsfähigen Nierenschädigung. Es führt zu einer zunehmenden →Harnvergiftung. Über eine Zwischenphase mit vermehrter Ausscheidung eines verdünnten Harns (Polyurie) kommt es im günstigen Fall zur Normalisierung der Nierenfunktion. (→Niereninsuffizienz)

Häufigste Ursache ist eine akut unzureichende Durchblutung der Niere infolge extremer Blut-, Flüssigkeits- oder Elektrolytverluste mit Blutdruckabfall; daneben kommen tox. Schädigungen durch Hämolyse, Weichteilquetschungen (Crush-Syndrom), Verbrennungen, Sepsis, nierenwirksame Gifte (z. B. Arsen, Chlorate, Tetrachlorkohlenstoff) oder Arzneimittel (z. B. Barbiturate, Antibiotika), auch akut entzündl. Nierenerkrankungen als Gründe in Betracht.

Nierenverschlag, *Tiermedizin:* →Lumbago.

Nierenzysten, einzeln oder gehäuft auftretende, flüssigkeitsgefüllte Hohlraumbildungen im Nierengewebe (Rinde, Marksubstanz). Meist handelt es sich um harmlose Anomalien; bei entsprechender Größe kann es durch Verdrängung des umliegenden Gewebes zu Beschwerden, Abflussbehinderungen und Druckschädigungen der Niere kommen. Die Diagnose wird durch Ultraschalluntersuchung oder Computertomographie gestellt. (→Zystenniere)

Ansgar Nierhoff: Gleichgewicht; 1983 (Privatbesitz)

Nierhoff, Ansgar, Bildhauer, *Meschede 1. 10. 1941; schuf Skulpturen aus (zerbeultem) Stahl, auch Freiplastiken (›Tor‹, 1975; Köln-Zollstock, Gesamtschule). Seit Ende der 70er-Jahre arbeitet er mit Eisen (›Fort V‹, 1985; Köln-Marienburg); auch Objekte, Environments und Zeichnungen.

G.-W. KÖLTZSCH: A. N., Eisenzeit, Ausst.-Kat. Saarland-Museum, Saarbrücken (1988); Extrem. A. N., hg. v. S. KORN u. B. KÜMMEL, Ausst.-Kat. Kunsttreff Frankenberg (1993); A. N., der Bildhauer als Zeichner, hg. v. G.-W. KÖLTZSCH, Ausst.-Kat. Museum Folkwang, Essen (1997).

Niers *die,* niederländ. **Neers,** rechter Nebenfluss der Maas, 109 km in NRW (Quelle südlich von Mönchengladbach), 11 km in den Niederlanden (Mündung bei Gennep, Prov. Limburg). Das N.-Tal ist ein beliebtes Ausflugsgebiet.

Nierstein, Gem. im Landkreis Mainz-Bingen, Rheinl.-Pf., 90 m ü. M., am linken Rheinufer, 7100 Ew.; paläontolog. und Schiffermuseum; mit über 1000 ha Rebland und rd. 100 Winzer- und Weinbaubetrieben. – Ev. Pfarrkirche (1782–87, mit roman. Chorturm); kath. Pfarrkirche (1772–74, mit roman. Chorturm). – Aus jungsteinzeitl. Gräbern in der Gemarkung N. stammen Gefäße, deren Formen als **Rössen-Nierstein Typ** bezeichnet werden.

Niesel, Wilhelm, ev. Theologe, *Berlin 7. 1. 1903, †Frankfurt am Main 13. 1. 1988; ab 1935 Dozent an der Kirchl. Hochschule Berlin, ab 1946 Dozent und 1951–68 Prof. an der Kirchl. Hochschule Wuppertal. Schwerpunkt seiner wiss. Arbeit war J. CALVIN. Während der natsoz. Herrschaft wurde N. mehrmals inhaftiert. 1946–73 war er Moderator des Ref. Bundes, 1964–70 Präs. des Ref. Weltbundes.

Werke: Die Theologie Calvins (1938); Calvin-Bibliogr. 1901–59 (1961); Kirche unter dem Wort. Der Kampf der Bekennenden Kirche der altpreuß. Union 1933–1945 (1978).

Nieseln, ältere Bez. für →Sprühregen.

Niesen, Reinigungsreflex der oberen Luftwege. Ausgelöst von der Nasenschleimhaut durch Geruchs-, Temperatur- und mechan. Reize, gelegentlich auch durch plötzl. hellen Lichteinfall ins Auge, kommt es reflektorisch über den Trigeminus zu Tiefeinatmung und nachfolgender krampfhähnl. Ausatmung, bei der das Gaumensegel so gespannt wird, dass der Luftstrom nicht in den Mund, sondern in Nasenrachen und Nase getrieben wird. Das Zentrum für den Niesreflex befindet sich im verlängerten Mark.

Im *Volksglauben* der meisten Völker hat das N. zweifache Bedeutung. Einerseits wird geglaubt, dass Seelenstoffe oder Dämonisches den Menschen verlassen, andererseits, dass Böses in ihn hineingerät. Infolge dieser entgegengesetzten Vorstellungen gilt das N. sowohl als gefährlich als auch als glückbringend. Schon in der Antike ist zur Abwehr des Schädlichen ein Heilswunsch üblich, in Süddtl. ›Helf Gott‹, sonst ›Zum Wohle‹, ›Gesundheit‹.

Niesen *der,* Berg im Berner Oberland, südlich des Thuner Sees, 2362 m ü. M.; Seilbahn von Mülenen im Kandertal.

Niesky [-ki], Kreisstadt des Niederschles. Oberlausitzkreises, Sa., 160 m ü. M., südlich der Oberlausitzer Heide- und Teichlandschaft, 12500 Ew.; Heimatmuseum; Waggon-, Stahlbau, Baustoffindustrie. Bei N. besteht seit 1972 die Talsperre Quitzdorf (7,15 km², Stauraum 22 Mio. m³) des Schwarzen Schöps (Nebenfluss der Spree). – N. entwickelte sich aus einer Ansiedlung böhm. Exulanten, die 1742 ansässig wurden. Seit 1745 bestimmte die Herrnhuter Brüdergemeine die Entwicklung von N. 1929 wurden Ödernitz, Neuhof und Neu-Särichen mit N. zu einer Gesamtgemeinde verbunden, die 1935 Stadtrecht erhielt.

Nießbrauch [Lehnübersetzung von lat. ususfructus ›Recht der Nutzung fremden Eigentums‹], das einer bestimmten Person (**Nießbraucher**) zustehende, dingl., höchstpersönl. Recht, aus einem fremden Gegenstand (beweg. Sache, Grundstück, Recht, Vermögen) nach den Regeln einer ordnungsmäßigen Wirtschaft sämtl. Nutzungen zu ziehen (§§ 1030 ff. BGB); eine Beschränkung des N. durch Ausschluss einzelner Nutzungen ist möglich. Der Nießbraucher ist verpflichtet, die wirtschaftl. Bestimmung der Sache aufrechtzuerhalten (z. B. nicht aus einem Acker eine Kiesgrube zu machen). Der N. ist grundsätzlich nicht übertragbar und unvererblich; jedoch kann die Ausübung einem anderen überlassen werden (Beispiel: der Nießbraucher verleiht eine ihm zum N. überlassene Sache an Dritte). Der Erwerb (oder die rechtsgeschäftl. Aufhebung) richtet sich nach sachenrechtl.

Nieswurz: Von oben Schwarze Nieswurz (Höhe 10–30 cm); Grüne Nieswurz (Höhe 10–30 cm); Stinkende Nieswurz (Höhe 30–60 cm)

Vorschriften (z. B. beim N. an Grundstücken notarielle Beurkundung und Eintragung des N. ins Grundbuch).

Der Nießbraucher ist berechtigt, die Sache umfassend zu nutzen (also insbesondere Früchte zu gewinnen, Zinsen, Dividenden u. Ä. zu erwirtschaften); eine übermäßige Fruchtziehung ist untersagt und berechtigt den Eigentümer unter Umständen zu Ersatzansprüchen. Mit dem Recht zur Nutzung korrespondiert die Pflicht, die laufenden Unterhaltskosten und öffentl. Lasten zu tragen. Bei Beeinträchtigungen seines Rechts stehen dem Nießbraucher vergleichbare Rechte wie dem Eigentümer bei →Eigentumsstörungen zu; er genießt ferner Besitzschutz (→Besitz).

N. erlischt mit dem Tod des Nießbrauchers, bei jurist. Personen mit dem Erlöschen ihrer Rechtsfähigkeit.

In *Österreich* wird N. als **Fruchtnießung** bezeichnet, das Recht, eine fremde Sache unter Schonung der Substanz ohne alle Einschränkung zu nutzen (§§ 509 ff. ABGB). – In der *Schweiz* bestehen ähnl. Regelungen wie in Dtl. (Art. 745–775 ZGB, **Nutznießung**).

Die komplizierte und unübersichtl. *einkommensteuerrechtl.* Regelung des N. beruht auf Rechtsprechung und Verwaltungsanweisungen. Ob die Einkünfte dem Eigentümer oder dem Nießbraucher zugerechnet werden, hängt u. a. davon ab, ob der N. entgeltlich oder unentgeltlich ist oder ob es sich um einen Zuwendungs-, Vorbehalts- oder Nachlass-N. handelt.

Der N. im Zivil- u. Steuerrecht, bearb. v. R. u. M. JANSEN (⁵1993).

Niessen, Carl, Theaterwissenschaftler, * Köln 7. 12. 1890, † Troisdorf 6. 3. 1969; ab 1929 Prof. in Köln; begründete und leitete dort das Theaterwiss. Institut. Ab 1928 Mitherausgeber der Schriftenreihe ›Die Schaubühne‹, ab 1949 Herausgeber des ›Handbuchs der Theater-Wissenschaft‹ (1949–58, Bd. 1, Tl. 1–3). Machte sich um die Erhaltung bzw. Wiederbelebung des rhein. Puppenspiels verdient. Seine theaterwiss. Sammlung (Bühnenbilder, Figurinen u. a.) befindet sich heute im Schloss Wahn bei Köln.

Nieswurz, Helleborus, Gattung der Hahnenfußgewächse mit rd. 20 Arten in Eurasien; mit oft fußförmig gefiederten Blättern, röhrenförmigen Honigblättern in der Blüte und Balgfrüchten; giftig durch Alkaloide. Bekannte einheim. Arten: **Schwarze N.** (**Christrose, Schneerose,** Helleborus niger), in den Kalkalpen, Karpaten und im Apennin; mit grundständigen, fußförmig gefiederten, ledrigen Blättern und großen, nickenden, weißen, später purpurfarben getönten Blüten; steht unter Naturschutz. Als Gartenpflanze blüht sie oft schon im Dezember. **Grüne N.** (Helleborus viridis), mit grünen Blüten, in lichten Bergwäldern und Gebüsch auf Kalkböden; auch angepflanzt und verwildert; geschützt. **Stinkende N.** (Helleborus foetidus), unangenehm riechende Staude in warmen, trockenen Bergwäldern und auf steinigen Triften auf Kalk; gelbgrüne, rötlich gesäumte, glockig zusammenstehende Blütenhüllblätter. (BILD S. 655)

Die Schwarze N. war eines der wichtigsten Arzneimittel der Antike. Sie wurde als Brechen erregendes, menstruationsförderndes, abtreibendes Mittel sowie als Mittel gegen Epilepsie und Manie verwendet. Im Volksglauben des MA. sollte die N. ein langes Leben verleihen und vor Geistern und Zauberei schützen.

Niet [mhd. niet(e) ›breit geschlagener Nagel‹], Bolzen aus einem leicht verformbaren Material (weicher Stahl, Leichtmetall, Kupfer, Messing u. a.) zum unlösbaren, form- und teilweise auch kraftschlüssigen Verbinden von Bauteilen; er besteht aus einem Setzkopf unterschiedl. Form und dem massiven, hohlen oder angebohrten N.-Schaft. Zum Nieten wird der N.-Schaft durch die gestanzten oder gebohrten und entgrateten N.-Löcher gesteckt und je nach Art und Zugänglichkeit des N. umgeformt. Der **Voll-N.** wird am bereits vorhandenen Setzkopf mit einem Gegenhalter festgehalten und das freie Ende des Schaftes durch Druck- oder Schlagwirkung direkt oder mithilfe eines Kopfstempels (Döpper, Schellhammer) indirekt zum Schließkopf verformt. Beim **Hohl-N.** wird die Verbindung durch Weiten und Anbördeln eines Bundes hergestellt und bei der **Schließring-Bolzen-Verbindung** ein Schließring um einen Bolzen gestaucht, der wie ein Voll-N. von der Setzkopfseite aus in das N.-Loch gesteckt wird. Bei nur einseitig zugängl. Bauteilen werden so genannte **Blind-N.** verwendet (→Blindnietverfahren): Ein durch den hülsenförmigen **Zugdornblindniet** hindurchgesteckter nadelförmiger Zugdorn staucht beim Ziehen (mittels Nietzange) die Hülse und bildet so den Schließkopf; der Dorn reißt an einer Sollbruchstelle. Beim **Spreizblindniet** werden durch Einschlagen eines Kerbstiftes die am Fußende des Hohl-N. befindl. geschlitzten Segmente gespreizt und dadurch die Bauteile zusammengezogen.

Niet- und Bauteilwerkstoff sollten gleich oder gleichartig sein, um einen Angriff durch elektrochem. Korrosion zu verhindern. Stahl-N. unter 10 mm Durchmesser und N. aus NE-Metallen werden im kalten Zustand geschlagen **(Kaltnietung)**. Stahl-N. über 10 mm Durchmesser werden vorher erwärmt **(Warmnietung)**. Beim **Sprengnieten (Thermonieten)** wird eine im N.-Schaft befindliche Sprengladung durch Erwärmen oder Schlag gezündet, die den Schließkopf erzeugt. Im Stahlbau, bei Kesseln und Druckbehältern wurden N.-Verbindungen nach Einführung der Schweißtechnik durch Schweißverbindungen ersetzt. Im Leichtmetallbau werden N.-Verbindungen dann noch bevorzugt, wenn die Festigkeit von hochfesten Werkstoffen nicht durch die Wärmeeinwirkung beim Schweißen beeinträchtigt werden darf; vorwiegend werden Hohl-N., Blind-N. und Schließring-Bolzen-Verbindungen aus Stahl oder Aluminium verwendet.

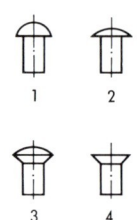

Niet:
1 Halbrundniet;
2 Flachrundniet;
3 Linsensenkniet;
4 Senkniet

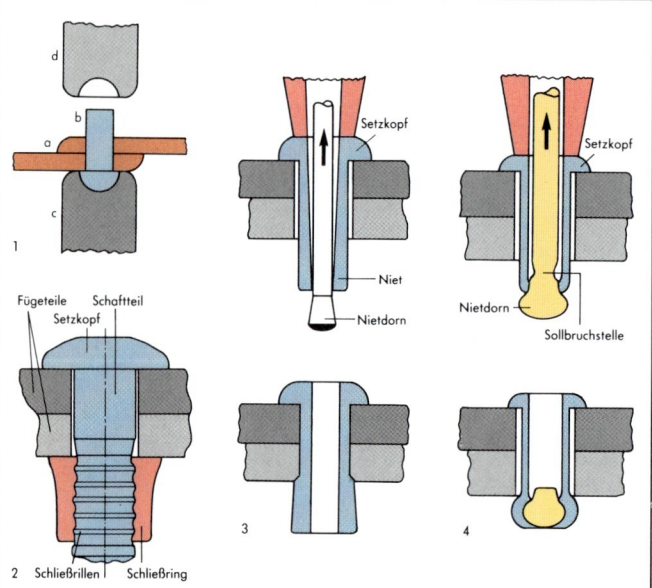

Niet: 1 Herstellung einer Nietverbindung mit einem Halbrundniet; a zu verbindende Bleche, b Niet, c Gegenhalter, d Schellhammer (Nietdöpper);
2 Schließring-Bolzen-Verbindung mit fertig gesetztem Schließring; 3 Durchziehblindniet; 4 Zugdornblindniet

Niethammer, Friedrich Immanuel, ev. Theologe und Pädagoge, * Beilstein 26. 3. 1766, † München 1. 4. 1848; wurde 1793 Prof. für Philosophie und Theologie in Jena, 1804 in Würzburg, 1807 Zentralschulrat in München (1807 auch Oberkirchenrat, 1818 Oberkonsistorialrat). Als Pädagoge versuchte N., zw. →Philanthropismus und →Neuhumanismus vermittelnd, das bayer. Schulwesen zu reformieren und führte mit dem ›Allgemeinen Normativ für Bayern‹ (1808, galt bis 1816) neben dem humanist. einen realist. Gymnasialtyp (mit Unterricht in den Realien) ein.

Werk: Der Streit des Philantropinismus u. Humanismus (1808).

E. Hojer: Die Bildungslehre F. I. N.s (1965); P. Euler: Pädagogik u. Universalienstreit. Zur Bedeutung von F. I. N.s pädagog. ›Streitschrift‹ (1989).

Nietzsche, Friedrich Wilhelm, Altphilologe und Philosoph, * Röcken (bei Lützen) 15. 10. 1844, † Weimar 25. 8. 1900; Sohn von Franziska N., geb. Oehler (* 1826, † 1897), und Carl Ludwig N. (* 1813, † 1849), einem luther. Pfarrer, zog 1850, nach dem Tod des Vaters, mit der Mutter und seiner Schwester Elisabeth (→Förster-Nietzsche, Elisabeth) nach Naumburg (Saale) um. Bereits als Zehnjähriger verfasste er seine ersten Gedichte und Kompositionen. 1858–64 war er Schüler der Landesschule Pforta. Er studierte zunächst in Bonn Theologie und alte Sprachen (1864), dann folgte er seinem Lehrer F. W. Ritschl nach Leipzig (1865). Auf dessen Empfehlung hin erhielt er 1869 eine Professur für klass. Philologie in Basel (Antrittsrede über ›Homer und die klass. Philologie‹). 1870 nahm er für eine kurze Zeit am Dt.-Frz. Krieg als freiwilliger Krankenpfleger teil. Von großem Einfluss wurde unter seinen Bekanntschaften (E. Rohde, J. Burckhardt, F. C. Overbeck, P. Gast, P. Rée u. a.) v. a. die mit R. Wagner; die erste persönl. Begegnung fand 1868 in Leipzig statt, wurde in Triebschen bei Luzern vertieft, schlug seit 1876 zeitweilig in tiefe Ablehnung und schließlich in Gegnerschaft um. Die Beziehung trug aber wesentlich zur Herausbildung von N.s eigener Position bei. Seit 1871 verschlimmerte sich N.s Gesundheitszustand; seinen Kopfschmerzen und seiner zunehmenden Augenschwäche vermochten auch häufig wechselnde Aufenthalte in der Schweiz und in Italien nicht abzuhelfen. 1879 war er gezwungen, sein Lehramt in Basel aufzugeben. Die nächsten zehn Jahre lebte er als freier Philosoph an wechselnden Orten (u. a. in Venedig, Genua, Rapallo, Nizza). Krisen in menschl. Beziehungen, so 1882 zu Lou Andreas-Salomé, erschütterten ihn tief. 1889 kam es in Turin zu seinem geistigen Zusammenbruch.

Die Deutung seiner Krankheitsgeschichte ist bis heute umstritten. Von Mutter und Schwester in Naumburg und Weimar gepflegt, dämmerte N. in zunehmender geistiger Umnachtung dahin. Seine Schwester begann in dieser Zeit mit der Errichtung eines Archivs. Zusammen mit Gast gab sie eine Auswahl aus dem Nachlass u. d. T. ›Der Wille zur Macht‹ heraus. In der Forschung wurden ihr viele Fälschungen nachgewiesen und die editor. Unhaltbarkeit und sachl. Ungemäßheit dieser Kompilation aufgedeckt.

Werke und Philosophie

N.s Philosophie lässt sich in drei Phasen einteilen. In der ersten Phase steht N. völlig unter dem Einfluss von A. Schopenhauer und R. Wagner. In ›Die Geburt der Tragödie aus dem Geiste der Musik‹ (1872) bricht N. mit allen traditionellen altphilolog. Vorstellungen und vertritt eine von seinem Lehrer Ritschl und von U. von Wilamowitz-Moellendorff abgelehnte antiklass., tragisch-pessimist. Auffassung des Griechentums, sieht die att. Tragödie und das Musikdrama Wagners als die Vereinigung der beiden Kunsttriebe der Natur, des Apollinischen und Dionysischen. Während das Apollinische in der Analogie des Traumes als der schöne Schein, das Vollkommene und Maßvolle näher gebracht werden kann, deutet N. das Dionysische in der Analogie des Rausches als das Hinausgehen über das Individuelle und Eingehen in eine mystische Einheitsempfindung. Der sokrat. Geist führte in seinem Bestreben, das Dasein begreiflich und am Leitfaden der Kausalität erkennbar zu machen, zur allmähl. Vernichtung der griech. Tragödie. In seinen vier ›Unzeitgemäßen Betrachtungen‹ (1873 bis 1876, 4 Bde.) stellt sich N. kritisch gegen seine Zeit und seine Zeitgenossen, um auf diese Einfluss zu nehmen und zugunsten einer kommenden Zeit zu wirken. Die erste Unzeitgemäße Betrachtung mit dem Titel ›David Strauß, der Bekenner und der Schriftsteller‹ dient der kritisch-polem. Auseinandersetzung mit dem schwärmerisch-optimist. Bekenntnisbuch von D. F. Strauss über ›Das Leben Jesu für das dt. Volk‹. In der zweiten Unzeitgemäßen Betrachtung, ›Vom Nutzen und Nachtheil der Historie für das Leben‹ (1874), zeigt N. die Zweideutigkeit der histor. Wiss. auf, die gerade im 19. Jh. zu besonderer Blüte gelangt war. Die dritte und vierte Unzeitgemäße Betrachtung, ›Schopenhauer als Erzieher‹ (1874) und ›Richard Wagner in Bayreuth‹ (1876), zeigen N. als deren Anhänger und Verehrer. Er übernimmt von Schopenhauer den Willen als das übersinnl. Prinzip der Welt, allerdings tritt er nicht mit dem Ziel der Erlösung für eine Verneinung des Willens zum Leben ein.

In der zweiten Phase befreit sich N. von seinen Vorbildern und wird zu einem scharfen Kritiker und freien Geist, der sich in der Nähe zum Positivismus bewegt. Die Schrift ›Menschliches, Allzumenschliches‹ (1878, Bd. 1) zeigt den Bruch an, der zw. ihm und Wagner stattgefunden hatte und der später zur Forderung nach einer radikal antiroman. Haltung führte (›Der Fall Wagner‹, 1888). N. versucht in der neuen Periode die menschl. Wertungsweisen und Schätzungen zu entlarven. Die ›freien Geister‹ gleiten nach N. nicht in den Idealismus ab, sondern sie betreiben ›umgekehrte Wertschätzungen‹, zeigen Selbsttäuschungen auf, enthüllen Illusionen und relativieren Vorurteile (›Vermischte Meinungen und Sprüche‹, 1879; ›Der Wanderer und sein Schatten‹, 1880, als ›Menschliches, Allzumenschliches‹, Bd. 2, 1886). N. erweist sich jetzt als Wortführer des Nihilismus, d. h., er sieht in der gesamten Gesch. der abendländ. Philosophie das Geschehen der Entwertung der höchsten Werte wirksam. Als oberste Werte haben seit Platon die übersinnl. Ideen, das Göttliche, gegolten. Die urspr. unabhängig vom Menschen gedachten Werte verlieren ihre Gültigkeit. Den Prozess des Nihilismus bringt er auf die Formel: ›Gott ist tot!‹. Im Anschluss an die ›Morgenröthe‹ (1881), in der der Kampf gegen die Moral eröffnet wird, bereitet N. in dem 1882 erstmals erschienenen und 1887 fertig gestellten Buch ›Die fröhliche Wissenschaft‹ auf sein Werk ›Also sprach Zarathustra‹ (1883–91, 4 Bde.) vor.

In der dritten Phase legt N. seine eigene Philosophie dar. ›Also sprach Zarathustra‹, das er ›ein Buch für Alle und Keinen‹ nennt, hält er selbst für ›das tiefste Buch, das die Menschheit besitzt‹. Es besteht aus vier Teilen: Der erste Teil erschien zus. mit ›Zarathustras Vorrede‹ Ende April 1883, der zweite folgte im Herbst 1883, der dritte 1884 und der vierte 1885 als Privatdruck. In diesem jasagenden Teil seiner Philosophie verweist N. in der Überwindung Gottes und des Menschen auf den Übermenschen und spricht in den Lehren vom ›Willen zur Macht‹, der ›ewigen Wiederkehr des Gleichen‹, der ›Umwertung aller Werte‹ und der Behauptung ›Gott ist tot!‹ seine philosoph. Überzeugungen aus. Die ›neinsagende, neinthuende Hälfte‹ seiner Philosophie, die Umwertung aller bishe-

Friedrich Nietzsche

rigen höchsten Werte, beginnt mit ›Jenseits von Gut und Böse. Vorspiel einer Philosophie der Zukunft‹ (1886). N. versucht hier den Blick, der auf den moralisch-metaphys. Gegensätzen, dem Ort des ›Gut und Böse‹ haftet, auf etwas Zukünftiges, den Ort ›Jenseits von Gut und Böse‹ zu lenken. Es geht ihm in seinem Immoralismus um die Überwindung des Menschen, der bisher entweder im Jenseits oder im Diesseits sein Ziel sah und dadurch im so genannten ›Übermenschlichen‹ und ›Menschlich/Allzumenschlichen‹ stecken blieb. In engem Zusammenhang mit diesem Buch steht die ein Jahr später erschienene Streitschrift ›Zur Genealogie der Moral‹ (1887). N. betreibt in ihr eine radikale Demontage der Moral, indem er ihre Entstehung entlarvt, d. h. die Bedingungen und Bedingungsverhältnisse aufdeckt, aus denen sich die Moral herausgebildet hat. Er legt dar, dass die christl. Moral im ›Sklavenaufstand in der Moral‹ aus dem Ressentiment der Schwachen hervorgegangen sei. Seine grundsätzl. ›In-Frage-Stellung‹ der Moral führt ihn zur Frage nach dem Wert, den die Werturteile haben.

Niğde: Ala ed-Din Camii; 1223

Wirkung

N. übte einen großen Einfluss auf die Literatur (u. a. R. M. RILKE, H. VON HOFMANNSTHAL, K. KRAUS, R. MUSIL, S. ZWEIG, H. MANN, T. MANN, G. BENN, H. HESSE, E. JÜNGER), die Philosophie (u. a. M. HEIDEGGER und K. JASPERS) und die Psychologie (u. a. S. FREUD, L. KLAGES und C. G. JUNG) aus. Von den Nationalsozialisten wurden v. a. seine Gedanken vom ›Willen zur Macht‹, der ›Herrenmoral‹ und der ›blonden Bestie‹ missbräuchlich aufgegriffen und in propagandist. Weise politisiert (u. a. A. BAEUMLER, H. GÜNTHER). Aufgrund dieser Wirkungsgesch. wurde N.s Werk in der DDR – in der Nachfolge des Urteils von G. LUKÁCS (›Der dt. Faschismus und N.‹, 1948; ›Die Zerstörung der Vernunft‹, 1954) – bis Mitte der 80er-Jahre totgeschwiegen. Über Dtl. hinaus hat N. am stärksten in Frankreich gewirkt: in der Literatur u. a. auf A. GIDE und in der Philosophie auf die Gegenwartsströmungen des Poststrukturalismus und der Postmoderne (u. a. G. BATAILLE, M. FOUCAULT, G. DELEUZE und J. DERRIDA).

Ausgaben: Frühe Schr., 1854–69, hg. v. H. J. METTE u. a., 5 Bde. (1933–40, Nachdr. 1994); Werke. Krit. Gesamtausg., begr. v. G. COLLI u. a., auf zahlr. Bde. ber. (1967ff.); Sämtl. Werke. Krit. Studienausg., hg. v. G. COLLI u. M. MONTINARI, 15 Bde. (²⁻³1988–93).

K. SCHLECHTA: Der Fall N. (²1959); N. u. die dt. Lit., hg. v. B. HILLEBRAND, 2 Bde. (1978); M. HEIDEGGER: N., 2 Bde. (⁵1989); M. MONTINARI: F. N. Eine Einf. (a. d. Ital., 1991); C. P. JANZ: F. N. Biogr., 3 Bde. (²1993); V. GERHARDT: F. N. (²1995); S. E. ASCHHEIM: N. u. die Deutschen. Karriere eines Kults (a. d. Engl., 1996); J. LERIDER: N. in Frankreich (a. d. Frz., 1997). – N.-Studien. Internat. Jb. für die N.-Forschung (1972 ff.).

Nieuport [njø'pɔ:r], →Nieuwpoort.

Nieuwegein ['ni:wexein], Gem. in der Prov. Utrecht, Niederlande, 58 100 Ew.; Bau von Maschinen, Getränkeautomaten und Offshoreausrüstungen, Herstellung von Software, Großdruckereien.

Nieuwe Maas ['ni:wə 'ma:s], Flussarm im Rhein-Maas-Delta, →Neue Maas.

Nieuwenhuys ['ni:wənhœjs], Constant Anton, niederländ. Maler und Bildhauer, →Constant.

Nieuwe Waterweg ['ni:wə 'watərwɛx], **Neuer Wasserweg,** Seeschifffahrtskanal in den Niederlanden, zw. Maassluis und dem Nordseehafen Hoek van Holland, 10 km lang, verbindet Rotterdam (über →Neue Maas und Scheur) mit der Nordsee; 1866–72 angelegt, später mehrmals vertieft. Der westl. Kanalabschnitt wurde beim Bau des →Europoort (1958–81) für alle heute gebräuchlichen Schiffsgrößen ausgebaut. 1997 wurde auf der Höhe von Maassluis ein Sturmflutwehr (die beiden Tore sind jeweils 210 m lang und 22 m hoch) fertig gestellt, mit dem der N. W. bei Sturm abgeriegelt werden kann.

Nieuw-Lekkerland ['ni:u̯-], Gem. in der Prov. Südholland, Niederlande, am linken Ufer des Lek, 9 100 Ew.; Metallindustrie, Betonfertigteilherstellung. Zu N.-L. gehört →Kinderdijk.

Nieuw Nickerie ['ni:u̯-], Ort in NW-Surinam, in der Küstenebene, 6 100 Ew.; Verw.-Sitz eines Distrikts; Marktort; Reismühlen; Hafen, Flugplatz.

Nieuwpoort ['ni:upo:rt], frz. **Nieuport** [njø'pɔ:r], Stadt in der Prov. Westflandern, Belgien, 9 900 Ew.; Metall- und chem. Industrie, Fischereihafen mit Fischverarbeitung; Nordseebad.

Nievo ['niɛ:vo], Ippolito, ital. Schriftsteller, * Padua 30. 11. 1831, † auf See 4. oder 5. 3. 1861; Jurastudium; beteiligte sich am ital. Freiheitskampf und begleitete 1860 G. GARIBALDI auf dessen Zug nach Sizilien. Berühmt wurde er durch den histor. Roman ›Le confessioni di un ottuagenario‹ (hg. 1867; dt. ›Erinnerungen eines Achtzigjährigen‹, auch u. d. T. ›Pisana oder Die Bekenntnisse eines Achtzigjährigen‹), in dem er, inhaltlich und formal an MANZONI orientiert, in autobiograph. Form ein lebendiges Bild der Zeit des Risorgimento am Vorabend der nat. Einigung zeichnet. N. verfasste neben weiteren Romanen (›Angelo di bontà‹, 1856; ›Il conte pecoraio‹, 1857) auch Novellen, Dramen, polit. Schriften und spätromant. Lyrik.

Ausgabe: Tutte le opere, hg. v. M. GORRA, auf mehrere Bde. ber. (1970 ff.).

F. MOLLIA: I. N. (Florenz 1968); E. MIRMINA: La poetica sociale del N. (Ravenna 1972); G. CAPPELLO: Invito alla lettura di I. N. (Mailand 1988).

Nièvre ['njɛ:vr; nach dem gleichnamigen Zufluss der Loire], Dép. in Mittelfrankreich, Region Burgund, 6 817 km², 229 000 Ew.; umfasst das Nivernais und teilweise den Morvan; Verw.-Sitz: Nevers.

Nife [Kw. aus Nickel und lat. ferrum ›Eisen‹], *das,* -, Kurz-Bez. für die Materie des Erdkerns (→Erde), von der man annimmt, dass sie im Wesentlichen aus Ni (Nickel) und Fe (Eisen) besteht.

Niflheim [altnord. ›Nebelwelt‹, ›dunkle Welt‹], *altnord. Mythologie:* nach SNORRI STURLUSONS myth. Geographie im eisigen Norden gelegener Bereich, durch die Schlucht Ginnungagap vom heißen →Muspell getrennt. N. wird schon bei SNORRI häufig mit **Niflhel** (altnord. ›die dunkle Hel‹) identifiziert, dem von Hel beherrschten Aufenthaltsort der nicht nach Walhall berufenen Toten.

Nigardsbre [-bre:], Gletscher in Norwegen, →Jostedalsbre.

Niğde ['ni:dɛ], Prov.-Hauptstadt in Zentralanatolien, Türkei, 1 190 m ü. M., am Fuß des Vulkanmassivs Melendiz Dağı am S-Rand Kappadokiens, 54 800 Ew.; Getreidemühlen, Teppichweberei; östlich von N.

Quecksilber- und Wolframerzbergbau im Taurus. – Reste einer Zitadelle aus dem 14./15. Jh. Der bedeutendste Bau ist die Ala ed-Din Camii (1223), eine Stützenmoschee mit drei Kuppeln an der Kiblawand und einem mit geometr. Ornamenten reich verzierten O-Portal aus Stein. Die Sungur-Bey Camii (um 1331) wurde unter einem mongol. Fürsten errichtet; Akmedrese (Museum) mit Loggienfassade (1409); Türben des 14. Jahrhunderts.

Nigehörn [aus plattdt. nige ›neu‹ und Hörn ›Wattkante‹], Insel vor der Elbmündung, →Neuwerk.

Nigella [lat., zu nigellus ›schwärzlich‹], wiss. Name der Pflanzengattung →Schwarzkümmel.

Nigellus, N. von Longchamps [-lɔ̃'ʃɑ̃], **N. de Longo Campo, N. von Canterbury** [-ˈkæntəbəri], richtiger vielleicht **N. Wįteker** (verlesen aus ›Wireker‹?), mittellat. Schriftsteller, * um 1130, † Canterbury um 1200; trat um 1170 ins Kloster Christ Church ein, verfaßte umfangreiche Versviten über den hl. LAURENTIUS und den Eremiten PAULUS (die Zuweisung einer Eustachius-Vita an N. ist umstritten), eine Dichtung über Marienwunder sowie in Prosa den ›Tractatus contra curiales et officiales clericos‹, eine Invektive gegen die Verweltlichung der Geistlichkeit (1193/94). In seinem verbreitetsten Werk, dem satirischen Epos ›Speculum stultorum‹ (›Narrenspiegel‹, 1179/80), verspottet er Ehrgeiz und menschl. Unzulänglichkeit in der Gestalt des Esels Burnellus (der einen längeren Schwanz haben möchte).

Ausgaben: N. de Longchamp dit Wireker, Bd. 1: Tractatus contra curiales, hg. v. A. BOUTEMY (1959); Speculum stultorum, hg. v. J. H. MOZLEY u. a. (1960); Narrenspiegel oder Burnellus, der Esel, der einen längeren Schwanz haben wollt, übers. v. K. LANGOSCH (1982); Miracles of the Virgin Mary, in verse, hg. v. J. ZIOLKOWSKI (1986).

Niger: Übersichtskarte

Niger
Fläche 1 267 000 km²
Einwohner (1996) 9,5 Mio.
Hauptstadt Niamey
Amtssprache Französisch
Nationalfeiertag 18. 12.
Währung 1 CFA-Franc = 100 Centimes
Zeitzone MEZ

Niger, amtlich frz. **République du Niger** [repyˈblik dy niˈʒɛːr], Binnenstaat in Westafrika, grenzt im N an Algerien und Libyen, im O an Tschad, im S an Nigeria und Benin, im W an Burkina Faso und Mali, mit 1 267 000 km² mehr als doppelt so groß wie Frankreich, (1996) 9,5 Mio. Ew.; Hauptstadt ist Niamey, Amtssprache Französisch; Währung: 1 CFA-Franc = 100 Centimes. Zeitzone: MEZ.

STAAT · RECHT

Verfassung: Nach der am 12. 5. 1996 durch Referendum gebilligten und am 23. 5. 1996 in Kraft getretenen Verf. ist N. eine präsidiale Republik. Staatsoberhaupt und Oberbefehlshaber der Streitkräfte ist der mit weitgehenden exekutiven Befugnissen ausgestattete Präs.; er wird direkt auf fünf Jahre gewählt und bestimmt die Richtlinien der nat. Politik. Das Kabinett unter Vorsitz des Premier-Min. hat die programmat. Dekrete des Staatschefs umzusetzen. Die Legislative liegt bei der Nationalversammlung (Assemblée nationale), deren 83 Abg. für fünf Jahre gewählt werden.

Parteien: Einflussreichste Parteien sind die Union nationale des indépendants pour le renouveau démocratique (UNIRD) und die Alliance nigérienne pour la démocratie et le progrès social – Zaman Lahiya (ANDPS – Zaman Lahiya). Acht Oppositionsparteien, darunter die Convention démocratique et social – Rahama (CDS – Rahama) und der Mouvement national pour une société de développement – Nassara (MNSD – Nassara), hatten die letzten Parlamentswahlen von 23. 11. 1996 boykottiert.

Wappen: Das Wappen (seit 1962) zeigt einen grünen Schild mit strahlender Sonne, begleitet rechts oben von einer aufrechten Lanze, vor der zwei Tuareg-Schwerter gekreuzt sind, links oben von drei Hirseähren, unten von einem Büffelkopf, alle Figuren golden. Hinter dem Schild sind vier Staatsflaggen gekreuzt. Unter dem Schild befindet sich ein weißes Band mit dem amtl. Staatsnamen.

Nationalfeiertag: Nationalfeiertag ist der 18. 12., der an die Gründung der Republik 1958 erinnert.

Verwaltung: N. ist gegliedert in acht Départements, an deren Spitze jeweils ein Präfekt steht, 32 Arrondissements (verwaltet von Unterpräfekten) und etwa 150 Gemeinden.

Recht: Es besteht ein Dualismus von traditionellem, überwiegend islam. Recht einerseits und dem modernen Recht aus der frz. Kolonialzeit andererseits. Nach der Unabhängigkeit (1960) wurden einige Rechtsbereiche neu kodifiziert, z. B. Strafgesetzbuch (1961), Arbeitsgesetzbuch (1962) sowie ein Teil des Handelsgesetzbuchs (1992). – Auf der untersten Stufe der Gerichtsbarkeit entscheiden Friedensgerichte in Zivil-, Handels- und Strafsachen von geringerer Bedeutung sowie allen Fällen traditionellen Rechts; allerdings werden diese häufig vor außerstaatliche, religiöse oder Stammesgerichte gebracht. Für Rechtssachen von größerer Bedeutung sowie verwaltungsrechtl. Streitigkeiten sind die Gerichte erster Instanz zuständig. Weiterhin existieren Spezialgerichte, insbesondere Arbeitsgerichte. Darüber stehen ein Berufungsgericht sowie der Oberste Gerichtshof in Niamey.

Streitkräfte: Die Gesamtstärke der Wehrpflichtarmee (Dienstzeit 24 Monate) beträgt rd. 5 500 Mann, fast ausschließlich Heerestruppen. Die paramilitär. Kräfte (Gendarmerie, Präsidentengarde, Republikan. Garde, Nationalpolizei) umfassen etwa 2 800 Mann. Die Ausrüstung der in sieben Infanterie-, vier Panzeraufklärungsstaffeln sowie je eine Fallschirmjäger- und Pionierkompanie gegliederten Truppe besteht außer 100 Spähpanzern (frz. AML), einigen Transporthubschraubern und Verbindungsflugzeugen im Wesentlichen aus leichten Waffen.

LANDESNATUR · BEVÖLKERUNG

Das Land erstreckt sich vom Mittellauf des Niger (der auf 500 km den äußersten SW durchfließt) über die

Niger

Staatswappen

Staatsflagge

Internationales Kfz-Kennzeichen

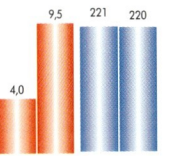

1970 1996 1970 1995
Bevölkerung Bruttosozialprodukt je Ew.
(in Mio.) (in US-$)

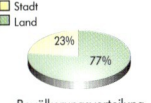

Bevölkerungsverteilung 1995

Bruttoinlandsprodukt 1995

Nige Niger

Niger: Iférouane am Aïr-Gebirge

Sahelzone bis weit in die Sahara. Den größten Teil des Landes nehmen weite, fast ebene Flächen ein (200–250 m ü. M.). In der Landesmitte steigt der →Aïr bis 2 310 m ü. M. an. Östlich schließen sich die Sandwüsten des Ténéré und des Großen Erg von Bilma an. Im NO leiten Plateaus (Djado u. a.) zum Tibesti über. Im SO hat N. Anteil am Tschadsee. Der größte Teil des Landes ist ohne Abfluss zum Meer. Die sporadisch vom Aïr kommenden Flüsse verlieren sich in der Wüste, liefern aber das Wasser für die Oasen. Die Naturparks Aïr und Ténéré wurden zum UNESCO-Weltnaturerbe erklärt.

Klima: N. hat semiarides (im S) bis vollarides Klima mit einer Regenzeit: im S von Mai bis Oktober, im Zentrum von Juli bis Oktober. Das Land steht im Winter völlig unter dem Einfluss trockener kontinentaler Luftmassen aus NO bis O (Nordostpassat), lediglich im Sommer kommen feuchte Luftmassen von S. Die Jahressumme der Niederschläge nimmt daher von etwa 600 mm im S kontinuierlich ab; Agadès erhält etwa 160 mm, Bilma (Oasenort im östl. Zentral-N.) 20 mm pro Jahr im langjährigen Mittel; der Hauptniederschlag fällt im August (30–50 % des Gesamtniederschlags). Die mittleren Temperaturmaxima erreichen im April/Mai 40–42 °C (Höchstwerte bis 47 °C), im Oktober 37–39 °C; in der Regenzeit steigt die Temperatur nur auf etwa 32 °C. Die mittleren Temperaturminima liegen im S im Sommer bei 22–23 °C, im Winter (Januar) bei 15 °C (absolutes Minimum 8 °C), im N sinken sie auf 10 °C (Agadès) und 7 °C (Bilma) ab, die absoluten Minima liegen sogar bei 4 °C bzw. unter 0 °C. Der eigentl. Lebensraum ist der äußerste S (am Niger und an der Grenze zu Nigeria).

Vegetation: Die Trockensavanne im S geht nach N in Dornstrauchsavanne und bald in Halbwüste über. Im N sind weite Flächen Sand- und Steinwüste. Als Folge der anhaltenden Dürre 1969–74 im Sahel ist der Grundwasserspiegel gesunken, die Vegetation ist abgestorben, z. T. durch Tiere und Menschen vernichtet; der nur durch Nomaden nutzbare Raum ist etwa 50 km nach S ausgedehnt worden.

Bevölkerung: Innerhalb der Bev. stellen die Hausa die größte ethn. Gruppe (54 % der Ew.); sie bewohnen den mittleren S an der Grenze nach Nigeria (ihre Sprache wird von 85 % der Bev. verstanden). Im Nigergebiet wohnen Dyerma und Songhai (21 %); hellhäutige Fulbe (10 %) leben, sesshaft oder als Hirtennomaden, in der ganzen Sahelzone, Tuareg (9 %) als Nomaden und Oasenbewohner in der Halbwüste und Wüste. Bis zur Dürreperiode in den 1970er-Jahren waren 20 % der Bev. Nomaden und Halbnomaden; seither sind viele in den S oder in Nachbarländer (Algerien, Nigeria, Ghana, Rep. Elfenbeinküste) gezogen. Andererseits kamen wegen der Dürre Flüchtlinge aus Mali und Tschad nach N. Das durchschnittliche jährl. Bev.-Wachstum (1985–95) ist mit 3,2 % sehr hoch. Die städt. Bev. beträgt (1995) 23 %.

Größte Städte (Ew. 1988)

Niamey	398 300	Tahoua	51 600
Zinder	120 900	Agades	50 200
Maradi	113 000		

Religion: Es besteht Religionsfreiheit. Über 90 % der Bev. sind sunnit. Muslime, überwiegend der malikit. Rechtsschule, 5–10 % werden traditionellen afrikan. Religionen zugerechnet, 0,3 % sind Christen. Der Islam ist stark durch sufit. Bruderschaften geprägt. Für die rd. 19 000 kath. Christen (überwiegend Ausländer) besteht das exemte Bistum Niamey; die meisten der rd. 7 000 Protestanten gehören der ›Ev. Kirche von N.‹ (›Église Évangélique du N.‹) an.

Bildungswesen: Das Schulwesen entspricht frz. Muster. Die allgemeine Schulpflicht beträgt acht Jahre (7.–15. Lebensjahr), jedoch ist der Bedarf an Schulen und Lehrkräften nicht annähernd gedeckt und die Einschulungsquote in der sechsjährige Primarschule trotz Schulgeldfreiheit gering (29 % der Kinder), wobei u. a. auch die nomad. Lebensweise eine Rolle spielt. Zwei weitere schulpflichtige Jahre erstrecken sich auf die bis zu siebenjährige Sekundarstufe. Die allgemeinen oder berufl. Sekundarschulen werden von 6 % der betreffenden Jahrgänge besucht. Die Analphabetenquote beträgt 84,4 %. Eine staatl. Univ. (gegr. 1971, Univ.-Status seit 1973) gibt es in Niamey, eine islam. Univ. (eröffnet 1987) in Say.

Publizistik: Das ›Office National d'Édition et de Presse‹ gibt in der Hauptstadt die Tageszeitung ›Le Sahel‹ sowie den wöchentlich erscheinenden ›Le Sahel Dimanche‹ heraus. Daneben sind seit 1989/90 mehrere unabhängige Publikationsorgane entstanden. Nachrichtenagenturen sind die staatl. ›Agence Nigérienne de Presse‹ (ANP; gegr. 1987) und das ›Office National d'Édition et de Presse‹ (ONEP; gegr. 1989). Die staatl. Rundfunkverwaltung ›Office de Radiodiffusion-Télévision du Niger‹ (ORTN), Sitz: Niamey, betreibt das Hörfunkprogramm ›La Voix du Sahel‹ in Französisch, Arabisch und sieben Landessprachen sowie das Fernsehprogramm ›Télé-Sahel‹. Hinzu kommen einige private Hörfunksender.

WIRTSCHAFT · VERKEHR

Der wirtschaftl. Aufschwung, in den 70er-Jahren durch den Uranabbau hervorgerufen, hielt nur bis gegen Ende der 80er-Jahre an, da ein Preisverfall für Uran auf den Weltmärkten einsetzte. Hemmend für die wirtschaftl. Entwicklung des Binnenstaates N. erweisen sich außerdem Anfälligkeit gegen Trockenheit und Schädlingsbefall sowie die unzureichenden Trans-

Klimadaten von Niamey (220 m ü. M.)

Monat	Mittleres tägl. Temperaturmaximum in °C	Mittlere Niederschlagsmenge in mm	Mittlere Anzahl der Tage mit Niederschlag	Mittlere tägl. Sonnenscheindauer in Stunden	Relative Luftfeuchtigkeit nachmittags in %
I	33,5	0	0,1	8,8	12
II	36	0,1	0,1	9,0	12
III	39	0,2	0,2	8,2	11
IV	41,5	6	1,0	8,2	18
V	40,5	34	3,7	8,0	35
VI	37,5	87	7,2	8,1	44
VII	34	136	10,9	7,4	56
VIII	31,5	217	16,4	6,1	68
IX	33,5	114	10,9	7,5	60
X	36,5	20	2,8	9,0	40
XI	37	0,1	0,1	9,3	17
XII	33,5	0	0	8,9	14
I–XII	36	614	53,4	8,2	32

portmöglichkeiten. Gemessen am Bruttosozialprodukt je Ew., das 1990–95 von 310 auf 220 US-$ zurückging, gehört N. zu den ärmsten Ländern Afrikas.

Landwirtschaft: Obwohl nur 10% des Landes agrarisch genutzt werden (1992: 3,6 Mio. ha Ackerland, 8,9 Mio. ha Weiden), arbeiten (1993) 86% der Erwerbstätigen in der Landwirtschaft (v. a. als Subsistenzwirtschaft betrieben). Sie erwirtschaften 39% des Bruttoinlandsprodukts (BIP). Wichtigste Nahrungsmittel sind Hirse (1993: 1,43 Mio. t), Maniok, Bataten, Hülsenfrüchte, Reis, Zwiebeln und Erdnüsse. Permanenter Ackerbau ist auf die Uferregion des Niger und auf einen rd. 150 km breiten Streifen entlang der Grenze zu Nigeria beschränkt. Die v. a. von Nomaden und Halbnomaden betriebene Viehhaltung (Rinder, Ziegen und Schafe) konzentriert sich auf die mittlere und nördl. Sahelzone. In Dürrejahren ist N. auf ausländ. Nahrungsmittelhilfen angewiesen. Trotzdem gelang es der Reg., durch eine systemat. Förderung der Landwirtschaft (u. a. Schaffung eines Oasenwirtschaftsgebiets im Aïr, Reduzierung der Agrarexporte), die Nahrungsmittelversorgung der Bev. weitgehend zu sichern.

Forstwirtschaft: Wald- und Buschland umfassen nur knapp 2% der Landesfläche (1,94 Mio. ha). Rd. 94% des Holzeinschlags (1991: 5,1 Mio. m^3) dienen als Brennholz. Staatlich geförderte Wiederaufforstungen sollen die Ausdehnung der Wüste nach S verhindern.

Fischerei: Fischfang wird im Tschadsee und im Niger betrieben (Fangmenge 1993: 2 170 t).

Bodenschätze: Seit dem 1971 einsetzenden Abbau von Uranerz in Arlit (seit 1978 auch in Akouta) hat sich die Wirtschaftsstruktur N.s zwischenzeitlich verändert. Der Anteil des Bergbaus am BIP stieg im Zeitraum 1965–81 von 3% auf 24%, ging bis 1990 wegen des starken Preisverfalls bei Uran aber wieder auf 5% zurück. Lag die Höchstfördermenge 1981 noch bei 4 400 t Uranerz, so betrug sie 1993 nur noch 2 900 t. Weitere Bodenschätze sind Zinnerz, Kohle, Eisenerz, Phosphat und Salz. Erdölvorkommen wurden 1978 nördlich des Tschadsees entdeckt.

Industrie: Aufgrund fehlender Energiequellen, des Mangels an Fachkräften, der Enge des Binnenmarktes und hoher Transportkosten geht die industrielle Entwicklung nur langsam voran. Das produktive Gewerbe ist auf Niamey konzentriert. Die Industrie verarbeitet v. a. Agrarprodukte (u. a. Öl-, Reismühlen, Erdnussschäl-, Baumwollkernungsanlagen); ferner werden Ge- und Verbrauchsgüter hergestellt (z. B. Seife, Bier, Textilien, landwirtschaftl. Geräte).

Außenwirtschaft: Die Handelsbilanz ist seit 1970 negativ (1994: Einfuhr 351 Mio. US-$, Ausfuhr 245 Mio. US-$). Neben Uran (bis 90% des Gesamtexports) werden v. a. Viehzuchtprodukte ausgeführt. Haupthandelspartner sind Frankreich und Nigeria. Der Schuldendienst für die öffentl. Auslandsschulden beansprucht (1994) 26,1% der Exporterlöse.

Verkehr: Das Binnenland N. liegt abseits der großen Land- und Wasserwege. Eine Eisenbahn gibt es nicht. Wichtigste Straßenverbindung des 11 300 km langen Straßennetzes ist die Straße von Niamey über Dosso zum Eisenbahnendpunkt Parakou in Benin. Die Eisenbahnlinie von Parakou zum Atlantikhafen Cotonou wird von Benin und N. gemeinsam betrieben. Agadès ist ein wichtiger Kreuzungspunkt an der östl. Transsaharastraße. Die Binnenschifffahrt auf dem Niger von Niamey bis Gaya-Malanville (300 km) ist nur von September bis März möglich. Einen internat. Flughafen gibt es bei Niamey und Agadès. N. ist an der Luftverkehrsgesellschaft Air Afrique beteiligt.

GESCHICHTE

Der W des heutigen N. gehörte bis 1590 zum Reich Songhai, der O zum Bereich der Hausastaaten (→Hausa). 1897–99 eroberte Frankreich das Gebiet (endgültige Festlegung der Grenzen 1906), die völlige Unterwerfung, v. a. der zur Bruderschaft Senussi gehörenden Tuareg und Tubu, zog sich jedoch bis 1916 hin. 1910 organisierte Frankreich das Gebiet als Militärterritorium innerhalb von Französisch-Westafrika. 1922 wurde es Kolonie. 1957 erhielt N. Teilautonomie; die Häuptlinge übernahmen auf demokrat. Grundlage die Führung. Am 18. 12. 1958 wurde innerhalb der Frz. Gemeinschaft die Rep. N. gebildet, am 3. 8. 1960 erlangte N. die Unabhängigkeit; Staatspräs. wurde H. DIORI, der eine prowestl. Außenpolitik betrieb bei enger Anlehnung an Frankreich. Die stark konservativ geprägte Reg. N.s wurde im April 1974 durch einen Militärputsch gestürzt; jedoch setzte der Putschistenchef Oberst S. KOUNTCHÉ die enge Zusammenarbeit mit der früheren Kolonialmacht Frankreich und der EG fort. Er bemühte sich um eine basisbezogene Entwicklungspolitik. Nach seinem Tod im November 1987 übernahm Oberst ALI SAIBOU (* 1940) das Amt des Präsidenten. Als polit. Basis seiner Herrschaft gründete er 1989 die Einheitspartei MNSD.

Mit der Verf. von 1992 endete die Militärherrschaft und das Einparteiensystem. Im März 1993 wurde der Oppositionspolitiker MAHAMANE OUSMANE (* 1950) zum Staatspräs. gewählt (Amtsantritt 16. 4. 1993). Anhaltende Wirtschaftsprobleme und schwere innere Unruhen überschatteten jedoch den demokrat. Neuanfang. Der Bürgerkrieg im N des Landes sollte im April 1995 mit einem Friedensabkommen zw. Reg. und aufständ. Tuareg beendet werden. Nach Auflösung des Parlaments im Oktober 1994 siegte bei Neuwahlen im Januar 1995 ein Bündnis, dem auch die frühere Einheitspartei MNSD angehörte. Dadurch verschärfte sich der Machtkampf zw. Parlament und Präs. In einem Militärputsch am 27. 1. 1996 übernahm Oberst IBRAHIM BARRÉ MAINASSARA (* 1949) die Macht, er setzte die Verf. außer Kraft, löste das Parlament auf, verbot polit. Parteien, setzte eine zivile Übergangs-Reg. ein und legte einen Zeitplan für die Rückkehr des Landes zur Demokratie vor. In einem Referendum nahm die Bev. im Mai 1996 eine neue Verf. an, gleichzeitig wurde das Parteienverbot aufgehoben. Bei umstrittenen Präsidentschaftswahlen im Juli 1996 siegte BARRÉ MAINASSARA, der nach von der Opposition boykottierten Parlamentswahlen (November 1996) die polit. Übergangsphase am 17. 12. 1996 für beendet erklärte. Die innenpolit. Lage blieb jedoch weiterhin instabil.

S. BAIER: An economic history of central N. (Oxford 1980); Atlas du N., hg. v. E. BERNUS u. a. (Paris 1980); T. KRINGS: Sahel. Senegal, Mauretanien, Mali, N. Islam. u. traditionelle Kultur zw. Atlantik u. Tschadsee (^{5}1990); R. B. CHARLICK: N. Personal rule and survival in the Sahel (Boulder, Colo., 1991).

Niger, 1) Bundesstaat von →Nigeria.
2) *der,* drittgrößter Strom Afrikas, 4 160 km lang, 2,1 Mio. km^2 Einzugsgebiet; entspringt in den Loma Mountains (S-Guinea, nahe der Grenze zu Sierra Leone), fließt nach NO in die westl. Sahara und bildet (in Mali) zw. Ségou und Timbuktu mit dem Nebenfluss Bani ein großes Binnendelta, in dem etwa 40 000 km^2 jährlich 3–6 Monate überflutet werden, wobei der N. etwa 50% seines Wassers verliert. Durch das Wehr von Sansanding, unterhalb von Ségou, wird der N. zur Bewässerung der Trockengebiete am Rande des Deltas (rd. 98 000 ha; Reis, Baumwolle, Zuckerrohr) gestaut. An der Schwelle von Tosaye (östlich von Timbuktu) wendet sich der N. nach SO (**Nigerknie;** dort wurde in jüngster eingeschichtet. Zeit der urspr. selbstständige Oberlauf durch den heutigen Unterlauf angezapft). Der N. durchfließt den SW der Rep. Niger und dann Nigeria. Durch den bei Lokoja mündenden Benue wird die jährl. Wassermenge des N. etwa verdoppelt. Seine Breite schwankt bei Onitsha zw. 700 und

Nige Nigeria

Niger 2): Die Tallandschaft bei Ayorou (200 km nordwestlich von Niamey) während der Trockenzeit

Nigeria

Staatswappen

Staatsflagge

(WAN)

Internationales
Kfz-Kennzeichen

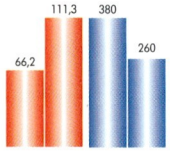

1970 1995　1970 1995
Bevölkerung　Bruttosozial-
(in Mio.)　produkt je Ew.
　　　　　(in US-$)

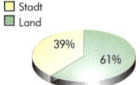

Bevölkerungsverteilung
1995

Bruttoinlandsprodukt
1995

2 000 m. Durch zahlr. Arme des rd. 25 000 km² großen Mündungsdeltas führt der N. jährlich über 200 Mrd. m³ Wasser dem Golf von Guinea zu.

Die Niederschläge am Unterlauf bringen Hochwasser von August bis Oktober. Ab Dezember/Januar gleicht das aus dem Oberlauf eintreffende Hochwasser, dessen Abfluss im Binnendelta verzögert wird, den Rückgang der Wasserführung des Unterlaufs aus. Mit dem Ende dieser ›Schwarzen Flut‹ (klares Wasser gegenüber der schlammbeladenen ›Weißen Flut‹ des Unterlaufs) sinkt die Wasserführung im Unterlauf von Mai bis Juli auf den niedrigsten Stand.

Bei Hochwasser ist der N. auf weiten Strecken schiffbar, in Guinea ab Kouroussa (Juni–November), in Mali (insgesamt rd. 1 400 km): bis Bamako (Juni bis November), Koulikoro–Mopti (die ursprüngl. Schiffbarkeitszeit von Juli bis Dezember wird durch den 1981 fertig gestellten Sélingué-Staudamm noch verlängert), Mopti–Dire (August–Januar), ab Dire bis zu den Stromschnellen bei Ansongo (Oktober–März), dann 90 km unterhalb von Ansongo in Mali durch die Rep. Niger bis Yelwa in Nigeria (September–März), auf dem Kainjistausee (ganzjährig), von Jebba bis Onitsha (August–April), unterhalb von Onitsha bis zur Mündung ganzjährig. Im Delta können Hochseeschiffe die Häfen von Burutu, Warri und Port Harcourt erreichen. Bedeutend sind der Fischfang sowie die reichen Erdölvorkommen im Delta.

The N. and its neighbours. Environmental history and hydrobiology ..., hg. v. A. T. GROVE (Rotterdam 1985).

Nigeria

Fläche 923 768 km²
Einwohner (1995) 111,3 Mio.
Hauptstadt Abuja
Amtssprache Englisch
Nationalfeiertag 1. 10.
Währung 1 Naira (₦) = 100 Kobo (k)
Zeitzone MEZ

Nigeria, amtlich engl. **Federal Republic of Nigeria** [ˈfedərəl rɪˈpʌblɪk əv naɪˈdʒɪərɪə], dt. **Bundesrepublik N.,** Staat in Westafrika, am Atlant. Ozean, grenzt im W an Benin, im N an Niger, im NO an Tschad, im O und SO an Kamerun, mit 923 768 km² mehr als doppelt so groß wie Schweden, (1995) 111,3 Mio. Ew. Hauptstadt ist Abuja im Landesinnern; Amtssprache Englisch; Währung: 1 Naira (₦) = 100 Kobo (k). Zeitzone: MEZ.

STAAT · RECHT

Verfassung: Nach dem Putsch vom November 1993 wurden die verfassungsmäßigen Organe aufgelöst und durch ein Militärregime ersetzt; formal gilt die Verf. von 1979. Als höchstes legislatives und exekutives Gremium fungiert seither der Provisor. Regierungsrat (Provisional Ruling Council, PRC) mit 26 Mitgl. (ausschließlich Militärs). Sein Vors. ist zugleich Staatsoberhaupt, Oberbefehlshaber der Streitkräfte, Reg.-Chef und Verteidigungs-Min. Dem Kabinett (Federal Executive Council, FEC) gehören sowohl Militärs als auch Zivilisten an. Am 1. 10. 1995 verkündete die Reg. ein Übergangsprogramm, das innerhalb von drei Jahren Voraussetzungen für die Durchführung demokrat. Wahlen, die Übertragung der Regierungsgewalt an zivile Politiker und die Annahme einer neuen Verf. schaffen soll. Ein erster Verf.-Entwurf war am 27. 6. 1995 von der Nat. Verfassungskonferenz (NCC) vorgelegt worden.

Parteien: Nach Aufhebung des seit November 1993 bestehenden Parteienverbots am 27. 6. 1995 wurden verschiedene polit. Parteien zugelassen, u. a. die United N. Congress Party (UNCP) und das Committee for National Consensus (CNC). Polit. Aktivitäten zugunsten einer demokrat. Umgestaltung gehen v. a. von Bürgerrechtsgruppierungen aus; dazu zählen die Campaign for Democracy (CD), die National Democratic Coalition (NADECO) und der Movement for the Survival of the Ogoni People (MOSOP).

Gewerkschaften: Dachverband der Gewerkschaften ist der Nigerian Labour Congress (NLC; gegr. 1978); zu den aktivsten Einzelgewerkschaften zählen die National Union of Petroleum and Natural Gas Workers (NUPENG) und die Petroleum and Natural Gas Senior Staff Association of N. (PENGASSAN).

Wappen: Das Wappen (seit 1960) zeigt in dem von zwei weißen Pferden gehaltenen schwarzen Schild eine silberne Wellendeichsel, Symbol für die Ströme Niger und Benue. Schild und Schildhalter stehen auf einer Wiese, am Fuß des Wappens befindet sich ein Schriftband mit dem Wahlspruch ›Unity and Faith‹ (›Einheit und Treue‹). Das Oberwappen wird gebildet von einem roten Adler, der in seinen Fängen einen Wulst in den Nationalfarben hält.

Nationalfeiertag: Nationalfeiertag ist der 1. 10., der an die Erlangung der Unabhängigkeit 1960 erinnert.

Verwaltung: N. gliederte sich bisher in 30 Bundesstaaten und ein Bundesterritorium (Abuja), jeweils von einem ernannten Militär-Gouv. verwaltet, der einem von ihm ernannten Staatsexekutivrat vorsteht. Am 1. 10. 1996 wurden sechs weitere Bundesstaaten gegründet (Bayelsa, Eboniyi, Ekiti, Gombe, Nassarawa, Zamfara).

Recht: Privat- und Strafrecht orientieren sich am engl. Recht; für Familien- und Erbrecht gilt Stammesrecht bzw. islam. Recht. Auf Bundesebene gibt es den Obersten Gerichtshof (Supreme Court), das Appellationsgericht (Federal Court of Appeal) und das Hohe Bundesgericht (Federal High Court). Jeder Bundesstaat verfügt über ein eigenes Gerichtssystem mit jeweils einem Hohen Gerichtshof (High Court of Justice) und anderen Gerichten (u. a. für islam. Zivilrecht). Daneben sind Militärgerichte mit speziellen Appellationsgerichten (auch zur Bekämpfung von Korruption) eingerichtet.

Streitkräfte: Die Gesamtstärke der Freiwilligenarmee beträgt etwa 84 500 Mann. Das Heer (rd. 70 000 Soldaten) ist in eine Panzerdivision, zwei mechanisierte Divisionen sowie eine ›gemischte Division‹ mit je einer Fallschirmjäger-, luftbewegl. und amphib. Brigade gegliedert. Die Luftwaffe hat etwa 9 500, die Marine rd. 5 000 Soldaten. Die Ausrüstung besteht im Wesentlichen aus schätzungsweise 110 Kampfpanzern, rd. 100 Kampfflugzeugen, fünf Fregatten sowie 14 Kleinen Kampfschiffen.

LANDESNATUR · BEVÖLKERUNG

Die Küstenebene am Golf von Guinea (Bucht von Benin westlich, Golf von Biafra östlich der Nigermündung) erweitert sich im Nigerdelta zu einem 100 km breiten Sumpfgebiet. Landeinwärts folgen ein Plateau (im W; 300–500 m ü. M.) sowie Hügelländer (bis 600 m ü. M.), dann der 80–160 km breite Trog, dem die Flüsse Niger (von NW) und Benue (von SO) folgen. Zentrum der nordnigerian. Plateaulandschaft ist das Hochland von Bauchi (bis 1 780 m ü. M.). Im äußersten NW schließt sich die Ebene um Sokoto (180–240 m ü. M.) an, im NO das Tschadbecken (N. hat Anteil am →Tschadsee). In dem Gebirgsland an der zentralen Ostgrenze liegt mit 2 042 m ü. M. die höchste Erhebung N.s (Vogel Peak in den Shebshi Mountains).

Klima: N. hat trop. Klima mit einer Regenzeit, die im S von April bis November (mit Niederschlagsmaxima im Juni und im September), im Mittelteil von April bis Oktober und im N von Mai bis Oktober dauert. Die Niederschlagsmengen nehmen von S nach N (630–690 mm jährlich) stark ab, wobei die östl. Küste bes. hohe Niederschläge erhält (um 3 000 mm jährlich; im W um 1 800 mm). Die Temperaturen zeigen nur geringe Schwankungen im Jahresablauf; sie liegen an der Küste zw. 26 °C (August, kältester Monat) und 29 °C (März, wärmster Monat), im N zw. 24 °C (Januar) und 33 °C (April); die niedrigsten Temperaturen treten im Hochland von Bauchi auf (zw. 21 und 26 °C). Unangenehm ist die hohe relative Luftfeuchtigkeit (im Küstenbereich 90–99 % morgens, 60–80 % mittags).

Größte Städte (Ew. 1994)			
Lagos	1 444 000	Ado-Ekiti	341 900
Ibadan	1 362 000	Kaduna	325 500
Ogbomosho	694 600	Mushin	317 000
Kano	641 200	Maiduguri	304 500
Oshogbo	453 600	Enugu	300 700
Ilorin	452 710	Abuja	298 300
Abeokuta	406 500	Ede	292 100
Port Harcourt	389 900	Aba	284 400
Zaria	360 800	Ife	282 400
Ilesha	359 900	Ila	251 100
Onitsha	353 800	Oyo	244 000
Iwo	344 300	Ikerre	232 700

Vegetation: An die Mangrovenbestände an der Küste schließt sich trop. Regenwald an, der nach N in Feuchtsavanne mit Galeriewäldern (v. a. an Niger und Benue) übergeht. Der N wird von Trockensavanne eingenommen, am äußersten Nordrand tritt stellenweise Dornstrauchsavanne mit Akazien auf. Die Savannen bedecken etwa drei Fünftel der Landesfläche.

Bevölkerung: N. ist der volkreichste Staat Afrikas mit über 400 ethnisch, sprachlich und religiös unterschiedl. Völkern und Stämmen. Die wichtigsten sind im NW und im mittleren N die Hausa und Hausa sprechende Ethnien (21 % der Bev.), im östl. und westl. N. die Fulbe (11 %), im NO die Kanuri, im SW die Yoruba (21 %), im SO die Ibo (18 %); dazwischen die Edo, im mittleren SO die Tiv. Im S (mit Ausnahme des Nigerdeltas) dichte Besiedlung mit vielen (z. T. alten) Städten, v. a. der Yoruba. Die Mittelzone ist weithin dünn bevölkert; nur das Hochland von Bauchi, bes. um Jos, hat eine hohe Bev.-Dichte. Die nördl. Zone ist z. T. wieder recht dicht besiedelt. Das durchschnittliche jährl. Bev.-Wachstum beträgt (1985–95) 2,9 %; die städt. Bev. 39 %. Die sehr dichte Besiedlung im

Größe und Bevölkerung (1991, Volkszählung)			
Bundesstaat	Hauptstadt	Fläche in km²	Ew.
Sokoto	Sokoto	102 535	4 392 400
Kebbi*)	Birnin-Kebbi		2 062 200
Niger	Minna	65 037	2 482 400
Kwara	Ilorin	66 869	1 566 500
Kogi*)	Lokoja		2 099 000
Benue	Makurdi	45 174	2 780 400
Plateau	Jos	58 030	3 283 700
Taraba*)	Jalingo		1 480 600
Adamawa (früher Gongola)	Yola	91 390	2 124 000
Borno	Maiduguri	116 400	2 596 600
Yobe*)	Damaturu		1 411 500
Bauchi	Bauchi	64 605	4 294 400
Jigawa*)	Dutse	43 285	2 829 900
Kano	Kano		5 632 000
Katsina	Katsina	24 192	3 878 300
Kaduna	Kaduna	46 053	3 969 300
Oyo	Ibadan	37 705	3 488 800
Osun*)	Oshogbo		2 203 000
Ogun	Abeokuta	16 762	2 338 600
Lagos	Ikeja	3 345	5 685 800
Ondo	Akure	20 959	3 884 700
Edo (früher Bendel)	Benin City	35 500	2 159 800
Delta*)	Asaba		2 570 200
Rivers	Port Harcourt	21 850	3 983 900
Abia*)	Umuahia	11 850	2 298 000
Imo	Owerri		2 485 500
Anambra	Awka	17 675	2 767 900
Enugu*)	Enugu		3 161 300
Cross River	Calabar	20 156	1 865 600
Akwa Ibom	Uyo	7 081	2 359 700
Federal Capital Territory	Abuja	7 315	378 700
Nigeria	**Abuja**	**923 768**	**88 514 500**

*) Für die nach der Verwaltungsneugliederung von 1991 geschaffenen Bundesstaaten ist bisher keine Flächenangabe bekannt.

Ballungsraum Lagos (mit über 5 Mio. Ew.) stellt N. vor schwierige Probleme.

Religion: Es besteht Religionsfreiheit. Alle Religionsgemeinschaften sind rechtlich gleich gestellt. Führende islam. Persönlichkeiten üben jedoch einen nicht unbeträchtl. Einfluss auf Entscheidungen der Militär-Reg. aus. Nach neueren Schätzungen sind rd. 50 % der Bev. sunnit. Muslime der malikit. Rechtsschule (v. a. Fulbe, Hausa, Kanuri und Yoruba), rd. 45 % Christen (v. a. Ibo) und 5 % Anhänger traditioneller afrikan. Religionen (bes. unter den Yoruba). Der Islam ist stark durch sufit. Bruderschaften geprägt, die eine umfassende Islamisierung des N, seines Hauptverbreitungsgebiets, anstreben. Fuß gefasst hat auch die Mission der Ahmadija-Bewegung. Hauptverbreitungsgebiet des Christentums ist der S N.s. Rd. 9 % der Bev. gehören der anglikan. Kirche der Prov. N. an,

Klimadaten von Lagos (40 m ü. M.)					
Monat	Mittleres tägl. Temperaturmaximum in °C	Mittlere Niederschlagsmenge in mm	Mittlere Anzahl der Tage mit Niederschlag	Mittlere tägl. Sonnenscheindauer in Stunden	Relative Luftfeuchtigkeit nachmittags in %
I	31,5	28	1	5,9	66
II	32,5	41	4	6,8	64
III	32,5	99	7	6,3	67
IV	32	99	8	6,1	70
V	31	203	14	5,6	76
VI	29	300	18	3,8	82
VII	27,5	180	14	2,8	81
VIII	27,5	56	9	3,3	78
IX	28,5	180	16	3,0	81
X	29,5	190	16	5,1	80
XI	31	63	7	6,6	75
XII	31,5	25	2	6,5	68
I–XII	30,3	1 464	116	5,2	74

Nige Nigeria

Nigeria: Dorf in der Nähe des Kainji-Stausees in Westnigeria

rd. 8% der kath. Kirche, rd. 18% prot. Kirchen (bes. Methodisten, Baptisten, Lutheraner, Presbyterianer, Pfingstler), rd. 10% mehreren Hundert unabhängigen Kirchen. Die Religionsgemeinschaft der Zeugen Jehovas zählt nach eigenen Angaben rd. 350 000 Mitgl.

Bildungswesen: Das Schulwesen ist z. T. noch von brit. (Kolonial-)Tradition geprägt. Allgemeine Schulpflicht besteht vom 6. bis 12. Lebensjahr, der Besuch der sechsjährigen Primarschulen ist unentgeltlich. Es fehlt aber an Schulen und qualifizierten Lehrkräften, deren Anzahl nicht entsprechend der steigenden Einschulungsrate aufgestockt wurde; die engl. Sprache wird beim Schulabschluss daher oft nur unzureichend beherrscht. Drei- und sechsjährige allgemeine und berufl. Sekundarschulen schließen an (dreijährige praktisch orientierte ›Modern Schools‹, worauf dreijährige berufl. Schulen aufbauen, sechsjährige ›Grammar-schools‹, die Hochschulreife vermitteln). Die Analphabetenquote liegt bei 43%. N. verfügt über 29 Univ., darunter die University of N. in Nsukka (gegr. 1960) und die University of Lagos (gegr. 1962).

Publizistik: Tageszeitungen mit den höchsten Auflagen sind die mehrheitlich staatseigene ›Daily Times‹ (gegr. 1925, Auflage 400 000; mit der Sonntagsausgabe ›Sunday Times‹, Auflage 100 000) sowie ›National Concord‹ (gegr. 1980, Auflage 200 000) und ›Punch‹ (gegr. 1976, Auflage 150 000; beide 1994–95 verboten). Zahlr. weitere Tageszeitungen, Sonntagsblätter und Zeitschriften erscheinen in Lagos und in mehreren Bundesstaaten. Amtl. Nachrichtenagentur ist die ›News Agency of Nigeria‹ (NAN; gegr. 1978), Sitz: Lagos. Für die beiden Rundfunkanstalten sind zwei staatl. Dachorganisationen errichtet worden: die ›Federal Radio Corporation of Nigeria‹ (FRCN; gegr. 1978) und die ›Nigerian Television Authority‹ (NTA; gegr. 1976). Die FRCN verbreitet landesweite und regionale Hörfunkprogramme in Englisch und mehreren Landessprachen sowie den Auslandsdienst ›Voice of Nigeria‹ (gegr. 1962) in sechs Sprachen. Die NTA ist die Aufsichtsbehörde für die zentrale Produktionsgesellschaft ›National TV Production Centre‹ in Lagos mit sechs Gebietsverwaltungen (Zonal Boards) für das Gemeinschaftsprogramm mit Beiträgen der regionalen Fernsehgesellschaften. Seit 1994 bzw. 1996 gibt es zwei kommerzielle Fernsehsender.

WIRTSCHAFT · VERKEHR

Seit den frühen 70er-Jahren ist die Wirtschaft N.s sehr stark vom Erdölsektor abhängig. Nach der starken Erhöhung der Preise für Erdöl 1973 nahm N. viele Großprojekte (wie Errichtung der neuen Hauptstadt Abuja, Bau von Fabriken, Straßen und Häfen) in Angriff und zog Arbeitskräfte aus den Nachbarstaaten an. Fallende Weltmarktpreise für Erdöl und eine sinkende Nachfrage haben seither zu einer Verarmung des OPEC-Mitgliedes N. geführt. Gehörte N. 1980 mit einem BSP je Ew. von 1 010 US-$ zu den Ländern mit mittlerem Einkommen, so gehört es heute mit einem BSP je Ew. von (1995) 260 US-$ zu den 20 ärmsten Staaten Afrikas. Die Inflationsrate lag 1985–94 bei jährlich 30% (1994: 57%). Bei einer Auslandsverschuldung von (1994) 33,5 Mrd. US-$ müssen 18,5% der Exporterlöse für den Schuldendienst aufgewendet werden. – Die mit der Erdölförderung einhergehende Verschmutzung von Luft, Boden und Wasser führt zu einer starken Beeinträchtigung der Lebensgrundlagen der Bev. Besonders betroffen sind die etwa 500 000 Ogoni, die bei der Erdölmetropole Port Harcourt im Nigerdelta ansässig sind.

Landwirtschaft: Im Agrarbereich wurden (1995) 28% des BIP erwirtschaftet. Die landwirtschaftl. Nutzfläche (rd. 78% der Gesamtfläche) setzt sich zusammen aus 32 Mio. ha Ackerland und Dauerkulturen sowie 40 Mio. ha Weideland. Der Anbau erfolgt, außer auf wenigen Plantagen, im traditionellen Wanderfeldbau mit Brandrodung. Vorherrschend sind Kleinbetriebe mit 0,4–2 ha Nutzfläche. Hauptnahrungsmittel sind im S Jamswurzel, Maniok und Bananen, im N Hirse und Sorghum; es werden auch Reis, Mais und Gemüse angebaut. Die stürm. wirtschaftl. Entwicklung hat zur Vernachlässigung der Landwirtschaft und zu Landflucht der Bev. geführt. N., früher ein bedeutender Exporteur von landwirtschaftl. Produkten, muss heute Nahrungsmittel importieren (1994: 11% der Importe, v. a. Getreide). Die wichtigsten Exportprodukte sind (1994): Kakaobohnen (Erntemenge: 135 000 t, entspricht 5% der Weltproduktion), Erdnüsse (1,2 Mio. t, 5%), Palmöl (950 000 t, 7%) und Palmkerne (380 000 t, 9%). Die Exportfrüchte werden v. a. in den südl. Landesteilen angebaut. Die Rinderhaltung ist auf die von der Tsetsefliege freien nördl.

Nigeria: Wirtschaft

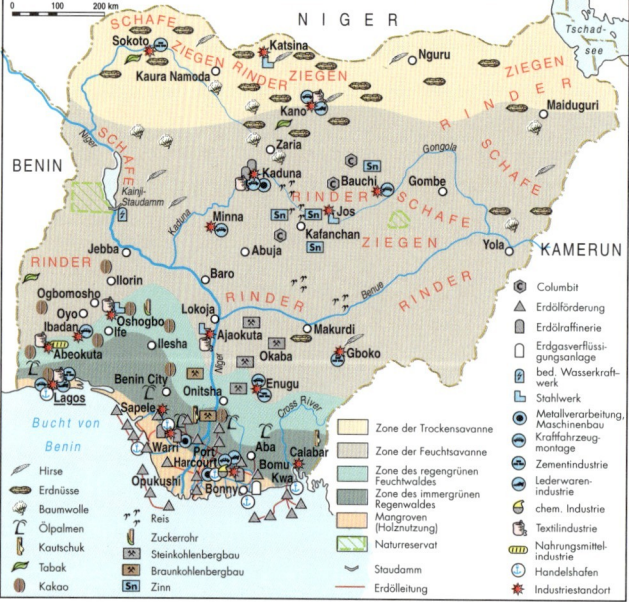

Landesteile konzentriert (Viehbestand 1993: 16,3 Mio. Rinder, 14 Mio. Schafe, 24,5 Mio. Ziegen).
Forstwirtschaft: Als Wald werden (1992) 11 Mio. ha ausgewiesen. Nur 7 % der eingeschlagenen Holzmenge von (1991) 111 Mio. m³ werden als Nutzholz (Mahagoni, Iroko, Sapelli) weiterverarbeitet; die Hauptmenge dient als Brennholz. Weiterhin werden (1994) 105 000 t Naturkautschuk gewonnen.
Fischerei: Neben der Hochseefischerei haben die Küstenfischerei und die Produktion in Fischfarmen an Bedeutung gewonnen. 1991 betrug die Fangmenge 267 000 t, davon entfielen zwei Drittel auf Meeresfische (v. a. Sardinen).
Bodenschätze: Wichtigstes Wirtschaftsgut ist das Erdöl, das v. a. im Nigerdelta und im anschließenden Schelf gefördert wird. Die Suche nach Erdöl wurde 1937 aufgenommen, die Förderung begann 1958. Das nigerian. Erdöl zählt zum qualitativ besten und daher teuersten der Erde. Der Staat ist an allen Fördergesellschaften mit Mehrheit beteiligt. Seit 1974 ist N. das wichtigste Erdöl fördernde Land Afrikas. Mit einer Fördermenge (1995) von 102 Mio. t (3 % der Weltförderung) steht N. an 13. Stelle unter den Erdöl fördernden Ländern. Zudem besitzt N. umfangreiche Erdgas- und Kohlelagerstätten (1995: 3,1 Mrd. m³ bzw. 245 Mio. t). Steinkohle wird seit 1915 bei Enugu abgebaut (Fördermenge 1992: 87 000 t). Zinn und Columbit kommen aus dem Bauchiplateau. Nachgewiesen sind Vorkommen an Eisen-, Blei-, Zink- und Uranerz.
Industrie: 1995 lag der Anteil des industriellen Sektors am BIP bei 53 %. Als Folge des Erdölbooms setzte in den 70er-Jahren im verarbeitenden Gewerbe eine Gründungswelle ein. Wichtigste Industriestandorte sind Lagos, Kano und Kaduna. Neben der Verarbeitung landwirtschaftl. Produkte, Brauereien, Textilindustrie hat N. v. a. Stahlindustrie, Metallwarenfabriken, eine Zinnhütte (in Jos), drei Erdölraffinerien (bei Port Harcourt, in Warri und Kaduna), eine Erdgasverflüssigungsanlage, chem. (v. a. Düngemittelherstellung) und pharmazeut. Industrie, Sägewerke, Kfz-Montagewerke, elektrotechnische Industrie, Zementindustrie, Zigarettenfabriken. Ferner gibt es Klein- und Familienbetriebe des Handwerks.
Außenwirtschaft: Der Außenhandel wird in hohem Maße von der Entwicklung auf dem Erdölmarkt bestimmt (1994: Einfuhrwert 5,45 Mrd. US-$, Ausfuhrwert 11,31 Mrd. US-$). Neben Erdöl (1994: 98,4 % der Gesamtausfuhr) werden v. a. landwirtschaftl. Güter (Kakaobohnen, Kautschuk, Palmöl, Erdnüsse) exportiert. Wichtigste Handelspartner sind die USA, Frankreich, Dtl. und Großbritannien.
Verkehr: Im Vergleich zu anderen westafrikan. Staaten besitzt N. ein gut ausgebautes Verkehrssystem. Das Eisenbahnnetz (3 500 km) besteht v. a. aus den S-N-Verbindungen Lagos–Nguru und Port Harcourt–Maiduguri. Die einzige Autobahnverbindung des (1991) 112 100 km umfassenden Straßennetzes besteht zw. Lagos und Ibadan. Wichtigste Häfen sind die beiden von Lagos, die auch für den Außenhandel von Niger und Tschad dienen, sowie Warri, Port Harcourt und Calabar. Der 1961 eröffnete Erdölexporthafen Bonny (auf einer Insel im SO des Nigerdeltas) ist Endpunkt des Pipelinesystems im Nigerdelta. Über Sapele wird v. a. Holz verschifft. Für die Binnenschifffahrt stehen 6 400 km Wasserstraßen zur Verfügung, v. a. der Niger mit Nigerdelta und die Lagunen entlang der Küste. Internat. Flughäfen sind in Lagos (Matala Muhammed Airport), Kano, Port Harcourt, Calabar und Abuja.

GESCHICHTE

In vorkolonialer Zeit bildeten sich auf dem Gebiet des heutigen N. im N die Stadtstaaten der Hausa, die zw. 1804 und 1807 im Reich OSMAN DAN FODIOS zusammengeschlossen wurden. Im NO setzte seit dem Ende des 14. Jh. das Reich Bornu die Tradition Kanems fort (→Kanem-Bornu). Im SW schlossen sich die Yoruba zu einem Staatenbund zusammen; religiöser und kultureller Mittelpunkt war →Ife. Von den Hausa und Yoruba beeinflusst war der Staat der →Nupe am mittleren Niger. Die Ibo im SO und andere Völker gründeten keine größeren Staaten.

1472 landeten erstmals Portugiesen an der Küste des heutigen N. und führten später Sklaventransporte nach Amerika durch. Im 17./18. Jh. hatten die Engländer den Hauptanteil am Sklavengeschäft. Das Yorubareich, um 1700 unter dem Herrscher (›Alafin‹) von Oyo ein mächtiger Staatenbund, geriet in Krisen und Bürgerkriege, die bis 1850 andauerten. Während die Nachfolger OSMAN DAN FODIOS 1817–60 im N eine expansive islam. Staatsmacht aufbauten, blühten an der SO-Küste kleine Stadtkönigtümer (Opobo, Bonny, Brass, Calabar u. a.) durch Palmölhandel auf, der nach 1807 den Sklavenhandel ablöste.

1861 besetzten die Briten Lagos, um den Sklavenhandel zu unterdrücken. Im Auftrag der ›Royal Niger Company‹, die 1886 eine königl. Charter und damit Hoheitsrechte erhielt, wurden 1897–1903 die Staaten des Nordens unterworfen. Benin wurde 1897 erobert. 1899 zog die brit. Regierung die Charter zurück und übernahm selbst die Verwaltung des Landes, das 1900 den Namen N. erhielt. Die Protektorate Lagos und Süd-N. wurden 1906 verschmolzen. Gouverneur F. J. D. LUGARD schuf 1914 eine gemeinsame Verwaltung für Süd-N. und das Protektorat Nord-N. Dort beschränkte sich die brit. Kolonialmacht jedoch unter Einsatz der islam. Fürsten nur auf eine ›indirekte Herrschaft‹ (→Indirect Rule). Im Iboland setzte sich die brit. Herrschaft erst im Laufe des Ersten Weltkriegs durch. 1922 wurde ein Teil der ehemaligen dt. Kolonie Kamerun als brit. Mandat mit N. verbunden.

Nach dem Ersten Weltkrieg entstand unter der Intelligenz eine schwarzafrikan. Nationalbewegung (Gründung eines ›Nationalkongresses für Britisch Westafrika‹). 1929 leisteten viele Ibo, v. a. Frauen, gewaltsamen Widerstand gegen die Steuerregistrierung. Daraufhin wurde das System der ›indirekten Herrschaft‹, für das es im S keine echten afrikan. Autoritäten gab, reformiert und eine von der Verwaltung unabhängige Justiz geschaffen. Unter dem Druck von Gewerkschaften (Streiks) und des 1944 von N. AZIKIWE und anderen Politikern gegründeten ›National Council of Nigeria and the Cameroons‹ (engl. Abk. NCNC) leitete die brit. Kolonial-Reg. Verf.-Reformen ein: Die Verf. von 1951 verstärkte die Autonomie der Regionen, die von 1954 führte ein zentrales, direkt vom Volk zu wählendes Parlament und einen Min.-Rat für ganz N. ein. Neben dem NCNC entstand als konservative Partei des Nordens der ›Northern People's Congress‹ (NPC), als Sprachrohr der Yoruba die ›Action Group‹ (AG) unter O. AWOLOWO. Am 1. 10. 1960 wurde N. unabhängig, am 1. 10. 1963 Rep. innerhalb des Commonwealth; Staatspräs. wurde AZIKIWE.

Soziale, kulturelle und ethn. Spannungen v. a. zw. den muslim. Hausa und den christl. Ibo blockierten die demokrat. Entwicklung N.s. Am 15. 1. 1966 putschte eine Gruppe von Offizieren unter dem Ibo General JOHNSON AGUIYI-IRONSI (* 1924); Staatspräs. AZIKIWE trat im Februar zurück. Am 29. 7. stürzten – in Gestalt eines Gegenputsches – den Hausa nahe stehende militär. Kräfte General AGUIYI-IRONSI, der am 16. 1. als Vors. eines zentralistisch orientierten Militärrates die Reg. N.s übernommen hatte. AGUIYI-IRONSI wurde ermordet. Pogrome gegen die Ibo in Nord-N. und die beginnende Erschließung der Erdölvorkommen im Südosten N.s veranlassten Oberst C. O. OJUKWU, den Militär-Gouv.

der v. a. von Ibo bewohnten Ostregion N.s, diese am 30. 5. 1967 zur unabhängigen Rep. →Biafra auszurufen. In einem blutigen Bürgerkrieg gelang es der nigerian. Zentral-Reg. unter General Y. GOWON, seit dem zweiten Putsch von 1966 Staatschef, die Sezession Biafras rückgängig zu machen. International nur sehr wenigen Staaten unterstützt, kapitulierte Biafra, dessen Bev. durch die ständige Hungersnot schwer in Mitleidenschaft gezogen worden war (Hilfsmaßnahmen u. a. des Internat. Roten Kreuzes und der christl. Kirchen), am 15. 1. 1970. In kurzer Zeit gelang jedoch eine nat. Aussöhnung zw. den Bürgerkriegsparteien. In der Folgezeit errichtete die Zentral-Reg. zahlr. Gliedstaaten, um die ethnisch-kulturellen Rivalitäten zu mindern.

Im Juli 1975 wurde GOWON im Verlauf eines unblutigen Staatsstreichs gestürzt; sein Nachfolger als Staatschef, General MURTALA RAMAT MOHAMMED (* 1937), wurde im Februar 1976 bei einem gescheiterten Putschversuch ermordet. General O. OBASANJO übernahm die Militär-Reg. und leitete 1977 den Prozess der Rückkehr N.s zu gewählten Staatsorganen ein. 1978 verkündete die Reg. eine neue Verf. und ließ neue Parteien zu. Bei den Wahlen auf Bundes- und Gliedstaatsebene errang die von SHEHU SHAGARI (* 1924) geführte ›National Party of N.‹ (NPN) 1979 die relative Mehrheit; SHAGARI wurde mit knapper Mehrheit zum Staatspräs. gewählt (1983 im Amt bestätigt).

Korruptionsvorwürfe gegenüber der politisch führenden Schicht N.s lösten Ende Dezember 1983 einen Militärputsch aus; die Verf. wurde suspendiert, die Parteien wurden verboten. Der neue Staatschef General MOHAMMED BUHARI (* 1942) wurde 1985 durch General I. BABANGIDA ersetzt. Vor dem Hintergrund der weiterhin bestehenden kulturell-ethn. Spannungen kam es im April 1990 zu einem (gescheiterten) Putschversuch.

Mit der Annullierung der Präsidentschaftswahl vom Juni 1993, bei der MOSHOOD ABIOLA von der Social Democratic Party (SDP) die meisten Stimmen erhalten hatte, wurde der 1991 in Gang gesetzte Demokratisierungsprozess gestoppt. Unruhen in der Bev. führten im November 1993 zur erneuten Machtübernahme durch das Militär. Präs. wurde General S. ABACHA, der an der Spitze einer Militär-Reg. diktatorisch regiert. So wurden alle demokrat. Institutionen abgeschafft, angekündigte Neuwahlen abgesagt und Militärverwalter für die Bundesstaaten benannt. Bemühungen der Demokratiebewegung (v. a. vonseiten der Gewerkschaften), mittels Streiks die Militärherrschaft zu beenden, alle polit. Gefangenen freizulassen und ABIOLA als Staatsoberhaupt anzuerkennen, beantwortete die Reg. mit scharfen Repressionen. Im Oktober 1995 verkündete sie jedoch ein Dreijahresprogramm, das Voraussetzungen für die Rückkehr zu einer zivilen Herrschaft schaffen soll (u. a. freie Wahlen, Annahme einer neuen Verf.). Am 10. 11. 1995 wurden der Dichter und Umweltschützer KEN SARO-WIWA sowie acht weitere Mitgl. des Movement for the Survival of the Ogoni People (MOSOP), die für eine Wiedergutmachung der aus der Erdölförderung im Ogoni-Gebiet entstandenen Umweltschäden sowie gegen Menschenrechtsverletzungen kämpften, trotz internat. Proteste hingerichtet. In der Folge geriet N. in internat. Isolation, da die Rechtmäßigkeit des Urteils (schuldig des Mordes an vier Ogoniführern) angezweifelt wurde. Das Commonwealth of Nations schloss das Land vorübergehend aus seiner Gemeinschaft aus, die EU suspendierte u. a. die Wirtschaftshilfe und verhängte ein Waffenembargo. Im Mai 1996 kam es zu Spannungen zw. N. und Kamerun im gemeinsamen Grenzgebiet, wo große Erdölvorkommen vermutet werden. Zahlr. Staaten und internat. Organisationen

Nigeria Airways

(u. a. auch die UN) forderten die Militärmachthaber in N. wiederholt auf, der Menschenrechte einzuhalten, wirksame Schritte zur Demokratisierung einzuleiten sowie alle polit. Gefangenen freizulassen.

A. H. KIRK-GREENE: Crisis and conflict in N., 2 Bde. (London 1971); R. O. EKUNDARE: An economic history of N. 1860–1960 (New York 1973); M. CROWDER: The story of N. (London ⁴1978); R. K. UDO: Geographical regions of N. (Berkeley, Calif., 1970, Nachdr. London 1978); T. RAUCH: Das nigerian. Industrialisierungsmuster u. seine Implikationen für die Entwicklung peripherer Räume (1981); W. T. W. MORGAN: N. (London 1983); P. B. CLARKE u. I. LINDEN: Islam in modern N. (Mainz 1984); L. DIAMOND: Class, ethnicity and democracy in N. (Basingstoke 1988); W. D. GRAF: The Nigerian state (London 1988); E. STAHN: N. Reiseführer mit Landeskunde (³1990); H. BERGSTRESSER u. S. POHLY-BERGSTRESSER: N. (1991); W. GIELER: N. zw. Militär- u. Zivilherrschaft (1993); M. LOIMEIER: Islam. Erneuerung u. polit. Wandel in Nordnigeria (1993); Muslime in N. Religion u. Gesellschaft im polit. Wandel seit den 50er Jahren, hg. v. J. M. ABUN-NASR (1993); J. O. IHONVBERE: N. The politics of adjustment & democracy (New Brunswick, N. J., 1994); C. D. KÖNIG: Zivilgesellschaft u. Demokratisierung in N. (1994); T. G. FORREST: Politics and economic development in N. (Neuausg. Boulder, Colo., 1995); J. S. IKPUK: Militarism of politics and neo-colonialism. The Nigerian experience 1966–90 (London 1995); E. E. OSAGHAE: Structural adjustment and ethnicity in N. (Uppsala 1995); T. FALOALA: Development planning and decolonization in N. (Gainesville, Fla., 1996); M. LOIMEIER: Zum Beispiel Ken Saro-Wiwa, mit Beitrr. v. B. DROGIN u. a. (1996); K. SARO-WIWA: Flammen der Hölle. N. u. Shell. Der schmutzige Krieg gegen die Ogoni (d. engl., 1996).

Nigeria Airways [naɪˈdʒɪərɪə ˈeəweɪz, engl.], staatliche nigerian. Luftverkehrsgesellschaft, gegr. 1958; Sitz: Lagos.

nigerianische Kunst, die Kunst im Bereich des heutigen Nigeria, Kernland der ältesten bisher bekannten schwarzafrikan. Kulturen. Ihre Zentren sind über etwa 2000 Jahre überschaubar (ohne dass bisher die kulturellen Zusammenhänge geklärt werden konnten): von →Nok über →Igbo-Ukwu, →Ife, →Tsoede und →Benin zur Kunst der →Yoruba. Eine Rolle als Bindeglied zw. Ife, Tsoede und Benin spielte möglicherweise der Kulturkomplex ›Bronzewerkstätten am unteren Niger‹. Seine künstler. Erzeugnisse aus Bronze, Gruppen und Figuren, Köpfe, Masken und Oberteile von Glocken in eindrucksvoller Gestaltung, sind an vielen Stellen zu beiden Seiten des Niger von seinem Delta bis zum Zusammenfluss mit dem Benue gefunden worden, ohne dass sich ein Schwerpunkt hätte erkennen lassen; eine Datierung war bisher nicht möglich. (→afrikanische Kunst)

T. SHAW: Nigeria. Its archaeology and early history (London 1978); E. EYO u. F. WILLETT: Kunstschätze aus Alt-Nigeria, Ausst.-Kat. (1983).

nigerianische Literatur, →schwarzafrikanische Literaturen.

Niger-Kongo-Sprachen, Sprachstamm innerhalb der kongo-kordofan. oder nigrit. Sprachen. Sie umfassen die →Benue-Kongo-Sprachen, die →Adamaua-Ost-Sprachen, die →Westatlantischen Klassensprachen, die →Gur-Sprachen, die →Kwa-Sprachen und die →Mandesprachen, die in der Forschung auch als selbstständige genealog. Einheit behandelt werden. Viele N.-K.-S. sind Klassensprachen, deren Affixe meist in Form von Präfixen, in manchen, z. B. den Gur-Sprachen, jedoch auch als Suffixe erscheinen.

Niger-Kordofanisch, Kongo-Kordofanisch, nach einer Hypothese von J. GREENBERG (1963) ein afrikan. Großsprachstamm, in dem die →Niger-Kongo-Sprachen und die →Kordofan-Sprachen, die z. T. Klassensprachen sind, zusammengefasst werden. O. KÖHLER (1975) sieht dagegen die Kordofan-Sprachen als eine östl. Abspaltung des Westnigritischen im Rahmen der →nigritischen Sprachen an.

Nigersaat, das →Gingellikraut.

Nigg, Walter, schweizer. ref. Theologe, *Gersau 6. 1. 1903, †Dänikon (Kt. Zürich) 17. 3. 1988; war

Pfarrer in versch. Kirchengemeinden und daneben ab 1931 Lehrbeauftragter für Kirchengesch. an der Univ. Zürich. N. wurde bes. durch gemeinverständl. Darstellungen kirchengeschichtl. Persönlichkeiten bekannt (u. a. großer christl. Heiliger).
Werke: Religiöse Denker. Kierkegaard, Dostojewski, Nietzsche, van Gogh (1942); Große Heilige (1946); Das Buch der Ketzer (1949); Der christl. Narr (1956); Große Unheilige (1980).

Niggli, Paul, schweizer. Mineraloge, * Zofingen 26. 6. 1888, † Zürich 13. 1. 1953; ab 1915 Prof. in Leipzig, ab 1918 in Tübingen, ab 1920 in Zürich. N. arbeitete über die Paragenese der Minerale und Gesteine, die Mineralverwandtschaft, die Kristallstruktur und -chemie sowie die Metamorphose; er wirkte durch Anwendung der Theorie des Phasengleichgewichts auf die Rolle der flüchtigen Bestandteile im Magma (1920) bahnbrechend für die physikalisch-chem. Begründung der magmat. Differenziation. 1927 führte er die später **N.-Werte** genannten Molekularwerte zur Deutung von Analysen der magmat. Gesteine ein.
Werke: Geometr. Kristallographie des Diskontinuums, 2 Tle. (1918–19); Lb. der Mineralogie (1920); Die leichtflüchtigen Bestandteile im Magma (1920); Gesteins- u. Mineralprovinzen (1923); Krystallograph. u. strukturtheoret. Grundbegriffe (1928); Gesteine u. Minerallagerstätten, 2 Bde. (1948–52).

Nightingale [ˈnaɪtɪŋgeɪl], Florence, brit. Krankenschwester, Pflegetheoretikerin, Berufs- und Sozialreformerin, * Florenz 12. 5. 1820, † London 13. 8. 1910. Umfassender sozialer Sachverstand, Eindrücke menschlichen Leidens (u. a. die Hungersnot 1842/43) und Besuche christlicher Spitäler und Armenhäuser (u. a. T. FLIEDNERS Diakonissenanstalt in Kaiserswerth 1850/51) sowie eine persönl. Sinnkrise führten N. zu der Entscheidung, ihr Leben der Krankenpflege und Armenfürsorge zu widmen. Als Leiterin der Kranken- und Verwundetenpflege im Krimkrieg versuchte sie im damals türk. Skutari und auf der Krim die Lebensbedingungen der brit. (aber auch der gegner.) Soldaten zu verbessern. In drei Schriften veröffentlichte N. ihre Reformpläne für den Sanitätsdienst, die Krankenhäuser und die Krankenpflege (u.a. ›Notes on nursing‹, 1859; dt. 1878 u. d. T. ›Rathgeber für Gesundheits- und Krankenpflege‹). 1860 gründete sie in London ihre erste Pflegeschule, 1861 eine Hebammenschule. Ihr Entwurf einer Neuordnung der Armenhauskrankenpflege und der Siechenhäuser (1865) wie die von ihr initiierte Gefängnisreform weisen N. als Wegbereiterin der öffentl. Wohlfahrtspflege und Sozialfürsorge sowie der Hospizbewegung aus.
C. WOODHAM-SMITH: F. N. (a. d. Engl., 1952); M. E. BALY: F. N. and the nursing legacy (London 1986); C. A. HOBBS: F. N. (New York 1997).

Nigrin [zu lat. niger ›schwarz‹] der, -s/-e, Mineral, →Rutil.

Nigritella, die Orchideengattung →Kohlröschen.

nigritische Sprachen, vom Senegal bis nach S-Afrika verbreitete Sprachen (über 1 000). Die Bez. ›nigritisch‹ geht als anthropolog. Terminus auf das Altertum zurück und wird linguist. seit Beginn des 20. Jh. verwendet. O. KÖHLER (1975) führte im von ihm als ›Gemeinnigritisch‹ bezeichneten nigrit. Sprachbereich (ähnlich wie vor ihm J. GREENBERG und W. BLEEK) die Bantusprachen und die Sudansprachen aufgrund verwandten Sprachguts zusammen.

Nigromantie [mlat. nigromantia, unter Anlehnung an lat. niger ›schwarz‹] die, -, →Nekromantie.

Nigrosine [zu lat. niger ›schwarz‹], Sg. **Nigrosin** das, -s, schwarze Gemische von Phenazinfarbstoffen (→Azinfarbstoffe), die aus Nitrobenzol und Anilin in Gegenwart von Eisen(II)-chlorid und Salzsäure hergestellt werden. Die fettlösl. Nigrosinbasen können in alkohollösl. Hydrochloride oder durch Reaktion mit Schwefelsäure in wasserlösl. N. überführt werden. N. werden u. a. zum Färben von Phenolharzformmassen, Schuhcremes, Druckfarben sowie als Mikroskopierfarbstoffe verwendet.

nihil est in intellectu, quod non sit prius in sensu [lat. ›nichts ist im Verstand, was nicht vorher im Sinnesvermögen gewesen ist‹], erkenntnistheoret. Grundformel des philosoph. Sensualismus bzw. Empirismus (J. LOCKE), die – für die Wahrnehmung und Erkenntnis der Welt – die Sinnesempfindung als primär grundlegend ansieht; von G. W. LEIBNIZ durch den Zusatz ›nisi intellectus ipse‹ (ausgenommen der Verstand selbst) eingeschränkt.

Nihilismus [zu lat. nihil ›nichts‹] der, -, allg. jeder Standpunkt, der auf der absoluten Verneinung bestehender Glaubenssätze, der Möglichkeit allgemein gültiger Erkenntnis, sozialer und polit. Verhältnisse oder einer Wertordnung beruht.
Obwohl der Ausdruck ›nihilisti‹ schon bei AUGUSTINUS zur Bez. der Nichtgläubigen Verwendung fand, wurde der Begriff N. erst bei F. H. JACOBI in die philosoph. Diskussion eingeführt, wo er der negativen Interpretation idealist. Positionen diente. Im konsequenten Idealismus J. G. FICHTES, der alle ›Sachen‹ als Setzungen des absoluten Ichs begreift, löste sich JACOBI zufolge dem Menschen alles ›allmählig auf in sein eigenes Nichts‹. Zu einem allg. verbreiteten Ausdruck wurde N. erst durch I. TURGENJEWS Roman ›Väter und Söhne‹ (1861), der ihn in einem polit. Sinn auf die russ. Revolutionäre, die sich als Anarchisten ansahen, anwendete. Im Anschluss an diesen Roman übernahmen ihn die sozialkrit. russ. Anarchisten als Selbstbezeichnung.
F. NIETZSCHE legte als Erster eine umfassende nihilist. Deutung der gesamten abendländ. Philosophiegeschichte vor. Sowohl bei PLATON als auch im Christentum besteht NIETZSCHE zufolge ein Dualismus, da der ›wahren‹ Welt der Ideen, die ewig und unveränderlich ist, die ›scheinbare‹ Welt des Werdens und der Vergänglichkeit gegenübersteht. So interpretierte er auch die Geschichte des Abendlands als eine Verfallsgeschichte, eine Bewegung der Décadence, in der die urspr. unabhängig vom Menschen gedachten Werte ihre Geltung und Gültigkeit verlieren. N. meinte demnach einmal die Entwertung der bisherigen obersten Werte und schloss zum anderen die ›Umwertung aller bisherigen Werte‹ ein.
NIETZSCHES Deutung des N. übte seit Beginn des 20. Jh. eine große Wirkung aus, v. a. auf den Expressionismus (u. a. G. BENN, J. VAN HODDIS, G. HEYM, G. KAISER, C. STERNHEIM, F. KAFKA). Der N.-Begriff wurde zur geistesgeschichtl. Grundhaltung des Kulturpessimismus dieser Epoche, in der die Orientierungs- und ›transzendentale Obdachlosigkeit‹ der modernen Zivilisation literarisch-künstlerisch zum Ausdruck gelangte. BENN versuchte dem Wertzerfall mit einer künstlerisch-ästhet. Gestaltung, dem Ideal der ›absoluten Prosa‹, zu begegnen.
In der Existenzphilosophie untersuchte K. JASPERS v. a. in der ›Psychologie der Weltanschauungen‹ (1919) den N. und legte Versuche seiner Aufhebung vor. JASPERS zufolge ist der N. neben der ›Dämonologie‹ und der ›Menschenvergötterung‹ eine Gestalt der ›Unphilosophie‹, nämlich die der ›offenen Glaubenslosigkeit‹ (z. B. in ›Der philosoph. Glaube‹, 1948). Der Unglaube hat demzufolge sogar eine Wahrheit, da er im Übergang einen Zugang zum Glauben und zur Transzendenz ermöglicht. M. HEIDEGGER legte gegen NIETZSCHE, der aus seiner Sicht den N. nicht überwand, sondern ihn zuallererst vollendete, eine ›seinsgeschichtl. Bestimmung des N.‹ vor. N. meint nicht nur den Zustand, der durch eine Verfehlung des Denkens hervorgerufen wurde, sondern auch das Sichentziehen des Seins selbst. Die ›Einkehr‹ in das Wesen des N. dadurch, dass wir dem Ausbleiben des Seins

Paul Niggli

Florence Nightingale

entgegendenken, ›ist der erste Schritt, durch den wir den N. hinter uns lassen‹. Im frz. Existenzialismus diente das Absurde als Grunderfahrung des N. (J.-P. SARTRE, A. CAMUS). Obwohl hier einerseits die radikale Sinnlosigkeit und Absurdität der Welt und des menschl. Verhaltens behauptet wird, tritt den andererseits das Aushalten, die Auflehnung und das existenzielle ›Engagement‹ gegenüber. In neuerer Zeit versucht W. WEISCHEDEL in seiner krit. Darstellung des Wesens, des Aufstiegs und des Verfalls der philosoph. Theologie (in ›Der Gott der Philosophen‹, 1971–72, 2 Bde.) eine ›Grundlegung einer philosoph. Theologie im Zeitalter des N.‹ vorzunehmen.

Der N. als Phänomen der Geistesgesch. in der wiss. Diskussion unseres Jh., hg. v. D. ARENDT (1974); W. X. WEIER: N. Gesch., System, Kritik (1980); Lit. zum N., in: A. KOPF: Der Weg des N. von Friedrich Nietzsche bis zur Atombombe (1988); H.-J. GAWOLL: N. u. Metaphysik (1989); B. HILLEBRAND: Ästhetik des N. Von der Romantik zum Modernismus (1991); J. W. LEE: Polit. Philosophie des N. (1992).

nihil obstat [lat. ›es steht nichts entgegen‹], kath. Kirchenrecht: 1) Formel für die Erteilung der Druckerlaubnis; 2) bei der Einstellung von Staatsbeamten, die zugleich einen kirchl. (Lehr-)Auftrag wahrnehmen, die Erklärung des Bischofs, dass dagegen aus kirchl. Sicht keine Einwände vorliegen. Damit ist die kirchl. Beauftragung für diesen Dienst gegeben.

Nihon, Bez. Japans in der Landessprache, →Nippon.

Nihonbashi [-ʃi; jap. ›Japanbrücke‹], **Nihombashi** [-ʃi], 1603 in der Unterstadt des heutigen Tokio angelegte Brücke, die als der Mittelpunkt Japans gilt. Hier begannen oder endeten die großen Handelsstraßen, schied sich aber auch kulturell der Norden vom Süden und der Westen vom Osten.

Nihongi [jap. ›Annalen von Japan‹], **Nihon-shoki** [-ʃo-], die zweitälteste überlieferte Chronik Japans (720) nach dem →Kojiki und erste der offiziellen, chinesisch abgefassten ›Sechs Reichsgeschichten‹ (Rikkokushi), die die jap. Geschichte bis 887 annalistisch darstellen.

Niigata, Hauptstadt der Präfektur N., Japan, Hafen an der W-Küste der Insel Honshū, an der Mündung des Shinano, 479 000 Ew.; kath. Bischofssitz; Univ.; Maschinen-, Schiffbau, Textil-, Düngemittel-, chem., Nahrungsmittelindustrie, zwei Erdölraffinerien (nahebei Erdöl- und Erdgasförderung). – Die 1616 gegründete und 1896 dem ausländ. Handel geöffnete Stadt entwickelte sich in der Folge zum bedeutendsten Hafen am Jap. Meer und beherrscht heute den Handel mit Sibirien.

Niihama, Industrie- und Hafenstadt in der Präfektur Ehime, Japan, an der N-Küste der Insel Shikoku, 132 200 Ew.; Metall-, Maschinen-, chem., elektrotechn. Industrie, Kupferschmelze; bis 1973 bedeutende Kupfergruben von Besshi (südlich von N.).

Niihau, die westlichste der Hauptinseln von →Hawaii, USA.

Niit [niːt], Ellen, estn. Lyrikerin und Kinderbuchautorin, * Reval (Tallinn) 13. 7. 1928; ∞ mit dem Schriftsteller J. KROSS; N. gehört zu den bedeutendsten estn. Lyrikerinnen der Gegenwart. Ihre dichter. Sprache ist durch metaphern- und assoziationsreiche freie Verse gekennzeichnet, in denen sich Gefühl und Intellekt das Gleichgewicht halten (›Maailma pidevus‹, 1994). Ihr Bekenntnis zur Heimat in den Jahren der sowjet. Okkupation hat dazu beigetragen, dass das estn. Nationalbewusstsein erhalten geblieben ist. N. ist seit den 60er-Jahren auch als Kinderbuchautorin und Lyrikübersetzerin hervorgetreten.

Niitaka, früherer jap. Name für den höchsten Berg von Taiwan, →Yü Shan.

Nijasow, Saparmurad Atajewitsch, turkmen. Politiker, * Aschchabad 19. 2. 1940; Ingenieur,

Saparmurad Atajewitsch Nijasow

Bronislawa Nijinska

Vaclav Nijinskij

1962–91 Mitgl. der KPdSU, 1985 kurzzeitig Min.-Präs. Turkmenistans, 1985–91 Erster Sekr. der turkmen. KP-Organisation, ab 1991 Vors. ihrer Nachfolgeorganisation, der Demokrat. Partei. 1990 zunächst Vors. des Obersten Sowjets Turkmenistans, nach Einführung des Präsidialsystems im Oktober 1990 zum Staatspräs. gewählt (1992 durch Volkswahl bestätigt). Der als ›Turkmenbaschi‹ (›Führer aller Turkmenen‹) autokratisch regierende N. ließ sich durch ein Referendum 1994 seine Amtszeit bis 2002 verlängern.

Nijazi [-zi], Hamza Hakimzade, usbek. Schriftsteller, * Kokand 22. 2. 1889, † Schachimardan (heute Chamzaabad) 18. 3. 1929; trat früh mit formal schlichten sozialkrit. Gedichten hervor und begründete nach 1918 das sowjetisch-usbek. Drama. Seine Schauspiele (›Herr und Knecht‹, 1918, usbekisch) verarbeiten meist Ereignisse aus dem Leben der Usbeken.

Nijhoff [ˈnɛihɔf], Martinus, niederländ. Schriftsteller und Kritiker, * Den Haag 20. 4. 1894, † ebd. 26. 1. 1953; Journalist; begann mit Lyrik (›De wandelaar‹, 1916), in der er dem Gefühl der Einsamkeit und Lebensangst Ausdruck gab; entwickelte sich in den 20er-Jahren zum niederländ. Vertreter der Moderne im ›klass.‹ Sinn (›Nieuwe gedichten‹, 1934); später herrschen religiöse Motive und geistl. Spiele vor. N. war ein hervorragender Stilist und bedeutender Übersetzer. Nach N. wurde der seit 1953 jährl. vergebene Übersetzerpreis benannt (Martinus-Nijhoff-Prijs).

Ausgaben: Verzameld werk, 3 Bde. (²1982). – Die Stunde X. Gedichte (1989, Ausw.).

Nijinska, Nischinskaja, Bronislawa Fominitschna, russ. Tänzerin, Choreographin und Ballettmeisterin, * Minsk 8. 1. 1891, † Los Angeles (Calif.) 21. 2. 1972, Schwester von V. NIJINSKIJ; verließ 1921 Russland und wurde eine der bedeutendsten Choreographinnen der Ballets Russes (›Renard‹, 1922; ›Les noces‹, 1923; ›Les biches‹, 1924). Seit 1938 lebte sie in Kalifornien, wo sie eine eigene Schule eröffnete; gilt als eine der Wegbereiterinnen des Neoklassizismus im Ballett. Von ihr erschienen ›Early Memoirs‹ (1981).

Nijinskij [niʒ-], **Nijinsky,** Vaclav, russ. **Wazlaw Fomitsch Nischinskij,** russ. Tänzer und Choreograph, * Kiew 17. 12. 1889 (nach anderen Lesarten 12. 3. 1888 oder 1889, 29. 12. 1889), † London 8. 4. 1950, Bruder von B. NIJINSKA; gefeierter Tänzer am Marientheater in Sankt Petersburg (1907–11) und v. a. bei den Ballets Russes in Paris bis zu seiner Entlassung durch S. P. DIAGHILEW (1914). N., der bis 1919 auftrat, wird erst heute als wegweisender Choreograph (›L'Après-midi d'un faune‹, 1912; ›Jeux‹, 1913; ›Le sacre du printemps‹, 1913) anerkannt.

Ausgabe: Ich bin ein Philosoph, der fühlt. Die Tagebuchaufzeichnungen in der Originalfassung, übers. v. A. FRANK (1996).

Nijinsky, hg. v. M. NIEHAUS (1961); R. BUCKLE: Nijinsky (a. d. Engl., 1987).

Nijkerk [ˈnɛikɛrk], Stadt in der Prov. Gelderland, Niederlande, in der Gelderse Vallei, 26 800 Ew.; Knopf- und Bürstenherstellung, Nahrungsmittel und Metall verarbeitende Industrie, Druckereien. – Ref. Kirche (1461 ff.); Rathaus (18. Jh.).

Nijmegen [ˈnɛiməːxə], Stadt in den Niederlanden, →Nimwegen.

Nijvel [ˈnɛivəl], belg. Stadt, →Nivelles.

Nikaaufstand, gemeinsame Revolte (11.–18. 1. 532) der beiden Demen (→Demos) von Konstantinopel, der Parteien der ›Grünen‹ und der ›Blauen‹, gegen die kaiserl. Zentralgewalt JUSTINIANS I.; Kaiserin THEODORA schlug mithilfe der Feldherren BELISAR und NARSES den Aufstand blutig nieder, in dessen Verlauf u. a. der erste Bau der Hagia Sophia in Flammen aufging.

Nikaia [griech.], lat. **Nicaea, Nicäa,** antike Stadt in Kleinasien, heute →İznik, Türkei. – 1204–61 Sitz des byzantin. Kaiserreichs von N. unter der Dynastie der Laskariden (→Nicäa, Konzile von).

Nikandre, überlebensgroße weibl. Marmorfigur des archaisch-unbewegten Typus, um 650 v. Chr.; laut Inschrift von einer N. aus Naxos der Artemis in Delos geweiht (Athen, Archäolog. Nationalmuseum).

Nikandros, Nikander, Nicander, griech. Dichter, Grammatiker und Arzt aus Kolophon, wohl im 2. Jh. v. Chr.; schrieb zwei artistisch gestaltete Lehrgedichte in Hexametern: ›Theriaka‹ (über Bisse und Stiche giftiger Tiere) und ›Alexipharmaka‹ (über Gifte und Gegengifte). Die nicht erhaltenen ›Heteroioumena‹ (Metamorphosen) und ›Georgika‹ sind aufgrund ihrer Nachwirkung (VERGIL und OVID) wichtig.

Ausgabe: The poems and poetical fragments, hg. v. A. S. F. Gow u. a. (1953, Nachdr. 1979).

Nikanpalme [polynes.-lat.], **Kentia, Rhopalostylis,** Gattung der Palmengewächse mit nur wenigen Arten in Australien, Neuseeland und Neuguinea; mittelhohe Palmen mit geringeltem Stamm und endständigen, starkrippigen Blättern mit zahlr. Fiedern und großen, breiten Blattscheiden; Zierpflanze für Zimmer und Wintergarten.

Nike: Fliegende Nike; ursprünglich seitlicher Akroter an der Stirnseite des Apollontempels in Delphi; um 510 v. Chr. (Delphi, Archäologisches Museum)

Nike, griech. Mythos: Göttin des Sieges, ohne Mythen und erst in hellenist. Zeit kultisch verehrt; sie überbrachte den Sieg, verlieh ihn aber nicht selbst und war eng mit anderen siegbringenden Göttern verbunden (bes. mit Zeus und Athene). Von den Römern wurde sie der Victoria gleichgestellt. Ihre Attribute waren Palmzweig, Kranz und Binde und andere Siegeszeichen (Helm, Schild) oder Opfergaben.

Schon in archaischer griech. Zeit wurden N.-Statuen als Dank für einen Sieg im Wettkampf oder im Krieg aufgestellt oder auf Tempelgiebeln u. a. angebracht, eine lang gewandete Frauengestalt mit Flügeln an Schultern und Schuhen, deren Flug in der Archaik durch den Knielauf dargestellt wurde, z. B. bei den Akroterfiguren der Götterbotin aus den Apollonheiligtümern von Delos (vielleicht in Paros um 540 v. Chr. gearbeitet; Athen, Archäolog. Nationalmuseum) und Delphi (um 510 v. Chr.; Museum ebd.) sowie der bronzenen N. (wohl ein Aufsatz) im Archäolog. Nationalmuseum von Athen (um 500 v. Chr.). Erhaltene klass. Statuen, darunter die des →Paionios und die Akroterfigur der N. aus Epidauros vom Artemistempel (375 v. Chr.; Athen, Archäolog. Nationalmuseum), stellen die herabschwebende N. dar. Nicht erhalten sind die N., die die Goldelfenbeinstatuen der Athena Parthenos und des olymp. Zeus von PHIDIAS auf der Hand trugen. An der Balustrade des Athener →Niketempels entstanden N. in Vielzahl. Die mit Schiffsbug über 3 m hohe hellenist. Figur der N. von Samothrake (um 190 v. Chr.; Paris, Louvre) war wohl ein Erinnerungsmal an einen Seesieg (der Flotte von Rhodos?) und blickte von einem Hügel aufs Meer. Die röm. →Viktoria ist mit versch. anderen Göttern und Personifikationen verschmolzen.

Nikel, Ort im Gebiet Murmansk, Russland, 10 km vor der Grenze zu Norwegen, etwa 20 000 Ew.; Abbau und wegen der hohen Luftschadstoffe stark umweltschädigende Verhüttung von Nickelerz (großes Metallurgiewerk ›Petschenganikel‹).

Nikephoros, griech. **Nikephoros,** byzantin. Herrscher:

1) **Nikephoros I.,** Kaiser (seit 802), *Seleukeia (Pisidien) um 765, †(gefallen) bei Pliska 26. 7. 811; kam nach dem Sturz der Kaiserin IRENE als deren ranghöchster Finanzbeamter auf den Thron und leitete eine Finanzreform ein. Er kolonisierte die slawisierten Balkangebiete durch Ansiedler aus Kleinasien, baute die Themenordnung aus. Mit HARUN AR-RASCHID, der 806 weit nach Anatolien eindrang, konnte er nur um den Preis jährl. Tributleistungen Frieden schließen. Er fiel im Kampf gegen den Bulgarenkhan KRUM.

2) **Nikephoros II. Phokas,** Kaiser (seit 963), *in Kappadokien 912, †(ermordet) Konstantinopel 10./11. 12. 969; bedeutender Feldherr unter ROMANOS II., dessen Witwe THEOPHANO er heiratete. Als Kaiser setzte er seine siegreichen Kämpfe gegen die Araber fort (965 Eroberung Zyperns, 969 Rückgewinnung Antiochias und Aleppos); gegen die Bulgaren rief er den Kiewer Fürsten SWJATOSLAW zu Hilfe. Im Innern stärkte er die feudalen Kräfte. Er erlag einem Anschlag der THEOPHANO und seines Verwandten JOHANNES I. TZIMISKES.

3) **Nikephoros III. Botaneiates,** Kaiser (seit 1078), †Konstantinopel bald nach dem 1. 4. 1081; Gegenkaiser MICHAELS VII. Während seiner Reg. gelangen den Seldschuken weitere Eroberungen. Innere Aufstände schwächten seine Herrschaft. Am 1. 4. 1081 nahm ALEXIOS (I.) KOMNENOS Konstantinopel und zwang N. zur Abdankung.

Nikephoros, N. Gregoras, griech. **Nikephoros Gregoras,** byzantin. Gelehrter, *Herakleia Pontike (heute Ereğli) um 1293, †Konstantinopel 1359/61; Geschichtsschreiber und Polyhistor. Bes. erwähnenswert ist sein unvollendetes Werk zur röm. Geschichte ›Rhomaike istoria‹ für die Zeit von 1204 bis 1359, das als Memoirenwerk und Dokumentation zum Hesychastenstreit wichtig ist.

Ausgabe: Byzantina historia, hg. v. L. SCHOPEN u. a., 3 Bde. (1829–55).

J.-L. VAN DIETEN: Entstehung u. Überlieferung der Historia Rhomaike des N. G. (Diss. Köln 1975).

Niketempel, kleiner Tempel, ein Amphiprostylos in ion. Ordnung aus pentel. Marmor (425–421 v. Chr.) auf dem **Nikepyrgos** genannten Felsvorsprung der Athener Akropolis, außerhalb der Propyläen. In der Cella stand das hölzerne Kultbild der siegbringenden Stadtgöttin Athena Nike (die flügellose ›Nike Apteros‹). Am Gebälk läuft ein Relieffries entlang (Göttergruppen und Kämpfe gegen die Perser). Der N. wurde unter Einbeziehung der über 20 Jahre zurückliegenden Planungen des KALLIKRATES errichtet. Der Nikepyrgos mit dem Tempel wurde wohl 408 v. Chr. von einer **Nikebalustrade** umgeben, die aus rd. 1 m hohen Marmorplatten bestand, auf deren Reliefs Niken beim Vorbereiten der Dankopfer dargestellt waren (Bruchstücke der meisterhaften att. Reliefs im Akropolismuseum, darunter das der Sandalen lösenden Nike).

Nikias, griech. **Nikias,** athen. Feldherr und Politiker, *um 470 v. Chr., †(hingerichtet) Syrakus 413

Niki Nikias – Nikkō

v. Chr.; Anhänger des PERIKLES, Gegner des KLEON. N. vermittelte im April 421 den für 50 Jahre vereinbarten Frieden mit Sparta (›Nikiasfrieden‹), der jedoch nicht lange vorhielt (→Peloponnesischer Krieg). Er schloss sich dann zu einem Zweckbündnis seinem Rivalen ALKIBIADES an und leitete zunächst mit diesem und LAMACHOS, zuletzt allein, die →Sizilische Expedition, vor der er urspr. gewarnt hatte. Sein Zaudern vor Syrakus (er verschob aus Aberglauben den Abzug wegen einer Mondfinsternis) trug wesentlich zur Vernichtung des athen. Heeres bei. Zus. mit dem Feldherrn DEMOSTHENES wurde N. nach der Kapitulation (8. 10. 413) hingerichtet.

Nikias, griech. **Nikias**, griech. Maler der 2. Hälfte des 4. Jh. v. Chr. aus Athen, bemalte u. a. Marmorstatuen von PRAXITELES; vermutlich sind Wandbilder in Pompeji (u. a. Io, Andromeda) Nachbildungen seiner Gemälde.

Nikifor, eigtl. **Nykyfor Drovniak**, poln. Maler, *Krynica 21. 5. 1895 (?), †ebd. 10. 10. 1968. Obwohl Analphabet, kränklich und fast taubstumm, schuf er Bilder mit Bauwerken, Kircheninterieurs, Landschaften, die zu den poesievollsten Schöpfungen der naiven Kunst gehören; auch Selbstbildnisse und Porträts.

Nikifor: Dreifaches Bildnis (Neusandez, Museum)

Nikisch, Arthur, Dirigent, *Lébényi Szent Miklos (Ungarn) 12. 10. 1855, †Leipzig 23. 1. 1922; war Violinist im Wiener Hoforchester, kam über Leipzig, Boston (Mass.) und Budapest 1895 als Gewandhauskapellmeister nach Leipzig und wurde gleichzeitig Chefdirigent des Berliner Philharmon. Orchesters. N., der als bedeutendster Konzertdirigent seiner Zeit gilt, legte bes. bei der Interpretation bes. Gewicht auf Rhythmik und Klangfarbe. Im Vordergrund seines Repertoires stand die Musik von L. VAN BEETHOVEN, R. SCHUMANN, J. BRAHMS, A. BRUCKNER (Uraufführung der 7. Sinfonie), R. WAGNER und P. TSCHAIKOWSKY; setzte sich auch für das Schaffen von G. MAHLER, M. REGER und R. STRAUSS ein.

Arthur Nikisch

Nikitin, 1) Iwan Sawwitsch, russ. Dichter, *Woronesch 3. 10. 1824, †ebd. 28. 10. 1861; beschrieb in schwermütigen, häufig vertonten Gedichten die Not des einfachen Volkes und die Schönheit der russ. Landschaft; auch Verserzählungen (›Kulak‹, 1858).

Ausgaben: Sočinenija, 4 Bde. (1960–61); Sočinenija (1980).
V. A. KORABLINOV: Žizu' N.a (Moskau 1982).

2) Nikolaj Nikolajewitsch, russ. Schriftsteller, *Sankt Petersburg 8. 8. 1895, †ebd. 26. 3. 1963; gehörte zur literar. Gruppe der Serapionsbrüder, deren Neigung zu dynam. und ›ornamentaler‹ Prosa seine frühen Werke prägte; später Romane, Dramen und Drehbücher im Sinne des sozialist. Realismus.

Werke: *Erzählungen:* Kamni (1923); Polet (1924; dt. Der Flug). – *Romane:* Prestuplenie Kirika Rudenko (1928); Severnaja Avrora (1951; dt. Nordlicht).
Ausgabe: Izbrannye proizvedenija, 2 Bde. (1968).

Nikkei Dow Jones Average [-daʊ ˈdʒəʊnz ˈævərɪdʒ], **Nikkei Stock Average** [-stɔk-], oder kurz **Nikkei 225,** ungewichteter Aktienindex, der börsentäglich aus den Kursen von 225 an der Tokyo Stock Exchange notierter Aktien ermittelt wird (Basis 16. 5. 1949 = 100). Die Indexzahlen des Nikkei-Index zum jeweiligen Jahresende spiegeln den starken Kursaufschwung in den 1980er-Jahren wider (1980: 7 116,4; 1985: 13 113,3; 1990: 23 848,7), wobei sich die Spannbreite der Indexwerte (Jahreshöchst-, Jahrestiefststand) Ende der 80er-Jahre erhöht hat (1987: 26 646,4/18 544,0; 1990: 38 712,9/20 221,9). Der bisherige Höchststand (38 915) wurde am 29. 12. 1989 erreicht. 1996 bewegte sich der Nikkei 225 zw. 19 161,71 und 22 666,80 Punkten (Jahresendstand: 19 361,35). Daneben werden der **Nikkei 300** (seit 1993), der 300 Aktien einbezieht, und der alle amtlich notierten Aktien umfassende **Tokyo Stock Exchange (TSE) Price Index** (Basis 4. 1. 1968 = 100) ermittelt, die jeweils eine Kursgewichtung an dem Grundkapital der betreffenden Gesellschaften vornehmen.

Nikki [jap. ›Tagebücher‹], seit dem Altertum in Japan verbreitete Gattung der Memoirenliteratur. Häufig in der Form des Reisetagebuchs (Kikō) abgefasst wie das älteste überlieferte →Tosa-nikki (935), markiert auch das japanisch geschriebene N. der klass. Zeit einen Höhepunkt der jap. Frauenliteratur (Kagerō-N., Ende 10. Jh.; Izumi-Shikibu-N., Murasaki-Shikibu-N., beide Anfang 11. Jh.; Sarashina-N., 2. Hälfte 11. Jh.; Izayoi-N., 1280). Die N. der adligen Herren wurden in chin. Sprache (→Kambun) geschrieben.

Ausgaben: Diaries of court ladies of old Japan, übers. v. A. S. OMORI u. a. (Neuausg. 1961); Japanese poetic diaries, ausgew. v. E. MINER (1969).

Nikkō, Stadt am O-Rand des N.-Nationalparks, Japan, 21 000 Ew. – N. entstand bei Tempelanlagen aus der Mitte des 8. Jh. Für TOKUGAWA IEYASU, der N. zu seiner letzten Ruhestätte bestimmt hatte, wurde von seinem Enkel TOKUGAWA IEMITSU 1617 das Mausoleum und 1634–36 der Tōshōgūschrein (da vom Kaiser postum zum Tōshō, ›Erleuchter des Ostens‹, erhoben) errichtet; insgesamt 23 Gebäude; der eigentl. Be-

Nikkō: Gebetshalle des Tōshōgūschreins; 1634–36

gräbnisplatz (Oku-miya) liegt, von zwei bronzenen Hunden bewacht, höher am Berghang. Nahebei der Futaarasanschrein (gegr. 784) und der rein buddhistisch in schlichtem Schwarzgold gestaltete Daiyūin, das Mausoleum IEMITSUS. Weiteres BILD →Affen

Nikkō-Nationalpark, Nationalpark auf Honshū, Japan; umfasst das dem Mikunigebirge vorgelagerte vulkan. Nikkōgebirge; 1 407 km², im Shirane 2 578 m ü. M.; ausgedehnte Wälder, Seen, Thermalquellen, botan. Gärten und Museen; Wintersportgebiet. Am O-Rand der Fremdenverkehrsort →Nikkō.

Nikkotanne [nach der jap. Stadt Nikkō], **Abi|es homolepis,** bis 40 m hohe, winterharte jap. Art der Gattung Tanne; mit graubrauner, kleinschuppiger Rinde, waagerecht abstehenden Ästen und hellgrünen Nadeln; Zapfen fassförmig, purpurviolett, glatt, reife Zapfen braun; auch in Mitteleuropa angepflanzt.

Niklas, N. von Wyle [-ˈwiːlə], schweizer. Humanist, *Bremgarten um 1415, †13. 4. 1479; war 1447 Ratsschreiber in Nürnberg, 1447/48–69 Stadtschreiber und Kanzleileiter in Esslingen am Neckar, dann zweiter Kanzler Herzog EBERHARDS III. von Württemberg. Die seit 1461 in Einzeldrucken, 1478 als Sammlung erschienenen ›Translationen‹ (›translatzen‹, ›tütschungen‹) enthielten dt. Übertragungen von 18 Werken v. a. der ital. Renaissancehumanisten, so PIUS' II. (ENEA SILVIO PICCOLOMINI) ›Euryalus und Lukretia‹, BOCCACCIOS ›Guiscardo und Sigismonda‹, auch Werke von PETRARCA. In der Vorrede bringt N. eine Theorie der Übersetzung, in der er für eine Wortzu-Wort-Übertragung eintritt. N. beeinflusste stark die humanist. Übersetzungstechnik.

Ausgabe: Translationen, hg. v. A. VON KELLER (1861).

Nikobaren, engl. **Nicobar Islands** [ˈnɪkəʊbɑː ˈəɪləndz], Gruppe von 19 Inseln (7 bewohnt) im südl. Golf von Bengalen, Indien, rd. 1 841 km², 39 200 Ew.; Teil des Unionsterritoriums Andamanen und N. Die hügeligen Inseln haben feuchtheißes trop. Klima und dichte Waldgebiete, an den Küsten Kokospalmen und Mangroven; Anbau von Reis und Kaffee, bedeutender Fischfang.

Nikobarer, die palämongolide Bev. der Nikobaren. Die rd. 22 000 N. sprechen eine Mon-Khmer-Sprache. Sie bauen Kokospalmen, Jams und Gemüse an, betreiben auch Viehhaltung (Schweine, Geflügel) und Fischerei. Sie wohnen in Pfahlbauten (Gemeinschaftshäuser v. a. für Feste) und praktizieren matrilineares Erbrecht und matrilokale Wohnfolgeordnung. Der urspr. vorherrschende Animismus ist auf die dünn besiedelten südl. Inseln zurückgedrängt; die Bev. der nördl. Insel Kar Nikobar ist zum Christentum übergetreten. Ein offenbar älteres Bev.-Element mit weddidem Einschlag stellen die **Schom Pen** im Innern der südl. Insel Groß-Nikobar (etwa 200 Menschen); sie betreiben Grabstockbau und Jagd (mit Hunden).

Nikodemus, im Johannesevangelium genannter jüd. Schriftgelehrter und pharisäisches Mitgl. des Synedrions; führte nach Joh. 3, 1-21 ein nächtl. Gespräch mit JESUS über die zweite Geburt des Menschen (›aus Wasser und Geist‹), setzte sich im Hohen Rat für ihn ein (Joh. 7, 50f.) und beteiligte sich an seinem Begräbnis (Joh. 19, 39). – Heiliger (Tag: 3. 8.). – Im **N.-Evangelium,** einer im 5. Jh. entstandenen apokryphen Schrift aus urspr. selbstständigen Teilen (einer Passionsgesch., den Pilatusakten und einem Höllenfahrt-Jesu-Bericht), spielt er eine wichtige Rolle.

Neutestamentl. Apokryphen in dt. Übers., hg. v. W. SCHNEEMELCHER, Bd. 1 (⁵1987); J. M. BASSLER: Mixed signals. N. in the 4th Gospel, in: Journal of biblical literature, Jg. 108 (Philadelphia, Pa., 1989).

Nikodim, eigtl. **Boris Georgijewitsch Rotow,** russ.-orth. Theologe, *Frolowo (Gebiet Rjasan) 16. 10. 1929, †Rom 5. 9. 1978; Sohn eines Funktionärs und einer Lehrerin; 1949 Priester-, 1960 Bischofsweihe; wurde 1963 Metropolit von Leningrad und Nowgorod und war 1960–72 zugleich Leiter des Außenamtes der russisch-orth. Kirche und in dieser Funktion maßgeblich an ihrer ökumen. Öffnung beteiligt. 1969 leitete N. die erste offizielle Delegation des Moskauer Patriarchats nach Rom. Während einer Privataudienz bei Papst JOHANNES PAUL I. verstarb N. an einem Herzinfarkt. – Seine Dissertationsschrift über JOHANNES XXIII. (1970) galt als ein ›ökumen. Ereignis‹ (dt. 1978: ›Johannes XXIII. Ein unbequemer Optimist‹).

Nikolai, poln. **Mikołów** [miˈkɔuuf], Stadt in der Wwschaft Katowice (Kattowitz), Polen, im Oberschles. Industriegebiet, 37 000 Ew.; Elektromaschinenbau, chem., Papier-, Nahrungsmittelindustrie, Druckereien. – Das 1222 erstmals erwähnte Dorf N. erhielt 1547 Stadtrecht. N. kam 1945 unter poln. Verwaltung, die Zugehörigkeit zu Polen wurde durch den Dt.-Poln. Grenzvertrag vom 14. 11. 1990 anerkannt.

Nikolais [nɪkəˈlaɪz], Alwin, amerikan. Choreograph, *Southington (Conn.) 25. 11. 1912, †New York 9. 5. 1993; war u. a. Direktor des Nationalzentrums für zeitgenöss. Tanz in Angers (bis 1981); entwickelte ›Sound and vision pieces‹ als besondere Form des Mixed-Media-Balletts, in denen er zugleich Komponist, Choreograph, Ausstatter und Beleuchter war.

Werke: Choreographien: Masks, props and mobiles (1953); Totem (1959); Imago (1963); Tent (1968); Grotto (1973); Temple (1975); The tribe (1975); Schéma (1981); Pond (1982).

Nikolaiten, in Apk. 2,6.15 genannte libertinist. Kreise in den christl. Gemeinden Kleinasiens; im 2. Jh. Name einer gnost. Gruppe, als Selbst-Bez. vielleicht (?) auf den Almosenpfleger NIKOLAUS (Apg. 6, 5) zurückgehend; im MA. Bez. für nicht im Zölibat lebende Kleriker.

Nikolajew, Nikolaev [-jev], ukrain. **Mikolajiw** [mekoˈlajiv], **Mykolaïv** [mekoˈlajiv], Gebietshauptstadt in der Ukraine, am Dnjepr-Bug-Liman (Schwarzes Meer) nahe dem Zusammenfluss von Südl. Bug und Ingul, 517 000 Ew.; mehrere Hochschulen, astronom. Observatorium; Werft, Maschinen-, Gasturbinenbau, Textil- u. a. Leicht-, Lebensmittelindustrie; in der Nähe Kernkraftwerk ›Südukraine‹ (vier Blöcke à 1 000 MW); Fluss- und Seehafen. – N. wurde 1784 als Festung gegründet (seit 1789 Stadt), erhielt 1788 eine Werft und wurde 1862 wichtiger Handelshafen.

Nikolajewa, Nikolaeva [-jeva], Galina Jewgenjewa, eigtl. **G. J. Woljanskaja,** russ. Schriftstellerin, *Usmanka (Gebiet Kemerowo) 18. 2. 1911, †Moskau 18. 10. 1963; Ärztin; begann mit Lyrik und publizist. Werken, schrieb Erzählungen und Romane über zeitgenöss. soziale und moral. Probleme (›Žatva‹, 1951, dt. ›Ernte‹; ›Bitva v puti‹, 1958, dt. ›Schlacht unterwegs‹).

Weitere Werke: Erzählungen: Gibel' komandarma (1945); dt. Der Tod des Armeeführers); Rasskazy babki Vasilisy pro čudesa (1962, Zyklus; dt. Wassilissa u. die Wunder).

Ausgabe: Sobranie sočinenij, 3 Bde. (Neuausg. 1987/88).
G. Š. ABDULLAEVA: Tvorčeskij put' G. N. (Taschkent 1975).

Nikolajewsk am Amur, russ. **Nikolajewsk-na-Amure,** Stadt in der Region Chabarowsk, Russland, im Fernen Osten am unteren Amur, etwa 35 000 Ew.; Werft, Fischverarbeitung; Hafen (für Seeschiffe zugänglich). – N. am A. wurde 1850 als Militärstützpunkt gegründet; seit 1856 Stadt.

Nikolaos [niˈkoːlaos, nikoˈlaːɔs], **N. Kabasilas,** eigtl. **N. Chamaëtos,** nach seiner Mutter K. gen., orth. Theologe, *um 1320, †nach 1391; stammte aus Saloniki, war 1350 am Kaiserhof, 1354 als Laie Kandidat für den Patriarchenstuhl, später vielleicht noch Mönch und Priester. Bekannt v. a. als Vertreter einer christozentr. Mystik und Autor der ›Erklärung der Göttl. Liturgie‹ und des ›Leben in Christus‹, einer Sakramentalmystik in sieben Büchern, die große Einfluss auf die orth. Sakramentsverständnis hatte.

W. VÖLKER: Die Sakramentalmystik des N. K. (1977).

Niko Nikolaos – Nikolaus

Nikolaos [niˈkoːlaɔs, nikoˈlaːɔs], **N. von Damaskus,** griech. Schriftsteller, * Damaskus um 64 v. Chr., † wohl Rom nach 4 v. Chr.; Lehrer der Kinder KLEOPATRAS VII. und des MARCUS ANTONIUS; dann Ratgeber HERODES I., für den er (wohl 8/7 v. Chr.) bei Kaiser AUGUSTUS eintrat; setzte sich ebenso 4 v. Chr. bei AUGUSTUS für die Thronfolge des Herodessohnes ARCHELAOS ein. N. verfasste eine Weltgeschichte (144 Bücher) bis auf seine Zeit, eine Sammlung ethn. Kuriositäten, eine Augustusbiographie und Schriften zur aristotel. Philosophie. Sein Werk ist nur in Fragmenten erhalten.

Nikolas|see [auch: ˈniː-], Ortsteil des Verw.-Bez. Zehlendorf in Berlin, 16 500 Ew.; Villenvorort. – N., entstanden ab 1901 im ehem. Zehlendorfer Forst, ist benannt nach dem gleichnamigen See (rd. 2 ha).

Nikolaus [auch ˈniː-], Herrscher:
Montenegro: 1) **Nikolaus I., Nikola I. Petrović Njegoš** [- ˈpɛtrɔvitɕ ˈnjɛɡɔʃ], gen. **Nikita,** Fürst (1860 bis 1910) und König (1910–18), * Njeguši 7. 10. 1841, † Antibes 1. 3. 1921; Neffe DANILOS I.; regierte trotz der Verf. von 1905 autoritär. An Russland angelehnt, erreichte er durch die Teilnahme am Türkenkrieg 1876–78 dank russ. Unterstützung auf dem Berliner Kongress 1878 die Unabhängigkeit für sein Land. Im Ersten Weltkrieg kämpfte er aufseiten Serbiens, musste 1916 kapitulieren und ging ins Exil; 1918 abgesetzt.

Nikolaus I.,
Kaiser von Russland

Russland: 2) **Nikolaus I.,** russ. **Nikolaj I. Pawlowitsch,** Kaiser (seit 1825), * Zarskoje Selo (heute Puschkin) 6. 7. 1796, † Sankt Petersburg 2. 3. 1855; dritter Sohn PAULS I.; seit 1817 ⚭ mit CHARLOTTE von Preußen (in Russland ALEXANDRA FJODOROWNA; * 1798, † 1860), Tochter FRIEDRICH WILHELMS III. N. folgte nach dem Thronverzicht seines älteren Bruders KONSTANTIN 1825 seinem ältesten Bruder ALEXANDER I. Nach der Niederwerfung des Aufstandes der →Dekabristen fühlte sich der Selbstherrscher als Hüter des monarch. Prinzips, das er mit polizeistaatl. Methoden (Gründung der →Dritten Abteilung) auch im Innern verteidigte. Die von ihm eingesetzten Kommissionen zur Vorberatung über eine russ. Agrarreform kamen über kleine gesetzgeber. Einzelmaßnahmen nicht hinaus. Die Kriege gegen Persien (1826–28) und die Türkei (1828/29) brachten dem Russ. Reich Landgewinn. Als ›Gendarm Europas‹ unterdrückte N. den poln. Aufstand 1830/31 (danach Beseitigung der halbstaatl. Sonderstellung Kongresspolens) und – in einer von Österreich erbetenen Invasion – 1849 auch die nat. Revolution in Ungarn. Seine Orientpolitik scheiterte im Krimkrieg (1853/54–56).

W. B. LINCOLN: N. I. von Rußland. (a. d. Engl., 1981).

3) **Nikolaus II.,** russ. **Nikolaj II. Alexandrowitsch,** Kaiser (1894–1917), * Zarskoje Selo (heute Puschkin) 18. 5. 1868, † (ermordet) Jekaterinburg 16./17. 7. 1918; letzter russ. Monarch (zugleich letzter Herrscher aus der Dynastie Romanow[-Holstein-Gottorp]); seit 1894 ⚭ mit ALICE von Hessen-Darmstadt (in Russland ALEXANDRA FJODOROWNA). N. führte zunächst das autokrat. Regiment seines Vaters ALEXANDER III. fort, ohne die sozialen und polit. Konsequenzen aus der von S. J. WITTE betriebenen Industrialisierungspolitik zu ziehen. Allerdings veranlassten ihn die Niederlage im Russisch-Jap. Krieg (1904–05) und v. a. die Revolution von 1905, im Oktobermanifest vom 30. 10. 1905 wesentl. Grundrechte, das allgemeine Wahlrecht und die Schaffung einer gesetzgebenden Volksvertretung (→Duma) zu gewähren. Jedoch sorgte er durch den so genannten Staatsstreich vom 16. 6. 1907 (Dumaauflösung, neues Wahlrecht) für eine konservative Mehrheit in der Duma. Durch seine Frau geriet N. unter den Einfluss von Mystikern und Scharlatanen (bes. G. J. RASPUTIN), was zum Prestigeverlust der Monarchie beitrug.

Nikolaus II.,
Kaiser von Russland

Auf seine persönl. Initiative wurde die Erste Haager Friedenskonferenz (1899) einberufen. Im Übrigen folgte er den traditionellen Zielen der russ. Außenpolitik, die 1914 für die Erhaltung des russ. Einflusses auf dem Balkan auch den Krieg riskierte. Gegen den Rat der Minister übernahm N. im Ersten Weltkrieg 1915 als Höchstkommandierender den Oberbefehl. Im Hauptquartier ohne Kenntnis der Lage im Inneren, abhängig von unverantwortl. Ratgebern und z. T. unfähigen Ministern, dankte N. angesichts der →Februarrevolution am 15. 3. 1917 ab. Zunächst in Zarskoje Selo interniert und (nachdem Bemühungen um ein Asyl in Großbritannien gescheitert waren) im August 1917 nach Tobolsk (Sibirien), anschließend im April 1918 nach Jekaterinburg verbannt, wurde er zus. mit der Kaiserin, dem Thronfolger ALEKSEJ NIKOLAJEWITSCH und den vier Töchtern (→ANASTASIA) – kurz vor der Besetzung Jekaterinburgs durch weißgardist. Truppen – von Bolschewiki ermordet (auf Beschluss des Uraler Gebietssowjets, offenbar auf Anordnung der bolschewist. Führung). Erst 1991 entdeckte man das wahrscheinl. Grab der Zarenfamilie in einem Wald bei Jekaterinburg wieder; Ende Februar 1998 beschloss die russ. Reg. die Beisetzung der Gebeine (zunächst nicht zweifelsfrei identifiziert, Echtheit von Expertenkommission im Januar 1998 erklärt) für den 17. 7. 1998 in Sankt Petersburg.

M. FERRO: N. II. (a. d. Frz., Neuausg. 1993); D. LIEVEN: Nicholas II. Emperor of all the Russias (London 1993); E. HERESCH: N. II. (Neuausg. 1994); E. RADSINSKI: N. II. Der letzte Zar u. seine Zeit (a. d. Russ., Neuausg. 1994).

Nikolaus [auch: ˈniː-], Päpste:
1) **Nikolaus I.** (858–867), * Rom um 800, † ebd. 13. 11. 867; Theologe und Jurist; in Anwesenheit Kaiser LUDWIGS II. gewählt und als erster Papst mit der Tiara gekrönt. Unter Berufung auf die pseudoisidor. Dekretalen kämpfte er um den päpstl. Primat in der Gesamtkirche, wobei er in Konflikt geriet mit HINKMAR VON REIMS und dem byzantin. Patriarchen PHOTIOS, den N. 863 absetzte und exkommunizierte. Sein Versuch, die urspr. von Byzanz aus missionierten Bulgaren für die lat. Kirche zu gewinnen, verschärfte den Streit mit der byzantin. Kirche und führte 867 zur Absetzung N.' durch den byzantin. Kaiser MICHAEL III. Im Ehestreit des fränk. Königs LOTHAR II. setzte N. das kanon. Eherecht durch. – Heiliger (Tag: 13. 11.).

2) **Nikolaus II.** (1058–61), früher **Gerhard,** * in Lothringen oder Burgund, † Florenz 27. 7. 1061; seit 1045 Bischof von Florenz, auf Betreiben HILDEBRANDS (später GREGOR VII.) und HUMBERTS VON SILVA CANDIDA gegen den vom röm. Adel erhobenen BENEDIKT X. gewählt. Auf einer 1059 in den Lateran einberufenen Synode verurteilte N. BERENGAR VON TOURS, verbot Priesterehe und Simonie, schränkte die Eigenkirchenrechte ein und erließ ein Papstwahldekret, das die Wahl den Kardinälen übertrug; doch erwähnt es noch ein kaiserl. Bestätigungsrecht.

3) **Nikolaus III.** (1277–80), früher **Giovanni Gaetano Orsini,** * Rom zw. 1210 und 1220, † Soriano (Kalabrien) 22. 8. 1280; seit 1244 einflussreicher Kurienkardinal, wurde nach halbjähriger Sedisvakanz gewählt. Bemüht um die Unabhängigkeit des Apostol. Stuhles, zwang er KARL I. VON ANJOU zum Verzicht auf das Reichsvikariat Tuszien und das Senatorenamt in Rom. Eine von N. 1278 erlassene Konstitution machte zukünftig die Senatorenwahl in Rom für Nichtrömer von der Zustimmung des Papstes abhängig. Von Kaiser RUDOLF I. VON HABSBURG erreichte N. die Rückgabe der Herrschaft über die Romagna. Innerkirchlich förderte N. die Franziskaner und Dominikaner und griff 1279 durch die Bulle ›Exiit qui seminat‹ in den Armutsstreit ein.

4) **Nikolaus IV.** (1288–92), früher **Girolamo Masci** [-ʃi], * Lisciano (heute zu Ascoli Piceno) um 1230,

† Rom 4. 4. 1292; Franziskaner, seit 1274 Ordensgeneral, seit 1278 Kardinal. Nach dem Fall von Akko (1291) setzte er sich erfolglos für einen neuen Kreuzzug ein. Er sandte Missionare in den Vorderen Orient und zu den Mongolen (u. a. JOHANNES VON MONTECORVINO) und beauftragte den Franziskanerorden mit der kath. Mission in Albanien, Bosnien und Serbien.

5) **Nikolaus (V.)**, Gegenpapst (1328–30), früher **Pietro Rainalducci** [-'tʃi], *Corvaro (heute zu Borgorose, Prov. Rieti), † Avignon 16. 10. 1333; nach fünfjähriger Ehe Franziskaner, den Kaiser LUDWIG IV., DER BAYER, 1328 in Rom vom Volk gegen JOHANNES XXII wählen ließ. Er folgte dem Kaiser nach Pisa, unterwarf sich aber 1330 JOHANNES XXII. Bis zu seinem Tod blieb er in Avignon in Haft.

6) **Nikolaus V.** (1447–55), früher **Tommaso Parentucelli** [-'tʃelli], *Sarzana (bei La Spezia) 15. 11. 1397, † Rom 24. 3. 1455; seit 1444 Bischof von Bologna, dann Kardinal (1446), hatte N. als Legat in Deutschland erfolgreich für EUGEN IV. gewirkt. 1448 schloss er mit FRIEDRICH III. das →Wiener Konkordat und krönte ihn 1452 zum Kaiser (letzte Kaiserkrönung in Rom). 1449 erreichte er den Verzicht des Gegenpapstes FELIX V. und die Selbstauflösung des Basler Konzils. N. gilt als erster Renaissancepapst, als gelehrt (Gründer der Vatikan. Bibliothek) und kunstsinnig. Er berief Wissenschaftler und Künstler nach Rom und ließ an den Kirchen der Stadt Rom umfangreiche Restaurierungsarbeiten durchführen.

Nikolaus [auch: 'ni:-], **N. Dybinus, N. von Dybin**, Lehrer der Ars Dictandi (Briefkunst) und Rhetorik, *Bad Düben (Kr. Delitzsch) um 1330, † Dresden vor 1387; lehrte als Magister an der Univ. Prag und wurde spätestens 1369 Rektor der Kreuzschule in Dresden. Seine lat. Lehrbücher, u. a. Kommentare zu den Schulautoren ALEXANDER DE VILLA DEI, EBERHARD DER DEUTSCHE und GALFRED VON VINSAUF, die Dichtung ›Oracio de beata Dorothea‹ mit Prosaerklärung, ein Rhythmik-Traktat und v. a. der ›Viaticus dictandi‹ (›Wegweiser zum Schreiben‹), wurden in Mitteleuropa weit verbreitet und wirkten auf dt. Autoren (z. B. NIKLAS VON WYLE) bis zum Meistersang.

H. SZKLENAR: Magister Nicolaus de Dybin, Vorstudien zu einer Edition seiner Schriften (1981).

Nikolaus [auch: 'ni:-], **N. Trevet, N. Treveth**, engl. Gelehrter und Historiker, *Grafschaft Somerset um 1258, † London nach 1334; wurde vor 1297 Dominikaner, studierte und lehrte in Oxford 1303–07 und (unterbrochen von Studienreisen nach Italien und Paris) wieder nach 1314. Seine Schulkommentare, z. B. zu Büchern des A. T., AUGUSTINUS' ›De civitate Dei‹, BOETHIUS' ›Trost der Philosophie‹, W. MAPS Anti-Ehetraktat, zu klass. Autoren, v. a. erstmals zu SENECA D. Ä. (Deklamationen) und SENECA D. J. (Tragödien) sowie zu LIVIUS' Geschichtswerk (um 1318 im Auftrag Papst JOHANNES' XXII.), waren in ganz Europa verbreitet, ebenso die nach 1320 in London verfassten histor. Schriften, bes. die wertvollen ›Annales‹ über die Zeit der engl. Könige von 1135–1307.

A. B. EMDEN: A biographical register of the University of Oxford to a. d. 1500, Bd. 3 (Oxford 1959; Nachdr. ebd. 1989); Catalogus translationum et commentariorum. Mediaeval and Renaissance Latin translations and commentaries, hg. v. P. O. KRISTELLER u. a., Bd. 2 u. 3 (Washington, D. C., 1971–76).

Nikolaus [auch: 'ni:-], **N. von Autrecourt** [- o:trə'ku:r], spätscholast. Theologe und Philosoph, † nach 1350; Mitgl. der Pariser Univ. Übte im Anschluss an W. VON OCKHAM und den Nominalismus radikale Kritik an den Grundlagen der aristotel. Metaphysik. Sein ausgeprägter Empirismus ließ als Erkenntnisquelle außer dem Widerspruchsprinzip nur die Erfahrung der Sinne zu. Substanz und Kausalität hielt er nur für Wahrscheinlichkeiten und wandte sich so gegen die traditionelle Form der Gottesbeweise. Nach kirchl. Verurteilung verlor er die Magisterwürde und musste seine Schriften öffentlich verbrennen, wurde aber trotzdem 1350 Domdekan in Metz.

Nikolaus [auch: 'ni:-], **N. von Bibra, N. von Bibera**, mittellat. Dichter des 13./14. Jh.; studierte um 1260 Jura in Padua und war später vielleicht Kustos der Kirche in Bibra, dann Geistlicher in Erfurt. Er gilt als mutmaßl. Verfasser des um 1281–84 entstandenen ›Carmen satiricum‹ (2 441 gereimte Hexameter). Ausgehend vom 1279–82 vom Mainzer Erzbischof über Erfurt verhängten Interdikt, geißelt N. in seiner fünf Teile umfassenden Dichtung Übelstände der Geistlichkeit, zeichnet ein an Genreszenen reiches Bild vom Leben in Erfurt und schließt mit Gedichten an einzelne Persönlichkeiten aus seinem Umkreis. Die in mehreren Handschriften überlieferte Dichtung wurde auch als Schultext verwendet.

F. J. WORSTBROCK in: Die dt. Lit. des MA. Verfasserlex., begr. von W. STAMMLER, hg. v. K. RUH u. a., Bd. 6 (²1987).

Nikolaus [auch: 'ni:-], **N. von Clémanges** [-kle'mãʒ], Humanist und Theologe, *Clémanges (Marne) 1363/64, † Paris 1437; Schüler von J. GERSON und PETER VON AILLY; ab 1393 Rektor der Univ. Paris; 1397–1408 Sekr. BENEDIKTS XIII. (Gegenpapst). N. bemühte sich in mehreren Schriften um die Beilegung des Abendlands. Schismas und die Reform der Kirche (bes. in ›De corrupto Ecclesiae statu‹).

Nikolaus [auch: 'ni:-], **N. von Flüe**, gen. **Bruder Klaus**, schweizer. Mystiker und Einsiedler, *Flüeli 1417, † im Ranft (am Eingang des Melchtals) 21. 3. 1487; trennte sich 1467 von seiner Frau und seinen zehn Kindern und lebte als Einsiedler im Ranft in der Nähe seines Hofes. Er wurde schon bald als Heiliger verehrt und als Ratgeber aufgesucht. Mit zwei (diktierten) Briefen an die Stadt Konstanz und den Rat von Bern griff er in polit. Ereignisse ein und hatte 1481 entscheidenden Anteil daran, dass die Einheit der Eidgenossenschaft erhalten blieb (→Stans). Seine Visionen wurden erst nach seinem Tod aufgezeichnet. – Heiliger, Patron der Schweiz (Tag: 25. 9.).

Ausgabe: Bruder Klaus. Die ältesten Quellen über den seligen N. v. F. ..., hg. v. R. DURRER, 2 Bde. (1917–21, Nachdr. 1981), Erg.-Bd., hg. v. R. AMSCHWAND (1987).
R. GRÖBLI: Die Sehnsucht nach dem ›einig Wesen‹. Leben u. Lehre des Bruder Klaus von Flüe (Zürich ³1995).

Nikolaus [auch: 'ni:-], **N. von Hagenau**, oberrhein. Bildschnitzer und Bildhauer, →Hagnower.

Nikolaus [auch: 'ni:-], **N. von Jeroschin**, preuß. Chronist der 1. Hälfte des 14. Jh.; Deutschordensgeistlicher, der die lat. Geschichte des Dt. Ordens von PETER VON DUSBURG (›Chronicon terrae Prussiae‹, nach 1330) u. d. T. ›Kronike von Prûzinlant‹ um 1340 ins Ostmitteldeutsche übertrug. Die Chronik, die lebendig geschrieben ist und Frömmigkeit und Humor miteinander verbindet, stellt einen Höhepunkt der Deutschordensdichtung dar.

Ausgabe: Die kronike von Pruzinlant des Nicolaus von Jeroschin, hg. v. E. STREHLKE (1861).

Nikolaus [auch: 'ni:-], **N. von Kues** [-ku:s], **N. von Cusa, N. Cusanus**, eigtl. **N. Chrypffs** oder **N. Krebs**, Theologe und Philosoph, *Kues (heute zu Bernkastel-Kues) 1401, † Todi (Umbrien) 11. 8. 1464; vermutlich bei den Brüdern vom gemeinsamen Leben in Deventer erzogen und in die Geistesahltung der Devotio moderna eingeführt, studierte N. 1416/17 Philosophie in Heidelberg, bis 1423 in Padua kanon. Recht (Promotion) und Mathematik; seit 1425 beschäftigte er sich mit Theologie in Köln, wobei er bes. mit dem Werk des R. LULLUS in Berührung kam. 1427 wurde er Stiftsdekan in Koblenz, 1435 Propst von Münstermaifeld, 1448 Kardinal und 1450 Fürstbischof von Brixen. Er bemühte sich intensiv um die Reform von Kirche und Reich; so nahm er seit 1432 am Basler Konzil teil, beteiligte sich 1439 am Unionskonzil von Florenz so-

Nikolaus von Kues (Ausschnitt aus einem Grabrelief in San Pietro in Vincoli in Rom; um 1470)

Niko Nikolaus

wie an den Verhandlungen zum Wiener Konkordat (1448). 1450–52 bemühte er sich in ausgedehnten Reisen um eine Reform des Ordenslebens in Dtl. und bereitete als Generalvikar durch ein umfassendes Gutachten ›Reformatio generalis‹) die Reform des röm. Klerus vor.

Lehre und Werk: Beeinflusst durch MEISTER ECKHART und den Nominalismus W. VON OCKHAMS, steht N. in seinem theologisch-philosoph. Denken in der Tradition des christl. Neuplatonismus, den er durch die Vermittlung des JOHANNES SCOTUS ERIUGENA kennen lernte. In seinem 1440 erschienenen philosoph. Hauptwerk (›De docta ignorantia‹, Von der gelehrten Unwissenheit) sucht er Bedingungen und Möglichkeiten menschl. Erkennens durch seine Vorstellung vom Zusammenfallen der Gegensätze in Gott (›Coincidentia oppositorum‹) zu erweitern, wobei er konsequent die Methoden der negativen Theologie anwendet. Zw. der geschaffenen Welt als der Entfaltung Gottes ins Nichts und Gott selbst, der als das All-Eine alle Gegensätzlichkeit in sich aufhebt, vermittelt CHRISTUS als der verkörperte Logos. Welt und Mensch (Mikrokosmos) werden so zum Abbild eines Universums, in dem alles Seiende hierarchisch gegliedert ist. In seinem gesamten Werk bedient sich N. bevorzugt mathemat. Denkweisen, die er auch auf theologisch-philosoph. Sachverhalte anzuwenden versteht. So wendet er mathemat. Verfahren und Begriffe wie Extrapolation und Limes auf das Verhältnis von Gott und Welt an, um Einheit und Vielheit gleichzeitig aussagen zu können; mithilfe der Unendlichkeitsvorstellung erarbeitet er neue Hypothesen in der Theologie, Anthropologie und Kosmologie. Über theolog. und mathemat. Spekulationen hinaus bemühte sich N. intensiv um das Studium der Natur und eine neue Methodologie der Naturforschung, die auf Einsichtigkeit und Nützlichkeit gerichtet war. Gegenstand seiner naturwissenschaftl. Überlegungen waren u. a. die Kalenderreform und die Achsendrehung der Erde. Als einer der ersten dt. Humanisten befasste sich N. mit der historisch-philolog. Untersuchung antiker Handschriften und erwies die Konstantin. Schenkung als Fälschung. Als Mathematiker beschäftigte sich N. v. a. mit der Quadratur des Kreises (›De circuli quadratura‹, 1450), wobei er einen gegenüber ARCHIMEDES verbesserten Näherungswert für π angab, mit dem Problem der Kontingenzwinkel und mit dem Status der Zwischenwerteigenschaft. Seine ›Perfectio mathematica‹ (1458) antizipiert infinitesimale Methoden.

Zu seinen theolog. Hauptwerken gehören seine Reformschrift ›De concordantia catholica‹ (1434) sowie ›De visione Dei‹ (›Über die Schauung Gottes‹, 1453), ›De principio‹ (›Über den Ursprung‹, 1459), ›De possest‹ (›Über das Können-Ist, d. h. Gott‹, 1460), ›De cribratione Alchoran‹ (›Sichtung des Koran‹, 1461).

Ausgaben: Opera omnia, auf zahlr. Bde. ber. (1932 ff.). – Schr. in dt. Übers., hg. v. E. HOFFMANN, auf zahlr. Bde. ber. (1936 ff.); Philosophisch-theolog. Schr., hg. v. L. GABRIEL, 3 Bde. (1964–67, Nachdr. 1982).

G. SCHNEIDER: Gott, das Nichtandere (1970); W. SCHWARZ: Das Problem der Seinsvermittlung bei N. v. Cues (Leiden 1970); H. SCHNARR: Modi essendi. Interpretationen zu den Schr. ... von N. v. K. (1973); N. HEROLD: Menschl. Perspektive u. Wahrheit. Zur Deutung der Subjektivität in den philosoph. Schr. des N. v. K. (1975); N. v. K. in der Gesch. des Erkenntnisproblems, hg. v. R. HAUBST (1975); Acta Cusana, hg. v. E. MEUTHEN, 2 Tle. (1976–83); K.-H. VOLKMANN-SCHLUCK: Nicolaus Cusanus (³1984); J. HOPKINS: Nicholas of Cusa's dialectical mysticism (Minneapolis, Minn., 1985); K. JASPERS: N. Cusanus (Neuausg. 1987); J. STALLMACH: Ineinsfall der Gegensätze u. Weisheit des Nichtwissens. Grundzüge der Philosophie des N. v. K. (1989); E. MEUTHEN: N. v. K. 1401–1464 (⁷1992); K.-H. KANDLER: N. v. K. Denker zw. MA. u. Neuzeit (1995).

Nikolaus [auch: ˈniː-], **N. von Lyra,** Franziskanertheologe und Bibelwissenschaftler, *Lyre (Normandie) um 1270, † Paris Oktober 1349; bedeutender Exeget des Spät-MA. Sein Hauptwerk ›Postillae perpetuae in universam Sanctam Scripturam‹, ein Handbuch, das über den Literalsinn (→Schriftsinn) jeder Stelle Auskunft gab, war weit verbreitet und wurde als erster Bibelkommentar gedruckt (›Postilla litteralis‹, 5 Bde., 1471/72).

Nikolaus [auch: ˈniː-], **N. von Myra,** Bischof von Myra (Lykien), *Patras (Lykien) um 270, † um 342; soll während der Christenverfolgung gefangen genommen worden sein, später jedoch am Konzil von Nicäa (325) teilgenommen haben. Um seine Gestalt ranken sich zahlr. Legenden, in die auch Züge aus den Lebensgeschichten gleichnamiger Heiliger, z. B. des Abtes NIKOLAUS VON SION (6. Jh.), eingegangen sind. – Heiliger; Schutzpatron zahlr. Berufsgruppen (z. B. Bäcker, Bauern, Bierbrauer, Schnapsbrenner, Kaufleute; in der Volksfrömmigkeit der kath. Kirche und der orth. Kirche (bes. in Russland) einer der am meisten verehrten Heiligen; Tag: 6. 12. (Nikolaustag).

Nikolaus von Myra (Ausschnitt aus einer russischen Ikone, 2. Hälfte des 17. Jh.; Berlin, Museum für Spätantike und Byzantinische Kunst)

Brauchtum: N. ist der Patron v. a. der Kinder und Schüler, da er drei fahrende Scholaren zum Leben erweckt haben soll, die auf ihrer Reise von einem Wirt ermordet und in einem Fass eingepökelt worden waren. Im Anschluss an diese Legende entwickelte sich das Knabenbischofsfest der spätmittelalterl. Klosterschulen: Am 6. 12. wurde unter den Schülern ein Kinderbischof gewählt, der für 24 Stunden die Herrschaft übernahm. Dem N., Bekämpfer des Bösen, wird beim Einkehrbrauch (ab Mitte des 17. Jh.), bei dem die Kinder geprüft, anschließend belohnt oder bestraft werden, ein gebändigter Teufel als Knecht beigegeben, der (je nach Landschaft) Ruprecht, Krampus, Kinderfresser, in tier. Gestalt Klapperbock und Habergeiß genannt wird. Bei den N.-Spielen des Alpenraumes und den Lärmumzügen (seit Anfang des 15. Jh.) entwickelten sich weitere Schreckgestalten. Der Einlegebrauch, bei dem N. seine Gaben in die bereit gestellten Schuhe der Kinder legt, ist seit Beginn des 16. Jh. bekannt und entwickelte sich aus der Legende von den drei armen Jungfrauen, die durch ein Geschenk des N. (drei goldenen Äpfel) vor der Prostitution bewahrt blieben. In reformator. Kreisen wurde der N. zum ›Hl. Christ‹ umbenannt. Im 19. Jh. erfuhr der N.-Brauch eine wesentl. Veränderung: Züge des Kinderschrecks Ruprecht und des Kinderfreundes N. wurden in der Autoritätsfigur des Weihnachtsmannes vereint, dessen Vorbild die von M. VON SCHWIND 1847 für den ›Münchner Bilderbogen‹ entworfene Figur des ›Herrn Winter‹ ist. – N. gilt auch als Patron der Seefahrer, weil er während des Konzils von Nicäa einem in Seenot befindl. Schiff erschienen sein und es gerettet haben soll.

In der *bildenden Kunst* des Westens wird N. anfänglich nach byzantin. Vorbild als barhäuptiger Greis mit Bischofsmantel und Buch dargestellt, später auch mit Bischofsstab und Mitra. Seit dem 12. Jh. gehört er in der russ. Kunst zu den am häufigsten auf Ikonen dargestellten Heiligen. Im Westen erscheint er vielfach in legendar. Szenen; sie werden auch zu Zyklen zusammengefasst (Glasfenster im südlichen Seitenschiff des Münsters in Freiburg im Breisgau, 14. Jh.; Predella des Quaratesi-Polyptychons von GENTILE DA FABRIANO, 1425, Rom, Vatikan. Sammlungen). Das 17. Jh. kennt profane Darstellungen wie die des N.-Festes (J. STEEN u. a.).

K. MEISEN: N.-Kult u. N.-Brauch im Abendlande (1931, Nachdr. 1981); S. METKEN: St. N. in Kunst u. Volksbrauch (1966); L. HEISER: N. v. M. (1978); C. MÉCHIN: Sankt N. (a. d. Frz., 1982); RÜDIGER MÜLLER u. N. LOOSE: St. N. (1982); W. MEZGER: St. N. zw. Katechese, Klamauk u. Kommerz (I), in: Schweizer. Archiv für Volkskunde, Jg. 86 (Basel 1990).

Nikolaus [auch: ˈniː-], **N. von Oresme** [-ɔˈrɛːm], **Oresmius**, scholast. Naturphilosoph und Theologe, *in der Normandie 1320, †11. 7. 1382 als Bischof von Lisieux (seit 1377). An den Skeptizismus W. VON OCKHAMS anknüpfend, wurde er einer der bedeutendsten Vorläufer der neuzeitl. Wissenschaft. In der Mathematik erarbeitete er Ansätze zum Funktionsbegriff und zur analyt. Geometrie; er beschäftigte sich mit der Mechanik, dem Fallgesetz sowie der Erdbewegung und wurde durch seine Schrift ›Über Ursprung, Wesen und Umlauf des Geldes‹ zum Begründer der modernen Volkswirtschaft. Als Theologe wendete er konsequent die Ges. der Sprachlogik an, wirkte durch seine Christologie bes. auf PETER VON AILLY.

F. FELLMANN: Scholastik u. kosmolog. Reform. Studien zu Oresme u. Kopernikus (²1988); B. SCHEFOLD: Nicolaus Oresmus – die Geldlehre des Spätmittelalters (1995).

Nikolaus [auch: ˈniː-], **N. von Salerno, N. Salernitanus**, um 1150, bedeutender Vertreter der medizin. Schule von Salerno im 12. Jh.; bemühte sich in seinem ›Antidotarium Nicolai‹ erfolgreich um die Normierung von Nomenklatur und Herstellung der Arzneimittel. Das Werk hatte eine außerordentl. Nachwirkung bis ins 18. Jh.; es wurde in zahlr. Abschriften und Exzerpten überliefert und kommentiert sowie oft um neue pharmakolog. Anweisungen ergänzt. Seit dem 13. Jh. wurde es in versch. Volkssprachen (mehrfach ins Deutsche) übersetzt.

G. KEIL in: Die dt. Lit. des MA. Verfasserlex., begr. v. W. STAMMLER, hg. v. K. RUH u. a., Bd. 6 (²1987).

Nikolaus [auch: ˈniː-], **N. von Verdun** [-vɛrˈdœ̃], lothring. Goldschmied und Emailmaler, nachweisbar zw. 1181 und 1205; einer der bedeutendsten Vertreter der Goldschmiedekunst an der Wende von der Romanik zur frühen Gotik. Ihm gelang die Synthese antikenaher und byzantin. Formen mit naturnaher Darstellung. N. ist nachweislich Schöpfer der vergoldeten und emaillierten Kupfertafeln des ›Verduner Altars‹ in der Stiftskirche in Klosterneuburg (auch ›Klosterneuburger Altar‹, 1181). Die 68 Tafeln, die urspr. zur Verkleidung eines Ambo gehörten, zeigen Szenen des A. T. und N. T. in typolog. Anordnung. Als gesichertes Werk gilt auch der Marienschrein in der Kathedrale von Tournai (vollendet 1205), der nach seinem Entwurf von seiner Werkstatt ausgeführt wurde. Auf ihn

Nikolaus von Verdun: Verduner Altar in der Stiftskirche in Klosterneuburg; 1181

und seine Werkstatt gehen auch große Teile des Dreikönigsschreins (1181–1230) im Kölner Dom zurück. Zugeschrieben wird ihm ferner der Annoschrein (um 1183; Siegburg, Abtei St. Michael).

W. SCHULTEN: Der Schrein der hl. Drei Könige im Kölner Dom (1975); H. BUSCHHAUSEN: Der Verduner Altar (Wien 1980).

Nikolaus [auch: ˈniː-], Paul, eigtl. **P. N. Steiner**, Kabarettist, *Mannheim 30. 3. 1894, †(Selbstmord) Zürich 31. 3. 1933; begann 1921 bei der ›Wilden Bühne‹, ab 1925 beim ›Kabarett der Komiker‹. N. gilt als einer der rhetorisch brillantesten und politisch schärfsten Conférenciers der Weimarer Republik.

Nikolaus-II.-Land [auch: ˈniː-], russ. Inselgruppe, →Sewernaja Semlja.

Nikolaustag [auch: ˈniː-], *Brauchtum:* →Nikolaus, N. von Myra.

Nikolo [auch: ˈniː-], Bez. für den hl. NIKOLAUS als Gabenbringer in Bayern, Österreich und Böhmen.

Nikolsburg, tschech. **Mikulov**, Stadt im Südmähr. Gebiet, Tschech., Rep., 7 500 Ew.; Maschinenbau, Lederindustrie; in der Umgebung Weinbau. – Die ehem. got. Grenzburg des 14. Jh. wurde im 17. Jh. und 18. Jh. erweitert, nach Zerstörung von 1945 wieder hergestellt (heute Museum); in der Johanneskirche Fresken von A. MAULBERTSCH; zweitürmige St.-Anna-Kirche mit barocker Fassade von 1704–10, St.-Sebastian-Kirche (1623); Stadtmauer (13.–14. Jh.), Bürgerhäuser (16.–18. Jh.). – N. entstand aus einem Burgort und kam 1249 an die Herren von Liechtenstein. Im 16. Jh. war es ein Zentrum der Hutterer, im Lauf der Gegenreformation entwickelte es sich während des 17. Jh. zu einem kirchlich-kath. Mittelpunkt.

Im **Frieden von N.**, abgeschlossen am 31. 12. 1621 zw. GABRIEL BETHLEN VON IKTÁR, von diesem ratifiziert am 6. 1. 1622, und Kaiser FERDINAND II., von diesem bestätigt im Frieden von Wien 8. 5. 1624, verzichtete BETHLEN auf den ungar. Königstitel und gab die Stephanskrone zurück. Als Ersatz wurden ihm sieben oberungar. Gespanschaften auf Lebenszeit zugesprochen, zudem wurde er als Reichsfürst Herr der schles. Herzogtümer Oppeln und Ratibor. Gegen einen drohenden Türkeneinfall wurde ihm Türkenhilfe des Reichs zugesichert.

Im **Vorfrieden von N.** endete am 26. 7. 1866 der Dt. Krieg von 1866. Österreich trat Venetien an Italien ab,

Niko Nikomachische Ethik – Nikosia

erkannte die Auflösung des Dt. Bundes an, gab Preußen freie Hand zu einer neuen bundesstaatl. Gestaltung Dtl.s und zu den beabsichtigten norddt. Annexionen, verzichtete zugunsten Preußens auf Schleswig-Holstein und zahlte 40 Mio. Taler Kriegsentschädigung; dagegen blieb es, ebenso wie das mit ihm verbündete Sachsen, von Gebietsabtretungen an Preußen verschont. Um die Bedingungen des Vorfriedens gab es harte Auseinandersetzungen zw. König WILHELM I. und O. VON BISMARCK. Der König widersetzte sich den Annexionen in Nord-Dtl., die dem Legitimitätsprinzip widersprachen, während BISMARCK auf ihnen beharrte, und (um einer drohenden Intervention Frankreichs zuvorzukommen) auf einem raschen Friedensschluss bestand, der eine Wiederannäherung der Parteien ermöglichte (Friede von Prag; 23. 8.).

Nikomachische Ethik, das eth. Hauptwerk des →ARISTOTELES, benannt nach dessen Sohn NIKOMACHOS. Es enthält eine umfassende Theorie der sittl. Handelns und des Glücks als dessen höchstes Gut.

Nikomachos, N. von Gerasa, griech. Mathematiker um 100 n.Chr.; Verfasser einer ›Arithmetik‹, die überwiegend pythagoräisches Gedankengut enthält und die, von BOETHIUS ins Lateinische übersetzt, zur Grundlage des scholast. Arithmetikunterrichtes wurde. Philosophisch vertrat N. den Neuplatonismus; er schrieb eine Einführung in die Schriften PLATONS.

Nikomedes, Name mehrerer Herrscher von Bithynien:
1) **Nikomedes I.,** König (280–250 v. Chr.), Gründer der Hauptstadt Nikomedia; holte zur Festigung seiner Macht kelt. Söldner (Galater) nach Kleinasien, die sich dort festsetzten.
2) **Nikomedes IV. Philopator,** König (95–74 v. Chr.), vermachte Bithynien testamentarisch den Römern. Diese mussten darum noch mit MITHRIDATES VI. von Pontos kämpfen (3. Mithridat. Krieg).

Nikomedes, griech. Mathematiker des 2. Jh. v.Chr.; Erfinder der Konchoide, die er zur Lösung des del. Problems und zur Trisektion des Winkels verwendete. N. benutzte als Erster die von HIPPIAS VON ELIS angegebene Quadratrix zur Quadratur des Kreises.

Nikomedia, griech. **Nikomedeia,** antike Hauptstadt von Bithynien, heute →İzmit, Türkei; um 264 v.Chr. von NIKOMEDES I. gegr., später zeitweilig Residenz des Kaisers DIOKLETIAN. Reste röm. Bauten befinden sich westlich der heutigen Stadt.

Nikon, eigtl. **Nikita Minow,** Patriarch von Moskau und der ganzen Rus (1652–66), * Weldemanowo 24. 5. 1605, † bei Jaroslawl 17. 8. 1681; wurde 1635 Mönch, 1643 Archimandrit, dann von Zar ALEKSEJ MICHAJLOWITSCH als Berater nach Moskau berufen; 1646 wurde N. Vorsteher des Nowo-Spasskij-Klosters in Moskau, 1648 Metropolit von Nowgorod, 1652 Patriarch. Er leitete umfangreiche Reformmaßnahmen (v.a. im Bereich der Liturgie) ein, die einerseits eine stärkere Anlehnung an die griech. Orthodoxie, andererseits aber die Spaltung (→Raskol) der russ. Kirche zur Folge hatten. Ausgehend von der Vision, Moskau zum Zentrum der gesamten griech. wie slaw. Weltorthodoxie zu machen, verlangte N. eine radikale Abkehr von der nationalkirchl. Tradition. Die dadurch bewirkte innerkirchl. Unruhe sowie N.s hierokrat. Bestrebungen im Machtkampf um den Primat zw. geistl. und weltl. Gewalt führten 1658 zum Bruch mit dem Zaren. N. gab sein Amt auf und zog sich in ein Kloster bei Moskau zurück. 1667 erklärte ihn das große Landeskonzil unter Anwesenheit der Patriarchen von Alexandria und Antiochia des Patriarchenstuhles für verlustig, billigte allerdings seine Reformen und belegte ihre Gegner (unter ihnen AWWAKUM) mit dem Bann, womit die Spaltung zementiert worden war. N. kam in das Ferapont-Kloster bei Beloosero. 1681 gestattete ihm Zar FJODOR III. ALEKSEJEWITSCH die Rückkehr nach Moskau, N. starb auf dem Weg dorthin.

M. V. ZYZYKIN: Patriarch N., 3 Bde. (Warschau 1931-38, Nachdr. Jutika 1988).

Nikopol, 1) Stadt in der Region Lowetsch, Bulgarien, an der Donau, etwa 15 000 Ew.; Hafen. – Bei N. besiegte Sultan BAJASID I. am 25. 9. 1396 ein Kreuzfahrerheer unter König SIEGMUND von Ungarn (ab 1433 Kaiser).
2) Stadt im Gebiet Dnjepropetrowsk, Ukraine, am Kachowkaer Stausee des Dnjepr, 161 000 Ew.; Bergbauzentrum der Nikopoler Manganerzlagerstätte; Röhren-, Ferrolegierungswerk, Maschinenbau; Hafen.

Nikopolis, Name mehrerer Städte des Altertums (u. a. →Emmaus, →Prevesa).

Nikosia: Ehemalige Kathedrale Hagia Sophia (1209–1326), heute die Selimiye-Moschee

Nikosia, Nicosia, griech. **Leukosia,** neugriech. **Levkosia,** türk. **Lefkoşa** [-ʃɑ], Hauptstadt von Zypern, 150 m ü. M., in der →Mesaoria, (1993) 186 400 Ew., davon 144 600 Ew. im griech. Teil. Das seit 1974 geteilte N. ist sowohl Sitz der griech.-zypr. als auch der türk.-zypr. Regierung sowie des ›Erzbischofs von Neo Justiniana und ganz Zyperns‹, des Oberhauptes der autokephalen orth. Kirche von Zypern. Von den Bildungs- und kulturellen Einrichtungen befinden sich im S der Stadt (griech. Teil) die Univ. (gegr. 1988, Aufnahme des Lehrbetriebs 1990), das Zypern-Museum (archäolog. Sammlung), Museum byzantin. Ikonen, Volkskundemuseum und das Histor. Museum mit Archiven, das Amerikan. Archäolog. Forschungsinstitut und das Goethe-Institut, im N der Stadt die Sultan-Mahmud-II.-Bibliothek und die Near East University (gegr. 1988). Die Industrie erzeugt Schuhe, Textilien, Lederwaren, Zigaretten, Kacheln.

Stadtbild: Die seit 1567–70 von venezian. Befestigungsanlagen umgebene Stadt hat Kirchen des MA., die z.T. nach der türk. Eroberung (1570) in Moscheen umgewandelt wurden, so auch die ehem. Kathedrale Hagia Sophia (1209–1326 im Stil der frz. Gotik erbaut), nach 1974 erneut Moschee. Im türk. Teil liegen auch der Große Hammam und zwei Chane des 16./17. Jh. – Die Johanniskathedrale (1662) mit Glockenturm (1858) besitzt eine Ausmalung von 1730. Als erzbischöfl. Palast diente ein Klostergebäude des 15. Jh. (jetzt Volkskundemuseum); daneben befin-

---

Nikosia

Hauptstadt von Zypern

·

150 m ü. M.

·

186 400 Ew.

·

seit 1974 getrennt in einen griechischen und einen türkischen Teil

·

Universität (gegründet 1988)

·

Zypern-Museum

·

erzbischöflicher Palast

·

venezianische Befestigungsanlagen

·

1570–1878 zum Osmanischen Reich

det sich der neue erzbischöfl. Palast, 1961 in byzantin. Stil errichtet (mit Ikonenmuseum). Das Wohnhaus des Dragomans C. KORNESIOS (spätes 18. Jh.) ist heute als Museum der Öffentlichkeit zugänglich.

Geschichte: Erst in jüngster Zeit stieß man in N. auf archäolog. Reste des antiken **Ledra,** u. a. die Olivenpresse, die im 5.-1. Jh. v. Chr. betrieben wurde. Der Stadtstaat wird als Lidir in assyr. Tributlisten genannt (7. Jh. v. Chr.). Wiederbegründungen werden in ptolemäischer Zeit (als **Leukos**), in die wohl ein freigelegter Brunnen zu datieren ist, und in byzantin. Zeit (965) erwähnt (griech. **Levkovia**). Als N. war die Stadt 1192–1489 unter den Lusignans Hauptstadt des Königreichs Zypern; 1489–1570 gehörte sie zu Venedig, 1570–1878 zum Osman. Reich; seit 1960 ist sie Hauptstadt von Zypern, seit 1974 beider Teile.

Nikosthenes, griech. **Nikosthenes,** att. Töpfer des 6. Jh. v. Chr., der für den etrusk. Markt (Hauptfundort Cerveteri) aus dem etrusk. Bucchero entwickelte Halsamphoren mit großen Bandhenkeln schuf und sie schwarzfigurig oder rotfigurig im att. Figurenstil bemalen ließ (rd. 98 Signaturen erhalten).

Nikotin [frz., zu nicotiane ›Tabakpflanze‹, nach dem frz. Gelehrten JEAN NICOT, * 1530, † 1600] *das, -s,* **Nicotin,** das Hauptalkaloid der Tabakpflanze (chemisch das 3-(1-Methyl-2-pyrrolidinyl)-pyridin, das in der Wurzel gebildet und in den Blättern abgelagert wird (N.-Gehalt je nach Sorte 0,1 bis über 10%). N., eine farblose, ölige Flüssigkeit, ist eines der stärksten Pflanzengifte (tödl. Dosis für den Menschen etwa 0,05 g). – In kleinen Dosen wirkt N. erregend auf die Ganglien des vegetativen Nervensystems und setzt aus dem Nebennierenmark Catecholamine (→Adrenalin) frei. Ein Raucher gibt rd. zwei Drittel des N.-Gehaltes mit dem Rauch an die Umgebung ab und nimmt rd. ein Drittel mit dem Rauch in den Mund auf; hiervon werden etwa 5% beim Mundrauchen, dagegen nahezu 100% beim Inhalationsrauchen resorbiert. Die Gesamtwirkung des N. ist uneinheitlich, weil sich erregende und lähmende Wirkungen überschneiden. Die akute **N.-Vergiftung** bei Aufnahme durch den Mund oder durch Resorption über die Haut äußert sich in Übelkeit, Erbrechen, Leibschmerzen, Durchfall, Herzklopfen, Änderung des Blutdrucks (Steigerung oder Senkung), Schweißausbruch, Schwindel und Zittern. Die akut tödl. Dosis von etwa 0,05 g N. wird beim Rauchen nicht erreicht, da das N. im Körper sehr schnell abgebaut wird. Die *Behandlung* umfasst Magenspülung, medizin. Kohle, Kreislaufmittel, notfalls künstl. Atmung, bei Krämpfen Barbiturate oder muskelerschlaffende Mittel. (→Rauchen)

Nikotinpflaster, hautfarbenes Pflaster zur transdermalen Nikotinsubstitution für entwöhnungswillige Raucher; wird auf eine unbehaarte Stelle am Oberkörper geklebt. Die unterschiedl. Pflastergrößen entsprechen versch. Tagesdosen an Nikotin und gewährleisten für etwa 24 Stunden einen relativ konstanten Nikotinplasmaspiegel. Die Wahrscheinlichkeit einer dauerhaften Entwöhnung wird während der Anwendung durch die Integration in ein psychologisch aufgebautes Begleitprogramm erhöht. Anstelle von N. können auch **Nikotinkaugummis** verwendet werden.

Nikotinsäure, Niacin, chemisch die Pyridin-3-carbonsäure, farblose, wasserlösl. kristalline Substanz, die als freie Säure (z. B. in Reiskleie, Bierhefe) und v. a. in Form des biochemisch wichtigen Nikotinsäureamids weit verbreitet in der Natur vorkommt; vom menschl. Organismus aus Tryptophan synthetisiert. Die N. zählt wie N.-Amid zum Vitamin-B$_2$-Komplex, wird aber im Organismus in N.-Amid überführt und als solches verwertet. N. kann synthetisch durch Oxidation z. B. von Nikotin oder β-Picolin hergestellt werden. Ihre Ester, bes. der Isopropyl- und der Benzylester, werden als durchblutungsfördernde Mittel zur peripheren Gefäßerweiterung verwendet.

Nikotinsäureamid, Niacin|amid, Pyridin-3-carbonsäureamid, Pellagra|präventivfaktor, PP-Faktor, farblose, wasserlösl. Substanz, die zum Vitamin-B-Komplex zählt und deren Fehlen zu →Pellagra führt. N. ist Bestandteil der für den Zellstoffwechsel wichtigen Wasserstoff übertragenden Koenzyme NAD und NADP; es findet sich in allen tier. und pflanzl. Geweben (v. a. in Hefe, Reiskleie, Leber, Muskelfleisch, Nieren). Der Tagesbedarf des Menschen liegt bei 10–20 mg N.; in fast allen Nahrungsmitteln enthalten.

Nikšić ['nikʃitɕ], Stadt in Montenegro, Jugoslawien, 640 m ü. M., 56 100 Ew.; Stahl-, Aluminiumwerk, Tabakwarenfabrik, Holzindustrie; in der Umgebung Bauxitabbau.

Niktation [lat.], krampfartiges Blinzeln, z. B. bei Hornhaut- und Bindehautentzündungen oder Reizungen im Trigeminusbereich; u. U. auch bei hyster. oder neurot. Fehlhaltung.

Nil *der,* arab. **Bahr en-Nil** [baxr-], größter Strom Afrikas, 6 671 km lang, Einzugsbereich 2,87 Mio. km². Der Quellfluss →Kagera mündet in den Victoriasee, verlässt ihn bei Jinja als **Victoria-N.** über die Owenfälle, durchfließt den Kiogasee, durchbricht die östl. Randschwelle des Zentralafrikan. Grabens in den Fällen von Kabalega und ergießt sich mit einer jährl. Wassermenge von 20 700 Mio. m³ in den Albertsee. Der **Albert-N.,** ab der Grenze Uganda/Sudan Bahr el-Djebel (**Berg-N.**) gen., erreicht das Sumpfgebiet von →Sudd mit einer jährl. Wassermenge von 26 500 Mio. m³, von der er aber dort durch die hohe Verdunstung über die Hälfte verliert (dies sollte durch den →Jongleikanal verhindert werden, sodass der ausfließende **Weiße N.** (Bahr el-Abiad) trotz Aufnahme des Bahr el-Ghasal (Gazellenfluss) jährlich nur noch 14 240 Mio. m³ Wasser führt. Nach Zufluss des Sobat steigt der Abfluss wieder auf 25 200 Mio. m³ an. Bei Khartum vereinigt sich der Weiße N. mit dem aus dem Äthiop. Hochland kommenden, sedimentreichen **Blauen N.** (Bahr el-Asrak; mit jährlich 51 400 Mio. m³ wasserreichster Zufluss). Nach Einmündung des Atbara durchfließt der N. ohne weiteren Zufluss die letzten 2 700 km als Fremdlingsfluss die Nubische und Arab. Wüste in einem bis 20 km breiten und bis zu 350 m eingetieften Kastental mit insgesamt sechs Stromschnellen (Katarakten). Beim ersten Katarakt (Assuan) ist er durch den Damm ›Sadd al-Ali‹ zum →Nassersee gestaut (Überschusswasser wird durch den →Tuskakanal abgeleitet). Nördlich von Kairo beginnt die **N.-Delta** (24 000 km²; BILD →Delta) mit den beiden großen Mündungsarmen Rosette und Damiette, die ins Mittelmeer einmünden.

Der Rhythmus von Steigen und Fallen des N.-Wassers bestimmte seit jeher das landwirtschaftl. Jahr. Das jährl. Hochwasser (dessen Einsetzen **N.-Schwelle** genannt wird) resultiert bes. aus den sommerl. Monsunregen auf dem Äthiop. Hochland (über den Blauen N.) und den trop. Zenitalregen Innerafrikas; es begann im Juni und erreichte Mitte September bis Anfang Oktober den Höchststand. Insgesamt standen Ägypten (bei Assuan) im langjährigen Mittel 88,7 Mio. m³ für Bewässerung zur Verfügung (davon zwei Drittel in den Hochflutmonaten August bis Oktober).

Um Dauerbewässerung und damit mehrmalige Ernten im Jahr zu erreichen, wurden Wehre und Staudämme gebaut. Der erste neuzeitl. Damm entstand 1861 nördlich von Kairo; weitere folgten in Assuan (1902), Sennar (1925), Djebel el-Aulia (Sudan, 1937), Khashm el-Girba in Atbara (1965), Er-Roseires (1966). Bes. durch den 1970 fertig gestellten Sadd al-Ali bei →Assuan ergaben sich negative Auswirkungen: Der fruchtbare N.-Schlamm, den die

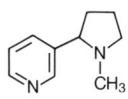

Nikotin

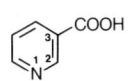

Nikotinsäure

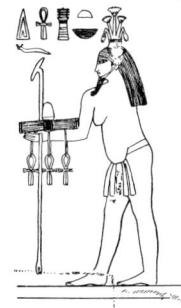

Nil: Darstellung des personifizierten Nil im Totentempel des ägyptischen Königs Sahure in Abusir; um 2450 v. Chr.

Nil: Uferlandschaft in Oberägypten

alljährliche N.-Flut (bis 1964) mit sich brachte und der die überschwemmten Felder düngte, verbleibt zum größten Teil im Nassersee, der dadurch verschlammt und verkrautet; die Verdunstung auf der großen Wasserfläche ist groß. Die Felder müssen durch Kanäle bewässert und künstlich gedüngt werden; die Böden drohen zu versalzen. Durch die Nährstoffverarmung des N.-Wassers ist die früher bedeutende Fischerei, v. a. im Mündungsbereich, stark zurückgegangen. Durch das Fehlen des Nachschubs an Sedimenten wird im Mündungsbereich die Landsenkung im nördl. N.-Delta nicht mehr kompensiert; es geht Land verloren.

Seit dem 3. Jt. v. Chr. wurde die in Schächten gemessene Höhe der Überschwemmung (maßgebend für die Besteuerung der Felder) auf den Inseln Elephantine und Ar-Rauda (zu Kairo) in die Annalen aufgenommen. Zur Ursache der N.-Schwelle trugen bereits THRASYALKES VON THASOS (wohl 5. Jh. v. Chr.) und ANAXAGORAS († 428 v. Chr.) die richtige Hypothese vor.

Entdeckungsgeschichte: Die Quellen des N.s zu erreichen, galt in der Antike als unlösbare Aufgabe; es wurde vermutet, dass im Quellgebiet mit Schnee bedeckte Berge (›Montes lunae‹ des PTOLEMÄUS) und Seen lägen. Die wiss. Erforschung des N.s und seines Ursprungsgebiets setzte im Zeitalter der Entdeckungen ein. 1770 entdeckte J. BRUCE die Quellen des Blauen N.s. 1821/22 drang A. FRÉDÉRIC CAILLIAUD (*1787, † 1869) zum Zusammenfluss des Weißen und Blauen N.s vor. Von Ostafrika aus entdeckte J. H. SPEKE 1858 den Victoriasee und erforschte 1860–63 mit J. A. GRANT den Victoria-N. bis Gondokoro, dort traf SPEKE mit S. W. BAKER zusammen. 1876 erreichte ROMOLO GESSI (*1831, † 1881) den Abfluss des Albert-N.s aus dem Albertsee. 1892 stellte O. BAUMANN den Kagera als Hauptzufluss des Victoriasees und damit indirekt als Hauptquellfluss des Weißen N.s fest. Das Quellgebiet des N.s wurde erst im 20. Jh. eingehend erforscht und kartographiert.

Bildende Kunst: Im alten Ägypten war der N. wichtigste Verkehrsader, und seine Überschwemmungen brachten Fruchtbarkeit; der Fluss wurde personifiziert und erscheint auf altägypt. Reliefs als schreitender fülliger Mann mit einer Lotos- oder Papyrusstaude auf dem Haupt und reichen Gaben in den Händen. Nach altägypt. Vorstellung entsprang der Fluss auf der Insel Elephantine, wo Satet als Göttin des reinen Wassers verehrt wurde. Die griechisch-hellenist. und die röm. Epoche stellten den N. sitzend oder am Boden lagernd dar, mit Schilfstängel und Füllhorn, auf Nilpferd oder Sphinx gestützt (Statue vor dem Senatorenpalast in Rom). Bei einer 1513 gefundenen Kolossalgruppe (Rom, Vatikan. Sammlungen) umspielen 16 Knaben den Flussgott. In der hellenist. Landschaftsmalerei in Alexandria war die fruchtbare N.-Landschaft ein bevorzugtes Motiv (u. a. in Wandbildern aus Pompeji und im N.-Mosaik von Palestrina aus dem 2. Jh. v. Chr. bezeugt).

The Nile, biology of an ancient river, hg. v. J. RZÓSKA (Den Haag 1976); B. PIERRE: Der N. Roman einer Stromlandschaft (a. d. Frz., 1976); K.-H. BOCHOW: Zu den Quellen des N. (Innsbruck 1977); R. SAID: The geological evolution of the river Nile (New York 1981); R. O. COLLINS: The waters of the Nile. Hydropolitics and the Jonglei Canal (Oxford 1990).

Nil, N. Sorskij, N. von der Sora, eigtl. **Nikolaj Majkow,** russisch-orth. Mönch, * 1433, † 1508; stammte aus einem Bojarengeschlecht; errichtete an der Sora bei Wologda ein Kloster, das die Regel der Mönchsdörfer vom Athos (›Skit-Typikon‹) übernahm. Danach sollten die zu zweit oder dritt in kleinen Hütten lebenden Mönche Almosen nur im Notfall annehmen, sonst aber von ihrer Hände Arbeit leben. N. nahm an den Konzilien von 1490 und 1503 teil, wo er sich gegen JOSEPH VON WOLOKALAMSK, gegen den Klosterbesitz und den Landreichtum der Kirche sowie die Verfolgung von Ketzern durch die Staatsmacht aussprach, sich aber nicht durchsetzen konnte. – Die russisch-orth. Kirche verehrt ihn seit dem 18. Jh. als Heiligen (Tag: 7. 5.).

nil admirari [lat. ›nichts bestaunen‹, ›über nichts sich wundern‹], Zitat aus CICEROS ›Tusculanen‹ (III, 14,30) und HORAZ' ›Episteln‹ (I, 6,1); nach PLUTARCH (›Über das Hören‹) urspr. ein Ausspruch des PYTHAGORAS auf die Frage nach dem Ergebnis seines Philosophierens.

Nilbarsch, Lates niloticus, bis 1,7 m lange Art der Glasbarsche in den trop. Flüssen von W-Afrika bis zum unteren Nil; Nutzfisch.

Nilblau, Phenoxazinfarbstoff, der in der Mikroskopie, Bakteriologie und Lasertechnik verwendet wird.

Nilfrosch, Rana mascareniensis, etwa 4–5 cm großer, ziemlich schlanker, spitzköpfiger Frosch an und in Gewässern Afrikas (bes. im Nil) und auf Madagaskar; überwiegend olivgrün bis bräunlich mit dunkler Fleckung. Unterseite weiß. – Der N. wurde im alten Ägypten als Gottheit des Wassers und Symbol der Wiedergeburt verehrt. Aus dem alten Theben kennt man einbalsamierte Nilfrösche.

Nilgans, Art der →Halbgänse.

Nilgauantilope: Männchen (Kopf-Rumpf-Länge 1,8–2 m; Schulterhöhe 1,2–1,5 m)

Nilgau|antilope, Boselaphus tragocamelus, urspr. in Indien heim. Art mit kurzen, geraden Hörnern, die früher zu den Waldböcken, mittlerweile jedoch meist zu den Rindern (Unterfamilie Bocinae) gestellt wird. Große Bestände der N. finden sich auf Wildtierfarmen v. a. in Texas.

Nilgiriberge, engl. **Nilgiri Hills,** Gebirgsmassiv im S der Westghats, Indien, rd. 2 000 m ü. M. (höchste Erhebung 2 636 m ü. M.), mit allseitig um 1 100 bis 1 800 m abfallendem Plateau; hohe monsunale Niederschläge. Trop. Regenwälder mit Rhododendren, Epiphyten, Orchideen und Teesträuchern; Tee-, Kaffee-, Chinarindenbaum- und Eukalyptuspflanzungen; im Gefolge dt. Agrarentwicklungsprojekte großflächiger Kartoffel- und Kohlanbau. Auf dem Plateau Ferienorte, u. a. Ootacamund. In den N. leben noch Reste von Bergvölkern (Toda, Kota, Badaga).

H. J. VON LENGERKE: The Nilgiris (Wiesbaden 1977).

Nilhechte: Tapirfisch (Länge bis 23 cm)

Nilhechte, Mormyridae, Familie der Knochenfische mit etwa 100 Arten in Süßgewässern des trop. Afrika; meist 9–50 cm lang. Ein überwiegend aus Wildfängen stammender Aquarienfisch ist der **Tapirfisch** oder **Elefanten-Rüsselfisch** (Gnathonemus petersii) mit rüsselartig verlängertem Maul, seitlich abgeplattetem Körper, weit hinten stehender Rücken- und Afterflosse und tief gegabelter Schwanzflosse. Er besitzt ein elektr. Organ.

Nilin, Pawel Filippowitsch, russ. Schriftsteller, * Irkutsk 16. 1. 1908, † Moskau 2. 10. 1981; Journalist und Kriegsberichterstatter im Zweiten Weltkrieg; wies in seinen in knappem, präzisem Stil geschriebenen Romanen und Erzählungen auf die Diskrepanz zw. Ideal und Wirklichkeit im Sowjetalltag hin; auch Dramen und Drehbücher.

Werke: *Romane:* Ispytatel'nyj srok (1956; dt. Der Kriminalassistent); Žestokost' (1957; dt. u. a. als: Genosse Wenka); Čerez kladbišče (1962; dt. Über den Friedhof). – *Prosa:* Znakomstvo s Tišovym (1981).

L. A. KOLOBAEVA: P. N. (Moskau 1969).

nilohamitische Sprachen, nilotohamitische Sprachen, ältere, z. T. überholte Bez. für die südl. und östl. →nilotischen Sprachen. Der zusammengesetzte Terminus soll auf den nilot. und hamit. (d. h. kuschit.) Mischcharakter dieser Sprachen hinweisen (bes. von J. HOHENBERGER vertreten). Einen besonderen Status nehmen sie auch bei A. N. TUCKER und MARGARET A. BRYAN (1966) unter der Bez. ›Paranilotisch‹ ein.

A. N. TUCKER u. M. A. BRYAN: Distribution of the Nilotic and Nilo-Hamitic languages of Africa (London 1948); DIES.: Linguistic analyses. The non-Bantu languages of North-Eastern Africa (ebd. 1966); J. HOHENBERGER: Semit. u. hamit. Sprachgut im Masai (1958); DERS.: Semit. u. hamit. Wortstämme im Nilo-Hamitischen (1988).

nilosaharanische Sprachen, nach J. H. GREENBERG (1963) Bez. für einen der vier großen Sprachstämme Afrikas, bestehend aus den →saharanischen Sprachen (u. a. Kanuri), den →Schari-Nil-Sprachen sowie einigen Einzelsprachen wie Songhai (am mittleren Niger), Maba (O-Tschad), Fur (W-Sudan) und Koma (an der sudanesisch-äthiop. Grenze). Die genealog. Einheit der n. S. ist bisher noch nicht nach der historisch-vergleichenden Methode abgesichert.

Topics in Nilo-Saharan linguistics, hg. v. M. L. BENDER (Hamburg 1989); M. L. BENDER: The Nilo-Saharan languages (München 1996).

Niloten, die negriden Völker im oberen Nilgebiet und in den Savannen Ostafrikas, die →nilotische Sprachen sprechen und auch in Rasse **(Nilotide)** und Kultur (vorwiegend Viehzüchter) gemeinsame Züge besitzen, etwa 7,5 Mio. Angehörige. Eine wichtige Rolle spielt bei den meisten N. auch der Feldbau. Zu den wichtigsten N.-Völkern zählen die Shilluk, Dinka, Nuer, Luo und Masai sowie die Gruppe der Kalenji.

nilotische Sprachen, von D. WESTERMANN (1935) eingeführte Bez. für eine große Gruppe von Sprachen am oberen Nil (im S der Rep. Sudan sowie in Uganda, Kenia, Tansania, Demokrat. Rep. Kongo, Äthiopien). O. KÖHLER (1955) gliederte sie in **West**nilotisch (Nuer, Dinka, Luo, Shilluk), **Ostnilotisch** (Bari, Masai, Lotuko, Karamojong) und **Südnilotisch** (›Kalenjin‹: Nandi, Pokot, Suk, Tatoga). Die ost- und südnilot. Sprachen wurden früher (und werden z. T. noch heute) als →nilohamitische Sprachen den (west)nilot. Sprachen gegenübergestellt. Die n. S. besitzen z. T. ein äußerst kompliziertes Laut- und Formensystem.

A. N. TUCKER u. M. A. BRYAN: Distribution of the Nilotic and Nilo-Hamitic languages of Africa (London 1948); DIES.: Linguistic analyses. The non-Bantu languages of North-Eastern Africa (ebd. 1966); O. KÖHLER: Gesch. der Erforschung n. S. (1955); F. ROTTLAND: Die südnilot. Sprachen (1982).

Nilpferd, Art der →Flusspferde.

nilpotent [zu lat. nihil, nil ›nichts‹], *Mathematik:* 1) Ein Element a eines Ringes heißt n., wenn es eine natürl. Zahl m gibt, sodass $a^m = 0$ ist; z. B. ist

$$a = \begin{pmatrix} 0 & 1 \\ 0 & 0 \end{pmatrix}$$

im Ring der reellen 2×2-Matrizen n. wegen $a^2 = 0$.

2) Ein (Rechts- oder Links-)Ideal I eines Ringes heißt n., wenn es eine natürl. Zahl m gibt, sodass I^m das Nullideal ist ($I^m := \{a_1 \cdot a_2 \cdot \ldots \cdot a_m | a_j \in I\}$).

Nilson, Lars Fredrik, schwed. Chemiker, * Söderköping (Verw.-Bez. Östergötland) 27. 5. 1840, † bei Stockholm 14. 5. 1899; Prof. in Uppsala (1873–83) und Stockholm; arbeitete v. a. über Seltenerdmetalle, entdeckte 1879 das Scandium und stellte erstmals reines Thorium und metall. Titan dar.

Nilsson, 1) Birgit, eigtl. **Märta B. Svensson,** schwed. Sängerin (hochdramat. Sopran), * bei Karup (Verw.-Bez. Kristianstad) 17. 5. 1918; war 1946–58 Mitgl. der Königl. Oper in Stockholm, sang auch an der Metropolitan Opera in New York und trat bei Festspielen (Bayreuth) auf; wurde bes. als Wagner-Interpretin bekannt. Autobiographien: ›Mina minnesbilder‹ (1977); ›La Nilsson‹ (1995; dt.).

2) Bo, schwed. Komponist, * Skelleftea 1. 5. 1937; Frühwerke in serieller Technik, später beeinflusst von K. STOCKHAUSEN; sucht eine ständig neue Klangfarbigkeit zu erreichen, so z. B. mit der elektron. Komposition ›Audiogramme‹ (1958) oder ›Brief an Gösta Oswald‹ für drei Klanggruppen (1960), ›Szene I, II, III‹ für Orchester (1960–62), ›Litanei über das verlorene Schlagzeug‹ für Orchester (1965); ferner: Klavierquintett (1979), ›Wendepunkt‹ für Blechbläser und Liveelektronik (1981), ›Carte postale à St. Frykberg‹ für Bläserquintett (1986), Orgelkonzert (1992).

3) Nils Martin Persson, schwed. klass. Philologe und Religionshistoriker, * Ballingslöv (Schonen) 12. 7. 1874, † Lund 7. 4. 1967; wurde 1909 Prof. in Lund. N. erlangte bes. durch seine Arbeiten zur griech. Religionsgeschichte Bedeutung.

Werke: Griech. Feste von religiöser Bedeutung (1906); Die Entstehung u. religiöse Bedeutung des griech. Kalenders (1918); Die Religion der Griechen (1921); The Minoan-Mycenaean religion and its survival in Greek religion (1927); Homer and Mycenae (1933); Gesch. der griech. Religion, 2 Bde. (1941–50); Grekisk religiositet (1946; dt. Griech. Glaube). – **Hg.:** Opuscula selecta linguis Anglica, Francogallica, Germanica conscripta, 3 Bde. (1951–60).

Birgit Nilsson

Nilus, Neilus, N. der Asket, N. von Ankyra, Abt, † um 430; der Legende zufolge ein hoher Hofbeamter in Konstantinopel, der mit seinem Sohn ins Katharinenkloster eintrat; wurde wohl nach Studien in Konstantinopel als Vorsteher eines Klosters bei seinem Heimatort Ankyra (heute Ankara) zum gefragten Ratgeber auch über den Rahmen seines Klosters hinaus. Besondere Bedeutung kam ihm im byzantin. und syr. Mönchstum zu. Neben zahlr. Briefen sind eine Reihe asket. Schriften erhalten.

Nil Volentibus Arduum [lat. ›Den Wollenden ist nichts schwer‹], niederländ. Dichtergesellschaft, 1669 von LODEWIJK MEYER (* 1629, † 1681), A. PELS u. a.

Nilw Nilwaran – Nîmes

Nîmes: Blick auf das Stadtzentrum; im Mittelpunkt das Amphitheater (wohl Anfang 1. Jh. n. Chr.)

Nîmes Stadtwappen

Stadt in S-Frankreich

Handelsplatz am Rand der Ebene des Bas-Languedoc

128 500 Ew.

im röm. Tempel Maison Carrée Museum für röm. Kunst

Amphitheater (1. Jh.)

Kathedrale Saint-Castor

in der Nähe der römische Aquädukt Pont du Gard

in gallischer Zeit Nemausus

römische Provinzhauptstadt

im 16./17. Jh. eine Hauptfestung der Hugenotten

gegründet; sah ihre Aufgabe v. a. in der Pflege der Ideale des frz. Klassizismus.
A. J. KRONENBERG: Het Kunstgenootschap N. v. a. (Deventer 1875).

Nilwaran, Varanus niloticus, bis 2 m langer, Wasser liebender Waran; kommt in Afrika (mit Ausnahme des NW) vor. N. ernähren sich hauptsächlich von Fröschen, Fischen und Weichtieren, bevorzugte Leckerbissen sind Krokodileier.

Nima Juschidsch, Nima Jushidj [-dʒ], eigtl. **Ali Esfandiari,** pers. Lyriker, * Jusch (N-Iran) 1897 oder 1898, † Teheran 6. 1. 1960; führte in den 20er-Jahren den Bruch mit der traditionellen pers. Dichtung herbei und begründete die ›Neue Lyrik‹, indem er die Poesie von den starren Regeln der überkommenen Prosodie und Rhetorik befreite und ihren Horizont auf Bereiche des Alltäglichen und auf die Gefühlswelt des modernen Individuums ausdehnte.

Nimbaberge, Nimba Range [-reɪndʒ, engl.], Höhenzug im Grenzgebiet von Liberia, Guinea und der Rep. Elfenbeinküste, ein quarzit. Inselgebirge bis 1752 m ü. M. Im S bedeutende Eisenerzvorkommen; Abbau bei Yekepa (Liberia), Eisenbahn (266 km zum Hafen Buchanan). Im nördl. Teil (Guinea/Elfenbeinküste) Waldschutzgebiet.

nimbiert [zu Nimbus], *Heraldik:* mit einem Heiligenschein versehen.

Nimbo|stratus, Wolkengattung, →Wolken.

Nimbschen, Ortsteil von Grimma mit der Ruine des Zisterzienserklosters Marienthron (gegr. im 13. Jh.), in das →KATHARINA VON BORA 1514 als Novizin aufgenommen wurde und von 1515 bis zu ihrer Flucht (1523) als Nonne lebte.

Nimburg, tschech. **Nymburk** ['nim-], Stadt im Mittelböhm. Gebiet, Tschech. Rep., 186 m ü. M., am rechten Elbufer, 15 200 Ew.; Bekleidungsindustrie; Eisenbahnknotenpunkt.

Nimbus [›Regenwolke‹, ›Nebelhülle‹, die die Götter umgibt‹] *der, -/-se,* **1)** *ohne Pl., allg.:* Glanz, der eine Person oder Sache umgibt, Ansehen, Ruhm.
2) *bildende Kunst:* in vielen Kulturen seit dem Altertum eine scheiben- oder strahlenförmige Auszeichnung hinter dem Kopf einer Gottheit, eines Heros oder Herrschers, auch bei Personifikationen. Im Buddhismus schon früh zur Kennzeichnung des Bodhisattva, dann auch hinduist. Gottheiten; in Ostasien zus. mit der Aureole allg. zur Hervorhebung der Hauptpersonen einer Darstellung verwendet; in der christl. Ikonographie der →Heiligenschein.

3) *Meteorologie: veraltet* für: Nimbostratus.
4) ['nɪmbəs, engl.], *Satellitentechnik:* Name experimenteller Wettersatelliten der USA, deren Instrumente tags (Fernsehkameras) und nachts (Infratradiometer) arbeiten. Seit 1964 wurden sieben N.-Satelliten erfolgreich auf nahezu polare Umlaufbahnen in etwa 1 100 km Höhe gebracht: N. 1 (1964), N. 2 (1966), N. 3 (1969), N. 4 (1970), N. 5 (1972), N. 6 (1975), N. 7 (1978). Die Gewichte der N.-Satelliten stiegen von 400 kg auf 987 kg. Mit N. 5 wurden erstmals vertikale Temperaturmessungen durch Wolken hindurch vorgenommen.

Nimbus|effekt, *Kommunikationswissenschaft:* Beeinflussung des Einzeleindrucks durch den nimbierenden, überstrahlenden Gesamteindruck; ein Wirkungsfaktor im Kommunikationsprozess, bei dem positive oder negative Eigenschaften (Ruf, Status, Prestige) der in Medien auftretenden Personen oder der dort erwähnten Institutionen auf die behandelten Themen, die angebotenen Informationen und Meinungen, in der Werbung auf die propagierten Ideen, Waren oder Dienstleistungen übertragen werden.

Nîmes [nim], Stadt in S-Frankreich, am Übergang der Garrigues zur Ebene des Bas-Languedoc, 128 500 Ew.; Verw.-Sitz des Dép. Gard; kath. Bischofssitz; Académie de N., Konservatorium, Museen; wichtiger Handelsplatz, bes. für Wein; Nahrungs- (v. a. Konservenherstellung) und Genussmittelindustrie, Landmaschinenbau, Bekleidungs-, Wirkwaren-, Elektro- und Schuhindustrie; Eisenbahnreparaturwerkstätten; Fremdenverkehr; Flughafen N.-Garons.

Stadtbild: Zu den besonderen Sehenswürdigkeiten zählt die Maison Carrée, einer der besterhaltenen Tempel der röm. Welt aus augusteischer Zeit (jetzt Museum für röm. Kunst), in einem ehemals von Säulenhallen umgebenen Bezirk am Forum gelegen. In der Nähe die ›Arènes‹, das aus großen Steinquadern vermutlich Anfang des 1. Jh. n. Chr. errichtete Amphitheater (133 m lang, 101 m breit, 21 m tief, für ca. 20 000 Zuschauer), in dem noch Vorführungen stattfinden. Zu einem urspr. kelt. Quellheiligtum gehörte das augusteische, im 18. Jh. bei der Anlage des Jardin de la Fontaine (1745–60) neu gefasste Nymphäum und der als Ruine belassene ›Tempel der Diana‹ (in augusteische Zeit datiert, Erweiterung 2. Jh.). Auf dem Mont Cavalier steht die Tour Magne (30 m hoher Turm aus der Zeit um Christi Geburt, vielleicht ein Wachturm oder Siegesdenkmal). Der Wasserversorgung der Stadt diente eine 49 km lange Wasserleitung (Pont du Gard; BILD →Gard). Anfang des 5. Jh. wurde die 6 km lange röm. Mauerring (mit urspr. 80 Türmen) verengt (Reste erhalten). In der ehem. Jesuitenkirche und -kolleg (17. Jh.) das archäolog. Museum. Neuere Bauwerke sind die z. T. roman., im 19. Jh. stark restaurierte Kathedrale Saint-Castor sowie die Kirchen Saint-Paul und Sainte-Perpétue (19. Jh.). – In den letzten Jahren wurde v. a. die Altstadt umfangreich restauriert (u. a. im ehem. Viertel der Färber und Weber). J. NOUVEL und KISHŌ KUROKAWA schufen am Stadtrand eigenwillige Wohnanlagen. V. GREGOTTI vollendete 1989 das Fußballstadion. Gegenüber der Maison Carrée entstand mit dem ›Carrée d'Art‹ (mit Museum für moderne Kunst und Bibliothek; 1993 fertig gestellt) von Sir N. R. FOSTER ein Pendant zum röm. Tempel. P.-P. STARCK gestaltete den Abribus (Bushaltestelle) und M. RAYSSE entwarf die Fontaine au Crocodile auf der Place du Marché sowie ein Denkmal für die Gesch. der Stadt auf der Place d'Assas.

Geschichte: **Nemausus** war der Hauptort der kelt. Volcae Arecomici. Es wurde 121 v. Chr. römisch und um 16 v. Chr. von AUGUSTUS zur Kolonie erhoben (**Colonia Augusta Nemausus**). Um 149 n. Chr. wurde es Hauptstadt der Prov. Gallia Narbonensis; 738 von den Franken erobert. N. kam 1185 an die Grafen von

Toulouse und gehörte ab 1229 zur frz. Krondomäne. Vom 16. Jh. bis 1629 eine der Hauptfestungen der Hugenotten.

Nimier [nim'je], Roger, eigtl. **R. N. de La Perrière** [-də la pɛr'jɛːr], frz. Schriftsteller, * Paris 31. 10. 1925, † (Autounfall) bei Paris 28. 9. 1962; war Kolumnist und streitbarer literar. Kritiker versch. Zeitschriften. In seinen Romanen und Essays demontiert er bürgerl. Konvention und Konformismus.
  Werke: *Romane:* Les épées (1948); Le hussard bleu (1950); dt. Der blaue Husar); Les enfants tristes (1951); Histoire d'un amour (1953); L'étrangère (hg. 1968). – *Essays:* Le Grand d'Espagne (1950); Amour et néant (1951); Journées de lectures (hg. 1965).

Nimitz, Chester William, amerikan. Admiral, * Fredericksburg (Tex.) 24. 2. 1885, † San Francisco (Calif.) 20. 2. 1966; entwickelte im Zweiten Weltkrieg als Oberbefehlshaber der Pazifikflotte (Dezember 1941 bis November 1945) den kombinierten Einsatz von See- und Luftstreitkräften und die Taktik des ›Springens‹ von Inselgruppe zu Inselgruppe. 1945–47 war er ›Chief of Naval Operations‹.

Nimmersatte, Name von vier waldstorchgroßen afrikan. und amerikan. Arten der zu den Störchen gehörenden Gattungen Ibis (drei Arten) und Mycteria (eine Art) mit gekrümmtem Schnabel und nacktem Gesicht; z. B. der **Afrika-N.** (Ibis ibis) mit weißem, rötlich getöntem Gefieder, rotem Gesicht und gelben Füßen und Schnabel. N. leben von Fischen u. a. Wassertieren.

Nimrod, in der Vulgata **Nemrod,** bibl. Gestalt; Nachkomme des NOAH (Enkel HAMS); war nach 1. Mos. 10, 8–12 ein großer Jäger und Begründer eines Reichs (Mi. 5, 5), zu dem Ninive und weitere Städte in Assyrien gehörten.

Nimrud, Ruinenstätte der altoriental. Stadt →Kalach.

Nimmersatte: Afrika-Nimmersatt (Größe 1 m)

Nimsgern, Siegmund, Sänger (Bassbariton), * Sankt Wendel 14. 1. 1940; debütierte 1967 in Saarbrücken, war 1971–74 Mitgl. der Dt. Oper am Rhein in Düsseldorf/Duisburg und trat mit weit gespanntem Repertoire u. a. in Wien, an der Mailänder Scala, der Metropolitan Opera in New York und bei Festspielen (Salzburg, Bayreuth) auf; bes. bekannt als Wagner-Interpret sowie als Konzert- und Oratoriensänger.

Nimwegen, niederländ. **Nijmegen** ['nɛime:xɑ], Stadt in der Prov. Gelderland, Niederlande, am linken Ufer der Waal, 147 500 Ew.; kath. Univ. (gegr. 1923), Nijmeegs Museum, Rijksmuseum G. M. Kam (mit röm. und frühmittelalterl. Funden aus der Umgebung); Maschinenbau, Walzwerk, Metallverarbeitung, Bekleidungs-, Kartonagen-, elektrotechn. chem., pharmazeut., Druck- und Nahrungsmittelindustrie; Märkte für Gartenbauprodukte; Waalhafen.
  Stadtbild: Die ehem. Pfalz (Valkhof), von der nur die Nikolauskapelle, ein Zentralbau (nach 1030),

Nimwegen: Rathaus; 1554/55; 1879–82 restauriert

erhalten ist, liegt auf einer Anhöhe. Der spätgot. Neubau der Sint-Stevenskerk (1254 ff.) wurde nach Errichtung des Chors und des Querhauses (1420–55) eingestellt (Chorgestühl 1577, Kanzel 1639). Das Rathaus (1554/55, 1879–82 von P. CUYPERS restauriert) wurde im Zweiten Weltkrieg zerstört und 1951–53 wieder aufgebaut. Aus der Renaissance stammen Waage (1612) und ehem. Lateinschule (1544/45).
  Geschichte: Eine im Gebiet der heutigen Stadt gelegene batav. Siedlung wurde nach dem Ausbruch des Bataveraufstands 69 n. Chr. von röm. Truppen zerstört. Bald darauf entstanden ein röm. Legionslager und eine Zivilsiedlung. Die unter Kaiser TRAJAN **Ulpia Noviomagus** genannte Siedlung, im 3. Jh. aufgegeben, lebte in fränk. Zeit wieder auf. In der Nachbarschaft einer vermutlich im 7. Jh. gegründeten Kapelle ließ KARL D. GR. eine Pfalz anlegen; sie ging in der 1150 errichteten Burg auf, die bis zu ihrem Abbruch 1796 das Stadtbild beherrschte. Das sich seit dem 9. Jh. entwickelnde Gemeinwesen erhielt 1250 Stadtrecht. 1585 übergab die kath. Bevölkerungsmehrheit die Stadt an die Spanier, nach ihrer Rückeroberung durch MORITZ von Nassau-Oranien wurde sie protestantisch, im 18. Jh. wieder katholisch. Die seit 1605 bestehenden Festungswerke fielen Ende des 19. Jh. der weiteren Stadtentwicklung zum Opfer.

Nin, Stadt in Kroatien, an der dalmatin. Küste nördlich von Zadar, 1 600 Ew. – Reste eines röm. Forums mit bedeutendem plast. Bauschmuck, Fundamente eines Dianatempels; Kirchen aus dem 11. Jh.; vorroman. Heiligkreuzkirche und Nikolauskirche. – N., als **Aenona** röm. Municipium im Gebiet der illyr. Liburner, wurde 800 kroat. Fürstensitz; im 9. Jh. Bischofssitz. Bis 1328 und 1358–1409 gehörte es zu Kroatien, 1420–1797 stand es unter venezian. Herrschaft.

Nin, Anaïs, amerikan. Schriftstellerin, * Neuilly-sur-Seine 21. 2. 1903, † Los Angeles (Calif.) 14. 1. 1977; Tochter eines span. Komponisten und einer frz.-dän. Sängerin; lebte ab 1914 in New York, 1923–40 in Europa, meist in Paris, ab 1940 wieder in den USA. N. war Modell, Tänzerin und Psychoanalytikerin; sie scharte Künstler und Literaten um sich und war seit 1931 eng mit HENRY MILLER befreundet. Ihre umfangreichen Tagebücher waren die wichtigste Quelle für ihre Werke, die eine eigenständige weibl. Sensibilität und Schreibhaltung zeigen und das Unbewusste, Traumhafte und Erotische betonen.

Nimwegen Stadtwappen

Anaïs Nin

Werke: *Romane:* Ladders to fire (1946; dt. Leitern ins Feuer); The fourchambered heart (1950; dt. Djuna oder das Herz mit vier Kammern); A spy in the house of love (1954; dt. Ein Spion im Haus der Liebe); Collages (1964; dt. Wien war die Stadt der Statuen). – *Erzählungen:* Under a glass bell (1944; dt. Unter einer Glasglocke); Delta of Venus: erotica (hg. 1977; dt. Das Delta der Venus); Waste of timelessness and other early stories (hg. 1977; dt. Ein gefährliches Parfüm. Die frühen Erzählungen).

Ausgabe: Die Tagebücher der A. N., hg. v. G. STUHLMANN, 7 Bde. (Neuausg. 1977–82); Henry, June u. ich. Intimes Tagebuch, übers. v. G. STEGE (1987); Trunken vor Liebe. Intime Geschichten, übers. v. G. STEGE (1993): Ich lasse meinen Träumen Flügel wachsen. Die frühen Tagebücher 1921–1923, übers. v. B. SCRIBA-SETHE (1996).

E. BARILLÉ: Maskierte Venus. Das Leben der A. N. (a. d. Frz., 1992); D. GRONAU: A. N. Erotik u. Poesie (1993); L. SALBER: Tausendundeine Frau. Die Gesch. der A. N. (Neuausg. 1996); N. RILEY FITCH: Anaïs. Das erot. Leben der A. N. (a. d. Amerikan., Neuausg. 1997).

Ninety Mile Beach [ˈnaɪntɪ ˈmaɪl ˈbiːtʃ], Ausgleichs- und Nehrungsküste in Victoria, Australien, in Gippsland, ein sandiger Küstenstreifen mit Dünen, die z. T. durch Gräser befestigt sind.

Ningbo, Ningpo, 1911–49 **Ningxian** [-cian], **Ninghsien,** Hafenstadt in der Prov. Zhejiang, China, 1,07 Mio. Ew.; Handels- und Fischereihafen; N. kann vom Vorhafen Zhenhai an der Hangzhoubucht über den Yong Jiang von Seeschiffen angelaufen werden; Textil-, Nahrungsmittel-, bes. Konservenindustrie, Bau von Schiffen, Dieselmotoren und landwirtschaftl. Maschinen. In der Nähe Erdgasvorkommen. – Im Himml. Pavillon (Tianyi Ge) eine der ältesten chin. Privatbibliotheken (16. Jh.); die siebengeschossige Pagode Tianfeng Ta (urspr. 695) wurde mehrfach zerstört, ihre heutige Gestalt geht auf das 14. Jh. zurück. – Etwa 15 km nördlich der Stadt der Tempel Baguo Si (1013), gilt als ältester erhaltener Holzbau südlich des Jangtsekiang. Der Tempel Tiantong Si (4. Jh.) liegt 35 km und der Tempel Ayuwang Si (5. Jh.) 20 km östlich der Stadt.

Ninghsia [-cia], 1) das autonome Gebiet →Ningxia Hui, China.

2) bis 1945 Name der chin. Stadt →Yinchuan.

Ningpo, Hafenstadt in China, →Ningbo.

Ningxia Hui, Ningxia Huizu Zizhiqu [-cia, -dzu tsɪdʒɪ-], **Ninghsia,** das autonome Gebiet der muslim. Hui in N-China, am Mittellauf des Hwangho, 51 800 km², (1994) 5,04 Mio. Ew. (davon etwa 1 Mio. Hui). Hauptstadt ist Yinchuan. Zentraler Raum des Gebiets ist die lang gestreckte Stromoase des Hwangho (1 100–1 200 m ü. M.; unter 200 mm Jahresniederschlag). Jenseits des Gebirgszuges Helan Shan geht das Gebiet in die Gobi über. Der südl. Teil wird von einem Lößhochland mit dem Liupan Shan eingenommen. Im Bewässerungsfeldbau werden Reis, Weizen, Hirse, Baumwolle, Zuckerrüben und Melonen erzeugt; außerdem Schafzucht. An Bodenschätzen besitzt N. nur Kohle. Wichtigstes städt. Zentrum ist Yinchuan, das auch Versorgungsfunktionen für den in der Gobi gelegenen Bezirk der Mongolen (Verw.-Zentrum Bayan Hot) besitzt. – Ninghsia war seit 1928 der Name einer chin. Provinz, die Gebiete der Hui und der Mongolen umfasste und 1954 der Prov. Gansu angegliedert wurde. Das Autonome Gebiet N. H. entstand 1958.

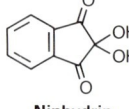

Ninhydrin

Ninhydrin [Kw.] *das, -s,* Derivat des Indans (chemisch das 1,2,3-Indantrionhydrat); wichtiges Reagenz zum Nachweis und zur Bestimmung von Aminosäuren und Peptiden (Blaufärbung; **N.-Reaktion**).

Ninive, hebr. **Nineve, Ninua,** altmesopotam. Stadt am linken Ufer des Tigris, heute die Ruinenhügel **Kujundjik** und **Nebi Junus** (Letzterer ist besiedelt und kaum erforscht), gegenüber dem heutigen Mosul, Irak. Als Hauptstadt des Assyrerreiches seit SANHERIB (704–681 v. Chr.) erlebte N. seine größte Blüte; 612 v. Chr. wurde es von Medern und Babyloniern zerstört. Die Hauptgöttin der Stadt war seit dem 2. Jt. v. Chr. Ischtar.

Ausgrabungen seit 1842 (u. a. durch PAUL EMILE BOTTA, *1802, †1870; AUSTEN HENRY LAYARD, *1817, †1894); früheste Funde stammen aus dem Chalkolithikum (Keramik der Hassunaperiode, Tell →Hassuna) und aus der Frühbronzezeit (einfache lokale ›N. V.-Keramik‹, aus Schicht V, bemalt oder gekerbt). Als assyr. Hauptstadt war N. eine von doppelter Zinnenmauer geschützte Stadt auf einem Gebiet von etwa 5 km². Die im Ruinenhügel Kujundjik gefundenen prachtvollen Paläste SANHERIBS und ASSURBANIPALS waren reich mit Orthostatenreliefs geschmückt (Kampf-, Jagd- und Kultszenen, bes. Löwendarstellungen), die Eingänge von überlebensgroßen Lamassufiguren flankiert. Im Hügel von Nebi Junus konnte ein Gebäude als Palast des ASARHADDON identifiziert werden. Bei Grabungen im Ischtartempel wurde ein Meisterwerk akkad. Kunst gefunden, der Bronzekopf, ein frühes Zeugnis mesopotam. Metallbearbeitung (lange als SARGON angesehen, stellt wohl NARAMSIN dar; BILD →Bronzekunst). Weitere wichtige Funde sind der Nabutempel und die Tontafelbibliothek (mit Keilschrifttexten) ASSURBANIPALS.

Ninive: Relief aus dem Palast Assurbanipals; um 640 v. Chr. (Paris, Louvre)

Ninja [jap. ›Kundschafter‹] *der, -(s)/-(s),* Mitglieder einer in Geheimbünden organisierten Kriegerkaste im feudalen Japan, die sich als Spione und Diversanten bei den →Daimyo verdingten; traten seit dem 7. Jh. parallel zu den →Samurai auf (häufig deren Gegner). Die N. siedelten in abgelegenen Berglagern v. a. in Zentraljapan (größtenteils in der Tokugawazeit liquidiert); sie bedienten sich eines speziellen Waffenarsenals und Kampfstils (Ninjutsu), die in der Neuzeit teilweise von der Armee bzw. Polizei übernommen wurden.

Ninlil, sumer. Göttin; der Name ist eine Parallelbildung zu Enlil, als dessen Gemahlin sie galt und mit dem sie in dem Mythos ›Enlil und N.‹ behandelt wird. Von ihr, der ursprüngl. Muttergöttin, stammen der Mondgott Nanna und der Kriegsgott Nergal ab. Im 1. Jt. v. Chr. wurde sie in Assyrien zur Gemahlin des Gottes Assur.

Nino, Nina, Christiana, nach Georgien verbannte Kriegsgefangene aus Antiochia, die der Überlieferung nach maßgeblich an der Christianisierung Georgiens beteiligt war; wirkte in der 1. Hälfte des 4. Jh. – Heilige (Tag: 15. 12.; in Georgien: 14. 1.).

Niño ['ninjɔ; span. ›(Christ)kind‹ (die Warmwasserströmung wird in Abständen von einigen Jahren um die Weihnachtszeit vor den Küsten Perus und Ecuadors beobachtet)] *der,* **El N.,** *Meereskunde:* Warmwasseranomalie des östlichen trop. Pazifiks vor den Küsten von Peru und Ecuador. Dort tritt im Bereich einer kalten →Meeresströmung (Humboldt- oder Perustrom), die zusätzlich vom Aufquellen kalten und somit nährstoffreichen Tiefenwassers überlagert ist, jährlich um die Weihnachtszeit eine mäßige Erwärmung auf. Im Abstand von etwa 3 bis 7 Jahren ist dieses Phänomen deutlich verstärkt, was als N. im eigentl. Sinn bezeichnet wird. In solchen Fällen ist die Ozeanoberflächentemperatur um einige Grad Celsius erhöht. Gelegentlich kommt es auch zu so genannten ›Super-El-Niños‹, deren Entwicklung bereits im Spätsommer/Frühherbst einsetzt, und die bes. stark ausgeprägt sind (1977/78, 1982/83, 1997/98).

N. sind mit typ. Luftdruckvariationen der Südhemisphäre (Southern Oscillation) verknüpft, sodass zusammenfassend vom ENSO-Mechanismus (**El N**iño **S**outhern **O**scillation) gesprochen wird. Diese atmosphärisch-ozean. Wechselwirkung ist während eines N. u. a. durch einen abgeschwächten SO-Passat (Südhalbkugel, →Zirkulation der Atmosphäre) gekennzeichnet, sodass der an der Wasseroberfläche wirksame Windschub nachlässt; die Folge ist eine sich nach O bis an die südamerikan. W-Küste bewegende ›Warmwasserwelle‹, die das sonst kalte Wasser überdeckt. Im Ggs. dazu wird ein entsprechendes ›Kaltwasserereignis‹ **La Niña** genannt.

Während der N. treten in den Tropen z. T. drast. Niederschlagsanomalien auf, die sonst trockenen Gebieten Überschwemmungen und feuchten Gebieten Dürren bringen (Störung der →Walkerzirkulation). An den Küsten Perus und Ecuadors bewirkt das Ausbleiben des nährstoffreichen Tiefenwassers z. T. drast. Rückgänge im Fischfang. Außertrop. Folgen von N. sind weniger ausgeprägt.

El N., in: Oceanus, Jg. 27, H. 2 (Woods Hole, Mass., 1984); R. H. KÄSE: El N., in: Geowiss. in unserer Zeit, Jg. 3, Nr. 4 (1985); S. G. PHILANDER: El N., La Niña, and the Southern oscillation (San Diego, Calif., 1990); W. E. ARNTZ u. E. FAHRBACH: El N., Klimaexperiment der Natur (Basel 1991); M. LATIF u. a.: A review of ENSO prediction studies, in: Climate Dynamics, Bd. 9 (Berlin 1994).

Ninove ['ni:no:və], Stadt in der Prov. Ostflandern, Belgien, an der Dender, 34 100 Ew.; Chemiefaser-, Bekleidungs-, Metall verarbeitende Industrie, Herstellung von Sitzmöbeln, ferner Druckereien, Papierverarbeitung, Getränkeindustrie.

Ninsei, bis 1655 **Nonomura Seiemon** oder **Nonomura Ninsei,** jap. Töpfer und Maler, Mitte bis Ende des 17. Jh. in Kyōto tätig. N., der v. a. Teekeramik schuf, die er im Stil der Rimpaschule mit reichem Emailfarbendekor, auch Gold und Silber, versah, gilt als einer der ›Drei Großen Töpfer von Kyōto‹ (neben seinem Schüler OGATA KENZAN und MOKUBEI).

Ninurta [sumerisch ›Herr Erde‹], sumer. Gott, urspr. Gott der Fruchtbarkeit, ›der Bauer seines Vaters Enlil‹, später wurde er zum Kriegsgott, der Babylonien vor den Bergvölkern schützen sollte. Hauptkultort war Nippur. Als seine Gemahlin wurde die Heilgöttin Gula oder Baba verehrt, eigtl. Gemahlin des Ningirsu, mit dem er gleichgesetzt wurde.

Ni-ō [jap. ›zwei Könige‹], in Japan überlebensgroße, oft bemalte Holz-, seltener Ton- oder Steinfiguren, die beiderseits eines Tempeltores stehen, um Dämonen und Teufel abzuwehren. Sie ähneln mit ihren Furcht erregenden Gebärden dem →Fudō-myō-ō, stellen aber Schutzgottheiten dar, die im esoter. Buddhismus angepasst wurden (links: Indra, jap. Taishakuten; rechts: Brahma, jap. Bonten). BILD →japanische Kunst

Niob		
chem. Symbol: **Nb**	Ordnungszahl	41
	relative Atommasse	92,90638
	Häufigkeit in der Erdrinde	0,0019 %
	natürliche Isotope (stabil)	nur ^{93}Nb
	radioaktive Isotope	^{84}Nb bis ^{92}Nb, ^{94}Nb bis ^{106}Nb
	längste Halbwertszeit (^{92}Nb)	$3,7 \cdot 10^7$ Jahre
	Dichte (bei 20 °C)	8,57 g/cm^3
	Schmelzpunkt	2477 ± 10 °C
	Siedepunkt	4744 °C
	spezifische Wärmekapazität (bei 25 °C)	0,265 J/(g · K)
	elektrische Leitfähigkeit (bei 0 °C)	$8 \cdot 10^6$ S/m
	Wärmeleitfähigkeit (bei 27 °C)	53,7 W/(m · K)

Niob [nach der griech. Sagengestalt Niobe, der Tochter des Tantalos] *das, -s,* **Niobium** [lat.], chem. Symbol **Nb,** ein →chemisches Element aus der fünften Nebengruppe des Periodensystems. N. ist ein silberweißes, glänzendes, schmied- und walzbares, bei Vorliegen von geringen Verunreinigungen (v. a. Kohlenstoff, Sauerstoff, Stickstoff) sehr hartes Metall. Es ist gegen Säuren resistent und wird auch von (kaltem) Königswasser nicht gelöst; lediglich Flusssäure, konzentrierte Schwefelsäure und Alkalien vermögen das Metall anzugreifen. Bei Gegenwart von Luftsauerstoff überzieht N. sich erst oberhalb 600 °C mit einer weißen Schicht von N.-Pentoxid. – N. gehört zu den selteneren chem. Elementen und steht in der Häufigkeit der Elemente an 34. Stelle. Da es stets mit dem chemisch sehr ähnl. Tantal vergesellschaftet ist und nicht in größeren Lagerstätten vorkommt, ist seine Gewinnung schwierig. Die wichtigsten Erze sind →Columbit und →Pyrochlor. In den auf die Anreicherung der Minerale durch Flotation folgenden Aufschlussverfahren werden die beiden Elemente zu Verbindungen umgesetzt, die sich z. B. durch fraktionierende Kristallisation (wie die Doppelfluoride $K_2[NbOF_5]$ und $K_2[TaF_7]$), durch Extraktion mit organ. Lösungsmitteln (wie die Fluoride NbF_5 und TaF_5) oder durch Destillation (wie die Chloride $NbCl_5$ und $TaCl_5$) voneinander trennen lassen. Das metall. N. wird zuletzt z. B. durch Reduktion von Kaliumpentafluoroniobat, $K_2[NbOF_5]$, mit Natrium oder von N.-Pentoxid, Nb_2O_5, mit Aluminium, Silicium oder Kohle gewonnen. – Verwendung findet N. zur Herstellung spezieller Hochtemperaturwerkstoffe und (v. a. in Form von Ferroniob, einer Eisenlegierung mit 50–65 % N. und meist auch 0,5–12 % Tantal) als Legierungskomponente für Stähle.

N. wurde 1801 von dem brit. Chemiker CHARLES HATCHETT (* 1765, † 1847) entdeckt, der es **Columbium** (chem. Symbol **Cb**) nannte. Spätere Untersuchungen deuteten darauf hin, dass das Element mit dem von A. G. EKEBERG 1802 gefundenen Tantal identisch sein könnte. 1844 gelang es H. ROSE, die Chloride der beiden Elemente herzustellen; er erkannte damit das N. als eigenständiges Element und gab ihm wegen der chem. Verwandtschaft zu Tantal den Namen N. (seit 1949 von der IUPAC anerkannt).

1996 wurden weltweit rd. 24 000 t N. produziert, überwiegend aus brasilian. und kanad. Quellen. Die bekannten Reserven reichen derzeit für mehr als 300 Jahre. Brasilien verfügt allein über 80 % der Weltvorräte. Weitere wichtige Produzentenländer sind die Demokrat. Rep. Kongo, Nigeria, Australien, Namibia, Russland und China. Der Verbrauch von N. ist eng mit der Konjunkturlage der Stahlindustrie verbunden. Die Substitutionsmöglichkeiten sind begrenzt.

Niobate, →Niobverbindungen.

Niobe, griech. **Nióbē,** *griech. Mythos:* Tochter des Tantalos, Gemahlin des theban. Königs Amphion. Sie stellte sich als Mutter von sieben (auch sechs oder zehn) Söhnen und ebenso vielen Töchtern über Leto, die nur zwei Kinder hatte, Apoll und Artemis. Um ihre Mutter zu rächen, töteten die Götter die Kinder der N., die Niobiden, mit ihren Pfeilen, N. selbst erstarrte zu einem Tränen vergießenden Stein und wurde in ihre lyd. Heimat an den Berg Sipylos entrückt. – Von den N.-Dramen des AISCHYLOS und des SOPHOKLES sind nur Fragmente erhalten, von einem parodist. Werk des ARISTOPHANES ist nur der Titel bekannt. Die Überlieferung des N.-Stoffes geht v. a. auf OVIDS ›Metamorphosen‹ (um 2–8 n. Chr.) zurück.

Niobe: Verwundete Niobide; römische Kopie nach einem griechischen Original aus dem 5. Jh. v. Chr. (Rom, Thermenmuseum)

Spätere Dramatisierungen (u. a. H. SACHS, ›N. Die Königin zu Theba‹, 1557; FRIEDRICH MÜLLER, ›N.‹, 1778) blieben ohne Wirkung; erfolgreicher in der Behandlung des Stoffes waren die Oper ›N.‹ von A. STEFFANI (1688, Text LUIGI ORLANDI) und das Monodrama ›N.‹ von H. SUTERMEISTER (1946). – Darstellungen der Bestrafung N.s durch den Tod ihrer Kinder sind seit dem 6. Jh. v. Chr. nachzuweisen, im 5. und 4. Jh. v. Chr. häufig in Reliefkunst und Vasenmalerei: ›Argonautenkrater‹ des →Niobidenmalers; nach PAUSANIAS Fries am Zeusthron von Olympia von PHIDIAS; Niobidengruppe in Florenz (Uffizien), wohl nach einem von PRAXITELES oder SKOPAS beeinflussten Original; verwundete Niobide in Rom (Thermenmuseum). Die hellenist. und röm. Kunst betonte das unverschuldete Schicksal der Niobiden (Sarkophage, Wandbilder, Statuen). Darstellungen der Neuzeit griffen den Mythos wieder auf (TINTORETTO, A. BLOEMAERT, C. F. TIECK).

Niobeöl, Riechstoff (→Benzoesäure).

Niobidenmaler, frühklass. att. Vasenmaler des rotfigurigen Stils, tätig in der Mitte des 5. Jh. v. Chr.; namengebendes Hauptwerk ist ein Kelchkrater mit dem Niobidentod und einer Darstellung von Herakles mit Athena sowie weiteren Heroen, traditionell als Argonauten interpretiert (›Argonautenkrater‹; Paris, Louvre). Die Besonderheit seiner Komposition liegt in der Höhenstaffelung (wellige Geländeangaben), in der die Figuren angeordnet sind und sich gleichmäßig und selber kaum bewegt über den Bildraum verteilen. Eins der häufigsten Motive des N. ist eine stille Opferszene, bei der eine Frau oder Göttin die Trankspende aus einer Kanne in die Trinkschale des Spendenden gießt. Seine Kunst gab zu vielen Vermutungen über Vorbilder in der Wandmalerei Anlass.

Niobit [zu Niob] *der, -s/-e,* Mineral, →Columbit.

Niobium [lat.], das chem. Element →Niob.

Nioblegierungen, Legierungen mit mehr als 50 % Niob; sie werden als hochwarmfeste Legierungen bes. für Raketen- und Raumfahrzeugteile eingesetzt. In geringen Gehalten tritt Niob auch in zahlr. anderen Legierungen, bes. in Stählen, auf.

Niobrara River [naɪə'brɛərə 'rɪvə], rechter Nebenfluss des Missouri, USA, entspringt im östl. Wyoming, durchfließt das nördl. Nebraska, mündet unterhalb des Fort Randall Dam, 694 km lang; wird zur Bewässerung und Energiegewinnung genutzt.

Niobverbindungen. Niob tritt in seinen Verbindungen bevorzugt in der Wertigkeitsstufe + 5, daneben auch in den Stufen + 4, + 3 und + 2 auf; in einigen Komplexverbindungen liegt Niob in den Stufen + 1 und − 1 vor.

Niobpentoxid, Niob(V)-oxid, Nb_2O_5, ist ein weißes, schwer schmelzbares Pulver mit dem Charakter eines schwachen Säureanhydrids; es bildet mit starken Basen die **Niobate,** Salze, die sich von Oxosäuren oder Isopolysäuren des fünfwertigen Niobs ableiten, allgemeine Formeln u. a. M^INbO_3 und $M^I_4Nb_2O_7$. – Bei den Halogenverbindungen sind das farblose, kristalline **Niobpentafluorid,** NbF_5, und das gelbe, kristalline **Niobpentachlorid,** $NbCl_5$, wichtig für Trennungsreaktionen bei der Gewinnung von Niob. – Mit Kohlenstoff bildet Niob sehr harte **Niobcarbide,** z. B. der Zusammensetzung NbC und Nb_2C; das dunkelgraubraune NbC kann als Zusatz bei der Herstellung von Hartmetallen verwendet werden. Auch die **Niobnitride** sowie **Niobsilicide** sind sehr harte und hochschmelzende, als Hartstoffe geeignete Substanzen.

NIOC [engl. ɛnaɪəʊ'si:], Abk. für →National Iranian Oil Company.

Niokolo-Koba, Nationalpark in SO-Senegal, am oberen Gambia und an dessen rechtem Nebenfluss N.-K., 2 500 km² (UNESCO-Weltnaturerbe), u. a. Antilopen, Löwen, Giraffen, Elefanten, Büffel; am N-Rand Flugplatz.

Niopo [indian.], Genussmittel, bestehend aus pulverisierten Samen der Mimosengewächse Anadenanthera peregrina und Anadenanthera colubrina, unter den Indianern im nördl. Südamerika verbreitet; wird mit langen Röhren aus Bambus oder gegabelten Knochen durch die Nase eingesogen, vermutlich älteste Form des Schnupfens in Amerika. Zum ersten Mal (1799–1804) durch A. VON HUMBOLDT am oberen Orinoco unter der Bez. N., ›Nupa‹ oder ›Cunepa‹, später (1817–20) durch P. VON MARTIUS als ›Paricá‹ am Oberlauf des Amazonas festgestellt.

Niort [njɔ:r], Stadt in W-Frankreich, an der Sèvre Niortaise im Poitou, 57 000 Ew.; Verw.-Sitz des Dép. Deux-Sèvres, Werkzeug- und Landmaschinenbau, Gießereien, Holzindustrie, Handschuhmacherei, Herstellung von Heizgeräten, Bekleidungs-, Schuh-, chem.-, Druckerei- und Tabakindustrie, Milchpulverfabrik; Flugplatz. – Zwei mächtige viereckige Türme (12./13. Jh.), durch ein Wohngebäude (15. Jh.) verbunden, bilden den Donjon (heute Museum für Volkskunst und -bräuche). Das Ancien Hôtel de Ville (1530–35) beherbergt das Musée du Pilori (archäolog. und histor. Museum). – N. war im MA. eine bedeutende Hafenstadt für den Handel mit Flandern. 1557 wurde N. protestantisch und verlor nach der Aufhebung des Edikts von Nantes (1685) an Bedeutung.

Niossee, Kratersee im Vulkangebiet NW-Kameruns, 200 m tief. Die am Grunde des Sees angesammelten Gase (v. a. Kohlendioxid) brachen 1986 aus (vielleicht im Zusammenhang mit vulkan. Vorgängen). Der Ausbruch forderte 1 700 Menschenleben.

Niové [frz.] *das, -(s),* ein →Muskatholz.

Nipapalme [malaiisch-lat.], die →Atappalme.

Nipigonsee, engl. **Lake Nipigon** [leɪk-], See in der Prov. Ontario, Kanada, 261 m ü. M., 4 848 km², bis 165 m tief, entwässert in den Oberen See.

Nipissingsee, engl. **Lake Nipissing** [leɪk-], See in der Prov. Ontario, Kanada, 196 m ü. M., 831 km², relativ flach, entwässert in die Georgian Bay des Huronsees.

Nipkow-Scheibe [ˈnɪpko-; nach dem dt. Ingenieur PAUL G. NIPKOW, *1860, †1940], eine in den Anfängen des Fernsehens zur Bildabtastung verwendete Scheibe mit spiralig angeordneten Löchern. Sie diente auf der Aufnahmeseite zur Abtastung des Bildes, indem das hinter der rotierenden Scheibe befindl. Bild in einzelne Bildpunkte zerlegt wurde; auf der Wiedergabeseite erfolgte der Aufbau eines Fernsehbildes nach einem Zeilenverfahren auf elektromechan. Grundlage.

Nipkow-Scheibe: Modell des ersten in Deutschland hergestellten Bildempfängers mit braunscher Röhre (links) und Nipkow-Scheibe (rechts)

Nippel [engl. nipple, eigtl. ›(Brust)warze‹], Rohrstück mit Innen- oder Außengewinde zum Verschrauben von Rohrenden **(Rohr-N.),** zum Spannen von Speichen an der Felge **(Speichen-N.),** als Verschluss von Schmierstellen **(Schmier-N.;** meist mit Kugelrückschlagventil) u. a.; auch allgemeine Bez. für ein Anschlussstück (z. B. am Blitzlichtkabel).

Nipperdey, 1) Hans Carl, Jurist, * Bad Berka 21. 1. 1895, †Köln 21. 11. 1968, Vater von 2); seit 1921 Prof. in Jena, seit 1925 in Köln, war 1954–63 erster Präs. des Bundesarbeitsgerichts. N. gehörte zu den führenden dt. Rechtsgelehrten des 20. Jh. Er verfasste über 400 Werke zum bürgerl. Recht, Handels- und Wirtschaftsrecht, Urheber- und Wettbewerbsrecht, Verfassungsrecht und Arbeitsrecht. Mit seiner Bearbeitung des kollektiven Arbeitsrechts setzte er Maßstäbe.

2) Thomas, Historiker, * Köln 27. 10. 1927, † München 14. 6. 1992; Sohn von 1); wurde 1963 Prof. in Karlsruhe, 1967 in Berlin, 1972 in München. N. befasste sich v. a. mit der dt. Gesch. des 19. und frühen 20. Jh., darüber hinaus mit der Reformationszeit. Als einer der führenden dt. Historiker der zweiten Hälfte des 20. Jh. setzte er sich für eine umfassende Sicht auf die Gesch. (Synthese von Politik-, Sozial-, Kultur- und Geistesgesch., Einbeziehung der Histor. Anthropologie) und einen reflektierten Historismus ein.

Werke: Die Organisation der dt. Parteien vor 1918 (1961); Reformation, Revolution, Utopie. Studien zum 16. Jh. (1975); Gesellschaft, Kultur, Theorie. Ges. Aufs. zur neueren Gesch. (1976); Dt. Gesch.: 1800–1866 (1983); Nachdenken über die dt. Gesch. Essays (1986); Dt. Gesch: 1866–1918, 2 Bde., (1990–92).

T. N., Bibliogr. seiner Veröffentlichungen 1953–1992, hg. v. H. HOLZBAUER (1993).

Nippes [auch nɪps, nɪp; frz.] *Pl.,* kleine Gegenstände, Figuren, die zur Zierde aufgestellt werden.

Nippold, Friedrich, ev. Theologe, *Emmerich 15. 9. 1838, †Oberursel (Taunus) 4. 8. 1918; ab 1867 Prof. für Kirchengesch. in Heidelberg, ab 1871 in Bern, 1884–1907 in Jena. N. gehörte zu den Gründern des →Evangelischen Bundes. Sein Forschungsinteresse galt v. a. der Kirchengesch. des 19. Jahrhunderts.

Werk: Hb. der neuesten Kirchengesch. (1867).

Nippon (jap. ›Sonnenursprung(sland)‹], **Nihon,** Bez. Japans in der Landessprache, überhöhend auch als **Dai-N.** (›Großes Sonnenursprungsland‹) bezeichnet. Der Gebrauch der phonetisch unregelmäßigen Form Nihon sowie von Nippon unterliegt keinen festen Regeln, beide Formen stehen gleichberechtigt nebeneinander und werden teils alternierend, teils in festen Zusammensetzungen (z. B. Nihonshoki, Nihongi; Nippon Ginkō) gebraucht. Seit der Taikareform (645), erstmals in einem Erlass des Kaisers KŌTOKU (36. Tenno 645–654), wurden die chin. Zeichen für ›Sonne‹ (chin. jih, jap. nichi), ›Ursprung‹ (chin. pen, jap. hon) und ›Land‹ (chin. kuo, jap. koku) als offizielle Landesbezeichnung (N. koku) benutzt.

Nippon Ginkō, die →Bank von Japan.

Nippon Steel Corp. [-stiːl kɔːpəˈreɪʃn], derzeit größtes Stahlunternehmen der Erde; gegr. 1970 durch Fusion der Yawata Iron and Steel Co. Ltd. und der Fuji Iron and Steel Co. Ltd., Sitz: Tokio; auch im Nichtstahlbereich (z. B. Titanium, neue Materialien für Halbleiter), in der Chemie- und Elektronikindustrie sowie im Bereich Engineering tätig. Umsatz (1996): 27,78 Mrd. US-$, Beschäftigte: rd. 40 700.

Nipptiden [niederdt.], →Gezeiten (des Meeres).

Nippur, altmesopotam. Stadt südlich von Babylon zw. Euphrat und Tigris, heute der Ruinenhügel **Nuffar (Niffer),** Irak. Ihre Anfänge reichen bis ins 4. Jt. v. Chr. zurück, seit dem 3. Jt. v. Chr. als Kultstadt des sumer. Hauptgottes Enlil religiöses Zentrum Sumers; die Herrschaft über die Stadt war für die sumer. Stadtfürsten wichtig bei ihrem Streben nach Hegemonie. Amerikan. Ausgrabungen seit 1888 legten im hl. Bezirk des Enlil Tempel und Zikkurat frei. Außerdem wurde der Tempelkomplex der Göttin Inanna erschlossen, ein Heiligtum von unregelmäßigem Grundriss (84 × 24 m) mit zwei Kulträumen und drei Höfen (um 2700 v. Chr.). Man fand dort Reste von Beterfiguren, die Gesichter teilweise mit Goldmasken geschmückt, wie sie bes. aus dem Dijalagebiet in N-Babylonien bekannt sind. Die bedeutenden Funde an Keilschrifttafeln trugen wesentlich zur Erschließung der Literatur der Sumerer bei. Der in eine Tontafel eingeritzte Grundriss von N. ist der bisher älteste bekannte Plan einer Stadt. Wichtig sind auch die kassit. Verwaltungsarchive. Die spätere parth. Festung lag

Nippur: Votivgruppe (Terrakotta; um 2600 v. Chr.; Bagdad, Irak-Museum)

Hans Carl Nipperdey

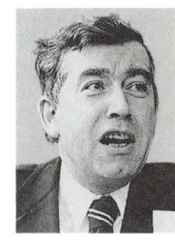

Thomas Nipperdey

auf dem Gelände des alten Enliltempels. N. war noch im 5. Jh. v. Chr. eine lebhafte Handelsstadt.

N., bearb. v. D. E. MCCOWN u. a., 2 Bde. (Chicago, Ill., 1967–78).

NIR [Abk. für engl. **n**ear **i**nfra**r**ed], das nahe →Infrarot.

Nirenberg [ˈnaɪrɪnbəːg], Marshall Warren, amerikan. Biochemiker, * New York 10. 4. 1927; seit 1957 an den National Institutes of Health (NIH) in Bethesda (Md.) tätig, seit 1962 Leiter der Abteilung für biochem. Genetik am National Heart Institute bei den NIH; Arbeiten hauptsächlich auf den Gebieten Herz-, Krebs- und Enzymforschung sowie Molekularbiologie. N. leistete Pionierarbeit bei der Entzifferung des genet. Codes, wofür er 1968 (mit R. W. HOLLEY und H. G. KHORANA) den Nobelpreis für Physiologie oder Medizin erhielt.

Marshall W. Nirenberg

Nirim, israel. Kibbuz südöstlich von Gaza. Hier wurde eine Synagoge (vor 530) in Form einer Basilika freigelegt mit einem zw. den Resten der beiden Säulenreihen im Inneren befindl. Mosaikfußboden: aus einer Amphore herauswachsendes Weinspalier mit 50 Medaillons (Opfergaben, symmetrisch angeordnete Tierpaare, ein siebenarmiger Leuchter).

Niro [ˈnaɪərəʊ], Robert De, amerikan. Schauspieler, →De Niro, Robert.

Nirvana [Sanskrit, eigtl. ›das Erlöschen‹, ›Vergehen‹] *das, -s,* **Nirwana,** Pali **Nibbana, 1)** Heilsziel ind. Religionen; im *Buddhismus* das Erlöschen der Begierde, des Hasses und des Nichtwissens, der drei Quellen allen Leidens. N. ist jedoch nicht mit dem ontolog. Nichts gleichzusetzen, sondern ist realer Wirklichkeitswert (›des Leidens Ende‹), der einzige unwandelbare Daseinsfaktor. Als die Befreiung aus dem Kreislauf der Geburten (Samsara; →Seelenwanderung) ist es die absolute, unpersönl. letzte Wirklichkeit. Das Erleben des N. ist dem Erlösten schon in diesem Dasein möglich. Mit dem Eintritt des Todes verbürgt es die Unmöglichkeit, in einer individuellen Existenz wieder geboren zu werden (Pari-N.). Im Mahayana-Buddhismus tritt vor das letzte Endziel des N. die Vorstellung von einem Seligkeitsparadies (Sukhavati) als höchstem Heilsziel. Der Buddha →Amitabha erschließt dieses dem an ihn vertrauensvoll Glaubenden, ehe auch er schließlich in das N. gelangt. Hier gilt auch als N. der Zustand des Heiligen, der, für immer von allen Trieben und von der Vergeltungskausalität der Taten (→Karma) befreit, unablässig mit Güte und Weisheit zum Wohle aller Wesen tätig ist. Im *Hinduismus* bedeutet der Ausdruck Brahma-N. das Aufgehen der ›Einzelseele‹ (Atman) in der ›Allseele‹ (Brahman).

L. DE LA VALLÉE-POUSSIN: Nirvāna (Paris 1925); G. MENSCHING: Buddhist. Geisteswelt (1955); G. R. WELBON: The Buddhist Nirvāna and its western interpreters (Chicago, Ill., 1968); E. FRAUWALLNER: Die Philosophie des Buddhismus (Berlin-Ost ³1969); T. STCHERBATSKY: The conception of Buddhist nirvāna (Neuausg. New York 1973).

2) buddhist. →Ära.

Nirvana, 1988 in Aberdeen (Wash.) in der Besetzung KURT COBAIN (* 1967, † 1994, Gitarre, Gesang), CHRIS NOVOSELIC (* 1965, Bassgitarre) und DAVE GROHL (* 1969, Schlagzeug) gegründete Rockgruppe, die 1991 mit ›Smells like teen spirit‹ den Initialsong für den so genannten ›Grunge Rock‹, eine Richtung der Rockmusik, die Punk und Metal in sich vereint, lieferte.

NIS, Abk. für den israel. →Neuen Schekel.

Niš [niːʃ], **Nisch** [nɪʃ, niːʃ], Stadt in Serbien, Jugoslawien, 207 m ü. M., an der Nišava nahe der Mündung in die Südl. Morava, 175 400 Ew.; Univ. (gegr. 1965), Bibliothek, Museum. N. ist der wirtschaftl. Mittelpunkt S-Serbiens, mit Maschinenbau, elektrotechn., Textil-, Nahrungsmittel-, chem. Industrie. Von der bedeutendsten Verkehrsleitlinie der Balkanhalbinsel (Morava-Vardar-Furche) zweigt in N. der Hauptweg nach Vorderasien (Sofia–Istanbul) ab. – Reste der Sommerresidenz KONSTANTINS I. und zugehöriger Villen, Thermen und Bodenmosaike wurden im Stadtteil Mediana freigelegt. In einer röm. Nekropole fand sich eine Gruft mit Fresken (4. Jh. n. Chr.). Aus türk. Zeit stammt die Festung (1690–1732 an der Stelle eines röm. Kastells und der mittelalterl. serb. Burg erbaut) mit zwei Toren, im Innern u. a. Moschee, Teile des Hammam und Arsenal (heute Museum); ebenso der Schädelturm mit urspr. 952 Schädeln aufständ. Serben, die der Pascha von N. 1809 einmörteln ließ. In der Nähe von N., bei Kuršumlija, befinden sich die Ruinen einer frühbyzantin. Gottesmutterkirche (erneuert Ende des 12. Jh.) sowie die Nikolauskirche (12. Jh.). – N., aus einer Siedlung der Dardaner hervorgegangen, das röm. **Naissus** (4–6 n. Chr. Castrum, nach 164 Municipium), Geburtsort KONSTANTINS I., D. GR., wurde von Hunnen und Awaren verwüstet, unter JUSTINIAN I., D. GR., wieder aufgebaut und kam im 9. Jh. in bulgar., im 11. Jh. in ungar., Ende des 12. Jh. in serb. Besitz; 1386–1878 unter türk. Herrschaft und 1915–18 von Bulgarien besetzt. – In der **Schlacht bei N.** siegte im Oktober 1443 der ungar. Reichsverweser J. HUNYADI über eine türk. Armee. – Am 23. 9. 1689 besiegte Markgraf LUDWIG WILHELM I. von Baden-Baden ebenfalls bei N. die Türken.

Niš: Römisches Fußbodenmosaik in einer Villa im Stadtteil Mediana

Nisa, parth. Ruinenstadt in Turkmenistan, am Fuß des Kopet-Dag, rd. 20 km von Aschchabad entfernt, mit isoliert liegender Festung der Arsakiden, die den Namen **Mithridatkirt** trug (Name z. Z. der Gründung im 3. Jh. v. Chr. nicht bekannt). Die im 3. Jh. n. Chr. nach Zerstörung aufgegebene Festung wird auch als Alt-N. von der bis im 18. Jh. bestehenden Stadt N. (Neu-N.) unterschieden. Um N. Überreste wohl von Höfen (v. a. Weingüter), die auf in Alt-N. gefundenen Registraturvermerken (auf Tonscherben, ›Ostraka‹) erwähnt werden. Stadt und Residenz erhielten in parth. Zeit mächtige Lehmziegelmauern. Im südl. Teil von Mithridatkirt lagen eine Rundhalle (Heiligtum) und ein massiver Lehmziegelturm (noch 6 m hoch), beide von rechteckig geführten Korridoren umgeben, sowie der Palast (wahrscheinlich 3. Jh. v. Chr.). Im N der Festung lagen die Speicher, v. a. Weinkeller, und ein als Schatzkammer verwendetes viereckiges Gebäude (3. Jh. v. Chr.) mit Innenhof und neun längl. versiegelten Räumen. Trotz der Plünderungen fanden sich u. a. (v. a. aus dem 3.–1. Jh. v. Chr.) parth. Münzen, Teile von Metallgegenständen, zerschlagene Marmorfiguren in hellenist. Stil, Terrakottastatuetten und rd. 40 Elfenbeintrinkhörner (Rhyta) des 2. Jh. v. Chr., die neben hellenist. auch achaimenid. Motive zeigen.

Nisam [arab.], **Nizam** [ni'za:m], eigtl. **N. al-Mulk** [›Ordnung des Reiches‹], **Nizam ul-Mulk,** im ind. Mogulreich dem Gouverneur des Dekhan, ASAF JAH († 1748), 1713 verliehener Titel, der von den Fürsten von Hyderabad bis 1947/48 geführt wurde.

Nisam al-Mulk, Nisam ul-Mulk, Wesir der Seldschukensultane ALP ARSLAN und MELIKSCHAH, * Tos (Khorasan) 10. 4. 1018 (?), † (ermordet) bei Nehawend (Prov. Hamadan) 14. 10. 1092; treibende Kraft hinter der auf Toleranz und Ausgewogenheit gerichteten Religionspolitik der Seldschuken; stiftete in versch. Städten Hochschulen (Madaris Nisamija) und förderte den Aufstieg des bedeutendsten sunnit. Theologen, GHASALI; für MELIKSCHAH verfasste er den Fürstenspiegel →Sijasat-Name.

Nisami, Nezami [nez-], eigtl. **Abu Mohammed Iljas Ibn Jusuf,** pers. Dichter, * vermutlich Gäncä 1141, † ebd. 12. 3. 1209; der bedeutendste Vertreter des persischen romant. Epos; verfasste neben lyr. Gedichten fünf als Chamse (Fünfer) zusammengefasste Epen, in denen er iran. (z. B. Chosrau und Schirin), arab. (Laila und Madjnun) und griech. Stoffe (Alexanderroman) verarbeitete. N.s Werk ist dem höf. Ideal der iranischislam. Herrschertradition verpflichtet; Mystik, Ethik, Philosophie und die Auseinandersetzung mit dem Erbe der antiken Wiss.en (inbegriffen Magie und Astronomie) verbinden sich mit hoher Erzählkunst. Seine Chamse fand zahlr. Nachahmer; ihr entstammt auch der Stoff für C. GOZZIS und SCHILLERS ›Turandot‹.

Ausgaben: Makhzanol asrār, the treasury of mysteries, übers. v. G. H. DĀRĀB (1945). – Die sieben Gesch. der sieben Prinzessinnen, hg. v. R. GELPKE (1959); Leila u. Madschnun, übers. v. R. GELPKE (1963); Chosrau u. Schirin, übers. v. J. C. BÜRGEL (1980); Iskandarname, übers. v. DEMS. (1991).

Nisami-je Arusi, Nisam od-Din Ahmed Ibn Omar-e Samarkandi, pers. Dichter, * wahrscheinlich in Samarkand, † nach 1155; stand im Dienst der ghorid. Schansabanidendynastie. Einziges erhaltenes Werk ist das um 1155 verfasste ›Madjma on-Nawadir‹ (Sammlung von Denkwürdigkeiten), besser bekannt als ›Tschahar Makale‹ (Vier Abhandlungen) aufgrund seiner Einteilung in je ein Kapitel über Arbeit und Nutzen der Sekretäre, Dichter, Astrologen und Ärzte.

Nisan, Monat im jüd. Kalender, →Nissan.

Nisch [nɪʃ, niːʃ], Stadt in Serbien, →Niš.

Nischapur, Neyshabur [neɪʃaˈbuːr], Stadt in NO-Iran, 1210 m ü. M., westlich von Meschhed, 60 000 Ew.; traditionelles Zentrum des keram. Gewerbes, Teppichherstellung. – N. blühte im 9./10. Jh., deutlich beeinflusst von der Kunst der Residenz Samarra, zu einem kulturellen Zentrum im NO des Reichs auf und blieb es auch unter den Seldschuken bis ins 13. Jh. Reste der Samanidenpaläste und Wohnviertel wurden freigelegt und Funde samanid. Keramik gemacht, bemalt mit Reitern und geometrisch verziertem Grund bzw. mit Koraninschriften (Kufi) oder Vögeln auf hellem Grund (weiße Bleiglasur, z. T. mit Lüstermalerei). Seit Ende des 11. Jh. Herstellung reliefierter Quarz-Fritte-Keramik.

Nische [frz. niche, zu altfrz. nichier ›ein Nest bauen‹, zu lat. nidus ›Nest‹], *Baukunst:* flache Vertiefung in der Wand von rechteckigem oder rundem Grundriss; oberer Abschluss entweder im Gebälk, einen N.-Bogen, eine Viertelkugel oder als Muschel.

Nischenbrüter, Halbhöhlenbrüter, Bez. für Vögel, die zur Aufzucht ihrer Jungen wenig verflochtene, nach oben offene Nester in Fels-, Mauer- oder Baumnischen bauen, z. B. Hausrotschwanz, Bachstelze.

Nischengrab, in der prähistor. Archäologie eine seitlich an der Grabschachtbasis angesetzte Grabkammer (in Europa seit der Ockergrabkultur bekannt); in der klass. und christl. Archäologie ein in eine Wand eingelassenes Grab, v. a. in unterird. Grabanlagen (Katakomben), das in zwei Typen vorkommt:

Nischnij Nowgorod: Aufstieg vom Wolgakai zur Kremlmauer

in einer rechteckigen Nische liegendes N. (**Mensagrab**) und in einer Bogennische liegendes N. (**Arcosolium**).

Nischinskaja, Bronislawa, russ. Tänzerin, →Nijinska, Bronislawa.

Nischinskij, Wazlaw, russ. Tänzer, →Nijinskij, Vaclav.

Nischnekamsk, Nižnekamsk [niʒ-], Stadt in Tatarstan innerhalb der Russ. Föderation, am linken Ufer der Kama, 218 000 Ew.; PH; erdölchem. Industrie (bei N. Erdölgewinnung), Reifenwerk; Flusshafen.

Nischnewartowsk, Nižnevartovsk [niʒ-], Stadt im Autonomen Kreis der Chanten und Mansen, Russland, in Westsibirien am Ob, (1994) 241 000 Ew. (1970: 16 000, 1980: 122 000 Ew.). N. wuchs bis 1990 rasch mit der Erschließung des sehr ergiebigen Erdölfeldes Samotlor (Ausgangspunkt von Erdölleitungen ins Uralgebiet, in das zentraleurop. Russland und nach Südsibirien; Verarbeitung des anfallenden Sondengases) und hat seit 1976 Eisenbahnverbindung mit Surgut und Tjumen (Zweigstrecke der Nordsibir. Eisenbahn); Binnenhafen, Flughafen. – N. entwickelte sich aus einer kleinen Fischersiedlung und erhielt 1972 Stadtrecht.

Nischnij Nowgorod, Nižnij Novgorod [niʒ-], 1932–90 **Gorkij** (nach M. GORKIJ), Gebietshauptstadt in Russland, an der Mündung der Oka in die Wolga, mit 1,383 Mio. Ew. drittgrößte Stadt Russlands; eines der wichtigsten russ. Wirtschafts- und Kulturzentren; Sitz des russisch-orth. ›Metropoliten von N. N. und Arsamas‹; Univ., TU, Pädagog. Univ., Akad. für Architektur und Bauwesen, Wolga-Akad. für Verkehrswesen, Konservatorium, medizin., pädagog. und landwirtschaftl. Hochschule, zahlr. Forschungsinstitute, Museen (bes. Kunst-, Naturgeschichtl., Landes-, Gorkij-, Freilichtmuseum), Philharmonie, fünf staatl. Theater, Puppentheater, zoolog. Garten; alljährlich Sacharow-Musikfestival. N. N. ist ein wichtiges Handelszentrum (1817–1930 und seit 1990 wieder Handelsmesse); mit Werft (seit 1849), Pkw-, Lkw-, Maschinen-, Flugzeug-, Dieselmotoren-, Stahlbau, Erdölraffinerie, chem. und petrochem. Industrie, vielseitige Leicht- sowie Nahrungsmittelindustrie. Als eines der Zentren der Rüstungsindustrie war N. N. unter der Sowjetmacht für Ausländer nicht zugänglich (›geschlossene Stadt‹); Binnenhafen, Verkehrsknotenpunkt, internat. Flughafen. Seit 1985 hat N. N. eine U-Bahn. Etwa 35 km oberhalb der Stadt bei Gorodez (Namensgeber für die vorgeschichtl. Siedlungen →Go-

Nischnij Nowgorod

1932–90 Gorkij

drittgrößte Stadt Russlands

an Oka und Wolga gelegen

1,383 Mio. Ew.

Industrie- und Handelszentrum (Messe)

Universitäten und Hochschulen

Bau von Pkw, Lkw, Maschinen und Rüstungsgütern, Konsumgüterherstellung

Binnenhafen

U-Bahn

gegr. 1221

Kreml (ausgebaut 1500–11)

Geburtsort von Maxim Gorkij

rodischtsche) liegen der 440 km lange N.-N.-Wolgastausee (1590 km²) und das N.-N.-Wasserkraftwerk (Leistung: 520 MW), im Gebiet N. N. die geheime Atomstadt Arsamas-16 (→Arsamas). – Der aus dem 14. Jh. stammende, 1500–11 ausgebaute Kreml ist mit seinen 12 (ehemals 13) Türmen und seiner 2045 m langen Mauer der größte Russlands. Mitte des 17. Jh. Gründung von Klöstern (Höhlenkloster, Verkündigungskloster u.a.), die charakterist. Baugruppen bilden. 1718 Vollendung der Kirche Mariä Geburt. In der 2. Hälfte des 18. Jh. wurde die Altstadtsanierung reguliert und ein System von Radial- und Halbkreisstraßen geschaffen. – Die Stadt, 1221 als Grenzfestung des Fürstentums Wladimir-Susdal gegr., seit 1350 Residenz eines selbstständigen Fürstentums, entwickelte sich schon früh zu einem bedeutenden Handels- und Kulturzentrum. 1392 von Moskauer Truppen erobert, war sie ein strategisch wichtiger Punkt in den Auseinandersetzungen mit dem Khanat Kasan und wurde daher 1508–11 unter WASSILIJ III. zur Festung ausgebaut. Mit der Verlegung einer der bedeutendsten Handelsmessen Russlands vom nahe gelegenen Makarewkloster nach N. N. (1817) begann ein weiterer wirtschaftl. Aufschwung.

Rudolf Nissen

Nischnij Tagil, Nižnij Tagil ['niʒ-], Industriestadt im Gebiet Swerdlowsk, Russland, auf der O-Abdachung des Mittleren Urals, 403100 Ew.; PH; Eisen- und Stahlwerk, Waggonbau, Rüstungsindustrie (Panzerbau), Chemiewerk; in der Nähe von N. T. wird seit 1721 am Berg Wyssokaja Eisenerz abgebaut.

Nischyn, Stadt in der Ukraine, →Neschin.

Nishi [niʃi], Amane, Erzieher und Begründer der modernen jap. Philosophie, *Tsuwano 1829, †Ōiso (bei Hiratsuka) 1897. Nach Studien in Leiden vermittelte er die Kenntnis des Positivismus und des Utilitarismus durch zahlr. Veröffentlichungen in Japan.

T. R. HAVENS: Nishi Amane and modern Japanese thought (Princeton, N. J., 1970).

Nishida [-ʃ-], Kitarō, jap. Philosoph, *Kanazawa 1870, †Kamakura 1945. Nach Studien an der Tokio-Univ. entwickelte er als Prof. an der Kyōto-Univ. (1910–28) ein eigenes philosoph. System (→Kyōtoschule). Er setzte sich insbesondere mit dem dt. Idealismus und dem jap. Zen-Buddhismus auseinander. Seine zenbuddhistisch-metaphysisch ausgerichtete Philosophie gipfelt in dem Wahrheitsbegriff der reinen Erfahrung des Nichts und der Transzendenz, die Subjekt und Objekt umfasst (›Über das Gute. Eine Philosophie der Reinen Erfahrung‹, 1911; dt. 1989).

J. HAMADA: N. Philosophie, in: Japan-Hb., hg. v. H. HAMMITZSCH (²1984); Y. MATSUDO: Die Welt als dialekt. Allgemeines. Eine Einf. in die Spätphilosophie von K. N. (1990); P. PÖRTNER: N. K.'s Zen-no-kenkyû (1990).

Nishimura [-ʃ-], Shigeki, jap. Erzieher und Philosoph, *Sakura 1828, †1902. Als konsequenter Verteidiger der nat. Unabhängigkeit bemühte sich N., ein Moralsystem zu erstellen, das die jap. Realität berücksichtigen sollte. Er kritisierte den Konfuzianismus wegen seiner zu konservativen Ausrichtung und die westl. Philosophie wegen ihrer zu geringen Praxisbezogenheit.

Nishinomiya [niʃi-], Stadt auf Honshū, Präfektur Hyōgo, Japan, zw. Ōsaka und Kōbe auf schmalem Küstenstreifen (Teil des Industriegebietes →Hanshin), 412000 Ew.; Kwansei-Univ.; Erzverhüttung, Textil-, Gummi-, Nahrungs- und Genussmittelindustrie.

Nishitani [-ʃ-], Keiji, jap. Philosoph, *1900, †1990; bedeutender Vertreter der Kyōtoschule; setzte sich mit den europ. Vertretern des Nihilismus auseinander und sah in einem ›schöpfer. Nihilismus‹ und im Buddhismus viele positive Werte.

Nisibis, Schule von, im 5. Jh. in Nisibis (heute Nusaybin) gegründete theolog. Schule; in der Tradition der Schule von Edessa stehend, wurde N. nach deren Schließung (489) zu einem Zentrum der nestorian. Theologie (→Nestorianismus) und hatte maßgebl. Anteil an der Bildung der ostsyr. Kirche (→Nestorianer). Ihr Ende wurde mit der Gründung der Schule von Bagdad (830) eingeleitet.

Nissan, Nisan, der 7. Monat im jüd. Kalender (März/April); vom 14. bis 21. N. findet das Passahfest statt.

Nissan Motor Co. Ltd. [-'məʊtə kɔːpəˈreiʃn 'lɪmɪtɪd], zweitgrößter und ältester jap. Automobilkonzern; gegr. 1933, fusionierte 1966 mit der **Prince Motor Co.**, übernahm 1968 den Automobilbau der **Fuji Heavy Industries Ltd.**; Sitz: Tokio. 1996 wurden 2,7 Mio. Fahrzeuge produziert, davon rd. 40% außerhalb Japans (u.a. USA, Großbritannien, Spanien). Umsatz (1996/97): 6659 Mrd. ¥, Beschäftigte: rd. 44800.

Nissen, die Eier der Läuse.

Nissen, Rudolf, Chirurg, *Neisse 9.9.1896, †Riehen (Kt. Basel-Stadt) 22.1.1981; ab 1930 Prof. in Berlin, 1933–39 in Istanbul, 1940/41 in Boston (Mass.), danach in New York tätig (ab 1948 als Prof. am Long Island College of Medicine), 1952–67 Prof. in Basel. N.s Arbeiten galten hauptsächlich der Chirurgie der Speiseröhre, des Zwerchfells, des Magens und des Darms, der chirurg. Behandlung der Lungen- und Gelenktuberkulose sowie der plast. und der Hirnchirurgie. 1931 gelang ihm erstmals die erfolgreiche Entfernung eines ganzen Lungenflügels.

Nisser, Peter William Arthur Georg, schwed. Schriftsteller, *Alster (Verw.-Bez. Värmland) 7.12.1919; schildert in seinen frühen, stilistisch von E. HEMINGWAY und W. FAULKNER beeinflussten Romanen den Finnisch-Sowjet. Winterkrieg, den er als Freiwilliger miterlebte. Bekannt wurden seinen histor. Romane ›Den röda mården‹ (1954; dt. ›Der rote Marder‹), ›Vredens födelse‹ (1955; dt. ›Geburt des Zorns‹) und ›Slaget‹ (1957; dt. ›Die Schlacht‹).

Nissim ben Jakob ibn Schahin, Talmudist und arab. Autor, *Kairouan um 990, †1062; verfasste Bücher zum Talmud, zum jüd. Recht, ein theologisch-eth. Werk (›Megillat setarim‹) und eine in hebr. Übersetzung viel gelesene Sammlung volkstüml. Erzählungen (›Chibbur jafäh mehajeschuah‹).

Ausgaben: Hamishah sefarim, hg. v. S. ABRAMSON (1965). – An elegant composition concerning relief after adversity, übers. v. W. M. BRINNER (1977).

Nissl, Franz Alexander, Neurologe und Psychiater, *Frankenthal (Pfalz) 9.9.1860, †München 11.8.1919; ab 1904 Prof. in München, ab 1918 Mitarbeiter des dortigen Dt. Forschungsinst. für Psychiatrie; befasste sich v.a. mit der Histologie und Histopathologie der Nervenzellen. Er entwickelte 1885 die **N.-Färbung** (von Nervengewebe mit Methylenblau) und entdeckte damit 1894 die neurophysiologisch wichtigen intrazellulären **N.-Schollen.**

Nissumfjord ['nesom'fjoːr], Haff an der Westküste Jütlands, Dänemark, 77 km², westl. Ausgang des Limfjords.

Nistkasten, aus Holz oder Holzbeton angefertigter Kasten unterschiedl. Form und Größe für höhlenbrütende Vögel, Halbhöhlenbrüter oder Fledermäuse. N. werden i.d.R. in mindestens 3 m Höhe an Bäumen oder Pfählen aufgehängt. Während die Vorderseite der N. für Halbhöhlenbrüter zur Hälfte offen ist, muss sie bei N. für Höhlenbrüter (zur Parasitenbekämpfung sowie zum Herausnehmen des alten Nestes) abnehmbar sein. Das runde Schlupfloch, das nach O oder SO weisen soll, ist je nach Vogelart unterschiedlich groß, ebenso wie die erforderl. Innenmaße.

Nistru, rumän. Name des Flusses →Dnjestr.

Nisyros, Insel der Dodekanes, Griechenland, vor der Küste Kleinasiens, 41 km², 900 Ew.; N. ist ein aus tiefem Meer aufsteigender Stratovulkan (698 m ü. M.).

im Solfatarenzustand mit heißen Schwefelquellen. Hauptort und Hafen ist Mandraki (700 Ew.).

Niterói, Stadt im Bundesstaat Rio de Janeiro, Brasilien, 436 000 Ew.; Erzbischofssitz; Univ., Ingenieurschule. N. liegt an der O-Seite der Guanabarabucht gegenüber der Stadt Rio de Janeiro, mit der N. durch eine 13,9 km lange Brücke sowie durch Fährverkehr verbunden ist und zu deren Wirtschaftsraum es gehört (bes. Schiffbau, Stahlverarbeitung, Zement-, chem., pharmazeut., Textil-, Tabakindustrie).

Nithard, fränk. Geschichtsschreiber, † 844; Sohn ANGILBERTS und BERTHAS, der Tochter KARLS D. GR., Abt von Centula und Diplomat LUDWIGS DES FROMMEN; schildert in seinen vier Büchern ›Historiae‹ aus eigener Kenntnis die Kämpfe zw. den Söhnen LUDWIGS DES FROMMEN (bis 843). N. überlieferte in volkssprachl. Wortlaut die →Straßburger Eide.

Nithart, Mathis Gothart, Maler und Baumeister, →Grünewald, Matthias.

Nitidulidae [lat.], die →Glanzkäfer.

Nitinol [Kw. aus Nickel, Titanium und Naval Ordnance Laboratory] *das, -s,* vom amerikan. Naval Ordnance Laboratory entwickelte Nickel-Titan-Legierung mit ›Formgedächtnis‹ (→Memory-Legierungen).

Nitosol [zu lat. nitere ›glänzen‹ und solum ›Boden‹] *der, -s,* nach der Bodenklassifikation der FAO Bez. für leuchtend rot gefärbte, lessivierte, tonreiche Böden der feuchten Tropen und Subtropen.

Nitra ['njitra], Stadt und Fluss in der Slowak. Rep., →Neutra.

Nitrat|atmung, Form der anaeroben Atmung (→Denitrifikation).

Nitrate [von griech. nítron ›Laugensalz‹, ›Soda‹, ›Natron‹, aus ägypt. ntr(j)], *Sg.* **Nitrat** *das, -(e)s,* 1) Salze der Salpetersäure mit der allgemeinen Formel $M^I NO_3$ (M^I einwertiges Metallkation oder Ammonium), $M^{II}(NO_3)_2$ usw.; sie sind sämtlich gut kristallisierende und leicht wasserlösl. Substanzen. Technisch wichtig sind v. a. die (auch als **Salpeter** bezeichneten) Verbindungen Natrium-N. (Natronsalpeter, →Natriumverbindungen), Kalium-N. (Kalisalpeter, Salpeter i. e. S., →Kaliumverbindungen), Ammonium-N. (Ammonsalpeter, →Ammoniumverbindungen) und Calcium-N. (Kalksalpeter, →Calciumverbindungen), die zur Herstellung bes. von Düngemitteln und Sprengstoffen, daneben auch für Kältemischungen u. a. verwendet werden.

Die Diskussion um die durch die Landwirtschaft verursachten Umweltprobleme lässt fünf Konfliktbereiche erkennen: 1) Im Mittelpunkt steht dabei die Belastung von Grund- und Trinkwasser durch N., verursacht durch ein Stickstoffüberangebot als Folge von Überdüngung oder kostengünstiger Beseitigung von in großen Mengen anfallenden Fäkalien (v. a. in Gebieten mit Massentierhaltung). 2) Gleichzeitig verursacht die verstärkte Stickstoffdüngung ein wachsendes Ungleichgewicht der Nährstoffe in den Böden, was zu Versauerung sowie Unterversorgung mit Kalk führt. 3) Ein weiteres Problem ist die N.-Aufnahme über pflanzl. Nahrungsmittel, bes. bei Nitrat speichernden Pflanzen wie Kopfsalat, Spinat, Rote Bete, Radieschen. 4) Die bes. durch N. verursachte Bodeneutrophierung führt v. a. auf urspr. nährstoffarmen Böden in einem erkennbaren Artenrückgang. 5) Die Möglichkeit der industriellen Stickstoffdüngerproduktion und der dadurch erreichbare großflächige Einsatz von N.-Düngern hat zu einer Vereinheitlichung der Anbaustrukturen geführt, sodass z. B. eine Zunahme des Anbaus von Getreide und Körnermais zu verzeichnen ist, verbunden mit einem deutl. Rückgang des Hackfruchtanbaus. – Nitrat ist nicht gesundheitsschädlich. Durch Nitratreduktion kann jedoch im Verdauungstrakt Nitrit (→Nitrite) gebildet werden, das durch Methämoglobinbildung giftig wirkt und mit sekundären Aminen die kanzerogenen →Nitrosamine bildet. Die Nitratkonzentration im Trinkwasser wurde deshalb in Dtl. auf 50 mg/l begrenzt.

2) Ester der Salpetersäure mit der allgemeinen Formel $RO-NO_2$ (R Alkylrest). Wichtig sind v. a. die N., die sich von mehrwertigen Alkoholen ableiten, z. B. die v. a. als Sprengstoffe verwendeten Verbindungen →Nitroglycerin, →Nitroglykol und →Nitrocellulose.

Nitratpflanzen, nitrophile Pflanzen, Pflanzen mit bes. hohem Stickstoffbedarf; fast alle sind Indikatoren (→Zeigerpflanzen) für hohen Stickstoffgehalt des Bodens (z. B. Brennnessel, Urtica dioica).

Nitrene, Verbindungen der allgemeinen Formel $R-\ddot{N}\cdot$ oder $R-\bar{N}$ (mit Elektronensextett am Stickstoffatom); sie treten als sehr reaktionsfähige (instabile) Substanzen bei der Abspaltung von Stickstoff aus Aziden auf.

Nitrianske Pravno [-'prauno], Stadt in der Slowak. Rep., →Deutschproben.

Nitride, →Stickstoffverbindungen.

Nitrieren, 1) *Chemie:* →Nitrierung.
2) *Metallurgie:* das →Nitrierhärten.

Nitrierhärten, Nitrieren, Aufsticken, Härten der Oberfläche von legierten oder unlegierten Stählen durch Reaktion mit Stickstoff abgebenden Substanzen (**Nitriermittel**). Bei den übl. Behandlungstemperaturen zw. 500 und 590 °C diffundieren die Stickstoffatome in den Stahl ein und verbinden sich mit dem Eisen und den Legierungselementen (z. B. Aluminium, Vanadium, Chrom) zu Nitriden; der nitrierte Oberflächenbereich besitzt anschließend einen zweischichtigen Aufbau aus einer dünnen äußeren, nur aus Nitriden bestehenden Schicht und einer dickeren, darunter liegenden Diffusionsschicht. Ergebnis des N. sind hohe Verschleißfestigkeit, niedrige Reibungskoeffizienten, erhöhte Schwingfestigkeit, Warmfestigkeit (bis 500 °C) und Korrosionsbeständigkeit.

Zum N. können gasförmige, flüssige oder pulverförmige Nitriermittel verwendet werden. Das **Gas-N.** wird durch Glühen des Werkstückes in einer NH_3-Atmosphäre (Ammoniak) durchgeführt und dauert über 20 Stunden; das Verfahren ist nur für Nitrierstähle (mit Nitridbildnern legierte Stähle) geeignet. Beim bedeutendsten Verfahren, dem **Nitrocarburieren,** wird neben Stickstoff auch Kohlenstoff an die Stahloberfläche abgegeben. Beim Nitriermittel kann es sich um nitrierende Salzbäder, um ein mit einem Aktivator versehene Cyanidschmelzen (Badnitrieren), um ein Pulver (mit einem Aktivator versehenes Calciumcyanamid) oder auch um eine z. B. mit Propan angereicherte NH_3-Atmosphäre handeln. Gut kontrollierbar und variationsfähig ist das **Ionitrieren (Plasma-N.).** Dabei wird zw. einem zunächst evakuierten und anschließend mit einer verdünnten Nitrieratmosphäre (Stickstoff- oder Ammoniakatmosphäre) gefüllten Behälter und dem als Kathode geschalteten Stahlteil eine hohe Spannung angelegt (mehrere hundert Volt), sodass die Stickstoffatome ionisiert und die gebildeten Stickstoffionen auf das Werkstück geschleudert werden.

Nitriersäure, Mischsäure, Mischung aus konzentrierter Salpetersäure und konzentrierter Schwefelsäure, die für Nitrierungen verwendet wird, wobei die Gehalte der einzelnen Mischungskomponenten dem jeweiligen Verwendungszweck angepasst werden. Das eigentl. nitrierende Agens ist das Nitroniumion, NO_2^+, das nach folgender Reaktion entsteht:

$$HNO_3 + 2H_2SO_4 \rightleftharpoons NO_2^+ + H_3O^+ + 2HSO_4^-.$$

Nitrierung, Nitrieren, Einführung einer Nitrogruppe, $-NO_2$, in organ. Verbindungen. Dabei kann unter Substitution eines Wasserstoffatoms eine Nitroverbindung oder unter Veresterung einer Hydroxylgruppe ein Nitrat gebildet werden. Zur N. von Alkanen werden Salpetersäure oder Stickstoffoxide verwendet. Aromaten, Cellulose u. a. werden mit Nitriersäure nitriert. Die technisch bes. wichtige N. von aromat. Verbindungen ist ein Beispiel für die elektrophile Substitution. Die N. von Benzol durch das Elektronen suchende (elektrophile) Nitroniumion, NO_2^+, vollzieht sich nach folgendem Mechanismus:

Benzol → π-Komplex → Nitrobenzol

Die N. hat Bedeutung für die Herstellung von Polyurethanen, Azofarbstoffen, Sprengstoffen, Pharmazeutika und Herbiziden.

Nitrifikation *die, -/-en,* **Nitrifizierung,** die biolog. Oxidation von Ammonium (NH_4^+) und Nitrit (NO_2^-) zu Nitrat (NO_3^-) entweder durch chemolithotrophe nitrifizierende Bakterien oder – als nicht Energie liefernde Nebenreaktion – durch heterotrophe Mikroorganismen (bestimmte Bakterien, Pilze).

nitrifizierende Bakterien, Nitrifikanten, Salpeterbakterien, Gruppe von Bakterien, die das bei der mikrobiellen Zersetzung von stickstoffhaltiger Substanz freigesetzte Ammonium (NH_4^+) zu Nitrat oxidieren. Die Umsetzung (Nitrifikation) erfolgt in zwei Schritten: 1) Oxidation von Ammonium zu Nitrit durch Bakterien der Gattungen Nitrosomonas, Nitrosococcus, Nitrosolobus und Nitrosospira, 2) Oxidation von Nitrit zu Nitrat durch Bakterien der Gattungen Nitrobacter, Nitrococcus und Nitrospina. Die gramnegativen n. B. sind aerob; ihre Lebensweise ist chemolithoautotroph, d.h., sie gewinnen Energie durch Oxidation reduzierter anorgan. Verbindungen (Ammonium bzw. Nitrit) und nutzen Kohlendioxid (CO_2) als Kohlenstoffquelle für den Aufbau ihrer Zellsubstanz (CO_2-Fixierung). Bei hoher Ammoniakkonzentration in der Luft kann es durch die bakterielle Bildung von Salpetersäure zu Schäden an Bauten aus Kalk- oder Zementsteinen kommen (→Mauerfraß).

Nitrile, organ. Verbindungen mit der allg. Formel R–C≡N (R Alkyl- oder Arylrest), die als Ester der Blausäure aufgefaßt werden können. Die Namen der N. werden mit der Vorsilbe **Cyan-** oder der Nachsilbe **-cyanid** gebildet oder von der Säure abgeleitet, die bei Hydrolyse des betreffenden N. entsteht, z. B. ist Acetonitril (von Acidum aceticum), CH_3–CN, das N. der Essigsäure. Bedeutung haben u. a. Acrylnitril und Adiponitril. (→Cyanverbindungen)

Nitrilkautschuk, ein →Synthesekautschuk.

Nitrilotriessigsäure, Abk. **NTA,** kristalline Aminopolycarbonsäure, deren leicht wasserlösl. Trinatriumsalz durch Umsetzen von Formaldehyd, Ammoniak und Blausäure zu Triscyanmethylamin und anschließende Verseifung mit Natronlauge entsteht:

$3\,HCHO + NH_3 + 3\,HCN \rightarrow N(CH_2CN)_3 + 3\,H_2O$
$N(CH_2CN)_3 + 3\,H_2O + 3\,NaOH \rightarrow$
$\rightarrow N(CH_2COONa)_3 + 3\,NH_3.$

N. oder ihre Salze (**Nitrilotriacetate**) bilden mit mehrwertigen Metallionen Chelate. Sie werden deshalb zur Maskierung von Schwermetallen und als Bestandteil von Wasch- und Reinigungsmitteln verwendet. Problematisch ist, dass in Abwasser enthaltene N. Schwermetalle aus Sedimenten von Gewässern komplex binden und damit in Lösung bringen kann.

Nitrite, *Sg.* **Nitrit** *das, -s,* Salze und Ester der salpetrigen Säure (HNO_2; →Stickstoffverbindungen). Im Handel ist bes. das im **Nitritpökelsalz** (in Mengen von 0,4–0,5%) enthaltene **Natriumnitrit,** $NaNO_2$, das durch Bildung von rotem Nitrosomyoglobin dem Fleisch eine bleibende rote Farbe verleiht.

Da es durch Überdosierung mit Natriumnitrit mehrfach zu Vergiftungen gekommen ist, dürfen nach dem Nitritgesetz nur fertige Nitritpökelsalze in den Handel gebracht und verwendet werden.

Nitro..., Bez. der chem. Nomenklatur für die Gruppe $-NO_2$ in organ. Verbindungen.

Nitroalkane, organ. Verbindungen, in denen eine Nitrogruppe mit einem C-Atom eines Alkans verknüpft ist. **Nitromethan** und **Nitropropan** haben Bedeutung für chem. Synthesen und als Lösungsmittel; Nitromethan wird außerdem als Treibstoff für Versuchsmotoren und zus. mit Aminen als Sprengstoff verwendet.

Nitroaniline, Nitraniline, Aminonitrobenzole, Derivate des Benzols, die eine Amino- und eine Nitrogruppe enthalten; gelbe, kristalline Stoffe, die bevorzugt durch Austausch des Chloratoms von Chlornitrobenzolen mit Ammoniak (Amidierung) hergestellt werden. N. haben als Zwischenprodukte zur Herstellung von Azofarbstoffen Bedeutung; sie sind wie Anilin starke Blutgifte.

Nitrobenzol, einfachste aromat. Nitroverbindung; gelbl., stark lichtbrechende Flüssigkeit mit Bittermandelgeruch, die durch →Nitrierung von Benzol mit Nitriersäure bei 60–70 °C hergestellt wird. Als wichtiges Zwischenprodukt wird N. zu Anilin (90–95% der Produktion), Farbstoffen, Pflanzenschutzmitteln und Pharmazeutika weiterverarbeitet; dient auch als Speziallösungs- und mildes Oxidationsmittel. – N. ist ein Blutgift, das durch Einatmen und v. a. durch die Haut in den Organismus gelangen kann. Es bewirkt die Bildung von Methämoglobin (Hämiglobin) und Hämolyse. Durch arbeitshygien. Vorbeugungsmaßnahmen (MAK 1 ppm bzw. 5 mg/m³) ist die N.-Vergiftung, eine meldepflichtige Berufskrankheit, selten geworden.

Nitrocalcit, Kalksalpeter, weißes oder graues, monoklines Mineral der chem. Zusammensetzung $Ca[NO_3]_2 \cdot 4\,H_2O$; bildet seidige Büschel als Ausblühungen in Kalksteinhöhlen (›Mauersalz‹).

Nitrocellulose, richtiger **Cellulosenitrat,** als Pulver oder in flockiger Form vorliegende weiße Masse, die durch →Nitrierung von Cellulose (Baumwollinters oder Zellstoff) mit Nitriersäure hergestellt wird. Nach dem Abzentrifugieren der überschüssigen Säure wird das Produkt mit Wasser gewaschen und im Autoklaven gekocht. In der N. sind die freien Hydroxylgruppen der Cellulosemoleküle mehr oder weniger vollständig mit Salpetersäure verestert. N. wird mit unterschiedl. Veresterungsgrad (Stickstoffgehalt) und Polymerisationsgrad der Cellulose (unterschiedl. Viskosität) hergestellt. Trockene N. verpufft beim Erhitzen. Sie ist reib- und schlagempfindlich. N. mit bis zu 12,6% Stickstoffgehalt wird als **Kollodiumwolle,** ab 13% Stickstoffgehalt als **Schießwolle** bezeichnet. Als Bindemittel für Lacke und zur Herstellung von Celluloid dient Kollodiumwolle. Für Explosivstoffe (**Pulverwolle**) werden Schießwolle und Pulverkollodiumwolle (für Sprenggelatine) verwendet.

Nitrofarbstoffe, Bez. für Farbstoffe, in deren Molekülen Nitrogruppen ($-NO_2$) und Elektronen liefernde Gruppen (z. B. –OH, $-NH_2$, –NHR) über ein aromat. Ringsystem miteinander verbunden sind. Zu den N. zählt z. B. das **Martiusgelb** (2,4-Dinitro-1-naphthol); der älteste N. ist die →Pikrinsäure.

Nitrogenase *die, -,* Multienzymkomplex der luftstickstoffbindenden Bakterien (z. B. Azotobacter), der diese zur Bindung und Reduktion von molekularem Stickstoff (N_2) befähigt. Der Enzymkomplex besteht aus zwei Proteinen, einem Eisenprotein und einem Molybdän-Eisen-Protein.

Nitrogenium, griechisch-lat. Bez. für →Stickstoff.

Nitroglycerin, richtiger **Glycerintrinitrat,** gelbl., ölige Flüssigkeit mit einem Erstarrungspunkt von +13,5°C, die durch Nitrierung von Glycerin mit Nitriersäure hergestellt wird. N. explodiert bei Schlag oder Stoß; es darf deshalb nur in Mischungen mit pulverisierten Stoffen oder in Lösungen bis zu einem Gehalt von 5% transportiert werden. N. ist Bestandteil von Explosivstoffen (z. B. Sprenggelatine).

Medizin. Verwendung: N. wirkt in einer Dosierung von 0,5–1 mg, durch die Mundschleimhaut aufgenommen, nach Umwandlung im Organismus zu Stickstoffmonoxid (NO) venenerweiternd und führt damit zu einer vermehrten Aufnahme von Blut im venösen Teil des Gefäßsystems. Als Folge davon wird der venöse Rückstrom zum Herzen vermindert und damit dessen Sauerstoffverbrauch erniedrigt. Außerdem erweitert N. die Herzkranzgefäße. Es ist deshalb das wichtigste Mittel zur Behandlung eines Angina-pectoris-Anfalls. Als N.-Pflaster wird die Substanz außerdem zur Vorbeugung eines Herzanfalls (Angina-pectoris-Prophylaxe) sowie als Dauertropfinfusion zur Therapie einer akuten Herzinsuffizienz eingesetzt.

Nitroglykol, richtiger **Glykoldinitrat,** ölige, bei Schlag leicht explodierende Flüssigkeit, die beim Nitrieren von Äthylenglykol entsteht; wird wegen ihres niedrigen Erstarrungspunktes (−22°C) häufig statt Nitroglycerin als Bestandteil von gewerbl. Sprengstoffen (›Ammon-Gelite‹) verwendet.

Nitroguanidin, kristalliner Stoff, der in zwei isomeren Formen (Nitramin- und Nitriminform) existiert. N. ist ein hochbrisanter, gegen Reibung und Stoß aber sehr wenig empfindl. Sprengstoff. N. wird als Bestandteil von dreibasigen Pulvern für schwere Geschütze verwendet.

Nitrokalit der, -s/-e, **Kali|salpeter,** farbloses, weißes oder graues, rhomb. Mineral der chem. Zusammensetzung KNO_3; Härte nach MOHS 2, Dichte 1,9–2,1 g/cm³; kommt natürlich in nadel- und haarförmigen Aggregaten oder körnigen Krusten sowie als wasserlösliche Bodenausblühung in Kalkhöhlen vor (›Kehrsalpeter‹).

Nitrometer, andere Bez. für →Azotometer.

Nitromethan, →Nitroalkane.

Nitronatrit der, -s/-e, als trigonales Mineral vorkommender Natronsalpeter (Chilesalpeter), $NaNO_3$, weiß, oft gelb, grau oder rötlich gefärbt; Härte nach MOHS 1,5–2, Dichte 2,24–2,29 g/cm³; meist dichte, pulvrige und körnige Aggregate in Krusten und Ausblühungen, v. a. in der Atacama (Chile, ›Caliche‹).

Nitropenta [Kw.] das, -(s), **Penta|erythrit|tetranitrat,** brisanter Explosivstoff mit extrem hoher Detonationsgeschwindigkeit, der durch Veresterung von Pentaerythrit mit Salpetersäure entsteht; für Sprengkapselfüllungen und Sprengschnüre verwendet.

Nitrophenole, Derivate des Benzols, die eine Hydroxyl- und eine Nitrogruppe enthalten; gelbe, kristalline Stoffe, die durch Hydrolyse von Chlornitrobenzolen mit Natronlauge hergestellt werden, z. B.

$O_2N-\text{C}_6H_4-Cl$ + NaOH ⟶

4-Chlornitrobenzol

⟶ $O_2N-\text{C}_6H_4-OH$ + NaCl

4-Nitrophenol

Es sind drei Isomere bekannt: 2-N. (o-N.), 3-N. (m-N.) und 4-N. (p-N.), die u. a. als Zwischenprodukte bei der Herstellung von Farbstoffen dienen.

nitrophile Pflanzen, die →Nitratpflanzen.

Nitroprussidnatrium, ein Prussiat (→Eisenverbindungen).

Nitrosamine, organ. Verbindungen mit der Atomgruppierung N–NO (**N-Nitrosoverbindungen**), die durch Reaktion von sekundären Aminen mit Nitrit entstehen. 90% der bekannten N. wirken im Tierversuch Krebs erzeugend. **Dimethyl-N.** wurde in Konzentrationen von 50 bis 100 µg/kg in nitritbehandelten Fleischwaren (Schinken, Wurst) sowie in Bier gefunden. N. können sich auch im Körper aus Nitraten (aus Trinkwasser, Gemüse) und Abbauprodukten von Eiweißstoffen bilden. Durch Vitamin C wird die Bildung von N. im Körper gehemmt.

nitrose Gase, →Stickstoffverbindungen.

nitrose Säure, Nitrose, →Schwefelsäure.

Nitrosierung, Umsetzung von organ. Verbindungen mit salpetriger Säure (oder Nitriten), um eine Nitrosogruppe, −NO, einzuführen, d. h., Nitrosoverbindungen zu bilden.

Nitroso..., Bez. der chem. Nomenklatur für die Gruppe −NO als Substituent in organ. Verbindungen.

Nitrosofarbstoffe, Farbstoffe, die in ihren Molekülen Nitroso- und Hydroxylgruppen (−NO, −OH) enthalten und die ihren Farbstoffcharakter durch Komplexierung mit Schwermetallen (z. B. Eisen) erhalten. N. haben u. a. zum Färben von Polypropylen- und Polyacrylnitrilfasern und als Pigmente für Dispersionsfarben Bedeutung.

Nitrosoverbindungen, organ. Verbindungen, bei denen die Nitrosogruppe, −NO, an C-Atome (z. B. Nitrosobenzol) oder N-Atome (z. B. Nitrosamine) gebunden ist.

Nitrosyl..., Bez. der chem. Nomenklatur für die Gruppe NO als Kation, NO^+, oder als Ligand, (NO), in Koordinationsverbindungen.

Nitrosylschwefelsäure, Nitrosylhydrogensulfat, in weißen Blättchen kristallisierende Substanz der chem. Zusammensetzung $(NO)HSO_4$, die sich bei der Herstellung von Schwefelsäure nach dem Bleikammerverfahren als Zwischenprodukt bilden kann. N. zerfällt bei Wasserzusatz zu Schwefelsäure und nitrosen Gasen.

Nitrotoluole, Derivate des Toluols mit einer, zwei oder drei Nitrogruppen. Bei den drei strukturisomeren Mono-N. **2-**, **3-** und **4-Nitrotoluol** (o-, m- und p-Nitrotoluol) sowie die Di-N., v. a. das **2,4-Dinitrotoluol,** eine gelbe, kristalline Substanz, sind Zwischenprodukte bei der Herstellung von Azofarbstoffen. Von den Tri-N. hat v. a. das **2,4,6-Trinitrotoluol** als Sprengstoff große Bedeutung (→Trinitrotoluol).

Nitroverbindungen, organ. Verbindungen, in denen die Nitrogruppe, −NO_2, an ein C- oder N-Atom gebunden ist, z. B. Nitromethan, Nitropropan (→Nitroalkane), →Nitrobenzol, →Pikrinsäure, →Trinitrotoluol. N. können durch Nitrierung hergestellt werden.

Nitsch, Hermann, Künstler, *Wien 29. 8. 1938; Vertreter des ›Wiener Aktionismus‹. N. strebt in seinem ›Orgien-Mysterien-Theater‹ (seit 1957) mit blutiger Opfersymbolik und Schockwirkungen eine orgiast. Verschmelzung von Theater und Leben an. Seine bei Aktionen entstandenen Malereien bezeichnet er als ›Schüttbilder‹; auch Zeichnungen.

H. N. Das Orgien Mysterien Theater, bearb. v. P. DE JONGE, Ausst.-Kat. (a. d. Niederländ., Eindhoven 1983); N. Das bildner. Werk, hg. vom Museum moderner Kunst, Wien (Salzburg 1988); Reizwort N. Das Orgien-Mysterien-Theater im Spiegel der Presse 1988–1995, hg. v. G. JASCHKE (Wien 1995).

Nitschelwerk, *Textiltechnik:* Maschine, mit der die vom Florteiler kommenden flachen Florstreifen

CH_2-O-NO_2
$|$
$CH-O-NO_2$
$|$
CH_2-O-NO_2

Nitroglycerin

CH_2-O-NO_2
$|$
CH_2-O-NO_2

Nitroglykol

NH_2
$|$
$C=NH$
$|$
NH
$|$
NO_2

Nitraminform

NH_2
$|$
$C-NH_2$
$||$
N
$|$
NO_2

Nitriminform

Nitroguanidin

$C(CH_2-O-NO_2)_4$

Nitropenta

H_3C
$\diagdown$
$N-NO$
$\diagup$
H_3C

Dimethylnitrosamin

Nitrosamine

CH_3
$|$
(Benzolring)
$|$
NO_2

4-Nitrotoluol
(p-Nitrotoluol)

CH_3
$|$
(Benzolring mit NO_2 in 2- und 4-Stellung)

2,4-Dinitrotoluol

Nitrotoluole

zu einem zylindr., bereits etwas verfestigten und aufwickelbaren Vorgarn geformt werden (**Nitscheln**). Das N. besteht aus zwei breiten, endlosen Lederbändern (**Nitschelhosen**), die über je zwei Walzen (**Nitschelwellen**) gegenläufig geführt werden und sich gleichzeitig gegeneinander hin- und herbewegen.

Nitschmann, David, ev. Missionar und Bischof der Brüdergemeine, *Zauchtenthal (heute Suchdol nad Odrou, Nordmähr. Gebiet) 27. 12. 1696, † Bethlehem (Pa.) 5. 10. 1772; ab 1724 Mitgl. der Herrnhuter Brüdergemeine, 1735 zu ihrem Bischof ordiniert. N. unternahm Missionsreisen nach Nordamerika und traf dabei (1735/36) die Brüder WESLEY. Ab 1751 wirkte er in Bethlehem (Pa.) und war Mitbegründer der Brüdergemeine in Pennsylvania.

Nittenau [nɪtəˈnaʊ, ˈnɪtənaʊ], Stadt im Landkreis Schwandorf, Bayern, 349 m ü. M., am Regen, im Naturpark Oberer Bayer. Wald, 8 600 Ew.; Maschinen- und Apparatebau, Spanplattenwerk, Herstellung von Bekleidung und Gummiwaren. – N., Hauptort eines 1007 an das Bistum Bamberg gekommenen Gutsbezirks, wurde 1397 kurpfälzisch (seit 1618 kurbayerisch). 1953 erhielt N. Stadtrecht.

Nitti, Francesco Saverio, ital. Politiker, *Melfi (Prov. Potenza) 19. 7. 1868, † Rom 20. 2. 1953; Prof. für Finanz-Wiss. in Neapel, Liberaler, 1911–14 Wirtschafts-, 1917–19 Schatz-Min., war 1919/20 Min.-Präs. und Innen-Min.; 1924 emigrierte er und lebte seit 1925 in Paris. Im Exil trat er als einer der Führer der antifaschist. Opposition hervor. 1943–45 war er in dt. Haft. 1948 wurde N. Senator auf Lebenszeit.

Nittis, Giuseppe De, ital. Maler, →De Nittis, Giuseppe.

Nitzsch, Karl Immanuel, ev. Theologe, *Borna 21. 9. 1787, † Berlin 21. 8. 1868; 1822–47 Prof. in Bonn, 1847–68 Prof. und Universitätsprediger in Berlin. N. gilt als bedeutender Vertreter der →Vermittlungstheologie und beeinflusste mit seinem ›System der prakt. Theologie‹ (3 Bde., 1847–67) wesentlich die Entwicklung der prakt. Theologie zu einer eigenständigen theolog. Teildisziplin. Kirchenpolitisch kämpfte er für die preuß. Union und trat für eine Presbyterial- und Synodalverfassung ein.

Niue [niːˈueɪ], Insel im südl. Pazifik, bei 19° 2′ s. Br. und 169° 52′ w. L., 480 km östlich von Tonga, 259 km², 2 300 Ew. (Polynesier, überwiegend Protestanten), Hauptort und -hafen (Reede) ist Alofi (680 Ew.). N. ist eine gehobene Koralleninsel mit einem zentralen Plateau (bis 67 m ü. M.), umgeben von einer Terrasse in 27 m ü. M.; trop. Klima (Jahresniederschlag 2 000–2 200 mm, mittlere Jahrestemperatur 25 °C); Kokospalmenbestände, Anbau von Knollenfrüchten, Bananen, Obst u. a.; Export von Kopra, Fruchtsäften und Honig; etwas Fremdenverkehr. Wichtig sind Zahlungen der in Neuseeland tätigen Niuer und der neuseeländ. Regierung.

Geschichte: N. wurde erstmals um 900 n. Chr. von Samoa aus besiedelt, im 16. Jh. – nach krieger. Expedition – von Tonga aus (daher zwei Dialekte). 1774 entdeckte J. COOK die Insel; seit 1900 brit. Protektorat, seit 1903 mit eigener Verwaltung. N. erhielt 1965 Selbstverwaltung, 1974 volle innere Autonomie in freier Assoziation mit Neuseeland.

Niugini, einheim. Name von Neuguinea.

nival [lat., zu nix, nivis ›Schnee‹], den Schnee betreffend. Bereiche, in denen der Niederschlag überwiegend oder ganz in Form von Schnee fällt, sind **nivale Gebiete.** In Polargebieten und im Hochgebirge über der Schneegrenze herrscht **nivales Klima. Nivalorganismen** sind Pflanzen und Tiere, die auf Dauerschnee und Dauereis ständig leben. Zur **Nivalfauna** gehören z. B. Gletscherfloh, Bärtierchen, zur **Nivalflora** manche Grün- oder Rotalgen, durch die ›grüner‹ oder ›roter‹ Schnee entsteht.

Francesco Saverio Nitti

Nivardus, Nivard, N. von Gent, Magister N., mittellat. Dichter des 12. Jh.; gilt als Verfasser des 1148/49 vollendeten Epos ›Ysengrimus‹ (3 287 Distichen). In dieser bedeutendsten lat. Tierdichtung des MA. wird unter Verwendung lat. und mündlich tradierter volkssprachl. Fabeln in 12 Episoden das Schicksal des Wolfes Isegrim geschildert, der durch Intrigen des Fuchses zuletzt in einer apokalypt. Messfeier vom Schweinen zerfleischt als ›betrogener Betrüger‹ endet. V. a. die an OVID geschulte sentenziöse, oft drast. Sprache und die scharfe Satire gegen das verweltlichte Mönchtum (der Wolf als Mönchsbischof) machten das Werk beliebt, der Einflusste wesentlich die volksprachl. Tierepik (→Reinecke Fuchs).

Ausgaben: Ysengrimus, hg. v. E. VOIGT (1884, Nachdr. 1974); Magister Nivardus' Isengrimus, hg. v. J. VAN MIERLO (1946, niederländ.); Isengrimus, hg. v. A. SCHÖNFELDER (1955); Recherches sur l'Ysengrimus. Traduction et étude littéraire, hg. v. É. CHARBONNIER (Wien 1983); Ysengrimus. Text with translation, commentary and introduction, hg. v. J. MANN (Leiden 1987).

J. MANN: N., in: Die dt. Lit. des MA. Verfasserlex., begr. v. W. STAMMLER, hg. v. K. RUH u. a., Bd. 6 (²1987).

Nivation [zu lat. nix, nivis ›Schnee‹] *die, -/-en,* die Einwirkung von Schnee auf die Erdoberfläche. Durch Bewegung und Druck des Schnees und durch das Schmelzwasser entstehen u. a. mulden-, wannen- oder nischenartige Hohlformen (**N.-Mulden, N.-Nischen**), die sich zu Karen entwickeln können. Durch N. entstandene Vollformen sind Schneeschubwälle und Lawinenschuttfächer.

H. BERGER: Vorgänge u. Formen der N. in den Alpen (Klagenfurt ²1967).

Niveau [niˈvoː; frz., urspr. ›Wasserwaage‹, verwandt mit Libelle] *das, -s/-s,* 1) Stufe auf einer Wertskala; 2) geistiger Rang, Grad; Bildungsstand.

Niveaufläche [niˈvoː-], eine Äquipotenzialfläche, z. B. in der Geophysik eine Fläche konstanten Schwerepotenzials der Erde. Die N. der Erde bilden ein System stetiger, geschlossener und nichtparalleler Flächen, auf die die →Lotrichtung jeweils senkrecht steht.

Niveaulinien [niˈvoː-], die →Höhenlinien.

Niveauregulierung [niˈvoː-], Einhalten der Bodenfreiheit bei Personen- oder Nutzkraftwagen mithilfe der mechanisch oder elektronisch geregelten Luftfederung oder hydropneumat. Federungselemente, sodass der Wagenaufbau unabhängig von der Belastung stets auf gleicher Höhe gehalten wird. Bei bestimmten Fahrzeugen kann die N. vom Fahrer beliebig gesteuert werden. Weiterhin sind N.-Systeme bekannt, bei denen die Bodenfreiheit mit zunehmender Fahrgeschwindigkeit reduziert wird, um den Luftwiderstand zu verringern.

Niveauschema [niˈvoː-], *Physik:* das →Termschema.

Niveausphäroid [niˈvoː-], eine dem →Geoid angenäherte Fläche höherer Ordnung, die als Gleichgewichtsfläche aus einer Kugelfunktionsentwicklung des Schwerepotenzials hervorgeht. Symmetrie zur Äquatorebene und der Drehachse sowie die Bedingung der Ellipsoidoberfläche führen zum Niveauellipsoid, das in Geodäsie und Geophysik als →Referenzellipsoid eingeführt ist.

Nivelle de La Chaussée [nivɛldəlaʃoˈse], Pierre Claude, frz. Schriftsteller, →La Chaussée, Pierre Claude Nivelle de.

Nivellement [nivɛləˈmãː, frz.] *das, -s/-s,* 1) *bildungssprachlich:* das Ausgleichen von Unterschieden. 2) *Geodäsie:* Messverfahren zur Bestimmung von Höhenunterschieden im Gelände mithilfe eines Nivellierinstruments (**Nivellier**) und zweier i. Allg. 3 m langer Nivellierlatten mit cm-Einteilung. Hauptbestandteil des Nivelliers ist das um eine senkrechte Achse drehbare Fernrohr, dessen Zielachse mit einer Libelle (**Libellen-N.**) oder einem die Lotrichtung realisierenden Kompensator (**automatisches N.**) horizontal gestellt wird. Der Höhenunterschied zw. zwei Punkten A, B ergibt sich aus der Differenz der Lattenablesungen $a - b$, wobei je nach Genauigkeitsforderung Zielweiten von 30 bis 100 m gewählt werden. Aus der Addition aufeinander folgender Differenzen erhält man den Höhenunterschied weiter auseinander liegender Punkte (Messfehler im mm- bis cm-Bereich).

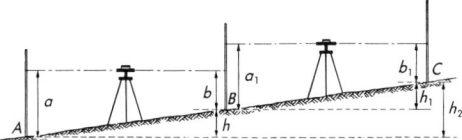

Nivellement 2): Bestimmung des Höhenunterschieds zwischen zwei entfernten Punkten durch je eine Messung zwischen Anfangspunkt A bzw. Endpunkt C und dem dazwischen liegenden Punkt B; die bei der ersten Messung auf den Nivellierlatten abgelesenen Werte sind a (Punkt A) und b (Punkt B), bei der zweiten Messung a_1 (Punkt B) und b_1 (Punkt C); die entsprechenden Höhenunterschiede sind $h = a - b$ und $h_1 = a_1 - b_1$; der Höhenunterschied zwischen A und C ist demnach $h_2 = h + h_1$

Höhenfestpunkte werden durch **Fein-N.** (Messgenauigkeit ± 0,3 bis ± 1 mm je km) oder **Ingenieur-N.** (± 2 bis ± 5 mm je km) bestimmt, während **technisches N.** bei Ingenieurvermessungen u. a. zur flächenhaften Geländeaufnahme oder zur Ermittlung von Längs- und Querprofilen eingesetzt wird.

Nivelles [ni'vɛl], niederländ. **Nijvel** ['nɛivəl], Hauptort der Prov. Wallonisch-Brabant, Belgien, 23 400 Ew.; archäolog. Museum; Badezimmermöbelherstellung, Maschinenbau, Papier sowie Metall verarbeitende, elektrotechn. Industrie, Fahnenfabrik. – Die ehem. Stiftskirche Sainte-Gertrude (11. Jh.; nach Brand 1940 rekonstruiert) ist eine otton. Doppelchoranlage (11. Jh.) mit Westbau, Kreuzgang (13. Jh.). Beim Wiederaufbau wurden Reste eines merowing. (671) und eines karoling. Baus (9. Jh.) freigelegt. – N. entstand um eine 645 gegründete Abtei.

nivellieren [frz., zu Niveau], **1)** *bildungssprachlich* für: Unterschiede ausgleichen, mildern, beseitigen.
2) *Geodäsie:* Höhenunterschiede durch →Nivellement bestimmen.

Niven ['nɪvn], James David Graham, brit. Schauspieler, * Kirriemuir (bei Dundee, Schottland) 1. 3. 1909, † Château-d'Oex (Schweiz) 29. 7. 1983; ab 1934 in Hollywood; Chargendarsteller (meist als ›typ. Engländer‹), Charakterrollen mit Vorliebe für unaufdringl. Komik; schrieb seine Erinnerungen: ›The moon's a balloon‹ (1971; dt. ›Vielleicht ist der Mond nur ein Luftballon‹).
Filme: In 80 Tagen um die Welt (1956); Bonjour Tristesse (1957); Getrennt von Tisch und Bett (1958); Das Superhirn (1968); Bevor der Winter kommt (1969); Tod auf dem Nil (1978); Die Seewölfe kommen (1980).
G. GARRETT: The films of D. N. (London 1975).

Nivernais [nivɛr'nɛ], histor. Gebiet in Frankreich, im südl. Pariser Becken zw. Loire und Morvan; entspricht etwa dem Dép. Nièvre; wichtigste Stadt ist Nevers. – Als Grafschaft seit dem 9. Jh. bezeugt, seit 1538 Herzogtum; dieses wurde 1659 von Kardinal MAZARIN gekauft, der es in der Familie seines Neffen PHILIPPE JULIEN MANCINI (* um 1639, † 1707) übertrug, in deren Besitz es bis 1789 blieb.

Nivôse [ni'vo:z; frz. ›Schneemonat‹] *der, -/-s,* der vierte Monat im frz. Revolutionskalender, vom 21., 22. oder 23. Dezember bis zum 19., 20. oder 21. Januar.

Niwchen, Volk in Russland, →Giljaken.

Nixblume, die Pflanzengattung →Haarnixe.

Nixdorf Computer AG [- kɔmˈpjuːtə(r) -], seit 1990 →Siemens Nixdorf Informationssysteme AG.

Nixen [ahd. nicchus, urspr. ›badendes (d. h. im Wasser lebendes) Wesen‹], Wassergeister, denen Tier-, Pflanzen- und Menschengestalt beiderlei Geschlechts als Erscheinungsformen zugedacht werden; bes. viele Sagen ranken sich um N., die in der Gestalt eines →Meerweibes auftreten.

Nixenkraut, Najas, einzige Gattung der N.-Gewächse (Najadaceae) mit rd. 35 kosmopolitisch verbreiteten, das Süßwasser bewohnenden Arten, davon drei in Dtl.; einjährige, einkeimblättrige, untergetaucht lebende, zarte Wasserpflanzen mit langen, lineal. Blättern; eingeschlechtig; Blüte und Bestäubung unter Wasser. Die Art Najas indica aus dem trop. Asien ist eine beliebte Aquarienpflanze.

Nixon [nɪksn], Richard Milhous, 37. Präs. der USA (1969–74), * Yorba Linda (Calif.) 9. 1. 1913, † New York 22. 4. 1994; aus einer Quäkerfamilie irischer Abstammung, Jurist; diente 1942–46 als Marineoffizier im Südpazifik. Als Abg. (1947–50) der Republikan. Partei und Senator von Kalifornien (1951–53) kämpfte N. gegen die Korruption und trat als scharfer Gegner des Kommunismus auf. 1953–61 war N. unter D. D. EISENHOWER Vize-Präs., 1960 unterlag er in den Präsidentschaftswahlen knapp J. F. KENNEDY. Sein Sieg bei den Präsidentschaftswahlen über H. H. HUMPHREY und G. C. WALLACE 1968 beruhte weitgehend auf der Hoffnung, er werde den Vietnamkrieg beenden und überkommene Rechts- und Ordnungsvorstellungen wieder beleben, sowie auf der Unzufriedenheit v. a. südstaatl. Konservativer mit der Bürgerrechtspolitik der Demokraten. Mit seinem außenpolit. Berater H. A. KISSINGER (ab 1973 Außen-Min.) bemühte er sich um eine weltweite Umorientierung der amerikan. Außenpolitik (Verbesserung der Beziehungen zu den kommunist. Vormächten) und einen ›ehrenhaften Frieden‹ im Vietnamkrieg. Um Letzteres zu erreichen, betrieb N. einerseits den Abbau des militär. Engagements der USA in Vietnam, andererseits versuchte er mit der Intensivierung des Bombenkriegs die amerikan. Verhandlungsposition zu stärken und ordnete 1969 unter Umgehung des Kongresses die Bombardierung, 1970 die Invasion in das neutrale Kambodscha an. Daraufhin konnte erst nach langwierigen Verhandlungen im Januar 1973 ein Waffenstillstand mit Vietnam erreicht werden. N.s Reise nach Peking (21.–28. 2. 1972) beendete die Periode der Nichtanerkennung der VR China. Ein Staatsbesuch in Moskau (22.–29. 5. 1972) führte zum SALT-I-Abkommen und zu einer Vereinbarung über die Grundlagen der Beziehungen. Auf wirtschaftl. Gebiet vermochte N. auch mit drast. Maßnahmen (1971–74 Lohn- und Preisstopp, Importsteuer, Dollarabwertung u. a.) nicht, die Stagflation zu überwinden. Seine Politik der extremen Polarisierung der Öffentlichkeit führte u. a. zu einer Verlangsamung der Reformtätigkeit, bes. bei der Herstellung von Chancengleichheit für die Schwarzen. Als Verfechter von ›law and order‹ und Repräsentant eines angesichts von Protestbewegungen u. a. Schwierigkeiten wachsenden Konservativismus wurde er am 7. 11. 1972 gegen G. S. MCGOVERN mit großer Mehrheit wieder gewählt. Sein zunehmend autoritärer Reg.-Stil belastete das Verhältnis zum Kongress schwer. Wegen der →Watergate-Affäre erklärte N. als erster Präs. der USA am 8. 8. 1974 seinen Rücktritt (in Kraft am 9. 8.), um einer Amtsenthebung durch →Impeachment zuvorzukommen. Seine innenpolitisch umstrittene Begnadigung durch G. R. FORD entzog ihn am 8. 9. 1974 einer mögl. Strafverfolgung.

Schriften: The memoirs (1978; dt. Memoiren); No more Vietnams (1985); Beyond peace (1994).

C. HACKE: Die Ära N.-Kissinger, 1969–1974 (1983); S. E. AMBROSE: N., 3 Bde. (New York 1987–91); J. HOFF: N. reconsidered (ebd. 1994).

Richard M. Nixon

Nizä Nizäa–Nizza

Nizza: Blick auf den Hafen und die Stadt

Nizäa, Konzile von, →Nicäa, Konzile von.

Nizan [ni'zã], Paul, frz. Schriftsteller, *Tours 7. 2. 1905, †(gefallen) in der Schlacht von Dünkirchen 23. 5. 1940; überzeugter Kommunist, lebte 1934/35 für ein Jahr in der Sowjetunion; trat aus Protest gegen den Hitler-Stalin-Pakt 1939 aus der KPF aus; er schrieb antibourgeoise, philosophisch-polit. Pamphlete (›Aden Arabie‹, 1932, dt. ›Aden‹; ›Les chiens de garde‹, 1931, dt. ›Die Wachhunde‹). In seinen stark autobiograph. Romanen klingen bereits Themen des sozialistisch engagierten Existenzialismus an (›Antoine Bloyé‹, 1933, dt. ›Das Leben des Antoine Bloyé‹; ›Le cheval de Troie‹, 1935, dt. ›Das Trojan. Pferd‹; ›La conspiration‹, 1938, dt. ›Die Verschwörung‹). Als Redakteur und Mitarbeiter zahlr. Zeitungen nahm er auf marxist. Grundlage zu kulturellen, bes. auch zu literar. Problemen Stellung.

Weiteres Werk: Essay: Chronique de septembre (1939).

Paul Nizan

Ni Zan, Ni Tsan, chin. Dichter, Kalligraph und Landschaftsmaler, *Wuxi (Prov. Kiangsu) 1301, †1374; zog sich kurz vor dem Sturz der Yuandynastie auf ein Hausboot zurück. N. Z. gehört mit HUANG GONGWANG, WU ZHEN und WANG MENG zu den ›Vier Großen Meistern der Yuanzeit‹. Das typ. Kompositionsschema zeigt eine baumbestandene Uferpartie mit menschenleerer Hütte im Vordergrund, welche durch eine breite Wasserfläche von den Bergen im Hintergrund getrennt ist; charakteristisch für ihn ist eine kreidig wirkende Tuschtechnik. (BILD →chinesische Kunst)

Nizänokonstantinopolitanum, Glaubensbekenntnis, das →Nicänokonstantinopolitanum.

Nizhyn [-3-], Stadt in der Ukraine, →Neschin.

Nizip ['nizip], Stadt in der Prov. Gaziantep, S-Türkei, westlich des Euphrat, 58 300 Ew.; ausgedehnte Ölbaumkulturen.

Nižnekamsk [niʒ-], tatar. Stadt in der Russ. Föderation, →Nischnekamsk.

Nižnevartovsk [niʒ-], Stadt in Russland, →Nischnewartowsk.

Nižnij Novgorod ['niʒ-], Stadt in Russland, →Nischnij Nowgorod.

Nižnij Tagil ['niʒ-], Stadt in Russland, →Nischnij Tagil.

Nizolio, Mario, ital. Philosoph, *Brescello (bei Parma) 1498, †Sabbioneta (bei Mantua?) 1576; Verfasser eines Cicero-Lexikons (›Observationes in M. T. Ciceronem‹, 1535). Nach einer Lehrtätigkeit als Prof. der ›Studia humanitatis‹ an der Univ. Parma wurde er 1562 Leiter der Akademie von Sabbioneta. In seinem später von G. W. LEIBNIZ neu herausgegebenen Werk ›Antibarbarus‹ wandte sich N. gegen die den fakt. Sprachgebrauch nicht berücksichtigende aristotelisch-scholast. Ableitung von Allgemeinbegriffen durch begriffl. Abstraktion und griff somit in die seit der Scholastik aufgeflammte Diskussion um das Universalienproblem ein.

Ausgabe: Vier Bücher über die wahren Prinzipien u. die wahre philosoph. Methode gegen die Pseudophilosophen, übers. v. K. THIEME u. a. (1980).

M. WESSELER: Die Einheit von Wort u. Sache. Der Entwurf einer rhetor. Philosophie bei Marius Nizolius (1974).

Nizon [ni'zõ], Paul, schweizer. Schriftsteller, *Bern 19. 12. 1929; studierte u. a. Kunstgeschichte und Archäologie, lebt seit 1977 als freier Schriftsteller in Paris. Wurde einem größeren Publikum bekannt mit dem in seiner Heimat viel diskutierten Essayband ›Diskurs in der Enge. Aufsätze zur Schweizer Kunst‹ (1970). Auch seine erzählenden Werke spielen meist in der Welt der Kunst, zentrale Probleme sind innere Freiheit und Selbstfindung (Roman ›Das Jahr der Liebe‹, 1981). Die Kurzprosa variiert ähnl. Themen (›Im Bauch des Wals. Caprichos‹, 1989).

Weitere Werke: Romane: Canto (1963); Stolz (1975). – *Erzählungen:* Die gleitenden Plätze (1959); Untertauchen (1972). – *Essays:* Swiss made (1971); Am Schreiben gehen. Frankfurter Vorlesungen (1985). – *Prosa:* Im Hause enden die Geschichten (1971); Aber wo ist das Leben. Ein Lesebuch (1983); Das Auge des Kuriers. Notate (1994).

P. N., hg. v. M. KILCHMANN (1985).

Nizwa [-z-], **Nazwa** [-z-], Marktstadt in Oman, wichtigste Stadt im Landesinneren, am SW-Fuß des Djebel Achdar, 62 800 Ew.; Fort (17. Jh.). – Früher Sitz der Imame.

Nižyn [-3-], Stadt in der Ukraine, →Neschin.

Nizza, frz. **Nice** [nis], Stadt an der frz. Mittelmeerküste, in der bogenförmigen Baie des Anges am Fuß der Ausläufer der Seealpen, 342 000 Ew. (Agglomeration 517 000 Ew.); kath. Bischofssitz, Univ. (seit 1971), Kunstschule, zahlr. Museen; Observatorium (auf dem Mont Gros); Theater. N. ist eines der bedeutendsten frz. Seebäder und die Metropole der Côte d'Azur mit starkem Fremdenverkehr; Karnevalsfeste, internat. Folklorefestspiele, internat. Buchfestival u. a.; Markt für das Blumenzuchtgebiet des Umlandes; elektromechan., Bekleidungs-, Foto- und Nahrungsmittelindustrie (Olivenölgewinnung, Gemüse-, Obstkonserven, Konfitüren), graf. Gewerbe, Parfümindustrie, Kunststoffverarbeitung und Brennereien. Passagierhafen (Fähre nach Korsika), Luftkissenfahrzeuge verkehren nach Cannes, Saint-Raphaël, Saint Tropez und San Remo; etwas Fischerei; internat. Flughafen. Bei N. der Technologiepark **Sophia-Antipolis** (mit 13 000 Arbeitsplätzen einer der größten Europas).

Stadtbild: In der Altstadt die Kathedrale Sainte-Réparate (17. Jh.) sowie Kirchen und Paläste des 17. und 18. Jh. An der Küste verläuft die Prachtstraße ›Promenade des Anglais‹ mit Palästen (u. a. Kasino, Hôtel Negresco) und der Villa Masséna mit Museum (u. a. Empiremöbel, Gemälde frz. Impressionisten). Weitere bedeutende Museen: Musée des Beaux-Arts oder Musée Chéret (frz. Malerei des 17.–20. Jh., Gobelins, ital. Fayencen), Musée Matisse (u. a. mit Arbeiten aller Schaffensperioden von H. MATISSE), Archäolog. Museum, Nationalmuseum Marc Chagall (mit den von CHAGALL gestifteten Werken zum ›Message Biblique‹: Entwürfe, Gouachen, Mosaiken, Tapisserien zu bibl. Themen) und das neu erbaute Museum für Moderne und Zeitgenöss. Kunst. Im Stadtteil Cimiez befinden sich Reste aus röm. Zeit; gut erhalten sind das Amphitheater (1. und 3. Jh. n. Chr.; 5 000 Plätze) und die Thermen (Anfang des 3. Jh.).

Geschichte: N., das antike **Nikaia,** wurde als Kolonie von Massalia (heute Marseille) gegründet. N. gehörte

---

Nizza
Stadtwappen

Stadt und Seebad an der Côte d'Azur

342 000 Ew.

Universität (seit 1971)

internat. Flughafen

in der Altstadt Kathedrale (17. Jh.)

an der Küste die ›Promenade des Anglais‹

römische Kolonie Nikaia

seit dem 12. Jh. Freie Stadt

seit dem 10. Jh. zur Grafschaft Provence und machte sich im 12. Jh. als Freie Stadt selbstständig. 1388 stellte es sich unter den Schutz Savoyens. Stadt und Grafschaft waren seit dem 16. Jh. zw. Frankreich und Savoyen umkämpft. 1793 kam N. unter frz. Oberherrschaft; die Grafschaft N. wurde zum Dép. Alpes-Maritimes. 1814 musste das Gebiet an Savoyen zurückgegeben werden. Es fiel nach einer Volksabstimmung 1860 endgültig an Frankreich.

Nizza, Schule von, Name mehrerer Malerwerkstätten (v. a. der Familie Bréa) des 15. und 16. Jh. in Nizza, die stilistisch in vielem an die Schule von →Avignon anschließen und noch die für die Renaissance charakterist. Raumbezüge vermissen lassen. Haupt der Schule war L. BRÉA, der v. a. in Nizza (Triptychon in der Kirche des ehem. Franziskanerklosters, 1475) und Ligurien (Altargemälde in Taggia, San Domenico; Savona, Dom; Genua, Santa Maria di Castello) tätig war.

Nizzaler Klassifikationsabkommen, *Markenrecht:* Abkommen von Nizza über die Internat. Klassifikation von Waren und Dienstleistungen für die Eintragung von Marken vom 15. 6. 1957. Es handelt sich um ein Sonderabkommen der →Pariser Verbandsübereinkunft, das die Mitgl.-Länder zur Verwendung einer einheitl. Klassifikation für die Registrierung von Marken verpflichtet. Derzeit gültig ist die Genfer Fassung vom 13. 5. 1977, zuletzt geändert am 2. 10. 1979.

N. J., postamtlich **NJ,** Abk. für den Bundesstaat New Jersey, USA.

Njakjussa, Gruppe von Bantuvölkern, →Nyakyusa.

Njala, Ort in Sierra Leone, an der Straße Freetown–Bo; landwirtschaftl. Hochschule und Lehrerbildungsanstalt der Univ. von Sierra Leone.

Njáls saga [altnord. ›die Geschichte von Njál‹], bedeutendste und umfangreichste altisländ. Familiensaga, verfasst um 1280, mit dreigliedrigem Aufbau: Am Anfang steht die unbeirrbare Freundschaft Njáls mit Gunnar, dessen Ermordung Njál nicht verhindern kann. Die Racheakte der Njálssöhne führen zum Mordbrand (›brenna‹) an Njál und seiner Familie. Im Schlussteil wird das Ende der Mordbrenner und die Aussöhnung der verfeindeten Familien geschildert. Die N. s. wurde von einem christl., literarisch und juristisch gebildeten, anonymen Autor verfasst, der zugleich einheim. Erzähltraditionen verpflichtet war.

Ausgaben: Brennu-N. s., hg. v. E. Ó. SVEINSSON (Neuausg. 1954); Die Gesch. vom weisen Njal, übers. v. A. HEUSLER (Neuausg. 1963); Isländersagas, hg. v. R. HELLER, Bd. 2 (1982).

L. LÖNNROTH: N. s. A critical introduction (Berkeley, Calif., 1976).

Njamwesi, Bantuvolk in Tansania, →Nyamwezi.

Njandja, Bantuvolk in Afrika, →Nyanja.

Njarasasee, See in O-Afrika, →Eyasisee.

Njassa, Nyasa, Volksstamm der →Nyanja.

Njassagraben, →Ostafrikanisches Grabensystem.

Njassaland, engl. **Nyasaland** [naɪˈæsəlænd], ehem. brit. Protektorat im südl. O-Afrika, seit 1964 →Malawi.

Njassasee, See im südl. Ostafrika, →Malawisee.

Njedźichow [ˈnjɛdʒixɔf], sorb. Name der Stadt →Bernsdorf.

Njegoš [ˈnjɛgɔʃ], **Njeguš** [ˈnjɛguʃ], 1453 erstmals erwähnter Orts- und Stammesname, Beiname der in Montenegro herrschenden Familie Petrović (DANILO I. PETROVIĆ NJEGOŠ, NIKOLAUS I., PETER II.).

Njörd, german., von den Vanen abstammender Gott, der mit den Asen lebt. Zahlr. mit N. gebildete Ortsnamen in Norwegen und Schweden bestätigen seine auch in altnord. Quellen bezeugte Verehrung als Gott des Friedens, der Fruchtbarkeit und der Seefahrt. Seine Kinder sind Freyr und Freyja. Lautlich entspricht N. dem weibl. Götternamen →Nerthus.

Njoya [nˈdʒoja], **Ndam-N.,** Adamou, Sultan (seit etwa 1883) der →Bamum im Kameruner Grasland; nahm den Islam an und versuchte eine eigenständige Modernisierung (Entwicklung einer Schrift, Gründung von Schulen). N. arbeitete bis 1915 eng mit den dt. Kolonialbehörden zusammen, wurde deshalb nach der Eroberung Kameruns durch Franzosen und Briten abgesetzt. Sein Thron u. a. Geschenke sind heute im Museum für Völkerkunde in Berlin. – Auf N. geht im Kameruner Grasland verbreitete Brauch zurück, bes. schön gearbeitete Pfeifen aus Terrakotta, Bronze, Holz oder Stein zu verschenken.

C. GEARY u. A. NDAM NJOYA: Mandu Yenu. Bilder aus Bamum, ein westafrikan. Königreich. 1902–1915 (a. d. Frz., 1985).

Nkayi, früher **Jacob** [ʒaˈkɔb], Stadt im SW der Rep. Kongo, 42 500 Ew.; kath. Bischofssitz; an der Eisenbahnlinie Pointe-Noire–Brazzaville inmitten ausgedehnter Zuckerrohrplantagen; Zuckerfabriken, Weizen-, Erdnussmühlen.

Nkole, Banyankole, Nyankore, Bantuvolk in SW-Uganda, östlich des Rutanzigesees. Die etwa 1,5 Mio. N. setzen sich aus einer kleineren, äthiopiden, Vieh züchtenden Oberschicht (Hima) und der Masse der Ackerbau (Bananen, Hirse) treibenden Unterschicht (Iru) zusammen. Das Volk entstand mit der Unterwerfung der Iru durch einwandernde Hima, die das sakrale Königtum und die Bantusprache übernahmen. Ihr Königreich →Ankole bestand bis 1967.

Nkomo, Joshua Mqabuko Nyongolo, Politiker in Simbabwe, * Semokwe (bei Bulawayo) 19. 6. 1917; wurde 1951 Sekr. der schwarzafrikan. Eisenbahnergewerkschaft. 1957 gründete er den African National Congress (ANC; nicht identisch mit der gleichnamigen Organisation in der Rep. Südafrika), nach dessen Verbot (1959) 1960 die National Democratic Party (NDP) und nach deren Verbot 1961 die Zimbabwe African People's Union (ZAPU). 1964–74 war N. in Haft bzw. in der Verbannung. Unter Zurückstellung tief greifender Gegensätze verband sich 1976–79 die ZAPU mit der ZANU (Zimbabwe African National Union unter R. MUGABE) zur Patriotic Front. In deren Rahmen leiteten N. und MUGABE die Guerillakrieg gegen die weiße Minderheits-Reg. in Rhodesien. Nach der Entlassung Rhodesiens als Simbabwe in die Unabhängigkeit (April 1980) unterlag N. nach längeren, z. T. militanten Auseinandersetzungen MUGABE im Kampf um die Führung des Landes. 1987 musste er die Eingliederung der ZAPU in die ZANU hinnehmen. 1990–96 war er zweiter Vize-Präs. Simbabwes.

Nkongsamba, Stadt im Bergland SW-Kameruns, 100 km östlich von Douala, 86 900 Ew.; kath. Bischofssitz; Zentrum des Kaffeeanbaus (mit Aufbereitung); Forschungsinstitut für Kakaoanbau.

nkr, Abk. für die Norweg. Krone (→Krone).

Nkrumah, Kwame, eigtl. **Francis Nwia Kofie N.,** Politiker in Ghana, * Nkroful (bei Axim, Western Province) 18. 9. 1909, † Bukarest 27. 4. 1972; zunächst als Lehrer tätig, von N. AZIKIWE im Sinne eines afrikan. Nationalismus beeinflusst, studierte 1935–45 in den USA. Dort befasste er sich mit den Werken von K. MARX und LENIN, aber auch mit den polit. Zielsetzungen M. GARVEYS, der unter den schwarzen Einwohnern New Yorks die ›Zurück-nach-Afrika-Kampagne‹ eingeleitet hatte. Auf der Basis sozialist. Grundvorstellungen entwickelte er panafrikan. Ideen. 1945 ging er nach London und gründete ein ›Westafrikan. Nationalsekretariat‹; gehörte zu den Initiatoren des 5. Panafrikan. Kongresses.

1947 kehrte er in seine Heimat, die brit. Kolonie Goldküste, zurück und wurde Gen.-Sekr. der United Gold Coast Convention (UGCC). Als Sprecher des radikalen Flügels der antikolonialen Unabhängigkeitsbewegung gründete er 1949 die Convention

Joshua Mqabuko Nyongolo Nkomo

People's Party (CPP). Am 21. 1. 1950 verhafteten ihn die brit. Kolonialbehörden, nachdem er eine ›Kampagne der Nichtzusammenarbeit‹ gestartet hatte. Nach dem Wahlsieg seiner Partei (12. 2. 1951) wurde er aus dem Gefängnis entlassen und zum Reg.-Chef ernannt. Am 6. 3. 1957 wurde das Land unter dem Namen Ghana unabhängig (mit N. als Präs.). Mit dem In-Kraft-Treten einer republikan. Verf. (1960) ließ er sich zum Staatspräs. (mit weit reichenden Vollmachten) wählen. N. verfolgte – bei wachsender Anlehnung an die kommunist. Staaten – einen sozialist. Kurs und verband ihn mit altafrikanisch-genossenschaftl. Ideen (›Consciencismus‹). Er gründete staatl. Industriebetriebe. Nach Ausschaltung innenpolit. Gegner führte er 1964 das Einparteiensystem ein und ließ sich zum Präs. auf Lebenszeit wählen. Gleichzeitig förderte er einen Kult um seine Person. Seine Afrikapolitik zielte auf die Errichtung eines afrikan. Bundesstaates. In diesem Sinne förderte er die Bildung der →Casablancagruppe. – Angesichts starker sozialer Spannungen und zunehmend diktator. Herrschaftsformen wurde N. im Februar 1966 durch einen Militärputsch gestürzt; er fand in Guinea Asyl.

Werke: Ghana (1957; dt. Schwarze Fanfare; I speak of freedom (1961); Africa must unite (1963; dt. Afrika muß sich vereinigen); Consciencism (1964); Neo-Colonialism. The last stage of imperialism (1965); Revolutionary path (1973).

H. L. BRETTON: The rise and fall of K. N. (New York 1966); D. ROONEY: K. N. the political kingdom in the Third World (London 1988); The life and work of K. N., hg. v. K. ARHIN (Accra 1991).

Nkw, Abk. für →Nutzkraftwagen.

NKWD [Abk. für russ. **N**arodnyj **K**omissariat **W**nutrennych **D**el, ›Volkskommissariat für innere Angelegenheiten‹], 1934 gebildetes sowjet. Unionsministerium, dem als wichtigstes Ressort die →GPU eingegliedert war; zuständig v. a. für polit. Überwachung, Nachrichtendienst, polit. Strafjustiz, Verw. der Straf- und Verbannungslager (→GULAG); wurde das Instrument des stalinist. Terrors z. Z. der Großen →Tschistka. 1941 kurzzeitig, erneut 1943 Herauslösung der polit. Geheimpolizei als **NKGB** (Abk. für **N**arodnyj **K**omissariat **G**ossudarstwennoj **B**esopasnosti, ›Volkskommissariat für Staatssicherheit‹), das 1946 mit der (1943 gegründeten) Spionageorganisation ›Smersch‹ (›Tod den Spionen‹) zum **MGB** (Abk. für **M**inisterstwo **G**ossudarstwennoj **B**esopasnosti, ›Ministerium für Staatssicherheit‹) zusammengefasst wurde. Im selben Jahr erfolgte die Umwandlung des NKWD in das **MWD** (Abk. für **M**inisterstwo **W**nutrennych **D**el, ›Ministerium für innere Angelegenheiten‹). Aus dem MGB ging 1954 der KGB hervor.

NL, Nationalitätszeichen für die Niederlande.

n-Leitung, die Elektronenleitung (→Halbleiter).

NLP, Abk. für →neurolinguistisches Programmieren.

Nm, Einheitenzeichen für →Newtonmeter.

N. Mex., postamtlich **NM,** Abk. für den Bundesstaat New Mexico, USA.

NMOS-Technik [NMOS Abk. für engl. **n**-channel **m**etal **o**xide **s**emiconductor, ›n-Kanal-Metalloxid-Halbleiter‹], ein Gebiet der →MOS-Technik.

NMR-Spektroskopie [NMR Abk. für engl. **n**uclear **m**agnetic **r**esonance, ›kernmagnet. Resonanz‹, ›Kernspinresonanz‹], **Kernspinresonanzspektroskopie, magnetische Kernresonanzspektroskopie, kernmagnetische Resonanzspektroskopie,** Verfahren der →Hochfrequenzspektroskopie zur Untersuchung der Struktur von Molekülen und Festkörpern sowie von Bewegungsvorgängen in flüssigen und festen Stoffen, dem die →Kernspinresonanz zugrunde liegt. Das von F. BLOCH und E. M. PURCELL (1946) entwickelte Verfahren beruht auf der Resonanzwechselwirkung zw. Radiowellen (d. h. einem hochfrequenten magnet. Wechselfeld) und bestimmten Atomkernen der zu untersuchenden Substanz, die sich in einem starken äußeren homogenen Magnetfeld befinden.

Zur Untersuchung wird das von einer Spule umschlossene Probenröhrchen, in der das hochfrequente (HF) magnet. Wechselfeld H_1 zur Anregung der Kernspinresonanz in der Probe mittels eines Radiofrequenzgenerators erzeugt wird, zw. die Pole eines großen Magneten des **NMR-Spektrometers** gebracht. Dieser liefert ein stabiles, homogenes Magnetfeld B_0, das senkrecht zur Richtung des magnet. Wechselfeldes steht. Resonanz tritt ein, wenn die Frequenz des anregenden HF-Feldes H_1 mit der Larmor-Frequenz (→Larmor-Präzession) in dem Magnetfeld präzedierenden Kernspins übereinstimmt. Bei bekanntem Kernspin I ist die Larmor-Frequenz durch das am Kernort wirkende Magnetfeld bestimmt, das jedoch nicht genau mit dem von außen angelegten Magnetfeld B_0 übereinstimmt: Durch Magnetfelder der Hüllenelektronen und die Felder benachbarter Kerne wird das angelegte Magnetfeld abgeschwächt, sodass die lokale effektive Feldstärke geringer ist als die angelegte Feldstärke B_0. Dieser als Abschirmung bezeichnete Effekt führt zu Frequenzänderungen (chem. Verschiebungen) im NMR-Spektrum der Untersuchungssubstanz, aus denen auf die Anzahl der Kerne, ihre chem. Zuordnung, ihre Bindungsverhältnisse, konstitutions- und stereochem. Aspekte u. a. Eigenschaften geschlossen werden kann. Die magnet. Kopplung einzelner Kerne untereinander über die Spin-Spin-Wechselwirkung führt zu einer Multiplettaufspaltung der NMR-Linien, die zusätzl. Rückschlüsse auf die Anordnung der Kerne in einer chem. Verbindung zulässt. Haben die Kerne außerdem ein elektr. Kernquadrupolmoment, so treten infolge der Wechselwirkung zw. Kernquadrupolmoment und elektr. Feldgradienten weitere Linienaufspaltungen und -verschiebungen auf. Die Wechselwirkungen der magnet. Kernmomente mit ihrer thermisch angeregten Umgebung (Spin-Gitter-Relaxation) sowie der Kernspins untereinander (Spin-Spin-Relaxation) wirken der magnet. Umorientierung der Kerne durch das HF-Feld H_1 entgegen und sind bestrebt, die therm. Gleichgewichtsverteilung wiederherzustellen. Lässt man daher das H_1-Feld nicht kontinuierlich, sondern nur in Form kurzer HF-Impulse auf die Probe einwirken **(Impuls-NMR-S., Spin-Echo-Verfahren),** registriert man ein Kernresonanzsignal mit zeitabhängiger Amplitude, das die Relaxationsprozesse widerspiegelt und die Bestimmung der Kernrelaxationszeiten erlaubt. Die meistuntersuchten Kerne sind Protonen – dann auch als **Protonenresonanz-(PMR-)Spektroskopie** (PMR, Abk. für engl. **p**roton **m**agnetic **r**esonance) bezeichnet – (mit Kernspin $I = 1/2$, die deshalb kein elektr. Quadrupolmoment haben), ferner ^2H-, ^{13}C-, ^{19}F- und ^{31}P-Kerne.

Mittels der NMR-S. kann auch lebendes Gewebe vermessen werden; mithilfe elektron. Rechenverfahren können **NMR-Querschnittsbilder** von Pflanzen, Tieren und vom Menschen angefertigt werden, die die Verteilung der ›frei bewegl.‹ Wasserstoffatome darstellen und so Gewebestrukturen und Organe erkennen lassen (→Kernspintomographie).

NN, Abk. für →Normalnull bei Höhenangaben.

N. N., Abk., die einen (unbekannten) Namen ersetzen soll, vermutlich aus der im röm. Recht übl. Abk. für **N**umerius **N**egidius (fiktiver Name des Beklagten in prozessrechtl. Beispielen); andere Deutungen: nomen nullum (kein Name), non(dum) nominatus (noch nicht benannt), nomen nescio (den Namen weiß ich nicht), nomen nominandum (ein zu benennender Name), noch niemand.

No, chem. Symbol für Nobelium (→Element 102).

Nō [jap. ›Kunst‹] *das, -,* die seit dem 14. Jh. tradierte klass. jap. Bühnenkunst; lyr. Drama, das sich aus der

Noah

Nō: Darsteller mit Nō-Maske und Kostüm

Verbindung sakraler und volkstüml. Schau- und Vortragskünste entwickelte und unter KANAMI KIYOTSUGU (* 1333, † 1384) und dessen Sohn ZEAMI MOTOKIYO (* 1363, † 1443) seine künstler. Ausprägung erfuhr. Das Nō ist ein Sing- und Tanzspiel mit orchestraler Begleitung, das ausschließlich von männl. Schauspielern, einem Hauptspieler und wenigen Nebenspielern, auf überdachter Bühne in prächtigen Gewändern und Masken (Nō-Masken) mit stark stilisierten Requisiten und unverändertem Bühnenbild (Kieferngemälde auf der Rückwand) nach festen Regeln aufgeführt wird. Die Stoffe entstammen größtenteils der älteren Literatur und Geschichte mit zahlr. buddhist. und shintoist. Motiven; der rezitative, in den lyr. Partien gesanglich gesteigerte Vortrag basiert auf der Hochsprache der Heianzeit (794–1185). Die Nō-Stücke – mehr als 200 bilden das überlieferte Repertoire – werden meist in fünf Gruppen eingeteilt (Götter-, Helden-, Zeit- und Irrsinnsstücke sowie Geisterstücke) und bildeten in dieser Ordnung auch eine Programmfolge. Die Nō-Tradition wird seit dem MA. von fünf Schulen in strenger Regelhaftigkeit gepflegt. – Seit der Nachkriegszeit gibt es auch moderne Nō-Aufführungen in der Gegenwartssprache. MISHIMA YUKIO versetzte in seinen modernen Nō-Stücken traditionelle Themen in die Gegenwart.

Die Darstellungsweise des Nō beeinflusste auch das europ. Theater, bes. P. CLAUDEL, W. B. YEATS und B. BRECHT, der einige seiner Lehrstücke nach Nō-Stücken gestaltete. (Weiteres BILD →Maske)

Ausgabe: Vierundzwanzig No-Spiele, übers. v. P. WEBER-SCHÄFER (²1986).

H. BOHNER: Nō. Die einzelnen Nō, in: Mitt. der Gesellschaft für Natur- u. Völkerkunde Ostasiens, Suppl.-Bd. 22 (1956); Japanese Noh-Drama, hg. v. Nippon Gakujutsu Shinkōkai, 3 Bde. (Tokio 1955–60); D. KEENE: Nō. The classical theatre of Japan (Neuausg. Palo Alto, Calif., 1973); P. G. O'NEILL: Early nō drama (Neuausg. Westport, Conn., 1974); Nō – vom Genius Japans, hg. v. E. HESSE (Neuausg. Zürich 1990); H. HASHI: Ästhet. Aspekte des Noh-Theaters (1995); B. ORTOLANI: The Japanese theatre (Neuausg. Princeton, N. J., 1995).

Noa, polynes. Begriff, der im Ggs. zu dem sakralen Meidungsbegriff →Tabu das Profane, Alltägliche und frei zu Gebrauchende bezeichnet. N.-Wörter sind erlaubte Ausdrücke, die ersatzweise für Benennungen gebraucht werden, die auszusprechen verboten ist; dies gilt bes. für kult. Gegenstände und Götternamen.

NOAA [ɛnoaˈa, engl. ənəʊeɪˈeɪ; Abk. für National Oceanic and Atmospheric Administration], Behörde für Ozean- und Atmosphärenüberwachung in den USA; auch Typen-Bez. für eine nordamerikan. Serie von Wettersatelliten, die auf fast kreisförmiger polnaher Bahn in einer Höhe von etwa 850 km täglich 12- bis 13-mal sonnensynchron umlaufen; ausgestattet mit Radiometern für Aufnahmen der Erdoberfläche einschließlich der Atmosphäre im Spektralbereich der Infrarotstrahlung und der visuellen Strahlung.

Noachiden, die in 1. Mos. 9 erwähnten Söhne NOAHS, SEM, HAM und JAFET, sowie ihre Nachkommen, d. h. nach bibl. Verständnis die ganze Menschheit. Ihnen gelten die **noachidischen Gebote (noachische Gebote),** nach jüd. Tradition die vor der Gottesoffenbarung auf dem Sinai ergangenen (und daher für die ganze Menschheit gültigen) Vorschriften Gottes an NOAH nach der Sintflut (1. Mos. 9, 4–6). Sie wurden als sechs Verbote (Götzendienst, Gotteslästerung, Unzucht, Blutvergießen, Raub, Genuss lebender Tiere) und ein Gebot (Rechtspflege) gedeutet. Im 17. Jh. wurden sie zur bibl. Grundlage der Naturrechtstheorien der Aufklärung.

Noack, 1) Barbara, Schriftstellerin, * Berlin 28. 9. 1924; Verfasserin zumeist heiterer Unterhaltungsromane und Erzählungen. N.s (häufig verfilmte) Werke schildern humorvoll, aus einer positiven Weltsicht heraus kleine Alltagserlebnisse, amüsante Liebesgeschichten und Erlebnisse mit Kindern; autobiographisch ist ihr Roman ›Eine Handvoll Glück‹ (1982).

Weitere Werke: Romane: Die Zürcher Verlobung (1955); Der Bastian (1974); Drei sind einer zuviel (1982); Der Zwillingsbruder (1988); Brombeerzeit (1992).

2) Hans-Georg, Schriftsteller, * Burg (Sa.-Anh.) 12. 2. 1926; nach versch. Berufen und Tätigkeiten (u. a. 1949–54 CVJM-Sekretär in Brüssel) 1960–73 freier Schriftsteller und Übersetzer; seit 1973 Verlagsleiter. Mit seinen engagierten, gesellschaftl. Probleme aufgreifenden Jugendbüchern wurde ›Rolltreppe abwärts‹ (1970; Fernsehfilm 1990) bes. bekannt.

Hans-Georg Noack

3) Ursula, Schauspielerin und Kabarettistin, * Halle (Saale) 7. 4. 1918, † München 13. 2. 1988; ab 1948 Bühnenengagements; 1957–73 Mitgl. des Kabaretts ›Münchner Lach- und Schießgesellschaft‹.

Noah in der Arche; Detail einer von Bonanus von Pisa geschaffenen Bronzetür des Westportals am Dom von Monreale; 1186

Noah, in der Vulgata **Noe,** bibl. Gestalt; nach 1. Mos. 5, 28 f. Sohn des LAMECH. In der bibl. Erzählung über N. (1. Mos. 6–9), deren Mittelpunkt die Flutsage bildet, sind versch. Traditionen miteinander verbunden. N. wird als frommer Mann geschildert, der von Gott vor der →Sintflut, die als Strafe die sündige Menschheit vernichten soll, gerettet wird. Gott schließt mit N. einen Bund und lässt ihn mit seiner Familie in einer →Arche die Flut überleben. Das nahende Ende der 150 Tage dauernden Flut erkennt N., der mit der Arche auf dem Ararat liegen geblieben ist, daran, dass eine von ihm ausgesandte Taube einen Ölzweig zurückbringt. Nach der Sintflut erneuert Gott den Bund mit N. (symbolisiert durch den Regenbogen) und gibt ihm die noachid. Gebote (→Noachiden). N. richtet sich als Landmann und (erster) Weinbauer auf

Nobel
(London zwischen
1361 und 1369;
Durchmesser 34 mm)

Vorderseite

Rückseite

Alfred Nobel

der Erde ein. Durch seine Söhne SEM, HAM und JAFET wurde er zum Stammvater der neuen Menschheit (1. Mos. 10; →Völkertafel). – In der *bildenden Kunst* frühchristl. Zeit erscheint N. meist als jugendl. Betender (Orans) in der Arche, auf den eine Taube zufliegt (Fresko in der Katakombe Santi Pietro e Marcellino in Rom, 4. Jh.), aber auch bereits als der für die spätere Zeit typ. bärtige N. Im MA. wurden Szenen aus der Geschichte N.s in Zyklen über das 1. Buch Mose aufgenommen, z. B. der Bau der Arche, der Einzug in die Arche, die Sintflut, der Auszug aus der Arche, das Dankopfer N.s. Sie wurden in der Folgezeit u. a. von L. GHIBERTI, P. UCCELLO, B. GOZZOLI, MICHELANGELO, J. A. KOCH und G. SCHICK dargestellt. (Weiteres BILD →Fréminet, Martin)

R. STICHEL: Die Namen Noes, seines Bruders u. seiner Frau. Ein Beitrag zum Nachleben jüd. Überlieferung in der außerkanon. u. gnost. Lit. u. in Denkmälern der Kunst (1979).

Noailles [nɔˈaːj], frz. Adelsgeschlecht aus dem Limousin (Herrschaft N. bei Brive, heute Brive-la-Gaillarde, Dép. Corrèze), seit 1663 Herzöge von N., seit 1769 von N.-Mouchy. Bedeutende Vertreter:

1) Adrien Maurice, Herzog von, Marschall von Frankreich (seit 1734), * Paris 19. 9. 1678, † ebd. 24. 6. 1766, Vater von 3), Bruder von 2); war unter der Regentschaft PHILIPPS II. VON ORLÉANS Finanz-Min. (1715–18), kämpfte im Poln. Thronfolgekrieg (1734/35) und im Österr. Erbfolgekrieg (1741–48) und wurde bei Dettingen a. Main 1743 besiegt. Ihm gelang 1746 die Aussöhnung Frankreichs mit Spanien. Bis 1755 behielt er als Mitgl. des Staatsrates Einfluss auf die frz. Außenpolitik.

2) Louis Antoine de, Kardinal, * Schloss Peynières (bei Aurillac) 27. 5. 1651, † Paris 4. 5. 1729, Bruder von 1); ab 1679 Bischof von Cahors, ab 1680 von Châlons-sur-Marne, ab 1695 Erzbischof von Paris und seit 1700 Kardinal; leitete unter PHILIPP II. VON ORLÉANS als Präs. des Conseil de Conscience, eines von PHILIPP geschaffenen Ratskollegiums, zeitweise die frz. Kirchenpolitik. In den theolog. Auseinandersetzungen seiner Zeit verhielt sich N. schwankend: mildes Vorgehen gegen FÉNELON und die Quietisten, jedoch Zustimmung zur Zerstörung von Port-Royal; Befürwortung der ›Réflexions morales‹ des P. QUESNEL im Jansenistenstreit; zunächst Widerstand gegen die Bulle ›Unigenitus‹ (1713), später Unterwerfung unter die kirchl. Autorität.

3) Louis Marie, Vicomte de, frz. General, * Paris 17. 4. 1756, † (gefallen) vor Havanna 9. 4. 1804, Sohn von 1); wurde 1789 Abg. des Adels in den Generalständen, beantragte am 4. 8. die Aufhebung der Feudalrechte und setzte sich für die bürgerl. Gleichberechtigung der Juden ein.

Noailles [nɔˈaːj], **Anna Elisabeth de Brancovan** [brãkɔˈvã], Gräfin **Mathieu de N.** [maˈtjø də -], frz. Schriftstellerin rumän. Herkunft, * Paris 15. 11. 1876, † ebd. 30. 4. 1933; schrieb formstrenge, leidenschaftl., von Sensualismus und Pantheismus, später auch von Melancholie geprägte Lyrik sowie (z. T. unvollendete) Romane, Novellen und eine Autobiographie (›Le livre de ma vie‹, 1932).
Weitere Werke: Lyrik: Le cœur innombrable (1901); L'ombre des jours (1902; dt. Sehnsucht); Les éblouissements (1907); L'honneur de souffrir (1927); Derniers vers (hg. 1933). – *Novellen:* Les innocents (1923; dt. Die Unschuldigen).

Nobel [ˈnəʊbl; engl. ›edel, prächtig‹] *der, -s/-(s),* **Noble**, mittelalterl. engl. Goldmünze, eingeführt 1344, im Wert von 6 Shillings 8 Pence. Auf der Vorderseite steht der gepanzerte König in einem Schiff (**Schiffs-N.**, Bezug auf den engl. Seesieg von Sluys 1340). In den Niederlanden, wo N. als Beischläge nachgeahmt wurden, hießen die Münzen wegen dieser Darstellung **Schuitken**. Ab 1465 wurde ein neuer Typ im Wert von 10 Shillings geschlagen, der eine heral-

dische Rose (**Rose-N.** oder **Ryal**) an der Bordwand aufweist. In der Reg.-Zeit König JAKOBS I. (1603–25) wurde der Ryal letztmalig ausgegeben. Auch in Schottland wurde etwa 1357 ein N. im Wert eines $^1/_2$ Merk geschaffen. Zw. 1584 und 1588 prägte man in Schottland den **Lion-N.** (Löwen-N.) zu 75 schott. Shillings und den **Thistle-N.** (Distel-N.) zu 11 Merk.

Nobel, Alfred, schwed. Chemiker und Industrieller, * Stockholm 21. 10. 1833, † San Remo 10. 12. 1896; zunächst in der väterl. Maschinenfabrik in Sankt Petersburg tätig, seit 1859 in Stockholm mit der Sprengstoffherstellung beschäftigt. N. erfand 1863 die Initialzündung und 1867 das Dynamit, das seinen Reichtum begründete; bedeutend war auch die Entwicklung der Sprenggelatine (1875) und des rauchschwachen Pulvers (Ballistit, 1887). Aufgrund seiner Erfindungen und Patente entstanden Sprengstofffabriken in vielen Industrieländern, so in Dtl. 1865 die Firma Dynamit Nobel AG (seit 1992 Tochtergesellschaft der →Metallgesellschaft AG). – N. hinterließ sein Vermögen einer Stiftung (→Nobelstiftung, →Nobelpreis).

Nobelgarde, 1801–1969 bestehende, rein repräsentativen Zwecken dienende Leibwache des Papstes, die ausschließlich aus ital. Adligen, bes. des (ehem.) Kirchenstaates, bestand.

Nobel Industrier AB, schwed. Chemie- und Rüstungskonzern, gegr. 1894 von A. NOBEL; Sitz: Stockholm; fusionierte 1994 mit der AKZO N. V. zur →AKZO Nobel N. V.

Nobelium [nach A. NOBEL] *das, -s,* chem. Symbol **No**, das chem. →Element 102 (Namensfestlegung IUPAC 1997).

Nobelpreis, hoch angesehene internat., auf die testamentar. Verfügung A. NOBELS zurückgehende Auszeichnung, jährlich finanziert durch die →Nobelstiftung mit dem Jahreszins ihres Vermögens, und zwar für Leistungen auf den Gebieten Physik, Chemie, Physiologie oder Medizin, Literatur und für Verdienste um die Erhaltung des Friedens (Friedens-N.). NOBEL bestimmte, dass die Preisträger für Physik und Chemie von der Königl. Schwed. Akad. der Wiss.en, die der Physiologie oder Medizin vom Karolinska Medikokirurgiska Institut in Stockholm, die Literaturpreisträger von der Schwed. Akad. in Stockholm und die Friedenspreisträger durch einen fünfköpfigen Ausschuss des norweg. Storting ausgewählt werden sollen.

I. d. R. wird der Friedens-N. vom norweg. König in Oslo verliehen, die anderen N. überreicht der schwed. König in Stockholm am Todestag NOBELS (10. 12.). Bei dieser offiziellen Verleihung werden den Preisträgern der Geldbetrag (Anweisung), ein Diplom und eine Goldmedaille mit dem Bild NOBELS und einer Inschrift überreicht. Die Höhe eines (ungeteilten) Preises lag 1996 bei 7,4 Mio. skr.

Der Fonds des 1969 von der Schwed. Reichsbank anlässlich ihres 300-jährigen Bestehens gestifteten N. für Wirtschaftswiss.en (›Preis für Ökonom. Wiss.en in Erinnerung an Alfred Nobel‹) ist von dem der Nobelstiftung getrennt. Der den anderen fünf in der Höhe entsprechende Preis wird von der Königl. Schwed. Akad. der Wiss.en vergeben.

Die Königl. Schwed. Akad. der Wiss.en verleiht seit 1982 auch den **Crafoord-Preis**, nach Verfügung von ANNA-GRETA (* 1914, † 1994) und HOLGER CRAFOORD (* 1908, † 1982) im jährl. Wechsel für Leistungen auf vier Gebieten: Mathematik, Astronomie, Geo- und Biowissenschaften (Letztere unter besonderer Berücksichtigung der Ökologie und der Arthritisforschung) in Höhe von (1995) 2,8 Mio. skr.

Als ›alternativer N.‹ wird der ›Right Livelihood Award‹ bezeichnet (→Right Livelihood Award Stiftelsen).

Verz. der N.-Träger 1901–1987, hg. v. W. MARTIN (²1988).

Nobelpreisträger*)

Physik

- 1901 W. C. Röntgen D
- 1902 H. A. Lorentz NL
  P. Zeeman NL
- 1903 A. H. Becquerel F
  P. Curie F
  M. Curie F
- 1904 J. W. Strutt
  Lord Rayleigh GB
- 1905 P. Lenard D
- 1906 J. J. Thomson GB
- 1907 A. A. Michelson USA
- 1908 G. Lippmann F
- 1909 G. Marchese Marconi I
  K. F. Braun D
- 1910 J. D. van der Waals NL
- 1911 W. Wien D
- 1912 N. G. Dalén S
- 1913 H. Kamerlingh-Onnes NL
- 1914 M. von Laue D
- 1915 W. H. Bragg GB
  W. L. Bragg GB
- 1917 C. G. Barkla GB
- 1918 M. Planck D
- 1919 J. Stark D
- 1920 C. É. Guillaume F
- 1921 A. Einstein D
- 1922 N. Bohr DK
- 1923 R. A. Millikan USA
- 1924 K. M. G. Siegbahn S
- 1925 J. Franck D
  G. Hertz D
- 1926 J. B. Perrin F
- 1927 A. H. Compton USA
  C. T. R. Wilson GB
- 1928 O. W. Richardson GB
- 1929 L. de Broglie F
- 1930 Sir C. V. Raman Indien
- 1932 W. Heisenberg D
- 1933 E. Schrödinger A
  P. A. M. Dirac GB
- 1935 J. Chadwick GB
- 1936 V. F. Hess A
  C. D. Anderson USA
- 1937 C. J. Davisson USA
  G. P. Thomson GB
- 1938 E. Fermi I
- 1939 E. O. Lawrence USA
- 1943 O. Stern USA
- 1944 I. I. Rabi USA
- 1945 W. Pauli A
- 1946 P. W. Bridgman USA
- 1947 Sir E. V. Appleton GB
- 1948 P. M. S. Lord Blackett of Chelsea GB
- 1949 H. Yukawa Japan
- 1950 C. F. Powell GB
- 1951 Sir J. D. Cockcroft GB
  E. T. S. Walton IRL
- 1952 F. Bloch USA
  E. M. Purcell USA
- 1953 F. Zernike NL
- 1954 M. Born Gb
  W. Bothe D
- 1955 W. E. Lamb USA
  P. Kusch USA
- 1956 W. Shockley USA
  J. H. Bardeen USA
  W. H. Brattain USA
- 1957 C. N. Yang USA
  T. D. Lee USA
- 1958 P. A. Tscherenkow UdSSR
- 1958 I. M. Frank UdSSR
  I. J. Tamm UdSSR
- 1959 E. Segre USA
  O. Chamberlain USA
- 1960 D. A. Glaser USA
- 1961 R. Hofstadter USA
  R. L. Mössbauer D
- 1962 L. D. Landau UdSSR
- 1963 J. H. D. Jensen D
  E. P. Wigner USA
  M. Goeppert-Mayer USA
- 1964 N. G. Basow UdSSR
  C. H. Townes USA
  A. M. Prochorow UdSSR
- 1965 S. Tomonaga Japan
  J. Schwinger USA
  R. P. Feynman USA
- 1966 A. Kastler F
- 1967 H. A. Bethe USA
- 1968 L. W. Alvarez USA
- 1969 M. Gell-Mann USA
- 1970 H. Alfvén S
  L. E. F. Néel F
- 1971 D. Gabor GB
- 1972 J. Bardeen USA
  L. N. Cooper USA
  J. R. Schrieffer USA
- 1973 L. Esaki Japan
  I. Giaever GB
  B. D. Josephson GB
- 1974 Sir M. Ryle GB
  A. Hewish GB
- 1975 A. Bohr DK
  B. R. Mottelson DK
  Ł. J. Rainwater USA
- 1976 B. Richter USA
  S. C. C. Ting USA
- 1977 P. W. Anderson USA
  Sir N. F. Mott GB
  J. H. Van Vleck USA
- 1978 P. L. Kapiza UdSSR
  A. A. Penzias USA
  R. W. Wilson USA
- 1979 S. L. Glashow USA
  A. Salam P
  S. Weinberg USA
- 1980 J. W. Cronin USA
  V. L. Fitch USA
- 1981 N. Bloembergen USA
  A. L. Schawlow USA
  K. M. Siegbahn S
- 1982 K. G. Wilson USA
- 1983 S. Chandrasekhar USA
  W. A. Fowler USA
- 1984 C. Rubbia I
  S. van der Meer NL
- 1985 K. von Klitzing D
- 1986 E. Ruska D
  G. Binnig CH
  H. Rohrer CH
- 1987 J. G. Bednorz CH
  K. A. Müller CH
- 1988 L. M. Lederman USA
  M. Schwartz USA
  J. Steinberger USA
- 1989 N. F. Ramsey USA
  H. G. Dehmelt USA
  W. Paul D
- 1990 J. I. Friedman USA
  H. W. Kendall USA
  R. Taylor Kanada
- 1991 P.-G. de Gennes F
- 1992 G. Charpak F
- 1993 J. H. Taylor USA
  R. A. Hulse USA
- 1994 B. N. Brockhouse Kanada
  C. G. Shull USA
- 1995 M. L. Perl USA
  F. Reines USA
- 1996 D. M. Lee USA
  D. D. Osheroff USA
  R. C. Richardson USA
- 1997 S. Chu USA
  C. Cohen-Tannoudji F
  W. D. Phillips USA

Chemie

- 1901 J. H. van't Hoff NL
- 1902 E. H. Fischer D
- 1903 S. A. Arrhenius S
- 1904 Sir W. Ramsay GB
- 1905 A. Ritter von Baeyer D
- 1906 H. Moissan F
- 1907 E. Buchner D
- 1908 E. Rutherford GB
- 1909 W. Ostwald D
- 1910 O. Wallach D
- 1911 M. Curie F
- 1912 V. Grignard F
  P. Sabatier F
- 1913 A. Werner CH
- 1914 T. W. Richards USA
- 1915 R. M. Willstätter D
- 1918 F. Haber D
- 1920 W. H. Nernst D
- 1921 F. Soddy GB
- 1922 F. W. Aston GB
- 1923 F. Pregl A
- 1925 R. A. Zsigmondy D
- 1926 T. Svedberg S
- 1927 H. O. Wieland D
- 1928 A. O. R. Windaus D
- 1929 A. Harden GB
  H. K. A. S. von Euler-Chelpin S
- 1930 H. Fischer D
- 1931 C. Bosch D
  F. Bergius D
- 1932 I. Langmuir USA
- 1934 H. C. Urey USA
- 1935 J. F. Joliot-Curie F
  I. Joliot-Curie F
- 1936 P. J. W. Debye NL
- 1937 W. N. Haworth GB
  P. Karrer CH
- 1938 R. Kuhn D
- 1939 A. F. J. Butenandt D
  L. Ružička CH
- 1943 G. de Hevesy S
- 1944 O. Hahn D
- 1945 A. I. Virtanen FIN
- 1946 J. B. Sumner USA
  J. H. Northrop USA
  W. M. Stanley USA
- 1947 Sir R. Robinson GB
- 1948 A. W. K. Tiselius S
- 1949 W. F. Giauque USA
- 1950 O. P. H. Diels D
  K. Alder D
- 1951 E. M. McMillan USA
  G. T. Seaborg USA
- 1952 A. J. P. Martin GB
- 1953 H. Staudinger D
- 1954 L. C. Pauling USA
- 1955 V. du Vigneaud USA
- 1956 Sir C. N. Hinshelwood GB
  N. N. Semjonow UdSSR
- 1957 Sir A. R. Todd GB
- 1958 F. Sanger GB
- 1959 J. Heyrovský ČSR
- 1960 W. F. Libby USA
- 1961 M. Calvin USA
- 1962 M. F. Perutz GB
  J. C. Kendrew GB
- 1963 K. Ziegler D
  G. Natta I
- 1964 D. (Crowfoot) Hodgkin GB
- 1965 R. B. Woodward GB
- 1966 R. S. Mulliken USA
- 1967 M. Eigen D
  R. G. W. Norrish GB
  G. Porter GB
- 1968 L. Onsager USA
- 1969 D. H. R. Barton GB
  O. Hassel N
- 1970 L. F. Leloir Argentinien
- 1971 G. Herzberg Kanada
- 1972 C. B. Anfinsen USA
  S. Moore USA
  W. H. Stein USA
- 1973 E. O. Fischer D
  G. Wilkinson GB
- 1974 P. J. Flory USA
- 1975 J. W. Cornforth GB
  V. Prelog CH
- 1976 W. N. Lipscomb USA
- 1977 I. Prigogine B
- 1978 P. Mitchell GB
- 1979 H. C. Brown USA
  G. Wittig D
- 1980 P. Berg USA
  W. Gilbert USA
  F. Sanger GB
- 1981 K. Fukui Japan
  R. Hoffmann USA
- 1982 A. Klug GB
- 1983 H. Taube USA
- 1984 R. B. Merrifield USA
- 1985 H. A. Hauptmann USA
  J. Karle USA
- 1986 D. R. Herschbach USA
  Y. T. Lee USA
  J. C. Polanyi USA
- 1987 D. J. Cram USA
  J.-M. Lehn F
  C. J. Pedersen USA
- 1988 R. Huber D
  J. Deisenhofer D
  H. Michel D
- 1989 S. Altman USA
  T. R. Cech USA
- 1990 E. J. Corey USA
- 1991 R. R. Ernst CH
- 1992 R. A. Marcus USA
- 1993 M. Smith Kanada
  K. B. Mullis USA
- 1994 G. A. Olah USA
- 1995 P. Crutzen NL
  M. J. Molina Mexiko
  S. F. Rowland USA
- 1996 R. F. Curl USA
  R. F. Smalley USA
  H. W. Kroto GB
- 1997 P. D. Boyer USA
  J. E. Walker GB
  J. C. Skou DK

Physiologie oder Medizin

- 1901 E. A. von Behring D
- 1902 R. Ross GB
- 1903 N. R. Finsen DK
- 1904 I. P. Pawlow Russland
- 1905 R. Koch D
- 1906 C. Golgi I
  S. Ramón y Cajal E
- 1907 C. L. A. Laveran F
- 1908 I. I. Metschnikow Russland
  P. Ehrlich D
- 1909 E. T. Kocher CH
- 1910 A. Kossel D
- 1911 A. Gullstrand S
- 1912 A. Carrel USA
- 1913 C. R. Richet F
- 1914 R. Bárány A
- 1919 J. Bordet B
- 1920 S. A. S. Krogh DK

*) dem Namen des Preisträgers (später verliehene Adelstitel werden nicht genannt) folgt eine Angabe i. d. R. über den Staat, in dem der N. z. Z. seiner Ehrung lebte und arbeitete; für europ. Länder werden i. d. R. die Unterscheidungskennzeichen für den internat. Postverkehr verwendet (den Nationalitätszeichen für Kraftfahrzeuge entsprechend); andere Abkürzungen: ČSR bzw. ČSSR (bis 1960 bzw. bis 1990 für Tschechoslowakei), UdSSR, USA. – Fehlen in der chronolog. Abfolge der Preisträger ein oder mehrere Jahre, ist der betreffende Preis in dem oder den Jahren nicht vergeben worden.

Nobelpreisträger (Fortsetzung)

1922 A. V. Hill GB	1969 M. Delbrück USA	1913 R. Tagore Indien	1996 W. Szymborska PL
O. F. Meyerhof D	A. D. Hershey USA	1915 R. Rolland F	1997 D. Fo I
1923 F. G. Banting Kanada	S. E. Luria USA	1916 V. von Heidenstam S	
J. J. R. Macleod Kanada	1970 B. Katz GB	1917 K. A. Gjellerup DK	**Erhaltung des Friedens**
1924 W. Einthoven NL	U. S. von Euler S	H. Pontoppidan DK	1901 H. Dunant CH
1926 J. A. G. Fibiger DK	J. Axelrod USA	1919 C. Spitteler CH	F. Passy F
1927 J. Ritter Wagner	1971 E. W. Sutherland USA	1920 K. Hamsun N	1902 É. Ducommun CH
v. Jauregg A	1972 G. M. Edelman USA	1921 A. France F	C. A. Gobat CH
1928 C. J. H. Nicolle F	R. R. Porter GB	1922 J. Benavente E	1903 W. R. Cremer GB
1929 C. Eijkman NL	1973 K. Ritter von Frisch D	1923 W. B. Yeats IRL	1904 Institut de droit international,
Sir F. G. Hopkins GB	K. Lorenz A	1924 W. S. Reymont PL	Gent
1930 K. Landsteiner A	N. Tinbergen GB	1925 G. B. Shaw GB	1905 B. Freifrau von Suttner A
1931 O. H. Warburg D	1974 A. Claude B	1926 G. Deledda I	1906 T. Roosevelt USA
1932 Sir C. S. Sherrington GB	C. R. de Duve USA	1927 H. Bergson F	1907 E. T. Moneta I
E. D. Lord Adrian GB	G. E. Palade USA	1928 S. Undset N	L. Renault F
1933 T. H. Morgan USA	1975 D. Baltimore USA	1929 T. Mann D	1908 K. P. Arnoldson S
1934 G. H. Whipple USA	R. Dulbecco USA	1930 S. Lewis USA	F. Bajer DK
G. R. Minot USA	H. M. Temin USA	1931 E. A. Karlfeldt S	1909 A. M. F. Beernaert B
W. P. Murphy USA	1976 B. S. Blumberg USA	1932 J. Galsworthy GB	P. B. Baron de Constant de
1935 H. Spemann D	D. C. Gajdusek USA	1933 I. A. Bunin F	Rebecque d'Estournelles F
1936 Sir H. H. Dale GB	1977 R. L. Guillemin USA	1934 L. Pirandello I	1910 Bureau international
O. Loewi USA	A. V. Schally USA	1936 E. O'Neill USA	permanent de la Paix, Bern
1937 A. Szent-Györgyi von	R. S. Yalow USA	1937 R. Martin du Gard F	1911 T. M. C. Asser NL
Nagyrapolt H	1978 W. Arber CH	1938 P. S. Buck USA	A. H. Fried A
1938 C. J. F. Heymans B	D. Nathans USA	1939 F. E. Sillanpää FIN	1912 E. Root USA
1939 G. Domagk D	H. O. Smith USA	1944 J. V. Jensen DK	1913 H. La Fontaine B
1943 H. C. P. Dam DK	1979 A. M. Cormack USA	1945 G. Mistral Chile	1917 Comité international
E. A. Doisy USA	G. N. Hounsfield GB	1946 H. Hesse CH	de la Croix-Rouge, Genf
1944 J. Erlanger USA	1980 B. Benacerraf USA	1947 A. Gide F	1919 T. W. Wilson USA
H. S. Gasser USA	J. B. G. Dausset F	1948 T. S. Eliot GB	1920 L. V. A. Bourgeois F
1945 Sir A. Fleming GB	G. D. Snell USA	1949 W. Faulkner USA	1921 H. Branting S
E. B. Chain GB	1981 R. W. Sperry USA	1950 B. A. W. Earl Russell GB	C. Lange N
H. W. Florey GB	D. H. Hubel USA	1951 P. F. Lagerkvist S	1922 F. Nansen N
1946 H. J. Muller USA	T. N. Wiesel USA	1952 F. Mauriac F	1925 Sir J. A. Chamberlain GB
1947 C. F. Cori USA	1982 S. K. Bergström S	1953 Sir W. L. Spencer Churchill	C. G. Dawes USA
G. T. Cori USA	B. I. Samuelsson S	GB	1926 A. Briand F
B. A. Houssay Argentinien	J. R. Vane GB	1954 E. Hemingway USA	G. Stresemann D
1948 P. H. Müller D	1983 B. McClintock USA	1955 H. K. Laxness IS	1927 F. Buisson F
1949 W. R. Hess CH	1984 N. K. Jerne F	1956 J. R. Jiménez E	L. Quidde D
A. C. Moniz-Egas P	G. J. F. Köhler CH	1957 A. Camus F	1929 F. B. Kellogg USA
1950 E. C. Kendall USA	C. Milstein GB	1958 B. L. Pasternak UdSSR	1930 N. Söderblom S
T. Reichstein CH	1985 M. S. Brown USA	(musste den Preis ablehnen)	1931 J. Addams USA
P. S. Hench USA	J. L. Goldstein USA	1959 S. Quasimodo I	N. M. Butler USA
1951 M. Theiler Südafrika	1986 R. Levi-Montalcini I	1960 Saint-John Perse F	1933 Sir N. L. Angell GB
1952 S. A. Waksman USA	S. Cohen USA	1961 I. Andrić YU	1934 A. Henderson GB
1953 H. A. Krebs GB	1987 S. Tonegawa USA	1962 J. Steinbeck USA	1935 C. von Ossietzky D
F. A. Lipmann USA	1988 Sir J. W. Black GB	1963 G. Seferis GR	(Hitler reagierte mit
1954 J. F. Enders USA	G. B. Elion USA	1964 J.-P. Sartre F (abgelehnt)	Annahmeverbot
T. H. Weller USA	G. H. Hitchings USA	1965 M. A. Scholochow UdSSR	für Reichsdeutsche)
F. C. Robbins USA	1989 M. J. Bishop USA	1966 S. J. Agnon Israel	1936 C. Saavedra Lamas
1955 A. H. T. Theorell S	H. E. Varmus USA	N. Sachs S	Argentinien
1956 A. F. Cournand USA	1990 J. E. Murray USA	1967 M. Á. Asturias Guatemala	1937 E. A. R. Lord Cecil of
W. T. O. Forßmann D	E. D. Thomas USA	1968 Y. Kawabata Japan	Chelwood GB
D. W. Richards USA	1991 E. Neher D	1969 S. Beckett IRL	1938 Office international
1957 D. Bovet I	B. Sakmann D	1970 A. I. Solschenizyn UdSSR	Nansen pour les réfugiés,
1958 G. W. Beadle USA	1992 E. H. Fischer USA	1971 P. Neruda Chile	Genf
E. L. Tatum USA	E. G. Krebs USA	1972 H. Böll D	1944 Internationales Komitee
J. Lederberg USA	1993 P. A. Sharp USA	1973 P. White Australien	vom Roten Kreuz, Genf
1959 S. Ochoa USA	R. J. Roberts GB	1974 E. Johnson S	1945 C. Hull USA
A. Kornberg USA	1994 A. G. Gilman USA	H. Martinson S	1946 E. G. Balch USA
1960 Sir F. M. Burnet Australien	M. Rodbell USA	1975 E. Montale I	J. R. Mott USA
P. B. Medawar GB	1995 C. Nüsslein-Volhard D	1976 S. Bellow USA	1947 The Quakers:
1961 G. von Békésy USA	E. F. Wieschaus USA	1977 V. Aleixandre E	The Friends' Service
1962 F. H. C. Crick GB	E. B. Lewis USA	1978 I. B. Singer USA	Council, London
J. D. Watson USA	1996 P. C. Doherty Australien	1979 O. Elytis GR	The American Friends'
M. H. F. Wilkins GB	R. M. Zinkernagel CH	1980 C. Miłosz USA	Service Committee,
1963 Sir J. C. Eccles Australien	1997 S. B. Prusiner USA	1981 E. Canetti GB	Washington
A. L. Hodgkin GB		1982 G. García Márquez	1949 J. Lord Boyd-Orr of
A. F. Huxley GB	**Literatur**	Kolumbien	Brechin Mearns GB
1964 K. Bloch USA	1901 Sully Prudhomme F	1983 W. G. Golding GB	1950 R. J. Bunche USA
F. F. K. Lynen D	1902 T. Mommsen D	1984 J. Seifert ČSSR	1951 L. Jouhaux F
1965 F. Jacob F	1903 B. Bjørnson N	1985 C. Simon F	1952 A. Schweitzer F
A. Lwoff F	1904 F. Mistral F	1986 W. Soyinka Nigeria	1953 G. C. Marshall USA
J. Monod F	J. Echegaray y Eizaguirre E	1987 I. A. Brodskij USA	1954 Office de l'UNHCR
1966 F. P. Rous USA	1905 H. Sienkiewicz PL	1988 N. Mahfus Ägypten	(UNO-Hochkommissar für
C. B. Huggins USA	1906 G. Carducci I	1989 C. J. Cela E	Flüchtlinge), Genf
1967 R. A. Granit S	1907 J. R. Kipling GB	1990 O. Paz Mexiko	1957 L. B. Pearson Kanada
H. K. Hartline USA	1908 R. C. Eucken D	1991 N. Gordimer Südafrika	1958 D. G. Pire B
G. Wald USA	1909 S. Lagerlöf S	1992 D. A. Walcott Saint Lucia	1959 P. Noel-Baker GB
1968 R. W. Holley USA	1910 P. von Heyse D	1993 T. Morrison USA	1960 A. J. Luthuli Südafrika
H. G. Khorana USA	1911 M. Maeterlinck B	1994 Ōe Kenzaburō Japan	1961 D. Hammarskjöld S
M. W. Nirenberg USA	1912 G. Hauptmann D	1995 S. J. Heaney IRL	1962 L. C. Pauling USA

Nobelpreisträger (Fortsetzung)

1963	Internationales Komitee vom Roten Kreuz, Genf Ligue des sociétés de la Croix-Rouge, Genf	1981	Office de l'UNHCR (UNO-Hochkommissar für Flüchtlinge), Genf
1964	M. L. King USA	1982	A. Myrdal S A. Garcia Robles Mexiko
1965	UNICEF, New York	1983	L. Wałęsa PL
1968	R. Cassin F	1984	D. Tutu Südafrika
1969	Internationale Arbeitsorganisation, Genf	1985	Internationale Ärzte für die Verhütung des Atomkriegs, Boston (B. Lown und J. Tschasow)
1970	N. E. Borlaug USA		
1971	W. Brandt D		
1973	H. A. Kissinger USA Le Duc Tho Vietnam (hat den Preis abgelehnt)	1986	E. Wiesel USA
		1987	O. Arias Sánchez Costa Rica
1974	S. MacBride IRL E. Satō Japan	1988	Friedenstruppe der UNO
		1989	Dalai-Lama Indien
1975	A. D. Sacharow UdSSR	1990	M. S. Gorbatschow UdSSR
1976	B. Williams GB M. Corrigan GB	1991	Aung San Suu Kyi Birma
		1992	R. Menchú Guatemala
1977	Amnesty International, London	1993	F. W. de Klerk Südafrika N. R. Mandela Südafrika
1978	M. A. as-Sadat Ägypten M. Begin Israel	1994	J. M. Arafat Palästina S. Peres Israel I. Rabin Israel
1979	Mutter Teresa (Agnes Gonxha Bojaxhio) Indien	1995	Internationale Pugwash-Konferenz, London J. Rotblat GB
1980	A. Pérez Esquivel Argentinien		

1996	C. F. X. Belo Indonesien J. Ramos Horta Indonesien	1982	G. J. Stigler USA
		1983	G. Debreu USA
1997	Internationale Kampagne zur Ächtung von Landminen J. Williams USA	1984	Sir R. Stone GB
		1985	F. Modigliani USA
		1986	J. M. Buchanan USA
Wirtschafts- **wissenschaften**		1987	R. M. Solow USA
		1988	M. Allais F
1969	R. Frisch N J. Tinbergen NL	1989	T. Haavelmo N
		1990	H. M. Markowitz USA M. H. Miller USA W. F. Sharpe USA
1970	P. A. Samuelson USA		
1971	S. S. Kuznets USA	1991	R. H. Coase GB
1972	Sir J. R. Hicks GB K. J. Arrow USA	1992	G. S. Becker USA
		1993	R. W. Fogel USA D. C. North USA
1973	W. Leontief USA		
1974	K. G. Myrdal S F. A. von Hayek GB	1994	J. C. Harsanyi USA J. F. Nash USA R. Selten D
1975	L. Kantorowitsch UdSSR T. C. Koopmans USA		
		1995	R. E. Lucas USA
1976	M. Friedman USA	1996	J. A. Mirrless GB W. Vickrey Kanada
1977	B. G. Ohlin S J. E. Meade GB		
		1997	R. C. Merton USA M. S. Scholes USA
1978	H. A. Simon USA		
1979	T. W. Schultz USA Sir W. A. Lewis USA		
1980	L. R. Klein USA		
1981	J. Tobin USA		

Nobelpreisträgertagung, seit 1951 jährlich von der Stadt Lindau (Bodensee) veranstaltetes internat. Treffen von Nobelpreisträgern der Medizin, Chemie und Physik mit Wissenschaftlern und Studierenden v. a. aus versch. europ. Ländern, bei dem die Laureaten über Forschungsergebnisse auf ihren Fachgebieten berichten. Ehrenprotektor der Tagungen ist GUSTAV LENNART BERNADOTTE, Graf VON WISBORG. – 1955 wurde anläßlich einer N. das ›Mainauer Manifest‹ gegen den Einsatz von Kernwaffen von 18 Nobelpreisträgern unterzeichnet.

Nobelstiftung, jurist. und administrative Einrichtung zur Verw. des **Nobelpreiskapitals** mit Sitz in Stockholm; 1900 gegr., entsprechend der testamentar. Verfügung A. NOBELS, mit seinem Vermögen (in seinem Todesjahr 1896 rd. 33,2 Mio. skr) einen Fonds zu bilden und dessen Erträge jährlich in fünf gleiche Teile zu teilen und ›in der Form von Preisen an jene zu verteilen, die im verflossenen Jahr der Menschheit den größten Nutzen geleistet haben‹. Als Legatarin (Vermächtnisnehmerin) NOBELS ist die N. zugleich das gemeinsame Verw.-Organ der fünf speziellen **Nobelkomitees,** die den preisverleihenden Institutionen zugeordnet sind (→Nobelpreis).

Nobeoka, Hafenstadt an der O-Küste der Insel Kyūshū, Präfektur Miyazaki, Japan, 128 300 Ew.; Kunstfaser-, Düngemittelindustrie, Fischfang und -verarbeitung; an der Küste nahe N. Perlenzucht.

Nōbiebene, mit 3 200 km^2 einer der größten Siedlungsräume Japans, inmitten der Insel Honshū an der Isebucht gelegen, vom Kisogawa durchflossen. Hauptort ist →Nagoya.

Nobile, 1) Peter von, auch **Pietro de N.,** schweizer. Architekt, * Campestro (Kt. Tessin) 1774, † Wien 7. 11. 1854; wurde 1807 städt. Baudirektor in Triest, 1818 Direktor der Bauschule an der Akad. der bildenden Künste in Wien. N. orientierte sich bei seinen bedeutenden klassizist. Bauten an antiken Vorbildern sowie an Werken VIGNOLAS und A. PALLADIOS.
Werke: Theseustempel im Volksgarten in Wien (1820–23); Äußeres Burgtor, ebd. (1821–24); Sant'Antonio in Triest (1826–49; nach dem Vorbild des Pantheons in Rom).

2) Umberto, ital. General und Luftfahrtingenieur, * Lauro (Prov. Avellino) 21. 1. 1885, † Rom 30. 7. 1978; überflog 1926 mit dem von ihm konstruierten Luftschiff ›Norge‹ (zus. mit R. AMUNDSEN und L. ELLSWORTH) den Nordpol. 1928 leitete er die Polarexpedition mit dem Luftschiff ›Italia‹, dessen Absturz auf dem Rückflug vom Pol in der Nähe von Spitzbergen eine internat. Rettungsaktion auslöste (dabei Tod AMUNDSENS). N. wurde für das Scheitern des Unternehmens verantwortlich gemacht und aus der Armee entlassen. 1932–36 Fachberater für Luftschiffbau in Moskau, ging er 1939 in die USA und war nach seiner Rückkehr nach Italien (1945) Prof. für Aeronautik in Neapel; schrieb u. a. ›L'Italia al Polo Nord‹ (1930; dt. ›Im Luftschiff zum Nordpol‹) und ›Posso dire la verità‹ (1945).
F. BĚHOUNEK: Sieben Wochen auf der Eisscholle (^{18}1931); WILLY MEYER: Der Kampf um N. (1931); H. STRAUB: N., der Pol-Pionier (Zürich 1985).

Nobiles [lat. ›die Bekannten‹], Sg. **Nobilis,** im *antiken Rom* allg. die Angehörigen des Amtsadels, spätestens seit dem 2. Jh. v. Chr. die führende Schicht der Senatsfamilien, die Konsuln und ihre Nachkommen in männl. Linie. In den Amtsadel stieg nur selten ein →Homo novus (z. B. CATO, CICERO) auf. – In *Italien* wurden seit dem ausgehenden MA. die Mitgl. des Adels allg. ›Nobili‹ genannt.

Nobili, Roberto De, ital. Jesuit und Missionar, * Montepulciano September 1577, † Mylapore (heute zu Madras) 16. 1. 1656; seit 1606 Missionar in Madhurai (S-Indien). N. studierte Tamil, Telugu und Sanskrit und vertrat in seiner Missionsarbeit den Grundsatz der →Akkommodation. Sein Missionskonzept war auch unter den Brahmanen erfolgreich, löste jedoch wegen der von ihm befürworteten partiellen Beibehaltung von Hindubräuchen und der Kastentrennung Kontroversen in der Kirche aus (→Ritenstreit).

Nobilität [lat. nobilitas, eigtl. ›Berühmtheit‹] *die, -,* im antiken Rom Bez. für den nach Beendigung des Ständekampfes im 3. Jh. v. Chr. aus Patriziern und Plebejern entstandenen republikanischen Amtsadel (→Nobiles).

Nobility [nəʊˈbɪləti] *die, -,* der höhere Adel in Großbritannien; umfaßt die Ränge Duke, Marquess, Earl, Viscount und Baron. (→Gentry)

Nobiskrug, früher volkstüml. Bez. für Hölle; Höllenwirtshaus. In der mittelalterl. Gaunersprache wurde ›nobis‹ als Umschreibung für ›nicht‹, ›nein‹ mit abwertender Bedeutung gebraucht. Im niederdt. Sprachbereich heißt das Wirtshaus Kroog (Krug).

Umberto Nobile

Bernhard Nocht

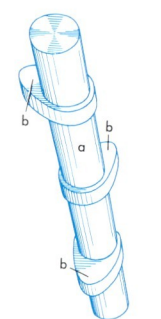

Nockenwelle: a Welle, b Nocken

Das früheste Zeugnis eines Wirtshauses ›N.‹ stammt aus Hamburg (1526), das dem Nobistor an der Grenze zu Altona den Namen gab. Als Euphemismus für eine schlechte Herberge wurde der N. zum Wirtshaus der Toten, zur Hölle bzw. Vorhölle, wo sie auf ihrer Jenseitsreise einkehren müssen. Der Aufenthaltsort der ungetauft verstorbenen Kinder wird in der Schweiz und in Tirol als Nobishaus oder Nobiskratte bezeichnet. Schon im 15. Jh. ist der N. als Höllendarstellung bildlich belegt, seit dem späten 19. Jh. auch literar. Motiv (u. a. bei F. W. WEBER, BÖRRIES VON MÜNCHHAUSEN, H. BOSSDORF).

nöbL, Abk. für **n**icht**ö**ffentlicher **b**eweglicher **L**andfunkdienst, ein →Funkdienst.

Noblesse [noˈblɛs, frz.] *die, -, bildungssprachlich* für: Vornehmheit; vornehme, elegante Erscheinung.

noblesse oblige [noblɛsɔˈbliːʒ; frz. ›Adel verpflichtet‹], *bildungssprachlich* für: eine höhere gesellschaftl. Stellung verpflichtet zu den entsprechenden Verhaltensweisen.

Nobling, früh bis mittelfrüh reifende Weißweinrebe mit hohen Ansprüchen, Trauben mit hohem Mostgewicht, eine Neuzüchtung (1939 in Freiburg im Breisgau), Kreuzung zw. Silvaner und Gutedel; liefert mittelkräftige bis körperreiche Weine; in Dtl. 116 ha bestockte Rebfläche, davon 107 ha in Baden.

Nobre [ˈnɔbrə], António, port. Dichter, * Porto 16. 8. 1867, † ebd. 18. 3. 1900; vom frz. Symbolismus, der Neuromantik A. M. DE GUERRA JUNQUEIROS und der nordport. Volksdichtung beeinflusster Lyriker. N.s schwermütig-düstere, von seiner Krankheit (Tuberkulose) geprägte Lyrik hatte eine starke Ausstrahlung auf die zeitgenöss. port. Dichtung. Sein Hauptwerk ist der Gedichtband ›Só‹ (1892); postum erschienen ›Despedidas‹ (hg. 1902), ›Primeiros versos, 1882–1889‹ (hg. 1921) und ›Alicerces‹ (hg. 1983).

J. G. SIMÕES: A. N. (Lissabon ³1984).

Nóbrega, Manuel da, kath. Theologe, * in S-Portugal 18. 10. 1517, † Rio de Janeiro 18. 10. 1570; Jesuit und Missionar; gründete 1549 in São Salvador da Bahia de Todos os Santos (heute Salvador) das erste Jesuitenkolleg Amerikas; förderte als erster Provinzial seines Ordens in Brasilien (1553–59) die Indianermission, wobei er sich gegen die Versklavung der Indianer wandte. Er gilt als Gründer von São Paulo und als Mitgründer von Rio de Janeiro.

Nobs, Ernst, schweizer. Politiker, * Seedorf (Kt. Bern) 14. 7. 1886, † Meilen 13. 3. 1957; 1942–43 Stadtpräs. von Zürich, war 1943–51 als erster Sozialdemokrat Mitgl. des Bundesrats; 1949 Bundespräsident.

Nocardia [nach dem frz. Tierarzt EDMOND ISIDORE NOCARD, * 1850, † 1903], aerobe, grampositive, meist säurefeste, zu den Actinomycetales gehörende Bakterien. Auf Nährböden bilden sie ein Luftmyzel, das in stäbchenförmige oder kokkoide Elemente zerfällt. N. ist in Böden weit verbreitet; einige Vertreter sind Symbionten von Insekten, andere sind Krankheitserreger.

Noce [ˈnoːtʃe] *der,* dt. **Nosbach,** rechter Nebenfluss der Etsch in Trentino-Südtirol, Italien, 79 km lang, entspringt in der südl. Ortlergruppe, fließt durch Sulzberg- (Val di Sole) und Nonsbergtal (Val di Non), mündet bei Zambana; 1950 wurde bei Cles der Stausee Lago di Santa Giustina angelegt (mit Kraftwerk).

Nocera Inferiore [noˈtʃɛːra -], Stadt in der Prov. Salerno, Italien, in Kampanien, 40 m ü. M., 48 900 Ew.; Bischofssitz; Zentrum der Gartenbaulandschaft am unteren Sarno (Obst, Gemüse, Tomaten); zus. mit dem östlich anschließenden **Nocera Superiore** (23 100 Ew.) Industriestandort (Nahrungsmittel-, Textilindustrie, Maschinenbau, Gerbereien).

Nochgeschäft, →Termingeschäfte.

Nocht, Bernhard, Tropenpathologe, * Landshut i. Schles. 4. 11. 1857, † Wiesbaden 5. 6. 1945; ab 1883 Marinearzt; 1887–90 Mitarbeiter von R. KOCH am Hygien. Inst. der Universität Berlin; 1890 Initiator und bis 1930 Leiter des 1942 nach ihm benannten Inst. für Schiffs- und Tropenkrankheiten in Hamburg; ab 1906 auch Prof. an der dortigen Universität. N. gab der dt. tropenmedizin. Forschung und Lehre entscheidende Impulse; er befasste sich mit Malaria, empfahl zur Behandlung Chinin (›Die Malaria‹, 1918, zus. mit MARTIN MAYER) und leistete wichtige Beiträge zur Beriberiforschung.

Nöck, dän. **Nøk** [nœk], norweg. **Nøkke** [ˈnœkə], schwed. **Näck,** ein durch seinen Gesang verlockender Wassergeist, der die ihn verspottenden Menschen ertränkt.

Nocken, *Maschinenbau:* auf einer Welle (**N.-Welle**) oder einer Scheibe (**Kurvenscheibe**) angeordneter kurvenförmiger Vorsprung, mit dem die Drehbewegung der Welle oder Scheibe in Hubbewegungen eines Stößels oder Schwenkbewegungen eines Hebels umgewandelt wird.

Nockenwelle, *Kraftfahrzeugtechnik:* mit Nocken ausgerüstete Welle zur Steuerung der Ventile bei Verbrennungsmotoren; die Nocken wirken direkt oder unter Zwischenschaltung von Stößel, Stoßstange, Kipp- oder Schlepphebel auf das Ventil ein und rufen die Ventilbewegung und damit den →Ladungswechsel hervor. Form und Lage der Nocken für Ein- und Auslassventil zueinander bestimmen entscheidend den Verlauf des Motordrehmoments. Bei schnell laufenden Motoren erzeugen ruckfreie Nocken eine Hubbewegung, die keine Sprünge in der Beschleunigung aufweist, zusätzlich wird die N. im Zylinderkopf angeordnet. Die N. wird durch Zahnräder, Kette oder Zahnriemen von der Kurbelwelle aus angetrieben. Ihre Drehzahl ist bei Viertaktmotoren gleich der halben Kurbelwellendrehzahl, bei den selten gebauten ventilgesteuerten Zweitaktmotoren gleich der Kurbelwellendrehzahl.

Nockgebiet, Nockberge, südwestl. Teil der Gurktaler Alpen (nordöstlich des Millstätter Sees) in Kärnten, Österreich, stark zertalt, durch grasbewachsene Grundgebirgskuppen (›Nock‹) charakterisiert, im Rosennock 2440 m ü. M.; v. a. Almwirtschaft; Fremdenverkehr; auf der Millstätter Alpe Magnesitabbau. Der zentrale Teil bildet den **Nationalpark Nockberge** (216 km²), dessen östl. Teil durch die 34 km lange **Nockalmstraße** von Innerkrems in die Reichenau (oberes Gurktal südlich der Turracher Höhe) erschlossen ist.

Noctiluca [lat. ›Nachtleuchte‹], Gattung der →Dinoflagellaten; nur wenige Arten, wie die im Oberflächenwasser der Meere weltweit verbreitete Art **N. miliaris:** mit fast farblosem, 0,2–2 mm großem Körper und nur einer Geißel; Ernährungsweise heterotroph; wichtigster Verursacher des Meeresleuchtens.

Nocturne [nɔkˈtyrn, frz., eigtl. ›nächtlich‹] *das, -s/-s* oder *die, -/-s, Musik:* →Notturno.

nocturnus [lat.], *Medizin:* nächtlich, in der Nacht auftretend; Ggs.: diurnus.

Noddack, Walter Karl Friedrich, Physikochemiker, * Berlin 17. 8. 1893, † Bamberg 7. 12. 1960; Prof. in Freiburg im Breisgau (1935–41), Straßburg und Bamberg (seit 1946). N. arbeitete über Kohlendioxidassimilation und photochem. Probleme; er entdeckte 1925 mit seiner Frau IDA N.-TACKE (* 1896, † 1978) das Rhenium. Gemeinsam arbeiteten sie danach über das Technetium und über die Häufigkeit der chem. Elemente in der Erdrinde, in Meteoriten und in lebenden Organismen.

Noddi|seeschwalben, Noddy|seeschwalben, Gattung fast 40 cm großer, mit Ausnahme der grauen bis weißen Kopfkappe dunkelbrauner Seeschwalben, v. a. an den Küsten trop. und subtrop. Meere; von den drei Arten kommt als Irrgast in Europa nur die Art Anous stolidus (Eigentl. N.) vor.

Nodier [nɔˈdje], Charles, frz. Schriftsteller, * Besançon 29. 4. 1780, † Paris 27. 1. 1844; gründete den ersten romant. ›Cénacle‹ (in dem er u. a. V. HUGO, A. DE LAMARTINE, A. DE VIGNY, C. A. SAINTE-BEUVE, A. DE MUSSET und E. DELACROIX versammelte) und wurde 1824 Leiter der Bibliothèque de l'Arsenal in Paris. Als eine der bedeutendsten Gestalten der frühen frz. Romantik trug er dazu bei, die Werke SHAKESPEARES (›Les pensées de Shakespeare, extraites de ses œuvres‹, 1801) sowie der engl. und dt. Romantiker in Frankreich zu verbreiten. Sein Werk ist vom Lebensgefühl des ›Weltschmerzes‹ geprägt (so der Roman ›Le peintre de Salzbourg ou Journal des émotions d'un cœur souffrant‹, 1803); in seinen Novellen führte er die dichter. Gestaltung des Fantastischen sowie des Wahnsinns und des Traums als eigener Dimension von Realität ein und beeinflusste in der frz. Literatur u. a. G. DE NERVAL, später die Surrealisten (›Jean Sbogar‹, 1818, dt. ›Hans Sbogar‹; ›Smarra ou les démons de la nuit‹, 1821, dt. ›Smarra‹; ›Trilby ou le lutin d'Argail‹, 1822, dt. ›Trilby oder Kobold von Argyll‹; ›La fée aux miettes‹, 1832, dt. ›Die Krümchen-Fee‹).

Weitere Werke: *Roman:* Histoire du roi de Bohême et de ses sept châteaux (1830). – *Erinnerungen:* Souvenirs de jeunesse (1832; dt. Jugenderinnerungen).

Ausgaben: Œuvres, 12 Bde. (1832–37, Nachdr. 1968); Contes. Avec des textes et des documents inédits, hg. v. P.-G. CASTEX (Neuausg. 1979).

S. F. BELL: C. N. His life and works. A critical bibliography, 1923–1967 (Chapel Hill, N. C., 1971); H. NELSON: C. N. (New York 1972); B. ROGERS: C. N. et la tentation de la folie (Genf 1985); M. WACHS: Die poet. Verwirklichung von C. N.s Konzept des ›fantastique vraisemblable‹ (1987).

Nodus [lat.] *der, -/...di,* 1) *Anatomie* und *Medizin:* Knoten, natürliches anatom. Gebilde (z. B. **N. lymphaticus,** Lymphknoten) oder krankhafte Gewebeveränderung (z. B. Gichtknoten). – **nodös,** von knotiger Beschaffenheit.

2) *Kunsthandwerk:* Knauf am Schaft von Geräten (Kelch, Leuchter u. a.), der das Halten erleichtert.

Noé [nɔˈe], Amédée Charles Henry de, frz. Karikaturist und Illustrator, * Paris 26. 1. 1819, † ebd. 6. 9. 1879; war unter dem Pseud. **Cham** über drei Jahrzehnte v. a. für ›Le Charivari‹ tätig; von H. DAUMIER beeinflusste polit. und gesellschaftskrit. Karikaturen und Sittenbilder.

No-Effect-Level [ˈnəʊɪˈfektlevl; engl. no effect ›keine Wirkung‹], *Toxikologie:* die höchstmögl. Konzentration eines chem. Wirkstoffes, die im Tierversuch noch keine Vergiftungserscheinungen bewirkt; der N.-E.-L. ist die Basis für die Ermittlung des →ADI-Wertes.

Noel-Baker [ˈnəʊəl ˈbeɪkə], Philip, Baron (seit 1977), brit. Politiker, * London 1. 11. 1889, † ebd. 8. 10. 1982; Mitgl. der Labour Party, nahm 1919 an der Pariser Friedens-, 1932–33 an der Genfer Abrüstungskonferenz teil. 1945–51 hatte er versch. Ministerämter inne; setzte sich für die internat. Abrüstung ein; erhielt 1959 den Friedensnobelpreis.

Werke: The private manufacture of armaments (1936); The arms race. A programme for world disarmament (1958; dt. Wettlauf der Waffen); The first world disarmament conference 1932–1933. And why it failed (1979).

Noelle-Neumann [ˈnœlə-], Elisabeth, eigtl. **E. N.-N.-Maier-Leibnitz** (seit 1980), Journalistin und Meinungsforscherin, * Berlin 19. 12. 1916; seit 1980 ∞ mit H. MAIER-LEIBNITZ; gründete 1947 mit ihrem damaligen Ehemann ERICH PETER NEUMANN (* 1912, † 1973) das erste (Meinungsforschungsinstitut = Institut für Demoskopie Allensbach); wurde 1964 Prof. an der Univ. Mainz, deren Inst. für Publizistik sie ab 1967 aufbaute und bis zu ihrer Emeritierung 1983 leitete. N.-N. arbeitete richtungsweisend auf den Gebieten der Meinungsforschung und Kommunikationswiss.; sie prägte den Begriff →Schweigespirale.

Werke: Amerikan. Massenbefragungen über Politik u. Presse (1940); Umfragen in der Massengesellschaft (1963, 1996 erw. u. d. T. Alle, nicht jeder); Die Schweigespirale (1980, 1989 erw. u. d. T. Öffentl. Meinung. Die Entdeckung der Schweigespirale, 1989, erneut erw. 1996).

Ausgabe: Öffentlichkeit als Bedrohung. Beitrr. zur empir. Kommunikationsforschung (1977).

Noelte [ˈnœltə], Rudolf, Regisseur, * Berlin 20. 3. 1921; begann 1945 als Regieassistent J. FEHLINGS in Berlin; seit 1948 eigene Inszenierungen; Durchbruch 1953 mit der Inszenierung der Dramatisierung von F. KAFKAS Roman ›Das Schloß‹ durch M. BROD. Seine Aufsehen erregenden Inszenierungen der ›Kassette‹ (1960) und des ›Snobs‹ (1964) waren Ausgangspunkt einer literar. und dramat. Neubewertung C. STERNHEIMS. N. entwickelte einen akrib., intensiven Inszenierungsstil (z. B. an Tschechow-Stücken). 1990/91 arbeitete er am Zürcher Schauspielhaus.

Inszenierungen in Moll. Der Regisseur R. N., hg. v. A. GERLACH (1996).

Noem [griech. *nóēma* ›Gedanke‹, ›Sinn‹] *das, -s/-e, Sprachwissenschaft:* nicht weiter zerlegbarer semant. Bestandteil einer sprachl. Einheit (z. B. setzt sich der Begriff ›Frau‹ aus den N. ›weiblich‹ und ›erwachsen‹ zusammen); entspricht dem →Merkmal. Da die N. nicht nur für Einzelsprachen gelten, sondern interlingualen Charakter haben, besitzen sie einen hohen Verallgemeinerungsgrad. Die Beziehungen der N. zueinander als Glieder eines Systems und ihre Verbindung zu →Sememen untersucht die **Noematik** oder **Noemik.**

Noema [griech.] *das, -s/...'emata,* der Gegenstand des Denkens, der Gedanke, im Unterschied zum Gegenstand der Wahrnehmung; in der Phänomenologie von E. HUSSERL der Inhalt, die Bedeutung eines Gedankens im Denkakt, der Noesis.

Noesis [griech.] *die, -,* das Denken, die geistige Tätigkeit, im Unterschied zur Wahrnehmung, zum moral. Handeln (griech. ›práxis‹) und zu Herstellungshandlungen (griech. ›poíēsis‹); in der Phänomenologie von E. HUSSERL der Denkakt, in dem Inhalte und Bedeutungen erkannt bzw. angenommen werden, im Unterschied zu Noema.

Noether [ˈnø-], 1) Amalie Emmy, Mathematikerin, * Erlangen 23. 3. 1882, † Bryn Mawr (Pa.) 14. 4. 1935, Tochter von 2); gilt als die bedeutendste Mathematikerin des 20. Jh.; nach dem Studium in Erlangen und Göttingen (Mathematik und Sprachwiss., von 1900 bis 1903/04 nur als Hospitantin, bevor die Immatrikulation gesetzlich möglich wurde), Promotion (1908) bei P. GORDAN; Arbeit (ohne Anstellung) u. a. am Mathemat. Inst. der Univ. Erlangen; 1922–33 Prof. in Göttingen; nach der Aberkennung der Lehrberechtigung 1933 emigrierte sie in die USA. Bekannt geworden ist sie als Begründerin der abstrakten Algebra, die in B. L. VAN DER WAERDENS Lehrbuch ›Moderne Algebra‹ (1930) ihren Niederschlag fand. Hauptarbeitsgebiete waren die Ringtheorie (→noetherscher Ring) sowie die Theorie der Invarianten und Differenzialinvarianten (→noethersches Theorem); auch den algebraischen Topologie verdankt ihr wichtige Anregungen. Mit ihren Ergebnissen zur allgemeinen Idealtheorie und über nichtkommutative Algebren hat N. wesentlich zur Durchsetzung des abstrakten algebraischen Denkens beigetragen.

Ausgabe: Ges. Abh., hg. v. N. JACOBSON (1983).

A. DICK: E. N. 1882–1935 (Basel 1970).

2) Max, Mathematiker, * Mannheim 24. 9. 1844, † Erlangen 13. 12. 1921, Vater von 1); ab 1875 Prof. in Erlangen, arbeitete über die Theorie der algebraischen Funktionen, die Invariantentheorie und die Thetareihen; Wegbereiter der algebraischen Geometrie.

noetherscher Ring [ˈnø-; nach A. E. NOETHER], ein kommutativer Ring R mit eins, der eine der beiden nachfolgenden äquivalenten Bedingungen erfüllt:

Charles Nodier

Philip Noel-Baker

1) Jedes Ideal I in R wird von endlich vielen Elementen erzeugt, d. h., jedes Element $a \in I$ lässt sich in der Form $a = K_1 b_1 + \ldots + K_n b_n$ darstellen, wobei K_i ($i = 1, \ldots, n$) Elemente von R und b_i ($i = 1, \ldots, n$) bestimmte Elemente von I sind. Letztere werden auch **Basis** genannt. 2) In jeder nichtleeren Menge von Idealen in R gibt es ein maximales Ideal, d. i. ein Ideal, das in keinem Ideal aus der Menge von Idealen enthalten ist. Beispiele: alle Körper, der Ring der ganzen Zahlen $\mathbb{Z}$.

noethersches Theorem ['nø-], ein von A. E. NOETHER und D. HILBERT formulierter Satz, nach dem eine lagrangesche Theorie n Erhaltungsgrößen besitzt, wenn sie (d. h. ihre Lagrange-Funktion L oder allgemeiner das Wirkungsintegral $I = \int dt L$) unter den Transformationen einer n-parametr. Lie-Gruppe invariant ist. Das n. T. ist von großer Bedeutung für die theoret. Physik (für die klass. Physik – Punktmechanik und klass. Feldtheorie – unmittelbar, für die Quantenphysik vermittels des Korrespondenzprinzips), weil es Symmetrien und Erhaltungssätze miteinander verbindet. So folgt der Energiesatz aus der Invarianz (Symmetrie) bezüglich Translation der Zeit (Homogenität der Zeit), der Impulssatz aus der Invarianz gegen Translation im Raum (Homogenität des Raums) und der Drehimpulssatz aus der Invarianz gegen Rotation im Raum (Isotropie des Raums).

Noetik [griech.] *die, -.* Lehre vom Denken, Begreifen und Erkennen, die als ›angewandte Logik‹ im Sinne einer allgemeinen Erkenntnislehre nicht nur auf richtiges Denken, sondern auch auf wahres Erkennen gerichtet ist.

Nöfer, Werner, Maler und Grafiker, * Essen 25. 6. 1937. N.s Formensprache ist an der technisierten, mechanisierten Umwelt orientiert, wobei er Naturrudimente einbezieht. Er trat v. a. mit Siebdrucken hervor; seit den 80er-Jahren auch Schnittarbeiten aus Papier.

W. N. Papierarbeiten 1982–1989, Ausst.-Kat. Karl-Ernst-Osthaus-Museum, Hagen (1989).

Nofretete, Nefertiti, Nafteta [ägypt. ›die Schöne ist gekommen‹], ägypt. Königin des 14. Jh. v. Chr.; Gemahlin von AMENOPHIS IV., bis zu dessen 12. Regjahr sie auf seiner Seite dargestellt ist. Ihre Modellbüste aus bemaltem Kalkstein (Berlin, Ägypt. Museum) wurde 1912 bei Ausgrabungen in Amarna gefunden, in der gleichen Bildhauerwerkstatt fanden sich mehrere unvollendete Porträtköpfe der Königin (um 1352 v. Chr.). (Weiteres BILD →ägyptische Kultur)

R. ANTHES: Die Büste der Königin N. (⁵1973).

Nofretiri, Nofretiri, Nefertari, ägypt. Königin, † um 1260 v. Chr.; Gemahlin von RAMSES II.; ihr Felsengrab im Tal der Königinnen bei Luxor enthält Wandbilder von großer Leuchtkraft (z. T. Darstellungen zu Texten aus dem altägypt. Totenbuch), die 1986–92 mit Unterstützung des kaliforn. Getty-Instituts restauriert wurden (BILD →ägyptische Kultur). Das 1904 entdeckte Grab wurde 1995 erstmals Besuchern zugänglich gemacht. – Zu Ehren N.s ließ RAMSES II. den kleineren der beiden Felsentempel von Abu Simbel errichten.

Nofretari. Eine Dokumentation der Wandgemälde ihres Grabes, bearb. v. H. GOEDICKE (Graz 1971); E. DONDELINGER: Der Jenseitsweg der Nofretari (ebd. ²1977).

Nogai, mongol. Heerführer, † 1300; hoher Würdenträger in der Goldenen Horde, beherrschte fast selbstständig einen Teil ihres Territoriums.

Nogaier, 1) russ. **Nogajzi,** aus den Nachfahren türkisch-mongol. Nomaden hervorgegangenes Volk im nördl. Vorland des Großen Kaukasus, Russ. Föderation, v. a. in der →Nogaiersteppe in N-Dagestan, in Tschetschenien, Inguschetien (Kara Nogai), im O (Achikulak Nogai) und im W der Region Stawropol sowie in Karatschaio-Tscherkessien (Ak-Nogai). Die etwa 75 000 N. sind wohl vorwiegend sunnit. Muslime. Früher Nomaden, gingen sie am Kuban bereits Ende des 18. Jh. zum Ackerbau über. Die Frauen tragen reichen Schmuck. Die Sprache der Nogaier, das **Nogaische,** gehört zu den →Turksprachen und steht dem Kasachischen und Karakalpakischen nahe. Sie wurde um 1930 Schriftsprache, zunächst mit lat., ab 1938 mit kyrill. Buchstaben. – Neben der traditionellen, in zahlr. Motiven gesamtvolks. Volksdichtung entstand um die Mitte des 20. Jh. auch eine Kunstliteratur, deren Entwicklung jedoch durch die geograph. Zersplitterung der Volksgruppe gehemmt wird.

Russko-nogajskij slovar', hg. v. N. A. BASKAKOV (Moskau 1956); H. W. BRANDS, in: Ztschr. der Deutsch-Morgenländ. Gesellschaft, Suppl. 1 u. 2 (1969).

2) Nogai-Horde, 1279–1300 und seit dem 15. Jh. selbstständiges Volk der Goldenen Horde in Zentralasien, das sich in der 2. Hälfte des 16. Jh. in zwei kleinere Völkerschaften spaltete. Die **Große Nogai-Horde** wurde 1634 von den Kalmücken aus dem Gebiet zw. den Flüssen Wolga und Ural auf das rechte Wolgaufer gedrängt. Von ihr stammen die Astrachaner Tataren und die heutigen Nogaier ab. Die **Kleine Nogai-Horde** wanderte Mitte des 16. Jh. in das Gebiet zw. Don und Kuban und breitete sich vom Kasp. Meer bis zur Donaumündung aus (so die Jedisan zw. den Unterläufen von Bug und Djnestr), wo sie dem Osman. Reich und den Krimtataren untertan wurde. Nach dem Ende des Reiches der Krimtataren (1783) flohen die Angehörigen der Kleinen Nogai-Horde meist auf türk. Gebiet. Die auf der Krim verbliebenen N. wurden 1944 mit den Krimtataren nach Zentralasien ausgesiedelt. Die heute in der Russ. Föderation lebenden N. erstreben die Schaffung eines zusammengefassten autonomen Gebiets ›Nogaistan‹.

Nogaiersteppe, russ. **Nogajskaja step,** Halbwüste im östl. Kaukasusvorland, in der Russ. Föderation (Hauptteil in N von Dagestan), zw. Terek und Kuma, rd. 25 000 km² groß, 170 m ü. M. bis 28 m u. M., wird von weiten Sand- und Salztonflächen eingenommen, häufig von kleinen Salzseen unterbrochen. Die überwiegend Wermutvegetation tragende N. wird als Winterweide genutzt, am Terek-Kuma-Kanal (148 km) Bewässerungsanbau.

Nogales, Heroica N., Stadt im Bundesstaat Sonora, Mexiko, 1180 m ü. M., an der Grenze gegen die USA, 125 000 Ew.; Zentrum eines Bergbau- und Rinderweidegebietes; Umschlagplatz im Außenhandel (v. a. Wintergemüse); starker Fremdenverkehr.

Nogaret [nɔgaˈrɛ], Guillaume de, frz. Rechtsgelehrter und Staatsmann, *Saint-Félix (bei Toulouse) zw. 1260 und 1270, †April 1313; seit 1296 Mitgl. des Staatsrats und einer der bedeutendsten Legisten der Krone; 1303/04 und 1307–13 Kanzler; baute die Königsmacht im Innern aus und bestärkte das Papsttum aus, bestärkte PHILIPP IV., DEN SCHÖNEN, in dessen rücksichtslosem Vorgehen gegen Papst und Templerorden (1307); nahm 1303 Papst BONIFATIUS VIII. in Anagni gefangen; daraufhin vorübergehend gebannt.

Nogat [poln. 'nɔgat] *die,* östl. Mündungsarm der →Weichsel, in Polen. 1919–39 Grenzfluss zw. der Freien Stadt Danzig und Ostpreußen.

Nogent-sur-Marne [nɔʒɑ̃syrˈmarn], Stadt im Dép. Val-de-Marne, Frankreich, 56 m ü. M., am Wald von Vincennes und an der Marne, 25 200 Ew.; chem. Industrie, Apparatebau.

Nöggerath, Johann Jakob, Mineraloge und Geologe, *Bonn 10. 10. 1788, †ebd. 13. 9. 1877; ab 1818 Prof. in Bonn, förderte das Berg- und Hüttenwesen in Rheinland und Westfalen.

Nofretete: oben Modellbüste der Königin aus bemaltem Kalkstein; um 1360 v. Chr. (Berlin, Ägyptisches Museum); **unten** Unvollendeter Quarzitkopf, gefunden in Amarna; um 1355 v. Chr. (Kairo, Ägyptisches Museum)

Werke: Das Gebirge im Rheinland-Westphalen, 4 Bde. (1821–26); Der Bau der Erdrinde nach dem heutigen Standpunkt der Geognosie (1838, mit J. BURKART); Die Entstehung u. Ausbildung der Erde, vorzüglich durch Beispiele aus Rheinland-Westphalen erläutert (1847).

Noginsk, bis 1930 **Bogorodsk,** Stadt im Gebiet Moskau, Russland, an der Kljasma, 121 000 Ew.; altes Zentrum der Textilindustrie, bes. Baumwollverarbeitung.

Nógrád ['no:gra:d], dt. **Neograd,** Bez. in N-Ungarn, 2 544 km^2, 224 000 Ew.; im Nordungar. Mittelgebirge; Hauptwirtschaftszweige sind Braunkohlenbergbau, Stahlindustrie und Landwirtschaft; Hauptstadt und Wirtschaftszentrum ist Salgótarján.

Noguchi [-tʃi], **1)** Hidejo, jap. Bakteriologe, * Okinamura (Präfektur Fukushima) 24. 11. 1876, † Accra (Ghana) 21. 5. 1928; ab 1904 am Rockefeller Institute in New York tätig (ab 1914 als Vollmitglied). N.s Forschungen galten der Wirkung von Schlangengiften, der Kinderlähmung, versch. Tropenkrankheiten (Gelbfieber, Trachom und Oroyafieber) und der Serumdiagnostik der Syphilis. 1913 gelang ihm der Nachweis des Erregers der Syphilis im Gehirn bei progressiver Paralyse und im Rückenmark bei Tabes dorsalis (und damit des Zusammenhangs der beiden Krankheiten) sowie dessen Züchtung in Reinkultur.
G. ECKSTEIN: N. (New York 1931).

2) Isamu, amerikan. Bildhauer jap. Herkunft, * Los Angeles (Calif.) 17. 11. 1904, † New York 30. 12. 1988; verbrachte seine Jugend in Japan, kehrte 1918 in die USA zurück. In seinem anfangs von C. BRANCUSI beeinflussten Werk suchte er fernöstl. Symbolformen mit modernen westl. Tendenzen zu vereinigen. N. schuf monumentale Wandgestaltungen, Skulpturengärten (u.a. für das UNESCO-Gebäude in Paris, 1956–58) und hervorragende Porträts, auch Entwürfe für Bühnenausstattungen, Möbel und Keramik.
S. HUNTER: I. N. (New York 1978); N. GROVE: I. N. (ebd. 1985).

Isamu Noguchi: White Sun; Marmor, Durchmesser 72 cm; 1966 (Privatbesitz)

Nohl, Herman, Erziehungswissenschaftler und Philosoph, * Berlin 7. 10. 1879, † Göttingen 27. 9. 1960; ab 1919 Prof. in Jena, ab 1920 in Göttingen; begründete, ausgehend von W. DILTHEY, im Rahmen eines lebensphilosoph. Ansatzes eine geisteswiss. Pädagogik. Seine Grundlegung betonte den Zusammenhang der Erziehung mit dem Kulturleben, aber ebenso ihre eigenständige Aufgabe, sich des Heranwachsenden um seiner selbst willen anzunehmen. Bei den Gegenwarts- und Schulfragen verarbeitete N. in positiv-krit. Weise die reformpäd. Bewegung, lieferte bes. Beiträge zur Sozialpädagogik und beeinflusste die Lehrerbildung.
Werke (Auswahl): Pädagog. u. polit. Aufs. (1919); Jugendwohlfahrt (1927); Die ästhet. Wirklichkeit (1935); Einf. in die Philosophie (1935); Charakter u. Schicksal (1938); Die sittl. Grunderfahrungen (1939); Pädagogik aus 30 Jahren (1949); Die pädagog. Aufgabe der Gegenwart (1949). - **Hg.:** Hb. der Pädagogik, 5 Bde. u. Erg.-Bd. (1928–33, mit L. PALLAT).

Ausgaben: Aufgaben u. Wege der Sozialpädagogik, hg. v. E. BLOCHMANN (1965); Ausgew. pädagog. Abh., hg. v. J. OFFERMANN (1967).

Noin Ula, Berggruppe nördlich von Ulan-Bator (Mongolei) mit mehreren frühgeschichtl. Gräberfeldern; ausgegraben wurden u.a. sechs reich ausgestattete Kurgane des 1.–2. Jh. n. Chr., die sich dem reiternomad. Volk der Xiongnu zuweisen lassen. In den 8–14 m tief in den Boden eingelassenen, gezimmerten Grabkammern hatten sich Textilien, Pelze, Pferdegeschirr, Wagenteile, Keramik, Waffen sowie reiche Bronze-, Silber- und Goldarbeiten der einheim. Kultur erhalten. Daneben fanden sich chin. Importe der Hanzeit sowie ein wahrscheinlich aus Vorderasien stammendes Wollgewebe. Die Grabinventare bezeugen somit weiträumige transasiat. Verbindungen für den Beginn des 1. Jt. n. Chr.
S. I. RUDENKO: Die Kultur der Hsiung-Nu und die Hügelgräber von N. U. (a. d. Russ., 1969); O. MAENCHEN-HELFEN: Die Welt der Hunnen (a. d. Engl., 1978).

Noiret [nwa'rɛ], Philippe, frz. Schauspieler, * Lille 1. 10. 1930; Charakterdarsteller der Pariser Bühne sowie des frz. und internat. Films.
Filme: Die Tat der Thérèse D. (1962); Leben im Schloß (1965); Der Saustall (1982); Die Bestechlichen (1984); Masken (1987); Brille mit Goldrand (1987); Cinema Paradiso (1989); Das Leben und nichts anderes (1989); Palermo vergessen (1989); Uranus (1991); Max & Jérémie (1992); D'Artagnans Tochter (1994); Der Postmann (1994).
D. MAILLET: P. N. (Paris 1978).

Philippe Noiret

Noirlac [nwar'lak], ehemalige Zisterzienserabtei am Cher im Dép. Cher, Frankreich, südlich von Bourges. N., 1136 von BERNHARD VON CLAIRVAUX gegr., zählt zu den regelmäßigen und besterhaltenen Abteien des Ordens (Klostergebäude aus dem 12.–15. Jh.).

Noirmoutier [nwarmu'tje], Insel an der frz. Atlantikküste, südlich der Loiremündung im Dép. Vendée, 19 km lang, 58 km^2 groß; Brücke (seit 1971) und (bei Niedrigwasser) Fahrstraße zum Festland. Frühkartoffel- und Gemüseanbau; Austernzucht, Sardinen- und Hummerfischerei; Salzgärten (bis ins Innere der Insel). Hauptort und Hafen ist **N.-en-l'Île** (4 800 Ew.), Kirche Saint-Philibert (eines ehem. Klosters, gegr. 680) mit roman. Chor; Fremdenverkehr (Sandstrände).

no iron ['nəʊ 'aɪən; engl. non-iron ›bügelfrei‹], nicht bügeln (Hinweis auf Kleidungsstücken).

Noise [nɔɪz; engl. ›Lärm, Krach‹], Mitte der 1980er-Jahre in den USA entstandene stilisierte Form des Punkrock mit avantgardist. Kunstanspruch. Typ. N.-Bands waren die New Yorker Formation ›Helmet‹ und das Chicagoer Trio ›Urge Overkill‹.

Noisiel [nwa'zjɛl], Gem. im Dép. Seine-et-Marne, Frankreich, östlich von Paris, 16 500 Ew. – Auf dem Gelände der Schokoladenfabrik Menier wurden um 1876 für die etwa 700 Arbeiter Häuser, Schule und eine Krankenstation errichtet, heute ein einzigartiges Baudenkmal des 19. Jh.; hier entstand ein Kunst- und Kulturzentrum.

Noísiu, trag. Held der irischen Sage ›Longes Mac n-Uislenn‹ (Die Verbannung der Söhne Uislius') aus dem 8. Jh. (Handschriften ab dem 12. Jh.), der ältesten Version des Tristan-und-Isolde-Motivs.

Noisy-le-Sec [nwazilə'sɛk], Stadt im Dép. Seine-Saint Denis, Frankreich, östlich von Paris am Ourcq-Kanal, 36 300 Ew.; Metall-, Textil- und chem. Industrie, Lastwagenbau.

Nok, Dorf in Zentralnigeria, bei Kafanchan südwestlich von Jos. Fundort eines Tonkopfes (BILD →afrikanische Kunst), namengebend für die **N.-Kultur,** die älteste Eisen verwendende Kultur in Afrika südlich der Sahara. Die N.-Kultur (zw. 500 v. Chr. und 200 n. Chr.) ist deshalb bemerkenswert, weil ihre Schöpfungen (Köpfe, Büsten, Figuren, Tierdarstellungen; ausschließlich Terrakotten) einerseits eine große Vielfalt der konzeptionellen Form mit einer

Nok: Terrakottakopf; Höhe 35 cm (Lagos, Nationalmuseum)

Kenneth Noland: Brücke; 1964 (Privatbesitz)

durchgehenden Einheit des Stils in sich vereinigen, andererseits aber eine Tendenz zur Betonung des Kopfes zeigen, wie sie auch in der jüngeren afrikan. Kunst verbreitet ist. Typisch sind dreieckige Augen, die ebenso wie Mund, Nase und Ohren mit Löchern versehen sind, sowie gerillte Haare und Bärte. Die Größe schwankt zw. 10 und 150 cm. Die Gestaltung einiger Terrakotten lässt vermuten, dass die N.-Leute auf einer Holzschnitztradition aufbauten, von der heute keine Zeugnisse mehr vorliegen.

R. OLIVER u. B. M. FAGAN: Africa in the iron age (Cambridge 1975); B. E. B. FAGG: N. terracottas (London 1977); EKPO EYO u. a.: Kunstschätze aus Alt-Nigeria, Ausst.-Kat. (1983); Die Kunst des Schwarzen Afrika, bearb. v. J. KERCHACHE u. a. (a. d. Frz., 1989).

NOK, Abk. für →Nationales **O**lympisches **K**omitee.

Nokia, Stadt in der Prov. Häme, Finnland, westlich von Tampere, 26 300 Ew.; Holz- und Zellstoffindustrie, Gummifabrik, Maschinenbau, Kraftwerk.

Noktambulismus [zu lat. noctu ›nachts‹ und ambulare ›herumgehen‹] *der, -,* das Nachtwandeln (→Somnambulismus).

Nokturn [mlat., von lat. nocturnus ›nächtlich‹] *die, -/-en,* im →Stundengebet der kath. Kirche ein Teilelement (›Nachtwache‹) der →Matutin, bestehend aus Psalmen und Lesungen; in der geistl. Lesung, zu der die Matutin durch die Brevierreform (1971) umgestaltet worden ist, nicht mehr enthalten.

Nola, Stadt in der Prov. Neapel, Italien, in Kampanien, nordöstlich des Vesuvs, 33 500 Ew.; Bischofssitz; Konservenherstellung, Textilindustrie. – Klassizist. Dom (im 15. Jh. gegr.; nach 1861 neu erbaut) mit Krypta eines Vorgängerbaus (11. Jh.); Palazzo Orsini (1460). – In den Nekropolen von N. wurden reiche Funde kampan. und v. a. griech. Vasen gemacht; aus röm. Zeit stammen Reste eines Amphitheaters. – Urspr. eine Stadt der osk. Aurunker, später der Etrusker, wurde N. 313 v. Chr. von den Römern erobert; 14 n. Chr. starb hier Kaiser AUGUSTUS; seit der Spätantike ist es Bischofssitz. Seit Mitte des 7. Jh. gehörte N. zum Herzogtum Benevent, seit dem 13. Jh. stand es unter der Herrschaft versch. Adelsfamilien; seit dem 16. Jh. teilte es die Geschicke des Königreichs Neapel.

Nolan [ˈnəʊlən], Sir (seit 1981) Sidney Robert, austral. Maler und Grafiker, * Melbourne 22. 4. 1917, † London 27. 11. 1992; schilderte mit realist. Versatzstücken und sehr nuancierter Farbgebung legendäre Szenen aus der austral. Geschichte (Serien ›Ned Kelly‹, 1946 ff., BILD →australische Kunst; ›Mrs. Fraser‹, 1946/47 und 1957). In den 1980er-Jahren entstanden Sprühbilder. Er entwarf auch Bühnenbilder.

J. CLARK: S. N., landscapes and legends, Ausst.-Kat. (Cambridge 1987).

Emil Nolde: Der Prophet; Holzschnitt, 1912

Noland [ˈnəʊlənd], Kenneth, amerikan. Maler, * Asheville (N. C.) 10. 4. 1924; einer der Hauptvertreter des Color-Field-Painting. Er ›durchtränkte‹ (ausgehend von einem Zentrum) ungrundierte Leinwände mit transparenten Acrylfarben; seit 1961 entstehen geometr. Farbfelder (konzentr. Kreise, Streifen). N. verwendet z. T. ausgefallene Bildformate (Rhomben, lang gestreckte Rechtecke).

K. N. A retrospective, hg. v. D. WALDMAN u. a., Ausst.-Kat. (New York 1977); K. MOFFETT: K. N. (ebd. 1977).

Nolde, Emil, eigtl. E. **H**ansen, Maler und Grafiker, * Nolde (bei Tondern) 7. 8. 1867, † Seebüll (heute zu Neukirchen, Landkreis Nordfriesland) 13. 4. 1956; besuchte nach einer Ausbildung als Möbelschnitzer und -zeichner kurze Zeit die Karlsruher Kunstgewerbeschule und lehrte 1892–98 an der Kunstgewerbeschule in St. Gallen. Es folgten Aufenthalte in München (u. a. bei A. HOELZEL), Paris und Kopenhagen. Ab 1904 signierte er mit E. N. 1906/07 war er Mitgl. der →Brücke. 1913–15 nahm er als ethnograph. Zeichner an einer Expedition in die Südsee teil. Nach 1918 lebte er in Berlin oder auf seinem Hof Seebüll (als Stiftung Ada und Emil N. heute Museum, das den Großteil seiner Werke besitzt). Von den Nationalsozialisten wurde seine Kunst für ›entartet‹ erklärt, 1941 erhielt er Malverbot; es entstanden auf kleinstem Format die ›ungemalten‹ Bilder (ab 1938, v. a. 1941–45; etwa 1 300 Aquarelle; BILD →Aquarellmalerei), die er nach 1945 z. T. in Ölbilder übertrug. – N. ist ein Hauptmeister der expressionist. Kunst, zu der er nach frühen, vom Jugendstil beeinflussten Werken und einer impressionistisch beeinflussten Phase in Anlehnung an V. VAN GOGH und E. MUNCH fand. Sein wichtigstes Ausdrucksmittel ist die Farbe (v. a. Gelb, Orange, Zinnoberrot), die er in großen zusammenhängenden Flächen mit oft grellen Kontrasten zu äußerster Leuchtkraft steigert, häufig akzentuiert durch schwarze Konturlinien. In seinen Blumen-, Landschafts- und Meeresbildern bringt er ein leidenschaftl., auch bedrückendes Naturerlebnis zum Ausdruck; ein urwüchsiger Sinn für Spukhaftes und Groteskes spricht aus seinen von J. ENSOR beeinflussten Figuren- und Maskenbildern, in denen auch im Hang zum Exotischen deutlich wird. Ab 1909 entstanden viele Bilder mit religiöser Thematik. In Radierungen und v. a. in seinen

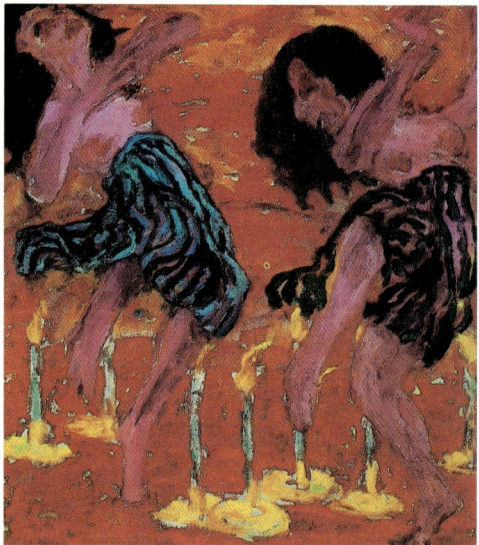

Emil Nolde: Kerzentänzerinnen; 1912 (Neukirchen, Stiftung Seebüll Ada und Emil Nolde)

Holzschnitten entwickelte N. neue Ausdrucksmöglichkeiten, die bei einer Reduzierung des Vokabulars durch die Kontrastierung von positiven und negativen Flächenwerten neue künstler. Maßstäbe setzten. Er schuf auch einige Skulpturen.

M. REUTHER: Das Frühwerk E. N.s (1985); M. URBAN: E. N. Werk-Verz. der Gemälde, 2 Bde. (1987–90); N. Aquarelle u. Zeichnungen, bearb.v. M. GOSEBRUCH (⁸1992); E. N. Reise in die Südsee 1913–1914, hg.v. K. ORCHARD, Ausst.-Kat. Sprengel-Museum, Hannover (1992); E. N. Watercolours and graphics. Aquarelle u. Graphik, Ausst.-Kat. Galerie Michael Beck, Leipzig (1995); E. N. Aquarelle, hg.v. der Stiftung Seebüll Ada u. Emil Nolde (Neuausg. ⁶1995); E. N., das graph. Werk, bearb.v. G. SCHIEFLER u. C. MOSEL, 2 Bde. (Neuausg. 1995–96); E. N., Aquarelle u. ›ungemalte Bilder‹, hg. v. R. TETZLAFF, Ausst.-Kat. Brandenburg. Kunstsammlungen Cottbus (1995).

Nöldeke, Theodor, Orientalist, * Harburg 2. 3. 1836, † Karlsruhe 25. 12. 1930; Prof. in Kiel und Straßburg, Begründer der modernen krit. Koranforschung und der semit. Sprachwissenschaft.

Werke: Gesch. des Qorâns (1860); Mandäische Gramm. (1875); Kurzgefaßte syr. Gramm. (1880); Das iran. Nationalepos (1896); Beitr. zur semit. Sprachwiss. (1904); Neue Beitr. zur semit. Sprachwiss. (1910). – *Übersetzung:* Tabari: Gesch. der Perser u. Araber zur Zeit der Sassaniden (1879).

nolens volens [lat. ›nicht wollend wollend‹], *bildungssprachlich* für: wohl oder übel, ob man will oder nicht.

Noli, Fan (Theofan), eigtl. **Stylian Mavromati,** alban. Metropolit, Politiker und Literat, * Ibrik Tepe (Ostthrakien) 6. 1. 1880, † Fort Lauderdale (Fla.) 13. 3. 1965; wanderte 1906 in die USA aus und gründete die Zeitschrift ›Dielli‹ (Sonne). 1920 nach Albanien zurückgekehrt, wurde er 1922 Außen-Min. und 1923 Metropolit von Durrës, als der er die Autokephalie der alban. orth. Kirche sicherstellte. Als Vors. der Bauernpartei 1924 Min.-Präs. und Regent, wurde aber von A. ZOGU zum Rücktritt gezwungen und kehrte in die USA zurück. Er übersetzte aus versch. Sprachen ins Albanische und schrieb u. a. eine Skanderbeg-Biographie: ›Historia e Skenderbeut‹ (1921; engl. ›George Castrioti Skanderbeg‹).

Ausgabe: Vepra të plota, 7 Bde. (1968).

Nolimetangere [lat. noli me tangere ›rühre mich nicht an‹] *das, -,* die Darstellung des auferstandenen CHRISTUS am leeren Grab, der MARIA MAGDALENA erscheint und von ihr zunächst für einen Gärtner gehalten wird (Joh. 20, 14 ff.). Die wohl früheste Darstellung findet sich auf der Lipsanothek von Brescia (Museo Civico, 4. Jh.). N. ist Thema der Kathedralskulptur und v. a. der Malerei des 14.–17. Jh. (GIOTTO, FRA ANGELICO, H. MEMLING, TIZIAN, REMBRANDT); CHRISTUS wird mit Kreuzfahne oder als Gärtner, im Barock v. a. mit zum Himmel weisendem Arm gezeigt. (BILD →Cornelisz., Jacob)

Noll, 1) Dieter, Schriftsteller, * Riesa 31. 12. 1927; sein autobiograph. geprägter Roman ›Die Abenteuer des Werner Holt. Roman einer Jugend‹ (1960; Fortsetzung mit dem Untertitel ›Roman einer Heimkehr‹, 1963) stieß wegen seiner realist. Schilderung der Erlebnisse und Konflikte eines jungen Menschen unter nationalsoz. Herrschaft im Krieg auf große Resonanz bei den Lesern in der DDR. In den späteren Werken illustrierte N. die SED-Ideologie (v. a. in dem Betriebsroman ›Kippenberg‹, 1979).

2) Ingrid, Schriftstellerin, * Schanghai 29. 9. 1935; siedelte mit ihrer Familie 1949 nach Dtl. über; schreibt erfolgreiche Romane, die Kriminalfälle aus der Sicht der Täterin psychologisch glaubwürdig und spannend schildern (u. a. ›Der Hahn ist tot‹, 1991; ›Die Häupter meiner Lieben‹, 1993; ›Die Apothekerin‹, 1994; ›Kalt ist der Abendhauch‹, 1996).

Nollekens [ˈnɔlɪkənz], Joseph, engl. Bildhauer fläm. Herkunft, * London 11. 8. 1737, † ebd. 23. 4. 1823; hielt sich 1760–70 in Rom auf; war bes. erfolgreich als Porträtbildhauer (Büsten der Staatsmänner C. J. Fox und W. PITT D. J.); schuf auch Statuen und Denkmäler (u. a. in Westminster Abbey). 1772 wurde er Mitgl. der Royal Academy.

Nolte, 1) Claudia, Politikerin, * Rostock 7. 2. 1966; Diplomingenieurin, ab 1990 wiss. Mitarbeiterin an der TH Ilmenau; wurde Herbst 1989 Mitgl. des Neuen Forums, Februar 1990 der CDU; 1990 Abg. der frei gewählten Volkskammer der DDR, wurde am 3. 10. 1990 MdB, am 18. 11. 1994 Bundes-Min. für Frauen, Jugend, Familie und Senioren.

2) Ernst Hermann, Historiker, * Witten 11. 1. 1923; war 1965–73 Prof. für neuere Geschichte an der Univ. Marburg, 1973–91 an der FU Berlin. N. forscht bes. zu Themen der Zeitgeschichte, v. a. zu Entwicklung und Wesen des Faschismus sowie totalitärer Ideologien. Sein Buch ›Der Faschismus in seiner Epoche ...‹ (1963) wurde zu einem Standardwerk der Faschismusforschung. 1986/87 stand er im Zentrum des (für die Forschung unergiebigen) →Historikerstreites; ist einer der politisch umstrittensten Zeithistoriker (u. a. Thesen von der Verklammerung ›zweier ideolog. Vernichtungspotenziale – Marxismus und die radikale Gegenantwort Faschismus –, welche zum ›europ. Bürgerkrieg‹ des 20. Jh. geführt habe).

Weitere Werke: Der Faschismus. Von Mussolini zu Hitler (1968); Die Krise des liberalen Systems u. die faschist. Bewegungen (1968); Dtl. u. der kalte Krieg (1974); Marxismus, Faschismus, kalter Krieg. Vorträge u. Aufsätze 1964–1976 (1977); Marxismus u. industrielle Revolution (1983); Der europ. Bürgerkrieg, 1917–1945. Nationalsozialismus u. Bolschewismus (1987); Die Deutschen u. ihre Vergangenheiten (1995).

3) [ˈnoʊlti], Nick, amerikan. Filmschauspieler, * Omaha (Nebr.) 8. 2. 1941; seit 1974 beim Film, in den USA v. a. in Actionthrillern als Typ des harten Draufgängers erfolgreich, in Dtl. auch als Charakterdarsteller geschätzt; Theater- und Fernsehrollen (seit 1975).

Filme: Arm und reich (1975; Fernsehserie); Die Tiefe (1977); Nur 48 Stunden (1982); Zoff in Beverly Hills (1986); Und wieder 48 Stunden (1990); Herr der Gezeiten (1991); Kap der Angst (1992); I Love Trouble (1994); Jefferson in Paris (1995); Nach eigenen Regeln (1996).

Noma [griech. nomḗ ›um sich fressendes Geschwür‹] *die, -/...mae,* **Wangenbrand, Wasserkrebs,** von der Mundschleimhaut ausgehende infektiöse Geschwürbildung der Wange mit fortschreitender Gewebenekrose; Erreger der Erkrankung sind Borrelien und Fusobakterien; tritt v. a. bei Kindern nach Infektionskrankheiten (Masern, Scharlach) und bei unterernährten Kindern der Dritten Welt auf.

Nomadismus [zu griech. nomádes ›Nomade‹, zu nomḗ, nomós ›Weide(platz)‹] *der, -,* 1) *Völkerkunde:* eine mobile, auf Wanderviehwirtschaft basierende Lebens- und Wirtschaftsweise von →Hirtenvölkern. Im **Voll-N.** betreiben die Viehzüchter **(Nomaden),** die auch Besitzer der Herden sind, nur äußerst selten ergänzenden Anbau; pflanzl. Nahrungsmittel werden bei der Ackerbau treibenden Bev. eingetauscht oder gekauft. Der geschlossene Familienverband mitsamt dem Hausrat und Zelten ist das ganze Jahr über mit den Herden unterwegs (im Unterschied zur →Transhumanz), nur zeitweise trennen sich vom Familienband Gruppen (z. B. Männer und Jungen). Die Nomaden folgen traditionell festliegenden Wanderwegen zu den jeweiligen Weiden, die oft ihr Eigentum sind. Es werden Entfernungen bis über 1 000 km zurückgelegt. Jüngere ethnolog. und kulturgeograph. Forschungen haben nachgewiesen, dass der Hirten-N. entgegen früheren Ansichten in der Entwicklungsgeschichte menschl. Kultur keine primitive Vorstufe, sondern einen Seitenzweig des sesshaften Bauerntums darstellt. Zu allen Zeiten lieferte dieses den Nomaden die notwendige Ergänzung ihrer Ernährungsbasis. – Als **Halb-N.** wird eine Wirtschaftsform bezeichnet, bei der der Ackerbau ständig ausgeübt wird und nur Teile

Claudia Nolte

Nick Nolte

der Familie wandern. Eine Variante des Halb-N. stellt der **Berg-N.** dar, mit jahreszeitlich wechselnden Weideplätzen in den versch. Höhenlagen eines Gebirges; die Weideplätze der Bergnomaden liegen näher beieinander als die der Vollnomaden.

Hauptverbreitungsgebiet des N. ist der altweltl. Trockengürtel: die Halbwüsten, Steppen und Savannen N-Afrikas, Vorder- und Zentralasiens. Die Tiere, die für die nomad. Weidewirtschaft infrage kommen, sind Ziegen und Schafe, daneben Yaks, Kamele (Trampeltiere, Dromedare) und Pferde im arab. Raum (→Beduinen), im Sahel Afrikas auch Rinder; in den polaren Gebieten sind es die Renherden. Einige Tiere dienen als Reit- und Lasttiere.

In den letzten Jahrzehnten wurde in vielen Ländern aus staatspolit. Gründen die Sesshaftmachung der Hirtenvölker betrieben und das Überschreiten der Staatsgrenzen unterbunden, gleichzeitig wurde meist der Viehwirtschaft ein Ende gesetzt.

R. HERZOG: Seßhaftwerden von Nomaden (1963); H. KLENGEL: Zw. Zelt u. Palast. Die Begegnung von Nomaden u. Seßhaften im alten Vorderasien (Wien 1972); N. Bibliogr., hg. v. F. SCHOLZ (1992); DERS.: N. Theorie u. Wandel einer sozial-ökolog. Kulturweise (1995).

2) *Zoologie:* **Vagabundismus, permanente Translokation,** das ständige oder fast ständige weiträumige Umherstreifen von Tieren ohne festen Wohnplatz, eine Verhaltensweise zahlr. Arten, die sich in unterschiedl. Form offenbart. Dabei verbinden sich vielfach der Zwang zur Nahrungssuche und ein arteigener Bewegungstrieb. Nahezu ständige Gruppenwanderungen (auch mit jahreszeitlich bedingtem Gebietswechsel) führen Huftierherden durch (z. B. Gazellen, Gnus, Zebras und Rentiere). Ihnen folgen Rudel des Hyänenhundes (Afrika) bzw. des Wolfes (Asien). Den Herden des Bartenwals folgt der räuber. Schwertwal, den Schwärmen des Frühjahrsherings der Heringshai, denen der Wanderheuschrecke der Lappenstar (SW-Afrika) bzw. der Rosenstar (Asien). Bei rd. 30% der Vögel Australiens heißt es, dass sie nahrungsbedingt dem Regen folgen. Der Eisbär umzieht (teils passiv auf driftenden Eisschollen) in 5–6 Jahren den Nordpol. Gorillas durchstreifen ein begrenztes Areal und suchen sich jede Nacht neue Plätze für ihre Schlafnester. – Über N. bei Wirbellosen ist, abgesehen von wenigen Arten (z. B. Wanderameisen), wenig bekannt.

Nom de Guerre [nɔ̃dˈgɛːr; frz. ›Kriegsname‹, urspr. ›Name, den jeder beim Eintritt in die Armee annahm‹] *der, - - -, -s - -,* bildungssprachlich für: Deckname, Künstlername (→Pseudonym).

Nom de Plume [nɔ̃dˈplym; frz. ›(Schreib)federname‹] *der, - - -/-s - ,* bildungssprachlich für: Deckname, bes. →Pseudonym.

Nome [nəʊm], Stadt in W-Alaska, USA, im SW der Sewardhalbinsel, 2 300 Ew.; Handels- und Versorgungszentrum bes. der Eskimo, Hafen (Juni bis November eisfrei), Fischerei; Flughafen. – N. war 1898–1903 während des ›Goldrausches‹ aufgeblüht (1900: 20 000 Ew.). Heute ist die Goldgewinnung unbedeutend.

Nomé [nɔˈme], François de, frz. Maler, →Monsù Desiderio.

Nomen [lat. ›Name‹] *das, -s/...mina,* auch -, **Nennwort,** *Sprachwissenschaft:* zusammenfassende Bez. für Substantiv, Adjektiv und Numerale. Dieser Definition durch die antiken griech. Grammatiker folgte im MA. – aufgrund formaler Gegebenheiten wie der Steigerungsfähigkeit der Adjektive und der Unterschiede in der Flexion in den german., balt. und slaw. Sprachen, im Dt. z. B. der schwachen und starken Flexion der Adjektive – eine Trennung, sodass i. e. S. als N. nur noch das Substantiv verstanden wurde. Man unterscheidet u. a. **N. Actionis** (Bez. von Verbalhandlungen, z. B. ›Erschütterung‹), **N. Acti** (Bez. des Abschlusses oder Ergebnisses einer Verbalhandlung, z. B. ›Markierung‹), **N. Instrumenti** (Bez. des Mittels für eine Verbalhandlung, z. B. ›Sense‹), **N. Agentis** (oder **N. Actoris,** Bez. des Trägers einer Verbalhandlung, z. B. ›Lehrer‹), **N. Qualitatis** (zur Bez. einer Eigenschaft, z. B. ›Schönheit‹). Als **N. postverbale** wird ein nach einem Verb rückgebildetes N. bezeichnet (z. B. ›Verputz‹ nach ›verputzen‹). Ferner unterscheidet man **N. commune** oder **N. appellativum** (Gattungsname) im Unterschied zum **N. proprium** (Eigenname). **Verbalnomina** sind deklinierbare Formen im Rahmen eines Verbalparadigmas wie Gerundium, Gerundivum, Infinitiv, Partizip und Supinum.

nomen est omen [lat.], bildungssprachlich für: der Name deutet schon darauf hin.

Nomen gentile [lat.] *das, - -/Nomina gentilia,* lat. für →Gentilname.

Nomenklatur [lat. ›Namenverzeichnis‹] *die, -/-en,* **1)** *allg.:* 1) Gesamtheit der Namen und Fachbezeichnungen eines bestimmten Fachgebiets, einer Wissenschaft, Kunst o. Ä.; 2) Verzeichnis der in einem bestimmten Fachgebiet o. Ä. gültigen Benennungen.

2) *Biologie:* Im Rahmen der (biolog.) Terminologie gibt es außer der für die Anatomie des Menschen festgelegten anatom. N. noch die systemat. (taxonom.) N., d. h. die Namengebung für die Vertreter der systemat. (taxonom.) Kategorien (→Taxon) in Zoologie, Botanik und Mikrobiologie. Dabei gilt die **Prioritätsregel:** In der *zoolog.* N. gilt jeweils der erste einem Tier ab 1. 1. 1758 (Jahr der 10. Auflage von C. VON LINNÉS ›Systema naturae‹) gegebene wiss. Name, sofern er den N.-Regeln im Übrigen gerecht wird. Die *botan.* N. entspricht (ebenso wie die *mikrobiolog.* N.) weitgehend der zoolog. N. Ausgangspunkt ist hier das Jahr 1753 (Ausgabe von LINNÉS ›Species plantarum‹). – Die Benennung der *Arten* ist bei Tieren und Pflanzen binär **(binäre N.):** Dem Namen der Gattung folgt der eigentl. Artname; hinzugefügt wird noch der (ggf. abgekürzte) Name des eigentl. Artnamen in Verbindung mit der wiss. Beschreibung gegeben hat, sowie das Jahr, in dem der wiss. Name so erstmals veröffentlicht wurde (z. B. Wolf: Canis lupus L., 1758; L. = Linné). Bei *Unterarten* wird dem Gattungs- und Artnamen noch die wiss. Bez. der Unterart beigefügt **(trinäre N., ternäre N.;** z. B. Europ. Wolf: Canis lupus lupus L., 1758).

R. SCHUBERT u. G. H. WAGNER: Botan. Wb. ([11]1993); E. J. HENTSCHEL u. G. H. WAGNER: Zoolog. Wb. ([6]1996).

3) *Chemie:* →chemische Nomenklatur.

4) in der vom *Marxismus-Leninismus* bestimmten Staats- und Gesellschaftsordnung zum einen Bez. für Namenverzeichnisse (z. B. von Produkten) zur einheitl. Verständigung und Verfahrensweise in der Planwirtschaft, zum anderen für das Verzeichnis von Führungspositionen (russ. ›Nomenklatura‹) in Partei, Staat, Wirtschaft und Kultur.

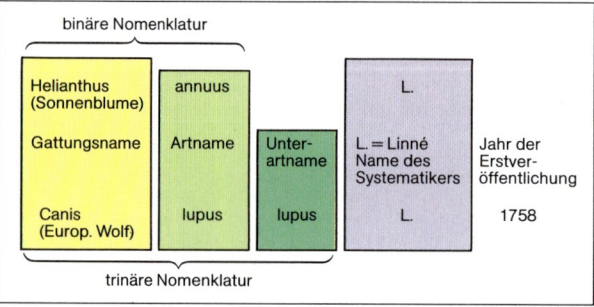

Nomenklatur 2): Beispiel der biologischen Nomenklatur

nominal [frz., von lat. nominalis ›zum Namen gehörig‹, ›namentlich‹], **1)** *Sprachwissenschaft:* das Nomen betreffend; mit einem Nomen gebildet.
2) *Wirtschaft:* **nominell,** dem Nennwert, Nennbetrag entsprechend.
Nominale [zu lat. nomen ›Namen‹], *Sg.* **Nominal** *das, -s,* die in einem Währungssystem ausgeprägten Münzen (→Stückelung).
Nominal|einkommen, →Einkommen.
Nominalisierung, 1) Substantivierung, im Rahmen der Wortbildung Umwandlung einer anderen Wortart oder Wortgruppe in ein Nomen (z. B. ›blau‹ in ›Bläue‹, ›Vater unser‹ in das ›Vaterunser‹); **2)** in der generativen Transformationsgrammatik Transformation von Verbalkomplexen oder Sätzen in eine →Nominalphrase (z. B. ›das Kind spielt‹ in ›das Spielen des Kindes‹).
Nominalismus [zu lat. nomen ›Name‹] *der, -,* **1)** *Philosophie:* im Spät-MA. begründete erkenntnistheoret. Ansicht, wonach den allgemeinen Begriffen des Denkens (z. B. Einheit, Vielheit) außerhalb ihres formalen Geltungsbereichs nichts Wirkliches entspricht. Ihre Geltung besteht lediglich in Namen, d. h. als Zeichen für etwas real Gemeintes. Der strenge N. leugnet die Übereinstimmung von Begriff und Sache und lässt nur Allgemeinbezeichnungen durch Worte (Namen, Stimmlaute, lat. ›flatus vocis‹) oder schemat. Vorstellungen gelten, deren inhaltl. Bedeutung rein durch sinnl. Einzelvorstellungen gegeben ist. Real ist demnach nur der sinnlich wahrnehmbare Einzelgegenstand. V. a. die Allgemeinbegriffe (Universalien) erfüllen nur die Funktion formalen Erkennens, begründen also kein wirkl. Wissen. Auch wenn sie mehr als bloße Worte sind, vermitteln sie doch keine Innenansicht der Dinge.
Der von P. ABAELARDUS und ROSCELIN VON COMPIÈGNE im 11. und 12. Jh. ausgehende N. ist sehr vielgestaltig; er reicht vom gemäßigten Ansatz bei W. VON OCKHAM, ALBERT VON SACHSEN, G. BIEL (→Konzeptualismus) bis zum radikalen N. bei NIKOLAUS VON AUTRECOURT, PETER VON AILLY u. a. Nominalist. Grundsätze wurden in der Folge z. B. von G. BERKELEY, D. HUME, D. HARTLEY und J. PRIESTLEY (Assoziationspsychologie) und in neuerer Zeit bes. vom Positivismus und Neopositivismus vertreten. Die erkenntniskrit. Tendenzen des N. führten zur Entwicklung des modernen empirist. Wissenschaftsbegriffs, der mit seinem Ausgang vom sinnlich wahrnehmbaren Einzelnen im Grunde immer individualistisch denkt, zur Metaphysikkritik, zur Trennung von Wissen und Glauben und zu einer Höherstellung des Willens gegenüber dem Denken (Voluntarismus), v. a. in der Theologie. Bes. der moderne log. Positivismus lehnt eine metaphys. Seinserkenntnis als Pseudoproblematik ab und beschränkt sich auf den Formalismus und Funktionalismus der durch Zeichen repräsentierten und in der sinnl. Wirklichkeit verifizierbaren Begriffe. In den auf Konvention beruhenden sprachl. Zeichen und den syntakt. Regeln ihres Gebrauchs sieht er auch das Wesentliche der Wissenschaft.
J. REINERS: Der N. in der Frühscholastik (1910); E. VON ASTER: Prinzipien der Erkenntnislehre. Versuch zu einer Neubegründung des N. (1913); E. STAMPE: Zur Entstehung des N. (1932); B. LAKEBRINK: Neue Bildung. Die Überwindung des modernen N. (1946); R. HÖNIGSWALD: Abstraktion u. Analysis (1961); G. KÜNG: Ontologie u. logist. Analyse der Sprache (1963); Das Universalien-Problem, hg. v. W. STEGMÜLLER (1978); W. HEYDRICH: Gegenstand u. Sachverhalt. Bausteine zu einer nominalistisch orientierten Semantik für Texte (1982); E. TRAUGOTT: Sicherheit im Ungewissen (1986).
2) *Wirtschaftswissenschaft:* eine Richtung der Geldtheorie (→Geld).
nominalistisches Prinzip, Nennwertprinzip, währungsrechtl. Grundsatz, demzufolge eine Geldschuld nach ihrem Nennwert, nicht nach dem realen Wert der Schuld bei der Entstehung zu begleichen ist (›Mark gleich Mark‹); eine Geldentwertung bleibt also grundsätzlich unberücksichtigt. Der Gläubiger kann sich durch eine Wertsicherungsklausel oder durch Indexierung vor dem Inflationsrisiko schützen. Ausnahmsweise kommt bei einer schwerwiegenden Äquivalenzstörung auch eine nachträgl. Anpassung des Vertrages in Betracht.
Nominalkapital, →gezeichnetes Kapital.
Nominalphrase, *Sprachwissenschaft:* unmittelbare Konstituente des Satzes (→Konstituentenanalyse), die aus Nomen oder Pronomen bestehen, aber auch durch Artikel, Adjektiv näher bestimmt, durch Relativsätze u. Ä. erweitert sein kann (z. B. ›Karl‹, ›er‹, ›der fleißige Schüler, der seine Prüfung bestanden hat‹). (→Verbalphrase)
Nominalsatz, *Sprachwissenschaft:* **1)** beschreibender Satz ohne verbales Prädikat, z. B. ›jedes Los ein Treffer‹ **(elliptischer N.);** **2)** Satz, dessen beide Hauptglieder durch ›sein‹ oder ein ähnl. (ebenfalls eine Seinsbestimmung ausdrückendes) Prädikat (z. B. ›gelten‹, ›scheinen‹) verbunden sind. (→Verbalsatz)
Nominalstil, Verwendung überwiegend substantiv. Ausdrucksformen (im Unterschied zum →Verbalstil). Der v. a. im Umfeld von Wiss., Technik, Verw. benutzte N. (z. B. ›in Ausführung des Beschlusses‹) entspricht dem Bedürfnis nach Ökonomie der sprachl. Mittel, kann aber auch zu sprachl. Leerformeln führen (z. B. ›in Wegfall kommen‹ statt ›wegfallen‹).
Nominalwert, der →Nennwert.
Nominalzins, der sich bei einer Verbindlichkeit – insbesondere einer Schuldverschreibung – auf den Nennwert beziehende Zinssatz. Wird die Schuldverschreibung zu einem unter (über) dem Nennwert liegenden Preis erworben, so ist die tatsächl. Verzinsung der eingesetzten Mittel höher (niedriger) als der Nominalzins. (→Effektivverzinsung)
Nomination [lat.] *die, -/-en, Staatskirchenrecht:* die Benennung eines Kandidaten für ein höheres Kirchen-, bes. Bischofsamt durch den Landesherrn aufgrund päpstl. Privilegs; seit dem 15. Jh. gewährt; im heutigen kath. Kirchenrecht nicht mehr vorgesehen.
Nominativ [spätlat. (casus) nominativus ›Nennfall‹, zu lat. nominare ›(be)nennen‹] *der, -s/-e,* **Werfall,** *Sprachwissenschaft:* ein Kasus, der das Subjekt als Träger der Verbalhandlung bezeichnet, z. B. ›die Kinder‹ in dem Satz ›die Kinder spielen auf der Straße‹. Außerhalb eines syntakt. Zusammenhangs steht der **absolute N.,** z. B. ›eine schöne Bescherung‹ in dem Satz ›er hat das ganze Geschirr zerschlagen, eine schöne Bescherung!‹.
Nominator [lat.], in der *Logik* ein benennender sprachl. Ausdruck, der den benannten konkreten oder abstrakten Gegenstand in der Rede vertritt, im Unterschied zu den unterscheidenden sprachl. Ausdrücken, den Prädikatoren. Neben den Eigennamen spielen in den natürl. Sprachen unter den N. v. a. die Kennzeichnungen und die Indikatoren eine wichtige Rolle.
nominell, 1) *bildungssprachlich* für: nur dem Namen nach (bestehend), nur nach außen hin so bezeichnet.
2) *Wirtschaft:* →nominal.
nominelle Kapital|erhaltung, in der Handelsbilanz angewendeter bilanztheoret. Grundsatz, der auf die Erhaltung des Ursprungskapitals nach dem Nennbetrag ausgerichtet ist. Die n. K. bedingt eine Bewertung zu Anschaffungs- oder Herstellungskosten und nicht, wie die substanzielle Kapitalerhaltung, zu Wiederbeschaffungspreisen (→Kapitalerhaltung).
Nomographie [zu griech. nómos ›Gesetz‹, ›Ordnung‹] *die, -,* **grafisches Rechnen,** infolge der Computernutzung veraltendes Teilgebiet der Mathematik, das sich mit der Aufstellung von **Nomogrammen,** d. h. graf. Darstellungen des Verlaufs von Funktionen mehrerer Veränderlicher, beschäftigt.

Nomo Nomokanon – Non-Alignment

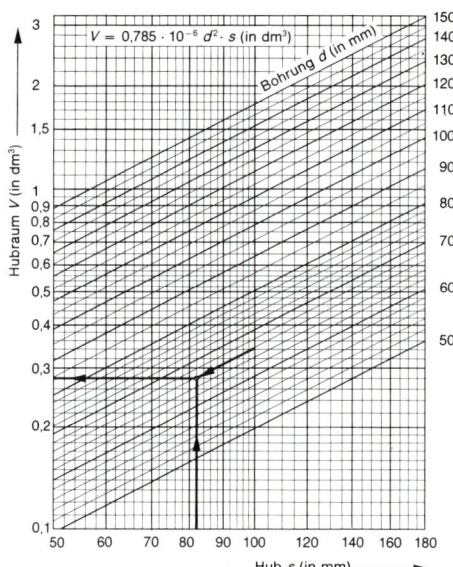

Nomographie: Nomogramm (Netztafel) dreier Veränderlicher, des Hubraums V, der Bohrung d und des Hubs s; als Beispiel ergibt sich aus $d = 66$ mm und $s = 82$ mm ein Hubraum V von $0{,}28$ dm³

Nomogramme für zwei Veränderliche: Nach Wahl eines Maßstabs (Verhältnis Darstellungsgröße zu wirkl. Größe) lässt sich eine Beziehung $y = f(x)$ als **Funktionsleiter (Funktionsskala)** darstellen, indem man auf einer meist geraden Linie von einem Anfangspunkt aus die mit dem Maßstab multiplizierten y-Werte als Strecken abträgt und die sich ergebenden Endpunkt mit den zugehörigen x-Werten kennzeichnet. – **Funktionsnetze** erhält man, wenn man die Achsen eines ebenen kartes. Koordinatensystems jeweils mit einer Funktionsleiter versieht und die achsenparallelen **Netzlinien** einzieht (Funktionspapier). Bes. wichtig sind **halblogarithmische Netze** (halblogarithm. Papier) und **doppeltlogarithmische Netze** (doppeltlogarithm. Papier).
Nomogramme für drei Veränderliche: Ist eine Funktion $z = f(x, y)$ gegeben, kann man durch Zeichnen der Kurven $z = $ const einen Überblick über die angegebene Abhängigkeit gewinnen. Zus. mit den achsenparallelen Geraden bezeichnet man solche Darstellungen als **Netztafeln**. Neben den Netztafeln sind für drei Veränderliche auch **Fluchtlinien-, Fluchten-** oder **Leitertafeln** im Gebrauch. Im Allg. hat man drei skalierte Kurven; durch eine Ablesegerade (**Fluchtgerade**) werden stets drei Punkte in Zusammenhang gebracht. Die wichtigsten Spezialfälle der Fluchtlinientafeln sind diejenigen mit geradlinigen Leitern.

Nomokanon, Nomonkanon, orth. Kirche: Bez. für eine spezielle Gattung der Rechtskodifizierung, bestehend aus Staatskirchenrecht (Nomos) und Synodalrecht (Kanon). Der älteste und bedeutendste ist der ›N. der 14 Titel‹ (629/640), der mehrfach überarbeitet wurde und das byzantin. Kirchenrecht zur Norm erhob. Daneben entstanden weitere Sammlungen, die jüngere Rechtstraditionen des Kaisertums, der Patriarchen und Synoden des Ostens aufnahmen.

Nomokratie [griech. ›Gesetzesherrschaft‹] *die, -/...'tiļen,* Herrschaftsform, in der Macht nur im Namen der Gesetze ausgeübt wird (Ggs.: Autokratie).

Nomoli, Specksteinfiguren, die im nördl. Sierra Leone, hauptsächlich in den Gebieten der Kissi, Koranko und Kono, gefunden wurden und v. a. von den Mende kultisch verwendet werden. Sie stellen männl. Gestalten mit großen, vorgeschobenen Köpfen, kugeligen Augen, großen negroiden Nasen und breiten Mündern dar und ähneln im Stil sehr der afroportugiesischen Elfenbeinkunst, deren Herstellung – ebenso wie die der N. – den Sherbro zugeschrieben wird. Ähnlich den Pomtan sollen auch sie zur Zeit der alten Königreiche Bullom und Temne (15. und 16. Jh.) entstanden sein. Z. T. gelten sie noch heute als Zauberwesen, vor denen der Gerichtseid geleistet wird und die man in die Reisfelder stellt, um das Wachstum zu fördern.

P. ALLISON: African stone sculpture (New York 1968); A. TAGLIAFERRI u. A. HAMMACHER: Die steinernen Ahnen (a. d. Engl., Graz 1974).

Nomoli: Figur aus dem Gebiet der Mende, Sierra Leone; Höhe 12 cm (Baltimore, Md., Museum of Art)

Nomos [griech.] *der, -/...moi,* **1)** *griech. Musik:* Name altehrwürdiger poetisch-musikal. Weisen für den Apollonkult. Bei der Ausführung dienten sie als unantastbares Gerüst, das lediglich variiert wurde (vergleichbar dem →Maqam und →Raga). Nach solchem Modell geschaffene Weisen wurden zu Kithara oder Aulos gesungen (kitharod. N., aulod. N.) oder allein auf dem Aulos gespielt (aulet. N.).

2) *Philosophie:* Setzung, Brauch, positives Recht im Ggs. zum göttl. Recht (griech. ›dike‹). Das Begriffspaar N. und Physis (Gesetz und Natur) bildet den Mittelpunkt der antiken griech. Naturrechtsdiskussion, die zur Zeit der Sophistik (5. und 4. Jh. v. Chr.) aufbricht. Im Kern geht es um die Funktion des N. vor dem Hintergrund einer ›natürl.‹ Ungleichheit der Menschen (Herrschaft des N. über die Natur oder Herrschaft der Natur über den Nomos).

3) *Verwaltung:* im heutigen Griechenland eine Verwaltungseinheit (entspricht etwa dem Reg.-Bez.). An der Spitze eines N. steht ein Nomarch (Präfekt).

Nomosphäre, *Sprachwissenschaft:* begrifflich-inhaltl. Seite der Sprache, im Unterschied zu den konkreten sprachl. Zeichen, der **Morphosphäre**.

Nomos Verlagsgesellschaft mbH & Co. KG, 1936 als Verlag August Lutzeyer in Berlin gegründeter Verlag, jetziger Name seit 1963; Sitz: Baden-Baden; Veröffentlichungen v. a. aus den Bereichen Recht, Politik und Wirtschaft sowie Betätigung als Datenbankanbieter.

Nomosyntax, Teilbereich der Grammatik, der die der Nomosphäre zugrunde liegenden Satzbaupläne (Nomotaxeme) nach ihrem Sinngehalt untersucht.

nomothetisch [zu griech. *nómos* ›Gesetz‹, ›Ordnung‹ und *thetikós* ›bestimmend‹], gesetzgebend (z. B. in der Terminologie I. KANTS); in Anlehnung an W. WINDELBANDS Unterscheidung der idiographisch verfahrenden Geschichts- und Kulturwiss.en werden die n. vorgehenden Naturwiss.en werden Aussagen und Wissenschaftspositionen, deren Gegenstand die Auffindung von Gesetzmäßigkeiten oder die Aufstellung von Gesetzen ist, als n. bezeichnet.

Non [lat. ›neunte (Stunde)‹] *die, -/-en,* lat. **Nona** *die, -/...nae,* der je nach Jahreszeit zw. 14 Uhr und 16.30 Uhr angesetzte Teil des →Stundengebets; mit dem Gedenken des Todesstunde JESU verbunden.

Non|affektation [lat.], **Non|affektationsprinzip,** ein Haushaltsgrundsatz, demzufolge alle öffentl. Einnahmen unterschiedslos als Deckungsmittel für alle öffentl. Ausgaben zur Verfügung stehen müssen (Verbot der Zweckbindung öffentl. Einnahmen, Grundsatz der Gesamtdeckung). Die N. ist verankert in § 7 Haushaltsgrundsätzegesetz und § 8 Bundeshaushaltsordnung, jedoch können Ausnahmen durch Gesetz vorgeschrieben werden (z. B. Zweckbindung eines Teils der Mineralölsteuer und der Feuerschutzsteuer). – Ggs.: Fondsprinzip (→Fonds).

Non-Alignment [nɒnəˈlaɪnmənt; engl. ›Bündnisfreiheit‹] *das, -s,* die Politik eines Staates, sich nicht militär. Bündnis- oder Blocksystemen anzuschließen

Nonius (Stockmaß zwischen 150 und 160 cm)

(→Neutralismus). Die Politik des N. wird v. a. von der Bewegung der →blockfreien Staaten vertreten.

No-Name-Produkte [ˈnoʊˈneɪm-; engl. no name ›kein Name‹], **namenlose Produkte, weiße Marken, Generika,** im Groß- und Einzelhandel vertriebene Waren, die keine besondere Aufmachung durch Form- und Farbgestaltung oder Markierung eines bestimmten Herstellers aufweisen, sondern lediglich eine Aufschrift über Art, Gewicht und ggf. inhaltl. Zusammensetzung des Gutes tragen. Dadurch sollen Marketingkosten eingespart und ein Grundsortiment an Konsumgütern in solider Qualität bes. preiswert angeboten werden. N.-N.-P. konnten ihren Marktanteil i. Allg. bisher nicht erheblich ausweiten; sie erreichen z. B. im Lebensmitteleinzelhandel einen Marktanteil von etwa 2–3 %. (→Handelsmarke)

Nonarime [ital. ›Neunreimer‹] *die, -/-n,* um eine Schlusszeile, die auf die zweite Zeile reimt, erweiterte Stanze; Reimschema: abababccb.

Non-Banks [ˈnɒnbæŋks, engl.], Bez. für Unternehmen des Nichtbankenbereichs, die Finanzdienstleistungen anbieten (z. B. Warenhausketten, Autohersteller).

Nonchalance [nõʃaˈlãs, frz.] *die, -, bildungssprachlich* für: Lässigkeit, Ungezwungenheit, Unbekümmertheit.

Non-Cooperation [ˈnɒnkoʊəpəˈreɪʃn; engl. ›Nichtbeteiligung‹] *die, -,* Hindi **Asahayoga,** polit. Kampfweise MAHATMA M. K. →GANDHIS.

None [lat. ›neunte‹] *die, -/-n,* Musik: das Intervall im Abstand von neun diaton. Stufen, eine (große oder kleine) Sekunde über der Oktave. Der **N.-Akkord** ist ein dissonanter Fünfklang aus Grundton, Terz, Quinte, Septime und None.

Nonen *Pl.,* lat. **Nonae,** im altröm. Kalender der 5. Tag des Monats, im März, Mai, Juli und Oktober der 7. Tag.

Non-Essentials [nɒnɪˈsenʃəlz, engl.] *Pl.,* Außenwirtschaft: Bez. für nicht lebensnotwendige Güter; Ggs. →Essentials (›Essenzialien‹).

Nonett [ital., zu nono, von lat. nonus ›der Neunte‹] *das, -(e)s/-e,* Musikstück für neun Soloinstrumente (selten Singstimmen), häufig in der Besetzung 1. und 2. Violine, Viola, Violoncello (oder Kontrabass), Flöte, Oboe, Klarinette, Fagott, Horn (z. B. op. 31, 1813, von L. SPOHR); auch Bez. für die Gruppe der Ausführenden.

non expedit [lat. ›es ist nicht angebracht‹], *kath. Kirchengeschichte:* an 1. Kor. 10,23 angelehnte Formel, mit der die Päpste PIUS IX. und LEO XIII. wegen der einseitigen staatl. Aufhebung kirchl. Privilegien und bes. wegen der Einziehung des Kirchenstaates seit 1861 den ital. Katholiken die Beteiligung an polit. Wahlen verboten haben.

nonfigurativ, *bildende Kunst:* nicht gegenständlich, gegenstandslos, abstrakt.

Non-Food-Artikel [nɒnˈfuːd-, engl.], im Handel Bez. für Waren, die nicht zum Lebensmittelsortiment gehören, z. B. Kleidung, Pflegemittel, Spielzeug, langlebige Gebrauchsgüter, Blumen, Haushaltswaren.

Non-Hodgkin-Lymphome [nɒnˈhɒdʒkɪn-; nach dem engl. Internisten THOMAS HODGKIN, * 1798, † 1866], Gruppe von bösartigen Lymphknotentumoren (→Lymphom).

Nonius, *Pferdezucht:* urspr. in zwei versch. Zuchtrichtungen vorkommende Pferderasse, als schweres, kräftiges Kutschpferd **(Großer N.)** und als etwas unedles, aber gängiges und ausdauerndes, leichtes Warmblut **(Kleiner N.),** die beide auf denselben Stammvater (›Nonius‹, Anfang des 19. Jh.) zurückgehen. Seit 1961 vereinheitlichte Zucht zur Umstellung auf ein modernes Sportpferd; Zuchtgebiete sind Ungarn und Österreich.

Nonius *der, -/...nilen, Messtechnik:* Hilfsmaßstab, der im Zusammenwirken mit einem Hauptmaßstab durch Teilung in gleiche Abstände das Ablesen von Bruchteilen der Einheiten des Hauptmaßstabs erlaubt, sodass Schätzungsfehler vermieden werden. Der N. besteht aus $n = 10$, 20 oder 50 gleichen Einheiten, die zus. so groß sind wie $n - 1$, also 9, 19 oder 49 Einheiten des abzulesenden Maßstabs (Zehntel-, Zwanzigstel- oder Fünfzigstel-N.). Der Noniensstrich, der mit einem Strich des Maßstabes zusammenfällt, gibt den gesuchten Bruchteil an. – Der N. wurde 1631 von P. VERNIER entwickelt und beschrieben. Benannt ist er nach dem port. Mathematiker PEDRO NUNES (span. NUÑEZ, latinisiert PETRUS NONIUS, * 1492, † 1577), der die Ablesevorrichtung (als Vorläufer des heutigen N., urspr. für Winkelmessgeräte) erfand.

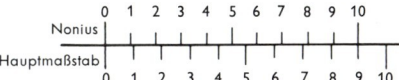

Nonius: Skala eines Zehntelnonius

Nonjurors [ˈnɒnˈdʒʊərəz, ›Nichtschwörer‹], zahlenmäßig kleine, theologisch jedoch bedeutende Gruppe in der Kirche von England, die 1689 den Eid auf WILHELM III. (von Oranien) verweigerte, da sie sich noch an JAKOB II. gebunden fühlte. Hauptvertreter der N. war der Theologe GEORGE HICKES (* 1642, † 1715). Später waren die N. in liturg. Fragen uneins; sie bestanden bis gegen Ende des 18. Jahrhunderts.

Nonkonformismus [engl.] *der, -,* grundsätzlich ablehnende, in abweichendem Verhalten und Gegnerschaft ausgedrückte Haltung bzw. Einstellung gegenüber allg. anerkannten gesellschaftl. Werten, Normen und Verhaltensmustern. N. beruht i. d. R. auf weltanschaul. Andersdenken, kann aber auch zum unreflektierten mod. Proteststil werden oder als polit. Strategie gegen traditionell bestimmte bzw. aus verfestigten Herrschaftsstrukturen hervorgebrachte übermäßige Anpassung dienen. – **Nonkonformist,** i. e. S. seit dem 19. Jh. übliche Bez. für →Dissenters; i. w. S. Bez. für Vertreter des Nonkonformismus.

non liquet [lat.], *bildungssprachlich* für: das ist nicht klar.

Nonne [ahd. nunna, von lat. nonna ›Amme‹, ›Kinderfrau‹], 1) *Bautechnik:* **Rinnenziegel,** ein →Dachziegel.

2) *kath. Kirche:* **Ordensfrau,** lat. **Monialis,** i. e. S. die Angehörige eines weibl. Ordens, i. w. S. jede Klosterschwester.

3) *Zoologie:* **Lymantria monacha,** Art aus der Schmetterlingsfamilie →Trägspinner mit 35–60 mm Flügelspannweite; Vorderflügel weiß mit schwarzen Zickzackbinden, Hinterflügel grau. Ausgewachsene Raupe grauweiß bis schwärzlich mit dunklem Rückenstreifen, bis 5 cm lang. Hauptfutterpflanze ist die Fichte, die in Monokulturen bei Massenvermehrung

None: Von links Große None; kleine None; Dominantnonenakkord in C-Dur

Nonn Nonne – Non-Profit-Organisationen

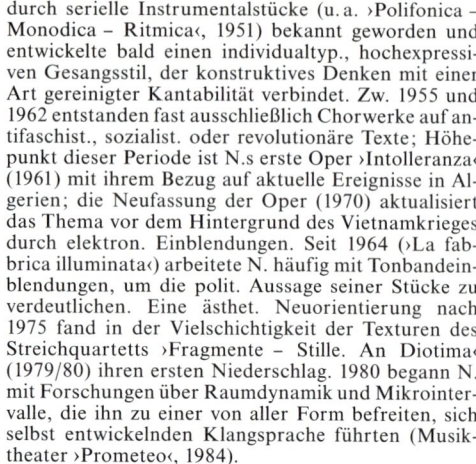

Nonne 3)
(Spannweite 35–60 mm)

der N. stark geschädigt werden kann; eine Raupe verzehrt in ihrem Leben bis zu 1 000 Nadeln.

Nonne, Max, Neurologe, *Hamburg 13. 1. 1861, †ebd. 12. 8. 1959; ab 1913 Prof. in Hamburg; erforschte die organ. und funktionellen Krankheiten des Nervensystems. Die von ihm (1907) gefundene **N.-Apelt-Reaktion** dient dem Nachweis eines erhöhten Eiweißgehaltes der Rückenmarkflüssigkeit.

Nonne, Die, frz. ›La religieuse‹, Roman von D. DIDEROT, entstanden 1760, herausgegeben 1796.

Nonne, Lonchura, zu den Prachtfinken gestellte Gattung vorwiegend braun, schwarz und weiß gefärbter Singvögel mit fast 30 Arten. Zu den N. gehören viele bekannte Stubenvögel, z. B.: **Muskatfink (Muskatvogel,** Lonchura punctulata), bis 12 cm lang; in S-Asien (einschließlich Sundainseln); Männchen und Weibchen oberseits rotbraun, unterseits weiß mit schwärzl. Federbinden; **Weißkopf-N.** (Lonchura maja), etwa 10 cm lang; in SO-Asien; **Spitzschwanz-N.** (Lonchura striata), 11 cm lang; S-Asien bis Sumatra; Oberseite braun, Bürzel mit weißen Querbändern, Schwanz schwarz, spitz zulaufend; Stammform des erstmals in China gezüchteten **Japanischen Möwchens** mit mehreren Farbvarianten.

Nonnen:
Muskatfink
(Größe 12 cm)

Nonnenchor, Nonnen|empore, Emporenraum, von dem aus die Nonnen dem Gottesdienst beiwohnen; in Kirchen von Nonnenklöstern meist als W-Empore, auch über den Seitenschiffen oder im Querschiff.

Nonnengans, Art der →Meergänse.

Nonnenmann, Klaus, Schriftsteller, *Pforzheim 9. 8. 1922, †ebd. 11. 12. 1993; Philologiestudium, danach freier Schriftsteller. Wurde bekannt durch seinen melanchol. Kurzroman ›Die sieben Briefe des Doktor Wambach‹ (1959); auch die folgenden Werke, so der Erzählungsband ›Vertraul. Geschäftsbericht‹ (1961) und der Roman ›Teddy Flesh oder Die Belagerung von Sagunt‹ (1964), sind, trotz parodist. und humorvoller Töne, von Resignation und Verzicht bestimmt; auch Essays und Hörspiele.

Nonnenwerth, Rheininsel bei Bad Honnef, NRW, 15 ha groß. 1122–1802 bestand hier eine Benediktinerinnenabtei, seit 1854 gehört die Insel Franziskanerinnen (Mädchengymnasium, Internat).

Nonni, Fluss in China, →Nen Jiang.

Non Nok Tha, vorgeschichtl. Fundstelle in NO-Thailand mit zahlr. Siedlungsschichten und Skelettbestattungen. Die älteste Schicht enthält bemalte und ritzmusterverzierte Keramik (wohl um 3000/2500 v. Chr.). Aufsehen erregten ein bisher einmalig früher Nachweis von Reis (um 2300 v. Chr.) sowie Funde von Bronzegeräten mit Schafttülle, die in mehrteiligen Steinformen gegossen sind.

Nonnos, griech. Dichter aus Panopolis, Ägypten, lebte im 5. Jh. n.Chr. Sein Epos ›Dionysiaka‹ (48 Bücher) schildert mit barockem Pathos, myst. und astrolog. Motiven den Triumphzug des Gottes Dionysos nach Indien bis zur Rückkehr und Aufnahme in den Olymp. N. gilt auch als Verfasser einer Paraphrase des Johannesevangeliums in Hexametern (›Metabole‹).

Ausgaben: Paraphrasis S. Evangelii Ioannei, hg. v. A. SCHEINDLER (1881); Dionysiaca, hg. v. R. KEYDELL, 2 Bde. (1959). – Werke, übers. v. D. EBENER, 2 Bde. (1985).

Luigi Nono

Nono, Luigi, ital. Komponist, *Venedig 29. 1. 1924, †ebd. 8. 5. 1990; Schüler von G. F. MALIPIERO und B. MADERNA; lebte freischaffend in seiner Heimatstadt. Von A. WEBERN ausgehend, ist N. nach 1950 durch serielle Instrumentalstücke (u. a. ›Polifonica – Monodica – Ritmica‹, 1951) bekannt geworden und entwickelte bald einen individualtyp., hochexpressiven Gesangsstil, der konstruktives Denken mit einer Art gereinigter Kantabilität verbindet. Zw. 1955 und 1962 entstanden fast ausschließlich Chorwerke auf antifaschist., sozialist. oder revolutionäre Texte; Höhepunkt dieser Periode ist N.s erste Oper ›Intolleranza‹ (1961) mit ihrem Bezug auf aktuelle Ereignisse in Algerien; die Neufassung der Oper (1970) aktualisiert das Thema vor dem Hintergrund des Vietnamkrieges durch elektron. Einblendungen. Seit 1964 (›La fabbrica illuminata‹) arbeitete N. häufig mit Tonbandeinblendungen, um die polit. Aussage seiner Stücke zu verdeutlichen. Eine ästhet. Neuorientierung nach 1975 fand in der Vielschichtigkeit der Texturen des Streichquartetts ›Fragmente – Stille. An Diotima‹ (1979/80) ihren ersten Niederschlag. 1980 begann N. mit Forschungen über Raumdynamik und Mikrointervalle, die ihn zu einer von aller Form befreiten, sich selbst entwickelnden Klangsprache führten (Musiktheater ›Prometeo‹, 1984).

Weitere Werke: *Orchesterwerke:* Variazioni canoniche (1950); Composizione I (1951), II (1958, Neufassung mit Tonband 1965); A Carlo Scarpa architetto, ai suoi infiniti possibili (1984); No hay caminos, hay que caminar ... Andrej Tarkovsky (1987). – *Chorwerke:* Epitafio per F. García Lorca (1953); La victoire de Guernica (1954); Il canto sospeso (1956, nach Abschiedsbriefen zum Tode verurteilter Widerstandskämpfer); Ein Gespenst geht um die Welt (1971). – *Tonbandmusik:* Per Bastiana: Tai-Yang Cheng (1967, mit Instrumenten); Musica manifesto no. 1 (1969, mit Stimme). – *Werke mit Live-Elektronik:* Quando stanno morendo, Diario polacco no. 2 (1982); Omaggio a György Kurtág (1983, rev. 1986); Risonanze erranti a Massimo Cacciari (1986).

E. H. FLAMMER: Politisch engagierte Musik als kompositor. Problem. Dargestellt am Beispiel von L. N. u. Hans Werner Henze (1981); F. SPANGEMACHER: L. N. Die elektron. Musik (1983); B. RIEDE: N.s Kompositionen mit Tonband (1986); Die Musik L. N.s, hg. v. O. KOLLERITSCH (Wien 1991); M. TAIBON: L. N. u. sein Musiktheater (Wien 1993); J. STENZL: L. N. (1998).

Nonoc, kleine Insel nördlich von Mindanao, Philippinen, gegenüber von Surigao; bedeutendste Nickelerzlager des Landes.

non olet [lat. ›es (das Geld) stinkt nicht‹], *bildungssprachlich* für: man merkt dem Geld nicht an, auf welche Weise es erworben wurde; nach dem Ausspruch des röm. Kaisers VESPASIAN, mit dem er seinem Sohn TITUS das erste Geld aus der Besteuerung der Bedürfnisanstalten unter die Nase gehalten haben soll.

Nonomura Ninsei, jap. Töpfer und Maler, →Ninsei.

Nonplus|ultra [lat. ›nicht noch weiter‹] *das, -,* etwas, was nicht besser sein könnte, etwas Unvergleichliches; beruht auf HIOB 38, 11 (›Bis hierher sollst du kommen und nicht weiter‹).

non possumus [lat. ›wir können nicht‹], nach Apg. 4, 20 gebildete Weigerungsformel des Hl. Stuhles gegenüber staatl. Forderungen, die er aus kirchlichrechtl. Gründen nicht erfüllen kann.

Non-Profit-Organisationen, Abk. **NPO, Organisationen ohne Erwerbszweck,** Bez. für alle Organisationen und Institutionen, die ohne Gewinnerzielungsabsicht agieren. Zu den **öffentlichen NPO,** die auf Bundes-, Landes- oder Gemeindeebene Leistungen für die Bürger erbringen, gehören öffentl. Verwaltungen und Betriebe (z. B. Krankenhäuser, Universitäten). Die **privaten NPO** lassen sich nach ihrem Zweck weiter untergliedern in wirtschaftl., polit., soziokulturelle und karitative NPO. Zu den wirtschaftl. NPO zählen u. a. Gewerkschaften, Arbeitgeberverbände und Genossenschaften, also Organisationen, deren Aufgabe v. a. in der Vertretung der wirtschaftl. Interessen ihrer Mitgl. besteht. Während bei den polit. NPO (z. B. Parteien, Bürgerinitiativen) die Durchsetzung polit. (ideeller) Interessen im Vordergrund steht, konzentrieren sich die soziokulturellen NPO (Sport- und Freizeitvereine, Kirchen) auf gemeinsame Aktivitäten im Rahmen kultureller und gesellschaftl. Bedürfnisse ihrer Mitgl. Ziel der karitativen NPO ist die Unterstützung benachteiligter Gruppen der Gesellschaft (z. B. Behinderte, Suchtgefährdete). Zur Erfüllung ihrer Aufgaben benötigen die NPO Arbeitskräfte, Finanz- und Betriebsmittel, die rationell beschafft und effizient eingesetzt werden müssen. – In der amtl. Statistik werden die öffentl. NPO im Sektor Staat erfasst, während die privaten NPO als private Organisationen ohne Erwerbszweck mit dem Sektor private Haushalte zusammengefasst werden. Die Zuordnung einer Organisation erfolgt unter dem Gesichtspunkt, ob die erbrachten Leistungen vorwiegend privaten Haushalten dienen und ob die Finanzierung im Wesentlichen aus freiwilligen Beiträgen und Spenden privater Haushalte resultiert (auch eine Kombination aus Preis-/Gebühren-, Beitrags-, Spenden-, Subventions- und Kapitalertragsfinanzierung ist möglich). Wegen statist. Abgrenzungsprobleme werden dem Sektor private Organisationen ohne Erwerbszweck auch die Institutionen zugerechnet, die überwiegend vom Staat finanziert werden und v. a. in Wiss. und Forschung tätig sind.

P. SCHWARZ: Management in Nonprofit-Organisationen (Bern ²1995); Hb. der Nonprofit-Organisation, hg. v. C. BADELT (1997).

Nonproliferation [nɔnprəlifəˈreiʃn, engl.] *die, -,* in der internat. Abrüstungsdebatte Bez. für das Ziel, Massenvernichtungsmittel (bes. Kernwaffen) einschließlich ihrer Trägersysteme und Technologien sowie des zu ihrer Herstellung notwendigen Materials nicht weiterzugeben. (→Kernwaffensperrvertrag)

non scholae, sed vitae discimus [lat. ›nicht für die Schule, sondern für das Leben lernen wir‹], *bildungssprachlich* für: was man lernt, lernt man für sich selbst.

Nonsensverse, Bez. für Dichtungen, die ihre (komischen) Wirkungen aus semantisch unlogischen, aber meist sprachlich reizvollen Verknüpfungen erzielen (→Limerick, →Unsinnsliteratur).

Non-Standard-Analysis, die →Nichtstandardanalysis.

Nontronit [nach Nontron, Dép. Dordogne] *der, -s/-e,* gelbes, gelbgrünes oder bläulich grünes monoklines Mineral mit der chem. Zusammensetzung $(Fe, Al)_2[(OH)_2|Si_4O_{10}] \cdot nH_2O$, ein Schichtsilikat; Härte nach MOHS 1–2, Dichte 1,7–2,3 g/cm³; bildet derbe bis dichte, lockere Aggregate; entsteht bei der Verwitterung ultrabas., eisenhaltiger Gesteine.

Nonvaleur [nɔ̃vaˈløːr, frz.] *der, -s/-s,* Bez. für wertlos gewordene oder wertlos erscheinende Wertpapiere, im Warenverkehr unverkäufl. oder entwertete Güter.

Nonwoven [nɔnˈwəʊvən; engl. ›nicht gewebt(e Stoffe)‹], **N. Fabrics** [- ˈfæbrɪks], Oberbegriff für alle nicht gewebten Textilien, Vliesstoffe sowie auf der Papiermaschine erzeugte textilähnliche, flächenhafte Gebilde.

no|ologisch [zu griech. noũs, in Zusammensetzungen noo..., ›Geist‹, ›Sinn‹, ›Verstand‹], den Geist oder die Lehre vom Geist betreffend.

Nooms, Reinier, gen. **Zeeman** [ˈzeː-], niederländ. Maler und Radierer, * Amsterdam um 1623, † ebd. vor April 1667; malte, von W. VAN DE VELDE D. Ä. beeinflusst, Seestücke und reizvolle ital. Küstenlandschaften; hinterließ über 170 Radierungen mit Ansichten von Paris und v. a. Marinedarstellungen.

Noone [nuːn], Jimmie, amerikan. Jazzmusiker (Klarinette), * New Orleans (La.) 23. 4. 1895, † Los Angeles (Calif.) 19. 4. 1944; gehört zu den stilbildenden Klarinettisten des New-Orleans-Jazz. Seine bluesbetonte, flüssige Spielweise war von entscheidendem Einfluss auf Chicago- und Swingklarinettisten wie A. NICHOLAS, B. BIGARD, J. DORSEY und B. GOODMAN.

Noord *die,* schiffbarer Flussarm im Rhein-Maas-Delta, reicht von der Beneden-Merwede bei Dordrecht bis zur Mündung in den Lek, 8,7 km lang.

Noord-Beveland, die Insel →Nordbeveland.

Noord-Brabant, die Prov. →Nordbrabant.

Noord-Holland, die Prov. →Nordholland.

Noordhollands Kanaal [noːrt-], der →Nordhollandkanal.

Noordoostpolder [noːrtˈoːst-], der →Nordostpolder.

Noordwijk [ˈnoːrtwɛik], Gem. in der Prov. Südholland, Niederlande, 25 500 Ew.; Fischräuchereien. Der Ortsteil **N.-aan-Zee,** in den Küstendünen gelegen, ist Nordseebad und Standort des Europ. Zentrums für Weltraumforschung und -technologie (ESTEC).

Noort, Adam van, fläm. Maler, * Antwerpen 1562, † ebd. 1641; in Antwerpen erstmals 1587 als Meister erwähnt. N. malte Historienbilder und Porträts; er war Lehrer u. a. von J. P. RUBENS und J. JORDAENS.

Noosphäre [griech. noũs, in Zusammensetzungen noo..., ›Geist‹, ›Gedanke‹], ein den Übergang von der Natur zur Kultur bezeichnender Grundbegriff des Evolutionismus, v. a. bei P. TEILHARD DE CHARDIN.

Noot, Jan Baptista van der, gen. **Jonker Jan,** fläm. Dichter, * Brecht (bei Antwerpen) um 1540, † Antwerpen um 1595; Kalvinist, musste wegen Unterstützung der Geusenbewegung 1567 nach England fliehen, wo sein erstes Werk, ›Het bosken‹ (um 1570/71), erschien, das seinen Ruhm als bedeutendster Dichter der niederländ. (Früh-)Renaissance begründete und den Einfluss der frz. Pléiade (P. DE RONSARD) und PETRARCAS zeigt. Erfolgreich und durch zeitgenöss. Übersetzungen von weit reichender Wirkung auf die europ. Literatur war die antikath. Dichtung ›Het theatre of toneel‹ (1568). 1572–78 bereiste N. die Rheinlande. In Köln erschien im 1576 sein Hauptwerk, das Versepos ›Buch Extasis‹, das er 1579 in einer verkürzten Bearbeitung u. d. T. ›Cort begryp der XII boeken Olympiados ...‹ vorlegte. Nach einem Aufenthalt in Paris kehrte N. 1578 als Katholik nach Antwerpen zurück.

K. J. BOSTOEN: Dichterschap en koopmanschap in de zestiende leuw (Deventer 1987).

Nooteboom, Cees, eigtl. **Cornelis Johannes Jacobus Maria N.,** niederländ. Schriftsteller, Journalist und Literaturkritiker, * Den Haag 31. 7. 1933. Neben Romanen und Erzählungen (›Philip en de anderen‹, 1955, dt. ›Das Paradies ist nebenan‹; ›Rituelen‹, 1980, dt. ›Rituale‹) entstanden Gedichte (›De doden zoeken een huis‹, 1956; ›Gesloten gedichten‹, 1964; ›Gemaakte gedichten‹, 1970) sowie Liedtexte (u. a. vertont von H. VAN VEEN). Besondere Bedeutung erlangten seine ›poet. Reisebeschreibungen‹ (›Een avond in Isfahan‹, 1978; ›Voorbije passages‹, 1981; ›De wereld een reiziger‹, 1989). N.s Grundthemen, die seinem Werk oft einen melanchol. Ton verleihen, sind das Erleben der Zeit, der Tod und der Prozess des Schreibens als eine Möglichkeit zum Entwurf gleichsam neben der Realität gültiger ›Wirklichkeiten‹.

Weitere Werke: Lyrik: Het gezicht van het oog (1989; dt. Das Gesicht des Auges). – *Novellen:* Mokusei! Een liefdesverhaal (1982; dt. Mokusei! Eine Liebesgeschichte); De Boeddha achter de schutting (1986; dt. Der Buddha hinter dem Gartenzaun); Het volgende verhaal (1991; dt. Die folgende Geschichte). – *Roman:* De ridder is gestorven (1963; dt. Der Ritter ist gestorben). – *Reisereportagen:* Berlijnse notities (1990; dt. Berliner Notizen); Van de lente of de dauw (1995; dt. Im Frühling der Tau. Östliche Reisen). – *Essay:* De ontvoering van Europa (1993; dt. Wie wird man Europäer?). – *Prosa:* De omweg naar Santiago (1992; dt. Der Umweg nach Santiago); Zelfportret van een ander. Selbstbildnis eines anderen (1993, niederländ. u. dt.).

Cees Nooteboom

Ausgaben: Gedichte, hg. v. A. POSTHUMA (²1994); Die Dame mit dem Einhorn. Europ. Reisen, übers. v. H. VAN BEUNINGEN (1997).
R. RENNENBERG: De tijd en het labyrint. De poëzie van C. N. 1956–1982 (Den Haag 1982); Over C. N. Beschouwingen en interviews, hg. v. D. CARTENS (ebd. 1984); Der Augenmensch C. N., hg. v. DEMS. (1995).

Nootka [ˈnuːt-], **Nutka,** Gruppe von heute 15 nordamerikan. Indianerstämmen (Bands) mit zahlreichen Reservationen an der W-Küste von Vancouver Island, British Columbia, Kanada; rd. 5 500 Stammesmitglieder. Nahe verwandt sind die benachbarten (Washington, USA) Makah (etwa 1 500). Die N. waren urspr. Fischer und Walfänger; heute sind sie überwiegend in der Holzindustrie tätig. Starke Umweltverschmutzung sowie Rodungen riesiger Waldgebiete (meist ohne Wiederaufforstung) im Gebiet der N. lösten Proteste von Umweltschützern aus.

No|otropika, Neuro|energetika, Neurotropika, chemisch sehr unterschiedl., nicht eindeutig definierte Gruppe von Arzneistoffen, die bei Hirnleistungsstörungen das Gedächtnis sowie die Lern-, Auffassungs-, Denk- und Konzentrationsfähigkeit durch Beeinflussung des Gehirnstoffwechsels (z. B. durch Verbesserung der Glucoseverwertung und Aktivierung des Phospholipid- und/oder Eiweißstoffwechsels) verbessern sollen. Vertreter sind u. a. Nicergolin, Piracetam und Pyritinol. Die Wirksamkeit ist umstritten.

Nopcsa [ˈnoptʃa], Franz Baron, ungar. Paläontologe, Geologe und Ethnograph, * Deva 3. 5. 1877, † (Selbstmord) Wien 25. 4. 1933; forschte seit 1903 in N-Albanien und schrieb hierüber zahlr. Arbeiten. Sein paläontolog. Hauptarbeitsgebiet waren die kreidezeitl. Reptilien, ihre Physiologie und ihre Fährtenspuren.
Werke: Die Familien der Reptilien (1923); Geographie u. Geologie Nordalbaniens (1929).

Noppen, *Textiltechnik:* 1) in ein Grundgewebe eingewebte oder später aufgebrachte Faserhäufungen als Fadenschlingen (**geschlossene N.**) bei Bouclé, Epinglé und Frottierstoffen, als Faserbüschel (**aufgeschnittene N.**) bei Plüsch-, Samt-, Veloursgeweben. 2) Bez. für das Beseitigen von Unebenheiten (Webfehler) im Gewebe wie Knoten und hervorstehende Garnenden, z. B. mit **Noppzange** und besonderen Nadeln.

Nor... [abgeleitet von normal], Vorsilbe am Namen organ. Verbindungen, die das Fehlen einer oder mehrerer Methylgruppen gegenüber einer Vergleichssubstanz anzeigt (z. B. beim Norbornan).

Nor das, -s, **Norien** [nɔrˈjɛ̃], **Norium,** *Geologie:* Stufe der oberen →Trias in alpiner Fazies.

NORAD [Abk. für **No**rth **A**merican **A**ir **D**efense ›Nordamerikan. Luftverteidigung‹], von Kanada und den USA betriebenes strateg. Luft- und Raumverteidigungssystem zum Schutz Nordamerikas; umfasst Luftraumüberwachungseinrichtungen sowie fliegende und bodengestützte Luftverteidigungssysteme. Die teilweise unterirdisch angelegte Kommandozentrale befindet sich im ›Cheyenne Mountain Complex‹ in der Nähe von Colorado Springs (Colo.).

Nor|adrenalin, Nor|epinephrin, Arterenol, zu den biogenen Aminen zählendes Hormon (Catecholamin) und →Neurotransmitter; wird im Nebennierenmark, Teilen des Stammhirns und v. a. in den Synapsen postganglionärer sympath. Nervenfasern aus Dopa über Dopamin gebildet. N. wirkt gefäßverengend, blutdrucksteigernd und vermindert reflektorisch die Herzfrequenz. Es hat nur geringe Wirkung auf den Kohlenhydrat- und Fettstoffwechsel (Grundumsatz). Synthetisch hergestelltes N. wird bei diffusen Blutungen sowie zur Wirkungsverlängerung von Lokalanästhetika angewendet.

Nora oder Ein Puppenheim, norweg. ›Et dukkehjem‹, Drama von H. IBSEN; Erstausgabe 1879, Uraufführung Kopenhagen 21. 12. 1879.

Norbert, N. von Xanten, Ordensgründer, * Xanten 1082 (?), † Magdeburg 6. 6. 1134; war Stiftsherr in Xanten; lebte am Hof des Erzbischofs FRIEDRICH I. von Köln (Bischof seit 1100) und Kaiser HEINRICHS V. wurde 1115 Priester, verzichtete auf Pfründe und Besitz und zog seit 1118 als Wanderprediger durch Dtl. und Frankreich. Veranlasst durch Papst CALIXTUS II. ließ er sich in der Diözese Laon nieder. Aus den von ihm im Tal von Prémontré (1120) und in Floreffe bei Namur (1121) gegründeten Augustinerchorherrenstiften ging der Orden der →Prämonstratenser (›Norbertiner‹) hervor. HONORIUS II. bestätigte diesen 1126 und ernannte N. zum Erzbischof von Magdeburg. Kaiser LOTHAR III. ernannte ihn zum Kanzler des Reiches für Italien; hier unterstützte er INNOZENZ II. gegen ANAKLET II. – Heiliger (Tag: 6. 6.).

Norblin de la Gourdaine [nɔrˈblẽ dɔlagurˈdɛn], Jean-Pierre, frz. Maler und Grafiker, * Misy-sur-Yonne 15. 7. 1745, † Paris 23. 2. 1830; malte zunächst ›Fêtes galantes‹, nach dem Vorbild J. A. WATTEAUS, auch Dekorationen, und arbeitete seit 1772 für den poln. Fürsten A. K. CZARTORYSKI in London, seit 1774 in Polen, wo er bis 1804 blieb. Außer Porträts und Illustrationen schuf N. Zeichnungen, Skizzen und Radierungen mit Szenen aus dem poln. Volksleben und polit. Tagesereignissen, in denen sich Elemente des Rokoko, des Klassizismus, romant. Stimmung und sachl. Realismus verbinden. Er war von weit reichender Wirkung auf die poln. Malerei.
J.-P. N. Ein Künstler des Revolutionszeitalters in Paris u. Warschau, Ausst.-Kat. (1989).

Norbornan

Norbornan, bizykl. Kohlenwasserstoff, der formal durch Ersatz der drei Methylgruppen des Bornans durch Wasserstoffatome entsteht (nomenklaturgerechte Bez. Bicyclo[2.2.1]heptan). N. kann synthetisch hergestellt werden, in der Natur bildet es den Grundkörper vieler Terpene.

Nord [nɔːr], das nördlichste Dép. Frankreichs, 5 743 km², 2,5 Mio. Ew.; in der Region Nord-Pas-de-Calais; Verw.-Sitz: Lille.

Nord|afrika, der nördl. Teil des afrikan. Kontinents; i. w. S. das nördlich der Sudanzone gelegene Gebiet (einschließlich der Sahara), i. e. S. die südl. Randgebiete des Mittelmeers, die in ihrem Gebirgsbau (→Atlasgebirge), in Klima und Vegetation dem Mittelmeerraum zugehören, mit dem sie auch wirtschaftlich, kulturell und historisch eng verflochten sind. Sie sind überwiegend von europiden Völkern (Araber, Berber; daher auch ›Weißafrika‹) bewohnt, die in ihrer Mehrheit dem Islam angehören.

nord|afrikanische Weine, kräftige, stoffige Rotweine und zunehmend Roséweine (Eigenverbrauch), v. a. aus den für sehr warme Klimate geeigneten Rebsorten Carignan, Cinsault, Grenache und Mourvèdre, in Marokko und Tunesien auch Weißweine, z. T. gespritete Muskatweine u. a. Likörweine wie Traubenmostkonzentrate (Mistellen). Die Produktion alger. Weine lag 1995 bei 500000 hl; Tunesien produzierte rd. 330000 hl, Marokko 400000 hl und Ägypten weniger als 30000 hl (hier wie in Algerien dienen die Rebkulturen v. a. der Gewinnung von Tafeltrauben). Die n. W. werden zum größten Teil exportiert. Unter ihnen haben die tunes. Weine einen hohen Qualitätsstandard erreicht; erfolgreichster Exportwein ist der rote Mornag.

Nordal, Sigurður Jóhannesson, isländ. Literarhistoriker und Schriftsteller, * Eyjólfsstaðir (Húnavatnssýsla) 14. 9. 1886, † Reykjavík 21. 9. 1974; ab 1918 Prof. der Literatur und Sprache in Reykjavík. Von besonderer Bedeutung sind N.s Beiträge zur Kenntnis der altisländ. Literatur, die zur Entstehung der isländ. Neuromantik beitrugen. N. war auch mit Novellen und Dramen erfolgreich. Seine These, dass die Isländer ihr Überleben als Nation der ungebrochenen Tradition ihrer Sprache und Literatur verdankten, übte einen bedeutenden Einfluss auf die isländ. Kulturgeschichte aus (›Íslenzk menning‹, 1923).

Nord|albanische Alpen, →Albanische Alpen.

Nord|albingi|er, seit dem 8. Jh. die nördlich der Niederelbe wohnenden Sachsenstämme: Dithmarscher, Holsten, Stormarn.

Nord|amerika, der nördl. Teil →Amerikas, umfasst außer dem Festland mit dem im N vorgelagerten Kanadisch-Arkt. Archipel auch Grönland, das frz. Übersee-Dép. Saint-Pierre-et-Miquelon (vor der Küste Kanadas) und die brit. Bermudainseln (im Atlantik, rd. 1000 km östlich von Kap Hatteras, USA), insgesamt 21,8 Mio. km². In N. leben (1995) rd. 292 Mio. Menschen.

LAGE

N. grenzt im N an das Nordpolarmeer (83°07′ n. Br., nördlichster Punkt Kanadas auf Ellesmere Island; nördlichster Punkt Grönlands: 83°39′ n. Br.), im O ist es vom Atlant. Ozean, im N vom Nordpolarmeer, im W vom Pazif. Ozean umgeben. Eine physisch-geograph. S-Grenze N.s wird vielfach im Bereich des Isthmus von Tehuantepec, also innerhalb Mexikos, gezogen, kulturell gehört Mexiko jedoch zu Lateinamerika. Unter Ausschluss Mexikos ist der südlichste Punkt N.s die S-Spitze Floridas (25°07′ n. Br.). Die Entfernung zw. dem nördlichsten Punkt auf Ellesmere Island und der Grenze zu Mexiko beträgt rd. 6500 km, die O-W-Erstreckung etwa auf der geograph. Breite der Insel Neufundland rd. 5500 km Luftlinie. N. hat Anteil an acht Zeitzonen.

OBERFLÄCHENGESTALT

N. lässt sich in wenige geomorpholog. Großregionen gliedern: Der geologisch älteste Teil ist der Kanad. Schild, ein Festlandkern, der große Teile im NO um die Hudson Bay einnimmt; das Relief ist flachwellig mit anstehenden Felsen und Hohlformen. Sein Gestein setzt sich nach W und S in der Tiefe fort, wird aber hier von mächtigen Sedimenten überlagert, deren Oberfläche relativ eben ist. Dazu gehören das Zentrale Tiefland um die Großen Seen als tiefster Teil der Inneren Ebenen (→Interior Plains), die von der Küstenebene am Golf von Mexiko bis zum Nordpolarmeer reichen. Im O erstreckt sich der 2600 km lange Gebirgszug der →Appalachen, ein abgetragenes Rumpfgebirge mit Plateaus und Höhenzügen, die im Mount Mitchell im S bis 2037 m ü. M. ansteigen. Im W ziehen sich die geologisch jüngeren Kordilleren mit einer max. Breite von 1500 km in N-S-Richtung durch den Kontinent. Sie sind in Längszonen untergliedert in die Rocky Mountains im O mit Höhen von 3000–4000 m ü. M., in eine Folge von intermontanen Hochebenen (u. a. Yukon- und Columbiaplateau, Großes Becken, Coloradoplateau) sowie in die pazif. Küstenketten, die in der Alaskakette im Mount McKinley 6198 m ü. M. erreichen. Zahlr. Erdbeben in

Nordamerika: Lake Tahoe, der von bis über 3000 m hohen Gipfeln umgebene Gebirgssee, in Kalifornien an der Grenze zu Nevada

Kalifornien und Alaska sowie Vulkanismus (1980 Ausbruch des Mount Saint Helens in der Cascade Range im Staat Washington) zeugen von der Instabilität des Gebirgsraumes. Die Kette der Rocky Mountains ist die Hauptwasserscheide, sodass nur etwa ein Viertel des Landes zum Pazifik entwässert wird, v. a. durch Yukon River, Fraser, Columbia River und Colorado River. Die größten Ströme N.s, Mississippi mit Missouri, Sankt-Lorenz-Strom und Mackenzie, gehören zum Einzugsgebiet des Atlantiks.

Bes. der N ist reich an Seen; die größte zusammenhängende Süßwasserfläche der Erde bilden die fünf Großen Seen (Oberer, Huron-, Michigan-, Erie- und Ontariosee). Wie die meisten Seen sind sie durch Gletscher in der letzten Eiszeit ausgeformt worden. Die Inlandeisdecke überzog v. a. Kanada, im Bereich der Großen Seen buchtete sie weiter nach S aus und reichte an der Atlantikküste bis zur Höhe von New York. Glaziale Überformung der Gebirge und Ablagerungen sind in diesem Gebiet verbreitet, ebenso stark gegliederte Küsten mit Fjorden und Buchten. Im S herrschen dagegen Haff- und Nehrungsküsten mit ausgedehnten Sümpfen im Hinterland vor.

KLIMA

Der größte Teil N.s hat ausgeprägtes Kontinentalklima mit hohen Temperaturgegensätzen, nur die

Die Staaten Nordamerikas							
Staat	Staatsform	Hauptstadt	Fläche in km²	Ew. in 1000 (1995)	jährliches Bev.-Wachstum in % (1985–95)	Lebenserwartung bei der Geburt in Jahren (1995)	Bruttosozialprodukt je Ew. in US-$ (1995)
Kanada	Monarchie	Ottawa	9970610	28537	1,3	78	19380
Vereinigte Staaten von Amerika*)	Republik	Washington	9666906	263119	0,9	77	26980
Nicht selbstständige Gebiete		Verwaltungssitz	Fläche in km²	Ew. in 1000 (1995)			
Dänemark: Grönland		Nuuk	2175600	55			
Frankreich: Saint-Pierre-et-Miquelon		Saint-Pierre	242	6			
Großbritannien: Bermudainseln		Hamilton	53	63			

*) einschließlich Hawaii, das geographisch zu Ozeanien gehört

Nord Nordamerika

Nordamerika **Nord**

Nordamerika: Gefährdete oder vom Aussterben bedrohte Tiere (Auswahl)

Küstenbereiche sind ausgeglichener. N. liegt zwar im Bereich der Westwindzone, die pazif. Meeresluftmassen regnen sich aber großenteils im Luv der Hochgebirge ab (an der W-Küste der nördl. USA und Kanadas mit Niederschlägen von über 2 000 mm jährlich). Östlich davon liegen im Regenschatten ausgedehnte Trockengebiete, in den Great Plains (etwa westlich von 100° w. L.) mit Jahresniederschlagsmengen von weniger als 500 mm, in den intermontanen Becken, bes. im SW, extrem aride Wüsten. Nach O hin nehmen die Niederschläge bis über 1 500 mm zu. Die Temperaturzonen sind von N nach S: arkt. und subarkt. Zone mit nur 2 bis 3 frostfreien Monaten im Jahr; die ausgedehnten kühl- bzw. warmgemäßigten Zonen; im S die subtrop. und nur an der Spitze Floridas die trop. Zone. Der SO steht unter dem Einfluss trop. Luftmassen mit heißen Sommern, milden Wintern und hoher Luftfeuchtigkeit, häufig sind Hurrikane, die bes. im Küstenbereich Zerstörungen verursachen.

Da westöstl. Gebirgsschranken fehlen, kann ungehindert polare Kaltluft nach S (→Blizzard, →Northers) bzw. subtrop. Warmluft nach N vordringen. Östlich der Rocky Mountains treten häufig Tornados auf (1993: rd. 1 200).

PFLANZENWELT

Die Pflanzenwelt N.s ist Bestandteil der →Holarktis. Abgesehen von der Eiswüste wird der gesamte N jenseits des Polarkreises durch Tundren geprägt (Flechten-, Zwergstrauch-, Baumtundra) mit zahlreichen zirkumpolaren Arten (z. B. Zwergbirke). Nach S schließt sich borealer Nadelwald an, in dem v. a. Lärchen sowie verschiedene Tannen-, Fichten- und Kiefernarten dominieren. Die nördl. Kordilleren werden v. a. von Hemlocktannen, Douglasien, Lebensbäumen, Scheinzypressen und Wacholder eingenommen. Ein nur eng begrenztes Areal besiedeln der Küstenmammutbaum (Sequoia; südl. Oregon bis nördl. Kalifornien) und der Mammutbaum (Sequoiadendron; westl. Sierra Nevada). Im kaliforn. Küstengebirge und in den tieferen Teilen der Sierra Nevada und der Gebirge S-Arizonas gibt es immergrüne Hartlaubgehölze (→Chaparral). Im übrigen Gebiet südlich des 44. Breitengrades ist die untere Bergstufe durch Kiefern- und Wacholderwälder besetzt. Die oberste Waldzone in den zentralen Rocky Mountains von 2 500–3 700 m ü. M. wird von Fichten- und Tannenwäldern gebildet. Darüber folgt eine alpine Region mit Matten und Felsfluren. Das atlant. Florengebiet umfasst im östl. Teil Laubwälder, die im S immergrün werden und nach W in ausgedehnte Grasflächen (→Prärie) übergehen. Bei etwa 37° n. Br. finden sich vegetationsarme Salzwüsten. Das pazif. Florengebiet wird nach S hin immer trockener und geht in eine Dornstrauchformation (›Mesquite‹) und schließlich in Halbwüste über. Spätestens hier beginnt eine innige Verzahnung mit neotrop. Geoelementen, was auch durch das vermehrte Auftreten von Kakteen, Bromelien und Vertretern aus der Gattung Yucca deutlich wird. Die südl. Teile von Florida gehören bereits zur Neotropis.

TIERWELT

Die Tierwelt N.s gehört tiergeographisch überwiegend zur Nearktis und weist Gemeinsamkeiten mit der europ. Tierwelt auf: z. B. Rentier (Karibu), Murmeltier, Biber, Maulwurf, Salamander, Hecht. Während des Bestehens der zeitweise (im Tertiär) fehlenden Landverbindung fand auch ein intensiver Faunenaustausch mit Südamerika statt (z. B. Gürteltiere, Beutelratten, Kolibris). Im hohen N leben die arkt. zirkumpolaren Arten Eisbär, Moschusochse, Schneehuhn und Schnee-Eule. Der boreale Nadelwald ist die Heimat von Luchs, Vielfraß, Wolf (Timberwolf), Elch, Wapitihirsch und Skunk. Hier leben ebenfalls Schwarz- (Baribal) und Braunbären (Unterarten: Kodiak- und Grislibär). Die Prärien sind durch (das nach der Besiedlung durch die Europäer stark dezimierte) Bison, Präriewolf, Präriehund und Gabelbock gekennzeichnet. Die westl. Gebirge werden von Puma, Kanadaluchs, Dickhornschaf und Schneeziege bewohnt.

Nordamerika: Sprague Lake im Rocky Mountain National Park, Colorado

Nordamerika: Flüsse			
Name	Länge in km	Einzugsgebiet in 1 000 km²	Einmündungsgewässer
Mackenzie	4241	1805	Nordpolarmeer
Missouri	4086	1370	Mississippi
Mississippi	3765	2978	Golf von Mexiko
Yukon River (mit Nisutlin River)	3185	850	Beringmeer
Rio Grande	3057	870	Golf von Mexiko
Nelson River (mit Saskatchewan)	2575	892	Hudsonbai
Arkansas	2349	417	Mississippi
Colorado	2334	637	Golf von Kalifornien
Ohio (mit Allegheny River)	2107	526	Mississippi
Columbia River	1995	668	Pazifischer Ozean
Churchill River	1609	281	Hudsonbai
Tennessee River (mit French Broad River)	1425	106	Ohio
Sankt-Lorenz-Strom (ab Ontariosee)	1200	1500	Sankt-Lorenz-Golf/ Atlantischer Ozean

Nordamerika: Seen				
Name	Fläche in km²	Seespiegel in m ü. M.	größte Tiefe in m	Abfluss
Große Seen				
Oberer See	82 100	184	405	Saint Mary's River
Huronsee	59 600	177	229	Saint Clair River
Michigansee	57 800	176	281	Straits of Mackinac zum Huronsee
Eriesee	25 700	174	64	Niagara River
Ontariosee	18 960	75	244	Sankt-Lorenz-Strom
Großer Bärensee	31 328	156	413	Great Bear River/ Mackenzie
Großer Sklavensee	28 568	156	614	Mackenzie
Winnipegsee	24 387	217	18	Nelson River
Großer Salzsee*)	4 756	1280	bis 10	ohne Abfluss

*) stark schwankender Wasserstand, Zahlenangaben für mittlere Seespiegelhöhe

Nord Nordamerika

Nordamerika: Berge		
Name	Staat	Höhe
Mount McKinley	USA (Alaska)	6 198 m ü. M.
Mount Logan	Kanada (Yukon Territory)	5 959 m ü. M.
Mount Saint Elias	Kanada (Yukon Territory)/ USA (Alaska)	5 489 m ü. M.
Mount Fairweather	Kanada (British Columbia)	4 663 m ü. M.
Mount Whitney	USA (Kalifornien)	4 419 m ü. M.
Mount Elbert	USA (Colorado)	4 402 m ü. M.
Mount Rainier	USA (Washington)	4 395 m ü. M.
Mount Robson	Kanada (British Columbia)	3 954 m ü. M.
Gunnbjørns Fjeld	Grönland (Dänemark)	3 700 m ü. M.

BEVÖLKERUNG

Bis zur europ. Besiedlung war N. von →Indianern (→nordamerikanische Indianer) und Inuit (→Eskimo) bewohnt, sie bilden heute eine Minderheit. In den USA leben (Zensus 1990) rd. 1,9 Mio. Indianer, 57 000

Nordamerika: Landwirtschaftsgebiet in den Great Plains

Inuit und 24 000 Aleuten, d. h. 1995 (Schätzung) insgesamt 2,2 Mio., zus. 0,9% der Gesamtbevölkerung; in Kanada (Zensus 1991) 365 400 Indianer und 30 000 Inuit, zus. 1,5% der Bev. – Die ersten von Europäern angelegten Siedlungen entstanden zu Beginn des

Nordamerika: Wüstenregion des Death Valley (Tal des Todes) in Kalifornien

17. Jh. an der Atlantikküste, seitdem kamen Einwanderer zunächst aus West-, ab 1880 vermehrt aus Süd- und Osteuropa. Insgesamt wanderten in die USA von 1820 bis 1980 fast 50 Mio. Menschen ein, darunter rd. 7 Mio. Deutsche und über 5 Mio. Italiener. Nach Kanada gelangten seit 1900 rd. 11 Mio., v. a. aus den Gründernationen Frankreich und England, heutige Anteile betragen rd. 25% bzw. 42%. Insgesamt herrscht eine weiße Bev. vor. Als Nichteuropäer wurden seit 1619 Sklaven aus Afrika in den Süden N.s verschleppt, bis zur gesetzl. Abschaffung der Sklaverei (1808) etwa 400 000, danach illegal weitere 270 000. Der Anteil der Schwarzen betrug 1790 noch 25%, heute sind es 12% von insgesamt über (1994) 31 Mio. Hauptverbreitungsgebiet waren die Südstaaten (1900: rd. 90%), seitdem wanderten viele bes. in die Industriezentren des Nordostens, wo große Gettos entstanden; der Anteil im S liegt zw. 50 und 60%. In Kanada stellt die schwarze Bev. nur 0,8% der Ew. dar.

Mit Gesetzen von 1965 (USA) und 1978 (Kanada) erhielt die Einwanderung neue Grundlagen; die Quoten für einzelne Gruppen wurden durch andere Kriterien ersetzt und wechselnde Gesamtzahlen festgelegt. Sie betrugen in letzter Zeit über 900 000 pro Jahr für die USA und über 200 000 für Kanada. Gleichzeitig änderten sich die Herkunftsländer, wobei an die Stelle der Europäer verstärkt Einwanderer aus asiat. und lateinamerikan. Ländern kamen; ihre Anteile betrugen (1993) in den USA 77% (v. a. aus Mexiko, den Philippinen u. a. südostasiat. Ländern) und in Kanada rd. 70% (u. a. aus Hongkong, Indien, Mittlerer Osten). Entsprechend verschiebt sich das ethn. Profil. In Kanada machen Bewohner nichteurop. Herkunft fast 10% aus, in den USA betragen die Anteile von Hispanos rd. 10%, von Asiaten rd. 3% (1994). Das vielfältige ethn. Spektrum zeigt sich bes. in Großstädten; in den Grenzgebieten zu Mexiko siedeln sich verstärkt Einwanderer aus Lateinamerika an.

Die Verstädterung beträgt in den USA 75%, in Kanada 78%; Konzentrationen liegen v. a. im NO der USA und in Kalifornien, in Kanada im S der Provinzen Ontario und Quebec. Ihnen stehen wenig bevölkerte Regionen im Mittleren Westen und bes. im N Kanadas gegenüber, sodass die Bev.-Dichte insgesamt gering ist. Sie beträgt in den USA 27,3 und in Kanada 2,9 Ew. pro km^2.

GESCHICHTE

Nach heutigen Erkenntnissen setzte die Besiedlung N.s durch die Indianer erst gegen Ende der letzten Eiszeit (Wisconsin-Eiszeit) vor etwa 12 000 Jahren ein. Gruppen von Jägern und Sammlern zogen von NO-Asien über die damals vorhandene Beringlandbrücke nach Alaska, von dort durch einen eisfreien Korridor zw. den vergletscherten Gebieten des heutigen Kanada hindurch weiter nach Süden. Das Alter von mehr als 12 000 Jahren (bis zu 40 000 Jahren), das früher für Stein- und Knochenartefakte aus verschiedenen Teilen Nord-, Mittel- und Südamerikas angenommen wurde, wird heute von der Mehrheit der amerikan. Archäologen wegen der Unsicherheit der Datierung (v. a. aufgrund der Kontaminierung des Fundmaterials) nicht mehr akzeptiert. Auch die bisher als sehr alt (bis über 20 000 Jahre) datierten Schädel(fragmente) aus Kalifornien (Laguna Beach, Del Mar u. a.) sind nach neuesten Messmethoden nicht viel älter als 5 000 Jahre. Die älteste paläoindian. Kultur ist die →Cloviskultur (Clovisspitzen um 9500 bis 9000 v. Chr.). An diese schließt sich die durch ungekehrte Folsomspitzen gekennzeichnete →Folsomkultur an. Die jüngste Phase des →Paläoindianertums wird von den Planokulturen der Prärie gebildet; deren oft gestielte Projektilspitzen sind auf 8000–5000 v. Chr. zu datieren. Mit dem Abklingen der Eiszeit verschwand allmählich die eiszeitl. Megafauna. Das →Archaikum (ab spätestens 5000 v. Chr.) ist belegt durch die Hinterlassenschaften einfacher Jäger-, Sammler- und Fischerkulturen, die sich v. a. an Flüssen (im O) und endglazialen Seen (im W) finden. Neben Geschossspitzen treten nun erstmals Mahlsteine auf (Desert Culture, Cochisekultur). Die jüngere Phase des östl. Archaikums (3000–1000 v. Chr.) lässt bereits Entwicklungen erkennen (einfache Keramik, Steinschliff, Grabhügelbau, beginnende Pflanzendomestikation), die zum →Formativum überleiten. Das Geräteinventar des Archaikums blieb in einigen Gebieten N.s bis zur Ankunft der Europäer in Gebrauch. Im N und NW trat eine Mikroklingenindustrie auf, die mit einer jüngeren Einwanderungswelle aus N-Asien gekommen zu sein scheint. Im Anschluss an die noch vor- bis frühformative →Adenakultur und ähnl. Kulturmanifestationen am Mississippi und seinen östl. Nebenflüssen entstand ab 200 v. Chr. die formative →Hopewellkultur, die von ihrem Kerngebiet, dem Ohiotal, aus fast das gesamte östl. Waldland bis zum Golf von Mexiko beeinflusste (weit reichendes Fernhandelsnetz). Ab 700 n. Chr. setzte das urbane Formativum ein, das in der →Mississippikultur seinen prägnantesten Ausdruck fand. Entscheidend war die Einführung neuer, ergiebiger Maisarten im mittleren Mississippital (um 900 n. Chr.). Es entstanden große Siedlungs- und Kultzentren (z. B. →Cahokia), in der religiösen Kunst des ›Südl. Totenkultes‹ wurde um 1250 ein Höhepunkt erreicht; die Ikonographie auf gravierten Muschel- und Kupferplatten sowie auf hochwertiger muschelgemagerter Keramik zeigt mesoamerikan. Einflüsse, deren genaue Herkunft noch nicht festgestellt werden konnte. Im westl. N. entwickelten sich – offenbar ebenfalls im Gefolge des Maisanbaus und anderer Einflüsse aus Mesoamerika – aus archaischen Kulturen (v. a. der Desert Culture im SW) drei formative Kulturtraditionen: die →Anasazikultur, die →Hohokamkultur und die →Mogollonkultur.

In der Arktis, an der NW-Küste sowie in Kalifornien zeichneten sich in vorgeschichtl. Zeit ebenfalls frühformative Entwicklungen ab, doch erreichten sie hier nicht das kulturell-zivilisator. Niveau des SW und O. Bemerkenswert ist die eigenständige Entwicklung in der westl. Arktis, wo sich zahlr. Lokalkulturen (z. B. Okvik, Punuk und die Ipiutakkultur) ganz auf die Ausbeutung der maritimen Ressourcen konzentrierten. Im nordwestl. Küstengebiet setzte im 7. Jt. v. Chr. eine lokalspezif. Entwicklung ein, die im 4. Jt. zu einer sesshaften, hoch entwickelten Fischfangwirtschaft führte (Fundort: Namu im südl. British Columbia). Ab 2500 v. Chr. entstanden in der Fraserdelta Siedlungen, aus denen man Stein- und Knochenskulpturen bergen konnte. In Kalifornien entwickelten sich ab 500 n. Chr. aus archaischen Vorläufern sesshafte Lokalkulturen mit frühformativem Charakter, basierend auf einer intensiven Eichelsammelwirtschaft im Binnenland sowie Meeressäugetierjagd und Fischfang mit Plankenbooten an der südkaliforn. Küste.

Entdeckungsgeschichte

Das Gebiet der Vereinigten Staaten westlich des Mississippi war (mit Ausnahme der Küstengebiete) nach dem Unabhängigkeitskrieg noch weithin unerforscht (über die Zeit bis zum Ende des 18. Jh. →Amerika, ÜBERSICHT, Zeittafel zur Entdeckung und Erforschung). Seit Anfang des 19. Jh. begannen mit der Erweiterung des staatl. Territoriums die Vorstöße nach W durch Trapper, Siedler (Squatter) und Händler, militär. Erkundungen, aber auch durch planmäßige Erforschung. Die →Lewis-and-Clark-Expedition 1804–06 im Auftrag von Präs. T. JEFFERSON in die Rocky Mountains erreichte an der Mündung des Columbia River den Pazif. Ozean und hatte so den mittleren Kontinent zum ersten Mal durchquert. Z. M. PIKE (1805–07) und S. H. LONG (1817–23) forschten im Gebiet des Mississippi und seiner Nebenflüsse bis hin zu den Rocky Mountains, G. W. FEATHERSTONHAUGH 1834–35 im Missourigebiet und Ozarkplateau. Die Expeditionen von J. C. FRÉMONT (1842–45) zu den Rocky Mountains, zum Großen Salzsee, Columbia River und zur Sierra Nevada erbrachten ein erstes Gesamtbild der mittleren Überlandverbindung zw. Mississippi und Westküste. J. W. POWELL durchfuhr 1869 mit einem Boot den Colorado Canyon. Die wachsende Zahl europ. Einwanderer (seit 1830), der Zustrom von Goldsuchern nach Kalifornien (nach 1848), die systemat. wiss. Erforschung des Landes nach Beendigung des Bürgerkriegs (1861–65) sowie der Bau der Transkontinentalbahnen nach 1862 rundeten die Kenntnis des Landes bald ab.

In Kanada, das bes. durch Pelztierjäger und Händler der Hudson's Bay Company erkundet wurde, begannen systemat. Forschungen durch die Geologen R. BELL (seit 1857) zw. den Kanad. Seen und der Hudsonbai und G. M. DAWSON 1873–1900 in den kanad. Rocky Mountains. Der äußerste N des Kontinents wurde im Rahmen der Polarforschung (→Arktis, ÜBERSICHT) bekannt.

Alaska, das 1741 durch V. J. BERING von Asien aus entdeckt worden war, wurde erst nach Goldfunden (1880 und 1896–99) systematisch erforscht.

Kolonialzeit

Neben Spanien, das zunächst Florida, Mexiko und den SW in seinen Besitz gebracht hatte, waren hauptsächlich Großbritannien (u. a. Neuengland) und Frankreich (Louisiana) sowie anfangs auch die Niederlande (Neu-Niederland), Schweden (Neu-Schweden) und z. T. Russland (Alaska) an der Kolonisation beteiligt; diese hatte tief greifende Auswirkungen auf die nordamerikan. Ureinwohner. Die →Indianer, in die Kolonialrivalitäten einbezogen (bes. in die britisch-frz. Kämpfe, an denen sie auf beiden Seiten teilnahmen), wurden immer mehr aus ihren Gebieten verdrängt und durch Kriege dezimiert. Demgegenüber trat der zivilisator. Effekt der europ. Besiedlung stark zurück (Missionsversuche, Handel, Übernahme des Pferdes von den Spaniern). Von Anfang an wehrten sich die Indianer gegen Landraub und Entrechtung.

Im 18. Jh. wurde die dominierende Stellung der allmählich bis an die Appalachen reichenden brit. Kolonien an der Ostküste gegen die span. Besitzungen im S mit der Übernahme der beiden Carolinas (1720/29) und der Gründung Georgias (1732/33) als wehrhafter Grenzkolonie abgesichert. Drei Regionen bildeten sich heraus: 1) Neuengland mit seiner fast rein engl. Bev., die in Townships (→Town) siedelte, stark an Handel und Gewerbe orientiert war und einen hohen Bildungsstand aufwies; 2) die Mittelatlantikkolonien mit starkem niederländisch-dt. und iroschott. Bev.-Anteil, landwirtschaftl. Groß- und Mittelbesitz und ebenfalls erhebl. Handelsinteressen; 3) die von Maryland nach S sich erstreckenden Kolonien, in denen Plantagenbesitz und Monokulturen (Tabak, Reis, Baumwolle, Indigo) überwogen und die Sklaverei der Bev. ein starkes nichtengl. Element beigab.

Obwohl durchweg von der brit. Krone oder Eigentümern (Maryland, Pennsylvania) abhängig und damit der auf den Vorteil des Mutterlandes bedachten Politik der Zentralregierung (Board of Trade) unterworfen, erreichten alle Kolonien ein hohes Maß an Selbstregierung, wobei namentlich die Abgeordnetenkammern der Kolonialparlamente immer selbstbewusster ihre Stellung im polit. System analog zu der des brit. Unterhauses ausbauten. Die Bewohner entwickelten ein amerikan. Zusammengehörigkeitsgefühl; doch scheiterte noch 1754 auf dem Albany-Kongress ein

Nord Nordamerika

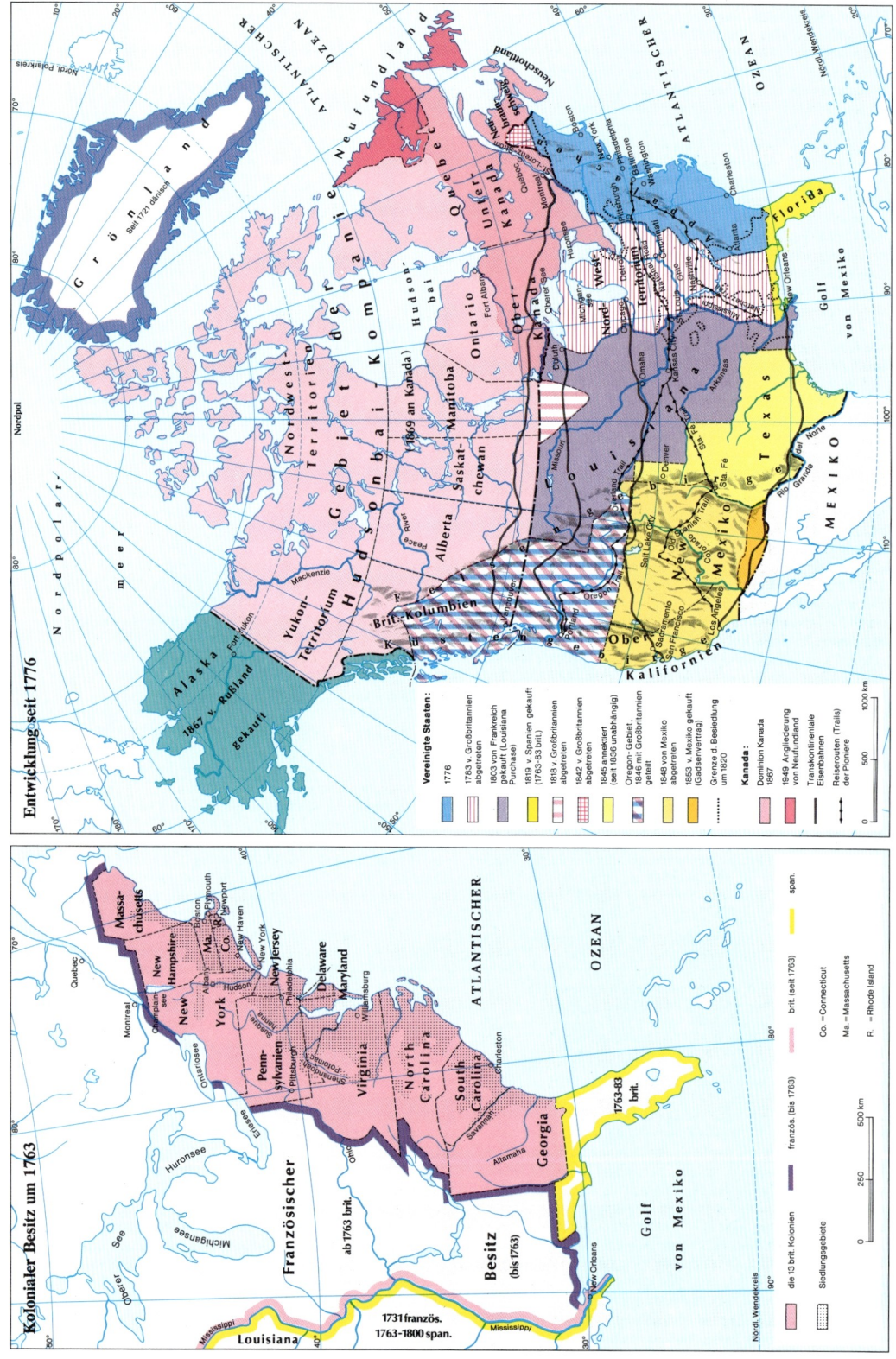

Zusammenschluss der Kolonien. Britisch-französische Kämpfe um das Ohiotal lösten den ›French and Indian War‹ (1754–63) aus, der in die Auseinandersetzungen des →Siebenjährigen Krieges mündete.

Spannungen ergaben sich aus dem Bestreben des Mutterlandes, die Kolonien als Rohstofflieferanten und Absatzmärkte für Fertigwaren in Abhängigkeit zu halten, sie jedoch für die Lasten der Verteidigung und Verw. mit heranzuziehen (Staatseinnahmegesetz ›Sugar Act‹, 1764; Stempelsteuer, 1765; Townshend Acts, 1767; Zwangsgesetze, 1774) und ihre Ausdehnung westlich der Alleghenies vorerst nicht zuzulassen. Da die Kolonien eine gewisse Reife der gesellschaftl. Entwicklung erreicht hatten, die frz. Bedrohung, wenn auch nicht die durch die Indianer (›Pontiacs Rebellion‹, 1763–66), 1763 weggefallen war und Provokationen beiderseits nicht ausblieben (Zollpolitik, →Boston Tea Party), führte der Verfassungsstreit über das Besteuerungsrecht (›no taxation without representation‹) bald zur Unabhängigkeitsbewegung.

Die weitere Entwicklung N.s wurde durch die Gründung und rasche Expansion der Vereinigten Staaten von Amerika auf Kosten brit. (1783, →Northwest Territory), frz. (1803 Ankauf von →Louisiana) und span. Territoriums (1819, Florida), durch die Begründung von Gebietsansprüchen im fernen NW (→Oregon) und Gewinnen im SW (1845–48, →Mexikanischer Krieg, →Texas; 1853 Gadsden-Vertrag) bestimmt. Die russ. Interessen (Alaska, Robbenfang, Ostasienhandel) wurden 1824 vertraglich auf die NW-Küste nördlich 54°40' beschränkt und erledigten sich 1867 mit dem Verkauf Alaskas an die USA. Das rivalisierende Vordringen kanad. und amerikan. Siedler nach W machte mehrfach (1818, 1846) Grenzfestlegungen erforderlich. Im N der USA entwickelte sich Kanada auf engl. und frz. Bevölkerungsgrundlage zur selbstständigen Nation, die trotz wirtschaftl. und kultureller Anziehungskraft der USA im Verband des Commonwealth verblieb.

R. KNAPP: Die Vegetation von Nord- u. Mittelamerika u. der Hawaii-Inseln (1965); W. LINDIG: Vorgesch. N.s (1973); Climates of North America, hg. v. R. A. BRYSON u. a. (Amsterdam 1974); C. M. ANDREWS: The colonial period of American history, 4 Bde. (Neuausg. New Haven, Conn., 1975–77); W. REINHARD: Gesch. der europ. Expansion, Bd. 2: Die Neue Welt (1985); Der Aufstieg des ersten brit. Weltreiches ... 1660–1763, hg. v. H. WELLENREUTHER (1987); J. A. HENRETTA u. G. H. NOBLES: Evolution and revolution. American society 1600–1820 (Lexington, Mass., 1987); North America. The historical geography of a changing continent, hg. v. R. D. MITCHELL u. P. A. GROVES (Totowa, N. J., 1987); B. HOFMEISTER: N. (Neuausg. 1988); B. M. FAGAN: Die ersten Indianer (a. d. Engl., 1990); DERS.: Das frühe N. Archäologie eines Kontinents (a. d. Engl., 1993); The natural history of North America, bearb. v. R. RICCIUTI (New York 1990); C. W. CERAM: Der erste Amerikaner (a. d. Engl., Neuausg. ²1992); S. J. FIEDEL: Prehistory of the Americas (Cambridge ²1992, Nachdr. ebd. 1994); S. S. BIRDSALL u. J. W. FLORIN: Regional landscapes of the United States and Canada (New York ⁴1992); J. H. PATERSON: North America (New York ⁹1994); G. G. WHITNEY: From coastal wilderness to fruited plain. History of environmental change in temperate North America, 1500 to the present (Cambridge 1994); Legal history of North America, auf mehrere Bde. ber. (Norman, Okla., 1995 ff.). – Weitere Literatur →Kanada, →Vereinigte Staaten von Amerika.

Nord|amerikanebel, ein im Sternbild Schwan gelegener Emissionsnebel (H-II-Gebiet; →H-I-Gebiet) des Milchstraßensystems, der durch eine breite Brücke von Dunkelwolken unterbrochen ist. Die Form seines östl. Teils (NGC 7000) erinnert an die des Kontinents Nordamerika; sein westl. Teil (IC 5067 bis 5070) ist der Pelikannebel. Wegen seiner geringen Flächenhelligkeit ist der N. selbst mit lichtstarken Fernrohren nur schwer zu beobachten.

Nordamerikanische Freihandelszone, engl. **North American Free-Trade Area** [nɔːθ əˈmerɪkən friː treɪd ˈeərɪə], Abk. **NAFTA,** durch das Nordamerikan. Freihandelsabkommen (**North American Free-Trade Agreement**), unterzeichnet am 18. 12. 1992, in Kraft seit 1. 1. 1994, zw. den USA, Kanada und Mexiko geschaffene Freihandelszone; ersetzt das Freihandelsabkommen von 1989 zw. den USA und Kanada. Die Freihandelszone für gewerbl. Güter und Dienstleistungen sowie den Kapitalverkehr soll innerhalb von 15 Jahren (bis Ende 2008) durch einen stufenweisen Abbau der Zolltarife und Quoten verwirklicht werden. Bedingt durch das starke Wirtschaftsgefälle zw. Mexiko und den beiden nordamerikan. Staaten ist ein asymmetr. Zollabbau vorgesehen. So hat z. B. Mexiko im ersten Jahr seit In-Kraft-Treten des Abkommens seine Einfuhrzölle für 43 % der Importe aus den USA und für 41 % der Importe aus Kanada aufgehoben, während die USA 84 % und Kanada 79 % der Importe aus Mexiko von Abgaben befreit haben. Durch Schutzklauseln können während der Übergangszeit der Zollabbau ausgesetzt bzw. Abgaben aus der Zeit vor In-Kraft-Treten der NAFTA wieder eingeführt werden, wenn die Importe aus zwei Vertragsstaaten einen inländ. Wirtschaftszweig erheblich beeinträchtigen, eine weitere Schutzklausel soll ›Sozialdumping‹ verhindern. Waren, die nicht den jeweiligen inländ. Umweltnormen entsprechen, können von der Ausfuhr ausgeschlossen werden. Das Abkommen sieht ferner die Liberalisierung der Dienstleistungsmärkte, die Erleichterung von Investitionen und Jointventures, einheitl. Regelungen zum Schutz des geistigen Eigentums und ein gegenseitiges Mitspracherecht bei der Formulierung von Normen und techn. Vorschriften vor. Organe der NAFTA sind drei Hauptkommissionen (für Wirtschaft, Arbeit und Umwelt) sowie das paritätisch besetzte Schiedsgericht zur Beilegung von Handelsstreitigkeiten.

nord|amerikanische Indianer, Sammel-Bez. für die indigenen Völker Nordamerikas, deren kulturelle Vielfalt weit in voreurop. Zeit zurückgeht (→Nordamerika, Geschichte), die vom einfachen Wildbeuterdasein bis zum Bewässerungsfeldbau reichte. Ihre in Abhängigkeit von der jeweiligen Umwelt spezif. Wirtschaftsformen und entsprechenden Kulturen lassen sich zu ›Kulturarealen‹ zusammenfassen: an der NW-Küste eine Küstenfischerkultur mit komplexer Gesellschaft (→Nordwestküstenindianer), in den subarkt. Wäldern mit ihren vielen Flüssen und Seen eine Jäger- und Fischerkultur (→subarktische Indianer), in den Trockenlandschaften des W eine intensive Sammlerkultur (→Kalifornische Indianer, Indianer des ›Großen Beckens‹, →Plateau-Indianer), auf den Grasländern der Plains – v. a. nach Übernahme des Pferdes von den Spaniern – eine Bisonjägerkultur (→Prärie- und Plains-Indianer). Die Einführung von trop. Kulturpflanzen (Mais, Bohne, Kürbis) trug zur Entstehung sesshafter Kulturen im östl. Waldland mit Brandrodung, im SW mit Bewässerung bei (→Östliche Waldlandindianer, →Südwest-Indianer). KARTE →Indianer

Kunst: In der Mehrheit der traditionellen Gesellschaften war die Herstellung künstler. Ausdrucksformen nicht Aufgabe von Spezialisten, sondern unterlag primär der Arbeitsteilung zw. den Geschlechtern. Immer waren die Formen auch mit prakt. Funktionen verbunden. Der Kontakt mit der euroamerikan. Kultur bereicherte die Kunst durch Einführung neuer Materialien, Techniken, die Entstehung neuer Märkte und die Förderung von Berufskünstlertum.

Die herausragende Mal- und Schnitzkunst der Nordwestküstenindianer war das Werk von Spezialisten, die im Auftrag des lokalen Adels Manifestationen von dessen ererbten Privilegien schufen (z. B. Wappenpfähle, Masken). Holzschnitzerei fand sich auch im östl. Waldland (z. B. Falschgesichtsmasken der Irokesen). Figürl. und symbol. Malerei auf Lederkleidung ist v. a. für die östl. Subarktis und die Prärien und

Max Nordau

Plains typisch, die hier und im Waldland überdies mit Perlen aus Schneckenschalen und v. a. gefärbten Stachelschweinborsten (→Quillwork) verziert war. Die von den Europäern eingeführten Seidenbänder und Glasperlen (→Perlenarbeiten) ergänzten bzw. ersetzten die Borstenarbeiten. Zur traditionell vorwiegend abstrakt-geometr. Motivik traten im 19. Jh. verstärkt florale Ornamentik, die an alte kurvilineare Stile des Waldlands anknüpfte, und aus der Malerei abgeleitete figürl. Darstellungen.

Während die Töpfereitraditionen des Waldlands frühzeitig verloren gingen, haben sie die sesshaften Stämme des SW bewahrt. Die seit dem 14. Jh. vorherrschende polychrome Keramikmalerei, die auch Bezüge zur Freskomalerei in Sakralräumen der Puebloindianer aufweist, hat sich in großer Stilvielfalt (geometr. und figürl. Dekor) erhalten und wird seit dem späten 19. Jh. überwiegend für den Verkauf hergestellt. Ähnliches gilt für die aus Holz geschnitzten Kachinapuppen (→Kachinas). Die →Navajo wurden in ihrer Kunst sowohl von Puebloindianern wie von Weißen beeinflusst. Sie entwickelten die zeremonielle Trockenmalerei der Pueblos weiter und veränderten deren Weberei durch die Verwendung von Schafwolle und neuartigen Webstühlen. Ihre von mexikan. Grobschmieden erlernte Silberschmiedekunst wurde von den Hopi und Zuni übernommen. Korbflechterei war bes. an der Nordwestküste (hier neben der Herstellung technisch hochwertiger Textilien), im Großen Becken, im SW und in Kalifornien entwickelt, wo Federn sowohl zum Korbdekor als auch zur Herstellung von Decken und Gürteln verwendet wurden.

Neben den alten Kunstformen haben sich im 20. Jh. auch euroamerikanische (Malerei auf Leinwand, Grafik, auch Skulptur), v. a. über die Ausbildung in staatl. Kunstschulen (u. a. Institute of American Indian Arts in Santa Fe, N. Mex.), durchgesetzt. Die Mehrzahl der Künstler beliefert regionale Märkte für ›Indianerkunst‹ (vor allem im SW, aber auch in Kanada), strebt aber nach Anerkennung im Rahmen moderner und postmoderner Gegenwartskunst.

W. HABERLAND: Nordamerika. Indianer, Eskimo, Westindien (³1979); Indian. Kunst im 20. Jh., hg. v. G. HOFFMANN (1985); P. BOLZ u. B. BEYER: Indian. Kunst Nordamerikas (1987); Zeitgenöss. Kunst der Indianer u. Eskimos in Kanada, hg. v. G. HOFFMANN (1988); C. F. FEEST: Native arts of North America (Neuausg. London 1992).

Nord|amerikanischer Unabhängigkeitskrieg, →Unabhängigkeitskrieg.

Nord|amerikanische Tafel, *Geologie:* →Laurentia.

Nord|äquatorialstrom, Meeresströmung im →äquatorialen Stromsystem des Atlant. und Pazif. Ozeans; im Indischen Ozean nur im Nordwinter. (KARTE →Meeresströmungen)

Nordassamvölker, Sammelname für z. T. noch wenig bekannte tibetobirman. Völker in den Himalajavorbergen nördlich von Assam, im ind. Bundesstaat Arunachal Pradesh. Hauptvertreter sind von Westen nach Osten die Aka an der Grenze zu Bhutan, die Dafla mit den Miri, die Abor und die Mishmi. Im Gebiet der Dafla isoliert wohnen u. a. die Apatani als Hackbauern und die Sulung als Wildbeuter.

Nord|atlantikpakt, die →NATO.

Nord|atlantischer Strom, Meeresströmung im Nordatlantik, die warmes Wasser nach NO transportiert und damit für das günstige Klima Mittel- und Nordeuropas verantwortlich ist. Der N. S. entsteht im NW-Atlantik durch das Zusammentreffen von warmem Wasser aus dem Golfstrom mit kaltem aus dem Labradorstrom. Er teilt sich im O in mehrere Arme, die sowohl nach N wie nach S gerichtet sind. (KARTE →Meeresströmungen)

Nord|atlantische Versammlung, →NATO.

Nordau, Max, eigtl. **M. Simon Südfeld,** Schriftsteller, * Budapest 29. 7. 1849, † Paris 22. 1. 1923; aus jüd. Gelehrtenfamilie; Arzt; ging 1880 nach Paris. N. war mit T. HERZL einer der Begründer des Zionismus. Er verfasste kultur- und zeitkrit. Studien auf rationalistisch-materialist. Basis, Reiseschilderungen, Dramen, auch wenig beachtete Romane.

Nordaustland [nurˈœjstlan], Insel von →Spitzbergen.

Nordbeveland, niederländ. **Noord-Beveland,** Insel in der Prov. Seeland, Niederlande, 86 km², 6700 Ew.; im Bereich der →Deltawerke gelegen.

Nordböhmisches Gebiet, tschech. **Severočeský kraj** [ˈsɛvɛrotʃɛski ˈkraj], Prov. in der Tschech. Rep., grenzt im N an Dtl. und Polen, 7819 km², (1994) 1,18 Mio. Ew.; Hauptstadt ist Aussig. Das N. G. umfasst Teile des Erzgebirges, des Lausitzer und Isergebirges, beiderseits der Elbe das Böhm. Mittelgebirge, Hügelländer sowie Flussniederungen an Biela (tschech. Bílina), Eger und Elbe. Zw. Aussig und Komotau erstreckt sich das Nordböhm. Braunkohlenbecken mit großen Kraftwerken; die Förderung der qualitativ schlechten Braunkohle konzentriert sich in Raum Brüx, Dux, Leutensdorf und Komotau; chem. Industrie ist v. a. in Leutensdorf, Aussig und Lobositz angesiedelt, Hüttenindustrie in Komotau. Im Gebirgsland war einst die Textilindustrie Schrittmacher der Industrialisierung (u. a. in Reichenberg). Von der einstigen sudetendt. Bev. wurde die nordböhm. Glas- und Bijouteriewarenindustrie begründet (Gablonz an der Neiße, Haida). Die Landwirtschaft ist hoch spezialisiert, u. a. Hopfenanbau bei Saaz und Laun. Ältestes Heilbad ist Teplitz (Quellen seit 762 bekannt).

Nordborneo, Britisch-Nordborneo, →Sabah.

Nordbrabant, niederländ. **Noord-Brabant,** Prov. im S der Niederlande, 4938 km² (Landfläche), 2,28 Mio. Ew.; Hauptstadt ist Herzogenbusch. Umfasst größtenteils Sandflächen zw. der Maas und Belgien. Das ursprüngl. Heideland wurde vielfach aufgeforstet oder in landwirtschaftl. Nutzfläche umgewandelt, ebenso das heute größtenteils trockengelegte ehem. Hochmoorgebiet der Peel im O. Viehzucht, Roggen-, Hafer- und Futterpflanzenanbau erfolgen meist in kleinbäuerl. Betrieben. Die Industrie umfasst v. a. Elektrotechnik, Kraftfahrzeug- und Maschinenbau, Textil- und Bekleidungsindustrie. Hauptindustriestandorte sind Breda, Tilburg, Herzogenbusch, Eindhoven und Helmond. – Zur Geschichte bis 1795 →Brabant. Ihre heutige Ausformung erhielt die Prov. nach mehreren Grenzkorrekturen durch Königl. Verordnungen 1815 und 1848. Nach dem Ersten Weltkrieg setzte verstärkt die industrielle Entwicklung ein.

Nordchinesische Tiefebene, andere Bez. für die →Große Ebene.

Norddakota, Bundesstaat der USA, →North Dakota.

Norddeich, Ortsteil von →Norden, Niedersachsen.

Norddeutsche Landesbank Girozentrale [- ˈʒiːro-], Kurz-Bez. **NORD/LB,** öffentlich-rechtl. Kreditinstitut, entstanden 1970 u. a. durch Fusion der Niedersächs. Landesbank (gegr. 1917), der Braunschweig. Staatsbank (gegr. 1765), der Hannoverschen Landeskreditanstalt (gegr. 1840) und der Niedersächs. Wohnungs-Creditanstalt-Stadtschaft (gegr. 1918); Hauptsitz: Hannover, weitere Sitze in Braunschweig, Magdeburg und Schwerin. Eigner und Gewährträger der Bank sind die Länder Ndsachs., Sa.-Anh. und Meckl.-Vorp. sowie der Niedersächs. Sparkassen- und Giroverband, der Sparkassenbeteiligungsverband Sa.-Anh. und der Sparkassenbeteiligungszweckverband Mecklenburg-Vorpommern.

Norddeutscher Bund, nach dem Dt. Krieg von 1866 anstelle des Dt. Bundes unter Ausschaltung Österreichs durch O. VON BISMARCK geschaffener dt.

Norddeutscher Bund
Historische Flagge

Bundesstaat, bestehend aus Preußen und 17 norddt. Kleinstaaten, die den Krieg an seiner Seite geführt hatten. Am 18. 8. 1866 wurde das grundlegende Bündnis geschlossen, dem nach dem Friedensvertrag das Großherzogtum Hessen (für die Gebiete nördlich des Mains), das Königreich Sachsen sowie das Fürstentum Reuß ältere Linie und das Herzogtum Sachsen-Meiningen beitraten. Die zw. den Reg. und einem verfassunggebenden Norddt. Reichstag vereinbarte, am 17. 4. 1867 verkündete Verf. trat am 1. 7. 1867 in Kraft. – Der N. B. war als Provisorium gedacht, da der frz. Widerstand 1866 den Weg zu einer formell-nationalstaatl. Lösung der dt. Frage versperrte. Die liberalen und föderalist. Elemente des N. B. waren ein Entgegenkommen an die südt. Staaten, seine Tendenz zur Absicherung der preuß. Hegemonie Ausdruck der Reichsgründung ›von oben‹. Zu Beginn des Dt.-Frz. Krieges 1870/71 schlossen sich die südt. Staaten dem N. B. an, der durch Reichstagsbeschluss vom 10. 12. 1870 den Namen →Deutsches Reich annahm.

Dokumente zur dt. Verf.-Gesch., hg. v. E. R. Huber, Bd. 2: Dt. Verf.-Dokumente 1851–1900 (³1986); T. Nipperdey: Dt. Gesch. 1866–1918, 2 Bde. (³1994–95); M. Stürmer: Das ruhelose Reich. Dtl. 1866–1918 (Neuausg. 1994).

Norddeutscher Lloyd [-lɔɪd], traditionsreiche Reederei, gegr. 1857 in Bremen. Sie bediente ab 1876 die wichtigen Häfen der amerikan. Ostküste und erhielt 1884 erstmals das Blaue Band. 1886 wurde der Reichspostdampferdienst nach Ostasien und Australien aufgenommen, 1905 der Frachtdienst nach Niederländisch-Indien und Australien. Nach dem Ersten Weltkrieg begann 1919 der Wiederaufbau der kriegszerstörten Flotte. 1925 Fusion mit der Roland Linie und der Hamburg-Bremer-Afrika-Linie AG und 1927 mit der Reederei Horn, Lübeck; seit 1930 bestand eine Interessengemeinschaft mit der →Hamburg-Amerika Linie; 1938 besaß der N. L. 85 Seeschiffe mit 618 000 BRT. Im Zweiten Weltkrieg wurde fast die gesamte Flotte vernichtet. 1970 vereinigten sich N. L. und Hamburg-Amerika Linie zur →Hapag-Lloyd AG.

Norddeutscher Rundfunk, Abk. **NDR,** Rundfunkanstalt öffentl. Rechts, Sitz: Hamburg, gegr. 1924 als ›Nordische Rundfunk-AG‹, 1934–45 ›Reichssender Hamburg‹, 1945 ›Radio Hamburg‹, 1948–55 →Nordwestdeutscher Rundfunk, Hamburg, seit 1955 NDR mit den Landesfunkhäusern Hamburg, Hannover (für Ndsachs. mit Studios in Braunschweig, Oldenburg [Oldenburg], Osnabrück), Kiel (für Schlesw.-Holst. mit Studios in Flensburg, Heide, Lübeck, Norderstedt) und (seit 1. 1. 1992) Schwerin (für Meckl.-Vorp. mit Studios in Greifswald, Neubrandenburg, Rostock); Studios in Berlin und Bonn, Fernsehstudios in Lokstedt und Wandsbek. Der NDR verbreitet acht Hörfunkprogramme, liefert 16,25 % des ›Ersten Dt. Fernsehens‹, ein werktägl. Fernsehregionalprogramm und das dritte ›Fernsehprogramm Nord 3‹.

Norddeutsche Schule, *Musik:* →Berliner Schule.

Norddeutsches Tiefland, der Nordteil Dtl.s, in den Ländern NRW, Ndsachs., Bremen, Hamburg, Schlesw.-Holst., Meckl.-Vorp., Bbg., Berlin, Sa.-Anh. und Sa. Das N. T. ist ein Teil des mitteleurop. Tieflandes, das sich nördlich der Mittelgebirge erstreckt; es setzt sich nach O in Polen (Pommersche und Masurische Seenplatte, Schles. Bucht), nach W in den Niederlanden fort. In der Niederrhein. Bucht, der Westfäl. Bucht und der Leipziger Tieflandsbucht greift das N. T. buchtenförmig in die dt. Mittelgebirgsschwelle ein. Bedeckt wird das N. T. weithin von Ablagerungen pleistozäner Inlandvereisungen; im W-Teil Altmoränengebiete (Geest). Die Nordseeküste ist von See- und Flussmarschen (→Marsch) und dem Wattenmeer gesäumt. Am Fuß der Mittelgebirge finden sich Lössdecken (z. B. Magdeburger Börde, Soester Börde). Nur vereinzelt tritt der vorpleistozäne Untergrund zutage.

Das N. T. ist v. a. ein Agrargebiet; wegen der z. T. mageren Böden herrschen Roggen- und Kartoffelbau vor; Weizen- und Zuckerrübenanbau v. a. in der Bördenzone am Fuß der Mittelgebirge; Futterpflanzenanbau in Ostholstein. In den Fluss- bzw. Urstromtälern überwiegen Grünlandnutzung und Viehzucht (v. a. Rinderhaltung). Außerdem Anbau von Obst und Gemüse (um die Großstädte Hamburg, Berlin, in der Bördenzone), von Tabak (in der östl. Uckermark) und von Hülsenfrüchten (Ostfriesland).

Seit dem MA. wurden durch Kochsalzgewinnung die Solequellen, z. B. in Lüneburg und Halle (Saale), genutzt; im 18. Jh. wurde die Torfstecherei intensiviert, im 19. Jh. begann die Gewinnung von Kalisalz. Des Weiteren sind die Erdöl- und Erdgasfelder im mittleren Emsland, in Ostholstein und im Gebiet zw. Leine und Lüneburger Heide von Bedeutung, dazu die Braunkohlen in Sa., Sa.-Anh. und Bbg. sowie in NRW. Der Steinkohlenbergbau des Ruhrgebietes ist heute nach N, bis nördlich der Lippe, in das N. T. vorgedrungen.

K. Duphorn: Nord-Dtl. u. angrenzende Gebiete im Eiszeitalter (³1974).

Nord|elbische Evangelisch-Lutherische Kirche, Abk. **NEK,** am 1. 1. 1977 vollzogener Zusammenschluss der bis dahin selbstständigen ev.-luther. Landeskirchen von Schleswig-Holstein, Lübeck und Eutin, der Ev.-luther. Kirche im Hamburgischen Staate sowie des Kirchenkreises Harburg der Ev.-luther. Landeskirche Hannovers; Gliedkirche der EKD und der VELKD. Die NEK umfasst das Gebiet der Länder Hamburg und Schlesw.-Holst., gegliedert in die Sprengel **Hamburg** (Bischöfin seit 1992 Maria Jepsen), **Holstein-Lübeck** (Bischof seit 1991 Karl Ludwig Kohlwage, * 1933) und **Schleswig** (Bischof seit 1991 Hans-Christian Knuth, * 1940). Sitz des Nordelbischen Kirchenamtes ist Kiel. (→Evangelische Kirche in Deutschland, Übersicht)

Norden, Abk. **N,** eine →Himmelsrichtung.

Norden, Stadt im Landkreis Aurich, Ndsachs., auf einer Geestinsel (bis 9,6 m ü. M.) in der ostfries. Marsch, 24 300 Ew.; Heimatmuseum mit Teemuseum, Seehundsaufzucht- und -forschungsstation Norddeich, Norddeich Radio (mit Küstenfunkempfangsanlagen in N.-Utlandshörn, mit Seebucht und Sendestation in N.-Osterloog). Wichtigster Wirtschaftsfaktor ist der seit 1813 entwickelte Fremdenverkehr, der Ortsteil **Norddeich** ist Nordseebad. Der Seehafen Norddeich dient dem Schiffsverkehr nach Juist, Norderney und Baltrum (Seebäderverkehr, Versorgung der Inseln) sowie der Küstenfischerei. N. besitzt eine Kornbrennerei, Tee verarbeitende Betriebe, Fertigung von Elektrobauteilen und Maschinen; Windkraftanlagen; außerdem ist N. Wohnort für Pendler nach Emden. – Die ev. Ludgerikirche (13./14. Jh.) mit spätgot. Umgangschor (1445–81) hat eine reiche Ausstattung, u. a. acht Sandsteinstatuen (um 1250), Schnitger-Orgel (1685 bis 1688), Barockkanzel (1712); frei stehender Glockenturm (um 1250). Rathaus (16. Jh.) mit vorgesetztem Treppenturm. Das Schöninghsche Haus (1567 bis 1576) ist ein Renaissancebau mit ganz in Fenster aufgelöstem Giebel. – Das 1255 erstmals urkundlich erwähnte N. wurde nach schweren Meereseinbrüchen zu einem See- und Hafenort. Vermutlich in der 1. Hälfte des 16. Jh. wurde N. Stadt. Durch Landgewinnung infolge von Eindeichung ist es seit dem 19. Jh. wieder vom Meer abgeschnitten.

Norden, Eduard, klass. Philologe, * Emden 21. 9. 1868, † Zürich 13. 7. 1941; wurde 1895 Prof. in Greifswald, 1898 in Breslau, 1906 in Berlin; emigrierte 1939 in die Schweiz. Er wurde bes. mit Arbeiten zur antiken Religionswissenschaft und Stilforschung bekannt.

Werke: Die antike Kunstprosa. Vom 6. Jh. bis in die Zeit der Renaissance, 2 Bde. (1898); Die lat. Lit. im Übergang vom Altertum zum MA. (1905); Die röm. Lit. von den Anfängen bis

Norddeutscher Rundfunk

Norden Stadtwappen

Norderney

Adolf Erik Nordenskiöld

zum Untergang des weström. Reiches (1910; mit vorgenanntem Werk 1952 vereint u. d. T. Die röm. Lit.); Die Geburt des Kindes. Gesch. einer religiösen Idee (1924).

Nordenberg [ˈnuːrdənbærj], Bengt, schwed. Maler, * Jämshög (Verw.-Bez. Blekinge) 22. 4. 1822, † Düsseldorf 18. 12. 1902; lebte seit 1851 in Düsseldorf. Er malte Genrebilder mit Motiven aus dem schwed. Volksleben. Sein Neffe, der Maler und Grafiker CARL HENDRIK N. (* 1857, † 1928), folgte ihm 1873 nach Düsseldorf (Landschafts- und Genrebilder).

Nordenham, Stadt im Landkreis Wesermarsch, Ndsachs., 1,9 m ü. M., am linken Ufer der Unterweser, 29 400 Ew.; Grünlandlehranstalt und Marschversuchsstation für Ndsachs.; Friesen- und Marschenmuseum, Internat. Spitzensammlung; Planetarium; Flugzeugbau, Bleihütte, elektrolyt. Zinkgewinnung, elektrotechn., meerestechn., Kunststoff verarbeitende und chem. Industrie; Seehafen mit Hafenanlagen an Unterweser und Wesermündung (Umschlag von Massengut, Industrieanlagen und Stahlprodukten), Weserfähre von N.-Blexen nach Bremerhaven. In N.-Esensham Kernkraftwerk (elektr. Leistung 1230 MW, Inbetriebnahme 1979). – Die ev. Kirche im Stadtteil Blexen (im Wesentlichen 13. Jh.) wurde im 11. Jh. begonnen. – Nach der 1745 vorgenommenen Eindeichung der Atenser Mittelsände (Wesersandbänke) wurden auf ihnen drei Gutshöfe errichtet; der Gutshof N. wurde namengebend für die im späten 18. Jh. erwachsende Siedlung. 1857 wurde eine erste Hafenpier angelegt, der Hafen danach systematisch auf- und ausgebaut. 1908 wurde N. Stadt.

Nordenskiöld [ˈnuːrdənʃœld], **1)** Adolf Erik Freiherr von (seit 1880), schwed. Polarforscher, * Helsinki 18. 11. 1832, † auf seinem Gut Dalbyö (bei Lund) 12. 8. 1901, Onkel zu 2). Nach fünf Forschungsreisen nach Spitzbergen (1858–72), eine nach W-Grönland (1870), zwei Fahrten durch das Karische Meer zur Mündung des Jenissej (1875 und 1876) gelang ihm 1878/79 die Durchquerung der →Nordostpassage mit dem Dampfer ›Vega‹. 1883 erforschte er von der W-Küste Grönlands aus das Inlandeis.

Werke: Vegas färd kring Asien och Europa, 2 Bde. (1880–81; dt. Die Umsegelung Asiens u. Europas auf der Vega); Grönlands-expeditionen 1883 (1884; dt. Grönland. Seine Eiswüsten im Innern u. seine Ostküste).

S. HEDIN: A. E. N. (Stockholm 1926).

2) Otto, auch **O. Nordenskjöld**, schwed. Geologe und Polarforscher, * auf Sjögle (Verw.-Bez. Småland) 6. 12. 1869, † Göteborg 2. 6. 1928, Neffe von 1); leitete 1895–97 eine geolog. Expedition nach Südamerika (Patagonien, Feuerland), 1901–03 die schwed. Südpolarexpedition (bis Grahamland). Seit 1905 war er Prof. für Geographie in Göteborg.

Werke: Antarctic två år bland sydpolens isar, 2 Bde. (1904, mit J. G. ANDERSSON u. a.; dt. Zwei Jahre in Schnee u. Eis am Südpol); Polarvärlden och dess grannländer (1907; dt. Die Polarwelt u. ihre Nachbarländer). – **Hg.:** Wiss. Ergebnisse der schwed. Südpolar-Expedition 1901–1903, 7 Bde. (1905–20).

Norder|elbe, Nordarm (Hauptarm) der Elbe im Gebiet von Hamburg.

Norderney, eine der sieben Ostfries. Inseln, im Landkreis Aurich, Ndsachs., 26,3 km^2, 14 km lang, bis 3 km breit. Der Ostteil besteht aus bis 25 m hohen Dünen, vor denen sich ein bis 500 m breiter Sandstrand ausdehnt (Anlandung im O), der W-Rand muss vor Abbruch geschützt werden. Die einzige Siedlung liegt im W, die Stadt **Norderney** (6300 Ew.), die seit 1797 Nordseeheilbad ist; mit Kurmittelhaus, Kurhaus, Seewasser-Wellenschwimmbad; Heilanzeigen: v. a. Erkrankungen der Luftwege, allerg. Erkrankungen, Hautkrankheiten, Erholungskuren; Fischerhausmuseum, Spielbank; Flugplatz, tideunabhängiger Fährverkehr nach Norden-Norddeich (seit 1872), Seglerhafen. – Ev. Inselkirche (1878–79) mit Ausstattung aus der Erbauungszeit; kath. Pfarrkirche (um 1900); 1850 wurde das hölzerne Kurhaus durch einen Massivbau ersetzt; Großes Logierhaus, 1837/38 für die Könige von Hannover errichtet. – Die 1398 erstmals urkundlich erwähnte Insel, damals **Oesterende** genannt und nach neuesten Forschungen wesentlich größer, und das auf ihr gelegene Fischerdorf gehörten in den Einflussbereich des ostfries. Häuptlingsgeschlechts tom Brok. 1815 fiel N. an Hannover und wurde 1866 preußisch. 1948 erhielt der Badeort Stadtrecht.

H. STREIF: Das ostfries. Küstengebiet (^{2}1990).

Norderoog [-oːk], 11 ha Hallig, Kr. Nordfriesland, Schlesw.-Holst., westlich von Pellworm, unbewohnt, Schutzgebiet für Seevögel.

Norderstedt, Stadt im Kr. Segeberg, Schlesw.-Holst., 28 m ü. M., nördlich von Hamburg, 70 100 Ew.; Heimatmuseum, Feuerwehrmuseum; Apparate-, Werkzeug-, Fahrzeug- und Maschinenbau, Kunststoff-, Papier-, chem., Nahrungsmittelindustrie, Herstellung von elektron. Bauteilen und Spirituosen. – N. entstand 1970 durch Zusammenschluss von Friedrichsgabe, Garstedt, Glashütte und Harksheide.

Nord|eurasischer Kulturkreis, archäolog. Formengruppen in Skandinavien, N-Russland und Sibirien. Neben jungsteinzeitl. Errungenschaften (Kamm- und Grübchenkeramik, Schiefergeräte) sind in dem N. K. noch alt- und mittelsteinzeitl. Elemente erhalten (Knochengeräte, Skulpturen, Felsbilder). Formale Übereinstimmungen mit der ›Proto-Eskimo-Kultur‹ haben einige Forscher veranlasst, mit einer zirkumpolaren Kultur der Jungsteinzeit zu rechnen. Das einheitl. Gepräge der subarkt. Jägerkulturen ist aber wohl auf günstige Verkehrsverbindungen und gleichartige Umwelteinflüsse zurückzuführen.

Nord|europa, nordische Länder, zusammenfassende Bez. für die Staaten Norwegen, Schweden, Dänemark, Finnland und Island.

Vorgeschichte

Dänemark war bereits in der letzten Zwischeneiszeit vom Menschen besiedelt; dies belegen Funde von Tierknochen, die von Menschenhand gespalten sind. Als gegen Ende der jüngeren *Altsteinzeit* die Gletscher der letzten Eiszeit schmolzen, drangen zus. mit ihrem Jagdwild Rentierjäger der →Hamburger Kultur in Jütland ein. Im Spätpaläolithikum bildete sich hier die Brommekultur (benannt nach einer Fundstelle auf Seeland, Dänemark) heraus, die in der folgenden

Kaltphase (jüngere Dryaszeit) in die endpaläolith. →Lyngbykultur überging; im Spätpaläolithikum entwickelte sich die →Ahrensburger Gruppe.

In der *Mittelsteinzeit* war in Dänemark sowie S- und W-Schweden die →Maglemosekultur verbreitet. Im 5. Jt. v. Chr. entstand die →Ertebøllekultur; ihre Träger hinterließen mächtige Muschelhaufen (›Kjøkkenmöddinger‹). Zeitgleich, z. T. jünger sind mehrere Kulturgruppen von Fischern und Jägern, die durch Mikrolithen, Beile aus Felsgestein und z. T. Walzenbeile gekennzeichnet sind und die in W- und S-Norwegen (Fosnakultur), N-Norwegen (Komsakultur), Finnland und im Baltikum (Askolakultur [nach der Gem. Askola, nördlich von Porvoo, Finnland], Suomusjärvikultur [nach Suomusjärvi, nördlich von Helsinki], Kundakultur) vorkamen. Auf der norweg. Insel Sørøya westlich von Hammerfest wurden Reste einer Siedlung sowie kleine Felsblöcke gefunden, auf denen Rentiere, Wale, Elche, Vögel und Menschen dargestellt sind. Die mittelsteinzeitl. Kulturgruppen haben sich stellenweise bis in das 3. Jt. v. Chr. unvermischt erhalten. Die in S-Norwegen verbreitete Nøstvetgruppe ist durch besondere Steinbeile charakterisiert, die u. a. auf den Bømlo-Inseln an der W-Küste im Steinbruchbetrieb gewonnen wurden.

Jungsteinzeit: Um 2700 v. Chr. drangen die Träger der Trichterbecherkultur in Skandinavien ein. Diese Kultur verbreitete sich in ganz Dänemark und in S-Schweden (Vrakultur), in Norwegen ist sie nur um Oslo und Trondheim anzutreffen. Ihre reiche Entwicklung äußert sich bes. in den über viele Generationen benutzten Großsteingräbern (→Megalithgräber). In N- und Mittelschweden sowie in Norwegen existierten zeitgleich Jäger- und Fischerkulturen mit Grübchenkeramik und Schiefergeräten. Der Trichterbecherkultur in Jütland sowie in der S der Skandinav. Halbinsel folgte die →Einzelgrabkultur. Zu Beginn des 2. Jt. v. Chr. drangen osteurop. Hirtenstämme als Träger der →Bootaxtkultur nach Finnland, S-Schweden und S-Norwegen ein. In Finnland wurde diese Kultur von der Kiukaiskultur abgelöst, die eine Verschmelzung der dortigen (älteren) kammkeram. Kultur mit der Bootaxtkultur darstellt. Damit waren die Grundlagen für die frühe nord. Bronzezeit geschaffen. Für die Endsteinzeit sind Steinkistengräber und Flintdolche typisch.

Bronzezeit: Der Süden N.s war Zentrum der Kultur des →Nordischen Kreises. Im Landesinnern lebten noch Jägerstämme mit steinzeitl. Kultur. Im inneren Finnland bestand eine andere Bronzezeitkultur mit Beziehungen zur russ. →Sejma-Turbino-Kultur. Um 1000 v. Chr. wurde die Nord. durch Einflüsse der mitteleurop. Urnenfelderkultur bereichert und allmählich umgeformt (Übergang zur Brandbestattung). Wie tönerne Hausurnen aus Etrurien zeigen, müssen intensive Fernbeziehungen bestanden haben; stellenweise (bes. in Schweden) scheinen importierte Bronzeartikel so ›billig‹ geworden zu sein, dass die eigene Produktion dieser Konkurrenz nicht gewachsen war. Was im Tausch dafür exportiert wurde, ist unklar (Bernstein?). Unter den einheim. Bronzetypen sind Luren und Hängebecken hervorzuheben.

Eisenzeit: Um 500 v. Chr. ist eine Verringerung des Metallreichtums und des Formenbestandes festzustellen. Kelt. Einfluss wurde spürbar (→Gundestrup), doch beweisen z. B. die Mooropfer (→Hjortspring) das Fortleben nordisch-bronzezeitl. Brauchtums. Aus dieser Zeit ist Ackerbau bezeugt (Celtic Fields, Hakenpflüge, Hofstätten mit dreischiffigen Hallenhäusern).

Um 100 v. Chr. war der zentrale Süden N.s dicht besiedelt. Bes. reiche Funde liegen von den dän. Inseln, Gotland und Öland vor; sie enthalten bald auch röm. Luxusgüter, die in der röm. Kaiserzeit ähnl. Bedeutung gewinnen wie Güter der Hallstattkultur in der jüngeren Bronzezeit. In diese Zeit fällt die Auswanderung der Goten aus Schweden. Im Grabbrauch zeichnet sich eine gesellschaftl. Differenzierung ab: Neben die beigabenarmen Brandbestattungen treten Körperbestattungen mit reichen Beigaben (u. a. röm. Importgut wie Bronze- und Glasgefäße, selten Terra sigillata, Münzen). Röm. Einfluss zeigt sich auch an den Waffen (kurze eiserne Stichschwerter nach Art des Gladius) und im reichen Silberschmuck. Auch die Runen erschienen erstmals in dieser Zeit. Diese Kulturbeziehungen, durch Kontakte mit südgerman. Völkern ergänzt, sind teils mit Handel (Pelze), teils durch die Tätigkeit nordgerman. Krieger als Söldner im röm. Heer zu erklären. In Norwegen wurde das german. Siedlungsgebiet bis zum Polarkreis ausgedehnt, in Finnland trat die german. Besiedlung hinter einer baltisch bestimmten Kultur zurück.

Völkerwanderungszeit: Die Siedlungsdichte nahm seit dem 4. Jh. stark zu. In der ersten Hälfte des 6. Jh. zeichnete sich in Dänemark eine Unruhezeit ab (Fluchtburgen; Zerstörung vieler Höfe; Hortfunde), die wohl auf Kriege zurückgeht. Bezüglich der Kultur (Entstehung des german. Tierstils) und der Wirtschaft (Handel und Schifffahrt) ist die Völkerwanderungszeit die unmittelbare Vorstufe der Wikingerzeit.

O. KLINDT-JENSEN: Denmark before the Vikings (London 1957); J. BRØNDSTED: Nord. Vorzeit, 3 Bde. (a. d. Dän., 1961–63); H. MÜLLER-KARPE: Hb. der Vorgesch., 4 Bde. (¹⁻²1968–80); M. STENBERGER: Vorgesch. Schwedens (a. d. Schwed., Neuausg. Berlin-Ost 1977); S. E. NYGAARD: The stone age of Northern Scandinavia, in: Journal of world prehistory, Jg. 3 (New York 1989); Archäolog. Unterss. zum Übergang von der Bronze- zur Eisenzeit zw. Nordsee u. Kaukasus, Beitrr. v. D.-W. R. BUCK u. a. (1994).

Nordfjord ['nu:rfju:r], einer der am meisten besuchten Fjorde W-Norwegens, mit teils felsig-steilen (bis 1 000 m hoch), teils sanft ansteigenden Ufern, 110 km lang, bis 4,5 km breit, im Zentralteil bis 565 m u. M.; Fremdenverkehrsorte sind Loen und Olden.

Nordfriesische Inseln, dän. **Nordfrisiske øer** [-'ø:ər], Inselgruppe im Wattenmeer vor der W-Küste von Schlesw.-Holst. und Nordschleswig, zu ihr gehören Fanø und Röm in Dänemark sowie Sylt, Föhr, Amrum, Pellworm, Nordstrand und die →Halligen in Dtl. Die N. I. haben vielfach alte Geestkerne, die im W vom Meer abgetragen werden, während sich im O die Seemarschen (mit Neulandgewinnung) erstrecken. Auf der Seeseite der größeren Inseln finden sich ausgedehnte Dünen und Sandstrände (Badeorte auf Sylt, Amrum und Föhr), in den Marschengebieten im O wird Landwirtschaft (Viehzucht; auch Hafer- und Weizenanbau) betrieben.

Nordfriesland, 1) Kreis in Schlesw.-Holst., 2 049 km², 160 700 Ew.; Kreisstadt ist Husum. Der Kreis umfasst den dt. Teil der Marschenlandschaft N. und Teile der im O anschließenden Geest, die durch ihre nährstoffarmen, sandigen Böden gegenüber der Marsch benachteiligt ist.

2) Marschenlandschaft im nordwestl. Schleswig-Holstein und südwestl. Nordschleswig, Dänemark; umfasst das Festland zw. der Wiedau in der N und der Eider im S sowie die vorgelagerten Nordfries. Inseln. Bei Tondern und bei Husum reicht die Geest bes. weit nach W und endet mit einem Steilrand gegen die Marsch. Auf den Halligen, oft auch an der schon früh besiedelten festländ. Marschenküste (z. B. in Eiderstedt), wurden die Bauernhöfe und Siedlungen auf Wurten errichtet. Zentrale Orte des mit Streusiedlungen überzogenen Gebietes sind die auf Geestspornen liegenden Städte Niebüll, Bredstedt und Husum. In den letzten 100 Jahren kam es zu umfangreichen Eindeichungen (Gewinnung von 50 km² Neuland, seit 1600 insgesamt etwa 300 km²), darunter (von N nach S) Margarethenkoog (Dänemark; 1982), F.-W.-Lübke-Koog (1956), Hauke-Haien-Koog (1959), Sönke-

Nissen-Koog (1926), Norderfriedrichskoog (1971). Seit 1963 wird die Verkürzung der Deichlinie (12 km) zw. der dt.-dän. Grenze und der Halbinsel Eiderstedt im Rahmen des Programms Nord durchgeführt (u. a. bei →Nordstrand). In der früh eingedeichten Marsch überwiegt das Grünland, in den neuen Kögen das Ackerland. Heute spielt der Fremdenverkehr eine führende Rolle. Fischerei (auf Krabben und Plattfische im Wattenmeer) und Industrie sind von untergeordneter Bedeutung. Das fries. Erbe wird v. a. auf den Inseln gepflegt, wo auch friesisch gesprochen wird. – Der seit 1424 belegte Name N. fand erst im 17. Jh. allg. Anerkennung. Das seit dem 7./8. Jh. bis ins 12. Jh. in mehreren Schüben besiedelte N. gehörte als Uthland (unbesiedeltes Außenland) zum dän. Königsgut. Unter Beibehaltung ihres fries. Rechts unterstanden seine Bewohner den dän. Königen, später den Herzögen von Schleswig. 1362 gingen weite Teile des Landes in einer Sturmflut (Grote Mandränke) unter. 1634 vernichtete eine weitere Sturmflut die Insel Strand (Nordstrand). Die bis in die heutige Zeit andauernde Eindeichung und Landgewinnung wurde im 17. Jh. durch die Anwerbung holländ. und frz. Deichbaumeister intensiviert. Im 17./18. Jh. erlangten Sylt und Föhr bescheidenen Wohlstand durch ihre Seeleute, die einen großen Teil der Kapitäne in den Walfängerflotten stellten. Anfang des 19. Jh. aufkommende Ansätze zu einer eigenen Sprach- und Nationalbewegung mündeten in den 1840er-Jahren in die schleswig-holsteinisch-dt. Bewegung.

R. STADELMANN: Meer – Deiche – Land. Küstenschutz u. Landgewinnung an der dt. Nordseeküste (1981); T. STEENSEN: Die fries. Bewegung in N. im 19. u. 20. Jh.: 1879–1945, 2 Bde. (1986); Norderhever-Projekt, Bd. 1: Landschaftsentwicklung u. Siedlungsgesch. im Einzugsgebiet der Norderhever (N.), 2 Tle. (1988). – *Zeitschriften:* Nordfries. Jb. (N. F. 1965 ff.); N. Ztschr. für Kultur, Politik, Wirtschaft (1967 ff.). – Weitere Literatur →Halligen, →Küstenschutz.

Nordgau, 1) bayerischer Nordgau, im 6. Jh. das Gebiet nördlich der Donau zw. Neuburg und Regensburg. Der westl. N. wurde im 8., das Grenzgebiet zu Böhmen im 10. Jh. von Bayern getrennt und Reichsland; unter Kaiser HEINRICH III. (1046–56) wurde der N. neu organisiert (Marken Cham und Nabburg gegen den Nordwald, Reichsburg Nürnberg im W). Der Name N. griff in der Folge auf Gebiete bis zum Fichtelgebirge und nach Eger aus. Nachdem im 13. Jh. die Wittelsbacher die Nachfolge der Staufer und der in diesem Raum dominierenden Adelsgeschlechter angetreten hatten, ging der N. in der bayer. Oberpfalz auf.

2) früherer Name für das Unterelsass, seit der Teilung des Herzogtums Elsass unter den Karolingern in die Grafschaften N. und Südgau (Sundgau).

Nordgermanen, der nördl. Zweig der Germanen in Dänemark, Norwegen, Schweden, Island und Grönland. Sie bildeten seit etwa 800 die ethn. Grundlage der Dänen, Schweden, Norweger und Isländer.

Nordhausen, 1) Kreisstadt (so genannte Große kreisangehörige Stadt als Vorstufe zur kreisfreien Stadt) in Thür., 210 m ü. M., am S-Rand des Harzes, im NW der Goldenen Aue, 47 900 Ew.; FH, Museen (u. a. Meyenburgmuseum), Theater; Spirituosenherstellung (›Nordhäuser Korn‹), Tabakindustrie, Maschinen-, Werkzeug-, Behälter-, Bagger- und Fahrzeugbau (u. a. Elektroautos), Gewerbe der Fernmelde- und Umwelttechnik, Spezialbaubetriebe; Endpunkt der Harzquerbahn (Schmalspurbahn) nach Wernigerode und auf den Brocken (Brockenbahn). – Die Innenstadt wurde 1945 zum größten Teil zerstört; wiederhergestellt wurden der Dom zum Hl. Kreuz, eine spätgot. Hallenkirche (Mitte 14. Jh.) mit dreischiffiger roman. Krypta (12. Jh.) unter dem frühgot. Chor (1267 geweiht) und Chorgestühl der Zeit um 1400, sowie St. Blasii, eine spätgot. Hallenkirche (15. Jh.) mit spätroman. Westwerk und Renaissance-

Nordhausen 1): Hallenkirche Sankt Blasii (15. Jh.) und Fachwerkhaus am Sankt-Blasii-Kirchplatz

Nordhausen 1) Stadtwappen

kanzel (1592). Vor dem Alten Rathaus (1608–10) eine hölzerne Rolandsfigur. – In der Nachfolge eines 874 zu einem fränk. Krongutbezirk gehörenden Dorfes und einer um 780/790 entstandenen Siedlung wurde unterhalb der 910 erbauten Burg **Northusia** die Siedlung N. (927 erstmals urkundlich erwähnt) angelegt. Ein Kanonissenstift (961 gegr.) erhielt 962 die Markt-, Münz- und Zollrechte. Die Ortschaft, aufgrund ihrer verkehrsgünstigen Lage ein beliebter Handelsplatz, wuchs durch planmäßigen Ausbau im 12. Jh. zur Stadt. Nach Aufhebung der Abhängigkeit vom Kloster, wurde N. 1220 zur freien Reichsstadt erhoben. Im 16. Jh. brachten fläm. Flüchtlinge die Kenntnis des Kornbrennens nach N. 1802 fiel N. an Preußen. – Bei N. bestand 1943–45 in bombensicheren Stollen und Schächten ein unterird. Rüstungszentrum als Außenlager des natsoz. KZ →Buchenwald (Tarnname **Mittelbau Dora** bzw. **Dora-Mittelbau**; bis 1945 etwa 30 000 Menschen, v. a. Zwangsarbeiter und KZ-Häftlinge). Hierher war die ›V-Waffen‹-Produktion nach der Zerstörung der ›Raketenversuchsanstalt‹ Peenemünde umgelagert worden. Ab Oktober 1944 eigenständiges KZ, wurde N. im April 1945 von amerikan. Truppen besetzt und am 1. 7. an die SBZ abgetreten (heute Gedenkstätte).

Das tausendjährige N., 2 Bde. (1927).

2) Landkreis im N von Thür., grenzt im NO und O an Sa.-Anh., im NW an Ndsachs., 711 km², 101 500 Ew.; erstreckt sich von den Bleicheröder Bergen, der Hainleite und Windleite über die von der Helme durchflossene, fruchtbare Goldene Aue und den Alten Stolberg (hügeliges Waldgebiet) in den Südharz (Erholungsgebiet). Von der Fläche sind 29 % bewaldet, 57 % werden landwirtschaftlich genutzt (Anbau von Zuckerrüben, Weizen, Gerste, Gemüse sowie Obstbau, bes. in der Goldenen Aue). Der Kalisalzbergbau in Bleicherode und Sollstedt wurde 1990/91 eingestellt. In N. werden Kies, Gips und Grauwacke abgebaut und verarbeitet. Bedeutendster Industriestandort ist die Kreisstadt Nordhausen. Weitere Städte sind Bleicherode, Ellrich und Heringen/Helme. Ein wichtiger Wirtschaftsfaktor ist der Fremdenverkehr.

Nordholland, niederländ. **Noord-Holland,** Prov. im W der Niederlande, 2 660 km² (Landfläche), 2,46

Mio. Ew.; Hauptstadt ist Haarlem, wirtschaftl. Mittelpunkt ist Amsterdam. N. umfasst die Halbinsel zw. Nordsee und IJsselmeer, die westfries. Insel Texel sowie die IJsselmeerinsel Marken im →Markerwaard. Große Teile der Landfläche sind trockengelegte Polder. Der feste Kern ist die Küstendüne (4 km breit, bis 60 m ü. M.) mit dem anschließenden Geestgrund, an die sich die Polder von Westfriesland, Waterland und Amsterdam anschließen. Das Gooi im äußersten SO ist Moränenhügelland. – In der Landwirtschaft überwiegt Milcherzeugung, daneben Gemüsebau und Blumenzwiebelzucht. Wichtige Industriestandorte sind die am Nordseekanal liegenden Städte Amsterdam, Zaanstad und Velsen, ferner Haarlem und Hilversum. Zentren des Käsehandels sind Edam-Volendam und Alkmaar.

Nordhollandkanal, niederländ. **Noordhollands Kanaal** [no:rt-], 1824 eröffneter Kanal in der Prov. Nordholland, Niederlande, von Amsterdam über Alkmaar nach Den Helder, 79 km lang; für Schiffe bis 2000 t. Dient nach dem Bau des →Nordseekanals heute v. a. der Erholung.

Nordhorn, Kreisstadt des Landkreises Grafschaft Bentheim, Ndsachs., 26 m ü. M., an der Vechte im südl. Emsland, 51 300 Ew.; Fertighausbau, Kunststoff- und Isolierglasherstellung u. a. Industrie. N. gehört zur →Euregio. – Die reformierte Kirche St. Ludger wurde 1447 geweiht (Westturm 1489 begonnen). – Keimzelle der Stadt war die auf einer künstl. Vechteinsel im 14. Jh. erbaute Burg, in deren Schutz sich Handwerker neben einem bereits um 900 bezeugten Dorf niederließen. Die so entstandene Siedlung wurde 1379 Stadt; lebte vom Speditionshandel auf der Vechte.

Nordide, typolog. Kategorie für indigene Bewohner des nördl. Europa. N. werden als schlanker, hochwüchsiger und schmalgesichtiger Menschenrassentyp, mit weißrosiger Haut (Aufhellung der Hautfarbe gegenüber anderen Europiden am weitesten fortgeschritten), goldblonden bis hellbraunen Haaren und blauen bis blaugrauen Augen beschrieben. Hauptverbreitungsgebiet: Nord- und Nordwesteuropa; Unterform der →Europiden.

Nord|insel, engl. **North Island** ['nɔ:θ 'aɪlənd], eine der beiden Hauptinseln →Neuseelands.

Nordirland, engl. **Northern Ireland** ['nɔ:ðən 'aɪlənd], Landesteil von →Großbritannien und Nordirland, umfasst den NO-Teil der Insel Irland, 14 144 km², davon 638 km² Binnengewässer, (1996) 1,66 Mio. Ew.; Hauptstadt ist Belfast. N. nimmt einen Teil der histor. Prov. Ulster ein.

Staatsrechtl. Situation: Auf der Grundlage des N.-Gesetzes von 1974 (Northern Ireland Act 1974) trägt – vorbehaltlich eines jährlich erneuerbaren Parlamentsbeschlusses – der brit. Staatsminister für N. (Secretary of State for Northern Ireland) gegenüber dem brit. Parlament die hauptsächl. Regierungsverantwortung für N. Am 15. 11. 1985 wurde zw. Großbritannien und der Rep. Irland ein Abkommen getroffen, das im Interesse einer Lösung des N.-Konflikts der Rep. Irland in Bezug auf N. Konsultativrechte einräumt, die durch eine Intergouvernementale Konferenz wahrgenommen werden; der staatsrechtl. Status von N. wird hierdurch nicht berührt. – Im brit. Parlament (Unterhaus) ist N. mit 18 Abg. vertreten.

Parteien: Die gemäßigte Ulster Unionist Party (UUP, gegr. 1892) tritt für die Einheit mit Großbritannien ein, steht jedoch der Teilung der Macht (›Powersharing‹) mit der kath. Minderheit überwiegend ablehnend gegenüber. Die Democratic Unionist Party (DUP, hervorgegangen aus dem in den 60er-Jahren entstandenen ›Ulster Constitution Defense Committee‹) ist eine radikale Verfechterin der Zugehörigkeit N.s zu Großbritannien; sie lehnt das Powersharing strikt ab. Die Social Democratic and Labour Party (SDLP, gegr. 1970) tritt für die polit. Einheit ganz Irlands und die Beteiligung der Katholiken an der Reg. in N. ein. Sinn Féin vertritt politisch den ›provisorischen‹, terrorist. Flügel der →IRA. Daneben existieren eine Reihe kleinerer Parteien.

Landesnatur: In seiner Oberflächenform zeigt N. die Gestalt einer flachen Schüssel mit einer zentralen Senke um Lough Neagh und Hügel- und Bergländern am Rande. Das Basaltplateau von Antrim im NO fällt mit Giant's Causeway mit eindrucksvollen Basaltsäulenklippen zum Meer hin ab. Bei den Mourne Mountains im SO handelt es sich um ein Granitmassiv. Vorwiegend aus Gneisen bestehen die kaledonisch gefalteten Sperrin Mountains im NW, aus karbon. Kalksteinen die Tafelländer um Lough Erne im SW. Sein Feinrelief verdankt N. den Ablagerungen der letzten Eiszeit. Landschaftsprägend sind v. a. die ausgedehnten Drumlinfelder zw. North Down und S-Fermanagh sowie im W um Lough Erne. Die Hochländer tragen z. T. ausgedehnte Deckenmoore, daneben jüngere Aufforstungen mit Nadelhölzern. Das Klima ist feuchtkühl.

Bevölkerung: Fast die Hälfte der Bev. lebt in der Region Belfast. Bedeutendere Städte sind außerdem Derry, Newtownabbey, Bangor und Lisburn. Nach Rückgang in den 80er-Jahren steigt die Bev. wieder an. Die Emigration, vorwiegend nach Großbritannien, ist rückläufig (Emigrationsverluste 1971–81: 110 000 Personen; 1981–91: 69 400). Die Geburtenrate lag 1996 bei 14,8‰ (1987: 17,7‰). Kennzeichnend ist die konfessionelle Spaltung der Prov. Nach Niederschlagung der letzten irischen Aufstände im 17. Jh. wanderten Protestanten aus England und Schottland (Irish Scots) ein und siedelten v. a. in Städten und agrarisch günstigeren Regionen. Damit entstand eine regionale ethnisch-konfessionelle Differenzierung. Der Anteil der Katholiken liegt (1991) bei 38,4 % (1961: 34,9 %); die Protestanten gliedern sich in Presbyterianer (21,3 %), Anglikaner (17,7 %), Methodisten (3,8 %) und zahlr. kleine Gemeinschaften. Einer tendenziellen Zunahme bei Katholiken stehen stagnierende bzw. rückläufige Bev.-Zahlen bei Protestanten gegenüber.

Wirtschaft: Die Landwirtschaft hat mit (1996) 3,3 % der Beschäftigten eine geringe Bedeutung. 75 % (1996) der landwirtschaftl. Nutzfläche sind Kulturland (5,5 %

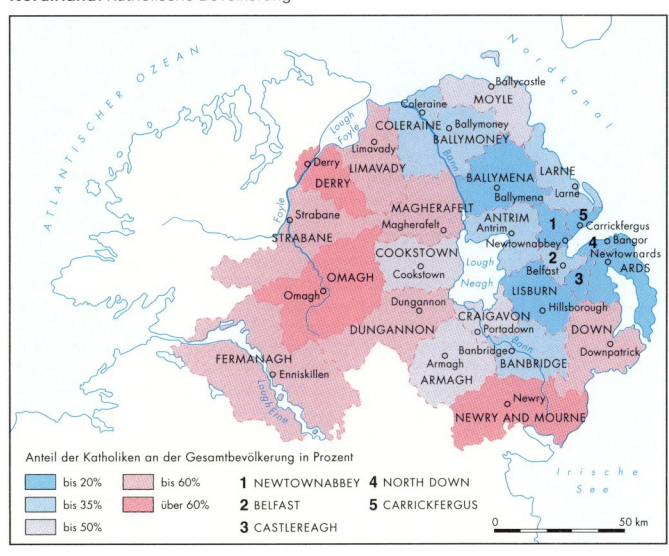

Nordirland: Katholische Bevölkerung

Ackerland und 69,5% Grünland), der Rest entfällt auf extensive Wildweiden (18,5%) und Wald (6,5%), vorwiegend junge Aufforstungen. Kleinbetriebe unter 20 ha bestimmen mit einem Anteil von 50,5% die Betriebsgrößenstruktur. Die mittlere Betriebsgröße liegt (1994) bei 28,5 ha. Die Landwirtschaft ist stark spezialisiert, v. a. auf Rindermast, Schafhaltung, Milch- und Geflügelwirtschaft. – Die Industrie hat an Bedeutung verloren, 1996 arbeiteten hier einschließlich Bauwirtschaft noch 22,8% der Beschäftigten. Zw. 1973 und 1986 sind rd. 36,6% der Arbeitsplätze verloren gegangen, vorwiegend in den traditionellen Industriezweigen Schiffbau, Textil-, Bekleidungs- und Nahrungsmittelindustrie. 58,8% der industriellen Arbeitsplätze befinden sich in traditionellen Industriezweigen, wie Nahrungsmittel-, Textil-, Leder-, Holzindustrie. Die politisch motivierten Unruhen haben die wirtschaftl. Entwicklung negativ beeinflusst. Staatl. Industrialisierungsprogramme konnten die Arbeitsplatzverluste nicht ausgleichen. Die Arbeitslosenrate ist mit (1994) 12,9% leicht rückläufig (in kath. Wohngebieten jedoch noch 30%).

Geschichte: Bis in das 20. Jh. bildete N. mit den übrigen Teilen der Insel eine historisch-polit. Einheit (→Irland, Geschichte).

Mit dem ›Government of Ireland Act‹ (23. 12. 1920) trennte die brit. Reg. die mehrheitlich prot. Grafschaften Ulsters (Londonderry, Antrim, Tyrone, Fermanagh, Armagh und Down) vom übrigen, mehrheitlich kath. Irland ab und gab ihnen im Rahmen einer Union mit Großbritannien Autonomie, d. h. v. a. ein eigenes Parlament (Stormont) und eine eigene Reg.; führende polit. Partei wurde die ›Unionist Party‹ (UP); daneben erlangte der ›Orange Order‹ (→Orangemen) starke gesellschaftl. Bedeutung. 1921–72 stellten die Unionisten den Reg.-Chef; JAMES CRAIG (* 1871, † 1940), 1921–40 der erste nordir. Premier-Min., wie auch seine Nachfolger betrieben eine enge Zusammenarbeit mit Großbritannien. 1925 legte ein Vertrag den Grenzverlauf zw. dem Freistaat Irland und dem brit. N. fest.

Die innere Entwicklung N.s wurde v. a. vom Konflikt zw. der prot. Mehrheit und der kath. Minderheit geprägt. Die kath. Nationalisten, die ein Zusammenwirken mit den prot. Unionisten (Loyalisten) ablehnten und auf einer Vereinigung N.s mit dem Freistaat (später der Rep.) Irland zu einem gesamtirischen Staat beharrten, wurden politisch weitgehend ausgegrenzt (u. a. durch Wahlrechtsregelungen im Interesse der Sicherung prot. Mehrheiten). Der unionist. Kontrolle des Reg.- und Verwaltungsapparates, dem seit 1922 auch eine dominierte Polizeitruppe (›Royal Ulster Constabulary‹, Abk. RUC) zur Seite stand, entsprach eine wirtschaftlich-soziale Benachteiligung der kath. Bev. Erst unter dem liberalen Unionisten TERENCE O' NEILL, der 1963–69 die nordir. Reg. führte, wurden vorsichtige innenpolit. Reformschritte eingeleitet und Reg.-Kontakte zur Rep. Irland geknüpft (1965 erstes Treffen der beiden Premier-Min.). Nach der Gründung versch. Bürgerrechtsorganisationen und Aktionskomitees (u. a. 1963 ›Campaign for Social Justice‹) entstand 1967 als deren Dachverband die ›Northern Ireland Civil Rights Association‹ (NICRA), die mit Massendemonstrationen und zivilem Ungehorsam für grundlegende Reformen und die Durchsetzung gesellschaftl. Gleichberechtigung einsetzte, woraufhin die Reg. aber zumeist mit repressiven Maßnahmen (v. a. mit gewaltsamen Polizeieinsätzen, so am 5. 10. 1968 in Londonderry) reagierte. Angesichts dieser Entwicklung drängten radikale Gruppen auf nationalist. wie unionist. Seite die verständigungsbereiten Kräfte in den Hintergrund. Die kath.-nationalist. Partei Sinn Féin und ihr militär. Arm, die →IRA, hielten kompromisslos am Ziel der Vereinigung N.s mit der Rep. Irland fest; über die für alle prot. Gruppen selbstverständl. Zugehörigkeit N.s zum Vereinigten Königreich hinaus bekämpften extremist. prot. Kräfte (z. B. um I. PAISLEY, den Vors. der DUP) die gesellschaftl. und polit. Integration der kath. Minderheit in N. Der Angriff militanter unionist. Gruppen auf kath. Wohnviertel in Londonderry (heute Derry) und Belfast im August 1969 führte zu blutigen Zusammenstößen; daraufhin verlegte die brit. Reg. Truppen nach N., um die Eskalation der Gewalt zu stoppen. Das brit. Militär wurde jedoch selbst immer mehr in die Auseinandersetzungen verwickelt (Höhepunkt am 30. 1. 1972 [›Bloody Sunday‹], als brit. Soldaten in Londonderry 13 Teilnehmer einer verbotenen Demonstration erschossen). Im nationalist. wie auch im unionist. Lager kam es zur Wiederbelebung bzw. Neugründung paramilitär. Untergrundorganisationen. Die IRA, die angesichts der Übergriffe von Unionisten und der Sicherheitskräfte als ›Schutzformation‹ für die kath. Bev. und als Symbol des antibrit. Widerstands seit Ende der 60er-/Anfang der 70er-Jahre rasch wieder Zulauf erhielt, richtete ihre terrorist. Aktionen v. a. gegen die brit. Truppen, die RUC und prot.-unionist. Aktivisten in N., aber auch gegen Politiker und Einrichtungen in Großbritannien; der Gegenterror ging bes. von der prot. →Ulster Defence Association (UDA), ihr verbundenen ›Ulster Freedom Fighters‹ (UFF) u. a. loyalistisch-extremist. Gruppen aus. Als es der nordirischen Reg. nicht gelang, den inneren Frieden in N. wiederherzustellen, übernahm die brit. Reg. im Zuge einer ›Northern Ireland Temporary Provisions Act‹ von April 1972 bis Dezember 1973 erstmals die direkte Verwaltung in N. (Ernennung von WILLIAM WHITELAW zum N.-Minister). Nach Wahlen von 1973 stand BRIAN FAULKNER (* 1921, † 1977) von Januar bis Mai 1974 einer gemischtkonfessionellen Koalitions-Reg. vor, die jedoch unter dem Druck eines Generalstreiks zurücktrat. Darauf schloss sich ab Sommer 1974 erneut die brit. Direktherrschaft an. Eine verfassunggebende Versammlung, die auf der Grundlage der ›Machtteilung‹ (Powersharing) zw. Katholiken und Protestanten eine Verf. entwerfen sollte, scheiterte 1975. In den 70er-Jahren erreichten die blutigen bürgerkriegsähnl. Unruhen – von den Iren ›Troubles‹ gen. – ihren Höhepunkt (allein 1972 467 Tote); zw. den Konfessionen vertieften sich angesichts der v. a. in den Städten alltägl. Gewalt Entfremdung und Ausgrenzung. 1976 organisierten MAIREAD CORRIGAN und BETTY WILLIAMS erste Friedensdemonstrationen von Frauen beider Konfessionen. Aber weder diese Aktionen der ›Peace People‹ noch die auf Antiterrorgesetzgebung (Inhaftierung von Angehörigen terrorist. Organisationen und hartes Vorgehen v. a. gegen Mitgl. der IRA) gerichtete extremist. Gewalt konnten die inneren Verhältnisse N.s entspannen bzw. die Unruhen eindämmen, die bis zur Gegenwart mehr als 3 000 Tote forderten. Bis in die 90er-Jahre blieben auch die zw. Großbritannien und der Rep. Irland abgestimmten Initiativen zur Lösung des N.-Konflikts (u. a. 1973 Vereinbarung über die Schaffung eines ›Gesamtirischen Rats‹, 1985 Abkommen über die begrenzte Mitsprache der Rep. Irland bei der Verw. von N.) weitgehend wirkungslos. Nachdem die irische und die brit. Reg. im Dezember 1993 eine gemeinsame Erklärung zur N.-Frage vorgelegt hatten, in der sie das Selbstbestimmungsrecht sämtl. Bewohner der Insel Irland anerkannten und nach einem Gewaltverzicht der unionist. und republikan. Terrororganisationen allen nordirischen Parteien (einschließlich Sinn Féin) Friedensgespräche anboten, kamen die IRA am 31. 8. 1994 und prot. Untergrundbewegungen am 13. 10. 1994 mit Waffenstillstandserklärungen dieser Forderung nach (in Kraft ab 1. 9. bzw. ab 14. 10. 1994). Am 22. 2. 1995 wurde in Belfast ein britisch-irischer Rahmenplan als Grundlage für die Allparteienverhandlungen über N. vorgestellt, in dem sich die Rep. Irland wie auch Großbritannien bereit erklärten, ihre Souveränitätsansprüche über N. aufzugeben (weitere Kernpunkte: Wahl eines neuen Belfaster Parlaments durch die nordirische Bev., Errichtung einer gesamtirischen Behörde). Bei den Wahlen eines Gremiums für Friedensgespräche am 30. 5. 1996 erhielten die prot. UUP 24%, die DUP 19%, die SDLP 21% und Sinn Féin (Präs. G. ADAMS) 15,5% der Stimmen. Dennoch blieb Sinn Féin zunächst von den am 10. 6. 1996 beginnenden Allparteiengesprächen unter dem Vorsitz des ehem. amerikan. Senators GEORGE MITCHELL ausgeschlossen, da die ihr nahe stehende IRA – angesichts der nur schleppend in Gang gekommenen Verständigung und der von ihr abgelehnten brit. Forderung nach ihrer Entwaffnung als Vorbedingung für die Teilnahme von Sinn Féin – bereits am 9. 2. 1996 wieder terroristisch aktiv geworden war. Nach einer erneuten Gewaltverzichtserklärung der IRA (in Kraft ab 20. 7. 1997) nahm Sinn Féin ab September 1997 (wie die prot. Ulster Democratic Party Anfang 1998 kurzzeitig suspendiert) an den langwierigen N.-Gesprächen teil.

Integration and division. Geographical perspectives on the Northern Ireland problem, hg. v. F. W. BOAL u. a. (London 1982); Northern Ireland. Environment and natural resources, hg. v. J. G. CRUICKSHANK u. a. (Belfast 1982); O. MACDONAGH: States of mind. A study of Anglo-Irish conflict, 1780–1980 (London 1983); P. A. COMPTON: An evaluation of the changing religious composition of the population of Northern Ireland, in: The Economic and Social Review (Dublin 1985); Province, city and people. Belfast and its region, hg. v. R. H. BUCHANAN u. a. (Antrim 1987); J. BARDON: A history of Ulster (Belfast 1992, Nachdr. 1996); M. BREUER: N. Eine Konfliktanalyse (1994); N. in Gesch. u. Gegenwart, hg. v. J. ELVERT (1994); E. BIAGINI: Northern Ireland and beyond. Social and geographical issues (Dordrecht 1996).

nordische Disziplinen, die Wettbewerbe Langlauf, Skispringen (einschließlich Skifliegen) und nord. Kombination, die vorwiegend in den skandinav. (nord.) Ländern entwickelt wurden und Bestandteile des nord. →Skisports sind.

nordische Kombination, Abk. **NK,** *Skisport:* an einem Tag bzw. an zwei aufeinander folgenden Tagen durchgeführter Skizweikampf (→Skispringen, Langlauf) für Männer. Das **Kombinationsspringen** wird auf einer Normalschanze mit einer K-Punkt-Weite von 75 bis 90 m ausgetragen. Zwei Wertungssprünge ergeben die Berechnungsgrundlage für die Laufrückstände. Der **Kombinationslanglauf** ist ein meist über mehrere Runden ausgetragener 15-km-Lauf (in →Skatingtechnik), der nach der →Gundersen-Methode gestartet wird. Der **Mannschaftswettkampf** besteht aus Mannschaftsspringen und (seit 1995) 4 × 5-km-Staffel, wobei zu einer Mannschaft vier Aktive gehören. Jeder springt zweimal. Der Lauf wird dann wieder nach der Gundersen-Methode gestartet. Beim **Einzelsprint** (nur ein Wertungsdurchgang beim Springen) wird auf einer 7,5 km langen Strecke in mehreren Schleifen gelaufen. Der **Teamsprint** besteht aus Mannschaftsspringen und einem 15-km-Langlauf; eine Mannschaft besteht aus zwei Aktiven, die sich beim Lauf rundenweise ablösen. – Die n. K. ist olymp. Disziplin seit 1924 (Mannschaft seit 1988) und WM-Disziplin seit 1925 (Mannschaft seit 1982).

Nordische Kriege, 1) Nordischer Siebenjähriger Krieg, der →Dreikronenkrieg.
2) 1. Nordischer Krieg, Schwedisch-Polnisch-Dänischer Krieg (1655–60): Als König JOHANN II. KASIMIR von Polen nach Abdankung der Königin CHRISTINE von Schweden als letzter Wasa Anspruch auf Schweden erhob, griff KARL X. GUSTAV, um die neu erworbene Großmachtstellung zu erhalten, 1655 Polen an, das sich im Krieg mit Russland befand. Verbündet mit Brandenburg, siegte Schweden bei Warschau (28.–30. 7. 1656). Wegen des schwed. Machtzuwachses schlossen Kaiser LEOPOLD I. und Dänemark ein Bündnis mit Polen; Brandenburg verließ das aufgezwungene Bündnis mit Schweden, schloss in Wehlau Frieden mit Polen (19. 9. 1657) und erhielt die Souveränität in Preußen. Inzwischen hatte es die habsburg. Diplomatie vermocht, Russland zum Einfall im schwed. Livland zu bewegen. Aus Polen vertrieben, wandte sich KARL X. GUSTAV gegen Dänemark und erreichte im Frieden von Roskilde (1658) die Abtretung von Südschweden, Trondheim und Bornholm. Ein brandenburgisch-österreichisch-poln. Heer verhinderte einen weiteren Vormarsch, eine niederländ. Flotte deckte Kopenhagen. Seit 1659 versuchte Frankreich im Einvernehmen mit England und den Generalstaaten einen Frieden zu vermitteln, um die Machtverhältnisse im Norden zu erhalten. Nach dem Tod KARLS X. GUSTAV wurde der Friede von Oliva (3. 5. 1660) geschlossen, der die Verhältnisse von 1655 wiederherstellte und die brandenburg. Souveränität in Preußen bestätigte. Im Frieden von Kopenhagen (6. 6. 1660) gab Schweden Trondheim und Bornholm an Dänemark zurück.

3) 2. Nordischer Krieg, Großer Nordischer Krieg (1700–21): Um die schwed. Vormachtstellung in Nordeuropa zu brechen, verbündeten sich 1699 Dänemark, Sachsen-Polen und Russland. Der schwed. König KARL XII. wandte sich 1700 zunächst gegen Dänemark, das im Frieden von Traventhal (18. 8. 1700) aus der Koalition ausschied. Am 30. 11. 1700 schlug KARL XII. Zar PETER I. bei Narwa. Er vertrieb die Sachsen aus Polen und ließ 1704 STANISLAUS LESZCZYŃSKI zum poln. König wählen. Im Frieden von Altranstädt (24. 9. 1706) musste AUGUST DER STARKE auf die poln. Krone verzichten und das Bündnis mit Russland lösen. Auf dem Feldzug in die Ukraine unterlag KARL XII. bei Poltawa (8. 7. 1709) dem russ. Heer. Russland eroberte 1710 Riga und Reval; die livländ. und estn. Stände huldigten dem Zaren, der ihnen gewisse Autonomierechte gab. Die Türkei, die KARL XII. Asyl gewährte, griff in den Krieg ein; PETER I. wurde am Pruth eingeschlossen, erlangte jedoch durch die Abtretung von Asow an die Türkei den Frieden. 1713 eroberten die Russen Finnland. 1715 traten Preußen und Hannover der antischwed. Koalition bei und verdrängten mit Dänemark die Schweden aus Dtl. KARL XII., aus der Türkei zurückgekehrt, fiel 1718. Schweden verzichtete in den Friedensschlüssen mit Hannover auf Bremen und Verden, mit Preußen auf Stettin und Vorpommern bis zur Peene, mit Dänemark auf Schleswig. Im Frieden von Nystad (10. 9. 1721) trat Schweden Livland, Estland, Ingermanland und Karelien an Russland ab.

nordische Länder, zusammenfassende Bez. für die Staaten →Nordeuropas.

Nordische Missionen, Bez. der kath. Kirche für das im 16. Jh. prot. gewordene Nord-Dtl. und Skandinavien. Nach vorübergehender Verwaltung durch die päpstl. Nuntiaturen in Köln, Brüssel und Polen wurde in den 60er-Jahren des 17. Jh. das Apostol. Vikariat des Nordens gegründet, dessen bedeutendster Leiter N. STENSEN war. 1783 wurde für Schweden ein Apostol. Vikariat, 1868 wurden für Schleswig-Holstein, Dänemark und Norwegen eigene Apostol. Präfekturen errichtet. Diese wurden im 20. Jh. durch die wiedererrichteten kath. Bistümer abgelöst.

Nordischer Kreis, *Vorgeschichtsforschung:* Bez. für die von Südskandinavien bis Nord-Dtl. verbreitete bronzezeitl. Kultur mit dem Zentrum in Dänemark und Schonen. Ihren Beginn (etwa 1500 v.Chr.) belegen importierte Bronzegeräte und -waffen, bes. aus der Aunjetitzkultur Mittel-Dtl.s; Importe aus W-Europa sind seltener. Kennzeichnend für den N. K. sind für die ältere Bronzezeit Bestattungen in Baumsärgen unter Grabhügeln, für die jüngere Bronzezeit Nachbestattungen in Urnengräbern oder ›reguläre‹ Bestattungen auf Urnengräberfeldern (nur in der südl. Zone). Deponierungen von bronzenen, aber auch goldenen Gerätschaften sind für beide Zeitabschnitte typisch. Ein weiteres Spezifikum stellen die Luren dar. Der Bronzeguss wurde bereits seit den Anfängen beherrscht, Treibtechnik ist v. a. durch Goldgefäße ausgewiesen (Funde von →Finow und →Mariesminde). Versch. Funde, so der Sonnenwagen von Trundholm (BILD →Bronzezeit), sprechen für die religiöse Bedeutung der Sonne. In der Wirtschaft scheint die Viehzucht überwogen zu haben. Bernstein wurde in erhebl. Umfang verarbeitet und – auch als Rohmaterial – dem überregionalen Güteraustausch zugeführt. Über eigene Vorkommen an Gold, Kupfer und Zinn verfügte der N. K. nicht. KARTE →Bronzezeit

Nordischer Rat, engl. **Nordic Council** [ˈnɔːdɪk ˈkaʊnsl], gemeinsames beratendes Organ der nordeurop. Staaten zur Förderung ihrer Zusammenarbeit auf wirtschaftl., sozialem, kulturellem und rechtl. Gebiet; Sitz: Oslo. Auf einer Tagung des **Nordischen Interparlamentarischen Rates** (gegr. 1907; Mitgl.: Dänemark, Norwegen, Schweden) 1951 beschlossen, nahm der N. R. nach Ratifizierung seiner Satzung durch die Parlamente der Mitgl.-Staaten am 25. 6. 1952 die Arbeit auf. Später traten Island (1952) und Finnland (1955) bei. Der N. R. besteht (seit 1984) aus 87 Mitgl., die von den nat. Parlamenten nach Proporzprinzip für jeweils ein Jahr gewählt werden: Dänemark 16 (dazu je 2 Mitgl. von den Färöern und Grönland), Finnland 18 (dazu 2 Abg. der Ålandinseln), Island 7 sowie Norwegen und Schweden je 20. Hinzu kommen je nach Gegenstand der zweimal jährlich wechselnd in den Hauptstädten der Mitgl.-Länder stattfindenden Plenarversammlungen bis zu 80 nicht stimmberechtigte Reg.-Vertreter. Der N. R. kann Empfehlungen an die Reg. sowie an den seit 1971 bestehenden Nord. Ministerrat aussprechen. Seit den 90er-Jahren hat sich der N. R. auch Fragen der internat. Politik zugewendet.

nordische Sprachen, →skandinavische Sprachen.

Nordische Wühlmaus, Sumpfmaus, Schwarzkopf, Microtus oeconomus, zu den Wühlmäusen gestelltes, bis 14 cm körperlanges Nagetier, v. a. in feuchten und sumpfigen Landschaften O-Europas, N-Eurasiens und des nordwestl. Kanada; mit rost- bis schwarzbrauner Oberseite, weißlich grauer Unterseite und kleinen Ohrmuscheln.

Nordistik, andere Bez. für →Skandinavistik.

Nordjylland [-jylan], dän. Amt auf Jütland, Dänemark, mit 6 173 km² und 490 800 Ew.

Nordkalotte die, der Teil des Geoids nördlich des Polarkreises (66°33' n. Br.); in Skandinavien auch Bez. für die Landgebiete Nordeuropas.

Nordkanal, engl. **North Channel** [ˈnɔːθ ˈtʃænl], Meeresstraße zw. Schottland und Nordirland, an der engsten Stelle rd. 20 km breit, verbindet die Irische See mit dem offenen Atlant. Ozean.

Nordkap, norweg. **Nordkapp** [ˈnuːrkap], Felsvorsprung im N der Insel →Magerøy, mit Steilabfall von 307 m Höhe zum Europ. Nordmeer; der engl. Seefahrer RICHARD CHANCELLOR hielt diesen Vorsprung (71°10′21″ n. Br.) 1503 für die Nordspitze Europas und nannte ihn North Cape (tatsächlich ist dies jedoch →Knivskjelodden). Das N. ist ein bedeutendes Touristenziel (34 km lange Straße von Honningsvåg; Schiffsanlegestelle in der Bucht Hornvika). Die Mitternachtssonne ist hier vom 14. 5. bis 30. 7. sichtbar (BILD →Gegenlichtaufnahme). – Nördlichster Punkt des europ. Festlandes ist das Kap **Nordkinn (Kinnarodden)** unter 71°8′1″ n. Br.

Nord-Kap, engl. **Northern Cape** [ˈnɔːðən keɪp], Prov. im NW der Rep. Südafrika, 1994 aus dem nördl. Teil der Kapprovinz entstanden, mit 363 389 km² die flächenmäßig größte Prov. des Landes, 804 300 Ew., Hauptstadt ist Kimberley. Die Prov. grenzt im W an den Atlant. Ozean, im NW an Namibia, im NO an Botswana, sie hat gemeinsame Grenzen mit den Prov. West-Kap, Ost-Kap, Freistaat und Nord-West.

Landesnatur: Der größtenteils um 1 000 m ü. M. liegende Hochlandblock mit Buschmannland und Oberer Karru fällt im W mit einer Randstufe zum Namaqualand und der Küstenebene ab, im N zum Kalaharibecken. Das meist ebene Land ist von einzelnen Bergzügen durchsetzt; im zentralen Teil ausgedehnte Salzpfannen. Das trocken-heiße Klima bringt nur geringfügige Niederschläge, im Küstenstreifen im Winter, im größten Teil des Gebiets im Sommer (Jahresmittel in Upington 28 °C, 195 mm; in Kimberley 26 °C, 419 mm). Der einzige ganzjährig Wasser führende Fluss ist der Oranje, der das Gebiet als Fremdlingsfluss durchzieht, westlich von Upington in den Augrabiesfällen in eine tiefe Granitschlucht stürzt und bei Oranjemund in den Atlantik mündet.

Bevölkerung: Auf fast 30 % der Landesfläche leben in der Prov. nur 1,8 % der Bev. der Rep. Südafrika. Die Bev.-Dichte ist mit 2,2 Ew. je km² die geringste des ganzen Landes (35,6 Ew. je km²). Auch das Bev.-Wachstum liegt mit 0,79 % erheblich unter dem Durchschnitt (2,44 %). Das Gebiet, urspr. Lebensraum der Buschleute und Hottentotten, wurde v. a. von Weißen und Coloureds besiedelt; 65 % der Bewohner sprechen Afrikaans, 22 % Tswana, 4 % Xhosa.

Wirtschaft: Lediglich der Oranje ermöglicht in seinem Einzugsbereich Landwirtschaft mit Obst- und Weinbau. In mehreren Gebieten gibt es bedeutende Schafzucht. Die Prov. ist reich an Bodenschätzen. Kimberley, wo die ersten Diamanten in Südafrika gefunden wurden, ist noch immer Zentrum des Abbaus von Diamanten. Sishen-Kathu hat die größte Eisenerzgrube der Rep. Südafrika, der Kupferbergbau in Okiep ist eines der ältesten Bergbauunternehmen des Landes, Kupfer wird auch um Springbok abgebaut. Außerdem gibt es große Vorkommen an verschiedenen Edelsteinen, Mangan, Asbest, Flussspat und Marmor.

Nordkaper, Art der →Glattwale.

Nordkarelien, Prov. in Finnland, →Pohjois-Karjala.

Nordkarolina, Bundesstaat der USA, →North Carolina.

Nordkarpatische Kultur, mittel- bis jungbronzezeitl. Kulturgruppe der Ukraine (16.–12. Jh. v. Chr.). Die Keramik und der gelegentlich in den Gräbern gefundene Goldschmuck weisen Formverwandtschaft mit der mittelbronzezeitl. Hügelgräberkultur der Karpaten auf; die Forschung nimmt deshalb eine Überschichtung der W-Ukraine durch die bronzezeitl. Kulturen der ungar. Tiefebene an. Lebensformen und Wirtschaftsweise lassen jedoch das Steppenspezifische der älteren Perioden erkennen. In der Spätphase der N. K. treten bereits eiserne Armringe auf.

Nordkette, Solsteinkette, Teil des →Karwendelgebirges, mit dem →Hafelekar.

Nordkinn [ˈnuːrçiːn], Kap, →Nordkap.

Nordkirchen, Gem. im Kr. Coesfeld, NRW, 65 m ü. M., südöstlich von Lüdinghausen, 10 000 Ew. – Barockes Wasserschloss (›westfäl. Versailles‹), 1703–34 im Auftrag der Fürstbischöfe von Münster durch G. L. PICTORIUS und J. C. SCHLAUN als Backsteinbau (Dreiflügelanlage) errichtet (Stuckarbeiten von ital. Meistern, v. a. in der Kammerkapelle); heute Sitz der FH für Finanzen des Landes NRW. Die Mauritiuskirche wurde 1715–19 von G. L. PICTORIUS und PETER PICTORIUS D. J. erbaut. Nahebei die Oranienburg, als Orangerie 1718 von G. L. PICTORIUS begonnen und 1725–33 von SCHLAUN vollendet.

Nord-Korea, →Korea.

Nordkrimkanal, Bewässerungskanal im S der Ukraine, über 400 km lang; zweigt vom Kachowkaer Stausee des Dnjepr ab und führt durch den N der Halbinsel Krim bis Kertsch.

Nordland, 1) ['nu:rlan], Fylke (Provinz) in N-Norwegen, 38 327 km², 241 400 Ew.; umfasst das schmale, durch zahlr. Fjorde gegliederte Küstengebiet zw. dem Europ. Nordmeer und etwa der Wasserscheide des schwedisch-norweg. Grenzgebirges (Skanden) einschließlich der Lofotinseln; Verwaltungssitz ist Bodø. Im N Bev.-Abwanderung (außer Narvik und Bodø), im S die Industriestandorte Mo i Rana und Mosjøen; bedeutender Fischfang mit verarbeitender Industrie.
2) russ. Inselgruppe, →Sewernaja Semlja.

Nördliche Dwina, Fluss in Russland, →Dwina.

Nördliche Kalk|alpen, Teil der Ostalpen, v. a. in Österreich, der nordwestl. Teil in Bayern. Die N. K. erstrecken sich über 450 km vom Vorarlberger Rheintal bis zum Wiener Becken; ihre S-Grenze ist nur z. T. deutlich markiert, so im W durch das Inntal von Landeck bis Jenbach und im Zentrum durch das obere Ennstal von Schladming bis Admont. Sie gliedern sich zonal in die **Kalkhochalpen** (2000–3000 m ü. M.) im S, die nördlich anschließenden **Kalkvoralpen** (1500–2000 m ü. M.) und in eine schmale, noch den Alpen zugerechnete Zone mit Mittelgebirgscharakter, die **Flyschvoralpen.** Die N. K. werden (von W nach O) untergliedert in Bregenzer Wald und Rätikon, Allgäuer Alpen und Lechtaler Alpen (bis zum Fernpass), Tirolisch-Bayer. Kalkalpen (bis zur Tiroler Ache im O), Berchtesgadener und Salzburger Kalkalpen sowie Salzkammergutberge (die Salzburgisch-Oberösterr. Kalkalpen; bis zum Pyhrnpass) und Steirisch-Niederösterr. Kalkalpen.

Reliefbestimmend sind v. a. die mächtigen Kalke und Dolomite der Nord. Stufe. Von der Schesaplana bis zum Hohen Kaiser herrschen Grat- und Kettengebirge mit wenig ausgedehnten Hochflächen (wie z. B. das Zugspitzplatt) vor; von den Loferer Steinbergen ostwärts dominieren wellig-kuppige Hochflächen, die von steilen Wandflanken (1500 m ü. M. die Dachsteinsüdwand) begrenzt sind. Die Hochflächen zeichnen sich durch geringe Zertalung und starke Verkarstung in riesigen Höhlensystemen (Eishöhlen im Tennengebirge und im Dachstein) aus. Verkarstung und eiszeitl.

Nordkirchen: Das Wasserschloss von Gottfried Laurenz Pictorius und Johann Conrad Schlaun; 1703–34

Vergletscherung haben die Überformung der Gebirgsstöcke vollendet (zahlreiche Kare). Die von Dolinen übersäten Hochflächen mit Karrenbildung an den bodenfreien Hängen machen die Hochflächen schwer begehbar. Die N. K. sind eine Erholungslandschaft mit Wintersportgebieten und, dank den Seen (v. a. im Salzkammergut), mit Sommerfrischen. Neben der Holznutzung war einst der Bergbau auf Salz von großer Bedeutung, so in Hall in Tirol, Hallein, Bad Reichenhall und im Salzkammergut (v. a. Hallstatt).

Nördliche Krone, ein Sternbild (→Krone).

Nördlicher Landrücken, der Mecklenburg. Land- oder Höhenrücken, →Mecklenburgische Seenplatte.

Nördlicher Seeweg, die →Nordostpassage.

Nördliches Dreieck, ein Sternbild (→Dreieck).

Nördliches Eismeer, das →Nordpolarmeer.

Nördliches Wasserschlange, das Sternbild Hydra (→Wasserschlange).

Nordlicht, das →Polarlicht der Nordhalbkugel.

Nördlingen, Große Kreisstadt im Landkreis Donau-Ries, Bayern, 430 m ü. M., 21 300 Ew.; wirtschaftl. Mittelpunkt des v. a. landwirtschaftlich genutzten **Nördlinger Ries** (→Ries); Stadtmuseum, Rieskratermuseum. Nach 1945 entstanden neben traditionellem Gewerbe (Brauereien, Mälzerei, Holzverarbeitung, Großdruckerei) industrielle Mittelbetriebe: Metall-, Kunststoffverarbeitung, Spinnereien, Herstellung von Kühlmöbeln, elektron. Teilen und Essenzen. – N. ist eine der besterhaltenen mittelalterl. dt. Städte mit komplettem Stadtmauerring (14. Jh.) mit 16 Türmen, fünf Toren und Wehrgängen sowie zahlr. Fachwerkhäusern. Die Pfarrkirche St. Georg (1427–1505), eine der größten spätgot. Hallenkirchen Dtl.s, hat einen 89,9 m hohen Turm (›Daniel‹); im barocken Hochaltar (1683) got. Kreuzigungsgruppe von 1462; Kanzel von 1499, Chorgestühl (um 1500). Die Salvatorkirche (1381–1422) gehörte zum ehem. Karmeliterkloster. Am Rathaus (urspr. 14. Jh., spätere Veränderungen bis ins 19. Jh.) gedeckte Freitreppe von 1618. – Den Königshof N., 898 dem Bischof von Regensburg geschenkt, gewann 1215 FRIEDRICH II. für das Reich zurück. In der Folge war N. bis 1803 Reichsstadt. Im MA. bedeutende Pfingstmesse (1219 erstmals erwähnt). 1377–88 gehörte es zum Schwäb. Bund. 1522/55 schloss sich die Stadt der Reformation an. 1634 wurden bei N. die Schweden von den Kaiserlichen, 1645 die Kaiserlichen von den Franzosen besiegt. 1803 kam N. an Bayern.

Nordmährisches Gebiet, tschech. **Severomoravský kraj** [-ski: 'kraj], Verw.-Gebiet in der Tschech. Rep., grenzt im N an Polen, 11 067 km², (1994) 1,97 Mio. Ew., Hauptstadt ist Ostrau; nördl. Teil des histor.

Nördlingen
Stadtwappen

Nördlingen: Stadtentwicklung; 1 Spital, 2 Tanzhaus, 3 Rathaus, 4 Alte Schranne, 5 Pfarrkirche Sankt Georg, 6 Salvatorkirche, 7 Alte Bastei, 8 Kastenhaus des Deutschen Ordens, 9 Münzhaus

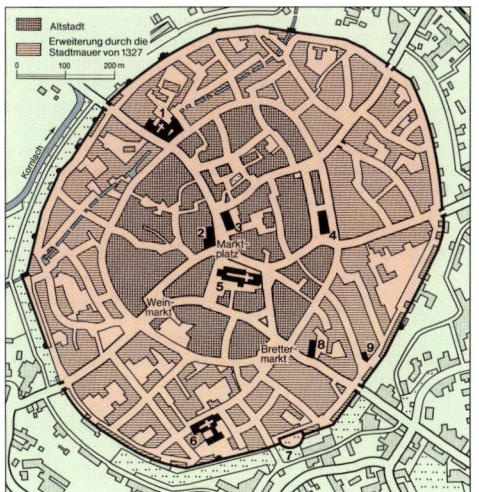

Gebietes →Mähren. Umfasst Teile der Ostsudeten (Altvatergebirge, Niederes Gesenke, Odergebirge), das Hügelland um Troppau, die Mähr. Pforte und östlich davon Teile der Westkarpaten (Mährisch-Schles. Beskiden), im S hat das N. G. Anteil am von der March durchflossenen nordmähr. Becken, das ackerbaulich genutzt wird. Die Wirtschaft wird durch den Steinkohlenbergbau im Revier von Ostrau und Karwin und durch die Hüttenindustrie in Ostrau, Trzynietz, Oderberg, Friedek-Mistek und Karwin bestimmt. Weitere wichtige Industriestandorte sind Olmütz, Prerau, Troppau und Kopřivnice.

Nordmannstanne [nach dem finn. Naturwissenschaftler ALEXANDER VON NORDMANN, *1803, †1866], **Abies nordmanniana,** Art der Gattung Tanne im westl. Kaukasus, heute auch in Mitteleuropa verbreitet; bis 30 m hoher, fast vom Grund an beasteter Baum mit geradem Stamm, schwärzlich grauer, im Alter in dicke Platten gefelderter Rinde und glänzenden, bürstenförmig schräg aufwärts gerichteten, dicht stehenden Nadeln mit zwei weißl. Streifen an der Unterseite; Zapfen bis 16 cm lang, zylindrisch, an der Spitze kegelförmig, aufrecht stehend.

Nordmarianen, Nördliche Marianen, amtlich engl. **Commonwealth of the Northern Mariana Islands** ['kɔmənwelθ əv ðə 'nɔːθən meərɪ'ænə 'aɪləndz], mit den USA assoziierter Inselstaat (seit 22. 12. 1992) im westl. Pazif. Ozean, bestehend aus 16 Inseln der Marianen, 457 km², (1992) 52 900 Ew., Hauptstadt ist Garapan auf Saipan; Amtssprachen sind Englisch und Chamorro, Währung: 1 US-Dollar (US-$) = 100 Cents (c).

Nordmarianen

Verfassung: Im Rahmen der Selbstverwaltung werden die gesetzgebenden Befugnisse vom Zweikammerparlament, bestehend aus Senat (9 Mitgl.) und Repräsentantenhaus (15 Abg.), wahrgenommen. Der Gouv. als Chef der Exekutive wird auf vier Jahre direkt gewählt.

Landesnatur: →Marianen.

Bevölkerung: Nur sechs Inseln sind bewohnt: **Saipan** (120 km², 47 800 Ew.), **Tinian** (102 km², 2 500 Ew.), **Rota** (85 km², 2 600 Ew.), **Pagan** (48 km²), **Anatahan** (32 km²), **Agrihan** (30 km²). Die Bewohner sind meist Polynesier, ferner Mikronesier von den Karolinen und Indonesier von den Philippinen. Neben den Amtssprachen wird daher auch Karolinisch und Filipino gesprochen. Die Bev. ist überwiegend römisch-katholisch.

Wirtschaft: Die Landwirtschaft (Anbau von Mais, Bataten, Gemüse und Obst, Kopragewinnung, Rinder- und Schweinezucht) dient überwiegend der Selbstversorgung. Exportiert werden neben Fleisch, Fisch, Gemüse und Kopra v. a. Erzeugnisse der Bekleidungsindustrie in die USA. Dominierender Wirtschaftszweig ist der Tourismus, aus dem 50 % der Gesamteinnahmen stammen und in dem knapp die Hälfte der Erwerbstätigen beschäftigt ist (1994: 583 000 Touristen, davon über die Hälfte aus Japan). Das Straßennetz auf den Inseln umfasst (1991) 494 km. Haupthafen und internat. Flughafen befinden sich auf Saipan.

Geschichte: →Marianen.

Nordmark, nach dem Tod des Markgrafen GERO (965) Bez. für die vorwiegend lutiz. Gebiete zw. der mittleren Elbe und Oder. Nach dem großen Slawenaufstand (983) ging die N. bis auf die →Altmark dem (Heiligen Röm.) Reich verloren. Die Markgrafenwürde wechselte zw. den Grafen von Walbeck, Haldensleben, Stade und Plötzkau. ALBRECHT DER BÄR, ab 1134 Markgraf der N., leitete die Rückgewinnung der Gebiete östlich der Elbe ein.

Nordmarsch-Langeneß, eine der Halligen, Schlesw.-Holst., 1 057 ha mit 100 Ew.; aus den Halligen Nordmarsch und Langeneß zusammengewachsen, durch einen mit Draisinen befahrbaren Damm über die Hallig Oland mit dem Festland (bei Dagebüll) verbunden.

Nordossetien, Republik Nordossetien, Teil-Rep. der Russ. Föderation in Nordkaukasien, 8 000 km², (1994) 650 400 Ew.; Hauptstadt ist Wladikawkas. N. erstreckt sich auf der N-Abdachung des Großen Kaukasus vom teilweise vergletscherten Kammgebiet (Kasbek an der Grenze zu Georgien bis 5 033 m ü. M.) über die Nordossetische Ebene bis zur Mosdokebene im Bereich der Terekniederung im N. Es herrscht ein gemäßigtes, höhengestuftes Kontinentalklima, in den Niederungen mit heißen Sommern und kurzen milden Wintern. Etwa ein Viertel der Fläche ist bewaldet. Die Wälder bestehen zu rd. 60 % aus Buchen.

Nach der Volkszählung von 1989 waren von der Bev. 53,0 % Osseten, 29,9 % Russen, 5,2 % Inguschen, 2,2 % Armenier, 1,9 % Georgier sowie 7,8 % Angehörige anderer, bes. kaukas. Völker. In N. leben zahlr. Flüchtlinge (Osseten) aus Georgien; zw. →Inguschen, die bereits in großer Zahl nach Inguschetien flüchteten, und Osseten bestehen große ethn. Spannungen.

In den Ebenen, teilweise mittels Bewässerung (bes. am Terek-Kuma-Kanal), Anbau von Mais, Weizen, Sonnenblumen, Kartoffeln und Gemüse, in den Kaukasusvorbergen daneben auch Obst- und Weinbau, in höheren Lagen Schafzucht. Auf der Grundlage des Blei-Zink-Silber-Erzbergbaus Hüttenindustrie in Sadon; ferner Maschinen-, Gerätebau, Holz-, Leder-, Glas- und Keramik- sowie Nahrungsmittelindustrie. Industriezentren sind neben Wladikawkas die Städte Beslan, Ardon, Alagir und Mosdok. Etwa 90 % der Elektroenergie wird in Wasserkraftwerken (am Terek und Ardon) erzeugt. Gegenwärtig werden die vorhandenen Erdöl- und Erdgaslagerstätten genauer erkundet und erschlossen. Durch N. führen die →Georgische Heerstraße und die →Ossetische Heerstraße.

Geschichte: Im MA. bestand hier im 9.–13. Jh. ein Reich **(Alania),** das im 13. Jh. die Mongolen eroberten. Das 1774 dem Russ. Reich angegliederte Territorium (ab 1861 Gebiet Terek, im März 1918 Sowjetrepublik Terek) gehörte als ›Osset. Bezirk‹ 1921–24 zur ›Berg-Republik‹ innerhalb der RSFSR; es wurde am 7. 7. 1924 in das ›Nordosset. Autonome Gebiet‹ umgewandelt und am 5. 12. 1936 zur ›Nordosset. ASSR‹. Nach der Deportation der Inguschen unter STALIN 1944 wurden Teile ihres Siedlungsgebietes der Nordosset. ASSR angeschlossen, woran sich auch nach ihrer Rückkehr nichts änderte (Wiederherstellung der Tschetscheno-Ingusch. ASSR 1957).

Nach dem Zerfall der Sowjetunion (1991) blieb der N des Siedlungsraumes der (im Unterschied zu den anderen nordkaukas. Völkern traditionell prorussisch eingestellten) Osseten als ›Rep. N.‹ bei der Russ. Föderation, während das nunmehr durch eine Staatsgrenze abgetrennte Südossetien (ab 1922 autonomes Gebiet innerhalb der Georg. SSR) Bestandteil der unabhängigen Rep. Georgien wurde. Im Verlauf eines bewaffneten Konflikts (1992) zw. den Südosseten, die ihren Anschluss an N. betrieben, und der georg. Zentralmacht flohen viele Osseten aus Georgien nach N. Die Gebietsstreitigkeiten zw. Inguschen und Osseten, die durch ein 1991 verabschiedetes russ. Gesetz mit der Ankündigung territorialer Wiedergutmachung an den repressierten Völkern neuen Auftrieb erhielten, eskalierten 1992 und 1997 zu blutigen Auseinandersetzungen zw. beiden Volksgruppen (Eingreifen russ. Streitkräfte, Flucht eines großen Teils der Inguschen aus N.). Präs. der Nordosset. Rep. wurde 1994 ACHSARBEK GALASOW. Mit der Verf. vom 12. 11. 1994 nahm die Rep. wieder den alten Namen ›Alania‹ an.

Nordostkap, frühere Bez. für das Kap →Tscheljuskin.

Nordostland, Insel von →Spitzbergen.

Nord-Ostsee-Kanal

Nordostpassage [-ʒə], **Nordöstliche Durchfahrt, Nördlicher Seeweg,** Schifffahrtsweg längs der N-Küste Eurasiens, der Atlantik und Pazifik verbindet, rd. 6000 km lang (von Archangelsk durch Barents-, Kara-, Laptew-, Ostsibir. und Tschuktschensee zur Beringstraße). Die Entfernung von Sankt Petersburg bis Wladiwostok beträgt auf der N. 14 500 km (gegenüber 22 900 km durch das Mittelmeer). Die N., seit 1967 für die internat. Schifffahrt freigegeben und eigtl. nur während zwei bis drei Sommermonaten schiffbar, ist durch den Einsatz von Atomeisbrechern im westl. Abschnitt (seit den 1980er-Jahren bis zu den sibir. Häfen Dikson und Dudinka) ganzjährig befahrbar. – Wichtige Erkenntnisse für die spätere Schifffahrt auf der N. lieferten Entdecker und Forscher wie S. CABOTO, W. BARENTS, V. J. BERING und H. HUDSON. Jedoch gelang es erst A. E. VON NORDENSKIÖLD auf dem Dampfer ›Vega‹ 1878/79, über Karasee und Ostsibir. See zur Beringstraße vorzustoßen. Mit den 1880er-Jahren setzte eine rege Expeditionstätigkeit ein; sie wurde von der Sowjetunion fortgesetzt, bes. im Hinblick auf die strateg. Bedeutung der N. und die Erschließung der sibir. Nordgebiete.
F.-F. VON NORDENSKJÖLD: N. (1980).

Nordostpolder, niederländ. **Noordoostpolder** [noːtˈoːst-], Polder des östl. IJsselmeeres (1936–42 trockengelegt) und Gem. in der Prov. Flevoland, Niederlande, bis 4,5 m u. M., 465 km² Landfläche, 39 900 Ew.; Gemüse-, Obst-, Getreideanbau, Blumenzucht, Viehwirtschaft. Wirtschafts- und Verw.-Zentrum ist der Ortsteil **Emmeloord** mit wasserkundl. Laboratorium, Luft- und Raumfahrtlaboratorium und dt.-niederländ. Windkanal-Versuchsanlage. Auf der früheren Insel **Schokland** (1,4 km²) im N. befindet sich ein geolog. und archäolog. Museum. – Die miteingedeichte Insel **Urk** (Landfläche 6,75 km²) ist selbstständige Gem. (14 500 Ew.).

Nord-Ostsee-Kanal, Kielkanal, früher **Kaiser-Wilhelm-Kanal,** Seeschifffahrtskanal in Schlesw.-Holst., der die Nordsee (Mündung der Elbe in die Dt. Bucht) mit der Ostsee (Kieler Förde) verbindet, zw. Brunsbüttel und Kiel-Holtenau, 98,7 km lang. An den Endpunkten befinden sich je zwei alte (1895) und zwei neue Schleusen (1914) zum Ausgleich der Wasserstandsschwankungen; die nutzbare Länge der ›Neuen Schleusen‹ beträgt 310 m, die Breite 42 m, die Drempeltiefe 14 m. Der Kanal hat eine Wasserspiegelbreite von 162 m, eine Sohlenbreite von 90 m und ist 11 m tief. Zehn Hochbrücken und 16 Fähren überqueren den Kanal. In Rendsburg führen unter dem Kanal ein Straßentunnel (1961) und ein Fußgängertunnel (1965) hindurch. Die Durchfahrtszeit der Schiffe beträgt 6–8 Stunden. Der N.-O.-K. ist die meistbefahrene künstl. Seeschifffahrtsstraße der Erde, die Wegverkürzung gegenüber der Fahrt um Kap Skagen beträgt im Mittel 250 Seemeilen. 1996 passierten 37 055 Schiffe (darunter 17 779 dt.) mit 68,48 Mio. BRZ (17,77 Mio. BRZ) und 47,92 Mio. t Ladung (14,08 Mio t) den Kanal. Hauptbeförderungsgüter sind Stückgüter, Erdöl und Derivate, chem. Produkte, Holz, Eisen und Stahl und Düngemittel.
Geschichtliches: Die erste Verbindung von Nord- und Ostsee durch das Binnenland wurde durch den Stecknitzkanal (1381–98) geschaffen. 1777–84 entstand der Eiderkanal mit einer Tiefe von 3 m und einer Sohlenbreite von 18 m. Der heutige N.-O.-K., Baubeginn 1887, wurde am 21. 6. 1895 eröffnet und 1907–14 erweitert. (BILD →Kanal)
W. JENSEN: Der N.-O.-K. (1970); WALTER SCHULZ: Der N.-O.-K. Eine Fotochronik der Baugeschichte (1986); G. PETERS: Der N.-O.-K. (1995).

Nord-Pas-de-Calais [nɔrpadkaˈlɛ], Region in N-Frankreich; umfasst die Dép. Nord und Pas-de-Calais, 12 414 km², 3,97 Mio. Ew.; Hauptstadt ist Lille. Das Gebiet erstreckt sich vom stufenhaft zur flandr. Ebene abfallenden Artois mit seiner nördl. Verlängerung, dem Boulonnais, bis zur frz.-belg. Grenze bzw. bis zu den Ardennen im SO; der S gehört zum Pariser Becken, der Großteil der Region zählt zu Flandern.
Die Region umfasst das zweitwichtigste Wirtschaftsgebiet des Landes (nach dem Ballungsraum Paris). Außer im Städtedreieck Lille–Tourcoing–Roubaix hat sich v. a. im Bereich des nordfrz. Kohlereviers eine stark urbanisierte und industrialisierte Zone ausgebildet, die von Valenciennes über Denain, Douai, Hénin-Liétard und Lens bis Béthune reicht. Die Wirtschaftskraft der Region beruhte auf ihren Kohlevorkommen, der Energiegewinnung, der Eisen- und Stahl- sowie der Textilindustrie. Die ehemals bedeutende Kohleförderung wurde 1990 mit der Schließung der letzten Zechen eingestellt. Zu den wichtigsten Produktionszweigen zählen heute chem. Industrie, Maschinenbau, Ziegelei-, Keramik-, Glas-, Elektro- und Papierindustrie. Obwohl der Landwirtschaft nur mittelmäßige Böden zur Verfügung stehen, gehört die Region (v. a. Mittel- und Großbetriebe) zu den produktivsten Agrargebieten Frankreichs; in den letzten Jahren hat sich ein v. a. auf Veredlung (Fleisch, Milchprodukte) abzielender Wandel vollzogen. – Wichtigste Häfen sind Dünkirchen (bedeutende Industrieanlagen, Handels- und Transithafen für die Binnenschifffahrt), Boulogne-sur-Mer (Fischerei) und Calais (Passagierverkehr; seit 1994 Eurotunnel).
A. GAMBLIN: La région du Nord (Paris 1973).

Nordpazifischer Strom, warme Meeresströmung im nördl. Pazifik, als Fortsetzung des Kuroshio von W nach O setzend. KARTE →Meeresströmungen

Nordpfälzer Bergland, südöstl. Teil des Saar-Nahe-Berglands, Rheinl.-Pf., im Einzugsgebiet von Glan und Alsenz; vom Pfälzer Wald und Westrich (im S) durch das Pfälzer Gebrüch getrennt, bis 686 m ü. M. (Donnersberg); fällt im O zum Oberrhein. Tiefland ab; die Bergkuppen werden aus vulkan. Gesteinen (Porphyrite und Melaphyre des Rotliegenden) aufgebaut.

Nordpol, 1) *Astronomie:* der nördl. Himmelspol (→Himmelskugel).

Nord Nordpolargebiet – Nord-Provinz

2) *Geographie:* **N. der Erde,** der am weitesten vom Äquator entfernt liegende Punkt der Nordhalbkugel, der nördl. Schnittpunkt aller Meridiane; liegt im Nordpolarmeer. Auf ihm gibt es nur eine Himmelsrichtung, die nach S. Am N. geht die Sonne am 21. 3. auf und am 23. 9. unter und teilt damit das Jahr in den **Nordpolartag** und die **Nordpolarnacht.** – Zur Entdeckung und Erforschung →Arktis (ÜBERSICHT).

3) *Geophysik:* →erdmagnetisches Feld.

4) *Physik:* einer der beiden Pole eines →Magneten.

Nordpolargebiet, Land- und Meeresgebiete um den Nordpol (→Arktis).

Nordpolarmeer, Nördliches Eismeer, das Meer im Zentrum der Arktis, bis 5 450 m u. M. (nördlich von Spitzbergen); bildet mit Barentssee, Baffinmeer, Hudsonbai und dem Meeresgebiet im Bereich des Kanadisch-Arkt. Archipels das →Arktische Mittelmeer. Der Lomonossowrücken trennt das Euras. vom Ameras. Becken. Das **Eurasische Becken** wird vom Nansen-Gakkel-Rücken (früher Mittelozean. Rücken) in das Frambecken (früher Eurasia- oder Amundsenbecken) nahe dem Nordpol und in das Nansenbecken (früher Frambecken) aufgeteilt, das **Amerasische Becken** vom Alpha-Mendelejew-Rücken (früher Alpharücken) in das Makarowbecken (früher Sibir. Becken) nahe dem Nordpol und in das Kanadabecken. Randmeere des N.s sind Kara-, Laptew-, Ostsibir., Tschuktschen-, Beaufort- und (nördlich von Grönland und Ellesmere Island) Lincolnsee. Im Winter ist das N. von 2,5–3,5 m starkem →Meereis bedeckt. Im Sommer werden die Randmeere an ihren kontinentalen Rändern eisfrei. Das Eis des N.s driftet mit einer antizyklonalen Strömung. Ein Teil verlässt das N. als Packeis durch die Enge zw. Grönland und Spitzbergen und wird im Ostgrönlandstrom bis zur S-Spitze Grönlands transportiert, wo es in den Westgrönlandstrom übergeht. Eisberge sind von geringer Bedeutung, sie entstehen an der Küste von Ellesmere Island. Zw. dem kalten und relativ salzarmen Oberflächenwasser (Temperaturen unter −0,5 °C, Salzgehalte von unter 31–34‰) und dem kalten, salzreichen Wasser der tieferen Schichten (unter −0,5 °C, z. T. unter −1 °C, 34,90–34,95‰) liegt von etwa 300 bis 1 000 m Tiefe eine etwas wärmere Zwischenschicht (0 bis über 0,5 °C). Das N. ist von strateg. und durch Erdöl- und Erdgasvorkommen von zunehmender wirtschaftl. Bedeutung. (→Nordostpassage, →Nordwestpassage)

FRITZ MÜLLER: Hoher Norden (Zürich 1977); Der Große Krüger-Atlas der Ozeane, hg. v. B. MARSHALL (a.d. Engl., 1979); The Arctic Ocean, hg. v. L. REY (London 1982); The Arctic Seas, hg. v. Y. HERMAN (New York 1989). – Weitere Literatur →Arktis.

Nord-Provinz, engl. **Northern Province** [ˈnɔːðən ˈprɒvɪns], 1993–95 **Nord-Transvaal,** nördlichste Prov. der Rep. Südafrika, aus dem nördl. Teil der Prov. Transvaal und dem Homeland Venda gebildet, 119 606 km², 5,56 Mio. Ew.; Hauptstadt ist Pietersburg. Die N.-P. grenzt im O an Moçambique, im N an Simbabwe und Botswana, sie hat im S gemeinsame Grenzen mit den Prov. Nord-West, Gauteng und Mpumalanga.

Landesnatur: Das Hochveld fällt langsam nach N ab bis etwa 540 m ü. M. zum Limpopo, dem nördl. Grenzfluss. Das Gebiet ist durchsetzt mit Bergzügen (z. B. Soutpansberge, bis 1 747 m ü. M.), Becken und

Nordpolarmeer

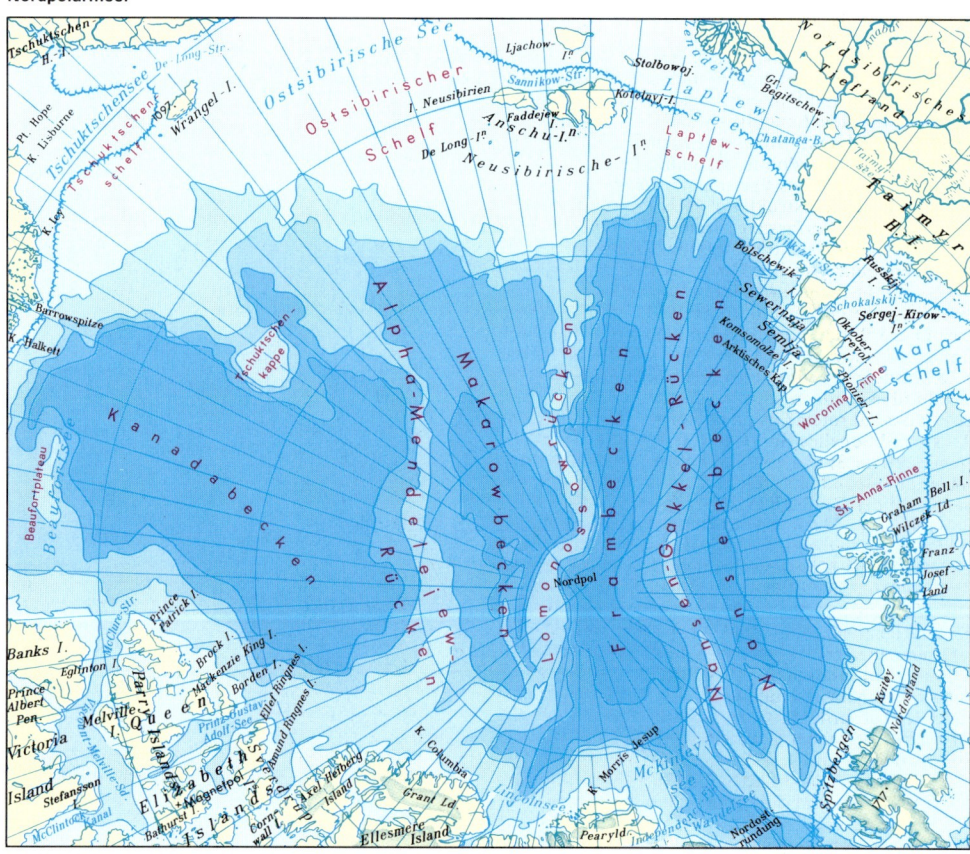

Plateaus. Im SO grenzen die nördl. Drakensberge (bis über 2000 m ü. M.) das Hochveld gegen das Lowveld ab. Vorherrschend ist Buschveld. Im O erstreckt sich bis an die Grenze von Moçambique der nördl. Teil des Krüger-Nationalparks. Nach N nehmen die Temperaturen zu (bei Messina Jahresmittel 23 °C) und die Niederschläge (Sommerregen; Jahresmittel 351 mm) ab.

Bevölkerung: Auf 9,8 % der Fläche der Rep. Südafrika leben hier 12,8 % seiner Bev. Die Bev.-Dichte ist mit 46,5 Ew. je km² nach Gauteng und KwaZulu/Natal die dritthöchste des Landes (35,6 Ew. je km²). Mit jährlich 3,95 % hat die N.-P. das höchste Bev.-Wachstum (Landesdurchschnitt: 2,44 %). Die Verstädterung liegt mit 12,1 % weit unter dem Landesdurchschnitt (65,5 %). Die wichtigsten Völker sind Nord-Sotho, Tsonga, Venda, Ndebele; 56 % der Bewohner sprechen Nord-Sotho, 22 % Tsonga. In der N.-P. gibt es Bereiche mit z. T. noch intakter traditioneller Kultur, so im Gebiet der Venda oder im Hoheitsgebiet der ›Regenkönigin‹.

Wirtschaft: Die Arbeitslosenquote ist (nach KwaZulu/Natal) die zweithöchste des Landes, das Pro-Kopf-Einkommen das geringste. Neben der landwirtschaftl. Selbstversorgung eines großen Teils der ländl. Bev. gibt es Anbau von Baumwolle, Tee, Kaffee, Erdnüssen, Bananen, Zitrus- u. a. Früchten. Der Reichtum an Bodenschätzen (Asbest, Kupfer, Kohle, Eisenerz und Platin) wird bisher unzureichend genutzt.

Nordpunkt, *Astronomie:* →Meridian.

Nordrhein-Westfalen, Land im W Dtl.s, 34078 km², (1996) 17,95 Mio. Ew.; Hauptstadt ist Düsseldorf.

STAAT · RECHT

Verfassung: Nach der Verf. vom 28. 6. 1950 ist der Landtag gesetzgebendes Organ; er besteht aus mindestens 201 (derzeit 221) Abg. und wird alle fünf Jahre gewählt. Ihm obliegt die Gesetzgebung, in die unter bestimmten Voraussetzungen auch die Bürger durch Volksbegehren und Volksentscheid eingreifen können. Aus der Mitte des Landtags wird der Min.-Präs. gewählt, der die Landes-Min. ernennt und entlässt sowie die Richtlinien der Politik bestimmt. Der Min.-Präs. ist vom Vertrauen des Parlaments abhängig; er kann nur durch ein konstruktives Misstrauensvotum gestürzt werden. Verfassungsstreitigkeiten entscheidet der Verfassungsgerichtshof in Münster. Die Verf. enthält einen umfangreichen Grundrechtskatalog.

Wappen: Im Landeswappen, seit dem 5. 2. 1948 gesetzlich vorgeschrieben und am 10. 3. 1953 bestätigt, kommt die Bildung des Landes 1946 aus drei histor. Gebieten zum Ausdruck: von der preuß. Rheinprovinz wurde der silberne Wellenbalken auf grünem Grund übernommen (Symbol für den Rhein); heraldisch links auf rotem Grund ein springendes, silbernes Ross (traditionelles Sinnbild von Westfalen); in der eingebogenen Spitze zw. den beiden Teilwappen auf silbernem Grund eine fünfblättrige rote Rose (Wappenblume der Grafen bzw. Fürsten von Lippe).

Verwaltung: Nach der Gebietsreform (Abschluss 1975) umfassen die fünf (früher sechs) Reg.-Bez. Düsseldorf, Köln, Münster, Detmold und Arnsberg 31 Kreise (1970: 56), 23 kreisfreie Städte (1970: 35) und 396 Gemeinden (1969: 1508). Die Landschaftsverbände Rheinland (Köln) und Westfalen-Lippe (Münster) nehmen überörtl. Aufgaben des Sozialwesens, der Kultur- und Landschaftspflege, des Straßenbaus und der Kommunalwirtschaft wahr.

Recht: Die ordentl. Gerichtsbarkeit wird von drei Oberlandesgerichten (Düsseldorf, Hamm, Köln), 19 Landgerichten und 130 Amtsgerichten ausgeübt, die Verwaltungsgerichtsbarkeit vom Oberverwaltungsgericht in Münster und sieben Verwaltungsgerichten, die Sozialgerichtsbarkeit vom Landessozialgericht in Essen und acht Sozialgerichten, die Arbeitsgerichtsbarkeit von den drei Landesarbeitsgerichten (Düsseldorf, Hamm, Köln) und 30 Arbeitsgerichten, die Finanzgerichtsbarkeit von drei Finanzgerichten in Köln, Düsseldorf und Münster.

LANDESNATUR · BEVÖLKERUNG

Der größte Teil des Landes wird vom Norddt. Tiefland eingenommen, das mit der Niederrhein. Bucht weit nach S in die Mittelgebirgsschwelle vordringt. Im Niederrhein. Tiefland wechseln pleistozäne Schotterterrassen mit Moränenablagerungen; die Talaue ist von Altwasserarmen durchzogen. Daraus erhebt sich in der Niederrhein. Bucht die aus tertiären Ablagerungen und tekton. Schollen bestehende Ville. Die Westfäl. Bucht, ein geolog. Becken aus der Kreidezeit, ist mit glazialen Sand- und Lehmablagerungen zu einer durchschnittl. Höhe von 60 m ü. M. aufgefüllt; aus ihr ragen Baumberge und Beckumer Berge um über 100 m heraus. Sie wird im O und NO begrenzt durch die kreidezeitl. Schichtkammgebirge von Egge und Teutoburger Wald. Im NO hat NRW Anteil am Wiehengebirge u. a. Teilen des Weserberglandes.

Ein Lössstreifen (Börden) von Zülpich/Jülich bis Lippstadt begleitet den N-Rand des Rhein. Schiefergebirges. Dieses ist größtenteils aus devonisch-silur. Schichten aufgebaut; die im N darüber liegenden Schichten des Karbons treten an der mittleren Ruhr zutage. Der linksrhein. Teil des Rhein. Schiefergebirges (die bis über 600 m ü. M., durch zahlr. Kalkmulden gegliederte nördl. Eifel und die Ausläufer des Hohen Venns) fällt im N allmählich zur Niederrhein. Bucht ab. Rechts des Rheins erheben sich im S die Vulkankuppen des Siebengebirges. Mit Terrassen und Rumpftreppen steigt das Berg. Land, von einem dichten Gewässernetz zerschnitten, zu Höhen zw. 200 und 500 m ü. M. an. Das nach O anschließende Sauerland, in dessen Rumpfflächen sich bei jüngeren Hebungen Bäche und Flüsse tief eingeschnitten haben, erreicht im Waldecker Upland 843 m (Langenberg), im Rothaargebirge (Kahler Asten) 841 m ü. M. Südlich schließt das Siegerland an mit Höhen um 300–400 m ü. M.

Der größte Teil des Landes wird zum Rhein (mit Lippe, Emscher, Ruhr, Wupper, Sieg, Erft) entwässert, der äußerste W durch Rur und Niers zur Maas, der N zur Ems, der O mit Werre und Diemel zur Weser. In den niederschlagsreichen Bergländern sind viele Flüsse zur Regulierung des Wasserhaushalts, zur Wasserversorgung der Ballungsgebiete, in geringerem Umfang auch zur Energieerzeugung gestaut.

Klima: Das Klima ist atlantisch beeinflusst. Durchschnittstemperaturen in den Flachländern (Westfäl. Bucht, Niederrhein) im Winter über dem Gefrierpunkt (etwa 1–2 °C), im Sommer (Juli) bei 16–17 °C; in den Mittelgebirgen niedrigere Temperaturen. Die Niederschläge sind über das ganze Jahr verteilt (leichtes Maximum im Sommer, in den Gebirgen ein ausgeprägtes zweites Maximum im Winter); im Tiefland 650–800, im Mittelgebirge stellenweise weit über 1000 mm Niederschlag jährlich, in einzelnen Trockeninseln in Leelage der Eifel bei Euskirchen und Grevenbroich weniger als 600 mm, in den nach W exponierten Gebirgszügen (Rothaargebirge, Berg. Land) über 1200 mm Niederschlag (Kahler Asten 1810, Lüdenscheid 1530 mm). Im Sauerland, dem schneereichsten Gebiet NRWs, fallen über 25 % der Niederschläge als Schnee (über 100 Tage Schneedeckendauer).

Bevölkerung: Stammbevölkerung sind Westfalen und Rheinländer. Im Ruhrgebiet entstand durch die Ansiedlung von Menschen v. a. aus Ost- und Westpreußen, aber auch aus Posen, Schlesien, Polen seit dem Ende des 19. Jh. bis in die Zeit nach dem Ersten Weltkrieg eine Bev. eigener Prägung. Nach dem Zweiten Weltkrieg wurde die Bev.-Struktur durch den Zuzug von Vertriebenen und Flüchtlingen beeinflusst.

Nordrhein-Westfalen
Landeswappen

NRW ist unter den Flächenstaaten Dtl.s das bevölkerungsreichste Land und hat die höchste Bev.-Dichte (1996: 527 Ew. je km²). Schwerpunkt ist der Ballungsraum →Rhein-Ruhr; schwach besiedelte Gebiete sind Eifel, Münsterland, Ostwestfalen und Sauerland. NRW ist stark verstädtert (in den 24 Großstädten wohnen 48% der Ew.). In NRW lebt mehr als ein Viertel der ausländ. Arbeitnehmer in Dtl.; die größte Gruppe der (1994) 1,9 Mio. Ausländer stellen die Türken.

Religion: Nach kirchl. Angaben (1995) gehören 48,5% der Bev. der kath. Kirche an, 30,8% einer ev. Landeskirche und über 1% ev. Freikirchen. NRW umfasst die kath. Erzbistümer Köln und Paderborn, die Bistümer Aachen und Essen, den größeren Teil des Bistums Münster, die Territorien der Ev. Kirche von Westfalen, der Lipp. Landeskirche und einen Gebietsanteil der Ev. Kirche im Rheinland. Der Anteil der Muslime (v. a. türk. Herkunft) beträgt über 3%. Die jüd. Religionsgemeinschaft hat 15 540 Mitgl. (1996).

Bildungswesen: Die vierjährige Grundschule wird als Gemeinschafts- oder Konfessionsschule geführt (ca. 65% der Grundschüler besuchen Gemeinschafts-, 32% kath. und 3% ev. Grundschulen). Anschließend Wahl einer Schule des gegliederten Schulwesens (Hauptschule, Realschule und Gymnasium, hier bilden die Klassen 5 und 6 als Erprobungsstufe eine pädagog. Einheit, danach ist ein Wechsel der Schulart möglich) oder der integrierten Gesamtschule, die seit 1981 ebenfalls Regelschule ist, i. d. R. eine Ganztagsschule ist. Seit 1979 beträgt die Schulpflicht zehn Jahre, d. h., Hauptschüler können in ihrer Schule, besondere Leistungen vorausgesetzt, wie Realschüler den mittleren Bildungsabschluss (Fachoberschulreife) erreichen und in die gymnasiale Oberstufe eintreten. Schüler, die in der Schulpflichtzeit den Hauptschulabschluss nicht erreicht haben, können dies durch Besuch der Vorklasse des Berufsgrundschuljahres nachholen, im Berufsgrundschuljahr eine (Sonderform der) Fachoberschulreife erwerben und in eine Berufsfachschule übergehen. Die Gesamtschulen haben ebenfalls gymnasiale Oberstufen, in der Sekundarstufe I bieten sie die gleichen Bildungsmöglichkeiten (und Abschlüsse) wie die Schulen des gegliederten Systems (es findet aber keine Zuordnung zu festen Bildungsgängen statt). Nach dem Abschluss der allgemein bildenden Schule (zehn Jahre) können die Schüler einen Beruf im dualen System (Betrieb/Berufsschule) erlernen oder einen berufl. Vollzeitbildungsgang an einer zweiklassigen Fachoberschule oder einer zweijährigen (als Sonderformen bestehen ein- und dreijährige) Berufsfachschule oder einer zwei- oder dreijährigen höheren Berufsfachschule (die gleichzeitig den Zugang zur Fachhochschule öffnet) aufnehmen. Höhere Berufsfachschulen mit gymnasialer Oberstufe vermitteln die allgemeine Hochschulreife. Wird das Abitur ohne 2. Fremdsprache abgelegt (was auch an Gesamtschuloberstufen und Kollegs möglich ist), gilt es nur für Numerus-clausus-freie Studien an Univ. des Landes NRW. Die →Kollegschule, die alle Schüler nach Abschluss der 10. Klasse besuchen können und die eine Verbindung von allgemeiner und berufl. Bildung anbietet, wird derzeit mit den berufsbildenden Schulen zum →Berufskolleg zusammengeführt. Ein weiteres Modell ist das →Oberstufenkolleg. Etwa 6% der Schüler besuchen private Schulen (Ersatzschulen) aller Ebenen. Auf Hochschulebene bestehen 16 Einrichtungen mit Univ.-Rang: elf Univ. (darunter eine Privat-Univ.) und eine TH, sechs Gesamthochschulen-Universitäten (einschließlich der Fernuniversität-Gesamthochschule in Hagen) sowie die Sporthochschule Köln; ferner hat NRW eine Kunstakademie, drei Hochschulen für Musik, deren Abteilungen auf sieben Städte verteilt sind, und die Folkwang-Hochschule Essen (mit einer weiteren Abteilung in Duisburg). Auf Fachhochschulebene bestehen zwölf Fachhochschulen (darunter eine ev. und eine kath.) sowie drei Landesfachhochschulen. Es gibt zwei ev. kirchl. Hochschulen, eine theolog. Fakultät und zwei philosophisch-theolog. Hochschulen.

WIRTSCHAFT · VERKEHR

Räuml. Schwerpunkt ist der Wirtschaftsraum Rhein-Ruhr. Mit der Absatzkrise im Steinkohlenbergbau (seit 1957) und zeitweiligen Stahlkrisen ging die zentrale Bedeutung des Ruhrgebiets auf die so genannte ›Rheinschiene‹ über, mit Köln und Düsseldorf als wichtigsten Städten. Seine leistungsfähige Infrastruktur macht NRW zum Verkehrsknotenpunkt für den internat. Handel in Europa.

Die Zahl der Erwerbstätigen ist seit 1960 leicht angestiegen von 7,03 Mio. auf (1995) 7,25 Mio. Dahinter stehen allerdings erhebl. Umschichtungen bei der Verteilung der Erwerbstätigen auf die einzelnen Wirtschaftsbereiche. So sank die Zahl der Erwerbstätigen in Land-, Forstwirtschaft und Fischerei von (1960) 471 000 (6,7% der Erwerbstätigen) auf (1995) 128 000 (1,8%). Auch die Zahl der Erwerbstätigen im industriellen Sektor (einschließlich Bergbau, Energie- und Bauwirtschaft) ging in diesem Zeitraum von 3,97 Mio. auf 2,61 Mio. zurück (56,4% bzw. 36,0%), dagegen stieg die Zahl im Bereich Handel, Verkehr und Nachrichtenübermittlung von 1,46 Mio. auf 1,48 Mio. (20,3%). Die Erwerbstätigenzahl im sonstigen Dienstleistungssektor hat sich von 1,13 Mio. (16,1%) auf 3,03 Mio. (41,8%) mehr als verdoppelt. Während NRW im Dienstleistungssektor mit 58,4% fast den Bundesdurchschnitt (58,9%) erreicht, liegt es im industriellen Sektor (39,6% zu 37,8%) und im Agrarsektor unter dem Durchschnitt (1,9% zu 3,3%). Jeder vierte Erwerbstätige Dtl.s arbeitet in NRW (1960: 26,8%). NRW ist allerdings überdurchschnittlich von Arbeitslosigkeit betroffen. Die Arbeitslosenquote lag mit (1975) 4,8%, (1980) 4,6%, (1985) 11,0%, (1990) 9,0% über dem Bundesdurchschnitt von 1,2%, 4,7%, 9,3%, 7,2% und (August 1997) 11,0% über dem Durchschnitt der alten Länder von 9,7%. Bes. hohe Arbeitslosenquoten werden (1996) in den Arbeitsamtsbezirken im Ruhrgebiet (Duisburg 16,3%, Dortmund 15,6%, Gelsenkirchen 15,1%, Bochum 14,1%, Essen 13,4%) sowie in Köln (13,4%) erreicht.

Seit 1960 hat NRW, bezogen auf seine Wirtschaftsleistung, zunehmend den Anschluss an die durchschnittl. dt. Entwicklung verloren. So sank der Anteil am Bruttoinlandsprodukt (BIP) der Bundesrepublik Dtl. von (1960) 30,1% auf (1995) 25,1% (alte Länder). Während das reale Wachstum des BIP 1960–70 noch 50,8% betrug (Bundesrepublik: 55,4%) und 1970–80 noch 25,4% (30,6%), sank das Wirtschaftswachstum 1980–90 auf 14,6%; das entspricht knapp zwei Drittel des Durchschnitts für die Bundesrepublik. Mit einem BIP je Erwerbstätigen von (1995) 94 876 DM liegt NRW nahe dem Bundesdurchschnitt (86 700 DM).

Landwirtschaft: Von (1995) 1,57 Mio. ha werden 46,3% der Gesamtfläche landwirtschaftlich genutzt (1,10 Mio. ha Ackerland, 455 000 ha Dauergrünland, 11 000 ha Gartenland, Obstanlagen und Baumschulen). Diese Flächen werden von (1995) 69 572 Betrieben bewirtschaftet. Die Betriebsgrößenstruktur ist regional sehr unterschiedlich (groß z. B. im Münsterland, eher klein in den Mittelgebirgen). Insgesamt bewirtschaften 39,7% der Betriebe mehr als 20 ha (Dtl.: 36,8%), 31,2% weniger als 5 ha (Dtl.: 29,2%).

Weiten Ackerbauflächen v. a. auf den links- und rechtsrhein. Lössplatten steht ein Überwiegen der Dauergrünlandnutzung im Hohen Venn, im Berg. Land und im Sauerland sowie in den Gemeinden längs des unteren Niederrheins gegenüber. Weizen, Winter-

Nordrhein-Westfalen Nord

Nordrhein-Westfalen: Verwaltungsgliederung

gerste und Zuckerrüben sind die wichtigsten Anbaufrüchte der Lößbörden (Jülich-Zülpicher Börde, Hellwegbörden, Warburger Börde). Auf den sandigeren Böden, bes. im Münsterland, herrscht der Futtergetreideanbau (Gerste, Mais u. a.) vor als Grundlage für eine umfangreiche Schweinemast. Gemischte Ackerbau-Viehhaltungs-Betriebe sind in den bäuerl. Gebieten des Münsterlandes und des Lipper Berglandes verbreitet. Mildes Klima und ausgezeichnete Absatzmöglichkeiten verhelfen NRW zu einer führenden Stellung im Erwerbsgartenbau sowohl im Freilandanbau (Kohlarten, Salate u. a.) als auch im Unterglasanbau (Tomaten, Gurken u. a.). Der Freilandgemüseanbau ist zw. Düsseldorf/Neuss und Mönchengladbach sowie im Vorgebirge zw. Köln und Bonn konzentriert. NRW liegt im Vergleich der Bundesländer jeweils an dritter Stelle bei Getreide (1995: 4,6 Mio. t; Anteil an der Erzeugung in Dtl.: 12,0 %), Zuckerrüben (4,0 Mio. t; 15,4 %), Kartoffeln (927 000 t; 9,9 %) und Obst (65 120 t; 8,2 %) sowie an zweiter Stelle bei Gemüse (437 216 t; 20,61 %). NRW hat den zweithöchsten Bestand an Schweinen (5,6 Mio.), den dritthöchsten an Rindern (1,8 Mio.) und den höchsten Bestand an Pferden (1994: 107 100).

Forstwirtschaft: Wälder (1995: 854 000 ha) bedecken große Teile des Sauerlandes, des Rothaargebirges, des Teutoburger Waldes und der Eifel. Der Holzeinschlag beträgt (1995) 3,42 Mio. m^3, zu zwei Dritteln Nadelholz.

Bodenschätze: Der Bergbau konzentriert sich v. a. auf den Abbau der reichen Steinkohlen- und Braunkohlenvorräte. Die Steinkohle wird unter Tage abgebaut. Förderreviere sind das Ruhrgebiet, der Raum Aachen und Ibbenbüren. Die Fördermengen sind seit 1960 (126,1 Mio. t) um fast zwei Drittel auf (1995) 45,0 Mio. t gesunken (1970 noch über 100 Mio. t). Die Förderung aus den großflächig angelegten Tagebauen im Rhein. Braunkohlenrevier ist dagegen relativ konstant. Die Fördermengen liegen seit 1973 bei etwa 100 Mio. t. Eisenerze werden nicht mehr abgebaut, jedoch Steinsalz am Niederrhein und im westl. Münsterland (rd. 4 Mio. t), Quarzsande in Frechen und Haltern (rd. 6 Mio. t), Spezialton im Rheinland (350 000 t).

Energiewirtschaft: NRW ist das energiewirtschaftl. Zentrum Dtl.s. Knapp 85 % der inländ. Steinkohle und 52 % der Braunkohle werden (1995) hier gefördert, (1995) 29,7 % der erzeugten elektr. Energie stammen aus NRW, das Land ist Standort von 25 % der Raffineriekapazitäten. Der Anteil am Primärenergieverbrauch Dtl.s liegt bei (1994) 27,8 %. Wichtigste Energieträger, gemessen am Primärenergieverbrauch von (1994) 133,0 Mio. Steinkohleeinheiten, sind Erdöl (34,4 %; zum Vergleich Dtl.: 40,5 %) und Steinkohle (25,4 %; 15,2 %), dann folgen Braunkohle (19,0 %;

Nord Nordrhein-Westfalen

Verwaltungsgliederung Nordrhein-Westfalen (Größe und Bevölkerung 31.12.1996)

Verwaltungseinheit	Fläche in km²	Ew. in 1000	Ew. je km²	Verwaltungssitz
Reg.-Bez. Düsseldorf	5289	5290,9	1000	Düsseldorf
Kreisfreie Städte				
Duisburg	233	532,7	2286	Duisburg
Düsseldorf	217	571,5	2634	Düsseldorf
Essen	210	611,8	2913	Essen
Krefeld	138	247,8	1796	Krefeld
Mönchengladbach	170	266,9	1570	Mönchengladbach
Mülheim a.d. Ruhr	91	176,0	1934	Mülheim a.d. Ruhr
Oberhausen	77	223,9	2908	Oberhausen
Remscheid	75	121,6	1621	Remscheid
Solingen	89	165,1	1855	Solingen
Wuppertal	168	379,8	2261	Wuppertal
Kreise				
Kleve	1231	291,0	236	Kleve
Mettmann	407	504,5	1240	Mettman
Neuss	576	439,3	763	Neuss
Viersen	563	291,1	517	Viersen
Wesel	1042	467,9	449	Wesel
Reg.-Bez. Köln	7365	4216,3	572	Köln
Kreisfreie Städte				
Aachen	161	247,8	1539	Aachen
Bonn	141	302,9	2148	Bonn
Köln	405	964,3	2381	Köln
Leverkusen	79	163,0	2063	Leverkusen
Kreise				
Aachen	547	303,1	554	Aachen
Düren	941	260,1	276	Düren
Erftkreis	705	444,9	631	Bergheim
Euskirchen	1249	183,6	147	Euskirchen
Heinsberg	628	241,4	384	Heinsberg
Oberbergischer Kreis	918	282,1	307	Gummersbach
Rhein.-Berg.-Kreis	438	271,0	619	Bergisch Gladbach
Rhein-Sieg-Kreis	1153	552,2	479	Siegburg
Reg.-Bez. Münster	6904	2586,6	375	Münster
Kreisfreie Städte				
Bottrop	101	121,1	1199	Bottrop
Gelsenkirchen	105	289,0	2752	Gelsenkirchen
Münster	303	265,7	877	Münster
Kreise				
Borken	1418	346,9	245	Borken
Coesfeld	1110	205,8	185	Coesfeld
Recklinghausen	760	662,7	872	Recklinghausen
Steinfurt	1792	421,1	235	Steinfurt
Warendorf	1316	274,3	208	Warendorf
Reg.-Bez. Detmold	6518	2026,7	311	Detmold
Kreisfreie Stadt				
Bielefeld	258	324,1	1256	Bielefeld
Kreise				
Gütersloh	967	333,2	345	Gütersloh
Herford	450	252,4	561	Herford
Höxter	1200	155,1	129	Höxter
Lippe	1246	362,1	291	Detmold
Minden-Lübbecke	1152	318,4	276	Minden
Paderborn	1245	281,4	226	Paderborn
Reg.-Bez. Arnsberg	8002	3827,2	478	Arnsberg
Kreisfreie Städte				
Bochum	145	398,5	2748	Bochum
Dortmund	280	597,0	2132	Dortmund
Hagen	160	210,9	1318	Hagen
Hamm	226	182,2	806	Hamm
Herne	51	178,7	3504	Herne
Kreise				
Ennepe-Ruhr-Kreis	408	351,5	862	Schwelm
Hochsauerlandkreis	1959	284,4	145	Meschede
Märkischer Kreis	1059	459,5	434	Lüdenscheid
Olpe	711	138,5	195	Olpe
Siegen	1131	299,2	265	Siegen
Soest	1327	301,4	227	Soest
Unna	543	425,3	783	Unna
Nordrhein-Westfalen	34078	17947,7	527	Düsseldorf

13,3%) und Erdgas (18,9%; 18,3%). Kernenergie spielt keine wesentl. Rolle (0,8%; 10,1%).

Industrie: Der industrielle Sektor hat sich aufgrund der guten Verkehrslage, der im nördl. Rheinland und im Siegerland schon vor der Industrialisierung dichten Besiedlung und ganz bes. aufgrund der reichen Bodenschätze entwickelt. Ballungsgebiete von Industrie und Bev. sind v. a. das Ruhrgebiet und die ›Rheinschiene‹; außerdem der Aachener Wirtschaftsraum, das Niederrheingebiet, das Münsterland, Ostwestfalen-Lippe, das Siegerland und das Berg. Land. Bes. im Ruhrgebiet, in dem auf der Grundlage der Steinkohle

eine bedeutende Eisen- und Stahlindustrie, Energiewirtschaft und chem. Industrie entstanden waren, sowie im Aachener Wirtschaftsraum und im Siegerland setzte nach dem Aufschwung der Nachkriegszeit bis in die 1960er-Jahre mit der Absatzkrise im Steinkohlenbergbau (seit 1957), der Einstellung des Eisenerzbergbaus und zeitweiligen Stahlkrisen ein tief greifender Strukturwandel ein. So sank die Zahl der Beschäftigten im Steinkohlenbergbau von (1957) 540 000 auf (1994) 70 000. Bes. aufgrund des Arbeitsplatzabbaus bei Kohle und Stahl ging auch der Anteil NRWs an den Beschäftigten im produzierenden Gewerbe der Bundesrepublik von (1960) 31,0% auf (1994) 26,3% (alte Bundesländer) zurück. Obwohl der Strukturwandel noch nicht abgeschlossen ist, zählt NRW heute zu den Wirtschaftsregionen mit einer besonderen Vielfalt an industrie- und produktionsbezogenen Dienstleistungsunternehmen. Gemessen am Umsatz sind die wichtigsten Industriezweige (1995) die chem. Industrie, der Maschinenbau, die Nahrungs- und Genussmittelindustrie, der Straßenfahrzeugbau, die Eisen schaffende Industrie sowie die elektrotechn. und elektron. Industrie. Im Vergleich zu 1950 sind v. a. die chem. Industrie, der Maschinen- und Straßenfahrzeugbau, die Mineralöl verarbeitende Industrie sowie die Herstellung von Kunststoffen und Gummiwaren in den Vordergrund getreten, während die beiden früher führenden Branchen Textilindustrie und Bergbau stark an Bedeutung verloren haben. Bezüglich der Betriebsgrößen in der Industrie ist NRW ähnlich strukturiert wie Dtl. insgesamt, allerdings bei großen Unterschieden zw. Ruhrgebiet und übrigem NRW. Während (1994) im übrigen NRW 28% der Beschäftigten im produzierenden Gewerbe in Unternehmen mit mehr als 1 000 Beschäftigten arbeiten, sind es im Ruhrgebiet 47,8% (NRW insgesamt: 32,6%, Dtl.: 32,7%).
Dienstleistungssektor: Die Bedeutung der Dienstleistungen hat in den vergangenen Jahren deutlich zugenommen. Bes. produktionsorientierte Dienstleistungen werden immer mehr zu einer notwendigen Voraussetzung für erfolgreiche industrielle Produktion (u. a. die Entwicklungs- und Beratungsdienste im EDV-Bereich, Bildungseinrichtungen, Unternehmen und Institutionen in den Bereichen Forschung und Entwicklung sowie Technologietransfer). NRW bietet mit seiner Industrie und Bev. auch günstige Voraussetzungen für Unternehmen der konsumorientierten Dienstleistungen (z. B. Einzelhandel, Gaststättengewerbe, Reparaturdienste). Hervorzuheben sind weiterhin die Messeplätze Düsseldorf und Köln sowie Essen und Dortmund mit insgesamt (1995) 597 000 m² Ausstellungsfläche und vielfältigen Kongresseinrichtungen. Mit Düsseldorf als Verw.-Sitz von Banken und als Sitz der Rheinisch-Westfäl. Börse verfügt NRW auch über ein wichtiges Finanzzentrum.
Tourismus: Neben dem geschäftlich bedingten Fremdenverkehr in den 23 Großstädten konzentrieren sich die Übernachtungen (1995: rd. 12,2 Mio. Fremdenverkehrsgäste mit rd. 36 Mio. Übernachtungen, davon 2,1 Mio. Auslandsgäste mit rd. 5,2 Mio. Übernachtungen) v. a. in den 44 Heilbädern und Luftkurorten. Die gebirgigen Teile, v. a. Sauer- und Siegerland, Bergisch-Märk. Land und Eifel, sind Zentren der Naherholung. Hochsauerland und Rothaargebirge bieten auch Wintersportmöglichkeiten.
Verkehr: Im Eisenbahn- und Straßenverkehr hat NRW eines der dichtesten Netze in Europa. Das Straßennetz umfasst (1997) 29 766 km Straßen des überörtl. Verkehrs, darunter 2 234 km Autobahnen (19,2% des Autobahnnetzes) und 5 112 km Bundesstraßen. Das Eisenbahnnetz (1993: 6 100 km) ist knapp zur Hälfte elektrifiziert. Zur Verbesserung der Verkehrssituation in den Ballungsräumen Köln-Bonn und Rhein-Ruhr wurde durch Aus- und Neubau von S-Bahn-Strecken unter Einbeziehung des Nahverkehrs der Dt. Bahn AG und der Schwebebahn in Wuppertal sowie durch die Gründung der Verkehrsverbunde Rhein-Ruhr und Rhein-Sieg ein leistungsfähiges Netz des öffentl. Personennahverkehrs geschaffen.

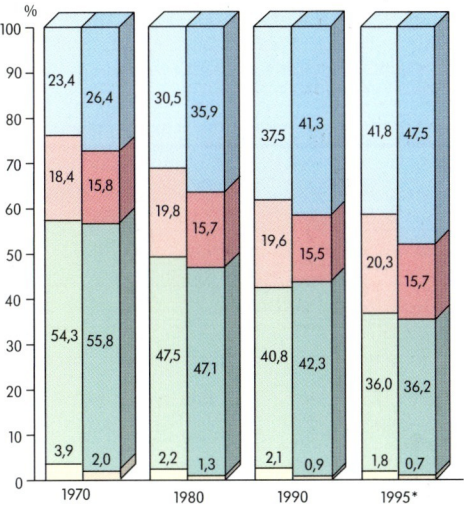

Nordrhein-Westfalen: Erwerbsstruktur (Erwerbstätige nach zusammengefassten Wirtschaftsbereichen in Abgrenzung der volkswirtschaftlichen Gesamtrechnung in Prozent) und Produktionsstruktur (Beiträge zusammengefasster Wirtschaftsbereiche zur Bruttowertschöpfung in jeweiligen Preisen in Prozent)

Der Rhein und das von ihm ausgehende Kanalsystem zum Mittelland- und Dortmund-Ems-Kanal sind die Hauptwege für den Binnenschiffsverkehr. Die wichtigsten der 31 Binnenhäfen sind die Duisburger Häfen (Güterumschlag 1996: 42,2 Mio. t; nach Hamburg zweitgrößter dt. Hafen und größter Binnenhafen Europas), Köln (10,5 Mio. t), Dortmund (4,9 Mio. t), Neuss (4,6 Mio. t), Krefeld-Uerdingen (3,3 Mio. t), Wesseling (3,2 Mio. t), Essen (2,9 Mio. t). Die internat. Flughäfen Düsseldorf (1996: 14,2 Mio. Fluggäste) und Köln-Bonn (5,1 Mio.) stehen in Dtl. an 3. und 7. Stelle.

GESCHICHTE

Nach dem staatl. Zusammenbruch des Dt. Reiches (Mai 1945) erhielt Großbritannien das nordwestl. Dtl. (mit Ausnahme Bremens) als Besatzungszone zugewiesen. Mit der VO vom 23. 8. 1946 bildete die brit. Militär-Reg. aus dem nördl. Teil der preuß. Rheinprovinz (die Reg.-Bez. Aachen, Köln und Düsseldorf) und der preuß. Provinz Westfalen das Land NRW, dem 1947 (VO vom 21. 1.) auch Lippe(-Detmold) angeschlossen wurde. Bereits am 17. 8. 1946 war RUDOLF AMELUNXEN (*1888, †1969, parteilos, später Zentrum, 1945 Ober-Präs. von Westfalen) zum Min.-Präs. ernannt worden. Nach den ersten Landtagswahlen vom 20. 4. 1947 (CDU 37,5%, 92 Sitze einschließlich 16 Überhangmandaten; SPD 32,0%, 64; KPD 14,0%, 28; Zentrum 9,8%, 20; FDP 5,9%, 12; andere

0,8%, -) wählte der Landtag K. ARNOLD (CDU) zum Min.-Präs. Dieser bildete im Juni 1947 ein Kabinett aus Vertretern der CDU, SPD, KPD und des Zentrums. Die ersten Landesregierungen sahen sich neben den Aufgaben der Versorgung der Bev., der Eingliederung der Vertriebenen sowie des Wiederaufbaus in Industrie, Verwaltung, Schul- und Wohnungswesen insbesondere mit den Demontageplänen der Siegermächte und deren Forderung nach einer Internationalisierung des →Ruhrgebietes konfrontiert. 1949 wurde das Ruhrstatut unterzeichnet.

Landtagswahlen in Nordrhein-Westfalen 1980–1995
(Sitzverteilung und Stimmenanteile der Parteien)

Parteien	11.5.1980		12.5.1985		13.5.1990		14.5.1995	
SPD	106;	48,4%	125;	52,1%	123;	50,0%	108;	46,0%
CDU	95;	43,2%	88;	36,5%	90;	36,7%	89;	37,7%
FDP	-;	4,9%	14;	6,0%	14;	5,8%	-;	4,0%
Grüne*)	-;	3,0%	-;	4,6%	12;	5,0%	24;	10,0%
Andere	-;	0,4%	-;	0,8%	-;	2,5%	-;	2,3%

*) seit 1993 Bündnis 90/Grüne

Durch Zustimmung zum GG wurde NRW 1949 Bundesland der Bundesrepublik Dtl. Aufgrund seiner Bev.-Zahl und Wirtschaftskraft beeinflussten seine landespolit. Probleme und Entwicklungen die bundesdt. Innenpolitik nachhaltig. Am 11.7.1950 trat eine Landes-Verf. in Kraft.

Der bundespolit. Konflikt zw. CDU und FDP über die Modifizierung des Wahlrechts löste den Bruch der 1950 und 1954 vereinbarten Reg.-Koalition beider Parteien in NRW aus. Im Zuge eines konstruktiven Misstrauensvotums wählte der Landtag am 20.2.1956 FRITZ STEINHOFF (SPD; * 1897, † 1969) mit den Stimmen der SPD, FDP und des Zentrums zum Min.-Präs. Nach den Landtagswahlen von 1958 bildete FRANZ MEYERS (CDU; * 1908), gestützt auf die absolute Mehrheit seiner Partei im Landtag (1958–62), die Regierung; 1962–66 getragen von einer CDU-FDP-Koalition. 1966 wurde die SPD nach ihrem Wahlsieg erstmals (1966–70) stärkste Fraktion im Landtag, sah sich jedoch zunächst in die Opposition gedrängt. In engem Zusammenhang mit der Krise der CDU-FDP-Koalition und der Bildung der großen Koalition (CDU/CSU, SPD) auf Bundesebene stürzte in NRW ein Reg.-Bündnis aus SPD und FDP 1966 die Reg. Meyers und wählte H. KÜHN (SPD) zum Min.-Präs. Eine landespolit. Aufgabe mit starken bundespolit. Aspekten war seit 1957 die Überwindung der Strukturkrise im Bergbau (1968 Gründung der Ruhrkohle AG). 1968 trat eine Reform des Volksschulwesens in Kraft.

Nach den Wahlen von 1970 und 1975, aus denen die CDU als stärkste Partei hervorging, setzten SPD und FDP ihre Reg.-Koalition fort. Unter Min.-Präs. J. RAU, der 1978 die Nachfolge KÜHNS angetreten hatte, gewann 1980 die SPD die absolute Mehrheit (bei Wahlen bis 1995 behauptet). Die FDP scheiterte 1980 an der Fünfprozentklausel; seit 1990 sind die Grünen im Landtag vertreten. Die 80er- und 90er-Jahre waren landespolitisch v. a. durch eine Stahlkrise und ihre beschäftigungspolit. Folgen bestimmt (1988; Stahlstandort Duisburg-Rheinhausen); neben der Bekämpfung der Arbeitslosigkeit traten Fragen des Umweltschutzes und der Förderung von neuen Technologien in den Vordergrund (u. a. Garzweiler II). Im Juli 1995 wurde unter Min.-Präs. RAU das Reg.-Koalition von SPD und Bündnis 90/Die Grünen gebildet. Im März 1998 kündigte RAU seinen Rücktritt für Sommer 1998 an und bestimmte WOLFGANG CLEMENT (* 1940) zum Nachfolger als Min.-Präs. (→Berlin/Bonn-Gesetz)

Hb. des Landtags N.-W., hg. vom Landtag N.-W., Loseblt. (1949ff.); N.-W.-Atlas (1949ff.); Statist. Jb. N.-W. (1949ff.); W. MÜLLER-WILLE: Westfalen (1952, Nachdr. 1981); DERS.: Bodenplastik u. Naturräume Westfalens, 2 Tle. (1966); Westfäl. Städtebuch, hg. v. E. KEYSER (1954); Rhein. Städtebuch, hg. v. DEMS. (1956); Klimaatlas von N.-W., hg. v. Dt. Wetterdienst (1960); T. KRAUS: Das rheinisch-westfäl. Städte-System, in: Köln u. die Rheinlande. Festschr. zum 33. Dt. Geographentag..., hg. v. K. KAYSER u. a. (1961); Die Mittelrheinlande. Festschr. zum 36. Dt. Geographentag..., hg. v. ROLF D. SCHMIDT (1967); N.-W. in seiner Gliederung von zentralörtl. Bereichen, bearb. v. G. KLUCZKA u. a. (1970); N.-W.-Programm 1975 (1970); Dt. Planungsatlas, Bd. 1: N.-W., auf zahlr. Tle. ber. (1971ff.); C. ERPF u. G. PFLUG: N.-W. (1971); F. KASSEBEER: 30mal N.-W. (1972); N.-W.-Lex., hg. vom Landesamt für Datenverarbeitung u. Statistik N.-W.s (1974); J. HESEMANN: Geologie N.-W.s (1975); Düsseldorfer Schr. zur neueren Landesgesch. u. zur Gesch. N.-W.s, hg. v. H. J. BEHR u. a., auf zahlr. Bde. ber. (1980ff.); Rhein. Gesch., hg. v. F. PETRI, auf mehrere Bde. ber. ([1-3]1980ff.); Verwaltungsatlas N.-W., hg. vom Landesamt für Datenverarbeitung u. Statistik N.-W.s ([3]1980); K. ECKART: Die Entwicklung der Landwirtschaft im hochindustrialisierten Raum (1982); Westfäl. Gesch., hg. v. W. KOHL, 5 Bde. (1982–84); J. A. HELLEN: North Rhine-Westphalia (Oxford [2]1983); Westfalen u. angrenzende Regionen, hg. v. P. WEBER u. a., 2 Tle. (1983); Auswirkungen der kommunalen Neugliederung. Dargestellt an Beispielen aus N.-W., hg. v. P. SCHÖLLER (Neuausg. 1984); Bergbau u. verarbeitendes Gewerbe in N.-W. (1985ff., erscheint unregelmäßig); Funktionsräuml. Arbeitsteilung u. ausgeglichene Funktionsräume in N.-W., bearb. v. A. BLOCH (1985); Geograph.-landeskundl. Atlas von Westfalen, hg. v. der Geograph. Kommission für Westfalen (1985ff.); R. A. KREWERTH: N.-W. (1985); Erträge geographisch-landeskundl. Forschung in Westfalen. Festschr. 50 Jahre Geograph. Kommission für Westfalen (1986); W. FÖRST: Kleine Gesch. N.-W.s (1986); A. SCHLIEPER: 150 Jahre Ruhrgebiet. Ein Kapitel dt. Wirtschaftsgesch. (1986); E. GLÄSSER u. a.: N.-W. (1987); N.-W. (1988); Landesentwicklungsprogramm u. Landesplanungsgesetz, Neufassungen in: Gesetz- u. Verordnungsblatt für das Land N.-W., Jg. 43 (1989); Bildflüge in N.-W. 1991, hg. vom Landesvermessungsamt N.-W. ([30]1992); G. VOPPEL: N.-W. (1993); H. G. STEINBERG: Menschen u. Land in N.-W. Eine kulturgeograph. Landeskunde (1994); Gesellschafts- u. Wirtschaftsgesch. Rheinlands u. Westfalens, bearb. v. D. BRIESEN u. a. (1995).

Nordrhodesien, engl. **Northern Rhodesia** [ˈnɔːðn rəʊˈdiːzɪə], ehem. brit. Kolonie im südl. Afrika, seit 1964 der Staat →Sambia.

Nordrichtung, die Hauptorientierungsrichtung auf der Erdoberfläche. Positionen und Richtungen werden mittels geograph. Koordinaten (Breiten- und Längenkreise) oder durch Kurse (Richtungswinkel) angegeben. Man unterscheidet drei N.: **Magnetisch Nord** ist die Richtung, in die sich horizontal frei bewegliche Magnetnadel zum magnet. Nordpol einstellt. **Geographisch Nord** ist die Richtung, in der die Längenkreise der Erdkoordinatensystems (zugrunde gelegt das Erdellipsoid) verlaufen. **Gitternord** ist in topograph. Karten die Richtung, die sich durch das nach Norden ausgerichtete Gauß-Krüger-Meridian-Koordinatensystem ergibt; diese rechtwinkligen Gitterlinien verlaufen parallel zum Mittelmeridian. (→Kurs)

Nordrussischer Landrücken, russ. **Sewernyje Uwaly,** Höhenzug im N Russlands, rd. 600 km lang, bis 293 m ü. M.; wellige Moränenablagerungen mit Nadelwald und Mooren; Wasserscheide zw. Nördl. Dwina (Nordpolarmeer) und Wolga (Kasp. Meer).

Nordschleswig, dän. **Sønderjylland** [ˈsønərjylan, ›Südl. Jütland‹], der nördl. Teil von Schleswig zw. der dt.-dän. Grenze und der Königsau, bildet heute das dän. Amt Sønderjylland mit 3938 km² und 252900 Ew., Hauptstadt ist Apenrade. – Aufgrund des Versailler Vertrags (1919) trat das Dt. Reich einen Teil N.s nach der Abstimmung vom 10.2.1920 (erste Zone) an Dänemark ab. Die dortige dt. Minderheit wird durch den ›Bund der dt. Nordschleswiger‹ vertreten.

Nordschwarzwald, Region im Reg.-Bez. Karlsruhe; →Baden-Württemberg, ÜBERSICHT.

Nordsee **Nord**

Nordsee, engl. **North Sea** [ˈnɔːθ siː], flaches Randmeer (Schelfmeer) des Atlant. Ozeans, im W durch die Brit. Inseln, im SW durch die Linie Dover–Calais, im S und SO durch Belgien, die Niederlande und Dtl., im O und NO durch Dänemark, eine Linie von Skagen nach Marstrand (Schweden), Schweden und Norwegen und im N und NW durch eine Linie von Stadland (Norwegen) über die Shetland- zu den Orkneyinseln begrenzt; 0,575 Mio. km², Wasservolumen 0,047 Mio. km³, mittlere Tiefe 70 m, größte Tiefe 725 m (Norweg. Rinne). Im Mittel nimmt die Tiefe von S nach N zu. Am SO-Rand der N. erstreckt sich von Den Helder bis Esbjerg das Wattenmeer (→Watt).

Entstehung: Im Ggs. zur Ostsee ist die N. ein geologisch altes Meer, wenngleich sie in ihrer heutigen Form relativ jung ist. Im Perm war sie ein flaches Binnenmeer (Zechsteinmeer), das die heutige Küstenlinie überschritt. Im Pliozän bildete sich durch Landsenkung in der nördl. N. die Verbindung zum Atlantik, während weite Teile der südl. N. durch Landhebung trockenfielen. Vor etwa 8 000 Jahren bildete die →Doggerbank den S-Rand der N. Nach der letzten Eiszeit kam es durch Abschmelzen der Gletscher und durch Landsenkung (→Glazialisostasie), die bis heute anhält, zu einer erneuten Überflutung der südl. N. (Flandr. und Dünkirchener Transgression) und damit zur Bildung der Straße von Dover vor etwa 4 000 Jahren sowie der Fries. Inseln (einstige Strandwall- und Dünenbildungen an der damaligen Küste, die auseinander gerissen wurden). Das hohe Alter der N. bedingt starke Sedimentablagerungen (bis zu 6 000 m).

Klima: Die N. hat das gemäßigte, feucht-ozean. Klima der Westwindzone, das mit der Annäherung an die südöstl. Küsten zunehmend kontinentaler wird. Die mittlere Jahresschwankung der Lufttemperatur steigt von 8 °C (zw. 6 °C im Winter und 14 °C im Sommer) in der nördl. N. auf 15 °C (zw. 2 °C im Winter und 17 °C im Sommer) in der Dt. Bucht an. Die Sturmhäufigkeit ist hoch, bes. im Winter. Vor der brit. Ostküste tritt Nebel bes. häufig im Herbst, bei der Doggerbank im Frühsommer und in der Dt. Bucht im Winter auf.

Temperaturen, Salzgehalt: Bei der Oberflächentemperatur des Wassers nimmt die mittlere Jahresschwankung ebenso wie die der Lufttemperatur zu der nördl. N. (7 °C bis 13 °C bei den Orkneyinseln, Extremwerte 5 °C und 15 °C) bis zur Dt. Bucht (0 °C bis 17 °C, Extremwerte 0 °C und 19 °C) zu. Der Salzgehalt beträgt 35 ‰ in der nördl. N. und ca. 30 ‰ in der Dt. Bucht. Im Winter bleibt die N. eisfrei bis auf die Dt. Bucht und die niederländ. Watten, wo Treibeis, in schweren Wintern in Küstenbereichen auch Festeis auftreten kann.

Die *Gezeiten* der N. sind halbtägige Mitschwingungsgezeiten des Atlant. Ozeans mit drei Amphidromien (Zentren in der südl. N. zw. der niederländ. und brit. Küste, rd. 200 km vor der dän. Küste in Höhe der Insel Fanø, an der SW-Küste Norwegens). Der mittlere Springtidenhub, der in den Zentren der Amphidromien nahezu verschwindet, erreicht seine Höchstwerte an den Küsten (6,5 m im Wash, 6,3 m bei Calais, 4,3 m bei Wilhelmshaven). Entlang der dt.-dän. Küste nimmt der Hub von S nach N ab (Bremerhaven 3,8 m, Cuxhaven 4,1 m, Esbjerg 1,8 m, Hirtshals 0,3 m, weniger als 0,5 m im Skagerrak). Die Gezeitenströme der N. erreichen in Landnähe Stärken bis zu 2,5 m/s. In der Dt. Bucht liegen die Werte überwiegend bei 1 m/s, in der offenen N. bei 0,5 m/s. In der südl. und südöstl. N. führt die Gezeitenstromturbulenz zu einer vollständigen vertikalen Vermischung der Wassermassen, sodass keine Schichtung, bes. der Temperatur, aufrechterhalten werden kann. Auflandige Winde erhöhen gelegentlich das Hochwasser der Gezeiten und rufen so Sturmfluten hervor. Die windbedingten Wasserstandserhöhungen können in der →Deutschen Bucht Werte bis um 4 m erreichen. Im Bereich der N.-Küste ist ein

Nordsee: Erdöl- und Erdgaslagerstätten

säkularer Wasserstandsanstieg zu beobachten, wobei an der dt. N.-Küste gleichzeitig das Tidehochwasser ansteigt (1954–95: 15 cm). Dem Schutz des Landes vor Sturmfluten dienen umfangreiche Deichbauarbeiten (→Deich), in den Niederlanden die →Deltawerke.

Wirtschaft: Die N. ist eines der wichtigsten Fischfanggebiete der Anliegerstaaten; bekannte Fischgründe sind die Doggerbank, die →Fischerbänke und der →Fladengrund. An der Gesamtfangmenge von (1995) 2,83 Mio. t sind beteiligt: Sandaal (38,9 %), Hering (17,8 %), Stintdorsch (10,2 %), Muscheln und Krebse (7,6 %), Makrele (6,7 %), Kabeljau (3,5 %), Scholle (3,2 %), Schellfisch (2,6 %), Seelachs (2,5 %). – Die Haupthäfen der dt. Fischereiflotte sind Bremerhaven und Cuxhaven. Die großen Flussmündungsgebiete erleichterten die Entwicklung großer Seehäfen (London, Antwerpen, Rotterdam, Amsterdam, Emden, Bremen, Hamburg).

Die wirtschaftl. Bedeutung der N. hat sich durch die Entdeckung von Erdgas- (seit 1965: Entdeckung des Erdgasfeldes West Sole östlich des Humber) und Erdöllagern (seit 1969: Entdeckung des Erdölfeldes Ekofisk) wesentlich erhöht. Zwar sind die Förderkosten in der N. wegen der schwierigeren Verhältnisse und damit aufwendigeren Technik rd. zehnmal höher als im Nahen Osten, kürzere Transportwege und v.a. die steigenden Preise der OPEC-Länder gleichen diese Nachteile aus. Die gewinnbaren Vorräte wurden am 1. 1. 1990 für das norweg. Prospektionsgebiet mit 1 313,5 Mio. t Erdöl und 62,9 Mio. t Kondensat sowie 2 294,5 Mrd. m³ Erdgas angegeben, für das britische mit 1 200 Mio. t Erdöl und 1 185 Mrd. m³ Erdgas.

Umweltbelastung: Die N. gehört zu den am stärksten belasteten Meeresgebieten. Trotz Anstrengungen bei der Überwachung (z. B. Joint-Monitoring-Programme der Übereinkommen von Oslo und Paris), der Diagnose (z. B. N.-Schutzkonferenzen der acht Anliegerstaaten 1984, 1987 und 1990) und Gegenmaßnahmen (z. B. Einstellung der Dünnsäureverklappung durch dt. Unternehmen Ende 1989) besteht ein bedrohl. Zustand der →Meeresverschmutzung, der sich u. a. in Fischkrankheiten und Robbensterben äußert.

Der Große Krüger-Atlas der Ozeane, hg. v. B. MARSHALL (a. d. Engl., 1979); North Sea dynamics, hg. v. J. SÜNDERMANN u. a. (Berlin 1983); Daten zur Umwelt, hg. vom Umweltbundesamt (1984ff.); Warnsignale aus der N., hg. v. J. L. LOZÁN u. a. (1990); K. BUCHWALD: N. Ein Lebensraum ohne Zukunft? (²1991); K. BESTER: Über Eintrag, Verbleib u. Auswirkungen von stickstoff- u. phosphorhaltigen Schadstoffen in der N. (1996).

Nordseekanal, niederländ. **Noordzeekanaal** [-ˈzeː-], Kanal in der Prov. Nordholland, Niederlande, 27 km lang, 170 m breit, 15 m tief; verbindet Amsterdam mit der Nordsee bei IJmuiden (hier vier Seeschleusen); für Seeschiffe befahrbar; untertunnelt (für Eisenbahn- bzw. Straßenverkehr) bei Amsterdam, südlich von Zaanstad und bei Velsen. Erbaut 1865–76.

Nordsibirische Eisenbahn, Eisenbahnlinie in Russland, führt von Tjumen bis Nowyj Urengoj; über 1 000 km lang; dient der Erschließung der Erdgas- und Erdölvorkommen Westsibiriens.

Nordsibirisches Tiefland, Tiefland (tekton. Senke) in Russland, zw. Mittelsibir. Bergland und Byrrangagebirge auf der Taimyrhalbinsel, reicht vom Jenissej bis zum Olenjok; nur spärlich besiedeltes Tundren- und Waldtundrengebiet mit Bergen (bis 225 m ü. M.), Seen und Sümpfen.

Nordstaaten, in den USA die nördlich des Potomac und des Ohio sowie die im W (Kalifornien) gelegenen Staaten, die sich einer Ausdehnung der Sklaverei durch die →Südstaaten und 1861–65 deren Sezession widersetzten (→Sezessionskrieg). Mit ihnen hielten die ›Border States‹ (Delaware, Maryland, West Virginia, Kentucky, Missouri) an der Unauflöslichkeit der Union fest, obwohl es in ihnen Sklaverei gab.

Nordstemmen, Gem. im Landkreis Hildesheim, Ndsachs., 13 000 Ew.; Zuckerfabrik; Wohngemeinde für Pendler nach Hannover und Hildesheim.

Nordstern, der →Polarstern.

Nordstern Allgemeine Versicherungs-AG, Beteiligungsgesellschaft der →Colonia Konzern AG.

Schlüsselbegriff
Nordstrand, eine der Nordfries. Inseln, Kreis Nordfriesland, Schlesw.-Holst.; eingedeichte Marscheninsel im Wattenmeer vor Husum, seit 1935 durch einen 2,8 km langen Straßendamm mit dem Festland verbunden; 48,75 km², 2 400 Ew.; Acker- und Grünlandnutzung, Fremdenverkehr. – In der **Nordstrander Bucht** (zw. N. und Nordstrandischmoor) wurden rd. 3 340 ha Wattfläche für den Küstenschutz eingedeicht (Beltringharder Koog); der 9 km lange Deich (von N. zum Sönke-Nissen-Koog) wurde 1987 fertig gestellt. Der Koog ist ein reines Naturschutzgebiet (Salz- und Süßwasserbiotop). – N. ist ein Rest der 1634 durch eine Sturmflut zerstörten Insel **Strand.** 1652 rief der Herzog von Holstein-Gottorp niederländ. Deichbaumeister ins Land, die mit der Wiedergewinnung eines großen Teils des verlorenen Landes begannen. Das 1572 aufgezeichnete eigene Landrecht währte bis 1900.

F. KARFF: N. Gesch. einer nordfries. Insel (1968).

Nordstrandischmoor, 179 ha große Hallig, Kreis Nordfriesland, Schlesw.-Holst., 22 Ew., vier bewohnte Wurten und landwirtschaftl. Betriebe; durch einen Lorendamm mit dem Festland verbunden.

Nordström [ˈnuːrdstrœm], **1) Karl,** schwed. Maler, * Hoga (auf Tjörn) 11. 7. 1855, † Drottningholm (heute zu Ekerö, bei Stockholm) 16. 8. 1923; beeinflusst vom Werk P. GAUGUINS, malte er seit 1890 stimmungsvolle Landschaften symbolist. Prägung.

2) Ludvig, schwed. Schriftsteller, * Härnösand 25. 2. 1882, † Stockholm 15. 4. 1942; schrieb neben bedeutenden Reiseberichten lebendige, kraftvolle, oft drast. Erzählungen, Novellen sowie Romane über das Problem der Industrialisierung in N-Schweden. In ihnen wie auch in theoret. Schriften setzte N. sich für den von ihm im Anschluss an H. G. WELLS entwickelten ›Totalismus‹ ein, eine Weltvereinigung in Frieden und Glück auf der Grundlage des techn. Fortschritts; auch Dramen, Reportagen und sozialwiss. Studien.

Werke: *Novellen:* Fiskare (1907); Borgare (1909; dt. Bürger); Thomas Lack (1912); Öbacka-bor (1921); På hemväg till öbacka (1934). – *Romane:* Landsorts-bohème (1911); Petter Svensks historia, 4 Bde. (1923–27); Planeten Markattan (1937).

Nord-Süd-Effekt, einer der →geomagnetischen Effekte der kosm. Strahlung: Wegen des Feldlinienverlaufs des erdmagnet. Feldes wird in höheren Breiten ein leichter Überschuss von (energiearmen) Teilchen festgestellt, die vom Äquator her einfallen.

Nord-Süd-Gefälle, Bez. für die Unterschiede in materiellem Wohlstand, wirtschaftl. Entwicklung und Wirtschaftskraft 1) zw. den Industriestaaten v. a. auf der N-Halbkugel und den Entwicklungsländern bes. auf der S-Halbkugel (→Nord-Süd-Konflikt); 2) in der EU zw. den nördl. und den südl. Mitgl.-Staaten (→Europäische Strukturfonds (→Kohäsionsfonds).

1993 entfielen vom globalen Bruttoinlandsprodukt (BIP) in Höhe von 23 Billionen US-$ auf die Industriestaaten 18 Billionen US-$ und auf die Entwicklungsländer nur 5 Billionen US-$, obwohl in ihnen fast 80% der Welt-Bev. leben. Die Einkommensdisparitäten belegen die Unterschiede in der ökonom. Entwicklung noch stärker: Laut Weltbank betrug 1995 das durchschnittl. globale Pro-Kopf-Einkommen (PKE; jährl. BSP pro Kopf der Bev.) 4 880 US-$, wobei die 63 ärmsten Länder mit einer Bev. von 3,18 Mrd. ein durchschnittl. PKE von 430 US-$ erwirtschafteten, die 51 reichsten Staaten mit insgesamt 903 Mio. Ew. 24 930 US-$. An der Spitze der Rangfolge stehen überwiegend Industriestaaten der nördl. Hemisphäre (Luxemburg, Schweiz, Japan, Norwegen, Dänemark, Dtl., USA, Singapur, Frankreich), auf den letzten Rängen finden sich ausschließlich afrikan. Staaten (Tschad, Sierra Leone, Ruanda, Malawi, Burundi, Tansania, Demokrat. Rep. Kongo, Äthiopien, Moçambique).

Nord-Süd-Konflikt, Gegensatz zw. den unter dem Begriff der Dritten Welt zusammengefassten Entwicklungsländern Asiens, Afrikas sowie Lateinamerikas und den entwickelten Industrieländern. Der Konflikt zw. diesen Ländergruppen beruht auf ihrer ungleichen Position im System der internat. Beziehungen und der Weltwirtschaft, die sich seit der Entstehung und weltweiten Expansion des Kapitalismus herausgebildet hat. Die ungleiche Entwicklung der Weltregionen ist somit ein Produkt der Moderne, das eine wachsende Integration der Welt bei gleichzeitig zunehmenden wirtschaftl. Struktur- und Wachstumsunterschieden und sich ausweitenden Differenzen von Entwicklungspotenzialen, Entwicklungschancen sowie Macht- und Einflusspositionen im Weltzusammenhang verkörpert. In der Dritten Welt konzentrieren sich im wachsenden Gegensatz zu den industriell entwickelten Regionen der Erde die Länder mit geringem Bruttosozialprodukt, niedrigem Pro-Kopf-Einkommen, verbreiteten Erscheinungen der sozialen Degradation wie extreme Armut, Hunger, geringe Bildungschancen und Analphabetismus, niedrige Lebenserwartung, hohe Kindersterblichkeit, starkes Bevölkerungswachstum, Landflucht und chaot. Urbanisierung, verbunden mit zunehmenden Umweltzerstörungen,

Nord-Süd-Konflikt: Kennzahlen verschiedener Ländergruppen und Regionen

	durch-schnittl. jährl. Bev.-Wachstum (in %)	durch-schnittl. jährl. Wachstum der Stadt-Bev. (in %)	Brutto-sozial-produkt (in Mrd. US-$)	durchschnittl. jährl. Wachstumsrate des Bruttosozialprodukts je Ew. (in %)		Auslands-schulden (in Mrd. US-$)	Säuglings-sterbe-ziffer je 1000 Lebend-geborenen	Ew. je Arzt	tägl. Kalorien-angebot je Ew. (Industrie-länder = 100)	kommerzi-eller Energie-verbrauch (kg in Erdöl-äquivalen-ten je Ew.)
	1960–94	1960–94	1994	1965–80	1980–93	1994	1994	1994	1992	1994
Entwicklungsländer	2,2	3,9	4536	3,2	2,0	1444	64	5833	82	570
Afrika südlich der Sahara	2,8	5,6	254	1,2	−1,4	213	97	18514	67	281
arabische Länder	2,8	4,6	607	3,8	−0,4	112*)	67	1516	91	1303
Südasien	2,3	3,9	377	1,3	2,2	178	73	3704	76	292
Ostasien	1,8	3,2	1124	6,4	7,7	156	41	1169*)	88	739
Ostasien (außer China)	1,9	4,4	494	5,1*)	7,5*)	48*)	17	1169*)	96	2830
Südostasien und Pazifik	2,2	4,2	522	4,0	3,8	258	50	6193	81	494
Lateinamerika und Karibik	2,3	3,6	1503	2,8	−0,4	529	38	1042	88	936
am wenigsten entwickelte Länder	2,5	5,7	80	0,4	0,5	89	103	19035	66	50
Industrieländer (einschließlich Osteuropa)	0,8	1,4	20849	3,0	1,7	–	14	344*)	100	4499
Welt	1,8	3,3	25385	2,0	0,9	–	58	4968*)	–	1471

*) Angaben von 1993

wachsender Polarisation zw. Elend und Reichtum, ethn. Konflikten and erhebl. Gefährdungen der gesellschaftl. Stabilität. Diese globale Divergenz wurde durch die Teilung der Welt in Kolonialmächte einerseits und koloniale, halbkoloniale und abhängige Territorien andererseits vorgeformt und nahm mit dem Zusammenbruch des Kolonialsystems nach dem Zweiten Weltkrieg und der Entstehung einer großen Gruppe neuer Nationalstaaten in Asien und Afrika den Charakter einer neuen, regional differenzierten, aber weltweit ausstrahlenden Konstellation von Konflikten an. Ausgesprochen konfrontative Phasen wurden dabei von Momenten des Dialogs (Nord-Süd-Dialog) und einer wieder stärkeren Kooperation abgelöst.

Grundzüge des Nord-Süd-Konflikts

Die Bezeichnung N.-S.-K. ist teilweise schematisierend. Weder finden sich die beiden Ländergruppen antipodisch in der nördl. bzw. südl. Hemisphäre verteilt, noch sind sie in einer eindeutigen Nord-Süd-Ausrichtung zu lokalisieren. Dennoch ergibt die globale Anordnung einer einerseits vergleichsweise kleinen Ländergruppe, die hauptsächlich auf der Nordhalbkugel der Erde angesiedelt und mit hohem wirtschaftl. Entwicklungsgrad, durchschnittlich hohen Sozialstandards und einer über histor. Zeiträume starken Entwicklungsdynamik ausgestattet ist, und andererseits einer hauptsächlich südlich davon gelegenen großen Gruppe von Ländern mit geringem Entwicklungsniveau und gewaltigen gesellschaftlich-strukturellen Defiziten das Bild eines deutl. Gegensatzes, wenn es auch mit dem Begriff Nord-Süd-Gefälle nur unzureichend beschrieben ist. Das Verhältnis der beiden Ländergruppen repräsentiert einen strukturellen Bruch, der als Verhältnis von Zentrum und Peripherie der modernen Entwicklung interpretiert wird. Auch das Hervortreten einer kleinen Gruppe von Entwicklungsländern v. a. in Ost- und Südostasien sowie in Lateinamerika, die im Hinblick auf bestimmte ökonom. und soziale Wachstumsgrößen Anschluss an die entwickelten Industrieländer gefunden hat (Schwellenländer), hebt den Nord-Süd-Gegensatz nicht auf, zeigt aber, dass die strukturellen Grundlagen der Konfliktkonfiguration in Bewegung sind.

In der sozialwiss. Literatur ist der Begriff N.-S.-K. deshalb umstritten. Kritiker verweisen darauf, dass die Länder und Regionen der Dritten Welt nicht nur gegenüber den entwickelten Industrieländern, sondern auch untereinander unterschiedl. Entwicklungsniveaus aufweisen und im Verhältnis zu den Industrienationen neben gemeinsamen auch ausgeprägt partikuläre Interessen verfolgen. Einige Autoren relativieren ebenso wie maßgebl. polit. Repräsentanten der entwickelten Industrieländer die Polarität des Nord-Süd-Verhältnisses zunehmend, indem sie die wachsende Globalisierung und allgemeine Interdependenz als Charakteristikum der gegenwärtigen Weltsituation in den Vordergrund stellen. Insbesondere die Notwendigkeit, die globalen Probleme der Gegenwart durch Kooperation in der ›Einen Welt‹ gemeinsam zu überwinden, sei nicht mit einer prinzipiell unvereinbaren Interessenkonstellation zweier gegner. Lager in Verbindung zu bringen. Gegen diese Interpretation wird jedoch eingewandt, dass sie die Anwendung des Konfliktbegriffs unzulässigerweise stark auf ein direkt konfrontatives Freund-Feind-Denken reduziert und verkennt, dass hochkomplexe kollektive Handlungssubjekte stets sozial differenziert sind und sich intern nicht als in jeder Hinsicht bündnis-, organisations- oder konfliktfähig erweisen. Die Unterschiede in der gesellschaftl. Grundkonstruktion der Staaten des Nordens und des Südens in Verbindung mit einer strukturellen wirtschaftl. Abhängigkeit und sozialen Chancenungleichheit zu Ungunsten der Entwicklungsländer im Weltvergleich bilden aber den dauerhaften Nährboden für eine Nord-Süd-Auseinandersetzung, die auch dann geführt wird, wenn das Maß an aktueller Konfliktbereitschaft der Herrschaftseliten der Dritten Welt als gering veranschlagt wird, weil sie dem Anpassungsdruck, der Sanktionsmacht und den Einflussformen der entwickelten Welt auf pragmat. Weise und nicht selten durch singuläre Vorteilsnahme und verbreitete Inkonsequenz Rechnung tragen. Im Zentrum steht dabei ein materieller Verteilungskonflikt um Entwicklungsressourcen, der aus der Sicht der Dritten Welt über die materiellen Aspekte hinaus mit vielschichtigen emanzipator. Ansprüchen einhergeht und in vielfältigen Formen (ethisch, kulturell, religiös) ideologisiert und politisiert wird.

Der N.-S.-K. existiert nicht isoliert von anderen internat. Kräftekonstellationen. Bis zum Ende der 80er-Jahre stand er im Spannungsfeld der Systemauseinandersetzung zw. dem von der Weltmacht USA angeführten Bündnissystem westl. Demokratien (Erste Welt) und dem von der UdSSR dominierten sozialist. Lager (Ostblock, Zweite Welt). Japan und v. a. China besetzten als bedeutende Größen der Weltwirtschaft und Weltpolitik ebenfalls wichtige Positionen im Verhältnis zu den Staaten der Dritten Welt. Im Rahmen des Ost-West-Konflikts versuchten die miteinander rivalisierenden Hauptgegner sich geo- und regionalstrateg. Vorteile zu verschaffen, indem sie einzelne Länder oder Regionen der Dritten Welt in versch. Formen wirtschaftl., polit. und militär. Hilfe und Zusammenarbeit einbezogen und damit bestehende Abhängigkeitsverhältnisse ausnutzten, verfestigten oder schufen. Der zw. den Machtblöcken geführte →Kalte Krieg zog auch innerhalb der Dritten Welt scharfe Konfrontationen zw. wechselseitig opponierenden polit. Bewegungen nach sich, die z.B. in Afrika und Südostasien die Form militär. Auseinandersetzungen bis hin zu verlustreichen Bürgerkriegen (Stellvertreterkriege) annahmen. Die Formierung der nat. Befreiungsbewegungen, der Zerfall des Kolonialsystems und der Kampf der polit. Kräfte in den neuen Staaten der Dritten Welt wirkten somit, auch wenn sich die Protagonisten bewusst der konfrontativen Blockbildung entzogen, als wichtige Faktoren im Ost-West-Verhältnis. Auf diese Weise wurde der N.-S.-K. erheblich von der Bipolarität der internat. Machtstrukturen überlagert, zugleich verstärkte diese globale Konstellation aber auch die weltpolit. und geostrateg. Bedeutung der Regionen und Länder, die nicht unmittelbar in die gegner. Blöcke eingebunden waren. Dadurch gelang es den Entwicklungsländern über die Zweckallianzen des Kalten Krieges und die ideolog. Anlehnung an westl. oder östl. Legitimationsformen polit. Herrschaft hinaus, ihren emanzipator. Anspruch auf Gleichberechtigung und Entwicklung international zur Geltung zu bringen und sich unter Bezugnahme auf Ideologeme der nat. Befreiung, der Selbstständigkeit, des nat. Aufbaus, des Anti(neo)kolonialismus und Antiimperialismus als polit. Bewegung zu formieren. Dies manifestierte sich in versch. Organisationsformen und polit. Strömungen wie z. B. der Blockfreienbewegung, der Gruppe der 77 und Konzepten der positiven Neutralität, der Äquidistanz (zu den beiden Hauptblöcken) und der ›Collective Selfreliance‹. Die UNO erweist sich bis in die Gegenwart als ein wichtiger Handlungsrahmen, in dem die Entwicklungsländer entlang den strukturell vorgezeichneten Konfliktlinien relativ geschlossen ihre gemeinsamen Interessen vertreten und sich in einem völkerrechtlich geregelten System gegen die Vormacht des Nordens stellen.

Mit der Entspannungspolitik der 80er-Jahre, dem ›neuen Denken‹ und dem Ende der Blockkonfrontation verlor auch der N.-S.-K. einen Teil seiner Brisanz. Das rivalisierende Streben der gegner. Großmächte um Einflussvorteile in der Dritten Welt, das nicht zuletzt mit dem Einsatz militär. Drohpotenziale (Kubakrise), direkter militär. Intervention (Suezkrise, Vietnam, Afghanistan, Angola, Grenada) oder massiver Aufrüstung polit. Regime der Entwicklungsländer einherging, war obsolet geworden. Die Initiative des Nordens richtete sich nun auf die Gestaltung einer ›neuen Weltordnung‹. Es entfiel auch die Möglichkeit der polit. Führungskräfte der Dritten Welt und der Herrschaftsregime einzelner Entwicklungsländer, den Ost-West-Konflikt für die Durchsetzung eigener Machtansprüche auszunutzen und ihre oft repressiven Regime durch bündnispolit. Hinwendungen zu dieser oder jener Großmacht zu stabilisieren. Angesichts einer wachsenden Zahl militär. Auseinandersetzungen und Bürgerkriege in den Regionen der Dritten Welt, die durch einen schwunghaften Waffenexport des Nordens genährt werden, setzen sich neue Szenarien der Konfliktschlichtung und Konfliktbereinigung durch, die aber nur begrenzt erfolgreich sind, wie eine Reihe von Beispielen in Südostasien (Kambodscha) oder Afrika (Angola, Ruanda, Zaire/Demokrat. Rep. Kongo) zeigt, oder aber auch gänzlich scheiterten (Afghanistan, Somalia). Der 2. →Golfkrieg (1991) wird von einigen Friedens- und Konfliktforschern als eine Zäsur des Umschwungs in der ordnungspolit. Weltkonfliktlage von Ost-West nach Nord-Süd interpretiert. Ausgangspunkt dieser militär. Auseinandersetzung war ein Süd-Süd-Konflikt zw. Irak und Kuwait, der sich als Verletzung des Völkerrechts im neuen histor. Kontext schnell im Rahmen der UNO internationalisierte und von der globalen Ordnungsmacht USA im Bündnis v. a. mit westeurop., aber auch unter Beteiligung arab. und zahlr. anderer (darunter osteurop., afrikan. und asiat.) Staaten (›Golfkriegsallianz‹) unter massivem Einsatz moderner Militärtechnik ausgetragen wurde, die für eine potenzielle militär. Ost-West-Auseinandersetzung entwickelt worden war. Eine ambitionierte Militärmacht des Südens wurde als regionaler Störfaktor in die Schranken gewiesen und dem unter hegemonialen Gesichtspunkten neu definierten Reglement der internat. Gemeinschaft unterworfen, dem Irak sich aber bald wieder durch provokative Aktionen und diplomat. Winkelzüge (das Aufweichen der Golfkriegsallianz und das wieder stärkere Abrücken der arab. Länder von den USA nutzend) zu entziehen suchte. In dieser Auseinandersetzung verknüpfte sich der (vordergründige) Weltordnungskonflikt mit einem strateg. Ressourcenkonflikt (Erdöl) und einem Machtkonflikt um die Kontrolle und Beherrschung strateg. Einflusszonen, wobei v. a. die geostrateg. Orientierungen und ordnungspolit. Optionen des Nordens, insbesondere der Supermacht USA, zum Tragen kamen.

Auch die Globalisierungstendenzen in Produktion, Technologie und Kommunikation, die Liberalisierung des Welthandels im Rahmen der neu geschaffenen Welthandelsorganisation WTO und die Expansion der internat. Finanzmärkte verstärken die Dominanz des entwickelten Nordens im Weltsystem. Entscheidende Weichenstellungen der Weltwirtschaft, die die Entwicklungsländer unmittelbar betreffen, wie das internat. Management der Schuldenkrise, die Währungsstabilisierung, die Zinspolitik und die Beeinflussung der Rohstoffpreise liegen weiterhin maßgeblich in der Hand des Nordens, v. a. der Gruppe der sieben führenden Industriestaaten (G 7) oder von ihnen dominierten internat. Finanz- und Währungsinstitute Weltbank (mit ihren Untergliederungen) und Internationaler Währungsfonds (IWF) und den Interessen- und Verhandlungsgemeinschaften der öffentl. Gläubiger (Pariser Club) und der Gläubigerbanken (Londoner Club). Der größte Teil der Entwicklungsländer, insbesondere diejenigen, die in die Kategorie eines ›weniger‹ oder ›am wenigsten‹ entwickelten Landes (engl. developed countries [LDC] bzw. Least developed countries [LLDC]) fallen, sind infolge der geringen Leistungskraft und Finanznot ihrer in der Regel extrem disproportionierten und stark fragmentierten Wirtschaften und ihrer internat. Marktabhängigkeit auf öffentl. und private Kredite ausländ. Geber angewiesen und in der Konsequenz internat. hoch verschuldet. Die für sie überlebenswichtige wirtschaftl. und finanzielle Zusammenarbeit ist mit z. T. rigorosen Auflagen der Kreditgeber verbunden. Erhebl. Eingriffe in die Wirtschaft und Verwaltung der Entwicklungsländer, die Einschnitte in den sozialen Leistungen des Staates nach sich ziehen und die soziale Situation von Bevölkerungsgruppen negativ beeinflussen, gehen von Strukturanpassungsprogrammen aus, die unter der Kontrolle von Weltbank und IWF konzipiert und verhandelt, d. h. aus der Sicht der Entwicklungsländer letztlich oktroyiert werden. Sie enthalten einen ordnungspolit. Maßnahmenkatalog, der wirtschaftl. Stabilisierung v. a. durch Deregulierung und Privatisierung der Wirtschaft und Liberalisierung des Außenhandels vorsieht. Seit Beginn der 90er-Jahre wird die Gewährung von öffentl. Entwicklungshilfe auch mit polit. Auflagen verbunden, die den Positionen des Nordens im Hinblick auf die Gestaltung des polit. Systems (Demokratisierung), die Menschenrechtsproblematik und das Verhältnis von Militär- und Sozialausgaben in den Staatshaushalten der armen Länder entsprechen.

Die Gegenreaktion der Dritten Welt bewegt sich zum einen auf deklarativer und diplomat. Ebene. Auf der 10. Konferenz der Staats- und Regierungschefs der blockfreien Staaten in Jakarta vom 1. bis 6. 9. 1992 konstatierten die Teilnehmer die rapiden Veränderungen in den internat. Beziehungen. Die sich weitende Kluft zw. Nord und Süd wurde als zentrale Gefahr für die internat. Sicherheit und Stabilität angesprochen. Sie wandten sich gegen die Vorherrschaft einiger bedeutender Länder und bekundeten ›ihre Sorge über die Tendenz, sich in die inneren Angelegenheiten anderer Staaten unter dem Vorwand der Sicherung der Menschenrechte oder der Verhinderung von Konflikten einzumischen...‹. Sie betonten die Gefahr, die mit solchen Interventionen verbunden ist und riefen zur ›vollen Respektierung der nat. Souveränität unter allen Umständen‹ auf.

Zum anderen provoziert die Wahrnehmung der Ungleichheit in Ländern der Dritten Welt in Verbindung mit dem Bewusstsein der chron. Entwicklungskrise polit. Gegenbewegungen von nicht zu unterschätzender Militanz. Dabei kommt die Ablehnung einer ›westl.‹ Kulturdominanz ins Spiel, die sich z. T. in radikalen Formen politisiert. Die ungelösten Gesellschaftsprobleme werden den gescheiterten Entwicklungsmodellen des Nordens zugeschrieben. Tatsächlich sind die Prozesse sozialer Mobilität, die in den Frühphasen nat. Entwicklung in der Dritten Welt durchaus anzutreffen waren und optimist. Sichtweisen auf die Überwindung des Entwicklungsrückstandes erlaubten, längst verbreiteten Deprivationserfahrungen auch unter gebildeten und potenziell unternehmer. Bevölkerungsgruppen gewichen. Die Entwertung von Lebensstilen in der Entwicklungskrise führt auch zu Legitimationsformen für Politik und Herrschaft, in denen der Rückbesinnung auf die eigene Kultur, Religion und Tradition wesentl. Bezugsgrößen bilden und als Instrumente für Selbstbehauptung und Machtgewinn eingesetzt werden (›Ethnopolitisierung‹). Mit diesem Legitimationsanspruch formieren sich auch fundamentalist. Bewegungen innerhalb großer Religionsgemeinschaften (→Fundamentalismus). Bes. augenfällig, weil mit einer merkl. Stoßrichtung gegen den Westen ausgestattet, ist ein radikaler Islamismus (→Islam) zu beobachten, dessen Vertreter in einigen Ländern (z. B. in Iran, Afghanistan, Sudan) bereits an die Macht kamen oder aber um zunehmenden polit. Einfluss ringen und sich dabei auch terrorist. Methoden bedienen (z. B. in Algerien, Ägypten). Im Norden wird die Abwehr westl. Kulturmuster in der Dritten Welt als Bedrohung empfunden und tendenziell übersteigert. Bes. neu entworfene Szenarien vom ›Zusammenprall der Kulturen‹ (so durch S. P. HUNTINGTONS ›The Clash of Civilisations‹) verkennen, dass der N.-S.-K. nicht auf der Ebene eines unversöhnl. Kulturkampfes ausgetragen wird, sondern dass Kulturwerte von Machtansprüchen instrumentalisiert werden, die sich wiederum aus Erfahrungen der Ungleichheit und massiver sozialer Frustrationen speisen. Die Bedrohungsszenarien werden von ihren Kritikern eher als Rechtfertigung hegemonialer Weltordnungsambitionen des Nordens interpretiert.

Entwicklungsphasen des Nord-Süd-Konflikts

Obwohl durch lange histor. Prozesse vorgeprägt, entstand der N.-S.-K. als Folge der Ergebnisse des Zweiten Weltkriegs. Ein Teil der späteren Dritten Welt, die lateinamerikan. Staaten, hatten bereits um die Mitte des 19. Jh. ihre formale Selbstständigkeit erreicht, jedoch gerieten sie unter die Vorherrschaft der USA, mit denen sie sich in der Nachkriegszeit im Rahmen eines Paktsystems (Rio-Pakt von 1947, Organization of American States 1948) verbündeten. Seinen eigentl. Anstoß erhielt der N.-S.-K. durch die Entstehung ›junger Nationalstaaten‹ beim Zerfall des europ. Kolonialsystems. In den 40er- und 50er-Jahren erlangte die Mehrheit der ehem. Kolonialgebiete Südostasiens, des Vorderen Orients und Nordafrikas die staatl. Selbstständigkeit. Zu dieser Zeit war das System internat. Beziehungen durch die Siegermächte des Zweiten Weltkrieges in seinen Grundzügen errichtet worden. Die westl. Industriestaaten hatten mit den Bretton-Woods-Institutionen IWF und Weltbank, dem GATT und der OEEC wirksame internat. Instrumente zur Förderung der Wirtschaft und des Außenhandels geschaffen, auf deren Arbeitsweise die späteren Entwicklungsländer keinen Einfluss hatten. Für diese Staatengruppe kam seit Ende der 40er-Jahre der Begriff ›Dritte Welt‹ in Gebrauch, dem mit der Vision eines dritten Weges gesellschaftl. Entwicklung in Abgrenzung von ehemals kolonisierenden kapitalist. Westen und vom kommunist. Osten ein positiver Sinn zugrunde gelegt wurde. Ein erster Höhepunkt der Etablierung dieser Staatengruppe im System der internat. Beziehungen war die →Bandungkonferenz von 1955. Das Zehnpunkteprogramm der Bandungstaaten, unter denen Indien, China, Ägypten und Indonesien eine führende Rolle einnahmen, bestimmte den Inhalt der Blockfreienbewegung. Diese erste Phase des N.-S.-K., in der sich die staats- und völkerrechtl. Bedingungen für seine Austragung auf internat. Ebene herausbildeten, reichte bis zum Ende des Jahrzehnts, als das Kolonialsystem mit Ausnahme des port. und span. Kolonialismus im Wesentlichen überwunden war (das ›afrikan. Jahr‹ 1960) und die Revolution auf Kuba stattfand (1959), die in unmittelbarer Nähe der USA eine neue Konfliktsituation mit internat. Tragweite einleitete.

In den 60er-Jahren erweiterte und radikalisierte sich das blockpolit. Aktionsspektrum des Südens erheblich. Das weit auslegbare Konzept der ›positiven Neutralität‹ führte einige Länder (Kuba, Ägypten) zu Bündnisbeziehungen mit der Sowjetunion, andere Staaten bewahrten ihre engen vertragl. Verflechtungen mit ihrer ehem. Kolonialmacht (das französischsprachige Afrika). Von entscheidender Bedeutung war die soziale und ökonom. Anreicherung der Programmatik des Südens, die sich auch lateinamerikan. Staaten (Mexiko, Chile, Kuba) und Algerien stark profilierten. Seit 1964 (UNCTAD I) formierte sich die Gruppe der 77, die 1967 in Algier formell gegründet wurde, schnell wuchs und sich als wirtschaftl. Interessenverband der Entwicklungsländer versteht.

Die 70er-Jahre waren das Jahrzehnt schärfster Konfrontation zw. den Entwicklungsländern und dem industrialisierten Norden. Die Gruppe der 77 trug vehement die Forderung nach einer ›Neuen Weltwirtschaftsordnung‹ (NWWO) vor, die die Benachteiligung der Entwicklungsländer in den internat. Wirtschaftsbeziehungen beseitigen sollte. 1974 mündete die Debatte in die Verabschiedung wichtiger Grundsatzdokumente durch die UN-Vollversammlung gegen den Widerstand der westl. Industrieländer: die Erklärung und das Aktionsprogramm zur Errichtung einer NWWO und die ›Charta der Rechte und Pflichten der Staaten‹. Die Entwicklungsländer erstrebten mit ihren Forderungen einen Ausgleich für die Schäden, die sie durch koloniale Ausbeutung und ungerechte Handelsbeziehungen erfahren hatten, sowie Gleichberechtigung durch den Abbau von Handelsrestriktionen seitens der Industrieländer und einen Ressourcentransfer (Kapital, Technologie) in die Dritte Welt. Der verbale Schlagabtausch wurde durch die Wahrnehmung gesteigerter Konfliktfähigkeit bestärkt, nicht zuletzt im Zusammenhang mit der so genannten Erdölkrise (1973), der Erfolglosigkeit der USA im Vietnamkrieg (1973 Waffenstillstandsabkommen und Abzug der amerikan. Truppen, 1975 Sieg des kommunist. Nord-Vietnam über das prowestl. Süd-Vietnam) und der Überwindung der port. Kolonialherrschaft in Afrika nach langjährigen blutigen Kolonialkriegen (1974/75). Kennzeichnend für diese Phase waren auch eine breite öffentl. Solidaritätsbewegung mit der Dritten Welt in den Ländern des Nordens und der große Einfluss, den sozialwiss. Theorien gewannen, die das Nord-Süd-Verhältnis auf radikale Weise thematisierten (Dependenz-, Imperialismus- und Revolutionstheorien).

In den 80er-Jahren verflachte die Auseinandersetzung. Die weltwirtschaftl. Rezession und die tief greifende Entwicklungskrise, die zahlr. Länder der Dritten Welt erfasste, sowie die wachsende Differenzierung dieser Ländergruppe beeinträchtigten die Kohärenz ihres internat. Auftretens. Der für die Entwicklungsländer enttäuschend verlaufende Nord-Süd-Gipfel von Cancún (Oktober 1981), der Bedeutungsverlust der UNCTAD-Konferenzen, die relative Fruchtlosigkeit des nun auch von Vertretern der Industrieländer geführten Nord-Süd-Dialogs (Nord-Süd-Kommission 1977–82, Brandt-Bericht 1980 und 1982, Brundtland-Bericht 1987) und die eher pragmat. Orientierung der Süd-Süd-Kommission (Nyerere-Bericht 1990) signalisierten den Sachverhalt, dass die Industrieländer die Offensive der Dritten Welt abgewehrt, insgesamt wenig Zugeständnisse gewährt und ihre Vormachtstellung im Nord-Süd-Verhältnis bewahrt hatten. Kennzeichnend für die Entschärfung des N.-S.-K. war auch die relative Auflösung der Nord-Süd-Debatte zugunsten einer allgemeineren Diskussion der globalen Zukunftsfragen (Nachhaltigkeitsdebatte, →nachhaltige Entwicklung). In den 90er-Jahren boten insbesondere Weltgipfelkonferenzen zu fundamentalen Problemen der Gegenwart (Umwelt, Entwicklung, Welthandel, Menschenrechte, Bevölkerungsentwicklung, Ernährungssicherheit, Klima) Foren der Auseinandersetzung zw. den Vertretern kollektiv verstandener Interessen des Südens und des Nordens.

Perspektiven des Nord-Süd-Konflikts

Das Zusammentreffen vielfältiger Erscheinungen von Krise und Transformation zu Beginn der 90er-Jahre rief das verbreitete Bewusstsein eines weltgesellschaftl. Umbruchs von großer Tragweite hervor. Auffassungen, die in diesem Zusammenhang das ›Ende der Dritten Welt‹ postulierten, blieben jedoch nicht unwidersprochen. Ebenso haben sich Prognosen, dass sich die Nord-Süd-Dimension als die wichtigste Konfliktlinie der nächsten Jahrzehnte herausstellen werde, bisher jedenfalls nicht im Sinne einer weltweiten Zuspitzung und erneuten Gesamtradikalisierung bestätigt. Fachleute verweisen darauf, dass vom Nord-Süd-Gefälle ausgehende Gefährdungen für die internat. Beziehungen nach wie vor im Konfliktpotenzial von Verelendung, Perspektivlosigkeit, Verteilungskämpfen um immer knapper werdende Ressourcen und Entwicklungschancen, armutsbedingter Umweltzerstörung und Massenmigration liegen. Da diese Erscheinungen Ausdrucksformen ›struktureller Gewalt‹ sind und letztlich als Verweigerung sozialer Menschenrechte verstanden werden müssen, ist ein Ende des N.-S.-K. nicht abzusehen. Allerdings wird sich die Gesamtkonfiguration des N.-S.-K. weiter diversifizieren, da sich hier Prozesse der Globalisierung, der verstärkten Regionalisierung, aber auch der Polarisierung zw. reichen und armen Regionen, Ländern und sozialen Gruppen und der Marginalisierung bes. Benachteiligter überkreuzen. Vorauszusehen ist eine Häufung lokaler Krisen, in denen Elemente des N.-S.-K. in unterschiedl. Konstellationen zur Wirkung gelangen. Strittige Themen und ungelöste Probleme wie Umwelt und Entwicklung, Rüstung, Rüstungskontrolle und Abrüstung, Menschenrechte, Armutsbekämpfung, Ernährungssicherheit, Flucht und Fluchtursachen, Konfliktprävention, Konfliktmanagement, Friedenskonsolidierung und humanitärer Interventionismus bleiben in diesem Zusammenhang aktuell.

⇒ Armut · Bevölkerungsentwicklung · blockfreie Staaten · Dritte Welt · Entkolonialisierung · Entwicklungshilfe · Entwicklungsländer · Entwicklungspolitik · Flüchtlinge · globale Probleme · Globalisierung · Migration · Neue Weltwirtschaftsordnung · Ost-West-Konflikt · Schuldenkrise · Welternährung · Weltwirtschaft

Jb. Dritte Welt. Daten, Übersichten, Analysen, hg. vom Dt. Übersee-Inst. Hamburg (1983ff.); H. ELSENHANS: Nord-Süd-Beziehungen. Gesch., Politik, Wirtschaft (²1987); D. SENGHAAS: Konfliktformationen im internat. System (1988); DERS.: Wohin driftet die Welt? Über die Zukunft friedl. Koexistenz (1994); U. MENZEL: Das Ende der Dritten Welt u. das Scheitern der großen Theorie (³1993); Hb. der Dritten Welt, hg. v. D. NOHLEN u. F. NUSCHELER, 8 Bde. (³1993–95); M. WÖHLCKE: Der ökolog. N.-S.-K. (1993); Umbruch in der Weltgesellschaft. Auf dem Wege zu einer ›Neuen Weltordnung‹?, hg. v. W. HEIN (1994); Vom Krieg zum Frieden. Kriegsbeendigung u. Friedenskonsolidierung, hg. v. V. MATTHIES (1995); Lex. Dritte Welt, hg. v. D. NOHLEN (⁹1996); F. NUSCHELER: Lern- u. Arbeitsbuch Entwicklungspolitik (Neuausg. 1996); Der neue Interventionismus. Humanitäre Einmischung zw. Anspruch u. Wirklichkeit, hg. v. T. DEBIL u. F. NUSCHELER (1996); S. AMIN: Die Zukunft des Weltsystems (a. d. Frz., 1997).

Nordterritorium, Bundesgebiet Australiens, →Northern Territory.

Nordtiroler Kalk|alpen, die →Tirolisch-Bayerischen Kalkalpen.

Nord-Transvaal, engl. **Northern Transvaal** [ˈnɔːðən ˈtrænzvɑːl], 1993–95 Prov. der Rep. Südafrika, →Nord-Provinz.

Nord-Trøndelag [ˈnuːrtrœndəlaːg], Fylke (Provinz) in Norwegen, zw. dem Europ. Nordmeer und der schwed. Grenze nördlich von Trondheim, der N-Teil der Landschaft Trøndelag, 22 396 km², 127 600 Ew.; Verw.-Sitz: Steinkjer; an der Küste Fischfang, in den schmalen Tälern Land- und Forstwirtschaft.

Nord|ungarisches Mittelgebirge, Teil des →Ungarischen Mittelgebirges.

Nord-Vietnam [-viɛt-], →Vietnam.

Nordvorpommern, Landkreis im N von Meckl.-Vorp., umgibt von der Landseite her die kreisfreie Stadt Stralsund, 2 168 km², 118 800 Ew.; Kreisstadt ist

Grimmen. N. ist ein Küstenkreis an der Ostsee. Der Küstensaum wird durch Boddenküste charakterisiert. Große Teile davon sind in den Nationalpark Vorpommersche Boddenlandschaft einbezogen (O-Teil zum Landkreis Rügen). Das Küstenhinterland (bis 55 m ü. M.) wird von den Flüssen Recknitz, Barthe und Trebel durchzogen. Auf Lehmböden werden Kartoffeln, Roggen und Futterpflanzen angebaut, auf Sandböden finden sich Wälder (Buchen, Kiefern). Die wichtigsten Gewerbe sind Maschinen-, Schiffbau, Möbelindustrie u. a. Zweige der Holzverarbeitung. Größte Städte (mit Industrie) sind Ribnitz-Damgarten, Grimmen und Barth (kleiner Hafen); weitere Städte sind Tribsees, Bad Sülze (Sol- und Moorbad, Rheumaheilstätte), Franzburg, Marlow und Richtenberg. Große wirtschaftl. Bedeutung hat der Fremdenverkehr in den Ostseebädern Ahrenshoop, Zingst, Prerow, Dierhagen und Wustrow. – Der Kreis wurde am 12. 6. 1994 aus den früheren Kreisen Ribnitz-Damgarten, Stralsund und Grimmen gebildet.

Nord-West, engl. **North-West** [nɔːˈθwest], Prov. im N der Rep. Südafrika, 118 710 km², 3,793 Mio. Ew., Hauptstadt ist Mafikeng. Die 1994 gebildete Prov. umfasst Teile der ehem. Kapprov. und der Prov. Transvaal sowie das ehem. Homeland Bophutha-Tswana. Sie grenzt im N an Botswana und hat gemeinsame Grenzen mit den Prov. Nord-Kap, Freistaat, Gauteng, Nord-Provinz.
Landesnatur: Das von S nach N auf etwa 1 000–1 200 m ü. M. abfallende Hochveld ist weitgehend eben bis hügelig. Es geht im äußersten W in das Trockengebiet der Kalahari über, der S ist Grasland, das übrige Gebiet mit Dornbäumen durchsetztes Buschveld. Im Pilanesberg entstand ein Nationalpark mit den meisten der in Afrika heim. Tiere. – Das fast subtropisch warme Klima mit Temperaturen, die von W nach O abnehmen, bringt im Sommer Niederschläge von 250 mm im W bis 750 mm im O.
Bevölkerung: Der größte Teil der Bewohner sind Tswana. 63 % der Ew. sprechen Tswana, 14 % Xhosa, 8 % Sotho (Nord-Sotho). Das Bev.-Wachstum ist mit 3,1 % das zweithöchste des Landes.
Wirtschaft: Die günstigen Klimabedingungen ermöglichen intensive Landwirtschaft. Die Prov. ist einer der wichtigsten Nahrungsmittelproduzenten der Rep. Südafrika mit Anbau von Mais und Sonnenblumen im O, Rinderzucht im W. Eine dominierende Rolle spielt der Bergbau, der rd. 55 % zum Bruttosozialprodukt beiträgt und ein Viertel aller Erwerbstätigen beschäftigt. Das Gebiet um Rustenburg und Brits im NO ist das größte Platinfördergebiet der Erde. Außerdem werden Gold, Uran, Diamanten sowie Marmor und Flussspat abgebaut. Die wenig entwickelte Industrie ist v. a. Zulieferer für Bergbau und Landwirtschaft.

Nordwestdeutscher Rundfunk, Abk. **NWDR**, ehem. dt. Rundfunkanstalt; Anstalt des öffentl. Rechts mit Hauptsitz in Hamburg; ging als Sendeanstalt der brit. Besatzungszone einschließlich des brit. Sektors von Berlin durch Verordnung der brit. Militär-Reg. 1948 aus einem Militärsender hervor. 1953 wurde der NWDR-Berlin als Sender Freies Berlin verselbstständigt, der Westdt. Rundfunk wurde 1954/55 gegründet; der ›Rest-NWDR‹ bildete durch Staatsvertrag 1955 zw. den Ländern Hamburg, Ndsachs. und Schlesw.-Holst. den Norddt. Rundfunk.

Nordwestküstenindianer, Sammel-Bez. für die Indianer der Fjord- und Inselwelt SO-Alaskas und des pazif. Küstengebiets Kanadas und der nördl. USA, v. a. Tlingit, Haida, Tsimshian, Kwakiutl, Nootka, Küsten-Salish, Chinook. Der einst ergiebige Fischfang gestattete eine reiche Entfaltung der materiellen Kultur. Auch die Sozialstruktur war sehr vielschichtig; neben matrilinearen Verwandtschaftsgruppen (im N) und ambilinearen (→Abstammung) oder patrilinearen im S gab es erbl. Häuptlinge, soziale Schichten (Adel, Gemeine, Sklaven) und Rangabstufungen, ein Verdienstfestwesen (→Potlatch), Geheimbünde und Schamanen. Durch die von Europäern eingeschleppten Krankheiten wurde die Zahl der N. im 19. Jh. stark dezimiert; von den Weißen eingeführte Wirtschaftsformen und die christl. Mission führten zur Veränderung der Sozialstruktur und zur Anpassung an die moderne Gesellschaft. Viele N. kehren neuerdings wieder zu ihren alten Zeremonien zurück.
Die Kunst der N. war durch einen formalisierten Malstil charakterisiert, der auch die Gestaltung der Schnitzkunst beeinflusste. Bevorzugter Werkstoff war Holz; die Plankenhäuser, Einbäume, Wappenpfähle (Totempfähle), auch kleinere Gebrauchsgegenstände wie Schüsseln, Löffel, Angelhaken waren reich geschnitzt, z. T. bemalt. Unter den Textilien (aus Bast oder aus der Wolle von Hunden oder Schneeziegen) ragen v. a. die bemalten Bastmatten der Kwakiutl (BILD →Kwakiutl) und die zwirnbindig geflochtenen Chilkatdecken der Tlingit hervor. Bes. eindrucksvoll sind die für die Ritualdramen hergestellten vielfältigen Masken. Die Haida fertigten seit dem frühen 19. Jh. Schnitzereien aus Argillit für den Verkauf.

P. DRUCKER: Indians of the Northwest coast (New York 1963); Donnervogel u. Raubwal, bearb. v. W. HABERLAND, Ausst.-Kat. Hamburg. Museum für Völkerkunde (1979); Indianer der Nordwestküste, bearb. v. M. BRUGGMANN u. a. (Zürich 1987); Northwest coast, hg. v. W. SUTTLES (Washington, D. C., 1990).

Nordwestmecklenburg, Landkreis im NW von Meckl.-Vorp., umschließt die kreisfreie Stadt Wismar, grenzt im S an die kreisfreie Stadt Schwerin und im W an Schlesw.-Holst., 2 075 km², 115 200 Ew.; Kreisstadt ist Grevesmühlen. Das Kreisgebiet umfasst hinter der 113 km langen Ostseeküste der Lübecker, Mecklenburger und Wismarer Bucht stark ackerbaulich genutzte Grundmoränenflächen (z. B. Klützer Winkel westlich von Wismar), im SO am Schweriner See, dessen N-Hälfte zu N. gehört, beginnt die hügelige Mecklenburg. Seenplatte mit Seen im Raum Warin und Neukloster. An der Grenze zu Schlesw.-Holst. liegt der N-Teil des Naturparks Schaalsee. Daneben gibt es mehrere Naturschutzgebiete. Landwirtschaft mit Anbau von Getreide, Kartoffeln, Zuckerrüben und Gemüse sowie Schweine- und Rinderzucht. Größte Bedeutung innerhalb des verarbeitenden Gewerbes hat die Nahrungsmittelindustrie. Der Ostseebäderverkehr hat seine Schwerpunkte im Ostseebad Boltenhagen und an anderen Teilen der Wismarer Bucht und auf der Insel Poel. Die Städte des Kreises sind Grevesmühlen, Gadebusch, Neukloster, Schönberg, Warin, Klütz, Dassow und Rehna. – Der Kreis wurde am 12. 6. 1994 aus den früheren Kreisen Grevesmühlen, Gadebusch und Wismar sowie Gebietsteilen der ehem. Kreise Schwerin und Sternberg gebildet.

Nordwestpassage [-ʒə], **Nordwestliche Durchfahrt,** Schifffahrtsweg vom Atlantik durch den Kanadisch-Arkt. Archipel und die Beaufortsee (Nordpolarmeer) zum Pazifik (Beringstraße), der von M. FROBISHER (1576–78), J. DAVIS (1585–87), W. BAFFIN (1612–16) und zahlr. späteren Expeditionen, bes. im 19. Jh. (u. a. von J. FRANKLIN), gesucht wurde. Die erste erfolgreiche Durchfahrt (von O nach W) gelang 1903–06 R. AMUNDSEN mit mehreren Überwinterungen (Gjöa-Expedition). HENRY ASBJORN LARSEN (* 1899, † 1964) schaffte eine Durchquerung erstmals 1940–42 in W-O-Richtung und 1944 die Hin- und Rückfahrt in einer Saison. 1954 wurde die N. vom kanad. Eisbrecher ›Labrador‹ befahren, 1969 vom amerikan. Tanker ›Manhattan‹. Für die Handelsschifffahrt erwies sich die N. als ungeeignet.

Nordwestterritori|en, die →Northwest Territories.
Nordwestterritorium, das →Northwest Territory.

Nordwestküstenindianer: ›Sklaventöter‹; bemaltes Holz mit Steinklinge und Haliotisschalen-Einlagen, Höhe etwa 50 cm (New York, Brooklyn Museum)

Hinweise für den Benutzer

Ausführliche Hinweise für den Benutzer finden sich am Ende des ersten Bandes.

Reihenfolge der Stichwörter

Die Stichwörter sind in alphabetischer Reihenfolge angeordnet, sie stehen am Anfang eines Artikels. Alphabetisiert werden alle fett gedruckten Buchstaben des Hauptstichworts, auch wenn es aus mehreren Wörtern besteht. Umlaute (ä, ö, ü) werden wie einfache Vokale eingeordnet, z. B. folgen aufeinander: **Bruck, Brück, Bruck an der Leitha, Brücke**; ß steht vor ss, also **Reuß, Reuss**. Buchstaben mit diakritischen Zeichen (z. B. mit einem Akzent) werden behandelt wie die Buchstaben ohne dieses Zeichen, z. B. folgen aufeinander: **Acinetobacter, Ačinsk, Acinus**. Unterscheiden sich mehrere Stichwörter nur durch ein diakritisches Zeichen oder durch einen Umlaut, so wird das Stichwort mit Zusatzzeichen nachgestellt; so folgen z. B. aufeinander: **Abbe, Abbé**. Unterscheiden sich mehrere Stichwörter nur durch Groß- und Kleinschreibung, so steht das kleingeschriebene Stichwort voran.

Gleich lautende Hauptstichwörter werden in der Reihenfolge: Sachstichwörter, geographische Namen, Personennamen angeordnet.

Gleich lautende geographische Namen mit und ohne Namenszusatz werden zu einem Artikel ›Name von geographischen Objekten‹ zusammengefasst.

Gleich lautende **Personennamen** erscheinen in dieser Reihenfolge: biblische Personen, Herrscher, Päpste, Vornamen (mit Zusatz), Nachnamen.

Herrschernamen werden alphabetisch nach Territorien angeordnet, das Heilige Römische Reich und das Deutsche Reich werden vorangestellt. Innerhalb der Territorien erscheinen die Herrscherbiographien in chronologischer Reihenfolge. Vornamen mit Zusatz (z. B. Adam von Bremen) werden unter dem Vornamen eingeordnet, der abgekürzte Vorname wird zusammen mit dem Zusatz nachgestellt, z. B.: **Adam, A. von Bremen**. Vornamen mit Zusatz werden nach den Zusätzen alphabetisch angeordnet, so folgen z. B. aufeinander: **Adam, A. de la Halle; Adam, A. von Bremen; Adam, A. von Fulda**.

Angaben zur Betonung und Aussprache

Fremdwörtliche und fremdsprachliche Stichwörter erhalten als Betonungshilfe einen Punkt (Kürze) oder einen Strich (Länge) unter dem betonten Laut. Weiterhin wird bei Personennamen sowie bei geographischen Namen die Betonung angegeben.

Die getrennte Aussprache von üblicherweise zusammen gesprochenen Lauten wird durch einen senkrechten Strich angezeigt, z. B. **Ais|chylos, Li|li|e**.

Weicht die Aussprache eines Stichwortes von der deutschen ab, so wird in der dem Stichwort folgenden eckigen Klammer die korrekte Aussprache in phonetischer Umschrift angegeben. Diese folgt dem Internationalen Lautschriftsystem der Association Phonétique Internationale. Die verwendeten Zeichen bedeuten:

a = helles a, dt. Blatt, frz. patte
ɑ = dunkles a, dt. war, engl. rather
ã = nasales a, frz. grand
ʌ = dumpfes a, engl. but
β = halboffener Reibelaut b, span. Habanera
ç = Ich-Laut, dt. mich
ć = sj-Laut (stimmlos), poln. Sienkiewicz
ð = stimmhaftes engl. th, engl. the
æ = breites ä, dt. Äther
ε = offenes e, dt. fett
e = geschlossenes e, engl. egg, dt. Beet
ə = dumpfes e, dt. alle
ɛ̃ = nasales e, frz. fin
ɣ = geriebenes g, span. Tarragona, niederländ. Gogh
i = geschlossenes i, dt. Wiese
ɪ = offenes i, dt. bitte
ĩ = nasales i, port. Infante
ʎ = lj, span. Sevilla
ŋ = ng-Laut, dt. Hang
ɲ = nj-Laut, Champagner
ɔ = offenes o, dt. Kopf
o = geschlossenes o, dt. Tor
õ = nasales o, frz. bon
ø = geschlossenes ö, dt. Höhle
œ = offenes ö, dt. Hölle
œ̃ = nasales ö, frz. parfum
s = stimmloses s, dt. was
z = stimmhaftes s, dt. singen
ź = zj-Laut (stimmhaft), poln. Zielona Gora
ʃ = stimmloses sch, dt. Schuh
ʒ = stimmhaftes sch, Garage
θ = stimmloses th, engl. thing
u = geschlossenes u, dt. Kuh
ʊ = offenes u, dt. bunt
ũ = nasales u, port. Atum
v = stimmhaftes w, dt. Wald
w = halbvokalisches w, engl. well
x = Ach-Laut, dt. Krach
y = geschlossenes ü, dt. Mütze
ɥ = konsonantisches y, frz. Suisse
ː = bezeichnet Länge des vorhergehenden Vokals
ˈ = bezeichnet Betonung und steht vor der betonten Silbe, z. B. ˈætlɪ = Attlee
˜ = unter Vokalen, gibt an, dass der Vokal unsilbisch ist

b d f g h j k l m n p r t geben in den meisten Sprachen etwa den Lautwert wieder, den sie im Deutschen haben. Im Englischen wird ›r‹ weder wie ein deutsches Zäpfchen-r noch wie ein gerolltes Zungenspitzen-r gesprochen, sondern mit der Zungenspitze an den oberen Vorderzähnen oder am Gaumen gebildet.

Abkürzungen

Außer den im Abkürzungsverzeichnis aufgeführten Abkürzungen werden die Adjektivendungen ...lich und ...isch abgekürzt sowie allgemein gebräuchliche Einheiten mit bekannten Einheitenzeichen (wie km für Kilometer, s für Sekunde).

Das Hauptstichwort wird im Text des jeweiligen Artikels mit seinem Anfangsbuchstaben wiedergegeben. Bei Stichwörtern, die aus mehreren Wörtern bestehen, wird jedes Wort mit dem jeweils ersten Buchstaben abgekürzt. Dies gilt auch für Stichwörter, die mit Bindestrich gekoppelt sind.

Alle Abkürzungen und Anfangsbuchstaben der Hauptstichwörter gelten auch für flektierte Formen (z. B. auch für Pluralformen) des abgekürzten Wortes. Bei abgekürzten Hauptstichwörtern, die aus Personennamen oder Namen von geographischen Objekten bestehen, wird die Genitivendung nach dem Abkürzungspunkt wiedergegeben.

Benennung und Abkürzung der biblischen Bücher können der Übersicht ›Bücher der Bibel‹ beim Stichwort ›Bibel‹ entnommen werden.

Abg. . . . . Abgeordnete(r)	Diss. . . . . Dissertation	i. e. S. . . . . im engeren Sinn
ABGB . . . . Allgemeines Bürgerliches Gesetzbuch (Österreich)	Distr. . . . . Distrikt	Ill. . . . . Illinois
	d. J. . . . . der (die) Jüngere	Ind. . . . . Indiana; Industrie
	DM . . . . Deutsche Mark	Inst. . . . . Institut
	Dr(n). . . . . Drama/Dramen	internat. . . . . international
Abh(h). . . . . Abhandlung(en)	dt. . . . . deutsch	ital. . . . . italienisch
Abk. . . . . Abkürzung	Dtl. . . . . Deutschland	i. w. S. . . . . im weiteren Sinn
Abs. . . . . Absatz	EA . . . . Erstausgabe	jap. . . . . japanisch
Abt(t). . . . . Abteilung(en)	ebd. . . . . ebenda	Jb. . . . . Jahrbuch
a. d. . . . . aus dem	EG . . . . Europäische Gemeinschaft	Jg. . . . . Jahrgang
AG . . . . Aktiengesellschaft		Jh. . . . . Jahrhundert
ags. . . . . angelsächsisch	ehem. . . . . ehemalig; ehemals	jr. . . . . junior
ahd. . . . . althochdeutsch	eigtl. . . . . eigentlich	Jt. . . . . Jahrtausend
Akad. . . . . Akademie	Einf. . . . . Einführung	Kans. . . . . Kansas
Ala. . . . . Alabama	Einl. . . . . Einleitung	Kap. . . . . Kapitel
Alas. . . . . Alaska	entst. . . . . entstanden	Kat. . . . . Katalog
allg. . . . . allgemein	Enzykl. . . . . Enzyklopädie	kath. . . . . katholisch
Anh. . . . . Anhang	Erg(g). . . . . Ergänzung(en)	Kfz . . . . Kraftfahrzeug
Anm(m). . . . . Anmerkung(en)	Erl(l). . . . . Erläuterung(en)	KG . . . . Kommanditgesellschaft
Anth. . . . . Anthologie	ersch. . . . . erschienen	
AO . . . . Abgabenordnung	erw. . . . . erweitert	Kl. . . . . Klasse
Ariz. . . . . Arizona	Erz(n). . . . . Erzählung(en)	Komm. . . . . Kommentar
Ark. . . . . Arkansas	Es(s). . . . . Essay(s)	Kom(n). . . . . Komödie(n)
Art. . . . . Artikel	EStG . . . . Einkommensteuergesetz	Kr. . . . . Kreis
ASSR . . . . Autonome Sozialistische Sowjetrepublik		Krst. . . . . Kreisstadt
	EU . . . . Europäische Union	Kt. . . . . Kanton
	europ. . . . . europäisch	KV . . . . Köchelverzeichnis
A. T. . . . . Altes Testament	ev. . . . . evangelisch	Kw. . . . . Kunstwort; Kurzwort
Aufl(l). . . . . Auflage(n)	e. V. . . . . eingetragener Verein	Ky. . . . . Kentucky
ausgew. . . . . ausgewählt	Ew. . . . . Einwohner	La. . . . . Louisiana
Ausg(g). . . . . Ausgabe(n)	f., ff. . . . . folgende..., folgende	lat. . . . . lateinisch
Ausst. . . . . Ausstellung	Fasz. . . . . Faszikel	Lb. . . . . Lehrbuch
Ausw. . . . . Auswahl	Festschr. . . . . Festschrift	Leitf. . . . . Leitfaden
autobiogr. . . . . . . autobiographisch	FH . . . . Fachhochschule	Lex. . . . . Lexikon
...b. . . . .buch	Fla. . . . . Florida	Lfg(g). . . . . Lieferung(en)
Bad.-Württ. . . . . . Baden-Württemberg	fortgef. . . . . fortgeführt	LG . . . . Landgericht
Bbg. . . . . Brandenburg	fortges. . . . . fortgesetzt	Lit. . . . . Literatur
Bd., Bde. . . . . . . Band, Bände	Forts. . . . . Fortsetzung	Losebl. . . . . Loseblattausgabe, -sammlung
bearb. . . . . bearbeitet	frz. . . . . französisch	
begr. . . . . begründet	Ga. . . . . Georgia	Lw. . . . . Lehnwort
Beitr(r). . . . . Beitrag/Beiträge	geb. . . . . geborene(r)	MA. . . . . Mittelalter
ber. . . . . berechnet	Ged(e). . . . . Gedicht(e)	magy. . . . . magyarisch
bes. . . . . besonders	gedr. . . . . gedruckt	Masch. . . . . Maschinenschrift
Bev. . . . . Bevölkerung	gegr. . . . . gegründet	Mass. . . . . Massachusetts
Bez. . . . . Bezeichnung; Bezirk	Gem. . . . . Gemeinde	max. . . . . maximal
BGB . . . . Bürgerliches Gesetzbuch	gen. . . . . genannt	Md. . . . . Maryland
	Gen.-Gouv. . . . . . Generalgouverneur; Generalgouvernement	MdB . . . . Mitglied des Bundestags
BGH . . . . Bundesgerichtshof		
bibliogr. . . . . bibliographisch	Gen.-Sekr. . . . . . . Generalsekretär	MdEP . . . . Mitglied des Europäischen Parlaments
Bibliogr(r). . . . . . . Bibliographie(n)	ges. . . . . gesammelt	
Biogr. . . . . Biographie	Ges. . . . . Gesetz	
BRD . . . . Bundesrepublik Deutschland	...gesch. . . . .geschichte	MdL . . . . Mitglied des Landtags
	Gesch. . . . . Geschichte	
Bull. . . . . Bulletin	Gew.-% . . . . Gewichtsprozent	MdR . . . . Mitglied des Reichstags
BWV . . . . Bach-Werke-Verzeichnis	GG . . . . Grundgesetz	
	ggf. . . . . gegebenenfalls	Me. . . . . Maine
bzw. . . . . beziehungsweise	Ggs. . . . . Gegensatz	Meckl.-Vorp. . . . . . Mecklenburg-Vorpommern
Calif. . . . . Kalifornien	gleichbed. . . . . . . gleichbedeutend	
chin. . . . . chinesisch	GmbH . . . . Gesellschaft mit beschränkter Haftung	Metrop. Area . . . . Metropolitan Area
Colo. . . . . Colorado		Metrop. Cty. . . . . . Metropolitan County
Conn. . . . . Connecticut	Gouv. . . . . Gouverneur; Gouvernement	MGG . . . . Die Musik in Geschichte und Gegenwart, hg. v. F. Blume
ČR . . . . Tschechische Republik		
ČSFR . . . . Tschechoslowakei (1990–1992)	Gramm. . . . . Grammatik	
	Grundl. . . . . Grundlage	
ČSSR . . . . Tschechoslowakei (bis 1990)	Grundr. . . . . Grundriß (bei Buchtitel)	mhd. . . . . mittelhochdeutsch
	...h. . . . .heft	Mich. . . . . Michigan
Cty. . . . . County	H. . . . . Heft	min. . . . . minimal
D . . . . Deutsch-Verzeichnis	Ha. . . . . Hawaii	Min. . . . . Minister
d. Ä. . . . . der (die) Ältere	Habil. . . . . Habilitationsschrift	Minn. . . . . Minnesota
dargest. . . . . dargestellt	Hb. . . . . Handbuch	Min.-Präs. . . . . . . Ministerpräsident
Darst. . . . . Darstellung	hebr. . . . . hebräisch	Mio. . . . . Million(en)
D. C. . . . . District of Columbia	Hg. . . . . Herausgeber(in)	Miss. . . . . Mississippi
DDR . . . . Deutsche Demokratische Republik	HGB . . . . Handelsgesetzbuch	Mitarb. . . . . Mitarbeit
	hg. v. . . . . herausgegeben von	Mitgl. . . . . Mitglied
	hl., Hl. . . . . heilig; Heilige(r)	Mitt. . . . . Mitteilung
Del. . . . . Delaware	Hob. . . . . Hoboken-Verzeichnis	mlat. . . . . mittellateinisch
Dep. . . . . Departamento	Hörsp(e). . . . . Hörspiel(e)	mnd. . . . . mittelniederdeutsch
Dép. . . . . Département	Hs(s). . . . . Handschrift(en)	m. n. e. . . . . mehr nicht erschienen
ders. . . . . derselbe	Hwb. . . . . Handwörterbuch	
dgl. . . . . dergleichen, desgleichen	Ia. . . . . Iowa	Mo. . . . . Missouri
	i. Allg. . . . . im Allgemeinen	Mont. . . . . Montana
d. Gr. . . . . der (die) Große	Id. . . . . Idaho	Mrd. . . . . Milliarde(n)
d. h. . . . . das heißt	i. d. F. v. . . . . in der Fassung von	Mschr. . . . . Monatsschrift
d. i. . . . . das ist	idg. . . . . indogermanisch	Ms(s). . . . . Manuskript(e)
dies. . . . . dieselbe(n)	i. d. R. . . . . in der Regel	N . . . . Nord(en)

Nachdr.	Nachdruck	
Nachr(r).	Nachricht(en)	
nat.	national	
natsoz.	nationalsozialistisch	
n. Br.	nördliche Breite	
N. C.	North Carolina	
n. Chr.	nach Christi Geburt	
N. D.	North Dakota	
NDB	Neue Deutsche Biographie, hg. v. der Histor. Kommission bei der Bayer. Akademie der Wissenschaften, Berlin	
Ndsachs.	Niedersachsen	
Nebr.	Nebraska	
Neuaufl.	Neuauflage	
Neuausg.	Neuausgabe	
Nev.	Nevada	
N. F.	Neue Folge	
N. H.	New Hampshire	
nhd.	neuhochdeutsch	
niederdt.	niederdeutsch	
N. J.	New Jersey	
nlat.	neulateinisch	
N. Mex.	New Mexico	
NO	Nordost(en)	
NÖ	Niederösterreich	
Nov(n).	Novelle(n)	
Nr.	Nummer	
N. R.	Neue Reihe	
NRW	Nordrhein-Westfalen	
N. S.	Neue Serie	
N. T.	Neues Testament	
NW	Nordwest(en)	
N. Y.	New York	
O	Ost(en)	
o. Ä.	oder Ähnliches	
oberdt.	oberdeutsch	
Oh.	Ohio	
OHG	Offene Handelsgesellschaft	
o. J.	ohne Jahr	
Okla.	Oklahoma	
ö. L.	östliche Länge	
OLG	Oberlandesgericht	
OÖ	Oberösterreich	
o. O.	ohne Ort	
op.	Opus	
OR	Obligationenrecht (Schweiz)	
Ordn.	Ordnung	
Oreg.	Oregon	
orth.	orthodox	
österr.	österreichisch	
Pa.	Pennsylvania	
Pauly-Wissowa	Pauly Realencyclopädie der classischen Altertumswissenschaft, neu bearb. v. G. Wissowa u. a.	
PH	Pädagogische Hochschule	
Pl.	Plural	
port.	portugiesisch	
Präs.	Präsident	
Prof.	Professor	
prot.	protestantisch	
Prov.	Provinz	
Pseud.	Pseudonym	
R.	Reihe	
R(e).	Roman(e)	
rd.	rund	
ref.	reformiert	
Reg.	Regierung	
Reg.-Bez.	Regierungsbezirk	
Reg.-Präs.	Regierungspräsident	
Rep.	Republik	
rev.	revidiert	
Rheinl.-Pf.	Rheinland-Pfalz	
R. I.	Rhode Island	
RSFSR	Russische Sozialistische Föderative Sowjetrepublik	
S.	Süd(en)	
S.	Seite; Spalte	
Sa.	Sachsen	
Sa.-Anh.	Sachsen-Anhalt	
Sb.	Sitzungsberichte	
s. Br.	südliche Breite	
S. C.	South Carolina	
Schlesw.-Holst.	Schleswig-Holstein	
Schr.	Schrift	
Schsp(e).	Schauspiel(e)	
S. D.	South Dakota	
Sekr.	Sekretär	
Sg.	Singular	
Slg(g).	Sammlung(en)	
SO	Südost(en)	
SSR	Sozialistische Sowjetrepublik	
St.	Sankt	
Staatspräs.	Staatspräsident	
stellv.	stellvertretende(r)	
Stellv.	Stellvertreter(in)	
StGB	Strafgesetzbuch	
StPO	Strafprozessordnung	
Suppl.	Supplement	
svw.	so viel wie	
SW	Südwest(en)	
Tab(b).	Tabelle(n)	
Tb(b).	Taschenbuch/Taschenbücher	
Tenn.	Tennessee	
Tex.	Texas	
TH	Technische Hochschule	
Thür.	Thüringen	
Tl., Tle.	Teil, Teile	
tlw.	teilweise	
Trag(n).	Tragödie(n)	
TRE	Theologische Realenzyklopädie, hg. v. G. Krause u. a.	
Tsd.	Tausend	
TU	Technische Universität	
UA	Uraufführung	
u. a.	und andere, unter anderem	
u. Ä.	und Ähnliches	
u. a. T.	unter anderem Titel/unter anderen Titeln	
übers.	übersetzt	
Übers.	Übersetzung	
UdSSR	Union der Sozialistischen Sowjetrepubliken (Sowjetunion)	
u. d. T.	unter dem Titel	
u. M.	unter dem Meeresspiegel	
ü. M.	über dem Meeresspiegel	
Univ.	Universität	
Unters(s).	Untersuchung(en)	
urspr.	ursprünglich	
USA	United States of America (Vereinigte Staaten von Amerika)	
usw.	und so weiter	
Ut.	Utah	
u. U.	unter Umständen	
u. v. a.	und viele(s) andere	
v.	von	
Va.	Virginia	
v. a.	vor allem	
v. Chr.	vor Christi Geburt	
verb.	verbessert	
Verf.	Verfasser; Verfassung	
verh.	verheiratete(r)	
Verh(h).	Verhandlung(en)	
Veröff.	Veröffentlichung	
versch.	verschieden	
Verw.	Verwaltung	
Verz.	Verzeichnis	
vgl.	vergleiche	
Vjbll.	Vierteljahresblätter	
Vjh.	Vierteljahresheft	
Vjschr.	Vierteljahresschrift	
VO	Verordnung	
Vol.-%	Volumenprozent	
Vors.	Vorsitzende(r)	
VR	Volksrepublik	
Vt.	Vermont	
W	West(en)	
Wash.	Washington	
Wb.	Wörterbuch	
Wis.	Wisconsin	
wiss.	wissenschaftlich	
...wiss.(en)	...wissenschaft(en)	
Wiss.(en)	Wissenschaft(en)	
w. L.	westliche Länge	
W. Va.	West Virginia	
Wwschaft	Woiwodschaft	
Wyo.	Wyoming	
zahlr.	zahlreich	
z. B.	zum Beispiel	
Zbl.	Zentralblatt	
ZGB	Zivilgesetzbuch	
ZK	Zentralkomitee	
ZPO	Zivilprozessordnung	
z. T.	zum Teil	
Ztschr.	Zeitschrift	
zus.	zusammen	
zw.	zwischen	
zz.	zurzeit	
z. Z.	zur Zeit	
*	geboren	
†	gestorben	
∞	verheiratet	
→	siehe	
⇨	siehe	
®	Marke (steht bei fett und halbfett gesetzten Wörtern. – Siehe auch Impressum)	

Das Bildquellenverzeichnis für alle Bände befindet sich am Ende des letzten Bandes.

1